国家出版基金项目
NATIONAL PUBLICATION FOUNDATION

中印文化交流百科全书

（详编）上

Encyclopedia of China-India Cultural Contacts (Complete Edition)

《中印文化交流百科全书》（详编）
编辑委员会

中国大百科全书出版社
Encyclopedia of China Publishing House

图书在版编目（CIP）数据

中印文化交流百科全书（详编）/《中印文化交流百科全书》（详编）编辑委员会编. —北京：中国大百科全书出版社，2015.9

ISBN 978-7-5000-9695-5

Ⅰ. ①中… Ⅱ. ①中… Ⅲ. ①中印关系—文化交流—文化史—百科全书 Ⅳ. ①K203-61②K351.03-61

中国版本图书馆CIP数据核字(2015)第287705号

审图号：GS(2014)686号

中印文化交流百科全书（详编）

Encyclopedia of China-India Cultural Contacts (Complete Edition)

出版发行 中国大百科全书出版社

北京市西城区阜成门北大街17号 邮政编码：100037

电话：010-68315606

网址：http://www.ecph.com.cn

书籍设计 敬人书籍设计

排版制作 北京嘉年尚辰图文设计有限公司

印　　刷 北京汇瑞嘉合文化发展有限公司

开　　本 889mm × 1194mm

印　　张 85.25

字　　数 4000千字

版　　次 2015年9月第1版

印　　次 2015年9月第1次印刷

书　　号 ISBN 978-7-5000-9695-5

定　　价 588.00元

《中印文化交流百科全书》（一卷本）
中印联合编审委员会

《中印文化交流百科全书》（详编）编辑委员会

前　言

《中印文化交流百科全书》（详编）是在2014年6月出版的一卷本的基础上修订并扩编而成。

《中印文化交流百科全书》是中印两国重大文化合作项目。2010年12月，中国总理温家宝访问印度期间与印度总理M.辛格联合发表的《中华人民共和国和印度共和国联合公报》中确定编纂此书。2011年5月，中国国家新闻出版总署（今国家新闻出版广电总局）与印度外交部签署了双方联合编纂出版《中印文化交流百科全书》备忘录。之后，在上述两部门的指导下，成立了中印联合编审委员会，组织两国数十位专家学者参与编纂。2014年6月，《中印文化交流百科全书》一卷本中文版和英文版分别在中国和印度出版。

《中印文化交流百科全书》立项时是按两卷本来设计条目、字数和插图规模的，后考虑到时间紧等因素，根据印方建议，决定先编纂出版一卷本，再补充完善，出版详编本（两卷本）。因此，一卷本出版后，我们即着手详编本的编纂工作。历时一年多，详编本编成付梓。

与一卷本相比，详编本条目由700多条增加到2 159条，配图由1 310幅增加到2 310幅，附录增加了专有名词对照表。条目编排上作了重大改变，由分类编排改为按条目标题汉语拼音音序编排。全书以条目为主体，对两千多年来中印两国的贸易往来、科技交流、佛教交流、宗教哲学交流、语言学交流、文学交流、艺术交流、民俗养生健身交流、交通往来、外交往来、学术交流等进行全面总结与描述。

中印两国都是文明古国，对人类文明的发展进步都作出了巨大贡献。两国人民间友好交往和文化交流的历史长达两千余年。中印文化交流除了历史悠久、源远流长外，还具有多层次、多渠道和内容丰富的特点：既有政府间交流，又有民间交流；既有陆路交流，又有海路交流；既有物质文明交流，又有精神文明交流。这是中印两国乃至世界人民的宝贵财富。因此，两国文化及其相互影响和交流等历来为国际社会，尤其是学术界广泛关注。在已有研究成果的基础上，编纂出版《中印文化交流百科全书》，对中印文化交流两千多年的历史经验、特点等进行全面、系统的总结并作了理论提升。这对于印度学、佛学、丝路学等诸多领域的研究，具有很高的学术价值、很强的历史和现实意义。

期望本书在促进学术研究，增进国际文化交流等方面能起到积极作用。

《中印文化交流百科全书》（详编）编辑委员会

2015年9月

凡　例

一、条　　目

·1·

条目是全书主体。条目由标题、释文和相应的图片等组成。

·2·

条目标题分类目录按中印文化交流的11个分支设列。分支内条目按知识系统分层次编排，以便读者了解全书的整体面貌及具体条目在分支中的位置。读者可按知识系统检索。例如：

中印佛教交流··································953

[流派]

印度佛教··································795

原始佛教（见印度佛教）··························882

······

·3·

条目标题分类目录中，各分支的领衔条目标题为黑体字，其他条目标题为宋体字。未设领衔条目的门类名称及各分支内的知识分类名称，加“[ ]”黑体字表示。

·4·

有条目标题而其释文见其他条目者，条目标题后加“（见××）”。例如：

天竺（见印度）··································667

·5·

条目标题分类目录中的各种条目的排序有多种情况。例如：人物条目，“中印佛教交流”分支先按印度、西域、中国次序，再按人物生卒年先后排序；其他分支先按中国、印度次序，再按人物生卒年先后排序。著作条目，大体上按成书或翻译的时间先后排序。

·6·

正文按条目标题汉语拼音音序次序编排。

二、条目标题

·7·

条目标题一般为词或词组，如“零”、“菩提树”、“《大唐西域记》”、“佛教与中国民间信仰”、“第二次世界大战期间中印交通运输线”、“印度电影在中国”。

·8·

条目标题一般由汉语标题和与之相对应的汉语拼音组成。例如：

Tang Yongtong

汤用彤

·9·

多数条目标题附有对应的外文，例如：

纳格，K. Kalidas Nag

三、释　　文

·10·

释文一般由定义或定性语、基本史实、基本内容、图片等构成。释文的繁简视条目的性质和具体情况而定。

·11·

有些条目因释文内容涉及其他条目并需由其他条目的释文补充的，采用“参见”的方式。所参见的条目标题在本条目释文中出现的，用楷体字排印。

·12·

条目释文力求使用规范化的现代汉语。条目释文开始一般不重复条目标题。

·13·

释文较长时，设置层次标题，并用不同的字体和版式表示标题的不同层次。

·14·

外国人名在一个条目释文中第一次出现时，一般在姓（或检索名）前加上名字（或非检索名）的缩写，例如：M.K.甘地、R.泰戈尔。

·15·

本书在条目释文中配有必要的图片。图片包括古迹、人物肖像、剧照、活动照片、书影、手迹等，均随文编排。

·16·

图片附图题、图注等简明扼要的说明文字。人物条目所配的人像一般不附图题。

四、附　录

·17·

本书附有“中印近现代文化交流大事记”、“《中华人民共和国政府和印度共和国政府文化合作协定》”、“中印两国历任元首”、“中印两国历任总理”、“中印两国历任大使”、“中国研究印度的机构”、“印度研究中国的机构”、“中国研究印度的刊物”、“印度研究中国的刊物”、“中国学者印度学重要著作一览”、“印度学者中国学重要著作一览”、“专有名词对照表”等附录。

五、索　引

·18·

全书附有条目标题汉字笔画索引、条目外文标题索引、内容索引等。其中，内容索引包括全部条目和条目释文中的知识主题，其标题按汉语拼音音序排列，可按音序检索有关条目和知识主题。

六、署　名

·19·

条目释文结尾署作者名。印度作者撰写的条目，释文后署作者名和翻译者名。

·20·

主要供图人员姓名及单位名称统一放在书后。

七、其　他

·21·

全书所用汉字，除必须用繁体字和异体字的以外，以国家语言文字工作委员会1986年公布的《简化字总表》及有关规定为准。

·22·

全书所用数字，执行国家标准GB/T 15835—2011《出版物上数字用法的规定》。

·23·

全书所用地名，除历史地名外，一般以中国地名委员会审定的为准（含中国地名、外国地名）。历史地名后一般括注今地名。个别地名遵照名从主人原则。

目　录

前　言

凡　例

中印文化交流 …… 1

条目标题分类目录 …… 1

正　文 …… 1~1035

附　录 …… 1037

条目标题汉字笔画索引 …… 1217

条目外文标题索引 …… 1233

内容索引 …… 1247

中印文化交流

China-India Cultural Contacts

中国和印度是世界两大文明古国，同时又是近邻。两国人民之间友好交往和文化交流的历史至少已长达22个世纪。中印文化交流除历史悠久、源远流长之外，还具有多层次、多渠道、内容丰富的特点：既有政府间交流，又有民间交流；既有陆路交流，又有海路交流；既有物质文明交流，又有精神文明交流。这是中印两国乃至世界人民的宝贵财富，也是人类文化交流史上的奇迹。

公元前：交往通道的探索

中印文化交流开始于何时，已无法考证。但印度古人至迟在公元前4世纪就已知道中国。印度《摩诃婆罗多》、《罗摩衍那》和《利论》等古籍中，曾多次提到“支那”（即中国）。《利论》约成书于公元前4世纪，其中即有关于中国丝的记载，说明两国之间已经有丝的贸易。

上古时，中印两国都把天空中的星座分为28个，而且顺序相同，说明中国和印度之间已有天文学的交流。

在公元前的几个世纪，中印文化交流的特点是在探索交往通道的同时进行贸易往来。

据中国西汉司马迁《史记》记载，张骞于公元前139年出使西域，历时13年回国。他在大夏看到了中国四川出产的蜀布和邛竹杖，据当地人说，是从在印度做生意的四川商人处得来。汉武帝刘彻得知此事，派遣十余批使者到中国西南寻找通往印度的道路，都因受当地人的阻挠无功而返。

张骞出使西域是丝绸之路的“凿空之旅”，所走的道路被称为“西域道”。由于西域道的开通，汉朝派往印度的使节日益增多。《史记·大宛列传》记载，张骞第二次出使西域时，曾派副使到印度。在张骞之后，公元前1世纪，中国平均每年派七八个使团前往西域，每个使团的人数都在百人以上，约八九年可往返一次。频繁的交往使中国人对印度的了解增多。《汉书·西域传》记载了当时印度一些地区的地理、物产、民俗及其与汉朝的关系等。

从中国西南通往印度的道路一直存在，民间的贸易活动也一直在进行。这条道路被称为“滇缅道”。此外，公元前2世纪，中国与南印度之间还通过海上交往，这条通道被称为“南海道”。《汉书·地理志》记载了一条从广东到黄支的清晰航线，同时还给出了一份确切的航行日程表。当时中国运往印度的货物主要是黄金和丝织品，印度输入中国的物产主要是宝石、水晶和玻璃制品。

1～6世纪：佛教带动下的全面交流

这一时期，中印文化交流的特点是，在物质文明交流的同时开始了精神文明交流，佛教传入中国的中原地区。

一二世纪，西域道时断时续，南海道则始终未断。据记载，公元2年，黄支国王派人送来犀牛；公元59年，犍陀罗国王派人送来白象；公元87年，贵霜国王派人送来狮子。

公元前后，佛教由印度传入中国。这是中印文化交流史上最重要的事件。最初，佛教得到皇帝认可，有少数贵族信奉，他们以佛陀（见释迦牟尼）为神，与老子一起供奉。后来，信仰者日众。据《高僧传》，最早来华的印度僧人是约1世纪的摄摩腾和竺法兰，2世纪有安息人安世高、月氏人支娄迦谶等来华。他们来华后主要从事佛经的翻译工作。1世纪，中国有了第一座寺院白马寺和第一批汉文佛经。2世纪，笮融成为中国佛教史上的传奇人物。他掌管广陵（今中国江苏扬州）、下邳（今中国江苏睢宁）、彭城（今中国江苏徐州）的粮运，用大量钱财雕造铜佛像，建造塔寺。在他的管辖范围内，听经学法的人可免除徭役，有5 000多户人家皈依佛教。每到浴佛节，他都在长达数十里的路上排满筵席，前来吃饭和围观的百姓近万人。

佛教往来　220~580年，中国与印度的文化交流已全面展开，双方的人员往来频繁，贸易活动增多，彼此间了解加深。这一时期最显著的特点是印度佛教文化的大规模东传，出现了印度佛教徒来华传教的高潮。据《高僧传》，这一时期来华的印度僧人有三四十人之多。他们不仅译经传法，还把印度天文历算、医药、建筑、绘画、雕塑等知识和技艺带到中国。

3世纪，中国开始有人西行求法。朱士行于260年动身西行，穿越大戈壁，来到于阗（今中国新疆和田）。朱士行在这里找到一部梵文本佛经并派人将佛经送往内地。之后一直留居于阗。20余年后，竺法护去西域取经。他游历西域诸国，学习了36种语言文字，搜罗了许多佛经。多年后，他从西域带回大量梵文本佛经，并在敦煌、长安等地译经传法。

4世纪，西行求法的代表人物是鸠摩罗什。他9岁时随母西行，到印度学习佛法。12岁时动身返回，途中数年，学习了印度各种知识。385年来到凉州（今中国甘肃武威）。401年，被后秦文桓帝姚兴（393～416年在位）请到长安，并待以国师之礼。从此，鸠摩罗什在长安译经，并建立起译经场。他翻译佛经300余卷，还广收门徒，登坛说法，徒众达3 000人。

5世纪西行求法的代表人物主要是法显。他于399年与慧景、道整、慧应、慧嵬等人一起去印度寻求戒律。有人中途返回，有人病死印度，有人留居印度。法显在印度巡礼佛教圣地，学习佛法，并搜罗和抄写佛经。法显后从海路经斯里兰卡、爪哇等地，于412年回到中国。随后，他写出游记《佛国记》一书，并翻译了大量佛经。《佛国记》记载了法显西行途中的经历和见闻，也记叙了当时印度各地的佛教状况及风土人情，对于研究印度历史具有重要价值。

政府交往　3～6世纪，中国与印度各国政府间的往来增多。428年，南朝宋文帝刘义隆（424～453年在位）收到天竺迦毗黎国（位于今印度南部高韦里河流域）国王月爱的国书；502年，梁武帝萧衍收到中天竺国王屈多的国书。这两份国书都保存在中国的正史中。与南朝保持联系的主要是南印度的国家，其交通路线是南海道。根据《魏书》的记载，451~521年，印度各地派往北魏的使者（其中有若干商人）至少有27人次。北魏也派出多批使者到印度。与北魏保持联系的主要是北印度诸国，其交通路线是西域道。

这一时期，印度的使者们给中国带来各种奇珍异宝和稀有动物，而中国传到印度的主要是丝和丝制品。

科技交流　由于佛经的大量翻译和许多印度僧人来华，印度的一些天文历算、医药卫生知识也传到中国。如《隋书》就记载有《婆罗门天文经》和《婆罗门算经》等多部天文历算书籍，还有《龙树菩萨药方》、《龙树菩萨养性方》等医药养生书籍。它们在中国流传，并对中国的天文历算和医药养生产生影响。

《高僧传》卷四《于法开传》说，于法开“祖述耆婆，妙通医法”，还善于针灸。他是最早把中印传统医术结合起来的人。陶弘景是中国古代医学家之一，他也在自己的医学著作中介绍过印度医学理论。

佛经翻译　这一时期，印度来华的译经僧人很多，中国也有人参与译经活动。1～3世纪，主要译经家有昙柯迦罗、维祇难、竺律炎、支谦、康僧会、白延、康僧铠、昙谛、竺法护、聂承远，等等。其中以支谦和竺法护最为重要。4～6世纪，主要翻译家有道安、帛远、帛尸梨蜜多罗、僧伽跋澄、佛陀罗刹、昙摩难提、僧伽提婆、僧伽罗叉、竺佛念、昙摩耶舍、鸠摩罗什、弗若多罗、昙摩流支、卑摩罗叉、佛陀耶舍、佛驮跋陀罗、昙无谶、法显、求那跋摩、谢灵运、智猛、僧伽达多、求那跋陀罗、真谛、菩提流支、达摩流支、耶舍崛多、那连提黎耶舍等。而其中最重要的是道安和鸠摩罗什。他们不仅翻译了很多经典，还提出了自己的翻译理论。

寺院建筑　3～6世纪，中国建造了许多寺院。三国吴孙权于赤乌十年（247），在建业（见南京）兴建建初寺。此后，中国南方广东、浙江、江苏、江西、湖南、湖北和四川等地都建有佛寺。中国北方，据《洛阳伽蓝记》，仅洛阳一地，3世纪时有寺院42所，而北魏时就陡增至1 367所。中国的寺院建筑，既承袭了中国建筑的传统风格，又吸收了印度建筑的艺术特点，从而形成了中国佛教建筑派别。塔这种建筑形式是从印度传来的。后来，中国出现了各式各样的塔，形成了中国特有的建筑景观。石窟寺这种建筑形式最早出现于印度，约3世纪传入中国新疆，继而传入内地。中国开凿石窟寺的全盛时期是4～9世纪。如新疆的克孜尔石窟，甘肃的敦煌石窟、麦积山石窟，山西的云冈石窟，河南的龙门石窟，都在这一时期得到大规模开凿。这些石窟寺在建筑、雕刻、塑像、绘画等各个领域都反映出印度艺术的影响。

当时的中国寺院，同时也是文化活动的场所，不仅有佛教徒在学习修炼，而且每到佛教的节日，总要举行盛大的庆祝活动，进行杂技、歌舞表演和佛像游行。这些活动也都是源自印度。

文学交流　由于佛教的传入和大量佛经的翻译，3～6世纪，中国出现了一大批志怪小说。鲁迅称之为“释氏辅教之书”。这些书不仅向中国民众介绍了印度佛教的宇宙观、人生观、道德观以及思维方式，还体现了印度古人丰富的想象力和文学创作技能。

绘画　佛教给中国绘画带来了新题材和新技法。3～6世纪，中国出现了一批擅长画佛画的专业画家。如东晋画家顾恺之在建康（见南京）瓦棺寺墙壁上作的《维摩诘》画曾轰动一时。东晋画家戴逵画过不少佛像，还雕刻过6丈高的无量寿佛木像。张僧繇擅长画佛教人物，经常去寺院画壁画。他还曾在寺门上采用从天竺传入的画法绘制图案，远看凹凸不平，近看却是平的。北齐画家曹仲达的画受到印度雕刻的影响，人物衣服的皱褶画得很逼真，被称为“曹衣出水”。

乐舞　这一时期，出现了中国的佛教音乐。其奠基人，被认为是三国时文学家曹植。他于230年改编和创作《太子颂》等曲子。6世纪，南朝梁武帝萧衍改革宫廷音乐，增加很多佛教内容，还让音乐家沈约作佛曲，在宫廷演奏。

6～10世纪：政府间与民间交往的高潮

618年唐朝建立后中国走向强盛。唐朝奉行对外开放政策，西域道基本畅通。有许多印度人来华经商、定居、做官。这一时期中印文化交流主要表现为求法运动的高涨和政府间交往的频繁。

佛教往来　继法显之后，西行求法者不绝于途，至唐代而达巅峰。据义净《大唐西域求法高僧传》，641～691年，有40余位唐朝僧人去印度取经。此前和此后，中国去印度求法僧人还有很多，其著名者如玄奘、慧日、含光、悟空、智宣等，都不在义净统计之内。

玄奘627年从长安出发，两年后到达印度。在北印度巡礼佛教胜迹之后，在佛学中心那烂陀寺住学5年，又周游五印度，遍览名胜，广求高师。饱学后重返那烂陀寺，升坛开讲。后结识戒日王、鸠摩罗王等。645年，玄奘携佛经657部、佛像若干躯，载誉回抵长安。次年，玄奘撰成《大唐西域记》12卷。书中，玄奘记叙了西域138个国家和地区的历史、地理、宗教、民俗、语言、文字等情况，为研究古代中亚和南亚的历史、社会和文化提供了极为宝贵的资料。玄奘回国后，在朝廷的支持下办起了规模空前的译经场，成为中国翻译史上的一大盛举。玄奘倾后半生精力，译出佛经74部，1 335卷。不仅丰富了中国佛学经典的宝库，还为中国的翻译学作出了贡献。玄奘还广收门徒，开创了中国佛教的法相宗（慈恩宗）。虽然法相宗后来在中国没有传承下来，但流传到了朝鲜半岛和日本。664年，玄奘圆寂。玄奘是中国与印度文化交流史上首屈一指的人物，对中印文化交流作出了巨大贡献。

玄奘之后，还有许多中国僧人到印度取经学习，其中最著名的是义净。671年冬月，义净从广州乘船出发，于673年初春到达印度。674年到那烂陀寺，并在那里住学达10年。685年，义净乘船南下。在苏门答腊等地居住多年后，于693年回国。695年后，他在洛阳和长安两地翻译了大量佛经。他前后撰写出5部著作。其中，《大唐西域求法高僧传》为研究唐代初年的中印关系、佛教历史等提供了重要资料；《南海寄归内法传》是义净在游历印度和南洋20余年后，根据所见所闻写的有关当时印度、南海和中国佛教状况的著作。义净是唐代继玄奘之后又一位为中印文化交流作出巨大贡献的高僧。

这一时期南亚各地来华的僧人，有达摩笈多、波罗颇迦罗蜜多罗（见波颇）、那提三藏、若那跋陀罗、佛陀多罗、佛陀波利、尊法、无极高、地婆诃罗、慧智、阿你真那、菩提流志、极量、善无畏、金刚智、不空金刚、利涉、智慧、牟尼室利、莲花生、释天竺、般若、钵怛罗，等等。其中，善无畏、金刚智和不空金刚影响较大。

善无畏（637～735），本是乌荼国（在今印度奥里萨邦北部）国王，后让国出家，游南印度，又北上那烂陀寺学密法。716年，携带梵夹到长安，被唐玄宗尊为教主、国师。次年，奉诏译经。724年随驾到洛阳，译出《大毗卢遮那成佛神变加持经》（即《大日经》）7卷，为密教真言乘的要典。

金刚智（671？～741），南印度人，婆罗门种姓。16岁出家，先后到那烂陀寺及西印度等地学习10余年，然后到师子国（今斯里兰卡）等地周游。719年到达广州。后被迎进京师长安。他翻译的佛经现存共23部29卷，主要是密教金刚乘要典。他的弟子很多，著名者有大智、大慧、不空金刚、一行等。金刚智为中国佛教密宗的建立奠定了基础。

不空金刚（705～774），北印度人，婆罗门种姓。幼年失去父母，随叔父来华。15岁拜金刚智为师，学习梵文和密法，并参与译经。741年，带弟子含光等从南海郡乘船出发，先至师子国，次游五印度，746年还京。此后在各地传授秘法、翻译佛经。还曾为皇家建内道场。不空金刚历唐玄宗李隆基、肃宗李亨（756～762年在位）、代宗李豫（762～779年在位）三朝，深受皇帝敬重。他是中国佛教密宗的实际创立者，主要弟子有含光、慧超、慧果、慧朗、元皎、玄超等，时称“六哲”。

唐代求法运动的高涨，促进了中国与印度的文化交流，并加快了中国文化与印度文化的融合。中国佛教已经发展到成熟期，出现了不同的宗派，如三论宗、天台宗、法相宗、华严宗、律宗、禅宗、净土宗、密宗等。尤其是禅宗的出现，标志着印度佛教的中国化过程已经基本完成。

佛教也在这一时期传入西藏。7世纪上半叶，松赞干布（617～650）统一青藏高原大部分地区，建立了以拉萨为中心的吐蕃王朝。他先后娶尼泊尔的尺尊公主和唐朝的文成公主为妻，并分别为她们建造佛寺。755年，赤松德赞（742～797）幼年继位，长大后开始崇信佛教，先后请来印度佛学大师寂护和莲花生，并建起寺院。为在西藏弘扬佛法，赤松德赞又从印度请来无垢友和法称等大师培养人才，还请来12名印度僧人主持出家仪式。赤松德赞还曾分两次共派7人去印度留学。但由于西藏苯教的势力强大，到836年，苯教贵族大举灭佛，西藏佛教几近灭绝。这段时间被称为藏传佛教的“前弘期”。

约7世纪，南传上座部佛教从缅甸传入中国云南南部地区，但很快因战乱而消失。8世纪以后，佛教开始在云南南诏地区传播，并迅速发展。

政府交往　据《隋书·西域志》，隋炀帝杨广（604～618年在位）曾派遣韦节、杜行满等出使西域诸国。他们在印度得到佛经和玛瑙杯等物。

据《旧唐书》、《新唐书》、《通典》、《册府元龟》，唐代中国与印度的官方接触很多，双方都曾多次互派使者往来。641年，戒日王派使者来华，唐太宗李世民赐给玉玺和书信表示慰问。唐朝的王玄策出使印度3次（或说4次），回国后写下《中天竺国行记》一书，据说有10卷，还有附图3卷，内容涉及宗教、地理、政法、艺术、民俗等。该书今已佚失。

绘画　中国绘画在唐代呈现繁荣局面：大画家辈出，新画派不断涌现，民族风格得以确立，外来技巧被不断吸收。

唐代画家尉迟乙僧青年时代被于阗王推荐进京，深受唐朝廷重视。当时长安、洛阳的大寺院都能见到他画的壁画。他善画佛、菩萨像，带有西域画风。唐代画家吴道子的事迹在很多文献中都有记载，且富于传奇色彩，被后人尊为“画圣”。他经常在佛寺、道观和宫殿绘制壁画。今存《送子天王图》可能是后人的摹品，画的是悉达多王子降生后，净饭王和摩耶夫人抱着他去大自在天神庙的故事，图中人物已是汉人形象。

7世纪~10世纪中叶，还有一些绘画大家，也都擅长佛画。

乐舞　《隋书·音乐志》载，隋初宫廷设七部乐，其中有天竺乐舞。30年后，又设九部乐，仍有天竺乐舞。

佛曲在唐代十分流行，不少乐舞艺术与印度有关，而且有些乐器也是从印度传来的。据《大慈恩寺三藏法师传》卷五，戒日王在见到玄奘时问起过中国的《秦王破阵乐》，说明当时中国的乐舞也受到印度的重视。

戏剧　中国与印度的文化交流也为中国戏剧的诞生起到积极作用。9世纪前后，寺庙成为文化娱乐的场所。一些大的寺院，如慈恩寺，设有专门的“戏场”，主要表演乐舞百戏。除了长安，外地的寺院也有类似情形。百戏和歌舞都不是真正意义上的戏剧，但它们为戏剧的产生孕育了胚胎。

文学　唐代诗人与印度来的僧人有密切来往，他们经常写诗赠送印度友人。

唐代出现了被称为“唐传奇”的短篇小说，从中能够看出印度的影响。如《柳毅传》，讲的是柳毅为龙女传信并与龙女结婚的故事，而龙女形象的产生与佛经有关。再如《南柯太守传》，讲一个人进入了蚂蚁王国，并在蚂蚁王国里当官、娶妻、生子。这不仅体现了奇异的空间观，还突破了人与动物的界限。这些都与印度古人思维的影响有关。

在佛教影响下，唐代出现了一个新的文学体裁“变文”。尤其是讲唱佛经中神变故事的变文，如《降魔变文》、《目连救母变文》等，都是宣传因果报应、地狱轮回的作品。变文对中国后世的小说创作产生了深远影响。

天文历算　佛经中有不少涉及天文历算的内容。如玄奘译的《俱舍论》，义净译的《佛说大孔雀咒王经》，不空金刚译的《佛母大孔雀明王经》和《宿曜经》，金刚智译的《北斗七星念诵仪轨》，法成译的《诸星母陀罗尼经》，等等。其中，《宿曜经》最有天文学价值。此经分上、下两卷，详细介绍了古印度关于二十八宿、七曜、十二宫、星占等方面的知识，是研究中印古代天文历算的重要材料。据《旧唐书》卷三二《历一》，武则天时，瞿昙罗造《光宅历》；玄宗时，一行造《大衍历》。这些历书都受到印度古代天文历法的影响。

8世纪，有3个印度家族在唐朝的太史阁做官。他们是迦叶氏、拘摩罗（俱摩罗）氏和瞿昙氏。据文献记载和考古资料，瞿昙氏有五代人居住于中国，其谱系是：瞿昙逸—瞿昙罗—瞿昙悉达—瞿昙譔—瞿昙晏。瞿昙逸于唐初由中天竺来华，其后四代均在唐朝担任天文官员。

瞿昙悉达在五代人中最负盛名。他集撰《开元占经》120卷，其中关于中国古代天文学理论不同流派的介绍，以及中国古人对天体的观察和对宇宙的认识等记载，都具有科学史价值。这部书收集和保存了大量古代星占学文献。瞿昙悉达于718年翻译的天竺《九执历》具有重要研究价值，受到中外学者重视。《九执历》被译为汉语后，印度的笔算也为中国人所了解。《九执历》开篇就介绍印度的数字写法，列出从0到9的10个数字，即今天从0到9的前身，由此可证，这10个所谓“阿拉伯数字”，原是印度人的发明。

医药　印度古代的眼科很有名，《龙树菩萨眼论》早就传入中国，唐代仍然流传。唐代还有用金篦术拨治白内障的印度眼科医僧在中国行医。白居易、刘禹锡都曾写诗赞扬。

医药学家孙思邈曾写出《备急千金要方》和《千金翼方》。前者是他于652年在广泛搜集历代各家方书和民间验方的基础上编辑而成，后者则是他于30年后根据自己的行医经验写成的。他在《备急千金要方》的《序例》中引用了佛经中的医学理论，认为人体内的地、水、火、风四大元素协调则不生病，不相协调则生病。《千金翼方》中有不少方子都是来自印度的方剂，有些药方则采用了从印度传来的药物。

王焘是孙思邈之后的另一位医药学家。他的《外台秘要方》成书于752年，全书共40卷，载有6 000余方，是汇集前人69家医书撰成的医学巨著。他也采纳了印度的“四大”理论，并将许多印度药方收进书中。

技术　印度人很早就会用甘蔗制糖。从晋代以来所翻译的一些佛经可知，5世纪前后，印度压榨甘蔗制糖的信息已经传到了中国。

据《续高僧传》卷四《玄奘传》，唐太宗专门派遣使者王玄策到印度去学习熬糖法。大菩提寺派出工匠2人、僧8人随王玄策来华，帮助中国制造蔗糖。

中国造纸技术的发明最晚可以追溯到汉代。2世纪中叶，今新疆和田一带已经使用纸张，那里离印度很近，印度人很可能在那时已经知道纸张这种书写材料了。7世纪，义净去印度取经，看到印度使用纸。有学者认为，中国造纸技术于7世纪中期从内地传到西藏，随即由西藏传入印度。

中国的丝和丝织品公元前就传入印度。但中国边疆地区，最早学会植桑、养蚕和缫丝的地方是和田。西藏和云南都是很早就懂得养蚕缫丝的地方，印度人很容易从这些地方学会这些技术，但是时间不能确定。

语言学　印度人很早就注重语音的研究，在公元前就出现了语法书，也出现了相当科学的字母表。印度佛教文化的传入，在语言学方面对中国有所促进，特别是在音韵学、语法学、字典学方面，对中国的影响很大。

“字母”一词最早出现于5世纪初的佛经翻译中，唐代沙门智广《悉昙字记》中也有关于字母的记载。这说明字母的出现与梵文传播有直接关系。在中国甘肃敦煌发现的文献中，有唐人所写《归三十字母例》和《守温韵学残卷》两份材料。这两份材料都列出了汉语的30个字母。五代后汉时期僧人守温更进一步将30个字母分为“唇、舌、牙、齿、喉”五类，舌音又分“舌头音”和“舌上音”，齿音又分“齿头音”和“正齿音”，喉音又分轻浊二种。正是在此基础上，经过历代发展和研究，中国才出现了现代汉语拼音。

词典学　出于解读佛经的需要，中国僧人编辑了相关辞书。其中，玄应的《一切经音义》（简称《玄应音义》）25卷，编成于648年左右。该书从450部大小乘经律论中选取词语加以注释，注释中又大量引用中国古籍。慧琳的《一切经音义》（简称《慧琳音义》）100卷，是在《玄应音义》基础上，从1 300部佛教典籍选出词语加以解释，释文中也广泛征引了大量中国古籍。该书至今仍被学界广泛引用。

为方便翻译佛经，当时还有人编写了汉梵小词典。如义净曾经编写过《梵语千字文》，即将1 000个汉字词汇用梵文标出。唐代僧人全真（生平不详）的《唐梵文字》和礼言（生平不详）的《梵语杂名》，都与《梵语千字文》相似。当时还有印度僧人参与了汉梵字典的编辑。印度来华僧人僧怛多檗多和波罗瞿那弥舍沙集成《唐梵两语双对集》1卷。这两位印度僧人名不见史传，为长期在华从事佛经翻译者。

翻译学　6世纪末叶~7世纪初叶的译经家主要有彦琮和达摩笈多等。尤其是彦琮，除主持隋代译经馆、撰写出《众经目录》外，还翻译佛经23部，并奉皇帝之命将《舍利瑞图经》和《国家祥瑞录》共10卷翻译为梵文，由王舍城沙门带回印度。

唐初，印度那烂陀寺僧波颇来华，629年，唐太宗李世民下令在大兴善寺开译佛经，请波颇担任主译。633年，波颇去世。12年后，玄奘归国主持译经工作。中国佛经翻译走向鼎盛时期。玄奘的译经场分工细致，人员齐整，工作效率高。646~664年，玄奘主持翻译佛经74部1 335卷。玄奘还形成了自己的翻译理论，提出了“既须求真，又须喻俗”的标准和“五不翻”的原则。

与玄奘大体同时及稍晚的主要译经家有那提、智通、无极高、若那跋陀罗、日照、佛陀波利、提云般若、慧智、弥陀山、宝思惟、实叉难陀、菩提流志。玄奘之后，主要译经家有义净、智严、般剌密帝、善无畏、金刚智、不空金刚等。其中不空金刚最为著名。而在不空金刚之后，则有智慧、莲花精进、悟空、法戒、般若、满月、法成等比较突出。

10世纪~17世纪中叶：频繁的海上交往

这一时期，中国与印度的文化交流仍处于高峰时期。尽管由佛教所带动的文化交流逐渐衰微，求法运动亦渐趋终结，但代之而起的是海上交通和贸易的发达，这是以往任何一个时代都无法比拟的。

佛教交流　据《佛祖统纪》，972~1053年，又有一批印度僧人来华译经传道，此后便渐无声息。同时，中国僧人赴西天取经的运动也出现了最后的辉煌。据《佛祖统纪》卷四三，乾德四年（966），宋太祖赵匡胤曾下诏募集往西天求法的人，应诏者157人。于是，政府组织这些人前往印度。这种由皇帝倡议、官方组织集体求法的行为，在历史上是第一次，也是最后一次。百年之后，范成大（1126～1193）根据当时的资料在他的著作《吴船录》中记录了这个僧团中的一员继业的行程。继业于976年回国，还有人回来得更晚。也有第二次乃至第三次前往印度者。这说明当时的交通比较便利。但是，由于11世纪时穆斯林已开始入侵印度，印度佛教衰落，所以到宋仁宗时代（1023~1063），中国内地历时6个世纪的求法运动基本终结。而在西藏地区，求法活动仍在继续。

10世纪末~15世纪末是藏传佛教的“后弘期”。这一时期，藏传佛教的一些主要宗派，如宁玛派、噶丹派、萨迦派、噶举派和格鲁派等已经形成。念智称是10世纪后半叶到西藏的印度学者。他精通五明论和佛教显密宗，在西藏传播佛教，并翻译了不少显密经典，还写过一部藏文文法书《语言门论》。仁钦桑布是西藏佛教复兴时期最重要的人物之一。他曾3次去印度留学，先后向75位学者学习，回到西藏后曾翻译50部显教经论和108部密教典籍。东印度人阿底峡曾是超岩寺上座法师，1042年应邀到西藏传播佛法，有许多追随者。他所著《菩提道炬论》在西藏影响很大。10～13世纪，有很多青年到印度留学，出现翻译家160余人，而到西藏从事翻译工作的印度僧人也有七八十人之多。10~17世纪，印度的医药学、天文学、因明学、音韵学、文学、艺术、语言、文字等都对西藏产生了深刻影响。

同一时期，中国云南大理国的显密佛教，以及云南南部的上座部佛教（见云南上座部佛教）都得到迅速发展。

10世纪中期以来，佛教的一些思想已经深入人心。表现在思想界，便是宋明理学思潮兴起和演进过程中对佛教思想的吸收和融合。表现在民间，便是民众信仰习俗、岁时节日、婚丧嫁娶等各方面都有佛教的深深烙印。表现在文学上，便是宋代志怪小说和传奇、元明杂剧、明代白话小说对佛教伦理道德观的融会贯通，以及对求法运动的怀念与演义。表现在艺术上，便是对原有石窟寺的继续开凿、绘画中继续保留大量的佛教题材。

政府交往　这一时期，中印间的海上往来很多。当时南印度的使者和僧人来华一般都取水路。据《宋史·外国传五》和《佛祖统纪》卷四四，1015年，注辇国派使者来华，带来了梵文经书。使者还带来了注辇国王罗茶罗乍的国书。从国书可知，南印度人得知宋朝消息，也是商人由海路传递的。此外，《宋史》还记载了南印度和北印度多次派使者来华的事件。使者们往往都带有礼物，如珍珠、象牙、药物和香料等。

元代，尤其是元世祖忽必烈统治时期，中印政府间交往最频繁。据《元史》记载，1272~1294年，元朝遣使到印度11次，印度各国遣使到中国13次。

15世纪前期，中国的航海事业进一步发展，郑和七下西洋，增进了中国与印度的交往。郑和到过印度的若干地区。曾随郑和下西洋的费信、马欢、巩珍3人回国后分别写出《星槎胜览》、《瀛涯胜览》和《西洋番国志》，是研究中印文化交流的重要文献。与郑和同时，侯显也曾多次奉命出使印度各地。据《星槎胜览》、《瀛涯胜览》和《明史》等书，明代与中国发生联系的印度国家或地区有：底里、沼纳朴儿、榜葛剌、阿难功德国（今印度卡纳塔克邦）、柯枝、小葛兰、大葛兰（今印度奎隆或其以南地区）、加异勒（在今南印度东海岸）、甘把里、西洋琐里（在印度西南海岸）、琐里（在今印度西南海岸）、古里国、翠兰山、按笃蛮等。

商品贸易　由于海上交通的便利，这一时期中印间有了大宗的商品交换。

据宋人赵汝适《诸蕃志》卷上，984~987年，泉州聚集了许多外国商人，其中有印度商人，还有印度僧人建寺传播佛教。据宋代周去非《岭外代答》卷二，当时，在南印度西海岸南端的故临，也与中国有密切的海上交通。

元代汪大渊曾两度随船至南洋考察。其第一次出海在1330年，4年后返回。第二次是在1337年，两年后返回。他曾到过印度许多地方，回国后于1349年撰成《岛夷志略》一书。书中对印度各地记载颇详，对了解元朝与印度的海上文化交流极有帮助。他每到一地，都很注意那里的地理、土质、物产、贸易、人种、民俗等。当时印度的货物主要有宝石、珍珠、棉布、麻织品、药品、香料等，中国的货物主要是丝、五色绢缎、丁香、豆蔻、青花瓷和白花瓷等。

马欢《瀛涯胜览》的记载更详细。如“柯枝国”条，先记录其地理位置，然后记录其居民服饰、民居、国中五等人的地位和职业、国王的信仰、修道人的行止、气候、特产、度量衡、货币、与中国的贸易、货币兑换、婚丧之礼、农牧产品等。在“古里国”条，还记载了1407年郑和在这里立碑的史实和碑文内容。

医药学　这一时期中印之间药物的交流更加频繁，数量更大。其主要原因是海上交通和贸易的发展。

《元史》卷十二和卷一三一，都有印度进献药物的记载。《明史》卷三二六记榜葛剌国的“贡物”，有乳香、熟香、乌香、麻藤香、乌爹泥、藤竭、粗黄等。另据《西洋番国志》、《星槎胜览》等书，当时印度人特别喜欢中国的麝香。

明人李时珍的《本草纲目》汇集了中印医药文化交流的宝贵史料。书中介绍和考证了许多来自印度的药物，并广征佛书，给其中许多药物注出梵文译名。其征引之广，胜过历代任何同类书籍。它收取了一些印度传入的药方，并对其制作、效力等作介绍和评价，说明当时这些药方仍被医家采用。而一些含有印度药物的药方，则证明当时有一部分印度药方已经融入了中医。

18世纪～1949年：构建近现代的新联系

中国与印度之间互动的近现代时期，是一个丰富而复杂的时期。在新的条件下，旧的以贸易为基础的联系依然维系，而基于民族主义和反帝国主义之上的新关系也在同步发展。技术和其他方面的变化，使中国与印度在一些方面相互靠近，但政治发展在某些情况下又导致新的紧张局势。殖民主义和帝国主义在亚洲的扩张，影响了两个文明古国之间历史悠久的关系。与此同时，这一时期也是中印两国知识分子、政治活动家、作家和艺术家试图在新条件下重新发现和认识对方的时期。

贸易　中印之间的陆路贸易从远古一直持续到这一时期。横贯喀喇昆仑山脉的贸易活动，将印度北部地区与中国新疆的喀什及莎车等绿洲城镇联系起来。印度北部及东北部的一些地区，与西藏也有贸易关系。由于自然条件非常不利，陆路贸易量并不大，但它一直持续至20世纪中叶。

由于中国与欧洲之间茶叶贸易的迅速增长，印度与中国之间海上贸易出现复兴。16世纪，欧洲商人现身于东方海上之时，亚洲内部的海上贸易已经很繁荣。从1775年起，在印度和西方私商以及英国东印度公司的推进下，印度先后出口原棉和鸦片至中国，印度西海岸新兴的孟买港与中国广州之间的直接贸易剧增。

这一时期，印度对中国的另一主要出口贸易项目，是从19世纪后期开始的成品棉纱。印度棉纱取代了中国市场上的英国棉纱，并约在1880~1905年几乎垄断了中国的进口棉纱市场。印度棉纱出口中国，对于印度正在兴起的现代纺织业的发展起了重要的稳定作用。不过，在第一次世界大战前后，中国自身的棉纱业迅猛发展，所以到1929年时，中国开始向印度出口棉纱。

印度和中国的侨民流动　陆上和海上贸易的发展，促进了印度和中国的人口流动。新疆的大多数旁遮普商人往返奔波，仅在进行贸易活动时驻留当地。不过，一些克什米尔人迁移新疆并定居下来。

与中国的海上贸易的复兴导致印度商人群体出现在中国沿海地区。早期的印度商人主要出自帕西人社群、以孟买为基地的巴格达犹太人社群，以及一些布赫拉派和伊斯玛仪派穆斯林商人（见伊斯玛仪派商人）。第一次鸦片战争后，这些印度商人开始长期侨居中国。他们从进出口贸易起家，随后商业兴趣逐渐多样化，从而步入中国东部港口城市的其他商业领域，其中包括银行业、房地产业、制造业及股票经纪业。20世纪，越来越多的出自马尔瓦拉社群和信德社群的商人抵达香港及其他港口城市。

到达中国并定居下来的另外一个主要来自旁遮普的印度人群体是警察和安保人员。这些警察主要分布在香港、上海、广州、天津、汉口等城市的洋行，而印裔安保人员则广泛分散在较小的城镇。他们一度约占中国东部地区印度人口总数的一半。20世纪三四十年代，这一群体同中国西部及中国港口的商人一道，大多被遣返印度。

中国与印度之间的商业联系也使中国人得以到达印度。中国人主要出现在加尔各答和孟买两市及其周边地区。不过，中国人的数量仅在加尔各答大量增加，从而形成印度的一个华人聚落。在这一时期，第一个在印度定居的中国人名叫杨大钊（阿钊）。18世纪末期，他获得英国驻孟加拉当局赠送的一片土地，并在其上建立了一家糖厂。此后，在整个19世纪，更多的中国人陆续到达印度。他们主要定居在加尔各答的保巴沙和唐格拉这两个地区。他们大多从事木工业和造船业，后来也有人经营皮革业。有的中国人还被招募到印度东北部的阿萨姆省，在英国人建的茶叶种植园从业。他们的茶叶栽培和加工技术被广泛用于印度茶产业（见茶叶种植）。

20世纪初叶起，中国社会的动荡使得更多的包括妇孺在内的中国人避走印度。华人社群逐渐安居乐业。但1962年中印边界冲突之后，华人在印度面临困境，于是大量移居海外，侨民人数锐减。

中国对印度的艺术出口　19世纪印度与中国贸易的一个未曾引起足够重视的副产品，是一些艺术的传输，尽管与古代相比，这种交流的规模很小。孟买商人从中国进口广州地区特有的带有精美刺绣的丝织品。这对帕西人尤其是妇女和儿童的服装风格产生了巨大影响。帕西族妇女穿用的独具特色的伽罗纱丽上绣有风格鲜明的中国刺绣，成为中印两国艺术风格珠联璧合的产物。印度纺织的丹乔伊风格的真丝织锦缎，也是从中国织工学习并变通而来。中国的瓷器和家具在印度尤其是孟买也备受赞赏，成为精英阶层装饰家居环境的良品。中国艺术大师的肖像画和反向玻璃画艺术在印度亦颇风行，随后印度艺术家开始学习和模仿这些艺术形式。

香港、上海与孟买　亚洲的这三大港口城市的发展在很大程度上与中印两国这一时期的贸易往来密切相关。来自印度的沙逊家族、律敦治家族、嘉道理家族、C.P.遮打、H.N.么地、鸭都喇利有限公司等，不仅是商业巨头，而且在香港的基础设施建设、教育的发展以及管理方面发挥了作用。在中国最为知名的孟买犹太人家族沙逊家族，在中国商界地位显赫，在上海外滩拥有地标性大厦。而孟买之所以能够发展成为印度主要的商业、航运、工业和金融中心，在很大程度上与它同中国的贸易密不可分。19世纪，孟买的许多杰出市民，包括名声显赫的商人J.杰吉博伊，或直接从事对华贸易，或出自从事对华贸易的家族。在印度现代工业的早期发展阶段，在19世纪孟买城市基础设施的发展中，对华贸易的资本积累均发挥了显著作用。

早期人员往来　中国派遣一个6人代表团于1879年3~9月访问印度。这是近代中国派往印度的第一个官方使团。这个代表团的成员之一黄懋材撰写了数部著作，记载自己在印度的经历和见闻，其中包括《印度札记》、《游历刍言》、《西徼水道》。1881年7月，清廷派遣马建忠和吴广霈赴印度与英属印度政府谈判，交涉鸦片事务。回国后，马建忠著有《南行记》，吴广霈著有《南行日记》。后来，中国使者薛福成和黄遵宪在出访欧洲途中游历印度，均撰写了涉及印度情况的著作。

1893年，印度近代最杰出的哲学家之一辨喜来到中国。他是这一时期最早来华的印度公众人物之一。他在自己的著作中表达了对中国人民的同情和友好感情，并预言中国人民将有一个伟大的未来。1898年，中国发生戊戌变法。这场运动中颇有影响的中国学者和领导者康有为在变法惨遭镇压后被迫逃离中国，流亡异域。康有为在流亡期间于1901年到达印度东北部的大吉岭，在印度居住达一年半，周游各地，并写下《印度游记》和《须弥雪亭诗集》。他在书中分析了印度的情势。

民族运动与反对帝国主义领域的联系　印度与中国都是帝国主义扩张的受害者，尽管方式不同，程度也有所不同。共同的反对帝国主义的大业，成为两国建立新的联系的基础。

最早的有关印度人与中国人合作反对帝国主义的事例记录，与19世纪中叶英属印度军队被派往中国镇压太平天国运动有关。当时一些印度士兵反水投奔太平军，与他们并肩作战。1900年，中国北方爆发义和团运动，英国又调集印度军队前往镇压。英军中的一位印度贵族军人T.G.辛格后来将他在中国的见闻写成动人的日记，并以《在中国的十三个月》为书名出版。他在书中对中国人民遭受的不公待遇表示同情。

20世纪上半叶，中国与印度两国的民族主义运动和反帝运动风起云涌。在这一时期，中国和中国政治领袖为若干流亡的印度政治活动家及民族主义组织提供了保护。最突出的一个事例是，印度卡德尔党从第一次世界大战至20世纪30年代能够一直在中国开展活动。卡德尔党还告诫在中国为英国人服务的印度士兵和警察勿将枪口对准中国人，他们的工作对在华印度军队产生了一定的影响。

中国辛亥革命的领袖孙中山，极为关注印度摆脱殖民统治、争取自由的事业。他在中国和日本会见了印度的许多学生和革命者，力图帮助他们。与此同时，他的民族革命事业激励了印度国内的许多民族主义者。

20世纪20年代起，印度国民大会党及其领袖不断关注中国局势。他们努力与中国的民族主义者建立了广泛的联系，公开谴责利用印度军队镇压中国人的行为。J.尼赫鲁在自己的著述中反复提到中国，表达了对中国古老文明的激赏。

中国人民也开始了解印度民族运动的进展。20世纪20年代，“圣雄甘地”之名在中国很响亮。20~40年代，中国出版有关M.K.甘地及其思想的书籍达27种，仅甘地自传就有4个中译本。1920年，印度国大党采纳了甘地的“非暴力”和“不合作”的反英斗争策略。当年，“不合作运动”就引起了中国思想界的密切关注，各报刊连续登载有关消息和评论。1920~1926年，仅《东方杂志》发表的有关文章约达30篇。1921~1935年，有许多人在各种报刊上发表文章，讨论甘地主义。当时的《东方杂志》刊登有关文章六七十篇，并一度辟有《甘地与新印度》专栏。

亚洲文艺复兴　20世纪初开始，尤其是在中国和印度的知识分子当中，亚洲一体意识和东方文明美德意识开始发展。在殖民主义和帝国主义统治之下受苦受难的两国人民开始觉醒。在中国，孙中山、章炳麟、刘师培、梁启超、李大钊等人士在讲话和著述中都表达了推动亚洲一体意识的愿望。在印度，尼赫鲁和流亡民族主义者R. M. 普拉塔普等热烈赞同亚洲团结事业。在这方面，最为驰名的印度人士是诗人、哲学家R.泰戈尔。他1924年访问中国，目的是恢复中印两大亚洲文明的联系并决定在自己创建的国际大学设立中国学院。

泰戈尔是现代对中国影响最大的印度人士。1913年他获得诺贝尔文学奖后，中国文学界立即出现了“泰戈尔热”。中国发表了大量关于泰戈尔的文章，他的大量作品被翻译出版。1924年4月，应梁启超的邀请，泰戈尔踏上了为期近50天的访华旅程。其间，他造访了香港、上海、南京、济南、北京、太原和汉口。尽管他的到访受到中国一些不赞成他的哲学观点的青年和知识分子的反对，但还是受到了众多中国人士热情欢迎和赞赏。他与中国的一些著名的思想家、作家和艺术家结下深厚的友谊。诗人徐志摩担任他的翻译，此后两人发展出一种永恒的情谊。泰戈尔与中国知识分子、作家和艺术家之间的关系，对他本人和他的中国情结产生了深刻影响。泰戈尔的作品也对中国文学界产生了深刻影响。中国许多作家如郭沫若、冰心、郑振铎、王统照、徐志摩等都受到过泰戈尔的影响。中国对泰戈尔和他的诗歌的兴趣和激赏一直持续至今。

中国的印度研究与印度的中国研究　现代中国对印度文明的系统研究始于20世纪。1916年，许季上率先在北京大学讲授印度哲学。1917～1924年，梁漱溟在北京大学讲授印度哲学。1922年，汤用彤留学归国，在一些大学讲授中国佛教史、印度哲学史等课程。1931年，通晓梵文和巴利文的陈寅恪在清华大学开设佛典翻译文学课。从1924年始，包括僧人在内的许多中国学生前往印度留学。这一时期去印度的学者主要有许地山（1926、1934）、金克木（1941）、吴晓铃（1942）、徐梵澄（1942）、陈翰笙（1944）、常任侠（1945）、陈洪进（1945）等。

1942年，中国在云南建立了国立东方语文专科学校，首次设置印地语课程，此外还设有印度历史、印度宗教、印度社会等课程。1946年，北京大学成立东方语言系，教学内容包括印度的语言文学。1949年，东方语文专科学校合并于北京大学东语系。

与此同时，泰戈尔从中国返回印度后，非常热衷于在自己创立的位于孟加拉省圣蒂尼克坦的国际大学内设立一个研究中国和中华文明的中心。1927年，他在新加坡遇到中国青年学者谭云山，遂邀请他访问国际大学。谭云山前往并驻留国际大学，开始讲授汉语。在创办现代印度第一家中国研究中心的过程中，谭云山成为泰戈尔的主要合作者和助手。他为建立这一中心而返回中国募集资金等。在中华民国政府、中印学会及其他支持者的协助下，1937年4月14日，中国学院举行落成仪式。新建的中国学院具有自己独特的建筑，还有一个藏有大量中文著作的图书馆。

20世纪30年代，位于新德里的国际印度文化学院是另外一个从事中国研究的机构。它由R.维拉创立。维拉从1937年开始研究中国文化和印中关系史，并与中国建立学术联系。1938年，他写成《〈罗摩衍那〉在中国》一书。30年代后期，印度浦那的费尔古森学院成立了一个研究中国学的中心。T.V.巴帕特、V.V.郭克雷二人开始从事梵文、巴利文和汉文、藏文佛教典籍的比较研究。

这一时期印度的中国学学者中，最突出的是师觉月。他在加尔各答大学获硕士学位后于1923年前往法国，在法国汉学家S.列维的指导下学习中文。1945～1956年在国际大学任教并从事研究。他撰写了很多涉及印度与中国之间文化互动等方面的重要著作。他曾于1947年和1952年两次访华。

第二次世界大战期间的合作与交往　20世纪30年代，日本侵略中国受到印度舆论的广泛谴责。除撰写文章和发表讲话反对日本侵略外，印度领导人还组织了各种活动，包括募集资金和组织“中国日”，以表示对中国的同情和支持，同时让印度公众普遍了解中国的抗争。1939年，尼赫鲁访问中国战时陪都重庆。中印两国人民在战时合作最为知名的范例，是印度派遣医疗队前往中国，援助进行抗日战争的中国人民。1938年8月，印度援华医疗队成立。其5名成员是：队长M. M. 爱德（1886～1957，中国名字为爱德华）、副队长M.R.卓克（1882～1962，中国名字为卓克华）、队员D. S. 柯棣尼斯（1910～1942，中国名字为柯棣华）、B. K. 巴苏（1912～1986，中国名字为巴苏华）和D.木克吉（1912～1981，中国名字为木克华）。1939年2月，他们带着许多急需的医疗设备抵达延安，在非常艰苦的条件下工作，为抗日战士和当地百姓提供医疗服务。在医疗队其他队员因病先后回国后，巴苏华和柯棣华留了下来。柯棣华被任命为白求恩国际和平医院院长。他结识并与中国姑娘郭庆兰结婚。柯棣华于1942年12月9日因病去世，年仅32岁。有上万人前来为他送葬。毛泽东写下悼词，盛赞柯棣华对中国人民的无私奉献。中国人民至今一直铭记着柯棣华。每年有数十万人参观印度援华医疗队纪念馆。在印度，柯棣华不朽的传奇故事被摄制成流行电影《柯棣华大大中国行》（1946）。该电影由著名制片人尚塔拉姆执导，由K.A.阿巴斯编剧。

抗日战争时期，印度还为中国提供了补给物资和对外交通线路。1942年年中，日本入侵缅甸之后，切断了经该国通往中国西南的补给线路，印度的战略地位变得更加重要。此后，从印度阿萨姆省的雷多通往云南的史迪威公路、从加尔各答通往昆明的输油管线，以及驼峰航线，均在抗日战争中起了非常重要的作用。成百上千的飞机满载货物和人员，经驼峰航线往返于东印度与中国西南的机场之间。从孟加拉省北部的噶伦堡通往中国西藏和云南的路线也被用于运输民用货物。战时，还有成千上万的中国远征军在印度比哈尔省兰姆伽镇（今属恰尔肯德邦）接受训练，以与驻扎在缅甸的日军作战。

第二次世界大战期间，印度旨在终结英国殖民统治的民族运动即将取得最终的胜利。印度国民大会党高层领导人，包括尼赫鲁和甘地在内，被英国人逮捕并投入监狱。蒋介石和他的夫人宋美龄拂逆英国首相W.L.S.丘吉尔的意愿，于1942年访问印度并会见了尼赫鲁和甘地两人。蒋介石力劝英国政府同意印度民族主义者的要求，将政权归还印度人民。他在离开印度前发表广播讲话《告印度人民书》，表达了对印度人民诉求的同情。

第二次世界大战期间，印度政府（当时仍在英国控制之下）与中华民国政府决定互换使节。印方前3任使节是Z.扎法鲁拉·汗、K.R.S.梅农和K.M.潘尼迦。中方前3位使节是T.K.沈士华、T.K.曾和罗家伦。最初印度使节驻于重庆，而随着战争结束，南京再度成为国民政府所在地，印度大使馆遂迁往南京。在印度于1947年8月获得独立后，双方使节的身份提高到大使级。这标志着中印两个现代国家首次建立外交关系。

1949年以后：多方面日益增进的往来

1949年10月1日中华人民共和国建立后，中国与印度于1950年4月1日建立外交关系。印度成为非社会主义国家第一个在中国设立大使馆的国家。1951年1月26日是印度的共和国日，印度大使馆在北京首次举办正式招待会，中国国家主席毛泽东亲自出席招待会，就中印友谊发表了热情洋溢的讲话。

20世纪50年代，中国与印度增强双边外交往来。1954年6月25～28日，中国总理兼外交部长周恩来访问印度，印度总理尼赫鲁则在同年10月19～30日访问中国。周恩来还于1956年和1960年两次访问印度。从1951年起，两国贸易开始启动。1954年4月29日，两国签订了《关于中国西藏地方和印度之间的通商和交通协定》，还签订了两国间的第一个贸易协定。这一时期，中国输往印度的货物主要有大米、高粱、大豆、生丝、机器、变压器、羊毛、苛性钠、纸张等；印度输入中国的货物主要有麻制品、大米、豆类、烟叶、化学品、药品、云母、电扇、毛织品、机械等。

1954年两国政府签订的《关于中国西藏地方和印度之间的通商和交通协定》的序言中把和平共处五项原则确定为指导两国关系的准则。1955年4月，在印度尼西亚万隆举行的亚非国家会议上，经过修订的和平共处五项原则文本获得通过。

中国与印度之间定期的教育、文化和科技交流始于20世纪40年代， 50年代亦多次互派代表团访问。印度著名艺术家B.R.辛哈和哲学家R.桑克利提亚衍等访问中国，与中国同行交流。印度电影，尤其是《流浪者》和演员R.卡普尔等，为中国人民所熟悉。

1962年中印边界冲突之后的10多年里，中印两国之间的正常关系基本中断，各种往来几乎全部中止，直至70年代以后才逐渐得以恢复。巴苏华为之付出了努力，70年代中期至80年代中期，他数度访问中国，临终之际还要求将自己的骨灰分撒在中印两国。这一时期也出现了其他一些表示亲善的非正式交流，为双边关系的恢复作了准备。1979年，印度外长A.B.瓦杰帕伊成为相隔多年之后首个访问中国的印度高级官员。20世纪80年代，中印两国领导人开始在各种国际峰会间隙会晤。

1988年12月19～23日，印度总理拉吉夫·甘地访问中国，标志着中印两国已经恢复高层联系，成为两国关系正常化的具有重要意义的一步。除会见中国总理李鹏外，拉吉夫·甘地还与邓小平等中国领导人会见。两国政府还签订了科学技术合作协定、民用航空运输协定和文化交流与合作执行计划。此后，两国高级领导人互访迅速发展并常规化。互访的两国领导人包括李鹏总理（1991）、R.文塔卡拉曼总统（1992）、P.V.N.拉奥总理（1993)、江泽民主席(1996)、K.R.纳拉亚南总统（2000)、朱镕基总理 (2002)、A.B.瓦杰帕伊总理 (2003)、温家宝总理 (2005、2010)、胡锦涛主席 (2006、2012)、M.辛格总理（2008、2013)、P.D.帕蒂尔总统（2010)、李克强总理（2013）、习近平主席（2014）和N.莫迪总理（2015）等。两国签订了很多协定，提高了多样化领域的合作水平，维护了边界地区的和平。

该时期中印经济关系尤其是商业互动迅猛发展。1977年，中印恢复直接贸易。1984年签订政府间协定，以提升两国的贸易和商业合作水平。2000年，两国贸易总额低于300亿美元，近几年增长迅速，最高年份达600亿美元以上（2010），中国成为印度最大的贸易伙伴，印度成为中国的第七大出口目的国。印度出口中国的产品主要有铁矿石、矿渣和矿粉、棉花、棉纱和纤维、铜、宝石、化学产品等。中国出口印度的商品主要有核反应堆和锅炉、电机、钢铁、有机化学品及肥料等。中国在印度的投资和印度在中国的投资日益增长。大量印度公司已在中国建立了自己的办事处或分号，其中包括塔塔咨询服务、维普罗、印孚瑟斯、雷迪博士实验室、信实、印度国家信息技术学院、比那尼水泥、马恒达等。至少有10家印度银行已在中国设立支行。同样，中国的华为技术有限公司、中兴通讯股份有限公司、海尔建设股份有限公司、中钢集团公司、中国水利水电建设股份有限公司、宝山钢铁股份有限公司等也在印度建立基地。中国在印度设立工业园区的可能性也在探索之中。

随着两国之间经济关系的发展，中印两国人民互访、在对方国家生活和工作的人数也大幅度增加。目前，有2万余名印度人生活在中国内地，这一数字还在继续增长。他们主要是学生（8 000人以上）、商人和企业家、专业人员，散布在中国的很多省份。进入21世纪以来，数百万中国人造访了印度。许多人到印度的佛教圣地朝觐。中国人在印度任软件专业人员、注册会计师和企业家的数量也在日益增加。

拉吉夫·甘地1988年访问中国推动了中印两国之间的文化交流。从那时起，众多文化代表团互访。中印两国分别组织了多次印度节和中国节。著名的文化合作范例包括：印度帮助中国在洛阳建造了一所印度风格的佛教寺庙（见白马寺），中国帮助印度在玄奘造访过的著名教育中心那烂陀遗址附近修筑了一座玄奘纪念堂。中国总理温家宝2010年12月、总理李克强2013年5月、国家主席习近平2014年9月访问印度和印度总理辛格2013年10月、莫迪2015年5月访问中国发起的文化交流项目，激发了各种不同领域的活动，包括作家、表演艺术家、考古学家、档案学家等人员的交流，电影节和其他文化节的举办，以及学术、出版、体育交流和青年代表团互访等。

中印两国学者之间的学术交流也在稳步增加，涵盖多种学科。除官方主办的文化交流外，还有民间交流。印度的瑜伽、食品和电影在中国越来越受到人们的青睐。中文课程、中国武术和某些形式的中医在印度的声望日益提升。

中印两国在地区和全球论坛的合作也在日趋增多。温家宝2005年4月访问印度时，两国政府发表联合声明，宣告两国确立了面向和平与繁荣的战略合作伙伴关系，双方不仅从双边的角度，而且从全球战略视角考虑两国的关系。在与国际贸易、地区安全、海洋安全、环境生态等问题上，中印之间有更大的合作协调空间。中国和印度日益增长的经济实力增强了两国在国际事务中的责任感。

条目标题分类目录

中印文化交流…… 1

中印贸易往来 …… 973

[物产]

菩提树 …… 494

娑罗树 …… 634

无忧树 …… 700

苜蓿 …… 455

胡瓜 …… 254

胡椒 …… 254

婆罗得 …… 485

棉花 …… 438

糖（见制糖） …… 660

郁金香 …… 874

封牛 …… 183

瓷器 …… 88

丝绸 …… 612

刺绣 …… 89

猫儿睛 …… 425

细布 …… 724

[贸易]

鸦片贸易 …… 755

中印棉纱贸易 …… 980

鸭都喇利有限公司 …… 756

新沙逊洋行 …… 736

帕西人 …… 479

希卡布尔放债人 …… 721

伊斯玛仪派商人 …… 768

塔塔家族 …… 638

夏利莱家族 …… 725

杰吉博伊，J. …… 303

伽玛，K.R. …… 283

么地，H.N. …… 427

遮打，C.P. …… 904

嘉道理兄弟 …… 291

中印科技交流…… 967

[天文学・数学交流]

印度古代数学天文学 …… 810

[术语・物品]

七曜 …… 502

九执 …… 326

罗睺 …… 406

计都 …… 278

二十八宿 …… 149

印度-阿拉伯数字 …… 784

零 …… 378

天竺算法 …… 668

星神画像 …… 737

由旬 …… 863

拘卢舍 …… 327

印度古代度量单位 …… 809

那烂陀寺漏法 …… 458

黄道游仪 …… 262

水运浑天仪 …… 608

[人物]

何承天 …… 246

慧要 …… 270

殷绍 …… 783

庾曼倩 …… 874
顾越 …… 225
刘焯 …… 383
甄鸾 …… 908
刘凭 …… 381
李淳风 …… 362
一行 …… 766
曹士蔿（见《符天历》） …… 71
杨景风 …… 762
马重绩 …… 416
刘孝荣 …… 382
杨忠辅 …… 764
达摩战涅罗 …… 94
迦叶孝威 …… 291
瞿昙罗 …… 525
瞿昙逸 …… 526
瞿昙悉达 …… 525
瞿昙譔 …… 526
瞿昙谦 …… 525
瞿昙晏 …… 526
密多 …… 436
俱摩罗 …… 330

[著作]

《摩登伽经》 …… 443
《摩登伽经·说星图品》 …… 444
《舍头谏太子二十八宿经》 …… 567
《元嘉历》 …… 876
《婆罗门竭伽仙人天文说》 …… 489
《内外旁通比较数法》 …… 470
《婆罗门历数书》 …… 489
《经纬历》 …… 320
《麟德历》 …… 376
《北斗七星护摩法》 …… 44
《梵天火罗九曜》 …… 170
《宿曜仪轨》 …… 741
《七曜星辰别行法》 …… 503
《大衍历》 …… 115
《光宅历》 …… 227
《九执历》 …… 326
《开元占经》 …… 338
《宿曜经》 …… 740
《符天历》 …… 203
《七曜禳灾诀》 …… 502
《调元历》（见马重绩） …… 669
《文殊七曜经》 …… 693
《文殊星历》 …… 693
《七曜雌雄图》 …… 502
《文殊七曜图》 …… 693
《七曜会聚》 …… 502
《符天九星算法》 …… 203
《七曜选日》 …… 503
《七曜细行历》（见刘孝荣） …… 503
《会元历》（见刘孝荣） …… 265
《乾道历》（见刘孝荣） …… 517
《淳熙历》 …… 87
《统天历》（见杨忠辅） …… 670
《中国数学史大系》 …… 947

[医学交流]

医方明 …… 769
孙思邈调气法 …… 631
印度医学在中国的传播 …… 852

[人物]

佛图澄 …… 195
葛洪 …… 215
耆域 …… 511
佛陀斯那 …… 198
龙树 …… 395
耆婆 …… 510
陶弘景 …… 660
孙思邈 …… 630
跋摩米帝 …… 36
王焘 …… 680
李时珍 …… 364
马海德 …… 418
唐由之 …… 660

[著作]

《佛医经》 …… 200
《鲍威尔写本》 …… 43
《诸医方髓》 …… 1022
《千手千眼观世音菩萨治病合药经》 …… 515

《备急千金要方》…… 45
《医理精华》…… 769
《千金翼方》…… 514
《佛说疗痔病经》…… 195
《龙树菩萨眼论》…… 395
《外台秘要方》…… 677
《服药咒》…… 203
《迦叶仙人说医女人经》…… 291
《啰嚩拏说救疗小儿疾病经》…… 414
《婆罗门僧服仙茅方》…… 490
《耆婆书》…… 511
《耆婆五脏经》…… 511
[技术交流]
玻璃（见中印科技交流）…… 55
制糖…… 919
造纸（见中印科技交流）…… 891
镔铁（见中印科技交流）…… 50
茶叶种植…… 72
《齐民要术》…… 504
竺可桢…… 1026
中印佛教交流…… 953
[流派]
印度佛教…… 795
原始佛教（见印度佛教）…… 882
部派佛教（见印度佛教）…… 69
大乘佛教（见印度佛教）…… 100
密教（见印度佛教）…… 436
中观派（见印度佛教）…… 926
瑜伽行派（见印度佛教）…… 872
陀罗尼密教…… 673
持明密教…… 85
真言乘…… 907
金刚乘…… 311
易行乘…… 775
时轮乘…… 591
中国佛教…… 930
天台宗…… 665
法相宗…… 162
三论宗（见中国佛教）…… 546
华严宗（见中国佛教）…… 260
律宗（见中国佛教）…… 401
禅宗（见中国佛教）…… 74
净土宗（见中国佛教）…… 322
密宗（见中国佛教）…… 438
三阶教（见中国佛教）…… 545
藏传佛教…… 889
宁玛派…… 475
萨迦派…… 539
噶举派…… 206
格鲁派…… 214
觉囊派…… 332
息解派…… 721
云南上座部佛教…… 886
阿吒力教…… 17
[圣地]
蓝毗尼…… 355
迦毗罗卫…… 290
菩提伽耶…… 492
金刚座…… 314
伽耶…… 284
鹿野苑…… 399
萨尔纳特…… 537
舍卫城…… 568
祇园精舍…… 505
祇树给孤独园（见祇园精舍）…… 505
王舍城…… 679
竹林精舍…… 1023
灵鹫山…… 376
吠舍离…… 176
拘尸那迦…… 327
摩诃菩提寺…… 447
那烂陀寺…… 457
超岩寺…… 77
[道场·寺院]
鸡园寺…… 273
五台山…… 709
五台山藏传佛教寺院…… 711
普陀山…… 498
峨眉山…… 148
九华山…… 325

白马寺 …… 38
法门寺 …… 158
法门寺塔 …… 158
建初寺 …… 295
大兴善寺 …… 114
阿育王寺 …… 15
潭柘寺 …… 656
灵隐寺 …… 377
草堂寺 …… 72
少林寺 …… 564
永宁寺 …… 862
鸡鸣寺 …… 273
相国寺 …… 731
法源寺 …… 163
大慈恩寺 …… 102
兴教寺 …… 737
开元寺 …… 337
大昭寺 …… 118
布达拉宫 …… 65
桑耶寺 …… 551
崇圣寺三塔 …… 85
托林寺 …… 672
海清寺阿育王塔 …… 238
妙应寺 …… 440
卓尼寺 …… 1030
夏琼寺 …… 725
大报恩寺 …… 97
大报恩寺塔 …… 98
拉萨密宗院 …… 354
甘丹寺 …… 209
哲蚌寺 …… 904
色拉寺 …… 552
强巴林寺 …… 517
贡庆寺 …… 218
扎什伦布寺 …… 892
塔尔寺 …… 637
郭隆寺 …… 234
多杰扎寺 …… 145
却藏寺 …… 531
赛柯寺 …… 543
黄寺 …… 263
白玉寺 …… 39
敏珠林寺 …… 441
噶丹松赞林寺 …… 206
佐钦寺 …… 1035
汇宗寺 …… 265
雍和宫 …… 861
广仁寺 …… 228
拉萨四大林 …… 354
丹吉林 …… 123
茨觉林 …… 88
策墨林 …… 72
功德林 …… 217
外八庙 …… 676
拉卜楞寺 …… 350
德格印经院 …… 129
广法寺 …… 227
善因寺 …… 562
普化寺 …… 496
[人物]
[印度人物]
净饭王 …… 322
摩耶夫人 …… 451
释迦牟尼 …… 597
佛陀（见释迦牟尼） …… 196
乔答摩·悉达多（见释迦牟尼） …… 518
佛陀十大弟子 …… 198
迦叶 …… 290
目犍连 …… 454
罗睺罗 …… 406
阿难 …… 6
舍利弗 …… 567
须达多 …… 741
迦兰陀 …… 285
频毗娑罗 …… 484
阿阇世 …… 11
阿育王 …… 13
阿育王铭文 …… 14
阿育王正法 …… 16
伊存 …… 767

摄摩腾 …… 570
竺法兰 …… 1025
胁尊者 …… 733
竺佛朔 …… 1026
龙树 …… 393
维祇难 …… 689
竺律炎 …… 1026
康僧铠 …… 341
提婆 …… 663
昙柯迦罗 …… 649
竺佛调 …… 1026
竺叔兰 …… 1027
弗若多罗 …… 202
卑摩罗叉 …… 44
昙摩蜜多 …… 650
佛驮跋陀罗 …… 196
求那跋摩 …… 521
昙无谶 …… 651
求那跋陀罗 …… 521
僧伽提婆 …… 556
诃梨跋摩 …… 245
僧伽跋澄 …… 556
僧伽罗叉 …… 556
昙摩耶舍 …… 651
佛陀耶舍 …… 198
昙摩掘多 …… 650
无著 …… 700
佛陀跋陀 …… 196
僧伽达多 …… 556
僧伽罗多 …… 556
昙摩伽陀耶舍 …… 650
世亲 …… 595
佛驮什 …… 196
竺法度 …… 1024
清辨 …… 519
那连提黎耶舍 …… 459
法上 …… 159
真谛 …… 905
求那毗地 …… 522
陈那 …… 80
佛陀扇多 …… 197
勒那摩提 …… 358
僧伽婆罗 …… 556
菩提流支 …… 493
瞿昙流支 …… 525
商羯罗主 …… 563
菩提达摩 …… 491
毗尼多流支 …… 482
阇那崛多 …… 565
波颇 …… 54
波罗颇迦罗蜜多罗（见波颇） …… 53
波斯匿 …… 54
达磨般若 …… 94
护法 …… 256
慧月 …… 271
攘那跋陀罗 …… 532
阇那耶舍 …… 566
耶舍崛多 …… 765
月婆首那 …… 884
戒贤 …… 310
功德光 …… 217
阇提斯那 …… 566
达摩笈多 …… 93
法称 …… 154
月称 …… 883
地婆诃罗 …… 132
纯陀 …… 87
善无畏 …… 561
般若瞿多 …… 58
僧伽跋摩 …… 556
达摩掬多 …… 94
伽梵达磨 …… 283
胜军 …… 577
无极高 …… 698
智光 …… 920
慧天 …… 269
尊法 …… 1035
那提 …… 461
佛陀多罗 …… 197
佛陀波利 …… 197

智月 …… 923
师子光 …… 584
金刚智 …… 314
宝思惟 …… 41
极量 …… 274
菩提流志 …… 494
不空金刚 …… 64
不空（见不空金刚） …… 64
寂护 …… 281
般若 …… 56
莲花戒 …… 369
安静 …… 20
难陀 …… 468
舍利越摩 …… 567
释天竺 …… 602
莲华 …… 370
莲花生 …… 369
无垢友 …… 697
牟尼室利 …… 452
赞陀崛多 …… 888
钵怛罗 …… 55
施护 …… 584
天息灾 …… 667
法护 …… 154
曼殊室利 …… 425
真理 …… 907
佛护 …… 188
萨满多 …… 541
可智 …… 344
法见 …… 156
苏葛陀 …… 624
弥罗 …… 434
法贤（见法天） …… 160
吉祥 …… 273
钵纳摩 …… 56
护罗 …… 256
补陀吃多 …… 63
迦罗扇帝 …… 288
罗护哪 …… 406
罗护罗 …… 406
密坦罗 …… 436
你尾尼 …… 473
永世 …… 862
阿底峡 …… 2
帝洛巴 …… 133
那若巴 …… 460
法天 …… 160
满贤 …… 424
慈贤 …… 88
尼古玛 …… 470
苏卡悉地 …… 624
爱贤 …… 20
吉祥（见智吉祥） …… 273
目罗失稽 …… 455
众德 …… 1017
觉称 …… 332
法戒 …… 156
寂贤 …… 282
知贤 …… 916
天觉 …… 664
妙德 …… 439
童寿 …… 670
普善 …… 498
智吉祥 …… 921
智亮 …… 921
达磨波 …… 94
智信护（见爱贤） …… 922
帕·丹巴桑杰 …… 478
阼哈罗悉利 …… 251
喀切班钦·释迦室利 …… 333
苏陀室利 …… 627
佛陀室利 …… 198
不动 …… 63
三磨耶悉利 …… 547
指空 …… 917
具生吉祥 …… 329
底哇答思 …… 132
桑渴巴辣 …… 550
高达摩实理 …… 213
释迦也失 …… 600

毗瓦巴 …… 484
[西域人物]
安世高 …… 22
支娄迦谶 …… 915
康僧会 …… 341
帛延 …… 59
无罗叉 …… 699
支谦 …… 916
帛尸梨蜜多罗 …… 59
涉公 …… 569
佛图罗刹 …… 195
犍陀勒 …… 293
昙摩难提 …… 651
鸠摩罗什 …… 322
昙迁 …… 651
畺良耶舍 …… 301
昙摩流支 …… 650
阿那摩低 …… 6
浮陀跋摩 …… 203
功德直 …… 217
昙曜 …… 652
若那竭多 …… 536
毗目智仙 …… 482
若那跋陀罗 …… 536
僧伽跋摩 …… 556
僧伽 …… 555
实叉难陀 …… 594
利涉 …… 367
弥陀山 …… 435
提云般若 …… 663
尸罗达摩 …… 583
勿提提羼鱼 …… 716
般若斫迦 …… 59
满月 …… 424
[中国人物]
楚王英 …… 87
牟子 …… 453
笮融 …… 891
严佛调 …… 758
安玄 …… 23
支曜 …… 916
康巨 …… 340
康孟详 …… 341
朱士行 …… 1021
竺法护 …… 1024
竺法潜 …… 1025
法立 …… 157
法炬 …… 156
支敏度 …… 916
竺法乘 …… 1024
聂承远 …… 473
于道邃 …… 865
于法兰 …… 865
法领 …… 158
支孝龙 …… 916
竺法雅 …… 1025
智严 …… 922
竺僧敷 …… 1027
道安 …… 124
支遁 …… 915
法和 …… 154
竺法汰 …… 1025
慧远 …… 270
郗超 …… 721
康法畅 …… 340
康法朗 …… 340
康僧渊 …… 341
昙翼 …… 653
慧持 …… 266
法显 …… 160
慧严 …… 269
慧睿 …… 268
慧义 …… 270
宝云 …… 42
竺道生 …… 1023
宗炳 …… 1031
僧肇 …… 558
智猛 …… 921
慧达 …… 266
竺法崇 …… 1024

昙谛 …… 649
竺佛念 …… 1026
僧导 …… 553
竺僧朗 …… 1027
惠生 …… 265
法力 …… 157
僧远 …… 557
玄畅 …… 747
慧览 …… 267
慧琳 …… 267
僧猛 …… 557
昙无竭 …… 652
法献 …… 162
昙朗 …… 649
智严 …… 922
僧含 …… 555
僧祐 …… 557
智藏 …… 923
法云 …… 164
昙鸾 …… 649
宝唱 …… 41
法悦 …… 164
昙无最 …… 652
道荣 …… 125
法泰 …… 159
万天懿 …… 677
曹毗 …… 71
彦琮 …… 761
道因 …… 128
道宣 …… 127
玄奘 …… 748
智通 …… 922
弘忍 …… 252
神秀 …… 572
圆测 …… 882
惠立 …… 265
窥基 …… 348
玄证 …… 753
大乘灯 …… 100
怀素 …… 260
玄照 …… 753
道希 …… 127
道方 …… 125
道生 …… 125
常慜 …… 76
末底僧诃 …… 452
玄会 …… 748
质多跋摩 …… 920
隆法师 …… 397
明远 …… 443
义朗 …… 773
智岸 …… 920
义玄 …… 773
会宁 …… 265
运期 …… 887
木叉提婆 …… 453
窥冲 …… 348
慧琰 …… 269
信胄 …… 737
智行 …… 922
彼岸 …… 47
昙闰 …… 651
义辉 …… 770
道琳 …… 125
昙光 …… 649
慧命 …… 267
玄逵 …… 748
善行 …… 562
灵运 …… 378
僧哲 …… 558
智弘 …… 921
无行 …… 700
法振 …… 165
乘悟 …… 83
乘如 …… 83
怀业 …… 260
道宏 …… 125
法朗 …… 157
道世 …… 126
普光 …… 496

靖迈 …… 322
嘉尚 …… 292
师鞭 …… 583
神昉 …… 571
彦悰 …… 761
大津 …… 105
贞固 …… 905
义净 …… 770
文纲 …… 692
慧能 …… 267
法藏 …… 164
慧沼 …… 272
玄觉 …… 748
道氤 …… 128
慧日 …… 268
法宝 …… 153
怀迪 …… 260
法明 …… 159
智昇 …… 921
湛然 …… 894
良贲 …… 370
神会 …… 571
悟空 …… 716
益西措杰 …… 775
飞锡 …… 176
含光 …… 239
子邻 …… 1030
良秀 …… 370
法照 …… 165
毗茹札那 …… 482
澄观 …… 84
智藏 …… 923
端甫 …… 139
宗密 …… 1032
神清 …… 571
李成眉 …… 362
知玄 …… 916
志通 …… 919
守真 …… 602
契此 …… 512
智宣 …… 922
道贤 …… 127
行勤 …… 739
辞澣 …… 88
光远 …… 227
法遇 …… 163
建盛 …… 295
继从 …… 280
重达 …… 85
仁钦桑布 …… 534
惟净 …… 688
卓弥·释迦益西 …… 1029
继业 …… 280
道圆 …… 128
怀问 …… 260
继全 …… 280
道圆 …… 129
索波切·释迦琼奈 …… 635
仲敦巴·嘉维炯奈 …… 1016
那措·茨诚嘉瓦 …… 457
玛尔巴·却吉洛哲 …… 421
索琼·喜饶札巴 …… 635
俄·勒贝喜饶 …… 148
嘉·尊智僧格 …… 292
戒贤 …… 310
普积 …… 496
裕摩·弥觉多杰 …… 876
博多瓦·仁钦赛 …… 61
普琼瓦·勋努坚赞 …… 498
京俄瓦·茨诚巴 …… 318
密拉日巴 …… 436
玛久拉仲 …… 421
朗日塘巴 …… 356
俄·罗丹喜饶 …… 148
琼波南觉 …… 520
夏瓦巴 …… 726
索·释迦桑格 …… 636
达布拉杰 …… 91
萨钦·贡噶宁布 …… 541
却喀巴 …… 531

邓敦 …… 131
恰巴·却吉僧格 …… 513
帕莫主巴 …… 478
都松钦巴 …… 137
娘·尼玛维赛 …… 473
林热·班玛多杰 …… 375
达隆塘巴·札西贝 …… 92
索南孜摩 …… 635
觉巴·久丹贡布 …… 332
札巴坚赞 …… 893
藏巴嘉热·益西多杰 …… 889
萨迦班智达·贡噶坚赞 …… 538
噶玛拔希 …… 207
古日·却吉旺秋 …… 222
八思巴 …… 30
元一 …… 881
贡邦·突杰尊哲 …… 218
多丹·札巴僧格 …… 145
三世噶玛巴·让琼多杰 …… 548
布顿·仁钦珠 …… 68
多朴巴·喜饶坚赞 …… 146
隆钦饶绛巴·茨臣罗哲 …… 397
四世噶玛巴·若贝多杰 …… 618
仁达瓦·勋努洛哲 …… 534
智光 …… 920
强钦却杰·释迦益西 …… 517
宗喀巴·洛桑札巴 …… 1031
荣敦·玛威僧格 …… 535
五世噶玛巴·德银协巴 …… 708
七世噶玛巴·却札嘉措 …… 502
杰尊·却吉坚赞 …… 303
二世达赖喇嘛·根敦嘉措 …… 150
八世噶玛巴·弥觉多杰 …… 30
三世达赖喇嘛·索南嘉措 …… 547
九世噶玛巴·旺秋多杰 …… 326
四世班禅·洛桑确吉坚赞 …… 617
多罗那他 …… 146
四世达赖喇嘛·云丹嘉措 …… 617
一世章嘉活佛·札巴鄂色 …… 766
五世达赖喇嘛·阿旺罗桑嘉措 …… 708
一世哲布尊丹巴·洛桑丹贝坚赞 …… 766
二世章嘉活佛·阿旺洛桑却丹 …… 151
堪钦·根敦嘉措 …… 340
八世司徒活佛·却吉琼奈 …… 30
十二世噶玛巴·绛曲多杰 …… 587
三世章嘉活佛·若贝多杰 …… 548
十三世噶玛巴·杜堆多杰 …… 588
贡布嘉 …… 218
十四世噶玛巴·特却多杰 …… 589
杨仁山 …… 762
居弥庞·绛央南杰嘉措 …… 328
月霞 …… 884
谛闲 …… 135
印光 …… 858
虚云 …… 742
十五世噶玛巴·喀觉多杰 …… 589
欧阳竟无 …… 477
圆瑛 …… 883
梅撷云 …… 429
弘一 …… 252
道帏·喜饶嘉措 …… 126
韩清净 …… 240
熊十力 …… 740
陈大齐 …… 78
李俊承 …… 363
大勇 …… 116
霭亭 …… 18
王恩洋 …… 678
法尊 …… 165
根敦群培 …… 216
印顺 …… 858
巨赞 …… 329
星云 …… 738
圣严 …… 577

[典籍]

经藏 …… 320
律藏 …… 401
论藏 …… 404
大藏经 …… 117

汉文大藏经 …… 242
藏文大藏经 …… 890
蒙古文大藏经 …… 429
满文大藏经 …… 423
西夏文大藏经 …… 717
傣文大藏经 …… 121
佛本生经 …… 185
《长阿含经》 …… 74
《中阿含经》 …… 923
《杂阿含经》 …… 888
《增一阿含经》 …… 892
《佛本行集经》 …… 187
《阿弥陀经》 …… 5
《无量寿经》 …… 698
《出曜经》 …… 86
《梵网经》 …… 171
《佛地经》 …… 187
《华严经》 …… 258
《法句经》 …… 156
《佛说护诸童子陀罗尼经》 …… 194
《金刚顶经》 …… 311
《十地经》 …… 586
《弥兰陀王问经》 …… 432
《大般涅槃经》 …… 98
《普曜经》 …… 499
《楞伽经》 …… 359
《大宝积经》 …… 97
《大方等大集经》 …… 103
《解深密经》 …… 305
《般若波罗蜜多心经》 …… 57
《妙法莲华经》 …… 439
《大菩萨藏经》 …… 107
《弥勒下生经》 …… 433
《经集》 …… 319
《维摩诘经》 …… 688
《首楞严三昧经》 …… 603
《金光明经》 …… 315
《金刚经》 …… 313
《达摩多罗禅经》 …… 93
《天譬喻经》 …… 664
《四十二章经》 …… 617
《胜鬘经》 …… 580
《贤劫经》 …… 726
《大庄严论经》 …… 119
《大日经》 …… 107
《盂兰盆经》 …… 866
《十诵律》 …… 589
《五分律》 …… 706
《四分律》 …… 616
《摩诃僧祇律》 …… 448
根本说一切有部律 …… 215
《大乘百法明门论》 …… 99
《俱舍论》 …… 330
《法聚论》 …… 156
《分别论》 …… 183
《论事》 …… 404
《发趣论》 …… 152
《双论》 …… 607
《大乘庄严经论》 …… 102
《解脱道论》 …… 307
《清净道论》 …… 519
《发智论》 …… 152
《大毗婆沙论》 …… 106
《大乘起信论》 …… 100
《阿毗昙心论》 …… 8
《中论》 …… 952
《辩中边论》 …… 49
《大智度论》 …… 118
《百论》 …… 40
《摄大乘论》 …… 569
《唯识二十论》 …… 687
《唯识三十颂》 …… 687
《大乘五蕴论》 …… 101
《成实论》 …… 81
《成唯识论》 …… 82
《佛地经论》 …… 188
《顺正理论》 …… 611
《集量论》 …… 277
《定量论》 …… 135
《正理滴论》 …… 909

《因明入正理论》…… 777
《瑜伽师地论》…… 872
《异部宗轮论》…… 774
《善见律毗婆沙》…… 561
《释量论》…… 600
《因明正理门论》…… 781
《华严经疏钞》…… 259
《牟子理惑论》…… 453
《肇论》…… 903
《白黑论》…… 37
《大乘玄论》…… 101
《菩提道炬论》…… 492
《舍利弗传》…… 567
《比丘尼传》…… 46
《经律异相》…… 319
《释迦谱》…… 600
《出三藏记集》…… 86
《高僧传》…… 213
《弘明集》…… 251
《洛阳伽蓝记》…… 415
《摩诃止观》…… 448
《历代三宝纪》…… 366
《大乘义章》…… 102
《二论玄义》…… 545
《法华玄义》…… 155
《中观论疏》…… 925
《法华文句》…… 155
《续高僧传》…… 747
《释迦方志》…… 597
《大唐内典录》…… 110
《华严五教章》…… 259
《广弘明集》…… 228
《集古今佛道论衡》…… 277
《法苑珠林》…… 163
《大慈恩寺三藏法师传》…… 103
《因明大疏》…… 776
《成唯识论述记》…… 83
《大唐西域求法高僧传》…… 112
《南海寄归内法传》…… 463
《成唯识论了义灯》…… 82
《六祖坛经》…… 390
《开元释教录》…… 337
《原人论》…… 882
《宋高僧传》…… 619
《释氏要览》…… 602
《大乘道次第·解脱庄严论》…… 100
《布顿佛教史》…… 68
《佛祖统纪》…… 201
《至元法宝勘同总录》…… 918
《佛祖历代通载》…… 201
《释氏稽古略》…… 601
《菩提道次第广论》…… 491
《密宗道次第广论》…… 438
《印度佛教史》…… 803
《释氏稽古略续集》…… 601
《阅藏知津》…… 884
《格鲁派教法史·黄琉璃》…… 215
《如意宝树史》…… 535
《土观宗派源流》…… 670
《安多政教史》…… 20
《蒙古佛教史》…… 429
《朝天竺记》…… 78
《郭札佛教史》…… 235

[理论·教法·其他]

宗义学 ……1034
五部大论 …… 705
他空见 …… 637
密续学 …… 436
大圆满法 …… 116
道果法 …… 125
大手印法 …… 110
六支瑜伽法 …… 388
那若六法 …… 460
祈愿大法会 …… 505
噶玛噶举派黑帽系活佛世系 …… 208
噶玛噶举派红帽系活佛世系 …… 208
达赖喇嘛世系 …… 91
班禅额尔德尼世系 …… 40
哲布尊丹巴呼图克图世系 …… 905
章嘉国师世系 …… 900

堪布 …… 339
甘丹赤巴 …… 208
活佛转世 …… 272
金瓶掣签制度 …… 317

中印宗教哲学交流 …… 1011

[理论·流派]

印度教 …… 834
吠陀教 …… 182
婆罗门教 …… 488
五明论 …… 707
因明学 …… 777
藏传佛教因明学 …… 890
藏传佛教摄类学 …… 890
内明 …… 469
沙门思潮 …… 559
耆那教 …… 506
印度佛教哲学 …… 804
六派哲学 …… 385
数论派 …… 604
瑜伽派 …… 869
胜论派 …… 578
正理派 …… 910
弥曼差派 …… 434
吠檀多派 …… 177
六师 …… 386
顺世论 …… 609
生活派 …… 574
行动吠檀多 …… 739
新吠檀多 …… 735
政治吠檀多 …… 915
整体吠檀多论 …… 908
整体瑜伽论 …… 909
精神宗教 …… 321
泰戈尔哲学思想 …… 645
魏晋玄学 …… 690
宋明理学 …… 620

[神名]

因陀罗 …… 781
帝释天（见因陀罗） …… 134
天帝释（见因陀罗） …… 664
阿耆尼 …… 9
伐楼拿 …… 152
伐由 …… 153
苏摩 …… 626
苏利耶 …… 624
乌莎斯 …… 696
梵天 …… 170
湿婆 …… 585
大自在天（见湿婆） …… 119
毗湿奴 …… 483
遍入天（见毗湿奴） …… 47
黑天 …… 249
天女 …… 664
吉祥天女 …… 273
萨蒂 …… 537
乌摩 …… 695
罗刹 …… 405
夜叉 …… 766
魔波旬 …… 452
生主 …… 575
摩奴 …… 449
阎魔 …… 759
密多罗 …… 436
那罗陀 …… 459

[术语]

非暴力 …… 176
甘露 …… 212
须弥山 …… 741
兜率天 …… 137
大千世界 …… 107
地狱 …… 132
三十三天 …… 547
劫 …… 302
六度 …… 384
布施 …… 69
戒 …… 307
具足戒 …… 330
律师 …… 401
和尚 …… 247
智慧 …… 921

业 …… 765
优婆塞 …… 863
优婆夷 …… 863
三藏法师 …… 550
三宝 …… 544
三皈依 …… 545
陀罗尼 …… 672
真言 …… 907
曼荼罗 …… 425
阿兰若 …… 4
贝多罗 …… 45
安居 …… 20
手印 …… 602
齿木 …… 85
锡杖 …… 723
六字真言 …… 389
八万四千塔 …… 31
阿罗汉 …… 5
比丘 …… 46
比丘尼 …… 46
沙门 …… 559
沙弥 …… 559
沙弥尼 …… 560
式叉摩那 …… 596
舍利 …… 566
居士 …… 329
持明 …… 85
五蕴 …… 713
十善 …… 588
六十二见 …… 388
六足论 …… 389
涅槃 …… 473
无常 …… 697
无我 …… 699
五戒 …… 707
九十六种外道 …… 326
忍辱 …… 534
桑门 …… 550
梵我同一 …… 171
轮回 …… 402
解脱 …… 305
四谛 …… 616
十二因缘 …… 587
八正道 …… 31
般若思想 …… 58
中道 …… 924
佛性 …… 199
二谛 …… 149
空 …… 345
有 …… 863
识 …… 591
五位法 …… 711
梵 …… 166
阿特曼 …… 12
不一不异论 …… 65
不二论 …… 63
限定不二论 …… 727
梵我二元论 …… 171
上梵 …… 563
下梵 …… 724
自性 …… 1030
神我 …… 572
二元二十五谛 …… 151
三德 …… 544
因中有果论 …… 782
因中无果论 …… 782
转变说 …… 1028
积聚说 …… 273
幻变说 …… 261
八支行法 …… 32
四大 …… 616
禁制 …… 318
劝制 …… 531
坐法 …… 1035
调息 …… 669
制感 …… 919
执持 …… 917
静虑 …… 322
等持 …… 131
三昧 …… 546

辨别智 …… 47
总制 …… 1034
十六谛 …… 588
五支论式 …… 713
量论 …… 373
所量 …… 634
论式 …… 404
似因 …… 618
曲解 …… 522
倒难 …… 124
堕负 …… 147
现量 …… 727
比量 …… 46
圣言量 …… 577
圣教量（见圣言量） …… 576
譬喻量 …… 484
义准量 …… 773
无体量 …… 699
句义 …… 329
六句义 …… 385
十句义 …… 588
实句义 …… 594
德句义 …… 129
业句义 …… 765
同句义 …… 670
异句义 …… 774
和合句义 …… 247
有能句义 …… 864
无能句义 …… 699
俱分句义 …… 330
无说句义 …… 699
极微 …… 274
声常住论 …… 575
无前 …… 699
不可见力 …… 64
七谛 …… 501
七支论式 …… 503
禅定 …… 74
传承 …… 87
吠陀支 …… 182
副吠陀 …… 204
八种婚姻形式 …… 32
四住期 …… 618
下凡 …… 724
马祭 …… 418
蔑戾车 …… 441
入教礼 …… 535
三业 …… 549
顺婚与顺生 …… 609
种姓 …… 1016
法 …… 153
梵创四姓说 …… 167
梵天创世说 …… 170
灌顶 …… 227
林伽崇拜 …… 374

[人物]

老子 …… 357
孔子 …… 347
孟子 …… 431
庄子 …… 1028
王浮 …… 679
颜延之 …… 760
傅奕 …… 204
吕才 …… 400
姜斌 …… 298
张载 …… 899
程颢 …… 83
程颐 …… 83
朱熹 …… 1021
王守仁 …… 680
顾炎武 …… 225
马德新 …… 417
康有为 …… 341
孙中山 …… 631
章炳麟 …… 899
梁启超 …… 371
巴湿伐那陀 …… 35
迦毗罗 …… 289
富兰那·迦叶 …… 204
末伽梨·拘舍罗 …… 452

阿耆多·翅舍钦婆罗 …… 9
婆浮陀·伽旃那 …… 485
散若夷·毗罗梨子 …… 550
尼乾陀·若提子 …… 470
尼犍子（见尼乾陀·若提子） …… 471
大雄 …… 115
波颠阇利 …… 52
阇弥尼 …… 565
迦那陀 …… 288
跋达罗衍那 …… 35
乔答摩 …… 518
自在黑 …… 1030
筏蹉衍那 …… 153
乌玛斯伐蒂 …… 695
毗耶舍 …… 484
钵罗奢思多波陀 …… 56
乔荼波陀 …… 518
枯马立拉 …… 348
普拉帕格拉 …… 497
商羯罗 …… 562
罗摩努阇 …… 409
摩陀婆 …… 450
那纳克 …… 460
阿尼鲁达 …… 8
商羯罗·弥尸罗 …… 563
吠若那比柯宿 …… 176
罗姆摩罕·罗易 …… 413
泰戈尔，D. …… 640
达耶难陀·娑罗室伐底 …… 96
罗摩克里希那 …… 407
凯沙布·钱德拉·森 …… 338
提拉克，B.G. …… 662
辨喜 …… 47
达斯，B. …… 95
奥罗宾多 …… 24
薄泰恰里耶，K.C. …… 62
达斯古普塔，S. …… 95
拉达克里希南，S. …… 352
安培德卡尔，B.R. …… 21
斯瓦米·普拉布帕达 …… 615
恰托巴底亚耶，D. …… 513
穆尔迪，K.S. …… 456

[著作]

《老子》 …… 358
《道德经》(见《老子》) …… 125
《老子化胡经》 …… 358
《论语》 …… 401
吠陀 …… 179
《阿闼婆吠陀》 …… 11
《娑摩吠陀》 …… 634
《耶柔吠陀》 …… 764
《梨俱吠陀》 …… 361
《原人歌》 …… 881
梵书 …… 169
《百道梵书》 …… 39
森林书 …… 553
奥义书 …… 28
《他氏奥义书》 …… 637
《鹧鸪氏奥义书》 …… 905
《剃发者奥义书》 …… 664
《乔尸多基奥义书》 …… 518
《由谁奥义书》 …… 863
《歌者奥义书》 …… 214
《广林奥义书》 …… 228
《迦塔奥义书》 …… 290
《伊莎奥义书》 …… 768
《白骡奥义书》 …… 38
《蛙氏奥义书》 …… 674
《慈氏奥义书》 …… 88
《疑问奥义书》 …… 770
天启 …… 665
家范经 …… 291
法经 …… 156
法论 …… 158
所闻经 …… 635
劫波经 …… 303
《劫经》 …… 303
《利论》 …… 367
《十二支》 …… 587
《瑜伽经》 …… 867

《胜论经》…… 577
《摩奴法论》…… 450
《弥曼差经》…… 434
《正理经》…… 909
《梵经》…… 167
《薄伽梵歌》…… 61
《正理经疏》…… 910
《金七十论》…… 317
《谛义证得经》(见乌玛斯伐蒂) …… 135
《胜宗十句义论》…… 581
《数论颂》…… 606
《瑜伽经注》…… 869
《摄句义法论》…… 570
《圣教论》…… 576
《颂释补》…… 623
《摄一切悉檀》…… 571
《梵经注》…… 168
《正理花束》…… 909
《摄一切见论》…… 571
《数论经》…… 604
《数论经评注》…… 604
《邬巴斯伽罗》…… 696
《数论解明疏》…… 604
《罗摩克里希那福音》…… 409
《人生的亲证》…… 533
《人类统一的理想》…… 533
《自传——我体验真理的故事》…… 1031
《人的宗教》…… 533
《社会进化论》…… 569
《顺世论——古印度唯物主义研究》…… 611
《神圣人生论》…… 572
《综合瑜伽》…… 1034
[事件]
僧道辩论 …… 554
[组织机构]
梵社 …… 169
雅利安社 …… 757
罗摩克里希那传教会 …… 408
奥罗宾多修道院 …… 27
奥罗维尔 …… 27
国际黑天意识会 …… 235
印度哲学大会 …… 857
国际印度哲学学会 …… 236
中国社会科学院哲学所东方哲学室 …… 947
中印古代语言学交流 …… 962
中国古代翻译学 …… 940
[术语・概念]
古代印度语言和文字 …… 219
声明 …… 575
七例 …… 501
达罗毗荼语 …… 92
雅利安语 …… 757
巴利语 …… 34
梵语 …… 172
俗语 …… 628
梵寐书 …… 168
佉留书 …… 522
婆罗谜文字 …… 491
天城体 …… 664
傣文字母 …… 121
式叉论 …… 596
尼卢致论 …… 472
毗伽罗论 …… 481
[人物]
玄应 …… 748
慧琳 …… 267
智广 …… 920
守温 …… 602
波你尼 …… 53
波颠阇利 …… 52
[典籍]
《尼揵荼书》…… 471
《悉昙章》…… 722
《梵语千字文》…… 173
《八转声颂》…… 32
《通韵》…… 670
《梵语杂名》…… 174
《翻译名义大集》…… 165
声明论 …… 576

中印文学交流……988
[文学样式]
志怪小说……918
唐传奇……657
元明杂剧……877
变文……47
神魔小说……571
目连戏……454
偈……281
颂……623
印度神话……844
印度佛教文学……803
印度民间文学……843
[人物]
屈原……523
张衡……895
邯郸淳……239
谢灵运……733
沈约……573
江淹……298
王梵志……679
寒山……241
拾得……595
王维……681
李白……362
杜甫……138
皎然……302
韩愈……240
白居易……38
贯休……226
齐己……504
严羽……758
陈独秀……78
刘大白……381
鲁迅……398
苏曼殊……625
周作人……1020
刘半农……379
郭沫若……234
许地山……745
林语堂……375
冯友兰……184
茅盾……426
胡愈之……256
萧三……731
徐志摩……744
王统照……681
汪原放……678
江绍原……297
郑振铎……914
瞿秋白……524
老舍……356
沈泽民……573
张闻天……898
冰心……50
夏衍……726
王维克……682
滕若渠……662
瞿菊农……524
赵景深……902
刘北茂……380
林徽因……373
巴金……33
卢前……398
施蛰存……585
艾青……19
曹禺……71
杨朔……763
韩北屏……240
周而复……1018
吴晓铃……703
吴雪……704
严文井……758
袁水拍……881
石真……590
穆旦……455
龙章……397
马孟刚……419
徐晓阳……744
马鸣……419

伐致呵利（见《三百咏》）…… 153
首陀罗迦 …… 603
跋娑 …… 36
迦梨陀娑 …… 285
波那 …… 53
月天（见《故事海》）…… 884
密尔·阿门 …… 436
德特，M.M. …… 130
赫利谢金德尔，B. …… 249
泰戈尔，R. …… 640
辛格，T.G. …… 735
伽尔格，M. …… 283
查特吉，S.C. …… 73
伊克巴尔，M. …… 767
辛格，A. …… 734
普列姆昌德，M. …… 497
伯勒萨德，J. …… 59
查托巴迪雅亚，H. …… 74
伊斯拉姆，K.N. …… 768
耶什巴尔 …… 765
古马尔，J. …… 222
安纳德，M.R. …… 21
纳拉扬，R.K. …… 461
玛尼克 …… 422
拉奥，R. …… 350
阿巴斯，G. …… 1
希里·希里 …… 721
阿谢格，U. …… 12
阿格叶耶 …… 3
乔希 …… 518
阿巴斯，K.A. …… 1
钱达尔，K. …… 516
黛维，M. …… 122
明都，S.H. …… 442
玖达伊，I. …… 327
萨赫尼，B. …… 538
卡斯米，A.N. …… 335
雷努 …… 359
阿基兰 …… 4
沃尔玛，N. …… 695
杜特，G. …… 138
彭达利，M. …… 480
德赛，A. …… 130

[著作]

《诗式》…… 584
《沧浪诗话》…… 70
《大唐三藏取经诗话》…… 110
《西游记》…… 719
《西游记杂剧》…… 720
《封神演义》…… 183
《西洋记》…… 718
《闹天宫》…… 469
《印度古典诗学》…… 812
《〈摩诃婆罗多〉导读》…… 446
往世书 …… 683
《摩诃婆罗多》…… 444
《三百咏》…… 543
《佛所行赞》(见马鸣) …… 195
《美难陀传》(见马鸣) …… 429
《小泥车》…… 732
《惊梦记》(见跋娑) …… 321
《罗摩衍那》…… 409
《社得迦摩罗》…… 568
《云使》(见迦梨陀娑) …… 887
《沙恭达罗》…… 558
《优哩婆湿》(见迦梨陀娑) …… 863
《戒日王传》…… 309
《龙喜记》…… 397
《薄伽梵往世书》…… 62
《僵尸鬼故事二十五则》…… 298
《宝座故事三十二则》…… 42
《故事海》…… 223
《鹦鹉故事七十则》…… 859
《五卷书》…… 707
《莲花公主传奇》…… 369
《罗摩功行之湖》…… 407
《苏尔诗海》…… 623
《阿底·格兰特》…… 1
《叛逆者》…… 480
《印度七十四故事》…… 844

《格比尔集》…… 214

中印艺术交流…… 1002

[音乐 · 舞蹈 · 戏剧]

龟兹乐 …… 520

佛曲 …… 193

印度音乐 …… 853

七调 …… 501

天竺乐 …… 669

纳兹鲁尔音乐 …… 462

印度舞蹈 …… 847

婆罗多舞 …… 485

印度戏剧 …… 851

[人物]

曹植 …… 71

万宝常 …… 677

曹妙达 …… 70

苏祇婆 …… 627

郑法士 …… 912

崔令钦 …… 90

南卓 …… 468

段安节 …… 139

孙位 …… 631

梅兰芳 …… 427

李少春 …… 363

张均 …… 895

香卡，U. …… 730

香卡，R. …… 728

拉克希曼，K. …… 353

[作品]

鼓吹铙歌 …… 222

梵呗 …… 166

《连句梵呗》…… 368

《六言梵呗》…… 388

《鱼山梵呗》…… 867

《泥洹梵呗》…… 472

《面如满月》…… 439

《教坊记》(见崔令钦) …… 302

敦煌歌词 …… 144

《摩诃兜勒》…… 444

《普庵咒》…… 495

《三教同声》…… 545

《五方狮子舞》…… 706

《秦王破阵乐》…… 518

《霓裳羽衣》…… 472

《舞论》…… 714

《婆罗门曲》…… 490

[绘画 · 雕塑]

[概念 · 流派]

中国绘画 …… 943

曹衣出水 …… 71

铁线描 …… 669

天竺遗法 …… 668

印度绘画 …… 816

印度雕刻 …… 790

印度建筑 …… 824

犍陀罗艺术 …… 294

笈多艺术 …… 276

凹凸法 …… 23

[建筑]

三仙洞壁画 …… 548

三仙洞佛像雕塑

(见三仙洞壁画) …… 549

白居寺壁画 …… 37

连云港孔望山摩崖造像 …… 368

华表 …… 257

东汉陵墓华表 …… 136

南朝陵墓华表 …… 462

义慈惠石柱 …… 770

大足宝顶山摩崖造像 …… 119

大足北山摩崖造像 …… 120

经幢 …… 318

赵州陀罗尼经幢 …… 903

上海松江唐经幢 …… 564

无锡惠山寺经幢 …… 699

河北固安辽代经幢 …… 247

河北卢龙金代经幢 …… 247

福建南安陀罗尼经幢 …… 204

五台山佛光寺经幢 …… 710

大理国经幢 …… 105

临淄龙泉寺石佛像 …… 375

婆罗门佛塔 …… 487
千手观音龛 …… 515
嵩岳寺塔 …… 619
真觉寺金刚宝座塔 …… 906
敦煌石窟 …… 144
炳灵寺石窟 …… 51
云冈石窟 …… 885
龙门石窟 …… 391
克孜尔石窟 …… 344
麦积山石窟 …… 422
剑川石窟 …… 295
榆林窟 …… 872
大雁塔 …… 116
阿育王塔 …… 15
阿旃陀石窟 …… 18
迦腻色迦大塔 …… 289
桑奇大塔 …… 551
[人物]
顾恺之 …… 224
戴逵 …… 122
张僧繇 …… 897
曹仲达 …… 71
吴道子 …… 702
尉迟乙僧 …… 876
杨惠之 …… 762
张彦远 …… 898
刘元 …… 382
齐白石 …… 503
徐悲鸿 …… 742
张大千 …… 894
吴印咸 …… 704
常书鸿 …… 76
叶浅予 …… 765
阿尼哥 …… 6
泰戈尔，A. …… 639
鲍斯，N. …… 42
侯赛因，M.F. …… 253
[著作]
《印度文化与民俗》…… 846
《印度美术》…… 842
[电影]
中国电影在印度 …… 929
印度电影在中国 …… 787
[人物]
李小龙 …… 364
森古普塔，S. …… 553
卡普尔，P. …… 335
拉伊，S. …… 354
森，M. …… 553
卡普尔，R. …… 335
[作品]
《流浪者》…… 383
《两亩地》…… 372
《章西女皇》…… 900
《大篷车》…… 106
《阿育王》…… 14
《三傻大闹宝莱坞》…… 547
《我的名字叫可汗》…… 694
[中印民俗养生健身交流]
中印民俗交流 …… 980
佛教与中国民间信仰 …… 188
结夏 …… 304
行像 …… 739
合十 …… 246
龙华会 …… 391
三长斋月 …… 544
狮子会 …… 584
放焰口 …… 175
放灯 …… 175
撒殿 …… 537
水陆道场 …… 607
哪吒 …… 469
善财童子 …… 560
龙王 …… 396
如来佛 …… 535
毗卢遮那 …… 482
菩萨 …… 491
观音 …… 225
天王 …… 666
文殊菩萨 …… 693

普贤菩萨 …… 499
地藏菩萨 …… 133
千手观音 …… 515
弥勒 …… 433
金刚 …… 310
阿修罗 …… 12
大黑天 …… 104
摩诃迦罗（见大黑天） …… 444
毗沙门天王 …… 483
度母 …… 139
鬼子母 …… 233
乾闼婆 …… 213
磨喝乐 …… 451
宗懔 …… 1032
《荆楚岁时记》 …… 321
佛教与中国民俗节日 …… 191
浴佛节 …… 875
元宵节 …… 880
盂兰盆节 …… 865
中秋节 …… 953
腊八节 …… 355
涅槃节 …… 474
地藏节 …… 133
观音诞日 …… 226
萨嘎达瓦节 …… 537
雪顿节 …… 754
燃灯节 …… 532
中印养生健身交流 …… 998
武术 …… 713
气功 …… 512
素食 …… 629
定慧双修（见《小止观》） …… 135
五气朝元功（见《性命圭旨》） …… 708
天竺按摩法 …… 667
瑜伽 …… 867
结跏趺坐 …… 304
卡拉里帕亚图 …… 334
蒋维乔 …… 300
《安般守意经》 …… 20
《昙鸾法师服气法》 …… 650
《坐忘论》 …… 1035
《护诸童子女神符图》 …… 256
《达磨大师住世留形内真妙用诀》 …… 94
《元鉴导引法》 …… 877
《女修十则》 …… 476
《易筋经》 …… 775
《性命圭旨》 …… 740
《摄生三要》 …… 570
《因是子静坐法》 …… 781
《小止观》 …… 733
《洞玄灵宝定观经》 …… 137

[中印交通往来]

中印古代交通往来 …… 958
丝绸之路 …… 612
第二次世界大战期间印中交通运输线 …… 134

[地名]

中国 …… 926
支那（见中国） …… 916
长安 …… 75
洛阳 …… 414
喀什噶尔 …… 333
莎车 …… 560
吐蕃 …… 671
上海 …… 563
香港 …… 728
南京 …… 464
金陵（见南京） …… 317
建康（见南京） …… 295
建业（见南京） …… 295
泉州 …… 527
刺桐（见泉州） …… 89
广州 …… 229
杭州 …… 244
合浦 …… 245
葱岭 …… 89
敦煌 …… 140
南诏 …… 466
开封 …… 336
宁波 …… 474
明州（见宁波） …… 443

大理国 …… 105
徐闻 …… 744
皮山 …… 481
朱驹波国 …… 1021
大宛 …… 113
大夏 …… 114
印度 …… 783
身毒（见印度） …… 876
天竺（见印度） …… 667
贵霜王朝 …… 233
笈多帝国 …… 274
离车 …… 360
摩揭陀 …… 449
波罗奈 …… 53
咀叉始罗 …… 96
华氏城 …… 258
羯陵伽 …… 304
犍陀罗 …… 293
罽宾 …… 282
迦湿弥罗（见罽宾） …… 290
注辇 …… 1027
耽摩栗底 …… 123
乌苌 …… 695
乌仗那（见乌苌） …… 696
迦摩缕波 …… 288
黄支 …… 264
弗楼沙 …… 202
故临 …… 223
俱蓝（见故临） …… 330
小葛兰国（见故临） …… 732
榜葛剌 …… 40
鹏茄啰国（见榜葛剌） …… 481
柯枝 …… 344
瓦拉纳西 …… 674
迦尸（见瓦拉纳西） …… 290
贝拿勒斯（见瓦拉纳西） …… 45
马德拉斯 …… 416
曼达喇萨（见马德拉斯） …… 425
拉达克 …… 351
孟买 …… 430
加尔各答 …… 282
金奈（见马德拉斯） …… 317
阿萨姆 …… 9
南毗国 …… 466
汉盘陀国 …… 241
波路国 …… 52
钵卢勒 …… 55
钵露罗 …… 55
呔舍国 …… 91
胡茶辣国 …… 254
摩堵罗 …… 444
古里国 …… 221
马八儿国 …… 416
吗喇他国 …… 421
晏陀蛮国 …… 762
循鲜城 …… 754
阿钧羌 …… 4
阿逾陀 …… 13
安度罗 …… 20
安息 …… 22
摩头罗 …… 450
难兜 …… 468
七河 …… 501
曲女城 …… 526
五河 …… 707
县度 …… 753
优禅尼 …… 862
瞻波 …… 894
剑毕离 …… 295
坎巴夷 …… 340
勃律 …… 60
佛沙伏城 …… 194
俱卢之野 …… 330
贺菩劳 …… 248
辛头大河 …… 735
察地港 …… 74
憍赏弥 …… 302
麻啰华 …… 416
双靡 …… 607
拘纬（见双靡） …… 328

羯师（见双靡） …… 305
室利佛逝 …… 596
憍萨罗 …… 301
摩腊婆 …… 449
奢羯罗 …… 565
瞿折罗 …… 526
萨他泥湿伐罗 …… 542

[人物（群）]

张骞 …… 896
贾耽 …… 292
周去非 …… 1019
赵汝适 …… 902
汪大渊 …… 678
陈伦炯 …… 80
杨大钊 …… 762
梁廷枏 …… 372
谢清高 …… 734
印度华人社区 …… 815

[著作]

《扶南传》 …… 203
《释氏西域记》 …… 601
《外国事》 …… 676
《佛国记》 …… 188
《法显传》(见《佛国记》) …… 162
《扶南记》 …… 202
《大隋西国传》 …… 110
《西域图记》 …… 720
《大唐西域记》 …… 111
《中天竺国行记》 …… 953
《西天路竟》 …… 717
《岭外代答》 …… 378
《吴船录》 …… 701
《诸蕃志》(见赵汝适) …… 1022
《西使记》 …… 717
《纪古滇说原集》 …… 278
《岛夷志略》 …… 124
《圣武亲征录》 …… 576
《大德南海志》 …… 103
《庚申外史》 …… 216
《异域志》 …… 774
《顺风相送》 …… 608
《西洋番国志》 …… 718
《星槎胜览》 …… 737
《瀛涯胜览》 …… 860
《西洋朝贡典录》 …… 717
《皇明四夷考》 …… 261
《殊域周咨录》 …… 603
《咸宾录》 …… 727
《四夷广记》 …… 618
《郑和航海图》 …… 913
《皇明象胥录》 …… 261
《南诏野史》 …… 467
《海国闻见录》 …… 237
《使西日记》 …… 595
《海录》 …… 238
《海国四说》 …… 237
《瀛寰志略》 …… 860
《新纂云南通志》 …… 736
《印度古佛国游记》 …… 813
《往五天竺国传》 …… 686

中印外交往来 …… 984

和平共处五项原则 …… 247
印中人民是兄弟 …… 859

[事件]

蒋介石夫妇访问印度 …… 300
中国远征军在印度 …… 951
中印建交 …… 963
中印建交以来印度国家领导人访华 …… 964
中印建交以来中国国家领导人访印 …… 965
中国文化代表团访问印度（1954） …… 951

[组织机构]

中国印度友好协会 …… 951
中印友好代表团 …… 1011
天津印度侨民协会 …… 664
卡德尔党 …… 333
印度国民协会中国分会（见萨哈伊，A.M.） …… 815
印度青年团 …… 844
印度独立联盟 …… 795
印度中国友好协会 …… 857
印中友好妇女协会 …… 859

印度援华医疗队 …… 856
全印柯棣华大夫纪念委员会 …… 527
[人物]
汉武帝刘彻 …… 243
文忠 …… 694
赵德 …… 901
景卢 …… 322
汉明帝刘庄 …… 241
蔡愔 …… 70
秦景 …… 518
孙权 …… 630
石勒 …… 590
董琬 …… 136
北魏太武帝拓跋焘 …… 44
梁武帝萧衍 …… 372
李诞 …… 363
北魏孝明帝元诩 …… 45
隋文帝杨坚 …… 629
宋云 …… 623
唐太宗李世民 …… 658
唐高宗李治 …… 657
武则天 …… 714
韦节 …… 687
杜行满 …… 138
梁怀璥 …… 370
蒋师仁 …… 300
王玄策 …… 682
李义表 …… 365
杜行顗 …… 138
唐玄宗李隆基 …… 659
张韬光 …… 898
宋太祖赵匡胤 …… 623
宋太宗赵炅 …… 622
元太祖成吉思汗 …… 880
元世祖忽必烈 …… 879
杨庭璧 …… 763
铁里 …… 669
阿老瓦丁 …… 4
不剌 …… 65
别铁木儿 …… 50
亦列失金 …… 774
秃古铁木而 …… 670
岳乐也奴 …… 884
忽鲁秃花 …… 254
桑吉剌失 …… 550
明太祖朱元璋 …… 442
明成祖朱棣 …… 442
侯显 …… 254
郑和 …… 913
马欢 …… 418
费信 …… 182
尹庆 …… 783
巩珍 …… 218
黄省曾 …… 264
薛福成 …… 754
洪钧 …… 253
王之春 …… 683
黄懋材 …… 262
马建忠 …… 418
张煜南 …… 899
邹代钧 …… 1034
吴广霈 …… 702
萧应椿 …… 732
吴宗濂 …… 705
陈贻范 …… 81
载振 …… 888
朱家骅 …… 1020
毛泽东 …… 425
宋庆龄 …… 622
周恩来 …… 1017
邓小平 …… 131
弥兰陀 …… 432
乌头劳 …… 696
阴末赴 …… 782
丘就却 …… 520
阎膏珍 …… 759
迦腻色迦 …… 288
波调 …… 52
青目 …… 519
月爱 …… 883

尼陁达 …… 472
竺扶大 …… 1026
竺阿弥 …… 1023
屈多 …… 523
摩醯逻矩罗 …… 451
竺罗达 …… 1026
童子王 …… 670
戒日王 …… 307
阿罗那顺 …… 5
那罗僧诃跋摩一世 …… 459
遮娄其拔罗婆 …… 904
那陵提婆 …… 459
摩罗枝摩 …… 449
曷撷支 …… 248
达摩 …… 93
罗利多菩伽 …… 407
娄其那那 …… 398
地婆西那 …… 132
苏弗舍利支离泥 …… 624
大野迷地罗梵摩 …… 116
真陀罗秘多 …… 907
尸罗迷迦 …… 583
拂菻罽婆 …… 203
勃匐准 …… 59
达摩波罗 …… 93
伊沙伏摩 …… 768
葛罗达支特勒 …… 215
尸利那罗僧伽宝多拔摩 …… 582
乌散特勒洒 …… 696
瞿波罗 …… 523
罗好心 …… 406
苏没谨忙 …… 627
苏麟陀逸之 …… 624
木多笔 …… 453
萨婆达干 …… 541
麻来兮 …… 416
难泥 …… 468
李承恩 …… 362
李弥乾 …… 363
提婆波罗 …… 663
没徙曩 …… 452
穰结说啰 …… 532
罗荼罗乍 …… 405
摩希波罗 …… 451
尸离罗荼印陀罗注罗 …… 582
娑里三文 …… 633
蒲恕 …… 495
翁勿 …… 694
亚勒加 …… 757
琶拦得麻烈咓 …… 478
蒲押陀离 …… 495
地华加罗 …… 132
奇啰啰 …… 504
南卑琶打（见奇啰啰） …… 462
麻图华罗（见奇啰啰） …… 416
罗摩波罗 …… 407
卜阿里 …… 63
铁哥 …… 669
必纳的 …… 47
马因的 …… 420
马合麻 …… 418
不六温乃 …… 65
哈撒尔海牙 …… 237
祝阿里沙忙里八的 …… 1028
阿里 …… 4
瓦你 …… 675
马不剌罕 …… 416
昔剌木丁 …… 721
爱思丁 …… 19
卜哈鲁 …… 63
马哈木 …… 418
沙米的喜 …… 560
可亦里 …… 344
赛佛丁 …… 542
贾拉鲁丁 …… 292
亦不剌金 …… 773
比里麻 …… 46
兜哇剌札 …… 137
甘地，M.K. …… 209
卓克华 …… 1029

普拉萨德，R. …… 497
爱德华 …… 19
普拉塔普，R.M. …… 497
罗易，M.N. …… 414
萨卡尔，B.K. …… 540
尼赫鲁，J. …… 470
鲍斯，S.C. …… 43
梅农，K.P.S. …… 429
萨哈伊，A.M. …… 538
潘德，B.N. …… 479
柯棣华 …… 342
巴苏华 …… 35
木克华 …… 453
曼达尔，B.B. …… 424
瓦杰帕伊，A.B. …… 674
辛格，M. …… 735
拉吉夫·甘地 …… 353

中印现代学术交流 …… 997

中国的印度研究 …… 926
中国近现代印度哲学与宗教研究 …… 945
中国大学印度哲学课程 …… 926
印度的中国研究 …… 786

[组织·机构]

北平讲学社 …… 44
中印学会 …… 998
中国外文局 …… 949
中国外文局印地文组 …… 950
中国外文局孟加拉文组 …… 950
中国外文局乌尔都文组 …… 950
中国外文局泰米尔文组 …… 950
中国国际广播电台印地语部 …… 942
中国国际广播电台孟加拉语部 …… 941
中国国际广播电台乌尔都语部 …… 942

[人物]

许崇灏 …… 745
冯承钧 …… 184
太虚 …… 638
黄忏华 …… 262
陶行知 …… 660
胡适 …… 255
许季上 …… 746
汤用彤 …… 657
梁漱溟 …… 371
吕澂 …… 400
陈翰笙 …… 79
苏雪林 …… 627
闻一多 …… 694
周叔迦 …… 1019
向达 …… 731
曾圣提 …… 892
常任侠 …… 76
法舫 …… 154
陈洪进 …… 80
东初 …… 136
徐梵澄 …… 743
糜文开 …… 435
虞愚 …… 873
方豪 …… 174
季羡林 …… 279
金克木 …… 315
魏风江 …… 689
海维谅 …… 239
朱杰勤 …… 1020
章巽 …… 901
杨允元 …… 764
魏珪荪 …… 690
石峻 …… 589
王藻 …… 683
饶宗颐 …… 532
吴岩 …… 704
巴宙 …… 35
巫白慧 …… 696
涂厚善 …… 670
杨瑞琳 …… 763
吴俊才 …… 703
冉云华 …… 532
崔连仲 …… 90
殷洪元 …… 782
孙培钧 …… 629
黄心川 …… 263

岫庐 …… 740
李志夫 …… 366
刘安武 …… 379
金鼎汉 …… 310
刘国楠 …… 381
王槐挺 …… 679
张曼涛 …… 896
山蕴 …… 560
黄思骏 …… 263
李缘山 …… 365
蒋忠新 …… 301
赵国华 …… 901
周达甫 ……1017
沈谟汉 …… 573
纳格，K. …… 461
桑克利提亚衍，R. …… 550
巴帕特，P.V. …… 34
潘尼迦，K.M. …… 480
谭云山 …… 653
师觉月 …… 583
米特拉，H. …… 436
郭克雷，V.V. …… 234
维拉，R. …… 688
慕克吉，S.K. …… 455
夏斯特里，N.A. …… 725
普拉丹，P. …… 497
寂比丘 …… 281
文卡塔拉曼南，K. …… 693
泰无量 …… 649
杜特，V.P. …… 138
白春晖 …… 37
钱德拉，L. …… 516
沈纳兰 …… 573
沙兰，R. …… 559
谭中 …… 655
慕克吉，B. …… 455
沙兰，V. …… 559
白蜜雅 …… 39
雷易，H. …… 359
戴辛克尔，G.D. …… 122
甘古利，R. …… 212
德什潘德，G.P. …… 130
辛哈，K.K. …… 735
沈兰真 …… 573
[著作]
《古代印度与古代中国，贸易与宗教交流》 …… 218
《汉文南亚史料学》 …… 243
《中印人民友好关系史：1851～1949》 …… 984
《奥罗宾多·高士》 ……26
《佛陀和原始佛教思想》 …… 197
《印度政治制度研究》 …… 857
《喜马拉雅山情结：中印关系研究》 …… 723
《印度的发展及其对外战略》 …… 785
《印度古代史纲》 …… 810
《永乐大钟梵字铭文考》 …… 862
[其他]
中国国家博物馆 …… 943
泉州海外交通史博物馆 …… 530
谭云山中印友谊馆 …… 655
印度博物馆 …… 785
印度国家博物馆 …… 813
萨拉尔·忠格博物馆 …… 540
玄奘纪念堂 …… 752
恒河 …… 250
阎牟那河 …… 759
土塔 …… 671
南毗 …… 466
昆明 …… 349
塞人 …… 542
达罗毗荼人 …… 92
嚈哒人 …… 757
雅利安人 …… 756
大月氏人 …… 109
旃荼罗 …… 893
罗阇 …… 413
《酉阳杂俎》 …… 865
《日本国志》 …… 534
《日知录》 …… 534
《天下郡国利病书》 …… 667
《盛世危言》 …… 581

A

Abasi

阿巴斯,G. Ghulam Abbas（1909～1982） 印度乌尔都语近现代短篇小说作家。出生于印度阿姆利则（在今印度旁遮普邦）。1928年担任拉合尔（在今巴基斯坦）著名儿童文学杂志《花朵》的编辑，20世纪40年代开始在全印广播电台工作，任著名节目《声音》的编辑。印巴分治后加入巴基斯坦国籍，在巴基斯坦广播电台工作，60年代退休。1982年在巴基斯坦卡拉奇逝世。于1948、1960年两次荣获巴基斯坦文学院颁发的“阿德姆吉奖”，1967年获巴基斯坦“卓越之星”称号。在中国的乌尔都语文学研究领域具有一定的地位。

阿巴斯的文学作品包括1部长篇小说，2部中篇小说和4部短篇小说集（含30余篇短篇小说）。代表作品有《外套》、《石碑》、《阿南迪城》、《寒月》等，部分作品被收入巴基斯坦高中及大学教材。其作品受进步文学运动影响，呈现出明显的进步文学特点，倾向于使用批判现实主义手法，并辅以自然主义风格，以日常生活片段为背景，采用平淡的白描手法，主要描写城乡普通劳动人民的现实生活片段，表现下层人民被压抑的颓废自卑心态，以及人们生活中的悲欢离合，揭示小人物平凡生活中蕴含的社会意义。

阿巴斯的短篇小说《外套》和《人贩子》汉语译文收录在《巴基斯坦短篇小说选》(贵州人民出版社，1990)中。另有研究论文《从现实主义到自然主义——论乌拉姆·阿巴斯短篇小说创作的特点》(载于《南亚研究》2007年第一期）和北京大学硕士论文《试论乌拉姆·阿巴斯的短篇小说》(2011）等。

（张亚冰）

Abasi

阿巴斯,K. A. Khavaja Ahmad Abbas（1914.06.07～1987.06.01） 印度乌尔都语和印地语进步主义小说家，电影导演、编剧，新闻工作者。也用英文写作。毕生出书70余部。生于德里以北的帕尼帕特，1935年毕业于阿利加尔穆斯林大学，后在孟买影片公司工作。1937年出版第一部短篇小说集《一个少女》。1941年创作第一个电影剧本《新世界》。

阿巴斯及其电影作品《大地之子》海报

1944年就柯棣华的事迹发表长篇报告文学《还有一个没回来》，1946年由他改编为电影《柯棣华大夫的不朽事迹》上映。1945年发表长篇小说《明天属于我们》、中篇小说《黑暗与光明》和短篇小说集《革命》。1946年编导反映1943年孟加拉大饥荒的影片《大地之子》。1948年出版短篇小说集《番红花》。1951年写出电影剧本《流浪者》、《祖贝达》。60年代主要从事电影剧本创作。

阿巴斯于1952年访问中国，采访了国家主席毛泽东，回国后于同年出版《中国能够获得成功：新中国惊人的工业进步目击报告》，翌年出版《毛泽东印象》。1957年，中国出版了冯金辛等译自英文的《阿巴斯短篇小说集》。1983年，黄宝生等编选的《印度短篇小说选》收入他的《血和石》。他的另一名篇《寒潮》已译成中文，收入即将出版的《印度当代英文短篇小说选》。20世纪50年代，电影《流浪者》在中国家喻户晓，80年代再度引起中国人的兴趣，其中的插曲至今受中国民众喜爱，为多个歌唱家模仿演唱。

印度电影《流浪者》海报

（薛克翘 刘建）

Adi Gelante

《阿底·格兰特》 *Ādi Grant* 锡克教圣典，也是锡克教最主要的文学作品集。意为“最初的典籍”或“原典”。又称《室利古鲁格兰特萨希卜》，意为“吉祥祖师圣典”。

最初的编辑是在锡克教第五任祖师阿尔琼的主持下进行的，时在1601～1604年，地点在今印度旁遮普邦阿姆利则城。阿尔琼搜集了丰富的资料，充分利用了前人的成果，对前4位祖师和印度教虔诚派、伊斯兰教苏非派圣徒的作品严格审校，使之保存原貌和准确性。他还收集了与其同时代人的诗歌。1705年，第十任祖师戈宾德·辛格（1666～1708）利用约1年时间，重新编辑、整理和补充了《阿底·格兰特》的内容，传至今日。共收集了36位作者的诗歌5 871首。作者中有6位锡克教祖师，15位印度教虔诚派和伊斯兰教苏非派圣徒，15位锡克教圣徒。

《阿底·格兰特》的主要特点有三：一是作者来自不同地区、不同民族，甚至分属不同宗教，体现了锡克教对印度传统文化的继承和对不同文化的包容；二是书中收有6位祖师的诗歌共4 953首，约占全部诗歌的84%，其内容以宗教训诫为主，也不乏文学性较强的作品；三是其编排次序既照顾到祖师们的权威性，又兼顾到全部诗歌的调式和韵律。现代通行本共1 430页，为固定版式，不论何地、何种文字版本，均1 430页。

《阿底·格兰特》是一部庞大的诗歌集，不仅作品数量多，而且经过多次审核与精校，质量可靠。例如，其中收有祖师那纳克的诗歌974首，是后人研究其宗教主张、哲学观念、社会思想及文学贡献的主要依据。虔诚派大师格比尔达斯流传下来的诗歌很多，难免有鱼目混珠的现象，学界对其真伪争论不休，唯独对书中所收的541首诗歌没有异议。同样，其他诗人的作品也因被收入此书而得以保存。其中有的作品既宣讲哲理，也兼顾艺术性和通俗性，有些作品是中世纪优秀诗歌的代表。

随着锡克教徒分布世界各地，《阿底·格兰特》也具有世界影响。中国现代学者对此书也作过多方译介和研究。相关主要著作有：刘安武著《印度印地语文学史》(1987)，黄心川主编《世界十大宗教》(1988，江亦丽、罗照辉撰

黄心川主编《世界十大宗教》封面

文)，高建章著《锡克·辛格·阿卡利——锡克民族与锡克教》(1994)，刘乐硕士论文《试论锡克教的形成》(2003年5月)，薛克翘、姜景奎等著《印度中世纪宗教文学》(2011) 等。

（薛克翘）

Adixia

阿底峡 Atiśa (982～1054) 印度佛教高僧、佛学家，中国藏传佛教噶当派祖师。原名月藏，法名吉祥燃灯智。在中印文化交流方面起过重要作用。

青少年时代　阿底峡为东印度萨霍尔国人，父亲是该国国王。父母都是虔诚的佛教信仰者。阿底峡从小受到家庭的宗教熏陶和良好的文化教育，3岁始学习数学和语文，6岁诵读佛经。11岁时去中印度的那烂陀寺亲近觉贤论师学习佛法，后经觉贤推荐，到王舍城跟随密宗师阿缚都底波陀修习密法，同时广泛学习婆罗门和佛教的声明学及因明学等各门学科知识。15岁时与婆罗门学者辩论，显示出他在因明学方面的超群才能。18岁前往超戒寺拜当时享有北

门守护者之称的那若巴为师，修习密宗法门，获得喜金刚灌顶。20岁时，父亲希望他继承王位，让他成婚。阿底峡不愿意成家并继承王位，决定外出求学。

外出求法　到了西印度，阿底峡拜众多上师学习文化知识，包括内外声明、因明等学科，系统研习佛教显密教理，特别是《四部毗奈耶》、《阿毗达磨集论》等大乘佛教重要经论。

约1013年，阿底峡率领125名弟子乘船去金洲（今苏门答腊）求法取经。在这里，他依止金洲（法称）大师学法。金洲大师学识渊博，阿底峡对他极为崇敬，与大师共同起居，学法12年，主要修学弥勒至无著传承之《现观庄严论》教授、文殊至寂天传承之《入菩萨行论》等经论，获得圆满无缺的菩提心教授。在此期间，又赴锡兰（今斯里兰卡）研习佛教显密教法。学成之后回到印度，此时他已是一名佛学知识渊博、精通显密教法、品德言行高尚的佛教大师，遂出任超戒寺首座（上座主持人），与宝生寂、觉贤、阿缚都底波陀、动毗波、寂贤等人一起被称为超戒寺八贤，声望远扬。

入藏传法　当时阿里地区的古格王拉喇嘛·益西沃和拉喇嘛·绛曲沃叔侄，不惜一切代价，邀请阿底峡入藏传法。但阿底峡在超戒寺担任住持要职，寺院不同意他离职。后来发生古格王拉喇嘛·益西沃为邀请阿底峡而献身的意外事件，促成阿底峡最终下决心入藏传法。最后古格王拉喇嘛·绛曲沃派遣嘉·尊智僧格和那措·茨诚嘉瓦两位译师赴印度迎请阿底峡。藏历第一绕迥铁龙年(1040)，阿底峡一行从超戒寺启程，第二年抵达尼泊尔，在尼泊尔逗留一年。

1042年阿底峡到达古格，受到古格王拉喇嘛·绛曲沃的热烈欢迎和盛情款待。阿底峡驻锡古格王朝级别最高的托林寺，与国王拉喇嘛·绛曲沃促膝商谈。后应拉喇嘛·绛曲沃的请求，撰写了《菩提道炬论》，阐明正确修学佛法的途径和方法。当时，古格王朝大译师仁钦桑布虽85岁，但还是邀请阿底峡到他的住处，探讨佛学观点，解决佛学疑难。两位高僧的会晤，相互之间留下深刻的印象。

阿底峡在古格地区弘法3年，凭借渊博的佛学理论、娴熟的宗教仪轨知识、高深的密宗证悟境界，赢得当地佛教徒的信任、敬仰和拥戴，声望传遍整个藏族地区。西藏中部地区的佛教徒纷纷到古格迎请阿底峡，而阿底峡在古格地区弘法3年已期满，要回印度超戒寺。当他行至尼泊尔边境时，尼泊尔境内发生战乱。滞留在此的阿底峡，被从前藏赶来邀请他的仲敦巴·嘉维炯奈的再三请求和虔诚信仰所感动，踏上了前往西藏中部地区传教的历程。他们经后藏的班塘、吉隆等地渐次东下，每到佛教徒比较集中的地方，都要停留一段时间，

中国西藏阿里札达札布古格遗址

举行简单的传法活动。阿底峡到达前藏后，直接去吐蕃时期创建的第一座佛教正规寺院桑耶寺观礼，受到当地布德热札法王的热情接待和供养，许多高僧大德前来欢迎阿底峡光临本地传法。

阿底峡在桑耶寺藏书院看到众多梵文佛经，甚至有在印度见不到的版本，他称赞吐蕃时期的佛教之兴隆，远远超过佛教的故乡印度。他将梵文《中观光明论》和《华严经》抄录下来，寄往印度；还帮助藏族译师翻译了无著的《摄大乘论》和世亲的《摄大乘论释》等多部佛经。之后，阿底峡离开桑耶寺前往聂塘。许多信徒聚集在那里等候他讲佛法，阿底峡向他们宣讲了《现观庄严论》和《二万颂般若光明论》等经论。他在聂塘期间还特意向普德贡寺的僧众传授戒律，并为他们建立了静修院，专门给仲敦巴·嘉维炯奈传授三士道教法。随后阿底峡被噶当派高僧俄·勒贝喜饶邀请到拉萨地区礼佛传法。在那里他除了

中国西藏山南桑耶寺黑塔

传法，还帮助藏族译师翻译了《中观心要释思择焰》，又亲自撰写了解释此经论的《中观教授广略释》等两本释论。之后，俄·绛曲迥奈作施主前来迎请阿底峡到耶尔巴（在今中国西藏拉萨境内）传法。阿底峡在那里传法，并帮助藏族译师翻译了无著的《究竟一乘宝性论释》。此时，阿底峡又接受彭波（在今中国西藏拉萨境内）的高僧噶瓦·释迦旺秀邀请，前往彭波传法，举办宗教活动。之后，阿底峡返回聂塘住地，继续向广大信徒系统讲授《现观庄严论》、《二万颂般若光明论》、《入菩萨行》、《菩提道炬论》等佛教重要经论。由于长期

中国西藏山南桑耶寺远眺

在高海拔地区奔波弘法，加之年事已高，阿底峡的身体越来越差。藏历第一绕迥木马年（1054），阿底峡在距离拉萨西南数十里的聂塘住地圆寂，享年72岁。被安葬于聂塘。

阿底峡在西藏巡锡弘法达13年之久，无论在西部的阿里地区，还是在中部的前后藏地区，所到之处，他都传授和阐释佛教经论，倾注极大的精力为藏族地区众多的寺院、佛塔、佛像举行开光安座仪式，同时广收徒弟，为他们灌顶和传授佛教显密教法，培养出大批佛教人才。有四大著名弟子：那措·茨诚嘉瓦、库敦·尊智雍仲、俄·勒贝喜饶和仲敦巴·嘉维炯奈。特别是仲敦巴·嘉维炯奈继承了阿底峡传授的全部显密教法，并在此基础上创立了藏传佛教噶当派的教法体系。

阿底峡在藏期间，翻译和撰写了大量有关佛教显密宗方面的重要经论。据统计，已收入藏文大藏经中丹珠尔部的著作达100多部。译著以解脱军的《二万颂般若光明论》、世亲的《摄大乘论释》、清辨的《中观心论的解释》、无著的《大乘宝性论释》等为代表，论著以《密咒幻镜解说》、《中观优波提舍》、《中观优波提舍宝箧》、《菩提道炬论》等为代表。其中有专说“观”（理论性）的，如《入二谛论》等；有专说“行”（实践性）的，如《摄菩萨行灯论》等。至于兼“观”与“行”圆满无余者，则为《菩提道炬论》。

（尕藏加）

Ageyeye

阿格叶耶 Agyeya（1911.03.07～1987.04.04）印度印地语文学家。本名S.H.瓦德斯亚因，笔名阿格叶耶，意为“不可知”。生于印度北方邦拘尸那迦。1929年获得拉合尔（今属巴基斯坦）福曼基督教学院理学学士。1930年11月因参加印度独立运动而被捕入狱，1933年出狱后被禁闭于家中，1935年完全获得人身自由。后加入印度进步作家协会。第二次世界大战期间加入盟军，负责宣传动员工作。战后离开军队，从事文学创作与文学刊物编辑工作。1961～1964年在美国加州大学伯克利校区担任访问学者。1964年因诗集《庭院的门槛》(1961) 获印度文学院奖。1965年返回印度继续从事编辑工作。1969～1970年在加州大学伯克利校区任教。1976年任印度焦特布尔大学比较文学系主任。1977～1980年担任《新印度时报》总编。1978年凭借诗集《摆渡几多回》(1967) 获印度文学院知识书院奖。1983年获马其顿斯特鲁加国际诗歌节“金环奖”。1987年逝世于新德里。

作为印地语现代主义文学的开拓者和奠基人之一，阿格叶耶在印地语实验主义诗歌以及新诗和新小说运动中作出了重要贡献。代表作包括：长篇小说《谢克尔传》(1944)、《江心洲》(1952)、《陌生人》(1961)；诗集《青草上的瞬间》(1949)、《庭院的门槛》(1961)、《摆渡几多回》(1967) 等。

阿格叶耶曾于1984年访问中国，并为此行创作诗歌。中国对阿格叶耶的研究始于20世纪80年代，刘安武在《印度印地语文学史》(1987) 中对其生平、主要作品和创作特点作了简要介绍。中国对阿格叶耶的专题研究成果为北京大

学2003年的博士论文《现代印地语作家阿格叶耶小说创作研究》。

（郭童）

Agouqiang

阿钩羌 古代西域国名。位于今克什米尔巴基斯坦实际控制区境内的巴尔蒂斯坦。始见于《魏书·西域列传》，传文称："阿钩羌国，在莎车西南，去代（代国都城为盛乐，在今内蒙古和林格尔西北）一万三千里。国西有县度山，其间四百里中，往往有栈道，下临不测之渊，人行以绳索相持而度，因以名之。土有五谷诸果。市用钱为货。居止立宫室。有兵器。土出金珠。"《通典》称："阿钩羌，后魏通焉。"

当时阿钩羌国的范围至少已包括希格尔河河谷、斯卡杜谷地和斯卡杜以下的印度河峡谷。"县度"，指印度河。巴尔蒂斯坦境内斯卡杜以下110千米的印度河段，是印度河上游两个大峡谷段中的一个，两岸陡峻，河谷狭窄，河床下切很深，水流湍急，沿印度河延伸的小径高出河面1 000多米，故传文称"下临不测之渊"。该段河谷今称隆多，为藏语/巴尔蒂语词，意为"峡谷"。该地印度河上至今仍有溜索桥多处。县度山，当指这一段印度河河谷及其两岸山地。印度河及其支流均出产金砂，有些地方甚至土地中亦多含金砂，故有"土出金珠"之说。"阿钩"为"冰"之音译，巴尔蒂斯坦所在喀喇昆仑山脉有大量雪山和冰川，有地球第三极之称，以冰称之，与实际相符。阿钩羌即"冰山羌"。

《魏书·西域列传》记述波路国时称："波路国，在阿钩羌西北，去代一万三千九百里。其地湿热，有蜀马，土平，物产国俗与阿钩羌同。"波路即今克什米尔巴基斯坦实际控制区境内的吉尔吉特地区。《魏书·西域列传》传文表明，在北魏时期，从塔里木盆地南缘绿洲经巴尔蒂斯坦，再沿印度河至吉尔吉特的道路早已开通。其路线为：塔里木盆地南缘绿洲—叶尔羌河上游谷地—穆斯塔格山口—希格尔河谷—斯卡杜—隆多—吉尔吉特。从巴尔蒂斯坦出发的道路还可经德沃萨依高原通往克什米尔谷地，由此沟通中国新疆南部与克什米尔谷地间的联系。塔里木盆地南缘绿洲—叶尔羌河上游谷地—穆斯塔格山口—希格尔河谷—斯卡杜—德沃萨依高原—斯利那加是新疆南部与克什米尔谷地间重要交通路线之一。

（陆水林）

Ajilan

阿基兰 Akilan (1922.06.27～1988.01.31) 印度当代泰米尔语作家。本名阿基兰丹，笔名阿基兰。生于泰米尔纳德邦提

鲁奇县。他的长篇小说《万卡之子》和《画中女》(1968) 曾分别获得1963年印度文学院奖和1975年印度文坛奖。他毕生发表18部中长篇小说和近200篇短篇小说（分15集出版），其中有许多作品已译成印地、孟加拉、泰卢固、马拉雅拉姆等印度主要民族语言和英文、俄文、德文、捷克文、波兰文、中文及马来文等，在印度国内外广为传播；有的作品还被搬上舞台或银幕，影响颇大。在印度、斯里兰卡、马来西亚、新加坡等国的一些泰米尔语学校，他的作品被选入泰米尔语言文学教材。

中国学者张锡麟曾对阿基兰及其作品进行研究和介绍，并翻译出版了《阿基兰短篇小说选》，中篇小说《女人》(1946)、《金花》(1965)，刘国楠从印地

《阿基兰短篇小说选》中译本封面

文翻译出版了他的长篇小说《画中女》。

（薛克翘）

alanruo

阿兰若 araṇya 古代印度人隐修之地。又译阿练茹、阿练若、阿兰那、阿

古代阿兰若遗址 今巴基斯坦北部

兰攘、阿兰拏等，略称兰若、练若。该词原意为"树林"、"远处"、"荒野处"。古代印度人常往此类地方隐居静思。佛教僧人亦照传统到离人寰的丛林中取静修行，后人们遂引申而以阿兰若指称众僧聚的佛寺。

（葛维钧）

Alaowading

阿老瓦丁 Ala-ud-din（约活动于13世纪后期） 中国元朝色目人官员。又译阿嘞卜丹。曾出使印度。元代至元

二十八年（1291）九月，以侍郎身份和礼部尚书铁里、侍郎不刺率使团出使俱蓝（见故临）。据《元史·世祖本纪》记载："庚申，以铁里为礼部尚书，佩虎符，阿老瓦丁、不刺并为侍郎，遣使俱蓝。"

（张亚冰）

Ali

阿里 （约活动于13世纪后期） 中国元代使节。奉元世祖忽必烈之命于至元二十二年（1285）与马速忽一同前往南印度马八儿国寻访奇珍异宝，获忽必烈赐予金符。

（任筱可）

Aluohan

阿罗汉 Arahat, Arhat 佛教概念。为声闻四果之一，如来十名号之一。Arhattva为梵语，巴利语作Arahatta，指果位。又作阿卢汉、阿罗诃、阿啰呵、阿黎呵、遏啰曷帝等，略称罗汉、啰呵，意译应、应供、应真等。

阿罗汉像

阿罗汉之称在佛教诞生以前早已存在。在《梨俱吠陀》中为一种称誉性的名号。它不仅用来称火神阿耆尼，还可以用来称国王和僧侣，其意义为值得尊敬，应该供养，与其梵语字根arh的原意“应该”、“值得”十分接近。到公元前6世纪，一般愿操苦行或行为怪异（如在地上爬行，不用手取食等）的游方僧也常称阿罗汉。佛教诞生后借用了这一词语，用以称小乘佛教修行的最高果位，也称“无极果”、“无学果”。证得阿罗汉果者是按“八正道”修行，获得了无上智慧，认识到现象世界的虚幻本质，明白了“无我”之理和解脱之道的圣者。他们彻底摆脱了轮回之苦，永远处于安稳快乐的解脱境界。但是在修得阿罗汉果以前，还须通过：①“预流果”（亦译“须陀洹”），为证悟了佛祖的四圣谛，断灭了三界中的见惑（即与佛道相左的种种观点），初见真理，得入圣道的圣者所得，他们速可于当世成阿罗汉，迟至七返生死后也可证得此果；②一来果（亦译“斯陀含”），为进一步断除了欲界九品修惑（对各种事物的欲念）中前六品的圣者所得，他们天上人间再各受生一次后，即可得阿罗汉果；③不还果（亦译“阿那含”），为更进一步断除了全部欲界九品修惑的圣者所得，他们没有了欲界的烦恼，在欲界死后即往生色界、无色界，不再返回，且于后二界亦只各生一次。经过上述三个阶位，再断除色界及无色界的种种修惑，成为见、修两惑尽断的圣者，便生出“尽智”，得无学阿罗汉果，永远进

印度阿罗汉像

入了涅槃境界。释迦牟尼的十大名号中，“应供”即阿罗汉。据《弥兰陀王问经》说，僧、尼和俗众皆可成为阿罗汉，但在家信徒必须在成道之日加入僧团，否则便会死去。大乘佛教提出菩萨概念。由于菩萨获得大智，常处于寂静状态后，却依然留在世上救渡众生，不入涅槃，遂使阿罗汉因缺乏利他精神而相形见绌。在大乘佛教的三种解脱途径，即三乘中，阿罗汉仅是其中声闻乘的修学目的。

（葛维钧）

Aluonashun

阿罗那顺 Aruṇaśva（生卒年不详） 古代印度中天竺摩揭陀统治者。又称阿那顺。647年在位。647年，阿罗那顺趁戒日王过世、戒日帝国（606~647）崩溃之机，在帝那伏帝国（今印度比哈尔邦蒂鲁德）自立。同年，派兵袭击王玄策率领的唐朝使团，俘虏使节、夺走贡品。王玄策等人设法逃脱，并从吐蕃、泥婆罗（今尼泊尔）获得援军征讨阿罗那顺。阿罗那顺率军在茶镈和罗城（可能在今印度比哈尔邦境内）与王玄策的军队作战三日，最终失败，军队被斩首三千余人，落水溺死者近万人。阿罗那顺弃城逃跑，集合散兵再战时被王玄策的副使蒋师仁俘虏，军队损失数千人。残部在乾陀卫江（可能即恒河支流，流经今印度北方邦的甘达克河）被蒋师仁部击溃，妻儿皆被俘虏，中天竺五百八十余所城市投降。

残存的唐代昭陵石刻

贞观二十二年（648），阿罗那顺被押送至长安，唐太宗李世民评价说：“夫人耳目玩声色，口鼻耽臭味，此败德之原也。婆罗门不劫吾使者，宁至俘虏邪？”王玄策因此被擢升为散朝大夫。二十三年唐太宗过世后，阿罗那顺的石像与其他十三国君长石像一同被放置在昭陵祭坛之中。阿罗那顺的石像于1982年秋被发现，已被改作祭陵文碑座，上部已破坏，题名处残留“帝”、“国”、“顺”三字。

（张忞煜）

Amituo Jing

《阿弥陀经》 *Sukhāvatīvyūha-sūtra* 佛教经典。全1卷。又称《小阿弥陀经》、《小无量寿经》、《小经》、《四纸经》、《诸佛所护念经》。收于大正藏第十二册，与《无量寿经》、《观无量寿经》合称净土三经。据学者研究，其原典成立于公元1世纪前后，此时《大无量寿经》的原型已经成立，阿弥陀佛信仰初兴于北印度。 5

《阿弥陀经》的梵文全本目前唯存日本所传的悉昙梵字抄本，据说其源头本是9世纪时由中国传入日本。19世纪末由M.缪勒与南条文雄在伦敦校刊印行。2009年出版的《大英图书馆藏梵文残片》第二卷中，叶少勇比定出新疆出土的编号为Or.15009/41的一叶残片出自该经，使用早期南道婆罗迷字体（梵寐书），时代应不晚于8世纪。这是日本悉昙传本之外，现存唯一的《阿弥陀经》梵本流传的原典证据。此经最新梵文校订本由藤田宏达于2011年出版。

《阿弥陀经》最早的汉译本为后秦鸠摩罗什所译《佛说阿弥陀经》1卷

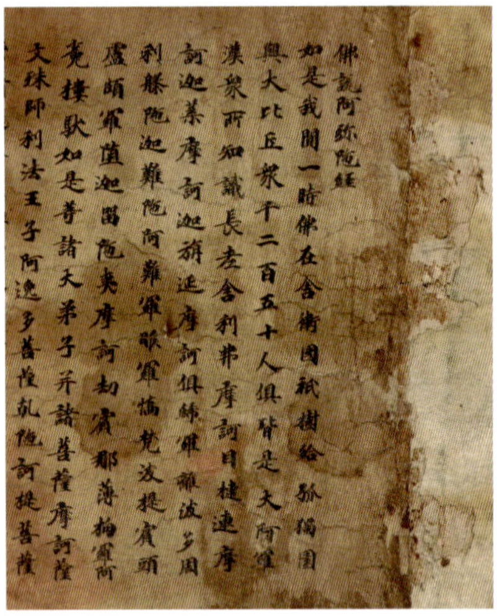
佛說阿弥陀經
如是我聞一時佛在舍衛國祇樹給孤獨園
與大比丘衆千二百五十人俱皆是大阿羅
漢衆所知識長老舍利弗摩訶目揵連摩
訶迦葉摩訶迦旃延摩訶俱絺羅離波多周
利槃陀迦難陀阿難陀羅睺羅憍梵波提賓頭
盧頗羅墮迦留陁夷摩訶劫賓那薄拘羅阿
㝹樓馱如是等諸大弟子并諸菩薩摩訶薩
文殊師利法王子阿逸多菩薩乾陁訶提菩薩

《佛说阿弥陀经》敦煌写本书影
现藏中国国家图书馆

（T366）。异译本有南朝宋求那跋陀罗译《小无量寿经》1卷（已佚）；唐玄奘译《称赞净土佛摄受经》1卷（T367）。以鸠摩罗什译本流传最广。藏文大藏经中有9世纪智军的译本（D115）。

《阿弥陀经》是释迦牟尼在祇树给孤独园（见祇园精舍）面向舍利弗等诸大弟子及文殊师利等诸大菩萨，不问自说的一部经典。主要分为3个部分：①宣说阿弥陀佛之极乐世界的殊胜庄严，有七宝池、八功德水、微妙莲花及罗汉菩萨等；②劝令众生发心往生彼国，只要于七日中执持阿弥陀佛名号，便可于临命终时得其接引，于极乐世界得不退转直至无上正等正觉；③除释迦牟尼佛外，另有东、南、西、北、下、上六方世界诸佛齐声赞叹阿弥陀佛不可思议功德，劝导众生同往。由于此经篇幅较短，修行简便，故流传甚广，是寺院必颂晚课之一。

对于《阿弥陀经》的注疏自古便有许多，中国现存的主要有隋智𫖮《阿弥陀经义记》1卷（T1755）；唐慧净《阿弥陀经义述》1卷（T1756），窥基《阿弥陀经疏》1卷（T1757）、《阿弥陀经通赞疏》3卷（T1758），（新罗）元晓《阿弥陀经疏》1卷（T1759）；宋智圆《阿弥陀经疏》1卷（T1760），元照《阿弥陀经义疏》1卷（T1761），戒度《阿弥陀经义疏闻持记》3卷（X420）；明智旭《阿弥陀经要解》（T1762），等等。后秦僧肇，唐代智首、湛然，新罗圆测等人也曾为之作疏，但已佚失。

（米媛）

6

Anamodi

阿那摩低 Ratnamati（约活动于5世纪） 西域僧人。意译宝意。据《高僧传》卷三等，阿那摩低为康居（约在今中亚巴尔喀什湖和咸海之间）人，世居天竺，通晓经律，于南朝宋孝建年间（454～456）来华，住京城瓦官禅房。时人称他三藏。常于寺中树下坐禅。据称善卜吉凶，能施神咒，以香涂掌，即可见人往事。四方道俗对他都很尊敬，王室亦敬以师礼。于齐永明末年在寺中去世。

（葛维钧）

Anan

阿难 Ānanda（约活动于前6世纪） 佛陀十大弟子之一。全译阿难陀，意译欢喜、庆喜等。

阿难塑像 盛唐时期
中国甘肃敦煌石窟第45窟

阿难为乔答摩（即后来的佛祖释迦牟尼）的堂弟，生于北印度迦毗罗卫。其父为甘露饭王，亦有斛饭王或白饭王等说。据称生来容姿端正，面如满月，眼如青莲，身光洁净，一如明镜，即使在出家后仍屡遭妇女诱惑，全赖其志操坚定，没有破戒。他开始随侍佛陀的时间，有20岁、30岁两说。作为佛陀的常随弟子，20余年间不离左右。由于他善于记忆，能将佛陀所说之法清晰记诵，故以"多闻第一"著称。佛陀的姨母憍昙弥（即摩诃波阇波提）尝欲出家，佛陀不允。后经阿难再三陈情，佛陀方才允许憍昙弥及500名释迦族女子出家，但专门为她们制定了"八敬法"，加以约束。佛教教团自此有比丘尼，其功全在阿难。他在佛陀生前未能离欲。佛陀涅槃后，受迦叶教诫，发愤用功，经禅思后，终于开悟。在迦叶于王舍城召集的第一次佛教结集上被选为诵出经文者，对于经法的传持，功绩莫大。阿难入灭年代计有多说，佛灭后20～25年即为其一。据传说，此前他离开摩揭陀而去吠舍离，在横渡恒河之际，摩揭陀国王阿阇世前来追请，而吠舍离王则闻讯而至对岸礼迎。为不偏向任何一方，他于河心升入虚空，以禅定之力将自己火化，并使遗骸分别堕于南北两岸。两方军众见此大恸，后各将舍利携还本国，建窣堵波加以供养。

（葛维钧）

Anige

阿尼哥 Araniko（1244～1306） 中世纪尼波罗国建筑师，雕塑家，工艺美术家，肖像画家，中国元朝高级行政官员。又译阿尔尼哥，号西轩。在中印艺术交流中起过极其重要的桥梁作用。

察必皇后像 阿尼哥绘
现藏中国台北故宫博物院

生平 阿尼哥生于尼波罗国（今尼泊尔）加德满都谷地中南部历史文化名城帕坦一户中等人家。父母均系虔诚的佛教徒。帕坦又名勒利德布尔（意译艺术之城），以富于艺术和手工艺传统而著称。自幼聪颖过人。稍长学习梵文，诵读佛经，期年而通，尊宿自愧弗及。同学诵艺典《尺寸经》，闻而能默记之。未及弱冠，已精于绘、塑、铸、镂诸艺，兼善造佛塔寺庙，复具组织营造之非凡才干。

元中统元年（1260）应招赴吐蕃，成为阿尼哥人生重大转捩点。是年，元世祖忽必烈即大汗位。忽必烈与皇后察必笃信藏传佛教。践祚之初即极重宗教事务，命藏传佛教萨迦派五祖、国师八思巴在吐蕃造黄金塔。吐蕃在宗教和艺术诸方面，向与印度及尼波罗保持密切联系，然而早在忽必烈定鼎大都前，在13世纪初叶，印度佛教已在穆斯林沉重打击下近乎消亡，无数僧人风流云散，众多工匠遁入尼波罗避祸。尼波罗遂成八思巴寻觅佛教艺术家之唯一地域。历史上，曾称雄于北印度之佛教帝国的波罗王朝，以东印度及今孟加拉国为中心，与尼波罗国相邻，甚至一度据有其部分领土。波罗帝国诸王信奉大乘佛教，尤其是密宗**金刚乘**，扩建了**那烂陀寺**等，新修了超戒寺等，制作了大量佛像等艺术品。由于晚期佛教印度教化和密宗化，波罗艺术具有鲜明密宗艺术特征。波罗雕刻艺术自成一派，被认为是笈多艺术之后印度艺术一个重要而独特的流派。波罗帝国的建筑、雕刻和绘画，尤其是雕刻艺术，对尼波罗和吐蕃的宗教艺术产生了巨大而直接的影响。因此，尼波罗佛教造像艺术风格，系在汲取和融会波罗艺术风格基础上形成，保留了较多印度艺术因素。国际美术史界将此种艺术风格称为尼波罗—波罗风格。阿尼哥即是在此种艺术传统熏陶下成长起来的佛教密宗艺术家。

八思巴欲向尼波罗国王贾亚·比马·德瓦·马拉征募工匠百名，实获80人，而未得部送之人。阿尼哥时年十七，身怀绝技，请行并自荐为领队。众轻其年幼而难之。答曰："年幼心不幼也。"中统二年抵日喀则萨迦寺，八思巴见而奇之，命为工程监造。翌年所造黄金塔如期竣工，请归故国。八思巴珍惜人才，不愿放归，遂亲为剃度受具，收为弟子，授以密典，严予训喻，携往大都，荐于元廷。元世祖忽必烈欲测试阿尼哥本领，命取明堂针灸铜人像示之。此像自南宋进，岁久阙坏，无能修者。至元二年（1265），阿尼哥修复针灸铜人像，使之焕然一新，关鬲脉络皆备，金工莫不叹其天巧，自愧弗如。八思巴身为蒙古帝国宗教事务领袖，需要营造众多藏传佛教寺院与巨量密宗法像，而阿尼哥精于此道，实属可遇不可求之艺术巨匠。至元十二年，元廷设立诸色人匠总管府，负责营造、雕塑、冶铸及工艺品制作，下统梵像提举司等18司，任命阿尼哥为"人匠总管"，授以"虎符银章"。其时，大都与上都"两京寺观之像，多出其手"。

至元十三年，皇后察必遣中使携黄金500两赴尼波罗，将阿尼哥发妻宰叶

阿尼哥的建筑代表作——中国北京妙应寺白塔

答腊奇美氏迎至大都。同年，阿尼哥被擢拔为光禄大夫、大司徒，兼领将作院事，掌管金、玉、织造等手工艺品制作，"印秩皆视丞相"。甫过而立之年，官秩一品，位极人臣，无以为比。至元十五年，忽必烈命阿尼哥还俗。历仕两朝，醉心艺术，殚精竭虑，厥功至伟。大德十年（1306）逝世后，成宗为之辍朝，以表悼念之意。至大四年（1311），追赠开府仪同三司、太师、凉国公、上柱国，赐谥敏慧。葬于京畿宛平县香山冈子原。除发妻外，阿尼哥尚先后因功获御赐蒙汉女子9人为妻，一生生育6男8女。长子阿僧哥，任大司徒；次子阿述腊，任诸色人匠总管府达鲁花赤（蒙语，元蒙官职名，意为镇守者、总辖官）。

功业 阿尼哥为忽必烈制造了象征教权的七宝镔铁法轮与象征神力的大鹏金翅鸟。法轮用于皇帝行幸队列前导，大鹏金翅鸟则被置于御座上方。这两件器物均与佛教相关，亦与元朝政治相关。

至元七年，忽必烈命阿尼哥于大都城西高梁河（今长河）畔建造大护国仁王寺（俗称高梁河寺）。至元十一年竣工。同朝名臣程钜夫（1249～1318）在《白鹤歌》序中称此寺"重门复殿，金碧交辉，巍巍煌煌，为京师诸宝坊冠冕"。

至元八年，忽必烈命阿尼哥建造释迦舍利灵通宝塔（俗称白塔）。阿尼哥决定取法加德满都佛塔样式，而加德满都佛塔之蓝本系古印度覆钵式佛塔。至元十四年竣工。此座密教佛塔通体素白，高50.86米，为大都城内至高之地标性建筑。塔基上为二重复合式方形折角须弥座，上承覆莲承托平面圆形塔身，再上为塔颈、十三天、青铜宝盖及宝顶，宝顶周檐下悬36铜质透雕流苏和风铃。造型雄浑，气势磅礴，而又比例匀称，朴实无华。落成之日，忽必烈亲往观瞻，喜出望外，赐阿尼哥京畿良田15 000亩，复命其环塔建大圣寿万安寺（明代天顺年间更名妙应寺，俗称白塔寺）。至元二十四年，此座皇家大寺建成。大圣寿万安寺白塔在北京佛教艺术史甚至在中国艺术史上均有极其重要之象征意义。

至元十一年，阿尼哥赴上都。在建造佛寺之余，制作孔子及其十名弟子像。至元中期尝慷慨资助圆融广慧禅师兴建涞水县金山寺。该寺功德碑与《涞水县志》均记载了此位"大功德主"之令名。

至元十三年，阿尼哥受八思巴之命，在涿州建护国寺，内塑摩诃葛剌（**大黑天**），使之面向南宋。摩诃葛剌系藏传佛教护法神之一，大自在大之化身，可溯源于印度教大神**湿婆**。阿尼哥所塑摩诃葛剌神像，青面裸形，颈环髑髅，威严异常，与印度传统中湿婆形象大体相若。忽必烈视之为元蒙君主之保护神，深信摩诃葛剌会保佑元军，使之所向披靡，战无不胜。至元十六年，南宋灭亡。

元贞元年（1295），阿尼哥应成宗铁穆耳之命赴山西**五台山**监造万圣佑国寺。皇太后阔阔真赐银万两。阿尼哥随后断续居于此山，常流连忘返。大德五年，建五台山塔院寺白塔，高56.4米。与妙应寺白塔相比，五台山白塔塔身瘦

长，更形巍峨。前人称此塔为“神灯夜烛，清凉第一胜境”。五台山白塔早已成为佛教四大丛林之首五台山的象征。阿尼哥还主持了五台山北台招提寺区的修建工程。

阿尼哥在中国孜孜工作40余年，以艺术手段弘传佛教，对中尼和中印文化交流贡献甚伟。毕生所成，荦荦大者，“凡塔三，大寺九，祠祀二，道宫一”。此外塑造了大量佛像，分布于两都诸多寺庙之中。至若“内外朝之文物，礼殿之神位，宫宇之仪器、组织、熔范、博填、丹粉之繁缛者”，则不可胜算。还制作了浑天仪及其他天文仪器。

阿尼哥在绘画方面之成就同样不可忽视。其人长居东土，以至通晓汉语与中国书画艺术。至元三十一年，忽必烈驾崩。阿尼哥为其及已故皇后察必绘制遗像。此两幅肖像画现存台北故宫博物院。依据阿尼哥画像制成之世祖与察必皇后织像、真金与阔阔真织像等，系艺术珍品，现均无存。

然而，阿尼哥在中国并未能始终一帆风顺，并非所有皇室人员均能理解并赏识其艺术作品。大德年间(1297~1307)，成宗多疾，卜鲁罕皇后居中用事，政务皆由其处决。大德九年，大天寿万宁寺建成，阿尼哥依藏传佛教范式塑青铜“秘密佛像”于寺中。这些塑像应为这位艺术大师塑像之术臻于化境之后的极品，造型夸张乃至变形，但卜鲁罕皇后对密宗与艺术一无所知，认为“其形丑怪”而“传旨毁之”。此举给阿尼哥造成精神重创，导致其健康状况急剧恶化。数月后，阿尼哥在深重的屈辱中逝世。

元代系藏传佛教艺术向中原传播之重要时期。阿尼哥随八思巴入仕元廷，是藏传佛教艺术在北京传播的标志性事件。此前之中国佛教塑像被称为“汉式造像”，阿尼哥传入之密宗塑像则被称为“梵式造像”。在藏传佛教影响下，元代佛像塑造及雕刻艺术发生重大变化。阿尼哥向中土传授塑造“西天梵相”之艺术，使此种佛教造像样式日渐流行，影响所及，延及清代。此外，阿尼哥还培养了刘元、搠思吉斡节儿等200余名中外建筑与工艺人才。《元代画塑记》记载了一些阿尼哥亲炙弟子的

阿尼哥铜像　中国北京妙应寺内

业绩。

阿尼哥是一位罕见的多才多艺的艺术巨匠，他在建筑、雕塑、绘画等领域均取得卓越成就。同朝名臣程钜夫所撰《凉国敏慧公神道碑》(《雪楼集》)，为中国第一篇纪念阿尼哥不朽功业之重要文献。中国官方正史《元史》卷二〇三工艺列传为阿尼哥留下翔实传记。1989年，中国留美学者景安宁在俄亥俄州立大学艺术史系完成硕士论文《元廷尼泊尔艺术家阿尼哥》，产生了一定国际影响。景安宁认为，阿尼哥在多个领域取得重大艺术成就，堪与意大利文艺复兴时期多才多艺的巨人F.布鲁内莱斯基、米开朗琪罗、达·芬奇匹敌。**黄心川**主编的《南亚大辞典》(1998)等辞书、王宏纬主编的“列国志”之一《尼泊尔》(2004)、尼泊尔外交官兼学者尼兰詹·巴塔拉伊著的《尼泊尔与中国》(中译本，2007)等众多文献均给予阿尼哥详尽而崇高的评价。

2002年5月1日，阿尼哥铜像揭幕仪式在妙应寺隆重举行。2009年，北京市白塔寺管理处出版《阿尼哥画传》，首次以图文形式向公众介绍阿尼哥富于传奇性的人生和非凡艺术成就。同年7月9日~8月7日，白塔寺举办“文化使者阿尼哥画传展”，展出天津画家杨景泰绘制的81幅连环画。

（刘建）

Aniluda

阿尼鲁达　Aniruddha（约活动于15世纪）印度数论派哲学家。**数论派**文献《**数论经评注**》的作者。生平不详。《**数论经**》相传为印度最早的数论派经典。但现存《数论经》，据学者们考证是14~15世纪之人假托数论派的创始人**迦毗罗**之名作的。尽管如此，现存《数论经》仍被认为是后期数论派的代表性文献。阿尼鲁达对此经作了评注，对于人们了解印度后期数论派的情况有所帮助。现代中国学者在研究印度哲学时也对他有所关注。姚卫群在节译《数论经》时，翻译了阿尼鲁达的部分注释。相关译文收入《古印度六派哲学经典》(商务印书馆，2003）一书。

（姚卫群）

Apitan Xin Lun

《阿毗昙心论》　*Abhidharma-hṛdaya*　佛教说一切有部论书。简称《心论》。作者法胜。该论是首部对之前有部诸论的总结纲要，也是**论藏**中最早使用偈颂体的著作，其后继者即《**俱舍论**》。该论是以**犍陀罗**地区为中心的西方有部一系的著作，论义多与代表东方系学说的《**大毗婆沙论**》中所录“西方师”、“外国师”一致。有传说法胜撰的《阿毗昙心论》以二百五十偈概括毗婆沙心要，而现代学者以为该论大致成立时间在公元二三世纪之际，与毗婆沙论的先后关系尚存争议。该论由东晋**僧伽提婆**译于384年，慧远于391年整理为4卷本(T1550)。另有梵文残片存世，对应汉译本第六品后段至第九品，传说有藏译，但已佚失。另外，日译本收于《国译一切经》，魏查理英译本于1975年出版，阿默兰法译本于1978年出版。

《阿毗昙心论》分为《界品》、《行品》、《业品》、《使品》、《贤圣品》、《智品》、《定品》、《契经品》、《杂品》、《论品》10品，依照四谛之次第组织教法：第一《界品》以蕴、处、界总说一切法，为苦谛；第二《行品》以四因六缘等说明有为法之起灭变化，第三《业品》讨论业，第四《使品》详解烦恼，此三为集谛；第五《贤圣品》说明修行五位、四果四向等修行者断结离系的各阶位，为灭谛；第六《智品》讲解种种智慧及其差别，第七《定品》讲解种种禅定及依定而起的六通、十智等，此二为道谛；第八《契经品》讲解《阿毗昙经》中戒施设分及法蕴分相关名义，第九《杂品》重述前品未尽之义，第十《论品》撷取前品内容作十对问答，可视为前品理论

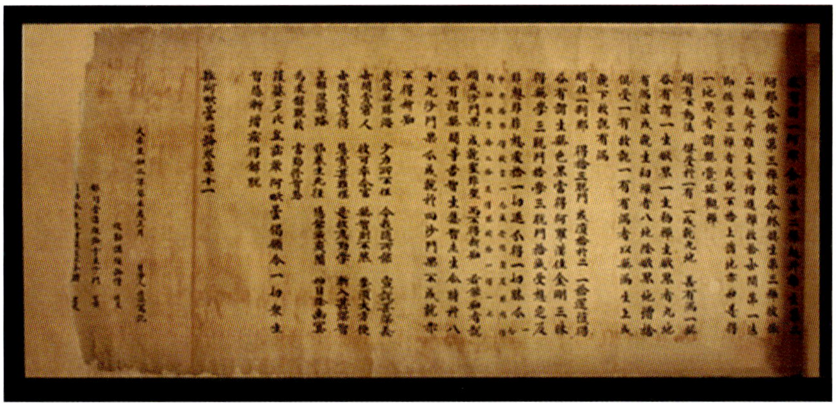

释怀正书《杂阿毗昙心论》北宋至和二年（1055）刻本书影

应用于论议的实例。这一结构为该论的注释书——法救的《杂阿毗昙心论》(T1552)所继承,继而影响了世亲的《俱舍论》。另存优波扇多所作注释《阿毗昙心论经》(T1551)。

自从《阿毗昙心论》于南北朝时期传译于汉地，至其注释书《杂阿毗昙心论》被译出，一时名僧名士之中研习者众多，说一切有部毗昙学由是大兴，称为毗昙学派，后至《成实论》译出，以及唐玄奘重译《俱舍论》，毗昙之学渐渐衰没，为成实、俱舍之学所替代。

（赵菲）

Aqiduo Chisheqinpoluo

阿耆多·翅舍钦婆罗 Ajita Keśakambala（约活动于前6世纪） 印度古代沙门思潮中人物，六师之一，印度古代哲学派别顺世论的重要代表人物。亦译阿夷陀·翅舍欣婆罗、阿浮陀·翅舍金披罗等。有关他的历史活动及思想，汉译佛典中有不少记述。如《长阿含经》卷十七中说他“于大众中而为导首，多有知识，名称远闻”。《杂阿含经》卷五中提到他曾有“五百弟子前后围绕”。可见他在当时有一定影响。

阿耆多·翅舍钦婆罗与佛教徒同样反对婆罗门教的许多观念，但他与佛教的主张也有不同。《别译杂阿含经》卷三中说他“自不信得阿耨多罗三藐三菩提”。他在理论上的重要特色在于其主张的“四大”(地、水、火、风）理论。他认为，世间一切事物都是由“四大”以某种方式和合而成的,人死时,由“四大”组成的人的身体就解体了。身体的各个组成部分又回归其原本的“四大”状态，由地元素组成的部分回归为地，由水元素组成的部分回归为水，由火元素组成的部分回归为火，由风元素组成的部分回归为风。不管人生前是聪明还是愚笨，人死身体回归“四大”后，什么也都不存在了。基于这种“四大”的理论，阿耆多·翅舍钦婆罗否定古印度历史上流行的各种布施、祭祀、供奉等宗教行为的价值，认为这些行为没有任何意义。因为在人死后除了“四大”外，其他一无所有，人的行为不会产生什么“业力”，也不会形成什么“果报”。没有天堂，没有地狱，也没有所谓来世。他认为，任何关于善恶因果或业报转世等的理论都是虚假的，真正实在的只有“四大”及其产物。阿耆多·翅舍钦婆罗的理论在“六师”中的影响后来逐步扩大，成为顺世论思想体系中的主要内容。在古代印度哲学中，顺世论由于攻击各种流行的宗教哲学观念，因而受到许多其他派别的打压。顺世论直接制作的经典没有流传下来。而阿耆多·翅舍钦婆罗的主张在佛教等古印度文献中有不少记述，因而他的思想是人们研究顺世论哲学的重要材料。无论是古代还是近现代，中国思想界对他都有较多的关注。姚卫群曾在《薪火集》(北京大学出版社，2004）一书中发表了论文《佛教阿含类经中记述的“六师”思想》，论述了阿耆多·翅舍钦婆罗等外道人物的思想。

（姚卫群）

Aqini

阿耆尼 Agni 古代印度教神话中的火神。

梵文阿耆尼原意为火，后衍为火神之名。他是吠陀时代主要神祇之一，在吠陀圣诗中所受歌颂仅次于因陀罗。出身有多说，如天、地之子，大梵天（见梵天）之子等。据《诃利世系》描写，他身着黑衣，以烟为旌旗和头饰，持火焰矛枪，有四臂，乘以风为轮的红马战车（又说有三眼四臂，手持火焰枪和串珠，驾车的是四只鹦鹉，驱车的是风神伐由）。一头公羊常侍左右，间或为其坐骑。职司为神人中介，并保护人及其家宅，注意他们行为的善恶，善者使其永生，故人们在重要仪节中常乞求他保佑。他是东南方的保护神，还是太阳的前驱，天地一切皆服从他的指令。他能使供品芬芳，又往往用他的七只舌头把人们祭献的酥油舔个精光。他的獠牙十分锋利，常把敌人吞吃掉。其塑像为一老人形象，肢体红色，额生四角，双面，

阿耆尼雕像 9世纪 南印度

六眼，七臂，三腿，后有光环。七只手分别持有洒水壶、长柄勺、小木勺、水瓶、金刚杵、扇子和酥油。他的名字和绰号很多，如伐诃尼、阿那罗等。《罗摩衍那》和《摩诃婆罗多》两史诗皆有关于他的故事。

（葛维钧）

Asamu

阿萨姆 Assam 印度东北部最大的邦。主要由布拉马普特拉河谷和巴拉克河谷及周围的丘陵组成，与孟加拉国和不丹交界。在历史上的不同时代，阿萨姆曾包括别的一些地区，尤其是东部、南部和北部丘陵地区，而且一直与缅甸和中国西藏接壤。由于这种地理位置，它一直是印度和中国之间历史互动的一个重要场所和走廊。

阿萨姆地处西南丝绸之路。这条路线还有别的名称，如南方丝绸之路和滇缅印古道（连接中国云南、缅甸和印度

印度阿萨姆邦卡齐兰加国家公园象群

的古道)。商人、朝圣者、传教者，曾沿着这些连接中国西南部与印度北部的线路来来往往。根据印度汉学家**师觉月**的说法，经阿萨姆邦和缅甸前往中国的线路包括3条主要通道：第一条通道从布拉马普特拉河谷出发，穿越帕特凯山，通往上缅甸；第二条通道穿越曼尼普尔，通往缅甸的钦敦江河谷；第三条通道穿越若开山脉，循伊洛瓦底江河谷上溯。这3条通道在缅甸八莫交会，并由此直通中国昆明。

已知最早的西南丝绸之路的交通活动，见于公元前2世纪的记述。中国汉朝使臣**张骞**在向汉武帝复命时，首度提及西南丝绸之路。当时，汉武帝派他寻找一条通往**大夏**的道路，以便联合他国迂回夹击正在与汉王朝不断发生冲突的匈奴部落联盟。张骞在大夏时注意到，当地流通经印度运来的蜀地货物。由于汉帝国之西地区的道路被匈奴阻绝，表明中国产品已从中国西南地区进入印度东部和北部。在今阿萨姆邦高哈蒂市所在地区发现的中国青陶残片证明，这一地区与中国之间曾有贸易往来。

古代印度史诗《**摩诃婆罗多**》曾提到，**迦摩缕波**国王站在俱卢族一边，起用吉罗陀人及中国士卒参与战斗。在唐代，中国僧人**玄奘**曾访问迦摩缕波，并在其著作《**大唐西域记**》中提到这条从阿萨姆经缅甸通中国的路线。在同一时期，中国地理学家**贾耽**也提到过两条连接中国西南部和印度东北部的路线。除缅甸通道外，沿着中国西藏地区经尼泊尔和不丹到阿萨姆的路线，也经常有贸易往来。沿着这些线路流动的主要贸易物品包括茶、盐、香料、棉花、丝绸、铜、铅、锡、玉、宝石、贝壳、象牙、马、金、银和鸦片等。

阿萨姆红茶制作过程　雕版画　1850

1228~1826年，阿萨姆地区被阿豪马王朝统治。从种族上讲，阿豪马人与中国云南地区的傣族人有亲缘关系。据说，阿豪马统治者苏卡帕和数千从者，从中国西南部的勐卯（在今云南）出发，穿越帕特凯山，进入布拉马普特拉河谷，随后即建立了自己的王国。虽然没有证据表明阿豪马王国与中国西南地区有直接的贸易和交通往来，但是经菩提亚人和其他族群人之手，通过西藏进行的商业往来始终持续不断。与西藏的贸易，是在一个叫乔纳的地方的迦里雅帕尔集市进行的。从F.布坎南在18世纪初发表的某些论述看，迦里雅帕尔集市有大量来自中国西藏和其他地区的商人。

从19世纪起，英国对阿萨姆殖民统治的建立，对阿萨姆与包括中国在内的其他国家的联系，造成了多方面的消极影响。正是在这一时期，阿萨姆形成了一个阿萨姆籍华人社区。该社区是英国人为在这一地区建立茶叶产业而形成，他们为此而引进了中国劳工，其中许多华人留下并与当地人通婚。他们在阿萨姆的主要居住区，是上阿萨姆的马卡姆。在1962年中印边界冲突发生之前，马卡姆有一个兴旺的阿萨姆籍华人社区，居民达1 500人左右。

第二次世界大战期间，作为从印度通往中国的一条路线，阿萨姆的重要性再度彰显。在日本封锁了经缅甸通往中国的路线后，西藏和云南之间的茶马古道被用来将物资从印度运往中国西部。25 000多匹马和骡子被征用，以运输各种货物。它们穿越阿萨姆和西藏，直达云南丽江。与此同时，尽管困难重重，一条从阿萨姆出发经缅甸通往中国的输油管道（被称为A-B-C管道）得以兴建，以为中国的抗日战争助力。1947年以后，由于那加兰、米佐拉姆和梅加拉亚被分割出去各自建邦，阿萨姆失去了与缅甸的共同边界，1962年的中印边界问题，在地缘上非常接近阿萨姆，影响所及，阿萨姆与中国之间继续并振兴其由来已久的联系的机会大大减少。近年来中印两国各种经贸合作新方案的提出，包括印度20世纪90年代以来的“东向”政策，以及促进中国西南部、

印度阿萨姆邦华人

缅甸、印度和孟加拉国次区域经济合作的诸多努力，重振阿萨姆及印度东北部与中国之间联系的前景再度变得光明。

（玛妲玉撰　刘文亮译）

Asheshi

阿阇世　Ajātaśatru（约活动于前5世纪）古代印度摩揭陀国王，佛教信仰者。又译阿阇多沙兜楼王、阿阇贳王，意译未生怨王。约公元前493～前462年在位。

阿阇世为**频毗娑罗**之子，在后者晚年篡位自立。据说，当初曾有相师经占卜称毗富罗山有仙人将死，死后必托生为王子。频毗娑罗求子心切，即派人将仙人杀害，王后随即有孕。另有说法称，阿阇世处于母胎时，有占师称其日后将弑父。为此，频毗娑罗在其甫一出生即将他自楼上投下，但他仅折断手指而未死。其名未生怨即有未尝出生已成怨敌之意。即位后，阿阇世对外积极扩张，与**憍萨罗**进行战争多年，后通过联姻和好。又同弗栗恃进行了长达16年（约前484～前468）的战争，最后将其征服。**摩揭陀**在他统治时十分强盛，为日后印度的统一奠定了基础。他亦曾在**恒河**与甘达克河、宋河的交汇处建立要塞，后该地发展成**华氏城**。按照佛教经典的说法，他因弑父而遍体生疮，但到佛前忏悔后，即告平愈，遂一改对佛教的敌视态度，皈依佛门。佛陀灭度后，阿阇世曾遣使迎佛骨八分之一，在首都**王舍城**建塔奉祀。**迦叶**在王舍城附近的七叶窟召集并主持佛教第一次结集时，阿阇世王为大施主，为其提供一切需用物品。但其事迹在此次结集后，便未再出现于经典中。事实上，他在位时，对耆那教徒也很友善。

（葛维钧）

Atapo Feituo

《阿闼婆吠陀》　*Atharva-veda*　印度上古四种吠陀本集之一。全称《阿闼婆吠陀本集》。

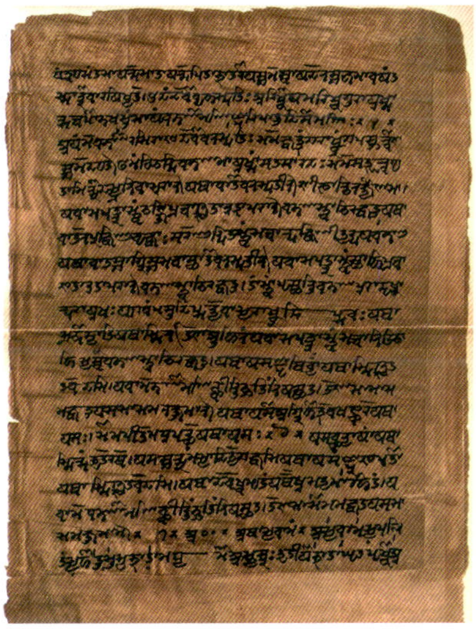

《阿闼婆吠陀本集》古代写本书影

“吠陀”梵语意为“知识”，作为专有名词，广义指上古印度在公元前2千纪～前1千纪形成的四类作品：吠陀本集、**梵书**、**森林书**和**奥义书**；狭义则仅指吠陀本集。四种吠陀本集，即《**梨俱吠陀**》、《**耶柔吠陀**》、《**娑摩吠陀**》和《阿闼婆吠陀》是印度最古老的经典。“阿闼婆”意为掌火祭司，也是传说中第一位掌火祭司的名字；同时也指这种祭司兼巫师的咒语咒术。《阿闼婆吠陀》即是一部巫术咒语诗歌集。它又称《婆哩古盎吉罗吠陀》。婆哩古、盎吉罗亦是古代印度著名的掌火祭司，与阿闼婆同为民间流行的火祭仪节的创行者。很可能在雅利安人进占北印度之前，当地的印度河流域文明中已有对火的崇拜和火祭的习俗。因此，该吠陀吸收了原住民的神秘信仰也是完全可能的，只是程度尚难断定。

《阿闼婆吠陀》共20卷，731首颂诗，5 975诗节。最后两卷是晚出的，其中第19卷的内容可见于前面各卷，第20卷则基本上是《梨俱吠陀》第10卷的摘录。前18卷可分三部分。第一部分包括1～7卷，都是较为通俗的短诗体咒文。这一部分最具代表性，估计产生最早。第二部分包括8～12卷，体裁韵、散相间。其中的散文在内容和风格上都与以后的梵书相近，内容亦常涉及祭祀活动。此外，还有一些意义神秘的圣诗和有关神学问题的论难。其巫术性质的诗歌则有对于护符效力的称颂，也有不少治病的咒语。第三部分包括13～18卷，所涉问题为婚礼和丧仪等。就内容看，《阿闼婆吠陀》与前三种吠陀颇有不同。祈祷在后三者是虔诚的表现，在前者则已变成迷信。它包含有大量的巫术咒语。这些咒语有的供需要法力的人使用，但更多的是供术士使用的。所要达到的目的则多种多样，如降雨、禳灾、长寿、疗疾、发财、得子、家庭和睦、经商顺利、战争胜利、降妖除魔以至秃头生发、求爱成功等。它所反映的是一个信仰万物有灵的世界。这里有幽灵鬼怪伺机伤人，也有来自他人、怀有恶意的诅咒，因此人必须用咒语、巫术和神秘的仪节保护自己。经过某些仪式神圣化的武器和护身符等也会在保护其主人上显示效能。在这里，僧侣由于能为人化凶取吉而获得重要地位，他们的利益也因此受到特别的关注。对于他们的饮食、酬金等，该吠陀都有具体的说明。由于《阿闼婆吠陀》起源于民间而非祭司集团，上层婆罗门曾一度只提三吠陀而把它排斥在外，但终因其信仰广泛深入，而不得不将它纳入，统称四吠陀。这部吠陀反映的愿望强烈，感情充沛，加上诗律铿锵，使它的某些巫术诗歌具有很强的动人力量。

《阿闼婆吠陀》的火祭、咒语也影响到佛教，成为密教（印度佛教密宗）的护摩祭、**陀罗尼**、**持明**、**真言**等的重要源头。**陀罗尼密教**很早就传入中国，到8世纪，中国佛教密宗形成。护摩仪轨、真言、咒语等也是中国密教的重要内容。

（葛维钧）

ateman

阿特曼 ātman 印度古代宗教哲学中的重要概念。中国古代常意译为“我”，有时也意译为“神我”、“神”等。该词的梵语有多种含义，如自我、呼吸、本性、整个身体、人生命的根本等，在哲学上一般指生命现象中的主体，有时也指一切事物或现象中的最高本体或根本因。

在奥义书中，阿特曼一词一般是在两种意义上使用：一种是指自我（小我），即在作为人的身体诸器官（如眼、耳、鼻、舌、皮）的主体或人生命活动的中心这种意义上使用，或作为轮回主体来使用的，也就是所谓“小我”。另一种是指万有的最高本体，这时也就是指“梵”。梵也被称为“大我”。自我或小我被认为有很多。众多的阿特曼或小我有时也被认为是世间各种事物或现象界。奥义书的许多哲人认为，人的主体与一切事物的本体是同一的，世间一切事物在本质上就是大我或梵，因而提出了“梵我同一”的思想。奥义书中关于阿特曼的理论对于印度后世的宗教哲学有着极大的影响，婆罗门教或印度教中的主要哲学家一般都继承和发展了这方面的思想。

在印度宗教哲学史上出现的主要思想流派，对于阿特曼概念也十分关注，提出了与之有关的各种思想。

在正统六派哲学中，吠檀多派基本上继承和发展了奥义书中的阿特曼理论。在此派的主要哲学家中，既有大我的概念，也有小我的概念，其主流的思想是主张一种不二一元的理论。弥曼差派的早期文献中论述阿特曼的内容不多，但在此派后来的发展中也在一定范围内给阿特曼概念留了位置。胜论派和正理派中也有阿特曼之说，但这两派的阿特曼主要是小我，即生命现象中的主体，这种主体是人的精神或心理等活动的载体，也是人轮回和解脱中的主体，胜论派和正理派中的阿特曼没有梵这种大我的含义。数论派和瑜伽派中虽然有轮回解脱的主体，然而这两派通常不使用或不强调使用阿特曼的概念。数论派和瑜伽派中使用“神我”及“细身”的概念，用这样的概念来解释轮回等中的主体。

在非正统的三大派别中，佛教是坚决反对阿特曼实有观念的。释迦牟尼在创立佛教之初，就提出了“无我”的思想，后来的佛教各个流派或分支也至少在形式上或表面上否定阿特曼的存在。顺世论也持无我论，认为如果要认为阿特曼存在，那么人的身体就可以视为是阿特曼，实际上是否定有一个作为精神主体或本体的阿特曼的存在。耆那教也讲轮回和解脱中的主体，但此教不使用阿特曼的概念，它的轮回或解脱中的主体称为“命我”。

阿特曼的概念在古代随佛教传入中国。印度佛教文献中有大量破斥阿特曼实有理论的内容，也有大量转述其他持有我论主张的派别的内容。这些成分被大量译成汉文。在中国汉代开始翻译的众多汉译佛典中，这一概念也常被意译为“我”。佛教破斥婆罗门教等“外道”思想时，通常都会涉及这一概念。因而古代中国佛教界或思想界的人对阿特曼概念是十分熟悉的。在近现代中国，学术界研究阿特曼观念的学术论文或著述也有不少。姚卫群在《印度哲学》(1992)一书中特设“我论”一章，研究了阿特曼概念。

（姚卫群）

Axiege

阿谢格，U. Upendranath Ashk (1910.12.14～1996.01.19) 印度戏剧家，小说家，诗人。生于印度旁遮普贾兰达尔一婆罗门家庭。1927年考入贾兰达尔D.A.V.学院，1931年获学士学位。大学毕业后留校任教，后辗转各地，从事过记者、翻译、编辑、律师、演员、导演等各种职业，对现实社会有深入了解。1948年起定居北方邦阿拉哈巴德。早期主要用乌尔都语创作诗歌，1932年在M.普列姆昌德的建议下开始尝试用印地语写作。创作了不少诗歌、小说和散文，但主要以戏剧著称。自20世纪30年代起，共写过10部多幕剧和近30部独幕剧。剧本多取材于社会现实生活，全方位再现了作者所处时代的风貌，具有一定的教育意义。剧作风格融合了东西方戏剧的内在精神，题材主要涉及婚姻爱情和社会问题。代表作包括《天堂一瞥》(1939)、《幽禁》(1943～1945)、《飞翔》(1942～1946)、《不同的道路》(1944～1953)等。1965年获印度表演艺术最高奖“音乐与戏剧学院奖”，成为首位获此殊荣的印地语戏剧家。

刘安武在《印度印地语文学史》(1987)中对阿谢格的主要戏剧和小说作品进行了简要介绍和评价。北京大学印地语专业研究生王明玲于1987年撰写的硕士论文《论阿谢格的戏剧》是中国第一篇关于阿谢格的专题研究。此外，姜景奎在《印地语戏剧文学》(2002)一书中以较大篇幅介绍了阿谢格的社会现实剧，对其主要作品、剧作题材和创作风格进行了较为全面的评介和分析。

（姜景奎 贾岩）

Axiuluo

阿修罗 Asura 印度古代神话中与天神对立的一族。又译阿素罗、阿须罗等。在印度最古文献《梨俱吠陀》中就已经出现。在吠陀神话中，天神的首领是因陀罗，而阿修罗则属于恶魔一类，是天神的死敌。天帝因陀罗率领众神打败阿

四臂阿修罗塑像

修罗，几乎是永恒的主题之一。印度教神话中，阿修罗也是天神的对立面，有时能打败天神而统治三界，因此，大神毗湿奴或者湿婆不得不呈现出各种化身救世。佛教则把因陀罗、毗湿奴、湿婆等大神改造为佛教的护法神，阿修罗则有时是恶魔，有时也作为护法神被列为“天龙八部”之一。随着佛教的传入，阿修罗也时常出现于中国的小说和民间传说中。

（薛克翘）

Ayutuo

阿逾陀 Ayodhyā 印度古代七圣城之一。傍萨罗逾河，在今印度北方邦阿约

今日阿约迪亚城

迪亚。传说为人类始祖摩奴所建，后作其后代甘蔗氏所创日种王朝的首都。《罗摩衍那》主人公十车王和罗摩亦属该朝，其统治地区史称憍萨罗，阿逾陀作为国都，遂成史诗故事发生的重要地点。笈多王朝时可能做过陪都。

（葛维钧）

Ayuwang

阿育王 Aśoka（前304～前238/前232）印度古代早期帝国缔造者，孔雀王朝国王，杰出的征服者、建设者、管理者、政治家和具有虔诚与奉献精神的佛教守护者。又称无忧王。音译阿输迦。公元前273～前232年或前265～前238在位。

阿育王像　P.K.查特吉绘

阿育王是继其祖父旃陀罗笈多、父亲宾头娑罗之后孔雀王朝的第三位君主。一般认为，他于公元前273年在巴连弗邑（又称华氏城）即位，在30余年的辉煌统治后死于公元前232年。他建立的帝国以巴连弗邑为都城，幅员辽阔，囊括北起喜马拉雅山、南至今卡纳塔克邦、东起羯陵伽、西抵今阿富汗的广大区域。

有关阿育王统治和功绩的丰富信息来源于文学传说、国外资料以及镌刻在摩崖和石柱上的个人语录。只有小摩崖法敕第1号的瞿折罗、尼图尔、乌代高拉姆、摩斯基4个版本中将他称为“阿育王”，该词在梵文中指“无痛的、无忧的”。其他地方的法敕多称他为“天爱王”或“天爱喜见王”，这些大概是他皈依佛教后开始使用的称号。

历史资料显示，阿育王早年与兄弟争夺王位时极其残暴，后皈依佛教，彻底抛弃了暴力与仇恨。因此，对这位古代帝王的研究可分为两个阶段，以他正式即位的第9年发动的具有毁灭性影响的羯陵伽战争作为人生转折点。羯陵伽

印度鹿野苑阿育王石柱头

之战使他从前半生的“暴恶阿育王”转变为后半生的“正法阿育王”。导致这一转变的原因有两点：一是战争造成的惨烈场面使其良心受到震撼，唤醒了他的悔恨和悲痛之感。一是佛教主张从思想到行为全面奉行非暴力和容忍的原则，他将其作为倡导和宣扬人道主义价值观的一种精神诉求，在赢得人心的同时维系社会的持久和平与繁荣。

阿育王通过与僧伽的交流深入学习佛教经文，并践行了多次“正法之旅”，这与他热衷于“享乐之旅”的祖先们有所不同。他彻底弃绝了强制与暴力，即

阿育王石柱　新德里顾卜特塔公园

便在国家的政治治理中亦是如此。他认为，只有扮演一个社会与人民的伦理道德的管理者角色，才能在真理、非暴力、容忍等各种美德的基础上建立和谐社会。为实现这一理想，他专门设立了一个宗教事务部，由一批被称作“正法大臣”的专员管理。他们至少每隔5年就启程前往帝国各地，监督和检阅当地官员的文化工作。不论阿育王的“正法之旅”抵达何处，他都命人将自己的训诫镌刻在摩崖或石柱上，使所有心系社会之人都能读到他希望传达的旨意，并以一切可能的方式付诸实践。帝国疆域内由此建造了大量“正法柱”。

阿育王统治的显著特征包含3点：①他皈依佛教后成了和平友爱的代表，对其他宗教教派施行宽容政策，并将世俗主义作为管理宗教和精神世界的核心价值。鉴于其思想对现代印度政府建立世俗国家作出了巨大贡献，印度共和国

特将阿育王石柱的狮子柱头作为国徽。②他是印度首位将自己的思想和活动用书面语言（婆罗谜字体）刊出而使自己载入印度编年史的帝王。③他试图把佛教发展为世界性宗教，为此派出众多使团远赴境外弘扬佛法。他派遣自己的儿子摩哂陀和女儿僧伽密多罗前往锡兰（今斯里兰卡）传法，还将许多名僧派往今柬埔寨、老挝、缅甸、泰国、越南、伊朗、埃及、土耳其等国。阿育王正是通过这些弘法团震慑了动荡不安的部族和充满敌意的领邦，这使他更加坚信人生的真正使命在于“法胜”而非“武胜”，“战鼓之鸣”不及“正法之鸣”。尽管阿育王的“法胜”政策

中国江苏无锡灵山胜境阿育王石柱

在亚洲西部取得了巨大的成功，却未被希腊人接受。正是这种和平主义政策使得孔雀帝国的统治难以长久维系。史料显示，随着希腊军队大量涌入喀布尔山谷、旁遮普乃至恒河流域，孔雀帝国逐渐衰落。阿育王作为佛教守护者、慈善家、圣人，是具有卓越才能的宗教和社会改革家。而在印度政治领域，他的声望至今未消。

很多佛教典籍对阿育王都有记载，故随着佛经在中国的传播，以阿育王命名的塔寺很早就在中国出现，且保留至今，如浙江宁波市鄞州区的**阿育王寺**和山西代县的**阿育王塔**等。有关阿育王的故事及其形象也在中国古代壁画中得到表现。中国古代信仰佛教的皇帝们也将他奉为一代法王而加以尊崇和效仿。

（那济世撰　张幸译）

Ayuwang

《阿育王》 *Aśoka* 印度印地语电影。2001年10月26日在印度上映。该片由

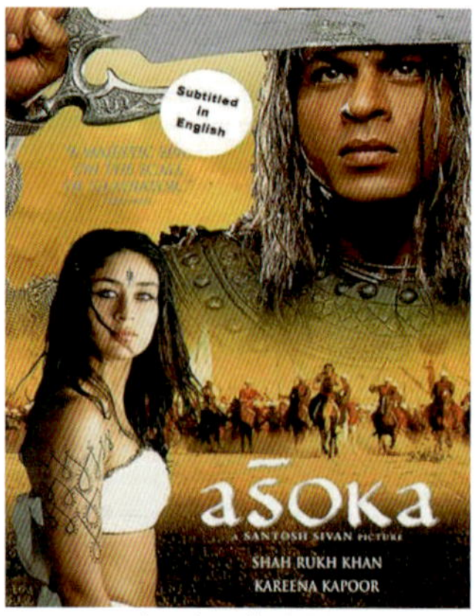

《阿育王》海报

S.斯万担任导演，沙鲁克·汗、K.卡普尔分别饰演影片主人公**阿育王**和考瓦基。影片主要讲述了印度孔雀王朝第三代君主阿育王的传奇一生。年轻的阿育王酷爱军事，英勇善战，因其出众的才能而受到同父异母兄弟的嫉恨。他在母亲的劝说下离开皇宫，开始云游生涯。途中邂逅公主考瓦基，萌生爱意，两人相知相守。与爱人不幸失散后，阿育王误以为考瓦基已死，伤心不已。回到皇宫，得知母亲去世，他更加悲痛。此后，阿育王性情大变，内心充满了愤怒和仇恨。在残酷的宫廷争斗中，阿育王亲手杀死自己的兄弟，登上王位，并率领大军南征北战，最终建立起丰功伟业，同时也成为一名暴君。在征战**羯陵伽**的战役中，他与爱人在战场上兵戎相见。与爱人的重逢成为阿育王人生的重大转折。他内心悔悟，决定停止战争，弘扬佛法，最终皈依佛教。

《阿育王》在印度公映后获得广泛好评。片中主演沙鲁克·汗8次获得印度电影观众奖最佳男主角奖。该片在中国上映后，也受到了好评。该片2002年获第三届印度国际电影节最佳摄影奖，在2001年9月的威尼斯电影节上

《阿育王》剧照

广受好评，2004年获得奥斯卡最佳外语影片奖，是印度一部将历史情节与商业元素相结合的成功影片。

（姜景奎　乔安全）

Ayuwang Mingwen

阿育王铭文 Aśoka Inscriptions 印度古代孔雀王朝以铭文形式散布在帝国各处的阿育王法敕。其内容显示出**阿育王**作为一位君主、一名佛教徒和一个普通人的仁爱之心。所写铭文包含俗语、阿拉米语、希腊语3种语言，以婆罗谜文、佉卢文、阿拉米文、希腊文4种书写体呈现。1839年，这些铭文的内容被J.普林赛完整破解，从而在很大程度上丰富了阿育王的相关传说，为人们解读早期印度历史提供了诸多崭新的视角。

阿育王将其个人信仰和对佛教的尊崇与身为国君和政治家的职责相区分，他的铭文因而分为两类。规模较小的一类主要是阿育王以佛教居士的身份对僧伽的布道，规模较大且更为重要的一类是他下令刊刻的大小摩崖法敕和石柱法敕。所有法敕均分布在人群聚集地，有可能在当时被作为某种劝诫。这些劝诫主要与行政治理、公民福祉和正法的确立有关。

阿育王在法敕中充分表现出自己的佛教信仰。他在拜拉特摩崖法敕中反复阐释了佛陀信仰、正法、僧伽等业已确立的佛教准则。他或许未曾直接提及“**四谛**”，但确实在第1号别刻摩崖法敕中使用了“中道”一词。僧伽的概念在第1号小摩崖法敕、拜拉特法敕、第7号石柱法敕和分裂法敕中均有涉及。从现实层面看，尽管这些法敕静默无声，但小乘和大乘传统均对阿育王支持佛教的举动表示赞赏。据《岛史》和《阿育王传》记载，阿育王在改信佛教后建造了84 000座窣堵波。鲁明台石柱法敕记载，阿育王修复了位于今尼泊尔谷地地区的拘那含佛窣堵波，还赴佛陀诞生地**蓝毗尼**朝圣。阿育王统治期间，第三次佛教结集于公元前250年在**华氏城**举行，僧伽进一步重组并开始分化，分裂法敕里有相关记述。阿育王在该法敕中表达了他对维系僧伽统一的渴望，还称要将企图制造分裂的僧尼从僧伽中驱逐出去。

阿育王石刻铭文（复制品） 现藏新德里印度国家博物馆

中国浙江宁波鄞州阿育王寺

第三次佛教结集决定向次大陆各地甚至更远的地方派遣使团，旨在使佛教成为一个活跃而富有影响力的宗教。此举最终使佛教在公元前后在亚洲广泛传播。阿育王在第13号大摩崖法敕中提到过数位西方的同时代君主，如叙利亚的安条克二世（前260～前246年在位）、埃及的托勒密二世菲拉德尔菲斯（前285～前247年在位）等，孔雀帝国曾与这些国家互派外交使团。此外，阿育王还描述了孔雀王朝帝国与铜掌国（今斯里兰卡）的关系。

虽然阿育王的国内外政策一定程度上受到佛教思想的影响，但他身为一国之君，其职责又要求他必须尊重所有宗教。多元的文化和社会体制、快速发展的城市化、广阔帝国的复杂性等诸多因素相互交织，从而使阿育王的正法观得以在容忍、非暴力和造福于民的基础上建立起来。根据第12号大摩崖法敕，阿育王所说的容忍是指对人民及其信仰、观念的宽容。第11、13号大摩崖法敕称，非暴力包括限制杀生和弃绝战争。第7号石柱法敕和第2号大摩崖法敕提到，造福于民的政策包括在路旁栽种榕树、挖掘水井、建造休憩场所以及为人和牛提供医疗等。由第5号大摩崖法敕、第7号石柱法敕可知，阿育王为实施和传播其正法政策，特别设立了一个名为“正法大臣”的官职。

由此，正法的原则为人民和君王设定了很高的目标，这一点在阿育王的父系王权理论中显而易见。正因如此，他在佛教传统中常被描述为“转轮王”，即护佑法轮常转的宇宙主宰。

（R.K. 辛哈 卡马尔·希尔撰 贾岩译）

Ayuwang Si

阿育王寺 Aśoka Temple 中国最早的佛寺之一。位于浙江宁波市鄞州区的阿育王山。在中印佛教文化交流方面起过重要作用。

相传印度孔雀王朝国王阿育王时期（前3世纪），在华氏城举行了佛教史上规模最大的第三次结集，编纂整理出经、律、论三藏经典，并派遣子女和僧侣向世界各地传播佛教。据佛经记载，阿育王从王舍城大宝塔中取出佛陀舍利，分成84 000份，命令会飞的神灵一夜之间在世界各地建立84 000座窣堵波。据传，当时在中国共建造了19座舍利塔，其中之一即浙江宁波鄞州区的舍利塔。寺多已损毁，现仅存舍利塔。

据史书记载，西晋太康三年（282），高僧慧达寻求舍利宝塔于鄮山脚下，遂于其地结庐守护，此为阿育王寺创建之始。该寺于南朝元嘉二年（425）、元嘉十二年二次增建殿宇，由此奠定了阿育王寺的规模。梁普通三年（522），梁武帝萧衍赐阿育王寺额，寺名始定为阿育王寺。另有一说，晋义熙元年（405），为了保护佛舍利塔，特建一亭覆盖塔上，此为阿育王寺的创建之始。后经历代重修，遂具今日规模。阿育王寺因拥有一座举世瞩目的舍利宝塔而闻名。阿育王寺占地6万多平方米，房屋600多间。建筑面积3万多平方米。1983年，国务院确定为汉族地区佛教全国重点寺院。寺内现存一些很有价值的历史文物，如历代名家书法等。藏经楼上藏有清版本《龙藏》7 247卷、《碛砂版大藏经》等，均为珍品。2006年被国务院批准列入第六批全国重点文物保护单位。

（薛克翘）

Ayuwang Ta

阿育王塔 Aśoka Stūpa 阿育王敕建

中国浙江宁波鄞州阿育王寺牌楼

的瘗藏释迦牟尼舍利的佛塔。**阿育王**统治时期，曾广建佛塔。诸多佛教文献都记载了他建造84 000座窣堵波的传说。**释迦牟尼**涅槃后，佛舍利由**拘尸那迦**、**摩揭陀**等8座城邑之王均分，并分别起塔供奉。《根本说一切有部毗奈耶杂事》卷三十九："时波离邑无忧王便开七塔，取其舍利，于赡部洲广兴灵塔八万四千，周遍供养，由塔威德，庄严世间。"中国近代净土宗名僧**印光**法师也曾综述其事："昔佛灭后，中天竺国阿育王，统王阎浮，威德广大。所有鬼神，悉皆臣属。意欲普利世人，启其祖阿阇世王所藏之八万四千佛舍利。役使鬼神，碎七宝众香为泥。一夜造成

中国南京长干寺地宫七宝阿育王塔

八万四千宝塔，散布南赡部洲。耶舍利尊者，伸手放八万四千道光。一鬼捧一塔，顺光而趋，至光尽处，则安置地中。东震旦国，有十九处。大教东来，次第出现。如五台育王等是也。"(《印光法师文钞三编·卷三》)所谓八万四千，或略言八万，正如三千大千世界等说法，是印度表示事物数量极多的习语，并非实数。后世佛教徒为缅怀阿育王建塔功德，将收藏有佛舍利的塔统称为阿育王塔。

中国东晋高僧**法显**与唐代**玄奘**先后于5世纪初和7世纪初造访印度，亲睹当时还存在的诸多阿育王塔并留下记录。玄奘在《**大唐西域记**》中所记"无忧王之所建"窣堵波即有120余处，高度从二三十尺到二三百尺不等。《大唐西域记》记载那揭罗曷国醯罗城中，"复有重阁画栋丹楹。第二阁中有七宝小窣堵波，置如来顶骨。骨周一尺二寸，发孔分明，其色黄白，盛以宝函。置窣堵

鎏金银阿育王塔　五代吴越国末代君主钱弘俶营建雷峰塔时打造

波中。欲知善恶相者，香末和泥以印顶骨，随其福感其文焕然。又有七宝小窣堵波。以贮如来髑髅骨"。综观史料，被称为佛舍利塔者有两种类型：一种是露天塔庙，属于建筑物；一种是可放置在塔庙或相关建筑物内室的"小窣堵波"，属于器物。此外，藏有佛舍利的塔并非全是阿育王所建。

中国的阿育王塔，也以建筑物或器物两种形式存在。在中国**敦煌石窟**壁画中，有阿育王拜塔的故事，其佛塔造型为宝箧印塔式样，据说是仿印度原型建造的。**道宣**撰《**集神州三宝感通录**》卷上（664）、《**广弘明集**》卷一五和**道世**撰《**法苑珠林**》(668) 卷三八《故塔部第六》、敦煌文献P. 2977等，都有类似记载：佛寂灭后，中国共得其19份舍利，建有19处阿育王塔。见诸中国文字史料的诸阿育王塔，多数都有迹可循。现存藏有佛舍利的阿育王塔庙有多处。首先是鄮县（今浙江宁波市鄞州区）阿育王寺阿育王塔。据《鄞县志》记载，阿育王寺内供奉的佛舍利塔是西晋太康三年（282）发现的，塔呈青色，高四寸，广七寸，五层四角形，佛舍利悬于塔内金钟之中。其次，陕西扶风县阿育王寺塔始建于东汉末年，唐高祖李渊更其名为**法门寺**，1987年发现其地宫藏有佛指骨舍利。再有，2001年在杭州雷峰塔遗址地宫发掘到两座纯银阿育王塔，内藏佛螺髻发舍利。还有，2008年南京出土的长干寺地宫鎏金七宝阿育王塔是中国目前发现的最大的阿育王塔，塔高近1.2米，重约50千克，其中供奉有金棺银椁、佛顶真骨和感应舍利10颗。另外，建于隋代仁寿元年（601）的山西代县圆果寺阿育王塔、建于宋代天圣元年（1023）的江苏连云港云台山海青寺阿育王塔，也是知名的阿育王塔。其他有佛舍利现世的地方包括北京灵光寺（1900）、镇江甘露寺铁塔（1960）、北京房山云居寺雷音洞（1981）等。

中国山西代县阿育王塔　始建于隋朝

据佛教史籍记载，五代时期吴越王钱弘俶（929～988）曾模仿阿育王造塔传说而制作过8 400座小塔，中藏《宝箧印心咒经》，分埋于国内名山。制塔藏经的做法在印度也有先例。《大唐西域记·摩揭陀国下》也记载一位饱学的刹帝利胜军，至晚年唯读佛经，并不断用香泥制作五六寸高的小塔，将抄写的经文置于其内，持续30年至百余岁而不辍，小塔积累无量，再建大塔藏之，"谓之法舍利也"。清代以来，署名吴越王所造的佛塔多有出土，印证了该记载并非子虚乌有。钱弘俶所造塔形状如宝箧，内藏《宝箧印心咒经》，故称宝箧印塔，又因其大都为金属铸造，外涂以金，所以又称金涂塔，亦名阿育王塔。

（张绍斌）

Ayuwang zhengfa

阿育王正法　dharma of Aśoka　印度古代名王阿育王在其执政时期颁布的一整套治国方略和社会生活准则。其目的为借此建立一个和谐社会。

公元前260年左右，古代印度孔雀王朝国王**阿育王**对地处孟加拉湾的**羯陵**

阿育王正法石柱上的铭文

伽发动了一场规模巨大的战争，并将该国吞并。但战争消耗了大量财富，并直接和间接地造成了数十万人的死亡。战后，阿育王停止扩张，转奉非暴力原则，并从这一原则出发，逐步制定出一套全面适用于个人伦理、社会政治和国际关系等各方面的正法政策。其改弦更张的原因，一说是他信仰了佛教，战争带来的深重灾难使他深自悔恨，于是反省前愆，开始寻求新的生活之路和统治之道。不过，另有一个事实也很重要，即至此阿育王的统一大业实际已经完成。当时虽有少数南部小国尚未征服，但次大陆已不存在与孔雀王朝对抗的力量。在西北方，向由希腊人统治的地区进兵也不会给帝国带来更多的好处。形势证明在南亚黩武已无必要。因此，另有一说是他实行正法政策的目的，乃是营造一个和平与稳定的环境，通过怀柔安抚和促进融合的手段，在一个民族众多、信仰复杂、文化类型诸多不同的国家里，发展经济，巩固政权。

阿育王正法政策的准则是：少行不义、多做善事、慈悲、慷慨、真诚、纯洁。其具体要求可以归结为：服从父母、年长者及老师；礼遇亲族、婆罗门和沙门，慷慨地对待他们；热爱朋友和伙伴，对他们要忠诚；给奴隶和仆人以适当的尊重，待他们要温和；怜悯穷人和其他不幸的人；公正地对待犯有罪过的人，在司法事务中保持公平；在信仰上应避免一味抬高自己而贬斥他人的教派，注意尊重别派并向它们学习；仁慈地对待一切生灵，不杀害它们；不用动物献祭；放弃战争，致力于以正法征服人心；不举行歌舞宴饮的集会；不浪费，也不过多地积藏。

实现正法是阿育王后30年统治的基本国策。为使举国上下一致动员，共同实施，他采取了如下办法：①颁布有关诏书，将它们镌刻在石壁和石柱上。诏书对正法的内容详加阐释，务求深入人心。颁刻的地点亦选在大的居民点、宗教圣地或重要的商路上。②委派“正法大臣”专事推行正法。监督官地位显要，握有大权，活动范围上及王公、贵族的宅第，下及穷人和奴隶的茅舍，除宣传正法外，还管理和发放皇家的布施，并向国王汇报各地情况。③身体力行，从事慈善活动。他为人、畜设立医院和兽医院，同时向需要的地方引种草药；在城镇建筑房屋馆舍，接待商旅游人；在重要道路旁凿井并种植榕树和杧

阿育王正法石柱

果林，为行人提供食物、饮水和荫凉。他希望以此带动有能力的人都拿出资财来造福社会。④改游山玩水、出猎打围为从事宣教旅行。途中他拜访婆罗门和沙门，向他们施赠；会见老人，为其中的困难者提供钱财；接触农村居民，同他们讨论正法。

阿育王的正法政策给经历了自列国时代以来300年攻伐不休的动乱之苦的印度人民带来了30年和平。农村获得了充足的劳力，水利工程兴建起来，加上铁器的普遍使用，农业有了迅速的发展。税卡的减少和许多重要官路的铺筑，为商业的繁荣提供了条件。手工业行会在官方注册，取得了稳固的地位后，在组织生产、传授技术方面也开始起积极的作用。国内阶级和宗教矛盾缓和下来，各阶层人民的生活都在稳定中有所提高。

（葛维钧）

Azhalijiao

阿吒力教 Ācārya Buddhism 中国云南大理白族的佛教信仰。属密教的一支。“阿吒力”即阿阇梨一词之另译，又译阿拶哩、阿折里耶等，梵文acarya，意为规范师、导师。白族语则称之为师主簿。在白族佛教信仰中，阿吒力是可娶妻生子的祭师，采子孙相袭制。

八九世纪，密教盛行于印度，当时即有阿吒力前往云南大理传布密教。南诏保和十六年（839），阿吒力赞陀崛多抵达南诏，劝丰祐封其为国师，并以女弟妻之。此后，阿吒力即借南诏上层统治阶级的政治权力和金钱布施，大修佛寺，塑佛像，吸收白族信徒。密教因而蓬勃发展，而阿吒力也成为南诏、大理的历代国师。 17

13世纪以后，阿吒力在白族上层社会之势力渐次减弱，但在农村依然较盛。阿吒力曾号召各族人民，反抗元、明统治者，因此，明太祖朱元璋曾禁止阿吒力教传播，后又取消禁令，并设阿

中国云南剑川沙溪兴教寺

吒力僧纲司管理宗教事务。明成祖朱棣曾敕令大理之北汤天地方之阿吒力至北京为其祈福消灾。但至清代康熙帝时，又取消阿吒力僧纲司的设置。

阿吒力为人禳灾祈福、驱邪治鬼，主持念佛会及丧葬仪式。作为“坛主”之阿吒力，自清康熙之时（1662～1722）起，须由县僧正司为其上奏，取法名。若无合法身份，则不能为民众做法事。

阿吒力教现今已告没落，世袭之阿吒力多已转业为农。念经则成为世代相传的副业。

（蓝吉富）

Azhantuo Shiku

阿旃陀石窟 Ajanta Caves 印度佛教石窟。位于印度德干高原马哈拉施特拉邦重镇奥兰加巴德西北约106千米处。约公元前2世纪～公元7世纪，在阿旃陀的马蹄形河谷丘陵岩壁中陆续开凿了29座石窟。7世纪上半叶，中国唐代高僧**玄奘**在《**大唐西域记**》卷第十一中记载“摩诃剌佗国”（马哈拉施特拉）的“阿折罗伽蓝”：“基于幽谷，高堂邃宇，疏崖枕峰，重阁层台，背岩面壑。……精舍四周雕镂石壁，作如来在昔修菩萨行诸因地事。证圣果之祯祥，入寂灭之灵应，巨细无遗，备尽镌镂。伽蓝门外南北左右，各一石象。闻之土俗曰：此象时大声吼，地为震动。”玄奘描述的地理环境、建筑结构和雕刻题材均与阿旃陀石窟相符，在阿旃陀石窟第16窟门外左右各有一头石雕的大象，第26窟铭文镌刻着“阿折罗”的名字，因此多数学者同意比定“阿折罗伽蓝”为阿旃陀石窟。

阿旃陀石窟

阿旃陀29座石窟均系佛教石窟，可分为前后两期：前期属于小乘佛教时期，包括第8、9、10、12、13诸窟，约开凿于公元前2世纪～公元2世纪；后期属于大乘佛教时期，包括前期以外的所有诸窟，约开凿于450～650年间。阿旃陀石窟建筑的形制可分为支提（佛殿）窟和毗诃罗（僧房）窟两种，第9、10、19、26、29五窟是支提窟，其余均系毗诃罗窟。第19窟是阿旃陀后期支提窟的典型，正面与内部装饰雕刻富丽堂皇。第26窟内部长约7米的**涅槃**佛像，是印度境内现存最大的佛像。阿旃陀石窟的壁画在世界艺术史上享有盛名。阿旃陀前期壁画约作于公元前1世纪～公元200年，是现存世界上最古老的佛教绘画遗迹，呈现古风式风格，以第9、10两窟为代表；后期壁画约作于450～650年或更晚，风格从古典主义向矫饰主义和巴洛克风格逐渐演变，以第16、17、1、2四窟为代表。阿旃陀壁画的题材包括大量本生故事、佛传故事和单独的佛像、菩萨像。代表作有第16窟壁画《难陀出家》，第17窟壁画《须大拿本生》、《因陀罗与天女》、《佛陀还家》、《僧伽罗事迹》，第2窟壁画《女信徒献祭》，第1窟壁画《持莲花菩萨》、《摩诃贾纳卡本生》、《降魔图》等。阿旃陀壁画的绘画技法既采用平面法，也采用**凹凸法**，在后期壁画中对凹凸法的应用更为频繁。阿旃陀壁画的凹凸法不仅用于人物，而且用于动物、花卉、山石、建筑等。

阿旃陀石窟第1窟左廊壁画《摩诃贾纳卡本生》（局部）

印度传统绘画的凹凸法，经由中亚各地逐渐传入中国，对中国的佛教绘画产生了一定影响。但中国的佛教绘画包括**克孜尔石窟**、**敦煌石窟**早期壁画中的“**天竺遗法**”，是否直接受阿旃陀壁画的凹凸法的影响，尚缺乏相关的传播中介、历史文献和实物证据。在《大唐西域记》关于“阿折罗伽蓝”的记载中，对建筑、雕刻均有描述，对壁画却只字未提。

（王镛）

Aiting

霭亭 Aiting（1893～1947） 中国华严宗僧人。俗姓吴，名满祥，法名大观，别号栖云。江苏泰州曲塘人。幼年失去双亲，随兄嫂而居，后见兄继父业，经商失败，而感世事无常，遂于1911年至本邑宏开寺出家，颇为好学。两年后，于宝华山受**具足戒**，随后前往智光主持的泰县儒释初高小学读书。次年，跟随智光入上海华严大学，一同追随月霞学习，继而同迁杭州潮音寺，后又赴天宁寺。1918年，在镇江焦山寺担任霞山《楞严经》之副讲，并一度出任焦山知客。1927年，得镇江夹山竹林寺妙智赏识，选为法嗣，为其记别，继主法席，并于次年创办“竹林佛学院”，聘请慈舟、妙阔等为主讲法师，专弘华严与律学，倡导禅教双修，成效显著，人才辈出。1932年，霭亭退席竹林寺清修，后得缘南游香港，讲经说法，并在香港创设宝觉佛学社、东莲觉苑等弘法机构，又增设图书馆，创办《人海灯》杂志。后来又曾于九龙、澳门创办佛教教育，颇开风气之先。1935年，前往日本游历，并搜集多种华严注疏。1947年，撰成《华严一乘教义分齐章集解》10卷。该书乃民国华严学之重要著述，金山寺仁山、定慧寺智光等为其作序，多有夸赞。其徒孙觉民等辑有《栖云文集》，南亭为之作序。

（杨祖荣）

Ai Qing

艾青 Ai Qing（1910.03.27～1996.05.05） 中国诗人。中国现代诗歌新浪潮的杰出人物之一。原名蒋海澄。

艾青生于中国浙江金华。1928年入国立杭州西湖艺术院，大画家林风眠对他的人生产生重大影响。翌年，在林风眠的鼓励下赴法国学习绘画，对欧洲现代诗歌发生兴趣。1932年初回国，在上海加入中国左翼美术家联盟，参与各种革命活动和文化活动，旋因反蒋介石而被捕。在狱中写下了数首诗，其中包括《大堰河——我的保姆》。该诗引起轰动，艾青一举成名。

1935年，艾青获释。翌年出版第一本诗集《大堰河》。抗日战争爆发后，在汉口参与各种抗日救国运动，发挥了诗人战士与民族进步鼓吹者的作用。

1941年，艾青赴延安，成为《诗刊》主编。抗日战争中，日军的种种暴行深深地触动了他，他的痛苦和愤怒反映在他的诗中。在这一时期，他出版了9本诗集。抗日战争结束后，任华北联合大学文艺学院副院长。

中华人民共和国建立后，艾青成为《人民文学》副主编及中国文联委员。1957年，他被打成“右派”，下放到黑龙江和新疆从事体力劳动。其间他仍然继续写诗。

1979年艾青获得平反后，出任中国作家协会副主席和中国笔会中心副会长。1985年获法国文学艺术最高勋章，成为首个获得这一享有崇高声誉的外国文学奖项的中国诗人。1996年逝世，享年86岁。

《艾青作品新编》封面

艾青将画家的直觉、诗人的审美能力与革命精神结合起来，使他的诗色彩浓烈，意义深刻，具有复杂而独特的个性。他始终热爱并赞美生活，影响了许多年轻诗人。共出版20多部诗集，也进行散文创作和诗歌翻译。他的作品已被译成十多种语言并在国外出版。在印度，艾青的诗歌被列入中国文学和中国文学史课程教学大纲中，在大学的中国语言、文学和文化系及中心讲授。艾青的诗被印度文学史学界巨擘S.K.达斯译成孟加拉语，收入《中国诗人艾青诗选》之中。印度学者墨普德翻译的艾青诗歌则被收入《艾青的诗歌和寓言》(孟加拉语，2000）和《跨文化印象：艾青、聂鲁达与纪廉》(2004）之中。

（邵葆丽撰　刘文亮译）

Aidehua

爱德华 Madan Mohanlal Atal（1886.10.09～1957.12.01） 印度援华医疗队成员、医疗队队长。全名马登·莫罕拉尔·爱德。中文名为爱德华。

爱德华是印度北方邦阿拉哈巴德市的一名资深医生。1937年，在西班牙

内战期间，他代表印度支援西班牙人民反法西斯斗争，救死扶伤。爱德华是印度援华医疗队队长。他是一位极为成熟和负责的医生，在战时献身于为中国人民谋求福祉的事业。抵达中国后，爱德华亲力亲为，与中国政府人员沟通，以使医疗队按时抵达正在进行战争的地方，并立即开始提供医疗救援。

爱德华最初与柯棣华和巴苏华被分配到坐落在拐峁村的八路军模范医院，距延安有17.5千米。1939年11月，爱德华与柯棣华和巴苏华前往晋东南前线。但是前线生活十分艰苦，此外大夫们还面临极端气候条件。爱德华的身体状况恶化，身患麻疹和湿疹，处于巨大的痛苦之中。所有这些不利条件，最终迫使他于1940年2月离开中国返回印度。

爱德华返回印度后，也努力在独立后的印度实践他们在中国的理想和经验。他参加世界和平运动，还成为全印和平理事会的创立者之一。他想以自己在中国的丰富阅历为基础写一本书，他相信这会为印中关系的发展作出贡献。然而，由于他的猝然逝世，此项工作未能完成。

1957年，在对中国进行友好访问期间，爱德华因肝硬化突然发作而病逝于北京。他在临终前表示，希望在他死后将自己骨灰的一半撒在中国黄河之滨潼关附近的渡口一带；潼关是他在前往延安途中路过的地方，对他而言就是中华民族的象征。他要求将骨灰的另一半撒在自己祖国的土地上。他与自己的战友柯棣华和巴苏华的陵墓，至今依然耸立在中国河北石家庄华北军区烈士陵园。

（邵葆丽撰　刘文亮译）

Aisiding

爱思丁 Ayas-ud-din（约活动于13世纪后半叶～14世纪前半叶） 德里苏丹

国时期南印度马八儿国来华使臣。生平不详。据《元史》卷二五，元仁宗延祐元年（1314），马八儿国国主昔剌木丁遣使者爱思丁出使元朝并进贡方物。

（何赟）

Aixian

爱贤 Priyabhadra（约活动于11世纪） 印度来华僧人。据《宋史》卷四九〇，北宋天圣二年（1024），西印度僧爱贤、智信护等来献梵经，皇帝赐以紫袍、束帛。《文献通考》卷三三八记同一事，却为天圣三年。

（薛克翘）

Anban Shouyi Jing

《安般守意经》 *Mahā-ānāpāna-smṛti-sūtra* 现存最早介绍到中国集中讲述佛教禅法的佛经。全称《佛说大安般守意经》。2卷。后汉安世高译。传入中国时间约2世纪中叶。

《安般守意经》结合佛教义理和戒律宣讲了小乘禅法，尤其突出了坐禅中调息、守意的重要性和实践要领。学界称此禅法为“数息禅”。安世高精通此法。又因此法与中国固有的行气理论相通，故安世高在华传播此法，多人受学。其弟子中有一居士名陈慧（约活动于2世纪后期），深得要领，曾为《安般守意经》作注。三国初期在华译经传教僧人康僧会曾就学于陈慧等人门下，亦深得《安般守意经》要领，曾为之作序，序中明确提出禅法的4个阶段和境界（一禅、二禅、三禅、四禅），强调数息在坐禅初级阶段的作用：“系意著息，数一至十，十数不误，意定在之。”魏晋时期，《安般守意经》影响颇大，康僧会和道安、谢敷（313～362）均为《安

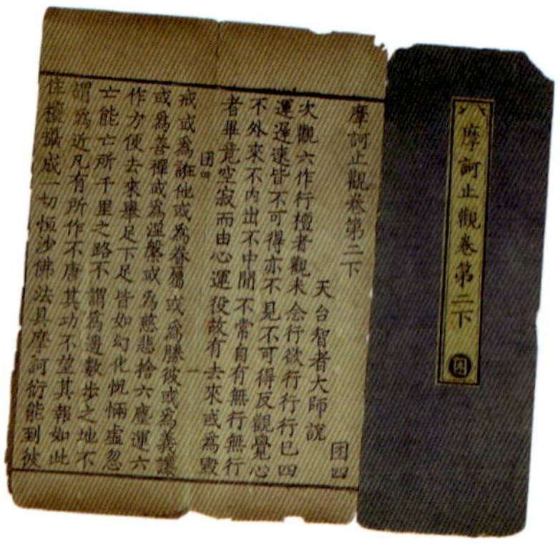

《摩诃止观》书影

般守意经》注解，今俱不存。隋代智者大师作《摩诃止观》和《小止观》，也继承了《安般守意经》的要领，遂使此禅法融入中国佛教养生体系。

（薛克翘）

Anduluo

安度罗 Andhra 南印度古国名。又译案达罗。国名最早见于《爱达罗氏梵书》、《摩诃婆罗多》和《罗摩衍那》。安度罗人属达罗毗荼种，国土在哥达瓦里河与克里希那河之间，约当今特仑甘纳地区，今印度安得拉邦即沿用其名。阿育王在其第13号石刻诏书中，曾提到它是自己国土的一部分。孔雀王朝衰亡后，安度罗恢复独立，建立王朝。安度罗王朝的奠基者辛穆卡原籍在萨塔瓦哈那（今卡纳塔克邦的贝拉里附近），故又称萨塔瓦哈那王朝。其建立年代、延续时间和历代统治者的情况诸说不一。一般认为建于公元前1世纪中叶至末叶，共传王30代。首都波罗底湿陀那即今马哈拉施特拉邦的派坦。该王朝真正强大起来是在辛穆卡的儿子或侄子萨塔伽罗尼一世统治时代。他举行过一次马祭，以宣布在整个德干地区的霸权。他死后，王朝受塞人侵犯，逐渐衰弱下来。但是第23代王乔达迷布罗陀推翻塞人统治，重新建立了对于德干地区的权威。他的儿子伐色湿陀布陀罗·布鲁马依娶了优禅尼的塞人总督鲁陀罗达曼的女儿，不久他的岳父又从他手里夺去了其父在世时恢复的土地。王朝最后灭亡的原因不太清楚。该朝君主皆为正统的印度教徒。他们坚持种姓制度，重视吠陀祭祀，但对于佛教和耆那教等尚能采取兼容态度，给予布施。王朝于3世纪衰亡后，在其废墟上出现了一系列由甘蔗族人、布提人、鸠都人和伐迦陀迦人等统治的小王国，其中的伐迦陀迦（又译伐卡塔卡）人在4～6世纪德干地区的历史上起过较大的作用。亦有不少学者认为安度罗是大乘佛教的发源地。

（葛维钧）

Anduo Zhengjiao Shi

《安多政教史》 *mdo smad chos vbyung* 中国藏传佛教历史名著，地方佛教史文献。又名《多麦教法史》。格鲁派高僧扎贡巴·官却丹巴热杰（1801～?）于清同治四年（1865）撰成。藏文。作者在广泛搜集资料、实地考证的基础上，历时33年，撰成此书。全书3编18章，对安多藏族聚居区，包括甘肃陇南白龙江流域之武都、文县、迭部、舟曲等处，以及洮河流域的卓尼、临潭、岷县、临洮、和政、康乐、碌曲等处，

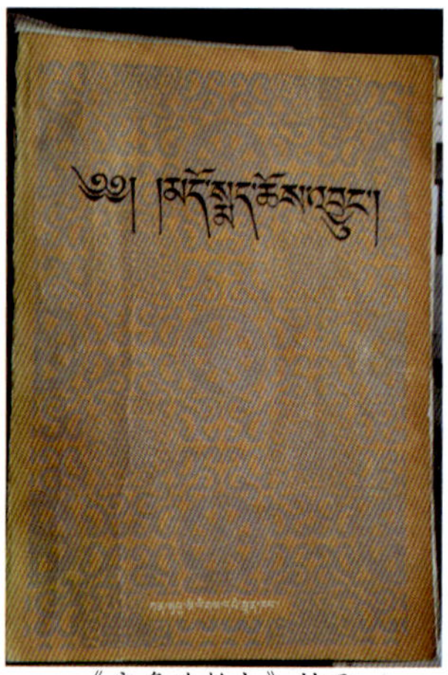

《安多政教史》封面

大夏河流域之临夏、永靖、夏河、合作等处，河西走廊和四川的松潘、阿坝、大小金川等处，青海之黄河、湟水、隆务、大通诸河流域各处藏传佛教大小寺院的建立与发展，各地政教合一实体的形成与兼并，中央政府与地方各政体的关系，著名人物的成长与重点部落的形成及其历史作用，均作了详尽的记述。同时，对各大寺院内设立的扎仓（学院）及其教学制度、课程设计、班级学位，寺院僧人数目、法会仪轨，以及活佛府邸、寺院经济、溪卡庄园等作了明晰的介绍。该书有拉卜楞寺木刻本传世。甘肃民族出版社1989年出版吴均等译的汉译本。

（尕藏加）

Anjing

安静 Śānti（约活动于8世纪） 西域僧人。据《宋高僧传》卷十九本传，安静于唐开元十五年（727）来华，曾在定陶（今属山东）一带活动。

（薛克翘）

anju

安居 vārṣika 佛教修行制度之一。又译雨安居、夏安居、夏坐等。此制度源

中国福建平兴寺结夏安居期间，众僧在听课

出梵语varùa，意为雨。按照释迦牟尼遗教，每年雨季三个月，佛教僧人须留于寺内，坐禅修学，不得外出，以免伤害到处都是的小虫和其他生灵。《大唐西域记》卷八称："印度僧徒依佛圣教，皆以室罗伐拿月前半一日入雨安居，当此五月十六日；以颈湿缚庾阇月后半十五日解雨安居，当此八月十五日。"中国、日本、东南亚以及其他地区依俗各有不同。这一习俗最初是借自婆罗门教。耆那教亦有此教规。

（葛维钧）

Annade

安纳德，M.R.　Mulk Raj Anand（1905.12.12～2004.09.28）印度英语作家，艺术评论家，社会活动家。在中印文化

交流中起过积极作用。生于白沙瓦（今属巴基斯坦）。1925年毕业于阿姆利则卡尔萨学院，获旁遮普大学文学学士学位。同年赴英国，入伦敦大学学院学习。1929年获哲学博士学位。毕业后先后从事文艺理论著述和小说创作。1936年在伦敦组织成立印度进步作家协会。1945年回国，定居孟买。1951年当选为世界和平理事会理事。1953年获国际和平奖。1967年获印度政府授予的第三级荣誉勋章。1972年，创作的长篇小说《晨容》(1968)获印度文学院奖。

安纳德从20世纪30年代中期开始发表作品，至90年代末，共创作《伟大的心》(1945)、《七个夏天》(1951)、《一个印度王公的私生活》(1953)等19部长篇小说，《迷途的孩子》(1934)等10部短篇小说集，并发表大量文章。长篇小说《不可接触的贱民》(1935)和《苦力》(1936)，描写印度社会底层人物的悲惨人生。长篇小说《两叶一芽》(1937)，叙述在英国殖民者奴役下，茶工甘鼓家破人亡的故事。由3部长篇小说《村庄》(1939)、《黑水洋彼岸》(1940)、《剑与镰》(1942)组成的"拉卢三部曲"，通过描写旁遮普青年农民拉卢的一生，反映第一次世界大战前后印度农民的政治觉醒。

1954年，中国相继翻译出版安纳德的短篇小说集《理发师工会》(1944)、《安纳德短篇小说选》(1953)和《不可接触的贱民》。1955年，《苦力》、《两叶一芽》和《印度童话集》(1946)翻译出版。"拉卢三部曲"由王槐挺翻译，分别于1983、1985、2011年出版，其汉译本"译者前记"介绍了安纳德的生平与创作，"拉卢三部曲"的创作背景及过程，并对小说的人物形象、思想内容和写作技巧作简要评析。

安纳德与中国朋友的情谊可追溯至他早年留学英国时，结交了叶君健、萧乾等数位中国作家。1951年，作为"印度友好代表团"成员访问中国，参加国庆典礼，受到中国领导人的接见和宴请。1952年，在印度进步作家、艺术家召开的纪念毛泽东《在延安文艺座谈

《安纳德短篇小说集》俄译本书影

安纳德《村庄》中译本封面

会上的讲话》发表十周年座谈会上发言。1953年，将撰写的《印度童话集》赠送给当时访印的中国中印友好协会代表团成员冰心，嘱托其将故事集译成汉语。该书后由冰心译出并出版。1982年始与王槐挺通信，讨论作品翻译中的疑难问题。1986年，以上宾之礼接待专程赴印拜访的王槐挺，向其介绍自己的生平和工作，"拉卢三部曲"的写作背景、过程、意图等，并赠送自创的14部小说，以感谢王槐挺将其作品介绍给中国读者。1992年，应中华人民共和国文化部邀请，再次访问中国，拜访中国友人；在王槐挺的陪同下，与中国社会科学院外国文学研究所进行学术交流；参观敦煌等地，夸赞飞天壁画"就飞天而言，中国人比欧洲人高明，欧洲的安琪儿，也可以称作飞天，但要飞，还要画上两个翅膀；而中国的飞天靠动态，靠飘带，靠线条，靠色彩，非常美丽"。临别时留下赞词："精湛的绘画技巧，使我陶醉于飞天女神的王国中。"

（王靖）

Anpeideka'er

安培德卡尔，B.R.　Bhimrao Ramji Ambedkar（1891～1956）印度现代贱民领袖，印度政府首任法律部长。出身贱民，父母属于马哈拉施特拉地区的马哈尔贱民种姓集团。其父长期在英印军队中服役，才使安培德卡尔能够接受教育，从小学上到大学。大学毕业后，在巴洛达土邦王公的资助下，他先到美国哥伦比亚大学留学，后又到英国伦敦大学深造。1922年，获伦敦大学博士学位，并得到英国律师协会授予的律师资格证

书。回国后，在孟买高级法院担任律师。其间，他亲自组织贱民进行各种反歧视、反迫害的斗争，从而成为贱民领袖。

安培德卡尔坚决反对**印度教**的**种姓**制度。在他看来，种姓分立制度是贱民受压迫受歧视的根源，不彻底铲除这个制度，贱民就不可能得到真正的解放。他主张，贱民要想获得解放，只能依靠自己的力量，贱民必须组织起来，开展群众性的斗争，去争取平等权利，而不应把希望寄托于高级种姓者的慈悲或善心上。如果印度教不能废除种姓制度，贱民在印度教内部得不到解放，那么贱民就只能脱离印度教，而改信其他宗教。

从20世纪20年代起，安培德卡尔就开始组织贱民进行大规模的反对种姓歧视的斗争。1924年，英属孟买管区的政府宣布所有的水塘都应向贱民开放，但是许多高种姓的印度教徒却拒绝贱民使用水塘。为了抗议这种违法行为，1927年3月，他动员贱民在马哈德镇举行盛大的抗议集会，参加者上万人。集会之后，贱民向水塘进发，准备取水塘之水，但遭到高种姓教徒手持棍棒的袭击。此事进一步激起贱民的愤慨，他在群众集会上当众焚烧了印度教经典《**摩奴法论**》，并指出《摩奴法论》就是维护种姓歧视的元凶。后来，斗争越来越激烈，此事不得不上告到孟买高级法院。最后，法院经审理，裁定贱民方面胜诉。这场斗争，在印度现代史上被称为“马哈德水塘事件”。

1930年，安培德卡尔又领导了一次大规模的贱民斗争，被称为“纳西克神庙事件”。在孟买东北部有一个著名的印度教圣地，名为“纳西克”。当年3月，他发动了近两万名贱民在纳西克举行大型集会，要求供奉罗摩大神的卡拉拉姆神庙对贱民开放。但是，寺庙方面却不答应他们的要求。贱民们的愤怒情绪越来越高涨，连续几天集会游行，并与高种姓的印度教徒发生暴力冲突。这次斗争一直延续到1935年。

除了进行反歧视的斗争外，安培德卡尔还努力争取贱民的政治权力。1931年9月，他作为贱民的代表，参加了在伦敦召开的英印第二次圆桌会议。他认为贱民是一个备受歧视的社会集团，因此要求贱民应当有自己单独的选举区，以保证在立法会议中有一定的贱民席位。1937年，在孟买省立法议会的选举中，他领导的贱民政党——“独立劳动党”赢得了11个席位，成为在野的第二大党。1942年7月，他在那格浦尔市召开了一个有7万多人参加的贱民大会，他宣布贱民是一个独立的政治集团，并成立了一个新的贱民政党，名为“全印表列种姓联合会”。

印度独立后，安培德卡尔当选为中央政府的首任法律部长。他一生为贱民的解放而奋斗，但是到了晚年，他对在印度教内部争取贱民平等权利的斗争失去了信心。1956年10月，他在那格浦尔组织了一个有50万贱民参加的群众大会，在会上这些贱民宣布彻底脱离印度教，皈依佛教。此后，大量的印度教贱民陆续改信佛教，极大地促进了佛教在印度的复兴。

朱明忠《印度教》封面

安培德卡尔的思想和事迹，在中国出版的许多有关印度教的书籍中都有介绍和论述，如尚会鹏著《种姓与印度教社会》(2001)，朱明忠、尚会鹏合著《印度教：宗教与社会》(2003)，朱明忠著《印度教》(2013) 等。

（朱明忠）

Anshigao

安世高 （约活动于2世纪） 西域译经家。又名安清。在中印文化交流方面起过重要作用。

据《**高僧传**》卷一，安世高原为**安息**王太子，幼年即以孝行见称，且聪敏好学，凡外国典籍、天文历算、医药方术，乃至鸟兽之声，无不综达，而对于

佛教的苦、空等教义尤其理解深刻，故厌弃俗世，愿求解脱。父死后继位，但服丧结束即将王位让与叔父，出家为僧。因出身王族，世人仍以安侯敬称。为学博通**论藏**，而又善修**禅定**，游化足迹，遍及西域各国。汉桓帝建和初年（约148）来到中国洛阳，不久即学会汉语，开始宣译佛经，先后译出《**安般守意经**》、《阴持入经》、《人本欲生经》、《道地经》等。《**出三藏记集**》称他译经籍共34部40卷；后不断散失，现仅存22部26卷。后世评价其翻译“义理明晰，文字允正，辩而不华，质而不野”，读者容易接受，往往学而不倦。译事大约止于汉灵帝建宁（168～171）后期。当时关中（今河南灵宝以西与陕西关中平原地区）洛阳一带纷乱不宁，安世高遂往江南游历，在豫章（今江西南昌）、浔阳、会稽（今浙江绍兴）、广州等地留下若干神奇故事。传说最后在会稽街市上被斗殴者误击身亡。计其在华活动，前后约30年。他所传承的学说，应属部派佛教上座部系统，而其重点传译，则在定、慧两个方面。由于僧传所记更早来华的**摄摩腾**和**竺法兰**，是否确有其人无法证实，故称安世高为最早的汉文佛经翻译家之一，应无异议。

（葛维钧）

Anxi

安息 Parthia 西亚古国名。亦称帕提亚。位于里海东南，大约相当于今伊朗北部的呼罗珊省。

公元前6世纪后曾为波斯帝国的一个行省。亚历山大东侵时被占领，后又成为塞琉古王国的一部分。公元前250年（一说公元前248年），从北方进入该地的帕勒尼人首领阿萨息斯一世杀塞琉古总督菲利克勒斯，建阿萨息斯王朝。中国汉代以来以其朝代名国，称之

萨珊王朝阿尔达希尔一世授权仪式浮雕

安息。西方则称其为帕提亚王国。国土东西分别与大夏和塞琉古王国相接，都于尼萨（在今土库曼的阿什哈巴德附近）。公元前238年阿萨息斯为塞琉古二世所逐，但不久乘后者回叙利亚处理叛乱之机复返故地。公元前209年，安条克三世来攻，未能取胜。公元前2世纪中叶，密特里达提一世扩张领土，从塞琉古王国夺得巴比伦和米底，后又征服埃兰、波斯和部分大夏。公元前129年富拉忒斯二世战败安条克七世，将塞琉古王国的势力永远逐出了幼发拉底河以东。同年徙都忒息丰。他后来败死于西徐亚人。公元前2世纪末～前1世纪初，密特里达提二世打败西徐亚人及亚美尼亚人，向东将势力扩至印度河西岸。后在亚美尼亚人的打击下，国土缩小。公元前54年在抵抗罗马人的入侵中杀克拉苏，重获美索不达米亚。该世纪末虽打败安东尼，但未能阻止罗马人征服亚美尼亚。后继续与罗马人周旋。公元初，国内渐乱，势力转衰。224年，波斯的阿尔达希一世战败并杀死安息末王阿尔塔邦五世，两年后下其首都，建立萨珊王朝，安息灭亡。

关于安息情况，《史记·大宛列传》说："其属小大数百城，地方数千里，最为大国。临妫水，有市民商贾用车及船行旁国，或数千里。以银为钱，钱如其王面，王死辄更，钱效王面焉。画革旁行，以为书记。"《后汉书》载都护班超曾遣甘英出使大秦（罗马帝国）。甘英抵条支后，有安息西界船人告诉他海途遥远，需待善风，入海者皆赍三岁粮，且多有死者，他遂受阻而归。安息存在的数百年间曾是中国与罗马帝国通商的必经之地。

在早期向中国传播印度佛教方面，安息僧人曾有卓越贡献。著名者有**安世高**、**安玄**等。安世高博通论藏，善修禅定，于汉桓帝建和初年来到洛阳，不久即学会汉语，开始宣译佛经，先后译出《安般守意经》、《阴持入经》、《人本欲生经》、《道地经》等。《出三藏记集》称安译经籍共34部40卷；后不断散失，现存22部26卷。安玄博诵群经，于汉灵帝（168～189年在位）末年到达洛阳，渐通汉语后，即与当地沙门讲论道义。后译出《法镜经》1卷，又与严佛调共译《阿含口解十二因缘经》1卷等，所译皆能巧尽微旨。

（葛维钧）

马背上的米特里达梯一世浮雕
伊朗胡齐斯坦省伊泽

Anxuan

安玄（约活动于2世纪）安息佛教居士，译经家。据《高僧传》卷一等，安玄品性高洁清虚，温良恭让，深沉有理致。他身为佛教居士**优婆塞**，谨守戒律，广诵佛经，博学多闻。汉灵帝（167～189年在位）末年，他来到洛阳经商，因功被封为骑都尉，故而世人称其为"都尉"。他以弘扬佛法为己任，逐渐学会了汉语，志在宣译佛典。他还经常与沙门讲论道义，并与**严佛调**合作译出《法镜经》(T322)。安玄口译梵语，严佛调将其笔录下来。二人配合默契，译本准确地传达出了原文的义旨与声韵。世人将二人与**安世高**相提并论，认为他们的译经质量之高，后人难以企及。

（范晶晶）

aotufa

凹凸法 nimnonnata 印度传统绘画技法。根据印度古代经典《兰卡瓦塔拉经》中的术语，印度传统绘画技法大体可分为两种：一种是"平面法"，即在人物、动物或花卉等形象的轮廓线内填充平涂的色彩（相当于中国画的勾线平涂），平面装饰感较强；另一种是"凹凸法"，即在形象的轮廓线内通过深浅不同的色彩晕染等方式，构成色调层次的明暗变化，产生浮雕式凹凸的立体感。在《毗湿奴最上法》的《画经》中曾提及运用凹凸法的3种具体方式：①叶筋法，即沿着轮廓线画一些类似叶筋的交叉线

《降魔图》 约600年
印度阿旃陀石窟第1窟壁画（局部）

条；②斑点法，即在轮廓线内点许多深色斑点；③晕染法，即在轮廓线内边缘部分施以较深的色彩，逐渐向内晕染，变成较浅的颜色，形成圆凸的感觉。在巴利语中表达凹凸法的术语是深浅法和高光法。深浅法以色彩的深浅表示物体的凹凸，既包括深浅色彩渐变的晕染，也包括深浅不同的平涂色块的强烈对比，还包括以深色的背景衬托浅色的前景主体形象（反之亦然）。高光法一般是在晕染的人物面部加白色高光，高光主要加在额头、眉际、眼睑、鼻梁、嘴唇、下巴、耳廓等凸出部位，眼白亦以白色涂亮，金属、珍珠、宝石等饰物也用白色提示。

印度传统绘画的凹凸法与西方传统绘画的明暗法虽然都属于表现立体感的画法，但西方的明暗法通常有一个固定的光源，物体各个体面因受光或背光程度不同而产生各种微妙的明暗变化，而印度的凹凸法不受任何固定光源照射的限制，只随着物体轮廓线的线条而定，因此实际上是主观化或程式化的明暗画法，尤其在人物鼻梁等固定部位加白色高光的惯例，已成为一种脸谱化的模式。而且印度的凹凸法与平面法往往在一幅画中同时使用，一般人体裸露部分使用凹凸晕染，衣服则使用平涂。此外，在《画经》中提及的绘画的8种属性里，“减少”和“增加”是表示近宽远窄透视缩短关系的术语，通过线条长度的增减也可以表现凹凸的空间。

印度阿旃陀石窟壁画

印度传统绘画的凹凸法曾传播到南亚地区其他国家和中亚，也曾传入中国，在中国绘画史上被称为“天竺遗法”。

（王镛）

Aoluobinduo

奥罗宾多 Aurobindo（1872～1950）
印度现代哲学家，早期印度民族独立运动领袖。全名奥罗宾多·高士。

生平　奥罗宾多出身于加尔各答近郊的一个名门望族。婆罗门种姓。祖父是知识渊博的学者，父亲是当地有名的医生，外祖父拉闍·纳拉扬·鲍斯是著名学者和启蒙思想家。7岁赴英国留学，先在家庭教师家就读，后到伦敦圣保罗中学和剑桥大学国王学院文学系学习。掌握拉丁、希腊、英、法、德等语言，阅读了大量西方古典和近现代哲学与文学名著。在剑桥大学时，曾参加一个具有爱国思想的印度学生组织，深受印度民族主义思想的影响。1893年回到印度，被巴洛达大学聘为教授，讲授英文、法文和英国文学，后提升为副校长。在任教期间，积极参加国大党的活动，并撰写文章批评当时国大党领导人的温和改良路线。1905年印度民族独立运动高潮时，奥罗宾多毅然辞去巴洛达大学的教授职务，回到故乡加尔各答，积极领导当地人民的“反分治斗争”。他组织爱国群众游行示威，开展抵制英货运动，创办爱国报纸《向祖国致敬》，宣传激进的民族主义思想，遂成为孟加拉民族运动的主要领导人和国大党激进派的领袖。1907～1908年，曾两次被殖民当局逮捕入狱。1910年，移居到印度东南海滨的法国属地本地治里（今普度治里）。1914～1922年，在本地治里主办英文月刊《雅利安》；1926年，创办奥罗宾多修道院。从1910年一直到

奥罗宾多雕像

1950年逝世，奥罗宾多在本地治里生活了40年。其间，他脱离了群众反英斗争，开始潜心著书立说，撰写了大量有关哲学、瑜伽、社会发展、文学和文化方面的著作。他创立了著名的新吠檀多学说——整体吠檀多论和整体瑜伽论，并在修道院培养了众多弟子，通过他们向印度乃至世界大力宣传他的精神进化和社会进化学说，使他的思想得到广泛传播。

哲学学说　奥罗宾多在印度现代哲学史上占有重要的地位。他以“整体吠檀多论”哲学（又称“精神进化论”）著称于世界。这里的“整体”，即“综合”之义，所谓“整体吠檀多论”，就是奥罗宾多在继承古代吠檀多不二论“梵我同一”原理的同时，把吠檀多各种不同的学说综合起来，消除它们之间的分歧，将其精华融合在一个整体中。另外，他还把古代吠檀多哲学中各种对立的概念，如梵与世界、一与多、明与无明等调和在一起，使它们都成为最高本体梵的不同等级或层次。从现代哲学的角度看，人们又把“整体吠檀多论”称为“精神进化论”。自19世纪中期达尔文的生物进化论问世以后，世界上出现了各种进化论，以解释自然界和人类社会的发展规律。奥罗宾多的“精神进化论”就是这种思潮的产物。他虽然吸收了达尔文生物进化论的某些内容，但认为这种学说是不完善的，它只解释了“地面存在的”现象，并没有说明“天上的”、“永恒的”存在。因此，奥罗宾多试图利用印度吠檀多哲学的最高精神本体——梵，将“地面上的”存在与“天上永恒的”存在，通过“精神进化”的方式联结起来，即把自然界和超自然界的各种现象联结为一个整体。奥罗宾多哲学的根本特点，是在继承古代吠檀多哲学的基础上，大量吸收西方哲学和现代科学

奥罗宾多主持民族主义者会议 1907

的内容，将东西方哲学、唯物论与唯心论、宗教与科学调和在一起。

精神进化说 奥罗宾多的“精神进化论”主张，宇宙的最高本体梵是一种超自然的精神实体，称之为“梵”，又称为“宇宙精神”或“宇宙意识”。梵超越时间、空间、数量和质量，是一种不可言表的精神实体。梵是宇宙的基础，世界万物的本源。世界上的一切现象，包括有形的、无形的，有生命的、无生命的，有理智的、无理智的，皆起源于这个实体，存在于这个实体，并回归于这个实体。在他看来，世界万物皆为梵的显现物，都是梵的表现形式；梵不仅是万物的源头，而且也是万物最终的归宿，即万物最后要回归于梵。

在分析宇宙的演化过程中，奥罗宾多把梵看作“宇宙精神”(简称“精神”)，这种“精神”分为高低五个层次或等级，从高级到低级的顺序是梵、超心思、心思、生命和物质。物质、生命和心思属于自然界（现象世界），超心思和梵属于超自然界（本体界）。物质指各种无机物，即一切无生命的现象，属于“精神”的最低级表现形式。生命指一切有生命的现象，如植物、动物等。心思，指人的心理和思维活动，它代表有思维能力的人类。在奥罗宾多看来，自然界的进化是由物质进化出生命，再由生命进化到人类。梵作为“精神”的最高层次，属于超自然界，它不仅是万物的源头，也是万物进化的终点，即万物最高的最圆满的境界。超心思是指一种超越人的思维能力的特殊精神或意识（实际上，是指人们经过长期瑜伽修炼，而能达到的某种神秘意识状态）。超心思一方面可以与人的心思相连接，另一方面也可以与最高精神层次的梵相通，因此它就成为连接自然界与超自然界之间的一座桥梁。奥罗宾多认为，宇宙的进化包括两个过程：首先是梵以超心思为媒介下降或显现为自然界万物的过程，然后是自然界万物不断进化，最后通过超心思上升为梵的过程。梵的下降过程是一级一级进行的，梵首先通过超心思下降为心思，再由心思下降到生命，最后由生命下降到物质。下降的过程是梵的自我否定，是它由纯精神状态异化为自然界万物的过程。在自然界，它披上了自己所显现的各种物质外衣，成为有外壳包裹的“潜在意识”或“潜在精神”。这种“潜在精神”隐藏在万物之中，有恢复自己本来面目的强烈要求，故推动万物向纯精神状态进化。万物上升或进化的过程是梵下降过程的颠倒，也是一级一级进行的。进化过程始于物质，由物质进化出生命，由生命进化出心思，再由心思进化到超心思，最后通过超心思的媒介进化到梵，即达到最高的精神层次。

在奥罗宾多看来，整个世界的演化就是精神实体梵的自我下降和自我上升，即由纯精神状态转化为物质，再由物质还原为纯精神的过程。奥罗宾多所描述的梵下降到自然界的过程，与黑格尔哲学中“绝对精神”从逻辑阶段向自然阶段的转化过程颇为相似。在黑格尔那里，“绝对精神”外在化或异化为自然界，在自然界“绝对精神”披上了自己建立起来的物质外衣，成为有外壳包裹的思想或概念，它隐藏在自然物质的背后，操纵着自然现象的变化和发展。奥罗宾多认为，梵作为“宇宙精神”逐级下降到自然界，在自然界也披上了物质、生命和心思的外衣，成为有外壳包裹的“潜在意识”。它隐藏在自然界之中，推动和控制着万物的发展变化。

奥罗宾多设计这种世界演化模式是为了给人的精神进化制造理论根据，最终为人类寻找到一条摆脱苦难、获得无限自由和幸福的道路。他认为，当地球上出现了人类之后，宇宙的进化过程并没有就此停止，具有“心思”的人还必须向具有“超心思”意识的人进化。在他看来，既然万物皆为梵的显现，那么人也不例外，也是梵的显现。梵也以“潜在意识”的形式隐居于人的存在之中，成为人的精神本质。人与人之间虽然肉体不同，但内在的精神本质是同一的。这种本质具有统一、和谐、仁爱和欢乐的性质。人之所以自私、痛苦和分裂，是因为人的无知，没有认识和揭示出自身内在的、统一的精神本性。人的进化就是通过内省直觉的瑜伽方式，使自己的生活与他人的生活，乃至整个社会生活达到统一和谐，这样的人被称为

奥罗宾多在伦敦的寓所（1884~1887）

"超人"或"精神化的人"。一个"超人"的存在尚是孤立的，他的完善无法得到保障。因此，他必须用自己的智慧和力量去帮助和启迪他人的精神进化。这好比第一支火把点燃第二支火把，第二支再去点燃第三支，依次类推，便可以使整个人类皆精神化。到那时，人们将摆脱无知的束缚，认识到自己与他人在本质上是同一的，彼此之间在同一精神的基础上协调一致，平等和睦地生活，世界上将会出现一个没有痛苦，只有福乐、普遍和谐、尽善尽美的理想境界。奥罗宾多称这种境界为"神圣的人生"境界。

整体瑜伽论　为实现人的精神进化，奥罗宾多还提出了整体瑜伽论。他认为，印度的传统瑜伽虽然有许多种，但是皆有缺陷，都强调训练身体的一个方面，而忽视了其他的方面。尽管各种瑜伽在方法上有所侧重，但是它们所追求的目标和结果是一致的，都是为了实现人的内在精神与梵的结合，达到精神之解脱。因此，奥罗宾多主张，把各种瑜伽综合起来，吸收每一种瑜伽的精华，创造一种新型瑜伽，即"整体瑜伽"。他的整体瑜伽是以实现人的精神进化为原则的，通过各种瑜伽修持，唤醒人内在的灵魂或精神本性，充分发挥精神本性的作用，使人的身体、生命和心思逐步精神化，最终实现人的整体转化，成为具有"超心思意识"的人。当人人都具有"超心思意识"的时候，个人与个人之间、团体与团体之间就会和谐、相互尊重、和睦相处，整个社会就会成为一个"神圣的家庭"。

社会进化说　奥罗宾多的社会进化理论，是其"精神进化论"哲学在历史领域的发挥和运用。他的历史观是以个人为中心的，认为个人是社会的基础，是组成社会的成分，国家和社会都是无数个人所组成的集合体。因此，国家和社会的进化也同个人的进化一样（国家和社会的背后也有一个"精神本性"），是通过自我完善的道路，使其内在的精神本性得以充分地显现。他认为，历史的发展虽然受到经济因素的影响，但归根结底还是由人类的理性所决定的。按照人类理性的发展水平，他把人类历史划分为象征时代、典型时代、约定时代、个人主义时代和精神化时代五个阶段。他预言，社会发展的最终目标就是精神化时代或精神化的社会。在精神化的社会中，人与人在共同的精神基础上达到统一，和谐圆满地生活；国家与国家之间也在同一精神的基础上达到统一，相互尊重、平等互利、和睦相处。到那时，将实现人类统一的理想。

奥罗宾多伦敦寓所标牌

为了促进社会发展，奥罗宾多提出一种"社会发展法则"。在他看来，社会是由个人、国家和人类三种永恒因素组成的，社会的进化就必须使这三种因素都能得到圆满的发展。对于个人，就是通过内部的自由发展来完善自己的个性，同时尊重和帮助他人同样的发展。对于国家，同样是通过其内部的自由发展来完善自身，而且尊重并帮助其他国家的发展。对于人类，乃是充分利用所有个人、国家和社会集团的自由发展及其成果，继续向上进化，直至实现人类的统一。他的"社会发展法则"，实质上是其"精神进化说"的进一步发展。他所谓"通过内部自由发展来完善自身"的过程，其实就是证悟"心灵"，体验"心灵"，使潜在的精神本性显现出来的过程。他认为，社会的进化，首先是组成社会的个人和国家通过内部的发展，求得自身的完善，然后再去帮助和促进他人和他国的完善化。在这个基础上，人与人、国家与国家就能在同一精神的基础上达到真正的统一，相互协调，整个社会将成为"神圣的大家庭"。

中国对奥罗宾多的研究　奥罗宾多的精神进化学说和社会进化学说，不仅对印度，而且对世界都产生了一定的影响。许多欧美大学的哲学系开设了有关奥罗宾多哲学的讲座。20世纪60年代，中国大学的哲学系也开始研究和讲授奥罗宾多的哲学思想。北京大学哲学系黄心川曾为研究生开设奥罗宾多哲学的课程，后他将有关讲义编入《印度近现代哲学》(1989)。该书介绍了奥罗宾多的生平传略，并阐述了他的哲学和社会思想。到20世纪80年代，赴印度留学并在奥罗宾多修道院修习多年的徐梵澄归国后，专门从事奥罗宾多哲学的研究工作。他翻译了大量有关奥罗宾多哲学和瑜伽方面的著作，其中有奥罗宾多哲学代表作《神圣人生论》(1984)、《瑜伽论》(1988)、《综合瑜伽》(2005)、《瑜伽的基础》(2005)、《瑜伽箴言》(2005)、《瑜伽书札集》(2005)等。这些著作的翻译，使奥罗宾多的哲学和瑜伽思想在中国得到广泛传播。此外，中国学者对奥罗宾多哲学也进行了研究。朱明忠发表了不少有关奥罗宾多哲学的论文和著作，如《奥罗宾多的社会进化论》(《哲学研究》1983年第3期)、《奥罗宾多的精神进化论哲学》(《社会科学战线》1983年第2期)，出版专著《奥罗宾多·高士》、《大家精要——奥罗宾多》(2009)等。

黄心川《印度近现代哲学》封面

奥罗宾多的主要著作有：《神圣人生论》、《社会进化论》、《人类统一的理想》、《印度文化的基础》、《超人》、《超心思在世间的显现》、《论瑜伽》、《综合瑜伽》和《瑜伽的基础》。

（朱明忠）

Aoluobinduo Gaoshi

《奥罗宾多·高士》　中国研究印度现代哲学家、思想家奥罗宾多思想学说的专著。朱明忠著，中国台北东大图书公司1994年11月出版。

全书共分9章。第1章从印度民族独立运动的兴起、启蒙思想运动及新吠檀多思潮的出现等方面叙述了奥罗宾多所处的时代背景。第2章介绍了奥罗宾多的主要生平、政治与学术生涯。第3~8章对奥罗宾多的思想体系进行了详尽的阐述，包括整体吠檀多论、宇宙进化说、人类进化说、整体瑜伽论、社会进化论、人类统一理想等思想。第9章评价了奥罗宾多的思想及其影响，并介绍了奥罗宾多修道院的发展和“奥罗维尔”的建立。

《奥罗宾多·高士》封面

《奥罗宾多·高士》对奥罗宾多学术生涯、主要论著、思想渊源、社会影响等诸多方面进行了研究，系统分析了整体吠檀多论和整体瑜伽论的内容、特点和思想渊源，对比了它们与传统吠檀多和瑜伽学说的差异，评述了这些学说的现代价值。同时，以精神进化为主线，全面论述奥罗宾多对自然、人生、社会和人类未来的一整套理论，突出了其学说荟萃东西方思想、融贯科学与宗教、调和唯物论与唯心论的特点，通过比较的方式探析了印度哲学的特点和东西方文化的差异。该书对了解、研究奥罗宾多思想学说以及印度哲学和比较哲学等相关领域具有意义。

（王凌男）

Aoluobinduo Xiudaoyuan

奥罗宾多修道院 Aurobindo Ashram 现代印度教改革社团。1926年创建于印度东南的海滨城市本地治里，创始人为印度现代著名哲学家和瑜伽大师奥罗宾多。该社团的宗旨是，落实和贯彻奥罗宾多的“精神进化”和“整体瑜伽论”，力图通过修习“整体瑜伽”来转化人性，使现代人成为抛弃私欲、甘心为他人谋福利的新型人，创造一个人与人相亲相爱的新型生活方式，建立一种和谐统一的人间新秩序，使整个人类成为一个“神圣大家庭”。奥罗宾多创立此修道院，目的就是把它作为转化人类精神、实现其“精神进化”学说的实验基地。

修道院刚成立时，只有奥罗宾多和他的25名弟子。而现在它不仅是许多精神修炼者追求的地方，而且也是世界知名的精神圣地。每年来此修习瑜伽、追求精神转化或医治心理疾病的西方朝圣者就有成千上万人。凡来修道院修习者，不管原来社会地位高低和财产多少，入院后一律平等，享受同一种生活标准。在这里，没有等级差别，也没有贵贱之分。若有人带来金钱，原则上一律奉献给修道院，用于修道院的建设事业。

奥罗宾多修道院不同于一般的宗教组织。它没有教义教规，也没有宗教管理体制。来此修行者，不需要任何入院仪式。在修行者中，有来自各种不同宗教的信徒，如印度教、佛教、耆那教、伊斯兰教和基督教等，也有一些不信教的人。修道院里不挂任何神像，弟子们也不穿任何法服，甚至没有什么戒律和仪式。曾有一个弟子问奥罗宾多：他应当遵守什么规则？奥罗宾多的回答很简单：“这里没有什么规则，你只须在心中树立一个警卫，凡有什么自私欲望要进来时，必须驱除它。”入院修行者，只需遵循奥罗宾多的教导，自觉地修习“整体瑜伽”，彻底消除私欲，净化心灵，求得身体、生命和思想的整体精神转化。至于瑜伽修炼，人们可根据自身情况，安排直觉内省、静坐禅思等活动，各从所好，从不勉强。多年来，修道院内形成一种习惯：每个星期大家同修一次“集体瑜伽”。所谓“集体瑜伽”，就是大家聚集在一个公共场所，先听一阵音乐，然后静坐15分钟；随后再听修道院的广播讲话，再静坐15分钟。

奥罗宾多修道院不单是精神修炼的场所，而且是一个基本上自给自足的小社会。修道院开办有自己的工业和农业。在本地治里郊区，有几处农田，由弟子们耕种，每年所收获的稻米和小麦，足够本院食用。另设一个农牧场，养殖家禽、蜜蜂和奶牛，以保证平日供应鲜奶和禽蛋。修道院的工业很繁杂，有一个较大的铸造厂，可炼铁铸件；一个不锈钢厂，生产各种生活器皿；几个大小不同的木材场，主管建筑房屋、制造家具等。修道院还建有出版社和一个较大的印刷厂，每年出版十五六种文字的图书。多年来，该出版社整理和出版了大量奥罗宾多的著作，以向海内外宣传他的学说和思想。

20世纪80年代，有关奥罗宾多修道院的情况就已传入中国。中国著名梵文学者徐梵澄曾在此修道院修习多年。他早期留学德国，1946年为落实中印两国文化交流项目，赴印度泰戈尔国际大学中国学院讲授中国文化。1951年，他来到奥罗宾多修道院修行“整体瑜伽”，并研究奥罗宾多的思想和瑜伽理论，一直到1978年才回国。徐梵澄归国后，带回了大量奥罗宾多的著作和有关该修道院的信息。另外，在黄心川著《印度近现代哲学》(1989)、朱明忠著《奥罗宾多·高士》(1994) 和《印度教》(2013) 等书中，都有对奥罗宾多修道院的详细介绍。

（朱明忠）

Aoluowei' er

奥罗维尔 Auroville 现代印度教改革社团。1968年，由奥罗宾多的弟子们在本地治里建立。“奥罗维尔”是由奥罗宾多的名字“auro”与法国名词“vill”(村庄)合成的，按其义可译为“奥罗宾多新村”或“奥罗宾多新城”。1950年奥罗宾多逝世后，为了实现奥罗宾多“人类统一”的理想，奥罗宾多修道院的弟子们想扩大修道院的规模，计划在本地治里的郊区建立一座新城，以接纳来自世界各地的奥罗宾多崇拜者。该城的宗旨是：“要把奥罗维尔建成一座国际城市。在这里，一切国家的男女，皆能生活在和平、进步与和谐之中，超越一切信仰、一切政治、一切民族。”奥罗维尔的目标是要实现“人类的统一”。1966年10至11月，在巴黎召开的联合国教育科学文化组织的大会上，印度代表团向各国代表介绍了建设奥罗维尔的宗旨和方案，受到各国代表的赞同和支持，大会最后一致通过建设奥罗维尔的决议。这表明奥罗维尔尚处于萌芽状态就已名扬世界了。

1968年2月28日，奥罗维尔举行奠基典礼。参加典礼的各界代表约8 000人，来自于世界124个国家和地区以及印度的23个邦。在奠基仪式上，每个国家或地区都派一对青年男女，手持本国或本地的旗帜，捧着从自己国家带来的一把泥土，投放到一个两米高的由大理石制成的石缸中。这个石缸象征着人类的统一，意味奥罗维尔的根基连接着世界的每一个地方。

奥罗维尔位于本地治里城北10千米处的平原上，整个城市呈圆形，直径2.4千米。从它奠基至今，已有40多年的历史，其建设规模已相当大。城市正中心是一个圆球形的巨大建筑物，直径36米，名为“母亲庙”。全城分为四个部分：文化区、国际区、工业区和居住区。文化区将建设各种完备的文化和教育设施，现已建成几所幼儿园和一所小学。幼儿园和小学遵循奥罗宾多的教育五原则，即从身体、生命、心思、心理和精神五个方面，培养青少年一代。1984年，在这里还成立了一个奥罗宾多国际教育研究所，专门研究和实验奥罗宾多的教育原则和教学方法。国际区建有人类统一中心、世界博物馆、各种民族风格的讲演大厅等。工业区计划建设各种中小型工厂和科研单位，现在已建成计算机生产厂、丝染厂等。居住区已建成许多住宅和集体宿舍，以及运动场、广场和医院等。

为了加强与世界各国的联系，奥罗维尔还建有信息中心。信息中心在美国、英国、荷兰、加拿大、法国、德国、意大利、西班牙和瑞典9个国家派驻了工作小组。此外，信息中心还创办了一份报纸，名曰《今日奥罗维尔》，每月出一期，向海内外发行。

奥罗维尔与奥罗宾多修道院一样，都是奥罗宾多学说的实验场所。奥罗维尔不仅要塑造新型人和新的生活方式，而且要创造一个超越一切民族、国界和信仰的新型社会，最终实现人类的统一。有关奥罗维尔的信息，在朱明忠所著的《奥罗宾多·高士》(1994)和《印度教》(2013) 中都有详细的介绍。

（朱明忠）

Aoyishu

奥义书 Upaniṣad 婆罗门教的经典之一。印度古代最早提出大量哲学思想的一批典籍，对印度**婆罗门教**和**印度教**哲学主要思想形成起重要作用的较早文献。形成的时间跨度很长，最早的奥义书产生在公元前9世纪左右，较晚的奥义书有些甚至在公元后才出现。奥义书对印度文化的发展，特别是对哲学思想的发展影响极大。印度历史上的许多哲学派别的思想源头要追溯到这些文献中。印度近现代的一些著名思想家也受这些文献的影响。奥义书的思想在古代随佛教传入中国，在中国思想界有一定影响。

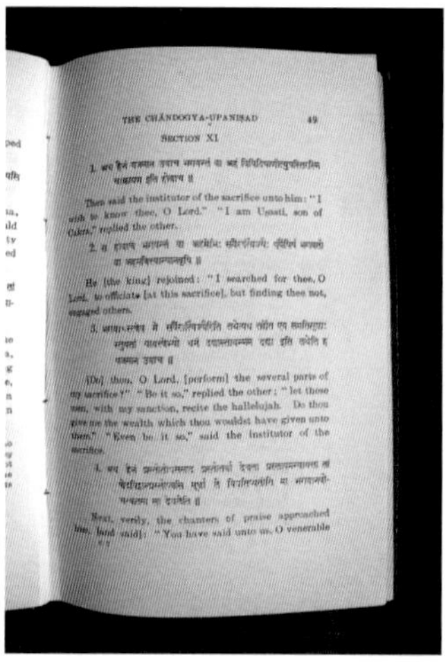

《歌者奥义书》梵英对照本书影

主要奥义书及讨论的问题 奥义书的梵语Upaniṣad一词的原意是“近坐”或“坐在一起”，引申为师徒对坐时所传的奥秘教义。奥义书所包括的典籍为数众多，大约有200多种，反映了很长时期中印度哲学与宗教思想的一些基本观念。在这些奥义书中，有十几种内容较为重要或影响较大的文献。

年代较早的奥义书有《**广林奥义书**》、《**歌者奥义书**》、《**他氏奥义书**》、《**鹧鸪氏奥义书**》、《**乔尸多基奥义书**》、《**由谁奥义书**》。上述奥义书通常被认为是约公元前800～前500年间产生的。年代晚一些的有《**迦塔奥义书**》、《**伊莎奥义书**》、《**白骡奥义书**》、《**剃发者奥义书**》、《**疑问奥义书**》、《**蛙氏奥义书**》、《**慈氏奥义书**》等。这些奥义书约产生于公元前500～前200年。

《广林奥义书》是各种奥义书中最古老的，而且也是篇幅较长的。它系统地论述了**婆罗门教**哲学的核心概念**梵**，包括梵的本质、不可描述性，两种梵，梵与小我的关系等，并且描述了世界的创造、人的死后状态、苦行、禁欲、**解脱**等问题。《歌者奥义书》主要论述了**梵我同一**的理论、世界形成的理论、人的命运与前生的行为的关系、人的义务等。《他氏奥义书》侧重论述了人的死后生活、世界创造及根本因的问题。《鹧鸪氏奥义书》在叙述时特别重视伦理问题，还论及了对梵的认识以及修行等方面的问题。《乔尸多基奥义书》论述了“气息”、认识主体及认识对象等问题。《由谁奥义书》主要回答了什么是宇宙现象之后的真正力量的问题，并论述了梵的不可思议性。《迦塔奥义书》侧重论述了梵的事物本原性。《伊莎奥义书》是各种奥义书中最短的，涉及的主要问题是人的认识、行为、智慧以及本我的本质等。《白骡奥义书》论及了数论与**瑜伽**的思想，表述了其关于神的一些观念。《剃发者奥义书》强调了苦行生活，认为苦行可去除无知，并提出了上知和下知的理论。《疑问奥义书》认为最高的“我”(梵) 为一切事物的基础，认识了它就能达到至上的不朽境界。《蛙氏奥义书》篇幅不长，但颇受人们的重视，它提出了著名的“意识四态”或“四位说”(醒位、梦位、熟眠位、第四位)。《慈氏奥义书》论述了“我”的两种形式，并论述了达到梵我同一状态的方法。这些主要的奥义书展示了古代印度哲人中最有代表性的思想观念。

基本思想 大致有三个方面，即梵我理论、轮回解脱理论和物质要素理论。

梵我理论 奥义书思想家认为，世间现象和人生现象中的根本因或本体就是梵或我。他们最为关注的问题是梵我关系的问题，这一问题是大多数奥义书中所讨论的中心问题。

“梵”一词最初并不是奥义书提出的。**梵书**和**森林书**中在思考世间事物的根本因或神时，除提及“**梵天**”外，还提及了梵，但论述较为含混，提及频率也不高。而到了奥义书时期，作为抽象哲学概念的“梵”则在当时的印度思想界的讨论中占据了主导地位。

在奥义书中，“梵”被大多数思想家描述为是一切事物的本体，宇宙的最高实在，是最高的神。

“我”一词音译为“阿特曼”。它在梵语中有多种含义，如自我、呼吸、本性、整个身体、人生命的最高本体等。在奥义书中，“我”一般是在两种含义上来使用：一种含义是指自我（个我），即是在作为人的身体诸器官的主体或人生命活动的中心这种意义上来使用的，也就是所谓“小我”。另一种含义即指梵。许多奥义书在论述作为世界本体的梵时，不用“梵”一词，而仅用“阿特曼”(我)。此种“阿特曼”就是所谓“大我”。

“梵我同一”的理论是奥义书中的核心理论。它强调了自然界与人的本性同一的思想。更主要的是它确立了在自然界和人类社会中存在着一个决定一切的主体或最高实体的意识。这种意识对于社会中占主导地位的阶层十分重要。在印度历史上，从吠陀时期开始就形成了种姓制度。在社会上存在的四个主要种姓中，婆罗门种姓的地位最高。主要代表婆罗门种姓利益和观念的婆罗门教在印度思想界中居主导地位。婆罗门教哲学中的主流思想就是“梵我同一”理论。因为只有确认了自然界和人类社会中存在着一个最高的不变主体，才有可能论证或宣称婆罗门种姓的最高地位是自然就有的，是永恒不变的。这种哲学中的“梵”实际上与种姓制社会里的“婆罗门”是一致或对应的。因而在后世以婆罗门教或印度教为主导的印度思想界，“梵我同一”的观念一直有着重要的影响。

轮回解脱理论　印度宗教哲学中的绝大多数派别都有轮回解脱观念。这一观念的一些萌芽形态可以在吠陀中看到，但最早形成清晰的思想观念则在奥义书中（见轮回和解脱）。

轮回解脱理论与梵我理论是紧密相关的。在许多奥义书思想家看来，业报轮回产生于人的欲望和相应的行为。而这欲望和行为与人的无知或无明直接有关。彻底的解脱必须获得关于梵的智慧，领悟到梵我同一。如果真正认识到了一切皆梵，自我即梵，那人对外物的欲望和追求也就不会出现了。无欲望就无相应的行为，无行为自然就不会产生业力，也不会有轮回转生，这也就是解脱。

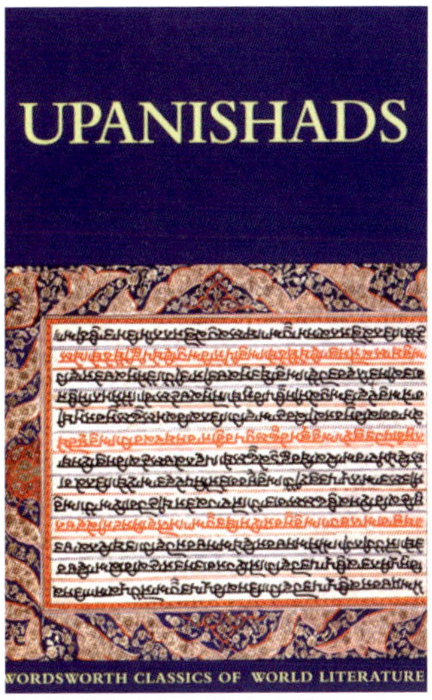

《奥义书》英文本封面

物质要素理论　奥义书的物质要素理论认为，构成世间事物的要素主要是物质性的。如地、水、火、风等。许多奥义书思想家把此类物质性要素看作世界的本原。

此外，一些奥义书还提到“安荼”、“质料”等概念。这也与物质要素有关。所谓“安荼”是一个蛋状物。具体的世间现象由它直接生成。《歌者奥义书》中说：“最初是无，它成为有，并成长，变成一个安荼。安荼周年成熟后裂开，出现两片卵壳，一片是银的，另一片是金的。银的那卵壳是大地，金的那卵壳是天空。外膜为群山，内膜为云雾，脉管为河流，液汁为海洋。”所谓“质料”指物质。事物也由它生成。

物质要素理论在奥义书时期不是占主导地位的理论，在整个奥义书中所占的比重无法与梵我同一理论及轮回解脱理论相比，而且这些理论也往往和梵我理论及轮回解脱理论掺杂在一起。在奥义书中，哲人们的思想有时也不很连贯，某些重要观念一开始并不都是表述清晰的。

对印度后世的影响　奥义书在印度思想史上占有显要地位。其思想对于印度文化，特别是对印度宗教哲学在后世的发展和基本特点的形成起了重要作用。奥义书的成分十分复杂，其主流观念是婆罗门教的思想，但非婆罗门教的思想成分也同样存在。它不仅被后世的婆罗门教哲学派别视为圣典，也受到了佛教等派别的重视，其理论被印度历史上绝大多数思想派别所吸收或借鉴。

奥义书中的核心理论是“梵我同一”思想。后来被吠檀多派所继承和发展。吠檀多派的主要思想“不二一元论”实际就是由奥义书中的“梵我同一”思想演化而来的。一直到近现代，这种思想仍在印度思想界起着重要作用。印度近现代的哲学家探讨的重要问题中有许多来源于奥义书，或与奥义书有关。

奥义书中的物质要素理论，对印度后世流行的自然哲学，特别是“极微”理论，起着先驱思想的作用。“极微”理论无论是在婆罗门教系统里的胜论派、正理派中，还是在非婆罗门教系统里的耆那教和佛教之中，都有流行。尽管印度后世的一些主要思想流派对物质要素的作用和地位的解释有所不同，但在不同程度上都把世间事物的形成与这些要素联系起来。这些理论形态的思想源头应说在奥义书中。

奥义书中的轮回解脱理论的基本观念成为印度历史上各主要宗教哲学流派都信奉的思想。除顺世论外，各派都不同程度地继承和发展了这一理论。

在中国的传播和影响　奥义书的思想通过佛教传入中国。一些汉译佛典中论及了奥义书的思想。但在中国古代的汉文佛典中，并没有出现“奥义书”一词。奥义书在汉文佛典中通常是不与其他吠陀文献相区分的，在论及它时也称其为“知论”、“明论”、“围陀”等，即吠陀通常是从广义上说的，包括奥义书在内。

汉译佛典中记述奥义书思想较明显的是中国北魏时期菩提流支译的《提婆菩萨释楞伽经中外道小乘涅槃论》。其中对“安荼”生世间事物理论的记述，与《歌者奥义书》中的论述基本是一致的。这表明奥义书中的这一思想在当时的古代中国即已流传。

在中国近现代，奥义书也较受思想界重视。奥义书中的主要文献被译成汉文，并在中国出版。主要著作有：巫白慧的《印度哲学》(2000)，奥义书哲学是其重要内容之一。金克木的《印度文化论集》(1983)，内有《〈蛙氏奥义书〉的神秘主义试析》等论文。徐梵澄译有《伊莎奥义书》、《由谁奥义书》(1957)。他的《五十奥义书》(1984)选译了50篇奥义书，内容均为哲学类。

（姚卫群）

B

Ba Shi Gamaba Mijueduojie

八世噶玛巴·弥觉多杰　mi bskyod rdo rje（1507～1554）中国藏传佛教转世活佛，噶玛噶举派黑帽系八世噶玛巴活

八世噶玛巴·弥觉多杰（右）画像

佛。出生于多康噶玛寺附近的昂曲河左侧噶拉德普地方的萨丹村庄，父亲名赛恰哲·强巴喜宁，母亲叫达热萨仲。7岁时正式认定为七世噶玛巴·却札嘉措的转世灵童，受沙弥戒，取名弥觉多杰，师从多名高僧，系统学习佛法。1516年，弥觉多杰应丽江沐天王的邀请，前往云南丽江地区，向广大信众讲经传法。这是历史上噶玛噶举派教法首次在云南丽江地区传播。21岁时受比丘戒，师事高僧大德，研习五部大论和修学密宗四续，同时兼学大小五明等大众文化知识。他曾在多康地区游方参学和传教弘法，大明皇帝多次派人邀请他到内地传法，终未成行。弥觉多杰是一位善于思考、精于辩论的著名佛教学者，曾一度同格鲁派高僧辩论佛学议题。撰有《现观庄严论诠释》、《四座喇嘛瑜伽》和《戒律释》等著作。

（尕藏加）

Ba Shi Situhuofo Quejiqiongnai

八世司徒活佛·却吉琼奈　si tu chos kyi vbyung gnas（1699～1774）中国藏传佛教噶玛噶举派高僧，德格八邦寺活佛，藏传佛教学僧。他一生孜孜不倦，研习十明学，在藏族传统文化，尤其在梵文、声明学、藏文文法、藏医药学、藏式绘画等领域卓有成就，堪称一代宗教文化巨匠。撰有《入声明论》、《声明论释》、《梵藏对照名相述论》、《梵文语法入门》、《天文历法宝鬘》、《德格〈甘珠尔〉目录》、《俱舍论广释》、《了义大手印祈愿释义》、《上师瑜伽法与本尊修诵法》、《噶玛冈仓教法传承史》、《大司徒自述传记》等名著。其《司徒文法广释》一书，被后人奉为藏文文法权威性著作，流传颇广。清乾隆二十六年(1761)，他在八邦寺建立医学院，成为康区藏医药教学研究基地。他在临床经验基础上撰述的医学著作《天花疗法》，颇受藏医界推崇。此外，他独创八邦寺噶日画派，其壁画及唐卡成为康区画派代表。

（尕藏加）

Basiba

八思巴　vgro mgon vphags pa（1235～1280）中国藏传佛教高僧，萨迦派五祖之一，元朝国师、帝师。在中印文化

交流中起过重要作用。

八思巴出身于萨迦昆氏家族，父为萨迦派第四祖萨迦班智达·贡噶坚赞的弟弟索南坚赞。本名洛哲坚赞，八思巴是尊称，意为“圣人”。8岁时即能凭记忆讲述《佛本生经》，9岁时讲解《喜金刚续》第二品。10岁时作为萨迦班智达的随从前往凉州（今甘肃武威）与蒙古汗王阔端谈判。17岁时，被临终时的萨迦班智达任命为自己的法位继承人，成为萨迦派最年轻的领袖。1253年，八思巴应召在六盘山谒见薛禅汗忽必烈（见元世祖忽必烈），大汗夫妇及其子女以世俗人拜见上师的礼节会见八思巴。忽必烈向八思巴奉献财宝作为对上师的供养。1254年，八思巴再次会见忽必烈，忽必烈以亲王的身份颁赐八思巴一份诏书，主要阐述了蒙古亲王与八思巴所代表的后藏地区的寺院僧人的关系，也表达了蒙古亲王对藏族僧人的规劝引导。1255年，八思巴邀请严守比丘戒律传承的高僧大德，在河州（今甘肃临夏）给忽必烈授比丘戒。

1258年，在开平府大安阁隆重举行佛道辩论会，两派各有17人参加，时年23岁的八思巴作为佛教方成员参与辩论，结果道教方辩论失败，17名道士削发为僧，少许道观随之改为佛寺。1260年，忽必烈继任蒙古大汗位，立即封八思巴为国师，授以玉印，令其统领全国佛教。1264年，忽必烈在中央政府机构中设立总制院，后改为宣政院，由国师统领；将藏族地区划归总制院管辖，使国师兼有政教双重权力。后八思巴返回西藏，对萨迦寺进行修缮，如新造佛像、灵塔，以及用金汁书写大量大藏经中的甘珠尔部。同时，拜克什米尔班智达希达塔噶大巴札、罗沃译师喜饶仁钦、纳塘堪钦青南喀札等20多位大德为师，研习因明学和密宗修持等佛教显密宗教理仪轨，并学习五明学等文化知识。八思巴奉忽必烈之命，仿照藏文字母创制了由41个字母构成的蒙古新字，其语音拼读均按蒙古语，后称八思巴蒙古文。八思巴向忽必烈呈献蒙古新字后，忽必烈于1269年下诏，凡是诏书及各地方公文等均必须使用蒙古新字，在全国范围内推行蒙古新文字。

铁鎏金八思巴法王印

至元七年（1270），八思巴第二次向忽必烈授密宗灌顶，亲传喜金刚密法。忽必烈封八思巴为“帝师”，并赐给白银和绸缎等大量物品。后八思巴在西藏建立了萨迦地方政权，由萨迦派高僧法王和昆氏家族俗官本钦共同执掌西藏地区事务。

1276年，八思巴抵达萨迦寺。此次返藏，由太子真金护送。八思巴在途中专为真金讲述佛法，撰写了《彰所知论》，内容涉及佛教的基本知识，包括宇宙论、人生论、认识论和解脱论。八思巴在藏期间，西藏各地的高僧大德以及修习佛法的各派学僧、各地的官员贵族都前来拜会，印度一些班智达也前来向八思巴奉献供品，请求说法。1277年，八思巴在后藏的曲弥仁摩地方（今纳塘寺附近），举行了7万僧众参加的盛大法会，史称“曲弥大法会”。这是继古格王孜德于1076年在阿里地区举办的“丙辰大法会”之后的又一次规模空前的藏传佛教大法会。时间持续半个月之久，八思巴向僧俗信众宣讲深广的教法，发放大量物品。此次法会的成功举办，提升了八思巴的宗教威望，宣扬了元朝皇帝忽必烈的权势。1280年，八思巴在萨迦寺拉康拉章去世。1320年，元仁宗下诏，在全国各路建造八思巴帝师殿，以此永远纪念这位元朝功臣。

（尕藏加）

bawansiqian ta

八万四千塔 佛教有关建塔供奉佛舍利的著名传说。中国有附会此传说的寺塔多座。

据北传佛教的《阿育王经》和《阿育王传》称，佛祖**释迦牟尼**在世时，曾预言他涅槃后百年会有一位名叫阿育的转轮圣王诞生。此王将在世界各地起八万四千座宝塔，分别装入佛的舍利，使众生广受其益。公元前3世纪，印度的**阿育王**归信佛教后，即有佛僧向他做此宣传。阿育王遂历访佛涅槃后八份舍利存放之处，将其中七处取出，仅留海龙王一处未取，听其接受恭敬供养。返回首都**华氏城**后，他即着人制造八万四千金银琉璃宝匣，每匣置舍利一，外面护以宝瓮宝盖，并用彩缎装饰起来，然后遣八万四千药叉各持宝匣，

中国浙江宁波鄞州阿育王寺佛舍利塔

分送世界各地。凡有一亿人口之地即留一宝匣。分送舍利完成之后，阿育王到鸡园寺，见上座耶舍，说明想在各地同时起塔，以藏舍利。耶舍答应相助。吉日选定后，耶舍便于应当起塔之时以手遮日，使大地黑暗。各地得此信号即一齐造塔，封入舍利。阿育王亦因此而得“法阿育王”的称号。斯里兰卡的《岛史》等则称佛陀说教有八万四千法门。阿育王向每一法门布施一座园林，同时命八万四千城市各建佛塔一座，遂有八万四千塔之说。中国名僧**法显**、**玄奘**等访印时曾亲见众多佛塔，其中应有一些确为阿育王时所建。法显在其《**佛国记**》中除略记八万四千塔传说外，还说：“最初所作大塔在（华氏）城南三里余。此塔前有佛脚迹，起精舍，户北向塔。塔南有一石柱，围丈四、五，高三丈余，上有铭题，云：‘阿育王以阎浮提布施四方僧，还以钱赎，如是三返。”玄奘《**大唐西域记**》所记传说中帮助阿育王蔽日建塔的是近护大阿罗汉。广建佛塔的传说在《**杂阿含经**》、《**善见律毗婆沙**》、《**大智度论**》等经典中皆有记述。近世有历史学家对建塔传说提出部分解释。他们指出，据天文学家推算，阿育王在位期间曾发生过三次日食。伸手蔽日的传说乃是宗教家利用自然现象，以“圣事”相附会的结果。佛经所提，很可能就是公元前249年5月发生的那一次。据中国佛教典籍《**广弘明集**》、《**法苑珠林**》等记载，古昔汉地确曾有阿育王塔多座。今浙江宁波仍有阿育王寺塔，但始建时间为西晋太康三年（282），远在阿育王治印之后。

（葛维钧）

bazhengdao

八正道 āryāṣṭāṅga-mārga 佛教关于摆脱痛苦的方法或途径的一种基本理论。又翻译或称为八圣道、八支正道、八圣道分、八道行、八直行、八正、八道、八支等。**四谛**中道谛的具体内容。**释迦牟尼**创立佛教时较早提出的教义。佛教认为：要灭除痛苦有8个主要的途径：正见、正思维、正语、正业、正命、正方便、正念、正定。

正见，指正确的见解，即按照佛教的要求如实认识事物，如实了知世间与出世间之因果或事物的本来面目。

正思维，又称正志、正分别、正觉或谛念。指按照佛教的要求进行正确的思维，特别指在行为之前具有正确的意志或做出正确的决定。

正语，指正确的言语，不说诳语、粗暴或无聊的语言等，也就是远离妄言、两舌、粗言、绮语等种种虚妄不实之语。

正业，又称正行、谛行。指正确的行为，即远离杀生、强取、邪淫等。在身体的行为、言语的行为、意念的行为上都无不端举止，按佛教要求行事。

正命，又称谛受、正命道支等。指正当地谋生或正当地生活，远离各种邪恶不当的生活方式，不借助咒术、占卜等来谋取衣、食、住、行等方面的种种便利。

正方便，又称正精进。指正确地修习努力，特别指修习佛法时努力而不懈怠，后来概括为“四正勤”，即努力防止生恶，如恶已生则努力断除；努力生善，如善已生则努力保持。

正念又称谛意，指正确如实忆念诸法之性相而不忘失，离邪分别而念事物的实性，后来具体概括为“四念处”，即通过对身、受、心、法的观察与思虑，认识到世间事物的不净、苦、无常、无我，从而不执着于不实之物。

正定，指要正确地冥想或修习禅定，也就是把心摄止安住于特定对象上，不散不乱，以真智进入无漏清净之

境界。后来对其具体内容有种种概括，最常见的就是所谓“四禅”的理论，即区分出修习禅定的4个初步的阶段：初禅时，言语止息；二禅时，觉观止息；三禅时，喜心止息；四禅时，出入息止息。佛教在此基础上对正定又有种种说法和解释

八正道是早期佛教时提出的关于修行的一个重要概括。佛教在后来的发展中对其具体的内容和解释又有很大丰富，涉及问题极为广泛。

（姚卫群）

bazhi xingfa

八支行法 aṣṭāṅga 印度古代哲学中瑜伽派的修持手法。最早在此派的根本经典《瑜伽经》中提出。瑜伽派认为，要达到最高的“三昧”状态，并获得解脱，需要修瑜伽。具体的修持手法有8个层次或8个步骤。它们是：禁制、劝制、坐法、调息、制感、执持、静虑、等持。

禁制是修行者必须遵守的规定，共有5条：不杀生、诚实、不偷盗、净行、不贪。劝制是应奉行的道德准则，也有5条：清净、满足、苦行、学习与诵读、敬神。坐法是修行时保持身体的安稳，姿态轻松自如。这样，有助于阻止外界的干扰。调息是在坐法完成后对呼吸的调节和控制，即注意调节呼吸时气息活动的内外范围、呼吸的间隔时间、停顿的次数等。制感是对身体的感觉器官进行控制，使它们与相应的感觉对象脱离接触。这样，心就不会受外界干扰了。执持是在修行时心注一处，即把心贯注在任选的某物之上，使之凝定而不散乱。静虑是上述执持状态的进一步发展，即心持续集中于禅定对象上。等持即三昧，是修持的最高阶段。这时，仅静虑的对象发出光辉，心与禅定对象冥合为一，主观意识犹如完全不存在。

瑜伽派把以上八支行法中的前五支称为“外支”，后三支称为“内支”。瑜伽派非常重视内三支。内三支合起来又被称为“总制”。获得了它就可以进入认识的广阔境界，可以获得神奇的力量，即所谓“神通力”。当神通力从三昧中产生时，瑜伽行者仅留下一种“非黑非白业”。如果修行者最后能认识事物的本来面目，摆脱对不实事物的执著，根除一切业、烦恼与不净等，就可产生一种“法云三昧”。在这种三昧中，一切“行力”（种子）被摧毁，人获得解脱。讲述八支行法的《瑜伽经》在现代中国被译成汉文，姚卫群翻译，收入《古印度六派哲学经典》（商务印书馆，2003）一书。

（姚卫群）

bazhong hunyin xingshi

八种婚姻形式 古代印度教法论提出的8种婚娶方式。《摩奴法论》对于每种

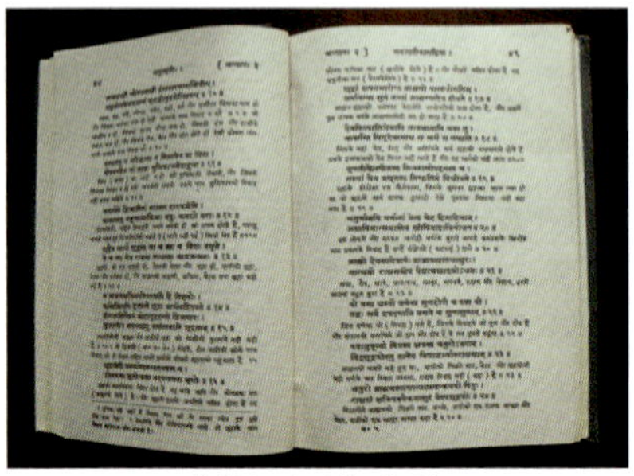

《摩奴法论》书影

方式均有具体说明，即：①梵式——由女孩的父亲亲自把一位德才兼备的男子请来，先为他们两人换装和献礼，然后把女儿嫁给他；②天神式——打扮好女儿，然后把她嫁给一名正在祭祀中做法事的祭官；③仙人式——按照法的规定接受新郎的一对或两对牛以后，依照规则嫁出女儿；④生主式——先举行献礼仪式，然后让两个新人跟着说一句“愿双双遵行法的要求”；⑤阿修罗式——根据自己的能力赠给亲家若干财物以后娶回姑娘；⑥乾闼婆式——出于爱欲，男女双方自主结合；⑦罗刹式——通过打、劈、砍把哭叫着的姑娘从家中抢走；⑧毕舍遮式——趁着姑娘熟睡、酒醉或昏迷时亲近她。不同种姓应采取不同的方式，如规定前四种适于婆罗门，刹帝利可采用罗刹式，吠舍和首陀罗可采用阿修罗式。《摩奴法论》第三章称：“通过无可指摘的结婚方式得无可指摘的后代，通过受指摘的结婚方式得受指摘的后代。因此应该忌讳受指摘的结婚方式。”

（葛维钧）

Bazhuansheng Song

《八转声颂》 *The Hymn of Subanta* 中国唐代一首讲述梵文名词性词变格形式的五言诗颂。唐代文献中的八转声、八例、八啭，都是指称梵文名词性词的8种变格的术语。其对应的梵文术语为Subanta，该词意思是“以sub为结尾的”，波你尼《波你尼经》中用来指称梵语名词性词的格尾的变化。该词在《大慈恩寺三藏法师传》卷3、《南海寄归内法传》卷4中，分别译作“苏漫多声”和“苏盘多声”。《大慈恩寺三藏法师传》详细说明了梵语名词性词的性（男、女、非男非女）、数（一、二、多）、格（8种变格）的情形，格尾的变化合计为72种形式。唐代的佛经注疏《华严经探玄记》（法藏）、《大方广佛华严经随疏演义钞》（澄观）、《瑜伽论记》（遁伦），以及现代佛学者吕澂的《声明略·八转声章》等著作中，对此也有详细的解释。

《八转声颂》为1卷本，仅见于敦煌写本之中。P.3950中的《八转声颂》首题“国大德三藏法师法成译”，即八九世纪吐蕃大德三藏法师（吴）法成译。其尾题为“《八转声颂》一卷”。该颂分为两段：“盛华林有树，其树被风摇，以树推象到，为树故放水，从树华盛发，是树枝甚低，于树鸟作巢，咄咄树端严。”以树为例，阐述了梵文名词性词的八种变格。“第一显本事，第二

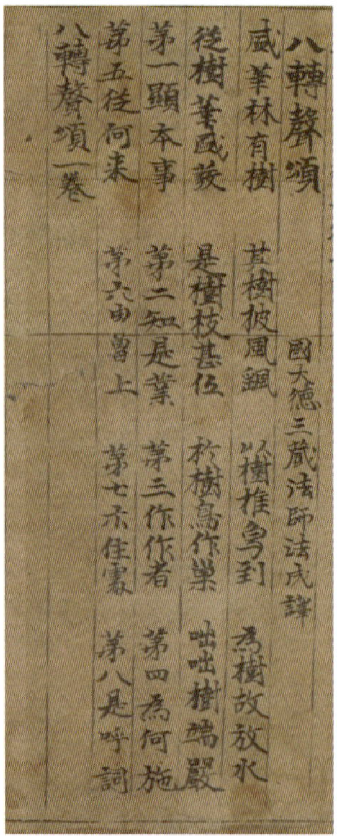

《八转声颂》敦煌写本书影

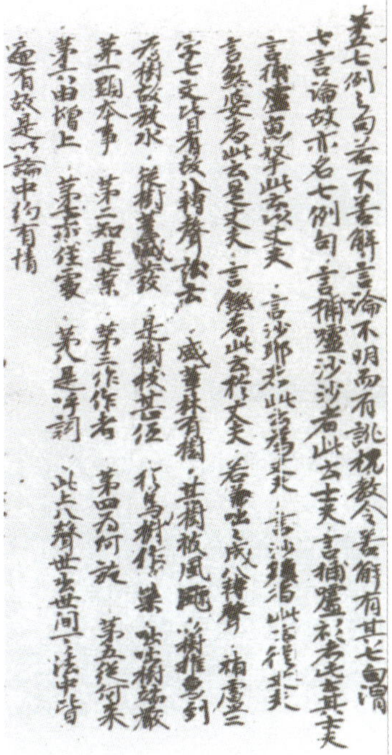

敦煌写本《瑜伽论手记》中引用的《八转声颂》

知是业，第三作作者，第四为何施，第五从何来，第六由曾上，第七示住处，第八是呼词。”则分别说明了梵语名词性词的体格、业格、具格、为格、从格、属格、依格和呼格。

法成《瑜伽论手记》(P.2061）是对《瑜伽师地论》的注疏。P.2061中对“七例之言”的解说，也引用了《八转声颂》，且比P.3590中的相关内容更详细。《瑜伽论分门记》中也有引用。该颂篇幅短小，采用汉文传统诗歌的形式译介梵语语法术语的涵义，体现了古代中印语言学交流的丰富性。P.2061的背面P. t.783中有藏文《八转声颂》，题为vjug pavi sgra brgyad bstan pa tshig levu byas pa，直译为《转八声说示颂》。其另一藏文抄本为S. t. 625或谓其藏文本是从汉文本译出。也有学者认为，《八转声颂》是法成从梵文本译为藏文本，再译为汉文。说明了唐代中印文化交流大背景下，藏文化吸收印度文化，成为中外文化交流的重要组成部分。

（陈明）

Bajin

巴金 Bajin（1904.11.25～2005.10.17）中国著名作家，翻译家。尤以对新文学运动的贡献而著称。原名李尧棠，字芾甘。笔名有巴金、佩竿等。

巴金出身于中国四川成都一户官僚地主家庭。在五四运动期间，受到无政府主义思想的影响。1920年考入成都外国语专门学校，其间加入一个名为“均社”的无政府主义组织。1923年到上海、南京，考入南洋中学及东南大学附属中学。1925年夏毕业后在上海养病，发表文章，散发宣传无政府主义的材料，参与左翼罢工活动。1927年前往法国留学，翌年在巴黎完成第一部中篇小说《灭亡》。1928年返回中国并居住在上海。1930～1935年，创作了《死去的太阳》、《新生》、《砂丁》、《萌芽》(后改名《雪》)，以及著名的“爱情三部曲”《雾》、《雨》、《电》。长篇小说《家》(1931）系“激流三部曲”之一，被认为是巴金的主要代表作和中国现代文学最具代表性的作品之一。

抗日战争期间，巴金辗转工作于上海、广州、桂林、重庆，担任《呐喊》杂志（后改名《烽火》）的发行人和主编之一。他还被任命为中华全国文艺界抗敌协会理事。他于1938年和1940年分别出版长篇小说《春》和《秋》，从而完成“激流三部曲”。1940～1945年，创作“抗战三部曲”之一《火》。战争快终结时，创作《憩园》和《第四病室》两部中篇小说。1946年完成长篇小说《寒夜》及短篇小说《神》和《鬼》。抗战结束后，巴金主要从事翻译、编辑和出版工作。1949年，被选入中华全国文学艺术界联合会（1953年更名为中国文学艺术界联合会，简称中国文联）常务委员会。1950年任上海文联副主席。1960年任中国文联副主席和中国作家协会副主席。1984年12月～2005年10月去世前，任中国作家协会主席。5卷本《随想录》是巴金在“文化大革命”后写的最重要的作品，反思并描写自己人生中这一充满痛苦的时期。

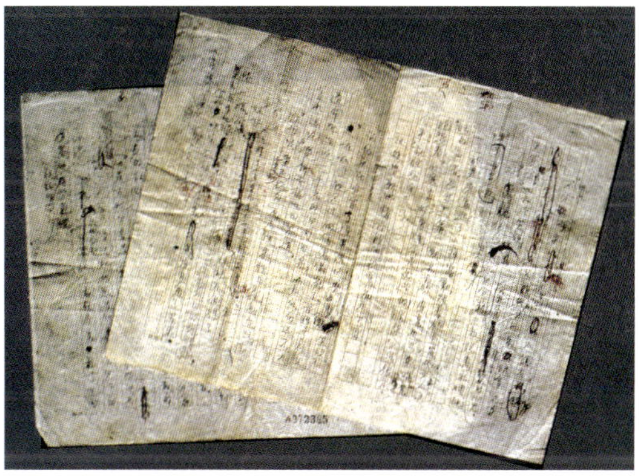

巴金《家》手稿

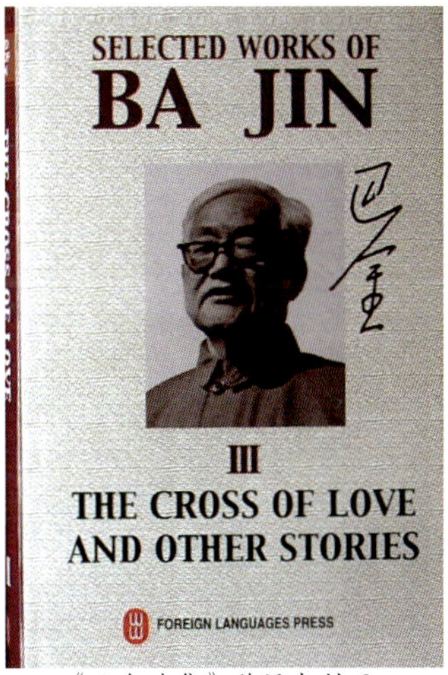

《巴金选集》英译本封面

巴金的长篇小说在中国现代长篇小说创作史上占有极其重要的位置。他也以众多优美的散文而著称，这些作品娓娓道来，表达了他对祖国和生活的热爱。他文风朴实，力避艰涩字词，从而成为现代中国最受欢迎的作家之一。他还用很多时间翻译外国作家的作品，1997年出版《巴金译文集》10卷。1955年，巴金访问印度，参加在新德里举行的亚洲作家会议并致辞，从而与印度产生联系。近年来，印度的中国文学学者对巴金的作品进行研究，并翻译了他的一些作品。德里大学已故的R.拉纳德女士曾将巴金最著名的长篇小说《家》译成马拉雅兰语。巴金的作品也被纳入印度中国文学和中国文学史课程教学大纲中，在大学的中国语言、文学和文化系及中心讲授。

（邵葆丽撰　刘文亮译）

Baliyu

巴利语 Pali 古代印度俗语的一种。属印欧语系，印度-伊朗语族，印度（或称印度-雅利安）语支，现仍为斯里兰卡、缅甸、泰国、老挝等国小乘佛教的经堂语言。

从形态变化看，巴利语由于带有与吠陀梵语接近的特点，尽管可以肯定其发展阶段晚于古典梵语，但不会是它的子语言。至于它最初使用于何处，说法不一。小乘上座部信徒称其为东部**摩揭陀**方言，佛祖**释迦牟尼**曾使用过；另外又有指西印度、**优禅尼**、**憍赏弥**或摩揭陀某地等为其发源地的。由于阿育王在他的铭文中未见使用巴利语，故有学者认为它的流行当在他的统治时期（公元前3世纪）之后。

巴利语的元音分简单元音与二合元音。辅音依发音部位不同而分喉、颚、顶、齿、唇、流音。半元音、咝音和气音也归为辅音。名词、代词、数词和形容词有性（阳、中、阴）、数（单、双、复；双数有消失趋势）、格（体、业、具、为、从、属、依、呼）的变化。动词的变位包括：数的单、双、复；人称的第一、第二、第三；时态有现在时、未完成时、完成时、不定过去时、将来时、假定时；语态有主动、中间（消失中）和被动；语气分陈述、虚拟、命令、祈使。动词语尾分原始和派生的两种。巴利语没有专用字母。在印度有时用**天城体**。在斯里兰卡和东南亚某些国家则用当地流行的字母。国际上一般用拉丁字母并附加若干变音符号。佛典用它写定通常认为在公元前1世纪左右。作为文学语言，它在印度已于14世纪停止使用；其他地区则沿用至18世纪。文献主要为佛教小乘上座部经典，一般称巴利文三藏。史乘《岛史》、《大史》等亦用巴利语写成。见**古代印度语言和文字**。

（葛维钧）

巴利语经藏《长部》贝叶写本

中国出版的有关巴利语的著作

Bapate

巴帕特，P.V. Purushottam Vishvanath Bapat（1894.06.12～1991.11.04） 印度佛教学者，印度中国学奠基人之一。

巴帕特1894年出生于印度马哈拉施特拉西南部桑格利。1912年，入浦那弗格森学院学习。同年，印度历史学家D. D. 高善必出任弗格森学院巴利语教授。巴帕特选择主修巴利语，在高善必指导下于1919年获得孟买大学巴利语硕士学位。1929年，获高善必推荐前往美国哈佛大学参与翻译《清净道论》。此后在哈佛大学学习藏语、汉语并获博士学位。1932年，回弗格森学院任教。

1945～1948年，适逢中国政府在国际大学设立中国研究项目，**谭云山**主持扩建国际大学中国学院，巴帕特获邀前往国际大学从事教学科研。其间与印度汉学家**师觉月**，中国学者**金克木**、**徐梵澄**、**杨允元**、陈乃蔚等人合作交流，并将汉译本《义足经》译成英语，刊于《国际大学年刊》。谭云山离开印度期间曾代理中国学院院长。此后返回浦那，并于1954年从弗格森学院退休。1956年，为纪念佛灭2 500年，印度政府委托巴帕特主持编写佛教通史《佛教2500年》(1956)，并负责撰写中印著名僧人、中国佛教研究等与中国相关的部分章节。

1956年，巴帕特应中国政府邀请率**印度中国友好协会**代表团访问中国并参加五一劳动节观礼。5月9日，由时任中国佛教协会副会长赵朴初陪同参观北京广济寺，并与中国佛教协会在京常务理事、即将前往缅甸参加佛灭2 500年纪念的代表、广济寺住持大悲法师等进行座谈。座谈会上，巴帕特介绍了自己对《解脱道论》、《清净道论》、《善见律》、《义足经》等佛教典籍的研究、印度的佛教研究状况以及印度方面纪念活动筹备情况，并邀请中方参加将于尼泊尔举办的世界佛教徒友谊大会。他还表示为源自佛教五戒的潘查希拉由中印两国领导人倡导成为国与国相处的**和平共处五项原则**感到鼓舞，希望中印两国佛教徒发扬历史传统，为弘扬佛法、交流文化和加强和平、友谊事业而努力。

1957年，巴帕特出任德里大学佛教研究教授，负责与哲学系一同组建佛学系。在巴帕特的努力下，德里大学佛学系获准增设教师职位和图书馆，此后从哲学系分离成为独立的系所。1960年从德里大学退休，返回浦那专心研究。1965～1966年，将《善见律毗婆沙》，即巴利律藏注释《一切善见律毗婆沙》汉译本译为英语，于1970年出版。此外，还参与将德光的《律经》第1卷（即《出家事》）由藏文回译为梵文。

巴帕特一生著作颇丰，在佛教研究及相关领域发表各类著作、论文、评论等共计163部（篇），对促进中印文化交流作出了重要贡献。

（张忞煜）

Bashifanatuo

巴湿伐那陀 pārśvanātha（约前817～前717） 印度耆那教早期祖师，为耆那教第23祖。

传说中的巴湿伐那陀身体为蓝色，坐于蛇身，头上有七蛇盘绕。据耆那教经典《劫经》称，他生于波罗奈，为迦尸国王子，娶阿逾陀国王的公主波罗婆波底为妻。早年曾作为武士与羯陵伽作战。30岁时出家作苦行僧，经83天修炼后得道。其母、其妻为他的第一批弟子。曾提出4条戒律，即不杀生、不欺诳、不偷盗、戒私财。后耆那教创始人大雄增加了“不奸淫”，成为五戒。

（葛维钧）

Basuhua

巴苏华 Bejoy Kumar Basu（1912.03.01～1986.10.12） 印度援华医疗队成员。全名比乔埃·库马尔·巴苏。中文名为巴

苏华。印度西孟加拉邦加洛参人。1938年，印度援华医疗队被派往中国，以援助处于抗日战争中的中国人民。抗日战争期间，巴苏华完成了为中国军人提供医疗和援助的使命，是医疗队5名医生中最后离开中国的成员。

1938年9月，在医疗队到达中国后，巴苏华与卓克华被派往武汉第64陆军医院。巴苏华在那里工作了一段时间，然后前往晋东南为八路军工作。随后，他被调往八路军总部所在地延安，负责那里的医疗设施。

1942年，在同事和好友柯棣华逝世后，巴苏华独自承担起医疗队的全部工作。他是一个忘我奉献和忠于职守的人。他的奉献精神和专业技术使他深受中国人民的欢迎。他每天诊治100余名患者并负责30多住院病人。由于他治愈病人的高超本领，当地人亲切地称他为“神医”。在居留中国期间，巴苏华保持着写日记的习惯，详细记录了他在中国每天的重要事情及与中国病人和普通民众的交往。1943年4月，在为中国人民服务长达5年后，巴苏华踏上返回印度的旅程。印度援华医疗队在华期间，他是唯一有机会服务到底并见证全程的医生。

巴苏华返回印度后，于1943年10月成立全印柯棣华大夫纪念委员会。该组织的主要目标就是纪念柯棣华并发扬印度援华医疗队的优秀精神，他希望加强印中两国之间的和谐关系。到1978年，巴苏华已建立30多家针灸诊所，旨在为印度穷人提供廉价的医疗服务。此外，巴苏华在发展中印关系方面也起了非常重要的作用，他始终铭记发展两国人民之间关系的重要性。他为此目标数度访华，为印度与中国之间的友谊作出了重大贡献。

1986年10月，巴苏华逝世于加尔各答。由于他将中国视为自己的第二故乡，按照其遗愿，他的骨灰的一半被埋葬在中国河北石家庄华北军区烈士陵园。后来，A.B.瓦杰帕伊在作为印度外交部长访华时，盛赞巴苏华是民族英雄和中印友谊的桥梁。

（邵葆丽撰　刘文亮译）

Ba Zhou

巴宙 W. Pachow（1918～　　） 美国华裔佛教学者，美国艾奥瓦大学宗教学系荣休教授。在中印文化交流中起过一定的作用。

巴宙字望蜀、望舒，号仙樵。祖籍四川万县（今重庆万州区）。因父母均笃信佛法，自幼受到佛教思想的熏陶。毕业于上海蒙藏学院。1938年赴印度国际大学中国学院，主修印度文化与哲学，获硕士学位。1948年获孟买大学哲学博士学位。1941～1947年任教于印度国际大学，1947～1953年执教于阿拉哈巴德大学，1954～1968年任锡兰大学教授。1968年被聘为美国艾奥瓦大学教授，主讲亚洲文化、宗教、哲学、佛学等。通梵文、巴利文、印地文、孟加拉文、英文、法文等多种文字。先后赴英、法等国研究敦煌写本，多次参加全印东方学术大会、国际东方学大会等学术会议。

《巴宙文存》封面

巴宙的博士论文《梵巴汉藏对照波罗提木叉之比较研究》于1955年由国际大学中印学会刊发，是研究原始佛教生活及僧团制度的重要论著。其他英文著作主要包括《大般涅槃经及其汉译之比较研究》(1946)、《梵文摩诃僧祇之波罗提木叉》(1956)、《大乘二十二问之研究》(1979)、《中国佛教：交响与重诂》(1980) 等。中文著作包括《敦煌韵文集》(1965)、《巴宙文存》(1985) 等，并译有《家兄尼赫鲁》(1943)、《泰戈尔小品精选》(1946)、《南传大般涅槃经》(1971)、《南传弥兰王问经》(1997) 等作品。

（贯岩）

Badaluoyanna

跋达罗衍那 Bādarāyaṇa（约活动于1世纪） 印度古代哲学家，六派哲学中吠檀多派的创始人，《梵经》的作者。生平不详。现存《梵经》中包含后人加入的成分，不全是其所作。跋达罗衍那继承了奥义书的思想，将其中的哲学观念进行了整理组合，创作了作为吠檀多派形成主要标志的《梵经》。跋达罗衍

那关注的主要哲学问题是作为万有本体的“梵”与作为生命现象主体及其相关事物的“我”之间的关系问题。他论及了当时在此问题上的一些流行观点，而他本人则有一种“不一不异论”的倾向，认为梵作为各种事物的创造者或根本因，与其属性或被造物——我是不同一的，而从诸我都具有梵性，一切事物离开梵都不能存在的角度看，梵与我又是同一的。二者的关系被比喻为如同太阳和其映在水面上的影子的关系一样。跋达罗衍那的《梵经》受到后世吠檀多派的极大重视，印度历史上著名的吠檀多派思想家多对《梵经》进行了注释。他创立的吠檀多派思想也随佛教传入中国。中国古人通常将其与吠陀奥义书等的思想混在一起来认识。汉译或汉文佛典中说的“大梵”、“阿特曼”、“大自在天”等观念通常就涉及这方面的内容。跋达罗衍那及吠檀多派的思想在中国近现代也有一定影响。中国当代学术界有关于他的一些研究。姚卫群在其所著的《印度宗教哲学概论》(北京大学出版社，2006）一书中设有“吠檀多派”一章，论述了跋达罗衍那等吠檀多派人物的哲学思想。

（姚卫群）

Bamomidi

跋摩米帝 Varmāmiti（约活动于7世纪初） 印度那烂陀寺三藏法师。唐代孙思邈《千金翼方》卷十二《养性服饵第二》中有一首《服昌蒲方》，其中写道，此方是“天竺摩揭陀国王舍城邑（那烂）陀寺三藏法师跋摩米帝以大业八年与突厥使主，至武德六年七月二十三日为洛州大德护法师、净土寺主矩师笔译出”。据《隋书·西域列传》，隋炀帝（604～618年在位）时，曾“遣侍御史韦节、司隶从事杜行满使于西蕃诸国”。他们曾到过王舍城，或许即在此次造访那烂陀寺，得见跋摩米帝，见赠药方。

（薛克翘）

Basuo

跋娑 Bhāsa（生卒年不详） 印度古代梵语戏剧家。在古代即已驰名并受到后世赞誉，但生平不详。迦梨陀娑在其首部剧作《摩罗维迦和火友王》的序幕中曾谦卑地提醒各位看官不要忽视跋娑等前辈杰出剧作家的作品。梵语戏剧衰落时期的剧作家王顶（约活动于九十世纪）在其诗学著作《诗探》(成书于880～920年）中将《惊梦记》归到跋娑名下。一般认为，跋娑约生活在马鸣与迦梨陀娑之间，即公元275年至325年之间。也有人认为他生活在公元前2世纪至公元2世纪之间。还有人根据他所用语言推测，他约生活在公元前5世纪。他可能做过宫廷诗人。

跋娑的剧作曾散失许多世纪。1909年，印度梵文学者伽那波底·夏斯特里(T.Ganapati Sastri，1860～1926）在今印度喀拉拉邦特里凡得琅市附近一座寺庙的藏书中发现了《惊梦记》、《负轭氏的誓言》、《五夜》、《善施传》(一译《善施》)、《使者瓶首》、《宰羊》、《神童传》、《仲儿》、《迦尔纳出任》、《断股》、《黑天出使》、《灌顶》和《雕像》13个剧本，并陆续将它们刊行。这13个剧本无一署名。校刊者主张，它们是跋娑的作品。它们最初是供当地神庙演出梵剧而用的。立论的重要依据是，在后来的其他梵语戏剧作家的作品中曾提到跋娑的名字和他创作的《惊梦记》。此外，这些戏剧带有民间戏剧的朴素风格，剧中诗歌样式多与史诗相同。因此，它们属于从民间戏剧向文人戏剧过渡阶段的产物，与跋娑所处时代并不相左。不过，学术界对跋娑13剧的作者身份一直存在争议。

跋娑失传戏剧的重见天日，不但是梵语文学史上“划时代的发现”，而且改写了印度戏剧史，改变了人们对印度戏剧样式的传统观念。长期以来，人们认为印度没有悲剧。中国著名美学家朱光潜就持这一观念。然而，跋娑13剧中的《迦尔纳出任》和《断股》被认为是古典梵语戏剧中仅有的悲剧。根据婆罗多牟尼《舞论》的规定，戏剧以悲惨结局告终极不相宜。《舞论》问世后的剧作家均恪守这一规定。有人据此认为，跋娑的创作时代早于婆罗多牟尼开始产生影响的时代。跋娑的剧作主要取材于梵语史诗《摩诃婆罗多》、《罗摩衍那》及《故事海》等。与后世剧作家相比，他的作品篇幅偏小。此外，他在题材处理上绝不泥古，多有自由发挥，对剧中英雄的敌手也往往抱有同情态度。

跋娑《惊梦记》中译本封面

六幕剧《惊梦记》是跋娑的代表作，被普遍认为是他最优秀的作品。它取材于古代印度流传十分广泛的关于优填王（可能与释迦牟尼处于同一时代）的传说，最初见于《故事海》中。剧中写道，犊子国优填王疏于朝政，以致国势日蹙，招致强敌进犯。在兵临城下之际，大臣负轭氏与王后仙赐定计，伪造自己与仙赐双双被大火烧死的假象。随后，他带领仙赐前往摩揭陀国，设法让仙赐成为莲花公主的仆人。在负轭氏的安排下，摩揭陀国王提出将自己的女儿嫁与优填王。就在优填王与莲花公主举行婚礼之时，仙赐受命编制婚礼花环，心中充满痛苦。仙赐陪伴莲花公主游园，优填王与弄臣到来。两位女子躲避到藤萝亭中，偷听他们说话。弄臣问优填王究竟更爱哪个王后。获悉优填王依然心系自己，仙赐深感欣慰。莲花公主不但没有心生妒意，反而大度地赞许优填王不忘旧情。一天，优填王在梦醒之时撞见仙赐，不知自己是在做梦还是产生了幻觉。最后，优填王借助摩揭陀国的援兵收复国土。结局自然是真相披露，皆大欢喜。《惊梦记》剧情结构相当曲折复杂。其实，它在通过缔结婚姻以救国家于危亡的背景下，表现的是优填王对爱情的专一态度。剧中人物对话生动有趣。跋娑的六幕剧《宰羊》与四幕剧《善施传》都以爱情为主题，创作素材来源不详，因此有些学者认为它们具有极大的独创性。《善施传》可能为后出的梵语名剧《小泥车》所本。

跋娑的一些剧作至今依然符合人们的审美趣味，因此被不断搬上舞台。在今喀拉拉邦，一直有演出展现综合艺术的梵剧的传统。当地人将这种梵剧形式称为“库提雅达姆”。悲剧《断股》和《迦尔纳出任》深受欢迎，已以印度现代语言和梵语演出。《负轭氏的誓言》和《灌顶》等剧目的折子戏长演不衰。20世纪60年代，《仲儿》和《断股》被艺术家们用印地语演出。70年代，曼尼普尔邦的艺术家改编《迦尔纳出任》和《断股》，将当地的曼尼普里舞、戏剧传统乃至传统武术糅合进去。当代梵剧大师M.D.查克亚尔为《惊梦记》和《五夜》编舞并饰演剧中主角。2003年，一个以果阿为基地的剧团依照《舞论》传统用马拉提语演出《惊梦记》。

1964年，金克木在所著《梵语文学史》中设专节“有民间戏剧色彩的‘跋娑’十三剧”，详尽介绍并评价了跋娑及其剧作，尤其是跋娑的代表作《惊梦记》。从标题不难看出，他对归在跋娑名下的13个剧本的作者身份存疑。黄宝生在季羡林主编的《印度古代文学史》(1991)一书中亦设专节论述了跋娑13剧，介绍了它们的梗概，同时探讨了“跋娑理论”及其剧作艺术特点。

跋娑的剧作已有两部被从梵文译成汉文。1983年，韩廷杰翻译的《惊梦记》由中国戏剧出版社出版，季羡林为之作序。1999年，黄宝生翻译的《惊梦记》由浙江文艺出版社出版。2008年，北京大学博士生范慕尤在《南亚研究》第1期发表论文《从〈仲儿〉一剧管窥跋娑戏剧的特色》，文后附录了由其翻译的独幕剧《仲儿》全文。

（刘建）

Bai Chunhui

白春晖 Vasant V. Paranjpe（1927?～2009?）印度外交家，汉语专家。曾任职于印度政府外事服务处，20世纪80年代初以大使身份退休。曾在J.尼赫鲁等印度领导人访问中国与毛泽东、周恩来、陈云等中国领导人交谈时担任翻译。当时的印度政府及学术界鲜有人能像他一样胜任此项工作。

1947年，在中印学会的资助下，白春晖被国际大学中国学院负责人谭云山派往中国北京大学修习中国语言文化，跟随罗常培、黎锦熙、王力等

白春晖（右）与季羡林合影

语言学家，以及郑振铎、冯友兰、吴晓铃、任继愈、陈梦家和清华大学的周一良等学者学习。1950年6月，完成在北京大学等中国院校学习近3年后返回印度。1951年10月，作为印度驻华大使馆成员再次来到中国，连续为K.M.潘尼迦、赖嘉文、R.K.尼赫鲁三位大使工作。1954年J.尼赫鲁总理访华时，担任其翻译。

白春晖不仅是一位优秀的翻译人员，还通晓中国历史、文学、哲学、文化。50余年来，曾就中印关系、中国传统与文化的相关问题撰写大量文章，这些文章清晰展现了一位职业翻译人员必备的思想和知识。

（那济世撰　张然译）

Bai-hei Lun

《白黑论》 中国佛教典籍。又名《均善论》。南北朝时僧人慧琳所作。慧琳俗姓刘，年少出家，住建业（今江苏南京）冶城寺，有才学，为庐陵王义真所重。宋文帝元嘉年间（424～453），慧琳得到当权者赏识，经常参与密勿，一时宾客盈门，应接不暇，有“缁衣宰相”之称。慧琳虽出家为僧，但与其师道渊不睦，为人又心性傲诞，颇自矜伐，因此他的思想更倾向于世俗的儒家。

在《白黑论》中，慧琳虚拟了两位人物：白学先生与黑学道士。白学先生认为中国圣贤之学足以经纶百世，但黑学道士认为中国圣贤学问不如佛教深湛。其实是慧琳借白学先生与黑学道士之口阐述自己对佛教不满的观点。如他借白学先生之口认为空义非教之本，不足以解惑。他也批评佛教轮回之说，且认为无量之寿、金刚之固都不足信；至于宣扬泥洹之乐，适足以使人生耽逸之心，而赞扬法神之妙，不过是启人好奇之思。他宣称“周、孔敦俗，弗关视听之外；老、庄陶风，谨守性分而已”，可见其尊儒道抑佛法的立场。他还主张六度与五教、信顺与慈悲殊途而同归，而这则可以看作儒佛会通的先声。《白黑论》甫行于世即遭到当时僧人的反对。

后来素重儒道的何承天与相信佛道的宗炳就该论有书信致辩。何承天希望宗炳能从《白黑论》中得到启发；宗炳立场鲜明，逐一批驳了《白黑论》中的观点，宣称不信佛者，实际上是不肯修利以迁善。

（江巨浪）

Baiju Si Bihua

白居寺壁画 Frescoes at Palcho Monastery 中国藏传佛教壁画。位于西藏自治区日喀则地区江孜县江孜镇白居寺内。

绿度母像　白居寺壁画

该寺是江孜法王饶丹·贡桑帕在一世班禅·克珠杰的帮助下于1418～1436年兴建的，是一座典型的藏传佛教寺院，又是一座集建筑、壁画和雕塑艺术于一体的艺术博物馆，其中壁画占有重要地位。

白居寺壁画作于藏传佛教艺术发展的鼎盛时期（约12～15世纪）。据壁画题记，作者主要为日喀则本地艺术家。现存壁画主要保存于措钦大殿和白居塔之中。前者为寺内的主体性建筑，后者则为寺内的代表性建筑。就题材而言，白居寺壁画主要分为三个方面：一是显教题材壁画，主体为经变故事、佛传故事和佛本生故事等；二是密教题材壁画，主要据密教四部（事部、行部、瑜伽部和无上瑜伽部）及《成就法海》、《吉祥胜》、《金刚顶经》、《文殊师利根本仪

轨经》等密教经典仪轨绘制而成；三是历史人物题材壁画，主要包括藏传佛教史上的历代法王，自印度、尼泊尔等国来西藏译经传法的高僧大德，以及藏传佛教各教派的祖师、堪布、活佛等。从技法和风格上看，以西藏本地画派特征为主，同时受印度和尼泊尔等异域绘画技巧的影响，亦融入了一定的中原画风。这些壁画，或色彩浓丽，或单一纯净；或夸张繁复，或简真明快；或圆满庄严，或清新灵动，为属藏传佛教之艺术杰作。其中，千手千眼观音菩萨、大白伞盖佛母、绿度母、西方净土变等壁画，堪称白居寺壁画中的上品。

神圣白伞盖佛母像　白居寺壁画

白居寺壁画是中印佛教文化交流的典范，也是汉藏佛教艺术融合的结晶，是了解藏传佛教艺术民族化进程的重要实物资料，具有极高的宗教价值、艺术价值和历史价值。

（王汝良）

Bai Juyi

白居易　Bai Juyi（772～846）中国唐代诗人，佛教信徒。字乐天，晚年号香山居士。祖籍山西太原，生于郑州新郑（今属河南）。两唐书有传。贞元十六年（800）进士，元和初年（806）为翰林学士，后加左拾遗、赞善大夫等职。元和十年，因得罪权贵被贬为江州司马。长庆元年（821）被召回长安，翌年出任杭州刺史，后改任苏州刺史。因朝廷党争激烈，于武宗会昌元年（841）自刑部尚书任上致仕。据《新唐书》卷一一九本传，他被贬为江州司马时，“既失志，能顺适所遇，托浮屠生死说，若

忘形骸者。”以后遂开始学习佛家思想，晚年信佛更甚，“至经月不食荤”。

白居易诗多，现存近三千首，在唐代诗人中当属第一。因他信佛教，与佛教相关的诗很多。不少诗充满禅意，初读以为是普通的咏物抒情，细读则禅机四溢，隽永异常。如《问鹤》：“乌鸢争食雀争窠，独立池边风雪多。尽日蹋冰翘一足，不鸣不动意如何？”其《代鹤答》：“鹰爪攫鸡鸡肋折，鹘拳蹴雁雁头垂。何如敛翅水边立，飞上云松栖稳枝？”这两首诗是通过自然界鸟类的争斗来影射社会上弱肉强食的现实，从而得出消极遁世的结论。作者在这里还暗示了自己在官场斗争中遭打击后的退隐心情，其中也包含着他对佛家禅理的理解。“不鸣不动”乃是深得禅机、勘破诸相之意。类似的例子颇多。白居易可以称得上唐代以禅入诗的第一大家。

（薛克翘）

Bailuo Aoyishu

《白骡奥义书》　*Śvetāśvatara Upaniṣad*　印度古代哲学文献。数百种奥义书之一。约产生于公元前500年～前200年。论述了梵是一切的根本，认为认识了梵的人将不朽。此外，还论及了数论与瑜伽的思想，表述了此奥义书关于神的一些观念。梵本在当代中国被译成了汉文。较早的汉译本由徐梵澄译出，收入《五十奥义书》（中国社会科学出版社，1984）中。黄宝生也将此译成汉文，收入《奥义书》（商务印书馆，2010）一书中。

（姚卫群）

Baima Si

白马寺　White Horse Temple　中国最早的佛教寺院，有中国佛教祖庭之称。位于河南洛阳。

据史料记载，东汉时，汉明帝刘庄夜梦金人，遂派遣使者西行求法。永平十年（67），天竺僧人摄摩腾和竺法兰应邀以白马驮载佛教经文和造像抵达洛阳。次年，汉明帝敕令在西雍门外三里御道之北兴修僧院，取名白马寺。自建成之日起，白马寺历经沧桑，屡遭战火损毁，经历多次重建，其规模在唐朝武则天治下达到顶峰，僧人最多时有三千之众。明嘉靖三十四年（1555），时任司礼监掌印太监兼总督东厂的黄锦大规模整修白马寺，此次重修大体上奠定了今日白马寺的规模和布局。中华人民共和国建立后，中国政府先后于1952、

白马寺正门

1954、1959年多次拨款重修白马寺。1961年，国务院确定白马寺为全国重点文物保护单位。

1997年，洛阳市宗教事务局对白马寺作出整体规划，拟在寺院西侧建设世界佛教寺院荟萃。2005年4月，中国总理温家宝和印度总理M.辛格签订《印度在中国洛阳白马寺院西侧建造印度风格佛殿的备忘录》。2006年4月26日，佛殿施工奠基仪式在白马寺举行。2010年5月29日，佛殿正式落成，印度总统P.D.帕蒂尔参加了落成仪式。佛殿坐西面东，东西长100米，南北宽60米，建筑面积约为3 450平方米，主体建筑高约30米，其内供奉一尊高达4.5米的释迦牟尼坐像。该佛殿参照印度世界文化遗产桑奇大塔的风格设计建设，

白马寺印度风格佛殿

由印度政府出资5 000万卢比建成，是印度政府在境外捐建的第一座佛殿。

（张然　乔安全）

Bai Miya

白蜜雅　Mira Sinha-Bhattacharjea (1930.04.18～2009.12.13)　印度外交官，中国问题专家。凭借扎实的学识和对历

史的了解，为20世纪七八十年代重塑公众对中印关系的认知作出了贡献。1955年进入印度外事服务处，曾在印度驻华大使馆工作4年。辞去外交官职务后，入德里大学中国与日本学系（今东亚学系）讲授“中国外交政策”和“印中关系”逾25年。1969年参与组建中国研究小组，并于该小组转成中国研究所后任所长。曾任《中国述评》的早期执行编辑之一，并于1996年起任该刊主编。1995年从德里大学退休，先后任中国研究所荣誉研究员、荣休研究员和联合主席。

白蜜雅的学术研究代表了一种挑战现实主义者和“权力平衡”理论的国际关系视角，在分析外交政策的过程中注重国内因素与国际语境、历史背景与当前环境的结合，将**毛泽东**对中国的见解和J.**尼赫鲁**对印度的见解作为研究两国后续发展的参照点，并多年致力于毛泽东和M.K.**甘地**的比较研究。

在分析中印边界问题时，白蜜雅善于从历史观点出发进行全面政治解读，其对边境、边界和边疆的概念区分，为厘清中印边境“实际控制线”作出了贡献。著有大量论文和一部专著《中国、世界和印度》(2002)。2005年与M.莫汉蒂共同编辑出版了《中国的安全与科学：G.戴辛克尔文选》。

（邵葆丽撰　何赟译）

Baiyu Si

白玉寺　dpal yul dgon　中国藏传佛教宁玛派重要寺院。全称白玉南杰强曲林寺，后称白玉强曲林寺，简称白玉寺。位于今四川甘孜白玉县境内。

1675年，德格土司在其领地白玉南杰孜建造了该寺，寺院初具规模后，定编寺僧为500人。**宁玛派**高僧仁增·更桑喜饶（1636～1698）被聘为寺院法台（住持）。该寺完善寺院教规，加强僧人戒律，向寺僧传授从沙弥戒至近圆戒（比丘戒），制定了僧人不沾酒肉等教规。

白玉寺传承法脉源于噶陀寺，后又转向大圆满康卓央德密法教规。同时对噶玛噶举派教法多有吸纳，形成自己的教法仪轨，在康区形成噶陀寺和白玉寺两大法脉。此外，宁玛派甚深净相传承中的天法意藏由持明大师仁增牟居多杰在**禅定**中证悟后公开传播，形成一支法脉，白玉寺继承发扬，使之相传不断。白玉寺在宁玛派诸多寺院中有一定的影响，鼎盛时期寺僧达3 000人，子寺数百座，遍及康区、安多和前藏等区域。

白玉寺在密宗教法仪轨领域将印度**莲花生**奉为密法祖师和本尊，各殿大堂内雕有大型莲花生大师像，寺僧以传承和修持源于莲花生的大圆满法为最高境界。由此显示白玉寺与印度佛教文化的紧密联系。

（尕藏加）

白玉寺大殿外景

Baidao Fanshu

《百道梵书》　*Śatapatha Brāhmaṇa*　印度古代梵书之一种。它是梵书中篇幅最长，内容涉及最广，因而也是最重要的一种，属于《白耶柔吠陀》(见《**耶柔吠陀**》)系统。

《百道梵书》的作者据传是著名仙人祭言。“百道”即一百章或一百讲。该书是仅有的一本讲解了所有五种大祭的梵书。这五种大祭是：力饮祭（七种苏摩祭之一）、王祭、马祭、人祭和全祭。研究《白耶柔吠陀》的学派据称有15个或17个，但《百道梵书》只有摩陀衍帝那和甘婆两个学派的版本流传下来。摩陀衍帝那版本分作两部分。一部分有9部，讲60“道”；另一部分有5部，讲40“道”。两部分的教理不尽相同，其所反映的地域状况和语言风格也不

相同，所以一般认为它们成书于两个不同的地区。从内容看，前9部产生较早；第10部与它们属同一时代，但代表的传统不同；最后4部时代明显较晚，且有着独立于前10部的特点。第14部的最后6章所属时代更晚，有的内容甚至与后来的《广林奥义书》相重。甘婆版本与摩陀衍帝那版本在内容安排上不同。其语言的语法形式也不相同，更接近《梨俱吠陀》。但两个版本所反映的后吠陀时期的婆罗门教祭仪程式相同。

《百道梵书》的讲解总的说来冗赘、教条、武断，谈论缺乏根据的象征意味多而应有的论证少。但是，它相当广泛而清晰地反映了后吠陀时期北部印度及西北印度的社会和政治状况——婆罗门祭司阶级与刹帝利世俗统治阶级之间争夺支配地位的斗争，以及这一时期国师地位的加强，他们在政治和宗教上都掌握了重要权力。语言上，该梵书放弃了此前惯用的吠陀诗体而采用了散文体，表达方式也不再那么简括难懂。

（葛维钧）

Bai Lun

《百论》 *Śataka* 印度佛教典籍。是以中观空性遍破外道的著作。作者印度论师提婆。唯存鸠摩罗什汉译本2卷（T1569），合有婆薮开士的注释。该论与《中论》、《十二门论》并称汉传中观之“三论”。

据吉藏《百论疏序》，后秦弘始四年（402），鸠摩罗什曾翻译该论，僧叡作序（已佚），但该译本言语尚不娴熟。至弘始六年重翻，僧肇作序，即为现存版本。据僧肇的序言，该论提婆本颂有20品，每品5偈，而鸠摩罗什只译了前10品，认为后10品“无益此土”，故而

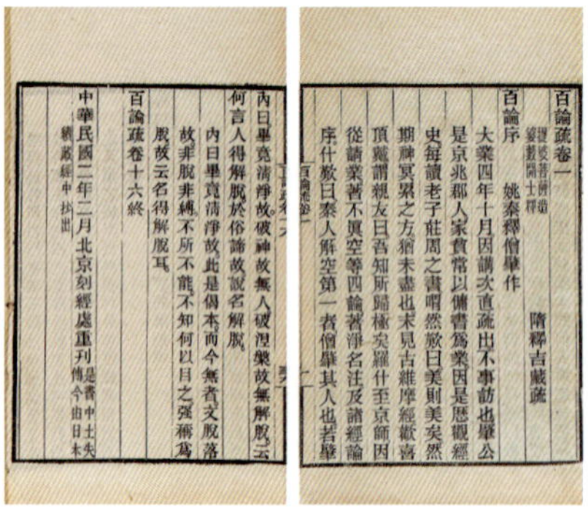

《百论疏》民国二年（1913）北京刻经处刻本书影

不翻。此外，鸠摩罗什所译释文中以“修妒路”标出提婆本颂，却未将偈颂单译，导致品偈多少长短不齐，很多时候偈颂和释文难以判分。

《百论》之得名可能是由于百偈之数，有后世注家指出，“百”一词兼有息灭、摧破之义，来自词根√śam。这一解释符合该论的主要内容——从大乘空观立场上破斥数论、胜论、正理等派别的观点。全论10品题目为：《舍罪福品》、《破神品》、《破一品》、《破异品》、《破情品》、《破尘品》、《破因中有果品》、《破因中无果品》、《破常品》、《破空品》。其中的议论保存了不少3世纪时印度哲学流派的观点。关于该论的注释，吉藏说印度有十余家，以婆薮与其后的僧佉斯那两家最为流行。现在唯一传世的只有鸠摩罗什所译婆薮的注本，而吉藏将此婆薮误认为是后来的世亲。

《百论》内容与提婆的另一著作《四百论》有很多共通之处。《四百论》有400颂，玄奘所译《广百论》为后半部200颂。月称《四百论释》的梵本残篇已经发现并刊行，其中月称数次将《四百论》略称为《百论》，加之鸠摩罗什所译之《百论》在印度和西藏地区的文献中没有记载，所以有学者怀疑此《百论》并非成于梵本，或为鸠摩罗什对《四百论》的节略或敷衍。然而，这两部论的主题顺序并不一致，《百论》中的很多论证过程也不见于《四百论》。另外，传为鸠摩罗什所译的《提婆菩萨传》中也说提婆“造《百论》二十品，又造《四百论》以破邪见”。这些都使得上述怀疑难以定论。汉译本另有后魏菩提流支所译提婆《百字论》一卷（T1572），其内容相当于《百论·破神品》以下的概括，应是《百论》纲要无疑。《百字论》有藏译本（D3834），内容一致但署名为龙树。《百字论》、《百论》、《四百论》内容依次增广，其思想上的一致性和内容上的关联性毋庸置疑，但是否皆为提婆所造及《百论》是否有独立梵本，则难以定论。

鸠摩罗什所译《百论》曾流传颇广，为三论宗所推崇，而汉语注疏今只留下吉藏《百论疏》3卷（T1827），其他道凭、元康、荆南等的注疏皆已失传。

（叶少勇）

Banchan E'erdeni Shixi

班禅额尔德尼世系 中国藏传佛教四大活佛转世系统之一。班禅额尔德尼被认定为无量光佛化身，在藏族和蒙古族佛教信众中具有广泛的宗教影响力。此世

六世班禅额尔德尼·班丹益西像

系开始于宗喀巴·洛桑札巴大弟子克珠杰。其世系传承为：一世班禅·克珠杰（1385～1438）；二世班禅·索南确吉朗普（1439～1504）；三世班禅·温萨巴·洛桑顿珠（1505～1566）；四世班禅·洛桑确吉坚赞；五世班禅额尔德尼·洛桑益西（1663～1737）；六世班禅额尔德尼·班丹益西（1738～1780）；七世班禅额尔德尼·丹贝尼玛（1782～1853）；八世班禅额尔德尼·丹贝旺秀（1855～1882）；九世班禅额尔德尼·确吉尼玛（1883～1937）；十世班禅额尔德尼·确吉坚赞（1938～1989）；十一世班禅额尔德尼·确吉杰布（1990～ ）；十世班。历代班禅额尔德尼驻锡地为后藏日喀则地区的扎什伦布寺。

（尕藏加）

Banggela

榜葛剌 Bangla 印度东部古国名。故地在今孟加拉国及印度西孟加拉邦一带。该国频见于中国载籍。在《后汉书》中称“磐起国”。南宋泉州市舶司提举赵汝适于理宗宝庆元年（1225）著成《诸蕃志》一书，称之为鹏茄啰：“西天鹏茄啰国，都号茶那咭，城围一百二十里，民物好胜，专事剽夺，以白砑螺壳磨治为钱，土产宝剑、兜罗绵等布……”，元代民间航海家汪大渊曾著《岛夷志略》一部，记述海外见闻。该书称其为朋

加刺。他说该地“五岭崔嵬，树林拔萃，民聚而居之，岁以耕殖为业，故野无旷土，田畴极美。一岁凡三收谷，百物皆廉。……风俗最为淳厚。……官税以十分中取其二焉”。在明朝费信所著《星槎胜览》和马欢所著《瀛涯胜览》中，其地皆作“榜葛剌”。费信自永乐七年（1409）至宣德六年（1431），曾先后4次奉使往海外诸国，他有记述称：“永乐十年并永乐十三年，二次上命太监侯显等统领舟师，赍捧诏敕，赏赐国王、王妃、头目。至其国海口，有港曰察地港，立抽分之所。其王知我中国宝船到彼，遣部领赍衣服等物，人马千数迎接。”

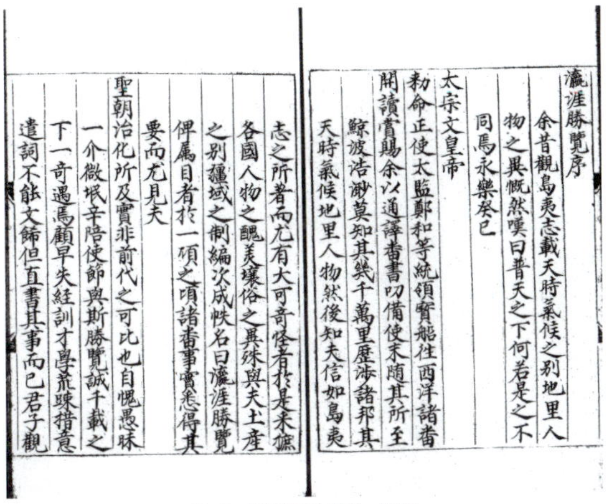
瀛涯勝覽序
余昔觀島夷志載天時氣候之別地里人
物之異慨然嘆曰普天之下何若是之不
同焉永樂癸巳
太宗文皇帝
勅命正使太監鄭和等統領寶船往西洋諸番
開讀賞賜余以通譯番書叨備使末隨其所至
鯨波浩渺莫知其幾千萬里歷涉諸邦其
天時氣候地里人物然後知夫信如島夷
志之所著而尤有大可奇怪者於是采摭
各國人物之醜美壤俗之異殊與夫土産
之別疆域之制編次成帙名曰瀛涯勝覽
俾屬目者於一頃之頃諸番事實悉得其
要而尤見夫
聖朝治化所及實非前代之可比也自愧愚昧
一介微氓辛陪使節與斯勝覽誠千載之
下一奇遇焉顧早失經訓才學荒疎措意
遣詞不能文飾但直書其事而已君子觀

马欢《瀛涯胜览》书影

对当地的风俗，也有敏锐的观察和记载：“其国风俗甚厚，男子白布缠头，穿白布长衫，足穿金线羊皮靴，济济然有文字者众。凡交易，虽有万金，价定打手，永无悔改。”他的叙述流露出对当地朴质民风的赞美之情。《明史》卷三〇四说，侯显访榜葛剌后，“其王赛佛丁遣使贡麒麟及诸方物，帝（明成祖）大悦”，以厚礼赠送来使。后赛佛丁又派人前来，称西边的沼纳朴儿国（今印度北方邦江普尔一带）王亦卜剌金多次举兵侵扰。永乐十八年，侯显再次衔命前往该国，赠其金币，晓以睦邻友好，各保疆土之理，后遂罢兵。

（葛维钧）

Baochang

宝唱 Baochang（约活动于5世纪下半叶～6世纪上半叶） 中国梁代高僧，佛教目录学家和佛教传记作家。主持编撰了萧衍时代大多数的佛教经录、类书、丛书等，并曾参与当时的佛经翻译。

据《续高僧传》卷一等记载，宝唱俗姓岑，吴郡（郡治在今江苏苏州）人。少年时代清贞自守，以耕田为业，有时也给人抄书以为副业。他通过抄书得以博览群书，在文采与义理方面都造诣很高。18岁时，依僧祐法师出家，学习佛教经律，住在庄严寺中。宝唱认为要在士人之间传播佛教，就必须想出权宜方便之法，以迎合他们的喜好。因此，他又跟随隐士顾道旷、吕僧智等人学习儒家经史与道家的《庄子》、《易经》等典籍，通晓其中的大义所在。北齐建武二年（495），宝唱离开都城建康（今南京），前往各地听高僧们宣讲佛法。5年后，赴闽越一带。

梁武帝天监四年（505），宝唱回到都城，担任新安寺主。梁武帝萧衍下敕命令宝唱主持编撰各种佛教文集，用来祈福禳灾、礼忏除障等，各种门类加在一起有近一百卷，其中《梁皇忏法》至今仍在流行。天监七年，武帝命僧旻编撰《众经要抄》（88卷）、智藏整理众经义理并编为《义林》（80卷）、僧朗注《大般涅槃经》（72卷），并敕令宝唱协助他们。萧纲为太子时，尤其信仰佛教，撰《法宝联璧》（200多卷），令宝唱为其分门别类。武帝还敕令宝唱搜集汉地僧俗的佛教著作并编为《续法轮论》（70多卷），并编撰《法集》（130卷）。天监十四年，武帝先令僧绍编华林佛殿经目，但书成后对其并不满意，又令宝唱重编。宝唱编成《经录》（4卷），众人都很满意，于是宝唱被敕掌管华林园的经藏，搜求佚失的经典，充实馆藏。后武帝又令他编撰《经律异相》（50卷，T2121），《饭圣僧法》（5卷）。上述经典多已佚失。

至天监十三年，宝唱编成《名僧传》，共31卷。但对这部僧传的评价褒贬不一，有人认为虚饰的成分偏多，故而没有完整流传到今天，在《大正藏》中只保留了一卷《名僧传抄》（T1523）。宝唱还撰有《比丘尼传》4卷（T2063）。

宝唱不仅主持了梁武帝时代大规模的佛教典籍的编修工作，还曾参与译场的佛经翻译。僧伽婆罗翻译《阿育王经》（T2043）、《解脱道论》（T1648）时，先由武帝本人亲自笔受，后敕令宝唱与袁昙允等继续担任笔受一职。

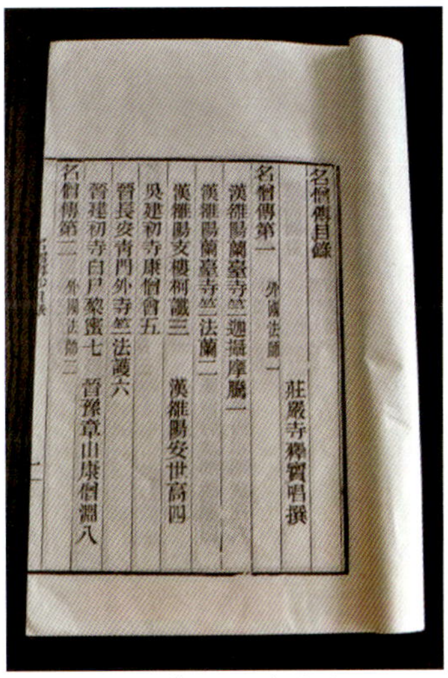
名僧傳目錄
莊嚴寺釋寶唱撰
名僧傳第一 外國法師一
漢雒陽闕臺寺竺迦攝摩騰一
漢雒陽蘭臺寺竺法蘭二
漢雒陽支樓迦讖三 漢雒陽安世高四
吳建初寺康僧會五
晉長安青門外寺竺法護六
晉建初寺白尸梨蜜七 晉豫章山康僧淵八
名僧傳第二 外國法師二

宝唱《名僧传》书影

（范晶晶）

Baosiwei

宝思惟 Maṇicinta（约活动于七八世纪）印度来华僧人，译经家。音译阿你真那。

据《宋高僧传》卷三、《开元释教录》卷九等，宝思惟为北印度迦湿弥罗国（见罽宾）人，属刹帝利种姓，自幼出家，以禅诵为业，受具足戒后则专精戒藏。他有着非凡的解悟能力，不仅兼学真、俗二谛，而且擅长占星、咒术等，深得其妙。他以化导众生为己任，不恋乡国，于武周长寿二年（693）来到中国洛阳，依武则天敕命安置在天宫寺。当年开始在佛授记寺、天宫寺、福先寺等处译经，至唐神龙二年（706），先后译出《不空羂索陀罗尼自在王咒经》等

7部经典。太极元年（712）四月，太子洗马张齐贤等将所译缮写完毕，送入宫内。同年六月，唐睿宗命礼部尚书晋国公薛稷、右常侍高平侯徐彦伯等详细审定，然后编入藏经目录，加以施行。此后宝思惟不再译经，而专心于礼佛诵经，多修福业，各种财物随得随施。后于龙门山仿印度形制修造一寺，名天竺寺，与学僧、门徒等同居于此。唐开元九年（721）在该寺去世，据说年寿达百岁有余。他所译佛经，除前述《不空羂索陀罗尼自在王咒经》3卷外，现存的还有《佛说浴像功德经》、《佛说校量数珠功德经》、《大陀罗尼末法中一字心咒经》、《观世音菩萨如意摩尼陀罗尼经》、《观世音菩萨如意摩尼轮陀罗尼念诵法》、《佛说随求即得大自在陀罗尼神咒经》、《大方广菩萨藏经中文殊师利根本一字陀罗尼经》、《那罗延天共阿修罗王斗战法》各1卷。

（葛维钧）

Baoyun

宝云 Baoyun（372～449） 中国东晋、南北朝时期僧人，译经家。氏族不详，传是中国凉州（今甘肃武威）人。年少出家，精勤好学，有志广寻经要。于东晋隆安元年（397）西行求法。履流沙，登雪岭，不畏艰危，途中与法显、智严等相遇，最后到达于阗（今新疆和田）、天竺诸国。遍礼佛陀遗迹，努力学习梵文。对天竺诸国音字训诂，悉皆备解。回国后，至长安，师从佛驮跋陀罗，修习禅法。不久，佛驮跋陀罗遭当地僧侣排挤，应庐山慧远之邀，前往庐山。宝云也离开其师，东至南京，住道场寺。宝云性好幽居，搬至六合山寺。此处荒凉，山民多行盗窃，宝云为之说法，引之从善，大多山民改邪归正，信奉佛教。南北朝宋文帝元嘉年间（424～453）中期，道场寺沙门慧观即将圆寂，请宝云回寺总理寺务，宝云不得不重返道场寺。但在道场寺仅住了一年多，他再返六合山寺。元嘉二十六年，宝云终于山寺，时年78岁。

宝云精通梵文，"江左译梵，莫踰于云"。刘宋境内贤达高僧聚集，如佛驮跋陀罗、僧伽跋摩（齐言僧铠）等。他们受王公贵族之请，从事译经工作，口宣梵文，宝云负责译成汉文。宝云翻译了《付法藏经》6卷、《佛本行经》7卷、《新无量寿经》2卷、《净度三昧经》2卷，共4部，15卷。他还与智严一起，翻译出《普曜经》6卷、《四天王经》1卷、《广博严净经》4卷，共3部，11卷。宝云因西行求法，校译佛经，为后世垂范。

（谭洁）

Baozuo Gushi Sanshi'er Ze

《宝座故事三十二则》 *Siṃhāsanadvātriṃśikā* 印度古代梵语故事集。简称《宝座故事》，又名《健日王传》。一说约问世于11世纪，一说成书于13世纪晚期至14世纪初期。有四种传本：两种出自南印度，一为包含一些诗体格言在内的散文体，一为诗体；两种出自北印度，均系散文体，一为耆那教徒编订本，一为简本。东印度孟加拉地区亦有一个散文本，与耆那教徒编订本大同小异。原著作者不详，可能是一位熟悉宫廷生活和掌故的上层文人。孟加拉传本名《健日王传》，被归在婆罗鲁吉名下。与《僵尸鬼故事二十五则》（简称《僵尸鬼故事》）一样，以富于传奇色彩的健日王为核心人物，讲述了他的出生、即位、历险和死亡的故事。《宝座故事》与《僵尸鬼故事》构成以健日王为主要人物的民间故事中的双璧。

《宝座故事》通过32则民间故事和传说歌颂健日王大慈大悲、救苦救难和乐善好施的品格及美德。他曾直达日边，被阳光烤焦皮肤，亦曾入地，面晤地王。故事结构与《五卷书》、《僵尸鬼故事》等框架故事集一脉相承。引子之后，已故健日王宝座上起装饰和支撑作用的32个美女雕像——讲述健日王的非凡功业和超人勇气，最后恢复仙女原形返回天国。从艺术上讲，《宝座故事》不及《僵尸鬼故事》那样离奇曲折、引人入胜。

16世纪，奉莫卧儿王朝皇帝阿克巴敕令，《宝座故事》被译成波斯语。它还被译成泰语、藏语、蒙古语、英文等语种。1998年企鹅书局出版的《健日王宝座故事三十二则》，系由印度著名翻译家A.N.D.哈克萨尔（1933～）从梵文原著译成英文。该书于2007年再版，成为当前最为流行的一个英文译本。

约在14世纪后期至十五六世纪，《宝座故事》传入西藏。约在17世纪上半叶，蒙古族学者根据藏文本将其译为《三十二个木偶的故事》，为蒙古民间文学的发展提供了借镜。金克木在其所著《梵语文学史》(1964) 中论述了《宝座故事》的传本和内容等，使这部故事集在中国的印度学界和外国文学界广为人知。黄宝生在季羡林主编的《印度古代文学史》(1991) 中进一步探讨了这部故事集。

（刘建）

Baosi

鲍斯，N. Nandalal Bose（1882.12.03～1966.04.16） 印度现代画家。全名南达拉尔·鲍斯。1905年入加尔各答艺术

《湿婆饮鸩》 鲍斯绘

学校学画，师从孟加拉派创始人A.泰戈尔，1910年毕业。1909～1911年参加复制阿旃陀石窟壁画。1918～1920年在加尔各答印度东方艺术学会任教。1922～1951年任印度国际大学艺术学院院长。1924年陪同诗人R.泰戈尔访问中国和日本。在中国曾参观杭州西泠印社，会见画家齐白石、陈半丁、姚茫夫等人，他还用中国毛笔画了一幅水墨画赠送给京剧演员梅兰芳。1940年，他与泰戈尔一起接待旅居圣蒂尼克坦的中国画家徐悲鸿，又与徐悲鸿一起为R.泰戈尔选画付梓。1952年被印度国际大学授予邦国贤哲勋章。1954年印度政府授予他一级莲花勋章。1956年当选新德里美术院院士。

鲍斯是印度孟加拉派最重要的代表画家。其绘画继承了阿旃陀壁画、莫卧儿细密画与拉杰普特细密画等印度绘画传统，借鉴了中国画、日本画等远东绘

画的技法，也保留着西方写实绘画的素描基础，呈现折中而多样的风格，但东方艺术以线造型的传统仍然是主导元素。代表作有薄涂蛋彩画《萨蒂》、《湿婆饮鸩》和线描《维那弹奏者》等。《维那弹奏者》的印度少女造型优美，线条流畅，颇有中国画白描人物的韵味。1984年10月，在北京中国美术馆举办了“纪念南达拉尔·鲍斯诞生一百周年绘画展览”，展出了他的125幅多样风格的作品。

（王镛）

Baosi

鲍斯，S.C. Subhash Chandra Bose (1897.01.23～1945.08.18) 印度政治活动家。生于奥里萨邦卡亚斯塔种姓的律

师家庭。父亲是正统的民族主义者。鲍斯从小受多方面熏陶，有强烈的反英爱国精神。1913年进入加尔各答大学学习法律。1919年入剑桥大学。1921年回国投身C.R.达斯领导的民族自治运动。1925年成为公认的孟加拉领袖。1927年与J.尼赫鲁同时被选为印度国民大会党总书记。翌年与尼赫鲁共同发起成立印度独立同盟。1929年创建国大民主党。1938～1939年，连任国大党主席，成为党内激进派的重要领袖。

第二次世界大战爆发，英国殖民当局宣布印度为交战国。1940年，鲍斯领导全国开展不合作运动，发表上千次演说。鲍斯在许多演讲和著述中表现了对中国人民的高度尊重，在其政治生涯的大部分活跃时间里对中国人民的困境表示同情。鲍斯景仰孙中山，认为他是一位始终如一的反帝国主义者和印度独立运动的支持者。当日本先后入侵中国的东北及内地时，其下述言论表达了鲍斯对中国人民的同情：“当中国面临考验之时，我们全心与她同在。中国必将生存，既是为了她自己，也是为了人类。一如往昔那样，她将再次如凤凰一般从战争的灰烬中腾起。”1938年，作为国大党主席，鲍斯在组织和派遣印度援华医疗队的过程中起了重要作用。他曾计划于1939年前往重庆，但未获得英方签发的护照。

鲍斯曾两度来华，分别于1943年11月和1944年12月访问南京和上海，两次访问中均会见了当地印度人代表；发表多场演讲，竭力强调自己对中国人民的感情。第二次世界大战后，鲍斯本人在战争即将结束之际死于空难。

（玛妲玉撰　李宝龙译）

Baowei'er Xieben

《鲍威尔写本》 *The Bower Manuscript* 中国新疆库车出土的6世纪梵语写本。现存7个残卷。其中的医学内容代表了印度古代医学的成就，对中国医学有一定的影响。

《鲍威尔写本》于清光绪十五年(1889)出自新疆库车附近的一个古代遗址之中，次年被英军中尉H.鲍威尔得到。写卷无题，学界习惯称之为《鲍威尔写本》。原写本后由英国牛津大学鲍德利图书馆收藏。A.F.霍恩雷（1841～1918）前后共用20多年对其进行研究，出版了3册有关的图版、转写、翻译与注释。

《鲍威尔写本》源自克什米尔，写在贝叶形状的桦树皮上，所用的语言主要是梵语，字体为笈多字体，大约抄写于印度笈多王朝（约320～约550）晚期，即6世纪初或者中期。可能由传播印度文化的佛教徒带到新疆。写本最重要的内容是其医学部分。这是现存最早的印度梵语医学史料之一。其医学部分共有3个写卷：第一个写卷是残卷，无题，共存5叶，计132颂。它从一个配药小册子开始，主要讲述大蒜的神奇药用。

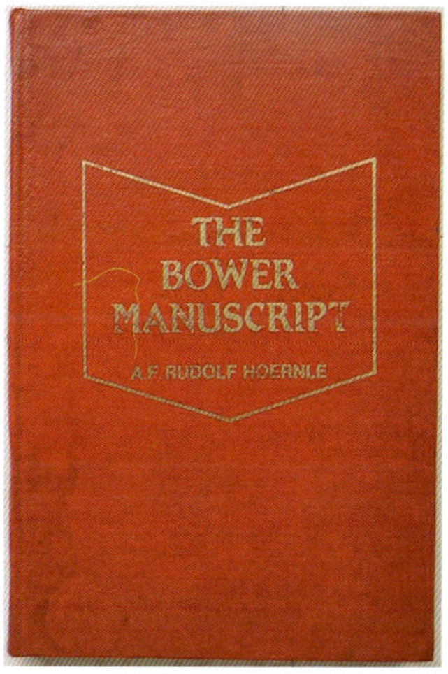

《鲍威尔写本》英文本封面

之后是另一个小型的药理书，包括强调消化能力、获取良好记忆力的方法，有关制药学的说明，各类药方，治疗各种眼病的方法，膏药贴在脸上的用法，眼药水，治脱发与乌发等办法，以及杂说治咳嗽和其他疾病。第二个写卷开篇题为《精髓》，共存32叶，计1 119颂。这是一册实用性的方书，选取当时的各种医书中仙人们有效的药方精粹部分编写而成，涉及内科的各个方面，可能属于印度古代“如火”和“毗卢”之外的另一派医学传统。《精髓》原为16章，现存14章，具体论述药酥、药油剂、灌肠剂、补药、药粥、春药、洗眼剂、洗发剂、诃黎勒、五灵脂和白花丹根的使用，甚至还有儿科、孕妇、求子和长年方等药方。第三个写卷是一部古代医书或者处方集的残本。现存4叶，计72颂。内容编排次序混乱，依次涉及的药物形态是：油剂、散剂、涂抹剂、酥剂、丸剂、糖浆剂。《鲍威尔写本》已经有了印度生命吠陀医学的基本框架，比如三液的理论、消化的作用、疾病术语以及药物配制的多样性等。

《鲍威尔写本》有明显的佛教色彩，可能是佛教僧人或信徒编纂。医学部分记录了许多古代名医的名字和药方，使

《鲍威尔写本》残卷　现藏英国牛津大学鲍德利图书馆

人们对印度医学的成就有更直观的认识；保存一些印度古代民俗史料，可以探讨民间生活与医学治疗的民俗意义；对研究中国古代域外医学的关系并进行比较研究有重要作用。

写本的第四、第五个写卷内容与名为《冒索苦行》的手册相关，是通过掷骰子而预知某人未来的一种占术。第四个写卷有完整的64种掷法，第五个写卷是掷法手册残卷。第六、第七个写卷合起来是一部陀罗尼经文，内容包括救助被蛇和其他邪魔伤害所用的咒语。其经名为《大孔雀明王经》。

由《鲍威尔写本》开始，古代写本的发现直接影响了A.斯坦因，使其1900年首次进行西域探险，从而引发了一次国际性的西域考古探险浪潮，而东、西方大规模的西域考察、探险以及搜集文物的高潮，最终使敦煌学、吐鲁番学成为20世纪的国际显学分支。

（陈明）

Beimoluocha

卑摩罗叉 Vimalākṣa（337～413） 印度来华僧人，译经家，中国早期译传律藏的代表人物之一。意译无垢眼，由于眼青，又有青眼律师称号。

据《高僧传》卷二、《出三藏记集》卷三等，卑摩罗叉为罽宾沙门，生性沉稳，意志坚定，出家修道，以苦守节操著称。曾在龟兹（今中国新疆库车一带）弘传律藏，四方学者竞相集其门下，鸠摩罗什也在其中。后龟兹有乱，他遂避往别地。鸠摩罗什于后秦弘始三年（401）被姚兴迎请入关，积极弘教，译出大量

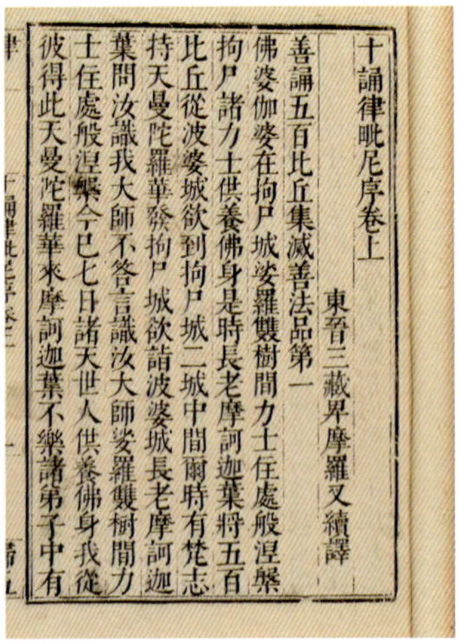
十誦律毗尼序卷上
東晉三藏卑摩羅叉續譯
善誦五百比丘集滅善法品第一
佛婆伽婆在拘尸城娑羅雙樹間力士住處般涅槃
拘尸諸力士供養佛身是時長老摩訶迦葉將五百
比丘從波婆城欲到拘尸城二城中間爾時有梵志
持天曼陀羅華從拘尸城欲詣波婆城長老摩訶迦
葉問汝識我大師不答言識汝大師娑羅雙樹間力
士住處般涅槃今已七日諸天世人供養佛身我從
彼得此天曼陀羅華來摩訶迦葉不樂諸弟子中有

《十诵律》书影

佛教经典。卑摩罗叉闻之，为了使律藏流传东国，亦远渡流沙，于弘始八年达到关中。鸠摩罗什以师礼敬待。鸠摩罗什逝世后，他迁往寿春（今中国安徽寿县）石涧寺，宣讲戒律。弗若多罗和昙摩流支曾先后与鸠摩罗什合作，译出《十诵律》。卑摩罗叉将此经携至寿春，另外补译《善诵毗尼序》，置于前译之后，使之成为现在所见的《十诵律》全本。后赴江陵辛寺，在那里宣讲该律，律藏因而得以流行。僧人慧观请他概述律藏要旨，并加以辑录，成《杂问律事》2卷。该书送至京师建康（见南京）后广受推重，僧尼竟相传写，一时纸贵。他于东晋义熙九年（413）在寿春石涧寺去世，终年77岁。

（葛维钧）

Beidou Qixing Humofa

《北斗七星护摩法》 中国佛教经典。1卷。唐一行撰。收入《大正新修大藏经》密教部，编号第1 310号经。全经主体内容由为了消除某种灾难而需结的手印和念诵的真言构成，包括：能吉祥真言、北斗七星印及真言、日天印及真言、月天印及真言、南方火天印及真言、北方水天印及真言、东方木星印及真言、西方金星印及真言、中宫土星印及真言、罗睺星印及真言、计都星印及真言、九执曜天总印及真言、二十八宿总印及真言、诸神祇印及真言、延命真言、涂香印及真言、奉华印及真言、烧香印及真言、奉食印及真言、灯明印及真言、普供养印及真言、赞叹印及真言、结招北斗印及真言、补缺真言等24种。随后经文又给出了所谓的“北斗法、炽盛光要法”，亦是对所结手印、所念诵真言和禳灾法的介绍，其真言包括过去沙罗王如来真言、大圣息灾真言、破宿曜灾难真言、北斗七星真言等。所有的真言都是采用梵文音译写出。从该经对北斗七星的重视和将五大行星对应东南西北中五方的做法来看，也是混合了中印两种星占元素。

（钮卫星）

Beiping Jiangxueshe

北平讲学社 Peiping Lecture Association 中国中外文化交流组织。1920年9月5日于北京成立。由梁启超联合蔡元培、张元济、汪大燮等人发起，其宗旨在于聘请各国著名学者来华讲学，“将现代高尚精粹之学说，介绍于国中，使国民思想发扬健实”。曾邀请J.杜威、B.罗素、H.杜里舒、R.泰戈尔等人来华，丰富了当时中国的社会思想，推动了中外文化交流。

1924年邀请印度诗人、社会活动家泰戈尔访华讲学，促成他与梁启超、蒋百里、徐志摩、郑振铎、齐白石等众多中国思想界、学术界及文艺界人士的结识与交往。1924年5月8日，在北京协和大礼堂为泰戈尔举办隆重的祝寿大会，梁启超赠予泰戈尔中文名字“竺震旦”，以示中印文化关系源远流长；徐志摩、林徽因、张歆海等人用英语演出了泰戈尔的诗剧《齐德拉》。据吕浩宇《五四改革春天里的昙花一现——论讲学社对中外文化交流所做的贡献》一文提供的资料，泰戈尔访华后不久，由于组织松散、经费不足等原因，北平讲学社在成立5年后解散。

（王凌男）

Beiwei Taiwudi Tuoba Tao

北魏太武帝拓跋焘 Emperor Taiwudi of Northern Wei Dynasty（408～452） 中国南北朝时期北魏第三代皇帝。423～452年在位。曾统一中国北方，执政后期行灭佛政策。

拓跋焘，鲜卑族，具军事天赋。继位后，亲自率兵击破屡犯边境的柔然汗国；神䴥二年（429）再征柔然，直抵可汗庭。后又先后攻灭胡夏、北燕、北凉、鄯善、吐谷浑等，于太延五年（439）统一中国北方，与江东的刘宋王朝对峙，形成南北朝的局面。重用以崔浩为首的汉族官员，整顿吏治，励精图强。太武帝即位之初，曾继承此前二帝尊崇佛教的政策，常与高德沙门谈论佛法。后佛徒剧增，军力渐弱，加上佛教吸收了谶纬之学，不利皇帝权威，他遂在道教信徒崔浩的怂恿下，开始疏离佛教，崇奉道教。太延四年，诏令50岁以下沙门皆须还俗，以从征役。过两年，听从道士寇谦之的进言，改年号太延为太平真君（440～450）。后又封寇谦之为国师，北天师道由此在北方大盛。太平真君五年（444）颁

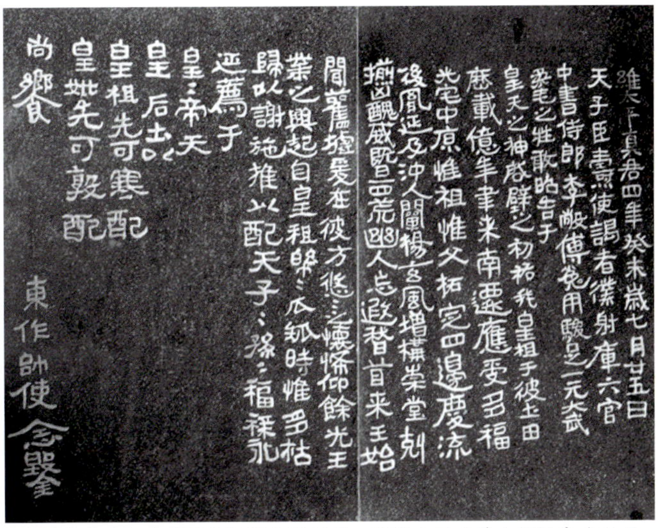

北魏太武帝拓跋焘嘎仙洞祝文记刻辞　现藏中国内蒙古鄂伦春自治旗

发诏书，称："沙门之徒，假西戎虚诞，生致妖孽。……自王公已下至于庶人，有私养沙门、师巫及金银工巧之人在其家者，皆遣诣官曹，不得容匿。限今年二月十五日，过期不出，师巫、沙门身死，主人门诛。"太平真君七年三月再次灭佛，诏令诸州坑沙门，毁诸佛像，使佛教遭到严重打击。不过，以太子拓跋晃为首的鲜卑族上层人士很多都信奉佛教。他们暗中保护了一些僧人，也保存了不少佛像和经籍。佛教僧人亦有坚守信仰，密藏法服、器物，隐居山中，待机复出者，如名僧昙曜。正平二年（452），太武帝为中常侍宗爱所弑。拓跋焘在位期间虽然反佛，但据史书记载，也曾与印度西北诸国有外交往来。拓跋晃已于此前一年去世，其子拓跋濬继位，称文成帝。文成帝受其父拓跋晃影响，登基不久，即在左右大臣支持下诏令恢复佛法。

（葛维钧）

Beiwei Xiaomingdi Yuan Xu

北魏孝明帝元诩　Emperor Xiaomingdi of Northern Wei Dynasty（510～528）　中国南北朝时期北魏皇帝。515～528年在位。鲜卑族人。宣武帝元恪（483～515，499～515年在位）次子。在中印文化交流中作出过积极贡献。

宣武帝延昌四年（515）正月，元诩登基。二月，尊皇后高氏为皇太后。尊母胡充华为皇太妃。三月，皇太后出家为尼。六月，和尚法庆聚众在冀州造反，自称"大乘"。七月，尊皇太妃为皇太后。群臣奏请胡太后当政，代行皇帝职权。熙平元年（516），颁诏派遣僧人**惠生**出使西域，搜集佛教经书。皇太后四月光临伊阙石窟寺。熙平二年，地伏罗和罽宾国一起派遣使者来朝贡。神龟元年（518），皇太后高氏在瑶光寺去世，采用僧尼礼节埋葬在北邙山，后改葬。神龟二年前后，胡太后营建佛寺，不计其数。三年，诏令僧尼和道士在殿庭论辩佛学、道学的优劣。正光元年（520）七月，召集侍中元乂、中侍刘腾，幽禁胡太后于北宫。同年，命北天竺僧人佛陀扇多（魏时称觉定）在洛阳**白马寺**以及邺都金华寺翻译经书多部。四年，**龙门石窟**佛龛部分完成。孝昌元年（525）四月，胡太后重新临朝摄政。武泰元年（528），召集六州讨虏大都督尔朱荣率兵进京，压制胡太后，但最终被胡太后毒杀。庙号肃宗，谥号孝明帝。事见《魏书》卷九。

（胡俊麟）

beiduoluo

贝多罗　pattra　古代印度人的书写材料。又译贝叶。该词梵语原意为树叶。古代印度人用为书写材料后，遂有了书写用树叶的意思，后更引申为纸、信等义。佛经又称贝叶经，所本在此。又指贝多罗树。《**酉阳杂俎**》卷十八说树有三种，其中多罗婆力叉即佛典所载多罗树，为一种大叶棕榈，最适于书写。《**大唐西域记**》卷十一称，"其叶长广，其色光润，诸国书写，莫不采用"。

（葛维钧）

Beinalesi

贝拿勒斯　Benaras　印度北方邦城市瓦拉纳西的旧称。见**瓦拉纳西**。

Beiji Qianjin Yaofang

《备急千金要方》　*Valuable Prescriptions for Emergency*　中国唐代中医名著。简称《千金要方》。**孙思邈**撰。其中体现了唐代中医著作吸收印度医学和佛教知识的成果。

孙思邈是中国隋唐时期的医药学家。他广泛搜集历代各家方书与大量的民间验方，博采群经，删裁繁重，汇聚众家之长，于唐永徽三年（652）撰成此书。其书名的来源"以为人命至重，有贵千金，一方济之，德逾于此，故以为名"。该书共30卷，分为233门，方论5 300余首，收载宏富，内容博大精深，是一部具有百科全书性质的医学巨著，为后世中医学的发展作出了杰出贡献。

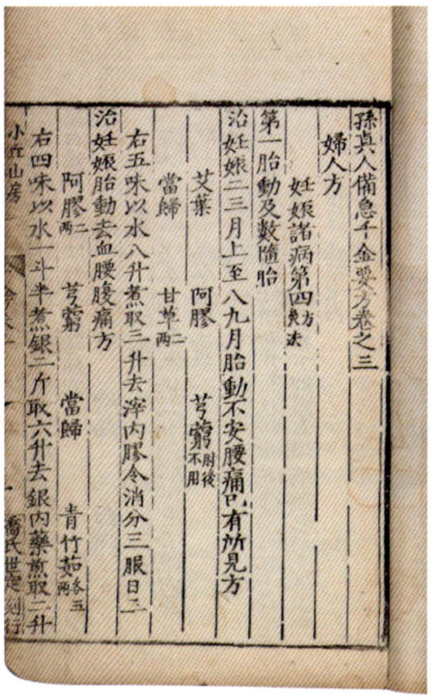

《备急千金要方》书影

《备急千金要方》千百年来传抄刊印，刻版达30余次。该书有多种版本，卷次与文字略异，分为三大系统：北宋校正医书局校订的官刻本，未经宋臣校改的唐宋早期传抄本，明《正统道藏》本。其书名另有《新雕孙真人千金方》、《真本千金要方》、《药王千金方》（与《千金翼方》合刊）等。

孙思邈"善谈老庄及百家之说，兼好释典"，故《备急千金要方》"博采删繁"，引用了不少佛教与印度医学知识。其卷一《序例》的"大医精诚"，提出对待病患，要"不得问其贵贱贫富、长幼妍媸、怨亲善友、华夷愚智，普同一等，皆如至亲之想”，体现了佛教慈悲为怀观念的影响。在病因学说方面，孙思邈吸收了印度佛教医学的“地水火风，四大成身”以及“四百四病”的理论。他将佛教的“一大不调，百一病生”，用中医的“气”论与“神”论进行替换，修改为“一气不调，百一病生；四神动作，四百四病，同时俱发”，体现了对外来医学知识的容纳。

《备急千金要方》辑录了一些使用印度药物的药方。其卷十二《胆腑》专辟“万病丸散”一节，共载13首药方，“耆婆万病丸”是其中最有代表性的。该万病丸“以其牛黄为主，故一名牛黄丸；以耆婆良医，故名耆婆丸方”。耆婆是印度佛经所载的名医，以他的名字为药方命名，说明孙思邈对印度医学思想和耆婆医方有一定的了解，并加以吸收。《备急千金要方》卷二十七《养性》中，收录了“天竺国按摩，此是婆罗门法”。这是中土文献中比较罕见的印度按摩方法。由此说明，一方面，佛学思想与印度医学对孙思邈的知识结构和临床思维产生了积极的效应，成为促使孙思邈在中医历史上“医道之一大变”的主要动力之一；另一方面，这些域外知识由于被孙思邈的著作收录，而进一步扩大了其在中土的影响力。

（陈明）

Bilima

比里麻 （约活动于15世纪） 古代印度古里国国王。据《明史》卷九《宣宗本纪》和卷三二六《外国列传》记载，明宣德八年（1433），比里麻“遣使偕苏门答剌等国使臣入贡”。其使臣曾久留明朝都城，正统元年（1436），随爪哇贡船西归。此后再无古里国使臣赴明。

（何赟）

biliang

比量 anumāna-pramāṇa 印度古代哲学中涉及认识论方面的术语。指推理。印度各哲学或宗教派别中都使用这一概念，但解释不尽相同。

正理派将其分为“有前比量”、“有余比量”和“平等比量”三种。有前比量指从因推果，如见黑云推知要下雨；有余比量指从果推因，如见江中充满浊水，推知江的上游有雨；平等比量指同类推理，如见某处的一种树开花，推知另一处的同一种树亦开了花。

胜论派认为比量可以分为五种情况：第一种是从果推因，如从烟的存在推知火的存在；第二种是从因推果，如一个聋子根据鼓槌击鼓推知有声；第三种是从有结合关系的事物中根据已知的一个推知另一个，如见到一个动物推知它有触感官；第四种是从有矛盾关系的事物中，根据已知的一个推知另一个，如见到蛇骚动不安推知树后有某种食蛇的动物；第五种是从有和合关系（内在联系）的事物中，根据已知的一个推知另一个，如根据热水推知水被火烧过。

佛教有关比量的理论包含在其因明学中，内容较为复杂。

古印度哲学中关于比量的学说也随佛教传入中国。汉、藏佛典的文献等中有大量这方面的内容。姚卫群在《印度哲学》（北京大学出版社，1992）一书设有“量论”一章，其中有对比量的论述。

（姚卫群）

biqiu

比丘 bhikṣu 印度古代乞食者。又译苾刍、备刍、煏刍等，意译乞士、乞士男等。该词源自梵语动词bhikù，意为“求乞”。原指印度古代进入“遁世期”（“四住期”的最后阶段）的婆罗门。他们脱离家庭，居住在树林里，以乞食为生。佛教僧人亦靠求乞生活，故沿用此名。严格说，应专指出家得度、受过具足戒的男僧。

（葛维钧）

biqiuni

比丘尼 bhikṣuṇī 古代印度佛教的女性僧人。中国佛教亦沿用此名。又译苾刍尼、比呼尼、煏刍尼等，或简称为尼，意译乞士女、除女等。佛教中指出家得度、受过具足戒的女子。印度之有比丘尼，始于释迦牟尼允许他的姨母憍昙弥和500名释迦族女子出家受具足戒。

做法事的比丘尼

（葛维钧）

Biqiuni Zhuan

《比丘尼传》 *Biographies of Nuns* 中国梁代比丘尼传记。计4卷。简称《尼传》。宝唱撰。最早著录于唐代智昇的《开元释教录》，而此前的经录与《续高僧传·宝唱传》均未提及此书，现收在《大正藏》第50册第2063号。

据书序言，佛教传入汉地之后最早的比丘尼是两晋之际的净检，之后人数增多、德行可观，为了将她们的事迹保

乞食的比丘和施主

存流传下来，才有了《比丘尼传》的编撰。全书以东晋、宋、齐、梁的时间为顺序，收录了从东晋升平年间（357～361）到梁天监年间（502～519）约一百五六十年中著名的比丘尼的一些事迹。其中正传有56人，附见的有52人。尽管按时间顺序编排，但所记载的比丘尼事迹也可按《名僧传》的体例分为法师、禅师、神力、经师等科次。

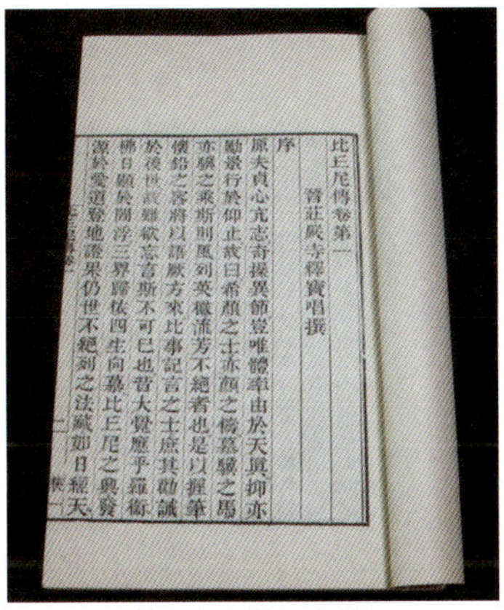

《比丘尼传》书影

《比丘尼传》是中国历史上第一部专门收录比丘尼行事的传记，具有很高的史料价值。该书不仅提供了有关佛教制度发展的一些史料，还有助于了解当时女性在社会生活中的状况。前者如汉地比丘尼受戒制度的发展过程；南朝的比丘尼单独设立尼正，专门管理比丘尼的事务等。后者如书中记录的比丘尼大多出身上层社会，出家后也经常活动于王公大臣之家，也能讲经说法、编撰义疏等。

很长时间内，宝唱的《比丘尼传》是佛教文献中唯一的一部比丘尼传记。直到民国时期，释震华撰成《续比丘尼传》一书，延续《比丘尼传》的传统，按照由梁代到民国的时间顺序收录了200多位比丘尼的事迹。

（范晶晶）

Bi'an

彼岸 Bi' an （约活动于7世纪） 中国唐代去印度求法僧人。高昌（今新疆吐鲁番）人。据《大唐西域求法高僧传》卷上，彼岸少年时代就在长安，立志传播佛教。唐高宗李治时从海路赴印求法。与僧人智岸一起，随中国的使者王玄廓（有说“王玄廓”为“王玄策”之误）乘船同行，在海上与智岸一同因病去世。所携带的汉文佛经《瑜伽师地论》等，均留在室利佛逝。

（王邦维）

Binadi

必纳的 Ravivarman Kulaśekhara （1266～1314） 古代印度俱蓝国王。元朝政权建立后，向周边各国发出诏谕表示要与之修好，俱蓝（见故临）并未“奉表称藩”。据《元史》二一〇《外夷三》，至元十六年十二月（1280年1月），广东招讨司达鲁花赤杨庭璧奉旨出使俱蓝，十七年三月至其国，国王必纳的命其弟写下“回回字降表”，“言来岁遣使入贡”。杨庭璧于至元十九年二月再次到访俱蓝，国王亲自迎接。三月，俱蓝派遣使臣朝贡元朝。

（何赟）

bianwen

变文 transformational texts 中国唐代民间出现的通俗文学作品形式。被认为是中国白话小说的先驱。变文是在佛教影响下产生的一种新文学体裁，实际上多数作品都可以看作白话小说。变文最初来源于佛教寺院的“俗讲”。为向普通民众宣传教义，僧人们首先发明了俗讲，即用通俗的语言和讲故事的方式向大众宣传佛法。后来，变文的种类增多，不再局限于讲唱佛经故事，讲唱者也不再局限于佛教僧人，中国的历史故事、民间传说和现实生活中的事件等，也成为变文创作的素材。

以佛经为素材加工而成的变文有很多，如《维摩诘经变文》、《阿弥陀经变文》、《妙法莲华经变文》，以及《目连救母变文》(依据《佛说盂兰盆经》)、《降魔变文》(依据《贤愚经》) 等。取材于中国传说故事的变文，有《舜子变》、《韩将王陵变文》、《王昭君变文》、《伍子胥变文》、《孟姜女变文》、《董永变文》等。还有一些作品虽题目不称作变文，但学界通常也将它们看作变文，如《韩擒虎话本》、《叶净能诗》、《燕子赋》、《茶酒论》等。后两类作品，也都或多或少地受到佛教的影响。

《敦煌变文集》封面

（薛克翘）

Bianrutian

遍入天 Nārāyaṇa 印度教三大神之毗湿奴的别称。见毗湿奴。

bianbiezhi

辨别智 viveka-khyāti 印度古代哲学中数论派和瑜伽派的概念。数论派和瑜伽派都认为世间事物或人生现象来自于两个实体的结合。一个是物质性的实体“自性”，另一个是精神性的实体“神我”。当神我作用于自性时，自性能转变出包括轮回世界在内的种种事物。轮回世界中充满了痛苦。而要跳出轮回，摆脱痛苦，就需要能够辨别神我和自性及其转变物的本来面目的智慧（辨别智）。有了这种智慧，就能使自性和神我各自独存，不再相互作用而生成轮回世界，从而使人脱苦。这一概念在现代中国研究印度哲学的学者中受到关注。姚卫群在所著《印度宗教哲学概论》(北京大学出版社，2006）一书的第5章、第6章中都论及了这一概念。

（姚卫群）

Bianxi

辨喜 Swami Vivekananda （1863～1902） 印度近代哲学家，宗教改革家，印度民族主义的先驱者。其名意译为辨

喜，音译为斯瓦米·韦维卡南达。

生平　辨喜生于**加尔各答**的一个刹帝利种姓家庭。1883年毕业于加尔各答省立学院，次年转入加尔各答市立学院，继续攻读法律专业。大学期间，对西方哲学产生浓厚兴趣，毕业后，由于社会影响，他放弃当法官的愿望，拜当时的印度教改革家P.**罗摩克里希那**为导师，决心投身印度的宗教改革运动。从1888年起，用5年时间，以托钵僧的身份，漫游印度各地，广泛接触群众，了解民情。1893年，他打破印度教不许教徒出海远游的教规，只身赴美国芝加哥参加世界宗教大会。会后，被美国哈佛大学、哥伦比亚大学聘为东方哲学讲师，并在美国各地发表了数十场有关印度吠檀多哲学的演讲，受到美国知识界的欢迎。在美国，还发表了许多有关印度哲学的论文，如《吠檀多哲学》、《业瑜伽》、《王瑜伽》等。1896年，在纽约建立了吠檀多研究会，开始向美国传播吠檀多思想。同年，他访问了英国、德国、瑞士等国，并作巡回演讲。1897年，他回到祖国，受到印度各界的欢迎。同年5月1日，他在加尔各答创立了以其老师名字命名的**罗摩克里希那传教会**。该组织后来成为印度最有影响的宗教改革社团之一。1899年，又在喜马拉雅山麓创建了吠檀多不二论书院，其宗旨是研究和改革传统吠檀多哲学。同年6月，再度赴美国作学术演讲，并赴法国参加世界宗教史会议。1902年去世。

新吠檀多学说　辨喜一生致力于印度吠檀多哲学的研究和传播，是最早提倡革新传统吠檀多的学者，故被人称为**新吠檀多**哲学的首倡者。他利用西方哲学和自然科学的观点，对传统吠檀多理论进行了全新的诠释。他批判了**商羯罗**的“世界虚幻论”，主张世界万物不是虚幻的，而是梵的真实显现。他认为，世界的最高本体是梵，又称为“宇宙理性”。梵是一种纯粹存在，它没有属性、方位、数量和质量的差异。梵是整个宇宙的基础，世界上任何现象，无论自然界、人类社会和人的思维活动都是它的显现。

在阐述世界形成的问题上，辨喜主张，梵显现（或创造）世界的时候，是以时间、空间和因果关系为媒介的。时间、空间和因果就好像一面镜子，梵借

辨喜《王瑜伽》封面

助这面镜子的映射而显现为世界万物。宇宙不仅包括物质世界，而且包括心理世界或精神世界。物质世界和精神世界不是第一性和第二性的关系，而是平行并列的关系，两者都起源于梵。他改变了传统吠檀多中的“摩耶”概念。传统吠檀多理论把“摩耶”看作一种幻力，因此，梵通过“摩耶”所显现的世界就是虚幻的。辨喜则认为，“摩耶”不是什么幻力或魔术师，而是实实在在的时间、空间和因果关系。时间、空间和因果是真实的存在，梵以时间、空间和因果为媒介所显现的世界，也必然是真实的。他对“摩耶”的这种解释，使他的新吠檀多哲学摆脱了传统吠檀多**不二论**那种认为世界是虚幻不实的困境，从而能够比较科学地说明世界的各种现象。

在解释物质世界时，辨喜也改变了吠檀多的看法。他从西方哲学中吸收了许多唯物主义和自然科学的内容，因而提出了不少唯物主义的观点。他认为，世界就是一种不断变化的物质，千差万别的事物皆为物质的表现。整个宇宙就像一个物质的海洋，各种物质都处于流动变化的状态中。物质不断地发展变化，没有一个物体永远不变，物质永远在不停地凝聚或分散着。他还强调，自然界一切事物的变化都是有规律的，并且按照自身的规律而运动，没有一种事物可以例外。辨喜的这种观点打破了古代吠檀多对物质世界的否定，改变了传统吠檀多的方向，彰显出新吠檀多哲学的特点。

辨喜的哲学中包含着许多辩证法的因素。他在分析自然界和社会的各种现象时，经常谈到事物的对立统一和矛盾。他认为，人们感官所感觉到的或心灵所想象到的一切事物都包含着作用和反作用两种力量，一种力量作用于另一种力量，从而产生错综复杂的现象。这些相反的力量在外部世界表现为引力和斥力，或向心力和离心力，在内心世界则表现为爱与恨、好与坏等。对立的现象只是从不同立场所看到的同一事物的不同表现，是一个整体的两种形式。好与坏并不是两种割裂的分立的存在：同一个现象现在表现为好的，明天就可以表现为坏的；同一个东西对一个人可以产生痛苦，对另一个人可以产生快乐；火可以烧坏孩子，也可以为一个饥饿者烹调一顿好饭；同一神经可以带来痛苦的感觉，也可以带来快乐的感觉。生死苦乐，都不能单独存在，因为它们中间的某个方面只不过是同一个事物的不同表现。生的概念中已经包含着死，快乐的概念中包含着痛苦，等等。尽管辨喜谈论了许多有关事物的对立统一和矛盾的转化的现象，但是他最终认为，矛盾双方的对立和转化只是相对的、暂时的，而它们的和谐与统一才是绝对的、永恒的。

在认识论问题上，辨喜认为，人的认识有两种途径：一种是感觉经验的道路，一种是内省或直觉的道路。人类的认识产生于经验，称之为理性的认识，即从部分到一般或从一般到部分的认识，也是以经验为基础的，离开了经验就不能认识任何东西。科学研究就是以人的经验为基础的一种认识。从这方面看，辨喜的认识论具有唯物主义成分，他肯定人的正确认识来自于社会实践和经验，离开了实践和经验就不会有正确的认识。但是另一方面，作为宗教学者，他还经常从宗教认识的角度谈论这个问题。他认为，人类还具有一种天赋的认识能力，这种能力叫“自明性”；人们可以利用这种天生的“自明性”，通过内省或直觉的方式来获得宗教的真理，即科学方式无法认识的真理，如对宇宙最高本体——“梵”或“**梵我同一**”真理的认识等。他认为，印度教徒就是具有这种“自明性”的人，他们能够在各种瑜伽实践中通过直觉和冥想，最终证悟到自身内在的“我”和宇宙本体“梵”是同一的，从而认识到“梵我同一”的最高真理。

在对待人的问题上，辨喜反对传统吠檀多悲观厌世的观点，充分肯定人的

作用和人生的价值。他不把人的肉体看成是与精神本质——“我”对立的，而是看成是相辅相成的。他认为，人的肉体能力大大地高于其他各种生物。虽然有许多动物都比人的力气大，也有许多动物比人的感觉更灵敏，但是在总体能力上，人远远超过它们。因为人的肉体方面（包括生理、心理和思维能力等方面）比动物更有机地组织在一起，表现出一种强大的统一性。人对外界刺激的反应不像其他动物那样，只是单纯直觉的或机械的反应。人对外界环境所做出的各种行为总是遵循某种计划，带有强烈的目的性和选择性。人还具有一种自我超越性，人能够通过自身的努力超越自我，达到极高的精神境界。另外，大脑和思维系统在人体的出现，从根本上使人与动物区分开来，使人在世界上具有特殊的地位。他认为，人的身体是宇宙中最伟大的身体，人的存在是宇宙中最伟大的存在；人高于一切动物，也高于一切天使，没有任何事物比人更伟大。一切宗教的最终目的都是使人从痛苦中解脱出来，实现人类的普遍之爱，以及人与人之间的和谐统一。虽然各种宗教所实施的戒律不同，但是都要求自己的信徒去行善，去爱别人，相互宽容，彼此帮助。辨喜认为，世界上各种宗教所具有的这些共同性或普遍性，就为建立一种“普遍宗教”奠定了基础。他呼吁不同教派的人们，应当打破宗教名称的限制，消除各宗教的门户之见，促进不同教派之间的交往和合作。他还号召人们冲破教派偏见，不受教派限制，自愿到任何宗教的神庙中去朝拜和祈祷神灵。他还强调，“普遍宗教”也是一种“行动的宗教”，虽然这种宗教可以使一个人的人性提高到神性，但是这需要每个人自身的不断努力。每个人都必须通过自己的行动、通过无私忘我地为社会工作，来实现自己人性的转化，达到自身与神的结合。

民族主义理论　辨喜的民族主义理论是印度早期最有影响的民族主义理论之一。他大胆揭露英国殖民统治给印度人民带来的深重灾难，积极宣传爱国主义思想。他看到印度的许多知识分子在殖民统治下表现出“奴隶式的软弱”，感到非常痛心。主张印度人需要“铁打

辨喜像

的肌肉”、“钢炼的神经”、“巨人般的意志”，敢于抵御任何敌人。他提出一套民族复兴的纲领，核心是“行动的宗教和统一的印度”。他主张印度各民族、各宗教应当在印度精神的基础上联合起来，打破教派的对立和种姓的隔离，改善广大民众的劳动和生活状况，提高妇女的地位和权力，普及现代教育和科学知识，弘扬民族文化，发展工商业，尽快使印度振兴起来。他还设计出未来印度的美好蓝图。他认为，印度的精神哲学和宗教文化是世界上最优秀的，欧洲的科学技术、生产方式和自由民主的政治制度也是其他国家应当学习的楷模，因此未来最好的社会模式应当是两者的结合，即“印度宗教”与“欧洲生产方式和自由民主体制”相结合而建立起来的社会。辨喜的民族主义理论对后来的印度民族主义运动产生了很大影响。

中国对辨喜的研究　1893年，辨喜赴美国芝加哥参加世界宗教大会的途中曾经过中国，访问了广州、香港等地，对中国有一定的了解。另外，他对中国的历史和现状也很关注，在他的著作中有不少关于中国的论述，他说：“中国今天虽然像一个无组织的团体，但是在她的伟大的盛年时期，她拥有任何国家所不知的、最可羡慕的组织。我们称之为现代的很多技巧和创造，在百年甚至几千年以前的中国人那里就已经实行了。竞争的科举制度就是一个例子。”

中国人对辨喜的了解和研究从20世纪40年代就已经开始。1946年，金克木在武汉大学哲学系开设印度哲学课程，曾讲述辨喜哲学。1948年，他到北京大学哲学系讲授印度哲学时，也讲授辨喜的新吠檀多思想。1979年，黄心川出版了学术专著《印度近现代哲学家辨喜研究》，该书全面介绍了辨喜的生平传记，论述了他的哲学、社会和政治思想，并分析了他在印度哲学史以及印度民族独立运动中的作用。黄心川的另一部著作《印度近现代哲学》中，也专设一章，论述辨喜的哲学及宗教改革理论。1991年，朱明忠翻译了印度哲学家巴萨特·库马尔·拉尔所著的《印度现代哲学》(1991)，该书用一章的篇幅全面讲述了辨喜的哲学和瑜伽思想，使中国人对辨喜的了解进一步深入。此外，《中国大百科全书·哲学》(1987)和《南亚大辞典》(1998)都有辨喜思想的介绍。

辨喜的主要著作有《吠檀多哲学》、《吠檀多的精神与影响》、《实践的吠檀多》、《佛教与吠檀多》、《吠檀多哲学与基督教》、《理性与宗教》、《宗教与科学》、《印度宗教》、《业瑜伽》、《智瑜伽》和《信瑜伽》。

（朱明忠）

Bian Zhongbian Lun

《辩中边论》 *Madhyānta-vibhāga*　印度大乘佛教瑜伽行派的主要典籍，“弥勒五论”之一，也是唯识宗立宗所依的“六经十一论”之一。又称《中边分别论》。该论包括偈颂和释论两部分，偈颂相传为弥勒所造，释论则为世亲所造。全论共七品，分别为《辩相品》、《辩障品》、《辩真实品》、《辩修对治》、《辩修分位品》、《辩得果品》和《辩无上乘品》，主要探讨了虚妄分别、空性、十一种障、三性、十种真实、三十七菩提分、三种无上等重要概念，通过解说诸法实相，远离空有二边，而显中道正义。该论虽以中道为宗，却是将中道观

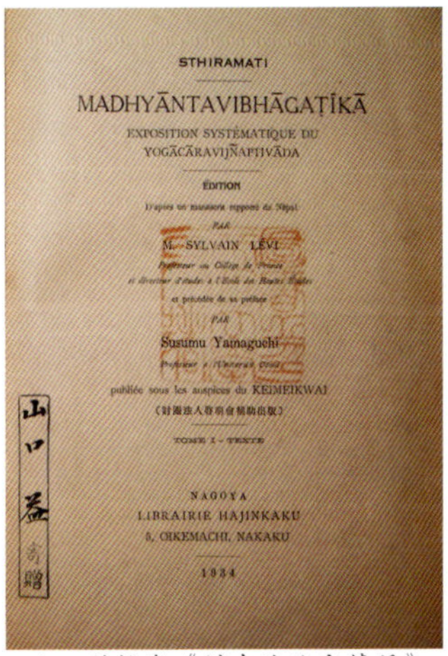

山口益校勘《辩中边论安慧释》
梵文本封面

49

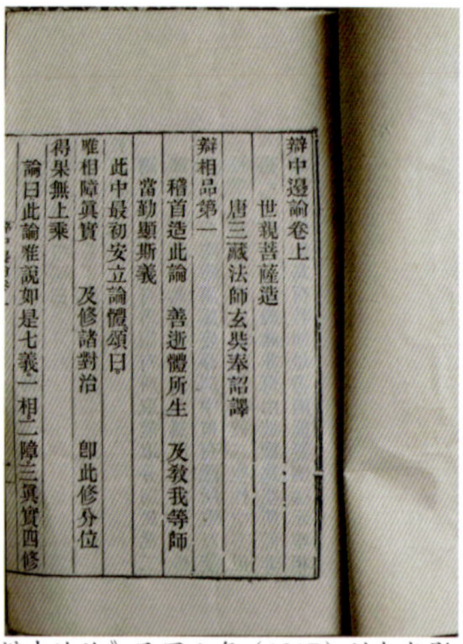
辯中邊論卷上
世親菩薩造
唐三藏法師玄奘奉詔譯
辯相品第一
稽首造此論　善逝體所生　及教我等師
當勤顯斯義
此中最初安立論體。頌曰。
唯相障真實　及修諸對治　即此修分位
得果無上乘
論曰。此論唯說如是七義。一相。二障。三真實。四修

《辩中边论》民国六年（1917）刻本书影

与瑜伽行派的三性思想紧密结合，而有别于中观派的中道。

《辩中边论》的版本保存状况较为完善。弥勒本颂与世亲释论的梵本已经发现，日本学者长尾雅人于1964年校勘发表。汉译本最早由南北朝时的**真谛**译出，题名为《中边分别论》(T1599)。唐代**玄奘**重译，题名《辩中边论》，分为释论和本颂两篇（T1600、1601）。藏译本为智军所译，有弥勒本颂（D4021）与世亲释论（D4027）。

《辩中边论》的印度注疏现存安慧（约6世纪）的《辩中边论疏》，有梵本与藏译本（D4023）存世。该论在汉传佛教也有很大影响。汉语注疏现存元晓《中边分别论疏》(第三卷)、**窥基**《辩中边论述记》三卷（T1835）。已佚失的注疏有真谛的《中边分别论疏》、僧辩的《中边分别论章疏》、**玄应**的《辩中边论疏》、玄范的《辩中边论疏》、惠赞的《辩中边论疏》、玄一的《辩中边论料简》等。中国近现代的唯识学家皆重视《辩中边论》的研习。**吕澂**曾在其《辩中边论讲要》中指出，**龙树**之学以《**中论**》为首，弥勒五论则以《辩中边论》为首。

（张涵静）

Bietiemu'er

别铁木儿　（约活动于13世纪末叶）

中国元朝官员，出访印度使节。据《元史》卷十六，于元至元二十八年（1291）受**元世祖忽必烈**派遣，以礼部侍郎的身份同**亦列失金**出使**马八儿国**。

（张书剑）

bintie

镔铁　wrought iron　一种精炼的铁。其硬度很高。见**中印科技交流**。

Bingxin

冰心　Bingxin（1900.10.05～1999.02.28）

中国作家，诗人，翻译家。原名谢婉莹。祖籍福建长乐，生于福建福州。曾两次访问印度，以从英文翻译**R.泰戈尔**的诗歌和短篇小说为中印文化交流作出巨大贡献。

生平　冰心11岁时入福州女子师范学校预科。由于父亲谢葆璋出任中华民国海军部军学司司长，1913年随其移居北京。1914年入教会学校贝满女子中学。1918年入协和女子大学预科，准备学医。1919年五四运动爆发后，开始发表文章，遂转入文学系。此时协和女子大学已并入燕京大学。1921年经**许地山**和瞿世英介绍加入文学研究会，随后出版短篇小说集《超人》。1923年出版诗集《繁星》和《春水》，并获得燕京大学文学学士学位。随后由于获得美国女子高校威尔斯利学院的奖学金，而前往该校学习英国文学。从1923年7月25日～1926年8月31日，持续为《晨报·副镌》儿童世界专栏撰写散文《寄小读者》。此时，作为新文学运动中的一名佼佼者，她已文名大振，拥有众多读者。1926年在美国获得文学硕士学位。回国后曾任教于燕京大学、清华大学及北平女子文理学院。

泰戈尔的影响　冰心是在泰戈尔的直接影响下开始文学创作的。她读泰戈尔的短篇小说，“才懂得小说里有哲学的”，于是激起写作小说的冲动。她当时对新诗还不了解，颇有疑虑，因此无意也不敢尝试。她在《繁星》的自序中说，她的诗歌创作是从模仿泰戈尔的《飞鸟集》来表现自己“零碎的思想”开始的。她的不少小诗具有哲理意味。冰心的新诗创作不仅为自己赢得赞誉，而且激发了中国早期白话诗歌中“小诗”写作的风潮。

冰心主要以散文创作而著称。她的散文集《寄小读者》充满了对童心、母爱和自然之美的诗意描绘，在精神气质上与泰戈尔亦有诸多相通之处。她的以细腻而抒情的笔触和清新流丽的语言为特色的艺术风格，是在泰戈尔的巨大影响下形成的。同泰戈尔一样，冰心也有一颗博大仁慈而又疾恶如仇的心。早在1920年初登文坛之时，她就写了一篇散文《遥寄印度哲人泰戈尔》，倾吐自己对诗人“快美的诗情”和“超卓的哲理”的钦仰和认同。实际上，她在内心已将泰戈尔视为自己的精神导师。冰心终生热爱泰戈尔。

印度之行　中华人民共和国建立后，冰心与丈夫吴文藻结束在日本的旅居生活（1946～1951）回国，再度积极投入创作，翻译印度等外国的文学作品

冰心（前右）与巴金　1980

并开始成为社会活动家。1953年11月27日～1954年1月2日，随中印友好协会代表团访问印度，参观了众多城市、村庄和名胜古迹，包括新德里、孟买、马德拉斯、加尔各答等大城市和泰戈尔创办的国际大学。其间，她会见了M. R. 安纳德等著名作家。安纳德将自己的《印度童话集》赠送冰心，委托她将那些民间故事传译给中国小读者。回国后，冰心即撰写散文《印度之行》，连载于中国作家协会机关刊物《新观察》当年第11～12期上。1955年4月2日赴印度参加亚洲国家会议，22日启程回国，不久写成散文《印度重游记》。她在《印度之行》中记述了自己在印度所受到的礼遇和观感，歌颂了中印两国人民之间历旧弥新的深厚友谊。对泰戈尔故国山川风物的亲睹，对印度建筑、雕刻、乐舞、美术的观赏，使她直观地了解了泰戈尔创作的宏大背景和诗人扎根其间的丰厚文化艺术土壤。这显然有利于她日后对泰戈尔诗文的把握和翻译。

对泰戈尔作品的翻译　1955年1月，中国青年出版社出版冰心翻译的印度英文作家安纳德的《印度童话集》。同年4月，人民文学出版社出版她翻译的泰戈尔宗教抒情诗集《吉檀迦利》。她的典雅而凝练的译笔使这部诗集在中国不胫而走，其中第35首被选入中学语文教材。1958年5月，人民文学出版社出版冰心与石真合译的《泰戈尔诗选》，收入她新译的泰戈尔英文《诗选》。她在“译者附记”中指出，与《吉檀迦利》所表现的霁月光风相比，《诗选》中的一些作品展示了泰戈尔人格中严霜烈日的一面。从1956年9月～1959年6月，

泰戈尔《吉檀迦利》中译本封面

除诗歌外，冰心还先后翻译了泰戈尔短篇小说《喀布尔人》、《素芭》、《弃绝》、《深夜》和《吉莉巴拉》。此外，她还翻译了泰戈尔的诗集《园丁集》，剧本《齐德拉》、《暗室之王》及一些散文。1988年4月，人民文学出版社出版泰戈尔的《回忆录附我的童年》，收入冰心翻译的《回忆录》。她还选译过印度女诗人S.奈都等人的作品。

1961年5月15日，冰心参加中国文联等团体在北京联合举办的纪念泰戈尔诞辰100周年大会。她还应印度方面的邀请写了一篇英文纪念文章，题为《让我们以团结和友谊纪念泰戈尔》，收入印度文学院当年在新德里出版的《泰戈尔百年诞辰纪念文集》。她在文章中写道，童年时代，当她在图书馆的架子上发现泰戈尔的《吉檀迦利》、《新月集》以及其他诗歌时，觉得那些诗歌清新流畅并充满了东方韵味，于是十分欣喜，仿佛在沿着山路漫步时发现了一簇幽兰。她为诗人对妇女的深切同情和对儿童的热爱所深深打动。泰戈尔于是成为她青年时期最景仰的外国诗人。

在过去的100年间，中国从英文、孟加拉文、印地文乃至其他外文移译泰戈尔的译者数以百计，其中不乏名家大师，但就《吉檀迦利》的译本而言，目前尚无人能出冰心之右。由于与泰戈尔在精神上的契合，以及非凡的语言造诣，《吉檀迦利》中文本既是冰心的得意之作，也是译界难以企及的典范。泰戈尔强烈地影响了冰心早年的文学创作和一生的事业，而冰心则通过一支生花妙笔极大地促进了中国人民对泰戈尔的阅读和理解。

（刘建）

Bingling Si Shiku

炳灵寺石窟　Bingling Temple Caves　中国佛教石窟。位于甘肃永靖西南35千米的小积石山中，从西秦、北魏至隋唐时期陆续开凿。现存窟龛196个，造像776身，壁画912平方米。西秦时期（385～431）开凿的炳灵寺石窟第169窟最为重要。1963年在炳灵寺石窟第169窟北壁第6号龛内，发现西秦“建弘元年岁在玄枵三月廿四日造”的墨书题记，这是中国石窟中已知最早的年代题记。窟内龛像可分为石雕、石胎泥塑或泥塑，多系一佛一菩萨或一佛二胁侍菩萨，造型浑厚古朴，面形方圆，鼻直唇厚，颇具印度风味。东壁第7号龛内一躯泥塑的立佛，身穿单薄贴体的通肩袈裟，单线阴刻的一道道U字形衣纹，仿佛被水浸湿了一样显露出全身轮廓，逼肖笈多马图拉样式的佛像，连袈裟边缘的皱褶和华丽的项光都非常相似，只是眼睛圆睁而非半闭低垂，缺少笈多式佛像那种沉思冥想的神情。南壁第23号龛内并列五躯禅定坐佛塑像，通肩袈裟单线阴刻衣纹均从左肩斜下放射状展开，显然是受西域地区仿犍陀罗式佛像的影响。窟内绘有说法图、诸佛、菩萨、飞天、供养人等西秦壁画，人物造型、色彩、构图均与龟兹石窟早期壁画相近。炳灵寺石窟第169窟西秦窟开龛造像的时候，是印度笈多马图拉样式的佛像臻于成熟的盛期，而在远隔万里的中国甘肃竟出现与印度笈多式佛像如此酷

中国甘肃炳灵寺上寺

炳灵寺石窟佛像 唐高宗、武则天时期

似的造像，不禁令人思考笈多式佛像的影响传播如此迅速的具体途径或中介，也有助于反过来推测年代学不甚明朗的笈多式佛像可能在4世纪后半叶已趋于成熟。5世纪中叶或后半叶敦煌石窟第275、254、251、259窟等早期石窟残存的彩塑佛像，也延续着炳灵寺西秦窟的造像模式，受到了犍陀罗佛像或笈多式佛像的影响。

（王镛）

Bodiansheli

波颠阇利 Patañjali（约活动于前2世纪） 印度古代哲学家，六派哲学中瑜伽派的创始人，瑜伽派的根本经典《瑜伽经》的最初作者。生平不详。公元前2世纪，印度有一著名的语法学家也叫波颠阇利。不少人认为他与《瑜伽经》的作者为同一人。现存《瑜伽经》中包含后人加入的成分，不全是波颠阇利所作。

根据《瑜伽经》，波颠阇利把瑜伽定义为“对心作用的抑制”。心作用被分为五种：正知、不正知、分别知、睡眠、记忆。它们都要通过长期的修习和离欲来灭除，以达到“三昧”状态。三昧有不同阶段，要彻底消除过去行为（业）所产生的残存潜势力（种子），达到“无种三昧”。

波颠阇利认为，消除造成痛苦的原因须依靠瑜伽修行，具体有所谓“八支行法”，即禁制、劝制、坐法、调息、制感、执持、静虑、等持。最后再进行种种努力，根除一切业、烦恼与不净等，获得解脱。

波颠阇利对古代印度长期流行的瑜伽修行在理论上作了系统化。他所倡导的瑜伽理论和实践在印度影响广泛。瑜伽思想也随佛教传入中国，佛教大量文献中所论及的禅定等修持内容或多或少都涉及古印度瑜伽的思想。中国现代关注瑜伽的人很多，波颠阇利所作的《瑜伽经》在现代被译成汉文，他及其《瑜伽经》是中国现代学术界研究的重要内容。《瑜伽经》的汉译本由姚卫群翻译，收入《古印度六派哲学经典》（商务印书馆，2003）一书。

（姚卫群）

Bodiansheli

波颠阇利 Patañjali（约活动于前2世纪） 印度古代语法学家。生平不详。主要语法著作有《大疏》，全称为《语法大疏》。该书采取一问一答的方式，修订和补充了《波你尼经》体系的梵语语法，并保留了《波你尼经》之后的一些语法著作的内容，如迦旃延那《释补》的片段。义净的《南海寄归内法传》卷四“西方学法”记载，对《苾栗底苏呾罗》的解释，名为《朱你》，即学士钵颠社攞所造。钵颠社攞即波颠阇利的另译。《朱你》指的就是《大疏》，它对《波你尼经》和《释补》都进行了新的疏解。义净认为，有学术功底的人，需要研读3年才能精通《大疏》。《南海寄归内法传》还提到《大疏》的重要注释著作是六七世纪的大学者伐致呵利所造的《伐致呵利论》，该书有二万五千颂，是印度古代重要的语言学著作之一。

一般认为，波颠阇利的另一部重要著作是《瑜伽经》。也有学者认为《瑜伽经》和《大疏》的作者不是同一个人。《瑜伽经》是印度古代哲学流派之一的瑜伽派现存最早的著作，影响深远。

（陈明）

Bodiao

波调 Vasudeva（约170～230） 大月氏贵霜王朝国王。约195～230年在位。在位期间曾遣使来中国，对中印文化交流起到一定作用。三国魏明帝太和三年（229），曾遣使来魏。据《魏书·明帝本纪》，“太和三年十二月癸卯，大月氏王波调遣使奉献，以调为亲魏大月氏王”。据考，其名又音译为婆薮提婆，可能是贵霜王朝皇帝迦腻色迦之孙，库维什卡之子。

（李亚兰）

Boluguo

波路国 Burushal 古代西域国名。位于今克什米尔巴基斯坦实际控制区境内的吉尔吉特一带。

波路一名见于《魏书·西域传》，为布鲁沙斯基语Burushal之略译，指吉尔吉特河流域，王治在吉尔吉特城，为汉代难兜国故地。《魏书》还载有“不仑”、“比罗直”、“钵仑”、“不流沙”等国名，《高僧传·智猛传》载有波伦国，均应为Burushal之音译。

《宋云行纪》中有“钵卢勒国”、《大唐西域记》中有“钵露罗国”，当源于曾长期统治吉尔吉特河流域的巴洛拉沙希王室的名称。

《新唐书·地理志》载有“波路州”，应源于布鲁沙斯基语Burushal或Palora，主要为吉尔吉特河流域，包括亚辛，可能还包括奇特拉尔上部。Burushal在唐代汉文史籍中还被译作勃律，在古代藏文文献中译写为bru-sha、bru-za、brusal、sbru-sal、vbru-shal等。

穆斯林史料中广泛使用bolor这个词来指称这个地区，Bolor源于Palora。后又出现了波斯语的Baluristan一词。Bolor和Baluristan被汉译为博洛尔（博罗尔）和博洛尔斯坦（博罗尔斯坦）。

《宋史·天竺传》所称“布路沙”、《吴船录》所载“布路州国”，以及敦煌写本《西天路竟》所载“布路沙国”，均应为Burushal之音译。

清代史籍中的博洛尔，系Bolor之

音译，但其范围已经很小，仅限于巴达克山东南、罕萨以西，即今吉尔吉特河上游达尔科特一带山区，以及今奇特拉尔上部地区。

（陆水林）

Boluonai

波罗奈 Vārāṇasī 印度古代七圣城之一。又译波罗奈斯、婆罗那、婆罗痆斯等。即今北印度**恒河**左岸的**瓦拉纳西**(亦曾译贝拿勒斯)。

波罗奈在印度列国时代（公元前6～前4世纪）为十六国之一迦尸国的首都，故亦称迦尸城。波罗奈地处水陆交通要道，工商业繁荣，长期为印度最重要的文化学术中心之一。地近神圣的**恒河**，是它在宗教上获得崇高地位的主要原因。佛教、**耆那教**、**印度教**中的湿婆派和毗湿奴派，以及性力派等皆视之为圣地。**释迦牟尼**悟道后曾在该城近郊的**鹿野苑**初转法轮，并长期在此生活和宣教。为纪念佛陀的传教活动，**阿育王**在该地建立了巨大的窣堵波和铭文石柱。公元前8世纪时，耆那教第23祖**巴湿伐那陀**诞生于波罗奈。耆那教创始人**大雄**的许多奇闻逸事亦多发生于此地。作为知识的中心，它被形容为由1 000个花瓣围绕着的莲心。宗教思想权威们多集中在此地，他们的理论观点对整个印度文化界都有影响。**湿婆**是波罗奈的保护神。据印度教神话，在世界毁灭之日，湿婆会把它托在他的三叉戟的顶端，使之远离冲垮世界的洪水。城内有众多湿婆神庙，最重要的是维什瓦纳特神庙。恒河沐浴并敬拜这座神庙，是朝圣者活动的中心内容。波罗奈又是解脱之城。虔诚的印度教徒往往来此度过最后时日——几天或者几年。据说湿婆会向垂死者的耳中轻念超度的咒语。人们可以在这里渡过轮回之河，永不回返。未能终于此地的教徒，也愿意让后人将骨灰携来，撒在这一带的恒河里。

（葛维钧）

印度瓦拉纳西恒河沐浴

Boluopojialuomiduoluo

波罗颇迦罗蜜多罗 Prabhākaramitra 6世纪初印度来华的佛经翻译家。见波颇。

Bona

波那 Bāṇa（约活动于7世纪） 印度文学史上杰出的梵语作家。著有传记小说《**戒日王传**》和传奇小说《迦丹波利》等。

《波那的戒日王传》梵英对照本封面

生平 波那的祖先曾与辩才天女之子结伴，获得辩才天女真传。众多世代之后，波那出生在**曲女城**索纳河畔的一个婆罗门世家。他幼年丧母，由父亲抚养长大。14岁时其父辞世。波那广泛结交社会不同阶层的各类朋友，包括语言学家、哲学家、民歌手、吟游诗人、医生、金匠、珠宝匠、画家、歌手、乐师、舞伎、魔术师、洗头匠、赌徒、**比丘**、**比丘尼**和湿婆派苦行者等，也曾访问圣地、王宫和学术中心，增长了阅历和见识。后来，他体悟到宫廷的豪华和智慧的重要，恢复了自己的智者本性，回到家乡。不久，**戒日王**的异母兄弟克里希那派人召唤波那前去觐见戒日王。波那向戒日王陈述了自己的家世、学问和为人，但戒日王似乎并未为之所动。这次会面后不久，戒日王忽然改变了对波那的看法，延请波那到宫中居住。之后，波那回到故乡，应亲友要求讲述戒日王的生平事迹，并写成《戒日王传》。后又撰写小说《迦丹波利》，但未完成即去世。这部小说由他的儿子菩商那续写完成。

波那《迦丹波利》插图

创作 《戒日王传》是传记文学作品，侧重选择那些宜于铺张描写和渲染感情的场景或事件。在印度古代缺乏历史著作的情况下，该书有一定文献价值。《迦丹波利》是一部充满浪漫和幻想色彩的长篇小说，以故事中套故事的叙述方式，描写两对恋人的三世姻缘。情节的发展建立在轮回转生的基础上，故事离奇曲折，人物纷繁复杂，而且注重性格刻画和环境描写，代表了印度古代梵语小说艺术的最高成就。另有一部宗教祈祷诗集《尊提百咏》也归在波那名下。

从《戒日王传》和《迦丹波利》提供的内证看，宗教方面，波那主要信奉**湿婆**，也崇拜**梵天**和**毗湿奴**，是一个正统的婆罗门，但对佛教和佛陀也怀有敬意，把佛陀看作印度教的神灵。他精通**吠陀**经典、各派哲学、两大史诗和各种**往世书**神话，熟悉民间故事文学和**跋娑**、**迦梨陀娑**等古典梵语作家的作品。他是一位具有宽宏的胸怀、渊博的知识和丰富的阅历的作家。

（张远）

Bonini

波你尼 Pāṇini（约活动于前4世纪） 印度古代语法学家。汉译波尼你、波腻尼等。著有梵语语法名著《波你尼经》。**玄奘**译为《声明论》。波你尼的传说在《**大唐西域记**》等汉文文献中有记载，依托于《波你尼经》的梵语语法知识在古代中国也有流传。

《大唐西域记》卷二最早保留了波你尼仙的传说，他的出生地是犍陀罗的娑罗睹罗（今巴基斯坦白沙瓦附近）。他遵循梵天与帝释天（见因陀罗）所制定的梵语语法经典传统，从大自在天那里学习了语法著作，运用自己的精深学识，集录上古相关文献的精华，撰写了一部语法著作《波你尼经》，盛行于世。《大慈恩寺三藏法师传》卷三记载，劫初的时候，梵王讲说的梵语文法著作有百万余颂，帝释天将此书简化为十万颂，迦单设罗仙人略之为一万二千颂，波你尼仙再将它简化为八千颂。在印度的传统中，波你尼也被称呼为“娑罗睹罗人”。他的另一个称呼为“达耆子”，可能暗示他的母亲是达耆。月天《故事海》的开篇中说，波你尼从湿婆大神那里得到启示，创作了新的语法著作，并打败了因陀罗学派的语法体系。

义净的《南海寄归内法传》卷四“西方学法”认为，博学的大仙波你尼所造《波你尼经》是印度一切声明（语言学）的根本经典，即“一切声明之根本经”。该书“略诠要义，有一千颂”。《波你尼经》又名《八章书》，共约4 000句，以“经”体的形式，每一句经说明一条规则，从而形成一个由前后呼应的经文所构筑的理论极其严密的语法体系。《波你尼经》表述了复杂的梵语语法体系内容，它堪称流传下来的最古老的探究语法结构的作品。《波你尼经》还有3部附录：《界读》、《群读》、《温那地》；另有后人编辑的3种附录：《波你尼式叉》、

段晴《波你尼语法入门》封面

《释读》、《性教》。《波你尼经》是古典梵文最权威的文法论著，被后世的梵文作家奉为经典，也是世界上最古老的一部完整的文法书。

中国古代汉文文献中，保留了一些源自《波你尼经》体系的梵语语法片段，但没有出现专门的梵语语法学著作的译本。1981年，金克木《梵语语法〈波你尼经〉概述》一文，是中国学者研究《波你尼经》的第一篇论文。文章系统解释了波你尼语法体系的特点及该书在语言哲学和文化思想史上的重大意义。1996年，季羡林等翻译了德国学者A.F.斯坦茨勒的著作《梵文基础读本》。2001年，段晴在北京大学出版社出版了《波你尼语法入门（Sārasiddhāntakaumudī〈月光疏精粹〉述解）》。该书以波你尼梵语语法系列专著《月光疏精粹》的梵文本为讲解的基础，逐渐展开对波你尼语法体系的全面介绍，是中国当代第一部梵语语法学的研究著作。

（陈明）

Bopo

波颇 Prabhākaramitra（565～633） 印度来华僧人，译经家。又译波罗颇迦罗蜜多罗，意译明友、明知识等。

据《续高僧传》卷三等，波颇为中印度人，属刹帝利种姓，10岁出家，随师学道，不久即能诵习大乘经典十万偈。受具足戒后又学律藏，兼习定业，常以禅思为乐事。如此12年后，便出发往摩揭陀，到那烂陀寺，听该寺住持戒贤法师讲《十七地论》（即《瑜伽师地论》）。由于此论兼明小乘，故又诵习小乘经论十万偈。作为博通佛教、外道，精研大乘、小乘的学者，他在授徒传灯方面的贡献同样为侪辈所推重，游化所至，也受到各国王臣的优遇。后闻听北方夷狄多逞蛮勇而不识礼义，遂与道俗10人北行弘化，获得当地可汗、叶护等的欢迎和信仰。唐武德九年（626），高平王出使入蕃，与他见面，将会面情况上奏高祖。后高祖下敕敦请，即于当年十二月同高平王相携来到京城长安，住大兴善寺。京中俊彦一时竞相来访，请他就未通佛理释疑解惑。凡以往词旨不明者，他皆能溯其端绪，述其异同，条分缕析，披解无滞，使之清晰有如指掌。唐太宗李世民闻后，即予召见，晤谈法理。波颇应对无爽，太宗多有赏赐。唐贞观三年（629）三月，太宗下诏，请他在大兴善寺组织译场翻经，并命有关府衙搜求备通三教的硕学大德19人参与其事。其中慧乘、玄谟、慧赜、慧净、慧明、法琳等分别充任证义、译语、缀文。重臣房玄龄、杜正伦负责勘定文义，萧瑀作总监护。各项供应，均极丰厚。波颇在大兴善寺译出《宝星陀罗尼经》10卷；后移往胜光寺，又译出《般若灯论释》15卷、《大乘庄严经论》13卷。经反复勘阅和缮写、详读，译事于贞观六年冬宣告完成，并上奏朝廷。太宗降旨将新译各写10部，使之流通海内。由于声誉隆盛，波颇曾一度遭忌，虽有明识者如沙门灵佳为之成功辩诬，其译业仍被流言所阻。贞观七年，他身罹重疾，自知不救，遂分散衣物，端坐观佛，于四月卒于胜光寺，享年69岁。其身送至山间火化。沙门玄谟收拾余骸，在胜光寺起塔礼葬。

波颇翻山越岭，远度流沙，历尽艰辛，意在弘道，然而所携梵本终于未能尽数译出，后世对此多有抱憾。

（葛维钧）

Bosini

波斯匿 Prasenajit（约活动于6世纪中叶） 古代印度憍萨罗国国王，佛教信仰者。又译不犁先泥、钵逻犀那恃多王、钵啰洗曩喻那，意译胜军王、胜光王等。

相传波斯匿生于佛诞日，父为梵授。年轻时游学于呾叉始罗，后继承王位，领有憍萨罗及迦尸（见瓦拉纳西）。梵授曾将女儿嫁与摩揭陀国王频毗娑罗，并以迦尸的一个村落为陪嫁。后阿阇世弑频毗娑罗，篡得王位，该女忧郁而死。已经继位的波斯匿欲收回村落，

两国构兵。战争进行多年，双方互有胜负，最后波斯匿将女儿嫁与阿阇世，彼此以和亲方式和好。波斯匿尝欲娶释迦族女子，该族摩诃男将自己的婢女嫁他。波斯匿立她为第一夫人，人称末利夫人（又称摩利迦）。夫人深信佛道。据佛教典籍称，波斯匿原来暴恶无信，后在末利夫人的开导下，皈依佛教，因屡蒙佛陀教化，信仰日笃，终于成为大护法者。在波斯匿统治时期，憍萨罗国颇为强盛。该国在他死后迅速衰落。据说他晚年不幸。佛经称，某次出访佛陀时，大臣拥立其子毗流勒为王。他于归途得知此事后，遂改往阿阇世处寻求庇护，行至**王舍城**外一座园林时，因患霍乱去世。此外还有其他传说，如他因饥渴食萝菔与河水后猝亡等。

（葛维钧）

boli

玻璃 glass 一种由石英石烧制成的透明物。可用以制作镜子及工艺品。其烧制技术最初由印度传来，古译琉璃或吠琉璃等。见**中印科技交流**。

Bodaluo

钵怛罗 Pātra（约活动于九十世纪）印度来华僧人。据《佛祖统纪》卷四二，钵怛罗为印度三藏法师，于后梁贞明四年（918）来到四川，说自摩伽陀国（今印度比哈尔邦一带）到四川有99 380里，并自称已270岁。

（薛克翘）

Bolule

钵卢勒 Palora 古代西域国名。位于今克什米尔巴基斯坦实际控制区境内的吉尔吉特河流域。“钵卢勒”为布鲁沙斯基语Palora之音译，源于统治该国的王朝名称——巴洛拉沙希，见于岩刻铭文、佛经写本题记及铜佛像铭文。

钵卢勒一名见于《宋云行纪》，《**大唐西域记**》作钵露罗。北魏神龟元年(518)十一月，**宋云**等人奉命出使西域，次年十一月到达赊弥国，然后前往乌场国(见**乌苌**)。赊弥东有“钵卢勒国”，《宋云行纪》记述了从钵卢勒国至乌场国的道路：“十一月中旬入赊弥国。此国渐出**葱岭**，土地峣崅，民多贫困。峻路危

古代钵卢勒通往乌场国之路

道，人马仅通。一直一通。从钵卢勒国向乌场国，铁锁为桥，悬虚而度，下不见底，旁无挽捉，倏忽之间，投躯万仞，是以行者望风谢路耳。”赊弥国在今马斯土季与奇特拉尔之间，《宋云行纪》所记从钵卢勒国向乌场国之道路，就是从吉尔吉特经印度河科希斯坦至斯瓦特的道路。**法显**出陀历国后亦取此道赴乌仗那国。

（陆水林）

Boluluo

钵露罗 Palora 古代西域国名。位于今克什米尔巴基斯坦实际控制区境内的吉尔吉特河流域。钵露罗为布鲁沙斯基语Palora或Patora（实际上读作Palora）之音译，源于统治该国的王朝名称——巴洛拉沙希，见于岩刻铭文、佛教写本题记及铜佛像铭文。

钵露罗一名见于**玄奘**的《**大唐西域记**》：“钵露罗国周四千余里，在大雪山间，东西长，南北狭。多麦豆，出金银，资金之利，国用富饶。时唯寒烈，人性犷暴，薄于仁义，无闻礼节。形貌麁弊，

岩刻佛像 印度河谷

衣服毛褐。文字大同印度，言语异于诸国。伽蓝数百所，僧徒数千人，学无专习，戒行多滥。”

《大唐西域记》“达丽罗川”一节描述了从达丽罗至钵露罗国的道路：“从此东行，逾岭越谷，逆上信度河，飞梁栈道，履危涉险，经五百余里，至钵露罗国。”达丽罗川为今达丽尔河谷，从该河与印度河的汇合处夏迪亚尔逆印度河上行，行五百余里，正好是吉尔吉特地区。《大唐西域记》还称：“波谜罗川南，越山有钵露罗国，多金银，金色如火。”波谜罗即帕米尔，南越兴都库什山脉，正是吉尔吉特河流域。“周四千余里，在大雪山间，东西长，南北狭。”这是对钵露罗国疆域和地理特点的描述。“多麦豆，出金银，资金之利，国用富饶”。印度河、吉尔吉特河和罕萨河谷都出产金砂，是重要的财源。玄奘“闻说”达丽罗川和钵露罗国有关情况时，吉尔吉特一带正处在一个比较和平繁荣的时期，因而“国用富饶”。这也是该地佛教兴盛的重要经济基础。“文字大同印度，言语异于诸国。”从喀喇昆仑公路沿线的岩刻铭文来看，佉卢文、婆罗谜文、笈多婆罗谜文等多种文字已传入该地，故而“文字大同印度”；吉尔吉特地区的古老语言是布鲁沙斯基语，周边地区还有多种其他语言，都没有文字，故而“言语异于诸国”。“伽蓝数百所，僧徒数千人，学无专习，戒行多滥。”这表明当时吉尔吉特佛教的规模已相当可观，已成为佛教圣地**犍陀罗**地区和中国新疆之间佛教传播路线上的一大佛教中心。吉尔吉特是佛教各派向外传播的重要中转站，也是多种文化的交会点，受到各种宗教的影响，僧徒“学无专习，戒行多滥”，正是这种情况的反映。

道宣所著《**释迦方志**》的“遗迹篇”记述自达丽罗川至钵露罗国的路程时称：“东行越岭，逆信度河，履险飞梁，五百余里，度河，又东度缚芻河，登危，至钵露罗国。周四千里，大雪山中，东西长。寺数百，僧数千，学师戒行多滥。其国非印度所统。多冰雪。其土出金如火色。北对婆罗犀罗大岭……”“东度缚芻河，登危，至钵露罗国”，系渡萨依河—翻越萨依河谷和吉尔吉特河谷之间的分水岭—下山至吉尔吉特这一路线

吉尔吉特河谷

的写照。“北对婆罗犀罗大岭”，当源于吉尔吉特河流域居民对兴都库什山脉的描述。而“婆罗犀罗”一词，很可能是Burushal的音译。

（陆水林）

Boluoshesiduobotuo

钵罗奢思多波陀 Praśastapāda（约活动于6世纪） 印度古代哲学中胜论派哲学家。《摄句义法论》的作者。生平不详。他对胜论派的最早根本经典《胜论经》的思想作了系统全面的阐明，虽然不是逐字逐句的注释性解说，但对后人了解《胜论经》的思想有极大帮助。在胜论派的发展史上，他第一次明确将“句义论”作为此派的基本理论框架或模式，把胜论派的各种具体主张都纳入这一框架之中。《摄句义法论》不是最早的胜论派文献，然而却是印度历史上对胜论派思想叙述得最清晰、最详细的文献。钵罗奢思多波陀认为有6个句义：实句义、德句义、业句义、同句义、异句义、和合句义。在解释这些句义时，钵罗奢思多波陀的说法与《胜论经》中的说法不尽相同。如《胜论经》中认为德句义中有十七种具体的内容，而《摄句义法论》中认为有二十四种。另外，钵罗奢思多波陀也明确提到神，把世界的创造与神联系起来，而《胜论经》中则没有明确提及神这一词。钵罗奢思多波陀强调的胜论派思想也传入中国。在中国现代，姚卫群将《摄句义法论》的部分章节译成汉文，收入《古印度六派哲学经典》(商务印书馆，2003）一书。

（姚卫群）

Bonamo

钵纳摩 Praṇāma（约活动于10世纪） 中印度来华僧人。据《佛祖统纪》卷四三，钵纳摩于北宋太平兴国二年(977）自中天竺（今印度比哈尔邦一带）来到宋朝都城汴京（今河南开封），献佛舍利塔和牦牛尾拂尘。

（薛克翘）

Bore

般若 Prajña（734～？） 印度来华僧人，译经家。又称般剌若，意译智慧。

据《宋高僧传》卷二、《大唐贞元续开元释教录》卷上、《贞元新定释教目录》卷十七、《大乘理趣六波罗蜜多经》序等，般若为北印度境迦毕试国人，姓乔答摩，自幼聪明颖悟，7岁皈依三宝，投大德调伏军门下，很快便能记诵四阿含经十万颂、阿毗达磨两万颂。14岁随师去迦湿弥罗（见罽宾），研习一切有部律、《俱舍论》和《阿毗达磨大毗婆沙论》等7年，至20岁受具足戒。23岁到中印度那烂陀寺，师从智护、进友、智友三大论师，受学大乘《成唯识论》、《瑜伽师地论》、《辩中边论》、《金刚经》，以及声明、因明（见因明学）、医方明等。学有所成后，即往娑罗双树、八大灵塔等圣地巡游瞻礼，前后18年。随之又到南印度乌茶（一作荼）王寺，师事法称学瑜伽教，并登灌顶坛，受五部真言。后为到中国传播佛教，泛海东行，不意广州在望，却被狂风吹返至师子国（今斯里兰卡）。重集资粮、修补船舶后，他再次出发。垂至广州，所乘船只再遭风浪打击，船上资财和身携梵夹经论尽皆卷失。传说及至登岸，却发现梵夹等俱在埋入白沙的大竹筒中，宛若有神。再行半月，方达广州。唐建中三年（782）到达长安。

唐贞元二年（786），般若与大秦寺波斯僧景净译成《大乘理趣六波罗蜜多经》7卷。由于般若不娴汉语，景净又不谙梵文和佛理，故所译颇多乖谬，未获流行。四年，官员王希迁受命精选高僧于西明寺重译该经，由般若宣读梵本，光宅寺沙门利言译梵语，西明寺沙门圆照笔受，资圣寺沙门道液、西明寺沙门良秀等润文，大慈恩寺沙门应真、醴泉寺沙门超悟、光宅寺沙门道岸、西明寺沙门辩空等证义。同年十月中旬译毕，得10卷，十一月缮写奉进。唐德宗敕旨再三劳问，并赐其绢100匹、冬衣一袭。五年二月又译《大华严长者问佛那罗延力经》。六年七月，德宗赐其般若三藏名号以及紫袈裟，时年57岁。后又依千福寺大德智柔之请，与沙门利言共译《般若波罗蜜多心经》1卷，但未及详审即奉敕出使迦湿弥罗国；八年四月返抵长安。十年巡礼五台山。十二年六月奉命于崇福寺宣译《大方广佛华

中国陕西西安西明寺

严经》，十四年二月完成，得40卷，即所谓四十华严经。后又译出《大乘本生心地观经》8卷、《诸佛境界摄真实经》3卷、《佛说造塔延命功德经》1卷，并与牟尼室利共译《守护国界主陀罗尼经》10卷。般若于洛阳去世，遗骸葬于龙门西冈，年寿不详。

（葛维钧）

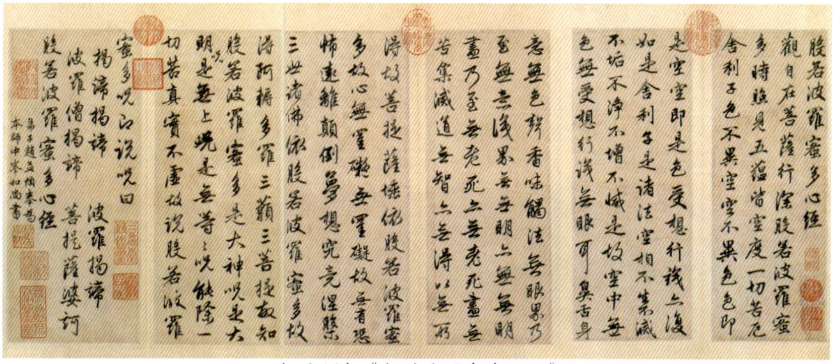

赵孟頫书《般若波罗蜜多心经》

Borebolomiduo Xin Jing

《般若波罗蜜多心经》 *Prajñāpāramitā-hṛdaya-sūtra* 大乘佛教般若部类短篇经典。简称《心经》或《多心经》。“心”即心要、精华，意为该经为卷帙浩繁的般若经之要义；有说此“心”原为陀罗尼之意，即心咒。

《般若波罗蜜多心经》以传为玄奘所译的文本（T251）流通最广，在汉传佛教中有巨大影响，为日常之必诵。该译本共260字，讲述观自在菩萨（即观音）修行般若波罗蜜多之时，观见一切法皆空，便为舍利子（即舍利弗）宣讲，指出空性就是一切法的本相，对于此空性道理，五蕴、三科、十二因缘、四谛等一切范畴都是不存在的，故而一切法与空性无异，空性与一切法亦无异。因此菩萨于一切法无所得。最后指出三世诸佛皆由此般若波罗蜜而成佛道，末尾附有咒语。

现存汉语藏经中还传有《摩诃般若波罗蜜大明咒经》一卷（T250），署为鸠摩罗什译。梁代《出三藏记集》卷四与隋代《法经录》卷二都录有失译《摩诃般若波罗蜜神咒经》一卷，未知是否同本。唐代智昇的《开元录》卷四录有《摩诃般若波罗蜜大明咒经》，归于鸠摩罗什名下，但并不可信。此后的译本现存8种。唐法月（见达摩战涅罗）译本题作《普遍智藏般若波罗蜜多心经》（T252），唐般若共利言译本（T253）、唐智慧轮译本（T254）以及敦煌发现的法成译本（T255）都题作《般若波罗蜜多心经》。上述4个译本都是广本，比传为玄奘和鸠摩罗什所译的略本多出序分和流通分。敦煌石室本《唐梵翻对字音般若波罗蜜多心经》（T256）是略本的音写对字。房山石经之中还收录有唐不空金刚以及契丹慈贤的音写本，也都是略本。宋施护译本题作《圣佛母般若波罗蜜多经》（T257）。其他还有一些从藏文转译的汉文本。德格版藏文大藏经存有两译，均为广本，一归入般若部（D21），一归入续部（D531）。敦煌曾发现略本的藏译本。另有于阗文、回鹘文、粟特文、蒙古文、满文等译本。日本法隆寺和长谷寺曾分别发现《心经》梵文本的略本和广本，M.缪勒与南条文雄于1884年出版。E.孔泽基于大量写本和译本资料，于1948年出版了广本的重新校订。

藏译中保存有多部印度论师的《心经》注疏。例如无垢友的《般若波罗蜜多心释》（D3818），莲花戒的《般若波罗蜜多心释》（P5221），阿底峡的《般若心疏》等。汉语注疏则有窥基的《般若波罗蜜多心经幽赞》（T1710）、圆测的《佛说般若波罗蜜多心经赞》（T1711）、法藏的《般若波罗蜜多心经略疏》（T1712）等数十种。

《心经》主体部分的义理阐述虽然与《大品般若经》相契合，对于其文本来历学界却有争议。古代已有人注意到，玄奘译本的主体部分出自鸠摩罗什译《大品般若经》。从“舍利子！色不异空”至“无智亦无得”处，玄奘本与鸠摩罗什译《摩诃般若波罗蜜经》卷一中的一段（T223a13）几乎字字对应。美国学者那体慧于1992年撰《〈心经〉——一部中国伪经？》一文，以鸠摩罗什译《摩诃般若波罗蜜经》中的这一段对照梵文原典，发现鸠摩罗什译文句多有省略缩合，而现存的《心经》梵本则与经鸠摩罗什处理后的汉文本（亦大同于所谓的玄奘译本）基本一致，再结合其他一些考据，那体慧认为这一文本流传序列是：先有梵本大品般若，鸠摩罗什将其译成汉语，其中的这一段落被抄出，辅以咒语等成分而单独流传，后人将此汉译本返译为梵语并传回印度。所谓玄奘译本原非玄奘所译，玄奘被疑为是返译者。纪赟于2012年撰《〈心经〉疑伪问题再研究》一文，对此问题作综述和再议，其结论主要为：《心经》的文献源头应是汉语抄经或咒经，即从鸠摩罗什译《摩诃般若波罗蜜经》抄出辅以首尾和咒语作为陀罗尼而流通，其咒语则抄自阿地瞿多译《般若大心陀罗尼》。玄奘曾受持此本，现存所谓玄奘译本，可能是由玄奘进行了修订，并对其流传起了推动作用。但玄奘既非汉译者，也非返译为梵文者。所谓的鸠摩罗什译本同样是抄经，其形成年代很可能还要晚于玄奘本。现存的略本梵文《心经》则很可能是由唐初某人由汉文本返译并回传

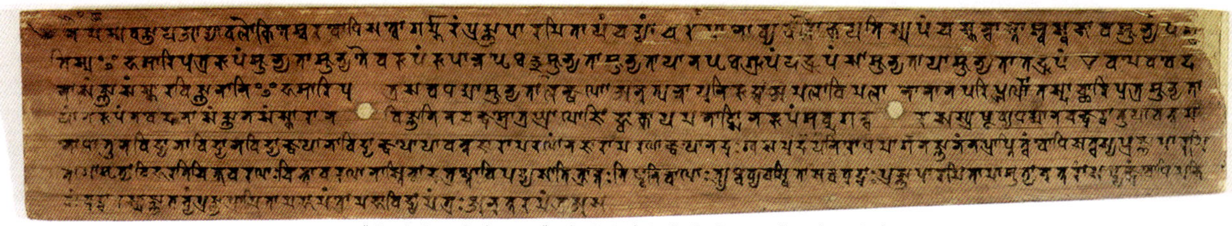

《般若波罗蜜多心经》悉昙体梵文本书影　现藏日本法隆寺

于印度，由梵本措辞可以看出此人对于梵语般若类文献并不是很熟悉。但这一返译过程中尚有一些现象基于现存资料还无法解释。梵文广本是在梵文略本基础上发展而来。从此梵文广略二本，便有了后来的数种汉译、藏译，以及印度论师的注疏。果如此者，则《心经》流传研习的历史实为古代中印思想界交流协力的结果。

（叶少勇）

Borejuduo

般若毱多 Prajñānagupta 玄奘访印时的南印度王灌顶师，属小乘正量部。曾撰写《破大乘论》700颂。

戒日王讨伐恭御陀（有考订称其地在今奥里萨邦甘贾姆北部）途经乌荼国（在今奥里萨邦北部）时，小乘僧人将般若毱多所写《破大乘论》呈上，请求与大乘师论辩。戒日王遂驰书那烂陀寺，请该寺派人应战。大长老戒贤派海慧、智光、师子光和玄奘前往。未待成行，又有顺世外道前来，写好40条教义悬于那烂陀寺门，挑战佛道。寺僧多不敢应战。几日后玄奘出迎，往复数回合后，将其挫败。玄奘寻得《破大乘论》自读，发现有疑难处，即向已经归服的外道征询。后终于通解全文要义，并找出该论破绽，写出《制恶见论》(又称《破恶见论》) 1 600颂，加以驳斥。论文后呈戒贤法师，并得宣示全寺徒众。寺众读此论后咸皆敬服，称其说理透彻，必将无往不胜。

（葛维钧）

bore sixiang

般若思想 prajñā 佛教理论体系中的重要内容，大乘佛教中的基础思想。般若又音译为波若、班若、钵若、般罗若、钵剌若等，意译为智慧、慧、明等。被大乘佛教徒视为最高智慧、"诸佛之母"。般若思想的主要内容由一些早期般若类大乘经提出，后来逐步丰富、发展，成为佛教中影响巨大的哲学学说。"般若"有时是"般若波罗蜜多"一词的缩略语，意为通过智慧使众生度到无苦的彼岸。

在印度，般若思想形成一股有力的佛教思潮虽在大乘佛教兴起之际，但其最初观念或理论要素的出现则远在这一时期之前。般若思想的萌芽不仅可以在原始佛教和小乘部派佛教中见到，还可追溯到先于佛教而产生的早期婆罗门教文化。般若思想不仅是原始佛教和小乘部派佛教发展的一种结果，而且在来源上与印度传统的婆罗门教思想密切相关。它是会通印度思想史上正统派学说与非正统派学说的重要理论载体。对印度大乘佛教来说，般若的重要性更是显而易见。大乘佛教的各种经典、形成的各主要流派无一不受般若思想的影响。

佛教文献中有大量关于般若的解释。如《摩诃般若波罗蜜经》卷第二十一中记述说："得第一义，度一切法到彼岸，以是义故名般若波罗蜜。"《摩诃般若波罗蜜经》卷第九中说："诸佛一切智皆从般若波罗蜜中生。般若波罗蜜不异一切智，一切智不异般若波罗蜜。般若波罗蜜一切智不二不别。"《摩诃般若波罗蜜经》卷第十一中说："般若波罗蜜是诸菩萨摩诃萨母，能生诸佛法故……是般若波罗蜜中，出生诸佛菩萨辟支佛阿罗汉。"龙树在《大智度论》卷第八十五中说："遍知诸法实相智慧名般若波罗蜜。"《大智度论》卷第十八中说："诸法实相，即是般若波罗蜜。""以其能到智慧大海彼岸，到诸一切智慧边，穷尽其极，故名到彼岸。"《大智度论》卷第十一说："是般若波罗蜜为不可得相……无取无舍，不生不灭，出有无四句。"从这类佛典中的论述中可大致归纳出般若一词的基本含义：般若是一种佛教的特殊智慧。这种智慧不同于世俗及佛教中一般的智慧，但又不是与后者毫无关联。它是引导人们超脱各种导致痛苦的烦恼、邪见、无明等的达到佛教最高境界的至上智慧。

般若思想主要论述了大乘佛教在空、无分别、二谛、遮诠等问题上的重要观念。

空是般若思想中的核心理念。般若类经典中强调一切事物均无自性，是体空或性空。般若类经中认为事物在本性上就是空，空是事物不可分的本性。事物之所以空并不是因为其构成物的分解而空，事物分解与不分解都是空的。事物的自体即空。《般若波罗蜜多心经》中说："色即是空，空即是色；色不异空，空不异色。"般若类经中强调，不仅"我"是空的，而且诸"法"也都是空的，有为法空，无为法也空，空的概念本身也空。空不是绝对的虚无，而是处于缘起变化中的无常事物之本质属性。

无分别也是般若思想的重要观念。般若类经认为，事物的实相或本来面目是不能用各种名相概念来正面描述或"分别"的，名相概念都有其局限性，都不能真正完全地表明事物的本来面目。《摩诃般若波罗蜜经》卷第二十四中说："众生但住名相虚妄忆想分别中，是故菩萨行般若波罗蜜，于名相虚妄中拔出众生。"

二谛思想在般若类经中也有表述。二谛即"真谛"(或第一义谛) 和"俗谛"(或世谛)。真谛指事物性空的道理或在实质上不可说的根本真理；俗谛指世俗之人认为事物实在的观念或言语。《摩诃般若波罗蜜经》卷第二十四中说："佛告须菩提：世谛故分别说有果报，非第一义。第一义中不可说因缘果报。"这种二谛理论在般若类经中说得不是很清晰，而解释般若类经的中观派则进一步强调或阐明了二谛思想。

遮诠是佛教中的一种思维方法，虽然佛教产生时就曾使用这种方法，但在大乘佛教的般若类经中才特别强调了它。在般若思想家看来，事物的实相或本来面目不能通过正面描述的方式加以表诠，而只能以不断否定的方法来进行遮诠，在否定中去展示事物究竟是什么，让人来体悟事物的实相。如《般若波罗蜜多心经》中说："是诸法空相，不生，不灭，不垢，不净，不增，不减。"这类论述在般若类佛典中出现频率很高。是般若思想家极为推崇把握事物真理的方法。

般若思想在后来的佛教发展中一直起着重要作用。大乘佛教的中观派、瑜伽行派、密教，甚至后期的小乘佛教都十分重视这一思想。般若思想始终在这些佛教分支的理论形态中占据显要地位。

佛教传入中国后，般若思想长期对中国佛教保持着重要影响，甚至对中国佛教外的文化思想形态也有影响。中国较早的汉译佛经《道行般若经》就是重要的般若类经。在中国历史上，汉译《金刚般若波罗蜜经》、《般若波罗蜜多心经》等几乎是家喻户晓的佛教经典。中国东晋时期的“六家七宗”(本无宗、本无异宗、即色宗、识含宗、幻化宗、心无宗、缘会宗)是佛教在中国发展中较早形成的有中国特色的佛教般若学派。鸠摩罗什和玄奘等中国译经大师也对印度般若思想在中国的传播作出了巨大的贡献。

(姚卫群)

Borezhuojia

般若斫迦 Prajñānacakra(约活动于9世纪) 西域传教僧人。意译智慧轮。据《宋高僧传》卷三《满月传》,般若斫迦被称为三藏,于唐宣宗大中年间(847～860)在长安等地传播密教曼荼罗法,精通密咒。曾著《佛法根本》,认为大日如来为“诸佛所依”的根本佛,将陀罗尼咒语奉为佛法的根本。又曾作《示教指归》一千余言,亦为密教宣传品。曾收有门徒。其弟子绍明曾于懿宗咸通年间(860～874)为他刻石记传。

(葛维钧)

Bolesade

伯勒萨德,J. Jaishankar Prasad(1889.01.30～1937.01.14) 印度印地语诗人,戏剧家,小说家。全名杰辛格尔·伯勒

萨德。印度北方邦瓦拉纳西人。现代印地语文学奠基人之一。生于吠舍种姓家庭,自幼接受父亲的启蒙教育,学习梵语、印地语、乌尔都语和波斯语。由于家庭变故,在正规学校读到八年级时被迫中断学业。后于家中学习并开始文学创作,对印度语言、文学、历史和哲学具有浓厚兴趣,深受吠陀、奥义书、往世书等印度宗教哲学经典的影响。

作为20世纪二三十年代印地语文学“阴影主义”的代表人物之一,伯勒萨德的诗歌以抒情诗为主,带有强烈的浪漫主义色彩,内容包括对自然景物的描绘、对自由爱情的刻画和对宗教情怀的抒发。此类作品有《野花》(1912)、《画布》(1918)、《山泉》(1918)、《眼泪》(1925)、《水波》(1933)等诗集。其中《眼泪》是诗人的成名作,由190首四行诗组成,用丰富的修辞手法表达了对爱情的追忆和离别的怅惘。另一部代表作《迦马耶尼》(1935)取材于印度古代神话中摩奴创世的传说,表达了对现代社会的隐喻,被认为是“阴影主义”后期的一部史诗。此外,他还创作了一些爱国诗歌,在印度民族独立运动中发挥了积极作用。

伯勒萨德在戏剧创作领域颇有建树。著有剧本10余部,以历史题材为主,富有哲理和诗意,旨在激发印度人民的民族精神和爱国情怀。代表作有《阿阇世王》(1922)、《欲望》(1925)、《健日王塞健陀笈多》(1928)、《旃陀罗笈多》(1931)、《特路沃斯瓦米尼》(1933)等。在小说创作方面,写过3部长篇小说和5部短篇小说集,但影响不及其诗歌和戏剧。

伯勒萨德关注中国历史,曾将中国元素融入自己的创作。在戏剧《拉杰谢利》(1915)中,将中国唐代高僧玄奘刻画为宽容、慈悲的化身,描写了其与戒日王的交往,一定程度上增进了中国文化在印度的传播。

中国于20世纪80年代开始对伯勒萨德的研究。中国第一篇研究伯勒萨德的硕士论文《论迦马耶尼》于1982年发表。刘安武在《印度印地语文学史》(1987)中对其生平和主要作品作了简要介绍,并节译了《眼泪》、《水波》和《迦马耶尼》3部诗集的片段。《印地语戏剧文学》一书(2002)对伯勒萨德的戏剧创作历程、作品内容及特点进行了较为系统、全面的分析和讨论。

(姜景奎 贾岩)

Boshilimiduoluo

帛尸梨蜜多罗 Śrīmitra(约活动于三四世纪) 西域僧人,译经家。意译吉友,简称尸梨蜜,时人称其高座。

据《高僧传》卷一、《出三藏记集》卷十三等,帛尸梨蜜多罗为西域人,原为某国太子,后让位于弟,出家为僧。为人神姿俊朗,言行超逸,卓然不群。西晋永嘉年间(307～313)来到中原弘法,时值战乱,只好渡江南行,止于建康(见南京),住建初寺。丞相王导见其气度不凡,当即引为同调。帛尸梨蜜多罗由此名声大震,一时往来玄谈者,尽是当代名士。因他不学汉语,交往谈论,要靠传译,然而由于天赋悟力,故总能心领神会,不碍交流。他也善咒术,据说异常灵验。帛尸梨蜜多罗于东晋咸康年间(335～342)去世,葬在石子冈东,享年八十有余。晋成帝敬仰他的风致,敕命在其冢边立刹,后又有沙门来此建寺,称高座寺。帛尸梨蜜多罗在世时江东没有咒法,故应请将《佛说灌顶七万二千神王护比丘咒经》12卷、《大孔雀王神咒经》1卷、《孔雀王杂神咒经》1卷等经译出。此外,他还有“高声梵呗”传世。他也被视为最早传布密教的代表。

(葛维钧)

Boyan

帛延 (约活动于3世纪) 西域僧人,译经家。又作白延。据《出三藏记集》卷十三、《历代三宝纪》卷三、《开元释教录》卷四等,帛延为龟兹国人,天资明敏,博览内外群籍,且多有深解,同时擅胡、汉两语。三国魏废帝曹髦在位时(254～260)来到洛阳,住白马寺。魏甘露(256～260)中译有《首楞严经》、《佛说须赖经》、《除灾患经》、《菩萨修行经》、《平等觉经》等。

(葛维钧)

Bofuzhun

勃匐准 (约活动于8世纪) 古代印度罽宾国和乌苌国国王。745～?在位。被唐王朝封为右骁卫将军。据《旧唐书》

卷一九八《西戎传》，其父为罽宾王拂菻罽婆，由唐玄宗李隆基于开元二十七年（739）“降使册命”。据《全唐文》卷三九，天宝四载（745）九月二十二日，唐玄宗降《册罽宾王勃匐准文》，“用册命袭罽宾国王及乌苌国王，仍授右骁卫将军”。乾元元年（758），曾派遣使团向唐朝进贡。

（任婧）

Bolü

勃律 Burushal　古代西域国名。位于今克什米尔巴基斯坦实际控制区境内的吉尔吉特河流域。

勃律是布鲁沙斯基语Burushal的略译，古代藏文文献中作Bru-sha、Bru-za、Brusal、S Bru-sal、vbru-shal等。有大勃律、小勃律之称，仅见于汉文史籍。汉文史籍中的大勃律，一般均指今克什米尔巴基斯坦实际控制区境内的巴尔蒂斯坦，小勃律主要指吉尔吉特河流域。而在吐蕃不断侵占下，小勃律的疆域日渐缩小，至唐将高仙芝讨伐小勃律时，小勃律仅余亚辛河谷一隅。在藏文文献中，称巴尔蒂斯坦为sbal-ti，同Bru-sha是两个不同的地方，即藏文文献中的勃律不包括巴尔蒂斯坦，也没有大、小之分。

在布鲁沙斯基语中，Burusho或Burushai（布鲁休）指民族，Shal指定居的地方，Burushal指布鲁休人的国土。这本是指吉尔吉特一带的古老地名，包括吉尔吉特、纳格尔、阿斯托尔、戈尔、达丽罗、布尼亚尔、古比斯、亚辛及奇特拉尔北部等一片广阔的地方。统治该地的为巴洛拉沙希王室。

勃律原无大、小之分，兴盛时范围甚广，巴尔蒂斯坦亦在其管辖之下。勃律国为吐蕃向中亚扩张的必经之道，很快成为吐蕃侵袭的对象。因吐蕃进逼，巴洛拉沙希王室放弃了巴尔蒂斯坦，退回吉尔吉特河流域。最早记述大、小勃律之分的，为慧超《往五天竺国传》：“其大勃律，元是小勃律王所住之处，为吐蕃来逼，走入小勃律国坐。首领百姓，在彼大勃律不来。”据王小甫，勃律分为大、小勃律的事件发生于公元693年。对于失去巴尔蒂斯坦之后的巴洛拉沙希王室，唐朝的官方文书一度仍以“勃律”相称。

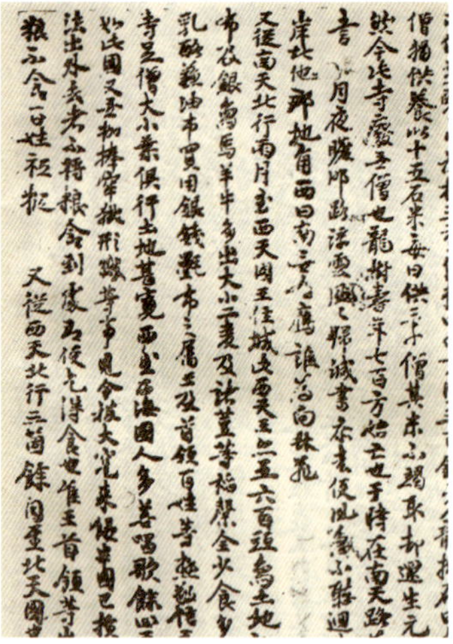

《往五天竺国传》敦煌写本书影

《新唐书·西域列传》始为大、小勃律分别立传。关于大勃律，《新唐书·西域列传》称：“大勃律，或曰布露。直吐蕃西，与小勃律接，西邻北天竺、乌苌。地宜郁金。役属吐蕃。”大勃律即巴尔蒂斯坦。“布露”一名，疑是该地主要河谷哈伯罗之略译。吐蕃役属下的大勃律，其疆域除包含印度河、希格尔河、希约克河三河河谷外，还可能包有德沃萨依高原和阿斯托尔河谷。“西邻北天竺、乌苌”，当指大勃律有道路通往那里。“地宜郁金”之说不确，郁金当来自克什米尔谷地。大勃律与唐朝从无联系。

《新唐书·西域列传》称：“小勃律……东（应为西）八百里属乌苌，东南三百里大勃律，南五百里箇失蜜，北五百里当护密之娑勒城。王居孽多城，临娑夷水。”箇失蜜即克什米尔谷地；护密即今阿富汗东北境之瓦罕，娑勒为Sarhad音译；孽多即Gilgit，娑夷水应指吉尔吉特河，河名“娑夷”，系源于梵文，亦见于印度史诗《罗摩衍那》和《摩诃婆罗多》，汉译“石头河”。另有一萨依河，其河谷为吉尔吉特城通印度河河谷之要道。《新唐书·西域列传》所述小勃律四至，与Burushal境域相当，包括今吉尔吉特河流域和一部分印度河流域。

勃律以及后来的小勃律的王室，同唐朝一直保持着密切的联系，并共同抗击吐蕃入侵。从武则天万岁通天二年（697）到玄宗开元（713～741）初年，该王室三次遣使入唐，唐王朝先后册封其君苏弗舍利支离泥、苏麟陀逸之为王。由于面临吐蕃不断进逼，小勃律王苏没谨忙于开元初亲自来朝，唐以其地为绥远军。然小勃律数为吐蕃所困，吐蕃声明意在假道进攻唐之安西四镇，后又夺其九城。苏没谨忙求救于北庭，节度使张孝嵩遣疏勒副使张思礼率锐兵四千倍道救之，苏没谨忙因出兵，大破吐蕃。开元十年（722），唐封苏没谨忙为小勃律王。后苏没谨忙死，子难泥立。唐于开元十九年又册封难泥为王。开元二十二年、开元二十五年，小勃律一再遭到吐蕃大举进攻，随后引发唐与吐蕃间的全面战争。难泥死后，唐于开元二十九年册封苏没谨忙之兄麻来兮为王。麻来兮死后，苏失利之成为国王。苏失利之此前为吐蕃引诱，迎娶吐蕃公主为妻，执政后倒向吐蕃，致西北二十余国皆为吐蕃臣属。唐四镇节度使田仁琬、盖嘉运、夫蒙灵詧三次讨伐而无功。天宝六载（747），唐廷诏四镇节度副使高仙芝以马步万人进讨。高仙芝率军在瓦罕河谷攻克吐蕃要塞连云堡，然后越巴罗吉尔山口和达尔科特（Darkot）山口，进入亚辛河谷，并砍断了吉尔吉特河上的藤桥，吐蕃兵马大至而不能救，唐军大胜，虏小勃律王及其妻归京师。此役后，唐改小勃律国号为归仁，置归仁军镇守。但唐朝对这里的控制并不牢固，天宝九载，高仙芝又率军破朅师（见双靡），另立朅师王，唐朝对小勃律的控制才稳固下来。自天宝十一载至乾元元年（758），归仁国曾多次遣使朝贡。

天宝十载，高仙芝所率唐军在怛拉斯败于大食（即阿拉伯帝国），天宝

岩刻佛像　位于今克什米尔巴基斯坦实际控制区境内的吉尔吉特河流域

十一载发生安史之乱，唐朝的势力退出西域，吐蕃的势力又回到这一地区，小勃律又沦入吐蕃。

（陆水林）

Boduowa Renqinsai

博多瓦·仁钦赛 po to ba rin chen gsal (1027～1105) 中国藏传佛教高僧，噶当派法脉传承人之一。西藏前藏潘域人，族姓“聂”，幼年出家，拜库敦等高僧为师，深入修学佛教三藏，曾在阿底峡尊者前聆听过道次第法。其求学的专注点在于闻思与禅定方面。28岁时，有人向他举荐仲敦巴·嘉维炯奈，遂赴热振寺，拜师从学7年。仲敦巴去世后，博多瓦·仁钦赛独身闭关修炼。51岁时，感到弘扬佛法、利益众生的重要性，便结束闭关禅定，开始云游各地寺院讲经说法，广招徒弟，常有上千名弟子跟随其后，听他讲法。他主要讲授阿底峡的《菩提道炬论》，同时传授《大乘庄严经论》、《菩萨地》、《集菩萨学论》、《入菩提行论》、《本生论》和《集法句论》，后人称为噶当派六大经论，以此建立了噶当派的“教典传承”。博多瓦对当时流行于藏族地区的大手印法，持有自己的独立见解，认为大手印法是佛教三摩地王经，因而他既不批判，也不接受；认为唯有阿底峡的法脉传承方为修学的主要对象。由于博多瓦大力宣扬和推演阿底峡的佛学思想，噶当派在这一时期得到前所未有的发展。博多瓦晚年时期又创建博多寺，并在该寺安度余生。他的无数佛门弟子中出现二位著名人物，即朗日塘巴和夏瓦巴，两人成为噶当派“教典传承”的继承者和传扬着。

（尕藏加）

Bojiafan Ge

《薄伽梵歌》 *Bhagavadgītā* 古代印度教重要经典。又称《世尊歌》。

原为印度大史诗《摩诃婆罗多》第六篇“毗湿摩篇”的一部分，后来演化为印度教一部独立的经典。成书时间大约在二三世纪。全书分18章，共700颂。《薄伽梵歌》是一部阐述印度教人生哲理的诗篇。全书采用对话形式。对话发生在般度族与俱卢族两军对垒的战场上。般度族的阿周那王子（坚战的五弟）率大军与俱卢族的军队对阵，面对厮杀，他见敌阵中有许多自己的亲友和师长，便产生怜悯之情，无心再战。时化身为阿周那御手的黑天大神（即毗湿奴大神的化身），便与他展开了一番严肃的对话，教导他不应当考虑个人的荣辱得失，只有坚定不移地履行自己的天职，才是对神的忠诚，才是最高尚的行为。在黑天大神的教诲下，阿周那终于抛弃个人私情，重新以武士的职责为准则，一心投入战斗。撇开故事情节，《薄伽梵歌》的根本思想是宣扬印度教的人生哲学和伦理道德观念。它主张，一个教徒必须按照自己的“达摩”去行事，不应当考虑个人的得失和荣辱，只有通过行动，才能使自己的灵魂“我”和宇宙的最高灵魂“梵”相结合，最终达到人生的最高目的解脱。

《薄伽梵歌》及《薄伽梵歌论》中译本

为了实现解脱，《薄伽梵歌》还极力向印度教徒宣扬三种瑜伽道路，即“业瑜伽”、“智瑜伽”和“信瑜伽”。“业”，指行为或行动。所谓“业瑜伽”，就是要求信徒以一种超然的态度履行个人的社会义务和职责，做任何事情都不要怀着个人的欲望或私利，不计较行动的成败与得失，最后通过这种方式来实现解脱。“智”，在《薄伽梵歌》中是指奥义书的人生智慧和数论哲学的智慧。所谓“智瑜伽”，就是要求信徒努力学习奥义书和数论的智慧，并以此指导自己的言行，最终实现解脱。奥义书的智慧是指人的灵魂“我”和宇宙最高灵魂“梵”在本质上是同一不二的，一个人只要证悟到“梵我同一”的真理，就能实现人生的最高理想。数论哲学的智慧是指世界上的各种物质现象都具有三德，人的行为也有三德，即善性行动、忧性行动和暗性行动，黑天大神在《薄伽梵歌》中教导阿周那要时刻保持灵魂的纯洁，不要受行动三德的束缚，不求私利、不执着行为后果，无私地履行自己的社会职责。“信”，是指对神灵的虔诚、崇敬和忠信。所谓“信瑜伽”，在《薄伽梵歌》中就是要求信徒们虔诚地崇拜黑天大神，将自己的一切行动都视为对黑天大神的奉献。《薄伽梵歌》主张，要真正理解和实行业瑜伽，还必须与智瑜伽和信瑜伽相结合，只有三种瑜伽相互协调配合，才能尽早地实现人生最高理想解脱。

黑天现出毗湿奴的本相与阿周那对话
《薄伽梵歌》插图

《薄伽梵歌》在印度家喻户晓，它在印度教徒的心目中具有崇高的地位和绝对的权威。到了近现代，印度教许多先进的思想家，如民族独立运动领袖B.G.提拉克、M.K.甘地等，都对《薄伽梵歌》重新加以解释，把它推崇为最重要的经典。他们大力宣传《薄伽梵歌》中坚定履行义务（“达摩”）、抛弃个人得失、无私奉献的高尚精神，并把该经典作为动员民众进行反英斗争的精神武器。提拉克号召印度民众遵循《薄伽梵歌》的教导，积极行动起来，多为社会作贡献，为社会服务就是为神服务。

《薄伽梵歌》的思想很早就传到中国。20世纪40年代，金克木在武汉大学和北京大学开设的印度哲学史课程中，曾向学生讲述《薄伽梵歌》的哲学

《薄伽梵歌》梵英对照本封面

思想。真正把《薄伽梵歌》从梵文译成中文，还是在20世纪80年代。现今，中国国内有两个《薄伽梵歌》中文译本，一个是张保胜译本（1989），一个是黄宝生译本（2010），两个译本都对原著作了大量注释，并对其中蕴含的哲学思想加以阐释。张保胜的译本在2007年再版时又增添了新的内容，即收编了M.K.甘地于1929年所撰写的“《薄伽梵歌》译本序”。《薄伽梵歌》译成中文，大大促进了中国民众对印度教的了解，也有助于中国学者对印度文化的研究。

（朱明忠）

Bojiafan Wangshishu

《薄伽梵往世书》 *Bhāgavata-purāṇa* 古代印度教重要经典往世书的一种，18部大往世书中流传最广、影响最大的一部。

“薄伽梵”是一种敬称，此处指大神毗湿奴。成书年代说法不一，早至公元前12世纪，晚至公元13世纪的都有。不少学者认为它是13世纪后半期南印度德瓦吉里的著名语法家沃波提婆的作品，但证据薄弱。估计其成书不晚于公元10世纪。该往世书分12篇，332章，共有诗约18 000颂。主要内容是称颂毗湿奴的伟力和仁慈，特别是他化身黑天下凡救世的业绩。第十篇以大史诗《摩诃婆罗多》中的《薄伽梵歌》和《诃利世系》为基础，详细叙述了黑天的身世和他作为般度族的参谋参与婆罗多大战的故事，神话想象丰富，生活气息浓厚，在全书中最为著名。印度教毗湿奴派信徒对它尤其喜爱，认为应该每天诵读。这一往世书也因此成为黑天崇拜者奉读的主要典籍。在主题的安排上，它完全符合该书自己提出的往世书应有“十相”的要求。形式上，则和所有往世书一样，故事也是由住在森林里的诸仙人殷勤提问，而由苏多（歌人）娓娓讲出。就语言、诗律和风格等方面看，它也是往世书中的上乘之作。

（葛维钧）

鲁克米尼动身去神庙 《薄伽梵往世书》插图

Botaiqialiye

薄泰恰里耶，K.C. Krishna Chandra Bhattacharya（1875.05.12～1949） 印度现代新吠檀多哲学的代表人物。生于印度西孟加拉邦的塞兰普尔。其父是著名的梵文学者，属婆罗门种姓。从童年起，就接受印度古代哲学和梵文的教育。1891年考入孟加拉省立学院，毕业后终生从事哲学教育和研究工作，曾在孟加拉的几所大学任哲学讲师。1930年，担任胡格利学院院长；后在阿马尔内尔任印度哲学研究所所长。1935～1937年，荣获印度最高哲学教授的头衔——加尔各答大学哲学系“英王乔治五世讲座教授”。主要著作有《哲学的研究》、《吠檀多主义研究》、《作为自由的主体》等。

薄泰恰里耶对现代吠檀多哲学的主要贡献是，采用西方哲学的方法，专门从认识论的角度重新解释传统吠檀多，使吠檀多提高到新水平，也使吠檀多理论与西方哲学接轨。在他的哲学体系中，宇宙最高本体被看作是一种超越人的一切经验和理性思维的、无法言表的纯粹精神实体，称之为“绝对”。“绝对”既不是主观的，也不是客观的，而是超越主客观差别的实在，证悟这种“绝对”则是其哲学的最终目的。他认为，康德的一个重要错误就是宣布最高本体“绝对”是不可知的。而他主张“绝对”是可知的，因此用什么方式认识“绝对”，就成为其研究的主要课题。

薄泰恰里耶把吠檀多哲学中的最高本体——梵，称为“绝对”，他认为只有用“否定的认识方法”才能认识“绝对”。在他看来，“绝对”是不可确定、无法言表的纯精神实体。任何已知的内容、任何肯定的属性都会使“绝对”成为可以确定的东西。“绝对”就是完全的否定，只有把否定的过程进行到最大的限度，才能达到“绝对”。他所说的“否定”，与一般的否定概念不同。他的“否定”，是指排除虚假的东西。在分析了商羯罗的“摩耶论”之后，他指出，真理与虚假幻觉是相互对立又相互联系着的，只有排除虚幻才能达到真理。

薄泰恰里耶认为否定的过程是一个逐渐深化的过程，因此，他把这个过程分为四个阶段：在第一阶段中，人的肯定注意力从大量的客观事物中收回，而集中于从少量事物中分离出来的一种客观因素。肯定的、明确的、可限的客观因素占据了全部注意力。因此，除了这种客观因素之外的任何事物都被否定，被排斥为非真实的东西。这个阶段的“否定”，就是排除一切作为幻觉的非客观事物。在第二阶段中，人的注意力不是只集中于客体，也不是只集中于主体，而是交替于两者之间。所以在这个阶段中，当注意力盯住客体时，就否定了主体；当注意力盯住主体时，也就否定了客体；主客体交替地受到了注意和否定。在第三阶段中，注意力则同时集中于主体与客体。在这种注意状态中，主客体是以同一系列的两个方面出现的。这两个方面虽然不是模糊或不明显的，但是没有一个方面能以终极的方面出现。在这个阶段中，肯定注意与否定注意之间的区别消失了，主体有时能以客体的形式出现，客体有时也能以主体的形式出现。在第四阶段中，注意力虽然表面上也表现为肯定的态度，但是实际上并非指向任何事物——无论是客观的还是主观的事物。否定开始作为第一原则，一切限定都被排除了，只有绝对的否定。处于完全否定状态的这种注意方式，就是证悟“绝对”的方式。他认为，与这个否定阶段相对应的哲学类型，就是吠檀多不二论。

在薄泰恰里耶的哲学中，否定过程的第四个阶段占有极为重要的地位，因为它是证悟“绝对”的唯一途径。为了达到“绝对”，必须进行一系列的排除和否定。人生活在经验世界中，因此，首先的否定就是排除人所感觉到的客体。这种否定导致出一种不依赖人的感觉经验的纯粹客体。然后，就是否定这个纯粹客体，导致出对主体的确信。最终，连主体“我”也被否定，导出超越主客体的“绝对”。至此，否定的过程达到极限，因为已经没有什么东西可以再被否定了。他确信，只要把否定的过程进行到底，就能够证悟到“绝对”(即梵)。实际上，他的这种“否定”哲学，并不是什么新的东西，只不过是沿用古代吠檀多哲学中所使用的“不是这，不是那”的遮诠法，在理论上进一步阐述和发挥而已。

薄泰恰里耶的新吠檀多思想，在20世纪90年代就已经传入中国。印度马伽特大学教授巴萨特·库马尔·拉尔所著的《印度现代哲学》有一章专门阐述了薄泰恰里耶的哲学，该书于1991年被翻译成中文，由商务印书馆出版。2013年，中国社会科学出版社出版的、朱明忠所著的《印度吠檀多哲学史》，也对薄泰恰里耶的哲学作了详细的介绍和评述。

（朱明忠）

Bu'ali

卜阿里 Ben' Ali（1250或1251～1299）曾任南印度马八儿国宰相。后归顺元朝，并曾代表元朝出使马八儿。又称不阿里，也称布哈尔·孛哈里。本名撒亦的。在中印古代外交往来领域发挥过一定作用。

西亚哈剌哈底人，随父迁至马八儿国。曾派遣使者向元朝示好。元至元十八年（1281），杨庭璧自泉州出使俱蓝（见故临），途中因天气原因改航至马八儿国登陆。卜阿里与其见面，表示归顺之意。至元二十八年，元朝派阿里伯等使者出使印度，至马八儿国招其归顺，卜阿里带领近百人归附元朝，定居泉州。受元世祖忽必烈厚遇，得赐妻子蔡氏。被封为资德大夫、中书右丞。据《元史》卷十八，卜阿里代表元朝出使马八儿国，至元三十一年返回大都（今北京）。其时，马八儿国或已易主，或惧元朝，没有追究他的变节之过。大德三年（1299），奉旨由泉州前往京师，十月于大都病世，后葬于泉州。

（李宝龙　何赟）

Buhalu

卜哈鲁（约活动于14世纪）古代印度阿难功德国国王。生平不详。据《明史》卷二《太祖本纪》二、卷三三一《西域列传》三，明洪武七年（1374），卜哈鲁派遣使臣必西尼前来朝贡，进献“方物及解毒药石”。

（何赟）

Butuochiduo

补陀吃多 Buddhagupta（约活动于10世纪）中印度来华僧人。据《佛祖统纪》卷四三，补陀吃多于北宋淳化二年（991）自中天竺国（今印度比哈尔邦一带）那烂陀寺来到宋朝都城汴京（今河南开封）献舍利、梵经，宋太宗赵炅赐以紫服。

（薛克翘）

Budong

不动 Akṣobhyavajra（约活动于12世纪）印度来华译经、传教僧人。全名不动金刚。据《新续高僧传》卷一本传，不动本印度人，出家后曾遍游五印度，显密兼修。后来入华，到西夏护国寺翻译密部佛经。他认为瑜伽教（金刚乘）有五部：一佛部，二金刚部，三宝生部，四莲花部，五羯磨部。不动只传金刚部，故又被称为“金刚上师”。曾在唐代不空金刚译《三十五佛名经礼忏文》前增五十三佛，后缀《普贤十大愿偈》。又曾去四川蒙山寻取唐金刚智译《瑜伽施食仪轨》，并予重译，名曰《焰口》。不动弟子众多，其本人后不知所终。

（薛克翘）

bu'erlun

不二论 advaita 印度古代哲学中吠檀多派的一种理论。吠檀多派中的乔荼波陀和商羯罗是持此理论的主要代表人物。

乔荼波陀认为，梵或大我是万有的根本，一切事物（小我及其相关事物）在本质上是梵或大我的幻现，它们是不真实的。没有独立于梵或大我之外的存在。小我既不是梵的部分，也不是它的变异。它们的关系就如同瓶中的小虚空和瓶外的大虚空的关系一样。即：瓶中的小虚空与瓶外的大虚空本是一个东西，仅仅由于瓶子的限制，它们才显得不同。与此情形类似，作为人生现象的无数小我与大我本是一个东西，仅仅由于身体的限制，它们才显得不同，两者实际上是同一物。

商羯罗也认为，梵是唯一真正实在的东西，梵在本质上是唯一不二的，但由于人们对梵的理解不同而表现出有两种梵，一种是下梵，它是有限制的，有属性的，表现为神创造的具有不同名称和形态的现象世界；另一种是上梵，它是摆脱一切条件因素的，无差别的，无属性的。商羯罗力图表明，下梵和上梵的区分只是人主观认识的产物。实际上，梵仅有一个，是不二的。独立于梵（上梵）之外的事物是不存在的。

不二论是吠檀多派中的主流理论，在印度思想史上占有重要地位。印度近现代的许多思想家在构筑其理论时在不同程度上借鉴、吸收或改造了这种理论。这种理论在近现代传入中国。巫白慧译释的《圣教论》(商务印书馆，1999）是中国近现代翻译的最具代表性的不二论思想家的主要文献。

（姚卫群）

bukejianli

不可见力 adṛṣṭa 印度古代哲学中胜论派理论中的概念。胜论派在解释许多自然界的事物或现象的产生原因时，认为有一种力量在起作用。他们称之为“不可见力”。这一概念有时也被译为“未见”、“法”、“非法”等。如胜论派的文献提到，火向上燃烧、风横向地吹、树液能在树中循环，“极微”最初的运动以及地震等现象都是由“不可见力”引起的。这种“不可见力”的概念，实际上是胜论派在说明一些难以解释的自然现象时使用的。有时此派还把“不可见力”视为人善恶行为产生的力量，大致相当于印度宗教中常说的“业力”。胜论派的这种理论受到古印度的一些宗教派别的反对，如印度哲学中的主流派吠檀多派就曾破斥这一概念。中国现代研究印度哲学的学者对此概念也较关注。姚卫群在其所著的《印度宗教哲学概论》(北京大学出版社，2006）一书中论及了这方面的内容。

（姚卫群）

Bukong

不空 Amoghavajra (705～774) 印度来华僧人，译经家。见不空金刚。

Bukongjingang

不空金刚 Amoghavajra (705～774) 印度来华僧人，译经家，中国佛教密宗的创始人之一。与善无畏、金刚智并称开元三大士。略称不空，音译阿目佉跋

折罗。

据《宋高僧传》卷一、《佛祖统纪》卷四十和四十一、《贞元新定释教目录》卷八、《大唐故大德赠司空大辨正广智不空三藏行状》等，不空为北印度（一说师子国，即今斯里兰卡）人，属婆罗门种姓，幼而慕道，少年丧父，随叔父来到中国洛阳，15岁开始师事金刚智三藏（另有一说称他于唐开元六年，即718年已落发为僧，并游至阇婆国，即今印度尼西亚爪哇和苏门答腊，或仅指爪哇岛，见到金刚智并师事之，后相随来到洛阳)。由于天资聪明，10多天即可学通师父所授的梵本《悉昙章》及声明论。惊异之余，金刚智使之受菩萨戒。开元十二年于洛阳广福寺受具足戒，听习律仪和各种梵语、汉语经论。以后随侍师父，不离左右，且经常与师一起陪同皇帝来往于长安、洛阳两京之间。由于他善解一切有部经典，熟悉异国语言文字，金刚智译经时常令他参与译事。但他提出学习密宗五部（《大日经》即《大毗卢遮那成佛神变加持经》,《金刚顶经》,《苏悉地羯罗经》,《瑜只经》即《金刚峰楼阁一切瑜伽瑜只经》,《要略念诵经》或《菩提场经》）和三密法（身密、语密、意密)，却时过3年而未得传授，遂有意返回印度学习。传说金刚智梦见京城佛寺的菩萨像一概向东而行，醒来向不空谈及，得闻他想回印学法，始知所梦与他打算回印有关，便将五部三密之法全部传付给他。

中国陕西西安大兴善寺大雄宝殿

金刚智晚年意欲返国，开元二十九年七月，唐玄宗下诏应允，不空随行。八月，金刚智行至洛阳广福寺遘疾而殁。安葬师父以后，不空前往广州，在弟子含光、慧辩等僧俗37人的随侍下，携带国书，登船继续返印之行。未满1年到师子国，国王礼迎，请住宫中7日，每天以金壶盛香水，亲自为不空洗浴。后移住佛牙寺，见普贤阿阇梨（导师)，得传授《十八会金刚顶瑜伽经》和毗卢遮那大悲胎藏法门，并使含光和慧辩等同受五部灌顶。此后不空学无常师，广求密藏和各种经、论，得500余部。

在遍游印度各地后，不空于唐天宝五载(746）返回长安，为玄宗行灌顶礼，住净影寺从事译经。后因用法术祈雨、止风灵验，玄宗赐号智藏。天宝八载再返国，行至南海郡即因患病而止。未几河西节度使哥舒翰上书皇帝，请其北赴河陇（河西与陇右)，获得允许。不空应帝诏而往，于天宝十三载到达武威，住开元寺译经。哥舒翰及其属下皆受灌顶。天宝十五载奉诏返回京城，住大兴善寺开坛灌顶。不久安史之乱发生，不空困于长安，但仍秘密遣人向流亡中新继位的唐肃宗问安表忠。两京收复，肃宗还都后，于乾元年间（758～759）应召入宫，建立道场，行护摩法（即密宗火祭)，并使帝受转轮王位。唐代宗继位后，其待遇更为优渥，曾译出《大乘密严经》3卷、《仁王护国般若波罗蜜多经陀罗尼念诵仪轨》1卷，代宗亲自作序。永泰元年（765）十一月，代宗又为之加称号大广智三藏。

早在天宝年间（742～756)，不空曾奏请玄宗下诏广搜先代保存的梵文经典，加以修补装订整理，未译者由他翻译。到唐代宗大历六年（771)，已得77部120余卷，遂乘该年十月帝诞之日，奉上以表祝贺。代宗于是敕命将所献经典编入一切经目录之中。晚年亦曾派弟子含光到五台山造金阁寺、玉华寺，并奏请于金阁寺等5寺各置

定额僧21人，使之成为日后的密教重心。大历九年六月，不空生病，自知不起，遂上表告辞。代宗赐药慰问，并为之加开府仪同三司称号，封肃国公。到十五日，便以香水沐浴，倚卧入定，旋即去世，享年70岁。七月六日火化后，曾得舍利数百粒，于大兴善寺造塔安置。另有传说称其顶骨不燃，中有舍利。朝廷再次追赠司空名位，更加大辨正广智（一作大辩广正智）三藏谥号。建中二年（781），唐德宗敕准不空弟子慧朗在大兴善寺为不空立碑。

不空译经范围广泛，显密皆有，如《大圣文殊师利菩萨佛刹功德庄严经》3卷、《慈氏菩萨所说大乘缘生稻秆经》1卷、《大方广如来藏经》1卷、《佛为优填王说王法政论经》1卷、《金刚顶一切如来真实摄大乘现证大教王经》3卷等。其译经总数，不同文献所载不一，计有77部101卷、77部120卷、77部130余卷、110部143卷等说。在唐肃宗还都以后的17年中，不空得到朝野的倾心崇奉，广译佛典，**灌顶**传法，教化颇盛。据唐代赵迁撰《大唐故大德赠司空大辨正广智不空三藏行状》称，不空据灌顶师之位40余年，授法门人上万，受比丘戒的弟子约有两千，实为一代戒师。在中国佛教密宗中，不空是继初祖金刚智之后的二祖。三祖则为慧朗。

（葛维钧）

Bula

不剌（约活动于13世纪后半叶）中国元朝色目人官吏。曾出使印度。至元二十八年（1291）九月，以侍郎身份随礼部尚书**铁里**、侍郎**阿老瓦丁**率团出使俱蓝（见**故临**）。据《元史·世祖本纪》记载：“庚申，以铁里为礼部尚书，佩虎符，阿老瓦丁、不剌并为侍郎，遣使俱蓝。”

（张亚冰）

Buliuwennai

不六温乃（约活动于13世纪）古代印度俱蓝国来华使臣。生平不详。据《元史》卷十四，元世祖至元二十四年（1287）春正月，俱蓝（见**故临**）不六温乃等人来到元庭。

（何赟）

buyibuyilun

不一不异论 bhedābheda 印度古代哲学中吠檀多派的一种理论。一般认为是**吠檀多派**创立者**跋达罗衍那**在《**梵经**》中解释梵我关系问题时所持的立场。这种理论认为，梵作为一切事物的创造者或根本因，与作为其部分、属性或被造物的众多我（现象界）是不同一的，而从我（现象界）都具有梵性，一切事物离开梵都不能存在的角度看，梵与我又是同一的。这二者的关系被比喻为如同太阳和其映在水面上的影子之间的关系一样。不一不异论在中国现代也为学人所关注。姚卫群在其所著的《印度宗教哲学概论》（北京大学出版社，2006）一书中设有“吠檀多派”一章，论及了这一理论。

（姚卫群）

Budala Gong

布达拉宫 Potala Palace 中国现存世界著名古代建筑之一，是一座融古代王宫与宗教庙宇为一体的别具一格的建筑物，体现历史上西藏政教合一制度。

建筑形制 布达拉宫坐落在西藏拉萨古城的玛布日（红山）之上，宫殿坐北向南，依山筑造，蜿蜒直至山顶，土木石结构，宫墙用石头三合土砌成，厚达3米。整座建筑由白宫和红宫组成。白宫，因外墙白色而得名，是历代达赖喇嘛生活起居、处理政教事务的宫殿，主要由德央夏、德央努、措钦、甘珠拉康、朗吉扎仓等殿堂构成。是布达拉宫的主体建筑群。红宫，因外墙为红色得名，位于布达拉宫的中央位置。是安置历代达赖喇嘛的灵塔，以及举行盛大佛事活动的地方。红宫采用了佛教曼陀罗布局，

布达拉宫壁画

由司西平措大殿、孝登拉康、崇热拉康等殿堂组成，是布达拉宫中最辉煌的建筑群。如安置在孝登拉康内的第五世达赖喇嘛的灵塔，既是历代达赖喇嘛灵塔中建造最早，规模最大，装饰最华丽的一座，又是价值连城、富丽堂皇、闻名遐迩的佛塔，号称世界第一庄严或世界第一装饰。采取菩提塔形制，方座圆身，外用金皮包裹，通高14.85米，由塔座、塔瓶、塔刹三部分组成。塔身上镂刻各种具有藏族特色的图案，并镶嵌数以万计的玉石、珍珠、钻石、琉璃等，五光十色，熠熠生辉。仅贵重珍珠就用了3 812颗，黄金共用一万九千八十二两三钱七分。

布达拉宫宫体主楼共13层，高117米，东西长约400米，南北宽约350米，建筑总面积138 025平方米。建筑的外部都用红、白、黄三色粉刷，象征着威严、恬静和圆满，色彩和样式具有鲜明

布达拉宫远眺

的藏传佛教特征。宫殿在平面上由许多矩形殿堂拼合而成，结构复杂。纵向上，各种殿堂高低错落，前后参差有致，主次分明。宫内群楼耸峙，殿宇巍峨，金碧辉煌，体现了藏式建筑的特色。宫殿内部数不胜数的壁画、雕刻、唐卡、塑像、古瓷、经卷等珍贵文物，又使这座宫殿成为藏族文化艺术的宝库，成为中华民族文化殿堂中的一颗璀璨的明珠，是人类文明史上留下的重要文化遗产。

历史沿革　布达拉是梵文Potalaka（普陀罗）的变音，意为持舟山，为观世音菩萨的道场或刹土。藏传佛教信徒认定拉萨的玛布日是第二持舟山，是观世音的第二刹土。7世纪，吐蕃第33代赞普（国王）松赞干布在玛布日上，大兴土木，建造王宫，命名布达拉宫。当时的建筑规模极其宏大，外有三道城墙，内有999间房子，加上最顶层修有一间佛堂，共有1 000间房屋。顶层上插有长矛，上挂旌旗；宫殿四面有象征汇集一切妙欲财富的四门及门楼。外围城墙包括了整个红山、药王山和帕玛日山。赞普住在红山上，王妃住在药王山。为行走方便，红山和药王山之间修有银质和铜质的索桥。

后因天灾人祸，布达拉宫遭到了严重破坏，逐渐演变为藏传佛教高僧大德闭关修行的宗教圣地，也有不少改造成寺院，作为藏传佛教活动场所。11世纪始，噶当派高僧在这里讲授佛教因明学；之后，相继有噶玛噶举派高僧和格鲁派创始人宗喀巴大师及其门徒在此讲经说法，成为从事宗教活动的场所。

17世纪，五世达赖喇嘛在哲蚌寺建立噶丹颇章政权，并执掌西藏政教大权后，开始大规模重修布达拉宫。从藏历第十一绕迥木鸡年（1645）开始，用3年时间修建了布达拉白宫部分。1682年五世达赖喇嘛圆寂，之后，第司·桑杰嘉措在1690年动员西藏万余名工匠与民工，用4年时间修建了布达拉宫红宫部分，至此布达拉宫整体建筑格局基本形成。修建红宫，除了本地工匠，清廷和尼泊尔也都派出匠师，每天的施工者多达7 700余人，共耗白银约213万两。

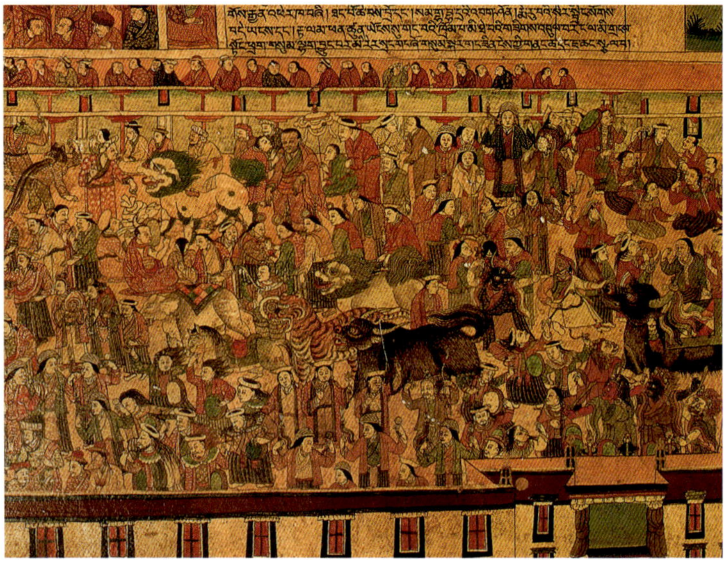

布达拉宫红宫二层回廊西侧壁画（局部）

后布达拉宫进行过多次扩建，方形成今日规模。其外观具有王宫和佛教庙宇相结合的特点，基本采用佛教坛城的建筑布局。扩建时，将原有的圣观音殿和法王洞等7世纪建筑包裹在红宫内，只是拆掉了白宫两端的部分建筑，并在原建筑的基础上向西、南、东方向扩展。红宫顶层修建了达赖喇嘛的寝宫。在这些寝宫的下层修建有药师殿、上师殿、响铜殿、时轮殿等，其下为西大殿，东面为菩提道次第殿，南面为持明殿，西面为五世达赖喇嘛灵塔殿，北面为本生传记殿。扩建后的布达拉宫更加雄伟壮观，富丽堂皇。

布达拉宫

1961年，中国国务院将布达拉宫列入第一批全国重点文物保护单位，每年拨款维修布达拉宫。1988年国务院决定对布达拉宫进行全面维修，1994年竣工，耗资共计人民币5 300万元。同年，布达拉宫作为文化遗产被联合国教科文组织列入世界遗产名录。

珍藏典籍　据初步统计，布达拉宫收藏的藏传佛教文献典籍达6万多部（函），现分存于布达拉宫各个佛殿。以这种方式收藏的文献典籍大多作为佛教三宝中的法宝以供人们朝礼。

崇热拉康，即观世音本生殿，位于红宫西大殿北侧，殿内东侧和北侧设有经书架，上置文献典籍1 000余部，多为善本，内容涉及宗教、文化、工艺、医学、语言等传统十明学科。其中包括西藏首刻藏文木刻版丹珠尔部和清雍正三年（1725）雍正帝赠送给第七世达赖喇嘛的北京版藏文丹珠尔部。这两套丹珠尔在藏文大藏经史上具有较高的历史文献价值。

五世达赖喇嘛灵塔殿，位于红宫西大殿西侧，外观四层，通体一堂，是布达拉宫中最著名的佛殿之一。殿内除了供奉五世、十世、十二世达赖喇嘛金质灵塔及入座银质善逝佛塔外，在殿内西面通体设有11个隔层的大型经书架，上置1 640多部（函）藏文文献典籍，其中包括甘珠尔部、丹珠尔部，以及《大

布达拉宫壁画（局部）

般若》、《八千颂》等珍贵佛学文献典籍。

仁增拉康，即持明殿，意为密宗传承殿，位于红宫西大殿南侧，殿内东、西、北三面设立经书架，上置经书，共计2 500多部。其中有五世达赖喇嘛时期用金汁、银汁、朱砂等珍贵材料书写的6套甘珠尔部（共600函），这是布达拉宫藏书内历史较早的善本甘珠尔部。

图旺拉康，即释迦能仁殿，位于红宫第六层回廊东南角，原为七世达赖喇嘛寝宫，在八世达赖喇嘛时期改为佛殿，殿内东面设立经书架，上置用金汁书写的藏文甘珠尔，实为一套精雕细琢的珍贵善本。据有关资料，它是依照拉萨雪木刻版抄写完成的，誊录于17七世纪中叶，共有115函，其纸张为特制的蓝黑色加厚纸，统称蓝锭纸，文字均用金汁书写，每函封面文字皆为用黄金浆堆写的凸字。

堆廓拉康，即时轮殿，位于红宫六层回廊东侧，殿内设立的经书架上摆放着五世达赖喇嘛时期刻印和抄写的经书，其中有一部《般若八千颂》（木刻版）、一部《陀罗尼集经》（木刻版）、一部《嘛呢宝训集》（木刻版）、一部《时轮经》（木刻版）和一部《解脱经》（金汁手抄本）等，极其珍贵。

八世达赖喇嘛·绛白嘉措灵塔殿，位于红宫最高层北侧，殿内主要供奉八世达赖喇嘛灵塔，灵塔周围设立经书架，上置用金汁书写的一部甘珠尔（115函），属于珍贵的手抄善本。

九世达赖喇嘛·隆多嘉措灵塔殿，位于红宫最高层东北侧，殿内主要供奉九世达赖喇嘛灵塔，塔内藏有文献典籍、舍利等珍贵文物。灵塔周围的经书架上摆放着一部用金汁书写的甘珠尔部（114卷），属于珍贵的手抄善本。

喇嘛拉康，即上师殿，位于红宫最高层西侧，原为十世达赖喇嘛灵塔殿。后来灵塔移置下层，该殿用于供奉宗喀巴等历届格鲁派上师塑像，殿内西侧设立经书架，上置第司·桑杰嘉措时期用金汁书写的一部甘珠尔（共111函）。

萨松朗杰康，即殊胜三界殿，位于红宫最高层南面，殿内北侧设立的经书架上摆放着乾隆帝赐给八世达赖喇嘛的朱砂字满文甘珠尔一部。这是藏族地区唯一的满文版甘珠尔，具有极高的文物和文献价值。

鲁朗康，即坛城殿，位于红宫高层南侧，原为七世达赖喇嘛的寝宫之一，后改为坛城殿，内设密集本尊金刚、胜乐本尊金刚和大威德本尊金刚三个立体的大型坛城。此外，殿内收藏不少文献典籍，主要有七世达赖喇嘛的文集（黑墨汁手抄本，共8部）、《般若十万颂》（金汁手抄本，共12部）、《般若八千颂》（金汁手抄本，1部）、《般若二万颂》（金汁手抄本，3部）、《陀罗尼集经》（金汁手抄本，1部）、《贤劫经》（金汁手抄本，1部）。这些文献典籍都是在七世达赖喇嘛时期抄写完成的珍贵藏本。

强康，即弥勒佛殿，位于红宫最高层东面，原为八世达赖喇嘛寝宫，后改为佛殿，名为强康。殿内除了供奉的许多佛像和塑像外，还有大量的珍贵文献典籍，共有270余部（函）。文献典籍皆用黄色彩云缎包裹，夹板用优质木料制成，上嵌银饰，装帧豪华。殿内经书架上摆放的用8种宝物（金、银、铜、铁、松石、朱砂、青金石、海螺）制成的特殊墨书写的一部丹珠尔（共225函），价值连城。它不仅是依照古老纳塘版抄写完成，而且是以特殊原料书写而成，在藏族地区的文献典籍中极为罕见，故称八宝丹珠尔。此外，还有五世达赖喇嘛和六世班禅额尔德尼的全集各一套及宗喀巴大师全集，其版本或质地如同上述丹珠尔版本，属于珍本或善本。

森琼尼威夏，即东日光殿，位于白宫顶层东侧，坐北朝南，原为十三世达赖喇嘛晚年和十四世达赖喇嘛早年起居生活和从事政治、宗教活动的主要场所，而殿内西侧有达赖喇嘛存放文书的资料室，大约收藏200～300部（函），其中大多是关于般若、律藏、因明和藏医等方面的文献典籍。

朗仁拉康，即菩提道次第殿，位于红宫西大殿东侧，殿内主要供奉宗喀巴大师的塑像，并有若干经书架，上置宗喀巴大师的《菩提道次第广论》和《密宗道次第广论》，以及用金汁书写的大藏经甘珠尔部（不全，现有60多函）。甘珠尔版式规格较小，属于中等类型的藏式版本。它在布达拉宫的大众版式中极为少见，十分特殊。

布达拉宫藏书殿不是历史上专门建造的图书馆，而是指后来暂时存放文献典籍的几座佛殿，至今尚未形成真正意义上的专门存放或利用文献资料的图书馆。藏书主要是在民主改革和“文化大革命”两个不同历史时期，将面临毁损或丢失的重要文献典籍，陆续收集到布

布达拉宫夜景

67

达拉宫内加以保管并留存下来的。收藏在藏书殿里的藏外文献典籍，数量巨大，内容丰富。布达拉宫有四个藏书殿：第一藏书殿，现存放文献典籍近3 000部（函），其内容属综合性，并按藏传佛教各个宗派分为10类。第二藏书殿，现存放文献典籍7 000多部（函），主要是较为完整的历代藏族高僧全集或文集。第三藏书殿，现存放文献典籍约5 000部（函），大多是散失不全的历代藏族高僧文集。第四藏书殿，现存放文献典籍10 000部（函），均为不同版本的藏文大藏经，包括甘珠尔和丹珠尔，并无珍本或善本；其余部分是《陀罗尼集经》和大品、中品、小品《般若经》等，重复本较多，仅《般若八千颂》就达400多部（函）。藏书殿收藏量达25 000多部（函），其数量超过整个布达拉宫藏书量的1/3。

布达拉宫现存藏传佛教藏外文献典籍的最大特征，在于门类齐全，内容丰富，基本上囊括了藏传佛教文化领域，包括哲学、历史、宗派、教义、仪轨、传记以及语言文学、天文历算、建筑艺术和藏医药等传统十明学科。最值得注意的是藏有藏传佛教各个宗派高僧大德的文集。这些文集几乎涵盖了藏传佛教噶当派、格鲁派、宁玛派、噶举派、萨迦派、觉囊派、布鲁派、普东派和息解派等宗派高僧大德撰写的所有经典著作。特别是五世达赖喇嘛的《绝密印鉴》和《甚深净相》，以及布顿·仁钦珠的《密续总论》、普东·乔列南杰的《四续概论》，在佛教密宗文献典籍中具有重要学术价值和实践意义。

（尕藏加）

Budun Fojiao Shi

《布顿佛教史》 *bu ston chos vbyung* 中国藏传佛教名著。全称《善逝教法源流宝藏》。藏传佛教高僧布顿·仁钦珠（1290～1364）著，成书于1322年。全书分四编。第一编分三部分：第一部分阐述听闻，讲说正法的功德；第二部分阐述如何确认所闻、所讲之正法；第三部分阐述如何闻、讲及修学体验正法。第二编叙述所修正法如何产生的历史。第三编叙述藏地佛教传播的历史，内容涉及前弘期、后弘期和包括印度等

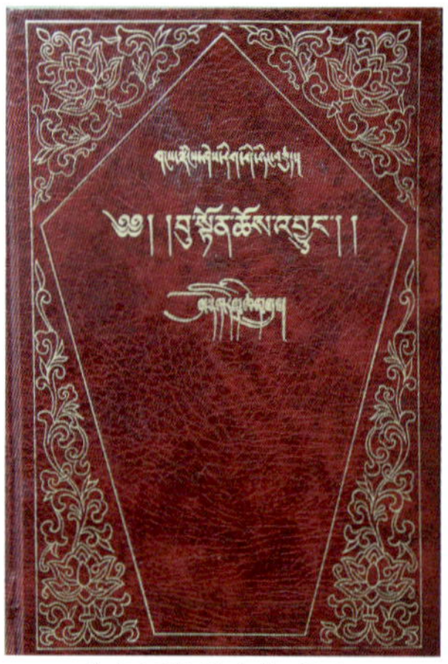

《布顿佛教史》封面

地班智达在内的传法者，以及译经家名录。第四编详细编造藏译佛经和论典的目录，包括显宗和密宗典籍。

《布顿佛教史》是一部集史、论、目录为一体的论著，对佛教及藏传佛教的源流、教法及典籍进行了精湛扼要的叙述、阐释和论证，其叙事之细密，议论之透辟，考订之明审，语言之通畅，在藏传佛教史籍中实属凤毛麟角。重要的是它还提供了印度佛教和藏传佛教史上的重要人物、主流宗派、主要学说和重点典籍等方面的珍贵资料。直至今日，它对于藏学界依然有着深刻的学术影响。1988年中国藏学出版社出版藏文版。亦有汉译本传世。

（尕藏加）

Budun Renqinzhu

布顿·仁钦珠 bu ston rin chen grub （1290～1364） 中国藏传佛教高僧，佛学家，密宗师，大译师，布顿学派的创立者。出生于后藏绰普辖地夏麦地方，父亲名扎敦·坚赞贝桑，是一位宁玛派

布顿·仁钦珠坐像 现供奉于中国西藏日喀则地区夏鲁寺

高僧，母亲叫索朗奔。6岁跟母亲读书识字，善于朗读，聪明伶俐，在同龄人中出类拔萃。7岁时，在绰普瓦·索朗森格座前修学大乘无上菩提心，遂心生慈悲，事事念及众生。8岁始，在舅父、宁玛派喇嘛慈臣贝桑处修学旧译密法，因而娴熟宁玛派的修持仪轨。与此同时，勤于钻研医学、历算、建筑、绘画艺术等文化知识。18岁正式出家受沙弥戒，默记戒律经典《毗奈耶根本经》与《毗奈耶颂》，恪守戒律。他刻苦研习《现观庄严论》等佛教重要经论。23岁时在噶西巴·札巴宣努等高僧座前受比丘戒，温习毗奈耶及修心方面的经论。之后，遵照上师的旨意和众僧的要求，在

宝生佛像 夏鲁寺甘珠尔殿南壁壁画

绰普寺讲授《现观庄严论》、《律藏》、《俱舍论》等大经。此外，布顿·仁钦珠依止大译师塔洛·尼玛坚赞，潜心学习梵文本《旃陀罗波声明论》、《声明集分论释》，以及修辞学、韵律学和东西印度、斯里兰卡等多种语言文字。之后，他拜白登森格、多杰坚赞以及瑜伽师等密宗成就者为师，领受密宗四续灌顶及注疏等教授，从而博通密宗经论。

布顿·仁钦珠31岁时应日喀则东南夏鲁地方领主古香·札巴坚赞的邀请，担任夏鲁寺住持。住持期间，他向夏鲁寺僧众以及来访学僧讲授《量抉择论》、《现观庄严论》、《大乘阿毗达磨集论》等佛教大论，赢得广大僧俗信众的赞誉。因之夏鲁寺寺僧迅速增至3 800多人。布顿·仁钦珠大刀阔斧地发展寺院教育，建立显宗学院和密宗学院，系统教授佛教显密主要经论；尤其开辟夏鲁日埔密宗修行道场，此为藏传佛教后弘期史上较早产生的正规密宗修行场所，对后世藏传佛教密宗的发

中国西藏日喀则地区夏鲁寺

展产生积极影响。与此同时，布顿·仁钦珠在夏鲁寺建立独具特色的教法仪轨，如冬夏两季讲授《现观庄严论》、《大乘阿毗达磨集论》、《量抉择论》、《毗奈耶根本经》等显宗教理，春秋两季教授《时轮》、《密集》和《瑜伽续金刚生大疏》等密宗教理，从而形成独树一帜的布顿学派。

布顿·仁钦珠56岁时安居自己的禅修室，补译、新译了数部声明和密续经典。62岁时，前往前藏，调解雅桑与帕莫主巴之间的争战，沿途讲经传法，引导民众行善从事。63岁时，为悼念去世的母亲，在夏鲁地方建造一座菩提塔。64岁时，兼任绰普寺住持，在该寺建造讲经院与禅修院。一年之后，又返回夏鲁寺履行教务职责。67岁时，卸任夏鲁寺住持一职，赴日埔修行处安居禅修。在此期间，布顿·仁钦珠在到访夏鲁寺的克什米尔班智达苏玛拉室利座前领受密宗灌顶，聆听曼荼罗仪轨、护摩等梵文佛经，并将其译成藏文。同时，他也向克什米尔班智达、大司徒绛曲坚赞等人传授时轮金刚经。74岁时又继续闭关修行，直至圆寂。

布顿·仁钦珠是藏传佛教史上有着深远影响的一代高僧，他不仅学富五车，而且德高望重，被冠以“第二佛陀”之盛名。他精通佛教显密教法，无论在显宗教理方面还是在密宗实践领域，均有较高成就，故又称其为无所不知的“遍知一切”大师。他不仅讲经说法，培养弟子，利益众生，而且著书立说，著述等身。后由他的大弟子扎泽巴·仁钦朗杰搜集、整理，编纂了28部（函）的《布顿全集》，初以手抄本的形式问世流传。至20世纪初期，在拉萨印经院重新校勘出版了《布顿全集》木刻版，广为流传。其中，《善逝教法源流宝藏》(简称《布顿佛教史》）为代表作，已有多种文字译本问世。

（尕藏加）

bushi

布施 dāna-pāramitā 佛教概念。六度之一。音译为“檀那波罗蜜”。是大乘佛教菩萨道中的重要实践法门。指把自己的所有物施给别人。有财施、法施、无畏施三种类别的区分。财施是以自己的财物去救济他人，法施是以佛教的正确理论去劝人修善除恶，无畏施指不畏惧自己可能出现的危险而去解除别人的恐惧。

（姚卫群）

Bupai Fojiao

部派佛教 Sectarian Buddhism 约公元前4世纪至公元1世纪初期处于分裂时期的印度佛教。见**印度佛教**。

C

Cai Yin

蔡愔 Cai Yin（约活动于1世纪） 中国汉朝使节，译员。具体官爵和故里不详。是最早把佛教介绍到中国的人物之一，在中印文化交流中作出过积极贡献。

传汉明帝刘庄一日梦见金色、项佩白光之人，有解梦者说可能是西方的神人，名曰佛，于是派遣中郎蔡愔、羽林郎中秦景和博士弟子王遵等18人出使天竺。蔡愔等到达大月氏（今甘肃西部至新疆东部一带），在印度高僧帮助下，抄写浮屠遗范。并邀竺法兰与迦叶摩腾以榆桶装经、图，以白马驮运，一起回到洛阳，标志着佛经、佛像进入中国，中国自此开始佛教跪拜之法。后在洛阳城雍关之西兴建第一座佛寺，命名为白马寺。明帝令画工依照蔡愔带回的释迦牟尼立像作佛像，放置在清凉台、开阳城门和显节陵上。在白马寺盛饰佛图，画迹甚妙，为各地范式。并规定宫塔制度依照天竺旧状构造，从一级至三、五、七、九，世人相承，称为“浮图”或者“佛图”。蔡愔等翻译带回的经卷，相传就是现存的《四十二章经》，是《阿含经》的节要译本。运经的榆桶曾收藏在城内愍怀太子（司马遹，278～300）浮图中，后搬回白马寺。白马寺被称为“释源”和“祖庭”便由此开始。蔡愔的相关事迹可见《水经注》卷十六《谷水》、《魏书·释老志》、《牟子理惑论》、《弘明集》卷一等。

《白马驮经图》（明）丁云鹏绘
现藏中国台北故宫博物院

（胡俊麟）

Canglang Shihua

《沧浪诗话》 中国诗学著作。1卷，宋代严羽著。全书共分5个部分，即《诗辨》、《诗体》、《诗法》、《诗评》、《考证》。在明清时代影响极大，被认为是宋代最好的诗话。其最大特点是以禅喻诗，即用禅来论诗。严羽极力反对宋代以来的诗，极力推崇盛唐以前的诗。反对“以文字为诗，以才学为诗，以议论为诗”，主张把诗作到一个不可思议的境界。他在《诗辨》部分开头说道：“大学诗者以识为主：入门须正，立志须高。”他认为正宗的上乘之作是《楚辞》、汉魏五言诗、《古诗十九首》、李白和杜甫的诗，以及盛唐其他名家之作等。《诗辨》中还说：“禅家者流，乘有小大，宗有南北，道有邪正；学者须从最上乘，具正法眼，悟第一义。若小乘禅，声闻辟支果，皆非正也。论诗如论禅：汉魏晋与盛唐之诗，则第一义也。大历以还之诗，则小乘禅也，已落第二义矣。晚唐之诗，则声闻辟支果也。……大抵禅道唯在妙语，诗道亦在妙悟。”一是“论诗如论禅”，即禅有大小乘之分，诗有高低级之别；二是“诗道在妙悟”，即杜甫的“语不惊人死不休”，但要如同学禅，顿悟妙门。其观点虽受一些人批判，但也不应全盘否定。既然禅道可以妙悟，诗道当然也可妙悟。严羽强调作诗需要有一个学习积累的过程，在此基础上才能妙悟，才有灵感。这部以禅论诗，是中国诗学受佛教影响的实例。

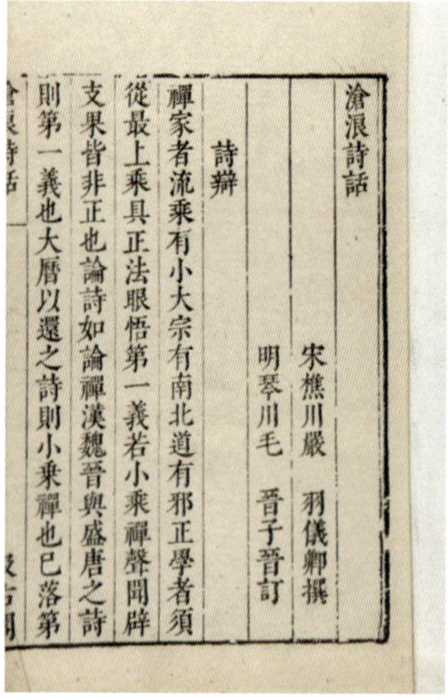

滄浪詩話

宋 樵川嚴 羽儀卿撰

明 琴川毛 晉子晉訂

詩辯

禪家者流乘有小大宗有南北道有邪正學者須從最上乘具正法眼悟第一義若小乘禪聲聞辟支果皆非正也論詩如論禪漢魏晉與盛唐之詩則第一義也大曆以還之詩則小乘禪也已落第

《沧浪诗话》书影

（薛克翘）

Cao Miaoda

曹妙达 Cao Miaoda（约活动于6世纪下半叶） 中国北齐至隋初琵琶演奏家。出身于西域曹国（今乌兹别克斯坦撒马尔罕东北）琵琶世家。从北魏末年起，祖父曹婆罗门和父亲曹僧奴即开始定居于中原。曹婆罗门曾跟随一商人学习龟兹琵琶，因而其子曹僧奴及孙辈曹妙达兄妹均擅龟兹琵琶之艺。曹妙达的后裔曹保及其子曹善才、孙曹纲等，均为杰出的琵琶演奏家，显赫于北齐至唐代。

曹妙达的琵琶演技，为北齐文宣帝高洋（550～559年在位）所重；每当曹妙达弹琵琶时，高洋总是亲击胡鼓与之相和。酷爱西域音乐的北齐后主高纬（565～576年在位）更加宠幸曹妙达，赐予他堪与朝廷大臣相比的高官厚禄，乃至封他为郡王。时人诗云：“乐工封王侯，妙达唯一人。”北齐灭后，曹妙达入隋，仍为宫廷乐官。据《隋书·音乐志》记载，隋文帝杨坚曾令其于太常教习清庙歌词，以代北周之歌。隋开皇年间（581～600），与王长同、李士衡、郭金乐、安进贵等人，“妙绝弦管，新声奇变，朝改暮易，持其音技，估炫公王之间，举世争相慕尚”。《隋书·万宝常传》中称曹妙达等人“能造曲，为一时之妙，又习郑声”，说明他在继承传统的同时，也能吸收中原民间音乐的营养，以丰富自己的演奏和创作。

（赵佳梓）

Cao Pi

曹毗 Cao Pi（约活动于6世纪） 译经家真谛的俗家弟子。撰有真谛的《历传》，并着力弘扬其所译诸论。

据《续高僧传》卷一等，曹毗是真谛高足智恺的俗家堂弟，同时也是真谛的菩萨戒弟子。他聪颖沉稳，志向高远，从小被带到南方学习《摄大乘论》，并通达数部经典。太建二年（570），曹毗请建兴寺僧正明勇继续讲解《摄论》，有50多名僧人受学。晚年，他住在江都（今江苏扬州），修习少时所学，经常在白塔寺开讲真谛所译诸论。其穿着与俗家高士类似，登座讲解总有高论，听讲者也都是一时名贤。禅定寺僧荣、日严寺法侃等都跟随他学习。此外，他还撰有真谛的传记与翻译目录。

（范晶晶）

Cao Shiwei

曹士蔿 Cao Shiwei（约活动于八九世纪） 中国唐代天文学家。见《符天历》。

Cao yi chushui

曹衣出水 Cao Zhongda technique 中国北齐画家曹仲达创立的“曹家样”佛像样式。这种“曹家样”佛像线条稠密重叠，衣服紧贴身体，犹如刚从水里出来，可能曾受到印度笈多马图拉样式的佛像的影响。后世把这种“曹家样”佛像与唐代画家吴道子的“吴家样”佛像相提并论，称之为“吴带当风，曹衣出水”。见曹仲达。

（王镛）

Cao Yu

曹禺 Cao Yu（1910.09.24～1996.12.13） 中国现代著名剧作家。原名万家宝，字小石。祖籍湖北潜江，生于天津。1922年入南开中学，参与编演外国名剧和时事新剧。1928年入南开大学政治系，1930年转清华大学西洋文学系，1930～1937年，完成早期“三部曲”《雷雨》、《日出》和《原野》的创作。抗战期间创作《蜕变》、《北京人》，改编巴金同名小说《家》。中华人民共和国建立后历任中央戏剧学院副院长、北京人民艺术剧院院长、中国作协书记处书记、中国剧协主席、中国文联执行主席等职，创作有《明朗的天》、《胆剑篇》、《王昭君》等。1982年，中国文联和中国剧协设立“曹禺戏剧文学奖”。1996年，曹禺研究专家田本相、刘一军任主编，曹禺夫人李玉茹参编的七卷本《曹禺全集》由花山文艺出版社出版。

曹禺自小即对印度怀有美好想象。母亲讲述的唐僧取经故事，使他衷心向往美丽而神秘的天竺。成年后，随着对中印之间艺术交流了解的增多，特别是在实际接触敦煌文献之后，印度的形象在其心目中变得丰满而亲切。1956年7月，他与杨朔一道赴新德里，参加亚非作家会议的筹备会，终于得以亲睹印度这个文明古国的诸多方面。回国后他撰写了《难忘的印度》一文，于1956年9月10日发表在《人民日报》上。该文后收入《迎春集》，于1958年由北京出版社出版，现已编入《曹禺全集》第六卷。

曹禺在《难忘的印度》中回忆了自己为期两周的印度之行。在他的笔下，阿旃陀石窟宏伟壮丽，泰姬陵瑰奇明净。他描绘了印度人与自然的和谐相处，传统与现代的交相辉映。他感受到了印度人民火一样的热情。涌动的欢迎人潮，充满友善的眼睛，美丽芬芳的花环，迷人的乐舞，友谊的诗篇，“印地秦尼巴依巴依（印中人民是兄弟）”的呼喊，都使他心潮澎湃。他表示，这一切缘于中印两个民族间悠久而深挚的友好交往，也归功于两国总理周恩来和J.尼赫鲁联手推动的热切交流。他认为，中印两国艺术家和学者们的相互往来多如恒河沙数。他记述了《两亩地》、《流浪者》和《章西女皇》等印度电影在中国各地上映并深受中国观众喜爱的情景，诸多优秀的印度文学作品被译介到中国的盛况，以及中国青年艺术剧院将迦梨陀娑的名剧《沙恭达罗》搬上中国舞台所获得的巨大成功。他提到不少出访印度的中国作家、诗人在他们各自的作品中所记载的对印度的美好印象。他特别提及严文井为儿童写的印度游记《印度，我们永远不会忘记你！》。在文章最后，曹禺对印度这一曾被称为“维多利亚皇冠上的宝石”的国家终于摆脱殖民统治并掌握了自己命运的历史变迁，表达了由衷的欣慰之情。

（王汝良）

Cao Zhi

曹植 Cao Zhi（192～232） 中国三国时期文学家，诗人，音乐家。字子建。沛国谯人（今安徽亳州）人。曹植为曹操（155～220）第三子，魏文帝曹丕（187～226）之弟。《三国志·魏书》有传。年十岁能属文，才思隽发，深受曹操喜爱。魏国建立，初封东阿王，不久改封陈王。死后谥思，故后世多称陈思王。

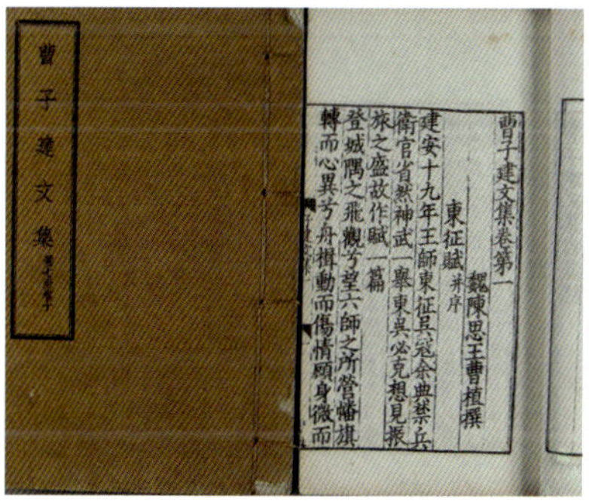

曹子建文集

曹子建文集卷第一

魏陳思王曹植撰

東征賦 并序

建安十九年王師東征吳寇余典禁兵

衛官省然神武一舉東吳必克想見振

旅之盛故作賦一篇

登城隅之飛觀兮望六師之所營幡旗

轉而心異兮舟楫動而傷情顧身微而

《曹子建文集》书影

曹植与佛教的关系，见于慧皎《高僧传》卷十三末附《论》，其中说：“始魏陈思王曹植，深爱声律，属意经音。既通般遮之瑞响，又感鱼山之神制。于是删治《瑞应本起》，以为学者之宗。”“原夫梵呗之起，亦兆自陈思。始著《太子颂》及《睒颂》等，因为之制声。”由此可见，曹植与佛教关系密切。其对佛教的主要贡献在于创制梵呗。道宣《广弘明集》卷五有曹植《辩道论》，篇末有后人附语：“植每读佛经，辄流连嗟玩，以为至道之宗极也。遂制转读七声升降曲折之响，故世之讽颂咸宪章焉。尝游鱼山，闻空中梵天之赞，乃摹而传于后，则备见梁《法苑集》。”与慧皎记载相一致。

（薛克翘）

Cao Zhongda

曹仲达 Cao Zhongda（约活动于6世

纪下半叶）中国北齐画家。原籍西域曹国（今乌兹别克斯坦撒马尔罕一带）。北齐时代官至朝散大夫。曹仲达善画“外国佛像”，创立了“曹家样”佛像样式。北宋郭若虚在《图画见闻志》卷一《论曹、吴体法》中曾论述曹仲达与唐代画家**吴道子**的两种体法：“曹、吴二体，学者所宗。按唐张彦远《历代名画记》称，北齐曹仲达者，本曹国人，最推工画佛像，是为曹；谓唐吴道子曰

郭若虚《图画见闻志》书影

吴。吴之笔，其势圆转，而衣服飘举；曹之笔，其体稠叠，而衣服紧窄。故后辈称之曰：吴带当风，曹衣出水。”并说明“雕塑铸象，亦本曹、吴”。曹仲达所画佛像的真迹早已不复得见，根据郭若虚的描述可知，这种“曹家样”佛像线条稠密重叠，衣服紧贴身体，犹如刚从水里出来。这种“**曹衣出水**”式的佛像基本符合印度笈多马图拉样式的佛像薄衣贴体的造型特征，可能受到了后者的影响。

（王镛）

Caotang Si

草堂寺 Caotang Temple 中国最古老的佛教寺院之一。是中国佛教史上时间最早的佛经翻译场。

草堂寺位于陕西户县秦镇南15千米处。原称大寺，后秦弘始三年（401），皇帝姚兴迎西域高僧**鸠摩罗什**至长安，住此译经，起名草堂。此后，历经唐、宋、元、明、清各代，兴衰交替，屡改寺名。

草堂寺山门

1949年以后，中国政府多次拨款整修，又得日本佛教界捐资，逐渐形成今天的规模。

草堂寺与鸠摩罗什的名字紧密相连。鸠摩罗什是中国佛教发展史上划时代的佛学大师，也是成就卓越的译经家。他既通梵语，又娴汉文，翻译佛经74部、384卷。唐初高僧吉藏以鸠摩罗什译出的《**中论**》、《**百论**》、《十二门论》三部论典为依据，创立了三论宗，尊鸠摩罗什为始祖。草堂寺作为鸠摩罗什的译经道场，因而成为三论宗祖庭。

“姚秦三藏法师鸠摩罗什舍利塔”是草堂寺的珍贵历史文物。相传，鸠摩罗什圆寂后火化，薪灭形碎，唯舌不烬。其弟子建造舍利塔以纪念之。现存的舍利塔应是唐代制品。

（薛克翘）

Cemo Lin

策墨林 tshe smon gling 中国清代藏传佛教格鲁派策墨林活佛世系驻锡地或府邸。**拉萨四大林**之一。位于西藏拉萨地区。策墨林活佛世系形成历史较短：一世策墨林活佛·阿旺慈臣（1721～1791），二世策墨林活佛·阿旺绛贝慈臣嘉措（1792～1863），三世策墨林活佛·阿旺洛桑丹贝坚赞（1864～1919）。

一世策墨林活佛·阿旺慈臣，安多卓尼人，早年赴西藏色拉寺研习佛学，获拉然巴格西学衔，后转入拉萨上密院深造，曾先后担任上密院堪布、甘丹寺夏孜札仓堪布。清乾隆二十七年（1762），奉诏进京，担任雍和宫堪布，乾隆帝赐封他为“夏孜诺们罕”。藏历第十三绕迥土狗年（乾隆四十三年，1778），任八世达赖喇嘛的经师；同年又任甘丹寺第六十一任“赤巴”。乾隆四十六年，乾隆帝敕令八世达赖喇嘛·绛白嘉措（1758～1804）亲政，策墨林·阿旺慈臣继续摄政。藏历第十三绕迥水兔年（乾隆四十八年，1783），策墨林·阿旺慈臣在拉萨小昭寺之西创建一座小寺，为乾隆帝祈寿，乾隆帝赐名“寿宁寺”，藏语称“tshe smon gling”，音译为“策墨林”。此为策墨林活佛世系名称之由来。

二世策墨林活佛·阿旺绛贝慈臣嘉措也是安多卓尼人。藏历第十四绕迥土兔年（嘉庆二十四年，1819），任西藏噶厦政府摄政王。道光五年（1825），他在拉萨扩建策墨林，其主体建筑由东西两大宫殿（东为白宫，西为红宫）构成。

策墨林活佛世系及其官邸策墨林虽产生时间较晚，但在西藏政教史上具有重要影响。

（尕藏加）

chaye zhongzhi

茶叶种植 tea cultivation 长期以来，在印度阿萨姆和东北部的丘陵地区，人们一直在种植当地的土生茶树，而用茶树的叶子泡水喝，也一直是当地人习以

策墨林内院

《斗茶图》 （元）赵孟頫绘

为常的做法。然而，引进中国茶树，采用中国的茶叶栽培和加工方法，在印度进行有组织的茶叶种植，却是从19世纪开始的。鉴于英国须从中国购买巨量茶叶，英国人非常急于找到一种在自己的帝国范围内种植茶叶的办法。英国植物学家发现，有一种茶树在阿萨姆生长茂盛。他们于是认定，阿萨姆和北孟加拉的丘陵，是种植茶叶的适宜地区。在英国专使马嘎尔尼勋爵1793年访华期间，茶树从中国走私至印度，但这些茶树未能茁壮生长起来。英国东印度公司最初并不愿从中国走私茶树，以削减自己在中国的茶叶贸易。然而，随着其贸易垄断地位在1833年终结，再加上在印度施政面临财政困难，英国东印度公司于是开始积极鼓励在印度种植茶叶。为此，1834年成立了一个茶叶委员会，并派G. J. 戈登前往中国。除获得中国茶籽和茶树苗外，还负有招募中国茶叶种植者并劝说他们前往印度的任务。在这项冒险性的商业活动中，他们面临重重困难，因为中国的茶叶种植者本身并不愿移居国外。随后，他们转而致力于在槟榔屿和新加坡招募华工。共约300名华人来到阿萨姆从事茶叶种植。第一个华人茶叶种植者于1832年来到阿萨姆，在楚布瓦茶园工作。由华人种植者在印度生产的茶叶，于1838年首次出口英国。阿萨姆茶叶公司1839年成立。随着沃德式气密箱的发明，将成千上万的中国茶树苗经香港海运至加尔各答。

英国人对茶叶种植流程有两项革新。其一，在茶园里进行大规模种植。其二，茶叶加工机械化，包括茶叶的萎凋、揉捻、粉碎、烘干和筛分等工序。加上新的种植和采摘方法的引进，使印度和锡兰（今斯里兰卡）的茶叶产业得以稳步发展。锡兰茶叶种植的引进路线与印度相似。种植园栽培法可在雇用大量非熟练劳工的情况下进行，而这样的劳工在印度本土即可找到，因而实际上就不必再依赖中国的茶农。1866~1870年，中国对英国出口茶叶的份额占英国茶叶进口总额的91.4%，而在随后的数十年间，这一比例持续递减，到1905年仅占4%，因为英国的大部分茶叶已改从印度和锡兰进口。到19世纪80年代，印度的茶园种植者也逐步认识到，与早年使用的以中国茶籽和茶树苗为本培育的杂交茶树相比，本土茶树品种更适于种植。

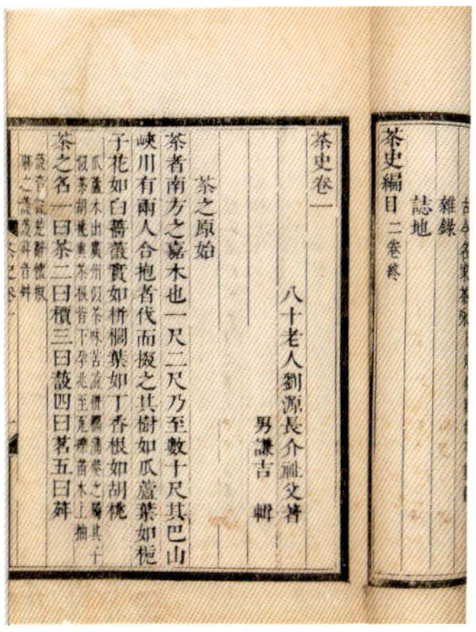

茶史卷一
八十老人劉源長介祉父著
男謙吉
茶之原始
茶者南方之嘉木也一尺二尺乃至數十尺其巴山峽川有兩人合抱者伐而掇之其樹如瓜蘆葉如梔子花如白薔薇實如栟櫚葉如丁香根如胡桃
茶之名一曰茶二曰檟三曰蔎四曰茗五曰荈

茶史編目 二卷終
誌地
雜錄

《茶史》书影

（玛妲玉撰　刘文亮译）

Chateji

查特吉，S.C.　Sarat Chandra Chatterjee (1876.09.15~1938.01.16)　印度孟加拉语小说家。生于印度胡格利县德瓦南达普尔（今属印度西孟加拉邦）的一个婆罗门家庭，幼时家境贫苦。1886年随父母迁居今比哈尔邦帕格尔布尔。1894年考入朱比利学院，两年后中断学业。1900年因就业问题与父亲发生冲突而离家出走，开始游方僧生活。1903年赴缅甸谋生，在仰光的政府机关里从事文书工作。1916年返回加尔各答，开始职业作家生涯。1921~1936年任豪拉县国大党主席，成为一名激进的民族主义者。1936年被达卡大学授予荣誉博士学位。1938年在加尔各答病逝。

查特吉《秘密组织——道路社》中译本书影

查特吉一生共创作30多部中长篇小说和许多短篇小说。1904年发表第一部短篇小说《寺庙》。1907年，第一篇长篇小说《大姐》在杂志上发表，获得好评。短篇小说有《宾杜的儿子》(1914)、《拉摩的悔悟》(1914)、《二姐》(1915)、《卡西纳特》(1917)、《斯瓦米》(1918)、《被焚毁的家》(1919)、《画像》(1920)、《诃利拉克希米》(1926)等。中、长篇小说主要有《斯里甘特》(第1卷，1917；第2卷，1918；第3卷，1927；第4卷，1933)、《乡村社会》(1916)、《嫁不出去的女儿》(1916)、《道德败坏的人》(1917)、《秘密组织——道路社》(1926)等。其中，4卷本自传性长篇小说《斯里甘特》全面展现了19世纪末20世纪初孟加拉的社会生活，被誉为印度现实主义文学的杰作。其作品被大量翻译成印地语、古吉拉特语、马拉提语、英语等语言，多部小说被改编成电影剧本。

印度电影《宝莱坞生死恋》剧照

20世纪50年代起，共有3部查特吉的作品被译介到中国，分别是石真翻译的《嫁不出去的女儿》(1956)、《斯里甘特》(第1卷，1981）和刘国楠、刘安武翻译的《秘密组织——道路社》(1985)。2004年，根据其小说《代瓦达斯》改编的同名印度电影（汉译《宝莱坞生死恋》）由中央电视台引进，在中国获得较大反响。

（李亚兰）

Chatuobadiyaya

查托巴迪雅亚，H. Harindranath Chattopadhyay（1898.04.02～1990.06.23）印度诗人，戏剧家，演员，音乐家，人民院议员。印度国大党首任女主席S.奈都之弟。

查托巴迪雅亚生于海德拉巴的一个婆罗门家庭。受父母影响，自幼对文学创作和表演艺术产生兴趣。后进入剑桥大学菲茨威廉学院学习。青年时期开始诗歌创作，在英国学习期间陆续在《印度杂志》和《英国与印度》上发表诗作，回国后出版有《石之血》(1944)、《冬之春》(1955）等作品。还发表了3部戏剧，其中《五剧》1929年在伦敦出版，受到R.泰戈尔、J.R.罗素等人的好评。此外，参演24部电影，并为部分电影主题曲作词、作曲。1951年在马德拉斯邦的维杰亚瓦达（今位于安得拉邦）人民院选举中获胜，并于1952年4月14日至1957年4月4日担任印度人民院议员。1971年获印度政府颁发的第三级公民荣誉勋章。

查托巴迪雅亚《我歌唱人类》中译本书影

查托巴迪雅亚于1953年9月访华，参加中华人民共和国国庆庆典，并出席周恩来总理在外交部大楼举行的招待外宾晚宴，10月2日参加中国印度友好协会会长丁西林、副会长陈翰笙举行的欢迎酒会。他的诗集《我歌唱人类》(1955)由张奇译为中文，并出版。

（何赟）

Chadi Gang

察地港 Chittagong 古代印度地名。今译吉大港，属孟加拉国。明代郑和、侯显的宝船队都曾造访该地。

察地港这一地名首见于《星槎胜览》“榜葛剌”条。《瀛涯胜览》写作浙地港。《郑和航海图》写作撒地港，“撒”为“撒”之误。《海录》作彻第缸。《星槎胜览》称：“永乐十年并永乐十三年，二次上命太监侯显等，统领舟师赍捧诏敕，赏赐国王、王妃、头目。至其国海口，有港曰察地港，立抽分之所。”由此可知，15世纪初年，吉大港已经成为东印度的一大商港，设立有抽取税收的海关业务。中国使者侯显曾两度到访该地。《瀛涯胜览》所记犹详：“自苏门答剌国开船，取帽山并翠蓝岛投西北上，好风行二十日，先到浙地港泊船，用小船入港，五百余里到地名锁纳儿港登岸，向西南行三十五站，到其国，有城郭，其王府并一应大小衙门皆在城内。其国地方广阔，物穰民稠，举国皆是回回人，民俗淳善。”因此可见，当时榜葛剌王城在今孟加拉国首都达卡一带。郑和的宝船停靠于吉大港，用小船溯河口而上，方能进入其国都城。

（薛克翘）

chanding

禅定 dhyāna and samādhi 佛教的重要修行方法，也是古印度许多宗教派别的修行方法。其最初的形态与印度远古时期的瑜伽有很大关系，在公元前2500年左右的印度河文明时期就已产生。此后在印度广为流行。释迦牟尼创立佛教后，对当时许多宗教流派都使用的禅定进行了吸收改造，使之成为佛教修行内容中的重要组成部分。佛教最初提出的四谛八正道中就有“正定”之说。佛教教导信众的“三学”之中就包含“定”的内容。此外，佛教还提出了“四禅八定”、“三解脱门”等说。这些内容都是要求信徒远离外部的不实之物，摄持自己的内心，防止心之散乱。

大乘佛教产生后，禅定也被作为重要的修持内容，但与小乘佛教强调的禅定有一些差别。在大乘佛教中，受大乘总的指导思想的影响，特别是受初期大乘佛教及中观派的“无所得”观念和“中道”思想的影响，主张对一切东西都不能执着，禅也不例外，不能把修禅绝对化，修禅不能像一些小乘佛教那样要求绝对与外部事物隔离。

佛教传入中国后，中国佛教受印度大乘佛教禅定思想的影响较大。禅宗大力倡导“佛法在世间，不离世间觉”的观念，强调修禅不能离开世间。

禅定从狭义上说是大乘佛教中的六度之一，又音译为“禅那波罗蜜”。是大乘佛教菩萨道中的重要实践法门。指按照佛教要求抑制自己的心作用，远离外部不实事物之影响，坚持事物性空的观念，不执着于任何东西，以保持身心安宁。

（姚卫群）

Chanzong

禅宗 Chan sect 中国佛教宗派。见中国佛教。

Chang Ahan Jing

《长阿含经》 *Dīrghāgama* 佛教典籍。北传佛教4部阿含之一。因所集各经相对较长故名。

汉译《长阿含经》由后秦佛陀耶舍与竺佛念译于弘始十五年（413）(T1)。多数学者认为其文本属法藏部，可能译自一种中古印度语而非梵语，有可能是所谓犍陀罗语。该经集分为四分，共22卷，30部经。第一分收4部经，为佛传本生；第二分收15部经，收法义纲要；第三分收10部经，摄外道论难；第四分只有一部《世记经》，说大千中千世界、四洲事记等，也涉及一些神话传说。经的内容较为广泛，体例不一。

《长阿含》对应于南传上座部巴利语的《长部》，收有34部经，分为《戒蕴品》、《大品》和《波梨品》三品。与

《长阿含经》残片　吉尔吉特出土

汉译所存法藏部《长阿含》相比较，有27部经大体重合，但总体的数量、内容、结构、编排等并不一致，而且经名一致的平行文本在具体文句上也并不完全对应。

《长阿含经》今存梵本可分为两种：一种为新疆所获残片，一种为吉尔吉特写本，均属（根本）说一切有部。新疆所获残片源自20世纪初西方探险家所得，今分藏于德、法、英、俄等国。为纸本，约抄写于五六世纪，使用佛教混合梵语。E. 瓦尔德施密特等德国学者基于这些残片校勘恢复了《四众经》、《大本经》、《大般涅槃经》、《十上经》和《众集经》等。比较全面的整理研究当属德国学者J.-U.哈特曼。1992年他由168个散落各国的残片还原出梵文《长阿含经》的大致结构和内容。分为3个部分，可以确定的有两个，即《戒蕴》和《六经集》，可以列出的有37部经。吉尔吉特梵本《长阿含经》于20世纪90年代流布于国际市场，相对完整，现大部分藏于美国、挪威和日本。该本载体为桦树皮，断代约七八世纪，使用较为标准的古典梵语。2000年以后，哈特曼基于此本进一步厘清了有部的《长阿含经》结构，分为《六经集》、《双集》和《戒蕴集》3集，集下又有若干品，每品包含6～10部经，共列47部经。其中第一集《六经集》包括《十上经》、《广义经》、《众集经》、《四众经》、《大本经》与《大涅槃经》等6部与法义纲要和佛陀生平有关的基本经典，是有部特有的精选集，经常单独抄写流传。《双集》有2品18部，以其内容关联成对而得名。《戒蕴集》有3品23经，篇幅都相对较短。对吉尔吉特本中的单经已有相当的研究成果发布出来，并且还在持续之中。中国学者也有参与，已发布的有张丽香所勘的《商羯罗经》，周春阳校勘的《坚固经》，以及刘震校勘的《修身经》，后者于2010年以《禅定与苦修》为题出版中文版。

藏译本中并没有完整的《长阿含经》，但某些经文或其部分内容在藏文大藏经中能找到对应文本部分。其他还有节译的回鹘语《长阿含经》与吐火罗语残片。

《长阿含经》的相关注疏除了巴利语注疏文献外，《众集经》今存两种注本：一种存于汉译《集异门足论》(T1536)之中；另一种为犍陀罗语残卷，今藏英国图书馆。

（张丽香）

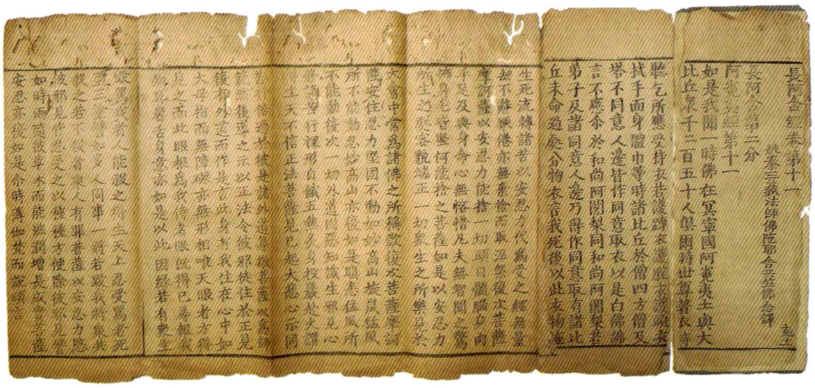

《长阿含经》宋元间旧刻明初补刊本书影

Chang' an

长安 Chang' an　中国古都。西汉、新莽、前赵、前秦、后秦、西魏、北周、隋、唐皆建都于此。现存城址有西汉长安和隋唐长安两处。

汉高祖七年（前200）建未央宫，自栎阳迁都长安。武帝时加以扩建。新莽改长安为常安。东汉建都雒阳，仍以长安为西京。献帝一度迁都于此。后来朝代相继以长安故城为都。至隋代建大兴城，汉城遂废。汉城址在今中国陕西西安西北约3 000米处。

隋开皇二年（582）在汉长安城东南建新都大兴城，入唐后改称长安，仍为都城。仅作了局部修建及扩充。至盛唐，长安为当时规模最大、最为繁华的国际都市。天祐元年（904）朱温挟昭宗迁洛阳，毁长安宫室民居，唐长安城遂为废墟。该城遗址在今西安市区及近郊。

唐长安城由廓城、宫城、皇城3部分构成。唐长安城是中国古代里坊制都城最完善的形态。它采用中轴对称布局，规格严谨，街坊整齐。设置了封闭式皇城以外府衙，封闭式里坊控制居民。唐长安城的规划布局，对东亚一些国家的都城产生重大影响。

唐长安是丝绸之路的起点，也是中印文化交流中心，尤其是中印佛教文化交流中心。中国佛教的八大宗派起源或创建于长安。长安保留了众多的祖庭寺院，主要有：三论宗祖庭草堂寺，法相宗祖庭大慈恩寺和兴教寺，律宗祖庭净业寺和沣德寺，净土宗祖庭香积寺，华严宗祖庭华严寺和至相寺，密宗祖庭大兴善寺和青龙寺。历史上翻译佛经的四大译场草堂寺、大兴善寺、大慈恩寺和荐福寺均设在长安。鸠摩罗什、玄奘、义净、不空金刚等译经家都曾在长安地区主持译经工作。历史上，西域高僧，

中国陕西西安明城墙

如竺法护、鸠摩罗什、开元三大士（印度僧人善无畏、不空金刚和金刚智）都曾在长安城翻译佛经传播佛教；日本、朝鲜的学问僧和请益僧，如空海、圆行、圆仁、不可思议等，也先后在长安学习佛教经典和中国文化。

长安保留着大量的佛教文化遗产，大慈恩寺大雁塔建于唐永徽三年（652），是古城长安的标志性建筑。此外，小雁塔、法王塔、玄奘舍利塔、鸠摩罗什八宝玉石塔，都为全国重点文物保护单位。

（韩知更）

Changmin

常慜 Changmin（约活动于7世纪） 中国唐代去印度求法僧人。并州（今山西太原一带）人。据《大唐西域求法高僧传》卷上，他于唐高宗李治时赴印求法。乘船，先到诃陵（今马来西亚印度尼西亚加里曼丹岛东岸，另说在今印度尼西亚爪哇岛），再到末罗瑜（今印度尼西亚苏门答腊占碑及附近一带）。从末罗瑜继续乘船，打算到中印度，中途船沉而亡。

（王邦维）

Chang Renxia

常任侠 Chang Renxia（1904.01.31～1996.10.25） 中国艺术考古学家，东方艺术史专家，诗人。又名季青、牧原。在中印艺术文化交流中起过积极作用。

常任侠生于安徽阜阳市颍上县黄桥镇新庙村。少孤贫，读私塾，诵唐诗。1922年入南京美术专科学校。1928年入南京中央大学文学院攻读古典文学，1931年毕业后留校任教。1935年春东渡日本，入东京帝国大学文学部大学

院，潜心研究东方艺术史。1936年底回国，继续在中央大学任教。1939～1942年在重庆中英庚子赔款董事会艺术考古研究院任研究员，参与创办中国艺术史学会，撰写《民俗艺术考古论集》（1943）。1943年任昆明国立东方语文专科学校教授兼教务长。1945年冬，应聘赴印度国际大学讲授中国文化史。1949年初取道香港回国，任国立北平艺术专科学校教授。中华人民共和国建立后，任中央美术学院教授兼图书馆馆长。1956年底，受中国国务院委派赴印度新德里，任国际佛教艺术展览中国部顾问。“文化大革命”期间受到冲击，下放到河北磁县农场劳动。“文化大革命”结束后，回中央美术学院继续研究东方艺术史，相继出版《印度与东南亚美术发展史》（1980）、《丝绸之路与西域文化艺术》（1981）、《东方艺术丛谈》（修订版1984）、《常任侠艺术考古论文选集》（1984）、《海上丝路与文化交流》（1985）、《中国服装史研究》（1988）等著作。另有《红百合诗集》（1994）传世。1996年10月25日在北京逝世。

在印度国际大学讲学3年期间，常任侠参加甘地瞻拜大会；与印度学者共同探讨中印艺术关系；实地考察印度文化艺术，循着玄奘在印度的行踪，游览了那烂陀寺、王舍城、菩提伽耶、鹿野苑、华氏城、阿旃陀等古迹和艺术遗址，为从事印度艺术研究积累了丰富素材和资料；撰写了一系列研究印度历史文化、印度艺术和中印文化交流的论文：《中印艺术的交流》、《记印度安强达石窟艺术》、《记阿简达石窟寺艺术》、《印度古佛迹巡礼》、《印度世界艺术学苑之发展及其教育特点》，并在此基础上完成了《中印艺术姻缘》（1955）、《印度与东南亚美术发展史》（1980）等著作。《中印艺术因缘》收录中国与印度等国艺术文化交流的研究论文11篇，对中印的石窟艺术、游艺、音乐等诸方面关系作出了实证性考察。《印度与东南亚美术发展史》分6章，按时代演变介绍了印度史前艺术、佛教艺术、印度教艺术和伊斯兰教艺术的发展。论文《中印文化交流》（《新建设》1952年第5期）从音乐、雕刻、舞蹈、绘画4个方面详细考察了中印艺术因缘，也对印度和中国的乐器，如琵琶、箜篌等进行了研究，提出了中印之间很早就通过滇缅和西域进行文化交往的观点。上述研究开拓了中印艺术交流的研究领域，为中印文化交流作出了贡献。

（黎跃进）

Chang Shuhong

常书鸿 Chang Shuhong（1904.04.06～1994.06.23） 中国画家，敦煌学学者。被誉为“敦煌守护神”。在中印文化交流领域发挥了一定作用。

常书鸿生于浙江杭县（今杭州）。

常书鸿在临摹敦煌石窟壁画

常书鸿在敦煌石窟研讨会上致辞 1990

满族人，祖籍热河（今河北承德一带）头佐镶黄旗，姓伊尔根觉罗。1911年，跟随三叔学画。1926年，在浙江大学工学院担任美术教员。1927年6月，赴法国留学。同年11月，入里昂国立美术专科学校学习。1932年，进入巴黎国立高等美术学院劳朗斯画室学习。其间，一些作品曾在巴黎春季沙龙美术展览会上获奖。1936年，接受教育部长王世杰邀请，回国担任国立北平艺术专科学校造型艺术部主任。1944年，国立敦煌艺术研究所（后归属于中央研究院）成立，任所长，规划莫高窟的保护工作。他考察洞窟，逐一作内容记录，并临摹壁画，如第257窟《鹿王本生》、第428窟《四飞天》等。1947年11月～1948年4月，带领李承仙、段文杰、肖克俭对莫高窟洞窟重新编号，一直沿用至今。1959年1月，出访印度，其间作油画、速写二十余幅，如《印度总统速写》、《印度公园》、《印度晚霞》、《古堡》、《印度工人》等。1975年，应国家文物局罗哲文之邀，为联合国教科文组织撰写《敦煌艺术》一书。1993年8月，完成回忆录《九十春秋——敦煌五十年》，次年由浙江大学出版社出版。1994年6月逝世于北京。

（张然）

Chaoyan Si

超岩寺 Vikramaśila 印度古代著名大学兼寺院。又称超戒寺。音译毗讫罗摩尸罗寺。坐落在今印度比哈尔邦帕格尔布尔市附近。由波罗王朝**达摩波罗**王兴建。在波罗王朝（750～1175）统治时期，一直是东印度重要的教育和学术中心之一。藏语文献是其有关历史资料的主要来源。超岩寺与汉语文献记载中的**那烂陀寺**平分秋色，占有同样的卓越地位。

学者们对超岩寺的梵文名称Vikramasila众说纷纭。有学者认为，该名缘起在于超岩寺坐落在壁立的石山之上，梵文词silā（岩石）即含此意。有学者则强调，Vikramasīla表达的意思是坚定的合乎道德的行为，梵文词sīla（戒律）正是此意。在印度传统中，Vikrama一词表示坚定或强悍之类的品性。1960～1969年，在帕格尔布尔迤东约47千米处的安提查克村，来自巴特那大学的考古学家们发掘出一片可观的寺庙院落遗迹。直至此时，超岩寺的处所和确认问题才最终得以解决。被发掘出来的寺院遗址就坐落在一座宽阔而陡峭的石山上，地处**恒河**之南，与藏文载籍的描述相似，该遗址被最终确认为超岩寺遗址。

超岩寺院落遗迹为方形，中央有一座耸立于双层平台上的支提（塔庙），平面呈十字形，有4座带有楼阁的佛殿。中央支提高达16.25米，可经一条通道抵达。藏语文献提到，该寺约有6座大门，每座大门前皆有知名学者守护，负责筛查入内人员。这些被称为“六贤门”的学者的名字流传下来。他们是宝生寂（东门）、自在语称（西门）、那洛巴（北门）、智生慧（南门）、宝金刚（中大门）以及智吉祥友（中二门）。已发掘出来的寺院包括208间僧舍，由游廊贯穿。外墙有20间凸出的圆形僧舍，20间长方形僧舍。寺院有一个独一无二的地下僧舍，可能是僧人用来修习**禅定**的。还发掘出一座宏大的藏书楼遗迹，内有一个写本部。据多罗那他高僧说，在罗摩波罗王在位时期，阿帕迦罗·笈多任住持，超岩寺有108名教授和1 000名住寺学僧。12世纪，僧人学者的数量估计在3 000人左右。没有确切证据表明超岩寺曾获赠地。当时王朝将从周边村庄收来的税金分配给超岩寺，似即可满足其经费需求。9座山岗中现仅发掘了1座，但在已发掘的遗迹中，还没有城市生活的迹象。这也是那烂陀等较早建立的大寺的一个共同特点。

在波罗王朝诸王赞助下，超岩寺发展成为研究佛教密宗及其支派**金刚乘**和**易行乘**的主要中心。佛教密宗于公元3～5世纪之间在印度发端，但主要兴盛于吐蕃王朝、唐王朝及中亚地区。它是由**寂护**、**莲花生**和**莲花戒**等印度学者型僧人传入西藏的。东印度、尼泊尔、吐蕃王朝与唐王朝之间在这一时期的密切联系，导致一些学者认为，密宗的某些特征源于外喜马拉雅山地区，尤其是印度东北部或其边界地区。有确切证据表明，到公元7世纪时，一条活跃的陆路穿越帕特凯山和上缅甸，将东印度的阿萨姆与中国西南部联系起来。在吐蕃赞普赤松德赞（755～797年在位）统治期间，中国的禅宗与印度以奇迹和法术为主导的佛教两派信徒争雄，显而易见地反映了这一密切联系。竞争的结局是，赤松德赞宣布印度佛教为吐蕃王朝国教。超岩寺遂成为印度与吐蕃王朝关系

阿底峡尊者西藏讲学图

超岩寺遗址

的中心。超岩寺还成为佛经藏译的中心。超岩寺的许多学者型佛僧，如摄智天、胜友、施戒、**法藏**、**帝洛巴**、那洛巴和**阿底峡**前往吐蕃王朝弘法。古印度僧人阿底峡，法名燃灯吉祥智，是其中的佼佼者。1041～1054年，他一直居留在西藏。其间，他致力于改革藏传佛教，撰写了著名的《菩提道灯论》和《独勇成就法》。他对藏传佛教改革最受欢迎的方面，是对**度母**崇拜的弘扬。

与超岩寺联系在一起的阿阇梨（意规范师）灿若群星，使得这所学府成为具有强烈密宗特色的佛教哲学的最后灯塔。萨罗诃巴、那洛巴和圣蒂巴等成就师与超岩寺息息相关。阿阇梨与成就师均作出了巨大贡献，以培养学生对佛教密宗的基本信念：宇宙与佛是同一的，宇宙的所有维度和特质均由佛构成。他们的著作和努力，在金刚乘与易行乘之间起了支柱作用，为藏传佛教教在西藏的确立奠定了基础。

在不断涌动的宗教思想之河中，印度教与佛教为获得空间而展开竞争，逐渐影响了超岩寺的活动。13世纪初，突厥穆斯林残酷无情的侵袭最终摧毁了这座名寺。

（R.K.辛哈　卡马尔·希尔撰　刘建译）

Chao Tianzhu Ji

《朝天竺记》 佛教圣地游记。中国比丘尼瑞江撰于民国二十八年（1939）。

瑞江，民国时期中国广东一带的比丘尼，生平不详。仅从其《朝天竺记》一文可知，她于民国二十六年自广东结伴至香港，再转新加坡，经马来西亚的吉隆坡至槟城。半年后，乘船至缅甸巡礼佛教圣地。又从缅甸乘船至印度加尔各答，经当地唐人街华侨介绍，乘火车至**瓦拉纳西**，再至**鹿野苑**，投奔德玉法师。德玉为北平（今北京。《朝天竺记》中作南京，误）道阶法师高足，道阶法师至鹿野苑巡礼，曾发愿建一座四众禅林，未果而于南洋去世。德玉欲圆先师遗愿，遇新加坡大施主**李俊承**居士拟建中华佛寺，同至鹿野苑。经德玉推荐，瑞江一行由一西藏喇嘛做向导，乘火车至勒克瑙（今印度北方邦首府），巡礼圣迹后再前往**舍卫城**遗址，参观祇树给孤独园（见**祇园精舍**）。在园内见到中国山西僧人，法名本堂，诵《**金刚经**》，五年不食。然后去**蓝毗尼**佛降生处，见阿育王石柱。又乘火车至戈拉克普尔，去拘尸那迦参观佛涅槃处。在此见到中国四川僧人善导，在**娑罗树**上搭建一简陋住处修苦行。瑞江等辗转三日渡过**恒河**，至巴特那（今比哈尔邦首府），再至**灵鹫山**。巡礼毕，再至**那烂陀寺**。又由那烂陀步行至**王舍城**。由王舍城去大吉岭，再返回**菩提伽耶**，礼拜佛成道圣地。在大觉寺见到宋代求法僧人**怀问**所立石碑。礼毕，瑞江等人返回加尔各答。在加尔各答参观了亚洲学会、种植园、博物馆、中国学校等。后乘船离开加尔各答返缅甸，参观数日，再乘船至锡兰（斯里兰卡）参观礼拜，再经吉隆坡、新加坡返国。

《朝天竺记》为手抄本，17页，原为20世纪50年代中国佛学院图书资料室所藏，后因动乱散佚。1999年重现，为中国佛学院化空法师收藏，并于2010年整理公布。该文凡6 600余字，虽仍有诸多讹误，但叙事用白话，抒情以文言，所记行程、见闻较详，可与李俊承《**印度古佛国游记**》相参照，对于了解其时印度佛教遗迹状况、印度华人社会、中国僧人在印修行事迹等，均有一定参考价值。

（薛克翘）

Chen Daqi

陈大齐 Chen Daqi（1886～1983） 中国心理学家，逻辑学家。字百年。浙江海盐人。曾任北京大学教授、代校长，后曾任台湾大学校长，中国国民党中央评议委员。

陈大齐早年入浙江求是大学堂（浙江大学的前身）学习，后赴日本留学，毕业于日本东京帝国大学。曾于1917年在北京大学创建了中国第一个心理学实验室，为中国现代心理学的先驱。陈大齐的佛教研究，集中在佛教逻辑——**因明学**方面，著有《因明大疏蠡测》，从**窥基**法师《因明入正理论疏》中选取42专题来进行讨论，但此书并非纵观因明学全局，且较为深入，难以为初学者所读。此后又另著较为通俗的《印度理则学》及《因明入正理论悟他门浅释》。这3部著作对因明学中的许多问题展开讨论，思路清晰，见解独到，即使在其缺少梵文材料的情况下仍然对许多疑难问题做出了极为准确的判断，不失为典范之作，其中《因明大疏蠡测》及《因明入正理论悟他门浅释》两书，已由中华书局再版。

（陈帅）

Chen Duxiu

陈独秀 Chen Duxiu（1879.10.09～1942.05.27） 中国共产党的创建人和早期领导人之一。原名庆同，字仲甫，号实庵。安徽怀宁人。中国第一个翻译**R.泰戈尔**作品的学者。在中印文化交

流中起过一定作用。

生平　陈独秀早年丧父，随祖父修习四书五经，天资聪颖。清光绪二十二年（1896）应科举考试中秀才。次年入杭州中西求是书院学习，开始接受近代西方思想文化。1901年后，三次东渡扶桑。1907年入日本东京正则英语学校，后转入早稻田大学。1915年9月在上海创办并主编《青年杂志》(翌年更名《新青年》)。1917年任北京大学文科学长。新文化运动的主要领导人之一，提倡文学革命。1919年五四运动后，开始接受和宣传马克思主义。1920年8月在上海成立中国第一个共产主义小组，并开始筹建中国共产党。1921年7月中国共产党成立，被选为中央局书记。从此时起至1927年7月，为中共中央主要领导人。1929年11月被开除党籍。1938年迁居四川，贫病交加，殁于今重庆江津。主要著作收入《独秀文存》。

与《梵文典》的因缘　在20世纪初年留日期间，陈独秀结识同样具有反清革命倾向的章炳麟、刘师培、苏曼殊等。不久，与他们一起成立“亚洲和亲会”，旨在“反对帝国主义，共同使亚洲已失主权之民族，各得独立”。这些非常博学之人相互砥砺切磋，学术视野变得开阔，学问突飞猛进。从与章炳麟、苏曼殊的交往中，陈独秀获得不少佛学和印度学方面的知识。1907年夏天，苏曼殊完成《梵文典》的编译，其英文原本即由陈独秀提供。陈独秀赋《曼上人述梵文典成且将次西游命题数语爰奉一什丁未夏五》一诗表示祝贺：“千年绝学从今起，愿罄全功利有情。罗典文章曾再世，悉昙天语竟销声。众生茧缚乌难白，人性泥涂马不鸣。本愿不随春梦去，雪山深处见先生。”陈氏诗中所谓“千年绝学”当指梵学，所谓“悉昙天语”即指梵语。

对泰戈尔的译介与批评　陈独秀是中国第一个泰戈尔作品的译者。他在为《青年杂志》创刊号（第一卷第一号，1915年9月15日）撰写的《敬告青年》一文中，将泰戈尔与俄国小说家L.托尔斯泰相提并论，评价甚高。随后，他从诗人的宗教抒情诗集《吉檀迦利》选择了第1、2、25、35四篇，以五言古诗的形式将它们译成中文，以“赞歌”为题将它们发表在1915年10月15日出版的《青年杂志》第一卷第二号上。陈独秀还在译文附注中简要介绍了泰戈尔：“印度当代之诗人，提倡东洋之精神文明者也。曾受Nobel Peace Prize(当为诺贝尔文学奖)。驰名欧洲。印度青年尊为先觉，其诗富于宗教哲学之理想。Gitanjali乃歌颂梵天之作。”他在译文中熟练使用了诸如“尘劳”、“慧力”、“中道”、“自在天”一类佛教语词，说明他对佛学了然于胸。翻译风格与苏曼殊颇为接近，是一种再创造，虽未必与原文完全契合，却基本体现了原著的精神。

《青年杂志》第一卷第一号封面

后陈独秀对泰戈尔的态度发生了根本转化。1924年泰戈尔访华时，陈独秀成为一名激烈的批评者，对于泰戈尔赞赏中国文化、主张非暴力主义和博爱等理念十分反感，连续在报刊发表20余篇文章，如《太戈尔与东方文化》、《评泰戈尔在杭州上海的演说》、《泰戈尔与金钱主义》等。他认为泰戈尔是在“为帝国主义做说客”，“是一个政客，不是诗人”。这些文章大多情绪偏激。其实，泰戈尔同样是一个脚踏实地的社会改革者。此外，泰戈尔亦曾向往社会主义，并对俄国十月革命表示了一定的同情和寄予了一定的希望。他是坚决反对帝国主义、殖民主义和法西斯主义的。泰戈尔始终是世界人民和中国人民的伟大朋友。

（刘建）

Chen Hansheng

陈翰笙　Chen Han-seng（1897.02.05～2004.03.13）　中国经济学家，历史学家，社会学家，社会活动家。在中印文化交

流中起过重要作用。

陈翰笙原名陈枢。江苏无锡人。1915年留学美国，1921年获芝加哥大学硕士学位，1922年入哈佛大学学习。后转至德国，入柏林大学东欧史地研究所，1924年获博士学位。同年回国，任教于北京大学，成为北京大学最年轻的教授。1929年受蔡元培之邀，出任中央研究院社会科学研究所副所长，同年春天组织成立农村经济调查团。1933年在农村经济调查团的基础上发起成立中国农村经济研究会。1936年受O.拉铁摩尔之邀，取道欧洲前往纽约担任《太平洋事务》季刊编辑工作。1939年返回香港，协助宋庆龄开展工业合作运动。1942年2月，香港沦陷后，化装出逃至广西桂林，任广西桂林师范学院西文系主任。1944年为躲避重庆国民政府缉捕，在英国友人帮助下，经昆明逃往印度，在德里大学担任高级讲师，兼任英国远东情报局译员。1945年第二次世界大战结束后，离开远东情报局，任职于印度史学会，赴印度各地考察、收集资料。1946年4月赴美，在华盛顿州立大学任特聘教授，讲授印度史。之后，应邀于约翰斯·霍普金斯大学、宾夕法尼亚大学从事教学与研究工作。1950年应中国总理周恩来之邀回国，次年1月回到北京，被任命为外交部顾问、外交学会副会长。1951年9～12月随中国文化代表团赴印度、缅甸访问。1953年当选国际贸易促进委员会委员，

出任中印友好协会副会长。1955年4月出席在印度召开的亚洲国家会议，6月当选中国科学院哲学社会科学部学部委员。1955年12月～1956年2月随宋庆龄访问印度、巴基斯坦、缅甸。1958年出任外交部国际关系研究所副所长，创办中国科学院世界历史研究所，并任所长。1973年起担任中国社会科学院顾问与外交部国际关系研究所顾问。1978年受聘成为北京大学国际政治系兼职教授，同时担任中国社会科学院农业经济、社会科学情报、南亚和世界历史4个研究所的学术委员。1979年任中国南亚学会首任名誉会长。2004年3月13日于北京逝世。

陈翰笙曾在中、印、美三国高校与研究机构从事南亚研究工作，发表《中印友好关系的开展》、《印度国民经济发展的计划》、《尼赫鲁的〈印度的发现〉》、《印度国大党土地政策》、《印度农村阶级》、《印度财团的发展过程及其前途》等文章，编写著作《印度莫卧儿王朝》(1964)。1948～1950年在美国完成《南亚农业区域》的英文原稿，依据其20世纪40年代在印度史学会工作期间对印度各地的实地考察，以及1927～1928年英国出版的14册《皇家印度农业调查团证词》，根据地形、水利、耕作方法、土地制度与当地一般经济发展状况，将南亚地区划分为21个经济区。其内容具有重要的学术价值。其中文译本《印度和巴基斯坦经济区域》(黄季方、曹婉如译) 于1959年由商务印书馆出版，英文版于1996年由卡拉奇牛津大学出版社出版。

(张书剑)

Chen Hongjin

陈洪进 Chen Hongjin (1906.06.23～2001.01.27) 中国印度历史学家，经济学家。中国社会科学院世界历史研究所研究员。在研究印度历史等问题方面作出过贡献。江苏无锡人。20世纪30年代从事中国农村经济研究，后转而研究南亚问题。1945年，在中印学会的组织下赴印访学交流。1956年任中国外交部国际关系研究所 (今中国国际问题研究所) 南亚组组长，带领成员搜集了大量有关南亚各国的图书资料，对南亚各国政治经济形势，尤其是印度政党、阶级、土地等问题进行了深入研究和分析。1963年入中国科学院世界历史研究所工作。1978年与季羡林、陈翰笙、林华轩、黄心川等人负责中国社会科学院北京大学南亚研究所的筹备工作，并联合发起和召开北京地区南亚问题座谈会。曾任《中国大百科全书·外国历史》亚洲史分支副主编，参与编写了印度史的相关条目。

陈洪进著有学术论文多篇，对印度历史、经济及社会问题进行了深入探讨，同时介绍了印度及西方学者在上述领域的研究情况，主要包括《南印度农村社会——坦贾伍尔县典型的剖析》、《丹尼尔·索纳对印度研究的贡献》、《罗米拉·塔帕尔的史学思想》、《论奈尔新著〈维护反常农民：绿色革命后的印度农业〉》、《斯蒂芬·G.达里安〈恒河：神话和历史〉》等。翻译了印度经济史学家R.C.杜特的《英属印度经济史》(1965)。

(王凌男)

Chen Lunjiong

陈伦炯 Chen Lunjiong (1684～1747) 中国清朝官员。字次安，号资斋，清代同安高浦 (今厦门市同安区) 人。

据《同安县志》卷三十，陈伦炯父名陈昂，曾任广东副都统。陈伦炯少年时代曾随父赴任，出东西洋多年。他“博通群书，尤留心外国夷情土俗”。陈昂去世后，陈伦炯承袭父荫，被召为皇宫侍卫。因熟悉沿海事物，得到康熙帝赏识。康熙六十年 (1721)，朱一贵在台湾起义，陈伦炯参与镇压起义有功，被

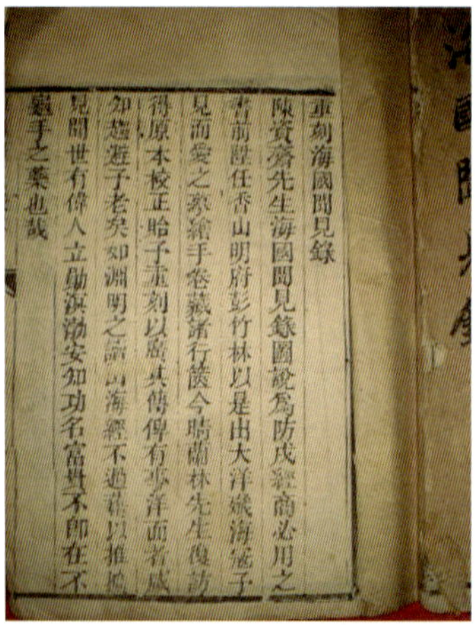

陈伦炯《海国闻见录》书影

授为台湾南路参将。雍正元年 (1723)，被提升为安平 (今台湾台南) 副将。次年为台湾水师副将。雍正四年升为台湾镇总兵。后在广东、江苏、浙江等沿海为官，乾隆七年 (1742) 升为浙江宁波水师提督。乾隆十二年解职还乡，不久即去世。由于他长年在沿海任职，经常与外商打交道，出自特殊兴趣，常“询其国俗，考其图籍”，遂写出《海国闻见录》一书。该书成于雍正八年，为中国清代前期的地理名著。

(薛克翘)

Chenna

陈那 Dignāga (约活动于五六世纪) 印度古代大乘佛教瑜伽行派论大师，佛教新因明学创始人。又译域龙等。在

中印文化交流方面起过重要作用。

陈那生于南印度安度罗，另说生于建志 (今印度泰米尔纳德邦甘吉布勒姆) 附近的辛哈瓦迦陀罗，属婆罗门种姓。最初曾学习外道即婆罗门教教旨，后出家入小乘佛教，为犊子部信徒；再后师事瑜伽行派创始人世亲，学习大乘佛教。他还曾师从一位阿阇梨，学得明咒；又到乌荼国 (见乌苌) 修习禅定。由于能言善辩，折服过很多外道论师，特别因为与外道中精于逻辑推理的正理派辩论获胜而名声大振。他在那烂陀寺的活动主要集中在宣讲《俱舍论》、唯识理论和因明学说等方面，而在南印度的游历中对佛教所作的贡献，主要表现在摧伏外道论师和恢复处于荒废状态的佛教道场上。他持戒严格，常能遵守十二头陀规范，如只穿破碎衣物，每日只食一次且必须是乞讨所得，只住在树下或荒

法尊《集量论略解》封面

冢之间等，最后圆寂于乌荼国森林的洞窟之中。

在陈那所属的唯识学派（即瑜伽行派）中，他与主张无相唯识说的难陀（约450～530）等人不同，主张有相唯识说。前者创设了“见分”和“相分”两种表明不同意识作用的概念，认为人的意识在活动时会转变并表现出属于认识主体的“见分”和属于认识对象的“相分”，而所谓认识乃是由前者去认识后者。“见分”与意识活动的主体相关，为真实存在；而“相分”依赖于前者的认识而存在，具有影像性质，故虚幻不实。陈那认为“见分”带有“相分”的“行相”，是真实存在的，并提出“自证分”以证知前两者交互作用的结果，故其理论称有相唯识说。该说为中国**法相宗**重要的理论来源之一。

陈那最大的贡献在因明方面。他改原有的五支作法为三支作法，是新因明的创始人。三支作法也即三段论式，其三支为宗（命题）、因（理由或前提）、喻（实例）。他将古因明五支作法中的“合”（应用）和结（结论）分别归入了喻和宗两支，从而把五支作法的归纳推理改造成三支作法的演绎推理，实现了古代印度逻辑学史上的一次飞跃。这一改造不仅深刻影响了佛教各学派的论理方式，更打破了它只用于论议（借往复问答以阐明法门义理）的局限，进而用于认识真理和实证真理，成为一种佛教的认识论，也即量论。他的关于量的学说散见于他的8部代表作，即因明八论中，而最能反映其体系的则是《集量论》。此书是他晚年集自己的零星散论而成，形式为偈颂体文本另加自己所作的长行注释。该论原本无存。唐**义净**曾于景云二年（711）将其译出，然而不久亡佚。现存藏译两种。

陈那的现存汉译还有陈**真谛**译的《解卷论》(与唐义净译《掌中论》同本）和《无相思尘论》(与唐玄奘译《观所缘缘论》同本），唐**玄奘**译《因明正理门论本》(与唐义净译《**因明正理门论**》同本)，唐义净译《取因假设论》和《观总相论颂》，以及宋**施护**等译《佛母般若波罗蜜多圆集要义论》等。

继承陈那因明学说和唯识理论的分别是**商羯罗主**和护法。

（葛维钧）

Chen Yifan

陈贻范 Ivan Chen（1871～1919） 中国近代外交家。曾任清廷驻英国公使馆二等参赞和驻藏宣抚使。1913年6月6日，被袁世凯任命为中华民国中央政府全权代表参加西姆拉会议。该次会议于1913年10月～1914年7月在今印度喜马偕尔邦境内西姆拉召开。与会者包括中国中央政府的代表、西藏宣抚使陈贻范，中国西藏地方政府的代表、十三世达赖特使伦钦夏托拉，英国政府代表、英属印度政府外交政务秘书A.麦克马洪。

1914年4月27日，英藏代表在草约上率先签字。随后，麦克马洪用威胁手段迫使陈贻范签字。陈贻范在草约及有关文件上“画行”前声明，草签与正式签字是两回事，正式签字“必须奉有训令然后可行”，“如政府不认，尚可作废”。麦克马洪对此表示接受。4月28日，中华民国政府外交部复电表示：对于有关协定草案，“政府不能承认，应即声明取消”。在7月3日的最后会议上，陈贻范拒绝签约。

（刘建）

Chengshi Lun

《成实论》 *Satya-siddhi-śāstra* 佛教重要论典。印度论师**诃梨跋摩**著，现存**鸠摩罗什**汉译本（T1646）。反对说一切有部的“诸法实有”，依苦、集、灭、道**四谛**之理阐发“人法二空”教义，对汉传佛教影响深远。

诃梨跋摩（意译师子铠、师子胄），约4世纪人，中印度婆罗门，幼学数论，后从说一切有部出家，跟随鸠摩罗驮学习有部重要论典《**发智论**》，但逐渐不满于有部学说，遂穷究三藏，后转入摩诃僧祇部，研习大乘学说，博采百家，并著《成实论》，斥有部学说。后曾奉**摩揭陀**国王之命，论辩破斥胜论派，被尊奉为国师。而实际上，《成实论》在印度的传播与影响远不如其在汉地广泛、深远。关于《成实论》部派归属问题存在争论，有认为属于昙无德部者，有认为属于多闻部者，或认为博采“诸部之长”。该论的学说则与经量部前身譬喻师颇为相似。所谓“成实”，即成四谛之实。 81

《成实论》梵文原本已佚，印度曾出版依据汉语倒译的梵文本。鸠摩罗什于姚秦弘始十三年至十四年间（411～412）译出该论。其弟子昙影见论文结构松散，不利理解，于是根据内容将全论分为5个部分，即“发聚”、“苦聚”、“集聚”、“灭聚”、“道聚”。第一部分“发聚”属于序说的性质，主要提纲挈领地讲解三宝、立论缘由、论门、四谛并批判种种主要异说，其余四聚分别详细解

西姆拉会议代表合影 前排右起第3人为陈贻范，第4人为麦克马洪，第5人为夏扎，后排左起第8人为柏尔

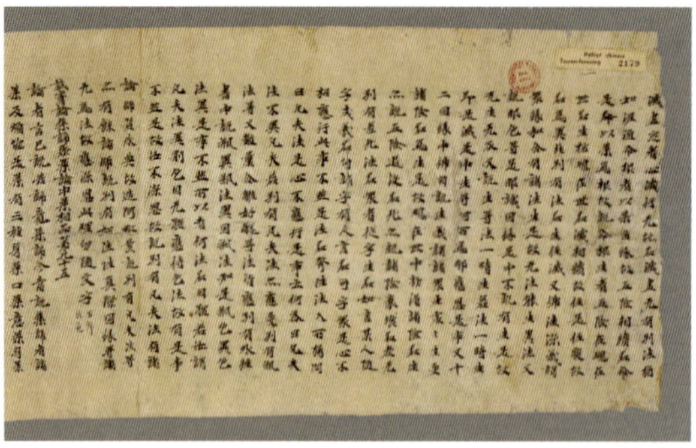

《成实论》法藏敦煌写本书影

说苦、集、灭、道四谛。

《成实论》的独特见解当属“灭三心”的理论。认为“人法二空”，法并无实体，有的只是假名，因而不但要破除人我，“灭假名心”，而且一切假法、实法都要破除，要“灭法心”，最后连这剩下的空心也要破，即“灭空心”，这与大乘理论十分接近。其他方面，该论认为无实过去、未来，性本不净等，广采小乘诸派及大乘学说，破斥说一切有部，属于小乘向大乘的过渡性著作，因而关于其大小乘属性问题，历史上曾有争论，如梁代的智藏、僧旻、法云三大法师等将其视作大乘论典，而智𫖮、吉藏将其判为小乘，后来的道宣、元照又认为其“分通大乘”。

《成实论》在汉地影响深远，南北朝时甚至出现了专门弘传该论的“成实师”，而与弘传说一切有部学说的毗昙师并立，如上文提到的智藏、僧旻、法云等。该论的汉语注疏，据记载主要有南朝宋时僧导《成实义疏》、道亮《成实义疏》，北魏昙度《成实大义疏》，梁智藏《成实义疏》、慧琰《成实玄义》，陈慧影《成实义章》、明彦《成实疏》，唐新罗元晓《成实疏》、百济道藏《成实疏》、怀素《成实义章》等，但由于唐代之后研习渐少，种种注疏均已佚失。

（陈帅）

Cheng Weishi Lun

《成唯识论》 *Vijñapti-mātratā-siddhi* 中国佛教法相宗典籍，法相宗的根本经典之一。为注释世亲《唯识三十颂》的论著，由唐代玄奘杂糅翻译印度亲胜、火辨、德慧、安慧、难陀、净月、护法、胜友、最胜子、智月等十大论师对《唯识三十颂》的注释而成，由窥基笔受。共10卷。

《唯识三十颂》是世亲晚年的著作，据说仅完成了偈颂部分，因身体不支而未能作出自释。由于该论地位极其重要，印度论师各据己见为之作注，形成十大论师。玄奘在印度所承师脉是护法所传之唯识今学，有别于古义。据说玄奘在印度时独得玄鉴居士所藏护法注释的孤本，并集得其他9种释本，回国后，原拟与多个助手合作逐一译出十家释论，而其弟子窥基认为若备十家之说则见解纷纭，学人难以取舍，于是建议将十家之言糅译成一本。玄奘接受了窥基的建议，以护法为主编译十家学说，由窥基一人独作笔受，于显庆四年（659）在长安西明寺译场集成该书。

《成唯识论》通过阐释阿赖耶识缘起理论和“识转变”的认识论结构，系统论述了唯识今学的“境不离识”的根本主张，其中涉及唯识学的诸多重要论题破除我法二执，以证得二空显唯识中道观；论第八识的功能及诸多异名；论第七识的主要功能及名称；论前六识能变之相与相应的心所法；论三自性，即圆成实性、依他起性、遍计所执性；论三无性，即相无性、生无性、胜义无性；论悟入唯识而证道的修行五位，即资粮位、加行位、通达位、修习位、究竟位。该论中，玄奘以护法所传的唯识今学为主义，常以“有义”引出别家观点，对一些问题的阐释上也有自己的发展创造而与前人不完全相同。因此，该论不仅

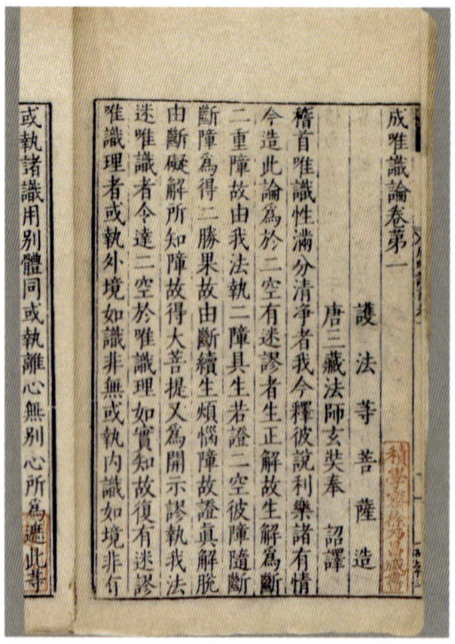
成唯識論卷第一
護法等菩薩造
唐三藏法師玄奘奉詔譯
稽首唯識性 滿分清淨者 我今釋彼說 利樂諸有情
今造此論為於二空有迷謬者生正解故生解為斷
二重障故由我法執二障具生若證二空彼障隨斷
斷障為得二勝果故由斷續生煩惱障故證真解脫
由斷礙解所知障故得大菩提又為開示謬執我法
迷唯識者令達二空於唯識理如實知故復有迷謬
唯識理者或執外境如識非無或執內識如境非有
或執諸識用別體同或執離心無別心所為遮此等

《成唯识论》书影

体现了印度唯识师的观点，也同时展现了玄奘的唯识思想。该论对诸多唯识论题的阐释深刻影响了中国法相宗与汉地唯识学的认知与发展，成为唯识门的必读典籍之一。近代欧阳竟无曾说：“唯识门者，始研《摄大乘论》，终读《成唯识论》，中间开钥，有《二十唯识》、《百法明门》。”

在《成唯识论》所依的十大论师注释中，现仅存安慧的《唯识三十论释》，有梵本与藏译本（D4064）存世。此外，藏译本中还有调伏天对安慧释的复注，梵文仅存残叶。经对照可知，《成唯识论》中对安慧观点的牒述并不一定都符合安慧释文，故而猜测该论对九家论点的综述，或有仓促失查之虞。

自《成唯识论》成书以来，其注释成果颇丰，虽于中唐之后衰微且著作损毁颇多，但仍未断绝。其最重要的注释是窥基的《成唯识论述记》10卷（T1830），此外，窥基还撰有《成唯识论掌中枢要》4卷（T1831）、《成唯识论料简》2卷（X806）与《成唯识论别钞》4卷（X808）。现存注释还有慧沼《成唯识论了义灯》7卷（T1832）、智周《成唯识论演秘》7卷（T1833）、道邑《成唯识论义蕴》5卷（X814）、如理《成唯识论疏义演》12卷（X815）、《成唯识论演秘释》1卷（X816）、智旭《成唯识论观心法要》10卷（X824）、佚名《注成唯识论》1卷（X817），以及太贤集窥基、圆测两家疏解而成的《成唯识论学记》7卷（X818）等。上述注释之中，窥基《成唯识论掌中枢要》、慧沼《成唯识论了义灯》及智周《成唯识论演秘》三者又合称“唯识三疏”，为历代唯识学人所重。此外，圆测、普光、慧观、玄范、义寂等人也曾为《成唯识论》作疏，但均已佚失。该论的日本注疏有良算等所集《成唯识论同学钞》48卷、善念撰《成唯识论泉钞》30卷、藏俊集《成唯识论本文钞》45卷、湛慧辑《成唯识论论疏集成编》45卷等。

（张涵静）

Cheng Weishi Lun Liaoyideng

《成唯识论了义灯》 中国佛教典籍。略称《唯识了义灯》。作者唐代慧沼（或作惠沼）。为《成唯识论》的注疏，收

于《大正藏》第1832号。全书分为7卷（或作13卷）。慧沼法师为窥基法师弟子，在窥基圆寂后，继而为唯识宗祖师，担负起守护、发扬唯识教法之责。因此，该书一方面解释《成唯识论》内容，一方面基于玄奘、窥基所传唯识宗正义，解答疑难，坚守自家宗义，驳斥圆测、普光、慧观等人的异说。该书与窥基的《成唯识论掌中枢要》(T1831)及智周的《成唯识论演秘》(T1833)并称为“唯识三疏”，而常被认为是三者中最艰深难读者。

（陈帅）

Cheng Weishi Lun Shuji

《成唯识论述记》 中国佛教唯识宗典籍。作者唐代唯识宗祖师窥基。为《成唯识论》一书的注释，收于《大正藏》第1830号。全书分为10卷（或作20

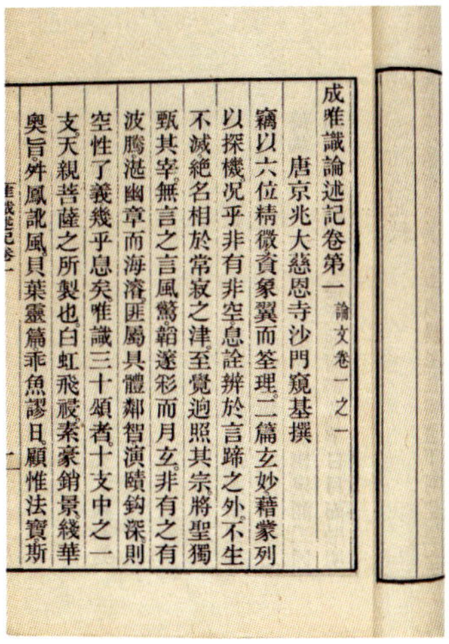
成唯識論述記卷第一 論文卷一之一
唐京兆大慈恩寺沙門窺基撰
竊以六位精微資象翼而筌理二篇玄妙藉蒙列
以探機況乎非有非空息詮辨於言蹄之外不生
不滅絶名相於常寂之津至覺迥照其宗將聖獨
甄其宰無言之言風驚韶邃彩而月玄非有之有
波騰湛幽章而海濬匪屬具體鄰智演賾鈎深則
空性了義幾乎息矣唯識三十頌者十支中之一
支天親菩薩之所製也白虹飛祲素豪銷景綫華
奥旨舛鳳訛風貝葉靈篇乖魚謬日顧惟法寶斯

《成唯识论述记》书影

卷）。玄奘法师为《唯识三十颂》翻译注释时，本欲将印度的十大论师注释全部翻译为汉文，但窥基恐后人茫然不知所从，建议玄奘将诸家注释合作一本，并以护法论师的注释为根本，糅译为《成唯识论》(T1585)。但是，糅译所得的《成唯识论》内容较为简略，不够详细，并且在针对同一主题列举多种说法时，区分不够明确，经常令读者难以理解，而窥基的《成唯识论述记》则包含了大量的解释，将《成唯识论》中的内容逐字逐句、条分缕析地做了极为详尽的讲解，同时也保存诸如十大论师的名字等重要资料。书中各种观点多以唯识宗所擅长的因明论式进行论证，为后人研学因明提供了大量范例。其续疏，有智周《成唯识论演秘》(T1833）等。该疏传入日本后极受推崇，有多种进一步解释性著作，为日本法相宗根本典籍之一。但该疏自元代起即因灭佛、战乱等原因在汉地失传，直到清末才由杨仁山重新自日本带回中国，并加以刊印。

（陈帅）

Chengru

乘如 Chengru（约活动于7世纪） 中国唐代去印度求法僧人。梁州（今陕西城固一带）人。据《大唐西域求法高僧传》卷下，唐高宗李治时从海路赴印求法。去。与僧人法振、乘悟同行，乘船到达羯荼（在今马来西亚吉打州）和瞻波(在今越南中南部)。法振在羯荼去世，乘悟在瞻波去世。乘如后回到中国。

（王邦维）

Chengwu

乘悟 Chengwu（约活动于7世纪） 中国唐代去印度求法僧人。荆州（今湖北江陵一带）人。据《大唐西域求法高僧传》卷下，乘悟于唐高宗李治时从海路赴印求法。与僧人法振、乘如同行，乘船经匕景（在今越南中部，具体位置不详）、诃陵（在今马来西亚加里曼丹岛东岸，另说在今印度尼西亚爪哇岛），至羯荼（在今马来西亚吉打州）。法振在羯荼因病去世，遂与乘如乘船东归，到达瞻波（在今越南中南部）。在瞻波去世。

（王邦维）

Cheng Hao

程颢 Cheng Hao (1032～1085) 中国北宋哲学家，理学奠基者之一。字伯淳。河南洛阳人。学者称他为明道先生。曾

与弟程颐同学于周敦颐，世称“二程”。由于二人长期在洛阳讲学，故他们的学说又称为“洛学”。嘉祐年间(1056～1063)举进士，曾任鄠县及上元县主簿、晋城令，有政绩，官至太子中允、监察御史里行。嘉定十三年(1220)赐谥纯公。淳祐元年(1241)封河南伯，从祀孔子庙庭。

程颢提出“天者理也”和“只心便是天，尽之便知性”的命题。他说：“吾学虽有所受，天理二字却是自家体贴出来。”“天理”是他哲学体系的最高范畴。他把“理”作为宇宙的本原，理通过气产生天地万物，人只不过是得天地中正之气，故“人与天地一物也”。人要学道，首先要体认天地万物本来就与我一体这个道理。他认为，知识和真理不在人之外，而是内在于人的心中，“自家元是天然完全自足之物”，所以认识无须观察外物，人心自有“明觉”，自己可以凭直觉体会真理，“当处便认取，更不可外求”。他提出了“识仁”的思想，“学者须先识仁，仁者浑然与物同体”。人们如果知物我本为一体，物即我，我即物，就自然不存在心为外物所动的问题。诚能如此，其心就澄然无事。无事则定，定则明，至此就“廓然而大公，物来而顺应”，就可以进入圣域。程颢以“定性”为求得理想人格的道德修养方法。他和程颐的学说后来为朱熹所继承和发展，世称程朱学派。他的“识仁”、“定性”的思想对后来的陆王心学影响很大。

程颢的哲学专著不多，主要哲学代表作有《识仁篇》、《定性书》。后人所编《河南程氏遗书》、《明道文集》、《二程粹言》等，收入《二程全书》。1981年中华书局出版点校本《二程集》。

（唐宇元）

Cheng Yi

程颐 Cheng Yi (1033～1107) 中国北宋哲学家，理学奠基者之一。字正叔。河南洛阳人。学者称他为伊川先生。与兄程颢同学于周敦颐，世称“二程”。官至崇政殿说书。反对王安石变法。讲学达30余年。南宋时追谥“公正”。在哲学上，程颐与程颢以“理”为最高范畴。程颐认为，理“冲漠无朕，万象森然已具”，是创造万事万物的根源。他以形而上下论述理与气的关系，认为理是形而上的，阴阳之气是形而下的。形

而上之理为形而下之气存在的根据。作为万物之本原的理是唯一的，“天下之理一也，涂虽殊而其归则一……虽物有万殊，事有万变，统之以一”。万物都统一于理，理是永恒长存的独立的实体。程颐承认物极必反和物皆有对的思想。他说：“物极必反，其理须如此”，“天地之间皆有对，有阴则有阳，有善则有恶”。这反映了他的辩证观点。

程颐在论述为学方法时说：“涵养须用敬，进学则在致知”，兼重敬与致知，把二者统一起来。程颐根据《大学》提出自己的“格物致知”说。他说：“格，至也。物，事也。事皆有理，致其理，乃格物也。”认为格物即是穷理，即穷究事物之理，最终达到所谓豁然贯通，就可以直接体悟天理。他所讲的穷理方法主要是读书、论古今人物、应事接物等。关于知行关系，程颐主张以知为本，先知后行，能知即能行，行是知的结果。

在人性问题上，程颐提出“性即理也”的命题。他认为，性无不善，人所以有善与不善，是由于才的不同。才是由气而来的，气有清浊不同，故才有善与不善之分。他主张“去人欲，存天理”，提出了“饿死事极小，失节事极大”的观点，对后世社会伦理观念影响极大。程颐的哲学对宋明哲学产生了很大影响。程颢是以心解理，开创了以后的陆王心学一派。程颐把理与气相对来论述，开创了朱学一派。程颐主要哲学著作有《周易程氏传》、《颜子所好何学论》等，另有后人所编《遗书》、《文集》、《经书》等，收入《二程全书》。1981年中华书局出版点校本《二程集》。

（唐宇元）

Chengguan

澄观 Chengguan（737～838或738～839） 中国唐代高僧。被尊为华严宗四祖，有“华严疏主”、“清凉国师”之誉。一生广参求学，祖述师说，融汇诸宗，于华严思想的发展有重要影响。

据《宋高僧传》等记载，澄观俗姓夏侯。越州山阴（今浙江绍兴）人。11岁时依宝林寺霈禅师出家，诵习《法华经》。14岁时遇恩得度。而《广清凉传》载，澄观俗称戴，13岁出家。

自唐肃宗乾元（758～759）之后，澄观“遍寻名山，旁求密藏”，参访求学。先后依润州栖霞寺醴律师学相部律，依本州开元寺昙一习南山律，依金陵玄璧学三论学，至瓦棺寺学《起信》与《涅槃》，随淮南法藏受新罗元晓《起信论疏》，从天竺寺法诜习《华严经》，从成都慧量重研三论，随荆溪湛然习天台止观，从牛头慧忠、径山道钦学南宗禅法，从慧云学北宗玄理。此外，他还兼通“经传子史、小学苍雅、天竺悉昙、诸部异执、四围五明、秘咒仪轨”等学。

大历十一年（776），澄观游历五台山，又前往峨眉山参访，后返回五台山大华严寺，应请讲《华严经》，并演诸论，感慨《华严经》旧疏文繁义约，遂发愿撰写新疏。自德宗兴元元年（784）正月至贞元三年（787）十二月，澄观完成《华严经疏》60卷（T1735），又称《华严大疏》，是重新系统注解“八十华严”的著作。完成新疏后，澄观应请讲授，并自著《大方广佛华严经随疏演义钞》90卷（T1736）。该著既是宣讲《华严大疏》过程中应听众之提问而作的回应，也是对该疏的系统解释，基本囊括了澄观的全部学说。后世将上述两种著作合称为《华严经疏钞》。

贞元十二年，澄观应诏入京，协助罽宾沙门般若翻译《华严经》后分，世称《四十华严》，实为《入法界品》别译。两年后翻译结束，进呈朝廷，德宗大悦，赐其紫袍及“教授和尚”之号。后又奉诏疏释，于草堂寺编成《贞元新译华严经疏》（X227，又称《华严经行愿品疏》、《普贤行愿品疏》），共10卷，内容与《华严大疏·入法界品》释文相同。贞元十五年，澄观应诏入殿讲法，受封“清凉国师”宪宗元和五年（810）年，加号“僧统清凉国师”，并敕有司铸金印。澄观身历九朝，七帝门师，极受尊崇。示寂后葬于终南山室，相国裴休为其撰写碑文。

关于澄观之生卒年，记载不一。据《宋高僧传》载，澄观卒于元和中（806～821），享年七十余；据《华严悬谈会玄记》载，澄观生于开元二十六年（738），卒于唐文宗开成四年（839）；据《隆兴佛教编年通论》载，澄观卒于唐文宗开成三年（838），享年一百零二岁。通常依据后两者之记载，取澄观生平为737～838，或738～839，然魏道儒《中国华严宗通史》则认为应以《宋高僧传》所述为准。

澄观一生著述繁多，据称其全部著作共有400余卷，其中多为《华严经》注疏，故有“华严疏主”之誉。其中除了前述《大方广佛华严经疏》、《大方广佛华严经随疏演义钞》和《贞元新译华严经疏》，主要的还有《华严法界观玄镜》、《大华严经略策》、《新译华严经七处九会颂释章》、《三圣圆融观门》、《华严经入法界品十八问答》、《五蕴观》、《华严心要法门》等，已逸失的包括《十二因缘观》等著作以及对《法华经》、《楞伽经》、《中论》等经论的疏钞。

澄观完善和定型了华严思想，使之得到中兴，对中唐以后的佛教思想发展产生了重要影响。他虽宗华严，力图恢复法藏之“十玄”、“五教”等内容，破斥慧苑异说，然而因其早年参访禅教，广学诸家，故在其思想中亦体现融合诸家之内容，尤其是对禅宗、天台和《大乘起信论》相关思想的收融。因此，他极力会通禅教，强调一心的作用，讲求心融万有而成四法界，立一心法界无尽缘起之说，发扬华严性起之教义。此外，他也受到了李通玄思想的部分影响。

澄观著名的弟子有宗密、僧睿、法印、寂光等。宗密继承其法统。

（杨祖荣）

Chiming

持明 Vidyādhara 印度神话中的小神灵。与天女、乾闼婆、药叉（夜叉）等属于同一级别。梵文vidyā的意思是“知识”、“技能”、“技艺”等，中国古代传统汉译为“明”；dharā有“具有”、“持有”、“掌握”等意思。二者合起来即“有知识”、“有技能”的意思，传统汉译为“持明”。印度古代，vidyā又被认为是一种神秘的技能，即咒语，中国古代汉译为“明咒”。持明的意思遂演变为“掌握明咒”。佛教吸收了这一概念。于是，密教的发展过程中出现了持明密教阶段。

（薛克翘）

Chiming Mijiao

持明密教 Vidyā-dhāraṇi-yāna 印度密教的一个发展阶段。时间在约4～7世纪间。又称持明乘、持明教等。

据中国学者吕建福研究，当陀罗尼密教发展到四五世纪，有人将手印与陀罗尼相配，并在此基础上增加了供养法、像法、曼荼罗法、护摩法、灌顶法、成就法等，逐渐形成一整套完备的密法体系，此即继陀罗尼密教之后形成的早期密教——持明密教。这一时期的持明密教经典大都是由陀罗尼密典和大乘经中的陀罗尼品等相关内容改编而成。其各种修法，多注重烦琐的仪轨。如供养法，即向诸佛供养鲜花、石蜜浆、葡萄浆、蜜浆、乳汁等。像法，指绘制诸佛、菩萨等神像。曼荼罗法，指建立坛场，设置诸佛、菩萨尊位，按照仪轨膜拜。护摩法，为举行火祭仪式，祈求神通成就。灌顶法，指膜拜者以净水为佛像沐浴，师尊为弟子灌顶的仪式。成就法，指通过各种仪式，加上手印和念诵咒语等，祈求神佛给与超凡的神通力，如天眼通、天耳通等。在持明密教中，神灵体系趋于完备，神灵的数量明显增加。有佛部、菩萨部、金刚部、诸天部、药叉部、龙王部等。观音信仰在持明密教中得到扩张，在吸收婆罗门教和民间神灵形象的基础上，观音由慈眉善目转变为忿怒形象，出现了十一面观音、千手千眼观音、马头观音、不空罥索观音、如意轮观音等异相观音。《密迹金刚力士经》等的出现，将金刚力士进一步神

不空罥索观音像

化，使之成为具有无比威力的护佛护法、降妖伏魔的大神。持明密教中增加了一些女神，佛部中有佛眼佛母，菩萨中有多罗菩萨，诸天部有功德天女、吉祥天女、摩利支天女等。这一切，都为密教向真言乘和金刚乘的发展奠定了基础。

（薛克翘）

chimu

齿木 danta-kāṣṭha 印度古代饭后在嘴里咀嚼用以清洁口腔的小木条（楝树枝）。饭后用齿木洁齿在佛教寺院中成

印度街头贩卖齿木的摊贩

揩齿图 右侧为一剃度后的僧人，上身裸露，脖间围巾，右手执齿木净齿，左手握盛水的净瓶，旁有一沙弥正捧巾侍候 中唐时期 中国甘肃敦煌莫高窟第158窟壁画

为一种必须遵守的规矩。中国求法僧对此印象深刻。义净《南海寄归内法传》卷一《朝嚼齿木》：“其齿木者，梵云惮哆家瑟詑。惮哆译之为齿，家瑟詑即是其木。长十二指，短不减八指，大如小指。一头缓须熟嚼，良久净刷牙关。”印度农村至今还有人以齿木洁牙。

（王邦维）

Chongda

重达 Chongda（约活动于10世纪） 中国去印度求法僧人。据《佛祖统纪》卷四三，重达为太原僧人，宋太宗太平兴国六年或七年（981或982）去印度取经，淳化二年（991）归国，向朝廷进献佛舍利、贝叶经。宋太宗赐紫服。重达后住于西京（今山西大同）广爱寺。

（薛克翘）

Chongsheng Si San Ta

崇圣寺三塔 Three Pagodas at Chongsheng Temple 中国佛塔。国家重点文物保护单位之一。位于云南省大理市西北苍山东麓崇圣寺（俗称三塔寺）山门前。一大二小。大塔名千寻塔，系主塔，其西南、西北各有一小塔。三塔平面排列呈三角形。

主塔方形，高69.13米，为密檐式砖塔，共16级。塔顶四角，均有一铜铸大鹏金翅鸟。明季大理白族学者李元阳（1497～1580）在《云南通志》(1574)中称：“崇圣寺三塔各铸金为顶，顶有金鹏。世传龙性藁泽而畏鹏，大理旧为龙泽，故以此镇之。”塔内空心，装有木骨架，可循阶登顶，以仰观苍山，俯察洱海。塔身底部为石砌台阶，上层台基为砖砌须弥座。小塔均为八角形十层砖塔，各高42.19米，相距97.5米，与主塔等距70米。塔砖上面，有数种梵汉两文密宗经咒。塔上供奉大量铜佛像。据史乘记载，当初修寺建塔之时，共铸佛像11 400尊，用铜40 590斤。三塔外观，叠涩呈暗红色，余皆敷白色。中原塔级数多为奇数，而三塔级数均为偶数。中原塔由下向上直线收缩，而三塔中部略呈曲线之美。

主塔建于南诏第十世国王劝丰佑（一作劝丰祐，？～859；823～859年在位）保和十年（833）至天启元年（840）。保

崇圣寺三塔

和七年，南诏军队攻陷成都，掠得百工等数万人并巨量财物。南诏佛教恰于斯时臻于鼎盛。嗣后，崇圣寺三塔陆续建成。大量蜀地工匠为主要施工者。一说小塔似建于五代时期（907~960），亦有论者认为小塔建于大理国后期，在1108~1172年之间。从塔的形制看，后一说法不无道理。三塔耸峙，伟岸庄重，素雅俏丽，既有汉地风格，又具民族特色。

1979年，对三塔进行修葺，恢复明季之前原貌。其间，在千寻塔塔顶和塔基发现南诏和大理国时期文物600余件，其中有佛像100余尊，另有佛经写本及铜镜、药物等。佛像中有一尊系由纯金铸造，重1 135克，高0.24米，弥足珍贵。三塔及其附属文物足以见证南诏、大理国时期中印宗教和艺术交流的一个重要侧面。

崇圣寺原为南诏、大理国王室寺院，古木参天，巍峨壮丽，香火不断，名传遐迩。国王逊位后，多来寺院任住持。清同治十一年（1872）毁于兵燹，唯三塔幸存。2005年4月，千年名刹崇圣寺在原址复建竣工。

（刘建）

Chu Sanzang Jiji

《出三藏记集》 中国现存最早的佛教文献目录。梁代高僧僧祐撰于齐梁两朝间，故又简称为《僧祐录》、《祐录》。

《出三藏记集》出版之前，由于魏晋时期的译经层出不穷，佛典目录应运而生。其中，有专门收录个人译经的，如竺法护的《众经录》；有专门收录一国译经的，如佚名的《赵录》；有全面收录各代译经的，如聂道真的《众经录》；还有道安所作的集大成式的《综理众经目录》。可惜以上经录均已不存。到了僧祐的时代，佛经的翻译达到高潮，新涌现出一大批佛典。僧祐广泛搜集各种材料，编撰出《出三藏记集》。

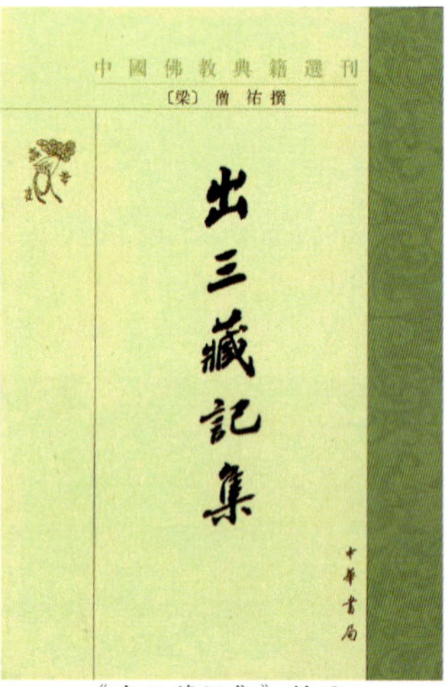

《出三藏记集》封面

与前人经录相比，《出三藏记集》在搜罗范围、体例创新方面都有所突破。僧祐在书中不仅吸收了前代经录的成果，而且广泛引用了各种佛经的序言、题记以及法显等人的游记等。尤为可贵的是，他还亲身探访，寻求佚失的佛经，收藏于建初寺和定林寺的经藏之中。在体例方面，僧祐在书中使用多种体裁，以经录为主，又收录译经的经序与后记，并以译者列传相辅，互为补充，大大加强了目录的功能。

《出三藏记集》共15卷，分为4个部分：①撰缘记1卷，讲述经、律、论三藏结集的传说与汉地译经的历史。②铨名录4卷，在道安经录的基础上进行增补和扩充，记录从东汉到梁代的译经450部1867卷（实为438部1878卷）的经名、卷数、译者（81位）和译出年代，还列出同本异译的佛经、失译经、抄经、疑伪经等，并介绍五部律书的形成以及其中四部传译到汉地的经过。③总经序7卷，收录经序、后记共120篇，是研究译经的译者、时代、翻译过程、流传情况的重要参考资料。此外，还收录了一些中土佛教撰述（如陆澄的《法论目录》、萧子良的《法集录》等）的目录，在原书已经佚失的情况下对了解当时中国的佛教发展情况很有帮助。④述列传3卷，收录了32位译经者的传记，是中国现存最早的僧传。

《出三藏记集》问世之后，受到僧俗学者的推崇，极大地影响了后世僧传、佛教经目的编撰。其中的3卷僧传，被慧皎几乎原封不动地借用到其《高僧传》一书之中。而费长房的《历代三宝纪》、道宣的《大唐内典录》以及智昇的《开元释教录》等，也都继承了将僧传与经序融合进经录的传统。此外，"铨名录"中的分类细目也是佛经目录编撰的创新，如法经的《众经目录》分一译、异译、失译、别生、疑惑、伪妄6类，几乎全部采用《出三藏记集》的分类法。《出三藏记集》收录经序、后记的方法也为一些儒家学者的著述所采用，如朱彝尊的《经义考》。当然，也有人批评《出三藏记集》收录佛经不分大小乘，在译者名目上偶尔也有混淆之处，但瑕不掩瑜。由于此书在收录材料方面的包罗万象与不遗巨细，其中保留的许多宝贵材料成为研究译经、佛教史的第一手资料。

（范晶晶）

Chuyao Jing

《出曜经》 *Avadāna-sūtra* 佛教经典。系《法句经》的偈颂与注释。印度法救尊者著。

《法句经》是一部流传很广的佛教经典，收集诸经中佛之自说偈汇编而成。由于传承的差异，《法句经》在汉语系佛教中并没有受到与巴利语系中同等的重视，但仍有多部相关文献被译为汉文，《出曜经》(T212）就是其中一部。该经由姚秦竺佛念于东晋永和六年（350）至义熙十三年（417）译出，共

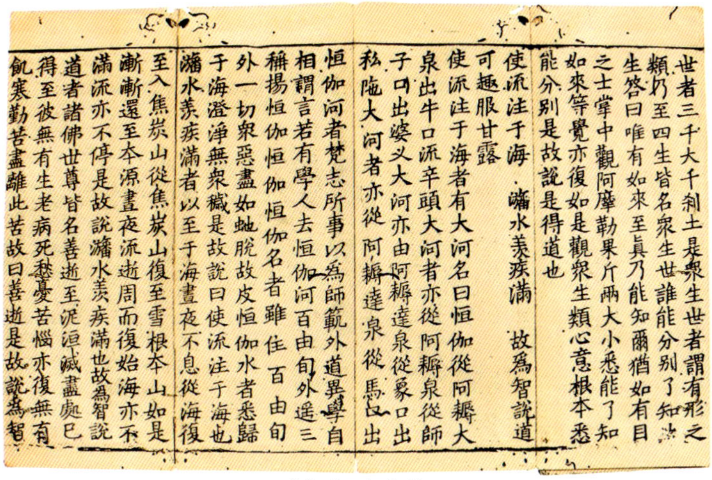
世者三千大千剎土是衆生世者謂有形之
類乃至四生皆名衆生世誰能分別了知此
生答曰唯有如來至眞乃能知爾猶如有目
之士掌中觀阿摩勒果斤兩大小悉能了知
如來等覺亦復如是觀衆生類心意根本悉
能分別是故說是得道也
使流注于海 瀰水羡疾滿 故爲智說道
可趣服甘露
使流注于海者有大河名曰恒伽從阿耨大
泉出牛口流辛頭大河者亦從阿耨泉從師
子口出婆叉大河亦由阿耨達泉從象口出
私陁大河者亦從阿耨達泉從馬口出
恒伽河者梵志所事以爲師範外道異學自
相謂言若有學人去恒伽河百由旬外遥三
稱揚恒伽恒伽恒伽名者雖住百由旬
外一切衆惡盡如蛇脫故皮恒伽水者悉歸
于海澄淨無衆穢是故說曰使流注于海也
瀰水羡疾滿者以至于海晝夜不息從海復
至入焦炭山從焦炭山復至雪根本山如是
漸漸還至本源晝夜流逝周而復始海亦不
滿流亦不停是故說瀰水羡疾滿也故爲智說
道者諸佛世尊皆名善逝至泥洹滅盡處已
得至彼無有生老病死愁憂苦惱亦復無有
飢寒勤苦盡離此苦故曰善逝是故說爲智

《出曜经》书影

30卷33品（有的版本将第4品计为两品，即成34品），属于说一切有部所传承的法救集本。该经内容包括演说教法的偈颂，以及对其进行串联、解说的注释的集合，阐发佛教关于无常、业力、修行解脱等方面教义。该译本的偈颂部分与维祇难等所译之《法句经》(T210)基本一致，而注释部分的因缘故事，则与晋法炬、法立所译的《法句譬喻经》(T211)大体相符。此汉译本除传世版本外，亦曾在敦煌发现写卷。

关于"出曜"的意义，僧睿《出曜经序》中认为是指十二部经中的譬喻(阿波陀那)。《出曜经》卷六则说："采众经之要藏，演说布现，以训将来，故名出曜。"故有学者认为"出曜"是自说（优陀那）的意译。

（陈帅）

Chuwang Ying

楚王英 Liu Ying（约26～71） 中国东汉时奉佛者。即刘英，汉光武帝刘秀（前6～57）之子。《后汉书》卷七二有传。建武十五年（公元39）受封为楚公，

佛头雕像

十七年进封为楚王，二十八年就国。因其母许氏无宠，楚王英的封地楚面积最小且弱。**汉明帝刘庄**为太子时，楚王英与之交好，存依附之意。刘庄亦亲爱之，即位后屡有赏赐。永平十三年（70），楚王英被人告发交通方士，意图谋逆，请诛之。明帝顾念以往交情，废除了楚王英的封地，改派至丹阳泾县（今属安徽），赐汤沐邑五百户。翌年四月，楚王英在丹阳（今安徽宣城）自杀。

楚王英少时好游侠，交通宾客；晚节更喜黄老之学，为浮屠斋戒祭祀。永平八年，明帝下诏天下死罪者，入缣赎罪。楚王英让郎中令奉上黄缣、白纨30匹，以赎自己的过失。汉明帝诏示："楚王诵黄老之微言，尚浮图之仁祠，洁斋三月，与神为誓，何嫌何疑，当有悔吝？其还赎，以助伊蒲塞（男居士）、桑门（沙门）之盛馔。"此诏书在诸侯国中班示流传。学界认为，有关楚王英事迹的记载是佛教在中国初传之最早明证。世传汉明帝夜梦金人，形象长大，顶有光明。次日问群臣，有人说：西方有神，名曰佛，其形长丈六尺而黄金色。明帝于是遣使天竺问佛道法，遂于中国图画形像。楚王英始信其术，中国因此颇有奉佛者。后汉桓帝好神，数祀浮图和老子，百姓稍有奉者，后遂转盛。佛教因此在中国得以流传开来。

（谭洁）

Chuancheng

传承 Smṛti 印度古代经典类别之一。指创作于吠陀时代以后，以口耳授受的

《摩奴传承》梅达帝梯权威集注本书影

方式代代流传下来的宗教、律法和文学作品。梵文原意为"所记住的"。广义上包括吠陀六支、经书、大史诗《**罗摩衍那**》和《**摩诃婆罗多**》、诸往世书、诸法论以及诸正道论等。狭义上仅指各种法论。如《**摩奴法论**》也称《摩奴传承》。一般采用狭义用法。

（葛维钧）

Chuntuo

纯陀 Cunda（约681～767） 印度来华僧人。来华前在**那烂陀寺**为僧，约760或761年来华，其时已80岁，在**长安**一带活动，曾协助建造**五台山**金阁寺，后居长安镇国寺。因其容貌"若童稚之色"，"言谈气壮，举动不衰"，颇为时人称道。唐代宗李豫慕名召见，问以长生养颜之道，他提出"心神好静、简洁安神"的养生理论，认为"神安则寿永，寡欲则身安"，深受唐代宗敬重。事见《**宋高僧传**》卷二九本传、卷二一《道义传》。

（薛克翘）

Chunxi Li

《淳熙历》 *Chunxi Calendar* 中国南宋历法。**刘孝荣**编制。行用于淳熙四年（1177）至绍熙元年（1190）。《宋史》卷八一、卷八二有载。

淳熙三年，"判太史局李继宗等奏：'令集在局通算历人重造新历，今撰成新历七卷，《推算备草》二卷，校之《纪元》、《统元》、《乾道》诸历，新历为密，愿赐历名。'于是诏名《淳熙历》，四年颁行，令礼部、秘书省参详以闻"。

《淳熙历》在行用的当年就推算五星有所偏差，但经过十来年的历法变革，始终不能得到较为精密的历法，宋孝宗（1162～1189年在位）认为历法自古没有不发生差错的，何况造历之术很

多都已失传，朝廷的历法又只能向民间求得，就不能对现行历法多加责怪了。于是下诏先暂行《淳熙历》一年。淳熙五年，金国使节来访，“妄称其国历九月庚寅晦为乙丑晦”。由于接待的官员进行了强有力的辩驳，才使得宋在外交上免于被动。此事件后，宋朝廷更重视历法，多次下令进行详细检测，最终得出宋国的历法要精密于金国历法的结论，此事才告一段落。

淳熙十二年，**杨忠辅**指出《淳熙历》推算月食不验；十三年，平民皇甫继明上言指《淳熙历》疏，要求改历；十四年，石万上言指责《淳熙历》，献《五星再聚历》，遭人非议。后皇甫继明与石万等再次将修改后的历法进上，经过详细的检验分析，还是不能断定哪个历法更好。一直到宋光宗（1190～1194年在位）绍熙元年八月，“诏太史局更造新历颁之。二年正月，进《立成》二卷、《绍熙二年七曜细行历》一卷，赐名《会元》，诏俨序之”。经过十几年的淳熙改历总算告一段落。

以上情况说明，随着岁月的演进，受印度影响的民间历法已经不很精密。南宋初期行用的历法，由于是在民间历法的基础上修修补补，制历前没有进行测景验气，所用天文常数均是在前面历法基础上进行损益而成，故其推算精度始终不能尽如人意，致使改历呼声不断。

（周利群）

Cijue Lin

茨觉林 tshe chog gling 中国藏传佛教格鲁派茨觉林活佛世系府邸或驻锡地。**拉萨四大林**之一。位于西藏拉萨城区。全称“茨觉扎西三丹林”。茨觉林及其活佛世系的建立或形成较晚，藏历第十三绕迥水虎年（乾隆四十七年，1782），年近70岁高龄的噶钦·益西坚赞（1713～1793）任八世达赖喇嘛·绛白嘉措的经师。他孜孜不倦，任劳任怨，向达赖喇嘛传授佛学知识，赢得达赖喇嘛的敬重和广大僧俗群众的赞誉，后人尊称他为永增·益西坚赞。藏历第十三饶迥铁狗年（乾隆五十五年，1790），达赖喇嘛专门为他建造了一所府邸，即“茨觉林”。当他去世后，又寻找其转世灵童，从而建立了茨觉林活佛世系，追认噶钦·益西坚赞为一世茨觉林活佛。由此，茨觉林作为八世达赖喇嘛经师噶钦·益西坚赞的驻锡地而被列为拉萨四大林之一。

（尕藏加）

ciqi

瓷器 porcelain 中印古今贸易的主要物品之一。从唐宋以来，中国瓷器一直是出口的大宗商品。南亚的南印度本地

中国瓷器

治里（今普度治里）的阿里卡美都遗址和可里麦都遗址，巴基斯坦卡拉奇的班波尔遗址和信德省布拉赫米那巴德遗址等，乃至斯里兰卡等地的考古遗址，均出土过唐末五代以来中国外销的瓷器。销往印度的瓷器主要经由海路，从广州、**泉州**等港口，经马来半岛，抵达印度次大陆的港口城市。**赵汝适《诸蕃志》**卷上记载**南毗国**的商人贸易用瓷器。元代**汪大渊《岛夷志略》**记载印度次大陆的贸易物品中，有青白瓷、青器、粗碗、青白花器等种类。《伊本·白图泰游记》卷下记载中国广州和泉州的瓷器，是瓷器中最好的，运往印度等地，甚至到了非洲的马格里布（埃及以西的整个北非地区）。明代景德镇是中国外销瓷器的主要产地。**郑和**下西洋时船队带去的主要商品就是瓷器。曾随郑和四下西洋的文官**费信**所著**《星槎胜览》**记载了郑和船队与西洋各国进行瓷器贸易的情况。其中，**榜葛剌**的贸易货用有金银、布缎、色绢、青白花瓷器等物品。明代中国的瓷器在印度已经较为普遍，不仅普通的商人可以贩卖，《明史》卷三二六记载甚至榜葛剌的贡物也有青花白瓷。17世纪初的莫卧儿宫廷中已使用精美的中国瓷器。16～17世纪，东西方贸易兴盛，荷兰东印度公司、英国东印度公司对中国瓷器的外销承担了主要作用，大量瓷器不仅运往印度的东南沿海地区，更多的是运往欧洲，一船的装载量可达上万件。故中国具体的外销瓷器总件数则无可估量。目前在印度各地的多个博物馆里，收藏了数量不菲的中国瓷器。

（陈明）

Cihuan

辞澣 Cihuan（约活动于10世纪） 中国去印度求法僧人。据《宋史》卷四九〇，辞澣为卫州（今河南辉县）僧人。为宋太祖乾德四年（966）奉诏去印度求法僧团（157人）之一员。于雍熙中（986年前后）归国，与胡僧**密坦罗**一起带回北印度王和金刚座寺、**那烂陀寺**的书信。据**《佛祖统纪》**卷四五，宋仁宗赵祯于景祐二年（1035）制《天竺字源序》赐译经院，其中说道，当年去印度取经的中国僧人得以回国者，“自辞澣至栖祕百三十八人”，其余19人不知下落。

（薛克翘）

Cishi Aoyishu

《慈氏奥义书》 *Maitrī Upaniṣad* 印度古代哲学文献。数百种**奥义书**之一。约产生于公元前500年～前200年。论述了梵的不可思议性、“我”的两种形式、业报轮回思想、达到**梵我同一**境界的方法。此外还论及六分瑜伽——**调息**、**制感**、**静虑**、**执持**、观慧、**等持**。梵本在当代中国被译成了汉文。较早的汉译本由徐梵澄译出，收入《五十奥义书》（中国社会科学出版社，1984）中。黄宝生也将此译成汉文，收入《奥义书》（商务印书馆，2010）一书中。

（姚卫群）

Cixian

慈贤 Maitrabhadra（约活动于11世纪） 中印度来华僧人，译经家。据《新续传》卷一《吉祥传》，慈贤在北宋都城汴京（今中国河南开封）译经院译经，所译皆密教经典，主要有《妙吉祥平等瑜伽观身成佛仪轨》等数种。被赐予三藏大

法师称号。

（薛克翘）

Citong

刺桐 Medinet Zaitun 中国古地名，即今泉州。见泉州。

cixiu

刺绣 embroidery 一种起源于中国古代，在纺织品底料上塑造形象的手工艺品。中国的刺绣，尤其是丝绣，曾长期作为珍贵的物品出口至其他国家。到了19世纪，开始在印度找到市场，并逐渐对印度的纺织传统产生影响。这是中国与西印度，尤其是孟买，进行海上贸易的结果。印度帕西族商人在此项贸易中非常积极，定期前往中国广州、澳门和香港。这一时期，在广州周围已形成繁荣的包括刺绣在内的艺术品出口产业，迎合了欧洲及其他外国商人的喜好。造访广州的帕西族商人，被中国刺绣作品的绮丽和中国绣工的精湛手艺所吸引，开始购买刺绣丝织品并带回家乡。随着印度对中国刺绣产品需求量的增长，帕西族商人开始委托中国绣工根据该社群的需求和爱好制作货品。

印度帕西人伽罗纱丽上的中国刺绣

尽管广东地区的刺绣发轫于16世纪末至17世纪初的明朝末期，起步相对较晚，却被认为是中国四大刺绣之一。在印度，帕西族女性是中国刺绣的主要消费者。为了适应她们的喜好，中国绣工调整了自己的工艺。他们的刺绣，通常以红色、紫色或黑色等深色真丝为底，搭配白色或浅色的线，用一种非常精细的缎纹针法，使织物给人以缀满小珍珠的印象。典型的中国刺绣主题图案，用花卉如牡丹、梅花、菊花和莲花代表四季。竹子、石榴、桃子，以及各种动物，如野鸡、孔雀、大雁和仙鹤，也很常见。最能代表中印纺织传统文化互相渗透的生动范例之一，是帕西族妇女所穿的带有大量刺绣的伽罗纱丽。伽罗纱丽上的刺绣，或由中国绣工制作，或由印度绣工模仿中国绣工手艺制作。有些整件纱丽布满刺绣，有些纱丽主体朴素无华，只是边缘带有刺绣。摹绘典型中国生活情景的伽罗纱丽，被帕西人称为“中国华服”。中国刺绣在印度颇受欢迎，以至当时中国小贩定期造访西印度的孟买、苏拉特和布罗奇等城镇的人家，推销中国绣品。直到20世纪60年代，在这些城镇的街道上还可以看见他们的身影。中国绣工有时也会亲自前往印度。随着时间的推移，在这些地方建起若干刺绣坊，印度手工艺人在这里接受中国刺绣的培训。近来，尤其是在帕西族社区，有些人重新焕发了对这一传统的兴趣，正在努力使之恢复生机。

（玛妲玉撰 刘文亮译）

Cong Ling

葱岭 包括今帕米尔高原及天山山脉、昆仑山脉、喀喇昆仑山脉、兴都库什山脉等在内的广阔的山地和高原的统称。又作葱领、葱山。首见《汉书·西域传》。

葱岭一名，《汉书·西域传》颜师古注引《西河旧事》云：“葱岭，其山高大，上悉生葱，故以名焉。”郭义恭的《广志》称：“休循国居葱岭，其山多大葱。”兴都库什山脉和喀喇昆仑山脉中，确实生有一种气味强烈的野葱，当地居民多采撷之，晒干后用于烹调。

葱岭为古代东西方陆路交通的必经之地。《汉书·西域传》记载了西汉通往西域的两条主要路线：自玉门、阳关出西域有南北两道，南道西逾葱岭则出大月氏、安息，北道西逾葱岭则出大宛、康居（约在今中亚巴尔喀什湖和咸海之间）、奄蔡。《魏书·西域传》记载了从莎车通往中亚和南亚的两条路线：“从莎车西行一百里至葱岭，葱岭西一千三百里至伽倍为一道；自莎车西南五百里至葱岭，西南一千三百里至波路为一道焉。”这两条路线，前者为莎车-塔什库尔干-瓦罕道，后者为莎车-塔什库尔干-吉尔吉特道。

壁画 六七世纪 塔吉克斯坦

葱岭的主要组成部分是帕米尔高原。帕米尔一词，古伊兰语意为“平屋顶”，塔吉克语意为“屋顶”。帕米尔高原又分为塔克敦巴什帕米尔、大帕米尔、小帕米尔、阿尔楚尔帕米尔、郎库里帕米尔、萨雷兹帕米尔、哈尔果什帕米尔、瓦罕帕米尔等八个部分。

史书言及葱岭之处，具体所指时有不同，有时系总称，有时系指帕米尔高原或其一部，有时则指兴都库什山脉或

帕米尔高原远眺

喀喇昆仑山脉。

（陆水林）

Cui Lianzhong

崔连仲 Cui Lianzhong（1925.01.06～ ）中国印度史研究学者，辽宁大学历史系教授。黑龙江兰西人。在中国的印度历史研究领域作出了积极贡献。1948年10月入东北大学短训班学习，后入东北师范大学（1950年由东北大学更名而成）历史系攻读本科学位，1952年毕业。1953年先后在哈尔滨师范专科学校、沈阳师范学院历史系任教。1955年10月入东北师范大学世界古代史教师进修班学习，1957年7月结业后任教于沈阳师范学院、辽宁大学历史系，讲授世界古代史。1983年受聘为教授。曾主编《简明世界古代中世纪史》(1979)、《世界史·古代史》(1983)、《世界通史·古代卷》(1997)，编著有《世界军事后勤史（古代部分）》(1988)。

崔连仲长期致力于古代印度史的研究工作。专著有《古代印度》(1980)、《从佛陀到阿育王》(1991)、《释迦牟尼生平与思想》(2001）等。其中，《从佛陀到阿育王》一书借助翔实的史料和科学的论证，从政治、经济、社会、文化、宗教、律法等诸多方面对公元前6～前2世纪的印度历史进行了广泛而深入的探讨。选译有《古印度帝国时代史料选辑》(1989）和《古印度吠陀时代和列国时代史料选辑》(1998)，丰富了国内的印度研究史料。曾在国内南亚及历史研究相关刊物上发表多篇学术论文，内容涉及古代印度社会性质、历史分期、种姓制度和佛教思想。兼有对中印两国的比较研究，如《论阿育王和汉武帝》(1990)、《论佛陀与孔子的道德观》(1992，合撰)、《古代印度文明与中国》(2007，合撰）等论文。

（姜景奎 贾岩）

Cui Lingqin

崔令钦 Cui Lingqin（约活动于8世纪）中国唐代官员。博陵（今河北定州）人。历任左金吾仓曹参军、礼部员外郎、国子司业。宝应元年（762）著《教坊记》一卷。

初唐时期长安教坊情景 绘画

教坊是古代管理宫廷音乐的官署，系宫廷乐伎聚居之所，由司掌祭祀礼乐之官太常管辖。唐武德年间（618～626）开始在宫中设置内教坊；武周如意元年（692）更名云韶府；开元二年（714）恢复旧名，扩大机构，除在蓬莱宫侧设立内教坊，还在长安和洛阳分别设置左教坊与右教坊，专管雅乐以外的音乐、歌唱、舞蹈、百戏等教习与排练，随时为宫廷表演音乐歌舞和百戏。《新唐书·礼乐志》云："唐之盛时，凡乐人、音声人、太常杂户子弟隶太常及鼓吹署，皆番上，总号音声人，至数万人"，其中许多人是来自各地民间和外籍的优秀艺人。玄宗时，仅长安一地，有关人士即多达11 400人。

《教坊记》记述了开元时有关教坊的制度、逸事及乐曲的内容和起源，并收录教坊曲名324个，包括大曲46个，因而是研究唐代，特别是初唐和盛唐时期音乐、舞蹈、戏曲、杂技等表演艺术的重要史料。崔令钦在任仓曹参军时，直接从曾在教坊中任职的下级官吏那里听取所述教坊往事。因此，《教坊记》所记唐代教坊制度和逸闻，具有较高的史料价值。在其所列曲目中，《大定乐》、《破阵乐》、《太平乐》、《南天竺》、《望月婆罗门》及大曲《霓裳》、《龟兹乐》、《凉州》等，显然来自古印度或深受印度文化影响的龟兹，抑或"变龟兹声为之"。

《教坊记》的传本，较早的有元末陶宗仪的《说郛》和明中叶陆楫编的《古今说海》。1959年，为中国戏曲研究所完成的《中国古典戏曲论著集成》所收录。1962年，中华书局出版任半塘的《教坊记笺订》。

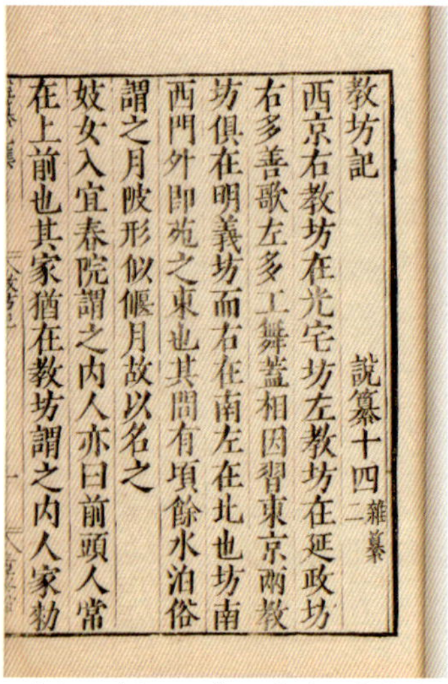

教坊記 說纂十四 雜纂二
西京右教坊在光宅坊左教坊在延政坊
右多善歌左多工舞蓋相因習東京兩教
坊俱在明義坊而右在南左在北也坊南
西門外即苑之東也其間有頃餘水泊俗
謂之月陂形似偃月故以名之
妓女入宜春院謂之内人亦曰前頭人常
在上前也其家猶在教坊謂之内人家勅

崔令钦《教坊记》明嘉靖刊本书影

除正文外，尚有《教坊记·序》，载《全唐文》卷三百九十六；《教坊记·补录》，载曾慥《类说》卷七。

（赵佳梓）

D

Dashe guo

哒舍国 Khasa 古代西域国名。又作达舍，疑传抄有误，应为“迦舍”。汉译佛经又音译作佉沙、迦舍、迦沙等。位于今克什米尔巴基斯坦实际控制区境内的吉拉斯（齐拉斯）一带。

哒舍见于《魏书·世祖纪》景明三年（502）：“是岁，疏勒、罽宾……不仑……哒舍……诸国，并遣使朝贡。”《魏书·世宗纪》永平四年（511）又载：“六月乙亥，乾达、阿婆罗、达舍越、伽使密、不流沙诸国，并遣使朝献……八月辛未，阿婆罗、达舍越、伽使密、不流沙诸国并遣使朝献。”以上记载，乾达即犍陀罗地区；罽宾和伽使密均指克什米尔谷地；不仑和不流沙即今克什米尔巴基斯坦实际控制区境内的吉尔吉特地区；阿婆罗，疑为今克什米尔巴基斯坦实际控制区境内的巴尔蒂斯坦的一个重要河谷——哈伯罗的音译。这几个地方互相毗邻，共同派遣使团，或者一国遣使，沿途各国也派出使节，结队而行。哒舍与达舍越显然是与以上诸国相毗邻的同一个地方，“哒”和“达”系“迦”之误，而“越”字系衍文。许多佛教文献也提及此地。《阿育王传》、《杂阿含经》、《鞞婆沙论》、《月藏经》作佉沙；《阿育王经》作佉师，“师”当为“沙”之异译；《孔雀王呪经》作迦舍国。

（陆水林）

Dabulajie

达布拉杰 dwags po lha rje（1079～1153）中国藏传佛教高僧，达布噶举派创始人。在中印佛学文化交流中起过积极作用。出生于西藏前藏南部涅地方。5岁时随父亲识字读书，7岁开始学医，在印度名医吉麦座前学习以脏腑病症治疗为主的医法，在藏巴拉杰乌斯处听讲《医学八支论》等医典注释，从尼泊尔

医生普吉处学习诊脉等临床知识。此外，依止宋辽名医多人学医数年，终成就为一位藏族名医。后不幸自家遭遇传染疾病袭击，家破人亡。由此而看破红尘，于26岁时放弃医生职业，出家受戒，成为一名僧人。初在来自玛域的堪布罗丹等高僧座前修学胜乐金刚密法及毗奈耶（律藏）等佛法，后赴彭域地方师从嘉宇瓦等大师，系统研习阿底峡的法脉传承，即噶当派教法。达布拉杰又深感坐禅修炼的重要性，他依靠父母的资助在萨尔卡寺附近建造了一座简易小禅房，开始闭关修行。

达布拉杰31岁时耳闻密拉日巴的德誉，便对其产生敬仰之心，遂准备盘缠前往西藏西部去拜会密拉日巴。他献上黄金，作为传法的报酬，而密拉日巴断然拒绝受礼，并以吟唱道歌的形式来款待远道而来的达布拉杰，将自己掌握的全部教法秘诀传授给他。初授以金刚亥母灌顶，得到证验后，传授拙火定法。由于达布拉杰具有深厚的密宗修炼功底，仅用13个月的时间，就把密拉日巴传授的所有深奥密法完全地领会、接受和证悟。之后，遵照密拉日巴的教诲和安排，寻得静修处专门修炼，不与常人来往。达布拉杰功成名就后，开始传教布道，于1121年在达拉冈波创建了一座寺院，取名冈波寺。以此为据点招收众多弟子，传授自己掌握和感悟的教法，创立了达布噶举派。达布拉杰除了创建寺院、建立宗派、培养弟子、弘扬佛法和利乐众生之外，还整合噶当派的道次第法和密拉日巴的大手印法而构建了新的自成体系的教法，以《大乘道次第·解脱庄严论》为代表。达布拉杰在冈波寺传法长达30年之久，门下出现许多著名高僧大德。

（尕藏加）

Dalailama Shixi

达赖喇嘛世系 中国藏传佛教四大活佛转世系统之一。达赖喇嘛被认为是观世音菩萨化身，在藏族和蒙古族佛教信众中具有广泛的宗教影响力。此传统始自

一世达赖喇嘛·根敦珠巴坐像

宗喀巴·洛桑札巴大弟子根敦珠巴。其世系传承为：一世达赖喇嘛·根敦珠巴（1391～1474）；二世达赖喇嘛·根敦嘉措；三世达赖喇嘛·索南嘉措；四世达赖喇嘛·云丹嘉措；五世达赖喇嘛·阿旺罗桑嘉措；六世达赖喇嘛·仓央嘉措（1683～1706）；七世达赖喇嘛·格桑嘉措（1708～1757）；八世达赖喇嘛·绛白嘉措（1758～1804）；九世达赖喇嘛·隆多嘉措（1805～1815）；十世达赖喇嘛·慈臣嘉措（1816～1837）；十一世达赖喇嘛·凯珠嘉措（1838～1855）；十二世达赖喇嘛·赤列嘉措（1856～1875）；十三世达赖喇嘛·土丹

牙含章编著《达赖喇嘛传》封面

嘉措（1876～1933）；十四世达赖喇嘛·丹增嘉措（1935～　）。历代达赖喇嘛驻锡地为前藏拉萨，其府邸分冬宫布达拉宫和夏宫罗布林卡（均位于今西藏拉萨市内）。

（尕藏加）

Dalongtangba Zhaxibei

达隆塘巴·札西贝　stag lung thang pa bkra shes dpal（1142～1210）中国藏传佛教高僧，达隆噶举派创始人。出生于西藏一户富豪人家，幼年丧母。18岁出家为僧，学习噶当派教法。24岁时前往帕莫主巴大师处，修学帕主噶举派的教法。帕莫主巴逝世后，达隆塘巴·札西贝游方各地，讲经传教并招收弟子。1180年偕同17名弟子一起前往达隆，创建达隆寺。他将该寺作为固定道场，继续向门下众弟子传授自己娴熟和感悟的佛法，遂形成一支独立自主的宗派，名“达隆噶举派”。1181年，达隆塘巴·札西贝被推举为发生在达域和绒巴两地之间的纠纷的调解人，很快调解成功并赢得两地百姓的信任和拥戴。随之达隆噶举派发展壮大，成为一方具有政治和宗教影响的派别。达隆塘巴·札西

中国西藏林周达隆寺

贝是一名德才兼备的高僧，出家为僧后，严守佛教戒律，不食荤酒，衣不解带，足不入俗家，在藏族地区享有“最有德行”的声誉。同时，他制定清规戒律，禁止妇女及食肉者进入寺院，对出家僧众严格要求，使达隆噶举派及其僧众以戒行清净著称于当时的前后藏地区。

（尕藏加）

Daluopituren

达罗毗荼人　Drāviḍa　印度种族名称。主要生活在从哥达瓦里河到科摩林角的

现代南印度达罗毗荼人

奎达达罗毗荼人　摄于1910年

印度南部，古吉拉特、马哈拉施特拉乃至整个南印度亦有分布。

达罗毗荼人身材中等，肤色较暗。《摩奴法论》将他们贬归社会底层，说他们原系刹帝利种姓，“由于不做法事，藐视婆罗门……已经逐渐沦为贱民”（10，22，44）。实际上，他们是雅利安人进入印度以前生活在当地的原住民，后来被逐至南印度，在那里保存着自己的文明。不过，在漫长的历史时期内，血统上他们已与雅利安人长期混合，文化宗教方面亦互相多有取予。达罗毗荼神祇甚至早在吠陀时代就已进入雅利安人的神殿，受到崇仰，而其语汇亦不难在梵语中发现。有学者认为原始达罗毗荼人可能是经俾路支斯坦从西北进入印度次大陆的，而印度河流域文明或即为其所创，今达罗毗荼人则是其未参与大规模迁移的孑遗。相反，另有学者认为他们原曾遍布于南亚次大陆，而达罗毗荼人应为其迁往美索布达米亚时所沉留。

（葛维钧）

Daluopituyu

达罗毗荼语　Drāviḍa　印度古代语言。使用者分布于印度南部和中部，以及斯里兰卡北部和巴基斯坦等地。使用人口约1.3亿。一般认为它包括20种语言。但晚近在某些山区发现若干使用人口很少的语言亦在其列，确数尚不清楚。最主要的有泰卢固语、泰米尔语、坎纳达语（即坚那勒语）和马拉雅兰语，分别为今印度安得拉邦、泰米尔纳德邦、卡纳塔克邦和喀拉拉邦的官方语言。它们各有自己的文字（泰米尔、坎纳达二语相似）。泰米尔语亦通行于斯里兰卡、缅甸、马来西亚、印度尼西亚的某些地方。此外使用人口较多的还有贡德语、库鲁克语及图卢语等。

其语言特征为：元音有长短之分；南部语以元音收尾；重音微弱，多落于第一音节；形态变化属黏着型；形容词包括分词、名词间接格、代名形容词等；

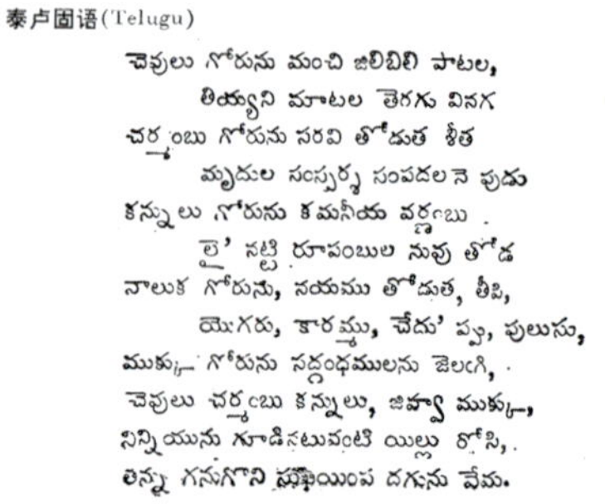

泰卢固语文字书影

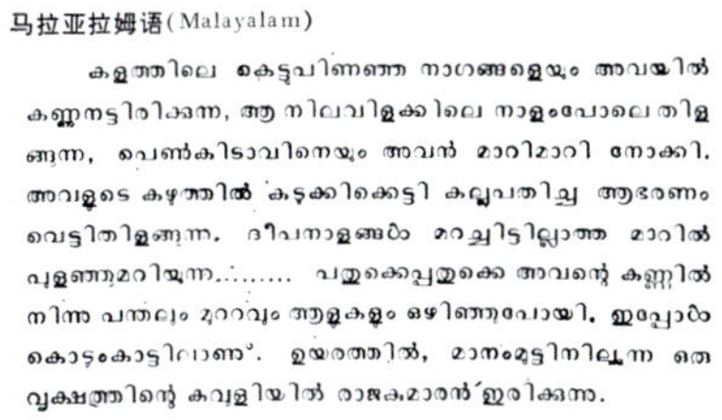

马拉雅兰语文字书影

名词在某些语族中有阴性、阳性之别；名词变化的两个基本格是直接格（主格）和间接格（有所有格含义）；代名词第一人称复数有包括和不包括说话者在内两种；代词和指示代词有阳、阴、中性之分；动词有不定时、过去时和将来时；一般语序是主—宾—谓等。所使用的字母有3种，泰米尔语、马拉雅兰语、泰卢固语和坎纳达语各用一种。见古代印度语言和文字。

（葛维钧）

Damo

达摩 King Dharma of Uddiyana（生卒年不详） 古代印度乌苌国国王。7世纪中叶在位。据《全唐文》记载，唐贞观十六年（642），乌苌王达摩派遣使者奉表来唐，表文称赞唐朝皇帝为“至尊”、“一切王中上乘天宝车”，犹如“帝释”，降服其他“阿修罗王”，以此朝拜并献龙脑香。

（张然）

Damoboluo

达摩波罗 Dharmapāla（生卒年不详） 古代北印度波罗王朝统治者。约770～810年在位。在位期间护持佛教、资助寺庙，促进了印度与中国西藏的佛教交流。约770年继承波罗王朝王位，主要统治北印度孟加拉、比哈尔等地，领土一度扩张至曲女城。在位期间资助包括那烂陀寺在内的诸多佛教寺庙，并资助修建超戒寺，使其成为北印度新的佛教和学术中心。超戒寺又称超岩寺，在恒河岸边，共有107座殿堂与6座学舍。中心为观音大殿，周围有53座大小殿堂，是当时印度最大的佛寺之一。8世纪中叶后到西藏传教和翻译密典的印度僧侣多出自超岩寺。

（张忞煜）

印度超岩寺遗址

Damoduoluo Chanjing

《达摩多罗禅经》 *Dharmatara-duyāna-sūtra* 讲解佛教禅法的佛经。2卷。东晋佛驮跋陀罗译。此经为指导坐禅修行的教科书，阐述禅观修炼的基本要领。经中讲述了心、息、意念之间的关系，以及调整这些关系的关键。如其卷上说：“如系调御马，心既止入息。思惟正忆念，冷暖与轻重，柔软粗涩滑，修行谛觉知。”“修行于鼻端，系心令坚住。专念谛思惟，正观依风相。入息与出息，系心随忆念。忆念若不忘，是初功德住。”这些思想和修法源出小乘禅，但在慧远及其门人的解释和传播下，逐渐融入中国流行的大乘禅法，在中国禅学发展中起过重要作用。

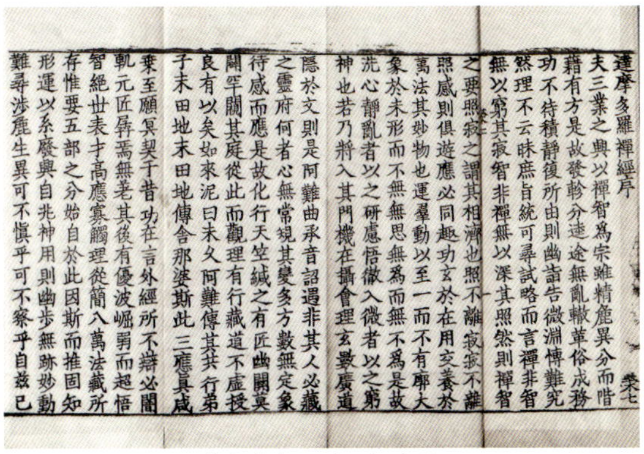

《达摩多罗禅经》书影

（薛克翘）

Damojiduo

达摩笈多 Dharmagupta（？～619） 印度来华僧人，译经家。意译法密、法藏。

据《续高僧传》卷二、《大唐内典录》卷六、《开元释教录》卷七等，达摩笈多为南印度罗啰国人，属刹帝利种姓，本姓弊耶伽啰，意为虎氏。自幼即离俗而爱佛法，虽为父母所阻，但仍于23岁前往中印度鞬拏究拨阇城（意译耳弯）一座名叫究牟地的寺院落发出家，改名法密。25岁受具足戒，师从佛驮笈多、拏达多、普照等学习禅法和大、小乘经典。曾往各地游方，遍历诸国，亦曾遇北路商人，听说远在东方有大支那国（即中国），初未在意，后游至商旅荟萃之地迦毕试国，有关传闻益多，遂生观其风化，弘传佛法之念。于是越大雪山（今兴都库什山），经沙勒（今中国新疆喀什）、龟兹（今新疆库车一带）、乌耆（今新疆焉耆）、高昌（在今新疆吐鲁番）、伊吾（今新疆哈密一带）等地，一路讲道，或走或停，跋涉经年，终至瓜州（治所在今中国甘肃敦煌）。同行僧伴或返或殁，仅他一人到达汉境。不久蒙隋文帝下旨延请，于开皇十年（590）冬十月到达京城长安，住入名寺，供给丰渥。后移住大兴善寺，参与译经。他所诵出的经典多为要籍，而他对于经典微旨的宣解，也往往能化除信众多年的疑惑。由于谨守戒范，端居寡欲，威容祥正，心怀慈恕，对人无论贵贱，一概和颜悦色，故深获时人钦敬。其译经多能从字源入手，故能探幽获微，所得汉译往往义理允正，文意显畅。隋仁寿四年（604），炀帝继位，次年迁都洛阳，并于大业二年（606）下敕于洛水南岸上林园内建翻经馆。达摩笈多和另一译家阇那崛多皆应邀至此

93

中国陕西西安大兴善寺　唐代长安三大译场之一

参与译事。

达摩笈多的译经生涯始自隋开皇中期至大业末年，前后28年，后于唐武德二年（619）去世。其所译经有《起世因本经》10卷、《佛说药师如来本愿经》1卷、《摄大乘论释论》(与行炬等共译)10卷、《金刚能断般若波罗蜜经》1卷、《大方等大集经菩萨念佛三昧分》10卷、《金刚般若波罗蜜经论》3卷、《缘生论》1卷、《菩提资粮论》6卷等，共9部46卷。

（葛维钧）

Damojuduo

达摩掬多　Dharmagupta（约活动于7世纪）印度高僧。中国佛教密宗创始人之一善无畏在印度的老师，多有神通。据《宋高僧传》卷二等，达摩掬多为那烂陀寺僧，于定学研究深得密钥。据说年龄看似四十稍过，实际已有八百余岁。玄奘曾见过他。善无畏到那烂陀寺后，即投身接足，奉为本师。不久，达摩掬多将《总持瑜伽三密教》授他。后又揭示他与震旦（见中国）有缘，命他东行。善无畏遂顶礼辞师，踏上万里征途。他登雪山时，身患重病。达摩掬多自空而至，将他治愈，使他得以继续行程，完成使命。

（葛维钧）

Damozhannieluo

达摩战涅罗　Dharmacandra（652～743）东印度来华传法高僧。略名达摩战。唐代时来华，唐称法月，事见唐代圆照《贞元新定释教目录》卷十四。他曾游历中印度，亦被称作摩提国人。达摩战涅罗在佛经翻译、《政事论》传译、医药学、占星学、密教图像、方术、典籍传递等方面为中印文化交流作出了贡献。

达摩战涅罗学通三藏，善达医明，利物随缘，游方传法。在龟兹国（今中国新疆库车一带），得门下高徒地战涅罗（唐称真月，字布那羡，亦称利言），相随译语。开元十八年（730），师徒由安西节度使吕休林表荐入朝。开元二十年，抵达长安，引入宫廷，进奉方术、医方、梵夹、药草、经书等。随后，他们还翻译了这些来自印度或西域医药方书和本草类著作，使其成为唐代中外医学交流的重要文献。在长安数年，师徒俩还译出《普遍智藏般若波罗蜜多心经》等佛典。开元二十九年七月，达摩战涅罗辞别长安，取道西凉沙碛，返回天竺。中途染病，天宝二载（743），迁化于阗金轮寺。

《册府元龟》卷九七一《外臣部·朝贡四》记载，“东天竺国三藏大德僧达摩战来献胡药卑斯比支等及新咒法、梵本杂经论、《持国论》、《占星记》、梵本诸方”。达摩战涅罗有过多次进贡，其所献《持国论》(即《治国论》)，当是指印度孔雀王朝旃陀罗笈多时期大臣考底利耶的《政事论》(又称《利论》);《占星记》是一部占星学著作，而“梵本诸方”包括梵语所写的医药方书。唐代智通译《千眼千臂观世音菩萨陀罗尼神咒经·序》记载，乌仗那国（见乌苌）婆罗门僧达摩战陀“奉制翻译”，并奉献菩萨像以及本经咒。故此“达摩战陀”当是达摩战涅罗。

（陈明）

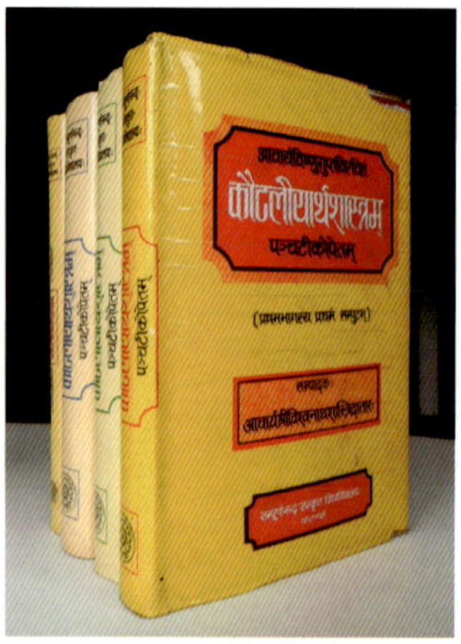

《利论》梵文本书影

Damobo

达磨波　Dharmapāla(约活动于11世纪)西印度来华僧人。据《佛祖统纪》卷四四，达磨波于北宋景德二年（1005）自西印度来到宋京汴梁（今中国河南开封），进献梵经。宋真宗赵恒（997～1022年在位）接见并赐紫服。

（薛克翘）

Damobore

达磨般若　Dharmaprajña（约活动于6世纪）印度来华僧人，译经家。意译法智。据《续高僧传》卷二等，达磨般若姓瞿昙氏，为优婆塞，父亲是著名佛经翻译家瞿昙流支。因长期生活于汉地，遂多从华俗，但作为家学的翻译传统仍在。北齐时，为昭玄都（僧官名）。北齐灭后，转任俗官。隋时又奉敕执掌翻译。由于梵、汉两语俱娴，故“执本自传，不劳度语”。译有《佛为首迦长者说业报差别经》等，由成都沙门释智铉笔受，日严寺沙门彦琮制序。

（葛维钧）

Damo Dashi Zhushiliuxing Neizhen Miaoyongjue

《达磨大师住世留形内真妙用诀》　中国讲解道家养生原理的著作。1卷。约成于唐五代。此文收于北宋张君房编辑的《云笈七签》卷五九。文以达磨自述的形式开头，说“吾昔于西国，受得住世留形胎息妙师名宝冠传吾秘诀”，然后便是宝冠妙师的解说。通篇文章，主要讲道家的养生术“胎息法”，解说道家养生术中“精、气、神”的相互关系，强调“精、气、神”的协调与保养，目的在于“长生久留”。文中偶尔提及“释迦文佛”，不过是点缀之笔。可知其文为托名伪作，并非达磨真传。但其内容仍有与佛家观点相通处，说明佛道两家的养生术早已相互交融。

（薛克翘）

Dasi

达斯,B. Bhagavan Das（1869～1958）印度现代著名哲学家，新吠檀多哲学的杰出代表。全名薄伽万·达斯。出生于印度历史名城瓦拉纳西。1886年，毕业于加尔各答大学哲学系，获得硕士学位。后进入贝拿勒斯大学和阿拉哈巴德大学进修，获名誉博士学位。毕业后终生从事哲学研究和立法工作。曾任中央印度学院理事会的名誉书记兼教授，1935年被选为印度中央立法大会成员。他一生著述颇丰，写了大量哲学、宗教、心理学和社会学的专著，代表著作有《感情的科学》(1900)、《内心清净的科学》(1904)、《社会组织的科学》(1910)、《神圣世界的科学》(1910)、《一切宗教的根本统一》(1932）等。他的藏书很多，1958年逝世后，他的子女将其全部藏书都捐赠给瓦拉纳西的印度教大学图书馆。

达斯主张改革传统吠檀多哲学。他反对古代吠檀多集大成者——商羯罗所宣扬的“世界虚幻论”。他认为，商羯罗的吠檀多论是一种悲观厌世的消极学说，对社会发展产生不利影响。他主张，现象世界不是虚幻的，而是真实的。他用西方哲学术语描述梵，把梵称为“绝对精神”，认为“绝对精神”是宇宙的最终原理。“绝对精神”在创造世界的过程中，不仅显现为个人的灵魂（又称为“我”或“自我”），也显现为物质世界（称为“非我”）。因此，他认为绝对精神不仅包括主体（我），也包括客体(非我)，它是主体、客体、主客体关系三者的统一。他反对古代吠檀多哲学中那些把主客体相互分离的观点，主张主客体是处于一种既相互否定又相互肯定的必然联系之中。

为了从现代科学的角度阐述自己的观点，达斯把自己的新吠檀多体系称为“‘自我’的科学”。所谓“‘自我’的科学”，就是论述宇宙最高本体——梵或“绝对精神”的学说，并且把世界上的一切科学都包容于这个庞大的体系之中。具体地说，他把这种学说分为三个部分。

第一部分是关于“自我”(精神)的科学。包括三个组成部分：①关于非人格的“绝对精神”(梵）的科学，达斯称这门科学为“形而上学”；②关于“个体自我”(个体灵魂）的科学，他称之为“心理学”；③关于“个体自我”在人体中的表现，即肉体与心思的科学，他称之为“生理—心理学”。

第二部分是关于“非我”(物质)的科学。达斯认为，这门科学就是“一部宇宙发展史”。包括三个主要学科：①化学，主要研究原子、超原子和其他基本物质的形式；②物理学，主要研究各种不同类型的力；③天文学，主要研究太阳、行星等各种天体及它们之间的相互作用。他在这里所说的天文学是一种广义的天文学，包括地质学、地文学(自然地理学）和生物学。在生物学中，又包括矿物学、植物学、动物学和人类学等。

第三部分是关于“自我”(精神）与“非我”(物质）之间关系的科学。达斯认为，在“自我”与“非我”之间关系的科学中，包括正反两个方面。正的方面表现为各种能量的作用、反作用以及使两者相互联系的因果关系。反的方面表现为一切经验的三重条件：时间、空间和运动。他指出，这门科学主要表现为数学，数学又分为时间数学（如算术）、空间数学（如几何学）和运动数学（如动力学）等。

达斯所谓的“‘自我’的科学”，实质上就是研究精神（包括绝对自我和个体自我）、物质（非我）、精神与物质之间关系的学说，并且把现代科学中的一切学科都容纳于这个体系中，使之变成一种包罗万象的万能科学。其目的是想说明宇宙本体——梵或“绝对精神”是由精神（自我）、物质（非我）、精神与物质关系三个方面所组成的，对于这三个方面的研究都符合现代科学的意义，故称之为“‘自我’的科学”，以此证明印度的吠檀多是一门科学，与现代各种科学是相一致的，而并不是对立的。

达斯的哲学是印度现代新吠檀多哲学的典型代表，中国学者对他的思想也有研究。2013年，中国社会科学出版社出版的、朱明忠所著的《印度吠檀多哲学史》，有一章专门阐述了达斯的哲学。

（朱明忠）

Dasiguputa

达斯古普塔,S. Surendranath Dasgupta（1885～1952）印度现代哲学家，梵文学家。生于孟加拉省库什蒂亚的一个梵

文学者家庭。早年受教于克里希纳加尔社团所建立的学校，后赴英国剑桥大学学习西方哲学。一生从事哲学研究和梵文教学工作，并致力于印度哲学史的研究。曾任吉大港学院教授、加尔各答省立学院哲学系主任、加尔各答国立梵文学院院长、加尔各答大学哲学教授和英国爱丁堡大学梵文教授。曾多次应邀到美国、法国、德国、意大利、波兰等国家的大学讲授印度哲学，还多次代表印度哲学家参加国际哲学大会。

达斯古普塔在印度现代哲学史上占有重要的地位。他撰写的《印度哲学史》一书出版后，受到印度国内外学者的一致好评，由此闻名于世。《印度哲学史》用英文撰写，为5卷本，共38章，1922年第一次出版，后不断再版，2009年已出第7版。他主张深入挖掘印度民族的原始资料，系统整理民族文化遗产，以民族主义观点去研究印度哲学发展的历史。他在《印度哲学史》中收集和整理了大量梵文、巴利文和各地方言的原始资料，并利用这些资料系统地论述了印度哲学产生和发展的历史。这部哲学史涉及的时间跨度非常大，从公元前15世纪的吠陀时代开始，一直写到16世纪，大约有3 000多年。该书不仅阐述了吠陀和梵书中的哲学、奥义书的哲学、佛教哲学、耆那教哲学、印

度教的六派哲学，而且阐述了《薄伽梵歌》的哲学，以及中世纪虔信派改革运动中涌现的各种改革派的哲学，如瓦拉巴派、查尼塔尼亚派、勇者湿婆派（又称林伽派）、湿婆悉檀多派等。该书还论述了印度各种哲学流派的理论与学说，以及各派别之间的思想分歧和相互斗争，对研究印度古代哲学有重要的学术价值，其研究方法也对后世哲学家产生了深远的影响。此外，他的另一部重要著作《印度的唯心主义》集中地反映了他的哲学思想和观点。

有关达斯古普塔的哲学思想，在中国出版的许多辞书中都有介绍和阐释，如《中国大百科全书·哲学》(1987)、《南亚大辞典》(1998) 等。其代表作之一的《印度哲学史》(英文版) 在中国的各大图书馆，如国家图书馆、北京大学图书馆、中国社会科学院图书馆等都有收藏。

（朱明忠）

Dayenantuo Suoluoshifadi

达耶难陀·娑罗室伐底 Dayānanda Sarasvati (1824～1883) 印度近代宗教改革家、雅利安社创始人。生于西印度卡提瓦尔的一个婆罗门家庭，受过良好的印度教传统教育。5岁时，开始学习梵文。青年时代，作为游方僧，在印度各地漫游，向民间学者学习。1872年，有幸在加尔各答会见了梵社领袖凯沙布·钱德拉·森，深受梵社改革思想的启迪。他听取了凯沙布给他提出的两条建议：放弃他那苦行僧式的半裸衣着，穿上城里人的服装；在传教时，要用民众听得懂的地方方言，而不要用梵文。此后，他按照凯沙布的建议，在西北印度到处宣讲改革思想，颇受民众欢迎。1875年，他在孟买创立了雅利安社。

达耶难陀的改革原则是：高举吠陀的大旗，用古代的“吠陀精神”来改革当前的印度教。为此，他提出一个响亮的口号——“回到吠陀去”。在他看来，古代的吠陀经典是真正知识的源泉，是印度宗教的最高权威。印度教之所以发展到今天的样子，原因就在于它背离了古代吠陀的精神。他认为，吠陀不仅是以前各个时代一切知识的“宝库”，而且也包含着现代科学，如物理学、化学、心理学等学科的“种子”。从表面上看，他用吠陀经典改革印度教是一种复古主义，但实际上，这是一种托古改制，他只是假借吠陀精神来树立一种符合时代要求的新的宗教原则。所以，他在解释吠陀时带有鲜明的倾向性：他认为在吠陀中找不到一个字是支持偶像崇拜的，因此现在流行的偶像崇拜是没有根据的；认为吠陀中虽然提到许多神的名字，但其实只是一个神，因此印度教只需崇拜一个最高之神；还说如自由、平等、博爱等现代思想，都可以在吠陀中找到启示。他如此解释吠陀，目的就是要用现代的理性主义和人道主义思想改造印度教。

达耶难陀坚持批判和改造种姓制度。在他看来，种姓歧视和对立是印度教的一大弊病，种姓之间的各种禁忌不具有宗教的意义，只是婆罗门祭司为了支配其他种姓而故意制造出来的。现行的种姓制度是古代吠陀时期“瓦尔那制度”的全面蜕变。在吠陀时期，“瓦尔那”并不是以出身或血统划分，而是根据德行和知识划分的。那时的社会是根据品格和知识把人划分为4个等级的，而且妇女和男人都享有同等的权利。因此，他宣称种姓对立违背了吠陀精神，必须加以废除。他还提出了许多改革种姓制度的方法：大力开办学校，让学校用全新的精神教育儿童，使他们增长知识；政府应当根据品德、知识和功绩，把社会的人重新分类；通过“净化运动”，使改信基督教和伊斯兰教的印度教徒重新皈依印度教。另外，他打破种姓的界限，允许低级种姓和贱民参加他的社团。

达耶难陀重视教育改革、发展民族教育。他反对印度教脱离实际的经院式教育方式，主张教育必须与现实生活相联系；反对英国人的奴化教育，主张印度人自己创办学校，发扬独立自主的精神；反对单纯学习宗教知识，主张把学习传统文化与学习西方现代科学技术结合起来。这种教育思想一直被雅利安社所遵循。

达耶难陀还与印度教歧视妇女的陋习进行长期斗争。他反对童婚、溺婴、不许寡妇再嫁以及寡妇殉夫等不合理的现象，也反对印度教婚礼上的繁文缛节和索要大量嫁妆的习俗。他主张男女平等，妇女应当享有与男子同样的权利，妇女应当接受教育、参加社会活动等。在他的努力之下，雅利安社制定了一部《雅利安社婚姻法案》，这部法案后来成为印度法律的一个组成部分。雅利安社重视妇女教育，开办了许多女子中学和小学，并鼓励妇女参加社会活动。

达耶难陀和他创立的雅利安社在中国也有一定的影响。有关他的思想和事迹，在中国出版的有关印度历史和宗教的许多书籍中都有记载，如林承节的《印度近现代史》、黄心川的《印度近现代哲学》、朱明忠的《印度教》等。

（朱明忠）

Dachashiluo

呾叉始罗 Takṣaśilā 古代印度西北重镇。故地在今塔克西拉（今属巴基斯坦）。

在印度列国时代（前6～前4世纪），呾叉始罗为当时十六国之一犍陀罗的都城。公元前3～前2世纪，内附强大的孔雀王朝，驻有该王朝总督，并于阿育

呾叉始罗遗址

王统治时期接受佛教。该城地处交通要道，为西北印度重要的政治、经济和学术中心。作为人文荟萃之地，东方恒河流域的许多学子常不远千里来此游学，学习吠陀经典和包括医学在内的其他学问和技艺。有名的古印度医学校，所收学员甚至有来自中亚和西亚者，校风严谨，学制亦长。学生学习7年后，必须经过严格的考试答辩，方才允许毕业行医。校中除医学外，兼有工艺技术等课程。该城遗址发掘于20世纪初叶，出土有钱币、珠宝、金器、铜器、陶器，以及镌有佉卢文祀奉文字的银册和大量佛教艺术品。此地的经济和宗教文化活动在1～2世纪贵霜帝国时期达于极盛，到3世纪后逐渐衰落。其城可能最后毁于5世纪中叶嚈哒人的入侵。中国高僧法显和玄奘赴印度求法时，都曾到过此地。

（葛维钧）

Da Baoji Jing

《大宝积经》 *Mahā-ratnakūṭa-sūtra* 大乘佛教丛书类经集。又称《宝积经》。在中国汉传藏经之中，宝积与般若、大集宝积、华严宝积、涅槃并列为大乘经典五大部。“宝积”意为积聚大乘教义法宝。《宝积经》本身并不是一部一次性成型的经典，而是约于1～5世纪之间逐渐汇集而成，其中每一会即相当于一部经。

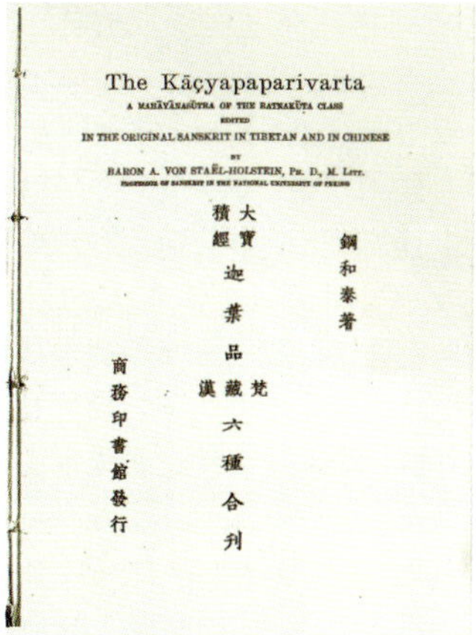

《大宝积经迦叶品梵藏汉六种合刊》封面

《宝积经》的教法内容大致本于般若类经，但较之有所发展，内容极为丰富广博，其中各个部分又独立成经。相传《宝积经》梵文原本有10万颂，玄奘在去世之前曾尝试进行翻译，但因身体不堪负担而放弃，后由唐菩提流志继承遗志，翻译大量篇章并汇集之前各种单独译本，于706～713年间整理成现在所见的49会120卷《大宝积经》（T310）。其中也包含了一些单独流传的经典，例如第5会相当于《无量寿经》，第46会相当于《七百颂般若经》，第48会即《胜鬘经》，也有一些小乘经典，例如第13、14会。大量异译、单译的宝积类经典则保存在大藏经的“宝积部”之中。藏译中原有一些部分的单译，后仿照汉文《大宝积经》，将藏文中缺少的部分自汉文转译补足，集成同为49会的宝积部（D45～93）。

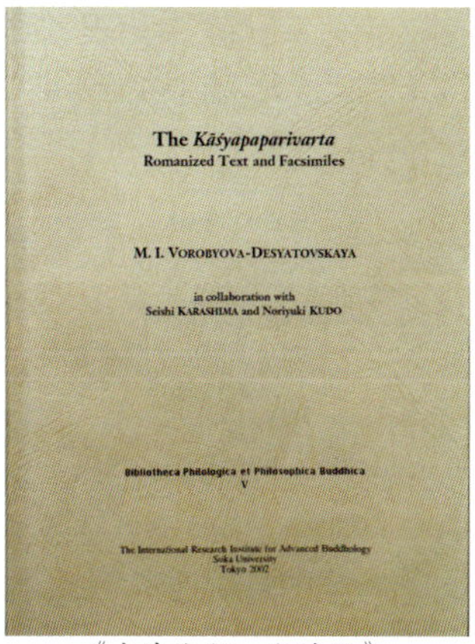

《大宝积经·迦叶品》
日本创价大学2002年 梵文本封面

《宝积经》中以第43会《迦叶品》或《迦叶所问经》最具代表性，历来即被冠以《宝积经》之名广为征引。该经最早的汉译本是后汉支娄迦谶于179年译出的《佛遗日摩尼宝经》（T350），也是宝积部中最早的汉译本。此后尚有三译，即晋代失译《佛说摩诃衍宝严经》（T351），《大宝积经》中所收姚秦失译《普明菩萨会》（T310），以及宋代施护《佛说大迦叶问大宝积正法经》（T352）。这部经不但阐述了般若空观，还着重强调中道法门，是早期大乘佛教义理的重要经典，同为中观派和唯识派所重视。此经现存唯一一部几近完整的梵文本出自中国新疆和田，抄写于七八世纪，现藏于俄罗斯圣彼得堡。曾任教于北京大学的爱沙尼亚学者钢和泰曾著《大宝积经迦叶品梵藏汉六种合刊》一书，1926年由上海商务印书馆出版。最新的校勘本由M.I.沃罗比耶娃-捷夏托夫斯卡娅于2002年在日本出版。此外，还有十余片梵文残叶，均在新疆出土，分藏于英国、俄罗斯与德国等地。新疆和田曾出土此经的于阗语译本残叶，于阗语《赞巴斯特之书》也曾引用此经。内蒙古额济纳旗黑水城曾发现此经的西夏文译本。此外，汉藏译本中都传有安慧的《大宝积经论》（T1523，D4009），即是《迦叶品》的注释。

《大宝积经》中其他重要的部分还有《无边庄严会》、《净居天子会》、《菩萨藏会》和《胜鬘夫人会》等。

（陈帅）

Dabao'en Si

大报恩寺 Dabao' en Temple 中国古代重要佛教寺院之一。位于今江苏南京中华门外。前身为建初寺，晋代、南朝时称长干寺。北宋端拱元年（988），僧可政得唐三藏玄奘顶骨舍利，于长干寺建塔瘗藏。天禧元年（1017），重修长干寺，改称天禧寺。元至元二十五年（1288），诏改天禧寺为元兴慈恩旌忠教寺，改塔名为慈恩塔。明永乐初年被火烧毁，明成祖重建，称大报恩寺。

大报恩寺的琉璃宝塔是明成祖为纪念其生母而建，动用了10万人工，耗资248.5万两银子。明代至清代前期，大报恩寺的琉璃宝塔在西方人的眼中被视作南京最具特色的标志性建筑，称为南京瓷塔。1856年，大报恩寺被太平军炸毁。直到2004年，南京市人民政府开始筹划复建事宜。2007年，大报恩寺遗址公园正式启动前期工作。2008

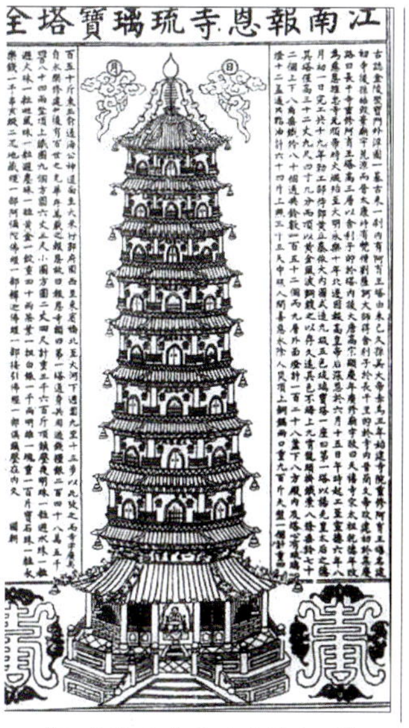

《江南报恩寺琉璃宝塔全图》
现藏中国南京市城建档案馆

大报恩寺琉璃宝塔
荷兰人J.纽霍夫绘于17世纪中叶

年前后，南京博物馆等部门考古工作者在大报恩寺遗址连续数年进行考古挖掘，发现一宋代石函，上有印度译经家**施护**施舍佛舍利的记载；同时发现一个铁函，其中装有鎏金七宝阿育王塔。2010年，七宝阿育王塔开启，埋藏地下千年的佛顶骨舍利重现世间。

（薛克翘）

Dabao'en Si Ta

大报恩寺塔 Dabao'en Temple Pagoda

中国琉璃佛塔。位于金陵（今江苏南京）**大报恩寺**内，为该寺最著名的建筑，属明时“金陵四十八景”之一。大报恩寺原址初为长干寺。根据史乘记载，三国时，西域僧人**康僧会**“领徒至长干里，致如来舍利，帝神其事，为置寺及阿育王塔，江南佛寺之始也”。后随朝代更迭，寺、塔亦几度兴废并更名，终在明永乐六年（1408）一并毁于战火。明永乐十年至宣德三年（1412～1428），成祖朱棣为报答母恩，在金陵城南旧址，“依大内图式，造九级一色琉璃塔一座，曰第一塔，以扬先皇太后之德”。以是故，新建佛寺名大报恩寺，寺内新建佛塔名大报恩寺塔。

大报恩寺塔 （清）徐上添绘

大报恩寺塔九层八面，高约78米，外壁采用白石和五色琉璃瓷砖砌成，每砖中央均雕一佛像。塔身为砖砌承重，塔中心有楼梯绕心室而上，每层均八面开门，四虚四实，隔层错开，覆瓦和拱门均用赤、橙、绿、白、青五色琉璃构件，上塑飞天、飞羊、狮、象等，生动逼真。据传，烧制这些琉璃构件时曾掺入郑和下西洋带回的火山灰，故色泽分外润艳。所用构件均烧制出一式三份，建塔时用去一份，另二份编号埋入地下，待塔身有缺损时，据编号即可寻得所需备件配补。佛塔内壁遍布佛龛，塔内则置长明佛灯百余盏。塔刹为重达2 000两的黄金宝顶，下端为置有夜明珠的相轮，以及外镀黄金、内承佛经和大批珠宝金银的承盘，顶端置五颗宝珠，并下垂百余风铃金铎。

整座宝塔气势恢宏，代表着明代高超的建筑艺术成就。时人赞之为“白天似金轮耸云，夜间似华灯耀月”。明末文人张岱则誉之为“中国之大古董，永乐之大窑器”。16～17世纪，随着基督教传教士、使团陆续造访中国，大报恩寺塔渐为西方世界所了解并视之为“中古世界奇观”。1853～1856年间，大报恩寺、塔毁于太平天国兵燹，遗迹仅存永乐年间和宣德年间所立南北两座御碑等。2013年，大报恩寺遗址被列为全国重点文物保护单位。

（王汝良）

Dabo Niepan Jing

《大般涅槃经》 *Mahā-parinirvāṇa-sūtra*

佛教经典。又作《大涅槃经》，简称《涅槃经》。有小乘与大乘两种题名相同的传本。

小乘传本主要讲述**释迦牟尼**游行教化途中患病入灭的经过。现存上座部巴利语本，即《长部》第16经，汉译《长阿含经》（T2）第2经题作《游行经》，属于法藏部，《大正藏》第5～7号的三部单译本则部派不明。汉译《根本说一切有部毗奈耶杂事》（T1451）也包含此经。20世纪50年代德国学者E.瓦尔德施密特出版了中国新疆出土的《涅槃经》梵文残片集，属于说一切有部。另外，他还于1968年发表一片属于法藏部的梵文残片。在吉尔吉特出土的（根

大乘《大般涅槃经》
幅田裕美2007年校勘梵文本封面

本）说一切有部《长阿含经》梵文写本之中，该经列为第6经，但尚未出版。邵格延藏品中有5片梵文残叶，其中两片接近有部传本，三片近法藏部，由K.维勒于2002年出版。邵瑞琪和M.阿隆于2000年出版了该经的犍陀罗语残片。

依巴利语传本，《涅槃经》共有五诵，记录了佛陀入灭前三个月的说法行迹。第一诵中佛陀以跋祇国的兴衰之因引说僧团的兴衰之因，并谈及居士戒行等。第二诵中佛陀指出**比丘**应以法镜法门检验自身修正，预知来世去处，佛陀示疾后开示弟子要以己为依，以法为依，而非其他。第三诵叙述魔罗请佛入灭，阿难请佛长住而未果。第四诵叙述佛陀吃了纯陀所供之食而患痢疾，却吩咐阿难劝慰纯陀消除懊悔。第五诵讲佛陀来到**拘尸那迦**娑罗双树林，交代后世供养方式，收最后一位弟子须跋陀，嘱咐弟子今后当以佛所说法与律为师，便入**涅槃**。其后八王分其舍利，建塔供养。

大乘《涅槃经》传本大约形成于2～4世纪之间。据《**大唐西域求法高僧传**》记载及藏文译本所述，其梵本约有25 000颂。除了《宝性论》梵本中引用了少量文句之外，此经梵本仅存残片。日本高野山宝寿院保存有一片梵文残叶，另有30余片残叶发现于新疆，分藏于英国图书馆及俄罗斯圣彼得堡图书馆。日本学者松田和信曾于1988年作汇集校勘，最新的汇集刊本由幅田裕美于2007年发表。

大乘《涅槃经》是汉译藏经之中涅槃部的根本经典。据传曾有后汉**支**

娄迦谶译《胡般泥洹经》2卷、曹魏安法贤译《大般涅槃经》2卷和吴支谦译《大般泥洹经》2卷，但这些二三世纪的早期译本均已佚失。现存最早的汉文译本为3世纪后期竺法护所译《方等泥洹经》2卷（T377）。该译本与后来的法显译本和昙无谶译本在内容和篇幅上都有较大不同，可能反映了大乘《涅槃经》的早期形态。5世纪时

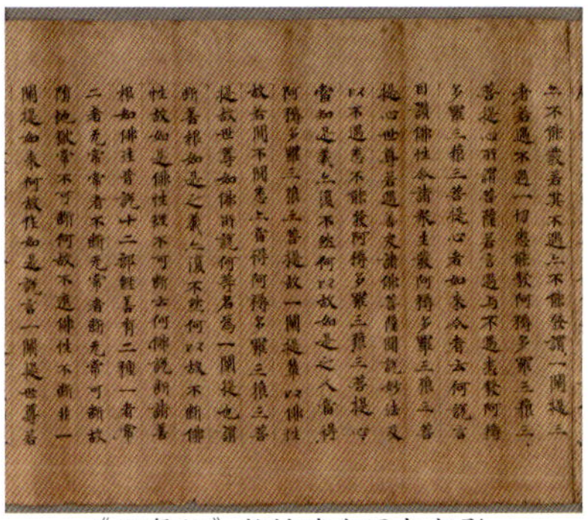

《涅槃经》敦煌隋代写本书影

法显与佛驮跋陀罗依据中天竺梵本共同译出了《佛说大般泥洹经》6卷（T376）。北凉时昙无谶先依据西北印度的梵本译出与法显译本相当的前分五品，后又在于阗（今和田）寻得后分，合译成《大般涅槃经》40卷（T374，又称“大本《涅槃》”）。由此可见，该经后分的梵文本是晚成的，很可能与西域地区的佛教弘传有关系。刘宋慧严、慧观和谢灵运根据昙无谶及法显译本改订成《大般涅槃经》36卷本（T375）。由此，昙无谶译本被称作“北本”，改订本称“南本”。当时还有人认为谶本的后分也不完整，初唐僧人会宁在西行求法途中，在南海波凌国与印度僧人若那跋陀罗合译出《大般涅槃经后分》2卷（T377）。但义净怀疑此本出自《阿含经》，而非大乘本。

大乘《涅槃经》的藏译本有两种。第一种（D120，P788）译自梵本，约出于9世纪，内容相当于法显的6卷本或昙无谶译本的前10卷；第二种（D119，P787）是转译自汉文本，约译成于11世纪后半叶，内容相当于昙无谶译本的全部加上《大般涅槃经后分》2卷。另有从两种藏文本转译的蒙古文译本。另据《北齐书》记载，6世纪时北齐后主曾下令将《涅槃经》转译为突厥语并送给突厥可汗，但该本并未保存下来。此外，20世纪初德国考古学者曾在新疆吐鲁番地区发掘出粟特文残片，由德国学者F.W.K.穆勒研究发表，穆勒认为此译本可能转译自昙无谶汉译本并参考了其他译本。

在汉译大本《涅槃》中，小乘本有关佛陀入灭前游行的记述并未出现，大乘本开篇佛陀就已经在拘尸那迦。小乘本的主要人物是阿难，而在大乘本中则是文殊菩萨和一位姓大迦叶的婆罗门。大乘本的主要思想是针对小乘的涅槃观念，讨论佛身常住不灭，以及涅槃的常乐我净，并主张一切众生皆有佛性，皆可成佛。该经也被视作如来藏思想的早期经典之一。

大乘《涅槃经》在汉传佛教中影响巨大。法显译本中并未明确指出一阐提也能成佛，竺道生据其义理，宣称众生皆可成佛，一阐提也不例外，引起了保守僧人的非议。于是竺道生遭摈出京，移居南方。传说他在虎丘山收石为徒而说法，讲到一阐提也有佛性时，顽石点头。及至昙无谶译出大本《涅槃》，果然称一阐提也有佛性，时人信而叹服。昙无谶不仅翻译大本《涅槃》，也极力弘传该经的教义，其后多有学人制疏作章而弘《涅槃》经义，隋唐以前颇为盛行，故有涅槃宗之说，至天台宗兴起而衰颓。

汉译藏经中现存有署为世亲所作《涅槃论》（T1527）和《涅槃经本有今无偈论》（T1528），也有大量汉语注疏，例如梁宝亮等《大般涅槃经集解》（T1763），慧远《涅槃经义记》（T1764），吉藏《涅槃经游意》（T1768），灌顶《涅槃经玄义》（T1765）、《涅槃经疏》（T1767）等。

（陈帅　叶少勇）

Dacheng Baifa Mingmen Lun

《大乘百法明门论》 *Mahāyāna-śata-dharma-prakāśa-mukha-śāstra* 大乘阿毗达磨论典，是唯识宗瑜伽十支论之一。又称《百法明门论》。其梵本已不存，汉译由玄奘贞观二十二年（648）在长安弘法院译出（T1614），全名为《大乘百法明门论·本事分中略录名数》，署为天亲所著，天亲亦即世亲。藏译本（D4063）是转译自汉译本，其译者是法宝，亦即宋恭帝赵㬎（1271～1323）。

《大乘百法明门论》十分简洁，汉译仅500余字。如其汉译题名所示，该论从《瑜伽师地论》中《本事分》（又称《本地分》）的660个法相名数中，择出最为精要的100个法，仅录其名，而无定义解释。百法的结构组织以五位为纲，即心法、心所有法、色法、心不相应行法和无为法。值得注意的是这里五位的顺序，与有部的五位七十五法以及世亲的另一部著作《大乘五蕴论》中的排列顺序并不相同。本论是以心法为首，而非色法，还特别解释了这一排序的理由：“一切最胜故，与此相应故，二所现影故，三位差别故，四所显示故。”意即心法是一切有为法中最有力量者，一切现象皆由心法所显现。心所有法是附属于心法的。而看似实有的色法，只是心法、心所有法二者显现出来的虚妄影像。心不相应行法只是依据前三者的不同状态而假立的概念。而无为法是借由前四种法的净化和寂灭来开显。这一论断反映出鲜明的唯识立场，是以“唯识”统摄“法相”，隐三性理论于其中，以明“一切法无我”。

《大乘百法明门论》译出之后，在汉地影响巨大，成为唯识学必习典籍，

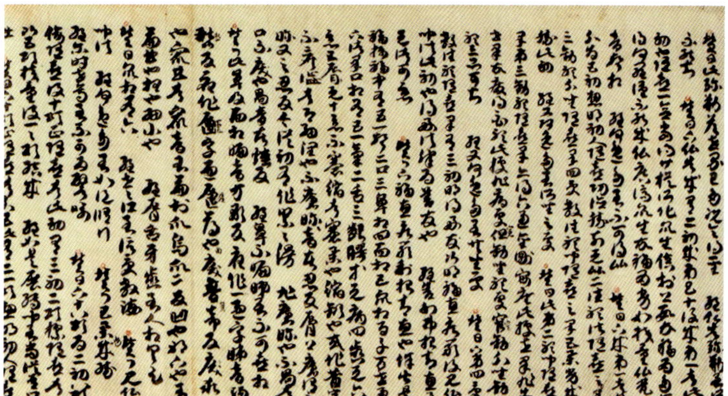

《大乘百法明门论疏》敦煌写本书影

有大量注疏问世。现存注疏之中，著名的有窥基的《大乘百法明门论解》(T1836)、义忠的《大乘百法明门论疏》、大乘光的《大乘百法明门论论疏》(T1837)等。

（叶少勇）

Dacheng Daocidi Jietuo Zhuangyan Lun

《大乘道次第·解脱庄严论》 *dam chos yid bzhin nor bu thar pa rin po chevi rgyan ces bya ba theg pa chen povi lam rim* 中国藏传佛教论书。藏传佛教高僧达布拉杰的代表作和成名作，也是藏传佛教达布噶举派的教理基础和修学体系的奠基之作。约成书于12世纪。它在藏传佛教修学道次第发展史上具有承前启后的重要地位。

《大乘道次第·解脱庄严论》由两部分构成：第一部分为导论，篇幅仅一页；第二部分为详述，占全书4/5的篇幅，是本经论的重点，共21章。

《大乘道次第·解脱庄严论》的创新之处在于：它不仅将《道次第》和《大手印》简单地融通，而且将显宗教理与密宗修行相结合，以修行实践来检验和体验教理思想，最终对佛法产生甚深的证悟，尤其对人生的感悟和觉醒，从而寻找到一条解脱之道。达布拉杰将这一亲历的解脱之道撰写成书，以公开的方式对有情众生指出了一条解脱之道。经中认为：远离痛苦之海，抵达安乐之地，需要寻求解脱之道。其前提应具备修行之因、修行之所依和修行之助缘3项，加之修行之方法、获取之成果和实施之事业，共6项。该经在教证并重时，以菩提心修法提纲挈领，摄取了三士道修法的精华。

《大乘道次第·解脱庄严论》提出的论题很多且系统严谨，但从“藏传佛教的解脱之道”的角度看，其中最具学术挑战性的3个论题是：解脱之因——如来藏，解脱之所依——人身宝，解脱之助缘——善知识。

解脱之因——如来藏。如来藏人人原始本有，这为有情众生步入解脱之道奠定了最优越的先天性基础。所以，只要勤于修行，人人必将获得无上菩提(觉悟)，而获得无上菩提就是脱离了佛教所提出的轮回之苦。

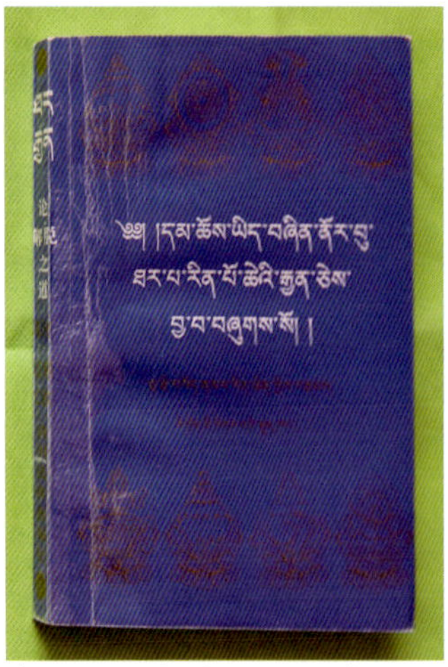

《大乘道次第·解脱庄严论》封面

解脱之所依——人身宝。人身宝在解脱之道中具有重要性。经中认为，要获得人身宝十分艰难，也极其罕见。佛教主要以六道轮回的视域，充分阐述了人身难得、人身宝贵的道理，从而证明只有人类才具备修学佛法、解脱烦恼和痛苦的主客观条件。

解脱之助缘——善知识。解脱之助缘是善知识，而寻求圆满的善知识并非易事。经中认为，在解脱之道上，获得所依之人身宝虽然最为关键，亦是最根本的立足之基，但是未得到善知识的教诲和开导，不会产生任何成果。这里强调解脱之助缘——善知识，是解脱之道中不可或缺的重要条件。

《大乘道次第·解脱庄严论》以生动的案例、鲜明的立场和说教的方式，论述了藏传佛教的解脱之道，尤其阐明了如何获得“菩提”果位或境界的修学条件和次第过程。而菩提（觉悟）作为佛教的重要术语和概念，它蕴含着深广的内涵和远大的理念，不仅标志着大乘佛教的精神，而且反映了高僧大德的追求，如慈悲与智慧、菩提心与菩萨行。所以，性空见与菩提心，在藏文文献中以智慧与方便的概念出现。用现代语言讲：所谓的智慧乃是指理论，方便则为方法、途径或实践；性空见乃正见，是出世的，而菩提心是入世的，专为他人谋利益，即普度众生。

历史上曾流传则日版、德格版、不丹版、隆德版、八蚌版、羊八井版等木刻本。1990年四川民族出版社据羊八井版发行铅印本，还有汉语、日语等译本。

（尕藏加）

Dachengdeng

大乘灯 Mahāyānapradīpa（约活动于7世纪） 中国唐代去印度求法僧人。唐爱州（今越南清化一带）人。据《大唐西域求法高僧传》卷上，其梵名为莫诃夜那钵地已波，意译大乘灯。幼随父母乘船往杜和罗钵底国（今泰国阿约提亚），在杜和罗钵底国出家。后随唐使郯绪到长安，从大慈恩寺玄奘法师受具足戒。于唐高宗显庆年间（656～660）从海路赴印求法。先到师子国（今斯里兰卡），然后到南印度，又到东印度。在耽摩栗底停留12年，“颇闲梵语”。与义净一起到中印度。先到那烂陀寺，次向摩诃菩提寺金刚座，再到薛舍离国（即吠舍离）。最后去世于俱尸城（即拘尸那迦）般涅槃寺，年60多岁。

（王邦维）

Dacheng Fojiao

大乘佛教 Mahāyāna Buddhism 印度佛教宗派。见印度佛教。

Dacheng Qixin Lun

《大乘起信论》 *Mahāyāna-śraddhotpāda-śāstra* 大乘佛教论典。相传为印度马鸣撰。汉传两译，一为梁代真谛译本（T1666），二为唐代实叉难陀译本（T1667），以真谛译本较为流行。但关于其著者、译者的真实归属，历来争议不断。

《大乘起信论》分因缘分、立义分、解释分、修行信心分及劝修利益分5个部分，讲说如来藏缘起，万法皆源于一如来藏心，一心开出心真如门、心生灭门二门，有体、相、用三大。其中，体大即一切法真如平等不增不减；相大即如来藏具足无量性功德；用大即能生一切世间、出世间善因果。并述修行上之

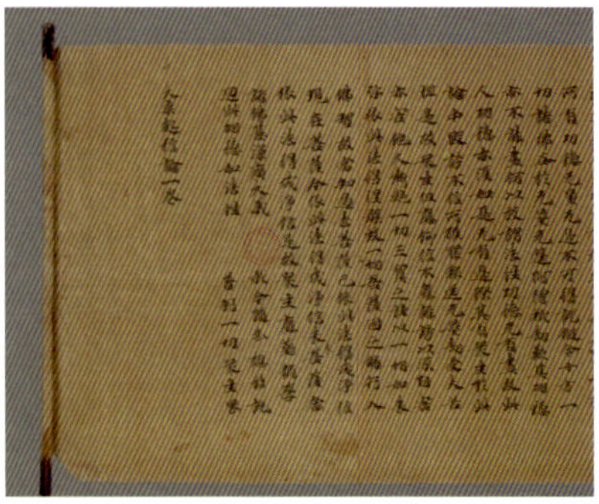

《大乘起信论》敦煌写本书影

“四信”、“五行”，即信根本真如及佛、法、僧三宝，以及布施、持戒、忍辱、精进、止观五者。

《大乘起信论》相传为马鸣所作，但是《马鸣菩萨传》(T2046) 和《付法藏因传》(T2058) 等材料中都无相关记载，并且该论与现存材料中所见马鸣思想有很大出入。另外，相传为真谛的译本，其语言风格、词汇使用都与真谛其他译作有很大差异，译出年代也无定说。因此，曾有人将其指认为地论师所作，借马鸣、真谛之盛名而流通，有学者认为该地论师即是昙延。隋代法经的《众经目录》(T2146)也将其收入疑惑部。至于实叉难陀的译本，**吕澂**认为是参考魏译《楞伽经》编纂而成。

民国时期，日本学者望月信亨以考据学的方法质疑马鸣作、真谛译《大乘起信论》的传统说法，引起日本学界的讨论。其后**梁启超**以此研究为基础并加以自身见解，写出《大乘起信论考证》一文，认为该论为梁代、陈代时中国先人所作，并且是一部了不起的佛学著作。另一方面，从义理的角度，南京支那内学院的**欧阳竟无**、王恩洋等人依据唯识学立场批驳《大乘起信论》的思想，吕澂也曾著文从史实和义理两方面入手将《大乘起信论》断为伪作，而以太虚法师为首的武昌佛学院则极力维护《大乘起信论》，双方兴起了一场关于《大乘起信论》真伪问题的激烈讨论。

《大乘起信论》对后世的汉传佛教，尤其是天台、华严、禅、净土等宗，影响颇深，后人广有注疏，其中重要者，如隋慧远《大乘起信论义疏》(T1843)，唐法藏《大乘起信论义记》(T1846)、《大乘起信论义别记》(T1847)，宋子璿所录《起信论疏笔削记》(T1848)，明智旭《大乘起信论裂网疏》(T1850)，等等。

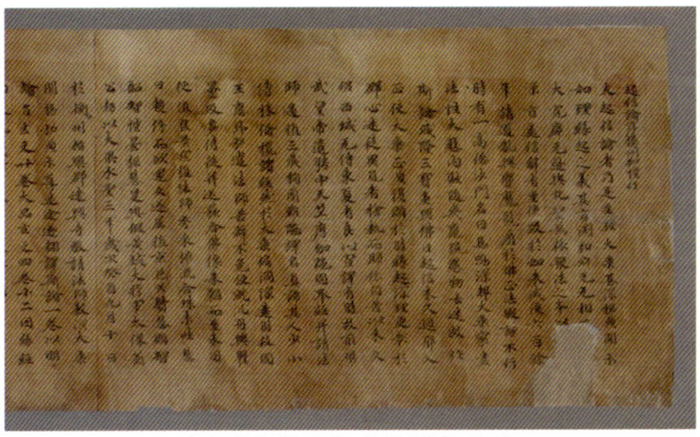

《大乘起信论》敦煌写本书影

该论在朝鲜、日本等地也深有影响，被译为日语、英语等多种文字。

（陈帅）

Dacheng Wuyun Lun

《大乘五蕴论》 *Pañca-skandhaka* 佛教大乘阿毗达磨论典，瑜伽十支论之一。又称《五蕴论》。作者**世亲**。以蕴、处、界三科为纲分类简述大乘佛教瑜伽行派世界观之中的各个概念范畴，也就是法相。

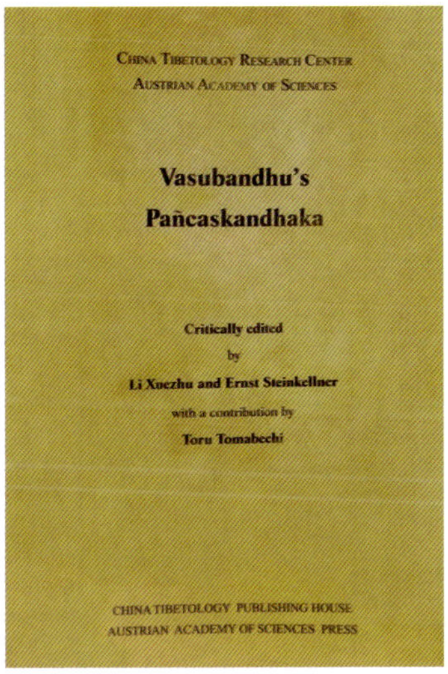

《五蕴论》梵文本封面

《大乘五蕴论》所列法相共88种，五位的层次，即色法、心法、心所有法、心不相应行法和无为法，作为副线隐于论中。五蕴、十二处、十八界是佛经中常见的世界观分类，其中蕴的部分即色、受、想、行、识，是该论主体。五蕴涵摄一切有为法，依不同分类标准又有十二处和十八界之说。五蕴之外的无为法，则摄于十二处的法处或十八界的法界之中。

《大乘五蕴论》非常精练，可作入门熟悉名相之用，其主体部分是依无著的《大乘阿毗达磨集论》第一品缩略而来。这一体系大体继承了小乘阿毗达磨的理论框架，却加入了专属于大乘瑜伽行派的概念，例如阿赖耶识等，同时也对一些概念作出新的解释，使之与大乘法相学兼容，例如染污意等。但该论旨趣仍以破人我为主，与世亲的另一部法相学短篇著作

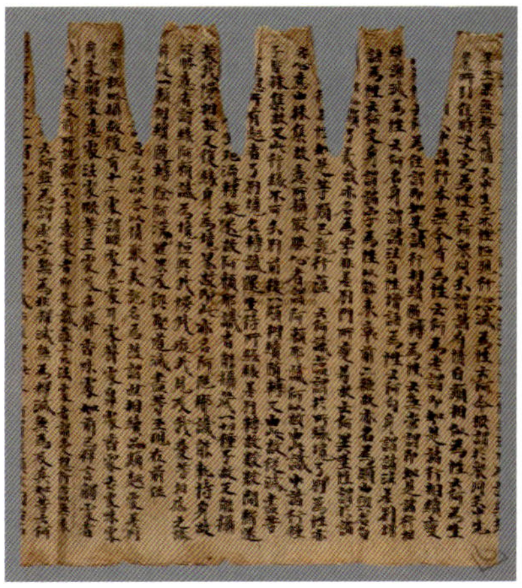

《大乘五蕴论》残片

《大乘百法明门论》相比，该论并未凸显瑜伽行派的标志性理论——以“唯识无境”破法我。

基于一部藏于西藏**布达拉宫**的梵文贝叶经，中国藏学研究中心李学竹与奥地利科学院E.斯坦因凯勒合作，于2008年校勘出版了该论的梵本。安慧（约活动于6世纪）的《五蕴论分别疏》梵本于2013年也得以出版。《大乘五蕴论》有玄奘汉译本（T1612）和藏译本（D4059）。唐代**地婆诃罗**翻译的署名为安慧的《大乘广五蕴论》(T1613) 行文非常简略，与《五蕴论分别疏》梵本及藏译本（D4066）都无法对应。藏译中还存有**功德光**的《五蕴疏》(D4067) 及地亲的《五蕴释》(D4068) 等注疏文献。

（叶少勇）

Dacheng Xuan Lun

《大乘玄论》 中国佛教典籍。又称《大乘玄义》、《大乘玄章》等。5卷。隋代吉藏撰。收于《大正藏》第1853号。历来为三论宗所重视，是以三论教旨论述大乘要义的重要典籍，也是南北朝时期大乘佛教的概论。其中，二谛义、八不义、二智义、论迹义等内容可以补充吉藏对相关问题的论述。此书有广本20卷、中本5卷及略本4卷之说，其中略本即除去八不义而成。若依《东域传灯录》、《诸宗经疏目录》等记载，系为5卷。

《大乘玄论》由二谛义、八不义、佛性义、一乘义、涅槃义、二智义、教迹义、论迹义8个部分组成，是以三论宗空观、中道实相的基本思想来论述大乘佛法的著作，集三论学之大成，博采诸大乘经典相关注疏及诸小乘论，并列

举此前诸师学说，加以论评。

《大乘玄论》的内容与吉藏其他著作有一定的相似，也有不同。相似之处在于，八不义与《中观论疏》略释八不偈文义相同而较略，论迹义与《三论玄义》后半段两者共通；不同之处在于，二谛义与《二教章》内容有差异。此外，该书中八不义、佛性义、一乘义、二智义皆可与慧均《四论玄义》互为参照，有人据此认为该书非吉藏真作，或为后人将要义归纳而成。然就内容来看，通常仍视为吉藏学说。

（杨祖荣）

Dacheng Yizhang

《大乘义章》 中国佛教典籍。法义纂集类著作。作者隋代高僧净影寺慧远。约成于北周之末、隋代之初。收于《大正藏》第1851号。

据《续高僧传》载，慧远“又撰《大乘义章》十四卷，合二百四十九科，分为五聚，谓教法、义法、染、净、杂也”。现存本只有四聚，缺最后的杂法聚。各聚按增数法概述法义，共220门，分20卷。

具体内容为：教（法）聚，下分众经教迹义、三藏义、十二部经义，共3门；义（法）聚，下分佛性义、假名义、入不二门义、二谛义、二无我义、如法性实际义、三解脱门义、三有为义、三无为义、四空义、四优檀那义、四悉檀义、四真实义、四谛义、四缘义、五果义、六因义、四空义、五法三自性义、六种相门义、八识义、十因义、十一空义、十二因缘义、十八空义、二十二根义，共26门；染（法）聚，下分烦恼义30门、诸业义16门及苦报义14门3类，共60门；净（法）聚，下分因法115门与果法18门；杂（法）聚，今阙，由道宣《续高僧传》之传说推考，当有29门。

《大乘义章》纂集法义，以增数法立义门，先陈小乘之说，后申大乘之旨，引证赅博，义旨明晰，常为后世辨析法义所引，具有佛教百科辞书的性质。《续高僧传》赞其“陈宗义差，始近终远，佛法纲要，尽于此焉”。慧远属南道地论宗，故该书在内容上亦多处引用当时传为南地论师所撰之《大乘起信论》。书中对成实之学有所精简，亦多有肯定。有学者认为，该书五聚之区分便是受到《成实论》所分五聚（发谛聚、苦谛聚、集谛聚、灭谛聚、道谛聚）的影响。

在净影寺慧远《大乘义章》之前，已有不少法义纂集类著作，慧远之师法上也曾作《大乘义章》(6卷）和《增一法数》(40卷)。慧远很可能受其影响，并依循先贤著作，综合概括当时汉传佛教所接受的佛法大义，撰得此书。该书的编纂方式和分析方法也对后世著述产生重要影响，如窥基所撰的《大乘法苑义林章》。

（杨祖荣）

Dacheng Zhuangyan Jing Lun

《大乘庄严经论》 *Mahāyāna-sūtrālaṃkāra* 大乘瑜伽行派的根本论典之一，“弥勒五论”之一。又称《大乘经庄严论》。

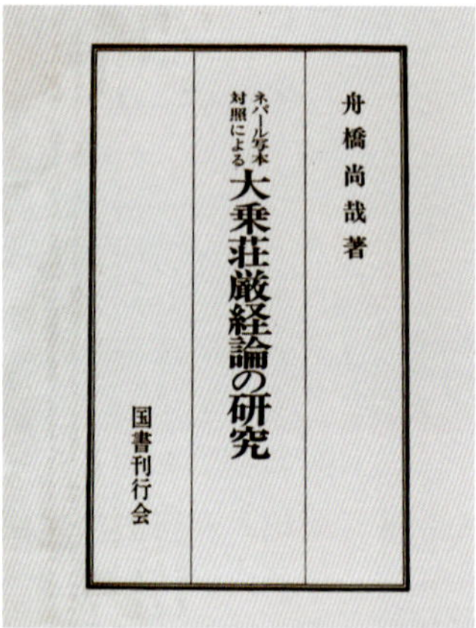

舟橋尚哉《基于尼泊尔写本对照的〈大乘庄严经论〉之研究》封面

关于其作者，各种文献的记载并不一致，学界一般认为本颂是弥勒所作，释论为世亲所作。该论偈颂以梵语文学的庄严体写成，分24品，共860余颂，成立大乘为佛说，宣示大乘殊胜，显扬大乘奥义，述举法门要领，内容相当广博，也涉及如来藏思想。

20世纪初法国学者S.列维在尼泊尔首次发现该书梵文写本，并于1907年校订刊行。他所依据的梵本有一叶缺失，一叶《辩法法性论》混而代之，导致第2品第4～11颂及其释论缺失。其后在尼泊尔又新发现了8部《庄严经释》和一部《庄严经颂》的梵文写本，但是这些写本来源相同，都跳过了这8偈。2013年中国学者叶少勇在西藏贝叶经中发现一部《庄严经论》注疏的残叶，录出了缺失的第9～11颂的梵文。另外，舟橋尚哉曾出版部分章品的梵本新校。该论汉译本（T1604）由波罗颇蜜多罗于唐太宗贞观三年（630）至贞观七年译出，另存藏译本（D4026）。

藏译中有多部《大乘庄严经论》注疏，其中重要的有无性（约活动于6世纪前半叶）和安慧（约活动于6世纪）所作论疏（D4029、D4034）。据说波罗颇蜜多罗译经时担任笔受的慧净曾作《大庄严论疏》10卷（一说30卷），今已不存。

（叶少勇）

Daci' en Si

大慈恩寺 Daci' en Temple 中国佛寺。因唐代高僧玄奘在此翻译佛经和存放从印度取回的佛经而著名。

大慈恩寺位于西安雁塔区中心地带。原址是北魏时的净觉寺，隋文帝（581～604年在位）曾在净觉寺故址修建无漏寺，后废弃。唐贞观二十二年（648），太子李治（628～683）为追念生母下令建寺，取名慈恩寺。建寺之前，已仿照佛经中祇园的样式制定了设计方案。共有13个庭院、1 897间房屋。寺院建成后，又增建了翻经院。当时特别剃度了300名僧人，并选取50名高僧进驻。随后又让玄奘从弘福寺迁至大慈恩寺担任住持并翻译佛经。

永徽三年（652），玄奘为更好地保护由印度取回的佛经，上书高宗李治，建议在大慈恩寺的正门前，仿照印度的建筑形式，建造慈恩寺塔。经高宗批准，大塔开始营建，玄奘亲自参与运送砖石。不久，大塔建成，被称为慈恩寺

大慈恩寺塔（大雁塔）

塔，即如今的大雁塔。

大慈恩寺和大雁塔与玄奘的名字紧紧联系在一起，成为中印文化交流的象征。1988年12月22日，印度总理**拉吉夫·甘地**专程来到此地参观访问，寺院方面向印度贵宾赠送了玄奘当年翻译的两部佛经。

（薛克翘）

Daci' en Si Sanzang Fashi Zhuan

《大慈恩寺三藏法师传》 *A Biography of the Tripitaka Master* 中国唐代西行求法者玄奘法师的生平传记。又名《慈恩三藏行传》，简称《慈恩传》。作者为**惠立**、**彦悰**。

成书经过　唐太宗贞观二十年（646）春，**玄奘**得到唐太宗的支持，在长安弘福寺筹备建立译经场。夏天，根据朝廷的安排，惠立作为“缀文大德”之一来到弘福寺，之后参与玄奘的译经工作多年。因常在玄奘身边，仰慕玄奘的学识和品德，故在玄奘逝世后，为传扬他的生平事迹，写出《慈恩三藏行传》5卷。写完觉得尚不够周全，便保存地穴中。惠立临终前，嘱弟子将书取出。惠立去世不久，书便流散各地。后经多年收集购买，才将原书凑齐。在有关人员的请求下，玄奘的弟子彦悰担当起修订和增补的使命，遂于垂拱四年（688）成书10卷，得以流传至今。

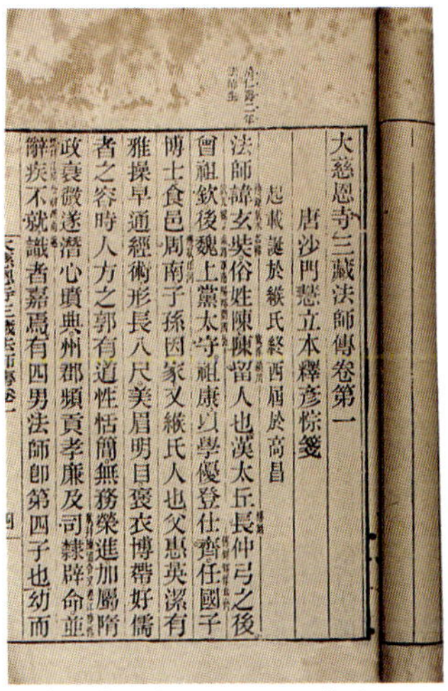
大慈恩寺三藏法師傳卷第一
唐沙門慧立本釋彥悰箋
起載誕於緱氏終西屆於高昌
法師諱玄奘俗姓陳陳留人也漢太丘長仲弓之後
曾祖欽後魏上黨太守祖康以學優登仕齊任國子
博士食邑周南子孫因家又緱氏人也父慧英潔有
雅操早通經術形長八尺美眉明目褒衣博帶好儒
者之容時人方之郭有道性恬簡無務榮進加屬隋
政衰微遂潛心墳典州郡頻貢孝廉及司隸辟命並
辭疾不就識者嘉焉有四男法師即第四子也幼而

《大慈恩寺三藏法师传》书影

主要内容　现存《大慈恩寺三藏法师传》10卷（T2053）。卷一，首先讲述玄奘的身世，出家为僧及游学的经历，然后记叙其西行出关到达高昌（今中国新疆吐鲁番）的过程。卷二，写玄奘从高昌出发后，经阿耆尼（今新疆焉耆）、屈支（今新疆库车）等地，翻越雪山进入今吉尔吉斯斯坦境内，又经中亚地区进入北印度，最后到达**曲女城**的经历。卷三，写玄奘南渡**恒河**，在今印度北方邦、比哈尔邦各地的活动，如礼拜佛教圣地、向各地高僧大德学习等，特别记载了**那烂陀寺**的历史和当时的规模，以及玄奘在那里跟随**戒贤**法师学习的经历。卷四，写玄奘到五印度周游、学习的经历和沿途见闻，以及玄奘重返那烂陀寺的情况。卷五，写玄奘到东北印度迦摩缕波国（今印度阿萨姆邦）传播佛教，以及参加**戒日王**的大法会和无遮大会后归国的经历。卷六，写玄奘贞观二十年至二十二年的事迹，即回到长安、会见唐太宗、建立译经场、翻译佛经等。卷七，写玄奘贞观二十二年至永徽五年（654）的事迹。其中记载永徽三年夏天，印度**摩诃菩提寺**僧人法长来华，带来同寺沙门**智光**、**慧天**给玄奘的书信和礼物。两年后，法长回国时，玄奘请他带回两封分别致智光和慧天的信。卷七保留了这三封信的全部内容，成为中印友好交流的重要历史资料。卷八到卷十，记载了玄奘一生中最后十年的业绩，以及其圆寂之后朝野、僧俗的悲痛与纪念。

学术价值　对于中印文化交流来说，该书的学术价值主要有四：第一，所记玄奘的生平资料最为翔实，对于了解玄奘生平和去印度求法的经历极有价值。第二，所记玄奘的西行路线可以与**《大唐西域记》**相参阅，为研究古代中印交通史提供了有用的资料。第三，关于印度历史事件、宗教活动等记载对于构建印度那个时代的历史很有帮助，也为现代考古发掘提供佐证。第四，记载玄奘与印度友人（包括国王、佛教僧人和印度教徒等）的友好交往是中印友好和中印文化交流的历史见证。

（薛克翘）

Dade Nanhai Zhi

《大德南海志》 中国元代史籍。又名《南海志》。共20卷。成书于元成宗大德八年（1304），并因此得名。编撰者陈大震、吕桂孙。陈大震，生卒年不详。字希声，自号蘧觉先生。广东番禺人。

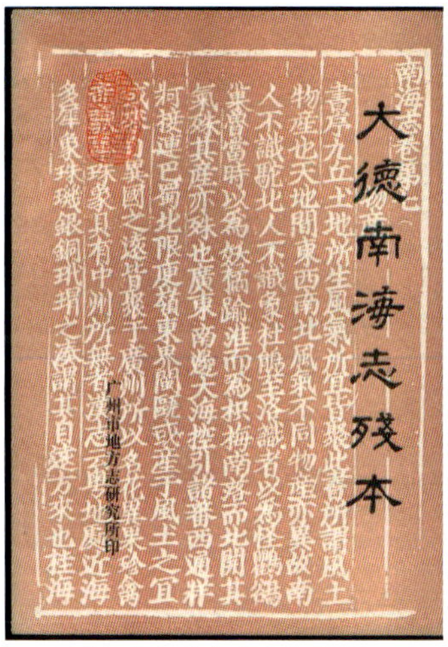

《大德南海志残本》书影

祐元年（1253）进士，官至朝奉大夫、知全州，元朝后未再做官。事迹可见道光《广东通志》、光绪《广州府志》。吕桂孙，生平不详。

现残存元大德刻本5卷（卷六至十），卷六记户口、土贡、税赋，卷七记物产、舶货，卷八记社稷坛、城濠，卷九记学校，卷十记兵防、水马站、河渡、局务仓库、廨宇、郡圃。其中卷七“舶货”，记各地贸易通商、互通有无。当时各地风俗和生活规范互相通行之后，水陆交通汇集。书中所载，无论通商所到之处，还是货物的珍稀、贡品的丰盛，都比以往史书记载得更加丰富详尽。尤其是卷七“舶货”后所附周边国家名称，是研究当时珠江三角洲一带与东南亚、南亚地区地理、交通、贸易等的珍贵史料。如书中记载**南毗马八儿国**管辖细蓝（今斯里兰卡）、伽一（今印度半岛最南端科摩林角东北）、勿里法丹、差里野括、拨的侄、古打林（后三地不可考，约在今印度东南沿海一带）等。

（胡俊麟）

Dafangdeng Daji Jing

《大方等大集经》 *Mahāvaipulya-mahāsaṃnipāta-sūtra* 大乘经五大部类之“大集部”的主经。简称《大集经》。其内容丰富庞杂，主体部分是佛陀集合十方佛刹诸菩萨众以及天龙鬼神，宣说菩萨修行以及空性等大乘教法，也包含不少密教成分。事实上此经是由多种独立成篇的单经汇编而成，“大集”一词，兼集合大众、集合佛经以及集合法门之义。

103

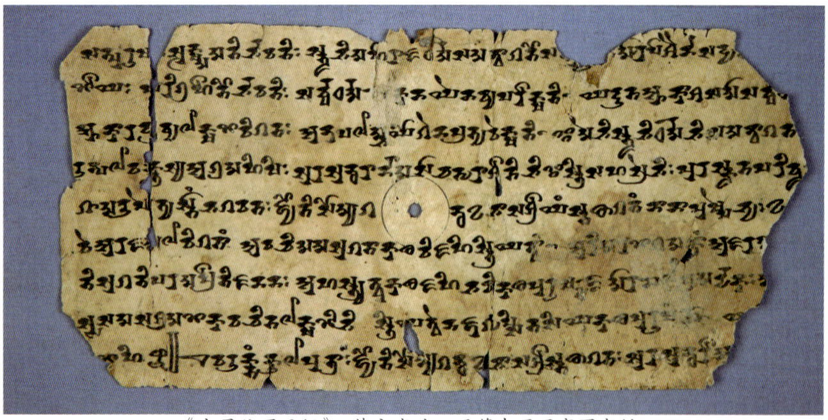

《宝星陀罗尼经》 梵文残叶 现藏中国国家图书馆

现存的一些梵本残篇证实确有一些佛经以“大集”(mahāsaṃnipāta）之名而流传，古代汉语资料的记述中也有十万偈《大集经》之说，却从未有整套梵本品目的描述，古代经录对于《大集经》的品目含摄和编排标准也意见不一。《大正藏》版本中的“大集部”包括题名为《大集经》的主经60卷（T397)，以及27部异译或单经（T398~424)。而这60卷共17品的《大集经》据说是由隋代僧就编合，又经后人整理添加而成。该汇集本的基础是北凉昙无谶所译的11品《大集经》，加入智严与宝云译《无尽意菩萨经》及那连提黎耶舍译《日藏经》、《月藏经》、《须弥藏经》等品目，唐代又加入了《日密分》。然而古来对这一编排存有异议，例如智昇的《开元释教录》就曾提出批评。

藏文大藏经之中没有大集部的分类，只有一些对应汉译《大集经》某些部分的单译本，例如德格版“经部”第169号《大乘优波提舍》相当于汉译(依《大正藏》)《大集经》第3品《宝女品》，第152号《海慧所问经》相当于汉译第5品《海慧菩萨品》，第148号《虚空藏所问经》相当于汉译第8品《虚空藏品》，第138号《宝星陀罗尼经》相当于汉译第9品《宝幢分》，第175号《无尽意所说经》相当于汉译第12品《无尽意菩萨品》，第257号《日藏经》相当于汉译第14品《日藏分》，第230号《如来吉祥三昧耶经》相当于汉译第16品《须弥藏分》，第356号《月藏所问经中佛之教法住灭授记经》相当于汉译第15品《月藏分》的末品。此外，中国甘肃敦煌也发现了相关藏译的残片。

截至2013年，未发现整套以《大集经》命名的梵本原典，只留有一些单独流传的单经梵本和残叶。吉尔吉特曾发现一部《宝幢分》(又称《宝星陀罗尼经》)梵本，约存2/3，由N.杜特于1959年刊行。1978年日本学者久留宫圆秀出版了该梵本的精校本。中国新疆也曾出土《宝幢分》、《日藏分》和《月藏分》的梵文残叶。中国学者萨尔吉于2013年发表了10余片新疆出土的《宝星陀罗尼》梵文残叶。此外，《集菩萨学论》、《究竟一乘宝性论》、《明句论》、《入菩萨行论难语释》等论典的梵本中也有对《大集经》文句的引用。

据汉译本，《大集经》首品《璎珞品》记述佛陀于成道后的第16年，为十方来集的菩萨众宣说无碍法门。《陀罗尼自在王菩萨品》记述佛陀为陀罗尼自在王菩萨宣说菩萨修行，其中详细解说了如来不可思议三十二业，被后世月称的《入中论》大幅引用，以阐释菩萨修行果位。《宝女品》述说宝女过去因缘及现世成就，并为宝女宣讲菩萨行的各个方面。《海慧菩萨品》记述佛陀为海慧菩萨宣说净印三昧，阐释大乘种种法门与教义。末尾举出4种咒语，用以启请天王、帝释、魔众和梵天的护持，后来成为藏传佛教讲经时必诵的咒语，其中一个咒语也为《集菩萨学论》所引用。《无言菩萨品》通过述说无言童子的因缘和得名，引出一切法不可说的结论。《不可说菩萨品》也讨论了这一观点。《虚空藏品》主要是为虚空藏菩萨解说六波罗蜜以及菩萨德业。《宝幢分》讲述佛陀初成道时，魔王阻挠众人皈依佛陀，佛陀四大弟子以降魔陀罗尼而调伏魔众，其中也涉及星相与术数的内容。《虚空目分》中佛陀说法及其与弟子讨论过程中，提到了乾陀罗、龟兹、于阗、真丹（见中国）等地名。《无尽意菩萨品》记述无尽意与舍利弗的问答，涉及菩提心、四行、六度、四无量心、五通、四摄、四无碍智、四依等八十无尽法门。《日藏分》的内容涉及一些古代星相历法。《月藏分》则包含了一些西域历史地理的资料，其末品《法灭尽品》谈到佛陀对佛教的延续与衰落的预言授记。

关于《大集经》的注释，汉译藏经中有一部天亲所著《宝髻经四法尤波提舍》(T1526)，是《宝髻菩萨品》的注释。古代经录中也记载有多部汉语注疏，可惜都没有流传下来。

（叶少勇）

Daheitian

大黑天 Mahākāla 中国佛教护法神。原为印度婆罗门教神明，约从7世纪开始成为密教神明，并随佛教典籍传入中国，一度成为家喻户晓的护法神。又称大黑神、大黑天神，意译大时，音译摩诃迦罗、莫诃歌罗、摩诃哥剌、马哈哥剌、麻曷葛剌、玛哈噶拉、马哈吃剌等。

密教的大黑天来源于大自在天（湿婆)，五六世纪时进入佛教典籍，7世纪时作为纾难释厄的厨房神在印度各大寺院受到崇拜，同一时期作为护法神进入密教胎藏界曼荼罗，8世纪已有比较固定的恐怖形象。7世纪时中国一些寺院已开始设置和供奉大黑天神像。最初设置和供奉的大黑天神像是一个拿着袋子的纾难施财、保佑富贵的温和形象。其恐怖形象输入中国应在8世纪。由于唐代以后密教的流行，其温和形象在汉地

大黑天像 18世纪 唐卡

隐而不彰。大黑天的形象在金刚乘后期发展中有所演变。《慧琳音义》中说大黑天有八臂，但神恺《大黑天神法》说是“三面六臂”，由中国传去日本的佛教密宗图像，也以六臂为常见。藏传佛教的大黑天形象则变得多样，有双臂、四臂、六臂等多种，所持器物亦有差异，此外尚有白、绿、红等不同肤色，以及若干变体。

元代的蒙古族统治者不仅将大黑天作为战神崇拜，也在宫廷中作为吉祥神供奉。此时，藏传佛教的大黑天形象也传入内地，杭州灵隐寺至今尚保留有当时的大黑天摩崖雕刻。在云南，随阿吒力教的传播，南诏时即流行大黑天崇拜，至今在白族、彝族等多个少数民族中留有影响。

（薛克翘）

Dajin

大津 Dajin（约活动于7世纪后半叶） 中国唐代僧人。澧州（今湖南澧县一带）人。据《大唐西域求法高僧传》卷下，大津于唐高宗永淳二年（683）随唐使节到室利佛逝。在室利佛逝见到义净，被义净派遣，送新译经论及义净撰写的《大唐西域求法高僧传》和《南海寄归内法传》回国。天授二年（691）五月十五日出发。

（王邦维）

Daliguo

大理国 Dali Kingdom 中国宋代在云南地区建立的以白族为主体的民族政权。

在南诏之后，云南地区先后出现3个以白族为主体的地方政权：郑氏的长和国（903~927）、赵氏的天兴国（928~929）和杨氏的义宁国（又称大义宁国，930~937）。这段时间大约相当于中原的五代时期。后晋天福二年（937），通

中国云南梵文火漆封印 大理出土

中国云南大理天龙寺

海节度使段思平（937~944年在位）联合洱海地区汉族和白族贵族，并得到下层民众的拥护，一举推翻义宁国，定都阳苴咩城（又作羊苴咩城，今大理市），国号大理。大理国一度实力强大，疆域囊括了今天中国的云南全部、贵州大部、四川省西南部，以及今缅甸北部、老挝琅勃拉邦地区和越南的一部分。

大理建国后，基本上与宋朝保持着良好关系。1094年，相国高昇泰权大欺主，迫使国主“禅位”。1095年，高昇泰改国号为“大中国”。1096年高昇泰死，死前嘱子弟还政于段氏。此后，大理国进入“后理国”时期。其时，内有上层高氏集团争权夺利，外有各个部族首领纷纷割据，后理政权逐渐失去控制能力。1252年，北方蒙古大汗蒙哥命其弟忽必烈远征大理。次年，忽必烈率十万大军“革囊渡江”，攻入阳苴咩城，大理国灭亡。

大理国除了与内地交往，还与东南亚及南亚国家有密切的贸易往来。云南自古与印度相邻，民间来往很多，只是史书很少记载而已。大理国深受印度佛教的影响，佛教盛行。大理国国主共22人，有1人被迫让位出家为僧，更有9人主动让位出家为僧。而相国等高官及贵族也往往以佛教人物命名，如某某观音、某某阿育等。据元初无名氏《大理行记》：“其俗多尚浮屠法，家无贫富，皆有佛堂。人不以老壮，手不释数珠。一岁之间，斋戒几半，绝不茹荤饮酒，至斋戒毕乃已。沿山寺宇极多，不可殚记。”大理国上承南诏时期的佛教信仰，仍以阿吒力教为特色。

佛教影响到大理国的文学艺术。剑川石窟有一部分作品完成于大理国时期，展示了这一时期的佛教雕刻艺术技艺。张胜温的《张胜温画卷》，也是这一时期绘画精品，其中的佛教题材非常突出。

（薛克翘）

Daliguo Jingchuang

大理国经幢 Dharani Sutra Pillar of Dali Kingdom 中国佛教经幢。建于宋代大理国中期，故名大理国经幢。原位于昆明地藏寺内，又称地藏寺经幢。据幢身所刻《敬造佛顶尊胜宝幢记》记载，该幢为大理国时期议事布燮（即议事清平官）袁豆光为逝去的鄯阐侯高明生超度圆功而造。经幢未留建幢时间，但据《敬造佛顶尊胜宝幢记》及幢身其他铭文推断，建幢时间当为大理国段正兴执政时期，约对应于宋绍兴（1151~1162）晚期。

经幢高7.8米，由5块红砂石雕成。基座为须弥座，腰部似鼓状，雕有云纹和八龙，象征护法的天龙八部；须弥座与幢身连接处刻有汉文《般若波罗蜜多心经》、《大日尊发愿》、《发四弘誓愿》

大理国经幢 现藏中国云南昆明市博物馆

等。幢身7层。第一层于东、西、南、北四面刻有足下脚踏夜叉的四天王；第二层辟有四龛，主尊四方佛，连同以幢身替代的大日如来，共尊密教金刚界五方佛；第三层主尊四大菩萨；第四层主尊四佛（药师佛、多宝佛、释迦佛、弥勒佛）；第五层雕有4只迦楼罗；第六层于四面云中各雕庑殿一座，象征“四门”（发心、修行、菩提、涅槃）；第七层主尊尊胜佛母。幢顶为一莲座，上供如意宝珠。

经幢在设计上独具匠心，布局谨严，俨然一座立体的曼陀罗神坛，形象地反映了佛教密宗诸神云集的大法会情状。雕刻艺术精湛，众佛端庄，菩萨慈祥，金刚怒目，飞天婀娜，栩栩如生，代表了南诏大理国时期云南佛教艺术的卓越成就，是研究云南少数民族历史文化和雕刻艺术的珍贵文物。

昆明地藏寺始建于宋，明宣德年间（1426～1435）重修，清咸丰七年（1857）毁于兵燹，仅该经幢幸存。后河水泛滥，经幢半没于泥土中。1919年被重新发现于瓦砾中。1923年，经幢所在地被辟为古幢公园。1982年，大理国经幢被列为全国重点文物保护单位。1997年以来，被保存于昆明市博物馆内，成为该馆的代表性藏品。

（王汝良）

Dapengche

《大篷车》 *Karwan* 印度印地语电影。1971年在印度公映。由N.侯赛因担任导演，演员A.帕雷克、吉滕德拉、A.伊拉尼分饰影片主人公苏妮塔、莫汉和妮莎。影片以第一人称倒叙开场，以自述为主线，以大篷车队为背景，讲述了女主人公苏妮塔逃亡和自救的故事。故事情节是：孟买大工厂主莫汉达斯发现财产被盗的真相后，被自己的亲信兼养子拉詹杀害。其后，他的独生女苏妮塔被骗嫁给了杀父仇人。新婚之夜，苏妮塔从夜总会舞女莫妮卡口中获知了事情真相。拉詹要将她置于死地。苏妮塔跳车逃跑，将自己打扮成一个乡下姑娘，藏在吉普赛人的大篷车演出队中，伺机前往班加罗尔，向父亲生前好友卡拉马昌德求助。途中，苏妮塔与司机莫汉日久生情，却遭到一直暗恋莫汉的妮莎嫉恨。

《大篷车》海报

大篷车队与拉詹展开了一场激烈的斗争，最后大篷车队和苏妮塔获得胜利。

《大篷车》在印度国内公映后广受好评，总票房高达3.6亿卢比，居当年印度电影总票房排行榜第6位。影片中苏妮塔的配唱演员A.波什雷曾获1972年印度电影观众奖最佳幕后女歌手奖。

《大篷车》中文译制片由赵国华翻译、伍经纬导演，1979年由上海电影译制片厂出品。配音演员丁建华、于鼎和刘广宁分别为苏妮塔、莫汉和妮莎配音。该片在中国放映后获得巨大反响，其中《你家在哪里》、《在爱情的旅途上》、《啼笑皆非》等歌曲曾于20世纪80年代风靡中国，被作为当时各类音乐节目的常用曲目。

（任婧）

Da Piposha Lun

《大毗婆沙论》 *Abhidharma-mahāvibhāṣā* 佛教典籍。为详细解说一切有部根本论书《发智论》而著的释论，被尊为囊括说一切有部义理体系的最高论书，代表东方有部正统。传说印度贵霜王朝迦腻色迦王时，部执异说纷纭，胁尊者召集五百阿罗汉于迦湿弥罗（见罽宾）结集，以世友为上座，历时12年而成。“毗婆沙”为分别诸说之义，是一种注疏文体，有部可能曾有数种注释《发智论》的毗婆沙文献流传，而此为集大成者，最终成书可能在2世纪。

《大毗婆沙论》由唐玄奘于显庆元年（656）至显庆四年译出（T1545）。共200卷。依照《发智论》的结构，分为杂蕴、结蕴、智蕴、业蕴、大种蕴、根蕴、定蕴、见蕴8个部分。虽然形式上为《发智论》之注释书，但该论就深度和广度而言已远远超出注释书。针对《发智论》的每一论题，该论给出广大经证及理证，并罗列本宗不同论师、其他部派乃至佛教外教派的论点，记录双方争论，并依照本宗正义予以裁定。而在总结注释早期六足论与《发智论》所发展出的有部教义体系的过程中，亦有其理论发明，比如对十二缘起各支及对有部三世实有论的详细分析，以六因四缘囊括诸法等。论中的观点、理证不仅为后世论书频繁引用，影响深远，也成为现代学者研究有部义理乃至部派佛教历史的珍贵的资料库。

除《大毗婆沙论》外，汉译藏经中现存另两种毗婆沙论：一为前秦僧伽跋澄等译于383年的《鞞婆沙论》14卷（T1547），内容仅涵盖《发智论》第二结蕴的一部分；另一为北凉浮陀跋摩等译于437～439年的《阿毗昙毗婆沙论》60卷（T1546），据称原译100卷，后因兵乱佚失，现存杂、使、智三犍度，只对应《发智论》的杂、结、智三蕴。

20世纪90年代在中国新疆库车附近发现的梵文残片，经对比与《大毗婆沙论》和《阿毗昙毗婆沙论》的相关部分比较接近，但更为简略，可能是比此两译本所据原本更早的写本。另外，尽管此两论与梵文残片有部分相似处，也并不能证明两论译自相同的底本。经现代学者研究，汉译三种毗婆沙论的传承渊源是颇为复杂的，《大毗婆沙论》

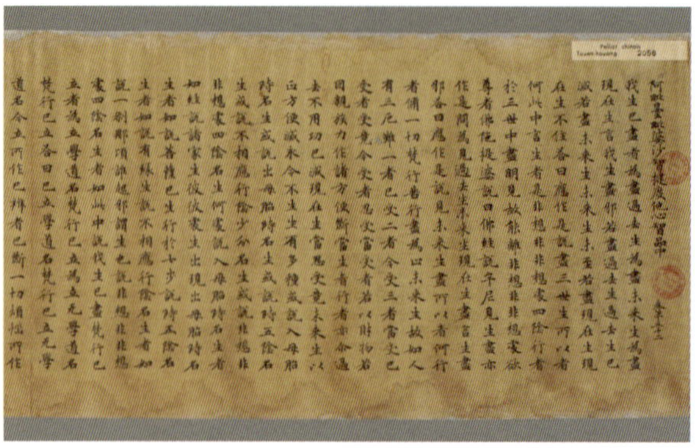
《阿毗昙毗婆沙论》法藏敦煌写本书影

和《阿毗昙毗婆沙论》可能来自不同的底本，前者代表了有部内部迦湿弥罗一系的传承，后者有研究认为来自西方有部。而《鞞婆沙论》可能是另一部《毗婆沙论》的摘译。现存的14卷只是注释《发智论》结蕴的十门四十二章的概要性质的作品。法尊于1944～1949年据玄奘译本将《大毗婆沙论》译为藏文，其手稿于2011年由中国藏学出版社出版。日本学者于1929年将该论译为日文，收于《国译一切经》，L.V.普散在20世纪30年代曾将该论的一部分译为法文。

（赵菲）

Da Pusazang Jing

《大菩萨藏经》 *Bodhisattva-piṭaka-sūtra* 大乘佛教宝积部类经典。主要讲解六度四摄等大乘菩萨道的内容。原本可能形成于二三世纪。为玄奘从印度归国后，翻译的第一部佛教典籍。

“菩萨藏”一词，有时作为一个部类，有时作为一部经名，引述于现存一些大乘经典之中，另有法藏部曾集“菩萨藏”之说，但现存《大菩萨藏经》的内容，是否或多大程度上代表了初期的菩萨藏或《菩萨藏经》，尚难定论。此经中一些有关大乘概念的阐述，与大集部类的《无尽意菩萨经》、《大哀经》、《智光明庄严经》有不少对应内容，如菩提、十力、四无畏、十八不共佛法等。这些内容可能存在同源关系。有学者猜测，“菩萨藏”一词最初可能特指某部与菩萨修行相关的经篇，后来泛指大乘经藏，与声闻藏、独觉藏相对。再后来，一部新出的经典以“菩萨藏”为题名，将菩萨修行之习说加以整理统合，就是现在的《大菩萨藏经》。

关于《大菩萨藏经》的原典，邵格延藏品中存有原出于阿富汗的16片梵文残叶，可能抄写于五六世纪，已于2006年发表。邵格延藏品中还藏有一片犍陀罗语残叶，可能代表了此经的源头或早期形态。另外，从《智光明庄严经》梵本的对应部分，也可重构此经的部分行文。据《罗炤梵本目录》所载，西藏罗布林卡藏有一部此经的梵文全本，题作Bodhisattvapiṭaka-nāma-dharmaparyāyaṃ mahāyānasūtraṃ，但尚未公布。

据《大慈恩寺三藏法师传》，玄奘很可能于吠舍厘南离恒河百余里的吠多补罗城（白城寺）获得《大菩萨藏经》梵本。唐贞观十九年（645）玄奘归国后，于弘福寺翻译的第一部经典就是此经，可见其重视程度。后由菩提流支编为《大宝积经》(T310)第12经，题作《菩萨藏会》。此经异译本有宋代法护等译《佛说大乘菩萨藏正法经》(T316)。藏文的9世纪译本收于德格版第56号。

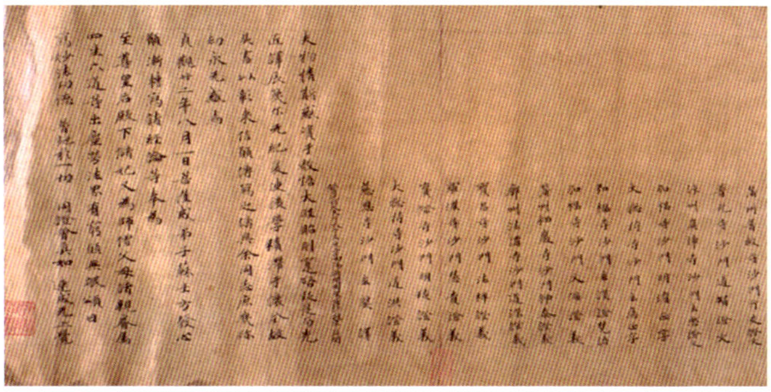

《大菩萨藏经》敦煌写本书影 唐贞观二十二年（648）

根据玄奘的汉译本，此经有12品。前两品是序分，第3品解说菩提心等，第4品解说如来不可思议性，第5品解说四无量，第6～11品解说六波罗蜜多，第12品解说四摄。

据日本僧人《法相宗章疏》等记载，参与玄奘译场的靖迈法师曾著有《菩萨藏经疏》10卷，今已不存。敦煌曾发现作为《大菩萨藏经》及作为《大宝积经·菩萨藏会》而转抄的部分写卷。

（叶少勇 陈帅）

daqian shijie

大千世界 mahā-sāhasra-lokadhātu 佛教用以阐释世界构成的术语。又称三千大千世界。根据佛教的宇宙观，以须弥山为中心，同一日月所照的四大部洲及诸山海，并及欲界六天、色界初禅天，即是一个世界。一千个世界为一个小千世界，一千个小千世界为一个中千世界，一千个中千世界为一个大千世界。此大千世界由小千、中千、大千世界三个层次合成。后来泛指佛陀的教化范围，并进一步泛化为广阔无边的世界。

（范晶晶）

Dari Jing

《大日经》 *Mahā-vairocanābhisaṃbodhi-vikurvitādhiṣṭhāna-vaipulya-sūtra* 佛教经典。全名《大毗卢遮那成佛神变加持经》。是密教真言乘的根本经典，全面系统地介绍了真言乘的基本要领和内容，在密教史上具有划时代的意义。

译本问题 据中国学者吕建福的意见，《大日经》的编纂时间约在6世纪末7世纪初，编纂地可能在那烂陀寺或其附近。日本学者长部和雄认为，《大日经》先后有两个译本：一是唐开元七年（719）善无畏“奉诏译”本，其梵文底本被称为“善无畏本”；二是根据客死北印度的无行禅师搜集、7世纪末被送回长安的梵文本，由善无畏和一行合作译于开元十二至十三年的“私译”本，即现行《大毗卢遮那成佛神变加持经》7卷。现存汉文《大日经》7卷36品。第一至第六卷共31品，为正文；第七卷5品，为修行仪轨的附录。

基本理论 《大日经》卷一《入真言门住心品》(简称《住心品》) 提出的三句话“菩提心为因，悲为根本，方便为究竟”是《大日经》的思想核心。对此，参与翻译此经的一行阿阇梨在《大毗卢遮那成佛经疏》(简称《大日经疏》) 卷一作了解释，认为这是一个因果循环的体系，“犹如世间种子，籍四大众缘，

《大日经》封面

故得生根，如是次第，乃至果实成熟，名为究竟”，“如从种子生果，果还成种，故以为名也”。一行对菩提心、因、悲、根、方便为究竟一一予以解说：菩提心是深信不疑之心，白净坚牢之心。因是种子（相当于内因），同时又是后二句的缘起。悲为慈悲，“慈如广植嘉苗，悲如芸除草秽”。根是“能执持义，犹树根执持茎叶花果，使不倾拔也”，“拔一切苦施无量乐，由自善根”，“方便为究竟者，谓万行圆极，无可复增，应物之权，究尽能事”。这是一行作为信仰者对信众的解说。吕建福站在哲学的立场对这三句话作出了现代解读：“《大日经》把它的全部教义概括为因、根、究竟三句……因句是它的本体论，讲清净平等的菩提心为成佛之内在根据，佛心自心平等无二，如实知自心即是菩提。根句是它的实践论，讲大悲胎藏密法，以入此曼荼罗为成佛之基本条件。究竟

大日如来像　现藏日本京都清水寺

句是它的方法论，讲三密为成佛之捷径、趣入究竟之方便，以手结印契为身密，口诵真言为语密，心作观想为意密。三密相应，即身成佛。”可知，《大日经》的这个思想核心虽然仅三句话，却是一整套真言乘义理和修法的概括和总结。

《住心品》在提出核心思想的同时，也明确了真言乘的理论归属，即大乘佛学。经中在解释菩提心时还说，“诸法无相，谓虚空相”。这显然是大乘佛学的观点。《大日经》在讲空的同时也强调幻。其《住心品》中说有“十幻”，即“幻、阳焰、梦、影、乾闼婆城、响、水月、浮泡、虚空花、旋火轮”。这些都是大乘佛典中常用的表示空幻的比

胎藏界曼荼罗

喻。此外，《大日经》中还多次使用了“阿赖耶”的概念。如《真言品》提到“若识，若阿赖耶”，还说道，“大乘行，发无缘乘，法无我性。何以故，如彼往昔如是修行者，观察蕴阿赖耶，知自性如幻”。“阿赖耶”是大乘瑜伽行派提出的“八识”之一，其余七识为眼识、耳识、鼻识、舌识、身识、意识、末那识。瑜伽行派认为，客观世界的本质是“识”，即人的感知。而人的感知是不真实的。实际上，人所感知的一切都是“识”，所以说“万法唯识，唯识无境”。阿赖耶识被认为是“种子识”，其活动生出世间万象。总之，在义理上，《大日经》不仅依附于大乘，还兼容空宗和有宗，这是其菩提心论的基础。

修行特点　《大日经》在提出自己理论归属的同时，也称自己的修行体系为“真言乘”。如《真言品》中所说：“秘密

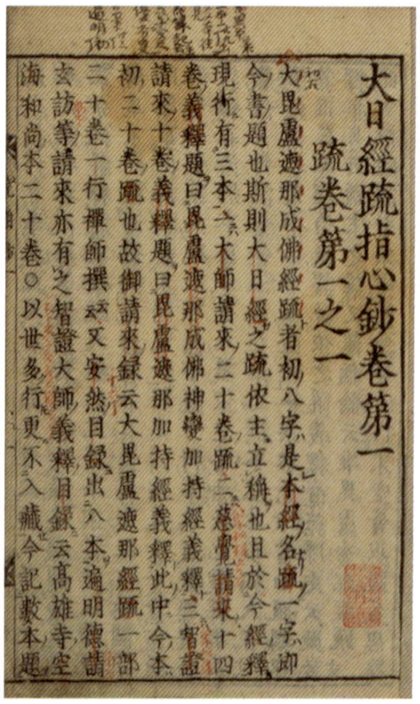
大日經疏指心鈔卷第一
疏卷第一之一
大毘盧遮那成佛經疏者初八字是本經名疏一字抑
今書題也斯則大日經之疏依主立稱也且於今經釋
現行有三本二六大師請來二十卷疏二慈覺請來十四
卷義釋題曰毘盧遮那成佛神變加持經義釋三智證
請來十卷義釋題曰毘盧遮那加持經義釋此中今本
初二十卷疏也故御請來録云大毘盧遮那經疏一部
二十卷一行禪師撰云云又安然目録出八本遍明德請
玄訪等請來亦有之智證大師義釋目録云高雄寺空
海和尚本二十卷○以世多行更不入藏今記數本題

《大日经疏指心钞》书影

主，无大乘宿习，未曾思惟真言乘行，彼不能少分，见闻欢喜信受；又金刚萨埵，若彼有情，昔于大乘，真言乘道无量门进趣，已曾修行，为彼等故，限此造立名数。彼阿阇梨亦当以大悲心立如是誓愿，为度无余众生界故。”大乘佛教讲究以慈悲之心度无量众生，真言乘也是如此。所不同的是，真言乘有更多的法门可供进入，以此强调真言乘比传统的大乘更为殊胜。其殊胜之处就在于通过建立曼荼罗，并在每一个步骤上念诵真言，使其修行获得种种悉地（成就），并最终达到救度众生的目的。建立曼荼罗是真言乘区别于以往大乘佛教的最重要的修行方式，而念诵真言与建立曼荼罗是同步进行的，二者相辅相成。

《大日经》大力突出真言的地位。真言占据了全经的大半比重，且名目繁多。修炼中，真言乘强调身、口、意三业和合。手印为身业，真言为口业，观想为意业。

胎藏界曼荼罗之中台八叶

这样，一面作出手印，一面口诵真言，一面心中冥想，就达到了三业合一的境地。这就是真言乘修法的关键要领。

胎藏界曼荼罗　曼荼罗坛法并非密教的发明，在上座部佛教各部中已经相当常见，其相关律书中多有记载。但《大日经》对建立曼荼罗所作的描述和解释却是空前周全详尽，其轨则已经发展到十分完备的地步。首先，对曼荼罗的主持人阿阇梨要求极为严格。其次，在画曼荼罗前要先选址。再次，是选择吉日良辰，并进行礼佛、念偈颂告地神、香花供养等程序。然后才开始画曼荼罗。大日如来居中，其次是四方佛，再次是诸菩萨及其眷属，还有各路护法神明。诸神的名位都是依据方位安置的，大体是中心为主尊大日如来，然后是“东方

准胝佛母像

以为首”，以东南西北的顺序右旋，安置四佛：宝幢、开敷华、阿弥陀、鼓音声。又在东南、西南、西北、东北四个位置安置四大菩萨：普贤、文殊、弥勒、观音。这样，八个方位就形成了“八叶莲花”，又称“中台八叶”。外围还有多重（一般为三到四重）护法神位。阿阇梨要带领弟子按照“右旋”的次序一一礼拜。《大日经》把这种曼荼罗叫作“大悲胎藏生大曼荼罗王”，所以称王者，以其规模最宏、诸神毕集、最为严丽、供养最丰。胎藏界曼荼罗具有象征意义，长部和雄认为《大日经》中的“胎藏界曼荼罗的根本无疑是被称为‘大悲胎藏生’的生命来自母性的原理……是作为象征生育的存在论图形的最高表现形式”。可知，胎藏曼荼罗不仅是真言乘的修行场所，也是真言乘核心思想的外在形式。

女神的加入与六字真言　佛教有一整套的诸神谱系，至晚在5世纪**昙无谶**等人译的《**金光明经**》中就已经趋于完备。《大日经》则提出了一整套更加完备的神谱。这个神谱有三个特点：第一，确立了大日如来的独尊地位。第二，在这个谱系里，金刚的名目繁多，而且升格为菩萨，其中为首的是执金刚，又叫持金刚或金刚手秘密主。第三，女神众多。到了真言乘的阶段，所有的金刚都代表着坚固勇猛的阳性力量。女神也纷纷出现，代表阴柔的力量。佛部有佛眼佛母，莲花部有白衣佛母，金刚部有金刚母。诸多女神分别与男神配对，菩萨们都有明妃在侧。而且经中对她们的形象也有所描绘。女神的加入在一定程度上受到印度教的影响。早期佛教并没有这种情况，而印度教的主要神明却都是有配偶的，至少在史诗时代就已如此。这些印度教的神明都纷纷被请入佛教的神殿——曼荼罗中，处于外围的位置，属于护法神。这也是真言乘有意迎合社会大众生活习惯的表现。如《真言品》所说，阎摩王、帝释天（见**因陀罗**）、日天等，皆有后妃。

《大日经》中实际上已经出现了**六字真言**。《真言品》中说：“真陀摩尼珠，住于白莲上。”真陀摩尼珠就是如意宝珠或如意宝，梵文cintā-maṇi。如意宝珠住于白莲上，即后世“六字真言”的前身。六字真言是一句隐语，来自古代先民的生殖崇拜，表示阴阳和合为万物的生因。《大日经》中的这句偈颂虽然不是真言，但也具有相同的象征意义，是一句隐语。不管是胎藏界的象征意义，

西域大月氏古城复原图

还是莲花与金刚的象征意义，以及六字真言的隐喻，都能证明这一点，即两性和合的问题已经在《大日经》中被隐晦地提出，这正是《大日经》与《**金刚顶经**》关系中的重要一点，也是后来无上瑜伽的一个前奏。

对印度教的包容　从《大日经》可以清楚看到佛教对印度教的吸纳，或者说印度教对佛教的渗透，已经愈来愈烈。密教在义理、神明、修法等方面都受到印度教的影响。佛教发展到《大日经》这个时期，即7世纪，其在印度的颓势已经显露。

一方面，为了维护佛教的戒律，《大日经》明确强调了不杀生、不食肉，也强调了不淫欲等。另一方面，为争取外道皈依佛门，《大日经》中采取了一些对印度教迎合与变通的做法。如一行在《大日经疏》卷四所说，在曼荼罗选址以及画曼荼罗时，“但发心求五通持明仙道，或愿长寿成就世间种种悉地，亦可随彼情机而诱接之也”。为了“诱接”外道皈依正法，为了密教的传播，不仅在曼荼罗的选址上可以采取权变措施，即便是在修法上也要多方借镜印度教。可以说，在面临印度教强大压力的情势下，《大日经》及真言乘的佛子们，为挽救佛教的颓势，在做着最后的努力。

（薛克翘）

Darouzhiren

大月氏人　古代民族。又作大月支人。最初游牧于中国敦煌、祁连山一带，据说有甲兵十余万，逞威一时。西汉初年，遭匈奴冒顿单于攻击。公元前165年左右，复为老上单于所败，徙入伊犁河流域，迫使当地的**塞人**部分南迁。前161年，再被乌孙所逼，西迁**大夏**，成为那里的统治者。《汉书·西域传》说，公元前2世纪末，大月氏分为五部，首领

大月氏王庭祭祀坛　中国新疆巴里坤

称翕侯。五部分别是：休密，治和墨城；双靡，治双靡城；贵霜，治护澡城；肸顿翕侯，治薄茅城；高附，治高附城。公元1世纪中叶，贵霜翕侯丘就却灭其余四翕侯称王，建贵霜帝国。

（葛维钧）

dashouyinfa

大手印法 phyag rgya chen po 中国藏传佛教噶举派核心教义。噶举派同其他宗派相一致，推崇中观思想，尤其守持月称中观应成派观见。由于噶举派注重上师传承及其密法的实修，大手印法成为其独有的核心教法仪轨。所谓大手印，并非指密法修持中之手结印契，乃为修持密法取得成就、证悟和智能的一种象征，如自性、实相、菩提、法身、真如等。大手印法涉及显密修行法。显宗大手印，是就心体之上，专一而住，修无分别，令成住分；而密宗大手印，是指风息入住，融于中脉后所生的大乐光明，为无上瑜伽续中精要之法。其中密宗大手印法，教理体系繁杂，并有多种支分。在修行方面主要有4种瑜伽法：专一瑜伽、离戏瑜伽、一味瑜伽、无修瑜伽。除大手印法外，噶举派尚提倡对那若六法的专门修习，二者相辅相成。

（尕藏加）

Dasui Xiguo Zhuan

《大隋西国传》 中国古代记载西域诸国国情的著作。作者为隋代高僧彦琮。据《续高僧传》卷二《达摩笈多传》，达摩笈多本南印度人，出家后游历诸国，后翻越兴都库什山来华，于隋开皇十年（590）冬抵达长安，参与佛经翻译。时高僧彦琮也参与传译。于是，彦琮将达摩笈多来华过程中所历诸国的见闻记录为《大隋西国传》一部十篇。这十篇的题目是“一方物、二时候、三居处、四国政、五学教、六礼仪、七饮食、八服章、九宝货、十盛列山河国邑人物”。因原书已佚，详情不得而知。

（薛克翘）

Datang Neidian Lu

《大唐内典录》 中国佛教典籍。初唐高僧道宣所撰佛经目录。简称《内典录》。10卷。收于《大正藏》第2149号。于唐龙朔四年（即麟德元年，664）春正月在长安西明寺撰成。

全书收录东汉至唐代初期译经者210人（一说220人），经典2 232部，7 200卷（一说2 487部，8 476卷）。

《大唐内典录》分10个部分。

第一部分为《历代众经传译所从录》(卷一至五)。此录为《内典录》核心，乃仿僧祐《出三藏记集》与费长房《历代三宝纪》之“代录”所作，记载东汉至唐各代的译经与撰述，每个朝代先有“序曰”，次依译著者列举书目，书目结束后，则简叙作者生平。其中唐代部分乃为增补，史料价值最高。

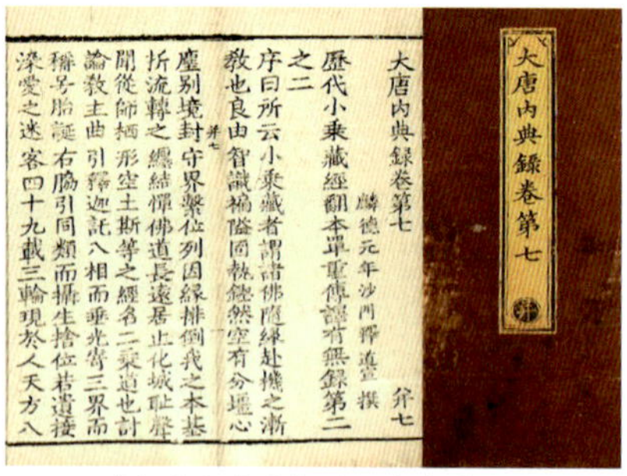

《大唐内典录》明刻本书影

第二部分为《历代翻本单重人代存亡录》(卷六、卷七)。此录下分《历代大乘藏经翻本单重传译有无录》(卷六)和《历代小乘藏经翻本单重传译有无录》(卷七)，是从“代录”中将历代有译人及年代的典籍或存或亡等信息总为一录，记载大、小乘三藏之经名、用纸数目、翻译时间、译者、翻译地点和翻译次数。凭借此录，可方便查阅某一佛书之同本异译情况。

第三部分为《历代众经总撮入藏录》(又称《历代众经见入藏录》，卷八)。此录乃唐代尚存之翻译佛书入藏者，罗列经、律、论、贤圣集传为几卷几帙，中间、左间、右间以上第几隔等信息。从唐静泰《大唐东京大敬爱寺一切经论目序》的记载来看，此录很可能是西明寺经藏目录。凭借此录，可方便查阅唐初之入藏佛书。

第四部分为《历代众经举要转读录》(卷九)。此录乃选择当时同本异译佛书中的主要译本，编辑成目，以供佛教徒转读佛经之用。同时，它也可以作为重翻佛经之善本目录，借此查阅各同本异译佛书之大略。

第五部分为《历代众经有目阙本录》(卷十)。此录载阙本，但因其类繁多，而前篇已备，因此只有序言而无目录。

第六部分为《历代道俗述作注解录》(卷十)。此录乃辑录自僧祐《出三藏记集》所集《法论》至唐初的中国佛教著述，含书名、作者和卷数等内容。

第七部分为《历代众经支流陈化录》(卷十)。此录载别生经，然因“依检群录，斯缘备详之”，又“恐乱于疑伪，或有涉于缉修”，故“两录列名，定非别生之位；自余不显，便是支分之经”，故只有序言而无目录。

第八部分为《历代所出疑伪经论录》(卷十)。此录乃搜集初唐以前之疑伪佛书之目录。

第九部分为《历代众经录目（终始序）》(卷十)。此录含初唐以前中国佛书目录之作者、书名、卷数等内容。

第十部分为《历代众经应感兴敬录》(卷十)。此录非是目录，而是记述诵持佛经之感应事迹。

《内典录》体例完善，内容精详，组织合理，归纳系统，历来为学者所重视。《内典录》是在僧祐《出三藏记集》和费长房《历代三宝纪》的基础上编撰而成，其《传译所从录》从结构与内容上都与《历代三宝纪》有不少相同之处，所增补的唐代传译部分，则为《历代三宝纪》所无，极具价值。道宣在《举要转读录》中对异译选取善本的努力，以及在《道俗述作注解录》中对汉地佛教撰述的记录，都是《内典录》极具特色的部分。此外，《内典录》中第一次出现了“帙”的标注，这一概念的提出，在佛教目录学上有重要意义。然该书中亦有一些不足，智昇在《开元释教录》中已有指出，姚名达亦在《中国目录学史》中加以评述。

（杨祖荣）

Datang Sanzang Qujing Shihua

《大唐三藏取经诗话》 *The Tale of the Procurement of Scriptures by the Tripitaka Master of the Great Tang* 以玄奘去印度取经为背景编写的中国神话故事。又名《大唐三藏法师取经记》。约成书于9～10世纪，一说11～12世纪。现仅存3卷17节。讲述三藏法师奉命去西天取经，得到猴行者的帮助，入大梵天宫，

《玄奘取经回长安图》

得到3件法宝，然后成行。途经蛇子国、狮子国、树人国，遇到白虎精等，得到深沙神帮助，渡过艰险，经过鬼子母国、女人国，来到王母池。又经过多国而到达天竺，得到佛经5 480卷回国。抵达京师时皇帝亲自出迎。后天降莲花船，载三藏师徒升西天。该书为现存最早演

《玄奘西行求法》
中国甘肃瓜州榆林窟第3窟壁画

绎玄奘取经事迹的白话小说，为后世《西游记》等著作故事的源头。

（薛克翘）

Datang Xiyu Ji

《大唐西域记》 *Records of the Western Regions of the Great Tang* 一部记录7世纪前期中亚和南亚各地区地理、历史、政治、经济、社会、文化等综合情况的书籍。玄奘口述、弟子辩机记录整理。共12卷。简称《西域记》。

成书缘起 唐贞观十九年（645）正月二十四日，玄奘结束了印度取经之旅，携佛经657部、各种佛像若干、佛舍利150粒，载誉回抵长安。二月，玄奘赶往洛阳，谒见唐太宗李世民。唐太宗于仪鸾殿接见玄奘。唐太宗询问了西域的情况，玄奘回答得十分详尽，唐太宗于是建议他写出一部关于西域各国情况的书，玄奘应允。次年，玄奘口述、弟子辩机记录整理的《大唐西域记》12卷撰成，上呈唐太宗。

基本内容 《大唐西域记》基本上是按照玄奘西行和归国的路线顺序记叙的，其内容多为玄奘的亲身经历，有部分内容采自传闻。

卷一的主要内容记叙从阿耆尼（今中国新疆焉耆）到迦毕试等34个国家的情况。34个国家包括今中国新疆的库车和阿克苏地区，以及今吉尔吉斯斯坦、哈萨克斯坦、乌兹别克斯坦和塔吉克斯坦各国。这条路线是玄奘西行时的路线，出发时走的是塔里木盆地的北沿，即丝绸之路的北道。

卷二先是综述印度情况，然后介绍3个国家的情况。综述的内容有：释名（印度一名的由来）、疆域、数量（长度单位）、岁时（日夜、月、季、年的名称和计算方法）、邑居（不同社会等级的居住条件）、衣饰、馔食、文字、教育、佛教、族姓（即种姓）、兵术（包括兵种和武器等）、刑法、敬仪、病死（包括生病的治疗与死后的礼仪）和赋税等17个方面。综述被安排在此处，表示从此正式进入五印度境内。然后，又记载了3个国家，这3个国家均在当时的西北印度（今阿富汗与巴基斯坦境内）。

卷三记有8个国家，均在当时的西北印度，多属今巴基斯坦及有争议的克什米尔地区。卷四记15个国家，多属今北印度。卷五记6个国家，卷六记4个国家，卷七记5个国家，基本在今印度北方邦境内，个别在今尼泊尔境内。

卷八和卷九专记摩揭陀，是当年释迦牟尼活动的主要地区，佛教胜迹集中，各种佛教典故很多，而且有玄奘驻学5年之久的那烂陀寺。

卷十记17个国家，包括今印度的西孟加拉邦、阿萨姆邦，以及孟加拉国等地，还有东印度的奥里萨邦，中印度的中央邦，南印度的安得拉邦、泰米尔纳德邦，印度半岛南端的西侧地区。

卷十一记23个国家，除僧伽罗国（今斯里兰卡）得之传闻，其余西南印度、西印度和北印度诸国等均为玄奘所到之地。文中注明“非印度之国”的波剌斯（今伊朗），是玄奘旅行经过地。

卷十二记22个国家，主要是玄奘归国途中经过的地方，即从阿富汗到中国新疆。玄奘归国的路线与出国的路线不同，没有绕道今乌兹别克斯坦、吉尔吉斯斯坦等国，到新疆后走的是塔里木盆地南沿。

《大唐西域记》敦煌写本书影

译介研究 《大唐西域记》于19世纪中期引起西方学术界的重视。首先是法国学者M. S. 儒莲翻译的《大唐西域记》法文版于1857～1858年在巴黎出版。其次是英国学者S. 比尔根据儒莲的法译本翻译的两卷英文本于1884年在伦敦出版。1904～1905年，T. 瓦特再译《大唐西域记》两卷英文本在伦敦出版。在长达100多年的时间里，法、英、德、俄的东

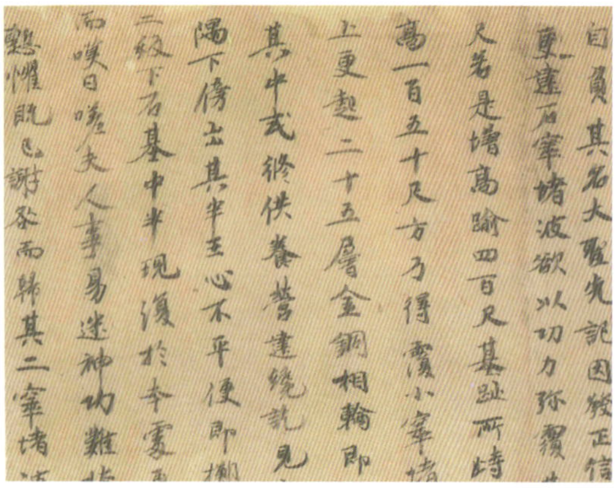

《大唐西域记》敦煌写本书影

方学学者对《大唐西域记》的研究一直没有中断，各种专著和文章数不胜数。

日本学者的翻译研究后来居上，对中国的研究影响很大。1894年，《佛教史林》刊出《玄奘三藏年谱》，为日本最早的研究论文。1910年，日本京都大学出版《大唐西域记考异》，为日本早期研究论文之一。1912年，堀谦德于东京出版《解说西域记》，为日本最早的翻译研究专著。1942～1943年，足立喜六于东京出版《大唐西域记之研究》两卷本，引起学术界的高度重视，成为《大唐西域记》研究的一个里程碑。1972年，水谷真成译注的《大唐西域记》于东京出版，代表国际研究的新水准。1983年，野村耀昌重译的《大唐西域记》在东京出版。

20世纪以来，印度学者对《大唐西域记》也予以关注与研究。尤其是一些历史学家，如D.D.高善必、D. N. 恰、R.V.夏尔马、师觉月、R.C.马宗达、R.塔帕等，都在自己的著作中引用《大唐西域记》中的资料，有些著作还对《大唐西域记》记载的一些地名做了进一步的考证。

20世纪以来，中国学术界借鉴国外的学术成果，开始《大唐西域记》的研究。早期的研究者有丁谦、陈寅恪、陈垣、冯承均、梁启超、欧阳竟无等。到1960年以前，中国大陆学术界出版有关《大唐西域记》的书籍20余种。

1982年，向达辑的《大唐西域记古本三种》由中华书局出版；1984年，周连宽的《大唐西域记史地研究丛稿》由中华书局出版；1985年，季羡林主持，孙毓棠、朱杰勤、宿白、张广达、杨廷福、张毅、耿世民、蒋忠新、赵守俨、王邦维等人参加的《大唐西域记校注》由中华书局出版，代表了当时中国《大唐西域记》研究的最高水准。此外，季羡林等人的《大唐西域记今译》(1985；2008)，芮传明的《大唐西域记导读》(1989) 和《大唐西域记全译（详注)》(1995)，周国林注译的《大唐西域记》(1999)，范祥雍的《大唐西域记汇校》(2012) 等，既具有研究的性质，也是深入研究《大唐西域记》的基础性工作。

1991年，《大唐西域记》印地文版由中国外文出版社出版。该译本由外文出版社印地文部组织中国国内印地语界力量进行翻译，并得到印度专家的鼎力协助，历时数年完成。主要译者为陈宗荣、陈力行、孙宝刚，参与者尚有李忠义、李隆昌、陈士樾、刘明珍、陈学斌等，印度专家M.塔古尔予以加工润色。该译本的出版是一项巨大工程，也是中印两国文化交流的新成果。

1994年2月，以黄心川为主任的中国玄奘研究中心成立，汇集了国内研究玄奘和《大唐西域记》的一批学者。该中心组织召开了多次大型国际学术会议，出版过多辑学术论文集。

2015年4月，经深圳大学印度研究中心郁龙余协调、杭州佛学院资助，又经多方协作修订，《大唐西域记》印地文版第二版由外文出版社出版。5月14日，中国国家主席习近平在西安大慈恩寺将该书作为国礼之一赠送印度总理N.莫迪。

评价　在《大唐西域记》中，玄奘以惊人的记忆力详细记叙了西域138个国家和地区的历史、地理、宗教、民俗、语言、文字等情况，为研究古代中亚和

师觉月工作照

南亚的历史、社会和文化提供了极为丰富与宝贵的资料。其宝贵之处首先在于记载的真实性。除有些佛教故事得之于传言而不可考证外，玄奘的许多记载都是真实可靠的，有些内容甚至在今天的印度社会都能看到。再如，在印度、尼泊尔、巴基斯坦近现代的佛教考古活动中，不论是在蓝毗尼、迦毗罗卫、鹿野苑、灵鹫山，还是在阿旃陀、那烂陀、塔克西拉等地，玄奘的记载往往为发掘指明方向，提供证据。反过来，许多考古资料又都证明了玄奘记载的真实性。

无论是印度还是西方的历史学家，对玄奘的《大唐西域记》都给予极高的评价，认为这部书对于重建印度乃至中亚的历史极为重要。印度历史学家N.K.辛哈、马宗达和Y.D.马哈江等，都有相关的评价。中国学者季羡林在《大唐西域记校注·序》中指出：“《大唐西域记》这一部书，早已经成了研究印度历史、哲学史、宗教史、文学史等等的瑰宝。我们几乎找不到一本讲印度古代问题而不引用玄奘《大唐西域记》的书。”

（薛克翘）

Datang Xiyu Qiufa Gaoseng Zhuan

《大唐西域求法高僧传》 *Biographies of the Eminent Monks of the Great Tang Seeking Scriptures in the Western Regions*

中国佛教传记。唐代高僧义净著。

《大唐西域求法高僧传》是义净的重要著作之一，全书两卷，成书于武周天授二年（691)。当时义净从印度东归，途中在南海室利佛逝停留。停留期间，撰写了《大唐西域求法高僧传》和《南海寄归内法传》，并翻译了一些佛经。《大唐西域求法高僧传》以传记的形式，记述了唐贞观十五年（641）到武周天授二年，包括义净等中国僧人，以及今越南、阿富汗、乌兹别克斯坦和朝鲜半岛等地57位僧人，到南海和印度游历、求法的事迹。后附《重归南海传》，记载武周永昌元年（689）随义净重往室利佛逝的4位中国僧人的事迹。

在义净之前，中国曾有东晋高僧法显和唐初高僧玄奘去印度求法，分别留下了两部重要著作《佛国记》和《大唐西域记》。义净赴印在唐咸亨二年

(671)，比玄奘晚40多年。他在印度10余年，来去俱循海路，又在南海一带先后停留10余年。义净在印度和南海停留的时间相当长，因此他的著作内容极为丰富，是研究初唐时期中印关系，印度及南海地区历史、文化、地理和宗教的重要资料。

本书特点　《大唐西域求法高僧传》是一部僧传，逐一记载了当时赴印求法的57位僧人的经历以及印度和南海各方面的情况。其中记载的信息很多是《大唐西域记》里没有的。如一些《大唐西域记》未记的地名，在《大唐西域求法高僧传》有记载。又如印度当时最著名的佛寺**那烂陀寺**，《大唐西域记》叙述得比较空泛，但《大唐西域求法高僧传》的记载却相当详细。书中不仅讲到那烂陀寺名称的来由，还讲到寺院内建筑的结构，所用材料和修建的方法，以及寺院内的管理制度等各方面的情况。很多记载是唯一的，对了解那烂陀寺的历史尤其有价值。

从中印交通历史的发展情况来看，《大唐西域求法高僧传》也有一些地方值得注意。如从唐代的长安，经过今中国甘肃和新疆及中亚等地前往印度的道路，是自汉以来中印之间陆上最主要的交通路线，即**丝绸之路**。《大唐西域记》和以记述玄奘个人经历为内容的《**大慈恩寺三藏法师传**》关于这条线路的记载比较详细，《大唐西域求法高僧传》对此记载不多，但却相当详细地记载了从南海往印度的交通情况，以及唐初新开通的、经过中国西藏到尼泊尔再到印度的道路。这些都反映了唐初以及以后中印交通发展的新趋势和新情况。

《大唐西域求法高僧传校注》封面

僧人们求法的路线，实际上也是商业贸易的路线。从《大唐西域求法高僧传》中可以看到，僧人们泛海，多是附商舶与商人结伴而行。这说明，对于中印古代文化的交往，中国求法僧曾经作出极大贡献。

《大唐西域求法高僧传》成书后，最早著录它的是《**开元释教录**》，其后历代经录俱著录。《旧唐书》卷四六《经籍志》、《新唐书》卷五九《艺文志》也有著录，只是《旧唐书》题为《西域求法高僧传》，无“大唐”二字。经录中还有题为《求法高僧传》或《西域求法传》者。《通志》卷六七、《文献通考》卷二二六有著录。南宋晁公武《郡斋读书志》著录为《求法高僧传》。宋非浊集《三宝感应要略录》中称为《求法记》。有的书中还称为《大周行人传》的。此书原名在宋代以前稍有混乱，多半是全称和略称之差，但宋以后即以《大唐西域求法高僧传》一名而流行。在卷帙上，只有元代脱脱等编纂的《宋史》卷二〇五《艺文志》录为“三卷”，这显然是错误的。

世界影响　19世纪后期，作为研究中印交往和印度及南海地区宗教、历史、地理的基本资料，《大唐西域求法高僧传》受到各国学者们的重视，陆续出版了一些西文译本，一些译本中也包括学者研究的成果。主要有：1894年，法国学者E.E.沙畹将《大唐西域求法高僧传》译为法文，在巴黎出版，书名是*Mémoire composé à l' époque de la grande dynastie T' ang sur les religieux éminents qui allèrent chercher la loi dans les pays d' Occident*。沙畹的译本附有他的注解。1911年，英国学者S.比尔在翻译《大慈恩寺三藏法师传》时，也把《大唐西域求法高僧传》部分章节译为英文，与《大慈恩寺三藏法师传》的英译本一起出版，书名是*The Life of Hiuen Tsiang by the Shaman Hwui Li, with an introduction containing an account of the works of I-Tsing*，在伦敦出版。1942年，日本学者足立喜六在东京出版了一部日文译注本，同时附有中文原文，书名仍为《大唐西域求法高僧传》。1961年，在东京出版的一部佛教丛书《国译一切经》中，也收有《大唐西域求法高僧传》的另一个日文译本。译者是高田修，翻译原书的时间是在1940年。1986年，印度学者L.罗希瑞在德里出版了一部新的英文译本，书名是*Chinese Monks in India*。1988年，北京中华书局出版了《大唐西域求法高僧传校注》，校注者王邦维。

（王邦维）

Dawan

大宛　Farghana　中亚古国名。又称破洛那、沛汗、判汗、跋贺那等。

古代中国所称大宛约指今乌兹别克斯坦费尔干纳盆地。最初的记载见于《史记·大宛列传》：“大宛之迹，见自张骞。……在匈奴西南，在汉正西，去汉可万里。其俗土著耕田，田稻麦。有蒲

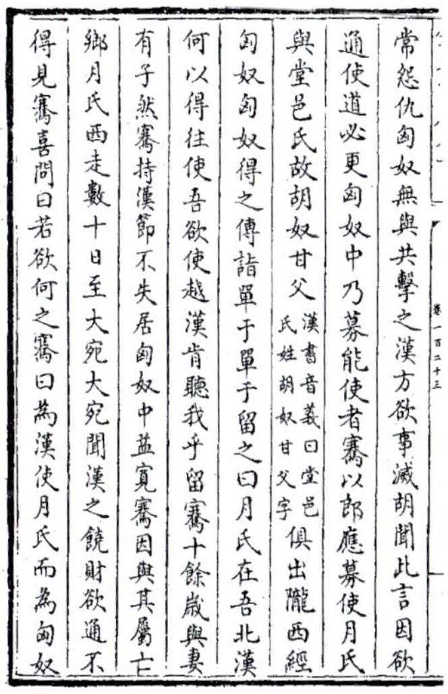

常怨仇匈奴無與共擊之漢方欲事滅胡聞此言因欲
通使道必更匈奴中乃募能使者騫以郎應募使月氏
與堂邑氏故胡奴甘父漢書音義曰堂邑氏姓胡奴甘父字俱出隴西經
匈奴匈奴得之傳詣單于單于留之曰月氏在吾北漢
何以得往使吾欲使越漢肯聽我乎留騫十餘歲與妻
有子然騫持漢節不失居匈奴中益寬騫因與其屬亡
鄉月氏西走數十日至大宛大宛聞漢之饒財欲通不
得見騫喜問曰若欲何之騫曰為漢使月氏而為匈奴

《史记·大宛列传》书影

陶酒。多善马，马汗血……有城郭屋室。其属邑大小七十余城，众可数十万。其兵弓矛骑射。其北则康居，西则大月氏，西南则大夏，东北则乌孙……”汉时都贵山城（今乌兹别克斯坦塔什干东南卡散赛）。张骞于建元二年（前139）西行出使西域，欲联合**大月氏人**夹击匈奴，不意经匈奴境时被拘。十余年后逃脱，西行数十日，到达大宛。大宛早慕汉地富庶，有意结交，遂派向导带领张骞前往康居（约在今中亚巴尔喀什湖和咸海之间），康居王复遣人将他送至大月氏人所在的**大夏**。后于元狩四年（前119），张骞二次出使西域，在乌孙时，曾分遣副使去往多国，包括大宛。汉武帝知大宛产汗血马，曾遣使持千金及金

乌兹别克斯坦费尔干纳盆地　汉朝时的大宛国位于此处

马往购。大宛不予，更杀汉使。武帝遂于太初元年（前104）派贰师将军李广利率兵征讨。汉军远行饥疲，无法取胜，只好退回敦煌。整顿增兵后再次前往，于太初四年困大宛城40余日，断其水源，擒其猛将。大宛贵族只好杀其王母寡，献出首级求降，并答应出善马由汉兵自择。李广利等计议后，决定受降，并立其亲汉贵族昧蔡为王，选取善马数十匹，中马以下牝牡3 000余匹回归。李广利得封海西侯。一年以后，大宛贵族因昧蔡善谀误国而杀之，另立母寡之弟蝉封为王，并将蝉封之子送到西汉朝廷为质，与汉通好。东汉光武帝（公元25～57年在位）时，大宛曾臣服于莎车。约在汉建武二十二年（公元46），莎车王贤以大宛贡税减少为由，将兵数万来攻。大宛王延留迎降，被带回莎车。莎车使拘弥（又称扜弥，故址在今新疆于田县克里雅河以东）王桥塞提统治该地。一年多后，桥塞提被康居打败，莎车遂将延留遣回大宛，依旧为王，让其贡献如常。

《晋书》卷九七对于大宛的习俗有生动的记载，称："大宛国去洛阳万三千三百五十里，南至大月氏，北接康居，大小七十余城。土宜稻麦，有蒲萄酒，多善马，马汗血。其人皆深目多须。其俗娶妇先以金同心指环为娉，又以三婢试之。不男者绝婚。奸淫有子，皆卑其母。与人马乘不调坠死者，马主出敛具。善市贾，争分铢之利，得中国金银，辄为器物，不用为币也。太康六年，武帝遣使杨颢拜其王蓝庾为大宛王。蓝庾卒，其子摩之立，遣使贡汗血马。"

南北朝时大宛曾称破洛那。《魏书》称："（破）洛那国，故大宛国也，都贵山城，在疏勒西北，去代万四千四百五十里。太和三年，遣使献汗血马，自此每使朝贡。"

唐代大宛称跋贺那。慧超《往五天竺国传》有对该国的记载，称："又从康国已东，即跋贺那国。有两王，缚叉大河当中西流。河南一王属大寔，河北一王属突厥所管。土地亦出驼骡羊马叠布之类，衣着皮裘叠布，食多饼麨。言音各别，不同余国。不识佛法，无有寺舍僧尼。"杜甫亦有《房兵曹胡马》一诗赞美大宛骏马骨瘦体健，奔驰如风，横行万里，堪托死生。

（葛维钧）

Daxia

大夏　Bactria　中亚古国名。希腊语称巴克特里亚。地在今兴都库什山和阿姆河上游之间。原为波斯帝国一行省，亚历山大东征以后，成为统治叙利亚的塞

大夏王国时期塑像

琉古王国的一部分。

约公元前250～前230年，狄奥多德斯一世宣布独立。公元前3世纪末至前2世纪初，国势一度强盛。公元前190年，德米特里乌斯斯王从孔雀王朝手中夺去了包括阿富汗、信德和部分旁遮普在内的广大领土，一时以"印度之王"著称。

关于该地情况，《史记》说："土著有城屋，与大宛同俗，无大王长，往往城邑置小长。其兵弱畏战，善贾市。及大月氏西徙，攻败之，皆臣畜大夏。大夏民多可百余万。其都曰蓝市城，有市贩贾诸物。……骞曰：臣在大夏时，见邛竹杖、蜀布，问曰：安得此？大夏国人曰：吾国人往市之身毒。"所述当属前130年左右的情况。继大月氏人之后

德米特里乌斯一世金币

统治这里的还有嚈哒人、突厥人等。大夏即《魏书》、《隋书》、《唐书》等中的吐火罗。大夏与印度交往密切，曾经成为希腊文化影响印度的中介，有助于犍陀罗艺术的产生。

（葛维钧）

Daxingshan Si

大兴善寺　Daxingshan Temple　中国著名佛教寺院。位于陕西西安内城南小寨。始建于晋武帝泰始至太康年间（265～289），距今1 700余年，是西安现存最古老的佛寺之一。原名遵善寺。至隋开皇年间（581～604），西安城扩建，得名大兴善寺。

大兴善寺是中印文化交流史上一个值得纪念的地方。隋文帝开皇七年（587），该寺建立译经场，印度来华译经大师那连提黎耶舍、阇那崛多、达摩笈多等都曾在此居住和译经。唐太宗贞观三年（629），从印度那烂陀寺来的波颇法师主持寺内的译经场。唐玄宗开元四年至八年（716～720），密教僧人"开

印度总理N.莫迪访问大兴善寺

元三大士”善无畏、金刚智、不空金刚在该寺翻译密教典籍500余部。天宝十五载（756），不空金刚住持该寺。不空金刚为玄宗、肃宗、代宗三朝帝师，曾于寺内行设密教道场传法。寺内有唐德宗建中元年（780）所立之不空三藏碑。一行和尚也曾住在此寺研习天文数学与密法，对中国古代天文学作出重要贡献。其时，大兴善寺为长安三大译场之一，也是中国佛教密宗的发祥地。

后世，大兴善寺多次被毁，也多次重建。1945年，太虚法师等于寺内创设世界佛学苑巴利学院。1955年，中国政府拨款全面大修。1983年被国务院列为全国重点开放寺院之一。

（薛克翘）

Daxiong

大雄 Mahāvīra 印度古代用以赞颂杰出人物的称号。原文意为伟大的英雄。公元前6世纪后耆那教徒用它来称其教的实际创始人筏驮摩那（见尼乾陀·若提子），久之此称即为他所专有，他也以大雄而不以筏驮摩那知名。佛教创始人释迦牟尼亦称大雄。

耆那教创始人大雄像

（葛维钧）

Dayan Li

《大衍历》 *Dayan Calendar* 中国古代历法。又作《开元大衍历》。唐代僧人、天文学家一行编造，开元十七年（729）起颁行，施用至肃宗至德二载（757）。《旧唐书》和《新唐书》中均载有《大衍历》的完整术文。

开元九年，《麟德历》预推的日食接连不效，于是玄宗诏一行作新历。开元十五年新历草成而一行卒。诏张说与历官陈玄景等整理一行遗著，按照《唐会要》卷四十二记载，撰成“经章十卷、长历五卷、历议十卷、立成法天竺九执历二卷、古今历书二十四卷、凡例奏章一卷，凡五十二卷”。《全唐文》卷二二五所收录之张说《大衍历序》中则称有“经七章一卷，长历三卷，历议十卷，立成法十二卷，天竺九执历一卷，古今历书二十四卷，略例奏章一卷，凡五十二卷”。《新唐书》则仅记有“历术七篇、略例一篇、历议十篇”。张说等上《大衍历》，命开元十七年颁于有司。

为了编制新历，朝廷命梁令瓒造黄道游仪，进行编历所需数据的测量，又命南宫说在全国范围内测定各地北极出地高度和晷影长度。这些最新实测数据被一行采纳到《大衍历》中。一行还首先正确理解了张子信发现的日行盈缩现象，首次给出了正确的太阳视运动不均匀性修正。在数学技巧方面，一行首创了不等间距的二次内插公式，使得计算结果更为精密。一行在《大衍历》中还发明了求任意地方每日影长和去极度的计算方法，即“九服晷影”法，其中用到相当于正切函数表的数值表。所有这些重大改革，使得《大衍历》成为中国古代历法史上冠绝一时的好历。

《大衍历》在内容和结构上较前代历法也有所改进和调整，历术正文部分共分为7章，处理七大中心内容，分别为：“步中朔第一”，共6节，推求月相之朔、弦、望和没、灭日等项目；“步发敛第二”，共5节，推求七十二候、六十四卦和五行用事等项目；“步日躔第三”，共9节，专门讨论太阳视运动，使用日躔表对太阳视运动不均匀性进行修正；“步月离第四”，共21节，专门研究月亮视运动，使用月离表对月离视运动不均匀性进行修正；“步轨漏第五”，共14节，专门研究与授时有关的各类问题；“步交会第六”，共24节，专门讨论日食、月食的推算及有关问题；“步五星第七”，共24节，专门研究五大行星的视运动规律。《大衍历》在内容和结构上的这种编排方式，一直为后世历法遵从。直到明末西方历法来华，徐光启等编成《崇祯历书》，共分为法原、法数、法算、法器和会通等基本五目，才改变了中国古代历法的传统编排方式。

《大衍历》是中国古代的一部著名历法，堪称不刊之典。《新唐书·历志》这样评价《大衍历》：“自《太初历》至《麟德历》，历有二十三家，与天虽近而未密也。至一行，密矣。其倚数立法固无以易也。后世虽有改作者，皆依仿而已。”《大衍历》后唐代历法虽仍有数次改革，但均不出《大衍历》模式，只是对其略加修改而已。

但《大衍历》行用之初，却出现了激烈争议。据《新唐书·历志三上》载：“时善算瞿昙譔者，怨不得预改历事，二十一年，与玄景奏：‘《大衍》写《九执历》，其术未尽。’太子右司御率南宫说亦非之。诏侍御史李麟、太史令桓执圭较灵台候簿，《大衍》十得七八，《麟德》才三四，《九执》一二焉。乃罪说等，而是否决。”这就是中国历法史上所谓的“《大衍》写《九执》公案”。一行在《大衍历》中确实采用了《九执历》中的一些方法，但瞿昙譔非议的重点不是《大衍历》抄袭了《九执历》，而是认为《大衍历》没有完整地采用《九执历》中的方法和参数。

《九执历》是瞿昙譔的父亲**瞿昙悉达**在开元六年（718）奉旨翻译的，是即将开展的历法改革的指定参考书。从《唐会要》的记载和《全唐文》收录的张说《大衍历序》中都可以看到一行的历法定稿中包含有《九执历》，而《新唐书》的作者们则把这一点隐瞒了。所以，瞿昙譔提出这一控告的原因不是也不可能是因“怨不得预改历事”。因为，开元九年一行奉召修历时瞿昙譔才9岁，历修成时也才15岁。其主要原因是《九执历》没有被一行认真、完整地参考；同时也是为了继续维护瞿昙家族及其所掌握的印度天文历法知识在唐代官方天文机构中的影响力。

面对这样的指控，唐玄宗命令用实测数据来检验历法优劣，从而作出了有利于《大衍历》的判决。一部历法对实际天象的推算精密与否，除了看历法原理之外，还需要精密的历法数据。《九执历》的优越之处正是在于它的历法原理部分，而《大衍历》新近修成，历法数据都是刚刚实测获得，所以它推算实际天象的精密程度自然会优于《九执历》。实际上，一行采取了一种融会贯通的方法吸收了部分《九执历》中的先进历法知识，使得《大衍历》优于《九执历》。

（钮卫星）

Dayan Ta

大雁塔 Dayan Stupa 中国佛塔。又名大慈恩寺塔。位于陕西西安。始建于唐永徽三年（652）。当时唐高宗为保存大慈恩寺主持**玄奘**法师从印度取回的经籍，资助在寺内西院修建此塔。此塔是唐代楼阁式砖塔的代表，原为5层，武则天长安年间（701～704）倒塌，不久重建为10层，后只余7层，通高约64米。塔平面呈正方形，表面每层以砖砌出仿木结构的壁柱，各层四面中央辟有圆拱券门洞。塔基座四面券门均有青石半圆形门楣，上有佛教题材线刻浮雕装饰。唐初于阗（今新疆和田）

大雁塔及玄奘塑像

画家**尉迟乙僧**，曾在大慈恩寺绘制壁画。此塔基座门楣的浮雕线刻的线条类似“屈铁盘丝”，可能与尉迟乙僧的西域画风有关。

（王镛）

Dayemidiluofanmo

大野迷地罗梵摩 Dayamitira Varma（约活动于七八世纪） 古代印度中天竺人。据《全唐文》卷十六，大野迷地罗梵摩乃“中天竺国大首领”，于唐中宗李显（683～684、705～710年在位）时期率使臣访华，受到唐中宗褒赏，授“果毅都尉”头衔，并赐“绯袍银带”。

（王凌男）

Dayong

大勇 Dayong（1893～1929） 中国现代僧人。俗姓李，名锦章，四川巴县（今重庆巴南区）人。早年毕业于四川法政学校。辛亥革命后，任职于四川军政界，公职之余好读佛典。1918年，佛源法师在重庆讲学，大勇从之皈依。后读太虚大师著作，决意出家，1919年3月于鄞西天王寺依太虚大师剃度，从临济宗，法名传众，字大勇。1920年至镇江金山寺受具足戒，不久前往五台山朝礼文殊道场。1922年，得知日本高野山密宗兴盛，东渡日本学习密法。后访金山穆昭，学习金刚、胎藏二部曼荼罗，得大阿阇梨位。1923年10月归国，在江味农、吴璧华等居士的劝请下，于上海、杭州开坛传法。1924年赴武昌佛学院传法，习者甚众，不乏名流，一时在社会上掀起学密热潮。大勇不满足于日本所传唐密，后在北京闻知雍和宫白普仁喇嘛精于藏密，前往求教，并发愿入藏求法。其年北京慈因寺筹办“藏文学院”，大勇加入并主导，为赴藏学法做准备，武昌佛学院第一届学生法尊、法舫等毕业后，都进入该院学习。1925年，由于时局动荡，藏文学院仅开办半年余而停课，大勇提议将学院改为“留藏学法团”入藏学习，获得支持，被拥立为团长。当年率观空、**法尊**、大刚、**法舫**、严定、密悟等一行二十余人前往西藏，随行者还有能海。是年冬天，经四川进入西康，但西藏方面怀疑其有政治目的，不许进入，于是留在康定修学藏文经典，并将宗喀巴之《菩提道次第略论》译成汉语。1927年春，大勇率团再次启程，至甘孜时又受阻，于是停驻甘孜依札迦大喇嘛精勤修习，得传阿阇梨位。在此期间，因经费困难，气候严寒，生活极为艰苦，大勇积劳致疾，事未竟而示寂于甘孜札迦寺。同行者继其遗志，推动了藏传佛教在汉地的弘传和汉藏交流。

大勇一生致力于研习和弘传密教，对民国时期的汉地佛教产生了较大的影响，为沟通汉藏文化奠定了基础。后来为藏传佛教在汉地的传播与研习作出卓越贡献的法尊与能海两位巨匠，皆曾为其所率领的留藏学法团团员。

（张岩）

dayuanmanfa

大圆满法 rdzogs pa chen po 中国藏传

佛教宁玛派核心教义。源于印度佛教密宗，形成于藏传佛教前弘期，成熟于后弘期。从整体内容上看，它不仅承继了印度高僧**莲花生**、**无垢友**的密宗思想，而且汇聚了**毗茹札那**等吐蕃高僧的佛学思想和密法传承，后来又得到**宁玛派**高僧大德的发扬光大，逐渐形成既有深奥义理又有实践验证的自成体系的大圆满法。

土观·洛桑却吉尼玛在解释大圆满法时说："若释其字义，说现有世界，生死涅槃，所包含的一切诸法，悉在此灵明空寂之内，圆满无缺，故名圆满；再无较此更胜的解脱生死方便，故名为大。"这里意在说明"大圆满"是人类现前离垢的明空赤露的心智，是众生身中无始本生的清净心性。也就是说，世界上的万事万物以及生生灭灭等物质运动的变化过程，无不在人类心体（思想）的灵明空寂的状态中产生或消亡，以此证实人类的心体就其本质来说是纯净无染的，人们可通过依法修行，使心体不受任何污染，并置于一个空寂明净的理想境界中。如果人们能够正确对待并通过特殊的手段认识这一明空的心智或清净的心性，即可顺利获得涅槃寂静，实现即身成佛。

大圆满法作为一门自成体系的密法，其内涵思想主要由心部、界部和教授部构成。

心部所说的心是从体、相、用三个方面来认识。如心体纯净、心性（相）光明、心量（用）周遍。这就是一个完整的心，是一个真心。真心就是佛心，从而说明人人具有佛心。因此，土观·洛桑却吉尼玛指出："此中心部，说随见何境，唯是自心、心性现自然智慧，除此自然智慧外，再无余法。其导入此道的方便，多与大手印派相同，唯大手印派是以心去印境，心部则是求直观能缘心性的明空本净之实相。"说明无论见到任何外境都是自心所为，而心性现为自然智慧，倘若离开这个自然智慧，再没有其他更好的法可求。虽然心部在其修炼的过程中与新派的**大手印法**有相似之处，但在具体的方法或手段上有所不同，如大手印是以心印境，心部则直观心性本空。心部所追求的目的是使其真心变为既明又空的体性，从而达到一种非空非有的状态，即空有二者统一于一心。

界部就其"界"字而言，有广大无际、无所不容之意，实际上是指一种法性境界。

教授部提出以永离取舍、双融无分别的智能，将轮回涅槃等一切法都归于无有空或执的法性之中，并用轮回涅槃无二分别的灵明智性来现证法性境界，从而成就自证金刚锁身的绝妙观点。同时，又提出了所谓体相本净、自性顿成、大悲周遍三种概念。认为实相的本体，无生空寂，是为体性本净；此空性妙相，无碍明现，是为自性顿成；空性妙德，能现染净诸相，是为大悲周遍。

从藏传佛教宗派的角度看，唯有宁玛派承载着旧派密法传统，其余宗派皆归于新密体系。即宁玛派所推崇或实践的密法传承，是源于8世纪的旧密传统，而**格鲁派**、**噶举派**、**萨迦派**和**觉囊派**等宗派推崇、传承和实践的密法，则始于10世纪末的新密体系。

宁玛派作为继承旧密传承的宗派，在藏传佛教诸多宗派中率先对释迦牟尼教法作出教相判释。将整个佛法判为声闻、独觉、菩萨、事续、行续、瑜伽续、生起摩诃瑜伽、教敕阿努瑜伽和大圆满阿底瑜伽，共九乘，且从第一乘声闻起始直至第九乘大圆满阿底瑜伽，逐层升级，最后以获取大圆满法为至高无上的境界。**无垢友**作为旧密传承的主要祖师之一，对构建宁玛派这一金字塔式的佛学或修学体系有着深远影响，尤其对大圆满思想的形成起到了重要作用。

（尕藏加）

Dazang Jing

大藏经 Ta-ts'ang Ching 一切佛教经典著述的总集。又称为一切经、契经、藏经或三藏。内容包括经（**释迦牟尼**在世时的说教以及后来增入的少数佛教徒——阿罗汉或菩萨的说教）、律（释迦牟尼为信徒制定的必须遵守的仪轨规则）、论（关于佛教教理的阐述或解释）。大藏经的编纂，始于释迦牟尼**涅槃**不久，弟子们为保存他的说教，统一信徒的见解和认识，通过会议方式的结集，形成一致公认的经、律、论内容。其后又增加了有关经、律、论的注释和疏解等"藏外典籍"，成为卷帙浩繁的四大部类。原始佛教分裂以后，各大派别大多按照自己的观点编有本派的藏经，但只有上座部的三藏比较完整地保存下来，其他部派的典籍除了在汉文译本中保存一部分外，基本上都已散佚。早期的梵文经典只有少数零散贝叶本或纸写本至今尚存，全部三藏已难窥全貌。现存的大藏经，

宁玛派文献书影

《中华大藏经·续编》（汉文部分）编委会工作会议合影
2008年7月5日在北京国家图书馆

按文字的不同可分为汉文、藏文、蒙古文、满文、西夏文、日文和巴利语系等7个系统。此外还有过契丹文大藏经的刻造，但尚未发现传世的刻本。

（童玮）

Dazhao Si

大昭寺 gtsug lag khang 中国西藏最古老的佛教庙宇，藏传佛教最神圣的佛殿。位于今西藏拉萨古城中心。7世纪中叶，由吐蕃第33代赞普（国王）松赞干布王妃尼泊尔尺尊公主创建。相传，当时用白山羊驮土填湖，在其上面建造佛殿，内部主要供奉尺尊公主从尼泊尔运来的释迦牟尼（世尊不动金刚佛）8岁等身像。所以，大昭寺在藏语中称ra sa vphrul snang（热萨迟囊），意为羊土幻变殿；又称jo khang（觉康），意为释迦牟尼殿。

大昭寺的建筑外观，融合了印度、尼泊尔和吐蕃的建筑风格。据《西藏王统记》记载：四门绘制曼陀罗以满足佛教上师的愿望，柱子上绘制金刚杵以满足在家咒师的心愿，四角绘制雍仲以满足苯教教徒的心愿，绘制格子形图以满足吐蕃臣民的心愿。当时的大昭寺为三层楼阁，坐东面西，以示尺尊公主的家乡尼泊尔位于拉萨城以西，寄托尺尊公主思念故乡之情。主殿两侧列有配殿，布局结构再现了佛教中的宇宙模型。佛殿内供奉依松赞干布形象塑造的十一面观世音菩萨像、尼泊尔尺尊公主迎请的世尊不动金刚佛、弥勒法轮、圣救度母等佛、菩萨塑像，以及尼泊尔工匠在吐蕃塑造的诸如世间自在、忿怒度母、圣救度母、妙音天女、吉祥马头明王和龙王、罗刹、夜叉、大黑天、吉祥天女等神佛塑像。各殿的梁、柱、墙壁上刻写和彩绘了佛经、佛像，以及吐蕃的王统世系、各种传记、隐语或预言、苯教的仪式等，充分表达了外来佛教文化与本地苯教文化共存的理念，在藏传佛教史上具有划时代的意义。

大昭寺的宏伟建筑群是自7世纪以来，几经扩建、几度修复逐渐形成的。内部供奉的主尊佛像，更换为唐朝文成公主运来的释迦牟尼12岁等身像。11世纪，阿里大译师帕巴西饶与堆琼阔本扩建大昭寺，在其东面增建佛殿并塑造佛像。与此同时，僧团组织建立起来，大昭寺具有了寺院的雏形。元代，作为西藏地方势力的蔡巴万户长几代对大昭寺进行维修和改建，新造了不少佛像。明代，宗喀巴·洛桑札巴大师请求帕木主巴第三代法王乃东王札巴绛曲对大昭寺进行了大规模修缮。1409年，宗喀巴·洛桑札巴大师为大昭寺内的释迦牟尼佛像装饰金制五佛冠。1642年始，五世达赖喇嘛和第司·桑杰嘉措先后对大昭寺进行了更大规模的扩建和装修，使大昭寺的整个建筑群焕然一新，金碧辉煌。

1961年，大昭寺被中国国务院公布为第一批全国重点文物保护单位；2000年11月，作为文化遗产，联合国教科文组织将大昭寺作为布达拉宫的扩展项目列入世界遗产名录。

（尕藏加）

大昭寺广场

Da Zhidu Lun

《大智度论》 *Mahā-prajñā-pāramitā-śāstra* 相传为龙树对《摩诃般若波罗蜜经》(亦称《大品般若经》)所作的释论。

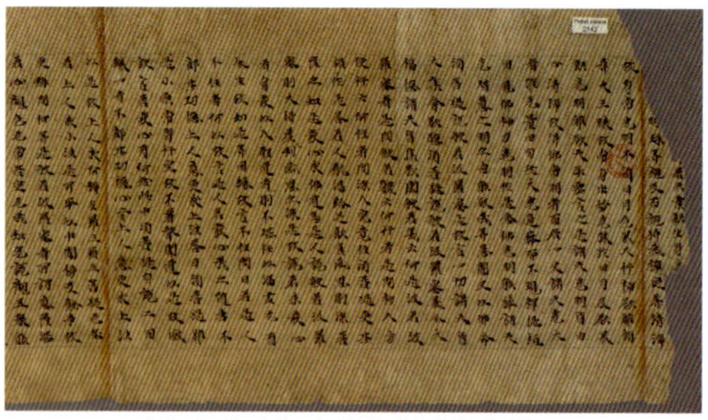

《大智度论》法藏敦煌写本书影

故又称《摩诃般若波罗蜜经释论》、《大智度经论》，或简称《摩诃衍论》、《大论》等。该论实质上是一部佛教百科全书。现仅存鸠摩罗什汉译本100卷（T1509），完成于姚秦弘始年间（399～415）。据传此论“略本有十万偈”，鸠摩罗什因“秦人好简”而裁千余卷为百卷。印顺曾对千卷广本提出异议，认为只有136卷。

《大智度论》的梵本尚未发现，其梵名多称*Mahāprajñāpāramitāśāstra*，而据敦煌写本、汉译本僧叡序以及《龙树菩萨传》，谓其“广明摩诃衍作优波提舍十万偈”，则推知论题亦可能为*Mahāprajñāpāramitopadeśa*。在鸠摩罗什所传100卷中，前34卷为全译，对应鸠摩罗什所译《摩诃般若波罗蜜经·初品》，亦系É.拉莫特法译本*Le Traité de la Grande Vertu de Sagesse de Nāgārjuna*（5卷，1944～1980）所摄。论中针对《大品般若经》原文逐句进行阐释，以问答为体例，引用大量包括部派文献及早期大乘经在内的诸多佛教经典，内容涉及佛教理论、传说故事、历史地理以及修行方法等，既反映了作者对于说一切有部传统理论体系的熟悉，也融摄了包括犊子部在内的诸多部派学说。与此同时，全论立足于“诸法实相”，其中道观有别于《般若经》及《中论》，因而整体上很难将它简单归为某派作品。

由于《大智度论》理论体系庞杂，在理论及风格上与龙树其他作品判然有别，且未见印藏传承提及龙树作《大智度论》一事，故对本论作者的疑义不断：拉莫特持否定意见，而断为西北印度说一切有部迦湿弥罗（见罽宾）师所作；日本学者干潟龙祥认为《大论》是在龙树作品的基础上，由鸠摩罗什等人增修而成；印顺则持赞成态度，撰《〈大智度论〉之作者及其翻译》

驳斥上述论议，认为就是安度罗王朝时南印度人龙树所作。从《大论》问答细节来看，中国本土撰述说基本不成立，龙树所造也难以证实，但其在流通与翻译过程中经过一定程度的增修应是不能否认的。

《大智度论》经鸠摩罗什译介以后，与《中论》、《十二门论》、《百论》三论并称“四论”，不仅成为汉传中观派的主要经典之一，也因其广博的内容而对整个汉语世界的佛教传布与研习产生深远影响，在汉传诸宗的理论建构中都有所体现。相传有多部论疏问世，但多已佚失。东晋慧远曾将本论节略成20卷

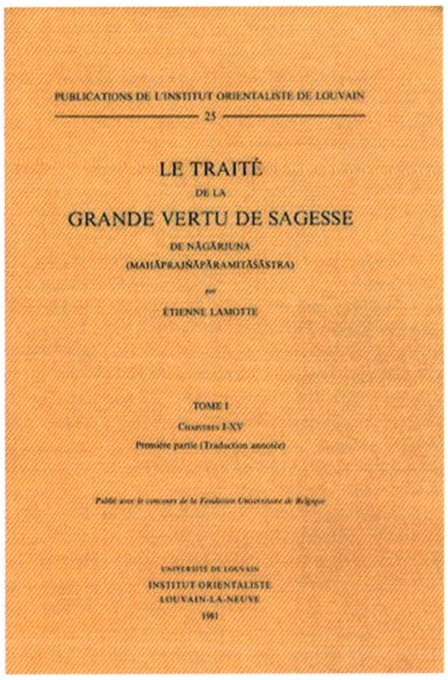

《大智度论》法译本封面

的《大智论钞》，原文已佚，唯序文收于僧祐《出三藏记集》卷十。而今仅存的北周慧影《大智度论疏》(X791)，原24卷也仅残留7卷。

（赵悠）

Da Zhuangyan Lunjing

《大庄严论经》 *Sūtrālaṃkāra* 佛教典籍。相传为**马鸣**所著，后秦**鸠摩罗什**译。15卷。《大庄严论经》的梵语原本已佚，直到20世纪初，在中国新疆吐鲁番发现了一些梵文佛经残片，题名为Kalpanāmaṇḍitikā或Kalpanālaṃkṛtikā，即“修辞庄严”之义，与汉译本有平行对应关系。因此，H.吕德斯据此推断，《大庄严论经》的作者其实是比马鸣稍后的童受，题名被译为《大庄严论经》属于误译。然而，由于残片太少，尚不足以做出确切的结论。只能推断该经的作者是说一切有部的譬喻师，约写定于

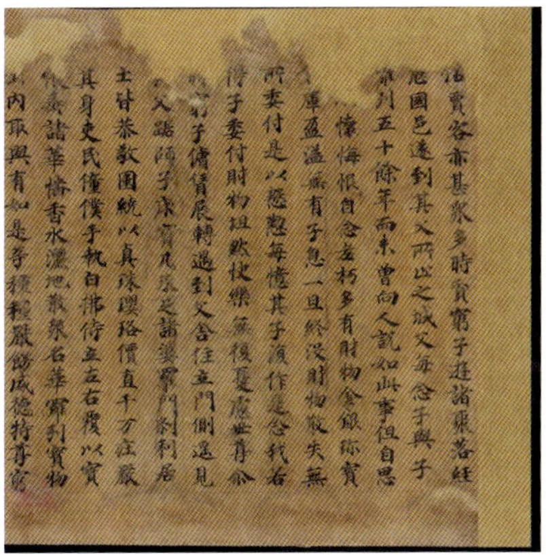
《大庄严论经》敦煌写本残片

1世纪或2世纪。关于译者，也存在一些分歧。《历代三宝纪》与《开元释教录》都将此经系于鸠摩罗什名下，但《出三藏记集》却并未著录。有学者指出，这部经文与鸠摩罗什其他译经的风格有所不同，故而译者是否为鸠摩罗什，仍待商榷。

《大庄严论经》的文体是韵散结合，主要内容是各种本生、因缘与譬喻故事。全书共分90章，借各类故事说明教义并勉励僧俗信徒勤修佛道，涉及佛塔崇拜、持戒布施、忍辱精进、少欲知足、多闻念佛等方面的行为实践。经文的内容与体例对中国六朝隋唐时期的志怪小说有所影响。1908年，法国学者E.于伯将汉译本译为法文本。

（范晶晶）

Dazizaitian

大自在天 Maheśvara 印度教三大神之湿婆的别称。见湿婆。

Dazu Baoding Shan Moya Zaoxiang

大足宝顶山摩崖造像 Rock Sculpture at Baodingshan Hill in Dazu 中国重庆大足区境内宝顶山以佛教摩崖造像为主的石窟艺术的总称。位于龙岗镇东北15千米、海拔500多米的宝顶山。

大足石刻最初开凿于晚唐景福元年(892)，历经后梁、后唐、后晋、后汉、后周五代，至南宋绍兴三十二年(1162)始告停歇，历时250余年，系中国晚期石窟造像艺术的典范。系列石刻以佛教题材为主，兼涉儒、道二教，规模宏大，内容丰富，工艺精湛，与敦煌莫高窟、云冈石窟、龙门石窟等齐名。作品星罗棋布，被列为全国文物保护单位的摩崖造像多达75处，雕像5万余身，铭文10万余字。1999年，北山、宝顶山、南山、石篆山、石门山等5处摩崖造像，被联合国教科文组织列入《世界遗产名录》。五山石刻中，以北山和宝顶山摩崖造像最为出类拔萃。

宝顶山摩崖造像系由南宋被称为“第六代祖师传密印”的高僧赵智凤主持开凿，历时70余载，造像近万尊。其以大佛湾为主，包括小佛湾、广大寺、龙潭、松林坡等13处造像群。山岩上遍布佛像，巨型雕刻有360余幅，其中六道轮回、广大宝楼阁、华严三圣像、千手观音像等最为驰名。

大足宝顶山摩崖造像大佛湾第5号卢舍那佛龛

宝顶山摩崖造像选材精当，布局缜密，体现了完整统一的设计思想。其将佛教的人生观、世界观、认识论、修持方法与儒家的伦理、理学的心性融为一体，从而成为印度佛教艺术中国化的一个典范。其亦是两宋时期最具特色的登峰造极之作，与同是赵智凤主建的南宋名刹圣寿寺一起，构成一座罕见的大型佛教密宗道场。

大佛湾，又称广大宝楼阁，为供信众活动的布道场。位于圣寿寺左下方一

大足宝顶山摩崖造像大佛湾圆觉洞

释迦涅槃圣迹图　大足宝顶山摩崖造像

个呈马蹄形的山湾，崖面约长500米，约高8~25米。在东、南、北三面崖壁上，共有31幅巨型雕像，碑刻7通，题记17则，其中造像崖面计约3 600平方米。崖面上所刻经文、偈语和颂词等，无一重复，既有教义上的内在联系，又有形式上的相互衔接，同时注重阐述哲理，兼收并蓄。除毗卢洞及圆觉洞外，均为摩崖群雕。造像有护法神、六道轮回、广大宝楼阁、华严三圣、千手观音、释迦涅槃圣迹、释迦降生、孔雀明王经变、毗卢道场、父母恩重经变、大方便佛报恩经变、观无量寿佛经变、六耗图、地狱变、柳本尊行化道场、十大明王、圆觉道场、牧牛道场等，鬼斧神工，气象庄严，美不胜收。

大佛湾雕刻多为密宗造像，大部分作品具有浓郁的生活气息和独特的蜀乡风情，内容和表现手法均力求世俗化。如“父母恩重经变相”表现了父母含辛茹苦养育儿女的过程，形象生动；牧牛图长达30余米，林泉山涧，云遮雾绕，牧童与牛穿插其间，抒情诗一般地再现了牧人生活，显现了古代雕刻大师体验生活之精微和再现生活之准确。

大佛湾中造像、装饰、布局、排水、采光、支撑、透视等均十分注重形式美和意境美。如有830条手臂的千手观音造像，流光溢彩，异常华美；长达31米的释迦涅槃半身像，给人以意到笔伏之感；圆觉洞内造像刻工精细，衣衫有丝绸之质感，洞口上方所开天窗使光线直射中心，令洞内明暗相映，神秘莫测；九龙浴太子图引导崖上山泉入龙口，巧夺天工。

父母恩重经变相　大足宝顶山摩崖造像

九龙浴太子图　大足宝顶山摩崖造像

小佛湾位于圣寿寺左侧。现存造像2 000余尊，有父母恩重经变、十大明王、地狱变、柳本尊行化及浮雕小像等。在毗卢庵前，有三级方形石塔1座，上两级刻释迦及诸佛和赵智凤像；第1级四周满刻经目，故名经目塔，其中有赵智凤所造新字数十个，为字书所无。该处有宋碑1通，刻“唐柳本尊传”，字迹可识，相传为赵智凤转刻于此，从可而考柳本尊逸事。

广大寺距圣寿寺里许，造像分布于寺外悬崖上，有三躯半身像，头有螺髻并戴冠。龙潭摩崖造像距圣寿寺约2千米，下部有一坐像，头戴笠，束带，呈首仰望状。另有观音菩萨等像及残题2则。

松林坡距圣寿寺约1千米，该处有摩崖龛，内刻佛与菩萨诸像。

（张绍斌）

Dazu Beishan Moya Zaoxiang

大足北山摩崖造像　Rock Sculpture at Northern Hill in Dazu　中国重庆大足北山以佛教摩崖造像为主的石窟艺术的总称。位于龙岗镇北1.5千米处。

大足石刻最初开凿于晚唐景福元年（892），历经后梁、后唐、后晋、后汉、后周五代，至南宋绍兴三十二年（1162）始告停歇，历时250余年，系中国晚期石窟造像艺术的典范。系列石刻以佛教题材为主，兼涉儒、道二教，规模宏大，内容丰富，工艺精湛，与敦煌莫高窟、*云冈石窟*、*龙门石窟*等齐名。作品星罗棋布，被列为全国文物保护单位的摩崖造像多达75处，雕像5万余身，铭文10万余字。1999年，北山、宝顶山、南山、石篆山、石门山等5处摩崖造像，被联合国教科文组织列入《世界遗产名录》。五山石刻中，以北山和宝顶山摩崖造像最为出类拔萃。

北山，古名龙岗山，因地势曲折、宛如游龙而得名。唐末昌州刺史韦君靖据此建寨，开凿佛像；后有唐、五代十国、宋、明各时期的造像相继。造像崖面长约500米，高7~10米，以最大的龛窟群佛湾为中心，兼及四周的观音坡、营盘坡、佛耳岩、北塔寺。龛窟分为南、北两段，密如蜂巢，统编为290号，其中有造像者达264龛窟。除部分碑刻、塔幢和小龛窟毁损外，其余均保存完好。

大足北山石刻中佛教造像题材51种，而佛教密宗题材占半数以上，其次则与三阶教、净土宗等有关。这些造像题材曾广泛流行于民间，系佛教世俗化的反映，故与中国前期石窟造像有所不

大足北山摩崖造像佛湾（局部）

大足北山摩崖造像十三观音变相窟

大足北山摩崖造像弥勒下生经变相窟

大足北山摩崖造像观无量寿佛经变相龛

大足北山摩崖造像摩利支天女龛

同。北山造像以雕工细腻、技艺精湛、造型优美而著称于世，显示了晚唐、五代、两宋时期中国民间佛教信仰及石窟艺术风格的流变。

晚唐造像题材有12种类型，以观音及观音、地藏合龛和阿弥陀佛胁侍观音、地藏居多。造像形态端庄丰满，气质雄浑，衣纹细密，具有盛唐遗风。如第5号毗沙门天王龛、第9号千手观音龛、第10号释迦牟尼佛龛、第51号三世佛龛、第52号阿弥陀佛龛等系代表性作品。第245号观无量寿佛经变相龛尤其突出，内容丰富，层次分明，刻有西方三圣、三品九生、未生怨、十六观及伎乐天人、楼台亭阁等；人物造像539身，各种器物460余件，保存了多方面的形象史料，在中国石窟同类题材造像中首屈一指。

10世纪中叶的五代造像占北山造像的三分之一强，有着承上启下的重要作用。北山是这一时期中国造像最多的地区，题材有18种，出现了药师经变、陀罗尼经幢等新内容。这些艺术作品的特点是小巧玲珑，造型多变，神情潇洒，纹饰则渐趋繁丽，具有明显的由唐入宋的过渡风格。如第53号佛、菩萨像，既有唐代雕刻的丰满古朴，又具宋代造像的修长身姿。第273号千手观音及其侍者、第281号东方药师净土变相等，既具隋唐**曹衣出水**之遗风，又开宋代注重仪容秀丽之先河。

10世纪后期至12世纪中叶的宋代造像题材广泛，达21种，其中尤以观音造像最为突出，被誉为中国观音造像陈列馆。作品更加贴近生活，体现了宋代的审美情趣。造像具有人物个性鲜明、体态优美、比例匀称、穿戴艳丽等特点。最具代表性的为建于1142～1146年的第136号转轮经藏窟。该窟造像以恬静的面部反映人物内心的宁静，以玲珑的衣冠显示身份的高贵，富有民族特色；璎珞蔽体，飘带满身，花簇珠串，玲珑剔透，装饰味浓，被公认为是中国石窟艺术皇冠上的一颗明珠。第125号数珠手观音，第113号和第133号水月观音，第155号孔雀明王窟，第177号泗洲大圣龛，第180号十三观音变相窟等都是这一时期的珍品。这些造像组合变化丰富，刻工精美，意境变幻无穷；其形象、姿态、性格、神情以至衣褶、饰物等，皆耐人寻味。

北山摩崖附近还有一座建于南宋绍兴年间（1131～1137）的多宝塔，内外两壁嵌有宋代雕刻百多幅。摩崖造像中，现存碑碣7通。此外，还存有题刻、诗词17件，造像记77件，皆对历史地理、宗教信仰、石窟断代、历史人物等研究具较高文献价值。

（张绍斌）

Daiwen Dazang Jing

傣文大藏经 Ta-ts'ang Ching in Dai Language

中国傣文佛教典籍总集的统称。源于

傣文贝叶经夹

巴利语系大藏经，为南传佛教上座部奉行的三藏典籍之一。流传于中国云南傣族地区。傣文大藏经有4种不同的方言文字译本，近代还增加了**天城体**梵文本、拉丁字母本和日文译本等3种版本。

（童玮）

Daiwen zimu

傣文字母 scripts of Dai Language 中国傣族用于书写的字母。傣族是中国少数民族之一，主要分布于云南德宏傣族景颇族自治州、西双版纳傣族自治州，以及耿马、景谷、孟连、新平、金平、双江等地的河谷平坝地区，金沙江流域亦有分布，总人口1 261 311（2010）。历史上有德宏傣文、西双版纳傣文（又称傣泐文）、傣绷文、金平傣文4种拼音文

中国西双版纳傣族自治州勐海县佛教协会副会长、勐景来大佛寺（贝叶书院）住持都坎章在教小沙弥们唱《傣族字母歌》

字，所用字母均源于印度婆罗谜字母。

约从公元前8世纪起，傣族先民即开始在滇南近2万平方千米的主聚居区繁衍生息，并逐渐形成了自己的文化。傣族在发展民族文化时，十分善于学习和借鉴外来文化。据傣族文献记载，公元纪年初期，南传佛教上座部（小乘佛教）经斯里兰卡、泰国和缅甸传入西双版纳。随后，佛教对傣族人民的文化发展和精神信仰产生了深刻影响。

在佛教传入之前，傣族曾有自己的原始字母。随着佛教传入，小乘佛经所用文字巴利文的字母体系被傣族接受。约在6～8世纪，傣族照单借用了巴利文的全部41个字母，发音和顺序也与巴利文字母一致，从而使傣族文字表现能力获得长足进步。13世纪时，傣族高僧呵雅坦孙洛又创造了15个傣泐文辅音字母和11个元音符号，傣族文字由此趋于完备并固定下来，傣族丰富的文化由是得以保存、积累和传承。

傣文贝叶经保存了大量早期佛教典籍，也保留了不少涉及法律、天文、历法、医药、文学等学科的其他文献。傣文也从巴利文佛经中吸收了一定数量的梵文巴利文语词。傣文贝叶经中有一部天文方面的著作《苏力牙》(意即太阳)，很可能就是从同名印度著作翻译过来的。傣族史诗《兰嘎西贺》与印度史诗《罗摩衍那》也存在渊源关系。西双版纳与印度的文字文化因缘，是中印文化交流史上的一个重要方面。《西双版纳傣族自治州志》记载了这一历史事迹。

（刘建）

Dai Kui

戴逵 Dai Kui（约347～约396） 中国东晋名士，雕塑家，画家。字安道。谯郡铚县（今安徽宿州）人。博学多才，终生隐居不仕。曾著《释疑论》与名僧慧远辩论。戴逵善画，善塑佛像，并认真听取公众意见。“逵既巧思，又善铸佛像及雕刻，曾造无量寿木像，高丈六，并菩萨。逵以古制朴拙，至于开敬，不足动心，乃潜坐帷中，密听众议。所听褒贬，辄加详研，积思三年，刻像乃成。”(《历代名画记》)“戴安道中年画行像甚精妙，庾道季看之，语戴云：‘神明太俗，由卿世情未尽。’戴云：‘惟务光当免卿此语耳。”（《世说新语》）戴逵倾听中国公众的意见，不顾“神明太俗”的指责，把古朴稚拙的“西方像制”改变成精妙动心的“东夏像制”，开了佛像中国化、

《群鹿图》 戴逵绘

世俗化的先河。当时建康（见南京）瓦棺寺戴逵的雕塑《五世佛》、顾恺之的壁画《维摩诘》和狮子国（今斯里兰卡）所献的玉佛像并称为“三绝”。

（王镛）

Daixinke'er

戴辛克尔，G.D. G. D. Deshingkar（1932.01.08～2000.11.03） 印度中国研

究者，战略思想家，汉语专家。生于印度马哈拉施特拉邦的科尔哈普尔。1962年于英国伦敦亚非学院获中文学士学位。返回印度后，曾在德里大学任教，讲授汉语和中国古代史。1964年赴美国耶鲁大学从事中国问题研究。于1968年德里大学中国与日本学系创建之际重返印度，此后10年一直从事汉语教学工作，并在德里大学历史系开设有关中国传统的课程。1978年加入发展中社会研究中心，任高级研究员、教授，并于1987～1992年担任该中心主任。

对于中国研究在印度的发展，戴辛克尔起到关键作用。他是1969年组建的中国研究小组的创始人之一，该小组于1990年发展为中国研究所，是发展中社会研究中心下设的自主机构。1994～1997年任中国研究所所长，还是学术季刊《中国述评》的创刊编辑，并于1996～2000年主持该刊的编辑工作。

戴辛克尔不仅掌握历史、哲学等学科的研究方法，还对科学和技术领域的知识有所了解，为学以全面掌握中国历史、善于捕捉细节、分析缜密严谨著称。戴辛克尔强调研究中国问题应重视长期的历史进程，特别是文明发展趋势。作为汉语专家，他主张从事中国研究的学者不应只依靠译文，而要参阅原文并细读原文。

戴辛克尔的著述由印度学者M.莫汉蒂和白蜜雅汇编为《中印安全与科学：G.戴辛克尔论文选》一书，于2005年出版。

（邵葆丽撰 张幸译）

Daiwei

黛维，M. Maitreyi Devi（1914.09.01～1990.02.04） 印度诗人，小说家。全名梅特丽耶·黛维。精通梵语文学和孟加拉语文学。用孟加拉文和英文写作。

在中印文化交流中起过积极作用。生于西孟加拉，就读于加尔各答大学。父亲S.达斯古普塔是梵语文学史和印度哲学史大家，有巨著传世。黛维从童年起与R.泰戈尔相识并成为其私淑弟子。16岁出版第一部诗集，泰戈尔非常欣赏其才华并亲为作序。主要著述有10余种，包括诗集、长篇小说、散文、评论等。1976年以孟加拉文自传性长篇小说《永不陨灭的传奇》(1974)获印度文学院奖。该书在随后的近40年间再版47次，并被译成13种外语出版。

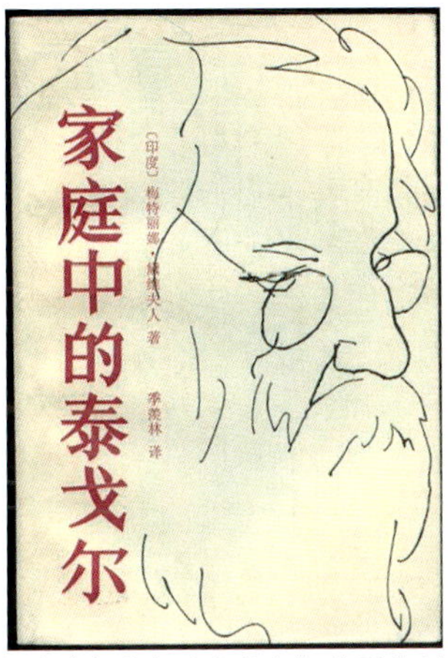

黛维《家庭中的泰戈尔》中译本封面

1978年四五月间，季羡林作为中国印度友好协会代表团成员访印，首次与作为印度中国友好协会西孟加拉邦分会负责人的黛维会面。后者同年访华，返印后有《来吧，中国！》一书问世。1980年出版《中国与日本记行》。两书均体现了作者对中国人民的深刻理解和真挚情谊。1982年再度访华，商请季羡林翻译其所著《家庭中的泰戈尔》(1960)一书，后者慨然应允。1984年黛维第三次访华，在与季羡林会面时询及有关译事。后者随即在8个月中将该书译成中文，并于1985年交漓江出版社出版。该书在中国多次再版，并被收入江西教育出版社出版的《季羡林文集》和外语教学与研究出版社出版的《季羡林全集》。它栩栩如生地记录了泰戈尔暮年（1938～1940）四度应邀到大吉岭蒙铺山庄黛维家中度假时的许多精妙谈话，再现了一个富于情感的大诗人的丰满形象，因而成为了解和研究他晚年生活和思想的重要参考资料。该书已成为一部具有世界影响的名著。季羡林认为，《歌德谈话录》的作者J.P.爱克曼无法与黛维相比。黛维尚有其他数种著述论及泰戈尔，如《伟大的漫游者》(1961）和《诗歌后面的泰戈尔其人》(1973）等。

（刘建）

Danji Lin

丹吉林 bstan rgyas gling 中国清代藏传佛教格鲁派第穆活佛世系府邸或驻锡地。拉萨四大林之一。位于西藏拉萨城区。第穆活佛世系有着较悠久的历史传承：一世第穆活佛·官却迥奈（1374～1453)、二世第穆活佛·班觉扎西（1454～1526)、三世第穆活佛·阿旺却列朗杰（1527～1622)，四世第穆活佛·阿旺丹贝坚赞（1623～1668)、五世第穆活佛·阿旺南喀嘉样（1669～1723)、六世第穆活佛·阿旺绛白德勒嘉措（1724～1777)、七世第穆活佛·洛桑土丹晋美嘉措（1778～1819)、八世第穆活佛·阿旺洛桑赤列绕杰（1855～1899)。其中，六世第穆活佛·阿旺绛白德勒嘉措首任西藏噶厦政府摄政王一职，成为西藏政教合一制度史上的第一位摄政王。清乾隆二十二年（1757)，七世达赖喇嘛·格桑嘉措圆寂，乾隆皇帝唯恐诸噶伦篡权滋事，遂降旨六世第穆活佛·阿旺绛白德勒嘉措以诺们罕的名号，代理达赖喇嘛暂时管理西藏地方政教事务。乾隆二十七年，第穆活佛开始建造官邸，翌年竣工。最初取名为“甘丹桑额噶才”，意为“兜率天密宗欢喜苑”；后乾隆皇帝又赐给汉、藏、满、蒙古四种文字的匾额，其中汉文为“广法寺”，藏文为丹吉林。以藏文“丹吉林”为常用名称。一世第穆活佛之后，丹吉林成为历世第穆活佛的驻锡地。

（尕藏加）

Danmolidi

耽摩栗底 Tāmraliptī (now Tamluk) 印度东部古国名，亦为古代重要港口。多位中国求法僧人曾到过该地。也译呾摩栗底、多摩梨帝等。位于今印度西孟加拉邦恒河三角洲，即胡格利河口右岸的德姆卢格。古代史诗《摩诃婆罗多》等都曾提到该地。作为水陆交通中心，它在公元一二世纪已与罗马世界有着商业往来，也与南印度和东南亚各地通航。孔雀王朝时代（约公元前324或前321～前185)，该地是摩揭陀的一部分。公元前250年后不久，阿育王的女儿僧伽蜜多应僧伽罗国（今斯里兰卡）邀请，为王后阿努罗及宫中嫔妃授戒，并建立比丘尼僧团。为了护送她和她随身携带的菩提树枝，阿育王亲自率军队来到耽摩栗底，目送她登船远行。中国古代求法僧曾有多人到过此地。晋代高僧法显于晋义熙四年（408）访问该国，称“多摩梨帝国，即是海口。其国有二十四僧伽蓝，尽有僧住，佛法亦兴”。法显在此居住两年，抄写经典并画像。后搭乘商人船舶，经十四昼夜，到达师子国（今斯里兰卡)。玄奘亦曾到此。他在《大唐西域记》中做过如下记述：“耽摩栗底国周千四五百里。国大都城周十余里。滨近海垂，土地卑湿。稼穑时播，花果茂盛。气序温暑，风俗躁烈，人性刚勇，

印度西孟加拉邦胡格利河

邪正兼信。伽蓝十余所，僧众千余人。天祠五十余所。异道杂居。国滨海隅，水陆交会，奇珍异宝多聚此国，故其国人大抵殷富。”他也曾想由这里取海道赴师子国。后有南印度僧人以海道多险，劝他改行陆路，他遂向西南去往乌荼国（在今奥里萨邦北部）。唐代高僧**义净**在唐高宗咸亨二年（671）十一月从广州搭乘波斯（今伊朗）商船泛海去印求法，在**室利佛逝**经停半年后，于咸亨四年二月到达耽摩栗底国，和另一住在那里多年的唐僧**大乘灯**相遇，停留一年，学习梵语。后二人结伴前往中印度。离印前，他亦曾在该地驻留，进行佛典汉译工作，后从这里附舶返国。

（葛维钧）

Daoyi Zhilüe

《岛夷志略》 中国地理学著作。元代**汪大渊**撰。对明代**马欢**、**费信**、**巩珍**等人的著作影响很大。其有关印度的内容约占全书的1/3。为研究中印文化交流史的重要资料。

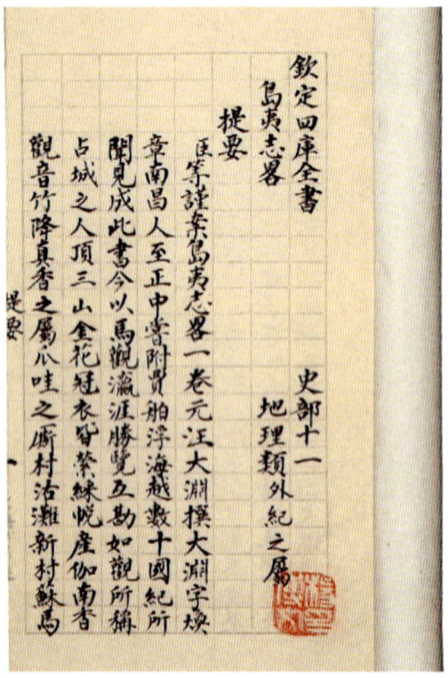
欽定四庫全書 史部十一
島夷志畧 地理類外紀之屬
提要
臣等謹案島夷志畧一卷元汪大淵撰大淵字煥
章南昌人至正中嘗附賈舶浮海越數十國紀所
聞見成此書今以馬觀瀛涯勝覽互勘如觀所稱
占城之人頂三山金花冠衣皆繁絲帨產伽南香
觀音竹降真香之屬爪哇之廝村沽灘新村蘇馬
提要

《岛夷志略》书影

《岛夷志略》所记南洋和南亚各国家和地区220余个，列为100条，大多为作者亲历之地，故历来为中外学者所重视。清代学者沈曾植（1851～1922）曾作《岛夷志略广证》发表。19世纪中叶，西方学者也开始关注该书。20世纪初期，该书英译本、日译本出现。此后研究者不断。中国学者罗振玉、冯承钧等也曾予以重视和研究。苏继庼于1965年完成《岛夷志略校释》一书，中华书局于1980年出版。

（薛克翘）

daonan

倒难 jāti 印度古代哲学中正理派逻辑和辩论学说中的术语。指在推理或辩论中向对方提出错误的非难，以达到己方获胜的目的。根据《**正理经**》及其古代注释，倒难被分为24种，包括：同法相似、异法相似、增多相似、损减相似、要证相似、不要证相似、分别相似、所立相似、到相似、不到相似、无穷相似、反喻相似、无生相似、疑相似、问题相似、无因相似、义准相似、无异相似、可能相似、可得相似、不可得相似、无常相似、常住相似、果相似。这些倒难虽然名目繁多，但基本内容都是在辩论时反对者一方对立论者一方进行不正确指责的种种情形或实例。《正理经》第五卷第一章中有对这些倒难的具体论述。中国现代研究印度哲学的学者对此概念也较关注。姚卫群在其所著的《印度宗教哲学概论》（北京大学出版社，2006）一书中曾论及了这方面的内容。

（姚卫群）

Dao' an

道安 Dao' an（314～385） 中国东晋僧人。在中印文化交流中起过重要的作用。俗姓卫，常山扶柳（今河北冀州西

南）人。出生儒学世家，父母早卒，由表兄孔氏抚养长大。12岁出家，师以其形貌丑陋，令其从事田间劳作。3年后，求阅佛经，过夜即能诵，显示超强记忆力。受**具足戒**后，师许其四处游学。至邺都入中寺，师事**佛图澄**，得佛图澄称赏。佛图澄讲经，道安负责为众僧复述一遍。众僧以道安其貌不扬，颇轻视之，然道安辞锋锐利，屡挫群疑，时人语以“漆道人，惊四邻”。后至濩泽（今山西阳城），又至河北飞龙山、太行山、恒山，并在此创立塔寺。道安45岁时返回邺都，住受都寺，徒众数百。此时石虎已死，冉闵作乱。道安乃西适牵口山，不久率众至王屋女林山（今属河南济源）。佛图澄圆寂（348）后的15年中，道安及其徒众辗转于河北、山西一带，边禅修、边讲学。后避乱渡河至陆浑（今河南嵩县），在山中隐居修学。此时追随道安的门徒已有法汰、**慧远**等500余人。道安到陆浑不久，慕容氏掳掠河南，遂率众南下，至新野“分张徒众”，令法汰诣扬州，法和入蜀地，他自带弟子慧远等400余人渡河夜行，于东晋兴宁三年（365）抵襄阳（今属湖北）。镇守江陵的征西将军桓豁，邀道安移住江陵，而西镇襄阳的朱序又请道安回住襄阳。道安居襄阳15年，先住白马寺，因寺狭窄，难以容众，在显贵们的赞助下，另立檀溪寺，内建塔5层，塑有丈六铜佛像。前秦苻坚闻其名，也遣使送外国金像、金坐像、结珠弥勒像、金缕绣像、织成像等。其间有名士习凿齿致书通好，高平**郗超**也遣使致书问候。道安在此每岁常讲《放光般若经》。晋孝武帝太元四年（379），苻丕攻陷襄阳，道安被送至长安。传苻坚对仆射权翼说：“朕以十万之师取襄阳，唯得一人半。”一人指道安，半人指习凿齿。道安博涉群书，善为文章，长安子弟皆依附致誉。苻坚又敕学士内有疑难，皆向道安请教。道安在长安组织译经，著《实相论》，已佚，今《**出三藏记集**》卷十二仅存目录；著《综理众经目录》，亦佚，日本常盘大定曾作过《综理众经目录》的恢复目录。晋孝武帝太元十年二月八日，道安无疾而卒，葬城内五级寺中。

道安对中国佛教的贡献很大：其一，致力研究《般若经》，所创本无宗学说，是东晋般若学“六家七宗”中影响最大的派别之一，推动了佛教中国化的进程。其二，考校译本，注释翻译经典，首创“五失本，三不易”和序分、正宗分、流通分的“三分”科判法。其所编《综理众经目录》是中国佛教史上第一部佛典目录。其三，管理僧团，制定规范的僧团仪轨（一曰行香定座上经上讲之法，二曰常日六时行道饮食唱时法）三曰布萨差使悔过等法，是中国佛教史上寺院规则的创始人。统一释姓，规定僧尼姓氏同为释姓，皆是释迦子孙，为汉地僧尼姓氏的统一规制，至今

一直遵循。

道安对佛教之外的学问也深有研究。当时襄阳名士习凿齿在写给谢安的书信中这样评价道安："其人理怀简衷，多所博涉。内外群书，略皆遍睹。阴阳算数，亦皆能通。佛经妙义，故所游刃。"道安请来的外国僧人中有僧伽提婆、昙摩难提和僧伽跋澄等人，所翻译的佛教经典达百万余字。这些域外僧人所掌握的知识和所翻译的佛典中都包含有印度天文历法知识，可以推断道安掌握的"阴阳算数"知识中当包含印度天文历法知识。

（谭洁　钮卫星）

Daode Jing

《道德经》 *Tao Te Ching* 中国春秋时期思想家老子的哲学著作，又称《老子》。见《老子》。

Daofang

道方 Daofang（约活动于7世纪） 中国唐代去印度求法僧人。并州（今山西太原一带）人。据《大唐西域求法高僧传》卷上，他于唐高宗李治时从陆路赴印求法。经泥波罗（今尼泊尔）到印度，数年后又回到泥波罗。义净撰写《大唐西域求法高僧传》时（691）还在世。

（王邦维）

daoguofa

道果法 lam vbras 中国藏传佛教萨迦派核心教义。

萨迦派是一支百家争鸣的派别。萨迦班智达·贡噶坚赞和荣敦等大师及其追随者宣扬中观自续派观点，而仁达瓦·勋努洛哲等大师则持中观应成派观点，甚至后辈学僧中既有持唯识观点的，也有崇尚觉囊派"他空见"思想的，亦有不少修持宁玛派大圆满法的高僧大德。该派核心教义，或不共观见，则是道果法。其内容又有显密之分。

显宗方面，既包含龙树中观思想，又涉及弥勒佛学观点。以"首破非福，中破我执，后破一切见"来凸显中观思想。

密宗方面，通过系统修行，悟证人心的明空双运、生死涅槃无别等特征；认识本元俱生智能之心的实相，达到佛

道果法文献书影

我同一的境界。其修行过程是：初找人心之一般性质，次寻"明心"成"空心"之途径，后认清"明空双运"之奥妙，最终证悟心之无位置、无颜色、无形状、无实体等本性特征。

萨迦派认为，心有两大特性：第一，心被一团迷乱所缠绕；第二，心之本性为本元俱生智能。故未知自心者为生死，而了知者为涅槃。

由于心无始以来同迷乱为伴，人们一般不能了悟心的俱生智能之特性，一旦了悟心之本元俱生智能之特性，就会自然领悟生死涅槃无别，获得佛果，因而提出"成境为心、成心为幻、成幻为无自性"的修行观见。这一观修说明以心否定境的存在，又以幻否定心的存在，再以缘起否定幻的实有，最后统一在"生死涅槃无别"之见，并验证相互不相违背之理，而悟证这一境界，则无法用语言表达，只有在其修炼实践中方能真正觉验到它。

（尕藏加）

Daohong

道宏 Buddhadeva（约活动于7世纪） 中国唐代译经僧人。汴州雍丘（今河南杞县）人。据《大唐西域求法高僧传》卷下，梵名佛陀提婆，意译"觉天"。俗姓靳。唐高宗永昌元年（689）十一月一日，因义净的邀请从广州乘船到室利佛逝，协助义净译经。当时年23岁。长寿三年（694）夏随义净返回广州。

（王邦维）

Daolin

道琳 Śīlaprabha（约活动于7世纪） 中国唐代僧人。荆州江陵（今湖北江陵）人。梵名尸罗钵颇，意译戒光。据义净《大唐西域求法高僧传》卷下等，道琳于唐高宗李治时从海路赴印求法。经过今越南、郎迦（在今马来半岛东岸）、诃陵（在今马来西亚加里曼丹岛东岸，另说在今印度尼西亚爪哇岛）和裸国（今印度安达曼群岛），到达东印度耽摩栗底。住耽摩栗底国3年，学习梵语。其后到中印度摩诃菩提寺及那烂陀寺。再到南印度，后到西印度罗荼国（在今印度古吉拉特邦境内），北印度羯湿弥罗（又译迦湿弥罗，见罽宾）、乌长那（即乌苌）。最后与僧人智弘一起到迦毕试，准备由此回国。因为听说路途不通，又重新回到北印度。后不知所终。

（王邦维）

Daorong

道荣 Daorong（约活动于6世纪） 中国北魏时期去印度求法僧人。关于道荣的具体行迹，史料阙如。今《洛阳伽蓝记》卷五引用了道荣所著旅途见闻的《道荣传》。从中可知，他在那揭罗曷国（今阿富汗东北部）见到佛顶骨，"方圆四寸，黄白色，下有孔，受人手指，闪然似仰蜂窠"。见到丈七锡杖，此杖神奇之处在于轻重不定，重时百人不举，轻时两人胜之。城中有佛牙、佛发，并用宝函盛之，朝夕供养。犍陀罗城有号称西域"浮图第一"的雀离浮图，此浮图乃迦腻色迦国王所造。《道荣传》中描述了此浮图的建造缘起，以及其宏大精美的建筑结构，"塔内物事悉是金玉，千变万化难得而称。旭日始开则金盘晃朗，微风渐发则宝铎和鸣"。《道荣传》一书有助于了解古印度与佛教有关的人物、地理、风俗及传闻典故等。

（谭洁）

Daosheng

道生 Candradeva（约活动于7世纪） 中国唐代去印度求法僧人。并州（今山西太原一带）人。据《大唐西域求法高僧传》卷上，道生梵名旃达罗提婆，意

译月天。他于唐贞观末年（649）经陆路赴印求法。途经**吐蕃**，到中印度。先后到**摩诃菩提寺**和**那烂陀寺**。受到印度国王的礼遇。返国时行至泥波罗（今尼泊尔）染病去世，年约50岁。

（王邦维）

Daoshi

道世 Daoshi（约活动于7世纪） 中国唐代高僧。擅长律部，著述颇丰，最有代表性的是佛教类书《法苑珠林》（T2122）100卷与《诸经要集》（T2123）20卷。俗姓韩，字玄恽，由于“世”字犯唐太宗名讳，故而以字玄恽行世。

据《**宋高僧传**》卷四等，道世原籍伊阙（今河南洛阳龙门镇），祖父因仕宦迁至京兆（今陕西西安附近）。他天资聪颖，小时候便心乐出家，但父母不许。到了12岁，才获准在青龙寺出家当沙弥。他刻苦研读佛经，尤其是律部经典，并曾向律部大师玄琬问学。道世20岁时，与**道宣**一起跟从另一位四分律大师智首受具足戒，成为正式的比丘。不久，道世便闻名于三辅地区（即今陕西西安及其周边地带），特别是以律部驰名。

玄奘从西域取经返回后，在朝廷的支持下开设译场翻译佛经，数次召集高僧大德辅助翻译，道世也在其列。显庆三年（658），西明寺落成，道世因学问渊博而被选入内，辅助道宣律师弘讲律法。

道世在讲论之余，博览佛经，勤于著述。他有感于佛经浩瀚，为了方便读者阅读，编撰了两部佛教类书：《诸经要集》显庆四年成书，《法苑珠林》总章元年（668）成书。此外，作为律部高僧，道世还撰有与戒律相关的著作《四分律讨要》5卷、《四分律尼钞》5卷等，可惜都已佚失。道世的后事不详。

（范晶晶）

Daowei Xiraojiacuo

道帏·喜饶嘉措 shes rab rgya mtsho（1884～1968） 中国藏传佛教高僧、佛学大师、藏族学者、社会活动家，中华

人民共和国佛教界第一代领导人之一。在中印佛教交流方面起过重要作用。

喜饶嘉措出生于今青海省循化撒拉族自治县道帏藏族乡一个叫霍卓瓦的藏族村落。乳名多杰。5岁时，在诺布格西座前剃度出家，受沙弥戒，取法名“喜饶嘉措”，意为“智慧海”，遂进循化古雷寺学习藏语言文字及佛教基础知识。1898年，前往拉卜楞寺系统学习佛法，师从贡唐罗哲、四世嘉木样·格桑土丹旺秋等高僧活佛。在经师贡唐罗哲座前受比丘戒。1904年，前往拉萨，入**哲蚌寺**郭芒扎仓深造，师从却智噶布格西、洛桑益西丹贝坚赞等佛学家，精研经典。1916年，在拉萨三大寺的轮番辩经中，获得考取拉然巴格西的资格。随后在拉萨**祈愿大法会**上，立宗答辩，获得第一名拉然巴格西学衔。其后，进密宗院修证密法。1918年始，遵照十三世达赖喇嘛·土丹嘉措之命，在罗布林卡用6年时间完成《布顿全集》（29函）的校勘刻印工作；紧接着又用8年时间主持校刻《大藏经·甘珠尔》拉萨新版；而后校刊了第司·桑结嘉措的《声律学》。在拉萨期间，先后在哲蚌寺、**色拉寺**、**甘丹寺**三大寺轮流讲经说法。

喜饶嘉措应邀赴内地，担任国立中央大学、北京大学、清华大学、武汉大学、中山大学5所大学的西藏文化讲座汉藏文化讲师。1937年，任国民党参议会参议员。抗日战争全面爆发后，于1939年前往甘肃、青海一带，视察各大寺院，发动僧俗团结抗日。他积极宣传抗战救国，发表了《为宣传抗战告蒙藏同胞书》、《白螺的声音》，并举行息灾诵经法会。1942年，出席国民党第三届国民参政会。1945年，任国民代表大会代表。1947年任蒙藏委员会副委员长。1949年，从南京返回青海故里。

中华人民共和国建立后，喜饶嘉措出任青海省第一届政府副主席、西北军政委员会委员、西北民族事务委员会副主任等职。他多次奔赴青海各藏族聚居区，宣传共产党的政策，为稳定青海藏族民心作出了贡献。1950年，多次写信给西藏的故旧、学生，并向西藏发表广播讲话，宣传共产党的民族宗教政策，对促成西藏和平解放起了一定作用。1950年，喜饶嘉措会同赵朴初等著名佛教界人士在北京成立现代佛学社，并组织出版发行《现代佛学》月刊。1952年，他又作为发起人之一在北京召开了成立中国佛教协会的筹备会议。1953年5月，中国佛教协会成立，任第一副会长。9月，**圆瑛**法师圆寂后，出任代理会长。1955年8月，正式当选为中国佛教协会会长。1956年9月，兼任中国佛学院院长，亲自给藏语班授课。

喜饶嘉措以中国佛教协会会长身份，曾多次率领中国佛教代表团出国访问和参加重要国际会议，成为国际交往的友好使者。1955年，应缅甸总理吴努的邀请，率领中国佛教代表团对缅甸进行友好访问。1957年，率领中国佛教协会代表团赴尼泊尔参加第四届世界佛教大会，之后，赴印度参加释迦牟尼佛圆寂2500周年纪念大会。

喜饶嘉措先后当选为青海省第一、二、三届人民代表大会代表，全国人民代表大会第一、二届代表，中国人民政治协商会议全国委员会第一、二、四届委员会委员，中国人民政治协商会议全国委员会第三届常务委员，青海省政治协商会议第一、二、三届常务委员。

喜饶嘉措一生著书立说，给后人留下了丰富的精神文化遗产。1934～1936年，为青海藏文研究社编纂的《藏汉大辞典》审核定稿；在拉萨期间，撰有《阐明疑义定鉴》、《不朽金刚霹雳矢》、《功德本体论释》等10余种著作。主要学术

成果有《喜饶嘉措大师文集》(藏文)，由青海民族出版社1982～1984年出版发行。

（尕藏加）

Daoxi

道希 Śrīdeva（约活动于7世纪） 中国唐代去印度求法僧人。齐州历城（今山东济南）人。据《大唐西域求法高僧传》卷上，道希梵名室利提婆，意译“吉祥天”。唐永徽末（655）或显庆年间（656～661）从陆路经吐蕃赴印求法。先后到达摩诃菩提寺、那烂陀寺。也到过俱尸国（在今印度北方邦戈拉克普尔县东56千米处的伽西亚村）和菴摩罗跋国（在今印度比哈尔邦境内），得菴摩罗跋国王敬待。在摩诃菩提寺造唐碑一通。从中国带去的新旧经论400余卷，都留在了那烂陀寺。后因病去世于菴摩罗跋国，年50余岁。

（王邦维）

Daoxian

道贤 Daoxian（约活动于9世纪下半叶～10世纪上半叶） 中国五代时期密宗高僧。据传擅长悉昙学。

据《宋高僧传》等记载，道贤籍贯不详，每日讽诵《孔雀王经》，后来受瑜伽灌顶法，颇多征应之事。道贤曾梦见佛陀携己在云端漫步，向自己指示摩揭陀、占波（今孟加拉巴加铺地区）、南印度、西印度、迦湿弥罗（见罽宾）等地，于是沿路记忆，十分欢喜。醒来后，道贤便自然通解印度的各方梵音与悉昙语言。当时西域僧人来到长安一带，经常伪称自己是印度人，道贤跟他们交谈，立刻就能探知其真正的身份，故而无人敢欺。甘肃地区的僧俗徒众都向道贤学习密宗教法，号之为阿阇梨。

后唐长兴四年（933），闵帝李从厚（933～934年在位）即位，李从珂（934～936年在位）在凤翔谋反。闵帝派遣王思同率军讨伐，李从珂询问道贤前途如何，道贤预言李从珂将胜。后果然如此。李从珂进入洛阳登基，改元清泰。道贤声称年号不佳，为“水清石见”之意。两年后石敬瑭联合契丹攻入洛阳，后唐灭亡。后晋军队进入洛阳之前，道贤圆寂。

（范晶晶）

Daoxuan

道宣 Daoxuan（596～667） 中国唐代高僧，律学大家，律宗南山宗的创始人。因久住终南山研究与弘传戒律，世称

“南山律师”。此外他也是著名佛教史学家。

据《宋高僧传》等记载，道宣俗姓钱，润州丹徒（今江苏镇江市丹徒区）人，一说长城（浙江湖州市长兴县）人。因长城隶属吴兴郡（湖州），故道宣常自称“吴兴释道宣”。父亲曾任南朝吏部尚书，道宣自幼便受到良好的教育，9岁便能作赋。15岁时，在长安依止日严寺慧颙律师受业，次年剃度为沙弥。20岁时，在长安大禅定寺从智首律师受具足戒，成为比丘，并跟随智首律师学习律学。唐高祖武德七年（624），日严寺遭毁，道宣随慧颙驻锡于长安崇义寺。同年，他又前往终南山，栖居于仿掌之谷（长安之南）的白泉寺，坐山林，行定慧，深研律学，整理心得而撰述。

贞观四年（630）以后，道宣离开关中地区，游方至河南、山西、四川等地，参学问道，巡礼胜迹，广求诸律异传。其间，他曾到魏郡拜访法励律师，又于贞观九年，入沁州棉上（今山西沁县棉上镇）山中，专事撰述。贞观十六年，道宣入住终南山丰德寺继续著述，直至3年后，玄奘归国，道宣亦受朝廷征召至长安弘福寺玄奘译场，担任缀文大德，参与佛典翻译。次年，返还终南山丰德寺继续著述。显庆三年（658）六月，道宣奉敕为长安西明寺上座，同年七月迎请玄奘入寺译经，道宣亦再度参与译经事业。乾封二年（667），道宣在终南山麓清宫精舍创立戒坛，依其所制之仪，为诸沙门传授具足戒。同年十月，道宣示寂，窆于坛谷石室，建塔3所。唐高宗诏令天下寺院图写其真容奉祀，名匠韩伯通为其塑像，以追念其遗范。后人因其长居终南山，著述律典，弘扬律学，故称其所传弘之《四分律》学为南山宗。道宣亦被认为是南山宗之创始人，称南山律师。

道宣一生笔耕不辍，著述极丰，可分为律学和文史学两类。律学著作主要有《四分律删繁补阙行事钞》(T1804)、《四分律比丘含注戒本疏》(T1806)、《四分律删补随机羯磨》(T1808)、《四分律比丘尼钞》(X724)、《四分律拾毗尼义钞》(X747)，以上五部合称“南山五大部”。文史学等著作主要有《续高僧传》、《释迦方志》、《佛画东渐图赞》、《集古今佛道论衡》、《广弘明集》、《大唐内典录》、《集神州三宝感通录》(一作《东夏三宝感通记》)、《释迦氏谱》(一作《释迦略谱》）等。从道宣之著述可见其所学。智昇在《开元释教录》中赞其“外博九流，内精三学，戒香芬洁，定水澄奇，存护法城，著述无辍”。

与其著述相应，道宣主要贡献在两方面。在律学方面，主要表现在其对《四分律》的开宗弘化，整理律学典籍，综括诸部，会通小大，综揽诸说，成一家言，创立南山宗。这一做法为当时佛教界所推重，但也遭到东塔怀素等人的批评，在他们看来，道宣的著述混乱了《四分律》之本质。然而，这一意见并未影响道宣学说的广泛推行，可以说，自道宣后，中土律学家多以道宣之著述为圭臬。道宣在律学上的一大见解，在于依据心识为戒体之说，以《四分律》会归大乘，并提出五种理由加以证明。与此相应的，他提出对佛法的判摄。他一方面将佛的一切教法判为“诸法性空无我”、“诸法本相是空”、“诸法外尘本无”三种，并与小乘人行、小菩萨行、大菩萨行相对应；另一方面又将佛的一切教诫判为化、行二教，认为前者通于道俗，后者唯局内众。在文史方面，道宣的许多著作成为佛教史的名篇，包括僧传、目录、史地、佛道论争等多个方面，对佛教史、佛教文献学、佛道关系等领域的研究具有重大意义。

道宣的弟子众多，文纲及其弟子道岸，弘化最盛，朝野崇奉。道岸还曾请得唐中宗之墨敕，于江淮间弘扬南山律宗，使得该地由奉持《十诵律》改为奉持《四分律》。至今汉地僧徒，仍多以《四分律》为行持所依。

（杨祖荣）

Daoyin

道因 Daoyin（587～658） 中国隋唐之际高僧。道因熟谙史书，尤其偏好老庄之说。在佛教内典之中，他最擅长《摄大乘论》与《维摩诘经》，并撰有义疏。他曾参与玄奘译场的辅助译经工作。道因在蜀地（今四川）彭门山还主持过雕刻石经，声望卓著。

据《宋高僧传》卷二等记载，道因俗姓侯，河南濮阳人。他的祖父侯阐是北齐冀州长史，父亲侯玚是隋朝的柏仁县令。道因从小便气度不凡，孝顺仁爱。他7岁丧母，守孝期满便立志出家，到灵岩寺拜师诵经，不到10天就读完了两卷《涅槃经》。剃除须发后，道因更加砥砺德行，钻研义理。他开讲《涅槃经》，令前辈僧人也非常叹服。之后，道因勤学律仪，并在彭城（今江苏徐州）静嵩门下学习《摄大乘论》。静嵩德高望重，门下弟子很多，于是定下规矩：年少的沙门先学习戒律，通晓《四分律》者才可以入室听讲。道因虽然资历尚浅，但学问出众，故而静嵩在讲解《摄大乘论》时，都让道因辅助讲说。

后来，道因在泰山隐居四年，接着前往洛阳。没过多久，又避难到达蜀地，住在多宝寺。当地有人听说过道因的名望，便请他开讲《摄大乘论》与《维摩诘经》，前来听讲的人达到数千。有一位宝暹法师，学问渊博，尤其精通大乘经典，在隋朝时就已远近闻名，论说之间纵横捭阖、气势如虹。但他每次来听道因讲经都肃然起敬，仔细思索后才能与他展开讨论。道因也总是应对如流，分析透彻。前后在蜀地担任地方官的窦琎、高士廉等人也都十分尊崇道因。道因迁居到彭门山光化寺，将衰败的寺院整饬一新，并且在寺院北面的岩石上雕刻石经。

128

《道因法师碑》拓片 唐高宗龙朔三年（663）

贞观十九年（645），玄奘组织译场翻译佛经，道因奉诏前往长安充当证义，并协助校订文字。玄奘非常器重他，遇到疑难之处总是同他商量。慧日寺住持玄楷法师还请道因开讲佛经，僧俗众徒都慕名而来。

显庆三年（658），道因在长安慧日寺圆寂，第二年迁葬于蜀地彭门山光化寺他主持雕刻的石经旁边，道俗送葬者有数千人。

（范晶晶）

Daoyin

道氤 Daoyin（668～740） 中国唐代高僧。儒、佛兼通，擅长著述与辩论。

据《宋高僧传》卷五等，道氤俗姓长孙，长安高陵（今属陕西）人。父亲长孙容。少年时代，曾中进士科，后拜招福寺慎言律师为师。

开元年间（713～741），玄宗曾敕令道氤与良秀等随驾前往洛阳。御史李峥同请道氤于天宫寺讲解《净业障经》，道氤针对《瑜伽》、《唯识》、《因明》、《百法》等经论提出六条大义，其他论师都俯首屈服。玄宗返回长安，依然命令道氤随从。道氤抱病上表，玄宗令内侍赐药并下诏抚慰，令他病愈后早回长安，恩遇无比。此时又正值一行法师圆寂，玄宗敕令太子以下、京官九品以上均送葬至铜人原，并在蓝田设斋，由道氤主持法事。

开元十八年（730），佛、道二教在花萼楼前举行辩论，确定两教的优劣，玄宗也亲临现场。道氤辞气激昂，滔滔雄辩，口若悬河。道士尹谦对答失序，理屈词穷。玄宗对道氤再三称叹，下诏赐绢五百匹以示嘉奖。另外，记录此次辩论过程的有《对御论衡》一本，当时十分流行。

玄宗注《金刚般若波罗蜜经》时，曾对“业力”的影响所及有所疑惑，于是下诏请道氤决疑。道氤奏对说：陛下前世曾亲临般若盛会，只需凝然静虑，自然会想起答案。玄宗于是豁然开朗，仿佛记起了前世之事，此后下笔无碍，一气呵成。经注完成后，玄宗又令道氤为御注作疏，即《御注金刚般若波罗蜜经宣演》（T2733）2卷。之后，道氤在青龙寺讲解新注新疏，听众有数千人，全国各地的学徒都望风而来。西明寺、崇福寺两座寺庙的讲堂都用香泥涂抹，庄严之盛为长安之最。此外，道氤还撰有《大乘法宝》、《五门名教》、《信法仪》各1卷，《唯识疏》6卷，《法华经疏》6卷，均已佚失。

开元二十八年，道氤染疾，临终之时上表，玄宗极为叹惋，派遣内侍慰问并赐绢帛，极尽哀荣。后葬于终南山逍遥园侧，并起白塔。

（范晶晶）

Daoyuan

道圆 Daoyuan（约活动于10～11世纪） 中国去印度求法僧人。据《佛祖统纪》卷四三、《宋史》卷四九〇、《新续高僧传》卷一，道圆为沧州（今河北沧州）人。曾游历天竺，往返18年，途中12年，在印度游历、学习6年。宋太祖乾德三年（965）回国，带回佛舍利一水晶瓶、贝叶经40夹。回国经过于阗（今中国新疆和田）时，又带于阗国使者一同到北宋都城汴京（今河南开封）。向朝廷献佛舍利和贝叶经时，宋太祖赵匡胤于便殿接见，询问西域的情况，道圆一一回答，宋太祖赐予其紫袍、器皿、钱币。宋太祖从道圆处了解到西北方的交通状况，便下诏书，由官方出面组织僧人去印度取经。于是有沙门行勤等157人应诏。宋太祖特下诏给西域各地，请他们派人为向导，并发给西行僧人置装费用和盘缠。这次活动成

中国河北沧州铁狮子

为中国历史上唯一一次由官方组织的大规模求法活动。

（薛克翘）

Daoyuan

道圆 Daoyuan（约活动于10世纪末叶～11世纪） 中国去印度求法僧人。据《景祐法宝录》卷十六，宋真宗天禧元年（1017），遵泰、道圆自印度回国，向朝廷献梵经十夹、佛舍利和菩提念珠等。此前，宋太宗赵炅曾为天息灾等人译出的佛经作《新译三藏圣教序》，有僧人将该序刻于佛成道处（即金刚座）的石碑上，遵泰、道圆将石刻碑文摹回，一并进献。宋太宗赐二人紫衣、束帛。

（薛克翘）

Dege Yinjingyuan

德格印经院 sde dge par khang 中国藏传佛教著名印经院。位于四川甘孜藏族自治州德格县城。

藏历第十二绕迴土鸡年（清雍正七年，1729），第十二代德格土司·却杰丹巴泽仁（1687～1738）开始建造德格印经院，后经几代土司、历时数十年方圆满竣工，命名为“扎西郭芒巴康却佐钦摩”，意即“吉祥多门大经库印经院”。简称“德格印经院”。该印经院集贡庆寺与民居建筑形式为一体，具有浓厚的地方藏式建筑风格。

德格印经院归属萨迦派贡庆寺，但在搜集、刻印文献典籍方面，不限于萨迦一派，容纳藏传佛教诸宗，包括苯教。刻印的文献典籍，除藏文大藏经甘珠尔和丹珠尔外，主要有各宗派的代表性经论，如宁玛派的《旧续十万怛特罗》、《大宝伏藏》、《隆钦饶绛巴全集》、《居弥庞·绛央南杰嘉措全集》等，噶当派的《父法子法》等，萨迦派的《道果释义》、《萨迦五祖文集》等，噶举派的《道次第·解脱庄严论》、《达布拉杰文集》等，格鲁派的《宗喀巴文集》、《第司桑结嘉措文集》等，觉囊派的《百行论》、《多罗那他文集》等，苯教的《黑白花龙经》、《辛饶弥沃文集》等，内容涉及因明、哲学、历史、传记、地理方志、医药、历算、语文、诗词等多领域。此外，还藏有《汉区佛教源流记》、《印度佛教史》等珍贵史书。

德格印经院除藏有26万余块文献典籍的木刻版外，还拥有《释迦牟尼神变祈愿图》、《释迦牟尼佛十二弘化图》、《藏传佛教八派修行教理图》、《莲花生大师八种神变图》、《鄂尔派坛城图》、《毗卢遮那修法图》、《极乐世界图》、《狮面空行母图》、《皈依解脱图》、《燃灯佛图》、《药师八如来图》、《文殊菩萨图》、《救八难度母图》、《不动金刚佛图》、《不空罥索观世音图》、《喜金刚师承图》、《大白伞盖图》、《金刚萨埵图》、《大威德金刚图》、《千手千眼观世音图》、《四臂观世音图》、《绿度母图》、《白度母图》、《十六罗汉图》、《六长寿图》、《四兽和睦图》、《二十五君臣图》、《格萨尔王调服妖魔鬼怪图》、《掘藏师传图》、《唐东杰布图》、《萨班·贡噶坚赞图》、《宗萨·绛央钦则图》等宗教及民俗艺术方面的木刻画版。德格印经院占据藏族聚居区印经院之首，是清代搜集和保存藏传佛教优秀文化的宝库。

（尕藏加）

德格印经院的工人正在印制藏画

德格印经院大门

dejuyi

德句义 guṇa-padārtha 印度古代哲学中胜论派的术语。今译“性质”。指事物的静的性质或属性。胜论派认为宇宙一切事物可以区分为若干种“句义”。此派认为，在分析事物时如果在思想上把事物的静的属性分离出来，即可称之为“德”。胜论派的最早根本经典《胜论经》中认为德句义具体分为17种：色、味、香、触、数、量、别体、合、离、彼体、此体、觉、乐、苦、欲、瞋、勤勇。胜论派的重要文献《胜宗十句义论》中认为德句义可以分为24种，在《胜论经》十七德的基础上又增加了重体、液体、润、行、法、非法、声7种。其中前四种分别隶属于地、水、火、风这四大的属性。第5～11种涉及事物之间的关系或形态等。第12～17种涉及生命的一些特性或形态。第18～20种是物体的一些样态等。第21～23种涉及人的行为的一些潜势力或势用。第24种是空这种实体的属性。中国现代研究印度哲学的学者对此概念也较关注。姚卫群在其所著的《印度宗教哲学概论》(北京大学出版社，2006）一书中曾论及这方面的内容。

（姚卫群）

Desai

德赛,A. Anita Desai（1937.06.24～ ）印度英语女作家。生于印度德里北部山区慕索里。1957年获德里大学米兰达学院英语文学学士学位。除英语外，通晓印地语、孟加拉语、德语等。1958年，迁居加尔各答，后移居孟买、昌迪迦尔、浦那等地。自1963年始为自由撰稿人，受到印度和西方双重文化影响，创作了大量英语小说。1986年，在英国剑桥大学格顿学院做访问学者。1987年，旅居美国，先后在史密斯学院、霍山学院、麻省理工学院教授写作，直至退休。2003年，获印度政府颁发的第四级公民荣誉勋章。

主要短篇小说集有《黄昏的游戏》(1978）和《钻石星尘》(2000)。长篇小说有《哭泣吧，孔雀》(1963)、《城市之声》(1965)、《再见吧，黑鸟》(1971)、《孔雀园》(1974)、《今年夏天我们去哪儿？》(1975)、《船屋上的猫》(1976)、《山火》(1977)、《白日悠光》(1980)、《海边的村庄》(1982)、《被监禁者》(1984)、《鲍姆迦特纳的孟买》(1988)、《伊萨卡之旅》(1995)、《斋戒·盛宴》(1999)、《曲折的路》(2004）等。其中，《山火》1978年获印度文学院奖。

德赛的小说运用大量意识流描写，主要展现独立后印度社会在现代化转型过程中人物精神的变化，尤其是印度女性群体和边缘人物的心理特点。1999年，《今年夏天我们去哪儿？》被译介到中国，载于《世界文学》1999年第3期。2005年，《白日悠光》被译成中文由中国台湾麦田出版社出版。中国最早介绍德赛作品的是中国社会科学院外国文学研究所石海峻所著《20世纪印度文学史》(1998)。2009年，北京大学外国语学院南亚学系博士研究生学位论文《安妮塔·德赛的女性小说研究》对德赛及其作品进行了专门介绍和研究。

（王靖）

Deshipande

德什潘德,G.P. Govind Purushottam Deshpande（1938.08.02～2013.10.16）印度中国研究学者，剧作家。印度对

华政策与政治研究领域的知名学者，致力于增进印度学术界对中国的理解。

德什潘德生于印度马哈拉施特拉邦西部的拉希马特普尔镇。大学期间先就读于历史与梵语专业，曾前往中国香港学习中文。获尼赫鲁大学中国研究方向博士学位。后在尼赫鲁大学国际关系学院东亚研究中心执教，教授有关中国研究方向的课程。在该校工作30余年，直至2004年退休。执教期间，曾指导多位学者攻读博士和副博士学位。曾多次担任东亚研究中心主任及国际关系学院院长等职务。是成立于1969年的中国研究小组的创始人之一，该小组后发展为知名的独立机构——中国研究所。曾任该研究所名誉研究员，2001～2002年担任名誉所长。数十年间，曾以助理编辑、成员、编委等身份参与该所刊物《中国述评》的编辑出版工作，并于2003～2005年担任编辑。此外，还是《艺术与思想杂志》的创刊编辑。1997～1999年任尼赫鲁大学国际关系学院院刊《国际研究》主编。

德什潘德以多学科研究方法及话语框架在中国政治与国际关系研究领域享有声誉。主要著作有《中国“文化大革命”：来自印度的视角》(1991)，合著《反帝国主义联合阵线：中国对非洲的外交政策》(1986)，合编《跨越梦之桥：印度中国50年》(2001)。

德什潘德还是一位杰出的马拉提语剧作家。他对印度戏剧的突出贡献在于为戏剧观众介绍了一种可被称作“讨论剧”的戏剧形式。他创造了一种现代派戏剧，主要探讨政治与生活相互影响的关系。代表剧作有《倒塌的寺庙》、《阇那迦·毗湿奴笈多》、《黑暗的旅程》、《道路》、《追求真理的人》等。1997年被印度国家音乐戏剧学院授予最佳剧作家奖。

（邵葆丽撰 李亚兰译）

Dete

德特,M. M. Michael Madhusudan Datta（1824.01.25～1873.06.29）印度孟加拉语诗人，剧作家。被称为现代孟加拉语文学的首位诗人，是孟加拉语十四行诗和无韵诗的开创者。生于今孟加拉国杰索尔县沙戈尔达里村一个律师家庭。19岁皈依基督教后由M.德特更名为M.M.德特。

德特幼年时随家迁往加尔各答，先后就读于印度学院和主教学院。他是19世纪下半叶青年孟加拉派的典型代表。早年曾用英语创作叙事诗，代表作有《被俘的女人》(1849)。之后改用母语孟加拉语进行文学创作，在1858～1862年间创作了多部剧本和诗歌，作品以对印度传统题材的现代表现手法以及辛辣讽刺的写作风格见长。主要

德什潘德代表剧作《追求真理的人》剧照

德特画像
现藏印度加尔各答维多利亚纪念馆

剧本有《绍尔密什塔》(1858)、《难道这就叫文明》(1860)、《黑公主》(1861)等。长篇叙事诗有《蒂罗德玛仙女的诞生》(1860)、《因陀罗耆的伏诛》(1861)、《牧女》(1861)、《女英雄》(1862)等。1862～1866年游学英国和法国，后返回加尔各答。1873年因贫病交加而英年早逝。

中国出版的《东方文学史》(1995)、《印度近现代文学》(2014)等著作中有论述德特的专门章节。

（张幸）

dengchi

等持 samādhi 印度古代哲学中瑜伽派根本经典《瑜伽经》中提出的瑜伽修行"八支行法"中的第8支。亦译"三昧"。指在修行时仅静虑的对象发出光辉，心与禅定对象冥合为一，主观意识犹如完全不存在。这被认为是瑜伽八支行法中修行达到的最高阶段。涉及这方面内容的《瑜伽经》由姚卫群翻译，收入《古印度六派哲学经典》(商务印书馆，2003)一书。

（姚卫群）

Dengdun

邓敦 gtum ston (1106～1166) 中国藏传佛教高僧，噶当派法脉传承人之一。在中印佛学交流中起过一定作用。全名邓敦·罗智札。他在求学过程中对佛教律经产生极大兴趣，故专门研习律经。学成后专讲律经；后赴前藏拜夏瓦巴为师，转向系统修学噶当派的教法仪轨，并成为夏瓦巴门下两大弟子之一。他遵照上师夏瓦巴临终前的嘱托，将自己的主要精力放在对噶当派的比丘僧团的建设方面。邓敦于藏历第三绕迥水鸡年(1153)在后藏日喀则地区创建一座寺院，名"纳塘寺"，自任住持，直至去世。后来纳塘寺发展成为噶当派乃至后弘期的著名寺院，对藏传佛教的发展起到重要作用。后人为纪念邓敦在佛教事业上作出的贡献，称其为"纳塘巴·邓敦"。

（尕藏加）

Deng Xiaoping

邓小平 Deng Xiaoping (1904.08.22～1997.02.19) 马克思主义者，中国无产阶级革命家、政治家、军事家、外交家，

中国共产党、中国人民解放军、中华人民共和国的卓越领导人，中国社会主义改革开放和现代化建设的总设计师，邓小平理论的创立者。

邓小平生于四川省广安县（今广安市）协兴乡牌坊村。1920年赴法国勤工俭学。1922年参加旅欧中国少年共产党（后改为中国社会主义青年团旅欧支部），1924年转为中国共产党党员。1926年初赴苏联学习，1927年春回国。1929～1930年先后领导百色起义和龙州起义。1934年10月随中央红军长征。抗日战争和解放战争中，主要领导军事和政治斗争，同时注重经济工作。1949年10月任中国人民革命军事委员会委员。1952年任中央人民政府政务院副总理。1955年被增选为中共中央政治局委员。1956年当选中央政治局常委、中央委员会总书记。"文化大革命"期间先后两次被撤销一切职务。"文化大革命"结束后，恢复中共中央副主席、国务院副总理、中央军委副主席、中国人民解放军总参谋长等职务。1978年12月，在中共十一届三中全会前夕召开的中央工作会议上发表《解放思想，实事求是，团结一致向前看》的讲话。1979年3月，在中共中央召开的理论工作务虚会上作《坚持四项基本原则》的讲话。1981年当选中央军委主席。1997年2月19日于北京逝世。

在担任国家领导人期间，邓小平重视中印两国关系的发展，多次会见来华访问的印度领导人。1979年2月接见印度外交部长A.B.瓦杰帕伊一行，就中印关系发表重要讲话。1982年，在会见印度社会科学理事会代表团时指出，中国和印度互不构成威胁，并号召两国相互理解、暂搁争议、增进友谊。1988年12月，与应邀访华的印度总理拉吉夫·甘地举行会谈，明确指出"中印两国对人类有一个共同的责任，就是要利用现在有利的和平国际环境来发展自己"，并称"中印两国不发展起来就不是亚洲世纪，真正的亚太世纪或亚洲世纪是要等到中国、印度和其他一些邻国发展起来才算到来"，还强调了和平

邓小平会见拉吉夫·甘地 1988年12月21日

共处五项原则对指导国际关系的重要意义。此外，重视两国的民间交往，多次接见印度代表团及友好人士。在他的积极倡议和推动下，中印两国在贸易、经济、文化等领域的合作不断深化，两国关系逐步打开新的局面。

（李宝龙）

Diwadasi

底哇答思 Devadāsa（1349～1438）印度来华僧人。据《故禅师底哇答思塔铭》、《补续高僧传》卷一附《具生吉祥传》等，底哇答思为东印度人。自幼聪敏，8岁拜师具生吉祥，后随师自印度经西亚、中亚及今中国新疆等地，历时4年到达甘肃。元至正二十四年（1364）到五台山。明洪武七年（1374）至金陵（见南京）。与师一起受明太祖朱元璋召见。具生吉祥被封善世禅师，底哇答思则被赐予僧人度牒，可在中国传教。具生吉祥逝世后，底哇答思北上游历、传教。明宣宗宣德三年（1428）来到北京，

底哇答思灵塔
中国北京门头沟潭柘寺塔林

先住庆寿寺，门徒较多。宣德七年到北京西郊龙泉寺（今潭柘寺）旁建庵幽居，不再入城，并将自己全部积蓄用来修缮龙泉寺大殿。明英宗正统三年（1438）三月初一去世，终年90岁。他来华70余年，传教60余年，因操守不凡，多有灵迹，被誉为伟沙门。其灵塔现在京郊潭柘寺塔林，由汉白玉和青石砌成，宝瓶形（覆钵式），高约6米，保存完好。

（薛克翘）

Dihuajialuo

地华加罗 Devakara（生卒年不详）注辇国国王。11世纪后期在位。与中国北宋朝廷有良好的外交关系。据《宋史》卷四八九，南印度注辇国王地华加罗曾于1077年派遣使团来华。其使团有团员27人，正使名奇啰啰，副使名南卑琶打，还有一位随行官名麻图华罗。他们带来了很贵重的礼物，有多种珍珠、玻璃器皿，以及大量药材、香料等。他们还带来注辇国的外交礼仪“撒殿”，即由使臣登上大殿的台阶，跪着抛洒珍珠和龙脑香。宋神宗非常满意，特封正使为怀化将军，封副使为保顺郎将，赐给使团成员衣服、器皿、钱币等物。同时让他们转赠国王地华加罗钱币81 800缗（每缗1 000文），银子52 000两。

（薛克翘）

Dipoheluo

地婆诃罗 Divākara（613～687）印度来华僧人，译经家。意译日照。

据《宋高僧传》卷二、《开元释教录》卷九、《华严经传记》卷一等，地婆诃罗为中印度人，属婆罗门种姓，幼年出家，住摩诃菩提寺和那烂陀寺。为人风仪温雅，神貌俊朗，戒行清净，学业优赡，洞晓经、律、论、咒等八藏，博通声明、工巧明、医方明、因明（见因明学）、内明等五明，尤工于咒术。唐高宗李治时来到中国长安。仪凤四年（679）五月，奏请翻译所携经文。高宗下诏依玄奘之例，于一大寺别院安置，在洛阳、长安两京的东、西太原寺（东太原寺后改大福先寺，西太原寺后改西崇福寺）和西京的广福寺从事翻译，并安排数位大德参与译事，至天后垂拱（685～688）末年，译出《大乘显识经》2卷、《大乘广五蕴论》1卷、《大方广佛华严经入法界品》1卷等。沙门战陀般若提婆任译语，慧智任证梵语，道成、薄尘、嘉尚、圆测、灵辩、明恂、怀度任证义，思玄、复礼任缀文笔受。武后亦尝亲为撰序并首题品名。后地婆诃罗欲返国省亲，屡次上表请辞，终获得允许。但未待登程，于垂拱三年十二月二十七日向弟子宣布离世，随即右卧，无疾而终。武后闻之，深加悲悼，道俗俱伤，如丧亲人。依敕葬于洛阳龙门山阳，伊水之滨，不久因梁王奏请而于其处起伽蓝，名香山寺。地婆诃罗所译经典，除前述数种外，今存尚有《方广大庄严经》12卷、《证契大乘经》2卷、《大乘密严经》3卷、《金刚般若波罗蜜经破取着不坏假名论》2卷，《大乘百福相经》、《大乘百福庄严相经》、《佛说造塔功德经》、《大乘四法经》、《佛说菩萨修行四法经》、《大乘离文字普光明藏经》、《大乘遍照光明藏无字法门经》、《大方广师子吼经》、《佛顶最胜陀罗尼经》、《最胜佛顶陀罗尼净除业障咒经》、《佛说七俱胝佛母心大准提陀罗尼经》、《咒三首经》各1卷等。

（葛维钧）

Dipoxina

地婆西那 Devasena（约活动于7世纪晚期）中天竺国王。武周天授二年（691）派遣使者来华朝献。据《旧唐书·西戎传》记载：“天授二年，东天竺王摩罗枝摩、西天竺王尸罗逸多、南天竺王遮娄其拔罗婆、北天竺王娄其那那、中天竺王地婆西那，并来朝献。”

（张亚冰）

diyu

地狱 naraka 佛教中造恶业的众生死后投生之处。为生死轮回的六道（趣）或五道（趣）之一，与畜生、饿鬼并称三恶道。此处唯有剧苦折磨，没有欢乐。地狱是意译，即地下之罪狱，音译为捺落迦或那洛迦等。

地狱原为婆罗门教的地界，即地下的世界。但在往世书神话中，地狱成为与天堂相对的灵魂归宿，并对地狱作了具体而恐怖的描述。佛教文献中，地狱名目繁多，众说纷纭。一说有八大地狱：活地狱、黑绳地狱、合会地狱、叫唤地狱、大叫唤地狱、热地狱、大热地狱、阿鼻地狱。一说有十六小地狱：八炎火地狱分别为炭坑、沸屎、烧林、剑林、刀道、铁刺林、咸河、铜橛，八寒冰地狱分别为頞浮陀、尼罗浮陀、呵罗罗、阿婆婆、睺睺、沤波罗、波头摩、摩诃波头摩。还有一种说法是十八层地狱。

早在佛教传入之前，中国的传统信仰认为人死后亡魂会升天或归于“幽

中国重庆大足石刻地狱变相

都”(《楚辞·招魂》)，后汉时则认为亡魂归于泰山，泰山府君（后为东岳大帝）为冥界主宰。故早期汉译佛典也曾用“泰山”或“太山”、“岱山”一词翻译地狱。到两晋南北朝，中国的志怪小说（鲁迅称之为“释氏辅教之书”）中也模仿佛经极力描写地狱的恐怖，地狱的概念遂与本土民间信仰相结合，阎罗王成为地狱的主宰，手下还有判官、黑白无常、牛头马面以及一帮小鬼等，帮助捉拿恶人、判决罪行、施行惩罚等。

（范晶晶）

Dizang Jie

地藏节 中国佛教节日，也是中国民间节日。中国民间以农历七月三十日为地藏节，传说此日为地藏菩萨的诞日（一说为其入灭日），各大佛寺举办地藏会。潘荣陛《帝京岁时纪胜·地藏会》记清代地藏节曰：“七月三十日，传为地藏菩萨诞辰。都门寺庙礼忏诵经，亦扎糊法船，中设地藏王佛及十地阎君绘像，更尽时施放焰口焚化。街巷遍燃香火莲灯于路旁，光明如昼。”顾禄《清嘉录》卷七亦记曰：“晦日，为地藏王生日。骈集于开元寺之殿，酬愿烧香。妇女有脱裙之俗，裙以红纸为之，谓曾生产一次者，脱裙一次，则他生可免产厄。”

（薛克翘）

地藏菩萨像 中国敦煌绢画 现藏法国美术馆

Dizang Pusa

地藏菩萨 Kṣitigarbha 佛教菩萨之一，中国民间崇拜的佛教神明之一。佛经中关于地藏菩萨的汉文典籍主要有《地藏菩萨本愿经》、《大乘大集地藏十轮经》、《占察山恶业报经》、《地藏菩萨请问法身赞》、《地藏菩萨发心因缘十王经》、《地藏菩萨像灵验记》和《地藏菩萨陀罗尼》等，而相关的敦煌遗书等藏外文献主要有《佛说地藏菩萨经》、《地藏菩萨十斋日》、《阎罗王授记经》、《变文·愿文》、《目连变文》、《佛说延命地藏菩萨经》、《地藏菩萨慈悲救苦荐福利生道场仪》等，以及相关的宝卷如《地藏宝卷》、《地狱宝卷》、《十王宝卷》、《目连宝卷》等。

《三教源流搜神大全》卷七对地藏王的来历作了辩证说明：他是佛陀的弟子目连，曾作盂兰盆会，救母于饿鬼群中，死后当上了地藏王。并指出，那种把唐代来华的新罗僧地藏当作地藏王的说法是误传。还说地藏王是“职掌幽冥教主，十地阎君率朝贺成礼”。《古今图书集成·神异典》卷七八引《地藏菩萨本愿经》说，有一婆罗门女，其母不信因果，死后堕入无间地狱。婆罗门女卖家宅而供养先佛，并一心念佛，遂使其母解脱地狱。“婆罗门女者，即地藏菩萨是。”婆罗门女的情形与目连的传说相似，应是目连故事的翻版。

《宋高僧传》卷二十《地藏传》记有新罗（今在今朝鲜半岛）僧地藏的事迹，说他“姓金氏，新罗国王之支属也。慈心而貌恶，颖悟天然。七尺成躯，顶耸奇骨，特高才力，可敌十夫”。他来华后在九华山化成寺修道，年九十九坐化。后来有人认为他是地藏王（《历

地藏菩萨像 中国敦煌绢画
五代时期（10世纪初） 现藏英国博物馆

代神仙通鉴》卷十五）。

在真言乘曼荼罗中，地藏菩萨已经在密教万神殿中确立了自己的位置，是密教八大菩萨之一，在宋元时期受到广泛崇拜。地藏菩萨在日本、韩国等地也影响很大。作为地藏菩萨道场的九华山是中国佛教的四大道场之一。

地藏菩萨的石刻、泥塑造像和绘画图像很多，几乎遍及新疆、云南、四川、甘肃和中原各大石窟。中国古代关于地藏王的故事不少，最著名的是元代杂剧《地藏王证东窗事犯》。地藏菩萨的故事也出现在小说（如《西游记》等）和民间传说中。

（薛克翘）

Diluoba

帝洛巴 Tilopa（988～1069） 印度佛教大成就者，佛教密宗传承人，中国藏

传佛教噶举派大手印法传承祖师。

帝洛巴出身于古印度萨德高乌镇（今孟加拉国吉大港邦拉德一带）一个婆罗门家庭。父亲波拉雅夏，母亲卡西。夫妇膝下长久无子，故常到寺庙发愿求子，献供请僧众祈愿、诵法，后如愿生下一子，名帝洛巴。帝洛巴自幼从母亲习文识字，接受家庭良好教育。后学习**婆罗门教**经典，成为一名精通**吠陀**的班智达。后游学四方，逐渐对佛教起信，在索马普里（今孟加拉国境内）出家受戒，得法名般若巴札，修学经、律、论三藏。从**龙树**、玛塔基等论师及阿阇梨直接或间接地获得四大成就不共传承法，以及各种密续诀窍。在索马普里附近墓地修行达12年。后因与一个捣磨芝麻人的女儿苦行瑜伽女一起修行，被逐出寺院。于是，他便以捣磨芝麻维持生计，故被称为捣芝麻者帝洛巴。

后来，帝洛巴遍游印度，从很多上师学得密法灌顶及教法仪轨。在乌金、乌地亚那，从不同类型的空行母受得各种深奥密续教授，证悟教授中精要之殊胜义。受玛塔基上师指示，他前往班果镇妓院，寻找帕芮玛智慧空行母，并在此修行，直至证悟大手印法。相传他与帕芮玛凌空跏趺坐于半空，全身周匝虹光环绕，捣着芝麻以道歌说法，令众人起信。从此，他以道歌弘传**大手印法**，从而被尊称为大成就者帝洛巴，成为印度八十四大成就者之一。

（德吉卓玛）

Dishitian

帝释天 Śakra 吠陀神话及佛教和耆那教神话中天神之主因陀罗的别称。见**因陀罗**。

Di-er Ci Shijie Dazhan qijian Yin-Zhong jiaotong yunshuxian

第二次世界大战期间印中交通运输线

India-China transport and communication lines during World War Ⅱ 第二次世界大战期间，日本对中国华东的占领和中国政府迁都西部城市重庆的一个出乎意料的结果，就是印度与中国之间古老的交通运输联系的复兴及新的交通运输路线的开发。中印之间最重要的交通运输线路有：印度**加尔各答**和中国昆明之间的空中航线、史迪威公路（又名雷多公路）和茶马古道，以及加尔各答和昆明之间的输油管道。

从1938年缅甸公路竣工直至1942年，国外运往中国西南部的物资一直取道缅甸。1942年4月，日本入侵缅甸，占领了缅甸公路的起点腊戍，切断了这条至关重要的通道。几乎与此同时，从印度东部机场空运军事物资和人员到中国西南部的行动开始启动。这就是著名的驼峰航线。由于飞机必须飞越喜马拉雅山脉最东端的山峰，而且那些山峰高约6 000米，所以飞行员们昵称之为“驼峰”。中国航空公司率先启动此项行动，随后以“飞虎队”而驰名的美国志愿飞行队加入。1942年6月至1945年9月，通过印度与中国之间的驼峰航线，共空运70多万吨物资和33 000多名人员。由于这条航线的危险性，到战争结束时，约1 500人丧生，并有514架飞机坠毁。

《史迪威公路图》
第二次世界大战期间美军士兵绘

除空中补给线外，印度与中国之间的陆地补给线对这场战争的胜利也具有重要意义。甚至在缅甸公路被切断之前，在1942年2月，中国、美国和英国就达成一项协议，决定另建一条从印度通往中国的公路。这条中印公路从印度阿萨姆邦的雷多镇通往中国云南的腾冲和龙陵，途径缅甸的葡萄和密支那。1942年岁暮，这条公路在极端恶劣的条件下开工。在参与筑路的大军中，有12 000多名印度劳工。1945年1月22日，在从日本人手中重新夺回密支那、腾冲和龙陵之后，这条长达1 568千米的公路终于建成通车。数日后，这条公路的另一段——史迪威公路也开始通车，它始于雷多，穿过密支那、八莫、南坎和木姐。美国将军J.史迪威时任中缅印战区盟军最高指挥官，负责监督此项工程。虽然事实证明驼峰航线能比史迪威公路运输更多的补给物资，但在这条公路开通后的6个月间，就有129 000吨物资通过该路运到中国。

1945年2月4日，第一支通过史迪威公路的运输车队抵达昆明

在战争期间，印度与中国之间另外一条运输路线是茶马古道。这条道路曾是连接中国云南与西藏的传统商业主干线之一。由于缅甸公路关闭，甚至像这样一条并不引人注目的贸易古

驼峰航线上的盟军运输机

道也具备了重要战略意义。出自东印度的以非军事物资为主的货物，为中国所短缺，于是被先行运至英属印度孟加拉省北部的噶伦堡。人们在那里再将这些货物装到马匹、骡子和牦牛背上，经中国西藏将它们运至云南丽江。约8 000头骡马及20 000头牦牛被动用来参与这一“商队行动”。

史迪威公路的南线也是一条至关重要的输油管道所经路线。这条中印输油管道从印度加尔各答港通往中国昆明。1943年8月，在加拿大魁北克举行的同盟国领导人会议，决定建造这一管道，以满足这一战区的战争能源需求。管道工程于1943年12月启动，于1945年4月竣工。管道全长3 218千米。1945年6月至1946年1月间，这条管道总共运输了10万余吨石油。

当其他各种援华渠道被封闭之时，上述这些交通运输线路，对中国的抗日战争起了至关重要的支撑作用。与此同时，第二次世界大战使印度与中国跨越陆上边界联系在一起。在此前的许多世纪里，除了小规模的往来外，两国已许久不曾有过这样大范围的密切联系。

（玛妲玉撰　刘文亮译）

Dixian

谛闲　Dixian（1858～1932）中国近现代天台宗代表人物。天台宗第43祖，为天台宗在近代的中兴作出了贡献。

谛闲俗姓朱，名古虚，号卓三。浙江黄岩人。父亲朱度润，母亲王氏。9岁入乡塾读书，后因父亲病逝，家境贫寒，乃从舅学医。17岁独立开药铺，次年娶妻生子，但母亲和妻儿相继病故，感人生无常，“药但医病，不能医命”，遂前往临海县白云山依成道法师

出家，时年二十。后虽为兄长迫令还俗，然终遂其志。24岁时，谛闲于天台国清寺受具足戒，此后努力勤学，日益精进。26岁，至平湖福臻寺，从敏曦学《法华》，“未及卷终，已领一心三观，一境三谛之妙旨”。28岁，至上海龙华寺从晓柔听讲《法华》，又从大海听讲《楞严》，颇有受益。同年，受邀主持杭州六通寺并于升座时讲《法华》。相传，谛闲讲《法华》至《方便品》时入定，出定后辩才无碍，莫之能御。随后，谛闲回国清寺继续修习法华三昧，又前往慈溪圣果寺掩关阅藏。次年，承迹端定融授记付法，成天台第43祖。此后谛闲讲经参禅，各地弘法，住持寺院。32岁于龙华寺讲《法华》，后又至金山江天寺参学，43岁于温州妙智寺闭关，46岁任永嘉头陀寺住持，后又历任绍兴戒珠寺、上海龙华寺、宁波观宗寺、天台山万年寺住持。53岁，被推举为南京僧师范学校校长兼总监，主持僧才培养，成为近代开办僧学教育的先驱。55岁，入主观宗寺，重修庙宇，并于次年开设观宗研究社，作为长年习教之所。61岁，北上参加徐文蔚所主持的讲经会，得叶恭绰等居士慷慨捐款，请设观宗学社，而后回返宁波。次年，在原有研究社的基础上，创办观宗学社，并亲任主讲，后学社更名为弘法研究学社。1932年，将观宗寺交与宝静管理，同年7月逝世于观宗寺，后建塔于慈溪五磊山。

谛闲一生讲演无数，弘法各地，为时人所重，誉为四明知礼后讲习最盛之人。在讲经说法之外，他还勤于撰述和开示，主要有《圆觉经讲义》、《大乘止观述记》、《教观纲宗讲义》、《金刚经新述》、《楞严经叙指味疏》、《始终心要略解》、《念佛三昧宝王论义疏》等，后人辑为《谛闲大师遗集》10册刊行。

谛闲门下弟子众多，皈依弟子号称有10万，入室弟子亦有数十人，其中主要的是宝静、倓虚、静权等20余人，俗家弟子有叶恭绰、**蒋维乔**等人。其中倓虚法师将天台弘扬至北方，对天台宗由一个地域性的佛教宗派发展至全国性的佛教宗派，具有重要意义。

（杨祖荣）

Diyi Zhengde Jing

《谛义证得经》　*Tattvārthādhigama-sūtra*　印度古代耆那教的主要经典。见**乌玛斯伐蒂**。

dinghui shuangxiu

定慧双修　中国隋代高僧智𫖮倡导的大乘佛教禅法，即止观双修。见**《小止观》**。

Dingliang Lun

《定量论》　*Pramāṇa-viniścaya*　佛教量论典籍。又译《量抉择论》、《抉择能量论》。印度论师**法称**著，为其《因明七论》之一。

《定量论》分为三品，即《现量品》、《为自比量品》和《为他比量品》，论中许多颂文与法称**《释量论》**中的相同。本论延续了《释量论》的思想，前两品分别分析阐释了现量与比量，并驳斥各种异见，第三品则着重解说了过失等语言上的问题。

《定量论》梵文本存于西藏，由中国藏学研究中心与奥地利科学院合作研究，前两品由E.斯坦因凯勒于2007年出版，第三品由帕斯卡尔·胡刚与苫米地等流于2011年出版。该论有藏文译本(D4211)，藏传噶当、格鲁等派对其传承都相当重视，而在汉传佛教中古来并无汉译本，至现代才有韩镜清自藏文转译的汉文本。藏文藏经中保留有该论的注疏，最重要者为法称后学阐义派法上以及智吉祥贤的注解（D4229、4228)。

（陈帅）

Dongchu

东初 Dongchu（1908.09.22～1977.12.15）中国现代僧人，佛教学者。在中印文化交流中起过积极的作用。俗姓范，字

镫朗，法号东初，人称东初长老。江苏泰县（今泰州）人。1920年于江苏观音庵静禅和尚处出家。1927年于宝华山昌隆寺受具足戒。1931年转赴镇江竹林寺佛学院，师从蔼亭、南亭等法师。1934年毕业于太虚法师创办的厦门闽南佛学院。历任镇江焦山定慧寺监院、焦山佛学院院长，《中流》月刊发行人。受太虚法师委托，开办中国佛教会会务人员训练班。1949年去台湾，在善导寺修行，创办《人生》月刊。1950年在北投法藏寺闭关，潜心阅藏。1955年创建中华佛教文化馆，自任馆长，编印大藏经，致力于从学术文化立场重振中华佛教。1965年创办《佛教文化》杂志。1967年起任中华学术院佛学研究所顾问。1975年受美国佛教会邀请，赴美弘法。1977年为鼓励青年僧尼修学，设立佛教文化奖学金。

东初专著《中印佛教交通史》(1968)展现了自汉唐以来中印佛教的交流通道和中印文化在传经与求法中不断加强沟通和融合的进程。为了充实该书的内容，以及实现去印度考察的夙愿，1971年前往印度。通过朝觐圣地，参观名胜，访问贤达，对印度风俗人情以及佛教制度的来源有了更进一层的认识。在鹿野苑中华佛寺发现并带回了戴季陶1940年访印时撰写的碑文。访问印度以后，在该书再版时增订了资料：①戴季陶先生之访问印度；②印度佛教之复兴；③印度尼西亚之佛教；④泰戈尔之来华访问。

东初另著有《般若心经思想史》(1972)、《中国佛教近代史》(1974)、《禅学真义》(1975）等，汇编为《东初老人全集》(1987)。

（乔安全）

Donghan Lingmu Huabiao

东汉陵墓华表 Ornamental Tomb Columns of Eastern Han Dynasty 中国东汉时期帝王陵墓前的石柱。又称神道碑。

据考古发掘中国出土的东汉陵墓华表已有多处，如今山东历城、河南邓县(今邓州)、江苏新沂、北京西郊等地。其中以20世纪60年代北京西郊八宝山附近出土的一根石柱华表最具代表性。其柱身为直上直下的凹槽条纹，长条纹上端有U字形莲瓣纹饰；柱头为一小截圆柱体，其左右两侧各雕刻一只攀柱虎，二虎以吻顶一块方形石榜，榜上有减地凸刻阳文“汉故幽州书佐秦君之神道”11个字。据文字记载，该华表建于东汉元兴元年（105)，为目前中国发现有文字记载的最早石制华表。其雕刻和造型明显受到西北印度犍陀罗艺术的影响。石柱上端的“莲瓣纹”还说明其与公元前的印度佛教艺术有关。当时佛教已传入中国，而佛教艺术随之传入并影响中国雕刻是完全可能的。

中国汉代幽州书佐秦君神道石柱
现藏中国北京石刻艺术博物馆

（薛克翘）

Dong Wan

董琬 Dong Wan（约活动于5世纪） 中国北魏时期出使西域的使节。太延三年(437)，任北魏散骑侍郎时，受太武帝派遣，与高明等携带锦帛出使西域。自洛阳，经长安，达北凉（十六国之一）所据之河西走廊，经敦煌至鄯善（今中国新疆若羌），而后招抚西域九国。《魏书·西域传》载其“多赍锦帛，出

中国重庆忠县丁房双阙

鄯善，招抚九国，厚赐之”。董琬过九国后继续北行至乌孙国，一行最远到达破洛那（今乌兹别克斯坦共和国费尔干纳盆地）以及者舌（今乌兹别克斯坦共和国塔什干周围）。返回洛阳后，乌孙等六国来北魏朝献，与北魏通好并往来不绝，中国与中亚地区的关系由此密切。董琬一行归国后详细呈报了出使的经历与见闻，指出西域分为四域，出西域的道路由原来的2条增为4条。《魏书·西域传》即根据他们归国后的报告写成。

（李亚兰）

Dongxuan Lingbao Dingguan Jing

《洞玄灵宝定观经》 中国道教气功养生著作。无名氏撰。其中强调“定慧等修”，

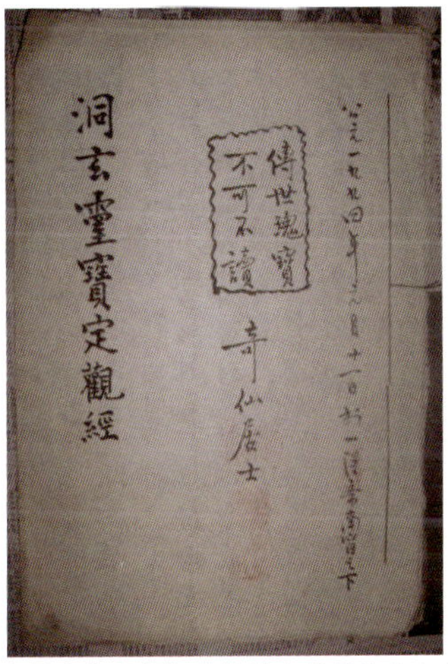

《洞玄灵宝定观经》奇仙居士墨笔抄录本书影

说：“有事无事，常若无心。处静处喧，其志唯一。若束心太急，久则成病，气发狂颠，是其候也。心若不动，又须放任。宽急得所，自恒调适。制而不著，放而不动，处喧无恶，涉事无恼者，此是真定。”又说：“若水镜之为鉴，则随物而现形。善巧方便，唯能入定。慧发迟速，则不由人。勿令定中急急求慧，急则伤性，伤则无慧。若定不求慧而慧自生，此名真慧。”此类言论，在佛教修禅的典籍中也有，明显受到佛家“定慧双修”思想的影响。说明佛道养生学间存在互通有无的影响关系。

（薛克翘）

Doushuaitian

兜率天 Tuṣita 佛教欲界第四重天。又译兜率陀天、睹史多天、知足天、喜

《兜率天宫》 中国敦煌壁画

足天等。意为对于物欲享受很知足，而追求八圣道则不知满足。

此天分内院与外院，内院是即将成佛者（即一生补处之菩萨）成佛前最后一生的居所。释迦牟尼就是由此处降生人间而成佛，未来佛弥勒现住兜率内院宣说佛法，等待寿尽而下生成佛。在兜率天，人寿四千岁，其一昼夜为人间四百年。对兜率天以及弥勒的描述主要集中在“弥勒三经”之中，即《观弥勒上生兜率天经》、《弥勒大成佛经》与《弥勒下生经》。以这三部经文为依据，在中国形成了广泛流行的弥勒净土信仰，认为只要修行十善或念诵弥勒之名，就可往生于兜率天。

中国古代高僧道安、玄奘等人都曾发愿往生兜率净土。敦煌壁画则根据佛经的描述绘制出多种《弥勒经变》，大力渲染兜率天界无限美妙的景象。后来道教借鉴佛教，将太上老君的居所也称为兜率天，以至影响到《西游记》等明清小说。

（范晶晶）

Douwalazha

兜哇剌札 Devaraj （约活动于15世纪）古代印度甘巴里国国王。据《明史》卷三二六《外国列传》七，郑和于明宣德五年（1430）出使甘巴里国（今印度西南科因巴托尔一带）。当年，国王兜哇剌札即派使者“来贡”，宣德八年抵达京师，正统元年（1436）搭乘爪哇船回国。

（何赟）

Dusongqinba

都松钦巴 dus gsum mkhyen pa（1110～1193） 中国藏传佛教高僧，噶玛噶举派创始人。出生于多康哲雪岗吉热哇地方，族姓喇东噶波氏，父亲以密宗瑜伽士身份自居，名贡巴·多杰贡布。都松钦巴自11岁就跟随父亲学习佛教祷告词和简单密法修持。16岁在却果噶寺的堪布乔拉·恰森格札座前受沙弥戒，取法名却杰札巴。19岁赴前藏求法，

先在堆垄·嘉玛瓦和恰巴·却吉僧格等高僧处，系统学习《慈氏五论》、《中观》、《因明》等佛学基础理论；后在夏热巴等高僧处，专门修学《道次第法》等噶当派教法，同时在堪布麦都僧座前受比丘戒，温习戒律经论。30岁时前往达布地区，拜见敬仰已久的达布拉杰高僧，在其座前修学佛法，并在3年之内通晓了达布噶举派的密法要义，特别在闭关实修中获得了最佳密宗境界。之后，返回故乡，1157年在昌都类乌齐附近的噶玛地方创建噶玛拉顶寺（又称噶玛丹萨寺）。他以该寺作为传教中心，大张旗鼓地宣讲达布噶举派的教法义理和自己的佛学观见，遂建立起略别于达布噶举派的教法仪轨，形成了一支新的宗派，即“噶玛噶举派”。

都松钦巴在故乡多康地区拥有上千名徒弟，具有一定的宗教组织基础。他集大量财物捐献给西藏中部的冈波寺等

不少寺院，在前后藏地区产生较大影响。他晚年又回到前藏地区，1189年在拉萨附近的堆垄德庆地方创建楚普寺。在噶玛噶举派史上形成下部噶玛拉顶寺和上部楚普寺两座祖寺。后来，楚普寺得到不断扩建和发展，成为噶玛噶举派的主寺。

（尕藏加）

Du Fu

杜甫 Du Fu（712～770） 中国唐代诗人。字子美，巩县（今河南巩义市东北）人。少年时学习刻苦，知识渊博。

年长周游江淮、山东各地，后入长安，于天宝十四载（755）被任命为太子的属官。逢安史之乱，被叛军俘获，脱身后被肃宗（756～762年在位）任命为左拾遗，后被贬为司功参军，遂弃官入蜀，定居成都草堂。后在西川节度使为检校工部员外郎。大历三年（768），举家入湖南，两年后病故。

杜甫一生坎坷，穷困潦倒，居于下层，故其诗贴近百姓。与李白齐名，并称“李杜”，二人诗风完全不同。杜诗虽不如李诗豪放，却更为深沉精辟。故后人称李白为“诗仙”，而称杜甫为“诗圣”。

李白诗中有不少关于佛教的内容，杜诗中相关内容较少，仍有30余首与佛教相关。如《游龙门奉先寺》、《同诸公登慈恩寺塔》、《寄赞上人》等，都是佳作。杜甫不仅游览佛寺，还与僧人交往，尤其与赞上人的关系亲密。从杜诗可知，他对佛教知识掌握很多，对佛教义理理解颇深。

（薛克翘）

Dute

杜特，G. Gargi Dutt（1929～2010） 印度中国问题研究学者，尼赫鲁大学东亚研究中心教授。为印度的中国研究作出过积极贡献。

20世纪50年代初在北京大学学习中文，兼任东语系印地语专家。曾参与创立尼赫鲁大学的中国研究项目，并担任东亚研究中心主任。自70年代起，先后指导了10余位博士研究生和近30名硕士研究生，为印度培养了一批中国问题研究者。长期致力于中国政治、经济、外交政策及中印关系的研究，著有《中国的乡村公社》(1967）一书。与丈夫V.P.杜特合著的《中国的“文化大革命”》(1970）和《毛泽东之后的中国》(1991）在国际学术界亦有一定影响力。另撰有《印中关系之再评估》、《印中关系》、《中国的经济政策》等文章。

（杨衡宇 贾岩）

Dute

杜特，V.P. Vidya Prakash Dutt（1925～1979） 印度汉学家。曾在印度德里大学东亚研究系的创立过程中发挥重要作用。

1950年，杜特随V.潘迪特率领的文化代表团首次来到中国。1956～1958年，作为20世纪50年代最早一批印度留学生在华学习。1961年，通过印度国际关系学院向德里大学提交博士论文，题目为《1911年的中国革命：起源与影响》。当时，几乎没有印度学者能够像他一样严肃地探讨现代中国问题，并在研究中使用原始的中文资料。

1964年，杜特带头组建了德里大学中国研究中心，该中心后发展为现在的东亚学系，被认为是现代印度中国研究第二阶段的佼佼者。第一阶段为印度诗人R.泰戈尔与学者谭云山创办国际大学中国学院的时期。杜特在德里大学讲授“中国革命”一课数十年，广受欢迎。其间指导并激励了许多年轻学人投身中国研究乃至日本研究。曾任德里大学副校长。

杜特撰写了多部关于中国研究和印度外交政策方面的著作，如《中国与世界：对共产主义中国外交政策的分析》、《中国的外交政策与印度的外交政策》等。与妻子一同撰写了《中国的“文化大革命”》(1970）等书。曾被提名为印度议会联邦院议员。

（玛妲玉撰 杨衡宇译）

Du Xingman

杜行满 Du Xingman（约活动于7世纪初） 中国隋代出使印度使节。隋大业元年（605），奉隋炀帝杨广（604～618年在位）之命，随韦节等一同出访西蕃诸国。从罽宾带回玛瑙杯，从王舍城带回佛经。

（张忞煜）

Du Xingyi

杜行𫖮 Du Xingyi（约活动于7世纪） 中国唐代佛经翻译家。佛经《佛顶尊胜陀罗尼经》最早的汉译者。京兆（今陕西西安）人。仪凤年间（676～679）任朝散郎，行鸿胪寺典客署令。通晓天竺语，文笔甚好。在中印文化交流方面作出过一定贡献。

仪凤元年（676），罽宾国佛陀波利（意译觉护）来到五台山，经一位老者指点，返回罽宾，取来佛经，于仪凤四年献给唐高宗李治。高宗诏令杜行𫖮翻译。杜行𫖮译出《佛顶尊胜陀罗尼经》1卷。翻译中，因避李世民讳把“世尊”译为“圣尊”，“世界”译为“生界”等。翻译完毕后进献朝廷。高宗读后对杜行𫖮说：既然是圣言，不需要避讳。杜行𫖮及时进行了修正。据传，当时宁远将军度婆、三藏法师地婆诃罗（意译日照）共同参与了翻译。杜行𫖮译本藏在宫中，并未在外界流传。永淳二年（683），地婆诃罗受命再次详细翻译此经。佛陀波利期望此经流传更广，恳请高宗归还经书原本，并请西明寺精通梵语的僧人顺贞重新翻译。杜行𫖮之事迹可见《开元释教录》卷九、智昇《续古今译经图纪》和志静《佛顶尊胜陀罗尼经序》等。

（胡俊麟）

Dumu

度母 Tārā 印度神话中的女神，后被密教吸收。又译多罗、多罗母，藏传佛教称度母。在印度史诗和往世书神话中，多次提到多罗的故事：她是木星的妻子，到女友月神妻子家，见月神美貌而受吸引，留下不走。木星去找多罗，月神不放。木星向因陀罗诉苦。因陀罗派使者给月神传递消息，反被月神数落。因陀罗决定同月神开战。太白星支持月神，并鼓动湿婆站在月神一边。双方激战，梵天出面调停，月神归还多罗，木星带回多罗。后来多罗生下一子。木星举行命名仪式，月神说孩子是他的儿子。双方又要开战，梵天出面调停。多罗承认孩子是月神之子。于是梵天把孩子交给月神，月神给孩子起名布陀，即水星。这个故事流传很广，反映了古印度人对天体的想象。多罗一词的本意是星星，在密教中变为女神，且地位突出。尤其是在藏传密教中，变成了一组女神，有不同颜色，既传为观音的化身，又归属于不同的男神。藏族民间以文成公主为白度母化身，以尼泊尔的赤尊公主为绿度母。度母的形象常见于藏传佛教的唐卡艺术。

度母像　中国西藏托林寺壁画

（薛克翘）

Duanfu

端甫 Duanfu（770～836） 中国唐代名僧。历事唐德宗至唐文宗六朝，受命管理宫廷、都城的僧人事务，声望卓著，门徒众多。

端甫俗姓赵，天水人，世代名门望族。10岁时跟随崇福寺的道悟禅师做沙弥；17岁时正式剃度为比丘，隶名

于安国寺；20岁时，在西明寺照律师处受具足戒。此后，端甫又分别跟随崇福寺的昇律师、安国寺的素法师与福林寺的崟法师学习戒律、《唯识》与《涅槃经》。

之后，端甫赴五台山清凉寺礼拜文殊菩萨的圣迹，在太原宣讲佛经。唐德宗李适（779～805年在位）听说他的名气之后，下诏征请入宫，命他与儒生道士讲道议论并赐他紫色方袍。后又令他侍奉太子。唐顺宗李诵（805年在位）也非常钦慕端甫的风范，对他如兄弟般亲切，十分优待。唐宪宗李纯（805～820年在位）则数次探访端甫的寺院，待之如宾友，经常向他咨询事宜，并采纳他的意见。端甫气质高迈，才思敏捷，深得皇帝赏识。他在言谈之间总是以弘扬佛教为务，因而皇帝对佛教也更加崇信。宪宗下诏令端甫率领僧徒到凤翔迎接佛骨，并在宫内大兴法事。

端甫执掌内殿法仪、担任录左街僧事共11年。他前后讲解《涅槃经》、《唯识论》等经典160余场次，并每日诵读密教咒语10余万遍，希望往生于西方净土。此外，端甫还以供养所得制作经像、建造修饰寺庙，自己的生活却极其简朴。大臣贵族、豪侠工贾都对他十分仰慕。其门人弟子也很多，在各个方面为佛教发展作出贡献。

开成元年（836），端甫圆寂。唐文宗李昂赐谥为"大达"，号其舍利塔为"玄秘"，裴休还为之撰《玄秘塔碑铭》，流传于世。

（范晶晶）

Duan Anjie

段安节 Duan Anjie（约活动于9世纪） 中国唐代音乐理论家。齐州临淄（今山东淄博东北）人。出身官宦世家，唐初名将段志玄后裔。祖父段文昌曾任唐穆宗（820～824年在位）时宰相，父亲段成式（？～863）官至太常少卿，"善音律"，精通音律的唐代诗人温庭筠（801/798～866）为其岳丈。段安节曾官至朝仪大夫，守国子司业。自幼善乐律，能自度曲。唐乾宁元年（894）之前撰《乐府杂录》1卷，杂记开元以后乐部、歌舞、俳优、乐器、乐曲等，并记述著名歌唱家、琵琶演奏家故事。书末附有《别乐识五音轮二十八调图》，今图已失传，仅存文字。作者自称："幼少即好音律，故得粗晓宫商，亦以闻见数多，稍能记忆，尝见《教坊记》，亦未周详。以耳目所接，编成《乐府杂录》一卷。"因广明之变（880），僖宗（873～888年在位）幸蜀，"梨园子弟，半已奔亡，乐府歌章，咸皆丧坠"。因此，该书弥补了崔令钦《教坊记》的不足，对研究唐代开元、天宝以后，特别是晚唐的音乐、舞蹈、戏曲，有较高的参考价值。

《乐府杂录》一书，除有关音乐源流方面的考证外，还记述了唐朝中叶，尤其是安史之乱后俗乐大量为宫廷所用的情况。该书末尾所附《别乐识五音轮二十八调图》中对唐代所用琵琶定律的文字，为后世深入研究唐代乐律宫调留下极为珍贵的资料。它还为一些对唐代乐舞作出极大贡献，但社会地位低下的乐工艺人立传。

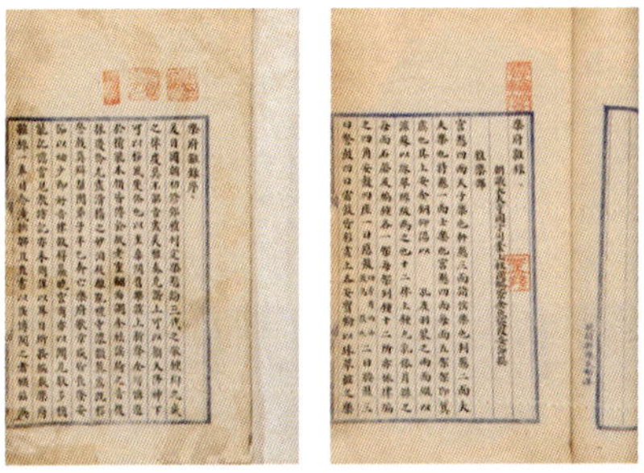

段安节《乐府杂录》书影

《乐府杂录》一书，记述了许多关于琵琶的故事。宋人陈振孙的《直斋书录解题》刊有段安节《琵琶故事》一卷，晁伯宇在《续谈助钞》中则称此书为《琵琶录》，故后人亦称此书为《琵琶录》。清代钱熙祚辑《守山阁丛书》及《中国古典戏曲论著集成》(中国戏剧出版社，1959）均收录此书校勘本。

（赵佳梓）

Dunhuang

敦煌 Dunhuang 古代中印交通线路上的重镇。地处今中国甘肃省西部偏南、河西走廊西端，地理座标为东经92° 13′~95° 30′，北纬39° 53′~41° 35′。其南部为连绵的祁连山脉，北部为北塞山，西接浩瀚的塔克拉玛干大沙漠东缘，面积约3.12万平方千米。“敦煌”之名，始见于《史记·大宛列传》，亦作“燉煌”，在历史上又曾称“沙州”、“瓜州”等。

西汉河仓城（大方盘城）遗址 敦煌玉门关以西20千米

丝绸之路上的战略要地 自公元前后至公元14世纪，敦煌一直是古代中原通往西域的门户，也是丝绸之路上的战略要地之一，地理位置十分重要。考古发现表明，早在新石器时代，敦煌地区就已有人类活动，在公元前长达2 000年的漫长时间里一直是少数民族活动的地方。据史料所载，商周时期（约公元前1600~前256）起，这里就已经居住着**塞人**、乌孙人、**大月氏人**和匈奴人等少数民族。为了争夺对敦煌和河西地区的控制权，这些民族间经常爆发战争。约在西汉初期，匈奴打败月氏，控制了包括敦煌在内的河西地区，并迫使月氏人西迁于中亚的锡尔河和阿姆河流域。公元前138年和前119年，**汉武帝刘彻**两次派遣张骞出使西域，欲联合大月氏等夹击匈奴，但未果。张骞两次出使，虽然没有达到联合大月氏的目的，却是中国与西域地区甚至是更遥远的波斯、罗马等地建立官方联系之始，故历史上又称之为“凿空”之旅。汉武帝元狩二年（前121），汉将军霍去病大败河西匈奴，河西走廊归入中原王朝版图。汉武帝元鼎六年（前111），汉王朝从此前设置的河西武威、酒泉二郡中分置张掖、敦煌二郡，史称“河西四郡”。至此，中国与**葱岭**以西包括印度在内的欧亚大陆国家和地区间的经济、文化和人员交流的陆路交通全线打通。这条陆路交通线就是后来被称为**丝绸之路**的古代东西交通大通道，而敦煌则是这条通道上的战略要地之一。由敦煌向东，穿越河西走廊可到达中原长安和洛阳；由敦煌向西，经过今中国新疆地区，再翻过葱岭，可以通向中亚、南亚、西亚，甚至更远的地中海沿岸的希腊、罗马及北非地区。为防御匈奴侵扰，汉朝还分别在敦煌城西北部和西南部建玉门关和阳关，两关之间以长城和烽隧相连，出关可通西域，敦煌遂成为中原通西域的门户和边防军事重镇。西汉王朝为了控制西域和保证丝路畅通，除了在西域设置西域都护府、驻兵屯田外，还将长城从敦煌延伸至西域的盐泽（今罗布泊）。在调动军队在敦煌屯田戍守的同时，还实行移民和屯垦、兴修水利，使敦煌居民的生产方式从原来的以游牧为主转变为以农耕为主，敦煌遂成为西汉王朝用兵西域、防御匈奴的后方基地，使中原王朝能够牢固掌控敦煌和河西走廊这一通向西域的战略要地和交通要道。东汉在罢废西域都护后，又于元初七年（120）置护西域副校尉，主管西域事务。副校尉治所设在敦煌，敦煌遂成为汉王朝统治西域的军政中心。当时许多西域地方政权的“质子”也多居留敦煌。

敦煌市区夜景

汉长城遗址 敦煌

三国、魏晋、十六国时期，中原战乱频繁，河西走廊和敦煌地区在皇族、宗室和地方世族的统治下，社会相对安定；其时，敦煌与西域（包括中亚、西亚、南亚和欧洲）仍然保持着各方面的往来。在内地由于战乱而显得不安定的情势下，“中州避难来者，日月相继”。出于经营西域的需要，前凉统治者张骏

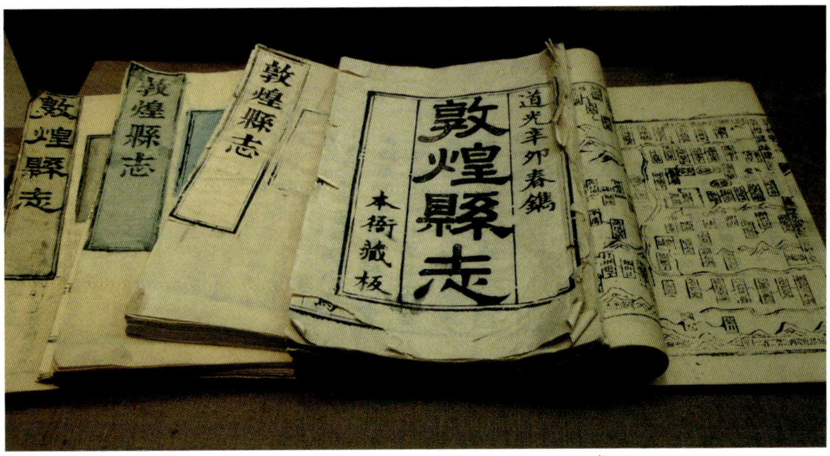

《敦煌县志》清道光年间刻本书影　现藏敦煌博物馆

把敦煌、晋昌、高昌等三郡归为一个整体，将西域都护、戊己校尉、玉门大护军等三营合并为沙州，治所在敦煌。敦煌担负着制御西域和沟通中西交通的重任。

439年前后，敦煌的北凉政权被鲜卑拓跋氏建立的北魏所灭。敦煌的历史进入北朝时期，历经了北魏、西魏、北周等几个政权的统治。北魏占领敦煌以后，在此设敦煌镇，仍将其作为经营西域的基地。孝文帝时，在此置镇都大将领军驻守，北魏重臣穆亮就曾任敦煌镇将。正光五年（524），敦煌镇改为瓜州后，北魏宗室元荣曾任瓜州刺史。北周取代西魏后，仍在敦煌设瓜州，建平公于义为瓜州刺史。北朝时期，敦煌一直是丝绸之路的要冲之一。北魏后期，经河西走廊的道路因战乱而受阻，东西交流路径即经由敦煌，改走祁连山以南的“南山道”。西魏时期，中原派往西突厥、波斯等地的使者也视敦煌为必经之地。

隋唐时期，敦煌在中西交通和中原王朝经营西域方略中地位更显突出。据史料记载，隋炀帝西巡之前，曾派黄门侍郎裴矩到河西一带调查，裴矩写成《西域图记》三卷呈炀帝，其中详细描述了丝绸之路由敦煌以西分为三道通向西方的交通情况，并特别强调了敦煌地理位置之重要：“（丝绸之路）发自敦煌，至于西海，凡为三道……故知伊吾、高昌、鄯善，并西域之门户也。总凑敦煌，是其咽喉之地。”到了唐代，敦煌依然是经略西域的军事、边防重镇。唐初仍在敦煌置瓜州；武德五年（622），改瓜州为西沙州，州治所为敦煌；贞观七年（633），又改西沙州为沙州。出于经营西域的需要，唐前期十分重视敦煌。初唐时期，将丝路南道上的两个重镇——石城镇（在今新疆若羌）和播仙镇（在今新疆且末）划归沙州（敦煌）直接管辖。武则天统治时期，还在沙州设豆卢军，在瓜州设墨离军。唐初向西域用兵，皆从敦煌出发，并以敦煌为军事物资的转运和供应基地，先后北灭东突厥，西灭西突厥、讨伐吐谷浑，又灭高昌（今新疆吐鲁番一带），攻焉耆（今新疆焉耆一带），克龟兹（今新疆库车一带），设安西都护和安西四镇等。天宝十四载（755），安禄山发动叛乱，唐廷被迫调动包括敦煌在内的河西、陇右等地精锐入援，吐蕃乘机占领了陇右和河西地区。贞元二年（786），吐蕃向唐廷承诺“毋徙境”后，敦煌进入吐蕃占领时期（786～848）。唐宣宗大中二年（848），沙州大族张议潮率领敦煌人民起义，敦煌进入归义军政权时期，时经晚唐、五代、宋，先后由张氏和曹氏两大家族长期统治。在此期间，敦煌与中原王朝一直保持着君臣关系，也与周边的少数民族政权保持了友好关系，继续保障了敦煌社会、经济的稳定，同时保证了丝绸之路的畅通，为密切中原王朝与广大西域地区的联系和中西交流提供了良好的条件。

1068年西夏再次占领瓜沙后，将瓜、沙二州的统治中心从沙州移到了瓜州，但敦煌仍作为西夏的西大门和与西域联系的关隘。由于西夏长期不准西域各国通过敦煌、河西地区与宋朝联系，对过境商人也课以重税，迫使西域各国使者和商人开始避开敦煌，改由其他路径进入中原。同时，自南宋起，海上丝绸之路也日趋活跃，敦煌逐渐失去中西交通咽喉和中西经济、文化交流中转站的重要地位，其商业和文化也渐趋衰落。

中国唐代牵驼花砖（局部）　现藏敦煌博物馆

元朝于至元十三年（1276）将敦煌收归中央政府直接管辖，复置沙州，并在敦煌等地设置了驿站，为过往商团和使团提供补给。但由于此时经由河西的陆路通道在中西交通中的重要性进一步

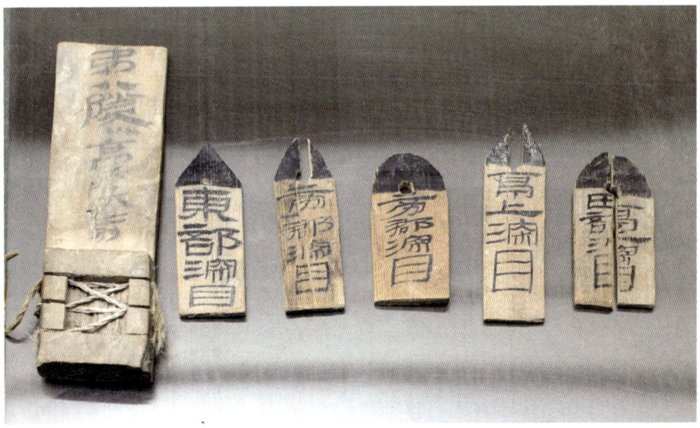

中国汉代封签　敦煌汉长城出土　现藏中国甘肃嘉峪关长城博物馆

中国元代梵文残片
现藏中国敦煌研究院

中国元代叙利亚文《圣经》书影
敦煌石窟出土　现藏中国敦煌研究院

下降，敦煌的地位已远不能与汉、唐时期相比。

明朝增筑嘉峪关后，嘉峪关通哈密之路成为中原与西域往来的干线，敦煌失去了屏蔽河西和中西陆路交通中转站的地位，沙州卫几设几废。嘉靖七年(1528)，敦煌被信奉伊斯兰教的吐鲁番军民占据。

清朝初年，有很长时间未将敦煌收入版图，直至雍正元年（1723），始在敦煌设沙州所。雍正三年，又升所为卫，并移民屯田。乾隆二十五年（1760），改沙州卫为敦煌县。

古代东西方贸易的中转站　汉代以来，随着丝绸之路的畅通，中西贸易也进一步兴盛，敦煌成为东西贸易的中转站。来往敦煌的中外商客络绎不绝，他们或在敦煌进行集市贸易，或经敦煌到长安等地进行商贸。中原产的丝绸、瓷器、铁器，敦煌当地产的粮食，以及从西域来的玉石、珍宝、香料等特产，中亚的名种马，也都在敦煌交易。在这里集散的还有从东罗马运来的金、银器，主要来自中亚和西域地区的铁器，从于阗进口的玉和玉器，甚至从南亚、东罗马等地进口的珊瑚、珍珠，以及波斯出产的琉璃、玛瑙、琥珀等。敦煌藏经洞出土的寺院账目中登记了高档织物、金银器、宝石、香料、珍稀药材等许多西方来的舶来品。这些西方物品都是西域胡商通过丝绸之路带来的。纺织品是敦煌贸易中的大类。据敦煌文书记载，主要有出产于西州（吐鲁番）等地的棉布和主要来自中原地区的丝织品，如红绮、黄黑花绮、天净纱、生绢、青绢、黄绢、紫绢等，多达20多个品种。此外，还有从西域地区进口的蕃锦、波斯锦、粟特锦和拜占廷锦，以及产于朝鲜的高丽锦等。在莫高窟北区石窟还发现了当时流通的波斯银币。

悬泉汉简　敦煌汉置悬泉驿站遗址出土
现藏敦煌博物馆

《后汉书·郡国志》称两汉时（公元前206～公元220）的敦煌“乃华戎所交一都会也”。609年，隋炀帝西巡河西，在张掖举行了由27国参加的商品交易会，而前来参加的西域客商有的途经敦煌而来，有的则原本就是以敦煌为基地进行贸易。据敦煌《沙州图经》记载，唐代敦煌周围设置有清泉驿等21个驿站，以供中外使团、商旅补给和休息。北朝至隋、唐时代，往来敦煌的商客中有许多来自西域的“商胡”，如粟特、于阗、波斯、印度人等，其中影响最大的当属粟特商人。自汉晋以来，以经商见长的中亚地区的粟特商人就沿着丝绸之路往来于粟特和新疆、敦煌与内地之间，几乎垄断了丝绸之路上的贸易。唐代敦煌有大批粟特商人经商并定居，盛唐时代敦煌的“从化乡”就主要由定居敦煌的粟特人构成。

多种宗教和文化的交会处　敦煌历史上流行过多种宗教及其文化。佛教文化，是敦煌宗教文化中最大的亮点。佛教产生于公元前6世纪的印度，传到中国约在公元前后的两汉之际。20世纪90年代，在敦煌汉代悬泉置遗址出土的一枚约东汉初年的简牍中有这样的记载：“少酒薄乐，弟子谭堂再拜请，会月十三日小浮屠里七门西入。”这表明，早在东汉时代，敦煌地区就已经有佛教寺院了。据《魏书·释老志》，北魏时的敦煌，佛教文化已经十分兴盛：“敦煌地接西域，道俗交得其旧制，村坞相属，多有塔寺。”一直到14世纪，佛教在敦煌都占据着主导地位。敦煌石窟即是佛教石窟，敦煌藏经洞发现的约6万件文献中，90%以上是佛教典籍和文献。此外，佛教史籍还记载了来自天竺、罽宾及中亚等地的著名僧人经过敦煌到中国内地传法的事迹。西晋时著名的译经家竺法护祖籍月氏，世居敦煌，因有“敦煌菩萨”之称。除了东来的西域僧人，还有往返时经过敦煌的西行求法的中国僧人，著名的如东晋高僧法显、唐代玄奘法师、宋代开封开宝寺僧继从等。长

中国汉代丝绸残片　1998年玉门关遗址出土　现藏敦煌博物馆

敦煌莫高窟佛塔

达14个世纪的敦煌佛教文化，往生西方极乐世界的净土信仰和轮回、地狱的观念贯穿始终。古代敦煌民众的佛教活动主要包括写经、转经、造窟、造佛堂、造兰若、造像、造幡、造塔等种种佛教功德活动。

产生于中国本土的道教，也在敦煌占有重要地位。敦煌汉简中可见“卒郭彭祖”、“同师敕令三赍都星镇定空无安”一类道教用语。据统计，仅在藏经洞出土的文书中，就有800多件道教文书，如道教根本经典老子的《道德经》、道教佚经《老子化胡经》等。据敦煌文书P.2005所载，至迟在唐朝初年，敦煌已有道观，如神泉观、灵图观、冲虚观、开元观、龙兴观和紫极宫等。

除了佛教和道教外，敦煌历史上还曾存在其他宗教，主要如祆教、摩尼教、景教和伊斯兰教等。景教即古代基督教中的聂斯托利派。在敦煌莫高窟的藏经洞中曾发现一幅头冠上有景教十字架、胸前有景教十字纹的景教圣人画像。还发现有《大秦景教三威蒙度赞》、《尊经》、《志玄安乐经》等景教经典。在莫高窟北区还出土了元代的叙利亚文圣经《旧约》和铜十字架。由此推测，从唐代至元代，敦煌曾有景教信徒，并很可能存在景教寺院。摩尼教，3世纪由波斯人摩尼所创，约6~7世纪传到中国。敦煌藏经洞发现有唐开元年间（713~741）摩尼教法师奉唐高宗之命撰写的汉文摩尼教经典《摩尼光佛教法仪略》。祆教，即琐罗亚斯德教，产生于伊朗，中国人又称“拜火教”。该教大约在4世纪由粟特商人传入敦煌。藏经洞文献中记载了唐代敦煌城东粟特人聚居的从化乡建有粟特人供奉祆神的祆祠。敦煌文书P.3870《敦煌二十咏》中有《安城短咏》、《安城祆咏》等，在敦煌藏经洞也曾发现祆教的善、恶二女神图。说明敦煌存在祆祠。敦煌每年都有多次赛祆活动，在三月三和立夏日都赛祆，反映出祆教与本地民俗的融合。伊斯兰教传入敦煌的时间大约在唐代，很可能由往来于丝绸之路上的阿拉伯人或信奉伊斯兰教的西亚、中亚国家使臣或者商人带来。意大利人马可·波罗在其游记中也提到敦煌地区的伊斯兰教。

敦煌壁画和文书在表现宗教内容的同时，还表现了各时代无限丰富的社会生活画面。壁画中人物的衣冠服饰，反映着古代敦煌地区的物质生活水平和审美时尚。各种宴饮、婚礼场面，反映了丰富的敦煌饮食文化。而各种建筑形式、城市里坊，以及道路、桥梁和各种交通工具等，则反映了当地人民高超的建筑技术和工艺水平。酿酒、打铁、制陶等，也反映着敦煌手工业和科技发展的一些侧面。特别是壁画中场面宏大的音乐、舞蹈画面，学堂、寺庙的画面，体育活动的画面（如杂技、游泳、相扑、射箭、马术等），婚丧嫁娶等画面，都形象生动地反映了多元而丰富的敦煌世俗文化。据《旧唐书·地理志》记载，唐天宝年间（742~756）敦煌人口已达1.6万余人，又称“元宵灯会，长安第一，敦煌第二，扬州第三”，可见盛唐时敦煌岁时文化之兴盛。

此外，敦煌藏经洞出土的敦煌文书还有大量中国的儒家文献和内容丰富的社会文书，如历史、地理著作，官私文书、经济文书，以及文学资料等，还保存了数学、天文学、医药学、造纸术、制糖术和印刷术等方面的科技著作。除了大量汉文文书写本外，还有相当数量的古代民族文字的写本，所涉文字有古藏文、回鹘文、于阗文、粟特文、突厥文、梵文、希伯来文等。作为孕育敦煌文化的沃土，古代的敦煌正是这样一个多种宗教文化和知识的交会处。

以雕像和壁画艺术闻名于世 以莫高窟为代表的**敦煌石窟**艺术群展示了延续千年的佛教艺术。在佛教、佛教艺术广泛传播和中西文化的不断碰撞与融合下，敦煌佛教石窟群应运而生，主要有莫高窟、西千佛洞、肃北五个庙石窟、瓜州榆林窟、东千佛洞等五处石窟，其中以莫高窟为代表。根据唐代《李克让

20世纪初，敦煌县城寺庙前停放的英国探险家A.斯坦因的行李车

中国北魏时期佛像　现藏敦煌博物馆

修莫高窟佛龛碑》的记载，莫高窟始建于前秦建元二年（366），此后其营建不曾中断，历北凉、北魏、西魏、北周、隋、唐、五代、宋、西夏、元，是世界上绵延历史最长、保存最完整的佛教石窟寺遗址。目前保存有洞窟735个，其中有壁画的洞窟492个。现存壁画约4.5万余平方米，彩塑2 400余身，唐宋时代木构窟檐5座，还有民国初重修的作为莫高窟标志的九层楼。此外，清光绪二十六年（1900）还发现了闻名世界的藏经洞。藏经洞发现后，英国人A.斯坦因、法国人P.伯希和日本人橘瑞超、俄国人鄂登堡等各国探险家先后到来，从道士王圆箓手中购取大量藏经洞文物，致使藏经洞大批文物流散各国，但也使对敦煌及其文物的研究成为一门显学——敦煌学。

莫高窟于1961年被定为第一批全国重点文物保护单位，1987年又被联合国教科文组织列入世界文化遗产名录。

（张元林）

Dunhuang Geci

敦煌歌词　Dunhuang Lyrics　20世纪20年代在中国敦煌发现的一批民间歌词。其创作时间大体在唐和五代期间。这些歌词约半数为佛曲，宣扬佛教思想。如《太子十二时》是讲太子（即释迦牟尼出家前的称呼）出家的佛传故事、《禅门十二时》、《南宗赞》、《丈夫百岁歌》、《女人百岁歌》等，是用通俗的语言宣扬佛教教义和劝诫人早日皈依佛门。其中一首《南土定邪正五更转》有句："本自净，没尘埃。无染着，绝轮回。诸行无常是生灭，但现实相见如来。"此类诗歌均未留下作者姓名，民间色彩浓厚。可以说，在将印度佛教本土化过程中，民间诗人也曾作出很大贡献。

（薛克翘）

Dunhuang Shiku

敦煌石窟　Dunhuang Caves　中国佛教石窟。甘肃敦煌一带的石窟群的总称。广义的敦煌石窟包括敦煌莫高窟、西千佛洞、瓜州榆林窟、东千佛洞，以及甘肃北部五个庙石窟；狭义的敦煌石窟特指莫高窟。莫高窟在今甘肃敦煌东南25千米鸣沙山东麓的断崖上，始建于前秦建元二年（366），从北凉到元朝历代陆续开凿，现存洞窟735个，其中有壁画的492个，彩塑约2 400多身，壁画4.5万余平方米。在敦煌一带的石窟群中以莫高窟开凿年代最早，规模最大，成就最高。

敦煌是古代**丝绸之路**的重镇，中外文化交流的枢纽。印度佛教艺术沿着丝绸之路经西域传入敦煌，因此在敦煌石窟早期佛教艺术中渗透了西域和印度艺术的影响。敦煌早期洞窟的形制，分为禅窟和中心塔柱窟两种：禅窟是从印度佛教石窟的毗诃罗（僧房）窟演变而来的，中心塔柱窟源自印度佛教石窟的支提（佛殿）窟，是在西域形成后传入敦煌的。敦煌早期彩塑也受到印度**犍陀罗艺术**和**笈多艺术**的影响。例如莫高

交脚菩萨像　敦煌莫高窟第275窟

窟北凉第275窟主室正壁塑有高达3米的交脚弥勒菩萨像，这种交脚的姿态在犍陀罗地区较为流行，**菩萨**的造型也具有浓郁的犍陀罗雕塑风格。在莫高窟北魏第259窟北壁现存的一尊佛像，佛像的衣纹薄衣贴体，明显带有印度笈多马图拉式佛像的特点。敦煌莫高窟的早期壁画混杂了印度与波斯的风格。敦煌壁画的佛像一般着袒右式或通肩式大衣。衣纹一种为质感厚重，带有犍陀罗雕塑的痕迹；另一种薄衣贴体，即所谓"**曹衣出水**"式，是印度笈多马图拉式佛像

敦煌莫高窟九层楼

沥粉贴金菩萨像　唐代初期壁画
敦煌莫高窟第57窟

的典型特征。菩萨像一般头戴印度式的三珠宝冠或西域式华鬘，肩披波斯大巾，胸佩瓔珞，身体修长，呈印度艺术中常见的三屈式。这种服饰是印度、波斯风习的混合。敦煌壁画的飞天比龟兹壁画的飞天造型柔和，动态活泼，长长的飘带凌空飘舞，更显得满壁风动。在敦煌早期壁画中还出现了一些印度教多头多臂的护法神形象，诸如莫高窟285窟（西魏）后壁主龛北侧壁画三面六臂骑青牛的摩醯首罗天（**湿婆**），四臂乘孔雀的鸠摩罗天（塞建陀）和持三叉戟的象头人身的毗那夜迦天（伽内什），南侧壁画三头六臂的毗瑟纽天（**毗湿奴**）。在敦煌壁画中还有一种来自西域的印度传统绘画方法，即**凹凸法**，通过色彩晕染来表现人物肌肤的立体感。在印度壁画中的凹凸法是以同色深浅晕染，传入龟兹（今新疆库车一带）后变成一面染、双面染、渲染、叠晕等技法，传入敦煌后又变成多层次叠晕式圆圈染，由浅入深，色阶分明。凹凸法在敦煌石窟主要流行于北朝时期的壁画中，隋唐以后逐渐消失。

（王镛）

Duodan Zhabasengge

多丹·札巴僧格　rtogs ldan grags pa seng ge（1283～1349）　中国藏传佛教转世活佛，噶玛噶举派红帽系一世活佛。

出生于多康邦布岗地方，族姓贝章格，父亲名达琼，母亲叫阿果萨。6岁左右，对宗教产生特异的感性认识，遂在洛哲札巴高僧劝说下出家为僧，开始专心修学佛法。13岁在吉康寺由洛哲札巴和嘉杰顿巴两位上师授沙弥戒，取名札巴僧格，在此学法8年后，外出广拜名师修学佛法，求得**宁玛派**传承密法等。23岁赴前藏深造，经人推荐，先去桑浦寺，跟从嘉央释迦宣努和洛哲聪麦两位上师研读《般若》、《因明》等显宗经论；后在楚普寺拜见噶玛噶举派黑帽系**三世噶玛巴·让琼多杰**，并在其座前受比丘戒，修习噶玛噶举派密法，实践**那若六法**，获得殊胜觉悟。此时，让琼多杰兴建的德钦登寺竣工，委派札巴僧格去住持。他在该寺住持期间，专心静修密法，获得极佳的悟性和甚深的功法，成为噶玛噶举派的知名高僧。

藏历第六绕迥水鸡年（1333），札巴僧格在楚普寺以东的地方建造了一座新寺，命名奈囊寺。他入住该寺，另立炉灶，收徒传法，学僧剧增，随之其声望日隆，获得元朝皇帝的册封，赐予"灌顶国师"称号，并赠送一顶红色僧帽。札巴僧格逝世后，嗣法弟子遵循他在临终时留下的口嘱，寻访认定其转世灵童，遂产生噶玛噶举红帽系第二世活佛，即喀觉旺布，追认札巴僧格为红帽系第一世活佛。

（尕藏加）

Duojiezha Si

多杰扎寺　rdo rje brag dgon　中国藏传佛教著名寺院，宁玛派六大寺院之一。位于西藏自治区山南地区贡嘎县境内雅鲁藏布江北岸。

多杰扎寺的历史传承始于高僧北方主·扎西道杰（1550～1602）。其人原为后藏北方没落贵族后裔，自幼受到良好文化教育和宗教熏陶，在后藏失去家族地方特权后辗转来到前藏，专门研习**宁玛派**的教法仪轨，尤其精研**大圆满法**，遂成为宁玛派一名大成就者，被人们尊称为"仁增钦摩·旺波戴"。成名后，他在前藏琼结等地传教。最初组建一支私立游方教团，名为"埃旺觉格"，主要传扬伏藏北传子系教法。仁增钦摩·旺波戴圆寂后，其子仁增·俄格旺波继任教主，继续传承这一法脉。

仁增·俄格旺波（1580～1639）出生后，被父亲认定为上师仁增勒丹·都觉多杰（1488～1569）的转世灵童，备受关照，并在智贡法王平措座前落发出家，取法名为"俄旺仁增多杰却杰丹贝坚赞白桑波"。他自幼随父学法，到多地朝圣和传法。尤其是在雅隆协扎和琼结等静修处长期闭关坐禅，通达和娴熟教证二法，成为高僧活佛。

藏历第十一绕迥铁马年（明崇祯三年，1630），仁增·俄格旺波在前藏雅鲁藏布江北岸的金刚崖下建立稳定的宗教活动场所。至此，北方主·扎西道杰组建的"埃旺觉格"教团拥有一座固定的寺院，名为"多杰扎寺"，意译"金刚崖寺"。该寺因自始至终传承和弘扬宁玛派伏藏北传子系教法而成为其祖庭。

仁增·俄格旺波圆寂后，其嗣法弟子寻访转世灵童，正式创立"仁增钦摩·多杰扎"活佛世系，追认仁增果丹·俄珠坚赞（1337～1409）为一世活佛，仁增勒丹·都觉多杰为二世活佛，仁增·俄格旺波为三世活佛。

四世仁增钦摩·多杰扎活佛为班玛赤列（1641～1718）。他出生在一户贵族世家，4岁时被认定为仁增·俄格旺波的转世灵童；6岁被迎入多杰扎寺坐床，同年在五世达赖喇嘛座前落发出家，取法名为"班玛赤列·特却旺格杰布"；19岁在五世达赖喇嘛座前受近圆戒（比丘戒）。他贯通藏传佛教各宗派教法，尤为娴熟宁玛派的教法仪轨，并与格鲁派寺院及高僧保持亲密关系。清康熙五十七年（1718），蒙古准噶尔军队入侵西藏，多杰扎寺被焚毁，四世仁增钦摩活佛遇害。

五世仁增钦摩·多杰扎活佛，名格桑班玛旺秋（1719～1771），出生于康区邦颇岗地方，4岁时被认定为四世仁增钦摩·多杰扎活佛的转世灵童，迎入多杰扎寺坐床，同年在七世达赖喇嘛座前落发出家，取法名为"格桑班玛旺秋·久麦珠贝戴"；21岁时，在七世达赖喇嘛座前受近圆戒；24岁时，在贡布普曲地方举行世界太平之降魔仪式；44岁时，赴洛扎开辟宗教圣地和发掘伏藏法；49岁开始游访康区，讲经传法；52岁时，在桑耶寺主持举行寺院维修竣工之开光仪式。他在继承和弘扬伏藏北传子系教法的同时，又维护和推动了伏藏南传子系教法的发展，因此成为仁增钦摩·多杰扎活佛世系中最具声望和威信的一代高僧活佛。

多杰扎寺及其仁增钦摩·多杰扎活佛世系一直受到西藏地方政府的重视，尤其得到五世达赖喇嘛的扶持，因而寺院兴隆昌盛，鼎盛时期寺僧达2 000人。清康熙五十七年，多杰扎寺被准噶尔军队焚毁，后重建。其规模虽不及从前，但依然保持伏藏北传子系的祖庭地位，宗教影响遍及西藏、青海、四川、甘肃、云南地区及尼泊尔、不丹等邻国。至清末，多杰扎寺寺主仁增钦摩·多杰扎活佛已转世至第九世，名为土丹念尼多杰（1886～1932）。

（尕藏加）

Duoluonata

多罗那他 Tārānātha（1575～1634） 中国佛学家，印度佛教史学家，中国藏传佛教觉囊派高僧。原名斯觉多杰，又名贡噶宁布，尊称多罗那他。

多罗那他出生在前藏一个名为章的地方。4岁时自称是觉囊·贡噶卓乔的转世，遂被迎请到觉摩囊寺，受到诸高僧和信众的关照和敬仰。6岁开始读书学经。8岁时赴觉囊却隆寺，在达隆巴·贡噶扎喜坚赞座前受戒正式出家。先后拜堪布隆日嘉措、多仁巴·绛央贡噶坚赞、强巴伦珠、觉囊济仲等高僧大德系统学习佛教显密教法。17岁受比

丘戒，游历藏区，广泛学习萨迦派、达隆噶举派、噶玛噶举派以及格鲁派等诸多宗派的教法，同时，向印度阿阇梨尼尔巴那室利请教密宗疑难问题，请孟加拉班智达布热纳达即冈哇贡噶讲解《摩诃婆罗多》、《罗摩衍那》等文学名著。30岁继任觉囊派首席法座，开始讲经传法。他反对独尊各自宗派的门户之见，提倡无宗派观念的圆教思想。

多罗那他佛学知识渊博，讲经传法出色，其佛教事业更是蒸蒸日上。除扩建觉摩囊寺（包括建造佛像、佛塔以及编纂刻印佛经）外，他还于1615年倡议、规划和主持建造金碧辉煌的达旦丹却林寺，当时得到座主后藏桑珠孜王宫的地方长官第悉藏巴·噶玛·彭措南杰（1586～1621）的支持。寺院规模宏大、精美绝伦，除了金碧辉煌的建筑物外，寺院内还供奉着丰富多彩的佛教文化艺术精品。当时召集180名学者用金汁抄写200多函的丹珠尔部；从尼泊尔请来约20名雕塑绘画工匠，建造佛像等供养法物。该寺壁画、雕塑等具有尼泊尔和印度佛教艺术风格。此外，多罗那他迎请中印度的婆罗门班智达·支峡纳与婆罗门班智达·帕拉跋扎到达旦丹却林寺，向他们请教妙音声明论等学科知识，并与他们研讨诗学等大众文化。多罗那他精通梵语，翻译了不少梵文书籍。1608年，他根据来藏印度学者的口述，结合自己掌握的资料，撰写了《印度佛教史》。该书问世后，南印度邦陀梨地区毗达地方首领婆婆陀罗来信称赞他的学识，称他是西藏隐姓埋名的唯一大成就者。

多罗那他精通诸宗学说，博采众长，著述宏富，内容涉及宗派史、寺志、人物传记、经典论疏、宗见、诗歌、语言、书信、密法实践等。史志类有《印度佛教史》、《续部王阎摩德迦法源奇异信解》（《大威德教法史》）、《后藏志》、《圣地指南》（包括《觉囊寺胜迹广说》、《修行处吉普德丹寺广说》、《甘丹彭措林胜迹广说》）；传记类有《多罗那他自传》、《释迦牟尼功业传略》、《释迦牟尼百种功业传》、《七代付法藏师传》、《八十四位成就师传》、《大成就师佛陀笈多那他传》等；教义教法类中著名的有《甚深道金刚瑜伽广释·极显双运》、《时轮曼荼罗仪轨广疏》、《甚深道金刚瑜伽广释》、《集密五次第广疏》、《胜乐曼荼罗修法》、《俱生光明论》、《胜乐广颂本注利乐海》、《佛薄伽梵阎摩德伽曼荼罗修法》、《春明点释极秘海藏论》、《本尊大海修法·大宝之源》、《吉祥时轮修法生起次第解说·悉地长存》、《时轮源流》、《时轮释难》等；声明类有《妙音声明经释·殊胜显明论》、《梵文读本》等。

（尕藏加）

Duopuba Xiraojianzan

多朴巴·喜饶坚赞 dol po ba shes rab rgyal mtshan（1292～1361） 中国藏传佛教高僧，觉囊派重要人物，中观"他

空见"思想的发扬光大者。在中印佛学交流中起过积极作用。出生于西藏阿里多朴地方，13岁未经父母同意，私自出家，游方各地学习佛法，曾广拜上师，先后修学《量理庄严论》、《般若经》、《俱舍论》、《入菩萨行论》和《金刚鬘》等佛教经论。21岁赴萨迦寺进修深造，精研萨迦派显密教法，为期两年。之后，又开始游学西藏各地，不时参加辩经，博得各方学者赞许。

25岁在索南札巴、却金等高僧座前受比丘戒，立誓吃素。他向来不拘一格，广泛向萨迦派、噶举派和宁玛派高僧大德求学佛法，并向瑜伽师纳绷求教息解派、觉域派教法，从而博通了各派显密经教。31岁前往觉摩囊地方，拜云丹嘉措（1206～1327）为师，修学时轮金刚等甚深密法。34岁遵照上师之命，住持觉囊寺，并以觉囊派高僧身份，大兴其传法之风。

多朴巴·喜饶坚赞对觉囊派的发展多有贡献。首先，他在住持觉囊寺期间，大力弘扬觉囊派的教法仪轨，撰写《了义海论》一书，将“他空见”思想从师徒口授传承转变为具有理论体系的经典文献传承，从而确立了“他空见”思想在觉囊派教法中的核心理论地位，使日益走向衰微的觉囊派的佛学思想重新获得生机。其次，他迎请尼泊尔和印度工匠在觉囊寺创建了形制独特、功能齐全的一座巨型佛塔，塔内建有佛堂108间，其内供奉的佛像、坛城和经书，不可计数，史称“十万佛大塔”。第三，他的著作等身，除了名著《了义海论》外，尚有时轮类、宗派类、般若类、祈愿类、观世音类、赞颂类、佛像塔类、金刚类、书翰类、教诫与问答类、传记等杂类、发愿文和吉祥颂类，共计百部论著，大大提升了觉囊派的佛学研究水准。

（尕藏加）

duofu

堕负 nigraha-sthāna 印度古代哲学中正理派辩论学说中的术语。指在辩论中误解、不理解对方观点或违反辩论规则等各种辩论失败的相状。根据《正理经》及其古代注释，堕负分为22种，包括：坏宗、异宗、矛盾宗、舍宗、异因、异义、无义、不可解义、缺义、不至时、缺减、增加、重言、不能诵、不知、不善巧、避遁、认许他难、忽视可责、责难不可责、离宗义、似因。这些堕负的名目很多，都是对不成功或失败的辩论状况的描述。《正理经》第5卷第2章中有对这些堕负的具体论述。中国现代研究印度哲学的学者对此概念也较关注。姚卫群在其所著的《印度宗教哲学概论》(北京大学出版社，2006）一书中曾论及了这方面的内容。

（姚卫群）

E

E Lebeixirao

俄·勒贝喜饶 rngog legs pavi shes rab（约活动于11世纪） 中国藏传佛教因明学家，噶当派高僧，寺院教育学家，阿底峡尊者的弟子。西藏前藏雅卓人。系吐蕃赤松德赞时期大臣俄钦布的后裔，父亲是一名宁玛派居士僧。少年时期在比丘僧章·益西永丹前剃度出家，后赴康区亲近赛尊大师，系统学习佛教三藏。学业有成后返回前藏，在拉萨跟随阿底峡研习佛学，请阿底峡讲解《噶当子法》，并同那措·茨诚嘉瓦译师合译《推理学——炽焰论》。阿底峡在聂塘传授佛法期间，俄·勒贝喜饶又前往聂塘聆听阿底峡宣讲佛经，还请阿底峡和那措译师翻译了《中观心论注》，并请阿底峡撰写了《中观教授论》。后俄·勒贝喜饶成为阿底峡在西藏的四大弟子之一。

俄·勒贝喜饶成名之后，致力于寺院教育，尤其重视对藏传量论的系统教学。藏历第一绕迥水牛年（1073），他在拉萨以南、聂塘以东的地方（今西藏拉萨堆龙德庆县境内）创建了一座寺院，命名为桑浦乃托寺，简称桑浦寺。桑浦寺以弘扬藏传量论及辩经学著称于藏传佛教界。俄·勒贝喜饶培养了众多学问僧弟子，在寺院教育和藏传量论方面作出了巨大贡献。他去世后，由其侄子兼著名弟子俄·罗丹喜饶（1059～1109）继任桑浦寺住持。

（尕藏加）

E Luodanxirao

俄·罗丹喜饶 rngog blo ldan shes rab（1059～1109） 中国藏传佛教因明学家，噶当派高僧，寺院教育学家，译经家。

西藏前藏雅卓人，从小跟随叔叔俄·勒贝喜饶学习佛法。因天资聪慧，深得叔叔喜爱，17岁时被送往克什米尔求法。途经阿里时有幸得到阿里古格王子旺秀德的资助，使他在克什米尔专心求学17年。他在克什米尔广拜名师，系统研习佛法。在此期间应旺秀德的请求，与班智达·噶丹嘉布合作翻译了《量庄严论》。学成返回故乡后，依然拜师学法不辍，还曾赴尼泊尔拜阿都拉亚巴杂等大师专门修习密法。从尼泊尔归来，他开始校订和翻译佛经。同时，他继承俄·勒贝喜饶开创的宗教事业，主持寺院，翻译佛经，广收徒弟，以桑浦寺为中心，在拉萨、桑耶、聂谷那、聂岗土、藏绛喀等地讲经传法，主要传授因明学、慈氏五论、中观等佛教显宗经论。据传，其学僧弟子达23 000多人，其中能够宣讲佛法的有2 130多人，阐释经论的有1 800多人，讲解《量决定论》的有280多人，讲授《量庄严论》等大经的有55人。香蔡邦·曲吉喇嘛、卓罗巴·洛智琼奈、琼·仁钦札和塞·喜饶帕四大著名弟子，是继承和发扬俄·勒贝喜饶、俄·罗丹喜饶叔侄开创的桑浦寺教法体系的主要人物。

（尕藏加）

Emei Shan

峨眉山 Mount Emei 中国佛教四大名山之一。又称大光明山。位于四川峨眉山市、乐山市西部。相传为普贤菩萨显灵说法的道场。

概况 今峨眉山景区面积154平方千米，包括四座大山，即大峨、二峨、三峨和四峨。通常所说峨眉山指大峨山，即峨眉山主峰，其峰顶称万佛顶，海拔3 079米。从山下至山顶50余千米。现有寺庙26座，主要有报国寺、伏虎寺、清音阁、万年寺、仙峰寺、华藏寺等。僧尼数量约300人。1982年，峨眉山被国务院批准列入第一批国家级风景名胜区名单。1996年，被联合国教科文组织列入世界文化遗产名录。2007年，峨眉山景区被国家旅游局正式批准为国家5A级旅游风景区。

沿革 相传佛教于公元1世纪传入峨眉山，汉末佛家便在此建立寺庙。但此说并不可靠。峨眉山最初流行道教，东晋时有僧人前来居住修行。唐宋时期，佛道两教并存，此后佛教得到很大发展。到明代，佛教日盛，道教式微。佛教僧尼的数量一度达1 700余人，全山上下有大小寺院近百座。直至清末，寺庙达到150余座。

峨眉山作为普贤菩萨道场的历史，大约可以追溯至东晋时期，据说当时已经建有普贤寺，即今万年寺的前身，唐代更名为白水寺。北宋时期，峨眉山已经树立有普贤菩萨塑像，不久，又铸有巨型普贤铜像，于是改白水寺名为白水普贤寺。普贤信仰由此得到大力发扬。

主要佛寺 ①报国寺，地处峨眉山麓，原名会宗堂，建于明万历年间（1573～1620），清康熙年间（1662～1722）重修。寺内文物众多，主要有二：一是紫铜华严塔，高7米，14层，铸于明代，塔身铸有4 700尊小佛像以及《华严经》全文；二是明永乐十三年（1415）的彩釉瓷佛，高2.47米，色彩晶莹。②万年寺，原名普贤寺，建于东晋（4世纪）。唐代改名白水寺，北宋更名白水普贤寺。明万历年间建砖殿，皇帝赐名圣寿万年寺。万年寺一名沿用至今。寺中无梁殿又名无梁砖殿，具有建筑学研究价值。殿内有铜铸普贤乘坐六牙白象巨像，

峨眉山金顶

峨眉山华藏寺大雄宝殿

高7.35米，重达62吨，为北宋太平兴国五年（980）所造，至今已逾千年。

（薛克翘）

erdi

二谛 dvi-satya 佛教教义中的重要理论，通常指佛说法或教导众生时所使用的两种真理，即真谛（又译“第一义谛”或“胜义谛”，常简称为“第一义”或“胜义”）和俗谛（又译“世俗谛”或“世谛”，常简称为“世俗”）。

有关早期佛教的佛典中很少提到二谛，或是提到二谛时没有具体解释，含义不清，或是只提到二谛中的一个，解释不完全。

部派佛教中开始对二谛进行具体论述，但提及之处还是不多，与后来大乘佛教中的解释也不同。而且，一些部派论述二谛的文献形成于大乘佛教产生之后。《大毗婆沙论》卷第七十七中列举了不少当时对二谛的理解，提到说一切有部的论师世友认为“能显名是世俗，所显法是胜义”，“随顺世间所说名是世俗，随顺贤圣所说名是胜义”。即认为依世间人们一般的言语、观念所说的是俗谛，而依佛教圣贤所说或显示的是真谛。

《俱舍论》卷第二十二中则认为，那种看不到由部分聚合的东西最后会毁灭，以为聚合体是实有的观念是俗谛；那种看到聚合体会分解，但认为分解后剩下的不可分的部分实有的观念是真谛。

佛教中突出强调二谛理论的是大乘。般若类经理解的真谛指性空或超越一切言语等的真理性认识；俗谛则指佛以方便力借助言语等对众生的说法。此后的中观派和瑜伽行派等对二谛又做了进一步的论述。

中观派是佛教思想发展史上较全面阐明二谛内容和意义的派别。此派强调二谛都是佛的说法，认为俗谛是对有颠倒观念的世俗之人说的，表现为在他们看来是正确的言语；而真谛则是佛教圣贤所理解的，表现为诸法性空的理论。中观派认为无论是真谛还是俗谛都很重要。他们特别指明了俗谛的意义，因为各种言语实际上就是俗谛。佛教要表明事物的本质，要表明性空的道理，离开言语是不可能的，而言语在本质上就是俗谛，总是有局限性的，说出来时就不可能完全或绝对地正确表明事物，但不借助于言语，事物的本质或实相又显示不出来。因此，在表明真谛时，又要借助俗谛。真谛是关于事物或人生本质的道理，俗谛是对民众说明这种道理的工具。二者对于佛教都是十分重要的，都属于“真理”（谛）。龙树在《中论》卷第四中说：“若不依俗谛，不得第一义，不得第一义，则不得涅槃。”也就是说，真谛和俗谛对于信众达到涅槃都是不可缺少的。

瑜伽行派也持二谛之说。此派的真谛实际就是它所强调的佛教圣者的唯识理论或唯识空观，而俗谛是指各种言语及世俗观念。瑜伽行派的重要文献《显扬圣教论》卷第二中说：“世俗谛者，谓名句文身及彼义一切言说，及依言说所解了义，又曾得世间心及心法，及彼所行境义。”“胜义谛者，谓圣智及彼所行境义，及彼相应心心法等。”

二谛理论亦传入中国，受到中国佛教界的重视。中国佛教史上讨论二谛问题的高僧大德或宗派很多。南北朝时期和隋唐时期的佛教都曾在这方面有论述。

南北朝时期比较引人瞩目的是成实师提出的“境理二谛”说（认为二谛是各自表明某一范围内的道理）和三论师提出的“言教二谛”说（认为二谛仅是佛的方便言教，对二者中的任何一个都不能执着）。

隋唐之后，中国形成了一些较有影响的佛教宗派。各宗学说一般也都涉及二谛理论，但论述较多的是三论宗和天台宗。三论宗的代表人物吉藏曾写过《二谛章》和《二谛论》等，天台宗的智顗在《四教义》中也对二谛问题进行了分析。

（姚卫群）

Ershiba Xiu

二十八宿 一种沿着天球的黄道带或赤道带作出的天区分划和命名系统。其起源应与对月亮在恒星中穿行的观测有关。

月亮在恒星背景下穿行一周回到原来的恒星附近需要27天多一点，这是一个恒星月。印度古人认为月亮在一个恒星月内每晚在一个地方留宿，这个留宿的地方叫月站。因此，印度古代沿月亮运行的轨道把周天分成28个月站。在《耶柔吠陀》和《阿闼婆吠陀》中已经列出了包含28个月站名称的完整名单。

曾侯乙墓漆箱盖二十八宿图

与印度的月站系统类似，中国古代也有一个包括28个星群的星宿系统。迄今为止所见最早列出全部28个星宿名称完整名单的，是1978年湖北随县擂鼓墩发掘的战国早期墓葬曾侯乙墓中漆盖上的二十八宿图。该图中，28个星宿名称绕一个“斗”字围成一圈。曾侯乙墓的入葬年代在公元前430年左右。

传世文献中最早的二十八宿完整名单出现于战国末期的《吕氏春秋》中。《吕氏春秋》“有始览第一”载：“天有九野……何谓九野？中央曰钧天，其星角、亢、氐；东方曰苍天，其星房、心、尾；东北曰变天，其星箕、斗、牵牛；北方曰玄天，其星婺女、虚、危、营室；西北曰幽天，其星东壁、奎、娄；西方曰颢天，其星胃、昴、毕；西南曰朱天，其星觜巂、参、东井；南方曰炎天，其星舆鬼、柳、七星；东南曰阳天，其星张、翼、轸。”《吕氏春秋》“季春纪第三·圜道”又说：“月躔二十八宿，轸与角属，圜道也。”可见中国古代二十八宿与月亮运动也有一定的关系。零星的二十八宿名称则出现在被认为是更早的中国古代文献中，如《尚书》、《诗经》等。

印度的月站系统随着佛经的汉译传播到中国。汉译佛经中将印度的星宿名称译成汉语时，主要采取3种译法：①对译成中国已有的星宿名称，这种情况占了相当多的一部分，如《大方等大集经》卷二十《宝幢分第九·三昧神足品第四》中的译法。②按照梵语发音进行音译，这种译法在汉译佛经也占相当的数量，如《宝星陀罗尼经》卷四、《摩诃僧祇律》卷三十四等书中的译法。③按照梵语星宿名称的字面意思意译成汉语，这种译法仅见于《舍头谏太子二十八宿经》。

中印古代各有自己的星宿系统，并在几个方面表现出各自的不同特点。

首先，关于首宿。中国古代的二十八宿以角宿为首宿，印度古代星

三垣二十八宿图

宿系统的首宿相当于中国古代的昴宿。两者的天文含义可能为各自星宿系统成型之时，角宿为秋分点，昴宿为春分点。中国古代角宿作为首宿这一点一直没有变化，而印度古代星宿系统后来由于春分点的退行即岁差现象，其首宿有所调整。从汉译佛经的资料来看，较晚译出的佛经，如《难弥计湿嚩啰天说支轮经》，以娄宿为首宿。

唐二十八宿镜拓片

其次，关于星宿的数目。中国古代的星宿数目一直为28个，而汉译佛经传入的印度星宿体系其数目有28个和27个两种。二十七宿之说最为完整明确的表述见于唐不空金刚所译的《宿曜经》，其中列出的星宿数目只有27个，少牛宿。唐杨景风注《宿曜经》提到：“唐用二十八宿，西国除牛宿，以其天主事之故。”现在看来，印度星宿体系星宿数目的调整，与黄道十二宫输入印度有关，即为了将星宿体系所表示的天度与十二宫体系所表示的天度有一个方便的换算。一行在《大毗卢遮那成佛经疏》卷四《入漫荼罗具缘真言品第二之余》对此解释得很明白：“言宿直者，谓二十七宿也。分周天作十二房，犹如此间十二次。每次有九足，周天凡一百八足。每宿均得四足，即是月行一日程。经二十七日，即月行一周天也。”

第三，关于每宿的宽度。中国古代二十八宿每宿宽窄不等，宽者有三十多度，窄者只有几度乃至一度。印度古代的星宿宽度起初也宽窄不等，大致分为大、中、小3种宽度，形成3:2:1的比例关系。大约在1世纪前后，印度的梵文资料中出现了一种平均划分各宿宽度的二十七宿体系，每宿占13° 20′，并以娄宿为首宿，这应该是为了配合黄道十二宫的传入而做出的一种调整。

第四，关于每宿的星数、象形和距星。中国古代星宿系统中每宿之星数和印度古代星宿系统之每宿星数大多在1～10颗之间，少数多于10颗乃至20颗。但对于对应的星宿，中国星宿的星数一般都多于印度星宿的星数。从命名来看，中国古代星宿的名称都与某种日用器物有关。佛经在对印度星宿系统的介绍中还往往描述每一宿的象形，如鹿头、牛头、马头、剃刀、车、额上点、妇人靥、脚迹、角、麦、象步等，比较具有印度特色。由于星宿体系还起到坐标系的作用，每宿需要选取一颗参考星即距星，作为度数计量的起点。中国古代星宿系统选取的距星一般不是该宿中最亮的星，而印度一般选取亮星作为距星。

当印度星宿体系随佛经传入中国时，中国本土已经有发展成熟的二十八宿体系，因而前者对后者基本上没有产生什么影响。然而，伴随印度星宿体系输入中国的是融合了希腊和巴比伦的印度星占学，汉译佛经中保存了大量围绕印度星宿体系展开的对星相命运、吉凶宜忌等的叙述。这种与中国本土星占学风格全然不同的印度星占学伴随佛教的传播而在中国民间广泛流传，对中国古代星占学发展中的平民化倾向和算命术的形成，产生了较大的影响。

（钮卫星）

Er Shi Dalailama Gendunjiacuo

二世达赖喇嘛·根敦嘉措 dge vdun rgya mtsho（1476～1542） 中国藏传佛教格鲁派著名高僧活佛。后藏达那（今西藏日喀则地区谢通门县）人。自幼在民间传为根敦珠巴的转世灵童，后得到扎什伦布寺诸位高僧的普遍认同。10岁时迎往扎什伦布寺，剃度出家，授戒传法。21岁在哲蚌寺受比丘戒。34岁朝礼拉姆拉措圣湖，始建曲科杰寺（位于今西藏林芝地区加查县境内）。曲科杰寺建成后，他每年夏季六七月，都要到曲科杰寺和300多名僧人一起住夏，给僧众讲经，至十月份才返回拉萨。

36岁起出任扎什伦布寺第五届法台（住持）达6年之久。他主讲《释量论》、《俱舍论》、《般若十万颂》、《密续注疏》等显密经论。43岁出任哲蚌寺第十届法台。44岁主持拉萨祈愿大法会，恢复了格鲁派高僧主持祈愿大法会的特权。是年，帕主政权首领阿旺扎西扎巴坚赞（1480～1569）向根敦嘉措赠送其在哲蚌寺的官邸，确立哲蚌寺第一大活佛身份。52岁兼任色拉寺法台。从此，根敦嘉措的宗教地位和社会声望与日俱增，稳坐格鲁派第一大活佛宝座。

根敦嘉措作为宗喀巴·洛桑札巴大弟子根敦珠巴的转世活佛，不负众望，建寺传法，拓展了格鲁派的发展空间；同时，著书立说和培养嗣法弟子，成为一代卓有宗教成就的格鲁派高僧。著有《现观庄严论释》、《入中论释》、《究竟一乘宝性论释》、《辨了不了义释》、《文殊名称经释》及因明、律学方面的释论，还有本尊法王修法类、宁玛古日息扎等多种典籍。

（尕藏加）

Er Shi Zhangjiahuofo Awangluosangquedan

二世章嘉活佛·阿旺洛桑却丹 lcang skya ngag dbang blo bzang chos ldan（1642～1714） 中国清代藏传佛教格鲁派高僧活佛。出生于安多宗喀（今青海湟水流域），由龙合寺住持慈臣嘉措报请四世班禅·洛桑确吉坚赞（1567～1662）认定为一世章嘉活佛·札巴鄂色之转世灵童，先后在龙合寺和郭隆寺受戒闻法。清顺治十八年（1661），赴拉萨学经深造达20余年，博通显密教法。康熙二十五年（1686），随上师阿旺洛哲嘉措一同前往漠北蒙古地区，排解札萨克图汗与土谢图汗之间纠纷，并取得成效。翌年，又随师进京具奏，受到康熙帝嘉奖。在京期间，康熙帝对他的处事才能和佛学知识颇为欣赏。康熙二十七年，二世章嘉活佛返回故里，担任郭隆寺第二十届法台（住持），并同和硕特蒙古首领达赖洪台吉建立供施关系，亲往青海湖畔向广大牧民讲经说法，其宗教影响范围逐渐扩大。康熙三十二年，康熙帝以他“梵行精纯，圆通无碍，西藏蒙古中外诸士之所皈依，僧俗万众之所钦仰”召来京城，驻锡法渊寺，封为

札萨克达喇嘛，成为京师职衔最高的喇嘛，具体承办理藩院交办的有关藏传佛教事务。康熙三十六年，奉命赴藏，代向六世达赖喇嘛送金册金印，并参加坐床典礼。康熙四十年，康熙帝命在多伦诺尔（今内蒙古多伦境内）建造的大型寺院竣工，命名汇宗寺，并令内外蒙古各旗，送一名僧人入寺，寓意江河之汇于大海，以示内外蒙古各部共尊清中央政府。同时，康熙帝派遣二世章嘉活佛担任多伦喇嘛庙总管喇嘛事务之札萨克喇嘛职位，从而确立了他总领漠南蒙古地区藏传佛教的职权。之后，他每年盛夏在多伦诺尔避暑，驻锡汇宗寺，讲经弘法，冬天返回京城任职，处理京师藏传佛教事务。康熙五十年，清朝政府在京城专门给他建造一座寺院；翌年，康熙帝亲书寺额“嵩祝寺”。康熙五十二年，他陪同康熙帝驾临多伦诺尔汇宗寺进香，康熙帝见寺院庄严雄伟，蒙古各旗僧人均安心诵经习法，极为高兴，即向他郑重宣布：“黄教之事，由藏向东，均归你一人掌管。”

二世章嘉活佛不但受到康熙帝的赞许和嘉奖，而且得到皇四子雍亲王的尊崇。康熙五十四年，他在多伦诺尔汇宗寺圆寂，其骨灰运往青海郭隆寺建塔供奉。

（尕藏加）

eryuan ershiwudi

二元二十五谛 dualistic twenty-five categories 印度古代哲学中数论派的重要理论。数论派认为：世间事物或人生现象产生于两个实体的结合。这两个实体一个是物质性的“自性”，另一个是精神性的“神我”。当这两个实体分别独存时，事物处于一种潜伏不显的状态。而当两实体中的神我作用于（接近或观照）自性时，自性内部就开始发生变化，并转变出世间事物或人生现象。“自性”最初产生“觉”（相当于起确定或决定作用的“理性”或“知性”），从觉生出“我慢”（即“自我意识”或“主我性”），从我慢一方面生出“十一根”（眼、耳、鼻、舌、皮、发声器官、手、足、排泄器官、生殖器官、心），另一方面又生出“五唯”（香、味、色、触、声），五唯又生“五大”（地、水、火、风、空）。这些就构成了组成世间事物或人生现象的基本成分。其中的自性和神我两个实体被称为“二元”。觉、我慢、十一根、五唯、五大加上自性和神我合称为“二十五谛”。这种理论是数论派的基本思想模式或体系框架。此派的各种具体的哲学观念被包摄在了这一框架之中。讲述二元二十五谛的数论派文献《数论颂》在古代收入梁陈之际真谛法师译出的《金七十论》中，在当代中国又被译成现代汉文本，姚卫群翻译，收入《古印度六派哲学经典》（商务印书馆，2003）一书。

（姚卫群）

F

Faqu Lun

《发趣论》 *Paṭṭhāna* 南传上座部佛教七部论书中的最后一部，也是篇幅最大者。又名《大论》。相比于前六论侧重分析诸法名相，该论以二十四缘贯穿一切教法，对诸概念做综合考察，被视为七论中最重要的一部。该论由戴维斯夫人于1921～1923年校订出版。英译本由那罗陀尊者于1969年及1981年在伦敦出版。日译本收于《日译南传大藏经》第50～56卷。转译自日文本的汉译本收于元亨寺版《汉译南传大藏经》第54～59卷。注释收于觉音的《五论注》。

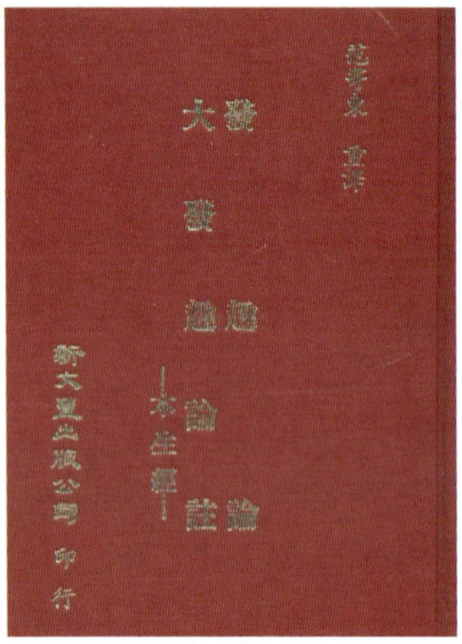

《发趣论》封面

《发趣论》以二十四缘为中心，详述《法集论》所出的122组论母与二十四缘之间的关系。二十四缘是巴利上座部所特有的教法，包括因缘、所缘缘、增上缘、无间缘、等无间缘、俱生缘、相互缘、所依缘、依止缘、前生缘、后生缘、修习缘、业缘、异熟缘、食缘、根缘、道缘、静虑缘、相应缘、不相应缘、有缘、非有缘、去缘、不去缘。其中若干名目已出现在《无碍解道》及《论事》、《双论》中，但作为整体，初出于本论。

结构上，《发趣论》由二十四发趣组成。这二十四发趣分为顺发趣、逆发趣、顺逆发趣、逆顺发趣4种，再各自包含三法发趣、二法发趣、二法三法发趣、三法二法发趣、三法三法发趣、二法二法发趣6种论法。如此开展出繁复细密的教法，试图穷尽各概念间相互关联的一切可能。

（赵菲）

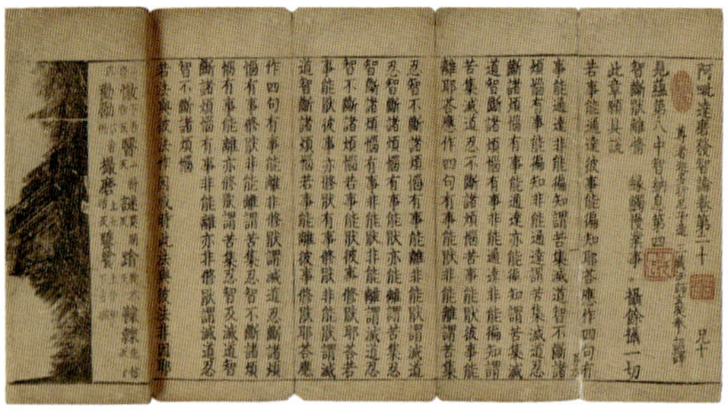

《阿毗达磨发智论》书影

Fazhi Lun

《发智论》 *Jñāna-prasthāna* 佛教典籍。全称《阿毗达磨发智论》，亦名《说一切有部发智论》。为说一切有部的根本论，与六足论合称为“一身六足”。迦多衍尼子作。成书年代难以确定，一般认为该论的注释文献（毗婆沙）约出现于1世纪，约于2世纪集成《大毗婆沙论》，所以《发智论》的形成应更早一些。

《发智论》分为八蕴四十四品。第一《杂蕴》，解析有部修行次第相关的概念，包括四善根、四果、有余无余涅槃等。第二《结蕴》，详细解说关于烦恼的诸概念，比如三结、五盖、九十八随眠。第三《智蕴》，解说圣者断除烦恼所得的智慧，涉及七觉支、八智与十智，见、慧、智之间的差别等。第四《业蕴》，说明身、语、意之善不善、有漏无漏诸种业。第五《大种蕴》，说明四大种所造色与蕴处界及三世的关系。第六《根蕴》，依各种论门详细解说二十二根。第七《定蕴》，讲解各种定及其差别。第八《见蕴》，涉及四念住、三有、想等范畴，破除六十二见等种种邪见。

相比于六足论，《发智论》试图全面囊括有部教说，并整理构建出适宜教学的理论体系。此外，论中亦强调了有部特色教理，诸如六因四缘论、三世实有论、繁复细致的烦恼理论及修道论，体现了较成熟时期阿毗达磨的特点。除了教理，该论的理论结构亦影响深远，《大毗婆沙论》说该论之结构是以逆次第宣说教法，即第一蕴先列出圣修行道，而修行过程中需要断除的烦恼就是第二蕴的内容，断除烦恼所得的智慧即由第三蕴讨论，第四蕴讨论众生种种善恶行及其业果，而构成诸行的四大种由第五蕴说明，四大种所造色中与众生及其修行关系最密切的当属二十二根，由第六蕴讨论，第七蕴讨论如何制根修定，第八蕴讨论与修定同样重要的见地，强调破除种种邪见的重要，如此依果循因，层层开显净染、圣凡之法义。《大毗婆沙论》即依此结构注释该论，为有部广大教法提纲挈领。

玄奘译本20卷（T1544），译于657～660年间，另有异译本《阿毗昙八犍度论》30卷（T1543），由苻秦僧伽提婆与竺佛念译于383年。据学者研究，两种汉译应译自不同的底本，玄奘译本可能根据梵文底本，而僧伽提婆译本可能译自俗语抄本。除了汉译本，该论亦有梵文残片出土于阿富汗巴米扬和中国新疆库车，其中，库车残片更接近于僧伽提婆的汉译本。这说明该论曾有不同方言的不同传承。此外，法尊曾据汉译将该论及其注释《大毗婆沙论》译为藏文，其手稿于2011年由中国藏学出版社出版。

（赵菲）

Falouna

伐楼拿 Varuṇa 古代印度教神话中最古老的神祇之一。身份多样，后以主管天地之水为主。

伐楼拿在吠陀圣典中是天和地的创造及维持者，为天、人之主，宇宙之王，具备无限知识，配享无上尊崇。常与密多罗相伴出现，分别掌管黑夜和白昼。但其名亦常单独提到。他使日、月、星闪光运行，为江河水开辟通路。风是他

伐楼拿神像

的呼吸。人类的命运由他控制。作为天地的主宰，他无所不见，无所不知。他能凭借“幻力”变化形象，用绳和网捉拿犯罪的人。《梨俱吠陀》有不少圣诗是请求他宽恕罪愆或解除病苦的。他也总是慈悲为怀。后来他地位下降，成为神母阿蒂提的七神子之首，西方的保护神。地上和天上之水皆由他管理，故又为江河大海之神。

（葛维钧）

Fayou

伐由 Vāyu 古代印度教神话中的风神。在印度教最古老的经典《梨俱吠陀》中，除第10章提到过他是原人布鲁沙的呼吸外，Vāyu这个词一概是在“风”这个意义上使用的。在后来的神话中，他和因陀罗同乘一驾金光闪闪的马车，由一对棕色或红色的烈驹，或由100乃至1 000匹骏马拉着飞奔。他们也同为最先饮用苏摩酒的神祇。《阿闼婆吠陀》说他有净化的力量，能解除人的不幸，摧毁敌人的箭头，又特别喜欢同人饲养的牲畜在一起。《毗湿奴往世书》说他是乾闼婆的王。《薄伽梵往世书》说他曾吹掉须弥山的山顶，把它投入海中，成为楞伽岛（今斯里兰卡）。在吠陀以后的神话中，他成为管理西北方的神。在《摩诃婆罗多》中，为怖军之父。传说使曲女城国王之女弯腰驼背的仙人也是由他化身而成的。哲学上又为构成世界的四大或五大元素之一。

（葛维钧）

Fazhiheli

伐致呵利 Bhartṛhari 印度梵语古典文学时期著名诗人。见《三百咏》。

Facuoyanna

筏蹉衍那 Vātsyāyana（约活动于四五世纪） 印度古代哲学中正理派的思想家，《正理经疏》的作者。生平不详。《正理经》是古印度最早创立系统逻辑推理和辩论规则学说的哲学文献。但该典非常简略，一些经文含义不明。筏蹉衍那对《正理经》的文本作了系统的阐释，显明了正理派的主要学说，对此派扩大影响起了极大的作用。筏蹉衍那的《正理经疏》的思想在古代也随佛教传入中国。一些印度佛教文献中对正理派思想有很多的记述。现代中国有筏蹉衍那《正理经疏》的汉译节本，姚卫群译，收入《古印度六派哲学经典》（商务印书馆，2003）一书中。

（姚卫群）

fa

法 dharma 传统印度宗教哲学思想中最重要，却又随时代、场合、流派等的不同，内涵变化最多的术语。音译“达磨”。

“法”字由意为“掌握”、“支撑”、“坚持”、“维护”等的梵文动词dhç派生而来，相应地有了“基础”、“稳固”的意思，带有始终不变，既不分解破坏，也不转为他物的含义。从固定不变的存在这一意义上，又逐渐派生出一系列多少相关的其他意义，如“规律”、“秩序”、“法则”、“传统”、“习惯”、“道德”、“责任”、“义务”、“善行”、“信仰”等。早在《梨俱吠陀》里，其意思已有多重，或为“维持者”，或为“宗教仪式”，或扩展为“行为准则”。作为宗教仪式，法最初的作用不过是维持与人密切相关的宇宙秩序，但随着祭祀仪式的地位日趋重要，渐与宇宙起源及结构本身等同起来。在社会生活中，最早的法的观念包括人的行为的一切方面，目的在驾驭人的利己主义，使之转向利他主义，并和正义相关联，表达着一定的社会理想。法也因之成为社会秩序和安定的基础。吠陀时代的人并不区分制约宇宙和自然的法及制约社会和个人的法。这一认识在印度长期存在，渗透于各种宗教理论和俗世的社会伦理思想乃至律法规定之中，一再受到肯定和发挥。就印度教而言，法的概念在奥义书时代已广泛使用，并作为标准、秩序、正义、真理、和谐等的代称而被广泛接受。婆罗门僧侣为保持本身优越的社会地位，亦利用法的观念将种姓制度加以固定，使它的权威性蒙上超自然的神秘色彩。佛教中，法亦居于核心地位。“法谓轨持”，指轨则、秩序和具有固定持久，不会变异的质的规定性的所有东西。狭义上仅代表佛陀的教导也即真理，广义上则可概括一切。在本体论和宇宙论水平上，指物质的、精神的乃至不可思议的全部存在；具体地，又指任何依一定条件而存在的事物和现象以及它们的相互关系和发展规律。在宗教和社会生活中，既泛指义务、道德、善行，又特指宗教戒条，遵守它便能达致涅槃或其他高等境界。法于人最直接的影响在社会伦理方面，具体体现在古代印度诸法经和法论之中。

（葛维钧）

Fabao

法宝 Fabao（约活动于七八世纪） 中国唐代俱舍宗高僧，译经家。玄奘法师的高足之一，曾参与义净的译场。

据《宋高僧传》卷四等记载，法宝为玄奘法师的弟子，聪明敏捷，超出众人。他对经义的参悟透彻，而且坚持奉梵文原典为圭臬。玄奘刚翻译完《毗婆沙论》时，法宝针对“非想见惑”提出了自己的疑问，玄奘就在经文中加入了16个字，对疑难之处加以说明辩解。法宝问玄奘：这些文字在梵语原本中有吗？玄奘回答说：是我自己根据语境文义加上去的。法宝表示不同意：老师怎么可以将凡人的语言随意加在圣人的教导之上呢？玄奘对他的直言建议表示赞许。自此之后，法宝在玄奘门下日益受到重视。

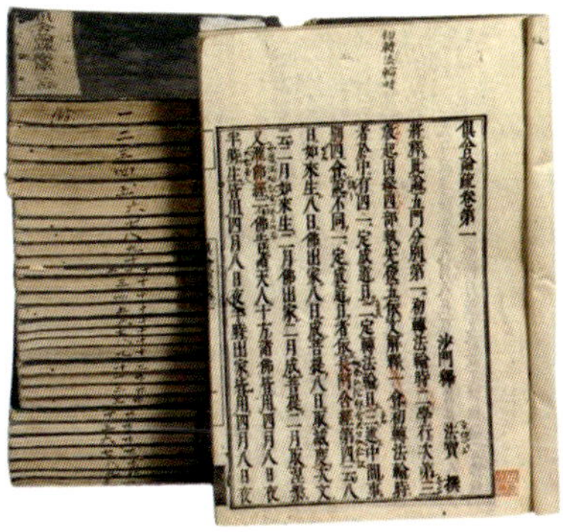

《俱舍论疏》书影

法宝与同门普光均擅长《俱舍论》。普光经常在经文上有所增益，而法宝则较为忠实于原文。时人将二人比作鸠摩罗什门下的道融与僧叡。法宝还撰有《俱舍论疏》（T1822）30卷。由于法宝在义学上的造诣，长安三年（703），他在福先寺、西明寺加入义净的译场，担任证义，参与译出各类经典，声名远扬。

（范晶晶）

Facheng

法称 Dharmakīrti（600～660） 印度大乘佛教瑜伽行派论师，藏传佛教因明学家。据多罗那他的《印度佛教史》记载，法称生于南印度睹梨摩罗耶国，早年学习婆罗门各种学问，后又转修佛法，赴那烂陀寺从护法出家，研习佛教唯识学。之后，跟随陈那弟子自在军专门学习《集量论》，成绩优异。对《集量论》作出注疏，撰写了《因明七论》，包括《因滴论》、《观相属论》、《成他相续论》、《诤正理论》、《释量论》、《自释》和《定量论》，进一步发展了陈那的因明学说（见因明学）。故法称及其论著在藏传佛教中备受推崇。

（尕藏加）

Fafang

法舫 Fa-Fang（1904～1951.10.03） 中国现代僧人，佛教学者。为加强中印文化交流作出了贡献。

法舫出身于河北一个农民家庭。幼年为躲避旱灾至北京，经人介绍在法源寺学习。因有感于佛教组织的慈悲宽仁，1921年由南岳是岸法师剃度出家。1922～1924年师从太虚法师。从佛学院毕业后，在北京藏文学院研习藏文，后与其他几位学生一同前往西藏。通《唯识论》等佛典，为同代人所尊敬。

1930年，法舫任教于北平柏林教理院，兼任世界佛学院筹备处书记，因教学和行政管理工作出色，在佛教界享有名望。抗日战争时期，受法尊法师之邀赴四川主持汉藏教理院教务3年，成绩显著。1942年赴印度圣蒂尼克坦，入国际大学中国学院研究印度佛教，同时学习巴利文、梵文和英文。1945年转赴锡兰（今斯里兰卡）学习南传经典。

《法舫文集》书影

1946年应谭云山之邀回国际大学讲授中国佛学。

法舫著有《佛教对于人生之看法》、《一个佛学者的程序》、《印度之文化人》等。2002年，法舫文化研究会在中国河北成立。

（姜景奎）

Fahe

法和 Fahe（约319～约397） 中国东晋高僧，佛学家。冀州（今属河北）人，一说荥阳（今属河南）人。少与道安同师受学。凝静有操行，以恭让知名，善标明论纲，解悟疑滞。4世纪中叶，中国北方爆发后赵石氏之乱，法和随道安南下避乱。365年行至新野（今属河南），道安分张徒众，法和率部分徒众入蜀弘法，四川东部和陕西南部有许多人慕名前来从学。东晋孝武帝

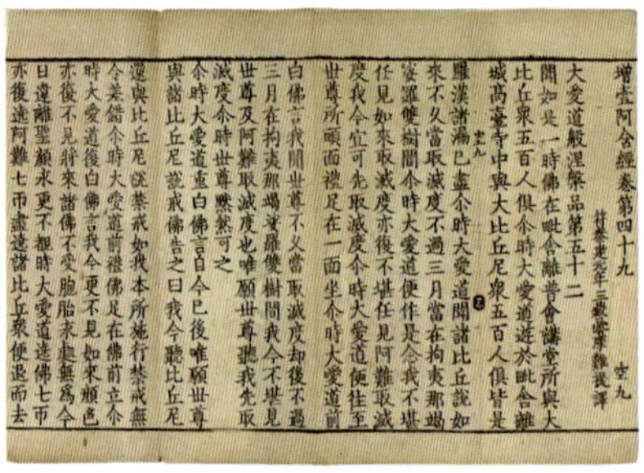

《增一阿含经》书影

（372～396年在位）太元四年（379），法和得知前秦将领苻丕攻陷襄阳（今属湖北），道安被掳至长安，得前秦主苻坚（357～385年在位）礼遇。法和遂自蜀入关，住洛阳阳平寺。据《高僧传》卷五记载，太元五至六年，法和参加金舆谷（在今山东历城柳埠镇附近）之会，与道安共登山岭。在山顶极目远眺，悲叹道："此山高耸，游望者多，一从此化，竟测何之。"道安则回应："法师持心有在，何惧后生？若慧心不萌，斯可悲矣。"其后，法和辅佐道安在长安校订翻译的佛经，"诠定音字，详覈文旨"。法和参与校订的佛经有罽宾沙门僧伽提婆所译《阿毗昙八犍度论》30卷或20卷、《阿毗昙心论》16卷或13卷、《毗婆沙毗昙》14卷，罽宾沙门僧伽跋澄所译《尊婆须蜜菩萨所集论》（又名《婆须蜜经》）10卷或12卷或14卷、《鞞婆沙论》（又名《鞞婆沙阿毗昙》、《广说》）14卷或15卷或19卷、《僧伽罗刹所集经》（又名《僧伽罗刹集》）3卷或5卷，以及兜佉勒国沙门昙摩难提所译《增一阿含经》41卷或33卷或50卷、《中阿含经》59卷等。太元十年（385）道安殁后，法和东下洛阳，又与僧伽提婆一起对昔日所出的部分新经重新翻译并对其中错误之处进行了修正。及姚兴（393～416年在位）在关中弘法，法和复入关。鸠摩罗什曾作颂赠之，其中之一云："心山育明德，流熏万由延。哀鸾孤桐上，清音彻九天。"后晋王姚绪（约395年被封晋王）请法和居蒲坂（今山西永济）。一次集僧斋讲时，法和对弟子说："俗网烦恼，苦累非一，无常甚乐。"他整理好衣服，绕塔礼拜，后回到居所。

法和对中国佛教的贡献有两点：一是他入蜀弘法，改变了蜀中少闻佛法的状况，对蜀土佛教兴盛有开拓之功；二是他到洛阳与僧伽提婆一起，重译了新出的部分佛经，"自是之后，此诸经律渐皆译正"。

（黄夏年）

Fahu

法护 Dharmapāla（963～1058） 中天竺来华僧人，译经家。宋真宗景德元年（1004）来华，被安置于译经院。当时天息灾、法贤（见法天）先后去世，正需要主持翻译的大德，便与惟净协助施护主持译经场事宜。景德四年被授予"传梵大师"称号。宋仁宗天圣二年（1024），注辇派使者来献贝叶梵经，宋仁宗赵祯下诏让法护翻译。景祐二年（1035），法护与惟净著工具书《天竺字源》7卷，宋仁宗为之作序。庆历七年

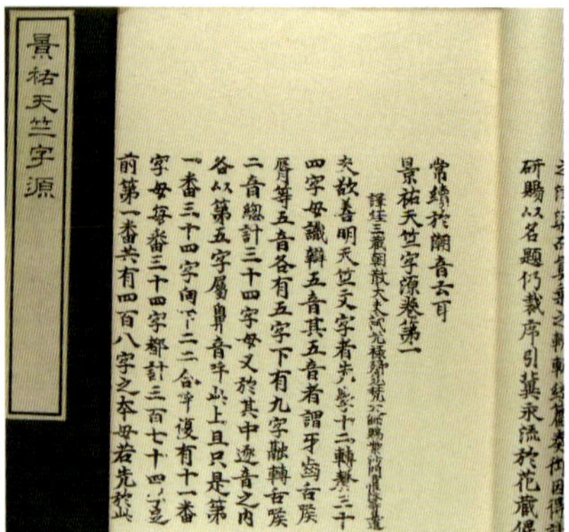

法护、惟净《景祐天竺字源》书影

(1047)，宋仁宗写《译经颂》赐予法护。至和元年（1054），宋仁宗因法护德高望重、秉持戒行，特赐普明慈觉传梵大师称号，后法护被称为六字师。法护所译佛经，前期多为与施护、惟净合译，后来才有自译者。主要有《大悲空智金刚大教王仪轨经》5卷，与施护等合译《一切如来真实摄大乘现证三昧大教王经》30卷，与惟净合译《佛说除盖障菩萨所问经》20卷等。

（薛克翘）

Fahua Wenju

《法华文句》 中国佛教经典。逐句注释鸠摩罗什所译《法华经》之结构与经文的著作。具名《妙法莲华经文句》，又

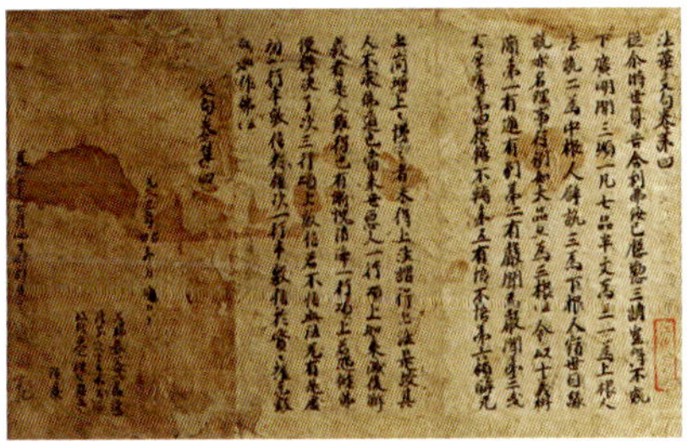

《法华文句》书影

称《法华经文句》。陈后主祯明元年(587)智𫖮于金陵光宅寺所讲，门人灌顶（561～632）笔录，至唐太宗贞观三年（629）补治方成。共10卷（每卷分作上下，或作20卷），收于《大正藏》第1718号。与《法华玄义》、《摩诃止观》并称“天台三大部”。

据卷首镜中沙门神迥所述《天台法华疏序》记载，唐玄宗天宝七载（748），左溪玄朗（673～754）有感于《法华文句》文势“时有不次”，诸听徒亦频加劝请，“垂次比此”，故方始条伦，随情便宜，有所修治。有学者推测，《法华文句》现行本即是该本。

《法华文句》详尽解释《法华经》的文句，反复阐明天台教义，具有重要意义。该书先将《法华经》28品分作序分、正说分和流通分，又将其分作本、迹二门，二门之下各有序分、正说分和流通分。其中，迹门法华开权显实，阐明如来垂迹，过去于一说三，而今会三归一，令众生开示悟入佛之知见；本门法华则阐明如来本地，开近显远，说明如来久远前已实成佛。

《法华文句》除了将《法华经》分科作释外，还在具体解释运用天台所独创的“天台四释”（因缘释、约教释、本迹释、观心释）对经文进行诠解，别有特色。其中，因缘释是以四悉檀（世界悉檀、各各为人悉檀、对治悉檀、第一义悉檀）为因缘来解释法义；约教释是依藏、通、别、圆四教由浅入深，解释文句法义；本迹释是依本地、垂迹二门来解释法义；观心释是依观行来解释法义。除了彰显自宗外，该书还破斥了南北朝时期的他家之说，尤其是梁代光宅法云《法华经义记》。

《法华文句》的主要注释本有唐代荆溪湛然的《法华文句疏记》(30卷)等。

（杨祖荣）

Fahua Xuanyi

《法华玄义》 中国佛教典籍。《法华经》注疏。具称《妙法莲华经玄义》，又称《法华经玄义》、《妙玄》。隋文帝开皇十三年（593），智𫖮在荆州玉泉寺所讲，由灌顶笔录，成于仁寿二年（602）。凡10卷（每卷分作上下，或作20卷），与《法华文句》、《摩诃止观》并称“天台三大部”。

据《智者大师别传》载，智𫖮所述之内容原可达30卷，灌顶仅录其初分，成《法华玄义》10卷。

《法华玄义》释经超出以往佛教典籍格式而自具特色。在内容上，虽然主要是对经题的解释，但内容繁复，旁征博引，既涉及教相判释，也对以往佛教思想做了总结与评价，凸显出“一心三观”、“圆融三谛”的主旨，可说是天台宗对全体佛教的概论。此外，书中“南三北七”判教思想的记录，是佛教史上珍贵的史料。

《法华玄义》首先举出五重玄义，即释名、辨体、明宗、论用、判教，再将其作通、别二分，论述通、别之意，

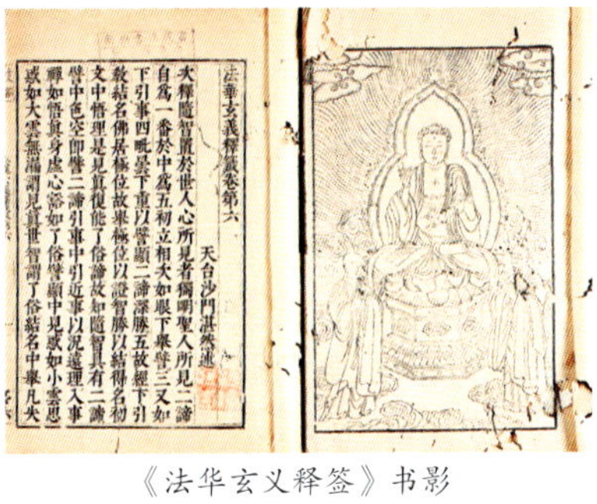

《法华玄义释签》书影

并言“通则七番共解，别则五重各说”。书末附有《记者私录异同》，是灌顶记录智𫖮所说后的附记，分为杂记异闻和推尊师说两部分。

智𫖮首先以七番共解通释五重玄义。七番为：标章、引证、生起、开合、料简、观心、会异。这七番中，智𫖮尤其突出观心一门，充分显示了天台止观的特色。此外，智𫖮还说了七番之意义：“标章令易忆持，起念心故；引证据佛语，起信心故；生起使不杂乱，起定心故；开合、料简、会异等，起慧心故；观心即闻即行，起精进心故。五心立，成五根，排五障，成五力，乃至入三脱门。略说七重，共意如此。”其次以五重共说别解五重玄义，详细论述每一重。第一重释名，详释《妙法莲华经》之经题，乃全书核心，分作判通别、定前后、出旧解、正解经名四部分。其中，出旧解，略举四家旧说，加以评判，颇为重要；正解经名乃本章重点，依次以“法”、“妙”、“莲华”、“经”来阐释经题，“法”、“妙”尤重。智𫖮将“法”统概为众生法、佛法、心法三种，认为此三种法依法华圆融三谛之旨，融妙无差，将“妙”分相待与绝待两种，倡明绝待。此外，智𫖮开迹门十妙与本门十妙，两者皆具相待与绝待二妙，仅开合不同，其体实一。“莲华”乃譬喻，以显妙法，一方面具六义以譬迹、本二门，另一方面譬喻十如、十二因缘、四谛、三谛、二谛、一谛、无谛等法。“经”下分五义：明有翻、明无翻、和融有无、馊明经、观心明经。第二重辨体，阐明《法华经》以实相为体，以及入体相之门的教行，分作：正显经体、广简伪、一法异名、入体之门、遍为众经体、遍为诸行体、遍为一切法体。第三重明宗，分作：简宗体、正明宗、众经同异、明粗妙、结因果。第四重论用，分作：明力用、明同异、明历别、对四悉檀、悉檀同异。第五重判教，分作：大意、出异、明难、去取、判教。其中，在教相判释上，先批判“南三北七”之说，次立“五时八教”，判《法华经》为纯圆独妙，并以醍醐为譬。

《法华玄义》的注释主要有唐代荆溪湛然《法华玄义释签》20卷，宋代法照《法华经玄义读教记》5卷、从义

《法华玄义补注》3卷等。

（杨祖荣）

Fajian

法见 Fajian（约活动于10世纪） 西印度来华僧人。据《佛祖统纪》卷四三，与可智、真理一起于北宋开宝五年（972）来到宋朝都城汴京（今河南开封），受到宋太祖赵匡胤接见，并赐紫方袍。

（薛克翘）

Fajie

法戒 Dharmaśīla（约活动于11世纪） 中印度来华僧人。据《佛祖统纪》卷四四，法戒与觉称一同于北宋大中祥符三年（1010）自中印度（今印度比哈尔邦一带）来到宋朝都城汴京（今河南开封）进献舍利、梵夹、金刚座真容、菩提树叶。宋真宗赵恒（997～1022年在位）接见于便殿，慰劳甚厚，并让他们居住在译经院。

（薛克翘）

Fajing

法经 Dharma-sūtra 印度古代文献里四种劫波经之一。用“经”体写成。该类经典讨论人的社会和宗教职责、义务等问题。它是后来专门讨论同一问题的诗体“法论”的先驱。现存的法经仅有两类，分别属于《娑摩吠陀》和《黑耶柔吠陀》（见《耶柔吠陀》）系统。前者只有一部，即《乔达摩法经》。后者较多，包括《宝陀耶那法经》、《阿帕斯坦巴法经》、《金长发法经》和《隐修氏法经》等。另外还有一些法经，端赖于其他典籍的偶然称引而可知其名，但原经已佚。“法经”由其内容而又称“共定行为经”。法经在印度古代经典类别里属于“传承”。

（葛维钧）

Faju Jing

《法句经》 *Dhamma-pada* 早期佛教的重要经典。经文为偈颂体，广泛运用譬喻说理，以简明扼要的语言阐释佛教的基本教义。该经中很多法句偈颂形成于佛教初次分裂之前，甚至形成于佛陀时代，后由各个部派以不同语言编集流传，现存的原本有巴利语、犍陀罗语、梵语和混合梵语4个系统。

《法句经》中的偈颂大多是关于佛教教义与人生哲理的教诲，每品都围绕着一个主题展开，如“无常”、“勤学”、“多闻”等。这些偈颂语言朴素、譬喻生动、警句迭出，深受信徒们喜爱，一直流行不衰，作为佛教基本的入门读物。在斯里兰卡和东南亚地区南传佛教的范围内，巴利语《法句经》广为传诵，之后又有多个英译本，可谓世界上流传最为广泛的佛经之一。

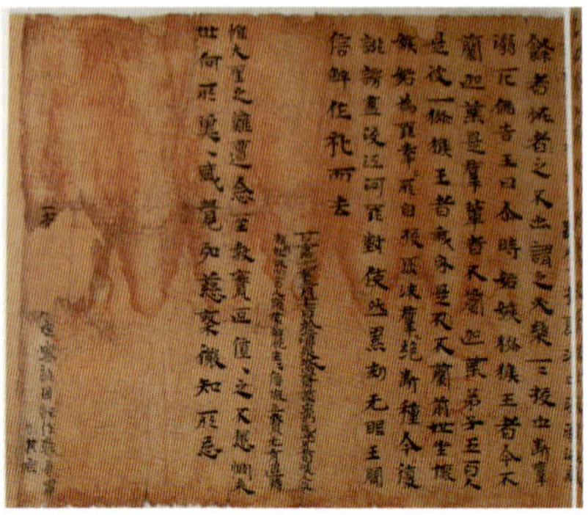

《法句譬喻经》敦煌写本书影
三国魏甘露元年（265）

巴利语《法句经》共有26品423颂，收入《经藏·小部》，属于上座部的传承系统。有觉音的巴利语注释，其中指明了佛说每段偈颂的事件缘由与背景。

犍陀罗语本一般认为属于法藏部，现存3种。其一为20世纪初在新疆和田地区出土的残本，分藏于法国和俄罗斯两处，由J.布劳整理的刊本最为优善，存22品约350颂，其中能与巴利本对应者约有230颂。其二是伦敦藏本，只残存15行，由T.楞兹于2002年发表，与和田本传承体系很接近。其三存于巴札尔收集品，出自巴基斯坦，残存7品89颂。该本与和田本差异较大，有很多独特的语法和编集特征。

梵语本的题名不是《法句经》，而是《优陀那品》（优陀那是佛教的十二分教之一，旧译为“无问自说经”，即佛陀不待人问而自己宣说之经典），由德国学者F.伯恩哈德根据在中国新疆地区所发现的残片整理而成，共有33品，属于说一切有部或根本说一切有部。

混合梵语的《法句经》发现于中国西藏，由印度学者R.桑克利提亚衍寻得并拍照，其后照片保存在印度比哈尔邦巴特那，故而也被称为“巴特那《法句经》”，可能属于正量部。

在汉语佛经中，《法句经》先后有4个汉译本，详略不同：三国吴时维祇难等译《法句经》（T210）2卷，西晋法炬、法立共译《法句譬喻经》（T211）4卷，后秦竺法念译《出曜经》30卷，北宋天息灾译《法集要颂经》4卷。藏译有两种，即德格版第326号和第4099号。支谦的《法句经序》提到：《法句经》有九百偈、七百偈与五百偈3种版本。吕澂认为即广本、中本与略本之分，其中巴利本相当于略本，汉译中的吴译与晋译属于中本，秦译、北宋译与藏译本属于广本。根据经文的比对，大约可以判断：吴译与巴利本大致同出一源，属于上座部的化地部，只是在略本的基础上有所扩充。晋译则在吴译的基础上增加了讲说偈颂的因缘部分。后秦本属于说一切有部，而北宋本与藏译本由于出现较晚，属于根本说一切有部的可能性更大。

（范晶晶）

Faju

法炬 Faju（约活动于290～312） 中国西晋僧人，佛经翻译家。又称法巨、帛法巨。

据《高僧传》卷一和《出三藏记集》卷十三等，法炬曾翻译《大楼炭经》（T23）6卷、《大方等如来藏经》1卷，又与法立合作译出《法句譬喻经》（T211）4卷、《佛说诸德福田经》（T683）1卷。翻译《法句譬喻经》时，法炬为笔受，文辞比旧译更加华美。永嘉二年（308），竺法护翻译《普曜经》，法炬又与沙门康殊为笔受。而根据《历代三宝纪》，法立圆寂以后，法炬还摘译出《恒水经》（T33）1卷和《法海经》（T34）1卷等一些小篇幅经典，与法立的翻译大同小异。

（范晶晶）

Faju Lun

《法聚论》 *Dhamma-saṅganī* 南传上座部佛教的重要论书。又作《法集论》、《法僧伽》。此论旨在收纳汇集散见于经藏的诸多法数，予以分类并加阐释。觉音在其注释《殊胜义》中将《法聚论》列于巴利论藏七部论书之首，与位列第二的《分别论》同为建立并广说上座部基本论理的著作。自驻英国伦敦的巴利圣典协会刊出E.穆勒的巴利语校勘本以来，此论已有数种翻译，包括戴维斯夫人1900年的英文译本、向智长老1950年的德文译本、A.伯劳1951年的法文译本等。日本于1935～1941年间出版的日译南传大藏经，中国台湾于1990～1998年转译为汉文，《法聚论》也包含其中。

《法聚论》由开篇的论母以及正文的《心生起品》、《色品》、《总说品》、《义释品》共四品组成。论母即论义之本母，造论者将欲探讨之课题简要列出，而后详尽法义便可依此为纲目生发开来。《法聚论》列出两组论母，分别称为论之论母、经之论母。论之论母包括22组三分法和100组二分法。三分法即以三门分类分析诸法，如善法、不善法、无记法，或过去法、未来法、现在法等。二分法即以二门分类分析，如因法、非因法，或漏法、非漏法等。这120组论母所涵盖的概念，有些已见于经藏，有些则是晚至阿毗达磨兴起时代才出现的新名目，《法聚论》将其作为论母集结于此。其内容也为《分别论》、《界论》、《双论》、《发趣论》等其他论书所引用。而这以120组二门分别诸法的论式，自此也为巴利阿毗达磨所继承。除了论之论母，还列出42组二门分别的经之论母，如愚法、贤法，或黑法、白法，或名及色等，这些名数大都出自巴利《长部》的《众集经》，因此与有部的《集异门足论》有颇多重合之处。根据注释书，经之论母是舍利弗尊者为了方便比丘学习经藏而添加的。

《法聚论》正文第一为《心生起品》，依照前述论之论母第一组的三分法，分为善心、不善心、无记心，详细说明了生起于三界及出世间的八十九心及其相应心所法。其中善心部分的讨论最为繁复详尽，比如先说欲界善心生起时，有触、受、想等五十六法与之相应，再一一给出定义并分类区别之，如是列出欲界、色界、无色界、三界不定以及出世间可能生起的种种善心和心所。相较而言，不善心及无记心部分的说明则比较简略。第二《色品》，先列出论母，随后以一分、二分、三分乃至十一分法来分类分析诸色法。比如色法可以二分为内色、外色，亦可六分为眼、耳、鼻、舌、身、意所识之色，乃至可十一分为眼、耳、鼻、舌、身处及色、声、香、味、触处，以及法处所摄色。巴利上座部所讲的28种色法，在此品中已列有除了心基之外的27项。第三《总说品》，分为15个部分，依开篇的论母百余组为纲目来解说诸法，和前两品相比简洁很多，却完整覆盖了《法聚论》的所有论母。第四《义释品》，再次解说论之论母，一些在第三品中仅简要论述的条目，在该品中有更详细的解说。比如三分法论母的小所缘法、大所缘法、无量所缘法，《总说品》分别以一句话作定义，《义释品》则详细列举出分属于三门的种种法并区别之。根据觉音的注释，此品是舍利弗为弟子便于理解第三品而说的。

在形式上，《法聚论》区别于早期阿毗达磨，如《分别论》的古层以及《人施设论》，而具备更成熟的独立于经藏的论母与论式，但其论式也还是停留于分类定义与简单的教义问答，没有发展出更系统的关于论理本身的分析，也没有引用他宗、驳斥异议的记录，所以其成书应早于《论事》等较晚期的阿毗达磨。而论文内部，最古层当属论之论母及第三《总说品》，经之论母与第一、第四品则应是较晚逐渐添入的。第二《色品》由于有独立的论母，在并入《法聚论》之前，应该已是初具雏形的独立作品了。

《法聚论》所述的法义，体现了南传上座部佛教对于心理现象进行细致分析的传统，以及侧重以伦理视角看待心理现象的特色，这从作为此论主体的第一《心生起品》全然组织于善、不善、不定之论母框架之下便可看出。另外，此论所标示的数项论义，也成为南传上座部佛教区别于其他部派的独特之处。例如，此论说前五识是无记心，而有部则说其有善恶。此论说色法皆是无记，而其他部派如有部，因为对法处所摄色的概念界定不同，而说色法亦有善恶染净。相对于沿袭自原始佛教的色界四禅说，此论有五禅的理论。此论中唯作的概念，是其他部派所没有的。此论只讲涅槃一种无为法，其他部派则发展出三无为、九无为等说法。

（赵菲）

Falang

法朗 Dharmadeva（约活动于7世纪） 中国唐代译经僧人。襄州襄阳（今属湖北）人。据《大唐西域求法高僧传》卷下，梵名达摩提婆，意译“法天”。俗姓安。唐高宗永昌元年（689）十一月一日，因义净的邀请从广州乘船到室利佛逝，协助义净译经。当时年24岁。事后往诃陵国（在今马来西亚加里曼丹岛东岸，或以为在今印度尼西亚爪哇岛），在诃陵国因病去世。

（王邦维）

Fali

法力 Fali（约活动于四五世纪） 中国去印度取经僧侣。曾与宋云、惠生一起出使西域，访求佛经。与他相关的记录很少，《魏书》卷一百二十、《北史》卷九十七、《通志》卷一百九十六、《文献通考》卷三百三十八的记载均相同，云：“初，熙平中，肃宗（指北魏孝明帝元诩）遣王伏子统宋云、沙门法力等使西域，访求佛经。时有沙门慧生（即惠生）者亦与俱行，正光中（523年前后）还。”从中可知，法力也是西行求法者之一。

（谭洁）

Fali

法立 Fali（约活动于290～312） 中国西晋僧人，佛经翻译家。

据《高僧传》卷一与《出三藏记集》卷十三等，法立与法炬合作译出《法句譬喻经》（T211）4卷、《佛说诸德福田经》（T683）1卷。之后，他又寻访得到一些梵（胡）语经本，翻译出百余小篇，但未来得及缮写完毕，便因病去世。又正值永嘉之乱，所以这些经文都未保留下来。不过，《历代三宝纪》收录了题为法炬翻译的一些小篇幅佛经，据说是在法立译本的基础上有所增删润色而成。

（范晶晶）

Faling

法领 Faling（约活动于3世纪下半叶～4世纪上半叶） 中国东晋僧人。又称支法领。

据《高僧传》卷二、卷六，法领是东晋慧远弟子，奉师命前往西域求取梵文经书，在于阗（今新疆和田）获得《华严经》梵本的前一部分3.6万偈。这部经文于义熙十四年（418）至元熙二年（420）由佛驮跋陀罗等人在建康（今南京）道场寺译出（T278）。《佛祖统纪》进一步将法领赴西域取经的时间确定在义熙四年，并提到他也是慧远所创的莲社成员之一。据唐代道宣的《律相感通传》记载，法领还曾在若耶（位于今浙江绍兴）谢敷的隐居之地建立戒坛。而真实性可疑的《四分律序》则声称法领还带回了《四分律》的梵本，其弟子慧辩甚至参与了《四分律》的翻译。

（范晶晶）

Falun

法论 Dharma-śāstra 古代印度教专门论述行为规范和政治法律的一类著作。又称"传承"。

法论经典的源流，可以上溯到劫波经。劫波经为吠陀六支之一，包括两个部分，其中讲人的正当行为方式的部分又分为家范经和法经。后者论述人在社会中依其身份而定的权利和职责。法论即是以法经为基础发展起来的，基本上是前者的注释——有时仅限于对原经进行阐发和澄清，有时还要在不同的传统要求或习惯规范间加以调和。后法论获得独立地位，成为古代印度按印度教思想论列行为规范的基本著作，并包括民法和刑法。法论通常由行为法、诉讼法和赎罪法三部分组成。有的加上王法，即适用于统治者的法。有的加上创世神话和宇宙图景的描述，以显示其理论的权威性和永恒性。体裁上，或为韵文，或为散文，亦有韵散相间者。作者往往托为远古某位半神人或者仙人，如摩奴、那罗陀、祭言等。数量无确说。有36种、100多种、5 000种诸说。《祭言法论》举出20位作者名字，重要者为摩奴、祭言、阿帕斯坦巴、布利哈斯帕提、乔达摩等。他们的理论观点颇受重视。经长期流传，同一法论有时会出现古本、大本、小本等不同版本。法论并非法官或其他护法者必须遵行的法律，而只是箴言、原则和建议，加上处处维护婆罗门阶层一己的利益，所以徒为理想而难以行通者较多，偶有理论的割裂或主张的矛盾亦不足怪。习惯上，后出的简本和注疏也包括在法论这一概念之中。

（葛维钧）

Famen Si

法门寺 Famen Temple 中国著名佛教寺院之一。以收藏有佛指舍利而闻名。在中印佛教文化交流方面起过重要作用。

法门寺位于陕西宝鸡扶风。始建于东汉晚期（2世纪下半叶），原名阿育王寺。系因安放佛舍利而建塔，又因塔建寺。相传公元前3世纪，阿育王统一印度后，为弘扬佛法，将佛的舍利分成8.4万份，差遣诸鬼神分送世界各国建塔供奉。传说，中国有19处，此阿育王寺为第五处。北魏太和十八年（494）和隋仁寿二年（602）曾二次开塔供信众瞻礼。唐武德七年（624），唐高祖为之更名法门寺。唐贞观年间（627～649）曾3次开塔供瞻礼。原塔俗名圣冢，唐代改为四层木塔，称为护国真身宝塔。

迎请佛骨成为唐代最盛大的佛事活动，每隔30年举行一次。先后有8位皇帝6次迎出佛骨到皇宫瞻仰礼拜，两次送回法门寺供养。每次迎送都兴师动众、声势浩大。最盛大的一次在咸通

法门寺

佛指舍利　现藏法门寺

十四年（873）。迎请佛骨之前已准备了两年。迎请时，从京城到法门寺100多千米的路上，车水马龙，日夜不绝。沿途有免费的饮食供应，任何人都可以食用。迎请佛骨的仪仗队由皇家御林军引导，文武大臣护卫，名僧大德簇拥，旌旗幡盖遮天蔽日，鼓乐喧天，沿途站满观礼的民众。长安城内各条大街上都树立起用绸缎装饰的彩楼。皇帝在城门楼上顶礼迎接，文武百官和市民则在街道两旁迎接。佛骨先在皇宫内供奉3天，再到京城寺院轮流供养。文武百官和富豪都争施金帛，四方百姓扶老携幼前来瞻仰，有的信徒为表虔诚断臂截指、烧顶灼臂。次年正月送佛骨回法门寺，同样声势浩大。此次为最后一次送佛骨，按照佛教仪轨，将佛指舍利及数千件稀世珍宝一同封入塔下地宫。此后的1 113年里，即便是修建舍利塔，地宫再未开启过。

1981年8月，明代修建的舍利塔坍塌一半。1987年春，考古人员发现塔下地宫，使佛指舍利与一大批珍贵文物重见天日。

（薛克翘）

Famen Si Ta

法门寺塔 Famen Temple Pagoda 中国佛塔。位于陕西省宝鸡市扶风县法门寺内。法门寺又名法云寺、阿育王寺、重真寺等，位于扶风县城北10千米处的崇正镇（今法门镇）。始建于东汉晚期。唐时更名为法门寺，成为皇家奉佛的总道场，备受尊崇。法门寺塔，《集神州三宝感通录》与《法苑珠林》均作"周岐州岐山南塔"，《广弘明集》作"岐山法门寺塔"。原为四层木塔，下有地宫。明隆庆三年（1569），木塔崩塌，万历七年（1579），神宗赐银数万两复修砖塔，历时30年竣工。新建佛塔为砖砌

法门寺塔

楼阁式，13层，高45米。第一层，塔身八面，塔门南向，额刻"真身宝塔"；十二层以下，每层有佛龛8个，内供大小不一的铜佛像或菩萨像1～3尊，共百余尊，神态肃穆，雕工精湛；第十三层已残毁，后改建为八角形圆盖。塔内藏有经卷，多为宋版。塔刹为铜覆钵，饰以宝珠。

公元前3世纪，**阿育王**统一印度。为弘扬佛法，他将佛舍利分为8.4万份，分奉于世界各地佛寺；中国得19份，分奉于19处，史载法门寺即为其中之一。1987年，从法门寺塔地宫内发掘出一盛奉舍利的宝函，内藏佛陀指骨舍利4枚，弥足珍贵；另发掘出鎏金捧真身菩萨像一尊，青石质"支提之塔"铭一块，鎏金锡杖一根，唐懿宗咸通年间(860～872)迎送佛骨的《物账》、《志文》碑题若干，以及大量秘色瓷器、丝绸衣饰、金银珠宝等物品。法门寺塔地宫藏品具有重要的文物价值和艺术价值，对研究中印佛教文化交流尤其是唐时佛教发展状况，具有非同寻常的意义。2004年，法门寺被联合国教科文组织评为"世界第九大奇迹"；2006年，法门寺遗址被列为国家重点文物保护单位。

（王汝良）

Faming

法明 Faming（约活动于七八世纪） 中国唐代高僧。曾在讨论《**老子化胡经**》的真伪问题上驳倒道士。

据《**宋高僧传**》卷十七等，法明本为荆楚人，博览佛教经论，兼善俗家典籍，辩才敏捷，持戒严正。唐神龙元年（705），法明前往**长安**，访道于高僧，恰遇皇帝诏令僧道两家论定《老子化胡经》的真伪。当时僧徒、道士都汇集于内殿辩论，百官旁听。正当难分难解之际，法明出场向道士提问：若老子果真教化胡人成佛，那么他是用汉语还是用胡语讲法呢？如果用汉语讲法，胡人听不懂。如果用胡语讲法，那么《老子化胡经》传到汉地便须翻译，不知此经是何年何月由什么人口诵胡语，又由什么人笔受成汉语？道士们哑口无言，无以作答。于是法明为朝官公卿所称赏。九月十四日，中宗下敕废毁《老子化胡经》、道观里的《化胡变相》与佛寺里的玄元像，并在洛阳**白马寺**刻石，以示法于将来。

（范晶晶）

Fashang

法上 Dharmottara（495～580） 中国南北朝时期高僧。曾任北齐最高僧官，监掌译经之事，并为佛教在朝鲜半岛的传播作出了贡献。

据《**续高僧传**》卷八，法上俗姓刘，朝歌（今河南淇县）人。5岁上学，天资聪颖。6岁时跟随叔父去寺庙看戏，却不喜欢热闹，只是礼佛读经，音声朗朗，众人都被吸引，前来围观。8岁时粗通经典，明白事理。9岁读《涅槃经》，即生厌世之心。12岁跟随禅师道药出家，四处游历求道，神气高爽、词论精善，被人誉为"圣沙弥"。之后隐居于林虑（今河南林州）山寺，潜心诵读《**维摩诘经**》与《法华经》。到洛阳后名声大震，年岁不大便开讲《法华经》，善辩论喜问证，加之相貌不佳而有"黑沙弥"之称，故而当时有谚语道："黑沙弥若来，高座逢灾也。"意即当时的经师都畏惧年纪轻轻的法上来问难。后来遭遇饥荒，他节衣缩食，一心钻研《涅槃经》，学问日益长进，从光法师受具足戒，在洛阳与邺城（今河北临漳西南）两地听讲不辍。由于学业精深，众人都请法上讲经，他在讲经的同时也编撰义疏。时人称赞他为京师第一德望之僧。

法上40岁时，东魏权臣高澄请他入住邺城主持僧事。此后，他担任僧官昭玄大统近40年，执掌僧录，统领僧尼200多万。法上率身简素、宽于待人，但纲纪严明。他担任僧统之前，僧俗的体制并无两样，他上任后一一区别。于是道俗欢愉，朝廷满意。高句丽（位于今朝鲜半岛北部）丞相久仰其名，也想在本国传播佛教，但对于佛教的始末缘由不甚清楚，于是将存疑之处录为信函，派遣使者送到邺城。法上对其疑问一一进行解答。北齐天保七年（556），**那连提黎耶舍**来到邺城从事译经，法上等被敕命监掌翻译。后来奉敕住在相州（今河南安阳）定国寺，以所获供养建造合水寺（即修定寺），山顶建弥勒堂，极为庄严华丽。

577年，北周灭北齐。周武帝（560～578年在位）重儒灭佛，法上被迫还俗。他虽然身穿俗服，但依然礼佛诵经，希望死后得以转生于弥勒净土，并且发愿：如果生时重见佛法复兴，则至心顶礼弥勒菩萨。580年，当时掌握北周实权的杨坚复兴佛教。法上虽已病体羸弱，但还是让人抬着登至山寺顶礼弥勒菩萨，返回山舍后读诵《维摩诘经》与《胜鬘经》，诵完后即圆寂。终年86岁，身后别无余财。

法上撰有《增一法数》40卷、《佛性论》2卷、《大乘义章》6卷、《众经录》1卷等，均已佚失。

（范晶晶）

Fatai

法泰 Fatai（约活动于6世纪） 中国梁陈之际高僧。曾赴广州辅助译经家**真谛**翻译佛经，并回到都城建康（今江苏南京）宣讲真谛的新译学说。

据《**续高僧传**》卷一等记载，法泰学识渊博，在梁朝时驰誉于淮海一带（今苏鲁豫皖四省交界区）。他原本住在杨都大寺，听说天竺高僧真谛在广州翻译佛经，正在寻访同道协助修订新译经典。于是不辞辛劳前往广州，赴制旨寺辅助真谛译经，笔受记录真谛所宣讲的文义。法泰在广州停留了近20年，其间对真谛所译的50多部佛经都录有《义记》。他虽然博通经文，但也非常注重戒律的奉行。光大二年（568），法泰请真谛翻译《律二十二明了论》(T1461) 1卷、《释律二十二大义》及注疏5卷，并且将其铭刻在座位右侧，时时遵守。

太建三年（571），法泰回到建康，并将新翻译的经论典籍一同带回。他所宣讲的内容听众前所未闻，让当时的佛教界十分震惊，其中包括《**摄大乘**

论》与《俱舍论》，文辞富丽、义理精微。在梁代，梁武帝萧衍宗奉《大智度论》与《成实论》；而到了陈朝，陈武帝（557～559年在位）则偏重《大品般若经》与“三论”（《中论》、《十二门论》、《百论》）。因此，法泰虽然多次开讲真谛的新译经论，但听众并不接受。只有自彭城（今江苏徐州）来到建康的沙门静嵩被法泰的新学说所吸引，昼夜与之探讨其中的义理，时达一年之久。

（范晶晶）

Fatian

法天 Dharmadeva（？～1101） 印度来华僧人，译经家。

据《佛祖统纪》卷四三、《补续高僧传》卷一等，法天为中印度僧人，宋太祖开宝六年（973）之前到中国，先在鄜州（今中国陕西富县一带）与懂得梵文的汉僧法进合作译经。开宝六年，鄜州知府王龟从上表宋太祖赵匡胤，称法天在鄜州译出《圣无量寿经》、《七佛赞》，宋太祖召法天进京，表示慰问，并赐紫服。宋太宗太平兴国五年（979）正月，河中府（今中国山西永济一带）沙门法进请法天去河中府译经，当地官员将此事上表宋太宗赵炅，宋太宗正欲大举翻译佛经，览表大悦。二月，恰巧天息灾、施护也来到北宋都城汴京（今中国河南开封），宋太宗便决定于太平兴国寺（在今中国河南浚县大伾山）西侧建译经院。太平兴国七年，译经院建成，诏法天、天息灾、施护等入住，并赐给称号。天息灾为明教大师，法天为传教大师，施护为显教大师，同时让他们各译一经。一个月后，3人各译出佛经一卷。法天所译为《吉祥持世经》。经过各方参与，译经院形成一整套翻译程序，人力物力齐备。由于新译佛经源源不断完成，太平兴国八年，宋太宗又下令改译经院为传法院，并建立印经院。雍熙二年（985），宋太宗对所译新经大加赞赏，为3人加官晋爵，并为法天改名为法贤。但据日本方面的资料，法天、法贤似乎是两个人。宋靖国元年（1101），法天去世。宋太宗特追封玄觉大师称号。法天在中国译经30余年，所译佛经达30部（一说39部）多为密宗经典。

（薛克翘）

Faxian

法贤 Dharmabhadra 印度来华僧人，译经家。见法天。

Faxian

法显 Faxian（337～422） 中国东晋高僧，旅行家，译经家。在中印文化交流方面起过重要作用。

生平 法显俗姓龚，平阳武阳（今山西临汾西南）人。关于法显的生卒年、籍贯、出生地等有多种说法，今从一说。据《高僧传》卷三、《出三藏记集》卷十五及法显自撰《佛国记》等，他出生前已有3个哥哥都在七八岁时夭折。父母为让他健康长寿，在其3岁时便将他剃度为沙弥，数年后又因病将他送进寺院居住。10岁时，其父去世，叔父让他还俗，被他拒绝。20岁受具足戒。

法显学习刻苦认真，常慨叹律藏残缺，誓志去天竺寻求戒律梵本。遂于东晋安帝隆安三年（399）与同学慧景、道整、慧应、慧嵬结伴从长安出发，前往天竺求法。经河西走廊至张掖，又遇智严、慧简、僧绍、宝云、僧景5人，遂10人共进至敦煌，然后分两批穿越流沙（即白龙堆大沙漠）。虽然有敦煌太守李浩提供给养，但大漠中上无飞鸟，下无走兽，热风时袭，险象环生，法显等人四顾茫茫，不知走在何处，全靠太阳辨别方向，以一堆堆白骨为路标，只能置生死于不顾，不断前进。这样走了17天，终于走出沙漠，来到鄯善（今新疆若羌），再西北行，至乌夷国（今新疆焉耆）。此时，法显等两批僧人会合，加上慧达，共11人。但乌夷国人待客甚薄，11人中有人得不到供养和资助，于是智严、慧简、慧嵬3人返向高昌（今新疆吐鲁番）寻求路途资助。法显等人继续向西南方前进。旅途中没有人烟，一路艰辛跋涉，来到于阗（今新疆和田）。于阗王将法显等安顿于寺院中供养。慧景、道整、慧达3人先出发去竭叉国（今新疆喀什），法显等人则留下观看当地寺院的“行像”活动。此后，僧绍一人随胡沙门去罽宾，后不知所终。而法显等前往竭叉国与慧景等会合。

《法显在阿育王王宫废墟》

斯里兰卡阿努拉德普勒寺院遗址 相传法显曾在此逗留

翻过葱岭，渡过河流，他们到达北天竺乌苌。由此再至犍陀卫（即犍陀罗）、呾叉始罗、弗楼沙。此时，慧应病故，法显与慧景、道整欲前往中天竺求取戒律，而慧达、宝云、僧景3人回国。南渡小雪山（今阿富汗的苏纳曼山）时，遇寒风暴起，慧景不幸染疾丧生，唯有法显与道整奋然前行，到达中天竺。

在中天竺，法显学习梵语，收集经律，并巡礼佛教故迹。在摩揭陀的巴弗邑（今印度比哈尔邦的巴特那）阿育王塔南天王寺得到《摩诃僧祇律》。法显与道整在巴连弗邑住下，学习3年，道整后来决定留在那里。法显决心把取得的梵本带回国，便独自一人乘船南下。途中历尽艰险，到达师子国（今斯里兰卡），法显又停留了两年。师子国有中国没有的佛教典籍，法显在那里得到《弥沙塞律》、《长阿含经》、《杂阿含经》及《杂藏》等梵本。后搭乘商人的船只东渡。不料海上突遭风暴，船破漏水，失去方向，船上人慌乱不堪，把许多物品都丢下海。法显为保住所携带的佛经佛像，便坐念观世音菩萨。漂流13日，破船靠上一无名小岛，修复后，又经90日漂泊到耶婆提（今印度尼西亚爪哇岛）。法显带着多部梵本典籍在耶婆提搭乘去广州的商船再次出发。不料途中又遇风暴。当时连连阴天，船迷失航向，经过70多天仍未到广州。众人狐疑，便将船向西北方行驶，又过十多天才发现陆地，打听得知，原来船只已经到达山东青州牢山（今山东青岛崂山）。

法显此行历经14年，于东晋义熙八年（412）七月十四日回到故国。第二年秋，法显抵达东晋都城建康（见**南京**），住道场寺。在此与印度法师**佛驮跋陀罗**等译出《大般泥洹经》6卷、《方等泥洹经》2卷（今阙）、《摩诃僧祇律》40卷、《僧祇比丘戒本》1卷（今阙）、《杂阿毗昙心》13卷（今阙）、《杂藏经》1卷，定出经、律、论6部共63卷。后至荆州，卒于辛寺，享年86岁。

贡献　法显的贡献主要有三：一是他携带佛教五部律中的3部（《摩诃僧

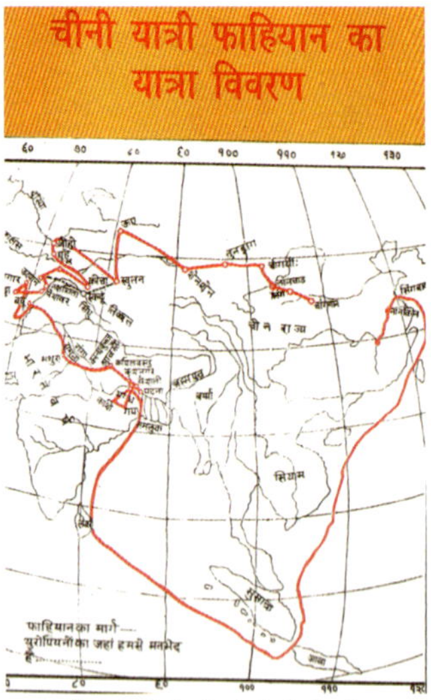

《法显传》印地文本封面

祇律》、《萨婆多律》、《弥沙塞律》)回国，并参与译经工作，对于戒律在中国流传发挥了重要作用。二是法显的求法事迹极大地鼓励了后来的僧人，如唐代**玄奘**、**义净**等都在他的影响下赴印度求法。义净称赞法显说："观夫自古神州之地，轻生殉法之宾，(法)显法师则创辟荒途，(玄)奘法师乃中开正路。"故法显是开启西行求法运动第一人，在中印文化交流史上具有重大意义。三是法显游履诸国，写下游记《**佛国记**》一卷。该书记录法显个人的所见所闻，记载了中亚、印度、南洋30余国的地理、交通、宗教、文化、物产、风俗乃至社会、经济等情况，是今日研究古代中亚、南亚历史、地理、风俗和佛教等的宝贵资料。法显去印度的行程，记载了由中国长安经西域至印度的陆上路线，他的回程则是从印度泛海至中国的海路航线。这是这一线路最早的详细记录，这一记录在中国和南亚交通史和航海史上具有重要意义。

（谭洁）

Faxian Zhuan

《法显传》 中国佛教典籍。见《**佛国记**》。

Faxian

法献 Faxian（约活动于5世纪） 中国宋齐之际高僧。曾亲往西域瞻仰佛教遗迹，并寻回佛牙、舍利、佛像、佛经等物。精通律典，在南齐永明年间（483～493）担任僧正一职。

据《**高僧传**》卷十三等记载，法献俗姓徐，西海延水（今青海海晏）人，跟随舅父到梁州（今陕西关中）出家。元嘉十六年（439），法献前往都城建康（见**南京**），住在定林上寺，博通经律、志向远大。他听说道猛西行求法，亲眼目睹了许多佛教遗迹，于是也发誓要前去礼拜瞻仰。元徽三年（475），法献从都城出发，先到巴蜀之地（今四川境内），途经河南国（今青海一带），又到芮芮国（即柔然，其国土包括今大漠南北与西北广大地区），最后到达于阗（今新疆和田）。他本打算继续翻越葱岭，但正值栈道断绝，只好返回。法献在于阗获得一枚佛牙、十五颗舍利、《观世音灭罪咒》和《法华经调达品》，又在龟兹国（今新疆库车一带）得到金鎚鍱像。佛牙及佛像本来都存放在定林上寺，普通三年（522）之后佛牙不知所踪。

法献谨守佛教戒律，其德行是众人尊奉的楷模，受到名士高僧的一致推崇。永明年间，法献与长干寺**玄畅**受命同时担任僧主，分别管理南北两岸。之后，法献还曾奉命前往三吴之地（即今浙江一带）淘汰僧尼。法献与玄畅都是从小学习佛教律典，与世无争。在齐武帝萧赜（482～493年在位）面前，二人往往深自谦退，自称其名、不肯就座。本来，从东晋以来，沙门是否应该礼敬王者一直是朝廷热议的问题，一般的惯例是沙门在皇帝面前就座，自称"贫道"。但从法献与玄畅以后，僧人都在皇帝面前自称其名。

建武末年，法献圆寂，与玄畅一起葬在钟山的南面。

（范晶晶）

Faxiangzong

法相宗 Faxiang sect 中国佛教宗派之一。又名唯识宗。由曾经留学印度17年的唐代著名僧人**玄奘**在**长安**建立。

因玄奘得到唐朝朝廷的有力支持，法相宗得以兴盛。其弟子**窥基**被认为是完成唯识宗大业之人。窥基常住长安大慈恩寺，后人尊称他为"慈恩大师"，故法相宗也被称作"慈恩宗"。窥基弟子**慧沼**努力维护师说，慈恩宗达于鼎盛。慧沼弟子智周（668～723）紧随师学，著书立论。但智周之后，法相宗开始衰微，到宋代已经不显，成为唐代诸宗派中存世时间最短的一个。晚明法相宗曾经影响了一些思想家，如王夫之（1619～1692），其所著《相宗络索》对法相宗的基本概念析之颇精。民国以来，唯识学一度复兴，佛教界人士建立了研究机构，培养弘法人才，又从日本找回一些已佚的法相宗古籍，校勘经典，出版研究著作。以南京支那内学院**欧阳竟无**为首的居士一派认为法相与唯识是两家。**太虚**从佛教思想发展的角度提出见解，认为法相、唯识是一家。一些人认为唯识思想包含许多积极因素，故都以法相之学为必修课，是谓"教宗法相"。

玄奘立像　中国陕西西安大慈恩寺

法相宗自称本派基本经典有"六经十一论"。六经是《**华严经**》、《**解深密经**》、《如来出现功德庄严经》、《阿毗达磨大乘经》、《**楞伽经**》、《厚严经》。十一部论是《**瑜伽师地论**》、《显扬圣教论》、《**大乘庄严经论**》、《**集量论**》、《摄大乘论》、《十地论》、《分别瑜伽论》、《观所缘缘论》、《二十唯识论》、《**辩中边论**》、《集论》。

法相宗主张"万法唯识"的思想，认为世界上各种事物和现象都是由人的主观之识得到的。识有眼、耳、鼻、舌、身、意、末那、阿赖耶8种。其中阿赖耶识最为重要，它是一切现象的根源，能变现世界，是"种子识"。除强调"识"作为宇宙本体外，其体系中还构建了以分析名相概念入手的五位百法，即将世界的事物归结为5种情况和100种变化。五位是：①心法；②心所法；③色法；④不相应行法；⑤无为法。心法有8种变化，属于大脑思维现象。心所法，即与心相应而产生的51种变化，如各种烦恼等。色法即物质，但它是由心

中国河南洛阳偃氏镇玄奘寺

识变现出来的，有11种变化。不相应行法有24种变化，即不受心法和心所法影响的宇宙万有变化的幻象，如时间、空间、数量、尺度、得失、生灭相、文字相等。无为法有6种变化，即无生灭变化而寂然常住之法，这是佛法所显示的真理，是唯识的根本。五位百法是唯识宗对整个世界的看法，其中心法和心所法属于心理现象。色法、不相应行法是自然现象。无为法是哲学、宗教追求的境界。它们由此构成各种关系，而在这些关系中又以心识为最高，宇宙万有皆不离此。三性观是唯识学用来观察世界万物生成的认识论。所谓“三性”是指遍计所执性、依他起性和圆成实性。遍计所执性是说众生对世界的认识都是由虚妄分别产生的执取实我实法之相的认识。依他起性是说由于万物皆为相互依待为缘和合生起，所以万物之间存在着相互待缘的关系，离开了这种依他为缘的关系，就不能产生万物。圆成实性是说知道了众生在认识上发生的遍计所执性和依他起性这二种误区，从而也就了解了诸事诸物皆为空性的自性之特点，这时就达到了圆满的空性认识，也称为真如、实相、法界、法性、涅槃等，是一种最高的实在认识。三者之间有前后递进的关系，遍计所执性是人们认识的普遍现象，依他起性是人们认识成立的关系，圆成实性则是认识的最终圆满。法相宗持相分、见分、自证分、证自证分四分认识。相分是指由眼识、耳识、鼻识、舌识、身识、意识等六识所缘待生的外在事相，即客观存在之物。见分是指眼识等六识对外在事物所产生的分别反应，即人的客观认识。自证分是指在见分的基础上推出的进一步认识，即人的主观认识。证自证分是指认识的最后和绝对正确性。唯识宗将四分作过一个比喻，即相分如绢布等，见分如尺度等，自证分如数知其所量绢布的尺寸，证自证分是证明其结果是正确的。四分说是唯识独特的主张，也是唯识家精密的学说之一。声闻乘种姓、独觉乘种姓、如来乘种姓、不定种姓、无种姓五种姓说是论证成佛的根据。前四种都可以成就罗汉、菩萨和佛的果位，最后一种不能成佛。法相宗对佛教因明学的发展作出了贡献。其唯识学说对提升佛教哲学思维的高度起到重要的作用，受到历代有知识和喜欢思辨者的重视与研习。

7世纪晚期，法相宗传入日本、新罗（位于今朝鲜半岛）。至今仍有不少人在钻研唯识学。

（黄夏年）

Fayu

法遇 Fayu（约活动于10世纪） 中国去印度求法僧人。据《佛祖统纪》卷四三、《宋史》卷四九〇，法遇为宋太祖乾德四年（966）奉诏去印度求法僧团成员。宋太宗太平兴国八年（983）从海路返回，向朝廷献佛顶骨舍利、贝叶经。法遇归国途中在三佛齐（约在今印度尼西亚苏门答腊岛东南部，处马六甲海峡要冲）遇到印度僧人弥摩罗失黎，他欲前往中国译经，请法遇为他上奏皇帝。法遇上奏后，宋太宗下诏许可。法遇又募集资金制作宝盖和金丝袈裟，打算再次到印度金刚座为佛像披挂供养。他还请求宋太宗为三佛齐和南印度诸国国王写诏书。但法遇之后情况未见记载。今印度菩提伽耶存有宋真宗乾兴元年（1022）石刻，铭文俱在，可资考证。

（薛克翘）

Fayuan Si

法源寺 Fayuan Temple 中国北京最古老的佛教寺庙之一。位于北京市西城区。唐贞观十九年（645），皇帝下诏为纪念阵亡将士建庙，武则天万岁通天元年（696）建成，时名悯忠寺。北宋嘉祐二年（1057）毁于大地震，熙宁三年（1070）重建。明正统二年（1437）改名崇福寺。清雍正时（1723～1735）重修，并改为今名。1949年以后，中国政府多次拨款维修。1956年，中国佛学院在法源寺成立。1980年，寺内建立中国佛教图书文物馆。

法源寺

主要建筑有：天王殿，内供弥勒菩萨化身布袋和尚，两侧为四大天王；大雄宝殿，供释迦牟尼佛及文殊、普贤二菩萨；观音阁，陈列法源寺历史文物；净业堂，供明代铜制大日如来像；大悲坛，辟为历代佛经版本展室，陈列唐以来各代藏经及多种文字经卷；藏经楼，为佛造像展室，陈列自东汉至清历代佛造像精品数十尊。

（薛克翘）

Fayuan Zhulin

《法苑珠林》 中国唐代佛教类书。100卷，相当于佛教“百科全书”。道世编集，成书于总章元年（668），收于《大正藏》第53册第2122号。道世俗姓韩，字玄恽，其后为避唐太宗李世民讳而多以字玄恽行世，因而在《大唐内典录》、《开元释教录》等一些资料中记为玄恽。

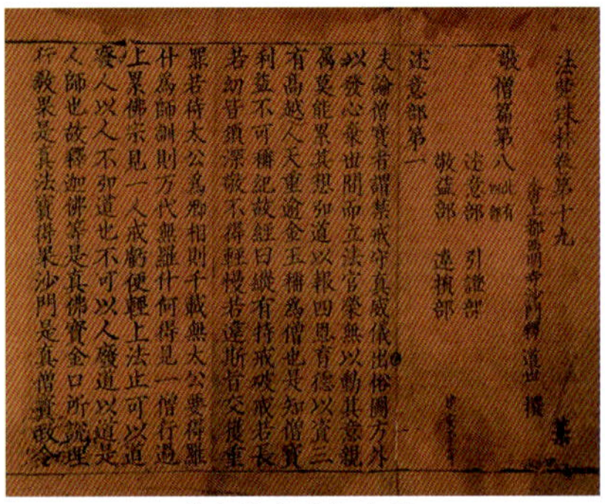

《法苑珠林》书影

他幼年出家后研习律学，曾参与玄奘译场，后与道宣同住西明寺，弘法之余广有著述。显庆四年（659）编成《诸经要集》20卷，后在此基础上扩充为100卷的《法苑珠林》，经10年至总章元年完成。

《法苑珠林》上承梁代宝唱等所编集的《经律异相》(T2121）这一类书体裁，自《劫量篇》起至《传记篇》终，共分为100篇，每一篇分为若干部，每一部又细分为若干次部。其内容涵盖佛教常识、教法、修行的方方面面，极为广博。全书共引用佛家、儒家、道家、谶纬、杂书400多种，其中许多典籍早已佚失，如《西域志》和王玄策的《中天竺国行记》等，皆因此书而使今人仍能略窥一斑。该书另一特色是言出有据，抄引典籍必明出处，即使所引文字非出自典籍，道世也会标明为谁人所讲。

道世编著此书的目的，一方面为了方便检索各种佛教法门、掌故、事物知识；另一方面，当时三教论争正紧，在其先有僧祐集《弘明集》(T2102)，法琳著《破邪论》(T2109)、《辩正论》(T2110）等，同时又有其法友道宣集《广弘明集》(T2103) 和《集古今佛道论衡》(T2104）等，而道世的《法苑珠林》在以佛教法门编次内容并详加阐述的同时，广引儒家、道家等学说以作补充，这样就将儒、道各种外书援引成为佛家内典的补充、验证，通过这种借儒、道以印证佛理的方式，试图达到护法的目的。

（陈帅）

Fayue

法悦 Fayue（约活动于5世纪下半叶～6世纪上半叶） 中国南北朝齐梁之际高僧。曾任南齐僧主，传说他主持铸造的一丈八尺金色佛像为汉地同类佛像中最突出者。

据《高僧传》等记载，法悦持戒严整，南齐末年被敕任僧主，住在都城正觉寺。他勤修福业，为僧俗徒众所钦仰。法悦听说彭城（今江苏徐州）宋王寺有一丈八尺的金色佛像，非常灵异，誓愿前去瞻礼，但由于南北阻隔，无法成行。时宋明帝刘彧（465～472年在位）打算铸造一尊一丈八尺的金像，但尝试了四次都未铸成，于是改成一丈四尺。法悦与白马寺沙门智靖召集徒众，想要将这尊无量寿佛像改铸成一丈八尺。正当他们开始收集金铜之时，碰上齐末乱世。直到萧梁初年，法悦将此事上奏，梁武帝萧衍下敕准许，并帮助铸造圆光与趺坐，工匠材料之需随时供给。天监八年(509)，铸造工程正式开始。用铜四万斤后，尚未铸成，朝廷与民间都辅助补给。在铸造期间，还发生了种种神奇灵异事件。法悦、智靖圆寂之后，武帝下敕将铸造之事委托僧祐继续完成。佛像铸成后，被安置在光宅寺。

（范晶晶）

Fayun

法云 Fayun（467～529） 中国南朝齐梁之际高僧。擅长讲经，为梁代三大法师之一。曾参与僧伽婆罗译经、详定经文等工作，在梁武帝萧衍在位期间曾担任大僧正。

据《续高僧传》卷五等，法云俗姓周，阳羡（今江苏宜兴）人，东晋名将周处的七世孙，出生时满室云气，因此以“云”为名。7岁出家，改名为法云，成为僧成、玄趣和宝亮的弟子，跟随师父一起住在庄严寺。13岁时开始受业，得到前辈僧人的称赞。南齐永明年间(483～493)，僧柔来到南方，在道林寺开讲《成实论》，法云向其请教论法。法云转益多师，听讲佛教经论，寒暑不辍，专心致志。

建武四年（497）夏，法云30岁时，在妙音寺开讲《法华经》与《维摩诘经》。条理分明、概念清楚，听讲人数众多，都称赞他的讲解穷尽义理。据说他讲《法华经》，曾经感应得天降花雨，并得到名僧宝志的叹赏。名士周颙、王融、刘绘、徐孝嗣都与法云结成莫逆之交。

梁朝建立，梁武帝萧衍对法云十分钦敬，常请他进宫讲经。当时高僧各自编撰《成实义疏》，法云将经论合撰在一起，成42卷（已佚）。梁武帝请他在寺院讲解此经，前后三遍。天监七年（508)，梁武帝注《大品般若》，请法云讲解。不久，梁武帝将法云礼为家僧，任命他为光宅寺主。范缜著《神灭论》，法云与沈约均受诏撰文批驳。为了答谢众位施主，法云在秣陵县（今江苏南京）建立法云寺，环境幽雅，寺里终日讲谈佛经。

天监（502～519）末年，扶南国（位于今中南半岛南部）敬献3部佛经，梁武帝命法云参与翻译，译本明白晓畅。普通六年（525)，法云被任命为大僧正，在同泰寺设千僧会，场面宏大。之后虽身染疾病，但讲经不辍。法云病情加重，于大通三年（529）圆寂。

（范晶晶）

Fazang

法藏 Fazang（643～712） 中国唐代僧人，华严宗第三祖。又称贤首大师、国一法师、香象大师、康藏国师等。

据《宋高僧传》卷五、《佛祖历代通载》卷十二、《唐大荐福寺故寺主翻经大德法藏和尚传》等，法藏俗姓康，祖籍康居（约在今中亚巴尔喀什湖和咸海之间），世代为该国丞相。其祖父举家迁至中土，皇朝赠予左侍中官位，后久居长安，随当时习俗，以康为姓。法藏少时即正派儒雅，聪慧异常。17岁入太白山求法，后闻华严宗二祖智俨在云华寺讲《华严经》，便去听讲，因所提问题深刻机敏而受到重视，成为智俨门徒，数年之内，深得其师妙旨。唐高宗总章元年（668)，智俨去世，生前指明由尚未出家的法藏继承并光大其教法。高宗咸亨元年（670)，荣国夫人去世，武后拟以度僧方式营树福田，并施舍自宅，建太原寺。法藏经智俨弟子道成、薄尘等京城耆硕大德荐举，得以剃度为僧，隶属该寺，时年28岁。后奉诏相继在太原寺和云华寺讲《华严经》，并受武后所赐，得贤首名号。此后除广事讲说和著述以外，亦常参与译事。他曾奉诏与道成、薄尘等参与中印度沙门**地婆诃罗**的翻译工作，译出《大乘显识经》2卷、《大乘密严经》3卷、《大乘广五蕴论》1卷、《大方广佛华严经入法界品》1卷等。在**义净**翻译10卷《金光明最胜王经》等，南印度沙门**菩提流志**翻译120卷《**大宝积经**》，于阗（今新疆和田）僧人**实叉难陀**翻译80卷《大方广佛华严经》时，他皆奉诏充任笔受、证义。前述《大方广佛华严经入法界品》乃是地婆诃罗应他要求所译，后补入实叉难陀新译，使《大方广佛华严经》成为完本，流传至今。

法藏曾为武后讲《华严经》，用浅显的比喻使其豁然悟解。又为《**楞伽经**》、《大乘密严经》、《**梵网经**》、《**大乘起信论**》等撰写义疏。法藏一生宣讲《华严经》30余遍，将智俨所建立的判教理论加以详尽发挥，使其更为周备，而华严哲学则在他所提出的佛教思想体系分类，即所谓五教十宗中，居于最高地位。故法藏虽称华严宗三祖，而后世视之为其实际创立者。唐玄宗先天元年（712）十一月，法藏于长安大荐福寺去世，同月葬于神和原华严寺南。秘书少监阎朝隐为作碑文，略述其一生行化事迹，即现存《唐大荐福寺故大德康藏法师之碑》。

（葛维钧）

Fazhao

法照　Fazhao（约活动于8世纪）　中国唐代净土宗高僧。初入庐山，后赴衡山跟随承远学习。他提倡“五会念佛”，

著有《净土五会念佛略法事仪赞》（T1983）与《净土五会念佛诵经观行仪》（T2827），在**长安**与**五台山**之间往来传教，受到唐代宗李豫（762～779年在位）与唐德宗李适（779～804年在位）的礼敬。有人称其为净土宗三祖善导的后身，并尊其为净土宗四祖。他一生留下了许多有关五台山的神奇感应事迹。

据《**宋高僧传**》卷十二等记载，大历二年（767），法照住衡州（今湖南衡阳一带）云峰寺，勤修佛法，用斋之时看见粥钵内现出五台山文殊道场的胜景。大历四年，他在衡州湖东寺建立“五会念佛道场”，再次看到五台山的瑞相，于是下定决心前往五台山朝拜。大历五年，法照到达五台山，夜访文殊菩萨所在的大圣竹林寺，并立石纪念。此后，他又两次前往金刚窟，将所见所闻记录下来，使广大信众发心向佛。法照还在曾经见到竹林寺匾额的地方建立寺院，也题名为竹林寺。

法照后来不知所终，绛州兵掾王士詹有《述圣寺记》。

（范晶晶）

Fazhen

法振　Fazhen（约活动于7世纪）　中国唐代去印度求法僧人。荆州（今湖北江陵一带）人。据《**大唐西域求法高僧传**》卷下，法振于**唐高宗李治**时从海路赴印求法。与僧人**乘悟**、**乘如**同行，乘船经匕景（在今越南中部，具体位置不详）、诃陵（在今马来西亚加里曼丹岛东岸，另说在今印度尼西亚爪哇岛），至羯荼（在今马来西亚吉打州）。在羯荼因病去世。年约三十五六岁。乘悟、乘如遂附舶东归。

（王邦维）

Fazun

法尊　Fazun（1902～1980）　中国现代僧人，佛典翻译家。

法尊俗姓温，名庚公，字妙贵。河北深县（今深州）人，早年于**五台山**显通寺玉皇顶出家，1922年于北京法源寺受具足戒，后入武昌佛学院，随**太虚**法师学习。毕业后，于1925年入**大勇**法师新组建之北京藏文学院学习。后随大勇领导的赴藏学法团西行，历尽

艰辛，终于1931年到达拉萨，而大勇法师却已于途中圆寂。在哲蚌寺苦学5年后，于1936年取道印度、缅甸等地回到重庆，担任太虚法师创建的汉藏教理院教务主任等职，主持教理院十余年。后于1949年到北京主持菩提学会。1953年中国佛教协会成立，任常务理事。1956年秋，中国佛学院成立后，任佛学院副院长。“文化大革命”时，佛学院停办，1980年恢复后，法尊任院长。同年圆寂于北京广济寺，其灵塔建于五台山广宗寺。

法尊法师精通藏文，50余年译业之中，将大量重要藏文佛典译出，并有著述若干，合计120余部，为佛教教法的弘扬和理论的研究作出了巨大贡献。译著包括汉译藏经之中所缺的《现观庄严论》、《辨法法性论》、《入中论》、《七十空性论》、《精研经释》等，及**格鲁派**重要典籍《菩提道次第》、《密宗道次第》、《辨了不了义论》等。曾将汉文《**大毗婆沙论**》译为藏文，可惜手稿已失灭未及付梓。此外，他还编写了《藏文文法》、《藏文读本》、《西藏民族政教史》等书。在圆寂前两年，抱病译出《释量论》、《释量论略解》和《集量论》3部因明著作，以填补汉文因明学的缺典。圆寂后，中国佛教协会将其论文辑成《法尊法师佛学论文集》刊行。

（陈帅）

Fanyi Mingyi Daji

《翻译名义大集》　*Mahā-vyutpatti*　中国梵藏佛教翻译词典。9世纪初，吐蕃赞普赤德祖赞召集印度和藏族学僧通过厘定佛经译语而编纂的一部佛学语汇集。收入9 000多词条，分285类。该词典既是一部佛学译语统一标准的词汇集，又是一部梵藏对照的翻译工具书。后收录到**藏文大藏经丹珠**

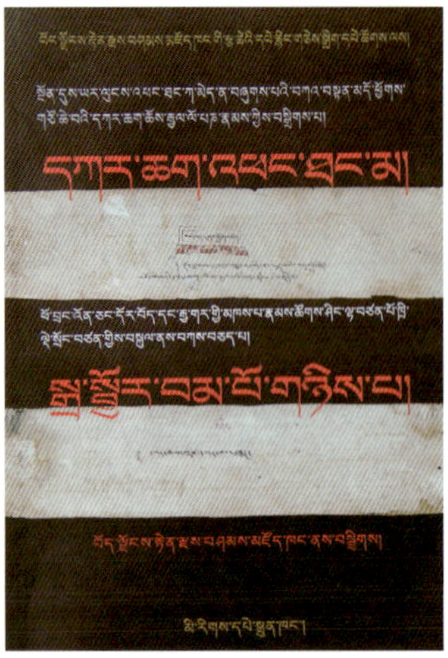

《翻译名义大集》封面

尔部（D4346）。1992年，民族出版社出版了单行本。

（尕藏加）

fan

梵 brahman 印度古代婆罗门教哲学和印度教哲学中的核心概念。指一切事物或一切现象中的本体，万有的最高实在。这一概念最初渊源于吠陀文献。**梵书**中曾把它作为天地的护持者。**森林书**中也认为万物由它而生。到了**奥义书**时期，梵则成为哲人们讨论的基本哲学概念，大量的奥义书中都有对这一概念的阐述。

奥义书中，梵被认为是一切事物的本原或根本，是一种最高的实在，它不具有任何具体的属性，对梵不能用一般的概念范畴下一确切的定义，不能用一般的名相或术语来正面描述它。如果一定要问梵是什么，那就只能从各种否定中去理解和体悟它。《**由谁奥义书**》(2,3)中对此有一句："那些（说他们）理解了梵的人并没有理解它；那些说他们没有理解梵的人却理解了它。"

一些奥义书思想家还把梵描述为最高的神，认为他是世间事物的控制者或创造者。梵既作为哲学上的最高本体，也作为宗教上的最高神或主宰。这种使用情况在古代印度相当普遍。

在奥义书中，梵这一概念也经常使用"**阿特曼**"(我）一词来代替。这时的梵也被称作所谓的"大我"。梵这一词与阿特曼这一词在奥义书和后世的印度宗教哲学中经常混用或互相替代。

吠檀多派兴起后，梵也被此派作为哲学的核心概念。吠檀多派最早的根本经典就称为《**梵经**》，可见此概念在这一派别中的地位。吠檀多派在后世形成许多分支。这些分支也同样将梵作为论述的重点。

印度近现代，多数著名的哲学家都有对梵的论述。如印度近现代最著名的哲学家**奥罗宾多**在论述其哲学理论时就认为"绝对者"即是梵。梵是遍在的。一切相对的东西都作为其形态或运动存在。梵这一概念在近现代印度哲学家的理论体系中占有重要地位。一些印度近代的宗教改革团体的名称也用梵一词来命名。如近代印度最早的启蒙思想家**罗姆摩罕·罗易**在给其创立的宗教与社会改革团体取名时就称之为"**梵社**"。

梵这一概念在古代也随佛教传入中国。印度古代佛教文献中有大量的内容是批驳"外道"的，吠檀多派中梵的思想也是佛教批判的一个重点。这方面的内容在古代中国也被翻译成了汉文。

中国近现代，奥义书和吠檀多派的思想被作为印度本国文化中的主流观念为学术界所重视。梵这一概念也就成为中国的印度哲学或思想研究的一个要点。中国近年发表了不少关于奥义书和吠檀多派理论的研究论文，出版了不少相关著作。其中对于梵的分析或阐述占了相当篇幅，姚卫群在《北京大学学报》(2007年第2期）上发表了《早期佛教的基本教义与奥义书思想》论文，在其所著《印度宗教哲学概论》(北京大学出版社，2006)一书中设有"奥义书宗教哲学"和"吠檀多派"的专章，论及了梵的概念等婆罗门教哲学的核心理念。

（姚卫群）

fanbai

梵呗 paṭhaka 印度古代佛教赞颂诸佛、菩萨的歌曲。又称赞呗、呗赞、呗，音译婆陟、婆师。随佛教传入中国。

慧皎《**高僧传**》卷十三末附《论》说："设赞于管弦，则称之以为呗。"意为赞词配以音乐，则为梵呗。又说："自大教东流，乃译文者众，而传声盖寡。……是故金言有译，梵响无授。始有魏陈思王曹植，深爱声律，属意经音。既通般遮之瑞响，又感鱼山之神制。于是删治《瑞应本起》，以为学者之宗。"又说："天竺方俗，凡是歌咏法言，皆称为呗。……原夫梵呗之起，亦兆自陈思。始著《太子颂》及《睒颂》等，因为之制声。"可知，**曹植**为中国最早创制梵呗者。道宣《**广弘明集**》卷五有曹植《辩道论》，篇末有后人附语："植每读佛经，辄流连嗟玩，以为至道之宗极也。遂制转读七声升降曲折之响，故世之讽颂咸宪章焉。尝游鱼山，闻空中梵天之赞，乃摹而传于后，则备见梁《法苑集》。"此语出自唐代道世《**法苑珠林**》卷三六，与慧皎的记载一致。

印度音乐向中国传播，主要始于佛教东流。最初，佛教传播的印度音乐主要是梵呗。后汉时期来华的天竺僧人传道时可能唱过梵呗。至三国时期流传的梵呗至少有《**鱼山梵呗**》、《**泥洹梵呗**》、《**连句梵呗**》等数种。自曹植、**支谦**、**康僧会**后，两晋时期的僧人也多有传授和制作梵呗的。南北朝时期，不仅有更新制作梵呗者，还有唱诵佛传故事的"法乐"及"梵舞"。**梁武帝萧衍**更是将旧有宫廷音乐推翻，亲自填词，将佛教乐舞纳入宫廷音乐，使之在梵呗基础上

海峡两岸佛教音乐展演团巡回演出剧照 2004年初

获得新的发展。

（薛克翘）

fan chuang sixing shuo

梵创四姓说 为印度种姓制度的合理性提供依据的主要理论之一。

梵天创造四种姓理论的主要内容是：为了保护整个世界并使其繁荣，梵天从他的口、臂、腿和脚生出了婆罗门、刹帝利、吠舍和首陀罗。他把学习和教授吠陀、祭祀和为人祭祀、布施和接受布施的工作派给了婆罗门；把保护众生、学习吠陀和布施的工作派给了刹帝利，并要求他不执着于欲境；把畜牧、务农、经商、放债、布施、祭祀和学习吠陀的工作派给了吠舍；把唯一的一种工作交给了首陀罗，即心甘情愿地为前面三个种姓服务。由于口为人身上最为洁净的部分，所以从这里生出的婆罗门最高尚。通过他们的口，祭品和供品传送到了天神和祖先那里。他们掌握吠陀圣典，是这个世界的法主，是法的不朽的化身。作为法的保护者，他们是人中最优秀的，是万物之主，天下之尊，因此也应据有世上的所有财产，却不应被别人的过失所玷污。《摩奴法论》第一章对此说有详细论述。显而易见，这一理论出自婆罗门祭司之手。

（葛维钧）

Fan Jing

《梵经》 *Brahma-sūtra* 印度古代哲学中吠檀多派的根本经典。约产生于1世纪，作者跋达罗衍那。现存《梵经》有后人添加的内容，约5世纪定型。该经继承和发展了吠陀奥义书中的一些重要婆罗门教哲学思想，它的出现是吠檀多派形成一个独立哲学派别的主要标志。

《梵经》由555条格言式短经文组成，主要含义往往需借助有关该经的注释来确定。《梵经》在后世的注释很多。较为著名的是商羯罗、罗摩努阇和摩陀婆3人分别所作的《梵经注》。

《梵经》共4篇，每篇4章。《梵经》关注的基本哲学思想是梵我关系方面的内容，但奥义书思想家在论述梵与我时又常对其进行区分。在奥义书中，对梵

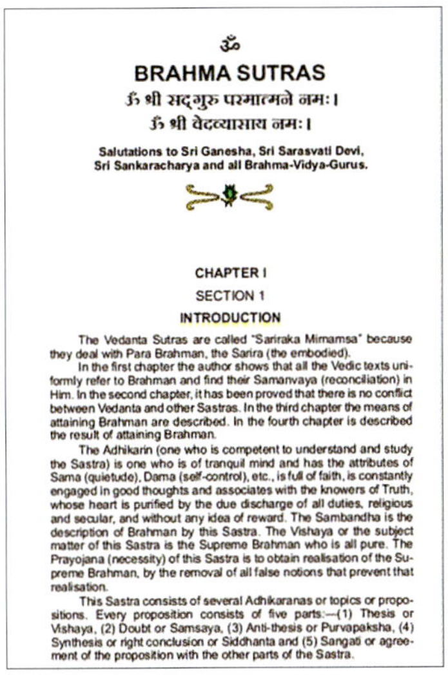
ॐ

BRAHMA SUTRAS

ॐ श्री सद्गुरु परमात्मने नमः।

ॐ श्री वेदव्यासाय नमः।

Salutations to Sri Ganesha, Sri Sarasvati Devi, Sri Sankaracharya and all Brahma-Vidya-Gurus.

CHAPTER I

SECTION 1

INTRODUCTION

The Vedanta Sutras are called "Sariraka Mimamsa" because they deal with Para Brahman, the Sarira (the embodied).

In the first chapter the author shows that all the Vedic texts uniformly refer to Brahman and find their Samanvaya (reconciliation) in Him. In the second chapter, it has been proved that there is no conflict between Vedanta and other Sastras. In the third chapter the means of attaining Brahman are described. In the fourth chapter is described the result of attaining Brahman.

The Adhikarin (one who is competent to understand and study the Sastra) is one who is of tranquil mind and has the attributes of Sama (quietude), Dama (self-control), etc., is full of faith, is constantly engaged in good thoughts and associates with the knowers of Truth, whose heart is purified by the due discharge of all duties, religious and secular, and without any idea of reward. The Sambandha is the description of Brahman by this Sastra. The Vishaya or the subject matter of this Sastra is the Supreme Brahman who is all pure. The Prayojana (necessity) of this Sastra is to obtain realisation of the Supreme Brahman, by the removal of all false notions that prevent that realisation.

This Sastra consists of several Adhikaranas or topics or propositions. Every proposition consists of five parts:—(1) Thesis or Vishaya, (2) Doubt or Samsaya, (3) Anti-thesis or Purvapaksha, (4) Synthesis or right conclusion or Siddhanta and (5) Sangati or agreement of the proposition with the other parts of the Sastra.

《梵经》英译本书影

与我关系的解释实际上常常不一致，不同的奥义书或同一奥义书的不同部分在论述上常有不同。这种情况的存在影响了后来的吠檀多派思想家。《梵经》在叙述梵和我时也受到影响，即一方面说梵与我是同一的，另一方面又对它们进行某些区分。吠檀多派中后来出现不同分支与此直接相关。

《梵经》中较重要的内容有对若干梵我关系理论的记述、不一不异论、对其他派别的批判、轮回解脱观念。

《梵经》在论述梵我关系时，曾提到以往一些思想家在梵我关系问题上的不同看法。根据商羯罗对该经的注释，该经论及了三位思想家的观点：阿西摩勒奢耶认为梵与我是一种“不一不异”的关系；奥杜罗弥认为梵与我是一种二元的有真实别异的关系；迦夏克尔茨那认为梵与我是一种无差别的不二一元的关系。这些观点在吠檀多派后来的发展中被一些思想家进一步发展，理论被明确化。

《梵经》最初的作者跋达罗衍那在梵我关系问题上倾向于“不一不异”理论。这种理论认为，梵作为世界的创造者或世界的根本因，与其部分、属性或被造物——我（现象界）是不同一的，而从我（现象界）都具有梵性，从一切事物离开梵都不能存在的角度看，梵与我又是同一的。二者的关系被比喻为如同太阳和其映在水面上的影子的关系一样。

《梵经》对古印度的一些思想流派的主要观点进行了批判。虽然该经的经文十分简略，但根据商羯罗等人的注释，可以看出该经所要批判的派别及其观点。

《梵经》批判了数论派的自性、神我以及三德等概念，认为自性作为事物根本因是不能成立的，该经强调神我与自性结合促成世间事物的转变理论是不合理的，认为数论派说的三德相互间的关系亦是不可能的。

《梵经》批判胜论派的理论，认为胜论派的极微论、和合观念以及不可见力等的思想都是不能成立的。它否定物体是由极微结合形成的，认为极微理论本身中存在着一系列的矛盾。该经还否定不可见力与事物的运动有关，并否定事物间存在着和合关系，认为胜论派说的和合还需要另外的和合，没有穷尽，这种关系是不可能存在的。

《梵经》对佛教的理论批判较多。它批判了佛教关于人和事物的构成理论，认为佛教中的五蕴与极微理论都不能成立。批判了佛教的因缘理论，认为无明等十二因缘的各支在连续的序列中彼此为因不可能，因为十二因缘中各支仅是后一支生成的因。还批判了佛教的刹那生灭理论，认为这种理论与佛教的因果理论之间有矛盾，因为佛教说的因果也可同时存在，这将与刹那生灭说相矛盾。还批判了佛教的择灭与非择灭理论，认为择灭和非择灭理论是不能成立的，因为相续或组成相续的个体是不可能断灭的。还批驳了佛教的空或无观念，认为事物不能生于无，因为这与人们的经验不符。还批判了佛教中的梦醒同一论，认为人清醒时的状态并不像梦境等一样。还批判了佛教的唯识理论，认为

《梵经》书影

佛教也主张一切都是刹那生灭的，这样“识”就不能真实存在。该经最后得出结论：佛教的主张从各方面看都是不能成立的。

《梵经》亦批判了耆那教的理论，认为耆那教七支论式的判断形式理论不能成立，因为完全矛盾的判断不能存在于同一事物中。还批判了耆那教的命我与其所附之身的体积大小相同的理论，认为命我是常住的，而常住的东西的体积是没有变化的。

此外，《梵经》还批判了兽主派和薄伽梵派等理论。

《梵经》的轮回解脱观念与其梵我关系的理论密切相关。这方面的观点虽然散在多处经文中，但主要思想明确：认为如果人不能正确认识梵我关系，为无知所控制，那么将陷入轮回的痛苦中；如果获得了梵我关系的正确认识，明了作为世间事物主宰者梵（最高神）的本质，将跳出轮回，获得解脱。

《梵经》在印度历史上产生了重要的影响。吠檀多派中的主要思想家对《梵经》都有注释，他们的主要观点也包含在其各自的《梵经注》中。商羯罗提出“不二一元论”的思想，罗摩努阇提出“限定不二论”的思想，摩陀婆提出“二元论”的思想。这些思想构成了婆罗门教哲学以及印度教哲学的核心内容，直至印度近现代，仍然在印度社会中发挥着作用。

《梵经》的思想作为早期吠檀多派的理论，在古代与奥义书思想一同随佛教传入中国。但这类思想在汉译佛典中多数不与吠陀思想明确区分，一般的汉译佛典多将它们归入“围陀”、“知论”、“明论”等中。唐代的玄奘编译的《成唯识论》卷一中记述说的“大自在天”、“大梵”和“我”，在奥义书与《梵经》及其注释中都是核心或基本的概念。这类概念在汉文佛典中一般都不区分具体来自哪个印度文献。

在中国近现代，《梵经》也受到学术界的关注。其汉译本在中国有出版。中国学者中研究吠檀多派的人为数不少。《梵经》在吠檀多派文献中的基础地位受到重视。中国国内研究吠檀多派的人通常都对《梵经》的思想进行梳理或了解。中国学术期刊上发表过对《梵经》及吠檀多派的研究论文。中国出版的有关印度哲学的著作中一般都有涉及《梵经》的章节。中国高等院校开设的印度宗教哲学方面的课程中也有关于该经的内容。

（姚卫群）

Fan Jing Zhu

《梵经注》 *Brahma-sūtra-bhāṣya* 印度古代哲学中吠檀多派的根本经典。《梵经》的注释。《梵经》是吠檀多派形成独立派别的标志。其后，吠檀多派不少

《圣喜路（师利摩陀阿阇梨）的〈梵经疏〉精要》封面

哲学家都对此经做注释，因而出现多部《梵经注》。其中较重要或较著名的注释者是商羯罗、罗摩努阇、摩陀婆。这些注释中论述的主要哲学问题是梵我关系问题，但观点并不相同。商羯罗的《梵经注》主要论述了“不二论”，罗摩努阇的《梵经注》主要论述了“限定不二论”，摩陀婆的《梵经注》主要论述了“梵我二元论”。这些《梵经注》是吠檀多派的主要哲学文献，在印度思想史上占有重要地位，对印度近现代的哲学也有程度不同的影响。各种《梵经注》在近现代也传入中国，引起了中国学术界的重视。一些出版物中有这些《梵经注》内容的汉文节译。姚卫群曾节译过商羯罗、罗摩奴阇和摩陀婆对《梵经》的部分注释，收入《印度哲学》（北京大学出版社，1992）和《古印度六派哲学经典》（商务印书馆，2003）中。

（姚卫群）

Fanmeishu

梵寐书 Brāhmi Script 印度古代的一种字体。常被称作婆罗谜字体。该字体是印度现存最早的本土字体之一，主要见于公元前3世纪的阿育王石柱铭文。婆罗谜字体有数种变体，后又演变为悉昙体、城体、天城体等，使用地域广布。阿拉伯学者比鲁尼在《印度志》中记载，11世纪时的印度有多种字体在不同的地区行用。婆罗谜字体可以用来书写多种语言，在丝绸之路较为流行，所谓的吐火罗语、于阗塞语等就是用婆罗谜字体的中亚斜体书写的。

唐代中天竺国沙门地婆诃罗译《方广大庄严经》卷四“示书品第十”记载了菩萨所知道的六十四书（即64种字体），第一种就是梵寐书。“梵寐”是梵语词Brāhmī的音译。西晋竺法护译《普曜经》是《方广大庄严经》的异译本，该经卷三“现书品第七”也记载了六十四书的名称，第一种“梵书”对应的就是“梵寐书”。隋天竺三藏阇那崛多译《佛本行集经》卷十一“习学技艺品”所列的六十四种书名，第一种“梵天所说之书”的注释为“今婆罗门书，正十四音是”。梁慧皎《高僧传》“朱士行传”记载，朱士行于魏甘露五年（260）抵达于阗（今新疆和田），“又得西域胡书，能以十四字贯一切音，文省而义广，谓之‘婆罗门书’”。二者所指相同。梁僧祐在《出三

印度阿育王石柱上的婆罗谜字母

藏记集》卷一“胡汉译经音义同异记第四”中指出，上古时期中印两地的3位“造书之主”分别是梵天、佉楼（又译佉留、佉卢等）和仓颉。梵天和佉楼居住在天竺，所创制出的文字“取法于净天”，分别称作梵文和佉楼文。此处的梵文就是指“梵寐书”，其书写方式是从左至右，而佉楼文的书写方法则是从右至左。二者与汉字从上至下的书写方式完全不同。迦旃延子造、五百罗汉释、北凉天竺沙门浮陀跋摩共道泰等译《阿毗昙毗婆沙论》卷五十一则记载梵书的创造者是瞿频陀罗婆罗门。

《缘起经》敦煌残片

《隋书·经籍志》中录有“《婆罗门书》一卷”，是中国古代学习梵文的基础教材。婆罗谜字体书写的文物在中国西北地区多有流传。1943年，中国学者向达在甘肃敦煌地区发现了一块印度文字的经幢残石，后经印度学者V.V.郭克雷释读，乃是5世纪中叶用婆罗谜字体刻写的《缘起经》残篇。类似于婆罗谜字体相关的文物和文献，对促进印度语言和文化的对外传播起到了很大的作用。

（陈明）

Fanshe

梵社 Brāhma Samāj 近代印度教第一个改革社团。1828年，在加尔各答创立，创始人罗姆摩罕·罗易。梵社首先在孟加拉地区高举改革的大旗，批判传统印度教的偶像崇拜和多神论，主张信仰唯一真神，非人格之神；反对劳民伤财的祭祀活动和名目繁多的仪礼，主张用简单的祈祷形式取代原来的烦琐祭仪；反对各种歧视妇女的陋习——童婚、不许寡妇改嫁、寡妇殉夫等，主张妇女解放和男女平等。1830年，在加尔各答建立起梵社会堂，对任何人开放，不论其种姓、信仰和肤色，只要信仰唯一真神，都可以自由进入。在这里，不挂任何偶像，也不举行祭祀仪式，信徒只在内心向神祈祷。梵社完全打破了排他性的印度教教规，使自身成为促进各教派和解的典范。

1833年罗易逝世后，梵社受到印度教正统派的压力，曾一度处于涣散状态。19世纪40年代，D.泰戈尔继任梵社领袖。他采取一系列新的改革措施，推进梵社向前发展。他为梵社编纂了一部新的教典——《梵法教典》，制定了具体的行动纲领，规定了新的礼拜仪式，要求社员必须通过仪式才能入社，使梵社由一个松散的社团转变为一个比较严密的组织。他还创办了“真理觉知学院”和一些刊物，积极培养改革人才、传播改革思想。此外，他把许多青年社员派到印度各地，一方面宣传梵社主张，帮助和指导各地建立改革组织；另一方面也在各地建立梵社的分会，以扩大梵社影响。1865年，梵社在孟加拉已有50个分会，在西北省有2个分会，在旁遮普和马德拉斯各有1个分会。

到了60年代，梵社内部斗争激烈，出现了一个以凯沙布·钱德拉·森为首的青年激进派。此派在宗教和社会改革方面坚持激进的观点，他们大胆否定种姓制度，批判歧视妇女现象，主张妇女解放。另外，在许多方面他们更倾向于基督教。以泰戈尔为首的老年成员在改革中比较谨慎温和，他们对青年人的激进观点和行为大为不满。在这种情况下，梵社分裂，青年激进派退出梵社，另立印度梵社，而原来的梵社更名为“真梵社”。在凯沙布·钱德拉·森的领导下，印度梵社进行了许多新的社会改革。1871年，他们创建了印度改革协会，开办妇女教育、工人教育、慈善事业，组织禁酒团体。1872年，在他们的努力下，一部保护妇女权益的法律《婚姻法》也被殖民当局政府正式通过。

梵社作为近代印度宗教改革的先锋，对印度社会发展起了很大的推动作用。梵社的思想早已传到中国，在中国大学的历史教科书中都有介绍。另外，在中国出版的许多有关印度历史和宗教的学术著作中也有详细的阐述。例如，北京大学历史系林承节所著的《印度近现代史》，则从历史学的角度，对梵社的产生、发展和历史作用作了细致的分析和说明。黄心川著《印度近现代哲学》，则从宗教和哲学的视角，论述了梵社的哲学思想和宗教改革思想，以及对印度人民的思想启蒙所起的作用。

（朱明忠）

Fanshu

梵书 Brāhmaṇa 印度古代婆罗门教经典。又称“婆罗门书”或“净行书”。大约形成于公元前1000～前700年。它是在四部吠陀本集的基础上进一步说明祭祀的起源、目的、意义和方法的重要典籍。梵书是一种散文体的经文，内容主要有三个方面：一是仪轨，说明祭仪的细节和各种具体规定，如祭祀的种类、祭火和祭司的数量、祭祀的时间和地点等。二是释义，对祭祀仪式中所用的赞歌、祭词、咒语的隐义进行解释。还有一个是极意，说明祭祀仪式所要达到的目的、意义和哲理。

现存的梵书有15种，都是附属于吠陀本集的。其中最重要的有：附属于《梨俱吠陀》的《爱达罗梵书》和《乔尸多基梵书》；附属于《娑摩吠陀》的《二十五梵书》、《二十六梵书》和《阇弥尼耶梵书》；附属于《耶柔吠陀》的《百道梵书》、《迦塔伽梵书》和《泰迪里耶梵书》；附属于《阿闼婆吠陀》的《牛道梵书》等。梵书的传授是按照各派祭司的师徒关系而代代相传的，因此在传授中也形成了不同的流派。梵书的基本宗旨是强调祭祀的作用和祭司的地位，为以祭祀为纲领的婆罗门教制造理论根据。从学术价值来看，梵书是研究古代婆罗门教宗教礼仪和当时社会发展状况最古老、最宝贵的资料。透过这些祭仪的规定、修建祭坛的细节和决定祭祀日期的方法，可以了解当时物质生产的情况，以及天文、数学、历法等自然科学发展的水平。

印度的梵书以及梵书所涉及的古代婆罗门教的各种祭祀仪式和仪轨，伴随着佛教很早就传入中国，使中国人对此有一定的了解。在许多汉译佛经和中国高僧所撰写的佛教经典中都有这方面的记载。如，隋代中国高僧吉藏在他所著的《百论疏》中，就描述了古代婆罗门教最盛行的、规模最大的祭祀仪式马祭。

（朱明忠）

Fantian

梵天 Brahmā 印度教神话三大神之一。为创造之神。又译大梵天。

四面梵天像

最早的吠陀神殿中不见此神，但后来在某些梵书和奥义书中却据有极高地位，成为世界创造者。曾在三大神（另为湿婆和毗湿奴）中居首位。其在理论上可视为最高本体梵创造性一面的人格化。他也代表知识，是神人共有的导师。《百道梵书》和《广林奥义书》中著名的学者都把他们的知识和智慧归源于他。他的出身在神话中有多说：生于祭火之中，生自梵所创的金卵，以及生于开在毗湿奴脐部的莲花中，等等。原有五头，但由于对湿婆出言不逊，被后者放出中间眼里的火焰烧去一颗，后因此得名“四首”、“八耳”。有四臂，常持节杖、勺子、念珠、弓、瓶、吠陀圣典等。出行则乘天鹅或七只天鹅拉的车子。妻子是娑罗私伐底（Sarasvatā，或译“辩才天女”；亦为古代圣河名）。她是言语和学识女神，保护艺术和科学，传说梵语和天城体文字就是她发明的。为了繁育人类，梵天曾经乱伦，以女儿为妻。在印度教从吠陀崇拜发展到虔诚信仰后，梵天地位大为下降。他作为创世者的能力被转赋予湿婆和毗湿奴，地位亦居于二者之下。

（葛维钧）

Fantian chuangshi shuo

梵天创世说 古代印度教思想家构想的创世理论。主要保存在史诗和往世书中。

梵天创世说描绘的创世图景为：最高本体梵为了创世，先造出水，并把自己的种子投入水中。种子变成太阳般灿烂的金卵。梵天在金卵中诞生并留住其中1梵天年，然后通过禅思将它分成两半，一为天，一为地，置空界、海洋等于其间。此后再创日月星辰、河湖山峰、神与半神、人类动植、思想语言、喜怒哀乐等。如此世界存在1劫之久，在梵天睡去时被劫火烧尽，归于毁灭。待他熟睡1劫醒后，再把世上一切重新创造一过，使其再存在1劫后复归毁灭。这样反复搬演，直至宇宙末日，他又回归他所由生的梵。梵天的寿命长100梵天年。

下为《毗湿奴往世书》所列的时间系统，别书大略相同：梵天的寿命＝100梵天年；1梵天年＝360梵天日；1梵天日＝2劫；1劫＝1 000大时（或约14摩奴期，1摩奴期＝约71大时）；1大时＝12 000天年，分成4时，即圆满时＝4 800天年（包括

大神梵天像

晨、夕各400天年）；三分时＝3 600天年（包括晨、夕各300天年）；二分时＝2 400天年（包括晨、夕各200天年）；争斗时＝1 200天年（包括晨、夕各100天年）；1天年＝360天日；1天日＝尘世1年。如今正处在梵天51岁的第一天野猪劫（毗湿奴大神于本劫中化身为野猪，降世拯救沉入海洋的大地），第7个摩奴期（也称“日神之子”摩奴期），第28大时的争斗时的第51世纪。

（葛维钧）

Fantian Huoluo Jiuyao

《梵天火罗九曜》 中国佛教经典。是一部讲述印度星占学的密教经典。1卷。唐一行修述。收入《大正新修大藏经》密教部，编号第1 311号经。经名中的“梵天”是印度教的三大主神之一，也译作婆罗门。“火罗”一词是梵语horā的音译，意为黄道宫、黄道宫的升起、时辰等，借为依据出生时刻的星宿占卜命运之术，即占星术，疑来自希腊语horoskopos（即后来的英文horoscope），或与之同源。“九曜”指日、月和水、金、火、木、土五星，以及罗睺和计都。

经文正文按照罗睺、土星、水星、金星、太阳、火星、计都、月亮、木星这一先后顺序，依次列出了九曜的念诵真言、供养物品、供养方位、轮值年份，以及在某曜轮值的年份里会遇到什么样的灾祸，如何禳避等，并且为每一曜附上了一幅星神画像。

九曜真言都是梵语的音译。义净《一切经音义》中多处提到“真言但取其声，以响梵字，不求字义也”，但按照经文中的意思，这里的九曜真言似乎是有一定含义的，它们分别交待了各曜的供养物品和供养方位。另外，该经中的九曜真言也都几乎一字不差地出现在《宿曜仪轨》、《七曜禳灾诀》和《北斗七星护摩法》中，显示它们具有共同的来源。

因为禳灾时要“画所犯神形供养”，所以各曜所对应的星神画像也是重要项目。这种绘制星神画像的传统最早可追溯到萧梁时代的张僧繇。他的《五星二十八宿神形图卷》中太白星神是一戴凤冠骑凤凰飞翔的女子，而《梵天火罗九曜》中金星“形如女人，头戴首冠，白练衣弹弦”。萧梁至中唐，前后近200年，太白星神的图文基本保持一致。另外，太白星神为女子形象，显为外来。西方希腊、罗马神话中，金星神为女神。印度从2世纪中叶开始吸收希腊化的巴比伦星占学和天文学，因此出现在中土的金星神形是从希腊化巴比伦到印度再到中国这一文化传播的证据。

遍述九曜星占各事项之后，《梵天火罗九曜》给出了一段“北斗七星真言”

和一段“九执真言”，然后着重介绍了罗睺、计都与日月交蚀的关系，并引述了《聿斯经》中的说法。最后在经文末尾附上了所谓的“葛仙公礼北斗法”，这显然是吸收了道教星占学内容。

（钮卫星）

Fanwang Jing

《梵网经》 *Brahmajāla-sūtra* 佛教经典。所指有二：一是小乘经典，二是汉译大乘经典。

小乘《梵网经》现存上座部巴利语本，为《长部》第一部经，对应于属于法藏部的佛陀耶舍与竺佛念共译《长阿含经》(T1) 第3分第21经《梵动经》，以及三国时期支谦所译《佛说梵网六十二见经》(T21) 和姚秦时昙摩耶舍与昙摩崛多等共译的《舍利弗阿毗昙》(T1548) 第20卷的一部分。在吉尔吉特出土的（根本）说一切有部《长阿含经》梵文写本之中也包含此经的部分残叶，列为最末第47经，尚未出版。另有中国新疆出土的梵文残叶存世。小乘《梵网经》的内容主要是对戒的详细解说，以及对62种邪见的批驳。这些邪见包括有关过去的18种见，有关未来的44种见，其题名即是网罗诸见无有遗漏之义。该经有藏文译本 (D352，B1021)。

大乘《梵网经》唯传有汉译本，又称《大梵网经》，全称《梵网经卢舍那佛说菩萨心地戒品第十》(T1484)，传为鸠摩罗什所译。藏译本略称为《法广母》(D256，B922)，是由汉译本转译而成。分为上、下两卷。上卷内容为卢舍那佛因释迦牟尼佛请问而为大众讲解十发趣心、十长养心、十金刚心及十地等四十法门，下卷内容为释迦牟尼佛宣讲十重四十八轻的大乘戒。其中下卷菩萨戒部分历来为信徒所重视，经常独立成篇，题作《梵网经菩萨戒本》、《菩萨心地戒本》或《菩萨戒经》等。有传此经梵本原有120卷61品，由鸠摩罗什译出最后二品。但是，鸠摩罗什由于自己曾经被迫还俗而不敢给他人授戒，所以后人怀疑此经可能并非鸠摩罗什所译。隋代法经的《众经目录》(T2146) 就将其列为疑伪，归入《大乘毗尼藏录·众律疑惑》部分。而现代佛教学者，如中国学者吕澂、汤用彤等，日本学者望月信亨、大野法道、镰田茂雄等人，均在充分考证的基础上认为此经是在汉地编纂改写所成。

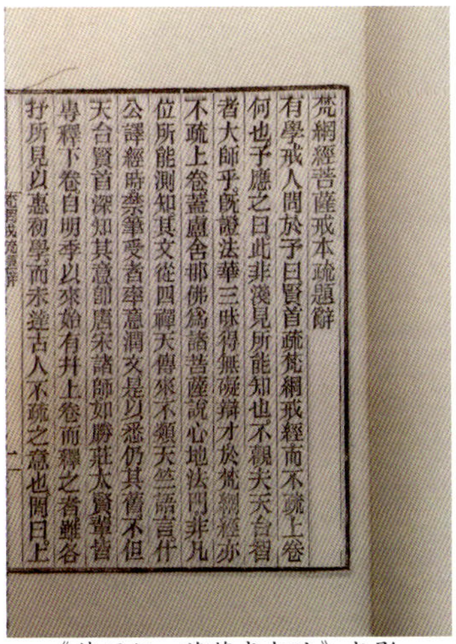
梵網經菩薩戒本疏題辭
有學戒人問於予曰賢首疏梵網戒經而不疏上卷
何也予應之曰此非淺見所能知也不覩夫天台智
者大師乎既證法華三昧得無礙辯才於梵網經亦
不疏上卷蓋盧舍那佛爲諸菩薩說心地法門非凡
位所能測知其文從四禪天傳來不類天竺語言什
公譯經時禁筆受者率意潤文是以悉仍其舊不但
天台賢首深知其意即唐宋諸師如勝莊太賢輩皆
專釋下卷自明季以來始有并上卷而釋之者雖各
抒所見以惠初學而未達古人不疏之意也問曰上

《梵网经·菩萨戒本疏》书影

大乘《梵网经》下卷菩萨戒部分在大乘佛教流布的汉传区域以及日本、朝鲜等地都备受推崇，不但为各个宗派所通用，更被视作授大乘菩萨戒的权威依据。唐代相传为不空金刚所译的《大乘瑜伽金刚性海曼殊室利千臂千钵大教王经》(T1177)，实际上是将《梵网经》与密教思想结合的产物。另有大量汉语注疏，注解整部经文的有唐太贤《梵网经古迹记》4卷 (T1815)，明智旭《梵网经玄义》1卷 (X693) 及《梵网经合注》7卷 (X694) 等。菩萨戒部分的注释有隋智𫖮说、灌顶记《梵网菩萨戒经义疏》2卷 (X676)，唐法藏《梵网经菩萨戒本疏》6卷 (T1813)、义寂《菩萨戒本疏》2卷 (T1814)，宋慧因《梵网经菩萨戒注》3卷 (X691)，明弘赞《梵网经菩萨戒略疏》8卷 (X695) 等。日本、朝鲜等对此经的注疏颇多，如上文列举的太贤、义寂即新罗学僧，日本则有空海、善珠等人的注疏。

（陈帅）

fan-wo eryuanlun

梵我二元论 brahman-ātman dvaita-vāda 印度古代哲学中吠檀多派的一种理论。是此派思想家摩陀婆在解释梵我关系问题时所持的立场。这种理论认为，梵是最高神，是一切的根本，但梵与作为世间事物的众多小我不同一，二者是分离的，是一种二元的关系。摩陀婆实际更为强调的是小我的实在性，更为强调小我与梵之间的差别。这种理论倾向于肯定世间事物的实在性，与吠檀多派中的主流思想不二论有明显差别。梵我二元论的思想在现代也为中国学人所关注。姚卫群在其所著的《印度宗教哲学概论》(北京大学出版社，2006) 一书中设有“吠檀多派”一章，论及了这一理论。

（姚卫群）

fan-wo tongyi

梵我同一 brahmātmaikya 印度婆罗门教哲学中的核心观念。最初产生在一些较早的奥义书中，后来在吠檀多派中被作为主要哲学思想。印度后世流行的印度教也将其作为理论基础。

奥义书是印度较早提出大量明确哲学理论的后期吠陀文献。其中论述的主要内容即为“梵”与“我”的关系问题。

所谓“梵”，指一切事物的本体，宇宙的最高实在。所谓“我”(音译为阿特曼)，通常指生命现象中的主体或灵魂。奥义书中的许多思想家认为，梵是一种最高的实在，它不具有任何具体的属性，对梵不能用一般的概念范畴下一确切的定义。在奥义书中，一些思想家将梵描述为最高的神，认为他是世间事物的根本因或创造者。“我”这一概念，在梵语中有多种含义，如自我、呼吸、本性、整个身体、人生命的最高本体等。在奥义书中，“我”一般在两种意义上使用：一种是指自我（个我），即作为人的身体诸器官的主体或人生命活动的中心，也就是所谓“小我”。另一种是指“梵”。许多奥义书在论述作为世界本体的梵时，不用“梵”这一词，而仅用“阿特曼”(我)。此种“阿特曼”就是所谓“大我”或梵。此类奥义书中所用的“阿特曼”是一切事物的本体，因而实际含义与“梵”是没有差别的。

在奥义书和后世的印度宗教哲学中，“我”或“阿特曼”一词较多地在前一种意义上使用，即若不特别指明，它一般指个人的生命主体或个人的精神与意识的控制者，人生死轮回中的主体。在现代，“我”或“阿特曼”也经常被译为“灵魂”。这种“我”有多种，而众多“我”又被认为是现象界。

在奥义书中讨论梵我关系的众多思想家中，占主导地位的观点是所谓“梵我同一”或“梵我一如”。这些思想家认为，事物的本体（梵或大我）和人的主体（阿特曼或小我）在本质上是同一的。

“梵我同一”的思想在**婆罗门教**后来的发展中仍占有重要地位。印度哲学中影响最大的吠檀多派的主要文献或分支中都有这方面的思想。但该派众多思想家在对梵和我的同一程度或实际关系上的看法有差别，由此形成了吠檀多派的不同分支。

《大梵与自我——商羯罗研究》封面

吠檀多派的创始人**跋达罗衍那**在其主要著作《梵经》中倾向于持一种“不一不异”的观点。他认为，梵作为世界的创造者或根本因与我或现象界是不同一的，而从诸我都具有梵性，一切事物离开梵都不能存在的角度看，梵与我又是同一的。

吠檀多派思想家**乔荼波陀**和**商羯罗**认为，梵与我是一种“不二一元”的关系。梵或大我是万有的根本，一切事物在本质上是梵或大我的幻现，没有独立于梵或大我之外的事物存在。小我既不是梵的部分，也不是梵的变异。作为人生现象的无数小我与大我本是一个东西，仅仅由于身体的限制，它们才显得不同，两者实际上是完全同一的。

吠檀多派思想家罗摩努阇（约11～12世纪）认为，梵与我是一种“限定不二”的关系，我（小我或现象界）是梵（实体或整体）的属性或部分，属性或部分尽管隶属于实体或整体，但并不能因此就认为属性和部分不实。世间现象并不是虚幻的，但罗摩努阇也承认作为事物本体而存在的唯有最高我或梵。他认为，现象界（小我）虽非虚空，但也仅仅是限定最高实体的属性或部分，事物的最高实体是不二或同一的。

在印度近现代，“梵我同一”的理论仍有重要影响，因为吠檀多派的主流思想“不二一元论”基本上为大多数思想家接受。而“不二一元论”的思想渊源或核心理念即来自奥义书中的“梵我同一”思想。

“梵我同一”思想在中国也有影响。在古代中国，一些汉文佛典在批判“外道”思想时曾转述或展示了奥义书或吠檀多派的这种思想。在中国近现代，学术界很重视印度古代哲学中的正统思想，对于奥义书和吠檀多派的研究很多。中国的学术期刊上发表不少有关“梵我同一”思想的研究论文。中国出版的有关印度宗教哲学的专著或教科书中也有关于“梵我同一”思想的介绍。

（姚卫群）

Fanyu

梵语 Saṃskṛta 印度古代语言。属印欧语系，印度-伊朗语族，为印欧语言中最古老的方言之一。

梵语约于公元前2千纪中叶，由侵入南亚次大陆的雅利安人带入印度。原文有“组合在一起”的意思，引申而兼有“完美”、“文雅”、“纯洁”等义。据称是“神的语言”。早期形态称“吠陀梵语”，因印度教古老圣典**吠陀**而得名；后来发展成为古典梵语，大量较迟的宗教经典及哲学、文学作品即用它写成。两者在词汇和语法上皆有相当区

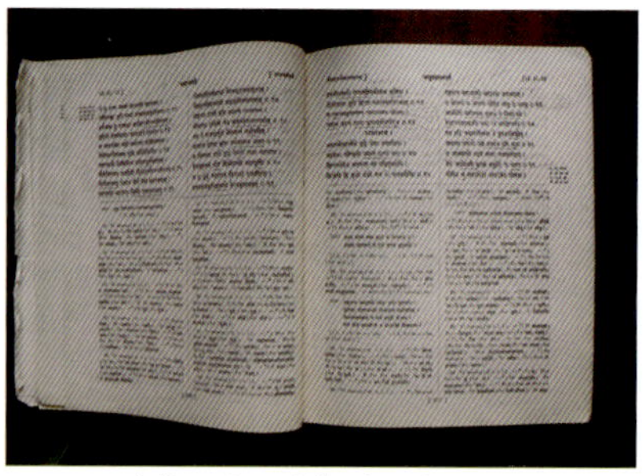

《摩诃婆罗多》梵文本书影

别。对于婆罗门祭司阶层来说，准确诵读圣诗至为关键，故其在宗教上的纯洁，端赖于对梵语的精通。婆罗门自幼即开始学习梵语。师徒对坐，口耳相传，通过死记硬背掌握诀要。**波你尼**在公元前5～前4世纪写出了语法书《波你尼经》，总结前代语法家的全部理论，树立了迄今依然不可挑战的权威。该书用“经”体写成，共3 996条，分8章，故又称《八章书》。内容简括难懂，非经特殊训练不易深入理解。今日该书不仅是据以了解和掌握梵语的手段，其自身作为语法经典，也已成为研究对象。公元前3世纪，迦旃衍那（又名婆罗流支）写《释补》，注释《波你尼经》，并补充了其未能概括的语法现象。公元前2世纪，**波颠阇利**写《大疏》，再注《波你尼经》，并就迦旃衍那对该经的批评进行反驳。17世纪，婆陀吉写《月光疏》，为《波你尼经》的改编本。经句重新安排，并加注解。注解有条理，易领会。其后印度人学习梵语多用它或它的节本。梵语辞书出现亦早。最古的《**尼揵荼书**》为一吠陀词汇表，尤重收录同义字、生僻字和已废字。其后的《尼禄多》则为对吠陀字汇的解释，指出语源，辨明字义，并常讲同义字、吠陀专有

中国社会科学院梵文研究中心梵文研习班开学典礼　2010

名词、神名及祭祀用语等。此类著作不少，但作者名多失佚。最著名的辞书是四五世纪长寿师子的诗体《长寿字库》。该字库为给诗人的创作提供丰富的词汇而编，实为按门类编排的同义词词典，兼列同形异义词。后世注本很多。

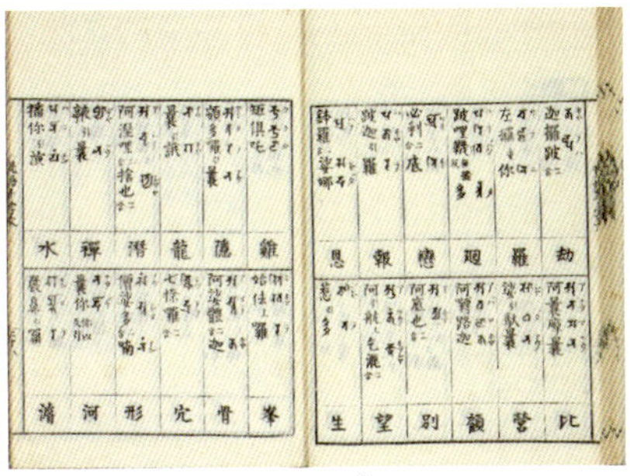

《梵语千字文》书影

梵语的字母名称和实际读音相同。玄奘说“详其文字，梵天所制，原始垂则，四十七言”(《**大唐西域记**》卷二)，即有47个字母。它的元音有简单元音、二合元音及三合元音。辅音依发音部位不同而分喉、颚、顶、齿、唇音。还有半元音、咝音和气音也可以归为辅音。语法较为复杂。名词、代词、数词和形容词有性（阳、中、阴）、数（单、双、复）、格（体、业、具、为、从、属、依、呼）的变化。动词的变位包括：数的单、双、复，人称的第一、第二、第三，时态有现在时、未完成时、完成时、不定过去时、将来时、假定时，语态有主动、中间和被动，语气分陈述、虚拟、命令、祈使。动词语尾分原始和派生两种。复合词依内部各成分关系的不同而又有相违释、依主释、持业释、多财释的区别。梵语何时始有书写的文字系统尚不清楚。婆罗谜字母可能诞生于公元前8或前7世纪，其来源计有多说，有人认为由阿拉米文字派生或受其影响而来，为以后所有印度-雅利安文字的原型。从右到左书写的佉卢体文字在公元前5或前4世纪开始流行于西北印。4～6世纪从**婆罗谜文字**发展出一种笈多体的书法。6世纪还有一种悉昙体出现。7世纪从婆罗谜字母发展出一种变体——**天城体**。后者继续完善，到11世纪在北印度已成主要书写文字，东印度和西印度则用其变体。梵语在2 000多年以前已不是日常口头用语，但作为宗教语言和科学、文学等的创作语言，却一直用到20世纪。其备受尊敬的崇高地位至今未改变。见**古代印度语言和文字**。

（葛维钧）

Fanyu Qianzi Wen

《梵语千字文》 中国唐代前期梵汉字书。在唐代佛教经录（《**开元释教录**》、《贞元录》等）以及中国的历代汉文《大藏经》版本中，没有任何关于《梵语千字文》的记载，更没有提到它与求法高僧兼译经大师**义净**有什么关系。但日本所传抄的《梵语千字文》中，注明作者是义净。这一点已经基本上得到了学界的认同。《梵语千字文》的具体撰述年代不明，但从序言中所谓“一两年间，即堪翻译”之语推测，该书应当成于义净在武周久视元年（700）独立主持译场进行佛经翻译之后。

《梵语千字文》是现存最早的一部梵汉字书，与《**梵语杂名**》、《唐梵文字》、《唐梵两语双对集》等字书一样，是一部供梵语初学者使用的教材，属于佛教语言的工具书。义净在序言中指出，该书的目的是“为欲向西国人作学语样”，所收录的都是“当途要字”，采用的方式是“梵音下题汉字”。义净认为该书虽然形式上与六朝时期开始流行的千字文文体相似，但是不同于旧千字文，其重要性表现在只要掌握了该书以及《悉昙章》的精髓，又有了一些梵本阅读的实践经验，一两年间就能从事翻译了。唐代传入日本的“义净集”中的《梵唐语》，应该就是《梵语千字文》。《梵语千字文》在日本也称作《梵唐千字文》、《唐字千鬘圣语》或《梵唐消息》。《梵语千字文》还有“外题千语文”或“外题梵文”的记载。敦煌与吐鲁番出土了多种不同形式的《千字文》的抄本，但迄今为止还没有发现《梵语千字文》的写本。

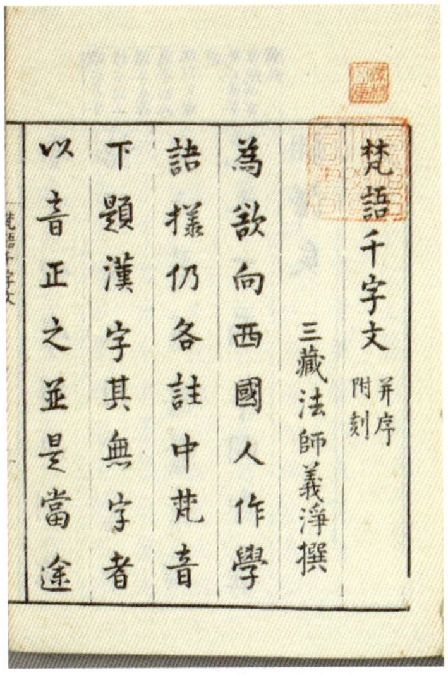

《梵语千字文》抄本书影
现藏日本早稻田大学图书馆

民国二十九年（1940），上海佛学书局出版了影印的线装本《密部法彙梵语千字文》，题签出自居士姬觉弥之手，书前还有师奘沙门密林撰写的《影印梵语千字文序》。密林阐述了《梵语千字文》

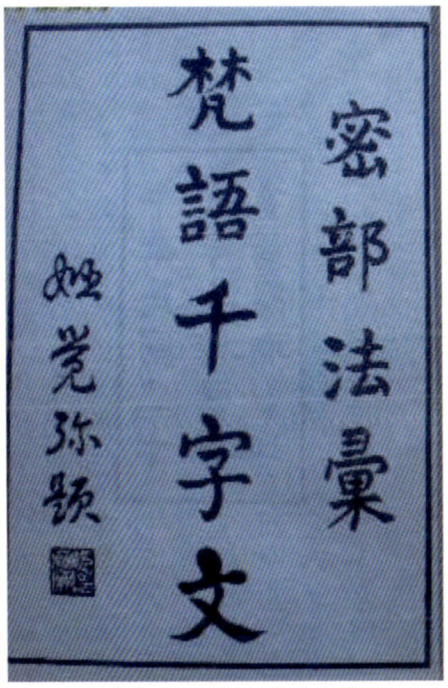

《密部法彙梵语千字文》
民国时期线装本题签

的特点与性质，认为该书与求法大师义净无关，可能出自同名者之手，该书也不是来自全真的《唐梵文字》。该版本由上海英国籍犹太裔房地产大亨哈同的夫人罗迦陵、管家姬觉弥两位居士资助印制。

就内容的次序而言，《梵语千字文》是义净先编好了千字文的汉语部分，然后再给每一个汉字配上梵语，因此书中出现了不同的汉语词汇对应于同一个梵语词的现象。比如，“步进”和“进步”均对应krama。“嘉”和“善”均对应kuśala。书中还有比较少见的同一个汉字对应两个不同的梵语词的情况，比如，“文”对应akṣara，也对应lekha。《梵语千字文》的汉语部分基本上是单音词，但也有为数甚少的几个双音词，如椒（marica）、充蹇（bharita）、奇哉（apūrva）、黄瓜（trapusa）等。现存的《梵语千字文》抄本在40多个汉语单词后还附加了注释，如“皇又天子”(devaputra)、“州大王城”(mahānagara)。《梵语千字文》以“换韵”作为内部的划分标志，可以将全篇分为8个或者9个小节。从形式上看，别本《梵语千字文》配有每个词的音写，这些音写是后世僧人（更可能是日本僧人）所添加的。《梵语千字文》的梵语部分并非全部为梵语词的原形，有些名词（或按名词变格的形容词）带上了性、数、格的变化，而有些动词也带上了人称和时态的语尾标记，如：“明”(ālokaḥ)、“暗”(andhakaraḥ)、“父”(pitā)、“母”(mātā)和“寐卧”(śayati)。就词汇的选取而言，《梵语千字文》的范围受到千字文形式的制约，所选择的是主干基本词，不如《梵语杂名》那样灵活。作为一部由具有实际翻译经验的大译家撰写的梵汉对应字书，《梵语千字文》在中外文化交流史上具有重要的意义，其语料在中古汉语史上的价值亦不容忽视。

（陈明）

Fanyu Zaming

《梵语杂名》 中国唐代中期梵汉双语字书。作者为唐代译经大德兼翰林待诏龟兹国沙门利言。约成书于8世纪中期。利言原名地战涅罗，唐言真月，字布那羡。利言是印度高僧**达摩战涅罗**的徒弟，年轻时就精通多种语言，学习了印度佛教以及**往世书**等**婆罗门教**经典。开元二十年（732），利言随师抵长安，开始翻译工作。作为译语人，利言不仅翻译了《普遍智藏般若波罗蜜多心经》等多部显密经典，而且翻译过印度的科技著作，如天文类的《占星书》和方术类的文献，甚至婆罗门文化的经典《持国记》(即《**利论**》)。他在佛经翻译史、语言学史和中外文化交流史上都作出了一定的贡献。利言的事迹附在赞宁《**宋高僧传**》卷十五“唐京师西明寺圆照传”之下。圆照曾撰写《翻经大德翰林待诏光宅寺利言集》(2卷本)，早已佚散。

《梵语杂名》在中国久佚不传。838年前后，日本入唐求法僧圆仁在扬州找到一部《梵语杂名》的抄本，带回日本。现存最古的《梵语杂名》抄本是日本人于1052年抄写的。日本僧人真源在1732年出版了《梵语杂名》校本。

《密部法彙梵语杂名》民国时期线装本封面

《梵语杂名》后收入《大正新修大藏经》第54册。民国二十九年（1940），上海佛学书局出版了影印的线装本《密部法彙梵语杂名》，题签出自居士姬觉弥之手，书前有《梵语杂名序》。序中所谓“近代法兰西人曾译为法文”，实乃印度汉学家**师觉月**在伯希和指导下，用法文出版的博士论文《两部梵汉字书：利言〈梵语杂名〉与义净〈梵语千字文〉》，其中将《梵语杂名》与《**梵语千字文**》一并译成了法文。此线装本即“截去法文”而影印的。该书与《密部法彙梵语千字文》一起，均由上海英国籍犹太裔房地产大亨哈同的夫人罗迦陵、管家姬觉弥两位居士资助印制，书中还加印了三人的照片与赞词。

《梵语杂名》是一部用梵汉对照的形式编成的字书，共收汉字约1 700余条。绝大部分是可以成词的单字，也有少量的双音节词和多音节词。《梵语杂名》的特点在于其每一词条的组成，均有三个部分：首先是汉语的字词（主要是意译词，但也有一些音译），其次是该词对应梵语的汉字音译，最后是该词的梵语词形。《梵语杂名》与当时通行的佛经音义著作有极大的不同。作为梵汉双语对照的字书，《梵语杂名》的梵语部分可能来源比较复杂，既有“和尚梵语”(或称俗化的梵语形式)、中期印度语，也有属于所谓“中天音旨”的“标准”梵语词形，可能还夹杂了一些西域的胡语形式。《梵语杂名》中的大部分汉语字词对译梵语词的原形，但也有少量的对译梵语词的变格后的形式，如“力：末丽曩，balena”。

《梵语杂名》中的汉语字词条目也有重复的。有时一个汉字（词）往往列出所对应的几种梵语的音译词形式，但其梵语词形和音译词并不一样多，因为一个梵语词可能有几种不同的汉语音译。在汉语音译词部分，不仅对难认的字用反切的方法标注出读音，也用“二合”的形式标注梵语中的音节关系，有时还注明该词的同义词，或者添加非常简短的说明。

结构上，《梵语杂名》则体现了“杂”的特点，虽然开篇有“有情身份”作为分类的名称，但是，后文没有明显的归类标准，基本上是本着“以类相从”的原则来排列的，有时将表示月份、动物等的名词和表示动作的动词分别排列在一起。不过，仍然没有一个明显的划分办法能将《梵语杂名》一一区隔开来。《梵语杂名》的排序方法可能与印度词典存在某种关系，印度有一种比较有特色的nirukta（字汇）文献，亦有采取“以类相从”的词序原则。饶宗颐曾经指出刘熙载《释名》受印度nirukta文献的影响，而《梵语杂名》与nirukta文献之间的关系还有待进一步的比对。就词汇的选取而言，《梵语杂名》非常灵活，所选择的词汇是常用的、重要的词语，涉及当时社会生活的多个方面。《梵语杂名》不仅提供了丰富的梵汉对音材料，其中的汉语意译词对汉译佛经语言研究的开展起到添砖加瓦的作用，而且它所提供的大量原语词汇可以与西域的多种胡语词汇进行比较研究，为中外文化交流史也提供了重要的语言材料。

（陈明）

Fang Hao

方豪 Fang Hao（1910.09.24～1980.12.20）中国历史学家。在中印文化交流中起过一定的作用。

方豪字杰人，笔名茅庐、绝尘、圣老。浙江杭县（今杭州）人。出身于基督教圣公会家庭。1921年入嘉兴天主教备修院。1929年入宁波圣保罗神哲学院。1935年晋升司铎（神父）。1941年任浙江大学史地系教授。1949年受聘于国立台湾大学历史系。1969年出任台湾政治大学文理学院院长。1974年当选“中央研究院”院士。

方豪主要研究方向为中西交通史、宋史、宗教史等。著有《中外文化交通史论丛》第一辑（1944）、《宋史》（1954）、《中西交通史》（1954）、《中国天主教史人物传》（1967）、《方豪六十自定稿》（1969）等。其中，《中西交通史》详细叙述了史前至近代中外交往历史的发展轨迹，剖析了其间民族、宗教、文化、交通、政治和贸易等方面的诸多关系。书中“汉代中印间之交通”、“法显等之访印及贡献”、“贾耽所记通西之三道”、“隋唐时代与中亚之佛教关系”、“隋唐时代传入之印度学术”、“唐宋与印度波斯阿拉伯之政治关系”等篇章，考证了自秦汉至唐宋时期的中印往来，资料翔实，论述精慎，为两国古代交通史的研究作出了贡献。

（张然）

fangdeng

放灯 中国宋元明清时期举办盂兰盆节时的民俗行为。又称放河灯、放江灯等。据《梦粱录》卷四记载，七月十五日晚上杭州一带“放江灯万盏”。元明清三代，盂兰盆节的放灯活动显得更加突出。《帝京景物略》中说，七月十五日夜要“于水次放灯，曰放河灯”。《松窗梦语》卷七说：“七月望祀，释家谓之盂兰斋，俗云鬼节，谓地狱放假五日，则矫饰甚矣。时民间剪纸为花，燃硝磺为灯，以木板泛于湖上，多至数百，夜望如星，亦足娱目。”《西湖游览志余》卷二十：“七月十五日为中元节，俗传地官赦罪之辰，人家多持斋诵经，荐奠祖考，摄孤判斛，屠门罢市。僧家建盂兰盆会，放灯西湖及塔上、河中，谓之‘照冥’。”清人潘荣陛《帝京岁时纪胜》记中元节皇家于北海、中南海放灯情景曰：“每岁中元建盂兰道场，自十三日至十五日放河灯，使小内监持荷叶燃烛其中，罗列两岸，以数千计。又用琉璃作荷花灯数千盏，随波上下。中流驾龙舟，奏梵乐，作禅诵，自瀛台南过金鳌玉蛛桥，绕万岁山至五龙亭而回。”

盂兰盆节放河灯，是中国人通过佛教接受印度民俗的影响，这一习俗在古印度早已有之，至今如此，也影响到东南亚。

（薛克翘）

七月十五中元节放河灯

中国山东烟台合卢寺水陆大法会焰口施食场面

fangyankou

放焰口 佛教密宗向饿鬼施舍食物的仪式，唐代以后逐渐演变为中国民间追荐亡灵的法事活动。佛教有五道轮回说，饿鬼道为仅次于地狱的一道。人一旦作恶而沦为饿鬼，便骨瘦如柴，竟日游走于旷野而不得食。焰口，又译“面然（燃）”，佛经中一饿鬼名，是饿鬼的代表。唐实叉难陀译《佛说救面然饿鬼陀罗尼神咒经》，为密教向饿鬼施食仪轨的依据。后不空金刚重译此经，题《佛说救拔焰口饿鬼陀罗尼经》。经中说，佛弟子阿难独坐静室，于三更见一饿鬼，名焰口，身体枯瘦，咽如针，口吐火焰，言阿难将于三日后命尽，堕饿鬼道。阿

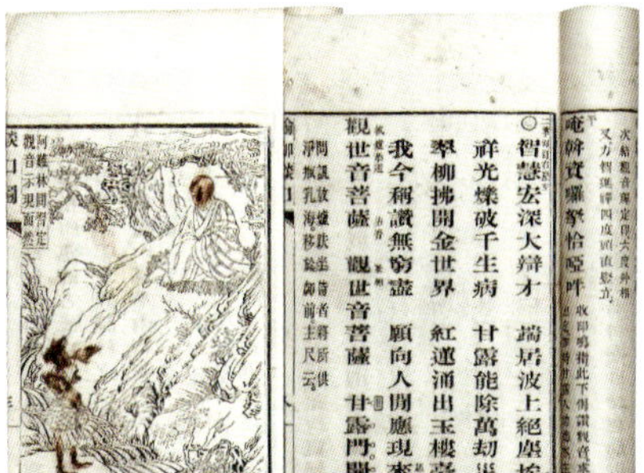

《瑜伽焰口施食要集》书影

难问解免之法，焰口以大量施舍食物对。自唐代起，向饿鬼施食便形成完备的焰口施食法，其间，须设坛、结印和念诵真言咒语，如六字真言、大悲咒等。此法在宋代十分流行，当时中国佛教界也出版了许多相关著作，苏东坡亦曾作过《施饿鬼食文》。自宋代开始，焰口施食法又逐渐与水陆道场相结合，大型水陆道场活动中有时也穿插“放焰口”事项，元明清时期尤其如此，一些地方志中多有记载。

（薛克翘）

Feixi

飞锡 Feixi（约活动于8世纪） 中国唐代高僧，译经家。曾参与**不空金刚**的译场。

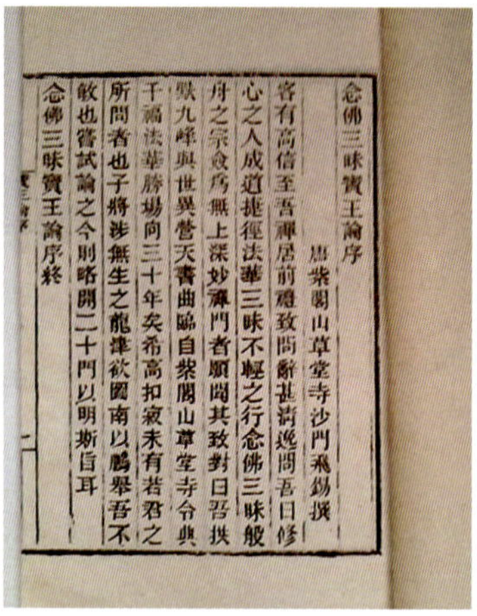

念佛三昧寶王論序
唐紫閣山草堂寺沙門飛錫撰
客有高信至吾禪居前禮致問辭甚誚遜問吾曰修心之人成道捷徑法華三昧不輕之行念佛三昧般舟之宗孰爲無上深妙禪門者願聞其致對曰吾撰默九峰與世異營天書曲臨自紫閣山草堂寺令與于禱法華勝場向三十年矣希高扣寂未有若君之所問者也子將涉無生之龍津欲圖南以鵬舉吾不敏也嘗試論之今則略開二十門以明斯旨耳
念佛三昧寶王論序終

飞锡《念佛三昧宝王论》书影

据《宋高僧传》卷四等记载，飞锡籍贯不详，神气高远，识量过于常人。他最初学习律仪，后来与沙门楚金一起专心研习天台宗的圆融三观。天宝（742～756）初年，飞锡前往都城**长安**，经常住在终南山的紫阁峰草堂寺。此时正值不空金刚主持译场的翻译，精选各位学僧共襄译事。飞锡也在参选之列，往往担任笔受、润文之职。

永泰元年（765），不空金刚与飞锡等16人奉诏在大明宫内道场翻译《仁王护国般若经》与《密严经》。梵语原文都是偈颂韵文体，但先前的译本多译成散文体，于是不空金刚、飞锡与翰林学士柳抗等重新对其进行了翻译和润色。

飞锡还撰有《念佛三昧宝王论》（T1967）3卷。他不仅精通佛典，还兼修儒墨之说，文笔尤佳。时人经常请他撰写文章、碑文等。

（范晶晶）

feibaoli

非暴力 non-violence 印度的一种政治学说。印度民族独立运动领袖M.K.**甘地**创立。甘地在继承佛教和耆那教的“戒杀”思想基础上，吸收了基督教的“以善抑恶”观点、美国思想家H.D.梭罗的“非暴力抵抗”思想、俄国文学家L.托尔斯泰的“神的王国就在你心中”思想以及西方的人道主义思想，而创立了这种独具特色的学说。它实际上是一种东西方思想的融合。甘地的“非暴力”包含两方面的意义：一是消极的方面，二是积极的方面。所谓消极的方面，是指不去做什么，即“不杀生”或“不伤害他人”等。而积极的方面，则是要求人们主动地、自觉地去爱，去爱一切人。所以，甘地说：“非暴力就是以积极的形式来对待一切生命的善良意志。非暴力就是纯粹的爱。我在印度教的经典中，在《圣经》和《古兰经》中都读到过它。”“非暴力不单是具有‘不伤害’的消极方面，而且具有‘爱’，即对犯错误者行善的积极方面。”两个方面相比较，甘地更强调后者，强调“非暴力”所具有的“爱”和“行善”的含义。他认为，“非暴力”核心就是爱。所谓“爱”，就是要相信一个人的本性是善的，然后通过爱的行动，感化他启迪他，唤醒他内部潜在的善性，从而使他弃恶从善。甘地极力强调“非暴力”的作用，他甚至把“非暴力”的原则绝对化，试图通过“非暴力”或爱的手段来解决社会上的一切问题。他在印度民族独立运动中所领导的“非暴力不合作运动”和“文明不服从运动”，以及在社会改革运动中所提出的“变心说”和“托管说”，都是以“非暴力”学说为理论依据的。甘地的“非暴力”学说不仅在印度，而且在世界上也有很大的影响。它对N.曼德拉所领导的南非反对种族歧视的斗争和马丁·路德·金所领导的美国黑人运动都产生了较大的影响。

甘地的“非暴力”思想早在20世纪20年代就介绍到中国。1923年，中国民主革命者蔡元培在反对北洋军阀政府的斗争中，就曾运用甘地的“非暴力”思想向北洋军阀提出了“不合作主义宣言”。这个宣言在当时爱国知识分子中引起很大反响，但是这种不合作运动很快就被政府镇压下去。甘地的“非暴力”思想在中国出版的各种有关印度历史或世界历史的书籍中都有详细的介绍和阐述。

（朱明忠）

M.K.甘地在印度乡村演讲

Feiruonabikesu

吠若那比柯宿 Vijñāna-bhikṣu（约活动于16世纪） 印度数论派和瑜伽派的哲学家。生平不详。对于**数论派**和**瑜伽派**在16世纪左右的思想较为了解。曾著《**数论解明疏**》和《数论精要》。还著有对瑜伽派思想家**毗耶舍**注释所作的《瑜伽释补》和他直接阐述瑜伽思想的《瑜伽精髓集要》等。他的《数论解明疏》的部分内容由姚卫群译成汉文，收入《古印度六派哲学经典》（商务印书馆，2003）一书。

（姚卫群）

Feisheli

吠舍离 Vaiśalī 印度古代佛陀时代最大且最为繁盛的城市之一。又译毗舍离等。由跋耆联邦的刹帝利种姓离车族统治，是离车共的国的首都，该国被视为世界历史上最早的共和国之一。吠舍离坐落在根德格河畔，位于北至舍卫城和迦毗罗卫城、南接**王舍城**的商道上。该城与佛陀时代的许多古城一样最终消亡，其确切地址的考定主要归功于中国求法僧人**法显**和**玄奘**的记载。1861年，英国考古学家A.坎宁安按照两位高僧记载的路线，在穆扎法尔布尔的巴沙尔村发现了该城遗址。这一地区已被划为现代的瓦伊沙利县，首府哈吉布尔位于比哈尔邦首府巴特那以北50千米处。

人们对吠舍离的源起和早期历史所知不多，但**印度教**、佛教和**耆那教**文献中均有关于该城及其源起传说的记录。据印度教文献记载，此城由毗舍腊王建立，故得名吠舍离。《毗湿奴往世书》在追溯该城历史时列举了从那巴伽到须摩提的34位国王，

吠舍离阿育王石柱

前者极具民主意识，后者与阿逾陀的十车王（即罗摩之父）处同一时代。巴利语文献将其描述为一座富庶繁荣、人口众多的城市，拥有大量楼宇和池塘。由于居民不断增加，该城边界经历了3次外延，故以“吠舍离”著称，意为“广延”。印度佛教僧人觉音也提到过对该城名称的这一解释。《佛本生故事》记述了城中三座用塔楼装饰的巨型围墙。耆那教文献中提到过其中的一座以及城郊的两座名为瓦尼亚迦姆和科腊吉的卫城，并将这座美丽的城市描述为森林围绕的花园之城抑或巧夺天工的天堂之城。由此可见，公元前6世纪这里仍保持着繁盛之势。5世纪初法显造访此地时，诸多楼宇依然可见。但到了7世纪玄奘到访时，情形已大不如昔。在玄奘的记述中，该城“土地沃壤，花果茂盛”，往日为数众多的楼宇和数以百计的寺院已所剩无几，人口亦大量减少，各类宗教信徒中以耆那教天衣派居多。

吠舍离所以享有如此盛名，离不开它与佛教、耆那教的关系。乔答摩·悉达多（见释迦牟尼）为求觉悟毅然出家，离开迦毗罗卫城后首先前往吠舍离，此地的优陀罗罗摩子和阿罗逻迦蓝是他最初的精神导师。悟道5年后，佛陀曾在该城坐雨安居，此后亦多次造访此地。佛陀所说的许多律经皆在此首次阐明，如《摩诃利》、《大师子吼》、《究罗萨遮》、《大萨遮》、《三明》、《婆蹉种》、《善宿》等。此外，还有法显和玄奘都曾提及的与吠舍离有关的《宝经》，佛陀借此经对人们进行规诫，以使这座城市摆脱不祥与灾祸。佛陀最后一次造访吠舍离时告知弟子阿难自己即将涅槃，随后抛弃食具踏上最后的旅程，前往拘尸那迦。同样在吠舍离，佛陀为他的继母摩诃波阇波提授戒，并由此建立起比丘尼僧伽。事实上，僧伽的许多组织理念就是由该城的统治实践衍生而来。城中名女庵婆罗婆利在此地皈依佛陀，并将自己的杧果园奉施于他。佛陀涅槃后，离车族人造窣堵波以供奉所分得的佛陀舍利。后来，阿育王建造了一座更大的窣堵波和一根顶端为精美亚洲狮子柱头的石柱。此外，城中还有一座窣堵波供奉着佛陀弟子阿难的舍利。公元前383年，佛教第二次集结在国王迦罗阿育的召集下在这里举行，旨在解决佛教的内部分歧。

吠舍离与耆那教的关系同样密切。耆那教最后一位祖师大雄生于刹帝利贡德村，该村位于国王悉达多与王后特里希拉所居城市的郊外。他22岁时离开此地，觉悟后再度返回，在此度过了人生四十二载中的12个年头。如今比哈尔邦政府已将每年白沙克月（旧译毗舍佉月）的望日定为“吠舍离节”，以庆祝大雄的诞日。这里已成为著名的旅游胜地。除各种与佛教、耆那教有关的历史遗迹外，还有一处周长约1 000米的石堆，据称是古代离车族的议会遗址。另有一个用于灌顶的水池，当选代表上任前须在池水中用香膏涂抹身体。在现代兴建的建筑中，日本佛教徒修建的世界和平塔具有一定代表性。

（卡马尔·希尔撰　胡俊麟译）

Feitanduopai

吠檀多派　Vedānta school　印度教六派哲学之一。它对吠陀奥义书以来的婆罗门教主流思想进行了吸收和发展，是印度正统派哲学的主要代表，在印度历史上通常占主导地位，在当今印度思想界依然起着重要作用。

思想渊源和主要发展分支　“吠檀多”一词的梵文为“Vedanta”，其字面意思是“吠陀的终末”。这主要指在广义上说的吠陀文献的最后一部分，即奥义书。

吠檀多派的许多理论虽然是在奥义书思想的基础上形成的，但它作为一个独立哲学派别的出现时间则要晚一些。一般认为该派在1世纪左右由跋达罗衍那创立。跋达罗衍那在理论上归纳总结了吠陀奥义书中的一些重要思想，著有该派最早的根本经典《梵经》，确立了吠檀多派的基本观念。

吠檀多派在其发展过程中出现了许多思想家，影响较大的有：乔荼波陀、商羯罗、婆察斯巴蒂·弥尸罗（约9世纪）、薄斯伽罗（约9～10世纪）、罗摩努阇、室利哈尔沙（约12世纪）、摩陀婆、筏罗婆（约13世纪）、室利帕底（约15世纪）、巴勒提婆（约18世纪）等。

这些分支的梵我关系理论的主要类型有：“不一不异论”、“不二论”、“限定不二论”、“二元论”、“二而不二论”、“纯净不二论”、“性力限定不二论”、“不可思议差别无差别论”等。其中影响较大的是跋达罗衍那的“不一不异论”、商羯罗的“不二论”、罗摩努阇的“限

《梵经》

商羯罗说法图

定不二论”及摩陀婆的“二元论”。

跋达罗衍那与《梵经》思想　跋达罗衍那的生平等情况不详，但他创作的《梵经》在印度思想史上占有重要地位。目前人们所看到的《梵经》有后人添加的内容。该经文字十分简略，许多经句的含义要依赖有关注释才能了解。从总体上说，它继承了奥义书中的梵我关系思想，而在论述梵或最高我为万物根本时，又常将其作为神来看待。

跋达罗衍那在梵我关系问题上倾向于“不一不异论”。这种理论认为，梵作为世界的创造者或世界的根本因，与其部分、属性或被造物——我（现象界）是不同一的，而从我（现象界）都具有梵性，一切事物离开梵都不能存在的角度看，梵与我又是同一的。《梵经》也论及了轮回与解脱问题，讲述了小我的轮回过程及如何通过冥想等获得梵的知识。认为进行印度教的祭祀有助于正确认识梵。强调如果小我与梵合一，则可不再回到轮回的世界中来。

《梵经》在后世的注释者很多。不同的注释者对经文的含义常常有不同的说法。这也是促成吠檀多派中形成不同分支的原因之一。

乔荼波陀的理论　乔荼波陀是吠檀多派中影响较大的思想家。其生平不详。他最主要的著作是《圣教论》。他在吸收和改造奥义书及《梵经》有关思想的基础上，在该派中最早明确地论证了梵我“不二论”的思想。乔荼波陀认为，梵或大我是万有的根本，一切事物在本质上是梵或大我的幻现，它们是不真实的。没有独立于梵或大我之外的存在。小我既不是梵的部分，也不是它的变异，它们的关系就如同瓶中的小虚空和瓶外的大虚空一样。作为人生现象的无数小我与大我本是同一个东西，仅仅由于身体的限制，它们才显得不同，两者实际上是同一物。

乔荼波陀的这种理论对后来商羯罗等人建立不二论哲学的系统化思想有极大影响，在吠檀多派成为印度思想史上主流派的过程中发挥了重要作用。

商羯罗的思想体系　商羯罗是吠檀多派中影响最大的哲学家，也是在整个印度历史上地位极高的思想家。他的理论在近现代印度思想界仍发挥着重要的作用，是印度教的思想核心。他的哲学著作主要有：《梵经注》、《千说》、《五分法》、《我之觉知》以及对《薄伽梵歌》和《广林奥义书》的注释等。

商羯罗在梵我关系理论上建立了吠檀多派中最系统的“不二论”学说，使之成为印度教哲学中的正统学说。他认为，在各种事物中，真实存在的仅是梵。梵为一切的根本，现象世界是梵的一种幻变。由于万有以梵为根本，因而梵也被认为具有最高神那样的力量，是无所不能的。梵这种实体不能用世间人们认识一般事物的手段把握。对梵只有采用一种不断否定的方式才能真正体悟。商羯罗用“不是这样，不是这样”这类短语来描述梵，一方面是要表明梵的至高无上，无物可比，另一方面亦是要否定除梵之外的一切事物。这种通过遮诠手法认识或体悟事物的根本或实相在古印度十分流行。

商羯罗在论述事物本体时提出**下梵**和**上梵**的概念。与此相对应，商羯罗在其认识论中提出了下知和上知的概念：认为把本来不二的梵看作下梵就是无明，他称为下知；而把梵看作唯一真实存在的上梵则是真知，即上知。在他看来，唯有透过种种假象，看到万有之后唯有梵（只有上梵）真实，才可能获得至上的真理性认识。

相应地，**解脱**也分为两种：一种是渐解脱，另一种是真解脱。渐解脱是在对下梵的信仰中产生的，由下知获得，人死后小我到梵界享乐，因而并不是真的或完全的解脱。真解脱是在对上梵的信仰中产生的，是由上知获得的。这种解脱已无身，因为已经摆脱了轮回状态，不再有身体。但在论述这种解脱时，商羯罗也主张要遵守印度教的各种规定，履行种姓义务等，认为这对于获得解脱是有帮助的。但获得解脱还要依靠吠檀多派的最高智慧，即要坚持“梵我同一”的观点，要坚持不二论的思想。只有这种最高智慧才能使人达到最高的境界，彻底解脱。

商羯罗在构建其理论的过程中，也吸收了佛教的某些思想，如“空”的观念，“真谛”与“俗谛”的观念，佛教把握事物实相的方法等。商羯罗由于在其理论中吸收了佛教的某些成分，曾在印度历史上被一些人称为“假面的佛教徒”。

商羯罗雕像

罗摩努阇的“限定不二论” 罗摩努阇是商羯罗之后吠檀多派中较著名的哲学家，是印度教中虔诚派的思想先驱。他生于南印度的一个婆罗门种姓家庭，早年曾受到商羯罗思想的影响，学习过商羯罗及其追随者的不二论思想，但后来对吠檀多派中的梵我关系问题有新的见解，创立了吠檀多派中的重要理论分支“限定不二论”。

罗摩努阇认为，梵虽然是一种最高实体，但并不是没有任何属性和差别的。他认为，小我（现象界）与最高我（梵）之间的关系是属性与实体或部分与整体之间的关系。这就如同光是火或太阳的一部分，或白色等是具有这些颜色的东西的性质一样。

尽管罗摩努阇主张现象界的多样性和差别性是真实的，但他作为吠檀多派的思想家也一直承认作为事物本体而存在的唯有最高我或梵。现象界（小我）虽非虚空，但也仅仅是限定最高实体的属性或部分，事物的最高实体是“不二”的。罗摩努阇的这种梵我关系理论因而被称为“限定不二论”。

罗摩努阇也和其他吠檀多派思想家一样追求解脱，并特别强调对神的信仰和崇敬。他认为梵就是神，即具有至上地位的毗湿奴神。罗摩努阇强调要通过忆念和冥想来直观神，以此获得解脱。

罗摩努阇的宗教理论中包含平等思想，认为在摆脱轮回的过程中，甚至首陀罗这样的低种姓也能达到目的。若能真正崇敬神，舍身皈依毗湿奴神，同样可以达到解脱。

摩陀婆的理论 在商羯罗之后，摩陀婆（约13世纪）是该派中又一个有较大影响的思想家。摩陀婆出生于南印度，接受过印度教传统思想的教育，年轻时受过商羯罗梵我关系思想的影响，但后来在这方面有了一些新的见解，提出了自己的理论。摩陀婆著作中有一定影响的是《梵经注》。他关注当时流行的各种哲学流派的思想，曾吸收了数论派、胜论派、正理派、耆那教等的不同理论。

摩陀婆继承和发展了奥义书和《梵经》的基本观念，承认梵是一切事物的根本因，认为梵也就是毗湿奴神，他力量无限，全知全能。神或梵具有纯粹精神的本质，这种本质存在于一切不同的事物中。摩陀婆认为梵作为最高实体或最高神具有不可描述性，认为梵超出了言语、推理等一般认识所能达到的范围，但他反对此前的一些不二论吠檀多思想家所主张的“有德之梵”（下梵）可见可描述，“无德之梵”（上梵）不可见不可描述的观点。

在梵我关系问题上，摩陀婆主张一种“二元论”，认为梵虽是根本，但梵与小我不同一，二者是分离的。他更为强调的是小我的实在性，小我与梵之间的差别。在《梵经注》中，摩陀婆明确宣称小我与神（梵）是分离的，小我与神（梵）不同一。这种理论倾向于肯定世间事物的实在性，与吠檀多派的主流思想不二论有明显的差别。

摩陀婆在论证其二元的梵我关系理论时，提出了著名的五种基本差别的理论。他认为，在神（梵）与小我之间、神与物质之间、一种物质与另一种物质之间、小我与小我之间、小我与物质之间存在着永恒的差别。他的认识论思想接近于罗摩努阇的理论，承认现量、比量、圣教量（见圣言量）的效用，承认奥义书等婆罗门教古代圣典对获得正确认识的意义。此外，他对婆罗门教的祭祀也较为重视，认为祭祀对获得正确的认识有作用。摩陀婆把学习本派的知识与解脱直接联系起来，认为若想达到解脱就要依靠吠檀多派的智慧。

吠檀多派自产生以来，在印度历史上一直保持着广泛和巨大的影响。印度近现代不少思想家及社会活动家都把该派的理论作为其思想体系的基础，在不同程度上吸收或改造吠檀多派的学说。吠檀多派的理论也传播到了许多国家和地区，被国际学界作为印度传统文化中最有代表性的理论来研究，受到了各国的重视，在世界东方文化的发展中起着重要的作用。

在中国的传播和影响 吠檀多派的思想在古代随佛教传入了中国。佛教思想家在转述或批驳“外道”思想时，间接将该派介绍给中国人，并对中国古代思想界有一定影响。因而，汉文佛典论及吠檀多派时，基本上与吠陀等不加区分，通常译为“知论”、“明论”等。

在中国近现代，吠檀多派也受到关注。近现代中国人与印度交往不少，对印度教也有一定了解。印度教的思想作为印度文化的主流观念受到中国人的重视。印度教哲学的核心理念与吠檀多派密不可分。中国人接触印度教自然也要接触到吠檀多派的思想。

中国学者重视对吠檀多派的研究，并取得一些成果，如巫白慧所译吠檀多派文献《圣教论》(2007)，孙晶、朱明忠的专著《印度吠檀多哲学史》(上、下卷)(2013)。

（姚卫群）

Feituo

吠陀 Veda 现存印度古代最早的宗教历史文献。它的最初形态是远古印度先民的口头创作，后人将这些口头创作汇编成集，有了现代人看到的书面文字。最早的部分文献约产生于公元前16世纪～前9世纪之间。其主要成分是赞美神的诗歌，内容涉及大量宗教思想，也包含印度最初的哲学观念。其思想对印度古代文化有重大影响，是印度文学和哲学的主要思想源头。其有关内容在古代随佛教传入中国，受到中国思想界的重视。

文献构成及种类 梵语“吠陀”的原意是“知识”，特别是指宗教方面的知识。吠陀文献有广义和狭义之分。狭义的吠陀仅指四部吠陀本集，即《梨俱吠陀》、《娑摩吠陀》、《耶柔吠陀》和《阿闼婆吠陀》，通称“四吠陀”。广义的吠陀除四部吠陀本集外，还包括解释四吠陀的梵书、森林书和奥义书及经书。也被称为“吠陀文献”。

吠陀本集主要是关于神的颂歌、祷文以及咒语等的汇集。

梵书亦译“婆罗门书”或“净行

《耶柔吠陀》印地文本封面

书”，是对吠陀本集的解释，具体说明吠陀本集中提到的祭祀的起源、方法及有关传说等。森林书是梵书的附属部分，除论述祭祀的目的和方法外，还涉及一些哲学或思辨性问题。奥义书是森林书的附属部分，有大量探讨哲学或思辨性的内容，是记述印度相对系统化哲学思想的最初文献，与其他吠陀文献有明显不同。此外，不少人把印度的《随闻经》、《家庭经》、《法经》等也看成是吠陀文献。

在吠陀时期（约公元前16世纪～前6世纪），古印度已出现了哲学思想萌芽，表现在吠陀中更多的是宗教内容。比较典型地反映吠陀时期印度人思想的是四部吠陀本集中的内容。

《梨俱吠陀》是四吠陀中出现最早的，其中最古老的一些赞歌产生于公元前1500年左右。《梨俱吠陀》主要是上古印度人（许多学者认为是雅利安人）歌颂神的赞歌。这些赞歌是祭司在祭祀时为劝请神而高声吟诵的韵文。《梨俱吠陀》最初主要靠口耳相传，形成书面形式的时间要晚得多。保留下来的《梨俱吠陀》赞歌分10卷，1 017首（若加上插入第8卷中补充的11首赞歌，总数为1 028首）。

《娑摩吠陀》基本由《梨俱吠陀》中选取的部分内容组成，配上曲调，用于吟诵。在所有咏歌中，除75首外，其余均取自《梨俱吠陀》第8卷和第9卷。《娑摩吠陀》的内容是四吠陀中独立性最差的，但它对研究印度古代乐律发展史有重要价值。《娑摩吠陀》咏歌现存2卷，1 549首。第1卷分为6篇，第2卷分为9篇。

《耶柔吠陀》多反映北印度中部发生的事情。其主要成分是祭祀时所用的祭词。这些祭词大多由散文构成，亦有少数韵文。它们是在祭祀时由祭司低声念诵的。《耶柔吠陀》与梵书有较密切的关系，产生时间大致在公元前1000年～前800年。《耶柔吠陀》分为两类：一类称为“黑耶柔吠陀”，另一类称为“白耶柔吠陀”。黑耶柔吠陀既有《耶柔吠陀》的本文，也有梵书的成分，二者很难清楚地区分，故称为“黑”。黑耶柔吠陀中除本文外，还有一些注释性的内容。白耶柔吠陀的本文与梵书可清楚区分，故称为“白”。《耶柔吠陀》分为40章，其中有18章被认为是较早出现的，其余的则可能是后人加入。

《阿闼婆吠陀》为消灾纳福的咒语汇集，如对敌人、疾病、灾害、野兽、想象中的魔鬼等的诅咒，以及对健康、长寿、财富、旅途平安、家庭和睦等的祈求。也含有一些哲学内容。《阿闼婆吠陀》大部分为韵文，小部分为散文。其形成年代大致在公元前1000年之后。现存《阿闼婆吠陀》分为20卷，730首神曲，其中有不少内容取自《梨俱吠陀》，一般认为它的最后两卷是后人加入的。

吠陀以宗教内容为主，也有哲学思想。二者虽然联系紧密，但还是有差别。哲学方面的大量思想是在奥义书中出现的。

主要宗教形态　吠陀反映了古印度地区原始社会解体不久后这一历史时期人们的社会生活。当时由于社会生产力的极不发达，人们的思维发展处于较低水平，因而一般无法正确理解各种自然现象。他们对那些直接作用于自己，对生活影响较大的自然现象及其变化感到惊异，乃至恐惧。然而又必须找出一些答案来向自己或同伴作出解释。这就引发了古印度最早的宗教观念。

在吠陀中，最初的宗教形态是多神崇拜，如山川草木、风雨雷电、日月星辰等。吠陀中提到的较著名的自然神有太阳神苏利耶、黎明女神乌莎斯、雷神因陀罗、火神阿耆尼等。

太阳神苏利耶，是太阳神格化的产物。苏利耶被设想为监视众生之神，也是驱除黑暗带来光明之神。许多吠陀赞歌都以苏利耶为赞颂对象。

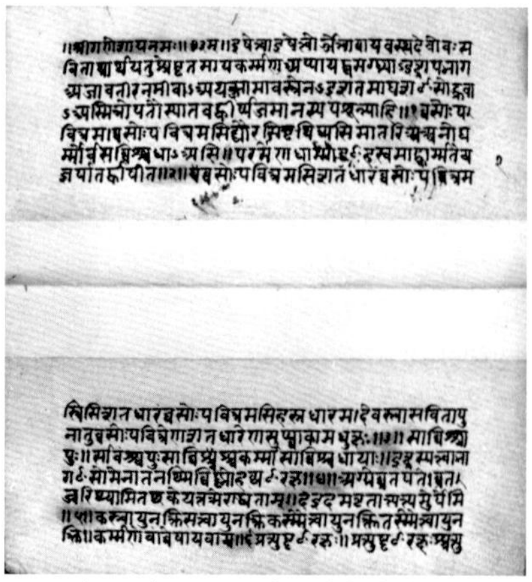
《吠陀》15世纪梵文手抄本书影

黎明女神乌莎斯，是吠陀诗人对黎明美景赞美惊叹的结果，将此美景设想为一个女神。吠陀赞歌中把乌莎斯说成是太阳神苏利耶的母亲或妻子。她的作用是驱除夜幕，使人和各种生物从睡眠中苏醒。

雷神因陀罗，是古代印度神话中的太空、雷雨之神。身体为红色或金色，臂长无限，外貌可任意变幻，车乘金光闪闪，由赤色或棕色马牵引飞奔。右手常携闪电，打击敌人；又有箭、钩等武器，或用网捕捉对手。嗜苏摩酒，常在酒力帮助下投入战斗。他有控制天气、耕云播雨之责，不断以雷鸣闪电战胜黑暗和干旱之神弗栗多（亦称蛇神阿夕），迫其降雨。他在吠陀时代备受崇奉，《梨俱吠陀》中有四分之一的圣诗是颂扬他的，并常取代伐由成为三位主要大神之一。作为印度-雅利安人的战神，他为他们摧毁了无数阿修罗的石砌城堡（有学者认为即印度河文明的城市），故又被称作“城堡破坏者”（有人认为他是被神化的远古雅利安人氏族酋长）。在《百道梵书》中为众神之主。他在吠陀时代以后的神话中地位下降，成为东方的保护神。原有的特征仍在。虽继续与阿修罗斗争，但不时为其所败。尽管杀死了弗栗多，但由于后者被视为婆罗门，他不得不躲藏起来，并举行祭祀洗刷罪愆。在大史诗《摩诃婆罗多》中，他是般度五子之一的阿周那之父，并为阿周那从别处骗来了神力锁子甲。因陀罗由于引诱仙人乔达摩的妻子，被后者诅咒，身生一千个印记，状如女子性器。不过后来它们变为眼睛，他亦随之得号“千眼”。在大史诗《罗摩衍那》中，他被楞伽国罗刹王罗波那之子所败，从天国带回楞伽。后者因此得名“因陀罗者”，意为“战胜因陀罗者”。在往世书故事中，他屡遭败绩。《薄伽梵往世书》甚至说他因为杀了一个婆罗门，迫于罪责，不得不托形于旃荼罗。在与黑天的斗争中，他亦难操胜算。尽管如此，他仍时时受到印度教徒的崇拜，且有专门的节日。在佛教和耆那教神话中，他继续为天神之主。汉译佛典称他为“天帝释”或“释提桓因”等，是三十三天之主，居须弥山之善见城。这里“释”所自出的“释迦罗”（意为“强有力”）为人们加给因陀罗的大量名号之一。

火神阿耆尼，是吠陀时代主要神祇之一，在吠陀圣诗中所受歌颂仅次于因陀罗。“阿耆尼”一词，梵文原意为火，衍为古代印度教神话中火神之名。出身有多说，如天、地之子，大梵天之子等。据《诃利世系》描写，他身着黑衣，以烟为旌旗和头饰，持火焰矛枪，有四臂，乘以风为轮的红马战车（又说有三眼四臂，手持火焰枪和串珠，驾车的是四只鹦鹉，驱车的是风神伐由）。一头公羊常侍左右，间或为其坐骑。职司为神人中介，并保护人及其家宅，注意他们行为的善恶，善者使其永生，故人们在重要仪节中常祈其保佑。他是东南方的保护神，还是太阳的前驱，天地一切皆服从于他的指令。他能使供品芬芳，又往往用他的七只舌头把人们祭献的酥油舔个精光。他的獠牙十分锋利，常把敌人填入口中吃掉。其塑像为一老人形象，肢体红色，额生四角，双面，六眼，七臂，三腿，后有光环。七只手分别持有洒水壶、长柄勺、小木勺、水瓶、金刚杵、扇子和酥油。他的名字和绰号很多，如伐诃尼、阿那罗等。《罗摩衍那》和《摩诃婆罗多》两史诗皆有关于他的故事。

还有一些自然现象也被作为神来崇拜，如风、雨、河流等。风神伐由是吠陀诗人把风神格化的产物，风神的作用是使人长生，子孙获福德。河神萨拉斯伐底是吠陀诗人把河川神格化的结果。

《梨俱吠陀》梵文写本书影

河水能够灌溉土地，使人们获得丰收，也可以帮助人们洁身。

吠陀中还提到一些神，如天神特尤斯、天神伐楼拿、天神密多罗、暴风神摩录多等。这些神分别显示了当时的人们把不同自然现象神化的内容。

除上述自然现象被神化外，吠陀中亦把一些动植物当作神，如马、牛、羊、蛇、苏摩草、药草、树木等也经常被神化。

随着对自然现象的认识逐渐加深和认识能力的增强，人们对神的崇拜形态也发生了变化。这种变化主要表现在两方面：一是人们所设想的神已不再仅仅是周围直接感知的自然现象或事物，而是一些经过人们想象（在头脑中对自然事物加以改造）或思维抽象后的神。这些神在自然界中没有直接的对应物体或具体实物，如恶神阿修罗、魔神罗刹、与死亡有关的神阎魔。还有关于信心、爱、语言的神等。二是人们对神的崇拜已由多神崇拜向主神崇拜发展。吠陀时代初期，人们所崇拜的许多神的影响逐步缩小，人们开始在众多的神中选择一个或一些主要的、起主宰作用的神，如因陀罗神（此神除被作为雷神外，后来也常被看作象征勇士的部族保护神或战神）等。人们逐步形成一种意识：在对人发生作用的众多神中，有一种力量更为巨大的起根本作用的神，他不仅影响着人们的日常生活，而且主宰或统治其他一般的神。吠陀中这种由多神崇拜向主神崇拜的发展趋势与当时社会历史的发展有着对应关系。因为当时南亚次大陆正经历着部落或民族合并以及诸小国形成的过程。这在宗教崇拜形态的发展上是多少有一些反映的。

吠陀时期人们对神的崇拜有种种方式，其中重要的一种方式是祭祀。祭祀在一般的印度人那里是为了讨神欢心，认为可获得神的恩宠，给人带来好处。但也有一些人认为祭祀与神无关，祭祀行为本身即可机械地给人们带来好处。吠陀中提到的祭祀种类极多，有新月满月祭（1日及15日的月祭）、火祭、马祭、人祭（以人或人之代用物为祭品之祭）等。在吠陀时期，人们还认为咒法也可以作用于神，使人达到目的。

哲学思想　吠陀中也包含哲学思

生主画像

想。当时吠陀诗人对神的怀疑使他们在神之外的事物中去寻求世间事物产生的原因。吠陀中的哲学思想主要表现在为数不多的一些“哲理诗”中。最著名的是《无有歌》(《梨俱吠陀》10，129)、《生主歌》(《梨俱吠陀》10，121)、《原人歌》(《梨俱吠陀》10，90）和《造一切者之歌》(《梨俱吠陀》10，82）等。《无有歌》认为，最初既没有“有”，也没有“无”，诸神是在世界被创造之后才出现的，因而提出了“彼一”（或译“太一”等）的概念，认为在“彼一”之外没有任何别的东西。《生主歌》认为生主最初表现为“金胎”。金胎给予人呼吸、力量。一切事物听从他的命令，天神听从他的命令。他是动物的主宰者，天地的创造者。除生主外，没有任何神可以主宰一切。《原人歌》把“原人”视为万有的基础，认为世间事物是原人所生。提出婆罗门是原人的嘴，刹帝利是其双臂，吠舍是其两腿，首陀罗是其两足。由原人的心意产生月亮，由其双眼产生太阳，由其呼吸产生风，由其肚脐产生太空，由其头演变出天，由其两足产生地，由其耳产生方位。这一赞歌把万物与人紧密联系起来考虑，将其一体化。这些内容较早地在印度展示出了一种认为人类本性与世界本性同一的思想倾向。这种思想倾向在奥义书中被进一步扩大，形成了印度哲学中一种占主导地位的思想，成为印度婆罗门教或印度教哲学的核心理念。

《造一切者之歌》同样提出了“彼一”的概念，认为彼一是一切事物的基础，万物都依赖于它。它具有特殊的力量，是众神的命名者。

吠陀中还提出了“理法”、“实在”、“梵”等一些明显有哲学意义的概念。这类概念在吠陀中尽管不多或出现频率不高，但对后来印度系统化哲学思想的形成有重要的意义，是古代印度人开始进行哲学思维的最初萌芽形态。

吠陀中涉及哲学或哲理的内容多与宗教掺杂在一起，逐渐成为印度宗教哲学发展的一个重要特点。后世印度哲学的发展，基本上也是与宗教的发展紧密结合在一起的。

吠陀在印度古代文明的发展中占有特殊地位。印度思想史上的主流派印度教把吠陀作为本教的根本圣典。印度划分正统派和非正统派的标准就是根据对吠陀的态度来决定的。承认吠陀权威的被视为正统派，不承认的则被视为非正统派。吠陀不仅对后世的印度教正统哲学派别有影响，对非正统派别也有影响。

吠陀在印度近现代仍有重要影响。许多近现代著名思想家对吠陀极为崇拜。有人明确提出回归到吠陀去，认为吠陀是智慧和宗教真理的宝库。

在中国的传播与影响　古代中国人多通过佛教文献对吠陀思想有所了解。在汉译佛典中，“吠陀”一词，被音译为“韦陀”、“围陀”等，意译为“知论”、“明论”等。汉文佛典中有不少论及它的文献。中国三国时期的支谦、竺律炎译的《摩登伽经》卷上中说：“昔者有人，名为梵天，修习禅道，有大知见，造一围陀，流布教化。其后有仙，名曰白净，出兴于世，造四围陀：一者赞诵，二者祭祀，三者歌咏，四者禳灾。”这表明，四吠陀的基本情况在3世纪即已传入中国。

摩登伽女形象　张大千绘

在中国近现代，吠陀也为人们所知晓。近现代中国人关注印度文化者，大多知道吠陀在印度文化中的地位。因而研究吠陀的中国学者不少。吠陀中的一些文献在中国被译成汉文出版，中国学术期刊上也常有关于吠陀思想的研究论文发表。中国印度学学者金克木和巫白慧在吠陀研究方面颇有建树。在金克木所著《印度文化论集》、《比较文化论集》中，都有研究吠陀的成果。金克木还发表了不少研究或介绍吠陀的文章，如《〈蛙氏奥义书〉的神秘主义试析》、《印度哲学思想史设想》、《古代印度唯物主义管窥——兼论“婆罗门”“沙门”及世俗文化》等。巫白慧有译著《梨俱吠陀神曲选》，专著《印度哲学与佛学》、《印度哲学》，发表论文《印度古代辩证思维》、《奥义书及其唯物论哲学》、《印度早期禅法初探——奥义书的禅理》、《印度的自然哲学》等。中国出版的有关印度哲学或印度文化的著作中通常都有关于吠陀的章节。中国高校中开设的印度文化的课程中也有研究或介绍吠陀的内容。

（姚卫群）

Feituojiao

吠陀教　Vedism　印度古代宗教。为公元前2千纪中叶从西北部进入印度的雅利安人所信仰。

吠陀教最初的教义与同属雅利安种族的伊朗人的宗教有相似之处。对它的了解主要来自对于当时和以后数百年间纂集而成的吠陀经典，尤其是其中《梨俱吠陀》的分析和推断。它崇拜多神，但神话体系尚未形成。诸神居于天、空、地三界。天界之神有天空神德由斯、宇宙之主伐楼拿、白昼之神密多罗、太阳神苏利耶、黎明之神乌莎斯，以及萨维德利、双马童等。空界之神有风神伐由、雷雨之神因陀罗、风暴之神楼陀罗、旋风之神摩录多等。地界之神有火神阿耆尼、月神苏摩、地神布罗提毗、冥王阎魔及其姊妹阎蜜等。从这些神祇的权能不难看出该教初期的自然崇拜性质。三界之分，实际上对应着人间的僧侣、统治者和平民。该教认为自然和人间是和谐地存在于天定的秩序，即所谓“罗多”之中的，其中各因素又互相依存，不可缺少，不可移位。按照吠陀的规定严格地举行祭祀是保持这一秩序最重要的手段。吠陀被认为包含了古往今来以及世上一切的知识，祭祀时要准确吟诵，世代之间的传授也须绝无偏差。值得注意的是，吠陀教反映了当时人们对于物质生活的重视，对于美好欢乐生活的向往，并无后世充斥印度教以及印度其他主要宗教的弃世解脱思想。吠陀教发展后期，印度特有的种姓制度开始形成。它后来演化为婆罗门教，不过其转变时间难于确指，约为公元前1000年。

（葛维钧）

Feituozhi

吠陀支　Vedāṅga　一类附属于吠陀经典的文献名称。内容为讲述为正确诵读、理解吠陀经典和进行吠陀祭祀所必需的知识。

吠陀支典籍计有6种，又称“六支”，通常采取格言形式，用经体写成。六支包括：湿刹（式叉），讲语音学和发音法，包括重音读法、音量大小及使声音和谐悦耳的方法；阐陀，讲诗的韵律；毗耶迦罗那，讲语法，虽称奉守波你尼的规则，其实是遵守他以前的语法家的规定；尼禄多，讲语源和词义，据称是以耶斯迦的词法书为本；鸠底舍，讲天文，为的是制定历法，确定举行吠陀祭祀和其他仪典的正确时日；劫波，讲吠陀祭祀的仪节和人在一生各个时期的正当行为方式，为六支中最重要的一种。

（葛维钧）

Fei Xin

费信　Fei Xin（1388～？）　中国明代航海家。字公晓，号玉峰松岩生。吴郡昆山（今江苏昆山）人。曾跟随郑和4次下西洋。年少好学，自学通晓阿拉伯语。因其兄戍守太仓卫时去世，

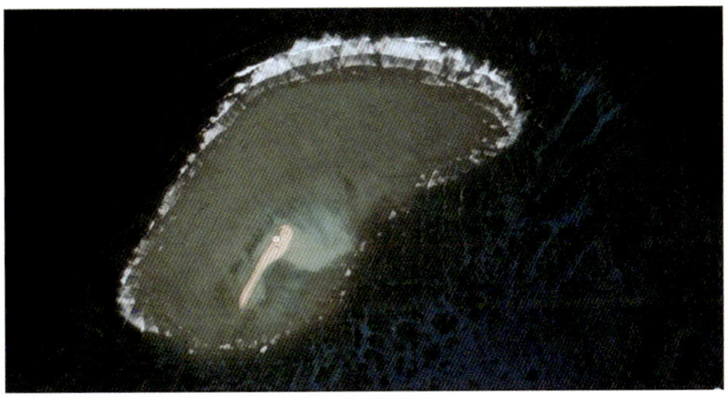

费信岛航拍图

14岁时代兄参军。明永乐七年（1409），郑和第三次下西洋时被选入船队，担任通事、教谕之职。其余三次下西洋时间分别为：永乐十年、永乐十三年和宣德五年（1430）。正统元年（1436），著《星槎胜览》，记录航海时西洋40余国的风土人情。据该书所记，费信下西洋时曾到达暹罗国（今泰国）、爪哇国（今印度尼西亚爪哇岛一带）、锡兰山国（今斯里兰卡）、柯枝、古里国、榜葛剌等20多个地区。《星槎胜览》与马欢所著《瀛涯胜览》(1451)以及龚珍所著《西洋番国志》(1434) 3部著作是研究郑和以及郑和下西洋的基本史料。

为纪念费信，南沙群岛北部的一座岛屿于1947、1983年被命名为费信岛。

（张然）

Fenbie Lun

《分别论》 *Vibhaṅga* 南传上座部佛教七部论书中的第二部。本论分为蕴、处、界、谛、根、缘起、念住、正勤、神足、觉支、道、定、无量、学处、无碍解、智、杂事以及法心十八品（分别），以问答的方式，系统整理教法中重要的概念。本论由戴维斯夫人于1904年校订出版。英译本由提祇拉尊者于1969年在伦敦出版，另有佐藤密雄的日译本，收于《日译南传大藏经》第46～47卷，转译自日文本的汉译本收于元亨寺版《汉译南传大藏经》第49～50卷。注释有觉音的《疑惑冰消》，由佛授于1923年校订出版。

《分别论》前15品大多依“经分别”、“论分别”、“问难”3个部分解说。所谓经分别，是针对某一议题上溯经典，罗列经典对其所做的解说；论分别则是对概念做总体的归类与分析；问难是依据《法集论》中的122组论母再次解说各议题。以第一蕴分别的色蕴部分为例，经分别罗列经说的过去、未来、粗、细、劣、胜等色法并做定义，论分别概括出1种、2种乃至11种色蕴，问难则依据善、不善、无记等论母分别色蕴。后3品的体例稍有不同：第16及第17品分别讨论智慧与烦恼，先举出论母，再加以详述；第18品法心分别，举出蕴、处、界、谛、根、因、食、触、受、想、界、心共12项议题加以讨论，可作为本论所涉及的重要概念的总结。

（赵菲）

fengniu

封牛 zebu 一种肩背部长有肉瘤的哺乳纲牛科动物。原产于印度。又名峰牛、犎牛、瘤牛。因其形状而得名。考古证据表明，距今8 500年前，南亚地区开始了封牛的驯化。现存印度河文明时代的出土文物中，就有带封牛图案的印章。印度古代神话中最有名的封牛是湿婆的白牛坐骑南迪。因为印度教的影响，封牛一直受到印度人的崇拜。中国本无封牛，由天竺传入。

封牛 印度细密画

中国汉唐时期的文献中对印度和西域地区的封牛多有记载。《汉书·西域传》记载，罽宾国出产封牛、水牛、象、大狗、沐猴、孔雀等动物。《后汉书》卷一百八十记载，条支国的土地暑湿，出产狮子、犀牛、封牛、孔雀、大雀等珍稀动物。魏晋隋唐时期，龟兹（今中国新疆库车一带）和康国（今中亚锡尔河至阿姆河之间地区）均出产封牛。

东汉阳嘉二年（133）六月，疏勒（今中国新疆塔里木盆地西部一带）献狮子、封牛。西晋时期，西域诸国献汗血马、火浣布、封牛、孔雀、巨象及诸珍异物品200余种。封牛传入中国南方的时间更早，《山海经》称封牛为“南方野牛也”。

（陈明）

Fengshen Yanyi

《封神演义》 *The Investiture of the Gods* 中国明代长篇神魔小说。又称《封神传》、《商周列国全传》、《封神榜》等。100回。一般认为该书作者为许仲琳，实际上，该书成书之前民间已有《武王伐纣平话》及各种传说，许仲林只是最后的编订者。

小说以公元前11世纪武王伐纣的历史事件为背景，其主要情节为：商纣王进香时，题诗亵渎女娲，女娲派千年狐狸精、九头雉鸡精、玉石琵琶精等去蛊惑纣王。狐狸精借苏妲己之体驻魂，进入纣王宫殿作祟。纣王暴虐，残害忠良。陈塘关总兵李靖家有三子，金吒、木吒、哪吒。哪吒出世被太乙真人收为徒弟，7岁下海打死东海龙王三太子，大闹龙宫。又射死石矶娘娘的徒弟。李靖责罚哪吒，哪吒偿命。太乙真人用荷叶、荷梗做成哪吒身体。哪吒寻李靖报仇，燃灯道人救助李靖，并给他金塔镇服哪吒。姜子牙奉师命下昆仑山，因火烧琵琶精而遭妲己忌恨，姜子牙逃往蟠溪隐居。西周姬昌寻访姜子牙，拜他为

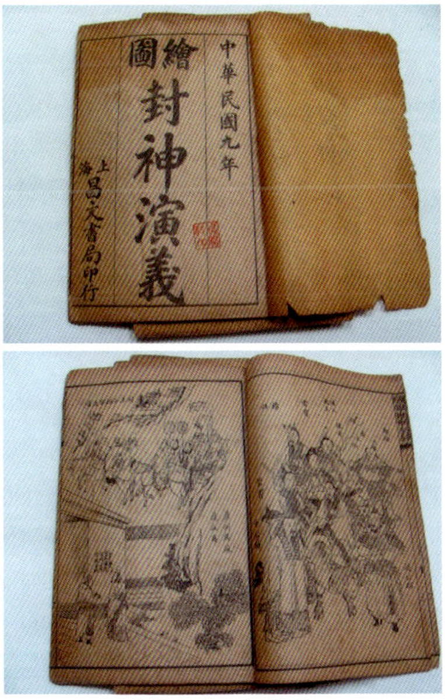

《封神演义》书影

183

相。姬昌死，次子姬发继承西周王位。受纣王迫害的将领纷纷投奔西周。纣王屡次派兵讨伐西周，姜子牙在阐教众仙人帮助下屡破敌人妖术。姜子牙率军进攻商朝，李靖父子参战。截教帮助纣王，每有妖怪使用法宝，双方斗法，姜子牙虽遭各种灾难，但最终获胜。姜子牙攻到商都朝歌，妲己等妖精被擒，纣王自焚。姬发进宫，向贫民散发衣食钱物，分封诸侯。

小说作者将佛教与道教糅合，称之为阐教，代表正义的一方，支持姬发推翻商朝。又将各种坏人和妖魔鬼怪称为截教，代表邪恶的一方，支持纣王，最终败亡。小说中佛教的影响，尤其是印度密教的影响随处可见。一些佛教人物在小说中被改造为道教诸神。如托塔李天王，其原型为佛教四天王之一的**毗沙门天王**，有子名哪吒，事见密教典籍《毗沙门天王经》、《毗沙门仪轨》等。"哪吒闹海"的故事脍炙人口，在民间久传不衰。此外，还有几个密教人物也被道教化了，如把燃灯佛变为燃灯道人，把准提观音变为准提道人，把**普贤菩萨**变为普贤真人，把**文殊菩萨**说成是文殊广法天尊等。

《封神演义》有多种英文译本。其中新闻工作者、编辑和教育家顾执中(1898～1995)翻译的《封神演义》颇受瞩目。

（薛克翘）

Feng Chengjun

冯承钧 Feng Chengjun（1887.06～1946.02.04） 中国翻译家，中外交通史学者。在中印文化交流中起过积极的作用。字子衡。生于湖北夏口（今武汉汉口）。受过旧式教育。1903年赴比利时读中学，1905～1906年入比利时列日大学学习，1906～1910年赴法国巴黎大学法科学习，1910年获法学学士学位，并转入法兰西学院从事研究工作。1911年辛亥革命爆发后回到中国，先后担任湖北都督府秘书、众议院一等秘书、教育部秘书、专门教育司第三科科长。20世纪20年代先后在北京大学、北京师范大学任历史系教授，同时翻译欧洲的东方学著作。1929年中风后不再工作，潜心翻译，直至1946年2月4日因病在北

冯承钧《西域地名》封面

平（今北京）去世。

冯承钧的译著包括《中国之旅行家》(沙畹著，1926)、《法住记及所记阿罗汉考》(S.列维著，1930)、《佛学研究》(M.普纪吕司基著，1930)、《大孔雀经药叉名录舆地考》(S.列维著，1931)、《交广印度两道考》(P.伯希和著，1933)、《大庄严经论探源》(S.列维著，1934)等。此外，编译出版了《西域南海史地考证译丛》9编，大量译介欧洲，主要是法国的东方学研究成果。其专著《中国南洋交通史》(1937)，详尽记述了由汉至唐中国与东南亚、南亚诸国交往的历史过程。另编著《西域地名》(1930)、《史地丛考》(1931)等。其研究不局限于汉语编年史料，而是结合西方学术界的经验，广泛采纳佛教文献等信息来源，为现代中外交通史研究奠定了基础，拓宽了研究视野。

（张忞煜）

Feng Youlan

冯友兰 Feng Youlan（1895.12.04～1990.11.26） 中国哲学家，哲学史家。字芝生。河南唐河人。自幼熟读儒学经

典。1915年考入北京大学文科中国哲学门，1919年赴美留学，获哥伦比亚大学哲学博士学位。回国后历任中州大学、广东大学、燕京大学、清华大学教授。抗日战争期间，任西南联合大学哲学系教授兼文学院院长。1946年赴美任宾夕法尼亚大学客座教授。1948年回国后任清华大学校务会议主席。1952年起执教于北京大学哲学系，1956年当选为中国科学院哲学社会科学部常务委员。主要著作有《中国哲学史》、《中国哲学简史》、《中国哲学史新编》及"贞元六书"(《新理学》、《新事论》、《新世训》、《新原人》、《新原道》、《新知言》)等，皆编入《三松堂全集》。

冯友兰与印度渊源深厚。青年时期曾听过梁漱溟系统讲授《印度哲学》课程，对印度诗哲R.**泰戈尔**亦有所了解。1920年11月30日，冯友兰专程拜会了正在纽约访问的泰戈尔。泰戈尔说："中国是几千年的文明国家，为我素所敬爱。"冯友兰表示，中国人一定会热情欢迎泰戈尔对中国的访问，并介绍了中国新文化运动的情况。在谈及东西方文明的差异时，泰戈尔认为东西方文明各有特点，相信将来一定可以互相调和，但目前包括中国在内的东方国家应学会用自己的眼光来研究自己的文明，包括自己的错误，并应"快学科学"，以应对西方的攻势。泰戈尔还对中国必将迎来科学的未来满怀信心。这在中国积贫积弱、受人歧视的当时，是颇为鼓舞人心的。冯友兰后将这次珍贵的谈话记录整理成《与印度泰谷尔谈话——东西文明之比较观》一文，刊于《新潮》第3卷1号(1921年10月1日)，对于国内部分激进派人士对泰戈尔东西文化观念的误解，起到了一定的纠偏作用。

冯友兰曾两度访问印度。1951年10月28日～12月9日，首次随中国文化代表团赴印度、缅甸访问。丁西林、李一氓任团长和副团长，团员除冯友兰外，还有**陈翰笙**、**郑振铎**、刘白羽、**季羡林**等。在新德里，代表团受到隆重欢迎和热情款待，分别出席了由印度总统R.普拉萨德、总理J.**尼赫鲁**、教育部长阿萨德、外交秘书K.P.S.梅农及印中友好协会举办的招待会和欢

迎会；先后访问了德里大学、阿利加尔穆斯林大学，参观了诸多印度文化遗迹。鉴于在学术界的重要地位和影响，冯友兰和丁西林、李一氓、季羡林等被专门安排到总统府下榻，冯友兰与丁西林分别被授予德里大学荣誉文学博士学位，印度总统普拉萨德出席仪式，并以校长身份为他们颁发了学位证书，还在讲话中对冯友兰在哲学史研究和哲学理论创建方面的成就给予高度评价。12月2日，代表团抵达加尔各答，冯友兰发表题为“新中国的哲学”的演讲。不久以后，印度德里大学代表团回访中国，冯友兰参与接待。1956年11月18日～12月中旬，冯友兰作为中国佛教代表团的成员，赴印度参加“释迦牟尼诞生2500周年纪念大会”，参观了诸多佛教圣地，参加了几个与佛教有关的座谈会，并演讲题为“佛教中某些教义对于中国哲学的影响”。两次访印均给冯友兰留下美好回忆，他亦寄望中印携手前进，为东方文明的复兴作出贡献。

（王汝良）

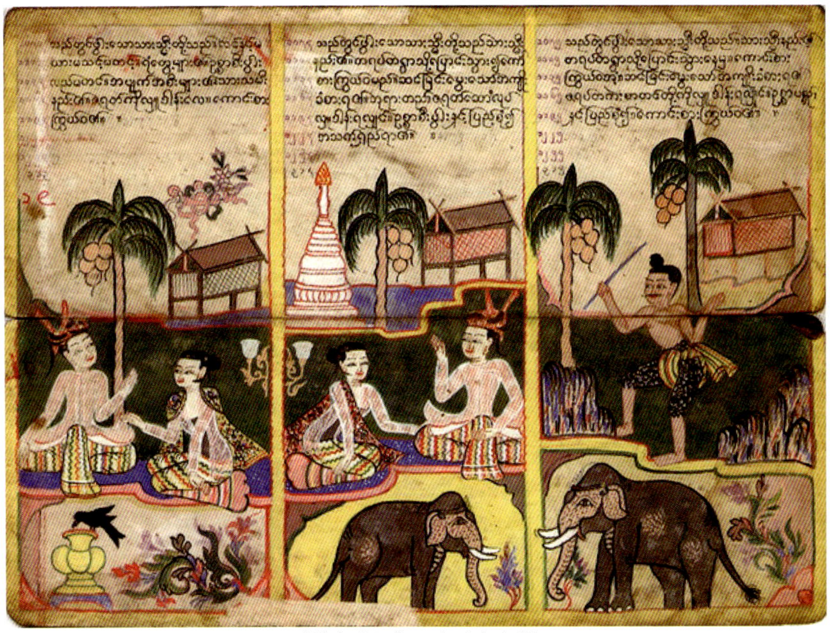

《佛本生经》缅甸写本书影

Fo Bensheng Jing

佛本生经 Jātaka 佛教典籍。即“佛本生故事”，亦名“本生经”。义净音译为“社得迦”。有广狭二义。广义指佛经中的一个部类，包括散见于汉译佛经中的所有讲述释迦牟尼前生事迹的作品，原经主要用梵文或混合梵文（即与俗语相混合的梵文）写成；狭义指南传小乘上座部巴利文三藏“小部”中的一部经典《本生经》，又名《佛本生经》，系一部讲述佛陀前生行迹的故事集。绝大部分以长期流传于印度民间的寓言和故事为本。可能是众多传教僧人集体创作的，而作者姓名大多没有流传下来。成书年代在佛教诞生之后。根据A.K.沃德在《印度佛教》(2000）中的说法，这些故事一般出现在公元前4世纪前后。随后，它们传到今斯里兰卡、缅甸、泰国、老挝、柬埔寨、印度尼西亚等南亚、东南亚国家，也流布到一些别的国家和地区，包括中国、朝鲜、日本等东亚国家。

印度古代寓言与故事的发达，与宗教传播有密切关系。为使宗教法理通俗易懂，在讲道之时往往需要借助寓言或故事阐明深奥复杂的教义，让受众觉得生动形象，兴味盎然，从而在不知不觉中接受有关教义感染和影响。

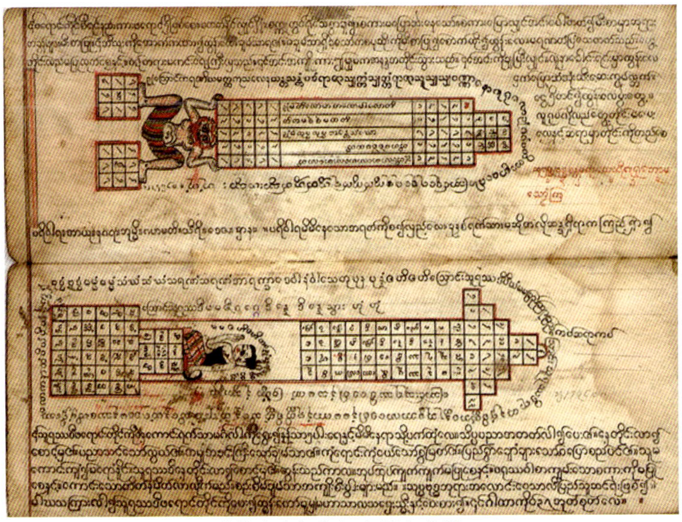

《佛本生经》缅甸写本书影

巴利文《本生经》亦通称《佛本生故事》，是一部体系庞大的佛教寓言故事集，也是世界上最为古老的寓言故事集之一。全书由547个故事组成，讲述佛教创立人释迦牟尼前生的种种故事。根据佛教的轮回学说，释迦牟尼在成佛之前身为菩萨。他在经历多次转生之后，才最终得道成佛。对于这样一位教主，弟子与信徒自然要予以神化。于是，围绕他的前生，产生了数量众多的佛陀转生的故事。故事主角或者是人，或者是动物，均为佛陀前身。每个故事均由5个部分组成：①今生故事，交待讲述佛陀前生故事的地点和缘起；②前生故事，故事主干，散文为体；③偈颂，诗歌为体，年代较古，或揭示寓意，或描绘情境；④注释，解释偈颂词义及语法；⑤揭底，挑明前生故事与今生故事中人物的对应关系。

根据中国梵文与巴利文专家郭良鋆在季羡林主编的《印度古代文学史》(1991）中的分类，佛本生故事大致可以分为7个类型，即寓言故事、神话故事、报恩故事、魔法故事、笑话故事、道德故事与世俗故事。《佛本生故事》共分为22辑。第一辑中的150个故事基本是寓言，特点是篇幅短小，寓意深刻，既有对世俗社会中各种弊端的讽

185

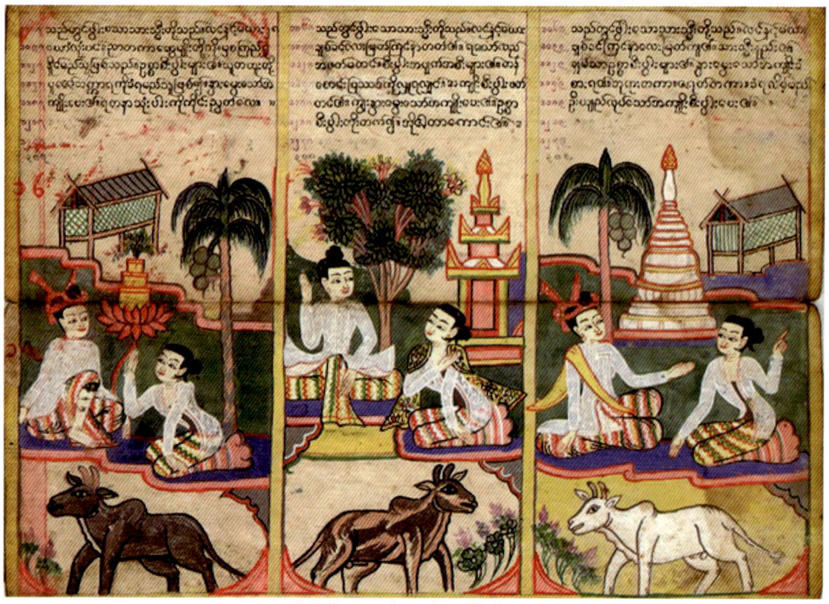

《佛本生经》缅甸写本书影

刺，也有对淳朴处世之道的颂扬。这些寓言中的主角大多是飞禽走兽，如狮、虎、豺、鹿、鹰、枭、鸡、鹅等。寓言中这些性格鲜明的动物，其实是人间各色人物的写照与隐喻。例如，豺象征欺诈与阴险，虎象征狂妄与骄傲，鹿代表温顺与厚道，如此等等。神话故事中的主角多为精灵、罗刹之类。印度自古以来形成的神话传统，成为此类故事的丰富源泉。但即使是在这些神话故事中，也不乏对人类社会生活的映照。报恩故事往往将人与动物进行对比：动物对于滴水之恩，尚知涌泉相报，而人却每每忘恩负义，乃至恩将仇报。在《宽心象本生》中，大象在木匠为其拔除脚上的刺后，日夜帮助恩人做工，并把自己的小象送给他们。后来，小象奋勇作战，击退来犯之敌。在《有德象王本生》中，象王救了一位迷路的人，并将他护送出

《大猕猴本生》
印度巴尔胡特窣堵波围栏装饰

密林，但这位忘恩负义之徒，后来竟然三度欲谋取象牙，最终堕入阿鼻地狱。此类惩恶扬善的故事，旨在劝喻人心向善。魔法故事的主角基本是人。他们或持法宝，或诵咒语，各有奇能。在一个魔法故事中，一个婆罗门通过念咒语让天降财宝。一帮强盗为了夺宝将其杀害，后又自相残杀，同归于尽。在《杧果本生》中，一个学会能让杧果树四时结果之术的青年因撒谎而导致自己的咒语失灵。这些故事意在劝人不要贪财或心术不正。笑话故事以幽默与讽刺见长，闪烁着印度古人的智慧。故事的主角或为愚人，或为智者。在《蚊子本生》中，愚人用锋利的板斧驱赶正在叮咬父亲的蚊子，结果将后者的脑袋劈为两半。在《大隧道本生》中，转生于密提罗的菩萨是位智者，善于解决难题。面对两个妇女争夺一个孩子的难题，他在地上画了一条线，让她们拉扯孩子，并说谁能将孩子拉过线，孩子就属于谁。亲生母亲自然不忍拉伤孩子，于是真伪立判。这则故事早就随着汉译佛经传入中国，并被吸收到戏剧之中。道德故事多劝人积德行善。世俗故事多描写青年男女的爱情。

《佛本生故事》第316篇《兔子本生》讲佛陀的前身菩萨转生为兔子，在帝释天化身为婆罗门前来乞食时，它义无反顾地投入火中，愿将整个身子献作布施。帝释天为兔子舍己为人的品德感动，遂将它的形象画在月轮之上。这个月兔故事非常著名，出现在世界多种语言中。屈原的《天问》也提到过月兔："夜光何德，死则又育？厥利维何，而顾菟在腹？"中国已有学者注意到，两者或许存在渊源关系。

佛本生故事为佛教雕刻艺术提供了取之不尽的素材。印度公元前的佛教建筑已有表现佛本生故事的浮雕。约建于公元前2世纪中叶巽伽王朝时代的佛塔巴尔胡特（在今印度中央邦萨德纳县城以南约15千米处）窣堵波，有高约2.15米的80根石柱组成的围栏，以及东西南北4座塔门。巴尔胡特围栏浮雕题材即包括《鹿王本生》等佛本生故事及佛传故事。巴尔胡特围栏浮雕和残存东门现藏于加尔各答印度博物馆。稍后的桑奇塔门浮雕，更加生动地再现了佛本生故事及佛传故事。对于匮乏史乘的印度，这些故事提供了有关政治、经济、文化、民俗等方面的丰富信息。约于9世纪初建于印度尼西亚爪哇岛上的婆罗浮屠浮雕，全部再现了圣勇造《本生鬘》中的34个本生故事。中国石窟中的浮雕或壁画，也大量以佛本生故事或佛传故事为题材。

佛本生故事
中国新疆克孜尔石窟第14窟壁画

约在3世纪，佛本生故事一类印度古代寓言故事，随佛教一道大量传入中国。西域来华译经家康僧会译出《六度集经》8卷，收佛经91篇，其中82篇讲佛本生故事。此外，中国西晋僧人、译经家竺法护译《生经》5卷，收

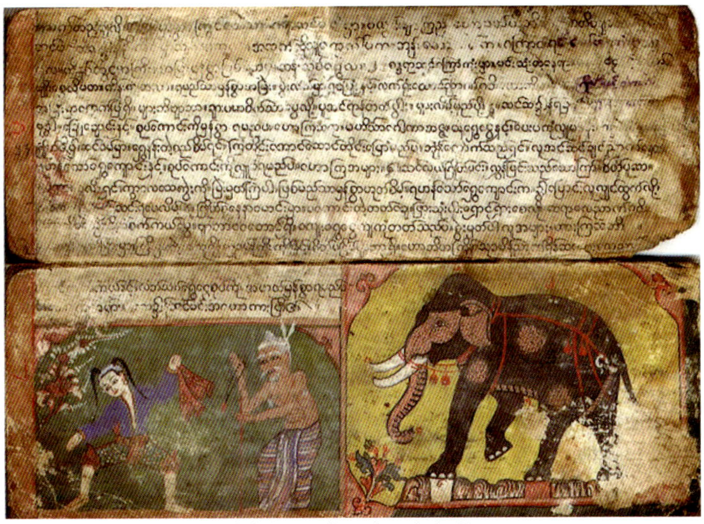

《佛本生经》缅甸写本书影

佛经55篇，主要讲佛陀本生故事，兼及其弟子前生故事。《本生鬘》于434年被译成汉文，34则佛本生故事的绝大部分可见于早年佛经。北魏太平真君六年（445），凉州（今甘肃武威）沙门慧觉等译《贤愚经》13卷，其中也收入一些著名的佛本生故事。另外，《菩萨本生鬘论》于宋代熙宁年间（1068～1077）由中国僧人绍德、慧询等合译为汉文，其中4卷讲佛本生故事，归在圣勇名下。此外，《撰集百缘经》、《杂宝藏经》等汉译佛经均包含佛本生故事。此类经籍约有十余部，所收故事数以百计，虽然其中一些故事重复出现。在新疆古代语言残卷中，也发现了许多佛本生故事。这些故事与巴利文佛本生故事的来源和编纂手法相同，因而大同小异。通过汉译佛典，这些故事在中国得以广泛流传，对中国古代寓言、故事、小说等文体的发展产生过巨大影响。这部人类最古老的诗文并用、韵散相间的寓言故事集，不仅在印度文学史上，而且也在世界文学史上占有重要地位。

1963年，季羡林在《世界文学》5月号发表选自《佛本生故事》的7篇译文，同时发表《关于巴利文〈佛本生故事〉》一文，评述了佛本生故事的缘起和内容，介绍了它们在斯里兰卡、缅甸、泰国、老挝、柬埔寨、印度尼西亚、中国的流传和影响，也提及巴利文《佛本生故事》在德国、英国、丹麦等欧洲国家的翻译和研究情况。1985年，郭良鋆、黄宝生合译的《佛本生故事选》由人民文学出版社出版。除收录上述季羡林所译7篇故事外，另从巴利文经藏小部《本生经》选译147则故事。《佛本生故事选》所收录的154则故事，虽在故事数目上不足全书的1/3，在篇幅上不足全书的1/6，却成为一个良好开端。

（刘建）

Fo Benxing Ji Jing

《佛本行集经》 *Abhiniṣkramaṇa Sūtra* 中国隋代阇那崛多所译佛传集成。共60卷，收于《大正藏》第3册第190号。该经为佛传之中最为详尽者，内容极为丰富，包括对释迦牟尼佛所承袭之法脉及其降生之家世王统的记述，释迦牟尼佛诞生、学习、纳妃、出家、成道、传法，以及教化耶输陀、富楼那、大迦叶、舍利弗、目犍连、罗睺罗、难陀、阿难等众弟子的生平事迹，其中大量保留了不同部派所传承的独特传述，对于研究印度和佛教历史有重要意义。

《佛本行集经》并非直接译自某部梵文佛传，而是以昙无德部所传为基

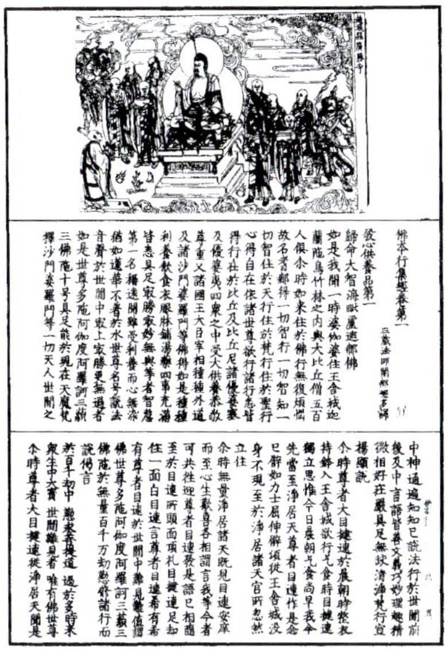

《佛本行集经》赵城金藏本书影

础，汇集杂糅摩诃僧祇部、萨婆多部、迦叶维部、尼沙塞部等所传佛传而成。该经末尾记录了5个部派对所传佛传的不同命名：摩诃僧祇师名为《大事》，萨婆多师名此经为《大庄严》，迦叶维师名为《佛生因缘》，昙无德师名为《释迦牟尼佛本行》，尼沙塞师名为《毗尼藏根本》。

（陈帅）

Fodi Jing

《佛地经》 *Buddha-bhūmi-sūtra* 大乘佛教经典。梵本不存，有玄奘汉译本（1卷，T680）及智军藏译本（D275，B941）。内容主要是佛为妙生菩萨讲说摄大觉地（即佛地）之五法，即清净法界、大圆镜智、平等性智、妙观察智、成所作智。此经为中国唐代玄奘自印度取经归国后最早译出的经典之一，据此推测，玄奘很推崇此经在修证上的阐释，尤其重视此经对于瑜伽行者的指导价值。此经现存的注释，有戒贤弟子亲光等著、玄奘译《佛地经论》（T1530），戒贤著《佛

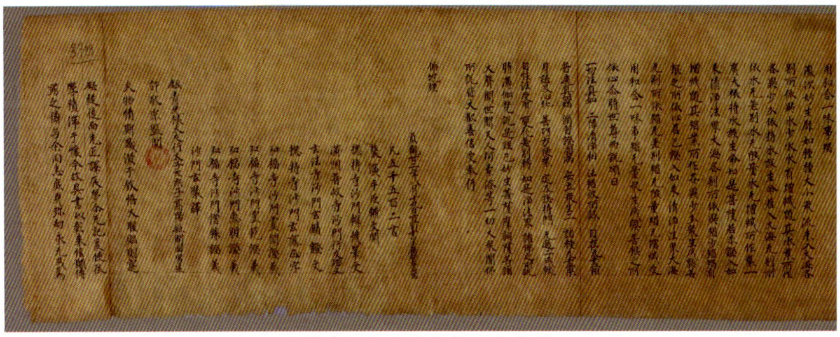

《佛地经》法藏敦煌写本书影

地经释》(D3997，B5498)。

（陈帅）

Fodi Jing Lun

《佛地经论》 *Buddha-bhūmi-sūtra-śāstra* 佛教典籍。《佛地经》之注释。现存玄奘汉译本7卷，译成于唐贞观二十三年(649)，为印度瑜伽行派及汉传唯识宗的重要典籍，详细解说清净法界、大圆镜智、平等性智、妙观察智、成所作智之大觉地五法，及自性身、受用身、变化身的三身理论等。据文献记载，靖迈、智仁、神泰等人为该论著有疏释，均已佚失。

玄奘译本将《佛地经论》作者署为亲光等，亲光为护法弟子，但护法、亲光、戒贤甚至安慧等论师都可能为该论中某个部分的作者。该论在对许多问题进行讨论时，经常列举出两三种相互不同的说法，而且其核心部分有许多内容与藏译传为戒贤所著的《佛地经释》高度相似。因此，汉译的这部《佛地经论》应是一部集释性著作，集合了至少4种《佛地经》注释，被认为出自戒贤的《佛地经释》很可能是其中之一。关于该论的作者，《成唯识论述记》、《成唯识论了义灯》、《成唯识论料简》等文献中保存了一些说法，现代学者也进行了相关讨论，但是并没有一个公认的结论。

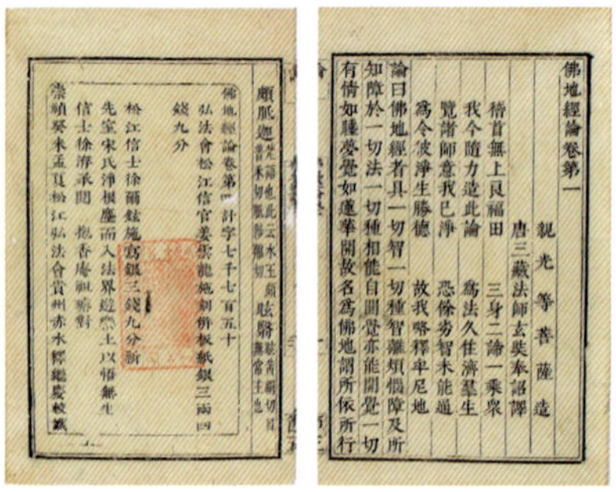

《佛地经论》明崇祯年间刻嘉兴藏本书影

（陈帅）

Foguo Ji

《佛国记》 *Record of Buddhist Kingdoms* 中国佛教典籍。又称《高僧法显传》、《法显传》、《历游天竺记》等。法显撰。1卷。有多种刊刻本，如北宋崇宁《万寿大藏》、《毗卢藏》，南宋思溪的《圆觉藏》与《资福藏》、《碛砂藏》，《赵城藏》中亦有此传本。现存还有日本《石山寺一切经》中的古抄本等。有英文、法文、德文、印地文、尼泊尔文等多种文字译本。1985年，中国学者章巽校注出版了《法显传校注》。

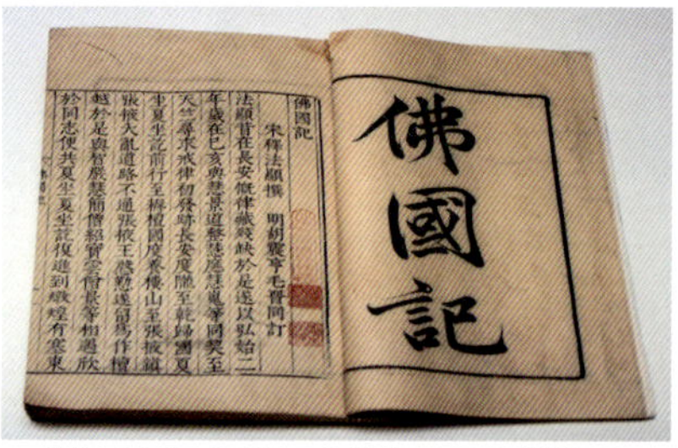

《佛国记》书影 现藏中国国家博物馆

《佛国记》为法显及同学游历印度三十余国的记录。是中国西行求法僧人留下的现存最早的实录。法显于东晋隆安三年(399)自长安出发，过河西走廊，逾葱岭，入印度河流域，转入恒河流域，南下至师子国(今斯里兰卡)，再附舶东归，过印度洋及南中国海，至山东崂山登岸，时为义熙八年(412)。他在国外游学巡礼，前后达15年之久。书中详细记载了所历各国的山川形势、风土人情、物产气候、宗教信仰、佛教胜迹、政治经济、社会制度等，对研究古代印度社会、当时印度的佛教流行情况和中西交通极为宝贵。

《佛国记》文字质朴，内容丰富，记载翔实，感情厚重。例如在翻越小雪山从阿富汗前往印度西北时，法显记叙了同学慧景在严寒中死去，他在旁边抚之悲号，令人五内俱感，如临其境，如闻其声。又如他在师子国无畏山伽蓝中大佛像前看见有商人供养的女绢扇一柄，因从晋地而来，法显睹物生情，悲从中来，凄然泪下，其深情流露于纸上，于今读来，依然感人。

《佛国记》是中国人以实地经历写成的关于中亚、南亚、东南亚地理、历史与宗教的第一部书。《佛国记》成书后，在僧俗之间非常流行。它一方面提供了关于印度和印度佛教的知识，另一方面也可以指导其他僧人西行求法。郦道元在做《水经注》时，就曾大量采用《佛国记》的记载。

（范晶晶）

Fohu

佛护 Buddhapālita, Buddhapāla（约活动于10世纪）西印度来华僧人。也作Buddhagupta。据《佛祖统纪》卷四四，佛护于北宋咸平元年(998)自西印度来到宋京(今河南开封)进献梵经。宋真宗赵恒(997～1022年在位)赐予紫服。

（薛克翘）

Fojiao yu Zhongguo minjian xinyang

佛教与中国民间信仰 Buddhism and Chinese popular beliefs 几千年来，中国传统民间信仰影响较大，种类繁多。在发展过程中，也受到外界的影响，其中就有来自佛教的影响。佛教对中国民间信仰习俗的影响主要体现在两个方面：一是民间诸神，二是人生礼仪。

大肚弥勒佛雕像

民间诸神 佛教传入中国以后，一些佛教神明也为中国民间所崇拜。如如来、弥勒、观音、罗汉、天王、阎王、金刚、龙王、天龙八部等。

弥勒 在佛教传说中，弥勒是未来佛。《弥勒下生经》说弥勒从兜率天界下凡，作为菩萨诞生于南印度一婆罗门家庭，后来在龙华树下成佛，向诸天和人说法。《弥勒上生经》说弥勒涅槃后将返回兜率天。兜率天即无限美妙的弥勒净土，其间歌舞升平，锦衣玉食，中国许多高僧名宿一心向往，如东晋道安，唐代玄奘和白居易等。在印度，弥勒的形象原本与释迦牟尼相似，可传到中国后，在五代时期与布袋和尚相混淆，变成了大腹便便、笑口常开的形象。

弥勒菩萨坐像
印度波罗时代

四大天王像（东方持国天王、南方增长天王、西方广目天王、北方多闻天王）

这一形象在民间极为流行，成为吉祥如意的象征。隋唐以后，弥勒还作为改朝换代的象征被民间反叛势力所利用。如隋代河北宋子贤、陕西向海明，都曾“自称弥勒佛出世，潜谋逆乱”。宋代王则、元代韩山童、清代白莲教，以及近代青红帮、一贯道等，都崇拜弥勒。

观音 又称观世音、观自在等。早在两晋南北朝时期，就受到中国佛教信徒的特殊崇拜。佛经中关于观音的介绍主要存在于《法华经》中。西晋时，**竺法护**就翻译了《正法华经》。后秦**鸠摩罗什**的新译本《**妙法莲华经**》，则成为后世通行的版本。《法华经》的《观世音菩萨普门品》中对观音有详细介绍：他能够救苦救难，尤其是念诵他的名号就可以得到他的救助；他有“三十三身”，能够变化为各种身份为众生说法，能够变成男性也能变成女性，非常平易近人。两晋南北朝时期，民间就流传有各种观音显灵的故事。当时，观音多以男身出现，偶尔也以女身出现。唐代，由于印度佛教密宗典籍的大量翻译，观音的形象发生了巨大变化，出现了十一面观音、千手千眼观音、马头观音、准提观音、如意轮观音、不空羂索观音等多种形象。由此唐代观音的形象得到丰富，观音的名号也更加深入人心，受到更加广泛的崇拜。约从10世纪始，观音在中国民间逐渐完成了由男神变为女神的过程。约13世纪初，就有了观音出生于中国的传说，并有了一个中国名字妙容公主。大约16世纪，佛教说唱文学《香山宝卷》之类的作品在民间出现，观音彻底中国化了。

天王 据《**长阿含经**》等载，六欲天中有“四天王天”，位于**须弥山**山腰，分别守护四方人民。东方天王名多罗吒（持国天王），率领乾闼婆和毕舍遮神将；西方天王名毗留博叉（广目天王），统领一切诸龙及富单那；南方天王名毗琉璃（增长天王），统领的部将为薜荔神、鸠槃荼；北方天王名毗沙门（多闻天王），统领着夜叉、罗刹将。他们分别保护东方弗波提（东胜神洲）人、西方瞿耶尼（西牛贺洲）人、南方阎浮提（南赡部洲）人和北方郁单越（北俱卢洲）人。后来，中国寺庙中把这四大天王塑造成四位护法神，而且手中各执一物，掌管风调雨顺，老百姓把他们称作“四大金刚”。四大天王中，北方**毗沙门天王**在中国最受重视，唐代曾在民间引起普遍崇拜。印度佛教密宗吸收了印度古代神话中的财神俱比罗，塑造了毗沙门天王的形象。密宗典籍在唐代大量译介过来，其中有**不空金刚**译的《毗沙门仪轨》等。后世，毗沙门天王又进一步中国化，被演变成托塔李天王，其子**哪吒**也被中国化。

阎王 又译**阎摩**、阎罗，或阎罗王。在印度上古神话中，阎摩是掌管人死后灵魂的神明。佛教将此神吸收，作为掌管**地狱**的神。阎王从印度传到中国后，人们相信，人间的许多不平事到阴间后能得到公平的判决，阎王是铁面无私的。所以，后人经常把一些公平正直、威严勇猛的人附会成阎王。与阎王相关的，还有地藏王，有时又称**地藏菩萨**、地藏尊者等。据《地藏菩萨本愿经》，

《四海龙王》 中国河北石家庄毗卢寺壁画

阎罗王像

189

《麒麟送子》 年画

地藏菩萨原是一个婆罗门女，后来修成地藏菩萨。婆罗门女的故事在中国民间不甚流行，较流行的是与之相似的目连救母故事。目连看到母亲死后在地狱受苦，便决心拯救其母，设盂兰盆会，救其母出饿鬼道。民间根据这一故事，说目连即是地藏王。宋代《高僧传》卷二十《地藏传》记有新罗僧地藏的事迹，后来有人认为他是地藏王。

龙王　在中国民间被普遍信仰的龙王，一方面来自中国上古的龙崇拜，一方面又有佛教的影响。印度古代也有龙崇拜。其实，印度的龙是蛇、蟒之类，梵文naga，音译为那伽；龙王音译为那伽罗阇。龙有善恶之分，也有男女之别，作为天神下属，有时也常常出来作战。佛教传入中国以后，印度龙的一些特征也传到了中国。例如，传说释迦牟尼为太子而刚出生时，有龙吐水为之沐浴。于是，龙吐水便成了中国民间的一个信仰。再如，佛书中龙女的故事也传到中国，唐代出现了《柳毅传》之类的龙女故事。中国龙吸收了印度龙的若干特征，更加神奇威风了。中国古代的黄河之神叫河伯，海神叫海若，而佛书传来之后，这些水的世界都被龙王占领了。四海出现四海龙王，江河湖泊也各有龙王掌管。这都是中国人在吸收印度龙的基础上对中国龙的系统化创造。

人生礼仪　佛教在解释宇宙、解释人生方面有许多精彩的论述和深刻的思考。佛教的价值观和道德观，佛教的戒律和仪轨等，在中国古代社会的人生礼仪中常常有所反映。

生育　从新生命的孕育，到其长大成人，中国古人有着一整套的礼仪和各种各样的禁忌。佛教在这些礼仪和禁忌中也发生了一定的影响。

旧时，那些结婚以后而没有后代的人，便千方百计寻求子嗣，其中就有向观音、弥勒等佛教神明求子的。另外，中国民间还有“睡佛求子”的习俗，即求子的妇女到寺中佛堂宿一夜，但这往往与旧时寺院中的不法僧徒有关。

旧时孕妇有许多禁忌，有的合乎科学道理，有的纯属迷信。民间禁忌孕妇入寺庙，见佛像。其理由大约是认为孕妇不净，不宜进清净地，或者是担心生子受影响。古时医药科学不甚发达，民间产妇难产有时用各种方法催生，民国时杭州一带有一种“南海普陀催生灵丹”，据说是观音大士降下的神药，如果有孕妇难产，服此丹3粒，可即时降生。

命名　中国古代礼仪，新生儿一般在出生3个月时起名，叫作“幼名”；男子20岁行冠礼，还要另起一个名字，叫作“字”；女子15岁许出嫁，取字。佛教传入后，中国人在命名上受到影响。晋代，有不少人的名字中有“佛”、“僧”等字样，南北朝时亦然。**隋文帝杨坚**幼时寄养于尼寺，以尼姑为师，取名为那罗延。那罗延本是印度教三大神之一**毗湿奴**的一个称呼，佛教也将他吸收进来，作为护法神。民间这种情况很多，生下孩子后，为了好养活，请僧人给起名，俗称寄佛名，或者送寺院寄养，认为这样可保孩子平安。

婚姻　中国古代婚姻有六礼，佛教传入后，佛教的一些观念也渗透到中国民间的婚姻礼俗中。较为突出的是“因缘说”对民间婚姻的影响。即男女双方的婚姻是否合适，要看双方是否有缘。而且，这种因缘是生前就已确定的，是前世的因缘。因缘说为中国旧有的宿命论婚姻观提供了一种宗教理论上的支持。在中国古代小说、戏剧作品中，这种由前生因缘而决定今世婚姻的故事很多。

生病　旧时中国民间在缺医少药的情况下，常常求神拜佛。在许多人看来，病是一种灾难，是妖气带来的，佛家的咒语可以解除病灾。还有人认为，生病是因为做了坏事而受到的报应。这些看法并不科学，但民间有这种信仰，而且为祛病免灾采取与佛教有关的烧香、祈禳、许愿、还愿等活动。

祛病免灾烧香祈禳图

丧葬　先秦，中国就已经形成一整套的丧葬礼仪。佛教传入后，中国人的丧礼大体上还是依从旧的规矩，但增加了新的内容。如下葬时要求穿僧衣、薄葬、念经等。中国传统的葬法是土葬，而火葬到了宋代已成为民间的风俗，究其渊源，是受佛教的影响。

由于受佛教影响，中国旧时在人死之后，常常采取多种多样的形式为死者追荐冥福，约有念经、转经、设斋、造像、舍寺、建寺等几种。追福活动自南北朝以来多有发生，史书有记载，文学

《迎亲图》 19世纪西洋人笔下的中国风情画

中华民国时期，大连市和尚为死者超度

作品中也常常有反映。大约到宋代，千僧斋会、万僧斋会、无遮大会等逐渐减少，而做道场功德的仍很多。宋代从上到下都受佛教影响，在丧事中做道场，或采取其他办法追荐亡灵。为死者做道场后来逐渐发展完善并仪式化，成为人们常说的**水陆道场**。

水陆法会

忌日 指死者去世的周年纪念日。中国古人有在忌日纪念死者的习俗。直至今日，民间仍有这种纪念方式，北方一些地区的人们每年在死者的忌日都要上坟烧纸钱，称为烧周年。这种习俗由来已久，唐宋两代，此俗受佛教影响尤为明显。宋代吴曾《能改斋漫录》卷一有《忌日行香》条，征引佛经，以为忌日行香仪式起源于唐代。

（薛克翘）

Fojiao yu Zhongguo minsu jieri

佛教与中国民俗节日 Buddhism and Chinese popular festivals 佛教在形成过程中，形成了许多节日。这些节日一般都与佛陀的出生、出家、成道及**涅槃**有关。佛教对中国的民俗节日影响很大。从佛教的角度看，中国的节日大体分为3种类型：①佛教的传入给中国民众带来了新的节日，如**浴佛节**、**盂兰盆节**等。这些节俗的内容在长期的社会变迁中也随着时势的不同而变化，即由开始的模仿古印度习俗而不断汉化，有些内容渐渐消失，并逐渐增加新的内容。②有些佛教节日与中国的传统节日相结合，形成了中国民间的混合型节日。如腊八节与腊日相结合，使祭祖与拜佛合而为一。又如**元宵节**，是上元日与灯节的结合。盂兰盆节则与中元节相结合，拜佛、祭祖、扫墓、**放灯**，内容更为丰富。③许多中国传统节日都融入了佛教的内容。如七夕、清明、重阳等，佛教一方面为节日游乐提供观赏场所或游乐项目，另一方面也作法事为信众祈福，或者通过其他办法与广大民众结缘。

元旦（农历正月初一） 宋吴自牧《梦粱录》卷一《正月》中说："正月朔日，谓之元旦，俗呼为新年。一岁节序，此谓之首……不论贫富，游玩琳宫梵宇，竟日不绝。"其中说的是南宋都城临安（今浙江杭州）的元旦，这一天，人们要到寺庙中去游玩。元旦本是中国传统节日，但也受到了佛教的影响。

元宵节（农历正月十五日） 中国民间传统大节之一，又称上元节、灯节。起源较早，不晚于1世纪。元宵节灯会受到印度的影响。印度有灯节，而且是全国性大节。它影响了佛教，又通过佛教影响到中国的元宵节灯会。唐代元宵节灯会最为热闹，从皇帝到平民，都积极参与，且佛教色彩浓厚。10世纪时，上元节这天还有到寺庙放生的习俗，这是佛教不杀生思想的反映。

宋代，灯节中佛教的内容已明显减少。至明代以后，灯节的佛教色彩更为淡薄。

涅槃节（农历二月十五日） 据《梦粱录》卷一《二月望》记载，仲春十五日为花朝节，浙江各大寺院僧尼在这

中国江西庐山东林寺僧人祝圣法会

一天建佛涅槃胜会，以种种香花异果供养，挂名贤书画，设珍异玩具，庄严道场，观者纷集，竟日不绝。可见，当地的人们是把花朝节和涅槃节放在一起庆祝的。

观音诞日（农历二月十九日） 俗间传说，农历二月十九日为观音诞日，所以中国民间在这一天要举行观音会。中国北方和南方都举行纪念、祈祷活动，求子、祈求平安、祈求升官发财。

浴佛节（农历四月初八） 中国人最早接受的印度佛教节日。据大乘佛教经典，农历四月初八是佛诞日，民间称为浴佛节。佛教传入中国不久，即二三世纪，中国的佛教徒便开始了浴佛活动。浴佛的做法来源于印度。晋代（4世纪前后），在举办浴佛活动的同时还加进了"行像"的内容。所谓"行像"，就是用车拉着佛像游行，同样来源于印度，《法显传》中就有关于印度行像的详细记载。东晋后赵石虎就曾让能工巧匠制造了一辆檀木车，载着金佛像游行，而且还制作有九龙吐水为佛像沐浴。五六世纪时，中国南方和北方的浴佛节都有行像活动。

隋唐五代时期，农历四月初八这天也有庆祝活动。唐懿宗咸通十四年

中国河南洛阳白马寺祈福的香客 庚寅年（2010）正月初一

中国上海静安寺壬辰年(2012)盂兰盆会

中国上海城隍庙元宵节灯会

结夏安居，诵经养身

中秋节西瓜灯

盂兰盆节夜晚放江灯

(873) 春，懿宗下诏书命高僧大德到凤翔法门寺迎佛骨，在农历四月初八日，佛骨入**长安**，民众夹道欢迎。这是唐代晚期的一件大事。

宋代，浴佛节这天不仅要举行浴佛仪式，还要举行放生活动。除了放生以外，人们还要在这天礼佛祈福，或做些别的善事。明清时期的北方，浴佛节这天买活物放生的活动不再兴盛，代之而行的是以豆结缘的活动，即煮豆分发给大家吃。在南方水乡，特别是杭州西湖，放生活动一直兴盛。

结夏日（农历四月十五日） 南朝梁宗懔《荆楚岁时记》中说："四月十五日，天下僧尼就禅刹挂褡，谓之结夏。"印度佛教规定僧尼不得在雨季外出，以免伤害生灵，被称为雨安居。中国气候与印度不同，规定四月十六日至七月十五日期间夏安居，又叫坐夏。开始坐夏，谓之结夏，又称结制。是佛教内部的规矩，一些信众在坐夏期间要为僧尼提供供养、施舍，有时朝廷也提供资助。

七夕（农历七月初七） 中国古代传统节日，又叫巧夕。七夕与古老的民间传说"牛郎织女"紧密相连。古时七夕又有"乞巧"的活动，即少女对织女星（一说对月）穿针引线乞求工巧，所以这一天又叫"女节"。

宋代，七夕的娱乐活动十分丰富。增加了一项重要活动，即卖磨喝乐和扮磨喝乐。磨喝乐又名摩侯罗，是一种泥塑玩偶。据考证，这种玩偶的名称来自佛教，有人认为与释迦牟尼的儿子罗睺罗有关，还有人认为是由密宗**大黑天神**摩诃迦罗演变而来。

盂兰盆节（农历七月十五日） 中国传统节日，佛教徒称盂兰盆节，道教徒称中元节。佛教僧侣坐夏以后，在这一天解制，故又称为自恣日。民间受佛教的影响，又称这天为鬼节。盂兰盆节起源于佛教，依据的是《**盂兰盆经**》。唐代皇室对这个节日十分重视，其程度超过了四月初八的浴佛节，目的是崇尚孝道。

两宋时期，政府和民间都很重视盂兰盆节。人们从孝道出发，拜佛、祭祖、吃素，但也没有忘记娱乐，还要看《目连救母》杂剧。《梦粱录》卷四记载，农历七月十五日这天晚上"放江灯万盏"。

到元、明、清三代，盂兰盆节中的放灯活动比较突出。"放灯"也是中国人通过佛教接受了印度民俗的影响，这一习俗在古印度早已有之，至今如此。

地藏节（农历七月三十日） 传说这一天是**地藏菩萨**的诞日（一说为其入灭日）。清代，北京百姓要到寺庙礼拜庆祝，寺院也举行法会。夜间则燃香、点莲花灯于路旁，京城各街道光明如昼。

中秋节（农历八月十五日） 中国民间传统的大节之一，其起源与嫦娥奔月的神话故事联系在一起，后来也与佛教有关系。特别是清代，北京百姓把西瓜刻成莲花瓣，让月光照在莲花上，象

农历四月初八浴佛节放生场面

宋代七夕请摩侯罗图　王弘力绘

腊八舍粥场面

中国上海闸北盂兰盆会　20世纪初叶

征圆满。或用纸画莲花，坐上莲花者，被称为月光遍照菩萨，大吉大利。也有妇女到尼姑庙去随喜。

重阳节（农历九月初九）　又称登高会、女儿节、菊花会等，根据活动内容的不同而取不同名称。北宋时，几个大寺院都在这天举办**狮子会**，即制作一些假狮子，让诸佛菩萨坐了其上接受供养，僧人们也骑着狮子念经，以吸引信众。

腊八节（农历腊月初八）　中国汉代庆祝腊日。南北朝时期，腊日在南方一些地区已确定为腊月初八。《荆楚岁时记》中说："十二月八日为腊日，谚言：腊鼓鸣，春草生。村人并击细腰鼓、戴胡公头及作金刚力士以逐疫。"说明这时民间的腊日活动已受到佛教的影响。

北宋时，腊月初八是僧人的节日，但百姓也参加庆祝。北宋都城汴京（今河南开封）的大寺院里的活动主要有两项：一是浴佛会，二是喝腊八粥。根据通常的说法，腊月初八是佛成道日。成道日浴佛、喝粥，都有依据。据佛典相传，释迦牟尼出家后，经过了6年苦行，最后他觉得苦行不能帮助他悟道，决定停止苦行。他来到尼连禅河边，下到河里沐浴，洗去6年来的积垢。当他沐浴完毕时，身体因6年苦行而变得精疲力尽。这时，牧女苏佳塔给他送来牛奶粥（乳糜）。释迦牟尼吃后，稍稍恢复体力，便到菩提树下静坐，经过七七四十九天，终于在启明星出现时悟道成佛。他悟道之前沐浴和喝粥的行为，便是浴佛会和喝腊八粥的来由。北宋时京城大寺一年两度浴佛，一在佛诞日，一在佛成道日。

南宋时，腊八这天不再浴佛，改为只喝腊八粥。从此，中国民间保留了腊月初八喝腊八粥的风俗，直至今日。

除以上这些节日外，还有农历二月二十一日（普贤菩萨诞日）、四月初四（文殊菩萨诞日）、七月十三日（大势至菩萨诞日）、八月二十二日（燃灯佛诞日）、九月三十日（药师佛诞日）、十一月十七日（阿弥陀佛诞日）等，均在民间有一定影响。

（薛克翘）

Fo qu

佛曲　Buddhist music　以短偈形式礼赞诸佛菩萨的颂歌或宣扬佛教精神的乐曲。将佛经配上音调进行诵读，是佛教音乐的重要形式之一。中国三国时期，随着佛法东渐，印度佛教音乐由来自西域或印度的高僧传入中国中原地区。《高僧传》卷十三云："咏经则称为转读，歌赞则号为梵音，皆以韵入管弦。"以抑扬顿挫声调咏诵佛经，谓之转读；以短偈形式赞唱佛和菩萨，谓之**梵呗**，又称赞呗、梵乐、梵音、佛乐，可有乐器伴奏，统称佛曲。三国时期，已有《鱼

中国北京智化寺古乐演奏

山梵呗》、《泥洹梵呗》、《连句梵呗》等数种梵呗流传。佛曲之名始见于《隋书·音乐志》。据其中西凉部下记载：歌曲有《永世乐》，解曲有《万世丰》，舞曲有《于阗佛曲》。

早在中国南朝梁武帝萧衍时期，宫廷音乐中已融入不少佛教音乐的内容。隋代，西域乐舞不仅进入宫廷，并且占据主导地位。至唐代，西域乃至印度乐舞对中国佛曲的影响愈益明显。7世纪时，甚至连深受印度文化影响、崇信佛教的骠国（在今缅甸境内）国王雍羌，亦曾多次遣使前来中国贡献佛曲和乐工，计有佛曲10种，乐工32人。据《册府元龟》卷五六九记载：天宝十三载（754），曾将原流行古龟兹地区的佛曲改换新名，如将《龟兹佛曲》改为《金华洞真》，将《急龟兹佛曲》改为《急金华洞真》。据北宋陈旸《乐书》记载，唐代乐府曲调有《普光佛曲》、《弥勒佛曲》、《日光明佛曲》、《大威德佛曲》、《药师琉璃光佛曲》、《释迦牟尼佛曲》、《观音佛曲》等20多种。这说明，佛曲在唐代已相当盛行。在敦煌杂曲中，也保存着部分佛曲作品。

清代毛奇龄所撰《西河诗话》云："佛曲在隋唐有之，不始金元。如唐乐府有普光佛曲、日光明佛曲等八曲，入婆陀调。释迦文佛曲、妙华佛曲等九曲，入乞食调。大妙至极曲、解曲，入越调。摩尼佛曲，入双调。苏蜜七俱佛曲、日腾光佛曲，入商调。邪勒佛曲，入徵调。婆罗树佛曲等四曲，入羽调。迁星佛曲，入般涉调。提梵入移风调。今吴门佛寺，犹能作梵乐。每唱佛曲，以笙笛逐之，名清乐，即其遗意。"唐代南卓的《羯鼓录》也列举了多种佛曲，如《卢舍那仙曲》、《四天王》、《阿陀弥大师曲》、《无量寿》、《九色鹿》、《恒河沙》、《大乘》、《毗沙门》、《观世音》、《悉迦牟尼》等。唐代的佛曲，既有由印度经西域传来的，也有唐人创作或改编的。

在建于明代正统十一年（1446）的北京智化寺，累代传承佛曲，至20世纪50年代初，已传至27代。所传乐谱多为工尺谱抄本。其中有智化寺僧永干所抄管乐谱48首，智化寺残抄本管乐谱66首，水月庵尼姑朗坤所抄管乐谱56首、法器曲30首，成寿寺抄本管乐谱137首。其中若干曲调，可以远溯唐

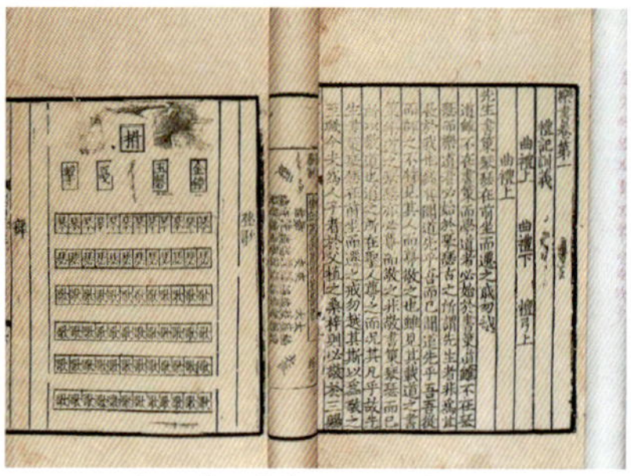

陈旸《乐书》福明修本书影

宋词牌，也有元明以来的南北曲曲牌及流传已久的民间器乐曲牌。这些佛曲既可单独演奏，也可由若干曲牌连缀成套曲。乐器以管子为主，其余有笙、笛、云锣、鼓、铛子、铙、钹等。智化寺佛教音乐古朴典雅，其中保存了大量唐宋时代的音乐信息，成为中国北方佛曲的代表。该寺僧人至今仍演奏多种佛教音乐作品。

（赵佳梓）

Foshafu Cheng

佛沙伏城 Varṣapura 古代西域城名。故址在今巴基斯坦马尔丹城以东13千米处的夏巴兹格里。其记载首见《宋云行记》，称该地"川原沃壤，城郭端直，民户殷多，林泉茂盛。土饶珍宝，风俗淳善。其城内外，凡有古寺。名僧德众，道行高奇"。《大唐西域记》称该地为跋虏沙城。该地三面环山，存有阿育王岩刻诏书。东北方有梅卡一三达山，为《太子须大拏经》中太子须大拏携妻、子隐居之地。

（陆水林）

Foshuo Huzhu Tongzi Tuoluoni Jing

《佛说护诸童子陀罗尼经》 论述保护儿童的印度密教医学典籍。1卷本。又名《护诸童子请求男女陀罗尼经》、《佛说护诸童子陀罗尼咒经》、《护诸童子经》等。北魏菩提流支译。该经叙述了造成儿童灾患的15个大鬼神名，以及所造成的孩童疾病症状和相应的治疗方法。该经以护佑童子为宗旨，受到中古时期女性的欢迎，并被抄写用于为女性追福的礼仪之中，表明了佛教世俗化的某种倾向。与该经类似，叙述"常憙啖人胎"及"生时夺命"的夜叉罗刹恶鬼，侵扰和保护童子的佛经还有《佛说守护大千国土经》、《童子经念诵法》（唐善无畏译）、《西方陀罗尼藏中金刚族阿蜜哩多军吒利法》和《啰嚩拏说救疗小儿疾病经》。《童子经念诵法》中有"十五鬼陀罗尼"，仅列出名称，而没有描绘其形状和对小儿造成的病患情形。

《佛说护诸童子陀罗尼经》流传颇广，被收入《陀罗尼杂集》（未详撰者，今附梁录）卷四、《法苑珠林》卷六十。《法界圣凡水陆大斋法轮宝忏》卷九"一心奉请大梵天王护诸童子真言曼荼罗法"中也引用了该经的相应内容。明代徐应秋《玉芝堂谈荟》卷十三亦引其中的十五罗叉名。该经在敦煌、吐鲁番地区至少有7种写本，包括S.0988（《佛说护诸童子陀罗尼咒经》1卷，抄写于七八世纪）、S.6334（《佛说护诸童子陀罗尼经咒》，摘抄了该经中的经咒部分）、S.6986（《护诸童子陀罗

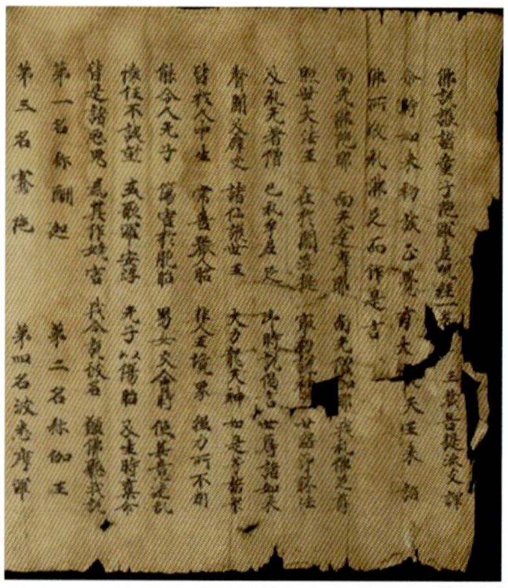

《佛说护诸童子陀罗尼经》敦煌写本书影

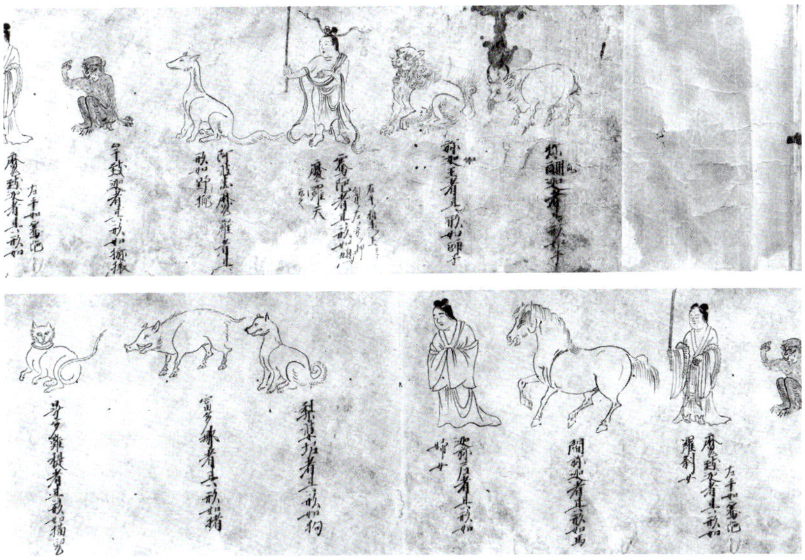

十五鬼神图（局部）

尼经》)、Дx.02091（《护诸童子经》1卷）、BD4544（北8259/冈字44）、BD4378之2（北7679/出字78）、大谷4421残片等写卷，是比较典型的密教医学写经。

《佛说护诸童子陀罗尼经》的影响不仅是在敦煌、吐鲁番地区，还波及唐代幽州地区。在房山石经中，有唐文宗开成三年（838）《佛说护诸童子陀罗尼咒经》刻石1种。此外，传世的佛教大藏经以及日本古写经中，不仅有《佛说护诸童子陀罗尼咒经》的文本，还有对该经中的十五鬼神的形象描绘。敦煌出土的《护诸童子女神符图》（Ch.00217a-c）也与该经的内容有密切的关联。

（陈明）

Foshuo Liao Zhibing Jing

《佛说疗痔病经》 专门论述治疗痔病的印度密教典籍。1卷本，非常简短。唐义净于景龙四年（710）在大荐福寺翻经院译，沙门玄伞等笔受。该经有多个名称，包括《持瘘经》、《痔瘘》等。唐代的“痔”为避讳字，与唐高宗李治的“治”同音，故改为“持”，《持瘘经》就是《痔瘘经》。该经列举了风痔、热痔、三合痔等十多种痔病的名称，以及消除所有痔病的几种梵语音译神咒。该经内容另见《根本说一切有部尼陀那目得迦》（义净译）卷二，二者行文略有出入。该经也有一种敦煌写本（S.5379），共23行文字，首尾俱全。该经在唐宋之际流传到日本，丹波康赖《医心方》卷七中的“治诸痔方第十五”就引用了部分《佛说疗痔病经》，其内容与敦煌写本基本相同。该经影

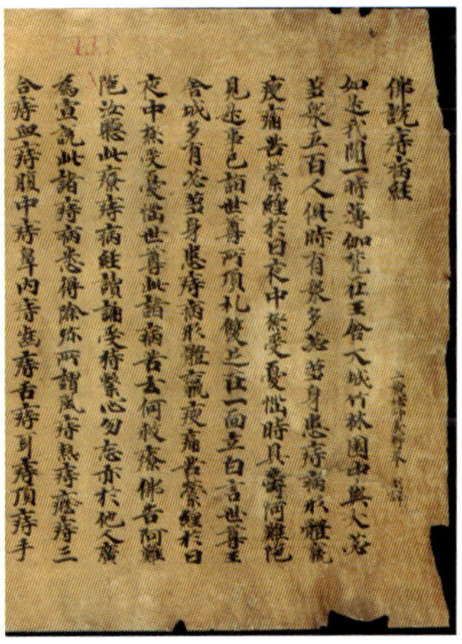

佛說痔病經
如是我聞一時薄伽梵在王舍大城竹林園中與大苾
芻衆五百人俱時有衆多苾芻身患痔病於羸瘦
疲痛苦縈纏於日夜中愁憂燋惱時具壽阿難陀
見是事已詣世尊所頂礼雙足在一面立白言世尊
今城多有苾芻身患痔病於羸瘦疲痛苦縈纏於日
夜中愁憂燋惱世尊此諸病者云何救療佛告阿難
陀汝聽此療痔病經讀誦受持繫心勿忘亦於他人廣
為宣說此諸痔病悉得除殄所謂風痔熱痔癊痔三
合痔血痔腹中痔鼻内痔齒痔舌痔眼痔耳痔頂痔手

《佛说疗痔病经》敦煌写本书影

响深远，在当代中国甚至被一些佛教信徒当成能治疗癌症的经典，进行念诵和修持。

（陈明）

Fo Suoxing Zan

《佛所行赞》 *Buddha-carita* 印度古代长篇叙事诗。记述释迦牟尼的生平故事，兼阐扬佛教义理。见马鸣。

Fotucheng

佛图澄 Buddhaciṅga（232～348） 西域来华高僧。本姓帛。中国西晋、后赵时期来华。事见梁代慧皎《高僧传》卷十、《魏书》“释老志”、《晋书》“佛图澄传”。其对佛教在中国的传播起到了较为重要的作用。

佛图澄来华后多以术智神通、善巧方便，来传弘佛法。传说他善诵神咒，能役使鬼神；用麻油混合胭脂涂掌，在掌中彻见千里之外的事情；能听铃音来准确地预言事情的吉凶；能临池洗肠，洁净自身；还能求雨灭火，随心所欲。其医术高超，治人痼疾，应时而愈。他精通佛理，善解文义，志弘大法，论辩无碍；教化后赵的石勒、石虎、郭黑略等人，劝行德政，得济苍生，信众如云。其传法奠定了北方佛教在五胡十六国乱世之时发展的基础，也创建了佛教依附国主（皇权）而立法事的弘传模式。东晋穆帝永和四年（348）圆寂。其弟子有释道安、竺法汰等人，均是学德高超之辈。因佛图澄事迹属于神异之类，其义学与戒行反而多被淹没，被后世列入《神僧传》。

由于佛图澄神通非常，辅佐后赵政权30余年，建寺千座，授徒万人，故事迹流传后世，影响深远。中国甘肃敦煌莫高窟藏经洞出土有《佛图澄和尚因缘》（编号S.1625va、P.2680j）和《佛图澄罗汉和尚赞》（编号S.0276vc）等写本。莫高窟初唐第323窟北壁中段，绘有佛图澄的系列事迹，其中有《佛图澄为石勒说法图》、《佛图澄灭幽州城大火图》、《佛图澄听铃声辨吉凶图》、《佛图澄河边洗肠图》。这些图像对研究佛图澄的故事以及后赵时期北方佛教传播史具有重要参考价值。

（陈明）

Fotuluosha

佛图罗刹 Buddharakṣa（约活动于4世纪） 西域僧人，译经家。据《高僧传》卷一等，佛图罗刹国籍不明，仅知其德业纯粹，遍览经典，由于久游中土，故能精通汉语。曾参与《阿毗昙毗婆沙论》的翻译工作，担任宣译。该译事自前秦

建元十九年（383）孟夏开始，仲秋完成。后世评价其宣译梵文，见重当世。

（葛维钧）

Fotuobatuoluo

佛驮跋陀罗 Buddhabhadra（359～429） 印度来华僧人，著名译经家。又译佛陀跋陀罗，简称佛驮跋陀，意译觉贤、佛贤。

据《高僧传》卷二、《历代三宝纪》卷七等，佛驮跋陀罗为北印度迦毗罗卫释迦族甘露饭王的后裔。其祖父法天在印度北部经商，全家随之迁居。他本人3岁丧父，5岁丧母，寄养于外婆家。从祖父鸠婆利看他孤单，又很聪明，将他接回，让他做了沙弥。17岁前一直以习诵为业，可一日读毕同学一月的功课。受具足戒后，更加勤学，很快博通各类经典，尤其精于禅定和戒律。他常与同学僧伽达多出游罽宾。中国僧人智严亦到罽宾，在那里征寻有能力者前往东方传法。当地人一致向他推荐佛驮跋陀罗。在智严的恳切邀请下，佛驮跋陀罗慨然应允。二人先走陆路，后循海而行，历时三载，方才于青州东莱郡（今中国山东莱州）上岸。当时鸠摩罗什正在长安，他们随即登程前往，并于后秦弘始十年（408）到达，住宫寺（一称齐公寺）。太子姚泓请他在东宫集众说法。他亦与鸠摩罗什时相晤面，共论色空等教义。鸠摩罗什如有疑义，也常同他商量解决。但欢会不常，二人因学风和师承不同，渐生隔阂。佛驮跋陀罗淡泊守静，不喜繁华，在长安大弘禅业，闻风而至者众。然而来者学行不一，他自己亦未能细加检问，致使名声遭到诡滑者破坏。尽管他自己毫不介意，但到了弘始十三年，还是有鸠摩罗什门下的僧人道恒等以他口出预言，有违戒律为由，将他驱离长安。他则自称“身若流萍，去留甚易”，唯一憾事是未能实现弘教大业。后秦君主姚兴知道后急下敕令，遣使挽留。无奈佛驮跋陀罗去意已决，径往庐山而去。

庐山高僧慧远久慕其名，接待佛驮跋陀罗一如旧友，并致函姚兴和长安众僧，为他申辩，解释嫌隙。在这里，他为慧远译出了修禅专著《修行方便禅经》2卷。佛驮跋陀罗志在游化，居无求安，在庐山停留一年左右，便又去了江陵。当地士庶倾城出迎，竞相以厚礼馈送。他则概不收受，而只肯持钵街行，不问豪门贱户，随乞随食。太尉刘裕对他十分尊敬。次年，他应刘裕邀请，去往京都（今中国江苏南京），住道场寺，依旧传习禅法，由于仪表风范素雅深沉，深得当地人景仰。这一年，法显也游印求得梵本佛经归来，遂与佛驮跋陀罗合译，从东晋义熙十二年到十四年（416～418）先后译出《大般泥洹经》6卷、《摩诃僧祇律》40卷、《摩诃僧祇大比丘戒本》1卷、《摩诃僧祇比丘尼戒本》1卷、《佛说杂藏经》1卷等。此前沙门法领也曾在于阗（今新疆和田）觅得《华严经》前分三万六千偈梵本。义熙十四年，应吴郡内史孟顗和右卫将军褚叔度之请，佛驮跋陀罗手执梵本，在沙门法业和慧严等百余人的协助下，于道场寺开设译场，用3年时间将该经译出，所得即今《大方广佛华严经》60卷。其中十地品完全采用鸠摩罗什前此所译《十住经》的译文，而全经译风亦向鸠摩罗什靠拢。该经对后来佛教义学的发展影响很大。后人评价此经翻译“妙得经意”。译经处也易名华严堂，以资纪念。现存佛驮跋陀罗译本还有《佛说观佛三昧海经》10卷、《文殊师利发愿经》1卷、《大方等如来藏经》1卷、《达摩多罗禅经》2卷、《佛说出生无量门持经》1卷等。据统计，佛驮跋陀罗一生共译佛经12部（一说15部）113卷。

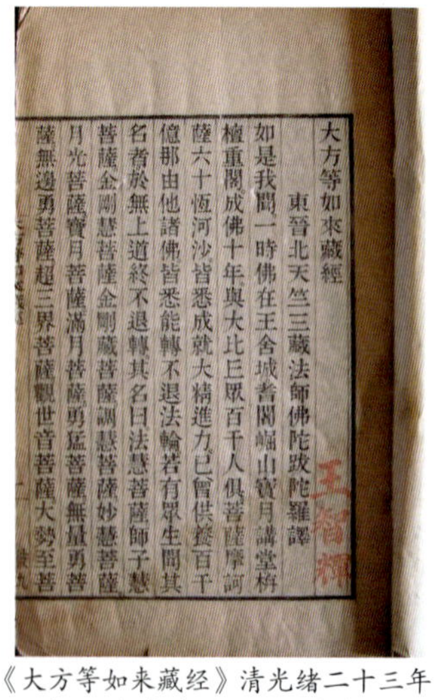

《大方等如来藏经》清光绪二十三年（1897）金陵刻经处刻本书影

（葛维钧）

Fotuoshi

佛驮什 Buddhajīva（约活动于5世纪） 印度来华僧人，译经家。又称佛陀什、佛大什，意译觉寿。据《高僧传》卷三等，佛驮什为罽宾人，少时在弥沙塞部出家，专精于律部经典，对于禅法亦有研究。南朝宋景平元年（423）七月东游到扬州（一说建康，见南京）。当初法显从师子国（今斯里兰卡）带回弥沙塞律梵本，未及翻译而殁。宋都建康诸僧得知佛驮什精通此一律学后，希望他能将其译出。十一月，应琅玡王练及道生等人之请，他于建康龙光寺开设译场，自执梵本，于阗（今中国新疆和田）沙门智胜传译，龙光寺僧人道生、东安清寺僧人慧严等笔受，至次年四月译毕，得34卷，称《五分律》(现行本仅30卷，称《弥沙塞部和醯五分律》)。此外，他还译有《弥沙塞五分戒本》1卷等。后不知所终。

（葛维钧）

Fotuo

佛陀 Buddha 意为觉者。佛教创始人释迦牟尼的称号之一。见释迦牟尼。

Fotuobatuo

佛陀跋陀 Buddhabhadra（约活动于5世纪） 印度来华的传法僧人。也作跋陀。据《续高僧传》卷十六、《全唐文》卷二七九裴漼《少林寺碑》，佛陀跋陀为印度人，幼禀慧性，为学勤苦，洞悟佛法，深具道行，一向有志于游方弘化。有道友劝他往中国传教，并在那里度化弟子。他遂在游历诸国后，于北魏太和年间（477～499）到达国都平城（今中国山西大同东北）。魏孝文帝对他礼遇甚隆，为之专设禅林，并雕凿石龛作为居所。后又有城中富户为他另造别院。太和十七年（493），孝文帝迁都洛阳，他随同前往。由于性好幽栖林谷，屡往嵩山静居，孝文帝便下敕就少室山为之立寺，供他息心安居。寺院处于少室山林中，故称少林，**少林寺**由此得名。海内闻风前来求教者络绎不绝。此后，他在这里度化了慧光和僧稠两沙门。

（葛维钧）

Fotuoboli

佛陀波利 Buddhapāla（约活动于7世纪）印度来华僧人，译经家。意译觉护。

据《**宋高僧传**》卷二、《广清凉传》卷二、《**开元释教录**》卷九等，佛陀波利为北印度罽宾人，一向潜心佛法，忘身殉道，曾往印度各地遍观灵迹，后闻**文殊菩萨**在清凉山（即**五台山**），便远涉流沙，前来礼谒，于唐仪凤元年（676）到达五台山。据称他登上思阳岭，见林木入云，景物壮丽，正在五体投地、向山顶礼之时，忽然有一老翁出现，操印度语向他致意。老翁得知他为瞻礼而来，便告诉他该地众生罪孽深重，出家人亦常犯戒，需要佛顶神咒除罪，唯从西土取来此经，使之流传，才是广利群生，报诸佛恩之道。他遂依从老人指点，返回本国取经，复于弘道元年（683）归至**长安**，并将来意启奏唐高宗。高宗下诏，命鸿胪寺典客令杜行顗与印僧日照（见**地婆诃罗**）在宫内共同翻译。译成后敕赐绢3 000匹，经留帝宫。他表示不顾身命万里取经而来，志在译出流布，普济群生，而不以财宝名利为念，再三请求使之传诵民间。感其专诚，遂将梵本还回。他则访得西明寺通晓梵语的僧人顺贞，共同再译，所得译本名曰《佛顶尊胜陀罗尼经》。愿望实现，他即怀梵本再入五台山，后不知所终。此陀罗尼经为古来密教信仰者朝夕勤行，并将自己的功德转赠亡者所必诵之经，传说甚为灵验。该经前后共有九译，而以佛陀波利译本最为流行。

（葛维钧）

Fotuoduoluo

佛陀多罗 Buddhatrāta（约活动于7世纪）印度来华僧人，译经家。意译觉救。据《**宋高僧传**》卷二、《**开元释教录**》卷九、《**佛祖统纪**》卷三十九等，佛陀多罗为北印度罽宾人。因矢志在中国弘扬佛教而不远万里，携贝叶来华，住**白马寺**，从事传译。译出《大方广圆觉修多罗了义经》1卷，未注年月（《佛祖统纪》称译于唐永徽六年，即655年）。对此后人评论称，能够虔心敬佛，唯以弘化为怀，严肃甄辨真伪，谨传佛典要义已经足够，而具署年月则并非必须。佛陀多罗的其他行迹及终于何处均无人知晓。所译经为禅宗常用经典，后世注疏颇多，有**草堂寺宗密**禅师于唐大和年间（827～835）所撰《大方广圆觉修多罗了义经略疏》4卷等。

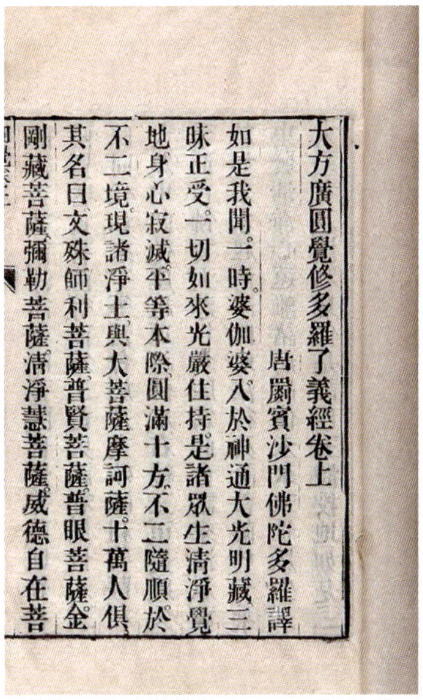
大方廣圓覺修多羅了義經卷上
唐罽賓沙門佛陀多羅譯
如是我聞一時婆伽婆入於神通大光明藏三
昧正受一切如來光嚴住持是諸衆生清淨覺
地身心寂滅平等本際圓滿十方不二隨順於
不二境現諸淨土與大菩薩摩訶薩十萬人俱
其名曰文殊師利菩薩普賢菩薩普眼菩薩金
剛藏菩薩彌勒菩薩清淨慧菩薩威德自在菩

《大方广圆觉修多罗了义经》书影

（葛维钧）

Fotuo he Yuanshi Fojiao Sixiang

《佛陀和原始佛教思想》 中国研究南传佛教的专著。作者中国社会科学院亚洲太平洋研究所研究员郭良鋆。中国社会科学出版社1997年出版。郭良鋆，女，上海人，1943年生，1965年毕业于北京大学东语系梵语巴利语专业。著作有译自巴利文的《佛本生故事选》（1985）、《经集》（1991），以及译自梵文的《故事海选》（2001）等。

《佛陀和原始佛教思想》在巴利文原典资料的基础上对南传佛教进行探讨，以"利用巴利语原典，向中国读者提供尽可能接近原始面目的佛陀生平传记和原始佛教思想"为撰写宗旨。共分3章。第1章主要针对巴利文、巴利文三藏经典以及巴利文藏外佛典进行概要论述；第2章着重描述和介绍佛陀的生平，内容包括佛典中佛陀传记资料的分布情况，佛陀诞生、早年生活、出家求道、觉悟成佛、初转法轮、传播佛法以及进入涅槃的过程，揭示了佛陀形象的历史演变过程；第3章集中阐释原始佛教的哲学思想，重点涉及沙门思潮、四谛说、社会观、神话观、神通观、无我说和涅槃说。附录部分对巴利语律藏、经藏、论藏的核心观点进行了概括梳理。

《佛陀和原始佛教思想》封面

作为南传佛教的经典，巴利文三藏经典是研究原始佛教最直接的材料，因此《佛陀和原始佛教思想》对于佛陀生平、原始佛教的宗教哲学，以及佛教史研究都具有参考价值。

（任婧）

Fotuoshanduo

佛陀扇多 Buddhaśānta（约活动于五六世纪）印度来华僧人，译经家。又译伏陀扇多，意译觉定。据《**续高僧传**》卷一、《**历代三宝纪**》卷九等，佛陀扇多为北印度人，神悟聪敏，博通内外诸典，既晓多种语言，又善各类技艺。北魏永平元年（508），奉敕与**菩提流支**、**勒那摩提**于洛阳殿内翻译**世亲**之《十地经论》，4年后完成。不久往**白马寺**，于正光六年（525）译出《如来狮子吼经》，普泰元年（531）译出《**摄大乘论**》。后移居邺都（故地在今河北临漳西南邺镇东）金华寺。东魏元象二年（539）译出《十法经》等。后不知所终。所译经典有些已佚，今存《银色女经》

1卷、《佛说转有经》1卷、《如来师子吼经》1卷、《金刚上味陀罗尼经》1卷、《佛说正恭敬经》1卷、《摄大乘论》2卷。

（葛维钧）

Fotuo Shida Dizi

佛陀十大弟子 佛祖释迦牟尼成道后追随他的10个主要门徒。这十大弟子各

释迦牟尼及其十大弟子像

有所长。他们是：舍利弗，智慧第一；目犍连，神通第一；迦叶，头陀第一；阿那律，天眼第一；须菩提，解空第一；富楼那，说法第一；迦旃延，论义第一；优婆离，持律第一；罗睺罗，密行第一；阿难，多闻第一。

（葛维钧）

Fotuoshili

佛陀室利 Buddhaśrī（约活动于12世纪） 印度来华僧人。据《补续高僧传》卷一《苏陀室利》传，佛陀室利于金海陵王完颜亮时随师苏陀室利到五台山，苏陀室利逝世后，奉其舍利回国。后再次来华。

（薛克翘）

Fotuosina

佛陀斯那 Buddhasena（约活动于5世纪） 北印度罽宾来华高僧。又音译作佛驮先、佛大先，意译为觉军、觉将等。中国北凉时期（401～439）来华，在中印文化交流史方面起到一定作用。

佛陀斯那是说一切有部法师，后为禅法之传持者。他行化罽宾，为第三训首，曾依婆陀罗学习佛法，由弟子再传于中土。据《出三藏记集》卷九的《禅要秘密治病经记》记载，佛陀斯那颇有天赋，精通禅法，对佛教内外的典籍深有研究，被当时的人称作"人中师子"。佛驮跋陀罗曾就学于佛陀斯那门下，来华后译出《达摩多罗禅经》2卷。北凉河西王从弟安阳侯沮渠京声在于阗（今中国新疆和田）衢摩帝大寺，向佛陀斯那学习禅法。沮渠京声将其所诵禅经译出，即《禅要秘密治病经》(又称《治禅病秘要法》)。

《禅要秘密治病经》为两卷本，涉及"治阿练若乱心病七十二种法"、"治噎法"、"治行者贪淫患法"、"治利养疮法"、"治犯戒法"、"治乐音乐法"、"治好歌呗偈赞法"、"治水大猛盛因是得下"、"治因火大头痛眼痛耳聋法"、"治入地三昧见不祥事惊怖失心法"、"治风大法"、"初学坐者鬼魅所著种种不安不能得定治之法"等内容，主要针对修习禅法过程中出现的种种身心不适的乱象，加以调整和医治。近有学者认为此经是中土所造，尚未成定论。

（陈明）

Fotuoyeshe

佛陀耶舍 Buddhayaśas（约活动于四五世纪） 印度来华僧人，译经家。较早译介律藏的代表人物之一。又称佛驮耶舍，意译觉明。

据《高僧传》卷二、《出三藏记集》卷十四等，佛陀耶舍为罽宾人，属婆罗门种姓，世代崇信婆罗门教。有传说称，他的父亲曾因让人殴打一位前来乞讨的

佛陀耶舍讲法图

沙门而罹患手足痉挛症，结果不得不恳请沙门原谅，竭诚忏悔后，始得痊愈。于是他改宗佛教，并让13岁的佛陀耶舍作为弟子，随其出家。佛陀耶舍聪敏过人，19岁时已能诵大小乘经典数百万言。然而由于恃才傲物，常说无人可师，故不为众僧所敬，多年只是沙弥身份。后又跟随舅父学习有关声明、工巧明、医方明、因明（见因明学）、内明的五明论，以及各种法术，到27岁终于受具足戒。此后他手不释卷，专精读诵，或静坐考虑，深思教义，不肯虚度片时。后游化到沙勒国（今中国新疆喀什一带），被太子留在宫内供养，待遇甚隆。不久鸠摩罗什随母路过此地，留住一年，向他学习《阿毗昙八犍度论》和《十诵律》等。

鸠摩罗什初入关时，即在姑臧（今中国甘肃武威）驰书邀耶舍同往中原。佛陀耶舍时在龟兹，因受当地人阻留，一年后才与弟子乔装潜行，但到达姑臧时鸠摩罗什已入长安。鸠摩罗什力劝后秦文桓帝姚兴迎请，称弘宣佛法应该文义圆通，而自己仅能诵其文却未谙其理，唯有请洞晓幽微的佛陀耶舍前来，才能使所译经典无所错漏，取信千载。姚兴随即遣使敦请，待佛陀耶舍到达时（408），更亲自出迎问候，然后安排他住在逍遥园特为他新建的庭院。此前鸠摩罗什正拟翻译《十住经》，由于尚有疑难，尽管原本在手，还是犹豫再三，未敢轻动。佛陀耶舍来后，参与译事。译文每经反复探讨，必待辞理通达，方才写定，译场三千僧俗，无不叹其精当。佛陀耶舍能诵《四分律》，有人请他翻译出来。姚兴担心他记忆有误，便示以羌医药方约五万言，让他默记。两天后再行背诵，竟然不误一字，大家才承认他记忆力非凡。他在后秦弘始十二年至十五年（410～413）译出《四分律》、《四分律比丘戒本》、《长阿含经》等，由竺佛念转为汉语，道含笔受。不久，耶舍返回本国，在罽宾获得《虚空藏菩萨神咒经》1卷，委托商客捎回中原。佛陀耶舍善解毗婆沙，被时人称作赤髭毗婆沙；又因是鸠摩罗什之师，故又有大毗婆沙之称。

（葛维钧）

foxing

佛性 buddhatva 佛教教义中的重要概念，指众生所具有的觉悟之性或成佛的可能性。佛典中也常使用如来藏、如、法性等来表达佛性概念。

佛性一词在印度出现的最早时间很难判定，但可以确定的是，在小乘佛教中此概念已出现，在一些佛教文献中有相关材料。早期佛教中一般不讨论它，因为在早期佛教时期，通常认为除**释迦牟尼**等极少数人能成佛外，普通的修行者最多只能达到阿罗汉的果位。因而佛性一词一般是不出现在早期佛教文献中的。

但也不能说早期佛教完全没有佛性的观念，可以说早期佛教中有形成佛性观念的一些理论基础。特别是早期佛教中的种姓平等理论中就包含着一些后来佛性观念产生的思想因素。这在一些主要阐明早期佛教思想的经典中有表现。如《**长阿含经**》卷第六中说："汝今当知，今我弟子，种姓不同，所出各异，于我法中出家修道，若有人问：汝谁种姓？当答彼言：我是沙门释种子也。"这里提到的"释种子"就多少表现出了些佛性的意味。因为佛教修行者可以是"所出各异"，但却都是"释种子"。这就等于说出家人身上都有某种佛教修习所需的共同的东西。这东西当时虽未称为"佛性"，但却为后来佛性观念的出现提供了一些思想材料或理论初阶。

小乘佛教中虽然不强调佛性，但不少派别或经典中却论及了"心性本净"或"自性清净心"。这与佛性观念尽管不完全是一回事，却也有很大关联。可以说"心性"或"自性"的观念是"佛性"观念形成的一个基础。《舍利弗阿毗昙论》卷第二十七中曾提到"心性清净，为客尘染"。在小乘佛教中，许多人极为关心修佛道之人如何达到修道目的和修道成功的可能性问题。虽然主要谈的是心性问题，但不久就过渡到了佛性问题上。因为论证"心性本净"观点的论据能很容易地被用来论证一切众生都有佛性的观点。另外，佛性观念说到底也是要探讨人的一种本性的问题，而所谓"心性"在实质上讲的也是人的一种本性。二者探讨的都是修习佛教者这种人

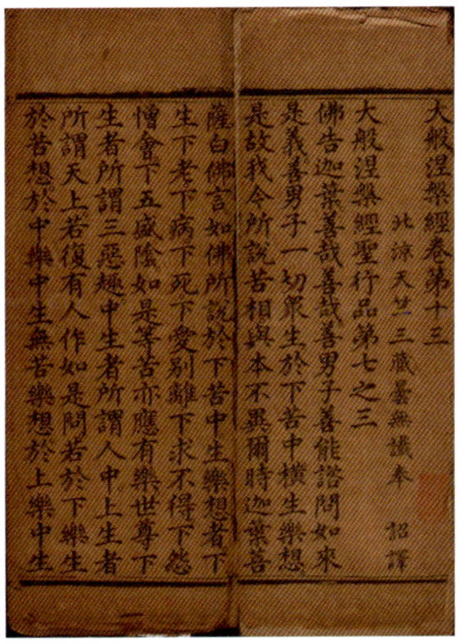
大般涅槃經卷第十三
北涼天竺三藏曇無讖奉　詔譯
大般涅槃經聖行品第七之三
佛告迦葉善哉善哉善男子善能諮問如來
是義善男子一切衆生於下苦中横生樂想
是故我今所說苦相與本不異爾時迦葉菩
薩白佛言如佛所說於下苦中生樂想者下
生下老下病下死下愛別離下求不得下怨
憎會下五盛陰如是等苦亦應有樂世尊下
生者所謂三惡趣中生者所謂人中上生者
所謂天上若復有人作如是問若於下樂生
於苦想於中樂中生無苦樂想於上樂中生

《大般涅槃经》书影

的一种本性，因而是相通或相关的。小乘佛教中的心性问题的讨论对佛性观念的形成起了促进作用。

小乘佛教中不仅讲"心性"，也直接论及"佛性"一词。如天亲在《佛性论》中对小乘佛教直接的佛性观念就有论述，该论卷第一中说："小乘诸部，解执不同。若依分别部说，一切凡圣众生，并以空为其本。所以凡圣众生，皆从空出故，空是佛性。佛性者，即大涅槃。若依毗昙萨婆多等诸部说者，则一切众生，无有性得佛性，但有修得佛性。"依据这一文献的记述，小乘分别部认为"空是佛性"，而有部等则认为众生只有"修得佛性"。但在实际上，佛教不同文献中关于佛性有多种说法。而在佛教的发展中，佛性观念的主要论述者或发展者，还是大乘佛教。

印度大乘佛教的不少经论都论述佛性问题，但较突出地讲佛性的则是《**胜鬘经**》、《大般涅槃经》、《佛性论》、《入楞伽经》、《**佛地经论**》等。

《胜鬘经》中的佛性思想主要表现在该论中重点论述的"如来藏"观念上。所谓如来藏主要指佛性或成佛的可能性，它是众生的自性清净心，是被众生的贪、瞋、痴等烦恼所遮覆的法身或佛性。《胜鬘经》(《胜鬘师子吼一乘大方便方广经》)中说："如来藏者，是法界藏、法身藏、出世间上上藏、自性清净藏。此性清净如来藏，而客尘烦恼上烦恼所染，不思议如来境界。"这里论述的如来藏涉及佛教中的不少重要观念，但其表明的主要思想还是"心性本净"、"佛性本有"。该经把先前佛教中关于"心性"的理论吸收到如来藏思想中，力图表明：众生的心是本净的，只是由于有"客尘"，才被染污，去掉染污，即可解脱。因而，一切众生都具有如来藏，均有成佛的可能或潜力。一般人的清净心性或佛性只是由于被烦恼或客尘所遮覆，才不显示出来。修行者若能去掉烦恼等的遮覆物，若能空掉遮覆在如来藏上的烦恼或客尘，看到如来藏上的空性智慧，就可以看到人的清净心或佛性，可以觉悟成佛。《胜鬘经》中还说："生死者依如来藏。……世间言说故有死有生。死者，谓根坏；生者，新诸根起。非如来藏有生死。如来藏者，离有为相。如来藏常住不灭，是故如来藏是依、是持、是建立。"在此经中，如来藏被看成是一切的基础，这实际也就是把佛性看成是众生的存在基础，是一切佛教徒修行成功的基础。《胜鬘经》中的这种佛性思想，为大乘佛教的人人都可成佛的宗教信条提供了重要的理论依据。

《大般涅槃经》是讨论佛性和成佛问题较著名的一部大乘经典。该经的主要部分在吸收改造先前佛教关于佛性理论的基础上论述了众生悉有佛性的观念。北本《大般涅槃经》卷第十中说："譬如金矿，淘炼滓秽，然后消融，成金之后，价值无量。善男子，声闻缘觉菩萨亦尔，皆得成就同一佛性。何以故？除烦恼故，如彼金矿除诸滓秽。以是义故，一切众生，同一佛性，无有差别。"北本《大般涅槃经》中的一些叙述甚至明确提出"一阐提"也能成佛，如该经卷第三十五中说："断善根人有佛性者，是人有如来佛性，亦有后身佛性。是二佛性障未来故，得名为无；毕竟得故，得名为有。"这段文字中提到的"断善根人"即指"一阐提"，文中说的"毕竟得"是指最后能见到佛性，这实际上说的也就是成佛。这种理论后来成为大乘佛教中的一种较流行的理论，在佛教史上占有重要地位。《大般涅槃经》提出的这种众生在有佛性上无差别的理论对提高佛教徒的修行信心，促进佛教发展，起了重要作用。《大般涅槃经》虽然在总体上认为众生有佛性，但关于是否一切人都毫无例外地能成佛的问题，在该经的一些译

本中说得并不完全一样，甚至在北本《大般涅槃经》中也有前后叙述不一的现象。这主要是由于组成该经的各部分经文的产生时间并不都相同。不同时期产生的经文反映了不同时期佛教的发展情况或佛教徒在这方面的不同观念。

《佛性论》中提出了佛性种类划分的理论，并论述了人认识佛性的程度或种类的划分，论中说："是佛性中，分别众生，自有三种：一者不证见佛性，名为凡夫；二者能证见佛性，名为圣人；三者证至此理究竟清净，说名如来。"这种理论把对佛性的证见状态与人的身份或地位直接挂钩，表明了证见佛性的重要性。该论还强调了佛性本身的常住不变，认为众生原本都是有佛性的。

但并不是所有大乘经论都认为人人悉有佛性或众生均有成佛可能。除《大般涅槃经》的一些文本或部分中有不同说法外，一些其他的佛教经论中也有不同观念，认为人在是否有佛性或成佛的潜能上是有差别的。

《入楞伽经》中就提出了所谓"五种乘性证法"，该经卷第二中说："我说五种乘性证法，何等为五？一者声闻乘性证法，二者辟支佛乘性证法，三者如来乘性证法，四者不定乘性证法，五者无性证法。"前四种，可以修行达到一定程度的佛教果位，或可达到小乘的解脱境界，或可达到大乘说的佛的境界，或处于二者的不定状态中。但第五种则与前四种完全不同。该经解释说："何者无性乘？谓一阐提。大慧，一阐提者，无涅槃性。何以故？于解脱中不生信心，不入涅槃。"按照此经的说法，就不是人人都有佛性，也就谈不上人人都能成

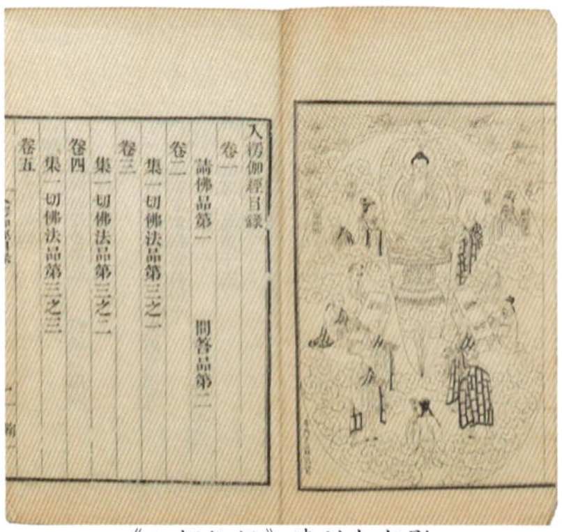

入楞伽經目錄
卷一 請佛品第一 問答品第二
卷二 集一切佛法品第三之一
卷三 集一切佛法品第三之二
卷四 集一切佛法品第三之三
卷五

《入楞伽经》清刻本书影

佛了。

《佛地经论》中也提出了类似的思想。该论（玄奘译本）卷第二中说："无始时来一切有情有五种性：一声闻种性，二独觉种性，三如来种性，四不定种性，五无有出世功德种性。""第五种性，无有出世功德因故，毕竟无有得灭度期。"这段话清楚地论述了"五性各别"的理论，认为第五种种性，是不能涅槃成佛的。

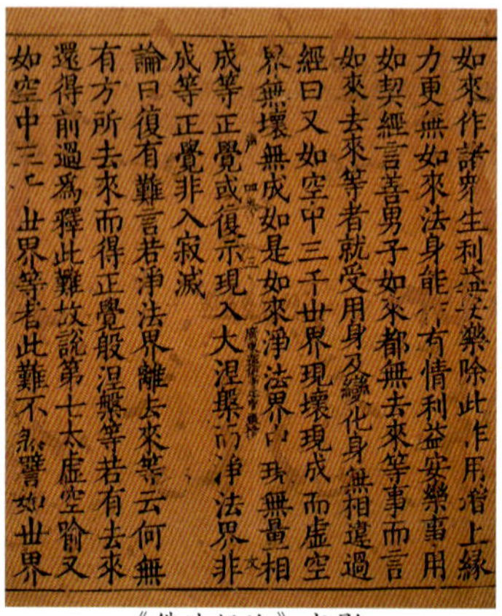

如來作諸衆生利益安樂除此作用增上緣
力更無如來法身能為有情利益安樂事用
如契經言善男子如來都無去來等事而言
如來去來等者就受用身及變化身無相違過
經曰又如空中三千世界現壞現成而虛空
界無壞無成如是如來淨法界中現無量相
成等正覺或復示現入大涅槃而淨法界非
成等正覺非入寂滅
論曰復有難言若淨法界離去來等云何無
有方所去來而得正覺般涅槃等若有去來
還得前過為釋此難故說第七太虛空喻又
如空中三千世界等者此難不爾譬如世界

《佛地经论》书影

与上述两佛典观点类似的文献还有不少。但总的来说，在佛教经论中，关于众生都有佛性，均可成佛的理论，在后来的佛教发展中逐渐成为主流。

印度的佛性理论也传入中国，引起中国佛教界或思想界的关注，甚至争论。佛性观念在中国引起人们注意，最初是在东晋南北朝时期。它与一些经论的翻译直接相关。印度的《大般涅槃经》较多论及了佛性问题。这类经典译成汉语直接在中国引进了佛性观念。在中国，较早译出的是六卷本的《泥洹经》，该经的译者之一是**佛驮跋陀罗**。但东晋名僧**慧远**在六卷本的《泥洹经》译出前曾写过《法性论》，只是该论没有流传下来。

在中国佛教史上，最初以讨论佛性问题而著称的人是竺道生。竺道生对当时已译出的六卷本《泥洹经》作了细致研究，对其中涉及的佛性观念极为关注，在研究了经文后得出了一阐提也有佛性的结论。这在当时引起了人们的非难，他甚至因此被逐出建康的佛教僧团。但后来**昙无谶**译的北本《大般涅槃经》传到建康后，人们对竺道生的看法改变了。因为昙无谶译本虽然存在前后论述不一致的问题，但却有明确认为一阐提有佛性之处。

在南北朝时期，中国出现了许多佛教的"师说"或"学派"。许多人对佛性问题也很关心，其中较突出的是地论师和摄论师。

地论师分为"南北二道"，他们在佛性问题上的看法不一致，争论的焦点是所谓"当常"和"现常"问题（"常"指涅槃，也就是佛性，因为涅槃有"常"的性质）。北道地论师主张"当常"说，认为众生的佛性不是一开始就有的，而是要当将来修成佛果时才有。南道地论师则主要持"现常"说，认为佛性是本来就有的。不过，南道地论师的关于佛性是"当常"还是"现常"的观念后来也有改变，有些人也主张"当常"说。

摄论师的佛性观念接近北道地论师。他们的这方面理论与其对"识"的分析紧密相关。摄论师认为，第八识阿赖耶识主要是一种妄识，但这一识中有"染"的部分，也有"净"的部分。通过修行，阿赖耶识中的"净"的部分可以发展，对治其中的"染"的部分。由"净"的部分证入第九识——"阿摩罗识"（无垢识），这时也就成佛了。因而，佛性最开始应该是存在于染净都有的第八识中，后来第九识中才只有纯净的佛性。

中国佛教宗派形成后，对佛性问题也较重视，如**天台宗**、三论宗、华严宗、慈恩宗、密宗、净土宗、禅宗等都有这方面的理论。中国佛教宗派的佛性理论通常是在吸收改造印度佛教有关经论一些思想的过程中提出的。

中国佛教中影响最大的禅宗理论与佛性观念有很大的联系。禅宗的支派众多，发展时间长，情况复杂，但禅宗中的主要代表人物都很关注佛性问题。他们多承认人人有觉悟的可能，佛性在人们自己心中，主张人要在日常生活中，在自身中彻见佛性，求得解脱。

（姚卫群）

Foyi Jing

《佛医经》 *Buddhist Medicine Sutra* 印度古代讲述医学知识的佛经。全称《佛说佛医经》(T793)，又称《佛医王经》、《佛说医经》等。共1卷。译者为中国

三国时期入吴的天竺沙门竺律炎、月氏沙门支越。该经对中国古代医学理论有过影响。

《佛医经》的内容比较简略，宝唱、智昇等古代的佛教目录学者认为，该经不是一部完整的佛经，而是从篇幅比较大的某部佛经中摘译而成，属“略出”类佛经。《佛医经》主要从佛教义理的角度，阐述印度古代佛教医学的基本理论，其中包括了四大（地、水、火、风）不调、四百四病、四季的疾病与饮食、得病十因缘、寿命横尽九因缘、四种饭、不食肉六因缘、食多五罪、诸种苦痛等学说，体现了印度原始佛教对身心保健与疾病防护的基本看法。该经认为，人体是由地、水、火、风4种元素和合而成，四大元素失去平衡，人体就会生病，而季节变化，饮食失节，不良的心理状态和生活习惯，通过四大元素的消长而使人体内在机制失衡，导致疾病。该经的核心理论四大不调、四百四病等学说，对中国古代的生命医疗观有一定的影响。有学者认为，《佛医经》中含有阴阳五行、道教养生的内容，是抄袭道教的伪经。这一观点是不准确的。

（陈明）

Fozu Lidai Tongzai

《佛祖历代通载》 中国佛教典籍。元代高僧念常所撰。是以祖琇《隆兴编年通论》（简称《通论》）为基础，增删修治而成的编年体佛教史书。略称《佛祖通载》或《通载》。收于《大正藏》第2036号。

《佛祖历代通载》上起远古，下迄元顺帝元统元年（1333），共22卷（或作36卷），成于至正元年（1341）。全书内容为：卷一，《七佛偈》和《彰所知论》之“器世间品”和“情世间品”。前者简叙七佛事迹，后者乃元朝帝师八思巴撰，沙巴罗译，叙述佛教之世界观，并蒙古历史。卷二，叙上古至周康王之简史，与佛教无关。卷三至卷二十二，记周昭王至五代时期汉地佛教之大事，叙及二十八祖，旁及儒道世俗。

据前人比对，《七佛偈》及二十八祖，皆抄自《景德传灯录》；卷四后

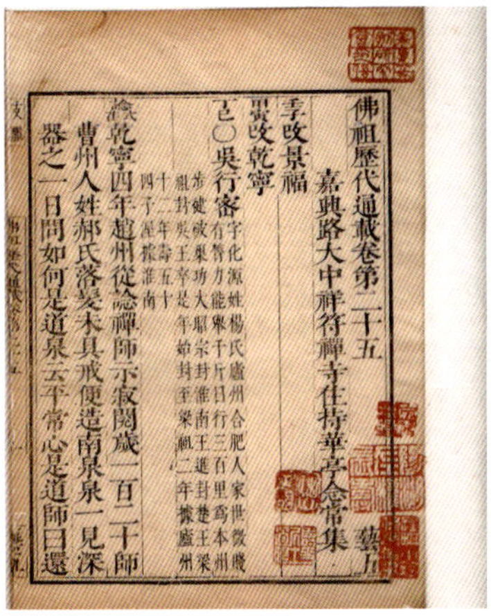
佛祖歷代通載卷第二十五
嘉興路大中祥符禪寺住持華亭念常集
季改景福
季改乾寧
巳○吳行密 字化源姓楊氏廬州合肥人家世微賤 步健有膂力能舉千斤日行三百里爲本州 將破巢功大昭宗封淮南王進封楚王梁 祖封吳王辛是年始封至梁祖二年據盧州 十二年壽五十 四子渥擒淮南
乾寧四年趙州從諗禪師示寂閱歲一百二十師曹州人姓郝氏落髮未具戒便造南泉泉一見深器之一日問如何是道泉云平常心是道師曰還

《佛祖历代通载》清顺治年间刻本书影

部分至卷十七末，抄自《通论》，甚至《通论》中祖琇置于每一朝代之首的“叙”与附在史事之末的“论”，也一并抄录。只有最后5卷，即宋元部分，为念常编撰。

就《佛祖历代通载》对《通论》的抄录来看，虽然内容很多，但也有一些差别，中国学者高振农、陈士强总结为三个方面：①改《通论》中皇帝年号纪年之方式为干支纪年；②调整部分史料的先后顺序；③删节了《通论》的部分内容，并增补了佛、道二教以及政事、怪异等方面的材料。

《佛祖历代通载》由念常本人所编撰的部分价值较高，尤其是元朝部分，因与念常本人生活年代相近，故其内容颇受重视。然其体例则多受批评。陈垣认为，念常自纂部分，“只以甲子二字标题，而不尽著年号及年数，每条起始，多以‘某月’或‘是岁’等字冠之。欲知其事在何年，辄翻数叶或十数叶而未得其确数，此本书之大病也”。

（杨祖荣）

Fozu Tongji

《佛祖统纪》 中国南宋纪传体佛教史著。高僧志磐编撰。54卷，今本缺第19、20两卷。收于《大正藏》第2035号。该书是纪传体佛教史著，并不限于天台一宗。全书共分本纪、世家、列传、表、志五科，每科下分子目，科与子目下有“序曰”，叙述撰意。另外，该书卷首有《序》和《通例》等，正文间夹有小注，专传末附有赞和论。

志磐乃天台宗僧，在其撰《佛祖统纪》前，天台一宗之史传已有数本，主要为余姚释景迁（字镜庵）所撰《宗源录》，以及钱塘良渚释宗鉴对娄女吴克己撰《释门正统》之扩充本。然而志磐认为此两者皆有所失，于是并取二家，旁采儒释道各类典籍，且删且补，自宝祐六年（1258）着笔，至咸淳五年（1269）八月，凡阅十年，五誊其稿，最终完成《佛祖统纪》一书。而后又请法照等五人校正，方才定稿，于咸淳七年付印刊行。

《佛祖统纪》具体结构如下：①本纪（卷一至八），下分《释迦牟尼佛本纪》4卷、《西土二十四祖纪》1卷、《东土九祖纪》2卷、《兴道下八祖纪》1卷。②世家（卷九、十），下分南岳、智者大师、章安、天宫、左溪、荆溪、兴道、至行、正定、妙说、高论、净光和宝云等十三旁出世家。③列传（卷十一至二十二），下分《诸师列传》9卷、《诸师杂传》1卷、《未详承嗣传》1卷。④表（卷二十三、二十四），下分《历代传教表》1卷、《佛祖世系表》1卷。⑤志（卷二十五至五十四），下分为九志，即《山家教典志》1卷、《净土立教志》3卷、《诸宗立教志》1卷、

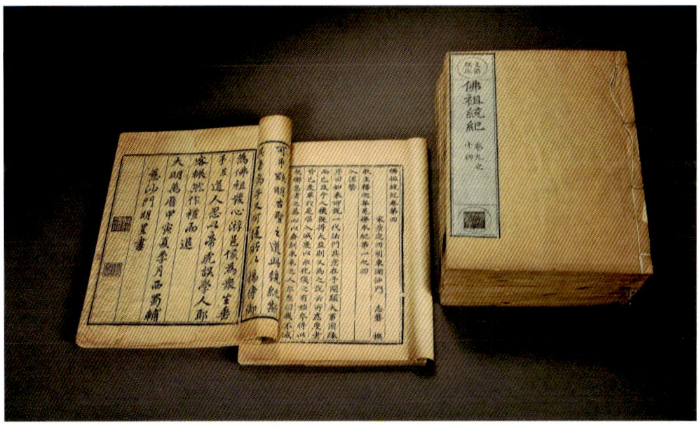

《佛祖统纪》书影

《三世出兴志》1卷、《世界名体志》2卷、《法门光显志》1卷、《法运通塞志》15卷、《名文光教志》2卷、《历代会要志》4卷。

《佛祖统纪》的征引非常广泛。据中国学者陈士强统计，引佛教经律论和僧传集记有72种，天台宗教典21种，天台宗以外佛教文述24种，儒家著作42种，道教经典20种。该书囊括了南宋末年以前整个佛教发展及各宗人物之史事。其中，所收天台宗内容远比《释门正统》等天台宗史传更为丰富，所收“志”涵盖诸宗，所收“释迦牟尼佛本纪”则为一部完整的编年体佛传。此外，志磐在论述中兼采诸种文体，交错应用，并以论、述、赞、注等方式评议或诠释，颇有特点。该书也有一些不足，主要体现在前后矛盾、部分史实有误等。

（杨祖荣）

Fulousha

弗楼沙 Puruṣapura 印度西北古城名。中国僧人西行求法常经此地。又译富楼沙、布路沙布逻、富留沙富逻、富娄沙富罗等，意译丈夫城。

菩萨像 片岩雕刻
藏巴基斯坦白沙瓦博物馆

据考证，弗楼沙故地在今巴基斯坦北部城市白沙瓦西北，为古代犍陀罗国都城和一大商城。贵霜王朝崇尚佛教的迦腻色迦王曾徙都于此，在该城建有大塔。作为当时重要的佛教文化中心，该地亦以佛钵和毕钵罗树（即菩提树）等著称于世。东晋元兴元年（402），法显赴此地时，佛教尚属昌盛。他在《佛国记》中记述了当地有关佛钵的传说，以及所见佛钵的形制及其神奇之处：“……可容二斗许，杂色而黑多，四际分明，厚可二分，甚光泽。贫人以少华投中便满。有大富者，欲以多华而供养，正复百千万斛，终不能满。”同时来此的还有宝云、僧景等。他们在供养佛钵后便返回了中土。北魏使者宋云亦曾来此访问。唐代高僧玄奘到达时，此地已呈荒废景象，“(健驮逻）国大都城号布路沙布逻，周四十余里。……邑里空荒，居人稀少，宫城一隅有千余户”。关于佛钵的情况，他说：“王城内东北有一故基，昔佛钵之宝台也。如来涅槃之后，钵流此国，式遵供养，流转诸国……”毕钵罗树则在“城外东南八九里……高百余尺，枝叶扶疏，荫影蒙密”。他也见到了迦腻色迦大塔，叙述了建塔缘由和有关传说。此外，弗楼沙还是印度大乘佛教瑜伽行派创始人无著和世亲兄弟的故乡。

（葛维钧）

释迦牟尼涅槃雕像 现藏巴基斯坦白沙瓦博物馆

Furuoduoluo

弗若多罗 Puṇyatāra（？～404） 罽宾来华僧人，译经家。又译不若多罗，意译功德华。

据《高僧传》卷二，弗若多罗为罽宾人，幼年出家，以守戒严谨著称，学问则备通三藏，尤其精于《十诵律》，为该律的传持祖师之一。时人认为他已证得正果。后秦弘始年间（399～415）来到关中，文桓帝姚兴待以上宾之礼。鸠摩罗什慕其戒范，也深表敬服。此前汉地很少有律藏传扬，故时人对于此有所专擅的弗若多罗充满期望。弘始六年十月，弗若多罗在长安中寺应邀面对来自四方的数百学僧诵出《十诵律》梵本，由鸠摩罗什译成汉文。不料译到三分之二时，弗若多罗病倒，随后去世。众人悲憾，一时伤痛不已。后精通律藏的昙摩流支于弘始七年来到长安，携有梵本，遂与鸠摩罗什共同译完。然而未及删订，鸠摩罗什亦复去世。弘始八年，卑摩罗叉入关，他于寿春（今安徽寿县）石涧寺补译《善诵毗尼序》，置于前译之后，成为现在所见的《十诵律》全本。

（葛维钧）

Funan Ji

《扶南记》 中国古代记述南海地理的书籍。又称《竺枝扶南记》。成书于南北朝刘宋（420～479）时期。作者竺枝，生平不详。《隋书·经籍志》未著录。今佚，部分佚文散见于《水经注》、《太平御览》

等书。竺枝曾到访扶南（位于今中南半岛南部），撰成《扶南记》，记载了扶南及南海地区一些国家的地理情况。对研究古代南海地理历史有一定价值。

（张然）

Funan Zhuan

《扶南传》 中国古代记述南海岛国、东南亚、南亚地理的书籍。作者康泰，三国时东吴（229~280）人。康泰事迹见于《梁书·海南诸国传》。孙权曾遣康泰、朱应出使扶南（位于今中南半岛南部）。康泰据见闻著《吴时外国传》及《扶南传》二书，记载了扶南及东南亚、南亚数十个地方的情况。据所载内容，有观点认为《吴时外国传》和《扶南传》实为一书，在流传过程中由于一些原因而被后人误传。《扶南传》已佚，不见于《隋书·经籍志》，部分佚文散见于《水经注》、《艺文类聚》、《太平御览》诸书。该书为后世研究南海岛国、东南亚以及南亚国家情况提供了宝贵资料。

（张然）

Fulinjipo

拂菻罽婆（生卒年不详）古代印度罽宾国国王。739~745在位。据《旧唐书》卷一九八《西戎传》，其父乌散特勒洒由唐玄宗李隆基（712~756年在位）于开元七年（719）册封为罽宾王。开元二十七年，乌散特勒洒“以老”，“上表请以子拂菻罽婆嗣位”，唐玄宗“许之”，遂“降使册命”，使册之文已佚。

（任婧）

Fuyao Zhou

《服药咒》 中国敦煌出土的密教医学抄本。该抄本编号为Φ281，是1914~1915年被奥登堡从敦煌带走的敦煌文献之一，现藏俄罗斯科学院东方研究所圣彼得堡分所。Φ281并不完整，首残尾全，共存125行，最后的两行为一首五言诗，与医学内容无关。《服药咒》描述了师子形、虾蟇形、龙形、人形、封牛形、羖羊形、金翅鸟形、马形、象形、龟形、虎形等11种形状的药物，并有详细的服药时所用咒语。这些咒语以及残卷中的“伽罗羯你：女妇”、“那罗延力：如九百白象力”、“拔塞建那：半那罗延力”

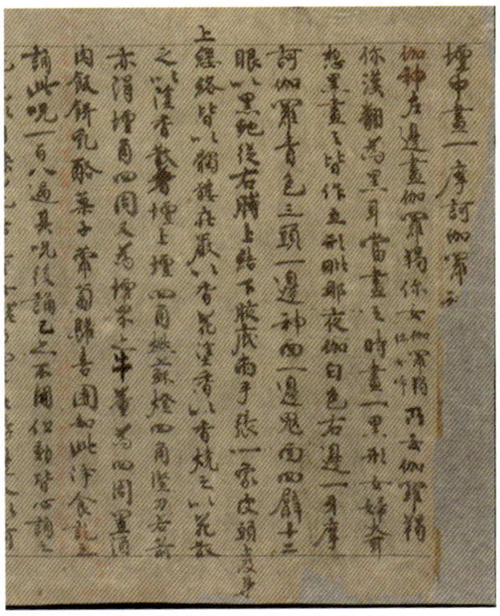

《服药咒》敦煌写本书影

等数个夹注，都表明该残卷是一种翻译文本。《服药咒》中不仅有神像、仪轨、较为多样的咒语，还有简要的药方，并特别列举了这些药方所存在的神奇与超能的效用。《服药咒》中的药物有“羯耻那牛酥”、“的德稽说牛酥”、“莫诃的德牛酥”、“姪预馱牛酥”，以及羖羊乳、水牛乳、讫野那牛酥、羊酥、羯野那牛酥等药物，主要是牛羊的乳制品之类，是比较典型的印度生命吠陀医学的配药方式，与中医有相当大的差异。这说明该卷子不可能是中土学者的作品，而是典型的印度密教的文本。该抄本是印度密教医学文献的翻译，大约抄写于五代宋初之际，反映了当时印度密教医学在西域地区的流传情形。

（陈明）

Futuobamo

浮陀跋摩 Buddhavarman（约活动于5世纪）西域僧人，译经家。意译觉铠。据《高僧传》卷三等，浮陀跋摩为西域人，自幼聪悟出群，慎守操行，遍习三藏，尤其精于《阿毗昙毗婆沙论》，视之为核心要义。南朝宋元嘉年间（424~453）来到凉州（治所在今甘肃武威）。沙门道泰曾自葱岭附近获得梵本《阿毗昙毗婆沙论》十余万偈，返回姑臧，虚心等待合适译师，知道精通该论的浮陀跋摩来后，遂请他加以翻译。元嘉十四年四月，浮陀跋摩于凉州城内闲豫宫开始翻译，道泰笔受，沙门慧嵩、道朗与义学僧等300余人考证文义。元嘉十六年七月译毕，得100卷。不久，北魏西伐姑臧（今甘肃武威），凉州大乱，经书等物惨遭火焚，所译零落，亡佚殆尽。因当初凉王曾经抄出60卷，传至南朝，幸得保存，后由僧人道挺为之作序，流传至今。浮陀跋摩本人逃难西行，后不知所终。

（葛维钧）

Futian Jiuxing Suanfa

《符天九星算法》 中国古代天文历算类书籍。据《新五代史·司天考》记载：“唐建中时，术者曹士蔿始变古法，以显庆五年为上元，雨水为岁首，号符天历。然世谓之小历，只行于民间。”曹士蔿的《符天历》吸收印度历法，改变中国古法，在中国历法体系中很有特色。虽然官方不重视，但《符天历》借由佛教的传播，成为唐末五代民间流行的历法，甚至传入日本，一直使用到10世纪。

《宋史·艺文志》有“《符天九星算法》一卷”的著录，数学史专家陈久金认为此记载可以证明唐元和（806~820）以后的历官已开始研究曹士蔿的《符天历》。

（周利群）

Futian Li

《符天历》 *Futian Calendar* 中国古代历法。行用于唐宋之际民间，为活动

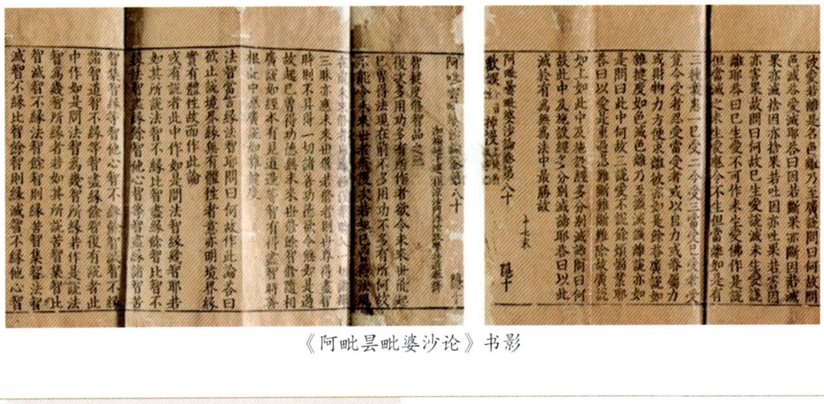

《阿毗昙毗婆沙论》书影

于唐建中至元和年间（780～820）的天文学家曹士蒍所撰，是一种印度历术的中国改编本。原书已佚，全豹难窥。

曹士蒍，祖上可能为中亚月氏人，唐时归附并流居长安。除《符天历》外，据称他另著有《七曜符天历》、《罗计二隐曜立成历》、《符天通真立成法》和《天文秘诀》等，今皆佚。

据《新五代史·司天考》记载："唐建中时，术者曹士蒍始变古法，以显庆五年为上元，雨水为岁首，号《符天历》。然世谓之小历，只行于民间。"使用近距历元、以雨水为岁首等历法特征都符合传入中土之印度历法中的做法。《符天历》被一些历法家贬之为小历，只行于民间，但它与西方传入的星命术一起配合使用，逐渐产生了影响。如五代时历法家马重绩以《符天历》为法，改名《调元历》，获得官方正式颁行。

日本僧人日延于953年到吴越国司天台学习《符天历》，并将其传入日本。《符天历》在日本与唐《宣明历》长期相参使用，并在日本留下了较多记录。近代以来，在日本天理图书馆收藏的《天文秘书》中发现了《符天历》残篇《符天历经日躔差立成》的抄本，这份用于计算太阳位置的立成表证实《符天历》与中国的传统历法不同，正如晁公武《昭德先生郡斋读书志》卷十三就曾指出的《符天历》"本天竺历法"，是印度天文历法影响中国的又一个证据。

（钮卫星　周利群）

Fujian Nan'an Tuoluoni Jingchuang

福建南安陀罗尼经幢　Dharani Sutra Pillar at Nan' an　中国佛教经幢。位于福建省南安市丰州镇莲花峰桃源宫（又称唐王宫）内。建于北宋天圣三年（1025），为南安葛姓夫妇为追荐父母而建。幢高7米，基座为八角形须弥座，雕有侏儒力士和重翼羽状飞天。幢身为七级八棱柱。第一级雕有双龙戏珠，活泼生动；第二、三级刻有浮雕佛像，姿态各异；第四级分行竖刻唐不空金刚翻译的《佛顶尊胜陀罗尼经》，上额横刻楷书"奉为今上皇帝资崇佛幢一座"12字，字体疏朗端正；第四至六

福建南安陀罗尼经幢

级作挑檐翘角，间饰仰莲；第七级出檐雕飞天，图案精美。幢顶呈葫芦状，指向碧空。

古泉州是佛教文化传入较早且较为集中的地区，有"泉南佛国"之称。南安丰州曾为古泉州的政治、经济、文化中心，佛教遗迹众多。福建南安陀罗尼经幢造型优美，雕刻精致，保存完好，对研究宋代佛教在闽南地区的传布情况及当时石刻艺术等，有重要参考价值。1961年，南安陀罗尼经幢被福建省列为首批省级文物保护单位。

（王汝良）

Fufeituo

副吠陀　Upaveda　印度古代经典类别之一。附属于吠陀本集，讲世俗事务，作为对吠陀圣典的补充。这类经典包括：《阿柔罗吠陀》，意译《生命吠陀》，附属于《阿闼婆吠陀》，讲植物和医药；《乾闼婆吠陀》，附属于《娑摩吠陀》，讲音乐，包括声乐和器乐，也讲舞蹈；《他奴罗吠陀》，附属于《耶柔吠陀》，讲箭术和战争；《私塔波陀耶吠陀》，附属于《阿闼婆吠陀》，讲建筑艺术。

（葛维钧）

Fu Yi

傅奕　Fu Yi（555～639）中国隋唐之际思想家。相州邺（今河北临漳）人。隋朝开皇年间（581～600），任职于汉王杨谅处。杨谅起兵失败后，傅奕迁居扶风。当时李渊任扶风太守，对傅奕隆礼有加。李渊登基后，召拜傅奕为太史丞。后太史令庾俭推荐傅奕代替自己，于是就任太史令。傅奕与庾俭同朝为官，但是傅奕屡次排挤诋毁庾俭，不过庾俭却不怀恨，因此当时人称赞庾俭仁厚而说称傅奕率直。傅奕所奏天文密状，经常中唐高祖李渊下怀，据说李渊所置参旗、井钺等十二军的名号，都是傅奕所定。因对天文历算素有研习，在武德三年（620）傅奕创刻漏新法，为朝廷所用。武德七年，傅奕上《请除释教书》，阐述他以儒道为本的排佛立场。他认为佛教徒"不忠不孝，削发而揖君亲；游手游食，易服以逃租赋"，"布施一钱，希万倍之报；持斋一日，冀百日之粮"，导致很多老百姓不怕朝廷律法，为非作歹，却在狱中礼佛忏悔，希求免罪。人的生死寿夭其实出于自然，而刑德威福由君主掌握。愚妄的佛教徒甚至认为夭寿福德都由佛决定。这样便取代了君主之权，也无视造化之力。从上古羲、农，到汉代，因为没有佛法，所以君明臣忠，国祚长久。后来五胡乱华，施政暴虐，国祚短暂，都是因为佛教致灾。他宣称："褒姒一女，妖惑幽王，尚致亡国；况天下僧尼，数盈十万……迷惑万姓者乎！"后来又上疏11封，言辞颇为切直。唐高祖下令百官详议，只有太仆卿张道源称傅奕所奏合理。中书令萧瑀与傅奕争论："佛，圣人也。奕为此议，非圣人者无法，请置严刑。"当时唐高祖已决定听从傅奕的进言，因为玄武门之变发生而作罢。唐太宗颇信奉佛教，曾对傅奕说："佛道玄妙，圣迹可师，且报应显然，屡有征验，卿独不悟其理，何也？"贞观十三年（639）卒。临终告诫儿子说："老、庄玄一之篇，周、孔《六经》之说，是为名教，汝宜习之。"据说傅奕平生生病，从未请医服药。而他虽然研究阴阳术数之书，却并不相信。自为墓志曰："傅奕，青山白云人也。因酒醉死，呜呼哀哉！"傅奕著作有《老子注》2卷、《老子音义》以及《高识传》10卷。

（江巨浪）

Fulanna Jiaye

富兰那·迦叶　Pūraṇa Kassapa（约活动于前6世纪）印度古代沙门思潮中人

六师外道谤佛不孝图（局部） 中国重庆大足宝顶山摩崖造像

物，六师之一。亦译不兰那·迦叶。相传为一奴隶之子，曾与佛陀来往，并有理论交涉，于佛陀成道后第十六年在舍卫城投水而死。在理论上反对婆罗门教等传统宗教派别中的一些理论，提出不同观念。

关于富兰那·迦叶在历史上的活动，文献记载十分简略。《杂阿含经》卷三中记述："富兰那迦叶，外道众主，与五百外道前后围绕，高声嬉戏，论说俗事。"《杂阿含经》卷五中记述："富兰那迦叶为大众主，五百弟子前后围绕，其中有极聪慧者，有钝根者。及其命终，悉不记说其所往生处。"

富兰那·迦叶在理论上否定善恶报应之说。他认为，人如果做坏事并不生恶（无恶报），人如果做好事也不生善（无善报）。如《长阿含经》卷十七中记载，其观点为"杀生、偷盗、淫逸、妄语、窬墙劫夺、放火焚烧、断道……非为恶……于恒水南脔割众生亦无有恶报；于恒水北岸为大施会施一切众利人等利，亦无福报"。富兰那·迦叶的这种理论否定人的行为会产生相应的果报，而且直接导致一种认为道德无足轻重的观念。他还认为众生或有情的存在状态是自然的，没有什么产生这些状态的特别的因或缘。如《杂阿含经》卷三中曾记载，他认为"无因无缘，众生有垢；无因无缘，众生清净"。

富兰那·迦叶的生平情况和观点主要通过佛教经典的记载传入中国。在巴利文《长部·沙门果经》以及汉文《长阿含经》、《杂阿含经》等佛典中都有关于他的记载。中国现代思想界对他有关注。姚卫群曾在《薪火集》(北京大学出版社，2004）一书中发表了论文《佛教阿含类经中记述的"六师"思想》，论述了富兰那·迦叶等外道人物的思想。

（姚卫群）

G

Gadan Songzanlin Si

噶丹松赞林寺 dgav ldan sum rtsen gling 中国藏传佛教格鲁派著名寺院。位于今云南迪庆藏族自治州香格里拉市境内。藏历第十一绕迥土羊年，即清康熙十八年（1679），五世达赖喇嘛·阿旺罗桑嘉措派遣门下高僧弟子在建塘（今香格里拉建塘镇）筹建格鲁派大僧院。寺院是在原孜夏寺遗址上建造，至康熙二十年竣工。五世达赖喇嘛赐名“噶丹松赞林寺”，并命琼杰巴·阿旺南杰担任堪布（住持），负责管理本寺及其属寺宗教事务，初期寺僧约500人。雍正二年（1724），赐名“归化寺”；乾隆年间（1736～1795），钦定寺僧1 226人，最盛时逾越定额。该寺持续得到清朝历代皇帝和云南巡抚的赏赐，得到地方土司和色拉寺、哲蚌寺、甘丹寺拉萨三大寺的扶持，其宗教势力和社会影响范围逐步扩大，至清代末期已成为云南藏族聚居区第一大格鲁派寺院和藏传佛教中心，下属支寺众多。历史上，该寺主要遵循拉萨密宗上院教规，以修持密集金刚等密宗教法、奉行密宗仪轨为主；其僧众习惯赴拉萨三大寺院的颇康系求学深造。

（尕藏加）

噶丹松赞林寺

Gajupai

噶举派 bkav brgyud pa 藏传佛教主要宗派之一。其法脉源于印度佛教大成就者帝洛巴、那若巴和弥勒巴传承。玛尔巴·却吉洛哲和琼波南觉等藏族高僧曾多次赴印度，在那若巴和弥勒巴门下求法学经，返乡后传法并创立宗派。

噶举派支系繁多，初有香巴噶举派和达布噶举派两系，前者渐渐衰微，后者则兴隆发达，并逐渐衍生出四大支系：噶玛噶举、蔡巴噶举、拔绒噶举和帕主噶举。至清代，蔡巴噶举派和拔绒噶举派相继衰落。近代以来，噶举派传入不丹、尼泊尔和印度，并在这些国家建立寺院，发展僧团。

①噶玛噶举派。由都松钦巴高僧创立。1157年都松钦巴在康区昌都噶玛创建噶玛拉顶寺（又名噶玛丹萨寺），宣讲噶举派的教法仪轨和自己的佛学理论，建立了达布噶举派中第一个独立门户的派别，并以寺名称其宗派，故产生噶玛噶举派之称谓。藏历第三绕迥土鸡年（1189），都松钦巴又在前藏堆龙德庆建造楚普寺，于是形成上下两座祖寺。后来楚普寺不断扩建，成为噶玛噶举派的祖庭。

噶玛噶举派是藏传佛教中第一个建立活佛转世制度的宗派，先后产生过几大活佛转世系统，主要有黑帽系活佛和红帽系活佛两大世系，这两大世系在藏传佛教信徒中有较大的影响。

近代以来，噶玛噶举派传入印度等地区，并建立寺院。

②蔡巴噶举派。由达布拉杰再传大弟子香蔡巴·尊珠札（1123～1194）创立。香蔡巴·尊珠札，原名达玛，又名喇嘛香。“香”是家族姓氏。出生于西藏拉萨吉雪（今蔡巴主村），父亲是一位专修密宗的居士。受父亲的影响，9岁开始学习显密经论，后游历多康等地。26岁受比丘戒，取法名为尊珠札。1153年，拜达布拉杰的侄子和弟子冈波巴·慈臣宁布为师，专修大手印等达布噶举派密法。1175年，得到吐蕃贵族后裔噶尔家族（噶尔·嘉威炯奈）的支持，在拉萨附近的蔡公堂创建蔡巴寺，授徒传教，遂形成蔡巴噶举派。1187年，又在蔡巴寺附近建造蔡公堂寺，此寺与蔡巴寺一起成为蔡巴噶举派的主寺。

1268年，蔡巴寺住持桑杰欧珠被元朝皇帝封为蔡巴万户长，蔡巴噶举派遂成为前藏一带政教合一的重要宗派之一。后来格鲁派兴起，将蔡巴寺和蔡公堂寺改为格鲁派寺院，蔡巴噶举派遂融入格鲁派。

③拔绒噶举派。由达布拉杰的大弟子达玛旺久（约12世纪中叶）创立。他在后藏昂仁地区建造了一座寺院，命名为拔绒寺。达玛旺久就以此寺为传教中心，广收门徒，主要传授密宗大手印法和显宗大手印法，遂自成一系，取名拔绒噶举派。他去世后，拔绒寺住持由其家族成员世系相承，但拔绒噶举派随着家族内部的不断纷争而渐归衰绝，仅在多康地区尚有几座寺院传承拔绒噶举派的教法仪轨。

④帕主噶举派。创始人是达布拉杰的四大弟子之一帕莫主巴。他的家世和族系，史书中有各种说法。后世的帕主噶举派与朗氏家族相结合，使得政教双方都兴隆发达。元末，建立了政教合一的帕主第悉政权，成为萨迦派之后又一个掌控西藏地方政权的宗派。

帕主噶举派又是噶举派四大支系中对当时社会影响最大的一个宗派，在其内部衍生了相对独立的8个分支宗派：智贡噶举、达隆噶举、周巴噶举、雅桑噶举、绰浦噶举、秀赛噶举、耶巴噶举和玛仓噶举，其徒众遍布整个藏族地区。

中国西藏堆龙德庆楚普寺

智贡噶举派，由觉巴·久丹贡布创立。觉巴·久丹贡布出生在西康丹玛地区（在今四川甘孜境内）。成年后在智贡主持一座小寺庙。1179年他大兴土木，扩建小庙，取名智贡提寺。仁钦贝在此讲授独具特色的显密教法，使智贡提寺成为一座拥有众多弟子的大僧院，遂成为一支新兴宗派。该派在近代就已传入克什米尔等地，建立了智贡噶举派寺院，在信众中有一定的影响。

达隆噶举派，由帕莫主巴大弟子达隆塘巴·札西贝创立。他师从帕莫主巴修习帕主噶举派教法，1180年在达隆创建了一座寺院，取名达隆寺，并在此招收学僧，传授佛法，整肃教戒。此举成效显著，僧众剧增，遂形成达隆噶举派。后来达隆塘巴·札西贝的再传弟子桑杰威（1251～1294）赴西康传法，在类乌齐创建类乌齐寺。达隆噶举派有上下两大主寺：达隆寺为上部主寺，称雅塘寺；类乌齐寺为下部主寺，称玛塘寺。两座寺院常住僧众通常保持在3 000～4 000名。

周巴噶举派，创始人是帕莫主巴的大弟子林热·班玛多杰。他出生在西藏娘堆，幼时学医；17岁出家，系统学习了显密教法，以精通咒术著名；38岁赴丹萨替寺拜帕莫主巴为师，专门修习密法。之后，他周游藏族地区，为当地豪门显达讲经说法。晚年在那浦寺收徒传授亲自修证体验的密法，为建立周巴噶举派打下了教理基础。其弟子藏巴嘉热·益西多杰最初在拉萨附近建隆多寺，后又在热隆建热隆寺，在拉萨曲水建周寺。至此，周巴噶举派正式形成。周巴噶举派很早就传入不丹王国，不丹国内周巴噶举派寺院林立，信徒众多。

雅桑噶举派，起源于格丹·益西僧格（?～1207）时期，正式创宗于却莫朗（1169～1233）时期。格丹·益西僧格是帕莫主巴的弟子。他创建索热寺，收徒传法；其弟子却莫朗继承法嗣，1206年在山南雅桑创建雅桑寺，建立宗派，命名为雅桑噶举派。该派与当地世俗势力联合，影响很大，被蒙古首领授予雅桑万户封号。

绰浦噶举派，由仁布切杰查（1118～1195）和贡丹热巴（1148～1217）兄弟创立，至14世纪中叶，该派逐渐趋衰落。

秀赛噶举派，由帕莫主巴的弟子杰贡·慈臣僧格（1144～1204）创立。他于1152年开始师从帕莫主巴学法，1181年在涅浦创建秀赛寺，遂形成宗派，名为秀赛噶举派。该宗派后来渐趋衰落。

中国西藏噶举派寺院

耶巴噶举派，由帕莫主巴的弟子益西孜巴创立。益西孜巴创建耶浦寺，并收徒传法，形成一支小宗派，即耶巴噶举派。其法脉传承延续至今。

玛仓噶举派，由帕莫主巴的弟子喜饶益西（12世纪）创立。喜饶益西生于西康玛雪，生卒年不详。曾赴西藏求法，后返回故乡创建雪寺，住寺僧众达2 000人。后又建夏央寺，培养出众多高僧，由此形成一支宗派。

噶举派除修习大手印法外，还提倡专修那若六法。

（尕藏加）

Gamabaxi

噶玛拔希 Karmapakṣi（1204～1283）

中国藏传佛教转世活佛，噶玛噶举派黑帽系二世噶玛巴活佛。全名噶玛拔希·却吉喇嘛，其中“拔希”系蒙古语，意为“轨范师”。

噶玛拔希出生于康区哲垄丹却秋地方一户贵族家庭，父亲名嘉旺慈察，母亲叫森萨芒吉。相传噶玛拔希出生后不久，由一位来自克什米尔的大师给他取名为却增，意为持法。5岁始识字读书，很快掌握了藏语的读写等基础知识。10岁时已具备诵读一遍佛教经论即可领会的智能或悟性。在前往前藏求法的途中遇见都松钦巴大师的再传弟子邦札巴，被认定为都松钦巴的转世灵童，并灌顶授予教诫，取名却吉喇嘛。噶玛拔希被迎请到楚普寺精心培育，由邦札巴和噶托巴·绛巴本二人任上师，数年后受比丘戒。

1253年，元世祖忽必烈在南征云南大理途中，亲自看到噶玛噶举派在藏族聚居区日益兴隆的形势，遂召请噶玛拔希赴绒域色都（今四川嘉绒地区）相见。1254年会见后，噶玛拔希向忽必烈及其左右侍从传授菩提心仪轨。噶玛拔希婉言谢绝了忽必烈让他长期随侍的要求，而游方蒙古等北方各地传教说法。当他返回西藏后，又接到蒙古大汗蒙哥的诏书，前往和林会见。蒙哥赐给金印、白银等许多贵重物品，赠送一顶金边黑帽。后来这顶黑帽成为噶玛噶举派黑帽系活佛的标志，象征着对真如实性之证悟，世代相传。

噶玛拔希晚年驻锡西藏楚普寺期间，投入大量精力和物力，对楚普寺进行大规模修缮和扩建，新建了许多佛塔和佛像，用金银汁书写藏文大藏经甘珠尔部。他在楚普寺临终时，将噶玛噶举派法位托付给其弟子珠托·邬坚巴，并留下遗嘱："从远方拉堆地方，必出一继承黑帽系法统的人，在他未来临之前，你当作为佛的代理"。遂将金边黑帽戴在邬坚巴头上，旋即示寂。

（尕藏加）

Gamagajupai Heimaoxi Huofo Shixi

噶玛噶举派黑帽系活佛世系 中国藏传佛教活佛转世系统之一。肇始于12世纪。噶玛噶举派祖师都松钦巴圆寂后，嗣法弟子寻求转世灵童，经过十几年

噶玛拔希座像

后方认定噶玛拔希·却吉喇嘛为二世噶玛巴，追认都松钦巴为一世噶玛巴。噶玛拔希曾获蒙古大汗蒙哥所赐一顶金边黑色僧帽和金印，故该世系又称噶玛巴·黑帽系活佛世系。其后依次为三世噶玛巴·让琼多杰、四世噶玛巴·若贝多杰、五世噶玛巴·德银协巴、六世噶玛巴·通瓦敦丹（1416～1453）、七世噶玛巴·却札嘉措、八世噶玛巴·弥觉多杰、九世噶玛巴·旺秋多杰、十世噶玛巴·却央多杰（1604～1674）、十一世噶玛巴·益西多杰（1676～1702）、十二世噶玛巴·绛曲多杰、十三世噶玛巴·杜堆多杰、十四世噶玛巴·特却多杰、十五世噶玛巴·喀觉多杰、十六世噶巴尔·若比多杰（1924～1981）、十七世噶玛巴·赤列多杰（1985～ ）。前藏楚普寺（在今西藏堆龙德庆境内）为历辈噶玛巴·黑帽系活佛驻锡地。

（尕藏加）

Gamagajupai Hongmaoxi Huofo Shixi

噶玛噶举派红帽系活佛世系 中国藏传佛教噶玛噶举派活佛转世系统之一。继黑帽系活佛世系建立之后，噶玛噶举派又建立了红帽系活佛世系。该派高僧多

七世红帽系活佛·益西宁布鎏金铜座像

丹·札巴僧格于藏历第六绕迥水鸡年，即元惠宗元统元年（1333）新建一寺，名奈囊寺，收徒传法，声望日增，获得元朝皇室册封之"灌顶国师"称号，并获赐一顶红色僧帽。他圆寂后，嗣法弟子寻访认定转世灵童，遂形成噶玛巴·红帽系活佛世系。该世系追认多丹札巴僧格为一世红帽系活佛，其后依次为二世红帽系活佛·喀觉旺布（1350～1405）、三世红帽系活佛·却贝益西（1406～1452）、四世红帽系活佛·曲札益西（1453～1524）、五世红帽系活佛·官却延拉（1525～1583）、六世红帽系活佛·却吉旺秋（1584～1630）、七世红帽系活佛·益西宁布（1631～1694）、八世红帽系活佛·却吉顿珠（1695～1732）、九世红帽系活佛·却吉尼玛（1733～1740）、十世红帽系活佛·曲朱嘉措（1742～1792）。其中四世红帽系活佛于明弘治三年（1490）建羊八井寺（位于今西藏自治区堆龙德庆县境内），该寺成为噶玛噶举派红帽系主寺。然而，十世红帽系活佛·曲朱嘉措与尼泊尔廓尔喀军队侵藏有染，清廷勒令终止该系活佛继续转世，改羊八井寺为格鲁派寺院。羊八井寺为历代噶玛巴·红帽系活佛驻锡地，直至清廷勒令改为格鲁派寺院。

（尕藏加）

Gandanchiba

甘丹赤巴 dgav ldan khri ba 中国藏传佛教格鲁派最高法位传承的称谓。

甘丹赤巴法位传承历史源远流长，始于宗喀巴·洛桑札巴大师。嘉曹

第一任赤巴宗喀巴·洛桑札巴大师画像

杰·达玛仁钦（1364～1431）以大弟子身份接受宗喀巴临终前传位，成为甘丹寺第二任赤巴（金座法台住持），遂确立赤巴法位制度。嘉曹杰重视出家僧众对佛教律学三戒的修习和实践，注重对密宗《密集》、《胜乐》、《时轮》、《喜金刚》和《大威德》的修持与研习。

克主杰·格勒贝桑（1385～1438）为甘丹寺第三任赤巴，他不断完善寺院教育制度，批驳教界一些人对宗喀巴大师个别经论提出的异议，并矫正其误读。史称宗喀巴、嘉曹杰和克主杰三人为"师徒三尊者"，在格鲁派中具有祖师或宗主地位，成为格鲁派寺院供奉的主要祖师。

克珠杰之后，历任甘丹赤巴为：第四任赤巴·夏鲁巴勒巴坚赞，第五任赤巴·却杰洛哲曲炯，第六任赤巴·帕索却吉坚赞，第七任赤巴·洛哲丹巴，第八任赤巴·梅朗贝，第九任赤巴·洛桑尼玛，第十任赤巴·益西桑布，第

十一任赤巴·达敦洛桑札，第十二任赤巴·嘉央喜饶勒贝洛哲，第十三任赤巴·却吉喜念，第十四任赤巴·仁钦维色，第十五任赤巴·班钦索南扎巴，第十六任赤巴·却炯嘉措，第十七任赤巴·多吉桑布，第十八任赤巴·坚赞桑布，第十九任赤巴·阿旺却吉扎巴，第二十任赤巴·却扎桑布，第二十一任赤巴·格勒贝桑，第二十二任赤巴·根敦丹巴达杰，第二十三任赤巴·才旦嘉措，第二十四任赤巴·强巴嘉措，第二十五任赤巴·班觉嘉措，第二十六任赤巴·丹却班拔，第二十七任赤巴·桑杰仁钦，第二十八任根敦坚赞，第二十九任赤巴·喜念扎巴，第三十任赤巴·洛哲嘉措，第三十一任赤巴·丹却贝，第三十二任赤巴·慈臣曲培，第三十三任赤巴·札巴嘉措，第三十四任赤巴·阿旺却吉坚赞，第三十五任赤巴·嘉央官却曲培，第三十六任赤巴·旦增勒谢，第三十七任赤巴·根顿仁钦，第三十八任赤巴·丹巴坚赞，第三十九任赤巴·官却曲桑，第四十任赤巴·班丹坚赞，第四十一任赤巴·洛桑坚赞，第四十二任赤巴·洛桑顿悦，第四十三任赤巴·强巴扎西，第四十四任赤巴·洛哲嘉措，第四十五任赤巴·慈臣达杰，第四十六任赤巴·金巴嘉措，第四十七任赤巴·洛桑曲培，第四十八任赤巴·顿珠嘉措，第四十九任赤巴·洛桑达杰，第五十任赤巴·根敦彭措，第五十一任赤巴·班丹札巴，第五十二任赤巴·阿旺才培，第五十三任赤巴·坚赞桑格，第五十四任赤巴·阿旺却丹，第五十五任赤巴·南卡桑波，第五十六任赤巴·洛桑智美，第五十七任赤巴·桑丹平措，第五十八任赤巴·祥孜阿旺曲札，第五十九任赤巴·夏孜阿旺曲札，第六十任赤巴·洛桑丹巴，第六十一任赤巴·阿旺慈臣，第六十二任赤巴·洛桑莫兰，第六十三任赤巴·洛桑克却，第六十四任赤巴·洛桑扎西，第六十五任赤巴·根敦慈臣，第六十六任赤巴·阿旺年札，第六十七任赤巴·绛央莫兰，第六十八任赤巴·洛桑格勒，第六十九任赤巴·强曲却培，第七十任赤巴·阿旺曲培，第七十一任赤巴·益西塔道，第七十二任赤巴·强孜绛白慈臣，第七十三任赤巴·夏孜强白慈臣，第七十四任赤巴·洛桑伦珠，第七十五任赤巴·阿旺隆多，第七十六任赤巴·钦热旺秋，第七十七任赤巴·慈臣达杰，第七十八任赤巴·绛央丹却，第七十九任赤巴·洛桑津巴，第八十任赤巴·札巴顿智，第八十一任赤巴·阿旺诺布，第八十二任赤巴·益西曲培，第八十三任赤巴·绛曲南卡，第八十四任赤巴·洛桑慈臣，第八十五任赤巴·慈臣班丹，第八十六任赤巴·洛桑坚赞，第八十七任赤巴·阿旺洛桑丹贝坚赞。

每位甘丹赤巴，在教内被认定已证悟菩萨十地境界，不仅在格鲁派中享有“教主”地位，而且在整个藏传佛教界颇具声望。故在甘丹赤巴法位传承中又衍生出诸如热振、策墨林、贡唐、赛赤等著名大活佛世系。

（尕藏加）

Gandan Si

甘丹寺 dgav ldan dgon 中国藏传佛教格鲁派祖寺，与哲蚌寺、色拉寺并称拉萨三大寺。全称甘丹尊胜洲。位于今西藏拉萨达孜县境内。

甘丹寺由**宗喀巴·洛桑札巴**大师在帕主第悉政权属下贵族仁青贝和仁青隆布父子的赞助下，于1409年在拉萨以东偏北的卓日沃齐山腰创建。宗喀巴以甘丹寺为重要道场，整顿**藏传佛教**秩序，改革藏传佛教弊端，倡导出家僧人严守佛教戒律的教规，建立完善的修学体系和教法仪轨，形成一支新型宗派，即**格鲁派**。甘丹寺遂成为格鲁派的祖庭，具有统领整个宗派的教法仪轨的权威。

甘丹寺住持实行“赤巴”制度，始于宗喀巴大师，后由其大弟子嘉曹杰·达玛仁钦（1364～1431）继任而确立。

甘丹寺

克珠杰·格勒贝桑（1385～1438）担任第三任“赤巴”期间，在甘丹寺内建立四大扎仓（学院），后合并为强孜扎仓和夏孜扎仓二大扎仓。强孜扎仓和夏孜扎仓是甘丹寺的主要组成部分，既是阐扬宗喀巴大师建立的格鲁派的教法仪轨的重要基地，又是培养格鲁派高端人才和优秀法脉传承人的最高学府，并建立了任职二大扎仓的法王（住持）轮流荣升甘丹“赤巴”法位的定制。每位荣登甘丹“赤巴”法位者，在教内被认定已证悟菩萨十地境界，不仅在格鲁派中享有教主地位，而且在整个藏传佛教界颇具声望。

甘丹寺自创建以来，在格鲁派中固有的祖寺地位和享有的崇高威望，一直没有动摇和改变，甚至得到加强和巩固。寺僧从初建时期的500人，迅速发展壮大，虽在历史上限定人数为3 300名，但实际上鼎盛时期超过5 000人。

（尕藏加）

Gandi

甘地，M.K. Mohandas Karamchand Gandhi（1869.10. 02～1948.01.30） 印度国民大会党领袖，民族解放运动领导

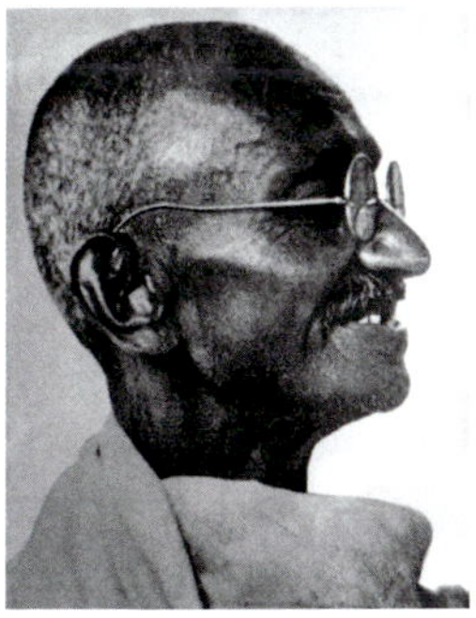

人，非暴力不合作运动倡导者。享有印度的“圣雄”称号。

生平 甘地生于印度西海岸古吉拉特卡提阿瓦半岛波尔班达尔土邦的一个吠舍家庭。其父曾任土邦大臣。他是其父与第4任妻子普特利巴尔的小儿子。最初在波尔班达尔上小学，后转至卡提阿瓦的拉杰果德土邦，并在该地完成高中学业。自幼从虔诚信仰神灵的母亲身上习得道德、真理等美德。在传统的家庭氛围中长大，造就了他忠于父母、坚守职责、厌恶谎言的品性。13岁时，与同岁的卡斯特巴尔成婚。

1887年，甘地入巴夫纳加尔学院。

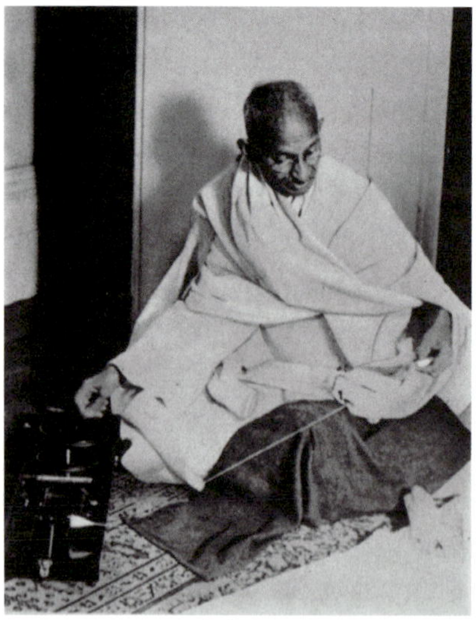

圣雄甘地纺纱

1888年9月前往英国学习法律，立志成为一名律师。在英国停留3年，其间与神智学团体及伦敦素食协会成员广泛交往，结识了H.D.梭罗、L.托尔斯泰等作家，并阅读了E.阿诺德翻译的《薄伽梵歌》及其撰写的《亚洲之光》，以及T.卡莱尔的《英雄和英雄崇拜》，理解了不同宗教的本质教义，并进行分析总结，形成自己的观点，认为不同信仰在本质上拥有共同的“人道主义”原则和精神。与此同时，开始信奉“禁欲和克己是宗教的最高形式”，使其道德和精神进一步升华。他研究世界宗教的基本态度是最大程度给予平等的尊重，因为他认为各种宗教拥有一致的内在精神，而外在差异并不重要。

1891年6月10日，甘地获律师从业资格，当月返回印度。最初在拉杰果德从业，后至孟买，期望在当地高等院校谋求更好的前程。他在内殿法学院获得正式律师资格。他目睹法院中充满腐败与阴谋后备感失望，于是返回家乡，从事起草请愿书和备忘录的工作。困境中应卡提阿瓦的一家穆斯林公司之邀，欣然前往南非从事法律咨询工作。

1893年3月，24岁的甘地启程前往南非。在这片英国人统治的异国土地上，看到了与印度和英国完全不同的社会文化环境。他对当地印度裔苦力因国籍、种族和肤色而遭受侮辱的现象感到失望，他本人也品尝过同样的羞辱。他没有选择默默忍受而是奋起反击，希望被殖民者获得依法享有的社会地位。在纳塔尔当地的印度商团支持和帮助下，甘地于1894年5月创建了纳塔尔印度人大会，以使南非的印度人不分种姓、信仰团结起来。该组织具有双重使命：一方面为改善南非印度人的生活；另一方面为与殖民者抗争，以获得合法权益。

甘地由此步入公共领域，并在其中检验所有他习得并珍视的道德观念和原则。这成为他性格形成的关键时期，其间形成了他的新哲学、一套社会政治伦理体系，培养并提高了领导才能。他为反抗社会歧视和不公发起坚持真理运动，从中获得的经验对后来指导印度独立运动中的政治斗争有重要意义。

近21年间，甘地致力于改善南非印度人的生活状况，但他并没有反抗英国殖民当局的统治，只是单纯地希望他们能够对人类最卑微的尊严报以尊重，并赋予当地印度人应有的权利。在他看来，这是一项不能放弃的人道主义事业。在长期与当权者不公行为的斗争中，他逐渐形成了一些特定的道德观念，如无畏、真理、**非暴力**、和平抗议、博爱、服务于被剥夺和被践踏者、自立、公民不服从、与当局不合作、消极抵抗等。

尽管英国殖民当局通过在纳塔尔立法会制定各种法规，使南非的歧视行为进一步加剧，甘地却并未对英国统治者和人民抱有仇视情绪。1899年布尔战争和1906年祖鲁起义爆发时，他曾组织由印度人组成的志愿军救助在前线受伤的战士。

甘地于1914年7月决定返回印度。1915年1月9日他回到孟买，受到热烈欢迎。他在南非的事迹早已被主流报纸广泛宣传，返乡后自然被视为著名的民族主义者和富有能力的组织者。

在加入国大党领导反帝斗争之前，甘地想了解印度当时的社会状况，并力图与各阶层人士建立联系。他对印度及印度人在社会政治领域的各种问题的了解主要来自于以克制、温和著称的G.K.郭克雷的介绍，他被郭克雷的自由主义思想深深吸引，并在此后将其视为自己在政治上的向导和导师。

1920年，甘地确立了在国大党的领导地位，于是试图进行改革，使国大党成为团结富人与穷人，工业家与工人，印度教徒、穆斯林与基督教徒，学生与老师，高种姓者与贱民等各阶层人士在内的大型组织。此外，他为国大党设定的目标不再限于将印度从外国的政治掌控中解放出来，还要将印度人民和社会从古老迷信与落后思想中解放出来。因此，他试图将政治运动与社会文化运动结合起来，旨在将每一个印度人变为拥有自觉意识的社会人，即真正意义上的“现代人”。

在政治领域，甘地积极倡导针对不公的和平抗议和不合作运动，这在1918年的查姆帕兰运动和凯达的非暴力运动中被证明是行之有效的方法。他试图让自己熟悉广大民众面临的各种地方性问题，以确保后续政治活动中的群众基础。1919年发生的基拉法特运动和阿姆利则惨案再度引发了印度举国上下的反英活动。甘地在基拉法特运动中支持穆斯林，从而被穆斯林视为重要的代言

印度新德里圣雄甘地殉难地

印度新德里圣雄甘地陵

人。上述问题在1920年国大党加尔各答特别会议上产生了重要影响，进步的非暴力不合作运动计划被采纳。此外，国大党还呼吁抵制外国商品。这一决议使全印各阶层群情激昂，得到了强烈响应。数以千计的学生和教师离开学校进行罢课，许多律师放弃了他们的工作并开始为新运动的成功而努力。感受到群众对抵制活动和不合作运动的巨大热情后，英国殖民当局感到十分紧张，出台了一系列压制性措施及一项镇压政策。1922年2月的曹里曹拉事件中爆发了暴力冲突，致使数名警察丧生。这使甘地感到无比悲痛，他担心暴力行径进一步升级，于是提前中止了运动。1922年3月10日甘地被捕，以煽动罪被判入狱，刑期6年。但由于健康状况的持续恶化等原因，当局于1924年2月将他释放。

英国殖民当局为改善自身财政状况，向印度人民征收名目繁多的税，这也成为国大党的诸多斗争议题之一。在各种税负之中，食盐税最令人愤慨。甘地决定自1930年3月12日开始从萨巴马蒂静修院出发，向385千米外的丹迪海滩进军，抗议英国殖民政府的食盐专卖法。他捧起一小块天然海盐，印度社会各阶层人士纷纷效仿，以示抗议。此次行动引起了英国殖民当局的强烈不满，超过6万人因此被捕入狱。

第二次世界大战爆发后，甘地和国大党领导层表示，只要英国毫无保留地承认印度的自治地位，便会向战时的英国提供“非暴力人道支援”，但是遭到英国的拒绝。于是甘地于1942年8月7日以国大党中央委员会决议的形式发起“英国退出印度运动”。英国殖民当局陷入恐慌，于8月9日逮捕了国大党主要领导人并押往不同地点。随着甘地健康状况的进一步恶化，印度全国上下要求将他释放的呼声越来越高，当局被迫于1944年5月6日将他无条件释放。

在第二次世界大战的最后阶段，英国给出了准备把权力交还给印度人民的明确信号。甘地叫停了运动，约10万名政治犯被释放。1944年9月，甘地与全印穆斯林联盟M.A.真纳通过秘密通信，就印度前途问题进行会谈，但会谈未有结果。战后，L.蒙巴顿提出印巴分治方案。甘地最终接受。1947年8月15日印度独立，巴基斯坦也随即诞生。

1948年1月30日，在甘地前往晚祷的途中，一位名叫N.戈德赛的年轻印度教徒向他行礼后突然对他的胸口连开三枪，甘地倒地身亡。随着印度国父“圣雄”甘地的悲剧性死亡，印度政治的一个时代宣告终结。

甘地与中国　甘地在南非的时候就开始了解中国。1942年，他在给蒋介石的信中说：“很早以前，1905年到1913年间，当我在南非时，我就和住在约翰内斯堡的不大的中国侨民团体有经常的接触。他们开始是我的主顾，以后成了南非印度人开展消极抵抗斗争的同志。我逐渐了解他们……羡慕他们的俭朴、勤勉、智慧和团结。”甘地对中国人民始终怀有强烈的好感，一直关心着中国革命的发展。20世纪初期，他就对**孙中山**领导的民主革命表示了同情和支持。同样，中国知识界很早就知道甘地和他的事迹。20世纪20年代以来，圣雄甘地之名在中国很响亮。据统计，20年代到40年代末，中国出版有关甘地及其思想的书籍达27种。其中，仅R.罗兰撰写的甘地传记就有3个译本，而甘地的自传则有4个译本。他的代表作《印度自治》及其言行录，也都有人译介。当时仅中国的《东方杂志》就刊登有关甘地的文章60余篇。其中1922年5月出版的第19卷第10号曾辟有《甘地与新印度》专栏，发表专文7篇；1948年5月出版的第44卷第5号为《追悼甘地专号》，刊载各种纪念文章13篇。此外，《向导》、《新建设》、《少年中国》、《前锋》、《中国青年》、《国闻周报》等报刊上也发表了很多文章，在介绍甘地生平事迹的同时，也对甘地思想及其斗争策略提出各自的看法。如《印度民族运动领袖甘地》一文指出：甘地是印度自治运动的中枢，是不合作运动的首创者；他笃信宗教，主张爱国主义；他蔑视富贵和安乐，一意行善，不畏强暴；他深得印度民众敬佩，使英国殖民当局惧怕。这说明，中国的民族主义者和革命派不仅很关心甘地及其思想，也十分关心印度的前途，十分重视印度独立运

印度新德里圣雄街头甘地及其追随者群雕

动中出现的问题。

1932年，对于日本侵占中国东北三省，甘地在写给友人的信中说：“说到日本和中国，我们的同情必然是在中国方面。” 1937年4月14日，R.泰戈尔创办的国际大学举行中国学院成立典礼，甘地得知消息，提前给泰戈尔写信表示祝贺：“愿中国学院作为印中结合的象征。”同时他还给在国际学院工作的谭云山写信：“是的，我们确实需要促进中印两国人民的文化联系。你们的努力诚可钦佩。”同月，他在接见中国留学生魏风江时说：“中国是个多么伟大的国家呀！我爱中国，我爱中国人民。”7月，当中国抗日战争爆发的消息传到印度时，他说：“中国已经在抵抗日本侵略者了。胜利一定属于中国人民，因为真理在你们一边！”对日本法西斯侵略中国的行径，甘地曾在各种场合多次予以谴责。1938年，当印度援华医疗队赴华时，甘地称他们为“快乐天使”，说：“这些快乐不仅能扶病救伤，而且能用爱把这两大民族的心紧紧连在一起。”在此期间，甘地曾经会见过很多中国人，有代表团也有零散的学者，他也给中国的官员，如蒋介石、孔祥熙等写过信。他始终一贯地表达着他对中国人民的友好感情和对中国抗日斗争的支持。

甘地曾给一位中国赴印留学的学生起名曾圣提。曾圣提是近代以来中国去印度留学的第一人，他于1924年到印度，先在国际大学学习，后到甘地的真理学院学习，1925年归国。甘地为他起名“圣提”，意思是和平。

1938年8月14日，中国教育家陶行知拜会甘地。这一天是甘地的“沉默日”，本不接见客人。但得知这位远道而来的中国学者前来拜会，便破例同意会面，并用笔与陶行知“谈话”。甘地说：“我有朝一日会访问你们的伟大国家，没有什么比这更使我感到愉快了。”甘地回答了陶行知提出的一些问题，并约他写一篇关于在中国开展大众教育的文章。陶行知回到中国香港后，用英文写出了一篇题为《中国的大众教育运动》的文章寄给甘地。这篇文章在10～11月分3次发表在甘地办的《哈里真》杂志上，甘地特地写了按语：“陶行知博士不久前来访问我时，我邀请他撰文介绍正在中国开展的引人注目的大众教育运动。现在，他寄来了下面这篇有指导意义的文章。这篇文章对我们印度人一定是很有用的。”

圣雄甘地素描　徐悲鸿绘于1940年

1940年2月17日，甘地来到国际大学，正在那里的中国画家徐悲鸿在欢迎会上为甘地画速写像两幅，并经泰戈尔介绍会见了甘地。甘地鼓励和支持他举办画展。

1942年2月10日，蒋介石访问印度期间于加尔各答会见甘地。甘地向蒋介石介绍了印度民族独立运动中的非暴力斗争策略，蒋介石则对印度人民的斗争表示支持。

中华人民共和国建立以后，中国仍有不少学者研究甘地，写出过不少文章。特别是在1980年以后，有不少学者写过研究甘地的文章和专著，翻译过甘地的传记。更有学者以研究甘地著称，如已故的吉林大学教授王藻。

（那济世撰　何赟　胡俊麟译）

Ganguli

甘古利，R.　Reena Ganguly（1937～　）印度中国研究学者，国际大学中国学院教授。为印度的中国研究作出了积极贡献。

甘古利出生于印度中央邦城市印多尔一中产阶级家庭，父亲在大学教授梵文。高中毕业后考入国际大学印度学系，1955年获古代印度历史与文化硕士学位。求学期间，在时任国际大学校长、汉学家师觉月的建议下，选修中国学院的课程，并取得汉语文凭。1959年通过政府互换项目赴北京大学学习汉语和中国文学。1961年回国，入国际大学中国学院，在魏珪荪博士的指导下从事唐代中印关系的研究。1967年，在谭云山教授的授意下赴勒克瑙大学教授汉语。1969年返回国际大学中国学院，长期致力于中国历史、文学及中印关系等领域的研究工作，同时教授现代中国思想等课程。在《中国述评》等刊物上发表《泰戈尔与中国》、《中国的“群体政治”：一种评论》等论文。2001年5月，应邀参加“北京大学东方学国际研讨会”，并在学术报告会上以“中印现代文学发展的比较研究”为题发表了演说，提出了中国和印度现代文学的相似性源于两国类似历史经验的观点。

（贾岩　杨衡宇）

Ganlu

甘露　Amṛta　印度古代神话中的不死之药。该字梵语原意为“不死”。《阿闼婆吠陀》说它产生于烹制祭祀用米饭的过程中，有抵御死亡的功效；另说产生于众神搅乳海时。有关故事保存在史诗和往世书中，但因古代作品的不同而稍异，大意为：众神为阿修罗所败，前去毗湿奴处求救。后者让他们去搅乳海，以求得可以使他们不死的甘露。阿修罗

众神和阿修罗搅乳海图

得知后也一同前往。他们用龙王婆苏吉做搅绳，曼多罗山做搅棍，搅出了14种宝：毒药、月亮、宝树、神马、宝石、美女兰葩、吉祥天女、美酒天女、如意神牛、巨象、法螺、神弓、医神檀文陀梨和他手持白钵中的甘露。不料贪婪的阿修罗将甘露全部劫走。见此情形，毗湿奴变作一位妖艳女子，来到正在为分食甘露而争吵的阿修罗中间，利用他们对于美色的迷恋，将甘露诓到手中，转手给了众天神。只有一个名叫罗睺的阿修罗装扮成天神模样，饮了甘露，但马上被日神和月神发现并报告了毗湿奴。毗湿奴旋即用他那利如剃刀的轮宝砍下了他的头颅。他的身体顿时委地，但头颅由于已经接触甘露而不死，便化成了一颗行星。记仇的罗睺常会相机吞咬太阳或月亮，这时就会发生日食或月食。有神话称，后来防卫严密的甘露一度为金翅鸟所窃，经毗湿奴干预，复归众神。

（葛维钧）

Gantapo

乾闼婆 Gandharva 印度古代神话传说中的神明之一。又译健达婆、健达缚、犍闼婆、彦达婆、干沓婆、干沓和等，意译食香、寻香行、香阴、香神等。

乾闼婆在最古老的印度教经典《梨俱吠陀》中已经出现，但仅为单数，名叫“全善”；后在其他典籍中变为多数，

阿波娑罗泗（天女）石雕立像 11～12世纪

乾闼婆像 中国甘肃瓜州榆林窟壁画

如《耶柔吠陀》称有27，《阿闼婆吠陀》称有6 333等。出身说法不一，或为梵天之子（《毗湿奴往世书》），或为生主神肢体的一部分（《百道梵书》），或为十大仙人所创（《摩奴法论》）等。吉多罗罗陀是他们的首领，为数众多的阿波娑罗泗是他们的妻子。形貌亦有多说。其一为下身作鸟，上身作人，翅生双肩。他们住在天上或者空中，精于医药，善于奏乐歌唱，喜欢接近女子。职责是为天神看管和准备苏摩汁，以及在宴饮时娱乐诸神，如在吠陀时代即奉侍于因陀罗的宴席，专事歌唱奏乐。他们能致人疯狂。人们则用供品讨好或用咒语护符防范他们，以避其害。傍晚于山巅以美妙歌喉引诱路人为其拿手戏，人们尤须躲避。印度教8种婚姻形式中，自由恋爱而成的即属乾闼婆式。

佛教诞生后，乾闼婆也被吸收并纳入其神灵体系，与龙、夜叉、紧那罗等同为守护佛法的八部众之一。他们有众多的王和眷属，如《妙法莲华经·序品》称有四乾闼婆王：乐乾闼婆王、乐音乾闼婆王、美乾闼婆王和美音乾闼婆王，各自有若干百千眷属。《大宝积经·三律仪会》则称有十亿乾闼婆王。乾闼婆王也曾到佛所在处弹琴赞佛，三千世界皆因此而震动，乃至摩诃迦叶都不安其坐。据称乾闼婆以香气为食。忉利天天主天帝释欲听音乐时，便焚香一枝，乾闼婆即会闻香前来，供其差遣。有学者认为敦煌壁画中的飞天乃是乾闼婆和紧那罗两者混合的产物。

关于乾闼婆的来源，有历史学者认为可能与罗刹、药叉、阿修罗等一样，同为雅利安人进入印度时当地的原住民部落。与此相反，另有人则认为他们是雅利安人自己的小保护神之一。由于最早曾负有照亮天地两界的任务，所以又有人视之为太阳之火的人格化。

（葛维钧）

Gaodamoshili

高达摩实理 Gautamaśrī（约活动于14世纪） 印度来华僧人。据元代贡师泰《玩斋集》卷九《重建清平山西天元兴寺碑》，杭州吴山西南有一个隆起的山丘，叫清平山，其东有座西天寺。从元代延祐年间（1314～1320）起，就有一位印度僧人居住在那里，人们称他为“高达摩实理板的达”。板的达是称号，意思是智者、大学者。后来，脱脱（1314～1355）到杭州见到板的达，以为有缘，施舍很多金钱和布匹，让他扩大土地，建大庙宇。后来，板的达在那里居住很久，忽一日说要归西天，便拂袖而去，不知所之。

（薛克翘）

Gaoseng Zhuan

《高僧传》 *Biographies of Eminent Monks* 中国佛教人物传记。梁代慧皎撰。记录了从东汉明帝永平十年（67）佛教传入中国到萧梁天监十八年（519）共453年间的257位高僧的生平事迹，而旁出附见者还有239人。由于成书于梁代，又被称为《梁高僧传》，或简称《梁传》。

两晋南北朝时期，僧人传记非常多。其中，有单独一人的传记，如《佛图澄传》；有一类僧人的传记，如《高

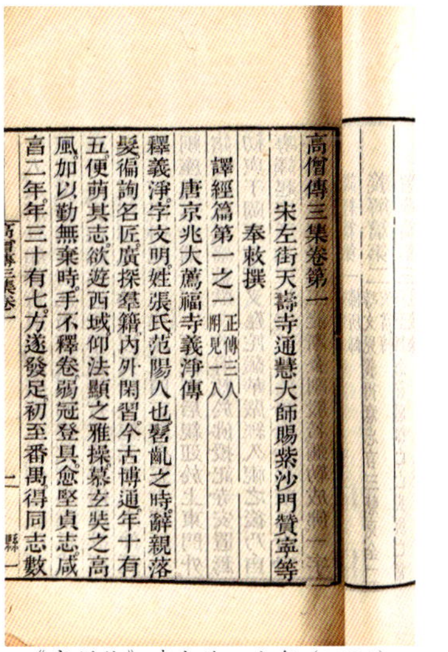

高僧傳三集卷第一
宋左街天壽寺通慧大師賜紫沙門贊寧等
奉敕撰
譯經篇第一之一 正傳三人 附見一人
唐京兆大薦福寺義淨傳
釋義淨字文明姓張氏范陽人也髫齓之時辭親落
髮徧詢名匠廣探羣籍內外閑習今古博通年十有
五便萌其志欲遊西域仰法顯之雅操慕玄奘之高
風加以勤無棄時手不釋卷弱冠登具愈堅貞志咸
亨二年年三十有七方遂發足初至番禺得同志數
高僧傳三集卷一 二 縣一

《高僧传》清光绪二十年（1894）刻本书影

逸沙门传》；有一时一地僧人的传记，如《庐山僧传》；有通传，如《名僧传》。《高僧传》便是在这一著述潮流之下编撰而成。慧皎不太满意前人的僧传，认为选录的面太小，记载的事迹太简略，有时繁简失当甚至歪曲事实。他广泛搜集各种僧传杂录与史地类著作，有时还去实地考察，使得《高僧传》一书资料翔实、后出转精，故而能流传到今天。

《高僧传》共14卷，采用史书的类传体，将僧人分为十科。其一，“译经”3卷，记载了30多位印度、西域及汉地译经僧人的事迹与译经情况。其二，“义解”5卷，记载了100多位义学僧人对佛教义理的解释和阐发。其三，“神异”2卷，记载了20余位擅长方术的僧人的神奇事迹。其四、其五，“习禅”与“明律”合为一卷，分别记载了精于禅定与精于戒律的僧人的事迹。其六、其七，“亡身”与“诵经”合为一卷，分别记载了为解救众生或供养佛而牺牲自己以及勤诵佛经的僧人的事迹。其八、其九、其十，“兴福”、“经师”、“唱导”合为一卷，分别记载了建寺造像、唱诵佛经、主持法事的僧人的事迹。最后一卷是“序录”，交代了写作背景与著述体例等。

《高僧传》开创了僧传的新体例，采用分科的类传体，成为以后僧传分类的原则与方法；在每科之末，均有一篇作者的总论，称“论曰”或“赞曰”，概述本科的重要意义，此类评论文章是研究佛教史的重要材料，这种做法也为后世僧传所继承。另外，《高僧传》引用了大量文献，可考者计80余种，具有极高的史料价值。同时，正文还记录了不少高僧与文士交往的情况，甚至原封不动地保存了他们的诗歌作品，因而也具有相当大的文学价值。

（范晶晶）

Gezhe Aoyishu

《歌者奥义书》 *Chāndogya Upaniṣad* 印度最古老同时也是最重要的奥义书之一。约成书于公元前7世纪。

《歌者奥义书》属于《娑摩吠陀》系统。全书分为8部分，主要论述：“唵”字的神秘含义、人的道德生活、吠陀颂诗的意义、存在和非存在、可见的表象

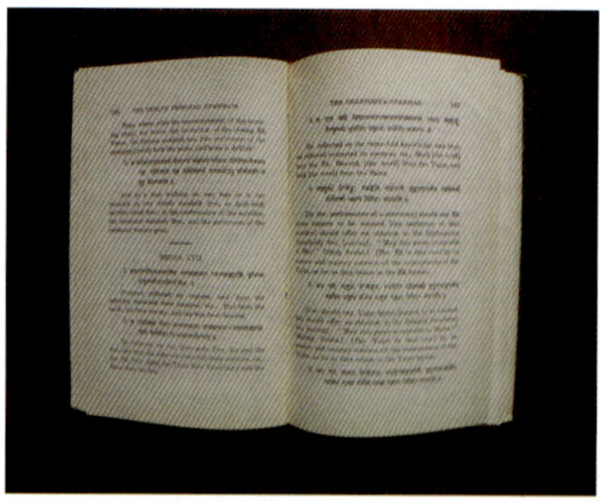

《歌者奥义书》书影

和真实的存在、个人和宇宙精神、本我的固有本性、自我和本体、有限和无限、通过满足欲望来实现自我、通过梵行实现解脱，等等。著名的第6章用父子对话的形式讨论了世间万物背后统一的最高本体的存在。父亲告诉儿子，最初只有同质。它凭自己的意愿先后化现出热、水和食物，又使自己进入其中成为它们的生命，并使它们具有名称和形式。万物也随之派生出来。因此，食物的根源是水，水的根源是火，火的根源，也即万物的根源，是最高的存在。当人去世时，他的语言被心智所吸收，心智被呼吸所吸收，呼吸被热所吸收，热被最高存在所吸收。“这真实的存在，这世界的精微的源泉，是一切东西的灵魂，一切东西的本我。因此，你就是它。”这里的“它”指梵或称宇宙精神。“你就是它”意味着你最终将获得解脱，复归于梵。这句话经《歌者奥义书》提出后，

《歌者奥义书》书影

便成为印度解脱哲学千百年反复讨论的永恒主题。该奥义书里还保存着大量的传说和寓言，透过它们可以看到婆罗门教神学的发展脉络。

（葛维钧）

Gebi' er Ji

《格比尔集》 *Kabirgranthavali* 印度文学作品集。中世纪虔诚文学无形派诗人格比尔（又称格比尔达斯）作品的精校本。印度天城体推广协会1928年出版。时任贝拿勒斯印度大学印地语系主任S.达斯任编者。

《格比尔集》以天城体推广协会的两部写本为底本，内容、编排上与锡克教圣典《元经》中的格比尔作品和格比尔教团圣典《比杰克》不同。主要收录双行诗、唱词、颂诗三类体裁，共1 000余首诗歌。反映了格比尔主张一神信仰、最高存在无形无属性，以智慧和虔诚信奉神明，反对圣典和宗教仪式，反对婆罗门权威等哲学、宗教、社会观

格比尔像

点。因精校本校勘准确，收录作品全面，逐渐成为学术界公认的权威校本，多次再版。后续学术研究多以此为据。

刘安武于《国外文学》1986年第1期发表论文《印度印地语文学介绍》，介绍了格比尔及其作品。《印度印地语文学史》(1987)、《印度古代文学史》(1991)也介绍并选译格比尔的部分代表作。《印度中世纪宗教文学》(2011)介绍格比尔及《格比尔集》，选译约70首格比尔的诗歌，分析其宗教思想与艺术价值。

（张忞煜）

Gelupai

格鲁派 dge lugs pa 中国藏传佛教主要宗派之一。格鲁派僧人戴黄色僧帽，故又称黄教。创教人宗喀巴·洛桑札巴，原为噶当派僧人，故格鲁派又称为新噶当派。

格鲁派的法脉源于印度高僧月称和阿底峡尊者，宗喀巴推崇月称的《入中论》和阿底峡的《菩提道炬论》，并将

格鲁派祖庭——中国西藏甘丹寺远眺

这两部经论定为格鲁派教法的主要原理依据。

1409年，宗喀巴在**大昭寺**举办祈愿大法会，其宗教威望和社会地位迅速提升。同年，宗喀巴在拉萨汪古尔山上创建甘丹寺，以该寺为中心建立了格鲁派。1416年，宗喀巴命弟子绛央却杰·扎西班丹（1379～1449）在拉萨西郊修建**哲蚌寺**。1418年，宗喀巴弟子**强钦却杰·释迦益西**在拉萨北郊修建**色拉寺**。甘丹寺、哲蚌寺和色拉寺并称“拉萨三大寺”。拉萨三大寺的建立，奠定了格鲁派的基础。

继拉萨三大寺之后，宗喀巴的弟子根敦珠巴（1391～1474）于1447年在后藏日喀则创建**扎什伦布寺**。不久，堆西饶桑布在西部阿里创建达摩寺，麦喜饶桑布在康巴地区创建昌都寺，至此，格鲁派在整个藏族地区建立了比较稳定的寺院组织机构。至16世纪初，格鲁派已在整个藏区初具规模。16世纪中叶，格鲁派开始采用**活佛转世**制度。清代，格鲁派进入鼎盛时期。其达赖喇嘛与班禅两转世系统均由清廷扶持确认，格鲁派成为西藏地方政权的执政教派。除藏区四大寺，即拉萨三大寺和后藏扎什伦布寺外，尚有青海湟中塔尔寺、甘肃夏河**拉卜楞寺**、四川昌都**强巴林寺**等为其代表性寺院。直至今日，格鲁派在藏族、蒙古族、土族、裕固族等少数民族中仍有深远的影响。

近现代以来，格鲁派陆续传入印度各地，建立了众多的格鲁派寺院，并在印度南部仿造了拉萨三大寺，寺僧众多。

（尕藏加）

Gelupai Jiaofa Shi Huangliuli

《格鲁派教法史·黄琉璃》 *dgav ldan chos vbyung vaidurya ser po* 中国藏传佛教宗派史书，格鲁派重要历史论著。清康熙三十七年（1698），由第司·桑结嘉措（1653～1705）撰成。该书分前言、正文和结语三部分，正文共30章。纵向叙述了**格鲁派**的历史沿革、历代高僧大德的生平事迹等；横向描述了格鲁派寺院在各个地区的分布、僧尼人数等情

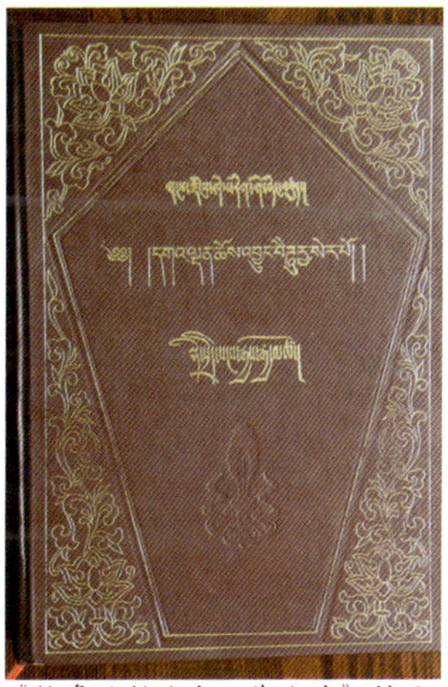

《格鲁派教法史·黄琉璃》封面

况；同时，详细介绍了格鲁派各大寺院的组织机构、宗教仪轨、建筑风格、经济运行等。为后人研究格鲁派的发展历史、宗派特质和文化风格等提供了第一手的重要史料依据。有中国藏学出版社1989年版本。

（尕藏加）

Geluodazhitele

葛罗达支特勒 古代印度罽宾国国王封号。据《旧唐书》卷一九八记载，开元七年（719），**罽宾**遣使来华，奉上“天文经一夹、秘要方并蕃药等物”。此后，唐玄宗李隆基（712~756年在位）下令派遣使者册封罽宾国王为“葛罗达支特勒”。

（任筱可）

Ge Hong

葛洪 Ge Hong（283～343/363） 中国东晋道士，医药学家。字稚川，自号抱朴子。丹阳郡句容（今江苏句容）人。

葛洪内擅丹道，外精医术，学贯道儒，会通百家，著述宏富，撰有《抱朴子内篇》、《抱朴子外篇》、《神仙传》和《肘后救卒方》、《玉函方》等。笔记小说集《西京杂记》亦托名葛洪所著。《正统道藏》和《万历续道藏》中，共收其著述13种。葛洪晚年隐居广东罗浮山炼丹，其炼丹术对后世医学影响甚大。法国图书馆藏敦煌本《张仲景五藏论》P.2115V记载，“淮南葛氏之法，秘要不传；《集验》之方，人间行用”，说明葛氏的炼丹方或升仙之法深受后人重视。在葛洪去世后，他的《肘后救卒方》被南朝齐梁时期的陶弘景补其缺漏，共得101首，更名为《华阳隐居补阙肘后百一方》。此书名中的“百一”源自佛经中的“人用四大成身，一大辄有一百一病”之说，表明南北朝时期的中医家对印度佛教医学理论有初步的认知，并且记载在中医著作之中。

（陈明）

Genbenshuoyiqieyoubu Lü

根本说一切有部律 Mūlasarvāstivāda-vinaya 印度佛教上座部系统根本说一切有部所遵行的戒律。汉译后成为汉传佛教五部广律之一。

梵本由唐代**义净**从印度带回，自武则天久视元年（700）至唐睿宗景云二年（711）译出（T1422～1459），现已残缺。其主要内容为：《根本说一切有

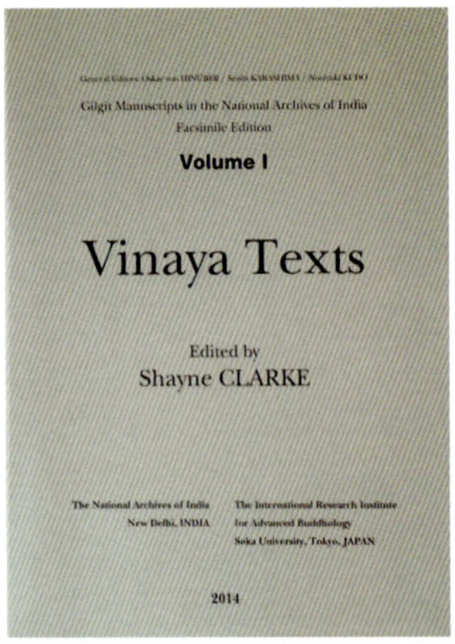

《根本说一切有部律》
吉尔吉特梵文写本封面

部毗奈耶》(比丘律)，50卷，共253戒。《根本说一切有部比丘尼毗奈耶》(比丘尼律)，20卷，共360戒。其后是《毗奈耶事》和《毗奈耶杂事》，相当于犍度部分。《毗奈耶事》原为十七事，义净译本仅存47卷，包含出家事、安居事、随意事、皮革事、药事、耶羯耻那衣事(迦絺那衣)、破僧事等七事，缺布萨事、衣事、拘睒弥事、羯磨事、黄赤事、补特伽罗事、别住事、遮布萨事、卧具事、净事等十事，所缺内容约占一半。《毗奈耶杂事》有40卷，分为八门，对因缘叙述详细。

义净所译根本说一切有部戒律是目前所见留下文字最多、卷帙最繁、内容最丰富的汉文律典。该律译出之时，《四分律》在汉地已享有独尊地位，因此，该律在汉地的影响十分有限。

8世纪中下叶，吐蕃赞普赤松德赞迎请印度高僧**寂护**入藏，寂护从印度请来根本说一切有部比丘，开始度西藏人出家受戒，自此根本说一切有部戒律传入西藏。不久，赞普又明令禁用其他部

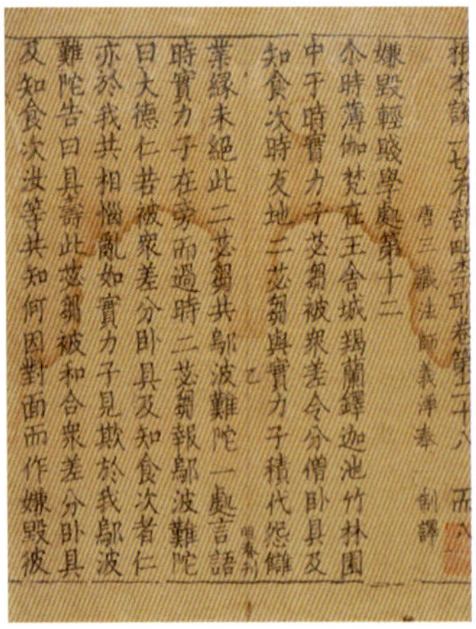

《根本说一切有部毗奈耶》书影

派的戒律，使该律在西藏佛教戒律学上获得独尊的地位，影响深远，大量梵文律典被译成藏文，相当于广律的译典有《律事》、《戒本》、《律分别》、《律杂事》、《律上分》，均收入甘珠尔部。

1931年于吉尔吉特地区发现了根本说一切有部律的部分梵文本，包括17部《律事》、《戒本》和《羯磨》。N.杜特等学者陆续出版了校勘本。这些写本的彩色影印本由S.克拉克于2014年编辑出版。《律分别》部分目前只在中国新疆出土了少数梵文残叶。

（吴蔚琳）

Gendunqunpei

根敦群培 dge vdun chos vphel (1905～1951) 中国藏传佛教高僧、佛学家、史学家、旅行家，现代藏族知名学者。在历史、地理、宗教、考古、语言文字、

文学、艺术、民俗和医学等方面有很高的造诣。在中印文化交流中发挥重要作用。

根敦群培是今青海同仁县双朋西乡人，生于藏历第十五饶迥木蛇年(1905)，幼年时被认定为今青海化隆县境内文扎寺（**格鲁派**）某活佛的转世灵童。从小聪慧好学，接受格鲁派传统的经院佛学教育，先后在甘肃夏河**拉卜楞寺**、西藏拉萨**哲蚌寺**就读深造。1934年，接受抵达拉萨的印度学者R.**桑克利提亚衍**的邀请，联合对西藏寺院、梵藏经典的考察。年底前往印度。在印度12年，住在大吉岭，学习梵文、英文等。其间，被摩诃菩提学会派往锡兰（今斯里兰卡），学习巴利文等；1938年，与桑克利提亚衍回西藏考察。这一时期，撰写了《旅居印度的反思》、《俗语嵌套诗》、《印度诸圣地朝圣指南》、《智游佛国漫记》、《欲经》等作品；独自将《入行论》翻译成英文，将《**法句经**》由巴利文译成藏文；与罗列赫合作，将藏文史学名著《青史》翻译成英文。1945年从印度返回西藏。1946年被西藏噶厦政府以莫须有罪名逮捕入狱，1949年获释。1951年在拉萨去世。

根敦群培精通英语、古梵文、印地语、尼泊尔语等多种语言文字，成为藏族第一位能够利用多种文字并采用科学实证的方法，对藏族历史、宗教以及语言文字进行综合研究的学者，他提出一系列富于建设性和真知灼见的学术观点，被后人推崇为划时代的藏族学者。根敦群培给后人留下了丰厚的文化遗产。

根敦群培代表作为《白史》。书中针对藏族历史中出现的空白以及较模糊的地方，作了很有说服力的补缺和阐述。尤其是利用前人未曾注意到的资料，如采用敦煌藏文文献，不仅补充了许多历史空白，而且雄辩地阐释了历史上遗留下来的诸多疑难问题。此外，他在拉萨期间给弟子教授中观义理，后由弟子整理笔记成书的《中观甚深心要善说——龙树意趣庄严论》，对中观甚深意趣作了充分的论述，是一部重要的有关佛教中观思想的著作。

（尕藏加）

Gengshen Waishi

《庚申外史》 中国明代史籍。共2卷。洪武（1368～1398）初年编纂完成。又名《庚申帝史外闻见录》、《庚申大事记》。主要以编年体记载元顺帝即元惠宗孛儿只斤·妥懽帖睦尔（1320～1370，1333～1368年在位）时期的史事。作者权衡，生卒年不详。字以制，号葛溪。江西吉安人。元时拒绝入仕（出仕)，隐居太行黄华山达28年。洪武四年(1371）回到江西，在家著述，直至去世。

庚申帝即元惠宗妥懽贴睦尔。当时顺帝尚未追授谥号，该书故以其出生年份元仁宗延祐七年（庚申年，1320）命名。

《庚申外史》记载了元惠宗时期任用西域法师以及佛法转播的一些事件。如至正二年（1342），颁诏任用西域匼剌麻。匼剌麻到京城后，被待以帝师之礼，并获赐已故太师燕帖木儿的宅第。至正十一年五月，颍州颍上红军起事，

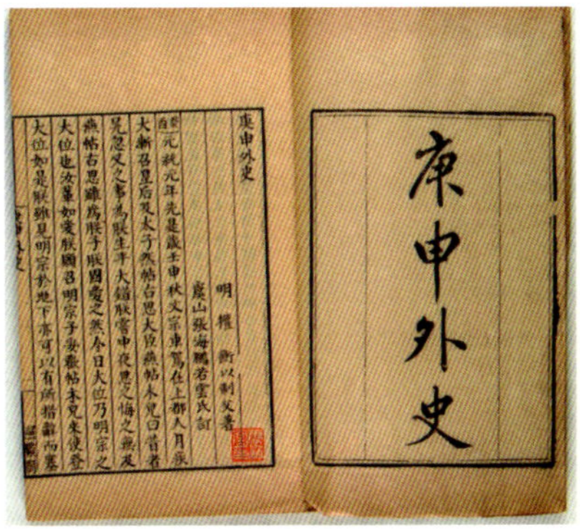

《庚申外史》清嘉庆年间照旷阁刊本书影

号为“香军”(因烧香礼拜弥勒佛而得名)。至正十三年，脱脱上奏起用哈麻为宣政院使。哈麻被宠幸后，暗自推荐行运气之术的西天僧人，以“演揲儿法”，迷惑帝心。哈麻从此天天亲近左右，号称“倚纳”。此时，资政院使陇卜同样引进善于此术的西边部族僧人，称为“秘密佛法”，劝帝接受其乐无穷的“秘密大喜乐禅定”，又名“多修法”。顺帝命令哈麻传旨，封为司徒；西番僧人为大元国师。国师又荐老的沙、巴郎太子、答剌马的、秃鲁帖木儿、脱欢、孛的、蛙林、纳哈出、速哥帖木儿、薛答里麻十人，均号为“倚纳”，在帝前男女裸居，或君臣同寝，且约定互相转让居室，名叫“些郎兀该”，译成汉语为“事事无碍”。至正十九年，京城发生大饥荒。太子召见**指空**，询问解决百姓饥馑的办法。指空，相传是西天刹帝力王的第三子，居住京城40年，在一间房里安静研习，不曾出过房门。王公贵人，大多被其呵斥，虽为帝王亦不能幸免，年纪到了108岁才死。至正二十二年，太子酷好佛法，在清宁宫殿放置龙床，居中就坐。东西两边布置长席，坐满了西番、高丽僧人。太子曾经对左右说，李先生（状元李好文）教我读儒学书多年，我不懂书中意思。西番僧人教我佛经，我一晚就知晓了。

《庚申外史》所记史实，有些为其他书籍所不载，因而具有独特价值。明初诏令纂修《元史》，采访元顺帝一朝的史事，《庚申外史》曾被采入史馆。进入明朝以后，宋濂《洪武圣政记》、杨士奇《三朝圣谕录》、李贤《天顺日录》、《二录》等都发端于《庚申外史》。

（胡俊麟）

Gongdeguang

功德光 Guṇaprabha（约活动于六七世纪） 印度佛教律藏论师，印度二圣六庄严中二圣之一。出身于印度秣搜罗国一婆罗门种姓家庭，幼年时即习佛法，依说一切有部出家，受**具足戒**。后从阿阇黎世亲（公元4世纪）座前闻习三藏等一切经论。通达声闻十八部教法，能完整背诵**律藏**经卷，持律经十万颂，作为常诵功课。勤行菩提道次第而闻、思、修，能持千百种陀罗尼，获得辩才、神通、三摩地等殊胜成就。特别是善律第一，称谓精进持戒**大律师**阿阇黎“圣功德光”，被尊为印度二圣之一。其盛名流布，遍满方隅。

功德光回到故乡秣搜罗国后，在当地建寺院，收摄弟子五千，持戒护法，僧团清净。其著作很多，著有《毗奈耶海藏》(即《律根本经》，或称《律经》)、《百一羯磨经》、《菩萨地论之戒律品》、《三事仪轨》、《律经自释》等释论，这些作品已译成藏文，收录在**藏文大藏经**中。其代表作《律根本经》成为藏传佛教戒律修持的根本经典。

（德吉卓玛）

Gongde Lin

功德林 kun bde gling 中国藏传佛教格鲁派达察活佛世系府邸或驻锡地。**拉萨四大林**之一。位于西藏拉萨城区。达察活佛又称济咙活佛。达察活佛世系在拉萨四大林活佛世系中历史较为悠久：一世达察·巴索却吉坚赞（1402～1473），二世达察·巴索拉觉（1474～1508），三世达察·黎玉曲杰（1509～1526），四世达察·拉旺却吉坚赞（1537～1605），五世达察·阿旺却吉旺秋（1606～1652），六世达察·阿旺贡却丹贝尼玛（1653～1707），七世达察·洛桑班丹旦贝坚赞（1708～1758），八世达察·洛桑益西丹贝贡布（1760～1810），九世达察·阿旺洛桑丹贝坚赞（1811～1848），十世达察·阿旺班丹却吉坚赞（1850～1886），十一世达察·阿旺土丹格桑丹贝卓美（1888～1918）。

藏历第十三绕迥铁猪年（清乾隆五十六年，1791），八世达察·洛桑益西丹贝贡布第二次奉命担任西藏噶厦政府摄政王，在位前后持续20多年。藏历第十三绕迥水鼠年（乾隆五十七年，1792），八世达察活佛在拉萨城内的磨盘山南麓上开始建造功德林（寺），乾隆五十九年竣工，八世达赖喇嘛赐名“甘丹旦秀曲科林”，意为“俱喜永住法轮洲”，汉文译为“祈寿法轮洲”或“长寿法轮洲”。后来嘉庆帝又赐“卫藏永安寺”匾额，以汉、藏、满、蒙古四种文字书写。藏文书写“kun bde gling”(功德林)，故后人通称“功德林（寺）”。达察活佛世系多次担任西藏噶厦政府摄政王。因此，功德林得以不断扩建，兴旺发达，成为拉萨四大林中最有势力的庙宇和府邸之一。

（尕藏加）

Gongdezhi

功德直 Guṇavarman（约活动于5世纪） 西域僧人，译经家。据《**出三藏记集**》

功德林内院

卷十四、《高僧传》卷八等，功德直为西域人。南朝宋大明六年（462）游方至荆州，寓于禅房寺。后应沙门玄畅之请，译出《菩萨念佛三昧经》6卷、《无量门破魔陀罗尼经》1卷等，文字复经玄畅刊正，婉切晓畅。他在荆州居止数年，后不知去往何处。

（葛维钧）

Gong Zhen

巩珍 Gong Zhen（约活动于15世纪）中国明代航海家，外交家。号养素生。应天府（今江苏南京）人。兵士出身，后升为幕僚。宣德六年（1431）至宣德八年，随郑和下西洋，任总制之幕。宣德九年，据航海途中见闻写就《西洋番国志》一书。书中记载了郑和第七次下西洋的经过及20个到访国家的情形。其中，对位于印度西海岸的小葛兰国（见**故临**）、**柯枝**、**古里国**等地的风土人情作了记述，增进了中国对印度的了解，在中印文明交流史上具有一定意义。

（王凌男）

Gongbang Tujiezunzhe

贡邦·突杰尊哲 kun spangs thugs rje brtson vgrus（1243～1313）中国藏传佛教高僧，觉囊派主要传承人。他不但系统研习“**他空见**”思想，取得很大成就，而且在觉摩囊修行圣地讲经传法、著书立说和培养弟子。1293年他在觉摩囊创建一座寺院，称“觉摩囊寺”，简称“觉囊寺”，位于今西藏拉孜县彭措林乡境内，为修学“他空见”思想的学僧开辟了一处固定的场所。从此，传习“他空见”思想的学僧结束以往各自坐禅为主的分散的修行方式，汇聚到觉囊寺集体修学、研习。贡邦·突杰尊哲的《时轮根本续释心要》和《六支瑜伽广本讲义》两部经典论著，成为**觉囊派**学僧修学的主要教程。

（尕藏加）

Gongbujia

贡布嘉 mgon po rgyal（约活动于18世纪）中国蒙古族藏学家，佛学家，翻译家，语言学家。又名工布查布。他精通藏文、汉文、蒙古文、满文四种文字，长期在清朝理藩院供职，担任过“西番学总管”等官职。学术成果主要有《汉区佛教源流》（藏文撰述）、《造像度量经》（藏译汉）、《蒙藏合璧大辞典》、《天文历法》、《金刚寿陀罗尼经》、《无二尊胜经》等。其中，《汉区佛教源流记》为其代表作，是在清乾隆中期撰成的一部专门论述汉地佛教历史的藏文名著。该书分为前言、正文和结语等部分。正文第1章略说汉地人文地理及历史，第2章讲述何时产生何等佛教人士，第3章描述佛教经典的传播情况。

（尕藏加）

Gongqing Si

贡庆寺 dgon chen 中国藏传佛教萨迦派著名寺院。位于四川德格县城区。“贡庆寺”为藏语音译，意为“大寺”或主寺。历史上曾是康区德格土司之家庙，有着较为悠久的发展演进历史。藏历第八绕迥火虎年，即明正统十一年（1446），第一代德格土司扎西桑格邀请其宗教上师唐东杰布（1385～1464）到德格地区弘法，唐东杰布按照**萨迦派**教规在辖区内建立一座佛学院，命名为“楞珠顶曲札”，额设108名学僧。明末清初，第六代德格土司噶玛松又大兴土木，扩建该佛学院，至第八代土司贡嘎平措时期竣工，成为一座大型藏传佛教僧院，尊称“贡庆寺”。其教法仪轨遵循萨迦派鄂尔系密法传承，故其学僧习惯赴西藏后藏地区爱旺寺研修深造。清代贡庆寺是康区第一大萨迦派寺院，寺僧最多时可达1 500人，平常保持在700人以上。

贡庆寺大殿

（尕藏加）

Gudai Yindu yu Gudai Zhongguo Maoyi yu Zongjiao Jiaoliu

《古代印度与古代中国，贸易与宗教交流》 *Ancient India and Ancient China: Trade and Religious Exchanges,A.D.1-600* 中国研究公元1～6世纪印度次大陆与中国贸易往来和文化交流的专著。刘欣如著。

《古代印度与古代中国，贸易与宗教交流》初稿是刘欣如在美国宾夕法尼亚大学就读博士学位期间（1980～1985）完成的论文。1983年，印度著名历史学家罗米拉·塔帕从印度尼赫鲁大学到宾夕法尼亚大学讲学，作者在她的指导下开始撰写论文，并于1984年获美国印度研究会的资助前往印度，继续接受罗米拉·塔帕指导，以尼赫鲁大学为基地，到马图拉、萨尔纳特等古代印度考古遗址进行考察，并参观各地考古博物馆。1985年底完成学位后回到中国社会科学院工作，论文经进一步修改后送交印度德里的牛津大学出版社，于1988年出版。该书出版后多次再版，并由佐九梓翻译为日文，于1995年在东京出版。

《古代印度与古代中国，贸易与宗教交流》主要论述了贵霜王朝于公元1世纪扩展到印度河及恒河平原，佛教社会向西北的发展。在贵霜王朝的支持下，佛教学者如马鸣菩萨等发挥大乘佛教的教义，撰写梵文佛教经典，一方面把“一切皆空”的概念推向极致，另一方面鼓励俗人信徒向佛教僧团捐助。佛教僧团于是空前富有，佛塔、佛像平地而起，僧团也不再沿街乞讨，而是建起寺院，并造就了辉煌的犍陀罗艺术。佛教僧侣从贵霜帝国出发前往中亚和中国传播佛教。同时汉帝国对西域的开发已见成效，沿塔里木盆地周边绿洲形成商路，宫廷周边的上层社会向往来自西域的精美毛织品、玻璃器皿等奢侈品。传教的僧人于是和商旅结伴而行，开始佛教在中国的滥觞。公元3

世纪，两方都出现割据的局面。贵霜王朝被伊朗的帕提亚帝国击溃，恒河中下游平原兴起的笈多王朝对西北地区的制约有限。佛教寺院失去王室的支持，但在民间继续发展。同时中国北方是五胡乱华的局面，佛教在中国得到发展的时机。北魏占领中原以后，更是以佛教为主导意识形态，建造云岗石窟和龙门石窟，大力修造寺院。佛教改造了中国民众的宇宙观和生死观，生死轮回的观念深入人心。同时大乘佛教鼓励信徒向寺院捐赠，从而积累功德改善来生来世的生活。大乘佛教教义的发展和丝绸之路贸易带来的财富推动了佛教向中国的传播和中国社会对印度的了解。

（刘欣如）

gudai Yindu yuyan he wenzi

古代印度语言和文字 ancient Indian languages and scripts 对于古代印度语言的研究，应该上溯到史前印度河流域文明时代。不过今天人们只能凭借考古成果见到那一时代的文字，而对当时居民所操语言则无所知。目前仅知，公元前3千纪中叶～2千纪初叶，生活在印度河流域的居民已经有了象形文字。它们大量见于出土的印章、石板、铜板和陶器之上。在已发现的3 000多份铭文中，有的只有一个书写符号，有的多达26个。书写规则则是一行向左，一行向右。由于这些文字在整个印度河流域文明存在时期内形式一致，无大发展，故可估计先此已经达到成熟的地步。同

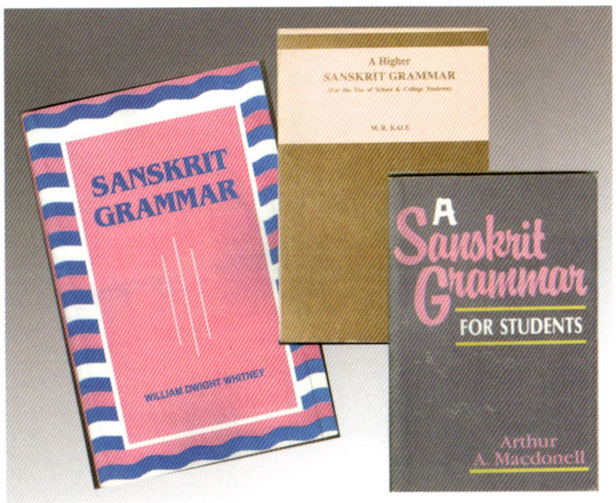

梵语语法著作书影

时，由于符号众多（多少说法不一，有人统计达396个），故不会是拼音文字。近一个世纪以来，语言专家们在解读这种文字，构拟当时语言上作了不少努力，但迄无圆满理论出现。其后的古代印度语言，可大致分为印度-雅利安和达罗毗荼两语系。

印度-雅利安语 主要包括梵语、俗语和巴利语，有学者亦将巴利语归为中古俗语的一种。后者可分南部、中部和北部三个语族。梵语是公元前2千纪中叶雅利安人从西北进入印度时带入的，属印欧语系，印度-伊朗语族，为印欧语言中最古老的分支之一。入印后千余年间雅利安人所使用的，学术界以用其记录的经典之名名之，称吠陀梵语。作为印度文化渊源的圣典《梨俱吠陀》、《娑摩吠陀》、《耶柔吠陀》和《阿闼婆吠陀》即在这一时期形成。吠陀梵语后经发展，成古典梵语。大量宗教、哲学、文学、科学、政治、律法和艺术作品都在这一时期写就。有学者复将古典梵语分为史诗梵语和古典梵语，而以前者称《摩诃婆罗多》及《罗摩衍那》两大史诗所用的语言，以狭义的古典梵语称其后宗教、哲学、文学和科学等所用的语言。事实上，梵语本身亦有广、狭二义。狭义的梵语仅指古典梵语。梵语作为吠陀祭祀中吟唱的颂诗和经咒的载体，其本身也被赋予了与仪节同样神圣的地位。准确的记忆和唱诵对于专司仪式的婆罗门祭司已成职业成败的关键，于是有关梵语的辞书、语法应运而生。公元前5～前4世纪，语法家波你尼总结前代语法家的全部经验，写出了至今仍是权威的《八章书》。后迦旃衍那以其《释补》对之加以诠释和补充，加入波你尼未予概括的古典梵语语法现象。公元前2世纪，波颠阇利著《大疏》，精心注解《八章书》的语法规则，并对《释补》加以批评。此后《八章书》与《大疏》地位巩固下来，成为不可违背的圣典，且其传承也只限于婆罗门种姓内部。梵语辞书出现亦早。最初有《尼揵荼书》、《尼禄多》等，到四五世纪长寿师子编著了影响深远的诗体《长寿字库》。梵语原文Saṃskṛta，意为“整理好的”，引申而有“完美”、“文雅”之意，好像是人工

《梵语文学百科辞典》书影

中国社会科学院的梵语教学班

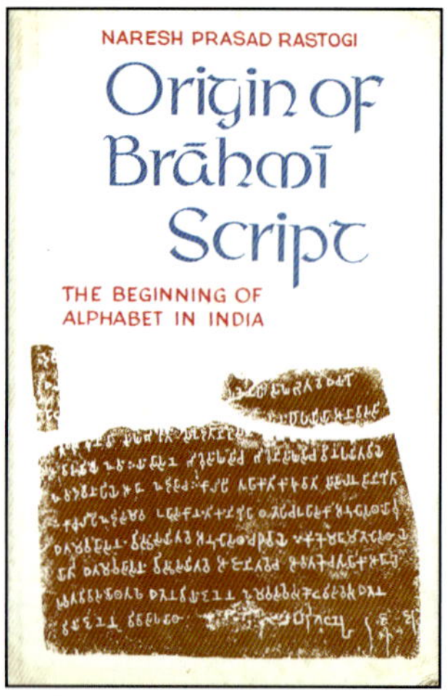

《婆罗谜文字的起源》封面

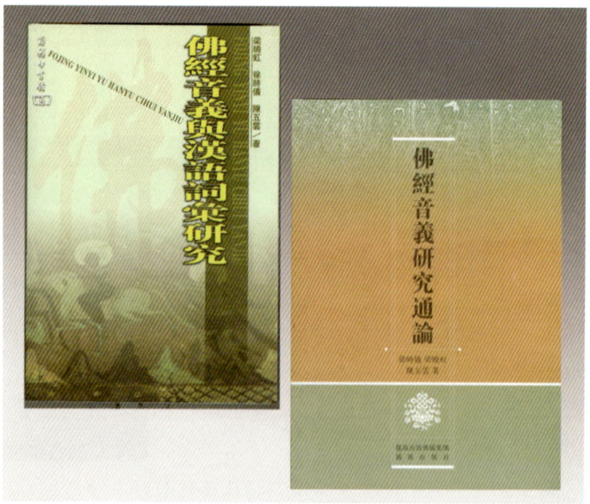

研究汉译佛典语言的著作书影

《巴利佛典入门》封面

组成的语言，仅作诵经、念咒或作书面创作用。但也有人认为它曾经是活的语言，在日常生活中使用过。不过即使如此，作为口头语言，它在公元前数百年就已停止使用当是事实。可以肯定的是它还继续处在受尊敬的地位，在宗教、哲学、科学和文学等方面继续起着重要的作用。梵语使用的文字先后有婆罗谜、佉留书、笈多、天城体等。

俗语原文Prākṛta，有“自然”、“本色”之意，为远古以来就在民间使用的语言。有人认为它是梵语退化的结果。但其语汇中有的词与梵语显然无关，只能推断为其他更加古老的语言所有。俗语的发展一般分为三个时期，即古代、中古和后期。所谓古代时期的语言主要指摩揭陀语、半摩揭陀语、巴利语等印度古代方言。其主要作品是从公元前3世纪中叶到公元2世纪的铭文、小乘佛教的巴利语经典、最早的耆那教经典以及俗文学创作等。铭文中最著名的当属阿育王刻在石壁、石柱和洞壁上的诏书。这些诏书所用的语言随颁刻地点的不同而不同，计有东部、西部和西北部三种方言。由于摩揭陀语或者半摩揭陀语（更可能是后者）是孔雀王朝首都华氏城一带的方言，同时也是当时的行政语言，所以诏书原来的底本估计也是用这样的方言写成的；其他方言的则是它的译本。释迦牟尼最初讲道用的可能就是摩揭陀语和半摩揭陀语。原始的佛教经典也是用古代半摩揭陀语来传诵和写定的。耆那教亦同。该教白衣派明确地说其经典，如辑录大雄教诫的《十四前》等，是用古代半摩揭陀语写成的。

巴利语与古代印度其他方言的关系说法较多，如说它就是摩揭陀语，或优禅尼（今中央邦乌贾因一带）方言，或宾陀山（即今文底耶山）中部至西部方言，或羯陵伽方言，或马拉提语前身，等等。就其语言形态变化看，可属古代印度西部方言。巴利语佛典还大量地保存着，如巴利语三藏、斯里兰卡《大史》等。巴利文本佛典是今日可见的最早的（尽管不是原始的）佛典的本子。但是在其内部，语言还是随时代和地域的不同而有所不同，如《佛本生故事》的偈颂部分即比长行部分古老。俗文学作品的典型是20世纪初发现于新疆的马鸣戏剧残卷《舍利弗传》等中的某些对话。在这些戏剧里，地位高的人说梵语，地位低的人说俗语。出现在这里的俗语有摩揭陀语、半摩揭陀语和修罗塞纳语。中古俗语主要包括德干的摩诃剌陀语，戏剧中使用的摩揭陀语和修罗塞纳语，后期耆那教经典所用的语言，毕舍遮语据说德富的《伟大的故事》就是用这种语言写成的，戏剧里的妖魔亦用此种语言），以及在时代上略后的阿波婆朗娑语（较少用在书面语言中）。一般认为，诸中古俗语中，摩诃剌陀语是最典型的。俗语语法往往把它放在第一位讲，再比照它讲解其他诸语的特殊变化规则。使用这种语言的民歌十分有名。其传唱范围已不囿于主要使用它的马哈拉施特拉地区。有的戏剧里妇女道白用修罗塞纳语，而唱歌则用摩诃剌陀语，为适应韵律要求，常常吞掉两个元音之间的单辅音。它是由哥达瓦里河流域的一种古代语言发展而来的，其特征有的还可见于今马拉提语。修罗塞纳语是古代“中国”（恒河中游地带）的语言，名称来自古摩头罗附近的修罗塞纳地区。它是梵语戏剧里穿插使用的俗语的典型。妇女和宫廷中的弄臣多用这种语言说话。由于它与古典梵语产生的地区相同，所以在俗语中它同后者最为接近，并被视为梵语发展为印地语的中间阶段。在古典戏剧里，摩揭陀语也是低等人的语言。首陀罗迦的梵剧《小泥车》中曾使用了7种俗语，其中即有摩揭陀语和修

季羡林（左3）及其学生的合影

《梵语在国外》英文本封面

罗塞纳语。中世属于耆那教白衣派的非宗教性著作用的是一种摩诃剌陀语，亦称耆那教摩诃剌陀语。天衣派则用一种同修罗塞纳语在某些方面类似的语言，亦称耆那教修罗塞纳语。阿波婆朗娑语在广义上常指任何一种与作为典范的标准梵语不同的语言，也指与书面的俗语不同的口头俗语。语法学家谈到并详细描述过的书面阿波婆朗娑语仅有一种，即谓城镇阿波婆朗娑语。它似乎是古吉拉特的方言。同它相近的还有一种婆罗遮吒阿波婆朗娑语，在距古吉拉特不远的信德使用。由于发音和语法上的特点，阿波婆朗娑语可被视为典型的俗语和印度各近世语言之间的桥梁。弄清它和别的主要俗语的流行地区及其交互影响，已成为研究印度语言发展史的主要任务之一。

达罗毗荼语　它的来源与达罗毗荼人的来源相关。他们一说系雅利安人进入印度以前生活在印度的原住民，另说系于史前时期远从中亚或地中海经俾路支斯坦从西北进抵印度次大陆的外来人种。属于这一语系的主要有泰米尔语、马拉雅兰语、泰卢固语和坎纳达语。它们至少在公元前几百年已经各有自己独特的文字和文化传统，其中又以该语系南部语族的泰米尔语词语丰富，组织严密，传统悠久。在公元前5世纪至公元2世纪的数百年间，南印度潘地亚国诸王重视文学发展，泰米尔诗人学者组成了自己的“桑伽姆”(意为“团体”、“学府”)，形成了持久的文学高潮，并且出现了文法书《阿伽斯蒂亚姆》(已佚)和目前能见到的最古老的泰米尔文法书《朵伽比亚姆》。后者对该语言文字的字形、拼写和发音规则及其词语的构成、种类和变格规则乃至文学题材等，均有论述。由于它总结了古泰米尔语的规律和法则，使之规范化和系统化，所以影响极其深远。桑伽姆时期遗留至今的作品还有《八卷诗集》和《十卷长歌》等。2世纪以后传统上称伦理文学时期。此期作品以《古拉尔箴言》最为著名。古代泰米尔语使用南婆罗谜文字，为今泰米尔文的前身。泰卢固语属中部语族，其最早的文献见于633年的铭刻，文学创作则始于10或11世纪。泰卢固语下分几种方言。它以书面语言和口语判然有别为一明显特点。书写用从5世纪的格兰特文字演化而来的字母。坎纳达语亦属南部语族，其最早的文献可溯至578年。文学创作则始于9世纪中叶。该语言的社会特点表现为婆罗门、非婆罗门和不可接触者所操语言差别明显。书写所用字母与泰卢固语相近，同样从格兰特文字演化而来。马拉雅兰语是9～10世纪从泰米尔语中分化出来的，其最早文献属于12世纪上半叶。所用文字与前二者来源相同。

（葛维钧）

Guliguo

古里国　Calicut，Kozhikode　印度古地名。今译卡利卡特或科泽科德，今印度喀拉拉邦滨海港口城市。中国元代航海家汪大渊曾到过该国，《岛夷志略》中称之为“古里佛”。明代郑和的宝船队曾数次访问该地，并将其作为中间补给站。故《瀛涯胜览》、《星槎胜览》、《西洋番国志》、《郑和航海图》、《明史》中都有记载，皆称古里。《大明一统志》称之为“西洋古里”，清代谢清高《海录》中译为“隔沥骨底国”。

《岛夷志略》“古里佛”条称之为“当巨海之要冲”，“亦西洋诸番之马（码）头也”，“官场居深山中，海滨为市，以通贸易”。可知其于元代已发展成一大港，各国货物云集，而其首府则在深山中。到明代初期，古里国又有发展，《瀛涯胜览》“古里国”条所记最详。除了描绘出其地理位置外，还写道：“永乐五年，朝廷命正使太监郑和等赍诏敕赐其国王诰命、金银，给赐陞赏格头目品级冠带。”“宝船到彼，起建碑庭，立石云：‘其国去中国十万余里，民物咸若，熙皞同风，刻石于兹，永示万世。’”说明当年郑和曾在那里立碑刻石，留作纪念。还详细记载了五种人，即五个等级的人：回回人（即穆斯林）、南毗人（盖为当地婆罗门种姓的一支）、哲地人（财主）、革令人（贸易中间人）和木瓜人（最低种姓，不可接触者）。“柯枝国”条也有类似记载，并对五种人的身份地位作了说明。这与印度传统的四种姓明显不同，盖时势发展的结果，是研究南印度历史与社会的宝贵材料。同时，“古里国”条还记载了当时当地的习俗（如穿戴、沐浴、信仰、居室、饮食等）、交易办法、货物、货币、物产、法治、罪罚等，都十分详细。

郑和第七次下西洋的出发时间在明宣德五年（1430），宣德七年到古里，再往忽鲁谟斯（今译霍尔木兹），宣德八年三月返回古里。据中国学者刘迎胜（《丝路文化·海上卷》，浙江人民出版社，1995）研究，郑和约在此时去世于古里。郑和去世后，船队由副使王景弘领回中国。

除郑和七下西洋访问古里国外，据《明史·成祖本纪》，古里国曾于明永乐

卡利卡特港图　绘于1572年

三年（1405）、七年、九年、十三年、十四年、十九年、二十一年共七次“入贡”，《明史·宣宗本纪》又记古里国于宣德八年“入贡”。说明当时明朝与古里国来往十分密切。

清代谢清高《海录》“隔沥骨底国”条记曰：“在固贞（古译柯枝，今译科钦，在今印度喀拉拉邦）北少西。水路顺风约二日可到，陆路亦通。风俗与上（指固贞）同。土产胡椒、棉花、椰子，俱运至固贞售卖。”说明其时固贞在航运和贸易中的地位突显，取代了古里的枢纽地位。

中印商人丝绸交易雕像
印度卡利卡特中国丝绸街

郑和与古里的因缘在当地留下不少佳话。当地有一所清真寺，被称为“中国寺”，还有一条街被称为“中国丝绸街”，此外尚有日用品“中国壶”、“中国锅”等名称。在当地博物馆里，有许多明清时代的瓷器残片；在写本图书馆里，有中国清代的“乾隆通宝”、“嘉庆通宝”和“道光通宝”等。这说明古里地区同中国的贸易一直持续到鸦片战争时期。

近年来，由于郑和与古里的特殊因缘，中国学者、记者、旅行者对卡利卡特的访问日益增多，由这些人的报道可知，卡利卡特人对中国怀有深厚感情，有人到中国学习汉语，也有人到中国学习针灸推拿和武术等，有人发起中国文化节活动，也有人到中国参加潍坊风筝节并获大奖。

（薛克翘）

Guma' er

古马尔，J. Jainendra Kumar（1905.01.02～1988.12.24） 印度印地语作家。本名阿南迪·拉尔。生于今印度北方邦阿里格尔。幼年在叔父创办的私塾接受早期教育。1919年考入贝拿勒斯印度大学。1921年放弃学业，投身M.K.甘地领导的非暴力不合作运动，先后3次入狱。与印度作家M.普列姆昌德结下深厚友谊，在其逝世后接任杂志《天鹅》的编辑职务。

1928年，古马尔完成处女作中篇小说《考验》，于1929年出版。1930年发表第一部短篇小说集《圈套》。其他主要作品包括《苏尼达》(1935)、《辞职》(1937)、《格尔亚妮》(1939)、《苏克达》(1953)、《自由的安慰》(1965）等。其创作深受S.S.弗洛伊德精神分析理论的影响，作品中有大量细节描写和心理描写。1966年，其短篇小说《自由的安慰》获印度文学院奖。1971年获印度政府授予的二级莲花勋章。1979年成为印度文学院院士。

1956年，古马尔应邀来华参加鲁迅逝世20周年纪念大会。代表作《辞职》被译成中文，于1959年由人民文学出版社出版。

（贾岩）

Guri Quejiwangqiu

古日·却吉旺秋 gu ru chos kyi dbang phyug（1212～1270） 中国藏传佛教高僧，宁玛派掘藏大师。西藏洛札人，自4岁始接受启蒙教育，广泛涉猎苯教文化和佛教经论，在佛教方面又拜不同宗派的高僧大德，全面修学藏传佛教的新旧密法，曾在萨迦班智达·贡噶坚赞座前潜心修学发心，终于博通佛教显密宗教法。22岁时，即从拉亚宁吉奎巴南格尖等18处圣地发掘大批伏藏法，从此一鸣惊人，慕名前来顶礼求法的各派学僧络绎不绝。相传古日·却吉旺秋在自己的意念中亦产生一部伏藏法，故称他在19处发掘伏藏法。他曾创建两座佛殿，即古日殿和桑布德钦殿，以此作为据点，大力传扬自己发掘的伏藏法，遂自成一系，后人称其为“下部伏藏派”。他本人被奉为该派系的祖师。

（尕藏加）

guchui naoge

鼓吹铙歌 martial music of Han Dynasty 中国汉代军乐。中国春秋时代，军队中使用鼓，以壮声威，故有“一鼓作气”成语。但仅有鼓，还不是完整意义上的军乐。印度上古时代已有完整意义上的军乐。从印度两大史诗等文献可知，印度古代军阵中既使用皮鸣乐器，如大鼓等，气鸣乐器，如喇叭、笛子等，还使用体鸣乐器，如铙钹等，弦乐器，如维那等。而在希腊荷马史诗中则没有乐队参与作战的描绘。甚至在亚历山大东征

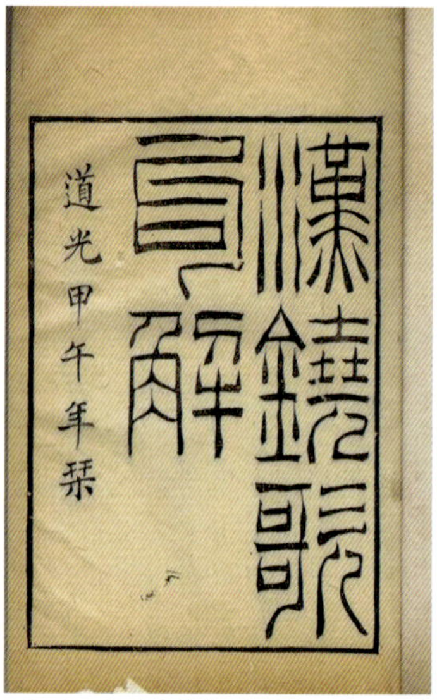

庄述祖《汉铙歌句解》清道光甲午刊本书影

《张议潮统军出行图》
中国甘肃敦煌石窟第156窟壁画（局部）

时，其部队打到埃及、两河流域、波斯和印度，仅在印度看到军队作战时使用乐队，感到新奇。这说明，直到公元前后，除印度外，世界上其他古老民族，如希腊人、罗马人、埃及人、亚述人、波斯人等，都没有在作战时使用过完整的乐队。军乐是印度古人的首创，世界上其他民族的军乐在一定程度上受到印度军乐的影响。

东汉蔡邕（133～192）《礼乐志》说："鼓吹铙歌，军乐也。"又说："短箫铙歌，军中用之。"说明中国汉代就提出了军乐的概念，是世界上最早的。将乐队用于军队，中国仅晚于印度。西晋崔豹（约活动于3世纪晚期）《古今注》说："横吹，胡乐也。张博望入西域，传其法于西京，唯得《摩诃兜勒》二曲，李延年因胡曲，更造新声二十八解。"可见，西域音乐在西汉时已传入中国。

（薛克翘）

印度奎隆椰子林

Gulin

故临 Kollam（now Quilon） 印度西南海岸城市。中国古代使者和商人曾多次访问该地。故临，即今印度喀拉拉邦的奎隆，位于印度西南海岸。该地为中国与阿拉伯地区交通往来的重要中转站，在中国古代典籍中多有记载，但称谓时有不同，如《宋史》卷四百九十称柯兰，宋代周去非《岭外代答》和赵汝适《诸蕃志》称故临，《元史》卷二百一十称俱蓝，《明史》卷三百零四、明朝马欢《瀛涯胜览》和巩珍《西洋番国志》均称小葛兰等。据《岭外代答》描述，故临人皮肤呈黑色，头发和胡须直而不弯，人多白布缠身，脚穿红色皮制鞋子。平常喜好练习张弓射箭，遇到战事，便在头上用彩色织品扎出发髻。国王也用布料缠身，出行有时乘象。该国人信奉佛教。有很多从阿拉伯来的外国人寄居在这里。《诸蕃志》称当地盛产椰子、苏木。酿酒用蜜糖和椰子花汁。中国元代政府对于俱蓝国十分重视。《元史》称："海外诸蕃国惟马八儿与俱蓝足以纲领诸国，而俱蓝又为马八儿后障。"元世祖忽必烈曾专派杨庭璧等为使节访问俱蓝，并携回其国书。后该国亦于元至元十九年（1282）三月派出使节赴元报聘。明代航海家郑和七下西洋，也曾到该地访问。随郑和访问的使团成员马欢在其《瀛涯胜览》中说：该国西面临海，东连大山，南北地狭。国人崇信佛教，尊敬牛和大象。各种果蔬这里都有。牛、羊有些不同。羊长得青毛长脚，高二尺三尺；黄牛则有三四百斤。卖酥油的很多，人们常用酥油拌饭。通常一日两餐。《明史》卷三百二十六说，小葛兰与柯枝接境。该地土地贫瘠，收获很少，但民风淳厚。输入中国的主要是珍珠伞、白棉布、胡椒等。永乐五年（1407）曾遣使入贡，明朝政府亦赠其国王锦绮、纱罗、鞍马诸物。

（葛维钧）

印度喀拉拉邦奎隆——椰林水乡

Gushi Hai

《故事海》 *Kathāsaritsāgara* 印度古代诗体故事总集。产生于11世纪下半叶。作者月天（音译苏摩提婆）是一位信奉湿婆的婆罗门，生平不详。其父名为罗摩提婆跋多。月天为迦湿弥罗（见罽宾）国王阿难陀提婆（约于1063～1081年在位）的宫廷诗人。《故事海》是其奉命为王后苏利耶摩蒂消遣而用梵文编撰的，约包含10万个诗节（颂）。

与《伟大的故事》之关系 《故事海》与德富的《伟大的故事》（或译《故事广记》，约产生于公元前200年～公元500年）这部印度古代规模最大的诗体故事总集存在渊源关系。《伟大的故事》曾广泛流传于迦湿弥罗，但在11世纪后失传。据推测，归在德富名下的原著是用一种业已死亡的俗语写成。这是一种古代印度的书面纯文学语言，而不是口头语言，曾通行于北印度。从词源角度看，这是一种"鬼语"（Paiśācī），即传说中的食尸鬼的语言。在檀丁（Dandin）的《诗镜》（Kavyadarshan）中，它又被称为Bhūtabhāṣa，可释为"鬼语"，亦可释为"死语"，即无人再讲的语言。国际学术界有人认为，"死语"之说较符合实际，而"鬼语"之说未免违反事理。据说，《伟大的故事》原本长达70万颂，篇幅超过史诗《摩诃婆罗多》，但因德富不用雅语梵文写作，

《故事海选》封面

娑多婆诃那国王意颇轻之。德富一怒之下开始焚毁诗稿，后被抢救出来的只有原诗的七分之一。《故事海》作为俗语《伟大的故事》梵文改写本，依然堪称鸿篇巨制，其篇章保存了散佚的《伟大的故事》。因而可让人们多少窥见原作风貌。

现存德富原著改写本至少有5种。一种是耆那教徒的古马哈拉施特拉语译本《婆苏提婆行记》，产生于7世纪之前。一种是古泰米尔语节译本《伟大的故事》，约产生于10世纪。其余梵语改写本有3种：一是觉主（音译佛陀娑弥）的诗体节译本《大故事诗摄》，产生于11世纪之前，问世于尼泊尔；二是安主（音译谶门陀罗）的《大故事花簇》（1037）；最后一种是月天的《故事海》（1070）。在安主和月天的两个缩写本与原著之间，还存在一个无名氏的、处于过渡阶段的俗语散文本，亦名《伟大的故事》，此过渡本又被称为“西北本”。与觉主的《大故事诗摄》不同，安主的《大故事花簇》和月天的《故事海》均以无名氏的“西北本”为母本。《**五卷书**》和《**僵尸鬼故事二十五则**》等印度著名故事集也以无名氏的“西北本”为母本。由此推断，《故事海》在内容和形式上与《伟大的故事》应有很大差异，但它在印度文学史和世界文学史上均占有重要地位。

基本内容　《故事海》全书分18卷，计124章，除散文部分外，包含约2.2万个诗节，篇幅大于史诗《**罗摩衍那**》（现代精校本，18 700余颂）。第一卷以《伟大的故事》创作缘起为主干。第二、三卷以优填王的故事为主干，其余各卷以优填王之子那罗婆诃那达多的历险故事为主干。那罗婆诃那达多的故事为全书的中心，围绕主干故事，尤其是优填王之子的故事，铺陈出大小故事350多个，使《故事海》成为印度现存最大的故事集。这些故事种类繁多，既有神话、传说、寓言，也有童话和民间故事，内容驳杂而丰富。《五卷书》和《僵尸鬼故事二十五则》早期校本分别被其收入第10卷和第12卷中。《故事海》的意义绝不限于故事本身，它也是人们了解古代印度社会与文明发展的重要文献。《故事海》在印度和世界文学中的强大生命力，在于它离奇的故事性和强烈的艺术感染力，已传入世界许多国家和地区。

英文译本　英国学者C.H.托尼期旅居印度期间将《故事海》全译为英文，分两卷本（共1 300页），于1880、1884年分别出版。英国东方学家N.M.彭泽于1924～1928年推出一套10卷本《故事海》英译本，增加了大量注释和评论，并对不同文化中的相关故事进行了比较研究，提出了自己的见解。

在中国的译介　20世纪上半叶，中国学术界开始了解到《故事海》的存在及其重要价值。郑振铎在20年代后期撰写比较文学论文《榨牛奶的故事》中说：“印度的巨大故事集《故事海》中，以及《魔鬼的二十五故事》（即《僵尸鬼故事二十五则》），《鹦鹉的七十二故事》（即《鹦鹉故事七十二则》），《五经书》（即《五卷书》）中，也都各有极可笑的愚蠢人的笑话在着。”许地山在《印度文学》（1930）中专设“寓言与故事”一节，表示了对印度民间文学的关注，其中，对《鬼语二十五则》（即《僵尸鬼故事二十五则》）、《鹦鹉所言七十则》（即《鹦鹉故事七十二则》）作有简介，并论述它们与安主的《广故事穗》（即《大故事花簇》）、月天的《故事海》、德富的《故事广记》之关系；他还亲自译有若干印度民间故事。龙章所译《印度文化史》（1948）中亦提到《故事广记》和《故事之海》。季羡林在《五卷书》（1959）汉译本初版序中提到《故事海》及安主的《大故事花束》（即《大故事花簇》）。金克木在《梵语文学史》（1964）中设专章论述《伟大的故事》和《故事海》。他认为，《故事海》“在印度古代几乎有和两部史诗（或者还加上某些往世书）同等的地位”。黄宝生在季羡林主编的《印度古代文学史》（1991）中，以一节的篇幅专门介绍《故事海》的版本、内容和艺术特色。王晓丹选译《故事海》中的4个长篇故事，发表于薛克翘等主编的《东方神话传说》第五卷（1999）。黄宝生、郭良鋆、蒋忠新的《故事海选》汉译本，由人民文学出版社于2001年印行，使中国读者得以领略《故事海》这部享誉世界的印度古典故事文学名著的大致风貌。黄宝生在“译本序”中对《故事海》的艺术成就给予精当评价：“《故事海》虽然以世俗故事为主，但其中许多故事的传奇性，在相当程度上还是依赖印度教和佛教的一些传统的宗教神话观念，诸如神、半神、魔、仙人、咒语、神通、业报、转生、下凡和变形等。这些神奇的或神秘的宗教色彩，与许多故事本身蕴含的趣味性和幽默感，形成了《故事海》经久不衰的艺术魅力。”

（刘建）

Gu Kaizhi

顾恺之　Gu Kaizhi（约346～407）　中国东晋画家。字长康。晋陵无锡（今属江苏）人。出身贵族，曾任参军、散骑常侍。他多才多艺，工诗赋、书法，尤精绘画，擅长人物肖像、历史故事、花鸟、山水，以及佛教与道教题材。他曾在建康（见**南京**）瓦棺寺绘制佛教壁画《维摩诘》。这幅维摩诘画像“目若将视，眉若忽颦，口无言而似言，鬓不动而疑动”（《瓦棺寺维摩诘画像碑》），呈现“清羸示病之容，隐几忘言之状”（《历代名画记》），类似“秀骨清像”的魏晋名士的写照。他画人物特别重视描绘眼神，认为“四体妍媸本无关于妙处，传神写照正在阿堵（阿堵，意即这个，此处特指眼睛）中”（《世说新语》）。他作画笔迹周密，紧劲连绵，如春蚕吐丝，把“高古游丝描”发挥到极致，与南朝画家陆探微被后世并称为“密体”画法的代表。相传其绘画代表作有《女史箴图》（唐摹本）、《洛神赋图》（宋摹本）、《列女仁

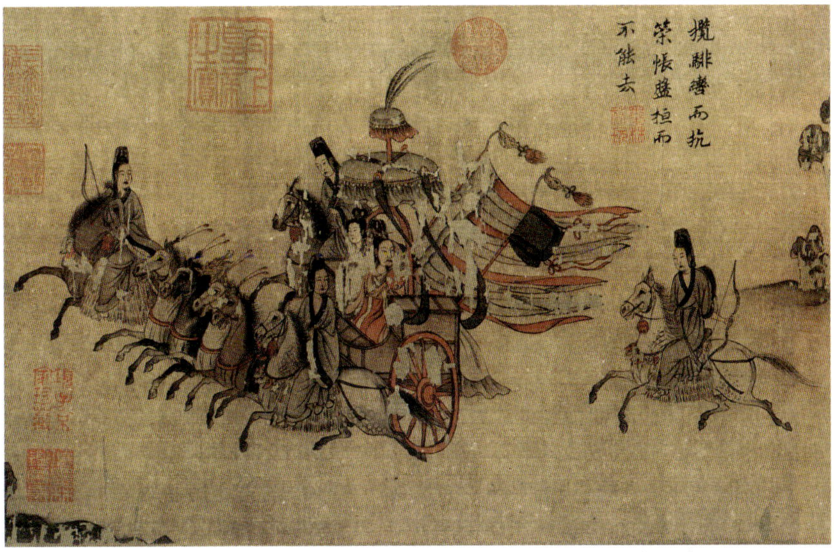

《摹顾恺之洛神赋图》(局部)　宋代佚名画家绘　现藏中国辽宁省博物馆

智图》(宋摹本)等。著述有《论画》、《魏晋胜流画赞》、《画云台山记》等，提出"迁想妙得"、"以形写神"等观点，对后世中国画影响深远。

（王镛）

Gu Yanwu

顾炎武　Gu Yanwu（1613～1682）　中国明末清初思想家。本名绛，字宁人，又号亭林。江苏昆山人。明朝时屡次应

试都未得中，于是放弃科举进路，隐居山中，讲求"明体达用，经世济人"之学。顾氏一门，在明朝曾为显宦，清兵入关后，顾炎武的嗣母王氏曾对他说："我虽妇人，受国恩矣，今必死！"于是绝食而死，并告诫后人不要出仕清廷。顾炎武曾参加抗清义军。义军失败，顾炎武写下了"我愿平东海，身沉心不改"的诗句，之后刻厉为学，十谒明王陵，遍游华北各地，联络天下义士，以图反清复明。为寻求理想的措身之地，存其志业，再申抱负，他遍观四方，最后定居华阴，终身留在秦地。因为他认为秦人慕经学，重处士，持清议；华阴又地处关河之口，即使足不出户，也能见天下之人，闻天下之事；一旦有事变，又可以马上入山，若要游历四方，一出关门，可达各处。清康熙十年（1671），翰林院掌院学士熊赐履邀请顾炎武预修《明史》，顾炎武正言相告："果有此举，不为介推之逃，则为屈原之死"；后征召鸿博之士，天下读书人争相前往，但是顾炎武却委托门人为之请辞，称"刀绳具在，勿速我死"，可见其不变节之志。顾炎武长于音韵地理之学，多有纂述。后人称赞他说："先生贯通经史，上下古今，以卓荦不群之材，抱俯仰无穷之志。足迹半天下，所交皆贤豪有道之士；而卒著书以老，使人追慕于简策之间而不能置。"顾炎武宗尚程朱，指出为学之要有两条，一是博学于文，一是行己有耻。他认为从一己之身到天下国家都是学问之事；而为人臣、为人弟、为人友，甚至出入、往来、辞受、取予，都是有耻之事。他认为王阳明作《朱子晚年定论》是荒谬之作。他曾说大学言心不言性，而中庸则言性不言心。如果单举一个心字来概括圣贤学问则不可。他认为圣人之道，下学上达之方是行在孝悌忠信，职在洒扫进退，文在《诗》、《书》、《礼》、《易》、《春秋》。顾炎武著《日知录》32卷以遗后世，认为虽不能为当时人所接纳，却可以有裨益于天下。顾炎武是位通儒，但他之所通，不在外而在内，不在制度典礼，而在学问思辨。他平心察理，事事求实，凡所论述，都仔细推敲，往往折中于朱熹。

明中后叶，阳明后学泛滥几至于狂禅，空谈心性，而于名物典章，音韵训诂少有研习。顾炎武目睹学林时弊，力图复旧学规模，倡导文字训诂音韵之学。因此清代二百余年，音韵文字学勃然兴起，顾炎武居功至伟。顾炎武认为反切是从西域传入中国的，至齐梁时才盛行，有了反切的普及才有详细的声病之说。

顾炎武留心实用，对各地物产交通以及文化技艺，多有留意，他的《天下郡国利病书》记载了南亚诸国的位置、物产和交通情况，在《日知录》中则采集古史中有关印度的资料，如在《西域天文》一条中曾称引唐书中"泥婆罗国，颇解推测盈虚"、"天竺国，善天文历算之术"等句。

（江巨浪）

Gu Yue

顾越　Gu Yue（493～569）　中国南朝学者，文人。字允南（《陈书》作思南）。吴郡盐官（今浙江海盐）人。顾越幼年明慧，有口才，有志于学。励精学业，不舍昼夜。弱冠在京都游学，通儒硕学，必登门造访，讨论商榷，不知倦怠。"至于微言玄旨，《九章》、《七曜》，音律图纬，咸尽其精微"(《南史·顾越传》)。尤精《毛诗》，特善《庄》、《老》。与贺文发一起为梁南平王所重，人称"发、越。"累迁至国子博士。侯景之乱后，栖隐于虎丘山。天嘉中，诏侍东宫讲读，迁给事中、黄门侍郎。当时陈朝初建，许多疑义未决之事都向他咨询，均被采纳。后被谮有异志，坐免，卒于家。著有《丧服》、《毛诗》、《老子》、《孝经》、《论语》等义疏四十余卷，诗、颂、碑、志、笺、表，凡二百余篇。

（钮卫星）

Guanyin

观音　Avalokiteśvara　佛教菩萨。又称观世音、观自在、光世音等。

两晋南北朝时期，观音就受到中国佛教信徒和民众的特殊崇拜。佛经中关于观音的介绍主要在《法华经》、《华严经》、《无量寿经》、《楞伽经》等当中。《法华经》，西晋竺法护译作《正法华经》；

后秦鸠摩罗什再译新本，称《妙法莲华经》，成为后世通行的本子。《法华经》的《观世音菩萨普门品》中对观音菩萨有详细介绍：他能够救苦救难，尤其是念诵他的名号就可以得到他的救助；他有“三十三身”，能够变化出各种身份为众生说法和纾解灾厄，能变现为男身也能变现为女身，平易近人，深受中国信徒喜爱和敬奉。故在东晋时，民间就流传有各种观音显灵故事，还出现了谢敷编辑的《光世音应验记》(约4世纪后期)。南北朝时出现了张演编辑的《续光世音应验记》(5世纪中）和《系观世音应验记》(公元501)。当时，观音多以男身出现，但有时也现女身。《北齐书·徐之才传》即说观音变现为一美妇人自空中下，身长数丈，亭亭而立。随着印度密教的发展，观音形象也不断发生变化，陆续出现了十一面观音、千手千眼观音、马头观音、准提观音、如意轮观音、不空罥索观音等。中国信徒也逐渐将这些观音奉为神明崇拜。有关观音的密咒也广为流行。其中流传最广、影响最大的是《大悲咒》，至今仍为僧尼早课的必诵经文。

唐代，中国民间多将观音作为女神崇拜，出现了一些中国自创的观音新形象，观音开始由印度神向中国民间神演化，如水月观音、送子观音、白衣观音、

观音像　中国甘肃敦煌莫高窟壁画临摹画

鱼篮观音、蛤蜊观音、马郎妇观音等。观音形象变化丰富，其名号深入人心，有关形象成为雕塑和绘画的题材，有关故事层出不穷。10～11世纪，中国南北各地均出现一些观音崇拜的中心，如河南宝丰附近的香山寺、浙江杭州的上天竺寺等。观音也进一步中国化，被说成是“妙善公主”。约在此时或稍晚，中国民间出现了演义观音身世的《香山宝卷》。据佛典，观音的住处本在印度南海普陀洛迦山，而此时则被国人定于浙江宁波海外的普陀山。妙善公主的生日也确定为农历二月十九日，即通常所说的观音诞日。

菩提叶观音像

明代，中国民间的观音信仰达到高潮，有人在《香山宝卷》基础上写出小说《南海观音全传》、杂剧《香山记》等。这一时期的观音宝卷还有《鱼篮宝卷》、《提篮宝卷》、《卖鱼宝卷》、《西瓜宝卷》、《观音妙善宝卷》、《鹦哥宝卷》、《善才龙女宝卷》、《救苦救难灵感观世音宝卷》等。相关小说有《西游记》、《四游记》等，杂剧有《观音菩萨鱼篮记》、《锁骨菩萨》和《鱼儿佛》等。观音也影响了道教，成为道教神明，被写进道家典籍。明代小说，如《西游记》中，观音已被刻画成美女形象。清代以后，在《香山宝卷》的基础上又编出一部新兴宗教的经典《观音济度本愿真经》，各种名目的戏曲也被一再改编，典型者如京剧《大香山》、《碧波仙子》，及湘剧《追鱼》等。

由于藏传佛教的传播，观音在中国的藏、蒙古等少数民族中有很大影响。西藏布达拉宫即因观音住处普陀洛迦山而得名，达赖喇嘛也被认为是观世音的转世活佛。各种艺术品，如雕刻、唐卡等，也有很多以观音形象为题材。总之，观音已由印度神演变为中国神，在民间的影响超过如来佛及其他菩萨。

（薛克翘）

Guanyin Danri

观音诞日　中国佛教节日，中国民俗节日。俗间传说，二月十九日为观音诞日，中国民间在这一天要举行观音会。据潘荣陛《帝京岁时纪胜》载北京清代习俗：“十九日为观音大士诞辰。正阳门月城内观音庙香火极盛，城内外白衣庵、观音院、大悲坛、紫竹林，庙宇不下千百，皆诵经聚会。”北方如此，南方也是一样，也举行纪念、祈祷活动。如《中华全国风俗志》记江苏吴中，“二月十九日，为观音诞辰。士女骈集殿庭炷香，或施佛前长明油灯，以保安康。或供长幡，云求子得子。既生儿女，则于观音座下，皈依寄名，可保长寿。僧尼建观音会，庄严道场，香花供养”。中国民间信仰观音要胜过如来佛。

（薛克翘）

Guanxiu

贯休　Guanxiu (832～913)　中国僧人，诗人，画家，书法家。俗姓姜，字德隐，中国浙江兰溪人。7岁出家，生活在唐朝末期和五代初期，有自编诗集《西岳集》(后改名为《禅月集》)。今《全唐诗》卷八二六至卷八三七收入其诗，共12

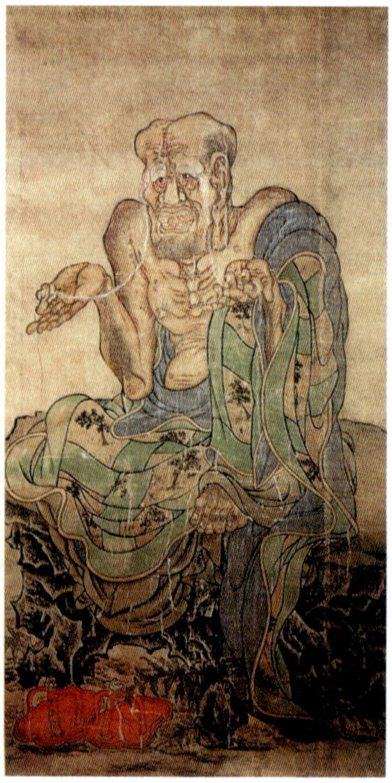

卷。作为僧人，常与名人往来，也与权贵交往，但对封建统治阶级的骄奢淫逸看不惯，时有写诗进行讽刺。贯休除写有一些与佛教和佛教人物、佛教思想关系密切的诗以外，还有一些仿古诗作，为数可观。

（薛克翘）

guanding

灌顶 abhiṣeka 印度古代王者即位时所举行的重要仪式之一。后扩大到民间，尤其是宗教团体之中。

灌顶仪式原为“王祭”的第二项内容。举行时，首先向**因陀罗**、**苏摩**、**伐楼拿**、**密多罗**等大神祭献用各种谷类做成的面饼，然后由宫廷祭司主持诵念七种经文，祈祝国运昌盛，新王长寿。新王则内着绸衣，外覆素色毛氅和斗篷，额束布带，带端从胸前塞入斗篷。诵经后，新王端坐于虎皮之上。祭司向他的

佛陀诞生九龙灌顶图
敦煌遗画　现藏英国博物馆

头顶和身上洒水，圣水来自大海、娑罗私伐底河及旋涡、池塘、水井和天露，并浸以大麦和黍类。参与洒水的还有新王的兄弟、亲属、贵族和吠舍。新王宣誓克尽职守，并敦请婆罗门祭司鼎力帮助，襄成治事。人们在他的手臂上涂以油膏和香料。他则举目望天，听祭司祝他的统治如中天之日。然后登榕木御座，让祭司为他除发；头发置于一束拘舍草上。众祭司在他的身上再次涂满酥油和牛奶的混合物后，便可宣布一个至高无上，所向无敌，遵行大法，保护婆

佛陀诞生九龙灌顶图
敦煌遗画　现藏英国博物馆

罗门的国王诞生了。一个恢复失地，重振雄威的国王也可以举行“二次灌顶”。随时间的推移，仪式趋于繁复奢华，如取水要用金罐，洒水要用有100个洞的容器，参加庆典的百姓要奉献礼物，事后要盛装游行，大张宴席等。仪式期间，为示王恩普被，不仅要慷慨布施僧俗，大赦囚犯，废止死刑，还要牛马卸套，禽鸟放生。

佛教密宗阿阇梨绍位，俗众结佛缘等亦有灌顶仪式，但往往仅取其名，用水与否倒不一定。佛教密宗的灌顶仪式也传到中国。

（葛维钧）

Guangyuan

光远 Guangyuan（约活动于10世纪）中国去印度求法僧人。据《**佛祖统纪**》卷四三、《宋史》卷四九〇，光远为成都僧人。为宋太祖乾德四年（966）奉诏去印度求法僧团（157人）之一员。宋太宗太平兴国七年（982）归国，至北宋都城汴京（今河南开封），带回印度国王没徙（一作徒）囊的国书、佛顶骨舍利、贝叶经和菩提树叶，献给朝廷。宋太宗命此前从印度来华的**三藏法师施护**翻译国书。国书中，对支那国（见**中国**）天子表示敬意，感谢向金刚座寺**如来佛像**赠送袈裟，并祝愿天子长寿，人民得到佛的救助。据《新续高僧传》卷一《天息灾传》，光远归国后进译经院参与佛经翻译工作。

（薛克翘）

Guangzhai Li

《光宅历》 *Guangzhai Calendar* 中国古代历法。唐武后（684～704年在位）时太史令**瞿昙罗**奉召始作于圣历元年（698），罢作于圣历三年，未获颁行。历法术文和数据今已不存。

《光宅历》的制作，缘起当时的《**麟德历**》已经产生偏差。根据《旧唐书》卷三三《历志二》中的记载，神功二年（698）司历以腊月为闰月，并且历法的误差已达一日，以至前一年岁末晦日月见东方，于是武太后下诏称“宜改历于惟新，革前非于既往。可以今月为闰十月，来月为正月”。于是改元圣历，命太史瞿昙罗造新历。到圣历三年又恢复行用夏时，《光宅历》不再行用。

《光宅历》为仕唐印度天文学家瞿昙罗所作，其中可能包含有印度天文历法知识。日本学者薮内清便推测《光宅历》“是根据印度天文学计算天象的一种天文表”。《新唐书》志第四十九艺文三历算类著录有“南宫说《光宅历草》十卷”。南宫说在中宗“反正”（705）之后，以太史丞的身份作了《神龙历》，史称“其术有黄道而无赤道”，取“母法”为一百，又以远地点作为推算月行迟疾的起点，这些异于中国本土历法传统的做法与印度传入的具有希腊源头的天文历法知识相吻合。《神龙历》很可能是南宫说在学习、研究《光宅历》的基础上编造而成。《神龙历》既成，而睿宗即位（710），又罢之而未获颁行。

（钮卫星）

Guangfa Si

广法寺 bstan vphel gling 中国藏传佛教格鲁派寺院。位于今四川阿坝藏族自治州金川县安宁镇末末扎村境内。根据史书记载，广法寺的前身为一座著名苯教寺院，称“雍仲拉顶寺”。清乾隆四十一年（1776），金川战事平息，清廷强令废除苯教，改兴**藏传佛教**，将原苯教寺院改建为藏传佛教格鲁派寺院。寺院改建完成后，名广法寺，清廷将其作为嘉绒地区，尤其金川地区推行藏传佛教格鲁派的中心寺院，并列入清朝皇家寺院范围，由理藩院委派高僧出任

广法寺大殿

堪布并行使管理权，在当地招集徒众住寺修学佛法。寺僧实行度牒制度，朝廷直接下拨寺院各项开支。同时，广法寺住持堪布兼管周边藏传佛教寺院，堪布三年一轮换。清廷相续委派13届堪布之后，转由西藏地方政府派遣广法寺堪布。经过清朝中央政府和西藏地方政府的大力扶持以及历届堪布的尽心管理，广法寺迅速发展壮大，至道光年间(1821～1850)，寺僧达2 000余名。

（尕藏加）

Guang Hongming Ji

《广弘明集》 中国佛教文集。唐代道宣继承梁代僧祐《弘明集》(T2102) 之旨，以弘法、护教为目的而编纂。

梁代僧祐编纂《弘明集》，只自作了集末的《弘明论》及一篇序文，而道宣《广弘明集》则收入了大量自己所写作的弘法文章。《广弘明集》不同于《弘明集》的分卷而采用分篇，道宣将文章依内容不同编排为十个篇章，包括归正篇、辩惑篇、佛德篇、法义篇、僧行篇、慈恻篇、诫功篇、启福篇、灭罪篇、统归篇，涉及佛性、修行、福德、二谛、佛教与道教间论争等许多重要的话题，每篇开头均有道宣撰写的短小序文。全书共收录130余人的文章共300多篇，使众多作品得以留存而免遭散佚，保存了大量重要的历史、哲学文献资料。依道宣所作序文，《广弘明集》共30卷，但由于分卷方式的差别，现存有30卷和40卷两个版本，《大正藏》所选为30卷本。

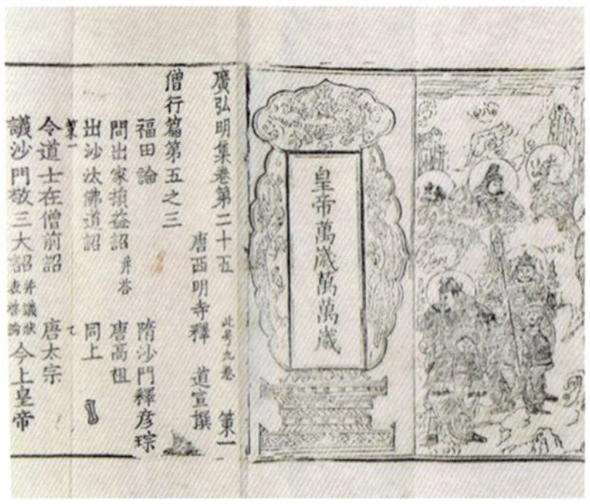

《广弘明集》书影

（陈帅）

Guanglin Aoyishu

《广林奥义书》 *Bṛhadāraṇyaka Upaniṣad* 印度最古老同时也是最重要的奥义书之一。传为仙人祭言所作，约成书于公元前7世纪。

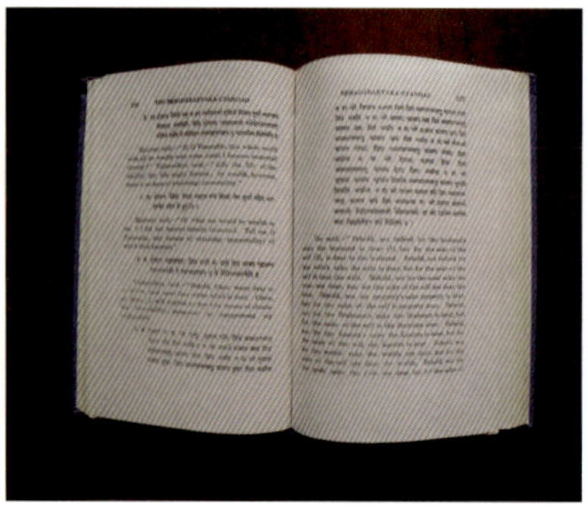

《广林奥义书》书影

《广林奥义书》属于《白耶柔吠陀》(见《耶柔吠陀》)系统。全书分为6章，主要内容有：圣典对人的行为加以规定的内在含义；行善得善果，行恶得恶果的轮回业报理论；梵是什么；"唵"字的重大意义；人的修行方式；梵我一如的理论；解脱之道，等等。该奥义书的某些描述和论列十分有名，常为后世所引用。如它把人通过死亡和再生一次又一次流转于无穷的轮回，比喻为一只毛虫爬到一片叶子的末端时就会蜷起身子，再爬上另一片叶子，"他按照自己的行为和处身方式进行转变，行为好的变好，行为坏的变坏"。关于梵，它用通过否定达到肯定的方式定义为"不粗、不细、不长、不宽、不（似火）红、不（似水）湿、没有阴影、没有黑暗、不是空气、不是以太、不（似紫胶般）黏附、无味、无臭、无眼、无耳、无声、无想、无热、无呼吸、不可入、不可量、无内、无外、不食也不被食"。同时，它又认为梵具有真、显二相即本体和现象的区别："一为有形体的，另为无形体的；一为有生灭的，另为无生灭的；一为静持的，另为游动的；一为此有，另为彼有。"关于人的修行方式，它提出布施、正行、苦行、禁欲、同情、不杀生、不妄语等。该奥义书的这些论述对后世印度思想的发展产生了重要影响，或为正统派印度教哲学所继承发挥，或启发了其他非正统宗教哲学的某些理论。

（葛维钧）

Guangren Si

广仁寺 Guangren Temple 中国藏传佛教格鲁派著名寺院。位于陕西西安古城墙城内西北角。清康熙四十二年(1703)，康熙帝巡视西陲，御批在中国西北重镇西安建造一座藏传佛教格鲁派寺院。康熙四十四年寺院建成后，康熙帝赐寺名"广仁"，亲书"慈云西荫"横匾，撰写《御制广仁寺碑》铭，叙述建寺背景、缘由和目的。当时广仁寺的主要功能和实际用途是为西藏、青海、甘肃和蒙古等地区的藏传佛教高僧活佛进京路过陕西一带的住宿修养之所。

广仁寺的建筑布局为汉式寺院格局，在中轴线上依次排列天王殿、文殊殿（宗喀巴殿）和大佛殿（弥勒殿）三重院落；每个院落两侧布置配殿、厢房和跨院。佛殿内外雕塑及装饰等具有浓郁的藏传佛教文化风格。如天王殿的正脊上，两鹿相对，中立法轮；文殊殿内主尊供奉宗喀巴铜像，周边佛龛内安置千尊宗喀巴小像；大佛殿内主尊供奉弥勒铜像，周边经架上摆放藏文大藏经。

广仁寺的宗教仪式，按藏传佛教格鲁派的教法仪轨举行：每年农历一月举行祈福法会；农历三月举行绿度母法会；农历四月举行嘛呢法会，以纪念佛祖释迦牟尼诞生、成佛、涅槃三大吉

广仁寺大门

日；农历十月举行燃灯节，以纪念宗喀巴·洛桑札巴大师圆寂。

（尕藏加）

Guangzhou

广州 Guangzhou　中国城市，重要的对外通商口岸，海上丝绸之路起点之一。

秦汉时代，番禺（今广州）已经是全国著名的货物集散地和贸易中心。《史记·货殖列传》载，番禺“乃珠玑、犀（角）、玳瑁、果、布之凑”。这些货物明显与南洋海岛国家，甚至与南印度有关。西汉时期，番禺属交州南海郡，为郡治。《汉书·地理志》亦明确记载：其地“处近海，多犀（角）、象（牙）、珠玑、玳瑁、银、铜、果、布之凑，中国往商贾者多取富焉。番禺，其一都会也”。约当中国的东汉初期，古罗马科学家普林尼（Gaius Plinius Secundus，23～79）在《自然史》中记载，中国商人航海至印度和斯里兰卡的港口，同希腊、埃及商人交易，交易的货物主要是明珠、各种宝石、香料和纺织品，罗马人曾用红海出产的珍珠交换中国的丝绸，每年因贸易有大量金钱流入印度、中国和中东。这一记载与中国典籍的记载可相印证。《后汉书·西域传》记载，大秦（罗马帝国）“与安西、天竺交市于海中，利有十倍”。“其王常欲通使于汉，而安息欲以汉缯与之交市，故遮阂不得自达。至桓帝延熹九年，大秦王安敦遣使自日南徼外献象牙、犀角、玳瑁，其乃得一通焉。”至此，连接亚、非、欧三大洲的海上丝绸之路已经形成。

三国承东汉建制，在今广东、广西、越南等地置交州。交州下辖九郡一洲。其中七郡一洲滨海，它们是南海郡（略当今广东东部）、高凉郡（略当今广东阳江至茂名一带）、合浦郡（略当今广西部分地区）、朱崖郡（略当今雷州半岛）、交趾郡（略当今越南北部地区）、

广东船式图

九真郡（略当今越南中部清化至河静一带）、日南郡（略当今越南南部广溪至广治一带）和朱崖洲（今海南岛）。交州州治和南海郡治都设在番禺。汉献帝延康元年（220），孙权委派吕岱为交州刺史，前往番禺上任。黄武五年（226），根据吕岱建议，孙权决定从交州分出一个新的州，定名为广州，州治番禺。吕岱为首任广州刺史。孙吴时，广州地区社会相对安定，造船业得到飞速发展，孙权曾多次派使者出海。朱应和康泰受孙权委派，曾于黄龙三年（231）出使扶南（位于今中南半岛南部），十余年后回国，分别著有《扶南异物志》和《扶南记》(又称《吴时外国传》)，记叙中国与南洋诸国的海上贸易。佛教僧人也于此时通过海路来华，在江南一带传播佛教。如康僧会，祖上本康居（约在今中亚巴尔喀什湖和咸海之间）人，世居天竺，其父因商移居交趾，康僧会在其双亲故后北上，赤乌十年（247）到达建邺（今南京），建立寺院，供奉佛像，传播佛教。因康僧会说服了孙权，孙权为之建塔寺，名建初寺，其所在地名佛陀里。

两晋南北朝时期，广州发展为重要港口城市，成为中外经贸的中心。许多外商来到广州。师子国（今斯里兰卡）、天竺、波斯（今伊朗）和昆仑（指扶南等地）的船只都曾停泊于广州港。于是有更多的佛教僧侣搭乘商船来往于中印之间。据《高僧传》卷九，西晋时，天竺僧人耆域就是乘商船到达广州的，然后北上传教。据《高僧传》卷一，东晋时罽宾僧人昙摩耶舍曾游历诸多郡国，于隆安年间（399年前后）到达广州，住白沙寺。传说今广州光孝寺的前身王园寺即由他所建。据《佛国记》，东晋法显于399年由陆路去印度取经，返回时从印度乘商船到斯里兰卡，又从斯里兰卡迷航到爪哇岛，再乘到广州的商船回国，却因海上迷失方向，于414年误抵青岛崂山。据《高僧传》卷三，刘宋时，中天竺僧求那跋陀罗经师子国随商舶泛海，于元嘉十二年（435）至广州，宋太祖命人将他迎入京师。而据《续高僧传》卷一六，史称中国禅宗初祖的菩提达摩本南天竺人，于刘宋末年（约479）取海路自印度抵达广州，后北上

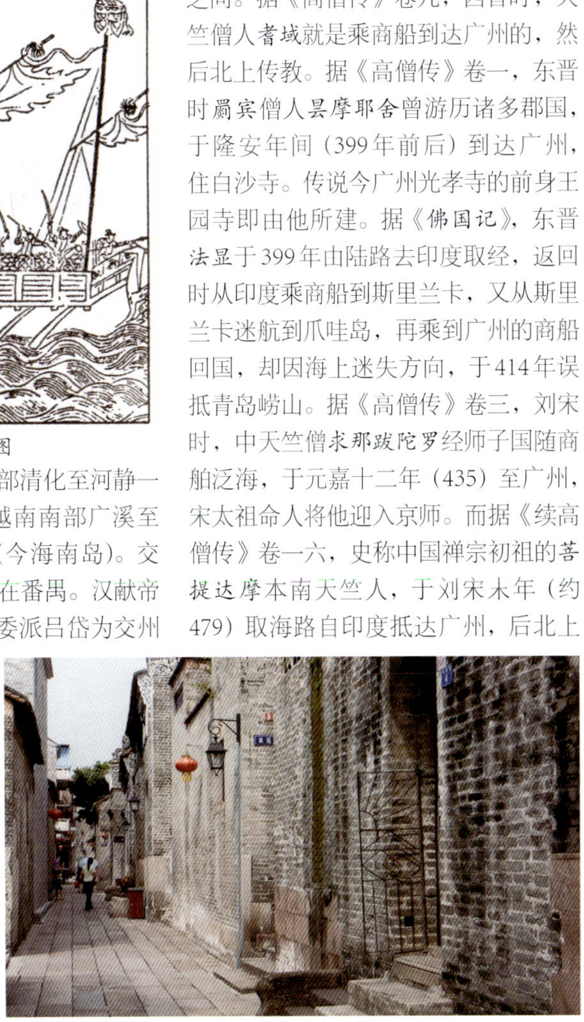

广州番禺沙湾古镇

广州黄埔村黄埔古港遗址

“古港遗风”牌坊　广州黄埔村黄埔古港

传教，成为中国佛教史上的传奇人物。关于菩提达摩的传说很多，也有梁代来华说，并说他与梁武帝意见不合而“一苇渡江”，到少林寺面壁9年。他在广州也留下了痕迹，在今广州荔湾区下九路，有一个称作“西来初地”的地方，相传即菩提达摩登陆之地，如今建有华林寺，并立有牌坊，上书“西来初地”四字。

终宋、齐、梁、陈四代，陆续有印度、西域僧人自海路来华，多随商舶在广州登陆。说明其时从西方到南海的路线虽然充满风险，却也畅通。据《梁书》卷五四《海南诸国》：“自梁革运，其奉正朔，修贡职，航海岁至，逾于前代矣。”书中列出15“国”，除南洋诸国，如林邑国（今越南最南部）、扶南国、盘盘国（在今泰国境内）、丹丹国（今马来半岛）、干陀利国（在今马来半岛）、狼牙修国（在今泰国南部北大年一带）、婆利国（在今印度尼西亚爪哇岛东之巴厘岛）等外，还有南亚的中天竺国、师子国、罽宾国，以及欧洲的大秦国。此外，由于当时中国南朝的首都在今南京，来华外国商船有时也将广州作为中转站，作停留后再转而北上，进入长江，到扬州、江陵等地经商。据学者冯承钧《中国南洋交通史》考证，其时即有“天竺王舶”溯江而上，至江陵。据学者黄启臣、赵善德等研究，此时海上贸易货物品种已明显增加，仅出口货品，除传统的丝绸、金银、漆器外，还有陶瓷、衣物等。

“海不扬波”牌坊　广州南海神庙

隋代为时较短，二世而斩，仅38年。但文、炀二帝都很重视对外关系。文帝曾下《安边诏》，命广州等地官员不得非法盘检外国商船和贡使船。炀帝也安排百戏，大张旗鼓地欢迎外国使臣，还曾派遣使者出使南洋“赤土国”（在今印度尼西亚苏门答腊，一说在今马来半岛南部）。

唐代贞观元年（627），分天下为十道（大行政区），广州属岭南道。高宗永徽年间（650～655），设节度使。玄宗开元二十二年（734），分天下为十五道，加设岭南五府经略使。节度使和经略使既握有兵权，负责边镇守卫，也握有涉外权，负责接待外国使者、监管外舶外商等事宜。宪宗元和年间（806～820）在岭南节度使以外，增设押蕃舶使，主管外来使节和商人等涉外事务。从唐代初期开始，朝廷就在广州设立了“岭南市舶使”一职，代表中央政府主管东南沿海的贸易和税收事宜。市舶使有自己的专门机构“市舶使院”。据学者李庆新研究，唐初期，市舶使有时由朝廷特派，有时由岭南地方官兼任；开元年间（713～741），以宦官充任；中唐以后，既有由岭南帅臣兼任的情况，也有宦官充任的情况。

由于唐太宗实行对外开放政策，有唐一代，对外交流频繁，中印文化交流也出现盛大局面。德宗贞元年间（785～805），宰相贾耽撰《海内华夷图》，其中写道，从边境诸州出国主要有七条通道，其中有“广州通海夷道”。《新唐书·地理志下》记载了“广州通海夷道”的详细航行路线和行程时间表，大体为从广州出发，经南洋若干国，到师子国、南天竺、西天竺，乃至今伊朗、伊拉克、诸阿拉伯国家和东非桑给巴尔。据学者李庆新统计，总共要经历90多个国家和地区，不计停留时间，仅航行时间需要89天，其航程达1.4万千米。广州是这一航线的东方起点。而在唐代全国的交通网络中，广州起着中间站的作用，凡海路来华者，如使者、商人和僧侣等，大多经广州上岸，然后北上长安、洛阳等地。开元年间，唐帝国与70多个国家保持外交关系，天宝年间（742～757）稍逊，但经贸关系仍然密切。据日本人所撰《唐大和尚东征传》，天宝七载（748），鉴真和尚第五次东渡日本失败，来到广州，见到珠江上有婆罗门（印度）舶、波斯舶、昆仑（指马来半岛一带）舶等无数，各国客商云集，宝货囤积如山。天宝十载，张九皋为南海太守兼岭南五府经略使，其死后墓碑上提到当时贸易盛况：“异域殊乡，往来辐辏，金贝惟错，齿革实繁。虽言语不通，而贽币交致。”安史之乱之后，岭南也经历了一段时间的动乱。到德宗贞元年间（785～805），广州贸迁盛况再度恢复。杜佑（735～812）于贞元初出任广州

广州十三行美国商馆

刺史兼岭南节度使，因势利导，推以诚信，又使“万船继至，百货错出”。穆宗长庆初年（约821），工部尚书郑权外任岭南节度使，韩愈曾写《送郑尚书序》，称其时“外国之货日至，珠、香、象、犀、玳瑁，稀世之珍，溢于中国，不可胜用”，指出了当时最主要的外来货物，也是传统的进口商品。杜佑到过岭南，故其《通典》卷一九三所记印度物产更详。除了如狮子、犀牛、大象、骆驼等动物外，也记有一些珠宝类物产、金属、毛织品、香料等，他特别提到火齐，“如云母而色紫，裂之则薄如蝉翼，积之则如纱縠之重沓”。还强调了金刚石“似紫石英，百炼不销，可以切玉”。

广州十三行英国商馆

五代十国时，南汉刘氏统治岭南时间最长，并依靠海外贸易富甲一方。宋开宝四年（971）二月，平岭南，六月，置市舶司于广州。市舶司制度是在唐代市舶使制度基础上发展而来，主要负责监管对外贸易。此后，泉州、杭州和明州（今宁波）等地也陆续设置市舶司。周去非《岭外代答》卷二曰：“神宗熙宁十年六月，此国亦贡方物。上遣内侍劳问之，乃此国也。”宋时在南印度西海岸南端，有一个叫故临的地方，亦与中国有颇多海上交往。《岭外代答》卷二记曰：“故临国与大食相迩。广舶四十日到蓝里住冬，次年再发舶，约一月始达。”“中国舶商欲往大食必自故临易小舟而往。”

另外，《诸蕃志》所记南毗国、细兰国（锡兰，今斯里兰卡）、晏陀蛮国（安达曼群岛）等地，似亦与中国有贸易往来或有误航而至者。总之，由于宋时西北地区经常为西夏等民族控制，宋人只好通过海上与印度人打交道。宋时沿海有广州、泉州、杭州、明州等大港，外商云集，其中印度商人亦有不少。而此时去印度的中国商人也很可观。据元人汪大渊《岛夷志略·土塔》云：“居八丹之平原，木石围绕，有土砖甃塔，高数丈。汉字书云：‘咸淳三年八月毕工。’传闻中国之人其年旅彼，为书于石以刻之，至今不灭焉。”说明宋时已有相当数量的中国人旅居南印度。

据《宋会要辑稿·职官》四四：“雍熙四年（987），遣内侍八人，赍敕书金帛，分四纲，各往海南诸蕃国，勾招进奉。博买香药、犀、牙、真珠、龙脑。”这是当时的主要进口货物。据学者陈高华等统计，宋代的海外进口货物多达410余种。从广州入口的货物应与此相差无几。其中“香药”为一大类，品种繁多。其次为“宝货”类，亦有多种。

宋代与南印度的注辇关系最为密切，其次是天竺（指印度北方，尤指恒河中下游地区）。与注辇国的关系主要表现在外交和商贸方面，与中印度的关系主要表现在佛教交流方面。与两者的交往通道主要在海上，广州是其要冲。据《宋史·外国列传五》，注辇国在宋时比较强大，“所统有三十一部落”，大中祥符八年（1015），其国王罗荼罗乍（即尸离罗荼印陀罗注罗）遣使者娑里三文等52人奉表与土物来贡，表文具在。据说，他们从本国到广州，经历了1 150天。其所贡土物有“真珠衫帽各一、真珠二万一千一百两、象牙六十株，乳香六十斤”，“三文等又献珠

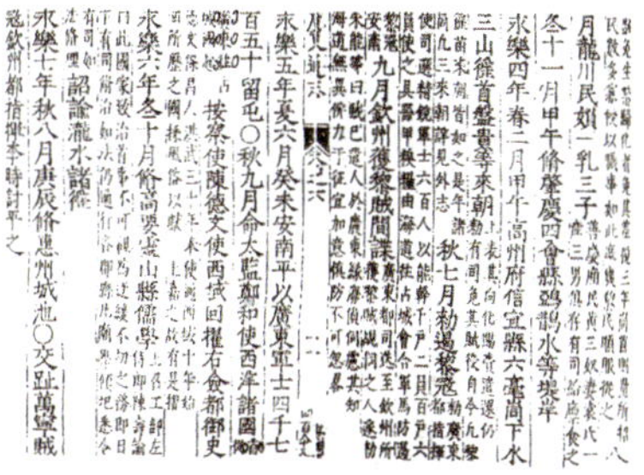
月龍川民娘一乳三子
冬十一月甲午脩肇慶四會縣鵶鵲水等堤岸
永樂四年春二月甲午高州府信宜縣六毫岡下水
三山徭首盤貴等來朝
秋七月勅遏黎寇
九月欽州復黎賊間諜
永樂五年夏六月癸未安南平以廣東軍士四千七
百五十留屯○秋九月命太監鄭和使西洋諸國
按察使陳德文使西域回擢右僉都御史
永樂六年冬十月脩高要縣山縣儒學
詔諭瀧水諸徭
永樂七年秋八月庚辰脩惠州城池○交趾萬寧賊
寇欽州都指揮李時討平之

《广州通志》书影　记郑和自广东二下西洋

六千六百两，香药三千三百斤”。皇帝赐物甚厚。天禧四年（1020），注辇国王再遣使者入贡，使者病死广州，“诏广州宴犒从者，厚赐遣之”。明道二年（1033），其王又遣使来贡真珠、象牙等。熙宁十年（1077），国王地华加罗再遣使者27人来华，献豌豆珠、麻珠、琉璃大洗盘、白梅花脑、锦花、犀牙、乳香、瓶香、蔷薇水、金莲花、木香、阿魏、硼砂、丁香、龙脑等。据《宋史·外国列传》，天竺国也与宋朝有较多联系，但主要是佛教的往来，如记载有一位天竺王子名曼殊室利，随中国僧人来华，后从海路附商舶归国。又记曰，乾德四年（966），由157人组成的一个庞大西天求法僧团经西域道前往印度，其中有不少人取

粤海关图

海路回国。也有一些印度僧人是循海路来华。回国的汉僧和印度来华僧主要进献贝叶经、佛像、菩提树叶等，皇帝一般赐以紫服、束帛等。南宋期间，尤其是13世纪初，印度北方建立了突厥穆斯林政权，佛教在印度本土基本消亡，一些佛教僧人转向尼泊尔和中国西藏，内地取经僧和印度来汉地僧都大大减少。

元朝的统治不满百年，对外交往却进行得有声有色。元世祖忽必烈时，海南诸国来献方物之人络绎不绝，其中马八儿国遣使来华的次数最多。元廷也曾派遣杨庭璧等多次出访印度诸地。

元初，广州尚未平定时，元廷首先于至元十四年（1277）在泉州设立市舶司，使泉州成为元初最主要的港口。到至元二十一年，广东才有了“转运盐使兼领诸蕃市舶”的官员。两年后，朝廷在广州设置“广东转运市舶提举司”，广州港对外贸易的地位得以逐渐恢复。贸易的货品也种类繁多。陈大震《大德南海志》记载了元代广州市舶司对外贸易盛况，其卷七《舶货》云：“广为蕃舶凑集之所，宝货丛聚，实为外府。岛夷诸国，名不可殚”。《大德南海志》为海外舶来的货物列表，分为八类：一为“宝物”，有象牙、犀角、真珠、珊瑚等；二为“布匹”，有白番布、花番布、剪绒单、剪毛单等；三为“香货”，有沉香、檀香、蔷薇水、乳香等；四为“药物”，有脑子、阿魏、没药、胡椒、丁香、木香等；五为“诸木”，有苏木、乌木、红柴等；六为“皮货”，有皮席、皮枕头等；七为“牛蹄角”，有白牛蹄、白牛角等；八为“杂物”，有黄蜡、风油子、紫梗、草珠、花白纸、孔雀毛、鹦鹉、螺壳等。这些货物都是运到中国来的，有相当一部分产自印度。

阿拉伯旅行家伊本·白图泰（1304～1368）于1333年经中亚地区进入印度，在德里苏丹穆罕默德·沙的宫廷为官，后又被任命为特使出使中国。他著有《伊本·白图泰游记》，详细记叙了他在中亚、印度和中国等地旅行的经过。尽管人们怀疑他是否真的到过中国，但他在南印度沿海所见的情况，很多都与《元史》、《岛夷志略》中的记载相符。他记叙喀里古特城（今印度喀拉拉邦卡利卡特）说：“中国、爪哇、锡兰以及兹贝·埋赫勒人，以及也门、波斯人都至此地，真是各方商人会萃之地。”他还详细介绍了中国船只的大小、帆数、水手、造船地点（广州和泉州）、造船方法、船内设备等，反映了元代人的航海能力及其与印度等地的贸易情况，也说明当时的广州和泉州都是重要出海口和贸易中心，起着中西通商与交流的枢纽作用。

明洪武年间（1368～1398），对滨海人民出海贸易严加限制，而实行“朝贡贸易”。即外国以“朝贡”的名义将货物运到中国，朝廷再以“赏赉”的名义予以回报。当时广州设有市舶司主管部分国家的朝贡贸易。印度诸国来贡，太祖则赐以各色丝绸织品。

明永乐年间（1403～1424）和宣德年间（1426～1435），郑和七下西洋，仅第二次是由广东出发，其余六次均与广州擦肩而过。但南洋和印度的朝贡贸易常常在广州进行。外国贡使来华，允许带非贡货物进行贸易。通常这种贸易仅为期5天，不得延长。到嘉靖元年（1522），宁波（原明州）、泉州两地的市舶司撤销，广东市舶司独存，总理外国进贡业务。

据申时行《万历明会典》，当时进入中国的货物有160余种，由浙江、福建、广东三个市舶司管理。印度来的货物仍然是香药、宝货等，而棉纺织品种类大大增加。明代中后期，中国丝绸向印度的输出则主要是以私人贸易的形式进行。这一时期，葡萄牙、荷兰、英国等西方列强已先后进入印度，并逐步控制了海上交通，基本垄断了中国同印度

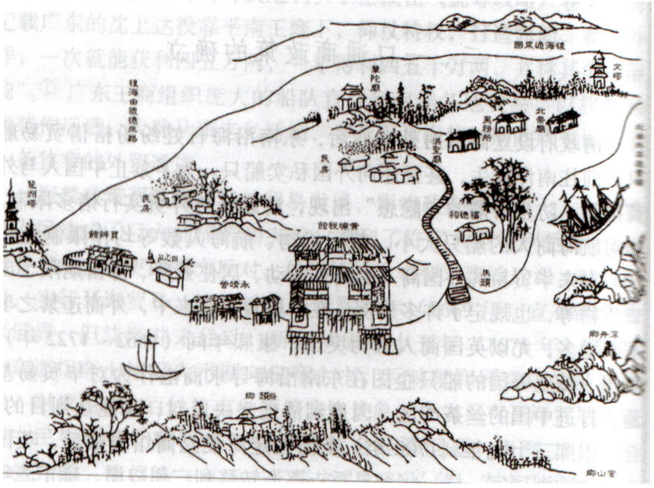

黄埔古港图

“西来初地”牌坊　广州华林寺

的丝绸贸易。西方商人把印度作为中间站，将大量中国生丝运往欧洲销售，在印度等南亚国家的销售量则极为有限。据《瀛涯胜览》等书记载，其时印度诸国已经有能力生产丝绸，其百姓用丝制品已不罕见。

中国对海外销售的另一项大宗商品是**瓷器**，元代，汪大渊《岛夷志略》所记与南亚诸国的“贸易之货”中，常常有瓷器，如青白瓷、青器、粗碗、青白花器等。《马可·波罗行纪》第二卷第八十一章记载当时泉州港有大量等待运往海外的瓷器。《伊本·白图泰游记》下册“中国瓷器”条则记曰：“中国瓷器，则只在剌桐（泉州）和隋尼克兰（广州）城制造。”“这种瓷器运销印度等地区，直至我国马格里布。这是瓷器种类中最美好的。”其实，当时中国烧制瓷器的地方并不限于两处，只是因此二城为当时最大的通商口岸，不仅自产大量瓷器，内陆瓷器亦云集于此。由史书记载和考古资料可知，中国瓷器在明代时已经普及印度各地。明代后期，荷兰东印度公司在东南亚和中国台湾等地建立了同中国内地贸易的据点，他们曾把大量中国瓷器运往印度的东南沿海等地。

清代初期，朝廷针对郑成功扼守台湾而实行海禁，但广州仍有私商进行海外贸易。康熙二十四年（1685），广州与松江、宁波、厦门设立海关，广州外贸得以发展。乾隆二十二年（1757），其他三个海关封闭，广州一时成为唯一的对外贸易口岸，外商只能到广州报关交易。广州逐渐发展成为国际性大港。正在这一年，英国占领孟加拉，为殖民印度的开端。此后，**加尔各答**逐渐兴起，与西海岸的**孟买**形成呼应，成为与广州海上交通并连接欧洲的两大商港。到清末，广州开往加尔各答的轮船已有定期航班。此前，1859年，英国得到清廷许可，在广州设立招工所，将许多华工贩卖到世界各地，其中包括印度。到清末，广东已有不少人前往加尔各答打工，后来逐渐移民，以致加尔各答出现了华人居住区。

民国时期，广州仍是重要商港和海上交通要津，不仅承担着与英属印度贸易的职能，也是中印两国人员往来的中转站。1938年，**印度援华医疗队**来华，即从广州进入中国，然后北上抗日战场。

中华人民共和国建立后，广州作为华南最大城市，与海外保持着密切交往，每年的广州商品交易会都吸引众多外商前来参加，其中包括印度商人。

（薛克翘）

Guizimu

鬼子母　Hārītī　佛教传说中的女神，中国民间诸神之一。又称欢喜母，音译诃利帝。

在早期的佛经故事中，鬼子母的前身是牧牛女，因怀孕参加集会，欢喜舞蹈，致使流产，后发誓来生要吃掉所有人的孩子。牧牛女后来转生为夜叉女，名诃利帝，婚后生五百子，偏爱自己的孩子而专吃别人的孩子。佛祖**释迦牟尼**为教化她而将其一子藏起。鬼子母焦急寻找，请佛祖放还其子。佛祖趁机说服鬼子母皈依佛教，不再吃小孩。晋代人译有《鬼子母身世神咒》，说明鬼子母

《鬼子母罗刹诸神众图》
中国山西右玉县保宁寺壁画

已经成为早期密教中的神。唐代不空译《大药叉女欢喜母爱子成就法》，说欢喜母皈依佛教后，接受佛的旨意，成为小孩的保护神。并说，如果按照经中要求去礼拜鬼子母，可以得到很多成就，包括家庭和谐、孕妇健康、孩子平安、疾病痊愈、祸患消除等。至此，鬼子母成为密教神明，并在密教曼荼罗中确立了自己的地位，成为俗说的“二十诸天”（佛教护法神）之一。鬼子母的故事在元明杂剧和明代小说中均有所表现。

（薛克翘）

Guishang Wangchao

贵霜王朝　Kuśāṇa　公元1世纪中叶～3世纪初叶统治西北印度与中亚部分地区的统一王朝。

四面林伽像　贵霜时代　印度马图拉出土

公元前2世纪中叶，**大月氏**人侵入**大夏**，成为那里的统治者。公元1世纪中叶，大月氏五翕侯中的贵霜翕侯**丘就却**统一全族，建立贵霜王朝。他攻取高附（在今阿富汗喀布尔河流域）、**罽宾**和**犍陀罗**等地，占领了印度的西北边境地区。他的继承者**阎膏珍**继续扩张领土，建立了对于旁遮普乃至恒河流域的统治。后阎膏珍皈依印度教，成为湿婆神的信徒。帝国在他的后继人**迦腻色迦**时代达于全盛，版图西起呼罗珊，东至瓦拉纳西，北自和阗，南抵孔坎。京城设在**弗楼沙**，以秣菟罗（今马图拉）为陪都。边远地区设总督加以控制。佛教在贵霜时代十分兴盛。公元1世纪后曾有大量贵霜帝国的佛僧到中国传教并翻译经典。汉、魏之际在中国活动的大批支

贵霜王朝金币正面

姓高僧如支娄迦谶、支谦等，不是大月氏人，就是祖籍月氏而世信佛教的侨民。贵霜帝国的中心正处在横贯中亚的丝绸之路的枢纽位置，故商业繁盛。早在王朝初建时期，贵霜商人就与中国、印度和罗马有着广泛的联系。他们经营中国的丝绸、漆器、铁器，印度的珠宝、香料，埃及和西亚的玻璃等，大获其利。大月氏人也由于同各国人民的普遍接触而迅速提高了自己的文化水平。继承迦腻色迦的是瓦西什伽，其在位时间不长。之后是胡维什伽。此时帝国的中心可能已移至秣菟罗。此后又有一个帝王称迦腻色迦（二世）。公元2世纪末，帝国开始衰落。迦腻色迦（二世）在西印和中印委任的塞人总督纷纷独立。但贵霜王朝在他之后还是存在了数十年，最后为那伽族所取代。不过它在阿富汗和旁遮普的政权仍然维持了相当长的时间，史称后贵霜王朝。

（葛维钧）

Guokelei

郭克雷，V.V. Vasudev Vishvanath Gokhale（1901.03.20～1991） 印度历史学家、佛教学者。生于今印度马哈拉施特拉邦戈尔哈布尔。早年求学于德国波恩大学。1930年完成论文《郁楞伽之〈缘生论〉：汉本校勘及德译》，获博士学位。又基于汉、藏文献翻译《百字论》。回到印度后任职于浦那的弗格森学院，与D.D.高善必、P.V.巴帕特等学者共事，广泛使用汉文、藏文文献进行相关学术研究。1945～1948年，适逢中国政府在印度国际大学设立中国研究项目，谭云山主持扩建国际大学中国学院，与巴帕特等人一同受聘于国际大学。在国际大学期间，与在加尔各答工作学习的中国学者金克木一同校勘梵本《阿毗达磨集论》，并指导周达甫攻读孟买大学博士学位。1948～1950年，作为英印殖民当局代表在中国西藏拉萨任职，发现并搜集《稻秆经》、《中观心论》、《缘起心论》等诸多佛教文献的梵文写本。此后，参与巴帕特主持编写的佛教通史《佛教2500年》(1956)，负责编写其中有关西藏、蒙古佛教部分内容和章节。

（张忞煜）

Guolong Si

郭隆寺 dgon lung dgon 中国藏传佛教格鲁派重要寺院，与却藏寺、赛柯寺、夏琼寺并称青海湟北四大寺。全称郭隆强巴林寺，简称郭隆寺，后由清朝皇帝赐名佑宁寺。位于今青海互助县五十镇境内。

1604年，四世达赖喇嘛·云丹嘉措派遣嘉赛·顿悦却吉嘉措（生卒年不详）在安多创建该寺，并担任寺院法台（住持）。郭隆寺以讲授佛学五部大论为主要课程，并在安多地区弘扬哲蚌寺的教法仪轨。

1710年，二世章嘉活佛·阿旺洛桑却丹邀请拉卜楞寺一世嘉木样活佛·阿旺尊智（1648～1721）前来郭隆寺建立密宗学院，并依照拉萨密宗下院的教规制定法事仪轨。郭隆寺由此成为格鲁派显密兼容大型寺院。

郭隆寺最盛时期，住寺僧众达7 700人，规模一度超过塔尔寺，拥有显宗、密宗、时轮和医药四大学院。此外，还建有章嘉活佛、土观活佛、松巴活佛、却藏活佛和嘉赛活佛（又称王佛）的五大囊欠，以及九小囊欠等20余座高僧活佛府邸。其属寺49座，遍布青海互助、大通、乐都和甘肃天祝、肃南、张掖等地，在新疆、东北地区亦有数座子寺。

郭隆寺大经堂

郭隆寺高僧活佛中产生了诸多著名佛教史学家，他们对印度教和佛教多有历史描述，如三世松巴活佛·益西班觉（1704～1788）所著《如意宝树史》，对印度佛教源远流长的历史作了清晰的梳理；三世土观活佛·罗桑却吉尼玛（1737～1802）所撰《一切宗派渊源及教理善说晶鉴》(简称《土观宗派源流》)，对印度教各哲学派别及佛教各派的历史及学说作了概述和解读。

（尕藏加）

Guo Moruo

郭沫若 Guo Moruo（1892.11.16～1978.06.12） 中国作家、历史学家、文学家、学者、剧作家、考古学家、诗人、

社会活动家，中华人民共和国全国人民代表大会常务委员会副委员长。

郭沫若祖籍福建汀州。生于中国四川乐山沙湾镇。幼年在塾师郭焕章的指导下接受传统教育，习读并通晓中国古典文学，在嘉定中学、成都高等学校理科就学，参加了四川保路运动。1914年1月前往日本，在东京经过1年的预科学习后入冈山第六高等学校。1918年入福冈九州帝国大学医学部。但郭沫若的兴趣不在医学而在外国语言文学，特别是B.de斯宾诺莎、J.W.von歌德、W.惠特曼以及印度诗人R.泰戈尔的作品。在日本广泛接触新式文学后，发现西方文学区别于中国古典文学和民间传统。这促使他将大

郭沫若（左1）在中国新闻记者学会成立大会上讲话　1938年3月20日

量外国文学作品译成中文，发表在《时事新报》上，以使同胞了解现代世界新型社会、政治、文学思潮的发展趋势。1921年在日本期间，发表新诗集《女神》，清晰反映了他的浪漫主义世界观。

郭沫若在日本结识了马克思主义者川上。马克思主义理论与五四运动对他后期的思想和行为产生了影响，彻底改变了他的政治理想和诗意的世界观，此后不久，他便从一个自由民主党人转变为马克思主义者。1921年，与郁达夫、成仿吾等其他爱国作家组建“创造社”，公开宣称要在中国推广新白话文学。曾创办《创造季刊》、《创造周报》两种刊物，旨在从不同程度传播西方浪漫主义与个人主义，并在文学创作方面坚持“为艺术而艺术”的口号。1925年上海五卅惨案以及随之而来的全国性反帝热潮，使这些刊物的焦点转向了无产阶级革命文学的发展。

郭沫若1923年返回中国，1926年参加北伐战争，任国民革命军总政治部秘书长、副主任等职。然而，1927年3月江西、安徽两地高涨的农民和工人运动遭到镇压，郭沫若见证了蒋介石及其政党对共产党员的严酷迫害，随即脱离国民党。1927年积极参加领导南昌起义，任革命委员会宣传委员会主席和总政治部主任。南下途中加入中国共产党。起义失败后流亡日本，在那里生活了约十年。其间，积极投身学术创作，取得开拓性的丰硕成果。1930年加入中国左翼作家联盟。1937年抗日战争全面爆发后，返回中国，任《救亡日报》社长，国民政府军事委员会政治部第三厅厅长、文化工作委员会主任等职，为发展壮大抗日统一战线做了很多工作。

作为一位兼具才华、能力与奉献精神的学者，郭沫若在旅日十年间取得了丰硕的学术研究成果，最具代表性的作品有《甲骨文字研究》、《中国古代社会研究》等。其所有学术著述汇编为《郭沫若全集》，分文学、历史、考古编，共38卷。

在日本求学期间，郭沫若是印度诗人泰戈尔的仰慕者。但鉴于中国不断变化的社会、经济、政治状况，以及当时激烈的思想论战，郭沫若在泰戈尔访华前夕对其可能向中国人民和青年传达的信息流露了自己的质疑。即便如此，他对泰戈尔的诗作还是给予了很高的评价。他还曾说，他的思想受到过奥义书哲学的影响。

（那济世撰　任筱可译）

Guozha Fojiao Shi

《郭札佛教史》　*gu bkravi chos vbyung*
中国藏传佛教宗派史籍。藏传佛教宁玛派高僧郭若扎西著。1990年北京中国藏学出版社出版发行。全书分八章，比

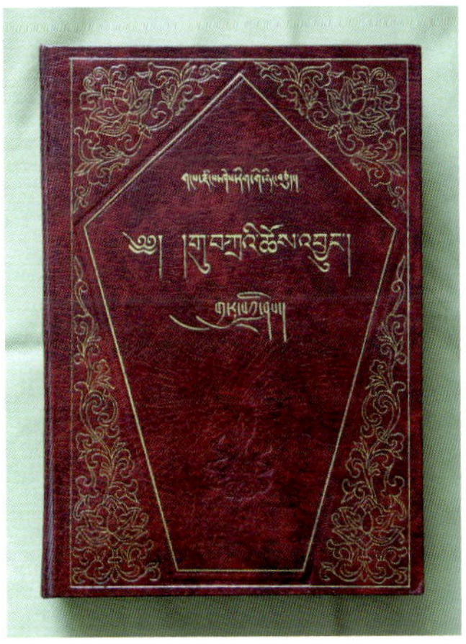

《郭札佛教史》封面

较全面地介绍了佛陀的诞生及传法，佛教在印度及中国西藏地区的弘传，新旧密宗的产生，伏藏的发掘及伏藏师的生平等情况。该书对藏传佛教宁玛派的教法源流、法嗣传承、主要寺院和宗教仪轨等作了重点叙述，同时对大小五明学的内涵及发展作了概述，是一部研究佛教史，尤其是宁玛派教法史的重要藏文典籍。

（尕藏加）

Guoji Heitian Yishihui

国际黑天意识会　International Society for Krishna Consciousness　印度教在欧美建立的现代新兴社团，又称“哈里·克里希那运动”。1966年，在美国纽约创立，创始人是印度教大师**斯瓦米·普拉布帕达**。20世纪60年代是印度人大量移民美国时期，为了传播印度教，1965年普拉布帕达也来到美国。1966年7月，他在纽约下东区，创立了这个新的印度教组织。该教会一开始颇受美国失意青年人的喜爱，不久在美国人中间迅速发展起来。后来，他以美国为基地，不断地将国际黑天意识会向欧洲和世界各地传播。

国际黑天意识会尊奉中世纪印度教黑天派的创始人阇多尼耶（1486～1533）为自己的祖师，认为他就是黑天大神在人世间的化身，把他的教导和《薄伽梵歌》作为该教会的根本经典。该教会强调，每一个信徒都必须对黑天大神无限虔诚和热爱，并且具有狂热的宗教感情，因此对那些思想空虚、失意落魄的西方青年人颇具吸引力。在教会内部，实行新的种姓制度，他们把人分为四个种姓，但是种姓的划分不是根据出身和家世，而是根据个人的才干。信徒们相信，人由灵魂和肉体所组成，人的灵魂是由黑天的精神力量构成的，人的肉体则是由黑天的物质力量所创造。因此，只要真心崇信黑天大神，服从黑天在世间的代表——灵性导师的教诲，修行各种敬拜黑天的行法，就可获得黑天意识，最终实现精神解脱。

国际黑天意识会严禁信徒赌博、吸毒、食肉和非法的性关系。在他们的各个修道院中，未婚的男女一律分住，已婚的夫妇另设宿舍。每个修道院都有

专职管理人员，要求信徒遵守印度教习俗，并着印度教服装。修道院经费的来源，主要是依靠信徒的募捐，以及销售他们出版的各种宗教书籍和杂志。

现在，国际黑天意识会已经发展成一个世界性的宗教组织，大量西方人加入该教会。1977年，普拉布帕达逝世。按照他的旨意，教会的领导权可以传给西方人，后来有11位西方的古鲁被选为黑天运动的精神领袖。国际黑天意识会在西方古鲁的指导下不断扩大，在美国、英国、法国、德国、俄罗斯等国设有一百多个分会，并且建立了许多修道院、寺庙、学校和农业社团。1972年，该组织成立了自己的出版社，名为"巴克蒂吠檀多图书托拉斯"。他们每年出版大量的普拉布帕达著作，用英、法、德、意、俄等30多种文字印刷，在全世界发行。此外，他们还创办了定期杂志——《回归神性》，也用几十种文字在世界各地出版发行。

20世纪90年代，国际黑天意识会及其创始人普拉布帕达的思想介绍到中国。在朱明忠所著的《印度教：宗教与社会》(2003)、《印度教》(2013)中对此有详细介绍。2013年，普拉布帕达所注释的《薄伽梵往世书》翻译成中文并出版。

（朱明忠）

Guoji Yindu Zhexue Xuehui

国际印度哲学学会 International Congress of Indian Philosophy 印度哲学研究的国际性组织。1989年在德里成立。1989年3月，世界各国的印度学家在德里举行"商羯罗国际学术研讨会"，与会者160多人。会后，各国学者共同发起，并成立了这个国际学术组织。学会的宗旨是：大力推动对印度哲学史的研究；开展不同国家、不同文化学者之间的交流，增进彼此了解，从而建立一个思想交流的网络；组织印度国内外有关印度哲学研究的会议和对话，互派学者进行访问；出版有关印度哲学研究的著作和刊物；开展与其他国际学术组织合作和交流。

国际印度哲学学会在第一次全体会议上选举了自己的组织机构：会长1人、秘书长1人和一个15人组成的理事会。印度哲学家K.S.穆尔迪当选学会第一届会长。中国的印度哲学史专家黄心川、巫白慧当选为第一届理事会理事。此后，该学会一直与中国学者保持联系。

（朱明忠）

H

Hasa' erhaiya

哈撒尔海牙 Qasar Qaya（约活动于13世纪下半叶） 中国元朝外交家。元朝统治初期，朝廷命官杨庭璧4次出使印度，其中一次即由哈撒尔海牙偕同。据《元史》记载，这一时期，中国派往印度的使团有16个，而印度派往元朝朝廷的使团18个。元朝使团被派遣到印度南部沿岸各地，包括马拉巴尔海岸的俱蓝（见故临）。俱蓝是当时连接中国与波斯湾地区海上航线的一个大转口港。这些使团证明，蒙元帝国有意确保这一地区海上商路通畅并鼓励帝国的对外贸易。

哈撒尔海牙以俱蓝国宣慰使的官衔参加了杨庭璧的第二个赴印度使团。据记载，该使团于元世祖至元十八年（1281）正月自中国泉州入海，航行3个月后，由于风阻乏粮，中国使团官员被迫在南印度东面科罗曼德尔海岸的“新村马头”登岸。一些学者认为，“新村”即蓬奈卡亚尔，也就是今卡亚尔。中国官员询问通往俱蓝的陆路，但当地官员无一以实相告。由于无法抵达预期目的地，杨庭璧与哈撒尔海牙遂返回中国。哈撒尔海牙总结经验教训后，建议中国使团以后于农历十一月启航前往马拉巴尔海岸，以利用顺风。他的建议为之后出访使团采纳。元代派往南印度的这些使团，是15世纪明代航海家郑和著名的海上远航的先驱。

（玛妲玉撰　刘文亮译）

古代泉州港停泊的商船

Haiguo Si Shuo

《海国四说》 鸦片战争之后中国介绍西方文化和中西文化交流的专著。其内容涉及英国主导下的中印贸易。约写作于1844～1846年。作者梁廷枏。

《海国四说》封面

《海国四说》分四部分。第一部分为《耶稣教难入中国说》。主要介绍耶稣教及《圣经》故事，并考证佛教、伊斯兰教、祆教等传入中国之故事，对比中国儒家文化，断言耶稣教难入中国。第二部分为《合省国说》(三卷)。从利玛窦等西方人士带来的世界地理概念入手，介绍世界五大洲的地理位置和相关国家。然后重点介绍“合省国”，即美利坚合众国的开国经历、政治制度、法律、经济贸易，以及国土、物产、民风民情等。第三部分为《兰仑偶说》(四卷)。“兰仑”即伦敦之另译，此处泛指英国。其卷一主要介绍英国的历史。卷二主要介绍英伦三岛的地理，以及其向北美和亚洲，尤其是印度的殖民史。卷三主要介绍英国的政治制度，对亚洲的贸易与殖民，以及与法国、俄罗斯在南亚的争霸。卷四主要介绍英国的鸦片(在印度)生产及对华贸易，英国的社会、民俗、语言、宗教、法律、文化、科技、物产等。其中写到鸦片贸易，说：“波毕者，即罂粟花中卉本也，俗谓之鸦片。以吸烟于火，曰鸦片烟。上者麻哈默哪，此麻尔洼、孟买、加尔吉达，皆东印度地所产。以官地听民栽种，而按征其地税。”在写到蒸汽机的利用时，说：“以火蒸水，作舟车轮转机动，行驶如风。舟曰火轮船，初但以邮递书件，后则随兵舶为惊人开路之用。”第四部分为《粤道贡国说》(六卷)。分别介绍暹罗（二卷）、荷兰（一卷）、西洋诸国（一卷，主要是意大利和葡萄牙）、英国（二卷）的“朝贡”贸易情况。

（薛克翘）

Haiguo Wenjian Lu

《海国闻见录》 中国清代前期介绍海外概况的地理学著作。作者陈伦炯，成书于雍正八年（1730）。

《海国闻见录》分上下二卷，如《四库提要》所说：“上卷记八篇，曰《天下沿海形势录》，曰《东洋记》，曰《东南洋记》，曰《南洋记》，曰《小西洋记》，曰《大西洋记》，曰《昆屯记》，曰《南澳气记》。下卷图六幅，曰《四海总图》，曰《沿海全图》，曰《台湾图》，曰《台湾后山图》，曰《澎湖图》，曰《琼州图》。凡山川之扼塞，道里之远近，沙礁岛屿之夷险，风云气候之测验，以及外蕃民风、物产，一一备书。”

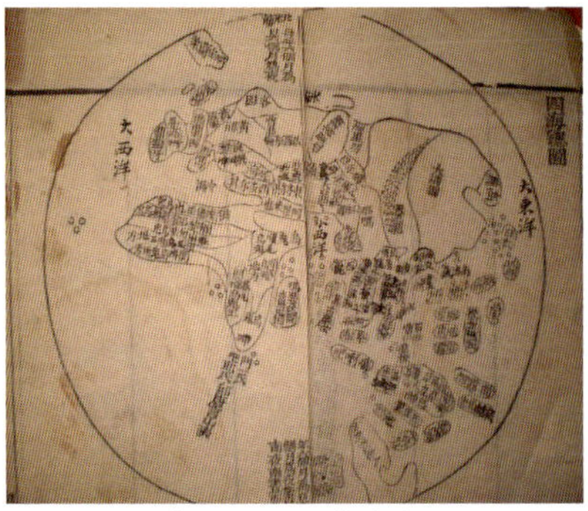

《海国闻见录》书影

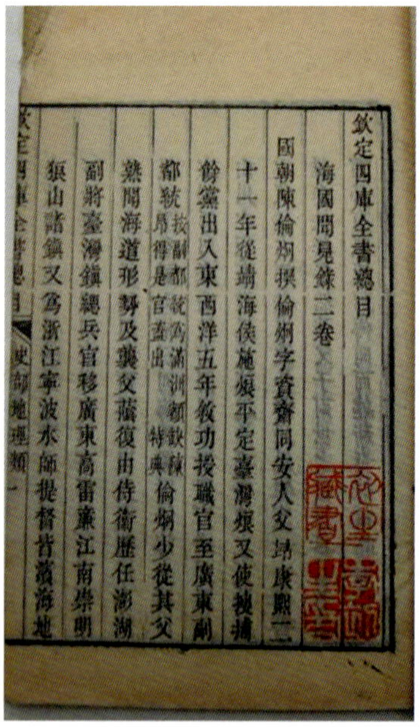
欽定四庫全書總目
海國聞見錄二卷
國朝陳倫炯撰倫炯字資齋同安人父昂康熙二
十一年從靖海侯施琅平定臺灣烺又使搜捕
餘黨出入東西洋五年敘功授職官至廣東副
都統按副都統為滿洲額缺昂得是官蓋出特典倫炯少從其父
熟聞海道形勢及襲父蔭復由侍衛歷任澎湖
副將臺灣鎮總兵官移廣東高雷廉江南崇明
狼山諸鎮又為浙江寧波水師提督皆濒海地
欽定四庫全書卷目 史部地理類一

《海国闻见录》1833年
世楷堂本乾隆本书影

《海国闻见录》有关于印度的记述，在上卷《小西洋记》中。说“小白头，东临民呀国。民呀人黑，穿着皆白，类似白头。英机黎、荷兰、佛兰西，聚此贸易。”小白头指印度，民呀国指孟加拉，英机黎即英国，佛兰西即法兰西。“而小白头南入于海之地，曰戈什塔，东西三面皆临大海。”从描述可知，戈什塔指印度半岛南部地区。“戈什塔东之沿海，地名有三：曰网礁腊，系英机黎埔头；曰房低者里，系佛兰西埔头；曰呢颜八达，系荷兰埔头。西之沿海，地名有二：曰苏喇，曰网买，皆英机黎埔头。”网礁腊为孟加拉的另译，此处指加尔各答，当时英国在那里建有商馆，主导当地贸易；房低者里即本地治里，在今印度泰米尔纳德邦，当时为法国人主导的贸易港口；呢颜八达即讷加帕塔姆，在今印度泰米尔纳德邦，17世纪中期荷兰人就在当地建立了商馆，不久又成为荷兰东印度公司的总部所在地；苏喇即苏拉特，网买即孟买。关于印度的情况，陈伦炯得自听闻，难免有时不准确，但以上说法是准确的。

（薛克翘）

Hai Lu

《海录》 鸦片战争前夕中国介绍世界概况的重要著作之一，也是中国清代航海史上的重要著作之一。由谢清高口述、杨炳南笔录整理和补充，刊刻于嘉庆二十五年（1820）。

清代闭关锁国，致有列强叩关，导致鸦片战争。鸦片战争前夕能放眼世界的国人少之又少，《海录》作者谢清高为第一人。所以，《海录》刊出以后，尤其在鸦片战争之后，受到官方和知识界的高度重视。林则徐（1785～1850）曾向道光皇帝（1820～1850年在位）上书：“《海录》一书，系嘉庆二十五年在粤刊刻，所载外国事颇为精审。”学者王鎏（1786～1843）则指出：“方今烽烟告警，有志者抱漆室忧葵之念，存中流击楫之思，外洋舆地不可以弗考也。而前史所载綦略，即以《明史》考之，与今势有不同。独《海录》一书，近而可征。”思想家魏源（1794～1857）编纂《海国图志》，初为50卷（1842），又增为60卷（1847），再增至100卷（1852），几乎采用了《海录》的全部内容，并为之注释。

由于《海录》备受重视，清代道光、同治（1862～1874）、光绪（1875～1908）时期被一刊再刊，致使不同版本间内容有所差异。有的分卷，有的不分卷，有的记载有97个国家和地方，有的记有95个，有的记有90个。民国以来则有多种注本和点校本刊出。如学者冯承钧注本，1938年出版，1955年重印；谷及世点校本，1981年出版；安京校释本，2002年出版。安京本晚出，积前人之经验，纠既往之偏颇，并附以新资料，是为目前最佳版本。

《海录》所记条目均为海岛或港口名称，亦有国名，而涉及内陆地名则多达数百。除亚、非、欧、美外，尚记有南太平洋岛国若干，几遍全球。港口之间的距离往往以陆路步行和水路航行时日表示。

《海录注》书影

关于印度各地，《海录》记载有“彻地缸”（即孟加拉国吉大港）、“明呀喇”（主要指今印度西孟加拉邦）、“曼哒喇萨”（即马德拉斯）、“笨支里”（今印度泰米尔纳德邦本地治里）、“呢咕叭当国”（今泰米尔纳德邦讷加帕塔姆）、“西岭”（今印度东海岸某地，一说即斯里兰卡）、“打冷莽柯”（今印度喀拉拉邦特里凡得琅）、“亚英咖”（今喀拉拉邦阿廷加尔）、“固贞”（今喀拉拉邦科钦）、“隔沥骨底”（今喀拉拉邦卡利卡特）、“马英”（今喀拉拉邦马埃）、“打拉者”（今喀拉拉邦特里切里）、“吗喇他国”、“小西洋”（指印度果阿）、“孟婆罗国”（今印度马哈拉施特拉邦文古拉）、“麻伦呢国”（今马哈拉施特拉邦马尔文）、“盎叽哩”（今马哈拉施特拉邦江吉拉）、“孟买”、“苏辣”（今印度古吉拉特邦苏拉特）、“淡项”（今古吉拉特邦布罗奇）、“唧肚国”（在今印度卡提阿瓦半岛）、“呢咕吧拉”（今印度尼科巴群岛）。计22条。各条中尚涉及印度内陆地名若干。其中，记孟加拉文字最多，言其地为英国所辖，外船入港须事先以号炮告知，港内派领航员领入港内。港口有炮台，内港为咕哩噶哒（加尔各答），英军镇守，英国人居小城内，商民环处城外。又言其司法制度、行政管理等。说到三种人：一种为“明呀哩”（孟加拉人），一种为“夏哩”（指印度教低种姓人），一种为“吧兰美”（婆罗门）。然后介绍当地人的穿着，平时以布围腰，吉庆穿长衣；居室涂以牛粪；螺壳有文采者为货币；娶妻皆童养，夫死不再嫁，寡妇殉葬，等等。再记当地土产，有鸦片烟、硝、牛黄、白糖、棉花、海参、瑇瑁、诃子、檀香，并详细介绍了鸦片的种类及生产制作之法。其余地方也多记有物产。如曼哒喇萨土产有珊瑚、珍珠、钻石、银、铜、棉花、诃子、乳香、没药、鸦片、鱼翅、猩（猴属）、梭豸（形如小洋狗）等。

（薛克翘）

Haiqing Si Ayuwang Ta

海清寺阿育王塔 Aśoka Stupa at Haiqing Temple 中国阿育王塔之一。佛陀涅槃约200年后，印度孔雀王朝第三代君主**阿育王**统一了印度大部，国势日渐强盛。后阿育王大兴佛教，在华氏城举行了佛教史上规模最大的第三次佛典结集，并派遣僧团分六路到周边国家传教。他还将佛舍利分为84 000份，敕建84 000座宝塔。中国分得19份，建19座宝塔。为缅怀阿育王奉佛建塔之功德，后世多将瘗埋佛陀舍利的塔称为阿育王塔。

海清寺阿育王塔虽不属中国19座阿育王塔之列，却因地宫中藏有佛陀真身舍利和阿育王灵牙两样圣物而同样享有盛名。该塔位于一度香火兴盛的海州（今江苏连云港）海清寺内，故又名海清寺塔。据第五层东南面所嵌碑文记载，此塔始建于北宋天圣元年至九年（1023～1031），是苏北地区现存最古老的佛塔。塔高40.5米，九级八面，砖石结构。塔门南向，底层东、西、南、北各面分辟拱形券门，西门上额刻有“根深蒂固”四字，其余各层的四面均开出直棂窗形。除底层为上下重叠式腰檐外，第二至第九层均为迭涩平座式腰檐。塔身内绕以走廊，中心砌有八棱形中心柱，砖柱内筑有梯级踏步，可循此拾级而上，直至塔顶。

整座佛塔结构稳固，布局严谨，线条明快，风格凝重。清人郑三捷曾作诗赞之：“谁造佛图镇海东，金茎承露映瑶空。将倾复合真仙力，驱贼留人实佛功。缓步高堂随瑞霭，凭栏间立挹清风。飘飘恍若凌霄汉，千里山河指顾中。”如今，这座融佛教文化、建筑艺术于一身的千年古塔已成为游览圣地。海清寺阿育王塔于1956年列为江苏省文物保护单位，2006年列为全国重点文物保护单位。

海清寺阿育王塔

（王汝良）

Hai Weiliang

海维谅 Hai Weiliang（1912～？） 中国回族学者，外交官，翻译家。经名白德伦丁，湖南邵阳支木山人。擅长伊斯兰教研究。为中印文化的交流作出贡献。

海维谅译《伊斯兰人权论丛》封面
常子春题写书名

海维谅年幼时因家境贫困无法求学，至湖南常德清真寺念经，旋赴上海小桃园清真寺，拜入湖南籍阿訇李仁山门下。后随西北地区朝觐团自上海出国，独自转赴印度，寄居在加尔各答的一座清真寺中，经伊玛目介绍进入该地的一所平民学校，得以初通英语和乌尔都语。1929年开始在印度德里国立伊斯兰大学学习伊斯兰教哲学，其间在校刊上发表《孙中山先生的三民主义》等3篇介绍中国政局的文章，并给国内《东方杂志》写过文章，介绍印度民族运动与穆斯林的情况。获得学士学位之后，赴勒克瑙任教。在印期间，曾以乌尔都语撰写数篇关于国内抗日战争的文章，相继在《新印度报》、《麦地那月报》上发表，并曾担任《月华》旬刊驻印度的通讯撰述员，向国内介绍印度穆斯林世界的状况。1934年，由印度转赴埃及爱资哈尔大学求学。20世纪40年代回国后，长期就职于中国台湾驻穆斯林国家的“外交”机构。

（任婧）

Handan Chun

邯郸淳 Handan Chun（生卒年不详） 中国三国时期杂家，文学家，书法家。颍川阳翟（今河南禹州）人。《三国志·魏书》卷二一提到“颍川邯郸淳”，裴松之注曾援引《魏略》中邯郸淳小传。或以为生于132年，似不确。小传记载，邯郸淳与曹操、**曹植**父子关系密切。曹操“素闻其名，召与相见，甚敬异之”。当时曹植也在寻找邯郸淳，于是曹操将其派到曹植那里，二人相见甚欢。邯郸淳有《笑林》3卷传世。其中一则《治驼背》，与《百喻经》中的《治驼背》故事如出一辙，若《笑林》中的这则故事非后世窜入，相互间当有影响关系。

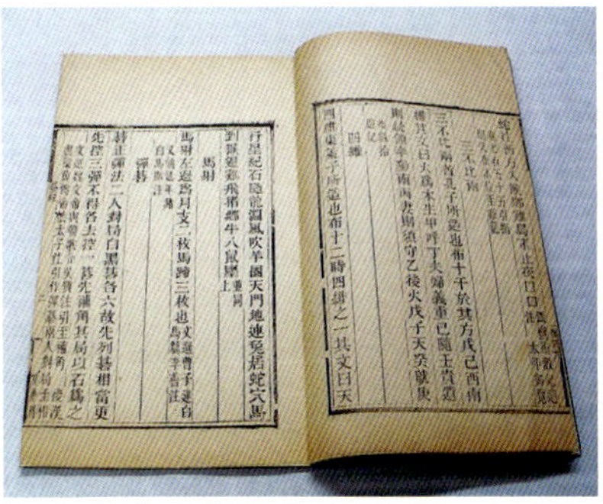

邯郸淳《艺经》清刻本书影

（薛克翘）

Hanguang

含光 Hanguang（约活动于8世纪） 中国唐代高僧。唐代密宗高僧**不空金刚**的弟子，曾跟随不空前往师子国（今斯里兰卡）和印度，辅助不空翻译佛经，并受委派营修五台山的金阁寺等。

据《宋高僧传》卷二十七等记载，含光幼年出家。开元年间（713～741），他仰慕高僧不空的声望，拜不空为师。开元二十九年，不空从南海郡（今广东省境内）乘船出发，打算取道师子国，重游印度，含光等弟子一同随行。途中历经艰难险阻才到达师子国，不空在那里建立大悲胎藏坛，并且为含光与慧辩等同受五部灌顶法。天宝五载（746），不空、含光一行回到长安。

不空翻译佛经时，含光经常参与详定梵、汉文义字句。永泰（765～766）、大历（766～779）初年，唐代宗（762～

779年在位）与不空委派含光前往五台山兴修功德、营建寺院。当时天台宗高僧湛然深得智顗之传，精通禅观之学，与江淮之间的40多位僧人也到了五台山。湛然见到含光时，向含光询问向印度传法事宜。含光回答说：有一位举国敬重的高僧服膺空宗，曾经问及智顗的教法，认为智者的教法能够“定邪正、晓偏圆、明止观，功推第一”，并殷勤嘱咐含光将其翻译成梵语。

含光的后事不详。今《大正藏》第21册收录据说是含光所记的《毗那夜迦诫那钵底瑜伽悉地品秘要》(T1273) 1卷。

（范晶晶）

Han Beiping

韩北屏 Han Beiping（1914.01.01～1970.09.27） 中国现代作家，诗人。原名韩立，江苏扬州人。少年时代在药店做学徒时即在《江声日报》发表第一篇文章，由此开始写作生涯。1927年后辗转镇江、扬州、上海、广西、云南等地，先后任《菜花》、《诗志》月刊主编，《江都日报》、《广西日报》、《扫荡报》编辑等职。抗战胜利后在广州编辑《国民周刊》，后赴香港。1950年回到广州，任教于华南文学艺术学院。1955年任《作品》月刊编辑。1961年任中国作协对外联络委员会副主任，曾赴非洲访问。著有诗集《江南草》、《人民之歌》，短篇小说集《荆棘的门槛》、《没有演完的悲剧》，长篇小说《高山大峒》等。

20世纪50年代后期，韩北屏常以中国作家、中国人民友好使者的身份访问世界各国，开展对外文化交流活动。特别是从1961年起，时常奔走于亚非国家，出席亚非作家会议，为增进中国与亚非作家的团结和友谊，做了大量工作。

1956年，韩北屏参加在印度首都新德里举行的第一次亚洲作家会议，接触了印度社会和文化，归国后撰写散文《和印度诗人在一起》。该文最初发表于《诗刊》1957年第10期，后收入《韩北屏文集》，由花城出版社于1997年出版。对于当时渴望了解印度文学的中国人而言，这是一篇颇为重要的作品。

《和印度诗人在一起》首先记述了作者对印度女诗人“泼拉塔夫人”的访问。经查证，作者笔下的“泼拉塔夫人”其实就是杰出的旁遮普语诗人A.普里塔姆（1919.8.31～2005.10.31）。她在1956年因长诗《音信》获得印度文学院奖。韩北屏记述了女诗人对他的热情招待和两人关于诗歌的谈话。从女诗人对家中所藏徐悲鸿骏马图的异常珍视，他感受到中印人民之间的友谊。此前，韩北屏仅从K.钱达尔等印度作家那里了解到印度分治造成的民族悲剧，而普里塔姆即以描绘印度分治而著称。她在亲历那场浩劫后，不再仅仅讴歌爱情，而是更多地以诗歌表现人生的痛苦和社会的不公。韩北屏在访问一所伊斯兰教大学时，一位热爱中国的乌尔都语教授向他表示，印度人的心和中国人的心是相通的。这位教授也是位诗人，他的一部诗集中有三分之一的作品是献给中国的。韩北屏还记述，在印度旁遮普作家代表大会上，他深为印度友人深挚的友谊和会场浓郁的诗情而陶醉。他还参加了一场印度诗人歌颂和平的诗会。

（王汝良）

Han Qingjing

韩清净 Han Qingjing（1884～1949） 中国现代著名佛教学者，居士。名克宗，字德清，号清净居士。河北河间人。专

治唯识学，曾创立三时学会，与创办支那内学院的欧阳竟无并称“南欧北韩”。

韩清净早年中举人，为官一方，先学儒修道，后依《俱舍论》而入佛，与朱芾煌共读窥基法师《因明入正理论疏》、《成唯识论书记》而专治玄奘所传唯识学。1924年，他与朱芾煌共同创办法相研究会；1927年，将法相研究会改组为三时学会，取佛第三时说法之意，将研究旨趣定于瑜伽行派法相唯识学，与欧阳竟无的支那内学院南北呼应。其间曾于1925年赴日本出席东亚佛教大会，并于会上宣读法相唯识学论文《十义量》，深得与会者赞许。韩清净居士的法相唯识学研究坚守传统学说，将全力落在唯识学一系，强调三时判教，以唯识收摄般若。其最重要之著作，系《瑜伽师地论科句》、《瑜伽师地论批寻记》之合刊《瑜伽师地论科句批寻记》，可惜于其生前未及出版。其他著述，有《唯识三十颂诠句》、《唯识三十论略解》、《唯识指掌》、《唯识论述记讲义》、《大乘阿毗达磨集论别释》、《般若波罗蜜多心经略赞》、《能断金刚经了义疏》等。此外，他还组织出版了《宋藏遗珍》，收录山西赵城广胜寺所发现《金藏》中典籍40余种，多为孤本，价值颇高。

（陈帅）

Han Yu

韩愈 Han Yu（768～824） 中国唐代著名文学家，思想家。字退之。河南河阳（今孟州南）人。其先人世居昌黎，

故以其为郡望，人称韩昌黎。幼失双亲，家贫难以自活，由兄嫂抚养长大。贞元八年（792）考取进士，贞元十二年七月，因受董晋推荐，出任宣武军节度使观察推官。在三年任中，曾指导李翱、张籍等弟子。贞元十七年秋，通过铨选，被任命为国子监四门博士；冬，晋升为监察御史，在任不过两个月，即上书《论天旱人饥状》，被贬官连州阳山令。元和元年（806）六月，韩愈奉召回长安，官授权知国子博士。元和十四年，上书《论佛骨表》，又被贬为潮州刺史。后任国子祭酒、吏部侍郎、兵部侍郎、御史大夫等职。长庆四年（824），因病告假，旋卒于家。谥文，世称韩文公。

韩愈自幼苦学，熟读经史，自谓“口不绝吟于六艺之文，手不停披于百家之编……焚膏油以继晷，恒兀兀以穷年”。处世以儒家“道统”自任，排斥佛老。他认为先王之教，其核心是“博爱之谓仁，行而宜之之谓义。由是而之焉之谓道。足乎己无待于外之谓德”。“尧以是传之舜，舜以是传之禹，禹以是传之汤，汤以是传之文、武、周公，文、武、周公传之孔子，孔子传之孟轲，轲之死，不得其传焉。”认为孟子之后“道统”中断，而他的平生事业便是“明先王之道以道之”。韩愈秉承儒家思想，认为仁义是所谓“道”与“德”的实质，因此他反对老子废仁义之说，“老子之小仁义，非毁之也，其见者小也。坐井而观天，曰天小者，非天小也”。同时他也反对佛教思想，认为佛教是“欲治其心而外天下国家，灭其天常，子焉而不父其父，臣焉而不君其君，民焉而不事其事”，极力攘斥。韩愈笃信天命，认为贵贱祸福都存乎天，非人力所能影响。因此他说：“贵贱穷通之来，平吾心而随顺之，不以累乎其初。”但他也重视人的作用，认为“人者，夷狄禽兽之主也”，有其能动的一面。韩愈曾提出“性情三品”的学说，对于后世人性论的丰富，有着深刻的影响。韩愈提出人与生俱来的“性”分三品，“上焉者，善焉而已矣；中焉者，可导而上下也；下焉者，恶焉而已矣”。并认为“上之性就学而愈明，下之性畏威而寡罪，是故上者可教而下者可制也”。接于物而生的“七情”亦可分为三品：“曰喜、曰怒、曰哀、曰惧、曰爱、曰恶、曰欲。上焉者之于七也，动而处其中；中焉者之于七也，有所甚，有所亡，然而求合其中者也；下焉者之于七也，亡与甚，直情而行者也。”韩愈认为人要控制七情，使其得“中”。韩愈虽然排佛，但是在贬居潮州之后，结识了佛教高僧大颠禅师，且交往密切。通过对禅宗学说的吸收融合，韩愈成为中国文化学术史上承先启后，转旧为新的关键人物，开启宋代以后新儒学的先河。他的性情三品说，即是中国本土的儒学吸收从印度传来的佛教思想而形成的新儒学思想。

韩愈的主要成就在于文学，针对汉末以来骈偶文风的弊端，提出“文以明道”、“唯陈言之务去”的主张。他提倡古体文，与柳宗元等同为古文运动的倡导者，列为“唐宋八大家”之首。韩愈文章构思巧妙，文辞雄壮，语言精辟，议论则鞭辟入里，抒情则发人之心声。

（江巨浪）

Hanshan

寒山 Cold Mountain 中国唐代诗僧。亦称寒山子。约活动于唐代贞观年间（627～649）。世传与拾得友善，有“寒山文殊，拾得普贤”之誉。《宋高僧传》

卷十九《封干传》附记寒山传奇，说“寒山子者，世谓为贫子风狂之士，弗可恒度推之”。其诗传世三百余首，风格独特，语言通俗，极富哲理。如其诗《人生不满百》，劝人解除烦恼。诗人站在佛教立场，认为人生中尽是苦恼，并为一些人醒悟太迟而感到遗憾。而《贪人好聚财》则写道：“贪人好聚财，恰如枭爱子。子大而食母，财多还害己。散之即福生，聚之即祸起。无财亦无祸，鼓翼青云里。”寒山的诗中多有劝诫内容，是佛教影响的产物。作品多次被译为英文，在世界上产生了广泛影响。

（薛克翘）

Han Mingdi Liu Zhuang

汉明帝刘庄 Emperor Mingdi of Han Dynasty（28～75） 中国东汉王朝第二

位皇帝。公元57～75年在位。字严，庙号显宗，谥号孝明皇帝。生于元氏（今河北元氏西北），病逝于洛阳东宫，葬于显节陵（今河南洛阳东南）。在中印文化交流领域发挥过一定作用。

汉明帝即位后注重安定民生，整肃吏治，因此天下太平，百姓殷富。尊崇经术、儒学，总揽大权，为政清廉，赏罚分明。严令妃嫔家眷不得封侯干政，对皇亲国戚也多有防范。永平十六年（公元73），遣窦固、耿忠等北击匈奴，追至蒲类海（今新疆巴里坤湖），留吏士于当地屯田。其后，遣班超出使西域，使中断65年的中原与西域的关系恢复正常。

汉明帝对宗教采取兼收并蓄方针。据记载，永平七年（公元64）的一天夜里，汉明帝夜梦金人，醒后，感到十分迷惑，于是召集群臣，讨论此梦。博士傅毅回答：“西方有佛，如陛下所梦。”汉明帝深信不疑，于是派遣**蔡愔**、**秦景**等十余人西行求法。同年，蔡愔等人抵达大月氏国，见到了佛经和佛祖释迦牟尼像，还遇到了印度高僧**摄摩腾**、**竺法兰**，因而恳请两位高僧赴大汉弘扬佛法。永平十年，在东汉使者的引领下，两位高僧用白马驮着佛经、佛像来到京都洛阳。汉明帝隆重礼迎高僧，安排他们暂住鸿胪寺。翌年，汉明帝下诏在洛阳西雍门外修建僧院，为铭记白马驮经之功，取名为“**白马寺**”。这是中国第一座佛教寺院，被称为“释源”和“祖庭”。白马寺储藏了中国最早的佛经、佛像，并经常有僧人在此讲学，佛教由此在中国传播开来。

（乔安全）

Hanpantuoguo

汉盘陀国 Garband，Karband 古代西域国名。又作渴槃陁国、诃盘陁国、朅

中国新疆塔什库尔干塔吉克自治县风景

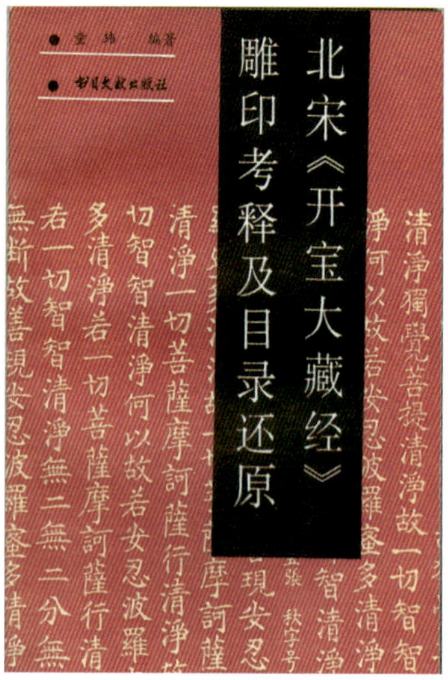

《北宋〈开宝大藏经〉雕印考释及目录还原》封面

盘陀国等。位于今中国新疆塔什库尔干塔吉克自治县。其地在汉为蒲犁国，王治当位于今塔什库尔干塔吉克自治县县城附近。《宋云行纪》作汉盘陀，《魏书》作渴槃陁、诃盘陁，《梁书·西北诸戎传》作渴槃陁，《大唐西域记》作朅盘陀，《新唐书·西域传》作喝盘陀、汉陀、渴馆檀、渴罗陀、朅盘陀，《新唐书·地理志》作羯盘陀，慧超《往五天竺国传》作渴饭檀。该国存在时间颇长，其境域在不同历史时期或有变化，其国都或有过迁徙，但其中心均在今塔什库尔干河中游地区。

汉盘陀国地处帕米尔高原东部塔克敦巴什帕米尔，正当喀喇昆仑山脉与昆仑山脉的交会处和塔里木盆地西缘，是中国西部通往中亚、南亚、西亚和地中海沿岸诸国的重要陆路通道。

塔什库尔干县地势南高北低，并从西向东倾斜，其间山脉沟谷纵横，但塔什库尔干河中游地区（包括塔合曼盆地）自然条件比较优越，谷地宽广，日照充足，气候较暖，水资源丰富，宜于牧业发展，也可以发展农业，并有多种矿产资源，因而人口比较集中，很早就建有城邑，成为边陲重镇和中西政治、经济、文化交流和商旅的主要门户。

塔什库尔干县北部，经卡拉苏可通往塔吉克斯坦。县中部有红其拉甫、明铁盖和基里克等山口，可通往罕萨河流域；经瓦赫吉里山口可通瓦罕。县南部地势高峻，人口稀少，但在交通上具有特别重要的地位，皮山－罽宾道从这里穿过，经星峡尔山口通往罕萨河中游谷地；经叶尔羌河上游支流克勒青河，有两条通往巴尔蒂斯坦的道路；县南部的热斯喀木一带则是古代重要交通节点。

（陆水林）

Hanwen Dazangjing

汉文大藏经　Ta-ts'ang Ching in Chinese　中国汉文佛教典籍总集的通称。佛教传入中国内地以后的千余年间，仅经录即近有50种，流传至今尚有20余种，收录的经籍数量不等。各个时代编纂的大藏经，形式和内容互有不同。除房山石经外，宋代以前的基本上都是卷轴装帧的书写本。北宋开宝年间（968～976），第一部木版雕印的大藏经问世后，历元、明、清至民国，共出版过木刻和排印本大藏经20种（一说21种）。佛教由中国东传至朝鲜半岛和日本后，高丽王朝和日本均依汉文大藏经进行抄写刻印或排印。《开宝藏》首刻本于宋雍熙元年（984）传入日本，端拱年间（988～989）传到高丽。乾兴元年（1022）和元丰六年（1083）又分别将天禧修订本和熙宁修订本传到契丹和高丽。辽清宁九年（1063），契丹还把新刻就的《契丹藏》印本送给高丽。6世纪中叶，部分汉译佛典通过朝鲜半岛南部的百济国流传到日本。7世纪初，佛教在日本有了很大的发展，各种汉译佛经的写本和历代官私刻本的各版大藏经大量传入日本各大寺院。自13世纪末叶到20世纪20年代的700多年间，日本佛教界曾依据汉文本的各版大藏经，编纂、雕造、复刻或排印过《弘安藏》、《天海藏》、《黄檗藏》、《弘教藏》、《卍正藏经》、《卍续藏经》和《大正新修大藏经》等7种版本的汉文大藏经。20世纪初，日本佛学界还将小乘上座部三藏译为日文本的《南传大藏经》65卷，并编辑出版《国译大藏经》、《国译一切经》和《日本大藏经》，这3

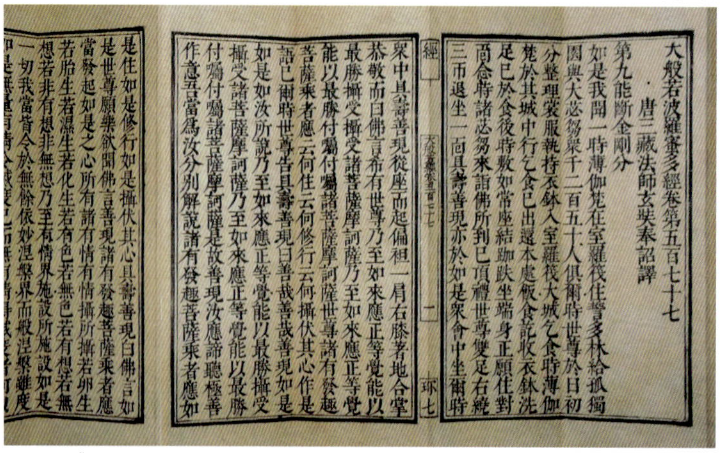

《铁眼版大藏经》日本黄檗山宝藏院延宝五年（1677）刻本书影

242

种藏经的内容除中国著述外，还收录了大量的日本章疏及杂著等。

（童玮）

Hanwen Nanya Shiliaoxue

《汉文南亚史料学》 *Historical Data of South Asia from Chinese Sources* 中国史籍汇编《中国载籍中南亚史料汇编》的导读著作。作者耿引曾，北京大学出版社1990年出版。耿引曾，女，江苏扬州人。1934年生，1956年毕业于北京大学历史系考古专业，同年入中国历史博物馆（今国家博物馆）工作，1978年转入北京大学南亚研究所工作（后并入北京大学亚非研究所）。著有《中国人与印度洋》、《印度与中国》（与谭中合著）等。

中国文献中有关南亚的记述，历时两千年不断，这些记述对研究印度历史及中印关系史具有重要意义。北京大学南亚研究所在**季羡林**的指导下，由耿引曾主持，组织发掘、整理、编纂汉籍中有关南亚的史料，集成《中国载籍中南亚史料汇编》（以下简称《汇编》）。《汉文南亚史料学》为针对《汇编》中的史料进行考订、分类、阐述与评价的导读性著作。全书按照时间顺序分为4章，分别为两汉三国两晋南北朝时期、隋唐五代时期、宋辽金元时期以及明清时期（1840年前）。每章首先介绍各历史时期的史料特点，再分别以正史、别史、杂史、史料杂著为类别，按时间先后顺序对各类史籍所含书籍进行分别评论。具体为首先简略交代作者情况、成书年代及书籍主要内容，然后介绍其中所载南亚史料，并指出史料反映和说明的历史问题。最后，论述载籍中所涉南亚史料的价值，并对一些重要著作的相关国内外研究现状进行介绍。

《汉文南亚史料学》史料翔实，重点突出，评介客观，具有很强的系统性。是研究中国与南亚友好关系和南亚历史文化重要的参考资料和工具书。

（李亚兰）

Han Wudi Liu Che

汉武帝刘彻 Emperor Wudi of Han Dynasty（前156～前87） 中国西汉皇帝。

公元前141～前87年在位。在位期间加强中央集权，开创察举制度罗致人才，积极开拓疆土，派**张骞**出使西域，使丝绸之路得以开通，在奠定中印经济文化交流基础上有破土之功。

汉代自高祖（前206～前195年在位）定鼎，经文帝（前180～前157年在位）、景帝（前157～前141年在位）两朝轻徭薄赋，与民休息，社会稳定，经济发展，人民生活普遍提高，从而形成了中国皇权专制建立以来的第一个太平盛世。汉武帝刘彻继位后推行一系列新政策和新措施，以加强中央集权，如：发布“推恩令”，放手使诸侯王各剖其国，将封地分给子弟，以分散削弱其实力；建立由皇帝左右近臣构成的中朝，裁抑丞相职司，巩固皇权；划分京畿之外的郡国为13州部，各派刺史，以强化对地方的控制；改革币制，加重商税，盐铁官营，将铸币权收归中央，增强了朝廷的经济实力；采用董仲舒的建议，“罢黜百家，表章《六经》”，结束先秦以来“师异道，人异论，百家殊方，指意不同”的局面，使思想言论归于统一，而儒家思想亦由此逐步成为中国社会的正统思想。在实行新政策的同时，汉武帝也积极准备对北方异族的侵扰发动大规模军事行动。元朔二年至元狩四年（前127～前119），派卫青、霍去病多次出征匈奴，迫使其远徙漠北，收复河套地区，夺取河西走廊，设置酒泉、武威、张掖、敦煌四郡，并从关东移民该区，由此不但保障了西北边境的安全，也打通了中原文化和西域文化的通路。元鼎五年（前112），发10万兵征南越，次年灭其国；同时平定夜郎。今两广地区重归中国版图。

继位之初，汉武帝依靠雄强的国力，准备改变汉初诸帝对于匈奴的和亲国策，转而进行武力征逐，并拟联合匈奴世敌大月氏，予以夹击。张骞应募任使者，于建元二年（前139）出发西行，但在过陇西，经匈奴境时被俘。匈奴单于欲久羁张骞不放，使他与胡女结婚生子。然而他志节不变，后终于相机逃脱，西行数十日，至**大宛**。大宛早慕汉地富庶，有意示好，遂派向导带领张骞前往康居，康居王复遣人将他送至**大夏**。大月氏前曾屡遭匈奴和乌孙追迫，多次西迁，此时已在大夏定居。由于该地土壤肥沃，物产丰富，又无异族袭扰，大月氏王遂不再做联合汉朝，报复匈奴之想。张骞未能完命，在大夏逗留岁余后返汉，并选南山之路，取道羌地，以避匈奴。不料由于羌人已附匈奴，再次被拘。后又经岁余，趁匈奴内乱逃脱，至元朔三年（前126）返抵长安，向汉武帝详细报告了西域情况。《史记·大宛列传》及《汉书·张骞传》皆载有张骞所报内容，称在大夏见到过笻竹杖、蜀布等汉地物产，而诸物乃由本地商人购自身毒（见**印度**）。身毒国则在大夏东南数千里，风俗与大夏无异。汉朝君臣自此始知在中国西南方有一个身毒国存在。由于该国可与蜀地相通，张骞更劝武帝开通西南夷道。此议虽曾付诸实施，但所派使团皆因故而受阻难，无功而返。元狩四年，汉武帝再任张骞为中郎将，率团二次出使西域，目的在厚赂乌孙（居住在今新疆

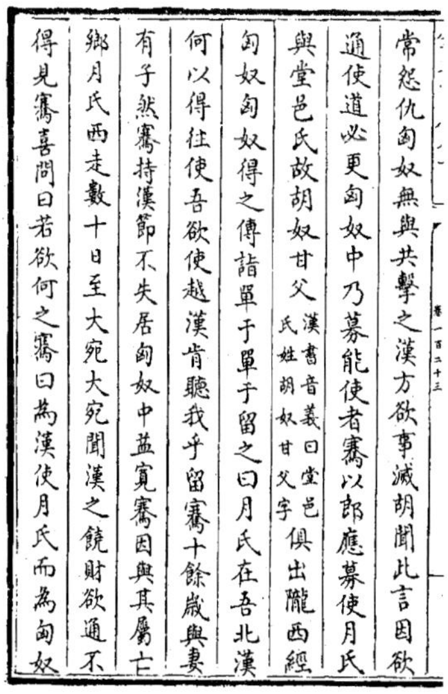

常怨仇匈奴無與共擊之漢方欲事滅胡聞此言因欲
通使道必更匈奴中乃募能使者騫以郎應募使月氏
與堂邑氏故胡奴甘父（漢書音義曰堂邑氏姓胡奴甘父字）俱出隴西經
匈奴匈奴得之傳詣單于單于留之曰月氏在吾北漢
何以得往使吾欲使越漢肯聽我乎留騫十餘歲與妻
有子然騫持漢節不失居匈奴中益寬騫因與其屬亡
鄉月氏西走數十日至大宛大宛聞漢之饒財欲通不
得見騫喜問曰若欲何之騫曰為漢使月氏而為匈奴

《史记·大宛列传》有关张骞的记载

伊犁河流域)，使其东向来攻匈奴，以实现“断匈奴右臂”之策。随行人员多达三百，且礼物丰厚。无奈乌孙内部纷乱，意见不一，张骞游说不果。后乌孙派翻译、向导以及使者数十人护送张骞返汉，于元鼎二年（前115）抵达长安。次年张骞去世。在乌孙时，张骞曾分遣副使往大宛、康居、大月氏、大夏、安息、身毒等地。后各路使节陆续与所访各国国人相携返回，汉地同诸国的经济和文化交往亦由此建立并逐渐繁荣起来。汉武帝两次派张骞出使西行，凿通了从中原通往西域的丝绸之路，同时还派使节通过海上贸易的方式与印度发生联系，使汉代人获得对印度的初步知识，对中印经济文化交流有开拓之功。

（葛维钧）

清六桥烟柳图 《西湖志》插图

Hangzhou

杭州 Hangzhou 中国城市。据考古发掘，杭州地区在8 000年前即有人类活动，5 000年前出现属新石器晚期的“良渚文化”。传说大禹治水时，天下分为九州，杭州属“扬州”(指江南水乡)。又传，大禹治水成功，要到会稽山大会诸侯，在今杭州地“舍杭（舟）登陆”，故称其地为“禹杭”，后讹为“余杭”。春秋战国时，杭州曾先后属越、吴、楚。秦统一中国后，在吴越旧地设会稽郡，称杭州为钱唐县，又以杭州有武林山（今灵隐山)，故称西湖为武林水，后世遂以武林为杭州别名。

汉代仍沿秦制，称杭州为钱唐县。王莽（公元9～23年在位）时一度更名为“泉亭县”。三国、两晋皆置钱唐县。南朝时曾升县为郡。隋文帝开皇九年（589）置“杭州”，杭州之名首现。唐置杭州郡、余杭郡。钱唐改为钱塘，以避国号讳。乾元元年（758）改为杭州。唐末军阀混战，钱镠（852～932，907～932年在位）在江浙建立“吴越国”，都杭州，杭州得以大规模扩建和大发展。北宋时杭州得以继续发展。南宋都杭州，升格为临安府，治所在钱塘，下辖钱塘、仁和、临安、余杭、于潜、昌化、富阳、新城、盐官九县。南宋临安府经济发展，户口剧增，由乾道年间（1165～1173）的26万余户、55万余人，增至咸淳年间（1265～1274）的39万余户、124万余人。杭州市区人口则达43万余人。元、明、清、中华民国、中华人民共和国期间，杭州建制屡有变迁。

在中印文化交流史上，杭州有着重要地位。相传**灵隐寺**初建于东晋咸和年间（326～334)，其时有印度来华僧人慧理来到武林山，见山石奇伟，便惊呼为天竺**灵鹫山**飞来，并建灵隐寺。此后，武林山便被称为灵隐山，灵隐寺所在地被称为天竺山，其峰被称为飞来峰。东晋以后，杭州一带佛法日盛，佛寺渐多。净慈寺为杭州另一名刹，始建于五代后周显德元年（954)，是吴越王钱俶为供养智觉禅师而建，智觉禅师于此编撰出《宗镜录》。南宋时，净慈寺改名为净慈报恩光孝寺。西湖周边尚有三座名塔，即保俶塔、六和塔、雷峰塔，均建于五代时期。

《灯戏图》(局部) 描绘南宋时期杭州元宵庙会时的场景

在灵隐寺对面的飞来峰龙泓洞旁的岩壁上，有一组表现中印佛教交流的浮雕，大约刻于宋代。共三幅画面：第一幅刻的是后汉时来华僧人**竺法兰**和**摄摩腾**立像；第二幅刻的是晋代**朱士行**西行取经图；第三幅为唐僧取经的浮雕，其左上方“唐三藏玄奘法师”7个字依稀可辨。

北宋时即重视与外国的海上贸易，其时，杭州已为一大出海口。开宝四年（971)，朝廷于广州设立市舶司；咸平二年（999)，于杭州、明州（今宁波）设市舶司；元祐二年（1087)，又于**泉州**置市舶司。市舶司专门负责海上贸易及接待、安置外国进贡使者和商人等事务。往往设提举一职作为市舶司主管，有时则由其他官员兼任。

杭州西湖断桥残雪

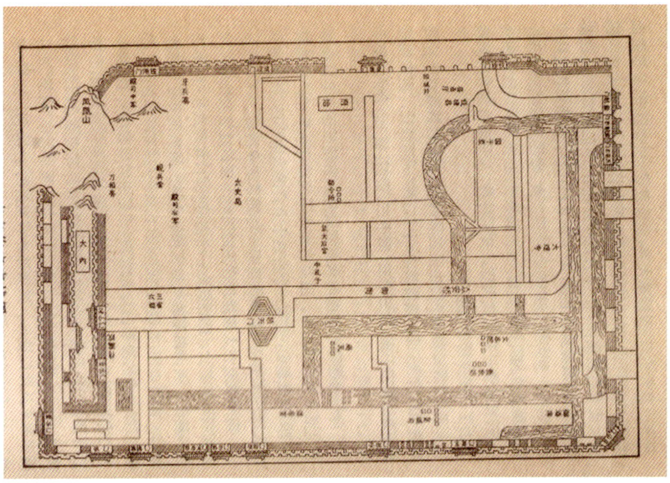

南宋临安京城图

两宋时期，泉州逐渐上升为中国第一大对外贸易口岸，东西两洋船舶均停靠；广州稍次之，主要停靠西洋船舶；明州主要经营与东洋（日本、朝鲜、琉球）业务；而杭州主要经营沿海和内河业务。据吴自牧《梦粱录》卷九，南宋杭州设“市舶务”，“凡海商自外至杭，受其券而考验之”。卷十二又记：“浙江（钱塘江）乃通江渡海之津道，且如海商之舰，大小不等，大者五千斛，可载五六百人。”当时钱塘江两岸汇聚有各种船只：海舶、大舰、网艇、渔船、客船、摆渡船等，皆泊于江岸。“盖杭城众大之区，客贩最多，兼仕宦往来，皆聚于此耳。”当时泉州港的西洋（包括南亚）诸国货物也由商人运抵杭州，而杭州一带的物产如青花瓷器、丝织品等也供出口之用。杭州还是南宋的一大造船中心，其所造海船可供中外商人远航。

元代，杭州成为江南佛教文化的中心。元初，色目人杨琏真伽被任命为江南释教都总统，主管江南佛教事务。在他的主持下，杭州恢复和重建佛寺30余所，连南宋皇宫的旧址上也建起5座佛寺。各大寺院纷纷在西湖四周的山上雕凿佛像。其中以灵隐寺对面的飞来峰上最为集中。由于元代皇帝、宗室、贵族等均信奉**藏传佛教**，而藏传佛教又受印度密教的深刻影响，故飞来峰的佛教石刻亦受其影响，所表现的诸佛菩萨与天王等均为密教神明。如飞来峰金光洞入口处外壁雕有毗卢遮那佛及文殊、普贤二菩萨坐像，还刻有梵文**六字真言**。再如宝成寺石壁上有一尊麻曷葛刺像，保存至今，是一名叫伯家奴的蒙元将军于1322年出资雕刻的。麻曷葛刺即摩诃迦罗，意译大黑天，为印度密教护法神，在藏传佛教中受到特别崇拜。

杭州灵隐寺唐僧取经浮雕

20世纪90年代以后，杭州与印度有了密切联系。由于杭州及其周边地区如绍兴、柯桥等地的发展，不仅吸引来许多印度游客，更吸引来许多印度商界人士和软件工程师等。他们中有些人常年在杭州、绍兴一带经商，做丝绸织品及各类小商品等的进口生意，也将印度的棉织品等出口中国；也有人在杭州一带开办计算机课程，甚至有人被当地政府任命为行政管理人员。

（薛克翘）

Helibamo

诃梨跋摩 Harivarman（约活动于4世纪）印度佛教思想家，小乘成实宗之祖。单称跋摩，意译师子铠、师子胄。据《**出三藏记集**》卷十一等，跋摩生于中印度，属婆罗门种姓。自幼即神悟俊秀，出类拔萃，及长思想更显周密，且善变通，**吠陀**经典，各类高论，阴阳奇术，无不精晓。曾专门研究数论哲学。后对数论有所不满，另从萨婆多部沙门鸠摩罗驮出家。后者对他甚为器重，授以迦旃延之《**发智论**》。跋摩遂潜心钻研，功不踰月，便已通其文义；然而仍觉其旨卑浅，并非佛法本源，遂潜心修习三藏。不久转入摩诃僧祇部，专究大乘，并博涉百家众流乃至异端诸说，著《**成实论**》一部。该论随即在佛教界广为流行，成为后来成实宗的根本圣典。而跋摩亦名震**摩揭陀**。跋摩亦曾奉摩揭陀国王之命，与信奉胜论哲学的外道辩论，大获全胜，因而被奉为国师。《成实论》16卷有**鸠摩罗什**汉译本。

杭州宋城景区

（葛维钧）

Hepu

合浦 Hepu 中国地名，汉代出海口。据《汉书·地理志》记载，汉武帝元鼎

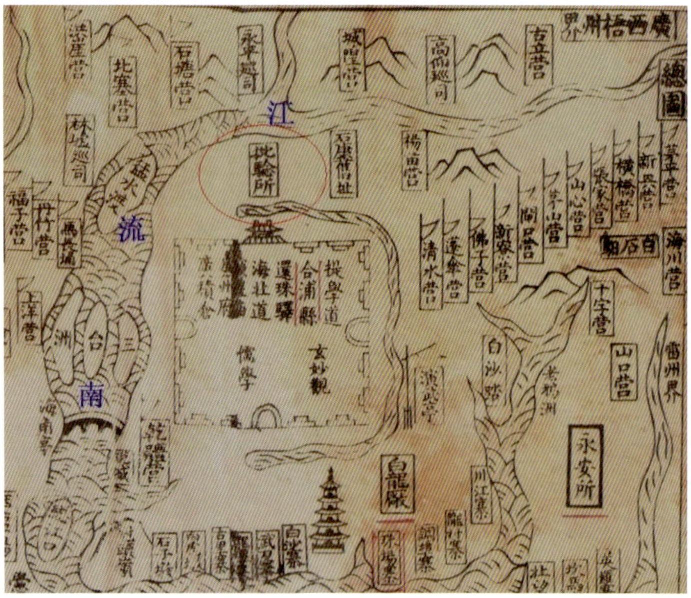

古代合浦地图(局部)

六年(前111)设合浦郡，其郡治在今广东徐闻，合浦县治在今广西合浦县东北。当时合浦县设有军事要塞(称为“障塞”或“关”)。汉代的合浦港在今合浦县城廉州镇西南约5千米处，名三叉港，附近曾发现大量汉代古墓(500座)及随葬品，说明其时合浦曾十分繁华，确为一大商港。西汉时，合浦与徐闻同为由海路通往印度南方黄支的出海口，有

西汉合浦郡大浪古城遗址

一条经东南亚诸国通往印度的清晰航线(见徐闻)。王莽时期(公元9～23年在位)，曾将合浦郡改名为桓和郡，合浦县的“关”也改为“桓亭”。但作为出海口和入海口，其作用似并未降低。史书记载了王莽时期黄支国“进贡”犀牛的故事。

(薛克翘)

heshi

合十 añjali 印度人见面时相互致意的礼节，佛教的见面礼。又称合掌。随佛教传入中国，在礼拜神佛时普遍运用。《大唐西域记》卷二记印度敬仪有九等，其第四曰“合掌平拱”。即双手十指并拢，指尖向上，合掌于前。在不同情况下，手掌的高度亦有不同：见面致敬时，指尖高度通常与鼻齐；默念许

双手合十像

愿时，指尖通常与颏齐；礼拜神佛时，通常高举与额齐。

(薛克翘)

He Chengtian

何承天 He Chengtian(370～447) 中国南朝学者，历算学家。东海郯(今山东郯城)人。自幼聪明好学，诸子百家，莫不博览，幼年跟随他的舅舅徐广学习。历官衡阳内史、御史中丞等。宋元嘉时(424～453)为著作佐郎，参与撰修《宋书》未成而卒。何承天尤精于天文律历和算术，撰有《元嘉历》并获得颁行。有文集32卷，又删并《礼论》800卷为300卷，著《分明士制》3卷、《孝经注》1卷、《历术》1卷、《验日食法》3卷、《漏刻经》1卷、《陆机连珠注》1卷。另著有宣扬无神论思想的宗教论辩性著作《达性论》、《与宗居士书》、《答颜光禄》、《报应问》等。

何承天在《元嘉历》中提出了一系列改革，颇异于当时中国传统历法中的做法。其中比较引人瞩目的改革有五项：①以月食冲法定日所在；②对“十九年七闰”这一闰周提出怀疑，主张“随时迁革，以取其合”；③以雨水为气初；④以盈缩定其小余，以正朔望之日；⑤为五星各立后元。何承天之所以能够做出这一系列历法改革，可能与其学习和接触到一些域外天文历法知识有关。何承天在其上《元嘉历》表中自述：“自昔幼年，颇好历数，耽情注意，迄于白首。臣亡舅故秘书监徐广，素善其事，有既往《七曜历》，每计其得失。自太和至太元之末，四十许年。臣因比岁考校，至今又四十载。故其疏密差会，皆可知也。”也就是说，何承天的历法专业知识尤其得惠于其舅父徐广的《七曜历》，而《七曜历》被认为含有某种域外(包括印度)历法知识成分。

又据《高僧传·慧严传》载：“东海何承天以博物著名，乃问严佛国将用何历。严云：‘天竺夏至之日，方中无影，所谓天中。于五行土德，色尚黄，数尚五。十两当此十二两。建辰之月为岁首’。及讨覆分至，推校薄蚀，顾步光影，其法甚详。宿度纪年，咸有条例。承天无所厝难。”《高僧传》显然有褒扬佛教高僧大德之意，慧严在这里以较高的姿态出现，在应对以博物著名的何承天的论难时对答如流，显示其较好地掌握了印度古代的天文历法知识。慧严还与何承天一起讨论了印度的分至、交蚀、日影等天文学内容，对这些内容还能给出详细的理论。从这些记载中至少可以推断，何承天在跟佛教僧侣的交往中接触到了印度天文学知识。

何承天通过徐广和慧严曾经接触并学习了印度天文历法。《元嘉历》中五项新颖的改革有可能是受印度天文历法影响的结果，其中以雨水为气初、为五星各立后元这二项改革在印度天文历法中可以找到明确的对应做法。以月食冲法定日所在、对待闰周的观点以

及用大小余定朔望这三项改革逐渐被后世历法所接受。以雨水为气初、为五星各立后元的做法，终因与中国历法传统格格不入而未被接受，或在短期内虽获得官方地位旋而又被否定。

（钮卫星）

hehejuyi

和合句义 samavāya-padārtha 印度古代哲学中胜论派的术语。今译“内属”或“内在联系”。指事物所具有的自体与属性等的不可分的因果关系，是事物中存在的一种内在的联系。胜论派认为，宇宙一切事物或现象可以区分为若干种“句义”。事物具有自体与属性等的不可分的因果关系。各个句义的区分主要是在概念上的，而在实际上，它们都要统一在事物自身，即“实”上面。如事物的静的属性和动的形态一定要依托于实体之上。产生这种自体与属性等不可分之关系的就是和合句义。中国现代研究印度哲学的学者对此概念也较关注。姚卫群在其所著的《印度宗教哲学概论》(北京大学出版社，2006）一书中论及了这方面的内容。

（姚卫群）

Heping Gongchu Wuxiang Yuanze

和平共处五项原则 Panchsheel 国际公认的处理国家之间关系的基本原则。即互相尊重主权和领土完整、互不侵犯、互不干涉内政、平等互利、和平共处。1953年12月，中国总理周恩来在接见印度代表团时提出以“互相尊重主权和领土完整，互不侵犯，互不干涉内政，平等互利和和平共处的原则”来处理中印关系。印方接受这一建议，并以此作为谈判的指导原则。谈判于1954年4月29日结束，由双方全权代表签订了《关于中国西藏地方和印度之间的通商和交通协定》和有关换文。该协定在序言中把上述五项原则定为指导两国关系的准则。1954年6月25日，周恩来应邀正式访问印度。印度总理J.尼赫鲁建议将五项原则适用范围扩大到东南亚，以创造一个没有战争恐惧的和平区域。在此后中印两国发表的联合声明中，明确表示五项基本原则不仅适用于中印两国，而且也适用于亚洲的其他国家，以及世界上所有国家。在尼赫鲁的提议下，五项原则使用了印度传统的宗教术语“潘查希拉”。

1954年6月29日，周恩来同缅甸总理吴努在仰光发表联合声明，确认五项原则作为指导国际关系准则的普遍意义。1955年的万隆会议把和平共处五项原则引申和发展为十项原则。和平共处五项原则反映了世界历史的潮流，符合世界各国人民的愿望和要求，因而为许多国家所接受，获得了广泛的国际承认，成为当代国际关系的公认准则，构成国际法的基本原理。

（张忞煜）

周恩来与印度总理J.尼赫鲁在北京会谈 1954

heshang

和尚 upādhyāya 佛经译词。又称和上。音译为邬波陀耶或邬波遮迦等，意为师长。意译又称力生、近诵等，表示依师长之力、生长法身，亲近师长、受经而诵。起初特指传戒师或剃度师，之后词义扩展，泛化为对出家人的尊称。

（范晶晶）

Hebei Gu'an Liaodai Jingchuang

河北固安辽代经幢 Dharani Sutra Pillar at Gu' an 中国佛教经幢。发现于河北省廊坊市固安县王龙村，后移至廊坊市博物馆碑碣苑院落内保存。建于辽圣宗在位后期（982～1031），因幢体上题刻“天辅皇帝”字样，曾被误认为金太祖天辅年间所建，但金代不以年号称皇帝，而辽代皇帝则多有类似天字头尊号，如辽圣宗即称“天辅皇帝”。由是，建幢年代得以纠正。

河北固安辽代经幢

经幢通体为汉白玉，高约7米。基座下部为青砖基底，上部为覆莲底座和盘状石雕。幢身呈八棱形，共4层。自下而上分别刻有：楷书阳文《佛顶尊胜陀罗尼经》，题铭“神赞天辅皇帝万岁齐天彰德皇后储君亲王公主千秋特建消灾报国佛顶尊胜陀罗尼幢”及《佛说般若波罗蜜多心经》，千姿百态的浮雕佛像、菩萨、乐伎、飞天、瑞狮、妙声鸟、祥云、仰莲等。幢顶呈宝珠状，由八角攒尖式石檐与锥形石刹组成。整座经幢比例匀称，造型优美，雕刻精致，线条明快，气韵生动，达到了较高的艺术境界。

河北固安辽代经幢曾于明嘉靖十年(1531)、崇祯四年(1631)两度重修。1982年7月，被列为河北省省级文物保护单位。

（王汝良）

Hebei Lulong Jindai Jingchuang

河北卢龙金代经幢 Dharani Sutra Pillar at Lulong 中国金代经幢。全称“佛顶

河北卢龙金代经幢

尊胜陀罗尼经幢”。位于河北省卢龙县城南门里，外形分层似塔，当地人称之为石塔。据《永平府志》载，经幢始建于唐，金正隆四年（1159）遭雷击圮毁，后于金大定九至十一年（1169～1171）重建，一直保存至今。

经幢完全由石料叠砌而成，高10.35米，四周环以12根石栏柱和12块石栏板，上面分别雕有人物、云龙、石狮、仰莲等图案。基座为须弥座，上雕佛教人物、经变故事、祥龙、瑞兽、飞天等。幢身七级八棱，各级之间有华盖、幢檐、仰莲等石雕装饰。第一级刻有金大定十一年《平州石幢记》，虽间或文字漫漶，仍留有关于佛教东传、广为流布、部派分立的珍贵记载，并以佛陀和文殊的一段对话，对建幢经过予以神化。第二级刻有《千手千眼观世音菩萨广大圆满无碍大悲心陀罗尼经》，第三级刻有《大佛顶尊胜陀罗尼经》，第四级刻有明万历二十八年（1600）《重修北平石幢记》，其余各级刻佛教人物、经变故事、盘龙、覆莲等。幢顶为莲花宝珠。

经幢高峻挺拔，造型别致，雕刻精美，是现存金代为数不多的集佛教文化与建筑、雕刻艺术为一体的杰作。幢体各部石质不同。从幢身和围栏上的题刻可知，该幢曾于明万历二十八年、清光绪十九年（1893）两度修葺。1956年9月，经幢被河北省列为首批省级重点文物保护单位；2006年5月，又被列为全国重点文物保护单位。

（王汝良）

Hexiezhi

曷撷支　（约活动于7世纪）　古代印度罽宾国国王。据《新唐书·西域列传》载，唐显庆三年（658），朝廷于罽宾国都城修鲜城（约在今阿富汗喀布尔以北的河谷地区）设修鲜都督府，属安西都护府统辖。龙朔初（约661），“拜其王修鲜等十一州诸军事、修鲜都督”。开元七年（719），派遣使臣来唐朝朝觐并“献天文及秘方奇药”。

（何赟）

Hepulao

贺菩劳　Khaplu　古代西域地名。又称贺萨劳、菩萨劳。位于今克什米尔巴基斯坦实际控制区境内的巴尔蒂斯坦哈伯罗地区。天宝十二载（753），唐安西节度使封常清击大勃律时，曾率军到达该地。

《资治通鉴》卷二一六称：“是岁，安西节度使封常清击大勃律，至菩萨劳城。”《册府元龟》卷七二一称：“段秀实，天宝十二年为安西节度使封常清判官。讨大勃律，师次贺萨劳城，一战而胜。”《旧唐书·段秀实列传》亦称：“十二载，封常清代仙芝，讨大勃律，师次贺萨劳城，一战而胜。”元胡三省作《通鉴音注》时指出，该地应名“贺菩劳”。贺菩劳即今哈伯罗谷地。

哈伯罗是巴尔蒂斯坦一个重要谷地，位于希约克河两岸，长约150千米，宽约80千米。希约克河下游段右岸，谷地宽阔，有大片平坦的土地，是巴尔蒂斯坦最宽阔的河谷之一。哈伯罗的水系由希约克河及其支流萨尔托洛河、贡杜斯河、霍谢河、塔莱河等组成，这些河谷不仅容纳了许多村庄，也构成了这一地区的交通网络。

哈伯罗谷地是巴尔蒂斯坦自然条件最好、开发最早的河谷，地理位置十分重要，因而很早就是这一地区的中心和文明的摇篮。该地同中国新疆毗邻，同新疆之间有古老的通道，特别是经由锡亚琴）冰川的古道，民间往来不绝。据王小甫考证，封常清讨伐大勃律，所取路线就是锡亚琴冰川道。该道至近代因锡亚琴冰川不断发展而中断。

哈伯罗谷地与中国之关系，可上溯至北魏时期。《魏书·世宗纪》永平四年（511）载：“六月乙亥，乾达、阿婆罗、达舍越、伽使密、不流沙诸国，并遣使朝献……八月辛未，阿婆罗、达舍越、伽使密、不流沙等诸国并遣使朝献。”其中，乾达为犍陀罗；“达舍”疑为“迦舍”之误，在今吉拉斯一带；“不流沙”在今吉尔吉特河谷；“伽使密”即克什米尔谷地；“阿婆罗”，很可能是巴尔蒂斯坦的哈伯罗河谷音译。这是几个相邻的国家，互有往来，它们有可能同时遣使，也有可能一国遣使，沿途诸国闻讯相继遣使，结队而行。

在唐、蕃争夺勃律之时，哈伯罗是勃律和后来的大勃律的一部分。勃律在分为大、小勃律之前和之后，一直同唐朝保持着密切联系。但大勃律为吐蕃控制后，往来中断。该地与拉达克相连，更早处于吐蕃控制之下，时间也更长，因而较之巴尔蒂斯坦其他河谷，该地保存的藏文化遗存更多，还发现了包括藏文的观世音菩萨六字真言和文殊菩萨咒文等许多岩刻。

迄止近代的哈伯罗统治者，其王号为“叶护”，系一突厥语称号，该叶护家族的渊源已不可考。也有当地学者推测，该王室的起源可能与唐朝军队于753年征讨贺菩旁之役有关。

窣堵波岩刻　今哈伯罗地区

哈伯罗叶护王室同新疆叶尔羌汗国有联系，后来同清朝也有联系。乾隆三十年（1765），哈伯罗王公穆罕默德·阿里·汗遣使至叶尔羌问安，进贡马匹，请求贸易并商定贸易税收事宜，并有

佛教岩刻　今斯卡杜附近的门特尔

呈中国皇帝的波斯文呈文，请求“重开途经我土之商路”。

（陆水林）

Helixiejinde'er

赫利谢金德尔，B. Bharatendu Harishchandra（1850.09.09～1885.01.06）印度戏剧家，诗人，散文家。近代印地语文学的启蒙者和开创者，被誉为“近代印地语戏剧之父”。

赫利谢金德尔生于印度北方邦贝拿勒斯（今瓦拉纳西）一商人家庭。受父亲影响，自幼对诗歌和宗教有浓厚兴趣。曾就读于英国人开办的小学，但主要靠在家中延师学习。通晓印地语、梵语和孟加拉语。对社会改革抱有极大热忱，1867年创办杂志《赫利谢金德尔》（后更名为《赫利谢金德尔之光》），开始投身社会活动和文学创作。1869年创办文学杂志《诗之甘霖》。1870年组建诗社，鼓励诗歌创作和培养诗人，同年还成立了一个旨在宣传宗教、禁酒和提倡国货的协会。1874年创办杂志《妇女知识》，呼吁社会赋予妇女受教育的权利，主张寡妇再嫁，反对童婚。此外，还出资开办学校、印发书刊，在印地语地区培养了一批致力于文学创作和社会改革的有识之士。因其爱国之心，被冠以“帕勒登杜”（意为“印度之月”）的美誉。35岁时因患肺结核去世。

赫利谢金德尔思想既受到西方文化的影响，又带有强烈的本土宗教意识；既宣扬民族主义精神，又对英国殖民者抱有幻想。在文学方面，被认为是最早成功使用印地语标准语——克利方言进行创作的印度作家。短暂的一生中共创作12部剧本，另从梵语和孟加拉语翻译或改编了8部剧本，掀起了印地语戏剧文学创作的第一个高潮。代表作有《按〈吠陀〉杀生不算杀生》（1873）、《信守不渝的赫利谢金德尔》（1875）、《印度惨状》（1876）、《黑暗的城邑》（1881）等。此外，还创作了大量诗歌和一些散文。因其对印地语文学发展的特殊影响，文学评论家将19世纪下半叶称为“帕勒登杜时期”。

刘安武在《印度印地语文学史》（1987）中称帕勒登杜为印地语“戏剧和散文的开拓者”，对赫利谢金德尔的思想和创作进行了较为全面的评介。姜景奎于1997年发表的《近代印地语戏剧文学之父帕勒登杜》是中国最早研究帕勒登杜的专题性论文，详细介绍了作家的生平事迹和文学贡献，着重分析了其戏剧作品的思想性、艺术性和宗教性。本文后经加工、整理，收入《印地语戏剧文学》（2002）一书。薛克翘、姜景奎等著《印度近现代文学》（2014）对其戏剧创作亦有论述。除此之外，中国尚无专门研究帕勒登杜的专著，其作品亦未被译成中文。

（姜景奎　贾岩）

Heitian

黑天 Kṛṣṇa　古代印度教神话中最受喜爱和尊崇的神祇之一。音译克里希那。

梵字原意为“黑”。黑天即黑神。该神出现较晚。印度教最古老的经典《梨俱吠陀》中虽有此字，但与神无关。4种吠陀本集和某些梵书中多用以指黑色的动物，如羚羊或猛禽。另有一个阿修罗也称此名，他带领一万徒众到处劫掠，后被因陀罗打败剥皮。还有吠陀圣诗提到曾有五万克里希那连同他们怀孕的妻子被杀，有人认为可能是指雅利安人入印后，他们眼中的当地黑皮肤原住民。接近目前意义的黑天，第一次出现在《歌者奥义书》中，为一仙人。事实上，从诸奥义书到诸往世书，历时千百年，所讲黑天不会是同一个。不过某些印度教经典还是乐于将他们糅而为一。其故事略谓：他属于月族世系，耶度一支，父母为婆薮提婆和提婆吉，住摩偷罗（今马图拉）。该地暴君刚舍王是其堂舅。大仙人那罗陀曾预言刚舍将死于提婆吉儿子之手。刚舍遂把这对夫妇囚禁起来并杀死他们的孩子。八子黑天半夜出生。婆薮提婆设法溜出，将他与牧人首领难陀之妻耶修达新生的女儿相调换。国王发现黑天的去处，便派鬼怪前去杀他，被他一一打败。他在亚穆纳河边与牧童牧女一起长大，成了一个顽皮儿童和放浪少年。他种种嬉戏调情和恶作剧的故事构成印度人非常喜爱的文学作品主题。除去暴君后，为避免和刚舍岳父摩揭陀王的冲突，他带领本部落人迁往德瓦罗伽，在那里建立了新王国。又，《摩诃婆罗多》中般度五子中前三个的母亲贡蒂是婆薮提婆的姊妹，而刚舍的岳父后又死在五子中的老二怖军之手，遂使黑天在婆罗多大战中与般度族结盟。在战场上，黑天为表兄弟阿周那驾驶战车。后者最初犹豫而不愿与同族的俱卢兄弟作战。为劝导他，黑天进行了一番内容广泛的议论，此即后世印度教徒奉为神圣的《薄伽梵歌》。战后黑天返回德瓦罗伽，36年后去世。前述故事与史实不符处颇多，如婆罗多大战在前而雅利安人到达亚穆纳河流域在后等。在《薄伽梵歌》中黑天被神化。《摩诃婆罗多》的附录《诃利世系》说他是大神毗湿奴的化身。到12世纪，更有许多崇拜者宣称他本身即是无上神。

黑天对阿周那说教

少年黑天

对黑天的崇拜，开启了后来中世纪印度教的虔诚派运动。各种主要的印度语言，如印地、泰米尔、泰卢古、孟加拉、马拉提等，都写出了关于他的圣诗和故事。超越种姓、性别、教派和社会等级的区别，黑天已成为印度广受崇仰的神祇。不仅如此，他的信徒还在把对他的崇拜运动推向世界，尤其是西方。

（葛维钧）

Heng He

恒河 Ganga 印度第一大河。古代汉译又作殑伽河、强伽河、恒伽河等。

印度水资源的2/3集中在恒河-布拉马普特拉河及其支流，其中又以恒河为最丰富。恒河全长2 580千米，是南亚最长、流域最广（90.5万平方千米）的河流。恒河发源于喜马拉雅山南麓冰川，其最远的支流上源可溯至中国西藏境内。它的主要源头有5支：巴吉拉蒂河、阿拉克南达河、曼达吉尼河、道利甘加河、宾达尔河，均在北方邦的北方区内。其中以阿拉克南达河与巴吉拉蒂河最为重要。前者较长，发源于南达德维峰以北近50千米处；后者发源于一

恒河女神像　约5世纪　印度阿希恰特拉出土　现藏新德里印度国家博物馆

海拔3 050米高的冰洞，冰洞在喜马拉雅山麓一名叫冈戈特里的冰川之下。不过，人们普遍认为恒河真正的源头是高穆克河，它在冈戈特里东南21千米处。阿拉克南达河与巴吉拉蒂河在北方邦德

恒河降凡石刻　帕拉瓦王朝（约670）　印度泰米尔纳德邦马哈巴利普拉姆

瓦普拉亚格汇合之后折向南行，始称恒河。它在哈尔德瓦附近穿过西瓦利克山，进入平原，并成东南流向；到阿拉哈巴德与亚穆纳河汇合后，河身弯曲，继续向东，入比哈尔邦，再入孟加拉国。恒河在西孟加拉邦和孟加拉国改称帕德马河。布拉马普特拉河在孟加拉国的一段（约240千米）称贾木纳河。两河汇流后继续称帕德马河，再于昌德普尔以北收纳源自阿萨姆邦的梅克纳河，最后成无数河道，入注孟加拉湾。恒河的主要支流有：亚穆纳河，约1 380千米，为旁遮普平原与恒河平原的界河；哥格拉河，长917千米；甘达克河，长764千米；柯西河，长489千米；宋河，长764千米，等。柯西河破坏性巨大，人称“比哈尔之忧”。它在尼泊尔境内从喜马拉雅山获得巨量集水，进入平原后陡度趋缓，故汛期常会泛滥成灾，乃至频繁改道。与次大陆其他纯由降雨供水的河流相比，由融雪提供水源的恒河水量季节变化小，所以十分便于灌溉和航行。恒河平原是近两千多年印度文明的摇篮。

恒河抚育了大量的印度人口，也是印度教徒永恒的圣河。关于恒河的来源，史诗《摩诃婆罗多》等古代著作中曾载有曲折美丽的传说：恒河原是众山之王喜马拉雅的女儿，后被众神接上了天国。甘蔗族国王萨竭罗的六万个儿子无法无天，在惹怒仙人迦毗罗后，被他双

恒河岸边

恒河岸边的焚尸场

眼放出的神光烧成了灰烬。萨竭罗的四世孙跋吉罗陀按照预言请求恒河下凡，洗净六万祖先的灵魂。恒河答应了他的要求，但是担心自己的滔滔洪流会淹没大地。于是跋吉罗陀坚持修炼苦行，谋得湿婆的欢心，使他许诺在恒河下凡时将她接住。届时，恒河下注，奔腾咆哮，举世惊骇，而湿婆则趺坐入定，用自己的头准确地接住了她。恒河在湿婆头顶盘结的长发间冲撞七年，始终找不到出口。最后，湿婆分恒河为七派，将她摇落大地。它们三条向东，三条向西，一条随跋吉罗陀而去。恒河的七条支流由此形成。印度教徒认为，恒河水可以涤罪增福，故到恒河沐浴、举行宗教仪式或在河边火葬成为久远的习俗。瓦拉纳西据说是恒河下凡之地，是该河沿岸最神圣的地方，所以到此沐浴或举行火葬者尤众。

中国古代访问印度的佛僧多曾到过恒河，并有记载。法显称恒河为恒水，其所到巴连弗邑（即华氏城）、波罗奈、瞻波等地皆在恒河岸边。玄奘称恒河为殑伽河，并依宗教传说，称它发源于阿那婆达多池（亦称阿耨达池）东面的银牛之口，后“绕池一匝，入东南海”。

（葛维钧）

印度教教徒在恒河沐浴

Honghaluoxili

吽哈罗悉利　Oṃkāraśrī（1101～1163）

印度来华僧人。据《补续高僧传》卷一本传，吽哈罗悉利为摩揭陀国人，原在鸡足山修炼密法。金代初年（约1127），与叔父、弟弟三磨耶悉利等7人到五台山礼拜文殊菩萨，又去山东灵岩寺礼拜观音菩萨，并在济南等地修建寺院，直至1163年去世。

（薛克翘）

Hongming Ji

《弘明集》　中国佛教文集。僧祐编撰。大约成书于天监年间（503～519），收录东汉至南朝齐梁时代的佛教论文，原为10卷，后扩充为14卷，现收在《大正藏》第52册第2102号。书中所收文章以南朝的居多，共一百余篇，作者百余人。

在《出三藏记集》所载的《弘明集》序言中，僧祐说明了编撰此书的动机和设想：为了反驳儒家对佛教的排斥、澄清道教对佛教的混用，故而编选此集，“道以人弘，教以文明；弘道明教，故谓之弘明集”。大体而言，这是一部维护佛教、驳斥异教的文集，所收录的文章有论文、书信、诏令、奏表、檄魔等，从不同的角度反映了这一时期佛教的基本教义、传播状况以及佛教与儒家、道教等本土传统学说的相互关系。为了使读者全面了解当时的论争情况，还集中收录了几篇排佛的论文，如范缜的《神灭论》等。

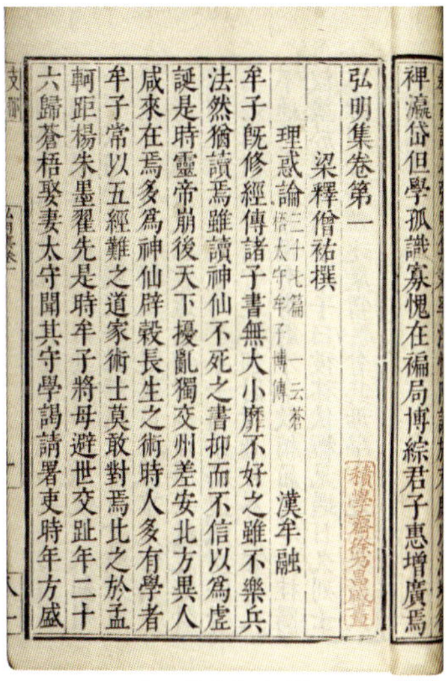
禪瀛岱但學孤識寡愧在徧局博綜君子惠增廣焉

弘明集卷第一

梁釋僧祐撰

理惑論 三十七篇 一云蒼梧太守牟子博傳　漢牟融

牟子既修經傳諸子書無大小靡不好之雖不樂兵法然猶讀焉雖讀神仙不死之書抑而不信以為虛誕是時靈帝崩後天下擾亂獨交州差安北方異人咸來在焉多為神仙辟穀長生之術時人多有學者牟子常以五經難之道家術士莫敢對焉比之於孟軻距楊朱墨翟先是時牟子將母避世交趾年二十六歸蒼梧娶妻太守聞其守學謁請署吏時年方盛

積學齋徐乃昌藏書

《弘明集》书影

僧祐的《弘明集后序》对全书内容进行了概括总结，大致而言，书中所收录的文章是围绕以下重要内容编排的：①回答人们对佛教的种种疑问，驳斥一些反佛的论调，如《理惑论》、《正诬论》等。②阐述形灭神不灭和佛教的因果报应、生死轮回的教义，进而论证断除烦恼、修成法身成佛，如《明佛论》、《神不灭论》等。③讨论三教斗争与三教合一的问题，如《喻道论》、《夷夏论》等。④论在家与出家、佛法与王法之间的关系，如《沙门不敬王者论》以及卷十一、十二所收录的系列文章。这些都是魏晋南北朝时期佛教界乃至整个社会比较突出的问题，《弘明集》所收的论文则集中反映了当时人们的代表性观点。

《弘明集》是中国佛教史上第一部护法弘教的文献汇编，具有很高的史料价值，是研究中国佛教史的重要材料。魏晋南北朝时期的佛教文章大部分已经佚失，保留在《出三藏记集》中的主要是佛教目录与经序、后记等，而《弘明集》所载录的文章涉及范围更广，讨论的问题更加集中深刻，还涉及佛教与中国本土的儒家伦理、道教信仰冲突融合的许多重大而基本的问题，对中国哲学史、宗教史的研究也有很重要的参考意义。此外，本书的撰述体裁对后世也有一定影响。唐代的道宣就是在《弘明集》的启发下续编了《广弘明集》，但在体例上有所突破，采取分篇编文的方法，每篇前面都有序言。

（范晶晶）

Hongren

弘忍 Hongren（602～675） 中国唐代高僧。得四祖道信之心传，被尊为禅宗五祖，后传法慧能，续禅宗法脉。因其一生于蕲州东山弘扬禅法，为道俗称叹，故时人称之为“东山法门”。

现存弘忍的传记，最早的是《传法宝纪》与《楞伽师资记》，其次是《神会语录》与《历代法宝记》，此外还有《宋高僧传》和《传灯录》等。

据《楞伽师资记》引玄赜《楞伽人法志》记载，弘忍俗姓周，原籍浔阳（今江西九江），后迁居湖北黄梅。父亲早逝，7岁时便从四祖道信禅师（580～651）出家，居幽居寺。《传法宝纪》中则言，弘忍“年十二事信禅师”。印顺法师在《中国禅宗史》中认为，“十二岁说”更为可信，因为当弘忍七岁时，道信居吉州，出家尚不久，而当弘忍12岁时，道信居庐山大林寺，原籍浔阳之弘忍，更可能于此时从道信出家。

据《历代法宝记》等记载，弘忍13岁时剃度出家。其生性木讷沉厚，纵使同学轻戏，也默然无对。他日间劳动，夜间静坐参禅，侍奉道信禅师30余年，于永徽三年（652）得付衣法。同年，道信禅师圆寂，弘忍承其法席。后因四方来学众多，弘忍遂于双峰山不远之冯茂山（东山）另设道场，时人称其“东山法师”，称其禅法为“东山法门”。显庆五年（660），高宗遣使召弘忍入京，弘忍辞不赴请，再请亦然，故高宗只得敕赐医药，于冯茂山供养。弘忍一生驻锡冯茂山40余年，接引道俗，四方来归。咸亨五年（674），弘忍命弟子玄赜起塔，上元二年（675）二月十一日，奄然坐化，享年74岁。开元年间（713～741），学士吕丘均为其撰写塔碑，代宗时谥其为“大满禅师”。

关于弘忍之卒年有两说：一曰咸亨五年，一曰上元二年，今从印顺法师之说，取上元二年。又因弘忍生年七十有四，故其出生，当于隋仁寿二年（602）。

另据《坛经》记载，弘忍曾令徒众各作一偈，以呈见解，若有契符者，便付其衣法。上座神秀与慧能均作有偈颂，弘忍以慧能见解透彻，付其衣法，并嘱其南行。是以弘忍传法慧能，续禅宗之法脉。然而若以禅法的相似性来看，弘忍与神秀当更为相近。通常认为，道信与弘忍之禅风，不同于以往的随缘而住，更多的是定居一处，建立丛林，将劳作与习禅相结合。就禅法来看，因弘忍之著作未见记载，故难以直接判断弘忍之思想。若据散见于诸文献的法语片段来看，弘忍之禅法承自道信，与其有较大的相似性，都突出对心、一行三昧、不立文字和《楞伽经》等内容的重视，在方法上，则与之前禅师大体相同，都强调静坐参禅。这与慧能的禅法并不一致。

《最上乘论》（一称《修心要论》，T2011）有数个版本，其中敦煌本、《续藏》本与《大正藏》本，均题为弘忍所述。该论设立问答，突出“守心”，认为“此守心者，乃是涅槃之根本，入道之要门，十二部经之宗，三世诸佛之祖”。通常认为这部论与弘忍之思想相关，但应不是弘忍所述。《楞伽师资记》亦载：“在人间有《禅法》一本，云是忍禅师说者，谬言也。”

弘忍门下，徒众甚多，然诸文献记载不一，这与文献作者所属之派系与立场有关。如净觉是玄赜弟子，故其《楞伽师资记》中，以玄赜为亲承付嘱，在玄赜外另列10人。《历代法宝记》乃曹溪系统，故在文中以慧能为主，在慧能外另立10人。此外，宗密在《圆觉经大疏钞》和《禅学师资承袭图》中亦各列举10人，其所列举之人名与之前两说多有不同，或是依据后代师资相承而各成一系来说的。总的来看，见于记载的共有25人。弘忍诸弟子弘域甚广，东山法门亦渐布各地。若从后人眼光来看，弘忍弟子中慧能和神秀尤其重要，一者传禅南方，一者弘法北地，两人渐成禅宗南北二宗之首导。

（杨祖荣）

Hongyi

弘一 Hongyi（1880～1942） 中国民国时期律学高僧，书法家，音乐家，艺术家。在诗词、书画、篆刻、文学、音

乐、戏剧等多个领域均有极高造诣。被认为是律宗南山宗第11代祖师。对民国南山律学之中兴作出了重大贡献。

弘一俗姓李，名文涛，字叔同。1880年出生于天津，年少聪颖，7岁习四书五经、金石书画之学，9岁能诵大悲咒。18岁进天津县学，娶妻俞氏。次年，因同情戊戌变法，被疑为康梁同党，后奉母南迁上海。1901年考入南洋公学特班，后因罢课风潮，退学抗议，遂与许幻园等创沪学会，办补习科，倡导移风易俗。1905年，母亲逝世后，东渡日本留学，在日本东京上野美术学校专攻西洋油画，旁及音乐、戏曲等，

其间曾于东京创办春柳社。1910年回国，执教于天津高等工业学堂。次年至上海，应《太平洋报》之请，任文艺编辑，并主编画报。同年3月加入南社，并在城东女学教授文学和音乐。同年秋，又至浙江第一师范学校任教。1914年兼任南京高等师范美术教授，并与校长江谦创立宁社，借机保护文物。1916年有感于夏丏尊所推荐之文，遂诣杭州虎跑寺，断食习静，亲作体验，并作《断食日志》。1918年，广赠书籍字画，将平生所雕金石封于西泠印社石壁之中，题为“印藏”，随后于农历七月十三日至杭州虎跑寺，依了悟出家。同年9月于杭州灵隐寺受**具足戒**，法名演音，号弘一。

弘一尝慨叹僧界往往为世所诟病者，以不守戒律之故，乃发愿毕生精研戒法。初学有部之律，后得徐蔚如告知，中国传统律学宗依南山，则开始“兼学南山”，至1931年，于佛前发愿，弃有部律而专学南山律。弘一以律严身，操行至苦，终年跣足芒鞋，破衲敝席，云游各处，讲经弘法，常往来于嘉兴、上海、温州等地，并闭关著述。1928年入闽，常居厦门南普陀、泉州承天、开元等寺，弘扬南山戒律。1933年在泉州开元寺创设南山律苑，次年于普陀寺开设养正苑。晚年自号晚晴老人，又号二一老人，1942年逝世于晋江温陵养老院。后人为师建塔于泉州清源山，设堂于虎跑寺。

弘一一生在文学艺术上有极高造诣，在俗时便在各领域引领先风。出家后，其在佛学上的贡献，主要是对律宗的精研勤修，其次以华严教义为核心，调和性相禅净，可说是“究华严、弘戒律、归净土”，为时人所称道，誉其“以名士出家，钻研律部，间有著述发挥南山奥义，精博绝伦，海内宗之”，甚至言其乃明清以降南山律宗复兴之祖，是律宗第11代祖师。王建光认为，弘一在律学方面的成就主要表现在南山律学的弘扬、律学典籍的整理以及律学教育三个方面。

弘一一生或编或撰，留有多部律学著作。主要有《四分律比丘戒相表记》、《五戒相经笺要》、《南山律在家备览略编》、《含注戒本随机别录》、《删补随机羯磨随讲别录》、《南山律苑杂录》、《四分律行事钞资持记扶桑集》、《佛学丛刊》、《律学要略》、《南山律宗传承史》、《南山律宗书目提要》、《南山律苑文集》等，也有不少其他内容的著作。

弘一效仿印光不收徒众，不主寺刹，其一生风范与律学成就，对南山律宗的复兴有巨大贡献，对民国佛教界也产生了重要影响。

（杨祖荣）

Hong Jun

洪钧 Hong Jun（1839～1893） 中国清末外交家。字陶士，号文卿。江苏吴县（今苏州吴中区、相城区）人。同治七

年（1868），戊辰科殿试以一甲第一名进士状元及第，任翰林院修撰。后出任湖北学政。光绪七年（1881）任内阁学士，官至兵部左侍郎。光绪十五年至十八年任清廷驻俄罗斯、德国、奥匈帝国、荷兰四国大臣。曾据国外资料证补《元史》。回国后，曾任总理各国事务衙门大臣。

洪钧在国外期间曾以重金购买一张俄制中俄边界地图，经校勘刻印后交给朝廷。由于不懂俄文，错将帕米尔地区一些属于中国新疆的领土画到俄罗斯国界内。沙俄公使曾企图以此图为据解决两国边境争端。光绪十八年，中俄帕米尔争界案发生后，总理各国事务衙门申明，洪钧地图仅系参考，不足据以确定中俄边界。洪钧遭到联名弹劾，悔恨交加，抑郁成疾，不久逝世。洪钧地图亦涉及中印边界西段争议地区阿克赛钦的边界。在国际上一些涉及中印边界问题的著作中，此图被称为“洪大人地图”。

（刘建）

Housaiyin

侯赛因，M.F. Maqbool Fida Husain（1915.09.17～2011.06.09） 印度现代画

家。出生于马哈拉施特拉邦潘达尔普尔市。自学绘画。1937年在孟买开始电影广告画家生涯。1948年加入孟买进步艺术家群体。1950年在孟买举办第一次个人画展，此后数十年间相继在印度和欧美、亚洲诸国举办多次个人画展，并参加一系列重要国际艺术展览。1967年他摄制的纪录片《通过画家的眼睛》获柏林国际电影节金熊奖。1971年，巴西圣保罗双年展特邀他与P.毕加索并列专室展出，他因此被誉为印度的毕加索。1973年被印度政府授予二级莲花勋章。1991年被印度政府授予一级莲花勋章，当选新德里美术院院士。

侯赛因的主要绘画题材是印度农民以及农村流传至今的神话传说，塑造质朴、诙谐、乐观的印度农民形象。他不仅借鉴了西方现代艺术的立体派、表现主义手法，而且吸收了印度传统的雕塑、壁画、细密画和民间艺术等多种因素，形成了印度式表现主义的折中风格，而他的艺术个性仍相当鲜明，特别是他刚健雄劲的粗线条已成为他独特的“侯赛因式”造型手段和艺术标志。代表作有油画《土地》、《在蜘蛛与灯之间》、《马》、《让历史穿越无我之我》等。

1952年侯赛因第一次访问中国，曾拜访画家**齐白石**，齐白石赠送他一幅画。1984年7月，侯赛因应中国美术家协会邀请第二次访问中国，曾拜访画家**叶浅予**，参观徐悲鸿纪念馆。在中国美术家协会主席吴作人为他举行的晚宴上，侯赛因说：“我身上有中国的血统，我的一位祖先是中国人。印度有一句古话：要寻求知识就到中国去。中印两国都是文明古国，艺术传统都非常悠久。东方艺术并不低于西方艺术，现代西方艺术明显受到了东方艺术的影响。我相信不

《苏扎肖像》 侯赛因绘

久的将来东方艺术一定能够复兴。”侯赛因回国后，在新德里举办了个人访华画展，印度总理英迪拉·甘地曾前往参观。

（王镛）

Hou Xian

侯显 Hou Xian（约1365～1438） 中国明代宦官，外交家，航海家。洮州（今甘肃临潭）人。藏族，藏名洪保希绕。曾随郑和两下西洋，并多次奉命率领船队到访包括印度在内的南亚诸国，促进了古代中印外交往来和文化交流。

据《明史》和《明太宗实录》载，侯显分别于永乐五年（1407）和七年两次随同郑和远航，是船队的主要领导人员之一。永乐十一年和宣德二年（1427）两次出访尼八剌国（今尼泊尔）。永乐十年和十三年单独率团出使榜葛剌国（今孟加拉国及印度西孟加拉邦）。由费信《星槎胜览》可知，侯显一行在当地

侯显灵塔
中国甘肃甘南藏族自治州临潭县侯家寺

受到榜葛剌国王的盛情礼遇。永乐十八年，奉明成祖之命出使沼纳朴儿国（今印度北方邦瓦拉纳西附近），成功调解其与邻国榜葛剌的纷争。

（何赟 贾岩）

Hulutuhua

忽鲁秃花（约活动于13世纪后半叶～14世纪前半叶） 中国元朝出使印度的使节。据《元史》卷十七《世祖十四》载，元至元三十年（1293），曾以兵部侍郎身份奉命出使俱蓝（见故临）等国。

（何赟）

Huchalaguo

胡茶辣国 Gujarat 印度古地名。指今印度古吉拉特邦。

宋代赵汝适在《诸蕃志》中首先使用“胡茶辣国”这一名称。唐代玄奘《大唐西域记》译作“瞿折罗”，说其国“周五千余里。多事外道，少信佛法。天祠数十，异道杂居”。《诸蕃志》中则记“管百余州，城有四重”，与玄奘所记一致。《诸蕃志》又记曰：“人禁荤食，有佛宇四千区，内二万余妓，每日两次歌献佛饭及献花。”与玄奘所记不同，显然是赵汝适误将印度教当作佛教。其所说庙中妓女，即印度教寺庙中蓄养的神奴，此种习俗直到现代尚未绝迹。《诸蕃志》又记其国“有战象四百余只，兵马约十万”。说明13世纪时胡茶辣国为印度较强盛的国家之一，与历史事实相符。又记：“土产青碇（靛）至多，紫矿、苛（诃）子、诸色番布，每岁转运就大食货卖。”说明当地特产主要转运至阿拉伯国家，再由阿拉伯商人贩卖至世界各地。

（薛克翘）

hugua

胡瓜 cucumber 一种葫芦科植物。又称刺瓜、黄瓜或王瓜。梵文为trapusa。拉丁文学名cucumis sativus。原产于印度。胡瓜栽培历史悠久，种类甚多，依其生态特性可区分为大胡瓜、小胡瓜、全果加工胡瓜、四叶系统胡瓜和温室系统胡瓜等。胡瓜传入中国各地，成为常用的蔬菜。

传说西汉张骞出使西域，得此植物

胡瓜（黄瓜）

的种子，带回中原。胡瓜后改称黄瓜，有两种说法：其一，唐代陈藏器《本草拾遗》中指出，“北人避石勒讳，改呼黄瓜，至今因之”。后赵国王石勒出身胡人，很忌讳听到“胡”字，人们就把胡瓜改名为黄瓜。其二，唐代杜宝《拾遗录》（又称《大业拾遗录》）记载，“隋炀帝改胡床为交床，胡瓜为白露黄瓜，改茄子为昆仑紫瓜”。唐代吴兢《贞观政要》也提到系隋大业四年（608）所改。

唐代义净《梵语千字文》中，黄瓜的音译名为“多罗布娑”，对应梵语trapusa。在汉译佛经中，也有相关译名。隋代阇那崛多译《佛本行集经》中，一位商主的名字为“帝梨富娑”，汉语的意思就是“胡瓜”。义净译《根本说一切有部毗奈耶破僧事》卷五中，此人的相应译名为“黄瓜”。根据该书梵本可知，“帝梨富娑”对译梵语trapusī/trapuṣī，“胡瓜”和“黄瓜”是其意译，因为trapusī/ trapuṣī和trapusa是同义词。今印度人称西瓜为tarbuza，此词来自波斯，应与trapusa同源。

（陈明）

hujiao

胡椒 pepper 一种原产于印度的藤本植物，一般指胡椒科植物胡椒的干燥或成熟的果实。梵文为marica，古代汉译为摩梨遮、么哩者、末粟者、摩唎遮、摩练遮等。胡椒的另一个梵文词为ūṣaṇa（原意是热）。它与长胡椒、干姜合称为三辛药、三辛香、三热药或三辣

药。是印度对外海陆贸易中的重要商品，也是中国中医常用配药材料和百姓日常食用的调味品。

胡椒的医疗价值主要在于它具有刺激功能，能够下气去冷，刺激肠胃分泌，帮助消化。胡椒在印度药物中占有重要地位达数世纪，一直被用作芳香的刺激物和排出肠胃气体的驱风剂，在治疗消化不良、肠胃气胀和痔疮方面有良好疗效，也偶尔用作治疗顽固性热病的抗疟药，还可作为外用药。

《后汉书》卷七十八“西域传”始载天竺国出产胡椒。玄奘的《大唐西域记》卷十一记载，阿吒厘国出产胡椒树，树叶与蜀椒相似。段成式《酉阳杂俎》记载，摩伽陀国（即摩揭陀）出产胡椒，称昧履支。其形状与汉椒相似，味道辛辣，常用作肉食的佐料。唐宋时期，胡椒是一种昂贵的舶来品。唐代宗时期，宰相元载权倾朝野，生活奢华无度，他

胡椒

下台后被抄家，名贵物品无数，其中包括钟乳五百两、胡椒八百斛。

胡椒的性能与用法被唐《新修本草》，五代李珣《海药本草》，宋《日华子本草》、《本草衍义》、《证类本草》，明《本草纲目》等历代中医本草著作收录。义净的《南海寄归内法传》卷三也指出姜、椒、荜拨（长胡椒）的功能为祛风冷。在佛教医药体系中，可随意服用的“尽寿药”之下有5种果药，即胡椒、诃梨勒、阿摩勒、鞞醯勒和荜拨。在《七佛八菩萨所说大陀罗尼神咒经》、《观世音菩萨如意摩尼陀罗尼经》等汉译密教文献中，胡椒用作眼药成分，也用于求雨、欢喜法和得吉祥贵敬等多种密教仪轨。中国甘肃敦煌出土的汉语和梵语、回鹘语、于阗语等医学写卷中，使用胡椒的药方比较常见，体现了印度药物学的具体影响。宋代晦岩、智昭编《人天眼目》卷六、道元著《景德传灯录》卷八等禅宗语录中，收录了“波斯吃胡椒”等内容，表明唐宋时期，中土对波斯人、印度人、南海人的形象刻画有着深刻的社会因素，也是中外文化交流的一种简洁而直观的表现。

古代中印之间的胡椒贸易主要记载于汉语文献中，特别是在有关中外交通的典籍以及南方的地方文献中。南宋四明（今中国浙江宁波）市舶所进口的南亚胡椒被当作细色（指贵重的货物）之一。

元代汪大渊的《岛夷志略》中记载，印度的古里佛（今属印度喀拉拉邦）出产胡椒，质量比下里（位于今印度马拉巴尔海岸）的胡椒稍逊，当地多用仓库存储，胡椒贸易收入的1/5用于税收。明代严从简《殊域周咨录》中亦记载，榜葛剌出产胡椒。榜葛剌国多次向明朝进贡，贡品中就有大宗的胡椒。明代张燮《东西洋考》记载，古里国的胡椒为每400斤价值200铜钱。《大明会典》对进口万数以上的苏木、胡椒、香蜡、药材等物品有特别的贸易法规。南亚等地进贡的胡椒按照内府制定的价格收购，为每斤三贯铜钱，胡椒来源地不同，其价格也有很大的差异。明代进口的胡椒数量极大，《明英宗实录》记载，正统元年（1436）三月，朝廷从各地调用胡椒三百万斤，可见从南亚地区进口的胡椒数量不菲。胡椒也与民众的日常生活关系密切，永乐二十二年（1424）朝廷规定在京文武官员的俸禄，改用胡椒、苏木折算发放，其中胡椒每斤准钞一十六贯。

（陈明）

Hu Shi

胡适 Hu Shi（1891.12.17～1962.02.24）中国现代哲学家、作家、教育家、文史学家，中国新文化运动的核心人物之一。安徽绩溪人，生于上海。父亲是清朝官

史，在胡适4岁时去世。在绩溪老家由笃信佛教的母亲抚养长大，自幼接受佛教思想的熏陶，并被送往当地私塾接受正规教育，学习四书五经。13岁时前往上海，就读于新式学校。因家境所限，高中毕业后即靠做中英文家教贴补家用。1910年，考取庚子赔款奖学金赴美国求学，在康奈尔大学攻读农学学士学位。1915年转入纽约哥伦比亚大学研究院，师从美国著名实用主义哲学家J.杜威专攻哲学，获哲学博士学位，博士论文题目为《中国古代哲学方法之进化史》。

在实用主义和杜威思想的影响下，胡适推崇意识形态的根本性改造和现代性，认为传统的思维方式和基于文言文的文体是中国迈向现代化的巨大壁障。这一观点使他处于当时思想论战的最前沿，由激进思想家陈独秀创立的颇具影响力的杂志《新青年》是这场论战开展的主要阵地。1917年1月胡适在《新青年》上发表的《文学改良刍议》一文对新文化运动起了积极的作用。同年回国，任北京大学教授。1919年五四运动前后，提倡将白话文作为书面语，率先从事白话文学的创作，成为五四文学革命的倡导者。政治思想方面，他向往欧美资产阶级的自由、民主，主张用改良主义的方法解决中国社会的种种问题。哲学思想方面，坚持实用主义，是美国实用主义在中国的主要传播者。

胡适对印度文化的研究始于佛学。1925年，发表《从译本里研究佛教的禅法》。1932年，其英文论文*Development of Zen Buddism in China*（《禅在中国的发展》）受到国际学者的重视，后此文被印度友人师觉月带回印度，发表于他自己主编的*Sino-Indian Studies*（《中印学刊》）。其另一篇有影响的英文论文*The Indianization of China:A Case Study of Cultural Borrowing*（《中国的印度化：一种文化借鉴的个案研究》），对阻碍中国现代化进程的反现代因素进行了探究。

1938年胡适任中国驻美大使。1942年离职后留在美国，在一些高校讲学。1945年任北京大学校长。1949年再赴美。1957年，赴中国台湾任“中央研究院”院长。在国际上，曾获30多个名誉学位

以及多个大学和机构颁发的奖项，其中包括印度的贝拿勒斯印度大学，推荐为其授奖的是时任校长、哲学家、后来的印度总统S.拉达克里希南爵士。

（卡马尔·希尔撰 贾岩译）

Hu Yuzhi

胡愈之 Hu Yuzhi (1896.9.9～1986.1.16) 中国著名社会活动家，编辑家，翻译家。原名学愚，常用笔名愈之、化鲁等。浙

江上虞人。1914年起在上海商务印书馆编译所工作，1919年发起成立上海世界语学会，1920年参与发起成立文学研究会，1928年赴法国巴黎大学学习，1931年回国后主编《东方杂志》，宣传抗日救国，又与邹韬奋一起主持《生活》周刊，推动创办生活书店，此外还曾主持创办《世界知识》。1936～1938年，先后主持出版E.斯诺《西行漫记》和《鲁迅全集》。中华人民共和国建立后历任《光明日报》总编辑、国家出版总署署长、中国文字改革委员会副主任、文化部副部长、中国人民外交学会副会长、中国世界语协会理事长等职。1999年，《胡愈之译文集》由译林出版社出版。

《东方杂志》创办于1904年3月，终于1948年12月，历时近半个世纪，是近现代中国影响最大的期刊之一，享有"澎湃学门，大匠如云"的盛誉。该杂志也是译介R.泰戈尔、M.K.甘地、S.奈都夫人等印度名家的重要阵地，并曾刊发大量关注印度社会和文化的介绍性、评论性文章，对近现代中印文化交流作出了重要贡献。胡愈之在主编《东方杂志》期间，对刊物进行了大胆改革，进一步提高了刊物影响，并时常为之亲撰或亲译文章。在他的动议下，《东方杂志》曾设"太戈尔介绍"专栏。

胡愈之是泰戈尔在中国的早期译介者与研究者之一。与众不同的是，他较早关注泰戈尔在欧洲、日本的演说和反响，并在此基础上形成自己的思考。1916年，在泰戈尔访问日本后，曾译出《印度名人台峨尔氏在日本之演说》，刊于1916年12月《东方杂志》第13卷第12号。1921年，又撰写《台莪尔与东西文化之批判》，刊于当年9月10日《东方杂志》第18卷17号。该文主要介绍泰戈尔的东西文化观在欧洲遭遇质疑的情况，同时也意在表达自己对泰戈尔思想的看法。1923年，发表《太古尔的国际大学》，刊于当年8月13日《文学周报》第83期，简要介绍了泰戈尔亲自创办的这所大学的课程编制、授课方式及授课语言等，以推进国人对泰戈尔来华前的行动及事业的了解。1923年，译出泰戈尔的《东与西》(今通译《东方与西方》)和《海上通信》，刊发于《东方杂志》，同年还译出泰戈尔的《诗人的宗教》，发表于当年《小说月报》第14卷第9号。

（王汝良）

Hufa

护法 Dharmapāla (约活动于6世纪) 印度佛教唯识十大论师之一。玄奘为其再传弟子。

据《大慈恩寺三藏法师传》卷三、《南海寄归内法传》卷四等，护法为南印度达罗毗荼国建至城大臣之子，本与王女有婚约，然于结婚之日落发出家。精通大小乘佛学，在摩揭陀那烂陀寺广布教化，学徒达数千人，主要弟子有胜友、胜子、智月、亲光、戒贤等。戒贤则为玄奘在那烂陀寺的老师。29岁退隐摩诃菩提寺，专事著述，著有《大乘广百论释论》、《成唯识宝生论》、《观所缘缘论释》、《唯识三十颂释》等。玄奘自印度留学回国后，综合《唯识三十颂释》十家之言，以护法之释为主，糅合译成《成唯识论》10卷，千余年来，传承不绝。护法于32岁示寂。

（葛维钧）

Huluo

护罗 (约活动于10世纪) 中印度来华僧人。据《佛祖统纪》卷四三，护罗于北宋太平兴国五年（980）自中天竺（今印度比哈尔邦一带）来到宋朝都城汴京（今河南开封）献贝叶梵经，宋太宗赵炅命赐以紫服。

（薛克翘）

Huzhu Tongzi Nüshen Futu

《护诸童子女神符图》 中国敦煌出土的一组描述古代印度揭啰诃信仰的纸画。该组纸画出自敦煌藏经洞（第17窟），落入A.斯坦因之手，原编号为Ch.00217a-c， 新编号为BM OA 1919.1-1.0177(1-3)，现藏大英图书馆东方写本部。该组纸画最早刊布于1921年斯坦因的《西域考古图记》一书，图版编号XCVI。该组纸画为唐代9世纪时的作品，采用了梵荚式装帧，现仅存3叶，正背画，每面为一女魔像，并有于阗语、汉语的双语题记。根据题记中的"此十六个女神并拥护小儿"，该组纸画应有16幅图像，现仅存6幅，每幅图像均为兽头人身，各自对应不同的动物，以及带给儿童的不同疾病症状。纸画中的双语题记是对佛经《佛说护诸大千国土经》(北宋施护译)的摘录，属于印度密教陀罗尼"五护"系列之一，其内容描述了一组护诸童子女神的形象和功能。其中的一条题记为："此女神名摩艺遮女，小儿患乳，母梦中见牛，即此神与小儿患害，祭之吉。"这些题记既可在《佛说护诸童子陀罗尼经》和《啰嚩拏说救疗小儿疾病经》等汉译佛典中找到相对应的经文，又可在《妙闻本集》和《八支集要方》等印度古代生命吠陀医籍中找到其源头，说明该组纸画是婆罗门教与佛教的混合产品。这组纸画代表了印度婆罗门教与密教混融的揭啰诃女神信仰在丝绸之路的传播。纸画中的图像的出现与于阗地区流行的护诸童子信仰、鬼子母信仰、女神信仰以及相关的明咒都有着非常密切的关系。类似的护诸童子的揭啰诃神像及其信仰，传入了西藏的佛教与藏医学之中，比如，英藏敦煌藏语写卷《曜母鬼陀罗尼》(编号IOL TIB J 334，Ch.83.IX.6)。《四部医典》的第三部第七十三章"小儿中魔疗法"，列举了多种小儿病的致病鬼邪，与印度的揭啰诃信仰有着极为密切的关系。

17世纪中期，西藏勉唐派著名画

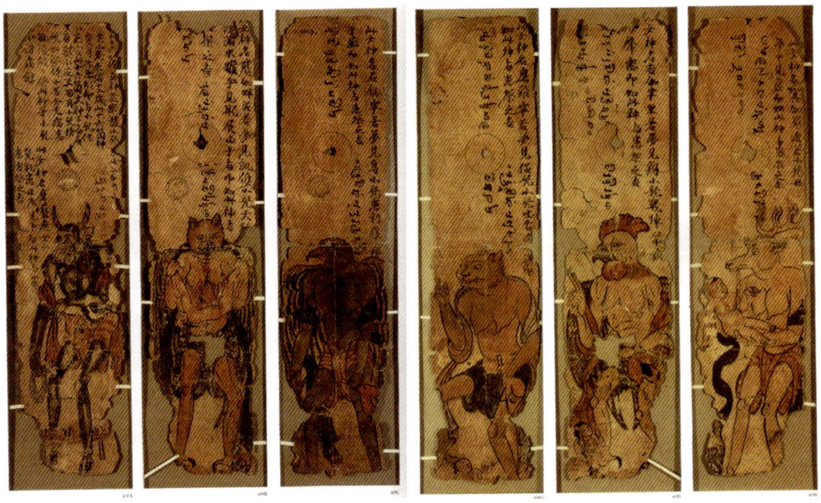

《护诸童子女神符图》 中国甘肃敦煌出土

师洛札·丹增诺布根据大医学家第司·桑吉嘉措所编著的藏医名著《四部医典·蓝琉璃》，绘制了系列藏医药挂图唐卡。在《四部医典》曼唐《蓝琉璃之光》系列中，画家绘制了29种小儿病的致病鬼邪。这些邪魔是印度的揭啰诃、西藏本地以及汉地的鬼神形象的大混合，表明在唐卡绘制之时，印度的揭啰诃之说在西藏地区至少流传了逾千年，且以《四部医典》的文本及其图像作依托，再度流传至今。此外，随着西藏佛教的传播，源自印度的揭啰诃之说及类似的图像进一步扩散到了蒙古地区乃至俄罗斯叶尼塞河上游的图瓦地区，图瓦地区曾深受藏传佛教的影响。俄罗斯图瓦国立博物馆收藏的几张卡片上绘制了一组揭啰诃图像，共15幅，所有的图像基本上是动物的头颅和人身的混合体，上身赤裸，下身穿着类似藏族。各图下方有藏文题名。其图像绘制的时间应该是在17世纪中期藏医《四部医典》系列唐卡挂图绘制之后。在西藏的札布让寺院遗址金刚怖畏殿壁画中，还有单幅的骑骡子的热玛提图像，属于揭啰诃系列之一。这说明揭啰诃在西藏的图像传播既有群体的也有单个的形象，同时也是印度古代宗教与民俗在西藏广为流传的有力证据。

（陈明）

huabiao

华表 Ornamental Columns 中国一种柱形标志物。有木制和石制两种。木制华表在古代又称“交午木”，即“横木交柱头，状若花也”。石制华表则受到印度佛教雕刻艺术的影响。可见，华表的原意实为“花表”，现今人们多误认为华表即“中华的标志”，遂以成俗。

华表起源甚早，最早为木制。《尸子》记载：“尧立诽谤之木。”《大戴礼·保傅》云：“有进善之旌，有诽谤之木。”崔豹《古今注》说：“尧设诽谤之木，何也？答曰：今之华表木也。”又说，华表“秦乃除之，汉始复焉”。西汉时期是否有华表，尚无考古发现。东汉时期的石制陵墓华表，已在今山东历城、河南邓州、江苏新沂、北京西郊等地屡有发现。其中最具代表意义的是在今北京西郊八宝山附近出土的一根华表，上面已显现受印度佛教雕刻艺术影响的痕迹。魏晋时期的石制华表在形制上与东汉时期相同，如清代四川巴县（今属重庆）出土的“晋故巴郡察孝骑都尉枳杨府君之神道”华表，洛阳出土的“晋韩府君神道”华表等。

俄罗斯图瓦地区的藏传揭啰诃图像（局部）

南北朝时期，中国的雕刻艺术已有很大发展，陵墓华表的雕刻艺术也因而达到很高水平。如今南京郊区的南朝陵墓群，当初每座墓前都有华表，其制式大体相同，柱身是直棱纹，多为24棱，个别的为28棱；圆柱上半截有一方形石榜，上刻“某某之神道”字样。该陵墓群至今中华表保存完整的已很少。南朝陵墓华表的突出特点是柱顶有一圆盖，为倒扣的莲台（覆莲座），盖上雕有一蹲兽。北朝的华表以河北保定附近的**义慈惠石柱**为代表，其突出特点是华表顶端雕有一石室（佛龛），中有佛像。这一时期由于佛教的盛行，华表受印度佛教雕刻艺术的影响已十分明显。

南朝梁吴平忠侯萧景墓神道望柱头
中国江苏南京栖霞山南梁陵区

唐代，帝王将相的陵墓前多立有华表，保存完整的亦不少。如陕西三原县李渊（566～635）的献陵华表与**南朝陵墓华表**有传承关系。其柱头莲台上方有圆形莲台，上有蹲兽。南朝陵墓华表和李渊献陵华表顶端的蹲兽，通常被称为“辟邪”，其实是狮子的变体。唐代的其余陵墓华表则为八角形石柱，上无石兽，而代之以圆球状宝顶，柱身多为卷草纹雕饰。考古界已认定，卷草纹图样来自西域、印度。宋代，帝王的陵墓前也有华表，呈八角形，但因柱头不做蹲兽，只结宝顶，因而也被称为“望柱”，柱上端有仰莲和覆莲雕刻。莲花是佛教艺术的突出元素。

明清时代的华表传世很多，如以天安门前金水桥头两侧的一对华表为典型代表。其雕刻艺术较前代已有飞跃，表周身雕有蟠龙和云朵，柱首横贯一云板；柱顶有覆仰莲花圆台，台上有一小蹲兽，曰“犼”，亦为狮子之变体；柱下有硕大的莲花基座，周遭围以方形石垣，垣角有4根望柱，头上雕有小石狮。其覆仰莲台、莲花基座，以及犼和石狮，均为受印度佛教雕刻影响的产物。

公元前3世纪，印度阿育王石柱已显多种形态，但最常见的则是柱头有蹲狮的造型。这一样式在公元后的石窟建筑中被继承。中国自南朝至明清时代的石制华表上多雕有蹲兽，与阿育王石柱有某些相似之处，均为受印度佛教艺术的影响。

（薛克翘）

Huashi Cheng

华氏城 Pāṭaliputra 印度古代城市。又译波罗黎弗都卢、巴连弗邑、波吒釐子城等。最初名拘苏摩补罗城，即今印度北方邦巴特那。原为村庄，处于恒

孔雀王朝时期石柱 印度巴特那出土

河、甘达克河与宋河交汇处，扼据要津。公元前6世纪**摩揭陀**阿阇世王在此修筑工事，抵御弗栗恃人。其子（一说其孙）优陀夷袭位后建华氏城，并迁都于此。嗣后湿术那伽、难陀、孔雀诸王朝及初期笈多王朝皆曾定都该城。中国东晋高僧**法显**游历印度时，对其规模宏大印象深刻，“城中王宫殿皆使鬼神作，累石起墙阙，雕文刻镂，非世所造”。唐代高僧**玄奘**亦曾访此，且详记有关传说。近代考古于该地掘得钱币、偶像及庙宇基础等，所获颇丰。

（葛维钧）

Huayan Jing

《华严经》 *Buddhāvataṃsaka-sūtra* 大乘佛教经典。全称《大方广佛华严经》。相传《华严经》是**龙树**自龙宫中取回，

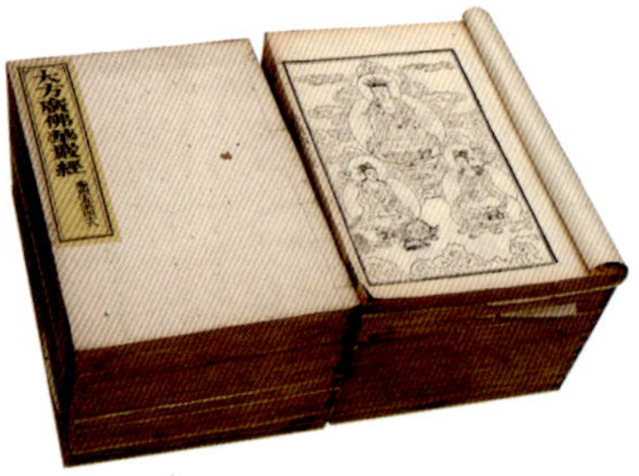

《大方广佛华严经》书影

并且只是广中略三本的略本。实际上，该经并不是一开始就是以现在这种形态出现的，而是逐渐集结而成。一般认为，《华严经》中的内容，最早约出现在佛灭后五百年，最初各部分以独立经典的形式传播，后来这一系经典于公元三四世纪开始集结，自南印度传向西北印度和中印度，于西域地区成型。

据说《华严经》是佛陀成道后，于禅定中为文殊、普贤等诸上乘菩萨所讲之法。该经提出了“三界唯心”、“一多相即”等观念，也对大乘菩萨的修行做了详细的介绍，解释了十信、十住、十行、十回向、十地这些菩萨修行的阶位，以及十波罗密修行法门。其中《十地品》中说：“三界虚妄，但是心作；十二缘分，是皆依心。”即三界之中所有的现象都是由此一心所变现。《入法界品》则通过讲述善财童子五十三参辛勤求法的故事来具体展现修证之路。

《华严经》梵文本现存相当于《十地品》的《十地经》和相当于《入法界品》的《树严经》。这两部经在尼泊尔都被奉为“大乘九宝”之一而分别流传。

《华严经》的汉译有三种：东晋**佛驮跋陀罗**所译，共60卷34品，世称《六十华严》(T278)；唐代**实叉难陀**所译，共80卷39品，世称《八十华严》(T279)；唐代**般若**所译，40卷，实际上是《入法界品》的别译，全名《大方广佛华严经入不思议解脱境界普贤行愿品》，世称《四十华严》(T293)。其中实叉难陀所译《八十华严》，系由武则天支持。武则天认为先前译成的《六十华严》不够完备，于是遣使前往于阗求得梵本，令实叉难陀重新翻译，她自己则不但“亲受笔削”，还亲自为之作序，题名为《大周新译〈大方广佛华严经〉序》，流传甚广的开经偈“无上甚深微妙法，百千万劫难遭遇，我今见闻得受持，愿解如来真实义”，相传即武则天为此《八十华严》所作。此外，还有大量《华严经》中某一品或一部分的别译本，如**支谦**所译《菩萨本业经》(T281)、**竺法护**所译《菩萨十住行道品》(T283)、**鸠摩罗什**所译《十住经》(T286)等。传为龙树所著的《**大智度论**》(唯存汉译）分别在第49卷和第50卷中出现了对应《十地品》和《入法界品》的内容，《十住毗婆沙论》（鸠摩罗什译，T1521）据说是龙树为《十地经》所作的注释。**世亲**也曾作《十地经论》（**菩提流支**等译，T1522）。**藏文大藏经**丹珠尔部中亦有智军译《华严经》(D44)，共45品。其中前44品相当于《八十华严》的前38品，最后一品相当于《入法界品》。20世纪初，宁夏灵武及甘肃敦煌莫高窟等地曾发现西夏文《华严经》，现分藏于日本、法国、美国、俄国、中国等多家图书馆。20世纪初及近年，在吐鲁番及敦煌莫高窟亦发现部分回鹘文残本。蒙古文方面，亦有转译自藏文的译本。

《华严经》在汉传佛教中的地位极其重要。译传之后历经几代积淀，至隋唐时期，“贤首国师”法藏（643～712）创立了以该经为宗经的华严宗，弘传“四法界”、“十玄门”、“六相”、“五教十宗”等教法，大力提倡一真法界圆融无碍的华严宗旨。汉地基于《华严经》的重要著述，包括杜顺(557～640)《华严五教止观》(T1867)，智俨(602～668)《华严搜玄记》(T1732)，法藏《华严经探玄记》(T1733)、《华严

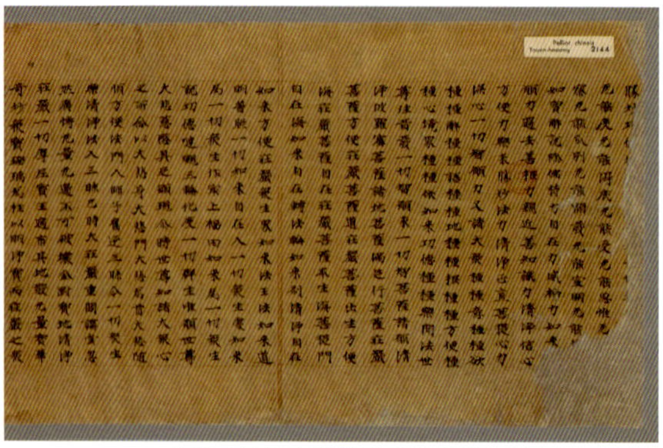

《华严经》法藏敦煌写本书影

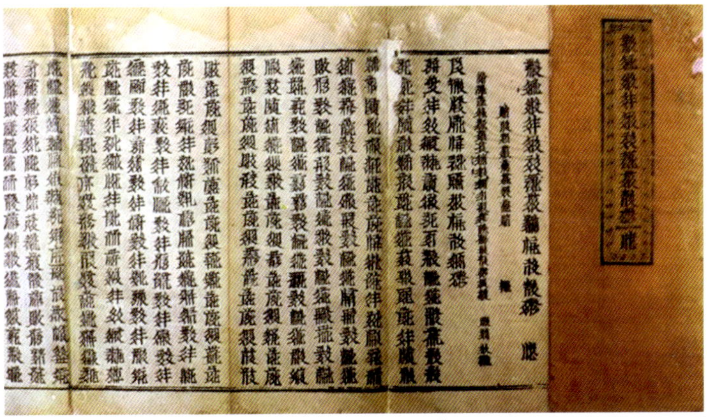

西夏文《大方广佛华严经》书影

一乘教义分齐章》(T1866)、《华严经义海百门》(T1875)、《华严金师（狮）子章》(T1881)，澄观（738～839)《华严经疏》(T1735)、《华严经随疏演义钞》(T1736)，宗密（780～841)《注华严法界观门》(T1884)、《华严原人论》(T1886)等等。朝鲜、日本的佛教对该经也非常推崇，并有各自的华严宗传承。

（陈帅）

Huayan Jing Shuchao

《华严经疏钞》 中国佛教典籍。唐代澄观所撰《华严经》的注释书。80卷。是《大方广佛华严经疏》与《大方广佛华严经随疏演义钞》的会合本。

实叉难陀译“八十华严”之后，法藏即撰《新译华严经略疏》以释，然而著书未竟即圆寂。其弟子慧苑继承遗业，撰《续华严略疏刊定记》，但于义理疏释上与法藏多有背离。一方面为了破斥慧苑异说，复兴贤首大义；另一方面也感慨旧疏文繁义约，澄观于兴元元年至贞元三年（784~787)，重新注疏八十华严，完成《大方广佛华严经疏》(T1735，以下简称《疏》) 60卷。完成新疏后，澄观应请讲授，又撰成《大方广佛华严经随疏演义钞》(T1736，以下简称《钞》)

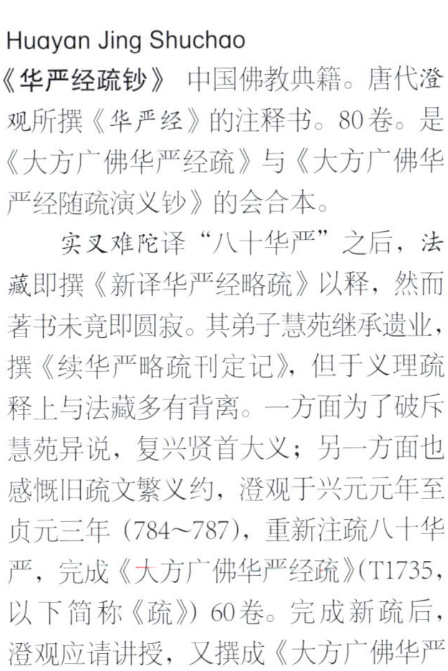

《华严经疏钞》清刻本书影

90卷，以解释疏文，并对相关提问做出回应。《疏》、《钞》原本别行，后宋代晋水（今福建晋江）净源（1011～1088）录疏以配经，编成《华严经疏注》120卷（现缺第21～70卷、 第91～100卷）。明嘉靖年间（1522～1566)，妙明将经、疏、钞统合，成《华严疏钞会本》，然后人对此本多有批评，谓“起止配合，率多牵强”，故天启年间（1621～1627)，嘉兴叶祺胤重校刊刻为80卷，然亦有不少讹误。直至1939年，《华严疏钞》编印会广求诸本参校，历时6年而成新刊本，为诸本中较善。

《疏》分十门解释《华严经》，分别为：教起因缘、藏教所摄、义理分齐、教所被机、教体浅深、宗趣通别、部类品会、传译感通、总释名题、别解文义。前九门为“玄谈”，论述八十华严之大纲，末一门为全经各品之解说。《钞》是对《疏》的注释，分为4个部分：①总序名意，释《疏序》；②归敬请加，释《归敬偈》；③开章释文，具体解释疏文；④谦赞回向，释《回向偈》。

澄观之《华严经疏钞》虽以恢复法藏真意为己任，然因其所学驳杂，亦受了许多其他思想的影响。他在《归敬偈》的疏钞中说：“用以心传心之旨，开示诸佛所证之门，会南北两宗之禅门，撮台衡三观之玄趣，使教合七言之旨，心同诸佛之心。”其中，尤以华严与禅之融合为甚，无论在思想上还是判教上，都有许多例子。此外，《华严经疏钞》中还吸收了天台宗的思想，将华严之性起与天台之性具相结合，染净缘起，心体不殊。

《华严经疏钞》的注疏主要有鲜演的《华严经疏玄谈决择》6卷（缺初卷）、普瑞的《华严经悬谈会玄记》40卷等。

（杨祖荣）

Huayan Wujiao Zhang

《华严五教章》 中国佛教典籍。唐代法藏所撰之华严学著作。3卷（或作4卷），收于T1866号。该书不仅是法藏最主要的代表作之一，也被认为是华严学纲要书中最具代表性的著作。日本学者镰田茂雄在《华严学研究资料集成》中认为，该书既是法藏依据《华严经》所作的华严学概论，也是一种佛教概论，是研究华严学的入门书和必读书。

《华严五教章》有许多别名，如《华严一乘教义分齐章》、《华严一乘教分记》、《华严一乘分别记》、《华严经中一乘五教分齐义》、《华严经五教分记》等，其中最常用的名称是《华严五教章》和《华严一乘教义分齐章》。不同的名称，

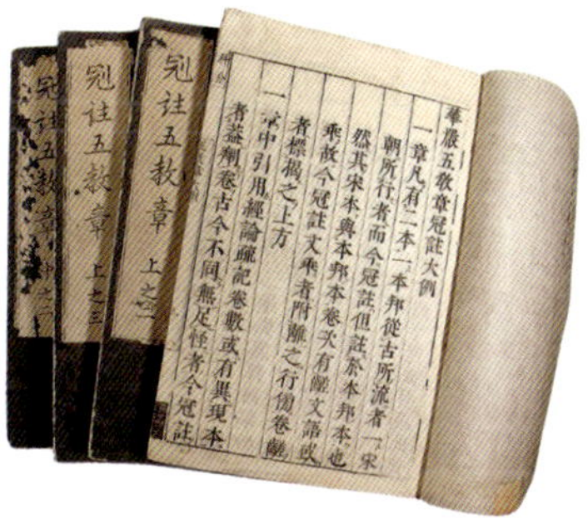

《华严五教章》书影

反映了命名者对其内容的不同概括和定位，前者侧重五教分判，后者侧重一乘教义之义理分齐。这也是该书在内容上最主要的两个方面，如果说前者分判五教，在于突出华严“别教一乘”之概念，那么后者圆融一乘，则更强调“法界缘起”之义理。

在历史流传中，《华严五教章》有草本、炼本、和本与宋本之分。草本与炼本之名出自高丽王朝华严学者均如（923～973）的《释华严教分记圆通钞》，据其记载，草本为法藏原本，炼本为义湘（625～702）改订本。和本是奈良时代传入日本的版本，也是日本僧人和学者讲解注疏所用之底本。宋本是净源（1011～1088）所校订的本子，为宋代“华严四大家”注解所依，后于镰仓时代流入日本，为区别于和本，日本华严学者称其为宋本，而中国华严学者也常称其为唐本。这

些版本中，有的版本间文字和排列次序上有出入，如和本与宋本中第三卷与第四卷的位置调换。位置前后的不同，在于对该书内容理解的侧重不同，也与该书的命名相联系。

《华严五教章》开释如来海印三昧，一乘教义，略作十门：建立一乘、教义摄益、古今立教、分教开宗、乘教开合、起教前后、抉择其意、施设异相、所诠差别、义理分齐。其中每一门都极具特色，涉及同别二教、一乘三乘、教相判释、乘教关系、说法次第和意趣等各种问题，以及三性同异、因门六义、十玄无碍、六相圆融等华严学根本思想。

正是因其思想的特色与系统，《华严五教章》在后世的流传中有极大的影响。就中国而言，在宋代有对其注疏而得名的"宋代华严四大家"，即道亭的《义苑疏》，师会的《焚薪》和《复古记》，观复的《回折薪记》，以及希迪的《评复古记》和《集成记》等。此后，不少僧人仍不断敷衍注释，直到民国还有霭亭的《华严一乘教义章集解》。新罗僧人义湘曾对《华严一乘教义分齐章》改订次序，均如也曾加以全文注解。这样的注解情况在日本尤甚，仅专门的注解书就达78种之多，主要有奉灵的《指事》，凝然的《通路记》，湛睿的《纂释》，凤潭的《匡真钞》，普寂的《衍秘钞》和《悬钞》，戒定的《帐秘录》，观应的《冠注五教章》等。其中《通路记》解释最详尽，《冠注五教章》最便于研究使用。

（杨祖荣）

Huayanzong

华严宗 Huayan sect 中国佛教宗派。见中国佛教。

Huaidi

怀迪 Huaidi（约活动于七八世纪） 中国唐代高僧，译经家。曾参与菩提流志的译场。据《宋高僧传》卷三等记载，怀迪是循州（今广东龙川）人。他在南楼寺出家，南楼寺位于濒临大海的罗浮山上，风景清幽，据说是神仙圣人游居之所。怀迪在山寺学习佛教经论，博览多识，七略九流的学说也都粗通大义。由于经常有梵僧寓居此地，怀迪就跟随他们学习并掌握了梵语。

神龙二年（706），菩提流志初译《宝积经》，朝廷下诏令怀迪赶赴都城协助翻译、担任证义一职。译事完毕之后，怀迪又回到南方。据说怀迪还曾参与《大佛顶万行首楞严经》（T945）的翻译，负责证义，但关于此经译出时间、参译人员的记载多有龃龉之处，不少学者都认为是伪经。

（范晶晶）

Huaisu

怀素 Huaisu（约活动于7世纪） 中国唐代律宗高僧，律宗东塔宗的创始人。

据《宋高僧传》卷十四等，怀素俗姓范，祖籍南阳。曾祖范岳，高宗朝选调为绛州曲沃县丞；祖父范徽，官至延州广武县令；父亲范强，任职左武卫长史，此时才举家迁至都城长安。怀素从小便聪明颖秀、气度闲雅。10岁时发心出家，极为坚决，父母只好同意。他学习经论毫不费力，受具足戒后专攻律部。当时邺郡（今河南安阳一带）法砺律师为五律宗师，著《四分律疏》10卷，独成一家。怀素随其学习，极受器重。研习律典注疏3年之后，怀素发现其中尚有一些不足之处，于是喟然感慨："古人义章，未能尽善。"

贞观十九年（645），玄奘法师从印度返回，怀素钦其风范，投入门下为弟子。咸亨元年（670），怀素立志另撰《四分律记》。上元三年（676），怀素奉诏住西太原寺，一边听道成律师讲《四分律》，一边著述不辍。永淳元年（682），他撰成《四分律开宗记》（X735）10卷，依据根本说一切有部《毗婆沙》与《俱舍论》等立论，纠正旧疏中16条错误，并提出新义数百条。相对于法砺的"旧疏"，怀素的注疏被称为"新章"。怀素讲解新章50余遍，一时间远近从风。此外，怀素还著有《僧羯磨》（T1809）3卷、《尼羯磨》（T1810）3卷等。

代宗大历年间（766～779），怀素的新章与法砺的旧疏互争长短。大历十三年，代宗敕南山、相部、东塔三宗律师重定二家优劣，任命如净为宗主。建中二年（781），如净奏请新章旧疏并行不悖。由于宰相元载信奉怀素的新章，故而命如净为怀素作传。之后，韦皋以俸钱写《检定新疏》40本，并撰写《宝园灵坛传授毗尼新疏记》，流行于四川一带。

（范晶晶）

Huaiwen

怀问 Huaiwen（约活动于10～11世纪） 中国去印度求法僧人。据《佛祖统纪》卷四五、《景祐法宝录》卷十八，怀问曾于宋真宗赵恒时两次到印度，并曾在金刚座之侧为宋真宗建塔。宋仁宗天圣九年（1031，一说明道元年，1032），怀问欲再往印度，为皇太后和宋仁宗建塔，请求皇太后赐《发愿文》、宋仁宗赐《三宝赞》刻于石座侧，并请制袈裟为释迦牟尼像披挂供奉。宋仁宗下诏同意，并令大臣夏竦撰写《沙门怀问三往西天记》。该记后世佚失，仅存其题。怀问宋仁宗明道二年（1033）正月十九日的刻石在印度保留下来，铭文俱在，可资考证。宝元二年（1039）五月，怀问与同行僧人得济、永定、得安自摩揭陀归，向朝廷进献佛舍利、贝叶经、贝多树子、菩提树叶、无忧树叶、菩提子念珠和西天碑文19本。宋仁宗召见并赐怀问显教大师称号，赐紫衣、金币。

佛舍利 现藏印度巴特那博物馆

（薛克翘）

Huaiye

怀业 Saṅghadeva（约活动于7世纪） 中国唐代译经僧人。梵名僧伽提婆。据《大唐西域求法高僧传》卷下，俗姓孟，名怀业，僧人贞固的弟子。唐高宗永昌元年（689）十一月一日，随贞固从广州乘船到室利佛逝，担任侍者，协助义净译经，“解骨仑语，颇学梵书”。当时年17岁。事后留居室利佛逝。

（王邦维）

huanbianshuo

幻变说 māyā-vāda 印度古代哲学中的一种关于事物形成的理论。认为世间事物或人生现象是虚幻变化而来的。持此观点的主要是吠檀多派和佛教中的一些分支等。如吠檀多派中的思想家乔茶波陀就认为：世间万有是由于人的无明或幻力（音译“摩耶”）所幻变出来的，就如同人在睡梦中见到的事物一样不实在。大乘佛教中的瑜伽行派也认为世间事物是不实在的，是由人的心识幻变出来的。这种幻变说在印度古代的宗教思想发展中占有重要地位。佛教的类似观念也传入中国，在中国思想界有一定影响。巫白慧译释的《圣教论》(1999)由商务印书馆出版。该论中论及了吠檀多派的幻变论思想。北京大学哲学系等的一些博士生的学位论文也研究了载有幻变说思想的一些佛教文献，如《中观心论》等。

（姚卫群）

Huang Ming Si Yi Kao

《皇明四夷考》 中国明代中外关系史著作。共2卷。作者郑晓(1499～1566)，字窒甫。浙江海盐人。嘉靖二年(1523)进士，历任职方主事、吏部尚书、刑部尚书、兵部尚书。谥号端简。《皇明四夷考》是郑晓所编《吾学编》中的一种。开头有嘉靖甲子年（1564）自序。书中收录国名、地名九十余条，逐条记叙，中间可见同名异译而误分为二者。各条所载地理、史迹、风土、民俗和与中国交往情况等，是研究明代中叶边境史地和中印交通外交关系的重要参考资料。

《皇明四夷考》中记载榜葛剌：西天有5个印度国，其中榜葛剌，即东印度。永乐六年(1408)，其国王霭牙思丁，派遣使者前来朝贡。九年，其使者到达太仓，明成祖朱棣命令专职官员前往设宴慰劳。十二年，其国王赛佛丁派遣使者奉献金箔制作的表文，进贡麒麟。此国地广人多，财物丰富，比其他邻国更加繁荣。阴阳医卜，百工技艺，大致类

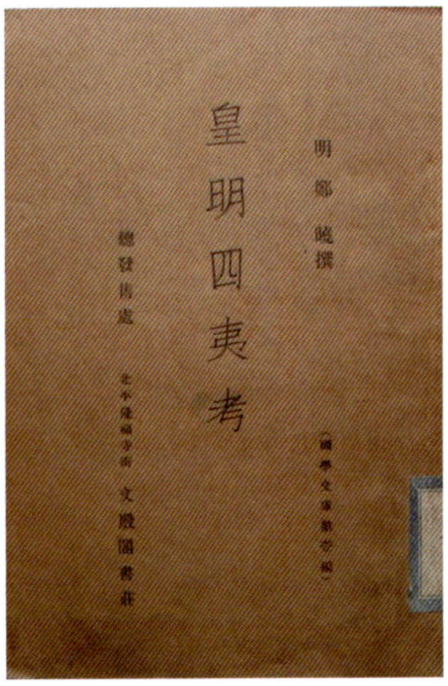

《皇明四夷考》民国二十六年（1937）文殿阁书庄刻本封面

同中国。又记柯枝：一名阿枝。东近大山，西、南、北三面环海。从葛兰山海上向西北航行，一昼夜可到达。永乐二年，其国王可亦里派遣完者答尔朝贡，请求为其国大山命名。明成祖诏封为镇国山，赐予碑文。此时，郑和出使到达柯枝国。其国王崇尚佛教，敬重象、牛，修建佛寺，用金制作佛像。每日早晨，鸣响钟鼓，用泉水浇灌佛顶数次，然后礼佛。记撒马尔罕（在今乌兹别克斯坦）。洪武二十年（1387），国王帖木儿派遣回回满剌哈非思进贡驼、马。明太祖朱元璋颁诏厚赐。二十二年，进贡马匹。二十四年，进贡海青。明太祖赐给诏书，回赠厚礼。二十七年，帖木儿派遣使者迭力必失呈表文祝颂，贡马200匹。二十八年，傅安、郭骥等出使西域，曾在撒马尔罕停留。永乐五年，头目哈里令虎歹达送傅安等回国，并进贡当地物产。傅安等报告元朝驸马帖木儿去世，其孙哈里继位。明太祖派遣使者祭奠帖木儿，赐给哈里印玺、诰书、银币。傅安再次出使，洪熙元年（1425）回国。正统十二年(1447)，又进贡马匹、玉石。并记载撒马尔罕周边天方（指阿拉伯半岛）、迭里迷（今乌兹别克斯坦铁尔梅兹）、渴石（今乌兹别克斯坦恰什）、养夷（疑在今哈萨克斯坦锡尔河入咸海口一带）、达失干（今乌兹别克斯坦塔什干）、卜花儿（今乌兹别克斯坦布哈拉）、哈烈（今阿富汗赫拉特）等国，均派使者朝贡。

（胡俊麟）

Huang Ming Xiang Xu Lu

《皇明象胥录》 中国明代中外关系史著作。共8卷。作者茅瑞征，生卒年不详。字符仪，号伯符，自号苕上渔夫、澹泊居士、清远居士。万历二十九年（1601）进士，官至南京光禄寺卿。其任职兵部职方司时编撰此书，于崇祯二年（1629）完成。该书根据历代史册及耳目见闻撰写，主要记录了万历（1573～1620）以前明代边境及通使各国情况，是对郑晓所著《皇明四夷考》的补正。

《皇明象胥录》记录翔实。如卷四，记柯枝：一名阿枝古槃槃国。永乐二年(1404)，国王可亦里派遣使者前来朝贡。十年，再派使者来，请求为其国大山命名。明成祖朱棣颁布诏书，赐柯枝国王印章与封赠诰文，命名大山为镇国山，明成祖亲制碑文（全文录）。同时，郑和到达柯枝国。柯枝国周边如小葛兰（见故临），永乐五年附随苏门答剌等国一同来朝贡，郑和也到过此地。记古里国：永乐三年，其酋长沙米的喜派遣使者朝贡。明成祖敕封其为古里国王，赠给官印、诰文。此后于永乐五年、永乐七年都派使者前来朝贡。记撒马尔罕（在今乌兹别克斯坦），西域都会之地。从汉武帝刘彻开始与中国交通往来。汉成帝刘骜（前51～前7，前32～前7年在位）时前来朝贡。隋代（581～618）名为漕国。大业年间（605～618），来朝贡献地方土产。唐贞观（627～649）时献名马。显庆三年（658），唐王朝在撒马尔罕设脩鲜都督府，任命其王为都督。开元七年（719）派使者献天文历算及秘方奇药。元代（1271～1368）驸马帖

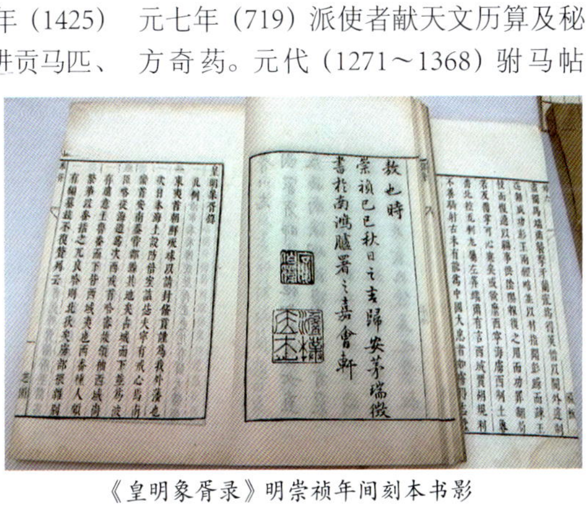
《皇明象胥录》明崇祯年间刻本书影

木儿主政撒马尔罕。到了明代（1368～1644），多次派遣使者朝贡，明王朝也数次遣使敕赐。

（胡俊麟）

Huang Chanhua

黄忏华 Huang Chanhua（1890～1977.08.28） 中国近代佛教学者。字璨华，号凤兮。广东顺德（今属广东佛山）人。早年留学日本。归国后，师从中国佛学居士欧阳渐（竟无）研究唯识学；学习藏文、梵文；对印度哲学、藏传佛教、西方哲学均有涉猎。1926年结识太虚法师，后追随法师并帮助其建立中国佛学会，任中国佛学会理事。抗日战争期间任教于复旦大学和厦门大学，从事佛学研究，撰写大量佛学理论方面著作。1961年被聘为浙江省文史馆馆员，参与《中国佛教百科全书》和《辞海》有关佛教部分的编写工作。

黄忏华《佛教各宗大意》封面

黄忏华主要著作包括《西洋哲学史》(1923)、《佛教各宗大意》(1934)、《佛学概论》(1935)、《印度哲学史纲》(1936)、《中国佛教史》(1940)、《唯识学轮廓》等。《中国佛教史》是现代中国人撰写的第一部中国（汉传）佛教通史，对中国各个时期的佛教思想进行了介绍，并被众多佛学院选定为教材。《印度哲学史纲》主要介绍了古代婆罗门教哲学、诸派哲学和佛教哲学3个部分，资料翔实，内容丰富。

（李宝龙）

Huangdao Youyi

黄道游仪 中国唐代制作的天文仪器。开元九年（721），唐代著名天文学家一行受诏改治新历，因“欲知黄道进退，而太史无黄道仪”（《新唐书·天文志一》）。率府兵曹参军梁令瓒以木制一游仪，开元十一年制成黄道游仪。

一行画像

仪器分为三层。外层有三环：①子午环，上刻周天度数，环的一面加上银钉，方便于夜间以手触摸使用；②地平环，上刻周天百刻；③卯酉环。中层也有三个环：①赤道环，每度穿一孔，使黄道能固定连接在不同位置；②黄道环，与赤道环通过小孔可以销钉连接；③白道环，可以变换与黄道的相对位置，由在黄道环上每度穿一孔来连接。内层为夹有瞄准器可绕极轴转动的四游双环。瞄准器称“玉衡望筒”，外方内圆，孔径一度半。

黄道游仪的特点是：把李淳风浑天黄道仪上六合仪的赤道环，改为卯酉环；在三辰仪的赤道环上每隔一度打一孔，使黄道环能按岁差变化，沿赤道退行，固定于新的位置，黄道游仪的得名也是因为这一技术改进。此仪的不足之处在于，承袭了前人宇宙观的错误，将百刻刻在地平环而不是赤道环上。

一行利用黄道游仪，对二十八宿宿度、去极度重新测定，并算出黄道度，发现与前人所得不同，对月亮位置也作了测定。

（周利群）

Huang Maocai

黄楙材 Huang Maocai（1843～1890） 中国清朝末年学者，官员。中国近代史上官方派遣赴印第一人。字豪伯。江西上高人。16岁中贡生。涉猎广博，治学勤勉，尤通算学、地图、仪器等经世之学。早年潜心研读《海国图志》、《瀛环志略》等各种地志，在国内外历史地理方面颇有心得。因感鸦片战争后国力颓丧，欲摸索外夷之技以求救亡图存之道。同治五年（1866），启程前往上海，在租界区深入考察一年，对英、法、德、俄、意、奥、荷、葡、日诸国情况进行了全面了解，后将所见所闻编成《沪游脞记》，并因此书受到江西学政许庚身的赏识。时值四川总督丁宝桢上书光绪帝，希望派遣精习舆图、熟谙测算之人“探悉洋人属境”，赴印度了解当地的山川地形、风土人情，以作防患未然之准备，达到巩固西南边防之目的。经许庚身举荐，光绪帝批准，黄楙材被定为访印最终人选。总理衙门为其颁发护照，英国驻华公使予以入境签证。光绪四年（1878）七月七日，黄楙材一行6人从成都出发，前往印度。按丁宝桢制定的“西藏—锡金—印度”路线行至巴塘遇藏民阻拦，被迫改走“云南—缅甸—印度”一线。途经中甸、丽江、大理、保山，从腾冲海关出境，过野人山入缅甸，乘船沿伊洛瓦底江抵达仰光海口改乘大船，于1879年3月26日到达加尔各答，全程耗时9个月。

黄楙材抵印后，首先拜会了加尔各答的英国官员。6～7月游历了大吉岭、阿萨姆等印度东北各地，其中在阿萨姆见到了运自中国的茶苗和在此经商的华人。8月起沿恒河西行，先后游历了阿拉哈巴德、阿格拉、德里等北印度城市，又辗转向西南至孟买。1879年9月13日结束印度之行，由孟加拉登船返回，途中观光了东南亚诸国，于11月3日由香港登陆。回

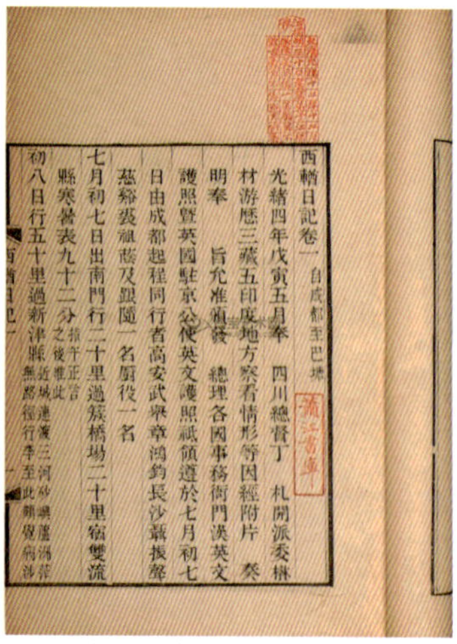
西輶日記卷一 自成都至巴塘
光緒四年戊寅五月奉 四川總督丁 札開派委楙
材游歷三藏五印度地方察看情形等因經附片 奏
明奉 旨允准咨發 總理各國事務衙門漢英文
護照暨英國駐京公使英文護照祗領遵於七月初七
日由成都起程同行者高安武舉章鴻鈞長沙聶振聲
慈谿裘祖蔭及跟隨一名廚役一名
七月初七日出南門行二十里過簇橋場二十里宿雙流
縣寒暑表九十二分指午正言之後准此
初八日行五十里過新津縣

黄楙材《西辅日记》书影

国后任云南平彝（今富源县）、弥勒知县，4年后自请回京改授会典馆协修，加稽查同文馆差。其间，根据实地观察和所收资料绘制了《五印度全图》1册、《四川至西藏程途》1册、《云南至缅甸程途》1册及《西域回部图》1册，较为清晰地掌握了中印边境的基本情况，提出了防范英国殖民者入侵的对策，基本完成了丁宝桢赋予的使命。另著有《西辅日记》、《印度札记》、《西徼水道》、《游历刍言》，汇编成《得一斋杂著四种》。该书较为全面地记载了19世纪后半叶印度的地理形势、物产人情、行政区划、城市分布、社会生活、军队编制、司法体系、财政政策、交通运输等各个方面，还提到了火车、电报、自来水、博物院、动物园等受西方影响而产生的新事物，充实了中国人对印度的了解，更新、修正了已有舆地志略中与印度相关的信息，被誉为"讲边事者不可少之书"。

（贾岩）

Huang Sijun

黄思骏 Huang Sijun（1937～2013.11）中国印度史研究学者。中国社会科学院世界历史研究所研究员。江苏启东人。在印度土地制度研究领域发挥过积极作用。1956年入北京大学东语系印地语专业学习，1957年转入北京大学历史系，1962年毕业，获学士学位。后入中国社会科学院世界历史研究所工作，长期从事印度史特别是印度土地制度的研究。1979～1997年，先后在《南亚研究》、《世界历史》、《历史研究》等刊物发表有关印度土地制度和农业发展的论文30余篇，后在此基础上写成《印度土地制度研究》（1998）一书。该书是中国最早系统研究印度土地制度问题的专著之一，较为全面、深入地阐述了自公元前1000年至20世纪90年代前期印度农村土地制度和阶级关系的演变进程，提出了印度土地制度长期具有公私两重性的观点。书中特别讨论了印度独立后的土地改革和农业经济，对研究印度现代史和了解印度现代农业发展具有较高的参考价值。另合译有论文集《南印度农村社会三百年——坦焦尔典型调查》（1981），曾参与《中国大百科全书·外国历史》印度史相关条目的编写工作。

（贾岩）

Huang Si

黄寺 Huang Temple 中国藏传佛教格鲁派著名寺院。位于北京安定门外黄寺大街。始建于清顺治八年（1651），作为五世达赖喇嘛·阿旺罗桑嘉措进京朝觐时的驻锡地。后于康熙三十三年（1694）、乾隆三十四年（1769）两次修葺，立碑于寺内。乾隆四十五年六世班禅额尔德尼·班丹益西（1738～1780）进京，光绪三十四年（1908）十三世达赖喇嘛·土丹嘉措（1876～1933）进京，他们都在黄寺下榻。后寺宇建成两院，分别称为东黄寺和西黄寺，统称双黄寺。

东黄寺是在原普静禅林基础上逐渐改建而成的，又名"普静禅林"。驻京八大呼图克图之一的敏珠尔活佛常住该寺。清代直属理藩院管辖。

西黄寺清净化城塔

西黄寺是在清净化城塔（六世班禅衣冠冢）及清净化城塔院的基础上改建而成的，又名"清净化城"。由于这座庙宇的前身是五世达赖喇嘛和六世班禅额尔德尼在京的驻锡地，故成为京城藏传佛教重要寺院之一。清代直属理藩院管辖。

（尕藏加）

Huang Xinchuan

黄心川 Huang Xinchuan（1928.07.30～ ）中国印度哲学学者，中国社会科学院亚洲太平洋研究所研究员，中国社会科

学院荣誉学部委员。在中印文化交流方面起过积极的作用。江苏常熟人，曾用名黄顺康。出身于商人家庭，家乡浒浦是历史文化名城。1946年考入杭州之江大学文学院，接受西方文学及哲学教育。1956年考入北京大学哲学系，攻读外国哲学专业副博士研究生，师从任华、汤用彤、朱谦之、洪谦等哲学家，学习西方哲学和印度哲学，同时修习希腊语与梵语。1958年毕业后，留任北京大学哲学系讲师，教授西方哲学通史、印度哲学史、日本哲学史等课程。1964年进入中国社会科学院世界宗教研究所工作。1978年担任中国社会科学院与北京大学合办的南亚研究所副所长。1988年任中国社会科学院亚洲太平洋研究所所长。其后，历任中国社会科学院东方文化研究中心名誉主任、玄奘研究中心主任、国际印度哲学研究会执委等职。2006年成为中国社会科学院首批荣誉学部委员。

黄心川主要从事印度哲学的研究工作。在印度哲学研究领域，撰写多部论著，包括《印度近代哲学家辨喜研究》

(1979)、《现代东方哲学》(1988)、《印度哲学史》(1989)、《印度近现代哲学》(1989)等。这些著作通过大量丰富的史料，论述了印度哲学发展的规律、宗教与哲学的关系、唯物主义在印度的发展、印度各派哲学的社会功能、印度哲学与中国哲学及佛学的关系，并对印度哲学乃至东方各国哲学的历史和现状作了比较系统的阐述，为中国现代印度哲学的教学与研究奠定了基础。《印度近现代哲学》一书是作者对辨喜、R.泰戈尔、M.K.甘地、奥罗宾多等印度近现代主要哲学家的研究成果，间有这些哲学家对中国文化的看法。在宗教领域，

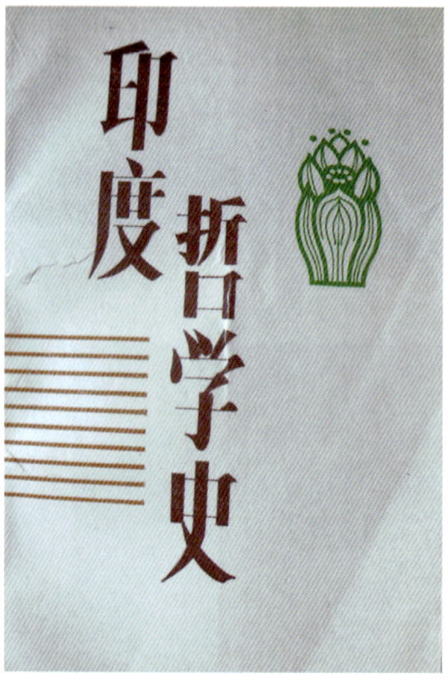

黄心川《印度哲学史》封面

黄心川亦有诸多著述。在《印度佛教哲学》(1979)、《中国密教的印度渊源》(1979)和《印度教在中国的传播和影响》(1996)中阐述了佛教、印度教在中国传播的情况，印度佛教派别与中国佛教发展的关系，印度宗教对中国文化、艺术、科学和瑜伽术等方面所产生的影响。

黄心川曾主编《世界十大宗教》(1988)、《玄奘研究文集》(1995)、《南亚大辞典》(1998)、《现代东方哲学》(1998)等，参与编写《中国大百科全书·宗教》(1988)、《宗教辞典》(1995)、《宗教大辞典》(1998)等。多部工具书的出版，为南亚及相关领域的研究者提供了便利。

黄心川曾参与、促进中印两国间的学术交流活动，曾多次赴印度参加学术会议和参观访问，如1979～1980年赴印度参加国际哲学与人文科学研究理事会、国际佛教研究协会等举办的学术会议，1982年率中国代表团赴印度参加2000年的中国与印度国际学术研讨会，1997年参加在印度召开的南亚的宗教、政治与社会国际讨论会与吠檀多主义国际讨论会，2004年赴新德里参加国际佛学研讨会，2005年访问印度各大佛教圣地和新那烂陀大学。他还曾多次应邀讲学，曾在印度德里大学、龙树大学、孟加拉亚洲学会等多所高等学府及学术机构进行学术演讲。

（姜景奎　王凌男）

Huang Xingzeng

黄省曾　Huang Xingzeng（约活动于15世纪后期至16世纪前期）　中国明朝学者。著有《西洋朝贡典录》等。在中印文化交流方面作出过积极贡献。苏州府吴县（今江苏苏州吴中区、相城区）人。字勉之，号五岳。明嘉靖十年(1531)，凭借《春秋》名列乡试第一名，但是会试数次均未考中。跟随王守仁、湛若水游历，又向李梦阳学诗，一生放任旷达。精通《尔雅》。其所作《西洋朝贡典录》，详细记录了郑和曾经到达过的亚非23个国家和地区的道里、山川、风俗、物产、器用、语言、服饰等。该书根据费信《星槎胜览》、马欢《瀛涯胜览》和《针位》等书编撰，可资校正《瀛涯胜览》、《星槎胜览》中的一些文字错讹和脱文，补充了两书中未曾录入的各地土特产品和贡品。后《针位》一书失传，只在《西洋朝贡典录》中保留下一些片段。事迹见《明史》卷二八七、《明儒学案》卷二五。

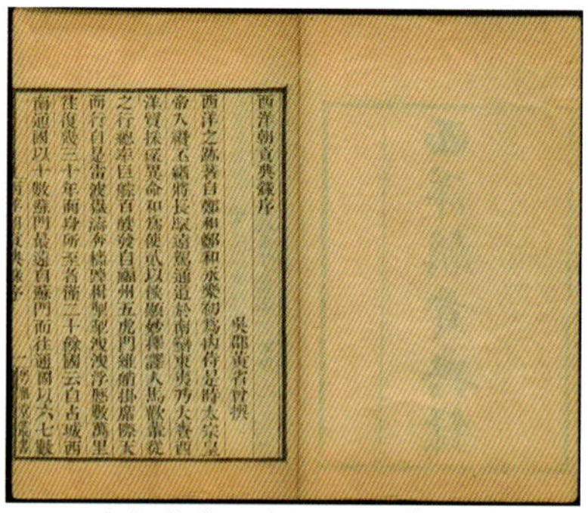
黄省曾《西洋朝贡典录》书影

（胡俊麟）

Huangzhi

黄支　Kanchipuram　印度古代七圣城之一。即今印度泰米尔纳德邦甘吉布勒姆。

黄支先后为朱罗、帕拉瓦等王朝首都。又为印度教和佛教的学术重镇，历代兴建壮丽寺庙甚多，教徒经常来此巡礼。该地亦为南印度重要的海运中心之一。其名曾见于《汉书·地理志》：“自夫甘都卢国，船行可二月余，有黄支国，民俗略与珠崖相类，……自武帝以来皆献见。有译长属黄门，与应募者俱入海，市明珠、璧流离、奇石、异物，赍黄金、杂缯而往……平帝元始中，王莽辅政，欲耀威德，厚遗黄支王，令遣使献生犀牛。”可见其自西汉时代即与中国有贸易往来，且有官方的外交联系。中国唐代高僧玄奘曾经往访该城，在其《大唐西域记》中称之为建志补罗：“建志补罗者，即达磨波罗。……城南不远，有大伽蓝，国中聪睿，同类萃此。”慧立《大慈恩寺三藏法师传》亦称“建志城即印度南海之口，向僧伽罗国（即今斯

印度泰米尔纳德邦甘吉布勒姆印度教神庙

里兰卡）水路三日行到”。

（葛维钧）

Huizong Si

汇宗寺 Huizong Temple 中国藏传佛教寺院。位于内蒙古自治区锡林郭勒盟多伦县。别称东庙、黄寺。清康熙三十年（1691），康熙帝下谕旨在多伦诺尔（今多伦县）建造一座大型藏传佛教寺院，康熙四十年竣工，命名“汇宗寺”。令蒙古各旗各送一名僧人入寺，寓意江河之汇于大海，以示蒙古各部共尊清朝中央政府。任命二世章嘉活佛·阿旺洛桑却丹为“多伦喇嘛庙总管喇嘛事务之札萨克喇嘛”，弘扬藏传佛教格鲁派教法。康熙五十三年，康熙帝为汇宗寺赐匾“声闻届远”和“御书汇宗寺碑文”。碑文用满文、蒙古文、汉文、藏文四体镌刻在两块汉白玉碑上，立于汇宗寺释迦牟尼殿两侧。

雍正五年（1727），发帑金十万两，于汇宗寺之西南里许，又建一寺宇，雍正九年竣工，雍正帝敕名“善因寺”（别称西庙、青寺）。

汇宗寺

乾隆十一年（1746），乾隆帝派钦差抵达多伦诺尔，赐汇宗寺“性海真如”匾，赐善因寺“智源觉路”匾，以示对多伦诺尔寺院的重视。

随着汇宗寺、善因寺之相继创建，多伦诺尔便成为漠南蒙古地区的藏传佛教中心，历代章嘉呼图克图则为总持内蒙古藏传佛教的大喇嘛。

（尕藏加）

Huining

会宁 Huining（约活动于7世纪） 中国唐代去印度求法僧人。益州成都（今四川成都）人。据《大唐西域求法高僧传》卷上，会宁于唐高宗麟德年间（664～665）从海路赴印求法。到达诃陵洲（在今马来西亚加里曼丹岛东岸，另说在今印度尼西亚爪哇岛），停留三载，与诃陵国僧人智贤共同译出《阿笈摩经》中如来涅槃焚身之事。后往印度，再后不知行踪。时年约三十四五岁。

（王邦维）

Huiyuan Li

《会元历》 *Huiyuan Calendar* 中国南宋时历法。见刘孝荣。

Huili

惠立 Huili（615～？） 中国唐代高僧。又作慧立。曾参与玄奘法师的译事，协助译经，并撰有《大慈恩寺三藏法师传》（T2053），由彦悰续毕终成10卷。

惠立本名子立，唐高宗李治时改为惠立。俗姓赵。天水人。父亲赵毅，在隋时官至起居舍人、司隶从事。惠立排行第三，生而聪颖，有离俗之志。贞观三年（629），在豳州昭仁寺出家。才思敏捷，神气高迈，兼具支道林、慧远的遗风与僧肇、道融的识量，远近闻名。玄奘组织译场，受敕参与其中，任大慈恩寺翻经大德。后历任西明寺都维那与太原寺主，均是由皇帝降敕，令其主持寺务。由于惠立博览儒佛典籍，擅长作文，精于辩论，才思泉涌，而且义正词严，不惮权威，因此常被召入内廷与道士讲论，深得高宗赏识。

惠立仰慕玄奘之为人，为使其事迹传于后世，着手编撰《大慈恩寺三

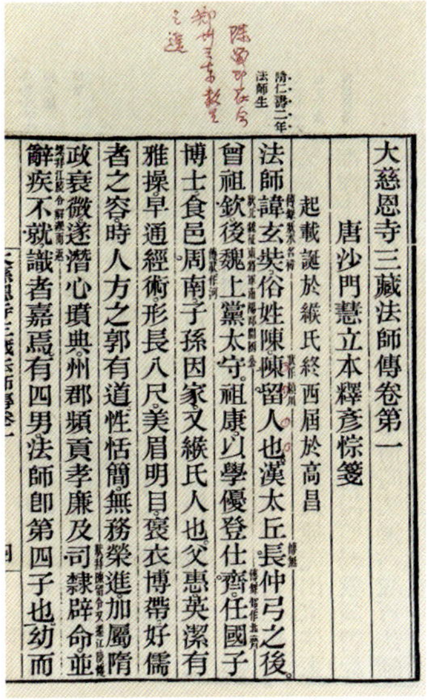

大慈恩寺三藏法師傳卷第一
唐沙門慧立本釋彥悰箋
起載誕於緱氏終西屆於高昌
法師諱玄奘俗姓陳陳留人也漢太丘長仲弓之後
曾祖欽後魏上黨太守祖康以學優登仕齊任國子
博士食邑周南子孫因家又緱氏人也父惠英潔有
雅操早通經術形長八尺美眉明目褒衣博帶好儒
者之容時人方之郭有道性恬簡無務榮進加屬隋
政衰微遂潛心墳典州郡頻貢孝廉及司隸辟命並
辭疾不就識者嘉焉有四男法師即第四子也幼而

惠立《大慈恩寺三藏法师传》书影

藏法师传》5卷。初稿完成后，他担心其书并未尽善尽美，故而藏在地下，无人得见。直到病重之际，命门徒将书稿掘出。后书稿流散，弟子们四处搜购才汇集成全本，并请广福寺沙门彦悰为之序次，补充整理为10卷，垂拱四年（688）成书。

（范晶晶）

Huisheng

惠生 Huisheng（约活动于四五世纪） 中国去印度取经僧人。北魏神龟元年（518）十一月冬，崇立寺比丘惠生与敦煌人宋云受敕前往西域，求取佛经。两人从京城洛阳出发西行，先至赤岭（今青海境内的日月山，青海西宁西），渡流沙至吐谷浑国，一路上风雪交加，飞沙走砾，举步维艰。经鄯善城（今新疆鄯善）至左末城（今新疆且末），见佛菩萨像，人云是吕光（337～399）征伐西域时所塑。经左末城至捍么城（今新疆和田克里雅城以东），城南有一大寺，内居300余僧，有丈六金像一躯，仪容超绝。又见诸宫塔数千，悬幡万计，且各有年号。至于阗国（今新疆和田），见其国王著金冠，妇人骑马驰走，死者火葬，上起浮图。唯国王死后不烧，置之棺中，远葬于野，立庙祭祀。于阗国有覆盆浮图一躯，以及辟支佛靴。神龟二年七月，两人入朱驹波国，当地人山居，不杀生，食面麦，仅食自死肉。风俗语言同于于阗国，文字同于婆罗门（指印度）。八月初入汉时的盘陀国（今新疆塔什库尔

布特格拉陀罗寺佛像 巴基斯坦斯瓦特河谷
惠生、宋云曾于520年左右到此

干塔吉克自治县）界，登葱岭，经钵猛城、毒龙池。九月入钵和国。十月初入嚈哒国，此乃强国，受40多国朝贡。十一月初入波斯国（今伊朗）。十一月中旬入赊弥国，从钵卢勒国向乌苌出发，十二月初入乌苌国。惠生等在此停留两年。城北有陀罗寺，金像六千躯，僧房周匝遍布，国王常在此大会。惠生、宋云见此寺比丘戒行精苦，心生恭敬，特舍奴婢二人，以供洒扫。此城四周多有如来教迹，两人四处参访礼拜，有佛坐处及佛晒衣处，并见塔记；如来析骨处遗迹，石色肥腻若新；城西南善持山顶东南有太子石室、太子草庵处等。城东南山上有如来苦行投身饿虎之处遗址，两人拿出行资，在山顶造浮图一所，刻石隶书，铭记功德。其间，宋云病倒，停留数月。正光元年（520）四月中旬入乾陀罗国界，此国正与罽宾交战，无心供养外来僧侣，两人过辛头大河，至佛伏沙城（西域记作跋虏沙城），礼佛寺、如来以眼施人处、迦叶佛迹等。又至乾陀罗城礼拜号称西域“浮图第一”的雀离浮图，惠生供奉太后赏赐的百尺幡一口，并请良匠以铜摹写雀离浮图仪一躯及释迦四塔变；宋云亦以奴婢二人供奉雀离浮图，永充洒扫。两人还礼拜了尸毗王救鸽之处遗迹。正光二年（521）二月回到京城。两人在北印度3年，得佛经170部。惠生对沿途国家、地区的物产、政治、风俗、信仰等进行了具体记述，其所著《北魏僧惠生使西域记》，今收录于《大正藏》第51册，为中印古代交通史的重要资料，具有珍贵的史料价值。

（谭洁）

Huichi

慧持 Huichi（337～412） 中国东晋高僧。慧远之弟，曾参与译经，在成都一带弘扬佛法。

据《高僧传》卷六等，慧持14岁读书，一日所得相当于旁人十日所学。擅长文史，才思精妙。18岁出家，跟随慧远拜道安为师，广泛阅读各种佛经。道安在襄阳分派徒众，命慧远南下，慧持也一同前行，先到荆州上明寺，后到庐山。其姑也出家为尼，法名道仪，住在江夏（约在今湖北东部、河南南部），听说京师（即建康，今南京）佛法兴盛，想前往观览。于是慧持护送她前往东安寺。王珣非常器重慧持，当时西域沙门僧伽罗叉重译《中阿含经》（T26），慧持参与最后的校订工作。返回庐山后，豫章（今江西南昌）太守范宁请他讲《法华经》与《阿毗昙心》，听众云集。时人称慧远与慧持为贤兄贤弟。

慧持听说成都地沃民丰、峨眉风景优美，于隆安三年（399）辞别其兄慧远，前往蜀地（今四川一带）传法。途经荆州时，殷仲堪、桓玄见到慧持都大为叹赏，倾心交接。但慧持继续前行，到达成都后住在龙渊精舍，大弘佛法，刺史毛璩、蜀郡僧正僧恭、高僧慧岩等都望风钦敬。慕名而来者不计其数，有幸成为慧持的弟子则被誉为“登龙门”。之后谯纵攻杀毛璩，割据成都，自称成都王，杀害慧岩。慧持为躲避锋芒，隐居到郫县中寺。谯纵的侄子道福十分暴戾，血洗郫县后来到中寺，僧众都惊慌逃亡，只有慧持神色不变，在房前洗手。道福十分惭愧，出寺后感慨说：高僧果然不同凡人。平叛后，慧持又回到龙渊寺，宣讲佛经、吃斋忏悔。义熙八年（412）圆寂，临终时嘱咐弟子以遵守戒律为修行要道，终年76岁。

（范晶晶）

Huida

慧达 Huida（约活动于4世纪下半叶～5世纪上半叶） 中国北朝高僧。游方足迹遍及大江南北，曾深入东南礼拜阿育王塔像，之后回到山西、甘肃一带弘法，以感应与预言能力见称，受到北方胡人的广泛信仰。

据《高僧传》与《续高僧传》等各种文献记载，慧达俗姓刘，名萨河，或作萨诃、窣和。山西离石人，祖上为定阳（今陕西宜川西北）稽胡（即匈奴别种）。少年时目不识字，为人凶顽，爱好田猎，为梁城突骑，镇守襄阳。其家大富，横行乡里。31岁时，饮酒染疾如同死去，遍观地狱各种苦报，又看见一位僧人，自称是他的前世老师，为他说法，并叮嘱他出家修道，前往丹阳（今江苏南京市内）、会稽（今浙江绍兴）、吴郡（今江苏苏州）寻找阿育王塔像。过了一天，萨河醒转过来，即便出家，改名慧达，住在文成郡（今山西吉县），精勤修习福业，以礼忏为先。

东晋宁康年间（373～375），慧达前往建康（今江苏南京），登城四望，发现长干寺最为特别。简文帝司马昱（371～372年在位）曾在长干寺修建3层佛塔，每夜放光。慧达便到此寺晨夕礼拜，看见佛寺之下时有光出，便召人共同发掘，掘出舍利3颗与佛发、爪甲等，据说是周朝时阿育王所起的八万四千塔之一。僧俗人众都十分惊异，于是在旧塔的西面新建一塔，安置舍利。太元十六年（391），孝武帝刘曜（372～396年在位）又将其加高为3层。慧达有感于长干寺内阿育王像的灵异，更加勤修不怠。后前往吴县通玄寺，礼拜据传是浮江而来的惟卫与迦叶石像，并在该寺居住3年，昼夜虔诚礼敬。随后，慧达又赴会稽敬拜阿育王塔，在塔基之上修龛。后来的郡守孟𫖮又对此龛加以扩建。慧达四处觐礼阿育王塔像，感知颇多征验。

北魏太延元年（435），慧达到达凉州番禾郡（今甘肃永昌），向东北望见御谷，遥相礼敬，预言在此山崖上将有佛像出现。如果灵相圆备，则时乐世康；如果有所残缺，则世乱民苦。这些预言最后都应验了。行至酒泉县，慧达圆寂。

（范晶晶）

Huilan

慧览 Huilan（约活动于5世纪上半叶）中国南朝刘宋禅僧，曾远游罽宾、于阗（今新疆和田）等地。

据《高僧传》卷十一，慧览俗姓成，酒泉人，青年时代与玄高均以禅观见称。他游历西域，顶戴佛钵，并在罽宾跟随达摩比丘学习禅法。达摩曾经深入禅定，去往兜率天，从弥勒那里得到菩萨戒，之后将此戒法传授给慧览。慧览回到于阗，又将这一戒法传授给于阗诸僧。在回酒泉的途中，慧览经过吐谷浑的领地（今青海湖一带），可汗慕利延的世子仰慕其名，派遣使者赠送资财，并在蜀地（今四川）建立左军寺供其居住。后来，慧览移居罗浮山（今广东境内）天宫寺。宋文帝刘义隆（424～453年在位）又邀请他到都城建康（今南京），住在钟山定林寺。之后，孝武帝刘骏（453～464年在位）还为慧览建立中兴寺，敕令他移住那里。建康的禅僧都跟随慧览学习。沈演、孟𫖮二人钦佩其德行，为他在寺里建造禅室。慧览于大明年间（457～464）圆寂。

（范晶晶）

Huilin

慧琳 Huilin（约活动于5世纪上半叶）中国刘宋名僧。著有讨论佛教教理的文章。

根据《高僧传》卷七、《宋书》等相关记载，慧琳是秦郡（今江苏六合）人，俗姓刘，为道渊弟子，住建康（今南京）冶城寺。他熟读儒家经典与《老子》、《庄子》，擅长写文章，注《孝经》与《庄子·逍遥篇》。诙谐喜谈笑，内外兼通，颇具晋宋之际清谈家的风格，受到庐陵王刘义真、宋文帝刘义隆赏识，与名士谢弘微、谢灵运等人交游。慧琳著有《白黑论》一篇，虚设白学先生与黑学道士的主客问答，认为儒家提倡仁义、道家强调无为，与佛教并无二致，故此论又题为《均善论》。不同的是，佛教以虚无缥缈的来世愚弄百姓，使他们渴望行善的福利，是用贪欲来教化众生，靡费资财、急功好利。这篇论文集中代表了当时士人阶层对佛教的反对意见，问世之后，居士宗炳撰《明佛论》对其进行批驳。僧众也对慧琳颇为不满，仰仗宋文帝的赏识，他才免于处罚，继续参与朝廷要事的商议。

（范晶晶）

Huilin

慧琳 Huilin（737～820） 中国唐代佛僧，语言学家。姓裴氏，西域疏勒（今中国新疆塔里木盆地西部一带）人。其事迹见于《宋高僧传》卷五“唐京师西明寺慧琳传”。慧琳幼年从安西学士称诵书学，弱冠出家，师事密教高僧不空三藏。他“内持密藏，外究儒流”，博览群经，精通印度声明与中土训诂学，从贞元四年至元和五年（788～810），撰成《大藏音义》100卷。唐代诗人景审为该书所作的序言则记载，其书以“建中末年创制，至元和二年方就”。慧琳在中印语言文化交流中起过重要的作用。

《大藏音义》，又名《一切经音义》、《慧琳音义》等，引用《说文》、《字林》、《字统》、《声类》、《三苍》、《切韵》、《玉篇》、《古今正字》、《文字典说》、《开元文字音义》等字典和韵书，以及大量的经史著作，并参考和继承了前代玄应、慧苑、云公、窥基等多家的佛经音义著作，对1 300余部（合计5 700余卷）汉译佛经及其相关的中土佛教著作中的大量词语进行了训释。《大藏音义》采用按佛经目录分卷立目的编排方式，大致与《开元释教录》次序相同。该书实际音注佛经1 160余部，始自唐代玄奘译《大般若波罗蜜多经》，终于唐代求法高僧义净撰写的《护命放生法》。词条约31 000多条，其中慧琳自撰21 200多条，所收词条体现了帮助佛经读者解疑释惑的原则。《大藏音义》解释了佛经中的大量梵文音译字，除指出其正确的梵音汉译字形外，还涉及印度古代文化的多个层面，为研究中印文化交流提供了许多重要的史料。《大藏音义》成书后，收藏在长安西明寺的藏经楼中，受到京师佛门内外的极大尊崇。从大中五年（851）起，《大藏音义》被编入大藏经，流行于世。《大藏音义》后流传到高丽、日本等地，为促进佛教文化在东亚的传播作出了巨大的贡献。

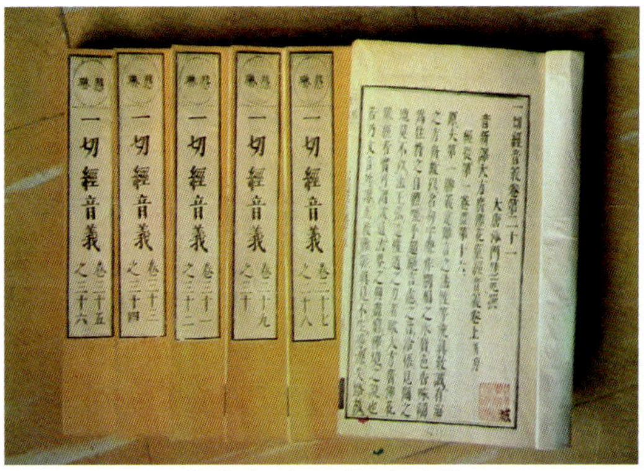

慧琳《一切经音义》书影

（陈明）

Huiming

慧命 Huiming（约活动于7世纪） 中国唐代去印度求法僧人。荆州江陵（今湖北江陵）人。据《大唐西域求法高僧传》卷下，慧命于唐高宗李治时从海路赴印求法。船行至占波（在今越南中南部），屡遭危难，最后回到中国。

（王邦维）

Huineng

慧能 Huineng（638～713） 中国唐代高僧。又称大鉴禅师。续五祖弘忍之法脉，被尊为禅宗六祖，是禅宗南宗的代表。曾于韶州大梵寺开坛说法，门人法海记录而成《六祖坛经》，系中国撰述之佛典中唯一称“经”者。

慧能的生平在早期记载中较为简略。据王维《六祖能禅师碑铭》等记载，慧能俗姓卢，祖籍河北范阳（今河北涿州），父亲曾是官僚，后被贬岭南（今广东）。慧能幼时丧父，家中贫困，后于咸亨年间（670～674）前往黄梅（今湖北黄梅）礼见弘忍，并以行者身份于弘忍处求学，负责舂米。舂米之余，慧能也随众听法，并多有默契，最终弘忍密授祖师袈裟，以为信记，并嘱其远行。慧能得法后，离开黄梅，前往南方，他并未急于传法，而是怀宝迷邦，于平民间杂居达16年之久。后遇印宗法师于南海（今广州）讲《涅槃经》，慧能于坐下听讲，指出其不当之处。印宗与其交流，甚为拜服，并为其宣传，名声大扬。也正在这时，慧能正式出家受戒。其后，慧能回到韶州（今广东韶关），于曹溪宝林寺传法，后又应刺史韦璩之请，于大梵寺讲法，传无相戒。此次讲法为弟子法海记录，而成《坛经》(T2008)。后慧能声誉甚隆，武后、中宗敕书劝谕，召其入京，慧能辞不奉召，驻锡曹溪达30余年之久，于先天二年(713）八月示寂，世寿76。

在后来的记载中，慧能的生平越来越丰富，其中多有建构成分。据《坛经》等记载，慧能于卖柴时，听闻一客诵读《金刚经》，心有领悟，便问经从何来，客人告诉他是从黄梅弘忍处受持此经，慧能便辞别母亲，前往黄梅求学。途经曹溪时，无尽藏尼曾持《涅槃经》来问字，慧能虽不识字，但一闻便知，解了其义。弘忍命门人作偈，以付衣法，神秀作一偈，不得究竟。慧能闻得神秀之偈，知其未入，亦作一偈（有的版本说是两偈)。弘忍见后，于夜间召慧能，为其讲解《金刚经》，传以衣钵，并亲自将其送走。当慧能杂居平民期间，在印宗法师处，曾闻两僧辩风幡，一人言风动，一人言幡动，慧能言，“不是风动，不是幡动，仁者心动”，使众人惊诧。慧能住锡曹溪期间，神秀曾派人探法，后此人为慧能所折服。这些记载至少有两点倾向：一是对《金刚经》的强调，这是为了突显禅宗由《楞伽经》到《金刚经》的转变；二是对神秀的矮化，这是禅宗南北之争、南宗得势的结果。

慧能圆寂后，得到很多谥号。宪宗时谥号“大鉴禅师”，宋太宗时加谥“真宗禅师”，仁宗时谥号“普觉禅师”，神宗时谥号“圆明禅师”。相传慧能遗体未坏，裹纻涂漆，形象逼真，现存于广东曹溪南华寺。

慧能的思想可从早期碑铭与《坛经》的相对照中得以窥见。简单来说，慧能的思想立足于佛性论，讲求自性清净，明心见性，定慧等学，无相无住，无著无碍，但行直心，正如王维在碑铭中所描述的：“举手举足，皆是道场，是心是性，同归性海。”在修行方法上，慧能与北宗不同，更偏向于“顿”，强调一念悟即至佛地。

慧能肉身像　中国广东韶关曹溪南华寺

慧能的弟子很多，各文献说法不一，著名的有青原行思、南岳怀让、荷泽神会、南阳慧忠、永嘉玄觉等。他们得法后，各弘扬一方，自成一家，其中以青原、南岳两家最盛。慧能在禅宗史乃至中国佛教史上的重要地位，与其弟子的推崇有密切关系。其中，荷泽神会在滑县大云寺与北宗的论辩，更是直接确立了慧能南宗禅在禅宗的正统地位。《坛经》中的许多思想，也受到神会一系的不小影响和改动。

（杨祖荣）

Huiri

慧日　Huiri（680～748）中国唐代净土宗高僧。山东东莱人，俗姓辛，唐中宗时出家，20岁受**具足戒**后，遇到从印度巡礼归来的高僧**义净**，遂生欣羡之情，发誓远游西域。武周大足年间（701)，乘船渡海，经昆仑（今南海中的昆仑岛）、佛誓（即**室利佛逝**）、师子洲（今斯里兰卡）等，3年始达印度。后遍礼圣迹，寻求梵典，历时13年。游学结束，取北道，经大雪山，过70余国，又历数载，始于唐玄宗开元七年(719）回到长安。多年独影孤征，使他深谙人间疾苦，愿求离苦之道，而遍问天竺三藏学者，皆说净土最好。据称，他在路过**犍陀罗**时，曾在其东北大山中绝食7日，见到观世音菩萨现身，鼓励他自利利他，广传佛法，劝人念佛诵经，以往生西方净土极乐世界。回国后，向玄宗皇帝呈献佛像与梵典，受到礼遇，得赐“慈愍三藏”称号。天宝七载(748)，慧日于洛阳罔极寺入寂，终年69岁。慧日著作行世的有《略诸经论念佛法门往生净土集》卷上等。所弘传的净土法门，与净土大师**慧远**和善导两家并列，称慈愍派。

（葛维钧）

Huirui

慧睿　Huirui（355～439）中国东晋、南朝刘宋僧人。精通佛典，游方曾到南天竺界。

慧睿为冀州（今属河北）人，少年出家，严守戒律，从不苟且，常以游方学经为务。某次游至四川西界，为当地人所拘，使其牧羊。后一信奉佛教的商客见他容貌不凡，疑为沙门，问他经义，果然无不精晓，遂将他赎出，使他继续修道。他一心向佛，笃学如旧，并四方云游，曾经通过四川西界而达南天竺。早年师事名僧**道安**，后又游憩庐山，并同道生、**慧严**、慧观等入长安，从**鸠摩罗什**受学。随后又往建业（见**南京**)，住乌衣寺讲经说法，由于深通佛理，讲说透彻，一时名声大震。南朝彭城王刘义康请以为师，再三恳求，方才答应。义康想请他到王府，以便受戒。他表示向来的规矩都是来学，而不是往教，拒不前往。义康惭愧，只好入寺虔诚礼师受戒。慧睿通晓方俗、音义、训诂以及不同地方语言。笃好佛理的**谢灵运**

常来咨询佛经中字词音义等，后来条列梵汉，写出了《十四音训叙》。它是一部解释佛教典籍中难读难解字音、字义的专用书，对当时佛典汉译起了很大作用，可惜佚失。慧睿于宋文帝元嘉十六年（439）去世，终年85岁。

（葛维钧）

Huitian

慧天 Prajñādeva（约活动于7世纪）中印度高僧。据《大慈恩寺三藏法师传》卷七等，慧天为中印度摩诃菩提寺高僧，他通晓小乘佛教十八个部派的各种理论，宣教每能循循善诱，深受时人推重。玄奘探访时，他正住于那烂陀寺，为寺院住持戒贤法师最重要的门徒之一。玄奘经常同他切磋学问，但由于他未能仔细研读方等（即大乘经典），故玄奘曾因他执守偏见而时加批评。在戒日王召集的曲女城法会上，他亦辩输受挫，对玄奘表示愧服。玄奘归国后，他与同寺的智光法师借法长法师于永徽三年（652）访华之机，共同修书，托法长带给玄奘，并赠细布两端（唐制一端合六丈）。书信称对方木叉阿遮利耶（意为解脱师），极以钦慕赞美之词，深致款曲，敬颂康泰，同时表示如需原文经典，尽可告知经名，待在印抄好后，再派僧人送去。永徽五年法长辞还时，玄奘分别复函二人，并抄录信文上奏皇帝。玄奘在复慧天的信中夸赞他“学富词清，志坚操远”，深表一向企仰和久别怀念之情，并殷切问安。而对于他偏执小乘、乖离大乘的偏向，则多加劝勉，希望他早发大心，归信正见，以免临终嗟悔。由于当初返国渡信渡河（即今印度河）时损失了一驮梵文经典，玄奘于信中附录了经名，冀能他日重获，以使译事完满。

（葛维钧）

Huiyan

慧严 Huiyan（363～443）中国晋宋之际的高僧。鸠摩罗什门下高足之一，精通佛教义理，知识渊博，受到刘宋武帝（420～422年在位）、宋文帝（424～453年在位）两代皇帝的器重，对当时的佛经翻译也起到了积极的推动作用。

据《高僧传》卷七等，慧严俗姓范，豫州（今安徽省）人。12岁时为儒学诸生，博览诗书。16岁出家，又精通佛理。到20岁时，他所掌握的知识已经十分渊博，远近闻名。听说鸠摩罗什在长安，慧严与慧叡、竺道生等一同前往问学，请教读音、义理上的疑难之处。慧严后来回到都城，住在东安寺。

宋武帝刘裕向来很器重慧严，北伐长安时邀请他同行。宋文帝刘义隆即位后，与慧严的关系也很密切，慧严经常向其弘讲佛法。

慧严知识渊博，何承天向他询问佛国的历法，他的对答与后来外国僧人的介绍若合符契。慧严自己著有《无生灭论》、《老子略注》等，均已佚失。

慧严也经常参与佛经的翻译与修订工作。东晋义熙十四年（418），佛驮跋陀罗在道场寺翻译《华严经》时，慧严曾到译场。刘宋景平元年（423），佛驮什在龙光寺翻译《弥沙塞律》(又称《五分律》)，慧严与竺道生共同担任笔受、执笔参正。昙无谶所翻译的《大般涅槃经》传到南方后，被认为品目简略、不利于初学者阅读，于是宋文帝命慧严与慧观、谢灵运等人对其进行修订。他们依照法显的《泥洹经》译本为其增加品目，并对译文加以修饰润色。此后，昙无谶的译本被称为“北本”，而慧严等人的修订本被称为“南本”。

慧严在翻译、钻研印度传来的佛教知识之余，对印度的天文历法也有研究。《高僧传》卷七记录了一则何承天与慧严关于印度历术的问答：“东海何承天以博物著名，乃问严：‘佛国将用何历？’严云：‘天竺夏至之日，方中无影，所谓天中。于五行土德，色尚黄，数尚五。八寸为一尺，十两当此土十二两。建辰之月为岁首。及讨核分至，推校薄蚀，顾步光影，其法甚详。宿度年纪，咸有条例。承天无所厝难。后婆利国人来，果同严说。帝敕任豫受焉。”慧严在应对以博物著名，尤其精通历算的何承天的论难时对答如流，可见他是比较好地掌握了印度古代的天文历法知识。慧严还与何承天一起讨论了印度古代的分至、交蚀、日影等天文学内容，对这些内容还能给出详细的理论。当时婆利国（今印度尼西亚加里曼丹岛）一带受印度文化影响至深，能够证明慧严的说法属实，皇帝下令要尽量予以采纳。

唐释道宣《释迦方志》卷上“中边篇第三”对何承天和慧严的对答也有类似记载：“昔宋朝东海何承天者，博物著名，群英之最。问沙门慧严曰：‘佛国用何历术，而号中乎？’严云：‘天竺之国，夏至之日，方中无影，所谓天地之中平也。此国中原，影圭测之，故有余分。致历有三代，大小二余增损，积算时差候，明非中也。’承天无以抗言。文帝闻之，乃敕任豫受焉。”这一段记载偏重于何承天与慧严关于“中”与“边”的辩论，辩论的结果是何承天“无以抗言”。慧严以印度夏至之日正午物体不投射太阳影子来论证印度得天地之中，还是有一定说服力的。“夏至之日，方中无影”这一判据似乎也被中土历算家接受了，以至于后来在周公测影地阳城（位于今河南登封）有“无影台”之制。

对慧严、何承天辩论一事的记载还见于唐湛然述《法华玄义释签》、唐道宣缉《量处轻重仪》、宋志磐撰《佛祖统纪》、唐道宣撰《广弘明集》、唐法琳撰《辩正论》、唐神清撰慧宝注《北山录》、宋法云编《翻译名义集》等。

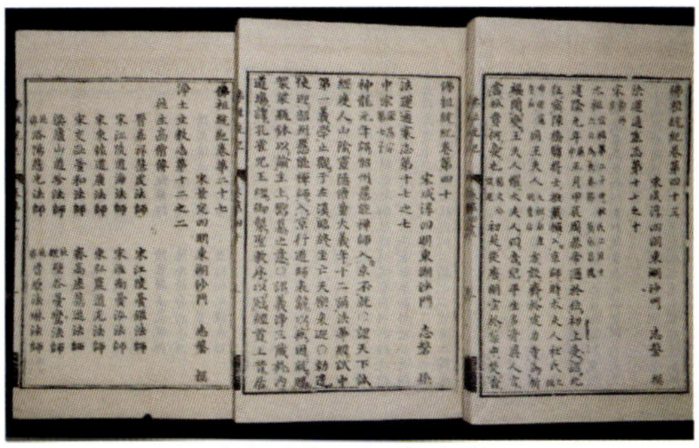

志磐《佛祖统纪》书影

刘宋元嘉二十年（443），慧严在东安寺圆寂。宋文帝赠送赙钱5万、布50匹。

（范晶晶　钮卫星）

Huiyan

慧琰 Huiyan（约活动于7世纪）中国唐代去印度求法僧人。唐交州（在今越南河内一带）人。据《大唐西域求法高僧传》卷上，慧琰为僧人明远的学生，唐高宗李治时随明远从海路赴印度。到僧诃罗国（今斯里兰卡），在那里停留。义净撰写《大唐西域求法高僧传》时（691），不知存亡。

（王邦维）

Huiyao

慧要 Huiyao（约活动于四五世纪）中国东晋僧人。慧远弟子。《高僧传》卷六《道祖传》附记其事迹，谓其解经律，而尤擅长巧思。当时山中没有刻漏等计时仪器，“乃于泉水中立十二叶芙蓉，因流波转以定十二时，晷景无差焉。亦尝作木鸢，飞数百步”。此处芙蓉是莲花的别称。这种仪器利用水流转动人工制造的12叶莲花来计量时间，其计时结果与立表测影法确定的时间没有差别。但这种仪器如何计量时间的细节却无法从这一简单记载中得知。

莲花漏（复制品）

又据《唐国史补》记载：“越僧灵澈得莲花漏于庐山，传江西观察使韦丹。初，惠远以山中不知更漏，乃取铜叶制器，状如莲花，置盆水之上，底孔漏水，半之则沉，每昼夜十二沉，为行道之节。虽冬夏短长，云阴月黑，亦无差也。”此惠远即慧远，即慧要的师父。根据这条记载，慧远也发明了一种状如莲花的计时仪器，称作莲花漏，其计时的原理也交代得比较明白：在一个铜制的莲花型容器底部开孔，将它放在一盆水的水面，水经容器底部小孔涌入器内，进水达到一半时容器沉入水中。这一沉为一个时辰，一昼夜有12沉。

从记载的内容看，慧要发明的计时仪器靠水流来转动以计时，而慧远的莲花漏则靠铜莲花漏水入内缓慢下沉来计时，似乎是两种不同的计时仪器。一种可能是慧要的莲花型计时仪器是在慧远的莲花漏基础上改进而成，而慧远的莲花漏极有可能源自印度。义净《南海寄归内法传》记载：“西国大寺皆有漏水……为众警时。下以铜盆盛水，上乃铜碗浮内。其碗薄妙，可受二升。孔在下穿，水便上涌，细若针许，量时准宜。碗水既尽，沈即打鼓……其莫诃菩提及俱尸那寺，漏乃稍别，从旦至中，碗沈十六。若南海骨仑国，则铜釜盛水，穿孔下流。水尽之时，即便打鼓。一尽一打，四椎至中，齐暮还然。夜同斯八，总成十六……由斯漏故，纵使重云暗昼，长无惑午之辰；密雨连宵，终罕疑更之夜。”义净描述的这种铜碗漏计时装置与慧远莲花漏的计时原理无疑是一致的。

在印度，这种铜碗漏水型计时仪器目前可知的最早文献记载出现在4世纪，与慧远的时代大致相同而稍早。而最早记载慧远莲花漏发明的《唐国史补》撰于9世纪早期。故也不排除另一种可能：义净将印度的铜碗漏水型计时装置介绍到中土（8世纪初）之后，被后人将之与《高僧传》中记载的慧要的莲花状计时仪器融合在一起，再被附会在名声更响亮的慧远身上。

中国后世文献中所指的莲花漏则更多的是指北宋天圣八年（1030）燕肃向宋仁宗（1022～1063年在位）呈上的漏刻制作方法。燕肃莲花漏显然是一种独立的、不同的设计，而其取名则可能与慧远莲花漏的传闻有关。

（钮卫星）

Huiyi

慧义 Huiyi（372～444） 中国晋宋之际名僧。参与设计建造了祇洹寺，这座寺庙后来经常接待来自西域的译经传法的高僧。

据《高僧传》卷五记载，慧义俗姓梁，北地（今陕西富平）人。少年出家，风姿俊秀、志向远大。开始时在彭城（今江苏徐州）一带游学，博览经书。之后前往都城建康（今江苏南京），慧义宣称冀州法称道人临终时告诉弟子普严：嵩山山神说江东刘将军是天命所归，并且留下32块玉璧与一块镇金为信物。刘裕（363～442）听说后，就派遣慧义前去找寻。义熙十三年（417）七月，慧义来到嵩山，诚心烧香行道，7天后梦见一位老人向他指示藏璧之地。第二天天亮后果然找到了32块玉璧和一块金饼。慧义回到京城，很受刘裕器重。刘裕登基后，对他更是礼待有加。

永初元年（420），刘宋大臣范泰（355～428）打算建造寺庙，推崇慧义的德望，请他帮忙规划。慧义看到范泰十分清逸，便同意为他设计仪则。于是时人将慧义比作舍利弗，将范泰比作须达多，这座寺庙也就被称为祇洹寺。西域的名僧来到汉地之后，大多住在祇洹寺里，传译经典或者教授禅法。元嘉（424～453）初年，徐羡之、檀道济（？～436）当权，范泰心里不平衡，怒形于色、肆行辱骂，得罪了他们。担心遭到陷害，范泰向慧义寻求建议，慧义劝他以忠顺为本，并要他将60亩果园竹林布施给寺庙以求福报。范泰便同意了。范泰死后，他的第三个儿子范晏认为慧义趁父亲有难之际谋求园地，于是将果园竹林又夺回去。慧义手持范泰的遗疏跟范晏争辩，这件事情闹得沸沸扬扬。后来慧义移居到乌衣寺，与慧叡住在一起，元嘉二十一年在乌衣寺圆寂。不久之后范晏去世，范晏的弟弟范晔（398～445）被指控谋反、牵连一族，被认为是受到了报应。

（范晶晶）

Huiyuan

慧远 Huiyuan（334～416） 中国东晋高僧。当时南方僧团的领袖，被尊为净土宗初祖，在融合佛教学说与儒道学说、佛教伦理与儒家伦理方面很有创见。此外，他还对佛经翻译、佛教发展

作出了巨大贡献。

据《高僧传》卷六等，慧远俗姓贾，雁门楼烦（今山西原平）人。从小便喜欢读书，聪明俊秀。13岁时，跟随舅父令狐氏到许昌、洛阳之间游学，成为郡国国子学诸生，熟读六经，尤其擅长庄、老之说。21岁时，逢道安正在太行、恒山一带建造佛寺、弘扬佛教，声名远闻。之后听道安讲《般若经》，恍然大悟，感慨道："儒道九流皆糠秕耳。"于是与弟弟慧持一起剔除须发、穿上僧袍，出家为僧。

出家之后，慧远志向远大，以弘扬佛法为己任，日夜勤学苦思。贫而无衣，靠同学昙翼的资助才能买得起灯烛读书。道安听说后，赞赏昙翼善于知人。尽管如此，慧远兄弟勤奋不懈，学问日益精进，道安称叹说：使得佛法流传中国，大概要靠慧远之力吧。慧远24岁时便开始讲经说法。曾有听众不明白"实相"的意思，反复解释后更加糊涂；慧远于是引用《庄子》中的说法进行类比，听者豁然开朗。自此之后，道安特别允许慧远可以继续阅读儒道典籍。

兴宁三年（365），慧远跟随道安南下襄阳。太元三年（378），由于苻丕进攻襄阳，道安将徒众分散开来，派遣他们前往各处传法。离别之时，道安对他们各有嘱咐，唯独对慧远不留一言。慧远跪着说：唯独我没有训示，恐怕不合常规吧？道安回答道：像你这样的，还用的着什么嘱咐呢？于是慧远带着弟子数十人，南下荆州，住在上明寺。后来想继续前往罗浮山（今广东惠州境内），途经浔阳（今江西九江）时被庐山的清净所吸引，便在那里的龙泉精舍住下来。由于慧远道行精深，曾经感应得旱地出水、龙降大雨，龙泉精舍便被改名为龙泉寺。之后，同门慧永又请刺史桓伊为其在庐山之东再建寺院，即东林寺，慧远也得称庐山慧远。

慧远早年习般若，到达庐山住在东林寺以后，开始修习阿毗昙与禅法。慧远曾听说西域有佛影，义熙年间（405～418）罽宾禅师佛驮跋陀罗来到庐山，慧远详细询问相关情况，于义熙八年（412）立台画像、义熙九年刻铭于石，并请文士谢灵运同时也作《佛影铭》。传说以前陶侃坐镇广州时曾得阿育王像，送到武昌寒溪寺，等到慧远的寺院落成，此像也来到这里。由于慧远德高望重，又有各种神迹感应，慕名前来的徒众越来越多。名士刘遗民、雷次宗、周续之、宗炳等也都来投奔，于是慧远在无量寿佛像前建斋立誓，希望能共同往生西方。他所倡导的净土信仰，发端于对神识不灭、三世因果、轮回报应的笃信，其修行方法属于观念念佛，亦即观相念佛，就是在修持禅定的过程中观想阿弥陀佛的形象和西方净土世界的景象等。道安所提倡的弥勒净土逐渐为弥陀净土信仰所取代，即始于此。中唐以后，有慧远与"十八高贤"建立所谓"莲社"的传说，但经近代学者考察，并非真实情况。后来昙鸾（476～542）在北方弘扬弥陀净土，由观想而转为称名念佛，至唐代善导（613～681）实际创立了净土宗，但后人仍尊慧远为净土宗初祖。

中国江西庐山东林寺

慧远立身严正、德为物范，僧俗远近无不叹服。他不畏权贵，30余年不出庐山，送客以虎溪为界。慧远撰有《沙门不敬王者论》、《料简沙门论》(收入《弘明集》卷十二)，糅合儒家伦理与佛教伦理，维护佛教的不屈从于世俗王权的独立地位。他还著有《法性论》等讨论教理的文章，今已不存。

慧远对毗昙、中观、律学和禅法等经典在汉地的译传均作出了贡献。看到流传到南方的佛经多有残缺，尤其是禅法、律藏皆不齐全，慧远派遣弟子法领等远赴西域求取众经。数年后，法领携《华严经》前分三万六千偈的梵本返回，又经数年由佛驮跋陀罗领衔译为汉语。太元十六年（391），僧伽提婆来到浔阳，慧远请他重译《阿毗昙心论》(T1550）与《三法度论》(T1506)。听说鸠摩罗什来到长安，慧远主动写信问候，并问大乘义理，鸠摩罗什一一作答，现存18章，题名为《大乘义章》(T1851)。弗若多罗与鸠摩罗什合译的《十诵律》尚未完成，弗若多罗去世。后来精通此律的昙摩流支到达长安，慧远便派遣弟子送信请他与罗什一起译完这部律典(T1435)。《大智度论》译出后，秦主姚兴（393～416年在位）慕名请慧远作序。慧远认为《大智度论》卷帙浩繁、不太适合初学者，于是择要抄为20卷，方便阅读。佛驮跋陀罗离开长安，慧远也请他在庐山译出《修行方便禅经》(已佚)。

义熙十二年（416)，慧远因病圆寂。

（范晶晶）

Huiyue

慧月 Maticandra（约活动于6世纪）印度古代哲学中胜论派的哲学家。《胜宗十句义论》的作者。在印度保存的文献中，尚未发现有关慧月的材料。在玄奘之前的汉译佛典和中国史料中，也没有关于慧月的记述。玄奘之后，记述慧月情况的文献都略而不详。窥基《因明入正理论疏》卷中的记载是："十八部中上首名战达罗，此云慧月，造十句义论。"窥基《成唯识论述记》卷第一末的记载是："吠世史迦，此翻为胜，造六句论，诸论罕匹，故云胜也。或胜人所造，故名胜论。……后其苗裔，名为惠月，立十句义。"慧月理论的特色所

271

在是其主张有十个句义：实句义、德句义、业句义、同句义、异句义、和合句义、有能句义、无能句义、俱分句义、无说句义。慧月的理论与《胜论经》和《摄句义法论》中的胜论派学说在形式上有很多差别。但也不是与前两者的理论完全不同，慧月实际上把《胜论经》中的一些思想归结在一起，以十句义的框架将其纳入其中。而且慧月关于德句义之下的分类与《摄句义法论》的主张一样，也认为有二十四种。玄奘回国后翻译了《胜宗十句义论》，而没有翻译《胜论经》等印度其他胜论派文献。因而，慧月的思想自古以来就受到人们关注。在中国现代，有研究慧月及其思想的学术论文。姚卫群在《南亚研究》(1983年第4期) 发表了“试论《胜宗十句义论》的哲学思想及其历史地位”的学术论文，对此作了专门研究。

(姚卫群)

Huizhao

慧沼 Huizhao (650～714) 中国唐代僧人，译经家。或作惠沼。淄州人，又称淄州沼、淄州大师。窥基弟子，为继窥基之后的唯识宗祖师。

慧沼15岁出家，如法修身不违戒范，时人称“沼阇梨”。玄奘回长安后，慧沼曾随其学习，而后更直接受教于窥基，得其真传。据《唐故白马寺主翻译惠沼神塔碑》序文记载，慧沼于咸亨三年 (672) 起随窥基、普光学法，悟解非凡，时人号曰“山东一遍照”，更广习诸种经论，并因其所作《见道章》(收于其《大乘法苑义林章补阙》中) 而得窥基、普光赞叹“法门后进，此一人也”。窥基圆寂后，慧沼继承其遗志，弘扬唯识学、因明学。后曾参与菩提流志、义净等译场，担任证义。慧沼的佛学体系主要是继承自窥基，在窥基的慈恩系与圆测的西明系的论争中，慧沼起到了重要作用。而其晚年，由于参与了义净译场而接触到了一些新译经，亦受其影响。

慧沼的著作多数属于窥基著作的续补，如他将窥基生前未能完成的《因明入正理论疏》(T1840) 自讲解“喻过”以下的部分补足，并另撰《因明义断》(T1841) 及《因明入正理论义纂要》

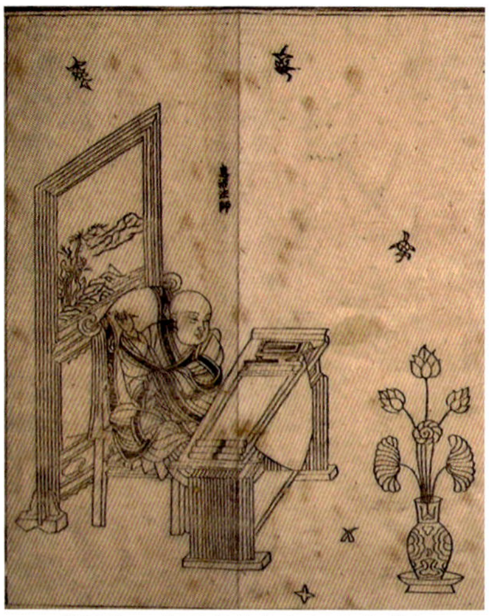

慧沼像 中国明代木版刻印大藏经《洪武南藏》《玄奘法师译经图》

(T1842)。其《成唯识论了义灯》(T1832) 系释补窥基《成唯识论述记》(T1830)，用以反破圆测《唯识论疏》对窥基的驳斥。《法华玄赞义决》系释补窥基《妙法莲华经玄赞》(T1723)，《大乘法苑义林章补阙》(X882) 则系释补窥基《大乘法苑义林章》(T1861)。另一类为独立的注疏，包括《金光明最胜王经疏》(T1788) 等，《大正藏》(第1802号) 收有一部无署名的《十一面神咒心经义疏》，或为慧沼所做。据载其他还有《金刚般若经疏》、《仁王般若经疏》《盂兰盆经疏》等，但已不存。此外，慧沼的独立著作有《劝发菩提心集》(T1862)，以及为坚守唯识宗正统立场、破斥法宝《一乘佛性究竟论》(X902，仅存第6、7两章) 的《能显中边慧日论》(T1863)。

慧沼的弟子中最重要者为智周，继其而为唯识宗下任祖师。智周也有很多著作是辅翼阐释慧沼著述。窥基、慧沼、智周合称唯识三祖。703～706年间，日本僧人智凤、玄昉等也来从慧沼受学，回国弘传日本法相宗。

(陈帅)

Huofo zhuanshi

活佛转世 中国藏传佛教独有的宗教领袖传承方式和制度。“活佛”藏语称为“珠古”，意为“化身”。这是根据大乘佛教法身、报身、化身之说而命名的，意为佛、菩萨之“化身”。藏传佛教认为，法身不显，报身时隐时显，唯有化身随机显现。故有成就的正觉圣人，生前在各地“利济众生”，圆寂后可有若干个“化身”。在佛教三身理论的指导下，藏传佛教认为十地菩萨为普度众生而变现之色身，最终在人间找到了依托对象，即转生或转世之“珠古”(活佛)。后在“珠古”名称之外，又衍生出“喇嘛”、“阿拉”、“仁波切”等诸多别称。其中“喇嘛”一词，是藏文bla ma的音译。该词最初是从梵文“guru”一词意译过来的，本意为“上师”，而在藏文中还含有“至高无上者或至尊导师”之意。因此，后来随着活佛转世制度的形成，“喇嘛”这一尊称又演化为“珠古”的主要别称之一，以体现“珠古”是引领信徒走向解脱之道的“至尊上师”。“阿拉”，是藏文aa lags的音译。该词在字面上看，没有实际意义，是一种表达恭敬的语气词，自从成为“珠古”的别称之后，该词又有了新的内涵，意为带领信众走向光明之路的导师。在不少藏族

《藏传佛教活佛转世》封面

聚居区，人们习惯以“阿拉”一词来尊称“珠古”，使其成为“珠古”别称中使用率最高的称谓。“仁波切”，是藏文rin po che的音译，蕴含“珍宝”、“瑰宝”或“宝贝”之意。这是藏族信教群众对“珠古”敬赠的最亲切、最为崇高的尊称。他们在拜见或者谈论某位“珠古”时，在通常情况下，不直呼其名号，而尊称“仁波切”。

活佛转世制度肇始于12世纪，由藏传佛教噶玛噶举派首创。随后这一宗教制度被其他藏传佛教宗派普遍采纳，相继产生或建立诸多活佛转世系统。无论哪派世系活佛，他们都在信奉藏传佛教的民众中享有崇高的宗教地位，曾在历史上有政治和宗教双重影响。

(尕藏加)

J

Jiming Si

鸡鸣寺 Jiming Temple 中国江苏南京最古老的佛教寺庙之一。位于南京鸡笼山。南朝梁大通元年（527）初建，名同泰寺。当时寺内建有高达七层的大佛阁和九层的宝塔，此外，尚有六座大殿和十余座小殿、佛堂等。梁武帝萧衍是中国历史上著名的佛教徒皇帝。史书记载，他曾多次“舍身同泰寺”，即到同泰寺做奴仆，然后由朝廷出重金赎出，赎金全部归同泰寺。梁武帝前三次舍身都很成功，所以同泰寺当年非常富有，建筑豪华。其第四次舍身遇到叛乱，不但没有成功，反而被围困致死。同泰寺也被毁掉。后世在原址上几经重建，但规模都较同泰寺小得多。也几经更名，先后称千佛院、净居寺、圆寂寺、法宝

鸡鸣寺

寺等。直到明洪武二十年（1387）重建后，改名鸡鸣寺。清末同治年间（1862~1874）重建，规模缩小。1966年，鸡鸣寺受损坏严重，1982年由中国南京市人民政府拨款重建。如今成为南京著名风景区。

（薛克翘）

Jiyuan Si

鸡园寺 Kukkuṭārāma 印度古代著名佛教寺院。又译鸡寺、鸡雀寺、鸡头摩寺，音译屈屈吒阿滥摩。

鸡园寺传说系由阿育王建于华氏城东南。据《阿育王经》和《阿育王传》等佛典称，阿育王与此寺关系至深，常到寺中向高僧请益，并不断施以巨额财富。晚年阿育王失去权力，仍然让人将身边所有的金、银乃至铁、瓦餐具等送往寺院。最后他手上仅剩一只阿摩勒果，仍然不肯自食，还是遣人恭敬地送给了鸡园寺僧。该寺上座则隆重举行仪典，将果子切碎煮羹，使上下寺僧得以遍尝。死前，阿育王又以一切大地海洋施与众僧，并书之贝叶，钤以齿印，致使继位新王不得不以重金向寺僧赎回国土。据《大唐西域记》载，玄奘访印时，该寺“颓毁已久，基址尚在”。

（葛维钧）

jiju shuo

积聚说 ārambha-vāda 印度古代哲学中的一种关于事物形成的理论。认为事物是由各种要素或成分积聚而成的。持此观点的主要有胜论派、正理派、弥曼差派等。如胜论派认为，世间事物或各种现象可以分析为若干种“句义”。此派经典《胜论经》认为有6个句义：实句义、德句义、业句义、同句义、异句义、和合句义。这些句义聚在一起就构成了自然界的各种事物或现象。胜论派还认为：世间各种有形体的事物是由地、水、火、风等物质要素积聚而成的。积聚说在古印度有一定影响，经常受到佛教等派别的批驳。这种理论也随佛教传入中国。中国现代学界也对此说有关注，姚卫群在《南亚研究季刊》(1988年第1期)发表了“古印度哲学流派中的积聚说”一文，对此作了专门研究。

（姚卫群）

Jixiang

吉祥 Śrī（约活动于10世纪） 西印度来华僧人。据《佛祖统纪》卷四三，吉祥于北宋太平兴国二年（977）来到宋朝都城汴京（今河南开封）献贝叶经。

（薛克翘）

Jixiang

吉祥 Śrī（约活动于11世纪） 印度来华译经僧人。见智吉祥。

Jixiang Tiannü

吉祥天女 Lakṣmī 印度教中的美丽与幸运女神，后被佛教吸收为护法主神。又称功德天。

根据印度教神话，吉祥天女是众神和阿修罗搅乳海时从乳海中搅出来的14件宝物之一，成为世界保护神毗湿奴的妻子。她手持莲花，经常有两头大象侍奉左右，并为其沐浴。吉祥天女作为毗湿奴的妻子，常与毗湿奴在一起。印度教徒认为，她给人们带来平安吉祥和财富。因此，她成为印度灯节期间人们崇拜的主要神明。

被佛教吸收为护法神之后，她主司增长财物、令众生功德成就，为“二十诸天”之一，住在北方毗沙门天王执掌的有财城里。在佛经描述与佛教造像中，

吉祥天女像

吉祥天女是一位端庄美丽的女神，赐人福德与安乐。在密教中，她是性力女神之一。金刚乘佛教的一些女神，如佛母、明妃、菩萨女等，有不少都吸收了她的形象。同时，她也作为密教神之一在曼荼罗中占有一席之地。

（范晶晶）

Jiliang

极量 Pramiti（约活动于七八世纪） 印度来华僧人，译经家。音译般剌蜜帝。据《宋高僧传》卷二，《贞元新定释教目录》卷十四，极量为中印度人，深通佛道，平生以游方弘化为愿，顺应机缘，济度众生。后辗转而至中国广州，住于

《楞严经》封面

制止道场。唐神龙元年（705）五月于灌顶部经典中诵出一品，名《大佛顶如来密因修证了义诸菩萨万行首楞严经》，译成1部10卷。乌苌沙门弥伽铄佉充译语，菩萨戒弟子房融任笔受，罗浮山（今广东惠州境内）南楼寺沙门怀迪充任证义。其本国国王因极量擅出经本而发怒，派人追捕。极量遂泛舟西归。

（葛维钧）

jiwei

极微 paramāṇu 印度古代哲学术语。指物体的最小单位。印度人很早就关注自然界物体的基本构成问题。不少思想家认为物体是由一些最基础的要素结合后形成的，展示了种种设想。这方面的理论最初在奥义书中萌发，而在印度后世形成的主要宗教或哲学流派中又不断得到丰富和发展。但明确提出关于事物不可分的最小单位"极微"概念的则是一些印度后世有影响的宗教哲学派别，其中较典型的是胜论派、正理派、耆那教和佛教。

胜论派认为物质性事物由地、水、火、风这"四大"构成。这些四大最小的单位就是极微。不同的极微有特定的性质，这些极微的运动是由一种看不见的力量（不可见力）推动的。极微可以聚合起来构成各种物体，但极微本身没有更小部分，不可分，不可毁灭，永恒存在。

正理派的极微理论与胜论派类似，认为单独的极微是人不可感知的，但当它们聚在一起构成具体的物体时人才能感知。极微是实在的，永恒不灭的。

耆那教在论及世间事物中的物质体（补特伽罗）时，认为它是由事物的最小单位极微及其复合物构成的。

佛教的流派或分支众多，对于极微的看法并不一致。佛教中说一切有部认为极微是物体的最小单位，不可分，无法观察其形体，不能直接感触。佛教中新有部的主要著作《顺正理论》认为极微是实有的，物体由这极微聚合而成，极微如果没有的话，聚合的事物也就没有。但佛教中的瑜伽行派从唯识的理论出发，认为事物并不是由极微聚合后产生的，而是"识"变现的产物，所谓极微不过是佛的"假说"，佛对于那些认为粗大事物实有的人说极微，让他们进行分析，但并不认为各种物体中实有极微。瑜伽行派的论师是以"假想慧"来分析粗大的事物，逐步向下分析，到不可分时就假说极微。这种极微如果再分析下去，就像空显现一样，不能称为物质了。所以物体不是由极微聚合而成的，而是"识"所变的，极微非实有。

数论派认为极微不是常住的，它们是被造物，最后都要回归到作为其最初来源的自性中去。

吠檀多派中影响最大的思想家商羯罗否定极微的实在性，否定世间事物是由极微构成的。

印度的极微理论在古代也传入中国。许多汉译佛典中都有这方面的记述。无论是在古代还是在近现代，都有中国思想家关注极微问题。现代中国学术界也有不少研究极微的学术论文。姚卫群在《哲学分析》(2011年第4期）发表了"印度古代哲学中的'极微'观念"一文，对此作了专门研究。

（姚卫群）

Jiduo Diguo

笈多帝国 Gupta Empire 古代印度在孔雀帝国之后最强大的统一帝国之一。后世史书亦称笈多王朝。

公元3世纪初叶，入主北印度的贵霜王朝溃亡以后，北印再一次分裂为许多独立的小君主国和共和国。当时占据今印度西孟加拉邦北部和比哈尔邦南部的是一个名叫室利笈多的国王。笈多家族的起源不太清楚，最初可能是富有的土地所有者，后来逐渐在位于恒河中下游南部的摩揭陀地区建立了统治。室利笈多的王国在他的孙子旃陀罗笈多的时代强大起来。旃陀罗笈多娶了一个古老而强大的部族——离车部落的公主拘玛罗提毗。这一联姻使笈多族的声望大为

笈多铁柱 4世纪
印度新德里库特卜塔公园

提高，也使其得以扩充自己的实力，为以后笈多王朝的建立奠定基础。旃陀罗笈多自称"伟大的王中最高的王"，把势力扩展到原属于那伽人的恒河和亚穆纳河流域。定都华氏城后，他建立了以公元320年为起点的笈多纪元。笈多纪元据计算始自公元320年2月26日。一般认为这就是旃陀罗笈多灌顶即位的日子。

第二代国王是旃陀罗笈多的儿子萨穆陀罗笈多（约330～380年在位）。萨穆陀罗笈多以武功著称，在漫长的统治生涯中四处征战，并吞了孟加拉、阿萨姆、北方邦以及马尔瓦地区的若干王国和部落，打败了贵霜人和塞人。在东南印度，他曾到达建志，迫使当地的国王

十化身神庙　约5世纪末或6世纪初　印度德奥加尔

和酋长们称臣纳贡。到他去世时，笈多帝国已经占有了东起布拉马普特拉河、西至亚穆纳河、北自喜马拉雅山、南达纳巴达河的广大领土。他的宫廷诗人曾将他的功绩刻写在阿拉哈巴德的阿育王石柱上，其中虽多谀词，但笈多王朝确是从他开始进入了鼎盛时期。在宗教上，他的政策是宽容的，虽为印度教徒，但不排斥其他宗教。他本人学养深厚，不但精通印度传统经典，也是诗歌和音乐的爱好者。

萨穆陀罗笈多的儿子旃陀罗笈多二世（380～415年在位），又称超日王，是印度古代最有名的帝王之一。超日王继承前代君王和亲和武力开边的两手政策，娶了那伽族酋长的女儿，并把自己的女儿嫁给德干的伐伽吒伽国王，然后出兵赶走最后一个塞人西方总督楼陀罗辛哈二世，取代了其对于西马尔瓦和富庶的卡提阿瓦半岛的统治。首都也从华氏城迁到了优禅尼。他极其重视对于文化和艺术的奖掖，宫廷“九宝”之一迦梨陀娑，是印度历史上最伟大的梵语诗人。在建筑、雕塑和其他艺术方面，他的时代也成就斐然。中国高僧**法显**曾于超日王在位期间访问印度。居印六年，法显在**《佛国记》**中具体而生动地记载了笈多时代印度社会和人民生活的状况。

下一代君主鸠摩罗笈多（415～455年在位）基本上是一个守成之王。他的晚年边患迭起。补沙弥多罗人从南方入侵，虽被太子击退，但已伤及帝国元气。笈多军队未及休整，嚈哒人又自北方涌入。塞健陀笈多（455～468年在位）在位的13年战事频仍。他不得不倾全国之力，对付嚈哒人的不断入侵。即位之初，他曾励精图治，企图重振国威。他废除劣币，发行新钱。但是连年的战争消耗迫使他在10年后又重铸劣币。到他去世的时候，嚈哒人不但占领了西北旁遮普，而且开始向笈多帝国的心脏地区进发，王朝统治已经严重动摇。

笈多帝国在塞健陀笈多以后迅速衰落。他的直接继承者是他的兄弟普卢笈多（468年在位）。普卢在位时间很短。继他之后的是他的儿子那罗新哈笈多（468～473年在位）。与以前几王不同，他是一个虔诚的佛教信徒，在著名的**那烂陀寺**建造了一座近100米高的佛堂。有一种说法认为他曾经战胜过嚈哒人。他的儿子鸠摩罗笈多二世（473～476年在位）统治时间也很短。此后帝国的历史便模糊不清了。有铭文提到若干帝王的名字，不过其年代颇难确定。可能有一个名为佛陀笈多的国王在公元476～495年进行过统治。他在位时，嚈哒人进入了北印腹地，笈多帝国解体。虽然后来嚈哒人被一个称作巴拉底陀耶的笈多王公所拒，并最终在公元530年左右被曼达索尔人的首领耶输达曼打败，但笈多王朝在这些胜利中并无所得。继承佛陀笈多的可能是他的兄弟，也叫那罗新哈笈多。然后便是后者的儿子鸠摩罗笈多三世和孙子毗湿奴笈多。后三人统治了整个6世纪上半叶，直到公元550年左右。不过铭文显示，其间似乎还有另外两个笈多家族的人参与过统治，即维那耶笈多和薄奴笈多。前者于公元507年在东孟加拉颁发过赐地文书，后者的名字可见于公元510年的一座颂扬他的石碑。他们皆发行过金币，但成色不断下降，从一个方面说明了帝国正在迅速衰落。此后帝国在内讧和外侵的交迫下更形衰微，其具体情形亦不复确知。

经过孔雀王朝灭亡后五百年的战争和分裂，北印度在笈多时代获得了较长时间的政治统一，社会稳定，经济繁荣，文化亦获得长足的进步。**梵语**已成为官方语言。梵语文学的发展达到了光辉的顶点。伟大的作家和作品层出不穷，其中最杰出的代表是迦梨陀娑和他的《沙恭达罗》、《云使》、《罗怙世系》等。一般认为创作剧本《**小泥车**》的**首陀罗迦**、创作剧本《指环印》的毗舍佉达多等也属于这一时期。大史诗《**摩诃婆罗多**》和《**罗摩衍那**》、最重要的法论书《**摩奴法论**》等都是在这一时期前后固定为目前形式的。著名的字典编纂家长寿师子（著有《长寿字库》），医学家妙闻，

沙摩陀罗笈多金币

鸠摩罗笈多一世金币

旃陀罗笈多二世金币

《宫中王后》 约6世纪末
印度阿旃陀石窟第1窟前廊右壁壁画

数学家和天文学家圣使、彘日、梵藏等也生活在笈多时代。建筑和绘画同样获得了很高成就。占西、坎普尔和**阿旃陀石窟**均可见这一时期的优秀作品。至今矗立在德里的笈多铁柱一直没有生锈，表现出很高的冶炼技术。古代婆罗门教在公元二三世纪后吸收佛教和**耆那教**的某些教义，糅合各地的民间信仰，逐步向印度教转化，出现了对于**湿婆**、**毗湿奴**等大神的崇拜。佛教则日渐失去活力，开始被印度教所同化。

（葛维钧）

Jiduo yishu

笈多艺术 Gupta art 印度笈多王朝时代的艺术。包括笈多时代的佛教艺术和印度教艺术，其中以笈多式佛像成就最高、影响最大。

笈多王朝是古代印度历史上继孔雀王朝之后印度人建立的统一的大帝国。旃陀罗笈多二世（380～415年在位）时期文治武功盛极一时，中国东晋僧人**法显**赴印求法适逢其盛。笈多时代是印度古典文化全面繁荣的时代，也是印度古典主义艺术的黄金时代，佛教艺术臻于鼎盛，印度教艺术蔚然勃兴。尽管当时佛教已随着印度教的兴盛而在印度本土日渐衰微，笈多诸王大多信奉印度教，但在笈多王朝宽容的宗教政策庇护下，佛教哲学与佛教艺术仍然继续发展到巅峰。笈多时代的佛教哲学家**无著**、**世亲**兄弟，完整地建立了大乘佛教瑜伽行派，即唯识派哲学体系，主张“万法唯识”，“实无外境，唯有内识”。与唯识派哲学这种内向、深化的趋势相适应，笈多时代的佛像造型也深深浸透了沉思冥想的精神——佛像低低地垂下了眼帘，专注于自己的内心世界。与贵霜时代犍陀罗地区那种希腊化风格的佛像不同，笈多时代遵循印度本土的古典主义审美理想，创造了纯印度风格的笈多式佛像。在笈多时代的两大雕刻艺术中心马图拉和**萨尔纳特**，分别创造了笈多式佛像的两种地方样式——马图拉样式和萨尔纳特样式，代表着印度古典主义艺术的最高成就。

马图拉（旧译秣菟罗）位于印度北方邦**恒河**支流耶木纳河西岸，公元前6世纪是古印度十六列国之一苏罗森那的首府，贵霜时代又成为**贵霜王朝**的东都，与西北的犍陀罗并列为贵霜艺术的两大中心。贵霜时代的马图拉红砂石雕刻的佛像，主要是参照印度本土，特别是马图拉本地传统的药叉雕像创造的，造型浑厚硬直，孔武有力，强调健壮裸露的肉体表现，不同于犍陀罗希腊化风格的佛像。笈多马图拉式佛像，脸型是印度人的面容，眉毛细长，呈倒八字形向上挑起；眼帘低垂，带有沉思冥想的神情；鼻梁笔直，下唇宽厚，耳垂拉长呈矩形，颈部有三道折痕；肉髻是排列整齐的右旋的螺旋状螺发，光环硕大华丽；身材颀长匀称。通肩式僧衣单薄贴体，犹如被水浸湿了一样半透明，衣纹通常是一道道平行的U字形或V字形线条，具有流水般波动的韵律，隐约凸显出全身的轮廓。根据这种薄衣贴体的半透明效果，笈多马图拉式佛像又被称为“湿衣佛像”。代表作有雕刻《马图拉佛陀立像》等。

萨尔纳特位于印度北方邦恒河中游的圣城瓦拉纳西（古称贝拿勒斯）东北郊区，相传为佛陀初转法轮的圣地。贵霜时代马图拉雕刻的佛像曾由巴拉比丘捐赠给鹿野苑精舍。笈多时代，萨尔纳特与马图拉并列为笈多艺术的两大中心。萨尔纳特以浅灰色楚纳尔砂石雕刻的佛像，创造了笈多萨尔纳特式佛像。笈多萨尔纳特式佛像的造型，与笈多马图拉式佛像大体相同：印度人的相貌，眼帘低垂，犹如在沉思冥想，直鼻厚唇，矩形长耳，颈部三折，螺发整齐，光环

佛陀木雕坐像 约5世纪
中国新疆出土

笈多时代佛陀立像
印度马图拉戈文达纳加尔

笈多时代湿婆林伽像
印度安得拉邦持斧罗摩主神庙

笈多时代佛陀头像

华丽，身材匀称。不同的是萨尔纳特式佛像的僧衣比马图拉式佛像的更为单薄，几乎像玻璃一样完全透明，仅在领口、袖口和下摆边缘依稀可见几丝透明衣纹，乍看恍若裸体。根据这种轻纱透体的全透明效果，笈多萨尔纳特式佛像又被称为“裸体佛像”。代表作有雕刻《萨尔纳特佛陀坐像》(又名《鹿野苑说法的佛陀》)等。

笈多艺术特别是笈多式佛像对整个印度与亚洲诸国佛教艺术的影响，比犍陀罗佛像更为深远。南印度的阿马拉瓦蒂，在贵霜时代与北印度的犍陀罗和马图拉并立为印度艺术的三大中心。阿马拉瓦蒂艺术被认为是笈多艺术的先驱之一。贵霜时代阿马拉瓦蒂的白绿色石灰石雕刻的佛像，造型近似贵霜马图拉的本土化佛像，但脸型椭圆，轮廓柔和，已出现螺发，身材呈圆筒形，衣纹以平行的阴刻线条刻画。阿马拉瓦蒂佛像直接影响了斯里兰卡佛像的雕刻。斯里兰卡古称僧伽罗（师子国）。4世纪，斯里兰卡最早的佛像是从南印度传入的阿马拉瓦蒂样式。6世纪左右，斯里兰卡古都阿努拉德普勒（今斯里兰卡科伦坡东北200多千米处）白云石雕刻的佛像，轻纱薄衣几无任何皱褶，完全透明，显露裸体，已属于典型的笈多萨尔纳特式佛像。笈多式佛像的影响也波及犍陀罗地区。后期**犍陀罗艺术**中呾叉始罗与哈达等地那些古典式冥想风格的灰泥塑像，不仅代表着“非地中海的希腊主义”的复兴，也濡染了同时代的笈多式佛像的印度古典主义精神。阿富汗巴米扬石窟的大佛像那种薄衣贴体的U字形衣纹，显然衍生于笈多马图拉式佛像。笈多艺术的影响继犍陀罗艺术之后主要通过中亚地区东渐中国新疆与内地，在中国克孜尔、敦煌、炳灵寺、云冈等早期佛教石窟中，笈多式佛像对中国佛像的影响在深度和广度上都逐渐超过犍陀罗佛像。中国北齐画家曹仲达“**曹衣出水**”的佛像画法，可能也受到笈多马图拉式佛像的启发。

笈多时代的印度教艺术，在佛教造像的刺激之下，兴起了印度教诸神的造像热潮。笈多印度教神像在追求古典主义的平衡与和谐的同时，强调造型的力度与动态，逐渐显示出从古典主义向印度巴洛克风格演变的迹象。笈多王朝把印度教大神**毗湿奴**奉为保护神，因此毗湿奴及其化身的造像居多。代表作有马

笈多时代佛陀头像

图拉雕刻《毗湿奴立像》、乌达耶吉里石窟高浮雕《毗湿奴的野猪化身》、德奥加尔十化身神庙高浮雕《毗湿奴卧像》等。此外，也有不少印度教大神湿婆及其象征林伽和配偶帕尔瓦蒂的雕塑。

笈多时代的绘画相当繁荣，在**迦**

笈多时代毗湿奴立像　5世纪
印度马图拉出土

梨陀娑的诗剧《**沙恭达罗**》和长诗《**云使**》中都描述了笈多绘画从宫廷到民间广泛流行的情况。但笈多绘画一般画在棉布、棕榈叶或木板上，早已湮灭无存，仅在**阿旃陀石窟**后期（约450～650）壁画中保留着笈多时代和后笈多时代绘画的遗迹。代表作有阿旃陀壁画《难陀出家》、《须大拿本生》、《因陀罗与天女》、《持莲花菩萨》等。阿旃陀后期石窟雕刻的佛像，多属于笈多萨尔纳特式的佛像。

（王镛）

Ji Gujin Fo-Dao Lunheng

《集古今佛道论衡》　佛教与道教论争的文集。亦作《集古今佛道论衡实录》。4卷。中国唐西明寺道宣晚年所集，收汉明帝至唐高宗间历代佛教与道教论争之事30篇（T2104）。该书涉及佛道论

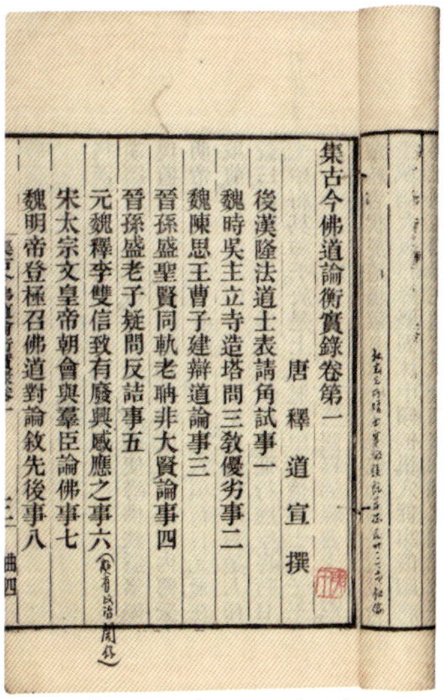

集古今佛道論衡實錄卷第一
唐釋道宣撰
後漢隆法道士表請角試事一
魏時吳主立寺造塔問三教優劣事二
魏陳思王曹子建辯道論事三
晉孫盛聖賢同軌老聃非大賢論事四
晉孫盛老子疑問反詰事五
元魏釋李雙信致有廢興感應之事六
朱太宗文皇帝朝會與羣臣論佛事七
魏明帝登極召佛道對論敘先後事八

《集古今佛道论衡实录》
民国二年（1913）刻本书影

争中诸多重要话题，如夷夏、真伪、高下以及教义等，其中一部分论争已经在梁代僧祐编《**弘明集**》、道宣编《**广弘明集**》中有所记录。该书保存了大量重要史料，其中还有一些未见于他书的独特材料。此书出世后，有唐智昇集《续集古今佛道论衡》1卷（T2105）。

（陈帅）

Jiliang Lun

《集量论》　*Pramāṇa-samuccaya*　佛教量论典籍。作者为印度论师**陈那**，为其晚年集大成之作，有偈颂和自释。其篇初皈敬颂中说“为成量故从自论，集诸散

说汇为一”(法尊译)，表明该论是其著作的总结集成，故称《集量论》。

《集量论》在印度影响巨大，**法称**的代表作《释量论》就是该论的注释。吉年陀罗菩提（约活动于8世纪）著有《集量论注释》，其梵本的前两品已由中国藏学研究中心与奥地利科学院合作刊出。奥地利学者E.斯坦因凯勒根据这一注本重构了《集量论》第一品的梵本，欧洲和日本学者目前正在重构余下几品的梵本。

唐代**义净**曾于711年将《集量论》译为汉文，但已佚失。藏译本有两个译本，德格版唯收一种（偈颂：D4203，自注：D4204），北京版则收录二种（P5700～5702）。1928年，吕澂曾将该论从藏文本节译为汉文，题作《集量论释略抄》发表。法尊法师将全论由藏译汉，题作《集量论略解》，于1982年出版。另有韩镜清译自藏文本的手稿，收于《韩镜清翻译手稿》第4辑。

《集量论》内容包括《现量品》、《为自比量品》、《为他比量品》、《观喻似喻品》、《观遣他品》、《观过类品》6个部分。陈那的《因明正理门论》主要是对传统的逻辑论辩形式的讨论，而该论则是基于认识论对“量”的阐发，量即是认识手段或标准。前两品是该论的主体，陈那提出了其基础理论，即只有现量、比量两种认识方式，而所谓圣言量、譬喻量等方式“皆假名量，非真实量”，因为所谓的认识对象只有代表绝对独特性的自相和与他者所共通的共相两种，针对这两种认识对象，也就只有认识自相的现量和认识共相的比量。通过对认识的能量、所量、量果的三分法，陈那还论证了识的“三分说”，即相分、见分和自证分。第3、4、6品是在现比二量这一基础理论之上对辩论逻辑的讨论，涉及因三相和九句因等内容。第5品则提出了陈那的另一重要思想——通过遮除他者来表述此者的遮遣论。前述诸品除第5品外，都是两分结构，前分提出陈那自己的主张，后分批驳《论轨》和**正理派**、**胜论派**、**数论派**、**弥曼差派**等其他派别的观点。

《集量论》是**法相宗**所列十一论之一。据载，**玄奘**游学印度时曾在**那烂陀寺**听戒贤论师讲解《集量论》，但归国后，他虽然翻译了陈那的《因明正理门论》及其弟子**商羯罗主**的《因明入正理论》，但却并未翻译《集量论》。而从当时一些著述中推测，玄奘可能讲解过《集量论》，如《成唯识论》中曾引用过《集量论》中的一首颂。此后义净虽有翻译，也很快佚失。除了在玄奘弟子们的著述中偶尔还能找到一点影子之外，《集量论》在汉传因明之中几无影响。藏传佛教则对该论很重视，称之为《量经》，与法称的因明七论并列，并且传有藏文注疏。

（陈帅　叶少勇）

Jidu

计都 Ketu　一个隐曜的名称，为九执之一。《**七曜禳灾诀**》中给出了从唐元和元年（806）正月开始、每月一个坐标位置的62年长的计都历表，并对计都的含义给出如下解释：“计都遏啰师，一名豹尾，一名蚀神尾，一名月勃力，一名太阴首。常隐行不见，到人本宫则有灾祸，或隐覆不通为厄最重。常顺行于天，行无徐疾。九日行一度，一月行三度十分度之四，九月行一次，一年行四十度十分度之七。凡九年一周天差六度十分度之三，凡六十二年七周天。差三度十分度之四。”据此段描述，可得知计都性质有如下几点：①计都为一颗隐曜，即不能用肉眼直接看到；②计都顺行于天，即随着时间的增加，其黄经增加；③计都行无徐疾，在天空背景下做匀速运动；④计都绕天一周的时间可求得为8.84年。结合对62年长计都历表数据进行的分析，可以断定《七曜禳灾诀》中计都的天文本义为月亮轨道的远地点。令人疑惑的是，计都的这一天文含义与其在印度本土天文星占学中的含义不同。

计都星君像
中国山西左玉宝宁寺水陆壁画

大约在唐末、五代到北宋初年之间，从**罗睺**和计都衍生出罗睺、计都、紫气和月孛四个隐曜，称作四余。在四余中，计都成了白道和黄道的升交点。北宋沈括《梦溪笔谈》卷七“象数”这样解释罗睺和计都：“故西天法罗睺、计都，皆逆步之，乃今之交道也。交初谓之‘罗睺’，交中谓之‘计都’。”这里的“交初”是白道与黄道的降交点，“交中”是白道与黄道的升交点。因此，在中国本土有关计都的论述中，譬如道家经典和官方历法推算中，计都被定义为白道与黄道的升交点。

（钮卫星）

Ji Gudian Shuo Yuan Ji

《纪古滇说原集》　中国元初史籍。又作《纪古滇说集》、《记古滇说》、《记古滇说原集》。共1卷。成书于1265年。宋末元初张道宗编撰。张道宗，生卒年不详。云南人。《四库全书总目提要》卷七八列《记古滇说》1卷。

《纪古滇说原集》记云南史事，起自远古传说，止于咸淳。据该书，古滇向西尽头有大秦国（罗马帝国）、身毒国（即印度）、义渠国、缴濮国。周宣王姬静（？～前782，前827～前782年在位）在位46年，听闻远方西南有身毒国，即天竺国。**阿育王**的3个儿子在追寻一匹神马时，将所到之地分别命名，如古滇的东山为金马山，滇池的西山为碧鸡，古滇的北郊为哀牢。3个王子把滇作为归宿地，分别成为各自居住地的主人。楚庄王（？～前591，前613～前591年在位）派遣庄蹻率军队入滇，和当地人杂居。庄蹻成为滇王，信佛教。至此，所记虽多涉荒唐，却说明佛教在云南影响深远。书中又记，张仁果被推为新滇王后，由于他在白涯开始创立基业，故名为白氏国。**张骞**为了通天竺，选择滇道，命名此地为益州，又称昆明。后来，西汉在这里设置益州郡，赐给滇王王印。汉宣帝刘询（前92～前49，前

74～前49年在位）派王褒探求传说中的滇地金马、碧鸡之神，因道路险远，没有成功。三国时改益州郡为建宁。唐时，张仁果三十三代孙张乐进请求改建宁为云南。至此，所记亦多不确。

全书记述南诏史实较为详尽，记述大理国部分比较粗略。对于研究古代云南及其周边地区历史和中印文化交流有一定参考价值。

（胡俊麟）

Ji Xianlin

季羡林 Ji Xianlin（1911.08.06～2009.07.11） 中国印度学学者、语言学家、作家、文学翻译家、社会活动家，北京大学教授。在中印文化交流中起过重要作用。

季羡林，字希逋，又字齐奘。山东清平（今山东临清）人。生于山东清平县官庄的一个农民家庭，取名季宝山，乳名双喜。1917年入私塾读书，更名为季羡林。1923年考取济南正谊中学。1926年初中毕业，在正谊中学读过半年高中后，转入山东大学附设高中，开始学习德语。1928～1929年，因日军占领济南，辍学一年。1929年2月前后，转入山东省立济南高中。1930年考取清华大学西洋文学系，专修德文，其间选修了陈寅恪的佛经翻译文学、朱光潜的文艺心理学等课程，并学习了英文和梵文。1934年毕业后，回到母校山东省立济南高中任国文教员。1935年考取清华大学与德国交换的研究生，赴德国哥廷根大学留学，主修印度学，先后师从E.瓦尔德施米特、E.西克学习梵文、巴利文、吐火罗文及俄文、南斯拉夫文、阿拉伯文等。1937年兼任哥廷根大学汉学研究所讲师。1941年9月获哲学博士学位。1946年回国后，受聘为北京大学教授兼任东方语言文学系主任。1956年当选中国科学院哲学社会科学学部委员，1978年以后曾任北京大学副校长。历任中国南亚学会、中国语言学会、中国外语教学研究会、中国敦煌吐鲁番学会、中国亚非学会等学会会长。2009年7月11日病逝于北京。

1936年，季羡林（左）与同学在德国

季羡林荣获多种国外荣誉：1992年获印度瓦拉纳西梵文大学授予的最高荣誉奖褒扬状，1999年获印度文学院授予的名誉院士学衔，2000年获德国哥廷根大学博士学位金质证书，2008年获印度政府颁发的第三级公民荣誉勋章。

季羡林青年时代开始文学创作、翻译与评论。1928～1929年先后创作《文明人的公理》、《医学士》、《观剧》等短篇小说，以笔名“希逋”发表在天津《益世报》上。1930年，翻译屠格涅夫的散文《老妇》、《世界的末日》、《老人》及《玫瑰是多么美丽，多么新鲜啊！》等，并先后在山东《国民新闻·趵突周刊》和天津《益世报》上发表。1933～1934年撰写了对赛珍珠的小说《诸子》、巴金的长篇小说《家》、老舍的小说《离婚》等的评论，发表在天津《大公报·文学副刊》上。1955年，自德文译出《安娜·西格斯短篇小说集》。1980年后，陆续出版了《天竺心影》(1980)、《朗润集》(1981)、《留德十年》(1992)、《人生絮语》(1996)、《梦萦未名湖》(1998)、《牛棚杂忆》(1998)、《春归燕园》(2000)、《耄耋新作》(2002)、《病榻杂记》(2007) 等多部散文集、回忆录及杂文集。

《大唐西域记校注》封面

季羡林通晓英文、德文、梵文、巴利文、吐火罗文，能阅读法文、俄文书籍。主要从事印度古代语言的研究，持续近50年。1941年以论文《〈大事〉中偈颂部分限定动词的变位》获得博士学位。论文全面系统地总结了小乘佛教说出世部律典《大事》偈颂部分所用混合梵文中动词的各种形态变化，拓宽了混合梵文形态学的研究领域，推动了混合梵文的研究。1944年和1949年发表《中世印度语言中语尾-am向-o和-u的转化》、《使用不定过去时作为确定佛典年代和来源的标准》两篇论文，运用比较语言学的方法对现存的古代佛教经典进行对比和分析，根据佛教语言各种形态变化来判定这些经典产生的地点、年代以及它们在印度和中亚的流传状况，开辟了研究印度佛教史的新途径。此后，陆续撰写了《原始佛教的语言问题》(1956)、《再论原始佛教的语言问题》(1958)、《中世印度雅利安语二题》(1984) 和《三论原始佛教的语言问题》(1984) 等学术论文，论证了原始佛典的存在及其使用语言是印度东部方言古代半摩揭陀语，这是对原始佛教语言研究的一个突破性成果。在研究文献和语言的基础上，进一步开展对印度佛教史的研究，撰写论文20余篇，包括《浮屠与佛》(1947)、《原始佛教的历史起源问题》(1965)、《关于大乘上座部的

季羡林在家中书房查阅资料

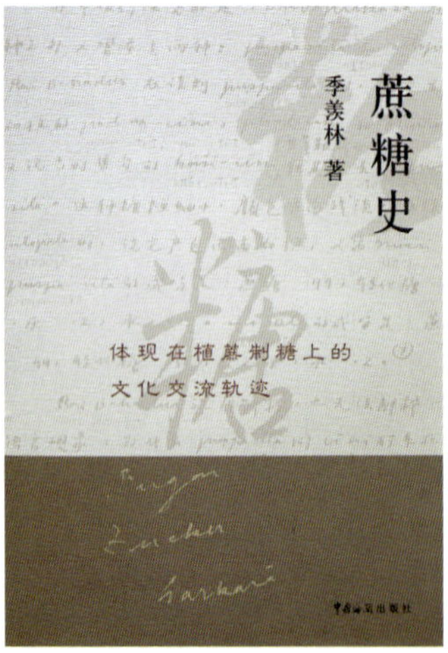

季羡林《蔗糖史》封面

问题》(1981)、《佛教开创时期的一场被歪曲被遗忘了的"路线斗争"——提婆达多问题》(1987)、《佛教的倒流》(1991)等。

1982年起，季羡林开始对1975年在新疆焉耆出土的吐火罗文A《弥勒会见记剧本》进行释读，用中英文撰写了十余篇文章，并发表在国内外重要刊物上。1993年，台湾新文丰出版公司出版了他的专著《吐火罗语研究导论》，为海内外相关学科的学者提供了一本翔实可靠的入门指导。1998年完成了对吐火罗文A《弥勒会见记剧本》的译释工作。同年，与德国吐火罗文专家W.温特、法国吐火罗文专家G.J.皮诺合作发表了《中国新疆博物馆吐火罗文A〈弥勒会见记剧本〉残片译释》。

20世纪50年代起，季羡林开始对印度经典文献进行翻译与研究。自梵文先后译出印度剧作家迦梨陀娑的剧本《沙恭达罗》(1956)、印度古代寓言故事集《五卷书》(1959)、迦梨陀娑的剧本《优哩婆湿》(1962)。中国青年艺术剧院曾以他译的《沙恭达罗》为基础，在20世纪50年代和"文化大革命"结束后成功地举行了公演。1973～1984年翻译了印度古代两大史诗之一《罗摩衍那》。与此同时，撰写了《〈罗摩衍那〉初探》(1979)一书，除论述史诗的文学内容外，对印度古代史的一些重要问题，如印度封建社会的特点、分期、土地占有形式等，提出了精辟的见解。另有自英文译出的印度作家M.黛维的《家庭中的泰戈尔》(1986)。这些印度经典文献的汉译以及相关著述在中国产生了广泛影响。

在中印文化交流方面，季羡林自1957年陆续撰写了《中印文化关系史论集》(1957)、《中印文化关系史论文集》(1982)、《佛教与中印文化交流》(1990)、《中印文化交流史》(1993)等著作。1985年，由他主持的《大唐西域记校注》出版。该书原文、前言、校记、注释等共约63万字，是国内对包括古印度在内的西域史地研究和古籍整理方面的重要成果。同年，组织翻译并亲自校译的《〈大唐西域记〉今译》出版。1987年，《大唐西域记校注》及《〈大唐西域记〉今译》获韩素音陆文星中印友谊奖。1991年，主编的《印度古代文学史》出版。1998年，专著《蔗糖史》出版。该书80余万字，涉及中外十多种语言，融会贯通了德国学院派历史语言学的方法，以及中国乾嘉学派的考据之术，展现了复杂生动的中外文化交流史，其中中印文化交流史占据较大篇幅。

季羡林培养了中国印度学研究后备人才。1946年主持创办了北京大学东方语言文学系，1960年为北京大学东语系第一批梵语巴利语专业学生授课。"文化大革命"结束后，于1978年续任北京大学东方语言文学系主任，培养了一大批印度学研究者。

季羡林积极参与中印文化交流活动。1951年参加中国文化代表团出访印度，受到热烈欢迎；1955年作为中国代表团成员，赴印度新德里参加亚洲国家会议；1978年作为对外友协代表团成员，前往印度访问；1980年赴日本参加印度学佛学会议；1985年参加

晚年季羡林

2007年，季羡林《病榻杂记》出版

在印度新德里举行的印度与世界文学国际研讨会和蚁垤国际诗歌节，被大会指定为印度和亚洲文学（中国和日本）分会主席；1986年参加在加德满都举办的世界佛教联谊会第15届大会。

《季羡林全集》(共30卷，200余万字）2010年由外语教学与研究出版社出版。

（姜景奎　任筱可）

Jicong

继从　Jicong（约活动于10世纪）　中国去印度求法僧人。据《佛祖统纪》卷四三，继从为开宝寺沙门，为宋太祖乾德四年（966）奉诏去印度求法僧团成员。宋太宗太平兴国二年（977）归国，向朝廷进献梵经、佛舍利塔、菩提树叶和孔雀尾拂，宋太宗赐紫袍。

（薛克翘）

Jiquan

继全　Jiquan（约活动于10～11世纪）　中国去印度求法僧人。据《佛祖统纪》卷四四，继全于宋真宗大中祥符九年（1016）自印度取经返回，得佛舍利，在扬州建塔供奉。

（薛克翘）

Jiye

继业　Jiye（约活动于10世纪中叶～11世纪前半叶）　中国去印度求法僧人。据宋代范成大《吴船录》记载，继业本姓王，耀州（今陕西铜川市耀州区）人。本为东京（今河南开封）天寿院僧人。宋太祖乾德四年（966，一说乾德六年），宋太祖下诏，派遣沙门157人（一说300人）去印度求法，继业在其中。继业赴印13年，开宝九年（976）返回。继业进献在印度得到的梵夹、佛舍利等。宋太宗下诏择名山修习。于是继

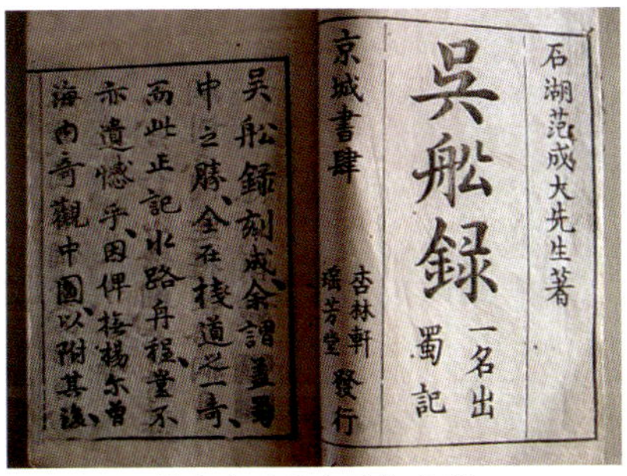

范成大《吴船录》书影

业到四川峨眉山北边牛心岭建庵居住，不久又建成牛心寺。继业在牛心寺修行传道，年八十四而终。百余年后，范成大游历四川，造访牛心寺，发现当年继业珍藏的《涅槃经》一函，共42卷，继业在每卷之后分别记载了他到印度游历的行程路线。范成大觉得其记载虽然简略，却可补正史之阙，便记录下来。据继业的记载，他于阶州（今甘肃武都一带）西行，经今甘肃、新疆的许多地方，又两度翻越雪山，经克什米尔到达犍陀罗地区。再东行，先后经左烂陀罗国、**曲女城**，到达波罗奈国（见**瓦拉纳西**）。自此，佛教遗迹集中，继业记载也稍详，说明他在印度今北方邦、比哈尔邦活动较多，居住时间较长。由于唐以后有关记载很少，继业的记载尤显珍贵，其中提到新旧两个汉寺、新旧两个**王舍城**、王舍城的温泉、那烂陀的情形等，对研究中印文化交流史具有重要意义。

（薛克翘）

ji

偈 gāthā 佛经概念。梵语原意为“歌”或“诗”，实际上多指一个诗节。又译偈陀、伽陀、伽他等。佛典亦称偈颂。实际上，颂是某种诗律，而偈乃是使用这种诗律的诗。但两者并称，已成习惯。在汉译佛经中，偈颂常与长行对举，分别指经文中的韵体部分和散文体部分。

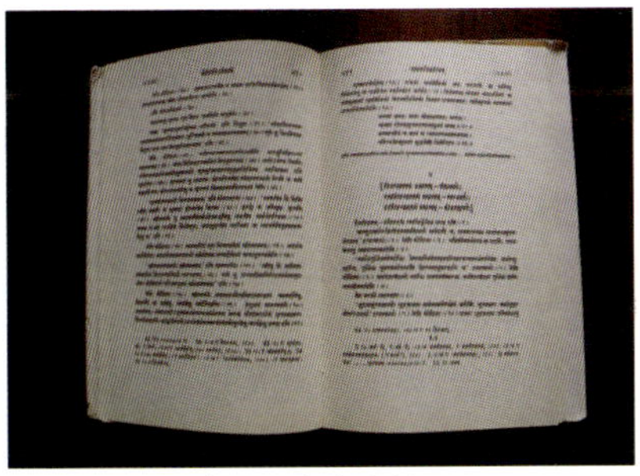
梵文经典中的偈颂

严格说来，直接用韵文记录佛陀说教的称偈，而前面有散文，后面有韵文重复其义的，此韵文应该称祇夜（意为“歌”）。不过混用者在各经论中已经十分习见。佛经在用长行叙述经义以后，往往又用偈颂撮要复述其要旨，以加强读者的印象。此类韵散相间的文体对于中国文学的影响，可明显见于章回小说之中。

（葛维钧）

Jibiqiu

寂比丘 Shanti Bhikshu Shastri（1912～1991） 印度国际大学佛学研究学者。主要贡献在于将部分汉译及藏译佛典译成梵文。从汉文转译的佛经包括**世亲**著，**鸠摩罗什**译的《发菩提心经论》；瞿沙著，佚名译的《阿毗昙甘露味论》；迦多延尼子著，**玄奘**译的《发智论》前两章等；从藏文转译的佛经包括**无著**著《大乘阿毗达磨集论》等。另与**师觉月**合作整理、校注了《佛教悉陀们的修行诗库》(1956)。合著有《佛教》，(1969）一书。

（杨衡宇　贾岩）

Jihu

寂护 Śāntarakṣita（约725～788） 印度佛教高僧、佛学家，藏传佛教戒律传承和中观思想传承之鼻祖。又名静命、菩提萨埵。

寂护出生于孟加拉地区，是当地著名的萨霍尔王之子，从小受到良好的文化启蒙教育，年少时便对佛教产生了浓厚的兴趣，出家后在**那烂陀寺**依止智藏论师，很快成为优秀的佛教比丘僧。他追求大乘中观思想，经过名师指导和自己勤奋修习，成为一名中观自续派论师。

寂护曾任那烂陀寺住持，在中观派学说中颇有建树，他与智藏、**莲花戒**享有东方三大中观师美称。3人都有中观学说的论著，如智藏的《二谛分别论》、寂护的《中观庄严论》、莲华戒的《中观光明论》。寂护的佛学思想与**清辨**有继承关系，主要以胜义谛性空说为基础，吸收**瑜伽派**的部分观点，建立一个新的学派，即瑜伽行中观派。瑜伽行中观派关于中观的方法论和对**二谛**的阐释不同于**月称**，而与清辨的学说相近，是自立量的，不是随应破的。实际上，寂护是瑜伽行中观派的创始人，在印度佛教史上占有一席之地。

8世纪，**吐蕃**国王赤松德赞（742～797）曾两次邀请寂护到吐蕃传授佛法、授戒、建立僧伽组织和推行大乘中观思想。第一次到吐蕃后，他在隆措宫宣讲佛教十善法、十八界和十二缘起等基础知识和基本教义，以论证人生“无常”、诸法“无我”等教理来劝说吐蕃臣民信仰佛教，但没有取得预期效果，甚至遭到不少吐蕃臣民的强烈反对。4个月后，他离开吐蕃回国。第二次到吐蕃时，他吸取了第一次传法失败的教训，并未急于宣讲佛教义理，而是同**莲花生**大师一起主持创建了**桑耶寺**，并剃度7名吐蕃人出家为僧，史称七觉士，建立了吐蕃

僧团组织。

寂护重视对佛教**律藏**的翻译工作，如《根本说一切有部毗奈耶经广因缘集》、《律分别》、《律上分》、《根本说一切有部毗奈耶杂事》、《四种律典》、《四律上部》、《出家基础》、《律经根本律》、《四种律典》、《长净事基本说》、《律分比丘及比丘尼》等，都是在其主持下翻译的佛教主要律藏经典。

寂护对整个佛教显宗教理的翻译也极为重视，在其主持下翻译了《十万颂》、《弥勒经》、《常啼菩萨经》、《**楞伽经**》、《聚宝经》、《大方广佛华严经》和《涅槃经》等。

寂护在桑耶寺译经院主持译经的同时，还在该寺清净律藏院传授别解脱律仪戒，在兜率发心院传授菩萨戒，宣讲自己的著作《中观庄严论》和智藏的《二

谛分别论》的观点，从而在吐蕃树立了佛教显宗中观思想的权威。此后吐蕃的佛教主要弘传寂护大师及其弟子莲花戒论师等的大乘中观自续派观点。

寂护与吐蕃国王赤松德赞、莲花生大师一起被供奉为吐蕃师君三尊，在**藏传佛教**，尤其在**宁玛派**中享有崇高的地位。

（尕藏加）

Jixian

寂贤 Śāntibhadra（约活动于11世纪）西域来华僧人。据《**佛祖统纪**》卷四四，寂贤于北宋大中祥符四年（1011）自西域般尼国（今地不详）来到宋朝都城汴京（今河南开封）进献梵经、菩提印。宋真宗赵恒（997～1022年在位）赐以紫服。

（薛克翘）

Jibin

罽宾 Kophen（Kashmir） 古国名，用于汉、魏、南北朝、隋、唐等时代。汉代其地在今喀布尔河下游及克什米尔一带。唐代亦称箇失密，或迦湿弥罗，即今克什米尔的古译。

中国古代史籍对于罽宾一地多有记载，如《汉书·西域传》称“罽宾国，王治**循鲜城**（在今斯利那加附近），去长安万二千二百里，不属都护。……昔匈奴破大月支，大月支西君大夏，而塞王南君罽宾”，并说这里地平温和，有苜蓿杂草，还有檀、梓、漆等木。当地人种植五谷以及葡萄等水果，用粪浇地。冬天吃生菜。物产有封牛、水牛、象、大狗、弥猴、珠玑、珊瑚、琥珀、琉璃等。匠人擅长雕文刻镂，织锦刺绣，建筑宫室。器皿多用金、银、铜、锡制成。钱币亦用金银铸造，正面作骑马图案，北面为人头像。汉代自武帝（公元前141～前87）时始通罽宾，派去的汉使与其首领的关系时好时恶。成帝（公元前33～前7）在位时则有罽宾商人到汉地经商。此后多有往来。唐代与该地往来密切，据《新唐书》、《旧唐书》记载，罽宾常遣使献方物，而唐朝廷也“厚赍赐其国”。这里曾为大乘佛教中心之一，故多有僧人来汉地传教译经。中国僧徒亦前往求法和觅取经典。唐乾元元年（758），罽宾仍遣使朝贡于唐，此后遂绝。“罽宾”一词亦不再出现于中国史籍。

（葛维钧）

罽宾岩刻佛像　今巴基斯坦斯瓦特河谷

Jia' ergeda

加尔各答 Calcutta（now Kolkata） 印度西孟加拉邦首府。1772～1912年曾为英属印度的首都。鉴于这一特殊地位而且曾经作为印度东部主要港口城市，加尔各答从殖民地时期开始便与中国有千丝万缕的联系。

加尔各答与中国的联系源于贸易。1802年，加尔各答开始向中国出口原棉。随着鸦片出口的兴起，加尔各答在英国、印度、中国三角贸易中发挥了重要作用，而18世纪英国对中国茶叶需求的不断增长也推动了这一贸易。从19世纪20年代始，由于棉花市场停滞，英属孟加拉棉花出口持平，鸦片出口则稳步增长。当时，鸦片种植须经英国东印度公司授权，而鸦片产品则由该公司逐年拍卖给私商，然后由他们运往中国。到19世纪中叶，与中国的贸易占到孟加拉对外商业营销量的1/5。每年有数十艘轮船从加尔各答驶往中国的广州和澳门。

加尔各答与中国之间持久不断的联系，体现在18世纪晚期开始在此地扎根的华人组成的社区。加尔各答的唐人街是印度现在唯一的唐人街。华人移居加尔各答是加尔各答与东南亚各国及中国之间海上贸易的副产品。有关记载表明，一个昵称阿钊（**杨大钊**）的华人，曾向英国驻孟加拉总督W.黑斯廷斯申请建立糖厂的土地。他在加尔各答城外巴奇巴奇附近获得赠地，招募中国劳工工作。尽管这里已不再是华人社区的中心，这一华人初始住地如今仍被称为阿钊坡，而且在该地还能找到一座中国寺庙和传说中的阿钊墓。19世纪和20世纪初，在数波移民潮中，成千上万的华人，主要是客家人和广东人，陆续定居于加尔各答。他们主要聚居在保巴沙和唐格拉，从事制革、制鞋、木工、美容和餐饮等职业。一些华人，尤其是来自中国湖北的华人，则专以牙医为业。加尔各答的华人数量一度接近15 000人，然后于过去数十年逐渐减少，如今人数不超过三四千。

19世纪后期和20世纪初叶，一些中国文人曾前往加尔各答。主因是加尔各答系英属印度政府首都。在鸦片战争期间，两广总督叶名琛被英国人俘虏，流放至加尔各答，最终客死该地。此外，清朝官员**黄懋材**和**马建忠**分别于1879年和1881年在巡游印度时造访加尔各答。戊戌变法失败后，著名学者和改革家**康有为**被迫逃离中国。1901年，他也来到加尔各答并记述了对印度的印象。1905年，清朝官员唐绍仪、梁士诒和张荫棠到加尔各答，与英国官员会谈。第二次世界大战期间，**蒋介石夫妇访问印度**曾造访加尔各答，是由中国前来此城的最知名访客。他们在加尔各答会见了M.K.**甘地**和J.**尼赫鲁**。

随着诗人R.**泰戈尔**在其创办的国际大学建立现代印度首家汉学机构中国学院，加尔各答即成为印度主要的中国研究中心之一。国际大学所在地圣蒂尼克坦与加尔各答相距并不遥远。多位中国学者、知识分子和艺术家，如20世纪40年代因被圣蒂尼克坦吸引而前往印度的画家**徐悲鸿**等，就曾途经加尔各答。

加尔各答维多利亚纪念馆

早期，加尔各答与中国主要通过海上路线保持联系。第二次世界大战期间，加尔各答成为印度经陆路通往中国西南地区的门户，其重要地位显而易见。在中国东部和沿海大半被日本占领期间，反法西斯同盟国采取军事行动，向中国持续提供各种物资，保持交通线路畅通，加尔各答发挥了重要作用。近年来，由于孟中印缅次区域经济合作等地区性论坛启动，以及中印两国越来越多的游客利用加尔各答至昆明航空距离较近的优势，加尔各答与中国西南地区的联系再度引人注目。

（玛妲玉撰　刘文亮译）

Jia' erge

伽尔格，M.　Mahendulal Garg（1870.08.04～1942）　印度医生，作家。全名潘迪特·马亨杜拉尔·伽尔格。生于今印度北方邦马图拉县萨莱姆普尔村。

伽尔格是在离自家村庄不远的法拉接受基础教育的。他努力学习印地语、乌尔都语和英语。他在阿格拉时，当地的阿格拉医学院需要一名掌握印地语、乌尔都语和英语知识的人，他承担了这项工作，被任命为驻院翻译兼作家。在那里工作两年期间，他还在该医学院学习，并获得医院助理文凭。1891年他参加英国军队，当了一名随军医生。

作为一名军医，伽尔格有机会造访印度北部边疆地区的不同地方，直接观察当地人民生活和文化。在旅行期间常为地方印地文报纸撰稿，写自己的经历并发表评论。一连数年，他在印地文日报《印度之友》开辟专栏《伽尔格快语》。后来，他的多篇系列文章集结出版。著有《儿童护理》、《寰球巡礼》、《夫妻对话》、《牙齿护理》、《青年日程》、《永恒的火焰》、《日本妇女教育》、《鼠疫治疗》、《北极地区的国家》、《幸福之路》和《医疗入门》。

伽尔格的《中国之镜》一书，是根据他本人在1900年义和团运动期间中国之行的见闻写成的。他奉命随英属印度军前往中国加入国际远征军，随后于1900年6～12月定期为印地文报纸《印度之友》撰写专栏文章。在这些文章中，他将中国人的生活、行为、宗教、手艺及行当等介绍给印地文读者。这些文章后来被整理成书，于1901年由马图拉福音出版社出版，初版印数1 000册。该书是现代印度最早用印地文介绍中国情况的著作之一。他在解释中国风俗礼仪时，将它们与印度腹地各种诸如此类的活动联系起来，因而使论题通俗易懂，不再复杂和神秘。

（兰贯那·希尔　卡马尔·希尔撰
刘建译）

Jiafandamo

伽梵达磨　Bhagavaddharma（约活动于7世纪）　印度来华僧人，译经家。意译尊法。据《宋高僧传》卷二等，伽梵达磨为西印度人，于唐永徽（650～655）、显庆（656～661）年间“远逾沙碛，来抵中华”，目的在传译经典，化导众生。曾译出《千手千眼观世音菩萨广大圆满无碍大悲心陀罗尼经》1卷。经题只注“西天竺伽梵达磨译”，不标年代。今存《千手千眼观世音菩萨治病合药经》1卷，也归在他的名下。后不知所终，亦不知其年寿。

（葛维钧）

Jiama

伽玛，K.R.　Kharashedji Rustomji Cama（1831～1909）　印度籍波斯人，社会和宗教改革家、教育家。出身于从事对华

贸易的商人世家，年轻时曾在中国经商多年。作为一名公众人物和学者，他的名字与家乡印度孟买的众多教育机构紧密相连，其中包括孟买大学。他特别关注妇女教育，积极争取琐罗亚斯德教在印度的改革，致力于简化那些不必要的宗教仪式。

伽玛家族中最早与中国建立贸易联系的是M.伽玛和E.伽玛两兄弟。M.伽玛的3个儿子均在中国做生意，其中一个于1842年在中国创办了H.M.伽玛之子公司。K.R.伽玛是H.M.伽玛的孙子，他于1850年从印度加尔各答来到中国，加入其叔父M.R.H.伽玛在广东的公司，

印度孟买大学钟楼

1852年成为该公司合伙人。1854年返回印度。

伽玛致力于19世纪至20世纪初以波斯人为代表的孟买商人与中国的联系。在对华贸易中获取的财富使他们一方面在工业和金融领域有所建树，另一方面在家乡投身慈善活动。他为印度的教育事业捐助了大笔资金，进一步致力于改良活动和教育改革，并在孟买亚洲学会发挥了积极作用。

（玛妲玉撰　李宝龙译）

菩提树下的僧侣　印度菩提伽耶

Jiaye

伽耶 Gaya 印度著名古城。今名加雅。与印度教徒和佛教徒均有渊源。坐落于帕尔古河（在《罗摩衍那》中又称尼连禅河）畔，实际上包含了历史上的**菩提伽耶**村，也就是佛陀得道之地。此地距摩揭陀国和孔雀王朝的都城**华氏城**约100千米，与**吠舍离**、**王舍城**、那烂陀等地毗邻。该城三面分别被曼格拉—高里山、罗摩—希拉山和伯拉哈玛约尼山围绕，一面临河。

伽耶起源的相关历史散见于传说之中。往世书中，该城与名为加雅阿修罗的妖魔联系在一起。他居于此地，通过苦行获得神力。大神**毗湿奴**担心他凭借自己的力量侵犯天界，便用脚把他的躯体踩在地上，将其消灭。但他同时赐予加雅阿修罗一个恩典，凡是在他身体覆盖的区域内举行祭祀的人都将获得解脱。为纪念这一神迹而修建的毗湿奴足印庙，是这座城市中最著名且最圣洁的庙宇，18世纪时由D.A.B.胡尔卡修复。《**摩诃婆罗多**》和《佛所行赞》(见**马鸣**)则记载了另一个传说，一位名叫加雅的仙人曾居住于此，这座城市因而得名。**玄奘**在他的行纪中也记载了这个故事。

印度菩提伽耶摩诃菩提寺

历史上，伽耶曾是摩揭陀国的一座名城。公元前6世纪，摩揭陀国王频毗娑罗（约前544～约前493年在位）统治期间，该城因与佛陀和耆那教祖师大雄的重要联系而更加闻名。在难陀王朝的短暂统治后，孔雀帝国的伟大君主**阿育王**统治此地，并在皈依佛教后造访这里。著名的**摩诃菩提寺**和阿育王石柱使其大为增色。笈多王朝时期，这里成为比哈尔地区首府。波罗王朝国王**达摩波罗**扩建和翻修了摩诃菩提寺。玄奘到访此地时发现“唯婆罗门有千余家，大仙人祚胤也，王所不臣，众咸宗敬”。12～18世纪，此地由巴赫蒂亚尔·哈尔吉、舍尔沙·苏里等穆斯林统治，1764年布克夏尔战役后被英国人占领。1865年成为一个独立地区，1981年被并入摩揭陀专区。

多数资料将加雅描述为一个重要的**印度教**朝圣中心。在这里以祖先名义进行献祭，可使人们得到十足的恩惠，摆脱所有罪孽并获得解脱。在《摩诃婆罗多》和《莲花往世书》、《那罗陀往世书》、《野猪往世书》、《龟往世书》、《大鹏往世书》、《风神往世书》等往世书中皆提及了加雅的精神意义。大神罗摩与妻子悉多曾一同来到此地，为已故的父亲十车王举行祭祀。直到今天，仍有成千上万的印度教徒来此祭奠祖先。除著名的毗湿奴足印庙和神圣不朽的**菩提树**外，位于曼格拉—高里山、罗摩—希拉山和伯拉哈玛约尼山顶的祭坛也是朝圣之地。普米哈尔婆罗门是传统祭司。

伽耶附近的树林

由于部分印度教徒视佛陀为毗湿奴的一个化身，佛教传统中也把毗湿奴足印庙里的足迹视为佛陀所留。此外，佛教徒还将伯拉哈玛约尼山视作一个重要圣地，这座山被玄奘称为“伽耶山”。上千名原先敬火的修行者曾在此聆听佛陀宣讲《先燃经》并得以觉悟。此外，阿育王还在通往山顶的途中修建了多座窣堵波。

日前，加雅是比哈尔邦第二大城市和重要的社会、政治、文化中心。

（卡马尔·希尔撰　任筱可译）

Jialantuo

迦兰陀　Kāraṇḍa　佛教传说中的印度古代富豪。迦兰陀有金钱40亿，因巨富被国王赐以长者尊号。由于所居村落名迦兰陀，故人称迦兰陀长者。他在佛教中著名，是因为他曾将一豪华竹园施与释迦牟尼及其弟子（见竹林精舍）。

（葛维钧）

Jialituosuo

迦梨陀娑　Kālidāsa（约活动于4世纪下半叶～5世纪上半叶）　印度诗人，剧作家。梵语古典文学最杰出的代表，在印度和世界上享有盛誉。他使梵语诗歌与戏剧的创作达到难以企及的巅峰，并在中印文化交流史上产生过重要影响。

迦梨陀娑《鸠摩罗出世》梵英对照本封面

生平　18世纪以来，印度及世界各地众多梵语学者曾多所探究，对迦梨陀娑生活的时代提出各种假说。一般认为，迦梨陀娑出生于圣城优禅尼。该城是古代印度重要的政治、经济、科学和文化中心之一。据传，他是超日王的宫廷九宝之一。所谓超日王，很可能是指笈多王朝的旃陀罗笈多二世。因此，他大约活跃于这位国王及其子鸠摩罗·笈多一世父子两代统治时期（380～455）。其生平不详，但有许多关于他的传奇故事。A.L.巴沙姆根据作品推断，诗人是个开朗文雅之士，同情别人的苦难，理解妇孺的情感，热爱花木鸟兽。

作品　归在迦梨陀娑名下的作品很多，但真正属于他的诗歌只有长篇抒情诗《云使》、抒情诗集《时令之环》（一译《六季杂咏》）、叙事诗《罗怙世系》和《鸠摩罗出世》4部，其中《云使》是他最有影响也最重要的代表作。

在印度，《云使》的各种地方语言译本甚多。最早的外语译本则是14世纪时的藏语译本，系印度般智达善慧祥和藏族译师慈顶、天禧合作完成的。1813年，英国学者H.H.威尔逊将其译成英文。后来，德文、法文等欧洲文字的译本相继刊行。

《云使》由115个诗节组成，每个诗节分为4行，整部诗又分为“前云”与“后云”两部分。它表现的是一位身处南方的药叉对在北地的妻子浓烈的眷恋之情。迦梨陀娑写得情真意切，缠绵悱恻，一唱三叹，荡气回肠，达到了内容与形式的完美统一与和谐。此外，他的视角相当新颖，想象力格外丰富，在他的笔下，云彩有了鲜活的生命，可以充当人的使者。

药叉是印度财神俱比罗的侍从，本来住在喜马拉雅山脉地区的圣城阿罗迦，但由于疏于职守而冒犯了主子，于是被贬谪到今中央邦的罗摩山苦行林中，接受为期一年的惩罚，品尝与妻子分离的煎熬和痛苦。雨季到来时，他看到一片雨云飘过长空前往北部山区，油然而生对妻子的思念之情，于是向雨云倾吐心事，托它向妻子带去自己平安的消息。诗人首先借药叉给雨云指点前往阿罗迦的路线，以优美的诗句描绘了它将飘过的大地、河流与城市。接着，药叉告诉雨云不要错过繁华的人间天堂优禅尼城。药叉又向雨云描绘了自己的故乡阿罗迦迷人的气象、欢乐的生活、自家的方位，以及因相思而憔悴的妻子的种种情态。他让雨云转告妻子，自己对她一往情深，无比眷念，而他们的重逢也将为期不远。细腻的情感、优美的语言，清新的譬喻、和谐的韵律，再加上丰富的修辞技巧，使这部抒情诗达到了梵语诗歌艺术的最高境界。《云使》问世后，风靡印度，后来的梵语及俗语诗人多有仿作，但均难以望迦梨陀娑之项背。

迦梨陀娑《云使》中译本封面

《时令之环》属于迦梨陀娑的早期作品，为6组抒情短诗，分别描绘夏季、雨季、秋季、霜季、寒季与春季的自然景色和男女爱情。叙事诗《罗怙世系》可能是诗人后期的作品。它取材于印度史诗和往世书，分为19章，共有1 579个诗节。罗怙是史诗《罗摩衍那》主人公罗摩的曾祖父。《罗怙世系》虽以罗摩传为中心，但增加了罗摩的祖先与后代的故事。诗人从罗摩的高祖一直写到罗摩的孙子及其后21代国王的事迹。罗摩的故事占全诗的7章，内容显然比《罗摩衍那》简短。诗人通过这部帝王世系，寄托了自己的政治理想。诗中许多段落极其优美。因此，这部长诗也是印度古典诗歌的一个卓越范本。《鸠摩罗出世》取材于往世书等古代印度教神话传说。全诗分为17章，但一般认为仅前8章为迦梨陀娑所创作，后9章则系他人续作。诗歌描述毁灭之神湿婆与雪山神女乌玛的恋爱与婚姻。湿婆当时断念屏欲，正在雪山苦修，可是由于魔王多罗迦在天界和人间作乱，梵天建议众大神促成湿婆与乌玛的婚姻，以让他们生出的儿子鸠摩罗统帅诸神消灭多罗迦。战神鸠摩罗一战获胜。《鸠摩罗出世》虽是一部宗教诗，而且其中出现的都是神话人物，但诗人却营造出浓郁的世俗生活的气息。这部诗也同样蕴含着诗人的政治见解。

迦梨陀娑在印度戏剧文学中的地位，不亚于莎士比亚在英国戏剧文学中的地位。从长篇叙事诗的创作看，他是

《迦梨陀娑诗歌戏剧选》封面

一位勤奋而多产的诗人。从他对戏剧的钟情与才能看，从当时社会对戏剧的推重与需求看，他的戏剧作品数量应不在少数。不过，留传至今并被确认为他的作品的只有3部：《摩罗维迦和火友王》、《优哩婆湿》(一译《广延天女》) 与《沙恭达罗》。

《摩罗维迦和火友王》是一部五幕宫闱喜剧，剧情时代背景为公元前2世纪**摩揭陀**巽伽王朝时期，故事发生地为印度历史名城**华氏城**。摩罗维迦是一位容貌出众的公主，因战乱而投到火友王宫中当了奴隶。王后发现火友王钟情于摩罗维迦，决计不让他们见面。一天，火友王在花园邂逅摩罗维迦，不禁向她倾吐衷肠。王后闻讯将她投入地牢。然而，在弄清摩罗维迦的真实身份之后，王后同意她与火友王结为伉俪。这部作品在内容方面借鉴了**跋娑**的《惊梦记》，但在思想境界方面却未能超越前人。作品的戏剧性十分突出，并包含许多精辟的语句。由于与其他两部作品存在较大差异，有些学者对其作者身份提出质疑。这部作品很可能是迦梨陀娑最早的作品。

《优哩婆湿》是一部五幕神话爱情剧，系迦梨陀娑成熟时期的作品，全名为《凭勇力获得优哩婆湿》，取材于印度古代一个非常著名的神话传说。从《**梨俱吠陀**》到《**故事海**》，许多文献都记载了这一故事。剧情为：勇敢的国王补卢罗婆娑从恶魔手中救出被劫持的美貌绝伦的天宫歌伎优哩婆湿，两人一见钟情。国王回宫之后，难以忘怀优哩婆湿；优哩婆湿返回天庭后，对国王亦思念不已。两人备尝相思之苦。于是，痴情的优哩婆湿悄然下凡，来到国王的花园与他见面。恰在此时，天使传信，让优哩婆湿回天国演戏。两个正在幽会的恋人黯然神伤，依依惜别。优哩婆湿在演戏时神不守舍，出了差错，被贬下凡。天神**因陀罗**同情优哩婆湿，让她到国王那里去，允诺她见到亲生儿子即可返回天宫。两人由是得以缔结姻缘。然而，优哩婆湿因为忘记戒规而变成一株蔓藤；国王失魂落魄，到处寻访失踪的妻子。由于一块神奇的红宝石的作用，优哩婆湿最终恢复原形。一天，优哩婆湿托人抚养的儿子因违反净修林戒规而被送回。她见到儿子亦喜亦悲，面对生离死别，两人痛不欲生。此时，天使前来传达因陀罗的命令，准许他们终身相伴。在迦梨陀娑笔下，古老的故事有了新意：一个天女为了追求爱情，不惜冲破天庭的羁绊，成了勇敢的化身。她与中国古代神话故事《牛郎织女》中的织女颇有相似之处。《优哩婆湿》不仅内容美好，情节曲折，富于戏剧性，而且

迦梨陀娑《优哩婆湿》中译本封面

洋溢着浓郁的诗情画意，因而极具艺术感染力。

《沙恭达罗》是一部七幕爱情剧。这是迦梨陀娑的戏剧代表作，也是梵语戏剧文学的最高典范。剧本全名为《凭表记认出沙恭达罗》。它是剧作家篇幅最长的一个剧本，产生于作者创作鼎盛时期。他将自己的激情与才华全部倾注到该剧中。剧中人物近40个，剧中诗歌近200首。该剧诗情洋溢，是一部名副其实的诗剧。剧本的背景是印度传说中的远古时代。剧中故事在史诗《**摩诃婆罗多**》中已具雏形，后在《莲花往世书》中又有所发展。迦梨陀娑全新的创作手法使这个古老的故事变得美不胜收，魅力无穷。

《沙恭达罗》被译成多种印度近现代地方语言。英国学者W.琼斯于1789年将它首译成英文，1791年它又从英文转译成德文。很快，这部印度名剧在西方引起轰动。德国哲学家J.G.赫尔德，

迦梨陀娑《沙恭达罗》中译本封面

诗人J.w.von歌德、J.C.F.von席勒等都高度激赏这部诗剧。

在中国的影响 **鲁迅**在1907年写的长文《摩罗诗力说》中就已提到迦梨陀娑，对他推崇备至。鲁迅称："天竺古有《韦陀》(今通译吠陀) 四种，瑰丽幽夐，称世界大文；其《摩呵波罗多》(今通译《摩诃婆罗多》) 暨《罗摩衍那》二赋，亦至美妙。厥后有诗人加黎陀萨 (今通译迦梨陀娑) 者出，以传奇鸣世，间染抒情之篇；日耳曼诗宗瞿提 (今通译歌德)，至崇为两间之绝唱。"

苏曼殊1913年写的《燕子龛随笔》第五十四则称，迦梨陀娑乃"梵土诗圣"，英国诗坛推之为"天竺莎士比亚"。苏曼殊成为现代中国第一个关注并评论迦梨陀娑及其作品的学者。他曾将歌德的诗《题〈沙恭达罗〉》译成中文，亦曾发愿翻译《沙恭达罗》，而且有意翻译《云使》。

1925年，中国导演艺术家、戏剧理论家焦菊隐从英文本译出《沙恭达罗》的第四、五两幕，题为《失去的戒指》，发表于《京报》"文学周刊"。王哲武据法文本译的《沙恭达罗》连载于《国闻周刊》第6卷。1933年，翻译家**王维克**同样据法文本译出《沙恭达罗》全剧。1936年，朱名区据世界语编译

《莎昆妲萝》糜文开中译本封面
张大千绘

的《莎恭达罗》出版于广东汕头。1945年，中国戏曲史专家卢前据英文本迻译的《孔雀女》出版。1947年，王衍孔据法文本译的文本由广州知用中学图书馆印行，1950年再版。糜文开据英文本迻译的《莎昆妲萝》于1950年由台湾仝右出版社出版；熟悉印度美术的著名画家张大千的封面绘画，为之增色不少。

卢前译本文笔优美，于1954年在他身后再版；王维克译本朗朗上口，符合戏剧语言规范，亦由人民文学出版社于1954年再版；中国总理周恩来在20世纪50年代访印时，曾将王维克的绫罗精装本用作礼品赠送印度友人；糜文开译本亦曾多次再版，在中国台湾乃至大陆都有较大影响。

50年代后期，中国人开始直接从梵文原著翻译迦梨陀娑的作品。季羡林译的《沙恭达罗》与金克木译的《云使》于1956年由人民文学出版社相继出版。随后，为配合世界和平理事会组织的迦梨陀娑诞辰1 500周年纪念活动，该社将季羡林与金克木分译的一剧一诗合集为特印本出版。1959年，季羡林译《沙恭达罗》再版；1962年，季羡林译《优哩婆湿》出版；1980年，经季羡林修订的《沙恭达罗》译本被纳入“外国文学名著丛书”再版。季羡林和金克木的译本流传甚广，是迄今为止影响最大的汉文译本。

与此同时，《云使》还有另外一个重要的但不大为人所知的汉文译本。1957年，旅居印度的梵文学者徐梵澄在本地治里（今普度治里）出版题为《行云使者》的译本。他在译法上自创一格，“取原文之义自作为诗”，在某些地方有所增删，而在形式上则沿用了中国传统的五七言诗体。

中国对迦梨陀娑的研究是随着对其作品的译介而逐渐深化的。一些重要的学术见解散见于各种译本的前言、后记及各种相关文学史之中。季羡林为1962年版《优哩婆湿》写的附文《关于〈优哩婆湿〉》、为1980年版《沙恭达罗》写的“译本序”等，都是这方面的重要论文。金克木出版于1964年的《梵语文学史》，以一章的篇幅全面论述了迦梨陀娑的非凡成就；黄宝生在为《印度古代文学史》撰写的有关章节中分别探讨了迦梨陀娑的诗歌和戏剧；吴文辉发表了两篇关于《摩罗维迦与火友王》的专题论文。

《沙恭达罗》曾两度在中国演出。1957年春季，中国青年艺术剧院导演吴雪根据季羡林的译本，首度将《沙恭达罗》搬上话剧舞台，受到观众热烈欢迎，成为中印文化交流史上的一桩盛事。5月19日，印度驻华大使R.K.尼赫

《沙恭达罗》剧照

鲁举行酒会，庆祝中印友好协会成立五周年，并祝贺中国青年艺术剧院演出《沙恭达罗》获得成功。周恩来应邀出席酒会。1982年，中国青年艺术剧院再度在北京隆重演出《沙恭达罗》，好评如潮。

迦梨陀娑作品的新译本还在陆续出现。2005年，吴文辉编译的《迦梨陀娑诗歌戏剧选》由中山大学出版社出版，选译《鸠摩罗出世》第1~7章、《罗怙世系》第10~15章和《摩罗维迦与火友王》全剧；2010年，中国藏学出版社出版《迦梨陀娑〈时令之环〉汉藏译注与研究》，通晓梵文和藏文的青年学者罗鸿负责汉文译注，藏族学者拉先加负责藏文译注；2011年，罗鸿重译《云使》，由北京大学出版社出版；这个新译本以梵汉合刊的形式面世，为读者提供一个更接近原文也更详尽的译注本，因而具有文献和学术价值；2012年，青年学者于怀瑾以一篇专题研究《鸠摩罗出世》的论文获得北京大学博士学位。

1957年，吴晓铃（左1）等人与中国青年艺术剧院《沙恭达罗》剧组演员合影

1982年，吴晓铃（左4）与中国青年艺术剧院《沙恭达罗》剧组演员合影

她还据梵文将该篇长诗全文译出，收入自己博士论文后的附录之中。

（刘建）

Jialuoshandi

迦罗扇帝 Kālaśānti（约活动于10世纪）中印度来华僧人。据《佛祖统纪》卷四三，迦罗扇帝于北宋至道元年（995）自中天竺（今印度比哈尔邦一带）来到宋朝都城汴京（今河南开封）献佛顶舍利、贝叶梵经，宋太宗赵炅赐以紫服。

（薛克翘）

Jiamolübo

迦摩缕波 Kāmarūpa 东印度古国。古称东辉，后更此名。又译迦没路。

迦摩缕波地处今印度阿萨姆邦西部，布拉马普特拉河谷及其附近地区。史诗《摩诃婆罗多》曾经提到统治东辉城的福授王。在著名的俱卢之野大战中，他站在俱卢族一方，后牺牲于战场。迦摩缕波国在4世纪由普什亚跋摩建立，他曾臣服于更为强大的笈多王朝第二代帝王三摩答剌笈多（约330～375年在位）。该王朝持续了13代帝王，到6世纪布提跋摩时代开始独立。从波那所著的《戒日王传》看，其末王婆塞羯罗跋摩应与戒日王处于同一时代。他约死于650年，后王国易手。新朝统治者为弥戾车蛮人首领娑罗私坦帕。到13世纪，东有阿豪马人，西有穆斯林入侵，王国遂告分裂。历史上的迦摩缕波对中国十分友好。高僧玄奘和使者王玄策都曾在此地受到热情接待。玄奘在其《大唐西域记》中对于该地有详细描绘："迦摩缕波国周万余里，国大都城周三十余里。土地泉湿，稼穑时播，……其树虽多，弥复珍贵。河流湖陂，交带城邑。气序和畅，风俗淳质。人形卑小，容貌黧黑。……宗事天神，不信佛法。"《旧唐书》卷一九八亦有记载，称"五天竺所属之国数十，风俗物产略同。有伽没路国，其俗开东门以向日。王玄策至，其王发使，贡以奇珍异物及地图，因请老子像及《道德经》"。

（葛维钧）

印度阿萨姆茶园

Jianatuo

迦那陀 Kaṇāda（约活动于前2世纪）印度古代哲学家，六派哲学中胜论派的创始人，胜论派的根本经典《胜论经》的作者。亦称"优楼迦"等。生平不详。史料中关于他的记述多为传说。如《百论疏》卷上记载说："优楼迦，此云鸺鹠仙，亦云鸺角仙，亦云臭胡仙。此人释迦未兴八百年前已出世，而白日造论，夜半游行。欲供养之当于夜半营辨饮食，仍与眷属来受供养。"他的学说主要根据《胜论经》及其注释了解，但现存《胜论经》有后来追加的成分，并非都是他创作的。迦那陀建立了胜论派的基本哲学体系，提出了"句义"的概念，把其主要理论以解释句义的形式展示出来。他认为句义主要有6个，即实句义、德句义、业句义、同句义、异句义、和合句义。在其句义论的体系中，迦那陀还提出了极微论、因中无果论等。迦那陀用"句义"来解释世间事物的种种现象，认为世间事物可以分析为这些主要的句义。这种学说是一种"积聚说"的事物生成理论，在古印度哲学中是自然哲学的主要代表。迦那陀及其胜论派的学说也随佛教传入中国。印度佛教文献中有大量批驳胜论派或转述胜论派理论的部分。许多内容在中国译成汉文。中国古代思想界或佛学界对迦那陀及胜论派学说是不生疏的。汉译佛典中有大量相关内容。迦那陀的《胜论经》在现代中国译成汉文。姚卫群翻译，收在《古印度六派哲学经典》（商务印书馆，2003）一书中。

（姚卫群）

Jianisejia

迦腻色迦 Kaniṣka（约活动于2世纪）贵霜王朝第三（或第四）代帝王，阎膏珍的继承人。约120～162年在位。

贵霜王朝在迦腻色迦的时代达于全盛。他秉承历代君主的扩张政策，向西击败安息，向北越帕米尔占领了疏勒（今中国新疆塔里木盆地西部一带）、莎

迦腻色迦时代佛陀像金币

车与和阗（今中国新疆和田），并在印度次大陆的西部向南扩张，通过连年征战，建立了西起呼罗珊，东至瓦拉纳西，北自和阗，南抵孔坎的广大帝国。京城在弗楼沙。他在位时，丝绸之路畅通，国际贸易环境良好。中国的丝绸、漆器、铁器，南亚次大陆的玳瑁、珠宝、香料，埃及的玻璃、水晶、珊瑚等在东西方贸易中均需经过贵霜，使其获利丰厚，国势益强。

佛教经典说迦腻色迦是一个热诚的佛教信徒。佛教的第四次结集即是在他的护持下举行的。此次结集对以往的经典做了权威性的注释，将它镌于铜版，藏入石柜，妥存于克什米尔的贡达罗伐纳寺中。著名的佛教理论家马鸣、世友、众护等都生活在他的时代。他在弗楼沙广建佛寺。其雄伟的佛舍利塔十分著名。东晋法显访印时见之，赞称"凡所经见塔庙，壮丽威严，都无此比"。唐玄奘描述它"基址所峙，周一里半。层基五

迦腻色迦雕像　现藏印度马图拉博物馆

级，高一百五十尺……其上更起二十五层金铜相轮”，十分雄伟壮观。

作为一个文化类型复杂的广大地区的统治者，迦腻色迦对于不同的文化和宗教信仰采取了兼容并包的态度。因此，在他的时代，贵霜文化也多方面地呈现出印度、波斯和希腊等地的斑斓色彩。考古所得的贵霜钱币上镌刻着多种神像，希腊的、佛教的、印度教的、祆教的乃至罗马密特拉教的都有。作为文学艺术的爱好者和保护人，他的宫廷中总是聚集着大批的哲学家和文人。在**犍陀罗**和马图拉等著名的文化中心，人们至今还能看到那个时代风格独特、雕凿精美的石刻作品。尽管注重文化而又热衷于佛教，但他却是一个笃好战事的人。据说正是无休止的征战惹怒了他的臣下，使他在一次凯旋回京时被杀。

（葛维钧）

Jianisejia Data

迦腻色迦大塔　Great Stupa of Kaniṣka

犍陀罗地区贵霜时代的佛塔。遗址位于**犍陀罗**古都近郊的沙吉奇德里。此塔约建于1世纪晚期或2世纪初叶，由**贵霜王朝**第三代国王**迦腻色迦**敕建，由宫廷匠师阿吉西勒斯（可能是希腊人后裔或欧亚混血儿）督造。据中国西行求法的东晋僧人**法显**描述，此塔“高四十余丈，众宝校饰，凡所经见塔庙，壮丽威严，都无此比”（《**佛国记**》）。北魏杨衒之《**洛阳伽蓝记**》卷五“宋云、惠生行记”记载：520年**宋云**、**惠生**到达犍陀罗时，曾目睹乾陀罗城（即犍陀罗）东南的佛塔“雀离浮图”（即迦腻色迦大塔），“去地四百尺”，“上有铁柱，高三百尺，金盘十三重，合去地七百尺”。“塔内佛事，悉是金玉，千变万化，难得而称。旭日始开，则金盘晃朗，微风渐发，则宝铎和鸣。西域浮图，最为第一”。唐代高僧**玄奘**在《**大唐西域记**》记载：大塔“逾四百尺。基址所峙，周一里半。层基五级，高一百五十尺……其上更起二十五层金铜相轮”。宋云时代此塔尚保存完好，玄奘时代此塔已几经毁坏，而今仅存几块基石。

迦腻色迦舍利容器底座（细部）

1908年，迦腻色迦大塔遗址出土了一件青铜的迦腻色迦舍利容器，盒盖上铸有佛陀坐像、**因陀罗**（帝释天）和**梵天**立像，盒体上一排小爱神肩扛蛇形花环，花环上雕有佛陀坐像和波斯的日神与月神，之间站立着戎装长靴的贵霜国王。同址出土的一枚迦腻色迦金币，金币正面是迦腻色迦肖像，一身中亚游牧民族领袖的戎装，在火祭坛旁持矛傲立；金币背面是希腊化风格的佛陀立像，像旁镌有希腊字母铭文“佛陀”。

迦腻色迦大塔（复原图）

（王镛）

Jiapiluo

迦毗罗　Kapila（约活动于前7世纪）

印度古代哲学家，六派哲学中数论派的创始人。生平不详。史料中关于他的记述多为传说。如梁陈之际的**真谛**法师翻译的《**金七十论**》卷上中说：“昔有仙人，名迦毗罗，从空而生。”该论卷下说：“迦毗罗仙人初出有四德：一法、二智、三离欲、四自在。”《唯识述记》卷第四中说：“有外道名劫比罗，古云迦毗罗讹也。此云黄赤，鬓发面色并黄故。今西方贵婆罗门种，皆黄赤色也。时世号为黄赤色仙人。其后弟子之中上首，如十八部中部主者，名筏里沙，此翻为雨，雨时生故，即以为名。其雨徒党，名雨众外道。梵云僧佉，此翻为数，即智慧数，数度诸法，根本立名，从数起论，名为数论。”

数论派哲学文献中有一《**数论经**》，相传为迦毗罗所作，但实际上该经是14～15世纪之人假托其名作的。

迦毗罗所创立的数论派理论在印度思想史上有重要影响。他的学说主要由此派在古代最重要的理论家**自在黑**所继承和系统化。主要理论有**二元二十五谛**的转变说、**因中有果论**等。

有关迦毗罗及数论派理论的文献在古代随佛教传入中国。印度佛教文献中对“外道”思想批判时常把数论派理论列为重要对象，一般也提及有关迦毗罗的传说。这些内容也多被译为汉文，因而古代中国佛教界或思想界很早就有对迦毗罗及数论派的了解，在中国历史上有一定影响。姚卫群在其所著的《印度宗教哲学概论》（北京大学出版社，2006）一书第5章中论及了此人。

（姚卫群）

Jiapiluowei

迦毗罗卫 Kapilavastu 印度次大陆古国名，最为驰名的佛教遗址之一。一译劫比罗伐窣堵。位于今尼泊尔西部，与印度接壤。乔答摩·悉达多（见释迦牟尼）诞生于邻近的蓝毗尼，在此地度过一生的前29年，与乔答摩·悉达多的童年及其悟道后的早期生活阶段有关。蓝毗尼是古老的释迦人共和国的都城。悉达多之父净饭王（音译首图驮那）是该共和国的民选国王。迦毗罗卫被认为是世界上最早的共和国之一，属于公元前6世纪16个共和国之一。

迦毗罗卫确切地址的发现，归功于中国求法僧人法显和玄奘的记录。这两个中国旅行家在此地造访期间发现，都城和周遭城镇业已颓圮，可谓空荒久远，人烟稀旷。整个地区分为多个小国，由若干国王统治。土地肥沃，民风和畅。他们确定了昔年王宫建筑遗址所在地，以及一千余所寺院故基。在玄奘来访之时，宫城之侧有一伽蓝，僧徒30余人，习学小乘正量部；另有神庙两所，异道杂居。法显提到与乔答摩·悉达多早期生活故事有关的画像、佛塔、佛殿及其他标志性建筑的遗迹。根据这些记录，

迦毗罗卫遗址一角

考古学家们确定了迦毗罗卫遗址在今尼泊尔提罗拉克特。

一些现代考古学家声称，印度边境悉达多纳伽尔县的比巴尔哈瓦，与尼泊尔的提罗拉克特相距约40千米，才是历史上的迦毗罗卫的遗址所在地。在那里发现了一座阿育王时代的巨大窣堵波的遗迹，覆压在一座释迦人修建的窣堵波上，佛陀的骨灰缸瘗埋于中，一件铭文表明，此地乃迦毗罗卫大佛寺故地。关于该城的确切地址一直聚讼纷纭，迄今悬而未决。古城迦毗罗卫附近的尼拘律园在今库丹村，与尼泊尔提罗拉克特相距约6千米。考古学家们在这座村庄发现了一处寺院遗址。据数种文献记载，一位释迦族佛僧在尼拘律园的榕树林中为佛陀建造精舍，以供他在造访故国期间居住。佛陀在此地宣讲《中部苦蕴经》、《萨迦经》、《蜜丸喻经》，而且颁布了若干律条。不过，在进一步的具体证据阙如的情况下，尼泊尔的提罗拉克特还是被广泛认为即历史上的迦毗罗卫，而比巴尔哈瓦的遗址则是大迦毗罗卫王国的延伸，在佛教僧团控制之下的一座释迦人大寺坐落在那里。

（卡马尔·希尔撰　刘建译）

Jiashi

迦尸 Kāśī 印度北方邦城市瓦拉纳西的旧称。见瓦拉纳西。

Jiashimiluo

迦湿弥罗 Kashmir 中国唐代对罽宾的称呼。见罽宾。

Jiata Aoyishu

《迦塔奥义书》 *Kaṭhā Upaniṣad* 印度古代哲学文献。数百种奥义书之一。约产生于公元前500年～前200年。主要论述了梵是一切事物中的主体或控制者，梵的不可描述性和不可毁灭性，还论及瑜伽等。梵本在当代中国被译成了汉文。较早的汉译本由徐梵澄译出，收入《五十奥义书》（中国社会科学出版社，1984）中。黄宝生也将此译成汉文，收入《奥义书》（商务印书馆，2010）一书中。

（姚卫群）

Jiaye

迦叶 Kāśyapa（约活动于前6世纪） 佛陀十大弟子之一。又译迦摄、迦叶波、迦摄波，又称大迦叶，意译饮光或大龟氏。

迦叶生于摩揭陀王舍城一婆罗门家庭，父名饮泽，为当地巨富，母字香志。饮光和大龟氏两名各有传说相附会。一说其祖为上古仙人，由于“身光炎踊，能映余光使不现”，故得族名饮光。另说其先代学道，有灵龟负仙图而应，遂得以龟为氏族名。实际两名不同乃出自对于Kāśyapa这一梵字的不同解释。佛教神话说迦叶亦有身光，足以映物。其本名为毕钵罗。得名原因一说是他的父母因敬拜毕钵罗树神而得子，另说他出生在毕钵罗树下。迦叶自幼厌离世俗，后虽结婚，但与妻分居。婚后12年父母亡故，始得出家。初遇数位名师，皆不合意。后于竹林精舍见到佛陀，听其说法，具合本心，遂诚心归服。时为佛陀成道第三年。皈佛后为其十大弟子之

迦叶像　中国甘肃敦煌石窟第384窟

一。曾以无价宝衣奉佛，佛回赠以粪扫衣。由于行十二头陀（佛教苦行方式），逾老不舍，故称头陀第一。年高后，佛陀劝他舍乞食而归僧众一同受食，舍粗重粪扫衣而著轻衣，他未敢从命。佛陀因此对他坚持难行苦行十分赞许。他亦曾以形陋衣敝而受众比丘轻慢，但佛陀却说“迦叶功德，与我不异”，并分出半座，让他共坐。佛陀相信迦叶能荷负佛法，使之久住，所以去世前将衣钵传他，并嘱他待未来佛弥勒出世后

予以转付。迦叶本人也受未来成佛之记。《法华经·受记品》说佛陀预言他在“奉觐三百万亿诸佛世尊”后即可为佛，称作“光明如来”。除上述神话外，据称他曾于佛陀涅槃后在王舍城附近的七叶窟召集并主持佛教第一次结集，有阿难等五百比丘参加，诵出经、律二藏。最后在伽耶城北20多千米的鸡足山灭度。

（葛维钧）

Jiaye Xianren Shuo Yi Nüren Jing

《迦叶仙人说医女人经》 印度佛教医经。1卷本。北宋初期法贤（见法天）译。该经是迦叶仙人向啰嚩迦（即耆婆大医）仙人所说的怀孕保养法。其内容是以妇人怀孕的第1到第12个月为序，分别简述每月的安胎保养之法。按照印度古代医学的分类，女人怀孕与哺育期间的疾病治疗以及护胎之法，归入少儿科之中。印度古代生命吠陀医学的“童子方”专著《迦叶本集》（别称为《长老耆婆医经》），也是由大仙迦叶向弟子耆婆长老宣说而成。《迦叶仙人说

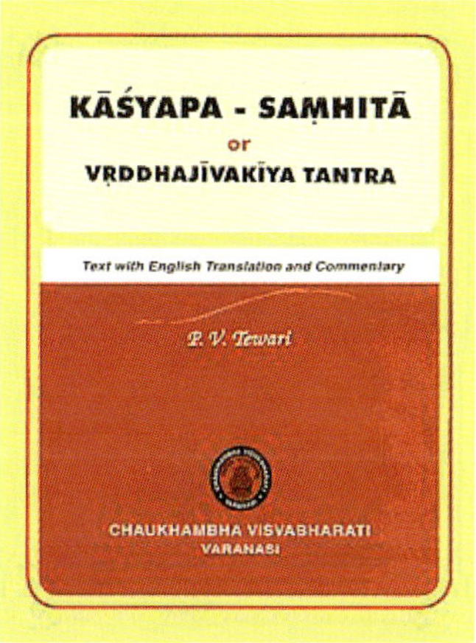

《迦叶本集》英译本封面

医女人经》的内容与《迦叶本集》中的保胎之法，可以相印证。迦叶仙人和耆婆也是印度佛教医学史中的著名人物，均有不少的医方或医著依托在其名下。西晋竺法护译《修行地道经》卷一“五阴成败品第五”列举了各类医家的姓名，“复有小儿医，其名曰尊迦叶、耆域、奉慢、速疾，是等皆治小儿之病”。可见，尊迦叶和耆域被视为儿科与妇科的名医。印度汉学家师觉月对《迦叶仙人说医女人经》进行了研究，以揭示其与印度医学的关联

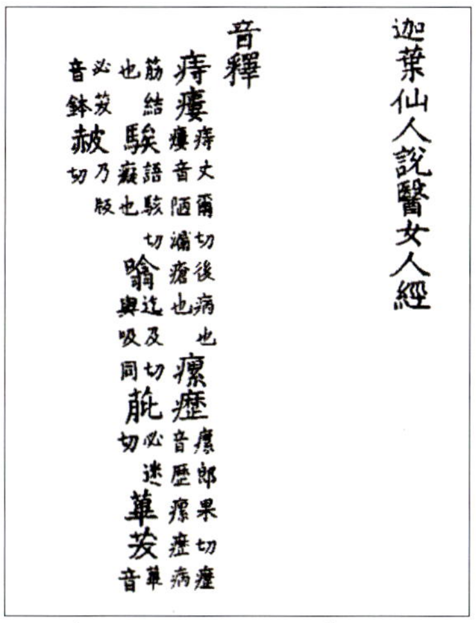
迦葉仙人說醫女人經
音釋

《迦叶仙人说医女人经》书影

及其在中印医学交流史中的作用。

（陈明）

Jiayexiaowei

迦叶孝威 Kāśyapa（约活动于7世纪） 在中国唐代天文机构任职的印度天文学家。属于隋唐时期来华的印度三大天文学家族之一的迦叶氏。事迹不详。《旧唐书》中讲述《麟德历》求交食之法时，附有400多字涉及他所传的“天竺法”，说明他对中国古代的天文学有过贡献。他所传的天竺法，主要是说明古印度的交食法乃根据日月所行的速度来求日月食分。这与《麟德历》中所载的根据朔望所食大分数而建立不同的方程来求日月食分，是不一样的方法。《旧唐书》中也提到发生月食的种种先兆，其中的“诸乳足竭，月湿如汗状”，不同于汉地天文学著作中的相关描述。相较于印度梵文天文文献，此处所记载的天竺交食法，与印度古代天文学家婆私吒·宝利莎求月食的系统比较接近，都是十五度到十三度之间不会发生月食，十三度（汉：十二度十五分）以内才会发生月食。婆私吒·宝利莎的计算方法记载于印度古代天文学家伐罗诃·密诃罗（又译彘日）的《五大历数书》中的第六章第一至第十颂。

仕唐的迦叶氏至少另有两人可考。其一为迦叶济，曾于贞观年间（627～649）出任泾原大将试太常卿；其二为迦叶志忠（一作至忠），曾任右骁卫将军知太史事，因景龙二年（708）向韦后献媚颂德，进《桑条歌》12篇而获厚赏。

（周利群）

Jiafan Jing

家范经 Gṛhya-sūtra 古代印度文献里四种劫波经之一。用“经”体写成。这类经典讨论“再生者”（婆罗门、刹帝利、吠舍）居家时的献祭活动和其他宗教仪节问题。不同的吠陀系统各有自己的家范经。属于《梨俱吠陀》的有《阿湿伐罗耶那》和《香卡耶那》等家范经；属于《娑摩吠陀》的有《皋毗罗》和《金合欢氏》等家范经；属于《黑耶柔吠陀》（见《耶柔吠陀》）的有《阿帕斯坦巴》、《金长发》、《宝陀耶那》、《摩奴氏》、《迦塔伽》、《婆罗德伐迦》和《隐修氏》等家范经；属于《白夜柔吠陀》的有《波罗私竭罗家范经》；属于《阿闼婆吠陀》的有《拘舍迦家范经》。家范经在印度古代经典类别里属于“传承”。

（葛维钧）

Jiadaoli Xiongdi

嘉道理兄弟 Ellis and Elly Kadoorie 印度孟买犹太商人。兄埃黎士·嘉道理（1865～1922），弟埃利·嘉道理（1867～1944）。

嘉道理兄弟与其父合影

19世纪末，在中国香港建立了庞大的商业帝国。成立于1890年的中华电力有限公司（即今中电控股有限公司）现为嘉道理集团旗下的重要公司，为香港大部分地区供应电力。据估计，该家族总资产有近百亿美元。

埃利15岁来到香港，最初为同为犹太人的沙逊家族工作，供职于上海、天津、宁波及其他通商口岸。后他向兄长埃黎士借款，在香港创办了利安洋行。1883年，埃黎士来到香港。不久，两兄弟又在上海拓展了自己的业务。第一次世界大战期间，他们获得了香港中华电力有限公司和香港上海大酒店的股份。埃利在上海修建的住所名为云石堂，位于今延安西路。日本侵占中国期间，埃利最初被拘留在香港，后转移到

云石堂——埃利·嘉道理在上海的住所 现为中国福利会少年宫所在地

上海。他因健康原因从闸北拘留所释放后不久，于1944年在上海逝世。

嘉道理家族因热衷慈善而闻名，尤其重视资助教育。埃黎士曾在香港为中国儿童创办了一所学校，该校被誉为“殖民地中最好的学校建筑”。他另在广州、上海等地为中国学生创办了5所学校。他还在香港专门为印度儿童建立了1所学校。

埃黎士和埃利逝世之后，他们的商业帝国由埃利的儿子罗兰士和贺兰士接管。

（玛妲玉撰 任婧译）

Jiashang

嘉尚 Jiashang（约活动于7世纪） 中国唐代译经僧。曾辅助玄奘、地婆诃罗等译经家翻译佛经，贡献卓著，与神昉、普光、窥基并称为玄奘门下四哲。

据《宋高僧传》卷四等记载，嘉尚天资聪颖，刻苦笃学，跟随玄奘学习并协助他翻译佛经，于《瑜伽师地论》、《佛地论》、《成唯识论》等著作尤其用心。玄奘在翻译《阿毗达磨显宗论》、《大毗婆沙论》、《入阿毗达磨论》、《大般若经》时，嘉尚都充任证义，参与探讨义理并考订文字，在同辈当中表现突出。玄奘染疾，命嘉尚清点记录所译佛经75部1 335卷、俱胝画像1 000帧，又再造10帧俱胝画像，并写经、放生、燃灯等，然后令嘉尚在他面前宣读。玄奘合掌赞叹道：这些都是我的心愿，由你代为完成，就没有遗憾了。玄奘圆寂后，嘉尚为其译经著述疏钞，在义理方面也多有创见。

高宗末年至天后垂拱年间（679～688），嘉尚同薄尘、灵辩等人都被选任地婆诃罗译场的证义，继续为翻译佛经事业贡献力量。

（范晶晶）

Jia Zunzhisengge

嘉·尊智僧格 rgya brtson vgrus seng ge（约活动于11世纪） 中国藏传佛教后弘期译经家。年轻时积极投身到振兴西藏佛教的运动中，并前往印度求法。嘉·尊智僧格精通梵文，翻译了大量佛经，其中收录于甘珠尔的有《青衣金刚手成就法陀罗尼仪轨》，收录在丹珠尔的有《吉祥轮律仪赞一切义成就清净髻珠》、《利他摄受弟子仪轨》、《吉祥金刚瑜伽母修法》、《金刚亥母修法》、《二十一度母赞清净髻珠》等。

（尕藏加）

Jia Dan

贾耽 Jia Dan（730～805） 中国唐代大臣，地理学家。字敦诗，沧州南皮（今河北南皮）人。

据《旧唐书》卷一三八和《新唐书》卷一六六《贾耽传》，贾耽以科举登第，为天宝（742～756）举人，初为贝州临清（今河北临清）县尉，后因上疏论时政，屡升迁。在汾州（在今山西汾阳市、孝义市一带）刺史任上7年，“政绩茂异”，入为鸿胪卿，不久又晋升为节度使。贞元九年（793），征为右仆射、同中书门下平章事（相当于宰相），为相13年。贾耽喜好地理学，“凡四夷之使及使四夷还者，必与之从容，讯其山川土地之始终”。经过多年积累，汇聚成书。有《关中陇右及山南九州等图》一轴、《别录》六卷、《河西戎之录》四卷、《海内华夷图》一幅、《古今郡国县道四夷述》四十卷。又著《贞元十道录》、《皇华四达记》、《吐蕃黄河录》等。贞元十七年（801），其《海内华夷图》和《古今郡国县道四夷述》撰成，上表皇帝。从表文可知，贾耽自少年时代就对地理感兴趣，关注和研究地理将近30年，然后博采众闻，去伪存真，编撰成书。

贾耽所著《皇华四达记》最为著名，其片段保存于《新唐书》卷四三《地理志》。后人以为“贞元宰相贾耽考方域道里之数最详，从边州入四夷，通译于鸿胪者，莫不毕纪”。其通四夷之道主要有七条：“一曰营州入安东道，二曰登州海行入高丽渤海道，三曰夏州塞外通大同云中道，四曰入中受降城入回鹘道，五曰安西入西域道，六曰安南通天竺道，七曰广州通海夷道。”其中第五、六、七道均与印度相通，为唐代中后期与印度交往的主要通道。

贾耽的地理学著作为历来史地学者所重视，但其著作均已散佚，仅《海内华夷图》后世（1137）被缩为《华夷图》和《禹迹图》刻于石上，现存西安碑林。

（薛克翘）

Jialaluding

贾拉鲁丁 Jalaluddin（生卒年不详） 印度古国榜葛剌苏丹。1415～1432年在位。当地印度教首领拉贾·加内什之子，后改宗伊斯兰教，仍遵守许多当地印度教传统。

贾拉鲁丁曾卷入与邻国沼纳朴儿（今印度北方邦江普尔一带）苏丹易卜拉欣·沙尔吉（《明史》作亦不剌金）的纷争。或因了解到当时中国明朝的雄厚实力和明成祖积极的外交政策，遂于1420年向明成祖抱怨了易卜拉欣·沙尔吉对其领地的侵扰行径，并请求调停。作为回应，明成祖派遣侯显率一众士兵出使榜葛剌，并携带为其苏丹及官员准备的金币等礼品。使团传达了明成祖"睦邻保境"的旨意。贾拉鲁丁热情款待了来访的中国使团，赠予诸多物品，其中包括特意为此次访问制作的纪念银币。侯显一行又前往沼纳朴儿进行调停。此番出使，避免了榜葛剌和沼纳朴儿之间更大规模的战事。

贾拉鲁丁向明朝请求调停以及明成祖的回应，显示了当时中国与印度东部榜葛剌地区的交流程度。侯显于1420～1421年率领的使团是15世纪早期中国与印度东部榜葛剌地区间若干互派使团中的一个。两个地区间经常性的贸易往来为其政治交流的发展奠定了基础。可能由于明朝皇帝发展对外关系的态度有所转变，中国和印度东部榜葛剌地区互派使团的交流一度于15世纪中期终止。

《明史》中误将贾拉鲁丁记为赛佛丁。

（玛妲玉撰　贾岩译）

Jiantuole

犍陀勒（约活动于4世纪）西域僧人。据《高僧传》卷十等，犍陀勒本西域人，有异能。来洛阳居住多年，世人敬其风操，但对其异能莫测高深。他曾告诉当地僧人，洛阳东南槃鵄山有古寺庙，现在基础犹存，可以在其基础上重新立庙。众人往视，只见平地，但经他指示后，果然掘出石基。后他又一一指点僧房、讲堂等所在处，同样无不准确。寺成后，犍陀勒为寺主。此后，他每日往百里之外的洛阳城乞油点灯，早去晚归，其行走速度无人能追。有人执其袈裟角随行，但觉耳边生风，须臾即到寺庙。犍陀勒晚年不知所终。

（葛维钧）

Jiantuoluo

犍陀罗　Gandhāra　印度古代列国时代（前6～前4世纪）的十六国之一，后长期用此名称其所在地区。

犍陀罗位于印度次大陆西北部，主要包括今巴基斯坦北部印度河上游的白沙瓦和拉瓦尔品第周围地区。首府呾叉始罗是印度西北重镇，商贸和学术中心。犍陀罗地区从公元前6世纪开始先后为波斯人和马其顿人所控制，在东西方文化交流上起过重要作用。公元前4世纪后期印度孔雀王朝建立后被吞并。该王朝第三代帝王阿育王在他的第五号石刻诏书中曾经提到犍陀罗人。贵霜帝国时期（盛期在1世纪中叶～2世纪末），犍陀罗为其统治中心。佛教在阿育王时期传入该地区并广泛流行，佛教建筑和雕刻艺术开始出现。这些艺术的发展在贵霜帝国时代达于鼎盛。佛教寺院的代表作有白沙瓦近郊的迦腻色迦大塔。据记载，今已倾圮的大塔原高213米，四周围有数以百计的小塔。早期佛教雕刻艺术仅以法轮、足迹、菩提树、宝座等象征手法暗示佛陀存在的成规被打破，开始雕刻佛陀人像。由于吸收了希腊、罗马的雕刻因素，形成了比例协调，造型精细，姿态高雅，风格独特的犍陀罗艺术。同时存在的还有希腊、罗马诸神像。后期，到笈多帝国时代（320～约

犍陀罗各个时期的钱币

犍陀罗时期佛教圣地呾叉始罗遗址讲经台　巴基斯坦拉塔克西拉

金迪亚尔希腊神庙遗址　约公元前190年　巴基斯坦白沙瓦谷地西尔卡普城

550），雕像则以泥塑为主。自5世纪中叶以后，随着嚈哒人的入侵，佛寺遭毁，雕像艺术也开始衰落。犍陀罗雕像艺术经中亚传入中国并东渐朝鲜、日本，对远东造像风格产生了深远影响。

（葛维钧）

Jiantuoluo yishu

犍陀罗艺术 Gandhāra art 1～5世纪印度犍陀罗地区的佛教艺术。犍陀罗位于古印度西北部，在今巴基斯坦白沙瓦一带。作为艺术流派，犍陀罗艺术涵盖的范围远远超过其历史地理的实际疆域，相当于今巴基斯坦西北地区与毗连的阿富汗东部地区。印度河西侧的白沙瓦谷地、东侧的呾叉始罗，以至西部的巴米扬等地的佛教艺术，都属于广义的犍陀罗艺术的范畴。

犍陀罗相传为古印度十六列国之一，公元前6世纪后半叶沦为波斯帝国的行省。前326年，马其顿国王亚历山大入侵，犍陀罗归属亚历山大的部将塞琉古管辖，前305年又被印度孔雀王朝夺回。孔雀王朝的阿育王曾派高僧末阐提来此传播佛教。约前190年，巴克特里亚（中国史籍称大夏）希腊人征服犍陀罗地区，希腊文化的影响逐渐深入。约前2世纪，原居中国敦煌与祁连山一带的游牧民族月氏受匈奴逼迫西迁，占领巴克特里亚。公元1世纪初叶，月氏五部翕侯之一贵霜翕侯丘就

《犍陀罗》汉译本封面

却在喀布尔河流域建立贵霜王朝。约公元60年，贵霜王朝国王阎膏珍征服犍陀罗和北印度马图拉地区。贵霜王朝第三代国王迦腻色迦把统治中心从中亚移至犍陀罗地区，定都布路沙布逻（今巴基斯坦白沙瓦）。迦腻色迦信奉祆教，又提倡佛教，在犍陀罗地区建造了大批佛塔寺院，并仿照希腊、罗马神像雕刻了大量佛像、菩萨像，犍陀罗佛教艺术兴盛一时。约241年，波斯萨珊王朝入侵犍陀罗，攻陷白沙瓦，贵霜王朝随之瓦解。4世纪末，寄多罗贵霜人一度复兴贵霜残余势力。1849年，英国人率先在旁遮普发现了犍陀罗佛像。20世纪以来，世界各国考古队纷纷在犍陀罗及其邻近地区进行考古发掘，犍陀罗艺术的面貌日趋明朗。因为犍陀罗艺术是东西方文化融合的产物，特别是它涉及佛像起源的重大问题，所以100多年来一直是东西方各国学者研究、探讨和争论的热点。

在印度早期佛教艺术中，诸如巴尔胡特、桑奇等地的佛传故事浮雕，从未出现人形的佛像，仅以菩提树、台座、法轮、足迹等象征符号暗示佛陀的存在。这可能是因为原始佛教或小乘佛教不主张偶像崇拜，认为佛陀已经解脱了轮回，不应再以人形出现。而贵霜时代正值大乘佛教兴起，大乘佛教背离了原始佛教朴素的无神论，把佛陀神化为超人或人格化的神，这种变革又恰恰符合犍陀罗地区流行了几百年的希腊化文化“神人同形”的拟人说造像传统。因此，在贵霜时代迦腻色迦的宗教调和政策之下，犍陀罗艺术家开始打破印度早期佛教艺术的禁忌，遵循希腊、罗马雕刻的惯例，仿照希腊、罗马神像的样品，直接雕刻出佛陀本身人形的形象，创造了希腊化风格的犍陀罗佛像。可以说，犍陀罗佛像等于希腊化的写实人体加印度的象征标志。犍陀罗佛像的头部一般呈阿波罗式的希腊美男子面容，深目高鼻，薄唇长耳，肉髻通常覆盖着希腊雕刻常见的波浪式鬈发，背光朴素无华，通肩式僧衣襞褶厚重，毛料质感清晰，类似罗马长袍托格。这种希腊化风格的佛像被称作“阿波罗式佛像”或“穿托格佛像”。佛像的手势（印）和坐法（座）

《佛陀诞生》 犍陀罗石刻
1～2世纪 巴基斯坦犍陀罗遗址出土

《佛陀诞生》 犍陀罗石刻
1～2世纪

《苦行的释迦》 犍陀罗石刻 3世纪
巴基斯坦犍陀罗遗址出土

犍陀罗石刻
希腊风格的提篮观音

雅典娜像 约2世纪犍陀罗石刻
巴基斯坦犍陀罗遗址出土

都遵循印度传统的固定仪轨，立像的手势多作施无畏印，坐像的手势多作禅定印或转法轮印，坐姿多为莲花座。犍陀罗的菩萨像包括悉达多太子、弥勒和观音菩萨，造型带有印欧混血儿特征。犍陀罗还有雅典娜、河神、阿特拉斯、小爱神、财神般遮迦、鬼子母神诃梨帝等希腊、罗马或印度的异域诸神的雕像，造型也明显受到希腊化艺术的影响。鉴于犍陀罗艺术主要是印度佛教与希腊化艺术融合的产物，它通常被称为希腊-佛教艺术、罗马-佛教艺术或希腊-罗马佛教艺术。代表作有雕刻《犍陀罗佛陀立像》、《犍陀罗佛陀坐像》、《佛陀诞生》、《王子菩萨》、《苦行的释迦》等。

犍陀罗艺术大致可分为前后两期。前期是贵霜王朝统治时期，约从1世纪初叶至3世纪中叶；后期是萨珊王朝和寄多罗贵霜人统治时期，约从3世纪中叶至5世纪末叶（有些学者认为后期可延续至7、8世纪）。前期犍陀罗艺术主要以1～3世纪白沙瓦、呾叉始罗、斯瓦特、贝格拉姆等地的片岩雕刻的佛传故事浮雕和佛像、菩萨像为代表，后期犍陀罗艺术主要以4～5世纪呾叉始罗和哈达的灰泥塑像为代表。犍陀罗艺术，特别是犍陀罗佛像，沿着丝绸之路陆续传入中国，并东渐朝鲜、日本，为远东佛教艺术提供了最初的佛像模式和范本。

犍陀罗艺术除了雕塑之外还包括绘画，但100多年来始终未发现犍陀罗地区的绘画遗迹。2002～2004年，巴基斯坦考古部在距呾叉始罗博物馆东北10千米的贝拉村发掘一座3～5世纪的佛寺遗址——真纳瓦利德里寺院时，发现了一些佛教壁画残片。这是迄今为止犍陀罗地区发现的唯一犍陀罗绘画遗迹。这些壁画描绘不同姿势的佛陀、菩萨和供养人形象，在白色灰泥墙面施以黑、红、深棕、蓝等色，人物造型接近印度阿旃陀壁画，色彩也接近印度传统绘画的凹凸法。这些壁画对于研究犍陀罗壁画与印度传统壁画及其与周边地区包括中国新疆地区佛教壁画的关系特别重要而珍贵。

（王镛）

Jianchu Si

建初寺 Jianchu Temple 中国最古老的佛教寺院之一，大报恩寺的前身。三国吴赤乌十年（247），西域来华僧人康僧会至吴都建业（见南京）弘扬佛法，使吴王孙权信服，特下令为康僧会建寺。由于这是建业建立的第一座佛教寺院，故称为建初寺。建初寺所在的地方称佛陀里。康僧会在此居住并翻译佛经、传播佛教。后建初寺数度更名，南朝时期称长干寺，宋代称天禧寺，明代称大报恩寺。

（薛克翘）

Jiankang

建康 Jiankang 中国古代地名，即今南京。见南京。

Jiansheng

建盛 Jiansheng（约活动于10世纪）中国去印度求法僧人。据《佛祖统纪》卷四三，建盛为宋太祖乾德四年（966）奉诏去印度求法僧团成员。开宝四年（971）归国，向朝廷进献贝叶经。与他同来的还有中印度梵僧曼殊室利。

（薛克翘）

Jianye

建业 Jianye 中国古代地名，即今南京。见南京。

Jianbili

剑毕离 Kāmpilya 印度古代著名城市。印度古代列国时代（前6～前4世纪）般遮罗国两首城之一，即今北方邦法鲁哈巴德附近的坎比拉。佛经中又译作甘比利。该城在史诗《摩诃婆罗多》中亦甚出名。国王木柱王之女黑公主的选婿大典即在此举行。般度五子之一阿周那中选后，她成为般度五子的共同妻子。

（葛维钧）

Jianchuan Shiku

剑川石窟 Jianchuan Caves 中国佛教石窟。全国重点文物保护单位之一。位于云南剑川西南25千米处石宝山支脉石钟山上，故又称剑川石钟山石窟。此地林木幽深，怪石嶙峋。石窟中有南诏国天启十一年亦即唐宣宗大中四年（850）题记1处，另有大理国盛德四年

《阁逻凤议政图》（局部） 剑川石窟2号窟

《甘露观音》 剑川石窟7号窟

亦即南宋孝宗淳熙六年（1179）题记1处。南诏晚期开窟造像，中经大理国时期，至元初始告终结，历时300余年。主要造像时期在9世纪中叶至12世纪后半叶之间，即在晚唐至南宋之间。虽问世时间晚于敦煌、云冈、龙门三大石窟群，且规模和数量亦无以相比，但无论在内容、造型还是雕工方面，剑川石窟均自成一家。它们是南诏国和大理国政治、经济、宗教、社会、文化的石刻记录。

剑川石窟绵延3千米许，分布在石钟寺、狮子关、沙登箐3处。现存16窟。造像139身，以佛教造像为主，另有5通碑碣、5则造像题记及40则其他题记。

石钟寺有8窟。第一窟（1号窟）为《南诏王异牟寻坐朝图》，窟高1.34米，宽1.7米，异牟寻居于中心位置，一派王者风范。第二窟（2号窟）为《阁逻凤议政图》，窟高1.46米，宽1.52米，南诏王阁逻凤仪态庄严；共雕16人，为剑川石窟群中人数较多之窟。第三窟（3号窟）为《地藏王菩萨像》。第四窟（4号窟）为《华严三圣像》，中为毗卢遮那佛（略称卢舍那佛），左右为文殊、普贤二菩萨，佛像背光左右有阿难、迦叶浅浮雕像。第五窟（5号窟）为《维摩诘经变相》，维摩诘面容清癯，在与前来问疾的文殊论辩。第六窟（6号窟）为《八大明王像》。此窟长11.63米，分5间。八大明王，多手多臂，面目狰狞，造型与塔尔寺、拉卜愣寺等寺庙中的护法神类似，金刚座雕有密教供养物，并有藏文题记，显系受印度密宗和藏传佛教影响而开凿的密教窟。此窟在石窟群中面积最大，由是可见密宗在南诏和大理国的地位。第七窟（7号窟）为《甘露观音》，石座高0.88米，像高1.52米。观音左手捧钵，右手作洒甘露状；体态丰腴，容貌秀丽，目露喜色，神情宁谧，有唐宋雕刻气象，被誉为“白族维纳斯”。胸部原藏七宝、经书等物，后失盗，仅余一洞在。第八窟（8号窟）为《阿姎白》。

《阿姎白》 剑川石窟8号窟

“阿姎白”为白族语言中对女阴的委婉说法。此窟造像无疑受到印度教生殖崇拜文化和藏密及相关雕刻的影响。

狮子关有3窟。第一窟（9号窟）为《南诏王细奴逻全家造像》，窟高仅0.6米，宽1.24米，刻有国王夫妇及其子女5人坐像，另有男女两名侍者立像。第二窟（10号窟）为《观音化现梵僧造像》。梵僧即印度僧人，高1.66米，立于峭壁。第三窟（11号窟）为《药叉护法像》，高0.92米，药叉造型，深目长鼻，上身裸露，孔武有力。

沙登箐有5窟。第一窟（12号窟）为《释迦牟尼佛和弥勒佛造像》，释迦牟尼佛端坐莲花座上，左手在腹前作结定印，右手触地作降魔印，明显受密教造像法式影响；弥勒佛则与中原常见造型相同。第二窟（13号窟）为《阿嵯耶观音立像》。第三窟（14号窟）为《释迦牟尼像》。这是悬崖上的一座天然龛窟。像高约2米，残损严重。第四窟（15号窟）为《天王像》，雕刻北方多闻天王和南方增长天王二像，高约2米，威武雄壮。第五窟（16号窟）为《大黑天神》，但也有人认为此亦一梵僧像。

第一至二号窟、第九号窟雕造的南诏史上三代名王细奴逻（617~674；649~674年在位）、阁逻凤（712~779；748~779年在位）、异牟寻（754~808；779~808年在位）的造像，富于生活气息和民族特色，为研究南诏国历史乃至服饰、风尚等提供了宝贵的实物史料。各种佛教造像与三代南诏王造像并存表明一个事实，南诏王同时领有政权和教权，实行政教合一体制，南诏国崇奉并大力弘扬佛法。

13窟佛教造像构成剑川石刻的主体。第三至七窟的诸多造像各具特色，或法相庄严，或造型优美，或愁容满面，或令人惊骇，无不细致入微，雕功娴熟，为剑川石窟中艺术性最高的代表作。

古代剑川处于通往吐蕃的交通要道。八九世纪时，即有印度阿阇梨（又

《八大明王像》（局部） 剑川石窟6号窟

剑川石窟外观

译阿吒力，轨范师）经中国西藏前来大理传播佛教密宗，为南诏国君主和臣民所广泛接受。南诏第七世国王劝丰佑（一作劝丰祐，？～859；823～859年在位）保和十六年（839），有印度阿阇梨名赞陀崛多者前来传教，被尊为国师。密宗由是迅猛发展，进入鼎盛时期，以至广修寺庙，大造佛像，蔚成风气。至9世纪晚期，南诏国已有“大寺八百，小寺三千”，极一时之盛。密宗遂成为南诏国和大理国的国教，白族人则称之为阿吒力教。剑川石窟以佛教造像为主体，恰恰反映了南诏国和大理国时期佛教尤其是密宗至高无上的地位。石窟中众多密宗造像，如八大明王、天王像及“阿姎白”造型即属此类造像，连释迦牟尼佛也以毗卢遮那佛即大日如来的形象出现。至于石窟中印度僧人的造像，则反映了印度阿阇梨在宫廷中的地位和在石窟开凿中的领衔作用。剑川石窟是南诏文化与印度文化、藏族文化及汉族文化交流融合的结晶。

（刘建）

Jiang Shaoyuan

江绍原　Jiang Shaoyuan（1898.02.10～1983.09.11）中国宗教学家，民俗学家。又名江绍源。安徽旌德人，生于北京。青年时期就读于上海沪江大学预科班，不久，赴美国加利福尼亚大学文学院留学，后因病辍学回国。1917年起入北京大学哲学系作旁听生，1920年再赴美国，入芝加哥大学攻读比较宗教学，后在伊利诺伊大学获哲学博士学位。1923年回国后，先后在北京大学、中山大学等校任教。中华人民共和国建立后，曾任山西大学外语系英语专业教授、中国科学出版社编审、商务印书馆编审等职。主要从事比较宗教学、民俗学的研究工作，著述甚丰，包括《乔达摩底死》(1920)、《发须爪——关于它们的迷信》(1928)、《中国古代旅行之研究》(1935）等著作，以及《宗教的出生与长成》(1927)、《佛家哲学通论》(1927)、《现代英吉利谣俗及谣俗学》(1932）等译著。

江绍原对印度文化有较深了解。1920年，他翻译了J.N.华克海的《印度宗教书籍大纲》(载于《新潮》第2期“名著介绍特号”)。1924年，翻译了R.泰戈尔的剧本《邮政局》(今通译《邮局》，载于《太平洋》杂志4卷第7、9、10期)。1957年，还有译自俄文的《印度民间故事》，天津人民出版社出版印行。曾对印度七曜术传入中国进行考证和研究。

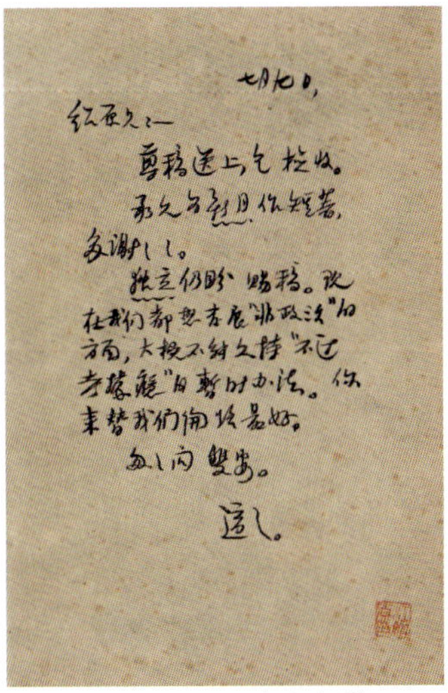

胡适致江绍原书札书影

1924年泰戈尔访华。5～7月，江绍原在《晨报副镌》一连发表多篇研究性文章：《研究〈塔果尔及其森林哲学〉里面的翻译》、《泰戈尔的CHITRA与瞿世英的齐德拉》、《一个研究宗教史的人对于泰戈尔该怎样想呢》、《谁配翻泰戈尔的〈诗人的宗教〉》、《泰戈尔与耶稣》、《为什么有人硬以为泰戈尔与耶稣不能比》。此外，他还撰写了《太戈尔戏曲集第二集》一文，发表于1925年4月3日出版的《现代评论》。这些文章或从翻译的角度分析泰戈尔在中国遭遇部分人反对的原因，或从比较宗教学视角对他与耶稣的宗教思想进行研究。其中以

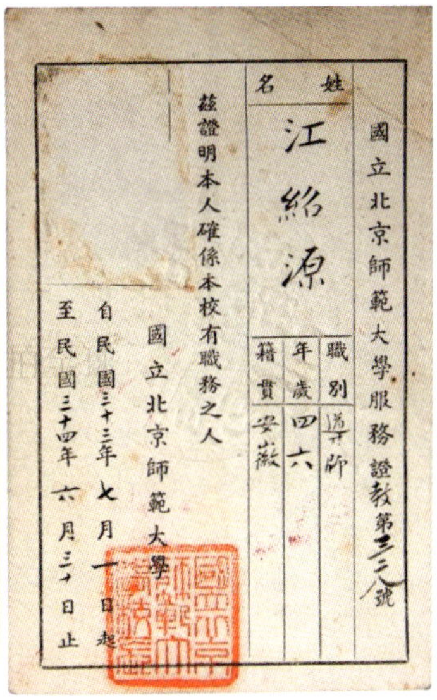
國立北京師範大學服務證教第三二之號
姓名　江紹源
職別　導師
年歲　四六
籍貫　安徽
茲證明本人確係本校有職務之人
國立北京師範大學
自民國三十三年七月一日起
至民國三十四年六月三十日止

北京师范大学教师江绍原服务证

《一个研究宗教史的人对于泰戈尔该怎样想呢》一文最为重要。针对当时国内反对和欢迎泰戈尔的两派对泰戈尔的有意或无意的误解，江绍原在该文中进行了剖析，提醒人们首先应明白，“泰戈尔是印度人，是爱印度的人，是为印度努力的人”。他还以耶稣为镜指出，泰戈尔争取自由的途径，既非普通的宪政运动，也非武力的群众革命，而是“精神的复生”、“印度魂的唤醒”，即用印度固有的传统的理想去改造印度社会和文化。他还强调，泰戈尔的诗的观念与

他的世界观、宗教观密不可分。这些分析虽为反驳性回应，但较为客观、冷静，学理性强，在当时的语境中是难能可贵的。

（王汝良）

Jiang Yan

江淹 Jiang Yan （444～505） 中国南朝诗人。字文通。宋、齐、梁三代均为官。据《梁书》卷十四本传，他“少孤贫好学”，“以文章显，晚节才思微退，时人皆谓之才尽”。成语“江郎才尽”出即出于此。尽管如此，他的诗文却历来为人称道，并对后世诗文产生了影响。

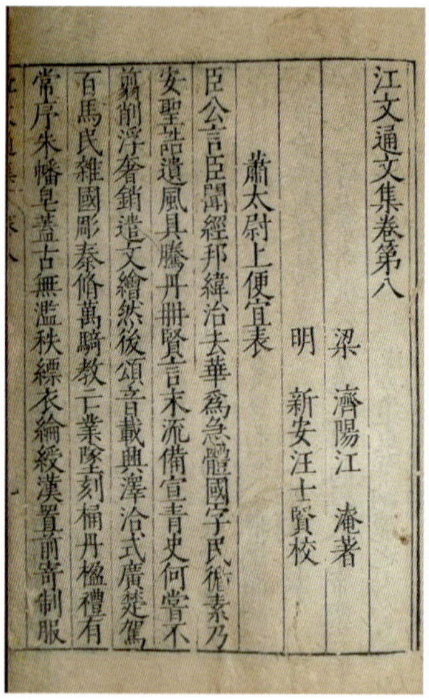
江文通文集卷第八
梁 濟陽江 淹著
明 新安汪士賢校
蕭太尉上便宜表
臣公言臣聞經邦緯治去華爲急體國字民務素乃
安聖誥遺風具騰丹冊賢言末流備宣青史何嘗不
翦削浮奢銷遣文繪然後頌音載興澤洽式廣楚駕
百馬氏雜國彫秦脩萬騎教亡業墜刻桷丹楹禮有
常序朱幡皂蓋古無濫秩縹衣綸綬漢置前寄制服

《江文通文集》明万历汪士贤刻初印本书影

江淹传世的诗不少，其中有受佛教影响的明显例证。如《吴中礼石佛》有如下诗句：“幻生太浮诡，长思多沉疑。疑思不惭炤，诡生宁尽时。敬承积劫下，金光铄海湄。火宅敛焚炭，药草匝惠滋。常愿乐此道，诵经空山坻。”表现了他对佛教的推崇和了解。另有《构象台》一首，是其《杂三言五首》中的第一首诗，充满了对佛教的赞赏，以楚辞风格来写佛家事。

（薛克翘）

Jiang Bin

姜斌 Jiang Bin（约活动于6世纪） 中国五代时期思想家。清通观道士，提倡道教，对外来的佛教持排斥态度。北魏正光元年（520），因孝明帝下诏讨论佛道宗旨，姜斌与昙谟最辩论。孝明帝问，佛与老子是否同时代。姜斌提出老子西入化胡，当时佛为侍者，因此为同时代。昙谟最诘问有何凭据，姜斌举《老子开天经》以为凭据。昙谟最又问，老子在何王几年而生，又在何王几年西入？姜斌回答说，老子生于周定王三年九月十四日夜子时；敬王元年85岁，与散关令尹喜西入化胡。昙谟最举证说，佛在周昭王二十四年四月八日生，周穆王五十二年二月十五日灭度。涅槃后345年才到定王三年，老子出生；到敬王元年，即相隔425年后，才与尹喜出关。这场辩论由魏明帝做出最终裁定，认为道士姜斌“论无宗旨”。孝明帝还追问《老子开天经》从哪里得来，是谁所说，并派遣中书侍郎魏収、尚书郎祖莹等前往清通观取来经书，令众臣讨论。后经群臣调查阅读，向孝明帝报告说：“老子止著五千文。更无言说。臣等所议，姜斌罪当惑众。”孝明帝因此判处姜斌极刑，后经三藏法师菩提流支苦谏才作罢论，改为配徙马邑。

（江巨浪）

Jiangshigui Gushi Ershiwu Ze

《僵尸鬼故事二十五则》 *Vetāla-pañcaviṃśatikā* 印度古代梵语故事集。简称《僵尸鬼故事》。现存数种梵语文本。两种为散文体独立著作，另两种为诗体。分别收入安主（音译谶门陀罗）的《大故事花簇》(1037) 和月天（音译苏摩提婆）的《故事海》(1070) 中。后者系月天据德富的《伟大的故事》(又译《故事广记》，已佚，公元前200～公元500？）克什米尔传本（又称西北本）改写而成。月天属婆罗门种姓，为印度教湿婆派信徒，曾任迦湿弥罗国王阿南多提婆（1063～1081在位）的宫廷诗人，智慧与才情均非寻常。收入其《故事海》第12卷中的《僵尸鬼故事二十五则》，极为驰名也极有影响。印地语、孟加拉语、泰米尔语、马拉提语等多种印度现代语言均有其译本。

在《五卷书》之后，随着社会生活和文学本身的不断发展，以动物做主角的寓言故事在印度文学中逐渐淡出，以人为主角的故事方兴未艾。《僵尸鬼故事二十五则》就是这样一部产生于印度中世纪社会的民间故事集，尽管它包含

根据藏文翻译的《僵尸鬼的故事》封面

公元纪元初期某些印度民间故事的因素。它由一个框架故事统揽24个小故事，无论在印度、中国还是世界其他地区，均产生了深远的影响。

主要内容 这部故事集说，有个修道人每天都在健日王上朝时向其敬献一枚果子。健日王接过果子后总是交给司库。一天，在修道人走后，一只猴子跑到殿上，健日王遂将果子抛给它。猴子吃果子时，一颗价值连城的宝石从中掉出。原来，修道人所以不惜代价，是想请勇气非凡的健日王在夜间到火葬场将一具挂在树上的尸体搬到祭坛上。当健日王独自在夜间前往阴森的火葬场搬运尸体时，附于尸体的僵尸鬼居然开口说话。它讲完一个故事，就提出一个难以回答的问题，要求国王破解。国王如知而不言，头颅就会爆裂，但倘若回话，则违背了搬运尸体时必须保持缄默的规则，尸体就会复归原位。如是反复，僵尸鬼讲出24个故事。第24个故事终于难住国王，他遂在沉默中完成了修道人托付给他的使命。最后，僵尸鬼将修道人企图使健日王做牺牲的阴谋揭穿，健日王在祭坛上以其人之道还治其人之身，杀死了那个邪恶的修道人。

第8则故事讲述三个极其挑剔的婆罗门青年来到一个王国后发生的逸事。他们一个挑剔饮食，一个挑剔女人，一个挑剔床铺。三兄弟用膳时，国王平时享用的珍馐被用以待客，可是挑剔饮食的婆罗门从米饭中嗅出一股被焚尸体的气味，因而拒不进食。国王遂派人调查大米来源，发现其产地附近有一个火葬场。餐后，国王安排三个婆罗门青年下榻宫中，并派美女前去陪侍。尽管美女浑身香气四溢，挑剔女人的婆罗门青年还是嗅出她身上有羊膻气。原来，那位

美女幼时曾喝过山羊奶。国王命人为挑剔床铺的婆罗门青年铺了七层松软舒适的褥子，可他就寝不久即从床上起来，手捂肋部连声喊痛。仆人发现他的身上有一道弯曲的红印。国王派人检查，发现七层褥子底下的床板上有一根头发。国王对他们三人奇特而罕见的敏锐感觉惊异不已。僵尸鬼的问题是：这三个人谁更挑剔呢？

第24个故事讲的是一个不解之谜。德干地区的一个土邦被族亲瓜分，国王携带妻女仓皇出逃，在森林中遭遇强盗。国王竭力掩护妻女躲入密林，自己却因寡不敌众而被杀。母女两人在林中辗转逃命，她们的行踪被在附近打猎的一对贵族父子发现。父亲许诺，在找到两个女子之后，让儿子从中挑选一个做妻子。儿子喜欢脚印较小的那一个，因为他根据脚印判断她的年纪要小；他还认为脚印较大的女人年龄也会较大，适于为父亲续弦。父子两人循着足迹找到母女俩。她们虽经颠沛流离，依然秀色难掩。他们信守诺言，父亲娶了长一双大脚的公主为妻，儿子娶了生一对小脚的王后为妻。于是，女儿成为母亲的婆婆，母亲成了女儿的儿媳；儿子成为父亲的岳丈，父亲成了儿子的女婿。后来，母女两人不断生儿育女，子孙绵延不绝。僵尸鬼的问题是：以那母亲和那儿子为一方，以那父亲和那女儿为另一方，双方子孙后代之间是什么样的亲属关系？这个故事流传极其广泛，几乎成了国际性智力试题，在中国也有一个本土化了的版本。

这些故事情节离奇，充满睿智，妙趣横生，结构独特，因而在印度和世界上不胫而走，对阿拉伯民间故事集《一千零一夜》、G.薄伽丘的《十日谈》等均有影响。《僵尸鬼故事》中的第八个故事，从中亚传入西伯利亚及挪威，继而传入丹麦。丹麦童话作家安徒生写的《豌豆公主》(或译《公主与豌豆》)显然受到此篇故事的启发和影响。

在西方的影响　近代，英国著名东方学家R.F.伯顿爵士（1821～1890）成为首个选译《僵尸鬼故事》的西方学者。他于1870年出版的意译本极为驰名。英国学者C.H.托尼（1837～1922）曾长期旅居印度，将《故事海》全译为英文，于1880～1884年次第出版。英国东方学家N.M.彭泽（1892～1960）于1924～1928年推出一套10卷本《故事海》英译本。《僵尸鬼故事》随之传遍世界。例如，其中第6则是一篇换头故事。一位美女的丈夫和弟弟由于命运的捉弄而身首异处。美女在获得神助后使两人起死回生，却在仓促间将两人的头与身躯互换，从而给自己造成一个难题。德国杰出小说家T.曼（1875～1955）从中汲取灵感，写了一部名为《换头》(1940)的颇具戏剧色彩的中篇小说。后来，美国的一位剧作家又根据该小说创作了一部歌剧，于1957年演出。芝加哥大学出版社出版的由著名印度学家范布伊特南（1928～1979）教授从梵文翻译的《古代印度故事选》(1959)，系芝加哥大学印度文明课程用书，其中收录了《僵尸鬼故事》11则，约占全书篇幅的1/5，由此亦可窥见这部故事集的重要地位。

在中国的流传和影响　《僵尸鬼故事》传入中国后，对中国故事文学产生了长期而深远的影响。由于地缘、文化、宗教和经贸等方面的密切联系，编定于迦湿弥罗的《僵尸鬼故事》几乎同步传入今中国西藏及中亚地区，在口传和成书过程中不断变异，加入了鲜明的佛教色彩和地域特点，成为《尸语故事》(又译《说不完的故事》)，受到藏民的普遍喜爱，得以广泛流传。不过，《尸语故事》尽管沿用了《僵尸鬼故事》的框架结构和叙事方式，却是一种带有创造性的编译之作，而且持续融入不少本土内容。《尸语故事》在藏区流传过程中发生很大变化，颇有损益，只有框架故事基本保留下来。藏文译本既有手写本又有木刻本，达11种。有的只有13则故事，如青海手写本《具神通的人尸故事》；有的有16则故事，如四川德格木刻本《具神通的故事》；甘肃夏河拉卜楞寺的木刻本《人尸变金的故事》、西藏手写本《僵尸变金的佛法故事》和《佛法故事》则均有21则故事。最长的版本包括35则故事。在西藏地区，主要流行的是由21章组成的《尸语故事》。在这部故事集中，藏人以龙树置换了修道人，以一位王子置换了健日王。

《尸语故事》很快从西藏传入蒙古地区，被更名为《喜地呼尔》。同藏文本一样，蒙古文本亦大体可分为26章本和21章本两个系统，而以26章本最为流行。两个系统前13章内容相同，并与藏文13章本一致，但后面篇章则差异明显。

蒙古文本《尸语故事》曾被译成满文，形成《满族佛教故事二十一篇》手写本，约成书于清康乾时期。现北京故宫图书馆所藏21章满文本《尸语故事》的内容与目次均与蒙古文版毫无二致。

1928年于乌兰巴托出版的一个蒙古文版本颇有影响，被译成英文并于1984年在美国出版。1957年，内蒙古人民出版社出版蒙古文版《喜地呼尔》。该书前13章译自青海13回藏文手写本，后13章则系对源于印度等国家和地区的故事的改编，合计收入26则故事。2013年，日本名古屋学院大学教授西胁隆夫编的《蒙古说话集·喜地呼尔》由溪水社出版，除收入中国两位蒙古族学者色音和陈岗龙根据内蒙古人民出版社1957年版《喜地呼尔》合译的日语译本外，还附了斧原孝守教授编集的《喜地呼尔类话资料》及解说。

《蒙古说话集·喜地呼尔》日文本封面

1957年，少年儿童出版社出版田海燕（1913～1989）收集和编著的藏族民间故事集《金玉凤凰》。该书袭用《僵尸鬼故事》的结构模式，由15个连环故事组成。1980年，《金玉凤凰》由同一出版社再版，收入39则故事。1992年3月，该书再版，增加了大量插图。1962年，由藏学家王尧编译、画家刘继卣绘图的《说不完的故事》由青海民族出版社出版。1983年，李朝群从藏文译成汉文的《尸语故事》由西藏人民出版社出版。这三种书使汉语读者直接

田海燕编著《金玉凤凰》封面

了解了《僵尸鬼故事》类型的西藏民间故事，也使他们间接接触到了印度原著的某些要素，从而成为研究中印民间故事流变和中印比较文学的重要文献。

印度《僵尸鬼故事》与西藏、蒙古和汉地文学的关系，此类故事的流传和嬗变，引起国内外学者的兴趣和关注。金克木在其所著《梵语文学史》(1964)中评介了《僵尸鬼故事》的由来、内容及影响等方面的情况，使这部故事集在中国的印度学界和外国文学界广为人知。黄宝生在季羡林主编的《印度古代文学史》(1991) 中进一步论及这部故事集。1994年，中央民族大学蒙古族研究生陈岗龙完成《蒙藏〈尸语故事〉比较研究》硕士学位论文。1995年，陈岗龙在《西北民族研究》第1期发表题为《〈尸语故事〉：东亚民间故事的一大原型》的长篇论文，对《尸语故事》在蒙藏地区的流变进行了详尽探讨。同年，刘守华著《比较故事学》由上海文艺出版社出版，内容涉及《僵尸鬼故事》在中国及世界上的流传和影响。21世纪伊始，梵文学者蒋忠新所译《僵尸鬼故事》全本，收在人民文学出版社出版的《故事海选》(2001) 中，为中国学者深入进行比较研究作出重要贡献。

（刘建）

Jiang Jieshi Fufu Fangwen Yindu

蒋介石夫妇访问印度 Visit of Chiang Kai-shek and His Wife to India 1942年2月5～21日，应英属印度总督V.A.J.霍普邀请，中华民国国防最高委员会委员长、盟军中国战区统帅蒋介石对印度进行正式访问。夫人宋美龄及外交部长王宠惠、宣传部副部长董显光等人陪同。2月4日，代表团由重庆乘专机出发，经昆明、缅甸腊戍，于2月5日飞抵印度加尔各答。

蒋介石先后在加尔各答、新德里与英印殖民当局官员就太平洋战争战况、中印关系、印度政治时局等进行了会谈。2月7日，在加尔各答会见了孟加拉省长J.A.赫伯特。2月10日，与随行官员在新德里与霍普进行会谈。2月12日，双方代表继续就修筑中印公路进行会谈。会谈取得一系列成果：①双方就修建中印公路具体方案达成共识。②双方计划合作假道拉萨运输援华军事物资。③双方就在印度境内兴建大型机场，以开辟对华运输的空中航线进行了磋商。④双方同意互派半外交性质代表常驻新德里和重庆。⑤双方同意在加尔各答设立对华联络机构"对华事务专局"。

蒋介石在印度会晤J.尼赫鲁 1942

蒋介石还先后多次与印度民族独立运动领袖会谈。2月11日，与J.尼赫鲁、A.K.M.A.阿扎德会谈。2月15日，再次会见尼赫鲁。2月17日，与M.A.真纳会谈。2月18日，与M.K.甘地在其友人G.D.比尔拉家中会谈。在一系列会谈中，印度民族运动领袖得以了解中国抗日战争的情况，表示对中国人民反抗侵略的支持。甘地也明确表示，虽然不会妨碍中英在反对日本侵略方面的合作，但也不会放弃反抗英国对印度殖民统治的非暴力不合作，并希望蒋介石向英国施压，使印度获得独立。

2月19～20日，蒋介石与宋美龄赴国际大学参观，并为国际大学题词"交邻有道"，还向国际大学捐赠5万卢比，向国际大学中国学院捐赠3万卢比。尼赫鲁在谭云山的邀请下一同前往，再次与蒋介石会谈。

2月21日，蒋介石在加尔各答公开

蒋介石夫妇访问印度时与M.K.甘地合影 1942

发表《告印度人民书》，呼吁英国当局要尽早把权力还给印度人民。当晚，代表团由加尔各答搭乘飞机飞抵昆明。

按照访印期间达成的协议，3月3日，沈士华出任中国驻英属印度专员。3月17日，中国举行"印度日"。同年，民国政府在云南呈贡建立国立东方语文专科学校，设印度语科，并开设了印度历史等相关课程。

（张忞煜）

Jiang Shiren

蒋师仁 Jiang Shiren（约活动于7世纪）中国唐代使节。籍贯不详。在中印外交领域发挥过一定作用。贞观二十二年(648)，右卫率府长史王玄策第二次出使天竺，蒋师仁为副使。还没到达，中天竺王尸罗逸多（即戒日王）死，大臣阿罗那顺篡位自立，发兵攻王玄策。王玄策和蒋师仁被擒后，设法逃脱。二人到达吐蕃，调发精锐1 200人，联合泥婆罗国（今尼泊尔）7 000多骑兵，向中天竺国都曲女城反攻。连战三日，大胜。阿罗那顺弃城逃跑，被蒋师仁擒获。蒋师仁率部乘胜降服城邑580所，天竺震慑惊惧，派遣使者朝贡，请回老子像等。蒋师仁事迹见《旧唐书》卷一四八、《新唐书》卷二二一。

（胡俊麟）

Jiang Weiqiao

蒋维乔 Jiang Weiqiao（1873～1958）中国现代学者，教育家，哲学家，佛学家，养生家。字竹庄，号因是子。江苏常州人。

蒋维乔7岁读私塾，20岁中秀才。

1895年考入江阴南菁书院，1896年考入常州致用精舍。1903年应蔡元培邀举家赴上海，在爱国学社任教。并为商务印书馆编小学教材6种。1905年，在商务印书馆主持开办小学师范讲习所、尚公小学、商业补习学校、工人夜校等。1912年，蔡元培任国民政府教育总长，他随同前往，在教育部任职。1913年重返商务印书馆，编辑中学及师范学校教科书。1916年，再度赴京任教育部参事。1917年与黄炎培等赴日本、菲律宾考察教育。在京期间，开始学习佛学，结识诸多佛学界名流。1922年，出任江苏省教育厅厅长，三年后接掌南京的国立东南大学，并开讲佛学课程。1926年二度赴日本考察教育。1929年，应聘于上海光华大学任哲学教授、中文系教授、教务长兼文学院院长等。1938年，任上海正风文学院院长。1949年以后，曾任江苏省人民政府委员、上海市政协常务委员。1958年遭迫害自杀。

蒋维乔一生著作等身。哲学方面有《中国近三百年哲学史》、《中国哲学史纲要》、《宋明理学纲要》(后两书与杨大膺合著）等；佛学方面有《中国佛教史》、《佛学概论》、《佛教浅测》、《佛学纲要》、《大乘广五蕴论注》等；教育方面有《学校管理法》、《心理学讲义》、《新教育学》、《中国教育会之回忆》等。其气功专著更闻名。1914年写成《因是子静坐法》，后又陆续编成《因是子静坐法续编》(1922)、《因是子静坐卫生实验谈——中国医疗预防法》(1950)、《中国的呼吸习静养生法——气功防治法》(1955，即《因是子静坐法提要》)等。1989年，后人将其气功学著作结集为《因是子静坐法汇编》出版。

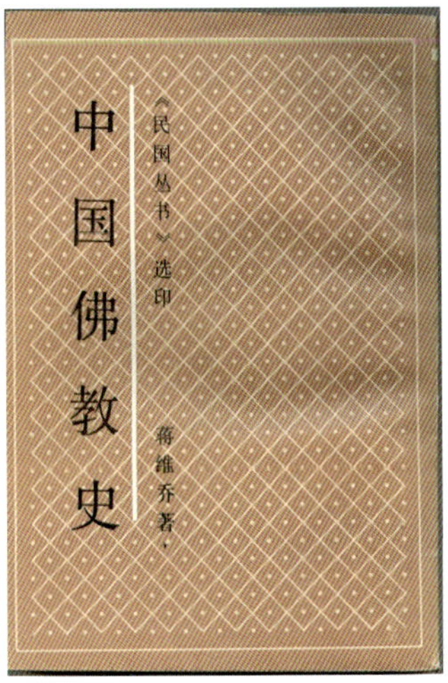

蒋维乔《中国佛教史》封面

蒋维乔在中国现代学术史上有多项开先之举。他是中国现代以西学眼光编写小学教材的第一人，是制订现代教学管理规章的第一人，是在大学开办佛学课程的先行者之一，是以科学方法解释与实践气功养生的第一人。

（薛克翘）

Jiang Zhongxin

蒋忠新 Jiang Zhongxin（1942.02.15～2002.10.07） 中国梵文学者，中国社会科学院亚洲太平洋研究所研究员。在中印文化交流史中起过一定的作用。上海人。1960～1965年就读于北京大学东方语言文学系梵语**巴利语**专业，师从**季羡林**和**金克木**。1965～1978年在中国科学院历史研究所工作。自1978年起，先后进入中国社会科学院北京大学南亚研究所、中国社会科学院亚洲太平洋研究所工作。1979～1982年、1984～1985年在北京大学东语系教授梵文。曾赴丹麦哥本哈根大学（1987)、美国哈佛大学世界宗教研究中心（1988)，以及瑞士洛桑大学东方语言文化系（1994）访学，并任东京国际佛学研究所、日本创价大学国际佛教学高等研究所等学术机构客座研究员。

蒋忠新参与了《大唐西域记校注》(1985）的撰写工作。他自梵文译出《**摩奴法论**》(1986)，系统呈现了印度教传统伦理规范，为研究印度历史、社会、宗教提供了重要依据。该书获韩素音陆文星中印友谊奖。蒋忠新先后辨读和转写了藏于北京民族文化宫图书馆、旅顺博物馆、中国藏学研究中心等多处的《**妙法莲华经**》梵文写本及其他佛典写本，其成果《民族文化宫图书馆藏梵文〈妙法莲华经〉写本：拉丁字母转写本》(1988)由中国社会科学出版社出版。该成果拓展了梵文研究的领域，受到国内外梵文学界的重视。蒋忠新自梵文译出《僵尸鬼故事》，收入《故事海选》(2001)。他发表了多篇学术论文，如《记旅顺博物馆收藏的梵文〈法华经〉写本残片》、《关于〈法华经〉Kashgar（疏勒）写本中语尾-am向-o和-u的转化》、《关于旅顺博物馆藏西域语文书的初步研究报告》等。

蒋忠新译《摩奴法论》封面

（任筱可）

Jiangliangyeshe

畺良耶舍 Kālayaśas（约390～450） 西域僧人，译经家。意译时称。据《**高僧传**》卷三、《**开元释教录**》卷五等，畺良耶舍为西域人，生性刚直，嗜欲寡少，少年出家，精通《**阿毗昙心论**》，博涉律部经典，兼及其他诸经，而尤以禅门最为擅长。南朝宋元嘉元年（424）远渡流沙，来到京城建康（见**南京**）。宋文帝对他深加礼敬，安排他住在钟山道林精舍。后应沙门**僧含**之请，译出《佛说观药王药上二菩萨经》和《佛说观无量寿佛经》各1卷，由僧含自己笔受。不久离开建康，到各地弘传禅法，先到江陵（今湖北荆州)，元嘉十九年再赴四川，后返回江陵，并在此去世，终年60岁。

（葛维钧）

Jiaosaluo

憍萨罗 Kosala，Kośala 印度古代列国时代（前6～前4世纪）十六国之一。又译居萨罗、拘萨罗。

憍萨罗位于**恒河**中游北部，初都阿

憍萨罗都城舍卫城遗址

逾陀，后迁舍卫城。为一古老部落，在史诗时代已居于重要地位。《罗摩衍那》的故事就是在憍萨罗国发生的。在《摩诃婆罗多》所描写的大战中，憍萨罗的巨力国王被认为是俱卢族一方的主要英雄之一。在早期佛教文献的十六国中，憍萨罗被认为是四大强国之一，记述较多。国王波斯匿是日种王朝的创立者甘蔗王的后代，也是佛陀的同时代人，因崇信佛法而在佛教典籍中负有盛名。当时的首都舍卫城南郊有祇园精舍，是佛陀在世时规模最大的精舍，也是最重要的传法圣地之一。波斯匿王同强大的摩揭陀国王阿阇世之间曾为争夺迦尸村落爆发战争，双方互有胜负，最后以联姻和好。波斯匿王晚年被废，其大臣拥立太子毗流勒为王。毗流勒当朝后，据佛教传说，为雪释迦族从前加于他身上的耻辱，曾对他们举兵征伐，大肆杀戮。该王以后，憍萨罗的情况很少记载。一般认为，该国在波斯匿死后，很快就衰落了，最终被摩揭陀国的湿术那伽王吞并。

（葛维钧）

Jiaoshangmi

憍赏弥 Kauśāmbī 印度古代著名城市。在今恒河和亚穆纳河交界处的科萨姆。印度教典籍、原始佛典以及两大史诗《摩诃婆罗多》和《罗摩衍那》等都有关于它的记载。佛经中又译拘尸弥、俱参毗等。该城据传为俱舍（罗摩的后代）的儿子俱商婆所建。列国时代（前6～前4世纪）为跋蹉国首都，其国君邬陀衍那为一代名王。阿育王曾有铭文石柱矗立于此（后在莫卧儿王朝时移徙他处），上称该地为勾赏弥耶。法显和玄奘访印时皆曾来此巡礼。《大唐西域记》说这里"土称沃壤，地利丰植"，只是"伽蓝十余所，倾顿荒芜"。

（葛维钧）

Jiaoran

皎然 Jiaoran（720～约800） 中国唐代诗僧，诗学家。俗姓谢，字清昼，湖州人。自幼有才华，早年出家于浙江杭州灵隐寺，后居吴兴杼山妙喜寺。除通习佛典外，兼攻诸子学说和史书。擅长作诗，后人评他的诗"在唐诸僧之上"。他还有一项重要贡献是在诗歌理论方面，著有《诗式》5卷、《评论》3卷和《诗议》1卷。

皎然的诗收入《皎然集》(即《杼山集》)。在《全唐诗》中，占7卷，数量较大。多属应酬诗，同时也有一些感怀和仿古之作。他的《寻陆鸿渐不遇》写了诗人去寻访好友陆羽（字鸿渐）而未遇的情景，通过写景物和邻人的回答暗示陆羽的性格爱好。可以说是一篇吟咏上乘之作。皎然身为僧人，也写过些

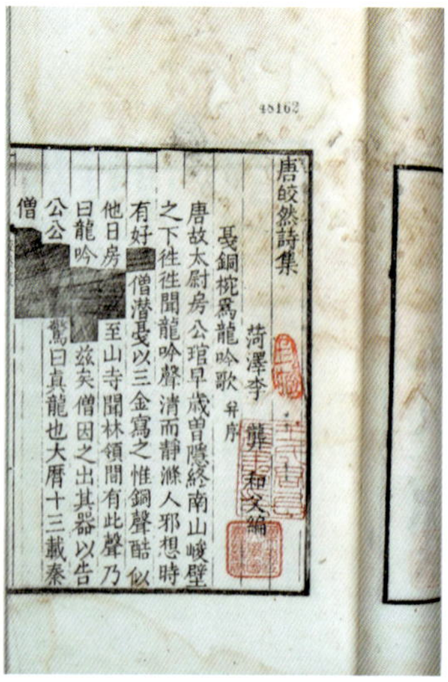

48162

唐皎然詩集

荷澤李龔和父編

長銅椀爲龍吟歌 并序

唐故太尉房公琯早歲曾隱終南山峻壁之下往往聞龍吟聲清而靜滌人邪想時有好 僧潛以三金寫之惟銅聲酷似他日房 至山寺聞林領間有此聲乃曰龍吟 兹矣僧因之出其器以告公公 驚曰真龍也大曆十三載秦僧

《唐皎然诗集》清影刻宋刊本书影

仿古诗、边塞诗，如《昭君怨》、《从军行》、《咏史》、《塞下曲》、《长门怨》等。这类诗似乎与他的僧人身份不太吻合，这是唐代整个诗歌趋势裹挟的结果。皎然是位博学的诗僧，通过这类诗来表现人间的苦难和忧烦，但与他的僧人身分并不矛盾。

（薛克翘）

Jiaofang Ji

《教坊记》 中国唐代汉族俗乐（歌舞百戏）论著。见崔令钦。

jie

劫 kalpa 印度时间单位。又译劫波。据婆罗门教文献，一劫是梵天的一天，包含1 000个时代，等于世间的43.2亿年。劫末之时一切毁灭，世界周而复始。一劫包含4个时代：圆满时代、三分时代、二分时代和争斗时代（也称迦利时代）。现在处于争斗时代。

在佛教文献中，一劫并无具体年数，而是一个长到不可思议的时间概念，有多种名目而说法不一。一般分为大劫和中劫，中劫也译作小劫。八十中劫为一大劫，一大劫又包括成、住、坏、空四劫，各有二十中劫的时长。住劫之中又有减劫、增劫的名目。人寿每百年减一岁，从八万岁减至十岁是一个减劫；每百年增一岁，从十岁增至八万岁是一个增劫。佛陀是在减劫之中人寿百岁时出世。坏劫之中由大三灾而毁灭世界，大三灾即水劫、火劫和风劫。各个中劫之中又分布有小三灾，分称疾疫劫、刀兵劫和饥馑劫。大劫之数积累至阿僧祇（意译"无数"）这个巨大的数量单位，称为阿僧祇劫，据说成佛需经三大阿僧祇劫的累世修行。在大乘佛教文献中，过去、现在与未来的住劫分别称为庄严劫、贤劫和星宿劫。贤劫又称善劫，意即此劫有佛出世而幸运贤善。但对于贤劫出世佛陀的数量诸文献记载不一，有五佛、五百佛、一千佛等不同说法。后期巴利语文献中还将劫区分为空与不空两种。空劫中无佛、独觉、阿罗汉、转轮王出世，不空劫则相反。

劫的概念很早就随佛教传入中国，如今已成为中国常用词汇，并出现一些成语，如"浩劫"、"劫难"、"万劫不

复”等。

（叶少勇　李灿　葛维钧）

Jiebojing

劫波经　Kalpa-sūtra　印度教经典。属吠陀六支之一，用格言体写成。讲述吠陀祭祀的仪节和人在一生各个时期的正当行为方式，为六支中最重要的一种。下分所闻经，讲祭祀的方法；家范经，讲家祭和人生重要阶段的不同礼仪；法经，讲人的社会责任和宗教义务；绳经，讲祭坛的设置。在印度教徒生活中起着重要作用的大批法论就是在法经的基础上发展起来的。

（葛维钧）

Jiejing

《劫经》　*Kalpa*　耆那教白衣派圣典。又称《仪轨经》。内容包括：耆那教奠基者大雄的传记；该派教祖传承、内部派别及其首领之名；雨季夏居时苦行僧的戒律。传说初为贤臂（约活动于前4世纪）所撰，公元5世纪白衣派在伐腊毗（今印度古吉拉特邦西部卡提阿瓦半岛地区）结集时最终完成。该经记有直至该结集的主持人提婆罗提为止的近30代教主的名字。估计最古老的即第三部分出自贤臂之手，其他两部分则由提婆罗提续成。后世曾为此经做了大量注释。它被白衣派奉为首要经典，但不为裸体派（天衣派）所承认。

（葛维钧）

大雄的母亲的祥瑞之梦　《劫经》插图

Jiejiboyi

杰吉博伊，J.　Jamsetjee Jejeebhoy（1783～1859）　印度商人。全名詹姆塞特吉·杰吉博伊。19世纪上半叶主宰印度孟买对华贸易。他是一名来自古吉拉特邦小镇纳夫萨里的孤儿，少时即来孟买帮舅父料理销售瓶子的生意。杰吉博伊在觉察到对华原棉出口贸易激增后，迅速抓住商机。他在19世纪前十年数度访问中国，为日后生意的兴旺发达奠定基础。在一次旅途中，他与W.贾迪恩结识。贾迪恩后来与他人共同在中国滨海地区创办了知名的怡和洋行。

杰吉博伊与其中国秘书

1807年之后，杰吉博伊坐镇孟买，指挥着自己庞大的不断扩张的商业帝国。他主要从事对华原棉和鸦片贸易。他是怡和洋行在华鸦片贸易的主要承运商，是孟买对华贸易中拥有极大权势的人物。他麾下的货船，如“成功”号、“孟买城堡”号、“威廉堡”号和“夏洛特”号等，在中国广州－澳门地区频繁出现，为人熟知。孟买众多从事对华贸易的小商人，将自己的货物委托他麾下的航运公司承运。除与其他印度商人和在孟买及中国沿海地区的英国商人关系密切外，杰吉博伊还和广州地区的中国商人，尤其是香港富商伍秉鉴（又名吴秉俭），保持着良好关系。

19世纪40年代始，印中海上贸易发生变化，包括英国私家贸易商的涌入和蒸汽机船的出现，使杰吉博伊及其商业帝国处于不利地位。他的公司再也无法主宰这一贸易领域，尤其是在他1859年去世之后。杰吉博伊是孟买历史上一个令人崇敬的人物。他不胜枚举的慈善活动，包括他在孟买建立的几所知名的医院和教育机构中所发挥的作用，特别令人称道。杰吉博伊身后一笔令人关注的遗产，是他留下的大量信函。这些信函现存于孟买大学图书馆，是现在有关孟买和中国早期贸易发展的主要原始资料之一。

（玛妲玉撰　刘文亮译）

Jiezun Quejijianzan

杰尊·却吉坚赞　se ra rje btsun chos kyi rgyal mtshan（1469～1544）　中国藏传佛教高僧，寺院教育家。出生于西藏娘堆休波雄地方蒙周琼泽一官员家庭，父亲名囊苏索南培，母亲名卓玛本。5岁时受法王根敦珠巴的长寿灌顶。7岁时在奈宁寺亲近贡噶德勒仁钦，出家受沙弥戒，取名却吉坚赞，听讲佛法。13岁时进扎什伦布寺，主要师从贡钦却觉贝桑，学习五部大论。18岁时成为论师。23岁担任扎什伦布寺的掌堂师，并不时外出游学辩经。24岁时赴拉萨，入色拉寺，在聂顿班丹伦珠座前听讲《入中论疏》、《了不了义》、《戒律品注释》、《霍顿修心论》等经论。之后，在色拉孜修行地闭门研读佛教经论，博通般若经；同时在喜饶桑布座前受比丘戒。27岁时遵照奈宁寺法主之命，返回后藏地区，讲授显密佛法。43岁时任色拉寺切扎仓学院堪布。杰尊·却吉坚赞曾在布达拉宫和内邬庄园等处与萨迦派格西学僧多次辩经。他曾先后担任达孜仁钦岗寺堪布、色拉寺第12届法台。70岁时代二世达赖喇嘛·根敦嘉措再次担任

色拉寺法台。73岁时将色拉寺教学事务交给喜饶僧格法主，入住德庆桑俄喀寺，专注于修行，直至去世。

杰尊·却吉坚赞著作颇丰，代表作有《现观庄严论解析》、《辨析了义不了义之总纲·断除谬论宝鬘》、《意色辨析》、《入中论辨析》和《甚深空性能止谬论·消除邪见经论》。此外，他在寺院教育方面也作出很大贡献，为寺僧编撰的五部大论教程，得到格鲁派高僧的高度评价，成为色拉寺乃至许多格鲁派寺院的教科书，史称"色拉杰尊教程"，对藏传佛教寺院教育发展起到重要作用。

（尕藏加）

jiejiafuzuo

结跏趺坐 niṣīdati paryaṅgam ābhujya 佛教修禅的坐法。佛教认为是释迦牟尼的坐姿，后简称跏趺、跏坐、结跏等。《大

菩萨结跏趺坐像

智度论》卷七说："诸坐法中，结跏趺坐最安稳，不疲极，此是坐禅人坐法。"跏是以足相加的意思，趺是脚背的意思。结跏趺坐即将双脚交加于双股之上，即俗说盘腿而坐，谓之全跏趺坐。单脚（或左或右）置于股（或右或左）上谓之半跏趺坐。严格意义上的结跏趺坐是全跏趺坐，分为两种：先以左足压右股，再以右足压左股，足心朝上，称"吉祥坐"；反之则称"降魔坐"。相传释迦牟尼在菩提树下打坐冥思，即采取吉祥坐，因而后世僧人修禅多采用之。密教僧人则将吉祥坐称为"莲花坐"，而以半跏趺坐为吉祥坐。

（薛克翘）

jiexia

结夏 佛教律仪。南朝梁宗懔《荆楚岁时记》说："四月十五日，天下僧尼就禅刹挂褡，谓之结夏。"印度佛教规定僧尼不得在雨季外出，以免伤害生灵，被称为"雨安居"。中国气候与印度不同，规定四月十六日至七月十五日为"夏安居"，又称"坐夏"。开始坐夏，谓之结夏，又称结制。这本来是佛教内部的规矩，但与民众生活有关，一些信众要在此期间向僧尼提供施舍、供养，有时政府部门也提供资助。僧尼也在寺院举行佛事，为国家和民众祈福。南宋吴自牧《梦粱录》卷三："四月十五日结制，谓之结夏。盖天下寺院僧尼庵舍设斋供僧，自此僧人安居禅教律寺院，不

中国四川阿坝朗措玛寺僧众结夏安居场面

敢起单云游。自结制后，佛殿起楞严会，每日晨夕合寺僧行持诵经咒，燃点巨烛，焚爇大香。或有寺院，朝廷降赐钱会、匹帛、金银钱，启建祈忏会四十九昼夜，每日六时修忏，祈国安民，其僧一刻不敢妄出，斋戒严肃，不敢触犯，神天报应在目前。大刹日供，三日或五日换堂，俱都寺主办，皆十方檀信施助耳。盖孟夏望日，乃法王禁足、释子护生之日，自此有九十日，可以安单办道。"

（薛克翘）

Jielingjia

羯陵伽 Kaliṅga 印度古国名。又作伽陵迦、迦陵哦、迦陵等。

羯陵伽位于印度东部滨海地区，在哥达瓦里河与马哈纳迪河之间，其地域约当今奥里萨邦，都城弹陀补罗。古代典籍往世书曾经提到过它的32位统治者。一度为摩揭陀的难陀王朝（约公元前346～前324）所征服，后复独立。孔雀王朝（公元前324～前185）初年，塞琉古派往孔雀王朝的使节麦伽斯提尼也提到此国，称其军队强大，有步兵6万，骑兵1 000，战象700头。该国海外贸易发达，经济繁荣。大约在公元前260年，孔雀王朝的第三代君主阿育王通过一场残酷的战争并吞了它。战争导致10万人丧生，15万人被虏，以及同样数目的人间接死于战祸。据称，阿育王对于征伐所带来的灾难深感悔恨，遂改行和平的"正法"政策。另有说法认为他从此开始宗信佛教。阿育王去世后不久，羯陵伽在公元前3世纪末重获独立。至公元前2（或前1）世纪，喀罗吠剌王统治时期又复强盛，曾使摩揭陀臣服，并攻占了王舍城，其兵力西达旁遮普，南达潘地亚。他去世后，国势再度衰落。中国唐代高僧玄奘游印曾去该国，发现此地是一个富庶的地方："稼穑时播，花果具繁，林薮连绵，动数百里。"过去也是"民俗殷盛，肩摩毂击，举袂成帷"，十分兴旺发达。但是到他访问时，已有多年呈现荒凉景象，"颇渐迁居，犹未充实，故今此国人户尚

羯陵伽太阳神庙遗址雕像

少”。另据唐代高僧义净译著《根本说一切有部毗奈耶杂事》卷三十九记载，“佛有四牙舍利，……一在羯陵伽国”。后于公元4世纪后叶，该国王子陀多将它秘密带往师子国（今斯里兰卡）。据称今康提城供奉的就是此颗佛牙舍利。

（葛维钧）

Jieshi

羯师 Kashkar，Kashghar，Qashqar

古代西域国名。见双靡。

Jie Shenmi Jing

《解深密经》 *Saṃdhi-nirmocana-sūtra*

大乘佛教经典。其名称意为能解佛法深密奥义，是瑜伽行派的根本经典之一，中国法相宗立宗所依的“六经十一论”之一。详细阐述了诸法唯识、三性三无性、瑜伽行派的禅定观等重要概念，对后世产生了深远影响。一般认为，《解深密经》是中期大乘经典，即从龙树后至于无著、世亲时期，约于3世纪成书。瑜伽行派以该经之密意来支持自身的唯识学说。又因该经的言语独特，其文本结构、论述方式极其似论，故被称为“经中之论”（窥基）。

依玄奘译本，《解深密经》分为八品。若依境、行、果的判摄，第二到第五品为明境，第六、七品为观行，第八品为得果。《序品》讲述该此经缘起。佛陀在十八圆满受用土中，显现出二十一种功德受用身，并与无数具足十三种功德的大众声闻、具足十大功德的大菩萨众共此集会的情景。《胜义谛相品》明真谛境。“诸圣者以圣智、圣见离名言故，现正等觉。”胜义谛相是远离名言之边见，不可言说、绝诸诤论。同时，它超越寻思所行，远离诸法的一异相，而遍于一味相。《心意识相品》明世俗境。论述了阿陀那识、阿赖耶识、一切种子心识、心等第八识之异名及其功能差别。《一切法相品》明三性境。论述唯识的三性说，即将一切法相分为遍计所执性、依他起性、圆成实性。《无自性相品》明三无性境。所谓三无性，即相无自性性、生无自性性、胜义无自性性。该品还论及三时教法。《分别瑜伽品》论述了奢摩他、毗钵舍那的内涵、类别及诸功能奥妙，并进一步阐明一切唯识所现之理。《地波罗蜜多品》对菩萨十地与十波罗密多行进行了广解。《如来成所作事品》论述了如来法身相与其化身诸相。该品最后还略说契经、调伏、本母、不供外道陀罗尼之义。

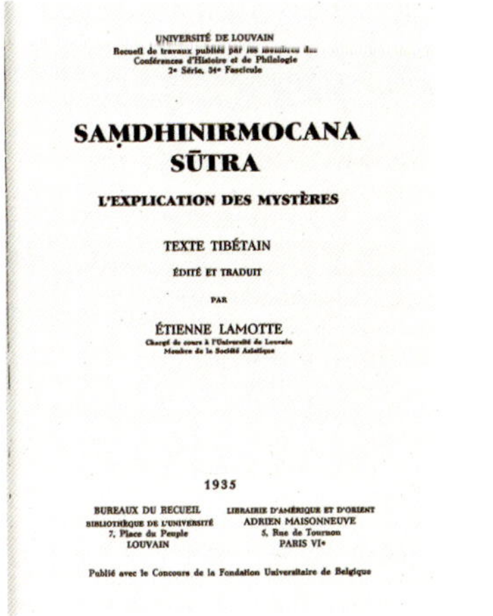
UNIVERSITÉ DE LOUVAIN
Recueil de travaux publiés par les membres des Conférences d'Histoire et de Philologie
2e Série, 34e Fascicule

SAṂDHINIRMOCANA SŪTRA

L'EXPLICATION DES MYSTÈRES

TEXTE TIBÉTAIN

ÉDITÉ ET TRADUIT

PAR

ÉTIENNE LAMOTTE
Chargé de cours à l'Université de Louvain
Membre de la Société Asiatique

1935

BUREAUX DU RECUEIL
BIBLIOTHÈQUE DE L'UNIVERSITÉ
7, Place du Peuple
LOUVAIN

LIBRAIRIE D'AMÉRIQUE ET D'ORIENT
ADRIEN MAISONNEUVE
5, Rue de Tournon
PARIS VIe

Publié avec le Concours de la Fondation Universitaire de Belgique

《解深密经》E.拉莫特1935年藏译校勘与法译本封面

《解深密经》的梵文本一直没有被发现，然而《瑜伽师地论·摄抉择分》之《菩萨地》（玄奘译本第七十五至第七十八卷）全文引用了该经除《序品》之外的各章。借由已发现的《瑜伽师地论·摄抉择分》梵文残叶，松田和信发表了《解深密经》从《分别瑜伽品》末尾到《地波罗蜜多品》中间部分的梵本，他还比定出柏林所藏的出自中亚的一片梵文残叶，约抄于5世纪，对应于玄奘译本《胜义谛相品》的中部数行。此外，还有其他梵文文献对该经的少量征引。《解深密经》的汉译本有4种：求那跋陀罗译《相续解脱地波罗蜜了义经》1卷（T678）及《相续解脱如来所作随顺处了义经》1卷（T679），菩提流支译《深密解脱经》5卷（T675），真谛译《佛说解节经》1卷（T677），玄奘译《解深密经》5卷（T676，藏译本为D106）。比利时学者E.拉莫特1935年曾校勘出版该经藏文本并译为法文，其中依藏译分为10品并编分细目，现代国际学界对《解深密经》的征引大多依据拉莫特的品目编号。

《解深密经》的汉语注释现仅存圆测《解深密经疏》9卷（X369），其他注释如令因《解深密经疏》11卷、玄范《解深密经疏》10卷、元晓《解深密经疏》3卷、憬兴《解深密经疏》皆已佚失。无著所作《解深密经释》只有

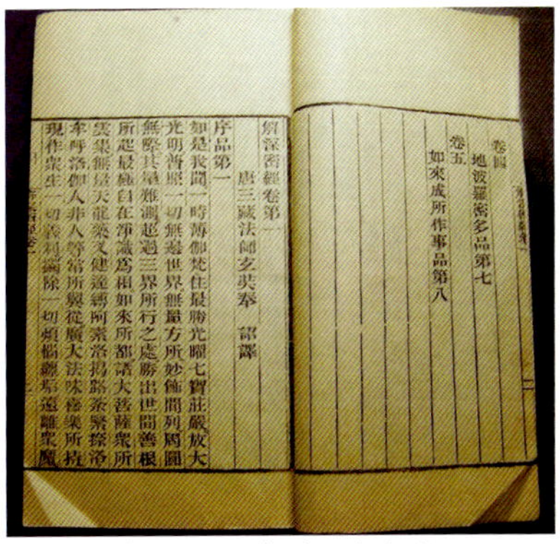
《解深密经》清刻本书影

藏译本（D3981）存世。及至近代，有太虚大师的《解深密经纲要》。

（张涵静）

jietuo

解脱 vimukti 印度宗教哲学中的重要范畴。各主要宗教派别中都有这方面的内容。奥义书等印度圣典中已可明显看到这种观念的早期形态。婆罗门教、佛教、耆那教等均将其视为人人追求的最终目标。这一观念也传入中国，对中国宗教有影响。

奥义书哲学解脱观 古代印度人所说的“解脱”，主要是指从痛苦的状态中摆脱出来。印度宗教一般认为，生命的特定形态就是轮回，轮回充满了痛苦，而解脱就是脱离轮回。

解脱观念在印度最早见于奥义书。奥义书哲学认为轮回状态在本质上是痛苦的，跳出轮回，摆脱痛苦，即是解脱。奥义书中提到有两种“道”：“祖道”和“神道”。祖道是轮回之道，神道是解脱之道。

奥义书思想家认为，最高层次的解脱与对“梵”、“我”关系的认识直接相关。“梵”是奥义书哲学乃至整个印度哲学的核心概念。在奥义书中，梵被大多数思想家描述为一切事物的本体，宇宙的最高实在。梵在本质上是一种“识”，但又不同于世间一般的意识。梵是不能用一般概念来理解和描述的。“我”一词，音译为“阿特曼”。其在奥义书中通常在两种意义上使用：一是指“小我”或个体灵魂，即在作为人的身体器官的主体或人生命活动的中心这种意义上来使用；另一种意义即指梵。许多奥义书在论述作为世界本体的梵时，不用梵这个词，而仅用“阿特曼”。

这种“我”就是所谓“大我”。

在奥义书中讨论梵我关系的众多思想家中，占主导地位的观点是“**梵我同一**”。他们认为，作为宇宙本体的梵（大我）和作为人的个体的我（小我）在本质上是同一的。梵是一切的根本，是小我的本质。世俗之人把梵与小我看作不同的东西（仅认为小我是人的根本），而不认识梵，这就是无明或无知。无明促使人去追求并不存在的东西。这追求会付诸具体的行为，而行为被认为会产生种种“业力”，推动人在轮回中受苦。而要消除痛苦，达到解脱，就要获得最高的智慧。这种智慧就是认识到“梵我同一”。在这种境界中，人不再追求梵之外的东西，不再认为有区别于梵（大我）的我（小我）。有这种认识的人就不再有欲望和行为，没有行为也就没有业力，没有业力也就没有轮回，即达到了解脱。《**广林奥义书**》中说：“认识梵者，直升天界，达到解脱。”奥义书中的解脱观念对印度后世宗教哲学派别的解脱观都有影响。

六派哲学解脱观　印度婆罗门教各哲学派别约在公元前300年至公元初就有出现。主要有**数论派**、**瑜伽派**、**胜论派**、**正理派**、**弥曼差派**和**吠檀多派**六个派别，后世称为“**六派哲学**”。这些派别有各自的解脱观。

吠檀多派直接继承奥义书中的解脱观，认为达到梵我同一即解脱。吠檀多派中影响最大的思想家**商羯罗**认为，解脱可分为两种，即“渐解脱”和“真解脱”。渐解脱是人死后小我至梵界享乐，是不彻底的解脱；真解脱是在消除无明，认识大我或梵以后获得的解脱，是一种“无身解脱”。在商羯罗看来，人的本性是纯净的，真解脱仅在于消除

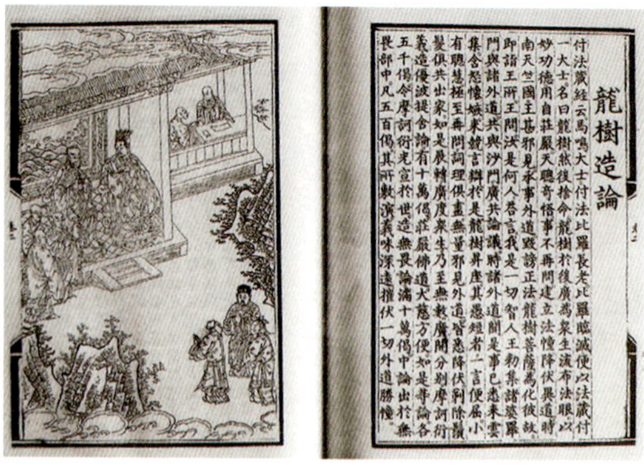

《龙树造论》书影

无明，认识大我或真正的梵。弥曼差派论述解脱问题较多的是该派8世纪左右的两位思想家**普拉帕格拉**和**枯马立拉**。他们认为，要遵循婆罗门教圣典所规定的原则来消除法与非法，使“我”不能回到轮回世界中去，即为解脱。根据枯马立拉的观点，解脱是“我”摆脱一切痛苦，处于自身本性之状态，是“我”所附之现在的身体毁灭和不生未来身体的状态。

数论派认为，轮回状态主要由物质性的实体“**自性**”和精神性的实体“**神我**”结合产生。解脱就是跳出充满痛苦的轮回世界。离苦的途径是阻止二者结合。瑜伽派认为，生命产生的过程或轮回中的一切都是痛苦的。造成痛苦的原因是“能观”和“所观”的结合，通过瑜伽修炼，达到“法云三昧”，就可以根除一切烦恼与不净，获得解脱。胜论派认为，轮回现象是“我”与身体的结合，造成这种结合的是“**不可见力**”。不可见力是人的善恶行为所产生的一种力量。当不可见力不存在时，“我”与身体的结合就不存在，轮回状态结束，人就获得解脱。正理派认为，解脱就是摆脱轮回中的痛苦。轮回也就是生命形态的存在。这种形态的出现与人的行为产生的业力有关，业力与错误的认识有关。而要消除错误的认识，就要获得正确的知识。正理派认为，正确的知识与人能够恰当地推理和辩论有关，与人的思维方法有关。而这方面的知识主要存在于该派的“**十六谛**”理论体系中。认识了十六谛，人就能消除错误的认识，达到“至善”状态，也就进入了解脱境界。

卧佛像　印度拘尸那迦

佛教解脱观　印度佛教的解脱观主要表现在它的“**涅槃**”理论中。涅槃（梵语为nirvana，**巴利语**为nibbana）的原意是“熄灭”。在佛教中，其主要意思是烦恼的灭除，达到无烦恼的最高境界，即获得最高觉悟或解脱。印度佛教的不同流派虽然都讲涅槃，但对涅槃的解释并不完全相同。印度佛教认为，人世间充满痛苦，痛苦与人的贪爱或欲望直接相关，而欲望又来自人的无明。世间事物或人生现象不过是因缘的分分合合。处于无明中的人却认为有常存永在的事物，并追求自我的永恒存在。但这种追求最终不能实现，因为事物是无常的，人生是短暂的，生命现象中没有永恒的个体（我）。当人怀着无明的观念去追求不能获取的事物时，就会有种种烦恼和痛苦。若认识到事物或人生现象是缘起、无常、无我的，那么也就消除了无明，就不会再去追求不存在的事物，就不会有贪欲。这样就能灭除烦恼和痛苦，也就达到了涅槃或解脱。

印度小乘佛教认为，若要达到涅槃，就必须出家，过禁欲生活，强调个人的解脱，不强调帮助他人解脱。针对小乘佛教的解脱观，大乘佛教提出了普度众生的观念，强调涅槃与世间的统一。如《**妙法莲华经**》卷第五中说，为度众生故，方便现涅槃，而实不灭度。此经要表明的是，涅槃并不与世间隔绝，涅槃了还要住于世间，因为还要为众生说法，要教化众生入佛道。印度大乘佛教中观派的经典《中论》卷第四中说，涅槃与世间，无有少分别。世间与涅槃，亦无少分别。强调了涅槃是与世间有关联的一种精神或认识境界，认识到诸法毕竟空，但又不执着于任何偏见。

印度佛教经典《**大般涅槃经**》重新确立了涅槃与世间的界限，在一定程度上维护了佛教僧团的独立性。但从佛教深入世俗社会的角度来看，它又不如中观派的理论便利，因为中观派的“实相涅槃”理论为大乘佛教深入世俗社会进

行宗教活动提供了重要的理论依据。

耆那教解脱观　印度最古老宗教派别耆那教认为，解脱是指作为人或生命现象等的主体的“命我”（灵魂）摆脱轮回的状态。耆那教认为命我可以分为两种：处于轮回状态中的命我和达到解脱的命我。前者是受束缚的，后者则摆脱了束缚。命我之所以陷入轮回，受到束缚，是由于身、语、意的行为所产生的业的物质流入其中，使命我与物质结合形成身体，轮转于生死。这种业的物质流入命我称为“漏”。要解脱就必须灭漏，使命我脱离物质。关于灭漏或达到解脱的途径，耆那教的经典《谛义证得经》认为，依靠该教的“三宝”，即正确的信仰、正确的智慧和正确的行为，命我将摆脱物质的束缚，达到自由的解脱状态。

在中国的传播和影响　印度的宗教哲学解脱观念随佛教传入中国。汉译《大般涅槃经》等佛典直接论述了佛教的涅槃观念。在中国，大乘佛教的解脱观念流行最广。中国人理解的印度解脱观念，主要是指成佛或觉悟。这在中国佛教的一些主要宗派中都有体现。中国佛教宗派之一禅宗的经典《坛经》提出：“佛法在世间，不离世间觉。”展示了中国佛教对解脱或成佛的一种基本看法，即要在世间中觉悟或解脱。净土宗所尊奉的印度佛典将往生西方净土等作为解脱的主要内容。其他中国佛教宗派则通常把体悟到本宗信奉佛典的最高智慧作为解脱的境界。这些有关解脱的思想在中国民众中广为传播，对中国文化有深刻的影响。

传入中国的印度思想除佛教外，还有印度婆罗门教的思想。这些思想中也包括解脱观念。印度六派哲学中的数论派和胜论派的重要文献，如《金七十论》和《胜宗十句义论》等在中国古代被全文翻译成汉文本，使中国人了解到印度的教哲学关于解脱的一些基本思想。这些思想与佛教思想对中国文化有不同程度的影响，是中印古代文化交流的重要内容。

在中国近现代，印度宗教哲学中的解脱思想仍有影响，佛教中的这类内容仍然起着主要的作用。学术界在研究印度宗教文化时极为关注解脱观念，中国学术期刊常登载这方面的论文，中国也出版过有关此类内容的专著。

（姚卫群）

Jietuo Dao Lun

《解脱道论》 *Vimuttimagga*　小乘佛教论书。成书于2世纪左右，部派归属不详。据学者考证，该论可能是传承锡兰（今斯里兰卡）上座部佛教中无畏山寺派观点的作品。原本已不存，存汉译本（T1648）。根据汉译本卷首的记载，该论由优波底沙阿罗汉所作，由扶南国（位于今中南半岛南部）沙门僧伽婆罗于南朝梁武帝天监十四年（515）译出。另有9世纪的藏译本（D306），相当于汉译本第三卷《头陀品》。英译本于1961年出版，日译本收于《国译一切经》论集部。1963年，题名为《解脱道论》的巴利文写本在斯里兰卡的无畏山寺被发现，由宝光等人刊出，但据P.V.波巴特考证，其并非原本，而只包含了后世学人对波巴特于1937年出版的解脱道论与清净道论对勘研究书中部分内容的转译，而且由于译者巴利文和英文能力所限，译文简略、贻误甚多。

《解脱道论》依戒、定、慧三无漏学的顺序展开。序论为第一《因缘品》，于卷首颂出阿含经的偈，提示出全论的指归。戒学由第二《分别戒品》、第三《头陀品》组成，阐明戒的定义、种类、作用以及行头陀行的规范、功德等。定学包括之后的《分别定品》、《觅善知识品》、《分别行品》、《分别行处品》、《行门品》、《五通品》，通过讲解四禅、十不净想、十念、十一切入、四无量心、四大食等概念，阐明定的种类、修行方法及福德。慧学由《分别慧品》、《五方便品》、《分别谛品》构成，阐述慧的定义、种类及功德，内容包含四谛、五阴、十二入、十二因缘、十八界等重要的佛教教理。

关于《解脱道论》的出处、语言、部派隶属，学界尚存争议。但是自发现该论与南传上座部佛教百科全书式的重要论典《清净道论》在内容和形式上的近似性后，已有多位学者对两书进行了比较研究。推测两书同属于南传上座部的巴利佛教，《解脱道论》属当时斯里兰卡无畏山寺派的经典，《清净道论》属传统僧伽大寺派的经典，而觉音有可能是参考了《解脱道论》而于5世纪作成《清净道论》的。另外值得注意的是，汉译本《解脱道论》中发现了大众部甚至大乘佛教的元素，比如大乘佛教的佛十八不共法、菩萨摩诃萨等语，这说明汉译本的译者有可能在翻译的过程中加入了新的教理，或汉译本的底本没有保持该论最古老的形式。

（赵菲）

jie

戒　śīla　佛教概念。三学之一。也是六度中的重要内容。在六度中通常称为“持戒”。音译为尸罗波罗蜜。指佛教僧团要求信徒遵守的一些规定。信众应据此自觉约束自己的行为。这样被认为可以对治恶业，使自己的身心清净。佛教对于不同信众的戒的要求有区别。大小乘佛教的戒也有区别。

（姚卫群）

Jieriwang

戒日王　King Harṣavardhana, Śīlāditya（590～647）　印度古代著名君王，梵语戏剧作家。约605～647年在位。是中印交流史上的重要人物，曾3次遣使来唐。

生平　戒日王属刹帝利种姓，590年生于萨他泥湿伐罗城（今印度塔内沙尔），在其父、兄去世后，于605年前

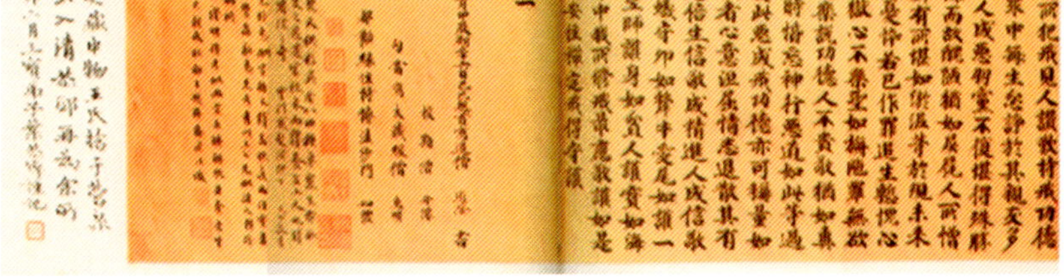

《解脱道论》北宋熙宁元年（1068）刻本书影

戒日王时期浮雕

后即位，继而定606年为喜增元年。妹夫摄铠死后，**曲女城**亦归他统治。他出生时名为曷利沙·伐弹那，意译喜增，简称喜（尊称吉祥喜）、喜天。约620年之后获戒日称号，音译为尸罗阿迭多、尸罗迭多、尸罗逸多等，与喜增等名同时使用。此外，还有“大王”或“王中之王”等名号。

即位后，戒日王凭借父、兄的军队和鸠摩罗王的结盟，经过6年“象不解鞍，人不释甲”的征战，使戒日帝国形成了最初规模。戒日王一生中有两场战争最为重要。一场为奔那伐弹那大战，由戒日王亲率大军攻打高达王设赏迦。此役他大获全胜，但并未杀死设赏迦，而是禁止他离开高达国。另一场为630～634年取悦河大战。在戒日王率领的多国联军和摩诃剌侘国国王补罗稽舍二世之间展开。由于该王象军强大，战士勇敢，戒日王军战败。此后戒日王疆域相对稳定，即以中印度、北印度为主体，以**恒河**和**阎牟那河**流域为统治核心，包括东、西印度的部分地区。

戒日王为印度教信徒，信仰大神**湿婆**，也崇拜**吉祥天女**、太阳、蛇等。作为帝王，他也十分尊重佛教，将其纳入自己的泛印度教系统，以利于自己的稳定统治。

文学创作　戒日王是一位杰出的梵语剧作家，有《**龙喜记**》、《妙容传》、《璎珞传》等剧作传世。三梵剧既显示出他独特的文学造诣，又具有丰富的历史文化研究价值。这几部作品的创作时间约在611～640年，先后次序应为《龙喜记》、《妙容传》、《璎珞传》。对于它们是否真正出自他本人之手，向有争议。后世学者大多认为它们确是他的作品，但**波那**等宫廷文人可能参加部分代撰和修改稿本的工作。

戒日王《龙喜记》藏文本书影

在中印友好往来中的作用　戒日王在中印之间政治文化交流中贡献卓著。他与唐太宗互派使节，成为古代史上最为重要的中印官方外交活动之一。**玄奘**赴印求法，居留期间曾于640年秋末访晤戒日王。据《大慈恩寺三藏法师传》记载：戒日王讨伐恭御陀归来，得知玄奘在鸠摩罗王处，惊曰：“我先频请不来，今何因在彼？”于是派人命鸠摩罗王“急送支那僧来”。鸠摩罗王曰：“我头可得，法师未可即来！”戒日王大怒，更遣使责曰：“汝言头可得者，即付使将来！”鸠摩罗王“深惧言失”，遂亲自率领军队，将玄奘护送至戒日王所在的羯朱嗢衹罗国。戒日王对玄奘礼敬有加，对中国皇帝亦表仰慕，在与玄奘的谈话中，还提到了传自中国的《**秦王破阵乐**》。

641年仲春初一至二十一，戒日王为玄奘举行**曲女城**佛法辩论会。每日供养沙门和婆罗门，并行像、浴佛。戒日王身着帝释天（见**因陀罗**）的服饰，手执宝华盖；鸠摩罗王身着**梵天**的服饰，手执白色拂尘。游行后戒日王亲自将佛像背上西台。法会以玄奘为论主，“竟十八日无人发论”。大乘信众尊玄奘为大乘天，小乘信众尊玄奘为解脱天。会后不久，玄奘辞行。戒日王率领众人送行数十里，又命北印度王乌地多护送。3日后，戒日王和鸠摩罗王轻骑再次送行，并遣使者持国书相送直至汉境。

隋唐年间，中印的民间交往从未断绝。玄奘与戒日王的会晤则最终促成了中印的官方往来。从《**法苑珠林**》、《旧唐书》、《新唐书》等史料可知，641～648年，戒日王与唐太宗互派使臣达6次之多，具体情况如下：

①戒日王首次遣使中国。《新唐书》卷二二一上载：“(尸罗逸多）自称摩伽陀王，遣使者上书。”此次来访时间为戒日王初晤玄奘之后。使者约在640年末或641年初离印，641年下半年抵达唐都。印使所携可能仅有一封以戒日王名义发出的官方书信，信中戒日王自称“摩伽陀王”，并无实际贡物。

②唐太宗首次遣使印度。《新唐书》卷二二一上载：“帝（太宗）命云骑尉**梁怀璥**持节尉[慰]抚。”戒日王的使者于641年下半年到达。唐太宗遣使回访，应于641年当年，至迟不晚于642年。太宗这次遣使虽为礼节性的慰问，但也使戒日王感到惊喜。《旧唐书》卷一九八称：“尸罗逸多大惊，问诸国人曰：‘自古曾有摩诃震旦使人至吾国乎？’皆曰：‘未之有也。’乃膜拜而受诏书。”这次使节回访，推动了中印官方的持续往来。

③戒日王第二次遣使中国。《新唐书》卷二二一上载：“(尸罗逸多）复遣使者随（唐使）入朝。”此次遣使时间应在642年，但更多细节并未见于史书。

④唐太宗正式派遣使臣访问天竺（见**印度**）。此次遣使是太宗一朝最为重要的中印外交活动，持续时间长，使臣任务多，留下的史料也相对丰富。据《旧唐书》卷一九八等载，使团正使为卫尉寺丞**李义表**，副使为融州黄水县令**王玄策**，此外还有书写大觉寺碑的典司门令史魏才和匠人宋法智等20人。出发时间为643年农历三月，于当年农历十二月（即644年初）到达印度。归国时间在646年（一说647年）。使团的主要任务是“送婆罗门客还国”和“取熬糖法”。抵达时，戒日王“遣大臣郊迎”，且“焚香夹道”，后又亲自“率其臣下东面拜受敕书”。离开戒日王宫廷后，唐朝使臣展开“巡省佛乡，览观遗踪”活动，如**灵鹫山**刻铭、大觉寺立碑，以及观礼佛足迹石等。

戒日王送玄奘东归图

⑤戒日王第三次遣使中国。戒日王派遣的使节于647年上半年到达中国。《旧唐书》卷一九八称："(尸罗逸多)复遣使献火珠及郁金香、菩提树。"所献皆珍贵物品，表明戒日王在促进中印交往上心意至诚。

⑥唐太宗再派王玄策率30余人访印。647年上半年，唐使团访印。据《旧唐书》载：入印后，"四天竺国王咸遣使朝贡，会中天竺王尸罗逸多死，国中大乱"。乱臣阿罗那顺篡立，发胡兵以拒王玄策，取胜并将他和随从擒获，又"尽掠诸国贡物"。王玄策"挺身宵遁"，北行向吐蕃借精兵一千二百，向泥婆罗国（今尼泊尔）借七千余骑，返回后大破阿罗那顺。648年农历五月二十日，王玄策返回长安，献俘阙下。联军获胜后，据《新唐书》卷二二一上，"东天竺王尸鸠摩送牛马三万馈军，及弓、刀、宝缨络。迦没路国献异物，并上地图，请老子象[像]"。此迦没路国即玄奘《大唐西域记》中的迦摩缕波，尸鸠摩即《大唐西域记》中的拘摩罗（见俱摩罗）。又据《集古今佛道论衡》卷丙所载，李义表使印时，拘摩罗曾请译《老子》，而唐太宗得闻后亦下诏"令玄奘法师与诸道士对共译出"。据此，有学者认为王玄策使印时，已将玄奘所译梵本交付拘摩罗，而后始有后者进一步"请老子象[像]"事。

历史评价　戒日王统治印度40余年，在印度中心地带建立了盛极一时的强大王国。他不断扩充军队，从"象军五千，马军二万"发展为"象军六万，马军十万"。军队物资充足。经济上，戒日王一朝的中央政府比较节俭，即玄奘所谓"政教和平，务修勤俭"；民生亦受重视，"于五印度城邑、乡聚、达巷、交衢，建立精庐，储饮食，止医药，施诸羁贫，周给不殆"。宗教上，戒日王实行宽松的宗教政策，印度各个派别的宗教都得到了发展。外交上，加强了与周边各国的交往，与迦摩缕波和伐腊毗等国建立了一定程度上的同盟关系；但也与一些国家，如恭御陀国和摩诃剌侘国发生了战争。最重要的是，戒日王礼遇中国的求法僧玄奘，成为中印交流史上的佳话。戒日王与唐太宗六度互派使臣，书写了古代印度与中国最为重要的官方友好往来篇章。文学和艺术方面，戒日王的宫廷文人波那创作了印度历史上最优秀的梵语长篇传记作品《戒日王传》和小说《迦丹波利》，摩由罗创作了梵语诗集《太阳神百咏》。戒日王本人也从事梵语戏剧创作。他的《龙喜记》是一部非常独特的传说剧；《妙容传》中第一次运用"胎戏"的表现手法；《璎珞传》严格遵守梵语戏剧理论的规范，成为后世文论引用的典范。

（张远）

Jieriwang Zhuan

《戒日王传》 *Harṣa-carita*　印度古代传记小说。作者为著名古典梵语作家波那。主要讲述戒日王即位前后的生平事迹。

《戒日王传》撰于612～627年，全书共8章。书前有21首序诗，主要赞颂湿婆大神夫妇及杰出的前辈作家作品。第一章是波那自述家史和生平。第二章讲述他会见戒日王的经过。第三章讲述戒日王的祖先。第四章至第八章讲述戒日王的诞生及其生平事迹。第二章波那会见戒日王时，后者已称王五印度。波那从戒日王的祖先、戒日王的降生一直讲述到他一生中最为精彩的篇章——继承王位。戒日王即位，以美誉王后、光增王、摄铠王和王增之死作为线索，以征服世界、重获王圣（与王权同义）作为结局。叙述在高潮处收尾。小说第八章与第二章波那开始讲述时的情景相呼应。从结构上看，《戒日王传》主线是贯穿着一系列死亡事件的戒日王即位过程。作为研究戒日王早期统治的重要文献，该书具有不可替代的史料价值。

波那采用印度史诗和古典梵语叙事诗的笔法，从文学角度选材，还时常袭用一些神话和传奇，大量使用谐音、双关、比喻和夸张等修辞手法，加上冗长的复合词和成串的形容词，形成一种雕琢繁复的文学风格。尽管如此，将这些文学手法剥离，就可以看到历史的真实。表面上是大量的溢美之词，甚至将戒日王袭位称作天赋神旨，但在深层次上，则是阴谋和真相。看似华丽的辞藻，却虚幻不实。褪去华丽外衣时仿佛不经意间涌现的词句，才是值得作为史料认真考察的部分。

《戒日王传》中提到的不少人物和事件，如摩腊婆的童护和春护、象军首

《戒日王礼佛图》

领室建陀笈多、大臣婆尼、王增遇害等，其真实性都在铭文和其他史料中得到印证。《大唐西域记》主要提供戒日王后期的统治状况，《戒日王传》主要提供戒日王前期生活事迹，两者可互相补充，使人们对戒日王的生平获得完整认识。同时，这篇小说还多方位地展现了戒日王时代印度社会生活的生动画面，包含着有关种姓、职业、宗教、艺术、服饰和风俗习惯等方面的丰富内容，也在另一层意义上体现了它的史料价值。

（张远）

Jiexian

戒贤 Śīlabhadra（约活动于11世纪）北印度来华僧人。据《佛祖统纪》卷四四，戒贤于北宋景德元年（1004）自北印度来到宋朝都城汴京（今河南开封）进献梵经。宋真宗赵恒（997～1022年在位）赐予紫服。

（薛克翘）

Jiexian

戒贤 Śīlabhadra（约活动于六七世纪）印度大乘佛教瑜伽行派论师。音译尸罗跋陀罗。

据《大唐西域记》卷八、《大慈恩寺三藏法师传》卷三等，戒贤为东印度三摩呾吒国（王族，属婆罗门种姓）。少年好学，操行优异，遍游各地，访求名师，至那烂陀寺遇护法菩萨后信悟佛法，受学出家。在护法的指导下，他深究瑜伽唯识论，同时精学因明（见因明学）、声明等学，声誉渐隆。后有一位南印度外道论师，学问深广，穷幽洞微，见护法名高而起嫉妒之心，便不辞道远而来，击鼓挑起论战。护法将赴论场，戒贤来请代师前往，获得允许。论战之日，四方老少咸集。外道大阐宏论，曲尽幽微，戒贤循理责实，予以辩驳，结果外道词穷，蒙耻而退。国王遂以城邑酬赏胜者。戒贤推辞不过，便在当地建起伽蓝。他后来继承护法任那烂陀寺住持，弘传唯识教义，并根据《解深密经》、《瑜伽师地论》等，判定佛陀教法为有、空、中三时教，确认法相大乘为完全讲清了佛教道理的真“了义”，此外亦主张将一切众生的根机分为五类的“五性各别说”。

玄奘西游时，戒贤已106岁，为那烂陀寺大长老，人称正法藏。他虽已不讲课授徒，但不顾年老迈，特为玄奘讲《阿毗达磨顺正理论》、《显扬圣教论》、《对法论》（即《大乘阿毗达磨杂集论》）、《集量论》、《中论》、《百论》等书，而《瑜伽师地论》则前后讲3遍，历时9月。戒贤为世亲一系的法相宗传人。他在佛学思想上对玄奘的启发与影响至深至巨。玄奘回国后，于高宗永徽三年（652）接智光和慧天信，得知戒贤已经辞世，遂在复函中对他的去世深表哀悼，对他在佛教义理传承上的重大贡献充分赞扬，并对他给予自己的教诲和提携表示发自内心的感激。

（葛维钧）

Jin Dinghan

金鼎汉 Jin Dinghan（1930.09.13～ ）中国印度学学者，翻译家。北京大学东方语言文学系教授。在中印文化交流史中起过积极作用。

金鼎汉祖籍浙江诸暨，生于湖南长沙。出身书香门第，叔父是中国哲学家、逻辑学家金岳霖。金鼎汉1955年毕业于北京大学东方语言文学系，是中国首批自主培养的印地语学者。毕业后留校从教，后任东语系教授，兼任中国社会科学院研究员，从事印地语教学与科研工作。先后应邀赴印度德里大学、尼赫鲁大学、贝拿勒斯印度大学，以及英国、美国、荷兰、日本等国的高校讲学。曾任第13届国际《罗摩衍那》大会执行主席、第16届国际《罗摩衍那》大会主席、第10届国际印地语研讨会主席、中国南亚学会顾问。1993年获韩素音陆文星中印友谊奖。同年，被印度总统S.D.夏尔马授予世界印地语荣誉奖。1999年被美国印度大学授予世界杜勒西荣誉奖。2001年6月15日，获印度总统K.R.纳拉亚南颁发的乔治·格里尔森奖，以表彰他为印地语教学研究和中印文化交流所作的贡献。

金鼎汉独立编写了《印地语汉语成语大词典》（1988），合编《印地语汉语大词典》（2000）、《印地语基础教程》（1992）。主要译著包括印度现实主义作家M.普列姆昌德的代表作之一《妮摩拉》（1959）、印度中世纪印地语经典《罗摩功行之湖》（1988），以及印度作家耶什巴尔的长篇小说《虚假的事实》（2000，合译）等。对《罗摩功行之湖》的译介，丰富了中国对印度中世纪虔诚文学和印度教罗摩信仰的研究。此外，曾在国内外刊物上发表《杜勒西达斯》、《〈罗摩衍那〉与中国》、*Tulsidas and Confucius*（《杜勒西达斯与孔子》）等数十篇中英文论文。

（姜景奎　贾岩）

Jingang

金刚 Vajradhara，Vajrapāṇi，Vajra 佛教护法神，中国民间神。金刚力士的简称。金刚力士又称金刚手、金刚持、执金刚、密迹金刚等，意思是手持金刚杵的天神。以威猛力大而为信徒尊崇。至少在晋代翻译的佛教经典中，如西晋竺法护译《密迹金刚力士经》、东晋佛驮跋陀罗译《观佛三昧海经》、东晋失译的《佛说菩萨本行经》等中，都有金刚力士出现。金刚力士作为护卫和侍者而常在佛的身边，听从佛的差遣。如《佛说菩萨本行经》卷中，有恶龙伤害国民，佛与斗法，金刚力士即举金刚杵助战，降伏恶龙。到南北朝梁代，中国民间便有村民于腊日戴面具扮金刚力士驱除病疫的习俗，说明金刚力士此时已成为中国民间崇拜之神。密教中，金刚手或金刚持的地位不断提高，在《陀罗尼集经》等中，金刚力士已发展成为金刚藏菩萨。在真言乘的《大日经》中，发展为金刚手秘密主菩萨。而在《金刚顶经》中，则为金刚萨埵，而且许多护法神都被冠以金刚名号，金刚和明王已经混为一谈，与菩萨并列，但多呈忿怒相。对中国唐代以后产生了很大影响，凡是勇猛威怖之神都可被视为金刚。常在寺庙雕塑、壁画、民间传说与小说中加以

金刚力士像幡 中国甘肃敦煌石窟唐代绢画 现藏英国博物馆

描绘。中国民间也将四大天王称为四大金刚。

（薛克翘）

Jingangcheng

金刚乘 Vajrayāna 印度密教后期阶段的统称。有时用以统称密教。又称金刚教、金刚法门、瑜伽教、瑜伽宗、瑜伽法门等。

据中国学者吕建福研究，金刚乘的形成以《金刚顶经》的编纂为标志。《金刚顶经》是一个庞大的体系，由多部佛经组成，其形成过程也比较长。《金刚顶经》的最初形式为《真实摄经》，大约7世纪中叶编定于南印度。8世纪初形成了《金刚顶经》的系列，其中包括一些仪轨和释文，金刚乘初具规模。8世纪中叶，金刚乘有很大发展，《金刚顶经》由最初几千颂的《真实摄经》发展到由“十八会”组成的一套丛书，包括由佛、菩萨在18个不同集会场所演说的金刚顶法门。金刚乘至此完成了理论建设，形成了完整的修行法，其中有供养法、画像法、曼荼罗法、印法、真言法、成就法等，一应俱全。其曼荼罗称金刚界曼荼罗，又称“九会曼荼罗”，即由9个部分组成的综合性大曼荼罗。

金刚乘至9世纪进入其发展鼎盛时期。9世纪后期，作为其发展的新阶段，“大瑜伽密教”形成。吕建福认为：“这时期的金刚乘中大乐思想很突出，将贪嗔痴三平等，说五欲性解脱，瑜伽观想代替了实际休息。其经典称为‘怛特罗’，其教法称为大瑜伽，这就是大瑜伽密教。”怛特罗，汉传佛教仍译为“经”，藏传佛教则译为“续”（见密续学）。10世纪，金刚乘中出现一个新的流派，即无上瑜伽，或称无上金刚乘。该流派吸收印度教左道修法，主张简单易行、顺其自然、男女双修，因此该派又称易行乘、自然乘（旧译俱生乘）。11世纪，金刚乘的无上瑜伽派中又分化出一个新派别——时轮乘，又称“无二瑜伽”或“终极瑜伽”。至此，佛教被印度教严重渗透甚至改造，呈现衰落景象。

金刚乘的初期经典于8世纪由金刚智译为汉文，此后不空金刚又写出《十八会指归》介绍这18部经的主要内容。《金刚顶经》的18会中，仅第一、第四、第六、第八会有汉文节译，也有部分译为藏文。大瑜伽密教的怛特罗多在10世纪末11世纪初译为汉文，大约同一时期，也出现了多种藏文译本。无上瑜伽派的怛特罗也于11世纪初传入中国内地和西藏。时轮乘的主要经典则主要流传于藏传佛教流行的地区。

天竺僧人金刚智最早来华传播金刚乘密法，其主要弟子有一行、义福、不空金刚等。不空金刚为中国四大译经家之一，所译以密教经典为主。他于译经的同时，还为门徒传授金刚乘密法，是中国佛教密宗的实际创始人。其弟子有百人，追随者数千。得其密法真传的主要有6人，即含光、慧超、惠果、慧朗、元皎、觉超，号称“六哲”。其中，慧朗继承不空衣钵，主要在大兴善寺弘法；含光为印度人，在五台山传法；惠果（746～805）为青龙寺僧，成就最高，不仅受到两朝皇帝优遇，还将密教传至日本、新罗（朝鲜半岛古国）、南洋等地。

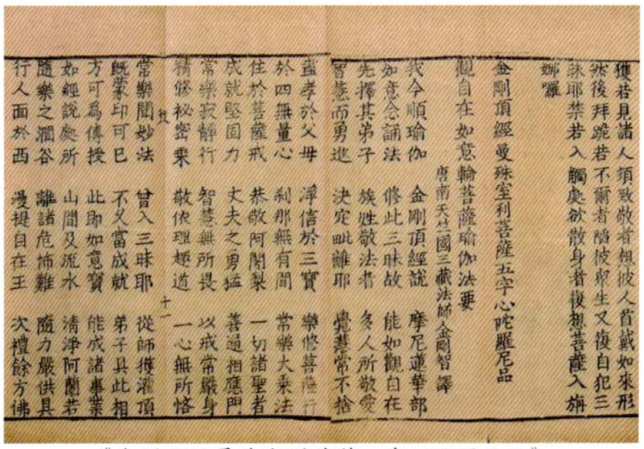
獲若見諸人須致敬者想彼人首戴如來形
然後拜跪若不爾者皆披卵生又復自犯三
昧耶禁若入觸處欲散身者復想菩薩入旃
娜囉
金剛頂經曼殊室利菩薩五字心陀羅尼品
觀自在如意輪菩薩瑜伽法要
唐南天竺國三藏法師金剛智譯
我今順瑜伽 金剛頂經說 摩尼蓮華部
如意念誦法 修此三昧故 能如觀自在
先擇其弟子 族姓敬法者 多人所敬愛
智慧而勇進 決定離耶 覺慧常不捨
盡孝於父母 淨信於三寶 樂修菩薩行
於四無量心 剎那無有間 常樂大乘法
住於菩薩戒 恭敬阿闍梨 一切諸聖者
成就堅固力 丈夫之勇猛 善通相應門
常樂寂靜行 智慧無所畏 以戒常嚴身
精修祕密乘 敬依理趣道 一心無所悋
常樂聞妙法 曾入三昧耶 從師獲灌頂
既蒙印可已 不久當成就 弟子具此相
方可為傳授 此即如意寶 能成諸事業
如經說處所 山間及流水 清淨阿蘭若
隨樂之澗谷 離諸危怖難 隨力嚴供具
行人面於西 漫提自在王 次禮餘方佛

《金刚顶经曼殊室利菩萨五字心陀罗尼品》明刊永乐南藏本书影

藏传佛教中，金刚乘密法的传播更加广泛，其各个派系均显密等修，当中国内地密教传承中断、印度佛教覆灭后，藏传佛教的密宗仍然兴旺，至今不衰。

（薛克翘）

Jingangding Jing

《金刚顶经》 *Vajra-śekhara-sūtra* 多种佛教金刚乘经典的总名。有时特指《金刚顶一切如来真实摄大乘现证大教王经》（简称《真实摄经》）。

成身会曼荼罗图

形成过程 据学者吕建福研究，《金刚顶经》最初的编纂之地，应在今南印度安得拉邦的克里希纳河畔的阿马拉瓦蒂遗址。那里有一座著名的大塔，佛教传说为“南天竺铁塔”，而《大慈恩寺三藏法师传》称为“东山僧伽蓝”。据玄奘记载，7世纪30年代，当地流行金刚手的信仰，且有《执金刚陀罗尼》流行。随后的7世纪中叶，《金刚顶经》的最初形式《真实摄经》出现，是为狭义的《金刚顶经》。8世纪初，《金刚顶经》得以发展和扩充，出现了一系列的经轨和释文。金刚乘随之初具规模。

8世纪中期，《金刚顶经》从最初几千颂的《真实摄经》发展到“十八会”，即佛、菩萨在18个集会上演说金刚顶法门，因此有了《十八会金刚顶经》，即金刚乘的主要经典已达18部之多。由于后来几个世纪金刚乘又在不断发展变化，《金刚顶经》也在不断扩充、创制和改编。但一般来说，《十八会金刚顶经》即通常所说的广义《金刚顶经》。

主要内容　据吕建福《中国密教史》介绍，《十八会金刚顶经》的第一会有四大品，即第一品《金刚界》(即《真实摄经》)、第二品《降三世》、第三品《遍调伏》、第四品《一切义成就》。四品各说六曼荼罗，及多种修行法。第二会名《一切如来秘密王瑜伽》，亦有四大品，广说微细实相理，及降伏摩醯首罗天，并与金刚菩萨酬答。第三会名《一切教集瑜伽》，金刚萨埵回答一切如来108问，说五部大曼荼罗及都会曼荼罗印法、成就法、125种护摩法。第四会名《降三世金刚瑜伽》，金刚藏等八大菩萨各说四种曼荼罗、成就法结印次第、秘密禁戒、秘密修行。第五会名《世间出世间金刚瑜伽》，说五佛曼荼罗及诸菩萨、诸外金刚部曼荼罗。第六会名《大安乐不空三昧耶真实瑜伽》，说普贤菩萨曼荼罗、毗卢遮那曼荼罗、外金刚部曼荼罗，及印法、成就法等。第七会名《普贤瑜伽》，说普贤菩萨及外金刚部曼荼罗等。第八会名《胜初瑜伽》，内容与第七会相似而稍广。第九会名《一切佛集会拏吉尼戒网瑜伽》，说立滋肾为本尊瑜伽、实相离、五部根源、9种瑜伽法、普贤菩萨至金刚拳曼荼罗、引入弟子仪、五部歌赞舞仪等。第十会名《大三昧耶瑜伽》，说普贤菩萨至金刚拳十六大菩萨四种曼荼罗，及引入弟子仪、受四种印法。第十一会名《大乘现证瑜伽》，说诸尊出生，每一尊具四种曼荼罗、四种印，说实相理、心建曼荼罗。第十二会名《三昧耶最胜瑜伽》，重复四曼荼罗、四印说教，说于自身上建曼荼罗等。第十三会名《大三昧耶真实瑜伽》，说金刚萨埵三昧耶真实教法、普贤菩萨十七字真言、适悦不空曼荼罗、四种曼荼罗、诸菩萨曼荼罗、诸外金刚部曼荼罗、十七尊秘密曼荼罗及相关真言、印法、108道契、成就法等。第十四会名《如来三昧耶真实瑜伽》，说普贤菩萨、十六大菩萨四摄成一身，四种曼荼罗、四印法，广说五部互涉圆融，法界即真如，般若即实际等。第

九会曼荼罗示意图

十五会名《秘密集会瑜伽》，说教法坛、印契、真言、禁戒，说世间杂染即是出世间清静，染净无相等。第十六会名《无二平等瑜伽》，说生死与涅槃、世间出世间、自己与他人，均平等无二。第十七会名《如虚空瑜伽》，说虚空三摩地相应法：修行者与一一尊相应，皆量同虚空，离一切万物，无去无来。第十八会名《金刚宝冠瑜伽》，说物部瑜伽曼荼罗仪轨、月轮真言字义观法、不成就二十种相等。

从义理上讲，《金刚顶经》仍然秉持《大日经》的基本理念，强调菩提心论，自称为大乘的传承。但《金刚顶经》十八会皆以瑜伽冠名，故金刚乘又称瑜伽密教。更强调通过进入曼荼罗万神殿，配合真言、手印等进行瑜伽观想，以达到获得成就的目的，因而更重实践而轻义理。

金刚界曼荼罗　又称“九会曼荼罗”，即《金刚顶经》第一会中所说的九种曼荼罗。

在第一会的《金刚界品》(《真实摄经》)中说有六种曼荼罗：金刚界大曼荼罗（简称成身会）、陀罗尼曼荼罗（简称三昧耶会）、微细金刚曼荼罗（简称微细会）、一切如来广大供养羯磨曼荼罗（简称供养会）、四印曼荼罗（简称四印会）、一印曼荼罗（简称一印会），依《金刚顶瑜伽理趣般若经》外加理趣会，成七曼荼罗。再加上《降三世品》中的两部曼荼罗：降三世会和降三世三昧耶会，即构成九会曼荼罗。而实际上，十八会中介绍的曼荼罗多种多样，相当于一个大万神殿分成若干分殿。大万神殿的主尊是毗卢遮那佛（即大日如来），但各个分殿的主尊往往是其他诸佛、菩萨、金刚等。同时，根据经典归纳出的九会曼荼罗在实际修行中又有许多改变，出现许多变体。

在中国的传播　由于《金刚顶经》系由多种典籍组成，因此其在中国的传播有一个较长的过程。而《十八会金刚顶经》据传有十万颂之巨，中国没有全本，印度当年是否有全本都值得怀疑。中国只是翻译了其中的一部分，汉译有第一、四、六、八、十三诸会的若干节译，藏文也有部分译本。

《金刚顶经》在中国的最初传播者是印度来华的密教僧人金刚智。他31岁时（701）在南印度学习金刚乘密法，7年后回到中印度。约于714年，他带弟子8人到师子国（今斯里兰卡）传教，一年后回国，又发愿到中国传法。不久即经师子国、室利佛逝，于唐开元七年(719）到达广州，翌年到达洛阳、长安。开始建立曼荼罗传授密法。僧人一行拜在金刚智门下学法，并请金刚智翻译密教典籍。开元十一年，金刚智译出《金刚顶瑜伽中略出念诵法》4卷，开元十八年译出《金刚顶曼殊室利菩萨五字心陀罗尼品》1卷、《观自在如意轮菩萨瑜伽法要》1卷，开元十九年之后译出《金刚顶经瑜伽修习毗卢遮那三摩地法》1卷、《金刚顶瑜伽理趣般若经》1卷。这些均可归于《金刚顶经》名下，而以《金刚顶瑜伽中略出念诵法》最为主要。由是，中国有了第一批《金刚顶经》典籍。

继金刚智之后，其弟子不空金刚也翻译了一批《金刚顶经》。其所译《金刚顶一切如来真实摄大乘现证大教王经》3卷6品，与金刚智译《金刚顶瑜伽中略出念诵法》属同本异译，属于十八会的第一会第一品。据统计，不空金刚还译、撰有30余种《金刚顶经》系列的经文，加上其开设道场传授弟子的实践活动，他成为中国佛教密宗的实际创始人。

从晚唐、五代至宋，仍然有一些译经家翻译介绍《金刚顶经》系列典籍，而以宋代早期的施护、法天（法贤）、天息灾、法护等为突出。由于这一时期印度方面的金刚乘已有所发展，已经由瑜伽密教发展到无上瑜伽密教阶段，所以

宋代初年翻译的金刚乘典籍有一部分属于《金刚顶经》系统，也有相当一部分属于无上瑜伽经典。其属于《金刚顶经》系统的主要有：施护译《佛说一切如来真实摄大乘现证三昧大教王经》30卷（为十八会第一会的全译本）、《佛说一切如来金刚三业最上秘密大教王经》7卷（为第十五会）、《佛说无二平等最上瑜伽大教王经》6卷（为第十六会），法贤译《佛说最上根本大乐金刚不空三昧大教王经》7卷（为第六会的改编），等等。

（薛克翘）

Jingang Jing

《金刚经》 *Vajra-cchedikā-prajñāpāramitā-sūtra* 大乘佛教般若部类的重要经典。又称《金刚般若经》、《能断金刚般若波罗蜜多经》或《三百颂般若经》。其梵语题名原义般若波罗蜜多即是能切断金刚者，喻其智慧锋利无坚不摧，今云《金刚经》者，依鸠摩罗什译名之略称。

《金刚经》梵文本存留众多，中亚、中国、日本、尼泊尔等地都有发现，其传本可分为两系，中亚传本代表较古的层面，邵格延藏品中存有一部来自巴米扬地区的约六七世纪的桦树皮抄本，残存21叶，约为全经的前60%，已由P.哈里森与渡边章悟于2006年发表。吉尔吉特曾出土一部六七世纪的写本，残存7叶，约为全经的后半部，G.萧朋于1989年发表了精当的刊本。A.斯坦因曾于新疆和田丹丹乌里克发现一部可能抄于五六世纪的写本，残存14叶，约为后部的70%，由F. E. 帕吉特于1916年校勘发表。其他尚有十几片中亚梵语残片分藏于世界各地，综上可拼合出一个大致完整的中亚传本。其他存于中国、日本、尼泊尔的梵本资料可归为一系，年代较晚，有M.缪勒1881年校本，以及E.孔泽1957年（第二版，1974）校本。

《金刚经》有汉译6种：①鸠摩罗什译《金刚般若波罗蜜经》(T235)；②北魏菩提流支译（题名同上，T236)；③陈真谛译（题名同上T237)；④隋达摩笈多译《金刚能断般若波罗蜜经》(T238)；⑤唐玄奘译《能断金刚般若波罗蜜多经》，收于《大般若波罗蜜多经》(T220）第9会；⑥唐义净译《能断金刚般若波罗蜜多经》(T239)。其中以鸠

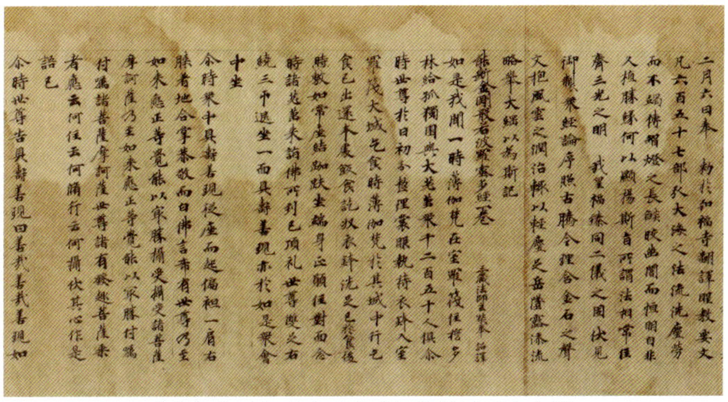

《能断金刚般若波罗蜜多经》敦煌写本书影

摩罗什译本流传最广，梁昭明太子萧统将其分作32品，并添加小标题，沿用至今。此经的藏译本收于德格版第16号。北京嵩祝寺1760年刊印的梵藏合璧《金刚经》之中，还收有画师丹巴的藏译。其他还有于阗、回鹘、粟特、西夏、蒙古、满等译本，以及英、法、德、日等现代译本。

《金刚经》以须菩提的提问为开篇，释迦牟尼向其讲述“无相”的道理。其中反复出现的论式为：所谓某某者，如来说为非某某，是故名某某。此论式中段的“非”字，汉译六本皆同，而藏译本中译作“无”。若依《般若经》经常出现的“实无有法”、“但有名字”的意趣，则此处作“无”更为贴切。此经着重强调追求智慧、解悟法义，主张无论多大的财物布施，其福德都不可与受持此经中的任一段话相比拟。另外，本经中“凡所有相，皆是虚妄，若见诸相非相，即见如来”，以及篇末的“一切有为法，如梦幻泡影，如露亦如电，应作如是观”等文句（罗什译本），千年以来广为传诵。

《金刚经》篇幅适中，语自而义玄，适于传诵，曾对汉传佛教产生巨大影响，历代注疏不绝。禅宗六祖惠能对此经极为重视，将禅宗的研习重心由《楞伽经》移至《金刚经》。藏传佛教将般若经分为“六母般若”与“十一子般若”，《金刚经》属于子般若之一，相比汉地

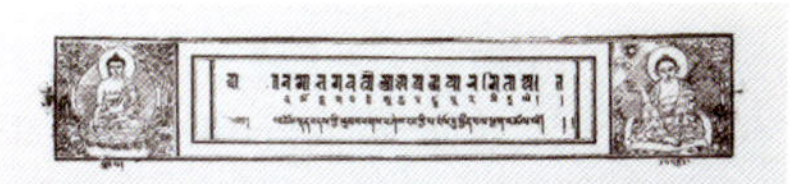

《金刚经》清乾隆二十五年（1760）嵩祝寺梵藏合璧印本书影

传习不是太广。

吕澂认为《金刚经》的形式与内容与阿含类早期佛典接近，比《小品般若》（或称《八千颂般若》）更古，属于最早的般若经。而孔泽则认为《小品般若》是般若经的最古层面。《金刚经》的原本目前尚未发现早于5世纪者，而近年在巴基斯坦发现了抄写于约1世纪的犍陀罗语《小品般若》残篇，至少说明《小品》是最早的般若经之一。

《金刚经》的注疏传统始于印度，汉地传统中的弥勒五论即包括《金刚经论颂》，据义净说是无著于兜率天从弥勒亲受八十颂。G.图齐在西藏俄尔寺发现其梵文本，署名无著，题作《三百颂般若之七十颂》，已于1956年发表。此论的汉译（义净译，T1514）也署名无著，故而现在一般视为无著所作。《大正藏》第1511号（菩提流支译）与1513号（义净译）两部译本则是此论的无著颂与世亲释的合体。达摩笈多所译署为无著的《金刚般若论》(T1510)，则是另一部独立的散文体《金刚经》注释，藏译题作《七义释》(D3816)，署为世亲所作，这一署名也为义净的传述所证实。藏译中还保存了莲花戒依此七义而作的注疏（D3817)。另外，汉译中还传有功德施所作《金刚般若波罗蜜经破取着不坏假名论》(T1515)。据义净所讲，师子月、月官等人也曾为《金刚经》作注，而今无传。汉译中还有《金刚仙论》(T1512)，然而自古就被怀疑是汉地伪作。

《金刚经》的汉语注疏则多不胜数，从东晋隋唐至清末民初有上百种，其重要者如智顗《金刚般若经疏》(T1698)，吉藏《金刚般若疏》(T1699)，窥基《金刚般若论会释》(T1816)，惠能《金刚

经解义》(X459)、《金刚经口诀》(X460)，宗密《金刚经疏论纂要》(T1701)等。

（叶少勇）

Jingangzhi

金刚智 Vajrabodhi（671？～741）印度来华僧人，译经家。中国佛教密宗创始人之一。与善无畏、不空金刚并称开元三大士。音译跋日罗菩提，尊称金刚三藏。

据《宋高僧传》卷一、《开元释教录》卷九、《贞元新定释教目录》卷十四、《神僧传》卷七等，金刚智是南印度摩赖耶国人，属婆罗门种姓（另说为中印度王子，属刹帝利种姓），其父精通五明，为建志（今印度泰米尔纳德邦甘吉布勒姆）王宫廷的国师。金刚智数岁即可日诵万言，凡目览口传之事终身不忘。10岁于那烂陀寺（亦有16岁时开悟佛理，后随师往中印度那烂陀寺一说）出家，从寂静智学声明。20岁受具足戒。其间曾往西印度学法称的因明学说（见因明学，一说学小乘诸论、瑜伽三密和陀罗尼），后复还那烂陀寺，学大小乘律以及《般若灯论释》、《百论》、《十二门论》等。28岁赴迦毗罗卫（今尼泊尔南境），就胜贤论师学《瑜伽师地论》、《成唯识论》、《辩中边论》等。31岁再到南印度，师从龙智，学习《金刚顶瑜伽经》、毗卢遮那总持陀罗尼法门以及诸大乘经典、五明论，并受五部灌顶，终于在7年后达到各种佛教秘要无不通达的地步。后据传说接受观音菩萨现身指示，率领弟子道俗8人前往师子国（今斯里兰卡）楞伽城，到无畏王寺顶礼佛牙，住半年后复登该国东南隅的楞伽山礼拜佛迹。返南印度摩赖耶国后不久即准备前往中国弘法。国王请他携带各种赠予唐国的方物、珍宝以及大量《大般若波罗蜜多经》梵夹。他先到师子国，应国王室哩室啰之请在宫中留住1月，后随港内的波斯商人渡海，经1月到室利佛逝，因风向不适，再停留5月。所余行程亦多艰险，用约3年始达广州。唐开元八年（720）入东都洛阳，受到皇帝接见，敕居长安的大慈恩寺，不久移至资圣寺（一称荐福寺）。从此经常随驾往返洛阳、长安两都，所到之处必结坛灌顶度人，或为当地祈雨禳灾。他又在所住寺院建大曼荼罗灌顶坛，受四众皈依，大智、大慧二禅师，不空金刚和沙门一行等皆入其门下。开元十一年开始译经。先于资圣寺译出《金刚顶瑜伽中略出念诵经》4卷、《佛说七俱胝佛母准提大明陀罗尼经》1卷，东印度婆罗门伊舍罗充任译语，嵩山沙门温古充任笔受；开元十八年于荐福寺译出《金刚顶经曼殊室利菩萨五字心陀罗尼品》、《观自在如意轮菩萨瑜伽法要》各1卷，沙门智藏（即不空金刚）充任译语，一行笔受；至十九年后又译出《金刚顶瑜伽修习毗卢遮那三摩地法》、《千手千眼观世音菩萨大身咒本》、《千手千眼观自在菩萨广大圆满无碍大悲心陀罗尼咒本》、《不动使者陀罗尼秘密法》等各1卷，由沙门智藏充任笔受。金刚智晚年意欲返国，开元二十九年七月唐玄宗下诏应允。八月，他行至洛阳广福寺，停留寺中，自称月圆时将去，后果于十五日去世，享年71岁。十一月葬于龙门南伊川之右，唐玄宗降旨封为灌顶国师。天宝二载（743）二月，又于龙门奉先寺西岗建塔纪念。永泰元年（765），应不空金刚奏请，加谥开府仪同三司大弘教三藏。大历三年（768），唐代宗又应不空金刚奏请，亲自书写了塔额。金刚智一生所译多为密教经典、仪轨等，现存共23部29卷。

（葛维钧）

Jingangzuo

金刚座 Vajrāsana 印度菩提伽耶佛教圣迹之一。外形饰为钻石状的石座，亦称众佛胜利之座或大地之脐。位于优楼频螺（今菩提伽耶）的一棵菩提树下，佛陀曾在其上打坐冥想，终得正觉。金刚座和菩提树被视为佛教最为重要的圣地，后人为彰显此地而建的摩诃菩提寺亦被称作金刚座佛殿。佛教徒认为，此处是宇宙毁灭之时的最后消失地，也是宇宙重新孕育之际的起始处。为了标记冥想之座的确切位置，阿育王曾于公元前3世纪在此建造了一座由栏楯柱围绕的红砂石建筑。优楼频螺在被广泛称为“菩提伽耶”之前，也曾一度以“金刚座”为名。

菩提伽耶菩提树下的金刚座

巴利语典籍中常提及这样一则故事：佛陀在尼连禅河畔苦修6年却未获得至高知识。后来，他喝了当地一位名叫善生（音译须遮陀）的女信徒送给他的甜乳糜。恢复体力后，他来到一棵菩提树下，面朝东方坐在当地割草人提供的拘舍草垫上开始冥想，发愿不成正觉绝不起身。恶神摩罗感知佛陀冥想的禅力，先是派遣自己美丽的女儿和众天女用世俗之乐诱惑佛陀，希望打破他的誓言。此举不成，摩罗又先后派遣雷电、疾风、暴雨和他的魔军，仍无法使佛陀的证悟决心有丝毫动摇。佛陀端坐金刚座，手触大地，一心冥想，凭借美德和慈悲的力量降伏了恶魔，最终在印历5月的望日获得正觉，证悟成佛。

中国求法僧人玄奘在《大唐西域记》中记载了有关此地的其他传说：“菩提树垣正中有金刚座，昔贤劫（即当前亿万年中的宇宙重建）初与大地俱起，据三千大千世界之中，下极金轮，上侵地际，金刚所成，周百余步，贤劫千佛坐之而入金刚定，故曰金刚座焉。证圣道所，亦曰道场，大地震动，独无倾摇。是故如来将证正觉也。历此四隅，地皆倾动，后至此处，安静不倾。自入末劫，正法浸微，沙土弥覆，无复得见。佛涅槃后，诸国君王传闻佛说金刚座量，遂以两躯观自在菩萨像南北标界，东面而坐。闻诸耆旧曰：‘此菩萨像身没不见，佛法当尽。’今南隅菩萨没过胸臆矣。”此外，印度佛教僧人觉音的叙述中也有类似的传说。

如今，金刚座经常被金色布帷和彩色盖伞所饰，是信徒朝觐摩诃菩提寺的必访之地。

（卡马尔·希尔撰　任婧译）

Jin Guangming Jing

《金光明经》 *Suvarṇa-bhāsottama-sūtra*, *Suvarṇa-prabhāsottama-sūtra*　大乘佛教重要经典。又称《金光明最胜王经》。与《仁王经》、《法华经》并称“护国三经”，也是尼泊尔所传“大乘九宝”之一。其原本可能是以混合梵语写成，约成立于公元4世纪。

《金光明经》梵文残叶　现藏中国国家图书馆

现存《金光明经》最早的汉译本为北凉昙无谶所译4卷本《金光明经》（T663），分为19品（或说18品）。隋大兴善寺沙门宝贵糅合昙无谶本、真谛基于昙无谶本的7卷22品补译本、耶舍崛多5卷20品译本、阇那崛多补译2品等诸译本，修订整补而成8卷本《合部金光明经》（T664），分为24品。而其所整合的原本，除昙无谶译本之外皆已佚失。此后又有唐义净译10卷本《金光明最胜王经》（T665号），分为31品，流传最广。根据诸汉译本的差异变化可以推测本经的梵本也同样经历了一个逐渐添补增广的过程。

《金光明经》梵文全本发现于尼泊尔，最早由印度学者于1898年刊印出版。其后在新疆地区发现了大量梵文残叶，大部分收藏于大英图书馆。1931年日本学者南条文雄、泉芳璟再次出版梵文本。1937年J.诺贝尔基于7部尼泊尔梵文写本以及少量新疆残叶出版的梵文校订本，几乎成为此后的学界定本。1967年印度学者师觉月以日本学者刊本为基础重刊了此经梵本。最新的梵文刊本是施杰我于2004年出版的于阗语、梵语与英译的对照版，其所用新疆梵语残叶最全，达70余片，且传本分理最细。而此后2009年在日本出版的《大英图书馆藏梵文残片》第二卷中，施杰我又刊出了十余片新比定出的梵语残叶，在中国出版的《中国国家图书馆藏西域文书——梵文、佉卢文卷》中，叶少勇也新刊出3片残叶。

由于《金光明经》流传甚广，除汉译本外，还有于阗文、回鹘文、西夏文、粟特文、藏文、蒙古文、满文等多种译本。回鹘文译者为僧古萨里，西夏文译者为白智光，二者皆转译自义净的汉译本。藏文译本主要有转译自义净译本的法成译本（D555），以及两种直接译自梵文的版本（D556、557）。此经另有日文、英文等现代译本。

依照义净译本，全经分为31品，第1品为《序分》，第2～10品属《正宗分》，其余21品为《流通分》。从《正宗分》起，各品分别讲述了如来寿量无限，如来法身、应身、化身的三身理论，忏悔除罪之法，十地修行、相应陀罗尼以及空性义理等主题。《流通分》篇幅甚长，除一般佛经会常有的如来付嘱之外，在前几品还着重讲说了供养受持《金光明经》可得多闻天王、持国天王、增长天王、广目天王这四大天王护持甚至守护其国家，可得大辩才天女增长辩才、大吉祥天女增长财物、坚牢地

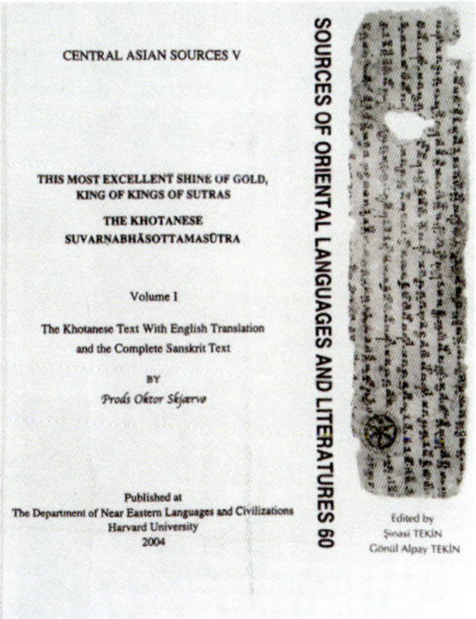

施杰我编撰《金光明经》于阗语、梵语与英译对照本书影

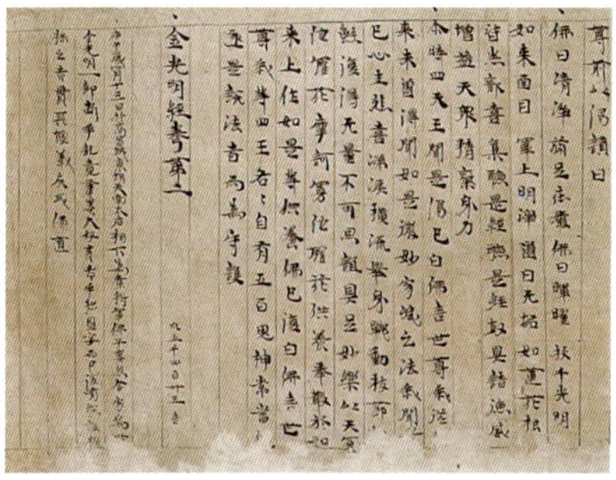

《金光明经》
北朝时期写本残卷　中国新疆吐鲁番出土

神丰饶土地、药叉诸将护卫等，以及种种往事因缘。正是因为这一部分所宣讲的《金光明经》的种种殊胜，尤其是守护国家的神力，使得此经历来受到极高尊崇，被当作护佑国家的圣典。“金光明忏法”也因此在汉地流行。

由于《金光明经》地位重要，历代注疏不断，其中重要者包括天台智𫖮《金光明经玄义》（T1783）、《金光明经文句》（T1785），吉藏《金光明经疏》（T1787），知礼《金光明经文句记》（T1786）、《金光明经玄义拾遗记》（T1784）、《金光明最胜忏仪》（T1946），慧沼《金光明最胜王经疏》（T1788）等。此经流传到日本、朝鲜后，也极受重视。

（陈帅）

Jin Kemu

金克木　Jin Kemu（1912.08.14～2000.08.05）中国印度学学者，诗人，散文家，翻译家。在中印文化交流中起过重要的作用。

金克木，字止默，曾用笔名辛竹、维谷、演慧、安琪等。祖籍安徽寿县，生于江西万载县。中学时因各种原因辍学，16～18岁曾在家乡小学教书。1930年赴北平（今北京）求学，修习英语、法语、德语、世界语等。1932年冬，前往山东德县师范初级中学教国文。

1935年到北京大学图书馆工作。七七事变后离开北平南下，1938年在香港《立报》任国际新闻编辑。1939年任湖南桃源女子中学英语教师，兼任湖南大学法语讲师。其间，与施蛰存、戴望舒、徐迟等诗人交往，创作诗歌。1941年经滇缅公路到印度加尔各答，任中文版《印度日报》编辑。1943年到贝拿勒斯（今瓦拉纳西）鹿野苑，随印度著名历史学家D.D.高善必的父亲D.D.憍赏弥学习梵语、巴利语。此后，随迦叶波法师学习奥义书，拜访师觉月教授，协助V.V.郭克雷教授从汉译本和藏译本校勘《集论》梵本，从此走上梵学研究之路。1946年回国，任武汉大学哲学系教授，讲授梵语及印度哲学史，同时发表诸多学术著述，以及诗歌、小说、杂文等文学作品。1948年任北京大学东方语言文学系教授。1951年加入九三学社，历任九三学社第五届至第七届常委、宣传部长，全国政协第三届至第七届委员。2000年8月5日病逝于北京。

金克木年轻时开始文学翻译与创作。1930年赴北平后，在报纸副刊发表诗文和翻译作品。自世界语译出《海滨别墅与公墓》(1934)。他是20世纪30年代中国新诗坛的重要一员，1936年第一部诗集《蝙蝠集》出版。还创作有《雨雪集》(1986)、《少年行》(1998) 等诗集，自传体小说集《旧巢痕》(1985)，回忆录《天竺旧事》(1986) 等作品。著有《燕啄春泥》(1987)、《旧学新知集》(1991)等多部文集。1956年加入中国作家协会，曾参加中国文学艺术工作者第三、四次代表大会。除文学翻译与创作外，在美学、符号学、人类学、民俗学、语义学、天文学，以及科学研究等方面均有所涉猎，有译作《通俗天文学》(1938)、论文集《艺术科学丛谈》(1986) 等。

金克木著作书影

金克木通晓梵文、巴利文、印地文、乌尔都文、世界语、英文、法文，能够熟练应用德语、拉丁语等。在印度时开始梵语语言研究，1945年写成《梵语语法〈波你尼经〉概述》一文，详尽论述了《波你尼经》的作者、成书年代、体例，以及语法体系等多方面内容，并附有部分章节译解。同年，写就《试论梵语中的"有—存在"》一文。1947年在申报《文史》周刊上发表文章《梵语语法理论的根本问题》。此后，开始专注印度古代文学的翻译与研究。自梵语译出《云使》(1956)，将这一代表古典梵语抒情诗歌最高成就的作品介绍给中国读者。1982年，译作《伐致呵利三百咏》出版，这是印度最为流行的梵语短诗集，表现了一位普通文士的生活与情感，从而得以窥见印度百姓的生活与思想。自梵语和巴利语译出《印度古诗选》(1984)，包括吠陀诗、史诗、格言诗和抒情诗。此后，发起并组织翻译印度两大史诗之一《摩诃婆罗多》。1987年领衔合译的《摩诃婆罗多插话选》出版。1993年中国社会科学出版社出版了史诗的《初篇》，金克木撰写"译本序"，并翻译了《初篇》的第1～4章，为日后的翻译提供了范本，也为2005年《摩诃婆罗多》全6卷本的出版奠定了基础。除印度古代文学外，金克木还翻译了相关文艺理论，译自梵语的《古代印度文艺理论文选》1980年出版，其中收录5篇译作，分别为经典理论著作《舞论》、《诗镜》、《韵光》、《诗光》、《文镜》的选译。这5篇译作及所撰写的引言，使得中国学术界得以初步认识印度古代文艺理论的风貌。

20世纪60年代，除教授梵语外，金克木还讲授梵语文学史课程，其讲义以《梵语文学史》为名，于1964年出版。该书主要论述了从吠陀时代到大约12世纪的印度文学作品及文艺理论著作，是中国梵语文学研究的奠基之作。撰写了大量与印度文学相关的研究论文，包括史诗研究、比较文学研究，以及《梨俱吠陀》研究等，分别收录于《印度文化论集》(1983)，以及《比较文化论集》(1984)。"文化大革命"结束后的一段时

《金克木集》书影

间内，撰写了一系列关于佛学研究的文章，总题目是"佛学谈原"，指出中国应该加强对佛经梵语原典的研究，唯有追究原本，才能加深对汉文佛经的理解。他以鸠摩罗什的译经文体，以及另外两部汉译佛经《楞伽经》和《心经》为实例，做了示范分析，并于1984年自梵语译出一说为世亲菩萨造的《三自性论》。这些译作与相关研究著述将印度古代语言与文献介绍到中国，产生了较大影响。

在印度文化研究方面，金克木进行了包括对印度哲学、M.K.甘地等方面的研究。1947年发表文章《〈吠檀多精髓〉评述》，介绍了印度哲学概况，并从三个方面阐明印度古人"着重修行亲证"的思想特色。在北京大学东语系任教期间，撰写了一篇名为《印度哲学思想史设想》的文章，对拟议中的印度哲学史的分期、篇目和需要着重探索的问题都做了提纲挈领的说明。随后，他的研究兴趣转向印度哲学思想，先后撰写了《〈蛙氏奥义书〉的神秘主义试析》、《古代印度唯物主义哲学管窥——兼论"婆罗门""沙门"及世俗文化》等文章。专著《甘地论》(1943)，以及1983年发表的两篇文章《略论甘地在南非早期政治思想》与《略论甘地之死》，分析了印度近现代社会现状，对甘地进行了客观评述。

在中印文化交流研究方面，金克木于1956年写就《中印人民友谊史话》，1957年由中国青年出版社出版，并有英语、印地语和孟加拉语译本。该书记述了从公元前100多年起至20世纪50年代的中印友谊，先后从印度的科学、语言、文学、艺术带给中国的影响，中印在外交层面的交往，佛教在中国的传

播与发展等方面，叙述了中印两国人民交往的历史。

中华人民共和国建立后，金克木与季羡林共同培养了共和国第一批梵语、巴利语学者。他曾采用口耳相传的印度模式讲授梵语，常常按照印度人的方式，吟唱梵语颂诗，加强了学生对梵语的语感及欣赏能力，授课深入浅出、融会贯通，深受欢迎。

金克木兼学东西，在印度语言、文化及中印交流等诸多领域均有建树，为梵语、巴利语乃至中国的印度学研究作出了贡献。《金克木集》(8卷，400余万字)2011年由生活·读书·新知三联书店有限公司出版。

（姜景奎　任筱可）

Jinling

金陵　Jinling　中国地名，南京的别名。见南京。

Jinnai

金奈　Chennai　印度南部第一大城市，泰米尔纳德邦首府。印度最大人工港。见马德拉斯。

jinping cheqian zhidu

金瓶掣签制度　gser bum skrug pa　中国清代一种以掣签的方式选定藏传佛教大活佛转世灵童的制度。金瓶，又称金本巴。金本巴系汉藏合璧之称谓；藏语名"赛吉本巴"。金瓶掣签，又称金本巴掣签。

金瓶掣签制度，不仅是清朝政府创立的确认藏族聚居区和蒙古族聚居区藏传佛教大活佛继承人的法定制度，包括选定达赖喇嘛、班禅额尔德尼、哲布尊丹巴呼图克图和章嘉呼图克图等大活佛的转世灵童，而且是清代藏传佛教政策与管理的主要内容之一。

金本巴瓶及如意头象牙签
现供奉于中国北京雍和宫

清乾隆五十七年（1792），乾隆帝参照选任文武官员时抽签确定其任职地点的办法，并借驱逐侵藏廓尔喀军队及整顿西藏政务之机，谕旨设立金瓶掣签制，以整肃活佛转世中存在的弊端。其方法是：制一金本巴瓶，派员赍往，设于拉萨大昭寺，藏内或出达赖喇嘛、班禅额尔德尼及大呼图克图之呼毕勒罕时，将其出生年月日及

金本巴瓶及如意头象牙签
现供奉于中国西藏拉萨大昭寺

名姓，各写一签，放入瓶内，交达赖喇嘛念经，会同驻藏大臣，共同签掣。同时，又制一金本巴瓶置于京城雍和宫内，蒙古地方出呼毕勒罕，即报明理藩院，将出生年月日及姓名缮写签上，入于瓶内，一体掣签。以此革除从前王公子弟内私立呼毕勒罕之陋习。

十世、十一世、十二世达赖喇嘛和八世、九世、十一世班禅额尔德尼，以及六世、七世、八世哲布尊丹巴呼图克图和六世章嘉呼图克图等大活，皆经过金瓶掣签认定。

清朝政府在推行金瓶掣签制度的过程中，既坚持原则，又采取灵活措施。如察木多、类乌齐等西藏一些地区活佛圆寂后，可因地制宜，允许该地区佛教信众自行寻觅认定其转世灵童。

（尕藏加）

Jin Qishi Lun

《金七十论》　*Hiranya-saptati*　印度古代哲学中数论派的重要著作。数论派古代根本文献《数论颂》的主要注释之一，产生时间在5世纪左右。作者不详。印度梵语本现已不存。6世纪时由当时在中国的真谛法师译为汉文。汉文本分上、中、下3卷（T2137）。

《金七十论》在《数论颂》的现存5个注释本中是较为古老的一部，对于人们了解古代数论派哲学有重要作用。该论所载《数论颂》有72颂，与印度保存的其他《数论颂》注释本在主要内容上一致，但也有某些差别，对数论派思想的解释与印度保存的其他注释不完全相同。数论派的主要理论是"二元二十五谛"。"二元"指"自性"与"神我"，"二十五谛"包括转变说、因中有果论、三分法量论、轮回解脱理论。

《金七十论》中包含的《数论颂》及其相应注释认为，世间事物或人生现象是由两个实体相互作用或结合后转变的。这两个实体是"自性"和"神我"。自性也称为"本性"，是物质性的实体。神我也称为"我"，是精神性的实体，二者是产生事物的两个根本性的因，故称为"二元"。当神我作用于自性时，自性内部就开始变化，逐步演变出各种世间现象。自性首先转变出"觉"(相当于起确定或决定作用的理性或知性)。从觉生出"我慢"(即自我意识或主我性)，从我慢一方面生出"十一根"(眼、耳、鼻、舌、皮、发声器官、手、足、排泄器官、生殖器官、心)，另一方面又生出"五唯"(色、声、香、味、触)，五唯又生"五大"(地、水、火、风、空)。故自性、神我、觉、我慢、十一根、五唯、五大就形成了所谓"二十五谛"。

根据《金七十论》的论述，作为转变根本实体的自性内部由"三德"构成，即萨埵、罗阇和多磨，各自的体相是喜、忧、暗。意即神我相当于只能看路而不能走路的瘸子，而自性相当于只能走路而不能看路的瞎子。只有瘸子骑在瞎子身上，二者合作，才能顺利地向前走。与此类似，只有物质性的自性与精神性的神我结合（神我对自性起"观照"作用），才能生出二十三谛，即转变出世间事物或生命现象。

《金七十论》的因果理论认为"因中有果"。即世界上的事物千变万化，

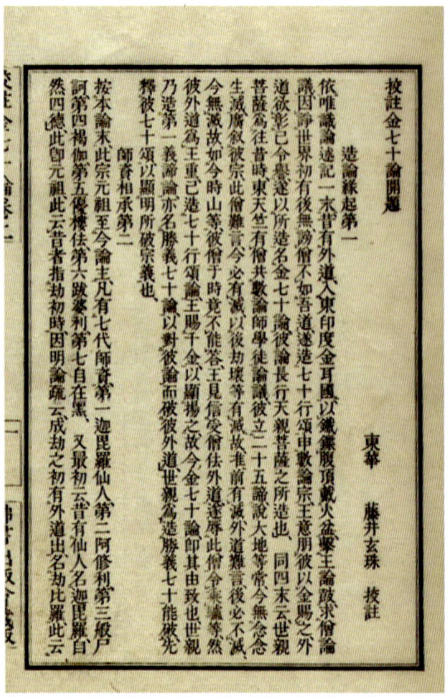

校註金七十論開題

東華　藤井玄珠　校註

造論緣起第一

依唯識論述記一末昔有外道入東印度金耳國以鐵鍱腹頂戴火盆擊王論鼓求僧論議因諍世界初有後無諍僧不如吾道遂造七十行頌申數論宗王意朋彼以金賜之外道欲彰已令譽遂以所造名金七十論彼論長行天親菩薩之所造也 同四末云世親菩薩爲往昔時東天竺有僧共數論師學徒論議彼立二十五諦說大地等常今無念念生滅廣叙彼宗此僧難言今必有滅以後劫壞等有滅故推前有滅外道難言後必不滅今無滅故如今時山等彼僧于時竟不能答王見信受僧伏外道遂辱此僧令乘驢等然彼外道爲王重已造七十行頌論王賜千金以顯揚之故今金七十論卽其由致也世親乃造第一義諦論亦名勝義七十論以對彼論而破彼外道世親爲造勝義七十能破先釋彼七十頌以顯明所破宗義也

師資相承第二

按本論末此宗元祖至今論主凡有七代師資第一迦毘羅仙人第二阿修利第三般尸訶第四褐伽第五優樓佉第六跋婆利第七自在黑 又最初云昔有仙人名迦毘羅自然四德此卽元祖此云昔者指劫初時因明論疏云成劫之初有外道出名劫比羅此云

《校注金七十论》书影

都具有结果的性质，而任何结果都仅仅是原因的转变。在一切事物的原因中，已经包含了结果。结果是潜在于原因中的，原因和结果是同一物的隐蔽状态和显现状态，是同一物的因位和果位。

关于**轮回**的状态，《金七十论》中将其分为3种，即天道、兽道和人道。

关于**解脱**，《金七十论》认为最根本的离苦方式是认识数论派揭示的真理，即“二元二十五谛”的理论。通过学习和体验数论派哲学的真理，使自性不再与神我结合，从而彻底断灭轮回，达到解脱。

《金七十论》与数论派的其他文献提出的理论，在印度思想史上影响较大。直至近现代，很多印度思想家在构建其理论体系时仍借鉴或采用数论派的观点。

《金七十论》在中国古代思想史上有一定影响，特别受到佛教徒的瞩目。佛典译经家**真谛**将其全文译成汉文本。后世的佛教**大藏经**也将其收入。作为佛教徒眼中的一部完整的“外道”文献，它在中国古代受到的重视是极为罕见的。

《金七十论》也受到现代中国学者的重视。研究该论的学者不少。中国的学术期刊上发表过不少这方面的论文。中国出版的印度哲学或宗教的著作中，也有关于它的研究或介绍。中国高等院校开设的印度哲学的课程中一般都会提及该论。

（姚卫群）

jinzhi

禁制 yama 印度古代哲学中瑜伽派根本经典《瑜伽经》中提出的瑜伽修行“八支行法”中的第1支。包括5条：不杀生（指对人或有情不伤害或不使用暴力）、诚实（不妄语，说实话）、不偷盗、净行（不淫或梵行）、不贪（不贪恋财物）。**瑜伽派**认为，禁制是对修瑜伽者的强制性要求。若不遵守，则无法修习瑜伽。论及这一概念的《**瑜伽经**》由姚卫群译成汉文，收入《古印度六派哲学经典》(商务印书馆，2003）一书。

（姚卫群）

Jing'ewa Cichengba

京俄瓦·茨诚巴 spyan snga pa tshul khrims vbar（1038～1103） 中国藏传佛教高僧，噶当派法脉传承人之一。出生于西藏囊热岗地方。本名达才拔。20岁时赴前藏热振寺，师事**仲敦巴·嘉维炯奈**，系统修学噶当派的教法仪轨。仲敦巴根据京俄瓦的性格特长，重点传授密法，经常让他单独到跟前听法，故时人称其名为“京俄瓦”，意指亲近上师者。后来他又拜南觉钦波、贡巴瓦等高僧为师，研习显宗教理，探究密宗奥义。最后京俄瓦成就为仲敦巴的三大弟子之一，并建立了噶当派的教授传承。

京俄瓦聪慧过人，自习并精通梵文，能够翻译佛教经文，从小对佛教的空性有自己独到的感悟。他擅长二谛义理、念诵咒语和静修禅定。对二谛义理的见识及解释，与众不同，独辟蹊径；在念诵咒语方面，相传他没有遗留一个未念诵的密宗咒语；在修炼密法方面，已获得**金刚乘**最高果位，且神通广大，故后人称他具有与密拉日巴相提并论的甚深功法。

京俄瓦曾建造一座名为洛寺的寺院，在寺中向众弟子传法，主要传授供佛仪礼和密宗修行，其中产生堆垄巴·仁青宁布和恰玉巴钦布两大弟子。后这两位大弟子及其嗣法弟子，都在各地自建寺院，独立传法，为推广噶当派的教法仪轨作出了各自的贡献。

（尕藏加）

Jingchuang

经幢 Dharani Sutra Pillar 中国古代佛教石刻艺术之一。出现于佛教密宗传入中国之后。幢在中国古代出现较早，本为与旗、旌、麾、幡类似的仪仗饰品或用于车船之上的伞状物，由丝绸制成，中有立杆。丝幢在汉魏时期已较普遍。唐代佛教密宗传入中国，密宗僧人始于幢上书写《佛顶尊胜陀罗尼经》，以求减轻或免除罪孽，得到超脱，故称“经幢”。**陀罗尼**为梵文Dharani的音译，意为“总持”、“能持”、“能遮”，即能够持守诸善、扼制诸恶的法力，是密宗修行的重要内容。《佛顶尊胜陀罗尼经》云：“佛告天帝，若有比丘、比丘尼、优婆塞、优婆夷，将陀罗尼供奉于幢等上……合掌恭敬，皈依礼拜……或见、或于相近其影映身，或风吹陀罗尼幢等上尘，落在身上。天帝、彼诸众生，所有罪业，应堕恶道地狱，畜生、阎罗王界、阿修罗身、恶道之苦，皆悉不受，亦不为罪垢染污。”换言之，奉佛者若将陀罗尼经咒刻于幢上，并对之顶礼膜拜，或瞻仰，或近处于幢影之中，或待幢上尘土落于己身，皆可免罪祛灾。由是，自唐至辽、宋，经幢创制之风盛行。由于丝幢不易保存，奉佛者又制出石幢，在石幢上刻写经文或雕制佛像。今日所见经幢多为石幢，也有少数系铁铸。

石经幢多由基座、幢身和幢顶三部

中国河北赵州陀罗尼经幢

分构成。基座多为须弥座或莲花座，雕饰有花卉、云纹等图案和菩萨、佛像等。幢身为分层塔状，中为实心石雕柱，呈圆柱形或四棱、六棱、八棱、十棱等形，而以八棱为多，上刻经文、佛像等。幢顶多为伞盖状，盖顶雕有如意珠，盖围则有垂幔、飘带等诸多雕饰。经幢一般立于寺中，多数刻有密宗《佛顶尊胜陀罗尼经》，少数镌刻其他经文，也有仅刻佛名或六字真言的。中唐以后，净土宗也开始大量雕造经幢，形式上则一反前人古朴厚重之风而趋向华丽精细。道教亦曾仿佛教造出幢身刻有道教经典的石幢。

中国现存石经幢众多，迄今发现建造时间最早且有明确纪年的当属一座位于今陕西富平的残幢。该幢饰建立于唐永昌元年（689）八月，但其下半部已残缺，上半部则刻有《佛顶尊胜陀罗尼经》。其他著名经幢包括**五台山佛光寺经幢**、**上海松江唐经幢**、**无锡惠山寺经幢**、**福建南安陀罗尼经幢**、**赵州陀罗尼经幢**、**河北固安辽代经幢**、**河北卢龙金代经幢**、**大理国经幢**等。这些矗立至今的经幢，是中印佛教文化交流的结晶，具有重要的宗教价值、历史价值、文物价值和艺术价值。

（王汝良）

Jing Ji

《经集》 *Sutta-nipāta* 佛教典籍。巴利语三藏中广为流传的上座部重要经典之一，属于《小部》。经文大部分为偈颂体，只有少部分是散文。共有5品72章：《蛇品》12章、《小品》14章、《大品》12章、《八颂经品》16章和《彼岸道品》18章。据现代学者考证，《经集》编定的时间较晚，但汇集了许多古朴的早期经文，内容主要涉及佛教的人生观、伦理观和修行方法，而不是对于教义的抽象思辨，反映的是僧团形成之前的原始佛教的状况。那时僧人三三两两地在林中游行，坐禅勤修。

《经集》的内容大部分是佛陀与牧人、农夫、婆罗门、国王、夜叉、仙人、比丘等的对话，语言清晰，简单流畅。其大致内容如下：《蛇品》讲述出家人与在家人的区别，以及不同的修道之法。《小品》强调了佛法的高尚与具体

《漫画〈经集〉》封面

的一些实践准则。《大品》集中介绍了比丘应该遵守的行为规范。《八颂经品》和《彼岸道品》被学者们认为属于更早的文本层次，强调了苦行的弊端，规范了日常的身体行为，不以涅槃为最终目标，不关心形而上的问题，只是指出了理想人格中的纯净与安宁。

《经集》在古代并无完整的汉译，只有散见的零星偈颂。现代有郭良鋆的汉译本，1990年由中国社会科学出版社出版。此外，《经集》还有多个英语译本，影响很大。

（范晶晶）

Jinglü Yixiang

《经律异相》 中国佛教类书。梁代高僧宝唱等于天监十五年（516）奉命开始编撰。汇集散见于佛教经、律、论典籍中的稀有故事，按故事的内容分为若干部，是中国现存最早的一部佛教类书。全书共计50卷，收在《大正藏》第53册第2121号。

《经律异相》属于梁代大规模的佛典整理、编撰工程中的一部分。天监十五年，**梁武帝萧衍**鉴于佛经浩瀚、不利于初学者，下敕令宝唱抄集经藏、律藏中重要的“希有异相”、“以类相从”，编成《经律异相》，又命新安寺僧豪、兴皇寺法生等人帮助检读，使得初学者不用遍览佛经就能了解大致情况。

《经律异相》具有百科全书的性质。其中，“天部”阐述了佛教的世界观和宇宙观；“地部”描写了阎浮提内山、树、河、海等自然现象；“佛部”叙述了佛陀从出生、成道到涅槃的过程；“诸释部”记载了释迦牟尼家族的事迹；“菩萨部”讲述了佛陀本生及诸菩萨的修行；“僧部”记录了佛陀弟子出家、悟道、教化的故事，以及恶行僧、无学沙弥、无学比丘尼的事迹；“诸国王部”、“诸国王夫人部”、“诸国王太子部”、“诸国王女部”记述了国王家族奉佛的事迹；“长者部”叙述了得道长者的修行事迹；“优婆塞部”、“优婆夷部”记录了佛门中清信男女修道的事迹；“外道仙人部”讲述了外道仙人的修行以及与佛弟子的斗法；“梵志部”、“婆罗门部”记录了梵志、婆罗门信佛闻法或谤佛不法的事迹；“居士部”、“估客部”讲述了居士、商人奉佛的事迹；“庶人部”记载了男、女庶人行善或作恶的因缘果报；“鬼神部”记录了阿修罗、乾闼婆、紧那罗、杂鬼神等四部的事迹；“畜生部”分兽、禽、虫三部讲解了各种动物行善造恶的因果业报；“地狱部”描写了地狱的各种因缘果报与受苦之相等。

本书的内容生动活泼，具有浓厚的文学色彩，丰富了从梁代直至隋唐的志怪小说的题材。每一则譬喻、故事的结尾都注明资料出处，保存了大量今已失传的经文内容，具有很高的资料价值。其分类方法也有助于后人了解梁代的社会生活状况，如：诸国王、诸国王夫人、

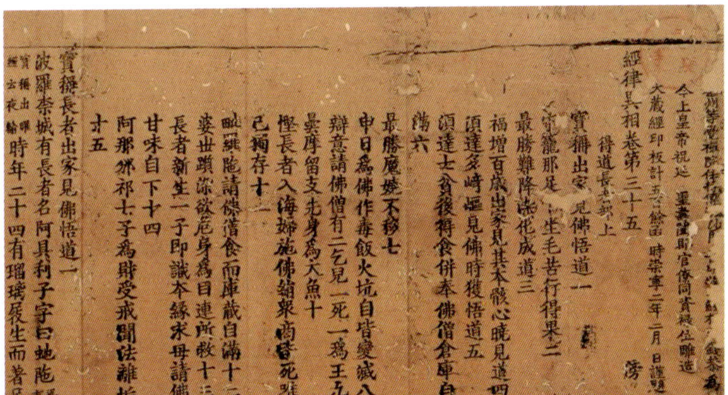
今上皇帝祝延 聖壽謹助官僚同資禄位雕造
大藏經印板計五百餘函 時崇寧二年二月 日謹題
經律異相卷第三十五
得道長者部上 滂
寶稱出家見佛悟道一
守籠那足下生毛苦行得果二
最勝難降迦花成道三
福增百歲出家見其本骸心曉見道四
須達多崎嶇見佛時獲悟道五
須達士貧後得食併奉佛僧倉庫自
滿六
最勝魔嬈不移七
申日爲佛作毒飯火坑自皆變滅八
辯意請佛僧有二乞見一死一爲王九
晏摩留支先身爲大魚十
慳長者入海姊施佛銷衆商皆死唯
己獨存十一
毗羅斯陁請佛消食而庫藏自滿十二
婆世躓欲危身爲目連所救十三
長者新生一子即識本緣求母請佛
甘味自下十四
阿那邠祁七子爲辟受戒聞法離垢
十五
寶稱長者出家見佛悟道一
波羅奈城有長者名阿具利子字曰𧍙陁
時年二十四有瑠璃屐生而著足

《经律异相》北宋崇宁二年（1103）福州等觉寺刻本书影

319

诸国王太子、诸国王女分列四部，说明当时佛教极为依赖皇帝的政治扶持；男女庶人单独分列二部，也反映了梁代社会寒族与士族的区分。此外，《经律异相》的类书体裁还启发影响了唐代道世《法苑珠林》、北宋道诚《释氏要览》等书的编撰。

（范晶晶）

Jingwei Li

《经纬历》 *Jingwei Calendar* 中国古代历法。唐太史令瞿昙罗所造，共9卷，唐高宗时与当时正式颁行的《麟德历》相参使用。其历法术文和数据不传。瞿昙罗，印度来华天文学家。据《旧唐书》卷三二《历志一》：“天后时，瞿昙罗造《光宅历》。”可知其生活年代当在高宗与武后时期（650～704）。

（钮卫星）

Jingzang

经藏 Sūtra-piṭaka 佛教经类文献集成，三藏之一。经又称契经、经本，音译作修多罗、素怛缆、苏怛罗等，被认为是由佛陀亲口所说之教法。多数经类佛典开头冠以“如是我闻”，表示亲闻佛说。

经一词的梵文sūtra，原意为线，即简明扼要、贯穿纲领之意，原为印度婆罗门教用语，指示一类文体，后被佛教用来指示佛语，其原因佛教论典大多解释为，佛陀的教诲提纲挈领而贯穿诸法，如丝线贯穿花鬘。然而佛教的经体多为对话采录，与婆罗门教凝练至隐晦的经体相距甚远，所以也有西方学者认为，佛典梵语中sūtra一词为其俗语原词sutta的错误梵语化，其词源应为sūkta，即“善言”。

佛经最初只是由佛陀口授。佛陀灭度之后，为了避免歧异从出而湮没正法，迦叶组织佛弟子们进行第一次结集，由“多闻第一”的阿难诵出经的部分，由其他长老检验认可，确定了最初的经藏。其后数次结集会诵，佛教逐渐分裂为各个部派并各自奉持不同的经藏，在收录经目、经目排序和内容篇幅上都有不同。然而在最初的三四百年间佛经都还是口耳相授，未形成书面典籍，并且出现了分工记忆而专持一部的僧人，如经师、律师等。经藏最初的文字写定在公元前1世纪前后。

九分教与十二分教　原始佛教文献之中有九分教和十二分教两说，分即佛陀的言教的分类。九分教也有称九部经，见于上座部和大众部律典。包括契经（修多罗）、重颂（祇夜）、授记、偈颂（伽陀）、自说（优陀那）、本事、本生、方广、未曾有法。有学者认为这一分类方法较为古老，早于三藏以及尼迦耶或阿含的分类法。十二分教也称十二部经，见于法藏部、有部和化地部的文献，即在上述基础之上添加因缘、譬喻和论议（优波提舍），其中的因缘和论议又与律藏和论藏相涉。

五部或五尼迦耶　现存最完整的部派经藏系统，是南传上座部以巴利语记录下来的经藏五部。巴利语是古代印度俗语的一种，据上座部自传是佛陀所用的语言（摩揭陀语），而此说法并未获得学界认同。一般认为，巴利语是早期编订佛经之时在西部俗语基础上形成的一种书面经典语。上座部选用尼迦耶（意为部集）一词标

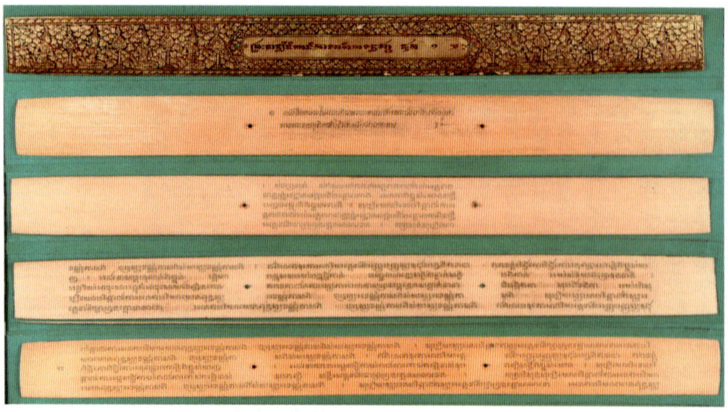

巴利语经藏《长部》贝叶写本　现藏泰国法身寺

《汉译巴利三藏·经藏·长部》封面

称其经藏，称为五尼迦耶或五部。《长部》是佛陀长篇说教的集成，共34篇；《中部》记录了中篇说教，共152篇；《相应部》是短篇部分，依主题分为56个相应近3 000篇，《增支部》将佛陀教法依法数排列，共11集2 000余篇；《小部》共15部，其中也包含一些早期僧人的著作。

巴利经藏是现存佛教典籍的最古老形态之一，最初是由锡兰（今斯里兰卡）上座部大寺派于公元前1世纪前后写出，5世纪时印度僧人觉音在锡兰完成了最后编订。其后由南亚传至东南亚，成为南传佛教的经典基础，并传承至今，现存以僧伽罗文、泰文、缅甸文、高棉文等书体写成的文本。1881年创设于伦敦的巴利圣典协会，历经百余年完成了包含经藏在内的巴利三藏原典校勘和英译。1956年，缅甸政府邀请各国比丘举行第六次结集，校勘巴利三藏并以缅甸字体印行。日本曾组织大批学者翻译出版了《南传大藏经》70册，20世纪90年代台湾元亨寺组织人力将此日译本转译为汉语。2010年泰国法身寺法胜大学开展了巴利三藏法胜版项目，开始重新校勘巴利三藏。从2009年开始，北京大学梵文贝叶经与佛教文献研究所与泰国法身寺法胜大学合作开展中国首次系统的巴利佛典汉译工程，已出版经藏的第一册——《长部》。

四阿含与五阿含　其他部派的经藏部类多称“阿含”，其音译又作阿笈摩、阿伽摩，是传来教说之意。阿含的编辑年代大致与巴利经藏相当，多以梵语或混合梵语写成。说一

切有部和经部传有《杂阿含经》、《中阿含经》、《长阿含经》和《增一阿含经》四阿含，被有部和经部列于三藏之外的《杂藏》，在化地部、法藏部和大众部的文献中被归入经藏，相当于第五阿含，约对应于上座部的《小部》。《阿含经》的梵文原典只在中亚及中国新疆地区发现了一些残篇，例如《长阿含经》、《中阿含经》、《杂阿含经》部分写本和《增一阿含经》的一小部分。20世纪末发现了一部原出于吉尔吉特的《长阿含经》梵文写本，保存相对完整，抄写于约8世纪，属于（根本）说一切有部。在中亚出土的佉卢文犍陀罗语佛经，包括一些属于《杂阿含经》和《增一阿含经》的经典，可能属于法藏部。

《经藏·长部》
泰国法胜大学新版巴利文本封面

汉译藏经中传有4部阿含，而其部派归属并不一致。《长阿含经》属法藏部，《中阿含经》和《杂阿含经》属说一切有部，《增一阿含经》尚有争议。此外汉译藏经中还存有大量单行经篇。**藏文大藏经**甘珠尔部之中并没有系统的阿含经，只译有一些单经。

大乘经 从公元前1世纪开始，大乘经开始涌现。现存一些早期的大乘经典曾引述有《菩萨藏经》、《道智大经》、《三品经》，可能反映了一些初期大乘经法的信息。据传法藏部曾集有菩萨藏，但这些经典的具体内容尚难以定论。现存的早期大乘经典包括：般若类经、《法华经》、《华严经》、《金刚经》、《维摩诘经》、《阿弥陀经》等，并且数量不断增广，可以统称为大乘经藏。然而，与各个部派经藏的封闭系统不同，大乘经藏在印度并没有一个编集系统，也就是没有固定的数量、部类和排序。唐代**智昇**的《**开元释教录**》将大乘经分为般若、宝积、大集、华严、涅槃五大部和五大部外诸经，成为后世藏经分类的标准。

大乘经多以梵语或混合梵语写成，有大量梵文原典保存了下来，近年甚至还发现了于公元1世纪抄写于桦树皮之上的《八千颂般若》犍陀罗语写本残片，但也有为数不少的经典原本已失传，现仅存汉、藏译本。中国于佛教初传的东汉时期便译有大乘经典，其影响也远超阿含类经。

（叶少勇　陈帅）

Jingchu Suishi Ji

《荆楚岁时记》 中国古籍。记载6世纪荆楚（今湖北中南部）地区民俗。今存1卷。南朝梁人宗懔作于6世纪中期。

该书问世后即受到重视，隋代杜公瞻为之加注。至唐代则影响更大，并流传至日本。宋代，原文与杜公瞻注释合为一体流传，并为多种典籍著录和征引，至元代亡佚，明人予以辑佚，清代以来有多种辑本流传。

在记载荆楚民俗受印度佛教影响方面，《荆楚岁时记》有重要贡献。如“正月一日”条，杜注曰：“梁有天下，不食荤，荆自此不复食鸡子，以从常则。”指**梁武帝萧衍**信佛，曾著《断酒肉文》禁信徒食荤，遂开中国**素食**之先河，此俗影响到荆州地区民俗。“正月七日”条，杜注引董勋《问礼俗》曰：“今，一日不杀鸡，二日不杀狗，三日不杀羊，四日不杀猪，五日不杀牛，六日不杀马，七日不行刑。”反映出佛教“不杀生”原则对中国民俗的影响。“七月十五日”条云：“僧尼道俗，悉营盆，供诸佛。”杜注则引《**盂兰盆经**》，讲述目连救母故事以劝孝。“十二月八日”条云：“为腊日，谚言：腊鼓鸣，春草生。村人并击细腰鼓、戴胡头，及作金刚力士以逐疫。”则反映出民间对佛教神明的信奉和寄托。此外，尚有四月十五日佛教僧侣“**结夏**”的记载。这些记载，不仅是研究中国古代民俗的珍贵资料，也成为中印民俗交流的有力佐证。

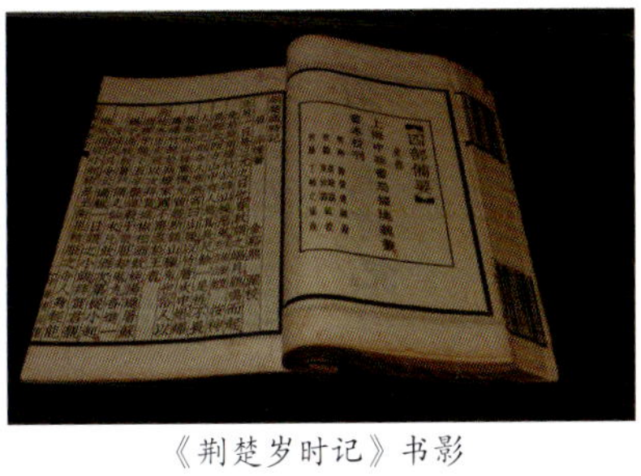

《荆楚岁时记》书影

（薛克翘）

Jingmeng Ji

《惊梦记》 *Svapnavāsavadatta* 印度古典梵语戏剧。见跋娑。

jingshen zongjiao

精神宗教 religion of the spirit 印度现代新吠檀多学说之一。**S.拉达克里希南**提出。他认为，宗教是人类生活中的最基本因素之一，无论单个的人，还是人类整体，都不能没有信仰、没有宗教。因此，他把自己的哲学体系称为“精神宗教”。所谓“精神宗教”，就是一种以古代吠檀多哲学为基础的“证悟精神”的宗教。具体说，人内在的精神——“我”和宇宙的最高精神——“梵”在本质上是同一不二的，人们通过证悟自己内在的精神，就可认识到自己与宇宙最高精神的同一性，从而使自己与社会、与宇宙达到和谐、统一。这种通过“证悟精神”、“体验精神”，从而实现人与世界“在精神上统一”的宗教，就是他所说的“精神宗教”。

这种宗教的特点在于：其一，重视人的地位。一般宗教都把神放在至高无上的地位，而把人放在从属于神的位置上。但是，精神宗教反对贬低人和人生价值，而给予人与神同等的地位。该宗教认为，每个人都包含着神性。其二，主张“普遍解脱”。它认为，当一个人达到解脱后，他还必须生活在人世间，去启迪和帮助其他人也能及早获得解脱。只有当世上的一切人都实现解脱时，整个社会才能真正达到和谐统一，人类才能从各种痛苦和烦恼中彻底地解放出来。

有关“精神宗教”的思想，在朱明忠所著的《印度吠檀多哲学史》(下卷)中有详细的阐述和评价。

（朱明忠）

Jing Lu

景卢 Jing Lu（约活动于前1世纪后期至1世纪前期） 中国汉朝官吏。根据曹魏时期鱼豢的《魏略·西戎传》记载：汉哀帝刘欣（公元前25～前1，前7～前1年在位）元寿元年（前2），博士弟子景卢接受大月氏王使者伊存口授《浮屠经》。这是目前文献所见中国人最早接触佛经的记载，也是佛法传入中国的最早记录。当时虽然佛教已引起社会上的一些关注，但尚未盛行，也还没有在太学中引起多大反响。当时接受大月氏使者口授《浮屠经》，应和博士制度有关。而佛经在公元1世纪前，并未成书。东汉早期的经书翻译，也大多通过口授。

（胡俊麟）

Jingfanwang

净饭王 Śuddhodana（约活动于前6世纪） 佛教创始人释迦牟尼之父。音译首图驮那、输头檀那、阅头檀、悦头檀等，又译白净王、真净王。

据《释迦氏谱》、《起世经》卷十、《佛本行集经》卷五等，净饭王先祖为日种甘蔗王。传说该王大妃为使自己所生的王子承统，逼迫他驱逐了小妃所生四子。四子遂去国北行，寻得沃土而自行建国，称所居之地为迦毗罗卫，并以释迦为姓。其中三子去世后，所余一子尼拘罗仍居该城。其后三传而至师子颊。师子颊王育有四子，长子即为净饭，后来继位。净饭王娶有二妻，一为摩耶（或摩诃摩耶），一为摩诃波阇波提，

阿私陀告诉净饭王，他的儿子将会成为伟大的觉者

皆为附近的天臂城拘利族善觉王之女（又说为该城释迦族巨富长者善觉所生八女中的二女，名亦略异）。净饭王育有二子。长子悉达多即释迦牟尼，为摩耶夫人所生。次子为难陀。后净饭王和难陀皆归信佛教。净饭王老年孤寂，76岁时去世。此前释迦牟尼曾返家看望，以示孝道。

（葛维钧）

Jingtuzong

净土宗 Jingtu sect 中国佛教宗派。见中国佛教。

Jingmai

靖迈 Jingmai（约活动于7世纪） 中国唐代参与佛教翻译的高僧。曾参与玄奘译场，协助翻译佛经，并撰有《古今译经图纪》（T2151）4卷。

据《宋高僧传》卷四等记载，靖迈是梓潼（今四川梓潼）人，少年时代便志向高远，刻苦学习佛教经论典籍。为人持重，不随便与人交谈。游方时必然选择名胜之地，最终来到都城长安。贞观十九年（645），玄奘从西域取经返回，奉敕为太穆太后在长安修建广福寺，并在寺中翻译佛经，一切人力、物力所需都由朝廷供给。于是朝廷召集精通大小乘经论的高僧大德11人，协助玄奘从事佛经翻译工作。靖迈由于德业优良，故而被选入其中，之后跟随玄奘迁居到大慈恩寺翻经院。玄奘翻译《瑜伽师地论》、《本事经》、《成唯识论》、《法蕴足论》时，靖迈有时担任证义参与斟酌义理，有时则负责润饰文字。

在大慈恩寺翻经院厅堂的墙壁上，绘有从迦叶摩腾直至玄奘的历代译经高僧的图像。靖迈利用自己参与译经之便，编撰《古今译经图纪》4卷，记录这些译经家的生平活动及翻译事业。这部著作影响较大，智昇还作了《续古今译经图纪》1卷。

靖迈的卒年不详，据说他曾在临终时口占一偈："心非道外，行在言前。"说完之后就坐着圆寂了。

（范晶晶）

jinglu

静虑 dhyāna 印度古代哲学中瑜伽派根本经典《瑜伽经》中提出的瑜伽修行"八支行法"中的第7支。亦译为禅定。指瑜伽行者在修行时使执持状态进一步发展，把心持续集中于禅定对象上。论及这一概念的《瑜伽经》由姚卫群译成汉文，收入《古印度六派哲学经典》（商务印书馆，2003）一书。

（姚卫群）

净饭王及其朝臣

Jiumoluoshi

鸠摩罗什 Kumārajīva（343？～413？） 西域僧人，译经家。又译究摩罗什、究摩罗耆婆，简称罗什，意译童寿。在中印文化交流方面起过重要作用。

生平 据《高僧传》卷二、《出三藏记集》卷十四等，鸠摩罗什祖籍印度，生于龟兹（今中国新疆库车一带）。其先祖属婆罗门种姓，世居相位。祖父达

多以性格豪放、倜傥不群而远近闻名。父名鸠摩炎，笃实聪明，不慕荣利，故重名节而轻禄位，到他继承相位时，竟弃家远行，东向翻越葱岭，到达龟兹。龟兹王久闻其名，拜他为国师。在此与国王妹妹耆婆结婚后，生鸠摩罗什。不久耆婆出家。鸠摩罗什长至7岁亦随母出家，从师学经。他在学习上表现出非凡的才能，不仅能够日诵千偈，而且对于义理的理解和掌握也很迅速而深透。9岁时，耆婆又带他南向渡印度河，到达当时的佛教说一切有部重镇罽宾。在那里，他遇到才明博识、独步当时的槃头达多法师，从之学习《杂藏》、《中阿含经》和《长阿含经》，凡四百万言。法师常称他神俊不凡。消息传到罽宾王廷，国王便请他入宫，与众多外道论师辩难。外道欺他年幼，言多不逊，结果反遭他乘隙攻破，惶愧而退。此后国王对他礼敬有加，待之如外国上宾，专派大僧5人、沙弥10人，驻寺洒扫，有若弟子。他12岁时又复随母还归龟兹，一路各国皆欲重金礼聘，但他不为所动，唯在沙勒（今中国新疆喀什）国停留一年，师从来自罽宾的佛陀耶舍，学习《阿毗昙八犍度论》和《十诵律》等，终于得以深会其意。在沙门喜见的建议下，沙勒国王组织大会，请他升座说《转法轮经》。此举不仅有助于激励该国僧众一心向学，也通过向龟兹示好而增进了两国关系。鸠摩罗什在说法之余，还积极寻访印度教等外道典籍，遍览四吠陀和五明诸论，并深究天文历算、占卜星相各学，后来竟能做到凡所预言，莫不应验。然而，在日常生活上，他多率性而为，不检细行，虽遭修行者非议，但从不介怀。在沙勒，他又幸遇专以大乘为化的须利耶苏摩，宗而奉之，学得《阿耨达经》，以及《中论》、《百论》、《十二门论》等，从而放弃小乘而改宗大乘。后归至龟兹北境温宿国，遇一外道。该外道能言善辩，名震诸国，手击王鼓，口出狂言："谁能胜我，斩首相谢。"鸠摩罗什应战，未几获胜，于是"声满葱左，誉宣河外"，外道亦俯首皈依。龟兹国王亲往温宿，迎他归国。回国后应公主阿竭耶末帝之邀，开讲方等经要，阐明诸法皆空、假名非实等理，致使众多小乘信徒转皈大乘。20岁时，他在王宫受戒。不久，其母辞往天竺，行前嘱他前去东土，弘传大乘。他表示为此将不畏险阻，乃至甘当鼎镬。两年之后，槃头达多得知鸠摩罗什有非常之悟，遂自罽宾来访。鸠摩罗什高兴异常，为他反复譬解大乘要义月余，终于使他感悟心服而礼拜鸠摩罗什为师。此后，西域诸国无不服其神俊，衷心崇仰，乃至每逢升座讲经，常有国王跪于座侧，供其蹬踏。

鸠摩罗什的盛名传到中原。当时一代高僧道安正在长安，非常想见他，共析佛道，故每与前秦君主苻坚论议，必力劝其遣使迎请。前秦建元十七年（381）二月，鄯善王和前部王等前来请苻坚派兵西伐。次年九月，苻坚派骁骑将军吕光等率兵七万西讨龟兹、焉耆诸国，并嘱他攻克龟兹后，从速派人送鸠摩罗什入关。建元二十年，吕光攻克龟兹，并获鸠摩罗什，却不知他地位隆崇，以致欺他年少，当作凡俗之人戏弄，甚至强迫他与龟兹公主婚配。他虽坚拒不从，百般央告，还是被用酒灌醉，同公主一起关在密室，终至大节有亏。然而对于各种侮辱，他都隐忍而无愠色。前秦在淝水之战（383）后分崩离析。两年后，苻坚为姚苌所杀。吕光还军至凉州（今中国甘肃黄河以西地区，州治姑臧，即今武威）后，得知此事，便拥兵自立，割据一隅。但他并不信奉佛教，只把鸠摩罗什当作善推灾异、预言祸福的方士，虽得出入宫廷，不过充作谋臣。尽管未能弘传佛教，鸠摩罗什在凉州还是学习了汉语，并用心阅读汉文经史典籍，为日后的译经工作准备了条件。

鸠摩罗什塑像

鸠摩罗什舍利塔
中国陕西户县草堂寺

后秦姚苌亦慕鸠摩罗什高名，曾多次虚心邀请。但吕光及其后继者吕纂、吕隆等嫉其足智多能，恐为姚苌所用，不愿放他东行。后姚苌崩，其子姚兴继位。后秦弘始三年（401）五月，姚兴派陇西公姚硕德率兵西伐吕隆。九月吕隆归降，鸠摩罗什才被迎请入关，十二月二十日到达长安。姚兴待以国师之礼，优宠有加。至此，鸠摩罗什滞留关外已近20年，他自己也已58岁。姚兴"少崇三宝"，继位后更是大力扶植佛教，鸠摩罗什来后，便常与他晤对终日，谈论不倦。在姚兴的敦请下，鸠摩罗什不辞年高，很快投入了在中原的弘教事业，十余年间，勤苦无倦，译出大量经典。由于他生性仁厚，虚己善诱，所以很受信众欢迎。他俊逸洒脱的外表和清澈傲岸的神情，更是赢得了僧俗的崇拜。姚兴常对他说："法师聪明颖悟，天下无匹，百年之后，法种无嗣，怎么能行？"于是便挑选了妓女十人，逼他接受。鸠摩罗什无奈，从此离开僧坊，另居官舍，尽享荣华。如此前后两破色

中国甘肃武威鸠摩罗什寺

鸠摩罗什译《大智度论》封面

戒，难免物议。鸠摩罗什的圣僧形象亦颇受损伤。后世对他的这一遭际多有同情，以致《晋书》中出现了另一传说，称当时有些僧人弟子见他蓄室别居，也想效仿。于是他便将他们召来，把整钵的钢针放在面前，说："谁能学我，就让他娶妻蓄室，另觅住处。"遂吞针如食常食，众僧莫不愧服，不敢再做妄想。此类传说力图以其天赋异能，未可以常情相度，为之回护。后世道宣在其《道宣律师感通录》中更称他译经"绝后光前，仰之所不及"，既非寻常僧人，尽可方便行事，闾巷所谓戒行沦落的议论不过市井俗见，根本"不须相评"。对于自己的有违戒条，鸠摩罗什并非没有认识，故每当讲论之时，常常先自忏悔，希望听者视自己所讲为臭泥中的莲花，只需采莲，勿取臭泥。

译经事业　佛教自汉明帝刘庄时传入中国，已二百余年，而其经典，经安世高、支娄迦谶、竺法护等译家的不断努力，已大量转为汉言。然而，佛典翻译不仅有语言差异问题，还有文化隔阂问题，故初期实践，摸索前行，极为困难。所译经典，往往滞文格义，致使信徒在阅读和理解时，常很费力。有鉴于此，鸠摩罗什的首要工作便是将重要的经典进行重译，而未经引入者，则慎加译介。他翻览旧经，的确发现多有"义多乖谬，皆由先译失旨，不与胡本相应"之处。后秦弘始四年，他应请入长安西明阁和逍遥园译经。他或凭借记忆，诵出完整经典；或依据已有梵本，加以翻译。而聆听讲解并协助翻译的，则有僧睿、僧肇、道融、道生、昙影、法钦等，皆为一时之选。据多部僧传描述，翻译《摩诃般若波罗蜜经》时，他手执梵本，姚兴口念旧经，彼此应对，相互雠校。凡是他新译与旧经不同的，都文辞晓畅，义理圆通，致使译场会众，无不叹服。

鸠摩罗什在长安12年间，所译经典据《开元释教录》称有74部384卷；或据保守估计，至少也有35部294卷（《出三藏记集》）。主要译籍有《金刚经》、《阿弥陀经》、《妙法莲华经》、《维摩诘经》、《心经》、《首楞严三昧经》、《十住经》、《坐禅三昧经》、《弥勒下生成佛经》和《中论》、《百论》、《十二门论》、《大智度论》等。另有《鸠摩罗什法师大义》3卷，为他与慧远法师的书信问答集。

翻译风格和后世评价　作为学究大小二乘的杰出学者，鸠摩罗什东赴长安，"敷扬至教，广出妙典"，以在中国廓清大小乘尚不分明的局面，积极弘传他所笃信的大乘佛教为己任。他的翻译极其认真，僧肇《百论序》称他"陶练复疏，务存论旨"；僧睿《大智释论序》称他"道俗虔虔，一言三复，陶冶精求，务存圣意"，其惨淡经营，可想而知。晚年译《十住经》时，由于尚有疑难未除，尽管原本在手，还是推延了一个多月，直到他的老师罽宾三藏佛陀耶舍来到长安，请教过后，方敢着笔。至于他的翻译风格，一般认为偏向意译，重在内涵而不在形式。《翻译名义集》称其"绝前光后，仰之所不及，故其所译，以悟达为先，得佛遗寄之意"，显然是以深刻传达原典思想为首要目的。尽管重神似而不重形似，但由于兼通梵、汉，并大小乘，他完全有能力就其译文修饰增删，取便处理。事实上，他也做到了"曲从方言，趣不乖本"，"文虽左右，而旨不违中"。

关于鸠摩罗什的汉语水平，说法不一。有人称他"转能汉言，音译流便"，"既尽寰中，又善方言"；亦有人称他"于秦语（即汉语）大格，……方言殊好，犹隔而未通"。对此，后人已注意到久滞凉州有助于他谙熟汉语，因此才能在后来译经时"手执胡本，口宣秦言，两释异音，交辨文旨"，表现出大译家的风致。不过，具有关键意义的，是他在身边吸引了一批极有

中国陕西户县草堂寺鸠摩罗什纪念堂匾额

才华的汉僧，内中以道生、道融、僧睿、僧肇等最为杰出。因此，即使对鸠摩罗什的汉语水准尚难确切估计，但他译经集体的水平之高，是无可怀疑的。

鸠摩罗什对于经典翻译本身有着清醒的认识。他从不认为翻译可以充分传达原典之妙，故说："改梵为秦，失其藻蔚，虽得大意，殊隔文体，有似嚼饭与人，非徒失味，乃令呕哕也。"而对自己的工作，他也十分谦虚，自称"自以暗昧，谬充传译"。但是对于经典精义的传达，他却充满信心。去世之前，他曾于众前发誓："若所传无谬者，当使焚身之后，舌不焦烂。"他的遗体在逍遥园外以印度方式焚化。据说众人检视，果然"薪灭形碎，唯舌不灰"。不久有外国沙门来华，说他传译所得，未及他所谙熟经典的十分之一，虽为憾事，却已无从弥补。

赞宁在其《宋高僧传》中称鸠摩罗什的翻译"有天然西域之语趣"。他的译作，远迈前人，广泽后世。《出三藏记集》称其"表发挥翰，克明经奥，大乘微言，于斯炳焕"，虽然不无溢美，但历来备受推崇是实。某些译品，即使有后代大家为之重译，意求更善，却终未取而代之，而广为流传的，仍为鸠摩罗什译本，如《金刚经》、《妙法莲华经》等。

（葛维钧）

Jiuhua Shan

九华山 Mount Jiuhua 中国佛教四大名山之一。古称陵阳山、九子山。因唐代诗人李白与友人一起游此山，见其有九座山峰，形似莲花，故将九子山改为九华山。位于安徽池州青阳县境内。

国家级风景区，总面积334平方千米，最高峰名十王峰，海拔1 342米。方圆100千米内有九十九峰，景色优美。清乾隆帝（1735～1795年在位）曾亲笔题写金匾，称九华山为"东南第一山"。九华山作为中国佛教圣地之一，现存寺庙99座，其中9座被列为全国重点寺院，30座被列为省级重点寺院。著名的寺庙有甘露寺、化城寺、祇园寺、旃檀林慧居寺等。九华山现有僧尼约600人，佛像6 300余尊，收藏的珍贵文物达2 000余件。

九华山地藏菩萨立像

背景　相传，古新罗国僧人金乔觉（696～794）于唐开元年间（713～741）来华学习佛法，曾登上九华山居住修行，当地豪绅为之修建庙宇。唐至德二年（757）寺院建成，金乔觉收徒弘法，威名远扬。连新罗国僧众也渡海来华投奔。金乔觉在九华山修炼数十载，于唐贞元十年（794），以99岁高龄示寂。其肉身置函中经3年，仍"颜色如生"。人们根据其生前身后的诸多灵异，认定他就是地藏菩萨转世，并尊称为"金地藏"菩萨。九华山遂成为地藏菩萨道场。后经唐、宋、元各朝的变迁，九华山佛教至明初获得很大发展，至清代达到鼎盛。其时有寺庙300余座，僧尼4 000多人。1978年以后，九华山佛教协会每年都举行"地藏法会"祈祷世界和平。2013年，一座高99米的地藏菩萨露天大铜像开光庆典在九华山大愿文化园举行，铜像由3 000余块铜铸壁板组成，共用铜1 100余吨，体内有3部电梯可直达菩萨头顶。

主要佛寺　肉身宝殿。自唐代至今，历代有不少僧尼步金地藏后尘，在九华山形成了"肉身涅槃"的传统，先后有15位僧尼肉身涅槃。现有5尊肉身可供瞻仰。肉身宝殿原是金地藏肉身存放地，殿中有肉身塔。明万历年间（1573～1620），朝廷赐银重修地藏肉身塔和塔外大殿。清康熙二十二年（1683）重修殿宇，后又于1886、1914、1955年和1981年多次重修。现有建筑面积705平方米。每至阴历七月十五地藏菩萨诞辰和七月三十成道日，信徒们都成群结队前来烧香、诵经，甚至有很多人在此守夜。

九华山肉身宝殿万福塔

化城寺。位于海拔600多米的山中小镇九华街中心地段，是九华山上历史最悠久的古寺，也是九华山的主寺。初建于东晋隆安五年（401），唐时金地藏曾在此苦修多年。唐德宗建中元年（780）被正式命名为化城寺；次年，正式确定为地藏菩萨道场。明清两代，香火最盛。

九华山天台寺

祇园寺。为九华山最宏伟的佛寺。以印度佛教圣地给孤独园命名。初建于明嘉靖年间（1522～1566），自清嘉庆年间（1796～1820）规模扩大，香火日盛。

（薛克翘）

jiushiliuzhong waidao

九十六种外道 佛教概念。佛教称所有不信仰该教的宗教和思想派别为外道，它们“不受佛化，别行邪法”。外道的种类有多少，说法不一，九十六种为其一说。一般解释是，著名的外道六师各有弟子十五人，“弟子受行，各成异见”。弟子加上本师，共代表九十六种异教观点。所谓九十六种，只是概数，以言其多而已。

（葛维钧）

Jiu Shi Gamaba Wangqiuduojie

九世噶玛巴·旺秋多杰 dbang phyug rdo rje（1556～1603） 中国藏传佛教转世活佛，噶玛噶举派黑帽系第九世噶玛巴活佛。出生于多康哲吾达桑地方，父

亲名阿多，母亲叫朗萨阿洛。6岁时由五世夏玛尔活佛认定为八世噶玛巴·弥觉多杰的转世灵童，受沙弥戒，取名旺秋多杰。师从夏玛尔活佛等高僧大德，修学显宗五部大论和密宗四续等，兼学五明学等大众文化知识。24岁时在以夏玛尔活佛为亲教师、贾曹活佛为羯摩师的诸多高僧活佛座前受比丘戒。之后，旺秋多杰按照前辈活佛的惯例巡访山南、门域（不丹）、工布、波密、康区等广大区域，传教布道，利益众生，调解纠纷。相传他曾受到锡金王的邀请，派一位高僧前往锡金，并在锡金建造三座藏传佛教寺院。旺秋多杰与三世达赖喇嘛·索南嘉措关系密切。他撰有《大手印俱生和合引导文》、《入中论释》、《俱舍论释》等著作。佛门弟子有六世红帽系活佛·却吉旺秋、觉囊派多罗那他等著名人物。

（尕藏加）

Jiuzhi

九执 Navagraha 太阳、月亮、木星、火星、土星、金星、水星及罗睺和计都两个隐曜共9个天体的总称。也称九曜。一行所撰《大毗卢遮那成佛经疏》卷四解释道：“诸执者，执有九种，即是日、月、火、水、木、金、土七曜，及与罗睺、计都，合为九执。” 此经卷七又谓：“梵语名糵哩何，翻为九执。正相会一处，天竺历名正着时，此执持义。”在汉译佛经中，九执常指九种执持之神。《大孔雀咒王经》卷下云：“阿难陀，汝当忆识有九种执持天神名号，此诸天神于二十八宿巡行之时，能令昼夜时有增减，亦令世间丰俭苦乐预表其相。其名曰：阿侄底、苏摩、苾栗诃飒钵底、束羯攞、珊尼折攞、鸯迦迦、部陀、揭逻虎、鸡睹。此九执持天神有大威力，彼亦以此大孔雀咒王，常拥护我某甲并诸眷属寿命百年。”以上九执名号的前7个分别是日（Aditi）、月（Soma）、木星（Brhaspati）、金星（Śukra）、土星（Śanicara）、火星（Mangala）和水星（Budha）的梵文音译，最后两个“揭逻虎”和“鸡睹”则是罗睺（Rāhu）、计都（Ketu）的异译名。在多种汉译佛经中，罗睺、计都与日月五星一起被当作9种星神名号为人们所念诵。然罗睺、计都是与交食计算密切相关的两个隐曜，故其本身也蕴涵重要的数理天文学含义，在历法推算中也有它们的位置，因而有以九执为名的历法，如唐开元六年（718）瞿昙悉达奉召翻译的《九执历》。

（钮卫星）

Jiuzhi Li

《九执历》 *Navagraha Calendar* 保存至今的唯一一部汉译印度古代历法。由印度天文学家瞿昙悉达于唐开元六年（718）奉敕翻译。收录于瞿昙悉达编纂的《开元占经》第一〇四卷。

《九执历》是否存在梵文原本，目前尚难定论。但根据学者们的研究，其内容与印度天文学著作《五大历数书汇编》（约550年成书）有密切关系，也与《历法甘露》（约665年成书）有非常大的关联。

经《九执历》这一载体，诸多印度数学、天文学知识传入中国。“零”这一印度数学概念，即经由这一印度历法著作首次进入中国。在天文计算方面，《九执历》至少在中国引进了六大西方天文学要素：①360°的圆周划分；②六十进位制之计数法；③黄道坐标系统；④近地点与冬至点、远地点与夏至点的区别定义；⑤推求月亮视直径大小变化之方法；⑥正弦函数计算法及正弦函数表。

《九执历》汉译本中仅有日、月运

十一大曜真君图 中国河北石家庄上京村毗卢寺壁画（局部）

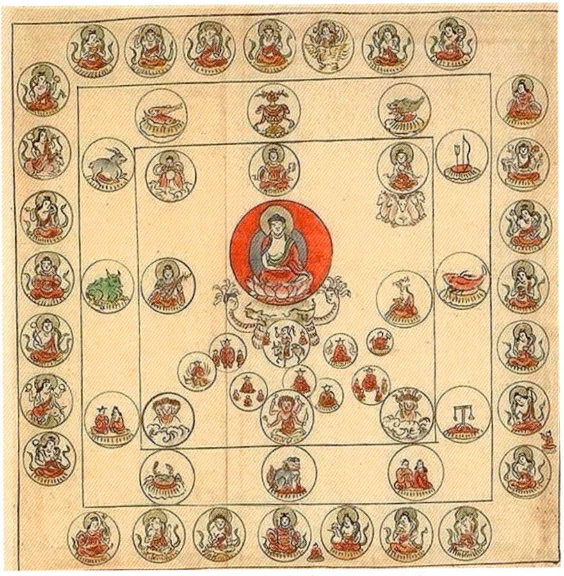

中国山西洪洞广胜下寺元代九曜壁画
现藏美国堪萨斯城纳尔逊博物馆

动及交食部分，未涉及行星运动。其梵文原本是否有行星理论无法推测。但仅就交食部分而言，由于古代中国天文学中没有几何学方法，在交食推求术上始终存在着缺陷，《九执历》的出现为古代中国历法编制提供了全新的技术参考。

《九执历》对中国历法的影响，在中国天文学史上有“公案”之说，即《新唐书》中所记载的“《大衍》写《九执历》，其术未尽”。《大衍历》是中国历史上最重要的历法之一，其作者为僧人天文学家一行。鉴于一行的僧人身份，及其对印度天文学的了解，其后的大部分古代天文学家以及现代天文学史研究者，一般都相信他的《大衍历》参考或者改编了《九执历》中的部分内容。

《九执历》不仅对中国的数学、天文学产生了很大影响，在纪日、占卜方面也产生了影响。其文中有“其七曜直用事法，别具本占”一说。此处的“七曜直用事法”，是按照七曜值日，即后世所谓“星期”而做占的一种择吉、算命之术（见《宿曜经》）。而《九执历》中的这一记载也是星期这种纪时方式首次在中国出现。

（李辉）

Jiudayi

玖达伊，I. Ismat Chughtai（1915.07.21～1991.10.24） 印度乌尔都语女作家。在中国的印度乌尔都语文学研究领域具有一定的地位。

玖达伊出生于印度北方邦巴达运一个穆斯林中层知识分子家庭。后因父亲工作调动，举家迁至拉贾斯坦邦的焦特布尔（又译佐德普尔）。幼年在家中学习《古兰经》，后接受学校教育。1936年考入勒克瑙大学攻读学士学位，1939年到阿里加尔穆斯林大学攻读教育学专业，成为印度历史上第一个获得双学士学位的穆斯林女性，曾在多所学校任教。后移居孟买，印巴分治后加入印度国籍。1974年，获印度伽利卜文学奖，1975年以电影《热风》获印度电影奖最佳故事奖，1990年被授予乌尔都语萨曼文学奖。1991年10月24日在孟买逝世。

玖达伊的创作涉及短篇小说、长篇小说、戏剧、儿童文学、电影剧本、评论等多种文学体裁。先后出版12部乌尔都语短篇小说集、1部印地语短篇小说集、10部乌尔都语中长篇小说、2部戏剧集、2部儿童文学作品集、1本回忆录和13个电影剧本等。受进步文学运动影响，采用现实主义创作手法，作品深入到印度社会各个阶层、不同信仰、不同年龄人群生活的多个方面，如爱情、婚姻、家庭等，还以印巴分治为背景，揭露了分治给人民带来的创伤和独立后人民的迷茫和困惑心理。其作品具有明显的女性主义倾向，表现了穆斯林女性的生存困境，控诉了印度社会的宗教陋习、等级制度和父权制度，对女性悲惨命运和畸形人格寄予了极大的同情。作为一名女性作家，其作品最大的突破在于在穆斯林文学史中第一次表现了对女性“性意识”和“性欲望”的关注和理解。代表作有《曲线》、《甘达》、《纱幔之后》、《被子》等。中国对其研究可见北京大学硕士论文《伊斯玛德·玖达依和她的女性主题短篇小说研究》(2008)，以及印度近现代文学史等相关书籍中。

（张亚冰）

julushe

拘卢舍 krośa 印度古代计程单位。至今沿用。又译俱卢舍、拘搂赊，意译鸣唤、牛吼地等。《大唐西域记》卷二：“拘卢舍者，谓大牛鸣声所极闻，称拘卢舍。”可知，该字原意为吼叫，转而指大牛吼声所能达到的距离，实际约当3.5千米～4千米。

（葛维钧）

Jushinajia

拘尸那迦 Kuśīnagara 佛教四大圣地之一，佛陀生前最后一次传法及涅槃之地。位于印度北方邦东部与尼泊尔接壤处，距离戈勒克布尔约52千米。最早记载见于《罗摩衍那》，称此地曾由阿逾陀传奇国王罗摩之子俱舍王统治。佛陀时代，拘尸那迦和波婆（今法兹尔纳加尔）两座城市因坐落在通往末罗国的

拘尸那迦佛陀焚化塔

拘尸那迦大涅槃塔及大涅槃寺（现代复原建筑）

商道上而具有重要意义。该城在《本生经》中被称作拘舍伐底，在其他文献中称为拘尸那罗或迦西亚。

据佛教典籍记载，末罗国分为两部分。一部分由拘尸奈利迦·末罗统治，都城为拘尸那迦；另一部分由婆维亚格·末罗统治，都城为波婆。两国以卡库塔河为分界线。佛陀喜爱末罗国和这里的信徒，云游期间曾数次造访此地。80岁时，他决定从**王舍城**前往拘尸那迦，完成最后的旅程。弟子阿难表示反对，认为这是个未开化人的小镇。佛陀提醒他，拘尸那迦是座文明而繁荣的名城，也是大善见王的国都，并向阿难讲授了《大善见王经》。据说，佛陀在拘尸那迦时多在帕里诃兰停留，但他在最后一次造访中却选择在布满娑罗树的乌跋单林落脚。他对众比丘的三次说法中，前两次在拘尸那迦的帕里诃兰，最后一次在乌跋单。佛陀在波婆城接受了弟子准陀供养的旃檀树菌后染疾。圆寂前，他召集众比丘做最后的训诫，比丘们均保持沉默。最后，他侧卧于两棵高大的**娑罗树**下进入**涅槃**。

佛陀遗体被安放在末罗国的一座支提内，历时7日，接受人们的供奉。最后的火葬仪式在位于拉玛巴尼连禅河畔的天冠寺举行，由末罗人摩诃迦叶主持。有8个国的国王为争夺佛陀舍利几乎发动战争，最后香姓婆罗门将舍利平分为8份分给诸王，使纷争平息。末罗人在佛陀火葬处建造了一座大窣堵波，后由阿育王整修并扩建。相传，阿育王曾将佛舍利进一步分为84 000份，并为此兴建了84 000座窣堵波。

法显和**玄奘**曾造访拘尸那迦，并在游记中提到了各种版本的佛陀涅槃传说。法显称“此诸处皆起塔，有僧伽蓝，今悉现在”，但也提到“其城中人民亦稀旷，只有众僧民户”。到玄奘游历此地时，拘尸那迦已是“城郭颓毁，邑里萧条”。英国殖民统治期间，F.布坎南、H.H.威尔逊、A.坎宁安、A.C.L.卡莱里等勘探者和考古学家基于汉文游记中的描述，发现了拘尸那迦遗迹。坎宁安对遗址进行了识别，卡莱里于1876年成功定位了玄奘笔下供奉有佛陀卧像的大涅槃寺。此后，拘尸那迦被认为是佛教四大圣地之一。更多与佛陀涅槃相关的遗迹已陆续被考古学家发现并挖掘出来。

现代拘尸那迦城中有中国、日本、韩国、斯里兰卡、缅甸、泰国等国不同佛教派别修建的众多佛寺和精舍，它们分布在大涅槃寺、大涅槃塔、世尊最后说法处、荼毗塔等整修后的古迹周围。拘尸那迦考古博物馆中陈列着公元前3世纪的珍贵藏品。此外，由于**耆那教**第24位祖师**大雄**的涅槃处位于末罗国的另一座都城波婆附近，拘尸那迦和**耆那教**也有一定关系。

（卡马尔·希尔撰　乔安全译）

Juwei

拘纬　Khowar　古代西域国名。见**双靡**。

Jumipang Jiangyangnanjiejiacuo

居弥庞·绛央南杰嘉措　vju mi pham vjam dbyangs rnam rgyal rgya mtsho（1846～1912）　中国藏传佛教宁玛派高僧，佛学家。今四川甘孜石渠人。6岁始学习文化知识，10岁时能作短文，12岁在**宁玛派**桑阿曲林寺出家为僧，18岁云游拉萨。返乡后拜绛央钦泽旺布（1820～1892）等高僧为师，研习印度大小五明学，成为学富五车的文化大师。谙熟印度医药学、历算学、工巧学和内明佛学，在**藏传佛教**学术研

中国河南云台山万善寺第一届居士菩萨戒传授法会

究领域有很高造诣，著述颇丰。代表作《居弥庞全集》，共32部（函），内容涉及印佛学、因明、医药、历算、艺术和文学等，对研究中印文化交流有重要价值。

（尕藏加）

jushi

居士 kulapati 佛教称谓。指未出家的信徒。该词梵语原意为“一家之主”或“一姓之主”。据佛典说，居士有两种，一是广积财货的巨富之人，一是居家守道的信教之人。实际上多指未出家的佛教信仰者，即窥基《妙法莲华经玄赞·观世音普门品》所说“守道自恬，寡欲蕴德”的在家信徒。此称谓在中国一直沿用至今。

（葛维钧）

Juzan

巨赞 Juzan（1908～1984） 中国现代佛教高僧。爱国抗战，弘法利生，出版刊物，为现代佛教之发展作出重要贡

献。俗姓潘，名楚桐，字琴朴。江苏江阴人。先后就读于私塾、江阴师范学校，1927年毕业，入上海大夏大学。肄业返乡任金童小学校长。后秘密参加中国共产党，并因领导教师罢课而被通缉。1930年至灵隐寺避难，次年依灵隐寺住持却非出家，法名传戒，字定慧，后改名巨赞。同年于宝华山隆昌寺受具足戒，此后深研义学，修持佛法，多有所得。1933年，受聘于汉藏教理院，一学期后辞职，赴南京支那内学院从欧阳竟无学习。在此期间，曾同徐季广一起拜访欧阳竟无、印光、章炳麟等。1937年，前往闽南佛学院任教，同年7月抗日战争爆发，辗转经中国香港、广东至湖南。湖南期间，在中国共产党的支持下，成立佛教抗战协会、佛教青年服务团、南岳佛道教救难协会等团体，组织群众抗战。3年后，活动至桂林，任月牙山寺住持。2年后，应邀任桂平西山寺住持。1946年，返回灵隐寺，次年主持浙江省佛教会。1948年，创办武林佛教学院，自任院长，并多次赴中国台湾、澳门、香港讲学。后受邀出席第一届中国人民政治协商会议，并连续当选第二、三、四届中国人民政治协商会议全国委员会委员。

1950年，巨赞开办大雄麻袋厂，组织僧人劳动生产。1953年，与赵朴初、吕澂、周叔迦等人发起组织中国佛教协会，并当选副秘书长，后任佛教协会副会长。“文化大革命”期间入狱。1983年，当选全国政协常务委员。次年4月7日病逝于北京。僧腊52年，后骨灰安放在浙江天台山国清寺。

巨赞佛学功底深厚，著有《评熊十力所著书》、《道安法师传》、《般若思想在中国汉族地区的发展》、《灵隐小志》等，后人将其论述汇编为《巨赞法师文集》行世。此外，参与《中国大百科全书·宗教》的编审工作，主持出版《狮子吼》、《法音》等杂志。

（杨祖荣）

juyi

句义 padārtha 古印度哲学中的术语，指与观念或概念相对应的实在物。在印度哲学各派中，论述句义理论的主要是胜论派和弥曼差派。这些派别的哲学家们认为事物可以分析为若干种句义。这些句义是实在的，表明了实际存在的宇宙万有的方方面面，而人们关于事物的种种概念都以这些句义的实际存在为基础，是与之相对应的。

胜论派的根本经典《胜论经》中认为有6个句义：实句义、德句义、业句义、同句义、异句义、和合句义。胜论派的另一重要文献《胜宗十句义论》认为有10个句义，在《胜论经》六句义的基础上增加了有能句义、无能句义、俱分句义、无说句义。

弥曼差派在后期的一些思想家吸收和改造了胜论派的句义论。枯马立拉认为有五个句义，即实、德、业、同、无。普拉帕格拉认为有八个句义，即实、德、业、同、和合、能力、相似、数。

句义论的思想是古印度自然哲学的最主要代表，在印度思想发展史上占有重要地位。这方面的理论在古代也传入中国。汉译佛典中有大量佛教对胜论派句义论的破斥或转述。玄奘法师从印度回国后翻译了《胜宗十句义论》，为人们了解胜论派的句义论思想体系保存了重要的文献。

（姚卫群）

Jushengjixiang

具生吉祥 Sahajaśrī（？～1381） 印度来华僧人。音译为撒哈咱失里，尊称板的达。

据《补续高僧传》卷一本传、《渊鉴类函》卷三一七引《泳化类编》、《清凉山志》卷三及《新续高僧传》卷十八，具生吉祥为中印度迦毗罗卫人，刹帝利种姓。最初学习大乘和小乘典籍，后在雪山修炼禅定12年。又自印度河经西亚、中亚以及今中国新疆等地，历时4年，与弟子底哇答思一起到达甘肃。元至正二十四年（1364）到五台山，深受恒山一带信众尊崇。明太祖朱元璋得知后召见，于洪武七年（1374）至金陵（见南京）。明太祖赐号“善世禅师”，安置于蒋山（今钟山），统领天下诸山佛教寺院。并下令各地方政府，凡是去蒋山受戒者，不得禁止。由是，皈依者甚众，以具生吉祥为活佛。具生吉祥道德高深，容止安详，将信徒们的大量施舍钱财都用于慈善事业。为此，明太祖大加赞赏，特地写《善世歌》予以表彰，谓其“谈天般若生莲花”（一作“笑谈般若生红莲”）。后来具生吉祥曾云游各地3年，又回到蒋山。明太祖多次前往

拜访，还曾多次为之写诗。洪武十四年，具生吉祥患足疾，不能行动，不久逝世。著有《示众法语》3卷，并译有《七枝戒本》流传当时。

（薛克翘）

juzujie

具足戒 upasampadā 佛教戒律之一。又称近圆戒、近具戒。字面义为接近圆满，是比丘、比丘尼应受之戒。男女出家者先受沙弥十戒，成为沙弥或沙弥尼。其后若年满二十，则可受具足戒而成为比丘或比丘尼。受戒仪式包括三师七证、白四羯磨等。即戒场需具备戒和尚、羯磨师与教授师等三师，并有七位比丘作证。白四羯磨也称一白三羯磨，受戒之时先有羯磨师告白，再三问僧众是否赞成。依中国传习最广的《四分律》，比丘戒有250条，比丘尼戒有348条。其他部派所传律典则稍有出入。受戒之后即得具足戒之戒体，是一种不可见、无质碍的色法，称为无表色，于身中恒转相续，具有防非止恶的功能。

（叶少勇）

jufenjuyi

俱分句义 Sādṛśya-padārtha 古印度胜论派哲学中的术语。今译“亦同亦异”。胜论派认为，宇宙一切事物或现象可以区分为若干种“句义”。此派文献《胜宗十句义论》认为：事物间存在着绝对的同和绝对的异，也存在着相对的同和相对的异，绝对的同称为同句义，绝对的异称为异句义。《胜论经》和《摄句义法论》认为，同和异可以是相对的，它们随人看问题的角度不同而变化，一些概念在某些情况下被人们看作是同，在另外一些情况下被人们看作是异。如“实性”（实）这个概念，对于句义这个概念来讲，是异，因为它只是句义中的一种；而对于地、水、火、风等来说，它是同，因为地、水、火、风都是实。这种相对的同异关系在《胜论经》及《摄句义法论》中没有作为独立的句义来对待。但在《胜宗十句义论》中，异句义仅指事物的最终差别（“边异”），同句义仅指事物的存在（“有”）。《胜宗十句义论》把原来属于同句义和异句义中的相对的同异关系独立出来，成立了俱分句义。中国现代研究印度哲学的学者对此概念也较关注。姚卫群在其所著的《印度宗教哲学概论》（北京大学出版社，2006）一书中曾论及了这方面的内容。

（姚卫群）

Julan

俱蓝 Kollam 中国古代对今印度西南海岸城市奎隆的称呼。见故临。

Juluzhiye

俱卢之野 Kurukṣetra 古印度地名。在今北印度塔内萨以南，距帕尼帕特不远。

据史诗《摩诃婆罗多》，此地原称娑耶门陀本遮伽，后被俱卢王垦为农田，遂易此名。它是远古故事中般度族和俱卢族为争夺北印度统治权而进行的婆罗多大战的著名战场。大战延续18天，以前者胜利告终。此战之实有与否尝为西方学者所怀疑，正统印度教徒多信其有。《百道梵书》说阿耆尼、因陀罗、苏摩、毗湿奴等大神曾在这里举行过祭祀，所以又称它为“神祀之地”。黑天大神有5个妻子火化于此，他亦在这里举行了12年祭祀。

（葛维钧）

俱卢之野的婆罗多大战　黑天卸下战车车轮，准备打死毗湿摩

Jumoluo

俱摩罗 Kumāra（约活动于8世纪） 在中国唐代天文机构任职的印度天文学家，僧人。生平不详。或作拘摩罗。其梵名Kumāra，意为男孩、王子，是印度人最常见的名字之一。《旧唐书》和《新唐书》各提及俱摩罗氏一次，作为记载《大衍历》交食术的附录。其文字的主要内容是介绍天竺僧俱摩罗所传的断日蚀法，可见他擅长交食术，而且其术与“大术”相参使用。对当时中国的天文历算有过贡献。俱摩罗所传天竺天文之说中的“郁车”宫名，对应于中国降娄之次，郁车宫相当于白羊宫。天竺之十二宫即中土之十二次。“郁车”的发音与白羊宫之阿卡德语名称“iku”、苏美尔语名称“E. KUE”发音相近，或许可为中土十二次系由巴比伦十二宫东传演化而来之说，提供一个旁证。《通志》“竺国天文”书目中有《西门俱摩罗秘术占》1卷，或即此俱摩罗所撰。

（周利群）

Jushe Lun

《俱舍论》 *Abhidharma-kośa* 佛教典籍，藏传佛教五部大论之一。全称《阿毗达磨俱舍论》。世亲著，包括本颂与自释，为小乘佛教理论的集大成之作，俱舍即库藏之义。该论在《杂阿毗昙心论》的框架之上，广泛吸取有部“一身六足”诸论和《大毗婆沙论》的要义，对各种法相进行释义辨析，参以经部理论进行批判取舍，系统反映了四五世纪之际印度的小乘部派思想体系。

在世亲的时代，西北印度的说一切有部分为东西两派，分别以迦湿弥罗（见罽宾）和犍陀罗为中心。东方有部自恃正统而思想保守，集有《大毗婆沙论》。西方有部则较为开放，兼收他部义理，继《阿毗昙心论》与《杂阿毗昙心论》，而有世亲的《俱舍论》为集大成者。据玄奘及其门人普光等所传述，世亲是犍陀罗人，先习有部，后学经部而对有部理论有所取舍。曾隐姓埋名在迦湿弥罗学习不传于外的《大毗婆沙论》，4年间数次站在经部立场上破斥有部宗义，一位名叫悟入的阿罗汉发现了他的身份，告诫他赶紧回去，以免毗婆沙师加害。世亲回国后即造《俱舍论》六百颂，让门人带到迦湿弥罗，这里国王和僧众读后以为是宣扬自宗之作，非常欢喜，唯有悟入明白并非如此，指出颂文中常有“传说”(梵文作kila)一语，表示并不认同该论点，悟入说如若不信可让世亲自造释文来看。于是国王遣使请释，等看到世亲长达八千颂的释文，众人才明白《俱舍论》的立场倾向经部，对《大毗婆沙论》有所破斥。悟入的弟子众贤心中不平，钻研《俱舍论》达12年，作《俱舍雹论》二万五千颂以破世亲，并寻世亲面决，世亲避之。后来众贤抱憾而卒，死前仍嘱托门人将《俱舍雹论》呈送世亲。世亲阅后，以为“理虽不足，辞乃有余”，是众贤一生心血，也可间接弘扬我宗，就将其题名改为《顺正理论》而流传。

《俱舍论》的梵文本发现于西藏，包含偈颂和自释的版本，由印度学者P.布拉坦先后于1967年及1975年发表第一版及第二版。日本学者江島惠教于1989年出版了第一品的重校。该论汉译本有二：一是陈天嘉四年（563）真

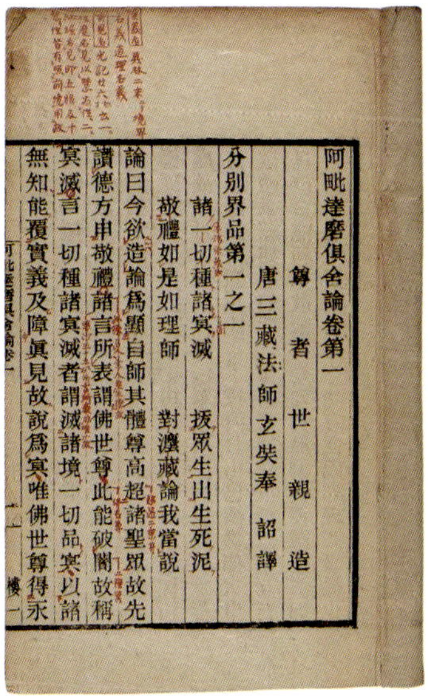

《阿毗达磨俱舍论》书影

谛旧译22卷（T1559），二是唐永徽二年（651）玄奘新译30卷（T1558）。藏译本收于德格版第4090号。

《俱舍论》本颂分为8品，世亲作注释时又增加了第9品《破执我》，只有长行而无偈颂。第1品《分别界》，将一切法依有漏无漏、有为无为进行梳理，解释五蕴、十二处、十八界等名相。第2品《分别根》，解说二十二根、心所有法、心不相应行法、六因四缘等名相。从前两品的内容可归纳出“五位七十五法”的俱舍系法相纲要，与《大毗婆沙论》、《顺正理论》大同而有小异。第3品《分别世》阐释佛教世界观，分述有情世间的三界、五趣、七识住、九有情居、四识住、四生、中有、十二因缘、四有等，以及器世间的三轮、九山、八海、四大洲等世界构成，还有众生的身量与寿命、长度与时间的单位等。第4品《分别业》依不同分类方法解释业相与轮回理论，还涉及菩萨、六度等一些大乘佛教常见的概念。第5品《分别随眠》，依不同分类方法解说烦恼，以及灭除的方法等。第6品《分别圣贤》，解释有部所主张的七贤八圣的修习次第，阐释四谛、真俗二谛、三十七道品等重要概念。第7品《分别智》，解释了十智及十八不共法等智所成就的各种功德。第8品《分别定》，解释色界四禅、无色四定等。第9品《破执我》，建立“人无我”理论，破斥犊子部、数论和胜论所执之我。

《俱舍论》在印度传习甚盛，世亲一系的学人虽宗大乘，也认为此论可作阶梯之用，留下不少注疏。称友（约6世纪）曾著《明义疏》，其梵本已出版，藏译收于德格版第4092号，尚无汉译。西藏保存的安慧（Sthiramati，约6世纪）《实义疏》的梵文写本，约抄写于八九世纪，目前日本学者正在校勘。此疏的藏译收于德格版第4421号，译于15或16世纪，敦煌曾发现其汉译残卷（T1561），另有回鹘译本残片。此外，藏文大藏经中还存有安止天《俱舍论注杂录》(D4094)、陈那《要义灯》(D4095)、满增的《随相疏》(D4093，4096）等。

汉传佛教古时的阿毗达磨学主要以《杂阿毗昙心论》为基础，其学人称为

《俱舍论》P.布拉坦1967年校订梵文本封面

毗昙师，《俱舍论》译出后便替代了《杂阿毗昙心论》的地位，而有俱舍师，也出现了大量汉语注疏。真谛所作疏释已经失传，玄奘门人对玄奘译本的注释有神泰《俱舍论疏》(X836，不全)、普光《俱舍论记》(T1821）和法宝的《俱舍论疏》(T1822)，此三家历来为研习者所重。其他重要的还有圆晖的《俱舍论颂疏》(T1823）等。

《俱舍论》在藏传佛教中也很受重视，被格鲁派列为显宗五部大论之一。 331

《俱舍论》在中国藏族地区的传播，是在藏传佛教前弘期（7世纪中叶～9世纪中叶）开始的，当时藏族译师噶瓦·拜泽将世亲的本颂和自释，以及称友的《明义疏》等从梵文译成藏文。同一时期，香·意希德翻译了《入阿毗达磨俱舍论》等。从此，《俱舍论》作为佛教的主要经典之一，在藏族地区流传。至藏传佛教后弘期（10～15世纪），在藏族地区翻译或阐释《俱舍论》的学者，主要有巴蔡·尼玛扎、希热威赛、南觉达瓦等藏族译师。其中，巴蔡·尼玛扎翻译了满增的《俱舍论随相疏》，希热威赛翻译了安止天的《俱舍论注杂录》，南觉达瓦翻译了陈那的《俱舍论要义灯》等。根据《布顿佛教史》记载：在后弘期初期，外籍高僧弥底在康区的丹隆塘专门讲授《俱舍论》；至13世纪末，噶当派学僧在纳塘寺开始教授《俱舍论》。其后，格鲁派参照噶当派的寺院教育体制，将《俱舍论》纳入寺院教育的主要课程。格鲁派历代高

僧有研习和注释《俱舍论》的惯例。无论始于前弘期的《俱舍论》传承，还是形成于后弘期的《俱舍论》传承，均源于克什米尔的说一切有部的《俱舍论》法本，并与戒律传承之间已有互动关系。故藏传佛教经院学僧将《律藏》与《俱舍论》一同交叉修学。在藏传佛教高僧诸多《俱舍论》注疏中，以钦·嘉贝样（？～1267）的《俱舍论注释》最具代表性，曾得到宗喀巴·洛桑札巴大师的高度评价。

（叶少勇　尕藏加）

中国四川阿坝寺院——藏哇寺

Jueba Jiudangongbu

觉巴·久丹贡布　skyob pa vjig rten mgon po（1143～1217）　中国藏传佛教高僧，智贡噶举派创始人。又名觉巴·久丹贡布仁钦贝。出生于多康丹玛地区（今四川石渠、德格一带）。从6岁开始识字读书，9岁时能够向信教群众讲经说法。25岁时赴西藏丹萨替寺，拜帕莫主巴为师，研修显密教法，直至帕莫主巴逝世。之后，他又采取独居静修的方式，在宗教实践方面取得很高的成就。35岁时在贡塘香喇嘛、赛隆巴等高僧大德座前受比丘戒，并进修戒律学。后受邀到智贡地方，管理一座小庙，经他主持大兴土木扩建后，小庙焕然一新，初具寺院规模，取名"智贡提寺"。他在该寺开展严持佛教戒律，尤其戒酒忌荤的宗教整肃运动；同时，向僧众开课讲经说法，在讲授显密教法方面颇有创意，并建立了自成一体的教法仪轨。智贡提寺迅速发展成为拥有众多僧团且有很高知名度的一座大僧院，智贡噶举派逐渐形成。

智贡提寺位于农牧区交界地带，交通十分便利，是一个天然的农牧产品的交易中心。觉巴·久丹贡布利用这一有利条件，举行各类法会，每次法会，各地前来参加或观摩的人数达数万之众。从而传播了智贡噶举派的教法仪轨，其宗派影响力扩大。据传，当时跟随觉巴·久丹贡布学法者甚多，号称闻法弟子约5万，授戒者逾10万。

（尕藏加）

Juecheng

觉称　Bodhikīrti（约活动于11世纪）　中印度来华僧人。据《佛祖统纪》卷四四，觉称与法戒一同于北宋大中祥符三年（1010）自中印度（今印度比哈尔邦一带）来到宋朝都城汴京（今河南开封）进献舍利、梵夹、金刚座真容、菩提树叶。宋真宗赵恒（997～1022年在位）接见于便殿，慰劳甚厚，并让他们居住在译经院。觉称还进献《赞圣颂》，真宗命惟净译为汉文。觉称还曾对翰林学士杨亿（974～1020）说："来到这个国家，看到屠杀猪羊，痛不忍睹。在西天竺，吃肉和五辛的人都会被驱逐出城，所以没有人贩卖。内心不打算在此地久居，愿到五台山礼拜文殊菩萨，然后就回国。"晋国公丁谓（966～1037）问："数万里远道而来，还有什么可做的吗？"觉称回答："还想去礼拜道宣律师的塔。"其回国时，真宗下诏赐与行装、金钱和茶果等，并赐金襕袈裟，请他带回国安放于金刚座。

（薛克翘）

Juenangpai

觉囊派　jo nang pa　藏传佛教主要宗派之一。其法脉源于后藏人裕摩·弥觉多杰。他首创藏传佛教中观"他空见"学说，其后传扬者络绎不绝，遂形成一个学派传承。第六传弟子贡邦·突杰尊哲时期，该学派发展成为拥有寺院实体的一支宗派，名觉囊派。之后，嗣法者中出现了强桑·嘉瓦益西（1257～1320）、凯尊·云丹嘉措（1260～1327）、多朴巴·喜饶坚赞、洛咱瓦·罗哲拜（1299～1353）、乔勒南杰（1306～1386）、聂温·贡嘎拜（1345～1439）、贡噶卓乔（1507～1569）和多罗那他（1575～1634）等著名人物。

多罗那他是他们当中最杰出的人物。由于精通梵文，他同进藏的印度僧人交往频繁，并根据他们的口述资料撰写了《印度佛教史》。同时，他于1615年创建达旦丹却林寺，位于今西藏日喀则地区拉孜县境内。

多罗那他之后，觉囊派由盛转衰。至清初，觉囊派在前后藏地区已销声匿迹。然而，觉囊派高僧在多康建寺弘法，使觉囊派的法脉得以传承，延续至今。

1425年，仲·热纳室利（1350～1435）受上师乔勒南杰的重托，在多康壤塘（今四川省阿坝藏族羌族自治州壤塘境内）创建吉祥壤塘寺，传扬觉囊派的教法仪轨。后由其嗣法弟子却杰·嘉瓦桑布（1419～1482）、策居·热纳格德和阿盖·尼玛维塞等人不断扩建寺宇，逐步形成却杰寺（又称壤塘寺）、策居寺（1456年建立）和藏哇寺（1730年建立）三寺鼎立格局，产生了却杰、策居和藏哇等活佛转世系统。其中藏哇寺发展成觉囊派直系法脉传承的中心寺院，其宗派影响不断扩大，在四川阿坝和青海果洛等地区建立了众多支系寺院。至清代末期，觉囊派寺院已达30多座，主要分布在多康地区。

（尕藏加）

K

中国新疆喀什风光

Kaqiebanqin Shijiashili

喀切班钦·释迦室利 Khache Panchen Śākyaśrī（1122～1219） 迦湿弥罗佛教高僧，中国藏传佛教戒律传承人。出生于迦湿弥罗（见罽宾）。自幼虔信佛法，10岁时受沙弥戒，广泛学习声明学等文化知识；23岁时在说一切有部僧团前正式出家为僧，发愿不违背四法誓；30岁时在众多比丘前受具足戒，博通大小五明学，成为一名班智达。曾数次到西藏传法，主要传授佛教戒律，在藏传佛教中形成喀切班钦戒律传承系，在藏传佛教戒律传承史上具有权威性地位。

（尕藏加）

Kashiga' er

喀什噶尔 Kashgar 中国新疆南部一座绿洲之城。今称喀什。地处塔克拉玛干沙漠南缘和北缘两条路线交会处，自远古以来就是丝绸之路上一个重要地点。对往来于印度、中亚诸国、中国之间的朝圣者、传教士、货物和商贾，曾是一个主要目的地。

西汉时期的中国文献即有数处提及喀什噶尔，称之为疏勒（今中国新疆塔里木盆地西部一带）。2～10世纪，喀什噶尔发展成为一个重要的佛教中心，和印度次大陆西北地区的其他主要佛教中心建立了联系。有资料表明，当时一定存在一个从犍陀罗、斯瓦特（今巴基斯坦斯瓦特河谷）、克什米尔向中亚东部地区输送佛塔建筑模型的通道，从而证实了喀什噶尔与印度次大陆西北地区之间的联系。

644年，玄奘从印度返回中国时途经喀什噶尔。他在《大唐西域记》中写道，佉沙国（即疏勒）气候和畅，文化和纺织制造业发达。他还提到，那里寺庙约有数百所，僧徒万余人，习学小乘教说一切有部。

1759年，清政府在此设喀什噶尔参赞大臣。此时，喀什噶尔与克什米尔、拉达克及旁遮普间存在着繁荣的贸易。商贸人员有数条路线可资利用：一条经今阿富汗巴达赫尚省；另一条经斯利那加（位于今克什米尔印度实际控制区境内）和吉尔吉特（位于今克什米尔巴基斯坦实际控制区境内），越明铁盖达坂；还有一条经拉达克地区的列城，过喀喇昆仑山口。列城—喀喇昆仑山口 · 线为首选线路。从印度方面运来的货物主要有棉布匹、靛蓝、香料、茶叶、珊瑚和鸦片；从中国方面运出的货物主要有羊毛、毛毡、地毯、丝绸、银锭（元宝）和大麻酯（一种由大麻制成的毒品）。当时有若干来自克什米尔、旁遮普和信德（今属巴基斯坦）的印度商人居住在喀什噶尔，但其数量不及居住在叶尔羌（即中国新疆莎车）的同人——那里甚至还有过一家“印度客栈”。

19世纪，因为大英帝国和沙俄帝国都在扩张，相互争夺，印度和中国喀什噶尔以及新疆南部其他城镇之间悠久的关系，变得复杂起来。英国和俄国均在喀什噶尔设立了领事馆，企图通过向中国朝廷施压，操纵贸易，从中渔利。20世纪，尤其是30～40年代，政治动荡对印度与新疆之间的贸易产生了不利影响，许多印度商人被迫离开。20世纪40年代晚期，贸易趋于式微，直至完全停止。

（玛妲玉撰　刘文亮译）

中国新疆喀什老城

Kade' erdang

卡德尔党 Ghadar Party 20世纪二三十年代在华最为活跃的印度政治组织之一。又称印度斯坦卡德尔党。1913年由北美印度工人和知识分子创立，旨在通过武力推翻英国对印度的殖民统治。招募海外印度人回国参与抗英斗争，通过出版各类刊物和组织公开活动宣扬印度的解放事业，同时为印度本土的抗英斗争提供资金和军事援助。第一次世界大战到20世纪30

年代期间，借助中国的革命浪潮和反帝情绪在华开展各类活动，获得众多驻中国香港及各通商口岸印度裔士兵和警察的支持。

第一次世界大战期间开始在华活动，最初致力于组织印度的武装起义。曾积极动员在华英军中的印裔士兵和警察返回印度参加反殖民斗争。曾编辑出版《卡德尔报》，在印度人群体中广为传阅。

卡德尔党还致力于号召中印人民联合反抗帝国主义压迫。其刊物《反抗之声》早期发表过如下诗歌："兄弟啊，不要投身于中国的战争。小心敌人，不要听信他狡黠的煽动，不要与中国兄弟为敌。敌人善于使兄弟反目、自相残杀，印度、中国和土耳其的人民才是真正的兄弟。"这使其成为最早公开谴责英国，利用印度人侵略中国的政治组织之一。有记录表明，该组织在当时得到了包括主要政治人物在内的广大中国人民的同情和支持。

卡德尔党首次在印度发动武装起义便遭到镇压，后进行重组并开始新一轮在华活动。1925年，一些组织活跃分子陪同流亡海外的印度革命人士R.M.普拉塔普从北美来到中国，在上海、北京、汉口等地建立了活动基地。后迫于英国当局不断的骚扰与迫害，不得不反复转移阵地。后将总部设立于上海闸北的总工会办公场所内，并在北京创办了一所卡德尔净修院，还刊发用旁遮普文编写的《革命宣传半月刊》。1925～1927年中国的革命热潮对其活动开展十分有利，该组织再次强烈谴责了英国当局企图利用印度军队镇压中国抗议者的行径。《革命宣传半月刊》刊载了一篇题为《印度军队在中国的职责》的文章称："中国的忠实儿女正在为祖国自由而战。印度的自由和中国的自由是紧密相连的。中国取得了自由，印度的自由也就不远了。印度人的职责是帮助中国民族主义政党。"在其宣传影响下，当时的一些印度士兵和警察分遣队曾拒绝向中国人开火。

20世纪30年代至第二次世界大战期间，卡德尔党虽然面临英国当局残酷迫害、主要领导人遭到驱逐、来自中国政治力量的援助减少等诸多困难，但在中国仍有一定的活跃度。

（玛妲玉撰　胡俊麟译）

kalalipayatu

卡拉里帕亚图 kalaripayattu 印度武术的一种。"卡拉里帕亚图"的意思是场地搏击训练，"卡拉里"即训练场。主要流行于喀拉拉邦各地和泰米尔纳德邦的部分地区。其历史悠久，理论源头可以追溯至《耶柔吠陀》。民间以为其创始者为大神毗湿奴的化身之一持斧罗摩，是将神话人物奉为祖师。卡拉里帕亚图在9～12世纪形成于今喀拉拉邦的北部地区。其时，印度西南沿海小国林立，战事频仍，出于作战和防卫的需要，人们进行卡拉里帕亚图训练。后来，卡拉里帕亚图逐渐成为人们社会生活的一个组成部分，不仅是军人的必修科目，少年男女到8岁时即可进入卡拉里拜师学艺。卡拉里帕亚图发展迅速，城乡各地建立了很多卡拉里。18世纪，英国东印度公司统治期间，曾关闭各地的卡拉里，以杜绝民众的反抗。卡拉里帕亚图的训练曾一度终止，濒于消亡。19世纪末期，一些武师为振兴卡拉里帕亚图而于各地重新开办卡拉里，广收门徒，使卡拉里帕亚图的传统得以恢复。如今喀拉拉邦各地开设有120余家卡拉里，每家学员人数保持在30人左右。其训练目的也由从前的备战为主转变为今天的强身健体、培养青少年勇敢顽强的精神意志为主。其训练通常分为3个阶段：初级阶段为体能训练，重点在于培养学生的耐力、爆发力和灵活敏捷的身手；第二阶段为木制器械训练，培养学生使用棍棒等器械进行格斗的技能；第三阶段为金属器械训练，培养学生使用短剑、斧、矛等兵器进行格斗的技能。一般来说，掌握卡拉里帕亚图的全套技术需要8～10年，而要成为一名教练则不仅需要超群的技术和出众的人品，而且需要掌握外科伤病的治疗技能。

卡拉里帕亚图表演

卡拉里帕亚图表演

卡拉里帕亚图和中国武术有很多相似之处。如训练宗旨注重学生的武德、操守培养，训练中主张心平气和、刚柔并济，技能训练有徒手搏击和器械运用等。因中国少林武术将南印度人菩提达摩奉为祖师，所以，中国民众对卡拉里帕亚图具有天然的认同感。20世纪80年代，中国便有人在报刊和电视上介绍

2010年6月，在中国举办中国印度节期间，中印武师在少林寺同台表演

卡拉里帕亚图。2010年6月20日，借中国举办“印度节”之机，12名来自印度的卡拉里帕亚图高手在少林寺与中国武师同台表演。这是中印两个不同武术体系之间第一次面对面的交流，具有历史意义。

（薛克翘）

Kapu'er

卡普尔,P. Prithviraj Kapoor（1906.11.03～1972.05.29） 印度表演艺术家，导演。生于白沙瓦（今巴基斯坦境内）一个地主家庭。大学毕业后学习法律，后

中断学习，开始追求表演梦想。1931年，出演印度第一部有声电影《阿拉姆·阿拉》。虽非主演，却引起了导演维塔尔的注意。1944年，在孟买投资建立印度第一家符合现代专业城市剧院概念的普利特维剧院。在其管理的16年中，该剧院举办演出活动2 662场，均由他自己担任主演。1950年，出演其子R.卡普尔导演的影片《流浪者》中的法官拉贡纳特，为中国观众所知晓。1960年，在电影《我王莫卧儿》中饰演阿克巴。

卡普尔是印度电影家族——卡普尔家族的奠基人。1969年，获印度政府颁发的第三级公民荣誉勋章。1971年，获以印度电影之父命名的达达萨赫博·帕尔盖奖。

1955年10月，卡普尔率领印度电影代表团访华。当时，中国24个大中城市举办印度电影周，超过300万中国观众观看了《流浪者》、《两亩地》等印度电影。此后，这些影片在中国广为流传。

（张然）

Kapu' er

卡普尔,R. Raj Kapoor（1924.12.14～1988.06.02） 印度电影演员，制片人，

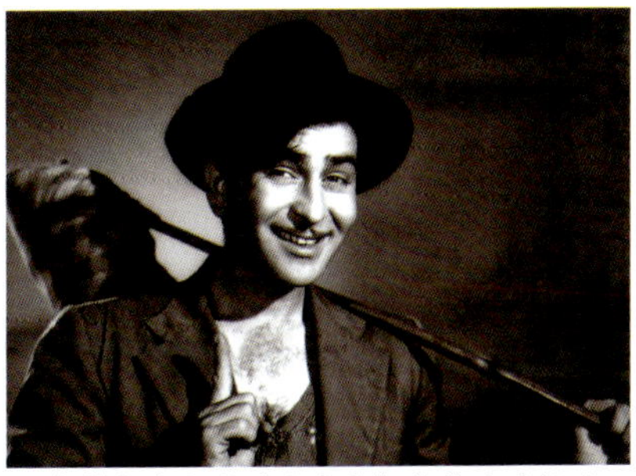

卡普尔在电影《流浪者》中饰演的拉兹

导演。生于白沙瓦（今属巴基斯坦）。出身电影世家，父亲P.卡普尔是宝莱坞知名电影人。受父亲影响，卡普尔11岁踏入影坛，做过场记、副导演，并在多部电影中担任主演。1948年推出导演处女作《火》。1949年执导电影《雨》，取得票房佳绩。1950年，在孟买创立了以其名字命名的电影制片厂。1951年凭借自导自演的影片《流浪者》一举成名，该片于1953年获第6届戛纳电影节金棕榈奖提名。因成功塑造影片中的拉兹一角，跻身宝莱坞一线演员之列，在亚洲和欧洲享有较高知名度。此后，相继拍摄了《420号先生》(1955)、《夜幕下》(1956)、《恒河流过的地方》(1960）等影片。20世纪60年代后，逐渐将注意力转向电影制片，代表作有《合流》(1964)、《我的名字叫小丑》(1970)、《波贝》(1973）等。从影生涯中共制作、执导影片14部，主演电影57部，其作品大多触及社会问题，具有一定的现实意义。1971年获印度政府颁发的二级莲花勋章。

卡普尔代表作《流浪者》于1955年在中国公映，反响热烈。由他饰演的男主人公拉兹的银幕形象在中国深入人心，被视为最能代表印度电影的经典银幕形象之一。

（贾岩）

Kasimi

卡斯米,A.N. Ahmad Nadeem Qasmi（1916.11.20～2006.07.10） 乌尔都语近现代诗人，短篇小说家。在中国的乌尔都语文学研究领域占有较为重要地位。

卡斯米原名艾哈迈德·沙，生于旁遮普省安伽村（今属巴基斯坦），信仰伊斯兰教。自幼家贫，父早逝，随叔叔长大。1935年于旁遮普大学获学士学位，后因经济拮据放弃读书，先后从事政府部门书记员、电话接线员、税务局地方巡察员等工作。1942年起，在多个报刊杂志社担任编辑，成为专职作家。他于1963年创办的《艺术》文学杂志，至今仍是巴基斯坦国内的先锋文学杂志之一。1948年当选为巴基斯坦进步作家协会总书记。1974年任进步文学协会会长直至逝世。共出版18部短篇小说集（200余篇短篇小说）、12部诗集（近千首诗歌）及社会评论集、幽默文集、儿童文学作品集等，代表作品集有短篇小说集《村公所》(1939)、《身边》(1948)、《从这家到那家》(1963)、《青石》(1980)等，诗集《脉动》(1941)、《忠诚的大地》(1963)和《广阔》(1995)等。作品重点关注在现实生活中被剥夺了生存权利的可怜个体和群体的生活状态，抨击社会等级制度及人际关系的异化沉沦，表达向往平等、和平的人道主义思想和对真善美等道德品质的追求。因在文学领域获得的成就获得巴基斯坦政府颁发的最佳表现奖、巴基斯坦公民最高荣誉“卓越之星”称号，以及巴基斯坦文学研究院的终身成就奖，被尊称为现代“乌尔都语文学之父”和“文坛先驱”。

卡斯米于1956年随巴基斯坦作家代表团访问中国。他一直关注中国社会局势和发展，曾以日本对中国的侵略战争为题材创作短篇小说《母爱》。20世纪五六十年代，部分短篇小说经俄文转译为中文在中国出版，分别为《金头花》(1958）和《艾·纳·卡斯米短篇小说集》(1964)，收录12篇短篇小说。中国学者对其研究可见《东

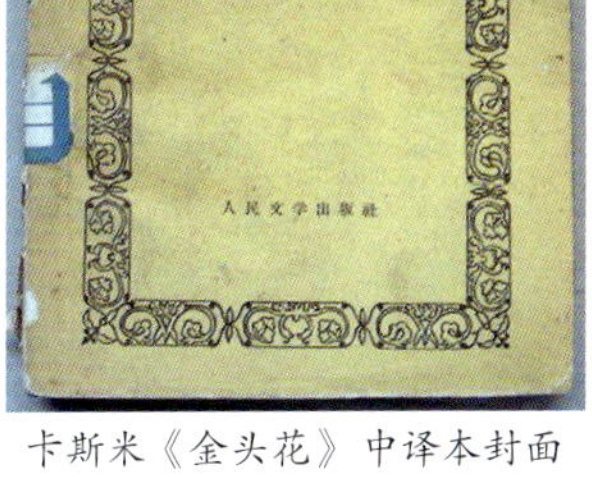

卡斯米《金头花》中译本封面

方研究》(1987) 的论文《生活的画面情感的浪花——试论艾·纳·卡斯米的早期短篇小说的成就》及北京大学博士论文《艾哈迈德·纳迪姆·卡斯米的短篇小说创作研究》(2012) 等。

（张亚冰）

开封铁塔

Kaifeng

开封 Kaifeng 中国城市名。

据近代考古发掘，开封至少在5 000年前即有人类活动。夏朝曾在今开封一带建都，称为“老丘”。春秋时期，郑庄公在今开封南之朱仙镇建粮仓，定名“启封”。公元前361年，魏惠王在启封建都，称大梁。秦、西汉置浚仪县，治所在今开封市。汉初，改启封为开封，以避景帝刘启讳。南北朝时期，东魏天平初（约534）置梁州，今开封为州治。北周大象元年（579），因城临汴水而改名汴州。唐代亦称汴州，仅玄宗时一度更名陈留郡。五代时，梁、晋、汉、周均定都于此，先后称开封府、东都、东京。960年，赵匡胤（960~976年在位）建立北宋，定都开封，称东京，亦称汴梁、汴京等。1127年，金灭北宋，称汴京；1153年，改汴京为南京；1161年，金宣宗（1213~1223年在位）贞祐二年（1214）迁都南京开封府。元灭金后，初设南京路，后改汴梁路。明初改开封府。明、清、中华民国时期，开封均为河南省会。中华人民共和国建立后，初为河南省会，1954年省会迁郑州市，开封为省直辖市。

北宋时期，开封成为中印文化交流的中心地之一。据《宋史·天竺传》记载：“乾德三年，沧州僧道圆自西域还……太祖召问所历山川道里，一一能记。四年，僧行勤等一百五十七人诣阙上言，愿至西域求佛书，许之。以其所历甘、沙、伊、肃等州，焉耆、龟兹、于阗、割禄等国，又历布路沙、加湿弥罗等国，并诏谕其国令人引导之。开宝后，天竺僧持梵夹来献者不绝。”说明当时中国人对去印度的陆上路线很熟悉，已经有一个僧人自发、政府出面组织的157人庞大僧团去印度取经。其后，该僧团的僧人如**行勤**、**光远**、**法遇**、**辞澣**、**继业**、**怀问**等陆续回到开封，向朝廷汇报。而印度来华僧人也很多，如**天息灾**、**施护**、**法天**等被安置于朝廷在京城特建的译经院从事佛经翻译。天息灾等人还为宋朝培养了一批精通梵文的学者和翻译家。开封的**相国寺**在宋代被封为皇家寺院，盛极一时，许多印度来的僧人都曾在这里居住过。

古都开封府 绘画

清明上河图（局部）

《宋史·注辇传》记载了北宋与**注辇**的友好交往。大中祥符八年（1015）注辇国使节**娑里三文**来华的记载提供了一条宝贵的中印海上交通史料：“三文离本国，舟行七十七昼夜，历那勿丹山、娑里、西兰山至占宾国。又行六十一昼夜，历伊麻罗里山至古罗国。国有古罗山，因名焉。又行七十一昼夜，历加八山、占不牢山、舟宝龙山至三佛齐国。又行十八昼夜，度蛮山水口，历天竺山，至宾头狼山，望东西王母冢，距舟所将百里。又行二十昼夜，度羊山、九星山至广州之琵琶洲。”说明宋代从印度东南海岸到广州的通道十分畅通，已成为当时中印文化交流的主要通道。南印度来的使者和商人则由广州北上开封，与北宋朝廷进行朝贡贸易。

（薛克翘）

Kaiyuan Shijiao Lu

《开元释教录》 中国佛经目录。简称《开元录》。唐代高僧智昇撰。成于开元十八年（730）。20卷，收于《大正藏》第2154号。赞宁赞言："经法之谱，无出昇之右矣。"

智昇在《开元录》中自言，该书记载了自东汉明帝永平十年（公元67）至大唐神武皇帝开元十八年共664年间的佛教典籍，录传译僧俗176人，所出典籍及圣贤集传并及失译共2 278部7 046卷。分为《总括聚群经录》和《别分乘藏录》两录，各成10卷。

《总括聚群经录》(卷一至十）记录从汉至唐所有译撰佛典，具帝王年代和译人本事。所出教等，以译人为主，以朝代为序，不依三藏之次，同时兼叙目录、新旧同异等。卷一至九中，各朝代目录都先记朝代、都城，后记帝系、年号、年数、译撰僧俗人数、译撰典籍部卷数，并注明见阙部卷数，随后按译撰人顺序，附注译撰典籍、名称与异名、卷数与异卷，以及原委、译时、译地、译次、他录所见等信息，再后又记录各译撰人之小传。每个朝代目录末尾列失译经。其中，前凉一代乃智昇在前代诸经录的基础上增补。此外，在该录中，智昇只将自己认为可靠的佛典算入翻译正数，不可靠的则剔除，列于译撰人小传之后，他剔除了许多费长房《历代三宝纪》中所滥收之佛典。卷十所收诸家目录，一为古目录，仅列名目，二为新目录，详述内容，评点缺失。

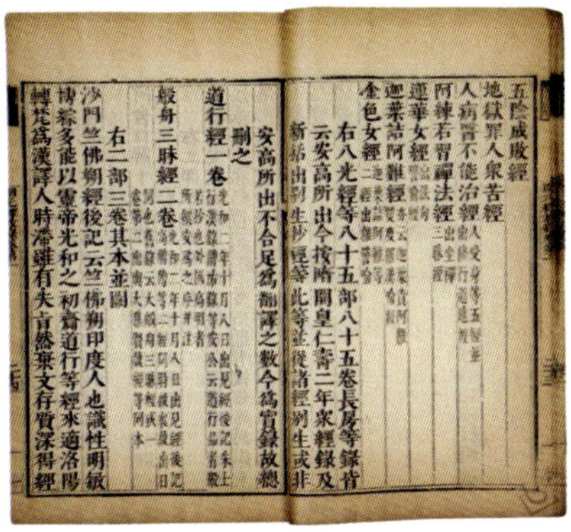

《开元释教录》书影

《别分乘藏录》(卷十一至二十）包括7类目录与《入藏录》。其中7类目录包括：《有译有本录》(卷十一至十三)、《有译无本录》(卷十四、卷十五)、《支派别行录》(卷十六)、《删略繁重录》(卷十七)、《补阙拾遗录》(卷十七)、《疑惑再详录》(卷十八)、《伪乱妄真录》(卷十八)。

《有译有本录》(卷十一至十三)，记录名存本亦存之佛典，共1 124部5 048卷，下分三录：《菩萨三藏录》、《声闻三藏录》、《圣贤传记录》。前两录分别对应大乘与小乘，各分经、律、论三项。就经而言，大乘经分为般若、宝积、大乘、华严、涅槃及五大部外诸经，小乘经分为长、中、增一、杂阿含和四大部外诸经。就律而言，在分判大小乘的基础上，以本摄末，编订小乘律之次第。就论而言，大乘论下分释经论和集义论。这一分类独到而恰当，颇有开先河之意义。《圣贤传记录》下分《梵本翻译集传》与《此方撰述集传》，包含有赞佛、明法、僧行、护法、外宗五类撰集。

《有译无本录》(卷十四、卷十五)，"谓三藏教文及圣贤集传，名存本阙之类也……今者讨求诸录备载遗亡，冀望名贤共垂询访"。共1 148部1 980卷。下分大乘和小乘经、律、论及圣贤集传本七项。

《支派别行录》(卷十六)，"谓大部之中抄出别行，大般若第二会之类是也……今统集多端会归当部，仍删夷旧录增减有无，具载名题备详差互，庶使将来学者览派知源，或恐未周用希来哲"。共682部812卷。下分大乘别生经、大乘律别生、大乘论别生、小乘别生经、小乘律别生、圣贤集别生六项。

《删略繁重录》(卷十七)，"谓同本异名，或广中略出，以为繁赡今并删除……今者详校异同，甄明得失，具为条目有可观焉"。共147部408卷。下分新括出别生经、新括出名异文同经、新括出重上录经、新括出合入大部经四项。其中，智昇对以往经录之疏误，择要评论，颇有价值。

《补阙拾遗录》(卷十七)，"谓旧录阙题新翻未载之类，今并详而具之也"。共306部1 111卷。下按旧、新译大乘经、律、论，小乘经、律及圣贤集传、戒律羯磨、此方撰集传记之顺序编排，尤其是旧译，乃以往经录所未载，颇有意义。

《疑惑再详录》(卷十八)，"今恐真伪交参是非相涉，故为别录以示将来，庶明达高人重为详定"。共14部19卷。主要包括旧录在编为伪妄之经，旧录误为正经之疑经，旧录未曾著录但智昇分析以为内容可疑，须再详辨之经。

《伪乱妄真录》(卷十八)，"邪见所造以乱真经者也……今为件别真伪可分，庶泾渭殊流，无贻后患"。共392部1 055卷。记录诸经录之伪经等。《疑惑再详录》与《伪乱妄真录》两录，智昇在判别疑伪之基础上，更提出了判断之理由与论据。

《入藏录》(卷十九至二十)，收录真实无误之佛典，可作诵持、收藏之用。共1 076部5 048卷480帙。下分大乘入藏录和小乘入藏录两项。此录所收之经名、卷数与《有译有本录》相同，但计部数有异。

《开元录》在以往经录的基础上，集诸家之长，补其阙漏，订其讹误，在诸经录之中的地位极为重要，尤其是在考订、评论与整理以往佛典和经录，以及对佛典之分类和拾遗补缺等方面，极具价值。

此外，《入藏录》后单行成为《开元释教录略出》，4卷。两者之间略有差异，后者有千字文字号，并在每一部经典下注以译撰者名，而前者无。《开元释教录略出》乃后世抄写或雕刻佛经之司南，北宋以后的《大藏经》大多以之为纲目而刊刻。

（杨祖荣）

Kaiyuan Si

开元寺 Kaiyuan Temple 中国福建泉州的佛教寺院。

开元寺坐落于泉州城西街。建于唐垂拱二年（686），原名莲花寺，后改名为兴教寺、龙兴寺。唐开元二十六年（738），唐玄宗下诏，命天下诸州各建一寺，以年号为名。所以，中国叫开元寺的佛寺有多个，泉州开元寺仅为其一。此寺在中印文化交流史具有特殊地位。①开元寺建立的传说。源头来自印度教大神毗湿奴化为侏儒的故事。唐代女皇武则天（690~705年在位）

开元寺双塔

印度教毗湿奴浮雕像　开元寺廊柱

执政之初，和尚匡护向富户黄守恭要求施舍一袈裟覆盖的土地建立寺庙，黄守恭慨然应允。匡护抛起袈裟，袈裟化为一片紫云，罩住黄家的整个桑园。开元寺就在这片广袤的桑园上建起。②泉州历来为连接中印海上交通的大港，唐宋时有很多印度商人在此居住经商，并建有印度教庙宇。开元寺的大雄宝殿有百柱殿之称。明末，大雄宝殿的柱子全部换为石柱，上面有各种雕刻图案，其中有24幅印度教毗湿奴化身为黑天和人狮故事的刻石。据考证，这些都是唐宋时期印度教寺庙的遗物。③佛教密宗在印度发展起来以后，迅速传入中国。唐宋以来，中国佛教受其影响很深，宋代，就有不少密宗和尚到过泉州，或在泉州居住传教，所以，开元寺里有许多密宗的内容，如五方佛等。

（薛克翘）

Kaiyuan Zhanjing

《开元占经》 中国唐代天文学和星占学著作。全名《大唐开元占经》。由瞿昙悉达编成于718~726年。唐朝以后，《开元占经》一度失传，在明末被重新发现，得以流传至今。

《开元占经》共120卷。卷一、卷二集录各家关于宇宙理论的论述；卷三、卷四集录有关天和地的各种现象和对应占辞；卷五至卷十集录关于太阳的各种现象和占辞；卷十一至卷十七集录与月亮有关的天文现象和占辞；卷十八至卷五十九集录五大行星的状况、视运动、行星犯恒星、行星互犯等各种天文现象方面的论述和占辞；卷六十至卷七十集录包括二十八宿和三垣全天星官在内的恒星天文现象和占辞；卷七十一至卷九十集录有关流星、客星和彗星等偶发天象的描述和对应占辞；卷九十一至卷一〇二集录有关各种气候现象的描述和对应占辞；卷一〇三抄录唐代李淳风的《麟德历经》；卷一〇四记载《九执历》；卷一〇五集录从先秦古六历到唐代《神龙历》为止共29种历法的上元积年和其他基本常数；卷一〇六至卷一一〇集录古代恒星星图，用文字介绍“今测”恒星位置与旧星图所载的差异；卷一一一至卷一二〇集录各种有关草木鸟兽、人鬼器物等现象的描述和对应占辞。

《开元占经》是一部典型的中国古代星占学全书。这样一部中国传统星占学全书由一位仕唐印度天文学家主持编撰，反映了中印天文学交流的深度和广度。卷一〇四收录的《九执历》是瞿昙悉达于唐开元六年（718）奉诏翻译的一部印度古代历法，在中国古代其他史籍中不见记载。《九执历》首次引入“零”的书写符号，引进了三角学中的正弦

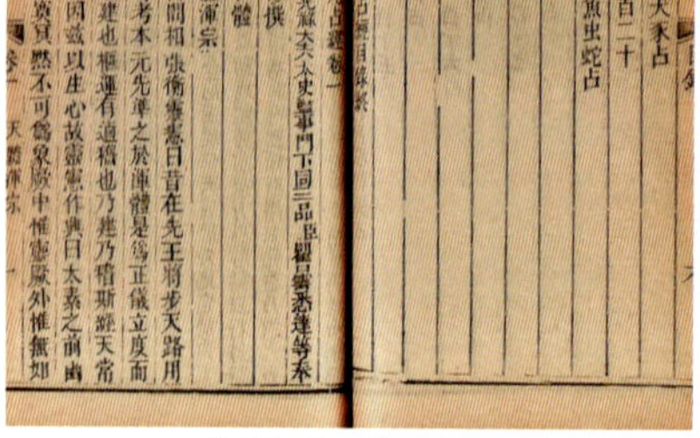

《开元占经》书影

函数算法和正弦函数表，采用黄道坐标系和几何学方法，区分了近地点和冬至点、远地点和夏至点，引入了推算月亮视直径大小变化的方法等，这些对于当时的中国数学和天文学都是新事物。《九执历》是中国与印度科学交流史上的一件重要证物，依靠《开元占经》才得以保留至今。

（钮卫星）

Kaishabu Qiandela Sen

凯沙布·钱德拉·森 Keshab Chandra Sen（1838～1884） 印度近代宗教改革家，梵社的第三代领导人。生于孟加拉，早年就读于印度学院，深受西方和基督教文化的影响，在宗教改革方面思想比较激进。1857年参加梵社后，他团结一批青年成员，在孟加拉创办《印度镜报》，编写大量通俗文艺读物，积极宣传改革思想。在加尔各答建立了各种业余学校和女子学校，反对童婚和对寡妇改嫁的限制，鼓吹妇女解放。他的宗教和社会改革主张，一开始曾得到民众拥护，故促使他进一步采取较为激进的行动。

到19世纪60年代，梵社内部产生了一个以凯沙布·钱德拉·森为首的青年激进派。此派在改革方面提出许多激进的观点：主张弃绝印度教的一切崇拜、否定种姓制度和妇女闺阃制度，在信仰上更倾向于基督教等。以D.泰戈尔为首的老年保守派社员，改革态度温和，因此对青年人的激进观点和行为大为不满。在这种情况下，梵社不得不分裂，青年激进派退出了梵社，另外成立了“印度梵社”。而原来的梵社，更名为“真梵社”。

1881年，凯沙布提出了一种更激进的思想，公开宣布建立一种新宗教——新天道教。所谓“新天道教”，是凯沙布在继承印度教思想的基础上，吸收基督教、佛教、伊斯兰教和中国儒教的教义，而创立的一种包罗一切信仰的万能宗教。这种宗教除了崇拜印度教的大神外，还崇拜基督教的耶稣，认为耶稣不仅是西方的，也是东方的。在公共仪式上，它不仅诵读《吠陀》，也读《圣经》、《可兰经》和其他宗教经典。新天道教主张，世界上一切宗教信徒都应该

在兄弟情谊中消除不和与差异，相亲相爱，最终实现世界的和谐与统一。它还提出“为上帝服务，就是为人服务”的口号。这种新宗教把印度教的三叉戟、基督教的十字架与伊斯兰教的新月结合起来，作为自身的标志。还把基督教的洗礼、圣餐等仪式吸收进来，甚至把印度教神庙、基督教教堂和伊斯兰教清真寺的建筑样式混合起来建设自己的庙堂。1883年1月1日，新天道教向全世界发表公告，宣布凯沙布是上帝的公仆，受上帝之命传播新天道，号召印度教徒、伊斯兰教徒、基督教徒、佛教徒、锡克教徒和拜火教徒等，为实现上帝的父格和人类的友爱而努力。

凯沙布创立的新天道教是一种大胆的宗教革新，它畅想世界最美好的未来——人类的统一和普遍之爱。但是，这种宗教过多地吸收基督教和其他宗教的内容，而脱离了印度教的基本传统。尽管它采取了印度教的某些教义和仪式，但是仍然得不到广大印度教徒的认可和拥护。因此，在凯沙布死后，新天道教就逐渐失去了影响。

凯沙布的思想和事迹，在中国出版的有关印度历史和宗教的书籍中都有记载，如林承节著的《印度近现代史》、黄心川著的《印度近现代哲学》、朱明忠著的《印度教》等。

（朱明忠）

kanbu

堪布 mkhan po 中国藏传佛教僧职称谓。堪布一词系藏语音译，原意指“亲教师”，且有持戒、德高、博学等含义。又称轨范师，其职责最初专为出家僧人剃度授戒和讲经传法，后又兼任寺院或扎仓（学院）住持，遂步入寺院僧官行列，在广大寺僧中具有很高的宗教地位和个人威信。

有清一代，尤其重视堪布职衔的作用和管理，不断完善堪布任免制度。乾隆五十八年（1793）颁布《钦定藏内善后章程》，其中第18条明文规定，堪布为各寺院之主脑，应选学问渊博、品德良好者充任之。而且，设有多种堪布级别，八世达赖喇嘛·绛白嘉措时所设的基巧堪布，为达赖喇嘛近侍，三品僧官，在**布达拉宫**译仓机构任职，其职责是统管达赖喇嘛日常生活及全体近侍人员，并接转臣民向达赖喇嘛的禀奏。在日常政务中，其权限与噶伦相同，如遇重大问题，会同噶伦商议裁定。同时，基巧堪布还负责办理各派堪布、格贵、执事和僧官的升迁任免事宜，与噶伦共同管理布达拉宫库内储存的金银绸缎等物资。

达赖喇嘛的司膳、司寝和司祭堪布，均为三品僧官。司膳堪布，负责管理膳食房和司膳堪穹（四品僧官）、管理人员、厨师等20余人及其任免事宜。司寝堪布，负责管理达赖喇嘛的寝室和禅室及服饰、器具等，并总管达赖喇嘛出行时的24名轿夫及四品僧官领队。司祭堪布，负责管理达赖喇嘛禅室和寝室内的供品及摆设，保管和提供达赖喇嘛日常所需经卷和法器，掌管南杰扎仓的僧纪戒律，指导法事仪轨。

京城**雍和宫**、热河普宁寺、四川**广法寺**和新疆伊犁**普化寺**等重点寺院的堪布，均由理藩院协调派往任职。凡由藏区调京之堪布病故，经该堪布徒众呈请扶柩回藏者，由理藩院奏请，赏给该已故堪布达喇嘛驮载灵柩行李的驮骡五头。该徒众等每名驮骡一头，每名每日支给路费银一钱，共支给40日路费。仍行文知照沿途经过省份督抚，并西宁办事大臣、驻藏大臣遵办。

四川广法寺住持堪布三年一次换班。该堪布三年期满，由四川总督、将军预先咨行驻藏大臣，于该处堪布内拣选经卷精通一人，支给治装银三百两，派往更换。其年满之堪布，由四川就近饬令回藏。如该堪布三年期满，果能“驭服番众”，经该总督、将军奏请奖励者，奉旨推行后，由理藩院咨行驻藏大臣，量予奖励，不得奏请加衔。所有该堪布由藏带往之徒众，仍不得逾例定名数。

新疆伊犁掌教喇嘛由京城掌印呼图克图拣派堪布一员往驻，每届三年，奏请更换。其员缺交掌印呼图克图于京城及热河堪布内另行拣选更换，所遗之缺即着年满回京之人调补。至年满之人果能“驭服番众”，经该将军奏请奖励者，交掌印呼图克图量予升用，不得奏请加衔。所有该堪布等由藏带往之徒众，未经补入额内者，遇该堪布奉差外出，即交掌印呼图克图查明，裁去钱粮，均令随往，俟期满来京再行支领。

此外，**格鲁派**各大寺院扎仓（学院）普遍实行堪布负责制。**甘丹寺**、**哲蚌寺**、**色拉寺**、**扎什伦布寺**、**塔尔寺**、**拉卜楞寺**、**强巴林寺**等大型寺院，内设多所扎仓，并采取堪布负责制，管理井然有序。如塔尔寺有密宗、医药和时轮三大扎仓，均选举堪布住持，任期二至五年不等。每次换届，严格有序。选任堪布，由扎仓组织推举高僧活佛上报，经寺院法台审批，择吉日举行隆重换届仪式。新任堪布的职责，主要是向本扎仓学僧讲经传法，培育学有所长的嗣法弟子。

拉萨的甘丹寺、哲蚌寺、色拉寺和后藏的扎什伦布寺，均有权向各地派遣高僧去担任堪布一职，住持地方寺院，并推行堪布轮换任免制度，任期三至五年不等，从而在各个寺院之间建立隶属关系。格鲁派向各地寺院派遣堪布略有分工：色拉寺藏巴康参派遣堪布担任江孜的白居寺住持，任期三年；色拉寺杰

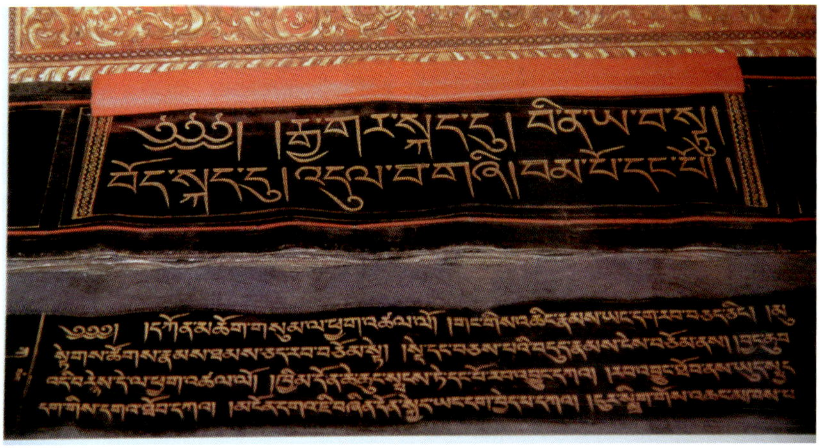

藏文大藏经书影

巴扎仓派遣堪布担任阿里的托林寺住持，任期三年；扎什伦布寺阿巴扎仓派遣堪布担任后藏的拉孜曲德寺住持，任期三年。

（尕藏加）

Kanqin Gendunjiacuo

堪钦·根敦嘉措 mkhan chen dge vdun rgya mtsho（1679～1765） 中国藏传佛教格鲁派高僧，青海隆务寺大堪布。在继承和发展印度佛教因明学方面作出贡献。

根敦嘉措出生于安多热贡地区，10岁在隆务寺僧人鄂珠座前剃度出家，后入隆务寺扎仓（学院）学习摄类学等基础性佛学课程。25岁前一直研习五部大论，其间出任达香寺住持。26岁时与嘉堪布一同前往拉萨，在哲蚌寺郭芒扎仓上师嘉木样协贝多杰座前研习佛学。36岁时，在拉萨祈愿大法会上演讲和辩论五部大论，赢得成千上万学僧的认可和赞誉，并获得然绛巴学衔。40岁时，被西藏地方政府委任为江孜白居寺堪布。后又任泽钦曲德寺住持。其间修葺寺院，改革教规，创新教学机制，为弘法事业作出贡献。同时，在五世班禅额尔德尼·洛桑益西（1663～1737）和七世达赖喇嘛·格桑嘉措（1708～1757）座前听闻教法。55岁时返回隆务寺，出任寺院住持。这一时期，游历安多地区各个寺院，讲经说法，弘扬佛教正法，利乐有情众生。

根敦嘉措主要著作有《堪钦·摄类学》、《堪钦·根敦嘉措自传》、《堪钦·根敦嘉措文集》等。《堪钦·摄类学》对后世学僧影响尤其深远，成为诸多显宗闻思学院内藏传量论课程的基础性教材。

《堪钦·摄类学》封面

（尕藏加）

Kanbayi

坎巴夷 Cambay 印度古代地名。指今印度古吉拉特邦临坎贝湾，或其沿海某地。马欢《瀛涯胜览》、费信《星槎胜览》和巩珍《西洋番国志》"古里国"条均作"坎巴夷"，未有具体描述。《郑和航海图》上标有此地，曰坎八叶。宋赵汝适《诸蕃志》"南毗国"条作"甘巴逸"，亦无具体描述。

（薛克翘）

Kangfachang

康法畅 Kangfachang（约活动于4世纪） 中国两晋之际的高僧。才思敏捷、擅长清谈，著有《人物始义论》等文章。

据《高僧传》卷四，晋成帝（325～342年在位）时，康法畅与康僧渊、支敏度一起来到江南。至于他是否与康僧渊一样，也来自康居（约在今中亚巴尔喀什湖和咸海之间），文献没有明确交代。康法畅有一把麈尾，每逢与名士清谈，便终日挥动。当时的名士庾亮曾经戏问：这把麈尾为何能常在您手中呢？康法畅回答：廉洁之人不会来求取它，而贪婪之人即使来求，我也不会给予，故而能够常在我手中。应对敏捷而巧妙，在当时很有名望。

麈尾图 汉魏时期古墓壁画（局部）

（范晶晶）

Kangfalang

康法朗 Kangfalang（约活动于4世纪） 中国去印度取经僧人。中山（今河南省内，或作河北定州）人。自幼出家，持戒精严。与竺法雅等以"格义"之法，即结合中国经典讲解佛经，教导门徒。又与道安、竺法汰讲谈诸经，皆妙尽其要。立誓前往印度瞻仰佛迹、探觅遗经，邀集同学4人，自甘肃张掖出发，西过流沙，行走3日，荒无人烟。忽见一古寺，里面杂草丛生，有败屋二间。每屋各有一人，一个诵经，一个患痢。病者屎尿纵横，满屋臭秽。两人虽比房而居，然各行其是，不相照料。康法朗悲愍之心大发，对同伴说："出家同道，以法为亲。如果不知道也则罢了，遇到了岂可视而不见呢？"于是延留数日，悉心浣洗呵护。至第七日，见房中皆是香花，知遇神人。诵经和尚说康法朗等人诚契，皆当入道，劝他们勿须远游诸国，唯当自力行道，勿令失时；并预言康法朗游诸国，将在震旦国（见中国）成为大法师。同伴4人不复西行，唯康法朗独自西行，遍游诸国，研寻诸经。复返中山开座传法，阐扬法相之学，门人数百。后不知所终。孙绰为康法朗写有赞文，曰："人亦有言，瑜瑕弗藏。朗公冏冏，能韬其光。敬终慎始，研微辩章。何以取证，冰坚履霜。"

康法朗是中国"格义"佛教的推广者之一。此法颇风行一时，而道安以此法与佛理真义有违，禁其徒众引用，后遂衰止。康法朗西行求法，回国后讲授法相学，这比唐代玄奘宣传法相唯识理论要早，促进了法相学在中国的传播与交流。

（谭洁）

Kangju

康巨 Kangju（约活动于2世纪下半叶～3世纪上半叶） 中国东汉末年高僧，译经家。有时也被称作康臣。

据《高僧传》卷一，康巨与支曜、康孟详均在汉灵帝（167～189年在位）、献帝（189～220年在位）之间驰名于洛阳，号称"慧学"。他译出《问地狱事经》1卷，言直理诣，不加润饰。根据《历代三宝纪》，康巨为外国（疑即康居，约在今中亚巴尔喀什湖和咸海之间）沙门，《问地狱事经》的翻译年代则被确定在中平四年（188）。

（范晶晶）

Kangmengxiang

康孟详 Kangmengxiang（约活动于2世纪下半叶～3世纪上半叶） 中国东汉末年高僧，译经家。

据《高僧传》卷一、《出三藏记集》卷十三，康孟详祖籍康居（约在今中亚巴尔喀什湖和咸海之间），与支曜、康巨均在汉灵帝（168～188年在位）、献帝（189～220年在位）之间驰名于洛阳，号称"慧学"。沙门昙果从迦维罗卫国（即迦毗罗卫）获得《中本起经》与《修行本起经》的梵本，康孟详与竺大力合作将其各译为汉语（T196与184）。道安对其译本评价很高，称其言辞流畅，足以传达玄趣。而根据《历代三宝纪》，康孟详还译有《兴起行经》（T197）2卷与《舍利弗摩诃目连游四衢经》（T137）1卷等。

（范晶晶）

Kangsenghui

康僧会 Kangsenghui（？～280） 西域译经家，最早将佛教传至中国南方的僧人。

据《出三藏记集》卷十三、《高僧传》卷一等，康僧会祖籍康居（约在今中亚巴尔喀什湖和咸海之间），世居印度，后随父经商移居交趾（今越南中、北部）。十余岁父母双亡，服丧期满后，出家修道。为人自律甚严而又宽宏大量，好学深思，才识卓越，精通佛教三藏，广涉天文图谶，不仅敏于辩论，而且长于文翰。他何时来到汉地，未见记载。孙权统一江东时，佛教在当地尚未流行，康僧会前往游化，于吴赤乌十年（247）到达建业（见南京），营建茅茨，设像行道。由于外貌特殊，行为怪异，不久便得孙权召问。传说他曾斋戒礼请21日后，获得佛祖舍利，并在孙权面前使其大显灵威。孙权叹服，遂为之立塔建寺，周围地方则获名佛陀里。该寺是最早建于江南的佛寺，故称建初寺。康僧会于此传道译经，佛法大兴。又有传说称，孙皓继位后，曾请康僧会为之说法医治顽疾，痊愈后受五戒并皈依佛教。吴天纪四年（280）四月，孙皓降晋。同年九月，康僧会罹疾而终，尊号为超化禅师。

康僧会在建业译出佛经多部，现仅存《六度集经》8卷和《旧杂譬喻经》2卷两种，其余如《菩萨净行经》、《权方便经》、《菩萨二百五十法经》等均佚。后世评价其所译"妙得经体，文义允正"。又曾注《安般守意经》、《法镜经》、《道树经》等，但现仅存《安般守意经序》和《法镜经序》。他曾从韩林、皮业、陈慧受学，为安世高的再传弟子，但同时受到支谦大乘和中国传统儒、道思想的影响，故一方面心存悲悯，立志救世，主张用拯救人类灵魂的办法拯救人类社会；另一方面也要求在位者实行仁政，以改善众生的现实生活。他的这些思想充分表现在《六度集经》中。该经实为编译，按大乘六度，即布施、持戒、忍辱、精进、禅定、智慧分作6章编排，收佛经91篇，其中82篇讲述佛的本生故事，内容多含劝喻。他希望在民间同时推行佛教的五戒十善和中国传统伦理的"三纲五常"，使僧俗普遍信守。对于权势者，他提倡"以佛明法，正心治国"；对于普通大众，他则以"宁为有道之畜，不为无道民矣"相鼓励。他在会通佛、儒上所作的巨大努力，不仅形成了独特的佛教仁道说，而且有效地推动了佛教的中国化。

（葛维钧）

Kangsengkai

康僧铠 Saṅghavarman（约活动于3世纪） 印度来华译经僧人。音译僧伽跋摩。

据《高僧传》卷一等，康僧铠为印度人，但从其康姓看，或又与中亚康居国（约在今巴尔克什湖与咸海之间）有关。传说他"广学群经，义畅幽旨"。于三国魏嘉平四年（252，一说嘉平五年）来到洛阳，在白马寺译出有关在家居士出家之戒的《郁伽长者经》2卷、有关西方净土信仰的《无量寿经》2卷，以及《四分杂羯磨》1卷等。由于前二经译语颇有不同，故关于其译者尚有异说。

（葛维钧）

Kangsengyuan

康僧渊 Kangsengyuan（约活动于4世纪） 中国两晋之际高僧。经常读诵、讲说佛经，并善于清谈。

据《高僧传》卷四，康僧渊祖籍西域（疑即康居，约在今中亚巴尔喀什湖和咸海之间），生于长安。容止端庄，好学深思，经常念诵《放光般若经》与《道行般若经》。晋成帝（325～342年在位）时，康僧渊与康法畅、支敏度一起南下。虽然德行超过二人，但他清约自处，故而开始时不为名士所知。有一次乞食之时，他偶遇殷浩。殷浩先向他询问佛经中深奥的道理，接着与他辩论世俗书籍中的性情之义，从白天一直辩论到晚上，也不分胜负。从此，名士们对他的印象大为改观。东晋名相王导曾戏称康僧渊"鼻高眼深"，他应答如流：鼻子是面上之山，眼睛是面上之渊，"山不高则不灵，渊不深则不清"，被誉为名答。之后，康僧渊在豫章（今江西省北部）建立山寺，离城邑数十里，山水环绕、林竹葱郁，高僧名士经常来此游赏。他还时常讲说义理深奥的《持心梵天经》，听众如云。后来在寺圆寂。

（范晶晶）

Kang Youwei

康有为 Kang Youwei（1858.03.19～1927.03.31） 中国近代政治家，思想家。1898年领导戊戌变法，旨在通过清光绪帝的支持使中国发生重大的政治和社会制度

康有为《大同书》封面

变革。变法遭镇压后曾逃往印度，在那里完成《大同书》的写作。在书中，他设想了一个囊括全世界的未来理想国。他是颇具影响力且最早借助第一手材料分析和描述现代印度的中国知识分子之一。

1879年，康有为接触到西方资本主义思想和当时的改良思潮，开始糅合古今中西之学，改良政治。1888年10月，鉴于中法战争后形势险恶，康有为第一次上书光绪帝。1895年，《马关条约》签订后，他于5月2日联合在北京会试的举人1 300余人发动公车上书，极陈时局忧危，请求拒和、迁都、练兵、变法，并在政治、经济、文教等各个方面，提出了具体改革措施，初步形成资产阶级改良主义的变法纲领。1897年11月，德国强占胶州湾。康又赶赴北京，上书光绪帝，提出不变法即将亡国的严重警告。在维新变法期间，康有为迭上奏折，起草诏令，对政治、经济、军事、文教等方面提出改革建议。1898年9月21日，慈禧太后发动政变，将康通缉。康有为逃亡海外。1899年创设保皇会，成为保皇派首领。1907年，改保皇会为国民宪政会（后正式定为帝国宪政会），使其成为推动清政府实施宪政的政治团体。辛亥革命成功后，康有为鼓吹“虚君共和”。

1901～1903年，康有为旅居印度，以印度东北部大吉岭山区为据点四处游历；并撰《大同书》、《中庸注》、《论语注》、《春秋笔削微言大义考》诸书，阐述“循序渐进”、“不能躐等”的改制说，反对资产阶级革命运动。1909年再访印度。其著述中有200余处与印度相关的内容，一些是源于对印度和印度人的直接观察，另一些则是基于早期的中文文献。其关于印度最重要的文章之一是1902年撰写的《与同学诸子梁启超等论印度亡国由于各省自立书》。由文章题目可见，作者的关注点主要在于分析印度被外族统治的状况和原因，希望中国人以此为鉴，使自己的国家免遭同样的命运。和许多同辈中国知识分子一样，他将印度归为“亡国”，想借印度之例支撑自己当时的政治主张。

康有为曾多次表达对印度古代文明的赞赏，称“欧洲人种且自印度移出”，但也惋惜如此文明竟衰落到“英人以十二万金之公司，通商而墟五印”，还说“印度万里之国，而英囚之为笼鸟”。其诸多有关印度的著述均旨在探究印度发展到这种地步的原因。他最初将其归咎于保守主义和拒绝改变，而这一观点与他坚持中国迫切需要改革的主张不无联系。1898年他写道：“万里大国之印度，亡于不修其政。”他进一步将印度被征服的一大原因解释为内部不团结。他写道：“吾居印度久，粗考其近世史，乃得其所以致亡之由，即诸子所日慕之望之自立也。”他发现，英国人善于利用印度土邦之间的矛盾来扩大自己的统治。

康有为在有关印度的著作中还评论了印度的社会问题。他谴责印度的种姓制度，认为“夫人类之生，莫本于天，同为兄弟，实为平等，岂可妄分流品，而有所轻重，有所摈斥哉”。还批评了殖民教育体制，警告称，“若夫学校皆教主国之语文，诱以势力，而禁学故国之语文，俾忘其所自来，习之于奴隶同化，而不自知也”。在一篇文章中提到曾“与印人甘地等”共同讨论了以种姓和宗教为界限的社会分化。两人可能是在1901年12月M.K.甘地从南非返回印度加尔各答参加国大党会议时见面的。

康有为曾多次思考印度人民如何重获自由的问题，但鉴于他所处时代尚早，自然无法准确预见这一进程的发生。尽管如此，他对印度的兴趣和与印度的联系对于中印人民的相互了解有很大的帮助。

（玛妲玉撰　李宝龙译）

康有为全家照　1921年摄于上海　中排右起：五夫人廖定征、四夫人市冈鹤子、元配张云珠、康有为、二夫人梁随觉、六夫人张光、女儿同环；前排右起：女儿同令、儿子同籛；后排右起：女儿同复、女婿潘其璇

Kedihua

柯棣华　Dwarkanath Shantaram Kotnis (1910.10.10～1942.12.09)　印度援华医疗队成员。全名德瓦卡纳特·桑塔拉

姆·柯棣尼斯。中文名为柯棣华。生于印度孟买管区小镇绍拉普尔并在那里长大。就读于诺思科特中学。1936年毕业于孟买格兰特医学院，获医学学士和外科学士学位。1937年抗日战争爆发，应八路军总司令朱德的请求，印度国民大会党通过一项决议，立即派遣一支医疗队前往中国，帮助处于困境的

毛泽东为柯棣华题写的挽词

柯棣华雕像
中国河北石家庄华北军区烈士陵园

白求恩暨印度援华医疗队纪念馆　中国河北石家庄华北军区烈士陵园

柯棣华墓　中国河北石家庄华北军区烈士陵园

中国人民。柯棣华成为派往中国的**印度援华医疗队**的5名医生之一。

1938年9月17日，医疗队来到广州。随后，他们去长沙、武汉、重庆。在重庆，**谭云山**为所有队员都取了中文名字，并印好一面中文一面英文的名片送给他们。由于特殊原因，一同来华的**卓克华**、**木克华**、**爱德华**先后返回印度。在他们离去后，柯棣华和**巴苏华**继续留在八路军。他们转至晋东南，后又前往冀南。后来，巴苏华被派往延安，柯棣华成为唯一留在晋察冀边区的人。

晋察冀边区处在敌人后方。在这里，柯棣华被任命为白求恩国际和平医院院长和白求恩卫生学校校长。除为中国军人提供治疗外，还为其医疗技术的进步作出了卓越贡献。他改进了外科手术器械及其用法。他还教人们传统医学原理并训练他们使用当地草药。他每日工作18～20小时，还要做医院行政管理工作，并负责医院外科病房。他的日常任务包括巡查病房、做两例外科手术，同时还要对学生进行医学教学培训。他全年完成450余例手术，其中包括45例截肢手术、20例疝气手术和35例腰椎手术等。

为方便授课和交流，柯棣华苦学汉语。在接受6个月的汉语培训后，他已能够用汉语授课并能自如地进行简单的汉语对话。柯棣华还自编了《外科总论》和《外科详论》两书，以帮助医学生学习。

1941年11月25日，柯棣华与郭庆兰结为伉俪。1942年7月，柯棣华成为中国共产党党员。同年8月23日，柯棣华的儿子降生，取名印华，意即印度与中国。此时，由于劳累过度和身染癫痫，他的健康状况已经恶化。12月9日，柯棣华在河北唐县逝世。被安葬在河北唐县，后来，他的陵墓迁入中国河北石家庄华北军区烈士陵园。

中国共产党高度评价柯棣华，称他为印度人民的伟大儿子。12月30日，社会各界人士在延安为柯棣华举行追悼会。**毛泽东**亲自送上挽词，称颂柯棣华的贡献和牺牲精神："印度友人柯棣华大夫远道来华，援助抗日，在延安华北工作五年之久，医治伤员，积劳病逝，全军失一臂助，民族失一友人。柯棣华大夫的国际主义精神，是我们永远不应该忘记的。”朱德也出席追悼会，致悼词并宣读祭文，并发表了一篇题为《纪念柯棣华大夫》的文章。

在印度，**全印柯棣华大夫纪念委员会**在孟买成立。巴苏华任该委员会主席。在中国，柯棣华被称为“第二个白求恩”。柯棣华还被当地中国人称为“黑妈妈”。这个具有象征意义的称谓，表现了他像母亲一样慈爱、温柔和无私的品质。在中国，柯棣华是中印友谊的象征。现中国为柯棣华竖立了数座雕像，其中最著名的一座雕像坐落于河北石家庄。还有以他的名字命名的医院，曾发行纪念他的邮票。1950年以来，中国领导人一直遵循一个传统，即每当访问印度之时，都会看望柯棣华在孟买的家人。2009年，在中国国际广播电台发起的互联网民意调查中，柯棣华当选为中国“十大国际友人”之一。

（邵葆丽撰　刘文亮译）

Kezhi

柯枝　Kochi　印度西岸古国名，与中国曾有长期的友好关系。

柯枝国故地即今喀拉拉邦科钦，为东西方交通的重要港口。该国在15世纪曾与中国多有往来。据《明史》卷三二六记载，柯枝国远在西南，地处海滨，气候常热，物产丰富，海中出奇珍，林间产嘉木，山间无猛兽，河里少恶鱼。人们多食鱼鳖，性格温和，不好争斗，老者慈幼，少者敬长，生活在安乐之中。中国明代**费信**所著《星槎胜览》对该地也有生动记载，称道当地居民风俗淳厚，男女多服短衫，围单布，也有用树叶草叶遮身的。有的居住在房屋内，有的则住在洞穴或树上，以入海捕鱼为业。明代**马欢**所著《**瀛涯胜览**》所记较详，称柯枝国“东是大山，西临大海”。所称大山，当是西高止山。其民用椰子木造屋，椰子树叶苫顶。另用砖泥砌土库，贮存细软之物，以防火盗。国王崇信佛教，尊敬象、牛，建造佛殿，铸铜佛像，佛座边周围砌有水沟。每日清晨鸣钟击鼓后，人们便汲取井水，浇灌佛顶三次，然后环绕敬拜，各自散去。**巩珍**所著《**西洋番国志**》所载亦大略相同。明永乐元年（1403），明成祖曾经派遣中官**尹庆**携带诏书访问其国，赠其国主以镶金丝的帐幔、文绮、彩帛和华盖。永乐六年，命**郑和**出使其国。九年，该国国王**可亦里**遣使来朝。十年，郑和再访其国，尔后该国又接连两年派使臣来。后成祖再遣郑和访问时，更撰写碑文，命他刻写在当地山石之上，以宣王化。其后宣德五年（1430）、八年、正统元年（1436）等，两国使节往还不断，关系融洽友好。郑和七下西洋，柯枝是他经常驻留补给食物和淡水，并与当地人进行贸易的地方，有时也在此地等候季风。此地是在印华人相对集中的地方，他们也欢迎郑和船队的到来。柯枝曾经有一座中国寺庙。近年在南印度发现的一尊明代官员鎏金铁像，据称就是柯枝华人供奉的郑和之像。

（葛维钧）

印度科钦的中国式渔网　由明代郑和船队水手传入

Keyili

可亦里　（约活动于14世纪晚期至15世纪前期）　古代印度柯枝国国王。琐里（原朱罗王朝统治区域，位于今印度东南沿海）人，信奉佛教。据《明史》卷三二六《外国列传》七，明永乐元年（1403），明朝曾派遣中官尹庆持诏书使抚谕**柯枝**国，赐以“销金帐幔、织金文绮、采帛及华盖”。永乐六年，**郑和**复出使该国。永乐九年，柯枝国王可亦里遣使臣赴明朝“入贡”。永乐十年，郑和再次出使柯枝国，其王亦二次派使者“入贡”。“其使者请赐印诰，封其国中之山。”**明成祖朱棣**命郑和带去印玺赐其王，并撰写碑文，命人在山上刻石留念。其文具存于《明史》。此后，隔年来贡。宣德五年（1430），郑和再次出使柯枝，抚谕其国。可亦里则遣使者与锡兰山（今斯里兰卡）诸国使者一起“来贡”。正统元年（1436），命其使者搭乘爪哇“贡舶”回国，并带回明英宗朱祁镇（1435～1449年在位）敕书慰劳其王。

（何赟）

Kezhi

可智　（约活动于10世纪）　西印度来华僧人。据《**佛祖统纪**》卷四三，与**法见**、**真理**一起于北宋开宝五年（972）来到宋朝都城汴京（今河南开封），受到**宋太祖赵匡胤**接见，并赐紫方袍。

（薛克翘）

Kezi' er Shiku

克孜尔石窟　Qizil Caves　中国佛教石窟。位于新疆拜城县城东约60千米、克孜尔镇东南7千米处，开凿在木札提河谷北岸峭壁上，现有编号236窟，形制和壁画保存较完整的有81个窟，多建于4～7世纪。新疆库车、拜城、新和县一带是古龟兹地区。公元初佛教传入龟兹，使之成为**丝绸之路**北道佛教文化的中心。龟兹石窟包括克孜尔石窟、库木吐拉石窟、森木塞姆石窟、克孜尔尕哈石窟等，其中克孜尔石窟是中国开凿最早、新疆规模最大的佛教石窟

克孜尔石窟

群。可惜窟内原有彩塑造像均已毁坏，仅存1970年后新发现的数身。

克孜尔石窟的形制和壁画明显受到印度犍陀罗艺术与笈多艺术的影响。克孜尔石窟的形制存在一种犍陀罗式方形天井套斗顶，这种套斗顶建筑形式在中亚、西亚地区比较普遍，今日在和田地区墨玉县的民房客厅里仍可见到这种天井。克孜尔石窟的龟兹早期壁画题材以佛像、菩萨像和大型佛传故事图为主，与犍陀罗的佛传故事浮雕在题材内容和数日上十分接近，佛像、菩萨像及天人的形象也与犍陀罗3世纪的雕像有许多相似之处。克孜尔石窟第76窟是受犍陀罗艺术影响较深的洞窟，窟内的佛传故事壁画《佛陀诞生》与3世纪的犍陀罗佛传故事浮雕《佛陀诞生》构图雷同，摩耶夫人站在娑罗树下右手攀着树枝、双腿自然交叉的姿势也如出一辙。窟内的

须大拿施舍子女图　克孜尔石窟第38窟壁画
现藏德国柏林艺术博物馆

另一幅佛传故事壁画《魔女诱佛》中形容枯槁的释迦形象与3世纪的犍陀罗浮雕《苦行的释迦》在造型上惊人地相似。印度笈多艺术在6世纪对龟兹地区的石窟艺术也产生了较大影响。克孜尔石窟第69窟后室左壁的一尊立

听法者　克孜尔石窟壁画

佛画像，袈裟上的衣纹线勾勒出佛陀的身体轮廓，令人联想到笈多马图拉式佛像的薄衣贴体。克孜尔石窟第175窟右甬道内壁的比丘画像，则特别强调人体的显现，具有一种全透明的效果，而这正是笈多萨尔纳特式佛像最典型的特征。在克孜尔石窟第83窟主室正壁的优陀羡王故事壁画中的舞女，呈S形的三屈式优美体态，令人联想到阿旃陀石窟壁画中的印度舞女。

（王镛）

kong

空　śūnya　佛教哲学的核心理念。认为事物无自体或自性，是不实在的。早期佛教中就已提出了这方面的思想，后来的佛教各派或分支都在不同程度上讲空，但讲空的角度和方法有很大差别，对空的阐明或定义有不同。

释迦牟尼创立佛教时提出的许多佛教基本理论中都具有空的含义，只是有的理论在这方面明显些，有的间接些。论及不少早期佛教重要思想的《杂阿含经》卷第十中说："一切行无常，一切法无我，涅槃寂灭。"这里提到的"无常"、"无我"和"寂灭"实际就是空的观念。所谓"无常"主要指世间事物是变化的，没有一个永恒不变的东西；所谓"无我"主要指在人生现象中没有一个主体；所谓"寂灭"主要指人跳出轮回后所达到的一种状态。"无常"、"无我"和"寂灭"这三个观念是一致的或密不可分的。因为既然没有永恒不变的东西，那么作为控制人生命现象（包括人的生理活动、心理活动等）的不变主体的"我"当然也就不存在，而所谓"寂灭"在早期佛教中就包含着人死后或解脱后没有永恒不变的"我"的意思。这些观念都能与空的观念联系起来。

早期佛教中的其他一些理论中也包含着空的观念，如缘起观、五蕴说、空定思想等。

缘起观认为，事物（特别是人生现象）是由各种因缘条件相互作用而产生的，事物或人生现象中不存在一个主体或根本实体，具体事物或现象的存在都以他物的存在为条件，没有完全绝对自立自在的东西。

五蕴说认为，人或人的作用由五种成分构成，即色、受、想、行、识。这五蕴在早期佛教中基本也是用于论证无我观念的，用来说明世人（或外道）所谓的"我"实际是五蕴的和合，它并不存在。人的生命现象中没有一个恒定不变的东西，因而是空。

空定是早期佛教中直接使用"空"一词的概念。这一概念包含一系列内容的禅定修习，按照《中阿含经》卷第四十九的说法，修习者要"莫念村想"、"莫念人想"、"莫念无量识处想"等。这实际是等同于对虚妄之"想"的排除。这种排除是逐步的，有阶段层次的。该经提出了"三空"之说（内空、外空、内外空）。这"三空"谈的主要还是"空定"，即要人们"念不移动"与"心不移动"，在内、外、内外三方面或三个

阶段内进行禅定。要人们消除通常的观念、意识或情感，不进行虚妄的“分别”。“空定”概念在逻辑上与早期佛教的许多基本理论是相通的，修习“空定”自然要排除“我”的观念等，只有这样，“空定”才能真正实现。然而这种关系在论及早期佛教的经典自身中并没有明确地说出来。将早期佛教的许多基本理论（如“无常”、“无我”等）与“空”这一概念直接明确地等同起来在佛教中要晚一些。

佛教发展到小乘部派时期，在“空”观念上呈现出一种较为复杂的状态。部派佛教中的空观念主要表现在各部派对于所谓“我”和“法”的看法上。但各部派在这方面的观点很不一致。有些部派认为“我”是“空”的，而“法”是“有”的，如说一切有部。有些部派认为“我”（变相的我）和“法”都不“空”，如犊子部。有些部派则对“我”和“法”进行具体的分析，不笼统地说“空”与“不空”，如大众部等一些部派就认为三世法中只有现在法实在，过去法和未来法则不实在。

部派佛教中有一个较特殊的派别——方广部（此派不在传统上说的十八部或二十部范围之内）。此派的空观后人称为“恶趣空”。这种空观认为，一切事物空无所有，是绝对的虚无。如《大智度论》卷第一中说：“更有佛法中方广道人言：一切法不生不灭，空无所有，譬如兔角龟毛常无。”方广部的空观把“空”说成是“空无所有”，比喻为“兔角龟毛”，是“常无”的。这就割裂了空观念与传统佛教基本教理（如缘起等理论）的联系，是一般佛教派别都不能接受的。

从总体上说，早期佛教和小乘部派佛教的空观虽然较复杂，但也有某种基本倾向或特点。其中较突出的是具有“相空”或“分析空”的特点。

所谓“相空”主要指认为事物的表象为空。早期佛教的空观明显表现在其无我论上。而无我论是指“诸法无我”，即认为人生现象等中无主体。因此，这种空实质上是现象之空，是现象不实在之空。此“相空”的特点无论是从缘起观看还是从五蕴说看都是如此。从缘起观看，早期佛教只是表明事物由缘而起，相互依存，变化无常，没有常恒永在之物。从这些现象是变化的而非常住的角度可说缘起观有空观念的基础，但早期佛教并未明确说这些缘或构成现象的基本要素自体是空。从五蕴说看，早期佛教并未说五蕴本身是空，空的是五蕴聚合在一起形成的人或人生现象，因而亦是一种“相空”之说。在大多数部派佛教那里，空观亦可说属“相空”。这有两个方面：一是“我”的方面；另一个是“法”的方面。从“我”的方面看，部派佛教中许多派别都是在表面上讲无我，如根本上座部、经量部、初期大众部等（甚至犊子部虽大力宣扬“补特伽罗”之说，但也不直接反对早期佛教的无我论）。因而，这些部派在“我”的问题上的空观是表面上的、现象上的，可归入“相空”之列。从“法”的方面看，部派佛教多把法分为现在法、过去法和未来法。有些派别认为过去法和未来法空（不实），有些派别则认为三世法均空（都是“言说”）。其中认为过去法和未来法空的派别相对稍多一些。但无论何种空观，把“法”在时间上作三世的划分，实质上就是把它们在现象上进行划分，说空（不实）实际是指现象的不实。部派佛教一般并不从事物的本性（自体）上来论述法空，因而是主“相空”，而非“体空”。

所谓“分析空”主要指论证空的一种角度，或指得出空观的一种方法。这也是早期佛教及绝大多数部派佛教空观的重要特征之一。早期佛教的一些基本教理中潜存着后来佛教空观发展的思想要素。较显露的空观是所谓“我空观”，表现为无我论。这种空观并不认为事物的本性或本身是空，而仅认为由诸要素积聚出的东西或现象是空，即所谓“相空”。这空是“分析”出来的。如早期佛教将人或人的作用的构成分析为五蕴，但并未说五蕴（一个一个的要素）本身是不实在或空的，而是仅认为五蕴构成的整体（人或其作用）由于是无常的和无主体的，因而是空。说空是通过分析得出的结论，它强调事物的整体由部分构成（或果由因构成），整体不可能永远不变，整体本身中无永恒的主体，而且有可能解体。从这个意义上看，事物（整体或果）是空的。显然，这种论证角度和方法对事物空的处理是停留在表面上的，对事物在本质上是否为空在看法上有很大保留，因而是不彻底的。部派佛教论空的角度和方法大多也是“分析空”。许多部派至少在形式上讲“我空”（无我），其依据仍是五蕴说。认为人由五蕴和合而成，这和合体不实（由部分组成，无常恒主体），故“无我”。但又认为轮回解脱理论需要一主体，因而抬出“补特伽罗”一类变相的我。因此，用“分析”的方法并不能让所有人都认为合成物或生成物不实。对“法空”的论证亦是如此，也属“分析空”。一般的部派都认为事物由因缘和合而成（这因缘可是“极微”，或是别的什么基本构成因），由于事物是无常的，因而总有变化，表现在时间上就有过去法、现在法和未来法之分。在不少部派看来，现在法由于因缘正构成此物，因而应说实有；过去法由于因缘离散了，转变成别的东西了，因而不实在；未来法由于因缘还没有聚合，故也不实在。据此认为三世法中仅现在法“有”，过去法、未来法则“无”。部派佛教（一部分）用这种“分析”的方法得出的空观是不彻底的。因为这种“分析”在说事物空的论证中并没有把缘起观贯彻到底，一般只是谈及由五蕴的合成物或聚合体不实，无主体，或仅谈及由部分（因）而构成的整体（果）不实（不能长久），至于五蕴中的各个蕴或构成整体（果）的部分（因）是否空，这些东西本身是否也有缘起空的问题（即事物的本体是否空的问题）则不谈了。因而，早期佛教与小乘部派佛教的“分析空”总的来说达到的还是“相空”，没有达到“体空”。

大乘佛教兴起后，佛教的空观念有了很大的变化和发展。早期大乘经中对“空”的论述极多。其中最引人注目的是般若类经中的论述。般若类大乘经的空观相对于早期佛教或部派佛教空观的一个重要变化是具有所谓“体空”或“性空”的特点。在般若类经的作者看来，“分析空”或“相空”的思想是建立在离散而空的基础之上，若构成事物的要素不离散的话，事物就不空了。这是导致不少小乘部派认为现在法有实体（不空）的原因之一。因为所谓现在法就是指构成某事物的要素在现时仍聚合在一起，没有离散，因而该事物实有不空。从这样的角度来论证空，这空观自然要大打折扣，因为如果说现在法不空能够成立，那么在逻辑上就等于承认过去法有不空之时，未来法亦将有不空之时。而这样一来，事物在本性上是否为空确实就成了问题，这种空观是动摇的，缺乏说服力的。如果佛教的空观念靠不住，所谓事物之空仅是表面现象（相空），而非本质性的，或事物的空仅局限于某些条件之下（如“分析空”中的事物构成因离散的场合），那么佛教的许多教义的可靠性就成问题了。般若思想对佛教空观的新贡献就在于：说明了空不仅仅表现在现象上（不仅仅是相空），事物也并不是通过其构成要素的离散才空。它强调了事物在本性上即空；强调了事物的构成要素不离散，事物依然是空。这即是般若类经中所说的“色不异空，空不异色。色即是空，空即是色。受想行识，亦复如是。”（《般若波罗蜜多心经》）或“幻不异色，色不异幻。幻即是色，色即是幻。幻不异受想行识”。（《小品般若波罗蜜经》）般若类经中的体空观明确强调了事物并非仅现象空，并非由于构成因离散才空。构成因离散与不离散事物均空，事物在自体上即空。空是事物不可分离的本性。事物与空性是不可分离的。般若类经中的这种“体空”或“性空”的思想成为大乘产生后佛教中占主导地位的空观念。

中观派空观的主要理论是“缘起性空”。此派在论证“空”时，吸收了早期般若类经以来的大乘空观的许多思想，肯定事物自身即空的观念，肯定“性空”的观念，但在事物自身为何空或为何“性空”的问题上，论证手法与般若类经多少有些差异。中观派非常重视通过分析、推导来论证事物是空。此派讲空时重视通过缘起说来推导。中观派的缘起说较早期佛教及小乘部派佛教彻底，较般若类经亦有内容上或侧重点上的不同。《中论》卷四中说：“未曾有一法，不从因缘生，是故一切法，无不是空者。”这一偈颂明确肯定一切事物毫无例外地都是由因缘而生的。因此，一切事物（包括由因构成的果及构成果的因）也就毫无例外地是空的。按中观派的观点，只要是构成因组成之物，就不是实在的，就是空。这种“缘起性空”说所表明的空在实质上也是一种“体空”观念。由于这种理论强调无论是一般的事物还是构成事物的因都是缘起的，都无自性，因而它与早期佛教和小乘部派佛教中显示的空义或“分析空”是不同的。小乘的“分析空”理论对构成事物的因是否也空态度并不很明确。

中观派有关空的论述有一层意义应特别强调，即空与缘起是分不开的，离开缘起讲空就成了“恶趣空”，空即是缘起，即是假名。中观派的“缘起性空”说的主要目的是要否定事物有自性，但其否定的也仅此而已。通过缘起说，此派实际既有否定也有肯定。否定的是事物有自性，肯定的是存在着假有。这里面所贯穿的“中道”精神是很明显的。也可以说，中观派强调的是要“即空观有”和“即有观空”。此派反对说事物有自性，也反对说事物是绝对的虚无。

瑜伽行派的空观与先前的小乘佛教及中观派都有不同。此派也反对佛教内外的各种实有论，并以般若空观作为理论基础，然而在论证事物“性空”时主要是采用“唯识”的理论，认为事物都是识的变现，一切唯识，万法唯识，识有境无。此派通过唯识理论讲述事物空的具体论述很多，如“二无我”（人无我、法无我）的理论，“三无性”（相无性、生无性、胜义无性）的理论等。但又认为讲唯识只是论证事物性空的一种方式，识自身在实际上也是空的，也不能执着。因而，此派的理论实际上是一种唯识空观。

佛教空观的基本理论在印度确立后，不久就传入中国等亚洲许多国家，有重要影响和发展。在中国佛教史上，著名的“六家七宗”涉及的主要就是空观的问题。一些中国当时的思想家或般若学者，受中国佛教外的一些传统文化等的影响，并不能很准确地理解或解释印度佛教中主流思想的空观念。在鸠摩罗什译出了大量般若中观的经论及僧肇的《不真空论》等著作写出后，这种情况得到改观。此后的中国佛教界对空的理解，基本上是以般若中观等印度大乘佛教的理论为基础的。

在中国佛教的发展中，居于主导地位的空观念仍是在印度就形成的主流思想，特别是大乘佛教的空观在中国影响较大。中国佛教中流传最广的禅宗（南宗系统）既反对执着任何事物，认为事物性空，又反对认为事物是绝对虚无的观念，强调要在现实生活中达到解脱（成佛）。这种思想倾向的形成虽有中国原有传统文化观念影响的因素，但受印度般若中观思想直接影响应当说也是一个主要的因素。

（姚卫群）

Kongzi

孔子 Confucius（前551～前479） 中国古代思想家、教育家、政治家，儒家创始人。名丘，字仲尼。春秋末期鲁国

人。先世为宋国贵族，因避内乱迁居鲁国。父叔梁纥，母颜氏。生于鲁国陬邑（今山东曲阜）。孔子3岁丧父，家道中落，早年做过管粮仓、管放牧的小官。因“少好礼”，自幼受传统礼制的熏陶，青年时便以广博的礼乐知识闻名于鲁，从事儒者之业，以替富贵者办理丧祭赞礼为生。中年时，聚徒讲学，从事教育活动。年五十，曾一度担任鲁国“司寇”，摄行相职，不久即弃官离鲁，率弟子周游列国，广泛宣传自己的思想学说，但终不见用。晚年回到鲁国，致力于教育事业，整理《诗》、《书》等古代典籍，删修《春秋》。相传有弟子三千，著名者七十二人。孔子的思想学说主要汇集在《论语》中。《左传》与《史记·孔子世家》有关孔子言行的记载，是研究孔

《孔子修诗图》

子思想的重要材料。孔子以“仁”为核心，创造性地建构了一个富于哲学智慧的思想体系。

孔子的思想主要包括：天命鬼神思想、知识论、中庸之道、仁学思想、德治思想、伦理学说、义利学说、正名思想、尽善尽美论、有教无类论等。

汉以后，孔子的思想不断被补充和改造，到唐宋之际，则与印度佛教融合，形成了“理学”、“心学”等思想流派，从而使中国哲学的思辨水平达到了新的高度。这是因为在佛教经典由梵文翻译为中文的过程中，其语言所涵摄的思维逻辑也逐步被以儒家经典为基本语境的学者群体接受，甚至由梵文翻译的佛学概念直接成为了宋代新儒家理论建构的核心概念，如“能所”、“体用”等。当代，徐梵澄根据近代印度思想家奥罗宾多的哲学思想，叙述了陆王学派所代表的孔子思想。

17世纪初，意大利传教士利玛窦（1552～1610）和法国传教士金尼阁（1577～1628）先后以拉丁文和法文向西方介绍孔子及其著作，孔子及其思想开始受到西方学者的重视。18世纪后期至19世纪初期，英国先后有多名学者研究汉学。理雅各（1815～1897）曾将“四书”、“五经”翻译为英文。1867年，他还出版专著介绍孔子的生平和思想。苏慧廉（1861～1935）曾长期在中国传教和办学，他将《论语》译为英文，并著有《中国的三教》(1913)等。此后，介绍孔子生平及思想的英文书籍不断问世，印度的知识精英读到此类书籍的机会很多。如印度著名汉学家师觉月就曾在自己的著作《印度与中国》中设专节谈论孔子及其思想。

（江巨浪）

Kumalila

枯马立拉 Kumārila（约活动于七八世纪）印度古代哲学中弥曼差派哲学家。坚持弥曼差派最早的经典《弥曼差经》中的基本观念，认为吠陀是天启的、神圣的，吠陀的言语是永恒的，而且吠陀自身就是正确的，是正确认识的来源。他曾激烈地批判印度当时流行的有神论思想，认为有神论的说法不合逻辑，充满矛盾。此外，他还吸收和改造了胜论派的句义论，认为世界现象可以分析为5个句义：实、德、业、同、无。实句义下有地、水、火、风、空、时、方、我、意、黑暗和声十一实；德句义下有色、味、香、触、量、别体、合、离、彼体、此体、重体、液体、润十三德；业句义下有取、舍、屈、伸、行五业。他的主要著作有《颂释补》、《咀多罗释补》和《图普底迦》等。枯马立拉的《颂释补》的汉文节译本由姚卫群译出后收在商务印书馆出版的《古印度六派哲学经典》(2003)一书中。

（姚卫群）

Kuichong

窥冲 Citradeva（约活动于7世纪）中国唐代去印度求法僧人。唐交州（在今越南河内一带）人。据《大唐西域求法高僧传》卷上，梵名质怛罗提婆。僧人明远的学生。唐高宗麟德年间（664～665），他随明远从海路赴印。先到师子洲（今斯里兰卡），然后到西印度。在西印度遇见玄照，同到中印度，礼拜菩提树。“善诵梵经，所在至处，恒编演唱之。”后去世于王舍城，年约30多岁。

（王邦维）

Kuiji

窥基 Kuiji（632～682）中国唐代僧人。俗姓尉迟，字洪道，原名基，亦称大乘基，后人称为窥基。玄奘弟子，常住大慈恩寺，世称“慈恩大师”，为汉传佛教唯识宗的实际创立者。

窥基宗出鲜卑族尉迟部，祖籍朔州善阳（今山西朔州），后居长安。其父尉迟宗为唐左金吾将军、松州都督、江由县开国公。其伯父即唐开国功臣尉迟

恭（敬德）。贞观二十二年（648），窥基在弘福寺从玄奘出家，永徽五年（654）朝命受具足戒，随玄奘入大慈恩寺，应选学习五印语言文字。两年后即随侍玄奘参加译场，前后9年，辗转西明、玉华等译场。玄奘逝世后，窥基重新回到大慈恩寺专事撰述，故有“慈恩大师”之称，唯识宗亦被称作慈恩宗。永淳元年（682）于慈恩寺翻经院圆寂，葬于玄奘陵旁，后迁入西安兴教寺新建玄奘灵塔侧之副塔。

有传说起初窥基不愿出家，后因玄奘强邀而不得已从之，但他要求不断情欲荤腥等，因而出行必三车同随，前车载经卷，中车自乘，后车载仆妓饮食，所以世称“三车和尚”。然而根据僧传等历史记载，这种说法完全系他人所诬，或许是因为窥基的唯识宗提倡声闻、缘觉、菩萨三乘别立，而不同于华严、天台所推崇的一乘法，因而作为唯识宗宗主的窥基也就被谬称为“三车和尚”。

依《开元释教录》，玄奘所译典籍中明确标为窥基笔受者，包括《辨中边论》、《辨中边论颂》、《唯识二十论》、《成

唯识论》、《阿毗达磨界身足论》、《异部宗轮论》等。其中，《成唯识论》集中展现了玄奘一脉唯识学的基本观念，是为玄奘糅译印度十大论师为世亲《唯识三十颂》所做注解而成。据载，玄奘曾计划将这10家注解分别翻译，然而窥基担心后人面对这10种注解时会无所适从，因而玄奘接受其建议，以护法注解为根本，糅译十家集成一部，由窥基笔受。

窥基著作颇丰，据汤用彤等学者，可考者约48种，其中约28种仍存世。大概可分作两类：一类是其为经论所做注疏，另一类为独立的著作。其中注疏类，包括注解唯识类典籍的《瑜伽师地论略纂》(T1829)、《成唯识论述记》(T1830)、《唯识二十论述记》(T1834)、《辨中边论述记》(T1835)、《因明入正理论疏》(T1840) 等，以及注解非唯识类典籍的《金刚般若经赞述》(T1700)、《妙法莲华经玄赞》(T1723)、《说无垢称经疏》(T1782)、《阿弥陀经疏》(T1757)、《异部宗轮论述记》(X844) 等，故窥基有百部疏主之称。其独立著作则以《大乘法苑义林章》(T1861) 为代表。

窥基的佛学思想继承其师玄奘，弘瑜伽行派陈那以来的唯识今学，将诸法划分五位百种，皆不离识。只有见分、相分、自证分及证自证分，八识共同活动，变现根身器界，凡夫又将其错误地妄执为实有，因此在修行中，需要以转识成智、遣妄见真为目标。对此，窥基提出了五重唯识观及四重二谛说（与吉藏或智𫖮之四重二谛不同），其中五重唯识观是：遣虚存实识、舍滥留纯识、摄末归本识、隐劣显胜识、遣相证性识。世俗谛四重是：世间世俗谛、道理世俗谛、证得世俗谛、胜义世俗谛。胜义谛四重是：世间胜义谛、道理胜义谛、证得胜义谛、胜义胜义谛。窥基还提倡有、空、中的“三时判教”，以唯识为双破空有的最深义理；还主张“五姓宗法”，将众生分为声闻乘姓、缘觉乘姓、如来乘姓、不定乘姓及无姓，这是其唯识宗的一大特色。此外，在对教法的说明中，窥基擅长以佛教逻辑学——因明学为手段，讲求论证的严密谨慎。

唯识宗光大于窥基，正如《宋高僧传》的评价，玄奘为“瑜伽唯识开创之祖”，而窥基乃是“守文述作之宗”。窥基最重要的弟子为慧沼，其学说、著作流传至日本，日本僧人在此基础上创立了日本法相宗。

（陈帅）

Kunming

昆明 中国云南古民族名。据司马迁《史记·西南夷列传》：“西自同师（约在今云南保山地区）以东，北至叶榆（约在今云南大理地区），名为嶲、昆明。皆编发，随畜迁徙，无常处，无君长，地方可数千里。”指出昆明为当时一游牧部落。又记载，西汉元狩元年（前122），张骞出使大夏归来，言居大夏时见蜀布、邛竹杖，是蜀地（今四川）商人贩卖到身毒（见印度）的，建言汉武帝从西南方寻求通往印度的通道。“于是天子乃令王然于、柏始昌、吕越人等，使间出西夷西，指求身毒国。至滇（约在今云南昆明市滇池一带），滇王尝羌乃留，为求道四十余辈。岁余，皆闭昆明，莫能通身毒。”由于昆明人的阻隔，西汉使者未能通印度。说明昆明族游牧的地区正在通往印度的要道上。

（薛克翘）

L

La'ao

拉奥，R. Raja Rao（1908.11.08～2006.07.08） 印度现代英语小说三大家之一。作品中涉及中国文化，受中国研究者重视，在中印文化交流方面有一定地位。

拉奥生于今印度卡纳塔克邦的哈桑地区。1927年，进入尼扎姆学院学习。1929年获英语和历史学士学位；同年获奖学金到法国蒙彼利埃大学学习，研究印度对爱尔兰文学的影响。1939年回到印度，一度投身于印度民族解放运动。1947年离开印度前往法国。1965年定居美国。1966年，在德克萨斯大学奥斯汀校区，教授印度哲学等课程，至1980年退休。1969年，获印度政府颁发的第三级公民荣誉勋章。1997年，当选为印度文学院院士。2006年，因病去世。2007年，被印度政府追授第二级公民荣誉勋章。

20世纪30年代初拉奥开始创作。1933～1937年，陆续在法国和英国的杂志上发表以印度为背景的现实主义短篇小说。1938年，出版第一部长篇小说《根特浦尔》。1960年在伦敦出版半自传体长篇小说《蛇与绳》，并获1964年印度文学院奖。1988年出版《棋王奇步》，获第十届纽伊施达特国际奖的文学奖。出版作品还有长篇小说《猫与莎士比亚——一个印度故事》(1965)、《基里洛夫同志》(1965)，短篇小说集《街垒上的母牛》(1947)、《警察与玫瑰》(1978)、《恒河码头》(1989)，随笔《印度的意义》(1996)，以及传记作品《伟大的印度之道：圣雄甘地传》(1998) 等。

拉奥对中国文化甚感兴趣，他的《蛇与绳》、《棋王和棋着》等小说中屡次涉及中国文化，展现了中国美食、中国文化中的平和谦让、儒道思想和祖先崇拜等。中国国内涉及拉奥及其作品研究的著作包括：《印度现代文学》、《中国大百科全书·外国文学》、《20世纪印度文学史》、《印度近现代文学》等，北京大学外国语学院博士学位论文《拉贾·拉奥小说研究》对其进行了专题研究。

（李亚兰）

Labuleng Si

拉卜楞寺 bla brang bkra shes vkhyil 中国藏传佛教著名寺院，格鲁派六大寺院之一。位于今甘肃甘南藏族自治州夏河县城。

藏历第十二绕迥火猪年（清康熙四十六年，1707），**哲蚌寺**郭芒扎仓高僧嘉木样·阿旺尊智（1648～1721）应青海河南蒙古亲王察罕丹津再三敦请，率领阿旺扎西、洛桑东珠等18名高徒返回故里。翌年，在桑曲河流域开始建造拉卜楞寺。至康熙五十五年，相继建成大经堂、显宗学院和下密续学院，初具显密兼容之寺院规格，僧众系统研习显宗五部大论和修证密宗四续，传承哲蚌寺郭芒扎仓和拉萨密宗下院教法仪轨。

嘉木样·阿旺尊智圆寂后，嗣法弟子寻访转世灵童，创立了嘉木样活佛世系，并追认嘉木样·阿旺尊智为一世嘉木样活佛。嘉木样·阿旺尊智著作颇丰，以《宗义广论》、《释量论辨析》、《现庄严论辨析》、《入中论辨析》、《俱舍论注释》和《律经释难除误》五部大论注疏为代表。

藏历第十三绕迥水猴年（清乾隆十七年，1752），二世嘉木样活佛·贡却晋美旺布（1728～1791）赴西藏哲蚌寺郭芒扎仓研修五部大论，相继拜见七世达赖喇嘛·格桑嘉措（1708～1757）和六世班禅额尔德尼·班丹益西（1738～1780），聆受密宗灌顶、教敕及随许法。乾隆二十四年，完成学业返回拉卜楞寺。翌年，就任寺院法台（住持），向僧众讲授中观、般若和戒律等佛学大论。同时，在拉卜楞寺建立了学衔考试制度。藏历第十三绕迥水羊年（乾隆二十八年，1763），按六世班禅额尔德尼·班丹益西重托，在拉卜楞寺仿后藏**扎什伦布寺**创建时轮学院，研习时轮金刚及天文历算等。乾隆四十七年，又按八世达赖喇嘛·绛白嘉措（1758～1804）意愿，仿拉萨药王山建立医学院，传承并研发藏医药学。乾隆四十九年，再次赴西藏，拜见八世达赖喇嘛和七世班禅额尔德尼·丹贝尼玛（1782～1853）并广泛搜集佛教文献典籍，后运回拉卜楞寺，建造藏经殿收藏。乾隆五十一年，在后藏扎什伦布寺向僧众讲授**宗喀巴·洛桑札巴**的《**菩提道次第广论**》和《**密宗道次第广论**》；在前藏拉萨向各大寺院高僧活佛传授《金刚鬘》等甚深密法教敕及随许法，赢得颇高声望。乾隆五十三年，仿照扎什伦布寺弥勒殿，在拉卜楞寺建造大金瓦殿，内供大型弥勒佛像，成为该寺标志性建筑。

藏历第十三绕迥水鼠年（乾隆五十七年，1792），三世贡唐·官却丹贝卓美（1762～1823）升任拉卜楞寺法台（住持），他整肃僧纪，整顿学风，规范寺院教育，对寺院建设多有贡献。清嘉庆八年（1803），在拉卜楞寺创建贡唐

拉卜楞寺全景

拉卜楞寺

宝塔，该塔成为拉卜楞寺又一标志性建筑。藏历第十五绕迥土兔年，(清光绪五年，1879)，四世嘉木样活佛·格桑土丹旺秋（1856～1916）在拉卜楞寺仿**布达拉宫**南杰扎仓创建喜金刚学院。光绪二十四年，进京觐见光绪皇帝，并在雍和宫向僧众传授《白度母》、《绿度母》等教敕。他在返程途中经过蒙古地区讲经弘法，加强了拉卜楞寺与蒙古地区业已建立的佛教供施关系。

拉卜楞寺除了嘉木样活佛世系之外，尚有四大金座活佛世系，即贡唐活佛、德瓦活佛、霍藏活佛和萨木察活佛，他们为扩大拉卜楞寺的宗教影响和推广其法脉传承发挥着重要作用。清朝后期，拉卜楞寺已拥有3 600多名寺僧、100余座属寺以及八大教区，并以教规完善、学科齐全、高僧辈出等闻名。

（尕藏加）

Ladake

拉达克 Ladakh 印度次大陆北部克什米尔东部地区。其主要城市为列城。拉达克海拔很高，处于南面的大喜马拉雅山脉和北面的喀喇昆仑山脉之间。在许多世纪，拉达克地区一直是连接南亚和中亚的数条重要贸易通道的枢纽。这些线路是古代横贯东西的著名丝绸之路的辅路或支线，但它们本身对旁遮普、克什米尔，中国西藏和新疆的经济具有重要作用。

拉达克在印度与中国之间文化和商业交流中的重要性，不仅体现在它是克什米尔、中国西藏和新疆的商人会面和易货的中转站，而且还因为连接上述这些地方的贸易路线经过此处。两条主要贸易支线将拉达克与中国联系在一起。一条是列城和西藏拉萨之间的贸易路线，另一条是列城穿越喀喇昆仑山通往中国南疆的贸易路线。此外，拉达克还是中国疆藏两地贸易的一条干线，新疆的银锭就是拉达克对藏贸易的主要货品之一。最早提及这些活动的文献出现于16世纪，不过此前它们很可能已存在了数世纪。

列城与拉萨之间的贸易始于17世纪晚期，这些贸易活动在一定程度上采用了宗教使团的形式。拉达克当时主要是一个佛教地区，那里的统治者通过这些使团向西藏的宗教权势集团进贡。这种使团有两个主要类型，一个是“年税”团，一个是“公商”团。所谓“公商”，即政府经营的商业。甚至在拉达克被信奉印度教的多格拉人统治之后，此类使团仍继续活动。这一贸易中最重要的物品之一是克什米尔著名的披肩产业所需的西藏细山羊绒。

列城与叶尔羌（即中国新疆莎车）之间的路线，是旁遮普与中国新疆之间最重要的贸易路线。由于穿越喀喇昆仑山脉若干高海拔山口，商人及其商队步履维艰，困难重重，但是这条线路总比当时存在的其他几条线路更受欢迎。其主要原因是拉达克政治状况相对稳定，而且城市基础设施较好。从列城到叶尔羌需时约一个月，而从阿姆利则等旁遮普主要城市北上列城也需时约一个月。

印度列城远眺

印度列城一角

在19世纪前数十年间，这条路线上来自印度的主要贸易货品有棉布匹、靛蓝、烟草、香料等，来自新疆的主要货品有制作披肩的羊绒、毛毡、地毯和丝绸。此外，银锭（元宝）也是从新疆进口的重要货品。19世纪中叶以后，用大麻制成的大麻酯成为这条路线上从新疆进口的主要货品，反过来，鸦片则通过这条路线从印度运往新疆。

在许多世纪间，因贸易的繁荣，使拉达克在经济上占有重要地位并自给自足，同时也使它与其他地区经济保持了良好联系。在20世纪中叶的数十年间，随着政治、技术方面的变故，其作为印度北部与中国西藏、新疆之间桥梁的重要作用不复存在。

（玛妲玉撰　刘文亮译）

Ladakelixinan

拉达克里希南，S.　Sarvepalli Radhakrishnan（1888～1975）　印度现代哲学家，社会活动家，政治家。

生平　拉达克里希南生于南印度马德拉斯一个婆罗门种姓家庭。自幼在基督教会学校接受教育，1909年毕业于马德拉斯基督教学院。随后在马德拉斯省立学院讲授哲学。1921年被聘为加尔各答大学哲学系最高教授职位英王乔治五世讲座教授。其间，他撰写了一部用西方哲学的方法与术语重新解释和评价印度传统哲学的著作《印度哲学》(两卷)。1925年，在他的倡导和组织下，创立了印度全国性哲学组织印度哲学大会。该组织每年在印度举行一次哲学大会，一直坚持至今。1926年以后，他多次应英国牛津大学的邀请，为乌普顿讲座做每年一次的哲学讲座。他还访问美国，为芝加哥大学哈斯克尔讲座讲授比较宗教学。他在欧美讲授的内容主要是印度教的吠檀多哲学与人生哲学，以及对东西方哲学的比较研究。1931年因他在东西方哲学比较研究上的卓越成就，被英王乔治五世授予爵士爵位。从1931年起，他一直担任国际联盟文化合作委员会委员。1946年出任联合国教科文组织的印度代表团团长。1949年出任印度首任驻苏联大使。1952年当选印度共和国副总统。同年，被选为联合国教科文组织第七届大会主席。1962年任印度共和国总统（1962～1967）。

1957年9月，毛泽东会见拉达克里希南

哲学思想　拉达克里希南是新吠檀多哲学的代表人物，在印度现代哲学史上占有重要地位。其哲学理论的特点是把印度吠檀多不二论与西方绝对唯心主义融合为一体。他把宇宙最高本体称为“梵”，又称为“绝对”。认为“梵”是宇宙的“唯一”存在，世界万物都是“唯一”的产物。他认为梵是“纯意识、纯自由，并具有无限的可能性”。梵是无限永恒的纯精神实体，它包含着无限的可能性，它不受任何限制和干扰，可以自由地创造出无穷无尽的事物。我们所居住的世界就是梵的创造物。他反对吠檀多不二论的“世界虚幻说”，认为物质世界是真实的存在。世界上的各种物质都具有三重性质，即物质性、时间性和空间性。物质的存在，并不是某一种性质的单独存在，而是三种性质的结合与统一。物质世界是不断发展变化的，它的变化具有一定的规律。

在人生问题上，拉达克里希南反对古代吠檀多论者的悲观厌世观，肯定人生的意义和价值。他把人分为两个方面：有限的和无限的。有限的方面是指人的肉体和生理，无限的方面是指人内部的那种与宇宙最高本体梵相同一的“精神”，又称为“自我”或“灵魂”。他肯定肉体生命的价值，认为肉体是内部“精神”的一部分，人的内在“精神”并没有割断与肉体生命的联系，否则，就破坏了生命的整体性。他甚至说肉体是“精神的圣殿”。他认为，一个人只有通过直觉的方式来证悟内在的“精神”，认识“梵我同一”的真理，一旦认识到“梵我同一”，他就能与外部世界相统一，与整个社会相和谐。拉达克里希南主张人生的目的是实现解脱。解脱就是证悟每个人内在的“精神”，以实现“我”与“梵”的结合。他进一步提出了“普遍解脱”的概念。认为人在有生命的状态下就能获得解脱，获得解脱的人能继续生活在这个世界上。一个人的

1954年6月下旬，周恩来应邀访问印度时，和印度总统R.普拉萨德（右1）、拉达克里希南（右3）、总理J.尼赫鲁合影

解脱是不完善的，也是不持久的，一个人解脱后，还要继续努力，去帮助和启迪周围的人及早获得解脱。只有当世上所有的人都获得了解脱，整个社会才能实现和谐统一，人类才能从痛苦和苦恼中解放出来。为了实现“普遍解脱”的理想，他积极倡导一种“精神宗教”，即以吠檀多哲学为基础，通过“证悟精神”、“体验精神”而实现人与人之间“精神统一”的宗教。在“证悟精神”的过程中，人必须克服无知、愚昧和私欲，用一种“普遍之爱”的精神来对待一切人。这种以“普遍之爱”为基础的精神宗教，实质上就是西方人道主义和东方宗教精神相融合的产物。

对中国的影响　拉达克里希南的思想很早就传入中国，并在中国产生了一定的影响。他在研究西方哲学的同时，也对中国的哲学与宗教有比较深入的了解。1944年5月6～21日，他受**中印学会**的邀请来华讲学，连续做了12次演讲，其讲义汇编成书，名为《印度与中国》，当年在孟买出版。该书分6章，论述了中国的教育思想、中国的宗教——孔教和道教、中国与印度的关系，以及战争与世界安全等问题。有关拉达克里希南的哲学思想，中国学者也进行了研究。1993年，朱明忠在《世界哲学年鉴》发表了《拉达克里希南的传略与思想》。1994年，朱明忠在《南亚研究》第一期刊登论文《S.拉达克里希南的哲学思想》。1996年，宫静出版学术专著《拉达克里希南》。该书全面阐述了拉达克里希南的哲学、宗教、人生、伦理思想，他在东西方哲学比较研究方面的成就和对印度哲学发展的贡献等。

拉达克里希南的主要著作有：《印度哲学》、《印度教人生观》、《理想主义人生观》、《东方宗教与西方思想》、《现代哲学中的宗教势力》。

（朱明忠）

Lajifu Gandi

拉吉夫·甘地　Rajiv Gandhi（1944.08.20～1991.05.21）　印度国民大会党主席（1981～1991），印度第七任总理（1984～1989年在位）。英迪拉·甘地之子，索尼娅·甘地之夫。在中印外

交领域作出过积极贡献。

拉吉夫·甘地生于**孟买**，自幼接受良好教育。1962年赴英国剑桥大学三一学院学习机械工程。1968年5月起任印度航空公司驾驶员，同年与索尼娅·甘地结婚。1972年升任机长。1980年6月，其弟桑贾伊·甘地在飞行表演中意外身亡。拉吉夫·甘地在母亲的授意下从政。1981年5月正式加入国大党（英迪拉·甘地派），6月当选为人民院议员，同年任青年国大党全国执行机构成员。1983年2月任国大党（英迪拉·甘地派）总书记。1984年10月31日英迪拉·甘地遇刺身亡后，宣誓就任印度总理。任期内整顿政府机构，实行经济自由化。1989年11月辞去印度总理职务，继续担任国大党（英迪拉·甘地派）领袖。1991年，在泰米尔纳德邦参加竞选时遭自杀性爆炸袭击身亡。

1988年12月19～23日，拉吉夫·甘地对中国进行正式访问，受到了**邓小平**、李鹏等人的接见。这是1954年**J.尼赫鲁**访华后，印度总理首次正式访问中国，是中印当代关系史上的里程碑之一，标志着中印关系恢复正常。访问期间，两国领导人就双方贸易、文化、科技等领域的合作进行了交流，签署了相关合作协定，肯定了由两国共同倡导的和平共处五项原则的重要性及积极影响，继而达成共识，将在此原则的基础上改善和发展中印关系。访问结束时，中印双方发表联合新闻公报。

（姜景奎　李宝龙）

Lakeximan

拉克希曼，K.　Kamala Lakshman（1934.06.16～　）　印度舞蹈家和电影演员。全名卡玛拉·拉克希曼。出身于马德拉

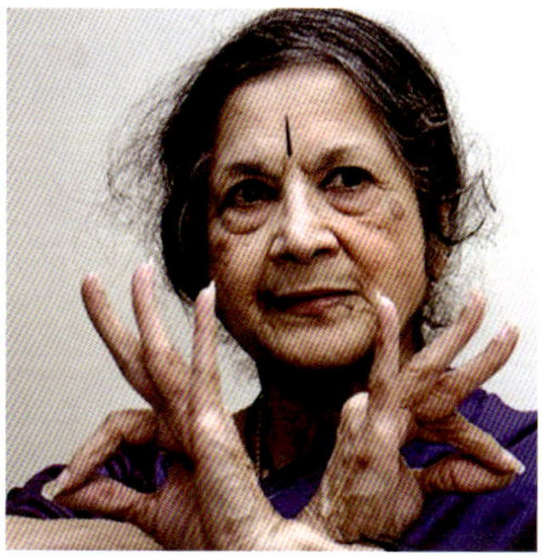

斯管区（今泰米尔纳德邦金奈）马尤勒姆一婆罗门家庭。4岁时以“小卡玛拉”形象出现在《无忧青年协会》等两部电影中，以天真可爱的舞姿令观众着迷。自幼开始接受各种舞蹈训练，尤以擅婆罗多舞而深得众多电影导演的青睐。毕生共出演近百部泰米尔语、印地语、泰卢固语和坎纳达语电影。1953年应邀为英国女王伊丽莎白二世加冕典礼表演。**J.尼赫鲁**、D.D.艾森豪威尔、**周恩来**、J.B.铁托等领袖人物都观看过她的表演。

1957年3月，拉克希曼与妹妹R.拉

拉克希曼在表演

克希曼随印度文化代表团访华。她们的婆罗多舞得到中国观众的高度赞赏。著名作家冰心撰写《观舞记》一文，题献拉克希曼姐妹。冰心以“飞动的美”来形容她们变幻多端的舞姿，更以优美的辞藻和生动的语言描绘印度优美悠久的文化艺术。代表团先后访问北京、上海和广州。4月5日，拉克希曼姐妹在北京进行告别演出；在欢送会上，京剧表演艺术家**梅兰芳**赞扬了她们的精湛表演。

1970年，拉克希曼获印度政府颁发的莲花奖。20世纪80年代初移居美国纽约并开办舞蹈学校。2010年，为了表彰她在艺术方面的贡献，美国国家艺术基金会授予她国家文化遗产奖。

（金珊珊）

Lasa Mizongyuan

拉萨密宗院 lha savi rgyud pa grwa tshang 中国藏传佛教格鲁派著名密宗寺院。是格鲁派学僧专门修学密宗教法仪轨的正规密宗学院。其创始人杰尊·喜绕桑格（1382～1445）是宗喀巴·洛桑札巴大师众多高徒中颇有成就的知名弟子之一，尤以传扬宗喀巴密法传承著称。他获得宗喀巴大师授予的密法传承后，初在后藏建立赛居密法传承，后在拉萨建立下密宗学院。之后，其弟子居钦·贡嘎顿珠在拉萨另建上密宗学院，遂形成既一脉相承又各自独立传承的三座密宗学院。至17世纪，后藏的赛居密法传承中断，而前藏的拉萨上、下密宗两院继往开来，依然具有格鲁派密法传承的祖庭地位。

拉萨下密宗院是在前藏多处密宗讲修院的基础上逐步建立起来的正规密宗寺院，位于西藏自治区拉萨市老城区。杰尊·喜绕桑格在前藏地区建造专门讲授密法的场所，并制定严格的研修密法的教规，向密宗学僧系统教授密宗义理及法事仪轨，从而形成八大密法教程，又称“八大教授”，并与赛居密法传承的“六大教授”一脉相承。杰尊·喜绕桑格著有《集量论释》、《观见导论》、《根本续疏》等。其著名弟子有智者·根敦珠巴、帕威·云丹嘉措、居巴·金巴贝、杰莫朗贝瓦等。他们都是精通显密、德学兼优的密宗高僧，为推动格鲁派密法的进一步发展作出了突出贡献。

16世纪下半叶，在拉萨城内建立相对独立的密宗学院，史称“班丹居麦扎仓”，即吉祥下密宗学院。17世纪，甘丹寺第五十任赤巴（法台）恰扎·根敦彭措在担任拉萨下密宗院堪布（住持）期间，新建了大经堂，使学院规模扩大，规格提升，成为一座密宗大僧院。组织制度十分完善，住持实行“堪布”制，下设喇嘛乌仔、强真、格贵、果聂、东堪等职位，分工明确。堪布主管教法；喇嘛乌仔，意为主持人，主管教规；强真，意为领腔师，负责诵经等仪式；格贵负责僧纪等；果聂，意为管家，负责饮食等；东堪，意为乐官，负责乐团。密宗院下设擦瓦、赛贡、安多、塞霍、嘉绒5个康参单位。其中，赛贡康参属下又有卓弥、丹玛等16个弥参僧舍；安多康参属下有夏琼、藏巴等4个弥参僧舍；塞霍康参属下有甘孜、札巴等弥参僧舍；嘉绒康参属下有打箭炉等弥参僧舍。每个康参单位由一名长老僧人具体负责。

拉萨上密宗院是相对于下密宗院而命名的，系下密宗院法脉传承，由杰尊·喜饶桑格和居钦·金巴贝的知名弟子居钦·贡噶顿珠（1419～1486）创建。藏历第八绕迥木猴年（1464），居钦·贡噶顿珠离开下密宗院，偕同甘丹寺强孜扎仓高僧贡噶扎西前往位于前藏上部的强巴林寺担任住持，讲授佛经，并在隆霄一带化缘，推广佛法善业，获得显著成效，尤其在续部《密集》及利他事业等方面成绩斐然。

藏历第八绕迥木马年（1474），居钦·贡噶顿珠在墨竹工卡境内建立上密宗院，并亲自住持。他遵循杰尊·喜饶桑格和居钦·金巴贝二位上师的教规，严守佛教戒律，讲授密法达12年。据传，藏历第八绕迥木蛇年（1485），拉萨河泛滥，危及城内百姓的生命财产。当地官员彭萨·达隆巴迎请贡噶顿珠举行禳灾法事活动，第二天洪水减退，将拉萨小昭寺划归上密宗院作为奖赏。于是小昭寺演化为上密宗院的中心寺院，下设安多、扎巴、普康、弥聂和荣巴5个康参单位，平日寺僧约200人。

拉萨上、下密宗两院，既一脉相承，又独立传法，教程均依据宗喀巴大师的《密宗道次第广论》和格鲁派高僧大德的密宗论著，主要传习和研修密宗四续及其《密集》、《胜乐》和《大威德》本尊密法。两座密宗院的相继产生，为格鲁派学僧提供了传承、弘扬、研习和修持密宗教法仪轨的专门场所，并与拉萨三大寺相得益彰，共同确立了格鲁派显密宗的祖庭地位。其嗣法传承者在各地建立密宗寺院，或在大型寺院中设立密宗学院，使格鲁派的密宗法脉传承得以发扬光大。拉萨上、下密宗两院在格鲁派乃至藏传佛教寺院教育史上占有重要地位。

（尕藏加）

Lasa Si Da Lin

拉萨四大林 lha savi gling bzhi 中国清代藏传佛教格鲁派四大活佛僧官府邸。指丹吉林、策墨林、功德林和茨觉林。均位于西藏拉萨城区。相继建于七世达赖喇嘛·格桑嘉措（1708～1757）和八世达赖喇嘛·绛白嘉措（1758～1804）时期。

拉萨四大林作为清代四大活佛僧官的府邸，与其他正规寺院相比，规模很小，建筑普通，主要以其主人四大活佛世系而闻名。四大活佛世系分别为：丹吉林·第穆活佛世系、策墨林·策墨林活佛世系、功德林·达察活佛世系和茨觉林·茨觉林活佛世系。其中前三大活佛世系曾任西藏噶厦政府摄政王，在西藏政教合一制度史上具有重要影响。

（尕藏加）

Layi

拉伊,S. Satyajit Ray (1921.05.02～1992.04.23) 印度电影导演，制片人。被誉为印度现代电影的先驱。全名萨蒂亚吉

特·拉伊。加尔各答人。出身于孟加拉名门望族，幼时常跟随家人参加梵社活动。喜爱电影，中学时期热衷于收集好莱坞影星的新闻和画报。从当地公立高中毕业后，进入加尔各答管区学院主修经济学，1940年获学士学位。后入印度国际大学专攻东方艺术。1943年，在一家英国人创办的广告公司工作，后在印章出版社负责封面设计。1947年创办加尔各答电影协会。1952年开始拍摄第一部影片《道路之歌》，1955年上映，一举获得12项国际大奖。该片

拉伊工作照

与《不屈的人》(1956)、《阿普的世界》(1959) 合称"阿普三部曲"。此后，相继拍摄了30余部影片，主要有被称为"加尔各答三部曲"的《对手》(1970)、《有限公司》(1971)、《中间商》(1975)，以M.普列姆昌德短篇小说为蓝本改编的同名影片《棋友》(1977)，以及《人民公敌》(1989)、《树枝》(1990)、《陌生人》(1990) 等。多数影片和剧本被译成印地语、马拉提语、英语、法语、日语等。著有3部电影评论集、1部影片回忆录、百余篇影评及多部文学作品。一生获得诸多国际电影奖项，1992年被授予奥斯卡终身成就奖，同年获印度政府颁发的国宝勋章。

中国最早对拉伊进行介绍的是孙琬和史梦军，二人分别于1981年在《电影艺术译丛》(今《世界电影》)第3期发表译文《在拍摄〈道路之歌〉的漫长日子里》和《电影剧本的写作》，介绍了拉伊的从影历程和创作理念。与两篇文章一同刊出的编者按对拉伊的生平及创作进行了概述。此后，2002年生活·读书·新知三联书店出版的《20世纪的电影：世界电影经典》等著作也提及拉伊及其影片。另有10余篇研究拉伊及其电影创作的学术论文发表。

2010年，北京大学外国语学院出现以拉伊电影创作为研究主题的博士论文，首次在中国高度评价了拉伊的创作道路和艺术成就。

（任筱可）

Laba Jie

腊八节 农历腊月初八，中国传统节日，中国佛教以此日为佛成道日，举行浴佛会，并喝腊八粥，遂以为俗。

中国汉代称十二月为腊月，有"腊祭百神"的习俗。到南朝梁代，腊日在南方一些地区已被确定为腊月初八。宗懔《荆楚岁时记》说："十二月八日为腊日，谚言：腊鼓鸣，春草生。村人并击细腰鼓、戴胡公头，及作金刚力士以逐疫。"这时民间的腊日活动已受到佛教的影响。

北宋时，腊月初八是僧人的节日。孟元老《东京梦华录》卷十《十二月》记："初八日，街巷中有僧尼三五人作队念佛。以银铜沙罗或好盆器，坐一金

中国北京潭柘寺腊八节施粥场面

铜或木佛像，浸以香水，杨枝洒浴，排门教化。诸大寺作浴佛会，并送七宝五味粥与门徒，谓之腊八粥。都人是日各家亦以果子杂料煮粥而食也。"根据通常说法，腊月初八是佛成道日。佛成道日浴佛、喝粥，都有佛典依据。相传释迦牟尼出家后，经六年苦行，身心疲惫，到尼连禅河沐浴，上岸得到牧女乳糜(牛奶粥)供养，体力稍复，便到毕钵罗树下静坐思维七七四十九天，终于在启明星出现时悟道成佛。因佛传中有释迦牟尼悟道前沐浴、喝粥的情节，故北宋开封诸大寺举行浴佛会和喝腊八粥。南宋周密《武林旧事》卷三《岁晚节物》中记曰："八日，则寺院及人家用胡桃、松子、乳蕈、柿、栗之类为粥，谓之腊八粥。"吴自牧《梦粱录》卷六《十二月》亦记曰："此月八日，寺院谓之腊八。大刹等寺，俱设五味粥，名曰腊八粥。"从北宋开始，腊八粥即有两个别称，即七宝粥和五味粥，合称为"七宝五味粥"。元明清三代，民间腊月初八仍保留着喝腊八粥的风俗，直至今日。

（薛克翘）

Lanpini

蓝毗尼 Lumbinī 佛教四大圣地之一，佛陀诞生地。位于今尼泊尔鲁潘德希县(又称鲁明台)，毗邻印度。据传说，释迦国净饭王之妻摩耶夫人曾前往距离蓝毗尼35千米的娘家天臂城，途中在蓝毗尼花园驻足。此地位于喜马拉雅山脚下，遍布常青的娑罗树。她被眼前的森林美景所吸引，决定在此停歇。正当她站在一棵娑罗树下赏景时，突然感到分娩的阵痛，随即扶着低垂的树枝诞下了悉达多王子，也就是后来的佛陀(见释迦牟尼)。蓝毗尼由此成为佛教最重要的圣地之一。最被人们广为接受的佛诞日是公元前563年印历2月的望日，印历2月望日即公历4～5月的月圆之日。这一日期依然存在争议。

拘利国古都天臂城不仅是佛陀母亲的娘家，也是他的继母摩诃波阇波提和他的妻子耶输陀罗之父善觉王的故乡。

佛陀诞生地的发现很大程度上归功于中国求法僧人法显和玄奘的游记指引。尼泊尔考古学家K.S.拉纳于1896年在鲁明台发现了一根阿育王石柱。最近一次挖掘是由尼泊尔和日本考古学家在20世纪90年代至21世纪前10年间共同开展的。他们声称找到了佛陀的确切出生地。

鲁明台的阿育王石柱铭文载，天

蓝毗尼遗址一角

爱喜见王（即阿育王）在灌顶即位后的第20年来此圣地朝觐。他造立了一根石柱，四周建有围墙，以铭记世尊（即佛陀）诞生于此。为示对世尊的敬意，蓝毗尼被免于征税。14世纪初，当地王公里布·末罗又在石柱上增刻了一段记录自己朝圣之行的铭文。到15世纪，这里由于种种原因而湮没于历史的迷雾之中。

经对蓝毗尼的考古挖掘，已经发现了3～15世纪不同佛教派别留下的古代寺院和窣堵波遗迹以及摩耶夫人庙和其中一块刻记佛陀确切出生地的古石，还有著名的莲花池，相传摩耶夫人分娩前曾在此沐浴。

如今的蓝毗尼以佛教圣地再度闻名。其修护和开发由联合国教科文组织世界遗产计划和蓝毗尼发展信托实施。2006年，尼泊尔政府在此建立了蓝毗尼佛教大学。中国援建了一座大型的和平公园。此外，这里还计划修建各国不同佛教派别的寺庙。

（卡马尔·希尔撰　张忞煜译）

Langritangba

朗日塘巴　glang ri thang pa（1054～1123）　中国藏传佛教高僧，噶当派法脉传承人之一。西藏前藏潘域人，全名朗日塘巴·多杰僧格，族姓“秀藏”，主要师事博多瓦，系统修学噶当派的教法仪轨，即阿底峡的《菩提道炬论》和噶当派的《大乘庄严经论》、《菩萨地》、《集菩萨学论》、《入菩提行论》、《本生论》、《集法句论》六大经论，最后成长为博多瓦门下被誉为日月之称的两大弟子之一。朗日塘巴学业有成后，继承上师博多瓦的教学风格，向广大学僧讲授噶当派的六大经论以及《菩提道炬论》、《慈氏五论》等；同时，他提倡僧众修习菩提心，感悟佛法真谛。他善于讲经说法，平日跟随他听讲佛法的弟子达2000多人，其中不乏高僧大德。

（尕藏加）

Laoshe

老舍　Laoshe（1899.02.03～1966.08.24）　中国小说家，剧作家。原名舒庆春，字舍予。北京人，满族。老舍为其最常用笔名，另有絜青、鸿来、絜予、舍、非我等。出身城市贫民家庭，自幼熟悉社

会底层生活，喜爱曲艺、戏剧等传统艺术。1918年毕业于北京师范学校，1924年前往英国，执教于伦敦大学东方学院，1926年加入文学研究会，1930年回国，历任齐鲁大学、山东大学等校教授。抗日战争期间任中华全国文艺界抗敌协会总务部主任，宣传抗战和民主思想。后曾赴美讲学。中华人民共和国建立后回国，1950年获“人民艺术家”称号。从50年代初起，历任政务院文教委员会委员、中国文联副主席、中国作协副主席及书记处书记、中国戏剧家协会和中国曲艺工作者协会理事、北京市文联主席等职。先后访问过朝鲜、苏联、印度、捷克斯洛伐克、日本等国。“文化大革命”期间被迫害致死。

老舍毕生笔耕不辍，著述丰厚，作品现实主义特色突出，艺术个性鲜明，尤为善于刻画市民阶层的心理和生活。主要作品有长篇小说《老张的哲学》

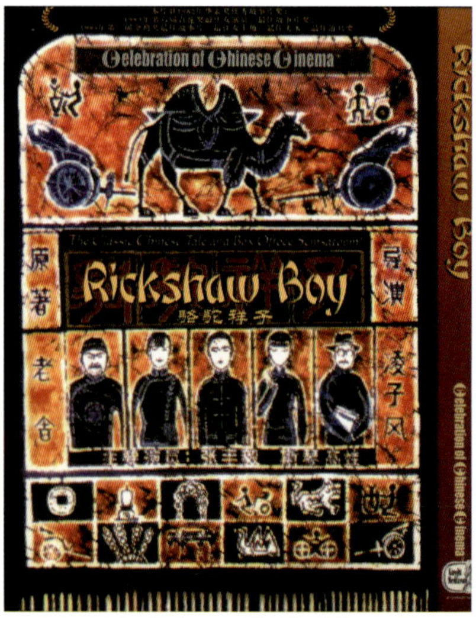

电影《骆驼祥子》海报

（1926）、《猫城记》（1932）、《骆驼祥子》（1936）、《四世同堂》（1944～1948）；话剧《龙须沟》（1951）、《茶馆》（1957）等，均收入人民文学出版社于2013年印行的《老舍全集》（19卷）。

老舍对印度文化和社会有较为深入的了解。他于1924～1929年在伦敦大学东方学院任教期间，与该学院所设梵文学系有较为密切的接触，对印度古代律法产生过一定兴趣，也曾聆听过英国友人诵读R.泰戈尔的诗篇。1929年夏在前往新加坡的轮船上，曾与两位印度学生亲切交谈，感受到印度学生对中国的浓厚兴趣，也向他们询问了圣雄甘地的情况。老舍对印度沦为英国的殖民地深表同情，并期待包括印度在内的弱小民族联合起来，建立一个人皆平等的大同世界。这在他的《小坡的生日》、《二马》、《断魂枪》等作品中均有体现。老舍的诸多作品曾被译为多国文字出版，《骆驼祥子》即有印地文译本。

1956年12月23～28日，中国作家代表团出席在印度首都新德里召开的第一次亚洲作家会议。茅盾任团长，老舍与周扬、叶圣陶任副团长，成员包括冰心、严文井、白朗、叶君健等。这是中国作家在中华人民共和国建立后首次走出国门的交流活动。会议期间，老舍等受到印度总理J.尼赫鲁的接见，就文学、艺术、教育等话题与印度友人进行了坦诚、深入的交谈，增进了彼此的了解和友谊，并为筹备后来的亚非作家会议交换了意见。会后，参观阿格拉城堡、泰姬陵等印度名胜

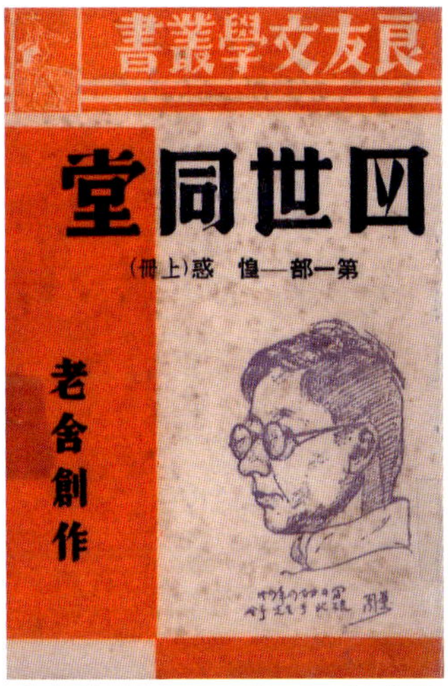

老舍《四世同堂（第一部-惶惑）》
上海良友复兴图书印刷公司1946年版书影

老子坐像　中国福建泉州清凉山

古迹，感受到印度民众对中国人的热情。老舍特意从印度带回一只精致的红木小象赠给画家惠孝同，它被惠家作为传世之物精心保存，现珍藏于北京老舍故居。1961年5月15日，老舍与茅盾、田汉、欧阳予倩、冰心等一同出席首都文艺界纪念世界文化名人、印度诗人泰戈尔诞辰一百周年大会。

（王汝良）

Laozi

老子　Laozi, Lao Tzu（生卒年不详）中国先秦时期思想家，道家学派创始人。

关于老子的姓字，历来说法不一。《庄子》中称他为老聃，其中内篇《德

充符》，外篇《天地》、《天运》、《田子方》、《知北游》等都把老子视为前辈，这是战国中晚期道家学派笔下的老子。秦汉之际成书的《礼记》中《曾子问》篇也把老子视为与孔子同时代的知礼守礼的长者。《史记·老子韩非列传》大体上把老子描写成道家，其中加入老莱子和太史儋两个名字。也有学者认为可能“老”是老子的姓或氏，其名为聃，故称老聃。《老子》一书是否为老聃所作多有疑问。当今学术界不少人认为老子其人可能生活于春秋末年，《老子》一书却是战国时期的作品。但探讨老子哲学，只能以《老子》一书为依据。

老子思想主要有：道论、道法自然、朴素辩证法思想、认识论、美学思想、社会历史观等。

老子的学说在中国思想史上占有重要地位，其影响广泛深远。老子去世之后，逐步形成道家学派。《庄子·天下篇》称：“关尹、老聃乎，古之博大真人哉！”可见庄子归心于道家，故汉以后，老庄并行。《管子》中的《内业》、《心术》上下、《白心》等就是这一派的著作。曾游学于齐稷下的田骈、慎到、环渊等则可能是这一派的代表人物。著名法家代表人物韩非也受到他们思想的影响。汉初，黄老学派盛行，其思想成为当时的正统思想，萧何、曹参等均慕黄老之学。至汉武帝独尊儒术后，道家趋衰，却仍具影响力，如东汉王充曾自称其学说“虽违儒家之说”，却“合黄老之义”（《论衡·自然》）。后道家思想又与民间信仰结合，形成宗教。张陵尊老子而创立的道教，作为中国本土宗教，一直延绵不绝。至魏晋时，王弼、何晏等以老庄道家思想解说儒家经典，吸收发挥了道家的“自然无为”等思想，把名教与自然结合起来。郭象注《庄子》，开创了中国思想史的新路径——“玄学”。王弼著《老子注》，其说在后世影响很大。佛教传入中国后，一些学者借道家概念诠解佛教理论，帮助其传播。著名译经家鸠摩罗什门下僧睿等弟子均“娴于老庄”。而据道宣《集古今佛道论衡》卷丙记载，唐贞观二十一年（647），李义表归国，谒见唐太宗李世民并陈述向东天竺迦摩缕波国童子王介绍《老子》事，唐太宗下敕，“令玄奘法师与诸道士对共译出，于时道士蔡晃、成英二人，李宗之望，自余锋颖三十余人，并集五通观，日别参议，详覆《道德》，奘乃句句披析，穷其义类，得其旨理，方为译之”。对于翻译是否确已进行，不同史料所载互有出入。但关于唐太宗希望玄奘翻译《老子》，以期与印度交流学术、彰显国力之盛一事，却皆无异词。宋明理学虽然排斥佛、道，但对道家思想仍有某些吸收，如周敦颐的“太极”说，便是吸收华山道士陈抟思想的结果。邵雍的“先天象数学”体系，则是糅合儒、道思想的产物。所以程颢说邵雍之学是内圣外王之道。

针对佛教在中国的传播，东汉末年已有“老子入夷狄为浮屠之说”。至晋惠帝时，天师道祭酒王浮与沙门帛远论争二教邪正，王浮遂推演此说，撰成《老子化胡经》以贬佛。该书后人陆续增为10卷，渐成历代道教徒借以抬高自己、贬低和排斥佛教的论据，而佛教徒则激烈反对之。元宪宗、世祖时，僧道辩论中曾辩论《老子化胡经》真伪，朝廷下令禁毁道书。该书名列焚毁之首，由此亡佚。

近代，随着中西交往的增多，老子学说流传到欧洲和亚洲各地区，也引起了一些印度学者的兴趣。如汉学家师觉

老子《道德经》印地文本封面

月，就在自己的著作《印度与中国》一书中专门论述了老子及其思想。

（江巨浪）

Laozi

《老子》 *Laozi*，*Lao Tzu* 中国古代重要哲学著作。全书5 000余字，分上下篇，上篇为《道经》，下篇为《德经》，因而又被称为《道德经》。通行本《老子》，一般分为81章。1973年长沙马王堆出土的帛书《老子》甲、乙本，均未分章，上篇为《德篇》，下篇为《道篇》。1993年湖北郭店出土的楚墓竹简《老子》，分为甲、乙、丙3篇，共约1 700字，相当于通行本《老子》的1/3。

现在通行的《老子》一书是否为老子所亲著，学术界尚有争论；至战国中期，《老子》一书已经形成，当没有多大疑问。郭店竹简《老子》与帛书《老子》相比，成书更早。郭店一号墓的墓

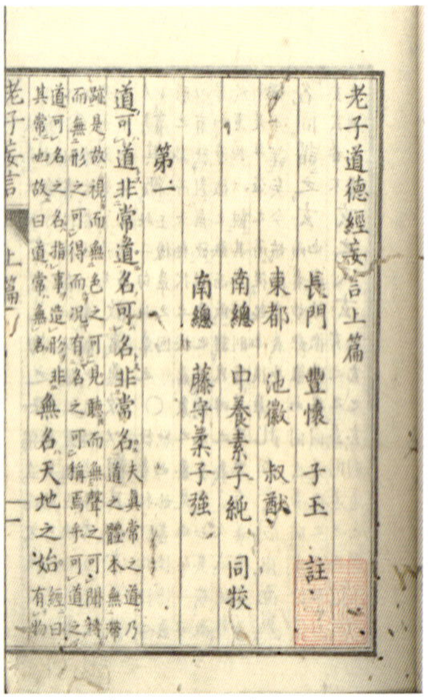
老子道德經要言上篇
長門 豊懐 子玉 註
東都 池徽 叔猷
南總 中養素子純 同校
南總 藤宇素子強
第一
道可道非常道名可名非常名無名天地之始

《老子道德经》书影

葬年代据考证为公元前3世纪晚期至前3世纪早期，竹简本《老子》的抄写年代不晚于公元前300年。

《老子》论述内容广泛，涉及自然、社会、人事、哲学、政治、伦理道德、军事、文化等诸多领域，对中国文化所产生的影响是巨大而深远的。现代西方现象学也在一定程度上受到过它的影响。道教则奉《老子》为主要经典。历史上版本流传众多，历代注释不下百家。

国际上，《老子》被译为多种东西方文字。诸译本中，玄奘梵译曾经引起普遍注意。据道宣《集古今佛道论衡》卷丙记载，唐贞观二十一年（647），李义表访印归国，谒见唐太宗并陈述向东天竺迦摩缕波国童子王介绍《老子》事。太宗遂敕将该书译成梵文，并由玄奘主其事，而“奘乃句句披析，穷其义类，得其旨理，方为译之”。

近代以来，《老子》有多种英译本在世界流行。至迟到20世纪初期，印度人已看到英译本。20世纪中期出现马拉提文译本。20世纪80年代，印地文、孟加拉文和乌尔都文译本相继问世。老子学说明显地存在于R.泰戈尔的宗教思想中。泰戈尔1924年访华时，曾在讲演中引用过老子的话。在《人的宗教》一书中，他称老子为中国的伟大哲人，并5次引据《老子》，对老子的观点表示认同，并加以吸收。此外，印度学者师觉月也曾在其著作中多次谈到过《老子》的思想。

（江巨浪）

Laozi Huahu Jing

《老子化胡经》 中国道教著作。相传为晋代道士王浮所著。佛教从汉代传入中国，与中国本土学说产生了碰撞，因此，在东汉末年已有“老子入夷狄为浮屠”的说法，将佛教渊源归于中国。晋惠帝时，道士王浮与沙门帛远争论二教邪正，王浮便附会发挥襄楷“或言老子入夷狄为浮屠”之说，增益种种传说，证成其事，声称老子出关西游，化胡成佛。该书声称佛陀是老子弟子，借以提高道教的权威。后世道教徒往往以此书为据，攻击佛教，隋开皇三年（583），隋文帝于道坛见老子化胡像，

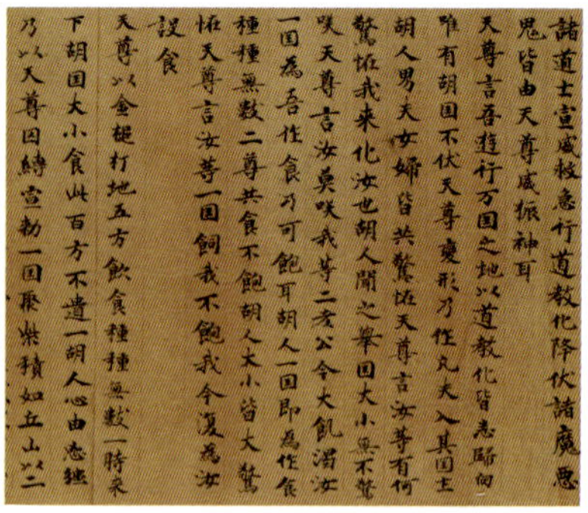
諸道士宣威校急行道教化降伏諸魔患
鬼皆由天尊威振神耳
天尊言吾遊行万国之地以道教化皆忠歸向
唯有胡国不伏天尊變形乃作丸大入其国土
胡人男夫女婦皆共驚怪天尊言汝等有何
驚怪我来化汝也胡人聞之舉国大小無不驚
咲天尊言汝莫咲我等二老公今大飢渴汝
一国為吾作食乃可飽耳胡人一国即為作食
種種無數二尊共食不飽胡人大小皆大驚
怪天尊言汝等一国飼我不飽我今復為汝
設食
天尊以金挺打地五方飲食種種無數一時来
下胡国大小食此百方不遣一胡人心由恣継
乃以天尊因縛宣勅一国聚集積如丘山以二

《老子化胡经》敦煌写本书影

颇觉怪异，于是集僧道共议，道士张宾、僧人彦琮，参与讨论。彦琮因此作《辩教论》，驳斥“老子化胡”之说。唐中宗（705～710）时，下诏僧道定夺《化胡成佛经》真伪。僧人法明问难道士：“老子化胡成佛，老子为作汉语化？为作胡语化？若汉语化胡，胡即不解；若胡语化，此经到此土，便须翻译。未审此经是何年月，何朝代，何人诵胡语，何人笔受？”道士无言以对。神龙元年（705）九月十四日，中宗下敕：“仰所在官吏废此伪经（指《老子化胡经》），刻石于洛京白马寺，以示将来。”南宋宝祐三年（1255），道士李志常与僧人福裕在御前辩论《老子化胡经》的真伪，后道教落败，于是焚毁“伪经”经版。该书从此亡佚。清末从敦煌石窟中发现残卷（卷一、卷十）。

（江巨浪）

Lenamoti

勒那摩提 Ratnamati（约活动于五六世纪） 印度来华僧人，译经家。意译宝意。

据《续高僧传》卷一、《开元释教录》卷六、《历代三宝纪》卷九等，勒那摩提为中印度人，学识广博，擅长禅法，既精通各种理论，又善于处理日常事务，传说能记诵1亿偈经典。于北魏宣武帝正始五年（508，即永平元年）初来到中国洛阳，奉敕与菩提流支在殿内同译《十地经论》12卷，佛陀扇多传语，宣武帝亲自笔受。又和僧朗共译《妙法莲华经论优婆提舍》1卷，于赵欣宅中译出《究竟一乘宝性论》（又称《宝性分别一乘增上论》）4卷。他与菩提流支同译《十地经论》后，意见不合，互不相访。后来佛陀扇多的弟子慧光于相州（即邺县，今河南安阳）南部弘扬其师之论，形成了相州南

道派；而菩提流支的门人道宠，则在相州北部弘扬其师之论，形成了相州北道派。《历代三宝纪》卷九称勒那摩提译经总数为6部24卷。关于他的去世有一神话，某次勒那摩提正在高座讲《华严经》，忽有像大官一样的人持笏驾临，说奉天帝之命来迎法师讲论该经。勒那摩提说当下法席尚在进行，待结束后一定从命。讲经完毕后，使者又来。法师便含笑与众告别，奄然而逝，而都讲、香火、维那、梵呗等4位协助者也同时去世。

（葛维钧）

Leinu

雷努 Renu（1921.03.04～1977.04.11） 印度印地语小说家，边区文学代表作家之一。本名帕纳什瓦尔·纳特，笔名雷努。生于印度比哈尔邦阿拉里亚地区（今普尔尼亚）的奥拉西恒格拉村。在印度和尼泊尔接受早期教育。1940

雷努《肮脏的裙裾》书影

年，进入贝拿勒斯印度大学学习，1942年，放弃学业投身印度民族解放运动并被捕入狱，1944年获释。1945～1946年开始创作。1953年，着手撰写第一部长篇小说《肮脏的裙裾》（1954，又译《肮脏的边区》）。此后一直居住在比哈尔邦从事文学写作。1957年，出版第二部长篇小说《荒土地的故事》。20世纪70年代初，他重返政治舞台，积极参与政治活动。1975年，因参加反对紧急状态的抗议活动被捕入狱，之后健康状况急剧恶化，1977年4月11日病逝。

雷努的两部长篇小说均以比哈尔邦普尔尼亚县的村庄为创作背景，以富有乡土气息的语言描述独立后印度农村各色人物及其现实生活，奠定了边区小说的基础，使边区小说成为印地语小说领域中的新潮流。除长篇小说外，还著有《长期苦修》(1963)、《游行》(1965)、《多少十字路口》(1966)、《巴尔杜巴布路》等中篇小说，《民歌》(1959)、《初夜馨香》(1967)、《食火者》(1973）等短篇小说集。此外，还写了几十篇报告文学和数量可观的散文、随笔等。短篇小说《被扼杀的玫瑰》改编为电影《第三个誓言》(1966)，被评为年度最佳影片并获总统金质奖章。1970年，因在文学创作上的贡献被授予第四级公民荣誉勋章。

雷努译成中文的作品包括长篇小说《肮脏的裙裾》以及短篇小说《红槟榔娘娘》等。刘安武《印度印地语文学史》、石海峻《20世纪印度文学史》、薛克翘等《印度近现代文学》等著作对其生平、主要作品和创作特点作了专章介绍。相关专题研究论文包括北京大学外国语学院1997届硕士学位论文《雷努和他的边区长篇小说》，以及2008届博士学位论文《现代印地语作家雷努小说创作研究》。

（李亚兰）

Leiyi

雷易，H. Haraprasad Ray（1931～ ） 印度中国语言和历史研究学者。1954年开始在印度加尔各答大学修习中文，其导师沈兰真曾于20世纪40年代末在中国北京大学学习汉语。1959年，雷易入印度军队司令部担任中文翻译，后在印度国防部外国语学院教授汉语

雷易《印中交流及前方之路》封面

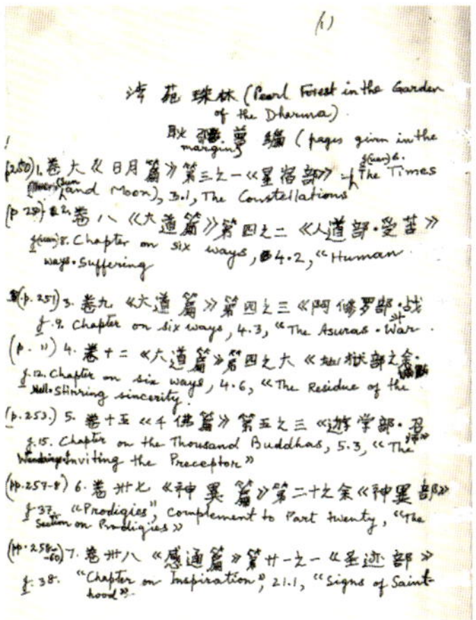

雷易手迹

数年。1975年入尼赫鲁大学，从事新设立的汉语硕士教学工作。与谭中、V.沙兰共同推动了印度首家汉语教学机构的成立，该机构后更命名为中国与东南亚研究中心。雷易是第一位为以印地语为母语的汉语学习者编选教材的汉语专家，他专门翻译了包括科技文献在内的大量文本。在没有现成汉语课本的情况下，他根据自身经验为学生编译了许多教材，教学效果显著。他关注和研究的领域还包括中世纪历史和印中海上贸易。从尼赫鲁大学退休后，他参与孟加拉亚洲学会一系列手抄本的整理工作，成果已被该协会出版。这些抄本主要与中国古代史、历代王朝史料、著名佛僧传记、古代中印关系有关，还包括原始译文和释义。他对师觉月具有跨时代意义的著作《印度与中国》(1944）进行了注释和编订。主要著作包括《印中贸易及外交关系：对15世纪孟加拉的研究》(1993)、《印度、东南亚和中国：若干历史问题》(1999)、《公元前140～公元1500年间的中印贸易及贸易路线》(2003)、《印度东北部在印中关系中的地位及其未来在印度经济中的作用》(2003）等。编著有《师觉月博士对中印藏学的贡献》(2002)、《印度、中国及东南亚研究：阿提尔·查克拉瓦蒂教授的遗作》(2007）等。

（邵葆丽撰 王凌男译）

Lengjia Jing

《楞伽经》 *Laṅkāvatāra-sūtra* 集空性、八识与如来藏学说于一体的大乘佛教经典。在尼泊尔被奉为“大乘九宝”之一。

Bibliotheca Otaniensis
VOLUME ONE
THE
LAṄKĀVATĀRA SŪTRA
EDITED BY
BUNYIU NANJIO, M. A. (OXON.), D. LITT.
MEMBER OF THE IMPERIAL ACADEMY, PRESIDENT OF THE OTANI UNIVERSITY
KYOTO
KYOTO
AT THE OTANI UNIVERSITY PRESS
1923
(All rights reserved)

《楞伽经》梵文本书影

全称《入楞伽经》。"入楞伽经"意为佛陀入楞伽城所说之经。楞伽城是传说中的罗刹都城，有人认为是今斯里兰卡，也有人认为在今印度境内。该经的成书年代尚无定论，但一般认为不早于3世纪，即在般若系大乘经典形成之后。该经在印度佛教以及汉传、藏传佛教中都广为传承。目前发现的尼泊尔梵文写本有20余部，大多为17世纪以后的抄本。西藏**布达拉宫**也保存有两种梵文贝叶写本，尚未公布。日本学者南条文雄于1923年出版了基于5个尼泊尔写本的梵本校勘，高崎直道则发表了基于17个写本对第6品所作的梵文精校本。此外，中国台湾学者释自运于2010年发表的布达拉宫所藏20种佛经梵文写本的合集，包含了该经的第8品。

《楞伽经》现存汉译3种，分别是中印度僧人**求那跋陀罗**的4卷本（译出于443年，T670），北印度僧人**菩提流支**的10卷本（译出于513年，T671），于阗（今中国新疆和田）僧人**实叉难陀**的7卷本（译出于700～704年，T672）。《开元释教录》所录北凉**昙无谶**译本已佚，估计其译出年代为412～420年。上述之中以4卷本流传最广，影响最大。明代圆珂法师曾将3种汉译本合辑为《楞伽会译》(X8)。在敦煌写本中3种译本都有发现，其中7卷本约占2/3。**藏文大藏经**中有两个译本（D107，D108)。前者与梵文本最接近，仅德格、纳塘本题跋中记译者为法成，而此说不见于他版，且与文献学证据相左，恐系与后者混淆之误。《丁香帐》序言中提到赤松德赞（755～797年在位）曾召集学者翻译《楞伽经》，所指可能为此本。后者的题跋中记录译者法成授命于天赞普，参照元晖的注释，从汉译中转译。经对比，其内容和结构与汉译4卷本完全吻合。可以基本推定"天赞普"系指赤祖德赞（816/817～838年在位)。敦煌文献中存有藏文写本，也有汉文为主藏文夹注的本子。

《楞伽经》现存梵本共分10品：《罗波那劝请品》、《三万六千一切法集品》、《无常品》、《现证品》、《如来常无常品》、《刹那品》、《变化品》、《断食肉品》、《陀罗尼品》和《偈颂品》。3种汉译本在篇幅结构上存在着较大差异。其中以7卷本与现存梵本最为接近。4卷本总称《一切佛语心品》，内容大约对应于现存梵本的第2到第8品。总体上说，7卷本和10卷本与现存梵本差异不大，只是品数和品名有所不同。10卷本在某些地方有注释混入正文的痕迹。根据现代文献学研究成果，4卷本可能代表了该经较早（但不一定是最初）的形式，也是该经的义理核心。第1品和第9品的梵本则很有可能是在4卷本译出之后、10卷本译出之前的一段时间（443～513）传抄过程中加入的。第8品的内容也可能是在这期间发生了充实变化。第10品的内容来源和成形时间尚有争论。

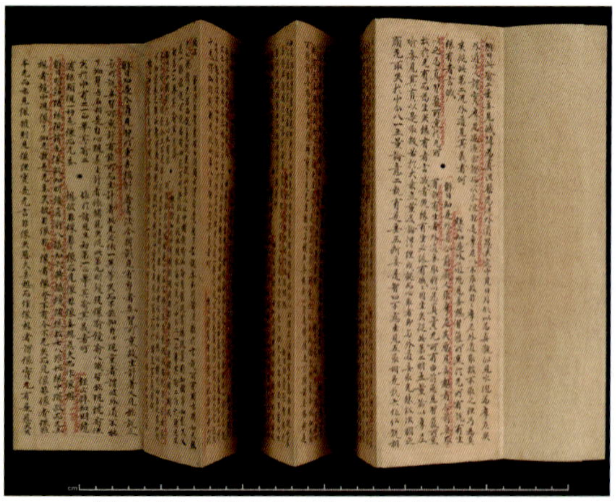
《楞伽经》汉译写本书影　现藏英国图书馆

《楞伽经》内容庞杂，不易寻得紧密一贯的逻辑关系。不同于以空性理论为主的般若类经典和以八识理论为主的唯识类经典，该经以第2品开头大慧菩萨的一百零八问为线索，解释了一切世间和出世间的现象，而且因地和果地并重，几乎涉及大乘佛教从理论到修行的各个方面。如来藏在佛地，就是如来自证境界，即圆成实自性，亦即空性、实际、涅槃、无生、无相、无愿。如来藏在凡夫地，即是一切现象生起的因，即阿赖耶识，也是一切众生的清静自性、定能成佛之因。但如来藏的在缠状态还只是潜在状态的佛性，尚未实现。因此，这一如来藏理论含摄了五法（相、名、分别、正智、真如)、三自性（依他起自性、遍计执自性、圆成实自性)、八识和二无我（人无我、法无我)。《楞伽经》一方面说如来藏是佛自证境界，只为大菩萨说，另一方面也说到，如来藏是为了摄受畏惧无我的愚夫和执着于我的外道，是将其引向佛道的善巧方便。

《楞伽经》历来被印度的瑜伽行派和中观派所重视并广泛引用，也是后来兴起的如来藏思想的重要来源和经典依据。该经自古以来就被认为是难解之经，藏译藏经中收有印度论师智吉祥贤所撰《楞伽释》和智金刚所撰《如来心庄严释》，而后者极有可能是基于藏译本D107的藏文著作。汉地自唐代至清代汉语注疏有十数种，现存的主要有唐**法藏**撰《入楞伽心玄义》、智俨《楞伽经注》残本（卷二、卷五)、宋善月述《楞伽经通义》等。据传，禅宗初祖**菩提达摩**传法于二祖慧可之时，即授以4卷本《楞伽经》，其后禅宗一直以此经为印心之据，直至五祖弘忍转而推崇《**金刚经**》。该经还被**法相宗**视作六部根本经典之一，对华严宗和**天台宗**也产生过巨大影响。此外，该经中的《断肉食品》也是梁武帝《断酒肉文》的依据之一，曾对中国的僧尼食素有过影响。敦煌壁画中也存有从中唐到北宋时期绘制的楞伽经变。

（贾姗姗）

Liche

离车　Licchavi　印度古代部族。汉译佛经中又译利车、栗唱、梨车毗等。**婆罗门教**典籍说他们出自地位已经下降的刹帝利种姓。佛教故事说他们的祖先是从**波罗奈**王后所产的一个肉团中生出来的双胞男女婴，实际上可能为融入印度–雅利安社会的原住民部落，定居在恒河以北今比哈尔邦的穆扎法尔布尔一带。公元前1千纪中叶内部行贵族共和制，佛教僧伽的建立或即以此制度为原型。列国时代（前6世纪~前4世纪）颇为兴盛，与跋祇、毗提诃等组成跋祇共和国，成为十六强国之一，其首城则成为此共和国的国都。至公元4世纪仍然强大。笈多帝国的开国君主旃陀罗·笈多有赖于与其国联姻才得以扩充实力，奠定建国基础。他的儿子沙摩陀罗·笈多亦以有离车血统为荣。笈多帝国统一北印度后，离车人可能因北迁而淡出印度政治舞台。现今活跃于尼泊尔的李察维（梨车毗）家族即古离车人的后裔。

（葛维钧）

Liju Feituo

《梨俱吠陀》 *Ṛg-veda* 印度最古老的宗教经典。大约产生于公元前1600~前900年。是一部专门赞美神灵的颂诗集。中国古籍译为“赞诵明论”。全书共10卷，收集了1 028首圣诗。这些圣诗是婆罗门祭司们主持祭神仪式时吟诵的颂神诗歌，具有浓郁的原始宗教气息。每首诗包含若干个诗节，每一节就是一个“梨俱”。诗集中赞颂雷电之神因陀罗的诗篇最多，约250首；其次是火神阿耆尼，约200首；第三是酒神苏摩，约120首。所有神灵都有自己的职能，分别掌管着天、空、地三界。

《〈梨俱吠陀〉神曲选》中译本封面

太阳神像

天界主要有：天界统治者伐楼拿，天界最有势力的神，主管宇宙的秩序和道德，时刻注视着人间的违法行为；天神特尤斯，太阳光的神格化，又被称为天父，其形状为牧牛。另有几个不同功能的太阳神：苏利耶，代表太阳具体形象的神，在诗歌中他乘坐七匹马拉的车，穿过天空，驱赶黑暗，带来光明；莎维德利，早晨和黄昏的太阳的化身，在诗歌中被描绘为全身发光，乘金色的车，由两匹发光的马牵引，奔驰于天界；密多罗，白昼光芒四射的太阳的化身；乌莎斯，代表清晨放射美丽朝霞的黎明女神。

空界主要有：雷电之神因陀罗（后被佛教所吸收，称为“帝释天”），身躯高大，力量无穷，手持金刚杵，发怒时毛发直立，是空界最有威力的大神，后来，他由雷神逐渐演化为能摧毁敌人、象征胜利的战神；风暴之神楼陀罗，主管风暴，全身褐色，有金色装饰，头披发辫，手持弓箭，十分凶恶；风神伐由，行动迅速，与因陀罗为友，经常同乘一车，由千匹马拉着，迅猛异常。还有雨神帕阇尼耶、水神阿帕斯等。

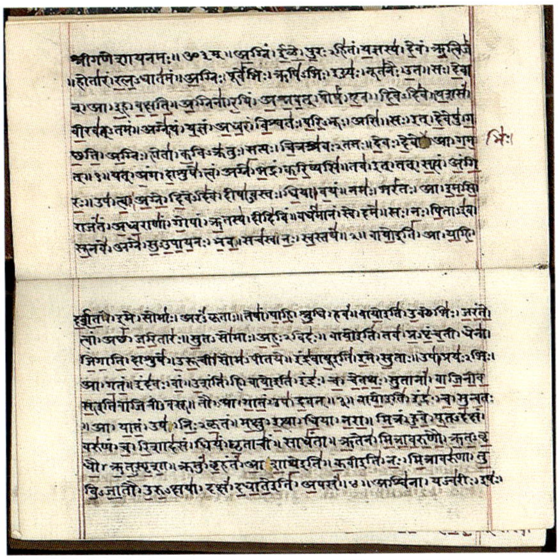
《梨俱吠陀》天城体手写本书影　19世纪初

地界主要有：火神阿耆尼，地界最重要的神灵，能驱除黑暗，消除邪恶；酒神苏摩，苏摩酒的神格化，古代印度常以此酒祭神，认为诸神皆喜酒，酒可以使神灵兴奋，勇气和力量倍增。此外，还有地母神波利特维、河神萨拉斯伐底、马神陀帝克罗等。

除大量颂神赞歌外，《梨俱吠陀》中还有一些诗歌谈到了宇宙起源问题。吠陀诗人们通过对宇宙的直接观察或主观猜测，对宇宙的产生提出了不同的看法：有的认为宇宙是“太一”所生，有的认为是“金胎”所生，有的认为是“原人”所生。《梨俱吠陀》不仅具有文学价值，而且是研究印度古代宗教与社会最重要的历史文献。

伴随着佛教的传入，《梨俱吠陀》很早就传入中国，在中国古代许多汉译佛经中都有《梨俱吠陀》的记载。到了现代，中国学者对《梨俱吠陀》进行了更深入的研究。金克木在他的《梵语文学史》(1964) 中，对《梨俱吠陀》诗歌的文学价值以及在世界文学史中的地位给予较高评价：“《梨俱吠陀本集》，简称《梨俱吠陀》，是人类上古社会遗留下来的文化宝库之一。它是一部诗歌总集，在世界文学中放射着光辉，好像我国的上古诗歌总集《诗经》一样。”巫白慧翻译了《梨俱吠陀》的大量诗篇，并对诗篇进行了详细的解析。他的译文《梨俱吠陀梵文哲学诗选》和《梨俱吠陀梵文美学诗选》收入《月亮国的智慧》(1997) 一书中。巫白慧的另一部著作《印度哲学——吠陀经探义和奥义书解析》(2000) 也对《梨俱吠陀》诗歌的哲学意义进行了深入的探讨。

（朱明忠）

Li Bai

李白 Li Bai（701～762） 中国唐代诗人。字太白，号青莲居士。据《新唐书》卷二〇二记载，李白晚年崇信道教，诗中洋溢着仙道之气。诗人性格豪迈，被后人称为“诗仙”，时人称他为“谪仙”和“饮中八仙”之一，加之他的诗作中每每涉及神仙事，更使人们确信他理应要属于道家。李白受佛教影响很深。他与僧人的交往超出常人的想象，曾写过《僧伽歌》、《峨眉山月歌送蜀僧晏入中京》、《赠僧崖公》、《赠僧行融》、《别东林寺僧》等，他游览各地塔寺而写的诗，不下30首。

《僧伽歌》为描写一位从印度来华的僧人僧伽的一首诗：“真僧法号僧伽，有时与我论三车。问言诵咒几千遍，口道恒河沙复沙。此僧本住南天竺，为法头陀来此国。戒得长天秋月明，心如世上青莲色。意清净，貌棱棱。亦不减，亦不增。瓶里千年舍利骨，手中万岁胡孙藤。嗟予落魄江淮久，罕遇真僧说空有。一言忏尽波罗夷，再礼浑除犯轻垢。”李白以其流畅奔放、形象洒脱的文字描述了一位南印度来华僧人的言行容貌，并称他为“真僧”。从诗中透露的信息可知，僧伽修头陀行，通密教咒语，曾在江淮一带活动；李白与僧伽交往之时，正是他落魄江淮之日；二人相见投缘，谈佛论法，说明他对佛法也有较多了解；李白的青莲居士之号，与佛教有关。

李白除了写这类与僧人的应酬诗之外，还写过一些“赞”、“颂”、“铭”等，如《李居士赞》、《金银泥画西方净土变相赞》、《地藏菩萨赞》、《鲁郡叶和尚赞》、《崇明寺佛顶尊胜陀罗尼幢颂》、《化城寺大钟铭》等。从这些诗文中可知，李白对佛教典故、义理的了解远超乎常人。他在《金银泥画西方净土变相赞》的序言中盛赞西方净土：“我闻金天之西，日没之所，去中华十万亿刹，有极乐世界焉。彼国之佛，身长六十万亿恒沙由旬，眉间白毫，向右宛转，如五须弥山，目光清白若四海水。端坐说法，湛然长存。沼明金沙，岸到珍树。栏盾弥覆，罗网周张。车渠琉璃，为楼殿之饰；颇黎玛瑙，耀阶砌之荣。皆诸佛所证，无虚言者。”在《地藏菩萨赞》的序中，他写道：“大雅掩照，日月崩落。惟佛智慧大，而光生死雪；赖假普慈力，能救无边苦。独出旷劫，导开横流，则地藏菩萨为当仁矣。”在《崇明寺佛顶尊胜陀罗尼幢颂》的序言中盛赞地藏菩萨：“有我西方金仙之垂范，觉旷劫之大梦，碎群愚之重昏。寂然不动，湛而常存。使苦海静滔天之波，疑山灭炎昆之火，囊括天地，置之清凉。日月或坠，神通自在，不其伟与！”对佛的赞美已无以复加。李白虽皈依道教，但对佛教却非但不排斥，反而同样奉为神明，这不能不说是他胸襟开阔、性情豪放使然。

（薛克翘）

李白上阳台帖（局部）

Li Chengmei

李成眉 Li Chengmei（约活动于8世纪后期～9世纪中期） 中国云南僧人。曾游学于印度，故个别资料误为“中天竺人”（清代圆鼎《滇释记》）。821～824年间到云南大理，南诏王劝丰祐尊之为国师。曾建大理荡山寺，继而重建崇圣寺。被尊为南诏禅派第二祖。

（薛克翘）

Li Cheng’en

李承恩 （约活动于8世纪中期） 古代中天竺国王子。据《旧唐书》卷一九八《西戎列传》记载，唐开元二十九年（741），中天竺国（今印度比哈尔邦一带）王子李承恩来朝觐见唐玄宗李隆基（712～756在位），被授予游击将军头衔，后归国。天宝（742～756）年间，中天竺国多次派遣使者来华。

（张然）

Li Chunfeng

李淳风 Li Chunfeng（602～670） 中国唐代天文学家。岐州雍县（治今陕西凤翔）人。20多岁时，李淳风因批评当时历法之疏误，被选入太史监任将仕郎，后升为太常博士，历任太史丞、太史令等职。

李淳风奉诏制造新浑仪，贞观七年（633）完成。该仪设六合仪、三辰仪和四游仪三重同心环，结构紧凑、测量精密，成为后世浑仪的基本模式。其中三辰仪为李氏新创，用它可随时确定黄道和白道的方位，测出天体的赤道、黄道和白道坐标，方便易行。

龙朔年间（661～663），李淳风主持编修《麟德历》，后于麟德二年（665）批准行用。此历引进太阳运动的不均匀性，定朔法、二次差内插法，以及

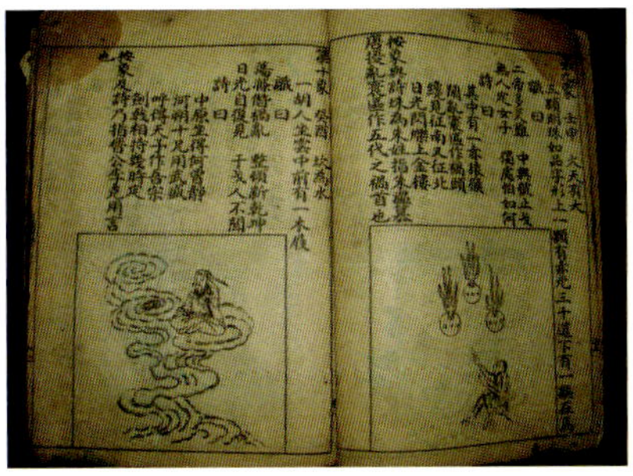

《推背图》书影
传为唐代李淳风和袁天罡所撰

各种主要历法数据，采用1 340的共同分母，使此历推算简便准确。《麟德历》直接以无中气之月为闰月而不计闰周，这在历法史上是一项重要改革。有这些技术的革新，李淳风的《麟德历》与一行的《大衍历》并称，为使用时间长，且算法精准的好历法。

李淳风著述不少，星占方面有《乙巳占》，记载了关于占卜的方方面面，总结前人成果，启发后人研究。算学方面，注释《算经十书》，为唐高宗时设立的国子监算学科提供教材。天文方面有《晋书·天文志》、《晋书·律历志》、《隋书·天文志》和《隋书·律历志》。

（周利群）

Li Dan

李诞　（506～564）　北魏时期来华定居的印度人。

2005年9月，在西安北郊南康村发现一座古墓。墓内有石棺。甬道有墓志。据墓志可知，墓主人姓李名诞，字陀娑，属婆罗门种姓。北魏正光中（523年前后）自罽宾来到长安。因为是婆罗门，经常得到皇帝赏赐。北周保定四年（564）卒，享年59岁。生前未有官职，死后被赠为邯州（今陕西彬县）刺史。其墓地周边此前已多次出土西域人墓葬，学术界据此认为，当时长安已经成为国际都会。

李诞石棺

（薛克翘）

Li Juncheng

李俊承　Li Juncheng（1888～1966）　新加坡侨领，佛教居士。清光绪十四年（1888）生于中国福建省永春县五里街仰贤村。乳名贤，自幼聪敏，勤奋读书。1904年，跟随父亲到马来亚（今马来西亚）森美兰州芙蓉学习经商。由于他勤奋好学，办事认真，很快便能独当一面。加之善于观察，讲究诚信，事业得到迅速发展。其父去世后，他在新加坡先后创办了太兴有限公司和太安实业有限公司，经营多家工厂，又在马来亚森美兰州扩种数千亩橡胶园。1931年遇经济危机，他临危受命，出任和丰银行总理，与陈延谦等协议，将和丰、华侨、华商三家银行合并为华侨银行，任副董事长。1933年起，任华侨银行董事长、董事主席，直至去世。

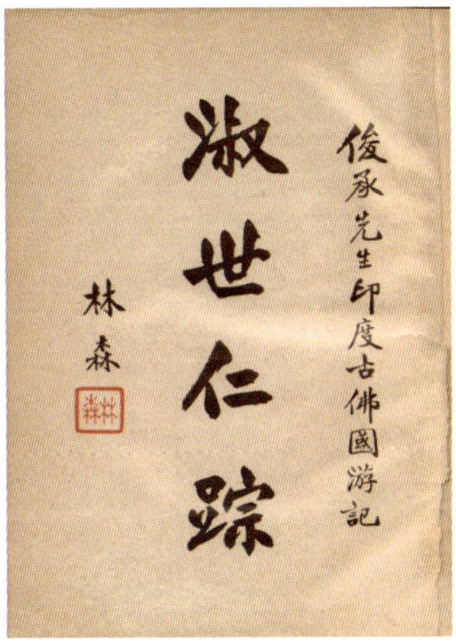

林森为李俊承的著作题签

李俊承热心社会公益，曾被推举为新加坡中华总商会会长、福建会馆产业信托人、永春会馆会长、陇西李氏总会名誉会长。他信奉佛教，热心教育，曾被推举为新加坡佛教总会主席、新加坡佛教居士林林长、菩提学校董事主席、弥陀学校董事会名誉董事长。他擅长作诗，曾被推举为新声诗社名誉社长。此外，尚兼任新加坡和马来亚不少社团和学校的名誉职务。

李俊承对故乡和祖国贡献良多。民国初年，便遵照母亲意愿，独资修葺永春县通仙桥（东关桥）。民国十六年（1927），独力负担新编《永春县志》全部印刷经费。民国十九年，又资助建德化云龙桥。“一·二八”事变后，他在新加坡发起成立救济上海伤兵难民筹赈委员会，任主席。1937年，抗日战争全面爆发，他捐款救济出征军人家属和难民。1938年6月，出资10万元购买救国公债，并将公债票献给中国中央研究院作为奖励基金。“新加坡筹赈会”成立后，他任副会长。其后，又出任“南侨总会”执委和第二届常委。1939年，他为独资买地建中华佛寺和雕造佛像去印度，巡礼佛教胜迹，并在鹿野苑为建中华佛寺举行奠基礼。1940年，新加坡总督汤姆斯特在立法院向他颁授勋章，以表彰他对社会的贡献。日军占领新加坡后，他曾被拘禁7天，获释后发动佛教徒施粥施药，收容难民并赈济70岁以上老人。1966年在新加坡病逝。

李俊承像　徐悲鸿绘

李俊承主要著作有《印度古佛国游记》、《觉园诗集》、《觉园诗存》等。

（薛克翘）

Li Miqian

李弥乾　（约活动于8世纪后期）　印度方士。又称李弼乾。据《新唐书》卷五九《志》第四九记载，李弥乾于唐代贞元（785～805）年间从西印度带来天文学著作《都利聿斯经》2卷，由璩公译出。

（张忞煜）

Li Shaochun

李少春　Li Shaochun（1919.11.04～1975.09.21）　中国京剧表演艺术家。河

北霸县（今霸州）人。出身梨园世家，7岁学戏，初习武生，后工老生。文武兼长，唱功深厚，韵味纯正，行腔圆熟婉转，低沉回荡，念白跌宕有致，断续得当。代表剧目有《闹天宫》、《野猪林》、《将相和》、《打渔杀家》、《三岔口》等，尤擅猴戏。20世纪50年代，组织新中国实验京剧团，后参加中国戏曲研究院京剧实验工作团（今中国国家京剧院）。曾随中国京剧艺术团赴欧洲、美洲及苏联、印度、缅甸、日本等国访问演出，赢得国际声誉。

1954年12月～1955年1月，李少春随郑振铎率领的中国文化代表团访问印度。其间，李少春一行访问了新德里、孟买、马德拉斯、加尔各答等大城市，拜会了R.普拉萨德总统与J.尼赫鲁总理，也感受到了普通印度民众的友好和热情。他们游览了泰姬陵、阿旃陀石窟等名胜古迹，观摩了各种印度古典舞蹈。李少春刻意将印度卡塔卡利舞蹈演员的脸谱与京剧脸谱作了对比，还曾向著名女舞蹈家英德拉妮·拉赫曼学习印度舞蹈，并与她合影留念。他还特别结识了印度猴王哈奴曼的扮演者卡皮纳，并赞扬他在《罗摩传》(即《罗摩衍那》）中的表演非常到位，不落俗套。

代表团也为印度朋友表演了丰富多彩的文艺节目。他们用印地语演唱了《印中友好歌》，表演了富有民族特色的荷花舞、民歌等，让印度朋友感受到了“快乐与友谊”。作为京剧演员，李少春的重头戏是京剧《闹天宫》，演出获得巨大成功，受到尼赫鲁总理及其女儿英迪拉·甘地的热烈祝贺和当地媒体的赞誉。回国后，李少春在《戏剧报》1955年7月号发表《一个中国演员所看到的印度》一文，细致记述了在印度之行中的见闻和感触。该文现已收入《李少春文集》(2008)。

（王汝良）

Li Shizhen

李时珍 Li Shizhen（1518～1593） 中国明代医药学家。字东璧，号濒湖。蕲州（今湖北蕲春）人。李时珍广泛

吸收历代药物学发展的成就，著有中国药学巨著《本草纲目》，其中记录了多种域外药物的知识，使《本草纲目》成为研究古代中外（尤其是中印）医药学交流的重要史籍。

李时珍出身于中医世家，从小耳濡目染，遍拜名医，饱读医籍，尤喜对本草药物的实地考察，积近30年之功，于明万历六年（1578）撰成《本草纲目》。《本草纲目》共52卷，分16部60类，收载药物1 892种，其中新药374种。该书博采医家群籍，兼及佛书释典，对来自印度或中亚的药物还添注了梵语药名的音译。

就所收录的印度药物而言，《本草纲目》的主要蓝本是唐代陈藏器的《本草拾遗》和北宋民间医生唐慎微于元丰五年（1082）完成的《证类本草》。尤其是后者有多种修订本，共30卷，载药1 746种，堪称集前代及唐宋本草学之大成。《本草纲目》记载了胡椒、肉豆蔻、阿魏、胡黄连、阿勒勃、庵摩勒、毗梨勒、诃黎勒、荜拨、青木香、安息香等多种与印度有关的药物，其中包括唐开元元年（713），婆罗门僧向唐玄宗进贡的“仙茅”一药。此药的梵名为阿输乾陀（即梵文Asvagandha的音译），主袪风，补暖腰脚，清安五脏，强筋骨，消食。久服轻身，益颜色，因此被称作婆罗门参。该药后从宫廷流散到民间，由密教大师不空金刚传给朝廷官员，进一步扩展了它在中国的使用范围。李时珍不仅吸收前代文献的成果，还修订前人的错误，补充了药物的新认知和新用法，使来自印度的一些药物（如诃黎勒、荜拨）成为中医的常用药物。这些药物逐渐消失了外来文化的特征，彻底本土化。

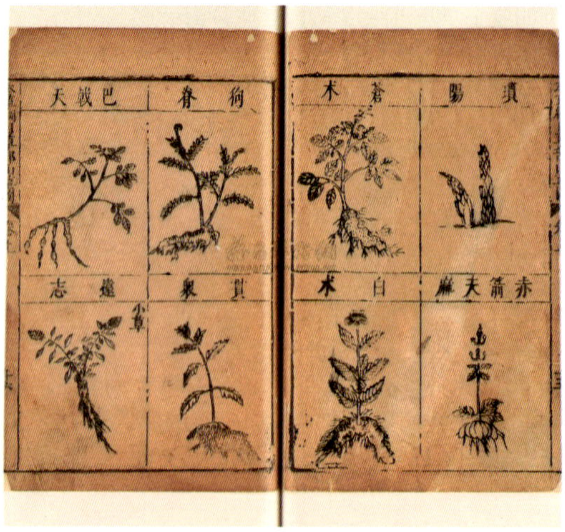

李时珍《本草纲目》插图

（陈明）

Li Xiaolong

李小龙 Bruce Lee（1940.11.27～1973.07.20） 武术专家，电影演员，功夫片超级明星。美籍华人，生于美国加利

福尼亚圣弗朗西斯科市（又译旧金山），祖籍中国广东。原名李振藩。他的电影如《龙争虎斗》和《猛龙过江》打破了亚洲票房收入纪录，仅《龙争虎斗》即在全球获得2.3亿美元的票房收入。李小龙在印度也一直是很受欢迎的动作片明星。他主演的电影曾在印度青年中掀起一波流行文化的浪潮，一时风靡印度，影迷无数。20世纪70年代，许多印度青年通过他的电影喜欢上了武术，使之成为一种生活方式，并力图

中国香港电影《精武门》工作照

掌握李小龙发明的武术器具“双节棍”。1969年，李小龙与他的两个学生，即好莱坞编剧S.西利芬特和演员J.科伯恩，拟在印度拍摄一部电影，甚至来印度选择拍摄地点，但因缺乏资金最后搁置。

李小龙是世界武术终极格斗锦标赛的开拓者和奠基人，综合格斗和截拳道之父。终极格斗锦标赛是世界上最大的推广综合格斗的赛事，参加比赛的都是世界顶级的拳手。李小龙还被誉为功夫片之父。他在香港电影业脱颖而出，成为一名功夫动作明星，打破了人们先前认为中国动作电影业已过时和停滞不前的印象，在西方引发新一波功夫电影的浪潮，确立了他作为一名中国明星在好莱坞的地位。随着李小龙的截拳道式武术风格越来越受欢迎，功夫电影在西方的流行广度扩大，西方人学习和了解功夫的兴趣也不断增强，从此香港动作电影跻身好莱坞主流电影。

李小龙以武术专家著称，很少有人知道他对哲学的深刻理解。他曾在西雅图华盛顿大学攻读哲学，而哲学反映在他的武打理念上。道教、佛教和印度哲学家克里希那穆尔提的思想对他产生了深刻影响。李小龙还是一位多产的诗歌作者，其诗歌已结集出版。

（邵葆丽撰　刘文亮译）

Li Yibiao

李义表　Li Yibiao（约活动于7世纪）中国唐代出使印度使节。中印交流史上的重要人物，在唐太宗时期作为正使访印历时一年有余，促进了中印之间的政治和文化往来。

唐贞观十七年（643）农历三月，**唐太宗李世民**诏令朝散大夫行卫尉寺丞上护军李义表为正使，融州黄水县令**王玄策**为副使，带领20人的使团送**戒日王**的使者回国。这是唐太宗的使臣第二次访问印度，也是太宗一朝最重要的中印外交往来，留下了丰富的史料。

据《旧唐书》卷一九八、《新唐书》卷二二一上等，使团先随**大夏**使臣前往大夏，分别赠国王及僧侣等绫帛千余段。后又至泥婆罗国（今尼泊尔），受到国王**那陵提婆**的欢迎。使团抵达戒日王朝首都时，戒日王“遣大臣郊迎”，且“焚香夹道”，后又亲自“率其臣下东面拜受敕书”。辞别戒日王后，李义表、王玄策一行观礼位于摩揭陀国**阿育王**精舍中的佛足迹石并留下拓片。贞观十九年正月二十七日使团到达王舍城，而后登上耆阇崛山（见**灵鹫山**），观览佛迹，并留下铭文。同年二月，访问摩揭陀国**摩诃菩提寺**，在菩提树下塔西立碑，碑文由典司门令史魏才书写。又据《续**高僧传**》卷四，“（唐太宗）又敕王玄策等二十余人……并就菩提寺僧召石蜜匠，乃遣匠二人，僧八人，具到东夏。寻敕往越州，就甘蔗造之，皆得成就”。此处石蜜即为白砂糖。唐太宗诏令自印度学制糖法，为中印文化交流史中一大事件。

又据《**集古今佛道论衡**》卷丙所载，李义表归国后曾上奏太宗称：“东天竺**童子王**所未有佛法，外道宗盛。臣已告云：‘支那大国未有佛教已前，旧有得圣人说经，在俗流布，但此文不来，若得闻者，必当信奉。’彼王言：‘卿还本国，译为梵言，我欲见之，必道越此徒，传通不晚。’”唐太宗随即下敕，令**玄奘**法师与诸道士共同将《道德经》（见《**老子**》）译为梵文。

（张远）

Li Yuanshan

李缘山　Li Yuanshan（1942.01.31～2006.10.03）中国孟加拉语学者。**中国国际广播电台孟加拉语部**译审，北京广播学院（今中国传媒大学）孟加拉语专业特聘教授。浙江宁波人。叔父是李俍民，中国翻译家，译有《牛虻》、《斯巴达克斯》等多部长篇小说。受其影响，李缘

李缘山《孟加拉语教程》封面

山对外国文学和翻译产生兴趣。1959年7月从杭州第一中学高中毕业，考入北京外国语学院（今北京外国语大学）留学苏联预备部。1960年9月～1963年7月于苏联列宁格勒大学（今圣彼得堡大学）东语系孟加拉语专业学习。1963年9月于北京广播学院创办孟加拉语专业并任教，后任孟加拉语专业组长至1976年。其间曾借调到北京外文出版社从事孟加拉语翻译工作。1976年2月调入中国国

印度灵鹫山远眺

际广播电台，先后任孟加拉语组负责人、第三亚洲部副主任、驻外首席记者、孟加拉语部译审和北京广播学院特聘教授。当选为中国翻译协会第一届理事会理事。由他编著的《孟加拉语实用语法》(2003)和《孟加拉语教程》(合编，2003)是中国首套正式出版的孟加拉语教材。

李缘山为中国孟加拉语人才培养和翻译传播工作倾注了毕生精力。创办了中国第一个孟加拉语本科专业，主持了多届孟加拉语本科生教学工作。累计翻译R.泰戈尔作品30余万字，是《泰戈尔全集》和《泰戈尔小说全译》的译者之一，后者为中国第一部全部依据孟加拉语直接翻译的泰戈尔作品集。

（张幸）

Li Zhifu

李志夫 Li Zhifu（1929.10.03～ ）中国佛学研究者。在中印文化交流史中起过一定的作用。四川奉节青莲乡

(今重庆奉节青莲镇）人，现定居中国台湾。“中华佛学研究所”名誉所长。1947年抵达台湾。1962年退伍。1964年考入“中国文化学院”(今“中国文化大学”)哲学系，师从张尚德、陈鼓应、张曼涛等老师，学习西方哲学、老庄哲学、佛教史等课程。1967年大学毕业后，在晓云法师、薛雷等人的帮助下进入贝拿勒斯印度大学比较宗教研究所学习。1970年获硕士学位后返回台湾，任华冈博物馆主任秘书。1971年调入“中国文化学院”哲学系从事教学工作，先后讲授印度哲学、比较宗教学、佛学概论、俱舍论、瑜伽师地论及成唯识论等专题课程。1974年筹设“中国文化大学”印度研究所。1978年起，先后担任“中华学术院佛学研究所”主任秘书、印度研究所副所长、法鼓人文社会学院筹备处主任，中华佛学研究所所长。其间，曾先后主办《华冈佛学学报》和“《中华佛学学报》”。

李志夫长期致力于佛学和印度哲学研究。主要译作有《印度通史》(1981)、《印度哲学导论》(1985)。主要著作包括《巴拉蒂特的哲学：印度吠檀多学派后期》(1975)、《印度当代哲学》(1977)、《楞严校释》(1984)、《法华玄义研究》(1997)、《印度哲学及其基本精神》(1999)、《摩诃止观研究》(2001)、《中印佛学之比较研究》(2001)等。发表学术论文近70篇，包括《试论〈俱舍论〉在佛教思想史中之价值》、《玄奘大师在印度境内游学与善才童子参学有关地理、路线及其意义之探讨》、《佛教中国化过程之研究》等。

（任筱可）

Lidai Sanbao Ji

《历代三宝纪》 中国隋代佛经目录。又名《开皇三宝录》、《三宝录》，略称《房录》。15卷。费长房撰。收于《大正藏》第2034号。此录于开皇十七年(597)完成，后于唐朝开元年间收入大藏经。因流传已久故，有后人羼杂的成分。

费长房在《总目序》中说：“《古》、《旧》二录，条目残亡，士行、道安，创维其缺。尔来间有，祖述不同，各纪一方，互存所见，三隅致隔，故多失疑。又齐、周、陈并皆翻译，弗刊录目，靡所遵承，兼值毁焚，绝无依据。”这可视为编撰《历代三宝纪》的缘起。

据其《总目序》所载，《历代三宝纪》共录道俗197人，经、律、戒、论、传2 146部，计6 235卷。共分为帝年、代录、入藏、总目4个部分。

帝年部分（卷一至三)，记述周庄王十年（前687)，即释迦降生之年，至隋开皇十七年间之佛事、译经及相关时事。分3卷：卷一周、秦；卷二前、后汉；卷三魏、晋、宋、齐、梁、周、隋，附列吴、苻秦、姚秦、乞伏秦、北凉、后魏、北齐、陈。因蜀汉、前凉、前赵、后赵等14代没有佛典传译，故仅在叙录中提及，未入年表。就结构来看，每卷由叙论和帝年两部分组成，前有叙论，后列年表。帝年分上下排列，上列甲子、朝代、年号，下注佛事或所出经卷，旁及时事，便于检阅，乃佛教年表之雏形。

代录部分（卷四至十二)，以帝年为线索，阐述各代译经情况。分9卷：卷四后汉；卷五魏吴；卷六西晋；卷七东晋；卷八苻秦、姚秦；卷九西秦、北凉、元魏、高齐、陈；卷十刘宋；卷十一齐、梁、周；卷十二隋。主要有3个部分：叙论，简述一代始末、佛教流传，以及译撰者和典籍总数；目录，列举译撰者及其经卷数，间附一代失译经总数；正文，叙列译撰者出典之名称及卷数，后附译撰者之行略传记。陈垣认为，“盖变《祐录》之体，将列传分隶各经之后，以便检阅也”。

入藏录部分（卷十三、十四)，分为两卷：卷十三为大乘录入藏目，合551部，1 586卷；卷十四为小乘录入藏目，合525部，1 712卷。两者均分修多罗（经)、毗尼（律）和阿毗昙（论）3类，每类下又分有译和失译两项。

总目部分（卷十五)，包括《上开皇三宝录表》、《开皇三宝录总目序》及全书总目，后附历代经录。

《历代三宝纪》在佛典目录学上有诸多特点：①以纪年或年表的方式记载佛教大事，开创了佛教史的编年体。不过其纪年尊齐、梁而黜北魏。陈垣认为此纪年以隋承周，周承梁，实得中国正统，是《历代三宝纪》之

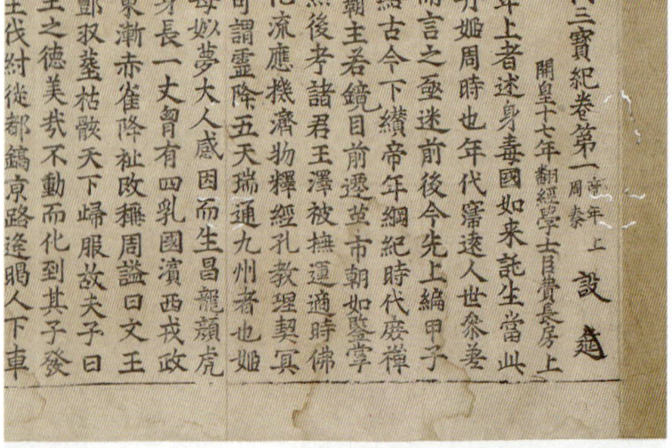
歷代三寶紀卷第一 帝年上 周秦 設 趣
開皇十七年翻經學士臣費長房上
帝年上者述身毒國如来誕生當此
真丹姬周時也年代寖遠人世叅差
指而言之爭迷前後今先上編甲子
紘絡古今下續帝年綱紀時代廢禪
讓覇主君鏡目前遷革市朝如鑒掌
內然後孝諸君王澤被撫運適時佛
法化流應機濟物釋經孔教理契冥
符可謂靈降五天瑞通九州者也姬
昌母姒夢大人感因而生昌龍顔虎
眉身長一丈胷有四乳國濱西戎政
被東漸赤雀降祉政穪周謚曰文王
都酆孜基枯骸天下歸服故夫子曰
文王之德美哉不動而化到其子發
武王伐紂從都鎬京路逢暍人下車

《历代三宝纪》高丽藏初雕本书影

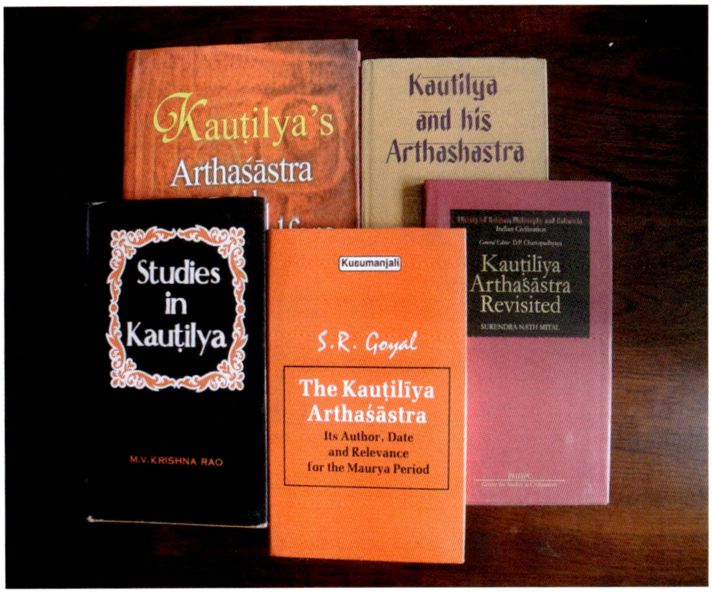

有关《利论》的研究著作

特色。②代录将译典与译者小传有机地结合起来，有利于直接了解译经及其译者相关背景。此外，相较于《出三藏记集》和《众经目录》，本书代录部分搜寻了不少北朝译经，新辟西秦、北凉、元魏、高齐等录，在内容上大为丰富。因此，苏晋仁称代录部分乃《历代三宝纪》功力最深者。③《历代三宝纪》首次设立入藏录，此后为各大重要经录所继承，有重要影响。④总目后附有历代经录，包括隋代见存的六部经录之类目和收典数字，以及已佚古代二十四家经录之名称与作者，为经录史的研究提供了重要资料。

《历代三宝纪》在吸收前代经录的基础上，在体例上有许多创造，在内容上也有较多丰富，对后代经录产生了重要影响，它们或是在体例上继承和模仿，或是在内容上承袭和勘定。然而，《历代三宝纪》也有不少缺点，其取材不严，考核不精，以至伪滥较多，可靠性较差。

（杨祖荣）

Li Lun

《利论》 *Arthaśāstra* 现存最古老的印度政治著作。又译《政事论》。

《利论》作者憍底利耶，又名遮那迦耶或毗湿奴笈多。成书年代尚无定论。一说认为作者即帮助月护王建立孔雀王朝的同名婆罗门政治家，故书应成于公元前4世纪末。但由于书的用词和文风属于较后时代且未提及月护王及孔雀王朝国都华氏城，故另说认为它写于公元3世纪或更晚。折中之说为，即使成书较晚，其核心内容于孔雀时代当已存在，而嗣后累经增益和改写亦所在不免。该论讲统治之术，或如作者自道，是“古昔各位先师有关如何获取并保卫领土等问题”的总结性概括，可作为教科书或手册供王者备于案头。该论内容广泛，涉及政治、经济、军事、外交、法律等许多方面。所论亦具体实用，少有虚饰。分15部，180节，内容为：大臣和顾问的选择和任命、秘密勤务人员的使用、使者的任务、对王子的防范、失宠王子的行为、国王工作的日程安排、国王的护卫工作、王宫的设计、农村的设施、非耕地的安排、矿山和工场、税收、审计工作、官衙工作检查、度量衡、关税、军队、密探、司法、婚姻法、继承法、债务法、奴隶和劳工法、赌博、抢劫罪、人身伤害罪、侵害少女罪、罪行侦破、审问和刑讯、刑罚、极刑、秘密处置、公务员行为和薪俸、敌国与友邦、六种外交策略、对付强国和弱国的不同办法、结盟、战争与和平、人质、远征、军队装备、驻军、战场、战阵、不同兵种的战法、新征服地区的绥靖、对待不同政治集团的策略、国王可能面临的灾祸及其防范，等等。它继承了印度古代传统政治学理论，认为国家由七个元素组成——国王、大臣、村社、城市、国库、军队和盟邦，核心是国王；也继承了印度传统的圣君思想，认为国王既接受臣民供养侍奉，就应负起保护他们的安全和幸福的责任。人民拒纳贡赋和国王不保护人民同为犯罪。“国王的幸福在于臣民的幸福，国王的利益寓于臣民的利益。国王个人喜欢的并不算好，臣民喜欢的对他才有利。”（第16节）在政治生活中，主张只讲利益，不择手段。帝国的根本利益就是保存自己，征服他国。战争只有胜负之分，而无正义与非正义之别。邻国被视为潜在之敌和迟早必攻之地。该论是已知的古代印度全面系统阐述国家政治和统治方策的唯一著作。但它长期湮没，直到20世纪初才被发掘出来。1905年，印度学者沙玛沙斯特里试译为英文。1909年发表梵文原本。此后对于它的翻译和研究在印度国内外广泛开展起来。由于孤本仅存（另有些短的残本），抄写的错漏和保存不善造成的毁损给阅读带来了困难。注本虽有发现，但不全面。所以，目前对于原文的理解歧异尚多，而围绕它的研究也还在深化之中。

（葛维钧）

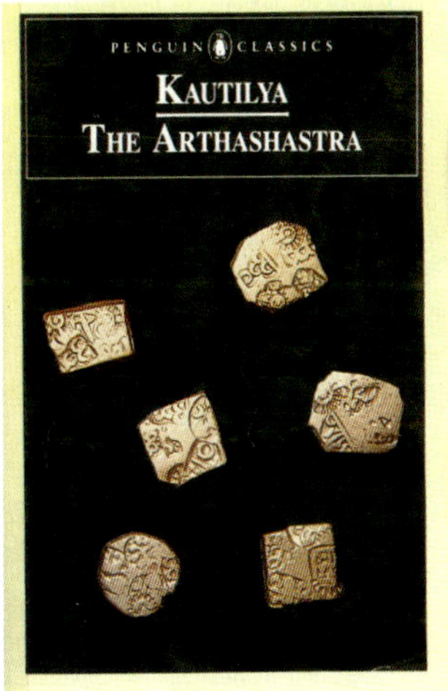

《利论》英译本封面

Lishe

利涉 （约活动于七八世纪） 西域僧人，玄奘高足，佛教理论家。

据《宋高僧传》卷十七、《六学僧传》卷十六等，利涉本西域人，属婆罗门种姓，少有大志，聪慧机敏，与契友结伴东游，来到中土。在金梭岭，他遇玄奘法师，经恳请得度为僧，随后遍览群经，逐渐洞其幽微，成为奘门高足。唐中宗

中国河南南阳龙兴寺前殿

对他十分钦重，贵胄卿相亦多与交游。唐开元（713～741）年间曾在安国寺讲《华严经》。据称信众无不赶赴会场，稍迟即无容膝之地。当时的大理评事秘校韦玎向玄宗进言，称释、道两教败坏朝政，应加取缔。玄宗即诏儒、释、道各选百人，集于内殿辩论，以辨优劣。韦玎虽连挫道士叶静能和僧人思明，却败于利涉。在二人的辩驳中，利涉口吟一诗称，"我之佛法是无为。何故今朝得有为。无韦始得三数载。不知此复是何韦"。巧妙织入前代故实，暗示韦玎与景龙四年（710）谋害中宗的韦皇后或有族缘关系，借以勾起玄宗隐痛，靠帝威击败论敌。利涉取胜后，得赐明教大师名号并钱、绢等，以造明教寺。不久著《立法幢论》1卷。晚年因事被谪至汉东，后又蒙赦，居南阳龙兴寺，为当地慧忠法师所重。利涉则称他生有贵气，当以道德为天子模范。后慧忠果然备受玄宗、肃宗、代宗三朝皇帝崇奉，世称慧忠国师。唐大历年间（766～779），西明寺翻经沙门圆照集其言行，撰《大唐安国寺利涉法师传》10卷。其去世年代和所享年寿均不详。

（葛维钧）

Lianju Fanbai

《连句梵呗》 *Contiguous Pāṭhaka* 中国古代佛教颂歌。全称《菩萨连句梵呗》。相传为月氏人支谦创作。据慧皎《高僧传》卷十三末附《论》，继曹植首先创作出《鱼山梵呗》之后，"居士支谦，亦传梵呗三契，皆湮没而不存。世有《共议》一章，恐或谦之余则也"。支谦的《连句梵呗》，据说系根据《无量寿经》和《中本起经》而创作。

（薛克翘）

Lianyungang Kongwang Shan Moya Zaoxiang

连云港孔望山摩崖造像 Rock Sculpture at Kongwangshan Hill in Lianyun-Gang 中国汉代佛教摩崖造像。位于江苏连云港海州古城东附近孔望山。海州有2 000多年历史，系连云港市前身。秦始皇统一天下后，在海州建朐县，立石阙，使之为"秦东门"。秦始皇五次东巡，三次路经此地。秦汉时期，海州已是商埠。孔望山，《舆地要览》称之为古城山，唐宋时期称之为龙兴山；南宋时期为防备金人南侵而派兵戍守，称之为巡望山；直至明代，始因孔子曾登山望海而称之为孔望山。山体东西长800米，南北宽300米，海拔高度仅129米，但文化蕴涵深厚，古迹众多，其中以秦王朝遗留石阙、中国最早的道教发祥地之一——东海庙遗址和东汉摩崖造像等历史最为悠久。1988年国务院将期列入全国重点文物保护单位。

孔望山摩崖造像位于西南山麓，在东西长17米、高8米的崖壁上依山势雕刻而成。人物百余，最大者高1.5米，最小者仅10厘米，按主题可分为18组。属东汉晚期作品。雕刻技法具有汉造像石的古朴特色，凹雕、凸线雕、浅浮雕、高浮雕、通体浮雕、阴线刻等雕刻技法均得到充分应用。造像内容兼涉佛教道教，其中道教造像主题为该教的神仙崇拜，另有3尊独立汉式衣冠正面像，为群像中最大者。造像人物身份尚无定论，一般认为是黄帝、老子、关令尹喜，亦有学者认为系西王母、老子和佛陀（见**释迦牟尼**）。与佛教相关的人物造像80余尊，主题以佛传及佛本生故事为主，包括初转法轮、涅槃图、舍身饲虎（疑似）等，其中涅槃图位于造像中央偏下部，由46尊人物群像组成，中心是高浮雕释迦牟尼仰身卧像。人物中亦有表现宴饮、乐舞、杂技等世俗生活的造像。

孔望山摩崖造像附近犹有两处年代相近的相关遗迹——汉代圆雕石象和石蟾蜍。在造像群东南侧附近，有一长约5米的汉代石象，由一块花岗岩巨石雕刻而成，造型雄健浑厚，神态温良驯善。石象左腹处有一脚戴铃铛、手持长钩的象奴，造型与河南、四川等地东汉造像石上的象奴相同。石象四足下部均刻有仰瓣莲花，显示了佛教属性。此石象是目前中国发现的东汉时期最大的圆雕石刻。再往南150米处，有一长达两米多的石蟾蜍，又名镇海蛙，被视为镇凶辟邪的吉祥物。这两座石雕，特别是石象，气势古拙，造型精美，为中国石刻艺术珍品。

连云港孔望山南麓佛教造像

连云港孔望山南麓佛教造像

两汉之际，佛教初传华夏，与道教关系复杂。有学者认为，道教在汉末主动吸收佛教因素，增强自身实力，于是产生老子化胡说，乃至主张“浮屠与黄老并祀”；也有学者认为，佛教初传在中土时遭到阻遏，曾有借道教方士而传播的阶段。早期佛经翻译亦曾借用道教术语。佛、道教义有相通之处，且当时教派意识尚不强烈，佛、道教并祀甚至并存于宗教场所是可能的。孔望山摩崖造像为此类早期佛、道教文化融合的现象提供了实证材料。

传统观点认为，佛教最早是经**丝绸之路**东传中国的。孔望山东汉摩崖造像中的佛教题材，引发对印度佛教是否亦有可能经海上丝绸之路输入中国的推测。

（张绍斌）

Lianhua Gongzhu Chuanqi

《莲花公主传奇》 *Padmavat* 印度中世纪虔诚文学无形派泛爱支的代表作品。又译《伯德马沃德》。是苏非派虔诚诗人贾耶西以印地语阿沃提方言创作的长篇爱情叙事诗。该诗采用波斯玛斯纳维诗体，共600多节，每节18行，总计11 000多行。至21世纪初，该诗有多个版本流传，其中以R.夏尔马的校注本《贾耶西集：莲花公主传奇注释》最为完整。

《莲花公主传奇》主要叙述狮子国（今斯里兰卡）莲花公主美貌绝伦，基道尔国英俊的王太子宝军从公主的鹦鹉口中获知了她的美貌，于是化装成修行人，历经各种苦难，终与公主相见，并在大神的帮助下与公主成婚，二人过上了幸福的生活。被留在基道尔国的王太子的妻子龙女感到忧伤，于是托飞鸟带信，令宝军想起故土，带着公主回国。杰登将这一消息告诉了德里的伊斯兰教皇帝阿拉乌丁。为了抢夺公主，阿拉乌丁派兵侵袭基道尔国，与宝军进行了八年苦战，最后利用骗术将宝军擒回德里。公主为救夫君设下妙计，携同宝军的将士进入德里，救回宝军。后宝军又与垂涎公主美色的邻国国王作战，结果二人都在战斗中死去。面对阿拉乌丁的再度来犯，公主只得自焚殉节。

《莲花公主传奇》吸取了印度民间文学和古典文学的成分，将民间故事和历史故事相融合，强调神爱，表达了伊斯兰教苏非派宽容平等的思想，在印度民间广为流传。

中国对《莲花公主传奇》的研究始于20世纪80年代，《印度印地语文学史》(1987)、《印度古代文学史》(1991)、《印度中世纪宗教文学》(2011）先后对作者贾耶西的生平、创作，以及《莲花公主传奇》的内容、艺术特色、宗教思想及影响作了介绍。《南亚研究》2004年第1期刊载论文《贾耶西与莲花公主传奇——评中世纪印地语苏非文学（一）》，针对贾耶西及《莲花公主传奇》作了分析和讨论。

（任婧）

Lianhuajie

莲花戒 Kamalaśīla（740～795） 印度古代佛教高僧，佛学家，藏传佛教前弘期教理思想奠基人之一。**寂护**大师的得意弟子，**那烂陀寺**的优秀学僧。在中印

文化交流方面起过重要作用。

8世纪，吐蕃国王赤松德赞在寂护大师的举荐下，将莲华戒邀请到**吐蕃**传播佛教。其间，他参与在**桑耶寺**举行的佛教大辩论会，即汉印僧人顿渐之争，史称“拉萨法诤”。这场辩论会规模大、规格高，由吐蕃国王亲自主持，双方参加者逾百。会上汉僧大乘和尚摩诃衍立顿悟说，认为佛教徒不必经过长期的修持，只要排除一切妄念（无念）即可顿悟成佛；印僧代表莲花戒论师立渐悟说，认为修行必须经过不同的阶段，通过个人的长期勤奋精进，修习**六度**，才能达到正智或无分别智的境界。结果莲花戒在辩论中取胜，此后，他备受吐蕃国王和吐蕃佛教界的推崇。他们支持以寂护大师和莲花戒论师的佛学观见为吐蕃佛教的主流思想，对后期**藏传佛教**显宗中观思想的发展产生了深远的影响。

莲花戒持瑜伽行中观见，为寂护的《摄真实论》作《摄真实论注》，为《中观庄严论》作《中观明》，为**法称**的《正理一滴》作《正理一滴注》，还为《稻秆经》和《**般若波罗蜜多心经**》作过注疏。著有《修习次第》等。其作品皆有梵文本和藏译本传世。

（尕藏加）

Lianhuasheng

莲花生 Padmasambhava（约活动于8世纪） 印度古代佛教高僧，密宗大师，吐蕃佛教密宗系主要创始人。在中印文化交流方面起过重要作用。

莲花生在藏文中称为邬坚·白玛炯奈，意即乌苌·莲花生，它有特殊的含义，即莲花生不是胎生的，而是从莲花中诞生的。后人在莲花生的生平中添加了大量的神话色彩，撰写了许多关于莲花生的个人传记。实际上莲花生约于**摩揭陀国**天护王时期出生于印度西北部的**乌苌**。出身王族，曾周游印度，广访密

宗大师，修学各种密法，从吉祥狮子那里学得大圆满法的传承，后又成为佛吉祥智的弟子。

8世纪，在寂护大师的举荐下，莲花生被吐蕃国王赤松德赞邀请到吐蕃传播佛教。他用密宗法术调伏吐蕃本土神灵，将许多苯波教神祇改造为佛教护法神，使佛教在吐蕃得以顺利传播。他还协助寂护大师建造桑耶寺，建立吐蕃本土僧伽组织。

此外，莲花生还在吐蕃发展在家佛教居士，成立了吐蕃第一批由25人组成的居士队伍，史称君臣二十五人，其中包括国王赤松德赞以及贵族、高僧和译师等。莲花生向他们宣讲佛教密宗义理及仪轨，主要传授金刚橛和大圆满法中的空行心髓，开辟密宗修学道场。不少弟子获得成就，其密法传承相沿不绝。

莲花生在吐蕃期间，大力支持吐蕃的译经事业。主要参与了对密宗经典的翻译，从梵文译为藏文的有《普成王经》、《幻变修部八教》和《集密意经》等。莲花生的主要著作有《圣青衣金刚手修法广释》、《金刚摧坏陀罗尼释金刚炬》、《吉祥空行世间怙主修法》、《秘密书状》、《五三摩耶》、《普遍怡悦修法》、《长行述阿罗波左那修法》、《照明宫殿现观除暗灯》等。

莲花生对佛教密宗在吐蕃得以弘传发挥了不可替代的作用，为佛教立足于吐蕃作出了巨大贡献。后期藏传佛教尤其是宁玛派对莲花生的敬仰和崇拜程度大大超出了任何外籍僧人。莲花生被尊为藏传佛教旧密宗的开山祖师。后世宁玛派居士则将莲花生推崇为居士王或持明者大王，给予他至高无上的宗教领袖地位，尊称他为第二佛陀。

（尕藏加）

Lianhua

莲华 Padma（活动于8世纪） 印度来华僧人。据《宋高僧传》卷三、《贞元新定释教目录》卷十七等，莲华本中印度人，唐兴元元年（784）杖锡来华，谒见唐德宗，请求为天竺铸钟一口。唐德宗即诏广州节度使李复修建炉鼓铸，铸得后送南印金堆寺。莲华将它安置在宝军国毗卢遮那塔所在地。后他将《华严经》后分的梵文原本托人乘船经海路送来中国，并附书信，说明经中有善财童子参访55位圣者等内容，是南印度乌荼国王亲手书写，用以奉献给支那（见中国）天子的。该经梵夹于贞元十一年（795）十一月送达。翌年六月，唐德宗下诏于长安崇福寺组织译场，予以翻译，由罽宾三藏般若宣读梵文，洛阳天宫寺广济译语，西明寺圆照笔受，智柔、智通缀文，成都府正觉寺道恒、鉴虚润文，千福寺大通证义，澄观、灵邃详定，并由官员霍仙鸣和窦文场精心缮写，呈送内殿。全经共40卷。译事告竣后，译场于十四年二月解散。后人评价该译本“妙理发明，精义弘阐”。莲华对于《华严经》后分传入中国颇有贡献。

（葛维钧）

Liangben

良贲 Liangben（717～777） 中国唐代译经家，注疏家。为讲解、推广不空金刚新译的《仁王护国般若波罗蜜多经》作出了突出贡献。

良贲俗姓郭，河中虞乡（今山西永济）人，世代为官宦之家。良贲见识渊博，风姿高迈。外览俗家诸多典籍，内通佛教各种经论，对义理的理解超出众人之上。天宝八载（749），良贲登坛受戒，不久之后便住在长安青龙寺。

《仁王护国般若波罗蜜多经》曾有过4个汉译本，但都有各自的不足之处，因此唐肃宗李亨（756～762年在位）敕请不空金刚重译。事情未果，肃宗辞世。永泰元年（765），唐代宗李豫（762～779年在位）继承父亲的遗志，重请不空金刚主持翻译此经，精选译场的参与人员，良贲即在其中担任笔受润文之职。新译经毕，永泰二年，代宗敕令良贲为此经撰写注疏、解释经意，即《仁王护国般若波罗蜜多经疏》（T1709）3卷。疏成之后，良贲上奏代宗，代宗下令在佛寺保存流通。良贲又在安国寺讲解经文，由朝廷供给所需。数年之间，此经大为流行。大历六年（772），良贲前往集州（今四川南江及通江、旺苍二县部分地区）宣讲新经，孜孜不倦。

代宗曾请良贲担任其菩萨戒师。此外，良贲还撰有《念诵仪轨》1卷、《承明殿讲密严经对御记》1卷，与经疏一同奏献朝廷，可惜这两种著作今已不存。

大历十二年，良贲在符阳（今四川合江）圆寂。

（范晶晶）

Liangxiu

良秀 Liangxiu（约活动于8世纪） 中国唐代译经家，注疏家。曾参与《大乘理趣六波罗蜜经》的翻译并为之撰写注疏。

良秀俗姓郭。蒲津（今山西永济一带）人。成年后在中条山柏梯寺剃度出家。出家之后，他更是勤诵经典、遵守戒律，发誓以弘教讲法为己任；刻苦学习、毫不懈怠，精通佛教典籍，并且博览世俗之书，声名远播。良秀后来成为长安西明寺住持。开元年间（713～741），唐玄宗李隆基曾驾临洛阳，敕令良秀与道氤等随驾前往。

贞元四年（788），罽宾僧人般若三藏奉诏翻译《大乘理趣六波罗蜜经》，良秀担任证义一职，负责参与义理的讨论。经文翻译完成后，唐德宗李适（779～805年在位）随即敕令良秀、谈筵等人为新译经典撰写注疏。贞元五年，良秀等撰成经疏10卷，上奏进献朝廷，并请求让谈筵在西明寺开讲新经，使其得到推广。可惜10卷经疏今已不存。

（范晶晶）

Liang Huaijing

梁怀璥 Liang Huaijing（约活动于7世纪） 中国唐代官员。籍贯不详。唐太宗李世民时任云骑尉。曾出使印度。在中印外交领域发挥过一定作用。贞观十五年（641），摩揭陀国王曷利失·尸罗迭多（即戒日王）致信唐太宗，唐太宗命云骑尉梁怀璥回报，引导尸罗迭多的使者来到中国。贞观十七年三月，李义表作为正使、王玄策为副使，随印度使节回访。贞观十九年正月，唐使者到达摩揭陀国的王舍城，次年回国。后王玄策又作为正使，与副使蒋师仁出使印度。梁怀璥是继玄奘之后访问摩揭陀国的唐朝使者，也是王玄策等出使印度的先行者。事见《唐会要》卷一百。

（胡俊麟）

Liang Qichao

梁启超 Liang Qichao（1873.02.23～1929.01.19） 中国思想家，学者，戊戌维新运动领袖之一。康有为的学生，二人曾共同发起维新运动。在诸多领域有所建树。1924年R.泰戈尔访华活动的主要组织者，在现代中印文化交流史上享有重要地位。

梁启超1889年中举。1890年赴京会试，不中。1895年春再次赴京会试，协助康有为发动在京应试举人联名请愿的公车上书。维新运动期间，梁启超表现活跃，曾主北京《万国公报》(后改名《中外纪闻》)和上海《时务报》笔政。1898年回京，积极参加"百日维新"。7月3日，受光绪帝召见，奉命进呈所著《变法通义》，赏六品衔，负责办理京师大学堂译书局事务。9月，慈禧太后发动政变，梁启超逃亡日本，一度与孙中山为首的革命派有过接触。1906年清政府宣布"预备仿行宪政"，梁启超立即表示支持。民国初年又支持袁世凯，后袁世凯称帝的野心日益暴露，梁启超遂起而反对，并与蔡锷策划武力反袁的护国战争。1916年，梁启超赴两广地区，积极参加反袁斗争，为护国运动的兴起和发展作出了重要贡献。1918年底，梁启超赴欧。

梁启超对印度的认识分为两个阶段，分别代表其不同时期对西方文明本质以及西方对于中印等国之挑战的思考。20世纪早期，中国知识分子就"亡国"问题展开了广泛讨论，同时反思中国应如何避免类似的命运。印度由于自身孱弱而落入英国的掌控之中，因而被视作典型的"亡国"案例。梁启超也参与了这一讨论，从导师康有为在流亡印度期间撰写的《与同学诸子梁启超等论印度亡国由于各省自立书》一文可见一斑。

梁启超（右2）与泰戈尔（左2）于中国北京北海公园留影 1924

梁启超晚年不再对西方文明抱有幻想，曾写道："救济精神饥荒的方法，我认为东方的——中国与印度——比较最好。"这一立场转变使其卷入了与众多五四一代中国青年知识分子的冲突。这也是他接待泰戈尔访华的时代背景。

1924年，梁启超以北平讲学社主席的身份正式邀请泰戈尔来华发表系列演讲。作为东道主，在此行的大部分时间里陪同泰戈尔。在欢迎辞中，他以充满诗意的语言说道："(印度)一教给我们知道有绝对的自由——脱离一切遗传习惯及时代思潮所束缚的根本心灵自由……二教给我们知道有绝对的爱——对于一切众生不妒不恚不厌不憎不净的纯爱，对于愚人或恶人悲悯同情的挚爱，体认出众生和我不可分离，'怨亲平等'、'物我如一'的绝对爱。"他阐述了中国在艺术、文化、文学、科学、医学、宗教、哲学等领域从印度学来的知识，进而总结道："我们从印度得来的学问完全消化了来营卫自己，把自己特性充分发展出来。"

梁启超在泰戈尔64岁生日之际为此名取中文名竺震旦，在解释此名汉语的意义后说："我希望印度人和中国人的旧爱借竺震旦这个人复活转来。"因对泰戈尔的热情和对印度文明的盛赞受到当时一些知识分子的猛烈抨击。他对古代中印在精神和文化方面的联系的论述颇有见地。

（玛妲玉撰 张书剑译）

Liang Shuming

梁漱溟 Liang Shuming（1893.10.18～1988.06.23） 中国哲学家，教育家，社会活动家。被誉为20世纪中国知识分子中"最后的儒家"，印度也有人称他为当代亚洲知识分子中的"中国泰戈尔"。崇尚儒家思想，提倡在中国社会的现代化进程中复兴本土文化精神。

梁漱溟生于北京，其父梁济为清朝爱国者、京师士大夫。曾在北京接受新兴的西式学堂教育，1911年毕业于顺天中学，深受同盟会等组织影响。1913年后转向瑜伽行派佛教和唯识学的研究。1916年在《东方杂志》发表关于佛教与西方哲学家H.柏格森、A.叔本华的比较研究文章，给北京大学校长蔡元培留下深刻印象。1917年被蔡元培任命为北京大学印度哲学讲习。1918年，父亲梁济在对中国文化与政治的绝望中自杀，梁漱溟开始坚定地致力于儒家文明的研究。

1921年，梁漱溟发表其最具影响力的作品《东西文化及其哲学》。将世界划分为西方、中国、印度3种相互区分的文化，每种文化都被各自的哲学根基与逻辑所支配。西方文化以物质主义为特征，寻求对环境、自然及他人的征服，以满足物质上的需求。中国文化不以征服为目的，而是努力协调自身与自然环境的关系，实现精神上的满足。印度文化强调人类与环境的冲突在终极上是虚幻的，通往人类幸福的道路建立在通过完全忽视这一冲突所实现的精神觉悟上。这3种文化在不同时代引领着各自的文明，满足着人类的合理诉求。在反传统的五四时期和有关民族主义与现代性的激烈辩论中，梁漱溟试图确立中国儒家文化的意义。

371

由于深信西方物质主义的时代几近终结，1931～1937年梁漱溟致力于重建作为儒家价值观储藏库的中国农村研究，以复兴儒家文化。其创建于山东邹平的乡村建设研究院运作良好，1937年抗日战争爆发前一直被作为国民政府的典范。战争期间，梁漱溟将全部精力投入到国共合作之中，1940年参与发起中国民主政团同盟。1946年因国共合作失败而放弃政治活动。1949年后留在中国大陆。作为毛泽东的朋友与批评者，"文化大革命"期间因政治立场遭到迫害。1979年恢复名誉。1980年后任宪法修改委员会委员等职。多数时间里致力于写作，出版两部著作。如艾恺所言，其意识形态的本质始终是"一种带有欧洲活力论元素的新儒家与瑜伽行派佛教的折中混合"。

（卡马尔·希尔撰　张书剑译）

Liang Tingnan

梁廷枏　Liang Tingnan（1796～1861）中国清代学者，文学家，藏书家。字章冉，号藤花亭主人。广东顺德人。

梁廷枏家有书香，自幼喜读书，长而更加勤奋，经史子集皆通。道光十四年（1834）副榜贡生，历任澄海县教谕、广州越华书院和越秀书院监院、学海堂学长、《粤海关志》总纂、广东海防书局总纂等。鸦片战争中曾应邀参加两广总督林则徐幕府，积极建言献策，支持禁烟运动。鸦片战争后，与冯桂芬、郑观应、郭嵩焘、曾纪泽等人向国人介绍西方社会的政治制度、经济贸易与科技发展等情况，提倡借鉴西方政治制度、

《梁廷枏》封面

教育制度、科学知识等。后因筹办洋务有功，于咸丰元年（1851）获内阁中书衔，后又加侍读衔。

梁廷枏博览群书，除继承其父藏书外，还刻意收罗古籍、碑帖、书画等，成为清代著名藏书家。其一生勤于笔耕，著作等身，据统计，其著作有38种之多。政治经济及中外关系著作主要有《广东海防汇览》42卷、《粤海关志》30卷、《海国四说》14卷、《夷氛闻记》5卷等。戏曲著作主要有《江梅梦》、《圆香梦》、《昙花梦》、《断缘梦》杂剧四种（合称《小四梦》），以及论述杂剧和传奇艺术的《藤花亭曲话》5卷（1825）。此外，尚有史学著作《南汉书》18卷，以及各类杂著，如《论语古解》、《碑版广例》、《博考书馀》、《东坡事类》、《藤花亭诗文集》、《藤花亭书画跋》、《金石称例》、《江南春词补传》、《论语古解》等。

梁廷枏的《海国四说》在介绍英帝国发达史和殖民史的同时，对印度多有涉及，是当时学者向国人介绍印度情况的重要著作。

（薛克翘）

Liang Wudi Xiao Yan

梁武帝萧衍　Emperor Wudi of Liang Dynasty（464～549）中国南朝梁的建立者。502～549年在位。字叔达，庙号高祖，谥号武帝。在中印文化交流领域

发挥过一定作用。

萧衍生于秣陵（今南京南），父为齐高帝（427～482，479～482年在位）族弟萧顺之。曾任南齐雍州刺史，后因南齐皇帝萧宝卷（483～501，498～501年在位）昏庸无道而起兵反叛，齐和帝（488～502，501～502年在位）被迫禅位于他，南齐中兴二年（502）建立梁。在位期间，提倡节俭，勤于政务，重视官吏的选拔任用，并要求官员清正廉明，取得显著政绩。南梁太清二年（548）八月，侯景举兵反梁，梁国军心不齐，最终侯景攻破宫城，萧衍被软禁，后一病不起。

萧衍于南梁普通元年（520）开始信奉佛教。普通八年，亲自到同泰寺做了三天住持和尚，之后大赦天下，并改年号为大通。曾3次舍身同泰寺为奴，让王公大臣出钱赎身，借此为寺院筹资。恪守佛教戒律，潜心研究佛教理论，多次来到佛寺与僧人探讨佛理。与僧人关系密切，器重宝亮、智藏、法云等人，并组织僧人编撰佛教著作10余种，同时广建寺院、铸造佛像，大力弘扬佛教。此外，曾颁布《断酒肉文》，禁止僧众吃肉。将中国传统的心性论、灵魂不灭论和佛教的涅槃结合起来，主张"神明成佛"，教化人们行善。在他的扶持下，江南佛教得到很大发展。

（乔安全）

Liang Mu Di

《两亩地》　*Do Bigha Zamin*　印度印地语电影。B.罗易执导，B.萨赫尼、N.罗易主演，1953年1月1日在印度上映。该片取材于R.泰戈尔的同名叙事诗，讲述了农民山普一家的悲惨故事。山普家境贫寒，赖以生存的经济来源就是家中的两亩地。地主和商人为了修建工厂，设计陷害山普，最终使他失去了自己的土地。影片借用农民的悲惨遭遇，表达了对底层人民的同情、对社会现实的批判和对美好生活的渴望。曾获第7届戛纳电影节国际奖和首届印度电影观众奖。

《两亩地》由上海电影译制片厂译制，于1955年和1957年两次在中国公映，是最早引入中国的印度电影之一。中国文化部曾于1955年10月17～23日在中国20座城市举办印度共和国电影

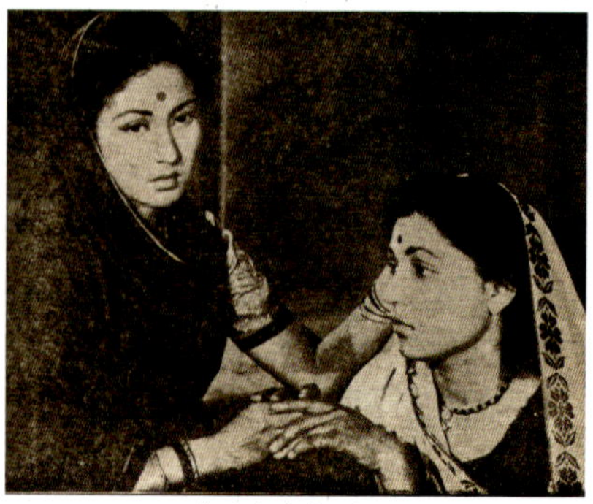
《两亩地》剧照

《两亩地》剧照

周，该片为3部参映故事片之一，深受中国观众欢迎。成都等城市还在电影周后进行了加映。导演罗易和男主角萨赫尼作为印度电影代表团成员应邀来华，参与电影放映与文化交流活动。影片翻译者慕容婉儿、彝族作家李乔等文化界人士纷纷在观影后撰写文章，对该片故事情节和带有民族色彩的音乐给予高度评价。

（何赟）

lianglun

量论 pramāṇa-śāstra 印度古代哲学中关于如何获得正确认识的一类理论。所谓“量”即指获得正确认识的方式或方法。这是古印度各主要哲学派别都探讨的问题。在印度哲学中论及的量有：现量（通过感官直接获得知识）、比量（通过推理获得知识）、圣教量（借助圣书或权威者之言获得知识）、譬喻量（根据已知物与未知物的相似来获得未知物的知识）、义准量（借助于对另一事件的假设或推想获得知识）、无体量（观察到某处没有某种东西，因而产生不存在某物的判断）、随生量（根据包含某一事物的另一事物的存在来认知这一事物的存在）、传承量（借助传言获得知识）、身振量（通过身体的姿势活动获得知识）、外除量（通过排除法来获得知识），等等。

这些量并不是各派都承认或都曾经论述过的。如顺世论一般强调现量；胜论派讲两种量——现量和比量，耆那教和数论派主要讲三种量——现量、比量、圣教量，正理派讲四种量——现量、比量、圣教量、比喻量，弥曼差派中的某些哲学家讲五种量——现量、比量、譬喻量、圣教量、义准量，另一些哲学家在五量之上再加一无体量。佛教中讲现量和比量较多，有时也讲圣言量。

印度哲学中量论方面的思想在古代随佛教传入中国。这些观念通常在佛教论述因明学的文献中记载较多。姚卫群在其《印度哲学》（北京大学出版社，1992）一书设有“量论”一章，专门论述了这一理论。

（姚卫群）

Lin Huiyin

林徽因 Phyllis Lin（1904.06.10～1955.04.01） 中国建筑学家，现代诗人、作家。原名林徽音，出自《诗经·大雅·思齐》：“大姒嗣徽音，则百斯男。”为免于与海派作家林微音（1899～1982）相

林徽因与父亲林长民合影

混，从1934年起更名为林徽因。祖籍福建闽县（1913年与侯官县合并为闽侯县，今为福州市属县）。生于浙江杭州。祖父林孝恂系清末进士。父亲林长民为清末民初知名政治家，擅诗文，工书法，与梁启超过从甚密。堂叔林觉民为黄花岗七十二烈士之一。林徽音是中华人民共和国国徽主要设计者和人民英雄纪念碑装饰花纹的设计者。

林徽因5岁发蒙。1914年，因其父亲在北洋政府任职，举家迁居北京。12岁入英国教会创办的培华女子中学读书。1920年春，其父赴英国讲学，林徽因随行，得以游历巴黎、日内瓦、罗马、法兰克福、柏林等欧洲名城。同年9月考入英国圣玛丽学院。1921年底随父归国，复入培华女中读书。1923年毕业，考取半官费留学资格。1924年7月与梁思成抵达美国纽约州伊萨卡（又译绮色佳）市，选修康奈尔大学暑期课

北京培华女子中学的女学生合影
右1为林徽因，余者为其表姐们

程。同年9月入读宾夕法尼亚大学，攻读建筑学与美术。1927年获宾夕法尼亚大学美术学士学位。同年9月转耶鲁大学戏剧学院，学习舞台美术，为期半年。1928年3月与梁思成在加拿大首都渥太华结为伉俪，8月返回北京，随后受聘为东北大学建筑系教授。1931年3月开始创作新诗、短篇小说及散文；9月，随梁思成供职于中国营造学社。同年11月19日在协和小礼堂为驻华使节举办关于中国古典建筑美学的讲座。1932年夏与梁思成考察京郊十方普觉寺（俗称卧佛寺）及八大处等地古代建筑，发表《平郊建筑杂录》。同年结识美国著名汉学家费正清、费慰梅夫妇，并与他们结为终身密友。1933年与梁思成等一道考察山西大同云冈石窟。1934年先后考察山西汾阳、洪洞及浙

1924年，林徽因、泰戈尔、徐志摩合影

南古建筑，与梁思成合著《晋汾古建筑调查纪略》一文。1936年5月考察洛阳龙门石窟等中原及山东古建筑。1937年与梁思成应顾祝同邀请，赴西安制订小雁塔维修计划，同时考察西安等地古建筑。嗣后赴五台山考察，发现唐代佛光寺的确切营造年代。卢沟桥事变后，举家流亡云南昆明和四川南溪等地，因肺病复发而卧床4年。1942年与梁思成合著《中国建筑史》，承担第七章的撰稿任务，论及五代、宋、辽、金时期建筑。1949年被聘为清华大学建筑系一级教授，与梁思成编印《全国重要文物建筑简目》，与李宗津等人承担国徽设计任务。1952年被任命为人民英雄纪念碑建筑委员会委员，完成其须弥座图案设计。逝世后，“逐林而居”的友人金岳霖为其撰写挽联：“一身诗意千寻瀑，万古人间四月天。”林徽因聪慧绝伦，对于建筑、诗歌、小说等文学艺术门类多有真知灼见，被誉为一代才女。

林徽因为中印文化交流和保护中印建筑艺术交流的产物作出了重要贡献。1924年，印度诗人R.泰戈尔访华，其间，在北京盘桓几近期月。4月26日下午，他应邀前往法源寺与北京佛化新青年会共赏丁香，林徽因与梁思成共赴盛会，与诗人晤面。4月28日下午，泰戈尔在位于先农坛内的雩坛发表来京后首场公开演讲，林长民主持，徐志摩主译，林徽因扶泰戈尔登上讲台。5月8日，泰戈尔64岁生日庆祝活动在北京隆重举行。当晚，新月社在东单三条协和医学

林徽因在中国山西五台山佛光寺东大殿考察

院礼堂用英语演出泰戈尔名剧《齐德拉》。林徽因饰演女主角齐德拉，张歆海饰演男主角阿周那，徐志摩饰演爱神，林长民饰演春神，梁思成负责布景。演出结束后，泰戈尔登台会见演员，对林徽因的扮相和表演表示赞赏。泰戈尔居京期间，林徽因如影随形，多次陪伴他参加活动并不时出任译员，与之结下深厚的忘年之谊。泰戈尔5月20日离京赴太原前，抄录旧日小诗一首赠林徽因：“天空的蔚蓝渴望大地的苍翠，/‘唉，’拂过其间的风发出叹息。”（泰戈尔：《流萤集》第65首）。

从印度马哈拉施特拉邦的**阿旃陀石窟**，经中国新疆的**克孜尔石窟**、甘肃的**敦煌石窟**，再经山西大同的**云冈石窟**、河南洛阳的龙门石窟，直至日本奈良，形成一条横贯亚洲腹地的佛教艺术带。中国的寺院、石窟、佛塔等建筑虽有诸多本土元素和独创之处，但无疑深受印度佛教艺术的启迪和影响。其中一些作品还是中印两国艺术家合作的产物。从20世纪30年代至40年代中期，十数年间，林徽因与梁思成涉足15省，200余县，考察2 700余处古建筑。她在为佛塔画速写时，在测量佛像时，在演讲和著述中，对中国佛教建筑艺术的发端、演变、风格和特点发表了许多不刊之论。

限于身体和时代条件，林徽因不曾涉足印度，甚至没有机会前往敦煌，但她与梁思成对中国云冈石窟、龙门石窟、五台山佛光寺、大足石刻等诸多中国佛教建筑及雕刻的考察、测量、记录和研究，对于这些建筑艺术瑰宝的广为世人所知并进而引起社会和政府的重视与保护，起到了极其重要的作用。他们为挽救这些中印文化交流和融合的绝世艺术杰作，作出了前无古人的开拓性贡献。

（刘 建）

linjia chongbai

林伽崇拜 liṅga worship 印度宗教对性与生殖力的崇拜。梵语林伽意为记号、象征、特点，常特指性和生殖力的象征，具体化为男根形象。

林伽崇拜一说起源于印度河流域文明，那里曾发现圆形石柱和石圈（象征

林徽因与梁思成合影

印度布巴内斯瓦尔林伽罗阇神庙

单面林伽湿婆像 5世纪初
印度乌达耶吉里石窟第4窟

女阴）。印度–雅利安人的古代圣典《梨俱吠陀》曾讥讽该地居民为“男根崇拜者”。嗣后他们自己也兴起了这一崇拜。《摩诃婆罗多》和往世书皆有神根显灵的故事：梵天和毗湿奴正在无边的宇宙间为谁具有统治权而争吵，忽然出现了一火柱。梵天立刻化作神鹅向上飞去，寻其末端；毗湿奴则变为公猪潜向下方，究其始端。但是二者皆无功而返。此时湿婆从火林伽中显现，命他们对它加以崇拜。另有故事将这一崇拜溯源于湿婆的自阉或被阉。其真正起源当是原始生殖崇拜，而在印度则与湿婆神崇拜相联系。林伽的形式可以是独石柱、泥塑圆锥形物，或具有类似形状的自然物，如圆柱石、小山等。时有鲜花、香、果供奉于林伽之前。湿婆信仰者常佩带小林伽，或将它附在项圈上。女子亦有作为护符佩带者，目的是避免不育，且常为其夫在婚礼时手赠。这一崇拜在印度普遍存在。坦焦尔一座11世纪神庙据说有一座“千林伽堂”。《湿婆往世书》说全印度有12座大林伽，其中某些至今犹存。

（葛维钧）

Linre Banmaduojie

林热·班玛多杰 gling ras pad ma rdo rje（1128～1188） 中国藏传佛教高僧，周巴噶举派的法脉传承人之一。出生于西藏后藏的娘堆地方，小时候学医，至17岁方出家步入佛门，系统修学佛教显密宗教法，后来以精通咒术著名。38岁时赴前藏丹萨替寺，拜见帕莫主巴，在其座前专门研修密法。之后，他周游藏族地区，为当地豪门显达讲经说法，晚年在那浦寺安居，收徒传授其修证体悟的密法，培养了不少弟子，其中有后来正式创立周巴噶举派的著名弟子藏巴嘉热·益西多杰。

（尕藏加）

Lin Yutang

林语堂 Lin Yutang（1895.10.10～1976.03.26） 中国作家，翻译家，语言学家。生于中国福建漳州。早年在国外接受大学教育，获得美国哈佛大学比较

文学硕士学位和德国莱比锡大学语言学博士学位。返回中国后，先后执教于北京大学、北京师范大学、厦门大学和上海东吴大学。1936年移居美国。此后主要用英文写作。1966年定居中国台湾。1967年被中国香港中文大学聘为研究教授。1975年任国际笔会副会长。1976年于中国香港逝世，后葬于台北阳明山。

林语堂一生撰写的传记、散文、论著及译作等共30多部，主要有《剪佛集》、《开明英文读本》、《大荒集》、《我

林语堂《中国印度之智慧》封面

的话》、《生活的艺术》、《吾国吾民》、《无所不谈》、《京华烟云》、《风声鹤唳》等。

林语堂对印度的文学、意识形态和社会思想，以及他认为塑造了整个印度民族的印度文化精髓和理念具有浓厚兴趣。他着力研究和分析印度思想和文化的精神实质，也着力领悟印度人的价值体验和印度思想的丰富性。他在自己的名著之一《中国印度之智慧》（1942）中诠释了印度的一些经典著作。该书集中关注于中国和印度的文化精髓，研究这两个文明古国及其人民，分析其民族心理、文学想象力及日常生活。该书摘录了《梨俱吠陀》、奥义书、《罗摩衍那》、《五卷书》和《法句经》等印度文献中的一些片断，同时也向外国读者解释了中国大师的学说。

（邵葆丽撰 刘文亮译）

Linzi Longquan Si Shifoxiang

临淄龙泉寺石佛像 Buddha Statues of the Longquan Temple in Linzi 中国六朝时期著名佛像。共有石刻造像四尊及石碑两座，原为山东省临淄县（今淄博临淄区）龙泉寺中供像和碑碣，后因日本人劫夺而被辗转运至青岛，现存青岛市博物馆。

据民国九年（1920）《临淄县志》载：“龙泉寺在龙池村西北淄水岸上，尚有石佛四。”又称：“六朝石佛，在龙池村龙泉寺故址。佛高丈余，有荷兰国人见之，谓形容与印度古石佛同，真六朝物也，欲购之，不可得，乃止”。1928年7月24日上海《申报》载：“临淄县龙池地方，有石佛两个（实为四尊），成化碑一座，碎碑一方，曾有中国败类，拟将佛碑以三千元之代价售于日本人，为当地人士闻之，出面干涉，故未成交。此次日本占据济南及胶济沿线以迄青岛，龙池适在日本所谓（沿线）二十里以内。某日人垂涎龙池之古佛、碑已久，乃于本月15日率人将佛像一并劫取，运至淄河车站，预备运往日本。”佛、碑运至淄河车站后，因当地群众强烈反对和爱国人士交涉，日本人被迫停运，但盗走两菩萨头像。1930年，青岛四方机车厂厂长栾宝德将厝置于站台的佛像和石碑运至青岛，安放在四方公园内，并为两尊菩萨配上水泥头像。1977

临淄龙泉寺石佛像（局部）

年，石佛像被山东省人民政府列为省级重点保护文物。1979年7月，石佛像复被移于青岛市博物馆，成为“镇馆之宝”。

石像两大、两小，皆为立像。两大石像为佛像，造型基本相同，各高约6米，重近30吨，俗称“丈八佛”。体态呈迎风挺立状，身躯略前倾，头作高髻，双耳大而下垂，双目细长，鼻高目深，眉宇间有白毫相，颈项细长，面相略显清瘦，喜色流溢，似欲说法。佛像右手前伸，左手下垂，掌心向外，分作施无畏印和与愿印。内着僧祇支，束带结垂于胸前，外披褒衣博带式正衣，下着长裙，袂裙翻飞，飘然欲动。佛像跣足立于复瓣莲花石座上，下置刻有裸身力士、罗汉的须弥座。虽无确切铭文纪年，但从两佛像的造型、衣饰、莲花座以及雕刻技法等方面判断，可明显看出北魏孝文帝汉化政策施行后佛教雕塑艺术风格的变化。考古学家阎文儒认为，该两佛像应属南北朝石窟造像第二时期，具体建造年代应在北魏的景明、正始之后到北齐北周之前（500～550）。“双佛并立”造像模式则是对“双佛并坐”造像的继承和发展，后者源于《妙法莲华经·见宝塔品》，表现释迦佛和多宝佛相见对谈。这种造像模式在北魏中后期一度流行，被认为与当时“二圣”（孝文帝拓跋宏与其祖母冯太后）当朝的皇权政治有关。

两小石像为菩萨像，各高约3米，造型、衣饰亦基本相同。头部为水泥补塑。颈戴项圈，两肩披巾下垂至肘部内侧再向外飘，腹前结僧祇支，下着长裙，跣足立于单瓣莲花座上。两菩萨像手姿稍异，其一右手施无畏印，左手持环状桃形法器；另一左手施无畏印，右手持玉璧形法器。从形象上看，似应为阿弥陀佛的胁侍菩萨观世音与大势至。

另有碑首、石碑各一。碑首残高约1.6米，宽约2.1米，顶部雕有4条蟠螭，造型生动。碑额有两行阳刻篆书：“双丈八碑 苏公之颂”；背面供龛另有阴刻楷书：“像主苏万基妻张供养”。“苏公”即苏万基。石碑高约2.2米，碑顶上部“龙泉寺志”四字可辨，但碑文部分也已漫漶。

如今，身形如此高大、保存几近完好且“双佛并立”的石佛像，在中国国内已十分罕见。临淄龙泉寺石佛像，对研究六朝时期的佛教传布、佛教艺术、社会政治等都具有重要价值。

临淄龙泉寺石佛像

（王汝良）

Linde Li

《麟德历》 *Linde Calendar* 中国古代历法。唐代天算学家李淳风编造，于麟德二年（665）起颁行，施用至开元十六年（728）。

唐高宗李治时，由于现行的《戊寅历》误差越来越大，李淳风作《甲子元历》以献，高宗命令太史从麟德二年起颁用，命名为《麟德历》。《麟德历》主要继承了刘焯的《皇极历》，做了一些合理的增损，在当时是一部比较精密的历法，在中国历法史上也占有比较重要的地位。

《麟德历》采用“进朔法”、“总法”，废除“章蔀纪元之法”，不用“闰周”等。早在贞观十八年（644）李淳风就指出《戊寅历》的月有连三大连三小，这是为了保证日月之蚀必在朔望，但贞观十九年九月后会出现四个连大月的情况。当时唐太宗（626～649年在位）诏集了通晓历法的人详细讨论这一问题，但没有结果。《麟德历》仍旧采用定朔法，但独创了一种进朔法，即根据朔日小余数据的具体情况，将朔日上推一日或下推一日，使相应大月变成小月，或小月变成大月，从而解决了出现4个连大月或3个连小月的情况。《麟德历》采用的“总法”为一千三百四十，作为各天文数据的统一分母，这种做法为后世历家所遵用。《麟德历》的又一创举是正式废除沿袭已久的章蔀纪元之法，废除闰周的推算，直接以无中气之月置闰。

然而《麟德历》也有较明显的缺点，即没有在历法中考虑岁差。早在何承天时代就确立了在历法推算中冬至点“岁岁微差”的规则，而《麟德历》拒绝承认岁差现象的存在，被后世评为“智者千虑之一失”。

（钮卫星）

Lingjiu Shan

灵鹫山 Gṛdhrakūṭa 古代印度佛教名山。佛陀雨季安居之地，围绕古摩揭陀国都城王舍城的5座高山之一，因

灵鹫山牌坊

形似鹰鹫之喙而得名。在巴利文"义疏"中，另外4座山分别被称为般荼婆山、毗婆罗山、仙人山和方广山。耆那教文献《众圣劫波》中将灵鹫山称作宝山，其他4座称为毗补罗山、乌陀耶山、苏那山和鞞婆罗山，它们皆与佛陀和耆那教最后一位祖师大雄有关。因此，佛教和耆那教文献都将灵鹫山称作圣地，视之为各自信徒的朝圣中心。

巴利文文献记录了佛陀一生与灵鹫山相关的诸多重大事件。相传佛陀在此遇见摩揭陀国国王频毗娑罗及其随从，并为他们授戒。居于此地期间，佛陀在与僧众的交流中宣说了多部佛经，包括《妙法莲华经》和《大般若经》。据说，佛陀的堂兄提婆达多曾以石击他，企图害其性命，但石头仅伤到了佛陀的脚趾。频毗娑罗被儿子阿阇世王囚禁在山上时，曾希望把自己的囚牢建在能早晚看到佛陀经过的地方。此外，灵鹫山还是佛陀在拘尸那迦涅槃前最后停歇的地方。

中国求法僧人法显和玄奘造访灵鹫山时，这里已经是著名的佛教圣地。两人均在游记中提及到访此山的经历。法显生动地记录了在山上度过的一个夜晚。他曾与两个当地僧人带着香、花、油、灯登上灵鹫峰作供养。见到佛陀足迹和住处后，他感慨万千地说："佛昔于此住，说《首楞严》，法显生不值佛，但见遗迹处所而已。"他十分忧愁，以至于在一个山洞里念诵了整夜的《楞严经》。但他此行找到了佛陀说法堂的遗迹，还辨出了佛陀施法保护阿难以及佛陀与诸罗汉坐禅的石窟。

在玄奘探访灵鹫山的记录中，提到频毗娑罗为方便人们上山聆听佛陀言教，特意修建了阶梯。中途有两座小窣堵波，一座是国王和王室成员需要下车徒步行走的地方，另一座标志着凡人只能行至此处。在山顶西侧的斜坡上，有一处佛陀曾经多次说法的精舍，玄奘在那里发现了一座佛陀说法像。他还详细介绍了与佛陀生平有关的其他地方，如提婆达多投石击佛处、佛陀坐禅的石窟、经行的长石、伸手穿壁安慰阿难的石室、晾晒袈裟的磐石以及石上的佛足迹等。

（卡马尔·希尔撰　李宝龙译）

灵鹫山上的说法台

Lingyin Si

灵隐寺 Lingyin Temple　中国最早的佛寺之一。

灵隐寺位于杭州西湖西侧山麓。始建于东晋咸和元年（326）。相传，西印度来华僧人慧理和尚，当年由中原云游到浙江，至武林（今杭州），见有一峰而叹曰："此乃中天竺国灵鹫山一小岭，不知何代飞来？佛在世日，多为仙灵所隐，今复尔耶？"遂于峰前建寺，名曰灵隐。初创时，佛法未盛，南朝梁武帝萧衍时得以扩建。唐大历六年（771）曾大修，香火旺盛。唐会昌五年（845），寺毁僧散。五代时，两次重修和扩建，灵隐寺兴盛一时，有僧众3 000余人。南宋建都杭州，多位皇帝曾亲临灵隐寺，该寺得到大的发展。清顺治年间（1644～1661），灵隐寺住持具德和尚筹集资金，历时18年，使灵隐寺焕然一新。清康熙二十八年（1689），康熙帝南巡，特地为灵隐寺题写云林禅寺四字。1936年曾因大火毁寺。1949年以后，灵隐寺又经多次大规模整修。如今成为杭州著名风景区。

灵隐寺

（薛克翘）

Lingyun

灵运 Prajñādeva（约活动于7世纪）中国唐代去印度求法僧人。襄阳（今属湖北）人。梵名般若提婆。据义净《大唐西域求法高僧传》卷下，唐高宗李治时从海路赴印求法。与僧人僧哲同行，先到师子国（今斯里兰卡），后到那烂陀等地。最后仍从海路归国。

（王邦维）

ling

零 zero 整数系统中一个重要的数。小于一切自然数，系正数与负数之间的唯一数，记作0。在计量时，数字0表示“没有”。也是位置制计数法中数码0的名称。用以表示某一数位是空位。印度开始曾用六进位、八进位，后来发展用十进位，并能熟练使用分数。通常把最早使用0表示数归功于印度人。

零的概念在印度的形成，与印度宗教哲学中“空”的观念有关。有学者认为，零的概念在孔雀王朝后期，也就是公元前200年，即已在印度出现。印度古代数学著作残篇《巴克沙利稿本》，可能是公元前2世纪（一说公元四五世纪）一部数学著作的抄本。在这一抄本中，已开始使用圆点（·）表示空位的零。458年，一份耆那教宇宙学文献提及零和十进位置制。其中一个数字为13 107 200 000，成为印度最早的包含零的概念的位值十进制数字。零的采用使印度数字体系得以完善。在今印度古吉拉特邦发现的一处595年的铭文，是最早采用零和其他9个数字标记日期的铭文。在瓜廖尔发现的一处876年的铭文，亦确切证实了0的使用。它与现代数字中的0几乎一模一样，只是略微小些，且在一组数字中位置偏上。

7世纪，零的符号传入东南亚一些国家。柬埔寨一处683年的铭文用圆点表示零。邦加岛一处686年的铭文出现一个封闭的圆圈。这些无疑均系印度影响的结果。随后，零同印度数字体系一道传入叙利亚等伊斯兰国家。阿拉伯学者比鲁尼（973.09～1048.12.13）在其《印度志》(约1030）中已提到：“0=sunya（梵文词，空）和kha（梵文词，气），两者均意味着点。”12世纪，零最终传到西欧。法国数学家G.伊夫拉赫在其《从一到零——数字通史》(1985）中即持类似看法。国际数学界一些学者认为，十进制、位值和零的定位使用，连同印度-阿拉伯数字，均系印度人所创造（另一些学者认为，十进制、位置系中国人创造）。美国数学家和科学史学者G.萨尔顿（1927.03.08～1995.08.28）亦曾指出，我们的数字和零的使用，是印度教徒发明的，然后经由阿拉伯人传给我们。

近些年来，国际数学界有人出版了一些论著，深入细致地探讨对数学而言十分关键的概念零的发展史。美国学者R.卡普兰著《一无所有：零的自然历史》和C.赛义夫著《零：一个危险概念的传记》(2000)，对零系印度对世界的贡献之说提出质疑。实际上，作为一种思想产物，零的概念确曾分别出现在巴比伦文明和玛雅文明之中，但并未产生普遍影响。在探讨零与十进位制组合的性质和含义方面，印度数学家起了重要的作用。

零的符号有可能在700年前后从东南亚传入中国（一些学者提出，中国在唐代以前已使用〇，形成现代中国数字一二三四五六七八九〇，唐代全面使用了大写数字壹贰叁肆伍陆柒捌玖零)。唐开元六年（718)，在长安任司天台太史监的印度天文学家瞿昙悉达，奉诏据梵文原本译《九执历》。该历书开卷介绍了印度的“算法字样”，即数字写法，“其字皆一举札而成”，可见便于书写。“每空位处，恒安一点”，引入零的书写符号，即一个圆点（·)。《九执历》编译本收入由瞿昙悉达本人主编的《开元占经》第一〇四卷。约在13～14世纪，印度-阿拉伯数字初传中国。这一数系当时在中国未能引起足够重视和得到充分推广。不过，在南宋淳祐七年（1247)，中国数学家秦九韶（约1202～约1261）撰成数学名著《数书九章》，所用表示零的符号已是一个封闭的圆圈。其时，包括0在内的印度-阿拉伯数字已传到世界上的大多数地方，秦九韶用圆圈表示零可能即借鉴了印度-阿拉伯数字中零的写法。元代大德七年（1303)，数学家朱世杰（1249～1314）的代表作《四元玉鉴》问世，同样用一个封闭的圆圈表示零。

（刘建）

Lingwai Daida

《岭外代答》 中国一部介绍当时岭南（今广西、广东）山川、行政、经济、民族、民俗和物产，以及南宋时中西海上交通、贸易情况的史料性著作。南宋周去非撰写。

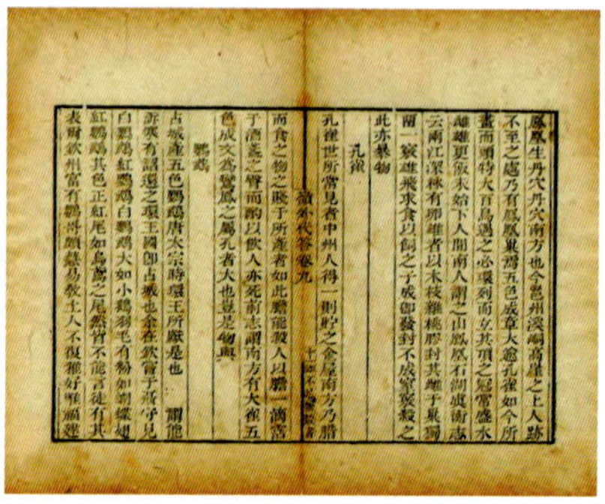

《岭外代答》书影

《岭外代答》分10卷，20门（类)，共294条。卷一有《地理门》、《边帅门》，分别介绍两广的山河以及行政和军事管理建制与职责。卷二为《外国门上》，主要介绍东南亚诸国和南亚数国的地理位置、交通、民俗、物产等。卷三有《外国门下》和《兵民门》，前者主要介绍南亚、东非及海上诸国的地理位置、交通、民俗、物产等，后者主要介绍戍边兵丁及边民情况。卷四有《风土门》和《法制门》，前者主要介绍气候、居室、语言文字等，后者主要介绍人才选拔、徭役等。卷五为《财计门》，主要介绍广西盐、马等产业与交易。卷六有三门，为《器用门》、《服用门》和《食用门》，分别介绍文武器用、各种纺织物和饮食。卷七有四门:《香门》，介绍各种香料;《乐器门》，介绍鼓乐和傩舞等;《宝货门》，介绍各种珠宝;《金石门》，介绍金、水银、铜等金属，以及几种奇石。卷八为《花木门》，介绍45种花草树木。卷九为《禽兽门》，介绍38种禽兽。卷十有四门:《虫鱼门》介绍鱼虾龟蛇蝶等12种奇异动物;《古迹门》介绍9处古迹;《蛮俗门》介绍少数民族的16项奇风异俗;《志异门》介绍民间信仰和鬼怪故事。

尽管作者周去非从未出国，但学界

认为，《岭外代答》卷二所记中国与南亚故临、注辇的交通、商贸，以及二国风俗、物产等，基本符合实际。卷三中的“西天诸国”指出印度的地理位置及其与中国水陆交通的大体路线，也比较符合实际。因而，该书为研究中印海上交通与贸易提供了重要资料，为近代以来研究中外交通的史家所重视。

《岭外代答》对后世影响较大，赵汝适《诸蕃志》即有不少内容抄自是书。由于是书长期以来仅有抄本流传，故难免有误。今人杨武泉的校注本完成于1993年，1999年由中华书局正式出版。

（薛克翘）

Liu Anwu

刘安武 Liu Anwu（1930.07.12～ ）中国印度学学者，翻译家，北京大学哲学社会科学资深教授。在中印文化交流史中起过积极的作用。湖南常德人。中学时代对文学产生浓厚兴趣。1949年秋入湖南大学中文系。1951年2月入北京大学东语系，学习印地语。1954年11月赴印度留学，先后在德里大学和贝拿勒斯印度大学学习印地语语言文学。1958年回国，在北京大学任教并从事科研工作。1985年任教授，1990年任博士生导师。是中国现代印度语言文学学科的首位教授、博士生导师。曾任北京大学东语系东方文学研究室主任、南亚文化研究所所长。历任中国印度文学研究会副会长、会长、名誉会长。2004年11月被中国翻译家协会授予资深翻译家称号，2005年1月被评为北京大学哲学社会科学资深教授。

刘安武《印度两大史诗研究》封面

姜景奎、郭童编《多维视野中的印度文学文化——刘安武先生八十华诞纪念文集》封面

刘安武长期从事印度语言文学教学。1958年从印度回国后，开始为大学本科生讲授高年级印地语、印度印地语文学史等课程。20世纪80年代中期起招收研究生，开设印度文学史、普列姆昌德研究、印度两大史诗研究专题等课程。为印地语和印度文学在中国的传播作出了突出贡献。

除教学外，刘安武还从事印度学研究。其研究的主要领域为印度文学，特别是印地语文学，是目前中国研究印地语文学的第一人。研究对象主要有：著名印地语作家苏尔达斯、杜勒西达斯、M.普列姆昌德等，印度两大史诗，印度神话学，中印文学比较研究，诗人R.泰戈尔。经过几十年的耕耘，研究硕果累累，出版专著8部、译著28部、编著18部（套），发表论文65篇。其代表作有：译著《印度现代文学研究（印地语文学）》(1980)、普列姆昌德短篇小说集《新婚》(1982)、《如意树》(1983)、《割草的女人》(1985)、《普列姆昌德论文学》(合译，1987)、《普列姆昌德短篇小说选》(1996)等；专著《印度印地语文学史》(1987)、《普列姆昌德评传》(1999)、《印度两大史诗研究》(2001)、《印度文学和中国文学比较研究》(2005)等；编译《印度民间故事集》(1984)、《东方文学作品选》(1986)、《印度古代诗选》(1987)、《东方短篇小说选》(1988)等。

（姜景奎　贾岩）

Liu Bannong

刘半农 Liu Bannong（1891.05.29～1934.07.14）中国现代诗人，语言学家，新文化运动的先驱。名复，字半农，以字行。江苏江阴人。1911年参加辛亥革命，1912年前往上海从事编辑工作并进行业余创作。1917年，经陈独秀推荐赴北京大学任教并参加《新青年》编辑工作，提倡白话文。1920～1921年先后在伦敦大学、巴黎大学学习实验语音学，1925年获法国国家文学博士学位。1925年秋回国后继续在北京大学任教，专授语音学。1934年病逝于北京，鲁迅撰《忆刘半农君》一文以表悼念之意。初期诗作讲究韵律，注重借鉴民歌，诗风清新朴素，有《瓦釜集》(1926)、《扬鞭集》(1926)存世，编有《初期白话诗稿》。《扬鞭集》中的《教我如何不想她》一诗作于1920年留学英伦期间，以深挚的感情、优美的意境、和畅的韵律和“她”字的首创，成为初期白话诗中的佳作。1926年，该诗经赵元任谱曲而广为传唱。散文成就亦不俗，曾为语丝社重要成员，留有《半农杂文》。学术专著有《中国文法通论》、《四声实验录》等，另有译著《法国短篇小说集》、《茶花女》等。

刘半农是中国首位关注并译介国外散文诗的学者，也是中国介绍R.泰戈尔作品的早期译者之一。1918年，《新青年》4卷5期刊发了他所译的印度女

《半农杂文》书影

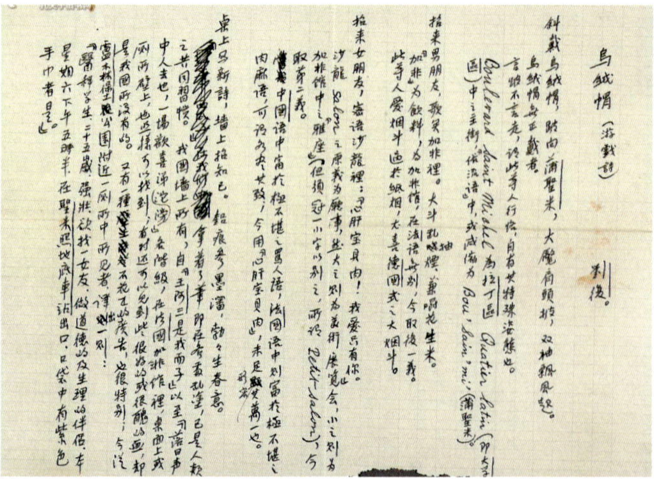

刘半农致周作人书札书影 1925

诗人R.黛维的散文诗《我行雪中》，该刊5卷2期、3期又分别刊载了他所译的泰戈尔诗作《恶邮差》、《著作资格》、《同情二首》与《海滨五首》。这些译作后均收入《刘半农诗选》，由人民文学出版社于1958年出版。该诗选共收入译诗40余首，除上述泰戈尔的9首外，还有S.奈都夫人的《村歌二首》、《海德辣跋市五首》和《倚楼三首》。所选泰戈尔诗作均为描写儿童情态的诗。他以质朴自然、不加雕琢的白话文再现了原作的神韵。所选奈都夫人之诗则是对民生疾苦表示深切同情的人道主义之作。《倚楼三首》表现了她对爱情的深刻理解，刘半农在翻译时均采用文言文，使之带有《诗经》一唱三叹的古风。1937年，上海中华书局出版了由刘半农和其长女刘小蕙从法文合译的《苏莱曼东游记》(原名《中国印度见闻录》)。该书系据唐代来华阿拉伯商人苏莱曼等人的见闻而撰，比《马可·波罗行纪》约早四个半世纪问世，是关于中国和印度的最早游记。1930年，刘半农还曾对刘北茂翻译的《印度寓言》予以校订。刘半农的译事影响经久不衰。1983年，中华书局出版了据法文本和日文本新译的《中国印度见闻录》两种。

刘半农虽从未造访印度，但他在1920年乘船前往伦敦时，曾在今斯里兰卡作短暂停留，对印度文明有一定接触和体悟。翌年，写作《在一家印度饭店里》一诗，借对印度美食、美景的描摹，表达了自己对文明古国印度的理解和向往。台湾诗人痖弦在《早春的播种者——纪念刘半农先生诞辰一百周年》一文中说，该诗虽然“题材稀松平常”，但“一经作者想象的幻化，好像点石成金，一切都活了起来”。

刘半农（左）与北京大学中文系教师合影

（王汝良）

Liu Beimao

刘北茂 Liu Beimao (1903.07.10～1981.09.24) 中国现代艺术家，教育家。江苏江阴人。别名寿慈，诗人刘半农、音乐家刘天华之胞弟。1927年毕业于燕

京大学英文系，后在高校从事莎士比亚作品研究以及专业英语教学工作。刘天华去世后，为继承其遗志，刘北茂改习音乐。抗日战争爆发后拒任伪职，辗转赴西北联合大学任教。后始终从事民族音乐的创作和教育，取得巨大成就。创作有《汉江潮》、《小花鼓》、《流芳曲》等二胡演奏曲。翻译成就亦不俗，译有《印度寓言》、《英文辞典》和法国小说《胡闹的恋爱》等。

1927年，刘北茂将P.V.R.拉朱搜集并编纂的《印度寓言》译为中文。该英文本于1901年在伦敦出版，收入印度寓言106篇。寓言短小精练，意趣盎然，箴言隽语，俯拾皆是。故事中主角往往为代表力量的狮子或老虎，精明的狐狸，呆笨的熊，凶残的狼，自作聪明的猫头鹰，如此等等。故事通俗易懂，非常适合少年儿童阅读。刘北茂将该书译出后，于1931年由上海开明书店出版。在“译者的话”中，他介绍了印度寓言的起源，特别提到梵文寓言故事集《五卷书》在东西方的广泛流传，指出它对希腊《伊索寓言》、法国J.de拉封丹和俄国I.克雷洛夫的寓言产生了一定影响。刘北茂还对巴利文佛本生故事经缅甸文译为英文的情况有所了解，并注意到印度寓言流传至中国后多见于佛经中以《百喻经》为代表的诸多譬喻经。他指出，“东方寓言料材之富实超出任何他国之

刘氏三兄弟与朱惠合影　中为刘半农及夫人朱惠，后为刘天华，前为刘北茂

上。”刘北茂所译《印度寓言》曾经其长兄刘半农校订。

（王汝良）

Liu Dabai

刘大白　Liu Dabai（1880.10.02～1932.02.13）中国诗人，文学史家。浙江杭州人。本名金庆棪，字伯贞，后改姓刘，字大白，以字行。幼勤学，膺拔贡，成年后长期在浙江、上海等地任教，曾任国民政府教育部常任次长。早年参加同盟会，后参加新文化运动，倡导新诗写作。1924年，加入文学研究会并出版首部诗集《旧梦》。后陆续有诗作、学术著作出版，直至离世。留有诗集《旧梦》(重编为《丁宁》、《再造》、《秋之泪》、《卖布谣》四集)、《邮吻》，诗话《白屋说诗》、《旧诗新话》，及《中国文字学》、《中国文学史》等专著。

刘大白是中国介绍R.泰戈尔作品的早期译者之 。1921年，译出《〈园丁集〉二首》(第23首，第28首)，发表于4月17日《民国日报·觉悟》，后收入1930年1月上海开明书店印行的《秋之泪》初版中。该书再版时又增译了《园丁集》中的第24首。1913年问世的《园丁集》，是泰戈尔继《吉檀迦利》之后出版的第二部英文诗集，共收录85首诗，其中大多是关于爱情和人生的抒情诗，深受中国青年读者的喜爱。在译介泰戈尔之余，刘大白的诗歌创作也深受其影响，表现出清新、自然、质朴、流畅而又意蕴丰富的特色，显现出泰戈尔式篇幅简短的“小诗”风格，如《秋晚的江上》等。他同郑振铎、许地山等一样，早就关注印度梵剧与中国戏曲的关系，认为中国戏曲的起源和发展曾受印度梵剧的影响。

（王汝良）

Liu Guonan

刘国楠　Liu Guonan（1931～1987.11.29）中国印度学学者，北京大学教授。在中印文化交流史中起过积极作用。陕西汉中西乡县人。1945～1951年先后在西乡中学、南郑中学及乐育中学学习。1951年考入西北大学，后转入北京大学东语系学习印地语。1954年公派留学印度，先后就读于德里大学、贝拿勒斯印度大学。1958年回国，任教于北京大学东语系。1980年调入中国社会科学院与北京大学合办的南亚研究所，1985年任北京大学南亚研究所副所长。

刘国楠、王树英编著《印度各邦历史文化》封面

1987年8月，应贝拿勒斯印度大学之邀，赴印度任客座教授，讲授中国思想史、中国文学史等课程。11月29日突发心肌梗死逝世。《印度报》和《人民之声报》等10余份印度报刊发表了悼念文章，6个相关单位为他举行追悼会，称他为“印度的伟大朋友”。

刘国楠主要研究印地语文学、印度文化。先后翻译了V.阿基兰的小说《画中女》(1986)、S.C.查特吉的小说《秘密组织——道路社》(与刘安武合译，1985)、雷努的《肮脏的裙裾》(1994)等印度文学作品，并与王树英合编《印度各邦历史文化》(1982)。发表论文《北印度的民间戏剧》、《论印地语诗歌中的影像主义》等。1983年，赴印度德里参加第三届世界印地语大会，获印度总理英迪拉·甘地授予的印度文化女神奖。

（张忞煜）

Liu Ping

刘凭　Liu Ping（约活动于6世纪）中国古代数学家，译经家。泾阳（在今陕西西安北）人。刘凭精于佛典和一般学问，长于算术。因感于历代翻译经论时，对大千、由旬等计数单位，各家计算比例皆异，故撰《内外旁通比校数法》一卷，辑录众经计数之法，与中国故有之相对计数法，异同并比，作为后学译经之参考。

据《续高僧传》卷二《达摩笈多传》记载：“又有翻经学士泾阳刘凭，撰《内外旁通比校数法》一卷。凭学通玄素，偏工数术，每以前代翻度至于数法比例颇涉不同，故演斯致。”据道宣记载，《内外旁通比校数法》有序言称：“世之道艺有浅有深，人之禀学有疏有密。故寻算之用也，则兼该大衍。其不思也，则致惑三隅。然东夏数法，自有三等之差。西大所陈，何无两端之例。然则先译诸经，并以大千称为百亿，言一由旬为四十里，依诸算计悉不相符。窃疑翻传之日，彼此异意。指撝之际于斯取失。故众经算数之法，与东夏相参，十十变之旁通对衍，庶拟翻译之次，执而辩惑，既参隶经诰，故即而叙之。”

隋费长房《历代三宝纪》，以及后来的《大唐内典录》、《古今译经图纪》、《开元释教录》、《贞元新定释教目录》、《大唐开元释教广品历章》等对刘凭事迹都有记载，有详有略，均不及《续高僧传》详细。

印度的历算，《隋书·经籍志》中有“《婆罗门算法》三卷，《婆罗门阴阳算历》一卷，《婆罗门算经》三卷”的记载，并不著撰人。刘凭写就《内外傍通比较数法》，可见婆罗门算法当时确有人传习。

（周利群）

Liu Xiaorong

刘孝荣 Liu Xiaorong（约活动于12世纪） 中国南宋天文学家。乾道四年（1168）为天文官、乾道五年为太史局保章正、同知算造兼翰林天文，淳熙二年（1175）判太史局，庆元四年（1198）为太史局历官。《宋史·律历志》、《宋会要》、《玉海》等文献中均有关于他的记载。曾领导编纂出1169～1176年使用的《乾道历》、1177～1190年使用的《淳熙历》和1191～1198年使用的《会元历》。著有《考春秋日食》一卷、《汉魏周隋日月交食》一卷、《唐日月交食》一卷、《宋朝日月交食》一卷、《气朔入行》一卷、《强弱日法格数》一卷。

宋孝宗（1162～1189年在位）时，刘孝荣上言批责陈得一《统元历》“交食先天六刻，火星差天二度。尝自著历，期以半年可成，愿改造新历”。于是皇帝令周执羔提领改历，乾道三年，将刘孝荣所作《七曜细行历》献上。此历又称《会元历》。

南宋初期行用的四部历法，由于制历前没有进行测景验气，所用天文常数均是在前面历法基础上进行损益而成，故其推算精度始终不能尽如人意，要求改历呼声不断。《七曜细行历》在颁行当年的日月食推算中就出现两次偏差，侍御史单时请求来年再验新历。乾道四年二月的月食，新历计算仍不如人意。由此可知，刘孝荣的《七曜细行历》对交食的计算确实是其弱点。单时又请求以五星的测验检验新旧历法的疏密，于是宋孝宗命礼部员外郎李焘一同测验。经过一系列的实测，证明整体上还是新历较为精密。“朝廷始知三历异同，乃诏太史局以新旧历参照行之。”孝宗下诏改用新历，赐名《乾道历》，乾道五年颁行，淳熙三年停用。

（周利群）

Liu Yuan

刘元 Liu Yuan（约1247～约1337） 中国元代雕塑家。字秉元，大都路蓟州宝坻县（现为天津市市辖区）刘兰庄村人。官至昭文馆大学士、正奉大夫、秘书监卿、诸色人匠总管府总管。尝为道士，从青州杞道箓（陶宗仪《南村辍耕录》作杞道录）学习绘塑。能作壁画，尤长于塑。亦尝从尼波罗国（今尼泊尔）仕元艺术家阿尼哥学习塑像艺术，系其出色弟子与传人，为佛教文化在中国的传播和佛教艺术的发展作出重大贡献。

至元七年（1270），在察必皇后的倡议下，元世祖忽必烈命阿尼哥在大都城西高梁河（今长河）畔建造大护国仁王寺（俗称高梁河寺）。至元十一年竣工。其间，严设梵天佛像，特求奇工为之。经托道箓荐举，刘元应召，从阿尼哥学“西天梵相”，神思妙合，得其真传，遂为绝艺。

延祐四年（1317），仁宗爱育黎拔力八达命在大都平则门（阜成门）外建大永福寺（俗称青塔寺）。此时阿尼哥业已逝世，刘元参与并主持塑像工作。延祐六年，在齐化门（朝阳门）外建东岳庙，主塑仁圣帝（东岳泰山神）等道教神像。《元史》卷二〇三《方技传》称：“后大都南城作东岳庙，元为造仁圣帝像，巍巍然有帝王之度，其侍臣像，乃若忧深思远者。”此外，白云观丘处机像亦传为其所塑。

至元、延祐间，刘元为大都诸多寺院塑铸佛像，神情动止，如闻謦欬，朝野称誉。知名学者、诗人虞集（1272～1348）在《刘正奉塑记》一文中道出其非凡功业与重要地位：“凡两都（大都和上都）名刹，有塑土、范金，抟换为佛者，一出正奉手，天下无与比者。由是上两赐宫女为之妻，又命以官长其属。迨今四十余年，凡行幸，无所不从。今上皇帝（仁宗）犹重像教，尝敕正奉：非有旨，不许擅为人造它神像者。——其见贵异如此。”

所谓抟换，又称夹苎，为魏晋时期戴逵父子所创佛像塑法。塑像模范对开，敷贴苎麻布或绸布后合拢，而夹苎像表面又以泥金处理，使得夹苎像酷似金铜铸像。经刘元之手，此项技术获得长足进步。陶宗仪《南村辍耕录》卷二十四云：“昔人尝为之，至元尤妙。”此之谓也。

延祐四年，刘元奉旨塑造青塔寺山门内四大天王像。延祐五年，再度奉旨塑造香山寺四大天王像，并在毗卢遮那佛两侧补塑“文殊菩萨一尊，高九尺，普贤菩萨一尊，高九尺，火焰二扇，各

麻曷葛剌摩崖石刻　中国浙江杭州吴山宝成寺

麻曷葛剌造像　麻曷葛剌摩崖石刻（局部）
中国浙江杭州吴山宝成寺

高一丈五尺，阔七尺五寸”。据称，今北京八大处大悲寺十八罗汉像，即出刘元之手。据清乾隆十年（1745）《宝坻县志》载，该县广济寺三大士像亦为其所塑。

至治二年（1322），骠骑卫上将军、左卫亲军都指挥使伯家奴出资雕凿杭州吴山宝成寺麻曷葛剌（大黑天）摩崖石刻造像。清代学者厉鹗（1692～1752）作《吴山咏古诗二首》(1727)，其一《麻曷葛剌佛并序》称：“我闻刘元塑，妙比元伽儿（唐代雕刻家）。搏换入紫闼，秘密无人知。”麻曷葛剌箕踞居中，高1.38米，通体青黑，突目圆睁，颈系髑髅，足踏魔女，身环火焰，狞猛可怖。此像造型近源虽为藏传佛教萨迦派所崇奉之宝帐怙主，远缘则系印度教毁灭之神舞王湿婆。主像左侧为文殊骑狮像，高1.14米，右侧为普贤骑象像，高1.08米。尽管刘元塑像形神兼备，天下称之，然其所塑密宗佛像，常人难得一窥真容。

清代学者对刘元塑像艺术予以崇高评价。清初杰出诗人、文学家王士祯（1634～1711）《居易录》云：“庚辰三月，朝阳门外东岳庙火，殿庑皆尽，独左右道远无恙。特发内帑，并令在京在外大小官员捐助，并以裕亲王监视之，阅岁始毕，上亲临幸焉。庙中人圣帝、炳灵公、司命君、四丞相像，皆元昭文馆大学士正奉大夫秘书监刘元所塑，元最善抟换之法，天下无与比，至是皆毁于火。”

乾隆年间于敏中等编纂之《日下旧闻考》云：“玄都胜境在弘仁寺西，建于元，相传为刘元塑像。正殿乃玉皇大帝，右殿塑三清，仪容肃穆，道气深沉，左殿塑三元帝君，上元持簿侧首而问，若有所疑，一吏跪而答，甚战栗，一堂之中皆若悚听严肃者。神情动止，真称绝艺。”

清代著名诗人张问陶（1764～1814）所著《船山诗草》卷十一《京朝集》中有《游天庆宫观刘銮塑像歌》，描述极为传神，其诗曰：“仙吏如麻各叉手，相看转觉生人丑。道人扪钥神扬扬，觅余更启东西厢。西厢乍启风萧瑟，座上摇摇人尽活。扬眉侧耳振冠裳，各指庭阶如欲出。”

刘元将密教的雕塑技术和中国的传统雕塑手法结合起来，心手相应，使中国雕塑艺术获得新发展，对明清两代雕塑产生了极为深远的影响。正史为古代雕塑艺术家立传者，仅阿尼哥与刘元二人而已。阿尼哥系尼波罗国人，因而刘元乃唯一被正史立传的中国雕塑家。

刘元培养了一批弟子。延祐七年，其徒张提举（绘塑佛像专官）、画工尚提举等“于兴和路寺西南角楼内，塑马哈哥剌佛（大黑天）及伴绕神圣，画十护神”。刘元彼时年已七旬，尚在亲自塑造或督造佛道神像，可谓老当益壮。《元史》称其“以寿终”。逝世后葬于故乡。

（刘建）

Liu Zhuo

刘焯　Liu Zhuo（542～608）　中国隋代历算家。字士元，信都昌亭（今河北冀州）人。著有《皇极历》，首创

用等间距二次差内插法计算太阳视运动不均匀改正，该历虽然没有获得官方正式颁行，但后世历算家都称其精妙，是汉唐之间最重要的一部历法。另著有《稽极》10卷、《五经述议》等，并行于世。

刘焯少年时接受儒家的传统教育，曾学《诗》于信都刘轨思，受《左传》于广平郭懋当，问《礼》于阜城熊安生，皆不卒业而去。武强县刘智海家藏书甚富，刘焯在刘家读书10年，成为饱学之士。隋朝建立，刘焯参与修国史，定律历。当时隋文帝重用道士张宾，行用其所制之《开皇历》，刘焯与刘孝孙一起对新历提出批评，谓其不知岁差，不知用定朔，上元时刻五星不同度等。但张宾受宠于文帝，太史令刘晖附会之，刘焯等被革职处分，赶出京城。开皇八年（588）张宾卒，刘孝孙进京上书批评历法错误，被太史令刘晖压制多年。开皇十四年，刘孝孙命弟子抬着棺材，自抱着历书，到皇宫前伏地大哭，引起隋文帝注意。其时在太史监久未知名的一位低级职员张胄玄也对《开皇历》提出批评。皇帝命令比较张宾与刘孝孙历法短长，刘孝孙历胜出，但刘孝孙提出先斩刘晖，后改历法。隋文帝不悦，改历作罢。

不久刘孝孙卒，张胄玄受命改定新历，刘焯也增损孝孙历法，撰成《七曜新术》向朝廷献上。张胄玄与时任太史令袁充结成同盟，排挤刘焯。张胄玄历法获得颁行之后，刘焯揭露其抄袭刘孝孙和自己的历法，并献上自己经过再次改进的历法，但终因张胄玄、袁充的反对而未得到颁行。

刘焯的历法曾名《七曜新术》，暗示一种受到域外（主要是印度）影响的可能。刘焯曾与刘孝孙共同反对张宾历法，两人在历术上有共同之处。刘孝孙授业于清河张子信。张子信曾经为避战乱隐居于某海岛20多年，“悟出”太阳和行星的视运动不均匀性，对后世历法产生深远影响。张子信的这一神秘而突然的发现至今未能得到很合理的解释，其中有受到域外天文学知识影响的可能性。

（钮卫星）

Liulangzhe

《流浪者》　*Awara*　印度印地语电影。1951年上映，R.卡普尔执导并担任主演。影片借一个年轻人的悲惨境遇，

《流浪者》剧照

刻画了社会的不公平，歌颂了理想的爱情。剧情叙述大法官拉贡纳特坚信“贼的儿子一定是贼”，被他冤枉的流氓团伙头子扎卡因此劫持了法官的妻子里列以示报复，并在将她放回后散播谣言，致使拉贡纳特不堪重压遗弃了待产的妻子。里列随后诞下男主人公拉兹。拉兹从小流浪街头，因生活所迫成了扎卡手下的小偷。他在学校结识了出身上层社会的丽达，但两人的往来很快因为丽达家人的干涉而结束。多年后，拉兹在一次行窃中与丽达重逢，两人再次坠入爱河。得知自己身世的拉兹杀死了扎卡，并试图越狱谋杀拉贡纳特，已经成为律师的丽达亲自在法庭上为他辩护。最终，拉兹被生父拉贡纳特判处入狱，丽达发誓要等拉兹出狱。影片现实主义的手法、对社会不公的批判、富有印度特色的艺术表现形式，使其广受欢迎。该片在印度国内取得巨大的票房成功，并先后在世界很多国家上映，1953年获

《流浪者》DVD封面

第6届戛纳电影节金棕榈奖提名。

《流浪者》是中华人民共和国建立以来引进的第一部印度电影，由长春电影制片厂译制，1955年上映。参与影片译制的人员是：翻译尹广文，译制导演徐明；从连文为拉兹配音，白景晟为法官配音，向隽殊为丽达配音，高荣第为扎卡配音，白玫为拉兹母亲配音。片中法官的扮演者、R.卡普尔的父亲P.卡普尔曾于1955年10月率印度电影代表团来华参加印度共和国电影周展映活动。该片的引进改变了中国当时只引进苏联电影的状况，给中国观众留下了深刻印象，成为印度电影在中国的代表之作。影片主题曲《拉兹之歌》(又称《流浪者之歌》)、插曲《丽达之歌》等在中国广受欢迎。20世纪70年代末，影片再次在中国放映，再次引起强烈反响，影片歌曲也再度为中国观众传唱。

（张忞煜）

liudu

六度 ṣaṭ-pāramitā 佛教概念，被认为是大乘佛教菩萨道中的核心实践法门。又音译为“六波罗蜜”或“六波罗蜜多”。“波罗蜜”是“度”一词的音译，意为使众生度出苦海，到达涅槃之彼岸。六度包括**布施**、持戒、**忍辱**、精进、**禅定**、**智慧**。

布施又音译为“檀那波罗蜜”，指把自己的所有物施给别人。有财施、无畏施、法施等种类区分。

持戒又音译为“尸罗波罗蜜”，指守持戒律，按照佛教对信徒的要求约束自己的行为。这被认为可以对治恶业，使自己的身心清净。

忍辱又音译为“羼提波罗蜜”，指修行自己的忍耐力，能忍耐别人对自己的责难、忍耐外来的伤害、忍耐痛苦，能抑制自己的贪、瞋、痴心，使自己保持身心安宁。

精进又音译为“毗梨耶波罗蜜”，指努力向善不懈怠，包括身体的努力和精神的努力。如努力修行，努力布施，努力学习佛法等，竭尽全力。

禅定又音译为“禅那波罗蜜”，指抑制自己散乱的心作用，不受外部不实事物的影响，不执着于任何东西，保持内心的安宁，心住一处，可对治乱意，摄持自心。

智慧又音译为“般若波罗蜜”，指借助佛教的最高智慧，对治各种愚痴或错误的观念，认识事物的本来面目，了达诸法的实相，达到佛教追求的至上境界。

六度的思想主要是由大乘佛教提出来的，在传统佛教要求的三学（戒、定、慧）基础上发展而来。**释迦牟尼**创立佛教后，教团要求信徒必须学习或修持

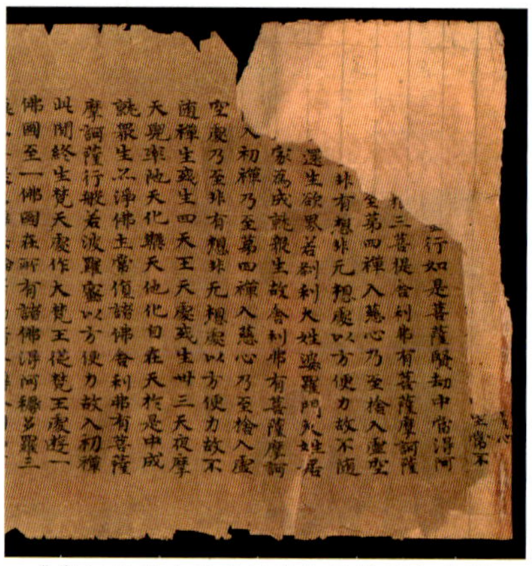

《摩诃般若波罗蜜经卷》敦煌写本书影
现藏中国国家图书馆

戒、定、慧这三方面的内容。但三学中每一项内容的含义在佛教的发展中是不断丰富的。而且，大乘佛教形成后，在修行方面对信徒的要求有进一步的增加或变动。“六度”的提出，一方面增加了一些先前佛教中没有特别强调的内容，如布施、忍辱、精进；另一方面进一步丰富了先前三学中的内容，赋予了新的含义，如大乘佛教的戒律与小乘佛教的不尽相同，大乘佛教的禅定要求与小乘佛教的有区别，大乘佛教的智慧含义与小乘佛教的相差很大。这些都是六度相对于早期佛教或小乘部派佛教中三学等内容所不同的。

在大乘佛教的诸多文献中，对六度的描述和对诸度之间关系的看法也不尽相同。较早提出“六度”思想的般若类经典认为，在六度中，居于主导地位的是“智慧”(般若波罗蜜)。如《摩诃般若波罗蜜经》卷第二十一中说：“譬如众流，若大若小，俱入大海，合为一味。五波罗蜜亦如是，为般若波罗蜜所护，随般若波罗蜜入萨婆若，得般若波罗蜜字。”“譬如阎浮提众女人中玉女宝第一，

最上最妙，般若波罗蜜亦如是，于五波罗蜜中第一，最上最妙。”

六度思想随大乘佛教的文献一起传入中国，对中国佛教中教徒或信众修持方法的理论及实践的形成与发展有重要影响。

（姚卫群）

liu juyi

六句义 ṣaḍ-padārtha 印度古代哲学中胜论派的理论。胜论派认为，宇宙万有可以区分为若干种“句义”。胜论派的根本经典《胜论经》中认为有6个句义：实句义、德句义、业句义、同句义、异句义、和合句义。胜论派在古代的另一重要文献《摄句义法论》也沿用了六句义说，但对各句义之下的内容的解释与《胜论经》略有不同。胜论派六句义学说在古代也传入中国。汉译佛典中有不少佛教对这一理论的破斥或转述。姚卫群在其所著的《印度宗教哲学概论》(北京大学出版社，2006）一书中论及了这方面的内容。

（姚卫群）

liu pai zhexue

六派哲学 six orthodox schools 印度教哲学的6个主要派别。即数论派、瑜伽派、胜论派、正理派、弥曼差派、吠檀多派。以尊崇吠陀权威为其共同特点，多由吠陀和奥义书的一些思想发展而来。六派哲学有众多的信徒，在思想界通常占主导地位，因而被视为印

《印度吠檀多哲学史》书影

度古代哲学的正统派。

六派哲学最初的思想在公元前1000多年至公元前600多年间就已出现。但多在公元前300年至公元初形成独立派别。

数论派形成独立派别的时间大致在公元前4世纪。相传该派的创始人是迦

《波颠阇利瑜伽经》英文本封面

毗罗。该派流传下来的较早的文献是自在黑所著的《数论颂》。由于之前的数论派系统经典都已遗失，所以人们通常将其视为古代数论派的代表性文献。《数论颂》之后，该派的主要著作是对《数论颂》的注释。数论派的基本理论框架是“二元二十五谛”，即该派理论的25个基本概念：神我、自性、觉、我慢、眼、耳、鼻、舌、皮、发声器官、手、足、排泄器官、生殖器官、心、香、味、色、触、声、地、水、火、风、空。它的各种哲学思想都纳入了这一框架。数论派持一种“转变说”的理论，认为世间事物和人生现象是由物质性的“自性”和精神性的“神我”两大实体（二元）相互作用转变而来的。该派认为转变后的事物（其余二十三谛）构成了轮回世界。这种世界充满了痛苦。要获得解脱就要依靠数论派“二元二十五谛”的最高智慧，对“自性”和“神我”及其产生物进行辨别，最后摆脱轮回，达到解脱。

瑜伽派形成独立派别的时间大致在公元前2世纪。相传，创立者是波颠阇利，根本经典为其所著《瑜伽经》。现存该经包含后人加入的内容，成书于3～5世纪。在《瑜伽经》之后，瑜伽派的主要典籍是对《瑜伽经》的注释与复注。瑜伽派出现后，对印度河文明时期就产生的远古瑜伽实践作了理论上的系统归纳，对后世印度宗教哲学派别修行理论的形成有重要影响。瑜伽派致力于对心作用进行抑制，追求达到“三昧”状态。具体的修行方法有“八支行法”，即禁制、劝制、坐法、调息、制感、执持、静虑、等持。后三支被称为“总制”，由“总制”可以获得各种神通力，最后获得一种对“自性”和“神我”的辨别智，并达到“法云三昧”。这种三昧能摧毁各种导致轮回的种子，最后达到解脱。

胜论派形成独立派别的时间大致在公元前2世纪。相传，创立者是迦那陀。他著有该派的根本经典《胜论经》。现存该经有后人加入的内容，成书时间约在2世纪。5～6世纪，产生了胜论派另外两部重要文献，即钵罗奢思多波陀的《摄句义法论》和慧月的《胜宗十句义论》。该派在理论上的重要特点是用“句义”(与观念相对应的实在物）来区分自然现象的主要种类。十句义是实句义（事物自体)、德句义（事物的静的属性)、业句义（事物的动的形态)、同句义（事物间存在的同的关系)、异句义（事物间存在的异的关系)、和合句义（事物所具有的自体与属性等的不可分的因果关系)、有能句义（使事物能共同或单独生出特定结果的句义)、无能句义（使事物不能共同或单独生出特定结果的句义)、俱分句义（事物间存在的相对的同异关系)、无说句义（事物的非存在状态)。在句义论体系中，胜论派论述了极微论、量论、时空观、同异观念等。胜论派也追求解脱，认为认识了句义论的最高智慧就能摆脱轮回，达到至善境界。

正理派形成独立派别的时间大致在1世纪。相传，创立者是乔答摩。他著有该派的根本经典《正理经》。现存该经包含后人加入的内容，在3～4世纪

《阇弥尼的前弥曼差经》英文本封面

汤用彤《印度哲学史略》(2008)封面

定型。《正理经》之后，正理派的主要典籍是对它的注释与复注。正理派在探讨逻辑和辩论等问题时，提出了16个基本概念或范畴，即量、所量、疑、动机、实例、宗义、论式、思择、决了、论议、论诤、坏义、似因、曲解、倒难、堕负。此所谓“十六谛”构成了该派的基本理论框架。在解释诸谛的过程中，正理派提出了4种量的分类、“五支作法”的基本推论式、推理与辩论失败的表现和原因等理论。正理派把认识“十六谛”的智慧看作达到解脱的根本方法。

弥曼差派形成独立派别的时间大致在公元前2世纪。创立者相传是阇弥尼。他著有该派的根本经典《弥曼差经》。现存该经有后人加入的内容，大约编成于1世纪。较早给《弥曼差经》作注的是5世纪左右的夏伯拉。在夏伯拉之后，弥曼差派的主要思想家是7～8世纪的枯马立拉和普拉帕格拉。二人对后来该派的发展起了重要作用。弥曼差派以吠陀祭祀为主要研究对象，相信吠陀圣典的正确性和祭祀的功效。与这一立场相应，该派提出的根本思想是“声常住论”。所谓“声”指言语、观念或知识，特别指吠陀的言语或知识。弥曼差派认为，这种观念和知识是先天本有的，不是人造的，常住不灭，并绝对正确。一般的言语和观念是这种先天本有的“声”的显发。弥曼差派强调“声常住论”，主要是为论证吠陀及其思想的永恒性及至上性。弥曼差派曾大力破斥古印度的有神论，并且吸收和发展了胜论派的句义论。

吠檀多派的主要思想在奥义书中已提出，但其形成一个独立派别大致在1世纪。该派创立者是跋达罗衍那。他著有该派最早的根本经典《梵经》。该派后来产生了许多分支。各分支主要根据一些思想家对奥义书等文献中提出的梵我关系理论的不同见解而形成。这些分支主要有：跋达罗衍那的“不一不异论”、商羯罗的“不二一元论”、罗摩努阇的“限定不二论”及摩陀婆的“二元论”。“不一不异论”认为，梵作为世界的创造者或根本因与我或现象界是不同一的，而从诸我都具有梵性、一切事物离开梵就不能存在的角度看，梵与我又是同一的。“不二一元论”认为，梵或大我是万有的根本，一切事物在本质上是梵或大我的幻现，没有独立于梵或大我之外的事物存在。小我（现象界）既不是梵的部分，也不是它的变异。作为人生现象的无数小我与大我本是同一个事物，仅仅由于身体的限制，它们才显得不同，两者实际上是不二的。“限定不二论”认为，我（小我或现象界）是梵（实体或整体）的属性或部分，属性或部分尽管隶属于实体或整体，并不能因此就认为属性和部分不实。现象界（小我）虽非虚空，但也仅仅是限定最高实体的属性或部分，事物的最高实体是不二的梵。“二元论”认为，梵虽是根本，但与小我不同一，两者是分离的。它们都实在，是二元的关系。

六派哲学的思想在印度哲学史上占有主导地位，在近现代印度思想界仍然有重要影响，特别是吠檀多派的理论在当代印度思想界依然是主流传统哲学。

在古代，印度六派哲学的思想也随佛教传入中国。汉文佛典中有大量佛教对这些派别思想的转述或破斥的内容。中国近现代的学术界也相当重视六派哲学。中国的学术期刊上有不少关于六派哲学的研究论文。很多中国学者在自己的著作中包含对六派哲学的研究成果，如黄忏华的《印度哲学史纲》(1936)、汤用彤的《印度哲学史略》(1960)、黄心川的《印度哲学史》和《印度近现代哲学》(1989)、梁漱溟的《印度哲学概论》(2005)、姚卫群编译的《古印度六派哲学经典》(2005)、孙晶的《印度六派哲学》(2011)。中国高校开设的课程中也有关于六派哲学的内容。

（姚卫群）

Liu Shi

六师 Six Śramaṇa Masters　印度公元前6世纪左右形成的非婆罗门教或反婆罗门教正统思想的六派代表人物。与佛教创始人释迦牟尼同属一个时代。佛教文献中一般称其为“外道六师”。他们是富兰那·迦叶、末伽梨·拘舍罗、阿耆多·翅舍钦婆罗、婆浮陀·伽旃那、散若夷·毗罗梨子、尼乾陀·若提子。六人的活动和思想对古印度历史上形成的非正统派影响极大，构成了印度哲学中极有特色的一些理论形态。

富兰那·迦叶　相传是奴隶之子，曾与佛陀（见释迦牟尼）争论，于佛陀成道后第十六年在舍卫城投水而死。有关他的学说在巴利文《长部·沙门果经》以及汉文《长阿含经》和《杂阿含经》

《六师外道》　中国重庆大足石刻

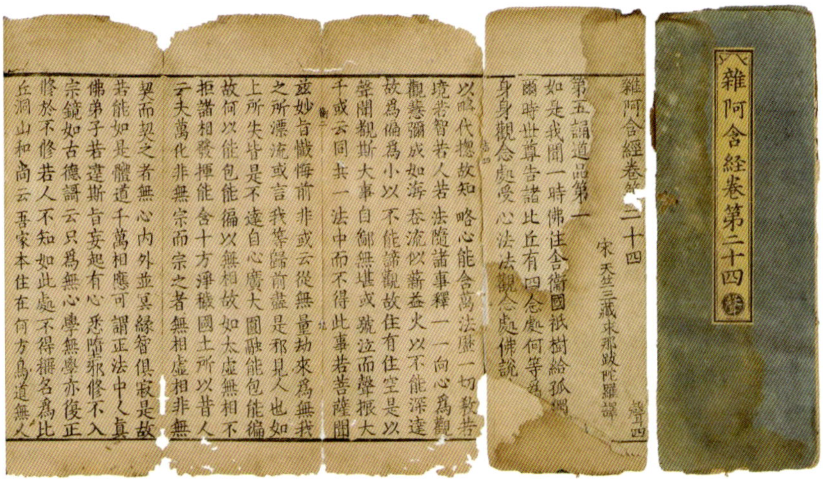
雜阿含經卷第二十四

雜阿含經卷第二十四

宋天竺三藏求那跋陀羅譯

《杂阿含经》宋刻本书影

等佛典中均有记载。

富兰那·迦叶在理论上否定善恶报应之说。他认为，人如果做坏事并不生恶（无恶报），人如果做好事也不生善（无善报）。他的这种否定善恶报应的观念，与其对世间中存在的因果关系的否定有关联。

末伽梨·拘舍罗 与耆那教的创立者尼乾陀·若提子是同时代人，二者曾在一起活动，后因观点产生分歧而分手。

关于末伽梨·拘舍罗的主张，在《长阿含经》中有较为明确的记载。该经卷十七中记述他的观点："无施无与，无祭祀，法亦无善恶，无善恶报，无有今世，亦无后世。"《杂阿含经》卷五和卷三十五中也有对其情况的记载。末伽梨·拘舍罗认为，世间事物是由其命运环境或自然本性变化而来的。人自身对这些都无能为力，人的生活也不受任何特别的因的支配。

末伽梨·拘舍罗的主张在史料中常常与"六师"中的其他一些思想家相混杂。他与富兰那·迦叶和婆浮陀·伽旃那同被看作是生活派的早期思想家。但通常认为早期生活派的思想以末伽梨·拘舍罗的学说为主。许多人都把末伽梨·拘舍罗视为生活派的创始人。

阿耆多·翅舍钦婆罗 印度古代哲学派别顺世论的重要代表人物。有关他的生平及活动的系统文献虽然没有保存下来，但记述他及其他顺世论者学说的零散材料却不少。如巴利文《长部·沙门果经》，汉译《长阿含经》、《大毗婆沙论》等。

在印度和中国保存的有关顺世论的史料中，多数都未明确区分阿耆多·翅舍钦婆罗与其他顺世论者的思想，因此要确定阿耆多·翅舍钦婆罗的思想不能完全依赖史料中有关顺世论的一般性记载。明确记载阿耆多·翅舍钦婆罗思想的文献多存在阿含类经典或巴利文的《长部·沙门果经》中。

关于阿耆多·翅舍钦婆罗的思想，据《长阿含经》卷十七，他认为"受四大人取命终者，地大还归地，水还归水，火还归火，风还归风，皆悉坏败。诸根归空。若人死时，床舆举身置于冢间，火烧其骨如鸽色，或变为灰土。若愚若智取命终者，皆悉坏败，为断灭法"。这种"四大"之说是阿耆多·翅舍钦婆罗的基础理论。在这一理论之上，阿耆多·翅舍钦婆罗认为布施、祭祀、供奉等没有意义，没有天堂、地狱等。这些理论都是基于"四大"的理论。

阿耆多·翅舍钦婆罗不是顺世论的最早代表，却是较早明确提出顺世论思想的代表人物。仅就巴利文《长部·沙门果经》和汉文阿含类经的材料来说，并没有把顺世论的主要理论全部包括在内，如顺世论关于意识与物质关系的理论，关于享乐的理论等在佛教的一些文献中没有完全展现，但在后世的一些印度教文献中（如《摄一切悉檀》和《摄一切见论》），有关对顺世论思想的转述材料则有明确的记述。只是这些材料并没有明确标出属于阿耆多·翅舍钦婆罗的观点。

婆浮陀·伽旃那 生平情况不详。《杂阿含经》卷五中也是将其与其他外道诸师相提并论，记述他也有"五百弟子前后围绕"。

婆浮陀·伽旃那主张一种"七身"的理论。巴利文《长部·沙门果经》中曾记述他在这方面的主张。《杂阿含经》卷七中的一些内容与《长部、沙门果经》的记述相似。他实际上提出了一种"七要素"理论，认为世间事物或现象是由这些要素构成的。

婆浮陀·伽旃那也否定人生现象的因果关系。这种否定善恶因果报应的思想在"六师"中是比较流行的。

婆浮陀·伽旃那的理论与末伽梨·拘舍罗的理论极为接近。两人的观点在佛典中常被混杂。他们虽都属生活派的早期思想家，但末伽梨·拘舍罗的理论一般认为代表了生活派的正统，而婆浮陀·伽旃那的理论则被一些学者看作生活派中的异流。

散若夷·毗罗梨子 与佛陀大致为同时代人，记述其生平的资料不多。《杂阿含经》卷五中也谈到他有"五百弟子前后围绕"。相传佛陀的两个大弟子舍利弗和目犍连原为他的弟子。这两人后与原属散若夷·毗罗梨子的许多信徒一起改信佛教。

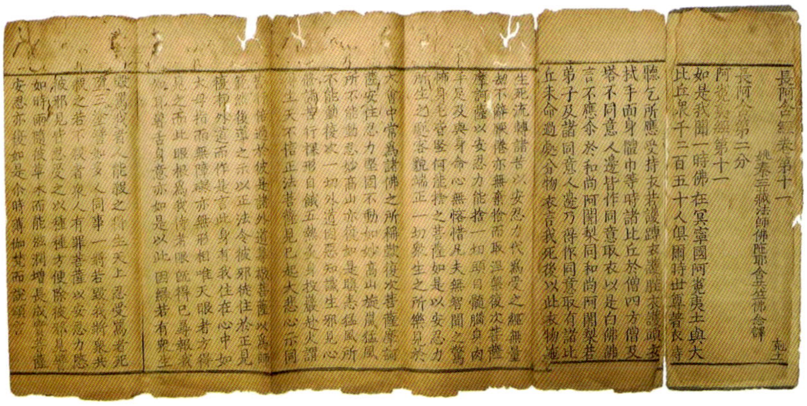
長阿含經卷第十一

《长阿含经》宋元间旧刻明初补刊本书影

关于散若夷·毗罗梨子的主张，在巴利文材料和汉文材料中都有记述。他的一些思想与佛教有接近之处。如巴利文的《长部·沙门果经》中记述他的观点："若你问我是否有他世？若我认为有他世，我会告诉你有他世。但我不说是这样，不说是那样，不说是别样。我不说不是如此，也不说非不是如此。"在问到有无善恶果报、如来死后存不存在等问题时，他基本上也是不作明确回答，以表明不可能进行非此即彼或明确的判断。这与佛教中的"十无记"或"十四无记"之说类似。《长阿含经》卷十七中也曾记述他在这方面的观念，当时有人问他：人的一般行为和修道等是否有果报？他回答"现有沙门果报"、"现无沙门果报"、"现有无沙门果报"、"现非有非无沙门果报"。这实际表明了他对当时通行的一些认识或判断的完全正确性表示怀疑。这在当时兴起的非婆罗门教或反婆罗门教思潮中也是一种流行的做法。

尼乾陀·若提子　印度耆那教的主要创始人。本名为筏驮摩那，成道后被信徒尊称"大雄"。尼乾陀·若提子于公元前6世纪左右生于毗舍离（即吠舍离），属刹帝利种姓。

尼乾陀·若提子的思想主要是反对杀生和主张善恶有报。巴利文和汉文佛典对此皆有记载。

在印度思想史上的作用　古印度历史上一般占主导地位的思想是婆罗门教的理论，即所谓正统派的学说。而"六师"则是在公元前6世纪左右产生的非婆罗门教或反婆罗门教思潮中起较大作用的一些思想家。"六师"的理论对印度历史上形成"非正统派"起了重要作用。"六师"提出的思想许多是直接否定婆罗门教的主流观念的。如"六师"中的阿耆多·翅舍钦婆罗的"四大"理论和婆浮陀·伽旃那的"七身"理论等均否定了婆罗门教的梵一元论的思想，否定事物来自梵或神一类本体或主宰者，认为世间事物由多种要素组成。这对后世印度思想史上有重要影响的"积聚说"等世界形成理论的出现有促进作用。"六师"中不少人否定善恶因果、业报轮回、灵魂转世等，体现了在当时下层民众中流行的一些观念。这些观念在历史上形成的主要代表就是顺世论，对婆罗门教等宗教中各种流行的信条进行了大胆的批判，促成了古代历史上一些科学思想的萌芽及发展。

在中国的传播和影响　由于"六师"的产生年代与佛教产生年代相近，而且他们与早期佛教僧团来往较多，因而在涉及早期佛教的文献中常常被提及。这些文献传入中国，并翻译成汉文。因此，中国佛教界很早就对"六师"有所了解。汉文佛典中破斥或谈到"外道"时经常提及"六师"，把其作为佛陀时代的主要或典型的"外道"。

中国近现代，一些学者对"六师"有更深入的了解和研究，例如黄心川在专著《印度哲学史》(1989)中，设有专门章节对"六师"的起源、文献、人物传承关系、思想理论等进行了详尽的论述。中国学者还发表有专门研究"六师"思想的学术论文。中国高等院校开设的印度宗教哲学的课程中亦有关于"六师"的内容。

（姚卫群）

liushier jian

六十二见　佛教概念。"见"，梵语为darśana，意为"看法"、"意见"、"观点"，引申而为"教义"、"哲学思想体系"。佛教使用此字，多含贬义，指所谓外道的错误见解。"见"有多少，诸说不一。"六十二见"为其中一说。至于六十二见的具体所指，各经典亦有不同，总之，是它们在诸多重要问题上与佛教观点相左，如人和世界是否永恒，世界是否有边，自我和世界是否有因，人死后有想无想等。《阿含经·梵动经》和《大品般若经·佛母品》等经文中于此详有论列。

（葛维钧）

Liuyan Fanbai

《六言梵呗》　*Six-character-line Paṭhaka*　中国古代佛教颂歌。东晋高僧支昙籥创作。据慧皎《高僧传》卷十三《支昙籥传》，支昙籥本月氏人，寓居建业（今江苏南京），晋孝武帝初年（373）奉敕入住建初寺。孝武帝从其受五戒，敬以师礼。支昙籥擅长梵语音韵学和音乐，其《六言梵呗》超越了中国此前创作的梵呗，为后世所宗习。

（薛克翘）

liuzhi yujiafa

六支瑜伽法　sbor drug　中国藏传佛教觉囊派的主要修行仪轨。每位觉囊派僧人都闭关3年专门修炼。六支瑜伽法分别为收摄、禅定、受命、持气、集中和三摩地。收摄是把修炼者的心灵从外在尘世中收摄回来，完全地进入三空境界；禅定帮助修炼者将心灵提升到永恒喜悦宁静的境界；受命使修炼者将全身风息引入中脉，并运用宝瓶气将风息固定在中脉中，不让其流向左右二脉，在静坐中得到自然的喜悦；持气也称持风，修炼此法，修炼者能够调和神经系统，控制生命能量；集中又称随念，它使修炼者的心灵专注于一处并与宇宙连

觉囊派寺院——中国西藏阿坝赛格寺

接，得到源源不断的能量；三摩地将修炼者的空色（身）与大乐（心）融成一味，并进入乐空双运的定境。

（尕藏加）

liuzi zhenyan

六字真言 由梵语6个音节组成、翻译为6个汉字的神秘咒语。原文是梵文om maõi padme hum。翻译为汉语是“唵嘛呢叭咪吽”。原文的含义是：“唵，摩尼宝在莲花中，吽！”法国学者R.萨耶说：“六字真言或六字大明咒，特别被用于观世音的仪轨与禅定修习中。传授这种禅定或灌顶，是一种赋予神通力的仪轨，这种做法在藏传佛教中变得非常司空见惯了。”

据五世达赖喇嘛·阿旺罗桑嘉措的《西藏王臣记》记载，远在松赞干布之前，写有六字真言的佛经《佛说大乘庄严宝王经》就已经从天而降了；而到松赞干布时，普贤菩萨亲降甘露为松赞干布沐浴，阿弥陀佛亲手为他灌顶，于是他有了弘扬佛法的愿望，并看见路上自然出现了六字真言，那“六字真言放出五色灿烂的彩虹”。这显然是一段历史传说，突出的是六字真言的神奇效应，间接说明了它在藏族聚居区的流行。

在7世纪成书、8世纪译为汉语的《大日经·真言品》说：“真陀摩尼珠，住于白莲上。”这里的真陀摩尼珠就是如意宝珠或如意宝，梵文cinta-maõi。如意宝珠住于白莲上，与六字真言的意思已经很接近了。《佛说大乘庄严宝王经》的汉译本（4卷）是北宋初期天息灾翻译的。其第四卷提到了“六字大明”或“六字大明陀罗尼”，并说是观世音菩萨所说，其汉译为“唵么抳钵讷铭吽”，实为七个汉字，原因是“讷铭”二字须作为一个音节拼读，即所谓“二合”，因此与藏传密教六字真言的汉译

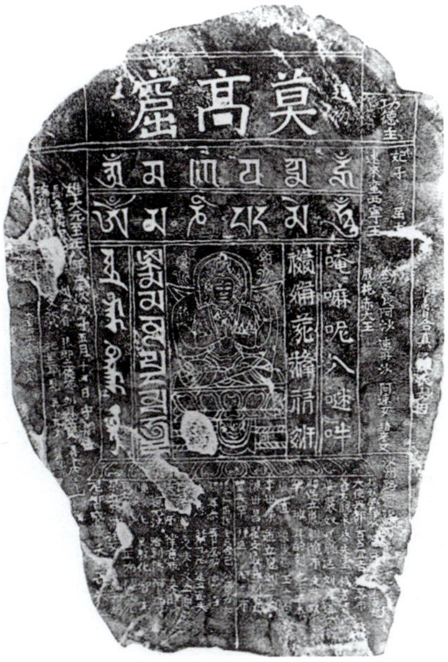

中国元代用6种文字刻的六字真言碑

不同。汉传密教的这一“六字大明”并没有在民间普及，而藏传密教的六字真言从元代开始在民间得以流传。如杭州飞来峰第33龛外侧上部即刻有梵汉合璧的六字真言，是江南现存的最早实物佐证。至明代，六字真言已为人熟知，神魔小说《西游记》中便说到六字真言。至今，六字真言更是家喻户晓。

（薛克翘）

Liuzu Lun

六足论 Ṣaṭ-pāda-śāstra 印度佛教说一切有部所依六部论书的合称。包括《阿毗达磨集异门足论》、《阿毗达磨法蕴足论》、《施设论》、《阿毗达磨识身足论》、《阿毗达磨界身足论》、《阿毗达磨品类足论》。

六足论与《发智论》同为有部的根本论书。据《俱舍论光记》，《发智论》法门最广，六足义门稍少，因此后代论师说六为足、《发智》为身，二者并称“一身六足”。另外，六足论在《大智度论》中被称为六分阿毗昙，相传

藏文六字真言石刻

前三为佛在世时所造，后三为佛灭后100～400年的作品。但实际上诸论的成书年代很难界定，佛在世时可能已经出现部分论母，但成规模的作品可能是公元前2世纪之后的数百年间逐渐成立。现在普遍认为六足论中的前两部是最早的，因为它们体现了与经藏最密切的联系，属于从经藏脱胎而出的初期阿毗达磨；后3部继之，因其愈发展现出形式上的独立性和教理的成熟性；《识身足论》为最晚出，因其已经体现出对不同部派间教理差异的认识。六论皆收于《大正藏》第26册。

《集异门足论》，玄奘译于唐显庆五年至龙朔三年（660～663，T1536），题为舍利弗所作，但是称友的梵文《俱舍释论》传为摩诃拘希罗所作。有梵文残片出土。汉译共20卷，分为12品，第一缘起品指出舍利子代佛陀结集、造论之因缘，最后劝赞品明示佛陀之印可，中间十品是按照一法、二法乃至十法的次序，对长阿含《众集经》所作的注释，因此属于与经藏关联尚深的最初期阿毗达磨。

《法蕴足论》，玄奘译于显庆四年（T1537），题为大目犍连所作，但称友及藏传皆为舍利弗作。梵文残片由S.森古普塔于1975年、S.迪茨于1984年校订出版。汉译本共12卷，全文八千颂，分21品，每品以经文为首，依经作论。前15品解说三十七菩提分法，为原始佛教重要的教法之集合；后6品解说根、处、蕴、界及其关系，涉及更抽象的论题，为后期阿毗达磨发了先声。该论所包含的三无为、心所法、心不相应行法、无表业、九十八随眠、三世实有等概念及有部特色的论义，应为后世所添加，因此该论虽属早期论书，也应历经长期编辑修改而后作成。

《施设论》，《俱舍论光记》传为大迦旃延所作，但《大智度论》及称友传为大目犍连作。该论至北宋才由法护等人译出（T1538），但该汉译七卷本其实是原论的节译，只包含《因施设》一品，而藏译本另包含《世间施设》及《业施设》。据《大智度论》，该论是对长阿含《楼炭经》的发挥。该论包罗万象，对阿毗达磨宇宙观、世界观有详尽的论述，因此受到有部的重视。

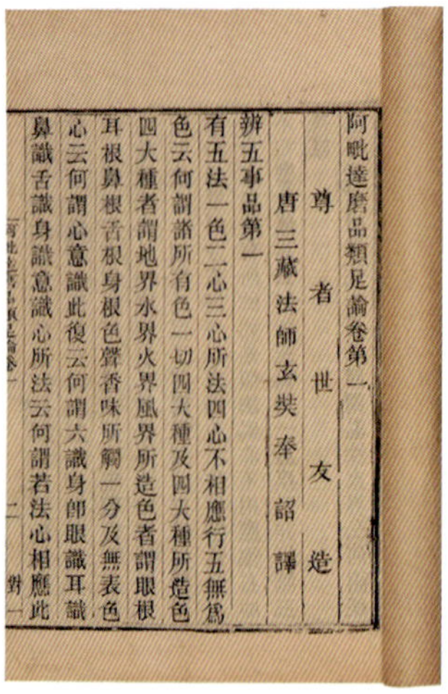
阿毗達磨品類足論卷第一
尊者世友造
唐三藏法師玄奘奉詔譯
辯五事品第一
有五法一色二心三心所法四心不相應行五無爲
色云何謂諸所有色一切四大種及四大種所造色
四大種者謂地界水界火界風界所造色者謂眼根
耳根鼻根舌根身根色聲香味所觸一分及無表色
心云何謂心意識此復云何謂六識身即眼識耳識
鼻識舌識身識意識心所法云何謂若法心相應此

《阿毗达磨品类足论》清刻本书影

《识身足论》，提婆设摩作，玄奘译于贞观二十三年（649，T1539）。共16卷6品。第一品便评破目犍连的过去未来法无体、现在法有体之论义，似是针对上座分别论者，树立有部三世实有的标志性教义；第二品评破补特伽罗论者的有我说，似是针对犊子部。第三至第六品转而针对心识的生灭、作用而发论，围绕六识论述四缘，显示有部我空法有之说。

《界身足论》，玄奘译于龙朔三年（T1540），传为世友所作，但称友传为富楼那作。共3卷1分为两品。第一《本事品》解说14组概念，包括十大地法、十大烦恼地法、十小烦恼地法、五烦恼、五触、五根、五法、六识身、六触身、六受身、六想身、六思身、六爱身。第二《分别品》开列八十八法门，进一步讨论第一品中的九十一心所与五根、六识、无惭无愧之间相应与不相应的关系，并讨论蕴、处、界与各心所间的关系。另外，该论与《品类足论》第四辩七事品有相似的形式和内容，谁为后出尚存争议。

《品类足论》，玄奘译于显庆五年（T1542），传为世友所作，《大智度论》传说世友仅作其中4品，其余4品由罽宾论师作。有梵文残片存世。全论的异译本有刘宋求那跋陀罗的《众事分阿毗昙论》（T1541），该论第一《辩五事品》又称《五事论》，汉译本有安世高所译《阿毗昙五法行经》（T1557）和唐法成所译的《萨婆多宗五事论》（T1556）。另有玄奘译法救的注释《五事论毗婆沙论》（T1555）。《品类足论》共18卷。分为8品。第一《辩五事品》详解色、心、心所、心不相应行及无为五事；第二《辩诸智品》解说十智；第三《辩诸处品》解说十二处；第四《辩七事品》解说十八界等七组概念，与《界身足论》内容相似；第五《辩随眠品》详解九十八随眠；第六《辩摄等品》、第七《辩千问品》、第八《辩抉择品》，分别依一百八十二法门、十八法门、三十三法门解说诸法。该论总合了其他五论的法义，《发智论》将其列为六足论之首，是六足论中最为成熟者。

（赵菲）

Liuzu Tanjing

《六祖坛经》 佛教经典。即《六祖大师法宝坛经》。为禅宗六祖慧能在韶州大梵寺的一座坛上为大众所讲之法，由弟子法海记录，故称《坛经》。慧能（638～713），或作惠能，俗姓卢，嗣法于五祖弘忍，为禅宗六祖。由于慧能本人备受后人尊崇，其教法影响深远，这部讲法记录被尊奉为“经”。该经记述了慧能一生得法、传教的言行事迹和禅法体系，是南宗禅的基本文献，也是中国禅宗的重要经典。

现今可见的《坛经》版本有十余种之多，最主要者包括敦煌本、惠昕本、曹溪原本、宗宝本等，其中以敦煌本最古，以宗宝本最为流行。敦煌本全称《南宗顿教最上大乘摩诃般若波罗蜜经六祖慧能大师于韶州大梵寺施法坛经一卷，兼授无相戒弘法弟子法海集记》，为一卷本，收于《大正藏》第2007号。惠昕本又称宋本，由惠昕改编而成，为两卷本，内容上比敦煌本详细。曹溪原本又称契嵩本，由契嵩编成，与敦煌本及惠昕本有明显差别，增加了“参请机缘”及“唐朝征召”两部分，内容上也更为详细，或多系后人增补。另有德异本，实属曹溪原本的翻版。宗宝本称《六祖大师法宝坛经》，不分卷，依照曹溪原本编成，题为“风旛报恩光孝禅寺住持嗣祖比丘宗宝编”，将《坛经》全文分作十个部分，正文前有德异的序、契嵩的赞，文末有宗宝所作跋，收于《大正藏》第2008号。

《坛经》版本各有不同，加以比对可以发现，后人对原本进行了不断的整理，以使行文尽量顺畅，表述尽量清楚，并在读者不易明白之处按照自家的理解加以修订。《坛经》的文字通俗明了，生动活泼，有很强的阅读性，不同于其他宗派所尊崇的大部分佛教经论那样偏重义理的、严肃细密的教化方式。其内容包括慧能自述生平、讲说禅法，以及后来慧能与弟子间的问答和圆寂付嘱等事，历来受到佛教内外的广泛重视。南宗禅的纲目核心即由《坛经》确定下来，之后禅宗各分支不断发展，皆以《坛经》中的禅法为基础。

《坛经》虽然简短，但内容丰富精当。全书第一部分为慧能讲述自己学佛、作偈、得五祖弘忍传法、南行等经历，其著名的“菩提本无树，明镜亦非台，本来无一物，何处惹尘埃”偈，便是出于这一部分。其后为讲解禅法部分。在修行的理论基础方面，慧能认为众生自有清净法身，只不过因执着于外境而被

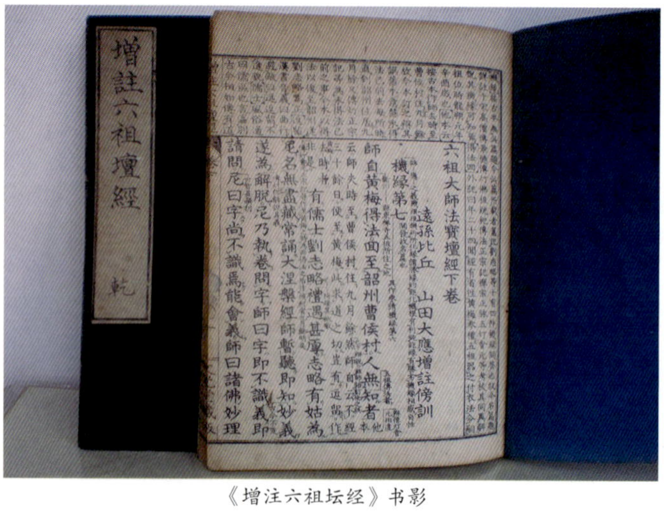

《增注六祖坛经》书影

妄念所蒙盖，因而提倡"明心见性"的修行方式，所谓"自性迷即是众生，自性觉即是佛"，修行者应向自性内努力，认清自己的清净本性，而非向外寻求。"见性成佛"，即"自见本性清净，自修自行，自成佛道"。而如果能生起这真正的般若观照，便可在一刹那之间消灭妄念，达到觉悟，所以"前念迷即凡夫，后念悟即佛；前念着境即烦恼，后念离境即菩提"，即"顿悟成佛"。在修行的具体实践方面，与一般的先定后慧的修行方式不同，慧能主张定、慧等学，并无先后，定是慧之体，慧是定之用，二者如同灯与光，如果强行分别先后，便是过分地执着于事相，使心与行不能一致，因此《坛经》提倡要心行一致，内外一如，定慧等学。其修行法门以"无念为宗，无相为体，无住为本"：无念并非百物不思，而是要使自己的心念对外境不加执着；无相即远离一切相，便自然法体清净；无住即念念不住，每一念都不再执取前念，不让自己的心念因相续执着而被系缚。所以，无论行住坐卧，只要"常行一直心"，便无时不在修行。慧能强调修行之道要通流，心不可执着，道不可滞碍，"于六尘中无染无杂，来去自由，通用无滞"，因而俗世之中亦可修行，即所谓"佛法在世间，不离世间觉，离世觅菩提，恰如求兔角。"

关于《坛经》作者的问题，胡适基于《神会语录》与《坛经》的比对，认为《坛经》的实际作者并非慧能，而是其弟子荷泽神会。此后各国学者一直争论不断，大体上倾向于认为《坛经》一方面有后人增补的成分在内，另一方面也确实展现了慧能的思想体系。

（陈帅）

longhuahui

龙华会 佛教界于农历四月初八举行的法事活动。宗懔《荆楚岁时记》记载："四月八日，诸寺各设斋，以五色香汤浴佛，共作龙华会，以为弥勒下生之征也。"弥勒被认为是未来佛，事见《弥勒下生经》等佛教文献。作龙华会亦因传说弥勒成道于龙华树下，并在龙华林举行三次法会，广度众生。

（薛克翘）

Longmen Shiku

龙门石窟 Longmen Caves 中国佛教石窟。位于河南省洛阳市城南13千米处的龙门口。与敦煌石窟、云冈石窟并为中国三大石窟。约从北魏太和十七年(493)开始，利用西山天然洞穴凿龛造像。以后东魏、西魏、北齐、隋、唐诸朝又在东、西两山峭壁继续营造，最终形成南北长达1千米的石窟群。现有编号窟龛2 345个，造像10万躯，浮雕石塔40多座，碑刻题记2 780品。窟区还有众多佛寺，现存清代重建的香山寺。另有唐代的奉先寺和香山寺遗址，以及白居易墓等。1961年国务院公布龙门石窟为第一批全国重点文物保护单位。2000年作为文化遗产被列入《世界遗产名录》。

龙门石窟宾阳三洞之中洞

开凿历史 北魏孝文帝迁都洛阳前，西山古阳洞已在雕凿龛像。迁洛后，皇室开窟造像活动由平城（今山西大同）转移到洛阳龙门。据《魏书·释老志》记载，景明初于洛南伊阙山为高祖（孝文帝）和文昭皇太后营造石窟二所，永平年间(508～512)为世宗造石窟一所，此即龙门西山的宾阳三洞。至神龟、正光之际，以孝明帝、胡太后为首的北魏统治集团竞相在洛阳大造佛寺，龙门石窟的开凿也达到鼎盛。孝昌以后皇室衰微。至北魏分裂，洛阳沦为东魏、西魏和北齐、北周争霸的战场，大规模的开窟工程中断，只有零星补凿的小龛像。直至唐初太宗和高宗时，龙门开窟再兴。尤其是高宗显庆二年(657)置东都后，高宗、武则天长期留居东都，龙门开窟造像达到高潮。玄宗天宝后，洛阳为安史之乱军所占，石窟开凿基本终止。

北魏洞窟 龙门魏窟承袭云冈北魏洞窟形成和发展。窟形主要有仿云冈昙曜五窟的马蹄形窟，窟内主尊造像较云冈小，增加了窟内礼佛的空间。还有方形的三壁三龛式窟，圆形或圆角方形的三壁设坛式窟和纵长方形窟。少数洞窟外面雕出屋脊、瓦垅等仿木建筑窟檐，或雕出火焰尖拱门楣，是云冈石窟完整仿木窟檐的简化形式。穹窿顶上一般都雕一朵大莲花，周围环绕细腰长裙、飘逸自如的伎乐飞天，有祥云烘托，象征着天穹。一些洞窟的地面也刻有以莲花为母题的装饰图案。各大窟内有大量小

龙门石窟

卢舍那大佛像　龙门石窟

龛，形制多样，有方形龛、圆拱龛、屋形龛、帐形龛和盝顶龛等基本龛形，以及2或3种龛形糅合在一起的新龛形。龛楣雕刻华丽，由龙凤、鹿、饕餮、童子、忍冬纹、火焰纹、连珠纹、垂幔、流苏等组成变幻无穷的装饰图案。楣面还雕刻七佛、佛本行故事、维摩文殊说法和飞天等。

主尊造像题材流行释迦和交脚弥勒菩萨，以及表现佛法传承的三世佛和表现《法华经》题材的释迦多宝二佛并坐说法。还有无量寿佛、观世音菩萨和定光佛等，但比较少见。窟内壁面雕有连环画式的佛传、本生和因缘故事，以及供养人像和大型帝后礼佛图等。盛行维摩居士和**文殊菩萨**问答题材，一般占据龛外两侧上方显要位置，反映出当时《法华经》、《弥勒上生经》和《**维摩诘经**》等佛典的流行。出现帝后礼佛图，反映出当时帝王臣僚热烈崇佛。主尊造像的配置主要有一佛二菩萨或一交脚弥勒菩萨二菩萨组成的“三身式”，一佛二弟子二菩萨组成的“五身式”，一佛二弟子二菩萨二力士组成的“七身式”。造像样式前后有明显变化。迁洛前后开凿的古阳洞部分龛像，佛像和菩萨肩宽体壮，佛身着袒右式袈裟，菩萨斜披络腋，保留了云冈早期造型和服饰的旧样式。宣武帝景明以后旧样式消失，古阳洞出现面容清瘦，双肩下削，身姿纤细的“秀骨清像”形象，成为流行的新样式。此时佛像身穿汉族士大夫的褒衣博带式大衣，衣褶层叠稠密，披覆于佛座前。菩萨身披宽博的披巾，于腹部交叉或交叉穿环。这些皆来源于南朝雕塑艺术的影响，符合中原汉民族的审美情趣。流行石窟造像新样式，是拓跋鲜卑模拟南朝制度、进一步推行汉化政策的表现。

这一时期营造的洞窟主要有古阳洞、莲花洞、宾阳中洞、火烧洞、魏字洞、皇甫公窟等。古阳洞是龙门开凿最早、内容最丰富的大窟，为天然洞穴经修整开凿而成。窟后部雕一佛二胁侍菩萨像，主尊**释迦牟尼**有高肉髻，面相长圆，身着褒衣博带式大衣，结跏趺坐于长方形台座上。菩萨头戴花蔓冠，脸庞清秀，面含微笑，颈下戴桃尖形项圈，双肩敷搭披巾和璎珞，含胸挺腹，姿态优美。这铺造像开创了龙门魏窟造像的新风尚。窟内左右壁各有三层大龛，窟顶和四壁雕满小龛。大小龛像多有施主造像发愿文，著名的龙门二十品有十九品就在古阳洞。宾阳三洞是龙门最典型的魏窟，为宣武帝所凿。其中南、北二洞在北魏时工程中辍。完工的宾阳中洞窟门两侧雕方柱，双龙交缠呈圆拱门梁，上饰火焰尖拱门楣。门外两侧各开一龛，龛内雕力士像。门甬道南侧浮雕大梵天，北侧浮雕帝释天。窟内主尊为三世佛，正壁雕一佛二弟子二菩萨，侧壁各雕一佛二菩萨。前壁自上而下雕文殊维摩对坐说法、萨埵太子本生、大型帝后礼佛图及十神王，其中礼佛图被盗往国外。窟顶雕成天幕形式，正中为大莲花，周绕飞天及垂幔。皇甫公窟为胡太后之舅皇甫度所开凿，完工于孝昌三年（527），是龙门魏窟唯一有纪年的洞窟。正壁龛雕一佛二弟子二菩萨二思维菩萨，南壁龛雕弥勒菩萨，北壁雕释迦多宝佛。龛下均有精美的礼佛图。窟顶雕大莲花和手持乐器凌空飞舞的八身伎乐天。

唐代洞窟　唐代洞窟在北朝洞窟的基础上有新发展。流行圆形或圆角方形的列像窟，新出现平面作横长方形的洞

普贤菩萨像　龙门石窟奉先寺

金刚力士像　龙门石窟

龙门石窟莲花洞

窟。窟顶一般为穹窿顶，也有平顶、覆斗顶和券顶。洞窟外观的处理较为简略，不见北魏时流行的仿木建筑窟檐或火焰尖拱门楣，往往在窟门正上方雕出造像碑或题额，如“北市丝行像龛”、“明儒州家功德”、“北市采帛行净土堂”等，即为表明开凿者身份和造像内容的题额。除列像窟外，摩崖大佛龛也颇具特色，如奉先寺和摩崖三佛龛突破了窟室的局限，直接依崖造像。此外，还有供僧人禅修的禅窟和瘗埋亡者的瘗窟。

唐代造像内容丰富，除原有的释迦佛和三佛组合外，反映佛教各宗派的题材明显增多。如许多洞窟以净土宗供奉的西方阿弥陀佛为主尊，净土洞左右壁甚至出现《观无量寿佛经》中“九品往生”经变画。单身观世音菩萨龛也较多见。还有与华严宗有关的奉先寺卢舍那佛，与密宗有关的擂鼓洞大日如来像、万佛沟千手千眼观音和四臂八臂观音像，与禅宗有关的大力五佛洞和看经寺传法祖师像，与三阶教有关的地藏菩萨等。这些题材反映了当时佛教宗派林立，在洛阳地区广泛流行的背景。这一时期，主尊造像的配置主要流行一佛二弟子二菩萨二天王二力士组成的“九身式”。唐代是佛教造像艺术发展的巅峰期，侧重于表现人物丰满圆润的肌体，优美健硕的身姿，具有浓厚的写实意味。佛、菩萨等均面相浑圆，宽肩细腰，肢体丰满健美。尤其是菩萨造型，双肩略宽，胸部和腹肌微微鼓起，下身穿紧贴臀部和双腿的长裙，整个身体扭成三道弯，显得婀娜多姿，妩媚动人。此种造型与唐代以丰腴为美的审美观不无关系。

这一时期的主要洞窟有药方洞、宾阳南洞、宾阳北洞、潜溪寺、奉先寺、万佛洞等几十处。宾阳南洞于唐代继续造像。正壁坛上一佛二弟子二菩萨大像是魏王李泰为生母长孙皇后做功德而造。这组造像上承北朝晚期造像艺术的风韵，具有典型的初唐时期质朴的艺术风格。主尊阿弥陀佛面相圆满，神情庄严，内着僧祇支，外披双领下垂式袈裟，裙裾披覆于座，手施说法印，结跏趺坐于束腰须弥座上，身后有火焰大背光。弟子像形体较小，为一老一少形象，身披袈裟，双手合十，神情谦恭。菩萨头戴高花蔓冠，面相丰圆，颈下戴项圈，身披披帛和连珠纹璎珞，下身着百褶长裙，身体呈直筒状，立于莲台上。奉先寺在唐代称“大卢舍那像龛”，是唐高宗主持修造，武则天皇后出脂粉钱二万贯助营而成。此龛辟山而造，为摩崖敞口式，平面呈倒凹字形。龛前三壁设坛基，坛上正壁雕高达17.14米的大卢舍那佛，两侧依次雕二弟子二菩萨二天王二力士。整组群雕布局严谨，主次分明，气势磅礴，是龙门规模最大、最典型的精品。

碑刻题记　龙门是中国石窟题记最多的石窟，其中有纪年者700余品。碑刻题记中保存了大量北魏、唐代皇室和臣僚的造像功德记。著名的有北魏安定王元燮、广川王元略、齐郡王元祐、北海王元祥、辅国将军杨大眼等人的造像题刻，唐代魏王李泰、道王李元庆母、纪王李慎母、中山郡王李隆业、太宗女豫章公主、官吏阿史那忠等人的题刻。此外还刻有《金刚般若波罗蜜经》、《佛顶尊胜陀罗尼经》等佛教经典，以及药方洞的古药方，外国高僧题名，洛阳北市“采帛行”、“丝行”、“香行社”等商业行会的造像题记等。这些碑刻题记是研究龙门石窟开凿历程、古代医药、佛教宗派、行会制度和中外文化交流的珍贵资料。龙门碑刻还是书法艺术的宝库，以魏碑体的北魏《龙门二十品》最享盛誉，驰名中外。褚遂良所书《伊阙佛龛碑》和开元十年补刻的《大卢舍那像龛》，堪称初唐、盛唐楷书的经典之作。

（李裕群）

Longshu

龙树　Nāgārjuna（约活动于二三世纪）印度古代佛教哲学家，大乘佛教中观派奠基者。由于光阐大乘佛教，所说范

围甚广，而其教义又为后世中国佛教多个宗派所承袭，故被誉为八宗之祖。又译龙猛、龙胜，音译那伽阏剌树那。

生平　据《龙树菩萨传》称，龙树生于南印度，出身婆罗门种姓。婴儿时即已显出异禀，传说成人诵读的四部吠陀经典，他听到便能跟着背诵，并能领会其义。他记忆超群，凡事无须再告。因天资聪颖，领悟迅速，不仅善解婆罗门教经典，对于世间艺能，诸如天文地理、纬图秘谶以及各种道术，同样无不明晓，到十几岁时已因学识渊博而名驰诸国。但自恃聪明绝世，也曾使他一度陷入荒唐，竟与契友数人学会隐身，潜入王宫，侵凌宫娥。虽然为此几至丧命，却也因而悟得“欲为苦本，众祸之根，败德误身，皆由此起”的道理，发誓追

龙树《大智度论》书影

随沙门，出家学法。后入深山，寻得寺院，受戒为僧，先学小乘，并于90日内诵毕三藏。后更至北方雪山，获读老僧赠予的大乘经典。读后虽然明白了根本的义理，十分开怀，但仍觉未能处处圆通，于是又去周游各国，访求更多经典，同时与各种外道和小乘的信仰者进行辩论，一时所向无敌。见到异己者"咸皆摧服"，而所学佛理犹有未能尽善之处，便想自行推演光大，启悟后学，于是心中骄傲，萌生创宗立派之意，打算自制规诫，设计僧服，网罗徒众。有传说称，一位名叫大龙的菩萨见此甚为悯惜，便把他接入海下宫殿，示以众多更加深奥的经典。研读90日后，昔日问题大多通解。离开龙宫后，复返南印度。在那里，他创立学说，讲道弘化，并与势力雄厚的婆罗门教展开斗争。曾有多个神话故事讲述他如何遍谒王廷，以神通或辩才说服王族放弃外道，归信佛教。

关于龙树的结局，所说不一，但暗示他自杀的说法不少。有传说称，某小乘法师对他十分嫉恨。龙树去世前问该法师是否愿意他久留于世，法师坦承："实所不愿。"于是他退入一间空闲的房屋，多日不出。后弟子破门入视，见他已如金蝉脱壳般离去。另一传说来自**玄奘**，称龙树善制长生之药，南憍萨罗国引正王得其妙药，寿至数百。太子无法嗣位，急而求教其母。其母说龙树慈悲为怀，无物不可施舍，不妨向他乞要头颅，以断绝父王的妙药来路。太子前往龙树所居伽蓝，先讲了一番佛祖舍生的本生故事，然后说自己需用头颅，既无从招募而得，又不肯杀害无辜，故来相求。龙树遂用干茅叶自刎，以头相赠。国王闻讯后，果亦命终。此二故事皆表明龙树死于自尽，而当时的南印度也确实处在宗教和政治斗争都很激烈的时代。龙树去世后，南印度多国为他立庙，敬奉如佛。

重要著作及其汉译 通过积极发挥大乘般若"性空"的理论，龙树成为佛教大乘思想史上里程碑式的人物。其著作很多，有千部论主之称，保存在汉译中的约20种，藏译则有118种。最重要的汉译本有：

①《**大智度论**》(T1509)。100卷。**鸠摩罗什**译。为论释当时篇幅最大的经典《大品般若经》而作，且对后世大乘佛教的发展影响很大，故人称论中之王。该论广泛涉及教理、教规、用例、历史、地理、传说等，而引据经籍繁多，如原始佛教、部派佛教的经典和论书，初期大乘的《**法华经**》、《**华严经**》等皆在其列，甚至对**印度教胜论派**思想等亦有论及，不啻为当时的佛教百科全书，为今人研究大乘佛教和古印度文化提供了重要资料。鸠摩罗什考虑汉文崇尚简约，故"裁而略之"，并未将原著全部译出。但据近人研究，汉译还是包含了原经的大部分内容。

②《**十住毗婆沙论**》(T1521)。又名《十住毗婆沙》或《十住论》，17卷，后秦**佛陀耶舍**三藏口诵经文，鸠摩罗什译。该论是《华严经·十地品》的注释(鸠摩罗什称十地为十住)，但并未注释其全品，而仅注释了初地(欢喜地)及第二地(离垢地)的一半。据称其余经文因耶舍不诵，故缺。全书结构为韵文、散文相间，先简述经文大意，而后对其

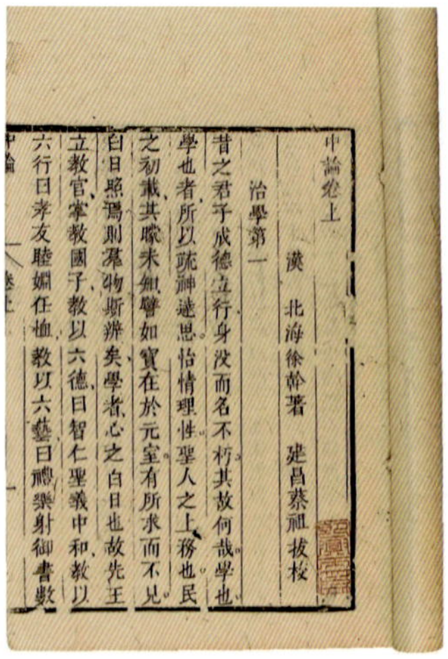
中論卷上
漢 北海徐幹著 建昌蔡祖拔校
治學第一
昔之君子成德立行身沒而名不朽其故何哉學也
學也者所以疏神達思怡情理性聖人之上務也民
之初載其矇未知譬如寶在於元室有所求而不見
白日照焉則羣物斯辨矣學者心之白日也故先王
立教官掌教國子教以六德曰智仁聖義中和教以
六行曰孝友睦婣任恤教以六藝曰禮樂射御書數
中論 卷上 一

龙树《中论》书影

加以引申疏释。该品内容对了解龙树思想具有一定的重要性。

③《**菩提资粮论**》(T1660)。6卷。隋**达摩笈多**译。龙树原书用韵文写成，另有他本人的注释。但注释已亡佚，现只有自在比丘所写的扼要简注。资粮即条件，或特指信徒为了成就菩提所须准备的条件。龙树以般若波罗蜜为最初资粮，其后依次为持戒、忍辱、精进、禅那、方便、愿、力、智，以及慈、悲、喜、舍等。此书对研究菩提心及菩提资粮等很有帮助。

④《**中论**》(T1564)。又称《中观论》、《正观论》。4卷27品。鸠摩罗什译。译本包括龙树原著446颂和青木所作的疏释。这是一部论难性的著作，目的在于对部派小乘佛教及其他学派加以破斥，进而申述自身主张。反映在《中论》中的思想，对于后世大乘佛学的影响很大。旧传该论出后，注疏者达70余家，研习之盛，由此可见。其中较著名的是**清辨**著《般若灯论释》15卷(有唐波罗颇迦罗蜜多罗汉译本，T1566)、安慧著《大乘中观释论》18卷(有宋**惟净**、**法护**译本，T1565)、**无著**著《顺中论》(有北魏般若流支译本，T1565)等。

⑤《**十二门论**》(T1568)。全书共26偈。鸠摩罗什译。该论为《中论》提供纲要，立十二门以解释其根本道理，破斥小乘偏见，并阐发大乘空观学说，亦可视作《中论》的入门书。汉僧为之所作的重要注疏有隋吉藏的《十二门论疏》3卷(或6卷，T1825)、唐**法藏**的《十二门论宗致义记》2卷(T1826)等。

⑥《**回诤论**》(T1631)。1卷72偈，并有作者自注，后魏毗目智仙和**瞿昙流支**译。该论为批评印度教**正理派**理论所作的论难性著作。内容由正理派对于大乘"一切法空无自性"教义的质疑和龙树相应所作的反驳两部分构成。在论破对方观点的过程中，龙树说明了前述教义赖以成立的根据，有力地阐扬了大乘观点。正理派学说长于认识论和逻辑学，而龙树此处所用的破斥论敌的思辨方式，也为研究印度早期逻辑学提供了珍贵资料。本论亦有藏译本。

⑦《**宝行王正论**》(T1656)。1卷5品。陈真谛译。该论为对于统治者的说教，

《杂宝藏经》封面

《罗摩衍那》插图 19世纪上半叶绘

深山。时婆罗陀先在他国，寻召还国，以用为王。然婆罗陀素与二兄和睦恭顺，深存敬让，既还国已，父王已崩，方知己母妄兴废立，远摈二兄，嫌所生母所为非理，不向拜跪。向大母拜，恭敬孝顺，倍胜于常。婆罗陀即将军众至彼山际，留众在后，身自独往。弟白兄言："恐涉道路，逢于贼难，故将兵众，用自防卫，更无余意。愿兄还国，统理国政。"如是殷勤，苦求不已，兄意确然，执志弥固。弟知兄意终不可回，寻即从兄索得革屣，赍还归国，统摄国政。常置革屣于御坐上。日夕朝拜问讯之义，如兄无异。亦常遣人到彼山中，数数请兄。然其二兄，谨遵父敕，不敢违命。其后渐渐年岁已满，感弟情至，遂便还国。既至国已，弟还让位而与于兄。兄不获已，遂还为王。兄弟敦穆，风化大行。道之所被，黎元蒙赖。忠孝所加，人思自劝。奉事孝敬婆罗陀母。虽造大恶，都无怨心。以此忠孝因缘故，风雨以时，五谷丰熟，人无疾疫，阎浮提内，一切人民，炽盛丰满，十倍于常。

三国时吴康僧会译《六度集经》卷五第四十六篇故事，相当于《罗摩衍那》的后一半，几乎是其第三、四、五、六篇的梗概。这个故事与《十奢王缘》具有相同价值。摘编如下：

昔者菩萨为大国王，声动遐迩，靡不叹懿。舅亦为王，处在异国，性贪无耻，以凶为健，兴兵欲夺菩萨国。国王登台，观军情猥，与元后俱委国亡。舅入处国，以贪残为政，戮忠贞，进佞蛊。政苛民困，怨泣相属，思咏旧君。王与元妃处于山林。海有邪龙，好妃光颜，化为梵志。王日采果供养。龙伺王行，盗挟妃去。将还海居，路由两山夹道之径。山有巨鸟，张翼塞径，与龙一战焉。龙为震电，击鸟堕其右翼，遂获还海。王采果还，不见其妃，乃执弓持矢，寻求元妃，睹有荣流，寻极其原，见巨猕猴而致哀恸。猕猴曰："吾与舅氏并肩为王。舅以势强，夺吾众矣。子今何缘翔兹山岨乎？"菩萨答曰："吾与尔其忧齐矣。吾又亡妃，未知所之。"猴曰："子助吾战，复吾士众，为子寻之，终必获矣。"明日猴与舅战，王乃弯弓撝矢，股肱势张。舅遥悚惧，播徊进驰。猴王众反，遂命众曰："人王元妃，迷在斯山。尔等布索。"猴众各行，见鸟病翼，曰："人王亡其正妃，吾等寻之。"鸟曰："龙盗之矣。今在海中大洲之上。"言毕鸟绝。猴王率众，由径临海，忧无以渡。天帝释即化为猕猴，来进曰："今士众之多，其踰海沙。今各复负石杜海，可以为高山，何但通洲而已。"负石功成，众得济度，围洲累沓。龙作毒雾，猴众都病，无不仆地。小猴即以天药，传众鼻中。龙即兴风云，以拥天日，电耀光海勃怒，霹雳震乾动地。霆耀电光，王乃放箭，正破龙胸。龙被射死，猴众称善。小猴开门出妃，天鬼咸喜。二王俱还本山。会舅王死，无有嗣子。臣民奔驰，寻求旧君。哀泣俱还，并获舅国。大赦宽政，民心欣欣。士曰："妇离所天，只行一宿，众有疑望，岂况旬朔乎？还于尔宗，事合古仪。"妃曰："吾虽在秽虫之窟，犹莲华居于污泥。吾言有信，地其坼矣。"言毕地裂。曰："吾信现矣。"王曰："善哉！"夫贞洁者沙门之行。自斯国内，商人让利，士者辞位，豪能忍贱，强不凌弱，王之化也。淫妇改操，危命守贞，欺者尚信，巧伪守真，元妃之化也。佛告诸比丘："时国王者，我身是也。妃者，俱夷是。舅者，调达是。天帝释者，弥勒是也。"菩萨法，忍度无极，行忍辱如是。

以上两段佛经故事合在一起，就构

罗摩和罗什曼那一起寻找被掳走的罗摩之妻悉多 《罗摩衍那》插图

成一部微型《罗摩衍那》，甚至连某些细节都毫无二致。这很可能就是史诗形成初期的基本框架。因为在印度广泛流行，佛教僧人给它加上细节，用以传播佛教义理。汉译佛经无形中起到了保存史诗初貌的重大作用。可以说，这是中国文化对印度文化的一大贡献。据悉，印度知名梵文学者R.维拉在20世纪50年代访华回国后，将这篇小《罗摩衍那》带回印度并做了倒译。

神猴哈奴曼像

中国神话小说《西游记》，在其主人公孙悟空的形象塑造和许多细节上，与《罗摩衍那》有渊源关系。在《西游记》问世前，汉译佛典中已有猴子故事。例如，《六度集经》中的第四十七、五十六等篇也以猴子事迹为主题。《六度集经》中表现的猴王的品格、本领、行事等，继而体现在宋代话本《大唐三藏取经诗话》中的猴行者、猕猴王身上。中国学者普遍认为，该话本乃《西游记》之滥觞。可以说，孙悟空形象的塑造，是借助汉译佛经，远承《罗摩衍那》神猴哈奴曼形象影响的产物。胡适在《西游记考证》一文中表示，《西游记》中写得最为生动的孙悟空，并非国货，而是从印度进口的舶来品。他认为，《罗摩衍那》中的神猴哈奴曼，就是美猴王孙行者的前身，证据是他们两个的神通相仿。因此，他推断孙悟空的产生受到《罗摩衍那》的影响。鲁迅则认为孙悟空是中国的土产。中国学术界因此而长期聚讼纷纭。据陈寅恪考证，玄奘三大弟子故事来自佛经。季羡林认为，连龙王本身也不是国货，而《西游记》中僧魔斗法故事在汉译佛典中俯拾即是。他也力主孙悟空与《罗摩衍那》中哈奴曼的渊源关系。

鲁迅对包括《罗摩衍那》在内的印度古代文学十分推崇。他在1907年写的长文《摩罗诗力说》中称："天竺古有《韦陀》(今通译"吠陀")四种，瑰丽幽夐，称世界大文；其《摩呵波罗多》(今通译《摩诃婆罗多》)暨《罗摩衍那》二赋，亦至美妙。"诗僧苏曼殊在学习梵文并游历印度之后，于1913年发表《燕子龛随笔》，赞美印度史诗《罗摩衍那》、《摩诃婆罗多》"闳丽渊雅"，为"欧洲治文学者视为鸿宝，犹Iliad(《伊利亚特》)、Odyssey(《奥德赛》)二篇之于希腊也。此土向无译述，唯《华严经钞》中有云：《婆罗多书》、《罗摩延书》，是其名称。二诗于欧土早有译本，《婆罗多书》以梵土哆君所译最当，英儒马格斯牟勒(今通译为马克斯·穆勒)序而行之，有见虎一文之咏"。显然，他已认识到梵文两大史诗的巨大价值，并有将它们译成中文的强烈愿望。

1962年3月，孙用翻译的《腊玛延那·玛哈帕腊达》由人民文学出版社出版。"腊玛延那"即"罗摩衍那"，"玛哈帕腊达"即"摩诃婆罗多"。原著为英文诗体节译合印本，译者为R.杜特，亦即苏曼殊所谓"梵土哆君"。孙用译本力图再现史诗颂体，每行16个汉字，每节2行。所译《罗摩衍那》约4 000行，合2 000颂。同年9月，冯金辛、齐光秀合译《罗摩衍那的故事》，由中国青年出版社出版，逾30万言。原著是S.马宗达根据克里蒂巴斯的孟加拉文《罗摩

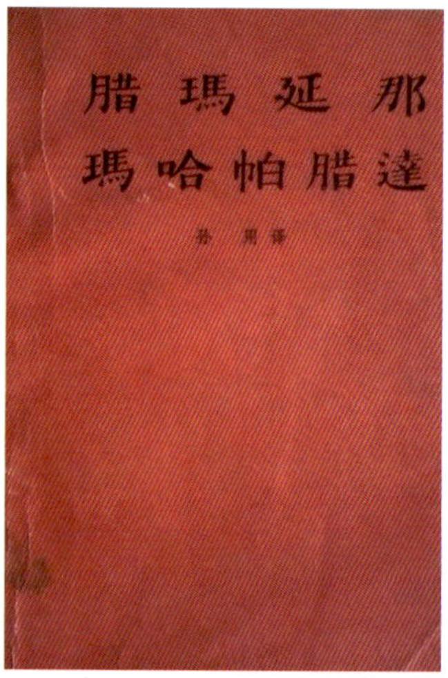

孙用译《腊玛延那·玛哈帕腊达》封面

衍那》改写的。中文版正文前面冠以金克木的介绍性长文《印度的伟大史诗〈罗摩衍那〉》。

1980～1984年，季羡林根据梵文精校本翻译的《罗摩衍那》由人民文学出版社陆续出版。全书7篇，分为8册，近9万行，采用汉语带有民歌风的诗体，并详加注释，因而再现原诗风神。译者从1973年开始动笔，至1983年初整理誊清全书最后一部分的译稿。《罗摩衍那》全译本的出版是中印文化交流史上的一件大事。在翻译过程中，季羡林出版专著《罗摩衍那初探》(1979)，并发表《罗摩衍那在中国》等论文数篇。

《罗摩衍那》不仅在汉地流传，而且在中国的傣族、藏族和蒙古族中也产生了巨大影响。主要生活在云南的傣族，不但一直通过西南丝绸之路与印度保持密切的经贸和文化联系，而且在与东南亚一些国家的交通中也享有地利。在这里，《罗摩衍那》变成了《兰嘎西贺》。在云南的另外一些少数民族中，也流传着不同版本的罗摩故事。在翻译乃至改写罗摩故事时，一些当地流传的故事被添加进来，因而使之具有了地方色彩。西藏在地理、宗教和文化上与印度关系密切，历来就有翻译印度古典文学的传统。西藏学者翻译并改写了《罗摩衍那》。1980年，雄巴·曲旺扎巴在15世纪写的《罗摩衍那颂赞》由四川民族出版社出版。此外，中国

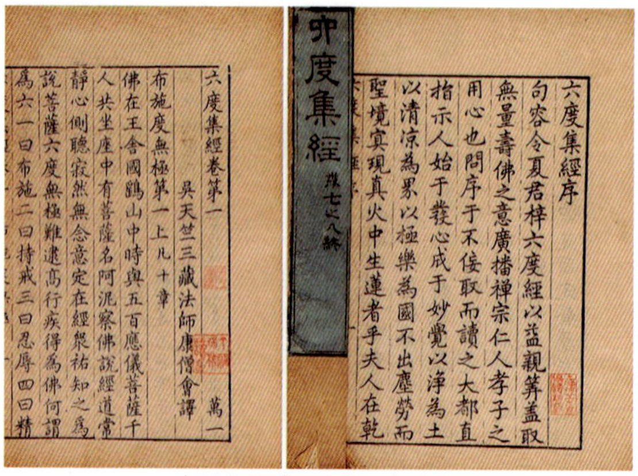

康僧会译《六度集经》书影

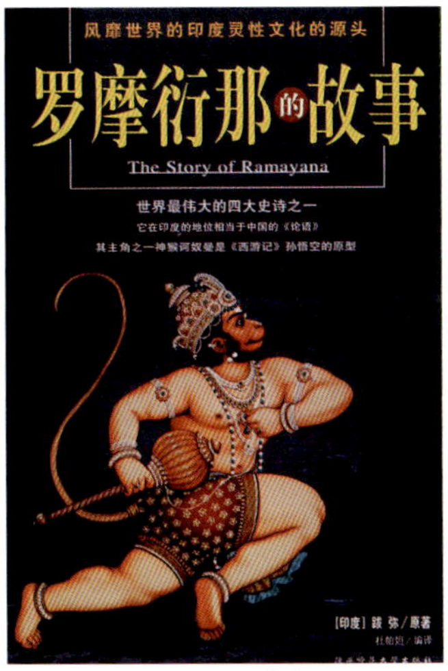

《罗摩衍那的故事》封面

至少有4种蒙古文版本的罗摩故事。在新疆古代民族语言中，如在古和阗塞种语和吐火罗语A焉耆语中，也保存着罗摩故事。

（刘建）

Luomumohan Luoyi

罗姆摩罕·罗易 Rammohan Roy（1772～1833） 近代印度第一位宗教和社会改革家。被印度人尊称为“近代之父”。生于孟加拉一个显贵的婆罗门家庭，从小受到良好教育，12岁到巴特那（莫卧尔王朝的文化中心）学习阿拉伯文、波斯文和伊斯兰文化。15岁以后，周游印度各地，向民间学者学习印度教思想。1804～1814年，受雇于英国东印度公司，任收税官。在与英国人的长期交往中，了解到西方文化和基督教思想。罗易这种开阔的眼界和广博的学识，为其进行宗教改革奠定了基础。1814年，他退出东印度公司，定居于加尔各答，专门从事宗教改革活动，并创立近代印度教第一个改革社团——梵社。他具有语言天赋，能用五种文字写作，包括英文、梵文、波斯文、孟加拉文和印地文。此外，还懂得阿拉伯文、法文、拉丁文、希伯来文和希腊文。

罗易反对印度教神学体系中的多神论、偶像崇拜和烦琐祭礼。他认为，多神论和偶像崇拜给印度社会带来极大危害，使广大教徒陷入永无休止，又毫无意义的祭神活动中，耗费了巨大的人力和财力。他以奥义书为根据，吸收伊斯兰教一神论思想，提出印度教只能崇拜一种“无形真神”。这种“无形真神”，其实就是奥义书中的“梵”——一种抽象无形的实体。为了消除偶像崇拜和烦琐祭仪，他规定，在梵社的会堂内不许陈列任何偶像，不能举行祭祀活动，也不得为任何目的而杀生。一个人只要通过内心祈祷，不举行任何仪式，也可以亲证到神。1830年，梵社会堂建成后，不分种姓，任何人都可进入会堂，在这里只进行集体冥思和祈祷。

罗易主张妇女解放，男女平等，反对一切歧视妇女的现象。他与印度教落后的习俗——寡妇殉夫、童婚、多妻等进行了长期斗争。1818年，他就发动了废除“寡妇殉夫制”的运动。在他的宣传下，孟加拉总督威廉·本廷克勋爵于1829年不得不发布命令，宣布“寡妇殉夫制”在印度为非法。此后，梵社社员继承罗易思想，继续为废止童婚、允许寡妇再嫁而斗争，并且开办了许多女子学校，鼓励妇女上学、参加社会活动。

罗易是印度现代教育的开拓者。他主张废止经院式的宗教教育，采用以英语为媒介，以现代科学知识为内容的新式教育体制。他认为，印度唯一出路就是利用欧洲的知识和成就，学会控制和征服自然。印度要建立一种新的教育体制，包括讲授数学、自然哲学、化学、解剖学和其他有用的科学。1817年1月，他在加尔各答创立了印度第一所现代大学——印度学院。该学院首先实行英语教育，开办了许多自然科学的新学科，对科学知识和西方文化在印度的传播起了重要作用。

罗易一直为印度人享有言论和出版自由的权利而斗争。在他的努力下，殖民当局做出让步，允许印度人有出版自由。1821年，他用孟加拉文创办了印度第一份民族报刊——《明月报》。1822年，又用波斯文创办了《镜报》。这些报刊积极宣传梵社的改革主张，传播自由平等博爱的人道主义思想。

罗易作为近代印度第一位改革家，他的思想和事迹很早就传入中国，在中学和大学的历史教科书中，都有关于他的记载。在中国出版的有关印度史和宗教的学术著作中，也有罗易思想的详细阐述。如中国世界史专家陈翰笙主编的《世界著名历史人物丛书》中有“罗易”分册、林承节著的《印度近现代史》、黄心川著的《印度近现代哲学》和朱明忠著的《印度教》等。

（朱明忠）

Luoshe

罗阇 Rājan 印度古代王者或王公的称呼。又译罗惹。意译为王。该词由一个意思为“领导”、“管理”的梵语动词“raj”派生而来。它最初的意义不会离一般领导者太远。《毗湿奴往世书》和《火神往世书》说，第一个罗阇是波梨茶。他由于战胜饥荒，深得民心，获得了这个称号。事实上，在《梨俱吠陀》时代，罗阇不过是若干氏族的共同首领，战争时祀神誓师，领兵上阵，和平时主持诉讼，保护民众，并收取自愿献上的贡赋。通常出身于刹帝利阶层，其

骑在象背上的罗阇像 巽伽王朝浮雕 公元前2世纪 印度北方邦马图拉出土

地位或由选举产生，或由世袭而得，并无定训。国家产生后，罗阇始有王者意义，其地位亦成世袭。在远古印度神话中，它也作为神的称号，称呼因陀罗、伐楼拿、阿耆尼等。

（葛维钧）

Luoyi

罗易，M.N. Manabendra Nath Roy (1887.03.21～1954.01.26) 激进的印度政治活动家，20世纪20年代共产国际的重要人物。

1920年，罗易因在共产国际第二次代表大会上积极参与讨论列宁的《民族和殖民地问题提纲初稿》而崭露头角。1927年，作为共产国际代表派往中国，处理中国国民党和中国共产党统一战线中出现的问题，时值两党为实现民族统一而联合北伐。在华时间为1927年2～7月，其间国共两党公开决裂。

据罗易所述，他从1922年起便密切关注中国的政治局势。他宣称自己为国民党和中国共产党的统一战线政策作出了贡献。1926年11～12月，共产国际执行委员会第七次扩大全体会议在莫斯科召开，会上对中国的情况进行了讨论，并通过了由罗易协助起草的关于中国问题的决议。这份文件强调了中国进行土地革命的必要性，同时指出不能仅依赖联合国民党所代表的资产阶级势力。罗易于1927年2月抵达广州，在随后的数周里试图说服各方接受共产国际决议中倡导的路线。4月27日～5月9日，中国共产党第五次代表大会在武汉举行，罗易出席会议。此次大会是在四一二政变后召开的。中共正式接受了共产国际的决议。但国民党反共攻势凶猛。罗易和共产国际的其他代表于7月

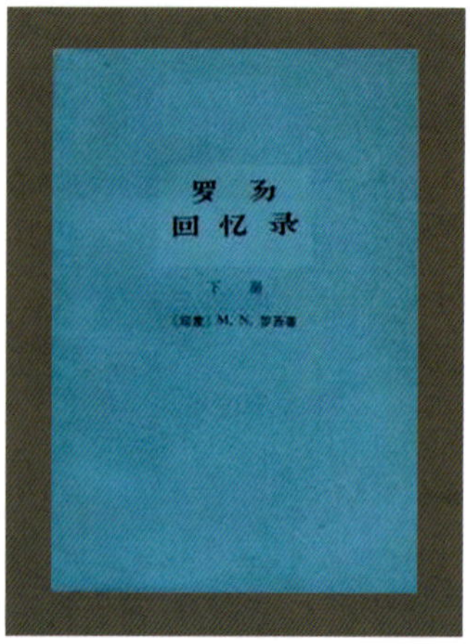

《罗易回忆录》中译本（下册）封面

被召回，他本人因决策失误而受到批评。1929年12月，罗易被共产国际开除，从此放弃了马克思主义观，成为一名激进的人本主义倡导者。著有《中国的革命与反革命》一书。

（玛妲玉撰 王凌男译）

Luofuna Shuo Jiuliao Xiao' er Jibing Jing

《啰嚩拏说救疗小儿疾病经》 论述治疗儿童疾病的印度密教医学典籍。一卷本。北宋初期法贤译（见法天）。该经是医家啰嚩拏为防治给儿童造成疾病的“曜母鬼”而讲述的。他根据“执魅小儿年月时分所患疾状”叙述大明救疗之法以及相应的祭祀仪则，即按照“第某日、第某月、第某年”的模式列出相应的12种曜母鬼，以及“苏难那母鬼”等12位曜母鬼带给儿童不同的疾患症状。该经中也叙述了相应的治疗方法，既有药物，也有密教仪轨和大明咒语，其内容比《佛说护诸童子陀罗尼经》等更为丰富一些。《啰嚩拏说救疗小儿疾病经》中的12种曜母鬼与《佛说护诸童子陀罗尼经》等经文中的15鬼神，虽然数目和名称有差异，各自的祭祀仪则也不一致，但两部佛经在“护诸童子”方面的性质是一样的，没有根本的差异。《啰嚩拏说救疗小儿疾病经》中的医疗内容不少能与《妙闻本集》等印度古代生命吠陀典籍中的救治儿童疾病的方法相印证。11世纪中期，印度医家轮授的《轮授方》第六十四章“治童子病”中，收录了医家啰嚩拏的《童子方》内容，所列举的曜母鬼也是12种，与《啰嚩拏说救疗小儿疾病经》中的名字大部分可以对应。该经中的曜母鬼既是致病的魔，又是保护童子的神，身上兼有善恶合流的两面性。这些曜母鬼形象的出现与印度教典籍中的揭啰诃信仰是密不可分的，体现了印度宗教信仰与医学知识融合之后在中土的流传。该经在吐鲁番地区柏孜克里克石窟有残本出土，现存三叶残片（编号80TBI:506-2，507-1，507-2），系宋代的印本。该印本不仅从文本的形态方面说明了中原与边疆的佛教文化互动，而且说明了源自印度的护诸童子女神信仰的丰富性，不是单纯靠某一部经典来支撑的。法国印度学家J.菲利奥扎（1906～1982）、印度汉学家师觉月分别研究过啰嚩拏的《童子方》和汉译本《啰嚩拏说救疗小儿疾病经》。

（陈明）

Luoyang

洛阳 Luoyang 中国古都。中印佛教交流中心之一。位于河南省西部伊洛盆地。东周、东汉、曹魏、西晋、北魏（孝文帝以后）、隋（隋炀帝）、唐（武则天）、

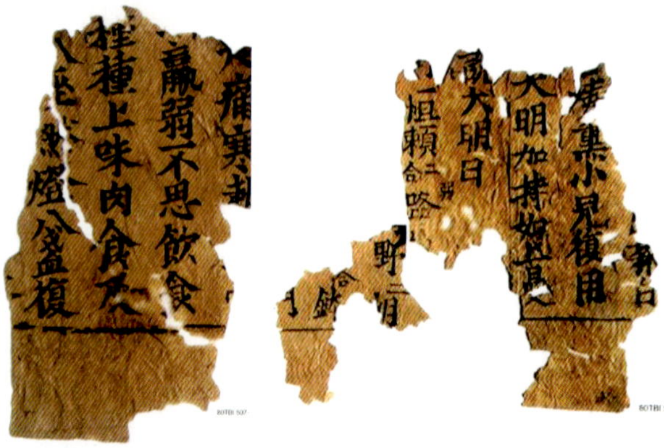

《啰嚩拏说救疗小儿疾病经》宋刻本残叶 中国新疆柏孜克里克石窟出土

洛阳龙门石窟远眺

后梁、后唐9个朝代先后在此建都。有“九朝古都”之称。洛阳城址和布局曾多次变动。

隋炀帝大业元年（605），诏令尚书杨素、将作大匠宇文恺等于汉魏洛阳城西十八里处营建新都，次年春正月建成。城南对伊阙，北据邙山，东逾东逾瀍河，西临涧水，洛水贯其间。隋炀帝、武则天及五代后唐均曾都此。唐时为东都。城内建有宫城和皇城。均在洛水以北，郭城西北部地势较高处。宫城在皇城之北。皇城围绕宫城的东、南、西三面。皇城之东有东城；皇城之北为含嘉仓城。

隋唐东都城内除上述皇城、宫城等外，跨洛水南北为居民区，称为里坊。隋代有120坊，唐代有103坊。隋时在坊间有三市：丰都市、大同市、通远市。唐代改丰都市为南市，将大同市改为西市，通远市仍为北市。隋唐洛阳为南北大运河的起点，集居了许多的中外商人，为当时最繁荣的商业都会。

东都城西建西苑，周二百里。今洛阳市金谷村以西，至新安县境内，北起邙山，南抵伊阙诸山，均在西苑之内。唐时称东都苑或神都苑，范围较隋时为小。

佛教传入中国后营建的第一所寺院——**白马寺**，位于今洛阳市东12千米、东汉都城洛阳西侧1.5千米处。2010年5月29日，印度政府在世界上捐建的第一座佛殿——印度风格佛殿在白马寺西侧落成。

北魏时期，佛教昌盛，佛寺遍布全城内外，极盛时达到1 360多所，列刹相望。城南伊阙开凿了规模宏大的龙门石窟。

安史之乱以后，洛阳城遭受严重破坏，宋金以后，虽有所恢复，已远不能与昔日相比。

（韩知更）

Luoyang Jialan Ji

《洛阳伽蓝记》 *A Record of Buddhist Monasteries in Luoyang* 记录中国北魏时期洛阳佛寺情况的著作。北魏杨（或作“阳”）衒之撰，共计5卷，分别记述了北魏洛阳城内、城东、城南、城西、城北较大的佛寺或具有代表性意义的佛寺的历史、传说与典故。全书主要介绍的佛寺有40所，还有附带提及的佛寺43所。书中记载的事迹起自孝文帝太和十七年（493），讫于东魏孝静帝武定四年（546）。

《洛阳伽蓝记》书影

据《洛阳伽蓝记》序文所说：自东汉至西晋，洛阳只有42所佛寺。到北魏迁都洛阳（494）后，佛教极为兴盛，王公大臣竞相建寺造像，塔、寺数量激增，达到了一千余所。永熙三年（534），孝静帝迁都邺城（今河北临漳），僧尼等众也一同迁走。对照该书卷五的记载，北魏鼎盛时期洛阳的佛寺曾达1 367所，而迁都邺城后仅剩下421所。武定五年，杨衒之因公务到洛阳，看到城郭宫廷残破、佛寺坍塌废弃，十分感慨，担心曾经的盛况会湮灭无闻，故而写作此书。除此之外，据《广弘明集》卷六，杨衒之曾经上书批判佛教虚诞不实、僧尼贪得无厌，主张对佛教加以整肃，故而他撰《洛阳伽蓝记》也有针砭时弊、体恤民间疾苦之意。

《洛阳伽蓝记》正文按照空间顺序依次介绍城内到城外四周的重要寺院，先写建寺缘由、地理位置、建筑样式，再写相关人物、史事、传说逸闻等。空间叙事与时间叙事相结合，在对佛寺形制规模的描摹和始末兴废的勾勒中，不仅表现了当时佛教蓬勃发展的盛况，也反映了广阔的社会政治背景和风俗人情。诸如皇室诸王的奢侈贪婪，洛阳城手工业、商业的繁盛，北魏与西域、印度以及南朝的交往，民间艺人的卓越技艺和节日的演出盛况等。该书再现了北魏都城洛阳40年间的政治大事、中外交通、人物传记、市井景象、民间习俗、传说逸闻等，内容非常丰富，具有极高的史料价值。

除此之外，《洛阳伽蓝记》长于叙事，条理清晰且文笔生动，其中记录的大量故事传说本身即是优秀的文学作品。本书与《水经注》、《颜氏家训》一起被称为“北朝三书”，代表了北朝散文的最高成就。

正是由于《洛阳伽蓝记》所具备的史料价值与文学价值，学者们对其进行了深入的研究，不仅在文本辑校和注释方面做了很多工作（如周祖谟、范祥雍等），而且从语言、文学、史学等角度展开了全面的探讨。此书还被翻译为日语与英语，在国际学界也有较大的影响。

（范晶晶）

M

Malaixi

麻来兮 （约活跃于8世纪上半叶） 古代印度小勃律国王。曾遣使来华。据《新唐书》卷二百二十一《西域》，乃小勃律（今克什米尔巴基斯坦实际控制区境内的吉尔吉特河流域）国王难泥之兄，难泥死后继位。另据《全唐文》卷三十九《册小勃律国王麻来兮文》，其统率将领的韬略和效忠唐朝的决心，颇得唐玄宗李隆基赞赏，故册封其为勃律国王。

（贯岩）

Maluohua

麻啰华 Malava 印度古地名。今译马尔瓦，即今印度拉贾斯坦邦南部和中央邦北部的马尔瓦高原地区。宋代赵汝适《诸蕃志》采取此译法。唐代玄奘《大唐西域记》卷十一作摩腊婆，并记曰："周六千余里，国大都城周三十余里，据莫醯河东南。土地膏腴，稼穑殷盛。"学术界有说认为玄奘所记摩腊婆在今印度中央邦西部，其国大都城在今乌贾因附近，莫醯河即今马希河。此说比较可取。《诸蕃志》记其国曰："与胡茶辣连接。其国管六十余州，有陆路，衣服风俗与胡茶辣国同。产白布甚多，每岁约发牛二千余只驮布，就陆路往他国博易。"其所记地理位置与玄奘所记一致，所记物产亦符合当时实际情况。

（薛克翘）

印度中央邦乌贾因大黑天-湿婆神庙

Matuhualuo

麻图华罗 （约活动于11世纪末） 古代南印度注辇国来华使者。以判官身份随奇啰啰使团于宋熙宁十年（1077）来华。

（张书剑）

Maba'erguo

马八儿国 Maabar 南印度古地名。又名麻巴而等。据《元史》卷二一〇《外夷三》，其国与元朝保持良好关系。但具体位置难以确定。有学者以为在印度半岛东南地区，相当于古代的注辇。汪大渊《岛夷志略》记有"马八儿屿"，似与《元史》所记有别。

（薛克翘）

Mabulahan

马不剌罕 （约活动于13世纪后期） 古代印度俱蓝国来华使臣。据《元史》载，元至元二十八年（1291）出使元朝，进献"金书、宝塔及黑狮子、番布、药物"等礼物。

（何赟）

Ma Chongji

马重绩 Ma Chongji（约活动于10世纪） 中国古代天文学家。字洞微，太原人。后晋时官居太子右赞大夫，后掌司天监。据《新五代史》卷五八记载，马重绩年轻时学习了天文、历法、占卜等知识，明白了太一、五纪、八象、三统正历。因为屡次占卜军事得验，在后晋任官时，于天福三年（938）上书后晋高祖石敬瑭（936～942年在位），要求改用他制作的新历。皇帝令司天监赵仁琦、张文皓等考察审核其新历得失优劣。经一年审查无误，于天福四年颁布实行，称作《调元历》。此历系采用唐代《宣明历》计算气朔，与《崇元历》计算五星的方法相参而成。同时取天宝十四载乙未岁（755）为近距上元，以雨水正月朔为岁首，以一万为日法，均有新意。可惜行用五年即出现差错，仍复用《崇元历》。

据《新五代史·司天考》："唐建中时，术者曹士蔿始变古法，以显庆五年为上元，雨水为岁首，号《符天历》。然世谓之小历，只行于民间。而重绩乃用以为法，遂施于朝廷，赐号《调元历》。"这说明《调元历》与《符天历》之间有很大联系。所谓"用以为法"，乃是指《调元历》的基本运算方法与《符天历》相同，立近距历元和以雨水为岁首也是相同的。据学者陈久金推测，大概《调元历》的基本数据大多取自《符天历》，仅调整了历元而已。《旧五代史·历志》载马重绩上晋高祖的历表，说有"立成十二卷"，"立成"是西域历法系统中的速算数表，非中国传统历法之惯用名。上述种种依据皆说明马重绩的《调元历》确实与受印度影响的曹士蔿的《符天历》有关。

《调元历》使用五年，又复用唐末的《崇元历》，但有可能当时二历并用。因为到周世宗（954～959年在位）时，王朴造《钦天历》，仍对使用"食神首尾"之文的天竺胡僧之说进行严厉批判。《调元历》被石晋政权废而不用之后，并未从此湮灭，辽国行用了48年。

（周利群）

Madelasi

马德拉斯 Madras 印度第四大城市金奈的旧称，泰米尔纳德邦首府。位于印

海上丝绸之路发现的中国瓷片

度东南海岸。该名称既是英属印度马德拉斯省或马德拉斯管区之名，也是其省会名称。1947年8月前马德拉斯管区包括今印度泰米尔纳德邦、喀拉拉邦北部的马拉巴尔地区、安得拉邦海岸及拉雅拉西玛地区，还包括奥里萨邦、卡纳塔克邦及拉克沙德维普群岛的部分区域。1640年，英国东印度公司在此建立贸易点——圣乔治堡，马德拉斯市在此基础上发展起来，并在近代英属印度与东南亚、中国的贸易往来中起到重要作用。同样，在此前的数个世纪里，尤其是朱罗王朝统治时期，印度的这一区域（科罗曼德尔海岸）与中国亦有密切的贸易联系。其埃格莫尔省立博物馆有3家中国钱币展厅，这些钱币均出自泰米尔纳德邦及周边地区，表明当时马德拉斯对华贸易的重要性。

马德拉斯的对华贸易量虽不及加尔各答和孟买，但仍是17世纪以来印度对中国和东南亚贸易的重要港口之一。宾尼公司是马德拉斯早期从事对华贸易的公司之一。位于广州的英国经销商麦格尼克公司在1830年12月31日写给宾尼公司的信中说道："马德拉斯棉在本地的囤积量很大。（广州）商行的老板伍秉鉴是唯一的持有商，操控着市场。"另有资料显示，1758年在圣乔治堡北部城墙外有一个中国市场，该市场上似曾有中国瓷器出售。

鸦片战争期间，英国派往中国的军队中有许多士兵来自马德拉斯本土步兵团和工兵团。1839～1942年第一次鸦片战争期间，中国广东三元里爆发了中国民众和英国军队的武装冲突，这支英军中就包括马德拉斯第37步兵团的一支分遣队。

19世纪，马德拉斯、东南亚、中国的相互联系附带产生了一个值得注意的现象。在当时马德拉斯管区的尼尔吉里山区西部出现了一个华人和泰米尔人的小型混居区。据马德拉斯地方志记载，一群来自英属海峡殖民地的华人囚犯被带至当地的金鸡纳种植园劳动。后来他们发动暴乱，一些人逃走，其中一部分人在纳杜瓦塔姆和古德鲁尔之间的地区定居，并与当地的泰米尔妇女通婚生子。他们从事蔬菜和咖啡的种植及其他职业。1909年，英国人类学家对这一华人和泰米尔人的混居群体进行了记录。

1996年，马德拉斯改名为金奈，但旧称马德拉斯仍广泛使用。

（玛妲玉撰　王凌男译）

金奈一角

Ma Dexin

马德新　Ma Dexin（1794～1874）中国伊斯兰教学者。经名优素福，字复初。与王岱舆、刘智被视为明清三大伊斯兰教学者。他们借助儒教、道教和佛教词汇，将伊斯兰教经典译成文言文，为伊斯兰教在中国的传播作出了重要贡献，被形象地称为回儒学者。他们编有一批伊斯兰教与儒家文献，统称汉克塔布（意为汉文书）。

马德新生于中国云南大理的一个回族家庭。通晓阿拉伯语和波斯语，并熟谙伊斯兰教经典。1841年赴伊斯兰教圣地麦加、麦地那朝觐。由于传统的海上线路因鸦片战争受阻，遂与一些穆斯林商人经陆路向南抵达缅甸曼德勒，后乘船沿伊洛瓦底江抵仰光，在那里换乘船前往阿拉伯半岛。朝觐之后又在该地区驻留8年，求学于以伊斯兰教研究闻名的埃及开罗爱资哈尔大学，并游历奥斯曼帝国境内的亚历山大（今属埃及）、伊斯坦布尔（今属土耳其）、耶路撒冷等地，深受这些区域兴起的伊斯兰教现代化运动影响。

1849年春，作为一名经验丰富的伊斯兰教学者，马德新以"哈吉"（赴麦加朝觐过的伊斯兰教教徒）身份返回云南昆明。因自身成就赢得广泛声誉，作为宗教领袖亦对云南穆斯林产生重大影响。他定居云南南部的临安地区（今属建水县），并在当地清真寺与学校向大批穆斯林民众传道讲学。

1853年因地方政府挑拨，汉族与回族矿工之间的矛盾激化，1855年演变为地方起义，即杜文秀领导的回民起义。马德新最初作为主要的宗教与军事领袖之一与杜文秀密切合作，后转为与清政府合作，充当政府与起义者之间的调解人，宣扬将伊斯兰教和谐融入儒家秩序之中。但政府仍以初期颠覆活动为由将其视为叛乱分子。他于起义被镇压两年后的1874年1月被逮捕并处决。也有资料显示其为中毒身亡。

作为当时的主要伊斯兰教学者，马德新以著述《宝命真经直解》闻名。该书系首部权威的《古兰经》中译本。其他重要著作反映了他对伊斯兰教和儒家文化共存理论与神学基础的阐释，对道教佛教元素与伊斯兰教实践相结合的强烈反对，以及对苏非神秘主义的积极态度。在30余部著作中，值得关注的有《大化总归》、《四典要会》、《朝觐途记》、《道行究竟》、《会归要语》等，此外还有多种阿拉伯语著作。

马德新在1841～1849年的朝觐和游学中到过印度，《朝觐途记》中记载了当时印度的交通情况和民风民俗。他是在郑和之后约400年访问印度的一位穆斯林。

（卡马尔·希尔撰　张书剑译）

Mahamu

马哈木　Mahmud（约活动于十四五世纪）　古代印度底里国王，印度德里苏丹国图格鲁克王朝最后一位苏丹。1394～1413年在位。全名纳赛尔·乌·丁·马哈穆德·沙·图格鲁克。据《明实录》、《明史》记载，明永乐十年（1412），中国使节携诏书取道榜葛剌、沼纳朴儿（今印度北方邦江布尔）苏丹国至底里（今印度德里），并赐绒锦、金织文绮、彩帛等物。

（张忞煜）

Ma Haide

马海德　George Hatem（1910.09.26～1988.10.03）　中国当代性病和麻风病专家。祖籍黎巴嫩，出生于美国纽约州布法罗市。1927年在美国开始学医，

1933年获瑞士日内瓦大学医学博士学位，同年到中国上海考察热带病的情况。1936年春，在宋庆龄的帮助下，马海德和E.斯诺到达陕北，从此在中国进行了数十年的疾病预防、治疗与科研工作。在延安的医院工作期间，马海德接待了前来支援中国抗日战争的爱德华、柯棣华和巴苏华等印度医生，相互交流，并肩工作。中华人民共和国建立后，马海德成为第一个被批准加入中华人民共和国国籍的外国人。作为新中国卫生事业的先驱之一，他协助组建中央皮肤性病研究所，致力于性病和麻风病的防治和研究，找到了适合中国国情的治疗梅毒的有效方法；在江苏海安和广东潮安（今属潮州）建立了麻风综合防治研究基地，为在中国消灭性病和麻风病作出了巨大的贡献。马海德积极开展中外医学界的合作与交流，1984年，以中国卫生部顾问的身份率领10人的代表团去印度参加第12届国际麻风病大会；1985年举办了中国第一届国际麻风病学术交流会。晚年抱病出访，为世界麻风病防治事业作出了应有的贡献。马海德的医学成就得到了国际的承认，1982年荣获美国达米恩-杜顿麻风奖。1988年获印度颁发的甘地国际麻风奖，为当代中印医学交流史增添了重要的一笔。1988年10月3日在北京病逝。

（陈明）

Mahema

马合麻　Muhammad（约活动于13世纪）　古代印度俱蓝国宰相。据《元史》卷二一〇《外夷三》，至元十八年（1281）十一月，杨庭璧受命出使俱蓝（见故临），于至元十九年二月抵达。俱蓝国王必纳的及宰相马合麻接受元朝玺书，并于三月派使节祝阿里沙忙里八的来华入贡。

（何赟）

Ma Huan

马欢　Ma Huan（约1380～1460）　中国明代通事（翻译官），航海家。字宗道、汝钦。浙江会稽（今绍兴）人，信奉伊斯兰教。通晓阿拉伯语，先后于永乐十一年（1413）、十九年和宣德六年（1431）作为翻译官随郑和三下西洋。曾到访锡兰国（今斯里兰卡）、小葛兰国（见故临）、柯枝、古里国、榜葛剌等南亚诸国。永乐十四年（1416）起，开始根据航行见闻撰写《瀛涯胜览》，最终于景泰二年（1451）成书。该书详细记载了郑和船队行经各国的地理、气候、物产、政治、社会、经济、语言、文化等情况，是了解郑和下西洋最为重要的原始文献之一，对研究明代航海史和中印交流史有较高价值。为纪念他，位于南沙群岛北部（北纬10度44分，东经115度48分）的一座岛屿被命名为“马欢岛”。

（何赟　贾岩）

maji

马祭　aśva-medha　古代印度由国王举行的一种隆重祀典。意在宣示其在一定领土范围内的霸权。

马祭仪式历史悠久。据称吠陀时代（约前1500～约前600）欲求子嗣的国王常举行此种仪式。届时诸王后要在被宰杀的祭马边守夜。以后意义变得非常重大，只有争做霸主的国王才举行。据说100次成功的马祭可以使一个国王推翻因陀罗的王廷，不仅成为世界之主，而且连天神也归他统治。祭仪的方式是：通过仪式使一匹特殊颜色的马成为圣马，然后将它放出，让它自由游荡，从一个王国跑到另一个王国，跟随其后的是一支由国王或他的代表（如王子）率领的精锐部队。所到之处的国王或表示臣服，或抓住祭马，挑起一场夺马大战。经过一定的时期，往往是一年，如果马安然返回，马主即可在宾服众王的拥戴下举行一次盛大的宗教仪式，杀（或象征性地杀掉）马献祭，而他便成为在相当范围内公认的王中之王。《百道梵书》曾罗列一长串举行过马祭的王名。后世巽伽王朝和笈多王朝的某些名王据说都举行过这一祀典。

（葛维钧）

Ma Jianzhong

马建忠　Ma Jianzhong（1845～1900）　中国清朝末年语法学家，外交家。近代中国第一个派赴印度的官方使节。字眉叔。

江苏丹徒（今镇江）人。出身天主教家庭。少通经史，9岁入教会学校徐汇公学学习法文、拉丁文。咸丰十年（1860），放弃科举仕途，专究西学，增学英文、希腊文，并研读西学译著，终成中西兼通的人才。同治九年（1870）成为李鸿章幕僚，随办洋务。光绪二年（1876），

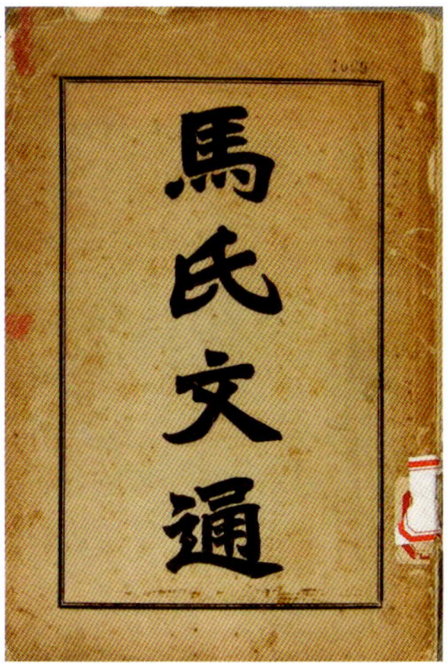

马建忠《马氏文通》封面

以郎中资格奉派至法国学习国际法，兼中国驻法公使郭嵩焘译员，深受器重。郭嵩焘离任后，马建忠继续充任新公使曾纪泽的翻译，亦获好评。在法期间，他曾往多国游历，研究中西文化差异，寻找中国贫弱原因。他看到了清朝制度上的弊端，屡次上书，提出造路、通商、开矿、兴学、储才、设议院等主张。光绪六年返国后，李鸿章再次专函聘他入幕，嗣后即助其办理外交与洋务。

光绪七年，受李鸿章差遣，马建忠赴印度与英国人谈判鸦片专售事宜，好友**吴广霈**同行。英国政府不顾鸦片对中国人的毒害，在华进行**鸦片贸易**，到19世纪后期已经受到举世谴责。英国国内亦有反对之声。中国政府希望通过由国家本身或由政府指定的承揽公司与英方进行直接贸易，并将其经营额度历年递减，直至二三十年之后“自然禁绝”。马建忠衔命至印，先在**加尔各答**拜会省督亚散依登，并会见主管鸦片事

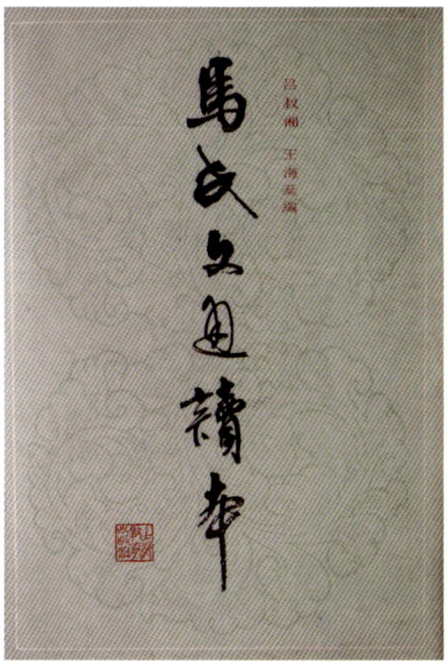

《马氏文通读本》封面

务的福贝斯，后又到西姆拉拜见总督雷滂，说明来意。再见总督参事会负责内务的官员贝冷，具体协商。马建忠提出鸦片收入究非财政正项，且贩卖者已为世所共愤，应予禁绝。但由于赢利甚巨，无法一日取消，可逐渐递减。贝冷虽原则上未表异议，但还是提出了诸多困难，如每年递减，为时过速，应该5年一减，等等。实际上用推脱搪塞的方式，拒绝了马的方案。马建忠尽管多方解释，说明方案可行，但贝冷坚持己见，认为只能徐图善策，未可操之过急。谈判搁浅，马建忠、吴广霈无功而返，只带回了雷滂给李鸿章的一封复函。谈判后，马、吴二人在印度广泛游历，了解印度各阶层人们的不同生活，对于印度沦为英国殖民地的教训，以及中国的出路多有考虑。其变法自强的决心也更坚固。马建忠在他的日记《南行记》中详细记录了他的所见所思。从中也可一窥19世纪后半叶印度人，尤其是印度下层的生活状况，以及贫富悬殊的社会现实。

马建忠著有《适可斋记言记行》(1896)和《马氏文通》(1898)等，以后者最为著名。作者在后序中说：“斯书也，因西文已有之规矩，于经籍中求其所同所不同者，曲证繁引，以确知华文义例之所在，而后童蒙入塾能循是而学文焉。其成就之速必无逊于西人。”这种通过西方语言语法规则探讨汉语语法规律的做法，在中国语言史上具有划时代意义。杨树达《马氏文通刊误·序》称：“自马氏著《文通》，而吾国始有文法书。”作为中国第一部系统性的汉语语法著作，该书对后世中文语法体系的建立实具奠基作用。

（葛维钧）

Ma Menggang

马孟刚 Ma Menggang（1929～ ）中国印地语学者，北京大学东方语言文学系教授。山东泰安人，回族。在促进中国的印地语教学和印地语文学的汉译等方面发挥过积极作用。

1951年9月，马孟刚入北京大学东方语言文学系学习印地语。1955年7月毕业后留校任教，主要教授印地语课文、语法等课程，曾任印地语教研室主任。先后参与编订《印地语汉语辞典》

《章西女王》中译本封面

(1960)、《印地语汉语大词典》(2000)和《汉语印地语词典》(正在出版中)等三部印地语辞书，其中《印地语汉语辞典》是中国首部印地语工具书。另与金鼎汉、张双鼓合编《印地语基础教程》(1992)，主要负责第三、四册的编写工作。该教程是国内权威性的印地语教材，在开设印地语专业的高校中被广泛使用。与徐晓阳、孙宝刚等人以“庄重”为笔名合译了印度作家M.普列姆昌德的印地语长篇小说《舞台》(1980)和《一串项链》(1983)，又与殷洪元以“庄严”为笔名合译了V.瓦尔玛的印地语小说《章西女王》(1987)。

（姜景奎 贾岩）

Ma Ming

马鸣 Aśvaghoṣa（约活动于1世纪下半叶～2世纪上半叶） 印度诗人，剧作家，哲学家。被认为是**迦梨陀娑**之前最伟大的诗人和第一个梵语剧作家。同后

世的**R.泰戈尔**一样，有“诗哲”之称。在中印文化交流中产生过重要影响。

生平与传说 中国后秦佛经翻译家**鸠摩罗什**于5世纪初译成汉语的《马鸣菩萨传》，虽属传说，但也包含一些有关诗人生平的信息。马鸣出身婆罗门家庭，生于北印度娑枳多城，具有

马鸣《佛所行赞》梵英对照本封面

深厚文化学养。初崇奉**婆罗门教**，经与**胁尊者**辩论，为其折服，伏为弟子，剃除须发，受**具足戒**，皈依佛门，属说一切有部，思想体系基本属小乘部派，但包含大乘思想萌芽。后北印度**贵霜王朝**讨伐中印度时，强索佛钵及辩才马鸣。马鸣深研佛法，博通三藏，四处弘法。说法之时，抑扬顿挫，声情并茂，动人心魄。传**迦腻色迦**曾命人将七马连饿六日后羁縻于会场，集内外沙门异学请马鸣说法。开讲之后，人或以草饲马；众马闻法垂泪，昂首嘶鸣，似有会意，无念食想。以马解其音故，遂号马鸣菩萨。迦腻色迦由是率领臣民皈依佛法，马鸣亦深受国王器重和礼遇。如今学术界一般认为，马鸣出生于北印度**阿逾陀城**。

主要著作及在中国的影响　马鸣的诗作主要是长诗《佛所行赞》(一译《佛本行赞》)与《美难陀传》。他的3部戏剧残卷（1911年校刊）于20世纪初在中国新疆吐鲁番出土，其中一部为《**舍利弗传**》。此外，在汉译和藏译佛教经典中，还有多部哲学著作和佛教故事集归在他的名下。

《佛所行赞》是马鸣的代表作，记述**释迦牟尼**生平故事，阐扬佛教义理，文笔流畅绚丽，是印度佛教文学的经典之作，曾广泛流传于古代印度。**义净**在《**南海寄归内法传**》卷四记载说，该经“五天南海，无不讽诵。意明字少，而摄义能多，复令诵者心悦忘倦，又复纂持圣教，能生福利”。正是由于这一原因，该诗早在5世纪初就被印度僧人**昙无谶**译成汉文。另有南朝刘宋**宝云**的异译本《佛本行经》，7卷，31品，篇幅比《佛所行赞》长，叙事详略有所不同，五言之外，间用四言或七言。唐时还有藏文译本，与汉译本大致相同。梵语原著现仅残存前半部，而汉语和藏语译本则是全本。中国译本的存在弥补了原著缺失的遗憾。

《佛所行赞》就是佛的传记，汉译本共5卷28品，约9 300句，凡46 000余言。前14品写其家世、婚姻、出游、苦行、悟道等，后14品写其初转法轮、度化弟子、讲道传教等。在史诗时代之后，《佛所行赞》开辟了长篇叙事诗的先河，因而在印度文学史上占有重要地位。同时，它也成为当时中国文学史上第一首长诗。无韵诗体从此进入中国诗歌领域，扩大了它的表现能力。汉译本以五言无韵诗为形式，虽受中国诗体限制，未能与原著完全契合，但基本再现了原诗内容。由于受当时中国审美标准的制约，一些描写女子的带有艳情意味的词句被删除，而有些地方又有所增益。全诗意味和风格被中国化。

《美难陀传》共18品，写释迦牟尼成佛后，返回故国**迦毗罗卫**传法，度化异母弟难陀出家的故事。难陀家有娇妻，不忍离去。佛陀带他漫游天界，见到更加美丽的**天女**。难陀迷上她们，渴望再生于天国。佛陀告诉他，只有修炼苦行，才能达到目的。难陀于是出家，准备再返天上。经佛陀弟子阿难开导，难陀最终明白，天女不足为念，天国的欢乐亦属无常，只有潜心皈依佛门方可获得解脱。他于是隐居森林，实践**四禅定**，终成**阿罗汉**。由于其文学性弱于《佛所行赞》，这部叙事诗迄今不曾被译为汉文，但基本故事可见于汉文佛经，如北魏吉迦夜与**昙曜**合译的《杂宝藏经》第96则《佛弟难陀为佛所逼出家得道缘》。

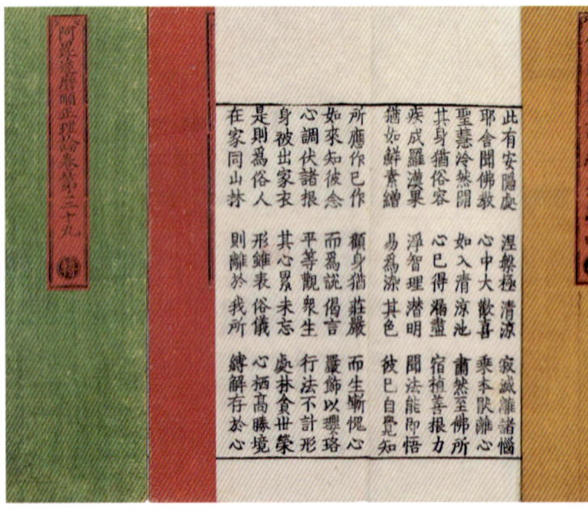

马鸣《佛所行赞》明永乐南藏本书影

马鸣的3部戏剧残卷为现存最早的梵语戏剧。九幕剧《舍利弗传》写的是佛陀的两大弟子**舍利弗**与**目犍连**如何皈依佛门的故事。虽然多有残缺，但从人物、语言、结构等方面看，这个剧本中规中矩，属于成熟的梵语古典戏剧。

归到马鸣名下的带有文学性的汉译佛经，还有一篇宋代音译的诗《犍椎梵赞》，共29节。另有鸠摩罗什译的故事集《**大庄严论经**》，14卷，包含89个宣扬佛教道理的故事。

中国现代学者**梁启超**在《翻译文学与佛典》(1920) 中指出：“我国近代之纯文学——若小说、若歌曲，皆与佛典之翻译文学有密切关系。”读马鸣的《佛本行赞》，“犹觉其与《孔雀东南飞》等古乐府相仿佛”。他认为，《孔雀东南飞》、《木兰辞》等中国长篇叙事诗，可能是受《佛本行赞》的影响而产生的。马鸣的《大庄严论经》则是一部《儒林外史》式的小说。中国小说自宋元明以降，“杂剧、传奇、弹词等长篇歌曲，亦间接汲《佛本行赞》等书之流焉”。

在现代中国，**金克木**及其女弟子郭良鋆分别在其所著《梵语文学史》和《印度古代文学史》中专设一节，论述马鸣主要著作的内容和价值、汉译本得失等有关方面。

（刘建）

Mayindi

马因的　(约活动于13世纪)　古代印度马八儿国宰相。据《元史》卷二一〇《外夷三》，至元十八年，**哈撒尔海牙**及**杨庭璧**受命出使俱蓝（见**故临**），由于“阻风乏粮”海路无法通行，欲假道**马八儿国**。登岸后，马八儿国宰相马因的接待元使臣，但以陆路交通不便为由拒绝了元使的请求。随后他与另外一位宰相**卜阿里**私下向元使解释说马八儿苏丹正准备与俱蓝国交战，因此未予放行。

（何赟）

Malataguo

吗喇他国 Maratha 印度古地名的异译。今译马拉塔，指今印度马哈拉施特拉邦一带。此译法见于清代谢清高《海录》。

（薛克翘）

Ma'erba Quejiluozhe

玛尔巴·却吉洛哲 mar pa chos kyi blo gros（1012～1097） 中国藏传佛教密宗大师，噶举派始祖，译经家。曾3次赴印度求法。西藏山南洛扎人，居士僧。

成年后去印度留学，拜那若巴等大师为师，修学佛教密法。那若巴给他喜金刚灌顶，传授《二品续》、《金刚帐续》、那若六法等。一年后，玛尔巴·却吉洛哲遵照老师的指导，去南印度学到了大手印法等密法。这些密宗核心法门强调密法重在实践修炼。玛尔巴·却吉洛哲遵照那若巴的教导实践修炼，心中产生密宗殊胜证验，尤其修炼脐轮火法门，现证乐、明、无分别双运境界。

玛尔巴·却吉洛哲在印度留学求法达12年，在佛教密宗方面达到能够独立讲经修学的水准。返回西藏后，开始了传授密法的生涯。他在西藏一边收徒传法，培养佛教密宗人才；一边筹措资金，准备第二次去印度取经。由于得到徒弟们的大力支持，计划得以实现。到了印度，他仍然拜那若巴等为师。在那若巴座前求得以前没能学到的喜金刚中、广、略3种灌顶，《二观察根本续》、《不共释续空行母金刚帐》、《共同释续桑布扎注释》及其要门口诀等密法；在麦哲巴座前校正以前学过的密法中的偏差，领受密集的灌顶与疏释、大手印明点等密法，并获得其法本；在益喜宁布座前修订密宗要义法门。6年后返回西藏，娶达麦玛（无我母）为妻，生7子。他除收徒传法外，还经商、从事种植等，从未脱离世俗社会，家境十分富裕。

玛尔巴·却吉洛哲第三次到印度时，得知有的导师去世，心情沉重。在此期间大病一场，情绪低落。后来振作精神，学到不少新的密法。3年后返回西藏。

玛尔巴·却吉洛哲从印度带回许多密宗经典。其中，不少由他译为藏文，主要有《会供轮仪轨》、《密集耳传之耳传·如意珍宝》、《佛学一切密法大瑜伽密续之王》、《对瑜伽父和瑜伽母关于非共同之义的教言》等。后人将玛尔巴·却吉洛哲奉为西藏七大译师之一。玛尔巴·却吉洛哲平时按照印度密教的习惯，穿白色僧裙修法。白色僧裙后来成为噶举派世代相传的袈裟装束，故噶举派又有白教之称。经玛尔巴、密拉日巴和达布拉杰一代相传，终究形成塔布噶举派，该派法脉传承注重师徒口耳相传。

（尕藏加）

Majiulazhong

玛久拉仲 ma cig lab dron（1043～1142） 中国藏传佛教女佛学家，密宗大师，中国藏传佛教觉域派创立者。南印度著名高僧、大成就者帕·丹巴桑杰（？～

1117）的高足。西藏拉西措美城（今西藏山南地区措美县）人。受家庭的影响，自幼修学佛法，诚信佛教。成年后游学各地，广修佛法，曾拜见密宗大成就者觉顿巴·索南喇嘛请求灌顶，如愿以偿，在伊瓦冈巴拉康，受得甚深三昧四灌顶、大加持灌顶和幻化灌顶。其后，她师从不同上师修习各宗派教法。以西藏四空行母之一成为11世纪最有影响的空行母化身之得道者。

玛久拉仲23岁时，与印度班智达·陀巴·巴扎亚结为夫妻，育有二子一女。12年后重入佛门，拜见尊师格西札巴和索南喇嘛，从索南喇嘛受得帕姆成就五神灌顶，被赐密名多杰旺秀玛，意为金刚自在女。向索南喇嘛奉上的《灌顶前行八支法》，已成为觉域派之前行法。向格西札巴奉上《十二因缘经》之见解，其尊师称赞她为"证悟显密教法的自在成就女，一切教法之库，诸佛之母"。后赴定日再次拜谒帕·丹巴桑杰，帕·丹巴桑杰为她专设坛城授受灌顶和多种深甚秘诀。玛久拉仲作《上师之地赞》、《上师身赞》等，以感恩帕·丹巴桑杰。依帕·丹巴桑杰授记，游历108座雪山和"年"（藏族原始神祇之一）地，以及洛芒等地，苦行修炼，获得大成就，以著名女密宗大师而誉满雪域高原。

1080年，玛久拉仲以桑日卡尔玛（今西藏山南地区桑日县境内）修行地为根本道场，广摄门徒，传授自己独辟蹊径体悟到的佛教学说和别具特色的施身法等密宗修炼方法，随之开宗立派，创立了以慈心、悲心、菩提心三心为根本核心，断除自利心，以般若空性见断轮回流转之根源和我执的藏传佛教觉域（断境）派，成为一代宗师。

玛久拉仲道誉播及整个藏区及尼泊尔和印度。来自印度的3名游学僧专程来到桑日卡尔玛，与玛久拉仲辩经交锋，4名印度译师做翻译，长达1月。她最终赢得印度游学僧和译师的信服。所著述的显密经典《甚深般若波罗蜜多觉域教法诀窍之义理·佛法大品》、《般若波罗蜜多觉域教理与诀窍之精髓·甚深心髓》、《般若波罗蜜多诀窍觉域教法极品·问答》、《般若波罗蜜多诀窍魔之断境精华品·集要》、《共与不共殊胜八支法》、《全要》、《举掉》、《秘密符法》、《回遮三部法》、《基道催请》、《特别之教授》等，已传入印度。传入印度的觉域派教法经典，是觉域派开宗立派的根本经典，它架构了觉域派教法的基座，包括显宗、密宗教法义理经典与教法仪轨经典。从此，以般若波罗蜜多为宗义，

德吉卓玛《藏传佛教觉域派通论》封面

《玛尼克短篇小说选》中译本封面

结合无上瑜伽修持的般若波罗蜜多魔之觉域（断境）法，或称大手印觉（断）法，在藏地、印度河流域、尼泊尔等广为流传。故此，觉域派教法成为当时唯一从藏地传入印度、尼泊尔的藏传佛教法门。

玛久拉仲43岁时，陀巴·巴扎亚把他们的儿女留给玛久拉仲，离开西藏返回印度。除长子嘉瓦敦珠居家以外，次子妥宁桑珠从帕·丹巴桑杰剃度受戒，女儿也皈依佛门，均跟随母亲玛久拉仲学法修行，成为觉域派教法的主要继承者和弘扬者。从此，玛久拉仲全身心地投入到弘法、利生事业中，同时著书立说，弘传觉域派教法。撰有《母续空行转依》、《百会供》、《十二缘起支法》、《内明直传》、《经传转依央提明镜》、《十方佛转依》、《母续空行转依百灌顶》、《秘密五佛》、《秘密耳传法》等教法仪轨著作，《波罗蜜多义理广论·月光驱除黑暗》、《波罗蜜多义理广论概要·月辉》、《觉域教法了义·明句》、《密教之理广论·金刚八圆满明炬》、《三昧耶二十一广论》、《显密双运广论·作明无边胜伏》、《莲花生空心结广论》等释论，以及《梦境释义》、《往生迹象》、《未来预言》等。

玛久拉仲一生培养的弟子众多，遍布整个藏区。

（德吉卓玛）

Manike

玛尼克 Manik（1908.05.19～1956.12.03） 印度孟加拉语作家。本名P.K.邦多巴泰。有人根据英文拼写将其姓氏译为“班纳吉”。被认为是现代孟加拉进步文学的创始者。在中印文学交流方面发挥过一定作用。

玛尼克生于今印度恰尔肯德邦杜姆卡镇。父亲是一名税务官员，由于父亲工作的不断调动，玛尼克自幼活动于孟加拉与比哈尔地区，接触到大量社会底层劳动人民，这为他之后的文学创作积累了宝贵素材。1928年入加尔各答大学管区学院学习数学，同年发表处女作——短篇小说《阿塔西舅母》，正式进入文坛。后任职于多家文学杂志社。20世纪30年代中期起先后完成长篇小说《母亲》（1935）、《昼夜诗章》（1935）、《帕德玛河上的船夫》（1936）、《黄河与绿色森林》（1956）等，奠定了其在孟加拉语文坛的地位。1944年加入印度共产党，1943年参加反法西斯进步作家和艺术家协会，1945年加入印度进步作家协会，1946年选为印度进步作家协会秘书长。同年作为《独立报》记者，积极争取印度民族团结和宗教平等。印度独立后，曾任印度和平理事会委员，为争取人民和平与民主做出努力。1956年12月3日，于加尔各答逝世。

玛尼克早期作品中浪漫气息较为浓重。自代表作《帕德玛河上的船夫》起，作品开始走向现实主义。小说大都以渔民、船夫等底层劳动人民为主要描写对象。1944年加入印度共产党后开始投身政治运动，这成为其创作的分水岭。此后，他选择更加紧密地同人民大众站在一起，接连创作多部长篇小说，反映了失业等社会问题，批判了种种社会陋习。被誉为无产阶级作家、左翼作家领袖。

玛尼克支持中国人民的抗日战争。1953年中国文化代表团访问印度，他将自己的著作赠送给访问团并签名留念。20世纪50年代起，中国先后出版了其部分作品的中译本，如郭开兰译《帕德玛河上的船夫》（1956）、石真译《玛尼克短篇小说选》（1984）等。

（李宝龙）

Maijishan Shiku

麦积山石窟 Maijishan Caves 中国佛教石窟。位于甘肃省天水市东南45千米处的麦积山。麦积山海拔1 669.5米，因山崖突兀而起，陡壁峭立，形似麦垛，故名。洞窟开凿于山体西南、南、东南三侧的峭壁上，洞窟间有凌空构筑的栈道相连，层层相叠，气势非凡。因地震破坏，窟群被分隔成东崖和西崖两部分。创建年代无明确记载，现存最早的洞窟可能不早于5世纪。北魏、西魏、北周、隋相继开凿，唐、宋、明时多为重新妆銮改塑。明以后石窟

麦积山石窟

麦积山石窟彩塑像

麦积山石窟彩塑像

逐渐湮没无闻，1941年被重新发现。现存窟龛194个，造像约7 000余躯，壁画约1 000多平方米。麦积山属红色砂岩，质地疏松，造像主要是敷彩泥塑，只有少量石雕。该石窟以精美的雕塑闻名于世，被誉为中国雕塑艺术的宝库。1961年国务院公布为全国重点文物保护单位。

早期洞窟　以第74、78窟最为典型。两窟为形制相似的双窟，横长方形平面，平顶。正壁和左右壁下部有高坛，坛上各塑结跏趺坐佛一身。正壁佛两侧各塑一胁侍菩萨立像，正壁两侧上方小龛内，塑交脚菩萨和思维菩萨。佛面相浑圆，躯体粗壮。菩萨袒裸上身，下着长裙，体态浑厚。第78窟坛座绘胡服男供养人行列，一榜题中有“仇池镇”字样。此镇建于北魏太平真君七年(446)，可知开窟年代不会早于此年。但也有人认为壁画为后代重绘，开凿年代应早至后秦或西秦。

北魏洞窟　数量最多。多为方形平面，平顶，三壁三龛式或左右两壁各凿一大龛。造像题材以三佛为主，还有一佛二弟子二菩萨或一佛二弟子二菩萨二力士等新组合，以及释迦多宝并坐像、千佛像、影塑等。第115窟有景明三年(502)发愿文，为麦积山现存最早的造窟纪年题记。这一时期造像和壁画中的人物具有秀骨清像特点，服饰趋于世俗化。

西魏洞窟　多大型洞窟和崖阁式洞窟。这与西魏大统元年(535)再修崖阁、重兴寺宇，以及西魏乙弗皇后在麦积山出家为尼有关。大窟有第127窟和第135窟，皆平面横长方形，覆斗顶，窟内雕仿木式佛帐。窟顶保存有大幅经变画和佛本生故事画，如维摩经变、西方净土变等。第127窟西方净土变构图严谨，气势宏伟，是中国石窟中已知年代最早、面积最大的一幅净土变。崖阁式洞窟以第43窟(乙弗皇后寂陵)为代表，是一座面阔三间的庑殿顶建筑，窟内后部有洞穴。造像题材除三佛等以外，还有两侧壁相对而坐的维摩、文殊及立于佛两侧的童男、童女，造像人物的面相由清瘦渐转丰圆。第123窟(西魏)童女像，梳双鬟髻，穿大袖襦，着长裙。微笑的脸庞带有一些稚气，虔诚信佛的神情表现得惟妙惟肖，为麦积山雕塑的极品。

北周洞窟　数量较多。有大型崖阁式大窟。其中东崖最高处的第4窟可能是大都督李允信出资营造的七佛阁。此窟为八柱七间殿堂式崖阁，前廊雕平棊藻井，前廊后部凿7座并列的大窟，窟间雕天龙八部。窟内除影塑为原作外，塑像均经后代改塑。七佛阁东与第3窟千佛廊相连，构成规模宏大的殿廊组合。中小型洞窟多为方形平面，覆斗顶，三壁三龛或三壁七龛式，窟内有仿木式佛帐结构。造像题材以七佛为主。人物面相方圆丰满，体态健壮。壁画中出现以绘为主、塑绘结合的形式。第4窟前廊顶部的飞天，头、上身、足等肌体部位用浅浮雕手法塑出，头饰、服装和其他饰物则为彩绘，使得飞天形体突出醒目，增加了立体感。

隋代洞窟　数量较少。多方形平面、四面坡顶，或马蹄形平面、穹窿顶，仍有大型崖阁式窟。其中的第5窟，前廊雕出屋脊、鸱吻，前廊后部开三龛，气势雄伟，富丽壮观。第13窟和第98窟为摩崖大像。这一时期造像组合为一佛二菩萨，一佛二弟子二菩萨，或一佛二弟子四菩萨等。主尊多**释迦牟尼**或阿弥陀佛。形体和服饰更趋写实和世俗化。

(李裕群)

Manwen Dazangjing

满文大藏经　Ta-ts'ang Ching in Manchu Language　中国满文佛教典籍总集的统称。是以**藏文大藏经**的甘珠尔部为底本，参照汉文、蒙古文大藏经翻译、雕刻和印行的满文译刻本。是清代康乾盛世的文化产物，在某种程度上代表了中国雕版印刷及装帧技术的最高水平。清代又称国语大藏经。

清乾隆三十八年(1773)，乾隆帝降旨，特开清字经馆，翻译刊刻满文大藏经。在具体造刻满文大藏经时，乾隆帝采纳了国师、**三世章嘉活佛·若贝多杰**的建议，参照藏文大藏经中的甘珠尔部(108函)翻译。这正好是佛教三藏中经和律部分，属于佛陀(见**释迦牟尼**)所言，即正藏。满文大藏经中没有翻译丹珠尔部，因其属于三藏中的论部，非佛陀所言，是后人撰述。大般若、大宝积、大集华严、大般涅槃、中阿含等经及大乘律则全部翻译，其他归于五大部支派的重要经典，采取删繁就简的

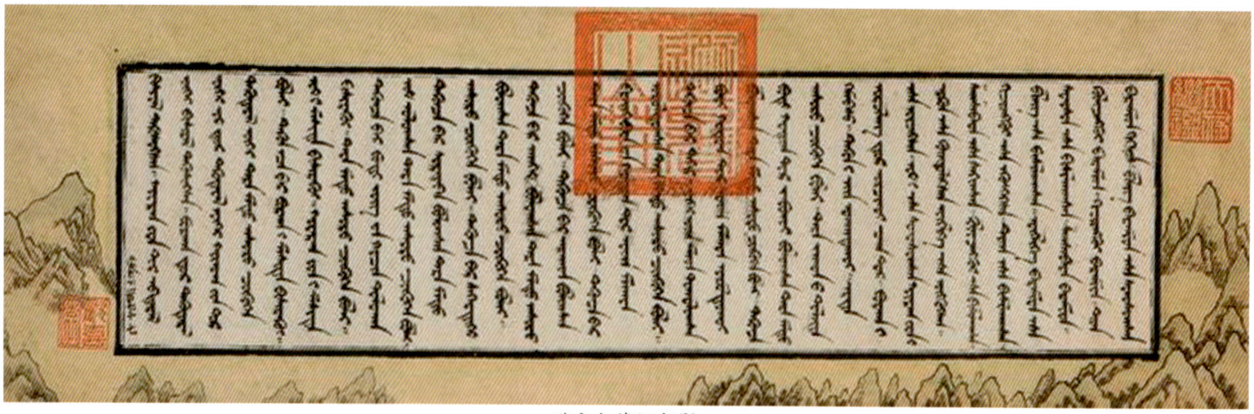

满文大藏经书影

办法翻译。此外，译经家们还将藏经中所有蒙古字、汉字悉心校核，按部译为满文。为使译经工程顺利进行，乾隆帝又下旨，先编译8卷本《四体合璧大藏全咒》。

满文大藏经的翻译，自乾隆三十八年始至乾隆五十五年全部完成，历时18年。部分经卷印刷成帙，在乾隆八旬寿辰之时作为寿礼呈给皇帝，乾隆作序《御制清文翻译大藏经序》，或称《清文翻译全藏经序》。

满文大藏经共有108部（函），收录了699种佛教经典，共计2 535卷。分为5大部类：①五大部诸经选收般若部各经22函，610卷；宝积部1经，6函，120卷；大集部1经，1函，30卷；华严部1经，8函，80卷；涅槃部2部，2经，42卷。②五大部外诸重单译经17函，206部，444卷。③密部经轨仪法陀罗尼等16函，322部，404卷。④小乘经及集传等20函，155部，460卷。⑤小乘律16函，11部，345卷。而大乘律、大乘论及小乘论全部未收录。

满文大藏经书影

满文大藏经的版式参照藏文大藏经，为贝叶夹装，经页双面朱印，每页长73厘米，宽24.5厘米。装帧精美考究，绘画和佛像造型庄重富丽、生动活泼。所绘佛像数不胜数，仅在经夹板上所绘神佛像就达700多幅，是清代藏传佛教造像艺术的瑰宝。

满文大藏经刻板存于清字经馆中。嘉庆四年（1799），刻板又移存于紫禁城午门楼上。当时满文大藏经仅印行12部，分别供奉在西藏布达拉宫、扎什伦布寺，北京宗镜大昭之庙、香山宝谛寺、故宫英华殿、雍和宫，承德殊像寺、普陀宗乘之庙、须弥福寿寺，盛京（今辽宁沈阳）法轮寺，内蒙古多伦汇宗寺，山西五台山镇海寺。

满文大藏经收录了许多精美的印度神佛像和原生态的印度古咒语（真言），这对中印文化交流和学术研究有重要价值。特别是清代《四体合璧大藏全咒》（梵文、藏文、蒙古文和汉文四体文种）8卷本的编译和问世，是中印各民族文字翻译史上取得的巨大学术成果，它不仅在当时的佛经翻译中起到重要作用，而且为后世留下了极为珍贵的资料。

（尕藏加）

Manxian

满贤 Pūrṇabhadra 印度来华僧人。据《佛祖统纪》卷四四，满贤于北宋大中祥符六年（1013）由印度波罗奈来到宋朝都城汴京（今河南开封），进献梵经和无忧树叶。宋真宗赵恒（997～1022年在位）赐以紫服。

（薛克翘）

Manyue

满月 Pūrṇacandra（约活动于9世纪）西域僧人，译经家。据《宋高僧传》卷三等，满月为西域人，来到中土后因擅长瑜伽法门且多有神效而甚受推崇。唐文宗开成（836～840）年间进奉佛典梵夹，希望加以翻传。当时朝廷权臣与宦官斗争的“甘露之变”方才结束，纲纪不整，无暇顾及译事。然而，曾经受赐悟达国师名号的知玄法师愿学声明，奉满月为师，仍以个人名义请他翻译各种禁咒。满月遂与他人共同译出《陀罗尼集经》4卷，另译《佛为毗戍陀天子说尊胜经》1卷，皆再三复核详审，以曲尽佛意。可惜后者今佚，而前者因当时已有《陀罗尼集经》12卷，终未入藏。其他事迹不详。

（葛维钧）

Manda' er

曼达尔，B.B. Bhakti Bhushan Mandal（1920～2004.08.30） 印中友好人士。印度西孟加拉邦人。曾任印度中国友好协会主席。先后获得文学学士、硕士学位。做过律师，为西孟加拉邦民主律师协会和律师协会成员。后转入政界，任全印前进同盟西孟加拉邦副主席。1969～1970年任西孟加拉邦司法和立法事务部部长，1977年任西孟加拉邦合作部部长。1979年起任印度中国友好协会主席，多次率团访问中国。

（李宝龙）

Mandalasa

曼达喇萨 Madras 印度旧地名的异译。今译马德拉斯，即今印度泰米尔纳德邦首府金奈。此译法见于清代谢清高《海录》。见马德拉斯。

（薛克翘）

Manshushili

曼殊室利 Mañjuśrī（约活动于10世纪）中天竺来华沙门。据《佛祖统纪》卷四三，曼殊室利本为中天竺王子，后为僧，于宋太祖开宝四年（971）与中国西行求法僧人建盛来华，宋太祖赵匡胤命人将其安置于相国寺。太平兴国三年（978）离开。由于他严格执行戒律，都城汴京（今中国河南开封）民众施舍给许多财物，但他并不享用。又据《宋史》卷四九〇和《宋会要辑稿》"蕃夷四"之八八、八九，因他得到很多施舍，为当地僧人所嫉妒。又因他不懂中文，那些嫉妒者便向宋太祖谎报其要求归国，宋太祖下诏书许可。不得已，他于数月后南下，说要到南海随商人船离开，最终不知去向。

（薛克翘）

mantuluo

曼荼罗 maṇḍala 密教举行神秘仪式的场所。意译作坛、坛场、道场等。一般认为，曼荼罗起源于印度上古举行祭祀的祭坛。婆罗门教的三大纲领中有"祭祀万能"一项，建立祭坛是婆罗门教常见的宗教活动。佛教受其影响，也建立祭坛。据《摩诃僧祇律》，似乎佛在世时，其弟子就有画曼荼罗的行为。至少在佛去世后的部派佛教时期，信徒们模仿婆罗门教的火祭，也已运用曼荼罗举行祭祀。曼荼罗原有多种形状，但密教的曼荼罗多作方形。持明密教将护摩法引入修行体系，也将曼荼罗法引入。曼荼罗

曼荼罗图像

中的主神有时是佛，有时是菩萨或诸天。如7世纪前期译的《千眼千臂观世音神咒经》，首次提出使用曼荼罗法，其坛中心安置的主尊为千手观音。曼荼罗法到真言乘和金刚乘时期臻于完善，形成胎藏界曼荼罗和金刚界曼荼罗两大系统，号称"两界曼荼罗"。两界曼荼罗都有多种传承，内容大同小异。胎藏界曼荼罗仿佛是密教诸神的万神殿，明确了诸神的方位和座次：曼荼罗中心部分绘成八瓣莲花形，称"中台八叶"。五佛中大日如来居于莲心，其余四佛居于东、南、西、北四个正向的莲瓣上。东南、西南、西北、东北，依次是四大菩萨。其外围或二重或三重不等，安置其余的菩萨、金刚、诸天、鬼神、星宿等。金刚界曼荼罗分成9个部分，称为"九会曼荼罗"，是一个更加庞大复杂的曼荼罗系统，也在不同方位安置诸佛、菩萨、诸天、千佛等。主持建立曼荼罗的师父称阿阇梨，弟子在阿阇梨的指导下进入曼荼罗，面对诸佛菩萨一一礼拜，并念诵与之相匹配的真言咒语，以求获得成就。到金刚乘后期，曼荼罗法因过于繁杂细琐而逐渐被修行者弃置，代之以简便又顺其自然的易行乘。

（薛克翘）

maorjing

猫儿睛 cat's eye 一种金绿宝石（又称金绿玉）。俗名猫儿眼。中国南宋地理学家赵汝适《诸蕃志》卷下记载此种宝石得名的情况："猫儿睛，状如拇指大，即小石也，莹洁明透如猫儿眼，故名。"南宋地理学家周去非《岭外代答》卷二指出，西天南印度的注辇"出指环脑子，盖猫儿睛之类也"。元代航海家汪大渊《岛夷志略》称大乌爹（今印度奥里萨邦）出产布匹、猫儿眼睛、鸦鹘石、翠羽。"猫儿眼睛"与明代通事（翻译官）马欢《瀛涯胜览》中的"猫睛石"，均指此名贵宝石。中国近代地质学家章鸿钊《石雅》指出猫儿睛分为3种，即水精、青石绵（虎睛、鹰睛）、金绿宝石（又称金绿猫睛、东方猫睛）。古代的西亚、印度和中国之间常有宝石贸易，猫儿睛是其中之一。波斯和阿拉伯商人善于鉴别，到中国从事珠宝贸易的不少。《宋史》卷一八六记载，南宋建炎元年（1127）宋高宗甚至下诏，广州禁止蕃

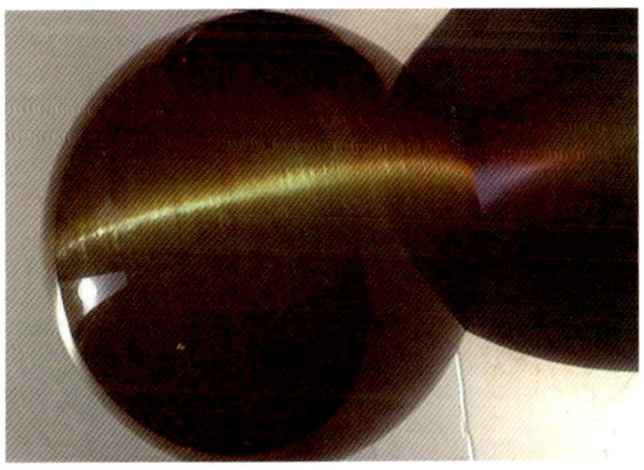

猫儿睛

商输入笃耨香、指环玛瑙、猫儿眼睛等名贵而无实用之物。但实际上禁止不住，故宋元以来，印度等地的宝石为中国官宦与富贵人家所珍爱。荷兰商人J.林斯赫顿《东印度群岛航海记》记载，最好的猫儿睛出自南蕃的锡兰（今斯里兰卡）等地区。锡兰猫儿睛又称波光石，颜色微绿，质坚而色美，是世之珍品。印度人很重视猫儿睛的价值，知道中国人尤其喜欢，常常将其带到中国高价出售。

（陈明）

Mao Zedong

毛泽东 Mao Zedong（1893.12.26～1976.09.09） 马克思主义者，中国无产阶级革命家、战略家、理论家，中国共产党、中国人民解放军和中华人民共和国的主要缔造者，中国各族人民的领袖，毛泽东思想的主要创立者。

毛泽东出身于湖南省湘潭县韶山冲一个农民家庭。1914～1918年就读

于湖南省立第一师范学校。1918年4月，同蔡和森等发起成立新民学会。1919年7月，创办《湘江评论》。1919年12月，建立长沙社会主义青年团和共产主义小组。1921年7月，出席中国共产党第一次全国代表大会。1924年1月，出席中国国民党第一次全国代表大会，当选为中央候补执行委员。1925年，参与国民党第二次全国代表大会的筹备工作。10月，任国民党中央宣传部代理部长。1926年5～9月，主办广州第六届农民运动讲习所。11月任中共中央农民运动委员会书记。1927年3月，发表《湖南农民运动考察报告》。

大革命失败后，在1927年8月7日的“八七会议”上，毛泽东被选为中央临时政治局候补委员。8月，领导湘赣边界秋收起义，到达井冈山地区，创建中国第一个农村革命根据地。1928年4月，同朱德、陈毅率领的南昌起义余部在井冈山会师，合编为工农革命军第四军（后改称红军第四军），任党代表。1931年当选中华苏维埃共和国中央执行委员会主席、人民委员会主席。1935年1月在遵义会议上，被增选为政治局常委。1936年12月，任中共中央革命军事委员会主席。

1945年4～6月，毛泽东主持召开中共第七次全国代表大会，确定毛泽东思想为党的指导思想。在中共七届一中全会上，当选为中央书记处书记、中央委员会主席。同年8月，赴重庆同蒋介石进行和平谈判。1948年9月～1949年1月，同周恩来等组织指挥辽沈、淮海、平津三大战役。

1949年9月，毛泽东主持召开中国人民政治协商会议第一届全体会议，当选为中央人民政府主席。随后，又当选为全国政协第一届主席，并任中央人民政府人民革命军事委员会主席。10月1日，在北京天安门开国大典上庄严宣告中华人民共和国成立。1954年1～3月，主持起草新中国的第一部宪法。9月，当选为中华人民共和国主席。1956年9月，主持召开中共第八次全国代表大会，在会上被选为中共中央主席，担任这一职务直到逝世。1958年发动“大跃进”和农村人民公社化运动。1966年发动“文化大革命”运动。在对外政策方面提出划分“三个世界”战略构想。

毛泽东一生著述颇丰，主要著作收入《毛泽东选集》(4卷)和《毛泽东文集》(8卷)。

毛泽东重视中印友好往来。1942年在为印度友人柯棣华大夫的挽词中写道：“全军失一臂助，民族失一友人。柯棣华大夫的国际主义精神，是我们永远不应该忘记的。”中华人民共和国建立后，多次接见来华访问的印度代表团，并在1951年1月26日亲自出席印度驻华大使K.M.潘尼迦举行的印度国庆招待会，称赞“印度民族是伟大的民族，印度人民是很好的人民”。1954年会见来华访问的印度总理J.尼赫鲁，就国际形势、世界和平等重大问题进行了3次会谈。1963年指示中共中央对外联络部研究印度问题，之后四川大学与辽宁大学成立了印度研究机构。1971年5月1日在天安门城楼接见印度驻华使馆临时代办时，表示希望同印度恢复传统的友好关系。

毛泽东会见J.尼赫鲁 1954年10月

（张书剑）

Maodun

茅盾 Maodun（1896.07.04～1981.03.27） 中国作家，翻译家，文学评论家，社会活动家。原名沈德鸿，字雁冰。笔名有茅盾、玄珠等。

茅盾生于中国浙江桐乡一户书香门第，早年受过良好教育，但由于家庭贫困，他的大学教育突然终结。1916年入上海商务印书馆，开始自谋生计。从五四运动时开始，在中国文学界起过重要作用。曾任大型文学刊物《小说月报》主编。1921年1月与郑振铎、许地山等12人发起成立文学研究会。1934年9月协助鲁迅创办《译文》杂志。中华人民共和国建立后被任命为文化部部长。长达半世纪多的文学生涯，使茅盾成为一个成熟的文学家。1981年茅盾逝世后，用他的积蓄设立了茅盾文学奖，以表彰中国长篇小说创作方面的优异成果。

茅盾的主要作品包括小说《三人行》、《林家铺子》、《春蚕》、《秋收》、《虹》和《子夜》。他的现实主义文学创作特别着重于对他人生道路产生影响最大的因素：外国作家和思想、中国传统和政治、阶

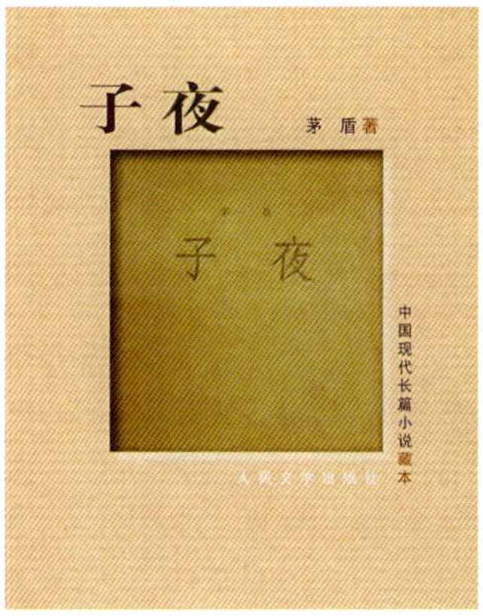

茅盾《子夜》封面

级斗争以及女权主义在中国的兴起。

茅盾一生还翻译了240多篇文学作品，涉及30个国家的150多名作者，涵盖了多样文学题材和文学样式，如科幻小说、戏剧、诗歌、散文、社会评论和文学理论。除非常富有成就的翻译工作外，茅盾对于翻译理论和实践还提出了一些真知灼见，包括“艺术的创造性的翻译”和“系统翻译”等理论，对20世纪上半叶中国翻译实践领域的发展产生了重大影响。

茅盾通过自己的作品极大地影响了20世纪早期中国新文学运动的发展。同时，他对中国的科学、革命和民主思想的发展也作出了巨大贡献。

在印度，茅盾的作品被纳入中国文学和中国文学史课程教学大纲，并在印度各大学的中国语言、文学和文化系或中心讲授。他曾将R.泰戈尔的短篇小说《骷髅》译成汉文。

（邵葆丽撰　刘文亮译）

Medi

么地，H.N.　Hormusjee Naorojee Mody (1838～1911)　印度籍波斯商人，慈善家。通过在中国香港开办各类企业积累了

大量财富，曾积极参与香港大学的创办。

么地在舅舅J.巴克西的建议下，于1860年（有资料称1858年）由孟买来到香港。曾在S.A.赛斯的鸦片贸易公司及利生银行工作。舅舅过世后他接管了舅舅的拍卖行。在银行工作期间，与出生在印度加尔各答的亚美尼亚裔商人C.P.遮打相识，两人于1868年以商业合伙人的身份共同创立了遮打与么地公司，涉足股票代理和房地产业。他们很早意识到九龙地区特殊的地理位置，在那里大量投资地产及各类开发项目。现九龙尖沙咀一带有两处以“么地”命名的场所，分别是“么地道”和“么地广场”。遮打与么地公司因九龙和香港岛的港口开发和土地复垦计划著名，其中包括香港岛北部沿海的填海计划。

么地热衷于香港的慈善捐赠事业，其捐赠项目包括一幢海员协会大楼、一所士兵水手之家以及香港大学，后者被认为是其对香港发展最为突出的贡献。1910年3月，香港大学主楼奠基。么地于一年后逝世。2002年6月17日香港大学建校90周年之际，么地半身铜像被置于学校主楼内，以纪念他所作的贡献。

（玛妲玉撰　贾岩译）

Mei Lanfang

梅兰芳　Mei Lanfang (1894.10.22～1961.08.08)　中国京剧演员。原名梅澜，字畹华，一作浣华。祖籍江苏泰州，生于北京。在印度诗人R.泰戈尔1924

年访华期间，与他结下堪称佳话的笔墨因缘和真挚友谊。

生平　梅兰芳出身北京梨园世家。8岁学戏，11岁登台，年方弱冠，名动京沪。1918年移居上海。工青衣、花衫、刀马旦。继王瑶卿之后，对京剧旦角的唱腔、念白、舞蹈、音乐、服装、化妆诸方面均有所革新和创造，形成中国戏曲表演艺术中独具风格的“梅派”。演

梅兰芳《洛神》剧照

技全面，京剧、昆曲兼擅。扮相端丽，唱腔圆润。为旦行一代宗师，享有国际盛誉。在半个世纪的舞台生涯中演出剧目近400出。代表性剧目有《宇宙锋》、《贵妃醉酒》、《霸王别姬》、《断桥》、《游园惊梦》、《凤还巢》、《抗金兵》、《穆桂英挂帅》、《天女散花》等。被国际社会誉为“美的化身”。在日踞时期拒演，保持了民族气节。历任中国京剧院院长、中国戏曲研究院院长、中国文学艺术界联合会副主席、中国戏剧家协会副主席。所著论文编为《梅兰芳文集》，演出剧目编为《梅兰芳演出剧本选集》，另有自述传记《舞台生活四十年》。67岁时，因心脏病发作而逝世于北京。

与泰戈尔的艺术交流和笔墨因缘　1924年春季，泰戈尔来中国访问，梅兰芳与他多有过从，或陪同诗人游览杭州灵隐寺，或出席诗人演讲会，或参加诗人的公开祝寿活动，或私下在北京无量大人胡同（今已无存）24号自家寓所接待诗人。同年5月8日，适逢泰戈尔64岁生日，中方为诗人举办隆重祝寿仪式，当晚在北京东单三条协和医学院礼堂用英文演出泰戈尔名剧《齐德拉》。这是中国首次演出印度戏剧。泰戈尔坐在第三排中间，而梅兰芳就坐在诗人身边。泰戈尔参加过自己创作的多部戏剧的演出，熟谙表演艺术，与梅兰芳一见如故，惺惺相惜。泰戈尔向他表示，希望离京前看到他的戏。梅兰芳于是邀请诗人观看由他主演的神话剧《洛神》。5月19日，梅兰芳在开明戏院（后更名为民主剧场，今已无存）如约专场

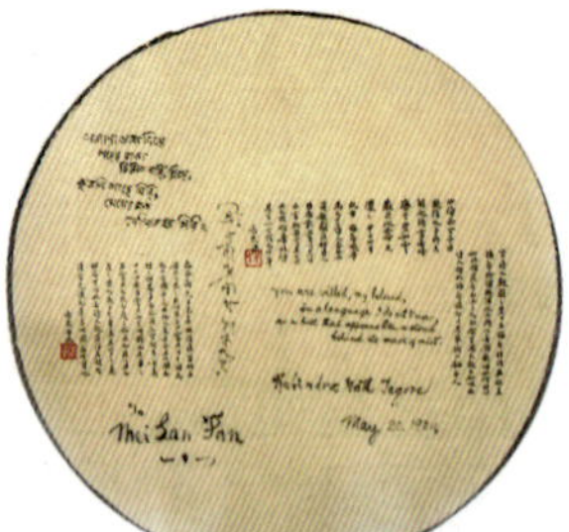

泰戈尔赠给梅兰芳的纨扇（正面）

泰戈尔赠给梅兰芳的纨扇（背面）

演出《洛神》招待泰戈尔。诗人戴绛色帽，着红色长袍（国际大学礼服），端坐于包厢正中。演出结束后，到后台向梅兰芳表示感谢并邀他翌日晤谈。5月20日午间，梅兰芳与**梁启超**、姚茫父等一道为将在当夜前往太原的诗人饯行。席间，泰戈尔谈到《洛神》，在赞赏之余也对“川上之会”一场的布景坦率提出建议：应用奇峰、怪石、瑶草、琪花等烘托神话气氛，以避免布景一般化。还谈到中国戏剧与美术的密切关系以及艺术家应有的全面素养。梅兰芳虚怀若谷，随后请人根据诗人意见重新设计《洛神》布景，一直沿用至今。除了戏剧表演艺术的共同话题外，两个同样具有世界声誉的艺术家还对丹青有共同的爱好，因而也交流了各自在绘画方面的经验。泰戈尔即席赋诗一首，旋用中国笔墨，将它写在一柄纨扇上，原文系孟加拉文，又自译为英文，随后在上款题写受赠人之名，并签上自己的名字，复用孟加拉语朗诵了自己的新作，再将这件难得的礼物赠送梅兰芳。诗云：

亲爱的，你用我不懂的
语言的面纱
遮盖着你的容颜；
正像那遥望如同一脉
缥缈的云霞
被水雾笼罩着的峰峦。

梅兰芳礼尚往来，用钢笔在书法家汤定之送他的白纸折扇上写下《洛神》中的四句唱词，回赠泰戈尔作永久纪念：

满天云霞湿轻裳，
如在银汉碧河旁。
缥缈春情何处傍，
一汀烟月不胜凉。

梅兰芳还挑选了自己由百代公司录制的《嫦娥奔月》、《汾河湾》、《霓虹关》、《木兰从军》等多张唱片，以及谭鑫培的京剧《碰碑》唱片，俞粟庐的昆曲《三醉》和《拆书》唱片，元元红和小红秀的蒲剧《南天门》唱片等，赠送泰戈尔。

是夜，梅兰芳等前往火车站为泰戈尔送行。惜别之际，诗人邀请他率团前往印度访问、演出。1935年，梅兰芳访问苏联后漫游欧洲，考察戏剧，“归舟路过孟买，登陆小憩半日，但始终未能践泰翁之约”，引以为憾。1954年冬，中国文化代表团访问印度。在新德里、加尔各答、孟买、马德拉斯演出京剧。梅兰芳因故未能成行，但在听**李少春**讲述前往圣蒂尼克坦参观泰戈尔故居情形后，不禁为之心驰神往。

心心相印 1941年，泰戈尔行将辞世之前深情地写了一首诗，回忆自己在北京度过的那个温馨的生日：

在我生日的净瓶里
收集着我多次朝觐的圣水
这一点我始终铭记。
我曾踏上中国的土地
那些从来不曾谋面的人
将友谊的标志点上我的前额
称我为他们的知己。
不知不觉间异客的外衣脱落了
内里那个永恒的人显现了
展示出一种令人欣慰的关系
让我始料不及。
我取了中国名字，穿上了中国衣。
我心里早就知道，我无论在哪里
找到朋友，都会在那里获得新生，
他们给我带来生命的奇迹。
……

在诗人访华期间结识的朋友中，梅兰芳在他的心目中占有重要地位。梅兰芳是与诗人心心相印的真正知己。

梅兰芳也始终不曾忘怀自己的印度友人。1961年，在泰戈尔百年诞辰之际，梅兰芳于5月13日在《光明日报》发表诗歌《追忆印度诗人泰戈尔》。他在诗序中写道：“1924年春，泰戈尔先生来游中国，论交于北京，谈艺甚欢。余为之演《洛神》一剧，泰翁观后赋诗相赠，复以中国笔墨书之纨扇。日月不居，忽忽三十余载矣。兹值诗人诞辰百年纪念，回忆泰翁热爱中华，往往情见于词，文采长存，诗以记之。”他在诗中写道：“诗翁昔东来，矍铄霜染叟。高誉无骄矜，虚怀广交友。当日盍簪始，叨承期勖厚。欢赏我薄艺，赠诗吐琼玖。影声描绘深，格律谨严守。紫毫书纨扇，笔势蛟蛇走。微才何足论？鼓舞乃身受。百岁逢诞生，人琴怅回首。纪念谈轶事，肤词扫以帚。惟君恋震旦，称说不去口。愿偕中国人，相倚臂连手。文章与艺术，探讨皆不苟。如忘言语隔，务使青华剖。忆听开讲坛，响声龙虎吼。黑暗必消亡，光明判先后。反帝兴邦意，忧时见抱负。寰球时代新，孤立果群丑。惜君难且出，远识诚哉有。中印金兰谊，绵延千载久。交流文化勤，又最团结取。泰翁早烛照，正气勘不朽。谁与背道驰，路绝知之否。”两个多月后，梅兰芳遽然与世长辞，此诗成为他的绝笔。在写诗的同时，他还在《人民文学》5月号发表5 000余字长文《忆泰戈尔》，留下一篇关于自己与诗人交往逸事的珍贵文献。

当年梅兰芳赠送的那些唱片，一直为泰戈尔所珍藏。在泰戈尔逝世后，那些见证中印文化交流的珍品，被收藏到国际大学艺术学院博物馆中。同样，泰戈尔赠给梅兰芳的纨扇，以及

《贵妃醉酒》剧照　梅兰芳饰杨玉环（左）姜妙香饰裴力士

当年与诗人偕行的印度著名画家N.鲍斯所赠送的画作，珍藏在北京梅兰芳纪念馆内。

（刘建）

Meinong

梅农,K.P.S. Kumara Padmanabha Sivasankara Menon（1898.10.18～1982.11.22）印度外交家、作家，印度独立后首任驻华大使。1922年入印度公务系统，先后在英属印度和斯里兰卡任职，1943年被派往中国。当时的印度政府，因战争需要在海外设立了最早的两个外交机构，分别位于中国重庆和美国华盛顿。

梅农（左）会见客人

在中国工作的5年中，梅农与中国的政治领袖、知识分子和普通民众等各类人士广泛接触，观察中国的复杂局势并向印度国内汇报。曾向时任战时中国领导人蒋介石递交国书。曾安排数百名印度在华侨民返回印度。这些经历散见于一系列非正式信函中，后被汇编成《中国的黎明》一书。和当时的其他外交使团一样，梅农最初在重庆工作，第二次世界大战结束后转往南京。

梅农在华任职期间有过一次探险之旅。1944年，梅农从克什米尔地区的斯利那加出发至中国新疆，徒步或骑马翻越喀喇昆仑山脉后，驱车探访了塔克拉玛干沙漠南北沿线的多座绿洲之城，整个旅程耗时约3个月。后将其间所写日记辑成《从德里到重庆》一书出版，时任印度临时政府总理J.尼赫鲁为该书作序。

1948年，梅农被召回国内，出任印度独立后的首任外交秘书，其在华职位由K.M.潘尼迦接任。1952～1961年任印度驻苏联大使。

（玛妲玉撰　李宝龙译）

Mei Xieyun

梅撷云 Mei Xieyun（1880～1947） 中国唯识学家。名光羲，字撷云，或作撷芸。江西南昌人。杨仁山的弟子。

梅撷云早年曾中举人，受张之洞赏识，赴日本陆军振武学堂留学。后又入早稻田大学学习政治经济，归国后任职于司法界。1902年，梅撷云由同乡好友桂伯华引荐，得见杨仁山居士，并随其学习《大乘起信论》、《华严》等佛教经典，自此便倾心佛教。梅撷云尤其擅长法相唯识学，曾写有论文《相宗新旧两译不同论》，自举8条不同，并引用唐代灵润法师之14条，分析玄奘新译、真谛等旧译唯识学之差别。其佛学著作多属法相唯识相关，如《相宗纲要》及《续编》、《五重唯识观注》、《大乘相宗十胜论》、《相宗史传略录》、《因明入正理论节录集注》、《法苑义林章唯识章注》等。梅撷云热心弘法，不但资助金陵刻经处及支那内学院，亦亲身讲学。弘法于台湾的李炳南居士，亦曾在其门下学习。

（陈帅）

Mei Nantuo Zhuan

《美难陀传》 *Saundarananda* 印度古典梵语长篇叙事诗。讲述释迦牟尼成佛后返回故国住法，度化异母弟难陀出家的故事。见马鸣。

Menggu Fojiao Shi

《蒙古佛教史》 *hor gyi chos vbyung* 中国藏传佛教历史名著。清光绪十七年（1891），由格鲁派高僧晋美仁贝多杰撰成。该书依据汉、藏、蒙古等多种文字史料，对藏传佛教在蒙古地区传播和发展的情形作了较为详细的描述；同时有选择地介绍了藏传佛教史上著名人物的生平事迹，包括八思巴、宗

《蒙古佛教史》封面

喀巴·洛桑札巴、历代达赖喇嘛和班禅额尔德尼等高僧活佛。为后人研究清代蒙古地区藏传佛教，以及藏族、满、蒙古族等多民族文化交流提供了重要的文献史料。

（尕藏加）

Mengguwen Dazangjing

蒙古文大藏经 Ta-ts'ang Ching in Mongolian 中国蒙古文佛教典籍总集的统称。从翻译、编纂、校勘、刊刻，到最终印刷问世，历经元、明、清数代。

元大德年间（1297～1307），奉成宗帝之命，在萨迦派喇嘛、帝师扎巴俄色（1246～1303）的主持下，由藏、蒙古、回鹘和汉族学僧参与，将藏文大藏经翻译成蒙古文，但翻译了多少经卷，迄今未有明确的文献记载。

明万历年间（1573～1620），蒙古地区兴起笃信佛教的热潮，土默特部阿勒坦汗及其子孙们积极倡导翻译藏文大藏经。同时，察哈尔林丹汗亦十分重视藏文大藏经的翻译工程，他视甘珠尔部为三宝之一，召集贡噶敖斯尔等33名高僧学者，翻译甘珠尔中尚未译成蒙古文的部分，至崇祯二年（1629）完成。因用金粉善写而成，史称金字蒙古文大藏经。

现存蒙古文大藏经版本大多为清代整理和刻印。康熙二十二年（1683），奉康熙之命，由和硕裕亲王福全主持，北京净住寺达喇嘛乌拉特固什毕力昆达赖、阿巴噶德木楚克、乾清门侍卫喇喜等喇嘛和学者，将甘珠尔部再次校审后，汇编成108部（函），于康熙五十九年木刻印刷。

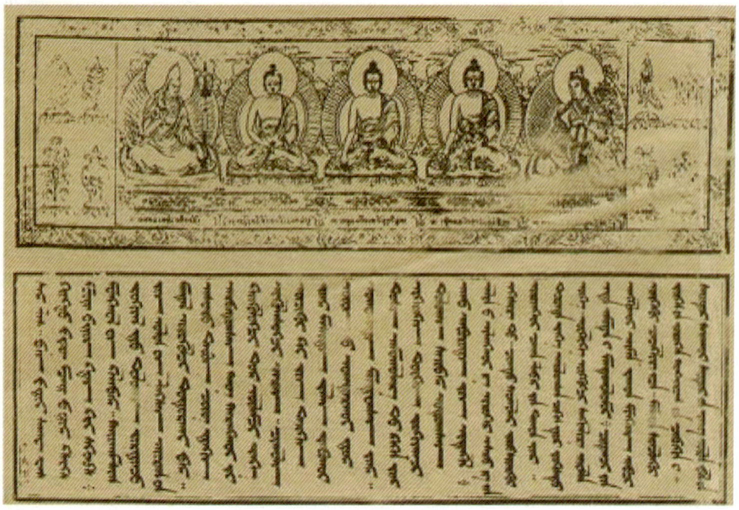

蒙古文大藏经书影 乾隆时期

蒙古文大藏经的另一部分丹珠尔部，是在乾隆年间（1741～1749）完成的。**三世章嘉活佛·若贝多杰**和噶勒丹锡勒图活佛·洛桑丹贝尼玛二人，奉乾隆皇帝之命，将藏文丹珠尔部译成蒙古文。参与译经的人员还有达赖固什阿格旺丹丕勒、唐古特官校总督官布扎布、西黄寺札萨克喇嘛·却音丕勒多尔济、隆福寺札萨克喇嘛·丹僧却德尔、净住寺达喇嘛乌拉特固什毕力昆达赖，以及由蒙古各地选派来的200余名喇嘛和学者，历时7年，终将225部（函）藏文丹珠尔全部译成蒙古文，与雍正初年译刻的蒙文甘珠尔部合成为一部完整的蒙古文大藏经，在北京净住寺印行。

蒙古文大藏经，包括甘珠尔和丹珠尔部的最后编译、校勘、审定和刻印，均按北京版藏文大藏经模式完成。它的分类、函数、种类，也完全与北京版藏文大藏经相同，甘珠尔部为108部（函），丹珠尔部为225部（函）。现存蒙古文甘珠尔部的目录分为：秘密经、大般若经、第二般若经、第三般若经、诸般若经、大宝积经、华严经、诸品经、律师戒行经等10类。

蒙古文大藏经的问世，不仅开辟了用蒙古文在蒙古族地区佛教寺院和僧俗信众中讲经传法的途径，而且使印度佛教文化在蒙古族地区得以发扬光大。

（丕藏加）

Mengmai

孟买 Bombay (now Mumbai) 印度西部主要港口城市，马哈拉施特拉邦首府。孟买在印度与中国互动中的重要性，体现在18世纪末至20世纪初它与中国华南沿海地区繁荣的海上贸易。孟买自16世纪起成为葡萄牙殖民者的定居地，17世纪后期落入英国东印度公司之手。到18世纪晚期开始兴起，成为印度西部首屈一指的港口。所以如此，在很大程度上是由于它与中国进行的原棉和鸦片贸易。

从1756年开始，大量孟买商人，尤其是来自**帕西人**社群、伊斯玛仪派社群和巴格达犹太人社群的孟买商人，从事对华贸易，在19世纪则为发展贸易而远航到中国沿海地区。其中数人在对华贸易中赚取了大量财富。那些贸易利润成为许多大型商业集团的基础。孟买对华贸易商中最为知名的有**J.杰吉博伊爵士**、D.沙逊及其家族、**塔塔家族**、佩提特家族等。这些商人的巨额财富多来自对华贸易。他们从中捐出大笔资金，用于慈善事业和发展孟买城市基础设施，因而被称为“缔造孟买的元勋”。一些孟买商人在中国广州、澳门、**香港**和**上海**生活多年，尤其为香港的发展作出了贡献。此外，对华贸易也为以孟买为中心的造船业的发展作出了贡献。19世纪后期，孟买与中国之间的成品棉纱贸易也开始蓬勃发展。事实上，成品棉纱贸易对刚刚起步的印度棉纺业的稳步

昔日孟买堡远眺

孟买象岛石窟

孟买印度门

发展起了关键作用。简而言之，孟买与中国的商业联系对其兴起和发展为印度名列前茅的港口和工商业中心，起了至关重要的作用。

19世纪，中国海员、木工、石匠和小商人接踵来到孟买港。约至19世纪中叶，孟买与加尔各答的华人数量大致相同，分别达到500人左右。但华人并未在孟买扎根并形成社群。在20世纪前数十年间，此城仅可看到华人在大街小巷叫卖丝绸和中国其他产品。

孟买与中国以经济为主的联系，导致一种意料之外的结果，即在孟买和印度西部，一些社会阶层养成了对中国艺术和艺术品的爱好，尤其是对中国瓷器、刺绣、丝绸和玻璃画的雅兴。帕西族妇女独具特色的伽罗刺绣丝绸纱丽、印度西部率先使用中国纺织技术生产的坦乔伊丝绸纱丽，以及印度的玻璃内画艺术，均见证着因孟买与中国的联系而带来的文化影响。

（玛妲玉撰　刘文亮译）

Mengzi

孟子　Mencius（前372～前289）　中国古代思想家，战国时期儒家思想代表人物之一。

生平　孟子为鲁国邹（今山东邹城）人。姬姓，名轲。东汉赵岐说他是鲁国贵族孟孙氏后人。幼年失怙，由母氏抚养。一说从学于子思，一说从学于子思门人，今已难考孰是。《史记》：“道既通，游事齐宣王，宣王不能用。适梁，梁惠王不果所言，则见以为迂远而阔于事情。”终孟子一生，游说诸侯，历齐、梁、宋、滕、鲁诸国，均未能见用。于是，孟子退而与万章、公孙丑等弟子论学，序诗书，述仲尼之意。他们的问答论辩后来由弟子门人辑录成《孟子》7篇，261章，流传于世。孟子个性鲜明，言辞雄辩，不惧王权，不难从言行见其

浩然之气。

学说思想　孟子对孔子推崇备至，认为孔子在圣人中“出乎其类，拔乎其萃”，因此他明确表示“乃所愿，则学孔子”。因此，孟子的学说一方面是继承孔子之学，另一方面则是对其学的阐发。孟子将孔子学说中“仁”这一修己的观念，外化为“仁政”这一治人的学说。孟子主张实行仁政“必自经界始”，明确土地归属，对君王提出“省刑罚，薄税敛”，“制民之产，必使仰足以事父母，俯足以畜妻子，乐岁终身饱，凶年免于死亡”的要求，使“有恒产者有恒心”，然后“谨庠序之教，申之以孝悌之义”，即不仅让百姓生活富足，更应该让他们安居乐业，和睦相处，讲求忠信孝悌。为实现“仁政”，救民于水火，使君成尧舜，孟子奔走列国，游说诸侯，讲学授徒。

孟子的思想学说对唐宋之后的中国产生了深刻且巨大的影响，其中许多命题的哲学思辨以及伦理启示，至今仍潜移默化影响着中国乃至整个东亚。义利之辨是孟子见梁惠王时，针对当时诸侯相互倾轧，大夫专权的社会现状提出的，指出“上下交征利”，是天下战乱纷争的根源。据此孟子提出“亦曰仁义而已矣，何必曰利”，认为仁义是植根于人心固有的先天伦理原则，利心则是产生于物我之间的私欲。孟子认为追求“义”并不是简单地摈弃“利”，而是不求“利”而自无不利的完美境界。司马迁曾说“余读孟子书至‘梁惠王问何以利吾国’，未尝不废书而叹也”。可见孟子深明治乱之由，指出言仁义而不言利，是拔本塞源的救弊之法。在见齐宣王时，孟子提出了“不忍人之政”，“老吾老以及人之老，幼吾幼以及人之幼”，建议齐宣王将不忍杀牛之心推广及于百姓，见百姓冻饿而知务民之本。孟子对天下战乱纷争提出的解决办法，是从人性的基本面出发的，并不是简单地着眼于解决当前问题，因此孟子当时颇受齐宣王礼遇。在与告子的辩论中，孟子明确提出了性善论，认为人性本善，指出：“恻隐之心，人皆有之；羞恶之心，人皆有之；恭敬之心，人皆有之；是非之心，人皆有之。恻隐之心，仁也；羞恶之心，义也；恭敬之心，礼也；是非之心，智也。仁义礼智，非由外铄我也，我固有之也。”孟子认为仁、义、礼、智是人固有的本性，并不需要从外习得，只需将恻隐之心、羞恶之心、恭敬之心、是非之心四端扩充发展，就能开发出仁义礼智的本性。“仁，人心也；义，人路也。”孟子认为仁义是人最根本的伦理准则，据此可以使“父子有亲，

《重刊宋本孟子注疏附校勘记》书影

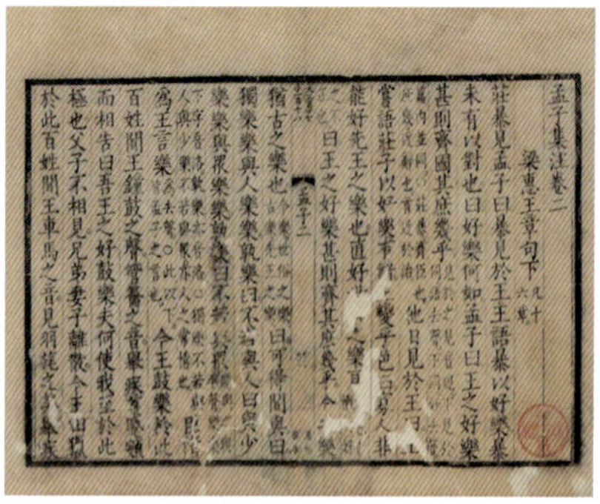

《孟子集注》宋刻本书影

君臣有义，夫妇有别，长幼有序，朋友有信”，进而使民养生丧死无憾，以至于成就王政。

在个人修养上，孟子认为自己“知言”、“善养浩然之气”。知言，尽心知性，于一切言语无不穷极其理，而知其是非得失，需要做到“诐辞知其所蔽，淫辞知其所陷，邪辞知其所离，遁辞知其所穷”。言辞生于心，如果心明乎理而无弊，言辞自然通达无病。若不然，则言辞必有四种辞病的某一种。孟子善于从其言病，而知其心之失，进而得知其害于政事之所为。更进一步，孟子认为“尽其心者知其性也，知其性者知天也”，通过对人心的认识，进而可以体悟天道，这正是孔子修人道以证天道的为学宗旨。“知言”需要心通乎道，明辨是非，然后能之。浩然之气，孟子认为“难言”，但也有描述：“其为气也，至大至刚，以直养而无害，则塞于天地之间，其为气也，配义与道”，“是集义所生者，非义袭而取之也”。浩然之气，合乎道义而为之助，使人行道义时勇决无疑。孟子认为通过“反身而诚”的修养功夫可以养成浩然之气，使万物皆备于我。“存其心，养其性，所以事天也”，孟子把存心养气作为事天的功夫，认为“君子所以异于人者，以其存心也。君子以仁存心，以礼存心”。在养气的论述中孟子尤其重“夜气”，这对古人养生以及人格修养的方法论有十分重要的影响，孟子说：“夜气不足以存，则其违禽兽不远矣。”孟子是借草木受夜气的滋养而生长，比喻人本于其良心，即人受仁义之心的滋养而成为君子。“苟得其养，无物不长；苟失其养，无物不消”，可见仁义之心对人的重要性，这也是人禽之所由分。

孟子时代，百家争鸣，各种学说流传于世。因此孟子有不少针对杨墨的议论，这也是唐宋时，儒家学者为排佛老而尊孟子的一大原因。孟子认为：“杨子取为我，拔一毛而利天下，不为也。墨子兼爱，摩顶放踵利天下，为之。”并进一步说：“杨氏为我，是无君也；墨氏兼爱，是无父也。”孟子将当时天下纷乱的思想根源归结为“孔子之道不著，是邪说诬民充塞仁义也”。杨墨二家学说当时流传甚广，孟子视之为“邪说”，极力加以批判。

后世影响　《汉书·楚元王传赞》：“自孔子殁，缀文之士众矣。唯孟轲博物洽闻，通达古今，其言有补于世。”隋唐时代，学者大多“不入于老，则归于佛”。儒家学者对此颇致不满。但是孔子只有“攻乎异端，斯害也已”之类的自律性言论，故他们转而以孟子辟杨墨为先例，提出尊圣人之道，力排佛老。在儒家思想与佛教理论交锋融合的过程中，孟子的影响尤为重要。孟子曾说：“不孝有三，无后为大。”据此儒家学者攻击佛教是入家破家。而实际上根据《孟子》上下文，我们不难发现孟子的原意是为了强调“权”，而非强调伦理原则。至中唐时，韩愈著《原道》，把孟子视为唐以前儒家唯一继承孔子“道统”的人物，“孔子传之孟轲，轲之死，不得其传焉。荀与扬也，择焉而不精，语焉而不详”。至北宋熙宁四年（1071），《孟子》一书首次被列为科举考试科目之一。元丰六年（1083），孟子被追封为“邹国公”，次年配享孔庙。南宋朱熹又把《孟子》与《论语》、《大学》、《中庸》合订为“四书”，使之成为儒家基本经典之一。当时著名学者陆九渊则自谓其学问得益于孟子。元朝至顺元年（1330），加封孟子为“亚圣公”，地位仅次于孔子。

（江巨浪）

Milantuo

弥兰陀　Milinda（约活动于前2世纪中叶）　古代统治印度西北部的希腊国王。又称米南德王。

约于公元前160～前140年，弥兰陀领有旁遮普地区，都于奢竭罗（今巴基斯坦锡亚尔科特）。在北印乃至亚穆纳河以南发现过大量他的钱币，说明

弥兰陀时期金币

他的影响曾遍及这一地区，并对华氏城的印度统治者构成威胁。他曾与佛僧那先讨论佛教理论问题。那先为他广说人生无常、因果报应以及涅槃之理，使他信而皈依佛教。事详见梵本汉译《那先比丘经》。南传巴利文本名《弥兰陀王问经》。汉译现存2卷本与3卷本各一，译者不详。另有1卷本1种，已佚。该经对于了解印度原始佛教、印度与希腊思想的交流有着重要意义。

（葛维钧）

Milantuowang Wen Jing

《弥兰陀王问经》　*Milindapañhā*　早期佛教经典。又作《弥兰王问经》。约形

米兰德一世金币

成于公元前1世纪，主要内容为弥兰陀王向佛教僧人龙军（音译为那先）问道的语录。弥兰陀王即米兰德一世，是希腊人在西北印度所建立的大夏的国王。该经不但保存了众多佛教教义，对研究古代希腊、印度历史也有一定的价值。

《弥兰陀王问经》记录了弥兰陀王向龙军比丘询问佛法并皈依佛教的过程，其中包括智慧、轮回、业报、烦恼、涅槃、灵魂观、佛陀观、僧团修行等内容。

《弥兰陀王问经》最初写成时的语种不详，可能是梵语或混合梵语，现有

北传与南传两种传本。北传版本见于汉译，现存两部题名为《那先比丘经》的译本（T1670A、B），分别为两卷本和三卷本，译者身份皆不详，大约译于东晋时期（317～420），其底本可能是说一切有部所传。南传本为巴利语本，篇幅约为汉译本的4倍，最后的几章据考证是后人续补，大致定型于4世纪。缅甸版巴利三藏将其收入《小部》之中，而在斯里兰卡及泰国版巴利三藏中，则属于藏外典籍。**巴宙**将此巴利语本翻译为汉文，名为《南传弥兰陀王问经》，中国社会科学出版社1997年出版。另有英、德、法、日等多种译本或节译本。

（陈帅）

Mile

弥勒 Maitreya 佛教菩萨，中国民间诸神之一。意译慈氏。中国西晋时**竺法护**译出《弥勒上生经》，后秦**鸠摩罗什**译出《弥勒下生成佛经》，其中说佛祖**释迦牟尼**预言，弥勒菩萨是未来佛。现在他作为佛的弟子，会先于释迦牟尼佛圆寂，之后生入**兜率天**。再经许多亿年会下凡接替释迦牟尼的位置，在龙华树下成佛，向众生宣传佛法。受此说影响，中国南北朝时期便举行**龙华会**，纪念和庆祝弥勒下生。密教中有“五佛八菩萨”之说，弥勒不在佛的行列，而被列在八大菩萨之中，又称“慈氏菩萨”。在胎藏界曼荼罗中，弥勒菩萨处于“中台八叶”的东北方位上，左手作施无畏印，

交脚弥勒石像

弥勒菩萨像 宋代
中国四川安岳箱盖山华严洞

表示降伏四魔而得无畏，右手持莲，上有澡瓶，表示以慈悲甘露洒向众生。但中国后世创造了一个大肚弥勒佛的形象，传说是以五代僧人契此为原型演变来的，而契此则被认为是弥勒化身。大肚弥勒佛颇受中国信众的喜爱，尤其是他有一个“人种袋”，据说能给不孕妇女送来孩子。现代，大肚弥勒佛的形象已经深入人心，不仅见于中国寺院，也被制作成各种艺术品收藏，甚至出现于世界许多国家（包括印度）的工艺品市场。

（薛克翘）

Mile Xiasheng Jing

《弥勒下生经》 *Maitreya-vyākaraṇa* 印度佛教典籍。又称《弥勒下生成佛经》、《弥勒授记经》。记述**弥勒**自**兜率天**下生成佛演法之事，其文本的大小乘归属尚有争议。在汉传佛教中，该经与刘宋沮渠京声所译《观弥勒上生兜率天经》（T452）及姚秦**鸠摩罗什**所译《弥勒大成佛经》（T456）并称“弥勒三经”，为弥勒净土信仰所重。

弥勒意译为慈氏，被认为是**释迦牟尼**之后的下一任佛，居于兜率天弘法，此生之后将在未来降生成佛，因此被称作“一生补处菩萨”。《弥勒下生经》的主要内容为，释迦牟尼佛讲说于正法之时有四大宝藏现世，其后弥勒自兜率天降生阎浮提，于龙华树下成道，并弘法、度化众生。

汉译藏经中现存《弥勒下生经》3种译本，分别是题为**竺法护**译《佛说弥勒下生经》（T453）、鸠摩罗什译《佛说弥勒下生成佛经》（T454）与唐**义净**译《佛说弥勒下生成佛经》（T455）。3本内容大略相同，而前两种为散文体，最后一种为诗体，凡100颂。原本最初可能为散文体，后被编辑成百颂体流传。其中标为竺法护的汉译本，与东晋瞿昙**僧伽提婆**所译《**增一阿含经**》（T125）第48品《十不善品》的第三部分相同，应是别抄，可能于唐代时被误认作竺法护译，而竺法护的译本或早已佚失。该经的藏译本德格版未收，见于北京版第1011号，也是偈颂体，共105颂。《登噶目录》中还录有一部包含110颂的《弥勒下生经》，据说是从汉译本译出，其文已佚。另有于阗语、回鹘语、吐火罗语以及波斯语和阿拉伯语译本，足见该经流传之广。

《弥勒下生经》尚存多种梵文写本，均为百颂体，不同传本颂数略有出入。加尔各答藏本由S.列维刊于1932年，但缺失了前1/4。1959年，P.C.马宗达刊布了另一部在吉尔吉特发现的梵文写本，缺失前30颂。基于加德满都所藏写本，石上善应于1989年发表了该经的梵文全本。邵格延藏品也发现了一片梵文残叶，由J.哈特曼发表，其上虽然仅残存4颂，却是目前发现的最古本，约抄写于六七世纪。

《弥勒下生经》现存的汉文注释有

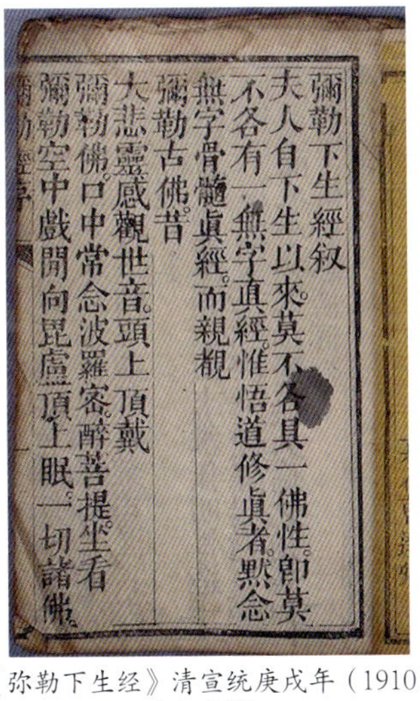

彌勒下生經叙
夫人自下生以來莫不各具一佛性卽莫
不各有一無字眞經惟悟道修眞者默念
無字骨髓眞經而親覲
彌勒古佛昔
大悲靈感觀世音頭上頂戴
彌勒佛口中常念波羅密醉菩提坐看
彌勒室中戲開向毘盧頂上眠一切諸佛

《弥勒下生经》清宣统庚戌年（1910）刊本书影

433

新罗憬兴著《弥勒下生经疏》，为其《三弥勒经疏》(T1774)之一部分，此外尚有作者不明的《弥勒下生经述赞》等。

（陈帅）

Miluo

弥罗 （约活动于10世纪） 西印度来华僧人。据《佛祖统纪》卷四三，弥罗等14人于北宋开宝五年（972）来到京城（今河南开封），受到宋太祖赵匡胤接见，并赐紫服。

（薛克翘）

Mimancha Jing

《弥曼差经》 *Mīmāṃsā-sūtra* 印度古代哲学中弥曼差派最早的根本经典。作者阇弥尼。现存《弥曼差经》有后人加入的成分，约在1世纪定型。

《弥曼差经》中大量的内容与祭祀的功效、意义和方法等有关。其中的哲学思想主要是“声常住论”。这一理论认为，吠陀中的言论具有绝对的正确性，祭祀是万能的，表现为吠陀思想或祭祀教令的言语作为一种特别的“声”是神圣的和永恒存在的。《弥曼差经》中论证“声常住论”的主要理由是：“声”（名称）总表现为类，属于某类的个别事物可灭亡，但作为类的声则永远存在。如“牛”这一“声”是常住的，个别的牛死了，但牛的概念却不消失。再有，如果声不是常住的，说出来即灭，那人们彼此间就无法进行正常的对话，听话者无法理解说话者的意思。因此，声必定是常住的。

《弥曼差经》中提出的“声常住论”是弥曼差派理论的核心观念，体现了早期婆罗门教强调的一个基本点——吠陀神圣。由于早期婆罗门教的大量主要思想是通过吠陀表述出来的，因而吠陀的地位至为重要。在弥曼差派看来，要让人们信奉婆罗门教的基本思想，先要确立吠陀的神圣性。《弥曼差经》中大力强调“声常住论”，实际就是要论证吠陀是神圣的或绝对正确的。

吠陀最初并不是书面的言语，而是口头流传的赞歌，包括不少祭祀时用的祭词、咒语等。这些成分的表现形式是承载婆罗门教思想的音声。这样，宣扬“声常住论”也就是强调吠陀文本及其思想的永恒性及真理性。

较早给《弥曼差经》作注的是5世纪左右的夏伯拉，他著有《夏伯拉注疏》。夏伯拉提到过一些比他还早的注释者，如弗栗底迦拉等，但其注释的完整文本没有流传下来。印度后世的不少弥曼差派哲学家通常依据《弥曼差经》的思想来阐明他们的重要哲学或宗教观念。

《弥曼差经》的思想在古印度有重要影响。婆罗门教和后世印度教中的大量宗教修持方面的内容与祭祀相关。此经中的许多内容融在了后世印度教教徒的宗教理论与实践中。

《弥曼差经》的思想在古代也传入中国。印度佛教文献中有许多批判“外道”的内容，其中就包括对弥曼差派理论的破斥。这类内容也被译成汉文，成为中国古代思想界了解《弥曼差经》或弥曼差派思想的重要材料。

中国近现代，弥曼差派的思想也引起人们注意。《弥曼差经》的部分章节被译成汉文出版。《印度哲学》(北京大学出版社，1992）和《古印度六派哲学经典》(商务印书馆，2003）中都收入了姚卫群节译的《弥曼差经》的内容。中国学术界有关于此经或弥曼差派思想的研究论文发表。一些中国出版的印度宗教哲学的著作中也有这方面的章节。黄心川所著的《印度哲学史》一书中就有关于《弥曼差经》思想的内容。北京大学开设的东方哲学的课程中也有关于《弥曼差经》或弥曼差派的内容。

（姚卫群）

Mimanchapai

弥曼差派 Mīmāṃsā school 印度教六派哲学之一。“弥曼差”一词来自梵文。其义为审察、仔细考虑等。汉文佛典音译为“弥息伽”等。弥曼差派成为一个独立的哲学派别大致在公元前2世纪。此派随佛教一起传入中国，对中国古代思想界有一定影响。

思想渊源和发展线索 弥曼差派主要研究印度教的祭祀或与祭祀相关的内容。古代印度人重视有关祭祀的梵书等吠陀系统文献，很多人专门研究祭祀的各种做法等。这方面研究者增多后形成派别，被称作“前弥曼差派”或“业弥曼差派”，后简称为“弥曼差派”。

阇弥尼《弥曼差经》英文本封面

弥曼差派的创始人相传是阇弥尼（约公元前2世纪）。通常认为此派的最早根本经典《弥曼差经》为其所作。现存《弥曼差经》有后人添加的内容，大约在公元1世纪成型。

较早为《弥曼差经》作注的是5世纪左右的夏伯拉，著有《夏伯拉注疏》。7～8世纪弥曼差派思想家枯马立拉和普拉帕格拉都评注了《夏伯拉注疏》，但见解稍有不同。枯马立拉的著作有《颂释补》、《咀多罗释补》和《图普底迦》，普拉帕格拉著有《大释补》和《小释补》。枯马立拉与普拉帕格拉形成了弥曼差派中的两派。枯马立拉与普拉帕格拉的注疏对《弥曼差经》的理论提出了一些新观念。他们两人及其追随者的思想在印度历史上影响较大，成为后弥曼差派的代表性理论。14世纪，摩陀婆曾对弥曼差派的思想进行论述。16～17世纪，弥曼差派的重要人物有阿帕耶·迭悉多、阿普代伐等。他们都属于后期弥曼差派。

弥曼差派在印度近现代的影响不是很明显。它所倡导的祭祀实践内容融入印度教一些仪式中。

主要理论 弥曼差派的学说主要是《弥曼差经》及其注释中的“声常住论”和“量论”。7世纪后又加入了一些新理论，主要是枯马立拉与普拉帕格拉的“句义论”及对有神论的批驳。

声常住论 “声”在此处指言语、观念或知识，特别指吠陀的言语或知识。弥曼差派认为，这种观念和知识是先天本有的，不是人造的，它常住不灭，并绝对正确。一般的言语和观念是这种先天本有的“声”的显发，要以这种常住之声为根本。弥曼差派认为，“声”（名称）总表现为类，属于某类的个别事物可灭亡，但作为类的“声”则永远存在。如果声不是常住的，说出来即灭，那么人们彼此间就无法正常地对话，听话者就无法理解说话者的意思。声常住论是弥曼差派的核心观念，其目的是要论证吠陀天启的绝对正确，强调吠陀及其思想的永恒性及至上性，并以此表明弥曼差派在印度哲学各派中地位的重要性。

量论 “量”是获得正确认识的方式或方法。印度古代多数派别都有自己的量论，即探讨如何能获得有关事物的正确认识或智慧。《弥曼差经》的评注者弗栗底迦拉提到有6种“量”：现量、比量、譬喻量、圣教量（见圣言量）、义准量、无体量。他的观点根据《夏伯拉注疏》得知，并被后来的弥曼差派所确认和发展。各量的主要含义为：现量，指感官与外部事物接触所产生的知觉，是直接的领悟，它涉及领悟的对象、领悟的人和领悟自身。比量，即推理。比量作为基础的关系必定是一种准确可靠、永远真实，并且持久的关系，即存在于原因与结果、整体与部分、实体与性质、同一实体中的性质等之间的关系。比量的证明陈述由三部分构成：结论的陈述、因的陈述、带有确证性实例的大前提的陈述。譬喻量，指根据未知物与已知物的相似来认识未知物，可以产生关于先前未见事物的认识。圣教量，亦称声量或言量，指从可信赖之人和权威者那里获得认识。在弥曼差派中，真正的圣教量是吠陀。声的认识被定义为是对某种不在眼前的事物的认识，这种认识由言语的知识而产生。只有吠陀能被称为声量，而且只有包含教令的吠陀言语才能称为声量。义准量，指在认识或判断某一事情时，借助于对另一事件的假设或推想。义准量的基础在于头脑中两个确定的事实间的不协调或矛盾，这种不协调被对第三个事实的认识所消除。而正是这最后一种认识构成了义准量。无体量，指观察到某处没有某种东西，因而产生不存在某物的判断。枯马立拉承认这种“量”，普拉帕格拉则不承认。枯马立拉认为，当前五种认识方式对产生某种事物存在的认识不起作用时，这种认识方式就起作用，通过这种“无体量”，事物的非存在被认识。上述六量中的现量、比量和圣教量是印度宗教哲学派别经常提到的“量”。不少派别并不认为其余三量是独立的“量”，它们实际上与比量很难严格区分。

句义论 弥曼差派的学说在7世纪后有所丰富，原因是它吸收了其他派别的一些理论。其中最主要的是句义论。早期弥曼差派对世间事物的种类或形态问题并没有提出多少见解。但从枯马立拉和普拉帕格拉开始，弥曼差派对万有的构成问题产生了兴趣，他们接受和改造了胜论派的句义论。枯马立拉认为，世界现象可以分析为5个句义，即实、德、业、同、无。普拉帕格拉认为，世界现象可分析为8个句义，后期弥曼差派对句义的分类实际上与胜论派的句义论没有本质差别。这一理论是印度古代哲学关于自然现象或世间事物构成理论的重要内容，在印度古代思想史上占有重要地位。

对有神论的批判 后期弥曼差派在理论上表现出明显的无神论倾向。这与其“无前”理论有关。弥曼差派相信祭祀的功效，认为祭祀行为能产生给人带来好处的力量，这种力量被称为“无前”（即在作祭祀之前不存在之意）。如果主张有神，那就要承认神的超自然力，就要承认在祭祀行为与果报之间起作用的是神，而不是“无前”，这会否认祭祀行为的神圣有效性。因而弥曼差派明确反对有创世神的观念。枯马立拉的《颂释补》是批判有神论的典型文献。

弥曼差派批判有神论的出发点是要维护吠陀祭祀的权威，防止出现因为肯定神的创造作用而否定吠陀祭祀的有效性。弥曼差派在批判有神论的同时也否定世界是幻或不实的理论，认为幻论或空观不能成立。这种批评逻辑性很强，在当时有较大影响。

在中国的传播和影响 弥曼差派的思想随佛教传入中国。在汉文佛典中，弥曼差派的思想常与吠陀或吠檀多派思想混在一起，被称为知论或明论。这与弥曼差派与吠檀多派等都属于印度教正统宗教或哲学理论有关，也与这些理论多渊源于吠陀文献有关。佛教的因明学在论述推论式时，也常以弥曼差派等的声常住论或声无常论作为事例进行论证。这实际上也向中国人转述了弥曼差派的理论观念。

在中国近现代，弥曼差派也引起学术界的重视。弥曼差派的一些文献被译成汉文，如《弥曼差经》和《颂释补》等在中国有节译的汉文本。在中国出版的有关印度哲学宗教著作中，或在中国举办的一些学术研讨会上，常有关于弥曼差派的篇章或研究文章，中国一些高校也开设有弥曼差派的课程。

（姚卫群）

Mituoshan

弥陀山 Mitraśānta（约活动于七八世纪） 西域僧人，译经家。意译寂友。据《宋高僧传》卷二、《开元释教录》卷九等，弥陀山为吐火罗国人，自幼出家，遍游印度诸国，学习各种经论，而于《楞伽经》、《俱舍论》最为精通，立志传法，不虑远近。后杖锡孤征，于武则天统治时期（690～705）来到汉地，与实叉难陀共译《大乘入楞伽经》，又与沙门法藏等共译《无垢净光陀罗尼经》。译毕进呈内廷。不久辞归故里，武则天敕厚礼饯之。

（葛维钧）

Mi Wenkai

糜文开 Mi Wenkai（1909～1983） 中国印度文学翻译家，评论家。江苏无锡人。1923年考入江苏省立第三师范学

校。青年时代开始研究印度文学，抗日战争期间先后在中国驻缅甸、印度使馆工作，曾任印度国际大学哲学研究所研究员、香港新亚书院教授。1949年后赴台湾，进入政坛。其间于台湾大学、台湾师范大学教授印度文学。曾任台湾

东吴大学、台湾“中国文化大学”印度文化研究所教授。

糜文开著有《印度文学简述》、《印度历史故事》(1948)、《印度文学欣赏》(1975)、《印度文化十八篇》(1977)、《圣雄甘地传》(合著，1981) 等。译有《奈都夫人诗全集》(合译，1949)、《泰戈尔诗集》(1963)、《印度两大史诗》(1978)、《印度三大圣典》(1980) 等。

(李宝龙)

Mitela

米特拉,H. Haridas Mitra (? ～1960) 印度梵文学者，中国问题研究者。1921年开始在印度西孟加拉邦圣蒂尼克坦师从S.列维学习中文。1945～1948年在国际大学中国学院从事研究工作，1948年成为国际大学梵文及图像学讲师。

(阿维杰特撰　任筱可译)

Miduo

密多 Mitra (约活动于8世纪) 印度来华僧人。据《旧唐书》卷一九八载，开元十七年 (729) 六月，北天竺国三藏沙门僧密多献质汗等药。这是古代印度与汉地医学交流的一个例证。

(周利群)

Miduoluo

密多罗 Mitra 古代印度教神祇。梵语原词意为朋友、伙伴。密多罗“在拂晓时唤醒人们，催促他们去劳动”，并且不眨眼地注视着他们的行为，保持着人间社会的秩序与和谐。他和**伐楼拿**分别为白昼和黑夜之神，共同支撑并统治着大地和天空。他们生于法并保护法，鼓舞虔诚，惩恶扬善，在《**梨俱吠陀**》中常一起为人们所吁求。每当宫室或房屋完竣时，要特别对他加以礼拜。人们用酥油和带糠皮的米敬他。由于既不伤害生物，也不伤害无生物，所以他是世间一切的朋友。他与伊朗神密特拉特征相象，同出一源。

(葛维钧)

Mi'er Amen

密尔·阿门 Amen Mir Dehlavi (1745～1806) 印度乌尔都语散文家。德里穆斯林贵族。代表作《花园与春天》(1803) 被认为是乌尔都语散文的开端。家族有人在莫卧儿帝国宫廷中任职，享有世袭领地和俸禄。18世纪60年代，德里遭遇阿富汗军队洗劫，又逢农民起义，其家族封地全部丧失，家道中落。1798年前往加尔各答，1801年经人举荐进入英国东印度公司开办的威廉堡学院 (1800)，教授乌尔都语并从事翻译工作，直至去世。

《花园与春天》是波斯语民间神话传说故事《四位苦行者的游历》的乌尔都语译作。密尔·阿门在翻译中以德里日常用语为行文标准，将波斯语成语、谚语、典故等与印度传统相融合，行文流畅，被公认为19世纪德里乌尔都语的典范。同时，书中展现了印度莫卧儿帝国时期的社会风俗，特别是德里的社会风俗和伊斯兰文化习俗，被英国殖民政府指定为英国文官印度语考试的必读教材。该作品在中国的乌尔都语语言教学和文学研究中占有一定地位，其中文译本《花园与春天》由李宗华、朱国庆、黄万义和刘曙雄四人合译，于1982年由人民文学出版社出版。

(张亚冰)

Mijiao

密教 Tantrism 印度佛教宗派。见**印度佛教**。

Milariba

密拉日巴 mi la ras pa (1040～1123) 中国藏传佛教高僧，噶举派第二代祖师，著名瑜伽师。出生于西藏后藏拉堆贡塘地方，祖姓为琼波，最初家境富裕，7岁时父亲病故，一家人受到伯父的盘

剥，饱尝人间苦难。长大后，学习咒术，想通过诅咒来报复伯父家。后又追悔自己的罪业，立下誓言，要学习佛教正法。经人举荐，寻访**玛尔巴·却吉洛哲**大师，正式走上修学佛法的人生道路。38岁时亲近并依止玛尔巴学法，经过6年的磨炼和考验，至44岁时获得上师的全部密法教授。之后，他一直游方于深山大泽，在人迹罕至的石窟岩洞中修行，彻底舍弃了人世间各种贪欲或享乐的思想和行为，向人们展示了一种脱俗的宗教人生轨迹。在密拉日巴看来，人生的价值或意义，只有通过修持佛法方能实现。

密拉日巴以道歌吟唱的形式传扬佛教思想。同时，他苦修并教授瑜伽，成就斐然。他虽隐居深山僻壤之中，但吸引了四面八方的众多学法弟子，其中男女瑜伽士1 000人，其中获得拙火定法的108人，获得大成就的25人，著名弟子有冈波巴和日琼巴，他们对继承和弘扬密拉日巴传承的**大手印法**作出了巨大贡献。密拉日巴去后，被人们冠以“即身证得殊胜悉地”的瑜伽师称号。

(尕藏加)

Mitanluo

密坦罗 Mitra (约活动于10世纪) 印度来华僧人。据《宋史》卷四九〇，卫州 (今河南新乡、辉县一带) 僧人**辞澣**于北宋雍熙中 (986年前后) 自西域返回，还带回来一位胡僧，即印度僧人密坦罗。密坦罗在华行止则不得而知。

(薛克翘)

mixuxue

密续学 rgyud 中国藏传佛教密宗的学说。

密宗作为佛教重要宗派之一，在其发展演进史上曾产生唐密、东密、藏密等传承，在不同区域内流传至今。从佛教三大语系来看，密宗主要在藏语系和汉语系佛教，即北传大乘佛教派系中流传。

密宗概念　在藏语系和汉语系中，“密宗”有许多别称，如汉文佛教文献中常出现密续、密乘、秘密乘、密咒乘、真言乘等称谓，学者**徐梵澄**对其阐释：“此宗特色，在念诵咒语，即所谓‘真言’。”尤其是密宗在藏传佛教中得到重

密续学文献书影

视，赋予其深奥义理，成为佛教之精华，冠以金刚乘、果乘等尊称，使其居于至尊地位。

对于密宗有如此多的别称或尊称，藏传佛教高僧作过解答。四世班禅·洛桑确吉坚赞曾对“金刚乘”一词进行阐释：密宗之所以称为金刚乘有其深奥道理。一是大乘义理无所不全地归纳于六波罗蜜多；二是六波罗蜜多又浓缩在方便与智能之中；三是方便与智能合而为一者，乃是菩提心。而菩提心为金刚萨埵之甚深禅定，即金刚也。故密宗称金刚乘。

噶举派高僧布顿·仁钦珠对果乘作过阐释：佛教虽有三乘，但以经藏分类为二，即小乘大藏经和大乘大藏经。因而大乘大藏经又包含了因乘（法相宗）与果乘（密宗）经论。也就是说，大乘显宗教理被列入因乘范畴，作为密宗修学的理论基础，只有进入果乘实修阶段方为“即身成佛”之最高大法。因乘与果乘的建立，既理顺了显宗与密宗的关系，又构筑了藏传佛教的修学体系。即先学因乘（显宗）教理，后修果乘（密宗）实践，最终获得觉悟或成就佛果。

新旧密法　藏传佛教中有旧密和新密两大传承。在显教方面，无新旧之分，无新旧二派之说，纯粹以密教弘传情形来划分。对于新旧划分不一，最普遍的说法是班智达·弥底进藏前（10世纪末）所译密续经典均属旧密，大译师仁钦桑布始所译密续经典属新密。

从宗派角度区分，藏传佛教中唯宁玛派承载旧密传统，其他宗派均属于新密传承，即宁玛派所推崇或实践的密法可认定为肇始于8世纪的旧密传承，而格鲁派、噶举派、萨迦派和觉囊派等宗派推崇、传承和实践的密法均始于10世纪末的新密体系。

旧密和新密两派在追溯密宗的历史渊源上，既有诸多共同的观点，又有微妙的分歧。密宗是由教祖三身合一而传播的。其情形是：以法身加持本义而宣示，以报身明净自性而传授，以化身修辞言语并现实相而讲说。续部产生地有三：第一地，为法身佛地。在法界大宫殿，教祖普贤法身佛向智能海眷属或徒众，以无时间概念、无言语文字而宣示大圆满自性法。第二地，为报身佛地。在密严刹土（色界十七天的最上层报身佛土名），教祖报身大日如来佛向五佛、虚空自在母等五佛母、地藏等菩萨、婀娜多姿等女菩萨，以及充满虚空之自显坛城等眷属或教徒，以六字之音或不言而喻之巧妙示现大乘佛法之无上类品，当时正处于智能自显的时代。第三地，为化身佛地。在兜率天（六欲天之一），教祖金刚总持显现金刚萨埵智能幻身，向出世之善缘者、诸菩萨、成就者、智能空行者，以及入世之神、龙、人、阿修罗、食香者等无数眷属或徒众，讲授不可思议之显密教法，其时代始于无限寿命直至百岁寿命之间。旧派在讲述密宗传承乃至整个佛法源流时，极力强调普贤法身的元始教祖地位。通过普贤法身佛宣示大圆满法来降低其他佛祖的身份地位，并结合三身说将报身和化身二佛始终处于第二或附属地位，从而凸显法身佛神圣不可动摇的地位。

四续与六续　在藏传佛教经论中，密宗文献称续或续部，而藏文rgyud(续)字，有相续、连续之意，与汉文“续”字含义相符。吐蕃时期编纂的大藏经目录《庞塘目录》中已出现“密咒续”这一概念。此外，同时期产生的《丹噶目录》中也列有“密咒续”部。但藏传佛教前弘期即吐蕃时期尚未建立严格意义上的密宗四续或六续等密宗修学体系。

14世纪，布顿·仁钦珠在《丹噶目录》、《青浦目录》、《庞塘目录》、《纳塘丹珠尔目录》，以及各大译师编撰的文献目录等基础上，重新编纂了藏文大藏经目录。此次纂修对以前《大藏经目录》既有删减又有增补。主要将佛教三藏经论严格分为两大类，即显宗类和密宗类，其文献以经与续分别命名，显宗经典称经，密宗经典名续。

大约10世纪，藏传佛教高僧就提出了“密宗四续”这一概念。在严格界定经部和续部的前提下，将续部粗略分类为事续、行续、瑜伽续和大瑜伽续，建立四续体系；之后，又在大瑜伽续中分出三续，即方便续（又称父续）、智能续（又称母续）和无二续，开创了藏传佛教密宗四续或六续学说。

以格鲁派为代表的新派将密续典籍大致分为四类（续）：事续、行续、瑜伽续和无上瑜伽续。宗喀巴·洛桑札巴《密宗道次第广论》中全面阐述了密宗四续的修习次第、仪轨方法、法器使用、

密宗坛城　中国西藏拉萨哲蚌寺

本尊种类，以及密法传承和各派密典。后世包括清代学僧基本上遵循宗喀巴的四续分类法。在事续、行续中主讲灌顶、律仪、承事、四支念诵等外在仪轨；瑜伽续中分述佛、金刚、宝生、莲花四部悉地修法；无上瑜伽续中解说四种灌顶等各类甚深仪轨及生起、圆满次第成就法。其圆满次第中又分说父续、母续和无二续，以密集、大威德等为父续，胜乐、喜金刚等为母续，时轮金刚等为无二续。在无上瑜伽续中形成父续、母续和无二续三支密法传承。

萨迦派将密宗修持法分为共法与不共法二类。共法有《金刚鬘》、《百种成就法》、《成就法海》、《纳唐百法》等，可向教内外公开灌顶、开许并修持。不共法分说事续、行续、瑜伽续和无上瑜伽续。事续部有如来、莲花和金刚等三部共同的灌顶，以及每部各自的主尊、部主、佛母、顶髻、愤怒尊、愤怒女神、使者、财神等50多种法类的灌顶、教授及开许；行续部有如来部的部主“文殊五尊”的灌顶及开许；瑜伽续部有《净化恶趣十二坛城》、《普明》、《金刚手摧毁死主》等多种法类的灌顶、教授及开许；无上瑜伽续部，则包括父续、母续和无二续三类，父续以《密集》、《文殊金刚》、《观自在》等灌顶及传承为主，母续以《胜乐》、《金刚亥母》、《作明佛母五本尊》、《无量寿佛》、《大悲观自在》、《二十一度母》等灌顶及传承为主，无二续以《喜金刚》、《时轮金刚》、《无我佛母十五尊》、《宝帐护法》、《降魔金刚手》、《白智能母》等身语意之圆满灌顶及传承为主。

宁玛派作为旧派代表，提出与新派略有不同之观见，将密续经典分为六类(续)：外三续（事续、行续和瑜伽续）和内三续（生起摩诃瑜伽、教敕阿努瑜伽和大圆满阿底瑜伽)。外三续注重外在身体力行，内三续注重内在心与气的修炼。故在无上瑜伽续上形成自己独特的见修，其教理核心则是极受推崇的**大圆满法**。

从修行道次第的角度看，大圆满法分前行与正行。正行中又分生起次第和圆满次第。在圆满次第中又分为乐空、明空和智能圆满次第，在智能圆满次第中再分为心部、界部和教授部。完成大圆满法建构的整个修行次第过程，就能获得普贤法身境界。

（尕藏加）

Mizong

密宗　中国佛教宗派。见**中国佛教**。

Mizong Daocidi Guanglun

《密宗道次第广论》　*sngags rim chen mo*　中国藏传佛教经论，格鲁派重要经典。藏历第七绕迥火狗年（1406），**宗喀巴·洛桑札巴**大师在西藏**强巴林寺**撰写完成了《密宗道次第广论》，这是继《**菩提道次第广论**》之后的又一部专门论述密宗义理和实践的名著，对后世**藏传佛教**各派尤其对**格鲁派**的教法仪礼的建立、完善和发展等起到极其重要的作用。

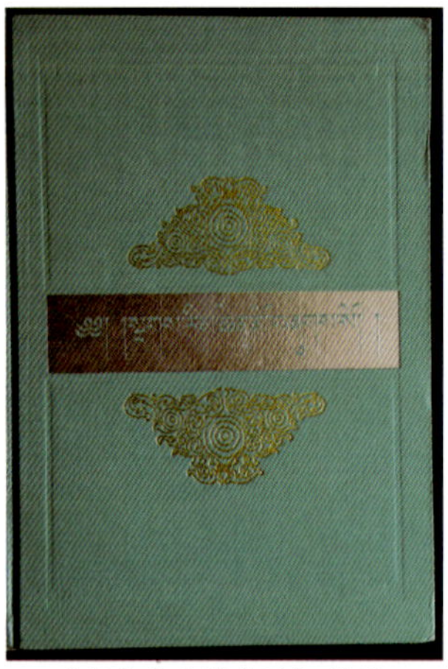

《密宗道次第广论》封面

《密宗道次第广论》是为那些在佛法上已取得一定成就，但还有待继续提高的高僧大德而创作的。其修学对象必须具备三项最基本的条件：①有殊胜大乘种性；②为善知识之所摄；③于诸共道已善修持。故该经论又称《大金刚道次第》或《大金刚道次第开显一切密要论》。它对密宗四续的修习次第、仪轨、方法、法器使用等方面作了详细论述，梳理了密宗的历史渊源、派别传承，全面地介绍了密宗仪轨中应运而生的诸多本尊、菩萨及神佛的历史、功能和特质。

（尕藏加）

mianhua

棉花　cotton　一种锦葵科棉属植物的种子纤维。原产于亚热带，有非洲棉、亚洲棉、陆地棉和海岛棉等不同种类。原产印度的亚洲棉花，梵语名为Karpāsa，汉译为吉贝、劫贝等。古代印度传入中国的棉花分两种：一种是草本的棉花，一种是木棉。佛教典籍中记载木棉较多。如南宋法云《翻译名义集》卷七指出：“劫波育：或言劫贝。即木绵也。正言迦波罗。此树华名也，可以为布。高昌名氎。罽宾国南，大者成树；已北形小，状如土葵。有壳，剖以出华，如柳絮。可纫以为布。” 白氎，有时也指从中亚陆上丝绸之路来的野生的非洲棉所织的棉布，或谓源自古突厥语Pahat。印度又将可用来制成布的棉，称为Tūla，汉译为兜罗绵等。唐代**慧琳**《一切经音义》卷十一“兜罗绵”解释为“细软绵也，即柳花絮、草花絮等是也”。《翻译名义集》卷七兜罗绵解释为：“或名妬罗绵。妬罗，树名。绵从树生，因而立称。如柳絮也，亦翻杨华。或称兜罗毦者，毛毳也。”

1980年前，福建崇安武夷山船棺出土了一块距今大约有3 000年历史的平纹棉布，是中国最早的一块棉布，说明中印之间的棉布交流历史非常久远。东汉时期，原产非洲的纤维短粗的非洲棉（又名草棉）传入中国西部地区。新疆塔里木盆地南缘以及和田、罗布泊等地，多次出土过棉布和棉织衣服。1959年，尼雅遗址出土的棉织物表明东汉末年该地区的棉布已经比较常见。南宋地理学家**赵汝适**《诸蕃志》记载**南毗国**的物产有诸色蕃布、兜罗绵。**注辇**国的物产有色丝布、吉贝布。

亚洲棉

元代陈大震等撰《大德南海志》记载，南亚地区出产白蕃布、花蕃布、荜布、剪绒单、剪毛单等布匹。元代航海家汪大渊《岛夷志略》记载印度的巴南巴西（今印度卡纳塔克邦卡尔瓦尔东南）地产细棉布。朋加剌（今孟加拉国及印度西孟加拉邦）出产的纺织品则有苾布、高你布、兜罗绵等。班达里（今印度西南岸科泽科德附近）等其他地区出产兜罗绵、八丹布、大布手巾、棉布、花布大手巾、丝布、皮桑布、细布、布匹等纺织品。《马可·波罗行纪》记载，印度马拉巴尔（今印度西海岸）出产胡椒、生姜、肉桂皮和棉布，中国商船去印度带去丝织品、贵重金属和中药材，换回当地的特产。明代茅瑞征《皇明象胥录》卷五记载永乐五年（1407），小葛兰国（见故临）的贡物有珍珠伞、白棉布、胡椒。永乐二十一年，西洋琐里（今印度南部东海岸地区，即泰米尔纳德邦）的贡物有黑黄虎、兜罗棉被。明代马欢《瀛涯胜览》记载榜葛剌的土产有荜布、姜黄布等五六样细布。明正统年间，榜葛剌进贡过洗白苾布、兜罗绵。《明史》卷三二六记载，小葛兰的贡品有白棉布。古里国的贡品则有单伯兰布、苾布之属。明末清初之后，中印之间的贸易逐渐被西方人的转手贸易所控制，印度输入中国的主要商品是棉花和布匹等，换取的中国商品为茶叶、丝绸、药材和瓷器等。民国时期的中印贸易中，印度输华的主要商品是棉花、棉纱和大米。可以说，自古以来，棉花与棉布都是印度输入中国的主要贸易商品，在中印经济交流中起到了重要作用。

（陈明）

Mian Ru Manyue

《面如满月》 *Binmab-pratibinmba-darśana-vadana* 中国古代佛教颂歌。又称《西凉州呗》。一首流行于南北朝时期的梵呗。据慧皎《高僧传》卷十三末附《论》，“近有《西凉州呗》，源出关右，而流于晋阳，今之《面如满月》是也。”可知，这首梵呗原创作于今甘肃武威一带，南北朝时期传入中原地区。见鼓吹铙歌。

（薛克翘）

Miaode

妙德 Suguṇa（约活动于11世纪） 南亚来华僧人。据《佛祖统纪》卷四四，智贤于北宋大中祥符八年（1015）由师子国（今斯里兰卡）来到宋朝都城汴京（今河南开封），进献舍利和梵经。宋真宗赵恒（997～1022年在位）赐以紫服、金币。

（薛克翘）

Miaofa Lianhua Jing

《妙法莲华经》 *Saddharma-puṇḍarīka-sūtra* 大乘佛教典籍。简称《法华经》。其核心部分形成于公元前后，之后在印度、中亚各地广泛流传。

迄今发现了大量《法华经》的梵语（或称混合梵语）写本，达40余种，主要来自尼泊尔，中国新疆和西藏，克什米尔地区等地。经过百年来各国学者的共同努力，目前已有多种《法华经》的梵语刊本问世。学者们通常将这些写本归为3类，即尼泊尔写本、吉尔吉特写本与中亚写本（又称新疆写本或喀什写本）。其中前两种属于同一系统，即吉尔吉特—尼泊尔系传本。吉尔吉特写本代表该系的较古层，主要由渡边照宏于1972～1975年以及封辛白于1982年转写出版。尼泊尔系的校勘本通常引用的仍是H.克恩与南條文雄1908～1912年的刊本，其中也混有一些中亚本的读法。我国梵文学者蒋忠新则转写了数种西藏保存的尼泊尔系写本。中亚写本代表另一个传本系统，原出自和田地区卡达里克的写本保存较为完整，户田宏文于1983年出版了转写本。其他尚有大量残叶，部分收于上述户田宏文刊本之中。此外，较为集中的出版还有1997年蒋忠新与辛嶋静志出版的旅顺博物馆藏品，以及2000年K.威勒发表的卡达里克出土残片。但无论是吉尔吉特—尼泊尔系还是中亚系，目前都还缺乏精校本，辛嶋静志于2003～2006年的发表只完成了第13、14品和第15品的一部分。

《法华经》传入汉地之后历经多次翻译，现存完整的译本共有3种：西晋竺法护译《正法华经》(T263) 10卷、姚秦鸠摩罗什译《妙法莲华经》(T262) 7卷与隋代阇那崛多译《添品妙法莲华经》(T264) 7卷。此外，还有一些个别单品的节译本。《法华经》的藏译收于德格版第113号。和田还曾发现一部抄写于八九世纪的藏译古本，辛嶋静志曾校勘发表。此外，还有回鹘文、西夏文、蒙古文、满文等多种少数民族语言译本。

在大乘佛教兴起的时代，产生了以声闻、缘觉为二乘或小乘，以菩萨为大乘的说法，《法华经》就是在这种理论背景下出现的代表性作品。其重要特点之一就是调和佛教内部的派别对立，站在后出的大乘经籍的立场上，对此前出现的各种佛教思想进行了分类，并给予相应的评价和地位：根据众生的根性不同，佛陀初时为声闻乘演说四谛法，将“速出三界”、“究竟涅槃”当作修习目标；中时为缘觉乘（即辟支佛）演说十二因缘法，使听众“乐独善寂”而“自求涅槃”；后时为菩萨乘演说六度与一

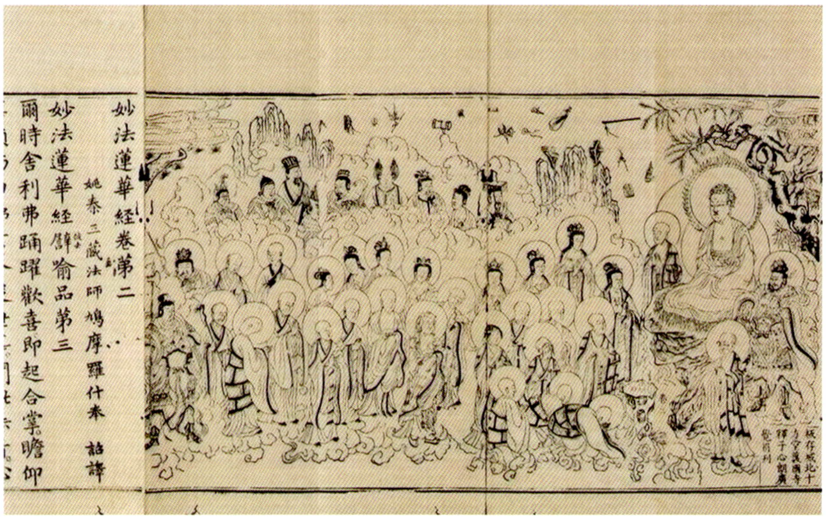

《妙法莲华经》清乾隆三十五年（1770）刊本书影

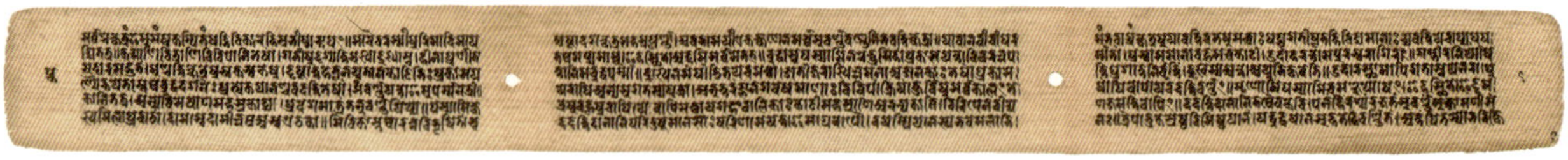

《妙法莲华经》1082年梵文写本书影

切种智，直到修习成佛、建立自己的佛国净土。《法华经》将三乘说成是佛法的3个次第，目的在于三乘归一，以成佛为最终目标。成佛既是《法华经》调和佛教各派义理的口号，也是宣称本经可以包摄并高于其他佛典的地方。

《法华经》通行的是鸠摩罗什的译本，共分28品。《序品》介绍了讲说此经的背景。《方便品》中，佛说诸佛实相“十如是”并提出“唯一佛乘”。《譬喻品》进一步以三界火宅和羊、鹿、牛三车为喻，阐释“三乘归一”。《信解品》以穷子为喻，表示佛世尊逐渐引导众生追求最高佛道。《药草喻品》将各类众生喻为大、中、小药草与大树、小树，将佛的智慧喻为一味之雨，说明佛以平等之法利益一切众生。《授记品》预言大迦叶等四人将来成佛。《化城喻品》以商主幻化出虚假的城邑供人们休憩后继续上路为喻，强调二乘不过是虚幻，最终目的是修成佛道。《五百弟子受记品》与《授学无学人记品》，均讲授记成佛之事，并以衣服中藏宝珠为喻，指出五百弟子虽有佛种，但由于被烦恼所覆，尚未开悟。之后的十几品，从各个方面讲述了《法华经》的重大意义、弘扬《法华经》的方法与受持《法华经》所积累的无量功德。其中，《安乐行品》以转轮圣王髻中的明珠不轻易示人为喻，说明佛世尊不轻易讲说经中最尊贵的《法华经》；《如来寿量品》则以良医为喻，表明佛世尊为救度众生，示现方便。而《药王品》、《观世音品》与《普贤品》中所讲的供养受持《法华经》的方法与功德，在僧俗民众中影响尤其深远。《观世音品》更是别本单行。在六朝时期，各种宣扬观世音灵验的故事集也应运而生，对观音信仰的形成与发展起了关键作用。

对于文人学士而言，《法华经》以丰富的譬喻故事与神奇夸张的想象而著称，文学色彩极为浓厚，在翻译文学史上占有重要的地位。其中最著名的有“法华七喻”，即火宅喻、穷子喻、药草喻（又称云雨喻）、化城喻、衣珠喻（又称系珠喻）、髻珠喻（又称顶珠喻）与医子喻（又称医师喻）。唐宋以后，深受佛学浸染的文士们在创作中经常使用法华七喻以及多宝塔从地涌出的典故。

《法华经》在语言上浓烈华美，在义理上包罗万象，可以说是大乘经典中影响最大、流传最广的一部。在尼泊尔，《法华经》被誉为“大乘九宝”之一。在汉地，除了有多个汉译本之外，有关的注疏讲诵作品也很多，仅南北朝时期相关注疏就有70余家。隋唐之际形成的天台宗，更是将《法华经》视为最高的经典。敦煌写经中《法华经》所占的比重也很大，敦煌遗书还保存了30多种未入藏的《法华经》注疏。有关《法华经》的变文、经变画更是数不胜数，充分说明了该经在汉地的重要地位。传入日本后，《法华经》被日本天台宗与日莲宗奉为基本经典。进入现代，《法华经》传入欧洲，产生了英语、法语、德语、意大利语、西班牙语等译本，影响力进一步扩大。

（范晶晶）

Miaoying Si

妙应寺 Miaoying Temple 中国佛教寺院。位于北京西城区阜成门内大街。因寺内有建于元代的大型白塔，故俗称白塔寺。

妙应寺原址曾经有过一座佛塔，建于辽寿昌二年（1096），后来毁于战火。

妙应寺白塔

元至元八年（1271），忽必烈下令在辽塔旧基上重新建造一座塔，由尼泊尔国匠师**阿尼哥**主持设计，历时8年，于元至十六年建成印度风格的白塔。竣工当年，忽必烈又下令以白塔为中心兴建一座寺院，当时名叫大圣寿万安寺，面积16万平方米。寺院于至元二十五年落成，成为元朝的皇家寺院，也是百官学习礼仪和翻译梵文、蒙古文佛经之处。元贞元年（1295）由元成宗亲自在此寺主持“国祭日”法会，参加者达7万余人，这是白塔寺的最鼎盛时期。至正二十八年（1368）寺院遭雷火，所有殿堂被烧毁，唯白塔幸免。明宣德八年（1433），明宣宗下诏维修白塔。天顺元年（1457），寺庙重建，更名妙应寺，

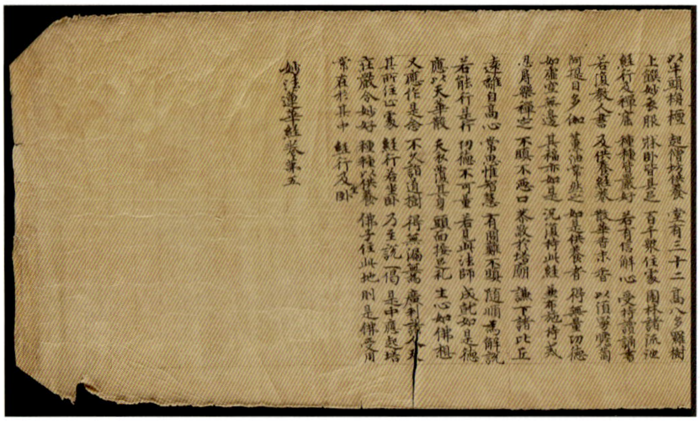
妙法蓮華經卷第五

《妙法莲华经》写本书影　现藏英国图书馆

面积也缩小到1.3万平方米。明清及民国时期，寺院进行过多次维修。1900年，八国联军攻占北京时，曾洗劫妙应寺。清代后期，僧人们将配殿和空地出租，并逐渐演变为节日庙会。1966年，妙应寺遭到破坏。1998年，重修后再次向民众开放。

妙应寺白塔分台基、塔身和塔刹三个部分，台基高9米，塔高50.9米，底座面积1 422平方米。其形制来源于古印度的窣堵波。1978年，在对白塔维修加固时，发现了清乾隆十八年（1753）存留在高塔顶部的大藏经、木雕观世音像、五佛冠、乾隆手书《波罗蜜多心经》、藏文《尊胜咒》、金和铜制佛像等珍贵文物。

（薛克翘）

mieliche

蔑戾车 mleccha 古代印度人群的称呼之一。又译弥离车、蜜梨车等。梵语意为“外国人”。引申为“野蛮人”、“恶人”，即风习与印度教制度不同的非雅利安低等贱民；亦指那些只知方言，不谙婆罗门传统的雅利安人。印度古代神话说其祖先生自邪恶的国王吠那的左侧。其阴性字Mlecchī则常指农人或制造武器的工匠。佛教中亦使用此词，指野蛮人，尤指外国来的野蛮人。

（葛维钧）

Minzhulin Si

敏珠林寺 smin grol gling 中国藏传佛教著名寺院，宁玛派六大寺院之一。位于西藏扎囊县札切乡境内。

敏珠林寺的历史及法脉传承，源于大掘藏师·热那林巴，相传其转世者为珠古·纳措仁卓（1494～1570），前藏洛扎地方人，藏历第九绕迥木羊年（明嘉靖十四年，1535），他在前藏扎囊地方创建达杰曲林顶静修院，并招收求解脱者近500人，让他们修习伏藏南传子系教法。其后，由珠古·丹增扎巴（1536～1597）住持静修院。珠古·丹增扎巴的大弟子克主·多俄丹增（1576～1628），他没有受近圆戒（比丘戒），以居士身份自居，有家室。他继承上师法位后，将其甚深密法主要传授给自己的儿子仁增钦摩·赤列隆珠（1611～1662），使其成长为伏藏南传子系的教主，从而开创家族高僧传承这一法脉的教规。以此为界，形成转世活佛主持传承和家族世袭高僧主持传承伏藏南传子系教法的两个不同时期。

仁增钦摩·赤列隆珠传位于其子德达林巴·居美多杰（1646～1714），后者也是一名掘藏大师，18岁时在雅玛隆地方发掘《持明意要》等伏藏，22岁时在协扎地方发掘《阎魔摧敌》等伏藏，31岁时从奥嘎扎地方发掘有关忿怒金刚、金刚萨埵等伏藏密法。藏历第十一绕迥火龙年（清康熙十五年，1676），德达林巴·居美多杰在前藏扎囊地方创建一座正规寺院，命名为“邬金敏珠林”。寺内设立讲经院和修行院，主要传授伏藏南传子系教法，最初仅有8名寺僧，后增至近300人，遂发展成为伏藏南传子系之祖庭，在**宁玛派**中享有崇高地位。此外，他在敏珠林寺建造大型佛塔，用金汁抄写**藏文大藏经**甘珠尔500部。曾一度入住**布达拉宫**，与**五世达赖喇嘛·阿旺罗桑嘉措**互为师徒，共同研习藏传佛教各宗派的密法仪轨。

敏珠林寺大白塔

敏珠林寺内立体坛城

德达林巴·居美多杰是敏珠林寺的第一代教主，其子班玛居麦嘉措（1686～1718）接班成为第二代教主。而班玛居麦嘉措以出家僧人身份生活而无家室子嗣，因而第三代教主由其弟仁钦南杰（1694～1758）继任。仁钦南杰在准噶尔军队洗劫敏珠林寺时幸免于难，后得西藏郡王颇罗鼐（1689～1747）的资助，主持修复敏珠林寺。仁钦南杰的儿子居麦班玛丹增（1737～？）成为第四代教主。此后，父子相传，麦赤列南杰为第五代教主，居麦班玛旺杰为第六代教主，桑杰贡嘎为第七代教主，耶星旺杰为第八代教主。耶星旺杰此人无子，由其弟德钦却珠继任第九代教主。德钦却珠子幼年夭折。由此，敏珠林寺中断家族世袭教主之传统。

清代中后期，敏珠林寺产生了晋美林巴（1729～1798）等许多贯通十明学（即修辞学、辞藻学、韵律学、戏剧学、星象学、工艺学、医学、声律学、正理学和佛学）的高僧大德，该寺遂演变成为一座具有浓郁藏族传统文化氛围的寺院，尤其以藏文书法、历算、医学享誉整个藏族聚居区。西藏噶厦政府中不少俗官常到该寺学习文化知识。同时，敏珠林寺选派精通历史、佛学、文艺、医药和天文历算的高僧，担任布达拉宫僧官学校教师，以及到曼孜康（藏医研究院）负责研究历算和编写修订《藏历年表》等。

（尕藏加）

Ming Chengzu Zhu Di

明成祖朱棣　Emperor Chengzu of Ming Dynasty（1360～1424）　中国明代皇帝。1402～1424年在位。曾派遣**郑和**、**侯显**

等率领船队访问包括印度在内的众多国家。为**明太祖朱元璋**第四子，洪武三年（1370）受封燕王。十三年，到北平（今北京）后长期参与北方军事行动。太祖长子朱标病故后，长孙朱允炆立为皇太孙。不久，太祖次子秦王朱樉和三子晋王朱棡亦相继去世，北方各王拥兵自重。燕王朱棣最为势强，遂有夺嫡之谋。洪武三十一年太祖去世，朱允炆在南京继位，定次年为建文元年。后朱棣与建文帝争夺帝位，连战4年。建文四年（1402），朱棣攻下南京，建文帝不知所终。当年七月，朱棣登基，改元永乐，为明成祖。永乐十九年（1421）迁都北京。成祖即位后设置内阁，任用宦官，建立东厂，实行专制集权统治。在位期间鼓励屯垦，开通漕运，重视经济发展。但对漠北、安南（今越南北部）等多次用兵，又屡兴工程，建设宫殿、陵寝，劳民过重，导致江西、山东地方起义。

明成祖重视对外关系，多次派员出使，如郑和下西洋、陈诚使西域，以及侯显五使绝域等。郑和的船队7次出航，曾经访问西太平洋和印度洋沿岸30多个国家和地区，包括印度的古里（位于今印度马拉巴尔海岸）、**柯枝**、**榜葛剌**等地。每至一地，即向主政者赠礼通好。侯显曾在永乐五年和七年两度随郑和出洋，十年和十三年，又奉命单独出使榜葛剌国。后榜葛剌受邻国沼纳朴儿侵凌，侯显再次受命前往劝和，终使罢兵。

（葛维钧）

Mingdu

明都，S.H.　Saadat Hasan Manto（1912.05.11～1955.01.18）　乌尔都语近现代短篇小说作家。生于印度旁遮普省伦提亚纳村，在阿姆利则（在今印度旁遮普邦）的穆斯林高中和塞卜哈学院完成学业。印巴分治后迁至巴基斯坦。1955年1月18日逝世于拉合尔（在今巴基斯坦）。在中国的乌尔都语文学研究领域具有一定影响。

明都的文学生涯始于翻译法国和苏联作家的小说。1937年第一部短篇小说集《怒火》出版，后《明都的短篇小说》(1940)、《烟》(1941)、《石头的滋味》(1947）等短篇小说集相继出版，共计250余篇。20世纪40年代在印度广播电台和孟买电影制片厂工作期间还创作了一些广播和影视剧本。他早期受进步文学运动影响，创作主题以反抗英国殖民统治为主。后向人道主义转变，从关注外部社会转向关注人的内心世界，创作了大量有关社会政治、历史事件的小说，特别是以印巴分治为主题的小说创作，倾向于揭示人性的丑恶和冷酷，以及人性之恶对人本身带来的毁灭性伤害，致力于关注生活在社会最底层的普通人民的生活和命运。创作后期，大量作品涉及性主题，一度被贴上“色情作家”的标签，引来当时政府和舆论界的攻击和否定。作品《黑裤子》、《烟》、《气味》、《冷肉》、《上中下》5篇小说因涉及色情描写先后被法庭传唤，前3篇被判无罪，后2篇被裁定有害社会并处以罚款。按照现代的文学标准看，明都把不可忽视的性问题有目的地融入文学作品，借助人物的性心理表达自己的观点，根本目的是为了引发读者对人性的思考。《气味》中的性是原始而真实的生命力，《上中下》讽刺了上流社会对性的虚伪态度，《冷肉》和《打开》则描述了在社会的巨大动荡中人的性心理发生的极大扭曲。

中国对明都的研究可见北京大学印度语言文学专业的硕士论文《论萨达特·哈桑·明都的短篇小说创作》(1993）和本科论文《分治的创伤——萨达特·哈桑·明都小说〈冷肉〉简析》(2014）等。

（张亚冰）

Ming Taizu Zhu Yuanzhang

明太祖朱元璋　Emperor Taizu Ming Dynasty（1328.10.21～1398.06.24）　中国明朝开国皇帝。1368～1398年在位。又名重八、兴宗，字国瑞。庙号太祖，

谥号高皇帝。在中印文化交流和外交方面均作出过一定贡献。濠州钟离（今安徽凤阳）人。幼年穷苦，曾入皇觉寺为僧，外出化缘讨饭。元惠宗至正十二年（1352），投奔郭子兴部红巾军，从亲兵升为九夫长，娶郭子兴养女马氏为妻，号“朱公子”，始改名取字。十六年，攻克集庆，把集庆改称应天府，于是称为吴国公。1364年，称吴王。1367年，始称吴元年。1368年，即皇帝位，国号明，年号洪武。同年，攻克大都，元朝灭亡。洪武二年（1369），命令使臣刘叔勉把即位诏书告谕**马八儿国**。三年，平定沙漠地区，派遣使臣颁布诏书到南洋、西洋诸国。马八儿国王派遣使者朝贡。明太祖赐给文绮、纱罗等物，并赐《大统历》。五年，颁诏征集东南地区有名望的僧人，在南京蒋山举行大型法会，并亲自率领群臣参加。同时颁诏集合宗泐等著名僧人在应天府蒋山寺点、校佛经，开始刊刻《洪武南藏》。十年，诏令天下佛教界，讲《心经》(即《**般若波罗蜜多心经**》)、《**金刚经**》、《**楞伽经**》三经。十一年，因有佛经遗失，命僧人宗泐带领徒弟出使西域寻求。十六年，

派遣智光出使尼八剌国（今尼泊尔）。当时，有中印度僧人桑渴巴辣，佩服尊敬智光的学识，拜智光为师。

朱元璋对佛教义理有一定体悟，曾亲撰写《集注金刚经》一卷，以及《释道论》、《三教论》、《习唐太宗圣教序》、《明施论》、《心经序》等，认为佛教具有“暗理王纲、于国有补无亏”（《释道论》）以及“《心经》每言空不言实，所言之空乃相空耳，除空之外，所存者本性也”（《心经序》）。事迹见《明史》卷一、卷二、卷三、卷三二五等。

（胡俊麟）

Mingyuan

明远 Citādeva（约活动于7世纪） 中国唐代去印度求法僧人。益州清城（今四川都江堰）人。据义净《大唐西域求法高僧传》卷上，明远梵名振多提婆，意译思天。于唐高宗麟德（664～665）年间从海路赴印求法。经过交阯（今越南北部）、诃陵（在今马来西亚加里曼丹岛东岸，另说在今印度尼西亚爪哇岛）、师子洲（今斯里兰卡）。受到师子国国王的礼敬。后“潜形阁内，密取佛牙”，“望归本国，以兴供养”。被人发现，“翻被夺将。不遂所怀，颇见陵辱”。后到南印度，此后不知行踪。

（王邦维）

Mingzhou

明州 Mingzhou 中国古地名，即今宁波。见宁波。

Modengjia Jing

《摩登伽经》 *Śārdūla-karṇāvadāna* 涉及印度天文学知识的汉译佛教譬喻经。中国三国时期支谦、竺律炎译。该经分两卷本或三卷本，讲述一个旃陀罗女子追求阿难，最后为佛陀（见释迦牟尼）所度化的故事，其中包含了丰富的星宿与占卜内容。除汉译本外，这部譬喻经还有藏文译本、梵文写本等存世，不同的版本共有十余种。

《摩登伽经》梵文名直译为《虎耳譬喻经》，简称《虎耳经》。《摩登伽经》经名中的“摩登伽”，是梵文的音译，即现世故事中旃陀罗女的母亲的名字，来自其部族的名称。梵文本譬喻经中的

阿难托钵向汲水的摩登伽女乞水

前生故事部分，叙述了古时候大婆罗门莲花实考问旃陀罗国王帝腾伽，后者以自己渊博的学识，重新阐释种姓，追溯吠陀源流，列举星占预言，赢得了大婆罗门的认可。大婆罗门与旃陀罗国王的对话涉及各式各样的星占以及印度早期历法等内容，包括星宿的名称、特征，昼夜分数、长短时节、刹那分数，长度单位、金子重量单位、谷物体积单位，生于诸宿者的命运，于诸宿所建城市的预言，于诸宿夏季最后一个月降雨的预言，于诸宿发生月食的预言，在诸宿宜与不宜之事，朔望昼夜分数、日影长短、时节变换，地震结果的预言，囚犯获得释放的预言，生于诸宿者的善恶特点等。

《虎耳譬喻经》诸汉译本中，最完整的是《摩登伽经》(T1300)。《摩登伽经》共分七品：《度性女品》、《明往缘品》、《示真实品》、《众相问品》、《说星图品》、《观灾祥品》、《明时分别品》。最后三品都是星占内容，篇幅占整部经的一半左右，按主题分别叙述依据月亮所在不同星宿产生的各种预言。《摩登伽经》在叙述星占时，采用的记述方式是将若干个预言主题合为一品，译者添加了其中的品名。其梵本《虎耳譬喻经》的叙述方式则是按照章节，与印度经典占卜类作品《广集》以章划分相同。《隋书·经籍志》最早记载了来华的7种印度天文学著作名称，其中的《摩登伽经·说星图品》是将《摩登伽经》中的“说星图品”作为单独的一部文献著录。

汉译佛经中包含的星占史料，大部分归于密教部类中的“宿曜吉凶法”，主要有《文殊师利菩萨及诸仙所说吉凶时日善恶宿曜经》、《摩登伽经》、《舍头谏太子二十八宿经》等。《舍头谏太子二十八宿经》是《摩登伽经》的异译本，亦包含丰富的星占史料，且《舍头谏太子二十八宿经》的翻译年代可以确定，译者为西晋的竺法护。因此《虎耳譬喻经》系列汉译本可以算是汉译

钱谦益《楞严经疏解蒙钞》插图

443

佛经星占材料之初传。在中国甘肃敦煌和新疆吐鲁番，出土了《摩登伽经》的残抄本（S.3374等）和梵文本的残片（Or.15010/6与Or.15010/20等），还出土了内容相关的《二十八（七）宿占星书》。该文献可以印证梵文本《虎耳譬喻经》中的月食、分野和地震这几项占卜的混合阐释是有依据的，同时也说明《虎耳譬喻经》对于当时西域人的生活是有影响的。

《虎耳譬喻经》被翻译到中国后，阿难与摩登女的情感纠葛故事引发了广泛兴趣。一般认为由唐代中国佛教徒所作《楞严经》，就是以二者之间的故事为缘起。为《楞严经》所配图画中，常会出现摩登女与阿难的图像，在元明话本中也有一些以此故事为原型的创作。民国时期，尚小云的戏剧《摩登伽女》与张大千在敦煌石窟临摹的摩登女像，令摩登女成为一个丰满的艺术形象，“摩登”一词也因与英语“modern”（现代的、新派的）音译相同而风靡上海。在印度本土，此故事却长时期湮没于历史的尘埃之中。1933～1938年，R.泰戈尔将阿难与摩登女的故事写成一部戏剧，名为《旃陀罗女》，由此印度文化界重新关注了这个有趣的故事，直到今天这部戏剧还经常在一些国家演出。

（周利群）

Modengjia Jing Shuoxingtu Pin

《摩登伽经·说星图品》 *Pictures of Constellations in Śārdūla-karṇāvadāna* 由印度传入中国的古代星占学著作。《隋书·经籍志》天文之部收录该书名，是将《摩登伽经》(T1300) 卷上的“说星图品第五”部分列为单独的一部文献。该书主要论述二十八宿分别对应的星数、诸星形状、运行时间、星神名称、祭祀用品，以及四方星宿的分布等内容，对促进印度星占学知识在中国的流传有着不可忽视的影响。

（周利群）

Moduluo

摩堵罗 Madura 印度古国潘地亚的都城。十分富庶，盛产珍珠和细纺织品。德里苏丹国阿拉-乌德-丁·哈尔吉时代被北方来的伊斯兰军队攻破（1311），无数珍宝被洗劫而去。后成为维查耶纳伽尔王国的一部分。今称马杜赖，在泰米尔纳德邦。城内寺庙甚多，最著名的是吉祥天女庙。

（葛维钧）

印度泰米尔纳德邦马杜赖印度教米纳克希神庙

Mohe Doule

《摩诃兜勒》 *Mahātūrya* 汉代由西域、印度传入中国的乐曲。西晋崔豹（约活动于3世纪晚期）《古今注》说：“横吹，胡乐也。张博望入西域，传其法于西京，唯得《摩诃兜勒》二曲，李延年因胡曲，更造新声二十八解。”将西域音乐传入中国的时间上推至西汉张骞，说明至少在张骞通西域之后，丝绸之路上中外文化交流空前活跃，其中包括音乐交流。“摩诃兜勒”一词应来自梵语，摩诃为大，兜勒为喇叭，最初应是军中使用的乐曲。见鼓吹铙歌。

（薛克翘）

Mohejialuo

摩诃迦罗 Mahākāla 密教护法神。见大黑天。

Mohe Poluoduo

《摩诃婆罗多》 *Mahābhārata* 印度古代两大梵语史诗之一。字面意思是“伟大的婆罗多族”，亦可理解为“伟大的婆罗多族的故事”。《罗摩衍那》是“最初的诗”，《摩诃婆罗多》是历史传说，包含着公元前1400年以降的远古历史传说。不但是了解印度古代社会首屈一指的经典，也是了解人类早期文化的重要著作。

《摩诃婆罗多》围绕主干故事展开，铺陈出众多传说，既有巨大的文学价值，又有深刻的宗教哲学意蕴乃至法典性质的内容，是一部包罗万象的鸿篇巨制。是世界上最长的史诗。有两个主要传本：浦那版精校本和南印度传本的校勘本。前者约为荷马史诗《伊利亚特》与《奥德赛》合在一起长度的7倍，后者约为其10倍。精校本约有8万余颂（诗节），16万余行；南印

全胜向持国讲述俱卢之战的情况

《摩诃婆罗多》插图

《摩诃婆罗多》梵文本书影

度传本逾10万颂，20余万行。史诗核心部分可能萌芽于公元前八九世纪之间。书中最古老的部分名《婆罗多》，由2.4万诗节组成，未附插话，约产生于公元前4世纪，全部文本则最终成型于4世纪笈多王朝初期。作者相传为毗耶娑（广博仙人）。全诗除人物道白说明和个别散文章节外，基本是32音一节的颂体，每行16音，可分为两句吟唱。译成汉诗，则多以八音一句、四句一节为成例。自1919年起，印度浦那班达卡尔东方研究所邀集众多梵文学者对史诗进行大规模校订。1966年，精校本出齐。正文19卷，后附《诃利世系》2卷，索引6卷。

《摩诃婆罗多》以列国纷争时代的印度社会为背景，主干故事描绘婆罗多族王室两支后裔般度族与俱卢族兄弟为争夺王位继承权而进行的一场战争。婆罗多是古代名王，后代有持国和般度两兄弟。持国有百子，被称为俱卢族；般度有五子，被称为般度族。般度死后，由持国继承王位。般度长子坚战成年后想讨回王位，持国长子难敌不肯，双方遂发生冲突，终至兵戎相见。一场惨烈的大战在今德里附近的**俱卢之野**进行了18天。般度五子一方获胜，持国百子一方则几近全军覆没，仅长子及另外三员大将幸免于难。三将夜袭般度族军营，将所有将士悉数杀灭。般度族五兄弟因不在场而以身免。坚战登基为王，后升入天国。《摩诃婆罗多》分18篇：《初篇》、《大会篇》、《森林篇》、《毗罗吒篇》、《斡旋篇》、《毗湿摩篇》、《德罗纳篇》、《迦尔纳篇》、《沙利耶篇》《夜袭篇》、《妇女篇》、《和平篇》、《教诫篇》、《马祭篇》、《林居篇》、《杵战篇》、《远行篇》、《升天篇》。正文引子讲述了婆罗多祖先的传说及英雄毗湿摩的出生。第一篇的后半部分和第二篇为史诗正文，表现俱卢族和般度族为王位继承而展开的曲折斗争，直至般度五子被流放12年为止。第三篇以大量插话描写般度五子的流放生活。第四篇和第五篇写王国的政治斗争。第六篇至第十一篇系史诗核心，描写大战全程。有关**黑天**对阿周那说教的内容独立成篇，为《**薄伽梵歌**》。第十二篇和第十三篇解说法的各个方面，尤其是治世之法。第十四篇至第十八篇为尾声，讲述大战后果。

印度史学家R.塔帕认为，《摩诃婆罗多》折射了发生在公元前1000年至前700年之间的历史事件。《**梨俱吠陀**》和梵书曾提到好战的婆罗多族及其支系俱卢族。《摩诃婆罗多》成书后，很快被印度教徒奉为圣典，被称为“第五吠陀”。由于史诗内容驳杂，涉及宗教、哲学、历史、政治、伦理、地理、天文、传说、神话、民族、语言、文学等诸多领域，故亦有“印度丛莽”之喻，又被誉为印度古代社会百科全书。它还是后世印度文学艺术取之不尽的源泉。这部用梵文写成的卷帙浩繁的史诗，已被译成印度若干现代语言，也已被译成英、法、德、俄诸种文字乃至波斯、爪哇等语言，在印度和世界上直接或间接产生了长期而广泛的影响。

中国人至迟在5世纪初即已知《摩诃婆罗多》之名乃至其部分内容。**马鸣**菩萨造、后秦**鸠摩罗什**译《**大庄严论经**》卷五云：“时聚落中多诸婆罗门，有亲近者为聚落主说《罗摩延书》，又《婆罗他书》，说征战死者，命终生天。”所谓《婆罗他书》，即《摩诃婆罗多》，而“征战死者，命终生天”正是《摩诃婆罗多》最后一篇《升天篇》的主要内容：坚战在位36年后，摆脱人间仇恨与烦恼，在天国见到自己兄弟及般度、俱卢两族的所有死者。大家均成天神。在古代汉译佛经及其他文献中，《摩诃婆罗多》留下的蛛丝马迹非止一端。

20世纪初以来，中国人对印度的关注与日俱增。**鲁迅**对包括《摩诃婆罗多》在内的印度古代文学十分推崇。诗僧**苏曼殊**，通晓梵文并对印度文学素

般度族成员怖军和阿周那大战俱卢族大军统帅德罗纳 《摩诃婆罗多》插图

怀浓厚兴趣，与鲁迅所见略同。1907年，他在《〈文学因缘〉自序》中说："《摩诃婆罗多》、《罗摩衍那》二章，衲谓中土名著，虽《孔雀东南飞》、《北征》、《南山》诸什，亦逊彼闳美。"1911年，他在《答玛德利玛湘处士论佛教书》中又说，"《摩诃婆罗多》与《罗摩衍那》二书，为长篇叙事诗，虽荷马亦不足望其项背。考二诗之作，在吾震旦商时。此土尚无译本，唯《华严经》偶述其名称，谓出马鸣菩萨手。文故旷劫难逢，衲意奘公当日以其无关正教，因弗之译。"1913年，他在《燕子龛随笔》中再度赞美《摩诃婆罗多》和《罗摩衍那》。他的论断对同代人和后来者无疑具有重要启示意义。

1950年，糜文开编译的《古印度两大史诗》由中国台湾商务印书馆出版，翌年由北京印度研究社再版。全书12万余言。1962年3月，孙用译《腊玛延那·玛哈帕腊达》由人民文学出版社出版。"腊玛延那"即"罗摩衍那"，"玛哈帕腊达"即"摩诃婆罗多"。所据文本为英文诗体节译合印本，译者为R.杜特，亦即苏曼殊所谓"梵土哆君"。孙用译本每行16个汉字，每节2行，力图再现史诗颂体格律。所译《摩诃婆罗多》约2 000颂，4 000行，相当于梵文原著的五十分之一。1958年，唐季雍译、金克木校并作序的《摩诃婆罗多的故事》，由中国青年出版社出版，后两度再版。所据文本系印度知名政治家和作家C.拉贾戈帕拉查理的英文缩写本《摩诃婆罗多》(1951)。这一缩写本本身也已成经典读物，截至2013年重印达40余次，在世界各地影响不衰。

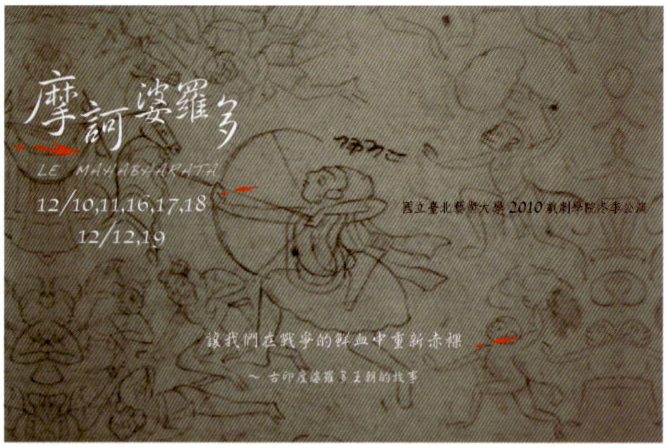

中国台北艺术大学戏剧学院公演《摩诃波罗多》的节目单

中国人从梵文原著翻译《摩诃婆罗多》始于20世纪50年代。1954年，金克木率先以诗体将其中著名插话《莎维德丽》译成中文，发表在《译文》杂志上。1979年，他又译出史诗楔子《蛇祭缘起》并撰写一篇剖析文章，发表在《外国文学研究》期刊上。1982年，赵国华以诗体译出另一著名插话《那罗和达摩衍蒂》，由中国社会科学出版社出版单行本。1987年，由金克木编选并由他本人同弟子赵国华、席必庄、郭良鋆以诗体合译的《摩诃婆罗多插话选》上、下册列入"外国文学名著丛书"，由人民文学出版社出版。该书共收入15篇重要插话，长达1 000余页，是《摩诃婆罗多》汉文翻译的一次重要突破。与此同时，在金克木的主持下，赵国华与黄宝生、席必庄、郭良鋆决定合译全书，商定译文采用散文体。金克木虽年事已高，仍译出难度很大的前四章。随后，由金克木、赵国华和席必庄合译的第一卷《初篇》完成并在1993年12月出版。1999年，黄宝生译《毗湿摩篇》列入"世界英雄史诗译丛"，由译林出版社出版。2005年，由三代学者历时十余载完成的中文《摩诃婆罗多》全译本由中国社会科学出版社出版，成为中国翻译文学史上的一桩盛事，也成为中印文化交流史上的一座丰碑。全书分6巨册，约500万字。

《摩诃婆罗多》中译本书影

《摩诃婆罗多》中极负盛名的宗教哲学长诗《薄伽梵歌》在中国先后出现3个诗体译本。1957年，徐梵澄以传统诗体翻译的《薄伽梵歌》在印度本地治里（今普度治里）印行。1989年，张保胜用现代诗体译的《薄伽梵歌》由中国社会科学出版社出版。2010年，黄宝生的现代诗体译本《薄伽梵歌》由北京商务印书馆出版。

中国对《摩诃婆罗多》的研究散见于各种译本的前言、后记及各种相关文学史中。金克木的《梵语文学史》(1964)以一章的篇幅全面论述了这部史诗的诸多方面。他为《摩诃婆罗多插话选》写的译本序等论文充满真知灼见。此外，黄宝生的《〈摩诃婆罗多〉导读》(2005)等论著均有助于读者对这部史诗的理解。

（刘建）

Mohe Poluoduo Daodu

《〈摩诃婆罗多〉导读》 *Introduction to Mahābhārata* 印度史诗《摩诃婆罗多》汉译本的导读本。作者黄宝生。2005年由中国社会科学出版社出版。是《摩诃婆罗多》汉译本前言、各篇导言和后记汇编而成的单行本。

《〈摩诃婆罗多〉导读》前言和导读部分约占全书的1/2。前言介绍了《摩诃婆罗多》汉译本的翻译缘起，阐释了《摩诃婆罗多》成书年代、社会背景以及作为译文依据的精校本情况。导读部分首先介绍了《摩诃婆罗多》的核心故事，列举了自婆罗多开始至镇群王为止的婆罗多族谱系，明确指出阅读《摩诃婆罗多》要适应这部史诗故事套故事的叙事结构。其次，分别概括了《摩诃婆罗多》18篇中的主线及插话内容，并简要评述了故事情节及人物形象。

附录部分收录了作者选译的4篇参考文献，分别是《摩诃婆罗多》精校本首任主编V.S.苏克坦卡尔所写的《关于〈摩诃婆罗多〉精校本工作进展的报告》、

《〈摩诃婆罗多〉导读》封面

印度梵语学者R.N.丹德卡尔的《〈摩诃婆罗多〉的起源和发展》、美国梵语学者V.布依特南的《〈摩诃婆罗多〉导言》以及美国梵语学者D.H.H.英格尔斯的《论〈摩诃婆罗多〉》。这4篇文章从不同角度探讨研究《摩诃婆罗多》，对帮助读者更全面地理解该史诗具有参考价值。

《摩诃婆罗多》汉译本约500万字，《〈摩诃婆罗多〉导读》可帮助读者了解史诗概况，并作为史诗研究的指南。

（姜景奎　张然）

Mohe Puti Si

摩诃菩提寺 Mahābodhi-vihāra　印度佛寺。又称大觉寺、大菩提寺。是佛陀悟道之地**菩提伽耶**最重要的佛寺，寺内有著名的**菩提树**和**金刚座**。最初由阿育王建于公元前3世纪，是一座由栏楯柱围绕的菩提树殿。摩诃菩提寺很早就已成为重要的佛教朝圣中心。菩提伽耶原名优楼频螺，该名称在释迦牟尼成佛两百年后，先后为三菩提、菩提场、金刚座和摩诃菩提等称谓取代。其中摩诃菩提的使用时间最长，也最广为人知。该名称直到19世纪中期（英国殖民时期）英国人A.坎宁安到访时仍在广泛使用。此后，菩提伽耶这一名称才逐渐流行起来。

自建成之日起，摩诃菩提寺经历了几次结构上的重大改变。最初的菩提树殿于巽迦王朝时期（公元前2～前1世纪）被扩建为一座两层建筑，其中供奉着菩提树和**金刚座**两个重要圣物。公元5世纪，中国求法僧人**法显**到访菩提伽耶，并在《**佛国记**》中提到了矗立在菩提树和金刚座旁的一座高塔，这是关于摩诃菩提寺结构加高的首度记载。贵霜时期的浮雕也描绘了该寺于公元1～3世纪间的扩建。公元7世纪中国求法僧人**玄奘**到访时，这里已建成一座晚期笈多风格的砖结构寺庙。玄奘细致描写了这座寺庙："菩提树东有精舍，高百六七十尺，下基面广二十余步，垒以青砖，涂以石灰。层龛皆有金像，四壁镂作奇制，或连珠形，或天仙像，上置金铜阿摩落迦果。东面接为重阁，檐宇特起三层，榱柱栋梁，户扉寮牖，金银雕镂以饰之，珠玉厕错以填之。奥室邃宇，洞户三重。外门左右各有龛室，右则观自在菩萨像，左则慈氏菩萨像，白银铸成，高十余尺。"他还记录了阿育王修建的一座小精舍以及其他由信徒所造的小型寺庙和佛塔。摩诃菩提寺中的一尊坐佛，成为后世许多佛像的范本。根据588～589年的碑铭记载，该佛像曾被一位名叫摩诃那摩的锡兰（今斯里兰卡）佛教徒装饰翻新。

波罗王朝至犀那王朝时期（10～12

摩诃菩提寺大塔

世纪），摩诃菩提寺得到扩建和翻修。现存摩诃菩提寺是在原有建筑结构基础上修葺而成。10世纪晚期和11世纪早期的两处中国宋代石碑记录了这座寺庙的盛景，同一时期的其他石碑也载有斯里兰卡、尼泊尔、缅甸及其他流行佛教信仰国家统治者出资翻修、扩建该寺的事迹。缅甸、尼泊尔、泰国、中国均以摩诃菩提寺为蓝本兴建寺庙，足见其吸引力。12世纪，随着突厥穆斯林统治的强盛以及佛教在印度河、恒河流域的衰落，护寺僧众纷纷离开，这座寺庙随之沦为弃寺，此后长期被当地一个婆罗门头人据为己有。该寺的产权问题直到1949年才通过一场漫长的诉讼得以解决。这场诉讼由著名的斯里兰卡僧人达摩波罗发起，最终于1949年通过了一项《菩提伽耶寺庙管理特别法令》。该法令将这座寺院的所有权转移到一个佛教和**印度教**代表各占半数的信托机构名下，接受地方法官管辖。

1811～1812年，苏格兰人F.布坎南发现这座寺庙的时候，它被掩埋在一片废墟之下。1863年，米德少校对这里进行了发掘，缅甸国王也派人前来清理遗址。1878年，B.L.米特拉博士发表了他关于菩提伽耶寺庙的研究报告。但A.坎宁安于1879年宣称这里的发掘和重建工作并不尽如人意。1881年，英国工程师J.D.贝格拉受委托对寺庙遗迹进行彻底的发掘和清理，他主要依照加尔各答印度博物馆馆藏的12世纪石制模型对寺庙做了修复。

摩诃菩提寺在重建后再度成为佛教

摩诃菩提寺大塔

摩诃菩提寺中朝觐的僧侣和游客

圣地。来自不同国家和地区的佛教信徒纷纷在这里修建佛塔、公园和其他建筑。鉴于此处是全印度少有的几处早期古典风格的砖结构寺庙，又与佛陀有深厚的历史渊源，联合国教科文组织于2002年将该寺列为世界文化遗产。现存寺庙建筑区保留了当时佛陀禅定7周的诸多历史遗迹，如菩提树、金刚座、诵经堂等。2013年，泰国佛教徒捐赠290千克黄金用以修饰该寺庙的穹顶。

（卡马尔·希尔撰　贾岩译）

Mohe Sengzhi Lü

《摩诃僧祇律》 *Mahāsaṅghika-vinaya* 印度佛教典籍。印度佛教部派大众部所传戒律。今传40卷（T1425），汉译5部广律之一。

《摩诃僧祇律》梵文本由东晋法显从中印度带回后，于义熙十二年至十四年（416～418）由法显和天竺沙门佛驮跋陀罗共同译出。《摩诃僧祇律》分为比丘僧戒法与比丘尼戒法两大部分。第一部分比丘僧戒法共35卷，包含四波罗夷法、十三僧伽婆尸沙（僧残）、二不定法、三十尼萨耆波夜提法、单提九十二事法、四波罗提提舍尼、众学法、灭诤法等218戒，以及杂诵跋渠法113条和威仪法50条。第二部分比丘尼戒法共5卷，列277条戒，以及杂诵跋渠法34条。与其他4部广律不同的是，此律为大众部所秉持，含有不少大乘佛教的思想萌芽。此律译出后在宋、齐、梁之际曾盛行于关中地区，后逐渐为《四分律》所取代。

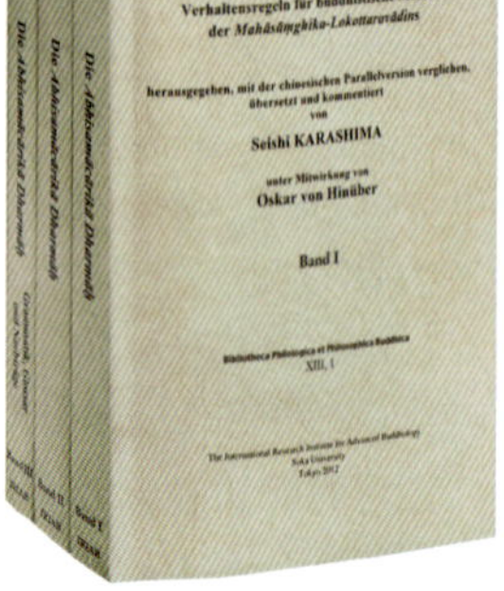

《〈威仪法〉梵本新校和对勘研究》书影

20世纪30年代R.桑克利提亚衍在西藏发现了大众部系说出世部的律典梵本，其中的《威仪法》由B.吉那南达于1969年出版，最新版本为辛嶋静志发表的新校和对勘；《比丘尼杂诵》由G.罗特于1970年发表，《戒经》由N.塔蒂亚于1976年发表。另外还发现了一些《波罗提木叉分别》的残片。辛嶋静志分别于2008年和2013年发表了大众部系说出世部《戒经》的另一早期梵文传本残叶，发现于阿富汗巴米扬地区，抄写于六七世纪。这些梵本与汉译《摩诃僧祇律》相似，但并不完全相同。

（吴蔚琳）

Mohe Zhiguan

《摩诃止观》 中国佛教典籍。隋开皇十四年（594），智𫖮于荆州玉泉寺所讲，由门人灌顶笔录，详述天台宗圆顿止观法门的著作。灌顶谓之智𫖮"说已心中所行法门"。原题《圆顿止观》(又称《天台摩诃止观》、《大止观》)。凡10卷（每卷分上下，或称20卷）。与《法华文句》、《法华玄义》并称天台三大部。

据湛然《止观辅行传弘决》载，《摩诃止观》前后共有3个版本：第一本20卷，第二本10卷，皆题《圆顿止观》，已佚；第三本即是现存本，是第二本（广本）的再治本，虽过去有人称其为略本，但实乃最后定本。

《摩诃止观》分序分和正说分两部分。序分是灌顶略述写作缘起，其中包括师资传承和3种止观法门。其中师资传承又分金口和今师两部分，前者印度，后者中土。在今师部分，尤其突出了慧文、慧思到智𫖮的思想继承情况，论述渐次、不定和圆顿3种止观之意。

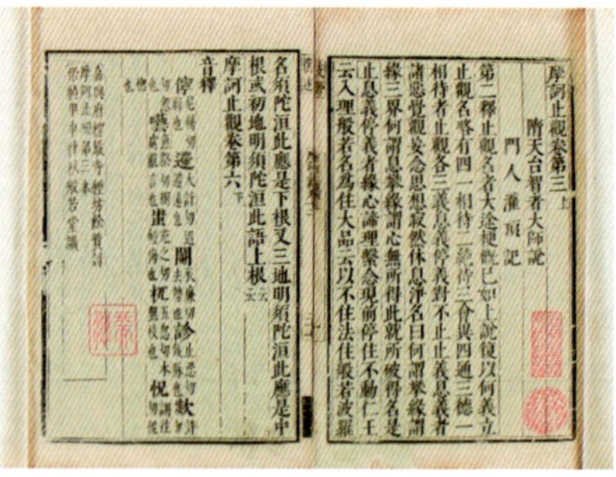

《摩诃止观》明崇祯甲申年（1644）嘉兴藏刻本书影

正说分"开章为十"，简称十广，分别为：大意、释名、体相、摄法、偏圆、方便、正观、果报、起教、旨归。但该书仅写到第七章"正观"中的"诸见境"便结束。其中，大意一章"囊括始终，冠戴初后，意缓难见，今撮为五"，简称"五略"：①发大心，"众生昏倒，不自觉知，劝令醒悟，上求下化"，对应释名、体相、摄法和偏圆；②修大行，"虽复发心，望路不动，永无达期，劝牢强精进，行四种三昧"，对应方便、正观；③感大果，"虽不求梵天，梵天自应，称扬妙报，慰悦其心"，对应果报；④裂大网，"种种经论，开人眼目，而执此疑彼，是一非诸，闻雪谓冷，乃至闻鹤谓动，今融通经论，解结出笼"，对应起教；⑤归大处，"法无始终、法无通塞，若知法界，法界无始终、无通塞，豁然大朗，无碍自在”，对应旨归。正观一章，“正说止观”，详述智𫖮止观思想，篇幅最大，是本书核心。该章先叙所观之十境，次说正修之十乘观法，每境按十乘观法顺次进行。

《摩诃止观》乃智𫖮晚年所述，是其成熟时期止观思想的集中反映，尤以“十乘观法”为代表。书中对天台宗“十界互具”、“百界千如”、“一念三千”、“三谛圆融”等也有比较集中的论证，是汉传佛教史上第一部系统的禅学巨著。本书的注释主要有唐代湛然的《止观辅行传弘决》40卷、《摩诃止观辅行搜要记》10卷及《摩诃止观科文》5卷，宋代从义的《摩诃止观辅行补注》4卷、法照的《摩诃止观辅行读教记》6卷等。

（杨祖荣）

Mojietuo

摩揭陀 Magadha 印度古代列国时代（前6～前4世纪）的十六国之一。后仍用其名称同一地区。

摩揭陀兴起于公元前7～前6世纪，是远离吠陀中心的东方部落。位于恒河中下游南部。在佛教初兴时代，摩揭陀为曷利昂伽王朝的频毗娑罗所统治。摩揭陀部落转变为城邦，大约开始于此一时代或更早。该王以王舍城为首都，该城周围则为广大的村落。频毗娑罗在当政时期，曾占领鸯伽国的首都瞻波。他是佛陀（见释迦牟尼）的同时代人，信仰佛教，晚年为其子阿阇世杀害。

阿阇世同憍萨罗进行多年战争，最后议和。后又同跋耆国（即弗栗恃）进行长达16年的战争，最后征服该国，并由此建立起摩揭陀在东印度的霸权。阿阇世王亦信仰佛教。传说在他统治的时代，佛教僧人在王舍城外七叶窟举行了第一次结集。阿阇世王下令修筑的一处工事后来发展成华氏城。该城在其子（或孙）时代成为摩揭陀的首都。他以后的几代帝王都是弑父僭位者。其末王为市民起义所推翻，大臣湿术那伽在430年左右乘机登上王位。摩揭陀国在湿术那伽王朝时代征服了强国阿般底，跋耆和憍萨罗可能也被吞并，从此摩揭陀更加强大。难陀、孔雀、巽伽、甘婆、笈多诸王朝都曾以摩揭陀地区为中心向外扩张。12世纪末，穆斯林征服了这一地区。

古代中国对摩揭陀并不陌生。《新唐书》卷二二一有相关记载，称该地“土沃宜稼穑，有异稻，巨粒，号供大人米。王居……波吒釐子城，……贞观二十一年（647）始遣使者自通于天子，献波罗树，树类白杨。太宗遣使取熬糖法，……高宗又遣王玄策至其国摩诃菩提祠立碑焉。”中国僧人法显、玄奘等旅印时均曾到此巡礼，其见闻俱载于所著《佛国记》、《大唐西域记》等。

（葛维钧）

Molapo

摩腊婆 Mālava 印度古代地名。一般认为在今印度拉贾斯坦邦南部和中央邦北部的马尔瓦一带。

摩腊婆之名称可能来自一个从西北印度迁来以此为名的部落。该部落原居于拉维河畔，曾抵挡过亚历山大的入侵，后向南徙于阿槃底。初行共和体制，后成王国。公元初曾受塞人统治。至4世纪，臣服于笈多帝国的萨穆陀罗笈多，后为旃陀罗笈多二世所兼并。继笈多王朝之后统治这里的是嚈哒人，以及遮娄其王朝和瞿折罗—波罗提诃罗王朝。该地1305年被苏丹阿拉-乌德-丁·哈尔吉并入德里苏丹国，在1572～1573年被阿克巴并入莫卧儿帝国。

玄奘游印时曾经访问摩腊婆。《大唐西域记》卷十一相关记载甚为详细：“摩腊婆国周六千余里。国大都城周三十余里，据莫醯河东南。土地膏腴，稼穑殷盛，草木荣茂，花果繁实。特宜宿麦，多食饼麨。人性善顺，大抵聪敏，言辞雅亮，学艺优深。……贵德尚仁，明敏强学。而此国也，邪正杂信，伽蓝数百所，僧徒二万余人，习学小乘正量部法。天祠数百，异道寔众，多是涂灰之侣也。”所谓“涂灰之侣”，佛教又称涂灰外道或兽主外道、牛主外道，为印度教中信仰湿婆的派别之一。其信徒遍身涂灰，以苦行求升天，至今在瓦拉纳西等地仍可见到。

（葛维钧）

Moluozhimo

摩罗枝摩（约活动于7世纪） 古代东天竺国王。据《旧唐书》卷一九八《西戎列传》，于武则天天授二年（691，《新编唐会要》中曰天授三年）与西天竺王尸罗逸多、南天竺王遮娄其拔罗婆、北天竺王娄其那那、中天竺王地婆西那同至唐朝朝觐并进贡礼物。

（何赟）

Monu

摩奴 Manu 古代印度教神话中一位重要的神祇或半神人，被视为人类始祖。

摩奴之名源出于意为“想”、“思考”的梵语动词man，故广义上指“思考者”、“有智慧者”，即人类，通常是男人。作为专有名词，亦指最初的人，即人类始祖。数千年来，他被不同的神话传说赋予了多重重要身份。在《梨俱吠陀》中，他是第一个进行祭祀的人。这种祭祀曾是正统婆罗门教文化中最重要的部分。在后来印度教设想的宇宙图景中，

印度巴特那博物馆外景

每一劫有14位寿命长达71大时（约合3亿余年）的摩奴，他们创造和保护世上的万物。生于当前这一劫的先后是斯瓦扬普瓦、斯瓦罗吉舍、奥达弥、答摩萨、拉依瓦多、贾克苏舍、维婆斯婆特苏多（或称萨德耶瓦罗德）、萨瓦罗那、答克舍萨瓦罗那、婆罗门萨瓦罗那、达摩萨瓦罗那、楼陀罗萨瓦罗那、劳恰耶和宝陀耶。第一位斯瓦扬普瓦的地位仅次于创世者**梵天**大神。他出世后又创造出10位“**生主**”作为人类的祖先。著名的《**摩奴法论**》亦归在他的名下。目前在世的是第七位摩奴，名维婆斯婆特苏多，意为“日神之子”。在《**百道梵书**》的洪水传说中，他将自己的船缚在一条神鱼的角上，驶向北山，逃脱了灭顶洪灾。但一切生灵皆已荡尽。为求后代，这位摩奴进行了祭祀和苦行，并向水中投献了酥油和奶酪等。不久长出一个女人，自称他的女儿。他们一同继续行祭并操苦行，终于有了后代，而人类亦因此而得以繁衍。《**摩诃婆罗多**》、《鱼往世书》、《薄伽梵往世书》和《火神往世书》中也有这则故事，内容相类。《摩诃婆罗多》说神鱼实为梵天，诸**往世书**则说是**毗湿奴**十化身中的第一个，巨鱼。又有传说称，摩奴创建了阿逾陀城并做了那里的第一个王。由他的儿子传下了日族世系，由他的女儿传下了月族世系。印度历史上很多统治者都把他们的世系上溯到日族或月族，从而上溯到摩奴这位始祖。

（葛维钧）

Muonu Falun

《摩奴法论》 *Mānava-dharma-śāstra* 印度古代最具权威的法论著作。

摩奴之名出现很早。他在《**梨俱吠陀**》中是第一个献祭者，传说为人类始祖。在印度教宇宙图景和创世神话里14位寿命极长的摩奴中，第一位斯瓦扬普瓦地位仅次于大神**梵天**。该法论相传即由他所作。实际上，这一法论无疑出自已经取得稳固社会地位的婆罗门知识分子之手，时间在公元前2世纪～公元2世纪之间。但是其理论、箴言和规则等，作为传统，的确存在已久。全书传说最初长10万颂，后经两次压缩，得4 000颂，现仅有2 694颂。它的内容

《摩奴法论》中译本封面

广泛，包括：创世说（从宇宙、天神、人类、种姓、动植、吠陀、语言、感情到法和本法论的诞生）、尺度巨大的时间概念、法的定义和本源、再生人的圣礼和义务、人生四行期的法、五祭、八种婚姻方式、合法谋生手段、处世规则、功德积累、婆罗门家居禁忌、净食和犯忌赎罪法、妇女的地位和义务、贤妇的节操、国王的法及其品德要求、政府官职建置、政治策略、税收、司法、审判方式、证人、伪证、刑罚、神判法、债务法、典押法、寄存法、契约法、刑事法、夫妇法、分家法、赌斗法、治国八法、四种姓不同的法和职业、种姓关系、纯种姓和杂种姓、罪和赎罪法、业报、**轮回**、转世过程、苦行、**解脱**，等等。该法论以创世说来证明它的永恒性和权威性，以解脱作为人类应有的归宿，内容表面庞杂，实际上却具有内在的统一性。它倡导以婆罗门为中心的社会秩序，极力维护种姓制度。它所设计的神话、风习、律令虽为婆罗门一己愿望的反映，但实践证明也已成为后世正统印度教社会种种宗教惯例、生活准则乃至法律的依据，连英国殖民者在为印度制定法律时亦要参考。这一法论不仅在印度本土影响广泛、深入而久远，连缅甸、泰国、印尼爪哇等地的法律书也视之为权威。后世注疏颇多。9个梵文注本中，最著名的是9世纪人梅达帝梯的《摩奴疏》。作为古代印度的行为规范和政治法律全书，该法论提供了有关古代印度历史、宗教、经济、哲学、文化和社会生活的广泛知识。世界主要语言皆有该法论译本。中国蒋忠新的汉译严谨细致，兼具参考价值和学术价值。

（葛维钧）

Motouluo

摩头罗 Mathurā 印度古代重要城市。即今北方邦亚穆纳河西岸的马图拉。汉文佛教典籍中又译摩偷罗、秣兔罗、末度罗等。公元前6世纪，为列国时代十六国之一修罗色那的首都。传为古代史诗英雄罗摩的弟弟设睹卢祇那所建。语法家**波颠阇利**所著《大疏》、斯里兰卡最早的编年史《岛史》、**耆那教**经典和若干西方典籍都曾提到该城。据史诗《**摩诃婆罗多**》和**往世书**称，它最初由雅度族统治，后**大夏**希腊人和贵霜王朝都曾据有该地。传说印度

毗湿奴坐像　印度马图拉艺术

教黑天大神即诞生于此。佛教和**印度教**在此地都曾十分兴盛。宗教地位的重要带来了该城宗教艺术的繁盛，其中尤以石雕最为著名。中国僧人**法显**在其《**佛国记**》中称它“有遥捕那河”，所指当即亚穆纳河。**玄奘**《**大唐西域记**》对此城记载较详，称其“土地膏腴，稼穑是务，菴没罗果家植成林。……出细斑氎及黄金。气序暑热，风俗善顺，好修冥福，崇德尚学”。

（葛维钧）

Motuopo

摩陀婆 Mādhva（约活动于13世纪）印度古代哲学中吠檀多派的思想家。生于南印度，早年曾追随商羯罗学派的一

些人，后来提出自己的新思想。他与大多数吠檀多派的思想家一样，继承和发展了奥义书和《梵经》中的一些基本思想，承认梵是一切事物的根本因，认为梵也就是最高神（即毗湿奴），它力量无限，全知全能。梵具有纯粹精神的本质，这种本质存在于一切不同的事物中。摩陀婆赞成奥义书等婆罗门教圣典中所说的梵的不可描述性，认为梵超出了言语、推理等一般认识所能达到的范围，但反对那种"有德之梵"（下梵）可见可描述，"无德之梵"（上梵）不可见不可描述的观点。

在梵我关系问题上，摩陀婆持一种"二元论"的观点。他认为，梵虽是根本，但梵与小我不同一，二者是分离的。他不同意商羯罗的许多观点，坚决反对"摩耶"的理论。他实际更为强调的是小我的实在性，更为强调小我与梵之间的差别。摩陀婆明确宣称：小我与神（梵）是分离的，小我与神（梵）不同一。正是由于摩陀婆极为强调神（梵）与小我（现象界）的双重实在性和二者间的差别，他的理论才被称为二元论。

在论证其二元的梵我关系理论时，摩陀婆提出了著名的5种基本差别的理论，认为在神（梵）与小我之间、神与物质之间、一种物质与另一种物质之间、小我与小我之间、小我与物质之间存在着永恒的差别。

在认识论方面，摩陀婆承认现量、比量、圣教量的效用，但更为强调的是奥义书等婆罗门教圣典对获得正确认识的作用，同时亦认为正确认识的产生需要进行祭祀。

在解脱论方面，摩陀婆认为，要获得解脱需要学习吠檀多派哲学的知识，而且对神的崇拜和献身极为重要。

摩陀婆有大量著作，曾对婆罗门教中一些古代圣典作过注疏。其中有一定影响的是他的《梵经注》。他对古印度当时流行的一些其他哲学流派的思想也较关注，曾吸收了数论派、胜论派、正理派、耆那教等的理论。

摩陀婆在中国现代也为人们所关注。黄心川在其所著的《印度哲学史》（商务印书馆，1989）一书的第14章中就论及了他的主要思想。

（姚卫群）

Moxiboluo

摩希波罗 Māhīpāla 古代东印度波罗王朝国王。又译摩醯波罗、地护王。988～1038年在位。在位期间大力保护佛教寺庙与僧侣。曾重建毁于火灾的那烂陀寺，事迹载于1863年发现的那烂陀石柱铭文。明代藏传佛教学者多罗那他在《印度佛教史》中对其执政时期的佛教发展情况有记载。

（张书剑）

Moxiluojuluo

摩醯逻矩罗 Mahirakula，Mihirakula（约活动于6世纪初期） 曾经占据西北印度的古代嚈哒王。意译大族。

摩醯逻矩罗之父陀罗摩那在公元5世纪末曾据有笈多帝国西境的广大地区。摩醯逻矩罗约在公元515年继承王位。他把自己的领土扩大到今阿富汗一带，首府设在奢羯罗。他反对佛教，曾经残酷地迫害佛教徒。约在公元530年，他被占据西马尔瓦的曼达索尔人首领耶输达曼和一个名为婆罗阿迭多的摩揭陀王公（有人认为即笈多帝国的君主那罗新诃笈多·婆罗阿迭多，但年代似有不符）联合击败，后逃往克什米尔。玄奘《大唐西域记》卷四曾称摩醯逻矩罗"有才智，性勇烈，邻境诸国，莫不臣服"，后率军侵犯摩揭陀国，兵败被俘，旋又获释，但王位已为兄弟所据，只好"藏窜山野，北投迦湿弥罗国"。

（葛维钧）

Moye Furen

摩耶夫人 Māyā（？～前563？） 佛教创始人释迦牟尼之母。又称摩诃摩耶、摩诃摩邪，意译大幻化、大术。

据《摩诃摩耶经》、《佛本行集经》卷五、《方广大庄严经》卷一等，摩耶为北印度天臂城拘利族善觉王之女（一说其妹），为人乐善好施，没有过恶，且姿色妍美，端正无双，后嫁与迦毗罗卫释迦族净饭王。居宫中20余年未育，后于梦中见一六齿白象乘虚而来，自右（一说左）胁入身（另说象上乘坐一位着圣衣、戴天冠的菩萨，或乘坐一黄金色身的天子），遂得受妊。产前按当时的习俗返回本家分娩，但行至善觉王为其夫人所建的蓝毗尼休息时即告临盆，手

无忧树下，太子自摩耶夫人右胁出生

扶无忧树（一说娑罗树）自右胁生出悉达多，即后来的释迦牟尼。七日后去世，升往忉利天。婴儿即由其妹，亦为净饭王妃的摩诃波阇波提抚养。据传，释迦牟尼得道后，曾往忉利天为母说法，使之皈依佛教。另据传说，释迦牟尼灭度之际，摩耶夫人曾在天上见到了"五衰相"（头上花萎、腋下出汗、身失威光、眨眼不停、不乐本座），又在夜间做了"五恶梦"（须弥山崩，四海水竭；罗刹刀挑众生之眼；欲界和色界的天神丢掉宝冠，身失光明；毒龙吐火，吹倒饰有如意珠王的宝幢；五头狮子咬啮自己的乳房，疼痛如割）。梦觉即见尊者阿那律前来报告噩耗。摩耶夫人闻后悲不自胜，闷绝过去，醒后即与众天女一同前往佛灭度的娑罗双树。佛虽已逝，还是运大神力，开眼合掌起迎，安慰母亲，并为之说《摩诃摩耶经》，然后复归涅槃。

（葛维钧）

mohele

磨喝乐 中国宋元时期民间泥塑玩偶。又称摩侯罗、魔合罗等。农历七月七日是中国古代的传统节日，又称"七夕"、"巧夕"。北宋孟元老《东京梦华录》卷八《七夕》曰："七月七夕，潘楼街、东宋门外瓦子、州西梁门外瓦子北门外、南朱雀门外街及马行街内，皆卖磨喝乐，乃小塑土偶耳。悉以雕木彩装栏座，或用红纱碧笼，或饰以金珠牙翠，有一对值数千者。禁中及贵家士庶为时物追陪。"又曰："小儿须买新荷叶执之，盖效颦磨喝乐。""至初六日七日晚，贵家多结彩楼于庭，谓之乞巧楼。铺陈磨

宋代七夕请摩侯罗图

喝乐、花瓜、酒炙、笔砚、针线，或儿童裁诗，女郎呈巧，焚香列拜，谓之乞巧。”南宋周密《武林旧事》卷三《乞巧》中也说：“七夕节物，多尚果食、茜鸡。及泥孩儿号摩侯罗，有极精巧、饰以金珠者，其值不赀。……小儿女多衣荷叶半臂，手持荷叶，效颦摩侯罗，大抵皆中原旧俗也。七夕前，修内司例进摩侯罗十卓，每卓三十枚。大者至高三尺，或用象牙雕镂，或用龙涎佛手香制造，悉用镂金珠翠。衣帽、金钱、钗镯、佩环、真珠、头须及手中所执戏具，皆七宝为之，各护以五色镂金纱厨。制阃贵臣及京府等处，至有铸金为贡者。富姬市娃，冠花衣领，皆以乞巧时物为饰焉。”《梦粱录》、《西湖老人繁胜录》等皆有相似记载。说明两宋时的七夕多了一项节目，卖磨喝乐、扮磨喝乐和以磨喝乐烘托节日气氛。关汉卿曾作杂剧《魔合罗》，说明元代仍有此种泥塑玩偶。现代学者对磨喝乐多有考证，或以为其名称来自佛教天龙八部之一摩侯罗迦，或认为与释迦牟尼之子罗睺罗有关，胡适则认为是由密宗大黑天神摩诃迦罗演变而来，似更有说服力。总之，磨喝乐是佛教影响的产物。

（薛克翘）

Moboxun

魔波旬 Māra-pāpīyas 古代印度佛教中的恶魔之王。

魔即“魔罗”，梵语原意为“杀”、“毁坏”，引申而有“障碍”、“魔鬼”之意。佛教用以指一切扰乱身心，使人沉溺于情欲，不得接近善法的破坏者，实为邪

释迦牟尼成道之前遭到魔波旬等魔众的阻挠

恶概念的人格化，被视作佛陀和佛教信仰的大敌。佛经中有很多释迦牟尼和其他佛僧在修道时遭到恶魔引诱和恐吓的故事。佛教神话中欲界第六天“他化自在天”有魔王及其魔众。其王名波旬。波旬又译“波卑夜”，梵语原意为“极恶”。释迦牟尼在菩提树下趺坐成道之前，魔波旬曾率大批魔军前来威吓，又派妖冶魔女以色相相诱，结果皆失败而归。作为梵语语法释例，窥基在其所著《大乘法苑义林章》卷六中提到魔波旬，称：“……梵云魔罗，此云扰乱、障碍、破坏——扰乱身心，障碍善法，破坏胜事，故名魔罗，此略云魔。……又云波卑夜，此云恶者，天魔别名——波旬，讹也——成就恶法、怀恶意故。恶魔波旬，号名双举。”所说可作“魔”与“波旬”二字合用的解释。

（葛维钧）

Modisenghe

末底僧诃 Matisaṃha（约活动于7世纪） 中国唐代去印度求法僧人。末底僧诃为梵名，意译师子慧。据义净《大唐西域求法高僧传》卷上，末底僧诃为唐京师（今陕西西安）人，俗姓皇甫。唐麟德二年（665）或乾封元年（666）随僧人玄照经陆路赴印求法，同行有僧人师鞭等。先到北印度，再到中印度。返国途中因病去世于泥波罗（今尼泊尔）。

（王邦维）

Mojiali Jusheluo

末伽梨·拘舍罗 Makkhali Gosāla（约活动于前6世纪） 古印度沙门思潮中人物，六师之一。亦译末伽梨·瞿舍利、末迦梨·瞿舍利、末伽利·拘赊梨子等。他的基本情况在巴利文的《长部·沙门果经》和汉译阿含类经典中有记述，但都极为简略。《长阿含经》卷第十七中在记述他时说：“有末伽梨瞿舍利，于大众中而为导首，多有知识，名称远闻，犹如大海无不容受，众所供养。”末伽梨·拘舍罗否定古印度当时流行的一些宗教教义，否定做布施、祭祀等的意义，否定业报的理论，认为行为的善恶对人此后的形态没有什么影响，不存在与行为相关的因果报应，无有今世，也无后世。他还认为，世间事物是由其命运环境或自然本性变化而来的。人自身对这些都无能为力，人的生活也不受任何特别的因（如行为产生的“业”）的支配。这种理论在古印度被称为“无因论”或“宿命论”。有关他的生平、主张等资料随佛教文献的汉译传入中国，阿含类佛典中就有相应记述。现代中国思想界有这方面的研究。姚卫群在《薪火集》（北京大学出版社，2004）一书中发表了论文“佛教阿含类经中记述的‘六师’思想”，其中有对末伽梨·拘舍罗的论述。

（姚卫群）

Moxinang

没徙曩 （约活动于10世纪） 古代印度中天竺国王。《佛祖统纪》又称没徒曩。据《宋史》卷四九〇、《佛祖统纪》卷四三等，宋太平兴国七年（982），成都僧人光远携其国书献予宋太宗。

（张书剑）

Mounishili

牟尼室利 Muniśrī（？～806） 印度来华僧人，译经家。又称寂默。据《宋高僧传》卷三等，牟尼室利生于北印度，为人气宇高爽，性情真率，曾在那烂陀寺出家，并受戒学法。唐德宗贞元九年（793）出发来唐，十六年到达长安，住大兴善寺；十九年移往崇福寺和醴泉寺。后住于大慈恩寺，从玄奘携归的梵本中择取《守护国界主陀罗尼经》，与般若共同译出，得10卷。唐宪宗元和元年（806）六月卒于大慈恩寺。

（葛维钧）

Mouzi

牟子 Mouzi（约170～？） 中国东汉末年佛教居士。苍梧郡（治所在今广西梧州）人。

牟子博览群书，儒家的经传典籍、诸子百家、道教的神仙之书都曾涉猎。但其思想比较倾向于儒家，不信神仙黄老之说。灵帝驾崩后，中原大乱，而交州一带（今中国广东、广西及越南北部地区）比较安定。大量北方人逃到这里，其中有许多信奉神仙长生之术的奇人异士。这时牟子也携同母亲避难来到交趾（今越南北部）。他经常以儒家的五经（即《周易》、《尚书》、《诗经》、《仪礼》、《春秋》）为依据，驳斥这些道家术士。于是时人将其比作孟子反驳道家的杨朱与墨家的墨翟。

东汉献帝兴平二年（195），牟子26岁时，回到苍梧。牟子开始由儒家思想转向道家"绝圣弃智"、"修身保真"的学说，同时也兼习佛教经典。撰有《牟子理惑论》一文，收录在《弘明集》（T2012）第一卷第一篇。这篇文章反映了当时人们对佛教的理解，是第一篇由中国人所写的弘教论著，对研究佛教在中国初传时期的历史具有重要的参考价值。

（范晶晶）

Mouzi Lihuo Lun

《牟子理惑论》 中国佛教初传时期的一篇弘扬佛教的著作。东汉末年自称为牟子的佛教居士著。该论详细记载了汉明帝派遣使节求取佛法的传说，并对佛

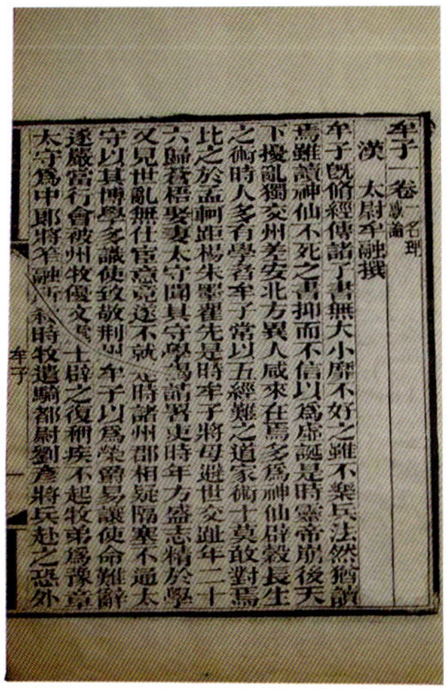
牟子一卷 一名理惑論
漢 太尉牟融撰
牟子既脩經傳諸子書無大小靡不好之雖不樂兵法然猶讀
焉雖讀神仙不死之書抑而不信以爲虛誕是時靈帝崩後天
下擾亂獨交州差安北方異人咸來在焉多爲神仙辟穀長生
之術時人多有學者牟子常以五經難之道家術士莫敢對焉
比之於孟軻距楊朱墨翟先是時牟子將母避世交趾年二十
六歸蒼梧娶妻太守聞其守學謁請署吏時年方盛志精於學
又見世亂無仕宦意竟遂不就是時諸州郡相疑隔塞不通太
守以其博學多識使致敬荊州牟子以爲榮爵易讓使命難辭
遂嚴當行會被州牧優文處士辟之復稱疾不起牧弟爲豫章
太守爲中郎將笮融所殺時牧遣騎都尉劉彥將兵赴之恐外
牟子 一

《牟子》清刻本书影

教的一些基本知识、教义进行了入门性的介绍与梳理。由于东汉三国时期的史料较少，加上作者牟子的姓名记载混乱，20世纪初国内外的一些学者曾对《牟子理惑论》的真伪进行了讨论。以梁启超、常盘大定等为代表的学者认为该文是东晋以后的伪书，而以周叔迦、汤用彤、马伯乐、P.伯希和、福井康顺等为代表的学者则认为此文不是伪书，作于东汉末年或三国吴时。

《牟子理惑论》最早见于南北朝时期刘宋明帝（465～472年在位）敕令中书侍郎陆澄所撰的《法论》（其书今已不存，但其目录保存在《出三藏记集》卷十二）中，题为《牟子》。此后，梁僧祐编《弘明集》，第一篇就是《牟子理惑》1卷。《牟子理惑论》采用了当时流行的主客问答的文体，文中设计了一位来自北方的儒者作为问话者，牟子本人作为回答者。共39章。第一章一般称为《序传》，为牟子自叙身世与著书缘由。最后一章是《跋》，解释正文之所以有37章，是为了模仿《道德经》、佛经的体例，并交代辩论的结果：提问者被说服，受五戒成为优婆塞。正文开始时介绍了佛陀（见释迦牟尼）一生的行迹、佛经中的戒律斋法与佛经的卷帙体例等。之后被问到沙门剔除须发、不娶妻子、无跪起之仪违背孝道礼节时，牟子以"权变"、"全身保真"和"无为之道"的说法来为佛教辩护。接着他又阐明佛教的神魂不灭、因果报应的学说。当被质疑为何要用"夷狄之法"改变华夏正统文化时，牟子指出大禹是生于西羌的圣人，并提出"汉地并非天下之中"的观点。提问者又表示对太子须大拿布施的事迹不以为然，牟子再次以"权变"之说为其开脱，并声称这才是"大仁"、"大孝"。针对当时沙门的不轨行为，提问者表示不满并反对布施，牟子以法律不能杜绝恶事、布施终有福报来应答。随后又谈到佛经中的譬喻、沙门的苦行生活，并讲述了汉明帝求取佛法的故事。接着以较大的篇幅谈论了辩论的必要性、佛经的深奥广博。最后集中阐明了佛教与道教神仙之术的不同之处。

《牟子理惑论》一方面大量征引儒家与道家典籍，试图调和佛教教义与

《牟子理惑论》封面

儒、道两家学说，另一方面又指出佛教比儒家、道家高明的地方。此外，对于当时社会上流行的道教神仙之说进行了批判。该书大致反映了佛教传入中国初期（即东汉三国时期）人们对佛教的理解，对于研究中国佛教的形成与发展具有重要的参考意义。

（范晶晶）

Muchatipo

木叉提婆 Mokṣadeva（约活动于7世纪） 中国去印度求法僧人。唐交州（在今越南河内一带）人。据义净《大唐西域求法高僧传》卷上，木叉提婆为梵名，意译解脱天。于唐高宗麟德（664～665）年间赴印求法。从海路到达印度。到摩诃菩提寺，最后去世于此寺。

（王邦维）

Muduobi

木多笔 Muktopida（约活动于8世纪） 印度箇失密国国王。箇失密，又名迦湿弥罗（见罽宾），自建国后世代归顺唐朝。木多笔兄长天木（即真陀罗秘多）去世后，木多笔派遣使者至长安，表示愿听大唐调遣，希望与大唐继续交好。据《全唐文》卷三十九记载，开元二十一年（733）四月，唐玄宗李隆基下诏册封木多笔为箇失密王。

（乔安全）

Mukehua

木克华 Deben Mukherji（1912.09.22～1981.01.29） 印度援华医疗队成员。全名德本·木克吉。中文名为木克

印度援华医疗队全体队员在孟买合影 1938
左起：木克华、卓克华、爱德华、巴苏华、柯棣华

华。印度西孟加拉邦人。1938年9月参加印度援华医疗队，来华援助中国人民的抗日战争。抵达中国后，木克华先在长沙中国红十字会第15救护队工作，接着转到武汉的第64陆军医院服务。后来，木克华在延安的卫生部工作。然而，由于健康状况不断恶化，木克华不得不于1939年8月初返回印度治疗肾结石。木克华后来成为全印柯棣华大夫纪念委员会西孟加拉邦分会主席，并担任此职直至逝世。

（邵葆丽撰　刘文亮译）

Mujianlian

目犍连 Mahāmaudgalyāyana（生卒年不详） 佛陀释迦牟尼的十大弟子之一。全名大目犍连，又译摩诃目犍

连、目乾连等，以简称“目连”流行于中国民间。据《佛本行集经》等，目犍连为古摩揭陀国王舍城郊外的人，婆罗门种姓，与同乡舍利弗一起带领徒众皈依佛陀。因获得神通，能上天入地，在十大弟子中号称“神通第一”。据《盂兰盆经》，目犍连之母因罪下地狱，目犍连十分难过，决心救母。后在佛陀帮助下，其母得救。该经在中国风行1 500年以上，其故事被演绎为数十种小说、剧本在民间流行，影响极大。目犍连也被视为中国孝道的典型而受到尊重和颂扬。

（薛克翘）

Mulian xi

目连戏 Maudgalyayana opera 根据佛教故事编写的中国民间戏剧。目连，又称目犍连，为佛陀（见释迦牟尼）十大弟子之一。据《盂兰盆经》，目连获得神通后，见母亲在饿鬼地狱受苦，不得饮食，非常悲痛，述之于佛陀。佛陀告以于农历七月十五日供养十方僧众的办法，目连母亲得从饿鬼地狱解脱。因此经内容接近中国传统孝道，故受中国民众推崇，民间便于农历七月十五日设盂兰盆节。唐代高僧宗密曾作《盂兰盆经疏》，说目连名叫罗卜，母亲叫青提。此说一出，民间立即采用，如唐代变文《大目连缘起》、《大目连变文》、《大目犍连冥间救母变文》等。据宋孟元老《东京梦华录》记载，约11世纪，每逢农历七月初七，东京（今河南开封）便有《目连救母杂剧》上演，一直演到农历七月十五日。此后各类目连戏陆续出现，达数十种。12世纪，中国北方也有目连戏《打青提》。14世纪，有元代杂剧《目连入冥》、《行孝道目连救母》等，后佚失。

明代郑之珍编写的《目连救母劝善戏文》（简称《劝善记》）刻印于万历七年（1579），分上、中、下3卷，共100出，并附图3 000余幅。这是目前发现最早的，也是篇幅最大的目连戏剧本。其中的人名都已中国化，目连叫罗卜，其母姓刘名青提，还增加了很多人物，如其父叫傅相，其舅叫刘贾等。戏中还出现许多神话人物，如佛祖、观音、善财童子、小龙女、玉皇大帝、阎罗王，等等。上卷讲，傅相一家乐善好施，儿子罗卜信佛。傅相去世，罗卜外出经商，青提听信弟弟蛊惑，废掉佛堂，杀生吃荤，侮辱并赶走僧尼。罗卜得观音帮助，生意兴隆，3年后归家。中卷说，罗卜在城中听邻人说其母已不信佛。上天察觉其母恶行，命阎罗抓捕，其母死。观音

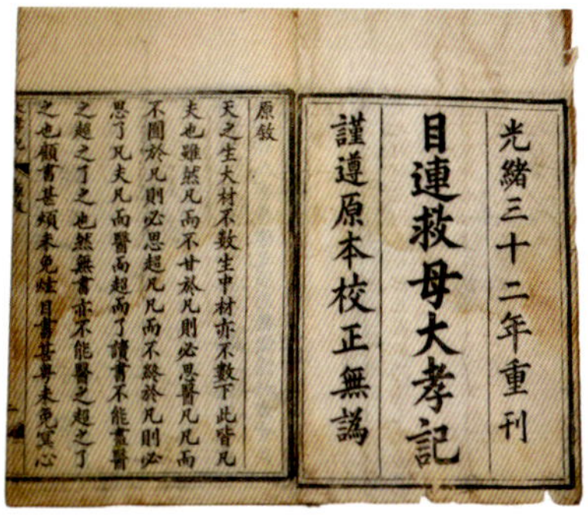

《目连救母大孝记》书影

派善财童子和龙女试探罗卜。罗卜孝心被县官报给皇帝，皇帝封官，当地富户有女赛英，欲嫁罗卜，罗卜辞官退婚，要步行去西天拜见佛祖。观音派白猿保护罗卜。罗卜经历千难万险，最后投崖而死，从此脱离凡身，成为佛的弟子。佛赐号大目犍连。目连在佛门修炼。下卷说，目连要去地狱救母，佛祖给目连法宝，可入地狱而无阻。目连在地狱找不到母亲，又返回西天找佛祖。佛祖说可于农历四月初八相见。届时，目连见母，其状惨不忍睹。其父在天堂得知，上报玉帝。玉帝说，要想解脱，须先转生为狗。民间狗多，目连认不出母亲所

祁剧《目连救母》剧照

转的狗。观音说狗在郑姓人家，目连找到后领狗回家，于农历七月十五日举办盂兰盆会斋僧供佛，母得解脱。玉帝封目连为大菩萨，一家人在天堂聚会。

《劝善记》出现之后，不断有改编的目连戏出现。清代宫廷常演出目连戏，民间也每年上演目连戏；不仅一些大的剧种，如昆曲、京剧中有目连戏的相关剧目，各地方剧种也搬演目连戏，如江西的徽剧、浙江的绍剧、湖南的湘剧、四川的川剧、福建的莆仙戏、湖北的汉剧、广西的桂剧、江西的婺剧等。全国各地的目连戏戏目达数十种之多，受到世界范围内学者的关注，认为目连戏是“中国戏曲的活化石”。

（薛克翘）

Muluoshiji

目罗失稽（约活动于11世纪） 印度来华僧人。据《佛祖统纪》卷四四，目罗失稽（稽，疑为利字之误）于北宋景德二年（1005）自迦湿弥罗（见罽宾）来到宋朝都城汴京（今河南开封），进献梵经和菩提树叶。宋真宗赵恒（997～1022年在位）接见并赐紫服。

（薛克翘）

muxu

苜蓿 clover 一种豆科植物，苜蓿属植物的通称，一年生或多年野生开花草本。拉丁文学名Medicago Sativa Linn。别称有“木粟”、“牧蓿”、“光风草”、“怀风草”、“连枝草”等。苜蓿从印度、西域传入中国，逐渐由一种外国传入植物演变成中土本地常见物种。

苜蓿是外来词的音译，汉译佛经中，多处注释列举了苜蓿的音译词形。如“塞北哩香：苜蓿香”（《牟梨曼陀罗咒经》）、“苜蓿香：塞毕力迦”（义净译《金光明最胜王经》卷七）等。据梵汉本《金光明经》的对勘可知，塞北哩、塞毕力迦、萨必栗迦，均是梵文Spṛikkā的对音。唐代的两种佛教字书则有不同的说法。利言《梵语杂名》云：“苜蓿：萨止萨多：svista。”《唐梵两语双对集》也记载“苜蓿：萨止萨多”。

苜蓿种类繁多，最著名的是可作牲畜饲料的紫花苜蓿，故有将“苜蓿一名牧蓿”，解释为“谓其宿根自生，可

苜蓿

饲牧牛马也”。苜蓿原产波斯，后传到印度、西域各国。传说汉武帝时，张骞出使西域后，苜蓿始从西域传入，长安遂有苜蓿园。《汉书·西域传上》记载，贰师将军李广利讨平大宛之后，大宛王献天马，汉使采摘葡萄和苜蓿的种子，带回长安和洛阳，最初是由官方种植，后作为马的饲料而逐渐由西北普及至各地。

苜蓿传入中土之后，不仅作为马的饲料，而且还作为药材和食物。陶弘景《名医别录》记载了苜蓿的药用价值。唐代《食疗本草》记载苜蓿的食用方法，可和酱食之，做羹亦得，其功用是“利五脏，轻身健人。洗去脾胃间邪热气，通小肠热毒”。元代除因军事行动需要大量的马匹而广种苜蓿外，官方还规定多处种植此草，作应对饥荒之用。此外，孙思邈的《备急千金要方》卷二十七所载熏衣香方中也使用了苜蓿香。

（陈明）

Mukeji

慕克吉，B. Biswadev Mukherjee（1929.04.28～ ） 印度中国佛教研究者。生于印度加尔各答。1952年获加尔各答大学印度古代历史与文化专业硕士学位。1955年取得印度国际大学中文课程结业证，1956年取得学位证书。师从谭云山和K.文卡塔拉曼南。1957年，曾与到访印度国际大学中国学院的中国总理周恩来会面。1966年，获德国哥廷根乔治·奥古斯特大学印度学博士学位。除孟加拉语外，还通梵语、巴利语、汉语、日语、德语和印地语。曾在德国洪堡奖学金的资助下师从E.瓦尔德施密特教授研究佛教。1981～1983年任中国台湾“中国文化大学”副教授。后在印度国际大学中国学院从事教学科研工作，直至1992年退休。著有《正统经典中关于佛陀的对立者提婆达多的记载》，1966年在德国慕尼黑出版。其他著述主要有《分裂问题与早期佛教文献》、《中道》、《阿旃陀壁画中的那罗山故事》等。

（阿维杰特撰 张幸译）

Mukeji

慕克吉，S.K. Sujit Kumar Mukherji（1904.03.13～1978） 印度中国研究者。1917年赴孟加拉圣蒂尼克坦，后学习梵语、巴利语、藏语和汉语。主要研究领域为佛教和文学。曾任国际大学中国学院教授。借助孟加拉亚洲学会和巴黎亚洲学会的馆藏手稿，对未出版的佛教文献《摩登伽经》作了校注，1954年由国际大学出版。主要著作还有梵汉对勘《马鸣的〈金刚针论〉》和《寂天的〈入菩萨行论〉》等，后者曾被译为汉、藏、蒙古、英、德、意大利、法等语言。

（阿维杰特撰 胡俊麟译）

Mudan

穆旦 Mudan（1918.04.05～1977.02.26）中国现代诗人，文学翻译家。原名查良铮，曾用笔名慕旦、梁真。

穆旦祖籍中国浙江海宁，生于天津。

11岁考入天津南开中学并开始诗歌创作。1935年考入清华大学，1940年毕业于西南联大外文系，后留校担任助教，其间发表《赞美》、《诗八首》等作品。1942年2月参加中国远征军，作为随军翻译进入缅甸。同年5月，由于战事失

《穆旦诗文集》(二) 封面

利，随军撤入野人山，在经历了5个月的艰苦跋涉后抵达印度。同年秋冬在加尔各答养病。1943年1月回国。1947年参加“九叶诗派”的创作活动。1949年赴美国留学，在芝加哥大学研究生院攻读英美文学、俄罗斯文学。1952年获文学硕士学位。1953年初回国，任天津南开大学外文系副教授，翻译《欧根·奥涅金》(1957)、《唐璜》(1980) 等多部作品。1977年2月26日因病去世。

穆旦1945年发表现代诗《甘地》8首，赞颂了甘地主义。1948年初，在获悉M.K.甘地遇刺消息后，创作《甘地之死》两首诗作，表达了对甘地遇害的哀悼之情。

（张书剑）

Mu'erdi

穆尔迪，K.S. Kotta Satchidananda Murty (1924.09.24～) 印度当代著名哲学家，曾任印度哲学大会执行委员会主席。生于印度安得拉邦贡图尔。大学时代获得文学硕士和哲学博士学位。1949年在安得拉大学哲学系任讲师，1960年升为教授，1954～1967年担任安得拉大学哲学系主任。1967～1971年，任贡图尔大学研究生中心的特派员兼校长。1973～1975年，任安得拉大学人文学科评议会主席。1975～1978年，任蒂鲁帕提的温卡特斯瓦拉大学副校长。1968年，任印度哲学大会 (巴特那年会) 总主席。从1980年起，任印度哲学大会执行委员会主席。

穆尔迪曾以印度哲学家身份访问过许多国家，并在欧美、亚洲和非洲的许多大学讲学或任客座教授，如埃及的开罗大学，美国的芝加哥大学、威斯康星大学和哥伦比亚大学，德国的哥廷根大学和美因兹大学，意大利的波伦亚大学，土耳其的安卡拉大学，英国的剑桥大学、牛津大学和伦敦大学等。1975年，参加在意大利召开的“国际宗教和平大会”。1977年，参加在莫斯科召开的“世界宗教工作者大会”等。

穆尔迪以新吠檀多论者著称。他深入研究了印度古代吠檀多哲学，并用现代科学的观点对吠檀多哲学作新的解释和阐述。他认为，吠檀多哲学的基本原理在于，它确认宇宙最高本体和终极原因是一种具有精神性质的、唯一的、纯粹的实在，称为“梵”。世界上的一切存在都是梵的表现形式，它存在于任何事物之中，又超越于万物。吠檀多的许多原理与现代科学是一致的。他以现代物理学中的量子力学为例：量子力学是以整体出发，最终达到一个不可分割的整体概念。“不可分割的整体”是这样一种“存在”，以至于世界一切事物，包括时间、空间和物质都是它的形式。它包含在每一种事物之中，每一种事物都是它的形式，但是它并不显现在事物的表面。穆尔迪认为，量子力学的这种观点恰恰证明了吠檀多有关“梵”的基本原理。

穆尔迪对印度哲学的发展前景持乐观态度。他主张，印度哲学家必须继承和建设性地发展传统哲学，使之适应现代科学的发展和现代社会生活的需要。印度古代各派哲学的思想体系，以及它们深刻的形而上学见解和富有启示性的思维方式，只要能得到建设性的发展，就一定能够为当今世界提供一种和平的、和谐的哲学。

穆尔迪主要著作有《吠檀多不二论中启示和理性》(1959)、《形而上学、人和理性》(1963)、《印度的精神》(1966)、《印度历史、政治和哲学的指南》(1967)、《龙树》(1971)、《远东哲学》(1975) 等。

穆尔迪是中国人民的好朋友，他曾多次访问中国。1982年，他应中国社会科学院和北京大学合办的南亚研究所的邀请，来华访问。访问期间，他受到季羡林和印度哲学史专家黄心川的会见，并在北京大学作了题为“印度的吠檀多观”的学术演讲，演讲的全文发表在《南亚研究》上。

（朱明忠）

N

Nacuo Cichengjiawa

那措·茨诚嘉瓦 nag tsho tshul khrims rgyal ba（1011～1064） 中国藏传佛教后弘期译经家。又名格西贡塘巴。生于阿里宗噶拉东那措家族，出家后起法名为茨诚嘉瓦，因精通律学，被称为杜增巴（持律者）。曾留学印度，师从**阿底峡尊者**。

藏历第一绕迥火牛年（1037），那措·茨诚嘉瓦遵照阿里古格拉喇嘛·绛曲沃的旨意，率领5名侍从，携带32两散碎黄金和一整块黄金等财礼，前往印度迎请阿底峡尊者。到印度后，他向毗论罗摩尸罗寺（见**超岩寺**）上座请求让阿底峡前往西藏传法3年，并保证到时将阿底峡尊者送还印度。阿底峡遂抵达西藏阿里地区。

那措·茨诚嘉瓦跟随阿底峡尊者多年，他一边服侍阿底峡尊者，一边在尊者座前领受教导，获得不少教益。当那措·茨诚嘉瓦从聂塘向阿里出发时，阿底峡尊者手持三誓言的佛像对他特意加持，并授予《根本律经》、《密集续》、《观世音修法》等20种密藏法。后那措·茨诚嘉瓦按阿底峡尊者的授记修行，获得殊胜证悟。

那措·茨诚嘉瓦从梵文翻译了大量佛教经典，是位出色的译经家，史称“那措译师”。他的译著中属于**经藏**的主要有《摩伽达贤女证道记》、《圣度母古汝古里的证道五章》、《吉祥智金刚遍集善说四十一章》等；属于**论藏**的主要有《降魔赞》、《法界赞》、《无喻赞》、《出世间赞》、《心金刚赞》、《胜义赞》、《三身赞》、《利乐金刚释难·瑜伽宝鬘论》等。

（尕藏加）

Nalantuo Si

那烂陀寺 Nālanda Vihāra 印度古代佛寺。坐落在今印度比哈尔邦巴特那市和格雅市附近。5世纪，在白匈奴毁灭咀叉始罗（今巴基斯坦塔克西拉）后，那烂陀崛起成为印度最负盛名的学府。那烂陀之名或许是由含义为“莲茎”Nala的一词派生而来。由于所在地邻近**华氏城**和**菩提伽耶**，属于上印度与摩揭陀之间的贸易线路及恒河水域航运通达便捷之地，那烂陀曾是“有影响力、繁荣和人烟辐辏”之地。据说佛陀曾数度造访此地。这里也是佛陀大弟子之一舍利弗的诞生地。据耆那教传说，教祖**大雄**与末伽梨·俱舍罗之间的历史性谈话就发生在那烂陀。多罗那他喇嘛将此地与孔雀帝国阿育王以及佛教哲学家**龙树**（约活动于二三世纪）联系在一起。阿育王曾在这里修建过一座大佛寺。

玄奘像　现藏日本东京国立博物馆

笈多王朝国王鸠摩罗·笈多一世（约415～455年在位），亦称帝日王（音译铄迦罗阿迭多），选定此处为一建造寺院的“福地”，于是那烂陀引起公众瞩目。在笈多王朝历代统治者的连续赞助下，时至6世纪中叶，那烂陀寺已发展成一座大寺，一座拥有广阔校园的大学府。周垣峻峙，层楼高耸；穷诸剞劂，蔚为壮观。如此景象，人或见之，目不暇接，叹为观止。**曲女城**统治者曷利沙·伐弹那（约606～647年在位，又称**戒日王**）、波罗王朝统治者**达摩波罗**和**提婆波罗**等帝王的慷慨捐款，使这座大寺的教学等活动得以一直持续下去，直至12世纪末。

那烂陀寺在其存在的约7个世纪间，对于促进中印文化关系一直起着举足轻重的作用。它在同一时间可以接纳成千上万的学僧。他们不仅来自中国，而且来自其他地域，如中亚和东南亚国家以及日本和朝鲜。中国求法僧人**法显**、**玄奘**和**义净**备细记载了那烂陀寺超卓的学术环境，表明了它在世界范围内的影响。这些学僧，无论是经西域和阗（今中国新疆和田）、中亚或经中国西藏、尼泊尔循陆路前往印度，还是泛海经**耽摩栗底**抵达印度，皆旨在通过朝圣、在原生地修习佛教和搜集佛经原本来积累 457

那烂陀寺遗迹

功德。在这些来印僧人中，玄奘最为杰出。他在630~642年期间游学印度，曾在那烂陀寺居留四五年之久。他在住持戒贤法师的得力指导下专攻佛教瑜伽行派学说。唐太宗贞观十九年（645），他返回中国长安，带回数百部佛经写本和笔记并多尊佛像。他的游记《**大唐西域记**》和传记《大慈恩寺三藏法师传》，引发许多关于印度的新著，激起中国对印度文化的空前兴趣。义净也是一位造访过那烂陀寺的重要人物。他在那烂陀寺度过约10个春秋。回国后，他至少译出56部230卷佛经，将实际上属于根本说一切有部的全部**律藏**（《有部律》）引进中国。中国文献还保留了7世纪下半叶赴印度求法的67位僧人的传记。其中一些僧人是朝鲜人和中亚人。他们先在中国求学，随后从中国前往那烂陀寺。波罗颇迦罗蜜多罗（意译明友，见**波颇**）是唐代第一个赴中国访问的那烂陀寺著名学者。他应高平王之邀于唐高祖武德九年（626）抵达长安。此外，同样出身那烂陀寺的**善无畏**于唐玄宗开元四年(716)抵达中国。中国载籍表明，那烂陀寺在其鼎盛时期约有1 500名教师和10 000住寺学僧。那烂陀寺录取学生的流程缜密而严格，录取率仅为申请人数的一两成。学深今古，乃得入焉。一旦录取，僧人与学者即研习与大乘、小乘（十八部派）、**吠陀**及五明有关的著述。

那烂陀玄奘纪念堂

在波罗王朝时期，佛教进入一个新阶段，逐渐以密宗为主导。早在8世纪，善无畏、**金刚智**、**不空金刚**等僧人已将**真言乘**和**金刚乘**文本引入中国，并在中国创立了密宗传承。不过，此后中国西藏却成为佛教密宗的主要中心，中印文化关系继续发展。在宋代，两位来自那烂陀寺的学者**法天**和补陀喫多分别于宋太祖开宝六年（973）和宋太宗淳化二年（991）造访中国。这很可能是由于波罗王朝统治者在奋力保护自己在东南亚和东亚诸国的商业利益。

12世纪，那烂陀寺在突厥穆斯林入侵者的猛攻下失守。中国西藏的资料表明，突厥人曾数度突袭并劫掠那烂陀寺。约在1205年，这座大寺被巴赫蒂亚尔·哈尔吉摧毁并放火焚烧。随后的进攻终于在1400年使那烂陀寺完全沦为废墟。在英国殖民时期，那烂陀寺的巨大遗迹被考古学家发掘出来。随着佛教在印度的复兴，由于尊者迦叶波比丘的努力，一所新那烂陀大学在20世纪50年代建成。他将从中国迎来的玄奘部分灵骨安放在这里。近年来，印度政府决定投巨资重建那烂陀大学，得到新加坡、中国、老挝、日本、澳大利亚等国政府及一些国际知名学者的积极响应和支持。一些国家承诺予以赞助，中国和老挝政府的款项已经到位。一所规模宏伟的那烂陀大学正在逐渐建成并开始招生。那烂陀再度踏上复兴之路。

（R.K.辛哈　卡马尔·希尔撰　刘建译）

那烂陀寺遗址

Nalantuo Si loufa

那烂陀寺漏法　印度古代寺院所传的一种记时方法。唐代求法高僧**义净**在《**南海寄归内法传**》中记载了中天竺**那烂陀寺**的漏刻法，这是有关印度7世纪漏刻体系的珍贵记载。天竺寺院所使用的“漏水”以及“漏子”多是历代君王所赐。印度的天文学为特殊的婆罗门家族所掌握，由土邦王指定专门人员授时，那烂陀等大寺庙使用漏刻是经过特许的。天竺的水漏法，只有漏壶没有刻箭，用漏子守在仪器旁边处理沉没在水中的漏碗，并且吹螺打鼓为人们报时。那烂陀寺使用的就是进水型漏壶。这样的设计最早见于5世纪印度天文学家圣使的著作

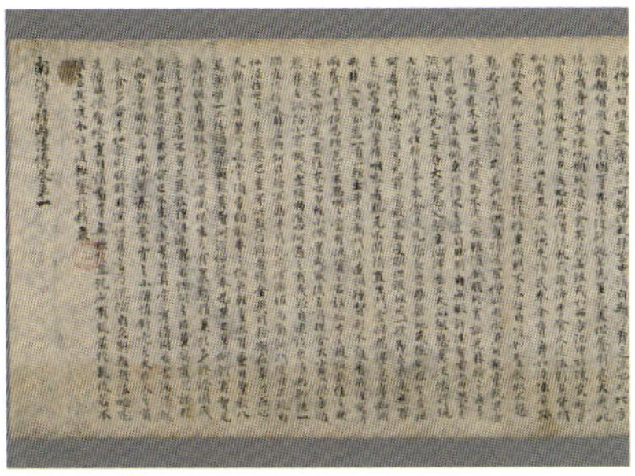

《南海寄归内法传》书影

《圣使悉昙多》。

义净记载的古代印度的这种水漏系统，技术简便，只要一盆一碗即可运行；测量方便，水漏旁置一漏子报时即可操作。印度气候炎热，水没有冻结之弊，故而通行印度南北，5～18世纪一直使用。然而，对比中国古代的多级漏壶体系或现代钟表计时，印度的这种水漏系统，以45分钟或24分钟作为基础单位，精确度较低，也低于古代印度根据唱诵梵文音节长短以计时的方法。义净还谈到如何调整水漏仪器的单位时间的精确度问题：要想缩短每次的时间长度增加沉没次数，就将漏碗碗底的孔钻大一些。在古代印度，调整碗孔大小和沉没次数，属于精密技术，需要能工巧匠才能完成。

（周利群）

Naliantiliyeshe

那连提黎耶舍 Narendrayaśas（490～589） 印度来华僧人，译经家。又称那连提耶舍，简称耶舍，意译尊称。

据《续高僧传》卷二、《历代三宝纪》卷九、《开元释教录》卷六等，那连提黎耶舍为北印度乌苌人，与佛陀（见释迦牟尼）同氏，亦姓释迦，属刹帝利种姓。17岁即已决心出家，因受名师指教，得以精通大小二乘和戒、定、慧三学。21岁受具足戒，发愿凡有佛陀圣迹之处，一概前往瞻礼。后远行游方，遍历诸国，北自大雪山（喜马拉雅山和兴都库什山），南到师子国（今斯里兰卡），无处不往，其间曾在竹林精舍居住10年。一尊者见他偏好远游，便向他指出游涉将无所成，唯静修能获圣果。他接受劝告，返回故国。后所居寺院失火焚毁，遂北行越葱岭，向东至芮芮国（南朝史籍对柔然的称呼），再辗转而于北齐文宣帝天保七年（556）到达其首府邺都（在今河北临漳西南邺镇东）。文宣帝礼遇隆重，请他住在天平寺内，将三藏殿里1 000多夹梵本佛经移来，嘱为翻译，并敕昭玄（主管佛教事务的官署）大统（该署最高长官）沙门法上等20余人监掌译事，由昭玄都（地位略低）瞿昙流支长子达摩阇那（意译法智）和居士万天懿担任传语。在此，他译出《月灯三昧经》10卷、《大悲经》5卷、《佛说施灯功德经》1卷等5部经典49卷。宣译之余，他亦常用咒术为人排解危难。所得供禄，皆用于周济饥贫，施食人畜，挖凿义井，收养患病男女等慈善事业。不久获任昭玄都，旋又转任昭玄统（地位较高）。北周于武帝建德六年（577）灭北齐。周武帝行废佛政策，焚毁经像，并命沙门还俗。他只好外披俗服，内著僧衣，四处躲避，流离数年，同时继续以微弱之力救助病贫。隋建立后，佛教复兴。隋文帝开皇二年（582）七月，他在弟子道密等的陪同下应请入京都长安，住大兴善寺。冬季开始译经，文帝敕昭玄统沙门昙延等30余人参与其事。后移往广济寺，继续译业。此时他虽年已朽迈，但工作益发精勤。开皇九年八月某日，他对弟子称自己已年老力微，将不久人世，并告诫他们“佛法难逢，宜勤修学，人身难获，慎勿空过”，言罢就枕，随即圆寂。他所译经，还有《大方等大集月藏经》12卷、《佛说百佛名经》1卷、《莲华面经》2卷、《佛说德护长者经》2卷、《佛说坚固女经》1卷、《力庄严三昧经》3卷、《大庄严法门经》2卷、《阿毗昙心论经》6卷等，据称共有13部70余卷；另有共15部80余卷一说。其中《大方等大集月藏经》（即今《大方等大集经·月藏分》）对后世影响颇大，吉藏、信行、道绰等即曾依其讲述末法思想。

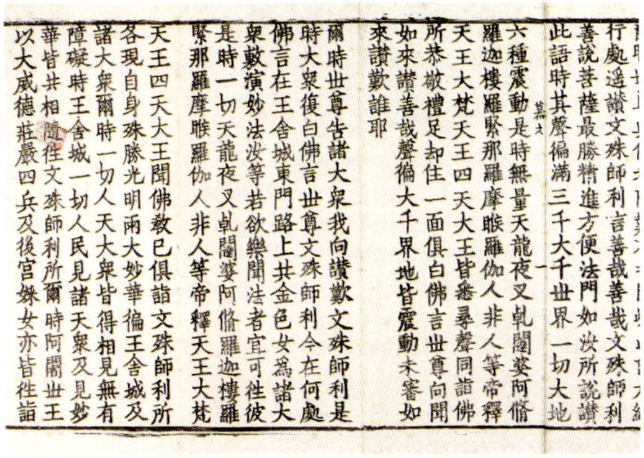

行處遙讚文殊師利言善哉善哉文殊師利
善說菩薩最勝精進方便法門如汝所說讚
此語時其聲徧滿三千大千世界一切大地
六種震動是時無量天龍夜叉乾闥婆阿脩
羅迦樓羅緊那羅摩睺羅伽人非人等帝釋
天王大梵天王四天大王皆悉尋聲同詣佛
所恭敬禮足却住一面俱白佛言世尊向聞
如來讚善哉聲徧大千界地皆震動未審如
來讚歎誰耶
爾時世尊告諸大衆我向讚歎文殊師利是
時大衆復白佛言世尊文殊師利今在何處
佛言在王舍城東門路上共金色女爲諸大
衆敷演妙法汝等若欲樂聞法者宜可往彼
是時一切天龍夜叉乾闥婆阿脩羅迦樓羅
緊那羅摩睺羅伽人非人等帝釋天王大梵
天王四天大王聞佛教已俱詣文殊師利所
各現自身殊勝光明雨大妙華徧王舍城及
諸大衆爾時一切人天大衆皆得相見無有
障礙時王舍城一切人民見諸天衆及見妙
華皆共相隨往文殊師利所爾時阿闍世王
以大威德莊嚴四兵及後宮婇女亦皆往詣

《大庄严法门经》书影

（葛维钧）

Nalingtipo

那陵提婆 Narendra Deva（约活动于7世纪） 古代印度泥婆罗国王。又称那连陀罗、纳日巴巴。643～683年在位。640年，那陵提婆之父、泥婆罗（今尼泊尔）国王U.德瓦被其弟D.德瓦废黜。那陵提婆逃亡至中国西藏。之后，泥婆罗国的行政权力落入了J.笈多手中，后为其子V.笈多继承。643年，那陵提婆凭借吐蕃首领松赞干布（617～650、629～650年在位）的支持击败了毗湿奴·笈多，重登王位。同年，卫尉丞李义表奉唐太宗李世民之命出使印度，经过加德满都谷地，曾受到那陵提婆的热烈欢迎和殷勤款待。他们二人同去游览了著名的阿耆婆沵池。贞观二十一年（647），派遣使节到长安，带来菠菜、酢菜、浑提葱等礼物。同年，出兵七千余骑援助唐朝使节王玄策击败中印度国王阿罗那顺。永徽二年（651），再次派遣使节到长安，赠送土产。

（张忞煜）

Naluosenghebamo Yi Shi

那罗僧诃跋摩一世 Narasiṃhavarman I（约活动于7世纪） 古代南印度帕拉瓦国国王。630～668年在位。在其统治下，帕拉瓦国势力强大，曾征服遮娄其国。据《大唐西域记》载，其在位期间，玄奘曾到访帕拉瓦国都城建志补罗（位于今印度泰米尔纳德邦甘吉布勒姆城）。

（何赟）

Naluotuo

那罗陀 Nārada 印度古代传说故事中一个颇具声色的人物。《梨俱吠陀》有不少诗句相传是他的作品。为“生主”之一，即十或七位大仙人之一。印度教毗湿奴派著名的梵行者。他作为卓有辩才的学者和善于咏唱奏乐的乐师走遍天下，给人们带来欢乐，也带来动荡。他鼓动坚战举行王祭，最终导致了婆罗多大战的发生。但论者又常认为他引起的斗争对于人类长远的福祉却是有必要的。有关他的介绍在各种经典中多有不一致处。如他的出身即有属于甘婆家族，生自**梵天**的额部或喉部，为众友之子，为迦叶波与德叉（陀刹）之女所生等。据说德叉曾计划将他的5 000个儿子散布于大地，那罗陀阻止了此事，遭到德叉诅咒：进入女人子宫，再降生一次。经梵天求情，德叉同意他和自己的一个女儿将那罗陀生出。后梵天劝他娶妻遭拒，便咒他一生耽于色欲，受制于女性。他则反咒梵天乱伦。此即后者以自己女儿为妻，声名受损的缘由。他还是**乾闼婆**的首领，维那琴的发明者。归在他名下的还有一部《那罗陀法论》。提到他不同活动的各类作品分属于不同时代，往往相距若干世纪。其所指看来非指一人。对于这一明显问题，印度教哲学家**商羯罗**解释说，他既然是摆脱了无明羁绊的，就可以一次次来到世上，直至他神圣的使命最后完成。

（葛维钧）

Nanake

那纳克 Nanak（1469～1539） 印度锡克教创始人，诗人。被当代的锡克教徒尊称为“古鲁·那纳克·德瓦”，意为“祖师那纳克天神”。

那纳克出生在拉合尔（今属巴基斯坦）西南谢库普拉县的塔尔万迪村。属刹帝利种姓。父亲是村里为地主管田赋的小吏，母亲操持家务。那纳克从小与众不同，善于思索。7岁时，被父亲送进村里学校读书，学习梵文，他不仅学习梵文，也学习波斯文。那纳克曾从事养牛和经商等活动。约16岁时，曾到苏丹普尔谋生，做过仓库管理员。19岁结婚，育有二子。1499年的某一天，那纳克到河里沐浴，突然失踪。3天后又突然出现。传说他被神召见，得到启示。从此那纳克便有了上帝特准的“古鲁”（祖师）头衔，开始传教。他周游了印度和印度以外的许多地方，用大约22年时间边游历边传教。后迁居到卡尔塔尔普尔，度过自己最后的18年时光，此时，他身边已聚集了一大批信徒。去世前，他不顾儿子们的反对，把祖师的位置禅让给得意门生安格德（1504～1552）。事后证明，那纳克的决定是正确的。

那纳克主张有神论和一神论，认为造物主只有一个，即“原人”，首先是原人自己创造了自己，然后才创造了世界。他认为宇宙之主是无形的，因而反对偶像崇拜。他还认为每个个体灵魂都是最高灵魂的一部分，来源于最高灵魂，个体灵魂的最后归宿应该是回归最高灵魂、最高主宰；人必须有导师指引，虔敬于主，谦恭行善，完善道德，才能回归于主。主张种姓平等、男女平等，信徒在家居住并服务社会；反对烦琐仪式，主张信徒念诵神名、牢记主恩，一言一行都要向上帝负责。

中国对那纳克的介绍和研究比较晚。主要有以下著作：**黄心川**主编《世界十大宗教》(1988，江亦丽、罗照辉撰文)，高建章著《锡克·辛格·阿卡利——锡克民族与锡克教》(1994)，林承节著《**印度古代史纲**》(2000)，刘乐著《试论锡克教的形成》(硕士论文，2003年5月北京大学外国语学院通过)，薛克翘、姜景奎等著《印度中世纪宗教文学》(2011）等。

（薛克翘）

Naruoba

那若巴 Nāropa（1016～1100） 印度佛教论师，佛教密宗传承人，中国藏传佛教噶举派大手印法传承祖师。出身于印度一婆罗门贵族之家。11岁时到克什米尔从嘎嘎那吉帝受居士戒，得法名嘎嘎那嘎巴。修学3年，成绩优异，通达现观庄严论、大乘庄严经论、中观六部论、时轮金刚密续、事部瑜伽、行部瑜伽与无上密续等。25岁时剃度为僧，

隐居修行。28岁受**具足戒**，在普拉哈里广传教法。以通达五明，名声广布，成为那烂陀四大护门首席之一。为主持北门之班智达，制伏外道，光大佛法，达8年之久。受空行母授记，离开那烂陀，持乞食钵、一根拐杖，寻**帝洛巴**求法。帝洛巴以十二境相调其心，令其修苦行，又开示毗卢遮那比三菩提密续等，授予各种密续教言和灌顶。最终受得大手印四部传承等，证得四殊胜成就，成为大成就者。

后来，那若巴居住在普拉哈里修行地，收摄弟子，传教布道。他一生培养了数以千计的弟子，其中有大智者之名的仙帝巴和**阿底峡**尊者等。还有不共父续四大传承弟子、母续四大传承弟子和获得不共成就的四大弟子，即12位著名弟子，以及800位成就者弟子、百位瑜伽母成就者弟子。著有《密集金刚本续》、《阿毗达那瑜伽密续》、《喜金刚密续注》等经续显密论著，其《那若六法》、《那若空行》对后世影响极大。藏传佛教噶举派祖师**玛尔巴·却吉洛哲**3次赴印度，从那若巴学得密集金刚、诸法要义、无上大威德密续教法及灌顶、大手印成佛法及其六法，口耳传承，依次由密勒日巴、冈波巴等传承，成为**噶举派**之根本教法。

（德吉卓玛）

naruo liufa

那若六法 naro chos drug 中国藏传佛教噶举派重要实践法之一。源于印度**那若巴**大师传承密法，故名。由6种循序渐进、由浅入深的修持密法构成：①拙火成就法，以引发修炼者的乐空俱生智能，获得金刚总持果位；②幻身成就

法，以引发修炼者的现空无别俱生智能，成就圆满报身佛；③梦境成就法，以引发修炼者的觉空俱生智能，证悟空无自性之真如；④光明成就法，以引发修炼者的明空俱生智能，获得究竟了悟实相之报化二身果位；⑤中阴成就法，以引发修炼者的三世俱生智能，获得究竟解脱；⑥迁识成就法，以引发修炼者的无分别俱生智能，取得佛身成就。

（尕藏加）

Nati

那提 （约活动于7世纪） 印度来华僧人，译经家。全名布如乌代邪，意译福生。

据《续高僧传》卷四、《开元释教录》卷九等，那提为中印度（一说北印度）人，少年出家，得名师指点而开悟，遂以弘道为怀，志气雄远。生性好奇，兴趣广泛，为增广知识而遍游诸国，曾远达师子国（今斯里兰卡）东南隅的楞伽山。由于通晓音韵文字训诂之学，故所到之处皆能排除语言障碍，随缘行化，阐扬教理。亦曾被大夏召作文士，工作于宫廷藏书处。后得知脂那（即中国）盛行佛教大乘，遂搜集大小乘经、律、论三藏贝叶500余夹，合1 500余部，携之东行，于唐永徽六年（655）到达中国长安，住大慈恩寺。当时玄奘主持京城佛典译事，声誉如日中天，那提屈居辅助地位，能力遭到掩抑而无从施展。后高宗于显庆元年（656）罹疾，因那提能识异药，遂奉敕往昆仑诸国（昆仑国即今南海中的昆仑岛）访求。南海诸王对他深加礼敬，为他立寺，请他度人授法，一时弘化甚广。龙朔三年（663）返回长安，想就当初携来的梵本重加研究翻译，无奈经本已被玄奘拿去，手中无凭，只译出《师子庄严王菩萨请问经》、《离垢慧菩萨所问礼佛法经》、《阿吒那智咒经》各1卷，由禅林寺沙门慧泽充译语，丰德寺沙门道宣缀文并作序。同年，曾经接受其教化的真腊（今柬埔寨）希望他复还其国，遂派国内诸大宗师前来长安，称国内发现好药，唯那提能识，请法师自来采取。朝廷放他前往，他则去后未返。曾有大夏来华者称那提所学出自龙树一系，与玄奘学说不同。他对小乘五部律典和外道四吠陀（见吠陀）等极为精熟；也曾著《大乘集义论》40余卷，但无暇翻译，以致缺而不传。

对于僧传等有关那提生平和事业的记述，历来颇有争议。其原名布如乌代邪何以又称那提，即为一例。但所议多为献疑，而并无更多资料可用于改变成说。

（葛维钧）

Nage

纳格，K. Kalidas Nag（1891～1966） 印度历史学家。生于今印度西孟加拉邦豪拉地区。1915年获印度加尔各答大学历史学硕士学位，后在加尔各答的苏格兰教会学院任教。1923年成为加尔各答大学讲师，同年获法国巴黎大学博士学位。1921年代表印度参加了在瑞士日内瓦举办的国际教育大会。与R.泰戈尔、R.罗兰关系密切。1924年与泰戈尔一同前往中国。在演讲和著述中表现了印度文化的多样性。第二次世界大战期间被捕入狱。印度独立后，积极参与政治活动，成为总统提名的联邦院议员。曾任期刊《侨民》和《现代评论》的执行主任。著作包括《泰戈尔与中国》、《伟大的印度》、《国外艺术与考古》、《亚洲发现》、《印度和太平洋世界》、《新亚洲》等。

（阿维杰特撰　乔安全译）

Nalayang

纳拉扬，R.K. Rasipuram Krishaswami Narayan（1906.10.10～2001.05.13） 印度英语作家，印度英语文学三大作家之一。

纳拉扬生于印度马德拉斯。1930年获迈索尔大学文学学士学位。毕业后，先后从事教师和通讯员工作。1935年，第一部长篇小说《斯瓦米和朋友们》出版，转为职业作家。1961年，长篇小说《向导》(1958) 获印度文学院奖。

纳拉扬《向导》中译本封面

1964年获印度政府授予的第三级公民荣誉勋章。1980年获本森奖章，成为英国皇家文学学会会员。1982年成为美国文学艺术科学院荣誉会员。1989年成为印度国会联邦院议员。2000年获印度政府授予的第二级公民荣誉勋章。

自20世纪30年代中期始，至90年代末，纳拉扬共创作14部长篇小说和大量短篇小说，著有回忆录《我的日子》(1974)，游记《我的没有日期的日记》(1960) 等。

1981年，中国社会科学院外国文学研究所黄宝生发表文章，首次介绍纳拉扬，并翻译其短篇小说《一匹马和两头山羊》(1970)，均载于《世界文学》1981年第四期。中国翻译出版的纳拉扬短篇小说包括《瞎子的那只狗》(1942)、《殉难者之隅》(1967)、《占星师的一天》(1942)、《实话如何实说》(1967)，分别收录于《印度短篇小说选》(1983)、《印度短篇小说精选》(1989)、《世界经典小小说金榜》(2003)、《课外阅读》(2003)。其长篇小说《向导》和《卖

纳拉扬《一匹马和两头山羊》中译本封面

甜点的人》(1967)分别于1993、1999年由中国上海译文出版社和中国台湾新雨出版社翻译出版。两篇散文《人群》(1989)、《噪音》(1989)于2005年被翻译出版，收录于《女人爱虚荣。男人呢?从来不！——外国名家幽默美文66篇》(2005)。

（王靖）

Nazilu'er yinyue

纳兹鲁尔音乐 Nazrul Geeti 印度和孟加拉国现代杰出诗人、音乐家K.N.伊斯拉姆创作的一种音乐样式。其作品被统称为“纳兹鲁尔音乐”或“纳兹鲁尔歌曲”。

K.N.伊斯拉姆的一生绝大部分时间在印度度过，晚年移居并入籍孟加拉国。少年时代即崭露头角，显出非凡音乐天赋，为民间乐团创作歌曲。1917年应征入伍，随英属印度军队第49孟加拉团前往卡拉奇及伊拉克服役。在随军宗教导师的帮助下学习了波斯的语言、文学和音乐，拓宽了音乐知识视野。在印度独立运动期间，在写诗之余作词并谱曲。不少歌曲属于先锋派作品。作品歌词铿锵，曲调动人。他是第一个将伊斯兰音乐元素引入孟加拉传统主流音乐的人。作品既包体现了一定的革命理念，也包含着精神和哲学的主题。1921年10月前往圣蒂尼克坦拜会R.泰戈尔，将之视为自己的导师，从而在诗歌创作和音乐创作方面深受其影响。不过，无论在诗歌领域还是音乐创作中，他都没有一味模仿泰戈尔，而是努力探索自己的个性化艺术道路。1928年，开始成为一家唱片公司的词作者、作曲家和音乐总监。作品通过广播电台播送而在印度全国产生了广泛而巨大的影响。1928～1935年，发表歌曲集10卷，收入歌曲800首。其中600余首依据古典音乐的拉格谱曲，近100首采用民间颂神曲调，约30首为爱国歌曲。1939年，开始为加尔各答广播电台工作，负责监督该台音乐节目的制作与播出。1941年因罹患神经麻痹症而瘫痪，从此卧病在榻，幽居于加尔各答家中，无法接触实际生活，并失去语言和记忆能力，不得不停止音乐创作。毕生创作歌曲近4 000首，出版歌曲集10余部。不少作品已散佚。他将流行于印度西部的乌尔都语厄扎尔与印度斯坦古典音乐及孟加拉民间音乐因素融为一体，为孟加拉音乐增添了新的形式，形成了自己多面而独特的风格，歌词具有诗意美，富于抒情性，因而传唱不衰。他的革命歌曲《钢铁的囚门》极为有名，曾被用作数部电影的插曲。孟加拉国著名歌唱家兼作曲家F.贝古姆等歌唱家的优美演唱，使他的作品至今依然在印度和孟加拉国广为流行。

2006年，中国孟加拉语翻译家白开元据孟加拉文原著译出《卡齐·纳兹鲁尔·伊斯拉姆诗歌选》，由中国国际广播出版社印行，收入其153篇歌词。2009年，中央音乐学院研究生姚金佳在《人民音乐》第3期发表论文《纳兹鲁尔爱国歌曲研究》。2010年，该音乐学院研究生李雪提交一篇专门研究伊斯拉姆爱国歌曲的硕士学位论文。同年，社会科学文献出版社推出的列国志之一《孟加拉国》书中简要评介了伊斯拉姆的音乐成就。《卡齐·纳兹鲁尔·伊斯拉姆诗歌选》封面（周景萍摄）

（刘建）

Nanbeipada

南卑琶打（约活动于11世纪末）古代南印度注辇国使者。以副使身份随奇啰啰使团于宋熙宁十年(1077)来华。

（张书剑）

Nanchao Lingmu Huabiao

南朝陵墓华表 Ornamental Tomb Columns of Southern Dynasties 中国南朝帝王陵墓前竖立的石柱。位于今江苏南京周边地区。据考古发掘由宋至梁(420～557)时期，可考见的帝王陵墓近30座，其墓前当年均竖立有石刻华表。南齐萧景墓华表、梁南康简王萧绩墓华表等，为其中保存较完好者。这些墓表的制式相差无几，柱身为直棱纹，多为24棱，个别的为28棱；圆柱上半截有一块方形石榜，榜上刻有文字，通常为“某某某之神道”；柱顶有一蘑菇形圆盖，盖上雕有一小蹲兽，通常被称为“辟邪”或“麒麟”。陵墓前方雕有大型神道兽，或为辟邪，或为天禄，或为麒麟。其区别仅在于单角、双角和无角，而古文献对此相关解释并不一致。

萧宏墓石柱华表

南朝陵墓华表与东汉陵墓华表有一脉相承的关系，但雕刻的纹饰更为复杂多样，并具有更明显受佛教雕刻艺术影响的痕迹。最突出的为表柱顶部蘑菇形石盖，其形制是一个倒扣的莲花座（覆莲座），而覆莲座顶部的蹲兽，包括大型神道兽，实际上是狮子的变体。中国古代不产狮子，而印度古代有狮子。东汉时期，已有南印度和西北印度国王派使者将狮子作为礼品送到中国。狮子初传中国，匠人照其形态刻为艺术品，即加工为所谓辟邪（或天禄、麒麟）的形象。辟邪肩头有翼，而印度佛教艺术中亦有带翼狮子的形象，如公元前1世纪中印度桑奇大塔围栏上即雕有翼狮。莲花和狮子，都是印度古代艺术中经常表现的要素：以莲花为神圣、纯洁、美好，以狮子比拟佛和佛法的威力。中国南朝陵墓华表与东汉、魏晋陵墓华表的最大不同在于：其表顶增加了蹲兽，这与公元前3世纪印度阿育王石柱有更醒目的相似点。阿育王石柱多竖立在与佛有关的地点，如今尼泊尔境内，有佛出生地蓝毗尼石柱，有相传前世佛的诞生地石柱等；在今印度境内，有佛初转法轮的鹿野苑石柱，佛最后传教地吠舍离石柱等。学术界将阿育王石柱归入佛教艺术作品。中国南朝帝王多宠信佛教，其陵墓华表受印度佛教艺术影响是情理中事。

（薛克翘）

Nanhai Jigui Neifa Zhuan

《南海寄归内法传》 *A Record of the Buddhist Religions as Practiced in India and Malay Archipelago* 中国佛教史传。唐代僧人义净撰。重点介绍了印度僧人在饮食起居、供佛颂佛、饮食卫生等方面实行的各种戒律。

《南海寄归内法传》是义净的重要著作之一，成书于武周天授二年(691)。当时义净从印度东归，途中在南海室利佛逝停留。停留期间，撰写了《南海寄归内法传》和《大唐西域求法高僧传》。书写成后，义净派遣中国僧人大津将他写给朝廷请求在西方造寺的表文，新写成的《南海寄归内法传》和《大唐西域求法高僧传》，以及新译杂经论10卷，送往长安。

写作目的　义净赴印求法的主要目的是寻找和学习佛教的戒律。他曾经长期住在印度那烂陀寺，也到过印度和南海地区的一些佛寺。每到一处，他都非常注意观察佛教僧人和僧团宗教生活的规则，即佛教的戒律实际应用和执行的情况，并且随时与中国的情况作对比。义净认为，印度寺院所执行的戒律和实际实行的规则，是中国佛教徒学习的榜样。义净撰写《南海寄归内法传》，根据的是其所见所闻，“谨依圣教及现行要法”。他想通过这部书，把当时印度通行的佛教戒律介绍到中国。在他看来，只有这样，中国佛教才能正确发展。

主要内容　《南海寄归内法传》全书共4卷，分为40章。

书前有序言，介绍了佛教的宇宙观，印度宗教的一般状况，佛教和佛教部派的来由及现状，大小乘佛教的情况。目的在于说明佛教的律的传承与部派的关系。同时说明，他在《南海寄归内法传》中介绍的印度戒律，属于根本说一切有部的传承系统，进而介绍了当时佛教部派和部派律整个的流行情况。

正文40章主要包括以下内容：①饮食卫生。食物和水有净与浊之分，要吃净食和饮用净水；饭后要洗手漱口；早上要洁齿；厕所要保持清洁；要常洗澡，等等。②生活起居。用何种坐具、睡席、枕头，怎样穿僧衣、接受施主供斋、接待外僧、安葬僧人，僧人死后财产或物品的处理，坐夏等，都有严格的规定。③健身医药。散步有利健康，探讨人生病的原因、服药的方法，不用大小便做药等。涉及很多古代印度医学的知识，为研究印度医学和中印医学交流的历史提供了重要的资料。④供佛颂佛。供养佛、造佛像、造佛塔、诵经称颂佛的功德、尊师尊佛。⑤天文。第30章讲一天当中怎样观察和测定时间，一年中怎样测定季节，并提到古代印度计时的“漏水”。其中有些资料是研究天文学史的唯一材料。⑥印度古代教育。详细介绍了印度古代教育，尤其是梵语教育的情况。其中提到与梵语文法相关的一系列经典，包括《悉谈章》(见《悉昙章》)、《苏呾罗经》(《波你尼经》)。还提到了印度古代梵语文法学家波颠阇利、伐致呵利以及他们撰写的“疏”或“释”。同时，记载了学习这些经典的程序。

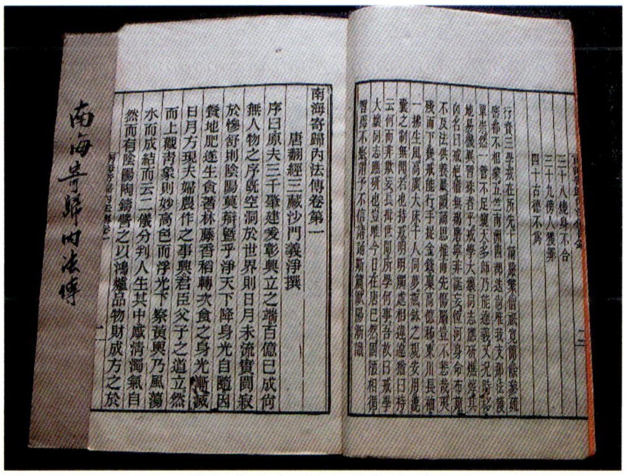

《南海寄归内法传》书影

学术价值　《南海寄归内法传》被送回国后，在佛教界颇为流行。现存有三种古抄本，一种发现于中国甘肃敦煌莫高窟藏经洞，另两种存于日本，据鉴定都是8世纪时抄本，距成书时间不到100年，可见当时流传的情形。它和《大唐西域求法高僧传》等书一样，在义净去世时，或至迟在他去世以后，就“并敕编入一切经目”。以后历代转抄翻刻，大多在藏经中。

《南海寄归内法传》对于研究印度佛教史、中国佛教史、唐代中外关系史，乃至古印度及南海地区的历史、地理、文化、社会生活等都有重要价值。尤其是关于7世纪时印度佛教僧伽内部宗教生活的状况，书中提供了几乎是最多、最详细的信息。如对印度佛教的大小乘问题的理解。印度佛教分为大小二乘，十八部派均属小乘，几乎毋庸置疑。义净在序言中列举了当时印度佛教四大部派即四种尼迦耶的名称、传承及典籍数量，并提到“其四部之中，大乘小乘区分不定”。义净主要是从律的区分来理解部派，四个部派，各有其传承的戒律，但各个部派的僧人，有信仰大乘的，有信仰小乘的，不可限为一定。也就是说，义净说的四种部派，未必都是小乘。

世界影响　与《法显传》、《大唐西域记》、《大唐西域求法高僧传》等书一样，《南海寄归内法传》很早就引起了西方和日本学者的注意。19世纪末，日本学者笠原研寿和藤岛了隐分别把《南海寄归内法传》中的一些重要章节译为法文。俄罗斯学者V.P.瓦西里耶夫也曾经把一些章节翻译成俄文。全书完整的英译本*A Record of the Buddhist Religion as Practised in India and thc Malay Archipelago by I-Tsing*则出自另一位日本学者高楠顺次郎之手，该书于1896年由英国牛津大学出版社出版。

高楠顺次郎的英译本出版以后，《南海寄归内法传》便广为西方及印度学者所知。因为译文完整和研究水平较高，高楠顺次郎的英译本到目前为止仍然是最好的翻译版本之一。但其英译本依据的主要是清代刻本，不是精校本，因此影响到译文质量，有的方面有待修正和补充。2000年，由美国加州伯克利日本佛教传道协会出版了《南海寄归内法传》的另一个英译本*Buddhist Monastic Traditions of Southern Asia*，中国佛教学者李荣熙译。

1959年，日本出版的《国译一切经》“和汉撰述部”通卷第八十四中收入了一个日文译本。小野玄妙译，译出时间是1936年。2004年，日本学者宫林昭彦和加藤荣司在东京出版了一个更新的日译本，为《现代语译南海寄归内法传》。

1995年，中华书局出版了《南海寄归内法传校注》，校注者王邦维。新的校注本包括原文、校记和注释等部分。在校勘方面，校注本共使用了两种唐代写本（一种来自敦煌莫高窟藏经洞，一种是日本保存的奈良时代抄写本），六种宋代至明代的刊刻本，包括高丽藏本，以及近代日本刊印的《大正藏》本。校注本在对义净原书全文进行校勘的同时，还就书中的人名、地名、历史地理、宗教词语等作了详细的注释，必要时附以还原的梵语原文。书中还附有数种附录以及索引。2009年，中华书局重印此书，此前作者进行了修订，并增加了更多的附录。

（王邦维）

南京明城墙

Nanjing

南京 Nanjing 中国城市。

据现代考古发掘，今南京市一带100万年前即有古人类活动。7 000年前已有新石器时代的原始村落。公元前6世纪，今南京一带属楚国，今六合区有镇名棠邑。周灵王元年（前571），楚国置棠邑大夫。春秋时期，吴王夫差（？～前473）在今朝天宫一带冶铜铸器，即后世所称“冶城”，但实际上并无城池。前471年，越王勾践（？～前465）灭吴后，范蠡在今中华门外的长干里筑城屯兵，后世称“越城”，是为南京建城之始。前333年，楚威王熊商在越城北今清凉山上筑金陵邑，从此金陵成为南京的别名。三国时期，孙权于229年在金陵邑建都，称为建业，282年改名建邺。由于建业城基石皆用清凉山的岩石，故又称“石头城”。西晋灭吴，建邺降格为县。约313年，为避晋愍帝司马邺（313～316年在位）讳，建邺县改名建康县。316年，西晋亡。翌年，司马睿（317～323年在位）在建康称帝，史称东晋。南朝宋、齐、梁、陈四代，均定都建康。589年，隋灭陈，建康城被毁，宫殿等建筑被夷为平地。唐代，金陵曾先后设置蒋州和升州，城池未得重建，却成为诗人们的凭吊之地，以致出现了一批“金陵怀古”的诗作。五代初期（914），金陵开始重建。937年，南唐定都金陵。此后，北宋江宁府、南宋建康府、元代集庆路，治所均在金陵城。1366年，朱元璋（1368～1398年在位）大建金陵城，称应天府，登基后以为首都，称南京。**明成祖朱棣**在1421年迁都北京，旧都改称“留都”，仍称南京。清代，南京称江宁府。清晚期，太平军于1853年攻占南京，建立太平天国，称南京为天京。1864年，湘军攻入天京，清廷恢复江宁府。近代以来，人们习惯上沿用明代旧称，仍称之为南京，并按清代习惯简称南京为“宁”。辛亥革命爆发后，1912年1月，孙中山在南京就任中华民国临时大总统，为时仅三个月。1927年4月18日，蒋介石在南京成立国民政府。1937年，日本侵略军攻入南京，实行大屠杀。1945年抗日战争胜利，国民政府由重庆“还都”南京。1949年，中国人民解放军攻占南京。中华人民共和国建立后，南京一度为直辖市。1953年，南京成为江苏省省会。

六朝古都南京

南京在中印文化交流史上曾经发挥过重要作用。早在后汉末期，军阀混战，丹阳（今安徽宣州）人**笮融**皈依佛教，在彭城（今江苏徐州）、广陵（今江苏扬州）一带建造佛寺，成为长江下游一带最早的佛教徒。这些地方离金陵不远，佛教有可能在此时传入金陵。三国时，移居中国的西域人**支谦**也在东吴避难，受孙权重用，并翻译佛经。西域人**康僧会**到建业传教，孙权为之建寺，号**建初寺**。当时，康泰、朱应曾被派出使南洋群岛等地一百多个国家和地区。他们在扶南国（位于今中南半岛南部）曾询问天竺国习俗。回国后，二人著《**扶南传**》、《吴时外国传》等书，描述这些国家和地区的风俗物产等概况，可惜其书均已散佚。

东晋建康是文化中心，佛寺众多，佛教迎合中国的传统文化，在士大夫阶层中影响巨大，助长了清谈之风，即所

南京古城门——玄武门

谓魏晋玄学。建康的佛寺迅速增加到数十座，其中最著名的有长干寺、瓦官寺、道场寺等。东晋在东吴建初寺地址上建长干寺，据《高僧传》卷十四《慧达传》，简文帝司马昱（371～372年在位）造三层塔，称阿育王塔，相传即阿育王所造八万四千塔之一。慧达让人发掘，得三舍利，及一爪甲一螺发，乃于旧塔西侧更立一塔安放。太元十六年（391），此塔被加为三层。相传瓦官寺初建于364年，原为东晋官营陶器作坊。东晋著名画家顾恺之曾在瓦官寺建成时为之作画募捐，他画的是《维摩诘像》。雕塑家戴逵也曾在瓦官寺铸造佛像五躯。这五躯佛像与《维摩诘像》以及师子国（今斯里兰卡）送来的白玉佛像合称为“瓦官寺三绝”。东晋法显去印度取经，于414年回到建康，住进道场寺，与先行到达的印度僧人佛驮跋陀罗一起翻译佛经。不久，曾一度与法显同行去印度的宝云也来到道场寺投入佛经的翻译工作。20世纪50年代以来，在南京市出土过多座东晋帝王陵墓。据记载，这些陵墓之前是有石碑和“石麒麟”的。有学者以为，这些石碑和石兽与希腊式石柱和亚述的翼狮有关，但却忽视了一个中间环节——印度。从南朝陵墓华表的形制就可以更为清晰地看出印度佛教雕刻艺术的影响。

南朝时期，帝王贵胄多信仰佛教，或出资建寺或舍宅为寺，故建康的佛寺更多，唐人杜牧（803～852）的佳句“南朝四百八十寺，多少楼台烟雨中”并非夸张之词。南朝的寺院仍然是中印文化交流的主要场所。如画家张僧繇，不仅在瓦官寺作画，还曾在乌衣巷附近的安乐寺作画，传说他在那里“画龙点睛”；他还在清溪一乘寺山门两侧作画，运用天竺遗法之一凹凸法绘出图案，故时人又称一乘寺为凸凹寺。戴逵之子戴颙继承父业，擅长雕塑，曾在瓦官寺雕造佛像。由于梁武帝萧衍崇佛，不仅一手创建了富丽堂皇的同泰寺（明代更名为鸡鸣寺），还曾三次舍身同泰寺为奴。当时，钟山和摄山的佛寺比较集中。钟山一带主要有大爱敬寺、法云寺、头陀寺、开善寺、定林寺、草堂寺等。摄山一带主要有栖霞寺、庆云寺、止观寺、千佛岩等。其中，栖霞寺建于齐永明七年（489），不久，寺后的山岭上便陆续开凿出佛龛294个，佛像515尊，均为齐梁时代作品。南朝陵墓主要分布于建康和兰陵（在今江苏句容）一带。这些陵墓的共同特征是墓前竖有石刻神道碑，另有或称“天禄”或称“辟邪”的石兽（石麒麟）。这些石雕均受到印度佛教雕刻艺术的影响。在南朝的陵墓发掘中，还多次发现有砖刻壁画《竹林七贤图》，画的是魏晋时期清谈的代表人物。

南京栖霞寺

南朝时期，南印度诸国与南朝保持有使节往来。如刘宋元嘉五年（428），天竺迦毗黎国国王月爱遣使奉表，表文收载于《宋书·夷蛮列传》。泰始二年（466），又“遣使贡献”。梁天监初（约503），天竺王屈多遣使奉表至，并献琉璃唾壶、杂香、古贝等物。其表文收载于《梁书·诸夷列传》。这一时期来华的印度和西域僧人很多，其中不少人都曾在建康译经和传教，著名者有僧伽跋摩、佛驮什、畺良耶舍、求那毗地、真谛等。

隋唐时期，金陵已经失去政治经济中心的地位，但仍是全国的文化中心之一；其城池、宫殿等被毁，但佛教寺院却得到发展。隋文帝杨坚于仁寿元年（601）得到一包佛舍利，遂诏令全国八十三州建塔分藏。他特地指令将一份舍利送往蒋州栖霞寺。当时栖霞寺有僧三百，做法事7天迎接。唐代到过金陵的著名诗人有李白、杜甫、崔颢、刘禹锡、杜牧、李商隐等。731年，20岁的杜甫到金陵游览，他特地到瓦官寺去观看顾恺之的壁画《维摩诘像》，27年后他作诗道：“看画曾饥渴，追踪恨渺茫。虎头（顾恺之小名）金粟（指维摩诘）影，神妙最难忘。”而杜牧的《江南春绝句》则道出了金陵佛寺的盛况。

五代南唐时期（937～975），因有重臣信佛，金陵佛教很兴旺。如栖霞寺此时改名“妙因寺”，并大兴土木。据学者研究，该寺雕刻精美的石塔（通常称为栖霞山舍利塔）即建于此时。该塔五层八面，高约15米，仿木结构。台基宽大，四周有围栏。台基上有两重基坛，均雕有花草、波纹、龙、鱼等图形。再上有须弥座，分三层。其中层部分有八块隔板，上有佛传故事浮雕，精工细刻。须弥座之上为莲座，托塔身。塔身雕有四大天王、文殊、普贤像及佛龛。佛龛中雕有佛坐像。

明代，应天府作为首都的时间共53年。由于朱元璋、朱棣对佛教都采取利用的政策，一些佛教徒受到优待，西藏的佛教领袖也被册封。此时印度本土的佛教已经消亡，但仍有零星佛教密宗信徒到中国内地来，朝拜五台山并传播佛教，如具生吉祥、底哇答思、桑渴

南京古城门——仪凤门

巴辣、释迦也失等，都曾得到朱元璋或朱棣的召见和封赏。1412年，朱棣以纪念明太祖和马皇后为名，兴建大报恩寺。大报恩寺建在古长干里（今南京中华门外长干桥东南），该地最初是三国东吴的建初寺、东晋南朝长干寺、宋代天禧寺、元代慈恩旌忠寺的旧址，因明初遭大火，旧建筑被毁。该寺规模庞大，历时16年建成。除各种殿堂、库房外，明代尚有画廊118处，经房38间。该寺当年曾雕版印刷佛经，史称“南藏”。寺内尚有郑和下西洋带回的奇花异木。清代咸丰（1851～1861）年间又遭回禄，现仅存大报恩寺碑、龟趺，以及一座殿宇。2011年，南京市文物局等单位在大报恩寺旧址进行考古发掘，发现铁函，内藏佛顶骨舍利，轰动一时。

明代中印文化交流史上的最大事件是郑和七下西洋。今南京下关三汊河一带为明代龙江宝船厂遗址，已经出土多件当年宝船的构件。郑和的绝大部分宝船都是在这里制造的。因而宝船通常要从龙湾（今南京下关）起航，经太仓刘家港（在今江苏太仓）出长江口。金陵人巩珍曾在郑和船队工作，回国后于宣德九年（1434）写出《西洋番国志》一书。书中详细记录了20个国家和地区的物产、风俗等。

（薛克翘）

Nanpi

南毗　Nambuyi　南印度婆罗门族姓。南毗一名首见于宋赵汝适《诸蕃志》，曰“南毗国”，为地名。明代马欢《瀛涯胜览》“柯枝国”条言：“国有五等人：一等名南昆（毗），与王同类，内有剃头挂线在颈者，最为贵族；二等回回人；三等人名哲地，系有钱财主；四等人名革令，专与人作牙保；五等人名木瓜。木瓜者，至低贱之人也。”巩珍《西洋番国志》所记同。此南毗显系婆罗门种姓，往往为祭司，其所挂线为纯婆罗门的标志。《西洋番国志》“古里国”条则言：“国人内有五等：回回人，南昆（毗）人，哲地人，革令人，木瓜人。”顺序略有不同，大抵因古里国回回人势力较强。

（薛克翘）

Nanpiguo

南毗国　南印度古国名。指印度东南沿海地区，约当今印度喀拉拉邦一带。宋赵汝适《诸蕃志》最先记此国。一般以为，南毗即Nambuyi的音译，为南印度一婆罗门种姓族系的姓氏，其时为该地区王族，故称其国为南毗国。《诸蕃志》说，当时泉州城南有父子二人时罗巴、智力干居住，即南毗国人。有学者认为，元代汪大渊《岛夷志略》所记“古里佛”即南毗国所在地。若是，则南毗国即明代文献中的古里国。

（薛克翘）

Nanzhao

南诏　中国云南古国名。存在时间为938～902年。

唐代初期（约7世纪前期），云南洱海地区分布有6个（一说8个）不相统属的少数民族（“乌蛮”）部落，其首领称“诏”（意为王），习惯上也将其统领的部落称为诏，故史称这些部落为“六诏”（一说“八诏”）。其中，蒙舍诏处在其余各诏之南，故称南诏。除了“乌蛮”，洱海地区尚有另外的民族“白蛮”（又称“河蛮”）部落若干，他们没有统一的首领，也不相互役属。唐朝初立，便开始派官员经营云南地区。武德七年（624）、贞观二十二年（648）和永徽三年（652）曾先后派遣韦寿仁、梁建方、赵孝祖等带兵进入洱海地区，当地“乌蛮”和“白蛮”部落纷纷归顺。

永徽四年，蒙舍诏细奴逻（617～674）被唐高宗封为“巍州刺史”。其时吐蕃崛起，向东南扩张，致使各诏时而归吐蕃，时而归唐。唯南诏附唐比较坚定。开元元年（713），唐玄宗封南诏细奴逻次子盛逻皮（672～728）为“台登郡王”。开元二十五年，盛逻皮之子皮逻阁（697～748）在唐朝的支持下开始统一其他部落，并建都太和城（在今大理附近）。次年，唐玄宗赐皮逻阁名为

中国云南大理崇圣寺及三塔

《南诏图传》神僧求食图（局部） 南诏忍爽张顺和王奉宗于中兴二年（899）组织画家绘制而成

“蒙归义”，晋爵为“云南王”、“越国公”。天宝七载（748），皮逻阁卒，子阁罗凤（712～779）袭云南王。南诏势力迅速扩张。天宝九载，阁罗凤路过姚州（今姚安），云南太守张虔陀侮辱其同行妇女，勒索贿赂，被阁罗凤起兵攻杀。天宝十载，剑南节度使鲜于仲通率兵八万进攻南诏，阁罗凤遣使谢罪请和，鲜于仲通不许，迫使南诏与吐蕃联合，击败唐军。次年，吐蕃册封阁罗凤为“赞普钟（意为赞普之弟）南国大诏”，号为“东帝”。天宝十三载，唐“征天下兵”十余万，命剑南留后李宓再次进攻南诏，又遭南诏与吐蕃的合击，李宓阵亡，全军覆没。阁罗凤在太和城中立《南诏德化碑》，表示叛唐出于不得已，“愿世世奉中国”。此时发生安史之乱，朝廷自顾不暇。大历十四年（779），阁罗凤卒，孙异牟寻（754～808）为南诏王。冬，南诏与吐蕃合兵20万试图攻打成都，唐德宗派遣大将李晟、曲环率北方兵数千，联合当地唐兵，大破吐蕃和南诏联军，追击南诏军过大渡河。吐蕃军和南诏军数败，损失过十万人。此后，吐蕃改封南诏王为“日东王”，改为君臣关系。贞元元年（785），韦皋为剑南西川节度使，主张与南诏和好。贞元十年，南诏在洱海边的点苍山与唐朝使臣会盟，表示归附唐朝。唐朝册封异牟寻为“南诏王”，赐“南诏印”。此后的9世纪前半叶，南诏势力强盛一时，不仅于太和三年（829）进攻成都，大肆劫掠，还曾多次进攻并劫掠今缅甸、老挝、柬埔寨等地。9世纪后半叶，又对今越南及广西、贵州、四川等地大肆劫掠。此时唐朝屡次对南诏用兵，削弱了其力量。902年，汉人郑买嗣起兵杀死南诏王族800余人，南诏灭亡。

南诏国都太和城（今大理）遗址

南诏古国发祥地——巍山古城

据《云南志略·总叙》说，南诏于“开元二年，遣其使张建成入朝，玄宗厚礼之，赐浮屠像，云南始有佛书”。但一般认为，南诏佛教流行于劝丰祐（823～859年在位）时期，即南诏中期。正是在这一时期，大理崇圣寺开始建设。据《增订南诏野史》上卷，其时，印度僧人赞陀崛多到大理传教，被奉为云南**阿吒力教**始祖。阿吒力教为佛教密宗的一支，在云南传播甚广，影响深远。劝丰祐死后，子世隆（843～877）继位，更加崇尚佛教，据《僰古通纪浅述·蒙氏世家谱·世隆》记载，其时“建大寺八百，谓之兰若，小寺三千，谓之伽蓝，遍于云南境中，家知户到，皆以敬佛为首务”。南诏王隆舜（860～897）信奉密教神阿嵯耶观音，甚至将自己的年号也定为“嵯耶”，并崇拜密教护法神大黑天，致使大黑天信仰在云南地区流传至今。由于阿吒力教盛行，南诏的绘画、石窟建筑、雕刻等艺术都带有浓厚的密教色彩。现存**剑川石窟**（又称石钟山石窟）汇聚了南诏时期石刻艺术的精品，其佛教造像有如来佛、观音、天王、金刚力士等，世俗造像有南诏王、清平官、僧人等。其艺术风格受到汉族、藏族和印度文化的影响，又具有南诏的独特风格，是中印文化交流的结晶。

（薛克翘）

南诏（大理）崇圣寺——建于唐开元年间

Nanzhao Yeshi

《南诏野史》 中国明代史籍。共1卷。记南诏之称、六诏之地、南诏分野、名称沿革、历代据土总纲、称谓官制、

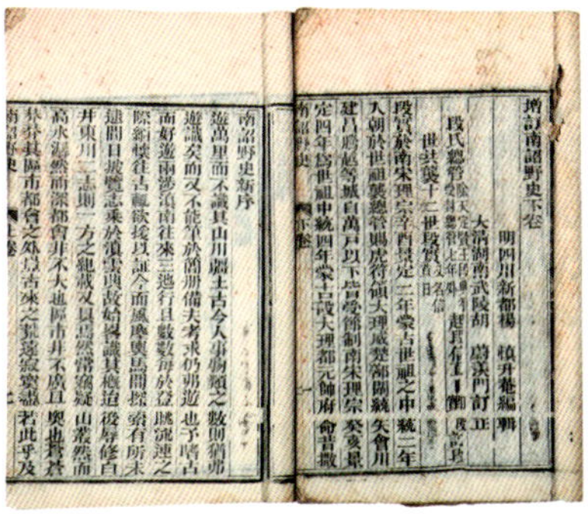
《南诏野史》书影

三十七蛮部等；又记段氏总管（共袭十二世），以及南诏历代名宦、历代乡贤附元朝进士、各种蛮夷等。其中讲到南诏历代，引有《白（僰）古记》记载，说西天天竺摩竭（陀）国**阿育王**之孙有九人，分别为各国人的祖先：长子是附罗十六国的祖先；次子是吐蕃人祖先；三子是汉人祖先；四子是东蛮的祖先；五子生有十二子，七圣五贤，是蒙氏的祖先；六子是狮子国的祖先；七子是交趾国的祖先；八子是白子国仁果的祖先；九子是白夷的

祖先。均荒诞无稽。相比之下，《南诏野史》所记南诏、大理国的内容较为可信，故常为明代以后研究南诏、大理国的史书所引用。

《南诏野史》据传为杨慎标目，阮元声删润。旧本题名“昆明倪辂集”。《四库全书总目提要》卷六六认为，当时所见版本，有崇祯六年（1633）姜午生的跋，说是杨慎游历南诏，追溯南诏世系，编著为史书。阮元声编辑、校正，然后刻板印制，没有提及倪辂。检查书中叙事，涉及万历十三年（1585）事，杨慎（1488～1559）不可能看到。可以说大抵是阮元声的著述。倪辂、杨慎均系托

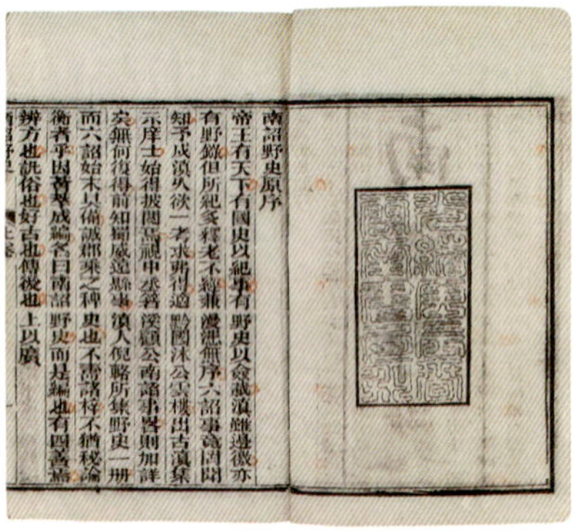

《南诏野史》书影

名。阮元声，生卒年不详，云南马龙州人，崇祯元年进士，曾任金华府推官。《南诏野史》先后有阮元声改订本、胡蔚刻本增订本、王崧刻本等。

（胡俊麟）

Nan Zhuo

南卓　Nan Zhuo（约活动于9世纪）　中国唐代学者。字昭嗣。历任拾遗、洛阳令、黔南观察使等官职。任洛阳令时，常与诗人白居易、刘禹锡（772～842）过从，谈论传入中国的西域民族乐器羯鼓。善诗文，通音乐。著有《羯鼓录》、《唐朝纲领图》、《唐纪年记》、《驳史》及《南卓文》等。《羯鼓录》是研究唐代音乐及宫廷生活和社会风气的重要资料。

羯鼓形制“如漆桶，山桑木为之，下以小牙床承之，击用两杖”，故又称“两杖鼓”，音色“焦杀鸣烈”，龟兹、高昌、疏勒及天竺等乐部皆用之。直接源流可上溯印度，桑奇大塔浮雕已有其图形。南北朝时经西域传入内地，盛行于唐代。唐玄宗李隆基、宰相宋

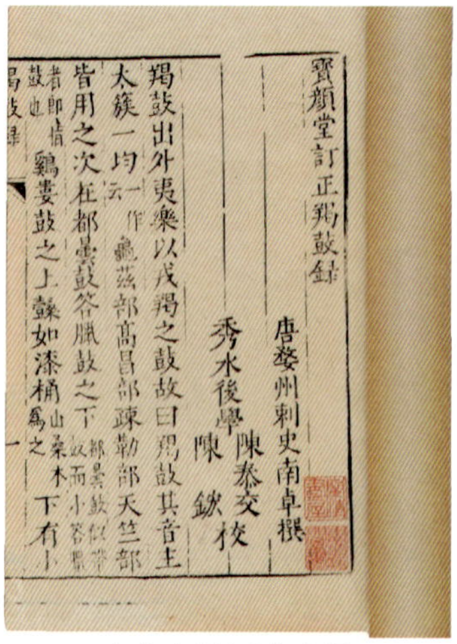

寶顏堂訂正羯鼓錄

唐婺州刺史南卓撰

秀水後學　陳泰交　陳鍅　校

羯鼓出外夷樂以戎羯之鼓故曰羯鼓其音主太簇一均云一作龜兹部高昌部疎勒部天竺部皆用之次在都曇鼓答臘鼓之下都曇鼓似腰鼓而小答臘者即楷鼓也鷄婁鼓之上鼓如漆桶山桑木為之下有小

南卓《羯鼓录》书影

璟（663～737）、音乐家李龟年（约8世纪）等，都是击羯鼓的高手。《羯鼓录》记述了羯鼓的源流、形状及唐开元、天宝年间有关逸事，并附有羯鼓诸宫曲名。凡太簇宫二十三曲，太簇商五十曲，太簇角十四曲，徵羽二音阙如。唯用太簇者以羯鼓为主，太簇一均故也。又有诸佛曲10首，食曲32首。曲名多用梵语，以本龟兹、高昌、疏勒、天竺四部所用故。全书分前后两录，前录成于大中二年（848），后录成于大中四年。清代钱熙祚（？～1844）和近人任半塘（1897～1991）均对该书作了整理并推出较完善的校本。

（赵佳梓）

Nandou

难兜　古代西域国名。仅见于《汉书·西域传》，其语源及本义尚无确考。其国当在今克什米尔巴基斯坦实际控制区境内的吉尔吉特河流域，其王治故址当在今吉尔吉特城。吉尔吉特河流域是兴都库什山脉以南除斯瓦特以外自然条件最好的河谷。《汉书·西域传》记难兜国有“户五千，口三万一千，胜兵八千人……种五谷、蒲陶诸果。有银铜铁，作兵器与诸国同。”表明当时难兜国人口众多，社会、经济发展比较兴旺，由此成为皮山—罽宾道的重要节点。

佛教传入后，在当地王室支持下，难兜一度成为繁盛的佛教中心和佛教传播路线上的重要站点。

（陆水林）

Nanni

难泥　（约活跃于8世纪上半叶）　古代印度小勃律国王。曾遣使来华。据《新唐书》卷二百二十一《西域》和《全唐文》卷四十《赐小勃律国王难泥书》记载，其父苏没谨忙死后，继承小勃律（今克什米尔巴基斯坦实际控制区境内的吉尔吉特河流域）国王位。唐玄宗李隆基称赞其虽身处万里之外，仍尽职尽忠，藩卫国境，使唐朝威灵远加，特册封其为小勃律王，并赐衣带。

（何赟　贾岩）

Nantuo

难陀　Nanda（约活动于8世纪后期）外国来华僧人。意译为喜。唐建中二年（781）前后在四川成都活动。《宋高僧传》卷二十本传与《酉阳杂俎》前集卷五皆讲述其幻术，文字小有差异。称他为“梵僧”，“未详种姓”。可能为印度人。又言难陀自称“得如幻三昧”，入水不湿身，投火不灼伤。能变金石，

吉尔吉特城旁的吉尔吉特河

化现无穷。在成都时，曾带3个尼姑，陪同守城将士饮酒，三尼并善歌舞。酒酣，难陀起，砍下三尼姑头颅，血溅遍地。众皆惊，三尼原来是三支邛竹杖，其血乃酒。难陀又能使人断其头，将头钉于柱，无血污。腔内注酒，柱上脸红，手能击节，口能作歌。宴会散时，又将头安置体腔，了无瘢痕。难陀还能进入墙壁，壁上仅留其影。种种幻术，与密教神通相似。难陀或为密教僧人。

（薛克翘）

Nao Tiangong

《闹天宫》 *The Monkey King Makes Hell of Heaven* 中国京剧表演作品。取材于明代文学名著《西游记》中神猴孙悟空的故事。曾名《安天会》，出自清宫廷大戏《升平宝筏》头本第15～20出，系昆曲，流行于清代的昆班和徽班中，后被吸收为京剧代表剧目。20世纪50年代初，中国京剧院李少春重新整理、演出此剧，名之为《闹天宫》，收入《京剧丛刊》第8集（1953）。剧情描写孙悟空为玉皇大帝看守桃园，王母设蟠桃宴未邀请他，孙悟空遂偷食蟠桃、御酒，又盗取老君金丹，径返花果山。玉皇大帝遣天王李靖率天兵天将往擒孙悟空，结果反被击败。偷桃、盗丹、鏖战诸神将几场戏，表现了孙悟空对天上统治秩序的蔑视和反抗。70年代末，中国京剧院又在《闹天宫》基础上，恢复了原本中悟空被投入老君八卦炉炼就火眼金睛、继而大闹凌霄宝殿等情节，更名为《大闹天宫》。

京剧《闹天宫》剧照　李少春饰孙悟空

著名京剧表演艺术家杨小楼、盖叫天、李万春和李少春等皆擅长《闹天宫》这出猴戏，且各有特点。李少春曾数度出访，演出《闹天宫》等戏，将美猴王的形象传递至世界。1953年8月，第四届世界青年联欢节在罗马尼亚布加勒斯特举行，李少春演出此剧并获奖。1954年12月～1955年1月，他随中国文化代表团出访印度，演出《闹天宫》并获得极大成功，得到印度总理J.尼赫鲁及其女儿英迪拉·甘地的热情祝贺和当地媒体的盛赞。称李少春为“中国猴王”，印度儿童则对此戏“简直像着了魔似的喜欢”。

《闹天宫》的演出成功，除李少春的出色表演外，也应归功于中印文化的深厚渊源与奇妙因缘。《闹天宫》的母本《西游记》本以玄奘西行印度求取佛法的故事为原型，作品中的神猴孙悟空与印度史诗《罗摩衍那》中的神猴哈奴曼之间，也有着千丝万缕的联系，后者在印度同样家喻户晓而且备受欢迎。在印度访问期间，李少春曾特意与印度神猴哈奴曼的表演者卡皮纳进行交流。

（王汝良）

Nezha

哪吒 Nalakūvara，Nalakūbara　密教护法神。又作那吒。《毗沙门仪轨》中说哪吒为毗沙门天王第三子，而《北方毗沙门天王随军护法仪轨》中说哪吒是天王之孙。随着密典的翻译，哪吒的故事在唐代已开始流行，宋代更甚，普济《五灯会元》卷二说：“哪吒太子，析肉还母，析骨还父，然后现本身，运大神力，为父母说法。”此说影响深远。元明杂剧中的哪吒为战神形象。明代小说《西游记》和《封神演义》中，哪吒的形象进一步丰满。尤其是《封神演义》，对哪吒有专章描写，其闹海故事可独立成书，在民间影响很大。

哪吒像　中国四川宜宾翠屏山哪吒行宫正殿

（薛克翘）

neiming

内明 adhyātma-vidyā　印度古代关于宗教哲学的知识，属于五明大论之一。印度佛教徒称佛陀（见释迦牟尼）及其弟子们宣说的三藏十二部教法等佛教自身的学说为“内教”或“内学”，而将非佛教的学说一律称为“外道”，常有“外道十八大经”或“九十六种外道”之说。内明，又称内论或内术。北凉时中印度三藏昙无谶译《菩萨地持经》卷三认为，“佛所说者，名为内论。略说两种：一者显示正因果，二者显示所作不坏、不作、不受”。南朝宋罽宾三藏求那跋摩译《菩萨善戒经》卷三《菩提力性品》指出：“内术者，谓十二部经。菩萨摩诃萨为二事，故求十二部经。一者知因果，二者作业不失、不作、不受。”

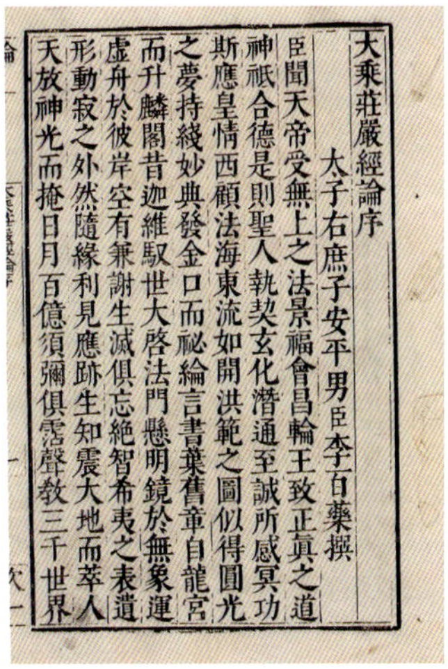

大乘莊嚴經論序
太子右庶子安平男臣李百藥撰
臣聞天帝受無上之法景福會昌輪王致正眞之道
神祇合德是則聖人執契玄化潛通至誠所感冥功
斯應皇情西顧法海東流如開洪範之圖似得圓光
之夢持綫妙典發金口而祕綸言書葉舊章自龍宮
而升麟閣昔迦維馭世大啓法門懸明鏡於無象運
虛舟於彼岸空有兼謝生滅俱忘絕智希夷之表遺
形動寂之外然隨緣利見應跡生知震大地而萃人
天放神光而掩日月百億須彌俱霑聲教三千世界

《大乘庄严经论》明刻嘉兴藏本书影

《大唐西域记》卷二解释内明的含义为“究畅五乘，因果妙理”。弥勒菩萨说、玄奘译《瑜伽师地论》卷十三指出“内明处”有四种相，即由事施设建立相、由想差别施设建立相、由摄圣教义相、由佛教所应知处相。其中的事施设建立相，是指用佛教的经、律和论三种事总摄一切诸佛言教。至于五明的不同作用，无著菩萨造、大唐天竺三藏波罗颇蜜多罗译《大乘庄严经论》卷五《述求品》指出：“内明为求自解学。因明为伏外执学。声明为令他信学。医明为所治方学。巧明为摄一切众生。”

内明涉及古代印度各个教派的不同教义，内容十分庞杂，相互之间颇有分歧，各自认为自身教派学说为正宗的内明。印度各派的宗教哲学知识除数量庞大的汉译佛经外，被佛教徒视为“六师外道”所传的数论派典籍《金七十论》、胜论派典籍《胜宗十句义论》(胜者慧月造) 一卷，分别由陈天竺三藏真谛、唐代玄奘译为汉文，使中土的学者对古代印度的内明之学有了更多的了解，从而认识到印度宗教哲学的多元性与复杂性。

（陈明）

Neiwai Pangtong Bijiao Shufa

《内外旁通比较数法》 中国古代有关计数法的著作。也作《内外旁通比校数法》。1卷。隋代翻经学士泾阳刘冯著。原书已佚，其内容据推测为讲述印度和中土在记数法和度量方面的差异。

刘冯撰《内外旁通比较数法》一事附见于《续高僧传》卷二《达摩笈多传》。其中提到刘冯学问渊博，尤其擅长数术。说他看到前代在翻译佛经时在“数法比例”方面不能一致，于是决定写下该书，并节略载录了刘冯为该书写的序：“世之道艺有浅有深，人之禀学有疏有密。故寻算之用也，则兼该大衍；其不思也，则致惑三隅。然东夏数法，自有三等之差；西天所陈，何无两端之例。然则先译诸经，并以大千称为百亿，言一由旬为四十里。依诸算计，悉不相符。窃疑翻传之日，彼此异意。指㧑之际，于斯取失。故众经算数之法，与东夏相参。十十变之，旁通对衍。庶拟翻译之次，执而辩惑。既参隶经诰，故即而叙之。”也就是说，刘冯看到“先译诸经”在中印数字记法、长度单位换算等方面存在各种问题，于是决定“拟翻译之次，执而辩惑”，把有关问题作一梳理。

（钮卫星）

Nigantuo Ruotizi

尼乾陀·若提子 Nigaṇṭha Nātaputta（前599～前527，或前549～前477）。印度古代耆那教的实际创立者。Nigaṇṭha Nātaputta为巴利语，梵语作Nirgrantha Jñātiputra。又译尼犍子。信徒尊称他为“大雄”。

根据耆那教传说，尼乾陀·若提子原名筏驮摩那，是该教的第24祖，也是最后一位祖师。此前的23位祖师各个相距甚远，其存在时间可达数万年之久。不过研究者认为第23祖巴湿伐那陀可能实有其人，大约活动在公元前9世纪。筏驮摩那生活于公元前6世纪，与释迦牟尼同时。他是独立于婆罗门教宗教哲学之外的非正统思想家，但由于和释迦牟尼的理论不同，所以被佛教归为外道六师之一。他出生在吠舍离，属刹帝利种姓，父亲是印度列国时代（前6～前4世纪）跋祇共和国8个部落之一吉纳特利伽的悉达多王，母亲陀哩萨罗则是离车族切特伽王的姊妹。有神话称，尼乾陀·若提子出生以前，其母曾梦见白象、喜马拉雅山巅的吉祥女神、月亮、太阳、旗帜、陶罐、莲池、乳海以及雄师上膝等一连串吉祥景象。星象家预言她将生贵子，或为统治百万人的帝国之王，或为耆那（制胜者），征服三界。尼乾陀·若提子少年时健壮勇敢，成年后娶有美妻耶输陀，并育一女。但是他的兴趣不在家庭而在追求解脱之道。于是征得兄长的同意后，他在30岁出家，四出云游。最初只穿一布片，13个月后，连它也舍弃了，开始裸体行乞。后到那烂陀，与正命派祖师末伽梨·拘舍罗同行，历尽艰辛和屈辱。6年后二人因观点相左分手，并成论敌。经过12年半的苦行修炼，他终于在吠耶婆达东北的娑罗树下悟道，成为耆那。此后，他致力于宣传自己的思想凡30年。他的说教和日常谈话，连同他在东北印度的行迹都由他的弟子记载下来，编入耆那教经典中。他自己亦被信徒尊为“大雄”。最后他以72岁在王舍城附近的白婆去世。其教义详见耆那教。

（葛维钧）

Niguma

尼古玛 （约活动于11世纪） 印度佛教女大成就者，瑜伽师。出身于克什米尔地区一个婆罗门贵族家庭。那若巴之妹。其生平不详。寓居印度莎萨林檀香林时，收摄中国西藏弟子琼波南觉（即香巴噶举祖师），并将全部瑜伽教法教授他，使他成为尼古玛法脉传承人。琼波南觉将“尼古六法”等大手印教法传布于西藏，遂创立藏传佛教香巴噶举派。

（德吉卓玛）

Nihelu

尼赫鲁,J. Jawaharlal Nehru（1889.11.14～1964.05.27） 印度民族主义运动领导人，印度国民大会党领袖，印度独立后

首任总理。为将印度建设成独立的、世俗的民主共和国及推进其现代化进程作出了巨大贡献。作为一位标新立异的政

尼赫鲁与M.K.甘地

治家，因促成和平共处五项原则和推动第三世界不结盟运动而闻名。充分相信儿童对于建设现代印度的作用，因此获得“尼赫鲁叔叔”的称号。

尼赫鲁生于印度联合省（今北方邦）阿拉哈巴德一个婆罗门家庭。父亲M.尼赫鲁是著名律师和民族主义者，曾积极加入当时组建的印度国大党。母亲S.R.考尔。在家中接受早期教育后，1905年前往英国剑桥大学接受正规教育。先入久负盛名的哈罗公学，后入剑桥大学三一学院学习自然科学，最终从内殿法学院毕业，获法学学位。1912年携律师证书返印后，开始从事律师工作。受当时印度反英潮流的影响，逐步投身政治活动。

1916年，尼赫鲁在国大党年会上首次会见M.K.甘地；1919年正式加入国大党，开始与甘地接触，并迅速与其建立密切关系。尽管两人在印度的现代性问题上存在分歧，但这种密切关系仍贯穿了他们的有生之年。作为甘地最亲近的助手，尼赫鲁赞同通过非暴力和坚持真理争取独立的道路。1921年12月～1945年6月，先后9次被捕入狱。在国大党有组织的领导下，同甘地及其他领导人一起领导大众政治运动，使英国

尼赫鲁参观上海中国福利院幼儿园　1954

接受了印度独立的要求。

1946年印度过渡政府成立，尼赫鲁成为甘地心中的总理人选。最终于1947年8月15日成为印度独立后的首任总理，并在下一届大选中连任，直至1964年5月27日去世。在担任总理和外交部长职务期间，坚定不移地致力于建设一个世俗的民主社会，高度发展混合经济模式中的工业化水平，并在国际层面以和平共处五项原则为基础组建不结盟国家第三阵线。

尼赫鲁也是一位富有创造力的作家，在狱中撰写《父亲给女儿的信》、《世界历史一瞥》、《走向自由》、《印度的发现》等。这些作品不仅使他成为一名优秀的作家，展现了他对世界以及印度在其中所扮角色的深刻认识，更在印度国内树立了民众对独立的自信，并在世界范围内传播了印度复兴的积极形象。

尼赫鲁在中国北京香山碧云寺拜谒孙中山衣冠冢　1954

尼赫鲁在《世界历史一瞥》和《印度的发现》中对中国进行了细致的描述和生动的赞美。他写道：“在中印千余年的交流中，两国在思想、哲学、艺术和生命科学领域相互学习。中国受印度的影响可能比印度受中国的更大，这对印度来说是个遗憾，因为她本能向中国汲取一些合理的常识为己所用，并借以检验自身不切实际的幻象。”他称中国为“另一个伟大的亚洲国家”和“印度的老朋友”，1939年结束对华访问返回印度后表示自己已经成为中国的仰慕者。他对1954年访华时民众自发的大规模欢迎仪式印象深刻，却也震惊于1962年发生在两个传统友好国家之间的冲突。有人批评指责他的政策过于软弱，也有人质疑他的对华立场过于顽固。但从长期来看，他与中国保持友好的态度仍为增进两国关系奠定了基础。

尼赫鲁在近现代的中印文化交流中起过非常重要的作用。尤其在20世纪30年代，他曾大力支持R.泰戈尔的国际大学建立中国学院，极力谴责日本的侵华战争，促成了印度援华医疗队来华。还曾接见过诸多中国政界和文化界名流。20世纪80年代以后，中国对尼赫鲁生平与思想的介绍和研究很多，也出版了不少相关专著。

（卡马尔·希尔撰　李宝龙译）

Nijianzi

尼犍子　Nigaṇṭha（前599～前527，或前549～前477）　印度古代耆那教的实际创立者。Nigaṇṭha为巴利语，梵语作Nirgrantha。见尼乾陀·若提子。

Nijiantu Shu

《尼揵荼书》　*Nighaṇṭu*　印度古代词汇学著作。属于婆罗门学习梵语的基础工具书。相当于现代的同义词词典。梵名Nighaṇṭu，有尼揵荼、尼建图、尼健荼、尼犍荼等多种汉语音译名。《尼揵荼书》共5章，包括同义字表、同音异义字、诸神名字等。玄奘译《大宝积经》卷五十四提及婆罗门精通《尼揵荼书》、《计罗娑论》、《分别字论》、《伊底诃娑论》、《五分记论》、《随顺世论》等语言学、文学与哲学方面的典籍。唐代地婆诃罗译《方广大庄严经》卷四列举菩萨所学的种种杂艺，就有尼建图论、尼卢致论、式叉论等语言学方面的论著。慧琳《一切经音义》卷二十三所收玄应音释《摄大乘论释》第五卷“尼揵荼书”云：“尼揵荼书：梵语。此集异名书也，如一物有多名等也。”《一切经音义》卷十三“尼揵荼书、计罗娑论”词条，释二者称为“外道世俗智论”。此外，《善见律毗婆沙》卷一《阿育王品第三》有“乾书（汉言一切物名）”的解说，《佛本行集经》卷四十七《舍利目连因缘品第四十九》有“尼揵陀”的译名，而“乾书”是“尼乾陀书”的缩略，“尼乾陀”与“尼揵陀”一样，也是nighaṇṭu的音译。迦旃延子造、五百罗汉释、北凉天竺沙门浮陀跋摩共

道泰等译《阿毗昙毗婆沙论》卷九在解释“一义有多名”时，提及“如《尼犍荼书》，分别诸名，一义有千名”。五百大阿罗汉等造、玄奘译《阿毗达磨大毗婆沙论》卷十五，提及古贤所撰写的“《尼健荼书》，一义有千名”。无性菩萨造、玄奘译《摄大乘论释》卷五也提到“《尼犍荼书》一物立多名”。这三处都说明《尼揵荼书》汇录了同义词的不同名称。这样的解释与印度现存最早的《尼揵荼书》的实际情况基本上是一致的。《尼揵荼书》虽未译成汉语，但中国古代学者对《尼揵荼书》的书名及性质还是有所了解的。

（陈明）

niluzhilun

尼卢致论 nirukta 印度古代的词源学。是吠陀的六个辅助学科之一，属婆罗门初学者必修的知识。这一类著作的名称早已随佛教典籍传入中国。陈朝真谛法师译的数论派经典《金七十论》卷一有“尼卢致”的最早的汉译名“尼禄多”。隋代吉藏《百论疏》卷一还有另一个汉译名“尼鹿多”。唐代地婆诃罗译《方广大庄严经》卷四列举印度古代的诸多学科技艺，其中就有尼卢致论和式叉论等语言学知识。印度早期词源学最重要的著作是耶斯迦所撰写的《尼卢致》，约公元前5世纪（或前7世纪）成书，略早于《波你尼经》，类似中国古代最早的训诂学著作《尔雅》。《尼卢致》共分12章，其内容主要是注释词汇集《尼揵荼》(见《尼揵荼书》)。耶斯迦的主要观点是所有的字词都是有源可循的，由动词可推求出名词的语源意义。婆薮盘豆（即世亲）著、真谛译《阿毗达磨俱舍释论》卷四保留了一个来自《尼卢致》的偈颂：“譬如瞿音声，于九义已立定法。如《尼六多论》偈说：言方地光牛，金刚眼天水；于此九种义，智人说瞿名。”所谓《尼六多论》就是Nirukta的另一个汉译名称，此处说明了“瞿”字有9种不同的意思。《阿毗达磨俱舍释论》卷十还有一处相关的记载，即“释曰：能平不平等事，故名尸罗。若依《尼六多论》，由冷故名尸罗”。此处明显是根据Nirukta解释“尸罗”一词的由来。《百论疏》卷一在解释吠陀支的六论时，指出“尼鹿多论，释立一切物名因缘”，即尼卢致论是词源学著作，专门解释词语得名的缘由。《尼卢致》在中国未见有明显的影响，饶宗颐的《尼卢致论与刘熙的释名》是中国学者唯一研究尼卢致论的重要论文。

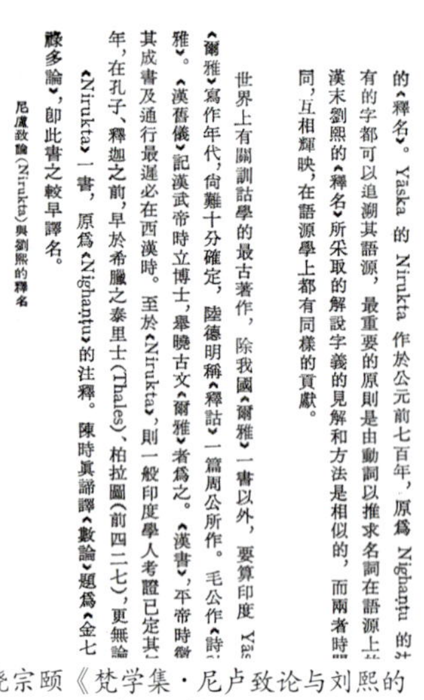
的《釋名》。Yāska 的 Nirukta 作於公元前七百年，原爲 Nighaṇṭu 的
有的字都可以追溯其語源，最重要的原則是由動詞以推求名詞在語源上
漢末劉熙的《釋名》所采取的解說字義的見解和方法是相似的，而兩者時
同，互相輝映，在語源學上都有同樣的貢獻。
世界上有關訓詁學的最古著作，除我國《爾雅》一書以外，要算印度 Yā
《爾雅》寫作年代，尙難十分確定，陸德明稱《釋詁》一篇周公所作。毛公作《詩
雅》。《漢舊儀》記漢武帝時立博士，畢曉古文《爾雅》者爲之。《漢書》，平帝時徵
其成書及通行最遲必在西漢時。至於《Nirukta》，則一般印度學人考證已定其
年，在孔子、釋迦之前，早於希臘之泰里士(Thales)、柏拉圖(前四二七)，更無論
《Nirukta》一書，原爲《Nighaṇṭu》的注釋。陳時眞諦譯《數論》題爲《金七
祿多論》，卽此書之較早譯名。
尼盧致論(Nirukta)與劉熙的釋名

饶宗颐《梵学集·尼卢致论与刘熙的〈释名〉》书影

（陈明）

Nituoda

尼陁达（约活动于5世纪） 古代印度迦毗黎国使者。据《宋书》卷九七《夷蛮传》记载，刘宋元嘉五年（428），迦毗黎国王月爱派遣尼陁达出使中国，向刘宋朝廷递交国书，其国书中说：“臣(国王自称）之所住，名迦毗河，东际于海。”可知此迦毗黎国，乃因河而名，即高韦里河，流经今印度卡纳塔克邦和泰米尔纳德邦而东注入孟加拉湾。其国书中还写道：“使主父名天魔悉达，使主名尼陁达，此人由来良善忠信，是故今遣奉使表诚。”使者奉上金刚指环、摩勒金环等宝物以及红白鹦鹉各一只。

（任筱可）

Nihuan Fanbai

《泥洹梵呗》 *Nirvāṇa Pāṭhaka* 中国古代关于佛涅槃的颂歌。相传为三国时期僧人康僧会作。据慧皎《高僧传》卷十三末附《论》，康僧会继曹植作《鱼山梵呗》、支谦作《连句梵呗》之后，根据《泥洹经》创作出《泥洹梵呗》。此梵呗至南朝梁代还在流传。

（薛克翘）

Nichang Yuyi

《霓裳羽衣》 *Nichang Yuyi Melody* 中国唐代宫廷乐舞，法曲之一。又称《霓裳羽衣曲》、《霓裳羽衣舞》，简称《霓裳》。初名《婆罗门曲》。唐开元八年(720)，为西凉节度使杨敬述所献，后经玄宗李隆基改编和填词，更名为《霓裳羽衣》。堪称盛唐乐舞的代表作，中印乐舞艺术融合的典范。

据五代北宋初王溥撰述之记载唐代典章制度的《唐会要》说：“天宝十三载七月十日，太乐署供奉曲名，及改诸乐名。……改《婆罗门曲》为《霓裳羽衣》。”唐杜佑著《理道要诀》也有类似记载。由于唐玄宗崇尚道教，因而在改编《霓裳羽衣》时融入道教音乐的因素。因此，在唐代，《霓裳羽衣》不但是一首著名的大曲，而且也是一首著名的“法曲”。

关于《霓裳羽衣》，有多种传说。唐卢肇的《唐逸史》云：“罗公远多秘术，尝与玄宗至月宫，仙女数百，皆素练霓衣，舞于广庭，问其曲名，曰‘霓裳羽衣’。帝默记其音调而还。明日召乐工，依其音调作《霓裳羽衣曲》。”又《太真外传》说，《霓裳羽衣》是唐玄宗登三乡驿望女儿山所作。还有一说：“开元二十九年中秋夜，帝与叶法善游月宫，听诸仙奏曲，遂以玉笛接之，曲名霓裳羽衣，后传于乐部。”

《霓裳羽衣》(局部) 中国绘画

唐白居易的诗《霓裳羽衣舞歌和微之》，细致地描绘了这部乐舞的结构和舞姿。全曲分散序、中序及曲破3部分，总共36段。其中散序6段，不歌不舞，为纯器乐演奏，各种乐器相继进入，节奏自由，音调优美。中序始有拍，又名拍序，18段，以板击拍，众乐合奏，音乐由慢板至中板，优雅抒情，且歌

2010年上海世博会期间，西安大明宫馆演出的《霓裳羽衣舞》剧照

且舞。曲破12段，繁音急节，声调铿锵，为全曲高潮。结尾时舞而不歌，节拍逐渐舒缓，最后在长音中消逝。整部乐舞的音乐悠扬动听，舞姿轻盈曼妙，服饰色彩艳丽，着力描绘虚无缥缈的仙境和仙女形象，具有浓厚的浪漫主义色彩。

《霓裳羽衣》为唐玄宗改编，杨贵妃又精于此舞，因此盛行于唐开元、天宝年间（713～755）；安史之乱以后，渐趋衰微，乃至不见于宫廷。至文宗开成年间（836～840），曾一度依旧曲重新编排演出，但至唐末，因政局动荡而失传。五代时南唐后主李煜曾获残谱，并与后妃昭惠共同整理演奏。又据精于音律的南宋词人姜夔（1155～1221）之《白石道人歌曲·霓裳中序第一小序》记："丙午岁，留长沙，登祝融，因得其祠神之曲，曰《黄帝盐》、《苏合香》；又于乐工故书中得商调《霓裳曲》十八阕，皆虚谱无辞。按沈氏《乐律》（沈括《梦溪笔谈》），《霓裳》'道调'，此乃'商调'。乐天诗云：'散序六阕'，此特两阕，未知孰是？然音节闲雅，不类今曲。予不暇尽作，作'中序'一阕，传于世。"姜氏为该曲18段曲谱中一段的填词《霓裳中序第一》流传至今。

（赵佳梓）

Niweini

你尾尼（约活动于10世纪）中印度来华僧人。据《佛祖统纪》卷四四，你尾尼于北宋咸平元年（998）自中印度（今印度比哈尔邦一带）来到宋朝都城汴京（今河南开封）进献佛舍利、梵经、菩提树叶、菩提子数珠。宋真宗赵恒（997～1022年在位）赐予紫服。《宋史》卷六《真宗本纪》亦记此事，说你尾尼从印度出发来华，途中经7年才到达中国。

（薛克翘）

Niang Nimaweisai

娘·尼玛维赛 nyang ral nyi ma vod zer（1124～1192）中国藏传佛教高僧，宁玛派掘藏大师。出生于西藏洛札地方，父亲名娘顿·却吉阔洛，是一名宁玛派在家居士，母亲叫班玛德瓦赛。从小跟随父亲学习佛法，并在其座前领受马头明王的密法灌顶，独自实践修炼。他还拜其他高僧为师，修学佛教显密教法。成年后在果唐、桑耶、南格尖的森恰岩、安乃岩等圣地，发掘大量宁玛派的伏藏法，其中八大仪轨和莲花生传记成为后世研究和解读吐蕃佛教的最珍贵的第一手资料。这是宁玛派伏藏法史上第一次大规模发掘伏藏，被后人命名为"上部伏藏经典"，娘·尼玛维赛本人也被誉为"上部掘藏大师"。其著作《娘氏宗教源流》，在藏传佛教同类典籍中属于早期史书，具有很高的历史资料价值，被后世学人大量引用。

（尕藏加）

Nie Chengyuan

聂承远 Nie Chengyuan（约活动于3世纪下半叶～4世纪上半叶）中国东晋佛教居士。曾参与译经家竺法护的翻译工作。

据《高僧传》卷一、《出三藏记集》卷十三等，聂承远有很强的领悟能力，才气横溢，专心修习佛法。竺法护翻译经典时，他经常协助润色文句。西晋太康七年（286），竺法护翻译《光赞经》（T222）10卷，聂承远为笔受，完全忠于原文，读起来拗口不便，故而不太流行。《超日明经》刚译出时，文字烦琐，聂承远进行删繁就简的工作，完成今天通行的2卷本（T638）。此外，由他参与执笔的重要译经还有《正法华经》（T263）10卷、《须真天子经》（T588）4卷等。其子聂道真也继承了父亲的事业，擅长梵学，文字雅致简便，参与执笔的译经有《魔逆经》（T589）1卷、《文殊师利净律经》（T460）1卷等。道安称赞聂承远说：护公所译出的经典，如果能得到聂承远的协助，纲领必正。所译佛经，虽然不算是辩捷巧妙，但也明白晓畅。尤其是擅长翻译"无生"（即涅槃）类经典，正确地传达教义、不加文饰，忠实于原文。

（范晶晶）

niepan

涅槃 nibbāna 印度古代宗教有关于人生终极目的概念。nibbāna为巴利语，梵语作nirvāṇa。又译涅槃那、泥畔、泥洹，或意译寂灭、灭度、无为、解脱等。

涅槃原意为"吹灭"、"熄灭"（灯火），转而有熄灭生命之火之意；更引申而具有灭除一切感情和欲望，彻底消除所有作为存在物的属性，完全停止个人存在，以及由此获得永恒的福乐等意思。这一概念在古代印度教、耆那教和佛教中都有，但最为佛教所强调，是它提出的涅槃代表人生最高境界和终极目的。早期佛教中的涅槃概念较为简单。此时的理论认为，人由于无明而有欲望，进而生出苦恼。涅槃则意味着灭除欲望，从而终止烦恼和痛苦，实际为释

释迦牟尼涅槃浮雕 犍陀罗艺术 2～3世纪

迦牟尼提出的一种摆脱人生之苦的理想境界。他所指出的八正道乃是通往涅槃的有效途径。然而，它并不是一种消极被动的状态。相反，它应该是人在承认自己的无明以后，通过获得真正的智慧而积极追求的目标。这种智慧告诉人们世事无常，一切客观存在亦属虚妄不实。此外，涅槃虽常与死亡相联系，但并不就是通常的死亡或死亡以后的境界，也不是天堂。因为这些仍在轮回的范围之内。而涅槃却是一旦证得，便能摆脱轮回，获得解脱，从而也就不会再生的境界。

涅槃又可分“有余”和“无余”两类。有余涅槃指已经觉悟，断灭生死，但今生的果报未尽，其果报身依然留在世间，处在已无生死之因，尚余生死之果的状态。无余涅槃则是两者皆无，不会再受生于世间三界。随着佛教的发展和分裂，对于涅槃概念的解释也发生了分歧。部派时期的犊子部认为，“补特伽罗”(生死轮回的主体) 在涅槃状态仍旧存在。不过尽管其理论倚仗佛说，观点也近于佛意，却被保守的上座部视为异端，因为它与“无我”说相违背。说一切有部主张对“法”进行彻底分析，提出涅槃也是一种“法”，只不过它与任何具体的“法”都不同，为一种无条件的存在。经量部认为诸“法”至少在名义上是真实的，而涅槃则是它们的灭除，此后再无存在。大乘中观派认为世间诸法的实相与涅槃到头来一概是空，从而把涅槃和世间等同起来，提出“实相涅槃”，其意思又与主张以灭绝生死为标志的涅槃不同。大乘佛教引入了菩萨概念。由于菩萨已经获得大智，常处于寂静状态，却依然留在世上救度众生，不入涅槃，处于“无住涅槃”状态，遂使涅槃的内容更加复杂。在实际应用上，释迦牟尼乃至后世高僧的去世，都称涅槃。

释迦牟尼涅槃像（局部） 中国甘肃敦煌莫高窟第158窟

印度教和耆那教在其经典中使用涅槃这一概念时，往往仅指达到某种精神境界后的平和与宁静。佛教理论中的涅槃与印度教的解脱更多有共同之处，本质上皆为息妄归真。佛教为自己的信徒设计的通往涅槃的道路，如“三学”(戒、定、慧) 等，也与印度教实现解脱的业之道、智慧之道和信仰之道等十分接近。

（葛维钧）

Niepan Jie

涅槃节 佛教节日，农历二月十五日。大乘佛教相传，释迦牟尼佛在这一天涅槃。二月十五日原为中国江浙一带民间“花朝节”，南宋时与佛教涅槃节合二为一。吴自牧《梦粱录》卷一《二月望》记曰：“仲春十五日为花朝节。

中国江西庐山东林寺纪念释迦牟尼佛涅槃祝圣法会

浙间风俗，以为春序正中，百花争放之时，最堪游赏……崇新门外长明寺及诸教院僧尼，建佛涅槃胜会，罗列幡幢，种种香花异果供养，挂名贤书画，设珍异玩具，庄严道场，观者纷集，竟日不绝。”

（薛克翘）

Ningbo

宁波 Ningbo 中国城市名。

据现代考古发掘，宁波地区于

7 000年前已有人类繁衍。4 000年前的夏朝，因今奉化赤堇山而得名“鄞”。周代，因今江口镇甬山而得名“甬”。前473年，越王勾践（？～465）在今宁波境筑城句余，后改名为句章。秦置会稽郡，鄞、鄮、句章、余姚，均属之。公元200年，余姚城建成。唐武德四年（621），在句章、鄞、鄮等地置鄞州。武德八年，改称鄮县。开元二十六年（738），于鄮县设明州，因四明山得名。明洪武十四年（1381），避国号讳，改明州为宁波，取“海定则波宁”之意。沿用至今。1986年被列为中国历史文化名城。

宁波招宝山海防遗址

宁波阿育王寺

三国东吴孙权（222～252年在位）信佛，佛教在江南得到发展，宁波一带遂兴起两座佛寺。其一为普济寺，在今宁波江北区慈城镇慈湖中学内，相传为赤乌二年（239）吴中书令阚泽（？～243）舍家乡书堂而建。其二为五磊寺，在慈溪五磊山。据清康熙（1662～1722）年间的《五磊寺志》和雍正（1723～1735）年间的《慈溪县志》，东吴时有印度僧人那罗延携弟子到浙江一带，相中五磊山，遂结茅而居，后世遂在其地建寺。今五磊寺周围尚有若干与那罗延相关的遗迹，如传说中其坐禅处，今称“祖师洞”，尚有后人建的那罗延尊者塔。此那罗延僧不见于正史和僧传，为采自当地传说。后汉三国时印度僧人来华已不罕见，且多在江左活动，故有一定可信度。

两晋时宁波又兴起两座名刹。其一为阿育王寺，在今宁波市鄞州区。其历史可追溯至西晋太康三年（282），梁武帝普通三年（522）赐名“阿育王寺”，与阿育王造八万四千塔的传说有关。其二为天童寺，在今鄞州区太白山麓。西晋永康元年（300），有僧义兴至鄮县东谷，结茅修行。唐开元（713～741）年间僧法璇建寺，名太白精舍。至德二年（757），僧宗弼迁新址于太白峰下。乾元二年（759），皇帝赐名“天童玲珑寺”。明代定名为天童寺。此二寺在唐宋时代对海外，尤其是对日本颇有影响。

宁波天童寺

自唐至两宋时期，中印海上交流频繁，宁波成为中国海上丝绸之路的起点之一。明州继广州之后，于北宋咸平二年（999），与杭州同时设“市舶司”，负责朝贡使者、外商接待安置，并监管海上贸易。其时明州作为浙江地区丝绸、越瓷的出口港之一，吸引了来自阿拉伯、波斯、印度、中南半岛和南洋群岛诸国的客商。元祐二年（1087），又置泉州市舶司。泉州一跃而成为第一大港，担负与东西洋海上贸易的使命，而明州则主要负责与东洋日本、朝鲜、琉球的海上贸易。

（薛克翘）

Ningmapai

宁玛派 rnying ma pa　藏传佛教主要宗派之一。其法脉源于前弘期（7世纪中叶～9世纪中叶），后人称旧派，以区别于后弘期（10～15世纪）形成的新派。宁玛派内部有远传经典、近传伏藏和甚深净相三大传承支系。但主要传扬前两系，后一系依附于前两系，并没有形成独立的寺院传承体系。

①远传经典系。经过初、中、后3个发展时期，成为宁玛派中历史最悠久、最正统的一个派系。以弘传《幻变经》、《集经》和《心品》3部经典为标志。初期以聂·咱纳古玛热（8世纪）为代表，中期以努·桑杰益西（772～867）为代表，后期以三索尔为代表。

三索尔分别为索波切·释迦琼奈、索琼·喜饶札巴和索·释迦桑格。经三索尔师徒相承弘传，培养了众多嗣法弟子，使远传经典系传播区域进一步扩大。该法

中国西藏拉萨山南敏珠林寺

系传入多康地区后，又称康区传承系。

②近传伏藏系。它是宁玛派最重要的教法传承，其法脉可上溯至前弘期。相传，**莲花生**大师等高僧将吐蕃佛教中最深之密宗典籍、佛像及法器等封存于各地秘密之处，并命名为伏藏。至后弘期，相继产生了具有传奇色彩的百名大掘藏师和千名小掘藏师。他们不但发掘出大量伏藏法，而且建寺专门传授此法，遂形成伏藏法传承系。近传伏藏系又分为伏藏北传系和伏藏南传系。

伏藏北传系，由大掘藏师·仁增果丹·俄珠坚赞（1337～1409）建立。他在1355年发掘出《五库》等大量伏藏经典，整理编纂后传授这些法典，形成伏藏北传系。**多杰扎寺**、**佐钦寺**等为这一传承的代表性寺院。

伏藏南传系，由大掘藏师热那林巴（1403～1482）建立。他将**娘·尼玛维赛**主持发掘的上部伏藏和古日·却吉旺秋（1212～1273）主持发掘的下部伏藏，以及后人发掘的伏藏整理汇编，形成伏藏南传系。**敏珠林寺**、白玉寺等为传承这一法脉的代表性寺院。

宁玛派著名高僧**隆钦饶绛巴·茨臣罗哲**大师曾到不丹传教，并创建名为塔尔巴林的宁玛派寺院，随后宁玛派传入尼泊尔和印度等广大地区，并在各地建立了不少宁玛派寺院，其僧人在20世纪50年代曾到中国藏区佐钦寺学法进修。

（尕藏加）

Nüxiu Shi Ze

《女修十则》 规范道教女弟子修真养性的著作。相传为南宋道士孙不二撰。

孙不二，原名孙富春，山东登州人，约活动于12世纪后半叶。相传曾于金大定七年（1167）拜全真七子之一王重阳为师。其所作《女修十则》是一部道教文献，但其第九则标题为《南无》，写道：“其得力乃在南无二字。二字之中，蕴藏玄义。惟能体守，此身即佛。犹如一座晶制七级浮屠，安镇普陀岩上，座前有个红孩儿，乃是识神领袖。大士一任他东参西参，参到五十三参，参参见佛，工案了了。继凭南洋龙女捧献自在玄珠，乃用紫竹林隔住。玄任白鹦鹉上下飞舞，手持清净瓶，插住柳枝儿，收取自然甘露水，稳坐普陀岩上。用哆罗之法，以一‘唵’字，放在真意之地。收得至宝，放在鱼篮之中，念伽罗伐哆，将一切娑婆，纵在南海，海中由他波浪滚滚，俺只自在观自在……”文中，红孩儿指**善财童子**。“五十三参”出自《华严经·入法界品》，说善财童子先在娑罗树林参拜**文殊菩萨**，听从教诲，又接受文殊菩萨的指示南游，依次参拜五十三位善知识（包括菩萨及佛教长者）。其第二十八参是到普陀洛迦山参拜观世音菩萨，还看不出与观音有什么特殊关系。但后来观音在密教中被进一步神化，也在中国民间被汉化，善财童子成为观音身边的小徒弟。后经北宋张商英（1043～112 2）口述《文殊指南

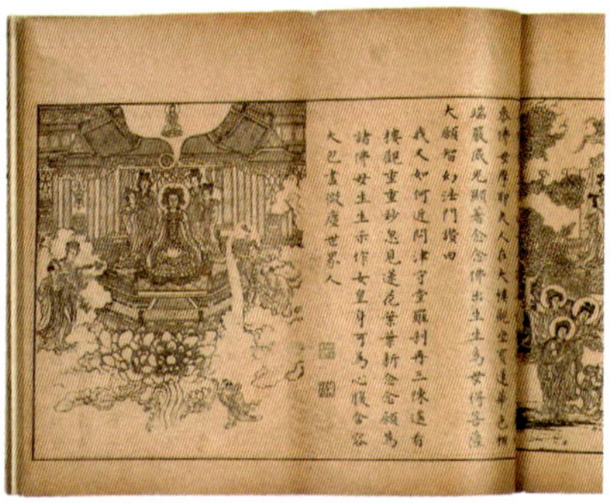

《善财五十三参图赞》书影

图赞》推广，“五十三参”故事流传很广。“哆罗之法”指念诵真言。《女修十则》的这段话显然是利用意念去想象南海大士观世音在普陀山紫竹林中的情景，并试图以此达到修炼目的。其内容明显属于佛教密宗。说明佛教密宗对道教的养生修行确有影响。

（薛克翘）

O

Ouyang Jingwu

欧阳竟无 Ouyang Jingwu（1871～1943）中国佛教学者，居士。名渐，字竟无。江西宜黄人。世称“宜黄大师”。以法相唯识学见称，又读《大般若》及龙树

学，逐渐融贯空有，晚年以《大涅槃经》为重心形成论定学说，且摄儒入佛。

欧阳竟无早年肄业经训学院，习程朱理学，后改习陆王心学，受友人桂伯华启发和影响又对佛学发生兴趣。1904年至南京，受教于杨文会，研习佛学。后游日本数月，回国后任两广优级师范教师，因病辞职。1910年又到南京从杨文会研习佛学，专攻唯识瑜伽行一系。翌年杨文会逝世，欧阳遵其遗命而主持金陵刻经处。1912年与李翌灼、桂伯华、黎端甫等创立佛教会。1914年，于刻经处成立研究部，读经讲学，是年吕澂入其门下，1920年起熊十力随其学习两年。在刻经处研究部的基础上，于1922年成立南京支那内学院，任院长。1925年于内学院设立法相大学特科。抗日战争爆发后，率众携刻经处经版入蜀避难，于江津设立支那内学院蜀院，后逝于此地。与其同时，北京有韩清净创立三时学会研读法相唯识学，与欧阳竟无之支那内学院遥相呼应，时称“南欧北韩”。

欧阳竟无的佛学思想，根基于玄奘、窥基一系，强调性与相、体与用的简别，以无为法为体，有为法为用，真如为体为性，正智为用为相，绝不可混淆，坚决反对天台宗、华严宗融通性相、不分体用的立场。在此基础上，他对《大乘起信论》中真如与无明互相熏习的说法产生了极大怀疑，并认为《大乘起信论》对《楞伽经》如来藏思想做了错误的阐发，据此而推断该书为伪作。与此同时，日本学者望月信亨以考据学的方法推翻了真谛翻译《大乘起信论》的传统说法，欧阳竟无的义理推断与望月信亨的考据论证二流合一，激起了现代中国佛教界关于《大乘起信论》真伪之争的大辩论。

欧阳竟无还曾提出法相、唯识分宗说，其发表于1917年的《瑜伽师地论叙》标志这一观点的成熟。法相、唯识，历来被看作一体，但欧阳竟无论述二者间实有差别：法相是针对五种姓、三乘，释从缘所生法相之义，着重于教相，是偏重开义的古学；唯识则只针对不定、如来乘种姓和大乘，释缘起之义，着重于观心，是偏重约义的今学。在此判摄之下，他认为龙树之学也可以被涵盖为法相学，且此法相学已经突破了传统的慈恩宗（即玄奘、窥基的法相唯识宗）的界限。

欧阳竟无晚年论定学说，将自己的思想宗旨归结为“宗趣唯一无余涅槃，法门无边三智三渐次”，此无余涅槃，并非灰身灭智、虚无寂灭，而是寂静无垢、三德相应的大自在。并且，他重新阐释《中庸》，区分“真孔”、“伪孔”，会同孔佛，以佛摄儒。

欧阳竟无主持编集《藏要》，共成3辑。此外，著述尚有《唯识抉择谈》、《唯识研究次第》、《佛法非宗教非哲学而为今时所必需》、《内学院院训释》、《瑜伽师地论叙》、《大涅槃经叙》等，后辑为《欧阳竟无先生内外学》30余卷。

（陈帅）

P

Palandemaliedi

琶拦得麻烈呧 （约活动于11世纪初） 古代南印度注辇国使者。据《宋史》卷四八九记载，受注辇国王派遣，于宋天禧四年（1020）携带特产来华入贡，病逝于广州。宋真宗赵恒（997～1022年在位）从地方官员的上表中获悉此事，诏令在广州宴请犒劳其随从，“厚赐以遣之”。

（张书剑）

Pa Danbasangjie

帕·丹巴桑杰 Pha Dampa Sangye（？～1117） 印度佛教高僧，中国藏传佛教密宗大成就者、息解派创始人。曾5次入藏传教。原名苏热古帝，又名嘎玛拉释拉。出身于南印度贝达拉匝热森阿洲一婆罗门家庭。他天资聪明，自幼学声韵、天文历算、工巧等明学，与佛教结缘。10岁剃度出家，得法名嘎玛拉释拉。师从阿阇黎阿雅德巴（即提婆）、赛林巴（金洲论师）等54位共同成就者上师，学习五明学和显密经论等。数年苦读，获得诸多成果，并掌握36种语言，成为班智达，被誉为南卡确麦，意即天空无隅。

帕·丹巴桑杰一生过着游学苦修的生活，游遍印度各地佛教圣地，其中包括龙树、森格宗、金刚座等高僧曾经修行的地方，东印度、南印度各大尸林，灵鹫山等佛祖释迦牟尼转法轮之地等。苦行苦修，获得密宗各种生满之特别证悟和成就，并创建丹普坚等24座佛殿。

帕·丹巴桑杰先后5次到西藏阿里、雅砻、澎域等地，广摄徒众，广传佛法。前两次在小范围内进行传教活动，影响不大。第三次在后藏阿里和前藏澎域、桑耶边传教边做俗家佛事，其声望和影响逐渐扩大。后为净治母亲前世业难，做了3年前藏澎域王的僧伽奴。第

四次进藏，是帕·丹巴桑杰在西藏传教活动的重要时期。他在前藏广泛摄徒，弘扬佛法。主要传授《求答二十法》、《息解明灯》、《虚空启门开示》、《虚空启门心识法》等29部经典。后来在他的弟子中产生了以乍聂那古哈亚、玛·却吉喜饶、索琼·根敦贝尔、岗·益西坚赞为代表的早、中期息解法脉传承和以玛热赛波、玛久拉仲为代表的觉域派法脉传承。第五次来藏，他选择定日（今西藏日喀则地区定日县），传授他的“能够寂灭一切痛苦”和“断除人间一切烦恼”教法，同时为广大百姓医治各种疑难杂症。1097年，在阿里王资助下，兴建了根本道场朗廓寺，创立了藏传佛教息解教派。

帕·丹巴桑杰住持朗廓寺21年，培养了众多弟子，当中不少人成为高僧。如四门瑜伽弟子，即东门之恰钦、南门之巴杂卓达、西门之恰琼和北门之绛曲三化贡嘎，以及一百零六殊胜大弟子，二十一幻变弟子，十二敷座弟子和二十四瑜伽女弟子等，他们后来成为息解派后期传承支系。此前他创建的嘎如三丹林尼寺，为息解派最早的尼众道场，是藏传佛教后弘期重要的女众道场，成为前藏地区尼众习经修法的活动中心，在当时产生过很大影响。

帕·丹巴桑杰曾在五台山留住12年，在汉地修建了孜之萨热等几座佛殿。撰写的密宗著作《清净道·银珠》、《清净道·金珠》、《清净道·水晶珠》、《定日八十颂》、《息解心要·金刚道歌》、《教言·与菩提萨埵贡嘎说》、《心之遗言·莲花聚》、《修行百颂》等在藏地影响深广。

帕·丹巴桑杰的晚年是在西藏度过的。第五次来到西藏后，就寓居定日，直至去世。他为藏传佛教的发展作出了重要贡献。时至今日，定日当地人仍将他视为定日的创始祖，将朗廓寺视作定日的发祥地。朗廓寺院内供奉着帕·丹巴桑杰的雕像和与他有关的各种圣物。每年藏历六月十四、十五日，寺院要过朗廓娘曲节，以示纪念和敬仰帕·丹巴桑杰。

（德吉卓玛）

Pamozhuba

帕莫主巴 phag mo gru pa（1110～1170） 中国藏传佛教高僧，帕主噶举派创始人。出生于多康南部的智垅美雪地方，9岁出家，取法名多杰嘉布，少年时代在家乡拜师学经。19岁时侍从一位富商进藏游学，广泛修学宁玛派、噶当派、萨迦派等不同宗派的教法。25岁受比丘戒。42岁拜达布拉杰为师，在冈波寺居留3年，专门修学达布噶举

中国西藏桑日丹萨替寺

派教法，成为达布拉杰的著名弟子。之后，返回故乡，广收门徒，传授以达布拉杰所传密法为主的教法，讲法独具风格，名声大振。不久，又返回前藏帕莫主地方潜心修行。1158年，他在帕莫主地方创建一座小寺，后称丹萨替寺。他在该寺收徒传法，前来求法者与日俱增，遂形成一支独立的派系，以地名命之，称“帕主噶举派”，他本人也冠以“帕莫主巴”尊号。后达布噶举派衰微，而帕主噶举派兴盛。帕莫主巴在丹萨替寺传教达13年之久，以自奉俭朴、戒行谨严、学识渊博等学识德行而名扬四方，聚拢在身边求法的学僧达800人之多。

（尕藏加）

Paxiren

帕西人 Parsis 印度民族之一。源于波斯（今伊朗），信奉琐罗亚斯德教，自成社群。8世纪或10世纪，帕西人开始移居印度西海岸一带，以躲避波斯的宗教迫害。他们原是一个以农耕为主的社群，后来开始从事贸易和现代工业。18世纪后期至20世纪初叶，他们在印度孟买港的海外贸易中，特别是在孟买与中国沿海之间的贸易中，起了重要作用。

已知最早前往中国的帕西族商人是希尔治·治瓦治·瑞迪满力。他于1756年由海路到中国。这一时期，作为中国与英国茶叶贸易的副产品，印度西部的原棉开始被运往中国广州，以平衡迅速增长的中国茶叶出口。从18世纪末期起，最早从孟买与中国之间贸易激增中

印度帕西人家族

获利的，就有富于进取精神的帕西族商人。广昌洋行（1794）是最早在广州设立的帕西族人商号之一。帕西族巨商和捐助人J.杰吉博伊，在与中国的贸易中赚取了大量财富，在19世纪上半叶孟买的发展中起了重要作用。在与中国的原棉和鸦片贸易以及航运生意中，促进了其他很多杰出的帕西人家族的崛起，其中包括巴纳吉家族、瓦迪亚家族、佩提特家族、塔塔家族、达迪塞特家族和伽玛家族（见K.R.伽玛）等。19世纪下半叶，数名帕西族商人冒险投资印度新兴棉纺织业，并将自己家族工厂生产的大量棉纱出口中国。

与其他和中国有贸易往来的印度商人相比，帕西族商人表现出较强的旅居中国的意愿。J.杰吉博伊在年轻时曾数次前往中国。19世纪在广州和澳门，随后在香港、上海及其他中国港口，有数以百计的帕西族男子。19世纪早期，广州的帕西人有时比英国人还多。由于他们头戴与众不同的白帽子，中国人常称他们为“白头人”。鸦片战争前，帕西人居住在澳门和广州滨水地带的外国工厂中。其中一家工厂后来甚至被称为“帕西人工厂”。如今，在广州和澳门的帕西人墓地，尚有一些立于1829年的墓碑。

1842年以后，在香港早期的开拓和发展过程中，帕西人起了先锋作用。1841年6月，英国当局组织首次香港土地拍卖会。在购置香港岛滨水土地的人中，有达达博伊·鲁斯托姆吉、希尔杰博伊·鲁斯托姆吉、弗拉姆吉·詹姆塞特吉和佩斯顿吉·考瓦斯吉等帕西人。帕西人最初以香港进出口贸易起家，很快冒险涉足不同的商业活动，包括房地产、股票经纪、酒店业、银行等。其中多拉布吉·瑙罗吉开创了来往口岸的运输服务，成为日后发展起来的香港公司天星小轮的前身。帕西人还积极参与香港的慈善活动。在香港大学建立过程中起先驱作用的就是帕西族商人H.N.么地。帕西人律敦治家族在香港岛创办了最早的抗结核病疗养院。

中国香港律敦治医院 19世纪中叶律敦治家族创办

19世纪，帕西人在将中国文化传播到印度方面起了很大作用。广州丝绸绣工的手艺给帕西族商人留下深刻印象。他们委托中国绣工生产漂亮的刺绣丝绸，以制作故乡家中女眷穿用的纱丽。这便是帕西人著名的伽罗纱丽的起源。它已成为帕西人纺织文化中一个不可或缺的组成部分。帕西族商人从中国进口大量瓷器、家具和其他手工艺品，对当时孟买上层人士的生活方式产生了显著影响。他们还委托林呱（本名关乔昌，号林官）等中国画家为自己和家人绘制油画肖像。

20世纪初，随着印度国内帕西人社群职业结构的变化，在中国的帕西族商人和企业家的数量开始减少。在当代，香港仍有一个小而繁荣的帕西人社群。他们与中国的关系可追溯到多代人以前。

（玛妲玉撰 刘文亮译）

Pande

潘德，B.N. Bishambhar Nath Pande（1906.12.23～1998.06.01） 印度国民大会党资深成员，历史学家。曾任印度中国友好协会主席。

潘德与中国友人合影 1992

潘德生于中央邦钦德瓦拉县。1920年加入国大党，从事编辑工作。1921年投身非暴力不合作运动，先后8次被捕，在狱中累计度过10余年。曾两次当选印度议会联邦院议员。1976年，因在社会工作领域的突出成就，获印度政府颁发的三级莲花勋章。1996年，印度总理P.V.N.拉奥授予他英迪拉·甘地国家团结奖，表彰他为促进印度教徒和穆斯林的和谐共存所作出的贡献。

中国抗日战争期间，潘德参与创建安得拉邦援华委员会并担任主席。1942年负责编写《中国特刊》。1962年中印边界问题出现后，积极推动两国关系的恢复与发展。1977年由印度中国友好协会副主席改任执行主席。1982年8月创立印中协会并担任主席。同年10月率印中协会代表团一行20人访华。1983年3月接待中国人大副委员长楚图南率领的中国人民对外友好协会访印代表团。曾在中国人民对外友好协会成立40周年之际，撰写《源远流长的印中友谊》一文，表达了对两国友好事业长远发展的祝福。

（贾岩）

Pannijia

潘尼迦，K.M. Kavalam Madhava Panikar（1896～1963） 印度外交官，学者，作家。1947～1952年担任印度驻华大使。他见证了国民政府的结束，经历了中华人民共和国的建立。身为第一位与中共领导人会面和接洽的印度官员，他向印度政府传达的有关中华人民共和国的印象和看法，对印度早期对华政策的形成起到了重要作用。

在被印度总理J.尼赫鲁选定前往中国接替K.P.S.梅农担任驻中国大使前，潘尼迦并无重大外交阅历。尽管他维持了印度政府和南京国民政府的密切关系，但他很快意识到南京国民政府行将垮台。1949年4月，中国人民解放军抵达南京前，与当时其他外交使团不同，他拒绝蒋介石将印度使团迁离南京的要求。在其撰写的回忆录中，他生动描绘了自己亲眼目睹人民解放军进入南京城的情景。

1950年，印度承认中华人民共和国。刚被召回印度数月的潘尼迦再次被任命为驻华大使，并于1950年5月14日抵达北京，中国总理周恩来接见了他。这是他与中华人民共和国领导人进行的诸多会谈中的第一次。5月20日，他向毛泽东递交了国书。毛泽东参加了1951年1月26日在北京饭店举行的印度共和国成立一周年国庆招待会，以示对印度的特殊礼遇。潘尼迦在其回忆录中还详细记录了他对在华所见要人的印象。

作为历史学家，潘尼迦对自己见证和亲历之事的重大意义有敏锐的洞见。他相信中华人民共和国的领导希望与印度交好。他对中华人民共和国追求的目标感同身受，曾这样写道："我对中国人民有着深深的同情，希望看到他们统一、强大，能够在那些数百年来压迫他们的国家面前站立起来……"他后来提到，"除了周恩来和一些与他关系紧密的同事……中国人对印度一无所知"，

潘尼迦《印度和印度洋》中译本扉页

但也表达了中国人民想要了解印度的迫切愿望。作为印度使节，他承认自己对中印关系未来的乐观看法并未获得一些印度政治领袖和外交人员的共鸣，但据他所言，尼赫鲁本人在很大程度上同意他的观点。

（玛妲玉撰 张忞煜译）

Pannizhe

《叛逆者》 *Bidrohi* 印度、孟加拉国诗人K.N.伊斯拉姆的代表作。1922年发表于《闪电》周刊。K.N.伊斯拉姆因之一举成名，并获得"叛逆诗人"称号。这首长诗充满激情，行文恣肆，大气磅礴，撼人心魄。全诗意象迭出，令人目不暇接。在诗人笔下，作为叛逆者的"我"是龙卷风，是霹雳，是天狗，是怒涛，是地心奔腾的岩浆，是林中燃烧的野火……洋溢着狂放不羁的英雄主义，倾泻着惊世骇俗的愤激言辞，将个性张扬到极致。因此，诗人曾被批评为宣扬"自我主义"。然而，诗人对正统与压迫的强烈叛逆精神，与民族独立运动呼应，激励了孟加拉青年反抗英国殖民统治的斗争意志。他的诗集《火琴》（1922）和《毒笛》（1924）体现了同样的叛逆精神和爱国热情。

《叛逆者》已有两个中文译本。1979年，黄宝生据英文本转译此诗，收入他与石真合译的《伊斯拉姆诗选》中，由人民文学出版社印行。2006年，白开元据孟加拉文原著再译此诗，收入由他选译的《卡齐·纳兹鲁尔·伊斯拉姆诗歌选》中，由中国国际广播出版社印行。

（刘建）

Pengdali

彭达利，M. Mannu Bhandari（1931.04.03～ ） 现代印地语女作家，印度"新小说"代表作家之一。生于今印度中央邦旁普拉。1949年获加尔各答大学学士学位，1952年获贝拿勒斯印度大学印地语文学硕士学位，后执教于巴里根吉教育学院和比尔拉女王学院。1964年，任德里大学米兰达学院印地语教授至1991年退休。1992～1994年任韦格拉姆大学普列姆昌德研究中心顾问。

彭达利主要进行小说创作，同时还著有电影剧本、戏剧、儿童文学和文学评论等。其长篇小说有《一英寸的微笑》(1961)、《班迪》(1971)、《哥尔瓦》(1978)、《盛宴》(1979)、《这也是个故事》(2007)等。短篇小说集有《我失败了》(1957)、《一幅关于三个眼神的素描》(1959)、《这是真的》(1966)、《眼睛看到的谎言》(1970)、《陀哩商古》(1977)、《英雄、恶棍、小丑》(2002)等。主要戏剧有《无墙之家》(1966)、《盛宴》(1983)等。1974年，《这是真的》改编成电影剧本《夜来香》，该片获得印度优秀电影奖。1977年，撰写电影剧本《主人》，该片获印度电影节最佳故事片奖。2008年，自传体长篇小说《这也是个故事》获印度毗耶娑奖。

彭达利的作品主要表现独立后印度社会中产阶级群体的迷失与困惑，以及印度知识女性群体的生存现状和情感困境。其代表作《班迪》先后被译成英语、日语在国外出版。《班迪》于2006年介绍到中国，北京大学外国语学院南亚学系硕士研究生学位论文《解读蔓奴笔下的知识女性——以〈班迪〉为例》首次对彭达利的生平与创作、小说《班迪》的内容与人物、叙事结构与策略、女性主义与两性教育等进行了专门介绍与研究。中国社会科学院亚洲太平洋研究所薛克翘等编著的《印度近现代文学》(2014)中亦有对彭达利及其作品的相关论述。

（王靖）

Pengjialuoguo

鹏茄啰国 Bangal 印度古地名的异译。见榜葛剌。

Pishan

皮山 古代西域国名。位于今中国新疆维吾尔自治区皮山县一带。

皮山一名首见《汉书·西域传》，为汉西域三十六国之一，西域南道重要交通枢纽，西汉时期重要对外边境口岸，为皮山—罽宾道和皮山—喀喇昆仑山口—列城道之起点。后为于阗所并。《魏书·西域传》作蒲山国。《新唐书·地理传》有皮山镇。

叶尔羌河上游

皮山国故址在塔里木盆地南缘绿洲，皮山城故址在今皮山县治固玛。今皮山县地形呈纺锤形，南部为高山区，自西南向东北方向倾斜，中部属平原绿洲带，最高海拔6 386米，最低海拔1 221米，境内有6条主要山脉，有5条中小山溪型河流。皮山县属大陆性暖温带干旱沙漠气候，四季分明，夏季炎热，冬季不冷，日照强烈，光照资源丰富，降水稀少，但境内河流带来南部雪山冰川融水，水资源丰富。境内平原地区宜于耕作，中部山麓地带多林木、草场，宜农宜牧，还有多种矿产资源。良好的自然条件和资源是古代皮山国立国的经济基础。

独特的地理位置奠定了皮山国在交通上的重要地位。皮山国的政治、经济中心在皮山绿洲，人口不多，但其辖境特别辽广，包括喀喇昆仑山脉东部南北麓的广阔山地。皮山国得天独厚之处在于其南部有桑株和克里阳两个山口。越桑株山口或克里阳山口，可达叶尔羌河上源地区；从叶尔羌河上源地区南越喀喇昆仑山口，可达拉达克，进而可去往克什米尔谷地和其他地方；沿叶尔羌河西行，越星峡尔山口，走星峡尔河河谷，可直达乌秅国所在的罕萨河中游谷地，沿罕萨河下行，可至难兜即吉尔吉特河流域，进而可达县度即印度河流域，从那里有道通往印度西北部犍陀罗地区，并有捷径通往克什米尔谷地。由此，皮山国成为汉朝同南亚次大陆西北部之间交通路线的起点和枢纽。

《汉书·西域传》称皮山"南与天笃接"。天笃即"身毒"之异译，这表明皮山与印度间有着直接的交通，所取路线就是经由喀喇昆仑山口的道路。

（陆水林）

Pijialuo Lun

毗伽罗论 Vyākaraṇa 印度古代文法著作总称。属吠陀的六个辅助学科之一。其梵语名Vyākaraṇa，有文法、语法、授记、记论等意。中国陈朝真谛法师译《金七十论》卷一列举的"六皮陀分"(即吠陀六支)之二为"毗伽罗论"。北京天竺三藏昙无谶译《大般涅槃经》卷二十一列举的外道经书，包括四部吠陀、毗伽罗论、卫世师论、迦毗罗论以及咒术医方技艺等。龙树菩萨著、鸠摩罗什译《大智度论》卷二十五提到佛祖不说的外道经书，有"弊迦兰那、僧佉、韦陀等十八种大经书"。其中的"弊迦兰那"就是Vyākaraṇa的音译。《别译杂阿含经》卷十三记载，一位年轻的婆罗门精通四围陀典，并学习婆罗乾陀论、与声论、毗伽罗论、戏笑之论、毗陀罗论，从而善解法句义趣。可见毗伽罗论是婆罗门学习的基本典籍之 481

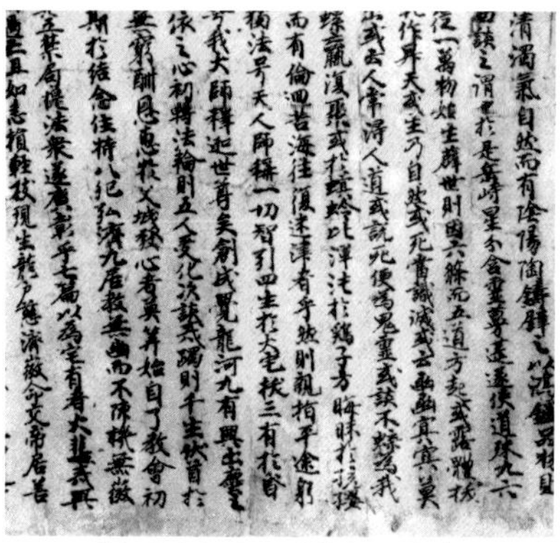

《南海寄归内法传》敦煌残卷

一。唐代定宾法师的《四分律疏饰宗义记》卷十解释了吠陀六支，指出“毗罗论：此云记论”。此处的“毗罗论”即毗伽罗论。《大慈恩寺三藏法师传》卷三对毗伽罗论的来源作了解说，指出印度的梵书名为《记论》，起源不明，作者不详。在劫初的时候，大梵天王首先将此《毗伽罗论》口头传授给天人，因为它是梵王所说，故称梵书。梵王所说的这部《毗伽罗论》篇幅十分庞大，有百万颂之多。《毗伽罗论》是Vyākaraṇa的旧译名。玄奘法师认为此音译名不够准确，按照中天竺的正音，将其音译为《毗耶羯剌谙》，其意译为《声明记论》，原因是该书“广记诸法能诠，故名《声明记论》”。唐代义净的《南海寄归内法传》卷四的“西方学法”指出，古代印度俗书的总名为“毗何羯喇拏”，即是毗伽罗论的另一译名，它包括了《悉谈章》(见《悉昙章》)、《苏呾啰》(即《波你尼经》)、《驮睹章》、《三弃啰章》、《苾栗底苏呾啰》等5种著作，相当于中国古代儒家的“五经”。以汉译佛经为媒介，印度古代的语法学知识传入中国。虽然没有出现专门的印度语法著作的汉译本，但有不少的印度语法著作译成了藏语，对藏语产生了深远的影响。

（陈明）

Piluzhena

毗卢遮那 Vairocana 佛名。又译毗卢折那、卢舍那、遮那，意译大日、光明遍照等。

毗卢遮那佛像

毗卢遮那自印度进入中国后，其地位在不同的中国佛教宗派中渐有不同解释。华严宗认为他是报身佛。所谓报身即以法身为因，经过修习而得的佛果之身。天台宗认为毗卢遮那与卢舍那不是一名两译，而是不同二佛。他们与释迦牟尼分别称为法身佛、报身佛和应身佛。所谓法身，即是佛从先天就具有的将佛法体现于自身的佛身。在法相宗中，他是自性身，也即法身。密宗称他为“大日如来”，为其本尊，是理智不二的法身佛。在古代印度教神话中，巴厉王亦名毗卢遮那。

（葛维钧）

Pimuzhixian

毗目智仙 Vimokṣasena，Vimokṣa-prajñā-ṛṣi（约活动于6世纪） 印度来华僧人，译经家。据《开元释教录》卷六等，毗目智仙为北印度乌苌人，属刹帝利种姓，为释迦族后裔。出家后勤学三藏，尤善论藏。北魏时，与瞿昙流支一同来华，而为瞿昙流支尊事为师。后二人于东魏兴和三年（541），在都城邺城（故地在今河北临漳西南邺镇东）金华寺共译《回诤论》、《业成就论》、《转法轮经忧波提舍》、《宝髻经四法忧波提舍》、《三具足经忧波提舍》等5部经典，由沙门昙林充任笔受。其他译著尚有《圣善住意天子所问经》等。为利益众生，他亦尝涉流水，越沙险，游方弘化。后不知所终。

（葛维钧）

Piniduoliuzhi

毗尼多流支 Vinītaruci（？～594） 印度来华僧人，译经家，越南佛教灭喜禅派之开创者。意译灭喜。

据《续高僧传》卷二、《历代三宝纪》卷十二等，毗尼多流支为南印度（一说北印度乌场国，即乌苌）人。南朝陈太建六年（574），来到长安。后在司空山遇禅宗三祖僧璨，得璨师传以心印，并受嘱赴南方传道，于是赴广州，到制旨寺任住持。太建十二年至越南尚福县，为法云寺住持，并创建灭喜禅派。在越南弘法十余年，并于该地去世。他所创始的宗派在越南流传达数百年之久。曾译《佛说象头精舍经》1卷、《大乘方广总持经》1卷等。

（葛维钧）

Piruzhana

毗茹札那 Virocana（约活动于8世纪） 吐蕃名僧，七觉士之一，25名密宗大成就者之一，108位大翻译家之首。本名甘迦唐达。出生于吐蕃尼木。吐蕃

国王赤松德赞接受莲花生的建议，将刚满8岁的甘迦唐达招到桑耶寺培养，并安排他在寂护和莲花生两位大师座前学习。3年后，他开始给两位大师与赤松德赞当翻译，特别是他能够翻译莲花生向赤松德赞讲授的密法，赢得3位大人的欢喜。

15岁时，甘迦唐达就成为一名出色的翻译家。年岁稍长后，受比丘戒，成为吐蕃七觉士之一，起显宗法名智军。同时接受密宗灌顶，成为吐蕃25名成就者之一，起密宗法名毗茹札那，后来以密宗法名著称于藏传佛教界。

因毗茹札那聪明伶俐，又受到良好的教育，于是赤松德赞便派遣毗茹札那与另一位吐蕃青年去印度留学。当时的印度佛教，显宗日趋衰落，而密宗正日益兴隆。他在印度摩诃菩提寺，师从密宗金刚乘大师，学习金刚乘等诸多密法。他聪明好学，很快就深谙密宗深奥义理。印度人认为他聪明且有语言天赋，对佛教虔诚，于是给起了一个有象征意义的名字毗茹札那，意为遍照护或大光明。这一名字与他的密宗法名不谋而合。

毗茹札那从印度学成返回吐蕃后，在桑耶寺从事佛经翻译和传授密法。他不但精通佛教显宗和律藏，而且谙熟佛教密宗。他翻译了很多密宗著作，主要

有与他人合译的《普成王经》、《集密意经》、《幻变修部八教》等，独自翻译的《六十如理论简说》、《无边光明佛号赞》等。这些作品除了少数收入大藏经外，大部分收入宁玛派的密法总集中。

（尕藏加）

Pishamen Tianwang

毗沙门天王 Vaiśrāmaṇa 佛教护法神，四大天王中的北方天王。又名多闻天。

毗沙门天王的原型是印度神话中的财神俱比罗，在史诗《摩诃婆罗多》的《初篇》中被说成是俱比罗的一个名号。《罗摩衍那》中则说他是楞伽岛十首罗刹王罗婆那的弟兄。这些神话传说被密教吸收，创造出了一个毗沙门天王的形象。毗沙门信仰最初流行于于阗（今新疆和田地区）一带，在唐代初期即传入宫廷，受到皇室的崇拜。后在西北边关军队中被作为战神而受到崇拜。如《古今图书集成·神异典》卷九一引唐人卢弘正《兴唐寺毗沙门天王记》所说："毗沙门天王者，佛之臂指也。右扼吴钩，左持宝塔，其旨将以摧群魔，护佛事。善善恶恶，保绥斯人。在开元则玄宗图像于旗章，在元和则宪皇交神于梦寐，佑人济难，皆有阴功。自时厥后，虽百夫之长，必资以指挥，十室之邑，亦严其庙宇。"毗沙门天王曾在唐代民间受到相当普遍的崇拜。其主要原因之一是密宗在唐开元以后十分盛隆，毗沙门天王是密教崇拜的主要神灵之一。当时流行的密教典籍中，有不少与毗沙门天王有关，如《北方毗沙门天王念诵要经》、《毗沙门天王仪轨》、《北方毗沙门天王真言法》、《北方毗沙门随军护法真言》、《毗沙门天王别行法》、《青面北方天陀罗尼法》等。敦煌有多个石窟绘有毗沙门天王像，四川的一些石窟也有毗沙门像，文献中更记载有多个庙宇、城门绘画或雕塑有毗沙门像。民间甚至有人将其像作为纹身刻于后背。

毗沙门天王像 壁画

唐不空金刚译《毗沙门仪轨》中说："天王第三子那吒太子捧塔常随天王。"道出了毗沙门天王与哪吒的父子关系。明代，毗沙门天王在小说《西游记》中变成托塔李天王，其演变过程是一个谜。

（薛克翘）

Pishinu

毗湿奴 Viṣṇu 印度教神话三大神之一。专司维持宇宙存续，保护一切存在，故为护持之神。汉译佛典又作毗瑟怒、韦纽天、遍入天、遍净天、那罗延等。

印度教神话描绘的毗湿奴形象是：肤色深蓝，身着黄衣（或说金丝绸衣），四面（或一面）四臂（或八臂），足如莲花，眼若莲瓣，胸前长着代表吉祥的旋毛。四面如盛开的莲花，中间的表情平和，其余三面则以神秘玄妙的样子表现他的特质：知识、力量、高贵气派、阳刚之美、才智和光彩。颈间佩戴宝石

毗湿奴像

骑着金翅鸟的毗湿奴和吉祥天女像
12世纪 印度迈索尔

项链，挂着黄金花环。四手执法螺、轮宝、仙杖、莲花，亦携一弓一剑，常坐于莲花之上。他的坐骑是人面鹰喙、高速飞行的金翅鸟。汉译《大智度论》卷二对他曾有简单形容，称"韦纽天（秦言遍闻）四臂捉贝，持轮，骑金翅鸟"。他的妻子有阿底提、悉尼伐哩、吉祥天女、娑罗私伐底等。他的居所据说在北海或弥卢山的东峰之上，叫毗恭吒。毗恭吒周长25万里，悉由黄金筑成，构建房舍的则是各色宝石。五大莲池中长满红色、白色和蓝色的莲花。坐在宝座上的毗湿奴如中天之日，光芒四射。侍坐一侧的是他的妻子吉祥天女。她有时坐在毗湿奴的股间，有时立于莲座之上，手持待放的莲花，莲子从她的手中不断地流泻出来。毗湿奴的另一形象是睡态的，偃卧在千头蛇王湿舍的身上，漂浮于无边的原初之海，一朵莲花自他的脐部生出，上坐四面梵天。此时旧宇宙已经毁灭，新宇宙尚待创生，在这个间歇时期，毗湿奴似乎无所事事。而吉祥天女，则侍坐身边，为他按摩脚掌。

毗湿奴早期在《梨俱吠陀》中为太阳的人格神，地位平平，但三步跨三界的著名故事已具雏形。故事为：因陀罗和其他天神被巴厉王打败，失去三界。为帮助因陀罗，毗湿奴化作侏儒去见巴厉，请赐三步之地，获允后，立刻变成巨人，将天、地、空三界三步量去。在梵书时代，他被等同于全能的吠陀祭祀，偶尔被当作最高神。在《摩诃婆罗

多》和往世书中，已是具有仁、善本性的保护力量和遍在的精神。《薄伽梵歌》强调化身观念，大有助于毗湿奴地位的上升。公元4世纪后笈多王朝的统治者看到这一理论对自身有利，遂予以官方的支持。以后的《毗湿奴往世书》等更把它发展成为毗湿奴定期下凡救世的理论。毗湿奴教派诞生后，他在该派中成为最高神，集创造、保护、毁灭功能于一身，既是宇宙的本源，又是最初的动因。在不同条件下，可以是梵天（司创造，生长在他脐部的莲花中）、毗湿奴自身和湿婆（司毁灭，生自他的额部）。世界处于瓦解状态时，他酣睡在巨蛇湿舍身上。世界处于活的状态时，他则一次次下凡挽救它于危难。其化身通常有10种，形象有佛陀、鱼、龟、野猪等。最重要的是黑天和罗摩。化身另说有22种，而实际上可有无数种。他又有一千个名字，如“四臂”、“无际”、“祭祀主”等，据称反复诵之，即为功德。

佛教在其发展过程中，曾将毗湿奴纳入自己的神灵系统，使之成为它的护法神。相关神话也随着佛教一同传入中国。《提婆菩萨释楞伽经中外道小乘涅槃论》所谓“围陀论师说，从那罗延天脐中生大莲花，从莲花生梵天祖公，彼梵天作一切命、无命物”，即与印度教传说完全相同。对于那罗延天的信仰在民间亦有反映。《北史》卷十一《隋本纪》记载称：“隋高祖文皇帝姓杨氏，讳坚，小名那罗延。”而杨坚幼时确曾由来自河东的比丘尼所抚养。有传说认为那罗延名即由该尼所取，以使其可得天佛保佑。

（葛维钧　范晶晶）

Piwaba

毗瓦巴　Birwapa（生卒年不详）　印度佛教大成就者，佛教密宗传承人，中国藏传佛教萨迦派道果法传承祖师。

毗瓦巴出身于印度东部垂普拉一贵族家庭，为沙果国王子。少年时即受戒为僧，修学佛法。后从那烂陀寺住持受比丘戒，师事达摩弥勒修习《密集金刚密续》、《善金刚无二密续》等教法。以精通瑜伽行派教法义理而闻

名，成为那烂陀寺堪布。同时，他观修密法12年，却未得成就，认为此生与金刚乘无缘，便丢弃念珠，停止密法修持，而修学显教经论。然而，在观境，空行母金刚无我母显身坛城，赐予毗瓦巴“喜金刚”四种灌顶。毗瓦巴顿悟而证入初地以上菩萨之见道位，获得四种口耳传承。经过20多年的修持，获得道果法十三地究竟的成就、金刚持大印成就等，使道果法传承无中断。

索玛普利寺系大众部，戒律严谨。毗瓦巴因“吃鸽肉，造大杀生罪业”被逐出僧团。从此，他以瑜伽士身份游历修行。当时，在古印度拥护外道的国王很多，在耶玛巴那等国，毗瓦巴以神通收伏外道，教化信奉外道的打几国等国国王皈依佛教并护持佛法。在瓦拉纳西一个森林里，毗瓦巴修持喜金刚法6个月，大显神通，将信奉外道的瓦拉纳西的王侯与臣民引入金刚乘之道。在南印度贝玛哈萨，他被国王奉为上师，国王还皈依他护持佛法。在东印度，他收摄古里莎阿阇黎为弟子并偕同到东印度的天女城，教化众巫婆皈依佛法。接着又和古里莎阿阇黎游历修行，以慈悲善巧利益众生。随后师徒二人来到北印度，建立寺院与庞大的僧团，废除当地用牛、猪、羊等牲畜献祭的陋习。毗瓦巴将道果法传给古里莎阿阇黎，古里莎阿阇黎后来成为著名的大成就者克莎那巴巴。

毗瓦巴一生收摄诸多弟子，其中不乏大成就者。在印度西部的乌仗那（见乌苌）他收摄苏卡悉地，使之成为法脉传承弟子。所著《道果金刚句》、《无分别红大威德金刚》等，是藏传佛教萨迦派的重要教法经典。他亦被萨迦派奉为祖师，受到敬仰。藏文传记称，“毗瓦巴世寿七百岁”。

（德吉卓玛）

Piyeshe

毗耶舍　Vyāsa（约活动于6世纪）　古印度哲学中瑜伽派哲学家，《瑜伽经注》的作者。生平事迹不详。《瑜伽经》是古印度最早将长期流行的瑜伽修行方法进行理论化和系统化归结的文献。但该经的文句十分简略，一些经文含义不明。毗耶舍对《瑜伽经》的文本作了系统的阐释，显明了《瑜伽经》的主要学说。后世对于《瑜伽经》思想的许多细节的理解都要借助毗耶舍的注释。他在瑜伽派发展的历史上具有较重要的地位。近现代，世界许多国家的学术界对瑜伽的宗教实践和理论都有很大兴趣。《瑜伽经》的梵本在现代中国已有了汉文本。这些译本中常常也带有部分毗耶舍注释的汉译。《瑜伽经》的梵本及一些毗耶舍的注由姚卫群译出，收入《古印度六派哲学经典》(商务印书馆，2003）一书。

（姚卫群）

piyuliang

譬喻量　upamāna　印度古代哲学中涉及认识论方面的术语。指根据已知物与未知物的相似来认识未知物的认识方式。一些印度哲学或宗教派别使用这一概念，其中较典型的是正理派和弥曼差派等，解释上大致相同。如某人先前未见过野牛，但听说野牛与家牛相似。后来他去森林中，见到一个类似家牛的动物，根据野牛和家牛相似的知识，他确认这个动物就是野牛。中国现代研究印度哲学的学者对此概念也较关注。姚卫群在其所著的《印度宗教哲学概论》(北京大学出版社，2006）一书的第8章中论及这方面的内容。

（姚卫群）

Pinpisuoluo

频毗娑罗　Bimbisāra（约活动于前6～前5世纪）　与佛陀同时代的印度摩揭陀国王。又译频婆娑罗、瓶沙王，意译影胜王、影坚王。约公元前544～前

493年在位。

频毗娑罗为摩揭陀曷利昂伽王朝的建立者，其身世所说不一，有称为邻国鸯伽（在今比哈尔邦东部）王室后裔。统治时期始建著名的**王舍城**。对外曾兼并鸯伽，占领其首都瞻波，并派太子**阿阇世**作为总督驻扎该城。其在位时期虽有战事，但大部时间采取睦邻友好政策，常以联姻方式与他国（如**吠舍离**、**憍萨罗**等）结好，也曾派医生为邻国国王治病。摩揭陀国在他的统治下强大起来。他与王妃皆皈信佛教，在**释迦牟尼**成道前即祈请他于成道后先至王舍城接受供养。后释迦牟尼证得佛果，遂先到该城说法。频毗娑罗王建**竹林精舍**，供其止住。频毗娑罗结局说法不一，有称为阿阇世所弑，另称阿阇世篡位后将其囚于后宫，忧忿而死。

（葛维钧）

Pofutuo Jiazhanna

婆浮陀·伽旃那 Pakudha Kaccāyana（约活动于前6世纪） 印度古代沙门思潮中的人物，六师之一。亦译彼浮陀·伽旃延、迦罗拘陀·迦梅延、彼浮陀·迦梅延等。生平不详。佛教文献中提到他时内容非常简略，如《**杂阿含经**》卷第五中将其与当时的其他外道诸师相提并论，说他也有“五百弟子前后围绕”。婆浮陀·伽旃那主张一种“七身”的理论，认为地、水、火、风、乐、苦以及灵魂这“七身”是构成世间事物的7种要素或元素。认为这7种要素是不被造作的，它们不移动，不变化，不互相阻碍，不能使彼此或乐，或苦，或苦乐。如果有人以利剑砍人头，并不能夺走其生命，只是剑刺入了这7种要素中的空隙而已。婆浮陀·伽旃那也否定事物间的因果关系，特别否定人的行为产生的因果业报。这种观念在当时的沙门六师中是比较流行的。有关他的思想主张等情况随佛教经典一起传入中国，现代中国学界有这方面的研究。姚卫群在《薪火集》（北京大学出版社，2004）一书中发表了论文“佛教阿含类经中记述的‘六师’思想”，其中包括有关婆浮陀·伽旃那的内容。

（姚卫群）

poluode

婆罗得 bhallātaka 印度的漆树科植物。拉丁文学名Semecarpus anacardium L.，英译名Marking-Nut，即肉托果、打印果。其果、茎和油均可入药。是从古代印度传入中国的药物之一。

在汉译佛经中，婆罗得的音译名还有勃罗得迦、拔罗得鸡、拔罗得计、婆罗怛迦等，意译名则有天竺漆木和染木两种。

中国唐宋中医文献中，婆罗得有“婆罗得”和“婆罗勒”两种译名，后者的词源或许源自吐火罗语。唐代陈藏器《本草拾遗》最早记载了该药的性能：“婆罗得，味辛、温，无毒。主冷气块，温中，补腰肾，破痃癖。可染髭发令黑。树如柳，子如萆麻。生西国。”宋初的《开宝本草》将婆罗得列为新增药。唐代**王焘**的《**外台秘要方**》（卷三十二）的“《近效》换白发及髭方”，宋代王怀隐等《太平圣惠方》（卷四十一）的“黑髭鬓铅梳子方”和“染髭发令黑永不白方”，中国甘肃**敦煌**出土的羽043“换须发方”等，主要用该药来染髭发。唐宋以后的中医本草著作对该药的记载，基本上是对《本草拾遗》的重复，没有增加新的认识。明代《本草品汇精要》和《补遗雷公炮制便览》中描绘的婆罗得药图，也不是对该药的实物描绘，而是对它的艺术想象。

在印度古代生命吠陀体系《遮罗迦本集》、《妙闻本集》、《八支心要方本集》等医书中，婆罗得是常用药物之一。所配制的婆罗得酥、婆罗得油等药方，主要用于长生方和乌发方。婆罗得还用于密教的多种仪轨之中。从出土文献中可以发现，中国新疆库车出土的《**鲍威尔写本**》和甘肃敦煌出土的《**耆婆书**》以及《**医理精华**》中，均有婆罗得的药方。该药被丝绸之路要道上的医家所用，并传入敦煌和中原地区，其用法无疑影响到了唐宋的中医。中医利用婆罗得来乌发，是唐宋时期追求长生的社会风气的反映。

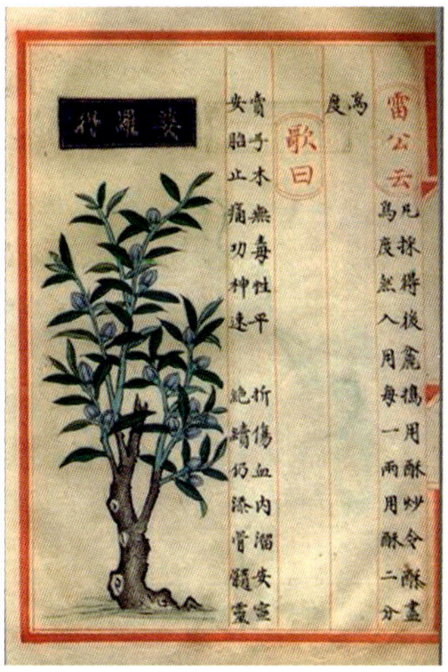

《补遗雷公炮制便览》婆罗得插图
现藏中国中医科学院图书馆

婆罗得亦向西传入今伊朗、阿拉伯和希腊、罗马等地，医家主要用婆罗得所榨的汁或者婆罗得果入药，以治疗中枢神经系统的不适、癫痫症，以及改善记忆力等。这一用法又通过元末明初编撰的《回回药方》而再度传入中国。《回回药方》残卷中保留了婆罗得的两组名称：对译阿拉伯语baladhur与波斯语baladur的“八剌都而”、“必剌的儿”、“必剌都而”、“必剌都儿”和“伯那的儿”；对译阿拉伯语Anaghardiya或Anaqardiya（希腊语anacardia）的“安哈而的牙”和“安家儿的牙”。《回回药方》中的相关医方“大必剌的儿马准”、“必剌的儿马准”、“小必剌的儿马准”、“马准必剌的儿”、“马竹尼八剌都而”、“安哈而的牙方”、“答洼兀西撒纳方”等可视为伊斯兰医著中的婆罗得药方在中土的传译。

婆罗得在中国的传播有两个不同的历史阶段，分别来源印度医学（含佛教医学）和伊斯兰医学，但其源头实为印度生命吠陀医学。婆罗得虽算不上是一味特别著名的药物，但其使用与传播的过程相当复杂，从中可以窥见印度古代医学文化对东西方不同地区医学的多元性影响。

（陈明）

Poluoduowu

婆罗多舞 Bharata-natyam 印度古典舞派之一。起源于今印度泰米尔纳德邦，系印度最古老的舞种之一。人们通常误以为，婆罗多舞的含义即“印度舞蹈”。流行的说法是，Bharata系由3个词bhava（表情）、raga（旋律）和tala（节奏）的词头组成。这三大要素像三根柱子，支撑着婆罗多舞的纯正风格。还有一种说法认为，婆罗多舞立于《**舞论**》的理论体系之上，因此承袭了作者婆罗多牟尼的名字。

表演风格 婆罗多舞分为纯舞蹈、

婆罗多舞表演
2013年印度默哈伯利布勒姆国际舞蹈节

叙事表演和舞剧3种形式。纯舞蹈由多个基本动作组合而成，手臂多为直线、直角或三角等几何图形，腿部则多以双膝打开的半蹲姿态出现，脚步随着音乐或快或慢击打地面，展现平衡、对称、力量之美。叙事表演是更高层次的表演，要求舞者以面部表情、手势和肢体动作等要素表达喜怒哀乐等情绪。舞剧则综合纯舞蹈和叙事表演，根据题材讲述故事。《表演镜铨》是印度古代关于表演艺术的专著，成书于公元前5世纪～前2世纪，对于戏剧、舞蹈和音乐予以详细描述。普遍认为，《表演镜铨》早于《舞论》，内容更宽泛自由，系婆罗多舞者必备的理论参考书。《表演镜铨》详细规定舞蹈中身体各部位的应用，例如手势可分为28个单手势和23个双手势，此外还阐述了各种手势的用法，如单手五指依次张开，像一朵盛开的莲花，也可表示山峰、脸庞、发髻、月亮、美丽等多种意思。这些手势和手语的用法，充分体现在婆罗多舞的叙事表演中。

传统婆罗多舞在表演程式上分为几个固定段落。通常阿拉瑞普为第一段，意为花儿初绽；贾迪斯瓦拉姆代表节拍和音符的完美结合，是第二段纯舞蹈；从第三段沙巴达姆起，舞者开始展现叙事表演的技巧，沙巴达姆意为词汇，是语言的基本单位，因此意味着叙事表演的初级阶段；瓦尔纳姆是传统婆罗多舞最重要的段落，纯舞蹈和叙事表演交替进行，通常较长，在30分钟到1小时之间。瓦尔纳姆是舞者水平的试金石，只有能独立完成这个段落才能继续学习。此后，通常有科尔塔纳姆，即节奏较快的段落；还有巴达姆，即比较舒缓抒情的表演段落；最后以地拉纳，亦即一段纯舞蹈结束。结尾时有几行小诗，是节奏较快的高难度舞段。

舞王湿婆　婆罗多舞深深根植于印度教的神话和风俗中，这在文学、神庙雕刻及哲学中都有据可查。舞蹈被认为源于大神**湿婆**。他是毁灭之神，也是舞蹈之王。湿婆最先把舞蹈教给妻子波罗伐底。当湿婆跳起世间最具阳刚之美的荡得舞时，其妻就以最精致柔美的拉夏舞配合。印度教认为，宇宙在不断地创造、保护和毁灭中运行。**梵天**司创造，**毗湿奴**司保护，而湿婆则是舞蹈着来毁灭世界的。毁灭即重生，湿婆舞蹈的节奏即宇宙运行的节奏。在湿婆众多造型中，舞蹈之王独具特色。他右手持达摩如鼓，象征宇宙的创造。据传说，宇宙最先创造出的是声音，而声音又不断创造出新的声音。左手持一团火焰，象征谬误的毁灭和真理的传播。左右手平衡着创造和毁灭，支撑着宇宙的运转。右手立于胸前，掌心向前，代表无畏和赐福；另一只手向前微微下垂，指向高高抬起的左脚，代表摆脱一切束缚。腰系虎皮，象征摧毁邪恶的愤怒和威严，而这愤怒和威严又因湿婆的真诚而转化为慈悲和善良。他将毒蛇作为美丽的花环佩戴于胸前。侏儒象征着愚昧，湿婆将它踩在脚下跳舞。他的身体是宇宙空间，他的眼睛是太阳和月亮，额间第三只眼燃烧着智慧之火。他飞舞的头发是智慧的象征，头上的弯月代表最高的创造力，他的微笑可助人消除业的折磨。湿婆神的108个舞姿，镌刻在吉丹巴拉姆神庙的石柱上，相传是湿婆下凡到该庙跳舞时留下的。

神奴　直到20世纪初，舞蹈在印度寺庙的宗教典礼中仍起着至关重要的作用。舞者与其老师及乐师，受到高度尊重并接受寺庙的供养。在宗教仪式中，舞者要在承载着神像的座驾前起舞。她们精通祭祀典礼，熟知各种供品和祈祷经文，在供奉神灵的过程中扮演着极其重要的角色。舞女会正式嫁给神灵以及她的第一个爱慕者，这也是该男子的礼拜仪式。这些女子被称为神奴或神的侍女。作为舞者，她们还常会在吉庆活动中表演。那时，寺庙可能是最便于人们集会观看演出的场所，而神奴则享受着生活保障和至高荣誉。在英国殖民者统治时期，神奴的地位一落千丈。她们走进宫廷或庄园表演，以舞蹈为统治者歌功颂德，渐渐失去宗教意味。随着政治的动荡以及知识阶层艺术价值观的改变，神奴失去原先的社会支撑力量，婆罗多舞随之濒临灭绝险境。

印度神奴舞蹈家巴拉萨拉斯瓦蒂

印度婆罗多舞蹈家鲁克米妮·黛维

婆罗多舞手势之一

印度舞蹈家桑姆森

婆罗多舞的复兴和鲁克米妮·黛维　婆罗多舞濒于衰微的境地令真正热爱这门艺术的人深感痛心，一场复兴运动渐渐兴起。以鲁克米妮·黛维为代表的众多婆罗多舞的支持者开始了拯救行动，想要它重现昔日的辉煌。印度神智学者，婆罗多舞蹈家、编舞家及动物权利的捍卫者鲁克米妮·黛维（1904.02.29～1986.02.24），是婆罗多舞复兴运动中最重要的代表人物。虽然出身于婆罗门高级种姓家庭，但她全然不顾舆论压力，亲自向已失业的神奴学习婆罗多舞这种当时人们眼中已显粗俗的艺术。她还在公开场合表演，充分发现婆罗多舞的精髓之美，同时剔除糟粕，使之恢复高贵典雅的原貌。1936年鲁克米妮·黛维同丈夫一起建立名为“艺术殿堂”的艺术学院，聘请原供职寺庙的婆罗门和神奴以传统私塾形式授课。他们收集整理了传统曲目传授给学生，并创作新作品。该院现已成为蜚声世界的婆罗多舞蹈专业学院，培养出大批艺术人才。L.桑姆森是印度当代著名的婆罗多舞蹈家，是鲁克米妮·黛维最优秀的学生之一。在恪守“艺术殿堂”传统的同时，她不断拓新，形成自己的风格。她表演细腻生动，扮相甜美，优雅端庄，深受广大观众喜爱。20世纪90年代获一级莲花勋章，2005～2012年任艺术殿堂艺术学院院长。2010年起任印度音乐戏剧学会会长，同时兼任印度电影审批中央理事会主席。桑姆森曾教过很多中国学生。包括张均在内的中国婆罗多舞艺术家大都出自她的门下。

舞王湿婆铜雕像　印度蒂鲁瓦兰古拉姆出土　现藏新德里印度国家博物馆

婆罗多舞在中国　最早把婆罗多舞概念带入现代中国的是归侨舞蹈家戴爱莲。她于20世纪50年代受中国总理周恩来嘱托在北京舞蹈学校（现北京舞蹈学院）组建东方音乐舞蹈班，为开辟中国的文化外交道路做准备。其间，曾带团访问印度，并带回婆罗多舞蹈教材传授。这一时期，印度舞专家张均脱颖而出。她8次赴印度学习、交流，系统掌握婆罗多舞的技巧，学成回国后广为传授。东方歌舞团的保留节目《阿拉瑞普》就是她的起始舞段。1992年，张均带领3个学生为访华的印度总统R.文卡塔拉曼表演婆罗多舞，受到他的高度赞扬。2002年，张均在北京舞蹈学院东方班教授婆罗多舞课，并于2004年主编《婆罗多舞蹈教程》一书。此外，先后有刘友兰、郑韵、苏宝华、林萍、于菲菲等人到印度学习婆罗多舞。现今活跃在中国舞台上的婆罗多舞者金珊珊，少时师从张均和苏宝华学舞。因热爱婆罗多舞，她进入北京大学学习印度语言文化。1994年赴印留学，在进修印度语的同时学习婆罗多舞。金珊珊是桑姆森最出色的学生之一，1998年在新德里举办独舞晚会，之后成为桑姆森创建的斯班达舞蹈团演员，活跃在印度乃至世界舞台上。1999年，金珊珊在张均主讲《婆罗多舞蹈教程》的教学录像光盘中任舞蹈示范；2002年，协助张均在北京舞蹈学院东方班教授婆罗多舞蹈课程。

中国舞蹈家金珊珊表演婆罗多舞

2005年，金珊珊建立乐舞婆娑印度古典舞蹈学校。2010年，她带领学生为中印两国元首表演婆罗多舞，获得极高评价。

自20世纪50年代舞蹈家拉克希曼姐妹访华之后，一直不断有印度婆罗多舞蹈家来华演出，其中包括I.拉赫曼（1955）、M.萨拉拜（1978、2002）、R.黛维（1984）、L.桑姆森（1984、2002、2008）、R.瓦伊德亚纳坦（2012）、S.曼辛格（2012）。 487

（金珊珊）

Poluomen Fota

婆罗门佛塔　Brahman Pagoda　中国佛塔。位于福建厦门同安区梵天寺内。原在县城西安桥头，故又名西安桥塔。1957年，郑振铎路过同安时考察此塔。在他的建议下，佛塔被移至梵天寺进行保护。1961年，福建省政府将之列为首批省级文物保护单位。

据明代学者何乔远所著《闽书》记载，北宋元祐年间（1086～1093），邑人许宜（号西安）与僧宗定基建西安桥。与此同时，在桥头、桥尾“镇以石塔”四座，婆罗门佛塔即其中之一。该佛塔石构而实心，高约4.6米，由基座、塔身和塔刹组成。须弥基座由四奎脚支撑，四面围以神兽和护法天尊浮雕。塔身三层，皆为方形，逐层收窄，上刻莲花坐佛、展翅神兽及佛教故事系列浮雕等，人物形象逼真，神态生动。塔刹部分有五层相轮，刹顶呈葫芦状，指向苍穹。

婆罗门佛塔

婆罗门佛塔是研究中国宋代佛教文化与建筑艺术的珍贵文物。该佛塔所以冠名“婆罗门”，是因为佛塔系从印度传入，而古印度又别称“婆罗门国”。中国史乘记载，至迟从隋代开始，中国即有人以“婆罗门国”指称印度。唐时**玄奘**和**义净**在其著述中也分别提到过“婆罗门国”，前者还对这一异称与印度种姓制度的渊源关系作了具体介绍。现保存该佛塔的梵天寺建于隋开皇元年(581)，实际上也是一座佛寺。这一事实表明，在中印文化交流的漫长历程中，并非仅有佛教文化被中国文化所接受，在印度本土根深蒂固的印度教文化也曾以与佛教文化相糅合的形式传入中国。

（王汝良）

Poluomenjiao

婆罗门教 Brahmanism 印度古代宗教，广义印度教的早期形式之一。

婆罗门教产生并兴盛于**雅利安人**进入印度，定居于印度河及恒河流域之时，其前身是**吠陀教**。该教崇拜多神。**因陀罗**、**苏利耶**、**阿耆尼**、**苏摩**、**密多罗**、**伐楼拿**、**伐由**、**乌莎斯**、萨维德利、**阎魔**等皆在其奉祀之列，只是他们的地位在漫长的发展过程中互有升沉。后期**梵天**出现并居极高地位，成为主要神祇。同时显要起来的还有**湿婆**和**毗湿奴**。该教以**吠陀本集**为根本经典，后又加入各种**梵书**、**森林书**、**奥义书**和经书等。前四种被认为是远古仙人直接受上天启示而得的圣典，具有至上权威。婆罗门教最关切的是神力和人类社会的关系，因此极重祭祀活动，认为它们在保持稳定和谐的宇宙和人间秩序上至关紧要，必须经常举行。祭祀大致分为天启祭和家庭祭两种。前者又分为供养祭(包括置火礼、火祭、新满月祭、初穗祭、四月祭、兽祭、修陀罗摩尼祭等）和苏摩祭（包括火神赞、即位礼、力饮祭、马祭、人祭、全祭等)。家庭祭常在出生、命名、入法(随师学习吠陀经典)、(学成)归家、结婚、结发、剃发（表示将入成年）等时举行。吠陀经典中有大量行祭时咏唱的圣诗，而诸梵书中则有关于祭祀仪节的详尽说明。祭祀的盛行使专职婆罗门祭司得以攫取重要的社会地位。作为天人中介，其所受尊崇几近于神。与此同时，规定婆罗门至上的种姓制度出现，并且经过数百年的发展走向定型。

婆罗门教的信徒相信**轮回**业报。相应地，弃世**解脱**也逐渐成为人们特别是知识分子的人生归宿。解脱意味着梵我合一。经过几百年发展的祭祀仪式变得异常繁缛而无意义。对其反感的知识分子转而内求诸己。他们强调苦行以净化性灵，进而冥思吠陀经典和祭祀背后的神秘含义及其他形而上学问题。苦行原意为“火”、“热”，《**梨俱吠陀**》认为它是祭祀中的创造性力量。在一定意义上，这些知识分子是把祭祀移入了内心。他们在神学上的思考奠定了婆罗门教以及后来的印度教的宗教哲学基础。其理论体现在森林书，尤其是奥义书中。在这

湿婆与帕尔瓦蒂石雕 458年或459年 印度北方邦科萨姆出土

里，一度受到高度崇拜的大神梵天被抽象为最高的宇宙本体梵，而人的精神性自我，即本我，则被认为在本性上与梵是同一的。此即“梵我一如”，为婆罗门教—印度教根本的宗教哲学原理。彻悟这一原理，就意味着梵我合一的完成，也即最终解脱的实现。奥义书的产生（约公元前6世纪)，动摇了祭祀的地位。但是婆罗门教发展至此，仍以吠陀天启、祭祀万能和婆罗门至上为其基本信条。铺张烦琐的祭仪，祭司阶级的腐败，种姓制度的僵化，使得婆罗门教失去了对多数人的吸引力。婆罗门以神的代表自居，凌驾于王公贵族之上，也招致了刹帝利统治者的怨愤。适应时代的需要，各种新的哲学思想、社会理论和宗教体系，即所谓沙门思潮，纷纷诞

印度桑奇第17号祠堂 5世纪初

因陀罗神像

生，其中以**耆那教**、佛教、**生活派**、**顺世论**等最为活跃。它们不奉吠陀，不行祭祀，不敬婆罗门。孔雀王朝时期，佛教和耆那教获得长足发展，婆罗门教相应衰落。继起的巽伽王朝复奉婆罗门教，而佛教和耆那教则保持着成长的势头。公元二三世纪以后，婆罗门教吸收佛教和耆那教的某些教义，糅合各地的民间信仰，开始向古典印度教转化，并于笈多王朝重新兴盛起来。众多的经典亦于此时编定。至8世纪，哲学家**商羯罗**又对婆罗门教进行了一系列改革，最终完成了它向印度教的过渡。

（葛维钧）

Poluomen Jiejia Xianren Tianwenshuo

《婆罗门竭伽仙人天文说》 *Mahāmuni-Gargarṣy-akṣa-nimittākṛti-nirdeśa* 中国隋代汉译的印度天文学著作。30卷，早已散佚。此书名见载于《隋书·经籍志》中，书名中有“婆罗门”之名，被认为是古代天竺传入中国的天文典籍。**藏文大藏经**甘珠尔丁巧明部现存有类似《婆罗门竭伽仙人天文说》的典籍，名为《大能者恰里恰仙人指示灾详论》。大能者，即大牟尼。恰里恰仙人即印度古天文学家Garga。《藏译现乘论典略目录》中，此书名作《大牟尼仙伽罗伽显示征兆论》，其内容有日占、月占、诸曜占、流星占、日月晕占、虹占、地震占等共24篇，是印度古代天文学、占法等传入中国西藏的一部分。朵宫版甘珠尔4 321号，此书名写作*Thub pa chen po drang srong gar gas ltas kyi rnam pa bstan pa zhes bya ba'i gtsug lag*，汉译为《大牟尼仙褐（竭）伽仙眼相说示学》。在朵宫版甘珠尔中，另有与前相似较短版本，为271号。德格版甘珠尔中的该书题目略有不同。据丹珠尔目录部，此经乃由汉文经典译为藏文，即隋或隋以前由印度传入中国中原地区，再由汉文转译为藏文。现汉文译本已佚，赖此藏文本以传，为中印文化交流史增一故实。

（周利群）

Poluomen Lishushu

《婆罗门历数书》 *Brahman Siddhanta* 印度古代天文学经典著作。梵文名称*Brahmasphuṭasiddhānta*，意译为《婆罗门明晰的历数书》。婆罗门笈多（又译梵藏，597～668）于628年写成。反映了当时印度天文、数学的最高成就，对印度后世的天文学乃至伊斯兰与西方的天文学都有较大影响。

婆罗门笈多大部分时间生活在印度西部拉贾斯坦的毗拉马拉地区，故被称为“毗拉马拉大师”。他撰写的这部书有很多独到之处，包括对“零”的数学角色的理解、正负数的运算法则、计算平方根的方法、线性和二次等式的解决方法、加法系列法则、婆罗门笈多定理等。该书完全用诗句写成，而非数学符号。

《婆罗门历数书》的第1章提出了对一劫的划分法、求积日法和求算行星平黄经的方法。第2章给出了行星的运动模型、参数和算法等。第3章分析了圭表影长问题。第4章主要处理了月食理论，区分了初亏、食既、食甚、生光、复圆等5个阶段。第5章处理了月亮的视差及其对交食的影响，以求得准确的食长、食分。第6章处理了行星的见、伏。第7章处理月亮的明亮部分。第8章处理月亮的阴暗部分。第9章解决行星互掩问题。其中首要的问题是求解行星的黄纬，还要计算行星的视直径。第10章主要用于解决行星掩恒星问题，使用了极黄道坐标来表示星宿的宽度和距星位置。第13章增加了一些求解天体平黄经和真黄经的方法。第14章简单介绍了一种带偏心圆的行星模型，这一模型是源自希腊化时期的希腊天文学。这一章还提供了一个求正弦函数及其逆函数的公式，增加了几个新的球面三角公式。提出了一种星宿距度的分划，以月亮日平均运动量790′作为一个标准距度，称为一个bhoga。其中胃、参、柳、亢、心和尾六宿每宿各占半个bhoga，也就是395′；井、翼、氐、斗和室五宿每宿各占一个半bhoga，即1 185′；余下的昴、毕、觜、鬼、星、张、轸、角、房、箕、女、虚、危、壁、奎和娄十六宿每宿各占一个bhoga，牛宿占270′。这种把二十八宿的宽度分成3种、牛宿做特别处理的做法也见于《**摩登伽经**》。第15章主要对从太阳上中天到太阳过卯酉圈之间的时间间隔给出了一些新的处理。第16章给出了以6个月或177天为周期来预测交食的方法，列出了177天里太阳、月亮、月亮轨道远点和交点的平黄经增量。第18章使用了一种解不定方程的方法来求解行星的黄经。第21章中采用了一种不定方程法来求解行星黄经，还给出了计算行星轨道周长的方法，取π值为，给出了不同的太阳、月亮和地球直径，分别为：6 522、480和1 581踰缮那。第25章实际上是一部缩写的小历，它的历元是公元628年3月21日，它给出了一份新的正弦表，也给出了与第1章中稍有不同的行星年平均运动速度。

《婆罗门历数书》处理了古代各文明所关心的天文学当中的几乎全部基本问题。为了解决这些问题而引入的数学方法，特别是正弦函数、球面三角学等，当时处于领先地位。《婆罗门历数书》成为婆罗门天文学派的经典著作。婆罗门天文学派为古印度天文学“希腊时期”之五大学派中年代最早者，约于5世纪初发端于笈多王朝统治下的西印度，后扩展至北印度。据D.平格里的意见，婆罗门学派的天文学知识来自古希腊一个在亚里士多德哲学影响下的“非托勒密”传统的天文学流派。婆罗门天文学派以后的几种著作都与《婆罗门历数书》有渊源关系。大约在7世纪晚期到8世纪早期，一部被冠名为《摩诃悉檀多》的历数书主要在《婆罗门历数书》的基础上撰写而成。该书是8世纪晚期阿拉伯天文学家阿尔法扎里所编撰的一部《印度历数书》所依据的原本，因而成为了伊斯兰天文学中印度传统的源头，并通过巴斯的阿德拉德于1126年从阿拉伯语翻译成拉丁语而对西欧科学产生了重要而深远的影响。斯里帕蒂的《塞卡拉历数书》是基于《婆罗门历数书》而编撰出来的另一部历数书，大约成书于1039年。婆斯卡拉第二于1150年完成的《斯洛曼尼历数书》则很可能是婆罗门学派的最后一部历数书，它在《婆罗门历数书》的基础上加入了一些其他学派的天文学内容。

古代传入中国的印度天文学著作也可能与该学派有关。《隋书·经籍志》中著录了7种天文学文献，即《婆罗门天文经》21卷（原注：婆罗门舍仙人所说）、《婆罗门竭伽仙人天文说》30卷、《婆罗门天文》1卷、《摩登伽经·说星图品》1卷、《婆罗门算法》3卷、《婆罗门阴阳算历》1卷、《婆罗门算经》3卷。存世的仅第四种《摩登伽经·说星图品》，即今佛藏中的《摩登伽经》（T1300）之“说星图品第五”。有学者认为，其余6种文献均冠以“婆罗门”为名，或许说明了这些著作属于印度的婆罗门学派。但《隋书·经籍志》中出现的这些印度婆罗门天文学学派的知识，在中土似乎仅为昙花一现。自《新唐书》和《旧唐书》以下，历代史志书目中未再有印度来源的天文学书籍被著录。

（周利群　钮卫星）

Poluomen Qu

《婆罗门曲》 *Brahman Sangeet* 印度古代乐曲。又名《婆罗门引》、《望月婆罗门引》。中国自东汉以后，曾以婆罗门称古印度，意为“婆罗门众之国”。据史书记载，约于东晋永和年间（345～356），一批印度古代乐器和乐曲传入西域，其中乐器有凤首箜篌、琵琶、笛、铜鼓以及乐曲《沙石疆》、《天曲》等。东晋太元八年（383），吕光伐龟兹（今新疆库车一带）及焉耆一带，将西域许多乐器和乐曲带回凉州（今甘肃武威）。原属印度佛教乐曲的《婆罗门曲》，约在此时传入凉州，经改编成为西凉乐舞中的名曲；南北朝时为梁朝伎乐，至唐

古代印度传入西域的凤首箜篌（复原图）

入教坊大曲。后被用为词牌名。敦煌曲子词中有《婆罗门·咏月》4首，很可能来自教坊曲。据《新唐书·礼乐志》和《乐苑》记载，唐开元八年（720），西凉节度使杨敬述进献《婆罗门曲》，深得玄宗喜爱。天宝十三载（754），玄宗亲自改编《婆罗门曲》，配以歌词，更其名为《霓裳羽衣》。

（赵佳梓）

Poluomeng Seng Fu Xianmao Fang

《婆罗门僧服仙茅方》 中国宋代记载印度药物仙茅用法的医书。《宋史·艺文志》中，记载《婆罗门僧服仙茅方》1卷。该书实际来自后唐（907～936年）筠州（今江西高安）刺史王颜《续传信方》中有关仙茅方的记载。唐开元元年（713），西域婆罗门僧向唐玄宗李隆基进贡仙茅方，其效果比传统的钟乳更有效。安史之乱后，不空金刚将此方再传与李勉司徒、路嗣恭尚书等唐朝高官，此方才从宫廷流入民间。该药实为印度的药用植物酸浆，拉丁学名*Physalis Flexuosa*，英译winter cherry。中医认为该药主祛风，补暖腰脚，清安五脏，强筋骨，消食，久服轻身，益颜色，因此称作婆罗门参。李珣《海药本草》中指出，该药的梵语名为阿输乾陀，即Aśvagandhā。它是孟买和西印度常见的一种小灌木。它的根较长、根尖端较细、易脆、淡褐色，根的里面是白色的。它的叶和根被认为有镇静剂的特性，而且它的根是利尿剂和通便剂（轻泻药）。它还能滋养神经系统，并且使人在日常生活中精力充沛，提高脑力和体力劳动的效率。它的根有一种特殊的马尿的刺激性气味，也是aśvagandhā一词的原意（aśva马，gandhā气味/香）。在佛教中，由于阿输乾陀根有马尿的刺激性气味而被归于秽根一类，限制其使用。不空金刚译《文殊师利菩萨根本大教王经金翅鸟王品》中，将“马香草”注明为“此云婆罗门参”。所谓的“马香草”就是aśvagandhā的意译，而此云“婆罗门参”正是aśvagandhā的汉地雅称。苏颂《本草图经》也指出：“始因西域婆罗门僧献方于唐玄宗，故今江南呼为婆罗门参，言其功补如人参也。”宋代庄绰《鸡肋编》卷下云：“仙茅，一名婆罗门参，出南雄州大庾岭上，以路北云封寺后者为佳。”南宋吴曾《能改斋漫录》卷十五“方物”中，指出洪州西山谌母观种植仙茅，并相信仙茅药是婆

中医本草文献中的仙茅

罗门僧所传。从阿输乾陀、马香草到仙茅、婆罗门参的过程，表明了一味印度药物逐渐进入中药世界的演变过程。

（陈明）

Poluomi Wenzi

婆罗谜文字 Brāhmī 最早用来书写印度梵语和古代俗语的文字。不仅是后世

婆罗谜文字书影

印度多数重要语言所用字母的原型，而且是今日尼泊尔语、僧伽罗语、缅语、泰语、爪哇语和藏语等语言所用文字的祖先。其起源所说不一，计有来自阿拉米、达罗毗荼、原始闪语等其他古老文字或受希腊乃至楔形文字影响多种说法。有些印度学者认为它是印度本地由书写梵语的婆罗门自己发明出来的。见梵寐书。

（葛维钧）

Pusa

菩萨 Bodhisattva 佛教中指坚守佛道、用佛法觉悟众生并将于未来成佛的高士。意译觉有情、道众生等。中国民间视菩萨为仅次于佛的神明。其中以观音菩萨的影响最大，尽人皆知。此外，文殊菩萨、普贤菩萨、地藏菩萨、弥勒菩萨、大势至菩萨等也有较大影响。

（薛克翘）

Putidamo

菩提达摩 Bodhidharma（？～528/536）印度来华僧人，传统所说的中国禅宗之祖。又译菩提达磨，或简称达摩、达磨，意译道法。

据《续高僧传》卷十六、《景德传灯录》卷三等，菩提达摩为南印度人，属婆罗门种姓（《洛阳伽蓝记》说是波斯胡人），自幼聪慧颖悟，领会敏捷。后归信大乘佛教，对禅定之学深有认识。南朝宋（420～479）末自印度泛海来到中国广州，后北行，进入北魏境内，所到之地，皆精心传授禅法。据说他到洛阳永宁寺时，曾叹其建筑雕饰金碧辉煌，自称虽已150岁，且曾遍游各国，但从未见过如此精美的寺院，于是几天之内，双手合十，口念“南无”不止。他在嵩山少林寺独自修习禅定达9年之久，人称壁观婆罗门。当地人对于禅法不甚了解，难免口出讥谤之语，但有道育和慧可两位沙门志向高远，不似凡众，四五年间，对他敬拜服侍，悉心供养，一丝不苟。菩提达摩感其精诚，便以真法相授，并将《楞伽经》传与慧可，称它最适合于中国人用，依经而行，定能出离世间。

菩提达摩晚年事迹传说不一。有说他遭遇毒害，死后葬于熊耳山（在今河南宜阳）；又有说北魏求法使者宋云自西域返回时在葱岭见到过他，当时他手携只鞋踽踽独行，故又有“只履西归”故事相传。

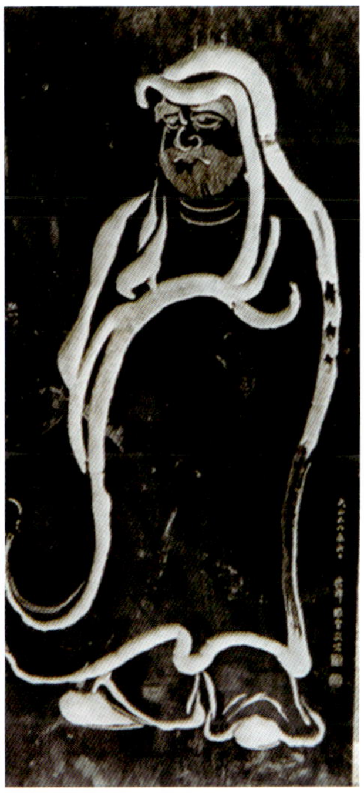

菩提达摩像拓片

中国佛教禅宗以菩提达摩为初祖。随着禅宗在中国的发展，他逐渐成为传说式的人物。他的师承已无可考。其师为求那跋陀罗是后人说法之一。在中国的传承，最初六代，依唐代禅僧的观点，为菩提达摩、慧可、僧璨、道信、弘忍和慧能。菩提达摩的禅法，以“教外别传、不立文字”为标志，以究明佛心为参禅的最后目的。唐宗密《禅源诸诠集都序》称：“达摩以壁观教人安心云，外止诸缘，内心无喘，心如墙壁，可以入道……”可见，壁观正是达摩传出的独特禅法。

（葛维钧）

Puti Daocidi Guanglun

《菩提道次第广论》 *byang chub lam rim chen mo* 中国藏传佛教经论，格鲁派重要经典。

藏历第七绕迥水马年（1402），宗喀巴·洛桑札巴大师在噶当派祖寺热振寺撰写完成了《菩提道次第广论》，成为其诸多经论中最重要的一部经典著作，对后期藏传佛教各派的教理及仪轨等方面产生极其深刻的影响。

《菩提道次第广论》不仅囊括了佛教三藏十二部，而且梳理并阐明了自文殊、弥勒经由龙树、无著传下的深观与广行二门教法的要旨。该经论涵盖教理思想与实践方法，引导众生如何依止善知识，生起出离心、菩提心等佛子行，直至成佛；强调认知佛法的基础：应知苦谛，应断苦因之集，应知清净道为得解脱之路，应知法身一切相、法身一切智之作用。积极倡导修学佛法遵循次第，为广大佛教信徒指出了从初入道依止善知识起直至最终成佛的有关整个菩提道的正知正见，即出离心、菩提心及清净正见三要。此三要是指下士道、中士道和上士道。它认为修习止观是道次第中层次最高的阶段，可谓“上士道”。在此阶段，做到“止观双运”。“止”意为寂静，是指一切深层修行佛法者需要达到的三摩地境界；“观”指慧观或胜观，是一种亲证“空性”的智慧正见。该经论中对各个科目内容，以广而细之方式递进阐释，贯通内外，透明实相。依据正理建立其立论，广泛引用经典来印证和说明；对疑惑之处，用易于理解的比喻来解释，并纠正各种错误观见；引

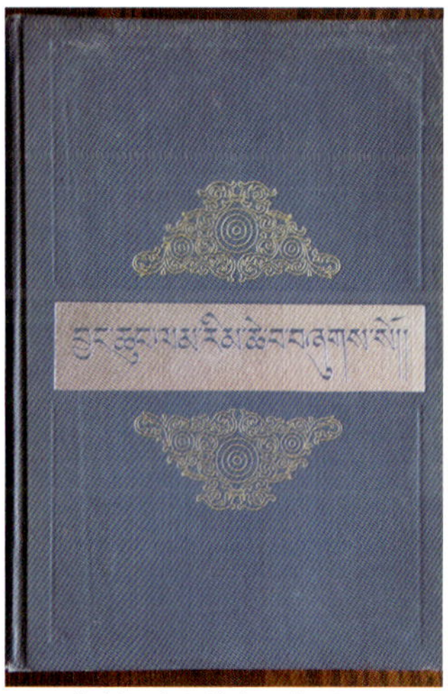

《菩提道次第广论》封面

用噶当派祖师的语录彰显其义理，最后归纳其要义。

（尕藏加）

Puti Daoju Lun

《菩提道炬论》 *Bodhi-patha-pradīpa* 印度佛教论书。(D3947) 印度高僧阿底峡著，为噶当派教法义理的奠基之作。一名《菩提道灯论》。

阿底峡雕像

《菩提道炬论》是阿底峡应拉喇嘛·绛曲沃的请求，于1043年在中国西藏阿里地区撰写的一部经典论著。全书共有六十九颂半。该经论将人类按世间众生的根器判分为上、中、下三等，提出“三士道”理论：凡在轮回中设尽方便只求自利而不顾别人者，为下士；凡厌弃轮回，希求脱离业染，仍局于自利而未及济度轮回中他人之苦者，为中士；凡为断尽自苦并誓愿遍断一切众生之苦者，为上士。

《菩提道炬论》强调下士的修持应当发大菩提心，入大乘道。而大乘道中，假若与方便智慧不相结合，只修空性，就不能成佛。大乘道又分为显密因果两乘：显乘是因乘，即般若乘；密乘是果乘，即无上瑜伽乘。贯彻因果两乘时，必须以发菩提心为基础。学程的阶次是显密共行，始于“三归”，次学“三学”。三归是入解脱之门，三度皈依佛、法、僧三宝。三学就是要修习戒、定、慧。

阿底峡的增上戒学和释大乘发心采取了无著“菩萨地”的原意，增上定学则取自觉贤的《禅定资粮品》，增上慧学则宗承金洲。觉贤传自文殊、寂天；寂天又传自龙树、提婆、清辨、月称；金洲之学传自慈氏、无著。所以，阿底峡的学说兼有中观和唯识两派的长处，而慧学的宗旨偏于龙树，仅将中观学系中不详备的地方，简取唯识学系中的学说，以资弥补。

《菩提道炬论》为后来宗喀巴·洛桑札巴大师写作《菩提道次第广论》和《密宗道次第广论》提供了理论基础，在藏传佛教教法义理中具有广泛影响。

（尕藏加）

Putijiaye

菩提伽耶 Bodh Gaya 佛教四大圣地之一，佛陀悟道成佛之处。原为今印度比哈尔邦古城伽耶附近的一座村庄，临近比哈尔南部的那烂陀、王舍城和华氏城。史称优楼频螺，位于尼连禅河畔，该河与流经伽耶城的圣河帕尔古河汇流。据公元5世纪注疏家达摩波罗称，所以得名优楼频螺，是因为当地多沙土，也有人认为该名与当地种植的一株或多株木橘树有关。对当地村庄进行的考古发掘表明，这里早在4500年前的印度河文明时期已有人类定居。在沿革过程中，其本名逐渐被弃，取而代之的名称有三菩提、菩提场、金刚座、摩诃菩提等。公元前256年，一根阿育王石柱上的敕令中首次用“三菩提”一名代指优楼频螺村。另一个名字菩提场指的是一处以菩提树为中心的圆形区域。据《羯陵伽菩提本生》记载，这一圆形区域被纯净发光的沙子覆盖，寸草不生，四周的树丛和灌木呈俯首拜揖状。金刚座一名源于佛陀（见释迦牟尼）证悟时就座的金刚宝座。19世纪菩提伽耶遗址被发现之前最常用的名字是摩诃菩提，之后菩提伽耶的称谓才逐渐流行起来。

据佛教典籍记载，2 500多年前乔答摩·悉达多（见释迦牟尼）曾在优楼频螺苦修6年，但这样的修行方式并未让他参透真知。而后，他接受了一位居住在尼连禅河对岸的女信徒须遮陀（又译善生）敬供的乳糜，并在菩提树下禅定3日，最终于印历5月的满月之际悟道成佛。在随后的7周时间里，他先后在当地的7处地点冥思，后前往位于瓦拉纳西的鹿野苑宣扬自己所证悟的佛法。在从鹿野苑到王舍城的途中，他再度探访优楼频螺，并在那里遇到了正在苦修的那提迦叶、伽耶迦叶、优楼频螺迦叶三兄弟。他们被佛陀的沉静与智慧深深折服，遂带领一千信徒请求出家，追随佛陀前往王舍城。

菩提伽耶的圣迹最初以菩提树和金刚座为中心逐步扩展。公元前3世纪，阿育王在此修建菩提树殿，即摩诃菩提寺的前身。随着时间推移，这座寺庙的结构发生了很多变化。巽迦王朝时期（公元前2～前1世纪），这里曾建有一座围绕菩提树和佛塔的两层建筑，用以冥想的石座被雕饰为金刚石状。最初的摩诃菩提寺建于公元6世纪下半叶，并

菩提伽耶

菩提伽耶摩诃菩提寺围栏

在波罗王朝至犀那王朝期间（10～12世纪）得以扩建。

在阿育王时期，菩提伽耶就已成为著名的佛教圣城，史书中载有阿育王到访三菩提（今菩提伽耶）的事迹。自佛陀时代起，出身王室贵族抑或平民家庭的善男信女以及无数僧侣和求知者纷纷到此朝拜，使这里成为佛教徒朝圣的中心地带。公元前100年前后，锡兰（今斯里兰卡）僧人周罗帝须和一批朝圣者造访此地，他们被认为是最早来到菩提伽耶的外国人。一些碑文及其他史料表明，许多来自锡兰、缅甸、中国、尼泊尔、印度尼西亚、苏门答腊、越南及其他信仰佛教的国家和地区的信徒都曾到访这里，并对寺庙进行过翻修。公元4世纪，锡兰人在这里修建**摩诃菩提寺**，这座寺院日后发展成一座研修小乘佛教的僧侣大学。觉音就是在此地写成《殊胜义》（《**法聚论**》注释）和如今已佚的《生智》。与此处有关的知名人士还有中国僧人**义净**、玄照，南印度僧人达摩波罗，克什米尔学者宝金刚，中国西藏人卓弥·释加盖西，锡兰人喜吉祥等。最早对菩提伽耶圣迹进行详细描述的是中国求法僧人**法显**和**玄奘**。12世纪起，由于突厥穆斯林的连续攻伐，菩提伽耶迅速衰败。最后对此处进行记载的是1234年到访的西藏僧人达摩斯瓦米。据他所见，当时的菩提伽耶已十分冷清，只有4位僧人留守。

英国殖民时期，菩提伽耶遗址被发现时已是一片废墟。F.布坎南于1811～1812年开始对这里进行清理。1881年，J.D.贝格拉在A.坎宁安的督导下对这里进行了修复。1891年，修复一新的菩提伽耶承办了第一届国际佛教大会，使这座著名的佛教圣城再度成为信徒朝圣的目的地。1956年，由印度政府主办的纪念佛陀诞辰2 500周年庆祝活动在菩提伽耶举行，来自不同佛教宗派和国家的众多代表参加了此次盛会。2002年，摩诃菩提寺被联合国教科文组织列为世界文化遗产。如今，作为国际社会公认的佛教中心之一，菩提伽耶正在快速发展，这里有众多不同教派和国家的佛教徒修建的寺院和公园，各种语言的诵经声回响其间。

（卡马尔·希尔撰　贾岩译）

菩提伽耶的僧人们

Putiliuzhi

菩提流支　Bodhiruci（约活动于五六世纪）　印度来华僧人，译经家，最早译介佛教瑜伽行派经典的译经家之一。意译道希、觉希。

据《**续高僧传**》卷一、《**开元释教录**》卷六、《**历代三宝纪**》卷九等，菩提流支为北印度人，精通咒术和佛教三藏，有志弘扬佛法，于北魏永平元年（508）越过**葱岭**，来到中国**洛阳**。北魏宣武帝命人加以礼遇，安排他住**永宁寺**，以四事（饮食、衣服、卧具、汤药）殷勤供养，并请他主持译经工作。后随东魏迁往邺城（今河北临漳西南）。从永平初年到东魏天平（534～537）年间的近30年中，译出《金刚般若波罗蜜经》1卷、《大萨遮尼乾子所说经》10卷、《佛说佛名经》12卷、《入楞伽经》10卷、《深密解脱经》5卷、《佛说法集经》6卷、《金刚般若波罗蜜经论》3卷、《十地经论》12卷、《大宝积经论》4卷、《弥勒菩萨所问经论》9卷、《百字论》1卷、《十二因缘论》1卷等。其中《十地经论》系

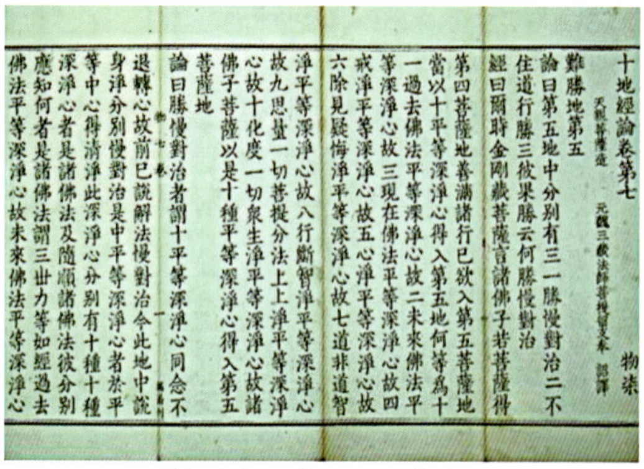

十地經論卷第七 天親菩薩造 元魏三藏法師菩提留支等譯 物柒

難勝地第五

論曰第五地中分別有三一勝慢對治二不住道行勝三彼果勝云何勝慢對治

經曰爾時金剛藏菩薩言諸佛子若菩薩得第四菩薩地善滿諸行已欲入第五菩薩地當以十平等深淨心得入第五地何等為十一過去佛法平等深淨心故二未來佛法平等深淨心故三現在佛法平等深淨心故四戒淨平等深淨心故五心淨平等深淨心故六除見疑悔淨平等深淨心故七道非道智淨平等深淨心故八行斷智淨平等深淨心故九思量一切菩提分法上上淨平等深淨心故十化度一切衆生淨平等深淨心故諸佛子菩薩以是十種平等深淨心得入第五菩薩地

論曰勝慢對治者謂十平等深淨心同念不退轉心故前已說解法慢對治今此地中說身淨分別慢對治是中平等深淨心者恭平等中心得清淨此深淨心分別有十種十種深淨心者是諸佛法及隨順諸佛法彼分別應知何者是諸佛法謂三世力等如經過去佛法平等深淨心故未來佛法平等深淨心

普提流支译《十地经论》书影

与中印度僧人勒那摩提（意译宝意）合译，北印度僧人佛陀扇多（意译觉定）协助传译，历时4年。宣武帝曾命清信士李廓撰写《众经目录》。李廓称菩提流支房内有经论梵本上万，且到处堆满译稿。他统计菩提流支译经总数为39部127卷。《开元释教录》则称有30部101卷。

（葛维钧）

Putiliuzhi

菩提流志 Bodhiruci（？～727） 印度来华僧人，译经家。音译觉爱。本名达摩流支，意译法希，至中土后由武后改称菩提流志。

据《宋高僧传》卷三、《开元释教录》卷九、《大宝积经》序等，菩提流志为印度人，姓迦叶，属婆罗门种姓，自幼聪慧绝伦，风姿卓异。12岁出家入外道，师从波罗奢罗学习，很快即洞晓文字、音韵及语法之学和数论哲学，且精通阴阳、历算、地理、天文、咒术、医方等。到60岁时，与大乘三藏辩论失败，方才认识到外道的乖违和佛教的深妙，遂退隐山林，行脚乞食，跟随耶舍瞿沙学习各种经、论，不过5年，便已通达佛教三藏。其后又遍游印度各地，聆听高僧大德讲诵。唐高宗李治闻其远誉，于永淳二年（683）遣使迎请。武周长寿二年（693）到达唐都。武则天敕住东都洛阳福先寺，同年于佛授记寺译《文殊师利所说不思议佛境界经》2卷、《佛说宝雨经》10卷等，由中印度王使和沙门梵摩宣读梵本，沙门战陀等译语，慧智证译语，处一等笔受，思弦等缀文，圆测和神英等证义，司宾寺丞孙辟监护。后又于大周东寺译《实相般若波罗蜜经》1卷、《大乘金刚髻珠菩萨修行分》1卷、《大乘伽耶山顶经》1卷等；又于佛授记寺译《护命法门神咒经》1卷、《六字神咒经》1卷、《不空羂索咒心经》1卷、《广大宝楼阁善住秘密陀罗尼经》3卷等。唐神龙二年（706），住京兆长安崇福寺，应诏译《大宝积经》，后移至北苑白莲池甘露亭续其译事。该经玄奘生前因力衰未译而成至憾。菩提流志的翻译历时7年，到先天二年（713）始告完成，共120卷。他利用此经特有的丛书体裁，尽量编入旧有译本，仅在缺乏旧本或旧译文义不全时，才出新译。故全经近半袭用旧本，而新译中参酌旧本重出的亦不在少数。此译场中由沙门思忠和东印度大首领伊舍罗等译梵文，南印度沙门波若屈多和北印度达摩证梵义，沙门履方、宗一、慧觉笔受，胜庄、法藏、深亮、无著、怀迪等证义，东海郡公徐坚、中书舍人苏瑨、给事中崔璩、尚书郭元振、中书令张说、太常博士贺知章等润文，中书侍郎陆象先、侍中魏知古等监译。预事者多为大德硕学，堪称释、儒二家一时之选。全经译毕，缮写既成，呈送内殿，太上皇（已让位的唐睿宗）御笔制序，置于经首。

此外，菩提流志还于武周证圣元年（695）在内廷大遍空寺参与实叉难陀翻译《大方广佛华严经》，同沙门义净一起宣读梵本。译事于圣历二年（699）十月在佛授记寺完成，译本共80卷。菩提流志自《大宝积经》事毕以后，便辞译业，唯以禅观怡神，金丹养志，诵经散步，晨昏不辍。开元十二年（724），随唐玄宗迁往洛阳，居长寿寺。十五年九月宣称寿已渐至迟暮，身体日见衰朽，终将磨灭，延时无益，遂绝饮食药饵，但近50天内神色仍旧与常无异。十一月三日自索香水沐浴，更换新衣；次日取佛经梵本置于头顶，一一赞叹；五日遣散弟子，独处净室，右卧而终，世寿据称156岁。唐玄宗深为哀悼，追赠为鸿胪大卿，加谥号开元一切遍知三藏。葬礼不采西域习俗，而用卤簿羽仪幡幢华盖，观者塞路，极尽哀荣。十二月于洛阳龙门西北起塔营葬，并勒石记之。其所译经，据《开元释教录》统计，共有53部111卷。

（葛维钧）

putishu

菩提树 bodhi tree 桑科榕树属乔木，佛教圣树之一。学名Ficus Religiosa。梵文为Pippala，音译为毕钵罗、卑钵罗、庳钵罗等。相传释迦牟尼就是在摩揭陀国伽耶城外的一株毕钵罗树下的金刚座成道的，故该树被称为菩提树，并被佛教徒奉为圣树。意译为道树、觉树、道场树、思惟树等。《大唐西域记》卷八记载，此金刚座上的菩提树，茎干黄白，枝叶青翠，冬夏不凋，光鲜无变。佛在世的时候，该树曾高数百尺，其后屡经残伐，变成四五丈高。后世的国王常在此树旁举行法会仪式，收取树叶作为祥瑞，而玄奘等中国去印度求法僧人也多去参拜此树圣迹。唐贞观年间的使臣曾在此树旁的寺院设供并施袈裟。唐显庆五年（660），唐朝使臣于寺立碑，以纪圣德。段成式《酉阳杂俎》前集卷十八除引用《大唐西域记》中的相关记载外，还指出菩提树的梵名有两种，其中的“阿湿曷咃婆力叉”，即梵文Asvattha-vriksa的音译，原意为印历七月之树（因

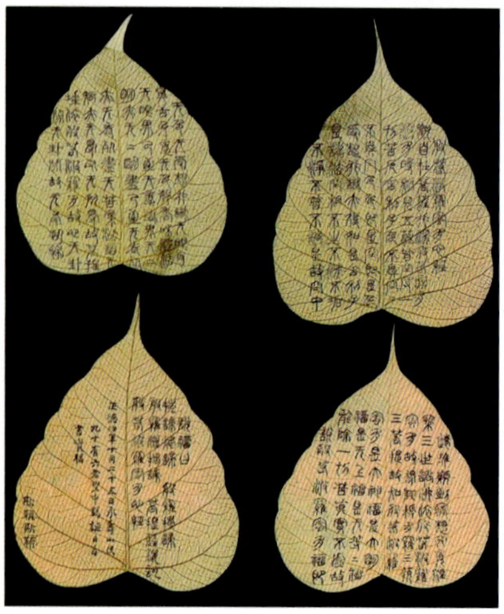

中国明代菩提叶书《心经》书影

此树于印历七月月圆之日结果而得名)。

菩提树与佛祖成道有关，故该树也曾移植中国。南朝梁天监元年（502），智药三藏自西竺国（今印度）航海而来，将彼土菩提树一株植于广州光孝寺戒坛前，并预言后世有肉身菩萨（指禅宗六祖慧能）在此开示众生。从此中国广东、云南等地有菩提树的种植，一些寺院也喜欢栽种此树。来自印度的菩提树及树叶常被作为贡品或者礼物。《梁书》卷五十四记载，中大通六年（534）八月，槃槃国再次派遣使臣送菩提国真舍利及画塔，并献菩提树叶、詹糖等香。《旧唐书》卷一百九十八记载，贞观十五年（641），摩揭陀王尸罗逸多（即戒日王）遣使献火珠及郁金香、菩提树。另据《佛祖统纪》记载，北宋太平兴国三年（978）三月，开宝寺沙门继从等自西天（即印度）还，献梵经、佛舍利塔、菩提树叶、孔雀尾拂。太平兴国七年十二月，成都沙门光远游西天还，诣阙进西天竺王子没徙曩表、佛顶印、贝多叶、菩提树叶。北宋咸平元年（998），中天竺沙门你尾抳等来朝，进佛舍利、梵经、菩提树叶、菩提子数珠。景德二年（1005）三月，迦湿弥罗（见罽宾）沙门目罗失稽来，进梵经、菩提树叶。大中祥符三年（1010），中天竺沙门觉戒来朝，进舍利、梵夹、金刚座真容、菩提树叶。宝元二年（1039）五月，3次前往西天的怀问同沙门得济、永定、得安，自中天竺摩竭陀国还，进佛骨舍利、贝叶梵经、贝多子、菩提树叶、无忧树叶、菩提子念珠、西天碑十九本。

因为佛教的中介，菩提树在中国古代文献中颇有影响。《六祖坛经》中神秀的偈颂“身是菩提树，心如明镜台。时时勤拂拭，勿令染尘埃”，以及慧能的偈颂“菩提本无树，明镜亦非台。本来无一物，何处惹尘埃”，是中国佛教史上两首最知名的有关菩提树的偈颂。菩提树是中印佛教交流的代表性植物之一。

（陈明）

Pushu

蒲恕（约活动于11世纪初） 古代南印度注荤国来华使者。作为副使随娑里三文等人于宋代来华。

（张书剑）

Puyatuoli

蒲押陀离（约活动于11世纪初） 古代南印度注荤国来华使者。据《宋史》卷四八九记载，受注荤国王尸离罗茶印陀罗注罗派遣，于宋明道二年

（1033）十月来华，“以泥金表进真珠衫帽，及真珠一百五两、象牙百株”。西染院副使、閤门通事舍人符惟忠以鸿胪少卿的身份陪伴客使。蒲押陀离自称曾多次朝贡，皆因海风毁坏船只而未能到达，“愿将上等珠就龙床脚撒殿，顶戴瞻礼，以申向慕之心”。于是奉银盘上殿，跪着把珠子撒在御榻下面之后退下。景祐元年（1034）二月，蒲押陀离被宋仁宗赵祯（1022～1063年在位）任命为金紫光禄大夫、怀化将军，返回本国。

（张书剑）

Pu'an Zhou

《普庵咒》 *Incantation of Pu'an, Eternal Peace* 中国古琴音乐曲目。又名《普安咒》、《释谈章》。南宋袁州开元寺（今江西宜春袁州慈化寺）临济宗名僧普庵（1115～1169）创作，题为“普庵大德禅师释谈章”。普庵禅师有《普庵印肃禅师语录》3卷传世，南宋以来屡受加封，至明季已被抬高至“至善弘仁圆通智慧寂感妙应慈济真觉昭贶慧庆护国宣教大德菩萨”之位。明成祖朱棣称普庵“万行圆融，六通具足，端严自在，变化无方，哲学悟于群迷，普利益于庶类，如溥甘霖于六合，膏泽均沾，犹现满月于千江，光辉旁烛”。

“普安咒”亦为著名佛教咒语。虽然如此，但《普庵咒》并非由印度传入，而是中土少见的“祖师咒”。为普庵依据古代印度学习梵语的入门书《悉昙章》，将其中梵文字母的元音、辅音重新拼组叠合而成。旨在借音律曲调来帮助记忆梵文字母的发音和拼写，同时借咒语音声来安心定神，因而可以独立于梵语语音系统而直接以汉语持诵。据说，此咒具有“普安十方，安定丛林”等特殊愿力，被列为禅宗寺院必诵之经咒。约于明万历二十年（1592）被录入《诸经日诵》。清道光（1821～1850）初刻印《禅门日诵》亦收录之。 495

作为音乐曲目，《普庵咒》最初为古琴曲，其形成和流传的过程比较复杂。有人认为，普庵禅师可能也是曲作者。也有观点说，《普庵咒》最初并未谱曲，而是在寺庙诵唱过程中逐渐形成旋律，直至明季才被谱成琴曲。据考，南北方寺院所诵唱的《普庵咒》音调节奏本不相同，“北派以山西五台山作代

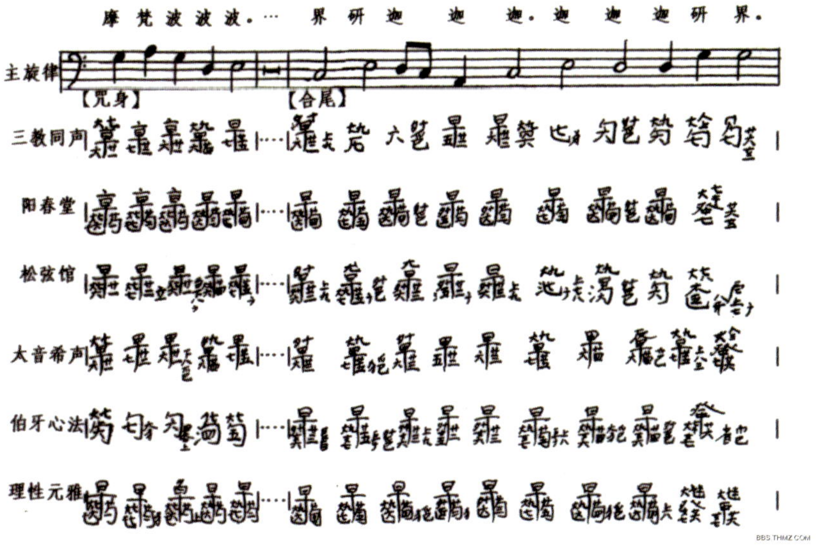

诸《普庵咒》琴谱对比

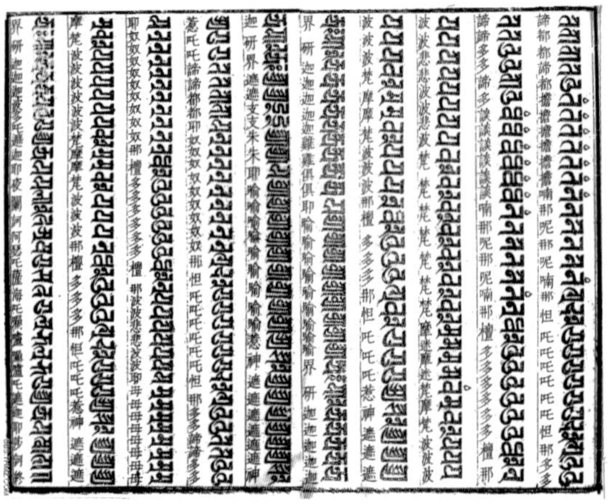

普庵咒

表；南派以江苏常州天宁寺为代表”（胡耀：《佛教与音乐艺术》）。普庵禅师云游之时曾住锡五台山观音菩萨道场静音寺（因普庵入住，该寺后更名普庵寺）。因此，尚不能排除普庵禅师对该曲的创作或修改有所贡献的可能。有作者署名的《普庵咒》琴谱出现于明代，最早见于明代万历年间的《三教同声》琴谱，名为《释谈章》。这是中国首次刊行佛曲。琴谱序文称“新安张宾桐氏”张德新创作该曲。刊于明天启五年（1625）、由钱塘陈大斌（号太希）编撰的《太音希声》也收录了《释谈章》琴曲。陈大斌声称，此曲乃其师浙派著名琴师李水南所作（约1556）。后世学者考证，此二谱所录《普庵咒》琴谱之间没有承袭关系。

马来西亚学者陈松宪认为，在《普庵咒》音乐出现过程中起至关重要作用的既不是张德新，也不是李水南，而是缘于一个典雅古朴的乐种——福建南音。福建南音应寺院仪式活动演奏佛曲之需，将普庵咒配以南音“寡北”滚门音乐，最终形成南音指套，流行甚广。《普庵咒》全曲有六个部分：佛头，起咒，一回，二回，三回，佛尾。其中主体音乐源于福建南音，而“佛头”、“佛尾”则随琴人加工而呈现显著差异。张德新和李水南两个系统即如此形成。明代琴谱《阳春堂琴谱》、《松弦馆琴谱》等遵从《三教同声》系统，《伯牙心法》和《理性元雅》等沿袭了《太音希声》系统，而明崇祯七年（1634）刊行的《古音正宗》则显示了这两个系统的融合。

清代刊载《普庵咒》琴曲的谱集和抄本近30部，在音乐旋律上大多统一于《太音希声》系统，琴曲从明代的一字一音，转化成较为器乐化的乐章。经过改造的琴曲随之被佛教人士缩减篇幅，又加入民间曲牌，再引回普庵禅师咒语的诵唱中，最终演化为佛教仪轨音乐。

佛教音乐中国本土化的历程悠久，而更多的则是宫廷音乐和民间音乐的交流融合。古代寺院中的法事仪轨所用乐器，多系打击乐器、吹管乐器，夹以少量弦乐器，而古琴并不包括在内。因此，古代琴谱中佛曲少之又少，除《普庵咒》外，仅有《色空诀》（载于《太音希声》）和《那罗法曲》（载于《枯木禅琴谱》，1893）等。古琴音乐是古代文人音乐的典型代表，其美学思想与禅宗思想相通，受到古代文人雅士及琴僧群体的青睐。张德新“欲联三教以同声”而谱《释谈章》、李水南受道友所托编写《普庵咒》，皆属此类文人音乐活动。

琴曲之外，《普庵咒》也加入其他乐器，如弦索、琵琶、丝竹、鼓吹等，可谓一曲多式。《普庵咒》已遍布于大江南北多类乐种中。清代《天闻阁琴谱》称之：“此操亦方外高人所作……其音韵畅达，节奏自然……令人身心俱静，可谓平调中第一操也。”或许正因为《普庵咒》曲调协和梵呗，幽静肃穆，能化戾气为慈悲，因而今人又称之为《普安咒》及《清心普善咒》。

（张绍斌）

Puguang

普光　Puguang（约活动于7世纪）　中国唐代俱舍学的高僧、译经家。又号大乘光。玄奘高足之一，与神昉、嘉尚、窥基并称为玄奘门下四哲，参与译场的译经工作，尤其于《俱舍论》一部最得奘师真传。

据《宋高僧传》卷四等记载，他聪颖机敏，特地投身玄奘法师门下勤学佛法，其刻苦程度远在一般僧徒之上。普光对佛学的领悟能力也很强，能够闻一知十，深得玄奘的赏识。之后，他参与玄奘的译场，协助译经，成绩斐然。玄奘翻译大小乘经、律、论共75部1 335卷，其中有十之七八都是由普光担任笔受（负责记录）的。他又跟随玄奘至玉华宫翻译《大般若经》，多有裨益。

玄奘认为《俱舍论》的旧译在义理方面多有欠缺，于是从印度取回梵本重新翻译，并将自己在西印度从说一切有部法师那里学到的精义教授给普光。普光以此为《俱舍论》撰写注疏，对义理进行剖判。他所撰的《俱舍论记》（T1821）30卷，与神泰、法宝所作的注疏并称为“俱舍三大疏”，并且是其中质量最高的一部权威著作。因精于大乘学说而获得“大乘光”的名号。此外，他还著有《俱舍论法宗原》（X837）1卷、《大乘百法明门论疏》（T1837）2卷等。

（范晶晶）

Puhua Si

普化寺　Puhua Temple　中国藏传佛教寺院。位于新疆伊犁哈萨克自治州霍城县惠远镇。乾隆二十七年（1762），清朝统一天山南北后，在伊犁地区（绥定城北）新建一座藏传佛教寺院，命名为“兴教寺”，并在寺内立碑纪念。该寺为清朝中央政府在新疆建造的第一座藏传佛教寺院，初期寺僧仅有32名。乾隆二十九年，寺院移至惠远城（今霍城县惠远镇）东十里处；乾隆三十二年，乾隆帝将其更名为“普化寺”，伊犁将军阿桂撰刻碑文，以示纪念。后扩大规模，至乾隆朝末年，寺僧增至1 126名，均由官府供给口粮和衣单，设立堪布（住持）一员，由理藩院从京城选派，5年更换一次。该寺为清代新疆地区最大的藏传佛教寺院。

（尕藏加）

Puji

普积　Samudānī（约活动于11世纪）　印度来华僧人。据《佛祖统纪》卷四四，普积于北宋大中祥符八年（1015）由北印度缚邻捺国（今印度北方邦瓦拉纳西）来到宋朝都城汴京（今河南开封），进献舍利和梵经。宋真宗赵恒（997～1022年在位）赐以紫服。

（薛克翘）

Puladan

普拉丹,P. Prahlad Pradhan（1910～1982） 印度梵语和佛教学者。因借助汉译本将部分佛教文献恢复成梵文而著称。生于距离今印度奥里萨邦伯尔格尔城15千米的迦姆冈安特巴里县的一个小镇。自巴特那大学获梵语硕士学位后，1939年获奥里萨省政府奖学金赴圣蒂尼克坦，以高等研究院研究学者的身份学习巴利语和俗语。1947年入国际大学奥里萨语系工作。

1949年初，普拉丹被派往中国北京大学，以梵语、印地语学者身份在北京大学东语系讲授印地语和巴利语。在华三年半期间，掌握了古汉语和汉传佛教用语。1952年返回印度，入国际大学中国学院从事研究工作。数月后收到奥里萨邦政府的任命信，被聘为莱文肖学院梵语与奥里萨语文学专业讲师。但他对印中古典文学的兴趣不曾稍减，借助汉语、藏语、日语中的相关文本和注释编辑并恢复了4世纪犍陀罗佛教学者、大乘佛教瑜伽行派创始人无著的《阿毗达磨集论》和世亲的《阿毗达磨俱舍论》。1958年入乌特卡尔大学，任梵语教授。在学术生涯的最后阶段被任命为普里的贾格纳特梵语大学校长。1982年逝世。

（那济世撰　李亚兰译）

Pulapagela

普拉帕格拉 Prabhākara（约活动于七八世纪） 印度古代哲学中弥曼差派哲学家。在理论上坚持传统弥曼差派的观念，认为吠陀是没有作者的，是天启的、圣神的。主张“声常住论”，认为只有吠陀言语才能称为声量（圣教量）。一般的言语则不能。他在当时曾激烈地批判有神论，认为有神论的说法不能自圆其说。普拉帕格拉也吸收和改造了胜论派的句义论，认为事物或现象可分析为八个句义，即实、德、业、同、和合、能力、相似、数。实句义下有地、水、火、风、空、时、方、我、意九实；德句义下有色、味、香、触、数、量、别体、合、离、彼体、此体、乐、苦、欲、瞋、勤勇十六德；业句义下有取、舍、屈、伸、行五业。他的主要著作有《大释补》和《小释补》等。

普拉帕格拉在现代也为中国学人所关注。姚卫群在其所著《印度宗教哲学概论》（北京大学出版社，2006）一书的第9章中论及了他的主要思想。

（姚卫群）

Pulasade

普拉萨德,R. Rajendra Prasad（1884.12.03～1963.02.28） 印度政治家，印度共和国第一任总统。在中印文化交流领域作出了一定贡献。出生于印度比哈尔邦锡石县的一个中等地主家庭，父亲为波斯语和梵语学者。幼年随毛

拉维学习波斯语和印地语。1902年就读于加尔各答管区学院，后于加尔各答大学获经济学硕士学位，于阿拉哈巴德大学获法学博士学位。曾在加尔各答高等法院工作（1911～1916），先后在多所教育机构执教。1916年，创办《比哈尔法律周报》。1920年放弃律师生涯，参加非暴力不合作运动，在《探照灯》和《祖国》等刊物上积极撰文宣传和推动印度独立运动。曾任比哈尔邦国大党委员会书记和主席，四次当选印度国大党主席，三次入狱。1946～1948年任政府粮食和农业部长，1946年12月至1950年任立宪会议主席。1950年1月26日印度宣布成为共和国后，被印度立宪会议推选为印度第一任总统。1951年经印度普选继任，并于1957年再次当选。1962年卸任，次年在比哈尔邦首府巴特那逝世。

普拉萨德曾在各种场合与中国领导人及学者会面。1951年6月，时任印度总统的普拉萨德以印度德里大学校长的身份为中国学者冯友兰颁发了德里大学名誉文学博士学位证书。特别提到冯友兰所著《中国哲学史》和“贞元六书”（冯友兰所著《新理学》、《新事论》、《新世训》、《新原人》、《新原道》和《新知言》六书之合称），并高度评价了冯友兰在哲学史研究和哲学理论创建方面取得的成就。

（张亚冰）

Pulatapu

普拉塔普,R.M. Raja Mahendra Pratap（1886.12.01～1979.04.29） 印度民族主义者，政治活动家。1915年在阿富汗喀布尔创立首个印度境外临时政府并出任总统。因领导民族主义运动而被英国当局驱逐，在海外流亡多年，旅居中国、日本、阿富汗、德国、美国等。曾在全球范围内寻求支援，不断为印度的独立事业而斗争。

普拉塔普1925年首次来华，30年代曾多次到访中国，与宋庆龄、孙科、冯玉祥等有广泛接触。应邀在华发表演说并引起听众共鸣。曾两度尝试率团进入中国西藏地区，希望在当地人的支持下依靠武装部队挺进并解放印度，但最终未能抵达拉萨。

普拉塔普不仅是一位民族主义者，还是泛亚洲主义者和世界联盟理念的信仰者。他在北京期间，设立了世界联盟总部并创办刊物。日本入侵中国东北等地后，继续支持泛亚洲主义，因而失去其在中国的大部分支持者。普拉塔普离开中国后前往日本，1946年获准回国。印度独立后，普拉塔普继续活跃于印度政坛，被选为人民院议员。著作颇丰，《我的生平》、《一个流亡者的反思》等书记述了他在中国的经历。

（玛妲玉撰　何赟译）

Pulicmuchangde

普列姆昌德,M. Munshi Premchand（1880.07.31～1936.10.08） 印度印地语、乌尔都语小说家。生于印度北方邦

普列姆昌德《舞台》中译本封面

贝拿勒斯附近的拉莫希村，原名D.拉伊。

普列姆昌德19岁后长期从事教育工作。1921年辞去待遇优厚的公职，专事文学创作，并先后主编《天鹅》、《觉醒》等杂志，创办“智慧之神”出版社，成为印度现代文学发展的重要阵地，培养了大批年轻作家。1936年4月主持印度进步作家协会第一次代表大会，发表主题演讲《文学的目的》，当选协会首任主席。同年10月8日病逝。

普列姆昌德一生著有15部中长篇小说，300余篇短篇小说，还有电影剧本、儿童文学作品、戏剧和大量时评、政论、文学评论的文字。第一部短篇小说集《祖国的痛楚》，因带有强烈的爱国主义色彩，遭到英国殖民当局查禁。其主要作品有《服务院》(1918)、《仁爱道院》(1922)、《战场》(1925)、《妮摩拉》(1927)、《戈丹》(1936)等。《戈丹》是其代表作，广阔地展示了20世纪30年代英国殖民主义者统治下印度农村的社会风貌，揭示了尖锐的阶级矛盾，塑造了典型的农民形象，被誉为“印度农村的史诗”。

普列姆昌德对中国人民和中国文化抱有深刻的认同和真切的关心。20世纪30年代日本侵略者入侵中国，他在《觉醒》和《天鹅》等杂志连续发表社论、时评，谴责日本侵略者的暴行，声援中国人民的正义斗争。在《日本的胃口》一文中他写道：“‘横行霸道’这一古老的成语，正好适用于日本。它攫取了朝鲜，又攫取了满洲，现在又想攫取整个中国了。”他在列强横行称霸、弱小民族反抗的世界整体格局中看待中印关系，呼吁彼此团结合作，互相支持。在一篇题为《“华北国”》的时评中他写道：“印度和中国有几千年的友好关系，印度对中国所抱的尊重、敬仰和友爱之情，那只有印度人民自己能体会到。”

20世纪50和80年代，中国有过两次普列姆昌德著作的译介高潮。50年代，他的代表作《戈丹》、《妮摩拉》及部分短篇小说被译成汉语，受到读者的喜爱，并影响了浩然、刘绍棠等中国当代乡土派作家的创作。80年代，他的短篇小说以《新婚》(1981)、《如意树》(1982)、《普列姆昌德短篇小说选》(1984)、《割草的女人》(1985)等为题被结集翻译出版；长篇小说《舞台》(《战场》，1980)、《一串项链》(《贪污》，1983)、《仁爱道院》(《博爱新村》，

普列姆昌德《割草的女人》中译本封面

1986)也经翻译出版。他的思想和创作一直是中国学者的研究课题和硕士、博士论文选题，中国印度文学研究会曾在1986年为他举行专题学术研讨会，刘安武的《普列姆昌德评传》(1999)是中国学者研究普列姆昌德的标志性成果。

(黎跃进)

Puqiongwa Xunnujianzan

普琼瓦·勋努坚赞 phu chung ba gzhon nu rgyal mtshan (1031～1106) 中国藏传佛教高僧，噶当派法脉传承人之一。出生于西藏潘波吉热宗地方，长大后在香钦布和兰茨强二位高僧座前剃度出家，取法名勋努坚赞。曾在库敦座前专门学习般若和律藏等显宗经论，后赴聂塘地方，在阿底峡尊者前聆听讲法。阿底峡尊者圆寂后，跟随仲敦巴·嘉维炯奈到热振地方，师事仲敦巴，继续学法达11年，博通噶当派的教法仪轨，尤其获得仲敦巴的全部教诫。普琼瓦学成后没有专门招收徒弟讲经传法，而是将大部分精力和时间用于在僻静处闭关修行，主要实践和体验三宝、十二缘起和教诫等佛教核心义理。他在佛教事业上取得的成就，是建立了噶当派的教诫传承。

(尕藏加)

Pushan

普善 Sarvakuśala (约活动于11世纪) 印度来华僧人。据《佛祖统纪》卷四四，普善于北宋天禧三年(1019)由印度来到宋朝都城汴京(今河南开封)，进献梵经。宋真宗赵恒(997～1022年在位)赐以紫服。

(薛克翘)

Putuo Shan

普陀山 Mount Putuo 中国佛教四大名山之一。位于浙江省，为舟山群岛中之一岛，面积12.76平方千米，属舟山市普陀区。是以供奉观音菩萨为主的岛上佛教建筑群的总称。

背景 普陀山与观音信仰紧密相关。后汉来华僧人支曜翻译的《成具光明定意经》中首次出现观音的名字。此经译于汉中平二年(185)。其后，三国魏康僧铠于嘉平四年(252)译的《佛说无量寿经》中，观音以阿弥陀佛的胁侍身份出现。后秦弘始八年(406)，鸠摩罗什译出《法华经》，其中观音不仅具有神力，而且具有三十三身，能以不同身份救人于危机苦难。北魏泰常五年(420)前后，甘肃炳灵寺169窟出现最早的观音泥塑，同时，江南也开始造观音像，说明中国人已开始崇拜观音偶像。南北朝时的志怪小说中出现观音救苦救难故事。唐龙朔三年(663)，玄奘译出《大般若波罗蜜多经》，进一步推进了中国人的观音信仰。6世纪中叶，观音受密教影响，出现多头多臂形象。在此期间，耶舍崛多译出《十一面观音咒经》和《不空

普陀山法雨寺

普陀山牌坊

羂索观世音心咒》。此后，由唐至宋，玄奘、金刚智、不空、菩提流志、法天、天息灾、法贤等译出很多此类经典，中国佛教迎来密教的鼎盛时期，观音形象也出现诸多变化。

沿革　据记载，唐大中年间（847～860）一名印度僧人来到浙江海外小岛，曾以火烧炼十指，发愿见观音，观音果然显灵。于是，此岛便与观音联系在一起。大中十二年（858），日本僧人慧锷从五台山请得观音像，归国途中停于此岛，遇大风不得起航，便留居岛上，建不肯去观音院。观音信仰在此岛渐成规模。南宋嘉定七年（1214），普陀山规定为观音道场，主要供奉观音菩萨。根据佛经中的有关记载，此岛亦被比附为观音在南印度的住处普陀洛迦，简称普陀。后又将普陀洛迦拆开，分成普陀山和洛迦山两处地方。洛迦山也在此岛之上。

现状　普陀山在民国时期已有寺院、庵堂、茅蓬200余处，僧尼4 000余人。后经重大历史变迁，现存寺院、庵堂20余处，参观景点20余处。普济寺、法雨寺和慧济寺为普陀山3座最大寺院。普济寺位于普陀山白华顶南，初建于北宋元丰三年（1080），明万历三十三年（1605）扩建。清康熙四年（1665）被荷兰军队毁坏，康熙三十八年重建。现有殿堂房舍200余间，占地面积11 400平方米。其主殿为雍正九年（1731）重建，可容纳千余人同时礼拜。殿内观音坐像和千手观音等，为现代作品。法雨寺在白华顶东侧，光熙峰下。建于明万历八年（1580），初名海潮庵，后名护国镇海禅寺。曾因大火焚毁，康熙二十八年重建，康熙三十八年更名法雨寺。占地面积约8 800平方米。其观音殿供有观音巨像，两侧为十八罗汉像。慧济寺位于普陀山最高处的佛顶山上。其原址为一供奉佛像的石亭，后为慧济庵。乾隆五十八年（1793）扩建为慧济寺，光绪三十三年（1907）又得以大规模扩建。

（薛克翘）

Puxian Pusa

普贤菩萨 Samantabhadra　佛教菩萨名，中国民间诸神之一。佛经说，释迦牟尼佛有二胁侍菩萨，左为文殊菩萨，骑青狮，右为普贤菩萨，乘白象。普贤菩萨在中国佛教中与观音、文殊、地藏并称为四大菩萨。在密教中，很早就出现了普贤菩萨信仰。在《大日经》中，诸菩萨以普贤菩萨为首，在胎藏界曼荼罗中居于“中台八叶”的东南方位。

普贤菩萨像　中国北京法海寺壁画

普贤菩萨在中国民间影响很大，四川峨眉山是普贤菩萨的道场。明代小说《西游记》中即有与普贤菩萨相关的故事。《封神演义》中则把他说成是“普贤真人”。此外，在许多庙宇和绘画中都能经常看到他的形象。

（薛克翘）

普陀山远眺

Puyao Jing

《普曜经》 *Lalita-vistara*　佛陀传记。大乘佛教重要的方等经典之一。又名《方广大庄严经》、《神通游戏》。描述了佛陀（见释迦牟尼）传奇的一生，始于从兜率天宫降生到净饭王家，终于鹿野苑第一次转法轮，属于佛传文学之列。所谓“神通游戏”，用大乘的观点看，表示佛陀以神通度化世人，如同游戏一般。

《普曜经》现存梵文本，以说一切有部的佛传文学为基础，随着时代的推移逐渐加入大乘佛教“佛陀崇拜”的神话传奇而成书，一般认为最终编定于9世纪左右。经文采用韵散结合的文体，其中偈颂部分使用混合梵语，散文部分使用梵语。

在隋代**阇那崛多**所译的《佛本行集经》中，交代了5个部派不同的佛陀传记：“摩诃僧祇师名为《大事》，萨婆多师名此经为《大庄严》，迦叶维师名为《佛生因缘》，昙无德师名为《释迦牟尼佛本行》，尼沙塞师名为《毗尼藏根本》。”其中，《大事》存梵本而无汉译，《佛生因缘》与《毗尼藏根本》则既无汉译也无梵本留存，汉译的《佛本行集经》是以昙无德部（法藏部）佛传为基础的汇编。萨婆多师之《大庄严》系《普曜经》来源。

《普曜经》梵本共有27品，有3个精校本，分别由R.米特拉（1877）、S.勒夫曼（1902）与P.L.威迪耶（1987）编校。《序品第一》强烈地体现了方等经典的特征，即以夸张的手法介绍佛与

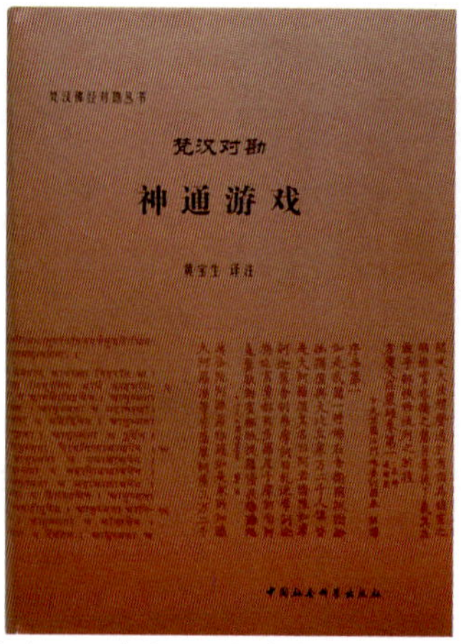

黄宝生译注《梵汉对勘〈神通游戏〉》封面

一万二千比丘、三万二千菩萨一起，受到四众、国王、大臣、市民各色人等的供养，之后佛陀大放光芒，于是净居天子等请佛陀宣说此经。此后为经文讲述。第2~7品交代佛陀从兜率天宫下降，化身为白象投胎于净饭王的王后**摩耶夫人**，各类天人也跟随他一起下凡；佛陀处胎时示现种种神迹，此后伴随着各种瑞相出生于**蓝毗尼**，仙人阿斯陀预言他将得道成佛。第8~10品叙述佛陀幼年时代入天祠反受神像跪拜、入学堂反教老师书写文字的故事。第11品描写佛陀的第一次禅定实践。第12、13品记录佛陀的竞技成婚与婚后享乐。第14、15品讲述佛陀看到生老病死的现象后出家访道。第16、17品描写佛陀四处求师并实行苦行。第18~22品记载佛陀摒弃苦行，在**菩提树**下悟道，战胜魔众。第23~26品讲述佛陀在**梵天**与帝释天的请求下，答应在世间传道，于是在鹿野苑第一次向五位**比丘**讲法。在最后一品中，佛陀讲解受持此经的功德。

《普曜经》现存两种汉译本：西晋**竺法护**译《普曜经》(T186）8卷和唐代**地婆诃罗**译《方广大庄严经》12卷。这两个译本所依底本是定型为现存梵本之前的文本，而以后者与现存梵本更为接近。另有一种藏译本，与梵本也很接近。进入近代以后，该经还有英、法等数种译本出现。2012年黄宝生出版了梵汉对勘和汉语新译本，题名《神通游戏》。

在印度尼西亚爪哇岛的婆罗浮屠，刻有描绘佛陀一生行迹的浮雕，据说其文本依据就是《神通游戏》。

（范晶晶）

Q

qidi

七谛 sapta-tattva 印度古代哲学中耆那教的理论。耆那教在理论上致力于探讨人生和世间事物的真理。此派所论述的涉及其宗教真理的基本概念是所谓“谛”，而达到解脱状态，在耆那教看来就是对这些“谛”内涵的认识或证悟。耆那教主要经典《谛义证得经》(见乌玛斯伐蒂）中认为这种“谛”有七种：命我、非命我、漏、缚、遮、灭、解脱。“命我”主要指生命现象中的轮回及解脱的主体，一些“命我”存在于一般物体中，属于“不可解脱的命我”，一些“命我”则存在于人等生命物体中，通过修行和认识真理可以摆脱束缚，属于“可解脱的命我”；“非命我”是对命我之外的其他事物的概括，包含了耆那教对世间现象的基本看法；“漏”指业的物质流入（漏入）命我，业的物质产生于人的行为；“缚”指业的物质对命我的束缚；“遮”指对漏的抑制；“灭”指通过苦行等手段有效地灭除业的物质漏入命我；“解脱”指命我摆脱一切业物质的束缚，即通过完美的正信、正智等达到耆那教追求的最高境界。耆那教的各种具体宗教哲学思想主要都是通过对这“七谛”的具体解释展开的，或是在这七谛的基础上演绎变化而来。中国现代研究耆那教思想的学者通常都关注七谛概念。姚卫群在其《印度哲学》(北京大学出版社，1992）一书的第3章中论及了这一概念。

（姚卫群）

qidiao

七调 sapta-svara 中国古代乐律术语。以一个八度音高范围内从低到高的7个基本乐音为调高宫音的乐调，构成宫、商、角、变徵、徵、羽、变宫“七声”。又名“七音”或“七律”。

调的概念在中国和印度不尽相同。印度音乐中的七调，原文为梵文Saptaka，含义仅指音高。从低到高的7个基本乐音是：“沙贾”、“里沙帕”、“甘塔拉”、“玛蒂亚玛”、“班贾玛”、“泰瓦达”、“尼沙达”，简称Sa、Ri、Ga、Ma、Pa、Dha、Ni。印度音乐中的七调主要使用3个八度，根据音域高低，可分为低音区、中音区和高音区3个部分。

中国的“调”不仅指音高，同时也包含调式概念，故又称“宫调”。据《魏书·乐志》：“崔九龙言于太常卿祖莹曰：声有七声，调有七调，以今七调，合之七律，起于黄钟，终于中吕。”意为自黄钟起，以三分损益生十二律，止于中吕，亦即黄钟生林钟，林钟生太簇，太簇生南吕，南吕生姑洗，姑洗生应钟，应钟生蕤宾，蕤宾生大吕，大吕生夷则，夷则生夹钟，夹钟生无射，无射生中吕。

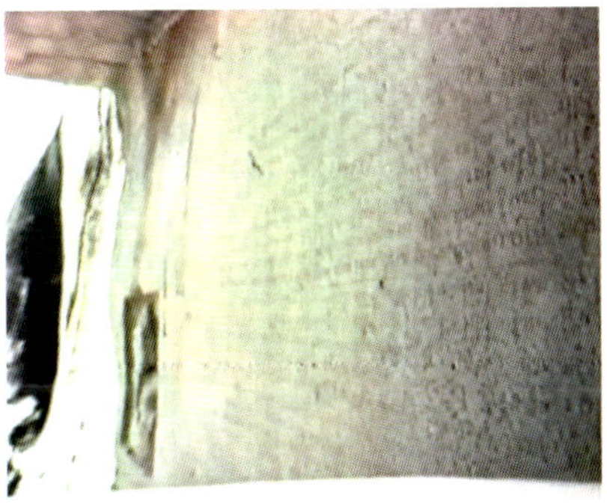

印度古杜米延马莱村七调碑

所谓“七声”，指五声加二变（变徵、变宫），“七调”指以七声各声为宫合而为之，但“七调”要用全“起于黄钟，终于中吕”的十二律。完整的调名要由律名（代表调高宫音）和声名（代表调式主音）两者合成，既表示调高相同、音列相同而主音不同的同宫系统的调式关系，如黄钟之宫、黄钟之商、黄钟之角等，同时也表示调高不同、音列不同、调式不同但主音音高相同的同主音系统调式，如黄钟为宫、黄钟为商、黄钟为角等。

中国古代七调的具体调名，常因时代或乐种而异。《隋书·音乐志》所载七调之名，显系印度梵文语词音译，而“娑陁力”和“般赡”两音，无疑是印度七声音阶shadja和panchama的对音。

20世纪初，在印度泰米尔纳德邦布杜戈代县古杜米延马莱村附近的山麓发现的7世纪的一块石碑，上面记载的七调基本与婆罗多牟尼的《舞论》相同。中国音乐学术界称之为“七调碑”。6世纪下半叶苏祇婆所传之七调，应为当时乐工据龟兹语而汉译的阶名。

（赵佳梓）

Qihe

七河 Sapta-sindhava 印度古代吠陀圣典和其他经典著作多次提到过的7条河流。所列名称并不完全相同。在吠陀中，它们是恒河、亚穆纳河、萨拉斯瓦提河、萨特累季河、波卢湿腻河、摩录多乌罗陀河、阿罗季吉耶河。《摩诃婆罗多》有一处说是伐泗佛伽萨罗河、那利尼河、波伐尼河、恒河、悉多河、印度河、赡部河；另一处则为恒河、亚穆纳河、布罗刹迦河、罗陀私陀河、萨罗柔河（今萨尔朱河）、勾摩底河、甘达吉河（即今甘达克河）。《罗摩衍那》和往世书亦各有说法。虽经学者研究，前述河流仍有些不知所指。七河流域是印度-雅利安人入印后早期的居留地。

（葛维钧）

qili

七例 印度古代声明术语。指梵文名词性词的7种变格形式。梵文名词有三性（指阳性、阴性、中性）、三数（指单数、双数、复数），每一数中又有8种格位的区别，即体格、业格、具格、为格、从格、属格、依格和呼格。唐代玄奘译《瑜伽师地论》卷2中的“七例句”，以梵语名词Puruṣa（人）为例，列出了该词的7种格尾的变化形式。《大慈恩寺三藏法师传》卷3详细叙述了“八啭”的名称及其相应的变格形式，分别为诠诸法体（体格）、诠所作业（业格）、诠作具及能作者（具格）、诠所为事（为格）、诠所因事（从格）、诠所属事（属格）、诠所依事（依格）、诠呼召事（呼格）。唐代义净《南海寄归内法传》卷4的“西方学法”条中，将前7种格称为“七例”；加上呼格，称作“八例”（或“八转声”）。义净译《根本萨婆多部律摄》卷2中，将前7种格译为“七例声”，依次称作“作者声”、“作业声”、“所由声”、“所为声”、“所从声”、“属主声”、“所依声”，并以“比丘”一词为例，对7种格的含义进行了解释。该经中也指出，这7种格加上“呼召声”，合称为“八转”，而每一“转”又有单数、双数和复数的分别，则一共有24种不同的格位变化形式。除传世文献之外，敦煌写本中的《八转声颂》也论述了梵文名词性词的这些变格形式。

（陈明）

Qi Shi Gamaba Quezhajiacuo

七世噶玛巴·却札嘉措 chos grags rgya mtsho (1454～1506) 中国藏传佛教转世活佛，噶玛噶举派黑帽系七世噶玛巴活佛。出生于巴康鄂地的吉达地方，父

七世噶玛巴·却札嘉措（左）画像

亲名扎巴班珠，母亲叫拉姆吉。从小与其他孩童有所不同，总是有许多奇异的表现，经多方考察后，被认定为六世噶玛巴·通瓦敦丹的转世灵童，师从多位高僧修习佛法。12岁时受沙弥戒，取名却扎嘉措。后在诸多高僧堪布座前修学佛教戒律及显密宗教法。同时，他遵循先辈惯例游访各地，一边参学修行，一边传教弘法。相传却札嘉措是一位不吃肉类的素食者，积极保护动物，时常劝导人们不要打猎和捕鱼。他在佛学领域有高深的造诣，撰有《波罗蜜多现观庄严论释·三世间之明灯》、《七部量论广释·理论海》、《中观见引导文》、《大手印广论讲义》、《中观因明学广史》等著作。其中有关般若和量论的阐述，与其他释本不同，有自己的独特观点。

（尕藏加）

Qi Yao

七曜 Sapta-graha 对太阳、月亮、木星、火星、土星、金星和水星这7个天体的总称。中国古代又把它们称作“七政”。大约在东汉出现了“七曜”的叫法。“曜”就是光明照耀，《诗经·桧风·羔裘》有“羔裘如膏，日出有曜。岂不尔思？中心是悼”的诗句。《后汉书·律历志中》载，永元元年（公元89）“常山长史刘洪上作《七曜术》”，这是文献中首次出现“七曜”一词。而后世大凡以七曜为名的历术大多有域外来源。像《七曜禳灾诀》这样具有域外起源的禳灾法便是建立在对日月行星位置进行有效推算的基础之上。

汉译佛经中七曜一词较早出现在三国时支谦、竺律炎译的《摩登伽经》中：“今当为汝复说七曜，日、月、荧惑、岁星、镇星、太白、辰星，是名为七。”高齐时天竺三藏那连提黎耶舍译出的《大方等大集经》卷五十六中也明确交代了七曜的含义：“尔时佛告梵王等言，所言曜者，有于七种，一者日，二者月，三者营惑星，四者岁星，五星镇星，六者辰星，七者太白星。”

七曜还与一种值日制度有关。《宿曜经》卷上“序七曜直日品”中记载：“夫七曜，日月五星也。其精上曜于天，其神下直于人，所以司善恶而主理吉凶也。其行一日一易，七日一周，周而复始。”此经卷下对此又进一步解释道：“夫七曜者，所谓日月五星，下直人间，一日一易，七日周而复始。其所用各各于事有宜者，有不宜者。诸细详用之，忽不记得，但当问胡及波斯并五天竺人总知。尼乾子、末摩尼常以蜜日持斋，亦事此日为大日。此

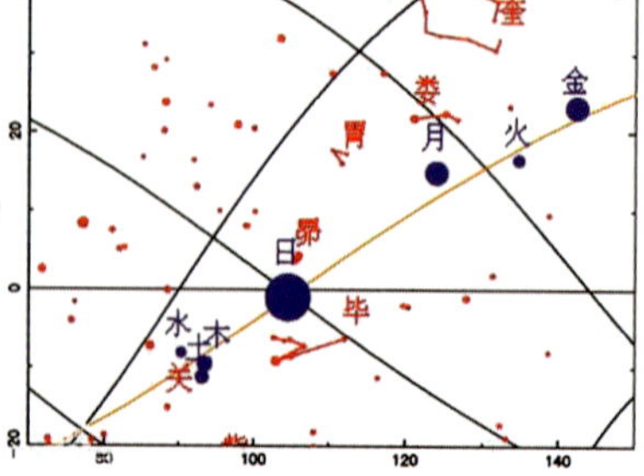

七曜星图

等事持不忘，故今列诸国人呼七曜如后。日曜太阳，胡名蜜，波斯名曜森勿，天竺名阿你底耶；月曜太阴，胡名莫，波斯名娄祸森勿，天竺名苏摩；火曜荧惑，胡名云汉，波斯名势森勿，天竺名盎哦啰迦；水曜辰星，胡名咥，波斯名掣森勿，天竺名部陀；木曜岁星，胡名鹘勿，波斯名本森勿，天竺名勿哩诃娑跛底；金曜太白，胡名那歇，波斯名数森勿，天竺名戍羯罗；土曜镇星，胡名枳院，波斯名翕森勿，天竺名赊乃以室折啰。”唐代中西交通发达，西方的七日一星期制度就已经传入中土，在长安（今陕西西安）更有波斯、天竺和胡人的聚居区，日常便能听到他们对七曜值日的称呼。

（钮卫星）

Qi Yao Cixiong Tu

《七曜雌雄图》 随印度佛教传入中国的占星类书籍。已佚。该书仅存标题于《宋史·艺文志》中，著录曰“《七曜雌雄图》一卷”，与其他星占类书目放在一起，盖属同类书籍。据标题中有“七曜”二字推测，当为以佛经为载体的七曜占星术从印度入华之后的产物。

（周利群）

Qi Yao Huiju

《七曜会聚》 中国古代天文历算类书籍。又作《七曜会历》。已佚。该书有关记载极少，仅存标题于《宋史·艺文志》中，著录曰“《七曜会聚》一卷”，与其他星占类书目放在一起，故推测为天文历算类书籍。标题中有“七曜”二字，推测为以佛经为载体的七曜占星术从印度入华之后的产物。

（周利群）

Qi Yao Rangzai Jue

《七曜禳灾诀》 一部以通过对行星和罗睺、计都运行规律的掌握和天上位置的预推来达到消灾、祈福目的的密教经典。又作《七曜攘灾诀》。收录为《大正新修大藏经》卷二十一密教部四，编号第1 308号经。作者为西天竺国婆罗门僧金俱吒，大约撰成于9世纪上半叶，由日本入唐求法僧人

宗睿于咸通七年（866）带回日本，并保存至今。

宗睿的《新书写请来法门等目录》中题“《七曜禳灾决》一卷”，但现在所见版本分卷上和卷中。其卷上内容包括：①日宫占灾攘之法第一；②月宫占灾攘之法第二；③木宫占灾攘之法第三；④火宫占灾攘之法第四；⑤土宫占灾攘之法第五；⑥金宫占灾攘之法第六；⑦水宫占灾攘之法第七；⑧宿度法；⑨七曜旁通九执至行年法；⑩九曜息灾大白衣观音陀罗尼；⑪北斗七星及九曜念颂真言；⑫一切如来说破一切宿曜障真言；⑬岁星动态总述及八十三年岁星动态表；⑭荧惑动态总述及七十九年荧惑动态表；⑮镇星动态总述及五十九年镇星动态表；⑯太白动态总述及八年太白动态表；⑰辰星动态总述及三十三年辰星动态表。其卷中内容包括：①罗睺动态总述及九十三年罗睺动态表；②计都动态总述及六十二年计都动态表；③二十八宿分野；④十二次分野；⑤五行之神形象及所宜忌攘法；⑥二十八宿宜忌攘法；⑦五行灾象定义；⑧七曜值日所生吉凶；⑨黄道日躔定气表；⑩五星七曜十二宫二十八宿算命天宫图；⑪五星临十二宫吉凶法；⑫每月朔望月所在之宿。共29项，其中第13、14、15、16、17、18、19、26等8项为纯粹的数表，含有深刻的数理天文学内容。

《七曜禳灾诀》中的行星和罗睺、计都历表中标注有干支纪年和日本年号，对此进行分析后可知，日本星占家把这些星历表用作手册，以确定行星的位置。现在所见《七曜禳灾诀》所据之母本，在11世纪中期到12世纪前期曾被日木星占家所使用。《七曜禳灾诀》之五星历表历元均为公元794年，罗睺、计都历表历元为公元806年，即采用近距历元编制历表。

对《七曜禳灾诀》五星星历表的详细分析表明，五星伏、见、留的位置记录与现代计算值相比，其偏差在合理的精度之内，留的时间偏差也在合理的范围内。对《七曜禳灾诀》中罗睺、计都历表的分析发现，罗睺是白道与黄道的升交点，计都是月球轨道的远地点。

《七曜禳灾诀》作为一种密教经典，出自印度婆罗门僧之手，伴随着密教的东传，著成于中国，再流传于日本。对《七曜禳灾诀》中数理天文学内容进行深入分析研究，发现其源头可追溯到希腊和巴比伦。说明《七曜禳灾诀》是一份反映唐代东西方科学文化交流盛况的重要物证。

（钮卫星）

Qi Yao Xixing Li

《七曜细行历》 *Sapta-graha Calendar* 中国南宋时历法。见刘孝荣。

Qi Yao Xingchen Biexing Fa

《七曜星辰别行法》 中国佛教经典。是一部综合了印度和中国星占元素、用祈禳法祛病求福的密教经典。1卷。唐一行撰。收入《大正新修大藏经》密教部，编号第1 309号经。经名之所以称作《七曜星辰别行法》，按照一行在经文前言中的说法，是因为七曜管二十八宿，二十八宿管诸行病鬼王，所以祈禳之前需先记得七曜日，祈禳的祷词中要说出星期几和何宿值日。

需要知道某人得病之日是何宿值日，其推算法在经文开头的前言中有详细介绍，推算宿值的起点是每月望日值日之宿，依次为：正月十五日，翼；二月十五日，角；三月十五日，氐；四月十五日，心；五月十五日，箕；六月十五日，女；七月十五日，室；八月十五日，娄；九月十五日，昴；十月十五日，觜；十一月十五日，鬼；十二月十五日，星。实际上，这十二宿也正是印度十二月的名称。要推算某月某日值日之宿，从该月十五日宿值前后依宿次第数之即可。因为一月有29日或30日，二十八宿不够值所有的日子，所以经文中在二十八宿之外又增加了辰星和文星两个星辰来值日。

经文的主体内容是30个星辰值日之日行病之鬼的名称，得病的症状，以及对应的祈禳之法。现今所见《大正新修大藏经》中30个星辰的排列顺序为：昴、毕、参、柳、星、张、翼、轸、箕、女、斗、觜、角、井、鬼、氐、房、心、尾、牛、亢、危、室、壁、娄、奎、胃、虚、辰星、文星。这一次序以昴宿为首宿，符合印度星宿体系的特征，但次序是混乱的，有可能是从抄本转换成印刷本时的排印错误引起。经文还给出每宿的星官图形，从星数和形状来看，属于中国古代二十八宿，只是有些星官图形与星宿之间的对应是错误的，这可能也是排印导致的错乱。经文还画出了每日行病之鬼的图形，从这些图形来看，有些具有中土形象，有些具有域外特征。

（钮卫星）

Qi Yao Xuanri

《七曜选日》 中国古代占星类书籍。已佚。该书有关记载极少，仅存标题于《宋书·艺文志》中，著录为“《七曜选日》一卷”，与其他星占类书目放在一起，故推测为占星类书籍。标题中有“七曜”二字，故推测为以佛经为载体的“七曜值日”从印度入华之后的产物。

（周利群）

qizhi lunshi

七支论式 sapta-bhaṅgī 印度古代耆那教在认识论方面提出的一种判断形式的理论。主要由此派在13世纪时的一部文献《或然论束》中提出。**耆那教**认为：对事物的判断可有7种形式，即认为事物：存在、不存在、存在又不存在、不可描述、存在并不可描述、不存在并不可描述、存在又不存在并不可描述。耆那教认为，由于事物是处在变化中的，由于事物在地点、时间、特性等存在形式上具有多样性，因而在上述每一判断形式前都应加上“或许”一词。耆那教的这一理论也被介绍到中国。姚卫群在其《印度哲学》（北京大学出版社，1992）一书中节译了载有这一思想的《或然论束》。

（姚卫群）

Qi Baishi

齐白石 Qi Baishi（1863.11.22～1957.09.16） 中国现代画家。原名纯芝，字渭清，又字兰亭，后取名璜，号濒生，别号白石山人等。湖南湘潭人。早年在家乡做木匠。27岁结交当地文人，学

习诗文、书法、绘画、篆刻，以卖画、刻印为生。1902～1909年五次离家游历南北各地。1919年后定居北京，听取学者、画家陈师曾劝告，开始十年“衰年变法”，强化个性，简化形式，融合徐渭、八大山人、石涛、吴昌硕诸家的写意笔墨与民间艺术的稚拙情趣，独创红花墨叶的大写意花卉画法。他兼工花鸟草虫，尤擅写虾蟹，减笔山水、人物别饶奇趣，诗文、书法、篆刻独具一格。作画主张“妙在似与不似之间，太似为媚俗，不似为欺世”，对中国画创作影响深远。代表作有中国画《借山图卷》、《群虾》、《蛙声十里出山泉》、《牡丹》、《和平颂》(合作) 等。1953年中国文化部授予其“优秀人民艺术家”荣誉奖状。同年当选中国美术家协会主席。1956

《雏鸡图》 齐白石绘

年获世界和平理事会1955年度国际和平奖。1957年任北京画院名誉院长。中国画家**徐悲鸿**极其推崇齐白石的艺术，在其主持北京大学艺术学院时曾聘请他担任中国画教授。西班牙画家毕加索也非常赞赏齐白石的艺术，曾临摹他的水墨画作品。齐白石虽未曾出国，但印度人民对他的艺术并不陌生。1924年印度诗人R.**泰戈尔**和画家N.**鲍斯**访华期间曾经拜访过他，1952年印度画家M.F.**侯赛因**访华期间也曾经拜访过他。印度国际大学艺术学院至今藏有齐白石的作品。

（王镛）

Qiji

齐己 Qiji（约活动于9世纪后期～10世纪前期） 中国五代时期诗僧。湖南益州人。俗姓胡，出家后居衡山东林，

自号“衡岳沙门”。《全唐诗》卷八三八至卷八四七收载其诗，共10卷。作为僧人，齐己以自利利他、度己度人为己任；作为诗人，以自抒胸臆、同情贫弱为目的。他的《耕叟》表现的就是这种诗僧的情怀：“春风吹蓑衣，暮雨滴箬笠。夫妇耕共劳，儿孙饥对泣。田园高且瘦，赋税重复急。官仓鼠雀辈，只待新租入。” 这首诗为贫苦农民鸣不平，写出了他们的辛劳和赋税的沉重，同时，揭露了那些“鼠雀”般贪官污吏的无耻。

（薛克翘）

Qimin Yaoshu

《齐民要术》 中国南北朝时期一部重要的综合性农书。是中国古代“四大农书”之一，也是世界农学史上最早且最有系统的重要专著。作者为东魏贾思勰，成

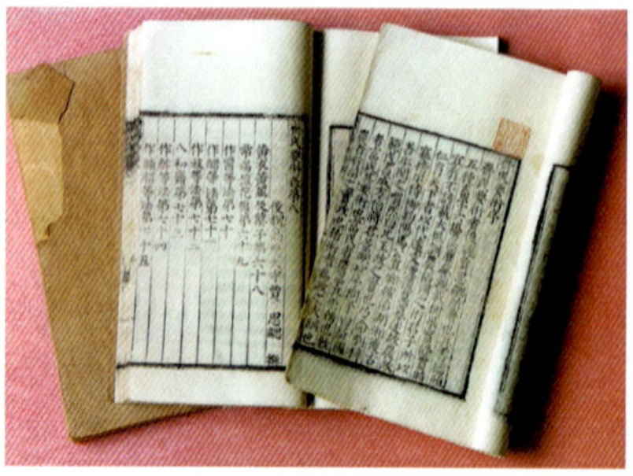

《齐民要术》书影

书约为533～544年。该书记录一些来自域外（包括印度）的农作物或者相关知识，是了解中外农学知识交流的重要史籍。

《齐民要术》共10卷、92篇，论述了菜蔬、农作物、农艺、园艺、造林、畜牧、酿造、配种、救荒等农林牧副渔的综合内容，堪称中国古代百科全书之一，影响深远。其卷十为“五谷、果瓜、菜茹非中国物产者”，记载热带、亚热带植物100余种，野生可食植物60余种，包括**胡瓜**（黄瓜）、胡荽、胡葱、胡蒜、胡桃、胡芹（马芹子）、**苜蓿**、葡萄等品种。《齐民要术》卷十摘录《西域诸国志》中关于天竺麦子的生长时节，即“天竺十一月六日为冬至，则麦秀。十二月十六日为腊，则麦熟”。《齐民要术》还引用《嵩山记》中有关思惟树（贝多）的记载，此树即天竺的无花果，属**菩提树**，学名Ficus Religiosa。《齐民要术》中关于**娑罗树**、来自斯调国（今斯里兰卡）的摩厨树等史料，对研究中国和南亚的作物栽培史有一定的价值。《齐民要术》还收录了一些外来物种的用法。该书卷七引用《博物志》“胡椒酒法”，用五升好春酒、一两干姜和七十枚**胡椒**，捣成末后，与五枚安石榴榨取的汁相混合，火暖取温，冷热可饮。这种胡人配制的“荜拨酒”，就是印度本土常见的长胡椒药酒，有疗病之效。《齐民要术》记载的多种用胡椒、干姜、鸡舌香、荜拨等辛香之物配制的和酒法，是印度古代药酒法东传的见证。

（陈明）

Qiluoluo

奇啰啰 （约活动于11世纪末） 古代南印度注辇国来华使者。据《宋史》卷四八九记载，受**注辇**国王**地华加罗**派遣，于宋熙宁十年（1077）率副使南卑琶打、判官麻图华罗等27人来华，献上豌豆珠、麻珠、琉璃大洗盘、白梅花脑、锦花、犀牙、乳香、瓶香、蔷薇水、金莲花、木香、阿魏、鹏砂、丁香。“使副以真珠、龙脑登陛，跪而散之，谓之撒殿。”宋神宗赵顼（1067～1085年在位）下诏派御药慰劳使团，任命他们为怀化将军、保顺郎将，分别赐予不同的衣服、器、币，

并回赠注辇国王“钱八万一千八百缗、银五万二千两”。

（张书剑）

Qiyuan Dafahui

祈愿大法会 smon lam chen mo 中国藏传佛教格鲁派规模最大、最隆重的宗教节日。藏语音译为默朗钦莫。

藏历第七绕迥土牛年（1409）正月，**宗喀巴·洛桑札巴**大师在拉萨**大昭寺**创立祈愿大法会，以纪念释迦牟尼佛示现大神变、降服外道六师并广施佛法。后世**格鲁派**寺院相沿承袭，并在发展进程中增加内容，延长会期，规模不断扩大，遂成为格鲁派乃至**藏传佛教**各宗派共同推崇和举行的综合性大法会。

拉萨祈愿大法会。每年藏历正月初三至二十五日在西藏拉萨大昭寺举行，故又称传昭大法会。参加拉萨祈愿大法会的僧众，以拉萨三大寺为主，人数达二三万，加之信教群众，逾数万人。前后藏及安多、康巴地区贵族商贾，在法会上大量**布施**，以表虔信佛教、酬劳僧众及祈愿佛法长盛不衰之夙愿。大法会的主要日程安排：正月初四大法会开幕，进入僧众诵经祈愿和举办各类宗教仪式等法会主题内容；正月十二、十三、十四日，举行授予拉然巴格西学衔的答辩会；正月十五日晚，举办酥油花灯展，通宵达旦，热闹非凡；正月二十四日，举行抛食仪式，俗称送鬼，意为除祟，由**布达拉宫**南杰扎仓和**哲蚌**

祈愿大法会 中国西藏布达拉宫壁画（局部）

寺阿巴扎仓的僧众专门组织操办，500名僧人化装成蒙古古代骑士列队游行，燃烧草堆，火枪齐鸣，以示驱逐本年内一切灾祸；正月二十五日，举行迎请弥勒佛（见**佛教与中国民间信仰**）仪式，然后法会闭幕，三大寺僧众陆续返回各寺。

塔尔寺祈愿大法会。始于藏历第十绕迥的水羊年（1583），由**三世达赖喇嘛·索南嘉措**倡办。每年藏历正月初六至十七日举行。法会以诵经传法和举行名目繁多的宗教仪式为主要内容。十四、十五日分别举办法舞表演和酥油花展。尤其酥油花展，是**塔尔寺**三绝之一，工艺精巧，创意新颖。

拉卜楞寺祈愿大法会。始于二世嘉木样活佛·贡却晋美旺布（1728～1791）时期。每年藏历正月初三至十七日举行。僧众诵经、高僧传法贯穿法会始终，其间举办授予多仁巴和然绛巴等格西学衔的答辩会。同时，举办各类法事仪轨：初八举行放生仪式，将众多家畜列为不得猎杀之长命对象；十三日举行展佛仪式，信众争先膜拜大佛唐卡，场面格外肃穆壮观；十四日举行法舞表演，情节栩栩如生，信众争相观看；十五日晚举行酥油花展仪式，观众络绎不绝，直至深夜；十六日举行弥勒转经仪式，僧人仪仗队抬弥勒佛像，在宗教音乐的伴奏下绕寺转经，祈愿未来世界和平安乐。

（尕藏加）

祈愿大法会

Qishu Jigudu Yuan

祇树给孤独园 Jetavanānāthapiṇḍikārāma 印度古代佛教名园。Jetavanānāthapiṇḍikārāma为巴利语，梵语作Jetavanānāthapiṇḍadasyārāma。见**祇园精舍**。

Qiyuan Jingshe

祇园精舍 Jetavana 印度古代佛教名园。简称祇园、祇苑、祇洹，或称祇陀林、逝多林、胜林，全称祇树给孤独园。位于古代中印度憍萨罗国**舍卫城**南郊，为最著名的**释迦牟尼**说法处，由憍萨罗国富商给孤独（又名须达多，意为善授）长者发愿建造。他看中城南郊2千米处的一处优雅园林，便与园林主人、波斯匿王的太子祇陀商议购买。祇陀戏言对方用黄金铺满园地，方肯出卖。给孤独长者耗尽家资，终于用金箔（有称金币）铺满园地。祇陀太子十分感动，遂将园林售与长者，但又说园中树木未贴金箔，仍应为己所有，并愿将树木一同献佛。后二人名字皆得冠于该园。佛陀后半生在此安居长达二十多年，现今流传的许多经典都是在这里宣说的，如《**阿弥陀经**》和《**金刚经**》等。它的建成略晚于**王舍城**的**竹林精舍**，但是是佛陀在世时规模最大的精舍。据**法显**《**佛国记**》记述，精舍原有七层，国王人民竞相供养，悬幡，散花，烧香，点灯，日日不绝。后因鼠衔灯捻，烧及幡盖，引致大火，园林尽毁。重建后则为两层。**玄奘**在《**大唐西域记**》卷六中称：“城南五六里有逝多林，是给孤独

祇园精舍遗址

园，胜军王大臣善施为佛建精舍。昔为伽蓝，今已荒废。东门左右各建石柱，高七十余尺。左柱镂轮相于其端，右柱刻牛形于其上，并无忧王之所建也。室宇倾圮，唯余故基，独一砖室巍然独在，中有佛像。”

（葛维钧）

Qinajiao

耆那教 Jainism 印度宗教派别，古代三大非正统思想流派之一。思想萌芽时间较为古老，主要形成时间约在公元前6世纪。这一宗教在印度长期流行。直至今天，它仍是印度社会中一个有影响的宗教派别。古代随佛教传入中国，受到中国思想界重视。

历史发展与主要文献 耆那教的一些观念可追溯至奥义书时期，甚至更早。耆那教信徒一般认为耆那教有许多前代祖师，这些祖师创立了基本教义。相传耆那教有所谓“二十四祖”，如开祖勒舍波、二祖阿耆达那陀、二十三祖巴湿伐那陀、二十四祖筏驮摩那等。但实际上，这二十四祖多为传说中的人物，仅二十三祖和二十四祖为历史上的真实人物。

耆那教的实际创宗者是二十四祖筏驮摩那（约前540～前468），即“六师”之一的尼乾陀·若提子。一些学者认为，他所属的教派就称为“尼乾陀”。筏驮摩那在此教中进行了积极的改革，使其成为印度历史上较有影响的一个宗教派别。由于筏驮摩那在耆那教的建立和发展中作出了重要贡献，被耆那教徒尊称为“大雄”(大勇士之意)。关于筏驮摩那的具体生卒年代，有各种说法。一般认为他与释迦牟尼同时代，出生在一个贵族家庭，属刹帝利种姓，30岁出家，苦修12年，成道后四处传教，于72岁时迁化。

公元前6世纪前后，古印度掀起了非婆罗门教或反婆罗门教的新思潮，涌现了大量思想家，他们提出了种种新的观念。据文献记载，当时有数百或数十个有新思想的重要人物，其中影响较大的是反婆罗门教正统思想的六派代表人物“六师”，尼乾陀·若提子即为六师之一。通过他和耆那教最初教徒的努力，耆那教不断发展，逐渐成为新思潮中引人瞩目的宗教派别，拥有了大批耆那教徒。耆那教与佛教及顺世论成为印度历史上三大非正统的思想派别，在印度文化的发展中占据了十分重要的地位。

公元1世纪时，耆那教发生分裂。教徒由于对戒律和教祖遗训解释不同，分为空衣派和白衣派。空衣派常裸体生活，称以天为衣，故亦称天衣派。佛教文献中也称其为“露（裸）形外道”或“无惭外道”。此派强调苦行，并要求教徒严格遵守不有私财的规定，认为即便是衣服也不应具有。最初的代表人物为贤臂。白衣派主张要修苦行，但同时认为信徒可以穿着白衣。最初的代表人物是圣普德伟迦亚。空衣派和白衣派的分歧主要是对戒律的看法不同，二者在其他教理方面并没有根本性的冲突。两派在后世印度又继续分裂，曾出现许多小的派别。

潜心修行的印度苦行僧

在13世纪前，耆那教在印度许多地区传播，不少君王都是它的教徒和支持者。尽管耆那教在印度不是占主导地位的宗教，但在民间有很多追随者。

耆那教在历史上曾广泛流传，无论在下层民众中，还是在上层统治者中都长期保持重要影响。该教的发展在伊斯

印度中央邦瓜廖尔城堡耆那教神庙

耆那教教主大雄雕像

耆那教寺庙浮雕　印度中央邦奥恰

兰教进入南亚次大陆的过程中受到阻碍，势力有所缩小，但派别在印度仍保持下来。在印度近现代，耆那教的教义在思想界仍发挥着作用，一些重要政治家或思想家，如M.K.甘地等，受到耆那教教义的影响。耆那教教徒在印度近现代社会中亦具有较强的经济与政治实力。

无论是在印度本国还是在中国，都保存了不少有关耆那教的资料。耆那教最早的典籍是“十四前”和“十二支”。“前”之梵文为“purva”，意为“先”，即指先前出现的该教根本文献。“支”的梵文为“anga”，意为“部分”，即构成根本文献的主要部分。但“十四前”和“十二支”中的一支都已失传。现存

耆那教持拂女图　印度细密画

最早的耆那教经典是“十一支”。白衣派认为“十一支”是教祖思想的真传，而空衣派则对此不予认可。

耆那教除早期的“十一支”外，还有大量文献。其中较重要的有康达康达（约1世纪）的《五原理精要》和《教义精要》、乌玛斯伐蒂的《真理证得经》（该经白衣派和空衣派都承认，被认为是代表耆那教正统学说的经典）、悉檀舍娜·迪伐伽罗（约8世纪）的《正理渡津论》等。此外，师子贤（约8世纪）、金月（约11～12世纪）等人也有不少关于耆那教的著述。汉译佛典中亦有不少记载耆那教活动和理论的材料，如《长阿含经》、《中阿含经》、《杂阿含经》、《增一阿含经》、《大毗婆沙论》、《大智度论》、《瑜伽师地论》、《显扬圣教论》等都有相关记述。

主要理论　耆那教中影响较大的主要思想在《谛义证得经》等文献中有较为集中的论述。按照该经等文献的记述，耆那教理论体系中涉及的主要问题有七谛、命我与非命我、五种智、七支论式、轮回解脱观念和社会伦理思想等。

七谛　耆那教在理论上致力于探讨人生和世间事物的真理。此派所论述的涉及其宗教真理的基本概念是“谛”。而达到解脱状态在耆那教看来就是对这些“谛”内涵的认识或证悟。《谛义证得经》中由此提出了“七谛”之说。“七谛”指命我、非命我、漏、缚、遮、灭、解脱。

耆那教中的各种宗教哲学思想主要通过对“七谛”的具体解释展开，或是在“七谛”的基础上演绎变化而来。

命我与非命我　耆那教对世间事物或现象的存在形态的看法，主要包括在“七谛”中的“命我”与“非命我”中，这二者包含的内容构成耆那教在自然哲学等方面的基本思想。

所谓“命我”，在耆那教中大致相当于生命体中的常恒永在的东西，但它和其他宗教派别中的“我”（小我或灵魂）有所不同。根据《谛义证得经》等耆那教文献中的说法，命我不仅在通常人们说的生命体中存在，还在非生命体中存在。耆那教把“命我”分为两种：一种是处于轮回中的命我，又被分为动的与不动的。不动的命我存在于地、水和植物等中，动的命我存在于具有两个感官以上的动物等中。处于轮回中的命我基本上存在于各种事物中，既存在于生物中，也存在于地、水等一般的非生物中。耆那教实际提出的是一种万物都有生命的观念。另一种是解脱的命我，在该教中指摆脱了各种物质束缚的主体。使命我摆脱束缚是耆那教作为宗教派别追求的一个基本目标。

《耆那教》英文本封面

所谓“非命我”，主要由四部分组成，即法、非法、虚空和补特伽罗。它们是涉及耆那教关于事物的存在形式或存在形态的重要概念。

关于法与非法，《谛义证得经》5, 17中描述：“法与非法的作用是分别支持运动和静止。”即有了法与非法，事物才有运动和静止。法与非法的概念，在印度其他派别中也有提及，如胜论派中

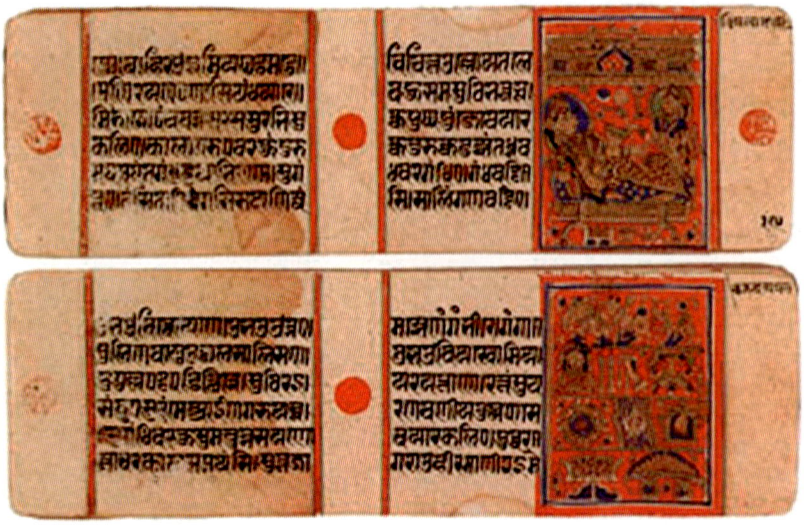

耆那教《劫经》书影

的“法与非法”相当于“业”，与人的行为有关。耆那教没有这种解释，只是笼统地将其描述为是事物运动和静止的条件或原因。

关于虚空，《谛义证得经》5,18中描述：“虚空的作用是为其他事物提供场所。”耆那教用非命我中的虚空概念解释了事物存在的空间问题。

关于补特伽罗，《谛义证得经》5,19-25中描述：“补特伽罗的作用是构成身、语、意和呼吸的基础。”“补特伽罗的作用还在于使世间的乐、苦、生、死成为可能。”“补特伽罗有两种：极微和极微的复合体。”耆那教在这里实际上提出了事物基础的观念。它说的“补特伽罗”即物质。这种物质被作为人身体存在的基础，它的基本形态是极微及其复合物。“极微”实际就是不少古代印度人认为的事物的最小基本单位。这种观念在印度古代被许多派别所接受。

耆那教还探讨了时间问题。《谛义证得经》5,22中描述：“时间的作用是解释现时的存在、变化、运动和长短持续。”这也是该教关于事物存在形式的重要观念。

耆那教关于“命我”和“非命我”的理论，基本体现了它对世间事物的分类思想。它的这种理论在古代印度属于一种“积聚说”，即认为事物是由许多种要素（包括物质的和非物质的要素）聚合构成的。

耆那教的“命我”概念多少有轮回或解脱主体的含义，但它的“命我”与婆罗门教主流哲学中的“我”或“梵”是不同的。耆那教的命我或存在于各种事物中，或摆脱事物的束缚达到解脱。而婆罗门教的我或梵则是事物的本体，事物与我或梵在本质上是同一的。耆那教在谈命我时则没有说只有它是实在的，事物都不实或虚假。

耆那教宇宙基本区划图　15世纪

从耆那教关于命我与非命我的论述中，可以看到该教的宇宙或世间现象的基本理论模式。在该教看来，命我是一种不灭的精神实体，它既能存在于人中，也能够存在于一般的动植物中，甚至能存在于地、水、火、风等不动的物体中。非命我中包含了构成世上各种物体的基本物质元素（极微），也包含可使事物运动的法和可使事物静止的非法，还包括为事物提供存在条件的空间和时间。耆那教的这种理论在当时已经相当全面地分析了自然事物的基本构成和存在形式。

五种智　耆那教在认识论方面表现出一种带有宗教色彩的思想。它强调直觉，将其视为把握真理的可靠途径。在《谛义证得经》中，这方面的思想主要体现在“五种智”理论中。所谓“五种智”，指五种认识方式，即感官智、圣典智、直观智、他心智、完全智。

感官智是指通过感官等获得的认识。该教中描述的“感官”主要指眼、耳、鼻、舌、身这些外部感官，而“意”则指一种内部感官。内部感官通常起到控制外部感官向认识主体传送所获外部信息顺序的作用。

圣典智是指借助符号和言语获得的认识，这种认识方式虽未由眼、耳等外部感官直接接触相关事物，但可通过圣典或圣人的言语或文字而获得认识。圣典智要以感官智为基础。

直观智是指直接对事物自身、时间、空间等的认识。是不同于一般生命体所具有的认识，是一种天生的认识，也属于一种对事物的直接把握。认识的对象可以是一般的物质事物。

他心智是指对别人精神活动的一种直接认识。它可对人过去想的事情或未来要想的事情直接认知。在耆那教看来，他心智的认识对象是细微的。

完全智是指对一切事物及其变化的最完满的认识。完全智的对象是所有的

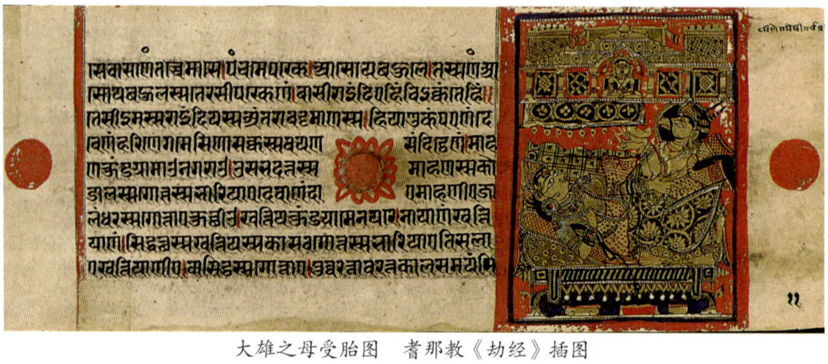

大雄之母受胎图　耆那教《劫经》插图

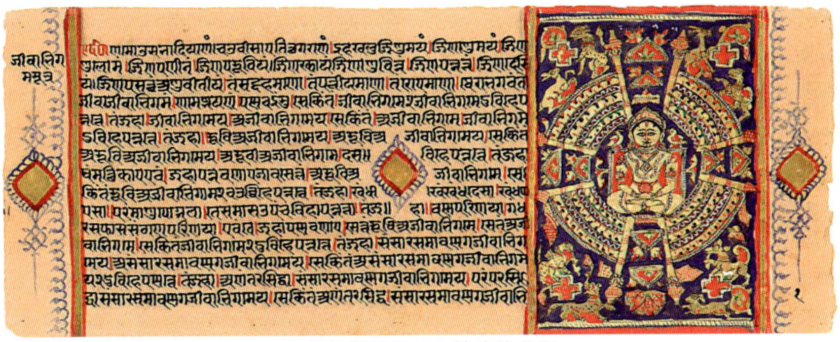

天城体耆那教天文学著作书影

实体和它们的所有样态。它是一种最高境界的认识，可以穷尽所有认识对象的境界。这种境界也可以理解为是解脱的境界。完全智的认识境界要通过消除各种业才能达到。

耆那教认为，前两种智是间接的，后三种智则是直接的。感官智、圣典智和直观智有可能产生错误。而他心智、完全智则不会。

《耆那教哲学中的业报学说》英文本封面

耆那教认为，借助于感官、言语等的认识要通过中间环节，因而可能会走样，产生错误。而不借助感官、言语等中介的认识，由于是直接把握事物，因而不会产生错误。之所以说直观智也可能是错误的认识，是由于其直接把握的程度还不是很高。

耆那教在其关于“五种智”理论中实际要强调：人的感官对事物的认识是有局限性的，很可能产生错觉或不正确的感知，而对事物的完满认识则要脱离人的感官要素的介入，要靠人来直接体悟或直觉。

七支论式　耆那教在认识论方面提出了一种对事物的判断形式理论，即认为事物可有存在、不存在、存在又不存在、不可描述、存在并不可描述、不存在并不可描述、存在又不存在并不可描述七种形式。耆那教的七种判断形式属于世间的一般认识。作为一般认识自然不可能有最终的真理性。在耆那教看来，一般认识中的任何一种判断都有着不可避免的局限性，所以要加上“或许”一词。耆那教这种理论的提出是有针对性的。该教与佛教都属于非正统派，代表了印度古代非婆罗门种姓的印度中上等社会阶层的思想倾向，他们对于婆罗门种姓的至上地位是不满的，对于婆罗门教所宣称的圣典的绝对神圣性和毋庸置疑性并不接受。因此，对于当时社会中被一般认为是真理的种种说法或判断持怀疑态度，这样就导致了该教提出了具有这种特性的判断形式理论。

轮回解脱观念　耆那教的学说中包含了轮回解脱的观念。关于轮回及其产生的原因，《谛义证得经》中描述：人的行为就是身、语、意的活动。行为产生的业物质漏入命我就对其造成束缚，形成轮回。业分善恶。善业可以使人承受快乐，产生长寿，产生好身，确定高等家庭。与之相反的则是恶业，恶业产生不好的生存状态。解脱就是摆脱一切业物质的束缚。当命我解脱时，人达到一种圆满成就的状态。

耆那教的这类理论与奥义书以来的印度传统宗教的思想是一致的，即都强调人的行为会产生“业”。这“业”是一种看不见的力量，或是一种细微的物质，对人以后的存在状态有影响，将导致痛苦的轮回。而要跳出轮回就须抑制人的各种行为。《谛义证得经》1,1中描述：“正信、正智、正行是达到解脱的途径。”所谓正信，是指信奉（认识）耆那教所提出的“七谛”等基本理论；所谓正智，主要指借助耆那教所提出的“五种智”中的后两种所获得的智慧；所谓正行，是指实行耆那教所规定的五戒等行为规范或要求，包括实施苦行等。综合表明按照耆那教的基本教义行事就能解脱。该教的这种理论实际与一般的印度宗教派别的解脱思想类似，属于一种“智慧解脱”理论。

社会伦理思想　耆那教社会伦理思想在很大程度上体现在他们的戒律中。它要求教徒遵守本教的基本规定，如不杀生、不妄语、不偷盗、不淫、不追求私财。

耆那教特别强调不杀生。耆那教执行不杀生的规定十分严格，而且其范围也比一般的宗教派别要宽，不仅要求不杀人等，而且把一些植物也包括在不杀的范围内。这可能与该教认为植物等事物中也有“命我”的观念有关。不少文献中都记述耆那教徒外出时极为小心，生怕自己的行动伤及微小生物。

耆那教还以注重苦行而著称。印度宗教中不少派别重视苦行，但耆那教则尤为突出。在佛教文献中就有大量相关记载。 509

耆那教的不杀生和苦行的观念不仅在古代很有影响，而且在印度近现代也依然为不少人所重视。印度近现代流行的“非暴力”思想和民间仍存在的许多苦行修持方法，与耆那教等印度古代宗教派别的这方面传统有关。

在中国的流传和影响　耆那教的思想在古代随佛教传入中国。古代中国人对该教的了解在很大程度上是通过佛教

印度拉贾斯坦邦耆那教苦行僧

实现的。

耆那教是与佛教并行发展的一个重要古印度宗教派别，与佛教的交往很多，因而在佛教的不少文献中经常提及。无论是在记述早期佛教的一些文献中，还是在后来的大乘佛教文献中，都有耆那教的相关内容。这类文献传入中国，被大量译成汉文。一些中国佛教僧人在批驳或转述外道思想时也经常谈到耆那教。

汉译佛典中的阿含类经典在谈及佛陀时代的“六师”时，就提到耆那教的主要创立者尼乾陀·若提子。如《杂阿含经》卷第三十二中谈到尼乾陀·若提子的“不杀生”观念时记述：“如尼揵所说：有人杀生者，一切堕泥犁中。多习行者将往生彼。乃至妄语，亦复如是。”《别译杂阿含经》卷七中也描述：“彼尼乾陀常作是说：若作杀业，随杀时多，必堕恶趣，入于**地狱**。偷盗邪淫，及妄语等，亦复如是，随作时多，必堕地狱。”《增一阿含经》卷第五十一中记载了佛陀（见**释迦牟尼**）对尼乾子的评论。

玄奘法师编译的《**成唯识论**》也批驳了耆那教的思想。其中提到的“无惭”外道，就是耆那教的一些早期思想家。该论卷第一在破斥“无惭”时描述：“执有法与有等性，亦一亦异，如无惭等。彼执非理。”指责“无惭”外道认为存在的事物与存在（有）的特性等，既是相同的，也是不同的，认为这种主张没有道理。除此之外，该论在批判“我执”时也涉及了耆那教的一些其他观念。

这类汉文佛典中的材料数量不少，它们在古代为中国人了解耆那教的思想提供了便利条件。

在中国近现代，耆那教的思想也引起中国人的关注。有些中国赴印度学者访问过耆那教的寺庙，接触过现代耆那教教徒。一些来华的印度人也向中国人介绍过耆那教的情况，并传入一些耆那教的有关文献。

中国近代学者有对耆那教的专门研究。中国出版的关于印度宗教哲学的著作中通常都有关于耆那教的章节，如**黄心川**的《印度哲学史》(1989)、**巫白慧**的《印度哲学》(2000)，对耆那教哲学进行了深入的研究。

（姚卫群）

Qipo

耆婆 Jīva, Jīvaka（约活动于5世纪） 印度古代名医。有佛祖之医的盛名。擅长妇科、产科、小儿科，尤其是神经外科疾病的治疗。由于在医学尤其是外科领域的非凡造诣，后成为印度古代著名医学人物。他被未婚母亲丢弃后，被人发现时还活着，因而得名耆婆，该词梵语词根Jīva的含义即“生命”。后由无畏王子收养。他的汉语译名，除耆婆外，尚有很多音译形式，如耆域、时缚迦等。

所有记述耆婆生平故事的文本，都提到他对医学科学的浓厚兴趣，以及他随后前往**呾叉始罗**，长期接受医学和神经外科学的教育。他很可能曾受著名医圣嗷食（又称嗷食回善，音译阿提耶）亲炙。嗷食曾师从一代医宗婆罗杜伐迦学医。同耆婆一样，名医如火氏也是嗷食门下弟子。在不同的佛教经典中，有许多关于耆婆行医事迹的记述。他曾救治国王、商人、平民以及他们的家人。被国王誉为医王。根据传说，他曾应瓶沙王之命担任佛陀（见**释迦牟尼**）的私人医生，治疗他在传教旅程中感染的微恙。各种不同版本的故事都声称，佛陀曾对他说：“我医心，汝医身。”

在中国的历史及医学著作中，提及耆婆之处数不胜数。如《隋书》中就提到一部归至耆婆名下的医学著作。隋代巢元方于610年奉敕汇编的《诸病源候论》也提到耆婆的一些医学论著。**孙思邈**写道：“天竺大医耆婆云：天下物类，皆是灵药。”他所编纂的两部医学名著

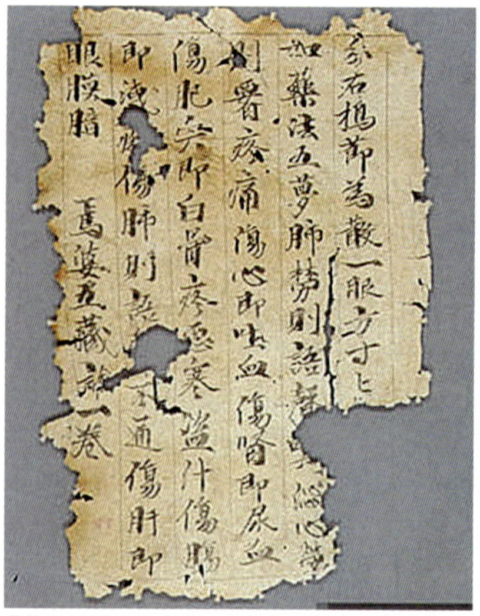

《耆婆五藏论》残片 现藏德国柏林国家博物馆

《**备急千金要方**》及其补编《**千金翼方**》，收录了归在耆婆名下的若干药方。

20世纪初，在发掘敦煌石窟时，出土若干医学写本。其中一部名为《**耆婆书**》，是用梵文和于阗文写的。984年，日本学者丹波康赖撰成《医心方》一书，汇集中国众多医学著述，也提到了《耆婆方》等以耆婆为名的医书，其中包括治疗妇女痛经、妊娠引发的疾病、不孕症等疾病的药方。由此看来，**敦煌**发掘的残缺不全的《耆婆书》，是一部简短的实用手册。

据说，中亚古国安息王太子出身的僧人**安世高**于147年译出一部归在耆婆名下的著作《佛说柰女耆婆经》。托名安世高译的与耆婆有关的佛经还有《佛说柰女耆婆经》的异译本《佛说柰女祇域因缘经》、《佛说温室洗浴众僧经》。

耆婆诊脉雕塑 日本奈良法隆寺

北宋初期，法贤将《迦叶仙人说医女人经》译成汉文。印度汉学家师觉月曾研究法贤所译《迦叶仙人说医女人经》、《啰嚩拏说救疗小儿疾病经》等3部与医学相关的汉译佛经，并将其译成英文。

（维杰耶·德什潘德　卡马尔·希尔撰　刘建译）

Qipo Shu

《耆婆书》 *Jīvaka Pustaka* 印度古典医学著作。中国甘肃敦煌藏经洞出土了中古于阗文、梵文双语文本。该出土文本是英籍考古学家A.斯坦因从敦煌所获，后入藏英国伦敦印度事务部图书馆（现已并入英国图书馆东方与印度事务部收藏品部，原编号为Ch.ii 003，新编号为IOL Khot 87-110）。《耆婆书》反映了印度生命吠陀医学对中国新疆地区医学的影响。

《耆婆书》以“成就吧”一词为标志，包含了至少4个部分的医学文献，带有医方精选集的特点。该书现存91种药方，分为阿伽陀药方、酥药方、油药方、药散方等。它按照药剂的不同形态来安排药方，未涉及医学理论。《耆婆书》的梵文本是原文本，于阗文本是梵文本的翻译文本，但二者不能完全对应，时有缺漏。

《耆婆书》是印度医学文化的产物，其中的不少药方可以从早期的生命吠陀文献中找出其来源；它也是于阗（今新疆和田）向印度医学学习的一个例子。于阗译者在翻译过程中，将自己医疗实践中的原创或者当地的医学知识纳入译本之中，增添了“创造性成分”。于阗文本的《耆婆书》不是对梵文原本的忠实翻译，变化主要有：药方有多出的功能，药方换用了药物，药方多出了药物，方剂名称数目多于梵文本，药剂形态有不同，对药物集合名词进行了解释，详细描述了药物煎制的过程，采用了本土的剂量单位，提及了“四百四病”等典型的佛教医学术语。《耆婆书》是印度生命吠陀医学与于阗本土医学交融的产物之一。

（陈明）

Qipo Wuzang Jing

《耆婆五脏经》 *The Medical Sutra of Five Visceras by Jīvaka* 汉文医学著作。又作《耆婆五藏经》。受印度佛教医学影响，托名为印度古代佛教医王耆婆。现存中国台北故宫博物院的2卷本《耆婆五脏经》，是清末杨守敬从日本购回的抄本。该抄本书末题记为“门下晚生相庭熙奉／宝素先生命谨写于塾中。时维天保四年癸巳十二月也”，为日本江户时期医学家小岛尚质（1797～1848）的门生相庭熙在1833年所抄，后入杨守敬观海堂藏书之中。

《耆婆五脏经》分上下卷，有多处小标题，但无序号。其首题为“《耆婆五脏经》卷之上”。正文开篇为“针灸明唐图凡三百六十穴”。其后讨论与针灸有关的人神问题、分述五脏的内涵、描绘4幅针灸图的穴位以及各穴位的针灸与所治病症。其卷下主要论述了五脏的病症及其疗法，以及描述胎藏界图、金刚界图和瑜伽三密的内容，并解释了25种传尸病的症状。其尾题为“《耆婆五脏经》”。《耆婆五脏经》内有19幅手绘插图，其中彩色图10幅，白描图9幅。这些图像与《有林福田方》中的“五脏略图”、梶原性全的《顿医抄》中的灸穴、明堂图等可以比对。

《耆婆五脏经》不是一部有理论体系的新著，而是一部汇抄之作，其中混杂了佛教、道教、医学、音韵书、图像等比较庞杂的内容。其中涉及佛教的有《大般若经》勘文、《新罗什法师颂》、《实积经》、胎藏界、金刚界、密教脏像图等，涉及道教的有《黄庭秘图序》、五脏所肤之图、内景图、烟罗子之形像、三尸神（上尸、中尸、下尸）、三魔、七魄、

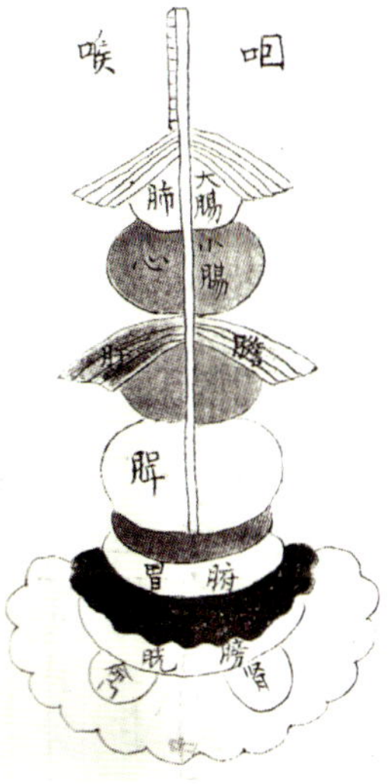

《耆婆五脏经》脏腑图

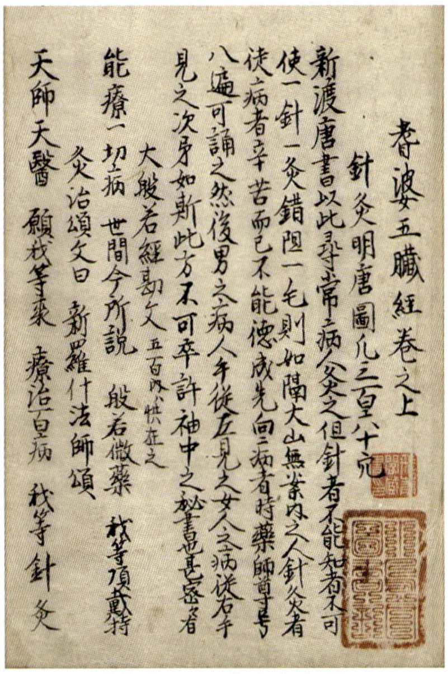

《耆婆五脏经》抄本书影
现藏中国台北故宫博物院

九真宫等内容，属于纯粹中医的有《金匮经》、《病源论》、《明堂经》、《五脏论》、《灸针图》、五脏六腑之腧穴、针灸和养生等内容，音韵书则有《广韵》。该书原作者可能是出自日本的密教僧人或有佛教知识背景的学者，但书中并无明显的与日本文化相关的文字。日本大阪武田财团杏雨书屋藏《内景图说》一书中有3幅图，标明“右三图出《耆婆经》，传于和介氏之书也”。《耆婆五脏经》的成书年代很可能是在日本镰仓时代（1192～1333）。现存的抄本应该是多次辗转抄录之后的产物，其抄写情形不佳，难称善本。

在佛教文化史的背景下，耆婆是与佛陀并称的医王，借助于佛教的中介，耆婆的医学著作、治疗方法与事迹得以在印度本土之外广为传播，成为印度古代佛教医学的代表符号之一。《耆婆五脏经》反映了印度佛教医学在中国产生影响，并通过中医的媒介传入日本这一宏观视野下的文化传播过程。

（陈明）

Qiyu

耆域 Jīva（生卒年不详） 印度来华僧人。耆域为梵文Jīva或Jīvaka的音译。中国西晋末期来华。其事迹见于《高僧传》卷九“神异上”。耆域将神异的印度咒术治疗方法传入中国南方地区。耆域在中印文化交流史中起到重要作用。

耆域从海路乘船，由天竺、扶南（位于今中南半岛南部）至交州。上岸后，再经襄阳，永兴三年（306）抵达洛阳。他认为洛阳宫城是由忉利天下来的天匠所建成。耆域在中土有两件著名的医案可以证明其医术高明神奇。一件是在洛阳满水寺寄住的衡阳太守南阳滕永文，得病经年难愈，两脚挛屈不能起行，耆域取施加了咒语的净水，用杨柳净枝拂水，洒在他的脚上，竟然让滕永文行步如故。一件是一位患者在酷暑中患病将死，耆域将一个空器皿放在患者的腹部，并用白布将器皿盖上。耆域施加了数千言咒语，使患者排出了腹中类似臭

耆域治病图 《释氏源流应化事迹》插图

淤泥的污秽，患者顺利康复。耆域传法时，不重高深的义理，而强调言少行多。耆域的行事属于神异之流，能分身传教。

耆域另为天竺大医耆婆的汉译名。

（陈明）

qigong

气功 中国古人发明的身心锻炼方法。其起源甚早。《老子》从哲学层面解释了生命在自然界的地位和生命与大自然的关系。《黄帝内经》中有一整套关于“气”的理论，论述了“气”与生命的关系，如与人体五脏、血脉和经络等的关系；也论述了“气”与自然界的关系，如与天地、阴阳、五行、季节等的关系。从而形成了以“气”为中心的养生延命学说。《庄子·刻意篇》则提到“吐故纳新，熊经鸟申”的“导引之士，养形之人”，说明中国

《千金要方》书影

很早就有了气功的实践者。约公元前4世纪的“行气玉佩铭”表明当时中国的气功理论已具雏形。

三四世纪，在佛教的影响下，中国道教的发展推动了气功的发展，以至道教气功成为中国气功的代表。这一时期，出现了《仙经》、《服气经》、《明医论》等与气功相关的著作。医药学家陶弘景撰集的《养性延命录·服气疗病篇》中引用《仙经》、《服气经》和《明医论》等书中观点，总结了调气治病和长生的方法。至此，中国的气功理论已形成体系。

佛教传入中国以后，道教的气功和佛教的禅法（瑜伽）相互借鉴和吸收，中国的气功得到丰富和完善。唐代孙思邈的《千金要方·养性·调气法》中就吸收了佛教“禅观之法”的内容。北宋女道士孙不二（1119～1182）的《女修十则》中吸收了佛教密宗的修炼方法。而佚名撰《洞玄灵宝定观经》中强调的“定慧等修”，也来源于佛教的禅修理论。明代袁黄（1533～1606）所著《摄生三要》中也特地引用了佛教禅家的理论。

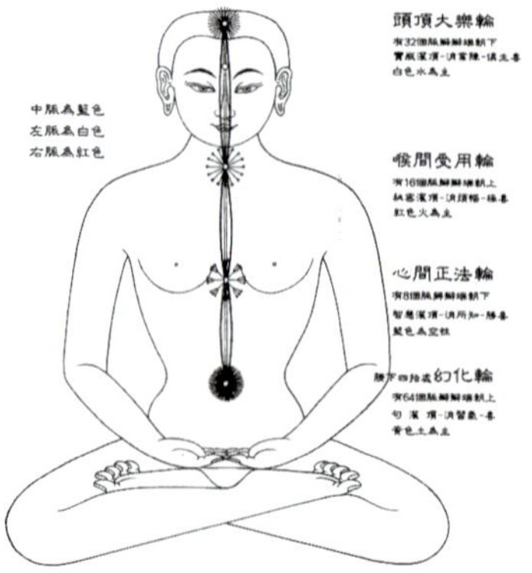

气功《体内四脉轮观想图》

1949年以后，中国气功很少受到关注，几乎销声匿迹。20世纪80年代，气功开始受到广泛重视，但一些迷信活动也乘机泛滥。作为健身养生的气功得到学术界的肯定，并出版发行专门研究气功的杂志。同时，中国气功由于与印度瑜伽有许多相通之处，因而受到中印两国学者的重视，并进行相关研究。

（薛克翘）

Qici

契此 Qici（约活动于9世纪～10世纪上半叶） 中国唐末五代僧人。因常负布袋，号为长汀子布袋师。又称布袋和尚，据传是弥勒菩萨的化身。北宋时期被赐号为“定应大师”，之后寺院所供奉的大肚弥勒菩萨像便是以布袋和尚为原型塑造的。

据《宋高僧传》等记载，契此俗姓不详，或为四明（今浙江宁波境内）人。他身材矮胖，大腹便便，说话随意，四处寝卧，经常用木棍挑着一个布袋走入市肆，随处行乞。至于食物蔬菜之类，吃了一点便将其放入布袋之中。曾卧于雪中，但身无片雪，人们由此感到奇怪。契此写有一首偈子：“弥勒真弥勒，时人皆不识。”于是人们将其视为弥勒菩萨的化身。

契此经常佯狂疯癫，行事出人意表。他站在大桥上，有人问他在干什么，他回答说在此寻人。如果他向某人行乞，那人的物品就能卖出去。他还能预知天相吉凶，亢阳天气穿高齿木屐，霖雨天气则示现草鞋皆湿。契此还往往以布袋或偈子的形式向前来问法的人开示佛道。

关于契此的圆寂之年，各种文献有着不同的记载。《宋高僧传》记为唐天复年间（901～903），《五灯会元》记为后梁贞明三年（917），《释氏稽古略》则记为贞明二年。契此圆寂之后，又有人看见他在别州背着布袋到处走。

契此——布袋和尚像　冯超然绘

江浙之间，信众大多在家供奉布袋和尚的画像。

（范晶晶）

Qiaba Quejisengge

恰巴·却吉僧格　cha pa chos kyi seng ge（1109～1169）　中国藏传佛教因明学家，噶当派高僧，寺院教育学家。西藏恰恰（今西藏拉萨达孜）人。恰巴·却吉僧格自小聪慧伶俐，父母觉得他对佛教有悟性，便将他送到寺庙学习**量论**和中观，后在香蔡邦·曲吉喇嘛座前剃度受戒，成为一名出家僧人，起法名却吉僧格。之后，在香蔡邦·曲吉喇嘛及其弟子聂詹·曲吉意西两位大师座前学习般若和菩萨行，同时，刻苦钻研量论、中观。

恰巴·却吉僧格住持桑浦寺18年，声望颇高。他依据佛教经论，规范和概括量论要义，分门别类，成为专科，命名为摄类学，首创藏传辩经学或摄类学。同时，提出学僧在学习显密经论时，先学习辩理技巧，后学习量论（因明）、中观、般若、俱舍、律论五部大论。其辩理技巧，主要推行问答式辩论，一人提出自己的观点，另一人回答对方提出的问题，辩论时声音要洪亮，以拍掌加强语气，这样进步快，理解深，掌握知识多。这种教学体制对**藏传佛教**各教派产生过积极影响，在整个藏传佛教的发展史上起到过重要的作用。现在，各大寺院中摄类学基本上依然遵循他所开创的教学体制。

恰巴·却吉僧格著作很多，主要有《摄类辩论》、《量论除意暗》、《因明抉择论释》、《慈氏五论注释》、《中观二谛释》、《中观明论释》、《入行论释》等，多数是经典注释论著，并指出了月称著作中的许多错误之处。《摄类辩论》是摄类学方面的权威著作，又是寺院藏传量论教学中的教程。

恰巴·却吉僧格培养了许多嗣法弟子，其中有号称八大正理自在狮子的著名弟子：藏纳巴·尊哲僧格、达帕·玛瓦僧格、智夏·索南僧格、玛恰·佐白僧格、孜·旺秀僧格、娘占·却吉僧格、丹玛·官却僧格和聂瓦·云丹僧格。

（尕藏加）

Qiatuobadiyaye

恰托巴底亚耶，D.　Debiprasad Chattopadhyaya（1918.11.19～1993.05.08）　印度现代哲学家，历史学家。1959年以后，一直担任印度哲学季刊《印度研究：过去与现在》的编辑。

恰托巴底亚耶用辩证唯物论和历史唯物论的方法论证了印度古代哲学的发展历程，批判了欧美学者有关印度哲学自古以来就是唯心主义和神秘主义故乡的观点，同时也证明了印度哲学的全部历史不仅有宗教唯心主义和神秘主义的传统，而且也包含着丰富的唯物主义、理性主义、世俗主义、乐观主义和无神论的传统。在其主要著作《顺世论——古代印度唯物主义研究》(1959)、《印度无神论》(1969) 和通俗读物《印度哲学》(1964) 中，恰托巴底亚耶论证了印度唯物主义思想早在吠陀时代就已产生，印度古代先民的世界观已经反映出对物质利益的追求和对人生的乐观主义态度。他还论述了在印度哲学的传统中绝不是只有**顺世论**一个派别具有唯物主义和无神论的思想，其他许多学派，如数论、胜论、**弥曼差派**、**耆那教**和佛教的一些派别都在不同程度上具有唯物主义和无神论的思想。在这些具有唯物论思想的派别中，除顺世论外，尽管一些派别在世界观上是唯心主义的，但是它们都在某种程度上否定了神的作用。他不仅说明了印度唯物主义传统发展的连续性和广泛性，而且说明了印度唯物主义从一产生就与宗教唯心主义展开了长期的、不间断的斗争。

在对待印度哲学遗产问题上，恰托巴底亚耶认为哲学思想归根结底是促进社会进步、理性和科学发展的。在印度古代哲学遗产中，只要对社会进步、理性主义和科学的发展有促进作用的思想和观念就是活着的，有价值的。反之，凡是对社会进步、理性主义和科学的发展起阻碍作用的思想和观念就是死掉的，无价值的。印度古代哲学是一个具有各种各样观念的巨大宝库，这些观念纠缠在一种复杂的甚至相互对立的关系之中。它们在历史发展中曾起到不同的作用，因此在今天的社会发展中也具有不同的意义。在印度传统哲学中曾有大量的观念和思想是蒙昧主义、神秘主义和反科学的，但是也有许多观念和思想反对这些腐朽观念，有利于社会进步、理性和科学发展，表现出人民对自由平等的追求。因此，他呼吁现代印度哲学工作者对传统哲学中的各种观念和思想进行批判性的区分，抛弃过去哲学中已经僵死的观念和思想，大力挖掘和宣扬那些对今天的社会进步、科学与民主的发展有促进作用的思想和观念。

恰托巴底亚耶在比较哲学研究方面也颇有建树。他认为，西方哲学中辩证法的思想是由古希腊哲学家赫拉克利特首先提出的，这种辩证法是建立在唯物主义基础上的；后来，黑格尔的唯心主义辩证法取代了原始唯物主义的辩证法；继之，马克思和恩格斯又将辩证法从黑格尔的唯心主义虚幻中解放出来，恢复其唯物主义的面目，使之上升到一个新的水平。他指出，从19世纪开始的思想运动就是“从形而上学向辩证法，从唯心主义向唯物主义发展的历史”。从那时起，辩证法就已经成为人类最强大的思想武器，它不仅用来说明历史，而且用来创造历史。

恰托巴底亚耶的思想在中国哲学界颇受重视，他的不少哲学著作都被翻译成中文。1980年，黄宝生和郭良鋆将恰托巴底亚耶的《印度哲学》译成中文。1992年，王世安把《顺世论——古代印度唯物主义研究》译成中文。这两部书的翻译和出版，加深了中国学者对印度古代哲学的了解，使中国人认识古代印度的各种唯物主义思想。

恰托巴底亚耶的主要著作还有:《印度哲学中活着的与死去的》(1976)、《古代印度的科学与社会》(1977)。

(朱明忠)

Qianjin Yifang

《千金翼方》 *Supplement to Valuable Prescriptions* 中国唐代著名中医典籍。孙思邈撰。该书与《备急千金要方》同为研究六朝隋唐时期的中印医学文化交流的重要文献。

孙思邈是中国隋唐时期的医药学家。唐永徽三年(652)撰写《备急千金要方》之后,因担心有所遗漏,于是历时30年,收录张仲景《伤寒论》等秘方,糅以数十年的临床经验,撰为《千金翼方》,约成书于永淳二年(682)。《千金翼方》30卷,补充了《备急千金要方》中未收的古代方剂2 000余种,卷首的《药录》部分辑录药物800余种,极大地丰富了唐代的本草知识。

孙思邈积极吸收印度佛教医学知识,对佛陀时代的名医耆婆及其医药方持非常肯定的态度。他接受了耆婆"万物皆药"的理论。《千金翼方》卷一《药录纂要》中的"药名第二","论曰:有天竺大医耆婆云:天下物类,皆是灵药。万物之中,无一物而非药者。斯乃大医也"。这种"万物皆药"的药学思想,对开拓孙思邈的视野以及扩宽本草学的范畴,都具有重大意义。正是在这种思想的影响下,孙思邈大量吸收民间或者外来药物,使《备急

《千金翼方》封面

千金要方》与《千金翼方》所载药物比唐代官修《新修本草》多680种,不仅极大地丰富了药物的品种,而且这种思想对后世本草学的发展也起到积极的推动作用。

孙思邈还注重中印医理的结合。在《千金翼方》卷二一《万病》"耆婆治恶病"中,指出"疾风有四百四种。总而言之,不出五种,即是五风所摄"。"凡百病不离五脏,五脏各有八十一种,计成四百四病,事需识其相类,善以知之。"所谓"疾风有四百四种"、"五脏各有八十一种"的说法,体现了孙思邈试图将印度医学的"四百四病"理论与中医的固有理论(如五行学说、脏腑病理学说等)相结合,以进一步丰富中医的病理学说。《千金翼方》中还保留了不少以耆婆名字命名的药方。早在1936年,范行准就在《胡方考》一文中指出,《千金翼方》卷十一《小儿·眼病第三》中的"赤眼方"、"治赤眼方";卷十二《养性》中的"服昌蒲方"、"耆婆汤——主大虚冷风羸弱无颜色方";卷十七《中风下》中的"硫黄煎——主脚弱连屈虚冷方";卷十九《杂病中》中的"酥蜜煎——主消渴方"、"羊髓煎——主消渴口干濡咽方"、"酥蜜煎——主诸渴方";卷二一《万病》中的"阿加陀药——主诸种病及将息服法久服益人神色无诸病方"、"阿魏雷丸散方"、"苦参消石酒方"、"大白膏方"、"大黑膏方"、"浸汤方"、"天真百畏丸"、"治十种大癞方"、"治癞病神验方";卷二二《飞炼》中的"耆婆大士治人五脏六腑内万病及补益长年不老方"等,均属来自印度的方剂。其中的"服昌蒲方",孙思邈则明确记载为"天竺摩揭陀国王舍城邑陀寺三藏法师跋摩米帝以大业八年与突厥使主,至武德六年七月二十三日为洛州大德护法师、净土寺主矩师笔译出"。此位"矩师"即唐初的行矩法师。"苦参消石酒方"所附"浸酒法"的来源则是,"此方出《耆婆医方论·治疾风品法》中"。《千金翼方》中不仅保留了不少来自印度的药方,而且使用阿魏、雷丸等印度药物的方剂数量更多,尤其是熏衣等类的香药方。

《千金翼方》还收录了印度带密教色彩的医用咒语,如卷十三《辟谷》中的"却鬼咒法"和卷三十《禁经下》的"禁令家和法"等。说明孙思邈对印度医学与宗教知识的吸收是多方面的。不过,孙思邈笔下的耆婆医药方虽有印度

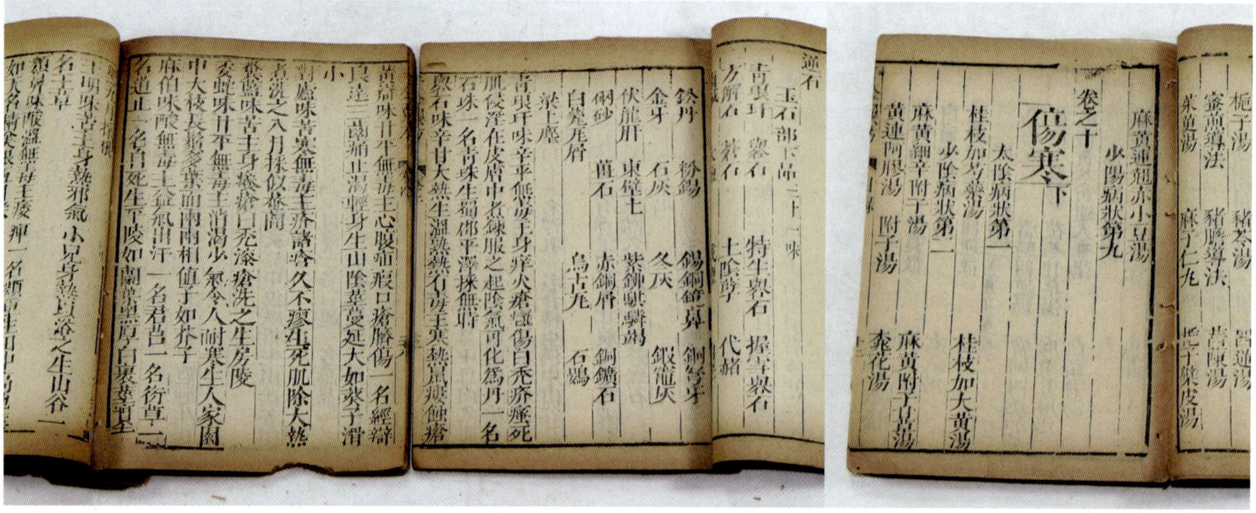

《千金翼方》清刊大字本书影

医学的源头因素，但已经不是纯粹的印度医药方，其中加入了大量的中医以及道家医学的成分，表现了唐代中印医学相融合的趋势。

（陈明）

Qianshou Guanyin

千手观音 Sahasrabhuja-avalokiteśvara 印度密教菩萨，中国民间诸神之一。千手千眼观音的简称。

千手观音是密教的观音形象之一。

千手千眼观音彩塑像　中国山西平遥双林寺

唐初武德年间（618～626）有中天竺僧瞿多提婆来华向高祖皇帝李渊献千手千眼观音画像，贞观年间（627～649）又有北天竺沙门带来梵本《千眼千臂观世音菩萨陀罗尼神咒经》献给朝廷，**唐太宗李世民**敕大总持寺沙门智通与梵僧共译。开元年间（713～741）来华的密教僧人**金刚智**翻译《千手千眼观世音菩萨大身咒本》一卷和《千手千眼观自在菩萨广大圆满无碍大悲心陀罗尼咒本》一卷。此外，佛典中尚有若干其他人翻译的以“千手”、“千手千眼”或“千眼千臂”冠名的陀罗尼、仪轨、曼荼罗法等。多简称“千手千眼观音”为“千手观音”。

千手观音的塑像、绘画也流行于民间。**敦煌**盛唐时期的第79、113、148等窟的《千手经变》，为中国现存最早的千手观音图像。大足石窟北山第9号窟有“千手观音龛”，其雕凿时间为唐朝末期。除石头雕刻的千手观音像，各地还有木雕、铜铸的千手观音像传世。在雕塑中，为表现的方便，有时也象征性地减少千手观音的手眼数量，如宋太祖赵匡胤开宝四年（971）铸的铜像，在今河北正定大佛寺内，高达22米多，仅有42臂。此外，千手观音也是近代绘画题材。近年，又有舞蹈《千手观音》创作成功，深受民众喜爱。

（薛克翘）

Qianshou Guanyin Kan

千手观音龛 Niche for Thousand-armed Avalokitesvara 中国重庆大足摩崖造像中供奉千手观音的石龛。大足石刻中观音造像甚众，而以宝顶山和北山所保存者最负盛名。现存摩崖观音龛像9铺，除一铺位于宝顶山大佛湾外，其余8铺集中于北山摩崖造像区，包括北山佛湾第9、218、235、243、273号诸龛，北山营盘坡第10号龛，北山观音坡第27号龛，北山佛耳岩第13号龛。

宝顶山大佛湾8号龛千手观音像，一说开凿于唐末宋初，一说造于南宋，系中国现存最大的观音大悲像。其高广达5丈，造型布局严谨，雕工精美，气势恢宏。观音全跏趺坐于莲台上，头戴宝冠，身坠璎珞，额上竖开一眼，胸前双手合十，腹前双手结弥陀印，另两手扶膝，肩后伸出千条手臂（有人经考证认为实刻830条手臂），各执法器，掌心各有一目。千臂参差错落，状若孔雀开屏，巧妙有序地分布于88平方米的崖面之上。观音手中法器象征其无边法力与无穷智慧，可拯救众生于危难之际。这尊造像代表着大足石刻中千手观音造像臻于至高艺术境界。

千手观音像两侧尚有4尊小型造像，分别为吉祥天女、婆薮仙、头戴猪首的金刚亥母，顶塑象首的毗那夜迦。后者系佛教护法神，其形象源于湿婆之子象头神。在千手观音两侧的角落分别刻有一穷人和一饿鬼，象征阴阳两界均能得到千手观音的救助。4尊造型并未恪守密宗传统造像范式，说明在晚唐至宋代期间，大足石窟造像经历了一个由严格遵循佛教仪轨到逐渐转向世俗化的历史过程。

与北魏、西魏佛教造像中那种高髻、隆鼻、深目的异域人不同，大足石刻千手观音造型大多具有蜀地女性温柔、恬静的特点，面庞丰润，额头饱满，鼻子挺拔，口若樱桃，外眼角上提，上眼线呈弧形，下眼线平直，使人产生安静、慈祥、爱怜之感。大足观音造像赋予这位印度菩萨以女相，象征着印度佛教的汉化现实，表现出神性美和人性美的完美结合。见**大足宝顶山摩崖造像**、**大足北山摩崖造像**。

（张绍斌）

千手观音像　中国重庆大足宝顶山摩崖石刻大佛湾第8号龛

Qianshou Qianyan Guanshiyin Pusa Zhibing Heyao Jing

《千手千眼观世音菩萨治病合药经》 专门叙述古代印度医学知识的佛教典籍。1卷。据《续古今译经图纪》和《**开元释教录**》等记载，该书是唐代来华的西天竺沙门伽梵达摩（即**伽梵达磨**）在高宗永徽年间（650～655）所译的唯一一部佛经。该经与《千手千眼观世音菩萨广大圆满无碍大悲心陀罗尼经》是同经别本，因为后者记述了比较丰富的医药内容，故将其中的医药内容抄出，作为单本流通。

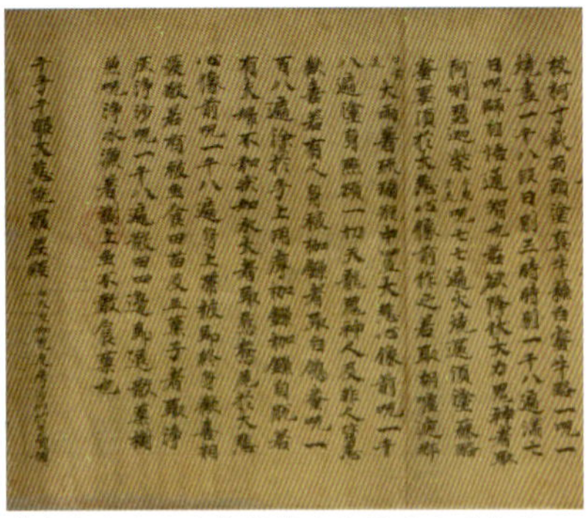

《千手千眼观世音菩萨广大圆满无碍大悲心陀罗尼经》敦煌写本书影

《千手千眼观世音菩萨广大圆满无碍大悲心陀罗尼经》中有《大悲呪》，为后世所熟知。该经的敦煌写本将近20种。这些写本中，不仅有1卷本与3卷本之分，而且经名也不尽相同，有《千手千眼大悲心陀罗尼经》(S.0509)、《千眼陀罗尼经》(S.231)、《千手千眼陀罗尼经》(P.2291)、《千手千眼大悲陀罗尼经》(P.3437) 等题名。该经的两种敦煌写本 (S.231、P.3437) 还注明了它是“西天竺伽梵达摩沙门于于阗译”。在**丝绸之路**上，该经还有藏译本和回鹘语译本流传。吐鲁番出土的藏译本残卷，编号Tu 7。其回鹘语译本残片有俄藏SI Kr. II/30-14、SI Kr. II/30-16、德藏U2297 (T I D)、Mainz 213 (T ID93/505)、Mainz 231 (T ID93) 等。其中Mainz 231有题跋，注明该经从印度语译成桃花石语，再由胜光法师转译为突厥语。回鹘语译本残片中，伽梵达摩的名字写作Kavandarmi，源自梵语Bhagavan-dharma。

《千手千眼观世音菩萨治病合药经》中相关的医学内容不仅在丝绸之路传播，而且以汉译本为中介向东传到日本。丹波康赖《医心方》卷二十六的“相爱方第五”引用了《千手观音治病合药经》中的一条方剂；《医心方》卷三的“治偏风方第三”引用了一条《千手经》的药方。《千手观音治病合药经》与《千手经》都是《千手千眼观世音菩萨治病合药经》之简称。与《千手千眼观世音菩萨广大圆满无碍大悲心陀罗尼经》相比较，《千手千眼观世音菩萨治病合药经》在中古医家的视野中出现的频率更高一些，体现了中日医家对印度医学的兴趣与吸收。

（陈明）

Qianda' er

钱达尔，K. Krishan Chander (1914.11.23～1977.03.08) 印度乌尔都语作家。曾任印度进步作家协会总书记。生于印度古杰兰瓦拉县的沃济拉巴德（今巴基斯坦旁遮普省境内）。青少年时期随父亲居住于克什米尔的蓬奇县。1929年，考入旁遮普大学弗尔芒基督教学院学习医学，其间对英语文学产生兴趣。1935年获该校英语语言文学硕士学位。1937年获拉合尔法学院法学学士学位。其间，任《北方评论》和英文月刊《摩登女孩》主编。1939～1943年任全印广播电台导演，后任职于夏里玛电影公司，致力于编导工作。40年代初参加印度进步作家协会。1947年印度分治后，出任印度和平理事会理事。1953年起任印度进步作家协会总书记。50年代曾随代表团访问中国，促进了中印文学界之间的交流。

钱达尔被誉为“印度短篇小说之王”，一生共创作48部中长篇小说和32部短篇小说集，并发表过儿童文学作品、电影和戏剧剧本。早期作品充满理想主义和浪漫主义倾向，1944年起，写作风格开始向现实主义转变，作品大量反映印度国内的社会状态，关注中下层百姓的真实生活，揭示印度社会中的种种弊病。

20世纪50年代起，中国陆续翻译出版了钱达尔的多部作品，包括《一个少女和一千个追求者》(1981)、《一头驴子的自述》(1982)、《失败》(1986)、

钱达尔《一个少女和一千个追求者》中译本封面

《钱镜》(1984) 等。山蕴编译的《乌尔都语文学史》(1993)和季羡林主编的《东方文学史》(1995) 中的部分章节对其文学创作进行了评介。

（李宝龙）

Qiandela

钱德拉，L. Lokesh Chandra (1927～) 印度文化国际研究院荣誉主席、佛学家、印度艺术研究者。致力于中亚、东亚及东南亚的文化交流。擅长**藏传佛教**、汉传佛教等佛教研究，在印度尼西亚和柬埔寨历史文化研究领域亦有建树。在探索印度文明在更大范围内产生影响的过程中，发展了其父、著名语言学家**R. 维拉**所开创的事业。在中印文化交流中起过积极的作用。

钱德拉（右）与中国友人郁龙余合影

钱德拉生于印度哈里亚纳邦安巴拉地区的一个显赫家族。1947年获得拉合尔旁遮普大学硕士学位。通梵语、**巴利语**及俗语，先后修习了印地语、梵语、巴利语、阿维斯塔语、古波斯语、日语、汉语、藏语、蒙古语、印尼语、希腊语、拉丁语、德语、法语、俄语等20多种印度和外国语言。1950年写就吠陀文献《耶摩尼梵书》中“牛行仪式”部分的评述本，由此获得荷兰乌德勒支州立大学文学博士学位。此后，他对印度思想及印度与东亚、东南亚国家的文化联系的研究作出了巨大贡献，撰有著作575余部、文章285余篇。他的多部著作如《藏梵词典》、《西藏的佛教肖像研究》、《西藏文献史资料》，以及《佛教艺术词典》皆为印度文化史上的不朽之作。其中很多著述都是基于原始经典文献资料撰写而成，是他对西藏进行全面综合研究的学术成果，涉及天文、医药、文献、哲学等诸多领域。与父亲维拉合作完成的20卷《新藏蒙诸神》，提供了大量跨喜马拉雅亚地

区图像艺术中尚未发现的信息，涉及地域远至西伯利亚和伏尔加河。108卷巨作《蒙古甘珠尔（佛教经典）》是一部公认的杰作，为他赢得了匈牙利科学院荣誉会员的称号。

钱德拉曾任印度联邦院议员（1974～1980年、1980～1986年）、印度文化关系委员会副主席、印度历史研究委员会主席、尼赫鲁纪念基金会终身理事，并在多个学术机构任职。除此之外，曾获印度国内外多所大学和机构授予的荣誉学位和奖项。2006年获印度政府授予的第二级公民荣誉勋章。

（卡马尔·希尔撰　任筱可译）

Qiandao Li

《乾道历》 *Qiandao Calendar*　中国南宋时历法。见刘孝荣。

Qiangbalin Si

强巴林寺　byams pa gling　中国藏传佛教格鲁派著名寺院。位于西藏自治区昌都市内。

藏历第八绕迥火蛇年（明正统二年，1437），史称宗喀巴·洛桑札巴边远六大弟子之一的麦·喜热桑布（1395～1457）从拉萨返回康区故里，在昌都地方创建强巴林寺，成为格鲁派在康区弘法的第一座寺院。初期阶段，寺内相继建立林堆扎仓、林麦扎仓、努林扎仓、库久扎仓和绛热扎仓五大学院，并制定以研习显宗五部大论为主、修学密宗四续为辅的显密兼容的教学体系。

强巴林寺的管理体制，最初是堪布（住持）负责制，至藏历第十绕迥木马年（明万历二十二年，1594），三世帕巴拉·通瓦顿丹（1567～1604）担任第十四任堪布后，开始掌控强巴林寺，使历代帕巴拉活佛成为第一大活佛和寺主。五世帕巴拉·嘉瓦嘉措（1644～1713）在主持寺院事务期间，仿布达拉宫南杰扎仓，在自己的府邸创建“南卓扎仓”，定额232名僧人，制定以修持密宗教法、举行密宗仪式为主的教规。同时，将原五大扎仓（学院）扩建为八大扎仓，即密集扎仓、时轮扎仓、大威德扎仓、喜金刚扎仓、毗卢遮那扎仓、胜乐扎仓、大轮扎仓、无量寿扎仓，总称“八大密宗修持院”，法事仪轨遵循拉萨密宗下院教规，开始转型为以奉行密宗教法仪轨为主的大僧院。

清代中后期，强巴林寺发展迅速，规模宏大，平时寺僧达3000人，拥有属寺130多座，遍布昌都、类乌齐、左贡、察雅、丁青、八宿、江达和波密等地，并形成帕巴拉、希瓦拉、嘉热、贡多和智塘加热等大活佛转世系统。帕巴拉活佛为法定寺主，当他尚处幼年期时，由希瓦拉、嘉热和贡多三位世系活佛轮流代理掌管政教事务。该寺以传承拉萨密宗下院的教法仪轨为主，其僧众习惯赴拉萨三大寺和密宗下院进修深造。

（尕藏加）

强巴林寺

Qiangqinquejie Shijiayixi

强钦却杰·释迦益西　byams chen chos rje shakya ye shes（1354～1435）中国藏传佛教高僧，拉萨三大寺之一色拉寺的创建者。又名大慈法王·释迦也失。出生于西藏拉萨蔡公堂地方一户官宦人家，系蔡巴家族。自10岁开始，在父亲的督促下，守持佛教戒律，学习佛教

经典。12岁时在蔡公塘寺出家受戒为僧，取法名释迦益西。18岁起走访西藏各大名寺，广拜高僧大德为师，研修佛教经论。后拜宗喀巴·洛桑札巴为师，系统研习五部大论及大小五明学，并受比丘戒。他出众的辩才，颇受宗喀巴的赏识，享有“辩才无碍”之声誉。

明永乐十二年（1414），释迦益西作为宗喀巴的代表抵达南京，觐见明成祖朱棣。翌年，受封“妙觉圆通慈悲普应辅国显教灌顶弘善西天佛子大国师”名号，特赐一顶金边黑色僧帽。是年，释迦益西离开南京，前往五台山等地讲经说法。

永乐十四年，释迦益西从五台山启程，返回西藏。行前，明成祖又赐给大量礼物，包括佛经、佛像、绸缎、金银器皿等，尤以御制甘珠尔一部（108函）最为珍贵，卷首系以金粉书写而成，每函附有《大明皇帝御制藏经赞》及《御制后序》。永乐十六年，释迦益西遵照宗喀巴的意旨，利用明朝皇帝所赐钱财并在内邬宗本南喀桑布的资助下，在拉萨北郊兴建色拉寺。永乐十七年，明朝特派宦官杨三保赴藏赐释迦益西赐以佛像、法器、袈裟等礼物。永乐二十一年，释迦益西派弟子班觉龙祖至北京朝贡，并长期驻京为皇帝经师。

宣德元年（1426），宣宗遣礼部尚书胡荧为专使携金册、诏书及礼品前往西藏召请释迦益西。宣德四年，释迦益西到达北京，建寺说法，弘扬佛教。宣德九年，宣宗令成国公朱勇、礼部尚书胡荧持节前往释迦益西的驻地，颁赐御制法轮、金印，封他为“万

行妙明真如上胜清净般若弘照普应辅国显教至善大慈法王西天正觉如来自在大圆通佛”，简称“大慈法王”。翌年，释迦益西在返藏途中经青海卓摩喀讲经传法时圆寂。朝廷敕令在其圆寂地建造寺院，赐名“弘化寺”，存放其舍利，永久纪念。

（尕藏加）

Qiaodamo

乔答摩 Gautama，Gotama（约活动于1世纪） 印度古代哲学家，六派哲学中正理派的创始人，《正理经》的作者。生平不详。现存《正理经》中包含后人加入的成分，不全是其所作。乔答摩在理论上以探讨逻辑推理与辩论规则为主要特色。他在《正理经》中构建了“十六谛”的理论框架。在这一框架中，乔答摩提出了“五支论式”的推论式，并且分析了推论产生错误的原因、辩论失败的主要表现等理论。这些理论在印度历史上第一次系统地建立了一种逻辑及辩论思想的学说体系。佛教的因明学在很大程度上是吸收、改造、完善正理派的相关理论后建立的。佛教古因明的许多内容是直接使用乔答摩的逻辑及辩论学说后形成的。

乔答摩的学说也随佛教一起传入中国。汉译或汉文佛典中有很多关于他的理论的记述。中国唐代高僧玄奘自印度回国后在弘扬佛法时就十分重视因明学说。而因明学中就包含了很多乔答摩的理论。中国的藏传佛教中也有不少涉及因明的内容，乔答摩《正理经》的理论也同样在藏传佛教中有影响。中国近现代的学术界同样很重视这方面的内容。《正理经》在现代被译成汉文。当代中国学者撰写的有关乔答摩及其理论的著述有不少。姚卫群翻译的《正理经》收入《古印度六派哲学经典》（商务印书馆，2003）一书，还在《东方著名哲学家评传》（山东人民出版社，2000）中为乔达摩撰写长篇评传。

（姚卫群）

Qiaodamo Xidaduo

乔答摩·悉达多 Gautama Siddhārtha 释迦牟尼的本名。见释迦牟尼。

Qiaoshiduoji Aoyishu

《乔尸多基奥义书》 *Kauṣītaki Upaniṣad* 印度古代哲学文献。数百种奥义书之一。约产生于公元前800～前500年。主要论述了梵我关系、气息、认识主体及认识对象等问题。较早的汉译本由徐梵澄译出，收入《五十奥义书》（中国社会科学出版社，1984）中。黄宝生也将此译成汉文，收入《奥义书》（商务印书馆，2010）一书中。

（姚卫群）

Qiaotubotuo

乔荼波陀 Gauḍapāda（约活动于7世纪） 印度古代哲学中吠檀多派思想家，吠檀多派中“不二论”的较早阐述者。生平不详。相传他是商羯罗的老师牧尊的老师。乔荼波陀认为，梵或大我是万有的根本，一切事物在本质上是梵或大我的幻现，它们是不真实的（没有独立于梵或大我的存在）。小我既不是梵的部分，也不是它的变异，它们的关系如同瓶中的小虚空和瓶外的大虚空的关系一样。瓶中的小虚空与瓶外的大虚空本是一个东西，仅仅由于瓶子的限制，它们才显得不同。与此情形类似，作为人生现象的无数小我与大我本是一个东西，仅仅由于身体的限制，它们才显得不同，两者实际上是同一物。他的主要著作是《圣教论》。这一著作由巫白慧译释，收1999年商务印书馆出版的《圣教论》一书。

（姚卫群）

Qiaoxi

乔希 Josi Umasankara（1911.07.12～1988.12.19） 印度古吉拉特语诗人，小说家，文学评论家。在中印古吉拉特语文学交流领域占有一定地位。生于古吉拉特邦北部小城巴默纳。曾在艾哈迈达巴德大学和古吉拉特大学任教，后任古吉拉特大学副校长。1930年参与非暴力不合作运动。1931年发表长诗《世界和平》，赞扬M.K.甘地倡导的非暴力精神。其创作的诗集还有《恒河》、《春雨》《午夜》等，其中《午夜》于1967年获印度文学格扬比特。著有长篇小说《别人的后代》（1968）、文学研究性著作《阿考研究》和《风格的本质》等。1978～1982年任印度文学院院长，曾率代表团来中国参加鲁迅诞辰纪念活动。《东方文学辞典》（1992）、《东方文化词典》（1993）、《南亚大辞典》（1998）、《印度文化词典》（2010）等工具书以及黄宝生等译《印度近现代文学》（1981）等印度文学史相关著作均对乔希及其作品有所介绍。

（张亚冰）

Qin Jing

秦景 Qin Jing（约活动于1世纪） 中国东汉时期士大夫，出访西域的使节之一。汉明帝刘庄时任羽林中郎将。据载，汉明帝夜梦金人，以为是佛，于是派遣秦景、蔡愔等人出使西域，抵达大月氏国，带回佛经、佛像，携同印度僧人摄摩腾、竺法兰，于永平十年（公元67）回到洛阳。

（乔安全）

Qinwang Pozhen Yue

《秦王破阵乐》 *Triumphant March of Prince of Qin* 中国唐代乐曲名。又名《破阵乐》、《破阵舞》、《破阵乐舞》，简称《破阵》，后更名《七德》，又称《七德舞》。《秦王破阵乐》于唐武德年间（618～626）在民间流传，唐太宗将它改制成宫廷乐舞。

《纳西古乐图·秦王破阵乐》

《秦王破阵乐》的雏形产生于唐高祖武德年间。武德三年（620），秦王（即后来的唐太宗）大破刘武周，“人间歌谣《秦王破阵乐》之曲”（《旧唐书》卷二九），或称“军中相与作《秦王破阵乐》曲”（《新唐书》卷二一）。这是民间版本的《秦王破阵乐》。民间版《破阵乐》包含曲与词，呈现出民谣形态，最初很可能并无舞蹈或仅有简单配舞。当代学者杨宪益认为民间版《破阵乐》为突厥人所创，后传入唐军中。贞观元年（627），

《秦王破阵乐》演出海报

唐太宗李世民大宴群臣，第一次在宫廷演奏《秦王破阵乐》之曲。不久，《破阵乐》经吕才和谐音律，沿用民间朴素歌词，具有了简单的舞蹈形式。贞观七年，唐太宗亲制《破阵舞图》，命吕才依照舞图教授乐工120人（一说增舞者至120人），被甲执戟排演练习。《秦王破阵乐》为鼓舞的一种，混入了龟兹乐的元素。后太宗又令魏徵等改制歌词，更名《七德》之舞，始具宫廷雅乐规模。《秦王破阵乐》原来的曲词简短质朴，未必是对秦王的歌颂，而更似一位将军或士兵的自述。《七德》已变为讲述唐太宗的7种美德。不过，传入印度的《破阵乐》词既非最初的《破阵乐》词，亦非《七德》曲词。

依据相关史料可以推断，《秦王破阵乐》在玄奘访晤戒日王时（640）已传入印度。戒日王和鸠摩罗王所知晓的《秦王破阵乐》，极可能是曾在唐太宗宫廷观看过《秦王破阵乐》舞的西域使者或商人、僧侣传到印度的。

玄奘在《大唐西域记》中记载戒日王所说的“秦王”仅为玄奘对“至那王”一词的意译，本意为中国王，非李世民即位前的称号。戒日王口中的《秦王破阵乐》，可以直译为“赞颂至那国王胜利的歌曲”。《秦王破阵乐》传入印度的形态很可能发生了改变，而仅留的乐曲和歌词经传唱者改造，可能在某种程度上传达了盛唐见闻和宫廷武舞的盛大场面。在玄奘的记载中，戒日王、鸠摩罗王谈及《破阵乐》时均使用“闻”、“歌”等词。这与吟游诗人的口头传播方式相应。

此外，《秦王破阵乐》也曾传至西藏。长庆二年（822），大唐使臣来到吐蕃，吐蕃“乐奏《秦王破阵曲》，又奏《凉州》、《胡渭》、《录要》、杂曲，百伎皆中国人”（《新唐书》卷二一六下）。《秦王破阵乐》曲谱和舞式还一度随日本遣唐使东传日本，有中唐乐工石大娘所抄《秦王破阵乐》五弦琵琶谱及《信西古乐图》中保留的《秦王破阵乐》舞图为证。

（张远）

Qingmu

青目 Piṅgala （约活动于4世纪） 印度佛教中观派论师。在中印文化交流方面发挥过一定作用。具体官爵和故里不详。为圣天的再传弟子。圣天是印度大乘佛教中观派创始人龙树的弟弟，龙树也被藏族人看作密教的祖师。青目是最早为龙树《中论》（又名《中观论》或《正观论》）写作注疏的论师之一。青目之疏释各颂大义，文意简要，被鸠摩罗什认为是古印度数十家《中论》注疏中最好的，所以只翻译了青目的注释，由此传入中国。现中国流传最广的《中论》就是青目的释文版本，因此青目的学说在汉传佛教中占有很重要的地位。

（胡俊麟）

Qingbian

清辨 Bhāviveka （约490～约570） 南印度大乘佛教中观学派论师，中观派的实际创始人之一。又称清辩、明辨、分别明。音译婆毗吠伽。

据《大唐西域记》卷十、《大慈恩寺三藏法师传》卷四等，清辨出身于南印度末利耶那国王族。他曾往中印度师事僧护（也称众护），学习大乘经典和龙树的学说，后返南印度，主持南方50余座寺院，以继承并宣传龙树中观学说为己任，对佛教以外乃至佛教内部大、小乘其他各派均采取批判态度。他注释龙树《中论》的著作《中观根本般若灯释》（又名《般若灯论释》）15卷，由唐波罗颇迦罗蜜多罗（见波颇）汉译，对原论各章加以解说，严守龙树以来中观学者的传承，批判同是中观派重要论师佛护的学说。他对护法主张的代表瑜伽行派中心思想的三性说（遍计所执性、依他起性、圆成实性）的批判亦很严厉。他的另一著作《中观心论颂》通论中观思想，以其立场宣扬大乘，批判小乘，中心在阐明中观派的二谛、空性、不生等说。该书对属于外道的数论、胜论、吠檀多和弥曼差等派哲学（见六派哲学）亦有介绍，故对了解印度教哲学发展也有帮助。其《大乘掌珍论》（即《掌珍论》2卷，有唐玄奘译本）则主要论证大乘空宗的教义，主张一切皆空，破除外道、小乘和大乘有宗的见解。

（葛维钧）

Qingjing Dao Lun

《清净道论》 *Visuddhi-magga* 南传上座部佛教注释文献中的重要著作。是全面叙述上座部大寺派教理和修行方法的百科全书式的作品，也向来被视为南传佛教禅修者的指导手册，由觉音作于5世纪。据锡兰史书《大史》记载，觉音赴锡兰（今斯里兰卡）研读僧伽罗文三藏注疏，大寺派僧众为了测验他的学识，出偈颂令其解释，觉音因此研读三藏及其注疏，由一偈颂写成本论。本论由戴维斯夫人于1920～1921年校订出版，之后被译为英、法、德、日、泰等多国文字，汉译有叶均1991年出版的译本，以及元亨寺1998年由日译的转译。

《清净道论》由23品构成，依照戒、定、慧的顺序展开。戒学由第一《戒品》、第二《头陀品》组成，说明戒的种类、持戒方法及功德；定学由之后的《取业处品》、《地遍品》、《余遍品》、《不净业处品》、《六随念品》、《随念业处品》、《梵住品》、《说无色品》、《定品》、《神变品》、《神通品》共11品组成，解释诸如十遍、

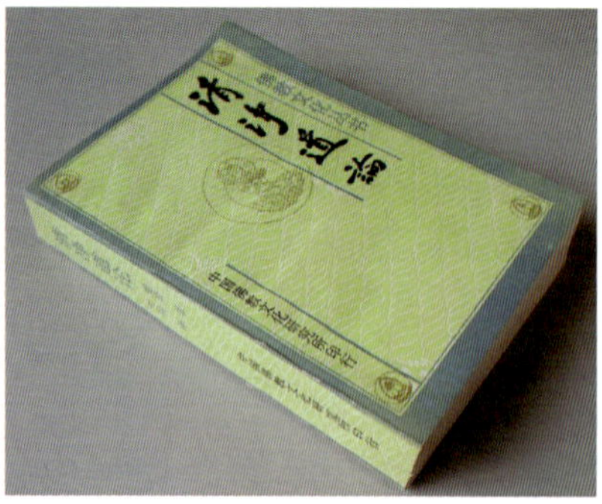

《清净道论》中国佛教文化研究所1995年汉译本书影

十不净、十随念、四梵住、四无色定、四界差别等概念，详细说明各种定的修法，是珍贵的禅修指导书；慧学由《蕴品》、《处界品》、《根谛品》、《慧地品》、《见清净品》、《度疑清净品》、《道非道智见清净品》、《行道智见清净品》、《智见清净品》、《修慧功德品》共10品组成，囊括了南传佛教七部论书到本论之前发展出来的教理，诸如二十四种所造色、八十九心、二十四缘等。除此之外，正文之前有因缘等论，以偈颂提示出论文的要点；正文之后有结语。

汉译及藏译藏经中有另一部著作《解脱道论》，与本论在结构、内容上都十分相似，经由学者的比较研究，《解脱道论》应由早于觉音200余年的代表无畏山寺派的优波底沙所作，而觉音很可能参照其作成《清净道论》，以反驳他宗，重申传统僧伽大寺派的教法。

（赵菲）

Qiongbonanjue

琼波南觉 khyung po rnal vbyor（？～1140） 中国藏传佛教高僧，香巴噶举派创始人。在中印佛学交流中起过重要作用。其族姓琼波，前藏尼木热芒人。自幼学习苯教，并卓有成就，门下常聚集众多苯教弟子闻法。后转学藏传佛教宁玛派的大圆满法。然而，大圆满法也没能满足他的求知欲，遂想到去印度留学求法。他募集大量黄金后，到尼泊尔和印度，拜众多高僧大德为师，广学佛法，并求得当时流行于印度的许多密宗法门。学成返藏后，在噶当派高僧朗日塘巴前受比丘戒。之后，在前藏的潘域地方建寺立庙，讲经说法；后又到后藏的香地方传授佛法，号称3年之内建立了以雄雄寺为代表的108座寺院，香地方逐渐变为其传教中心，并产生较大宗教影响力，随之形成香巴噶举派。

琼波南觉曾7次赴印度求法，从印度直接领受佛教正法，故香巴噶举派的法脉传承，有别于玛尔巴·却吉洛哲所传扬的噶举派教法。香巴噶举派鼎盛时期，琼波南觉的信徒达8万人，他多年向门下众弟子讲经传法，最后将自己持有的完整教法毫无保留地传授给六大弟子。其中大弟子莫觉巴·仁钦宗智（1110～1170）成为继承和推演香巴噶举派法脉传承的第一人。

（尕藏加）

Qiujiuque

丘就却 Kujula Kadphises（约16～65年在位） 贵霜帝国的建立者。音译卡德费塞斯一世。

公元前2世纪末，迁入大夏的大月氏人分成五部，其首领称翕侯。据《后汉书·西域传》："后百余岁，贵霜翎（翕）侯丘就却攻灭四翎侯，自立为王，国号贵霜。"史家一般认为，丘就却是公元1世纪中叶的贵霜翕侯。他于约公元24～25年（另说公元40年）前后攻灭其余四部翕侯，建立贵霜王朝。统一大月氏后，他把视线投往富庶的印度。作为准备，他首先向南越过兴都库什山，对那里的希腊统治者和安息人发动了进攻。经年的战争耗尽了他的余生，直到晚年，才取得胜利，占据了高附（在今阿富汗喀布尔河流域）、罽宾和犍陀罗地区，西北印度多纳入其统辖之下。后以80岁高龄去世。他在位时，宗教政策宽容，贸易活动昌盛，国力渐趋雄厚。其统治范围正处于印度和希腊文化交互影响之中，故所铸钱币亦兼具两种文化特征。

（葛维钧）

Qiuci yue

龟兹乐 Kucha music 中国南北朝和隋唐时期古龟兹国音乐。龟兹是西域大国，又名鸠兹、屈茨、归兹、屈支、丘兹，在今新疆库车、沙雅、新和、拜城、轮台一带。古龟兹人擅长音乐舞蹈，具有历史悠久而丰富多彩的音乐文化。据玄奘《大唐西域记》记载："屈支国（即龟兹）文字取则印度，粗有改变，管弦伎乐，特善诸国。"

据《隋书·音乐志》记载，前秦建元十八年（382），"吕光、沮渠蒙逊等，据有凉州，变龟兹声为之，号为秦汉伎。魏太武既平河西得之，谓之西凉乐。至魏、周之际，遂谓之国伎"。可见，即使在"国伎"、"西凉乐"等这样一些原本是中国本土的音乐中，也融入了龟兹乐的因素。至于安国、疏勒、康国、高昌等国的音乐，显然均源于龟兹乐或"变龟兹声为之"。这些乐部所以以国名命名，不外两种可能：一是乐师来自该国，二是相关乐部在一定程度上保留了该国音乐的风格。

在中国隋唐宫廷音乐中，龟兹乐有广泛影响。隋开皇元年（581）置"七部乐"。大业七年（611）定九部乐。唐初沿用隋代"九部乐"，唐贞观十六年（642）定"十部乐"，均专设"龟兹伎"或"龟兹乐"乐部。唐代宫廷设置"胡部"后，龟兹乐实际上被列为诸乐之首。北宋建隆元年（960）因袭唐制，龟兹乐为教坊四大部之一，仍保留其特有的乐器和曲目。

彩绘陶坐部伎女乐俑 隋开皇十五年（595）中国河南安阳张盛墓出土

隋代，龟兹乐由于融入当地民间音乐的成分而分为西国龟兹、齐朝龟兹和土龟兹三部。至唐时，来自西域各国的音乐家定居中国已历数代，因而逐渐汉化，其音乐亦逐渐与中国本土音乐融合。唐玄宗时，将十部乐改为"立部伎"与"坐部伎"，但"坐部伎"中的《长寿乐》、《天授乐》、《鸟歌万岁乐》、《小破阵乐》等皆明显杂以龟兹乐因素；"立部伎"中的《安乐》、《太平乐》、《破阵乐》、《大定乐》、《圣寿乐》、《光圣乐》等也大多融合了龟兹乐的韵调和风格。

古龟兹拥有相当丰富的乐器，如竖箜篌、琵琶、五弦、笛、笙、箫、觱篥、毛员鼓、都昙鼓、答腊鼓、腰鼓、羯鼓、鸡娄鼓、铜鼓、贝、弹筝、候提鼓、齐鼓、檐鼓等，而其中羯鼓则是龟兹乐中独具特色的传统打击乐器。隋开皇十年，龟兹乐器盛行于朝野。到唐代，上自帝王重臣，下至黎民百姓，均对敲击羯鼓具有特殊的癖好。唐玄宗就经常创作羯鼓曲并亲自演奏。他能熟练掌握龟兹乐曲《耶婆瑟鸡》和《龟兹大武》等92首羯鼓曲。

龟兹乐演出时有乐工20个人，舞者4个人，各着特制服饰。乐工衣着为皂丝布头巾、绯丝布袍、锦袖、绯布裤，舞者穿扮为红抹额、绯袄、白裤帑、乌皮靴。从今库车、拜城等地的一些古龟兹石窟壁画中，仍能看到古龟兹乐舞演出时的场面和所使用的各种乐器。

龟兹乐队演奏场面
中国新疆克孜尔石窟音乐窟

留存至今的龟兹乐曲目有《万岁》、《藏钩》、《七夕相逢》、《投壶》、《舞席》、《同心髻》、《玉女行觞》、《神仙留客》、《掷砖续命》、《斗鹳子》、《斗百草》、《泛龙舟》、《还旧宫》、《长乐花》、《十二时》、《善善摩尼》、《婆伽儿》、《小天》、《疏勒盐》等。

（赵佳梓）

Qiunabamo

求那跋摩 Guṇavarman（367～431）

印度来华僧人，译经家。意译功德铠。

据《高僧传》卷三、《出三藏记集》卷十四等，求那跋摩为罽宾人，属刹帝利种姓，先世历代为王，祖父因性格刚直而失位，父亲隐居山林。求那跋摩14岁便表现出崇尚德性、泛爱众生的倾向，为人聪明机敏，见识深远，曾经劝母不要杀生，使其悔悟。20岁时出家受戒，很快便洞晓9类佛典和四阿含经，除能诵经达百余万言外，对于戒律和禅法也有深刻认识，当时人称**三藏法师**。30岁时罽宾王去世，嗣位无人，国民一致表示应请才德兼备的求那跋摩返俗登基。不过群臣恳请再三，他皆固辞不受，反而远行山野，遁迹人世。后到师子国（今斯里兰卡）游历弘教，据说见者无不肃然起敬，内生信仰之心。再到阇婆国（今印度尼西亚爪哇岛），该国太后从之受五戒，并要求国王同样受戒。后邻国犯境，国王惧怕伤生，又怕国灭，便来请教求那跋摩。求那跋摩认为暴敌侵凌，理应举兵自卫，只要保持慈悲心而不起害念即可。邻敌退兵后，求那跋摩获得阇婆举国崇奉，佛教也逐渐成为全民信仰。邻国风闻求那跋摩名声，多遣使来请。南朝宋时京师大德慧观、慧聪等远闻其名，于南朝宋元嘉元年（424）面见文帝，要求迎请求那跋摩。文帝便敕令交州（约当今两广和越南北部）刺史泛舶往邀。慧观也派出沙门法长、道冲等前去祈请。不过，此前求那跋摩已经离开阇婆，随商船去往一个小国。不料风势有变，正好到了广州。文帝知道后，便敕命各州郡资助他顺利来京（建康，见**南京**）。他在北来的路上于始兴（今广东韶关）经停大约1年。当地有虎市山，孤峰高耸。他视其形状而仿印度佛教圣地之名改称为灵鹫山。山中原有的虎害自此即告断绝，行旅安全获得保障。他于元嘉八年正月达于京都，宋文帝对他殷勤慰问，并就持斋戒杀等事向他请教。他就此话题讲了一番“道在心不在事，法由己非由人”的道理，指出帝王能行善政，以使万民安居乐业，就是持斋戒杀，而不在自己的省一饭、放一生。他住祇洹寺，公侯公卿常来请益。不久他在该寺讲《法华经》、《十地经》。开讲之日，僧俗云集，八方辐辏，踵接肩随。接着，应**慧义**之请，他又主持译场，译出《菩萨善戒经》，得28品；后由弟子代出2品，成30品。元嘉三年时，徐州刺史王仲德曾请西域沙门伊叶波罗译出《杂阿毗昙心论》，但译至第十品“择品”时因故中辍。后更请求那跋摩译出所余部分，并加校订，成13卷。该书后来散佚。目前所存为**僧伽跋摩**等于元嘉十二年译出的11卷本。元嘉八年九月二十八日中午，求那跋摩用食未毕即起身返回住处。弟子后至，发现他已去世，容貌如常，状似入定。时年65岁。后于南林戒坛前依佛教规矩焚化，并葬于就地筑起的白塔。他所译经，还有《龙树菩萨为禅陀迦王说法要偈》、《四分比丘尼羯磨法》、《优波离问佛经》、《沙弥威仪》、《佛说优婆塞五戒相经》、《佛说菩萨内戒经》、《优婆塞五戒威仪经》等各1卷。有统计称，他所译经，前后共计10部18卷。

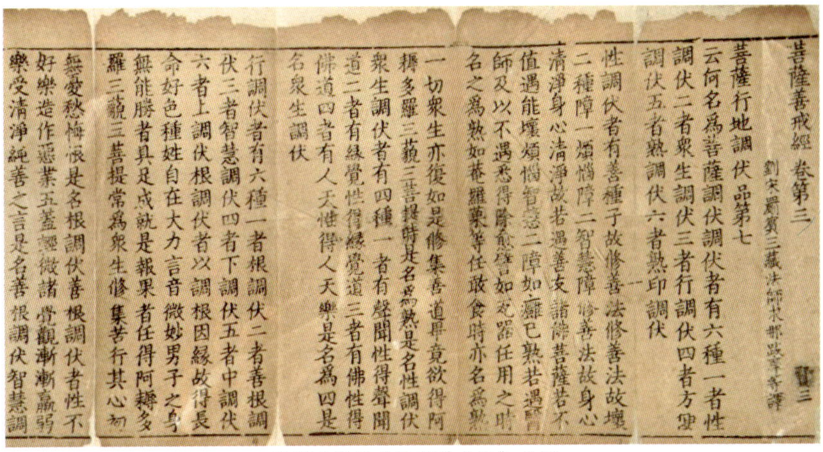

菩薩善戒經 卷第三
劉宋罽賓三藏法師求那跋摩譯
菩薩行地調伏品第七
云何名爲菩薩調伏調伏者有六種一者性
調伏二者衆生調伏三者行調伏四者方便
調伏五者熟調伏六者熟印調伏
性調伏者有善種子故修善法修善法故壞
二種障一煩惱障二智慧障修善法故身心
清淨身心清淨故若遇善友諸佛菩薩若不
值遇能壞煩惱智慧二障如癰已熟若遇醫
師及以不遇悉得除愈譬如瓦器任用之時
名之爲熟如菴羅菓等任啖食時亦名爲熟
一切衆生亦復如是修集善道畢竟欲得阿
耨多羅三藐三菩提時是名爲熟是名性調伏
衆生調伏者有四種一者有聲聞性得聲聞
道二者有緣覺性得緣覺道三者有佛性得
佛道四者有人天性得人天樂是名爲四是
名衆生調伏
行調伏者有六種一者根調伏二者善根調
伏三者智慧調伏四者下調伏五者中調伏
六者上調伏根調伏者以調根因緣故得長
命好色種姓自在大力言音微妙男子之身
無能勝者具足成就是報果者任得阿耨多
羅三藐三菩提常爲衆生修集善行其心初
無變愁悔恨是名根調伏善根調伏者性不
好樂造作惡業五蓋微微諸覺觀漸漸羸弱
樂受清淨純善之言是名善根調伏智慧調

求那跋摩译《菩萨善戒经》书影

（葛维钧）

Qiunabatuoluo

求那跋陀罗 Guṇabhadra（394～468）

印度来华僧人，译经家。意译功德贤，另号摩诃衍。

据《高僧传》卷三、《翻译名义集》卷一等，求那跋陀罗为中印度人，属婆罗门种姓。自幼学习五明（印度古代五

求那跋陀罗译《杂阿含经》封面

类学术，即声明、因明、内明、工巧明、医方明），于天文历算、医学咒术等无不遍晓。后读《杂阿毗昙心论》，十分叹服，遂改信佛教。由于家族累世信仰婆罗门教，不与沙门来往，只好遁离家门，远求师友。受具足戒后，一心向学，很快即博通三藏，而为人也益加方止慈和。不久他又弃小乘而进大乘，读诵宣讲，辩才无碍，同时四出云游，弘传佛理，到师子国（今斯里兰卡）后，即乘船前往东方。南朝宋元嘉十二年（435）到达广州，当地刺史上报后，宋文帝遣使前往迎接。至京都建康（见南京）时，文帝又敕名僧慧严、慧观等出城迎于新亭。住入祇洹寺后不久，文帝接见，其后更有颜延之、刘义康、刘义宣等通才硕学、王公大臣相继来拜，乃至以师事之。后应众僧之请，在祇洹寺译出《杂阿含经》50卷，在东安寺译出《大法鼓经》2卷、《相续解脱地波罗蜜了义经》1卷、《相续解脱如来所作随顺处了义经》1卷。元嘉十三年，以丹阳郡尹何尚之为施主，在该郡译出《胜鬘经》1卷，由宝云传译，慧观执笔。元嘉二十三年，南谯王刘义宣任荆州刺史时，请他随行，住于辛寺。他在那里译出了《八吉祥经》1卷（现存本误题僧伽婆罗译）、《过去现在因果经》4卷、《央掘魔罗经》4卷等。孝建元年（454），义宣举兵反叛，求那跋陀罗受到裹挟。结果叛军败于梁山，获胜的督军王玄模依照孝武帝事先的嘱托，对求那跋陀罗恭谨如旧，并及时将他护送返京。后来发现，当初他与义宣来往的书信中没有任何言及军事的内容，证明他同反叛无关，于是孝武对他更加优遇。到明帝（465～472年在位）时依然备受崇仰。泰始四年（468）正月，求那跋陀罗身感不适，遂与明帝和诸位公卿告别，不久辞世，终年75岁。求那跋陀罗自文帝起历仕四朝，对南朝宋内外事务多有贡献。守戒甚严，终身蔬食，每饭必剩余若干，置于掌中，到室外等待飞鸟来食。他所译经据《开元释教录》称，计有52部134卷，今存约30部。其译风谨慎，行文质直，所求在紧扣原意，故《出三藏记集》中“胜鬘经序”说他“考音详义，以定厥文”，“字句虽质，而理妙渊博”。《高僧传》称其译文“往复咨析，妙得本旨”。

（葛维钧）

Qiunapidi

求那毗地 Guṇavṛddhi（？～502） 印度来华僧人，译经家。意译德进、安进。据《高僧传》卷三、《开元释教录》卷六等，求那毗地为中印度人，早岁出家从道，师事大乘法师僧伽斯那。资质聪慧，擅长记忆，勤于讽诵，熟谙大小乘经近20万言，并且兼习婆罗门教典籍。此外还精晓阴阳图谶，占卜多能应验。南朝齐建元初年来到京师建康（见南京），住毗耶离寺，行止常有徒众相随，端庄而有威仪，王公贵胄亦争相供奉。当初僧伽斯那曾精选佛经中有意义的100个譬喻故事，集成一书，内容多讲善恶报应以及其他含义深刻的寓言，辅以从中引出的人生教训和佛教教义。求那毗地深明该经旨趣，到齐永明十年（492）秋，将这些故事翻译出来，称《百喻经》（今存98喻）4卷。齐建武二年（495），又译出《佛说须达经》（今存）及《十二因缘经》各1卷。南朝宋大明时期（457～464）以后，佛经翻译事业一度衰微殆绝，至此又有新译出现，僧人和佛徒都很欢欣。求那毗地为人宽宏仁厚，常有万里之外来皈依者，富商大贾更是踊跃献资，以营佛事。他利用所捐财物在秦淮河畔建立了正观寺，不断收徒宣教，盛极一时。齐中兴二年（502）冬于该寺去世，年寿不详。

（葛维钧）

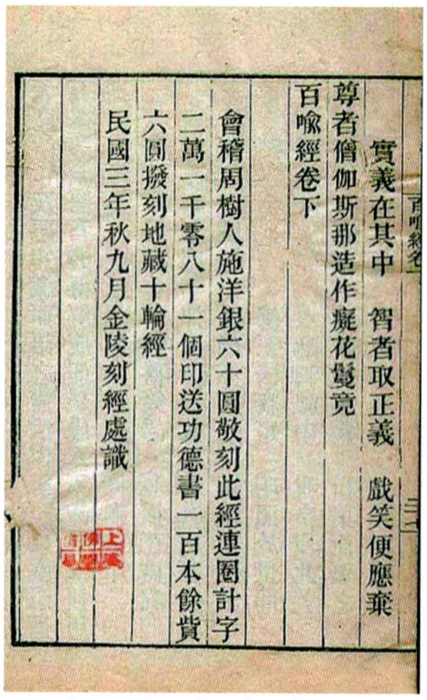
實義在其中　智者取正義　戲笑便應棄
尊者僧伽斯那造作癡花鬘竟
百喻經卷下
會稽周樹人施洋銀六十圓敬刻此經連圈計字
二萬一千零八十一個印送功德書一百本餘貲
六圓撥刻地藏十輪經
民國三年秋九月金陵刻經處識

求那毗地译《百喻经》书影

qujie

曲解 chala 印度古代哲学中正理派逻辑和辩论学说中的术语。指在推理或辩论中故意歪曲对方所说言语的含义，以达到己方获胜的目的。根据《正理经》及其古代注释，曲解分为三种，即言辞的曲解（在辩论中把对方所使用的具有两种以上含义的词作不同于对方所指含义的解释）、类的曲解（在辩论中把某事物的特定含义扩展为该事物的类的含义，并借此把可能的事情说成不可能）、譬喻的曲解（在辩论中当对方譬喻性地使用言词时，曲解者故意根据该词的字面意思来否定对方言辞的正确性）。中国现代研究印度哲学的学者对此概念也较关注。姚卫群在其所著的《印度宗教哲学概论》（北京大学出版社，2006）一书中论及了这方面的内容。

（姚卫群）

Quliushu

佉留书 Kharoṣṭhī 印度古代通用的一种字体。源自西亚的阿拉米文字体，最早使用于印度西北犍陀罗地区，与婆罗谜字体的出现时代接近，见于公元前3世纪的阿育王石柱铭文。在古代汉文文献中，该字体又被称作佉楼、佉卢瑟吒书字、佉卢虱底、佉卢虱吒等，都是梵语词Kharoṣṭhī的音译。其意译为“驴唇书”或“驴唇文”。五百大阿罗汉等造、玄奘译《阿毗达磨大毗婆沙论》卷一百一十记载，佉卢瑟吒书字的创造者是天竺神话传说中的古昔大仙人佉卢瑟吒。汉译佛经（如刘宋天竺三藏求那跋陀罗译《过去现在因果经》）常提及阎

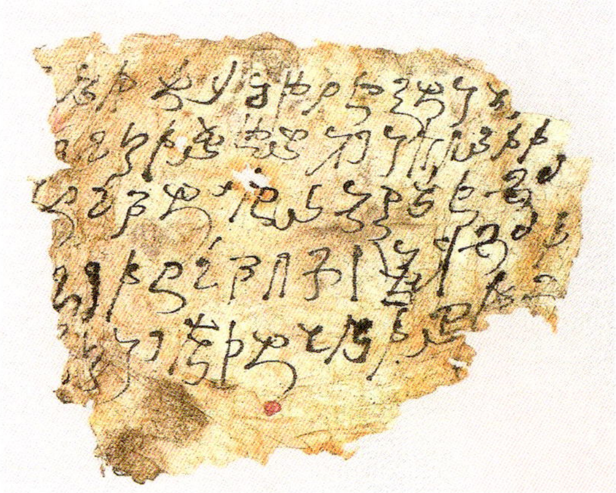

佉留书残片 2～5世纪
中国新疆塔里木盆地营盘出土
现藏新疆博物馆

浮提中有六十四书（即64种字体），排在最前面的两种是梵书和佉留书。梁僧祐在《出三藏记集》卷一“胡汉译经音义同异记第四”指出，梵天和佉楼是居住在天竺的两位“造书之主”，“取法于净天”，分别创制出被天竺诸国称为“天书”的梵文和佉楼文两种文字。梵文的书写方式是从左至右，佉楼文的书写方式则是从右至左。西晋竺法护译《普曜经》卷三“现书品第七”记载了菩萨所知道的六十四书的名称，其中第二种就是“佉留书”。唐代中天竺国沙门地婆诃罗译《方广大庄严经》是《普曜经》的异译本，该经卷四“示书品第十”记载了六十四书，其中第二种“佉卢虱底书”对应的就是“佉留书”。

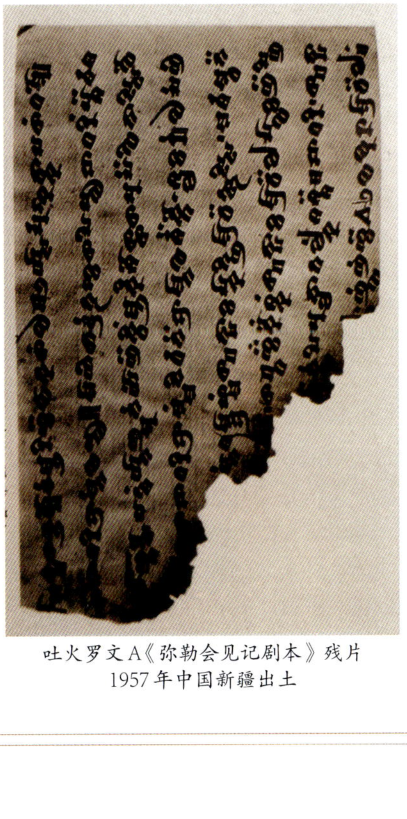

吐火罗文A《弥勒会见记剧本》残片
1957年中国新疆出土

隋天竺三藏阇那崛多译《佛本行集经》卷十一“习学技艺品”所列的64种书名，其中第二种“佉卢虱吒书”的注释为“隋言驴唇”。隋天竺三藏那连提黎耶舍译《大方等大集经》卷四十一“佉卢虱吒大仙圣人”，其译注亦为“隋言骏（驴）唇”。这说明“佉卢虱吒”、“佉卢虱底”的意译就是“驴唇”。迦旃延子造、五百罗汉释、北凉天竺沙门浮陀跋摩共道泰等译《阿毗昙毗婆沙论》卷四十二则明确指出，梵书的排位在佉留书之前，人们一般是先学梵书，然后再学佉留书。慧琳《一切经音义》卷六十七“佉留书”解释为：“应言佉路瑟吒，谓北方边处人书也。”法云《翻译名义集》卷五“佉路瑟吒”亦有同样的解释，即“佉路瑟吒，或佉楼，谓北方边处人书”。该字体主要用于拼写印度西北方言犍陀罗语等语言，在丝绸之路流行颇广，特别是中国新疆的尼雅等地区，一直使用到6世纪。它是当时丝绸之路通用的文字之一，还用于拼写梵语、吐火罗语等语言。

中国新疆和田出土的犍陀罗语《法句经》等佛经，以及20世纪90年代后在今阿富汗出土的几批犍陀罗语文献，为研究早期佛教经典的形成史、印度佛教东传的历程，乃至中印早期佛教交流史等重大问题，都有非常重要的学术价值。

（陈明）

Quduo

屈多 Gupta（约活动于五六世纪） 古代中天竺国王。约5世纪后期在位。曾派遣使节来华。又译为笈多。南朝梁天监初（502或503），屈多王派遣的使节竺达多携国书来到南京。其国书见于《梁书》卷五四。国书中除盛赞中国的美好、人民丰足和皇帝贤明外，还介绍说，中天竺国在自在天（湿婆）的庇护下，国民安乐；屈多属刹帝利种姓，世袭为王；使臣达多忠信，可以信赖。国书中还表达了世代通好的强烈愿望。同时，使者带来玻璃器皿、各种香料及古贝等物。从史书记载可知，此屈多即印度笈多王朝后期的一位国王。结合印度方面的资料推测，该屈多王有可能是佛陀·笈多（约476～495年在位），因为他在位的时候笈多王朝基本上维持了统一的局面。而使者通过海路来华，路上耗费8～10年时间，在当时属正常情况。

（薛克翘）

Qu Yuan

屈原 Qu Yuan（约活动于前340～前278） 中国战国时代楚国诗人。本名屈平，字原，以字行。战国时期楚国大臣。出身楚国贵族，楚怀王（公元前328～前299年在位）时曾任左徒，因其政治主张受到权贵们的反对，遭谗毁而被黜为三闾大夫。顷襄王（公元前298～前263年在位）时再遭流放。政治上的不得志与不公平待遇使屈原更加忧国忧民，发愤而作《离骚》。他见到楚国被秦国战败，郢都（今湖北江陵北）残破，投身汨罗江自尽。二千多年来，屈原的忧国忧民情怀成为中国知识分子的楷模。除《离骚》外，尚有《九歌》、《九章》，均为“楚辞”的代表作。尚有《天问》一篇，提出170多个问题，是对自然现象和历史传说的大胆怀疑。

《天问》中有“顾菟在腹”一语，意为月亮腹中有个兔子。这个古老传说至今仍在民间流传。印度古代也有月中有兔的传说。季羡林认为，印度的这一传说“起源之古、传布之广、典籍中记载之多，说它起源于印度，是比较合理的”。

（薛克翘）

Quboluo

瞿波罗 Gopāla（约活动于8世纪） 印度中世纪波罗王朝的建立者。750～770

印度那烂陀寺大塔基座（局部） 5～12世纪

年在位。750年受孟加拉地区一些首领推选，在高尔（在今印度西孟加拉邦）建立王朝。瞿波罗为虔诚的佛教徒，其后世的历代继承人也都信奉佛教，使波罗王朝成为印度中世纪唯一以佛教立国的国家。因其国地域囊括了佛教徒心目中的“中印度”，即今印度北方邦中东部和比哈尔邦一带，那里有许多佛教圣地，为中印佛教文化交流的中心地带，故波罗王朝在中印文化交流史上曾有重要贡献。据《文殊师利根本仪轨经》记载，瞿波罗80岁时去世。

（乔安全）

Qu Junong

瞿菊农 Qu Junong（1901～1976） 中国现代教育家，翻译家。原名世英，别号菊农。江苏武进人。曾参加五四运动，为北京学生联合会代表。1921年，参与发起成立文学研究会，提倡新文学，创办《小说月报》。1922年毕业于燕京大学研究科，1926年获美国哈佛大学哲学博士学位。1927年与张东荪、黄子通等创办《哲学评论》。1935年，与张东荪创办《文哲月刊》。1945年11月，作为中国代表参加了联合国教科文组织在巴黎举行的首次会议。中华人民共和国建立后，历任铁道部参事室专员、北京师范大学教授。编著有《西洋教育思想史》、《华侨与平民教育》，译著有B.罗素的《哲学问题》、J.洛克的《政府论》（与叶启芳合译）等。

1924年R.泰戈尔访华期间，瞿菊农为其主要陪同者。译有多部泰戈尔作品，如戏剧《春之循环》、《齐德拉》和《太戈尔戏曲集》（与邓演存合译）等。在泰戈尔研究方面也有若干著述，如《太戈尔研究》（与郑振铎合著）、《演完太戈尔的〈齐德拉〉之后》、《太戈尔的人生观与世界观》、《太戈尔的思想及其诗》等。与王统照类似，瞿菊农对泰戈尔的评述相对客观公正。例如，他发表于1922年2月10日《小说月报》第13卷第2号的《太戈尔的人生观与世界观》一文，文中认为，泰戈尔的思想主要来自于印度和西方两大源头，“印度文明之火炬，加了时代精神的油，照耀起来，便成就了他的思想”。他以自己所译剧作《春之循环》为例，说明泰戈尔的人生观“不是厌弃生活的”，“他虽然竭力说精神生活之重要，同时却亦不否认物质方面”。他还认为泰戈尔倡导一种“宇宙与个人相调和而非对立”的宇宙观，而实现这种宇宙观的途径便是“爱”。这些分析较为全面和准确，对于当时一些人士针对泰戈尔的偏激解读起到了一定的纠偏作用。这些文章对今天的泰戈尔研究仍具有参考价值。

（王汝良）

Qu Qiubai

瞿秋白 Qu Qiubai（1899.01.29～1935.06.18） 中国共产党早期主要领导人之一，理论家、文学家、翻译家。又名霜、懋淼，字秋白，以字行。江苏常州人。1917年入北京俄文专修学校学习，1919年参加五四运动，1920年以《晨报》记者身份采访旅苏采访考察，1923年回国后负责《新青年》、《前锋》、《向导》等刊物的编辑工作，并参与创办上海大学。后长期从事马克思主义的研究和宣传工作。1928年赴莫斯科出席中共六大并任中共驻共产国际代表团团长。1930年回国继续从事革命活动。1931年后在上海与鲁迅领导左翼文学运动，并进行文学创作和翻译。1935年就义于福建长汀。作品涵盖哲学、社会科学、文学、艺术理论、教育、政治思想等领域，主要有散文集《俄乡纪程》、《赤都心史》和《多余的话》；译著有《高尔基创作选集》、《现实——马克思主义文艺论文集》等，均收入《瞿秋白文集》（14卷）中。

印度佛教文化对瞿秋白早期思想

和活动有一定影响。其1923年在《新青年》、《前锋》杂志发表文章时曾用笔名“屈维陀”，即韦陀菩萨的谐音。曾读过梁漱溟的《印度哲学》，对R.泰戈尔的“森林哲学”表示接受，对用“梵我同一”处理人与自然的关系予以认同。1924年4月，泰戈尔抵达中国后不久，瞿秋白先在《向导》第61期发表《台戈尔的国家观念与东方》一文，后又在《中国青年》第27期发表《过去的人——家庭与世界》一文。前文肯定了泰戈尔对西方国家主义观念所进行的批评，但对他提出的“东方世界主义”的可行性表示质疑；后文借助对泰戈尔小说《家庭与世界》的分析，对他希冀通过“爱与光明”拯救印度的观点进行批评，但肯定了这部小说无可置疑的艺术价值。

（王汝良）

Qutan Liuzhi

瞿昙流支 Gautamaruci（约活动于五六世纪） 印度来华僧人，译经家，早期译介瑜伽行派经典的主要人物之一。又名瞿昙般若流支，意译智希。

据《续高僧传》卷一、《开元释教录》卷六等，瞿昙流支为印度波罗奈（见瓦拉纳西）城人，属婆罗门种姓。少年时代即开始学习佛法，对其精妙处理解深透。对于各种方言有很好的领悟力。于北魏熙平元年（516）到中国洛阳，后随东魏迁往邺城（今河北临漳西南）。从东魏元象元年（538）至武定元年（543），他在城内金华寺、昌定寺等处翻译了《正法念处经》70卷、龙树《壹输卢迦论》1卷、《唯识论》1卷和《顺中论》2卷，与毗目智仙共同翻译了《回诤论》1卷。此外，还译有《金色王经》1卷、《得无垢女经》1卷、《毗耶娑问经》2卷、《无垢优婆夷问经》1卷等。笔受者为昙林、僧昉、李希义等。据《开元释教录》卷六称，他先后译经达18部92卷，但部分已佚。与他大约同时的译经家还有菩提流支等，而各经录在注明经典译者时往往只略写作流支，故到唐道宣撰写《续高僧传》时已经出现混淆不辨的情形。

（葛维钧）

Qutan Luo

瞿昙罗 Gautama Ratna（约活动于7世纪） 中国唐代印度裔天文学家。瞿昙譔之祖父，瞿昙悉达之父。从瞿昙罗起，瞿昙家族四代人都担任过唐朝天文机构太史令、太史监、司天监等高官。在唐高宗（649～683年在位）、武则天（684～704年在位）、中宗（683～684、705～710年在位）、睿宗（710～712年在位）、玄宗（712～756年在位）、肃宗（756～762年在位）和代宗（762～779年在位）七朝帝王统治的一百多年间，这个家族被统称为“瞿昙监”，他们既擅长印度的天文历算，也精通中国传统的天文学，是中印天文学交流的典型代表。

《旧唐书·历志》和《新唐书·历志》中记载了瞿昙罗的天文工作。《旧唐书》卷三十二志第十二称，“天后时，瞿昙罗造《光宅历》”。《旧唐书》卷三十三志第十三称：“武太后……明太史瞿昙（罗）造新历，至三年复用夏时，《光宅历》亦不行用。”《新唐书》卷二十六志第十六又记：“高宗时，《戊寅历》益疎，淳风作《甲子元历》以献，诏太史起麟德二年颁用，谓之《麟德历》。古历有章、蔀，有元、纪，有日分、度分，参差不齐，淳风为总法千三百四十以一之，损益中晷术以考日至，为木浑图以测黄道。余因刘焯皇极历法增损所宜，当时以为密，与太史令瞿昙罗所上《经纬历》参行。”“永昌元年十一月，改元载初，用周正，以十二月为腊月，建寅月为一月。神功二年，司历以腊为闰，而前岁之晦，月见东方，太后诏以正月为闰十月。是岁，甲子南至，改元圣历。命瞿昙罗作《光宅历》，将用之。三年，罢作《光宅历》，复行夏时。终开元十六年。”可知，瞿昙罗任太史令，仕高宗与武则天两朝，先后上《经纬历》、《光宅历》。《经纬历》作为《麟德历》的补充得到使用，但《光宅历》确未推行。

（周利群）

Qutan Qian

瞿昙谦 Gautama Qian（约活动于8世纪） 中国唐代印度裔天文学家。京兆（今陕西西安）人，唐代印度裔天文学家族瞿昙家族成员，瞿昙悉达之子，与瞿昙譔为兄弟。《新唐书·艺文志》中，引有瞿昙谦著《大唐甲子元辰历》的篇名。南宋王应麟《玉海》载，瞿昙谦曾做过九卿之一的副手宗正丞，清阮元《畴人传》中也有瞿昙谦的记载。从仅存的史料中可知，他为天文历算学家，很可能也在唐代官方的司天台任职。

（周利群）

Qutan Xida

瞿昙悉达 Gautama Siddhārtha（约活动于8世纪上半叶） 在中国唐代天文机构任职的印度天文学家。曾于唐开元年间（713～741）任司天监太史令，编译《九执历》，编撰《开元占经》120卷。

从1977年5月中国陕西西安市文物管理处发掘出的瞿昙譔墓志铭可知，瞿昙悉达先祖和后世共五代世系如下：瞿昙逸生瞿昙罗，瞿昙罗生瞿昙悉达，瞿昙悉达第四子为瞿昙譔，瞿昙譔生六子，依次名昇、昪、昱、晃、晏和昴。瞿昙譔墓志铭提到瞿昙家族的先世时说：“发源启祚，本自中天，降祉联华，著于上国，故世为京兆人也。”瞿昙家族的先辈从中印度迁居到中国，定居在长安。墓志铭还说到瞿昙譔的曾祖瞿昙逸“高道不仕”，但从瞿昙悉达的父亲瞿昙罗开始供职于唐代天文机构，前后四代，先后担任过太史令、司天少监、秋官正等职，经100多年。当时人们称瞿昙悉达为“瞿昙监”，称瞿昙家族的天竺历法为“瞿昙历”。杨景风注《宿曜经》时便提到：“今有迦叶氏、瞿昙氏、拘摩罗等三家天竺历，并掌在太史阁。然今之用，多用瞿昙氏历，与大术相参供奉耳。”

《开元占经》书影

在瞿昙家族中，瞿昙悉达的天文工作显得较为突出。据《开元占经》卷一记载，唐景云二年（711），瞿昙悉达奉敕主持修复北魏晁崇所造铁浑仪的工作，并于唐先天二年（713）完成。《旧唐书·天文志》载，瞿昙悉达于唐开元六年（718）奉敕翻译印度历法《九执历》，后被录入《开元占经》第一百〇四卷。据考证，瞿昙悉达大概在开元二年二月之后奉敕编撰《开元占经》，编成时间则不晚于开元十四年。瞿昙悉达修撰的《开元占经》保存了中国上古和中古时期的许多天文资料，其翻译和收录于《开元占经》的《九执历》是唯一保存至今的汉译印度古代历法。

（钮卫星）

Qutan Yan

瞿昙晏 Gautama Yan（约活动于8世纪）中国唐代印度裔天文学家。曾任唐代司天台冬官正。根据西安出土的瞿昙譔墓志铭，瞿昙晏是瞿昙譔的第五子。其父、祖父瞿昙悉达、曾祖瞿昙罗，皆在唐朝天文部门担任过太史令、太史监、司天监之类的主管官员。又据《通志·氏族略·诸方复姓》，瞿昙氏已被列入当时的中国复姓，并说“瞿昙譔子瞿昙晏任冬官正”。司天台主管天文历法占候等事，其最高主管称司天监，副主管称司天少监，下设春、夏、秋、冬、中五“官正”。瞿昙譔出任司天监之前曾任秋官正，而瞿昙晏任冬官，当在其父晚年或去世后。这是唐朝瞿昙家族第五代天文官了。

（周利群）

Qutan Yi

瞿昙逸 Gautamāditya 约于隋唐之际来华定居的印度人。生平不可考。瞿昙逸是有文献可考的唐代著名印度裔天文学家族瞿昙家族先祖。据1977年5月在陕西长安县（今西安市长安区）北田村发现的《大唐故瞿昙公墓志铭》，瞿昙家族世为京兆（即今陕西西安）人。瞿昙逸为瞿昙罗之父，瞿昙悉达之祖父，瞿昙譔之曾祖。瞿昙逸之子瞿昙罗生于唐初太宗时期（626～649年在位），以此推测瞿昙家族在此之前就定居中国了。墓志铭中写道：“列曾讳逸，高道不仕。”可知瞿昙逸并未在唐朝做官，但其子孙后代则大多在唐朝的天文台为官，其天文学知识应为家传，即瞿昙逸本人即是一位天文学家。

（周利群）

Qutan Zhuan

瞿昙譔 Gautama Zhuan（712～776）中国唐代印度裔太史局天文官。字贞固，京兆（今陕西西安）人，瞿昙悉达第四子。

1977年5月，在陕西长安县（今西安市长安区）北田村发现了瞿昙譔墓，并有《大唐故瞿昙公墓志铭》出土。据此，唐代一个来自印度的天文学家族5代人的传承谱系得以重现于世：先祖瞿昙逸，逸生子瞿昙罗，罗生子瞿昙悉达，悉达第四子瞿昙譔，譔有兄弟瞿昙谦。譔生六子，依次名瞿昙昪、瞿昙昇、瞿昙昱、瞿昙晃、瞿昙晏、瞿昙昴。据墓志铭，该家族除先祖瞿昙逸“高道不仕”外，其余历代皆在唐朝为官，且地位显赫。至瞿昙譔六子，亦“皆克荷家声，早登宦籍”。

在墓志铭的基础上，结合《新唐书·天文志》等资料，可知瞿昙譔自幼有天赋，富于钻研精神，“学必造微，艺皆至极”。且文武兼备，初以武举及第，被授以扶风郡（治今陕西凤翔）山泉府别将。他青年时期即以擅长天文历算驰名，朝廷调他到太史监任职。开元二十一年（733），他与司历官员陈玄景等联名上书玄宗皇帝，指出一行主持编制的《大衍历》对其父瞿昙悉达奉旨翻译的印度历法《九执历》的参考未能尽善。玄宗不以为然，对上书的一些官员及其支持者责难或治罪，其中包括著名的天文学家、身居要职的南宫说。瞿昙譔为此也被调离京城，到北方数百里外的鄜州（在今陕西富县一带）三川府任左果毅（守卫州府部队的首领）。肃宗乾元元年（758），太史监改名司天台，瞿昙譔被调回京城，在司天台任秋官正（正副令之下的高级官员），兼管天象占卜。他参考天竺古历编制的历法，时称“瞿昙氏历”，与国家颁布的《至德历》参照实行。肃宗上元二年（761），他就日蚀向皇帝奏报关于史思明叛乱一事。代宗宝应元年（762），被授予朝散大夫，并任司天少监（司天台副主管）。同年，

《大唐故瞿昙公墓志铭》拓片

瞿昙譔上书请紧缩司天台属官编制，得到采纳。广德元年（763），代宗认为瞿昙譔占卜天象失误，削去其官爵。翌年，代宗从河南陕州（今河南三门峡）躲避吐蕃军队返回长安后，又以瞿昙譔的预测得到证实，诏赐紫金鱼袋，官复原职。永泰元年（765），升任司天监。次年被授以银青光禄大夫。在掌管司天监11年后去世。

根据史料，瞿昙譔并未留下天文历算学著作，大约秉承家风，靠天文知识掌管司天监。另以占候见长，常为皇帝说休咎，而博得宠幸。

（周利群）

Quzheluo

瞿折罗 Gurjara 印度古地名。今名古吉拉特。通常指纳巴达河以北、卡提阿瓦半岛东北地区，广义上包括古吉拉特语言地区。

公元5世纪初，瞿折罗人入居该地，后者因而得名。关于瞿折罗人来源向有不同说法，多数学者认为是随嚈哒人进入印度的外族，后融入印度社会，成为拉其普特人的一支。也有学者认为瞿折罗本系地名，但此说应和较少。瞿折罗人于7世纪建立王国，至瞿折罗-波罗提诃罗王朝时最为兴盛。后来衰落。1297年为德里苏丹国兼并。1401年当地穆斯林总督独立建朝，艾哈迈德沙在阿萨瓦尔旧城建艾哈迈达巴德新都，现为印度纺织业中心。1572年王朝为阿克巴吞并。印度教与伊斯兰教统治者在此均有大量建筑。玄奘游印时曾经访问该国，所著《大唐西域记》卷十一可见相关记载：“瞿折罗国，周五千余里。国大都城号毗罗摩罗，周三十余里。土宜风俗同苏剌侘国。居人殷盛，家产富饶。多事外道，少信佛法。伽蓝一所，僧百余人，习学小乘教说一切有部。天祠数十。异道杂居。王，刹帝利种也，年在弱冠，智勇高远，深信佛法，高尚异能。”所述颇合当时该地居民的信仰状况。

（葛维钧）

Qunü Cheng

曲女城 Kanyākubja 印度古代著名都城。即今北方邦首府卡瑙季。音译葛那

及、羯若鞠阇等。据传该城原名拘苏磨补逻，可意译华（花）城。《薄伽梵往世书》称，该城俱舍那婆王有100个女儿，因为拒不屈从风神伐由的淫欲，受到诅咒，变成驼背，遂得曲女城名。史诗《罗摩衍那》（1，31-32）也有这一故事，唯女子驼背是被伐由的劲风吹弯的。后俱舍那婆将女儿嫁与金毗离的国王梵授。她们一同梵授握手，身体就变直，美貌也恢复了。故事亦见于《大唐西域记》，只是伐由被大树仙人所取代，梵授也成为百女之父而非其夫，同时诸女之中最年幼的为解国祸，甘愿赴嫁，结果遭咒驼背的只有99女。《摩诃婆罗多》载大仙人众友曾访问此城。南传佛典律藏、往世书、波那《戒日王传》及汉文《法显传》、慧超《往五天竺国传》等也有不少相关记载。玄奘访印时此城为戒日王首都，属该城极盛时代："城隍坚峻，台阁相望。花林池沼，光鲜澄镜。异方奇货，多聚于此。居人丰乐，家室富饶。"他本人所受礼遇犹极一时之盛。

（葛维钧）

Quan Yin Kedihua Daifu Jinian Weiyuanhui

全印柯棣华大夫纪念委员会 All India Dr. Kotnis Memorial Committee 印度对华友好团体之一。由印度援华医疗队成员巴苏华于1943年从中国返回印度后在孟买成立。该委员会的主要目标之一就是促进印中关系。立足点是医疗服务。它一直通过自己的医疗中心为穷困病人提供服务。此外，它还有一个文化艺术团，通过戏剧、音乐、独幕剧等形式宣传柯棣华大夫的精神。1973年4月22日，一群志同道合的人在加尔各答大学学生礼堂集会，决定重振柯棣华大夫纪念委员会。在加尔各答还成立了该委员会的一个邦级分会。印度援华医疗队成员木克华被任命为该分会主席，并一直担任此职至1981年。

（邵葆丽撰 刘文亮译）

Quanzhou

泉州 Quanzhou 中国城市。又名刺桐，也称鲤城、温陵等。宋元时代为海上丝绸之路的始发港之一，一度为世界第一大商埠。在中印、中西文化交流史上起过重要作用。

泉州古城

隋代，今福建省称建安郡，郡治在闽县（今福州），今泉州市当时称南安，在西溪北岸，并不著名。唐初（684）置武荣州，睿宗景云二年（711），武荣州更名泉州，州治在南安。玄宗开元六年（718），州治迁至今泉州，开始建城。经百余年发展，到昭宗乾宁（894～898）年间，泉州已成为东南沿海一座远近闻名的繁华城市，有许多文人墨客来此游览。如王毂作《泉州咏刺桐花》诗，其中两句为"南国清和烟雨辰，刺桐夹道花开新"，已将刺桐与泉州并举，说明其时泉州街道已种植很多刺桐树。故至五代时，曹松《送友归泉州》有句云"帝京须早入，莫被刺桐迷"，刺桐遂为泉州之代称，以致宋人径称泉州为"刺桐"或"刺桐城"、"桐城"。

唐晚期至宋代初年，泉州已发展成港口城市。据《宋会要辑稿·职官》四四之八，北宋哲宗元祐二年（1087），置泉州市舶司。市舶司的职责是代表朝廷接待各国贡使、查验外商货物、提供海事安全保障、安排蕃商居住、抽取交易税等。这标志着泉州港成为宋代主要对外交往和贸易的港口。正如吴自牧《梦粱录·江海船舰》所云："若欲船泛外国买卖，泉州便可出洋……若有出洋，即从泉州港口。"说明泉州在南宋时几乎是唯一的大出海港和贸易中心。

据宋张纲《华阳集》卷一："泉之地并海，蛮胡贾人，舶交其中，故货通而民富。"又据楼钥《攻愧集》卷六三：泉州"金山珠海，磊砢乎万宝之藏；赞赆航琛，奔走乎百蛮之广；楼船举帆而过肆，贾胡交舶以候风"。说明南宋时，泉州已成为各国商人的荟萃之地，来自世界各地的商船在这里停泊，各种货物

泉州洛阳桥

泉州石狮姑嫂塔

在这里囤积和交易。因而，泉州港不仅给当地人带来利益，也给南宋政府带来丰厚利润，成为朝廷重要的财政收入来源地。李心传《建炎以来朝野杂记》甲集卷一五："自建炎二年至绍兴四年，前后凡七年间，泉州市舶司之利达九十八万缗。"此数字以后又逐年增加。据**赵汝适**《诸蕃志》所记，其时来泉州和从泉州出海，除了印度沿海诸国的以外，尚有日本、菲律宾、东南亚诸岛、非洲、中亚、小亚细亚，以及意大利之西西里岛的。

赵汝适曾为福建路市舶提举，对泉州港吞吐的货物相当熟悉，他在《诸蕃志》下卷记载了当时外来的货物达47种，多为香药和宝货。其中香药最多，有脑子、乳香、没药、血竭、金颜香、苏合香、安息香、檀香、丁香、木香、阿魏、芦荟等；宝货次之，有珊瑚树、琉璃、**猫儿睛**、珠子、车渠、象牙、犀角等。这些货物，印度大多都有出产。

据记载，由晋至唐，佛教和道教在今泉州一带每有传播，但少有确证。据唐**道宣**《**续高僧传**》卷一，天竺僧拘那罗陀（**真谛**）曾到泉州一带，后被附会为在今南安九日山延福寺译经，而延福寺的初建年代也被前推至晋。相传道教在泉州首传于晋代太康（280～289）年间，清源山老君岩遗迹的时间也被尽量上溯。泉州开元寺始建于唐武后垂拱二年（686），中经数次兴废，面目已非当年。宋代的有关记载则比较可靠。如《诸蕃志》卷上记曰："雍熙间，有僧罗护哪航海而至，自言天竺国人。番商以其胡僧，竞持金缯珍宝以施，僧一不有，买隙地建佛刹于泉之城南，今宝林院是也。"说明宋代初期泉州已经有许多番商。由于其宗教需要，使宋代泉州佛教日益兴盛。宋代泉州有文庙二处，又有清源山等道教庙宇，加上佛寺，形成了儒释道三足鼎立的传统文化格局。

由于外商云集，并有许多人定居于泉州，出于宗教信仰的需要，到元代，景教、伊斯兰教、摩尼教、印度教等都传入泉州，至今泉州还留有这些宗教的遗迹和文物。这些外来宗教与中国传统的宗教会集在一起，使泉州成为一个多元文化交相辉映的国际大都会。以泉州开元寺大殿的建筑为例，其唐代建筑为木结构，如今已了无痕迹。南宋绍兴二十五年（1155）遭火灾后重建并扩大面积，再次重建与扩建在明洪武已巳年（1389），第三次扩建在明永乐戊子年（1408）。开元寺大殿的建筑细部中就融有被日本学术界称为"天竺样"的风格，而其石柱还使用了印度教庙宇的雕刻石材。这些石材上雕刻着印度教大神毗湿奴骑大鹏金翅鸟，以及取材于**往世书**的毗湿奴数次化身救世的故事图案。学术界一般认为，这些石材是在明代第三次重修大殿时挪用自以前的印度教庙宇的。显然，在宋元时期，泉州曾经存在过印度教庙宇。

元代初期，泉州更成为中国最主要的进出口港。至元十四年（1277），因当时广州还没有被蒙元军队所征服，朝廷率先在泉州设立了市舶司。元朝虽然只有将近百年的历史，但在海上交通方面的记载却不少于前代。如《元史·外夷传》记印度曰："海外诸蕃国，惟马八儿与俱蓝足以纲领诸国，而俱蓝又为马八儿后障，自泉州至其国约十万里。其国至阿不合大王城，水路得便风，约十五日可到，比余国最大。世祖至元间，行中书省左丞唆都等奉玺书十通，诏谕诸蕃。未几，占城、马八儿国俱奉表称藩，余俱蓝诸国未下。"这里，马八儿国和俱蓝（见**故临**）都在印度半岛南部，是当时南印度的大国。"至元间"指**元世祖忽必烈**统治中国时期（1271～1294）。这一时期是中国历史上与印度交往最频密的时期之一。根据《元史》的记载，这段时间中印交往中，马八儿国遣使来贡达12次，为最多。俱蓝国次之，有3次。而中国派使节杨庭璧等出使印度则多达6次。杨庭璧首次出使的身份为"广东招讨司达鲁花赤"，因而可能是从广州出发。至元十八年正月，诏讨使杨庭璧等自泉州入海，航行三个月到达锡兰（今斯里兰卡），四月，至马八儿国，以风阻不至俱蓝，遂还。八

泉州港

泉州开元寺

月，南海诸国来贡犀象方物。

中印政府间这样频繁的往来，在此前的历史上是从没有过的。忽必烈在这中间起到决定性的作用。忽必烈之后，元朝与南印度虽然还有往来，但频繁程度已大不如以前。不过民间的商业贸易仍然在进行。

元代**汪大渊**曾两度随船至南洋考察，其第一次出海在至顺元年（1330），四年后返回。第二次是在顺帝至元三年（1337），自泉州出发，两年后返回。他曾到过南亚许多地方，回国后于至正九年（1349）撰成《**岛夷志略**》一书。书中对印度各地记载颇详，对了解元朝与印度的海上文化交流极有帮助。他每到一地，都很注意那里的地理、土质、物产、贸易、人种、民俗等。例如，在谈到“朋加剌”（即孟加拉，今孟加拉国和印度西孟加拉邦）时写道：“气候常热，风俗最为淳厚。男女以细布缠头，穿长衫。官税以十分中取其二焉。国铸银钱，名唐加，每二钱八分重，流通使用……产苾布、高你布、兜罗锦、翠羽。贸易之货，用南北丝、五色绢缎、丁香、豆蔻、青白花器、白缨之属。”汪大渊对经济贸易尤其重视，对农业、收成、市场、税收、货币、特产和贸易用货等，都有说明。由此可见，他写这部书的用意主要是为中国商人提供南海诸国的商贸指南。从当地的物产和贸易用货的记录可知中印间物质交流的具体内容。

马可·波罗在元朝供职期间，曾奉命到中国各地及南洋、印度等地出差，见闻广博。从他的书中，也可以看到当时中印文化交流的一些情况。《马可·波罗行纪》第二卷第八十一章谈到福州和泉州：“许多商船驶达这个港口。印度商人带着各色品种的珍珠宝石，运来这里出售，获得巨大的利润。这条江（闽江）离剌桐港不远，河水流往海洋。从印度来的船只沿江而上，一直开到泉州市。”可知，当时印度经常有商船到福州和泉州来，印度商人带到中国来的货物主要是珍珠和宝石。在卷三第十四章，马可·波罗还提到斯里兰卡岛上生产各种宝石。这与元代陶宗仪《南村辍耕录》卷七关于“回回石头”的记载可相印证。据陶氏记载，大德年间（1297～1307），本土巨商将“红剌”（红宝石）卖于官员，可获巨额利润，官员则用以嵌于帽上。他分四类记载了19种宝石的名称，其中除“猫睛”（见**猫儿睛**）外，其余18种都是音译过来的名称。从名称看，这些宝石的产地不仅仅在印度，有些可能产自中亚、西亚，特别是斯里兰卡。印度商人转手把大量的宝石运往中国，卖给中国商人，再由中国商人卖给中国的达官贵人，使中国皇帝、大臣、商人，乃至文人学士，都知道了这些宝石的珍贵，而且知道它们的外文名字。这应当说是中印文化交流史上的一件趣事。

泉州洛阳桥桥头小佛塔

泉州石狮湾

《马可·波罗行纪》第二卷第八十二章在描写泉州港时又说，那里有堆积如山的商品，都是从外国运来的，其中有**胡椒**、檀香木和其他药材。印度是盛产胡椒和檀香的国家，而且自古就运销中国，泉州港的这些货物，无疑有相当一部分来自印度。马可·波罗在这里还提到一件有趣的事：有许多人从印度内地来到泉州，目的竟然是为了在这里纹身。第三卷第二十四章讲到德里王国的一个港口时说：“从蛮子（指中国南方）来的船，只是在天气晴朗的季节才到达这里，并力争在一个星期内，或者假如有可能的话，在更短一点的时间之内，把货物运回去。”第二十五章讲到印度

泉州港古建筑江口码头

马拉巴（印度东南沿海）时说，该地生产胡椒、生姜、肉桂皮和棉布，“来自蛮子省的船只，带着铜作为镇船重物。而且又装运金线织成的锦缎、丝、薄纱、金银块以及许多马拉巴所没有生产的药材，他们用这些货物和这个省的商品作物物交换”。这说明当时经常有中国船只到印度西海岸去，带去的主要是丝、丝制品、贵金属和药材，并换回当地的特产。

阿拉伯旅行家伊本·白图泰（1304～1368）于1333年经中亚地区进入印度，在德里苏丹穆罕默德·沙的宫廷为官，后又被任命为特使出使中国。他著有《伊本·白图泰游记》，详细记叙了他在中亚、印度和中国等地旅行的经过。尽管人们怀疑他是否真的到过中国，但他在南印度沿海所见的情况，很多都与《元史》、《岛夷志略》中的记载相符。他记叙喀里古特城（今印度喀拉拉邦卡利卡特）说：“中国、爪哇、锡兰以及兹贝·埋赫勒人，以及也门、波斯人都至此地，真是各方商人会萃之地。”他还详细介绍了中国船只的大小、帆数、水手、造船地点（广州和泉州）、造船方法、船内设备等，反映了元代人的航海能力及其与印度等地的贸易情况。

中国通过泉州销往印度的主要产品还有瓷器。唐代和唐代以前，中国史料中缺乏有关瓷器传入印度的记载。宋代开始，这种记载才逐渐多了起来。《宋史》卷四八九记，熙宁十年（1077），注辇使者二十七人“来献”，神宗“各赐衣服、器币有差”。其中“器”即器皿，即为瓷器。《诸蕃志》卷上记商人至南毗国贸易用瓷器，说明宋时已有大量中国瓷器运往印度。元代，《岛夷志略》所记中国与南亚诸国的“贸易之货”中，常常有瓷器。《马可·波罗行纪》第二卷第八十一章记载当时泉州港有大量等待运往海外的瓷器。《伊本·白图泰游记》下册“中国瓷器”条则记曰：“至于中国瓷器，则只在刺桐和隋尼克兰（广州）城制造。系取用当地上中的泥土，像烧制木炭一样燃火烧制……这种瓷器运销印度等地区，直至我国马格里布（指摩洛哥等北非地区）。这是瓷器种类中最美好的。”宋代，在泉州西北的德化建有瓷窑，现今已发现的遗址，有42处属宋元时代，30处属明代，177处属清代，55处属民国时期。仅屈斗宫古窑址就发现大量宋元时期瓷器。在今印度沿海各地，曾出土许多宋元时代青白瓷、白瓷残片。而青白瓷、白瓷正是德化窑的特色产品。

明代，郑和第五次下西洋时经过泉州。但此后，由于明代实行严格的海禁制度，泉州好景不再。

1982年，国务院批准泉州为全国第一批历史文化名城之一。如今，泉州有全国重点保护文物单位20家，省级45家，市级525家。

（薛克翘）

Quanzhou Haiwai Jiaotongshi Bowuguan

泉州海外交通史博物馆 Quanzhou Maritime Museum　中国唯一以海外交通史为专题的博物馆。简称泉州海交馆。1959年创建，1991年建成新馆。该馆分新旧两馆。旧馆位于福建泉州开元寺内，为古船陈列馆；新馆位于泉州东湖之滨。新馆主楼设计新颖，如一艘双桅帆船，占地面积33 000平方米，建筑面积7 300平方米。

常设陈列有“泉州古船陈列馆”、“泉州与古代海外交通史陈列馆”、“泉州宗教石刻馆”、“中国舟船世界”、“泉州海交民俗文化陈列馆”等。福建泉州古称“刺桐”，是中国古代重要的对外贸易商港，属海上丝绸之路的一个出发点，与东南亚、南亚、中东乃至欧洲有着紧密的商贸联系。特别是北宋时期至明代前

泉州海外交通史博物馆

期，即10～15世纪的数百年间，泉州的对外交往十分频繁，在中印文化交流史中起过重要作用。其宗教石刻馆所展出的印度教石刻就是有力的历史见证。

（薛克翘）

quanzhi

劝制 niyama 印度古代哲学中瑜伽派根本经典《瑜伽经》中提出的瑜伽修行“八支行法”中的第2支。包括5条：清净、满足、苦行、学习与诵读、敬神。瑜伽派认为，实行劝制的功效是：当清净时，就会认识到身体的不净本质，并不与别人接触；当满足时，就可得到极大的幸福；通过苦行，可以去除不净，并可使身体获得非凡的力量；通过学习与诵读，可以与神交流；通过敬神，可以达到三昧。劝制被视为瑜伽行者应奉行的行为准则。若要达到瑜伽修行的目的，就应自觉遵守它。论及劝制这一概念的《瑜伽经》由姚卫群译成汉文，收入《古印度六派哲学经典》(商务印书馆，2003）一书。

（姚卫群）

Quekaba

却喀巴 vchad kha pa (1101～1175) 中国藏传佛教高僧，噶当派法脉传承人之一。本名益西多杰，族姓“恰”。他长期亲近夏瓦巴学法，主要听讲噶当派的教法仪轨，重点修习教典传承的六大经论，终成夏瓦巴门下两大弟子之一。成名后在拉萨附近的墨竹地方创建旧却喀寺，故人们以“却喀巴”来尊称这位高僧。他在旧却喀寺主要讲授教典传承的六大经论，培养了不少弟子，其中著名者有赛吉普瓦(1121～1189)，其族姓“赛”，名却吉坚赞。赛吉普瓦遵照上师却喀巴的旨意，于1164年在旧却喀寺附近建造了一座新的寺院，名“新却喀寺”。此外，赛吉普瓦在隆雪地方又建造了一座寺院，以自己的名字命名，即吉普寺。

（尕藏加）

Quezang Si

却藏寺 chu bzang dgon 中国藏传佛教格鲁派重要寺院。与郭隆寺、赛柯寺、夏琼寺并称青海湟北四大寺。全称噶丹美居林寺，简称却藏寺。位于今青海互助县境内。

却藏寺

1649年，哲蚌寺高僧却藏·南杰班觉（1578～1651）在安多奔隆扎喜塘创建该寺。寺僧传习哲蚌寺郭芒扎仓教程，建立却藏寺法脉传承。却藏·南杰班觉不久圆寂，嗣法弟子寻访其转世灵童，首创却藏活佛世系。

1724年，却藏寺被清军焚毁。1733年清廷敕令重建寺院，赐名广济寺。1765年清廷又赐广教寺匾额，在寺内许建一座九龙壁。之后，清廷再赐祥轮永护匾额一面。

1866年，却藏寺再次毁于兵燹。直至1887年，方由五世却藏活佛·洛桑土丹夏珠尼玛（1859～1913）筹资修复，并建立显宗扎仓和时轮扎仓，使中断多年的教法传承得以恢复。僧众数最多时达300余人。却藏寺在研习印度天文历算方面多有成就。

（尕藏加）

R

Randeng Jie

燃灯节 bcu bavi lnga mchod 中国藏传佛教格鲁派重要宗教节日。为纪念宗喀巴·洛桑札巴的圆寂日而设立。又称十月五供节。

藏历第七绕迥土猪年（1419）十月二十五日，藏传佛教格鲁派创始人宗喀巴大师在他的驻锡地甘丹寺圆寂，各地格鲁派寺院纷纷举行悼念仪式，遂将这天定为格鲁派每年纪念祖师宗喀巴的隆重节日。每年藏历十月二十五日在藏区各大格鲁派寺院如期举行燃灯节，其中西藏拉萨举行的燃灯节最为隆重。其他各地格鲁派寺院举办的燃灯节，除形式细节和时间延续上略有差异外，内容大致相同。据《塔尔寺文化》记载：塔尔寺从二十五日晚开始，在寺院的殿堂、僧舍屋顶的墙头上摆设注满酥油的佛灯。当数万盏酥油佛灯同时点燃时，极为壮观。数万盏酥油灯象征着佛的光明，佛光普照。因燃灯五夜，所以这个法会也称为忌辰五供节或燃灯节。燃灯节期间，寺院照例供应斋茶斋粥。

拉卜楞寺一年一度的燃灯节，亦有自身的宗教内涵和文化创意。每年藏历十月二十四日隆重举办，为期3天，共同纪念宗喀巴大师（十月二十五日）

中国甘肃夏河拉卜楞寺经堂

及其弟子绛央却杰·扎西班丹（十月二十四日）和强钦却杰（十月二十六日）师徒3人圆寂日。其中二十五日白昼，寺内换置新供品，信众转经拜佛、祈祷；至夜间，经堂佛殿等建筑屋顶点燃酥油灯，犹如繁星降落，信众敬仰膜拜。

（尕藏加）

Ran Yunhua

冉云华 Ran Yunhua（1924～ ） 加拿大华裔学者，加拿大麦克马斯特大学宗教学系教授。在中印文化交流中起过一定的作用。原籍四川广元。毕业于陕西师范专科学校，后入四川大学专攻历史，1948年获学士学位。1953

冉云华（后左）夫妇、任继愈（后右）夫妇合影 1987年摄于任继愈家中

年赴印度国际大学留学，师从师觉月、谭云山等人，修习佛学、印度宗教史等，1964年获国际大学宗教学博士学位后，留校任教。后受聘前往加拿大，任麦克马斯特大学宗教学系主任，从事佛

燃灯节

学及中国宗教研究。1988年退休，为该校荣誉教授。历任中国宗教学研究会会长、国际佛学研究学会、亚洲学会佛学小组理事等职，并在国际佛学研究会和国际宗教协会担任要职。1989年至中国台湾，任法光佛教文化研究所教授及中华佛学研究所研究员，重点研究佛教历史及哲学、中国思想史，为中国台湾地区培养了诸多佛学专才。撰有《宗密》(1988)、《从印度佛教到中国佛教》(1995）等，并有研究论文近百篇，发表于欧洲、美国、日本、中国台湾等地的学术杂志。《从印度佛教到中国佛教》一书收有14篇学术论文，讨论的主题是佛教从印度到中国的转变和发展，为在文化比较、戒律仪式、宗教文学、禅宗形成的过程，以及中国高僧对印度佛教的传承和改变等方面的专题研究著述。

（张然）

Rangjieshuoluo

穰结说啰 （约活动于10世纪） 古代东印度王子。据《宋史》卷三、卷四九〇等，于宋开宝八年（975）冬来华朝觐并贡献特产。

（张书剑）

Rangnabatuoluo

攘那跋陀罗 Jñānabhadra（约活动于6世纪） 印度来华僧人，译经家。意译智贤。据《续高僧传》卷一、《开元释教录》卷七等，攘那跋陀罗为印度波头摩国人，善达经、律、论三藏，尤精于律部。北周明帝二年（558）在长安旧城婆伽寺，与耶舍崛多、阇那崛多等译出《五明论》一部，后二者传译，沙门智仙笔受。

（葛维钧）

Rao Zongyi

饶宗颐 Jao Tsung-I（1917.08.09～ ） 中国历史学家，古文字学家，古典文学家，书画家。曾任香港中文大学中文系教授、系主任，现任香港大学中文系荣誉教授。在中印文化交流中起过积极作用。字固庵，号选堂。广东潮安人（今潮州湘桥）。毕业于上海法政学校，学成后返回潮州，担任《粤南报》主笔。自幼继承家学，1932年开始整理父亲

饶锷未完成的《潮州艺文志》，于3年后完成，发表于《岭南学报》，成为其走上学术道路的奠基石。1935年至韩山师范学校代授国文课，被聘为中山大学广东通志馆纂修。1938年中山大学迁往云南，饶宗颐因病留居香港，参与《中山大辞典》和《全清词钞》的编写工作。1943年赴广西任无锡国学专修学校教授。抗日战争胜利后，任广东文理学院教授。后返回汕头，主持《潮州志》总纂事宜。1952年起开始研究敦煌学。1952～1968年执教于香港大学中文系，其间于1963年在印度浦那班达卡尔东方研究所从事研究工作，跟随白春晖及其父学习梵文，研究**婆罗门教**经典**吠陀**。在印期间，结识了印度学家**徐梵澄**。由印度返回后，转教于新加坡大学（今新加坡国立大学），担任首任中文系讲座教授，其间还受聘为耶鲁大学客座教授及中国台湾“中央研究院”历史语言研究所研究教授。1973～1978年任香港中文大学中文系教授、系主任。退休后，赴法国巴黎任高等研究院宗教学部客座教授一年，后受聘为香港中文大学中文系名誉教授、艺术系与中国文化研究所荣誉教授。1982年，香港大学授予其名誉博士学位。1983年出席中国首届敦煌吐鲁番学会年会，被聘为学会顾问。1990年任香港博物馆名誉顾问。

饶宗颐研究领域广泛，涉及敦煌学、甲骨学、词学、史学、目录学、楚辞学、考古学、书画等。主要著作包括《楚辞地理考》(1946)、《殷代贞卜人物通考》(1959)、《中印文化关系史论集》(1990)、《词集考》(1992)、《梵学集》(1993)、《中国宗教思想史新页》(2000)等。其研究成果多具有开创性，如在巴黎从J.博特罗学习楔形文字及西亚历史后，经10年努力，将《近东开辟史诗》译为中文，这是中国学者翻译的第一个近东创世神话的译本。

在印度学领域，饶宗颐曾将古印度河谷的印章文字与中国古代陶文、甲骨文进行比较研究，发现诸多相似之处，揭示了古代中印文化交流的印记。此外，通过比较**屈原**《天问》与印度、伊斯兰古文献，发现“发问文学”在不同文化语境中普遍存在的现象，进而提出文字人类学和文学人类学的新课题。在印度期间，曾对中印两国文学文化进行比较研究，认为“悉昙学”对中国音韵学和文学影响深远，**韩愈**《南山诗》深受**马鸣**《佛所行赞》影响。此外，还选译了印度最古老的诗歌集《**梨俱吠陀**》。

（李宝龙）

Ren de Zongjiao

《人的宗教》 *The Religion of Man* 印度哲学著作。作者**R.泰戈尔**。1930年，泰戈尔访问英国，应邀在牛津大学作一系列学术讲演，题为“人的宗教”。回国后，讲演稿汇编成书，以同名出版。该书阐述了他对宇宙、人生、社会和人类发展前景的种种观点，也论述了他对现存各种宗教的看法以及他所提倡的一种新宗教——“人的宗教”。“人的宗教”就是要求人们通过日常的工作和劳动，不断地克服自私意识，证悟自己内在的“神性”或“无限自我”，以显现出自己“真善美”的本性。凡证悟到自己内在神性的人，就能在社会交往中表现出“普遍之爱”的感情；人人都具有这种感情，最终则实现社会的和谐统一。从本质上说，这种宗教就是印度人所谓的“证悟人的内在神性”的宗教；用现代的话说，也就是“转化人性”的宗教。“人的宗教”不同于一般的宗教，它的信仰对象不是任何神灵或偶像，而是泰戈尔所说的人内在的“神性”；它不设立任何组织，不建设庙宇，没有任何清规戒律，也不举行任何宗教仪式。

《人的宗教》已被中国学者刘建译成中文，载于《泰戈尔全集》，于2000年由河北教育出版社出版。有关“人的宗教”的思想，在中国出版的宫静著《泰戈尔》(1992)、黄心川著《印度近现代哲学》(1989)，以及孙晶、朱明忠著《印度吠檀多哲学史》(2013) 中都有详细的评述。

（朱明忠）

Renlei Tongyi de Lixiang

《人类统一的理想》 *The Ideal of Human Unity* 印度现代哲学家奥罗宾多有关社会进化理论的著作。为了批判第一次世界大战给人类带来的灾难，表述追求世界和平统一的理想，1915年9月～1918年7月，**奥罗宾多**在《雅利安》杂志上发表了一组名为“人类统一的理想”的文章。1919年，这组文章以同名正式出版成书。该书分析了人类历史上已经出现的各种人类集合形态，如家庭、部落、种族、民族、阶级、国家、帝国等，指出这些集合体都是不完善的，因为它们无法解决人与人、集合体和集合体之间的利益冲突。因此，它主张，在保证各民族自由平等的基础上建立一个精神统一的“世界联盟”，然后再以“世界联盟”为载体，逐渐实现人类的统一。奥罗宾多主张的“人类统一”的基本原则有三：①在统一的人类社会中，尊重个人的自由发展必须与尊重国家的统一和完善相协调；②尊重国家的自由发展必须与尊重全人类的统一和完善相协调；③人类统一的实现，只能通过道德和精神的手段，而不能依靠政治和经济的手段。此外，它还批判了各种鼓吹侵略的帝国主义理论，如德国人宣扬的“国家至上论”、“优等民族论”等，并且大力倡导各国人民相互合作、相互支持的国际主义精神。该书不仅反映出印度人民反对殖民侵略、追求自由平等的愿望，而且也反映了世界各国人民反对战争、渴望世界和平的愿望。该书内容在中国出版的朱明忠著《奥罗宾多·高士》(1994)、黄心川著《印度近现代哲学》(1989)，以及孙晶、朱明忠著《印度吠檀多哲学史》(2013) 等书中皆有具体的介绍和评述。

（朱明忠）

Rensheng de Qinzheng

《人生的亲证》 *Sadhana* 印度哲学著作。作者**R.泰戈尔**。书名的梵文之意为“将人生引至正确的道路”。泰戈尔1912年10月出访美国，在美国各地发表了一系列的讲演，1913年归国后，将讲演稿汇编成书，以《人生的亲证》为题正式出版。它是泰戈尔阐述自己世界观、人生观、道德观的重要著作。书中论述了人与宇宙的关系、人如何证悟宇宙的最高灵魂、有关人的罪恶问题、社会和谐与统一的问题、普遍之爱问题、积极进取的行动哲学等。泰戈尔主张，人应当在行动中、在爱他人的过程中去证悟自己内在的神性。该书已被中国学者宫静翻译成中文，于1992年由商务印书馆出版。该书内容在中国出版的宫静著《泰戈尔》(1992)、黄心川著《印度近现代哲学》(1989)，以及孙晶、朱明忠著《印度吠檀多哲学史》(2013) 中都有详细的评述。

（朱明忠）

Rendawa Xunnuluozhe

仁达瓦·勋努洛哲　red mdav ba gzhon nu blo gros（1349～1412） 中国藏传佛教中观学家，萨迦派高僧。中国西藏后藏地区萨迦人。精通显密教法，在萨迦派寺院教育中构建显宗十三部经论的教学体制，大力弘扬龙树《中观论》，尤其阐扬月称的《入中论》思想，为藏传佛教各宗派中确立“中观应成派”的主流地位发挥了重要作用。因作为宗喀巴的师兄弟，共同修学而颇具名声。

（尕藏加）

Renqinsangbu

仁钦桑布　lo chen rin chen bzang po（958～1055） 中国藏传佛教后弘期著名高僧，译经家。出身贵族，相传其家族为玉日玉扎氏，系古格喀泽术亥地区六大家族之一。幼名仁钦旺久，由于鼻子酷似鹰勾，相貌独特，故有鹰面的别名。13岁时在堪布益西桑布座前剃度出家，曾3次去迦湿弥罗（见罽宾），先后依止班智达沙罗多迦罗婆罗摩、迦摩罗崛多等75位贤哲学习显密佛法。

古格拉德王时期，沙罗多迦罗婆罗摩、迦罗崛多、佛陀室利罕底等班智达受邀入藏，与仁钦桑布一起在托林寺翻译佛经，掀起了藏传佛教后弘期的译经高潮。

仁钦桑布翻译了许多佛教重要显密经论，包括佛教续部经典，开启了藏传佛教新密续的建构。据不完全统计，他共翻译17部经藏、33部论藏、108部密续（怛特罗），同时根据新的梵文版本修订了不少吐蕃时期翻译的藏文版佛经。此外，还翻译了许多重要的印度医药典籍，为推动藏医学发展起到了重要作用。

鉴于仁钦桑布对佛教的重要贡献，阿里古格王拉德册封他为首席供施对象，拜他为金刚上师，从布尚地区拨出一块地方作为他的宗教活动用地，并修建数座佛殿，作为对他在佛教事业上取得巨大成就的奖赏。同时，在阿里古格王的大力支持下，仁钦桑布在以古格为中心的阿里地区主持建造了许多佛塔、佛殿和寺院。

仁钦桑布晚年在密宗实践上取得进一步的成就。他85岁时，阿底峡到达阿里古格地区。起初，仁钦桑布不肯顶礼阿底峡，后来见阿底峡为殿堂的各尊神像撰写了颂词，遂生敬仰，开始礼拜阿底峡，听从他的教诫，专心修炼密法。仁钦桑布还在禅房的三个门上，都写上一幅誓言——心修观，终于现见集密和胜乐圣容，获得密宗悉地，圆满完成出家僧人的最高人生目标。在仁钦桑布等高僧大德的影响下，从克什米尔山区到恒河平原，到处都可以看到藏人来印度求学的足迹。

仁钦桑布将自己一生的精力投入到译经事业，将大量的重要佛经从梵文译为藏文。后人以仁钦桑布为界，将他之前的密宗典籍称为旧密续，从他开始翻译的密宗典籍称为新密续。

（尕藏加）

renru

忍辱　kṣānti　佛教概念。六度之一。音译为“羼提波罗蜜”。是大乘佛教菩萨道中的重要实践法门。指在修行时能够忍耐，包括忍耐别人对自己的责难、忍耐外来的伤害、忍耐各种痛苦，抑制自己的贪、瞋、痴心，以保持自己的身心安宁。

（姚卫群）

Ribenguo Zhi

《日本国志》　中国清代关于日本国情和历史的著作。作者黄遵宪(1848.04.27～1905.03.28)，清朝官员，历任驻日参赞、旧金山（今译圣弗朗西斯科）总领事、驻英参赞、新加坡总领事等职。《日本国志》成书于1887年，基于作者驻日期间搜集的各类资料，详细介绍了日本的国情和历史。有关日本历史部分提到英国东印度公司吞并印度，并从印度向中国出口鸦片等相关史实。其中，卷三八日本种茶史部分，介绍了英国东印度公司从中国向印度引入茶叶、拓展种植、发展茶叶产业，以及日本学习印度茶叶产业经验的情况。

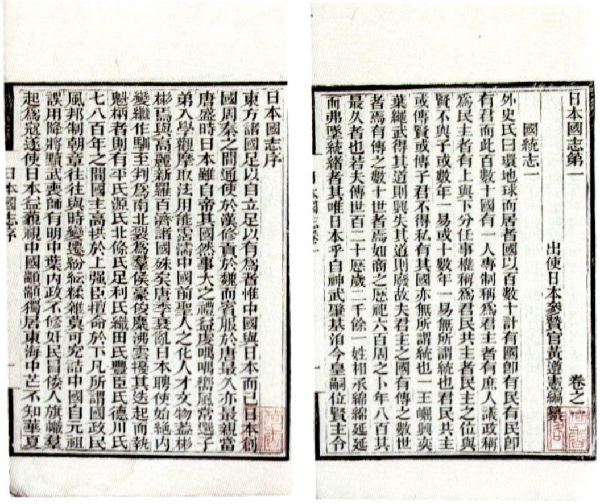
日本國志序

日本國志第一　卷之一

國統志一

出使日本參贊官黃遵憲編纂

《日本国志》书影

（任筱可）

Rizhi Lu

《日知录》　中国政治学术论著。顾炎武著。成书年代不详。融汇并抽绎史书精

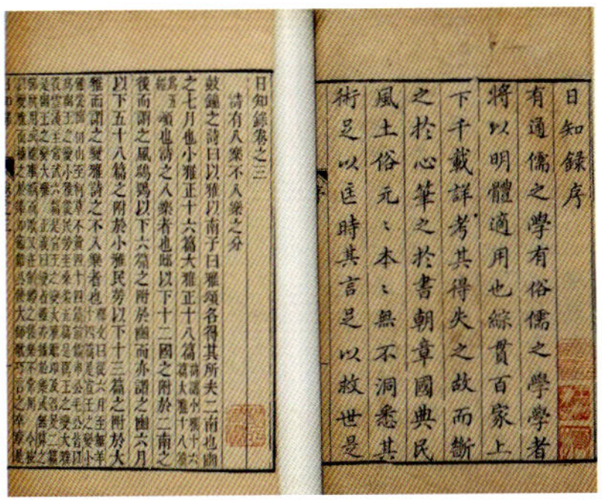

《日知录》清康熙三十四年（1695）潘氏遂初堂刊本书影

髓写成的随笔札记，约计千余条目，内容涵盖经学、史学、文学、边疆、地理等多个方面。其中，卷二十一论述“画”时提及“韦鹖画《天竺胡僧渡水放牧图》”；卷二十四论述“足下”时提及《宋书·西南夷传》载诸国表文，“天竺迦毗黎单国称大吉天子足下”；卷二十六论述“隋书”时提及《经籍志》言，“后汉明帝，遣郎中蔡愔及秦景使天竺，得佛经四十二章及释迦立像”；卷二十九论述“西域天文”时提及“西域人善天文，自古已然”，并引《唐书》称“泥婆罗国，颇解推测盈虚，兼通历术事。天竺国，善天文历算之术”；卷二十九论述“大秦”（罗马帝国）时提及《后汉书·西域传》述“天竺国，西与大秦通”；卷三十论述佛寺，可以看出佛教在各朝代的传播状况。该书汇总并反映了中国明朝以前各个朝代与印度的文化交往简况，对于后人的相关研究具有一定的参考价值。

（任婧）

Rongdun Maweisengge

荣敦·玛威僧格 rong ston smra bavi seng ge（1367～1449） 中国藏传佛教高僧，萨迦派法脉传承人之一。原名荣敦·释迦坚赞，又名宋敦·谢恰贡日。出生于多康嘉绒地区（今四川金川）。18岁赴西藏桑浦寺，学习佛教显宗教理。22岁受比丘戒。27岁时师事萨迦派高僧雅楚·桑杰拜，系统研习萨迦派的显宗教理；同时，又在萨迦派大乘法王贡噶札西座前修学萨迦派的密宗仪轨。1436年在拉萨以北的潘域地方创建一座寺院，名那烂扎寺。他在该寺招收学僧，讲授《般若经》、《现观庄严论》等显宗经论。那烂札寺逐渐成为萨迦派专门讲授和研习佛教显宗经论的著名寺院。

（尕藏加）

Rulai Fo

如来佛 Tathagata Buddha 释迦牟尼佛在中国民间的通俗称呼。如来，梵文Tathàgata，音译多陀阿伽陀等，为佛的十个称号之一。《大智度论》卷二四曰：“如实道来，故名如来。”故如来的意思是从真实而来，是真理的代表。唐代，中国佛教密宗成立，印度佛教密宗的“五佛”名号也传入中国。五佛即“五如来”，其中最主要的是大日如来（即

毗卢遮那佛及菩萨画像 明代

毗卢遮那佛）。由于如来佛在明代小说中经常出现，故为百姓熟知。

（薛克翘）

Ruyi Baoshu Shi

《如意宝树史》 *chos vbyung dpag bsam ljon bsang* 中国藏传佛教名著。藏传佛教格鲁派三世松巴活佛·益西班觉（1704～1788）著。清乾隆十三年（1748）问世。该书系统叙述了佛教源远流长的发展演进历史，包括佛教在印度和中国藏族、蒙族、汉族地区流传的情形，重点介绍了佛教在藏、蒙古地区传播及兴

《如意宝树史》封面

盛之因缘条件。其特点在于内容丰富，不仅汇集了大量史料，还矫正了前人著述中出现的年代等谬误，为研究印度佛教史、藏传佛教史、汉传佛教史和蒙古政教史等提供了重要的文献资料。被译为多种文字，颇受国内外学术界重视。1992年，中国兰州甘肃民族出版社出版发行新版。1994年，该社又出版汉译本。

（尕藏加）

rujiaoli

入教礼 upanayana 印度教重要的礼仪之一。又称萨维德利礼、“系腰带礼”。

印度教认为人在一生中有两次获得生命，第一次得自母亲，第二次得自宗教。但是四种姓中只有婆罗门、刹帝利和吠舍有资格获得第二次精神性的生命，从而成为再生人。为此必须行入教礼，作为再生的象征，入教者的轨范师要把他搂在怀里过三夜。仪节中最重要的内容之一，是轨范师向他唱诵萨维德利圣诗。此后，师、诗两者便成了他宗教意义上的父、母。一个雅利安人只有在行礼以后才可以称得上在血统上是纯粹的，并开始学习吠陀圣典。推其源流，举行入教礼最初可能是为了开启教育，向雅利安少年敞开吠陀知识的宝库，同时使他在戒行方面受到指教；后来又有了涤除罪垢，使入教者具备日后与梵合一的资格的意义。理论上，一个未行入教礼的雅利安人应被视为首陀罗。《摩

奴法论》规定，行礼的年龄，婆罗门在成胎后的第8年，罗阇（即刹帝利）在成胎后的第11年，吠舍在成胎后的第12年。希望精通吠陀的婆罗门，可以提前到5岁；希望武艺高强的罗阇，可以提前到6岁；希望发财致富的吠舍，可以提前到8岁；对这三种姓来说，行礼的最晚期限分别是16岁、22岁和24岁。逾期不行礼者即再无机会，为此他将失去血统和宗教上的认可，在雅利安人社会中受到歧视。对于入教者来说，由于主持入教礼的轨范师在地位和关系上有如生父，所以入教者可以袭其姓，但不可妻其女。入教礼的稳固确立，约在公元前6世纪。

（葛维钧）

Ruonabatuoluo

若那跋陀罗　Jñānabhadra（约活动于7世纪）　南海僧人，译经家。意译智贤。据《宋高僧传》卷二、《开元释教录》卷九、《大唐西域求法高僧传》卷上等，若那跋陀罗为南海诃陵国（今印度尼西亚爪哇岛）人，学贯经、律、论三藏，博通大小二乘。唐麟德年间（664～665），成都沙门会宁欲循海路往印度观礼圣迹，乘船路经诃陵国时，遇到若那跋陀罗，遂在那里留住3年，与他一同翻译了《大般涅槃经》后分2卷。译本交小僧运期携回中国，经交府（今越南河内）驰送京城长安，奉上朝廷。会宁待运期返回后，继续行程，远赴印度，后不知所终。译本送达交州后，至唐仪凤（676～678）年初才由都督梁难敌遣使同运期一起送到京城；到仪凤三年，在大慈恩寺沙门灵会于东宫启奏太子并获批准后，方得流行。而运期则奉师命携经行化，并未跟随其师前往印度。该译本今存，名《大般涅槃经后分》。

（葛维钧）

Ruonajieduo

若那竭多　Jñānakata（约活动于六七世纪）　西域僧人，翻译家。据《续高僧传》卷二等，若那竭多为西域人，曾受隋文帝（581～604年在位）之命，同译经师阇那崛多、婆罗门毗舍达等翻译梵文古书。开皇十二年（592）翻讫，合二百余卷。后上奏皇帝，呈送内殿。

（葛维钧）

S

sadian

撒殿 古代南印度的民俗行为。宋代传入中国宫廷。据《宋史》卷四八九，明道二年（1033），南印度注辇国王遣使来华，仁宗接见，使者根据本国礼节，捧银盘升殿，在御榻下跪撒珍珠，谓之“撒殿”。熙宁十年（1077），注辇使节又到，亦登陛跪撒珍珠。

（薛克翘）

Sadi

萨蒂 Satī 为表示忠诚专一而在死去的丈夫火葬时一同殉身的节妇。后西方传教士亦用以称此种印度教寡妇殉夫的习俗。它虽然有时是忠心的表现，出于自愿，但更多的是迫于习俗或者亲戚的压力。它在吠陀时代仅仅是象征性的，

肩负萨蒂遗体的湿婆

未亡人登上火葬柴堆，卧于夫侧，旋即被戚友拉回。到公元前1世纪可能在刹帝利中间已经开始实行真殉。至迟到公元6世纪已在恒河流域、孟加拉、拉吉普他拿等地流行起来。发现于中央邦索格尔县埃兰地方的一块刻于510年的石碑上，有关于萨蒂习俗的最早的铭文记载。碑文称，薄奴笈多（估计是笈多王朝末期的一位君主）打败并杀死了反叛的诸侯戈帕罗阇。后者的妻子在他火葬的柴堆上也将自己烧死了。19世纪印度民族文化和宗教改良运动对萨蒂陋习持批判态度，英国殖民者亦于1829年宣布其为非法，但此习至今犹未绝迹，1986年发生的一起萨蒂事件曾震撼世界。中国清代《海录》等，对印度这一习俗有所记载。

（葛维钧）

Sa'ernate

萨尔纳特 Sarnath 印度古代佛教圣地。位于印度北方邦东部城市瓦拉纳西附近，史称仙人堕处、鹿野苑。佛陀（见释迦牟尼）曾在此向5位苦行的同伴传授佛教基本教义，奠定了佛法和僧伽的基础，使佛教逐步在印度境内外传播，一度成为世界上最大的宗教。“萨尔纳特”这一广为流传的名字源于湿婆派圣人鹿王沙朗那。

各类佛教典籍对萨尔纳特多有提及。《本生经》记载了佛陀在此地的若干事迹和一些传说。中国求法僧人法显和玄奘到访时此地还是一派庄严繁华景象。5世纪早期，法显在行纪中记录了当地的4座佛塔和2座寺院。两个世纪后，玄奘见证了此地浓厚的宗教氛围，在瓦拉纳西境内发现了30余座僧院和3 000余名正量部僧人。玄奘笔下的萨尔纳特“连垣周堵，层轩重阁，丽穷规矩。僧徒一千五百人，并学小乘正量部法。大垣中有精舍，高二百余尺，上以黄金隐起，作庵没罗果……精舍之中，有鍮石佛像，量等如来身，作转法轮势……前建石柱，高七十余尺。石含玉润，鉴照映彻”。

玄奘注意到，萨尔纳特佛教建筑的非凡技艺使其在孔雀王朝、巽迦王朝、贵霜王朝、笈多王朝等各个时期独树一帜，这些技艺在达迈克佛塔、阿育王石柱、佛像及其他艺术品上清晰可见。萨尔纳特佛像以说法佛陀像最为精美，其风格在印度内外，特别是在前吴哥时代的柬埔寨广受效仿，被锡兰（今斯里兰卡）艺术史学家库马拉斯瓦米称为世界三大雕刻之一。萨尔纳特在波罗王朝时仍具魅力，后又在11世纪伽色尼王朝马茂德和高里人的劫掠中得以幸存。加哈达瓦尔王朝国王戈文德旃陀罗之妻古马尔黛维曾在此地建造了一座大型寺院，这可能是此地留下的最后一件令人印象深刻的历史遗迹。13世纪初，由于突厥穆斯林国王的持续进攻，加之当地不断更迭的统治者对建筑材料的洗劫，萨尔纳特遭到彻底破坏。

19世纪，A.坎宁安等英国考古学家发现了萨尔纳特遗迹。他们找到了宏伟的达迈克塔即法王塔的残留基座，其上砖块已被大量夺去，用作建造古城瓦拉纳西的石料。另有损毁严重的五比丘迎佛塔，该塔标志着佛陀与5位苦行者相遇的地点，后来莫卧儿王朝君主阿克巴在其上建造了一座八角亭，以纪念其父胡马雍被阿富汗酋长舍尔沙打败后的隐匿之地。考古学家还发现了锡兰（今斯里兰卡）僧人达摩波罗1930年修建的根本香精舍，以及一根断成几节的阿育王石柱，柱头四面各雕有狮像，今收藏于萨尔纳特博物馆。此外，一些耆那教和印度教湿婆派的寺庙亦被发掘出来。

20世纪以来，萨尔纳特作为佛教徒的朝圣中心迅速发展。很多佛教流行的国家都在此建造了具有各自风格的寺庙。1939年，新加坡华侨李俊承通过设在加尔各答的印度华人协会捐资修建了中华佛寺。现代的泰国寺庙内供有一座宏伟的佛像。近年来，韩国人和日本人也在一座旧时的缅甸寺庙旁兴建了各自的寺庙。如今，此地已成为佛教徒朝圣之旅的重要一站。

（卡马尔 希尔撰 张然译）

Sagadawa Jie

萨嘎达瓦节 sa ga zla ba 中国藏传佛教重要宗教节日。为纪念佛祖释迦牟尼

萨嘎达瓦节转经信众

诞生、成佛、涅槃三大吉日而设立。又称氐宿月节。

每年藏历四月十五日在藏族地区普遍举行萨嘎达瓦节，这日无论是出家僧尼还是在家俗人，多以闭斋、转经和念诵六字真言为主要言行举止。藏传佛教信众认为，人们在这一天开展任何利他善事或佛事活动，都会有事半功倍之效。故萨嘎达瓦节在藏区民间极为盛行，尤以在拉萨举行的活动规模最大，最为壮观。其形式具有浓郁的民间特色，成千上万信教群众围绕拉萨古城转经。转经分内路、中路、外路3条线路：内路线环绕大昭寺主殿，中路线环绕大昭寺，外路线环绕整个拉萨古城。转经时间从凌晨开始，至傍晚结束。

（尕藏加）

Sahayi

萨哈伊，A.M. Anand Mohan Sahay（1898～1991） 印度民族主义者。与印度国民大会党联系紧密。20世纪20～40年代旅居日本，其间致力于通过政治活动使印度摆脱英国殖民者的统治，并与R.B.鲍斯、R.M.普拉塔普等其他旅居东亚的印度民族主义者合作。通过努力，他在一定程度上获得了国大党高层的认可，被认为是国大党在日本的代表。日本入侵中国东北等地后，萨哈伊在致M.K.甘地的信中就国大党对中国抗日的支援不力表示不满，并对日本的侵略行径加以谴责。1939年，他游历中国东北及上海等地。虽对中国人民的遭遇表示同情，但并不主张中国在西方援助下抵抗日本的侵略，而是号召印度、中国、日本等亚洲国家团结起来对抗英帝国主义。这一立场在当时亚洲的印度政治活跃人士中并不罕见。

1938年，国大党中央委员会决定停止在海外设立分支机构，萨哈伊随即解散了自己分管的组织，转而在日本神户创立印度国民协会，并宣称坚持国大党的政治理念和目标。后在上海创立印度国民协会中国分会，分会会长J.拉赫曼是一名来自当时印度西北边境省（今属巴基斯坦）的帕坦人，秘书A.巴瓦是一名居住在上海的印度孟买商人。分会其他主要成员包括来自拉合尔（今属巴基斯坦）的旁遮普人M.M.科利以及住在天津的（印度）信德（今属巴基斯坦）商人B.昌德等。这些成员均与日本保持着私人或贸易往来。1941年，早前成立的印度独立联盟在R.B.鲍斯的领导和日本人的赞助下再度兴起，萨哈伊随即解散印度国民协会中国分会，并号召其成员加入印度独立联盟。1943年，印度独立联盟由流亡海外的国大党领袖S.C.鲍斯接管。萨哈伊与鲍斯联系密切。第二次世界大战末期，萨哈伊在越南河内被中国军队抓获，移交英方后被囚禁。印度独立后在海外从事过多种外交工作。

（玛妲玉撰　胡俊麟译）

Saheni

萨赫尼，B. Bhishma Sahni（1915.08.08～2003.07.11） 印度现代印地语文学家。生于拉瓦尔品第（今属巴基斯坦）。其父H.萨赫尼是一名虔诚的圣社成员，

其母致力于社会改良运动。萨赫尼的启蒙教育始于家中，后进入锡克教私塾、圣社学校、达耶难陀盎格鲁吠陀学校学习。1937年在拉合尔的政府公立学院获英语文学硕士学位，后于旁遮普大学获得博士学位。印度和巴基斯坦分治后，随家人迁往印度。曾先后在杂志社、印度人民戏剧协会等处工作。1950年起，在德里大学任英文教师。1957～1963年赴莫斯科外文出版局工作，将《复活》等小说译成印地语。1965～1967年任《新小说》杂志编辑。1993～1997年任印度进步作家协会执行委员会委员。2003年7月在德里去世。1980年荣获亚非作家协会授予的莲花奖，1998年获印度政府颁发的第三级公民荣誉勋章等多项荣誉。

萨赫尼通晓印地语、梵语、旁遮普语、乌尔都语、英语、俄语、波斯语等语言。一生坚持创作，体裁丰富。其中短篇小说约125篇，收录于12部短篇小说集中，如《木板》(1973)、《王楚》(1978)、《女巫》(1998)等。长篇小说7部，分别为《窗户》(1967)、《环节》(1970)、《黑暗》(1973)、《沃森蒂》(1980)、《摩耶达斯的小屋》(1988)、《昆多》(1993)与《青色莲花》(2000)。其中《黑暗》以教派冲突为题材，以印巴分治为时代背景，被认为是继耶谢巴尔的《虚假的事实》之后又一部以印巴分治为题材的重要长篇小说。1976年，该作品获得印度文学院奖。1987年，改编自该小说的同名电视剧在印度上映，引起强烈反响。短篇小说《王楚》讲述了一位虔诚的中国佛教徒在印度学习、研究佛教文献的故事。

中国对萨赫尼生平及其创作的译介与研究始于20世纪90年代。邓兵所撰文章《对教派主义的深层思考——简评皮湿姆·萨赫尼的长篇小说〈黑暗〉》(载于《印度文学研究集刊》第六辑，2003)，介绍了长篇小说《黑暗》的故事梗概并对之进行了简要分析。北京大学外国语学院的硕士学位论文《毗湿摩·萨赫尼代表作〈黑暗〉的主题与写作策略分析》(2007) 对作家及作品进行了专题研究。此外，石海峻著《20世纪印度文学史》(1998) 及薛克翘等著《印度近现代文学》(2014) 中亦有对萨赫尼及其创作的介绍。

（任筱可）

Sajiabanzhida Gonggajianzan

萨迦班智达·贡噶坚赞 sa skya pandita-kun dgav rgyal mtshan（1180～1251） 中国藏传佛教萨迦派祖师，学者。出身于萨迦昆氏家族，原名班丹顿珠，幼时

在札巴坚赞伯父座前受近事戒（沙弥戒），改名贡噶坚赞，广泛学习文化和佛教知识，打下了良好的佛学基础。25岁时，从进藏传教的迦湿弥罗（见罽宾）籍高僧释迦室利座前受具足戒，学习法称的《释量论》等因明七论以及《现观庄严论》等经论，同时学习工艺学、星象学、声律学、医学、修辞学、诗歌、歌舞等文化科目，成就为一名博通印藏十明学的大学者，尊称萨迦班智达，其名声遍及周边地区。印度南方的绰切噶瓦等6名学者，闻声前来西藏同萨迦班智达专门辩论。他们在西藏芒域吉仲的圣瓦第桑布寺附近的一个集市辩经13天，最后印度学者败北。他们以削发出家为僧的方式承认自己失败，拜萨迦班智达为师，皈依佛教。从此萨迦班智达的声望日隆。

1216年，萨迦班智达继任萨迦寺住持。1246年，他应元室窝阔台大汗次子阔端之请到达凉州（今甘肃武威）。次年同阔端议定西藏各地方势力归顺蒙古政权的条件。他致书西藏僧俗领袖，晓以利害，劝说归顺，成为西藏宗教领袖与蒙古王室建立政治联系的第一人，对西藏归附蒙古政权，促进元朝统一全国大业作出了贡献。此外，他在凉州给阔端治病，同时讲经传法，扩大了藏传佛教在蒙古人上层中的影响；同时，在凉州新建寺院，命名幻化寺。

萨迦班智达著述颇丰，主要有《三律仪论》、《量理宝藏论》、《智者入门论》、《乐器论典》、《修辞学》、《声明学》、《萨迦格言》、《教理善说论》、《中观发心仪轨》、《甚深道上师瑜伽法》、《致雪域诸瑜伽行者教诫》等。其中《三律仪论》是一部重要著作，书中判定当时佛教界存在的各种佛学观点的是非，阐述自己对佛教的理解和见解；《量理宝藏论》是以陈那的《集量论》和法称的《释量论》为依据，用自己的认识论和逻辑思维撰写的一部全新的因明学著作，在藏传佛教因明学领域具有举足轻重的地位；《萨迦格言》是一部脍炙人口的格言集，其内容主要反映社会伦理和为人处世的道理，在藏族地区流传范围广大，深受藏族人民的喜爱。

（尕藏加）

Sajiapai

萨迦派 sa skya pa 藏传佛教主要宗派之一。其法脉源于印度大成就者毗瓦巴（本名达摩波罗）。藏族译师卓弥·释迦益西赴印度求法得这一法脉传承，回藏后传授给昆·贡却杰布（1034～1102）。1073年，昆·贡却杰布建寺传法，创立萨迦派，推崇、阐扬和修持道果法。后经萨钦·贡噶宁布、索南孜摩、札巴坚赞、萨迦班智达·贡噶坚赞和八思巴，即萨迦五代祖主的不断努力，此派势力逐渐强大。

中国拉萨萨迦寺僧人辩经场面

萨迦派势力在元代达到鼎盛，明代开始萎缩，至清代其政教事业已趋向衰落。萨迦派寺院遍布藏族地区，以萨迦寺（位于今中国西藏日喀则萨迦县城）为教派祖庭和中心寺院。

萨迦派教主自创宗以来，实行家族世袭制。至元后期（1324）宗派内部分离为细脱、仁钦岗、拉康和都却四大拉章，各领属民、土地与教权。到了明中期，前三个拉章世袭断绝，都却拉章独家掌控了萨迦派的法王职权。其后都却拉章又分成彭措颇章和卓玛颇章两家，由两家嫡系轮流担任法王，名义上统领萨迦派系，实际上其号召力和掌控范围十分有限。

萨迦派历来学僧大德辈出，宗派内部形成诸多学派，既有显宗与密宗两大学派，又有多个密法传承。显宗方面，由雅楚·桑杰拜（1350～1414）开创专门修学显宗义理的教规，其弟子荣敦·玛威僧格成为发扬光大者。1435年，荣敦·玛威僧格在前藏彭波创建那烂陀寺（位于今拉萨市林周县境内），建立系统研习显宗教理的教学机制，向僧众传授《释量论》、《现观庄严论》、《中观》、《俱舍论》、《三律仪论》等经论。那烂陀寺常住僧众保持700～1 000人，其中学有所成的高僧相继在各地建寺传法。因而那烂陀寺拥有众多一脉相承的子寺，在藏传佛教界具有一定的影响。

密宗方面，形成了鄂尔、宗巴和察尔三大法脉传承。其中鄂尔系传承由鄂·贡嘎桑布（1382～1456）建立。1429年，鄂·贡嘎桑布在后藏日喀则的鄂尔创建爱旺寺（位于今西藏日喀则地区康马县境内），专门传授萨迦派密法，从而建立鄂尔系密法传承。后世鄂尔系密法成为传播范围最广的萨迦派密法传承。清代，日喀则爱旺寺、德格贡庆寺

中国西藏拉萨哲蚌寺远眺

中国西藏日喀则萨迦寺

成为此派的中心。

宗巴系有前宗巴系和后宗巴系之分。其法脉源自丹巴·索南坚赞（1312～1375）高僧，后由宗巴·贡噶坚赞（1382～1446）高僧继承并推广，形成前宗巴系（或称沫舍系）。此外，1464年土敦·贡嘎南杰（1432～1496）在前藏创建贡嘎多杰丹寺（意为金刚座寺，位于今西藏山南地区贡嘎县境内），此寺作为传教中心讲授宗巴系传承密法，并有所创新和发展，史称后宗巴系，又称贡嘎系密法传承。

察尔系为萨迦派嫡系密法传承，有耳传密法之称。由察钦法王·洛色嘉措（1501～1561）建立。其传播范围不及鄂尔系密法传承。清代，以西藏日喀则的萨迦寺及其周边子寺为代表。

萨迦派历来十分重视梵文学习和与印度学者进行学术交流。萨迦班智达·贡噶坚赞曾用梵语与印度6名学者进行辩论，最终获胜，享誉全藏区，从此藏区掀起学习梵文的热潮。

近代以来，萨迦派传入尼泊尔、印度等国家，并修建了不少萨迦派寺院。

（尕藏加）

Saka' er

萨卡尔，B.K. Benoy Kumar Sarkar（1887～1949） 印度杰出的社会科学家、教育家和民族主义者，现代印度汉学界先驱之一。全名贝诺伊·库马尔·萨卡尔。在印度现代院士中，他可能是撰写有关中国的学术著作的第一人。

萨卡尔生于今印度西孟加拉邦马尔达县。13岁，进入加尔各答大学，其学术生涯由此开始。1905年获英语和历史双学位，1906年获硕士学位。

除扎实的学术功底外，萨卡尔还是一位出色的公众人物，在孟加拉地区知识界受到敬重。1906年成为加尔各答《甘露市场报》的职业撰稿人。作为一名坚定的民族主义者、社会主义者和热衷于社会服务的人士，他积极参加国货运动和民族教育运动。

1914～1925年，萨卡尔周游中国、日本、朝鲜、美国、埃及、英国、爱尔兰、德国、奥地利和意大利等国，访问大学和研究机构并讲学。他曾长期居留中国、德国和意大利，除掌握英语、孟加拉语和印地语外，还通晓法语、德语和意大利语等。

1925年，萨卡尔在加尔各答大学经济学系任讲师。他用孟加拉语和英语撰写了大量著作，书中涉及各种话题。著有《印度人眼中的中国宗教：亚洲人心态取向研究》。该书出版于1916年，伍廷芳作序。萨卡尔将自己的书题献鸠摩罗什、玄奘和空海。他在书中着重论述了印度、中国、日本三国基本文化的一致性，赞成并发展了源于日本三国观念的泛亚洲主义。该书在许多方面为印度人的中印研究开辟了新的领域。之后，用孟加拉语写了《中国文明入门》，该书1923年出版。在题为“当代世界”的系列著述中，他用孟加拉语细致描述了自己访问过的每一个国家，其中一本书题为《现代中华帝国》，长达450页，于1928年出版。

萨卡尔还在加尔各答创立了几个机构，其中包括孟加拉社会研究所、孟加拉亚洲学院、孟加拉但丁学会和孟加拉美国文化研究所。此外，他还在世界数个负有盛名的学术协会和研究机构任职。1947年，他成为加尔各答大学经济学和商学系教授及系主任。1949年11月，他在美国旅行时逝世于哥伦比亚特区华盛顿市。

（卡马尔·希尔撰　刘文亮译）

Sala' er Zhongge Bowuguan

萨拉尔·忠格博物馆 Salar Jung Museum 设在南印度安得拉邦首府海德拉巴市的艺术博物馆。印度三大国立博物馆之一。建于1951年12月16日。藏品达100万件，时间跨度为2 000余年，多为1世纪以来的作品。除印度本土藏品外，尚有来自中国、日本、缅甸、尼泊尔、伊朗、埃及及欧美等国家和地区的不同文明的文物，并因此而著称。原系世界最大宗个人收藏。萨拉尔·忠格博

萨拉尔·忠格博物馆外景

萨拉尔·忠格博物馆中国展厅内的中国瓷器展品

物馆得名于先后五代人出任海德拉巴土邦首相的萨拉尔·忠格家族。纳瓦布米尔·优素福·阿里·汗，亦即萨拉尔·忠格三世（1889～1949），曾短期出任海德拉巴土邦首相。他的私人藏品构成馆藏基础。他终身未婚，在35年间将大量收入用于文物收藏。

1968年初，藏品迁入现馆址。藏品附有英文、乌尔都文、印地文和泰卢固文4种文字说明。建筑平面呈半圆形，分4层，陈列厅分布在下面两层，计38间。第一层：第三陈列厅为印度纺织品与青铜制品陈列部，收藏有9世纪南印度帕拉瓦王朝末期及朱罗王朝时期的青铜毗湿奴神像、耆那教人物大雄造像、九头眼镜蛇造像、舞王湿婆以及象头神造像等珍品。第三陈列厅A室为印度雕刻部，藏品中有镌刻着阿育王敕令的石柱、巽伽王朝至笈多王朝时期的石雕艺术品。第四陈列厅为印度小型艺术部，主要藏品为檀香木、黄檀木等优质木材的寺庙木刻。第六陈列厅为印染品和玻璃制品部。第九至第十陈列厅为儿童玩具部。第十二陈列厅为动物标本部。第十四陈列厅为象牙雕刻部。第十五陈列厅为金属器皿部。第十六陈列厅为武器部，各种古旧兵器种类繁多，数量惊人。第十七陈列厅A室为印度近现代绘画部，收藏有19世纪和20世纪印度重要画家R.沃尔马、A.泰戈尔、S.普拉卡什等人的作品。第十八陈列厅为印度细密画部，收藏有印度主要细密画派莫卧儿德干派、拉贾斯坦派等重要画派的代表作品以及耆那教贝叶经。第二层：第二十陈列厅为欧洲艺术部。第二十五陈列厅为玉器部，藏有美不胜收的印度与中国玉器。第二十六陈列厅为欧洲青铜部。第二十八陈列厅为钟表部。第二十九陈列厅为写本部，藏有7 500余件古波斯文、阿拉伯文和乌尔都文写本，其中9世纪《古兰经》写本和附有贾汉吉尔、沙·贾汗与奥朗则布签名的13世纪时期《古兰经》写本弥足珍贵。第三十一陈列厅为远东瓷器部，藏品为13世纪时运往欧洲的宋代青瓷。第三十三陈列厅为远东雕塑部，藏有表现佛陀（见释迦牟尼）出世等内容的佛教雕塑。

除大量中国瓷器、玉器、丝织品外，萨拉尔·忠格博物馆还收藏中国家具。一件工艺考究的磨光漆柜，是清代一名中国商人送给印度友人的礼物。这些珍贵文物成为研究中国古代艺术和中印交通发展史的重要实物资料。2011年夏季，经印度考古局与中国国家文物局安排，中国古代珍宝展在萨拉尔忠格博物馆举办，获得巨大成功。

（刘建）

Samanduo

萨满多　Samanta（约活动于10世纪）西印度来华僧人。据《宋史》卷四八九："周广顺三年（953），西天竺僧萨满多等十六族来贡名马。"当时西域道为突厥、契丹封闭，五代时与印度交通甚少，故《旧五代史》、《新五代史》均未记萨满多来华事。

（薛克翘）

Sapodagan

萨婆达干　（约活动于8世纪）古印度罽宾国来华使臣。唐天宝九载（750），奉罽宾国王旨意，与舍利越摩来到长安，向大唐敬献国书，愿归附大唐，并请大唐派遣御史巡按其国。

（乔安全）

Saqin Gongganingbu

萨钦·贡噶宁布　sa chen kun dgav snying po（1092～1158）中国藏传佛教高僧，萨迦派五祖之首位，密宗大师。萨迦昆氏家族人。幼年时期跟随父亲昆·贡却杰布学习佛法。10岁时父亲去世，广拜各路名师学包括道果法在内的佛教显密二宗教法仪轨。在拔日仁青札译师座前修习文殊法，导师特意给他传授《离四耽著》等般若要义。师从德达玛宁布学习《俱舍论》，师从琼仁钦札巴和党美朗材两位大德学习中观与因明，在南库瓦兄弟座前修习《密集》和《大黑天》等密法，在居曲瓦札拉巴座前修习《喜金刚》等密法，在贡唐瓦麦罗座前修习《胜乐》和《明王》等密法，在布尚洛琼座前修学《胜乐》等密法，在香顿处修学道果法。据传天竺大成就者毗瓦巴，为开启并传扬密宗法门，光临萨迦地区，向贡噶宁布传授了72部密续及不能逾越萨迦寺围墙之14部甚深教法。

贡噶宁布20岁时，接任萨迦寺住持，大力宣扬显密教法，重视对道果法的教授。他主导萨迦派的教法仪轨长达47年之久，在建立和完善宗派的教法体系、推动宗派的发展等方面均作出很大贡献，故被后人尊称为"萨钦"，意为萨迦派第一大师。同时，培养了许多杰出的弟子，其中获得殊胜成就者3名、获得能忍成就者7名、通达经论讲说之心传弟子11名、精于讲解文句之心传弟子7名。贡噶宁布以居士身份自居，养育4个儿子，依次为贡噶跋、索南孜摩、札巴坚赞和柏钦沃波。其中，贡噶跋赴印度求法，22岁时卒于摩揭陀；索南孜摩继任父亲的法位，成为萨迦派第二祖；札巴坚赞继任兄长的法位，成为萨迦派第三祖；柏钦沃波（1150～1203）没有出家为僧，而娶妻成家，繁衍昆氏家族后嗣。

（尕藏加）

Satanishifaluo

萨他泥湿伐罗 Sthāneśvara 古印度地名。在今德里以北的塔内萨尔周围地区。

雅利安人入居印度后最初占有土地的核心地带，故具神圣地位。此地建有俱卢国古都天帝城。史诗《摩诃婆罗多》中俱卢之野古战场在其南边，是远古故事中般度族和俱卢族为争夺北印度统治权而进行婆罗多大战的地方，因有“神祀之地”之称。公元6世纪时为室利康塔国普什亚布蒂王朝的都城。但自该朝戒日王迁都曲女城后，它便在政治上失去重要地位。不过由于处在通往德里的大道上，所以仍为德里西北门户。自11世纪中叶以后多有朝代在德里建都，其战略地位复趋重要。12～13世纪两次塔拉因战役和16～18世纪三次帕尼帕特战役的两个重要战场都在它的附近。

中国唐代高僧玄奘访印时曾到该地。他在《大唐西域记》卷四中提到：“大城四周二百里内，彼土之人谓为福地。闻诸先志曰：昔五印度国二王分治，境壤相侵，干戈不息。两主合谋，欲决兵战，以定雌雄，以宁氓俗。……两国合战，积尸如莽。迄于今时，遗骸遍野，时既古昔，人骸伟大。国俗相传，谓之福地。”所说与前述在俱卢之野发生的摩诃婆罗多大战情况正相吻合。关于该地当时情况，玄奘则称：“萨他泥湿伐罗国周七千余里。国大都城周二十余里。土地沃壤，稼穑滋盛。气序温暑，风俗浇薄，家室富饶，竞为奢侈。深闲幻术，高尚异能。多逐利，少务农，诸方奇货多聚其国。伽蓝三所，僧徒七百余人，并皆习学小乘法教。天祠百余所，异道甚多。”关于遗迹，则记有：“城西北四五里有窣堵波，高二百余尺，无忧王之所建也。砖皆黄赤色，甚光净，中有如来舍利一升，光明时照，神迹多端。”《释迦方志》卷上“遗迹篇第四”所载稍简。《大慈恩寺三藏法师传》卷二所载更简。

（葛维钧）

Sairen

塞人 Śaka 中亚古代游牧部族。所用语言属印欧语系，印度-伊朗语族。中国史籍亦称塞种人。

塞人骑手像 约公元前300年

公元前8～前7世纪，塞人曾活动于锡尔河以北、伊犁河及天山北麓。公元前165年左右，月氏人在匈奴的袭击下徙入伊犁河流域，该地塞人有一部分南迁，结果是“塞王南君罽宾。塞种分散，往往为数国，自疏勒以西北，休循、捐毒之属，皆故塞种也”（《汉书·西域传》）。罽宾国包括今克什米尔及喀布尔河下游地区。公元前145～前140年，向印度移动并打败了当地衰弱的希腊统治者。不久西受安息人之迫，入阿富汗南部。该地后称塞克斯坦，即今锡斯坦。公元1世纪初向东扩张，通过俾路支、信德，逐渐向印度内地深入，占领了直到哥达瓦里河的西印度，包括卡提阿瓦半岛。他们在这里建立若干小国，统治者称总督或大总督。呾叉始罗、摩头罗（今印度北方邦的马图拉）、优禅尼等城都有这类大总督。有一种以公元78为元年的“塞种纪元”，据称即为塞人沙里瓦哈那所建。这种纪年方式曾经由德干传至东南亚部分地区。历史上最有名的大总督为优禅尼的鲁陀罗陀曼（约128～150）。据其宫廷诗人说，其领有疆域北起信德，南迄孔坎（在今马哈拉施特拉邦）。约388年，印度西部塞人政权亡于笈多王朝的旃陀罗·笈多二世。这一支塞人逐渐接受印度文化，皈依了印度教，最终被完全吸收到印度民族之中。

（葛维钧）

Saifoding

赛佛丁 Saifuddin Hamza Shah（生卒年不详） 中世纪晚期印度孟加拉地区第一个独立的穆斯林王朝——伊利亚斯王朝（1342～1487）第四任苏丹。1411～1413年在位。其父蔼牙思丁（今通译吉亚斯·乌德·丁·阿扎姆沙，1390～1410年在位）。《明史》等典籍中有关于父子二人与中国友好交往的详细记载。这个孟加拉苏丹国在《明史》等典籍中被称为榜葛剌。

据《皇明象胥录》卷七“榜葛剌”条载，明成祖永乐二年（1404），国王蔼牙思丁遣使朝贡，六年上金叶表。《大明会典》卷一百十载，明成祖于永乐三年赐榜葛剌国王纻丝纱罗各4匹、绢8匹，王妃纻丝纱罗各3匹、绢6匹。以上记载表明，明王朝与榜葛剌国之间关系密切，往来频繁。

《明史》卷三二六载：永乐七年，蔼牙思丁再度遣使朝贡。从者230余人。明成祖赏赐甚厚。随后，蔼牙思丁连年入贡，旨在积极同中国修好。“十年，贡使将至，遣官宴之于镇江。既将事，使者告其王之丧。遣官往祭。封嗣子赛勿丁（赛佛丁）为王。十二年，嗣王遣使奉表来谢，贡麒麟（长颈鹿）及名

《郑和下西洋》浮雕

马方物。礼官请表贺，帝勿许。明年，遣侯显赍诏使其国。王与妃、大臣皆有赐。正统三年，贡麒麟，百官表贺。明年，又入贡。自是不复至。其国地大物阜，城池街市，聚货通商，繁华类中国。……官司上下，亦有行移。医卜、阴阳、百工、技艺，悉如中国，盖皆前世所流入也。其王敬天朝。闻使者至，遣官具仪物，以千骑来迎。”费信在《星槎胜览》中也记载了侯显于永乐十年和十二年两度出使榜葛剌国所见盛况

茅瑞征《皇明象胥录》书影

及所受厚遇：“铺绒毯于殿地，待我天使，宴我官兵，礼之甚厚。”赛佛丁贡麒麟，对于明王朝绝非小事。明代画家沈度作《瑞应麒麟图》(今藏中国国家图书馆)，写一异域穆斯林牵引一长颈鹿行进，以形象手法记录了永乐十二年榜葛剌国使者前来中国“贡麒麟”的史实。明朝重臣杨士奇写过一首《西夷贡麟应制诗》，极力称赞榜葛剌国贡麒麟乃祥瑞之兆。

《明史》卷三〇四又载：“榜葛剌之西，有国曰沼纳朴儿者，地居五印度中，古佛国也，侵榜葛剌。赛佛丁告于朝。十八年九月，命显往宣谕，赐金币，遂罢兵。”实际上，赛佛丁在位时间仅两年即在内战中遇害。1413年，其子希哈布丁·巴亚齐德·沙即位，成为伊利亚斯王朝第五任苏丹，继续奉行对华友好政策，遣使贡麒麟并上金叶表。1414年，希哈布丁死亡，重臣加内什篡权，建立自己的王朝。1415年，加内什之子贾拉鲁丁即位。因此，侯显于永乐十八年奉命出使榜葛剌国，调停的实际是加内什王朝与沼纳朴儿国之间的冲突，与赛佛丁等伊利亚斯王朝苏丹已无瓜葛。1435年，加内什王朝覆灭，伊利亚斯王朝复辟，继续奉行对华友好政策，在1438年、1439年均遣使朝贡。对于榜葛剌国王朝变故和国君兴替的具体情况，明朝政府并不十分清楚，以致将赛佛丁作古后发生的事情也记在其名下（见**贾拉鲁丁**）。

《明史》及其他典籍的类似记载说明，中国在明朝全盛时期与榜葛剌国的国家关系非常密切。赛佛丁遣使前来中国，随行人员多达230余人。明朝的强盛甚至使得榜葛剌国王在遭遇邻国入侵时前来寻求帮助，而郑和七下西洋也得到了榜葛剌国的巨大帮助。郑和宝船体积大、吃水深，无法沿沙洲众多的恒河口长驱直入榜葛剌国腹地，须泊于今孟加拉国吉大港。经榜葛剌国应允，明朝得以在吉大港设立官厂，使之成为郑和船队的基地。对于榜葛剌国数代苏丹长期保持与明王朝的良好互动关系，蔼牙思丁与赛佛丁父子的贡献堪称巨大。

（刘 建）

Saike Si

赛柯寺 gsar khog dgon 中国藏传佛教格鲁派重要寺院。与郭隆寺、却藏寺、夏琼寺并称青海湟北四大寺。全称噶丹旦曲林寺，简称赛柯寺，又名赞普寺、郭芒寺、广惠寺等。位于今青海大通县境内。

1650年，赞普·顿珠嘉措（1613～1665）辞去**郭隆寺**法台（住持），在赛钦洪台吉和额尔德尼戴青的资助下，在赛柯建造该寺。赞普·顿珠嘉措自任寺院法台，专门传授**哲蚌寺**郭芒扎仓教程。

赞普·顿珠嘉措去世后，由一世敏珠尔活佛·赤列伦珠（1622～1699）继任法台，并建立显宗学院。该学院注重寺院教育和寺僧戒律。

1724年，清朝年羹尧部队摧毁该寺，僧众四处逃散。1729年，清廷向二世敏珠尔活佛赐大量金银，命他重建该寺。同时，雍正皇帝赐寺额广惠寺，赛柯寺又重现昔日辉煌。

赛柯寺学僧遵循哲蚌寺郭芒扎仓教程，修学显宗五部大论，同时提倡学僧广泛研习印度古老的十明学。该寺学僧还在科学领域多有造诣，尤其在弘传和研究印度古医学方面具有特长，并形成印藏医药学科。

（尕藏加）

San Baiyong

《三百咏》 *Śatakatraya* 印度古代梵语诗集。同类短诗集的代表作。问世于公元纪年初期。作者伐致呵利系梵语古典文学时期著名诗人。很可能是一位怀才不遇的婆罗门文士，而且可能在爱情方面受过挫折。生平不详，对其身份主要有三说：活动于公元1世纪的优禅尼国；同时著有《薄迦论》等声明著作的六七世纪文法家；虔诚信奉佛教的出家人。中国梵文学者**金克木**认为这三种有关诗人身份的说法不过是传说，不足采信。

义净在《**南海寄归内法传**》第34节中提及一位同样名为伐致呵利的佛教徒作家，说他“响震五天，德流八极”，说《薄迦论》“穷天地之奥妙，极人理之精华”。金克木认为这位文法家和哲学家与诗人伐致呵利虽然同名，实非一人。因此，诗人伐致呵利不是六七世纪

赛柯寺外景

人。美国哈佛大学教授D.英戈尔斯则认为诗人和文法哲学家同一不二，约活动于5世纪。无论如何，伐致呵利是梵语古典文学时期之初一位最为引人注目的诗人。从作品的流传与被引用的情况看，他很可能生活在公元纪年初期。20世纪90年代以来，大多数学者认为，梵语语言哲学著作《薄迦论》与《三百咏》产生于同一时期，诗人伐致呵利可能是它们的共同作者。

《三百咏》包括三个"百咏"：《世道百咏》、《艳情百咏》与《离欲百咏》。抒发了诗人对社会、爱情和出世的种种情怀，表现了对社会上层的讥刺和对个人悲苦际遇的不平。在感慨世态炎凉的同时，也颂扬了贫士不肯摧眉折腰事权贵的铮铮傲骨。《世道百咏》和《离欲百咏》所收诗歌为格言诗，富于教诲及哲理意义。篇幅短小，语言朴素，感情真挚。在印度长期广泛流传。1803年首次正式刊印前，各种抄本数以千计，由此可见诗集广受喜爱，影响深远。1948年，印度数学家兼历史学家D.D.高善必（1907～1966）在孟买出版经其整理的精校本，收入诗歌852首。不过，他认为其中出于伐致呵利手笔的原著仅200首，其余诗歌作者身份存疑。

1947年，金克木从《三百咏》中选译69首诗歌，并撰写介绍性文字。1948年，他的译文和前言发表在商务印书馆出版的《文学杂志》第2卷第6期上。20世纪50年代前期，高善必访华，与金克木相见。嗣后，高善必将其精校本及1957年校勘本寄赠金克木。1964年，金克木在所著《梵语文学史》中设专节详尽介绍并评价了《三百咏》。1982年1月，金克木所译"印度文学丛书"之一《伐致呵利三百咏》由人民文学出版社出版，收入高善必所确认的伐致呵利原著200首，另将8首疑似伐致呵利所写诗作收于附录之中。汉译本前冠以译者于1980年10月撰写的一篇研究性前言。

由于身处社会下层，伐致呵利与依附权贵的一般诗人不同。他不但能看清封建统治者的两面嘴脸，而且敢于撕下他们的伪善面具。诗集第59首写道："又真诚，又虚假；又严厉，又甜言蜜语；/又残忍，又仁慈；又贪婪，又慷慨大方；/不断花费，又有钱财不断滚滚来；/帝王行为像妓女，有不止一种形象。"（金克木译文）不过，他也看到，帝王的荣华富贵绝不会长久。诗集第7首写道："辉煌大厦，娇媚少女，华盖耀眼明，荣华富贵，恍如铸就，善业无穷尽；一朝破灭，宛如珠串，寻乐故相争，霎时线断，纷纷四散，转眼无踪影。"（金克木译文）诗中表达的对盛衰无常的看法，与《红楼梦》中"陋室空堂，当年笏满床；衰草枯杨，曾为歌舞场"有异曲同工之妙，只是着眼点有所不同。

黄宝生在季羡林主编的《印度古代文学史》（1991）第三编中对伐致呵利及《三百咏》有所论述。作为"世界文明大系"丛书之一的《印度文明》（2004）也评介了这部诗集。

（刘建）

sanbao

三宝 tri-ratna 佛教的核心概念之一。即佛宝、法宝、僧宝。又称三尊，为佛教之根本。

"宝"谓此三者犹如世间难得之珍宝，是希有、庄严、最胜、具不可思议威德之义。佛宝是指圆满觉悟的佛陀，法宝是指佛所宣说的教法，僧宝是指出家修道的比丘众。三宝为一切佛教徒所尊重供养，成为佛教徒就是皈依三宝，依止三宝而行持，所以佛教徒又称"三宝弟子"。

（范晶晶）

san changzhaiyue

三长斋月 佛教把农历正、五、九月说成是三长月，又称三长斋月、神足月、神变月、神通月，这三个月中要持长斋。

道世《法苑珠林》卷八八引《提谓经》说，在这3个月中，天神将勘察下界帝王百姓及各种生灵的善恶行为，然后汇总到四大天王处，再由天神、阎罗反复考核，准确无误地定下每个人的福罪寿限。所以要在这3个月中吃斋修行，以灭罪增福。据《不空罥索神变真言经》，修行神变成就，要在正、五、九3个月中进行。宋人洪迈《容斋随笔》卷十六《长三月》说："释氏以正五九月为三长月，故奉佛者皆茹素。其说云，天帝释以大宝镜轮照四天下，寅午戌月，正临南赡部洲，故当素食以徼福。官司谓之'断月'，……俗谓之'恶月'，士大夫赴官者辄避之。"吴曾《能改斋漫录》卷一《正五九月不上任》与此相印证："本朝士大夫相传，正月、五月、九月不上任……其后见唐苹《唐书音训》，其注《高祖记》，正五九三月不行死刑，引释氏《智度论》曰：'天帝释以大宝镜照四大神洲，每月一移，察人善恶，正月五月九月，照南赡部洲。故以此月省刑修善。'予以是知正五九所以不上任者，政以此耳。又士大夫初到官，必施刑责。今之州郡，所以为供给者，此三月不支羊肉钱，盖沿唐故事。"可知，受佛教影响，唐代初期官府民间都在三五九月讲究素食，奉佛者尤甚；士大夫在此期间不上任，是为了省刑修善。后世虽渐无三长月不上任之说，但佛教界仍遵行持长斋。

（薛克翘）

sande

三德 tri-guṇa 印度古代哲学中数论派的概念。数论派认为，世间事物或人生现象是由两个实体结合后产生的。一个是物质性的实体"自性"，另一个是精神性的实体"神我"。当神我接近自性并对其发生影响时，自性就开始转变出事物。自性和其转变出的事物内部都是由三种性质或成分构成的。这三种性质或成分被称为"三德"。它们是："萨埵"（意译为"喜"），它具有喜的本质和照明作用；"罗阇"（意译为"忧"），它具有忧的本质和冲动作用；"多磨"（意译为"暗"），它具有迷暗的本质和抑制作用。这三德之间是处在相互抑制、相互依存、相互产生、相互作用等诸种状态的变化之中。数论派认为，在世界的各种物体中，有不同构成的三德，或者是这种德起支配作用，或者是那种德起支配作用。当自性中三德平衡时，事物处于不显现状态，但当这种平衡丧失后，自性就开始转变出世间的各种现象。而三德平衡状态的丧失，与神我对自性的作用（观照）直接相关。三德仅存在于自性和其转变物中。神我中不具有三德。数论派的这种"三德"理论，用事物内部的不同成分之间的对立和相互作用来解释事物的产生和发展。这在古代印度是一种很有特色、有价值的思想。这种思想也随数论派的其他思想一起传入中国，受到中国古代思想界和现代学术界的重视。论及三德的数论派文献《**数论颂**》在古代收入**真谛**法师译出的《**金七十论**》中，在当代中国又被译成现代汉文本，姚卫群翻译，收入《古印度六派哲学经典》(商务印书馆，2003）一书。

（姚卫群）

san guiyi

三皈依 tri-śaraṇa-gamana 佛教术语。即皈依佛、法、僧**三宝**。

皈依就是以三宝为皈依处，即庇护所之意。皈依佛是指终其身命唯以正觉佛陀为依止，而不以外道教主为导师。皈依法是指终其身命唯依佛法三藏十二部修学，而不遵循外道典籍。皈依僧是指终其身命供养如法修行的佛教僧团，以之为榜样和助伴来实践佛法，而不依靠外道团体。三皈依是成为佛教徒的根本准则。

（范晶晶）

Sanjiao Tongsheng

《三教同声》 *Three Religions in Unison* 中国宗教音乐琴谱。明万历二十年(1592)文人张德新辑录。因同时包括儒、道、佛三教宗教音乐乐曲，故名。共收4曲，均按一字一音原则填配歌词。其中《释谈章》(见《**普庵咒**》) 为首次刊传的佛教乐曲；《孔圣经》和《明德引》为儒教乐曲，《清净经》为道教乐曲。

儒家和道家的音乐思想是中国古代音乐美学的两大派别。儒家将音乐列为“六艺”之一，认为音乐与人心政教相通，注重其教化功能。儒家音乐又称

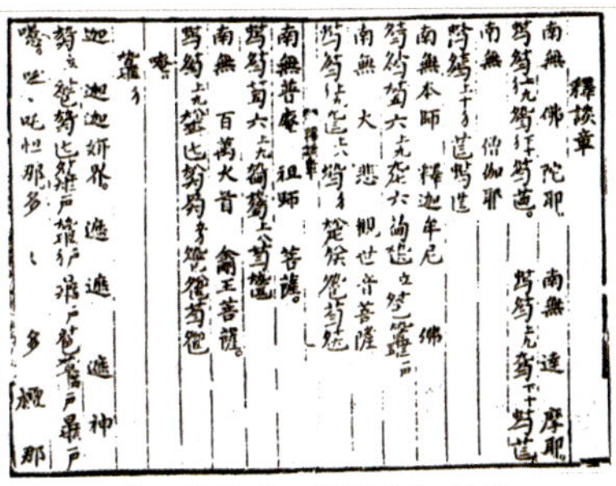

《三教同声·释谈章》书影

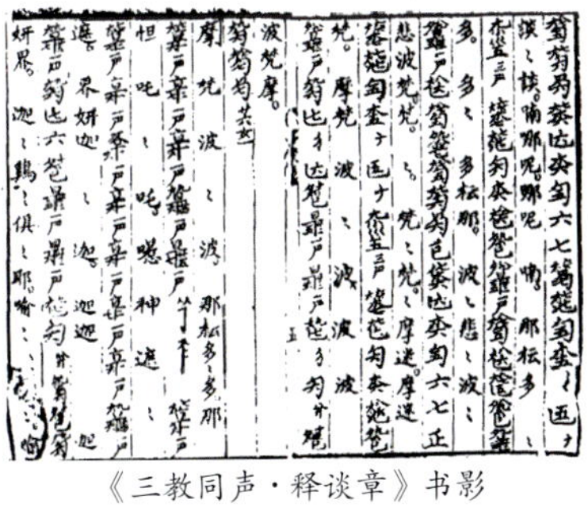

《三教同声·释谈章》书影

儒教音乐，历来受到统治者和文人的推崇。儒乐内容常引儒家经典词句，朱熹《仪礼经传通解》中的宋代曲谱集《风雅十二诗谱》，以及元代熊朋来和明朝朱载堉编著的《瑟谱》即属此类，《三教同声》的两首儒乐作品同样如此。《明德引》、《孔圣经》的歌词均出自儒家经典《大学》。

儒家音乐学说肯定音乐与现实人生的联系，代表了中国古代音乐的现实主义传统。不过，过分强调音乐的实用性，音乐的艺术性就会受到束缚。儒家音乐重教化，道家音乐偏自然。道家音乐体现道法自然、清净真常等思想，重视音乐澄澈心神的修身养性功用，“大音希声”、“有无相生”为其审美追求。《清净经》是道教徒的一部重要经典，内容主要演绎老子“清静无为”的理论。

明太祖朱元璋曾入寺为僧，称帝后提出三教并用，以佛、道“暗助王纲”的主张。佛教名僧道衍（姚广孝）曾助**明成祖朱棣**夺取帝位，朱棣即位后命其撰写《为善阴骘》一书，以“阴骘”观念融合儒、佛、道，教化民众行善积德。明代儒家士人学子中间，也普遍存在倡行儒、佛、道三教融会的风气。著名文人宋濂、王阳明、李贽、袁宗道、钟惺、李元阳、林兆恩等人的学说均与佛教有颇深渊源。儒家文人交好佛道人士，也得到了二教人士的积极回应。至明晚期，佛僧读儒经已成风气，僧徒、方士的生活方式也颇世俗化。在民间，**孔子**、**释迦牟尼**、**老子**并祀于一堂现象最晚在元代已经存在，至明代则达到普及程度。林兆恩创立“三一教”，将儒、佛、道合而为一。明代初以儒教立国，后三教合流成大势所趋，从官方到民间，对佛、道的各种限制、批驳或禁令，往往徒具形式。明代中后期，三教合一思潮在各文化层面均留下烙印。时人郑邦福为《三教同声》所作序文称：“新安张宾桐氏，素精琴理……夫宾桐氏欲联三教以同声，何其所志之弘也。”张德新的“弘志”正迎合了明代“三教合一”、“三教一理”或“三教同源”等社会诉求。

（张绍斌）

Sanjiejiao

三阶教 中国佛教宗派。见**中国佛教**。

Sanlun Xuanyi

《三论玄义》 中国佛教典籍。隋代吉藏居于慧日道场时，奉杨广之命所撰写。主要内容为论述《中论》、《百论》、《十二门论》之“三论”大义，凡1卷（或作2卷)，收于《大正藏》第1852号。因非逐段逐句注释，而是从整体上对三论大义作论释，故称“玄义”。据日本证禅撰《三论玄义检幽集》引“或本云：大隋仁寿二年四月奉令撰”，可知该书成于隋仁寿二年（602)。

在论述三论大义的同时，《三论玄义》还通过批判外道以及佛教内部的毗昙师、成实师、摄论师的观点，确立三论开显中道实相的究竟地位。全书结构严密，层次清楚，分为通序大归和别释众品两大部分。

第一部分通序大归，宣明三论要义，“论虽有三，义唯二辙，一曰显正，二曰破邪。破邪则下拯沉沦，显正则上弘大法。故振领提纲，理唯斯二也”。

破邪下分四项，所谓“三论所斥，略辨四宗，一摧外道，二折毗昙，三排成实，四呵大执”。具体而言：①摧外道，破斥印度异执与震旦众师。大竺异

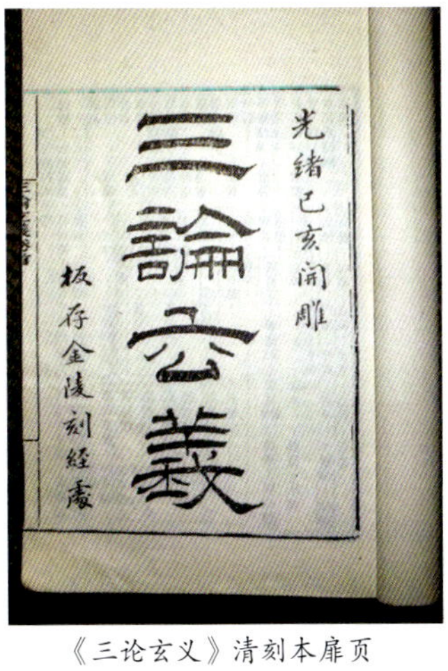

《三论玄义》清刻本扉页

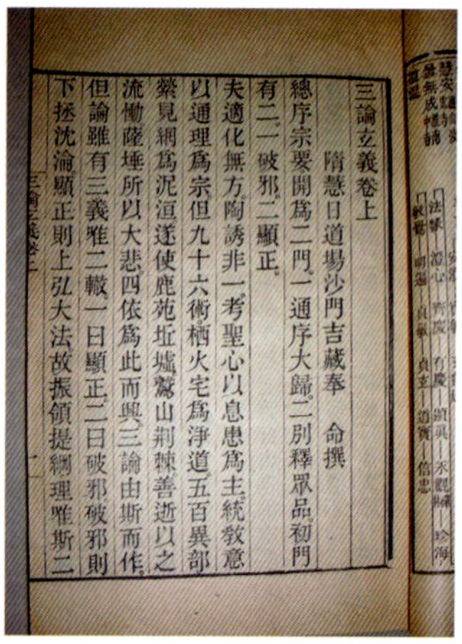
三論玄義卷上
隋慧日道場沙門吉藏奉　命撰
總序宗要開爲二門一通序大歸二別釋眾品初門
有二一破邪二顯正
夫適化無方陶誘非一考聖心以息患爲主統教意
以通理爲宗但九十六術栖火宅爲淨道五百異部
縈見網爲泥洹遂使鹿苑坵墟鷲山荆棘善逝以之
流慟薩埵所以大悲四依爲此而興三論由斯而作
但論雖有三義唯二轍一曰顯正二曰破邪破邪則
下拯沈淪顯正則上弘大法故振領提綱理唯斯二

《三论玄义》清刻本书影

执包括邪因邪果、无因有果、有因无果、无因无果四执，称天竺四术，震旦众师主要包括《老子》、《庄子》、《周易》，称震旦三玄。②折毗昙，下分立宗与破斥，破斥下分十门破斥小乘毗昙执法有性：一乖至道、二扶众见、三违大教、四守小筌、五迷自宗、六无本信、七有偏执、八非学本、九弊真言、十丧圆旨。③排成实，下分立义与破斥，破斥下以十义证《成实论》是小乘而非大乘：一旧序证、二依论征、三无大文、四有条例、五迷本宗、六分大小、七格优降、八无相即、九伤解行、十检世人。④呵大执，破斥大乘之常见、空见、断见、有见等邪见、有所得见，还破斥了南北朝慧观提出的五时判教说，立“二藏三法轮”判教说。

显正，“序前四宗，斥于三论，故通其邪难，显明正理”。先破斥认为**龙树**及其论著是邪之说，立人正、法正二义。人正是指龙树受诸经悬记，建立正法；法正是指三论得究竟无余之说，能导人晓迷回正。次令禀学之徒因而得悟，故开体正、用正二义。体正是说诸法实相无所得理，非真非俗，绝诸偏邪；用正是说为令众生契无所得之理体，于无名相中强设名相，以真俗二谛开显。

第二部分别释众品，对佛教经论宗旨、阐释的教旨智慧、造论的目的、三论的侧重点和旨归、立题等方面进行说明和论证，具体分为13项：明经论相资、明经论能所绞络、别明造论缘起、明诸部通别义、明众论立名不同门、明众论旨归门、明四论破申不同门、别释三论、论三论通别门、明四论用假不同门、明四论对缘不同门、明三论所破之缘有利钝不同门、别释《中论》名题门。其中，吉藏就许多问题展开讨论，如将经论划为通别，两者相辅相成。

《三论玄义》所参引的资料丰富，涉及面广，是三论宗的重要著作，也是研究中国佛教史的重要资料。此外，吉藏还专就三论各作注疏，就其中文句及其义理详加注释。目前汉地尚无该论注疏，然据《大正新修大藏经勘同目录》载，日本有25家注疏，研究颇甚。

（杨祖荣）

Sanlunzong

三论宗　Sanlun sect　中国佛教宗派。见**中国佛教**。

sanmei

三昧　samādhi　印度古代宗教术语。音译为三摩地、三摩提、三摩帝等；意译为等持、定等。主要指心专注一处而不散乱的安定精神状态。这种状态要通过人的瑜伽修习努力才能达到。在印度远古时期的瑜伽或禅定中就已出现。**奥义书**中对三昧就有提及，如《**歌者奥义书**》7，6，1–2中就曾论及进入三昧状态前的“**静虑**”。《**慈氏奥义书**》6，18把瑜伽修行的状态分为六种，其中最后的状态就是三昧。后来印度历史上流行的许多派别在自己体系中纳入瑜伽修行时均论及了三昧。

婆罗门教中的重要经典《**瑜伽经**》把在公元前2世纪之前古印度广为流传的瑜伽修行方法和思想进行了归纳，创立了系统的理论体系，促成了**瑜伽派**的形成。《瑜伽经》所追求的理想精神境界就是三昧状态。此经把三昧状态区分为若干种。

《瑜伽经》中首先把三昧作了两种区分：一种是“有想三昧”，另一种是“无想三昧”。有想三昧是还带有一定思虑情感的状态，这种三昧虽然也是一种入定的状态，但还伴随着人的想象等自我意识。无想三昧则摆脱了各种杂念，不存在现行的心作用，仅保留作为潜在能力的心作用。这是一种较高程度的三昧状态。

《瑜伽经》中还把三昧分为“有种三昧”和“无种三昧”。有种三昧是一种对心作用的抑制状态，但抑制得不是很彻底。在这种三昧中，修行者虽然逐步排除了当时的杂念或印象，然而还没有彻底消除过去行为所产生的残存潜势力（种子）。无种三昧则达到了把有种三昧中残存的潜势力也消除掉或加以完全抑制的状态。

三昧状态有时被称为“等至”，并作了种种分类。在《瑜伽经》中提到的等至有四种：有寻等至（修行者还掺杂着主观的言语、概念等的状态）、无寻等至（修行者的主观记忆印象被排除的状态）、有伺等至（以细微之物为禅定对象，处在接近事物实相的状态中）、无伺等至（也以细微之物为禅定对象，处在更加接近事物实相的状态中）。这四种等至尽管逐步对心作用进行了抑制，但都还没有达到瑜伽派所要求的最高境界。它们都属于“有种三昧”，还遗留着过去行为所产生的残存潜势力。只有把这种潜势力也消除或加以抑制了，才能根绝**轮回**的种子，达到所谓“无种三昧”状态。

《瑜伽经》认为，要达到修行的最高目的，就必须修此派的“**八支行法**”。八支行法的第八个阶段就是“三昧”。通过修“八支行法”和体悟此派关于世界和人生本质的真理，瑜伽行者能达到最高的三昧境界。这一境界《瑜伽经》有时称之为“法云三昧”，它实际上也就是“无种三昧”的状态。在这种三昧中，人的行为产生的种子之力量被摧毁，轮回不再持续，修行者达到**解脱**。

佛教的修行理论中也涉及了“三昧”。佛教产生时论及的“正定”就包含这方面的内容。在佛教看来，“正定”是佛弟子在学习佛教基本教理，追求解脱过程中的一种必须有的精神形态，修行者要“摄止”自己的心作用，要“不乱不散”。而“摄止”及“不乱不散”实际就是抑制心作用的三昧状态。

另外，早期佛教有所谓“四禅八定”之说。大乘佛教的文献中则有成百上千种三昧的名称。《**大智度论**》卷第十三中说：“何等为三昧？善心一处住不动，是名三昧。”该经卷第九中说：“有人言：一切三昧法有二十三种；有言六十五种；有言五百种；摩诃衍最大故无量三昧。”这里讲的“善心一处住不动”与《瑜伽经》中说的“心注一处”是类似的。佛教对三昧的分类比《瑜伽经》要多，但是基本内容都是对心作用的抑制。

三昧的概念在古代也传入中国，对中国宗教中的修行理论和实践有影响。汉代以后翻译的许多涉及早期佛教的佛典，如阿含类经等，以及大乘的般若中观类佛典中都论及了三昧。中国早期的禅宗也论及了三昧方面的概念。讲述三昧较多的《瑜伽经》在现代由姚卫群译成汉文，收入《古印度六派哲学经典》（商务印书馆，2003）一书。

（姚卫群）

Sanmoyexili

三磨耶悉利 Samayaśrī（约活动于12世纪前半叶） 印度来华僧人。据《补续高僧传》卷一《吽哈罗悉利传》，三磨悉利原为摩揭陀人。金代初年（约1127年）随其兄吽哈罗悉利来到中国，先到五台山礼拜文殊菩萨，又到山东灵岩寺礼拜观音菩萨。其兄在济南建文殊真容寺，以三磨也悉利为寺住持。

（薛克翘）

Sansha Danao Baolaiwu

《三傻大闹宝莱坞》 *3 Idiots* 印度印地语电影。2008年7月开始拍摄，2009年在印度国内上映。改编自印度作家C.帕格特的小说《五分生》，由印度导演R.希拉尼执导，M.阿米尔·汗、K.卡普尔等主演。该片主要讲述了3个印度大学生兰彻、法尔汗、拉朱的故事。3人同入印度帝国理工学院学习，并结为好友。在理工学院，成绩是检测一个人优秀与否的唯一标准，而天资过人的兰彻却不以为然。他鼓励两位好友打破陈规，勇于追求梦想。就在两人顺利完成学业并找到工作之际，兰彻却不辞而别。5年后，法尔汗和拉朱远赴西姆拉寻找挚友，此时的兰彻已成为拥有400多项专利的发明家。电影通过对3位好友之间经历的描述，反映了印度社会中存在的各种问题，尤其批判了印度的教育制度。该片上映后，接连刷新了宝莱坞电影上映首日、首周和全球票房纪录，全球总票房达47亿卢比（约合7亿人民币）。在2010年国际印度电影大奖评选中获包括“最佳电影”在内的16个奖项。

2010年12月，《三傻大闹宝莱坞》在中国台湾地区上映，映期长达6个月又28天，是台湾电影史上映期第二长的电影。2011年9月，在中国香港地区上映，成为首部在香港上映的印度电影。2011年12月，由中国电影股份有限公司译制发行，文章、汤唯、黄渤等演员担任配音，在中国大陆上映，得到观众和媒体的广泛好评，再次激起了中国人对印度宝莱坞电影的关注，成为中国大陆首部票房过千万的印度电影，也是中国电影史上放映时间最长的贺岁影片。

（李宝龙）

《三傻大闹宝莱坞》剧照

Sanshisantian

三十三天 Trayastriṃśaddeva 印度神话中以天帝释为首的三十三位天神。音译忉利天。

《从三十三天降凡》石雕 1～2世纪 现藏英国伦敦维多利亚与艾伯特博物馆

据佛教典籍，三十三天居于须弥山顶，其天宫四面各为八万由旬，山顶四角各有一峰，高五百由旬，中央的宫殿名为善见城，是天帝释的居所，城外有四苑，是诸天游乐之处。城西南有善法堂，诸天群聚于此评论法理。四面各有八城，合计三十三城，故名三十三天。据《正法念处经》，释迦牟尼佛的母亲摩耶夫人命终后往生此处，佛曾到此处为母说法三个月。三十三天人寿一千岁，据说是修行中“中品”的生处。

（范晶晶）

San Shi Dalailama Suonanjiacuo

三世达赖喇嘛·索南嘉措 bson nams rgya mtsho（1543～1588） 中国藏传佛教格鲁派著名高僧活佛。前藏堆隆地（今西藏拉萨市堆龙德庆县）人。4

岁时被认定为二世达赖剌嘛·根敦嘉措的转世灵童，迎往哲蚌寺，接受高规格、严要求的寺院教育。7岁受沙弥戒。10岁继任哲蚌寺法台（住持）。11岁主持拉萨祈愿大法会。16岁出任色拉寺法台。22岁受比丘戒。之后，云游前后藏佛教圣地，并在扎什伦布寺、纳塘寺、萨迦寺等大僧院讲经传法，声望日隆。返回哲蚌寺后，修缮自己的府第，更名噶丹颇章宫。

藏历第十绕迥铁龙年（1580），三世达赖喇嘛·索南嘉措至理塘、巴塘和芒康等地传法，兴建理塘寺（又名长青春科尔寺，位于今四川甘孜州理塘县）。翌年，至昌都强巴林寺讲经。藏历第十绕迥水羊年（1583），至西宁，倡建塔尔寺弥勒殿和讲经院。藏历第十绕迥木鸡年（1585），亲赴蒙古地区，弘宣佛法，利乐众生。藏历第十绕迥火猪年（1587），在蒙古各部继续讲经传法，盟长皆带头皈依格鲁派。翌年，在蒙古喀喇沁部牧场（喀尔敖图漠地方）圆寂，遗体在当地火化后，舍利分别在蒙藏地区建塔纪念。哲蚌寺作为其驻锡地，在寺内造银质灵塔供奉。

（尕藏加）

San Shi Gamaba Rangqiongduojie

三世噶玛巴·让琼多杰 rang byung rdo rje（1284～1339） 中国藏传佛教转世活佛，噶玛噶举派黑帽系三世噶玛巴活佛。出生于西藏后藏贡塘札普龙雪地方。

父亲名阿强却贝，是一位宁玛派居士，母亲叫觉姆央珍。5岁时，被认定为噶玛拔希的转世灵童，遂迎请到楚普寺教育培养。7岁时受沙弥戒，正式出家，取法名让琼多杰。18岁时在奈丹宣努琼瓦堪布和根敦仁钦羯摩师等高僧座前受比丘戒，领受佛教全部戒律，并师从数名高僧系统修学显密教法。曾在桑浦寺下学院研习中观、《慈氏五论》、《集论》、《俱舍论》、《瑜伽师地论》和因明等显宗教理，后又专门修学时论密法、医学等。他饱学并精通佛教显密宗教法后，开始云游，参学兼弘扬噶玛噶举派的教法仪轨。

1331年，元文宗邀请让琼多杰进京传法。1332年10月抵达京城时，文宗已去世，于是向新皇帝宁宗及其随从大臣等众多人士灌顶讲法。不久宁宗去世，让琼多杰又向继位的顺帝、皇后及大臣们授予密宗灌顶，并向他们宣讲佛经。1234年，顺帝赐让琼多杰"遍通诸法性空噶玛巴"之诏书、国师之印和金册等，对其弟子喇嘛当增桑布和蔡·格炯钦布二人授予"司徒"封号。之后，让琼多杰一行途经五台山等地返回西藏楚普寺。

1336年，让琼多杰奉诏进京，元顺帝在大都亲自迎接。让琼多杰向皇帝专门举行长寿法事，并向大臣们传授佛法。同时，他在京郊兴建一座噶玛噶举派寺院。1339年，让琼多杰突然逝世，遗体火化后运回西藏楚普寺，造灵塔供奉。

让琼多杰撰有《历算学》、《佛本生百传》和《揭示甚深内义本释》等著作。其中，《揭示甚深内义本释》是结合宁玛派的大圆满法和噶举派的大手印法撰写的名著，流布范围很广。

（尕藏加）

San Shi Zhangjiahuofo Ruobeiduojie

三世章嘉活佛·若贝多杰 lcang skya rol pavi rdo rje（1717～1786） 中国藏传佛教格鲁派高僧，清代四大活佛之一。出身于凉州（今甘肃武威）西莲花寺附近一普通牧民家中。1720年，认定为二世章嘉活佛的转世灵童，被迎至青海郭隆寺（佑宁寺）坐床，成为三世章嘉活佛。

1734年，清雍正皇帝按旧例正式册封三世章嘉活佛·若贝多杰为灌顶普善广慈大国师，赐金册、金印等。是年，三世章嘉活佛奉命与果亲王允礼一起前往康区泰宁慧远寺，看望七世达赖喇嘛·格桑嘉措。翌年，偕同副都统福寿护送达赖喇嘛返回拉萨，稳定了西藏政局，完成清王朝一次重大政教使命。三世章嘉活佛借进藏机缘，赴后藏扎什伦布寺，师从五世班禅额尔德尼·洛桑益西受比丘戒，广泛结交前后藏上层僧俗人物。

1736年，三世章嘉活佛返京，朝见新继位的乾隆皇帝，禀报西藏政教事务。乾隆皇帝立即命他掌管京师寺院和喇嘛，赏赐札萨克达喇嘛印一枚，成为京城掌印喇嘛。1743年，赐御用金龙黄伞。1751年，又赐振兴黄教大慈大国师之印。1786年，钦定驻京喇嘛的班次时，以他为左翼头班。

三世章嘉活佛撰有《章嘉宗义学》等许多著作。他精通梵文、藏文、蒙古文、满文、汉文等语言文字，主持翻译蒙古文和满文大藏经外，并编纂了不少大型工具书，如《蒙藏双解正字法》、《五体清文鉴》等。这些工具书对当时的翻译工作起到指导和借鉴作用，对后来中印佛教文化交流也产生了积极影响。

（尕藏加）

Sanxian Dong Bihua

三仙洞壁画 Mural Paintings in Sanxiandong Caves 中国新疆喀什三仙洞中的壁画。在喀什市以北10千米、阿图什市以西20千米的恰克玛克河南岸20余米高的河岸峭壁中上部，开凿有联排三窟佛教石窟，乡民称之为三仙洞。三仙洞地理上属于古疏勒地区，是新疆最靠西的石窟。古疏勒地处丝绸之路南北两道交汇处，三仙洞处于丝绸之路北道，对于研究西域佛教的历史和古代石窟艺术具有一定价值。

关于三仙洞开凿的年代，主要有两种说法。《后汉书·西域传》记载，2世纪初期，古疏勒国王臣盘从印度贵霜王朝引进佛教，广修寺庙殿宇、开凿石窟寺。一般观点据此认为三仙洞应是臣盘

三仙洞外观

或其后统治该地区的政权所开凿，是新疆地区的早期佛教洞窟，洞窟和第一层壁画的年代应是3世纪的东汉末到三国时期。不过，石窟考古界专家、北京大学考古文博学院马世长于1985年在《三仙洞年代别议》一文中提出，不应将三仙洞及其壁画视为新疆地区早期佛教遗迹，其开凿时代“上限不能早于六世纪，其下限可能是唐王朝控制西域，安西都护府统领四镇时期，即七世纪至八世纪中叶”。

三仙洞三窟联排，洞口方形，面向北方，高约2米，宽约1.5米，中窟稍大。三窟均有前后二室，前室大，后室小，前室长宽各约4米，高约2.5米，后室约为前室之半。三窟前室窟顶略隆起呈低纵券形，后室窟门为拱券形，后室窟顶是横券形。三窟的前室有窄洞连通，应为后人穿凿。中窟原有壁画，因人为覆盖，已难以辨识。中窟后室正壁之下佛座上有一座1.2米高禅坐佛像石胎残部，佛像后壁二立像为清代重绘。西窟未见壁画和造像遗迹。东窟已不见造像，仅在后室留有一佛像基座。东窟前室四壁和顶部藻井尚存数十幅残损的佛教壁画，藻井壁画保存较好，侧壁多为大小不等的坐佛，损毁较严重。东窟前室的藻井壁画，中央为一蓝灰底色的方块，内有一艳红圆环，应为一四方莲池。莲池四角外围各有一个圆弧，四圆弧相互连接，状若花瓣。四个花瓣弧顶，各有立佛像一尊，着右袒袈裟，左臂下垂，右手横于上腹，赤足立于圆形莲座之上，头顶集向莲池。由莲池四角经圆弧顶分别有几条曲线与立佛头顶虚引。与四立佛像相间，是四尊禅定于圆形莲座之上的坐佛像，着通肩袈裟，头顶也集向莲池；此八尊佛像头顶和周身均绘有圆光和身光。八佛像空隙之间，还有若干小坐像。在西侧坐佛两侧，还各有一坐僧像，身着红蓝绿三色方块相间的袈裟，两肩绘有光焰。其一坐僧像后饰有树木枝叶，似林中修行僧人。马世长认为，此藻井中的莲池和八佛像蕴含着明显的方位设计，其内容应是大乘佛教题材中的十方诸佛里的八方佛（省略了上方佛和下方佛）。东窟后室，壁画图案造型独特，形象生动，券顶一侧、窟门上方、右侧壁各有一组两弟子伴一坐佛的壁画，坐佛的莲座有一种与龟兹地区习见的方座和半圆形莲座不同的“仰复莲座”。此种莲座始见于北朝晚期石窟中，在中原地区比较流行，在新疆，仅在**克孜尔石窟**中晚期作品（不早于6世纪）中可见两例。马世长认为，东窟壁画的题材和表现手法与新疆地区的早期石窟壁画差异较大，而与龟兹石窟群中库木图喇石窟群第68～72窟以及敦煌地区6世纪晚期以后的石窟壁画风格比较接近；同时，中窟后室以石为胎、外表泥塑的石胎残像在制作工艺上也与新疆境内普遍使用的木骨泥塑的造像方法不同，在新疆地区，这种石胎泥塑佛像也仅有库木图喇石窟群第70窟和第71窟两例。唐贞观年间，安西都护府在龟兹、焉耆、于阗、疏勒四城建置军镇，简称安西四镇，四镇都有汉僧汉寺，并受安西僧官统辖。8世纪初新罗国（位于今朝鲜半岛）僧人慧超曾经由疏勒游历印度，在其《往五天竺国传》中有安西大云寺、龙兴寺等汉寺及汉僧住持的记载。库木图喇石窟群第68～72窟即是唐安西都护府时期开凿的汉风洞窟，年代在8世纪末至9世纪初。马世长还通过对壁画的人物形象、僧鞋、绘画色彩、装饰图形等进行全面分析，得出如是结论：在主要流传小乘佛教的古疏勒地区，三仙洞里的壁画和造像却秉承了汉地大乘佛教艺术的风格，“很有可能是在公元6～8世纪之间，由来自汉族地区的僧人开凿制作的”。 549

除了开凿时留下的壁画和造像，三仙洞内还有一些近代遗迹，包括重绘壁画和游人题记。后人题记主要是清代三仙洞被重新发现以来所留，汉文题记以清人所留居多。英国A.斯坦因、法国P.伯希和、德国A.von勒柯克、日本橘瑞超等也留下了题记。洞中不少精美壁画和佛像被这些国外探险者取走。

（张绍斌　刘建）

三仙洞壁画（局部）

Sanxian Dong Foxiang Diaosu

三仙洞佛像雕塑　Buddhist Sculpture in Sanxiandong Caves　中国新疆喀什三仙洞中的佛像雕塑。见**三仙洞壁画**。

（张绍斌）

sanye

三业　trīṇi-karmāṇi　印度古代宗教概念。人或有情的行为被认为会产生一种力量，称为“业”。业从表现形态上看可以分为三种，包括身业、口业和意业。

身业指身体的行为产生的业力，口业指言语的行为产生的业力，意业指思想的行为产生的业力。

（姚卫群）

Sanzang Fashi

三藏法师 佛教中对精通经、律、论三藏经典的法师的尊称。又称三藏比丘，或简称三藏。

唐代最有名的三藏法师是玄奘，故而“唐三藏”一般特指玄奘。实际上，唐代有名的高僧还有不空金刚、金刚智、善无畏、义净等人，都被尊称为三藏法师。在宋代，著名的佛经翻译家施护、法天等被称为译经三藏。

（范晶晶）

Sanruoyi Piluolizi

散若夷·毗罗梨子 Sañjaya Belaṭṭhiputta（约活动于前6世纪） 印度古代沙门思潮中的人物，六师之一。亦译珊阇耶·毗罗胝子、删阇耶·毗罗瑟智、散若夷·毗罗利沸、散若耶·毗罗梨子等。相关文献中对他的生平情况记述十分简略。相传释迦牟尼的两大弟子舍利弗和目犍连原为他的弟子。这两人与原属他的许多信徒一起改信了佛教。在理论上，他反对当时思想界居于主导地位的婆罗门教的主要宗教哲学观念，对社会中通行的一些认识或判断的完全正确性表示怀疑。在被问到许多宗教或哲学方面的重要问题时，他往往不做出明确的答复，或答非所问，以表明对这些问题不可能进行非此即彼或清晰的判断。关于散若夷·毗罗梨子的主张，在巴利文材料和汉文材料中都有记述。他的不少主张与佛教有接近之处，但也有差别。其思想随佛教文献一起传入中国，在古代中国思想界受到一定的关注。姚卫群在《薪火集》(北京大学出版社，2004）一书中发表了论文“佛教阿含类经中记述的‘六师’思想”，论述了散若夷·毗罗梨子等外道人物的思想。

（姚卫群）

Sangjilashi

桑吉剌失 （约活动于十三四世纪） 中国元朝派往南印度的使节。据《元史》卷一六记载，于至元二十七年（1290）被派往南印度朱罗国探访方术之士，以采买药材。

（任筱可）

Sangkebala

桑渴巴辣 Saṃghapāla（1376～1446）印度来华僧人。据《补续高僧传》卷一附《智光传》，桑渴巴辣为中天竺（古印度中部）人。智光访问印度时，桑渴巴辣拜他为师，并常尽心尽力伺候于左右，因此智光回国时也将他带回。明太祖朱元璋应智光之请将桑渴巴辣任命为“翻经场教授”。凡是遇宫廷法事活动，桑渴巴辣都与智光一起参加。明英宗正统十一年（1446），桑渴巴辣于定州（今属中国河北）上生寺坐化。

（薛克翘）

Sangkelitiyayan

桑克利提亚衍，R. Rahul Sankritiyayana（1893.04.09～1963.04.14） 印度佛教、历史、文化、语言学学者。全名罗睺罗·桑克利提亚衍。博学多识，通晓多种语言。是一位高产的印地语作家。

桑克利提亚衍生于今印度北方邦阿泽姆格尔县潘德赫村的一个务农婆罗门家庭，父亲是G.潘迪。原名K.潘迪。早年父母过世，由祖母养大。曾在乡村学校接受正规教育，仅读到八年级。他实际上是一位自学者，不仅自学各种语言，还对人文社科领域有所涉猎。通印地语、梵语、巴利语、博杰普尔语、乌尔都语、泰米尔语、卡纳达语等印度语言，以及波斯语、阿拉伯语、藏语、僧伽罗语、法语、俄语等。在苏联和斯里兰卡做过客席教授。喜欢冒险的本性使他从不局限于某一正式职位，而是不懈追求自己的创新性写作事业，对旅游充满兴趣。

桑克利提亚衍曾笃信佛教，身着百衲衣，与新那烂陀寺创建者J.迦叶波法师和大力推进现代印度佛教复兴的颇丹特·阿南德·高萨利耶亚衍并称“三比丘”。其思想后转向马克思的社会主义。对1919年贾利安瓦拉屠杀备感愤怒，积极投身反抗英帝国主义统治的印度独立运动中，3次入狱。

桑克利提亚衍从童年起便酷爱旅行，几乎走遍了印度所有地区，最吸引他的是喜马拉雅地区。除此以外，还去过斯里兰卡、伊朗、苏联、中国西藏和内陆一些地区等。1929～1938年在中国西藏旅行时，不顾险阻走入禁区，以佛教徒的身份长途跋涉，拜访了许多寺庙，搜集了保存在那里的古代那烂陀寺和超岩寺的罕见经文写本。据他描述，搬运写本和画卷需要22头骡子。现有他搜集的七千多种、数百捆写本存放在印度巴特那博物馆的一个特殊区域。

桑克利提亚衍把在不同地区的旅行见闻收录于其撰写的大量游记中。这些作品用简洁明了的印地语写就，为普通读者提供了印度有关各地风土人情的详细资料。他曾在一篇专著中特别阐述了自己的旅行哲学。被誉为“印地语游记之父”。曾因印地语创作获印度文学院奖，还凭借影响深远的学术成就获印度政府颁发的第三级公民荣誉勋章。

桑克利提亚衍共出版146部著述，内容包含社会学、历史、宗教、哲学、语言学、科学、传记、民间传说等领域，还撰写过小说和戏剧。一些书籍被译成多种语言。他的历史小说《从伏尔加河到恒河》多次再版。他撰写的毛泽东传记和在中国西藏和内陆一些地区的游记广受读者欢迎。他赞赏毛泽东，称中国共产党为受压迫的亚洲人民重拾希望。

桑克利提亚衍晚年在斯里兰卡任客席教授。生病后返回印度，在大吉岭度过余生。去世后，印度中央印地语学院、印度政府旅游局以他的名字分别设立了两个特别奖项，以鼓励后世之人创作优秀的游记作品。

（卡马尔·希尔撰 任筱可译）

sangmen

桑门 沙门的早期汉译。桑门一词最早见于东汉张衡《西京赋》：“展季、桑门，谁能不营?”《文选》卷二李善注：“桑门，沙门也。《东观汉记》，制楚王曰：以助伊蒲塞、桑门之盛馔。”《东观汉记》为东汉时作品，在张衡时已行世，张衡曾作《周官训诂》以补其不足。伊蒲塞又译优婆塞，梵文为upàsaka，佛教中接受五戒的居家男信徒，一称居士；桑门即沙门，指出家人。由此可见，东汉时人曾将沙门译为桑门。桑门出现于东汉文学作品，标志着中国文学受佛教影响之始。见沙门。

（薛克翘）

Sangqi Data

桑奇大塔 Sanchi Stupa 印度古代著名大佛塔。桑奇是位于印度中央邦博帕尔附近的一座小城，又称卡卡那耶、卡卡那沃、卡卡那达博达和博达-室利巴尔伐陀。因其佛教艺术和建筑遗迹著称。

桑奇大塔东门门栏柱头上的雕刻

这些遗迹可以追溯到公元前3世纪～公元12世纪，贯穿了孔雀王朝、巽伽王朝、安度罗王朝、**贵霜王朝**、笈多王朝及之后诸国割据在内的历史时期。遗址包括窣堵波、寺院、庙宇和一座柱头为四尊狮头的巨型阿育王石柱等。其中最著名的是桑奇大塔（又称摩诃窣堵波），被认为是印度早期砖石结构建筑中最精美者。

桑奇大塔东门石制牌楼

桑奇大塔中心半圆形的覆钵，约公元前250年由孔雀王朝阿育王修建，相传是埋藏**释迦牟尼**舍利之处。最初，它只是一座低矮的砖结构建筑，直径只有现存半球形建筑的一半，四周有木制围栏环绕，顶部有一石制华盖。

公元1世纪巽伽和安度罗王朝时期，桑奇大塔的核心部分被扩建成今天的形态，直径约36米，高约16米。窣堵波以围栏和台阶装饰，顶部有一宝匣，木制围栏已换为石制。

安度罗王朝时期，增加了4座雕刻精美的石制牌楼，又称陀兰那。每座牌楼高约11米，两根立柱顶端支撑着3道两端上翘的横梁，其上雕刻精美，描绘了许多与佛陀生平和本生故事相关的重要场景。南面的牌楼是4座牌楼中最古老的，因为它被放置在阿育王石柱和通往顶部的阶梯的入口处。丰富的雕塑描绘了乔答摩·悉达多（见**释迦牟尼**）的出生和他作为佛陀在**鹿野苑**初转法轮的场景。北面的牌楼顶部有一法轮，同时刻画了本生故事中佛陀的各种神迹。东面的牌楼表现了乔答摩·悉达多通往觉悟之路的相关故事。西侧牌楼上雕刻有佛陀7个化身的相关场景。

桑奇大塔南门

贵霜和笈多时期，桑奇大塔所在地新建了更多的寺庙和雕塑。从这里发现的大量婆罗谜铭文，描述了远近各地的人们所做的大小供养，体现了它的重要性。

桑奇大塔的建筑和雕刻艺术开创了印度佛教艺术的先河，后与希腊艺术相结合，形成了**犍陀罗艺术**，而犍陀罗艺术又辗转影响到中国的佛教艺术。

（卡马尔·希尔撰 张忞煜译）

Sangye Si

桑耶寺 bsam yas dgon 中国藏传佛教古寺。创建于8世纪，是藏传佛教史上第一座正规佛教寺院。位于今西藏山南地区扎囊县境内的雅鲁藏布江北岸。

8世纪，吐蕃第38代赞普（国王）赤松德赞邀请印度高僧**寂护**第二次到吐蕃，以便创建佛教正规寺院、剃度出家僧尼和传授教法仪轨。当时在吐蕃倡建佛教寺院并非易事，缺乏广泛的信仰佛教的群众基础，赤松德赞采取各种措施，最终让吐蕃臣民接受佛教。在寂护和**莲花生**的主持下，于774年举行建造寺院的破土动工仪式，778年竣工，寂护和莲花生为之举行了隆重的开光安座仪式。

桑耶寺由寂护和莲花生设计，规模宏大，建构完善，风格独特。其参照模型有三种说法：以古代印度波罗王朝高波罗王在**摩揭陀**所建的欧丹达菩黎寺为蓝本、参照《阿毗达磨俱舍论》

朝觐图　桑耶寺壁画

中描述的世界图景、仿照佛教密宗曼陀罗（坛城）的模式。事实上，桑耶寺的建造融合了这三者不同特点。如该寺中心的主殿是一座三层大殿，代表佛教中的象征宇宙中心的须弥山。主殿四周按不同方位建四座佛殿，代表宇宙四大洲，即东胜身洲、南赡部洲、西牛货洲和北俱卢洲。四座佛殿的附近又各建两座小佛殿，代表宇宙八小洲。主殿左右两侧特意各建一座佛殿，代表日、月。主殿四角附近又专门各建一座佛塔，共四座佛塔，分别以白、红、黑和青四种颜色来彰显其不同特质，如白色为菩提塔、红色为法轮塔、黑色为舍利塔、青色为天降塔，它们标志着征服一切凶神邪魔、制止所有天灾人祸的佛教理念。

桑耶寺的整座建筑群以椭圆形的围墙围住，围墙象征着佛教宇宙中的铁围山。围墙四个方位设有四座大门，东门为正门。主殿的三层大殿，风格不同，分别取吐蕃、唐朝和天竺三种不同文化建筑形制，如底层为吐蕃式建筑，中层模仿唐朝风格，顶层采取天竺形制。三层佛殿中的佛菩萨的造型也表现了三个不同地区的文化特色，如底层佛殿塑像模仿吐蕃藏族人的形象，中层佛殿塑像模仿唐朝汉族人的形象，顶层佛殿塑像模仿印度人的形象。该寺实为一座以多元文化铸就的佛教大僧院。今日的桑耶寺已发展演变为一座融宁玛派、萨迦派和格鲁派为一体的藏传佛教综合性寺院。1996年，桑耶寺被中国国务院公布为第四批全国重点文物保护单位之一。2005年，桑耶寺被评为国家4A级旅游景区。

（尕藏加）

桑耶寺

Sela Si

色拉寺　se ra dgon　中国藏传佛教格鲁派重要寺院。与哲蚌寺、甘丹寺并称拉萨三大寺。位于西藏拉萨北郊三千米的色拉山麓。

1418年，宗喀巴弟子强钦却杰·释迦益西在拉萨近郊创建色拉特钦林寺，简称色拉寺。

色拉寺初建嘉扎仓、仲顶扎仓、堆巴扎仓和麦巴扎仓四大扎仓（学院）。

1466年，原哲蚌寺高僧贡钦洛卓仁青僧格的弟子年顿·班觉伦珠（1427～1514）又新建一座名为切扎仓，在僧众中赢得较高声誉，嘉扎仓和仲顶扎仓等学僧纷纷并入，使之迅速发展壮大。至1705年，色拉寺形成以麦巴、切和堆巴三大扎仓为主的寺院格局。

1712年，拉藏汗（1671～1717）在色拉寺创建阿巴扎仓（密宗学院），以修学密宗。该寺依照拉萨密宗教规制定法事仪轨，后逐渐发展为显密兼容的大型寺院。

清代中后期，色拉寺僧人定额为5 500，最盛时达上万人，成为拉萨三大寺之一、格鲁派六大寺院之一。以切扎仓、麦巴扎仓、阿巴扎仓为代表的三大扎仓，在培养嗣法人才、推演法脉传承方面取得了巨大成就，并在安多、康区等边远地区建立了众多子寺。

色拉寺

色拉寺的辩经继承印度高僧陈那和法称的因明学公式的辩论方式，是一种思维训练的有效途径。

近代，格鲁派传入印度，并在印度南部建造了名为色拉寺的大型寺院。

（尕藏加）

Sen

森，M. Mrinal Sen（1923.05.14～ ）印度电影导演，制片人。印度平行电影代表人物之一。出生于英属印度孟加拉省的福里德布尔（今属孟加拉国）。高中毕业后入加尔各答苏格兰教会学院学习物理。后入加尔各答大学学习，获硕士学位。1943年加入印度人民戏剧协会，对电影和马克思主义学说产生兴趣。后成为一名电影音效师，进入电影行业。1955年拍摄第一部电影《黎明》。此后，还拍摄了《蓝天下》(1958)、《结婚日》(1960)、《肖姆先生》(1969)、《突然一日》(1989)等。其影片大多涉及社会问题，具有一定现实意义。2004年出版自传《时刻降生》。1981年获得印度政府颁发的第三级公民荣誉勋章。2005年获得印度电影最高奖巴尔吉奖。曾于1978年7月偕夫人访问中国。

（李宝龙）

Sengupta

森古普塔，S. Sachindranath Sengupta（1892.07.20～1961.03.05） 印度孟加拉语剧作家，戏剧舞台监督，导演。全名萨钦德罗纳特·森古普塔。生于今孟加拉国库尔纳。曾积极参加1905年反对英国殖民统治者分割孟加拉的抗议运动。1909年大学毕业后来到印度加尔各答，随后用数年时间学医。在早期职业生涯中，他曾做记者和编辑。20世纪20年代后期，进入孟加拉戏剧界，在随后的数十年间坚持不懈，成为孟加拉戏剧界的杰出人物。他创作了《番红花色旗》、《母亲》、《西拉杰·乌德·道拉》、《印度》和《黑钱》等剧本。

此外，还将大量长篇和短篇小说改编为剧本，其中包括诗人R.泰戈尔和K.N.伊斯拉姆的作品。作为剧作家，他与开心剧院、星辰、米涅尔瓦等多家戏剧公司联系密切。他曾担任印度人民戏剧学会会长，是印度音乐舞蹈学会、印度文学院和全印和平理事会的活跃成员。他曾于1953年作为印度文化代表团成员访问中国。

（邵葆丽撰　刘文亮译）

Senlinshu

森林书 Āraṇyaka 广义的吠陀文献类别之一。产生在梵书之后，奥义书之前。

按照传统说法，森林书是一种为年事已高，不再能举行必要的日常宗教仪式和祭祀活动，因而退出世俗社会、遁入山林的婆罗门或刹帝利隐居者而写的宗教哲学著作。它们注重思索，意在深入探讨诸如吠陀仪节的比喻和象征意义、神的本性，以及灵魂和宇宙起源等玄学问题。据说它们具有秘传的性质，只供那些已经脱离社会生活的老人使用，而年轻人读它则是有危害的。现存的森林书有4种：属于《梨俱吠陀》系统的《爱达罗氏森林书》和《憍尸多基森林书》；属于《黑耶柔吠陀》(见《耶柔吠陀》）的《泰底哩耶森林书》；属于《白耶柔吠陀》的《广森林书》(另说无此，而有属于《娑摩吠陀》的《阇弥尼耶森林书》)。由于森林书的内容与其前的梵书和其后的奥义书并无判然区别，有的在内容上索性同前后两者相交迭，因此现代学者对于传统的说法多有质疑。有人认为之所以划出一类森林书，目的仅在于使广义的吠陀经典在理论上同婆罗门教的人生四行期相适应，而传统所谓它们在形式上、内容上和使用目的上与其他吠陀文献有别，实际上是后人有意加以区分的。

（葛维钧）

Sengdao

僧导 Sengdao（约活动于四五世纪）中国东晋南北朝时期的义学高僧。鸠摩罗什的弟子，曾参与佛经翻译。擅长讲解《成实论》，对《成实论》在南方的广泛流传贡献很大。

据《高僧传》卷七记载，僧导为京兆（今陕西西安）人，10岁出家。其师曾将《观音经》交给他阅读，读完之后，僧导问师父：此经有几卷？师父为了试探他，告诉他只有这一卷。但僧导通过经文开头的“尔时”两个字知道还有前文。师父非常高兴，就将一部《法华经》传授给他。僧导便日夜用功，大致通晓了文义。由于家境贫寒，买不起油烛，就经常寻找木头点燃照明学习。

僧导到18岁时，博学多通，神采飞扬，举止文雅。僧叡见到他后大为赞叹，问道：你在佛法中的志向是什么？僧导回答：希望能担任法师您讲法时的助手。僧叡便说：你将来要成为万人法主，怎会只做讲法的助手呢？到僧导20岁受具足戒时，他已经掌握了禅律经论各种学说。姚兴（393～416年在位）

很看重他的德行，去寺庙里看望他，与他乘坐同一辆车子回宫。

鸠摩罗什翻译佛经时，僧导都参与其中，帮助商讨义理、详定文字。僧导本来就博学多通，又适逢鸠摩罗什译场人才济济，终日就佛法义理切磋琢磨，于是他撰成《成实论义疏》、《三论义疏》，还著有《空有二谛论》等论文。

417年，刘裕（363～428）西伐长安，平定后秦。他素来听闻僧导的名望，就邀请见面并致以问候。之后，刘裕东归建康（见**南京**），留下他的儿子刘义真留镇关中（即长安附近一带），并委托僧导照看他。后来，刘义真被赫连勃勃的军队追杀，僧导率领弟子数百人拦住追兵，说道：刘公将此子托付给我，我当以死保护他。追骑看到僧导神气俨然，就退回去了。因为僧导救了刘义真的性命，刘裕非常感激他，令家里的子侄辈都奉他为师。

之后，僧导在寿春（今安徽寿县）创建寺院，即东山寺，亦名石涧寺。他经常在那里讲说佛教经论，受业者有一千多人。**北魏太武帝拓跋焘**灭佛，前来投奔僧导的沙门有数百人，僧导都给他们提供衣食。其中有遇难者，僧导都为他们设会行香、流泪哀恸。

宋孝武帝刘骏登基（454年），派遣使者迎接僧导。僧导便应诏来到都城建康，住在中兴寺。孝武帝亲自出迎，二人均感怀落泪。武帝命他在瓦官寺开讲《**维摩诘经**》，皇帝亲临、公卿毕集，盛况空前。

过了一段时间后，僧导辞别都城，回到寿春。后来在石涧寺圆寂，终年96岁。其弟子知名者很多，大都擅长讲解《成实论》，于是寿春成为学习研究《成实论》的重镇。

（范晶晶）

Seng–Dao bianlun

僧道辩论 debate between Buddhists and Daoists 在中国古代历史上，佛教徒与道教徒进行长期的、持续不断的辩论。这种辩论涉及宗教理论问题，但也反映了不同时代的世俗矛盾。

佛教产生于印度，传入中国后，信徒日众。道教则是佛教传入之后逐渐完

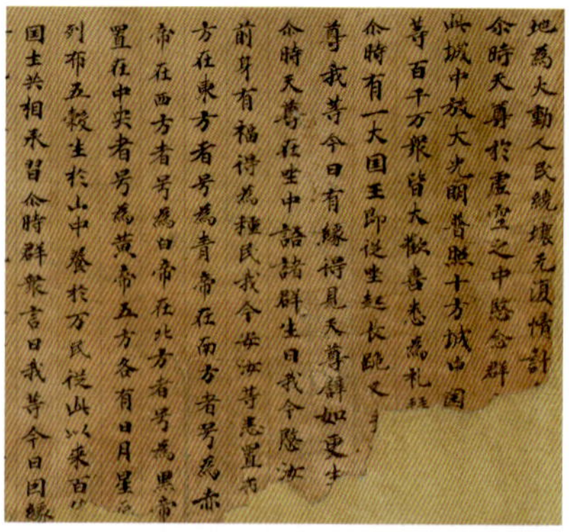

《老子化胡经》残片

善起来的本土宗教。双方在传入或形成初期相互依倚，道教吸收佛教的部分教义，佛教译经则多袭用道家文字。随着佛教在中国的传播与普及，道教与之发生冲突，双方发生数次辩论。但是随着佛、道的继续发展，又出现相互融合的趋势。收录僧道辩论的文献较重要者有《**弘明集**》、《**广弘明集**》、《**集古今佛道论衡**》、《破邪论》、《北山录》、《续集古今佛道论衡》等。

东汉末年，据传牟融著《理惑论》，首次明确提出佛教高于道教。宣扬"佛乃道德之元祖，神明之宗绪"；道教之于佛教，"犹丘垤之与华恒，涓渎之与江海"。晋惠帝时，即有道士**王浮**与沙门帛远争论二教邪正，王浮附会发挥襄楷"或言老子入夷狄为浮屠"之说，伪造《**老子化胡经**》，挑起衅端，发僧道辩论之先声。南朝宋文帝时期思想家**何承天**作《报应问》，质疑因果报应之说，道教和佛教之间的理论交锋开始正面展开。南朝宋泰始三年（467）道士顾欢作《夷夏论》，称"舍华效夷，义将安取"，主张抵制佛教的传播。南齐道士托张融之名作《三破论》，指摘佛教是"入国而破国，入家而破家，入身而破身"。佛教徒对此极为不满，作《正诬论》等针锋相对，认为佛教早于道教，**老子**为佛祖弟子，因此佛教才是正统。并且认为道教徒是"挟道作乱"，以"左道惑众"。刘勰（约465～约532）就说："事合氓庶，故比屋归宗，是以张角、李弘，毒流汉季；卢循、孙恩，乱盈晋末。余波所被，实蕃有徒。"他认为，汉晋末年的乱世皆由道教所致。北魏正光元年（520），清通观道士**姜斌**与融觉寺僧昙谟对论"佛与老子同时不"，结果以姜斌被破论，流放至马邑告终。北齐天保六年（555），道士陆修静率徒与上统、昙显斗法。佛教典籍《集古今佛道论衡》载："于天保六年九月。乃下敕召诸沙门与道士学达者十人。亲自对校。"这场辩论最终由帝王目验臧否，诏书中认定道教乃"世中假妄"，但是俗人未悟，一味崇信，于是下令禁绝，百姓不得遵事，自此国无二信。《集古今佛道论衡》是后世佛教典籍，所述过程未必真实，但此次辩论结果当为不假。天和三年（568），周武帝"集百僚及沙门道士等亲讲《礼记》"。"天和四年二月，帝御大德殿，集百僚道士沙门等，讨论释、老义"。"建德元年春正月戊午，帝幸玄都观，御法座讲说，公卿道俗论难，事毕还宫，二年十二月，集群臣及沙门道士等，帝升高座，辨释三教先后，以儒教为先，道教为次，佛教为后"。周武帝数次组织僧道辩论，初意皆在抑佛扬道。可是道教在辩论中弊端显露，不能自掩。武帝断然下诏："断佛、道二教，经像悉毁，罢沙门、道士，并令还民。"佛、道二家两败俱伤。

隋开皇三年（583），隋文帝于道坛见老子化胡像，颇觉怪异，于是集僧、道共议，道士张宾、僧人**彦琮**参与讨论。具体情事未见记载，但是彦琮因此作《辩教论》，以驳斥"老子化胡"之说。唐贞观十三年（639），慧净开讲《法华》，道士蔡晃奉皇储（唐高宗）之命与慧净抗论。唐初，作为前朝国储的萧瑀"时诣朝堂，又不入见"，惹恼唐太宗，下诏令指出梁朝覆亡乃举国佞佛所致。虽未禁绝佛化，却提出"至于讲论，道士女冠宜在僧尼之前。庶敦本系之化，畅于九有；尊祖宗之风，贻诸万叶"。唐中宗（705～710年在位）时，僧人**法明**入长安，游访诸位高僧大德，恰逢中宗下诏僧道定夺《化胡成佛经》真伪。法明初未参与，后见佛道双方高下难定，

《老子八十一化图》书影

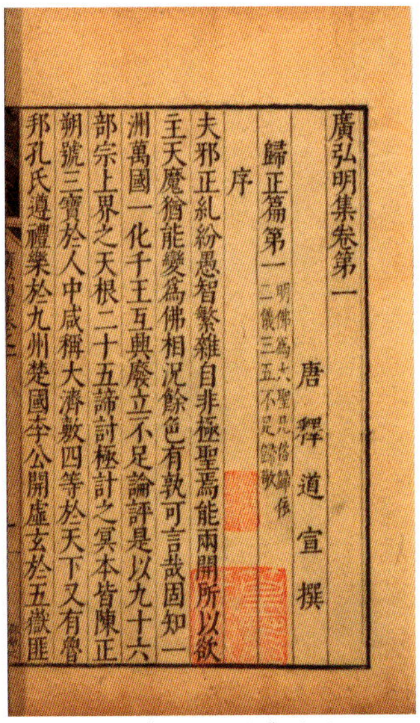
廣弘明集卷第一
唐 釋 道 宣 撰
歸正篇第一 明佛為大聖凡俗歸依 二儀三五不足歸敬
序
夫邪正紛紛愚智繁雜自非極聖焉能兩開所以欲
主天魔猶能變為佛相況餘色有執可言哉固知一
洲萬國一化千王互興廢立不足論評是以九十六
部宗上界之天根二十五諦討極計之冥本皆陳正
朔號三寶於人中咸稱大濟數四等於天下又有魯
邪孔氏遵禮樂於九州楚國李公開虛玄於五嶽匪

道宣《广弘明集》书影

方才出场问难道士："老子化胡成佛，老子为作汉语化？为作胡语化？若汉语化胡，胡即不解；若胡语化，此经到此土，便须翻译。未审此经是何年月，何朝代，何人诵胡语，何人笔受？"道士无言以对。神龙元年(705)九月十四日，中宗下敕："仰所在官吏废此伪经（指《老子化胡经》)，刻石于洛京白马寺，以示将来。"两教激烈的论辩一直延续到盛唐，开元十八年（730)，于花萼楼辩论佛道二教优劣。僧人道氤雄论奋发，河倾海注，道士尹谦对答失次，理屈词殚，论宗乖舛。显然道士在此次辩论中又以失败收场。据《新唐书》知玄传："武宗御宇，初尚钦释氏，后纳蛊惑者议，望祀蓬莱山，筑高台以祈羽化。虽谏官抗疏，宰臣屡言，终不回上意。"转而信奉道教的唐武宗（841～846年在位）曾召僧人知玄与道士辩论："神仙为可学不可学耶？"以"理大国若烹小鲜"为辩题。知玄说："帝王理道，教化根本。言神仙之术，乃山林间匹夫独擅高尚之事业，而又必资宿因，非王者所宜。"当时知玄辞河下倾，辩海横注，凡数千言。据说听闻者为之股栗，违忤上旨，左右则惜其才辩，担心他将有斥逐之祸。这次辩论在武宗的支持下，道士获胜，"会昌灭佛"开始。衡山道士刘玄靖等共请毁佛，会昌五年（845）八月颁诏废佛，拆毁寺庙4 600余所，还俗僧尼26.05万人，废除招提、兰若4万多所，收肥沃良田数千万顷，收奴婢为两税户15万人。宰相李德裕等上表称贺，在《贺废毁诸寺表》中指责佛教"耗蠹生灵，浸灭正税，国家大蠹，千有余年"。

在金、元时代，全真教积极汲取佛教理论，从教理、教义到戒律清规均抄袭模仿佛教。金代道士王重阳（1112～1170）甚至宣称"释道从来是一家，两般形貌理无差"，并劝人诵读《心经》。佛教为宏化方便，也吸取道教思想以为方便法门。但是僧、道之间尚有论争，元宪宗五年（1255），道士李志常与僧人福裕在御前辩论，论题仍是《老子化胡经》和《老子八十一化图》的真伪，这次辩论道教亦落败，于是焚毁"伪经"经版，退还佛寺37处。明清时期，僧、道之间已很少激烈论辩，相互融合进一步加强。明代四大高僧袾宏、真可、德清、智旭都以三教一家、三教同源弘扬佛法。明代道士更是以佛理来阐述道教理论。如张三丰在《虚无篇》中谓："虚无者，老释同传之旨也。"《道门十规》中说，"近世以禅为性宗，道为命宗，全真为性命双修"，亦道出佛道融合的特点。明末道士伍守阳著《仙佛合宗》，则直接将道教内丹修炼方法同佛教的修禅结合起来。中国和印度思想文化彼此冲击、吸收和融合，至此已臻成熟。

（江巨浪）

Senghan

僧含 Senghan（约活动于5世纪） 中国刘宋高僧。曾参与畺良耶舍译经，并在今湖北、安徽、江西一带弘扬佛法。

据《高僧传》卷三等，僧含幼时便笃志好学，熟知经史、天文算术。长大后精通佛教义理，尤其擅长《大般涅槃经》，常常讲解此经。刘宋元嘉（424～453）初年，西域沙门畺良耶舍来到建康（见南京），僧含请他翻译《药王药上观》(T1161）与《无量寿观》(T365)，自己亲为笔受。由于这两部经典是驱除障碍的秘术、转生净土的胜因，故而在刘宋境内十分流行。

元嘉七年（430），新兴（约在今湖北境内）太守陶仲祖建立灵味寺，由于钦佩僧含的德行，故而请他住寺。僧含后来前往历阳（今安徽和县）弘扬佛法，道俗响应。当时有人作《无三世论》，僧含著《神不灭论》以资批驳，众人信服。他还著有《圣智圆鉴论》、《无生论》、《法身论》、《业报论》、《法华宗论》等文章，皆传于世（今已佚失）。随后，僧含又前往九江传法。他准确地预知自己的死期，时人谓其"知命"。

（范晶晶）

Sengjia

僧伽 Saṃgha（628～710） 西域僧人。少年出家，长而为头陀（行脚僧)。本欲南下印度，后改行中国。先入西凉（今

甘肃武威一带)，又于唐龙朔初年（661）东至江淮，籍属山阳（今江苏淮安）龙兴寺。此后，在临淮（今江苏盱眙）古香积寺旧基建立寺院，而其神异传说亦越来越多，声名日隆。唐中宗李显曾为其寺题额普光王寺，并恩准其收徒3人，3人均有所成。唐景龙二年(708)，被迎请至内道场，尊为国师。两年后坐化于荐福寺，后归葬普光王寺。当时高僧万回称之为观音菩萨化身。诗人李白与之有旧，作《僧伽歌》(《全唐诗》卷一六六）赞其为"真僧"，刻画其品德、形貌、举止。李邕为其作《大唐泗州临淮县普光王寺碑》(《全唐文》卷二六三)。从李白诗、《太平广记》卷九六《僧伽大师》和《宋高僧传》卷十八本传可知，他所传为大乘佛教教法，兼精密咒，间接反映出大乘佛教及密宗在中亚和中国流传情况。在世时影响巨大，身后亦多有灵异传说，乃至百年以后被唐懿宗封为证圣大师。唐代末期，天下凡建庙宇，均立其像，称其为大圣僧伽和尚。宋太宗赵炅曾下令重建其塔。时人称为泗州大圣。2003年11月，江苏联合考古队在江阴青阳悟空寺华藏塔旧址地宫发现僧伽

舍利。另外，《传灯录》卷二七、《佛祖通载》卷十五、苏轼《东坡志林》卷二、罗泌《路史》卷九等均有相关僧伽的记载。

（薛克翘）

Sengjiabacheng

僧伽跋澄 Saṅghabhūti（约活动于4世纪）印度来华僧人，译经家。意译众现。据《高僧传》卷一等，僧伽跋澄为罽宾人，为人深沉而有雅量，常喜游方弘化，博览众典，而于数论哲学，特别擅长。于佛教则历访名师，备习三藏，尤其熟谙《阿毗昙毗婆沙论》，对其妙旨深有体会。前秦建元十七年（381）来到关中，颇受崇仰，人称法匠。秘书郎赵正崇仰佛法，尝闻外国宗习阿毗昙毗婆沙，而僧伽跋澄又善讽诵，遂以四事礼供，请译该经。后由名德法师、道安等集僧宣译。译事自建元十九年孟夏开始，仲秋完成。僧伽跋澄口诵经本，外国沙门昙摩难提笔受为梵文，佛图罗刹宣译，秦沙门敏智笔受为汉文。建元二十年，跋澄再应赵政之请，将所携梵本《婆须蜜经》（即《尊婆须蜜菩萨所集论》）10卷译出。僧伽跋澄与昙摩难提、僧伽提婆三人共执梵本，秦沙门佛念宣译，慧嵩笔受。道安、法和负责校定。前述二经译出后，流布传学，迄于今日。后人评价僧伽跋澄"戒德整峻，虚靖离俗，关中僧众，则而象之"。后不知所终。

（葛维钧）

Sengjiabamo

僧伽跋摩 Saṅghavarman（约活动于四五世纪）印度来华僧人，译经家。意译众铠、僧铠。

据《出三藏记集》卷十四、《高僧传》卷三等，僧伽跋摩为印度人，少年出家，为人朴实，守戒严格，通晓三藏，尤其善解《杂阿毗昙心论》。南朝宋元嘉十年（433），经流沙至建康（见南京）。建康有平陆寺，为景平元年（423）由平陆令许桑舍宅所建。汉僧慧观见僧伽跋摩道行纯正，气宇宏阔，便请他住在该寺。他则讽诵佛经，日夜不辍，人称三藏法师。归从的僧众不断增加，佛道因而得以广为流布。先后从其受戒的僧尼达数百人。元嘉十年至十九年，他在慧观、宝云等僧的协助下，翻译了《杂阿毗昙心论》11卷、《劝发诸王要偈》1卷、《分别业报略经》1卷、《萨婆多部毗尼摩得勒伽》10卷等。据统计，他来华后共译佛典5部24卷。僧伽跋摩以游化为志，不肯滞留一方，故在译传经典的工作完成后，不顾信众挽留，坚持辞还本国。于元嘉十九年随西域商人乘船返国，后不知所终。

（葛维钧）

Sengjiabamo

僧伽跋摩（约活动于7世纪）西域来华僧人。康国（今乌兹别克斯坦萨马尔罕一带）人。据义净《大唐西域求法高僧传》卷上，于唐高宗显庆年间（656～661）奉敕与使人相随从陆路去印度。后还唐，归路不详。又奉敕往交阯（今越南北部），卒于此。

（王邦维）

Sengjiadaduo

僧伽达多 Saṅghadatta（约活动于5世纪）印度来华僧人。据《高僧传》卷三，僧伽达多为天竺沙门，深明禅学，于南朝宋时来华。有故事称，他在山中坐禅时，曾有群鸟衔果来授，他遂受而食之。元嘉十八年（441）受临川康王之请，到广陵（今江苏扬州）结居，后于建业（见南京）去世。

（葛维钧）

Sengjialuocha

僧伽罗叉 Saṅgharakṣa（约活动于4世纪）印度来华僧人，译经家。据《高僧传》卷一，僧伽罗叉为印度罽宾人，后游方而至中国。东晋琅玡王司马珣深信佛法，曾修建精舍，延请学有专长的僧人说法。东晋隆安元年（397），名僧僧伽提婆来游京师建康（见南京）。当年冬天，司马珣邀集京都义学沙门释慧持等40余人，敦请僧伽提婆重译《中阿含经》等经。僧伽罗叉因善诵阿含而得预其事。在此次翻经过程中，由他手执梵本，诵出原经，由僧伽提婆译为汉语。译事到第二年夏季完成。

（葛维钧）

Sengjialuoduo

僧伽罗多（约活动于5世纪）印度来华僧人。意译众济。据《高僧传》卷三，僧伽罗多为天竺沙门，深明禅学，于南朝宋景平末年来华，到达宋京建康（见南京）。他以乞食为生，常宴坐林下，调息养神，不涉世事。元嘉十年（433），卜居钟山之阳，披荆斩棘，建立精舍，所成即后来的宋熙寺。

（葛维钧）

Sengjiapoluo

僧伽婆罗 Saṅghavarman（约活动于五六世纪）中国南北朝时期来华僧人，译经家。意译僧铠、众铠。

据《高僧传》卷三、《开元释教录》卷六等，僧伽婆罗为扶南国（位于今中南半岛南部）人。自幼颖悟，15岁出家，专学阿毗昙，在南海诸地，颇有高誉。受具足戒后，广习律藏，志于游方弘法。听闻中国南齐佛教流行，便随舶渡海，来到扬都（即建康，见南京），住在正观寺内。不久，成为天竺沙门求那跋陀罗的弟子，随其精研方等经，博涉多通，并学会了数国语言和文字。后南齐灭亡，佛法随之陵夷，他于是洁身自好，放弃社交，闭门闲养。梁武帝萧衍执政时期，佛教复兴。天监二年（503），曼陀罗仙自扶南国来，随身携带众多梵本，僧伽婆罗遂奉敕与他一道译经，由此辗转于寿光殿、华林园、正观寺、占云馆和扶南馆等不同地点，从事翻译工作。至普通元年（520），更有宝唱、慧超、僧智、法云等名僧参与笔受。在寿光殿译经时，梁武帝也曾躬临法座，笔受其文。梁武帝礼接甚厚，把他当作家僧。僧伽婆罗不蓄私财，所得施舍，尽数用于寺院经营。后于普通五年示寂于正观寺，世寿六十五。所译经典，计有《阿育王经》、《孔雀王陀罗尼经》、《文殊师利问经》、《度一切诸佛境界智严经》、《菩萨藏经》、《解脱道论》、《阿育王传》等11部38卷。有人认为其中《阿育王传》与《阿育王经》当为同本，故应为10部32卷。

（葛维钧）

Sengjiatipo

僧伽提婆 Saṅghadeva（生卒年不详）印度来华名僧，译经家。又称提和，意译众天。

据《高僧传》卷一，僧伽提婆本姓瞿昙，罽宾人，气度开朗，举止谦恭，聪慧颖悟，于人情世事常能洞察幽微。早年出家，即远访名师，学通三藏，尤精于《阿毗昙心论》。他还经常习诵《三法度论》，认为它是入道的必读物。前秦苻坚建元年间（365～384）来到长安弘传佛法，循循善诱，化人不倦。建元十五年，高僧道安来到长安，备受苻坚敬重，住城内五重寺传法，并聚集包括僧伽提婆在内的来华僧人，如僧伽跋澄、昙摩蜱、昙摩难提等，大力组织译经。十九年，僧伽跋澄、昙摩难提等译出《阿毗昙毗婆沙论》，后僧伽提婆又帮助他们译出了《尊婆须蜜菩萨所集论》等经。不久发生了慕容冲之乱，天下不宁，所译便未及详审。后社会稍安，他与沙门法和前往洛阳。四五年间，他的汉语更加娴熟，反复讲习前述经典，发现原先所译多有乖失。于是，又将《阿毗昙》等经重新校译。不久，后秦姚兴掌政，佛教更为兴盛。当时高僧慧远正在庐山积极收集佛典，恰逢提婆南游，即邀他上山。他在这里的般若台“手执梵文，口宣晋语，去华存实，务尽义本”，于东晋太元十六年（391）译出了《阿毗昙心论》、《三法度论》等经。东晋隆安元年（397），僧伽提婆来到晋都建康（见南京），当朝王公及风流名士，莫不趋前听讲。东亭侯王珣深信佛法，在自己建立的精舍中，广招学众，请他讲解《阿毗昙心论》，一时名僧都来听受。由于他论旨精熟，解义明晰，甚受僧俗徒众的欢迎。当年冬天，王珣又召集了以慧持为首的40位义学沙门作为助手，请他重译文义未尽的《中阿含经》60卷，校改了《增一阿含经》51卷。后人统计他的译经数量，计有6部148卷，达百余万言。曾经参与其译经事业的还有名僧竺佛念等。僧伽提婆所译订的《中阿含经》、《增一阿含经》两阿含经为小乘有部四阿含经中最初传入中华的完本，在译经史上具有重要地位。僧伽提婆来华多年，备悉方俗，加之为人从容机警，善于谈笑，所以在江南名盛一时。

（葛维钧）

Sengmeng

僧猛 Sengmeng（约活动于5世纪） 中国去印度求法僧人。生卒年不详。南朝宋永初元年（420）与昙无竭、昙朗等25人前往西方求经。一路历经艰难险阻，过雪山、乘索桥、度石壁，至平地已丧12人。余伴相携到达罽宾，游历天竺诸国，参礼天竺佛祖遗址和佛教圣物。除昙无竭最终回到扬州译经，僧猛等在天竺待20余年。僧猛在印度的具体情况不详，但他的西行求法，成为中印佛教交流史上的佳话。

（谭洁）

Sengyou

僧祐 Sengyou（445～518） 中国南朝高僧，律学大师，佛教目录学家，史学家。在整理佛教文献、弘扬律部经典方面作出了巨大贡献。

据《高僧传》卷一等记载，僧祐本姓俞，祖籍彭城（今江苏徐州）。父亲一代迁居到建业（今江苏南京）。僧祐幼年曾到建初寺礼拜，此后便乐于住寺庙，不肯回家，父母只好同意他拜沙门僧范为师。14岁投靠法达法师，尽心侍奉。20岁受具足戒，操守严明。他跟随律学大师法颖学习，精勤不懈，遂在律学方面崭露头角。竟陵王萧子良经常请僧祐讲律，听众有七八百之多。永明年间（483～493），僧祐被敕命前往吴地试简五众（即比丘、比丘尼、沙弥、沙弥尼、学法女），并宣讲《十诵律》，申明受戒之法。梁武帝萧衍对他也非常器重，有关僧众的事情经常向他请教，并特许他可坐车进入内殿，为六宫授戒。僧祐门下僧俗徒众共有11 000多人，他经常为他们宣讲律典，共计70余遍。

僧祐对佛教文献的著录也有突出贡献。至齐梁时期，中国的佛教典籍已非常丰富。僧祐用自己所获布施，在修缮寺庙、开设无遮大会之外，还在定林、建初二寺营建般若台，造立经藏，此举在中国佛教史上具有开创性的意义。僧祐所编撰的《出三藏记集》（T2145）15卷，是中国现存最古老的佛教经录；《弘明集》（T2102）14卷则选录从东汉到萧梁宣传佛教教义的论著，也少量收录了一些反佛的文章，具有重要的历史文献价值。此外，他所编写的《释迦谱》（T2040）5卷乃是“抄集众经”而成的佛陀传记，在体例上独具特色。僧祐还有其他一些著述，如《萨婆多部相承传》、《十诵义记》等，可惜已佚失。

僧祐在佛教造像方面也颇有巧思。光宅寺的佛像、摄山大佛与剡县石佛，均由僧祐设计监制而成，庄严而华美。

齐梁时期，僧祐以律学和文史见称于世，他门下的弟子于律部之外，也都兼善经论文史。其中著名的有智藏、宝唱、刘勰等。

天监十七年（518），僧祐在建初寺逝世，葬在定林寺。

（范晶晶）

Sengyuan

僧远 Sengyuan（414～484） 中国南北朝时期高僧。擅长讲经，德行高尚，受到王公名士的一致推崇。

据《高僧传》卷八等记载，僧远俗姓皇，渤海重合（今山东临淄北部）人。祖籍为北地郡（今陕西富平），本姓皇甫，逃到山东避难，故而将姓氏简化为“皇”。僧远从小便喜欢佛法，16岁时想出家，但父母不许。他自此吃素诵经，昼夜不停，到18岁时才得以出家，奉山东一带的名僧道凭为师。僧远遍学数法经论，备晓大、小乘经典。到31岁时，他才开始在青州孙秦寺升座讲法。僧远言论清晰、神采斐然，四百多位听众都心悦诚服。

大明（457～464）年中，僧远渡江南下，住在彭城寺。他经常周济贫穷，身无余财。僧远曾路过青园附近，听说居民染上瘟疫，便上前照顾他们，将死者掩埋。孝武帝刘骏（453～464年在位）的宠妃殷贵妃去世，其子新安王刘子鸾为亡母立寺，即新安寺；武帝下令敕选名僧入住，僧远为其上首。

大明六年（462），朝廷下令沙门必须向王者致敬，僧远便告病隐居于定林山。宋明帝刘彧（465～472年在位）即位，请僧远为师，僧远不肯出山。此后，名士周颙、张融等人都来定林山拜访僧远，向他问学求道。昇明年间（477～479），僧远在小丹阳（今江苏南京）牛落山建立龙渊精舍。齐高帝萧道成（479～482年在位）受禅，两次上山拜访僧远，僧远都不为所动。到他生病时，文惠太子萧长懋、文宣王萧子良都数次前来探访，尊以师礼。卿士大臣也都络绎而来。永明二年（484），僧远圆寂。齐武帝萧赜（482～493年在位）、文宣王萧子良都写信褒美。

（范晶晶）

Sengzhao

僧肇 Sengzhao（388～418） 中国十六国时后秦高僧。曾参与鸠摩罗什主持的译场，辅助译经，并精通佛教义理，有数篇佛教论作传世，被认为是三论宗的第二祖。

据《高僧传》卷六等，僧肇为京兆（今陕西西安）人。少时家贫，以给人抄书为生，由此得以博观经史典籍。他服膺玄学，以老庄学说为修心要道。曾在阅读《道德经》时感慨道：尽管已经很好了，但关于如何涤除烦恼、到达至道之境，还没讲到点子上。之后读到旧译《维摩诘经》，极为叹赏、反复玩味，认为才算找到安身立命之所，故而出家为僧。僧肇广泛阅读各种佛经，尤其擅长《方等》类典籍，才20岁便已闻名于长安一带。当时许多僧人不远千里前来与他论辩，以求胜过他赢得盛誉。但僧肇才思敏捷、善于谈论，没有僧人是他的对手。

鸠摩罗什到达姑臧（今甘肃武威）后，僧肇前去拜师求学，鸠摩罗什对他十分欣赏。之后鸠摩罗什来到长安，僧肇也一同前往。鸠摩罗什翻译佛经时，姚兴（393～416年在位）命他与僧叡等人同入逍遥园，从事修正文字的工作。鸠摩罗什重新翻译《大品般若》，僧肇对照旧译，发现了一些错漏之处，于是咨询鸠摩罗什，撰《般若无知论》两千余字，得到鸠摩罗什、刘遗民、慧远等人的赏识。僧肇后来又著《不真空论》、《物不迁论》等，后人集《宗本义》与以上三篇为《肇论》（T1858）。他还撰有《注维摩诘经》（T1775），现存版本混入了鸠摩罗什、僧叡、道生等人的注，并为一些新译佛经写作序言，都流传于世。鸠摩罗什圆寂之后，僧肇追思不已，又作《涅槃无名论》，得到姚兴的认可。僧肇的论著对后世影响很大，唐代元康著有《肇论疏》，元代文才著有《肇论新疏》。

僧肇大大推进了当时僧俗人士对佛教义理的理解，被鸠摩罗什誉为"秦人解空第一"。他认为格义之法造成了对佛教"空"观的误解，前人谈空均"偏而不即"，还对"六家七宗"的一些学说进行了批判：本无宗即"本空"，心无宗旨在"空心"，即色宗则是"空外物"。而僧肇自称其学为"不真空"，就是"不真即空"，亦即法性空，这种思想对后来禅宗的发展影响很大。他破除了之前的一些偏执之见，主张体用一如、非无非有、即静即动之说，提倡般若、三论的中道思想。后人奉鸠摩罗什为三论宗初祖，僧肇为第二祖。

僧肇于东晋义熙十四年（418）在长安圆寂。

（范晶晶）

Sengzhe

僧哲 Sengzhe（约活动于7世纪） 中国唐代去印度求法僧人。澧州（今湖南澧县）人。据义净《大唐西域求法高僧传》卷下，自幼出家，唐高宗李治时从海路赴印求法。先到师子国（今斯里兰卡），然后到印度瞻礼佛教圣地。后回到东印度，到三摩呾吒国（在恒河下游一带，今印度西孟加拉邦及孟加拉国境内）。义净撰写《大唐西域求法高僧传》时（691）尚在世，年约40多岁。

（王邦维）

Shagongdaluo

《沙恭达罗》 *Abhijñāna-śākuntala* 印度古典梵语诗剧。迦梨陀娑的戏剧代表作，梵语戏剧文学的最高典范。全名为《凭表记认出沙恭达罗》。

《沙恭达罗》中译本封面

《沙恭达罗》为一部七幕剧。第一幕讲述国王豆扇陀狩猎时因追逐一只小鹿，来到一座风光旖旎的净修林中。他本想拜见干婆大师，却与后者的养女沙恭达罗不期而遇。正值妙龄的沙恭达罗本是绝代佳人，又洋溢着青春活力，因而楚楚动人，国王为之神魂颠倒，而沙恭达罗也对英武的豆扇陀一见钟情，含情脉脉。第二幕讲述国王因爱上沙恭达罗而无心狩猎，借口需要保护净修林而滞留不归，其心思是追求沙恭达罗。第三幕讲述沙恭达罗因堕入情网而面容憔悴，郁郁寡欢。沙恭达罗斜倚在一块铺满花朵的石头上，向两位一道修行的女友倾吐自己的内心秘密：她已爱上国王，但怕遭到拒绝。躲在一旁的国王听到她的表白正中下怀，于是前来吐露自己的情愫。两位女友借故离开，让他们享受爱情。第四幕讲述国王与沙恭达罗以一种传统方式自主结婚，之后返回京城。临别之际，国王将一枚镌刻着自己名字的戒指作为信物留下，许诺随后派人前来接沙恭达罗进宫。国王走后，沙恭达罗因思念国王而心不在焉，对一位前来造访的大仙视而不见，于是受到后者诅咒：沙恭达罗将被自己的情人遗忘，除非他再看到自己留下的信物。果然，国王回宫之后很久没有派人前来迎接妻子。此时，干婆回到净修林，决定将已有身孕的沙恭达罗送进宫中。沙恭达罗踟蹰不前，后依依惜别。剧作家以浓郁的诗情着力渲染这种离愁别绪，为剧情转变做了铺垫。第五幕为全剧的高潮，讲述沙恭达罗到京城面见夫君，但国王已将她忘得一干二净。沙恭达罗想起国王给她的信物，却发现指环已经失落。听着国王无礼的嘲讽，沙恭达罗痛斥他是卑鄙无耻的骗子。沙恭达罗惨遭国王遗弃，后被生母接回天宫。第六幕讲述一名渔夫在出售一枚带有国王名字的戒指时被捕，他是从剖开的鱼腹中获得这枚戒指的。国王见到此戒指后恢复记忆，不禁悲从中来，同时为自己的薄情而悔恨。第七幕讲述国王协助天神战胜恶魔后返回人间，在途经金顶山时邂逅自己与沙恭达罗的儿子婆罗多。夫妻相认，阖家团圆，皆大欢喜。

《沙恭达罗》剧本结构严谨，人物个性鲜明，语言优美清新，体现了印度传统味论诗学的审美原则。美国学者埃德温·杰罗曾发表长文《〈沙恭达罗〉的情节结构与味的发展》[载《美国东方学会期刊》第99卷第4期和第100卷第3期（1979～1980）]，对此予以详细论述。

季羡林据梵语原著翻译的《沙恭达罗》于1956年由人民文学出版社印行，赢得无数读者。嗣后，该剧在20世纪50年代和80年代被中国青年艺术剧院两度搬上舞台，产生巨大影响。

（刘建）

Shalan

沙兰,R. Rajesh Saran（1929.03.08～　）印度学者，中印文化交流友好人士。生于印度北方邦拉姆波尔。1946年7月毕业于阿拉哈巴德的古尔巴斯加尔学苑。曾获阿拉哈巴德及其他地方文化局的奖励。1948年7月～1952年7月就读于阿拉哈巴德大学，获硕士学位。1952年7月～1954年2月，任《新印度月刊》助理编辑，其间，曾任印度中国友好协会创始人P.森德拉尔的秘书，积极参与印中友好交流工作。通晓印地语、乌尔都语、英语及俄语。1954年4月23日受印度中国友好协会之聘，赴北京大学东语系讲授印地语课程。1961年11月21日与夫人V.沙兰返回印度。回国后，曾在中国驻印度大使馆工作多年。曾获中国政府颁发的“友好纪念章”。

（任筱可）

Shalan

沙兰,V. Vimla Saran（1930～1993）20世纪50年代首批赴中国北京大学学习的印度学者之一。返回印度后，在印度世界事务理事会图书馆任管理员，负责中国藏书。20世纪70年代早期，在尼赫鲁大学语言学院教授中文，与谭中、H.雷易共同推动了中文专业的发展。该专业发展成为印度首家中文教学机构，后更名为中国与东南亚研究中心。沙兰谙熟现代汉语，教授中文近20年。她关注和研究的领域是中国现代文学。其著作有《1956～1964年的中苏分裂：文献目录》(1956～1964，1971)、《1963～1965年涉华文件》(1963～1965，1971）等。1993年猝染疾病，不久去世。离世后，在其夫R.沙兰的提议下，尼赫鲁大学中国与东南亚研究中心设立了V.沙兰纪念奖章，每年授予中文硕士专业中成绩最好的学生。

（邵葆丽撰　王凌男译）

shamen

沙门 samaṇa　印度古代对出家人的称呼。samaṇa为巴利语，梵语作śramaṇa。意译“乏道”、“功劳”、“勤息”等。又译桑门、娑门、丧门、沙门那等。

佛教经典从宗教概念出发，从公元前6世纪左右开始，将沙门作为出家人的总称，包括一切与当时占统治地位的婆罗门思想相对立的自由思想家。这样的思潮和派别很多，佛教说有“十沙门僧团”、“六十二见”、“九十六外道”，耆那教说有“三百六十三见”。事实上，影响较大的只有佛教、耆那教、顺世派、生活派和不可知论派等。它们的共同特点是不承认婆罗门教的吠陀天启、祭祀万能和婆罗门至上的基本理论，反对种姓制度。沙门的生活方式与婆罗门亦不相同。他们释累辞家，四出云游，以求乞为生，并从事苦行和瑜伽修炼；或者以其知识行医治病，指看星象。他们摒弃婆罗门教的吠陀、梵书、奥义书等圣书，崇奉自己的经典，如佛教有“三藏”，耆那教有“阿笈摩”等。但是沙门与婆罗门也有不少共同之处，如除顺世派外，都接受轮回业报的理论，以出世解脱为人生目标，并认为禁欲苦修是克服自我、迅速悟道的有效手段等。佛教曾将沙门分为胜道沙门、示道沙门、命道沙门和污道沙门等四类。

（葛维钧）

shamen sichao

沙门思潮 śramaṇa　印度公元前6世纪左右出现的非婆罗门教或反婆罗门教的思想潮流。śramaṇa一词除音译为“沙门”外，还音译为娑门、桑门、丧门、沙门那等，意译为息、息心、静志、净志等，有勤修行以息烦恼之义。在印度泛指出家修道者，包括佛教内外的许多出家修行者。沙门思潮反对当时在印度思想界或社会中占主导地位的婆罗门教的主要宗教与哲学思想。不少这一思潮中的人物否定婆罗门教提出的梵一元论思想，否定因果报应理论。沙门思潮的种类极多。有些文献资料中说有数百种，有些说有数十种。其中较有代表性的是所谓“六师”，即当时有影响的6位思想家或新观念的代表人物，他们是：富兰那·迦叶、末伽梨·拘舍罗、阿耆多·翅舍钦婆罗、婆浮陀·伽旃那、散若夷·毗罗梨子、尼乾陀·若提子。沙门思潮中的重要人物在许多方面提出了与婆罗门教不同的观念，但多数人的思想并未流传下来或在历史上逐渐消失。在众多的沙门思潮流派中，后来形成了一些较大的印度哲学或宗教派别，其中持久发展并对印度后世文化产生重要影响的是佛教、耆那教和顺世论这3个派别。

中国古代的许多佛教文献中都有关于沙门思潮的记载。佛教对于六师等沙门思潮中影响较大的代表人物的理论有转述和批判。这些内容在汉译佛经及中国佛教徒写的著作中记述很多。黄心川在其《印度哲学史》(商务印书馆，1989）一书中的第4章中专门论述了沙门思潮的基本情况。

（姚卫群）

shami

沙弥 sāmaṇera　佛教称谓。指出家而未受具足戒的年轻僧人。sāmaṇera为巴利语，梵语作śrāmaṇera或śrāmaṇeraka。全称室罗末尼罗、室罗摩拏洛迦等，意译求寂、息慈、勤策男等。

“沙弥”一语转译自龟兹语（吐火罗语乙）。作为佛教用语，指佛教僧团（即僧伽）中，7～20岁出家并受过十戒（不杀戒、不盗戒、不淫戒、不妄语戒、不饮酒戒、离高广大床戒、离

学习佛理的小沙弥

花鬘等戒、离歌舞等戒、离金宝物戒、离非食时戒)，但未受具足戒的男子，实际为见习期的僧人，边劳作边学习佛理。过20岁而未受具足戒的，称“名字沙弥”。

(葛维钧)

shamini

沙弥尼 sāmaṇerī 佛教称谓。指出家而未受具足戒的女性年轻僧人。sāmaṇerī为巴利语，梵语作śrāmaṇerikā。

沙弥尼

全称室罗摩拏理迦，意译勤策女、息慈女等。作为佛教用语，指年少出家，受过十戒，但仍处于见习期的女僧。

(葛维钧)

Shamidixi

沙米的喜 (约活动于14世纪后半叶～15世纪前半叶) 古代印度古里国国王。据《明史》卷六《成祖本纪》二、卷三三一《西域列传》三，明永乐元年(1403)，明使尹庆奉诏抚谕古里国，沙米的喜派遣使臣来华“贡方物”。永乐三年，使臣抵达南京，入朝觐见，永乐帝封其酋长为古里王，并“赐印诰及文绮诸物”。此后年年进贡。郑和也曾数次到访其国。

(何赟)

Shache

莎车 Yarkhand 中国新疆绿洲城镇。位于塔克拉玛干沙漠南缘，昆仑山脉迤北。古代莎车城对中印关系很重要，在历史上曾是北印度与新疆地区之间的一个主要贸易场所。作为南疆主要商业中心，莎车曾是以丝绸之路闻名的贸易通道网络上的一个重要站点。

从印度次大陆北部拉达克地区的列城出发经喀喇昆仑山口通往莎车的线路，曾是旁遮普和克什米尔一带与这一地区进行贸易的商人们的首选线路。从列城到莎车的行程用时近一个月。当时，莎车的集市有不少来自印度的棉布、靛蓝、香料、茶叶、珊瑚和其他货物。银锭(元宝)、羊毛、毛毡、地毯、丝绸和其他一些货物则从莎车出口到印度。近代早期，在南疆所有城镇中，莎车的印度商人团队规模最大。当时在莎车的印度人主要是克什米尔商人，不过也有一些来自印度信德省(今属巴基斯坦)希卡布尔的生意人和放债人。大多数来自印度的商人在贸易季节前来这里，在冬季山口封冻之前离开，返回印度。其中很多人住在仅对他们开放的客栈里。不过，也有一些人成为永久居民，数代人在新疆安身立命。许多世纪以来，印度商人和印度货物在莎车集市中司空见惯。今日，有些地方还有“古尔迪亚尔客栈”和“克

莎车集市

什米尔巷”等名称，表明莎车与印度之间昔年的密切联系。

(玛妲玉撰 刘文亮译)

Shan Yun

山蕴 Shan Yun (1935.05.04～2003.04.17) 中国印度学学者、北京大学教授。山东黄县(今属烟台龙口)人。1954年9月从上海考入北京大学东语系印地语科，学习乌尔都语。1958年7月毕业，同年留校任教。长期从事乌尔都语的教学与科研工作，是北京大学乌尔都语专业的创建者之一。主持编写《基础乌尔都语教程》(共3册5本，1991)、《乌尔都语读本》(1997)和《乌尔都语语法》(2001)，建立了完备的乌尔都语教学体系。此外，译有《娼门叛女》(1990)、《乌尔都语文学史》(1993)等多部著作，撰有《近代乌尔都语诗歌一瞥》、《乌尔都语短篇小说掠影》、《论克里山·钱达尔的著名小说〈失败〉》、《论普列姆昌德》、《伊克巴

山蕴编译《乌尔都语文学史》封面

尔和他的诗歌》等10多篇研究乌尔都语言文学的文章。

(张忞煜)

Shancai Tongzi

善财童子 Kumāra Sudhana 佛教传说中人物。《华严经·入法界品》说，善财童子先在娑罗树林参拜文殊菩萨，接受文殊菩萨的指示南游，依次参拜五十三位善知识(包括菩萨及佛教长者)。其第二十八参是到普陀洛迦山参拜观世音菩萨，还看不出与观音有什么特殊关系。但后来观音在密教中被进一步神化，也在中国民间被汉化，善财童子成为观音身边的小徒弟。善财童子五十三参的传说经北宋大臣张商英(1043～1122)的推广，几乎家喻户晓。

善财童子像 中国北京法海寺壁画(局部)

张商英曾到五台山礼拜文殊菩萨。相传由他口述的《文殊指南图赞》图文并茂地讲述了善财童子五十三参的故事。这与宋代的密教信仰有关，因为当时五台山已经是密教的中心之一，文殊菩萨是五台山的主尊，也是密教中的大菩萨。这说明善财童子与文殊菩萨、观音菩萨都有密切关系。明代《西游记》等小说中，善财童子因观音而在民间有一定影响。

（薛克翘）

Shanjian Lü Piposha

《善见律毗婆沙》 *Samanta-pāsādikā* 印度佛教典籍。又称《善见毗婆沙律》、《善见律》、《善见论》、《毗婆沙律》。律部五论之一。南齐永明七年（489）由僧伽跋陀罗和僧猗在广州译出，今传18卷（T1462），未署原作者名。

据日僧凝然所著《八宗纲要》记载，《善见律毗婆沙》是《四分律》的注疏，这一说法可能源自汉地佛教。1896年，日本学者高楠顺次郎通过把《善见律毗婆沙》和上座部巴利律藏的注释书《一切善见》进行对比研究，认为《善见律毗婆沙》是《一切善见》的汉译本，否定凝然之说。巴利语本《一切善见》约成书于5世纪，是据古锡兰（今斯里兰卡）语注释书而译，内容包括外序、毗兰若因缘以及对巴利律藏的经分别、犍度、附随的注释。而汉译本中，犍度注释只保留巴利语本中大品和小品的很少部分。总体而言，汉译本的篇幅只有巴利语本的1/2左右，且越到后面省略越多，越难以与巴利本相吻合，可能是汉译本有编译的性质。毋庸置疑，《善见律毗婆沙》是一部属于上座部锡兰系统的律藏注释书，与巴利语本《一切善见》有许多相同之处，是中国古代汉译佛典中极少见的基于巴利语典籍的译著。

《善见律毗婆沙》分三大部分：第一部分（卷一至卷三）是外序，记述了佛灭后三次结集，阿育王派遣传道师至边国，摩哂陀至锡兰传教，以及律师谱系；该部分与巴利语本吻合处较多。第二部分（卷四至卷六）是毗兰若因缘，是对巴利律中经分别的简要介绍，不只涉及戒律，还以大篇幅解释各种佛法概念，与《清净道论》有许多重合之处。第三部分（卷七至卷十八）最为重要，对比丘戒、比丘尼戒、犍度进行注释，最后附有“大德舍利弗问优波离律行出品”。比丘戒中分四波罗夷、十三僧残、二不定、三十舍堕、九十二波逸提、四波罗提提舍尼、七十五众学、七灭诤。但与巴利语本相比，注释比较具足的只有比丘戒中的四波罗夷、十三僧残、二不定；比丘尼戒中只有波罗夷、僧残及波逸提有少量注释，其余部分并未注释。犍度部分的注释与巴利语本相比省略最多，且插入了不少与《四分律》相关的内容。据日本学者水野弘元考证，“大德舍利弗问优波离律行出品”为巴利律藏附随部分戒条问答的缩译本。

《善见律毗婆沙》译出后并未在汉地佛教中引起重视。目前发现的该律疏的古抄本最早的是故宫博物院所藏《善见律毗婆沙》卷十二写本，署名为“贞观廿二年十二月十日国诠写”，为唐代抄本。

（吴蔚琳）

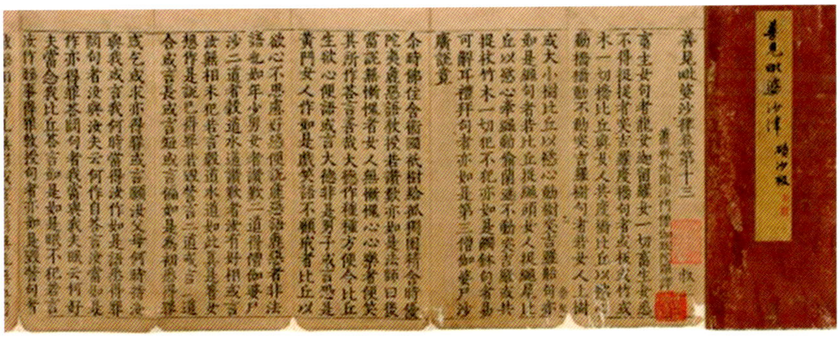

《善见毗婆沙律》书影

Shanwuwei

善无畏 Śubhakarasiṃha（637～735）印度来华僧人，译经家，中国佛教密宗的创始人之一。与金刚智、不空金刚并称开元三大士。又译净师子，音译成婆揭罗僧诃、输波迦罗。

据《宋高僧传》卷二、《开元释教

录》卷九、《玄宗朝翻经三藏善无畏赠鸿胪卿行状》等，善无畏为释迦牟尼叔父甘露饭王的后裔，属刹帝利种姓。其先人曾移居中印度，后因国难迁至乌荼为王。父亲佛手王见他具神姿、有德艺，10岁即令他统兵。13岁父亡，依遗诏继承王位。诸兄不服，起兵相争。平乱之后，厌世弃俗，让位于兄，决意出家。先至南印海滨，学习法华三昧，后又寄身商船，游历诸国，密修禅诵。由于他聪睿超群，不久便精晓五乘（人乘、天乘、声闻乘、缘觉乘、菩萨乘），深通三学（戒、定、慧），对于禅观和总持（即陀罗尼）也能穷源竟委，彻底掌握。此外，他还擅长艺术创作，娴于器物制造。

后善无畏到那烂陀寺，师从定学大师达摩笈多。后者授他总持瑜伽三密教，并主持灌顶仪式，使之为人天师，加三藏称号。在那烂陀寺期间，他亦曾往各地遍礼圣迹，如鸡足山、灵鹫山等。达摩笈多指出他同震旦（见中国）有缘，他遂秉承师命，前往中国传法。先经迦湿弥罗国（见罽宾）、乌苌国，到达西突厥领地，应可汗之请，讲《大毗卢遮那成佛神变加持经》。后以骆驼负载梵本佛经继续东行，路西州（治所在高昌，即今中国新疆吐鲁番东南的高昌故城），到玉门，当时已有唐使出塞迎候。唐开元四年（716）抵达长安，受到玄宗的礼遇和尊崇，依敕命住于兴福寺南院，不久再迁西明寺。同年，奉诏于西明寺菩提院译经。他请名僧参与译事。先译《虚空藏求闻持法》1卷，由沙门悉达译语，无著笔受并理顺文字。译毕呈送内殿，唐玄宗深加叹赏，后下敕将他所携梵本送藏内廷。此前曾有沙门无行入印求经，不幸卒于北印，其所获贝叶经

《中国密宗宝典》书影

由同行者带回后，皆藏于京都华严寺中。善无畏和一行禅师前往该寺，从中选得未译的重要密典数种。十二年，随玄宗去洛阳，奉诏于福先寺译《大毗卢遮那经》，由沙门宝月充译语，一行充笔受并负责删削及连缀辞理。由于该经足本长达十万颂，故只撮要译出，所得即《大毗卢遮那成佛神变加持经》(即《大日经》)7卷。后人品评译本“文质相半，妙谐深趣”。接着又翻译《苏婆呼童子请问经》3卷、《苏悉地羯罗经》3卷。除译经外，还传有《无畏三藏禅要》1卷，是他与嵩岳会善寺大德敬贤禅师讨论佛法的记录，讲述受戒忏悔和密教禅观。另有《大日经疏》(即《大毗卢遮那成佛经疏》) 20卷，系《大日经》译成之后，他应诸方之请对该经所做讲解，一行笔录，其内容所涉广博，行文明快畅达，原经义旨，无所不尽。

善无畏性爱恬适，常以静虑怡神，而于初入道者，则总是耐心奖劝。信徒称其形有如莲花，其言有如甘露。开元二十年，求还本国，唐玄宗下诏褒奖慰留。二十三年十月七日并足右卧，奄然去世，享年99岁。据称其身由于定慧所熏而不坏。二十八年十月，葬于龙门西山广化寺庭院内。唐肃宗乾元元年(758)，于塔院一侧建碑，由弟子李华撰《大唐东都大圣善寺故中天竺国善无畏三藏和尚碑铭并序》，沙门戒成书字，沙门恒秀书写碑额。李华还撰有《玄宗朝翻经三藏善无畏赠鸿胪卿行状》1卷存世。

（葛维钧）

Shanxing

善行 Shanxing（约活动于7世纪） 中国唐代去印度求法僧人。晋州（今山西临汾)人。据义净《大唐西域求法高僧传》卷下，唐高宗咸亨二年（671）随义净一起从海路到达室利佛逝，因患病而归国，年约40多岁。

（王邦维）

Shanyin Si

善因寺 Shanyin Temple 中国藏传佛教寺院。位于今内蒙古自治区锡林郭勒盟多伦县。别称西庙、青寺。清雍正五年(1727)，雍正帝以三世章嘉活佛·若贝多杰道行高超，在蒙古诸部影响广泛，特行遣官，发帑金十万两，于多伦诺尔（今多伦县）汇宗寺之西南里许，复建寺宇。雍正九年寺宇竣工，雍正帝敕名“善因寺”，赐“慈云广被”的匾额，并亲书“御制善因寺碑文”。由章嘉呼图克图呼毕勒罕主持，集会喇嘛，讲习经典，广行妙法。

善因寺庙仓

乾隆十一年（1746)，乾隆帝派钦差抵达多伦诺尔，赐汇宗寺“性海真如”匾，赐善因寺“智源觉路”匾，以示对多伦诺尔寺院的重视。

随着汇宗寺、善因寺之相继创建，多伦诺尔便成为漠南蒙古地区的藏传佛教中心，历代章嘉呼图克图则为总持内蒙古藏传佛教的大喇嘛。由此形成历代章嘉呼图克图夏季居住多伦诺尔善因寺、冬季居住京城嵩祝寺的惯例。

（尕藏加）

Shangjieluo

商羯罗 Śaṅkara (788～820) 印度古代哲学中吠檀多派哲学家。其哲学思想对后世影响极大。他生于南印度，属婆罗门种姓。早年随吠檀多派的思想家牧尊学习，对奥义书以来的婆罗门教哲学理论颇有造诣，创立了吠檀多派中最有代表性的学说体系。曾在印度各地游历，宣传自己的理论。最后死于北印度。

商羯罗继承和吸收了奥义书及《梵经》的思想，并直接继承和发展了吠檀多派思想家乔荼波陀的“不二论”学说，对传统的婆罗门教哲学主流理论作了进一步的梳理和改造，构筑了吠檀多派中最系统的“不二论”学说。

商羯罗认为，真实存在的仅是梵，梵是一切的根本，现象世界是梵的一种幻变。由于万有以梵为根本，因而梵也被认为具有最高神那样的力量，是无所不能的。他还认为，梵这种实体如同奥义书中的思想家所说的，是不能用世间人们认识一般事物的手段（如感觉、推理等）来把握的。对梵只有采用一种不断否定的方式才能真正体悟。

商羯罗虽然把梵看作是唯一真正实在的，但面对众多人们所认为实在的世间万象，他要进行实质性的否定仍要作一番详细论证。他认为，梵在本质上是唯一不二的，但由于人们对梵的理解不同而表现出有两种梵，一种是下梵，它是有限制的，有属性的，表现为神创造的具有不同名称和形态的世界（现象界）；另一种是上梵，它是摆脱一切条件因素的，无差别的，无属性的。在商羯罗看来，下梵和上梵的区分只是人主观认识的产物，在实际上，梵只有一个。

商羯罗的认识论学说与其本体论是紧密相关的。与其在本体论上提出的“下梵”和“上梵”的概念相对应，他在认识论方面提出了“下知”和“上知”的概念。商羯罗认为，把本来是唯一不二的无属性的梵看作是下梵就是无明，即“下知”，而把梵看作仅是无属性无差别的上梵则是真知，即“上知”。只有透过种种假象，看到一切事物背后只有梵（上梵）真实，才能获得至高至真的认识。

商羯罗的不二论思想也贯穿到他的

商羯罗像

解脱论之中。与“下梵”和“上梵”、“下知”和“上知”的概念相应，他把解脱亦区分为两种：一种是“渐解脱”，另一种是“真解脱”。渐解脱是在对下梵的信仰中产生的，由下知获得，这种解脱还讲人死后小我（灵魂）至梵界享乐，它还不是彻底的解脱；真解脱是在对上梵的信仰中产生的，是由上知获得的解脱（亦称“无身解脱”），这种解脱的实现虽然也要求遵从婆罗门教（印度教）的种种规定，履行种姓义务等，但主要的则是依靠修行者坚持“梵我同一”的观点，坚持不二论的思想。在商羯罗看来，人的本性是纯净的，真解脱仅在于消除无明，认识真我。

商羯罗在阐述其不二论时亦自觉或不自觉地吸收了佛教的一些思想，如佛教的“真谛”与“俗谛”理论中的一些成分、佛教中关于世间事物不实在的论证等。因而，商羯罗在印度历史上被一些人称为“假面的佛教徒”。但也应当强调，商羯罗理论形成的主要基础还是婆罗门教在古代的学说，主要是奥义书和《梵经》等中的思想，而不是佛教的理论。况且，有些一般被认为是属于佛教创立的学说，实际上不少是佛教从古代婆罗门教思想（特别是奥义书的思想）中吸取的，或是在借鉴婆罗门教思想的基础上创立的。因而，从这个角度看，商羯罗的不二论主要是婆罗门教思想家对自身理论进行改造、完善后所形成的产物。

商羯罗著有大量宗教哲学著作，主要有《梵经注》、《千说》、《五分法》、《我之觉知》以及对《薄伽梵歌》和《广林奥义书》的注释等。商羯罗的思想是历史上吠檀多派哲学的主流观念，对印度近现代的不少思想家有影响。他的著作在现代也引起中国学术界的重视，一些著作被译成汉文。孙晶曾翻译了商羯罗的重要著作《千说》，汉译名为《示教千则》（商务印书馆，2012）

（姚卫群）

Shangjieluo Mishiluo

商羯罗·弥尸罗 Śaṅkara Miśra（约活动于15世纪） 印度古代哲学中胜论派哲学家，《胜论经》注释《邬巴斯伽罗》的作者。他对《胜论经》的注释虽然不是最早的，但却反映出了当时胜论派思想家所理解的此派根本经典的主要思想。姚卫群在《古印度六派哲学经典》（商务印书馆，2003）一书中节译了他对《胜论经》的部分注释。

（姚卫群）

Shangjieluozhu

商羯罗主 Śaṅkarasvāmin（约500～560） 印度古代佛教论师，陈那新因明学的继承者。又称骨锁主、天主。“商羯罗”的意思是骨锁，相传大自在天为了教化众生而变现为形销骨立、骨节相连如锁的苦行者，因而又被称作“骨锁天”。商羯罗主的父母因没有子息而向骨锁天的神像祈祷，得子后起名为商羯罗主，即以此天为主的意思。商羯罗主著有《因明入正理论》。该论继承了陈那的新因明学系统，详细阐述了“因三相”的理论，以及因明论式中可能出现的33种过误等内容，为因明学门津。唐代的玄奘法师将其译为汉文本，另有藏文译本。关于商羯罗主的生平的记载极少，从其为陈那弟子方面推测，可能同属南印度，又其名中“商羯罗”为印度婆罗门教所崇奉的自在天之异名，推测其大概原属婆罗门种姓。然而由于资料缺乏，当前学术界对商羯罗主是否为佛教徒、是否确为《因明入正理论》作者，甚至此人是否真实存在等问题均有所争论。

（陈帅）

shangfan

上梵 param brahman 印度古代哲学中吠檀多派的概念。主要使用者为商羯罗。他认为，梵在本质上是唯一不二的，但由于人们对梵的理解不同而表现出对梵的不同体悟。他把那种人们体悟到的摆脱一切条件因素的，无差别的，无属性的梵称为上梵。中国现代有关印度哲学的教科书中通常论及此概念。姚卫群在其所著的《印度宗教哲学概论》（北京大学出版社，2006）一书中设有“吠檀多派”的专章，论及这一概念。

（姚卫群）

Shanghai

上海 Shanghai 中国城市。印度及印度人与上海的联系，可溯源于1842年第一次鸦片战争的直接后果。上海是中国被迫开放海上贸易的4个港口之一，当时业已开放的港口还有广州。很多外国商业公司将中国业务从广州—香港—澳门地区北迁至上海，其中就有若干印度商行。以印度孟买为基地的巴格达犹太商人D.沙逊是最杰出的印度商人之一。他将自己在中国的主要业务转移到上海。由他儿子创立的新沙逊洋行，也将业务集中在孟买与上海之间的贸易，洋行总部就设在上海仁济路5号。从19世纪70年代起，沙逊家族除主宰印度与中国之间的鸦片贸易外，也进口棉纺织品和印度棉纱。在20世纪早期，他

上海外滩

20世纪前期上海租界巡捕　其中右2、右3为锡克人

们的棉纱业务还超过了他们经营的鸦片销量。他们还利用上海不断扩张的商业生活，将自己的业务拓展到其他领域，如保险业、制造业、酒店业、建筑业和公共事业，雇用了数百名中国人。他们还拥有数家显赫的地产公司，如华懋地产公司、上海地产公司、远东地产公司等。上海一些地标建筑，包括在最有名的外滩的若干建筑，都是由沙逊家族建造和拥有的。这些建筑包括外滩著名的华懋饭店（即后来的和平饭店，如今的费尔蒙和平饭店）、华懋公寓（格罗夫纳公寓）、河滨公寓和国泰大戏院。另外一家早期在上海落脚的著名印度贸易商行，是塔塔家族的庚兴洋行。塔塔家族的族长J.N.塔塔在年轻时曾在中国度过两年，他在上海建立了其父经营的公司的分号。塔塔家族后来在上海拥有数家棉纺厂。

从19世纪40年代~20世纪40年代之间，印度与上海之间的一种显而易见的联系，就是印度籍警察在上海的存在。从19世纪80年代起，印度人（主要来自旁遮普省的锡克人）被上海工部局招募来巡查公共租界区。他们戴红色包头，仪表独特，一般被上海当地人称作“红头阿三”。有些饭店、商店、工厂和其他机构也雇用大量印度人担任私家看守人。起初，在上海的印度人大多是男性，但在20世纪早期，印度家庭和印中混合家庭的数量逐渐增加。在公共租界区，曾设有锡克教徒的若干礼拜场所和一座帕西人的圣火庙。到1945年，上海的印度人的数量在2 000~2 500人之间。在第二次世界大战结束时，由于战争造成大量民众流离失所和贫困，当时的英属印度政府决定从印度派船撤回所有印度侨民，只有很少一部分人拒绝离开。

中国改革开放以来，除香港外，上海再度逐渐成为印度人在中国的主要活动中心，在此地设立办事处的印度商务公司的数量不断增长。它们包括塔塔咨询服务公司、印孚瑟斯信息技术公司、维布络信息科技公司和印度国家信息技术学院一类信息技术公司，还包括拉森—图博、信诚工业公司、雷蒙公司、桑德兰紧固件公司和雷迪博士实验室一类从事制造的企业。越来越多的印度旅游者也前往上海游历。

（玛妲玉撰　刘文亮译）

Shanghai Songjiang Tang Jingchuang

上海松江唐经幢　Dharani Sutra Pillar at Songjiang　中国唐代经幢。上海地区现存最古老的地面石刻艺术品，也是国内现存层级最多的石质经幢。全称“佛顶尊胜陀罗尼经幢”，现位于上海市松江区中山小学内。建于唐大中十三年（859），1962~1964年曾予以大规模修复。经幢现存21级，高9.3米。自下而上，1~8级为基座，刻有海水纹、卷云、莲瓣、盘龙、蹲狮、菩萨等；9~10级为幢身，呈八棱形，刻有《佛顶尊胜陀罗尼经》并序，建幢铭文及捐助钱物人姓氏；11~21级为幢顶，有狮首华盖、卷云纹托座、仰莲托座及佛像、菩萨、天王、供养人等诸多浮雕。

清代老上海外滩

上海松江唐经幢

整座经幢形体伟岸，造型美观，布局规整，雕工细腻，线条洗练，神、人、兽、花均丰润传神，呈典型唐代艺术风格。1988年，该经幢被列为全国重点文物保护单位。

（王汝良）

Shaolin Si

少林寺　Shaolin Temple　中国著名佛教寺院。是中国最能体现中印佛教文化交流的寺院之一。

少林寺位于河南登封西少室山。建于北魏太和十九年（495）。北岳嵩山东为太室山，西为少室山。因少林寺处于少室山五乳峰下竹林之中，故名少林。

少林寺山门

少林寺塔林

北魏孝昌三年（527），印度僧人菩提达摩来到嵩山少林寺。正因为他的到来，少林寺开始名扬天下。

据僧传记载，菩提达摩为南印度一个国家的王子，放弃王位出家，后循海路到达中国。他先到金陵（见南京）会见梁武帝萧衍，后离开金陵北上，一度到过洛阳，后在嵩山落脚。他在少林寺的石窟中面壁坐禅9年，然后收徒传法。如今，少林寺的达摩洞即当年菩提达摩面壁坐禅的地方。唐代，中国佛教禅宗确立，追认菩提达摩为中国禅宗初祖。禅宗是印度佛教中国化的产物，与菩提达摩的思想与修行实践有一定关系。少林寺亦成为禅宗祖庭。

唐代初年，唐太宗李世民做秦王时，曾与地方势力作战，战斗中，他得到13名少林寺武僧的帮助。李世民当上皇帝之后，曾在少林寺立碑表彰少林武僧，此碑至今在少林寺中。经皇帝特许，少林寺僧可以习武，喝酒吃肉。从此，少林功夫又名扬天下。相传，少林功夫也与菩提达摩有很深的渊源。被誉为少林功夫之源的《易筋经》，相传就是菩提达摩留下来的。据说他去世以后留下了一个铁盒，里面装着两本书，即《易筋经》和《洗髓经》。

（薛克翘）

Shejieluo

奢羯罗 Śākala 印度古代地名。又译奢揭罗城、舍竭城、沙竭城、沙柯罗、沙竭等。即今巴基斯坦东北境之锡亚尔科特。奢羯罗之名早在史诗《摩诃婆罗多》中已可见到。它是古摩陀罗国都城，公元前4世纪遭马其顿人摧毁，1世纪后由希腊大夏王迪米特里欧斯重建。迪米特里欧斯为纪念其父，改城名为幼提德米亚。希腊印度王弥兰陀亦曾以此为都，并与那先比丘讨论佛法。据称该城城防坚固，亦为重要贸易中心。公元6世纪，嚈哒国王摩醯逻矩罗亦都于此。今此地有锡克教始祖那纳克陵墓。

中国唐代高僧玄奘访印时所见该城已经残破，称：“……奢羯罗故城，垣堵虽坏，基趾尚固。周二十余里，其中更筑小城，周六七里。居人富饶，即此国之故都也。数百年前，有王号摩醯逻矩罗（唐言大族），都治此城，王诸印度。”又记曰：“奢羯罗故城中有一伽蓝，僧徒百余人，并学小乘法。世亲菩萨昔于此中制胜义谛论。其侧窣堵波，高二百余尺，过去四佛于此说法。又有四佛经行遗迹之所。伽蓝西北五六里，有窣堵波，高二百余尺，无忧王之所建也，是过去四佛说法之处。”关于摩醯逻矩罗残酷征战、毁灭佛法的故实，玄奘在其《大唐西域记》卷四中亦有生动记述。

（葛维钧）

Shemini

阇弥尼 Jaimini（约活动于前2世纪）印度古代哲学家，六派哲学中弥曼差派的创始人，《弥曼差经》的作者。生平不详。现存《弥曼差经》中包含后人加入的成分，不全为其所作。

根据现存《弥曼差经》中较早的部分，阇弥尼主张“声常住论”。此处的“声”主要指吠陀的言语。它是先天本有，常住不灭的。阇弥尼论证“声常住论”的主要根据是：如果声不是常住的，而是刹那生灭的，那么人们之间就无法进行正常交流，听话者就无法理解说话者的意思。此外，声与其意义的联系是常住的，声（相同事物的总的名称）表示类，个别的事物会有生灭，但事物的类没有生灭，表明这事物类的声或言语常住永在。

阇弥尼考察了获得正确认识的方式，强调吠陀圣教的可靠性。认为对于感觉不到的东西，可以相信吠陀圣教的说法，相关的言语是正确的。

阇弥尼在论证吠陀的神圣性和祭祀的有效性时提出了“无前”（在做祭祀前不存在，做祭祀后才产生的一种力量）的观念，认为在祭祀行为和果报之间起作用的主要是“无前”，而不是神。

阇弥尼的理论使弥曼差派表现出了一种无神论的倾向。后来的弥曼差派思想家一般都沿着这一方向更为明确和激烈地批驳有神论。其基本出发点就是为了维护吠陀的权威。

阇弥尼创立的弥曼差派理论在古代也随佛教传入中国。佛教文献中有不少对弥曼差派思想进行批驳的内容。阇弥尼的《弥曼差经》的部分内容在中国被节译成汉文。姚卫群在《印度哲学》（北京大学出版社，1992）一书中节译了阇弥尼的《弥曼差经》的部分内容。还在其所著的《印度宗教哲学概论》（北京大学出版社，2006）一书中设有“弥曼差派”一章，论及了阇弥尼及其思想。

（姚卫群）

Shenajueduo

阇那崛多 Jñānagupta（527～604/523～600） 印度来华僧人，译经家。意译德志。 565

据《续高僧传》卷二、《开元释教录》卷七等，阇那崛多为北印度犍陀罗人，属刹帝利种姓。其父为当朝宰相，育有五子，而以他最幼。阇那崛多早发道心。父母见其度量不凡，遂允其出家，归投本国大林寺，师从专修定业的阇那耶舍和精通律藏的阇若那跋达啰等高僧。27岁受戒，后随师游方弘法，先到迦毕试

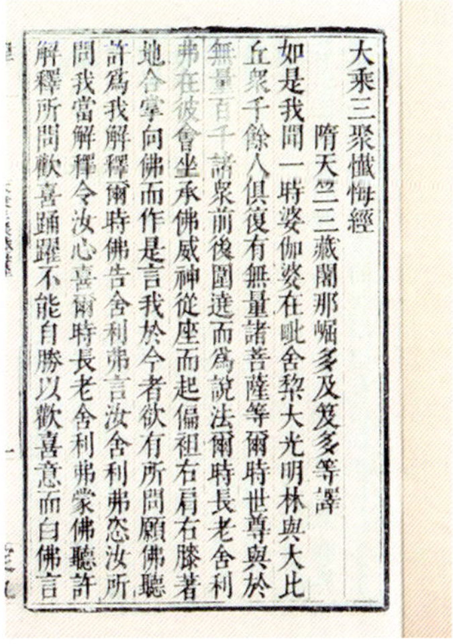
大乘三聚懺悔經
隋天竺三藏闍那崛多及笈多等譯
如是我聞一時婆伽婆在毗舍離大光明林與大比
丘衆千餘人俱復有無量諸菩薩等爾時世尊與於
無量百千諸衆前後圍遶而為說法爾時長老舍利
弗在彼會坐承佛威神從座而起偏袒右肩右膝著
地合掌向佛而作是言我於今者欲有所問願佛聽
許為我解釋爾時佛告舍利弗言汝舍利弗恣汝所
問我當解釋令汝心喜爾時長老舍利弗蒙佛聽許
解釋所問歡喜踴躍不能自勝以歡喜意而白佛言

阇那崛多、笈多等译《大乘三聚忏悔经》书影

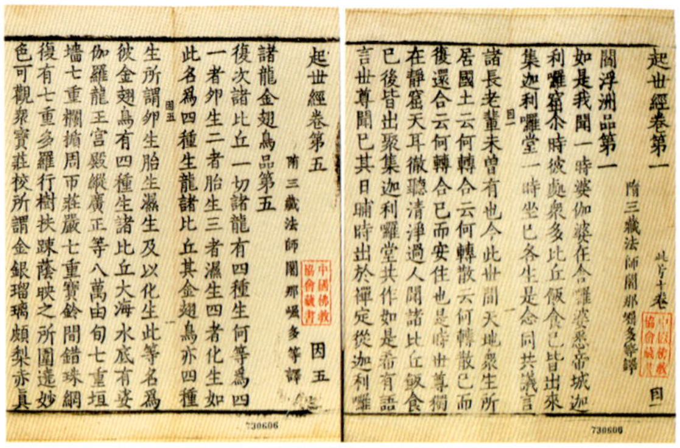
起世經卷第一 此方十卷 因一
隋三藏法師闍那崛多等譯
閻浮洲品第一
如是我聞一時婆伽婆在舍囉婆悉帝城迦
利囉窟爾時彼處衆多比丘飯食已皆出來
集迦利囉堂一時坐已各生是念同共議言
諸長老輩未曾有也今此世間天地衆生所
居國土云何轉合云何轉散云何轉散已而
復還合云何轉合已而安住也是時世尊獨
在靜窟天耳徹聽清淨過人聞諸比丘飯食
已後皆出聚集迦利囉堂共作如是希有語
言世尊聞已其日晡時出於禪定從迦利囉
中國佛教協會藏書
730606

起世經卷第五 因五
隋三藏法師闍那崛多等譯
諸龍金翅鳥品第五
復次諸比丘一切諸龍有四種生何等為四
一者卵生二者胎生三者濕生四者化生如
此名為四種生龍諸比丘其金翅鳥亦四種
生所謂卵生胎生濕生及以化生此等名為
彼金翅鳥有四種生諸比丘大海水底有娑
伽羅龍王宮殿縱廣正等八萬由旬七重垣
墻七重欄楯周帀莊嚴七重寶鈴間錯珠網
復有七重多羅行樹扶疎蔭映之所圍遶妙
色可觀衆寶莊挍所謂金銀琉璃頗梨赤真
中國佛教協會藏書
730606

阇那崛多译《起世经》书影

国，再逾大雪山（今兴都库什山）至厌怛国（由白匈奴所建，都城在今阿富汗北部法扎巴德）、于阗国（今中国新疆和田）、吐谷浑国（在今中国甘肃南部、青海一带），抵达鄯州（州治在今中国青海乐都），同行10人大半亡没，只余4人。北周武成（559～560）年间到达**长安**，住**草堂寺**。周明帝对之殊礼有加，常延请诸僧到皇宫后园共论佛法，并造四天王寺，以便他们徙住译经。阇那崛多等在这里译出了《十一面观世音神咒经》、《金色仙人问经》等。不久，谯王宇文俭前往蜀地负镇守之责，阇那崛多应邀同行，住龙渊寺，作益州僧主3年，并译出《观音偈佛语经》。周武帝于建德（572～577）年间推行废佛政策，焚毁经像，迫令沙门还俗，并下诏将他召回京城，诱以重爵厚禄，逼使其改行儒礼。他抵死不从。武帝感于他信仰贞固，将他放归。他于是北行，经甘州（州治在今甘肃张掖），抵达突厥领地。同行二师相继去世，他在孤寂中遇到僧人宝暹、道邃等10人。他们刚从西域寻获梵本260部返回，遂与阇那崛多共同习禅译经。隋建立后，佛教复兴，宝暹等先行返回，于隋开皇元年（581）冬季到达京城长安，住**大兴善寺**。开皇五年，该寺沙门昙延等30余人因译经困难，奏请隋文帝召还崛多。阇那崛多随使返至**洛阳**时得文帝接见，颇受礼遇。入长安后即住大兴善寺译经。皇室对于译场工作十分重视，派居士高天奴、高和仁兄弟同传梵语，委任僧休、法粲、法经、慧远等10位大德沙门铨定宗旨，监掌译事，沙门明穆、**彦琮**等重对梵本，再审复核，整理文义。此时阇那崛多梵、汉俱娴，助译和笔受等工作已较省力。**那连提黎耶舍**去世（589）后，他成为唯一权威。当时参与翻译工作的还有婆罗门僧**达摩笈多**。达摩笈多饱有学识，为人谦和，遇事每抑己扬人，而阇那崛多虽声望过之，但有深义不明，仍肯虚心求问。隋仁寿（601～604）末年，他因累于尘俗之事，无法立足京城，只好东行瓯闽。在那里继续诚心弘教，为益一方，士庶道俗，无不钦重。后在那里去世，享年78岁；另有一说他逝于开皇二十年。后世对他评价甚高，称他“道性纯厚，神志刚正，爱德无厌，求法不懈，……三衣一食，终固其诚，仁济弘诱，非关劝请”，能以榜样弘法，故备受世人景仰。他所译经还有《添品妙法莲华经》（与达摩笈多共译）7卷、《**佛本行集经**》60卷、《起世经》10卷、《大法炬陀罗尼经》20卷、《佛华严入如来德智不思议境界经》2卷、《大方等大集经贤护分》5卷、《不空罥索咒经》1卷、《大威德陀罗尼经》20卷、《发觉净心经》2卷、《入法界体性经》1卷等，据称共37部176卷；另有39部192卷一说。后世评价其译笔“理教圆通，文义俱畅”。

（葛维钧）

Shenayeshe

阇那耶舍 Jinayaśas（约活动于6世纪）

印度来华僧人，译经家。又称耆那耶舍，意译藏称、胜名。据《**续高僧传**》卷一、《**开元释教录**》卷七等，阇那耶舍为古印度**摩揭陀**禅师，北周（557～581）时携二弟子**耶舍崛多**、**阇那崛多**入华，于长安旧城四天王寺从事译经。先后译出《大方等大云经请雨品》、《定意天子问经》等，沙门圆明、道辩以及城阳公萧吉等笔受。

（葛维钧）

Shetisina

阇提斯那（约活动于六七世纪） 印度来华僧人。据《**续高僧传**》卷二十六等，阇提斯那为中天竺**摩揭陀**人，学通群藏，兼习艺术，复多异能，有名于世。据传其国忽发地震，开裂处现一石碑，上有文字称东方震旦国隋朝崇尚三宝，起舍利塔。遂招募道俗五十余人，前往中国。道路漫长艰险，加上盗贼杀掠，辗转行走9年，至隋仁寿二年（602）方才到达。同行大多折损，仅余数人。隋文帝款待甚周，但有厨师以酒酵和面，多时不起。问他原因，他说此物本不能食。后依他的指示，仅用白水和面，反而发酵成功。后皇后去世，空中忽发乐音，且有异香飘来。文帝问他缘由，他称西方有名叫阿弥陀的净土，如今皇后往生，这是天神们正在欢迎她。文帝奇其识鉴，赐他绵绢二千余段。他辞而不受。后被迫受之，便将它们散施给各地。

（葛维钧）

sheli

舍利 sarīra 佛教称谓。指圣者去世后的遗骨。sarīra为巴利语，梵语作śarāra。又译实利、设利罗、室利罗等。

丝瓦离尊者舍利

“舍利”一词为巴利语或梵语音译，意为“身体”、“身躯”、“骨骼”，乃至死后的身骨。此词见于佛典，专取其最后一意并加以神圣化，指佛教中包括**释迦牟尼**在内所有修行卓越者去世后的遗骨，或称灵骨。通常是香木焚尸所得的骨灰，其中有些为坚硬的珠状物，据说是戒、定、慧薰修的结果，甚是难得。舍利分骨、发、肉三种，分别为白、黑、赤色。**菩萨**和**阿罗汉**焚化后可以三种俱得。又有全身舍利和碎身舍利的不同。佛陀的舍利是碎身。据说他的舍利坚韧无比，捶击不破。佛经中非信徒做此尝试，结果遭到报应或惧而皈依的故事不少。此外还有一种“法身舍利”，喻指一切大小乘佛教经卷。

（葛维钧）

Shelifu

舍利弗 Śāriputra（约活动于前6世纪）

佛陀十大弟子之一。又译舍利弗多罗、奢利富多罗、舍利补怛罗等，意译鹙鹭子、鸲鹆子，又半音半意译作舍利子、舍梨子。

舍利弗生于摩揭陀王舍城城郊的那罗陀村，从其母得名。其母为婆罗门论

舍利弗塑像　中国敦煌莫高窟第46窟

师摩陀罗之女，由于眼似舍利鸟而名舍利。舍利弗即“舍利之子”之意。据称其自幼形貌端严，长成后学会诸般技艺，通晓四吠陀经典，且辩才无碍，为乡里族人所服。年少之时，曾与邻村的目犍连结交，相约出家学道。先入外道六师之一的散若夷·毗罗梨子门下，7个日夜即会通其教旨，致使会众250人一致奉其为上首。然而舍利弗犹感未能尽得解脱之道。当时佛陀成道未久，住于王舍城竹林精舍。弟子马胜入城乞食，舍利弗见其威仪端正，行步稳重，遂与之同往听法，后诚心归服，邀目犍连一同改宗佛教，并带去了前述250名师兄弟。归佛后常随佛陀到各地游化，不久即以聪明胜过其他徒众。《大智度论》说：“一切众生智，唯除佛世尊，欲比舍利弗，智慧及多闻，于十六分中，犹尚不及一。”由此被誉为佛弟子中“智慧第一”。他还精通外典，故能在与婆罗门等外道的辩论中屡屡取胜。又尝代佛说法，辅翼左右，深为佛陀倚重，在僧伽中渐居上首地位。舍利弗曾受未来成佛之记。《法华经·譬喻品》说佛陀预言他在“供养若干千万亿佛”之后，当于未来之世作佛，号“华光如来”。后舍利弗与目犍连听到佛陀向诸比丘预言自己将在三个月后涅槃，由于不忍亲眼见这一时刻，便向佛请求先行入灭，获得允许。又有传说称，目犍连被外道用瓦石击伤，舍利弗得知此事，不忍见其去世，且知佛将涅槃，遂求得佛陀允许，与弟子同返故乡那罗陀，不久罹疾涅槃。7日后火化，遗骨衣钵葬于祇园，舍卫城长者须达多为之建塔。

（葛维钧）

Shelifu Zhuan

《舍利弗传》 *Śāriputra-prakaraṇa* 古代印度戏剧。作者马鸣。该戏剧残卷于1910年在中国新疆吐鲁番发现，卷末标有“金眼之子马鸣”字样，因而得以辨识作者。剧有9幕，写舍利弗和目犍连皈依佛教的故事。情节为：婆罗门青年舍利弗见到佛教比丘马胜以后，同自己的门人谈起此事。后者认为一个婆罗门不应服膺于一个刹帝利，也即佛陀（见释迦牟尼）。舍利弗不以为然，说即使是低等种姓提供的药物，同样也能治病。他的好友目犍连问明原委后，与他一起归信了佛陀。佛陀预言他们将成为自己最有智慧和最有神通的弟子，并与舍利弗进行了哲学对话。该剧体裁韵散相间，不同人物使用不同的语言——地位高的人说梵语，地位低的人说俗语。

彩绘舍利弗胸像

剧本还有上、下场的提示。剧末有祝福诗。马鸣笔下，印度古典梵语戏剧的基本特征已经具备。

（葛维钧）

Sheliyuemo

舍利越摩 Śārivarma（约活动于8世纪）

印度来华使团人员，僧人，重要佛经梵文原本的提供者。

据《宋高僧传》卷三、《贞元新定释教目录》卷十七等，三藏舍利越摩为罽宾人，唐天宝九载（750）与大首领萨婆远干来到中国长安，请派使节。翌年，朝廷遣中使张韬光率40余人使团去罽宾，当时还是俗人的悟空随同前往，取道安西（在甘肃西北部）及西域诸国，于天宝十二载到达罽宾东都城犍陀罗。使命完成后，悟空患病，无奈滞留当地，遂发愿若能痊愈，必当出家。后依愿投舍利越摩门下，落发为僧。唐至德二年（757），悟空受具足戒，在印巡历数年后，拟返中土。舍利越摩经其再三请求后方才同意，并亲自授其梵本《佛说十地经》、《佛说回向轮经》、《佛说十力经》和佛牙舍利1颗。悟空回国路经龟兹（今中国新疆库车一带）时，居莲华寺，遇善于传译的三藏法师勿提提羼鱼，后者应请将《佛说十力经》1卷译出。再至北庭（治所在今新疆吉木萨尔北破城子），应节度使杨袭古与龙兴寺沙门大震之邀，与于阗（今新疆和田）三藏尸罗达摩（意译戒法）合作，译出《佛说回向轮经》1卷和《佛说十地经》9卷。尸罗达摩为译主，悟空充证梵文兼度语。后所译诸经在唐贞元十五年（799）奉敕编入《贞元新定释教目录》。

（葛维钧）

Shetoujian Taizi Ershiba Xiu Jing

《舍头谏太子二十八宿经》 *Prince Śārdūlakarṇa's Twenty-eight Constellations Scripture* 论述古代印度天文学知识的汉译譬喻类佛经。译者为中国西晋竺法护（T1301）。因其记录的故事生动有趣，且含有古代星占内容，该经得以流传逾千载，受到现代学者的广泛关注。此经拥有众多的平行文本，涉及文字有梵文、汉文、藏文、回鹘文等，年代跨度从4世纪到19世纪。根据梵文和藏文

题名，可直译为《虎耳譬喻经》。《舍头谏太子二十八宿经》题名中的“舍头谏”是**往世书**故事中旃陀罗王子的梵文名的音译，意译即“虎耳”。

中国新疆出土的《虎耳譬喻经》梵文残卷有两种：俄罗斯圣彼得堡藏梵文残卷StP: SI_1942，用婆罗谜字体约写于4世纪，包含了大部分的占星内容；英国牛津大学图书馆所藏韦伯写本，根据字体、纸张、内容判断，属于圣彼得堡写本的前一部分。中国甘肃**敦煌**出土了《舍头谏太子二十八宿经》汉文本的3个残卷，即S.6024、S.1648、俄藏Дx0059，三者可以缀合。

《舍头谏太子二十八宿经》是《虎耳譬喻经》诸文本中现存最早、包含丰富星占内容与完整故事情节的文献。其星占内容涉及每宿的星数、广度等特点，两分两至、牟呼栗多名号，度量衡、宿日生辰占卜、宿日建城占卜、宿日卜雨占卜、星宿分野等。与《**摩登伽经**》用中国本土的词汇去对译印度天文学术语不同，《舍头谏太子二十八宿经》对术语的翻译多采用直接意译，其中**二十八宿**的名字译为“名称”、“长育”、“鹿首”等，而非中土常见的昴宿、毕宿、觜宿等词，这是该经翻译的一个特点。

（周利群）

Shewei Cheng

舍卫城 Śrāvastī 印度古代佛教圣地。公元前6世纪**憍萨罗**都城。6世纪时基本消亡，1862年被英国考古学家A.坎宁安发现。经考证，该城位于今印度北方邦东北部拉普提河沿岸沙赫特（今贡达县）和马赫特（今巴赫赖奇县）的交界处。巴赫赖奇和贡达两县的成功发掘造就了今什拉瓦斯蒂县，该县以宾加为首府。舍卫城距北方邦首府勒克瑙150千米。

人们对古代舍卫城的起源所知不多。据《毗湿奴往世书》记载，该城由甘蔗族国王室罗伐悉塔建于阿特多伐底河畔。南传上座部巴利语系佛教著述家觉音在巴利三藏中写到，此地因仙人舍卫陀曾在此居住而得名舍卫城。另有一处巴利经文提到，舍卫城之所以得名（字面义为“一切有”），因其作为憍

舍卫城遗址一角

萨罗国的都城，拥有大量人口和巨大的市场，可满足人们消费和娱乐的全部需求。

舍卫城被认为是佛陀时代最富饶的城市之一，与其他五大城市有商道相连。其中，从舍卫城到**王舍城**的线路最为著名，贸易活动最为频繁。据梵文佛经《**天譬喻经**》记载，这条商路贯穿塞达提亚、沙祇、**迦毗罗卫**、**拘尸那迦**、波婆、帕格纳加尔、**吠舍离**等古城。中途横跨**恒河**，渡河船只由阿阇世王治下吠舍离的**离车族**或**摩揭陀**的统治者安排。另有一条连接舍卫城与西南印度萨陀伐诃那王朝都城派坦的商路，贯穿沙祇、**憍赏弥**、毗地沙、瞿那随、乌贾因和摩喜施末底。

关于舍卫城的记载，多为憍萨罗国时期该城与佛教和**耆那教**的联系。佛陀（见**释迦牟尼**）曾在此地度过24个雨季。著名的**祇园精舍**也建于此地，由当地富商给孤独（即**须达多**）献于佛陀。精舍宏伟的大门由祇陀太子建造。另有一座著名的寺院由毗舍佉鹿子母修建，**目犍连**监工，因位置临近舍卫城东门，被称为东园精舍。波斯匿王还在此地修建了一座尼庵。应摩诃波阇波提夫人的请求，佛陀曾在该城宣讲《中部》经文。实际上，佛陀在舍卫城所宣讲的经文和本生故事是最多的。此外，令人畏惧的杀人魔王指鬘在这里皈依佛教。

法显和**玄奘**先后于5世纪和7世纪造访舍卫城，均发现这座城市的迅速没落。他们辨认出了巴利文经文中提到的大部分地方。玄奘还在该城东大门发现了阿育王建造的窣堵波和石柱。

舍卫城也是著名的耆那教圣地，被称作鹰城、明月城和宝石城。与耆那教第三位祖师生主和最后一位祖师**大雄**颇有渊源，后者曾在此地度过数个雨季，其追随者中包括憍萨罗国的波斯匿王。据耆那教经典记载，城中的许多商贾、皇族都皈依了耆那教，其中包括著名商人纳迦杜塔和克敌王之子鹿旗。生主寺及其他耆那教建筑揭示了此地与耆那教的密切联系。10～11世纪，该城被孔雀旗、天鹅旗、鳄鱼旗、苏陀瓦旗、苏赫利旗等一系列信奉耆那教的国王所统治。

（卡马尔·希尔撰　王凌男译）

Shedejiamoluo

《社得迦摩罗》 *Jātaka-mālā* 用古典梵语大诗体撰写的譬喻经。约问世于4世纪。作者圣勇，生平不详。或意译为《本生鬘》。包含34则佛本生故事。佛在前世，无论是身为国王、婆罗门、苦行者、猴子还是兔子，都心怀大慈大悲，同情陷入困境乃至绝境的众生。故事也生动描绘了古代印度从国王到平民、从城市到乡村的文化生活。主旨在于宣扬“波罗蜜”，即通过**布施**、持戒、**忍辱**、精进、**禅定**和**智慧**等途径取得**佛性**。其中绝大多数故事，如《尸毗王本生》、《兔子本生》、《老虎本生》等，可见于此前佛典。在语言上属于古典梵语大诗。诗歌技巧娴熟，韵律运用自如，修辞手法丰富，语言简洁凝练，散文部分明白晓畅。是举世公认的佛教文学经典。

义净在《**南海寄归内法传**》中说，此书与**龙树**《密友书》，以及《观世音经》、《佛遗教经》、《孝经》等类似，

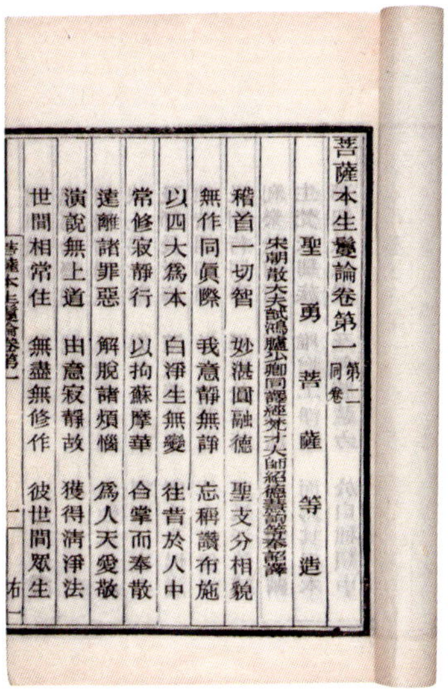
菩薩本生鬘論卷第一 第二同卷
聖勇菩薩等造
宋朝散大夫試鴻臚少卿同譯經梵才大師紹德慧詢等奉詔譯
稽首一切智 妙湛圓融德 聖支分相貌
無作同眞際 我意靜無諍 忘稱讚布施
以四大爲本 自淨生無變 往昔於人中
常修寂靜行 以拘蘇摩華 合掌而奉散
遠離諸罪惡 解脫諸煩惱 爲人天愛敬
演說無上道 由意寂靜故 獲得淸淨法
世間相常住 無盡無修作 彼世間衆生
菩薩本生鬘論卷第一 一

《菩萨本生鬘论》清刊本书影

文藻秀发，意在教化：“社得迦摩罗亦同此类。若译可成十余轴。取本生事，而为诗赞，欲令顺俗妍美，读者敬爱，教摄群生耳。时戒日王极好文笔，乃下敕曰：‘诸君但有好诗赞者，明日旦朝，咸将示朕。’及其总集，得五百夹。展而阅之，多是社得迦摩罗矣。方知赞咏之中，斯为美极。南海诸岛有十余国，无问法俗，咸皆讽诵。如前诗赞，而东夏未曾译出。”由此看来，在佛教鼎盛时期，《社得迦摩罗》风行于印度及南海诸国，而且业已成为一种书的类名。在印度**阿旃陀石窟**，一些表现佛本生故事的作品上面题写着圣勇的话语。在印度尼西亚中爪哇，规模宏大的佛教建筑婆罗浮屠，以浮雕形式再现了《社得迦摩罗》所包括的34则故事。

中国现存汉译佛经中，有一部《菩萨本生鬘论》，计16卷。据元代《**至元法宝勘同总录**》卷九记载，梵文原本前4卷为圣勇造，后12卷为寂变、圣天造。宋代熙宁年间（1068～1077），由中国僧人绍德、慧询等合译为汉语。但此书内容与上述圣勇独著的《社得迦摩罗》原本差异很大，除归在圣勇名下的几卷是故事外，其余各卷大多是阐述佛理的论文。

（刘建）

《尸毗王本生》北魏时期　中国甘肃敦煌莫高窟第25窟壁画

Shehui Jinhualun

《社会进化论》 *The Human Cycle* 印度现代哲学家奥罗宾多有关社会发展理论的著作。1916年8月～1918年7月，**奥罗宾多**于《雅利安》杂志上发表了一组文章，题为“社会发展心理学”。后来，这组文章经修改，于1949年以专著形式出版，易名为《社会进化论》。也有人把它译为《人类循环论》。该书研究了人类历史的发展过程，以及影响历史发展的各种因素，包括政治、经济和心理因素等。它强调心理或思想因素的重要性，它按照人类心理发展或思想发展的水平，把人类整个历史划分为六个阶段——象征时代、典型时代、成俗时代、个人主义时代、主观时代和精神化时代。奥罗宾多预见，人类发展的未来前景必将是“精神化的时代”。在那个时代，人与人在共同精神的基础上达到统一，相互尊重、相互友爱，幸福和谐地生活。国家与国家之间也将在同一精神的基础上实现统一，相互合作、相互帮助，平等和平地相处。该书内容在中国出版的朱明忠著《奥罗宾多·高士》(1994)、黄心川著《印度近现代哲学》(1989)，以及孙晶、朱明忠著《印度吠檀多哲学史》(2013）等书中有详细的评述。

（朱明忠）

Shegong

涉公 Shegong（？～380） 西域僧人。又名僧涉。据《**高僧传**》卷十、《**晋书**》卷九五、《**法苑珠林**》卷六三，涉公为西域人，不知何姓。年少时即为沙门，善吐纳之术，不食五谷，却能日行五百里；能预测未来之事，所言必中；又能用密咒请神龙降雨。前秦建元十二年（376）来到长安，深受君主苻坚器重。据说苻坚奉他为国神，每遇旱情，常请他降龙于钵中，随之即有大雨。士庶皆服其神异。建元十六年十二月无疾而终。传说7日后开棺检视，尸骸已经不见。

（葛维钧）

She Dacheng Lun

《摄大乘论》 *Mahāyāna-saṃgraha* 印度佛教典籍。作者**无著**。大乘瑜伽行派的重要论典，汉传唯识宗的瑜伽十支论之一。该论与《阿毗达磨大乘经》关系密切，**真谛**、**达摩笈多**、**玄奘**译本篇末结句均称该论系《阿毗达磨大乘经·摄大乘品》的注释，而佛陀扇多译本以及藏译本无此句，似以此论为全经注释。《阿毗达磨大乘经》早已佚失，玄奘西行天竺时亦未寻获此经，其部分引文散见于瑜伽行派的论书之中。

《摄大乘论》尚未发现梵文本，唯有汉译本与藏译本存世。汉译有4种，分别为：佛陀扇多译2卷（T1592）、真谛译3卷（T1593）、玄奘译4卷（T1594），以及达摩笈多等所译**世亲**释中所含的该论（T1596）。藏译本（D4048）约成于9世纪，近现代就藏译本的研究和翻译颇多，吕

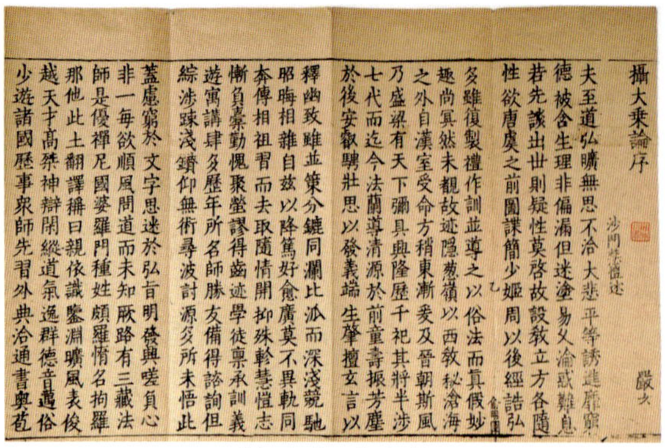
攝大乘論序
沙門慧愷述
夫至道弘曠無思不洽大悲平等誘進靡窮
德被含生理非偏漏但迷塗易久淪惑難息
若先誘出世則疑性莫啓故設教立方各隨
性欲唐虞之前圖諜簡少姬周以後經誥弘
多雖復製禮作訓並導之以俗法而真假妙
趣尚冥然未覩故迹隱蔥嶺以西教秘滄海
之外自漢室受命方稍東漸爰及晉朝斯風
乃盛梁有天下彌具興隆歷千祀其將半涉
七代而迄今法蘭導清源於前童壽振芳塵
於後安叡驅壯思以發義端生肇擅玄言以
釋幽致雖並策分鑣同瀾比泒而深淺競馳
昭晦相雜自茲以降篤好愈廣莫不異軌同
奔傳相祖習而去取隨情開抑殊軫慧愷志
慚負橐勤愧聚螢謬得齒迹學徒稟承訓義
遊寓講肆多歷年所名師勝友備得諮詢但
綜涉疎淺鑽仰無術尋波討源多所未悟此
蓋慮窮於文字思迷於弘旨明發輿嗟負心
非一每欲順風問道而未知厥路有三藏法
師是優禪尼國婆羅門種姓頗羅惰名拘羅
那他此土翻譯稱曰親依識鑒淵曠風表俊
越天才高杰神辯閑縱道氣逸群德音邁俗
少遊諸國歷事衆師先習外典洽通書奧苞

《摄大乘论》书影

澂的《西藏传本摄大乘论》即包含了《所知依品》的汉译。

依玄奘译本，《摄大乘论》分为11品，全面系统论述了瑜伽行派的境行果。第一品《序分》，交待全论纲目，即《阿毗达磨大乘经》所说之大乘“十相殊胜殊胜语”，也就是后面10品的题目。第二品《所知依分》，论述阿赖耶识这一宇宙人生现象的枢纽，即“所依”。第三品《所知相分》，阐释三相，即遍计所执相、依他起相和圆成实性，以此框架统摄阿赖耶识缘起与唯识理论。上述二品是修习唯识学所应明了之境。其后的《入所知相分》、《彼入因果分》、《彼修差别分》、《增上戒学分》、《增上心学分》、《增上慧学分》是对行的解释，包括唯识观修、六波罗密多、菩萨十地、菩萨律仪、三摩地、无分别智等内容。最后两品《彼果断分》与《彼果智》是说明，所证之果即无住涅槃与三种佛身。

《摄大乘论》体系完备，脉络清晰，最能代表唯识学古义体系，在瑜伽行派中具有重要地位，在汉地佛教也有深刻影响，梁代时真谛译出该论之后，其门

《摄大乘论》法译本封面

人相继研习而形成了摄论师一派。

《摄大乘论》的印度注疏有世亲与无性两种。世亲释存3种汉译，分别为真谛译（T1595）、达摩笈多与行矩等译（T1596）和玄奘译（T1597），也有藏译本（D4050）。无性释有玄奘汉译本（T1598）和藏译本（D4051）存世。历史上也曾有大量汉语注疏，可惜大多已佚，仅有少量敦煌残本。

（张涵静）

She Juyi Falun

《摄句义法论》 *Padārtha-dharma-saṃgraha* 印度古代哲学中胜论派的重要著作。作者钵罗奢思多波陀。该论对胜论派的最早根本经典《胜论经》的主要思想作了系统深入的阐明，并提出一些新的看法，是古印度保存最详尽的关于胜论派思想的著作。它第一次明确将胜论派的“句义”理论作为此派的基本学说框架模式。《摄句义法论》与《胜论经》同样认为有6个句义：实句义、德句义、业句义、同句义、异句义、和合句义。但对各个句义的解释与《胜论经》的说法不完全一样。它把胜论派的各种具体主张都纳入到这一框架之中。此外，这一论中也明确提到“神”（自在天）的概念，把世间事物的形成与神联系起来。《摄句义法论》的部分内容在当代中国有汉译。姚卫群翻译，收入《古印度六派哲学经典》（商务印书馆，2003）一书。

（姚卫群）

Shemoteng

摄摩腾 Kāśyapamātaṅga（约活动于1世纪） 印度来华僧人，译经家。是最早翻译佛经，将佛教传入中国的印度僧人之一。又称迦叶摩腾，略称摩腾。

据《高僧传》卷一，摄摩腾原居中印度，后往各地游化，讲解大小乘经典。中国东汉永平年间（公元58～75），明帝夜梦金人飞来殿前，群臣中有傅毅为之占测，称其应为佛陀（见释迦牟尼）。明帝遂派遣秦景等人往印度寻访佛法。

诸人到大月氏（今阿富汗中西部）见到摄摩腾和竺法兰，将他们请回中土，同时由白马驮负经卷随行。永平十年（67）行至洛阳。明帝对他们礼遇有加，在洛阳西门外为之专建精舍居住（一说安顿于鸿胪寺），他们因此而成为汉地最早的沙门。后二人努力译写，得《四十二章经》1卷。所居精舍有称即白马寺，或初为招提寺而后更名白马寺。摄摩腾去世后葬于该寺。

《四十二章经》简要阐述小乘佛教的基本教义，从《阿含经》辑录要点而成，并非独立经典，而其是否为摄摩腾所译，亦一向存在争议。有人根据东晋高僧道安的《综理众经目录》未载此经而断定其为后世托名伪作，更有人因摄摩腾之名迟至南齐（479～502）王琰的《冥祥记》方才出现而怀疑其人的真实存在。

（葛维钧）

Shesheng Sanyao

《摄生三要》 中国明代气功养生著作。作者袁黄（1533～1606）。袁黄是明代思想家、文学家、佛学家。字坤仪、学

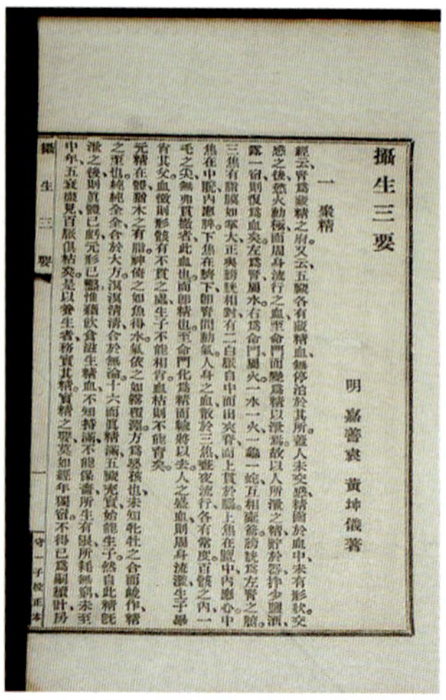

《道藏精华录·摄生三要》
民国白纸活字本书影

海，号了凡。书中主要讲了三个问题，即“聚精”、“养气”和“存神”。在养气一节，强调“养气者，须从调息起手”。并说“禅家谓息有四种：凡鼻息往来有声者，此风也，非息也。守风则散。虽无声而鼻中涩滞，此喘也，非息也。守喘则结。不声不滞而往来有迹者，此气也，非息也。守气则劳。所谓息者，乃不出不入之义”。从中可以看出道教养生理论中有佛教禅学的影响。

（薛克翘）

She Yiqiejian Lun

《摄一切见论》 *Sarva-darśana-saṃgraha* 印度古代哲学著作。作者摩陀婆。对古印度的各主要哲学派别的思想进行了叙述或转述，由其可以窥见古代印度哲学诸派的理论概要及特色。其中极有价值之处是记述了顺世论的基本思想。由于顺世论本派自己制作的文献没有流传下来，因而这一文献是现代人们了解顺世论思想的重要文献。当代中国有这一文献部分内容的汉译本，姚卫群翻译，收入《印度哲学》(北京大学出版社，1992）一书。

（姚卫群）

She Yiqie Xitan

《摄一切悉檀》 *Sarva-siddhānta-saṃgraha* 印度古代哲学著作。作者为商羯罗。主要对古印度的一些哲学派别的思想进行了叙述或转述。其中最重要的是记述了顺世论的基本思想。由于顺世论本派自己制作的文献失传散佚，这一文献遂成为现代人借以了解顺世论思想的重要文献。当代中国有这一文献部分内容的汉译本，姚卫群翻译，收入《印度哲学》(北京大学出版社，1992）一书。

（姚卫群）

Shenfang

神昉 Shenfang（约活动于7世纪） 新罗僧人。唐代时来华。法相唯识宗的代表人物之一，曾在玄奘的译场中充任证义，在译经时还负责将译文笔受记录下来。

据《大慈恩寺三藏法师传》等，神昉是新罗（位于今朝鲜半岛）人，游学于长安。他原本为法海寺沙门，精通大小乘经论，受到时人的推崇。贞观十九年（645)，玄奘回到长安，组织译场翻译佛经，神昉被选为证义沙门，参与译经时对义理的讨论。玄奘翻译《大乘大集地藏十轮经》(T411)、《本事经》(T765)、《大毗婆沙论》(T1545)、《成唯识论》(T1585）时，神昉都曾担任笔受一职。此外，根据一些经录，神昉还撰有《成唯识论文义记》10卷（或13卷)、《顺正理论述文记》24卷、《种性差别集》3卷，可惜均已佚失。

（范晶晶）

Shenhui

神会 Shenhui（720～794） 中国唐代僧人，净众寺著名禅僧。据《宋高僧传》卷九等，神会俗姓石，原籍西域，至其祖父一代迁来中土，定居凤翔（今属陕西)。虽然生而聪慧，但性格内敛，大智不显于世。30岁时入蜀，师事净众寺无相法师（684～762)。由于利根善悟，能与法师彼此冥契，故受到无相印可，于日后接掌净众寺。他在该寺广事化导，四方禅徒竞相辐辏。时人形容他凝神闭目时如木石土块，妙语施教时像行云施雨。而信众则睹其貌而迁善，闻其言而革非。无论资质高低，他都能因材施教，使其幡然悟道。他于唐德宗贞元十年（794）十一月生病，不久趺坐去世，时年75岁。虔诚皈依的南康王韦皋得其禅要，以笃信崇仰之心为其撰文立碑。

（葛维钧）

shenmo xiaoshuo

神魔小说 fiction of gods and demons 中国元末明初出现的讲述神与魔争斗故事的长篇小说。鲁迅于1923年首先提出神魔小说这一概念。他认为此类小说的代表作主要是3部书，即吴承恩的《西游记》、许仲琳的《封神演义》和罗懋登的《西洋记》。他同时认为罗贯中的《平妖传》是神魔小说的开先河之作，此外尚有《四游记》、《后西游记》、《续西游记》、《西游补》等。神魔小说主要描写的是神魔之争，正邪之争。正义的一方是神，代表着正统的皇权和儒释道三教合一；邪恶的一方则是魔，是

《西洋记》书影

妖孽鬼怪，是逆子贰臣。

神魔小说开始于元末明初，繁盛于明代中叶，直至明末清代，继作不断，形成了中国小说史上一个独特的流派。这一派小说受佛教的影响是显而易见的，更重要的是，它们都受到佛教密宗的影响。元明清三代，正是中国佛教密宗广泛传播的时期。密宗主要有

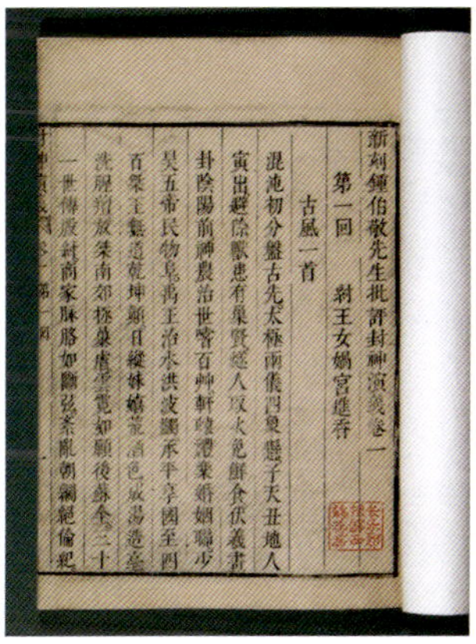

《封神演义》清刻本书影

两个传承对神魔小说发生了重大影响，即汉地佛教的密宗传承和藏传佛教的密宗传承。密宗对神魔小说的影响主要表现在三个方面：①密宗的神明进入小说，并成为正义一方的神；②密宗的咒语、真言在小说中被频繁使用；③密宗的法术变成为神魔争斗的主要手段。

（薛克翘）

Shenqing

神清 Shenqing（约活动于8世纪下半叶～9世纪上半叶） 中国唐代高僧。擅长俱舍学，并博通三教，勤于著述，其《北山录》一书为历代所推重。

神清俗姓章，字灵庚。绵州昌明（今四川江油）人。相貌古奇，皮肤白皙有光泽。神清出生在大安山下，

兄弟中先后有三人出家求道，都享有很高的声望，神清是其中的第二人。大历年间（766～779），他13岁时，投入绵州(今四川绵阳）开元寺辩智法师门下。后剃度出家。17岁时，神清已经粗通各种佛经，他开始讲《法华经》。20岁时，他在梓州（今四川三台）慧义寺如律师处受**具足戒**，并学习戒律经典及各种新疏。学成之后，他前往都城长安，以博学与文采充任宫廷供奉之职。到了晚年，神清逢父母之丧，回到家乡的慧义寺，一边宣讲佛经，一边勤于著述。

神清博学多通、文采斐然，兼善佛、道、儒三教学说，擅长著作。跟随他受业的弟子有四方僧俗1 000多人。他的著作流传下来的仅有《北山参玄录》一部(简称为《北山录》，T2113)10卷。《北山录》调和三教，受到了当时南北鸿儒、名僧、高士的一致推崇，并有北宋僧人慧宝为其作注。在佛学方面，神清少年时代学习般若经典的权实之说，成年后研析小乘律论的深奥义理，最擅长《俱舍论》与《起信论》。

元和年间（806～820），神清在慧义寺圆寂，葬在郪城北郭之外。

（范晶晶）

Shensheng Rensheng Lun

《神圣人生论》 *The Life Divine* 印度现代哲学家奥罗宾多的哲学代表作。1914年8月～1919年4月，**奥罗宾多**连续在《雅利安》杂志上发表了一系列论述宇宙进化和人生道路的文章，后经修改补充，分两卷本出版。第一卷于1939年出版，副标题为“遍在的实体和宇宙”；第二卷于1940年出版，副标题为“明与无明——精神进化”。该书

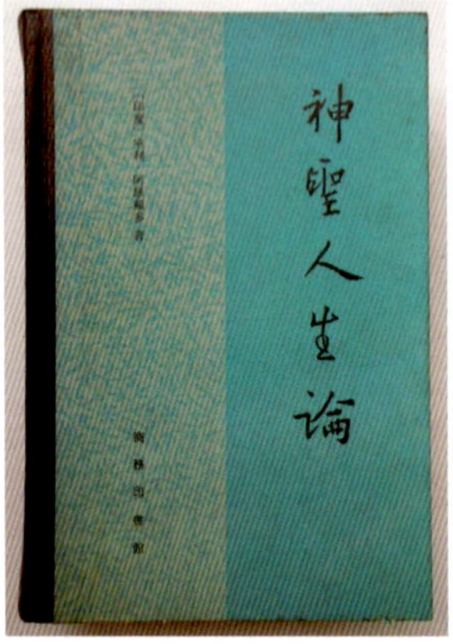

《神圣人生论》书影

系统地阐述了他的整体吠檀多学说和精神进化理论，他力图把古代印度教所想象的神圣天国搬到地面上来，在人世间建造一个普遍和谐、幸福圆满的理想社会，使整个人类变成一个“神圣的大家庭”。这部哲学巨著现在已被翻译成多种文字，并被印度和欧美一些大学的哲学系定为教科书。

《神圣人生论》已被中国学者**徐梵澄**翻译成中文，于1984年由商务印书馆出版。其内容在中国出版的朱明忠著《奥罗宾多·高士》(1994)、黄心川著《印度近现代哲学》(1989)，以及孙晶、朱明忠著《印度吠檀多哲学史》(2013)等书中皆有详细的评述。

（朱明忠）

shenwo

神我 puruṣa 印度古代哲学中数论派的重要概念。数论派认为，“神我”是一个精神性的实体。它与整个世间事物或人生现象的形成有关。当神我作用于一个物质性的实体“**自性**”时，自性就能转变出各种事物，构成世间现象。但神我在这个过程中所起的作用仅仅是对自性进行影响，它自身并不转变出事物。讲述神我观念的**数论派**文献《**数论颂**》在古代收入真谛法师译出的《**金七十论**》中，在当代中国又被译成现代汉文本，姚卫群翻译，收入《古印度六派哲学经典》(商务印书馆，2003）一书。

（姚卫群）

Shenxiu

神秀 Shenxiu（606～706） 中国唐代高僧。禅宗五祖**弘忍**的弟子，禅宗北宗的开创者。或作“道秀”。

现存神秀的传记主要有张说《大通禅师碑》，以及《传法宝纪》、《楞伽师资记》、《宋高僧传》和《传灯录》等。

据《大通禅师碑》和《宋高僧传》等记载，神秀俗姓李，陈留尉氏人（今河南尉氏）。神秀13岁出家，满20岁时在洛阳天宫寺受具足戒。他早年博览经史，于教内教外之学皆有所通。50岁（一说46岁）时，到蕲州黄梅（今湖北黄梅）东山寺参礼弘忍，深为叹服，决定“自役而求其道”。如此服勤6年，不舍昼夜，深得弘忍器重，赞叹曰：“东山

之法，尽在秀矣！”当弘忍要传法，“引之并坐”时，神秀涕辞而去，退藏于密。这与《坛经》中记载的情节和形象大为不同，《坛经》之中对神秀多有矮化歪曲之嫌。据印顺法师考证，神秀应在龙朔元年（661）离开黄梅，后“潜为白衣”，又在荆州天居寺十余年。至仪凤中（676～678）住持玉泉寺。神秀于当阳（今湖北当阳）大开禅法，四方来归，武后闻其盛名，于久视年中（700年五月～701年正月）下诏迎请神秀入京。大足元年（701），神秀应召前往东都洛阳，住于内道场，武后执弟子礼，礼遇极隆，中宗即位（705）后，圣敬日崇，被推为“两京法主，三帝门师”。神龙二年（706）二月二十八日，神秀入灭，年一百零一岁。被册谥为“大通禅师”。

传为神秀的著作主要有《大乘无生方便门》、《观心论》和《大乘北宗论》。其中，《大乘无生方便门》主要是指“五方便”，有诸多版本，各版本之间名称亦有所不同。然据《楞伽师资记》记载，神秀不出文记，所以这些著作当不是神秀所作。印顺法师认为，这些可能是弟子所记述、补充或编撰的。

神秀的禅法被称为北宗禅，他也被认为是北宗禅的开创者。他继承弘忍之东山法门，极其注重“心”的作用，以心为宗，故他认为“一切佛法，自心本有，将心外求，舍父逃走”。就禅定来看，他将坐禅习定、住心看净当作一种观行之方便，其弟子普寂等人进一步发展为“凝心入定，住心看净，起心外照，摄心内证”。此外，神秀也极其重视《楞伽经》，“特奉《楞伽》，递为心要”，《楞伽师资记》中将其立为楞伽宗七祖。

神秀的嗣法弟子有19人，最著名的有4人：义福、普寂、景贤和惠福。其中义福和普寂，在帝王的支持下，继续阐扬宗风，盛极一时，有“两京之间，

皆宗神秀”之概。普寂的弟子道璇还将北宗禅法传到日本。

普寂以神秀为禅宗正统，立神秀为六祖，自称七祖。开元十二年（724），慧能一系的神会在滑台（今河南滑县）与北宗崇远等人展开论辩，论定是非，认为北宗“师门是傍，法门是渐”，慧能才是禅宗正统。此后，神秀北宗门庭，日渐衰微，几代之后，法脉断绝。

（杨祖荣）

Shen Lanzhen

沈兰真 Satiranjan Sen（生卒年不详）印度中国研究学者。1943年以研究学者身份入圣蒂尼克坦国际大学中国学院，后在中国政府文化基金的资助下成为初级研究员。20世纪40年代末，曾受印度政府委派，赴中国北京大学深造。曾将两份医学文献译成英文，发表于1945年的《国际大学学报》卷一。两份文献的梵文原本皆佚，仅靠此译本得以存世。对这些文本的专业性研究显示，其中至少有一份文献代表了不同于遮罗迦和妙闻的另一学派。曾将《黄帝内经》从中文译成英文，并对其进行了初步研究。另在印度加尔各答创立了中印文化协会，对印度的中国研究作出了贡献。

（阿维杰特撰　何赟译）

Shen Mohan

沈谟汉 Kshitimohan Sen（1880.12.02～1960.03.12）印度梵语、孟加拉语学者。1908～1954年任教于印度国际大学，曾于1924年随R.泰戈尔访问中国。

沈谟汉生于印度贝拿勒斯（见瓦拉纳西）的一个中产阶级家庭。在当地获梵语硕士学位。除掌握梵语、孟加拉语、印地语和古吉拉特语外，还对印度中世纪名为巴乌尔的托钵僧有研究，对吠陀、奥义书、怛特罗、法论等亦有深入理解。1908年受泰戈尔邀请加入圣蒂尼克坦梵行院，任高等研究院主任、印度中印学会理事等学术和行政职务。1953年10月2日至1954年3月28日，曾出任国际大学副校长。1960年逝世。

沈谟汉著有《格比尔》(4卷本)、《达度》、《巴乌尔》、《种姓歧视》、《古代印度女性》、《印度中世纪的修行潮流》、《论泰戈尔》、《印度文化》等孟加拉语著作，以及《印度教》、《印度中世纪神秘主义》等英语著作。还在《国际大学季刊》、《国际大学校报》和谭云山主办的《中印期刊》上发表过许多学术文章。曾获国际大学颁发的泰戈尔纪念金质奖章和国际大学优秀奖。

（那济世撰　张书剑译）

Shen Nalan

沈纳兰 Narayan C. Sen（1928～　）印度汉语专家，当代中国问题学者。生于今孟加拉国的一个村庄。获印度加尔各答大学硕士学位。在印度国际大学中国学院接受语言训练后，获政府奖学金的资助，于1955年前往中国。1955年1月～1958年8月在北京大学中国语言文学系做研究学者，并在鲁迅研究及中国现代文学专家王瑶教授的指导下从事鲁迅研究工作。返印后，先后在国际大学中国学院、加尔各答大学和尼赫鲁大学教授中文。1968～1982年任全印广播电台对外服务部中文节目负责人。后到中国任北京外文出版社孟加拉语专家。分别于1990年和1996年出版《中国农村经济与发展》和《毛泽东其人》，并用孟加拉语发表了系列译著《新中国短篇小说集》和专著《毛主义与印中佛教哲学》。由他翻译的短篇小说集受到孟加拉国和印度西孟加拉邦的中国文学爱好者的欢迎，关于毛泽东的著述也是受到学术界关注的作品。著有多部关于中国的书籍，并将许多中国短篇小说译成孟加拉语。

（那济世撰　何赟译）

Shen Yue

沈约 Shen Yue（441～513）中国南朝梁文学家，史学家，音韵学家。字休文，

吴兴武康（今浙江德清西）人。据《梁书》卷十三，沈约祖父为刘宋征虏将军，父为淮南太守。沈约笃志好学，昼夜不倦，博通群书。虽于宋齐梁三代为官，但生活俭素。天监十二年(513)卒于官，年73岁。著作有《谥法》10卷、《四声谱》1卷、《晋书》110卷、《宋书》百卷、《齐纪》20卷、《宋世文章志》30卷、《俗说》5卷、《集抄》10卷和诗文集101卷。

沈约与佛教关系十分密切，并有诸多撰述。《广弘明集》中收入其文章20余篇，如《佛知不异众生知义》、《六道相续作佛义》、《因缘义》、《论形神》、《神不灭论》、《难范缜神灭论》、《述僧中食论》、《述僧设会论》、《究竟慈悲论》、《齐皇太子解讲疏》、《舍身愿疏》、《南齐皇太子礼佛愿疏》等。从中看出，沈约对佛家理论研究颇深，对佛教理论的阐扬也有相当大的贡献。尤其在同无神论的论争中，他一马当先，首先向范缜的神灭论发难，维护了佛教的利益。沈约的世界观深受佛教的影响。诗作不少，但明显与佛教相关的并不多，《游钟山诗应西阳王教》、《八关斋》、《和王卫军解讲》等，是这方面的代表作。他的《四声谱》被后世认为是中国音韵学受印度梵语语法学影响的例证。

（薛克翘）

Shen Zemin

沈泽民 Shen Zemin（1900.06.23～1933.11.20）中国作家，翻译家，评论家。在新文化运动时期有一定影响。字泽民，原名德济。沈雁冰之弟。浙江桐

乡人。1920年赴日本留学，翌年归国，加入文学研究会。1926年赴莫斯科学习，回国后继续从事革命工作和文学创作。1933年病逝于湖北黄安（今湖北红安）。曾翻译俄罗斯等国的文学作品及有关文学评论，并对丹麦等弱小民族

的文学予以关注。

沈泽民关注R.泰戈尔及其作品，曾译出《园丁集》第16首，发表于1922年8月26日《时事新报》副刊《学灯》。1923年9月，撰写《太戈尔之生涯与思想》一文，署名“直民”，刊于《学生杂志》第10卷第9号，态度和用语相对客观。对泰戈尔的文学成就给予高度评价：“太戈尔作为一个文学家是不错的，我们不能否认他的价值。他的诗如《园丁集》、《飞鸟集》等，含着温柔舒暇的南方情调；他的文如《人格论》、《人生之实现》等，证明他是一个最优秀的Stylist（文体家）；他的小说和戏曲，我虽没有仔细读过，可是就我读过的讲，确是值得介绍给中国青年的一种读物。”

1924年4月，泰戈尔来华，在中国掀起一场“泰戈尔热”。诗人在访华期间既受到各界广泛的欢迎，也遭到少数偏激之士的冷遇和批评。沈泽民即属于后一阵营。他在《太戈尔与中国青年》（《中国青年》4月18日第27期）和《评“人类第三期之世界”》（《中国青年》5月17日第31期）两文中，认为泰戈尔所宣扬的“东方精神文明”、“宗教哲学”与中国革命不相协调，“实在是中国青年前进的一大障碍”。显然，他当时对泰戈尔的观点存在一定误解。

（王汝良）

Shenghuopai

生活派　Ājīvaka　印度古代宗教哲学派别。又称“邪命派”或“邪命外道”。产生时间大致在公元前6～前5世纪。最初由与婆罗门教思潮相对应的沙门思潮中的一些重要思想家组成。后来经过一些历史演变，在印度流行了两千多年。在佛教之后传入中国。

记述生活派的直接文献没有流传下来。现存记述该派活动情况和主要思想的资料来源于佛教和耆那教的一些文献。汉文的阿含类经典以及巴利文《长部·沙门果经》等佛典中有记述，耆那教的《福经》等文献中也有记述。相关资料中的记载常常不一致。一些思想的归属也常有不同说法。

沙门思潮里“六师”中的一些人物属于早期生活派。根据佛教和耆那教等的文

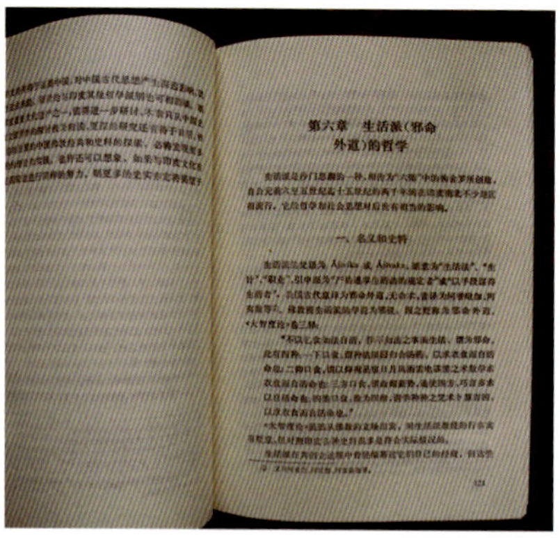

黄心川《印度哲学史》中有关生活派的论述

献记载，“六师”中的末伽梨·拘舍罗、富兰那·迦叶、婆浮陀·伽旃那三家的思想是生活派理论的最初形态。而在三家中，又以末伽梨·拘舍罗的思想为主。故人们通常把末伽梨·拘舍罗看作生活派创始人。也有一些文献中提到生活派的其他一些早期代表人物，如巴利文《中部经》和《中阿含经》汉译本中提到难陀·伐磋等是生活派的早期代表人物。但在各种相关文献中，论述末伽梨·拘舍罗、富兰那·迦叶、婆浮陀·伽旃那3人的生活派思想的材料相对较多。

末伽梨·拘舍罗认为，善恶果报、轮回转世等理论不能成立。无论是祭祀，还是布施等所谓善行都没有效果。没有今世，也没有来世。人的生活状况并不受各种行为的业力等的影响。

富兰那·迦叶认为，不存在善恶因果报应。在他看来，杀生、偷盗、邪淫、妄语等传统上认为的恶行并没有恶报。而布施、克己、说真话等善行也不产生善报。富兰那·迦叶否定善恶报应的观念，与其对世间事物中存在的因果关系的否定有直接关联。他认为，众生或有情的存在状态是自然的，没有什么产生这些状态的特别的因或缘。《杂阿含经》卷三记有他的论述：“无因无缘，众生有垢；无因无缘，众生清净。”这种否定因果报应的思想在当时是针对婆罗门教等长期主张的古印度流行的宗教理论的，与佛教的主张也对立。

婆浮陀·伽旃那也是生活派中的主要思想家。他主张一种七要素（七身）理论，认为世间事物或生命体是由地、水、火、风、苦、乐、命“七身”构成。这七种要素是坚实的，是“非作，非作所作，非化，非化所化，不杀，不动，不转，不变”。实际就是一种恒常不变的事物。身体等事物在本质上是由这些要素构成的。婆浮陀·伽旃那认为，由于这些要素坚固不变，故当人用刀在这些要素合成的身体上切割，实际上并不会伤害人的生命，因为这些要素本身是不被毁坏的，是恒常的。这种要素理论在古印度思想史上影响较大。要素是构成包括有情身体在内的事物的最小单位。由于其最小，因而不可分割，不能毁坏，常住不变。这一理论既不同于古印度占主导地位的婆罗门教哲学核心理念梵或阿特曼的观念，也不同于佛教的主流思想空的观念。婆浮陀·伽旃那也否定因果报应思想，认为事物或生命现象的产生或变化是“无因无缘”的。他的主张强调人对许多事情无能为力，因而有一定程度上的命定论倾向。婆浮陀·伽旃那的思想与末伽梨·拘舍罗的思想极为接近。两人的学说在佛典中常区分不清。人们通常把末伽梨·拘舍罗的学说当作生活派的正统，而将婆浮陀·伽旃那的学说视为生活派中的异流。

总体上说，生活派的早期思想家在理论上与古印度流行的一些主流思想有明显差别。古印度的婆罗门教和佛教等派别都持轮回解脱、因果报应思想，而生活派却反对善恶报应、来世转生。古

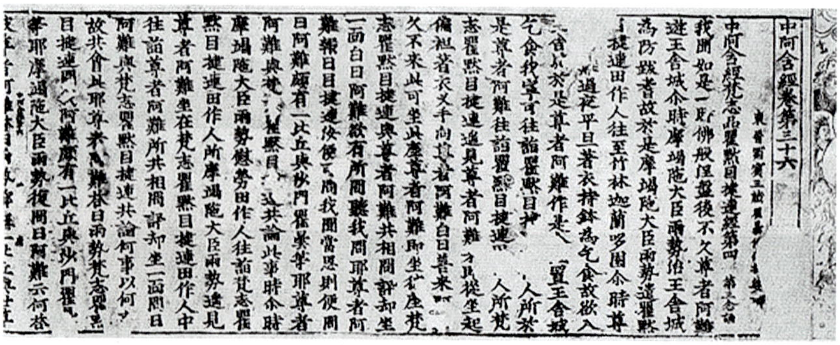

中阿含經卷第三十六
中阿含梵志品瞿默目揵連經第四
我聞如是一時佛般涅槃後不久尊者阿難
遊王舍城爾時摩竭陀大臣雨勢治王舍城
為防跋耆故於是摩竭陀大臣雨勢遣瞿默
目揵連田作人往至竹林迦蘭哆園爾時尊
者阿難過夜平旦著衣持鉢為乞食故欲入
食於是尊者阿難作是念且置王舍城
乞食我寧可往詣瞿默目揵連田作人所於
是尊者阿難往詣瞿默目揵連人所梵
志瞿默目揵連遙見尊者阿難來即從坐起
偏袒著衣叉手向尊者阿難白曰善來
久不來此可坐此座尊者阿難即坐彼座梵
志瞿默目揵連與尊者阿難共相問訊卻坐
一面白曰阿難欲有所問聽我問耶尊者阿
難報曰目揵連汝便問我聞當思則便問
曰阿難頗有一比丘與沙門瞿曇等耶尊者
阿難與梵志瞿默目揵連共論此事時爾時
摩竭陀大臣雨勢慰勞田作人往詣梵志瞿
默目揵連田作人所摩竭陀大臣雨勢遙見
尊者阿難坐在梵志瞿默目揵連田作人中
往詣尊者阿難所共相問訊卻坐一面問曰
阿難與梵志瞿默目揵連共論何事以何事
故共會此耶尊者阿難答曰雨勢梵志瞿默
目揵連問我阿難頗有一比丘與沙門瞿
曇等耶摩竭陀大臣雨勢復問曰阿難云何答

《中阿含经》书影

印度婆罗门教主流思想认为有一个最高的梵或神，生活派的思想家则不认为有这样的实体。古印度的佛教等派别的主流思想持“空”的观念，认为事物无主体，是无常的，而生活派的一些思想家却主张元素论的多元实在观念。古印度不少派别有特定的道德伦理观念，并与轮回因果报应说相关联，而生活派通常反对这些思想。

生活派在印度历史上的孔雀王朝、笈多王朝、戒日王朝等时期都有活动，但通常不是当时占主导地位的派别，在社会上的影响有限。

生活派的思想在古代也传到中国。这种流传主要是通过佛教进行的。佛教中有大量文献都有批驳外道的内容。生活派的思想与佛教理论有不少差别，与佛教有很多思想交锋。载有这类内容的佛典被译成了汉文，使中国人得以了解该派。

中国近现代，研究佛教发展历史以及印度思想史的中国学者经常会关注到有关生活派的史料。中国学术界也有人专门研究“外道”思想，在中国的学术期刊上发表有关生活派的论文。中国出版的一些印度宗教哲学的著作中，也有论及生活派的章节或部分。中国高校的有关东方哲学课程中，亦有关于生活派的内容。

（姚卫群）

Shengzhu

生主 Prajāpati 印度古代神话中的众生之主，一切存在物的创造者。

在远古吠陀本集中，生主曾用来指布鲁沙、阿耆尼等神祇；偶尔也作为名号，称因陀罗、萨维德利、苏摩等。吠陀时代以后，又用以称梵天。在诸梵书中，他是主神和众神之父，是时间和空间，是祭祀之火。太阳、湿婆和毗湿奴也可以用此名来称。更后，此名还用于梵天的诸“心生子”，即低一层次的世界创造者，也即大仙人。一说他们有10位，如摩厘吉、阿陀利、安笈罗私、补罗娑底耶、布罗诃、迦罗度、婆私吒、波罗揭陀私或德叉（陀刹）、婆哩固和那罗陀。大仙人数另有7人、9人等说，具体所指亦有分歧。典型7仙人说为乔达摩、婆罗陀伐伽、众友、迦摩陀个尼、婆私吒、迦叶波和阿陀利。又说他们即天上北斗七星。

（葛维钧）

shengchangzhulun

声常住论 śabda-nityatva-vāda 印度古代哲学中弥曼差派的理论。认为吠陀中的言论具有绝对的正确性、恒常性。表现为吠陀思想或祭祀教令的言语作为一种特别的“声”是神圣的和永恒存在的。此派的根本经典《弥曼差经》中具体论证了“声常住论”，其中举出的主要理由是：“声”（名称）总表现为类，属于某类的个别事物可灭亡，但作为这类事物的总的名称之声则永远存在。再有，如果声不是常住的，说出来即灭，那人们彼此间就无法进行正常的对话，听话者无法理解说话者的意思。因此，声必定是常住的。声常住论在中国古代的不少佛典对外道批判时经常提到。这一理论在现代中国研究印度哲学的学者中也被关注。姚卫群在其编译的《古印度六派哲学经典》(商务印书馆，2003)一书中翻译了有声常住论思想的《弥曼差经》。

（姚卫群）

shengming

声明 śabda-vidyā 印度古代研究语言（语音、语法和修辞）的学问。属五明论之一。“声明”是梵语shabdavidya的意译，其对应的音译有“摄拖苾驮”、“摄拕苾驮”等。中国唐代义净的《南海寄归内法传》卷四“西方学法”指出，“声明”一词的梵语为“摄拖苾驮”，其中“摄拖”是“声”，“苾驮”是“明”，即五明论之中的一明。玄奘的《大唐西域记》卷二解释“声明”的意义为“释诂训字，诠目流别”。也有的释其为“诠显文字”。在印度的神话中，最初的声明学著作都是天神所造。唐代僧人遁伦《瑜伽论记》卷二十一“依西国记说”，劫初之时，大梵天王造百万偈的《声明论》，其后天帝释（即因陀罗）略之为十万偈。此后的迦单设罗仙人则简化为一万二千偈。之后的波你尼仙又造了八千偈的《波你尼经》。后来的护法论师又造了三千偈，取名为《杂宝声明》，盛行于世。慧立、彦悰《大慈恩寺三藏法师传》卷三列举的印度语言学著作主要有梵王所造的百万颂、帝释天的十万颂、波你尼仙的八千颂《波你尼经》、南印度婆罗门所造的二千五百颂。这些著作是“西域音字之本”，流行于印度及其周边地区。由这些著作所生发的分支著作还有一千颂的《记论略经》，三百颂的字体、两种字缘，即三千颂的《闻择迦》、二千五百颂的《温那地》，八百颂的《八界论》等，以及涉及梵语的“别辩字缘、字体”和“略合字之缘、体”等内容。《大慈恩寺三藏法师传》还以名词“布路沙”（丈夫、人）为例，列举其十八啭、二十四啭的不同变格形式，涉及该词的八种格尾诠诸法体（主格）、诠所作业（业格）、诠作具及能作者（具格）、诠所为事（为格）、诠所因事（从格）、诠所属事（属格）、诠所依事（依格）、诠呼召事（呼格），以及男声（阳性）、女声（阴性）、非男非女声（中性）的三种不同形态。魏晋至宋初，赴天竺求法的僧人一般都要学习声明著作，玄奘法师在那烂陀寺就学习过两遍声明论。印度声明学对中古汉语的影响主要是通过汉译佛经进行的。为了翻译和阅读佛经，域外高僧与本土僧人用汉语所编的《梵语杂名》、《梵语千字文》、《唐梵两语双对集》、《翻梵语》、《翻译名义集》、《一切经音义》和《续一切经音义》等著作，可以说都受到印度声明学的影响。在大规模的佛经汉译结束之后，明清时期的一些文献中，还不时记载梵语知识，如清代乾隆年间所编《钦定西域同文韵统》有“天竺字母说”、“天竺字母谱后说”、“天竺音韵翻切配合字谱说”、“天竺音韵翻切配合字谱后说”、“华梵字谱”等

季羡林《印度古代语言论集》封面

篇章。清末苏曼殊译《梵文典》，章炳麟作《初步梵文典序》，都体现了印度梵语知识在中土流传之久远。

（陈明）

Shengming Lun

声明论 Śabda-vidyā-śāstra 印度古代语言学著作总称。代表作是印度古代语法学家波你尼所造的《波你尼经》。唐代义净的《南海寄归内法传》卷四“西方学法”记载，义净到天竺求法的时代，古代印度的俗书总名叫作“毗何羯喇拏”，一共有5种，即《悉昙章》、《苏呾啰》(《波你尼经》)、《驮睹章》、《三弃啰章》和《苾栗底苏呾罗》。均属印度古代的语言学著作。惠立、彦悰《大慈恩寺三藏法师传》卷三则将此“毗耶羯剌諵”书名翻译为《声明记论》，“以其广记诸法能诠，故名《声明记论》”。在天竺的声明学著作中，《驮睹章》专门论述“字元”，即动词词根，或称“字界”。《三弃啰章》是指3种附录，包括了一千颂的《颈瑟吒驮睹》(又称作《八界论》)、一千颂的《文荼》、一千颂的《邬拏地驮睹》(即《温那地》)。其主要内容是解释七例（名词的7种变格形式）、十罗声（梵文动词的10种变化）、二九之韵（梵文中18个不同的动词词尾）、二十一言（名词变格中的单数、双数和复数共21种变化）等语法现象。义净认为，此3种附录，10岁童子要勤学3年，方解其义。一千八百颂的《苾栗底苏呾罗》是《波你尼经》的注释本。15岁童子要学习5年才能了解其中的奥义。中土求法僧人必须学习《苾栗底苏呾罗》后，才能去阅读其他的印度典籍，可见此书是印度古代重要的基础语法著作。《苾栗底苏呾罗》本身也有注释本，学士钵颠社攞（又译波颠阇利）所造二十四千颂的《朱你》就是其一。《朱你》即《大疏》，功用相当于中土的《春秋》和《周易》。《朱你》的注释本则有大学士伐致呵利的《伐致呵利论》，有二万五千颂。此外，还有伐致呵利所著的《薄迦论》，其颂有七百偈，其释有七千偈。《荜拏》有三千颂，出自伐致呵利；其释文有一万四千偈，是护法论师所制。《荜拏》被认为是“穷天地之奥秘”的梵语文法著作。印度古人从《悉昙章》一直读到《荜拏》，精通了这一系列的语言学著作，才能称得上是“善解声明”了。所以义净认为，精通声明非常重要，就好比中土学子熟读了《周礼》等“九经”以及诸子百家之后，才有可能在科举中考取进士一样。

（陈明）

shengjiaoliang

圣教量 āgama-pramāṇa 印度古代哲学中涉及认识论方面的术语。见圣言量。

Shengjiao Lun

《圣教论》 *Āgama-śāstra* 印度古代哲学中吠檀多派的文献。亦称《蛙氏颂》、《乔荼波陀颂》等。作者乔荼波陀。在这一文献中，乔荼波陀吸收和改造了奥义书及《梵经》等婆罗门教典籍中的有关理论，明确地提出了梵我“不二论”的思想。他认为，梵或大我是万有的根本，一切事物在本质上是梵或大我的幻现，它们是不真实的，没有独立于梵或大我的存在。小我既不是梵的部分，也不是它的变异，它们的关系如同瓶中的小虚空和瓶外的大虚空的关系一样。即：瓶中的小虚空与瓶外的大虚空本是一个东西，仅仅由于瓶子的限制，它们才显得不同。与此情形类似，作为人生现象的无数小我与大我本是一个东西，仅仅由于身体的限制，它们才显得不同，两者实际上是同一物，是“不二”的。《圣教论》中有很大篇幅论述了此派的“摩耶”（即无明的幻力）理论，认为万有是由于人们的无明才显现出来的，就如同人在睡梦中见到的事物一样不实在。这种理论实际上也是所谓“梦醒同一论”，在古印度是一种十分流行的理论。乔荼波陀在《圣教论》中还对印度宗教思想史上的许多其他问题也提出了看法。此论对后来的商羯罗等人系统哲学体系的建立起了重要作用。这一文献在当代中国有汉译本，收入巫白慧译释的《圣教论》(商务印书馆，1999）一书。

《圣教论》封面

（姚卫群）

Shengwu Qinzheng Lu

《圣武亲征录》 中国元代史籍。又名《皇圣武亲征录》、《圣武亲征记》、《皇元圣武亲征录》。共1卷。作者不详。《四库全书总目提要》卷五三提到：根据历史记载，中统四年(1263)，王鹗等为纂修国史，请求广为访求成吉思汗的事迹，所以认为这部书可能是王鹗等人撰修的。又有人误以为元代的《圣武开天纪》到了清朝初年变成了《圣武亲征记》，在乾隆年间（1736~1795）又变为《圣武亲征录》、《皇元圣武亲征录》。事实上，《圣武开天纪》单独成书。

《圣武亲征录》专门摘录有关元太祖成吉思汗亲征的部分史料，并参照其他资料编撰而成。其中记述成吉思汗1219年统帅部队征伐西域花剌子模（今乌兹别克斯坦与土库曼斯坦一带)。1222年夏，在塔里寒（今阿富汗塔卢坎）高原营寨避暑。这时，花剌子模汗之子速里坛（苏丹）札阑丁逃走。成吉思汗命哲别（又作者别，？~1224）为先锋，速不台（1176~1248)、拔都（1209~1256）为第二梯队，脱忽察儿殿后追击。到达蔑里可汗城，蔑里可汗弃城逃跑。忽都忽那颜率兵进袭，和蔑里可汗与札阑丁的联军对战。形势不利，成吉思汗接到报告后，亲率精锐部队从塔里寒寨发起攻击，追击到辛自连河（又作辛自速河、申沐河，即印度河)。俘获蔑里可汗。札阑丁跳河逃脱。派遣八剌那颜抓捕札阑丁，没有成功。1223年，率部沿辛自连河而上。命令三太子窝阔台（1186~1241）沿河而下。夏，在八鲁湾川避暑，等候八剌那颜到来后，行军到了可温寨。三太子也来会合。平定西域后，在各城设置了达鲁花赤进行

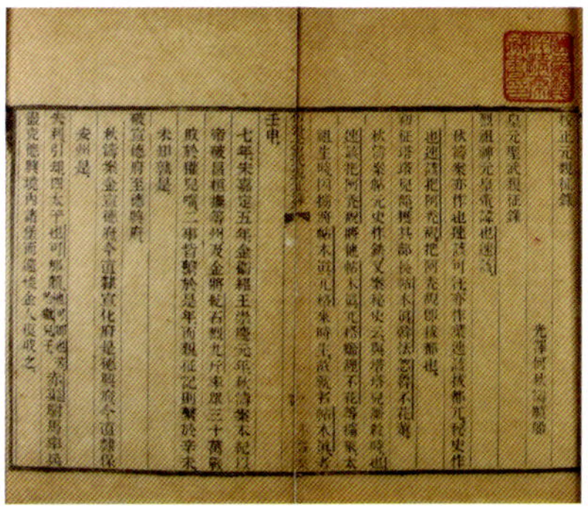

《元圣武亲征录》清光绪二十年(1894)袁昶小沤巢刊本书影

监治。1225年回国。其出师征服西域，前后共7年。

成吉思汗西征的目的主要是征服花剌子模，一直攻打到印度河西岸，虽然未渡过印度河，却使德里苏丹政权感到巨大威胁。该书是有关成吉思汗、窝阔台时期蒙古历史的重要史籍，为中印地理、交通、军事、文化研究提供了相关史料。

（胡俊麟）

Shengyan

圣严 Shengyan（1930～2009） 中国佛教僧人，曹洞宗第50代传人，临济宗第57代传人，台湾法鼓山的创建者。为佛教教育、弘法、研究、禅修等多方面作出重要贡献。

圣严写有三本自传，据其记载，他1930年出生于江苏南通，俗名张保康，后私塾老师为其取名张志德。1943年圣严被邻居戴汉清带上狼山广教禅寺出家，后莲塘老人为其剃度，取法名常进。由于局势紧张，1946年春，圣严逃到上海，栖身大圣寺，学习经忏。1946年静安佛学院成立，次年圣严考取佛学院，成为插班学僧。因战争影响，1949年圣严从军前往台湾，在高雄上岸，先后经新竹、金山、凤山等地，1956年调任“国防部”。1960年圣严退伍，二度出家，依止东初为剃度师，号“慧空圣严”，并承其法脉，后又得灵源之临济法脉，成临济宗第57代传人。1961年，圣严前往高雄美浓镇朝元禅寺闭关修行，正式闭关前，朝元禅寺住持慧定先让其禁足一年，以适应环境。1965年，圣严接东初快函，望其赴日留学。1969年3月，圣严离开台北，赴日本立正大学求学，两年后完成对《大乘止观法门》之研究，获硕士学位，又4年，完成对明末中国佛教之研究，获博士学位。1975年，圣严受沈家桢邀请，前往美国弘法，先至圣弗朗西斯科般若讲堂，后访金山寺，参观万佛城，12月前往纽约至大觉寺挂单，此后便驻锡于此。次年，圣严任美国佛教会副会长，并出任大觉寺住持。1977年，东初圆寂，圣严奉命返台接掌中华佛教文化馆和农林禅寺之法务，此后往返台湾与美国两地弘法。1980年，圣严于纽约创建禅堂，名为东初禅寺，以纪念东初老人。1985年，创立中华佛学研究所，并出版《中华佛学学报》、《中华佛学研究》等刊物。1989年，以“提升人的品质，建设人间净土”为理念，创办法鼓山。3年后，提出“心灵环保”，并推行一系列相关主题活动，使其成为法鼓山的核心理念。法鼓山道场和中华佛学研究所为当代佛学之研究作出了重要贡献，尤其是法鼓山佛教典籍数位化工作，为佛学研究提供了极大便利。除了立足台湾外，圣严也积极在海外传法，他曾到中南美洲弘扬佛法，也曾前往东欧传授禅学。1997年，他在纽约成立象冈道场，成为西方禅修重镇。

圣严著述甚多，陈义精要，其中，佛教入门书《正信的佛教》在两岸影响深远。另著有《信心铭》、《禅修指引》等。

（杨祖荣）

shengyanliang

圣言量 āgama-pramāṇa, śabda, āpta-āgama 印度古代哲学中涉及认识论方面的术语。指借助圣书或权威者获得知识的认识方式。亦译为圣教量、声量、言量等。印度各哲学或宗教派别中不少派别使用这一概念。如正理派、弥曼差派、数论派、耆那教等都承认此量，解释大致相同。所不同之处是圣者或圣书系指这些派别本派或本教的圣者或主要著作。古印度哲学中关于圣言量的学说也随佛教传入中国。汉文、藏文佛典的文献等中有大量这方面的内容。姚卫群在《印度哲学》(北京大学出版社，1992）一书设有“量论”一章，其中有对圣言量的论述。

（姚卫群）

Shengjun

胜军 Jayasena（约活动于7世纪） 印度高僧。玄奘在印度从学的老师之一。据《续高僧传》卷四等，玄奘曾离开那烂陀寺，到杖林山胜军论师处学习。胜军为一居士，苏剌侘国（今印度古吉拉特邦南部苏拉特一带）人，属刹帝利姓，学兼内外，亦通五明术数。常在林间设帐讲论佛学经义，往往有数百人前来听讲。诸国国王也常来观礼，为其洗足供养，乃至封赏城邑。据《大慈恩寺三藏法师传》卷四，戒日王曾请为国师，并封“八十大邑”，固辞不受。玄奘从之学，首尾二年，课程计有《唯识决择论》、《意义论》、《成无畏论》等。

（葛维钧）

Shenglun Jing

《胜论经》 *Vaiśeṣika-sūtra* 印度古代六派哲学之一胜论派的根本经典。约产生于公元前2世纪，作者迦那陀。现存《胜论经》有后人加入的内容，成书时间约在2世纪。《胜论经》在后世的主要注释是旃陀罗阿难陀（约7世纪）的《旃陀罗阿难陀注》和商羯罗·弥尸罗的《邬巴斯伽罗》等。

《胜论经》确立了胜论派的一些基本观念，初步形成了该派的理论框架。

《胜论经》共10卷，每卷两章。第一卷论述胜论派追求的最高目的——至善，以及句义的种类和一些句义的基本内容。第二卷论述实句义和德句义。第三卷论述认识的产生及推理。第四卷论述极微、身体。第五卷论述事物的运动及不可见力。第六卷论述婆罗门教的一些生活或行为规范。第七卷进一步论述极微，并论述德句义及和合句义。第八卷补充论述同句义和异句义，并论述实、德、业三句义之间的关系。第九卷论述非存在及推理的种类。第十卷论述苦乐问题及事物的和合等。

《胜论经》把“句义”作为区分自然现象的基本概念，提出了六句义理论。它的各种哲学思想包含在对实、德、业、同、异、和合这六个句义的具体解释之中。

这些句义涉及的较重要理论有极微论、量论、因果论。

极微论是胜论派在分析物体时提出的重要理论。该派认为，物体的最小单位是极微。极微是对物体进行分割时的极限。极微单独存在时是人不可感知的。极微的存在是通过推理得知的。《胜论经》论述存在并且无因的东西是常住的。极微的果是其存在的标志。由于因存在，果才存在。非常住是对常住的特殊否定状态。《胜论经》要表明人们虽然不能直接感触到极微，但却能感触到极微聚集起来形成的果，即各种粗大的事物。而有果必有因，由此可推知作为因的极微的存在。胜论派认为极微有4个基本种类，即地、水、火、风。这4种极微又具有各自的性质。地具有色、味、香、触，水具有色、味、触、液、润，火具有色和触，风具有触。单独的极微虽然不可感触，但当它们聚合在一起时，人们就可以感知到它们了。极微可以运动。关于极微运动的原因，《胜论经》认为是由“不可见力”引起的。“不可见力”是一种起重要作用但看不见的力量。胜论派把当时自然界的一些难以解释的现象都说成是由“不可见力”引起的。如《胜论经》中说，火向上燃烧，风横向地吹，极微最初的运动都是由不可见力引起的。

量论是印度哲学各派都论述的理论，涉及的基本是逻辑或一般认识论方面的思想。《胜论经》也很重视量论问题。该经论述了两种量：现量和比量。现量即人们感触事物时最初产生的感觉。《胜论经》认为有两种感觉：一种是一般人的感觉，另一种是瑜伽修行者的感觉。后人分别称之为世间现量和非世间现量。世间现量仅能达到世间一般的事物，而非世间现量则对我、空、方、意等都能达到。比量主要指推理。《胜论经》论述，“比量以这样的特征为基础：此是彼的果；此是彼的因；此与彼合；此与彼矛盾；此与彼和合”。该经实际上把比量区分为5种情况：第一种是从结果推知原因，如从烟的存在推知火的存在；第二种是从原因推知结果，如一个聋子根据鼓槌击鼓的特殊联系推知有声；第三种是从有结合关系的事物中根据已知的一个推知另一个，如见到一个动物推知它有触感官；第四种是从有矛盾关系的事物中根据已知的一个推知另一个，如见到蛇骚动不安推知树后有某种食蛇的动物；第五种是从有和合关系（内在联系）的事物中根据已知的一个推知另一个，如根据热水推知水被火烧过。

因果问题是胜论派极为关注的问题。《胜论经》在这一问题上有较多论述。《胜论经》认为“没有因就没有果，但却不是没有果就没有因”。该经要强调的是：果离开因是不能出现的，但因却可以没有果而单独存在。胜论派在因果问题上的著名观点是所谓“因中无果论”。《胜论经》认为“（果）在（产生）以前不存在，因为没有业与德的表现”。这句经文虽然从字面上看含义不是很明确，但它实际暗含的意思是：果在产生前在因中是不存在的，即因中无果。胜论派的这一理论在吠檀多派的一些文献中有较为清晰的转述，如吠檀多派著名思想家罗摩努阇的《梵经注》。胜论派主张“因中无果论”与其基本的哲学体系有关。在论及世间事物的生成时，该派持一种“积聚说”，认为作为果的世间事物不是来自单一的因，而是来自多因的聚合。单一的因中不能有果，多因聚合才能生果。胜论派中的所谓“因”在很大程度上就是指组成整体的部分，而所谓“果”则主要指整体或聚合体。胜论派理解的生成或产生，主要就是指多个事物的聚合变化。胜论派认为，如果否定因果的差别，那么也就实际上否定了事物的生成。所谓生成一定是指产生了一个与原来的因不同的果。在胜论派的理论体系中，万物是由多种要素聚合而成的。世间万有的形成，也就是本来独立的种种要素聚合在一起，形成新的事物。新生成的事物作为果在产生它的因中本来是没有的。故说是因中无果。

《胜论经》对后世胜论派哲学的发展有重要影响。印度后世胜论派所讨论的主要问题大多是《胜论经》中已提出的问题。印度后世胜论派的两部主要文献《摄句义法论》和《胜宗十句义论》，在《胜论经》的基础上对胜论派的思想作了进一步的变革和完善。突出之处是这两部文献都更明确地以句义论为基本理论框架，把各种哲学思想都纳入句义论中。

《胜论经》的思想在中国也有影响。这一经典的思想最初随佛教传入中国。汉文佛典中有不少内容记述了胜论派六句义理论。而这种理论主要是《胜论经》的思想。在中国近现代，《胜论经》也很受中国学者重视，该经已经被译成了汉文本。《胜论经》及其他胜论派文献的思想是中国现代研究东方哲学学者的重要研究对象。中国学术期刊常发表有关《胜论经》或胜论派的论文。在中国有关印度哲学的专著或教科书中，也有论及《胜论经》的内容。

（姚卫群）

Shenglunpai

胜论派 Vaiśeṣika school 印度古代六派哲学之一。形成时间大致在公元前2世纪。胜论派在古代印度历史上有重要的影响，并随佛教一起传入中国，受到中国古代思想家的重视。

思想来源和相关传说 “胜论”一词的梵文为Vaiśeṣika，含义有多种解释，其原义有人认为是“差别”、“区别”，也有人认为是“殊胜”等，由此得名。该派在中国古代音译“吠世师迦”、“毗世师”等。汉文佛典中则常称该派为“胜宗”或“胜论外道”等。

胜论派的基本思想观念在印度宗教哲学文献梵书和奥义书中已有表现，但对该派形成有直接影响的则是印度古代沙门思潮中的一些思想家的观念。

胜论派的创立者相传是迦那陀。他在汉文佛典中被称为“优楼迦”等。文献中关于他的记述都近于神话，如《百论疏》卷上记载说：“优楼迦，此云鸺鹠仙，亦云鸺角仙，亦云臭胡仙。此人释迦未兴八百年前已出世，而白日造论，夜半游行。欲供养之当于夜半营辨饮食，仍与眷属来受供养。”

历史发展和主要文献 胜论派最早的根本经典是迦那陀著《胜论经》。此典的最初形态大约产生在公元前2世纪，成书约在2世纪。现存《胜论经》有后人加入的内容。《胜论经》确立了该派的基本观念，初步形成胜论派的理论框架。

5～6世纪，学者钵罗奢思多波陀著《摄句义法论》，是印度保存的胜论派文献中最系统论述该派理论的著作。它对胜论派学说的叙述要比《胜论经》清晰和丰富，理论框架也更为完整，被认为是印度保存的除《胜论经》外最有代表性的古代胜论派文献。这个时期还出现了另外一部胜论派重要文献，即慧月撰《胜宗十句义论》。其原文已失传，现仅存唐高僧玄奘译的汉文本。它记述的胜论派学说体系与印度保存的梵文本文献有较大差别，历来为研究者所重视。

10世纪之后，胜论派开始与正理派混合，出现的主要著作有：乌德衍那（10世纪）的《光之颈饰》，希里达罗（10世纪）的《正理的芭蕉树》，湿婆迭蒂（约10～11世纪）的《七句义论》，商羯罗·弥尸罗对《胜论经》的注《邬巴斯伽罗》，洛迦悉·帕斯迦罗（17世纪）的《思择月光》，毗斯伐挪泰（17世纪）的《叙述裁定》和《极成说真珠之颈饰》等。

胜论派在印度思想史上一直有重要的影响。无论是印度的婆罗门教系统的主流派，还是佛教等派别，都对它很重视。吠檀多派和佛教的不少文献都论及或批驳它的学说，这些文献对后人完整地理解胜论派有重要价值。

主要哲学理论 胜论派的基本哲学体系是句义论。所谓“句义”指“与概念相对应的实在物”。其中的“句”是“言语”或“概念”的意思；“义”是“事物”或“东西”的意思。胜论派认为，世间现象归根结底可以概括为若干种句义，并用句义来区分自然现象。

六句义论 《胜论经》和《摄句义法论》主张六句义：实句义、德句义、业句义、同句义、异句义及和合句义。实句义（实体）指事物的自体。德句义（性质）主要指事物的静的特性等。胜论派认为德只能依于实，德不能再具有另外的德。业句义（运动）指事物的动的特征。同句义（普遍性，有）既指事物间相对的同的关系，又指事物的存在特性。异句义（特殊性，边异）既指事物间相对的异的关系，又指事物的最终差别。和合句义（内属，内在联系）指事物所具有的自体与属性等的不可分的因果关系。各个句义的区分主要是在概念上的，而实际上它们都要统一在事物自身，即实上面。产生这种自体与属性等不可分的关系的就是和合句义。

十句义论 《胜宗十句义论》主张有十句义：实句义、德句义、业句义、同句义、异句义、和合句义、有能句义、无能句义、俱分句义、无说句义。前6个句义的含义与《胜论经》和《摄句义法论》中的6个句义类似。新增的4个句义的含义是：有能句义指与实、德、业三句义有内在联系，并可使它们共同或单独生出特定结果的句义。无能句义指与实、德、业三句义有内在联系，并可使它们不共同或单独生出其他结果的句义。俱分句义指事物间相对的同异关系，即把同句义限于存在性，把异句义限于最终差别性，其余的同与异另成一独立的句义。无说句义指事物的非存在状态，分为5种无：未生无（指事物未产生前之非存在）、已灭无（指事物毁灭后之非存在）、更互无（指事物相互排斥之非存在）、毕竟无（指过去、现在、将来都不会出现的事物之非存在）、不会无（指一物中不会具有另一物的性质之非存在）。

胜论派的句义论体系涉及的哲学问题较多，其中较重要的有极微论、因中无果论、现量与比量理论。

极微论 所谓“极微”是印度古代哲学中一些思想家设想的事物的最小单位。极微在胜论派中主要属于实句义中的前4种，即所谓“四大”——地、水、火、风。胜论派将“四大”分为两种，一种是作为事物最小单位的极微，另一种是极微的复合物。世间有形态的物体都是由“四大”极微结合而成的。

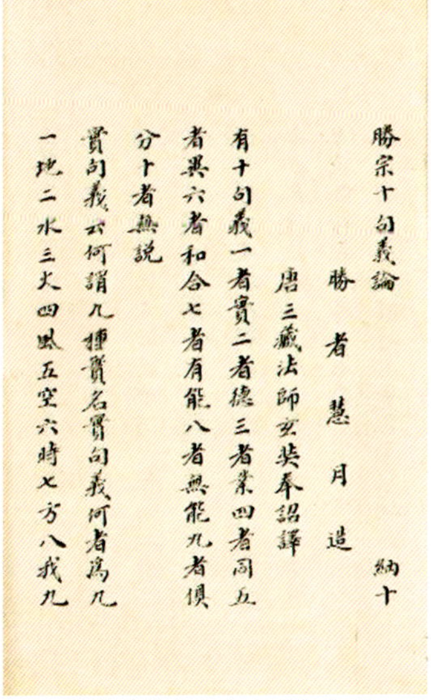
勝宗十句義論　納十
勝者慧月造
唐三藏法師玄奘奉詔譯
有十句義一者實二者德三者業四者同五
者異六者和合七者有能八者無能九者俱
分十者無說
實句義云何謂九種實名實句義何者為九
一地二水三火四風五空六時七方八我九

慧月《胜宗十句义论》书影

胜论派认为，没有比极微更小的构成因，极微不能由于构成因的解体而毁坏，因而极微是常住的。有形体的可感事物是极微构成的果，这果可以感觉到，果的存在是证明作为因的极微存在的标志。因为作为因的极微存在，作为果的事物才可能存在。非常住概念与常住概念是相对立而存在的，使用非常住的概念说明常住概念也存在，而常住的事物就是极微。

胜论派在分析物质世界聚合的动力以及自然界许多现象产生的原因时，提出了一种“不可见力”概念。这一概念有时也译为“未见”、“法”、“非法”等。胜论派认为，火向上燃烧、风横向地吹、树液能在树中循环，以及地震等现象都是由不可见力引起。这种“不可见力”的概念，实际上是胜论派用来说明当时一些难以解释的自然现象。根据胜论派的几部主要著作的论述，所谓“不可见力”在很大程度上是指人善恶行为产生的力量，大致相当于佛教所阐释的业力，胜论派认为极微最初的运动就是由这种“不可见力”推动的。

因中无果论 胜论派十分重视因果问题，认为没有原因就没有结果，但不是没有结果就没有原因；结果离开原因是不能出现的，但原因却可以没有结果而单独存在。胜论派主张因中无果论与其主张的积聚说的思想体系有直接的关联。胜论派认为作为果的世间事物不是来自单一的因，世间事物由多种因积聚而成。因中不能有果，果只能由各种与果不同的因聚合构成。

胜论派的因中无果论在古印度十分引人注目，吠檀多派和佛教的不少思想家都曾多次提到它，并对其进行了猛烈的抨击。

现量与比量理论 胜论派在认识论方面的思想，包括在它的“现量”与“比量”的理论中。

所谓“现量”主要指感官接触事物

后所产生的感觉。胜论派的主要文献对此都有论述。《胜论经》认为，有两种感觉：一种是一般人的感觉，另一种是瑜伽行者的感觉。后人分别称之为世间现量和非世间现量。世间现量仅能达到世间一般的事物，而非世间现量则对我、空、方、意等都能达到。《胜宗十句义论》对世间现量和非世间现量未作区分，但该论分析了认识最初产生时的主要相关因素。它认为感觉的产生通常要依靠4个因素：一是境（指外部感官所能达到的客体）；二是根（指外部的五感官）；三是意（指外感官和我之间的媒介）；四是我（指认识等的主体）。感觉产生的过程大致是：人的五感官（根）接触到外界（境），因此在五官上就产生了印象，这些印象很快地被认识中的另一个要素意所接受，意不是意识性的要素，而是物质性的东西，它体积极小，在身体中飞快地转动，把各个外感官所获得的信息分别传给我时，人就会产生感觉。胜论派还认为，感觉除了由我、根、意、境四要素结合产生外，亦可以由我、根、意三要素结合而生，或由我、意两要素结合而生。

所谓“比量”主要指推理。《胜论经》认为比量可以分为5种情况：一是从结果推知原因，二是从原因推知结果，三是从有结合关系的事物中根据已知的一个推知另一个，四是从有矛盾关系的事物中根据已知的一个推知另一个，五是从有和合关系（内在联系）的事物中根据已知的一个推知另一个。

胜论派虽然传统上被划归印度教的哲学派别，该派也提及要遵守印度教所规定的社会秩序，承认**轮回**与**解脱**的理论，但该派中的这类成分显然比其他印度正统派哲学少。它实际上将理论体系的重心放在自然哲学方面。这与印度教的主流哲学倾向有很大偏差。

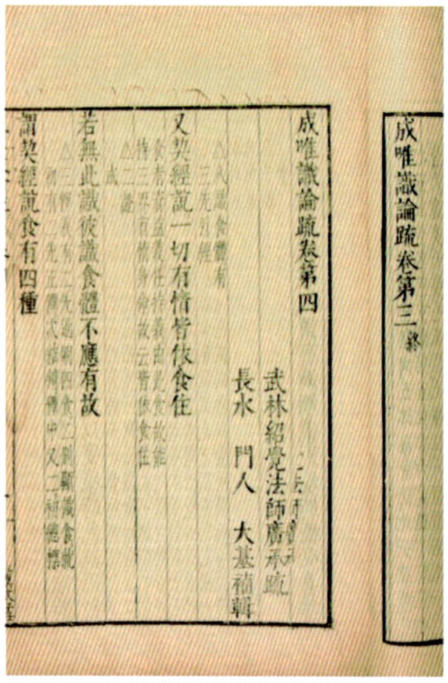

《成唯识论疏》书影

在中国的传播与影响 胜论派的理论在古代就传入了中国，在中国思想界产生了一定的影响。

胜论派哲学文献在古代中国被完整地翻译成汉文。唐**玄奘**将《胜宗十句义论》译成汉文。该文献认为观察世界各种现象有10个句义，与印度保存的《胜论经》与《摄句义法论》中的句义论有很大不同。这种不同很早就在中国思想界引起关注，许多中国佛教僧人都对此有所论及。《胜宗十句义论》是“外道”文献，但被佛教的**汉文大藏经**全文收入，这在佛教文献的编集整理中是极为少见的，可见该文献在中国受重视程度之高。

胜论派的思想在印度佛典中经常受到批驳。印度佛典在批驳胜论派时也常常介绍或转述该派的思想。这方面的内容在佛教传入中国时也被译成汉文。一些古代中国僧人曾阐明或解析胜论派的相关思想。此类内容在中国古代的佛教文献中大量存在。

玄奘编译的《**成唯识论**》有专门批驳胜论派思想的内容。《成唯识论》中的佛教思想还认为，将地、水、火等划归实句义和将色等划归德句义是不合理的，因为它们都可以被身体器官把握，应该是一类的东西。《成唯识论》还提出，胜论派中的属于同句义的有也没有设立的必要，因为实句义等按胜论派的说法自身就应可以存在，无须依赖同（有）句义来确立其存在。

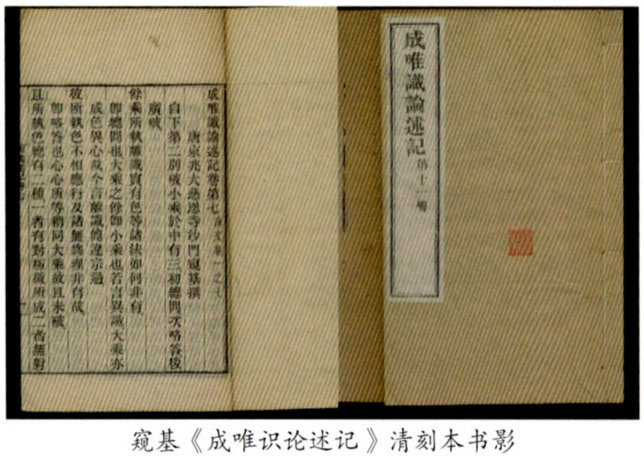

窥基《成唯识论述记》清刻本书影

玄奘弟子**窥基**在其所著的《**成唯识论述记**》卷一也提及了胜论派：“吠世史迦，此翻为胜，造六句论，诸论罕匹，故云胜也。……后其苗裔，名为惠月，立十句义。”唐代**普光**在其所著《俱舍论记》卷五中说：“若依胜论宗中先代古师，立六句义：一实、二德、三业、四有、五同异、六和合。后代慧月论师立十句义。”汉文佛典中的此类记述还有很多。

在中国古代，佛教外的一些思想家也十分关注胜论派的思想。如唐初无神论者**吕才**在阐述其哲学理论时，就曾使用与胜论派极微概念类似的思想，受到其论敌的指责。

中国近代思想家**章炳麟**在批判论敌时也曾引用胜论派的“四大”或“极微”理论。

在中国现代学术界，胜论派的思想也受到重视。《胜论经》被全部译成汉文，《摄句义法论》也被部分译成汉文。在中国近现代出版的有关印度宗教哲学著作中，一般都有专门的章节介绍胜论派的发展历史与主要学说。中国国内的专业学术期刊上，也发表过不少有关胜论派的研究论文。

中国高等院校的一些研究生，在撰写学位论文时，有以《胜宗十句义论》为专门研究题目的。一些博士研究生的学位论文中也有许多涉及胜论派思想的内容。

（姚卫群）

Shengman Jing

《胜鬘经》 *Śrīmālādevī-siṃha-nāda-sūtra* 大乘佛教如来藏系经典。全称《胜鬘狮子吼一乘大方便方广经》。主要宣扬一乘思想和如来藏学说，主张三乘归于佛乘，众生本有自性清净如来藏，但被烦恼客尘所染。

《胜鬘经》文本集成于约4世纪中叶，其主要人物胜鬘夫人，据说是古代印度拘萨罗国波斯匿王与末利夫人之女，为阿踰阇国王后。该经记述了胜鬘夫人信受佛法的经过，主要内容由胜鬘夫人宣讲，是佛经中以在家女性身份成道说法的一个范例，与之相应的另一例即是在家男性说法的《维摩诘经》，体现了大乘佛教的包摄圆融。

依汉译本，《胜鬘经》共有15章。前3章记述胜鬘夫人在父母遣使授书后，见佛生信，发大誓愿，皈依受戒。第4章记述摄受正法的所有功德。第5章说三乘入于一乘。第6～13章集中阐释如来藏思想，依次述说圣谛、如来藏、如来法身、自性清净心等。第14章内容为随信增上者能得究竟。最后一章归纳此经所说的十四义，其后段为此经的流通分。

《胜鬘经》梵文本仅存残叶，藏于挪威邵格延藏品之中，出土于阿富汗巴米扬地区，推测抄写于5世纪。此外，如来藏系的重要论典《宝性论》梵文本中对《胜鬘经》有10处以上的引用摘录，《楞伽经》以及寂天的《集菩萨学论》梵文本对此经也有个别引用。综合这些梵文资料，则汉译本《胜鬘经》的第1、2、4、5、7、8、9、12、13、14、15章存有梵文对应部分，却不能覆盖上述任何一章的全部。

《历代三宝纪》记有《胜鬘经》的昙无谶译本，可惜早已佚失。现存最早的汉译本是436年求那跋陀罗所译《胜鬘师子吼大乘大方便方广经》(T353)，流通甚广。另有唐代菩提流志等所译《胜鬘夫人会》，归为《大宝积经》第四十八会（T310）。此经有前弘期藏译本，归于藏文大藏经的"宝积部"(D92)，其内容完整，但是没有分章的次第。

《胜鬘经》在汉传佛教思想史上有重要地位。经求那跋陀罗的汉语译介之后，此经受到涅槃师的极大重视，当时著名涅槃师慧观为此经笔受，并为之作序。现存的汉语注疏有慧远的《胜鬘经义记》(X351)、吉藏的《胜鬘宝窟》(T1744)、窥基的《胜鬘经述记》(X352)，以及中国甘肃敦煌出土的三部注疏等。

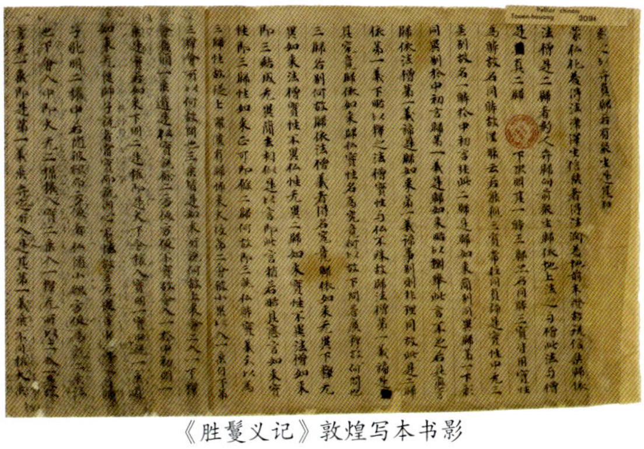

《胜鬘义记》敦煌写本书影

（孙皓）

Shengzong Shi Juyi Lun

《胜宗十句义论》 *Daśa-padārtha-śāstra* 印度古代六派哲学之一胜论派的重要著作。约产生于6世纪。作者慧月（又作惠月）。梵文原本在印度已失传。7世纪时，中国唐代高僧玄奘将其译成汉文，共1卷（T2138）。

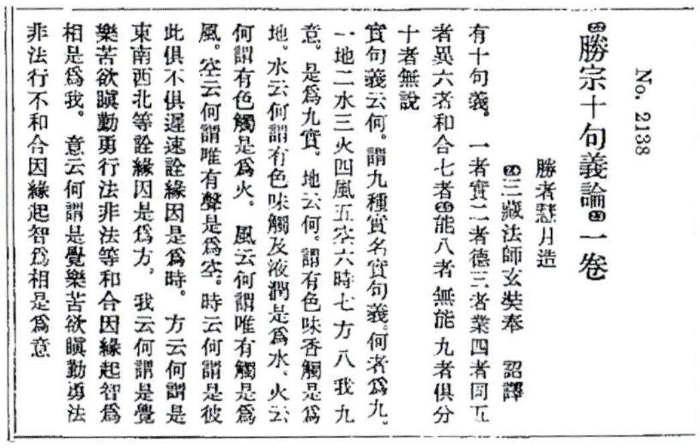

No. 2138
勝宗十句義論一卷
勝者慧月造
三藏法師玄奘奉 詔譯
有十句義。一者實二者德三者業四者同五者異六者和合七者有能八者無能九者俱分十者無說
實句義云何。謂九種實名實句義。何者爲九。一地二水三火四風五空六時七方八我九意。是爲九實。地云何。謂有色味香觸是爲地。水云何。謂有色味觸及液潤是爲水。火云何。謂有色觸是爲火。風云何。謂唯有觸是爲風。空云何。謂唯有聲是爲空。時云何。謂是彼此俱不俱遲速詮緣因是爲時。方云何。謂是東南西北等詮緣因是爲方。我云何。謂是覺樂苦欲瞋勤勇行法非法等和合因緣起智爲相是爲我。意云何。謂是覺樂苦欲瞋勤勇法非法行不和合因緣起智爲相是爲意

《胜宗十句义论》书影

《胜宗十句义论》所表述的哲学理论与印度保存的胜论派的另外两部主要文献《胜论经》和《摄句义法论》的内容有重要不同。

《胜宗十句义论》的基本理论框架是胜论派的句义理论。它在胜论派最初的根本经典《胜论经》认为的实句义、德句义、业句义、同句义、异句义及和合句义六个句义的基础上增加了四个句义，即有能句义、无能句义、俱分句义、无说句义。它的各种哲学思想都包含在十句义的理论之中。

《胜宗十句义论》虽然比《胜论经》和《摄句义法论》多了一些句义，但探讨的实际问题与后两者是类似的。这些句义都论及了极微论、量论、普遍与特殊、时间与空间、运动等哲学问题。

极微被胜论派看作物体的最小单位。在《胜宗十句义论》中，实句义中的"四大"地、水、火、风就是极微及其复合物。不同种类的极微有其特定的性质，如地具有色、味、香、触，水具有色、味、触及液、润，火具有色、触，风具有触。极微最初的运动与"法与非法"有关。这种"法与非法"是一种看不见的力量，在《胜论经》中被称为"不可见力"，它能引起极微的运动及一些自然现象的产生。极微可以造出各种物体，但却不可被他物所造，并不可毁灭。《胜宗十句义论》中的极微论与《胜论经》中的是类似的。

量论是古印度各哲学派别都具有的。《胜宗十句义论》论及了两种量：现量和比量。关于现量，该论认为有三种：第一种是"四和合生"，指我、意、根、境四种要素合在一起产生感知；第二种是"三和合生"，指我、意、根三种要素合在一起产生感知；第三种是"二和合生"，指我、意两种要素合在一起产生感知。关于比量，《胜宗十句义论》论及了两种：一种是"见同故比"，另一种是"不见同故比"。《胜宗十句义论》中的量论与《胜论经》中的量论在细节上有所不同。

关于事物的普遍与特殊、时间与空间以及运动等问题，《胜宗十句义论》与《胜论经》的相关论述差别不大。一些论述在表面上有不同，但在实质上是相同的。

《胜宗十句义论》是一部佛教外的古印度哲学派别的典籍，在古印度没有多大影响，但由唐代高僧玄奘译为汉文传入中国后，被收入汉文大藏经中，可见它在古代很受中国佛教僧人重视。许多汉译或汉文佛典论及胜论派时都会提到十句义理论，并将其视为胜论派在《胜论经》后的重要理论。古代汉文佛教文献中有不少对该论学说的转述或批判。

在中国近现代，《胜宗十句义论》也颇受重视。中国近代的一些学术期刊发表有关于它的研究论文。中国现代出版的印度宗教哲学的专著或教科书中也有关于该论的内容。

（姚卫群）

Shengshi Weiyan

《盛世危言》 中国近代时政著作。作者为清末民初资产阶级改良主义思想家郑观应（1842.07.24～1922.05）。

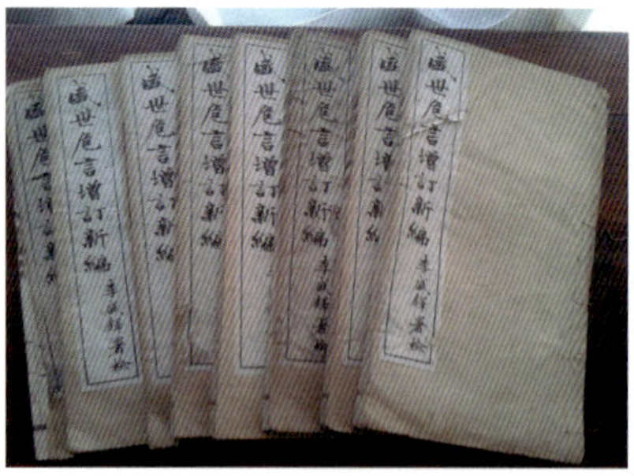

《盛世危言增订新编》书影

郑观应又称官应，字正翔，号陶斋，广东香山县（今中山市）人。一生追求“富强救国”，积极投身洋务运动、实业救国。《盛世危言》反映了作者对世界时局、中国发展所作的思考，对政治、经济、军事、外交、文化等诸方面的改革提出了切实可行的方案。《盛世危言》流传版本较多，主要有1894年5卷本、1895年14卷本、1900年80卷本3种。清光绪二十一年（1895），江苏布政司布政使邓华熙曾将5卷本《盛世危言》推荐给光绪皇帝。

《盛世危言》中多处提到印度，其中《英商公司据印度及亚美利加考》简要介绍英国组建东印度公司并占据印度的历史。《边防四》和《边防五》记载了英国以印度为跳板占据缅甸、中国西藏部分领土的历史，以及中英在中缅边境问题上的博弈。《边防九》提出需警惕英国强化印度武装力量，染指云南、西藏等地的野心。

（张忞煜）

Shililuochayintuoluozhuluo

尸离罗荼印陀罗注罗 Śri Rājendra Cola（约活动于10～11世纪） 南印度朱罗王朝国王。又译拉金德拉·朱罗。约1012～1044年在位。朱罗王朝是一个历史悠久而强大的王朝，至迟发祥于公元前3世纪。由于掌控肥沃的高韦里河三角洲地区与印度洋及孟加拉湾的海上贸易，其势力在10～12世纪达到鼎盛。尸离罗荼印陀罗注罗是该王朝最强大的统治者之一。他开疆拓土，直至攻陷远在北方恒河之滨的巴特那（今属印度比哈尔邦）。他还派遣海军征服斯里兰卡、马尔代夫和室利佛逝王国。据史籍记载，朱罗王朝四度遣使前往中国，其中两个使团即是尸离罗荼印陀罗注罗在位期间派出的。

尸离罗荼印陀罗注罗统治时期，印度半岛与中国之间海上贸易繁荣，在印度南部多处遗址发现的大量中国瓷器碎片证明了此点。对宋代中国与印度迤西更为遥远的波斯湾地区的货物转运贸易，朱罗王朝的港口也非常重要。11世纪，朱罗国王次第派遣使团前往宋朝廷，很可能是为了巩固和拓展与中国的贸易联系。据中国史料，如宋周去非的《岭外代答》和赵汝适的《诸蕃志》，对这些朱罗使团均有记载。根据这些史籍，尸离罗荼印陀罗注罗在宋真宗天禧四年（1020）派遣一个使团来华，由使臣琶栏得麻烈呧率领，但他在广州病故，未能抵达宋都。该使团最终完成行程，返回故国。这些史籍还记载，在中国宋王朝看来，朱罗使与龟兹使地位等同。鉴于龟兹是宋王朝的一个小属国，此事表明宋朝廷当时还不了解朱罗王国的军事实力。宋朝廷似还误以为，朱罗王朝受室利佛逝强权节制。有些学者分析，为了主宰这一地区的海上贸易，尤其是与中国的贸易，室利佛逝与朱罗展开竞争，致使室利佛逝力图误导宋朝廷，使之看轻朱罗的势力。有可能正是这种竞争，导致尸离罗荼印陀罗注罗于1017年和1025年对室利佛逝发动前所未有的海上远征。这一时期，尸离罗荼印陀罗注罗和其他朱罗国王遣使中国，证明了商业和海路在中印关系上日趋重要。

朱罗王朝冈盖孔达·朱罗普拉姆神庙　印度泰米尔纳德邦康契普拉姆附近

（玛妲玉撰　刘文亮译）

Shilinaluosengjiabaoduobamo

尸利那罗僧伽宝多拔摩 Narasiṃhavarman II Rājasiṃha（约活动于七八世纪） 南印度帕拉瓦王朝势力最强大的统治者之一。又译那罗僧诃跋摩二世。约

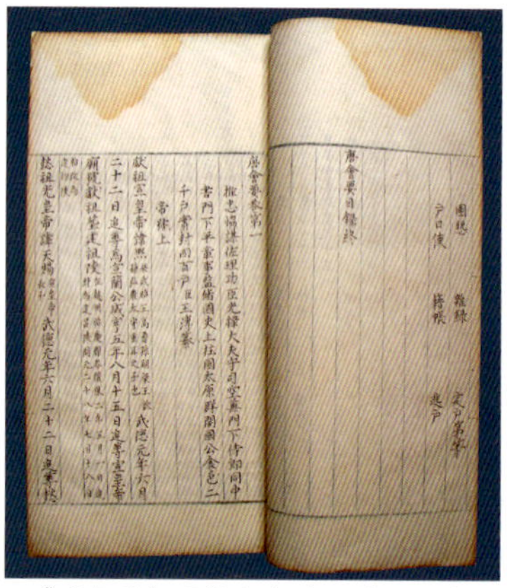

《唐会要》明抄本有关尸利那罗僧伽宝多拔摩的记述

700～728年在位。该王朝自2～9世纪统治印度半岛大片地区。中国史籍记载，唐玄宗开元八年（720），南天竺（今印度南部）国王尸利那罗僧伽宝多拔摩遣使来朝。帕拉瓦使者奉命请求中国皇帝允许以战象及兵马讨大食及吐蕃等。当时，大食和吐蕃在该地区处于攻势，威胁着唐朝廷和印度几个王国的政权。事实也很可能相反，即唐王朝更有意确立与帕拉瓦王朝的合作，从而节制大食和吐蕃。中国史籍提到，帕拉瓦王朝使者请唐玄宗给尸利那罗僧伽宝多拔摩的军队赐名，唐玄宗嘉许之，名其军为怀德军。

尸利那罗僧伽宝多拔摩同年另遣两位使节前往中国。他为表达对唐玄宗的敬意而营造佛寺，特遣使上书，请赐寺额。另一使节，则因唐玄宗册封尸利那罗僧伽宝多拔摩为南天竺国王而专程赴朝致谢。

唐玄宗亦曾遣使回访帕拉瓦王国。

尽管加强贸易联系的意愿可能是帕拉瓦王国与中国相互遣使的一个原因，但战略问题似为两国考虑的主要事项。

（玛妲玉撰 刘文亮译）

Shiluodamo

尸罗达摩 Śīladharma（约活动于八九世纪） 西域僧人，译经家。意译戒法。

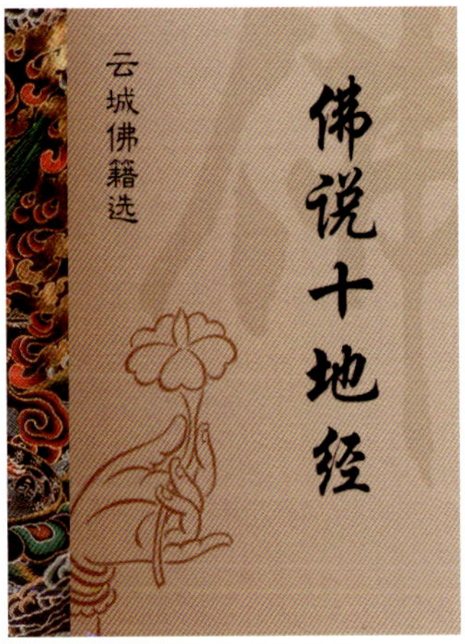

《佛说十地经》封面

据《宋高僧传》卷三、《贞元新定释教目录》卷十七等，尸罗达摩是于阗（今中国新疆和田）人，佛学造诣深厚，兼通华、梵两语，为当地大法师。唐德宗贞元（785～804）初年，高僧悟空自北印度返回中原路过北庭（治所在今新疆吉木萨尔北破城子）时，尸罗达摩应节度使杨袭古和龙兴寺沙门大震之请，将悟空所携梵本佛经译为汉文。先译《佛说十地经》，由尸罗达摩恭读梵文并充译语，大震笔受，沙门法超润文，善信证义，悟空证梵文，得9卷。后又将《佛说回向轮经》1卷译出。两经译成，缮写将终时，正遇北庭宣慰中使段明秀事毕返京复命，悟空遂带译本与之同行，并于贞元五年到达长安。经本由左街功德使窦文场缮写完毕，进呈内廷，并于贞元十五年奉敕编入《贞元新定释教目录》。尸罗达摩则于译事完成后返回于阗。

（葛维钧）

Shiluomijia

尸罗迷迦 Silāmegha（约活动于8世纪） 师子国第二兰巴建纳王朝国王。亦称阿伽菩提六世。733～772在位。据《新唐书》、《宋高僧传·不空传》、《册府元龟》等记载，唐天宝初年（约742）师子国（今斯里兰卡）国王尸罗迷迦遣使入唐，“献大珠、钿金、宝璎、象齿、白氎”。同年，礼迎高僧不空金刚，将之请于王宫居住七日，每天以金壶盛香水，亲自为其洗浴。天宝五载（746），不空金刚返唐时，尸罗迷迦委托其携钿金、宝璎珞、象齿、细白氎、贝叶梵字《大般若经》及国书等物，以献于唐廷。

（王凌男）

Shibian

师鞭 Shibian（约活动于7世纪） 中国唐代去印度求法僧人。齐州（今山西太原一带）人。据义净《大唐西域求法高僧传》卷上，师鞭于唐麟德二年（665）或乾封元年（666）随僧人玄照经陆路赴印度求法，先到北印度，再到西印度。到菴摩罗割波城（“菴摩罗割波”或为“菴摩罗跋”之讹，菴摩罗跋，在今印度比哈尔邦境内），为国王所敬。住在王寺，与道希法师相见。同居一夏，遇疾而终。年35岁。

（王邦维）

Shi Jueyue

师觉月 Prabodh Chandra Bagchi（1898～1956.01.19） 印度中印学家。为20世纪中印古典学以及中印文化交流史的研究作出了具有原创性的贡献。

师觉月生于今孟加拉国杰索尔县。1918年毕业于印度克里希那纳加尔政府学院，获梵语荣誉学位。后入加尔各答大学攻读印度古代历史与文化专业硕士学位，于1920年获一等学位。其后很快应A.穆克吉爵士之邀入加尔各答大学担任讲师。1921年被穆克吉派往圣蒂尼克坦，在法国汉学家S.列

师觉月在国际大学工作照

师觉月《印度与中国》中译本封面

维的指导下学习佛教和中文。其间对以新方法深究中印文化关系产生了浓厚兴趣。1922年，陪同列维及其夫人前往尼泊尔，在尼泊尔皇家宫廷图书馆搜寻梵语文献的藏语和汉语写本，并在那里发现了一些珍贵资料。同年获拉什佩诃利·高士游学奖学金资助，前往中南半岛和日本，以更广阔的视野搜集了亚洲研究的重要资料。1923～1926年，获印度政府高等教育奖学金前往法国，入巴黎大学与P.伯希和、H.马伯乐、J.布洛克、A.梅耶，以及导师列维等众多著名佛教和梵语学者共事。其学术生涯随着博士论文《中国的佛教藏经：译者与译文》两卷本的出版取得了新的成功，并凭此获得巴黎大学最高学位——文学博士学位（国家博士学位）。自法国回国后，于1926～1944年任教于加尔各答大学古代历史与文化系。1929～1930年，再次前往尼泊尔，通过汉语和藏语写本进行佛教密宗（金刚乘）、佛教成就师和修行歌（修行诗）等研究。1945年，入国际大学中国学院，任研究主任。与此同时，印度政府为推进中印文化研究在北京大学设立了教授席位，师觉月受委派到中国工作两年。从中国回国后，被任命为国际大学知识宫即高等研究系主任。1954年4月，被任命为国际大学校长，直至1956年1月19日因突发心脏病去世。曾编辑一系列期刊，如《中印学刊》、《国际大学年刊》、《文学光芒》等。对中国学和印度学最有价值的贡献是1944年出版发行的《印度与中国：千年文化关系》一书，该书由姜景奎等译为汉语，并

师觉月（左1）出席尼赫鲁在国际大学的演讲会

于2014年由北京大学出版社出版。1952年，随V.L.潘迪特女士率领的印度文化代表团访华。

（那济世撰　张忞煜译）

Shiziguang

师子光　Siṃharaśmi（约活动于7世纪）中印度那烂陀寺学问僧。曾在佛教教义上与玄奘有所辩难。据《续高僧传》卷四、《大慈恩寺三藏法师传》卷四等，玄奘到那烂陀寺后，奉住持戒贤法师之命讲《摄大乘论》和《唯识决择论》。当时寺内大德师子光已在为众僧讲论龙树的《中论》和提婆的《百论》，按照龙树中观论的观点破斥瑜伽行派理论。玄奘精通《中论》、《百论》，对瑜伽行派理论亦很熟稔，认为古代圣人立教，原本各随其意，彼此并不违妨，后人不能会通，乃是传承过程中有所失误，与大法本身无干。由于觉得师子光执说偏颇，便多次找他讨论辩难。后者往往不能酬答，结果学徒渐渐散去而宗附玄奘。为说明二宗原不相违，玄奘著《会宗论》3 000颂呈送戒贤及大众，获得好评。该论也随之成为寺内宣习的教材。师子光自觉惭愧而另投菩提寺。为雪前耻，他又派一位东印度的同学前来论难。后者既至，由于畏惧而未敢挑战，玄奘的声威由此而更加提高。

（葛维钧）

Shishi

《诗式》　中国唐代诗论专著。共5卷，自成体系。皎然撰。

《诗式》在中国的诗歌批评史上占有崇高地位，在中国的文论史、美学史上也都占有崇高地位。它的产生，既有客观原因，也有作者的主观原因。从客观上讲，唐代诗歌到中唐时发展到鼎盛时期，既全面继承了中国上古以来的优秀诗歌传统，同时也经过艰苦努力、刻意创新、全面开拓而积累了大量实践经验，创作出一大批千古绝唱。在这种情况下，客观上不仅创造了《诗式》产生的条件，而且也迫切需要理论上的总结和提高。从主观上讲，皎然虽为僧人，但他除研读佛经以外，还博读子史，同时也进行了大量的诗歌创作活动，从实践中积累了丰富经验。他对诗的本质、诗的创作规律、诗的鉴赏、诗的风格等都作了探讨，并发表了深刻的见解。从中看到，《诗式》也受到佛教思想的影响。

皎然在《诗式序》中写道：大诗者，众妙之华实，六经之精英，虽非圣功，妙均于圣。彼天地日月、元化之深奥、鬼神之微冥，精思一搜，万象不能藏其

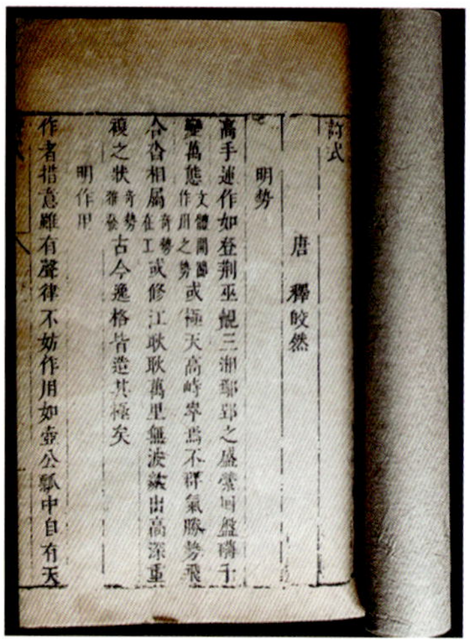

詩式
唐　釋皎然
明勢
高手述作如登荊巫覩三湘鄢郢之盛縈回盤礴千
變萬態（文體開闔作用之勢）或極天高峙崒焉不群氣騰勢飛
合沓相屬（奇勢在工）或修江耿耿萬里無波欻出高深重
複之狀（奇勢雅發）古今逸格皆造其極矣
明作用
作者措意雖有聲律不妨作用如壺公瓢中自有天

《诗式》明万历七年（1579）刻本书影

巧。其作用也，放意须险，定句须难，虽取由我衷，而得若神授。至若挺拔之句，与造化争衡，可以意冥，难以言状，非作者不能知也。这些论述，继承了前人的一些观点，同时兼有作者的创见，从中显现一种佛家和玄学的神秘。文中还运用了佛家使用的词语，如“作用”、“天真”等，表明作者不自觉地将佛学的某些意念运用于诗歌的理论中。

《诗式》卷一《诗有四离》中说：“虽有道情，而离深僻；虽用经史，而离书生；虽尚高逸，而离迂远；虽然飞动，而离轻浮。”意为，作诗要有道情（得道者之情），但也要避免太深太僻；作诗可以引用经典，但不能太书生气、学究气；诗要作得高妙洒脱，但不能荒诞而远离现实；诗要作得生动活跃而有气势，但不能轻飘飘的没有根基。根据皎然的诗句“为依炉峰在，境胜增道情”，“每笑石崇无道情，轻身重色祸亦成”等，可知其“道情”乃“禅心”之意。

《诗式》卷一《取境》中说：“取境之时，须至难至险，始见奇句。成篇之后，观其气貌，有似等闲不思而得，此高手也。”“取境”来自佛教的词语，意为追求和构想出诗的艺术境界。

《诗式》卷五中说：“作者须知复、变之道，反古曰复，不滞曰变……复变二门，复忌太过，诗人呼为膏肓之疾，安可治也，如释氏有顿教，学者有沉性之失，殊不知性起之法，万象皆真。”作者以佛教的道理解说作诗复古不要太过的原因。

皎然还有《诗议》一卷，其中写道：“夫境象不一，虚实难明，有可睹而不可取，景也；可闻而不可见，风也；虽系乎我形而妙用无体，心也；义贯众象而无定质，色也。凡此等，可以对虚，亦可以对实。”从中可见皎然将佛教思想和语汇融于诗论的痕迹。其用的“心”、“色”、“虚”、“实”等概念，都接近于佛经中的概念。

（薛克翘）

shizihui

狮子会　北宋时期佛教寺院于重阳节举办的佛事活动。九月初九是中国传统的重阳节，古人举行“登高会”、“菊花会”等活动。这一节日也与佛教有过关涉。吴自牧《梦粱录》卷五记北宋京都汴梁（今河南开封）重阳节曰：“其日，诸寺院设供众僧。顷，东都有开宝、仁王寺院设狮子会，诸佛菩萨皆驭狮子，则诸僧亦皆坐狮子上作佛事。杭都却无此会。”与《东京梦华录》所载一致。

（薛克翘）

Shihu

施护　Dānagupta（？～998前后）印度来华僧人，译经家。原为乌仗那国（见乌苌）帝释宫寺僧。

宋太宗太平兴国五年（980）二月

中国河南浚县太平兴国寺山门

与天息灾一同到达北宋都城汴京（今中国河南开封），献梵夹，受到宋太宗赵炅接见。此前，已有法天等印度僧人来华献梵夹。宋太宗正欲开展翻译佛经事业，见二人至，便下令于太平兴国寺（在今中国河南浚县大伾山）修建译经院。两年后的六月，译经院建成，施护、天息灾、法天等人进驻，并分别被封以“显教大师”、“明教大师”和“传教大师”称号。施护等3人当即开始奉旨译经。同时，译经院形成了一整套的翻译流程，施护参与其中。七月，3人各译出佛经一卷，施护所译为《如来庄严经》。宋太宗亲临译经院慰问，并下令将宫中所藏梵本全部取出翻译。自此，每年皇帝诞节都有新经译出以为献礼，宋太宗每每召见并赏赐，新经也当即入藏并刊刻流行。太平兴国八年，宋太宗将译经院更名为传法院，并下令在其旁建立印经院，以便新译佛经能尽快刻版流行。于时，天息灾、施护等人提议，为译经事业后继有人，宜选童子习学梵文。宋太宗接受，下令选派年轻中国僧人开始学习梵文，入选者10人，学习效果显著，施护参与教学。雍熙二年（985），宋太宗阅读新译的佛经时称赞“天息灾等妙得翻译之体”，并召见3人。不久，天息灾、施护等提出，陕西一带僧俗人中收藏有很多梵文佛经，请寻访收取，以资翻译。宋太宗同意。雍熙三年，宋太宗将其御制《三藏圣教序》赐给天息灾、施护等，令加在新译佛经之前。宋真宗大中祥符四年（1011）修建舍利塔时，施护是积极参与者。又据《大中祥符法宝录》和《景佑新修法宝录》可知，在天息灾、法天相继去世后，施护担当起译经场第一译主，带领法护、惟净等晚辈新秀译经不辍，直至去世。

施护一生所译佛经200余卷，绝大多数属于密教典籍，主要有《秘密三昧大教王经》4卷、《一切如来金刚伞业最上秘密大教王经》7卷、《守护达千国土经》3卷、《秘密相经》3卷、《无二平等最上瑜伽大教王经》6卷，以及与法护、惟净合译的《一切如来真实摄大乘现证三昧大教王经》30卷等。事见《佛祖统纪》卷四三、《宋史》卷四九〇、《历代佛祖统载》卷十八、《补续高僧传》卷一、《新续高僧传》卷一等。

（薛克翘）

Shi Zhecun

施蛰存 Shi Zhecun（1905.12.03～2003.11.19） 中国现代作家、翻译家、学者，中国现代派文学的重要开创者。浙江杭州人。20世纪20年代曾先后在之江大学、上海大学、大同大学、震旦大学就读，其间开始文学创作。1928年，与戴望舒共同编辑《无轨列车》半月刊，1932年起主编《现代》月刊，引进现代思潮，推崇现代意识，影响广泛。抗日战争全面爆发后，先后在云南、福建、江苏等地执教。1952年起在华东师范大学任教，致力于古典文学、碑版文物研究和外国文学译介。主要文学著述包括短篇小说集《上元灯》(1929)、《将军底头》(1932)、《梅雨之夕》(1933)、《善女人行品》(1933)，散文集《灯下集》(1937)、《待旦录》(1947)，诗集《北山楼诗》(2000)，编译作品集《匈牙利短篇小说集》(1936)、《波兰短篇小说集》(1936)、《捷克短篇小说集》(1937）等。主要学术著作包括《唐诗百话》、《词学名词释义》、《陈子龙诗集》(校勘）等。

施蛰存艺术视野广阔，偏爱外国文学与文化，对R.泰戈尔尤为关注。他在《北山散文集》中说自己曾受泰戈尔文风影响：“我的文学创作，也像普天下青年一样，从爱好诗歌开始。在1920年代，我学做旧诗，也学做新诗。旧诗学江西派，新诗学太谷尔，都是当时流行的文风。”1948年出版泰戈尔《吉檀迦利》译本，系该诗集在中国的早期译本之一，但影响似乎不大。1983年10月，在病房中用时一月译出泰戈尔诗集《爱人的礼物》，刊于《当代外国文学》1985年第1期。在“译者前记”中简述了自己对泰戈尔诗歌的兴趣和理解。1980～1992年，主持编纂六卷本《外国独幕剧选》，由上海文艺出版社陆续出版。第4卷收录泰戈尔的《红夹竹桃》（冯金辛译），使之成为该独幕剧选本中为数不多的东方剧目之一。该卷剧目编选工作由施蛰存本人承担。

（王汝良）

Shipo

湿婆 Śiva 印度教神话三大神之一。常称破坏之神。又是苦行之神。汉译佛教文献多称他为大自在天，或因其异名而音译为摩醯首罗、莫醯伊湿伐罗、伊舍那等。

印度教神话描绘的湿婆形象为三眼五面（或一面）四臂，第三只眼长在额心，其上或下有一新月。头发盘结在头顶上，像一只角。蛇绕在黑色的

湿婆和他的坐骑难底像

佛像　朱罗时代（13～14世纪）

颈间，像是领子。挂在颈上的是一串髑髅项链。身着虎皮、鹿皮或象皮衣。有时也坐在虎皮上。手握一鹿。坐骑是公牛难底（俗译南迪）。武器为三叉戟。手中还持有弓、鼓（中有细腰，形如沙漏）、一端饰有骷髅的棍棒或捕捉敌手用的绳索。颈黑是因为吞下过可以毁灭世界的剧毒药。第三只眼可以射出神火。他用它烧死过引诱他的爱神，烧去过**梵天**五头中的一个，烧掉过（另说用一支箭一举毁掉过）三座妖魔的城市。其象征性形象则是林伽（男根），它在印度各地受到人们，特别是希望得子的妇女的普遍崇拜。有多个妻子，如德叉（陀刹）之女**萨蒂**、雪山神女提毗（依赋形不同又称乌玛、波罗伐底、迦梨、难近母、摩诃提毗等）等。他有二子，名室建陀和伽内萨。前者为天神军队的统帅，后者是至今依然受到广泛崇拜的象头神。湿婆既是大苦行者，多在大雪山顶禅定苦修，又常耽于宴乐，畅饮后与提毗狂舞。作为舞王，其舞蹈代表着宇宙的律动，蕴含着创造与毁灭。印度教教理以为，宇宙定期毁灭之时，他便放出火和洪水完成这个工作。由于在印度教中毁灭同时意味着再生，所以他被认为又具有将解体的一切加以恢复之力，这从他的名字湿婆（有"仁慈"、"繁荣"之意）、商羯罗（有"吉祥"、"繁盛"之意）以及以富有创造能力的林伽为象征可以看出。湿婆在**恒河**下凡时将其接住，以避免其洪流淹没大地的故事，亦为一著名印度神话。

湿婆神的产生有人认为可上溯至公元前3千纪的印度河流域文明，因为一枚出土印章上的有角男像颇似中古的湿婆像；一些圆柱形和圆锥形石头也被视为林伽的前身。但此说确否，尚存争议。传统说法是其由楼陀罗神发展而来。他在《**梨俱吠陀**》中已有，为一凶神，常出没于山林田野，肆行毁坏之事；亦为风暴之神，庄稼需要的雨水常靠他供给。也有圣诗称颂他能疗疾除愆，慷慨大度，辉煌有如太阳。"湿婆"此时只作为一个形容词来修饰他。《**耶柔吠陀**》中有大段赞歌，称他为"带香气的繁荣的推进者"、"第一个神医"，描绘他"红身、青颈、千眼，携一千只箭袋"。《**阿闼婆吠陀**》说他是畜群的保护者，但也善于破坏，十分凶恶。到**奥义书**时代，他成为狂热崇拜的对象。《白骡奥义书》称他为业报轮回的掌握者。湿婆与楼陀罗相分离并以独立个体受到崇拜，约在公元前2世纪。其名在贵霜王朝的钱币上和公元前1世纪以后的铭文中皆曾出现。在《**摩诃婆罗多**》和《**罗摩衍那**》中，地位一般低于**毗湿奴**，仅有个别章节说后者对他表示恭服。**往世书**中多有关于他的故事，尤其是创作较晚的《湿婆往世书》、《林伽往世书》和《室建陀往世书》。传说湿婆有1 008个名号，除"三眼"、"五面"，还有"青颈"、"兽主"、"众主"等。

佛教在其发展过程中，曾将湿婆纳入自己的神灵系统，使之成为它的护法神。相关神话也随着佛教一同传入中国。在密教中，伊舍那（即湿婆）为十二天之一。佛典《十二天供仪轨》曾称："伊舍那天旧云魔醯首罗天，亦云大自在天，乘黄丰牛，左手持劫波杯盛血，右手持三戟创（疑为剑），浅青肉色，三目忿怒，二牙上出，髑髅为璎珞，头冠中有二仰月，二天女持花。印相者，右手作拳，安腰右；左手五指直竖相著，地水二指屈中节，火风空三指各少相去即成。"所述与印度教说法大同。印度教湿婆派信徒常有遍身涂灰者，佛教称之为"涂灰外道"。

（葛维钧　范晶晶）

Shidi Jing

《十地经》 *Daśa-bhūmika-sūtra, Daśa-bhūmaka-sūtra*, *Daśa-bhūmīśvara-sūtra*

佛教典籍。又称《十住经》。大乘佛教华严部类之中成立较早的经典，先独立流传，后收入《华严经》，称为《十地品》或《十住品》，主要宣讲菩萨修行成佛所必经的10个阶位，即十地，是大乘佛教的基础理论，为中观、瑜伽两派所重，尼泊尔奉之为"大乘九宝"之一。此经中"三界唯心"的主张常被瑜伽行派作为教证引用，汉传唯识宗列此经为六经之一。

《十地经》中的偈颂部分使用混合梵语，长行部分为古典梵语。J.拉合德于1926年刊行其梵本，近藤晃曜于1936年重新刊出精校本。松田和信曾在尼泊尔发现一部抄写于六七世纪的梵文古本，于1996年发表其影印。

现存《十地经》汉译本有6种：

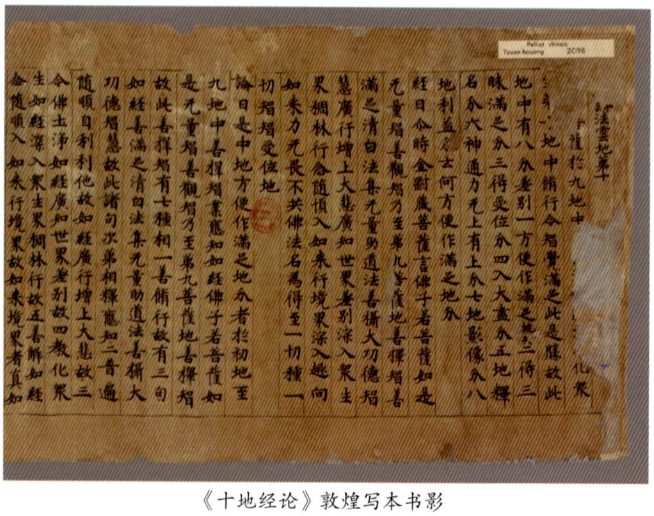

《十地经论》敦煌写本书影

①西晋元康七年（297），竺法护所译《渐备一切智德经》5卷（T285）；②5世纪初，姚秦鸠摩罗什所译《十住经》4卷（T286）；③418～420年，东晋佛驮跋陀罗所译，60卷《华严经》（T278）之中的《十地品》5卷；④508～511年，北魏菩提流支等所译《十地经论》（T1522）之中的引文；⑤695～699年，唐实叉难陀所译80卷《大方广佛华严经》（T279）中的《十地品》6卷；⑥8世纪后半叶，于阗僧人尸罗达摩所译《佛说十地经》9卷（T287）。据《高僧传》卷二，鸠摩罗什译《十住经》之前，曾疑难犹豫一月有余，待其师佛陀耶舍来到长安后，两人共同讨论才确定其中辞理。此经的藏译本收于智军译《华严经》（D44）之中。

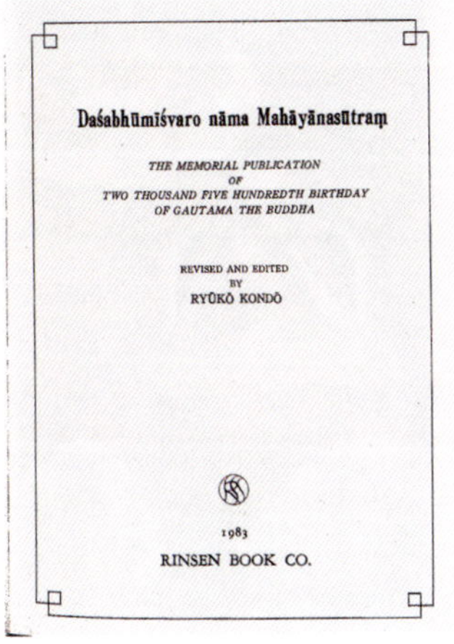

《十地经》近藤晃曜梵文精校本封面

《十地经》曾于印度广为传习，《十住毗婆沙论》（鸠摩罗什译，T1521号）据说是龙树为《十地经》所作的注释，但学界并未认同这一署名。世亲著有《十地经论》（汉译：T1522，藏译：D3993），据《大唐西域记》和多罗那他记述，世亲就是听人读诵《十地经》后才放弃小乘改信大乘。他的《十地经论》译成汉文后，推动了汉地对《十地经》的研习，出现了地论师。隋唐时期形成的华严宗与此经的弘传也不无关系。

（叶少勇）

Shi'er Shi Gamaba Jiangquduojie

十二世噶玛巴·绛曲多杰 byang chub rdo rje（1703～1732） 中国藏传佛教转世活佛，噶玛噶举派黑帽系十二世噶玛巴活佛。中印佛教文化交流的使者。康

区德格地方人。曾到尼泊尔、印度等地朝圣修行，在不同地区佛学交流方面起到积极作用。此外，他调解不丹等地的纠纷，对社会和谐安定多有贡献。清雍正九年（1731），绛曲多杰应召与噶玛噶举派红帽系八世活佛·却吉顿珠一同进京，觐见雍正皇帝。翌年，两位活佛因水土不服，先后在京城逝世。

（尕藏加）

shi'er yinyuan

十二因缘 dvādaśāṅga-pratītya-samutpāda 佛教解释人生命现象的重要理论，缘起观念的基本表现形式。又译为“十二支”、“十二缘生”、“十二缘门”、“十二有支”、“十二因生”等。这一理论认为：人的生命过程可以分为十二个彼此成为条件或因果联系的环节，即：“无明”（指心的迷暗无知，不明事理）。由无明生“行”（指心的动向，即由于错误的观念而引生种种作为）。由行生“识”（指认识或识别作用）。由识生“名色”（指精神要素与物质要素的结合体，即作为人的个体）。由名色生“六入”（指六种感觉器官——眼、耳、鼻、舌、身、意）。由六入生“触”（指感觉器官对外界的接触）。由触生“受”（指苦、乐、不苦不乐的感受）。由受生“爱”（指由于对事物的接触和感受而产生的对外部世界或对象的渴爱或渴望）。由爱生“取”（指对外部事物的追求、执着）。由取生“有”（指由于对外物的贪爱、追求等行为而产生的后世相应的果报或生存环境）。由有生“生”（指来世之再生）。有生必有“老死”。这种对十二因缘的解释是从因向果来观察或推演的，称为“顺观”。亦有所谓“逆观”，即从果向因来观察或推演，如说“老死”是“生”的果、生是“有”的果，等等，依次类推，最后得出如灭无明则无老死及忧悲苦恼的结论。

十二因缘说是佛教缘起学说中的代表性理论，它与佛教的其他理论有着密切的关联。此说把人生现象描述为一种有依存关系的发展变化系列，否定有常恒不变的实在之体——我，认为所谓“我”实际上是由精神要素和物质要素聚集起来而形成的结合体，说明了人由于无明而去追求不实在的东西，产生痛苦。认为只有消除无明，断灭轮回，才能脱苦，达到涅槃状态。这一学说为历代佛教徒所继承。后世各佛教分支以这一学说为基本思想，进一步丰富发展，提出了更系统化的理论。

十二因缘说在佛教后来的发展中又形成了“三世两重因果”理论，认为这十二因缘中的无明和行可以作为过去世之两因，生出识、名色、六入、触、受现在世之五果。爱、取、有又可作为现在世之三因，产生未来世之生、老死二果。“三世两重因果”理论表明：人若处在无明之中，就将不断被这些因果环节所束缚，产生轮回中无穷的痛苦。

在佛教的缘起理论中，除了十二因缘或十二支之说外，还有十支、九支、八支、七支等说法。其本质都是要说明人的生命轮转中的各个主要环节。佛教教义中的这一理论并不认为十二因缘是一种理想或应永远保持下去的状态，而是要强调无常的因缘形态是痛苦的。若要摆脱痛苦，就必须依靠佛教的智慧，斩断无明，跳出十二因缘。

（姚卫群）

Shi'er Zhi

《十二支》 *Dvādaśāṅgī* 印度古代耆那教经典。已佚。耆那教的原始经典是《十四前》，它汇集了教祖大雄生前的教导。但随着时间的推移，记得它的人越来越少。传至第七代祖师贤臂时，能掌握的只有他一人了。他又把它教给厚贤，但禁止他将最后四“前”再次传人。据耆那教白衣派传说称，公元前300年前后，北印度发生饥荒，贤臂带一部分教徒徒往南方，将留在北方摩揭陀的耆那教信徒付与厚贤。由于担心《十四前》

失传，厚贤在华氏城举行了耆那教第一次结集，把《十四前》的前十部分重新整理，编成《十二支》。后贤臂率徒众返回北方，与留下者发生争论。原因是留下者开始穿起白衣，而返回者认为这是违背应该裸体而行的祖训的。于是耆那教有了"白衣派"和"裸体派"之分（另有理论认为真正的分派尚在几百年后）。后者视《十二支》为伪经，不予承认。该经在后来的传袭过程中，其中一支又复遗失。454年，白衣派在伐拉毗（今印度古吉拉特邦卡提阿瓦半岛地区）再次结集，将余者重加整理，得《十一支》。从此《十一支》便取代《十二支》，成为该派的根本经典。通过《十一支》等经典可以知道《十二支》的内容基本如下：第一支讲耆那教僧人的行为规范，特别强调以各种方式节制欲望。对于如何保护众生乃至最微末的生命都有详细的规定。要求僧人严格守戒，指出生死事小，破戒事大。第二支讲如何驳斥异教教义，特别告诉年轻僧人怎样破斥异教观点，保卫本教信仰。第三、四支以数字递增的方式陈述耆那教教理。第五支十分重要，它除了对教义作细致深入的讲解，对于该教天堂的快乐和地狱的罪苦进行生动的描绘外，还叙述了教主大雄及其前辈祖师以及他的同时代人的有关传说。第六支通过寓言、传说和故事等譬解基本教义。第七支讲十个富商的故事，他们皈依了耆那教，在操习严厉的苦行之后升入了天堂。第八、九支讲耆那教苦行者的故事。这些人将自己严酷地折磨至死，从而拯救了灵魂。第十支讲十教条、十禁律等。第十一支通过故事阐述善恶业报的道理。第十二支的内容从其他典籍的间接材料看也是讲解各种不同的该教教义。

（葛维钧）

shi juyi

十句义 daśa-padārtha 印度古代哲学中胜论派的理论。**胜论派**在重要文献《**胜宗十句义论**》中提出。胜论派认为，宇宙万有可以区分为若干种"**句义**"。

《胜宗十句义论》认为有十个句义：**实句义**、**德句义**、**业句义**、**同句义**、**异句义**、**和合句义**、**有能句义**、**无能句义**、**俱分句义**、**无说句义**。《胜宗十句义论》提出的这十个句义与胜论派最早的根本经典《**胜论经**》的**六句义**说有明显不同。但据一些学者研究，新增加的四个句义与《胜论经》中的许多思想有关，是《胜宗十句义论》的作者**慧月**在归纳改造《胜论经》中的有关理论之后整理出来的。**玄奘**法师从印度回国后将《胜宗十句义论》译成汉文。十句义的理论在中国思想界一直受到人们关注。

（姚卫群）

shiliu di

十六谛 ṣoḍaśa-tattva 印度古代哲学中正理派的16个基本概念。它们是：量、所量、疑、动机、实例、宗义、论式、思择、决了、论议、论诤、坏义、似因、曲解、倒难、堕负。量指获得正确认识的方式或方法。《**正理经**》将其分为**现量**、**比量**、**譬喻量**、**圣言量**4种。所量指认识对象。具体被分为我、身、根、境、觉、意、业、过失、再生、果报、苦、解脱12种。疑是一种关于事物精确特性的相冲突的判断，即一种疑惑的心理状态。有了疑才可能寻求推理或引起辩论。动机指人开始行动的目的，也就是进行推理或辩论的目的。实例是一般人和权威者具有相同认识的事例，即人人都承认的事实或真理。实例在推理中起很重要的作用。宗义指根据某一学派的权威、假设等确立的主张，即立论者方面的主要观点或论点。论式指五支作法的推论式。由宗（命题）、因（理由）、喻（例证）、合（应用）、结（结论）构成。是正理派推崇的正当推论模式。思择指当不知事物的真实特性时，通过假设来认识真理的思虑。思择是推理中进行思考的一个过程。决了指考虑对立双方的观点，对问题作出决断。论议指在辩论时使用正确认识方法或采用**五支论式**，并要求与宗义不矛盾。论诤指在辩论时虽立上述论式，但又采用诡辩等不正当的方法来取胜。坏义指仅破坏对方议论，自己不立论的辩论行为。似因指在推理中使用的似是而非的根据或理由。曲解是在对方所说的言语中不恰当地选择非对方所指的含义。倒难指仅根据事物的同与异向对方提出反对意见，即错误的非难。堕负指在辩论中误解或不理解等各种辩论失败的相状。这16个概念被此派认为展示了真理，因而称为十六谛。**正理派**的逻辑学说、辩论规则，以及其他的哲学思想基本上被包含在了对十六谛的具体解释之中。这一理论随佛教思想在古代传入中国。汉译佛典中有不少相关记述。中国现代研究印度哲学的学者对此概念也较关注。姚卫群在其所著的《印度宗教哲学概论》（北京大学出版社，2006）一书的第8章中论及了十六谛的思想。

（姚卫群）

Shisan Shi Gamaba Duduiduojie

十三世噶玛巴·杜堆多杰 bdud vdul rdo rje （1733～1797） 中国藏传佛教转世

活佛，噶玛噶举派黑帽系第十三世噶玛巴活佛。西藏撒仲地方人。19岁时在噶玛噶举派司徒活佛座前受比丘戒，修学噶举派的**那若六法**和**大手印法**，在密宗领域具有高深的造诣。此外，他精通中观、阿毗达磨、毗奈耶及喜金刚续等佛教显密宗经论。曾云游到尼泊尔朝礼，受到尼泊尔国王及臣民的盛情迎送。他还发掘秘密伏藏法，冠有掘藏师称号。晚年一直隐居专修密法，获得甚深密宗证悟。据传，杜堆多杰兼懂兽禽语言，能将佛法要义传达给动物世界。

（尕藏加）

shishan

十善 daśa-kuśala-karma 佛教用语。指符合佛理的十种道德规范。又称十善业、十善道、十善业道等。属于身业的有不杀生、不偷盗、不邪淫（对自己妻妾以外的妇女行欲）；属于口业的有不妄语（发虚诳之言）、不两舌（说挑拨离间的话）、不恶口（出语粗恶）、不绮语（话中多污秽之词，语涉男女）；属于意业的有不贪欲、不嗔恚、不邪见（怀抱错误认识，如认为世间无因果关系，亦无报应之说，以致不行善，不惧恶）。

（葛维钧）

Shisi Shi Gamaba Tequeduojie

十四世噶玛巴·特却多杰 theg mchog rdo rje（1797～1868） 中国藏传佛教转世活佛，噶玛噶举派黑帽系十四世噶玛

巴活佛。多康地区赛摩岗的达囊地方人，父亲名贡布拉达，母亲叫索南拉姆。由九世司徒活佛认定为十三世噶玛巴·杜堆多杰的转世灵童，授予沙弥戒，取名特却多杰，系统修学噶玛噶举派和宁玛派的教法仪轨。19岁时在司徒活佛等高僧座前受比丘戒。他不仅精通藏传佛教的教法仪轨以及新旧密法，而且在诗歌修辞和语言学等大众文化领域颇有成就，撰有许多脍炙人口的文学作品。清道光二十二年（1842），清廷向噶玛巴·特却多杰封赐“如来大宝法王西天自在佛吉祥噶玛巴十四世妙乘金刚”之尊号。

（尕藏加）

Shisong Lü

《十诵律》 *Sarvāstivāda-vinaya* 印度佛教戒律典籍。属于印度佛教上座部系统之说一切有部（又称萨婆多部）所传戒律。今传61卷（T1435），汉译5部广律之一。

后秦弘始六年（404），罽宾三藏弗若多罗口诵，鸠摩罗什译文，开始翻译《十诵律》。但仅完成2/3的内容。

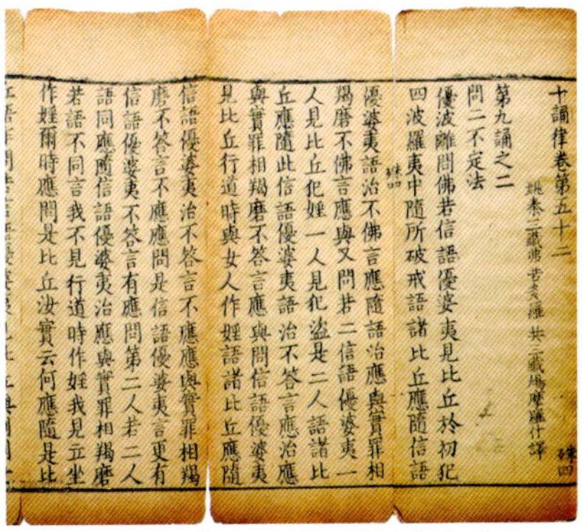
十誦律卷第五十二 姚秦三藏弗若多羅共三藏鳩摩羅什譯
第九誦之二
問二不定法
優波離問佛若信語優婆夷見比丘於初犯
四波羅夷中隨所破戒語諸比丘應隨信語
優婆夷語治不佛言應隨語治應與實覓罪相
羯磨不佛言應與又問若二信語優婆夷一
人見比丘犯婬一人見犯盜是二人語諸比
丘應隨此信語優婆夷語治不答言應治應
與實覓罪相羯磨不答言應與問信語優婆夷
見比丘行道時與女人作婬語諸比丘應隨
信語優婆夷治不答言不應應與實覓罪相羯
磨不答言不應應問是信語優婆夷言更有
信語優婆夷不答言有應問第二人若二人
語同應隨信語優婆夷治應與實覓罪相羯磨
若語不同言我不見行道時作婬我見立坐
作婬爾時應問是比丘汝實云何應隨是比

《十诵律》元代碛砂藏刻本书影

弗若多罗圆寂。译事不得不中辍。庐山慧远听闻后深感遗憾。值昙摩流支携梵本来到长安，慧远修书给昙摩流支，请求他与鸠摩罗什继续翻译，则又译出58卷。未及删定，鸠摩罗什圆寂。罽宾高僧卑摩罗叉整理初稿，又补译出《善诵毗尼序》3卷，整理为61卷。

据《出三藏记集》卷三记载，此律第一次结集时本来有80诵，传至第五代律师优波掘时删成10诵，以诵为名。第一至三诵为比丘戒，包括四波罗夷、十三僧残、二不定、三十尼萨耆、九十波逸提、四波罗提舍尼、一百零七众学、七灭诤等八法，合计257条。第四诵包括受具足戒、布萨、自恣、安居、皮革、医药、衣等七法。第五诵有迦絺那衣、俱舍弥、瞻波、般茶卢伽、悔、遮、卧具、诤事等八法。第六诵为调达事与杂法。以上3诵大致相当于其他律典中的犍度部分，是僧团组织管理规定的分类汇编。第七诵为比丘尼戒355条。最后3诵相当于附录，第八诵增一法，第九诵优波离问法，第十诵包含比丘诵、毗尼及杂诵、波罗夷、僧伽婆尸沙法。最后附有“善诵毗尼序”。

《十诵律》的翻译和在汉地的弘传比其他4部广律都要早，晋、宋、齐时期已经盛行，梁、陈、隋之际在南方地区更是专门弘扬此律，成为南朝官定的佛教律法。最早的传习者是卑摩罗叉及其弟子慧观、慧猷。有系统传承此律的另有两大支系：一是僧隐、智称、僧辩、智文一系，二是法颖、僧祐一系。此二支均源自凉州，传承最久，影响最大。到了唐代，道宣等主张以《四分律》压倒其他诸律，李显明令禁用《十诵律》，《十诵律》遂不复为人所重视。

20世纪在新疆地区发现了少量《十诵律》的梵文残片，比较重要的刊本有G.von西姆松所汇集整理的《戒经》。

（吴蔚琳）

Shiwu Shi Gamaba Kajueduojie

十五世噶玛巴·喀觉多杰 mkhav bsky-od rdo rje（1871～1922） 中国藏传佛教转世活佛，噶玛噶举派黑帽系十五世噶玛巴活佛。西藏后藏谢噶地方人。6岁时被认定为十四世噶玛巴·特却多杰的转世灵童，遂迎请到楚普寺坐床，拜

师受戒学法。他除了系统修学佛法外，自小对藏族传统文化具有浓厚的兴趣，在文学领域有很高的成就，尤其长于作诗歌咏。曾应十三世达赖喇嘛·土丹嘉措的邀请，在拉萨城郊建造一座佛殿，并在此殿内主持举行祈愿大法会，对后世有极其深远的影响。

（尕藏加）

Shi Jun

石峻 Shi Jun（1916.10.25～1999.04.15） 中国佛学家，哲学史家，教育家。又名石易元、石凤岗。湖南零陵（今永州）

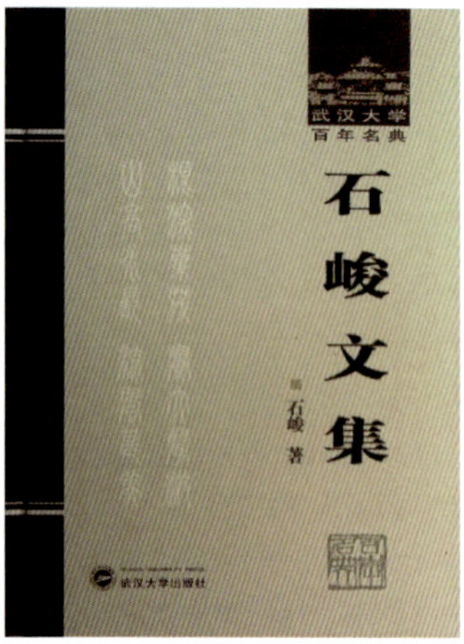

《石峻文集》封面

人。曾任中国哲学史学会顾问、中国现代哲学史研究会会长、中国宗教学会常务理事等职。在佛教及印度哲学等研究领域有贡献。

1934年，石峻进入北京大学哲学系学习。1938年毕业后留校任教，主讲哲学概论和伦理学，并任**汤用彤**助手。1948年受聘于武汉大学哲学系。1952年调回北京大学，与冯友兰、张岱年等首开“中国近代哲学史”课程。1955年，调入中国人民大学哲学系。1981年，成为中国首批哲学史专业博士生导师。执教60余年，开设哲学概论、印度哲学、中国佛学、中国近代哲学、中国现代哲学等十余门课程，培养了诸多中印佛教及哲学等相关领域的人才。

石峻通晓英语、德语、俄语、梵语等语言。其研究以中印佛教、中国哲学史为主，造诣颇深。在佛教研究领域，他结合社会历史发展背景，认为佛教及其思想是古代印度社会与历史的产物，提出佛教哲学重视宇宙与人生“常”和“变”的关系，一般与特殊的关系，各种相互对立的思想范畴之间相互依存、互不分离的关系。同时强调中印佛教间的比较研究及突出中国特色，认为中国佛教的发展一方面受到印度佛教的影响，教义上先小乘，后大乘；另一方面，又与儒家思想逐渐交融，形成了反映中国传统思想文化的特点。在哲学史研究领域，对中西方及印度哲学均有造诣，重视三种哲学的融会贯通，并对哲学史研究的方法论问题作过探讨。

石峻主要论著有《读慧达〈肇论疏〉述所见》(1944)、《论玄奘留学印度与有关中国佛教史上的一些问题》(1956)、《佛教与中国文化》(1988)、《〈肇论〉思想研究》(1990)、《论隋唐佛教宗派的形成》(1981，合著)、《论魏晋时代佛学和玄学的异同》(1982，合著）等。主编《中国佛教思想资料选编》(全4卷10册，1981～1992)。对中国当代佛教研究起到了推动作用。

（王凌男）

Shi Le

石勒 Shi Le (274～333) 中国十六国时期后赵建立者 (330～333年在位)。在中印文化交流方面有一定贡献。字世龙，原名訇，小名訇勒。上党武乡（今山西榆社）人。羯族。年少时在洛阳做流动商贩，替人耕作。后来被并州刺史掠卖到山东做苦工。追随牧帅汲桑聚众

《石勒问道图》 画中红衣者为石勒

反叛晋王朝，改名石勒。又投奔前赵(304～329) 刘渊，做了大将。319年称赵王，都襄国。328年，建立年号太和。329年吞并关中，夺取上邽，灭前赵。330年称帝，改年号建平。在位时实行多项措施推动文教和经济发展，使后赵成为当时北方最强的国家。其在位时佛教得到了推崇。曾把儿子们送到佛寺抚养。重用西域人**佛图澄**，并拜其为师，事必先咨询其意见后再施行。事见《晋书》卷一〇四。

（胡俊麟）

Shi Zhen

石真 Shi Zhen (1918.01.05～2009.11.04) 中国孟加拉语文学专家，翻译家。本名石素真，笔名石真。中国河南偃师人。1936年毕业于北平大学女子文理学院国文系。1941年在昆明西南联合大学附中任教。1942年随夫君**吴晓铃**赴在今印度西孟加拉邦圣蒂尼克坦的国际大学。吴晓铃应邀在该校中国学院执教，石真由是获得学习和通晓孟加拉语的良好机缘，后成为泰戈尔文学院研究生，得以熟悉R.泰戈尔作品和孟加拉语文学。1946年回国。曾任北京大学东语系讲师、外交部印度科科员，后入中国社会科学院外国文学研究所，从事孟加拉语文学的翻译和研究工作，成为中国第一位从孟加拉文原著翻译泰戈尔作品的学者。1958年加入中国作家协会，并任中国翻译工作者协会理事。石真在中印文化交流中发挥过重要作用。

1956年，石真翻译的泰戈尔叙事诗《两亩地》发表于《译文》月刊(1956年第2期)。译文再现了原著浓郁的诗意和农民对土地的无限眷恋，很快入选当时的中国语文教材。她在1957年翻译泰戈尔的《故事诗》，翌年与**冰心**从英文翻译的《诗选》合璧，由人民文学出版社出版，受到读者欢迎并长销不衰。《故事诗》是泰戈尔的一部重要叙事诗集，石真的中文译本成为中国翻译文学的经典之作。1958年出版泰戈尔剧作《摩克多塔拉——自由的瀑布》中文译本，标题前半为音译，后半为意译。1961年，她翻译的泰戈尔中篇小说《四个人》收入《泰戈尔作品集》第五卷。此外，她还在报刊上零星发表过泰戈尔诗歌译文。她在晚年翻译了泰戈尔的3部英文诗集，于1985年将它们合为《采果集·爱者之贻·渡口》出版。她详加

石真译《斯里甘特》封面

1990年9月19日，印度驻华大使馆为吴晓铃（左2）举行国际大学荣誉文学博士学位授予仪式 讲话者为印度驻华大使任嘉德，右起第2人为石真

注释，说明了所译诗歌的创作年代和出处，同时给其中几首附上自己从孟加拉文译出的文本，供读者对比和了解泰戈尔翻译自己诗歌的方法。石真曾为泰戈尔长篇小说代表作《戈拉》中译本撰写前言。她还为《中国大百科全书·外国文学》撰写了介绍泰戈尔等孟加拉语作家的词条。

石真翻译的其他孟加拉语作家的作品包括：S.C.查特吉（1876～1938）的中篇小说《嫁不出去的女儿》(1956)、长篇小说《斯里甘特》(1981) 第1卷；M.班纳吉（1908～1956）的《马尼克短篇小说选》(1984)，B.C.查特吉（1838～1894）的《毒树》(1988)。

1981年12月17日～1982年1月29日，石真与夫君吴晓铃一道访问印度，参加国际大学60周年校庆典礼，在国际大学、德里大学、印度国际文化中心作题为《泰戈尔在中国》的学术报告，应全印广播局加尔各答分局邀请作广播谈话。在参加印度国庆观礼活动和出席在总统府举行的国庆招待会时，与印度总统雷迪并印度总理英迪拉·甘地晤谈。在印度文化关系委员会举行的晚宴上，再次见到英迪拉·甘地，将自己及女儿吴华的部分孟加拉语文学译著相赠。

石真与丈夫吴晓铃亦曾在家中接待前来访华的印度友人，如孟加拉民间音乐家金信华等。

石真译诗音韵铿锵，朗朗上口，与原文不但形似，而且神似。她的小说译作亦属难得之精品。她的译作和文章为中国人民了解泰戈尔及孟加拉语文学作出了永不磨灭的贡献。

（刘建）

Shiluncheng

时轮乘 Kālacakra-yāna 古印度密教末期兴起的一个流派。印度密教金刚乘后期，约10、11世纪，开始流行终极瑜伽（或译无二瑜伽）的修行法，这一流派又被称为时轮乘。时轮乘论者崇拜时间和象征时间的车轮。该派认为，时间是永恒的，轮回是永恒的，是宇宙的根本法则。宇宙的终极存在是本初佛。修行的根本目的是要使自己成为本初佛。该派的主要经典是《时轮经》，最早于11世纪初译为藏文。时轮乘主要在藏传佛教地区流行。

时轮金刚像 唐卡

（薛克翘）

shi

识 vijñāna 佛教教义中的重要概念。在佛教文献中，常与“心”、“意”等概念混用。在古印度早期佛教、小乘部派佛教、大乘佛教等各个主要发展时期都有关于“识”的论述。

早期佛教时期，释迦牟尼提出的一些基本教理中就有对“识”的论述。如“五蕴”、“十二因缘”等都包含“识”的内容。五蕴中的识指人的意识的识别或了别作用，即对外境的把握。十二因缘中的识有些意识之体的含义，常指人在托胎刹那时的意识体。佛教反对婆罗门教的“阿特曼”(我）轮回主体说，但实际又要说明轮回之体，因而在论及生命现象的轮回时，也常将“识”作为一种体。

小乘部派佛教时期，对“识”的分析进一步发展。部派佛教的不少文献在分析“识”时也论及“心”与“意”。《大毗婆沙论》卷第七十二中归纳了佛经对“心、意、识”三个概念的一些解释。如该论中写道：“契经说：心意识三，声虽有异而无差别。复有说者，心意识三亦有差别，谓名即差别，名心名意名识异故。复次，世亦差别，谓过去名意，未来名心，现在名识故。复次，施设亦有差别，谓界中施设心，处中施设意，蕴中施设识故。复次，义亦有差别，谓心是种族义，意是生门义，识是积聚义。复次，业亦有差别，谓远行是心业。”“契经说：比丘当知，识能了别种种境事。复次，滋长是心业，思量是意业，分别是识业。”

在部派佛教中，“识”在一些部派关于法的分析中也成为一个重要的部类，如佛教的说一切有部等，就有这方面的理论。属说一切有部著作的《品类足论》卷第一中提出“五法”，即：色法、心法、心所法、心不相应行法、无为法。其中心法和心所法属于直接论述“识”的成分。说一切有部后来的重要著作《俱舍论》也把诸法分为“五法”，其中的心法和心所法也属于直接论述“识”的内容。《俱舍论》中对“心”、“意”、

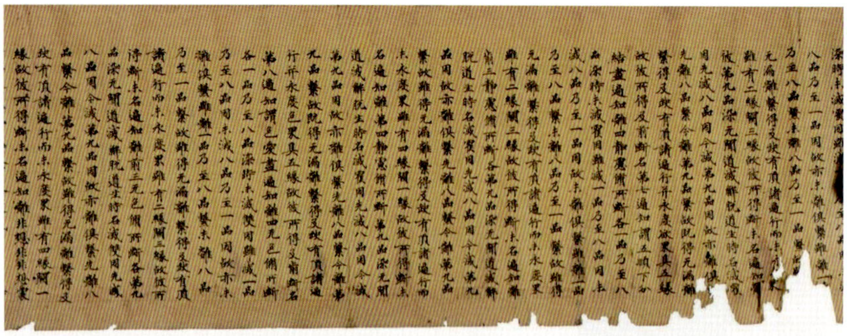

《阿毗达摩大毗婆沙论》敦煌写本书影 7世纪

“识”三者的异同也有过简要的判定，该论卷第四中说：“论曰：集起故名心，思量故名意，了别故名识。复有释言：净不净界种种差别故名为心，即此为他作所依止故名为意，作能依止故名为识。故心意识三名所诠，义虽有异，而体是一。”这里对这三个涉及意识或精神现象的概念的论述表明，在部派佛教时期，佛教思想家对于精神或意识问题存在着不同看法，但主要的意见是认为它的“体”是“一”，而所起的作用则有不同，“心、意、识”的名称的差别主要是随其作用的不同而产生的。

小乘部派佛教在这方面提出的许多理论初步显示出了佛教作为一个思辨性宗教的明显特征。但小乘佛教在总体上没有把“识”特别突出地加以强调，而在大乘佛教兴起后，情况有了较大变化。

大乘佛教在理论上与小乘部派佛教相比所具有的一个重要特点是较为突出地讲“空”。但在讲“空”的过程中，手法有所调整。这其中十分明显的是，讲“空”时将“识”的观念也逐步引入。这种引入的程度是不断加大的，这在许多大乘经中都有表现。

《金刚般若波罗蜜经》中说：“一切

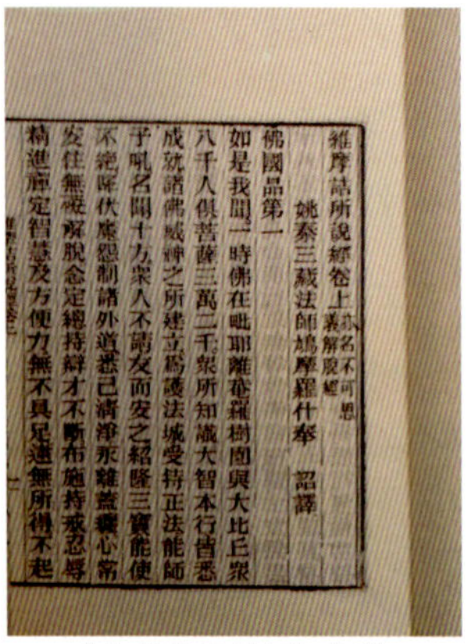

《维摩诘所说经》书影

有为法，如梦幻泡影，如露亦如电，应作如是观。”此经中的“梦幻”等实际是指人的意识或意识的作用，这就把外物的存在与人的意识联系起来了。

《维摩诘所说经》卷上说：“诸法皆妄见，如梦如炎，如水中月，如镜中像，以妄想生。”此处说的“妄见”或“妄想”都是意识或精神现象，而说“妄想生”就已经有了一些唯识理论的初步观念。

《维摩诘所说经》卷上还说：“若菩萨欲得净土，当净其心，随其心净，则佛土净。”在这里，作为意识的“心”已被放在了一个十分重要的地位上。

在早期大乘经中突出讲“识”或“心”重要作用的是华严类经。六十卷本的《华严经》卷第二十五中说：“三界虚妄，但是心作，十二缘分，是皆依心。”

中观派主要是在吸收和改造般若类经典思想的基础上形成的。它在对待“识”或“心”的问题上也吸收了其他一些早期大乘经的有关思想。此派侧重讲“空”，但在论述时也从人的主观认识方面来进行论述。如龙树在《大智度论》卷第二十九中说：“三界所有，皆心所作。”这和华严类经的论述是类似的。而且，中观派的许多文献也强调事物仅是“假名”或“名字”，诸法在本质上是人的幻觉或妄想产生的。这在逻辑上就必然使人强调“识”或“心”的作用。后来的大乘佛教在这方面就更加突出。

尽管一些早期大乘经及中观派等的思想家已开始注意从人的主观认识方面来说明外部事物的存在，但他们在多数情况下并未把意识实体化，或者说进行这种实体化的频率很低。突出地把“识”实体化或反复强调“识”的作用，是从一些续出的大乘经开始的。而把意识明确实体化，并对其作全面细致的论述，则是由瑜伽行派完成的。

续出的大乘经中较著名的有《解深密经》、《大乘阿毗达磨经》、《大般涅槃经》、《胜鬘经》、《楞伽经》、《大乘密严经》等。这些经典都在不同程度上论及了“识”的问题，最突出的是《解深密经》。《解深密经》在理论上的最重要之处是对意识或精神现象的分析，把事物的根本称为阿陀那识或阿赖耶识，认为该识是一切的种子。眼识、耳识、鼻识、舌识、身识、意识的存在依于此识。由于此识，色、声、香、味、触等积集滋长。识可以保存人过去的记忆、经验，还可以保存人过去行为产生的业。识是人生存的根源，生命存续的主体，能“于身随逐执持”，具有“执持”作用。《解深密经》还对“识”的种种功能作了大量的分析，提出了一系列此前佛教文献中没有提出或没有明确提出的唯识方面的理论。《解深密经》也强调事物是性空的，但该经是在唯识观念基础上讲空。先前的一些大乘经和中观派虽然也谈到“识”的作用，但毕竟不像《解深密经》自始至终将整个理论基础放在“识”之上，作系统的唯识论证。

瑜伽行派对以往的佛教经论中关于“识”的观念进行了吸收和总结，提出佛教中最为细密的有关意识或精神现象的理论。此派的论师众多，论典众多。其中较著名或有代表性的是署名弥勒的《瑜伽师地论》、无著的《摄大乘论》、世亲的《唯识三十论颂》以及玄奘法师编译的古印度以护法理论为主的唯识十大家思想合成的《成唯识论》。这些论典提出了印度佛教史上最为系统的唯识学说。其中较为重要的有唯识无境、三类八识、三性和三无性、四分、转识得智、五位百法等理论。

唯识无境理论认为，人们认识之外的事物或外境都不实在。世俗思想或外道理论中的“我”与“法”均是空无所有的，仅仅是“识”的变现，强调所谓“一切唯识”，或“万法唯识”。

三类八识理论是对“识”的作用或功能进行区分的一种理论。瑜伽行派虽然主张“一切唯识”，但这“识”是如何变现出外部事物的呢？它的基本表现形态又是什么？根据《唯识三十论颂》

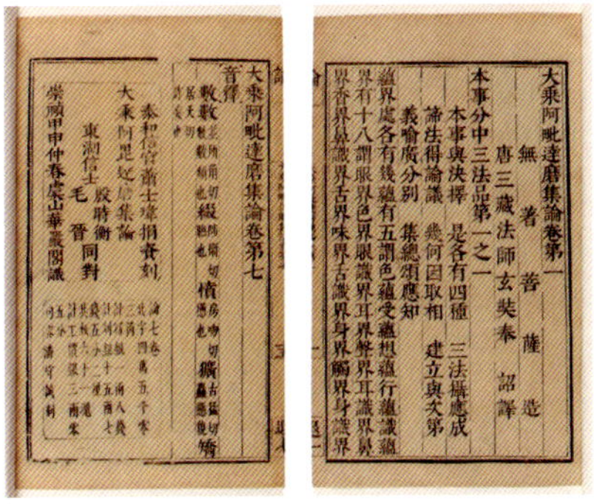

《大乘阿毗达磨集论》书影

等典籍，此派将这种能变“外境”的“识”分为三类。《唯识三十论颂》中说：“由假说我法，有种种相转。彼依识所变，此能变唯三，谓异熟、思量及了别境识。”这三类识是“异熟识”、“思量识”和“了别境识”。

异熟识在佛典中更多地被称为“阿赖耶识”，也被称为“种子识”。这种识中蕴藏着生出世间现象的“种子”，由这些种子生出的世间现象又可以“熏习”阿赖耶识。这些种子还有自类相续的能力，可以“种子生种子”。《成唯识论》卷第二在谈到阿赖耶识时说：“此识具有能藏、所藏、执藏义故，……能引诸界趣生善不善业异熟果故，说名异熟。……此能执持诸法种子令不失故，名一切种。离此余法能遍执持诸法种子不可得故，此即显示初能变识所有因相。”“阿赖耶识因缘力故，自体生时内变为种及有根身，外变为器。即以所变为自所缘，行相仗之而得起故。”这一识实际具有产生世间一切事物的能力，并可作为轮回种子的储藏地。

思量识在佛典中更多地被称为“末那识”。该识的作用是进行“思量”。它以“阿赖耶识”为依靠和产生的根源，并且把“阿赖耶识”思量为“我”，并伴随着四种关于“我”的“烦恼”。《唯识三十论颂》中说：“四烦恼常俱，谓我痴、我见，并我慢、我爱。”这一识在瑜伽行派的理论体系中起重要作用，因为佛教基本理论是讲无我，但又要讲轮回，需要对轮回主体有一个逻辑上的认同。而通过“末那识”把“阿赖耶识”思量为“我”，就可以既坚持理论上的无我论，又能找出一个并不实在的轮回主体，并用这一主体来说明轮回，解释各种烦恼及轮回中产生业果的原因。

了别境识指六种识，即眼识、耳识、鼻识、舌识、身识、意识。《唯识三十论颂》中说：“次第三能变，差别有六种，了境为性相。”此处所谓“了境为性相”，意即六识的作用为“了境”。了什么境呢？眼以色为境，耳以声为境，鼻以香为境，舌以味为境，身以触为境，意以法为境。也就是说，六识可以分别把握属于自己认识范围内的东西。

三类八识之说是瑜伽行派对“识”的一种最基本的分类。在“八识”中，最根本的是“阿赖耶识”。当“阿赖耶识”发生作用时，“末那识”与前六识亦开始活动，三类识共同参与转变过程，展示出世间万象。八识中的“阿赖耶识”既是万象的根源，亦是其他识的根据，而且还是业报轮回或生命相续过程中的主体。

三性和三无性是瑜伽行派有关事物性空理论的一种具体的论证。三性是遍计所执性（指人们不能认识到唯识无境，因而从各个方面来“周遍计度”，虚妄地想象出外部世界的种种现象，执着于事物的种种差别，认为它们实有）、依他起性（指事物皆由缘而起，依条件而生，一切事物都如幻事一样，是“非有似有”）、圆成实性（指达到的最高“真如”境界，即看到了“遍计所执性”和“依他起性”的“假名施设”或“性空”，这空所显示的识的真性是一种圆满成就的实在境界）。三无性是相无性（由于人们“周遍计度”的认识是虚妄的，因而这种认识所执有的“相状”实际就是无）、生无性（由“缘”生起的东西不能有真正的自性或主体）、胜义无性（依圆成实性而说，由于远离了遍计所执而看到“相无性”，由于认识到依他起的事物“生无性”，因而达到了最高的“无自性”意识）。

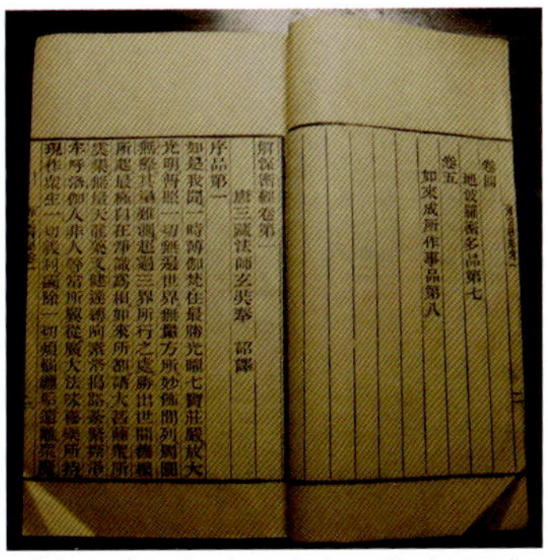

《解深密经》清同治十八年（1865）金陵刻经处刊本书影

四分理论也是瑜伽行派中的对于“识”的不同作用或功能进行区分的一种理论，主要是此派中护法等人的理论。“四分”是见分、相分、自证分、证自证分。见分指认识的能向外缘取或把握事物的能力；相分指认识的对象不是独立于认识之外或有别于认识的东西，而是认识自身的变现；自证分指认识自体对见分作用于相分结果的证知这种认识的能力或作用；证自证分指认识自体对自证分作用的证知这种能力或作用，证自证分可以证知自证分，而它自身的作用则可由自证分证知。在瑜伽行派看来，无论是认识的能力，还是认识的对象，或是认识过程的证知等，都是认识自身的产物，一切唯识。

转识得智是瑜伽行派对“八识”理论的进一步发展。此派认为，“八识”有“有漏”（有烦恼）和“无漏”之分，要通过此派的修行方法使有漏的八识转变成无漏的八识，以达到不同层次的智慧。他们由此提出了“转识得智”的理论。具体来说就是：在将前五识由“有漏”转成“无漏”时，获得成所作智（利乐诸有情，能在十方现种种变化）；在将第六识由“有漏”转成“无漏”时，获得妙观察智（善观诸法自相、共相，无碍而转，能现无边作用差别，皆得自在）；在将末那识由“有漏”转成“无漏”时，获得平等性智（观一切法或自他有情悉皆平等，大慈悲等，恒共相应，随诸有情所乐，示现受用身土影像差别）；在将阿赖耶识由“有漏”转成“无漏”时，获得大圆镜智（离诸分别，不妄不愚，一切境相，性相清净，离诸杂染，如大圆镜，现众色相）。瑜伽行派通过这种理论试图达到唯识性空思想的最高智慧，把握事物的实相或本来面目。

五位百法是瑜伽行派在总结吸收小乘佛教有关学说的基础上，对一切事物和现象进行的分类。具体由世亲的《大乘百法明门论》中提出。五位是瑜伽行派将事物划分的五个大的类别。它们是：心法、心所有法、色法、心不相应行法、无为法。百法是分属五位之下的一百种“法”。尽管这种理论从形式上看提到了事物的各种形态或表现形式，包括意识之体、意识的具体表现、物质现象、非心非物的形态或表现形式、无生住异灭的状态或境界，但瑜伽行派的五位百法与小乘佛教的五位六十七法（《品类足论》中的理论）或五位七十五法（《俱舍论》中的理论）还是有重要的不同。在小乘的对于法的分析理论中，诸法（五位）基本上是平行的，但在瑜伽行派对于法的分析理论中，诸法不是平行的，其中心法占有主导地位，其他诸法来源于心法，或以心法为根本。瑜伽行派的这种理论在实质上还是要讲唯识。

瑜伽行派虽然讲一切唯识或万法唯识，但并不真的认为“识”是实在的，也不认为“识”是唯一存在的最高实体或本体。在这方面，《成唯识论》卷第二中有一段经典性的论述：“为遣妄执心心所外实有境，故说唯有识。若执唯识真实有者，如执外境，亦是法执。”这里要表明的意思是：为了要破除那种认为外物实有的观念，因此说唯识，但如果由此而认为只有识实在，那么就与认为外物实在没有什么差别了。可以看出：瑜伽行派虽然处处讲唯识，但说唯识只是一种手段，是为了有效地表明事物性空的道理。在弘扬大乘佛教的性空理论方面，瑜伽行派与般若中观的理论是一致的，只是瑜伽行派的论证手法有一些特色，它的理论是一种唯识空观。

古印度佛教关于“识”的思想很早就传入中国。最初传入中国的是早期佛教、小乘部派佛教、大乘佛教般若学说中的“识”的观念，后来续出的大乘经以及瑜伽行派的“识”的理论也传入中国。在南北朝时期，摄论师的唯识思想对当时的中国有一定影响。在隋唐之后的中国，玄奘法师赴印度学习佛教理论，回国后创立了唯识宗（慈恩宗），翻译了大量印度瑜伽行派的重要著作，与弟子在中国大力弘扬佛教中的唯识思想。唯识宗理论或唯识思想虽然没有成为中国佛教在后代传播中的主要内容，但在某些中国历史的发展时期，也曾受到不少中国人的重视。直至近现代，中国思想界或佛学界研究唯识思想的学者或佛教法师也不少。唯识思想也是近现代中国以至世界学界研究佛教哲学的重要内容。

（姚卫群）

Shichanantuo

实叉难陀 Śikṣānanda（652～710） 西域僧人，译经家。又译施乞叉难陀，意译学喜。

据《宋高僧传》卷二、《开元释教录》卷九等，实叉难陀是西域北于阗（今中国新疆和田）人，风致卓异，学识渊博，除精通大小乘经典外，也旁通其他学问。武周时代崇尚佛法，尤重大乘。当时《大方广佛华严经》尚无完整的汉译，武则天得知于阗有完备的该经梵本，即遣使访求，顺便聘请译者。实叉难陀由此受邀携带《华严经》梵本来华，于证圣元年（695）到达洛阳，住内廷大遍空寺，三月开始重译该经。南印度沙门菩提流志、沙门义净一同宣读梵本，沙门弘景、圆测、法藏等从事笔受、证义，沙门复礼从事润文。武则天不时亲临译场，亦曾撰写序文并首题品名。译事于圣历二年（699）十月在佛授记

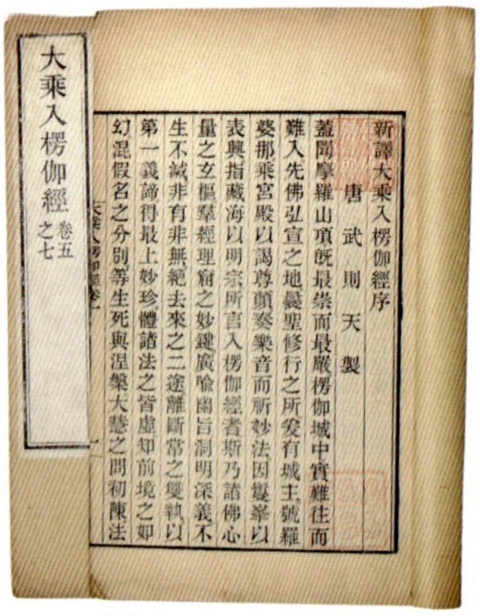

《大乘入楞伽经》书影

寺完成，译本共80卷，分39品。久视元年（700），武则天到颍川三阳宫，下诏令实叉难陀再译《大乘入楞伽经》7卷，并为之作序。后实叉难陀又于长安清禅寺和洛阳佛授记寺译出《文殊授记经》等典籍。沙门波仑、玄轨等任笔受，沙门法宝、恒景等任证义，沙门复礼等从事缀文，太子中舍贾膺福负责监护。长安四年（704），实叉难陀因母亲衰老需要服侍为由请归，上表再三方蒙允许。武则天降诏特命御史霍嗣光陪送，直至于阗。唐中宗恢复帝位后再次征召。景龙二年（708），实叉难陀返抵长安，乘坐装饰华丽的青象入城。唐中宗以万乘之尊，亲迎于开远门外。僧侣则倾城而出，各持幡幢，以为导引。实叉难陀依敕住在大荐福寺，然而未遑投入译经工作即生重病，后于景云元年（710）十月十二日并足右卧而逝，享年59岁。1月后于开远门外古然灯台火化。据称薪尽火灭后，其舌犹存。又10日后，他的骨灰和灵舌在本国门人悲智和朝廷敕使哥舒道元的护送下，还归于阗，起塔供养。长安则于其焚化处建立七层宝塔，以资纪念，当地人称华严三藏塔。

除前述诸经外，实叉难陀还译有《地藏菩萨本愿经》2卷，《大方广普贤所说经》、《大方广如来不思议境界经》、《大方广入如来智德不思议经》、《十善业道经》、《右绕佛塔功德经》、《大乘四法经》、《观世音菩萨秘密藏如意轮陀罗尼神咒经》、《甘露陀罗尼咒》、《妙臂印幢陀罗尼经》、《百千印陀罗尼经》各1卷等，据《开元释教录》称，共19部107卷。

（葛维钧）

shijuyi

实句义 dravya-padārtha 印度古代哲学中胜论派的术语。今译“实体”。指事物的自体。胜论派认为，宇宙一切事物可以区分为若干种“句义”。此派认为在分析事物时，如果在思想上去除事物的属性或形态，剩下的事物自身即称为“实”。胜论派认为，实句义具体又分为地、水、火、风、空、时、方、我、意九实。其中前四种也称为“四大”，它们是各种物体的物质元素，各个四大中的元素最小单位是“极微”，极微构成了世间各种有形的物体。“空”主要指一种元素，这种元素被设想为是声音的依托体。“时”指时间，人们之所以产生此时、彼时、同时、不同时、慢、快等观念，是因为存在时这一实体。“方”指空间或方位，人们之所以产生东、南、西、北、上、下等观念是由于存在方这样一个实体。“我”指个人生命的主体或意识的主体，不同的身体中有不同的我，它的存在是根据身体中存在着许多生命现象（呼吸、感觉、欲望等）而被证实的。“意”指人认识过程中存在的一种内部器官，它非常微小，不断在身体中巡行，是认识主体我与诸外感官之间的联络者，当五感官与外界接触时，人有时产生认识，有时不产生认识，这就是意存在的证明。

实句义的概念也被后期弥曼差派的一些思想家所借用。他们在构筑其句义论时也使用这一句义。此概念也在古代传入中国。不少汉文佛教文献中在批驳胜论派思想时经常谈到它。玄奘法师从印度回国后翻译了《胜宗十句义论》，为人们了解胜论派的句义论思想体系保存了重要的文献。姚卫群在其所著的《印度宗教哲学概论》(北京大学出版社，2006）一书的第7章中论及了这方面的内容。

（姚卫群）

Shide

拾得 Shide（约活动于7世纪） 中国唐代诗僧。约活动于贞观年间（627～649)。常住天台山国清寺（位于今浙江天台县)。与寒山友善并齐名，有“寒山文殊，拾得普贤”之说。生平不详，仅《宋高僧传》卷十九《封干传》后附有他与寒山的传奇故事。拾得的诗没有寒山多，艺术成就也不如寒山，但二人诗风相近。拾得有不少诗直接宣扬不杀

《寒山拾得图》(局部）（明）蒋贵绘
现藏美国普林斯顿美术馆

生、不饮酒、不贪财、不淫欲等佛教义理。尽管他的诗在艺术上的成就不大，且他宣扬的都是佛教观点，但在劝世警俗方面，有一定教育意义，在国际上亦有一定影响。

（薛克翘）

Shixi Riji

《使西日记》 中国日记选本。作者清末外交官曾纪泽（1839～1890)。初见于《小方壶斋舆地丛钞再续编》第十一帙，清光绪二十三年（1897）王锡琪编刊。曾纪泽，字劼刚，湖南双峰（今属湖南娄底）人，曾国藩（1811～1872）次子，历任中国驻英国、法国、俄国大臣。曾代表中国与英国就涉及印度的中英鸦片税厘、英国灭缅甸及中缅边界事务进行谈判和交涉。《使西日记》始于光绪三年秋，止于光绪十二年十一月十六日，约5万字。主要记录了曾纪泽在这一历史时期的生活和工作情况。

（张忞煜）

Shiqin

世亲 Vasubandhu（约活动于5世纪） 古印度杰出的佛教学者，大乘佛教瑜伽行派创始人之一。音译婆薮槃豆，一译

天亲。与其兄无著（音译阿僧伽）共同发展了印度瑜伽行派哲学。其传记系由印度著名学者和翻译家真谛（音译波罗末陀）所译。现原文已佚，唯汉文译本尚存，题为《婆薮槃豆法师传》。据记载，世亲生于北印度弗楼沙，系婆罗门种姓，属憍尸迦家系。世亲在兄弟3人中居间，除长兄无著外，尚有小弟，名比邻持跋婆。不过，中国西藏历史学家布顿认为，无著与世亲乃同父异母兄弟。

世亲是佛陀蜜多罗的弟子。据记载，一次他外出，一名数论派论师频阇诃婆娑在辩论中挫败其师。世亲回来，闻知此事，叹恨愤结，决意亲自摧伏频阇诃婆娑。然而，频阇诃婆娑已于其间物化。世亲弥复愤懑，即著《七十真实论》，以批驳频阇诃婆娑。

据西藏历史学家布顿与多罗那他之说，世亲是毗婆沙（意译分别论）论师众贤（音译僧伽跋陀罗）的弟子，初于那烂陀寺受戒。为求得对阿毗达磨的深入了解，前往迦湿弥罗（见罽宾)，在众贤指导下修习毗婆沙论，遍通小乘十八部派教义，兼学印度其他哲学家之六派哲学。据玄奘记载，末笯曷剌他（意译如意）也是他的一名老师。

据真谛之说，超日王旃陀罗·笈多二世虽系数论派信徒，却对世亲奖掖有加。在世亲的影响下，旃陀罗·笈多二世夫妇及儿子幼日王均成为其弟子。后来，幼日王登基，请世亲定居于阿逾陀受其供养。世亲在那里写出享有盛誉的著作《阿毗达磨俱舍论》。应迦湿弥罗国毗婆沙部之请，他随后又写出《阿毗达磨俱舍释论》。结果，这部注疏性著作批评毗婆沙部，间以经量部义理匡正毗婆沙部之误。众贤对此举深感不快，遂撰写《顺正理论》和《阿毗达磨藏显宗论》，批驳《阿毗达磨俱舍论》。众贤还向世亲发出挑战，欲与之论辩。世亲远游以避。

据玄奘之说，众贤驳斥《阿毗达磨俱舍论》的著作原名《俱舍雹论》，意在表明自己破俱舍如冰雹之摧折草木。众贤逝世后，世亲将该书更名为《顺正理论》。

真谛还说，世亲虽是大乘佛教的强烈批评者，但在兄长无著的影响下，还是在暮年皈依该派。不过，改宗之后，世亲为昔日毁谤大乘而引咎自责，欲自断其舌以谢罪。无著劝其留舌以解说大乘。世亲依兄所言，撰写众多论著和注疏，致力于造大乘论或解释大乘经。多罗那他亦曾提及此事。世亲曾与杰出的语法学家婆薮罗多进行论辩，使其折服。世亲以八旬之年逝于阿逾陀。

世亲以其思想理论的进步性而著称。他的著述范围广大，从说一切有部

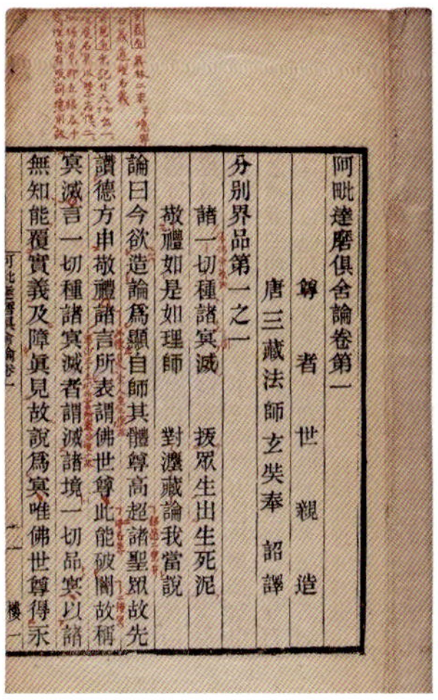

阿毗達磨俱舍論卷第一
尊者世親造
唐三藏法師玄奘奉詔譯
分別界品第一之一
諸一切種諸冥滅　拔眾生出生死泥
敬禮如是如理師　對濮藏論我當說
論曰今欲造論為顯自師其體尊高超諸聖眾故先
讚德方申敬禮諸言所表謂佛世尊此能破闇故稱
冥滅言一切種諸冥滅者謂滅諸境一切品冥以諸
無知能覆實義及障真見故說為冥唯佛世尊得永

世亲《阿毗达磨俱舍论》书影

至大乘瑜伽行派无所不包。作为说一切有部学者，他写下杰作《阿毗达磨俱舍论》及其注疏《阿毗达磨俱舍释论》。作为瑜伽行派学者，他创作了《唯识二十论》和《唯识三十颂》等具有重大意义的论著。它们在译成汉文后在中国产生了重大影响，以至俱舍学派（亦称俱舍宗）和唯识学派（亦称法相宗）这样两个独立学派在中国发展起来。世亲的这些著述也被译成了藏文和日文。

真谛还记载了世亲的另外一些独立的论著和注疏。其梵文原本业已灭失，现仅有汉文和藏文译本存世。其中两部论著《大乘五蕴论》和《大乘成业论》不但是说一切有部文献《阿毗达磨俱舍释论》与唯识论文献《唯识二十论》之间的桥梁，而且显示了世亲的大乘佛教倾向。他的其他著述包括《论轨》、《论式》、《论心》三部因明论著，以及《大乘庄严经论》、《摄颂疏》、《妙法莲花经疏》、《中边分别论疏》等。

（拉尔吉、卡马尔·希尔撰　刘建译）

shichalun

式叉论　śikṣā　印度古代的语音学。属吠陀的六个辅助学科之一。其名称出现于中国古代汉译佛经等文献中。唐代中天竺国沙门地婆诃罗译《方广大庄严经》卷四描述菩萨所学的诸多学科和技艺，包括韦陀论、尼卢致论、式叉论、毗尸伽论、阿他论、阿毗梨论、因明论等。南朝时期，陈朝真谛法师所译印度古代哲学流派之一的数论派经典《金七十论》卷一，列举智慧分为“外智”和“内智”两种，吠陀的6个分支就属

佛教文献梵汉对勘研究书籍书影

于“外智”的范畴。“六皮陀分”包括式叉论、毗伽罗论、劫波论、树底论、阐陀论、尼禄多论。梵语中，“式叉”一词还有教学的意思。隋代吉藏《百论疏》卷一《舍罪福品》在解释吠陀六支时说：“一式叉论，释六十四能法。二毗伽罗论，释诸音声法。”唐代定宾法师《四分律疏饰宗义记》卷十也有对“六支”的解释，“式叉论：此云学”。式叉论主要是指古代印度关于语音学的学科。汉译佛经和求法僧人的著作中，间或涉及了古代印度梵语音韵学的一些知识，从而导致梵语语音对汉语四声等音韵方面产生了影响，使梵汉对音成为研究中古汉语音韵的重要手段。

（陈明）

shichamona

式叉摩那　sikkhamānā　佛教称谓。指一定年龄未受具足戒的沙弥尼。sikkhamānā为巴利语，梵语作śikṣamāṇā。意译学戒女、正学女等。此佛教用语从梵语动词śikṣ（学习）派生而来。沙弥尼在20岁受具足戒前，从18~20岁要另外学两年六法（不杀、不盗、不淫、不虚诳、不饮酒、不非时食），以检验并加强其宗教信心，使之贞固。此时的沙弥尼称式叉摩那。

（葛维钧）

Shilifoshi

室利佛逝　Śrīvijaya　南海古国名。又作尸利佛逝，或简称佛逝。其政治中心约在今印度尼西亚苏门答腊巨港一带，或说其最早中心在今泰国洛坤（那空是贪玛叻）一带。其有关记载主要见于唐义净《大唐西域求法高僧传》、《旧唐书·地理志》和《新唐书·南蛮传》等。在唐永徽元年（650）前后发展到鼎盛时期，版图包括苏门答腊、爪哇、加里曼丹诸岛，以及马来半岛，并控制马六甲海峡。

据《新唐书·南蛮传》，唐高宗咸亨（670~674）和玄宗开元（713~741）年间，室利佛逝多次遣使来华，曾献侏儒、歌舞伎等。其使者曾被封为折冲将军，其王被封为左威卫大将军，并赐紫袍、金钿带。后来其王又派遣王子亲自来进贡，皇帝命宰相宴请于曲江，并册封为宾义王，授右金吾卫大将军。

义净于咸亨二年（671）从广州登船西行求法，到达室利佛逝，停留6个月，学习声明。673年辗转到达印度，后在那烂陀寺学习10年，学成后于685年起程归国，携带佛经50万余颂，于687年到室利佛逝停留。除中间于689年回广州约4个月外，一直在室利佛逝居住、写作，直至武后长寿二年（693）才回到广州。后北上洛阳、长安。其时，室利佛逝为南海大国与佛学中心，走海路的印度来华僧人和中国西行求法僧人，也大多要在此停留。又因室利佛逝扼守马六甲海峡要冲，为中西交通的枢纽，故印度、波斯、阿拉伯等地东来的商人，以及中国、日本和朝鲜西去的商人大都以此为中转站，有些甚至以此为目的地。

此后不久，室利佛逝衰落，其属地上兴起一个叫“三佛齐”的国家，并于唐天祐元年（904）以后与中国政府建立联系。有学者以为，三佛齐即室利佛逝的另译。两宋时期，三佛齐与中国关系密切，《宋史》、《岭外代答》、《诸蕃志》等皆有记载。据《岭外代答》卷二《三佛齐国》：“在南海之中，诸蕃水道之要冲也。东自阇婆诸国，西自大食、故临诸国，无不由其境而入中国者。”并说，自宋太祖建隆元年（960）以来，该国频遣使者来华入贡。《诸蕃志》卷上《三佛齐国》则所记更详：“三佛齐，间于真腊（今柬埔寨）、阇婆（此处指苏门答腊和爪哇）之间，管州十有五。”在记其国民习俗及物产后，又列出许多荟萃于此的外国物产。“番商兴（与）贩用金、银、瓷器、锦绫、缬绢、糖、铁、酒、米、干良姜、大黄、樟脑等物博易”，说的是中国出口的物产。书中亦提到三佛齐与宋朝的关系：“其国自唐天祐始通中国。皇朝建隆间凡三遣贡，淳化三年告为阇婆所侵，乞降诏谕本国，从之。咸平六年上言，本国建佛寺以祝圣寿，愿赐名及钟。上嘉其意，诏以‘承天万寿’为额，并以钟赐焉。至景德、祥符、天禧、元祐、元丰贡使络绎，辄优诏奖慰之。”其国于天禧元年（1017）遭南印度注辇国入侵，国势衰落，至明洪武三十年（1397）为爪哇国所灭。

（薛克翘）

Shijia Fangzhi

《释迦方志》 中国唐代史地著作。道宣撰，记录佛教自释迦牟尼诞生处流传至汉地间种种相关史地之事。道宣，吴兴（今浙江湖州市）人，另有说丹徒人（今属浙江镇江市辖区），俗姓钱，幼年出家，擅长律学，为南山律宗祖师，曾参与玄奘译场，传说受天人供养。

《释迦方志》(T2103) 全书两卷，按书末跋语所记，成于唐永徽元年(650)。所谓“方志”，为一种记述一定时期和一定地域的历史、社会等各方面情况的文献。文首为序，初篇《封

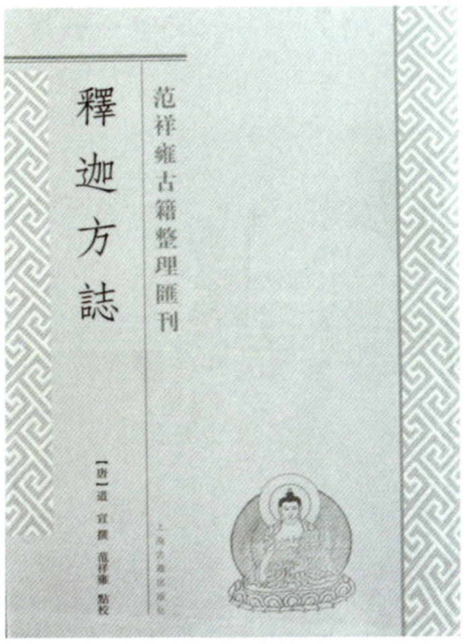

《释迦方志》封面

疆篇》，依佛教传说记载解释佛陀所教化的索诃世界，即娑婆世界；第二篇《统摄篇》，依佛教传说解释索诃世界铁围山内所摄国土，并扩展至佛所统摄之三千大千世界；第三篇《中边篇》，从名、里、时、水、人五个方面证明中天竺释迦佛诞生处并非边地，而是“三千日月万二千天地之中央”；第四篇《遗迹篇》，记述唐代时以陆路前往印度的“东道”、“中道”、“北道”三条路线及沿途各地的地理位置、佛教传播及相关传说等情况；第五篇《游履篇》，记述西汉至唐时，从张骞至玄奘，或官方使者或佛教僧侣，历代西行之事；第六篇《通局篇》，记佛教传入汉地后的种种相关传说故事；第七篇《时住篇》，大略讲述佛教之时间观；第八篇《教相篇》，记自晋至隋历代皇帝统治期间寺院、译经、僧尼等之数量。全书援引佛教经传和史书，保存了大量珍贵历史、地理资料。

（陈帅）

Shijiamouni

释迦牟尼 Śākyamuni（生卒年不详） 佛教创始人。本名悉达多，意为“义成就者”(旧译“义成”)，姓乔答摩（瞿昙）。因父为释迦族，成道后被尊称为释迦牟尼，意为“释迦族的圣人”。其他称号有佛陀（觉者）、世尊等。

早年 相传释迦牟尼是古印度吠陀时期著名的王族“甘蔗王”的后裔，迦毗罗卫的太子，属刹帝利种姓。迦毗罗卫是释迦族集居的小城，位于喜马拉雅山脚下，今尼泊尔南部与印度毗邻的提罗拉克特附近，当时是憍萨罗国的属国。在4世纪法显游历印度时，这个国家已日见衰落。19世纪末，考古学家在这里发掘出一个藏有遗骨的石壶，上面刻有公元前数世纪流行的婆罗谜文字，意为释迦族供奉的佛骨。另外，在迦毗罗卫发现有阿育王巡幸时所刻铭文，从而证实了它大概的地理位置，以后尼泊尔政府一直在进行考古发掘。

释迦牟尼的父亲，是迦毗罗卫的国王，名首图驮那，汉译净饭王。母亲名摩诃摩耶，是与迦毗罗卫城隔河相对的天臂城善觉王的长女。根据当时的风俗，摩耶夫人回母家分娩，途经蓝毗尼花园，即今尼泊尔南部波陀利耶村的蓝毗尼园，生下了释迦牟尼。

有关释迦牟尼的生年，由于古印度

释迦牟尼坐像

《王子出生》 砂岩雕刻 尼泊尔蓝毗尼

典籍没有明确的记载，各国所传和学者研究，一般都是从佛教本身的史籍去考证，并从卒年推算的，因此说法不一，其数竟有60种之多。最早一说和最晚一说之间，相距数百年。斯里兰卡、印度、缅甸、泰国、老挝、柬埔寨等信仰南传佛教国家，一般认为释迦牟尼生于公元前624年，卒于公元前544年，并以此为依据，在1956～1957年举行纪念释迦牟尼涅槃2 500周年的盛大活动。西方学者根据南传史料，对佛灭年代有公元前489、前487、前486、前484、前483、前482、前478、前477诸说。中国近代学者主张依南齐僧伽跋陀罗所译《善见律毗婆沙》师资相传的“众圣点记”来计算。由于释迦牟尼逝世的当年，优波离结集律藏，并在是年七月十五日在书后记下一点，以后每年添加一点，至南齐永明七年（489)，共计得975点，故由此上推，可知释迦牟尼生于公元前565年，灭于公元前486年，大体与中国春秋时期的孔子同代，而比孔子早逝7年。此说也为日本、印度等国的佛教学者所采用。

摩耶夫人在释迦牟尼出生后的第七天去世。幼年时代的释迦牟尼是由他的姨母摩诃波阇波提养育的。他从小学习当时王族应具备的一切学问和技艺（即五明)。16岁（另有17岁、18岁之说）时，娶表妹耶输陀罗为妃，生下儿子罗睺罗。

出家 佛陀的贵族生活是优裕舒适的。《中阿含经》卷二十九记载他的回忆说，他拥有适合不同季节居住的三座

尼泊尔蓝毗尼遗址

宫殿（三时殿），有冬天御寒的，夏天避暑的，雨季防潮的；衣着华贵，饮食丰盛；歌舞于庭，极尽享受之乐。他的父亲净饭王也对他寄予厚望，希望他能继承王位，成为统一天下的“转轮王”。但是，释迦牟尼却在29岁（一说19岁）时出家修行。究其原因，有社会的，也有个人的。释迦牟尼所处的时代正是古印度诸国之间互相讨伐、并吞，阶级和民族矛盾十分尖锐之时，他所属的释迦族，受到邻国强权的威胁，朝不保夕。他已预感到难免覆灭的结局，因而认为世间“无常”。另外，他又目睹人自有生以后，接踵而来的老、病、死的情景，联想到自己也摆脱不了同样的命运，从而产生了人生难脱苦难的烦恼，而当时**婆罗门教**的思想和行事，又不能使他在精神上获得解脱之道，终于舍弃王位，出家修行。

出家后，他先到跋伽仙人的苦行林，那里有很多修行者，他们以种种苦行折磨肉体，以求得精神的解脱。释迦牟尼不满意这种做法，滞留一宿便离去。他的父亲听到他出家的消息，甚为悲伤，经派人劝说无效，便在亲族中选派了五人伴随他修行。

释迦牟尼南渡**恒河**，到**摩揭陀**的首都**王舍城**，国王频毗娑罗会见了他。而后，他寻访隐栖于王舍城附近山林的两位数论派信奉者，跟随他们修习**禅定**。然而他们的教义，在释迦牟尼看来，仍然不是真正的人生解脱之道。于是他又来到尼连禅河边静坐思维，实行苦行。经过6年，仍没有获得所期望的结果。他决定抛弃绝食和苦行，来到菩提伽耶一棵毕钵罗树下，**结跏趺坐**，静思冥索，最后终于觉悟成道，时年35岁。

传教　释迦牟尼证悟以后，形成了自己独特的观察和分析事物的观念。为了使他的思想学说被他人所理解和接受，他便开始了长达45年的传教活动。佛陀在**波罗奈**城外的**鹿野苑**，向最初跟随他修行的五人宣说**四谛**、**十二因缘**、三十七菩提分、**五蕴**、四禅和三明等教说，这五人成为佛陀的最初弟子，号称“五比丘”。这次说教，佛教称为初转法轮。与此同时，又度波罗奈长者之子耶舍及其亲友出家。此外，还化度了舍利弗和**目犍连**。此后在他的故乡又说服了他的很多亲属，如堂弟提婆达多、儿子罗睺罗等皈依了佛教。

释迦牟尼传教的区域，主要是恒河流域的中印度。大致是北到迦毗罗卫，南到王舍城，东到**瞻波**，西到**憍赏弥**。其直传弟子的活动地区和影响所及，东至恒河流域下游，南至戈达瓦里河，西至阿拉伯海沿岸，西北至**呾叉始罗**等地区。佛陀居住时间最长的是憍萨罗国的**舍卫城**和摩揭陀国的王舍城。前者有富商**须达多**和太子祇陀（逝多）捐赠的**祇园精舍**，后者有**竹林精舍**，为释迦牟尼对众人说法布教的重要场所。跋耆、鸯伽、末罗、迦尸（见**瓦拉纳西**）等国，他也曾居留说法。

释迦牟尼传教的对象，包括当时社会的各种姓和各阶层。有婆罗门、沙门（道人）、国王、大臣、商人、手工业者、渔民以至妓女、盗贼等。当时很多王族和富豪给以政治上和经济上强有力的支持。

释迦牟尼传教的方式，是随机施设，不拘一格。他用偈颂、散文、故事、譬喻、直叙、问答等各种形式，在不同的场合，针对不同的对象，宣说不同的内容。对僧众谈论出离生死、证得无上正觉，对俗人谈论道德和行善。他准许弟子可不用规范化的梵语，而用地区方言进行说教。这就使得他的思想学说在社会上得到广泛的传播。

僧伽　释迦牟尼在传教过程中建立了佛教的组织——**僧伽**（僧团），一般认为，释迦牟尼在鹿野苑初次演教，五**比丘**皈依佛教，便是佛教僧伽之始。这

16岁时，已成文武双全的英俊少年

伽倻山苦行

毕钵罗树下悟道

个僧团在传教过程中逐渐扩大，开始只收男弟子（比丘），以后，他的姨母波阇波提入教后，才开始接纳女弟子（比丘尼）。

僧团在开始的时候并无严格的制度，凡是信仰佛陀的学说，不分种姓贵贱，均可加入，在僧团内部过着平等的生活。以后为了防止僧团的混杂，避免与世俗社会的法律秩序和其他伦理道德相龃龉，使僧团更好地开展活动，才制定了奴隶、负债者、杀人犯、盗贼（悔过的除外）、残废、病人以及年不满20岁者不能加入僧团的具体的规定。

起初，僧团以云游乞食为主，无固定的住处。后来为了适应雨季安居和集会的需要，才开始在僧众的所在地，建立了僧院。在僧众集体生活的过程中，又陆续制定了有关衣着、饮食、用具、礼仪、居所、医药等日常生活细则，作为僧团全体成员共同遵守的戒律内容。

释迦牟尼在创立僧团的同时，还给在家的信徒以相应的地位。凡遵守不杀生等“五戒”的俗人，均可以成为佛弟子。他们在修行中同样可以证得涅槃。相传，耶舍的父母是最初的在家弟子——优婆塞和优婆夷。此后，在家信徒人数不断增多，成为与僧团并行的拥护佛教的社会力量。

释迦牟尼涅槃像　中国甘肃敦煌莫高窟第158窟

涅槃　释迦牟尼晚年居住在王舍城。相传，他曾多次召集住在那里的僧人，向他们讲了有关保持僧团不衰的原则，要求他们“依法而不依他处”，然后离开王舍城北行，开始了他最后的游化。他带领弟子们，经过那烂陀、波吒釐子城（今印度巴特那），渡恒河，到达吠舍离，受到当地富裕的妓女庵婆波利的供奉。以后便来到吠舍离附近的贝鲁伐那村（竹林村）。时值雨季，释迦牟尼决定在那里安居，留阿难陀一人随从，其余弟子均分散到各处居住。雨季，他患了重病。雨季过后启程，向西北地区巡游讲说。到了南末罗国一村落，驻锡铁匠纯陀的杧果林中，并吃了他供献的食物。食后，释迦牟尼中毒腹泻，病情转重。行至离拘尸那迦城附近的娑罗林，在两棵娑罗树之间，右胁而卧，半夜入灭。临终前，他告诫弟子要依法精进修行。又为求见的婆罗门须跋陀罗说法，使他成为最后一个弟子。终年80岁。

释迦牟尼逝世后，遗体火化。遗骨（舍利）为摩揭陀王阿阇世等8个国王瓜分，各建舍利塔供养。即传说中的“八王分舍利”。

史料　有关释迦牟尼一生的事迹，在早期佛教经藏四阿含和小乘律藏中，尚无专门的记述。三藏的结集者，主要记录释迦牟尼的言辞。但是经藏和律藏在记录言辞中，详细地记述了每一段经教和制定第一条戒律的原委。这些记述包含了释迦牟尼直接接触的那些人对释迦牟尼的思想和行事的回忆（其可靠性如何，已无法考证）。另外，在经、律中通过释迦牟尼自己之口，记载了他的早期生活经历。在早期经藏和律藏中，记载释迦牟尼家世和出家经过的，有《长阿含经》中的《大本经》等；记载初转法轮情景的，有《杂阿含经》中的《转法轮经》等；记载教化活动的有《摩诃僧祇律》、《四分律》、《五分律》及阿含经中的诸小经等；记载释迦牟尼晚年生活的有《长阿含经》中的《游行经》(异译《佛般泥洹经》、《大般涅槃经》、《般泥洹经》)以及《根本说一切有部毗奈耶杂事》等。

佛传　随着佛教在印度次大陆的发展，统一的佛教分成很多的派别，同时受到了印度教、耆那教的偶像崇拜以及希腊文化的影响，在部派佛教中出现了对教祖的崇拜，把佛陀描写为神通广大、威力无穷、大智大慧，具有“三十二

鹿野苑初转法轮

罗睺罗出家

涅槃

释迦牟尼佛本生故事　唐卡

相”、八十种好，如手长过膝、面颊如满月、梵音深远、胸表卍字等。这就出现了专门记载释迦牟尼生世行业，被称为“本生”、“本起”、“本行”的一类经典。如《修行本起经》(异译《瑞应本起经》、《过去现在因果经》、《佛本行集经》)、《普曜经》等。它们的特点是把原先散见于经藏和律藏中的资料连贯起来，使一事与他事前后衔接，缀成佛陀的传记。但在内容上完全是渲染和神化佛陀，使佛陀成为一个理想化的崇仰对象。这些经典最长的也只主要记述了释迦牟尼成道后最初几年的活动。以后马鸣写了《佛所行赞》。他根据传说和资料，描绘了佛陀一生的经历，成为最早的一部完整佛传。

中国僧人撰写的释迦牟尼传记，有梁僧祐的《释迦谱》5卷和唐道宣《释迦氏谱》1卷。此外，在宋志磐的《佛祖统纪》中有编年体的《教主释迦牟尼佛本纪》。

有关释迦牟尼生平的史料，除了佛教经典的记载以外，还有文物资料。近代，印度和其他国家的考古学家、佛学家根据法显的《佛国记》和玄奘的《大唐西域记》的记载以及印度保存的不完整史料，在佛陀的诞生、成道、初转法轮、涅槃处等陆续发掘出一批古建筑的遗址和文物，并以此证明了佛陀是一个历史上的真实人物。

（边部）

Shijia Pu

《释迦谱》 *A Biography of Śākyamuni*
第一部由中国人选编的释迦牟尼的传记。齐梁高僧僧祐撰。共5卷，收在《大正藏》第50册第2040号。

《释迦谱》以释迦牟尼的生平为核心，征引几十部佛典中的相关记载，上溯佛陀的氏族来源，下述佛灭后的法化流布，篇尾附有僧祐的按语，史论结合。由于《释迦谱》的抄集性质，到了唐代初年，5卷本被扩充为10卷本，主要补充了释迦牟尼自降生到成道的详细生活经历，现收在《乾隆大藏经》第1464部。

《释迦谱》的编撰体例是“抄集众经”，共有34节内容，各节皆抄集有关的经、律、传记原文，后附僧祐总结性的短篇案语。这些内容大致可分为4部分：①从《释迦始祖劫初刹利相承姓缘谱》第一至《释迦近世祖始姓释氏缘谱》第三，讲述释迦牟尼佛氏族的来源。②从《释迦降生释种成佛缘谱》第四至《释迦同三千佛缘谱》第六，讲述释迦牟尼佛的降生、成道，以及和七佛、三千佛的因缘。③从《释迦内外族姓名谱》第七至《释迦种宿业缘记》第十八，讲述与释迦牟尼佛有关的人物。④从《释迦竹园精舍缘记》第十九至《释迦法灭尽相记》第三十四，讲述释迦牟尼佛的教化与遗迹。其中，各节所抄的典籍大都以一种为主，并在篇目下注明；如果还另引他书作为补充，即在引文前后标明出处。

《释迦谱》抄撮佛典中对释迦牟尼佛事迹的相关记载，并对其进行分门别类的排序，方便读者迅速了解释迦牟尼佛的生平情况。此外，该书还启发了唐代道宣《释迦氏谱》的编撰，而且对后人研究汉地佛传文献具有重要的参考价值。

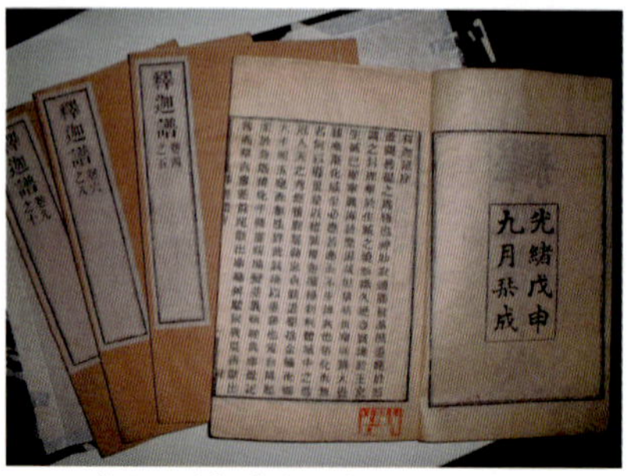

《释迦谱》清光绪年间刻本书影

（范晶晶）

Shijiayeshi

释迦也失 Śakyāyas（约活动于14世纪末叶～15世纪中叶）印度来华僧人。据《清凉山志》卷三本传，释迦也失为北印度迦毗罗卫国（见**迦毗罗卫**）人，**释迦牟尼**后裔。明成祖永乐十二年(1414)春到**五台山**，居住于显通寺。

中国山西五台山显通寺

是年冬季，**明成祖朱棣**派太监侯显迎请其至京师（今中国北京），安置于能仁寺做方丈，并给予丰厚赏赐。永乐十三年，明成祖又下诏，封其为西天佛子和大国师。不久，释迦也失辞归五台山修炼，每次**禅定**都持续7天。明成祖多次派人带书信对其慰问。明宣宗朱瞻基也对其崇敬有加。宣德六年（1431），释迦也失离开中国去西域，不知所终。

（薛克翘）

Shiliang Lun

《释量论》 *Pramāṇa-vārttika* 佛教量论典籍。又译《量评释论》。印度论师**法称**著，为其《因明七论》之一。系为**陈那**《集量论》所作注释，但在理论上有很大改动与发挥。

相传法称曾跟随陈那的弟子自在军学习《集量论》，听讲一遍之后理解便与师同等，再读过一遍之后，就获得了与陈那相齐平的见解，三遍之后，就已经超越了陈那，于是便遵其师嘱而做《释量论》。本论可能是法称较为初期的作品，以偈颂体写成，内容分为4品，即《为自比量品》、《成立量士夫品》、《现量品》及《为他比量品》。法称曾为《为

《释量论》元代藏文刻本 现藏中国西藏博物馆

自比量品》做自注，后三品有天主慧、释迦慧、智生护等人注释。根据对法称《释量论》、《定量论》、《正理滴论》等著作的注释阐发方式的差别，可以将法称的后继者分作三派，即以天主慧、释迦慧、律天等为代表的释文派，以法上、释迦吉祥贤及萨迦班智达等为代表的阐义派，以及以智生护、日护、智吉祥友等为代表的庄严派。

在认识论方面，法称在《释量论》中强调现量必不能是错觉，并且其认识对象，即自相，是真实存在的，可以生起识。传统倾向于将法称的这一立场归入经量派，而非《集量论》作者陈那的瑜伽行派。在因明学方面，法称将陈那的理论进一步推向演绎式的逻辑三段论。法称将“因三相”后二相关于同品和异品的内容合二为一，取消了陈那“九句因”理论中的第五条“同品非有异品非有”，即废除“不共不定”过，将陈那宗支的除外命题改判为全称命题；提出自性因、果性因、不可得因三种正因理论；将之前的先宗、再因、最后喻的因明论式格式调整为先喻、再因、最后宗支，并将原来合二为一的同喻、异喻二者分开各列为独立论式。

《释量论》梵文本现存，学界已有多次校勘出版，最初由R.桑克利提亚衍刊于1938年，1972年又有宫坂宥勝校订本等。本论历来受国际佛教研究者的重视，有英、德、法、日本等多种语言的摘译及研究型著作。

法称在传统的汉传佛教中几乎没有产生影响，《释量论》在中国古代也没有汉译，直到1980年法尊在临逝前才终于将《释量论》及僧成注释自藏文转译为汉文（僧成注释部分为编译），题名为《释量论略解》；另有韩镜清自藏文转译的《为自比量品》法称自注，题名为《解能量论》。近年来，又有其他一些相关著作出版，例如刚晓的《释量论讲记》。然而在藏传佛教中，《释量论》(D4216) 极受重视，例如宗喀巴将《释量论》定为格鲁派僧人修行过程中的必读论典，贾曹杰、克主杰、僧成等人均著有注释，格鲁派之外，如萨迦派等，亦弘传此论。

（陈帅）

Shishi Jigu Lue

《释氏稽古略》 中国佛教历史著作。元代觉案编撰。成书于至正十四年(1354)，系以编年体记述历代佛教历史之书，收于《大正藏》第2037号，亦收于《四库全书》。全书共4卷。其所记史，起于三皇五帝，终于宋少帝，除与佛教相关的历史及各种人物传略之外，也收有不少与佛教无关的世俗史事。本书内容丰富广博，保存有大量史料；另一方面，也有许多记述错误之处，如将初唐之事误认为出自著于梁代的《高僧传》、《弘明集》，将盛唐开元时事误认为出自著于初唐的《续高僧传》等。其后有明代幻轮继本书而著《释氏稽古略续集》(T2038)。

（陈帅）

Shishi Jigu Lue Xuji

《释氏稽古略续集》 中国佛教历史著作。明代幻轮编撰。成书于崇祯十一年(1638)，系以编年体记述佛教历史之书，收于《大正藏》第2038号。本书为元代觉案《释氏稽古略》(T2037号) 之续，全书分为3卷，起于元世祖至元元年(1264)，终于明熹宗天启七年（1627），记录种种佛教及世俗史事，保存有大量重要史料。

（陈帅）

Shishi Xiyu Ji

《释氏西域记》 中国记述东晋时期西域、古印度等地的历史及地理状况的古籍。又称《西域志》、《西域传》。相传为东晋僧人释道安著。对研究古代西域及古印度等地的自然、文化、风俗等具有一定价值。

据《高僧传》卷五《道安传》、《出三藏记集》卷十五《道安传》，道安没有前往西域的经历，也未提及道安曾著此书，故其作者存疑。

《释氏西域记》今已佚失，但现存多部古文献对其内容有所引用。郦道元《水经注》引《释氏西域记》多达20余处，远远超过对《汉书·西域传》、《后汉书·西域传》及《法显传》等书的引用次数，间接反映出该书的权威性。《释氏西域记》中的记述多与佛教相关，对古印度一些国家亦有提及。《太平御览》卷七九七引用了《释氏西域记》，对拘夷、波罗奈斯、鼠王、摩诃赖、波丽越、鸡城等六地的载述。其中，“波罗奈斯”条目云：“释道安《西域志》曰：波罗奈斯国，佛转法轮、调达入地狱、土陷处，皆在其国。”“摩诃赖”条目云：“释道安《西域志》曰：摩诃赖国，又南得河赖国，有阿耨达山，王舍城在耨达山东南角，竹园精舍在城西，佛六年苦行贝多树，去城五十里。”《艺文类聚》卷七十六《内典》亦转引了《释氏西域记》“波罗奈斯国”、“须剌国”与“摩诃赖国”3个条目。上述“拘夷”即《法显传》中的“拘夷那竭城”，即佛涅槃地拘尸那迦；“波罗秦斯”与“波罗奈斯”为同一地，“秦”为“奈”之误，即古印度迦尸国（见瓦拉纳西）；“摩诃赖”乃古印度摩揭陀国。

（王凌男）

Shishi Yaolan

《释氏要览》 中国佛教典籍。北宋高僧道诚所集。3卷。收于《大正藏》第2127号。分类介绍和阐述佛教名物典章制度与修行生活方面的术语及事项，使初入法门者“免窃服之诮”。

道诚平日阅藏时，常摘录出家人须知之事，后遇天禧三年（1019）宋真宗普度天下童行（旧指出家入寺观尚未取得度牒的少年），因此整理书钞，分门别类，添加传记章疏，著成《释氏要览》。《释氏要览》在解释术语和事项进行时，或是节录佛典文句，或是根据自己的理解重新表述和补充，或是记载和考证所见闻之事物。该书主要以节录、汇编佛典（少量俗典）为主，应是佛教类书；也有人认为该书于节录经文外，亦有不少道诚所撰之解释，故应是佛教辞典。

《释氏要览》全书分为27篇，共679条目。具体为：卷上9篇，226条目，分别为姓氏、称谓、住处、出家、师资、剃发、法衣、戒法、中食。卷中9篇，239条目，分别为礼数、道具、制听、畏惧、勤懈、三宝、恩孝、界趣、志学。卷下9篇，214条目，分别为说听、躁静、诤忍、入众、择友、住持、杂纪、瞻病、送终。

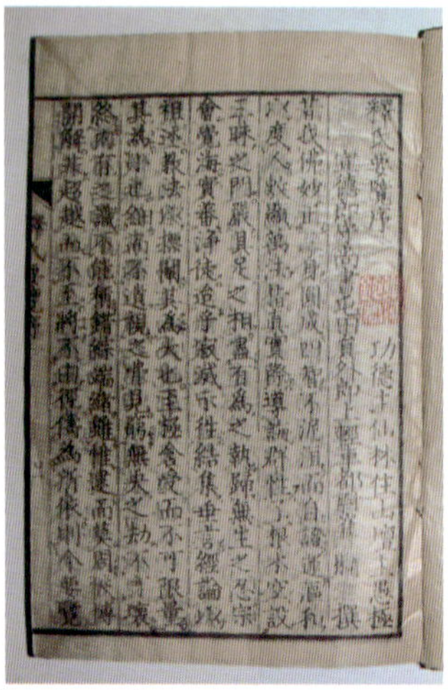

《释氏要览》日本明治八年刻本书影

《释氏要览》文简意赅，条目清晰，对以往同性质注疏多有扩展，且保留了当时佛教在制度风俗上的不少宝贵资料与见闻。该书与宋法云《翻译名义集》、明圆静《教乘法数》合称“佛学三书”。

（杨祖荣）

Shitianzhu

释天竺 （约活动于8世纪） 印度来华僧人。亡名。《宋高僧传》卷十九有传，仅记一件事。言其于唐天宝四载（745）在京城（今陕西西安）游方化缘，到韦氏家，韦皋（745～805）刚生下三天，他便说韦皋是诸葛亮转世，将为蜀帅、节度使。后果应验，韦皋平定叛乱有功，于兴元二年（785）转任西川节度使。

（薛克翘）

shouyin

手印 mudrā 密教中行者做出的具有神秘意义或象征意义的手势。又称“印”、“印契”、“封印”等。mudrā一词有“印章”、“钱币”、“表情”、“姿势”、“状态”等多种含义。汉译中取“印章”之意译为“手印”，显系误译；而取“姿势”、“状态”等意译为“手势”，方为正译。后世将错就错，始终将它译为印或手印，但其含义仍指手势。佛与菩萨像往往都做出各种手印。常见的手印有“无畏印”、“与愿印”、“说法印”、“触地印”、“降魔印”、“禅定印”等。密教中的手印更是多种多样，并被进一步神秘化，往往配合咒语真言使用。到密教后期，又出现**大手印法**。大手印写作mahāmudrā，求其本义，为大姿势，所指已不限于手势，而是包括了整个身体的状态，且往往特指男女双修。

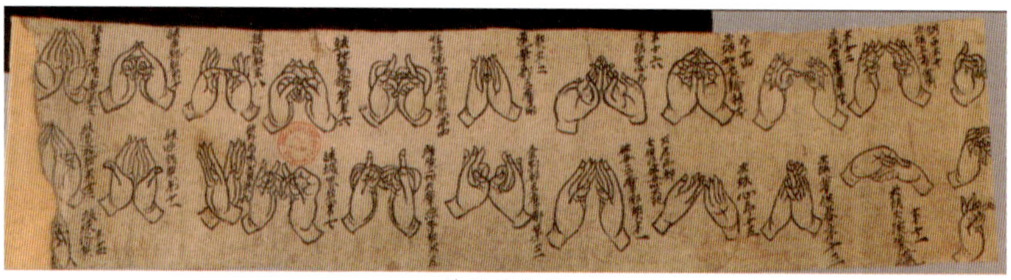

佛教手印图

（薛克翘）

Shouwen

守温 Shouwen（约活动于10世纪） 中国五代后汉时期佛僧，汉语音韵学者。《玉海》记载“守温有《三十六字母图》一卷”，此书亦称为《守温三十六字母》，久佚，其残卷出自中国甘肃敦煌。敦煌本P.2012《守温韵学残卷》未有书名，仅题作“南梁汉比丘守温述”。该残卷卷首列出唇音（不、芳、并、明）、舌音（端、透、定、泥是舌头音；知、彻、澄、日是舌上音）、牙音（见、君、溪、群、来、疑等）、齿音（精、清、从是齿头音；审、穿、禅、照是正齿音）、喉音（心、邪、晓是喉中音清；匣、喻、影是喉中音浊）。这些字母与传世文献中所散见的“守温三十六字母”略有不同。有学者认为，“三十六字母”是宋人根据守温的三十字母增补而成。这些字母是用来指称汉字声母的代表字。而用一些有代表性的字来表示不同声类的方法，是受梵文字母启发的结果。梵文的声母叫作“摩多”或“么多”，声母与韵母拼合而成字。大唐山阴沙门智广撰《悉昙字记》“初章”说：“将前三十四文，对阿阿等十二韵呼之，增以摩多，生字四百有八，即迦上、迦平等是也。”在唐末之前，汉字多用反切来注音，汉语声母没有专门的名称，用双声来表示声母。《归三十字母例》早于守温三十字母。《守温韵学残卷》是研究唐代等韵学的重要文献，反映了唐代后期西北方音的若干信息。守温虽非字母的首创者，但他用字母来指称汉字声母，可视为印度梵语影响汉语音韵学的一个显著例证。

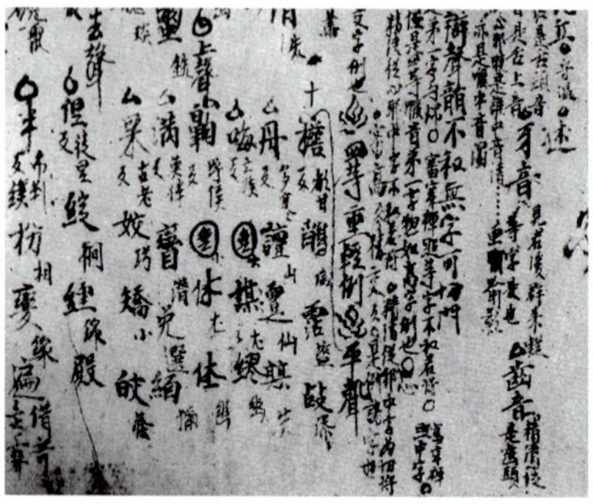

《守温韵学残卷》敦煌写本书影
现藏法国巴黎国家图书馆

（陈明）

Shouzhen

守真 Shouzhen（894～971） 中国唐宋之际高僧。全面修习各宗的典籍与教法。

据《宋高僧传》记载，守真为万年

602

(今陕西西安长安区)人，俗姓纪，据说是汉代纪信的后裔。其祖父品德高尚，以孝行闻名于乡里，被誉为“纪丁兰”。黄巢起义后，唐僖宗避难于四川，长安失陷，守真全家迁徙至四川。而《净土往生传》则记守真一家在乾符年间(874～879)曾祖纪堪任职于四川时便已迁于成都。20岁后，守真偶然来到圣寿寺，看见修进律师卓尔不群，便奉其为师。学习戒律之后，他又跟随朗师学习《起信论》，从性光师受《法界观》，跟随演秘阇梨受密教，都能窥其堂奥，融会贯通。

之后的40年间，守真宣讲《起信论》、《法界观》共七十多遍，从他受法者有二十余人，开灌顶道场五遍，度僧尼士庶三千余人，开水陆道场二十遍，并得以赐号为昭信。他经常在夜间轮流修习密宗结文殊五髻教法与西方无量寿教法，希望能往生净土。

守真预设二塔，宋开宝四年(971)圆寂后，徒众收其舍利供养。

(范晶晶)

Shoulengyan Sanmei Jing

《首楞严三昧经》 *Śūraṅgama-samādhi-sūtra* 初期大乘佛教三昧类经典的代表文献。全经围绕首楞严三昧这一核心展开，讲述了首楞严三昧的定义、修学方法，重点描述获得首楞严三昧的诸佛菩萨等所示现出的种种神迹，以此渲染此三昧不可思议的神力。经中示现神力者包括佛陀、持须弥山释、现意天子、魔界行不污菩萨、文殊师利菩萨、弥勒菩萨等。这些神迹最主要的表现是：住首楞严三昧者为了救度众生，可以随意示现于各个地方，如魔宫、遥远的佛土等；随意示现为各种身份形象，如示现为梵王、天龙、夜叉乃至辟支佛、外道等；随意示现种种殊胜能力，如辩才无碍、缚住恶魔、随意分身；还可以随意示现世俗行为而不被其染污，如化作二百天子与二百天女交合。此经中也穿插了对诸多义理问题的讨论，例如佛身是否真实，首楞严三昧与六波罗蜜的关系，首楞严三昧修学的次第，佛与众生、恶魔不二，以及转女成男、四种授记、二乘之不足、佛陀寿量等诸多问题。其中的很多思想与《维摩诘经》、《法华经》等经典有相近之处，不少情节还可以看到佛传文学的影子。而作为一部早期三昧类经典，此经与《般舟三昧经》、《成具光明定意经》、《三昧王经》、《寂照神变三摩地经》、《观察诸法行经》(《贤劫经》)等三昧类经典有着共同结构模式，即罗列术语集合来定义三昧。此外，由于题名接近，此经容易混淆于《大佛顶如来密因修证了义诸菩萨万行首楞严经》(简称《楞严经》，T945)，但二者之间并无直接的关系。

《首楞严三昧经》目前尚未发现梵文全本，已知的中国新疆和田出土的梵文残片有20余片，分藏于英国图书馆、中国新疆和田博物馆、美国国会图书馆、德国柏林国家图书馆、中国北京大学赛克勒博物馆、俄罗斯科学院圣彼得堡分所写本部等收藏机构。此外，尚有部分梵文引文存世，主要来自寂天的《集学处论》、提婆的《行合集灯》及智藏慧的《入菩提行论难语释》。于阗文译本仅存残片，主要收藏于英国图书馆。此经现存的全本只有藏译本与汉译本。历史上曾有过多次汉译，包括支谶本、支谦本、佚名蜀本、佚名《后出首楞严》、白延本、竺法护的《勇伏定经》与《首楞严三昧经》、竺叔兰本及鸠摩罗什本，还曾有支敏度之合本《合首楞严经》。但现存者唯有鸠摩罗什译本(T642)，共两卷，其余均已佚失。中国新疆吐鲁番、甘肃敦煌仍保存有鸠摩罗什译本的部分早期写本。吐鲁番写本年代较早，其中袁复礼旧藏的一件436年残片抄写年代很接近于鸠摩罗什的翻译年代。此外，日本大阪四天王寺、东京静嘉堂文库和中国上海博物馆、上海图书馆等也收藏有吐鲁番写本。敦煌本则散存于中国国家图书馆、敦煌研究院等单位。藏译本(D132)共5卷，于9世纪初译出，现有塔波写本存世。与鸠摩罗什译本相比，藏文本多出两段很长的偈颂，部分段落也与鸠摩罗什本差异明显。

(李灿)

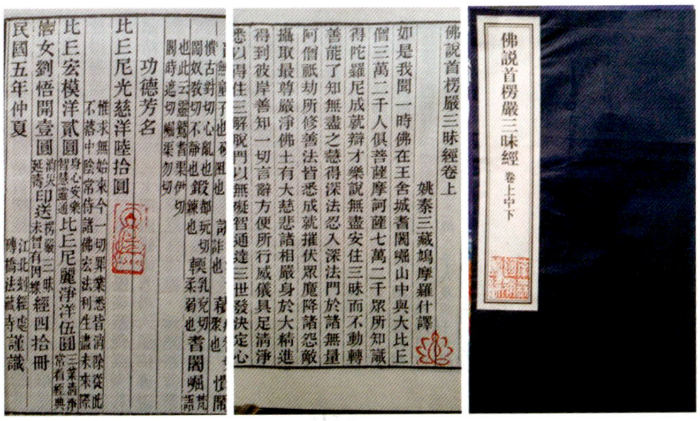

《佛说首楞严三昧经》金陵刻经处刊本书影

Shoutuoluojia

首陀罗迦 Śūdraka(约活动于3世纪) 印度古代戏剧家。著有剧本《小泥车》。

关于首陀罗迦的生平今人知之甚少。据《小泥车》剧本的序幕称，他是一个婆罗门国王，精通《梨俱吠陀》等多种经典，不仅懂得数学和艺术，还力大无穷，敢于搏击大象。他是在活到一百岁零十天时自投祭火而死的。研究者多认为《小泥车》的作者不可能是一个国王，形成后来传说的原因或是二者同名，或是某位名叫首陀罗迦的国王的宫廷诗人创作了它而冠以国王之名以示感戴。亦有人认为剧本实际出自另一梵剧作家跋娑之手。首陀罗迦的生活年代也有多说，从公元前2世纪到公元6世纪都有。一般倾向于公元3世纪。有些学者将另外两个剧本，即独幕剧《莲花礼物》和多幕剧《维那与仙赐》(可能是个残本)也归在他的名下，但并未得到公认。

(葛维钧)

Shuyu Zhouzi Lu

《殊域周咨录》 中国明代中外关系史著作。共24卷。约成书于明万历二年(1574)。作者严从简，生卒年不详。字仲可，号绍峰。浙江嘉兴人。嘉靖三十八年(1559)进士，在行人司任职时编撰此书。

《殊域周咨录》依据明朝历年颁发的敕书、各国间交往大事和相互来往使节所作的文字记录等编撰而成，记载关于邻近海陆各国和地区以及边疆民族的道里、山川、民族、风俗、物产等情况，以及各国和地区间的文化交流，以供当时官员出使时参考。其中，卷八记琐里(即注辇)、古里(即古里国)，说洪武三年(1370)曾遣使持诏谕西洋诸国，告以元朝覆灭消息，于是古里国的主遣使来贡，赏赐甚厚。五年，琐里国主卜纳的遣使送来本国地图，上赐《大统历》。永乐元年(1403)二国各进名马，诏许其附载胡椒等物皆免税。三年、五年，古里国连续来贡。然后说到郑和下西洋事，并详记琐里、古里国风俗、物产，均袭自《瀛涯胜览》、

《殊域周咨录》封面

《星槎胜览》等书。其卷十一记榜葛剌，从汉明帝刘庄时天竺佛法流入中国说起。然后提到几件事：①永乐三年，其王霭牙思丁派遣使者前来朝贡。②明成祖朱棣命使者前往天竺迎接异僧。僧人到达京兆(今江苏南京)，号称大宝法王，居住在灵谷寺，据说很有神通，教人念六字真言。③六年，天竺王派遣使者从太仓(今江苏太仓东)前来朝贡。明成祖命人前去慰劳。④十二年，天竺王又派遣大臣把济一进贡麒麟等物。⑤十三年，少监侯显等率船队到天竺，受到隆重欢迎。然后介绍孟加拉风土人情及物产等，乃根据《瀛涯胜览》、《星槎胜览》等书编写。

《殊域周咨录》所记印度诸国事虽多袭自成书，但亦有他书难得一见的新材料。且全书叙事较为详细，遇有歧说则并列有关史料，不轻易排斥异说，并注明材料出处。是研究明代中外关系史和少数民族史的重要资料。

(胡俊麟)

Shulun Jieming Shu

《数论解明疏》 *Sāṃkhya-pravacana-bhāṣya* 印度古代哲学中数论派的著作。作者吠若那比柯宿。对于数论派文献《数论经》的基本思想作了阐述或解明。对人们了解后期数论派的理论有帮助。现代中国学者在研究中曾涉及此内容。姚卫群在节译《数论经》时，也引用了吠若那比柯宿的这一注释。相关译文收入《古印度六派哲学经典》(商务印书馆，2003)一书。

(姚卫群)

Shulun Jing

《数论经》 *Sāṃkhya-sūtra* 印度古代哲学中数论派的著作。相传《数论经》是数论派最早的根本经典。但现存《数论经》据学者们考证为14~15世纪之人假托数论派的创始人迦毗罗之名所作。尽管现存此经实际产生时间较晚，但一般也将其视为后期数论派的主要文献。从内容上来说，这一文献明显受到了吠檀多派的影响，同时吸收了《瑜伽经》中的一些思想。《数论经》在理论上与古代数论派文献的一个重要不同是引入了“自在天”(神)的概念，表现出了一种与有神一元论的调合态度。此经中还批判了一些印度其他哲学派别的观点，如批判了佛教“空”的观念和胜论派“极微”的观念等。

《数论经》的主要注释源自阿尼鲁达的《数论经评注》和吠若那比柯宿的《数论解明疏》。

《数论经》的部分内容在现代中国有汉译本。姚卫群翻译，收入《古印度六派哲学经典》(商务印书馆，2003)一书。

(姚卫群)

Shulun Jing Pingzhu

《数论经评注》 *Sāṃkhya-sūtra-vṛtti* 印度古代哲学中数论派的著作。《数论经》的注释。作者阿尼鲁达。《数论经》相传为印度最早的数论派经典。但现存《数论经》据学者们考证为14~15世纪之人假托数论派创始人迦毗罗之名所作，属后期数论派的文献。《数论经评注》对《数论经》的注释对人们了解后期印度数论派哲学有一定帮助。现代中国学者在研究中涉及过。姚卫群在节译《数论经》时，引用了阿尼鲁达的这一注释。相关译文收入《古印度六派哲学经典》(商务印书馆，2003)一书。

(姚卫群)

Shulunpai

数论派 Sāṃkhya school 印度教六派哲学之一。在印度有着古老传统。最初的一些思想观念在不少印度远古文献中就有记述。明显形成一个独立派别大致在公元前6世纪。其学说一直受到印度思想界的重视，是印度历史上传播广泛和影响较大的派别，并随佛教一起传入中国。

发展线索和文献典籍 “数论”一词，译自梵语“Sāṃkhya”。关于这一词的原意有种种解释。有人认为它与“数”有关，因为数论派列举了一定数量的基本哲学概念，由此建立了该派的基本理论体系。还有人说它的原意是“探求”、“省察”等。汉文佛典又称该派为“迦毗罗论”、“雨众外道”、“僧佉”。

中文书籍中关于数论派哲学的内容

数论派创始人迦毗罗是传说中的人物。有学者推测，他是公元前4世纪左右的人。但实际上，数论派的起源要比这个年代早。数论派的许多思想直接渊源于奥义书，其某些思想观念甚至可以追溯到吠陀时期。史诗《摩诃婆罗多》(特别是其中的《薄伽梵歌》)大量记述了数论派的学说。此外，印度古代医书《遮罗迦本集》的一些章节也记载有早期数论的思想观念。

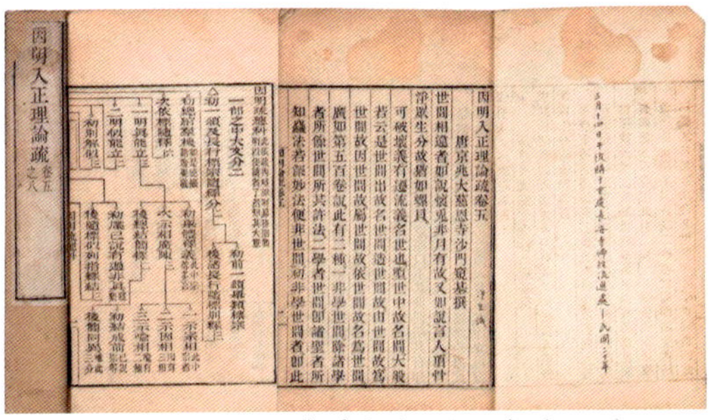

《因明入正理论疏》清光绪二十二年（1896）金陵刻经处刊本书影

现存数论派最早的系统经典是自在黑所著的《数论颂》。此后数论派的主要著作是对《数论颂》的注释。目前保存的较重要的注释有5部：《金七十论》、《道理之光》（约6世纪出现，作者不详）、《乔荼波陀注》（约7～8世纪）、《摩特罗评注》（约略晚于《乔荼波陀注》）、《明谛论》（9世纪时婆察斯巴蒂·弥尸罗作）。

后期数论派的主要经典是《数论经》，相传迦毗罗是其作者，但实际上该经是14～15世纪之人假托迦毗罗之名所作。《数论经》的主要注释是阿尼鲁达的《数论经评注》和吠若那比柯宿的《数论解明疏》。后期数论派的重要著作还有吠若那比柯宿的《数论精要》等。此外，还有一部称为《谛义集》的著作，作者不明，一般也认为它是后期数论派的重要著作。

后期数论派明显受到吠檀多派的影响，同时吸收了《瑜伽经》的理论。这一时期的数论派在理论上与古代数论派的一个重要不同，是引入了“自在天”（神）概念，表现出一种与有神一元论的调和态度。

数论派在印度历史上一直有重要影响。该派的理论颇受其他派别的重视。印度思想史上的主要宗教哲学派别，如佛教和吠檀多派的不少思想家都曾对数论派的观点进行过分析和指责。

数论派的哲学理论对印度近代思想界也有一定影响。在印度近代宗教与社会改革运动中，一些思想家或哲学家在从事社会活动或构建哲学体系时都曾吸收或借鉴数论派的思想。如印度近现代哲学家辨喜、奥罗宾多都对数论派的学说进行了分析。辨喜认为二元论是印度大多数人通常所持有的立场。实际上就把古典数论的带有二元论性质的理论看成了一种很自然的学说。辨喜在表述其认识论等方面的学说时亦较多地借鉴了数论派的思想。奥罗宾多在研究瑜伽学说时，考察了数论派哲学的重要概念三德，论述了三德的意义、作用及相互间的关联等问题。数论派的学说在印度被视为传统哲学中的一种有特色的思想。

主要理论 根据《数论颂》及其注释，数论派的基本哲学体系是“二元二十五谛”。“二元”是数论派提出的转变出人生现象和世间事物的两个主要的因；“二十五谛”是包括二元在内的数论派哲学体系中的25个基本概念。数论派将其讨论的基本概念看成是实在的真理，因而称为“谛”。在“二元二十五谛”哲学体系中，数论派容纳了一系列重要理论，如因中有果论、三德说、三分法量论及轮回解脱观等。

辨喜像

“二元二十五谛”的转变说 数论派在古代印度哲学中是一个持转变说理论的哲学派别。这一理论认为，世间事物或人生现象是由某种根本因转变出来的。转变的过程涉及两个根本实体，共计25个基本概念，又称“二元二十五谛”。所谓“二元”指“自性”和“神我”。“二十五谛”指包括二元在内的25个概念，即自性、觉、我慢、十一根、五唯、五大和神我，它们涉及事物转变的全过程。“二元二十五谛”理论构成了印度古代极具特色的人生现象和世界形成学说，是印度哲学史上典型的转变说理论。

数论派认为，世界上的物体或事物都是由3种不固定的成分构成的。这3种成分被称为“德”。三德是：萨埵，具有喜的本质和照明作用；罗阇，具有忧的本质和冲动作用；多磨，具有迷暗的本质和抑制作用。

数论派的三德理论，即用事物内部的不同成分的对立和相互作用来解释事物的产生和发展，在古代印度是一种很有特色的有价值的思想。

因中有果论 数论派在世界形成的问题上持转变说，认为世间事物或人生现象都是由一个根本因转变而来，故主张“因中有果论”。这种理论认为，世界上的事物千变万化，都具有结果的性质，而任何结果都仅仅是原因的转变。在一切事物的原因中已经包含了结果。结果是潜在于原因中的，原因和结果是同一物的隐蔽状态和显现状态，是同一物的因位和果位，二者在本质上是相同的。与此类似，世间一切事物是一种果，它们是由某一根本因转变而来的。这根本因在转化出世间现象之前，已经在自身内部包含着世间现象了。

数论派的因果理论强调了事物在发展过程中的联系，但也在一定程度上忽视了因与果之间的差别。这在印度古代曾遭到其他派别的指责。佛教等派别经常对数论派的因中有果论进行破斥。

三种量 数论派十分重视获得正确认识的方式或方法。这也就是印度哲学中的“量论”。数论派认为有3种量，即现量、比量、圣言量。现量指感官与事物接触而生的知觉。比量指推理，又分为有前比量、有余比量和平等比量3种。有前比量指从因推果，有余比量指从果推因，平等比量指同类推理。圣言量指可靠之人、权威者或圣书的意见。圣言量在数论派中实际上也就是指该派

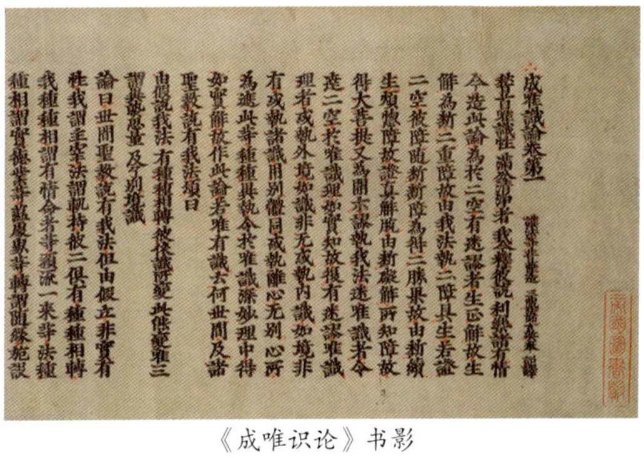

《成唯识论》书影

的创立者以及前代哲人的言教或观点。

轮回解脱思想　数论派把轮回的状态分为3种，即天道、兽道和人道（三界）。数论派认为轮回中的事物在本质上是痛苦的。痛苦分为依内苦、依外苦和依天苦3种。依内苦主要指生理或心理方面的苦，它由身体内部的原因引起。依外苦是由外部的动物或物体引起的痛苦。依天苦主要指由天气或天上的自然现象引起的痛苦。

数论派认为所谓解脱就是脱离这些痛苦。最根本的脱离苦的方式是认识数论派揭示的真理。具体说就是认识数论派的“二元二十五谛”的理论，通过学习或体验数论派哲学的真理，获得“非我”、“非我所”等绝对认识，使自性不再与神我结合，也就不会转变出生命现象，这样也就断灭了轮回，灭除了产生苦的条件，使人达到解脱。

数论派与瑜伽派有着密切的关系。数论派的一些具体的修行方法在很大程度上是瑜伽修行的方法；而瑜伽派在哲学理论或基本哲学体系上则使用数论派的“二元二十五谛”的理论。两派的主要差别是数论派侧重转变说的哲学理论，而瑜伽派则侧重瑜伽的宗教修持方法。另外，瑜伽派一般崇拜大自在天，而数论派在早期则没有创世神的观念。

在中国的传播和影响　数论派的思想随佛教一起传入中国，在中国产生了一定的影响。数论派在印度受到佛教的批驳，印度佛典也常常转述数论派的思想。这些批驳或转述在印度佛教的有关文献被译成汉文后也传到中国。甚至数论派的主要文献被佛教徒传入中国后完整地译成了汉文。如现存数论派的根本文献《数论颂》在古代就译成了汉文。《数论颂》的重要注释《金七十论》被真谛法师全部译成了汉文，后被收入佛教的汉文大藏经中，这在印度哲学文献中是极为罕见的。这也使中国人较系统地了解数论派的基本思想体系和学说特点。

汉文佛典中还有大量文献分散地记述了有关数论派创始人的传说及思想理论。如玄奘弟子窥基在《因明入正理论疏》卷中说：“成劫之初，有外道出，名劫比罗，此云黄赤色仙人……其后弟子，十八部中上首者，名筏里沙，此名为雨，雨际生故，其雨徒党名雨众。梵云僧佉奢萨坦罗，此名数，即智慧数论，谓以智数，数度诸法，从数起论，论能生数，复名数论。”这是关于数论派创始人的传说性记述。

唐代普光在《俱舍论光记》卷十一中说：“数论宗立二十五谛义。言二十五谛者，一、我，彼计常我，以思为体，性但是受者而非作者。余二十四谛，是我所，是我之所受用。”这里概述了数论派思想。

唐代高僧玄奘编译的《成唯识论》中有对数论派思想破斥的内容。在该论中，唯识思想家认为数论派的理论不能成立。《成唯识论》卷一认为，作为世间或人的具体形态的二十三法（谛）既是由三德构成的，就没有实在性，这就像树林由于是由许多树构成的而没有实在性（自性）一样，或像军队是由士兵等构成的而没有实在性一样。该论认为二十三法如果是实有的，就应如三德那样各自独立；而三德若就是二十三法的话，那么就应如二十三法一样，也应由三德合成。故无论是二十三法还是三德，从逻辑上讲都是由多种成分构成的，而按照印度宗教哲学中一般的看法，只要是由多种成分构成的事物就没有实在性。《成唯识论》还认为，数论派的三德之说还有其他不合情理或不合实际之处。

这些汉文佛典中对数论派思想的记述以及破斥，加上真谛法师汉译的《金七十论》，使得中国人可以较全面地了解印度数论派的情况。

在中国近现代，数论派的思想也受到学术界的重视。数论派的主要文献《数论颂》被译成现代汉语本。《数论经》也节译成汉文本。不少现代中国学者对数论派有专门研究，有研究数论派哲学体系的，也有研究数论派的某一专门理论的，还有研究数论派理论与佛教理论之间的关联或交涉的。

在中国的大学和研究机构开设的印度哲学课程中多涉及数论派的思想内容，有专门研读数论派文献经典的课程，也有关于数论派的研究专题课程。在中国召开的一些学术研讨会上，也有研讨数论派思想的专题讨论。

（姚卫群）

《六道轮回》（局部）　南宋　中国重庆大足石刻

Shulun Song

《数论颂》 *Sāṃkhya-kārikā*　印度古代哲学中数论派的主要文献。作者自在黑。此颂出现的年代不是很早，但由于在它之前的数论派系统经典都已佚失，因而人们通常将其视为现存古代数论派的最重要文献，与其他派别中的根本经典的地位相当。《数论颂》提出了数论派的基本哲学体系“二元二十五谛”，认为世间事物或人生现象来自于两个根本实体——物质性的“自性”和精神性的“神我”。自性在被神我作用（观照）后生出了“觉”。觉生出“我慢”。我慢一方面生出“十一根”(眼、耳、鼻、舌、皮、发声器官、手、足、排泄器官、生殖器官、心），另一方面生出“五唯”（香、味、色、触、声），五唯又生“五大”（地、水、火、风、空）。这些构成了轮回世界的各种现象。当人认识或辨别出了事物形成的本来面目时，各种事物回归自性。自性和神我独存，人就能跳出**轮回**，获得**解脱**。《数论颂》之后，印度有很多人对《数论颂》作注释。其中传入中国的一种注释是《**金七十论**》，它由高僧**真谛**在6世纪译为汉文。《数论颂》在中国有现代汉语的译本，姚卫群翻译，收入《古印度六派哲学经典》（商务印书馆，2003）一书。

（姚卫群）

Shuang Lun

《双论》 *Yamaka* 南传上座部佛教七部论书中的第六部。篇幅仅次于《**发趣论**》。本论以问答的形式讨论诸法数之间的逻辑关系，因为问题都是成对出现，故名《双论》。原文由戴维斯夫人于1911、1913年校订出版，日译本收于《日译南传大藏经》第48及49卷，转译自日文的汉译收于元亨寺版《汉译南传大藏经》第51～53卷。注释收于觉音的《五论注》。

《双论》分为根、蕴、处、界、谛、行、随眠、心、法、根十品，十品大都由“施设分”、“转起分”、“遍知分”所构成，由施设分明确所要探讨的议题，由转起分探讨诸法在各情况下的起灭，由遍知分界定各法遍知的界限。以第二蕴双品为例，施设分详细探讨五蕴间的相摄关系，提出的问题包括“色是色蕴否？色蕴是色否？”转起分则考察五蕴间的生灭关系，问答包括“引起色蕴者能引起受蕴否？引起受蕴者能引起色蕴否？”遍知分讨论五蕴的遍知界限，涉及的问题包括“遍知色蕴者遍知受蕴否？遍知受蕴者遍知色蕴否？”如此问题都是以双对句出现，旨在明确各个概念间的关系。

（赵菲）

Shuangmi

双靡 Syamaka 古代西域国名。又作赊弥、折薛莫孙、舍弥、商弥等。故地相当于今巴基斯坦奇特拉尔县上部地区，奇特拉尔城与马斯土季之间，正当科河与马斯土季河流域。

双靡一名首见于《汉书·西域传》，为**大夏**五翖侯之一的政治中心。《后汉书·西域传》亦作双靡。《魏书·西域传》作折薛莫孙，又作赊弥。《魏书·世宗纪》作舍弥。《**大唐西域记**》作商弥。《新唐书·地理志》有双靡州，《新唐书·西域传》有赊弥、商弥。以上名称，都是Syamaka的对译。折薛莫孙，亦可能是Sad-i-Mastuj之对译。

唐代时出现若干新名称，如《悟空行记》作拘纬、慧超《**往五天竺国传**》作拘卫，《新唐书·西域传》作俱位，均为Khowar的对音。该地也称Khostan，古藏文《大事记年》中作Kog yul或Gog。有当地学者认为，马斯土季附近有一村庄名Chu-wing，在中国控制这一地区期间，曾为首府，其科瓦尔语发音与汉文“俱位”相近。《新唐书·西域传》称：“俱位，或曰商弥。治阿赊□师多城。”阿赊□师多城，可能是亚尔洪河谷中的休伊斯特。

Kho是河流的名称，也是地域的名称和当地主体民族的称呼，汉译“科”、“霍”或“高”。Khowar是科人语言的名称，汉译科瓦尔，是奇特拉尔县的主要语言。

科河是奇特拉尔河的一条支流，发源于兴都库什山脉的冰川，但只有下游段才称科河，而又有“上科”、“下科”之分。科河流域被认为是科人的原住地。这个地区也被称为喀什喀尔巴拉，意为“上喀什喀尔”。科河上部地区有多个山口通往瓦罕，也有山口通往亚尔洪河流域。

奇特拉尔河的另一条支流卢德科河，发源于奇特拉尔境内的最西端，卢德科河及其支流上源，有多个山口通往阿富汗的巴达克山，最重要的是道拉山口，自古以来一直是奇特拉尔与中亚之间的重要商道。在奇特拉尔城以下，经洛瓦里山口可通往白沙瓦地区和斯瓦特河谷。

与科河流域密不可分的马斯土季地区包括马斯土季河及其上游亚尔洪河，以及主要支流拉斯布尔河的整个流域。这是一个很肥沃的地区，也是科人的活动地区。其首府马斯土季镇位于拉斯布尔河与马斯土季河汇合处，地理位置非常重要，是从瓦罕、奇特拉尔和吉尔吉特过来的道路的交会之处。

从亚尔洪河谷，可经多个山口翻越兴都库什山脉，其中最重要的是巴罗吉尔山口，经该山口可进入瓦罕，进而通往中亚和中国新疆。亚尔洪河谷有多个山口通往亚辛和吉尔吉特，其上源地区还可通往贾帕尔桑河谷，是奇特拉尔和罕萨间重要通道。欣杜尔是一个比较容易通行的山口，它沟通了奇特拉尔河上部地区和吉尔吉特河上部地区的联系。

《新唐书·西域传·吐火罗传》载有“羯师”，《资治通鉴》作“朅师”，是奇特拉尔当地名称Kashkar的音译。在唐朝和吐蕃争夺对中亚控制权的过程中，朅师曾助**吐蕃**。唐安西节度使高仙芝于天宝九载（750）破朅师，虏其王勃特没。唐朝封勃特没之兄素伽为王。

在历史上，整个奇特拉尔县上部，包括奇特拉尔城周边地区、科河流域和马斯土季地区，经常是连系在一起的，并处在同一个统治者的统治之下。有时候，这一地区还包括亚辛在内。这一地区同中国的交往非常悠久，当地至今仍流传着若干同中国交往的古老传说。北魏时，舍弥国多次遣使臣来朝。北魏使臣**宋云**也到过赊弥国，并由此入乌场国（见**乌苌**）。唐代时，俱位国王助唐拒大食（即阿拉伯帝国），受到唐朝的册封与褒奖。唐朝中使张韬光率团出使罽宾，途中曾到过拘纬国和蓝婆国，可能就是马斯土季和拉斯布尔。

（陆水林）

shuilu daochang

水陆道场 为供饮食的方式超度水陆一切亡魂而举办的佛事活动。又名水陆法会、水陆斋。相传最早的水陆道场，是

水陆道场 中国浙江丽水青云寺

梁武帝萧衍为其亡妃郗氏而设。实则兴盛于北宋。其主要内容为诵经设斋，礼佛念咒，追荐一切亡灵。学界以为，水陆法会是由梁武帝《梁皇忏》和唐代密教相结合发展起来的。宋神宗熙宁年间(1068～1077)，东川杨锷采纳密教仪轨，结合唐代密宗“冥道无遮大斋”与梁武帝“六道慈忏”，编撰出《水陆仪》3卷，后大行于世。元明清时代，水陆道场在民间影响甚大。放焰口往往亦成为其组成部分之一。有饭僧求子者，有追荐亡灵者。规模庞大，耗资亦伙，非富户不得行。

（薛克翘）

Shuiyun Huntian Yi

水运浑天仪 天象演示仪器和时间度量仪器。中国唐代著名天文学家一行与梁令瓒等术士应唐玄宗（712～756年在位）诏制造。

《旧唐书》卷三五记载：“(唐玄宗)又诏一行与梁令瓒及诸术士更造浑天仪，铸铜为圆天之象，上具列宿赤道及周天度数，注水激轮令其自转，一日一夜天转一周。又别置二轮络，在天外缀以日月，令得运行。每天西转一匝，日东行一度，月行十三度十九分度之七，凡二十九转有余而日月会，三百六十五转而日行匝。仍置木柜以为地平，令仪半在地下，晦明朔望迟速有准。又立二木人于地平之上，前置钟鼓以候辰刻，每一刻自然击鼓，每辰则自然撞钟。皆于柜中，各施轮轴，钩键交错，关锁相持。既与天道合同，当时共称其妙。铸成，命之曰‘水运浑天’。俯视图置于武成殿前，以示百僚。”不久，铜铁生锈渐涩，不能自转，遂收置于集贤院，不复使用。

水运浑仪由两部分构成，即将张衡的浑象与计时器组合起来，成为一个仪器。传统上浑象是演示日月星辰运行的仪器，浑仪是观测日月星辰运行的仪器。此水运浑仪，是浑天仪的简称，相当于浑象，系用水带动自转的浑象。浑天仪是一个布满星宿的铜制大球，绕极轴每昼夜自转一周。大球外面有“日”、“月”运动轨迹轮。日每天东行一度，365日运行一周；月每天行十三又十九分之七度，29日多为一月。此大铜球置于一大箱子里，箱的上盖相当于地平面，球则半露其上，缀以日、月的二轮也都绕之运转。这是地球中心说体系影响下的天象演示仪器。

二木人站在大箱子的平面上，相当于站在“地”上。一个木人是每到一刻击鼓一次，另一个是每到一个时辰撞钟一次。设计成一个自动报出刻和时辰的报时仪器，非常精妙。

此系统“注水激轮，令其自转”，可见水的流动是浑天仪运行的动力。“施轮轴，钩键交错，关锁相持”，说明齿轮系统在运行中发挥巨大作用。刘仙洲（1890～1975）曾先后两次用齿轮系进行推向，为中国历史博物馆制作复原图。

一行、梁令瓒设计制作的自动运行的水运浑天仪，运行没多久就不再使用。此后到宋初两百多年间，中国无制造浑仪等天文仪器的记载。

（周利群）

Shunfeng Xiangsong

《顺风相送》 中国明代用于远洋航行的操作指南类书籍。作者和写作时间不详。

宋元以来，中国航海事业得到巨大发展。到明代前期，郑和完成了七下西洋的壮举。至此，中国已经积累了大量的航海经验，出现了一批远洋航行的操作指南类书籍。这种书籍被称为“针谱”或“海道针经”，具体有“渡海方程”、“海道经书”、“四海指南”、“航海秘诀”、“航海全书”等很多种类，均为远洋船只驾驶者的秘籍。“顺风相送”也是其中一

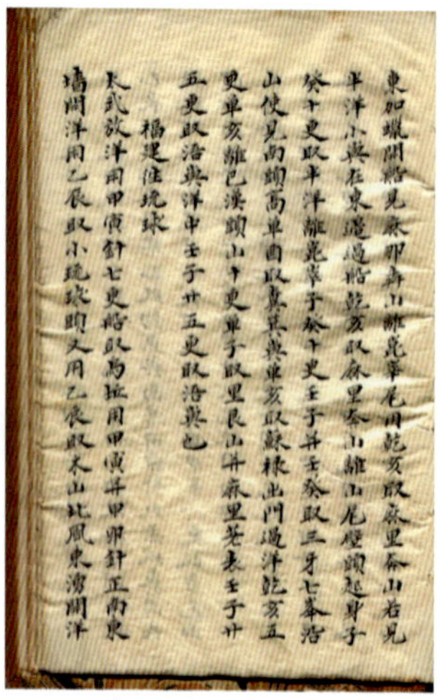

《顺风相送》书影

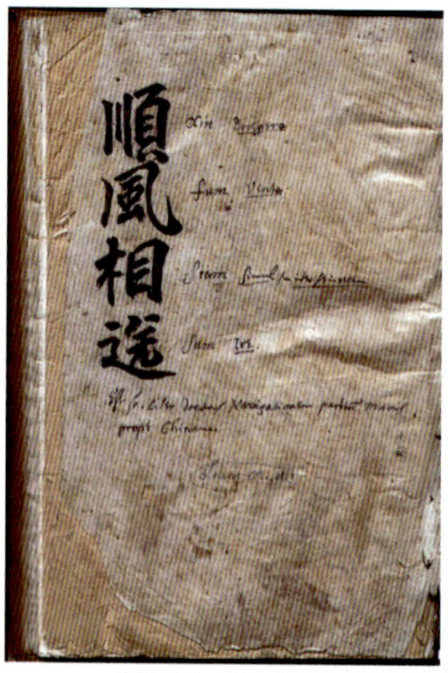

《顺风相送》封面

种。该类书一般与海图并用，以确保航向正确和航行安全。其内容大体包括航线上一地至另一地的距离远近、航行方向、某个具体路段的海况、气候对航行的影响、港口的深浅及海底情况、航行速度的掌控、航线附近的礁石、海流与潮汐，等等。

《顺风相送》为旧抄本，藏于英国牛津大学的鲍德林图书馆。其副页有一行拉丁文题记，说该书为牛津大学校长劳德大主教赠于1639年。据推测，该书可能形成于16世纪，由传教士带回欧洲，再辗转传至牛津大学。《顺风相送》与另外一种海道针经《指南正法》一同由英国抄回中国。学者向达将此二书合称为《两种海道针经》予以校注。1960年，中华书局出版了《两种海道针经》与向达校注整理的另外两部交通史料典籍《西洋番国志》和《郑和航海图》的合订本，2000年再版。

《顺风相送》主要记中国福建和广东港口驶向东南亚、南亚、波斯、阿拉伯的针路及回针路，并少量记有去菲律宾和日本的针路与回针路。其中，涉及印度的有“阿齐（今印度尼西亚亚齐）往傍伽喇（指今孟加拉国)”、“阿齐往古里（今印度喀拉拉邦卡利卡特)”、“古里往忽鲁谟斯（今伊朗霍尔木兹)”、“古里往阿丹（今也门亚丁)”和“古里往祖法儿（今阿曼佐法尔)”。可知，当时印度的两个最大港口是孟加拉的“擦地港”(即今孟加拉国吉大港）和古里国，而古里更是连接波斯和阿拉伯的重要枢纽。

（薛克翘）

shunhun yu shunsheng

顺婚与顺生 印度古代以种姓制度为基础的婚姻理论。它规定了婚生后代的社会等级。

这种婚姻理论认为，按照婆罗门、刹帝利、吠舍、首陀罗的等级顺序，凡种姓相同或丈夫比妻子的种姓高的，其婚配皆为顺婚，所生后代则称顺生。反之，丈夫比妻子的种姓低，其婚配即为逆婚，所生后代亦称逆生。顺婚是得到提倡的。按《摩奴法论》的要求，“再生人初婚，应该娶同种姓的姑娘；但是如果愿意继续娶，他们可以依顺序选择(即尽可能选择较高种姓）下述姑娘：首陀罗只可选首陀罗女子为妻；吠舍可选这个种姓和同种姓；刹帝利可选这两个种姓和同种姓；婆罗门可选这些种姓和同种姓”。(3，12-13）但它认为高种姓男子娶低种姓女子是“愚蠢的”，甚至于诅咒说“让首陀罗女子上了床，婆罗门就下地狱”。(3，17）不同种姓的妻子所生的后代，依其生母种姓的高低而有多寡不同的财产继承权。它还规定：“在各种姓中，顺生自同种姓的贞洁的有夫之妇者，应该被认为是纯血统的。再生人与种姓低一等的妻子所生的儿子人称是准血统的，因为他们带有母亲方面的缺点。”(10，5-6）同种姓之间通婚所生的后代为正出，否则为别出。“婆罗门与三个低等种姓的女子所生的、刹帝利与两个低等种姓的女子所生的和吠舍与一个低等种姓的女子所生的这六种后代相传为别出。”(10，10）此即所谓顺别出。如果母亲种姓较高，所生子女为逆别出。不同种姓之间通婚所生的后代各有自己的名称。这就是杂种姓的由来。杂种姓之间的婚配又会生出更多的次一层杂种姓。如此下去，便有十分繁复的杂种姓派生出来。法论不仅为各杂种姓定出了名称，甚至排定了他们的尊卑，指定了他们的职业。最低的就是贱民，为不可接触者。

（葛维钧）

Shunshilun

顺世论 Lokāyata 印度古代主要哲学派别，三大非正统思想派别之一。主要流行在印度下层民众中。在中国古籍中，还被称为“顺世外道”、“世间行”、“路迦耶陀”、“斫婆伽”等。其思想渊源非常古老，在历史上开始产生重要影响的时间在公元前6世纪左右。

发展线索和有关文献 顺世论的思想渊源至少可追溯到吠陀时期，甚至可能更早。一些学者认为，顺世论与印度最早的印度河文明及印度远古的民间信仰有联系。在吠陀中，可以看到一些赞歌对神的存在表示怀疑，这与顺世论后来的无神论倾向一致。在奥义书中的一些文献提到的物质元素理论也与顺世论的观点接近。

佛教产生前后，印度新思潮中“六师”之一的阿耆多·翅舍钦婆罗是该派重要代表人物。表明顺世论在当时已有一定影响。

佛教中有不少文献记述或提及了顺世论。除阿含类佛典外，大乘佛典也涉及了顺世论的内容。一些佛教史料中记述，玄奘去印度时，在那烂陀寺期间，曾有“顺世外道”来与佛教辩论。这显示在7世纪时顺世论在印度思想界还是很活跃的。

8～13世纪，印度保存的一些印度教等方面的文献也记述了顺世论的思想。这一时期，顺世论在印度仍为人们所熟悉。

19世纪后半期，锡克教中的一派曾有数千人相信与顺世论相同的主张。

顺世论在印度是一个较为特殊的思想派别。它反对印度流行的许多宗教哲学观念，反对印度社会中占主导地位的思想意识。它与印度古代流行的各种宗教哲学派别严重对立，其传播在古印度极为困难。这也影响到该派文献的流传与留存。

顺世论本派在古代的完整经典没有流传下来。相传，在公元前7世纪时该派有一个经典《毗诃跋提经》，但没有传到后世。印度本国顺世论的资料被保存下来的极少。现代人们了解顺世论的发展情况和思想观点，主要依靠印度其他思想流派对该派学说的转述或批评。现存较多记载顺世论学说的其他派别的典籍主要有：商羯罗的《摄一切悉檀》、摩陀婆的《摄一切见论》、克里希那·弥尸罗（约12世纪）的《觉月初升》、师子贤（约8世纪）的《六派哲学集成》等。此外，佛教等派的典籍中，对顺世论的活动和学说也有不少记载，但多为零散材料，缺少对其系统观点的论述。印度两大史诗中也有关于顺世论的一些记载。

《顺世论》英文本封面

主要思想 顺世论是印度古代典型的唯物主义和无神论派别。它关于四大元素的理论、轮回解脱和业报因果问题的见解、意识来源于物质的观点、获得正确认识之方式的主张、禁欲主义的看法等在古印度是引人瞩目的。

“四大”是一切事物基础的理论 顺世论关于世界基础的论述是一种物质元素的理论。该派认为，世界是由地、水、火、风四大元素组成。除这四大元素外，其他是不存在的。不仅世间一般的事物是由“四大”组成，人的身体等也是“四大”结合的产物。商羯罗的《摄一切悉檀》说，“根据顺世论者的观点，唯有四元素——地、水、火、风是最终的本原，不存在其他的可作为本原之物”。《杂阿含经》卷七中记载顺世论认为，“诸众生此世活，死后断坏无所有。四大和合士夫身。命终时，地归地，水归水，火归火，风归风”。

顺世论认为事物由“四大”和合而成，否定有一种超自然的东西作为创造世间事物的根本因。在古印度的不少宗教派别中，这种因被认为是神，或是“梵”等，认为世间事物是这类超自然的根本因创造的。顺世论则坚持认为，世界上没有任何此类因，根本不存在主宰者或创造者，一切事物都是自然而有的。顺世论的这种物质要素理论促成了该派坚决反对有神论，这也使该派受到古印度许多派别的攻击，发展异常困难。

对轮回解脱和业报因果理论的否定　在印度思想史上，主要的哲学派别中除顺世论外，都主张轮回和解脱理论。顺世论则明确认为这种理论不能成立。它宣称天堂和地狱根本不存在，祭祀毫无意义，社会中流行的种种宗教义务或要求不过是骗人的把戏。

据《摄一切悉檀》8记述顺世论的观点："没有不同于此世的世界，没有天堂，没有地狱，湿婆的区域一类地方是由其他思想派别的愚蠢骗子们编造出来的。"在顺世论看来，所谓天堂和地狱中的生活不过就是人们对现实世界中事情的描述。《摄一切悉檀》9～10描述，"天堂中的享乐就在于：吃好吃的东西，与年轻女人在一起，享用精美的衣服、香料、花环、檀香糊等等"；"地狱中的痛苦即是由敌人、武器、疾病所造成的麻烦"。

关于轮回和解脱，顺世论也从常识出发加以否定。如《摄一切见论》中记述："一旦身体变成灰，它又如何能返回呢？"《摄一切悉檀》10中则记述："解脱就是死亡，它是生命的结束。"

与轮回解脱理论直接相关，印度宗教哲学中长期流行一种"业报因果"之说，认为人的行为会产生一种力量（业力），它将对人以后的生存状态产生影响。善行会有善报，恶行会有恶报。顺世论坚决反对这种理论，认为这类行为不会有什么业果。《摄一切见论》中记述顺世论的观点时说："四种姓、人生阶段等规定的行为不产生真正的业果。"

顺世论明确否定一些为得善果而进行的宗教修持的意义。《摄一切悉檀》10～12说，"智者不应为那解脱费心，只有蠢人才使自己被苦行、断食等所折磨"；"贞洁和其他一些信条是由聪明的弱者所制定的"。

顺世论认为，人们的幸福和痛苦与业力无关。《摄一切悉檀》4中记述："不应根据幸福和痛苦来设想有业力的存在，人是由于自然而幸福或痛苦的，不存在其他的原因。"

顺世论对因果业报、天堂地狱、宗教修持等理论的否定，与其主张"四大"是世界唯一根本因的思想有着直接的联系。

意识来源于物质的观点　顺世论认为，人的意识与人的身体是不能分开的，身体存在，意识才存在；身体毁灭了，意识也就消失了。人的身体是由"四大"结合生成的，意识归根结底来源于物质元素。尽管个别的元素本身并不具有意识，但当这些元素以某种方式结合在一起，即组成人的身体时，意识就表现出来了。据《摄一切见论》记述："在此派中，地等四元素是本原，仅仅当元素构成身体时，意识才从它们中产生。这就如同使人醉的力量是从某些制酒用的配料的混合中发展出来的一样。当那些构成身体的元素解体时，意识也立即消失。"

印度的不少宗教派别认为，人之所以有意识，是由于有一个精神主体——我（音译阿特曼，即灵魂）。人死后，我（灵魂）走了，躯体也就死了，无意识了。对于这种流行的观点，顺世论是不赞同的。它反对有一个主宰或控制意识的独立实体的观点，反对意识是我的属性的说法。认为身体如果解体了，那么意识也就不存在了。没有能升天、能轮回的我。在顺世论看来，那种作为宗教实体或意识主体的我是不存在的。若一定要说有我，它不过就是"四大"合成的人的身体。顺世论的这种观念是典型的无我论，与佛教的无我论有相同处，但有重要差别。佛教虽然讲无我，但不反对轮回与解脱的理论。顺世论讲无我，则是建立在否定轮回解脱理论的基础上。故顺世论反对我的观念较为彻底。

感觉是正确认识唯一来源的思想　顺世论特别重视人的感觉（现量）在认识中所起的作用。认为人正确认识的唯一来源是由感官所获得的感觉。在强调感觉的重要性时，顺世论也分析了其他的认识方式。它重点分析了推理（比量）。顺世论认为，推理是不可信的，因为推理所依据的是事物间的必然相随关系，但这种关系是不可能完全被人所感知的。也有一些材料记述顺世论并非不加区别地否定一切推理，它所否定的仅是那些关于来世等事物的推理。

顺世论还论及了证言（圣言量）和类比（譬喻量）。它认为证言也靠不住，因为证言自身依赖于对一种语言形态标记的承认，这种语言是一种老人在儿童出现时所使用的语言。顺世论认为，类比也不能获得普遍性前提的知识，因为类比的目的是产生另外一种联系的知识，即名称和某种被那样称呼的事物之间的关系。

对禁欲主义的否定　在社会伦理思想方面，顺世论坚决否定禁欲主义的意义，它大力倡导人在现实世界中追求幸福生活。

印度许多宗教哲学派别都认为，人所生活的现实世界充满了痛苦，即便是一时的幸福或快乐也总是伴随着痛苦而不能持久，人应摆脱现实世界，不应追求现实世界中的享乐。这些派别还认为，在世间生活中禁欲会产生善果，有助于摆脱痛苦；而在世间生活中贪图享乐或放纵欲望，将产生恶果，会给人带来痛苦。顺世论反对这些派别的观点，认为只有蠢人才会因为快乐与痛苦相关联就不追求快乐。顺世论还认为，人的苦行等禁欲行为并不能给人带来幸福或摆脱痛苦，因而这种行为是没有意义的。

顺世论的这种观点被许多人贬为"享乐主义"。由于顺世论本派的文献基本没有流传下来，因而现存有关该派的记述不能排除有其他派别歪曲的成分。但不管其他派别对该派思想的转述是否准确，顺世论的倾向性还是很明显的，即它强调人应追求幸福生活或世间快乐。这在古印度思想界是不多见的。印度宗教哲学派别大多也谈追求幸福，但这些派别说的幸福主要是指获得宗教上最高境界的幸福，其手法主要是智慧解脱，即通过认识事物的不实本质，消除人的无知或无明，使人放弃对外物或世俗享乐的追逐，这样就能避开由于追求不到享乐等而带来的痛苦，也能由于停止相关的行为而消除业力，不再轮回。顺世论强调的幸福则是世俗的幸福。这和该派坚定地反对各种宗教学说有直接关系。既然来世不存在，因果报应和轮回解脱的理论不能成立，那么人们在世界上努力追求幸福生活就是合乎道德或合乎情理的。

顺世论在古印度一直是一个与历代统治者主导思想相对立的派别，几千年来一直受到压制。该派虽然在历史上一直存在，但相对于印度哲学中其他主要流派，在印度历史上的影响有限。该派提出了许多与现代科学极为接近的思想，反映了古代印度中下层民众的思想观念，使灿烂的古代印度文明更具多样性。

在中国的传播与影响 顺世论的思想在古代也传到中国。中国人对其了解主要是通过佛教文献中的有关记述。顺世论的唯物主义和反宗教态度，在佛教看来是要坚决破斥的“外道”，故在中国古代汉译佛典以及中国古代的佛教僧人的著述中，有不少对它的批驳。

中国古代的汉译佛典中，直接提及、转述或批驳顺世论的极多。如汉译佛典中的阿含类经典中就在批驳“六师”思想时提及了顺世论的一些代表人物及其思想。鸠摩罗什译龙树的哲学著述《中论》就提及了顺世论主张的“自然生”和“微尘生”思想。玄奘法师编译的《成唯识论》中也批驳了顺世论所主张的物质元素（极微）理论等。还有不少古代汉文佛典直接提及顺世论的名称，并加以论述。

中国近现代，有关顺世论的思想很受重视。中国近代思想界关注它的学者不少。中国现代翻译出版了印度学者写的有关顺世论的专著，中国学者在学术期刊上发表有关顺世论的研究论文，一些有关印度哲学的著作中有关于顺世论思想的专门章节。中国大学中开设的有关印度哲学的课程中也有顺世论情况的介绍或研究。

（姚卫群）

Shunshilun Gu Yindu Weiwuzhuyi Yanjiu

《顺世论——古印度唯物主义研究》 *Lokāyata: A Study in Ancient Indian Materialism* 印度现代马克思主义哲学家D.恰托巴底亚耶的哲学代表作。该书于1956年用孟加拉文出版，1959年发行英文版。恰托巴底亚耶以丰富翔实的史料，论证了印度唯物主义思想早在吠陀时代就已经产生。吠陀时代印度人民的世界观，反映出对物质利益的追求和乐观主义的人生态度，并不像西方学者所说的印度文化的最初阶段就具有唯心主义和唯灵论的性质。他论述了在印度古代哲学中，绝不只是

《顺世论——古印度唯物主义研究》封面

一个学派，即顺世论，具有唯物论和无神论思想，其他许多学派，如数论派、胜论派、正理派、弥曼差派、耆那教和佛教的一些派别都在不同程度上具有唯物主义和无神论思想。他用事实证明了印度唯物主义传统发展的连续性和广泛性，而且说明了唯物主义从一产生就与宗教唯心主义展开了长期的不间断的斗争。该书很早就传入中国，在中国学术界产生了很大的影响。后被中国学者王世安翻译成中文，于1992年由商务印书馆出版。另外，黄心川所著的《印度哲学史》(1989)也对顺世论如何传入中国以及中国佛教学者对顺世论的解释与批判，做了详细的评述。

（朱明忠）

Shunzhengli Lun

《顺正理论》 *Nyāyānusāra* 印度佛教说一切有部论书。又称《阿毗达磨顺正理论》、《随实论》、《俱舍雹论》。简称《正理论》。作者为印度论师众贤。以有部毗婆沙师之立场，评破世亲《俱舍论》中偏离有部正义之处，以此宣扬有部宗义。唐玄奘于永徽四年（653）至永徽五年译出该论，收于《大正藏》第1562号。部分梵文段落散见于安慧、满增和称友对《俱舍论》的注释中，亦见于寂护的《摄真实论》。吐鲁番亦有梵文残叶出土（编号SHT VII 1746）。日本学者于1933～1944年将该论译为日文，收于《国译一切经》。L.V.普散在20世纪30年代将该论的一部分译为法文。美国毗昙学者C.考克斯关于该论心不相应行法的博士论文，包含相关章节的英译，于1995年出版。该论的注释，只有元瑜所撰《顺正理论述文记》部分存世。

《顺正理论》成立时间尚存争议，其作者众贤尊者应与世亲是同时代人，因此作品可能大致成立于4～5世纪之间。另外，众贤作该论以及《阿毗达磨显宗论》以评破《俱舍论》，而其造论的事迹，传说并不一致。据真谛所译《婆薮盘豆法师传》，众贤作两部论，一为《光三摩耶论》，另一为《随实论》，应该对应《显宗论》以及该论。玄奘在《大唐西域记》中记载，众贤尊者花费12年造《俱舍雹论》以辩破《俱舍论》，携论拜访世亲以面决是非，世亲出游避而不见，而众贤病亡，之后世亲认为《俱舍雹论》反能发明己宗，将其改名为《顺正理论》。而西藏则传说众贤是世亲的老师，世亲不愿对质业师，因此避而不见，不久众贤去世。

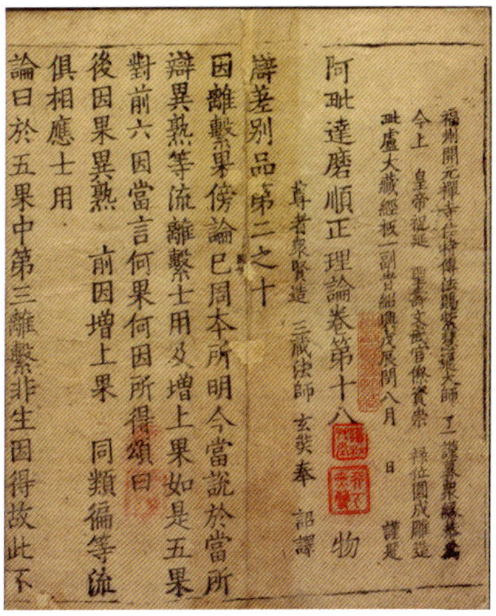
阿毗達磨順正理論卷第十八 物
尊者衆賢造 三藏法師 玄奘奉 詔譯
辯差别品第二之十
因離繫果傍論已周本所明今當說於當所
辯異熟等流離繫士用及增上果如是五果
對前六因當言何果何因所得頌曰
後因果異熟 前因增上果 同類徧等流
俱相應士用
論曰於五果中第三離繫非生因得故此下

《阿毗达磨顺正理论》南宋绍兴十八年(1148)福州开元禅寺刻本书影

《顺正理论》共80卷。分为8品，按照世亲《俱舍论颂》的结构展开：第一《辩本事品》，第二《辩差别品》，第三《辩缘起品》，第四《辩业品》，第五《辩随眠品》，第六《辩圣贤品》，第七《辩智品》，第八《辩定品》，各品所涉内容可参见《俱舍论》词条。世亲以《俱舍论颂》总结有部迦湿弥罗一系的理论，只是在其自注的释文中加入经部的论义，而众贤对世亲释文中偏离有部正义的内容一一评破，从有部毗婆沙师正统的立场，澄清

《俱舍论》本颂的含义。

众贤以“新有部”代表而著名，《顺正理论》确有其理论新进之处，但也应注意，论中的观点多可追溯至毗婆沙论，众贤论师所做的，更多在于从毗婆沙之有部论义海洋中抽取材料，贯以经证、理证，以破《俱舍论》中偏离有部义。比如早已见于毗婆沙的根见说与识见说之争论，有部正统毗婆沙师持根见说，即认为眼根以净色为体，能发生认识作用，而识见说为譬喻师等所持，认为是眼识，或识相应慧，或和合发生认识作用。《俱舍论》中，世亲评判根见、识见为无益之争论，认为无能见者亦无所见境，只有诸法随顺缘起法则急速流转。而众贤在《顺正理论》中重申了有部正统立场，即若否认诸法功能之个别性，佛教的缘起理论也会随之瓦解，并以经证、理证评破俱舍释文，强调认识功能唯属眼根的毗婆沙师本义。

（赵菲）

蚕丝公主图　壁画　中国新疆丹丹乌里克出土

sichou

丝绸 silk　一种用桑蚕丝织造的纺织品。中国人民是最早生产并使用丝绸的民族。从汉代起，中国的丝绸经过*丝绸之路*不断大批地运往国外，也曾远销印度，成为世界闻名的产品。

丝绸生产一直是与中国文明联系在一起的。人们普遍认为，中国人开发丝绸制造工艺和技术，时间之早，水平之高，为其他任何民族所不及。将某些种类的蚕所结之茧缫成丝，再经过纺织，即可产出丝绸。虽然中国从远古起就一直是绝佳的养殖家蚕和加工丝绸之乡，但从若干种野生蚕种获取生丝的技术，也为其他很多民族所知。例如，最近的研究显示，公元前3千纪，在今巴基斯坦境内的印度河流域文明遗址中，就有丝绸的存在。这是中国境外存在丝绸的最早证据。

中国丝绸产生的最早考古证据，可追溯至5 000多年前，在今浙江湖州钱山漾新石器时代遗址中即曾出土绢片。中国丝是家养桑蚕之丝。家蚕主要用白桑之树叶喂养。蚕茧在弱碱性溶液里煮，以去除一种叫作丝胶的树胶。在蛾子爬出之前煮蚕茧，就有可能缫出连绵不断的丝，从而制出质量优良的绸料。

中国丝绸为印度人所知并珍视由来已久，很可能早至公元前5世纪。意为来自中国的丝绸的Cīnāṃśuka一词，在《大劫疏》和印度著名史诗《*摩诃婆罗多*》中都出现过。另外一种很可能是带有图案的丝绸，叫作中国锦缎。在这一时期，中国丝帛一词也为人所知。在*迦梨陀娑*的梵剧《*沙恭达罗*》中，还提到过中国丝旗。在这一时代的早期，印度王室成员穿用的一种中式上衣叫作中国上衣。中国丝绸不仅在印度国内有需求，而且还被从印度进一步运往西面的阿拉伯和罗马。希腊著作《厄里特里亚航海记》证实了这一点。中国丝绸也通过中亚道乃至从中国西南部经印度*阿萨姆*辗转输入印度内地。

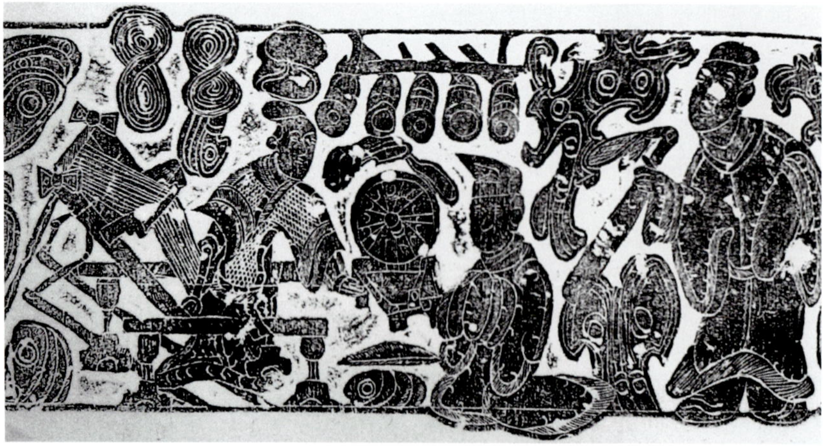

中国汉代画像石纺织图

鉴于丝绸对经济的重要意义，中国政府曾严禁丝绸生产技术外泄。不过，中国的养蚕和制丝技术终究还是传到国外，为其他民族所掌握。中国的养蚕技术于3世纪传入北印度，有可能是佛教游方僧带来的，然后与印度已有的丝绸生产方法结合在一起。另一种可能的情况是，阿萨姆特有的蒙加丝生产技术，是随着操藏缅语的民族的移居而传入该地区的。阿萨姆的蒙加丝，是在蚕蛾破茧而出之后才缫制的。

尽管印度在笈多时期（4~6世纪）就已自产丝绸，但对中国丝绸的需求持续不断，因为中国丝绸的质量好。有一些文献，尤其是七八世纪的文献，提到印度进口中国丝绸。8世纪文献《青莲花鬘》记载了印度商人与东南亚和中国进行丝绸贸易的情况。《茉莉和青春》和《耆那摩诃迦耶》均描述了对中国手绘丝织品的需求。诸如檀丁、王顶、多摩多罗笈多和达那波罗等8世纪印度作家，也提到过这一点。中国资料记载，唐代前往印度的中国使臣和朝圣者会随身携带大量中国丝绸，以支付费用、捐赠寺庙和购买与佛事有关的商品。11世纪之后，随着北印度成为主要的丝绸生产中心，对中国丝绸的需求才开始下降。不过，有证据表明，即使晚至十三四世纪，还有大量中国丝绸通过马拉巴尔海岸港口、科罗曼德尔海岸港口以及孟加拉进入印度。

（玛妲玉撰　刘文亮译）

Sichou zhi Lu

丝绸之路 Silk Road　中国古代经中亚通往南亚、西亚以及欧洲、北非的陆上贸易通道。因大量中国丝和丝织品多经

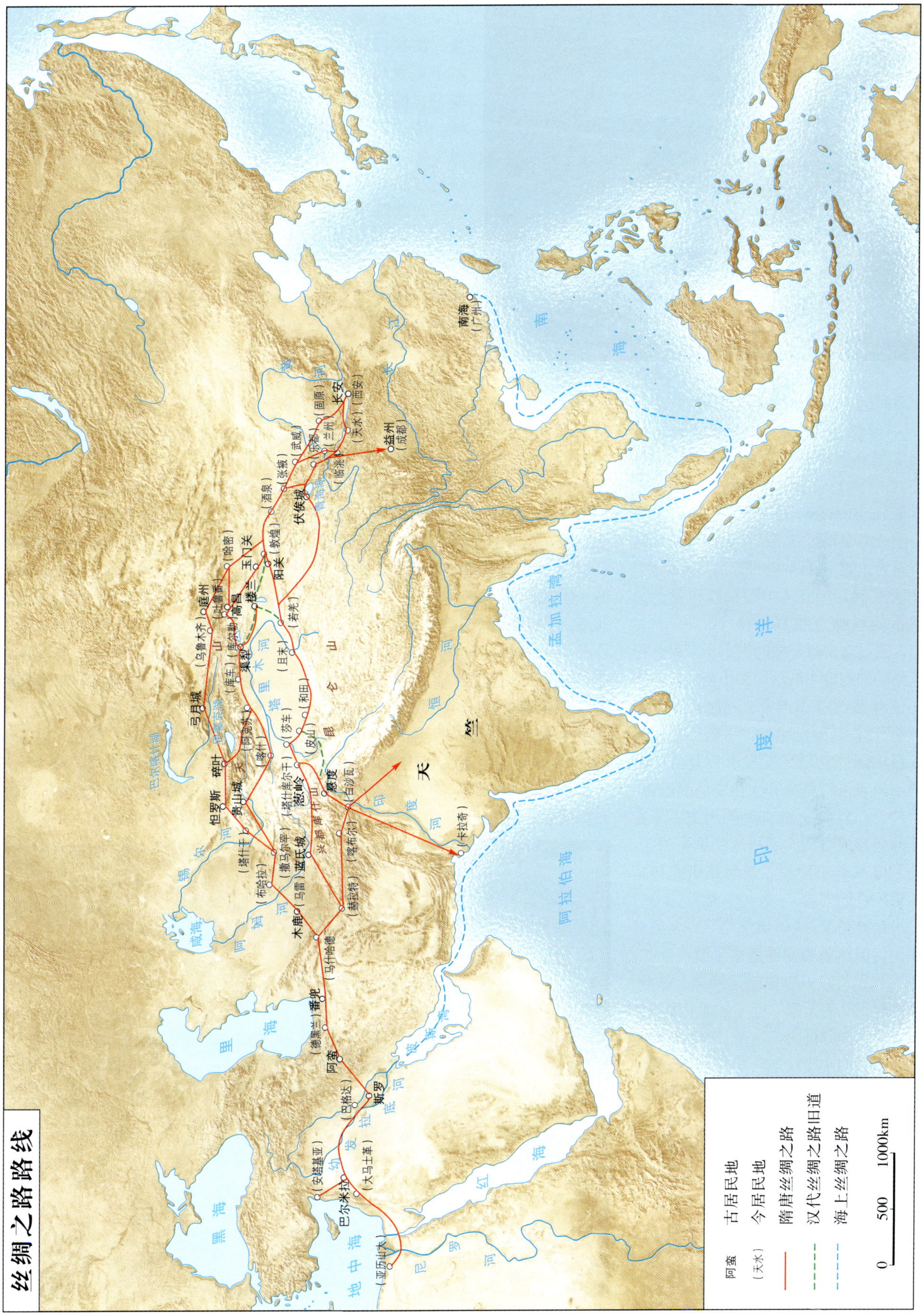

丝绸之路路线

丝绸之路玉门关遗迹

此路西运，故称丝绸之路，简称丝路。

“丝绸之路”这一名称是由德国地理学家F.李希霍芬在1877年出版的《中国》一书中首先提出的，德文作Seidenstrassen，原指两汉时期中国与中亚河中地区以及印度之间，以**丝绸**贸易为主的交通路线。其后，德国历史学家A.赫尔曼在《中国和叙利亚之间的古代丝绸之路》(柏林，1910）一书中，通过对文献记载的进一步考察，把丝路延伸到地中海西岸和小亚细亚，确定了丝路的基本内涵。同时，因为在19世纪末和20世纪初，一些外国探险家在中国西北地区发现了大量古代中国与西方进行贸易和文化交流的遗迹、遗物，与丝绸之路有关的历史、考古等问题遂成各国学者研究的重要课题。他们陆续著书立说，使丝路研究包括了更广泛的内容。

丝路兴衰 “丝绸之路”一名虽然晚出，但这条贸易通道很早就已存在。在古代世界，只有中国是种桑、养蚕、生产丝织品的国家。近年各地发现的考古资料已充分证明，自商、周至战国时期，丝绸的生产技术已发展到相当高的水平。那时，中国丝绸已经西北各民族之手少量地辗转贩运到中亚、印度。汉初，河西走廊曾先后为乌孙、月氏、匈奴所占，西域绿洲诸小国亦为匈奴所控制，汉与西方的道路难以直达。**汉武帝刘彻**于建元二年（前139）派**张骞**出使西域大月氏（今阿富汗中西部），开通丝路。元光二年（前133）以后，汉武帝又连年派大军进攻匈奴，巩固西北诸郡边塞，陆续设立了酒泉、武威、张掖、**敦煌**四郡，割断了匈奴与羌人的联系，得以沟通西域。又从敦煌到盐泽（今新疆罗布泊）筑造了很多烽燧及亭障，以防匈奴南侵。元狩四年（前119）张骞再度出使西域，其副使分赴**大宛**、康居（约在今中亚巴尔喀什湖和咸海之间）、大月氏、**大夏**、**安息**、身毒（见**印度**）、于阗（今中国新疆和田）、扜弥（今中国新疆于田东）等地，汉与西域交通畅通。公元前77年，汉兵攻克当道的楼兰，更其国名曰鄯善，将其国都迁至南面的扜泥城（今中国新疆若羌附近）。公元前60年，汉置西域都护，屯田于乌垒城（今中国新疆轮台东北），以保西域通道。早自张骞西使与乌孙结盟后，汉使者、商人便接踵西行，至此丝绸之路益加畅通，大量丝帛锦绣沿此路不断西运，罗马人因此称中国为“赛里斯”，拉丁语意为“丝之国”。同时西域各国的“珍奇异物”也输入中国。此后，王莽当政时和东汉期间，西域虽然几度因政局波动暂与汉廷中断联系，但商业往来并未受很大影响。班超经营西域期间，还派甘英出使大秦（罗马帝国），抵条支（今伊拉克），临大海而返。这是汉代中国官员沿丝路西行最远者。

魏晋时（约3～4世纪），东西商业往来不断，位于丝路咽喉重地的敦煌，就是胡商的聚集地之一。此地曾发现中亚粟特胡商的经商书简。5～6世纪时，南北朝分立，但沿丝路的东西交往却进一步繁荣。北魏建国后不久，就派使者前往西域，以后中亚各国的贡使、商人常集于平城（北魏前期都城，今中国山西大同东北）。迁都**洛阳**后，洛阳更成为各国商人荟萃之地，“自**葱岭**以西，至于大秦，百国千城，莫不款附，商胡贩客，日奔塞下”，“天下难得之货，咸悉在焉”。北齐的都城中也聚集着不少胡商。

隋炀帝杨广曾派黄门侍郎裴矩到张掖招徕西域商人，“西域胡往来相继，所经郡县，疲于送迎”，说明当时丝路的兴旺。因此，唐代**长安**、洛阳以及其他重要都市都有大量胡商，呈现出国际都会的风貌。

从9世纪末到11世纪，由于中国政治、经济、文化中心向东南沿海转移，以及阿拉伯世界的兴起，东西海上往来逐渐频繁起来；同时，中国西北地区各民族政权的分裂、对立，使丝路上的安全难以保障，这条陆上通道的重要性降低。在蒙元时期，由于

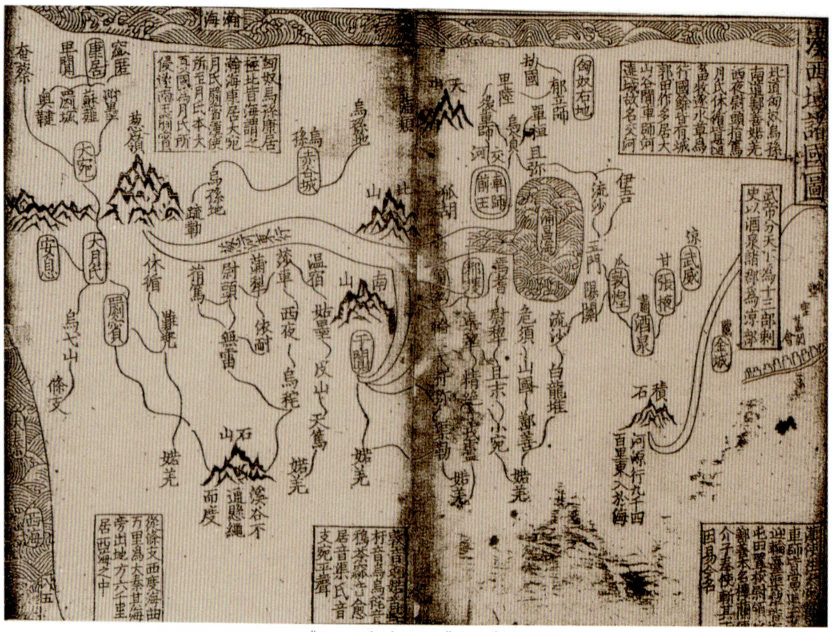

《汉西域诸国图》(局部)

蒙古的西征和对中亚、西亚广大地区的直接统治，使东西驿路通畅，许多欧洲使者、教士和商人，如马可·波罗等，都沿此路东来中国，丝路又繁荣一时。明朝建立后，采取闭关政策，虽然出嘉峪关经哈密去中亚的道路未断，但陆上丝路作为中西交通路线已远不如海路重要了。

丝路走向　丝绸之路的基本走向奠定于两汉时期。大致东起汉长安，西行上陇坂，通过河西走廊的武威、张掖、酒泉、敦煌四郡，出玉门关或阳关，穿过白龙堆，先到楼兰。楼兰在古盐泽（蒲昌海，今罗布泊）西北部。汉代西域有南北两道，楼兰是两道的分岔点。北道自此向西，沿孔雀河至渠犁（今中国新疆库尔勒）、乌垒、轮台，再西经龟兹、姑墨（今中国新疆阿克苏）至疏勒。南道自鄯善的扜泥城，西南沿今车尔臣河，经且末、扜弥、于阗、皮山、莎车至疏勒。由于千余年戈壁沙漠向南移徙，致使南道东段逐渐沙漠化，伊循、扜泥诸古城均为沙漠所湮，所以今日的南道东段已远在古南道之南。永平十六年（公元73），汉明帝刘庄北攻匈奴取得伊吾（今中国新疆哈密一带）地，置宜禾都尉屯田，以阻截北匈奴南侵西域。此后，汉与匈奴曾互争伊吾而多次交战，终于迫使北匈奴西迁，汉政府遂开辟了“新北道”，改由敦煌向北到伊吾，然后西经柳中、高昌、车师前部交河城（均在今吐鲁番盆地），越天山经焉耆至龟兹，再循汉北道西行抵疏勒。新北道即《魏略》中的“中道”，以别于天山以北的“北新道”。

在上述丝路干线外，还有许多支路，而且随着时代变迁，政治、宗教形势的演变，各条路线在不同时期的重要性不同，不断有新的道路开辟。近年来，一些学者更扩大了丝绸之路的概念，认为上述道路只是通过沙漠绿洲的道路，因而称之为“绿洲道”。又将通过中国北方游牧民族地区的道路称为“草原道”，经中国南方海上西行的道路称为“海上丝绸之路”，等等。也有一些学者强调某一种商品或宗教的重要性，而把丝绸之路名为“皮毛之路”、“玉石之路”、“珠宝之路”、“香料之路”、“陶瓷之路”、“佛教之路”等。这些提法虽然对研究东西交通有意义，但已非原来意义上的丝路了。

丝路商驼俑　唐三彩

丝路意义　丝绸之路不仅是东西商业贸易之路，而且是中国和亚欧各国间政治往来、文化交流的通道。西方的音乐、舞蹈、绘画、雕塑、建筑等艺术，天文、历算、医药等科技知识，佛教、琐罗亚斯德教、摩尼教、景教、伊斯兰教等宗教，通过此路先后传来中国，并在中国产生了很大影响。中国的纺织、造纸、印刷、火药、指南针、制瓷等工艺技术，绘画等艺术手法，儒家、道教思想，也通过此路传向西方。至今，丝绸之路仍是东西交往的友好象征。

（孙毓棠　杨建新　荣新江）

蜡染蓝白印花棉布　东汉
中国新疆民丰尼雅遗址1号墓出土

中国甘肃兰州丝绸之路群雕

Siwami Pulabupada

斯瓦米·普拉布帕达　Swami Prabhupada（1896～1977）　现代印度教新兴社团领袖，国际黑天意识会创始人。1896年，生于加尔各答。1922年，毕业于加尔各答的基督教会学院——苏格兰长老会学院，获化学学士学位。同年，拜瑜伽派大师巴克蒂吠檀多·萨拉斯瓦吉为宗教导师。导师见他英文极好，要求他用英文宣传印度教教义和吠陀知识。后来，他用英文撰写了《薄伽梵歌评注》，并于1944年创办了英文杂志《回归神性》。1950年，他脱离家庭生活，全身心投入印度教古代文献的整理和研究，宣传印度教黑天派的教义。1965年，他只身来到美国波士顿，后移居纽约。1966年7月，在纽约下东区，创建了一个新的印度教社团——国际黑天意识会，这个教会在美国迅速发展起来。后来，他以美国为基地，不断地将国际黑天意识会向全世界各地发展。在人生的最后12年中，他带领弟子周游世界14次，几乎走遍了五大洲，到世界各地传播教义，在英国、法国、德国、意大利、俄罗斯，以及其他许多国家，建立起国际黑天意识会的分支机构。现在，国际黑天意识会已经成为一个有重要影响的国际性宗教组织。

在宗教哲学方面，普拉布帕达主要继承了中世纪印度教虔信派改革家阇多尼耶的思想。其家乡孟加拉一直流行阇多尼耶所创立的印度教黑天派，他深受黑天派教义和哲学的影响，认为黑天代表神，罗陀代表人，在黑天和罗陀的爱情中体现出神与人之间的相亲相爱之情。一个人只要虔诚地崇拜黑天大神，服从黑天的意识，多为神服务，就可以获得神恩，实现解脱。另外，他也反对印度教的许多弊病，批判种姓对立和种姓歧视现象。主张种姓的划分不应当根据一个人的出身或家世，而应根据他的才干和表现，凡是道德高尚和能力出色的人都可以提升为高级种姓，并担任教团的领导人。他把这些思想贯彻在自己创立的国际黑天意识会中，因此有不少有能力的西方青年被提升为高级种姓，并成为黑天运动的精神领袖。

普拉布帕达不仅是宗教领袖，也是一位印度教思想家。他一生写了许多宣扬印度教哲学和瑜伽的著述，最突出的是他对不少古代经典进行了翻译（由梵文译成英文）、注释和重新解说。他翻译和注释的印度教经典《薄伽梵往世书》(12卷本)，被中国学者译成中文，由中国社会科学出版社出版。同年，福建教育出版社出版的《印度教》一书，也有对普拉布帕达思想的详细介绍。这两部著作的出版，使中国人进一步了解普拉布帕达和他创建的国际黑天意识会。

（朱明忠）

sida

四大 catur-mahā-bhūta 印度古代哲学概念。是地、水、火、风这四大物质要素的合称。许多派别都认为这些要素是构成世间事物的基础，或认为它们是有形态的事物的最基本物质要素。这类要素在古印度最早的宗教哲学文献奥义书中就已论及。后来的顺世论、胜论派、正理派、耆那教、佛教等派别中也都将其视为物质世界的基础成分，但各派对其形态和性质等有不同解释。中国现代学界较关注这方面的理论，姚卫群在《西南民族大学学报》(2012年第8期)上发表了论文“印度古代哲学文献中的‘四大’观念”，对这一理论作了专门研究。

（姚卫群）

sidi

四谛 catuḥ-satya 佛教解释人生现象的基本理论，释迦牟尼创立佛教时最初提出的主要思想。相传也是他在古印度鹿野苑向其最初的五个弟子（五比丘）传法的基础内容。又称四圣谛、四真谛等。即佛教产生时提出的四个真理，包括苦谛、集谛、灭谛、道谛。

苦谛指认识到生命现象或轮回状态中充满了痛苦，包括身心等各个方面都存在的苦恼之状。关于苦的种类有种种说法，通常说有八苦：生苦、老苦、病苦、死苦、爱别离苦、怨憎会苦、求不得苦和五盛阴苦。

集谛指认识到痛苦产生的原因。这种原因被归结为贪爱、欲望、愚痴烦恼等，这些是集起业力产生痛苦的根源。

灭谛指认识到应当灭除产生痛苦的原因，达到熄灭烦恼愚痴的境界，摆脱痛苦。这是佛教追求的最终目标。

道谛指认识到灭除痛苦的道路、方法或途径。共有八种，即“八正道”，包括：正见、正思维、正语、正业、正命、正方便、正念、正定。

四谛理论是佛教构建其整个理论体系的一个纲要。它指出了生命现象中充满了痛苦的状态，分析了产生痛苦的原因，确立了摆脱痛苦的目标，指出了灭除痛苦的方法。释迦牟尼对四谛的最初宣讲在佛教史上被称为“初转法轮”。这一理论实际上是他为创立佛教而作的最初的基础性论证，说明了佛教成立的必要性或合理性。这一理论的内涵在佛教的发展中不断得到丰富，后世的佛教典籍中对四谛中各谛的具体含义有多种解释。

（姚卫群）

Sifen Lü

《四分律》 *Dharmagupta-vinaya* 印度佛教上座部系统昙无德部（又称法藏部）所传律典。又称《昙无德律》，为印度佛教五部律之一。

今传汉译本《四分律》60卷(T1428)，于后秦弘始十二年至十四年（410～412）由佛陀耶舍和竺佛念译出，其中的戒条和羯磨部分也有单行本或别译本传世。除历代藏经传本外，在敦煌还发现了为数不少的《四分律》及其律疏的古抄本，部分已编入《大正藏》古逸部。该律没有藏文译本，20世纪在丝路沿线发现了少量的梵文残叶，由德国学者进行整理并公布于世。目前已确定为《四分律》梵本残叶有SHT I 656、P. Skt. Bleu 50.1-7、P. Skt. Bleu 366等。关于“四分律”这一名称的由来，义净的《南海寄归内法传》说是经夹数目，道宣述、元照撰的《四分律含注戒本疏行宗记》说是结集时分四度传诵，故称四分。元照的《四分律行事钞资持记》又说是法正尊者（即昙无德）从上座部律藏中随自己的喜好而“采集成文”，“随说止处即为一分，凡经四番一部方就，故号四分”。《四分律》的内容包括比丘与比丘尼两部律、二十犍度以及附录。依《高丽藏》，初分为比丘戒250条；第二分为比丘尼戒384条，以及受戒、说戒、安居揵度及自恣揵度的前半；第三分为自恣揵度的后半，以及皮革、衣、药、迦絺那衣、拘睒弥、瞻波、呵责、人、覆藏、遮、破僧、灭诤、比丘、比丘尼、法揵度；第四分为房舍、杂揵度，以及相当于附录的五百集法、七百集法、调部毗尼、毗尼增一。

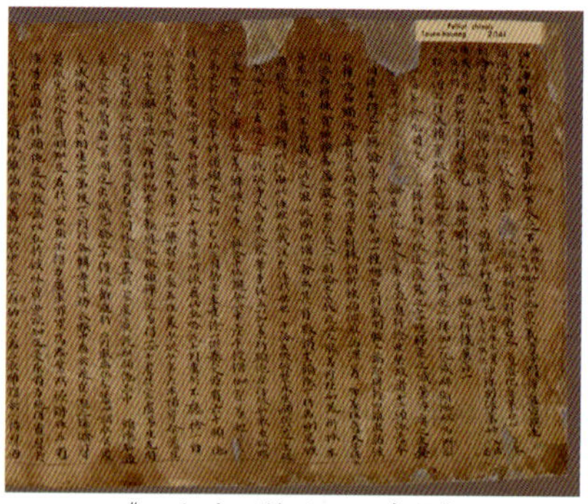

《四分律删繁补阙行事钞》
法藏敦煌写本书影

《四分律》是汉译“五部广律”之中传习最广、影响最大的一部。7世纪时，以此律为本在中国形成了律宗，也称“四分律宗”，有三家鼎立：南山宗的创立者是道宣（596～667），撰有《四分律删繁补阙行事钞》等南山五大部；相部宗的创立者是法砺（569～635），撰有《四分律疏》；东塔宗的创立者是怀素（634～707），撰有《四分律开宗记》。此后，《四分律》开始南北通行，逐渐取代其他各部成为主流，至今仍为汉地僧尼所奉持。唐后期以后，相部宗和东塔宗逐渐衰落，南山宗独盛于世，绵延不绝。宋明时期仍有《四分律》的注疏传世。近代的弘一法师对南山律书作了整理和研究，撰成《四分律比丘戒相表记》和《南山律在家备览略篇》。

（吴蔚琳）

Sishi' erzhang Jing

《四十二章经》 *The Sutra of Forty-two Sections* 一般被认为是中国古代翻译的第一部佛教经典。内容平实，语言质朴，条理清晰，多采用譬喻的说理方法。

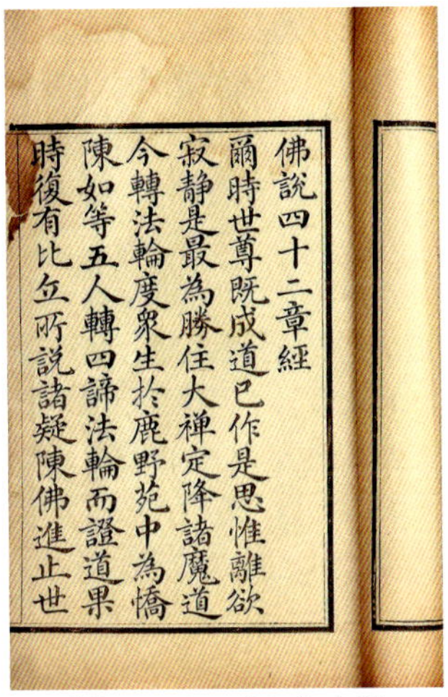
佛說四十二章經
爾時世尊既成道已作是思惟離欲
寂靜是最為勝住大禪定降諸魔道
今轉法輪度衆生於鹿野苑中為憍
陳如等五人轉四諦法輪而證道果
時復有比丘所說諸疑陳佛進止世

《佛说四十二章经》书影

据僧祐《出三藏记集》记载，汉明帝刘庄夜梦金人之后派遣使者前往西域求法，使者在月氏国遇到沙门竺摩腾，竺摩腾就将此经翻译出来，由使者带回洛阳。而据慧皎《高僧传》卷一，这部经文乃是由竺摩腾和竺法兰二人在洛阳共同译出。可见，关于《四十二章经》的译者与翻译地点问题，在梁代时已经众说纷纭了。汉明帝求法之事，由于史料欠缺，难以判断其真实情况。东汉以后，《四十二章经》已比较流行，《牟子理惑论》、襄楷的上书（166）、郗超的《奉法要》等都曾称引其书。可以推测，《四十二章经》的问世大约应该是在东汉时期。

《四十二章经》有两个译本，除了东汉的译本外，三国时支谦又将此经重译了一遍，即现存《大正藏》中误题迦叶摩腾和竺法兰译的《四十二章经》。其版本更是有数十种之多，大致可分为三系。一是高丽藏本（T784），比较接近原本。二是宋真宗注本（T1794），乾隆四十六年（1781）曾下诏将此本译为满文、藏文与蒙文。三是宋代守遂注本，该注本有明代了童的补注（T669）、智旭的经解（T670）与清代续法的疏钞（T671）等，在民间十分流行。真宗注本与守遂注本都经过后人的窜改，失去了本来的面目。正是由于《四十二章经》翻译情况的含混不清、版本的复杂多样与后人的点窜改动，曾引起了梁启超等学者对其真实性的怀疑，而大部分学者虽然在细节问题上有所分歧，但基本上都认为此经是真实可靠的。

关于《四十二章经》的内容，吕澂认为是抄自经过法救改订的《法句经》，汤用彤则认为是择要摘抄各种佛经整合而成。经文分为四十二段，分别讲述了沙门应守的戒法，众生的行为规范，修习佛道的方法，人生无常、不应受爱欲蒙蔽等内容，以平实的语言、生动的例子阐述了早期小乘佛教的基本教义。

由于其独特的历史文献价值，《四十二章经》还曾被翻译成日文本、英文本、德文本等。

（范晶晶）

Si Shi Banchan Luosangquejijianzan

四世班禅·洛桑确吉坚赞 pan chen blo bzang chos kyi rgyal mtshan（1567～1662） 中国藏传佛教格鲁派高僧活佛。

藏历第十绕迥金牛年（1601），四

世班禅·洛桑确吉坚赞应邀担任扎什伦布寺第十六届赤巴（住持），遂将格鲁派密宗法脉温萨耳传系从后藏温萨静修地或温萨寺引入扎什伦布寺，始建密宗学院，设立完整的显密兼容的教育体系，取消了扎什伦布寺学僧先前赴拉萨上下密院进修深造的惯例。藏历第十绕迥水牛年（1613）始，四世班禅·洛桑确吉坚赞连续6年主持拉萨祈愿大法会，其间，首创授予拉然巴格西学衔的制度。

四世班禅·洛桑确吉坚赞撰有《吉祥时轮本续广释》、《金刚鬘大曼陀罗修法》、《怙主龙树五次第解说》和《供养上师仪轨》等名著。

自四世班禅·洛桑确吉坚赞始，班禅额尔德尼世系成为扎什伦布寺法定寺主（住持），此寺亦为历代班禅额尔德尼活佛驻锡地。

（尕藏加）

Si Shi Dalailama Yundanjiacuo

四世达赖喇嘛·云丹嘉措 yon ldan rgya mtsho（1589～1616） 中国藏传佛教格鲁派著名高僧活佛。出身于蒙古汗王

家族，系俺答汗（阿勒坦汗）曾孙，是达赖喇嘛世系中唯一的非藏族人。藏历第十绕迥水龙年（1592），拉萨三大寺和地方官员代表前往蒙古认定他为转世灵童。藏历第十绕迥水虎年（1602），三大寺复遣高僧赴蒙古迎请四世达赖喇嘛进藏。翌年，在热振寺举行坐床典礼，后驻锡哲蚌寺，师从高僧系统修学佛法，并与四世班禅·洛桑确吉坚赞（1567～1662）建立师徒关系。藏历第十绕木龙年（1604），主持拉萨祈愿大法会。藏历第十绕木虎年（1614），受比丘戒，出任哲蚌寺和色拉寺法台，继续推演格鲁派佛学思想和教规礼仪。藏历第十绕火龙年（1616），在哲蚌寺噶丹颇章宫逝世。遗体火化后，舍利分往蒙古喀尔喀和土默特部等地多处供奉，哲蚌寺为之造银质灵塔。

（尕藏加）

Si Shi Gamaba Ruobeiduojie

四世噶玛巴·若贝多杰 rol pavi rdo rje (1340～1383) 中国藏传佛教转世活佛，噶玛噶举派黑帽系四世噶玛巴活佛。出生于西藏工布地区一户富裕人家，3岁时被认定为三世噶玛巴·让琼多杰的转世灵童，遂迎请到楚普寺继承法位。7岁受沙弥戒，取名若贝多杰。18岁受比丘戒，持戒严谨，不食酒肉。1358年，若贝多杰受元顺帝的邀请，从楚普寺启程，途经青海等地，一路讲经传法，于1360年抵达京城。他向元顺帝及皇家成员传授金刚亥母灌顶和那若六法等密法。在京城留居3年，其间向前来叩拜求法的蒙古、汉等民族的王公贵族讲经传法。1362年，若贝多杰从京城动身返回西藏，途经甘州（今甘肃张掖）时在当地建造了一座寺院，在康区噶玛丹萨寺专为该寺僧众传授大

四世噶玛巴·若贝多杰（左）画像

法，游访巴塘、杂日、工布等地，前后历时10年方返回驻锡地楚普寺。后在工布地区传法时逝世，遗体火化后，请回楚普寺，建造灵塔供养。

（尕藏加）

Siyi Guangji

《四夷广记》 中国舆地书籍。明代吴人慎懋赏辑录，约成书于16世纪末或17世纪初。

《四夷广记》分为《东夷广记》、《北狄广记》、《西夷广记》、《海国广记》4部分。《海国广记》提及南亚地区的

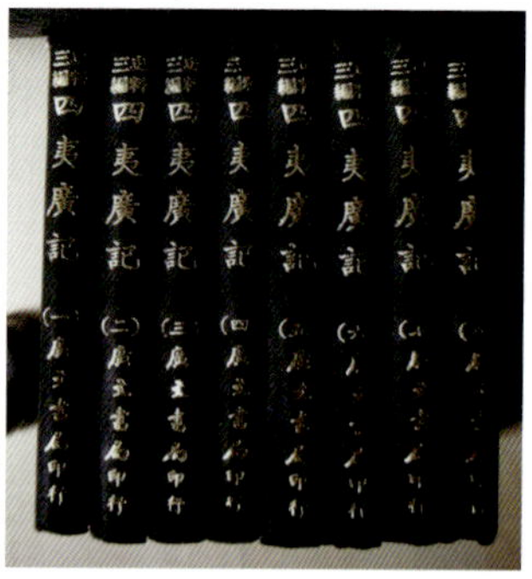

《四夷广记》书影

古里国和榜葛剌国。其中，对古里国疆里、陆路交通、国统、制度、风俗物产、贡物、赐物做了翻建不一的介绍。而对榜葛剌国则作了更为详细的记载，内容涉及榜葛剌疆里、至榜葛剌的路线，以及榜葛剌的山川、国统、制度、风俗、物产、贡物、竺书、西天书、译语等多个方面。其中，“榜葛剌译语”包括词汇条目303条，按照天文、地理、数目、五色、人物、身体、衣服、宫室、器用、珍宝、鸟兽、花木、人事分为13类。

《四夷广记》为后人研究明代中国与南亚地区尤其是孟加拉地区的交往提供了重要资料。

（任婧）

sizhuqi

四住期 cāturāśramya 古代印度教习俗方面的重要制度之一。涉及人在不同年龄阶段的生活内容。

四住期制度规定，一个雅利安再生人的一生，应由四个阶段组成，即梵行期、家居期、林居期和遁世期，合称四住期。对于人在各期所应履行的责任、义务以及他所拥有的权利，各种印度教法论书多有详细论述。其基本内容为：男孩在行过入教礼后，便进入了梵行期的生活。这一时期内，学生同他的轨范师住在一起，由该师对他的身体、心理和精神的发育负责，其关系有如父子。学生生活简朴，没有任何享乐，一心从师学诵吠陀经典，了解对再生人在戒行方面的种种要求。同时还学习日后于生计有用的知识和技艺，如科学、医学、箭术、音乐及各种生产技能。所有住在师家的学生，无论出身如何，在待遇上均一视同仁。这是一个学习期以及体力和精神的养成期。家居期约从25岁开始，至50岁左右结束。这一时期，他结婚、生育，以一定的职业养活家人，并担负种种社会职责。作为一家之主，他要保持好祭火，在妻子的协助下，遵照规定的仪节按时举行祭祀。这是一个典型的世俗生活期。《摩奴法论》认为，“处于其他三行期的人每天靠家居者用知识和食物养活，所以他们的行期数第一”（3，78）。以后，当家居者发现自己有了白发和皱纹，而后代已经有了后代时，他作为家长和社会一员的职责即告完成，应该离开家庭和村庄，到森林里去过林居期的生活了。在这里，他放弃肉食及其他美味，仅靠蔬菜和野果为生；衣服也只是兽皮或别人委弃的褴褛。如此断绝了一切世俗的欲念之后，他可以专心致志于吠陀、奥义书及其他经典的钻研和思考。他还可以去操苦行，以获得控制自我的能力。这实际是谋求最后解脱的预备期。大约到75岁以后，他就进入了遁世期。从此他完全弃绝人寰，靠野果和植物的根、茎为生，过着无家、无名，连火也没有的漂泊生活。他要把自己感官的感受能力限制到最低程度，既不关心自己的生死，更无喜怒哀乐之情。他应该“只以自我为伙伴，在这个世界上漫游以求安乐（即解脱）。……逐渐抛弃一切执着以后，他就解脱一切对立体（指喜忧、爱恨、饥饱、冷热等），而只潜心于梵”（《摩奴法论》，6，49，81）。这是对人世彻底冷漠，专心追求对于梵的亲证，以实现梵我合一为目标的最后人生阶段。印度教传统认为遁世期是人生的极致。在这样的遁世者面前，任何人都要躬身施礼，把为他服务视为莫大荣幸。四住期虽是重要的印度教制度，但它在很大程度上是一种理想，尤其是遁世期，未必人人都能践行，不过它对于古代印度人的社会和精神生活还是有着深刻的影响的。

（葛维钧）

siyin

似因 hetu-ābhāsa 印度古代哲学逻辑推理学说中的术语。指在推理时提出的错误理由。正理派和佛教等派别中论及较多。正理派的根本经典《正理经》及其古代注释中认为有5种似因：不定因（可以导致一个以上结论的理由）、相违

因（与命题相矛盾的理由）、问题相似因（理由与命题相似，属同义反复）、未证明因（理由本身也像命题一样需要证明）、过时因（理由在时间上不适用，不能证明命题）。佛教的因明学中吸收和改造了正理派的这方面理论，对于“似因”的解释要比正理派更为细致和丰富。姚卫群在其所著的《印度宗教哲学概论》(北京大学出版社，2006）一书的第8章中论及了这方面的内容。

（姚卫群）

Songyue Si Ta

嵩岳寺塔 Pagoda at Songyue Temple

中国现存年代最早的密檐式砖塔。全国重点文物保护单位之一。位于河南登封西北约5千米处嵩山南麓。建于北魏孝明帝正光元年(520)至四年。平面十二

嵩岳寺塔塔身（局部）

边形，系各类塔中孤例。高约40米，台基素朴，塔身4个正面设拱门，其余8面为壁龛，转角有八角形倚柱。塔身以上用叠涩之法构成15层密檐，其上为塔刹。塔体为砖砌空筒结构，塔心室为八角形直井式，以木楼板分为10层。檐宽逐层收分，形成微突曲线，使嵩岳寺塔呈现雄健而秀美的身姿。2010年8月1日，联合国教科文组织第34届世界遗产大会将中国登封“天地之中”历史建筑群列为世界文化遗产，其中即包括嵩岳寺塔。

塔以寺名。嵩岳寺塔得名于嵩岳寺。该寺始建于北魏宣武帝永平二年（509），迄今已有1 500余年的历史。此寺位于太室诸峰环抱之中，林泉幽美，为嵩山形胜之处。此地原为北魏皇室离宫。据《魏书》记载，与此寺兴建关系至为密切的宣武帝（499~515年在位）“雅爱经史，尤长释氏之义，每至讲论，连夜忘疲”。初名闲居寺。正光元年更名闲居寺，并获扩建，新增重点项目即包括嵩岳寺塔。隋文帝仁寿二年（602）最终易名为嵩岳寺。唐代李邕《嵩山寺碑》云：“广大佛刹，殚极国财，济济僧徒，弥七百众。落落堂宇，逾一千间。藩戚近臣，逝将依止，硕德圆戒，作为宗师。”真实描绘了嵩岳寺极盛之时的状况。虽历经兴衰，此寺一直存留至清季。如今嵩岳寺已废，独嵩岳寺塔阅尽沧桑，得以幸存，凌空耸立，因而弥足珍贵。

嵩岳寺塔塔身分为上下两段，造型与印度窣堵波颇为接近，留有犍陀罗造塔艺术遗风。其门楣及佛龛包含拱券一类中国传统建筑元素，但装饰风格却明显受印度影响。例如，高约4.7米的塔刹，自下而上由基座、覆莲、须弥座、仰莲、相轮和宝珠构成，基本以印度塔刹为样本。北魏大兴佛教，与乌苌、犍陀罗等国保持了密切的外交和文化联系。《魏书》称乌苌国“事佛，多诸寺塔，事极华丽”。又称乌苌国之西的犍陀罗国“都城东南七里有佛塔，高七十丈，周三百步，即所谓‘雀离浮图’也”。它们均对北魏佛塔建筑产生了影响。

20世纪30年代，中国建筑学家刘敦桢（1897.09.19~1968.05.01）在《河南省北部古建筑调查笔记》中说，“唐代方塔，如小雁塔、香积寺塔等，均脱胎于”嵩岳寺塔。由此不难看出，嵩岳寺塔在中国佛塔建筑史上占有极其重要的地位。

（刘建）

嵩岳寺塔外景

Song Gaoseng Zhuan

《宋高僧传》 中国古代僧人传记。北宋高僧赞宁编撰。30卷。收于《大正藏》第2061号。本名《大宋高僧传》。其录述范围上承初唐道宣《续高僧传》，下迄宋太宗雍熙四年（987），前后共320年。

《宋高僧传》书影

宋朝开创以后，刻藏、译经、建寺、度僧，大力扶植佛教。太平兴国七年（982），宋太宗注意到“代有奇人，迭恢圣教，若无纂述，何以显扬”，故敕命赞宁编撰僧传以记录。赞宁奉令回杭州编撰《大宋高僧传》。该书初成于端拱元年（988）。至道二年（996），赞宁又修理重治，增补材料，始成定本。

《宋高僧传》自言“正传五百三十三人，附见一百三十人”，然中国学者陈士强据各卷标题下之小注统计，正传实收531人，附见实收125人，未详何故。就比例来看，此传所收僧人4/5为唐代僧人，五代及宋等仅占1/5。

《宋高僧传》使用的材料极为广博。《宋高僧传》分为10篇，篇题下有小注，用以解说，篇末有论，概括大旨。此外，《宋高僧传》在一些人物传记末尾附有

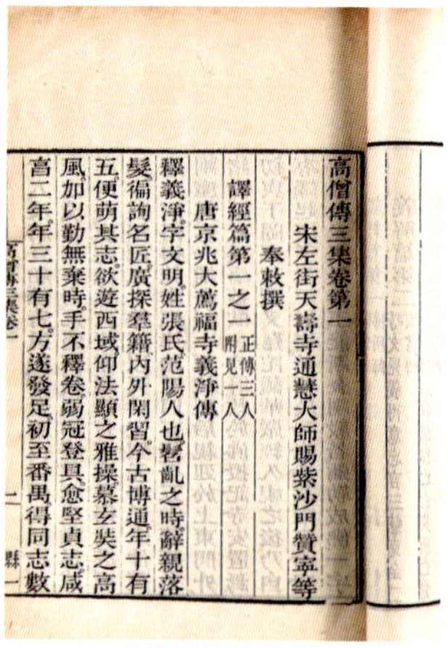

高僧傳三集卷第一
宋左街天壽寺通慧大師賜紫沙門贊寧等 奉敕撰
譯經篇第一之一 正傳三人 附見一人
唐京兆大薦福寺義淨傳
釋義淨字文明姓張氏范陽人也髫齔之時辭親落髮徧詢名匠廣探羣籍內外閑習今古博通年十有五便萌其志欲遊西域仰法顯之雅操慕玄奘之高風加以勤無棄時手不釋卷弱冠登具愈堅貞志咸亨二年年三十有七方遂發足初至番禺得同志數

《高僧传》书影

"系"以评论人、事，抒发观点，解释疑难。其10篇为:《译经篇》第一（卷一至三），"变梵为华，通凡入圣，法轮斯转，诸佛所师"；《义解篇》第二（卷四至七），"寻文见义，得意忘言，三慧克全，二依当转"；《习禅篇》第三（卷八至十三），"修至无念，善恶都亡，亡其所亡，常住安乐"；《明律篇》第四（卷十四至十六），"严而少恩，正而急护，婴守三业，同彼金汤"；《护法篇》第五（卷十七），"家有良吏，守藏何虞，法有名师，外御其侮"；《感通篇》第六（卷十八至二十一），"逆于常理，感而遂通，化于世间，观之难测"；《遗身篇》第七（卷二十三），"难舍易捐，施中第一，以秽漏体，回金刚身"；《读诵篇》第八（卷二十四、二十五），"十种法师，此为高大，染枸橼花，果时瓤赤"；《兴福篇》第九（卷二十六至二十八），"为己为他，福生罪灭，有为之善，其利博哉"；《杂科声德》第十（卷二十九、三十），"统摄诸科，同归高尚，唱导之匠，光显佛乘"。

《宋高僧传》贯穿唐代大部分年份，对唐代佛教研究极为重要，尤其是其《习禅篇》，分为6卷，正传103人，附见9人，对唐初至宋初之禅宗研究，提供了极为丰富的人物资料。慧能以下所谓之禅宗五家，除云门文偃外，各家祖师均有专传。此外，因赞宁本非禅宗，故于禅宗内部之斗争，多不讳言，较为客观。

《宋高僧传》的《译经篇》也很有特色。陈士强认为，赞宁对汉地译经的发展阶次，翻译的"六例"（译字译音为一例，胡语梵言为一例，重译直译为一例，粗言细语为一例，华言雅俗为一例，直言密语为一例），佛教"三教三轮"（显教、密教、心教，法轮、教令轮、心轮），以及译场经馆的设置（译主、笔受、度语、证梵本、证梵义、证禅义、润文、证义、梵呗、校勘、监护大使、正字）等方面，都论述得极为精彩，提供了宝贵的资料。

不过《宋高僧传》也有不足之处，如对人物的分类不太恰当，记载也有不确之处，某些高僧应收入但并未收入本传，如云门宗之开山云门文偃。尤其最后一点，后人颇为诟病。

（杨祖荣）

Song–Ming lixue

宋明理学 neo-confucianism of Song and Ming Dynasties 宋明儒家的哲学思想。又称为"理学"、"性理学"或"道学"。

"理学"一词，首见于宋代楼观复为周敦颐请赐谥号的奏议。按照他的说法，理学早在尧舜时代就已体现在人们的生活实践之中，后明确开端于孔子，推广于子思、孟子。在从汉至唐的近千年间，不同儒家各有所论。只是到了宋

《三教图》（清）丁云鹏绘

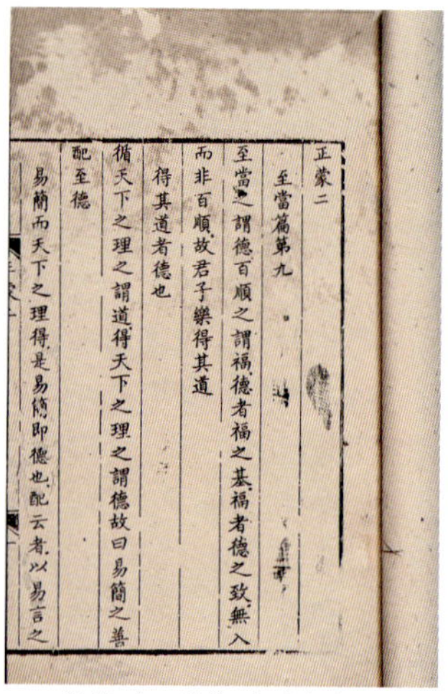

正蒙二
至當篇第九
至當之謂德百順之謂福德者福之基福者德之致無入而非百順故君子樂得其道
得其道者德也
循天下之理之謂道得天下之理之謂德故曰易簡之善配至德
易簡而天下之理得是易簡即德也配云者以易言之

张载《正蒙》清刻本书影

明时代，才又逐渐求得恢复其本来面目。"理学"广义包含"心学"，而不与其相峙。宋代儒家在理解和诠释儒学经典时，一反汉代至唐代重章句守训诂的学风，以讲求经义、探究名理，以至性命为宗，被称为"义理之学"，简称"理学"。张载说的"义理之学，亦须深沈方有造，非浅易轻浮之可得也"，已将理学思维的深沉与复杂揭示出来。理学以儒家思想为核心，吸收来自印度的佛教与中国道家的思维方式及部分理论作为补充和发展，因此理学家后来也被外来传教士称为"新儒家"。和以往的中国本土哲学相比，由于融合了儒、释、道，理学的内容更深刻，理论更完备，思维也更复杂。

唐代中后期，韩愈、李翱等人已欲变汉唐以来的学风，韩愈作《原道》，李翱作《复性书》，渐启儒学变革之端。宋代初年，名儒孙复、胡瑗、石介提倡"以仁义礼乐为学"，以儒家道统自任，开有宋理学一代风气，后世誉为"宋初三杰"。三先生于"义理之学"虽未尽纯，但是以躬行实践为主，因此得理学之大本；而且他们所倡导的学风，一扫词章训诂之习，因此被视为理学之先导。但是理学的实际开创者是周敦颐。他作《太极图说》，将宇宙生化，天理流行，人之性命等基本命题明确提出，确立了儒学发展的新方向。河南程颢、程颐兄弟师事周敦颐，明确以"理"为学问根基；后来二人讲学京师，从游者众。同时张载、邵雍等也讲求义理，躬行实践，讲学授徒，一时理学盛行。张载作《正蒙》、《通书》、《西铭》、《东铭》，归心

周敦颐

程颢

张载

邵雍

程颐

圣贤学问，践履甚严。邵雍则以《皇极经世》、《观物外篇》、《伊川击壤集》名世，其学问归趣虽同于仁义礼乐，但其论宇宙变化则独创一派。邵氏于术数钻研极深，曾预言王安石为相等事。南宋时，朱熹学宗二程，旁及诸家，立理学为宗，集一时学问之大成，敷讲经义，注释典籍，道学由此大兴。后人将周敦颐、二程、张载、邵雍、朱熹所代表的学派称为濂、洛、关、闽。与朱熹同时有陆九渊、吕祖谦、陈亮、叶适等人享誉士林。陆九渊开心学一路，立“发明本心”为宗旨，认为“心即理”，提出“宇宙即是我心，我心即是宇宙”，卓然自立，有胜于程、朱之势。吕祖谦综述各家，以杂学见称；陈亮、叶适则王霸并用，义利双行，被视为功利学派。金元之际，学林凋敝，未有特出雄才；到明代中叶，余姚王阳明因格物未通，而转向心学，遥接陆九渊一脉，提出“心外无物”、“心外无理”，以“良知”为根本，强调“知行合一”。与王阳明同时的陈献章则提出“静中养出端倪”，亦是陆氏遗风。清代诸儒仅承前代余绪而少有发明，甚至开始攻讦宋明心性之学为空疏，而复兴汉唐训诂词章之学。但是理学并未消亡，仅是式微而已，张之洞《书目答问》列清代理学家尚有22人。民国以理学行之国内而有名望者多人，如会稽马一浮先生等。宋明理学主体则可以“濂洛关闽，程朱陆王”八字概括。

周敦颐在《太极图说》中提出太极、阴阳、五行运化原理，首次用“太极”这一概念，确立了理学的根本命题。邵雍所说“太极不动，性也；发则神，神则数”，则亦是以道为太极，以“心为太极”。但二程不言太极，提出“天理”，认为“万物皆只有一个天理”，“有理而后有象，有象而后有数”；张载虽提出“太虚即气”，认为万物均是“气”，但也说“明理一而分殊”，意为理在气中。朱熹则说，“未有天地之先，毕竟也只是理”，“理也者，形而上之道也，生物之本也；气也者，形而下之器也，生物之具也”。他们都将理视为宇宙之根本，万物之所以生者。

关于什么是理，程、朱与陆、王有异。程颐提出“性即理”。他说：“性即理，所谓理，性是也。”又说：“自理言之谓之天，自禀受言之谓之性，自存诸人言之谓之心。”杨时解释说：“天命之谓性，率性之谓道，性命道三者一体而异名，初无二致也。故在天曰命，在人曰性，率性而行曰道。”他认为理与性本来是一个事物，无非是依存的客体不同而已。朱熹对程颐“性即理”的说法评价极高：“直是自孔子以后，唯伊川说得尽这一句。”他说，“人物之生，同得天地之理以为性；独人于其间得形气之正，而能有以全其性”，把理与气在人这一实体上统一了起来。他同时也明确“性”因存在于不同对象而有区别，提出天命之性与气质之性的差别。这一区分同样肇始于程颐。他说，“性出于天，才出于气，气清则才清，气浊则才浊”，认为人因气质不同，虽禀受同一天理，却有诸多差异，或者说在不同人身上表现出来的性，与天理本身已有所不同。程颢曾说“心是理，理是心”，谢上蔡也说过“心者，天之理”。陆、王则进一步明确主张“心即理”。陆九渊以提倡心学最得力而为人尊仰，他说，“盖心，一心也；理，一理也。至当归一，精义无二；此心此理，实不容有二”，“人皆有是心，心皆具是理，心即理也”。陆九渊认为人心本来就是天理，只是习染阻碍，以致天理不能流行，本心遭致汩没。王阳明更进一步说：“心即理也，天下又有心外之事，心外之理乎？”认为理不外吾心，因此他提倡“致良知”的学问。程、朱说性即理，逻辑上即认为人性未必善，而天理为善；陆、王提倡心即理，即认为人性本善，只要复归本心，致其良知，则可以祛习复性。在人心与道心的问题上，朱、陆意见又是相左，其分歧理路与“性即理”、“心即理”之差异一致。《尚书》中的“人心惟危，道心惟微，惟精惟一，允执厥中”，宋明儒家视为十六字心法，极为重视。朱熹说：“此心之灵，其觉于理者，道

朱熹

吕祖谦

陆九渊

王阳明

陈献章

心也；其觉于欲者，人心也。”认为“道心是从义理上发出来底，人心是人身上出来底，虽圣人不能无人心”。而陆九渊针锋相对，说：“心一也，人安有二心？”王阳明也认为，“心一也，未杂于人谓之道心，杂以人伪谓之人心。人心之得其正者即道心，道心之失其正者，即人心，初非有二心也”。

印度佛教思想的传播带来了儒学思想的新发展。一方面针对佛教，部分宋明学者试图立己以克彼，从而发展了自身的理论；另一方面，一些儒家学者受佛教启发，深化了儒家学理。张载提出“太虚即气”是为排斥佛教而立论，因佛教有“天地万物为幻化”之说。朱熹用“虚灵知觉”、“虚灵不昧”等佛教用词诠释心与明德的特点，这种做法在明代即为僧人诟病其学佛而又谤佛。朱熹论“理一分殊”则完全套用佛教“月印千江”的譬喻法。他说：“本只是一太极，

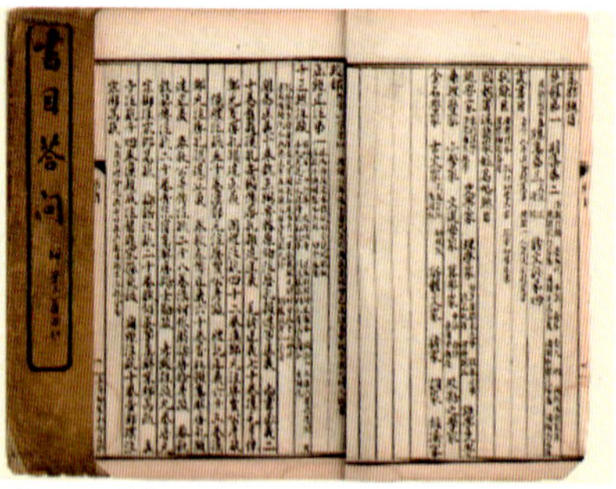

张之洞《书目答问》民国二十四年（1935）扫叶山房石印本书影

而万物各有禀受，又自各具一太极尔。如月在天，只一而已，及散在江湖，则随处而见，不可谓月已分也。”宋明儒家提倡“主敬”功夫。程颐说“涵养需用敬”，“主一之谓敬”，并且提倡静坐，以静坐实践儒家义理，修养身心。主敬与佛教宁静散乱之心注于一处的禅修功夫极为相似。静坐在先秦及汉唐罕见儒家修习，宋儒目之为修养功夫。作为理学奠基人的程颢，其学问来路则是“出入于老释几十年，反求诸六经而后得之”，可见古代印度思想通过佛教对于理学的建立产生了深刻影响。

（江巨浪）

Song Qingling

宋庆龄 Soong Ching-ling（1893.01.27～1981.05.29） 中华人民共和国的缔造者之一，杰出的国际政治活动家，卓越的

国家领导人。广东文昌（今属海南）人。生于上海，卒于北京。

宋庆龄1913年毕业于美国佐治亚州梅肯威斯理女子大学。1915年和**孙中山**结婚。1927年和1929年被国际反帝国主义同盟大会选为名誉主席，成为世界反法西斯委员会主要领导人之一。1931年回国，从事社会福利工作，参加抗日救国活动。1932年底组织中国民权保障同盟。1933年当选为远东反帝反战同盟中国分会主席。中国抗日战争爆发后，在香港发起组织保卫中国同盟。1945年9月中国抗日战争胜利后，又创办中国福利基金会，从事妇幼福利事业。

中华人民共和国建立后，宋庆龄当选为中央人民政府副主席，后历任国家副主席、全国政协副主席、全国妇联名誉主席和中国人民保卫儿童全国委员会主席。1950年当选为世界和平理事会理事，1951年获“加强国际和平”斯大林奖金。1952年当选为亚洲和太平洋区域和平联络委员会主席。1981年5月15日，加入中国共产党，16日，第五届全国人大常委会决定授予她中华人民共和国名誉主席称号。

宋庆龄主要著作收入《为新中国奋斗》、《宋庆龄选集》、《永远和党在一起》。

宋庆龄很早就关注印度人民的抗英斗争。1924年在日本神户发表演讲时就提到印度妇女也开始起来维护自己的权利。1927年11月10日赴苏联访问，其间，在下榻宾馆会见了印度国大党领导人**J.尼赫鲁**，并与他结下了友谊。1937年中国抗日战争爆发后，致信时任国大党主席尼赫鲁，对他声援中国人民抗日的举动表示感谢。1938年9月17日，以保卫中国同盟主席的身份在广州迎接**印度援华医疗队**，此后长期与尼赫鲁保持联系，商讨如何鼓励和支持医疗队更好地在中国开展工作。20世纪50年代初，出席印度在中国举办的第一次文化活动。1951年5月，电贺**加尔各答**和**孟买**两地的印中友好协会成立。1954年10月，以全国人民代表大会常务委员会副委员长的身份接待了到访的印度总理尼赫鲁，并邀请他及其女儿英迪拉·甘地到家中共进午餐。1955年12月16日～1956年1月2日应邀访问印度。印度总理尼赫鲁到机场迎接，并在新德里红堡举行盛大的欢迎宴会。在印期间，访问了印度国会联邦院和人民院，出席了印度国会女议员举行的招

1955年12月16日，宋庆龄访问印度时，在机场受到热情欢迎

待会，还探望了印度援华医疗队队员家属，表达了对柯棣华大夫的深切怀念。

（乔安全）

Song Taizong Zhao Jiong

宋太宗赵炅 Emperor Taizong of Song Dynasty（939～997） 中国宋朝第二位皇帝。976～997年在位。**宋太祖赵匡胤**之弟。初名匡义，后改名光义，即位后改名为炅。祖籍河北涿州。生于开封府浚仪县（今河南开封）。开宝九年（976）

即位，改年号为太平兴国。在位22年，谥号至仁应道神功圣德文武睿烈大明广孝皇帝。在中印佛教交流方面作出过一定贡献。

太平兴国二年（977），西天竺佛教徒吉祥来朝献贝叶梵经。三年，开宝寺僧人继从等，从西天回到京城，献所得梵夹经等。颁诏赐给紫衣。五年，北天竺迦湿弥罗国（见罽宾）僧人天息灾、乌填国僧人施护到达京师，献香药和梵文佛经。颁诏赐给紫衣，并命令在太平兴国寺内设置译经院，组织人力翻译佛经。七年，在太平兴国寺大殿西面，建成译经院。颁诏天息灾等各自翻译一种佛经上交，并挑选梵学僧人常谨、清诏与法进等笔译，光禄卿汤悦、兵部员外郎张洎等润色，内侍刘素作为都监。恢复了自唐元和六年（811）以来已中断一百多年的佛经翻译。同年，僧人赞宁等奉命编著《大宋高僧传》。后编成30卷。八年，对重臣们说："浮屠氏之教，有裨政治"，"虽方外之说，亦有可观者，卿等试读之；盖存其教，非溺于释氏也"。诏令挑选童子50人，到译经院学习梵学、梵字。又改译经院为传法院，另外设置印经院，《宋开宝刊蜀本大藏经》480帙1 076部5 048卷全部刊刻完毕（现无全本），开创了中国大型典籍汇编的先河，成为后来中国官、私刻藏及高丽、日本刻藏的共同准据。雍熙三年（986），亲自撰写《新译三藏圣教序》，放在经卷的开头。淳化四年（993），诏令凡是西来的梵僧或西游后归返的中国僧侣，其所拥有的梵文佛经必须题奏上交。

（胡俊麟）

Song Taizu Zhao Kuangyin

宋太祖赵匡胤 Emperor Taizu of Song Dynasty（927～976） 中国宋朝开国皇帝。960～976年在位。祖籍河北涿州。生于洛阳。后周（951～960）时，官至

殿前都点检、归军节度使。恭帝显德七年（960），发动陈桥兵变，建立宋朝，改年号为建隆，在位17年。在中印文化交流方面，特别是佛教、佛经在中国的传播中作出过积极贡献。

建隆元年（960），针对唐武宗李炎（814～846，841～846年在位）"会昌灭佛"和后周世宗柴荣（921～959，955～959年在位）"显德反佛"两次"法难"的后果，颁诏各路、州、府寺院：已经毁坏的寺院不重建，没有毁坏的寺院继续保留。停止反佛，对佛教采取扶植、利用和管理的政策。后宋代各位帝王，基本上延续了这一国策。乾德四年（966），僧行勤等157人请求游历西域求佛法。颁诏准许，各赐钱三万派遣前往。开宝四年（971），命令内侍张从信等到益州，监督刻印大藏经13万版，共6 620卷。此次刻印的大藏经被称为《开宝藏》或蜀版，到太平兴国八年（982）全部完成。这是世界历史上第一部木版雕印的佛经总集，它的印本成为后来中国一切官、私刻藏以及高丽、日本刻藏的共同准据。同年，佛教徒建盛从西天竺携带贝叶梵文佛经回到宋朝。

（胡俊麟）

Song Yun

宋云 Song Yun（约活动于6世纪） 中国北魏西行求法僧人。敦煌人。曾出使西域求经，到访过印度并撰《家纪》等，对中印文化交流有一定贡献。

宋云原为侍应太后的僧官。北魏明帝神龟元年（518），宋云等人受太后派遣出访天竺求取佛经。《北史·西域传》记载："熙平中，明帝遣滕伏子统宋云、沙门法力等使西域，访求佛经，时有沙门慧生者亦与俱行，正光中还。"宋云一行从北魏首都洛阳出发，经今陕西、甘肃、青海、新疆，沿丝绸之路南道，由莎车翻越葱岭（指兴都库什山），又经瓦罕（今阿富汗瓦罕走廊），于神龟二年入乌场国（见乌苌），访乾陀罗（见犍陀罗），并遍历印度河中游各地，礼佛迹，献礼品，求佛经。历时五年，于正光三年（522）携大乘经论170部返回洛阳。

对其沿途见闻，宋云撰有《魏国以西十一国事》和《家纪》，但均佚失。《旧唐书·经籍志》地理类、《新唐书·艺文志》地理类均录有宋云撰《魏国以西十一国事》一卷。今以《洛阳伽蓝记》卷五（547年前后成书）所引述宋云《家纪》、慧生《行记》和《道荣传》等内容得知其西行梗概。

（李亚兰）

song

颂 śloka 印度古代文学作品常用的诗律之一。亦称阿奴湿图朴。音译输洛迦。《罗摩衍那》曾述其来源，说它是这一史诗的作者蚁垤因一只麻鹬中箭死去感到悲伤（音译输迦）而创，后又获得大梵天的肯定，输洛迦因以得名。实际上，它只是一种印度古代流行的诗体。该体每一诗节分四音步，每一音步有八个音节，写成两行。偶有少至一行，多至四行的变体。按格式，每音步第五音节短，第六音节长，第七音节长短交替，但在实际应用上，此格式并未得到完全遵守。《摩诃婆罗多》和许多其他古书皆用这种诗体写成。

（葛维钧）

Song Shi Bu

《颂释补》 *Śloka-vārttika* 印度古代哲学中弥曼差派的著作。作者枯马立拉。主要内容是论述弥曼差派的吠陀天启、祭祀万能等思想，强调作为吠陀言教的"声"是常住的。这一文献还用不少篇幅批驳当时印度流行的有神论的思想，从逻辑上论证了神创造世界之说的荒谬性。该文献的部分内容在现代中国有汉译。节译本由姚卫群翻译，收入《古印度六派哲学经典》（商务印书馆，2003）一书。

（姚卫群）

Su' er Shihai

《苏尔诗海》 *Sursagar* 印度中世纪虔诚文学的代表作品之一。既是一部印地语伯勒杰方言诗集，也是印度教的重要经典。作者为活跃于十五六世纪的盲诗人苏尔达斯。成书年代已无法考证，目前公认最早的抄本编订于1573年。诗集以梵语经典《薄伽梵往事书》为蓝本，描写了毗湿奴大神化身之一黑天的

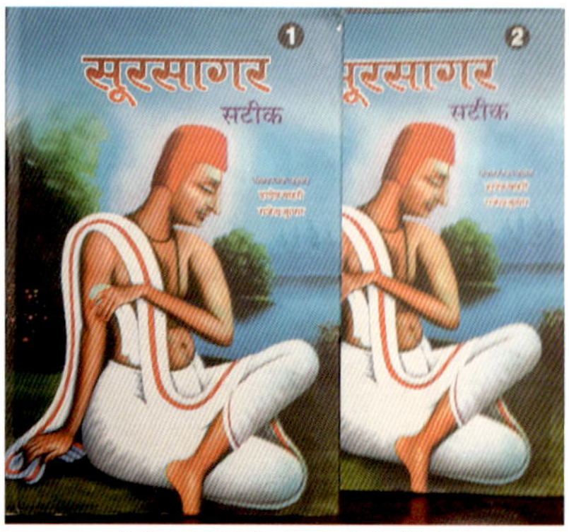

《苏尔诗海》印地文本封面

事迹。不同的传本篇幅长短不一，从几百首到几千首不等。

故事情节大致为，黑天出身于耶度族，因父母受到黑天的舅舅刚沙王的迫害，他被牧民难陀夫妇收养。幼年黑天一方面非常调皮，做出了种种令人哭笑不得的事情，另一方面黑天作为毗湿奴的化身，在成长过程中不断降服妖魔，保护了牧区人民的安全。少年黑天与牧区女子嬉戏调情，演绎了许多浪漫的故事。16岁时，黑天返回出生地马图拉，杀死了作恶多端的刚沙王，救出了自己的亲生父母，并摄政王国。之后黑天又不堪敌人的侵扰，将王国迁往多门岛，成就了一番事业。《苏尔诗海》生动描绘了黑天在成长过程中的不同形象，是中世纪帕克蒂运动中有形派黑天支的代表作，表达了对黑天的虔信与热爱，在印度广为传唱，影响深远。

中国对《苏尔诗海》的研究始于20世纪80年代，北京大学东语系教授刘安武于1983年在《外国文学研究》上发表论文《十六世纪印度大诗人苏尔达斯》，首次详细介绍了诗人苏尔达斯和他的作品《苏尔诗海》。此后，《印度印地语文学史》(1987)、《印度古代文学史》(1991)、《印度中世纪宗教文学》(2011) 先后选取、翻译了《苏尔诗海》的若干首诗，并对苏尔达斯的生平、创作进行了介绍。2011年，"《苏尔诗海》翻译与研究"作为中华人民共和国教育部人文社会科学重点研究基地重大项目成功立项，由北京大学南亚学系教授姜景奎承担。这是继《罗摩功行之湖》之后中国学术界关注的又一部重要的印度中世纪文献，目前翻译工作正在进行之中。

（姜景奎）

Sufushelizhilini

苏弗舍利支离泥 (约活动于七八世纪) 印度古代大勃律国王。据《新唐书·西域传》，武则天万岁通天 (696~697) 至开元 (713~741) 年间，大勃律 (位于今克什米尔巴基斯坦实际控制区境内的巴尔蒂斯坦)"三遣使者朝"，唐朝"册其君苏弗舍利支离泥为王"。据《全唐文》卷三十九，开元五年五月，唐玄宗李隆基 (712~756年在位) 称苏弗舍利支离泥"执心忠肃，遥申诚款，克修职贡"，并封为大勃律国王。另据《册府元龟》卷九七一，苏弗舍利支离泥于开元七年七月遣使入唐，朝谢册立之恩。

（王凌男）

Sugetuo

苏葛陀 Sugata (约活动于10世纪) 西印度来华僧人。据《佛祖统纪》卷四三，苏葛陀于北宋开宝五年 (972) 来到宋朝都城汴京 (今河南开封)，贡献舍利和文殊花，宋太祖赵匡胤接见并赐紫服和金币。

（薛克翘）

Sukaxidi

苏卡悉地 Sukhasiddhi (约活动于11世纪) 印度佛教女大成就者，瑜伽师。出生于印度西部。取得成就时已近六旬。养有三子三女。其时，当地发生严重饥荒，家徒四壁，全家人靠乞食果腹。一日，一苦行僧来化缘，她悲心大发，将家中仅存食物尽数供养。丈夫闻后勃然大怒，将苏卡悉地赶出家门。她流浪到印度西部乌仗那 (见乌苌) 一个村落，以卖酒为生。常有两个妙龄女子来买酒，苏卡悉地后来得知，此二人在承侍居住在附近森林里修行的大瑜伽士毗瓦巴。两女子再来买酒，苏卡悉地闻毗瓦巴之名起信，便不再收钱，而以酒供养，并拜见毗瓦巴。苏卡悉地从毗瓦巴座前，受得喜金刚四种灌顶等教法仪轨，获得大成就，成为智慧空行母和毗瓦巴的法脉传承人。她的大手印教示《方便道六成就法》、《四本尊成就法》等，至今仍在藏传佛教中流传。

（德吉卓玛）

Suliye

苏利耶 Sūrya 古代印度教神话中的太阳神。

苏利耶之名可能源出于梵语动词sur，意为"照耀"。《梨俱吠陀》里有10首圣诗是赞颂他的，说他乘独轮车走过长空，其车由一匹马或者七匹牝马所驾。有时他也被形容为一只轮子或一只鸟。他无所不见，或索性就是密多罗和伐楼拿两位重要神衹的眼睛，视力所及，远在大地、天空和原初的大水之外。在日常的吠陀仪式中，清晨的第一份祭品往往是献给他的。由于具有疗救疾病的力量，他又是生命的保持者。但到梵书时代，他已兼管生命和死亡，成为黑暗和光明的中介。在往世书中，他与许

苏利耶蹲像 1世纪晚期或2世纪初期
现藏印度马图拉政府博物馆

多其他远古神衹一样降格为诸神中普通的一员，其地位为毗湿奴所取代。他的父亲是天空神德由斯，母亲是女神阿底提。妻子很多，阿湿毗尼、桑若和黎明女神乌莎斯皆在其列。在《罗摩衍那》里，他的父亲则是梵天。著名的古代神衹如阎魔、阎蜜和青年天神双马童等都是苏利耶之子。

（葛维钧）

Sulintuoyizhi

苏麟陀逸之 (约活动于8世纪) 印度古代大勃律国王。据《旧唐书》卷一九八、《新唐书》卷二一六等，大勃律 (位于今克什米尔巴基斯坦实际控制区境内的巴尔蒂斯坦) 苏麟陀逸

之于唐开元（713~741）年间频繁遣使朝贡，开元八年被册封为勃律国王。

（张书剑）

Su Manshu

苏曼殊 Su Manshu（1884.09.28～1918.05.02） 中国作家，诗人，画家，翻译家。原名戬，字子谷，后更名玄瑛，法号曼殊。祖籍广东香山沥溪村（今属

中国广东珠海）。通晓日文、英文和梵文等外文，曾云游印度，译述印度故事，编撰梵文语法书籍，为开中国现代梵文研究先河的第一人，为中印文化交流作出重要贡献。

家世与生平 苏曼殊祖父苏瑞文以从事国际贸易起家。父亲苏杰生为旅日华侨，任横滨英商洋行买办，主要经营茶叶，娶一妻三妾，长妾河合仙系日本人。苏曼殊即生于横滨。然其生母并非苏杰生妻妾，而是河合仙之妹若子。6岁被领回广东老家，生母被拒入苏家。由是母子分离，终生不复相见，引以为恨。被家族视为异类，遭到排斥乃至虐待。9岁时，父亲经营不善，苏家破产，一蹶不振。13岁到上海寄食姑母家中。14岁在广州长寿寺由赞初和尚剃度出家，后受具足戒。旋因偷食鸽肉，违反

《苏曼殊全集》封面

教规，被逐出庙门。清光绪二十四年（1898），受表兄林紫垣资助东渡日本，先后就读于横滨侨校大同学校、早稻田大学高等预科、成城学校近六载，学习西方美术、政治、军事等。生活极端清贫，却安之若素。光绪二十九年，因赞成反清革命而被林紫垣强迫离日，遂返上海，任教于苏州吴中公学。同时为《国民日日报》译法国文豪雨果的《惨世界》（今通译《悲惨世界》）。同年冬，《国民日日报》停刊，持冯自由推荐信赴香港，遭兴中会机关报《中国日报》负责人陈少白冷遇，既无以从事革命活动，又复断绝生计，无奈辗转至广东惠州再度削发为僧，自此以法号曼殊行世。在尚未取得正式资格之前，窃取已故师兄博经的度牒，逃回香港，身披袈裟，依然积极从事反清活动，以文学为武器为辛亥革命开路。

苏曼殊以“行云流水一孤僧”名世，与佛教和印度的因缘至为深厚。光绪三十年后数度漫游南洋各地，在泰国幸遇著名佛学家乔悉磨长老，潜心修习梵文二年。后赴斯里兰卡，驻锡菩提寺。光绪三十三年为梵学会讲师，交游婆罗门忧国之士，捐其所有旧藏梵本，与桂伯华、陈独秀、章炳麟议建梵文书藏，因无人响应而功败垂成。宣统元年（1909）春夏之际，章炳麟在东京开办梵文讲习班，聘请印度人密尸逻（今通译米什拉）担任讲师，苏曼殊任译师。1910年赴印度，居中印度芒碣山寺，得以增进对印度佛教、社会、文学和风情的切实了解。中国辛亥革命胜利后，不肯一履显宦之门，超然物外，特立独行，不拘形迹，时僧时俗，四处漂泊，执教、撰稿或寄食于寺院。终因穷愁潦倒而病逝。

成就与启示 苏曼殊具有高深的印度学造诣。在泰国习得梵文归国后，入杭州西湖灵隐寺，编译《梵文典》8卷，自为序。其他与梵文或印度学有关的学术性著述包括《初步梵文典》4卷、《梵书摩多体文》、《沙昆多罗》（今通译《沙恭达罗》）、《法显佛国记惠生使西域记地名今释及旅程图》等。不过，这些著作在他身后均不甚流传乃至散佚。

苏曼殊的《燕子龛随笔》计63则，其中涉及印度的有10余则。第53则赞美印度梵文史诗《罗摩衍那》、《摩诃婆罗多》“闳丽渊雅”，为“欧洲治文学者视为鸿宝，犹lliad（《伊利亚特》）、Odyssey（《奥德赛》）二篇之于希腊也。此土向无译述，唯《华严经钞》中有云：《婆罗多书》、《罗摩延书》，是其名称。二诗于欧土早有译本，《婆罗多书》以梵土哆君所译最当，英儒马格斯牟勒（今通译为马克斯·穆勒）序而行之，有见虎一文之咏”。第54则称印度古代大诗人迦梨陀娑为“梵土诗圣”，英国诗坛推之为“天竺莎士比亚”。苏曼殊成为现代中国第一个关注并评论迦梨陀娑及其作品的学者。第59则甚至注意到中印两国所产莲花的差异：“中土莲花仅红、白二色，产印度者，金、黄、蓝、紫诸色俱备，唯粉白者昼开夜合，花瓣可餐。诸花较中土产大数倍，有异香，经云‘芬陀利花’是已。”苏曼殊对印度梵语文学的精当评论，拓宽了中国后继梵文学者的眼界。

1907年，苏曼殊还根据英国学者马克斯·穆勒的《梵文文法》(1866)，编译了《梵文典》。他在《〈梵文典〉自序》中说：“沟通华梵，当自此始。”其目的在于引起同好对梵文应有的重视，以恢复中印两国中断多年的文化联系，以复兴业已沉沦的佛学精神和印度文化的应有地位。他认为，“印度为哲学文物渊源，俯视希腊，诚后进耳”。他甚至认为，“文词简丽相俱者，莫若梵文，汉文次之，欧洲番书，瞠乎后矣”。由此可见他对印度梵语古典文学的推崇。

苏曼殊1908年译述《娑罗海滨遁迹记》，译文在日本东京出版的《民报》刊发时署名“南印度瞿沙著，南国行人

《尘梦禅心——苏曼殊画传》封面

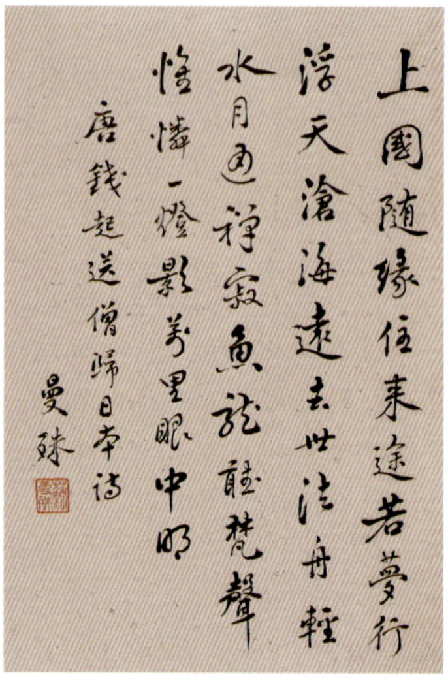

苏曼殊书钱起《送僧归日本》

译”。他在《译者记》中写道：“此印度人笔记，自英文重译者。其人盖怀亡国之悲，托诸神话；所谓盗戴赤帽，怒发巨铳者，指白种人言之。”由于苏曼殊在译雨果的《悲惨世界》时曾借题发挥，边译边编边创作，所以一直有人怀疑这部印度小说是他的托名之作。迄今为止，尚无法确认所谓南印度作家“瞿沙”何许人也，也难以找到《娑罗海滨遁迹记》原文。这篇小说故事离奇，情节曲折，结构完整，表现了印度人英勇反抗殖民者的斗争精神。苏曼殊翻译这一作品的目的，在于以印度亡国的教训警示中国人，以印度人抵御外侮的精神激励中国人的反抗精神。译文对印度亡国的原因进行了探究，寄寓了译者对印度人民的深切同情。

苏曼殊曾将歌德的诗《题〈沙恭达罗〉》译成中文：“春华瑰丽，亦扬其芬；秋实盈衍，亦蕴其珍。悠悠天隅，恢恢地轮；彼美一人，沙恭达纶。”由于苏曼殊绝妙的译笔，歌德此诗与迦梨陀娑的诗剧《沙恭达罗》在中国广为人知。

1909年，苏曼殊翻译印度女诗人陀露哆（1856.03.04～1877.08.30）的一首小诗《乐苑》。陀露哆富有语言天赋，除母语孟加拉文外，还通晓英文、法文和梵文，少年时代游学英国剑桥，能用英文和法文双语写作，能将梵文作品译成英文，兼工诗文，曾获英国文学史家E.戈斯爵士的赞誉，视她的博学为奇迹。苏曼殊在译诗“题记”中说：“梵土陀露哆为其宗国告哀，成此一首，词旨华深，正言若反。嗟乎此才，不幸短命！译为五言，以示诸友，且赠其妹于兰巴干。兰巴干者，其家族之园也。”苏曼殊激赏陀露哆的才华，对其早逝深感痛惜。经苏曼殊介绍，陀露哆立即蜚声中国，影响至今不绝。

苏曼殊了解梵文两大史诗，了解**奥义书**、**《摩奴法论》**等印度重要典籍，而且具有强烈的翻译欲望。对于迦梨陀娑，他情有独钟，曾发愿翻译他的诗剧《沙恭达罗》，而且有意翻译他的长篇抒情诗《云使》。他与严复、林纾被认为是清末民初的三大翻译家。倘若不是英年早逝，他定会成为一代梵学宗师并取得更大的翻译成就。就梵学而言，他对同代人和后来者的启示无疑具有重大意义。20世纪50年代，距苏曼殊逝世不到40年，**季羡林**译出《沙恭达罗》，**金克木**译出《云使》。如今，两大梵文史诗的中文译本均已问世。苏曼殊的夙愿已逐一实现。梵文学习和研究事业在中国方兴未艾。

苏曼殊奇才不羁，语言工丽，为今人所难以企及。小说《断鸿零雁记》、《绛纱记》等以文言写爱情故事，细腻生动，带有自传色彩。诗多感伤情调。每每风雨孤灯，“袈裟和泪”，愁肠百结，沉哀无量。他在研究佛学和评介梵语文学之时，也从中受益良多，由是文思大进，臻于妙境。章炳麟对他的人品评价很高，有“厉高节，抗浮云者”之誉，**周作人**则对他的译学推崇备至。有《苏曼殊文集》等多种著作传世。另有书画作品若干，为人珍视。

《清供图》　苏曼殊绘

（刘建）

sumo

苏摩　soma　印度古代圣典中经常提到的一种植物以及从这种植物中榨出的汁液。汁液经过滤和发酵（有时还混以水、奶、酥油、麦粉等）后作为饮料，可能有兴奋、陶醉或致幻作用，故在祭祀中用以敬神，并为婆罗门祭司所嗜。**《梨俱吠陀》**中有一卷几乎全部内容都是赞颂苏摩和讲述它的用法的，可见其当时深受喜爱。它时而被称为甘露，时而被称为天牛之乳。人可以通过它获得八种神力。它自己亦被抬高到神的地位，具有了原初的、无所不能的性质，不但可使人富有，而且可治人百病，以至成为众神之主，与最高的存在同一，成为崇拜对象。其来源或说生于高山，或说由神鹰取自天外。至于其性状滋味，载籍从来语焉不详，只知不经稀释而过量饮用会使人恶心。**《耶柔吠陀》**和**《阿闼婆吠陀》**已较少提到苏摩，且所重多在药用。**《百道梵书》**则说苏摩已经很难得到，并提出若干别的植物作为替代。到笈多王朝时代，它虽然还与宗教有联系，但主要用途却转为防止死亡或肉体腐败。不过取汁仍然是隆重之事，需用金针金钵。治病时，就医者亦应先经宗教仪式加以净化。古代苏摩究系何种植物，一直不太清楚。有说捕蝇蕈在物理和药理作用上最为相似；另说应为某种多乳汁的萝藦科植物。苏摩之名后

今人构想的植物苏摩

来又被用于月亮和月神。他娶了德叉(陀刹)仙人的27个女儿即二十七星宿，但他过于钟情第四(一说第九)个女儿(星宿)楼昔尼，致使其她姊妹大为嫉妒，恳求其父施以惩罚。德叉遂咒使苏摩罹患一种消耗性疾病，结果此后每月苏摩必有一半时间身体渐形亏缺。

(葛维钧)

Sumojinmang

苏没谨忙 (约活动于8世纪) 印度古代小勃律国王。据《新唐书》卷二一六、《资治通鉴》卷二一二等，小勃律(今克什米尔巴基斯坦实际控制区境内的吉尔吉特)苏没谨忙于唐开元(713～741)初年来朝，受到唐玄宗李隆基接见。在位期间多次抵御吐蕃入侵。吐蕃曾以进攻安西四镇为由向其借道，遭到拒绝。开元十年，小勃律被吐蕃围攻，求助于唐北庭节度使张孝嵩，曰："勃律，唐之西门，勃律亡则西域皆为吐蕃矣。"张孝嵩派遣援兵解围，两军协力大破吐蕃，收复失地。后苏没谨忙获封小勃律王，异派遣使者入谢。

(张书剑)

Suqipo

苏祇婆 Sujīva (约活动于6世纪下半叶) 中国北朝著名宫廷乐师，琵琶演奏家。西域龟兹(今新疆库车一带)人，世代皆为乐工。北周武帝(561～578年在位)天和三年(568)，随突厥皇后阿史那氏入北周，善弹琵琶，精通音律。

中国唐代宝物螺钿紫檀五弦琵琶
起源于古代西域，北魏时传入中原，于唐代定型，后传入日本 现藏日本正仓院

据《隋书·音乐志》记载，苏祇婆"从突厥皇后入国(北周)，善胡琵琶。听其所奏，一均之中间有七声，因而问之，答云：'父在西域，称为知音，代相传习，调有七种。'以其七调，勘校七声，冥若合符"。苏祇婆所传述的源于印度的龟兹乐律"五旦七声"理论和以龟兹乐为代表的西域乐舞，对后世中原音乐的发展影响深远，使之成为中国古代音乐史上的一个重要转折点。隋唐燕乐二十八调即由此演变而成，宋燕乐二十八调也与此相关。北周及隋代音乐学家郑译曾向苏祇婆学习龟兹琵琶及龟兹乐调理论，并从苏祇婆传授的龟兹乐律和技艺中得到启发，从而推演出八十四调理论。

苏祇婆所传授的龟兹乐舞为北周、隋、唐三代宫廷重要乐部之一。他演奏所用的五弦琵琶，对盛唐歌舞艺术的发展起了重要作用，自南北朝至隋唐的500年间盛行不衰，系隋唐九、十部乐中西凉、龟兹、天竺、疏勒、安国和高丽诸乐部主要乐器。从那时起，琵琶也成为中国主要的民族乐器之一。

苏祇婆所传授的龟兹乐律"五旦七声"，又称"五旦七调"，是龟兹乐的一种宫调体系。"旦"的意义相当于"均"。"五旦七声"建立在5种不同的调高之上。《隋书·音乐志》称："其声亦应黄钟、太簇、林钟、南吕、姑洗五均。"它们分别按七声音阶构成7种调式。每旦七调，"五旦"共得三十五调。所谓之"调有七种"，即宫声、商声、角声、变徵声、徵声、羽声、变宫声。若以音阶排列，则为"5 6 7 1 2 3 4"，亦即燕乐二十八调七宫的7个主音：黄钟宫、正宫、高宫、中吕宫、道调宫、南吕宫和仙吕宫。

苏祇婆入北周后，曾启用汉名，享誉宫廷。中国音乐学家沈知白著《中国音乐史纲要》认为，他的汉名为白智通。

苏祇婆的宫调理论，不但对中国古代音乐如雅乐、俗乐乃至宋词元曲等产生过重大影响，同时也对韩国、朝鲜、日本、越南、缅甸等国的音乐舞蹈发展起了推动作用。

(赵佳梓)

Sutuoshili

苏陀室利 Sudhaśrī (约活动于12世纪) 印度来华僧人。据《补续高僧传》卷一、《清凉山志》卷三，苏陀室利原为那烂陀寺僧，"内闲三藏，外彻五明"，能诵《华严经》。年八十五携弟子7人航海

镇澄《清凉山志》封面

来华，途中3人返回，3人去世，仅余佛陀室利跟随，6年方达五台山。至每一台顶，必诵《华严经》，坐禅7日，不息不食。后于灵鹫山坐化。弟子佛陀室利将他的舍利送回印度。另说，苏陀室利在金海陵王完颜亮时，以108岁高龄为皇帝止雨，"咒龙落地"，深受皇帝优重，赏赐有加，后妃亲自为其制衣。所得钱财，均用以剃度僧徒，或建寺庙。

(薛克翘)

Su Xuelin

苏雪林 Su Xuelin (1897.03.06～1999.04.21) 中国作家，学者。原名苏小梅，1919年改为苏梅，字雪林，以字行。祖籍安徽太平(今黄山市黄山区)，生于浙江瑞安。以学术观点大胆著称，认为中印交通始于战国时期，楚辞乃至诸子百家皆蒙受印度影响。

生平 苏雪林系北宋文豪苏辙后裔。幼入私塾旁听，手不释卷。1915年入安徽安庆省立初级女子师范学校。擅于诗画，博览群书，不分古今，无论中外。1919年离安庆，入北京女子高等师范学校国文系，受业于胡适等名师门下，与庐隐、冯沅君、石评梅为同窗。在《时事新报》副刊"学灯"、《国风日报》副刊"学汇"及《晨报》"副镌"等报纸专栏发表文章，参与社会问题论

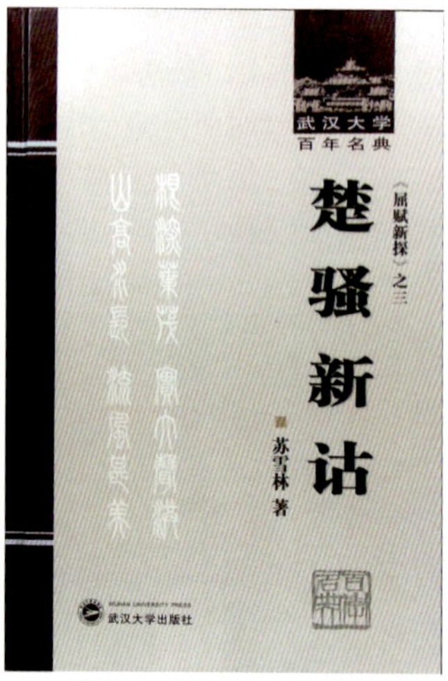

苏雪林《楚骚新诂》封面

争。1921年赴法，先后就读于里昂中法学院、里昂国立艺术学院。其间皈依天主教。1925年归国，先后在东吴大学、沪江大学、武汉大学等高校执教，主讲中国文学，同时著书立说。1949年赴香港工作。1952年任台湾省立师范学院（今台湾师范大学）教授。1957年任台南成功大学教授。

苏雪林毕生著述分文学作品和学术著作两大类，达数十部。散文集《绿天》(1928)和自传体小说《棘心》(1929)为成名作。三幕话剧《鸠那罗的眼睛》取材于印度故事，刊发于1935年11月1日《文学》月刊第五卷第五期，通过展现深受传统礼教羁绊的青年王子鸠那罗与父母的种种冲突，歌颂爱情力量的伟大。《文坛话旧》(1969)是对五四运动前后一批中国作家的评论集，语言犀利，锋芒显豁。在学术方面，著有《辽金元文学》(1933)、《唐诗概论》(1933)、《中国文学史》(1980)等。从1943年起，穷半生精力研究屈赋。1971～1980年先后出版《屈原与九歌》、《天问正简》、《楚骚新诂》、《屈赋论丛》4部系列专著，计约160万字。逝世后归葬黄山母亲坟旁。安徽文艺出版社出版有4卷本《苏雪林文集》(1996)，武汉大学出版社出版了她的多部学术专著，散文《溪水》被选入中学语文课本。

主要学术观点　苏雪林于1944年在《说文》月刊发表《天问里的三个神话》，认为其中包含着印度诸神搅乳海的神话故事，而“白蜺婴茀，胡为此堂？安得夫良药，不能固臧？天式纵横，阳离爰死，大鸟何鸣，夫焉丧厥体”八句，即对搅乳海故事的约略提问。她说，“天”字指天神，即遍入天毗湿奴，“式”为毗湿奴的轮宝，“阳”指头颅。当然，《天问》中来自印度的概念非止一端。所谓巨鳌载山、灵蛇吞象、不死之药（印度称Amrita，中国又称甘露）等说法均来自印度。她从研究《天问》神话、《九歌》神祇入手，进而认为屈赋无一不曾受到西域文化影响，因而皆带异域文化色彩。屈原作品辞采壮丽，想象恢宏，从内容到形式均与其所处时代之前之后的作品不同。这是由于屈原数度使齐，频繁接触时在稷下的域外学者，接受异族文化洗礼，遂对国外天文、地理、神话了然于胸，故以韵文方式，将诸种新奇知识写入《天问》。

此外，苏雪林认为，《列子》绝非伪书，而列子思想也深受印度影响。至于庄子笔下一飞九万里的鹏，则是印度的garuda（梵文），佛经里的大鹏金翅鸟。战国时代，动物寓言盛极一时。《战国策》里的一些动物故事，即改编自印度同类作品。她还认为，尽管战国时代中印交通的事迹不见载于史籍，但不能据此即断言其必无。一个重要原因在于，中国史家对民间活动从不在意，吝于落墨，而商人走私也唯恐政府知晓，课以赋税。张骞通西域前，中国蜀地货物已通过印度运往大夏，但在他说破此事前，中国官方毫无所知，即为这方面的一个典型例证。她断言，商人在贩运货物的同时，也成了中印两国之间文化的传输者。所以，她主张，在战国时期，中印文化已有相互沟通迹象，中国文学已蒙受印度文学影响。

苏雪林运用比较神话学和比较文学的方法，进行跨文化宏观研究，得出包括印度在内的域外文化与中国战国文化曾有交融的结论，指出西亚文化在先秦时代曾两度传入中国。她认为，战国时代，百家争鸣，文化繁荣，主要原因在于，域外学者前来避乱，带入不同的学术思想，刺激了中国文化，使之成为中国有史以来最富生气的文化，于是一个空前的文化黄金时代降临。她主张中国古代文明与西域诸国古代文明存在渊源关系，赞成世界文化同源说。

（刘建）

Suyu

俗语　Prākṛta　印度古代语言概念。梵文原有“本色的”、“自然的”、“普通的”、“低俗的”等意；应用于语言，则指俗语、白话、方言，特别是相对于经过人工修饰因而变得“纯洁”、“完美”的梵语而言。

印度古代俗语有多种，有人认为它们是梵语退化的产物，其地位相当于古代梵语同印度各近现代语言的中介。但相当于其语汇中有的字分明与梵语无关，显然来自其他语言，原为某一更为古老的种族所操的更为古老的语言所有。在古代印度戏剧中，国王和婆罗门等上等人说梵语，妇女、奴仆等下等人则说各种俗语。不过戏剧里的俗语有时过于低劣，很难想象现实生活中就是这样说的。所以这样大概是为了通过夸张取得某种喜剧效果。据传一个名叫婆罗流支的语法家曾著《俗语月光》（另说称《俗语光》）。有说他即是为波你尼《八章书》写评注的迦旃衍那。另说他是笈多王朝时代的人，为该朝超日王宫廷“九宝”之一。

俗语的发展可分为三个时期：古代、中古和后期。古代时期的语言主要指摩揭陀语、半摩揭陀语和巴利语等印度古代方言。今天可见的作品为从公元前3世纪到公元2世纪之间的铭文，佛教和耆那教经典，以及世俗文学创作等。其中以阿育王铭文为最早。它们所用的语言是半摩揭陀语和其他方言，文字则是婆罗谜文和佉卢文。铭文是1837年由加尔各答造币厂的化验师詹姆士·普林塞波第一个解读出来的。原始的佛教和耆那教经典都用古代半摩揭陀语。不过佛教经典现存最早的本子则是巴利文本。20世纪初发现的马鸣戏剧残卷中的某些对话可视为古代俗语世俗文学的典型。中古俗语主要包括摩诃剌陀语、毕舍遮语、修罗塞纳语、后期耆那教经典所用的语言以及前面提过的摩揭陀语等，还有较后的阿波婆朗娑语。其中最典型的是摩诃剌陀语。用它写成的文学作品不少，如约2世纪哈拉的抒情诗《七百咏》、约5世纪钵罗婆罗犀那的叙事诗《架桥记》和8世纪伐格波提罗阇的叙事诗《高达伏诛记》等。德富的名著《伟大的故事》据说就是用毕舍遮语写的（时代说法不一，或早至公元前一二世纪，或晚至公元四五世纪），惜已不存。修罗塞纳语是中印度的方言，为戏剧中妇女和低等人使用的典型俗语。从语言发展上看，一般认为它是梵语进化为印地语的中间桥梁。阿波婆朗娑语使用较晚，其发音和语法都带有从典型中古俗语向印度近世各语言发展的特点。中古俗语的语法与梵语大略相同，只是较为简单，如名词、代词、形容词的为格没有了，复数的体格和业格渐趋合一。动词的未完成时、完成时、若干不定过去时也不用了，等等。见古代印度语言和文字。

（葛维钧）

sushi

素食 不食荤的饮食习惯。该习惯形成于佛教传入中国之后。因佛教戒律强调不杀生，故提倡素食。佛教传入以后，中国早期的佛教徒并不完全禁止吃荤，但提倡素食。到南朝梁以前，已有僧人开始素食，他们多以习禅、诵经为务。

梁武帝萧衍颁布《断酒肉文》

在梁武帝萧衍之前，已有人讨论佛典中禁止食肉和不杀生的问题。梁武帝信佛，下诏“去宗庙牺牲，修行佛戒，蔬食断欲”（见《广弘明集》卷二十六），并撰《断酒肉文》。经梁武帝的提倡，后世的僧尼对素食习以为常，这也逐渐影响到佛教界以外，中国饮食文化中逐渐形成了一个素食流派。

（薛克翘）

Sui Wendi Yang Jian

隋文帝杨坚 Emperor Wendi of Sui Dynasty（541～604） 中国隋朝开国皇帝。581～604年在位。在位期间广泛推崇佛教，在中印文化交流方面作出过积极贡献。小字那罗延。弘农华阴（今陕西华阴）人。鲜卑人。北周（557～581）时世袭其父为随国公。女儿是北周宣帝皇后。担任丞相，总揽朝政。581年，废除静帝，建立隋朝。开皇元年（581），颁诏在五岳各自建立佛寺，并普诏天下，听任百姓出家和营造经像，复兴北周时期遭到冲击的佛教。僧人宝暹等从西天竺到达长安，带来梵文经典260部，诏令相关部门进行翻译。中天竺僧人达磨般若奉命掌管佛经翻译的事项。开皇二年，诏令北天竺僧人那

连提黎耶舍住长安大兴善寺，创建译场移译佛经。开皇三年，诏令北周时废弃的寺院全部恢复。开皇四年，向天下颁布诏令，再次安置所有北周时期已被官府没收但尚未被毁的佛像，重建大兴善寺。开皇五年，在大兴殿受菩萨戒。开皇八年，诏令僧人普安做太子的老师。开皇十一年，诏令天下州县分别建立僧、尼二寺。开皇十六年，大兴佛教义学。仁寿元年（601），认为天下统一大多由于佛教的教化，诏颁舍利于三十州，各自修建灵塔安置。仁寿二年，再次颁布诏令，舍利分别藏放各州。仁寿四年病逝，另有一说为太子杨广所杀。

（胡俊麟）

Sun Peijun

孙培钧 Sun Peijun（1925.12.01～2010.07.07） 中国印度经济与政治研究学者，中国社会科学院亚洲太平洋研究所研究员。曾任中国社会科学院南亚研

孙培钧在学术交流研讨会上发言

究所所长、中国南亚学会会长、《南亚研究》主编。在中印文化交流中起过积极的作用。浙江杭州人。1946年考入上海交通大学财务管理系。1950年毕业后，任职于中国银行总部，1951年任中国银行加尔各答分部副主任。1953年回国，先后任职于中华人民共和国外交部国际关系研究所、外交部亚洲司、中共中央联络部东南亚研究所、中国社会科学院世界经济研究所、中国社会科学院北京大学南亚研究所、中国社会科学院亚洲与太平洋研究所。主要从事印度经济与社会政治的研究。

1978年，孙培钧与季羡林、黄心川等人一同创立了由中国社会科学院和北京大学合办的南亚研究所，之后，成立了南亚学会，并创办学术刊物《南亚研究》；在中国社会科学院研究生院建立南亚系，培养不少南亚研究方面的硕

孙培钧《中印经济发展比较研究》封面

士生、博士生人才。曾多次访问印度。

孙培钧主要学术著作有《印度垄断财团》(1984)、《南亚国家经济发展战略研究》(1990)、《印度国情与综合国力》(2001)、《中印经济发展比较研究》(2007)等。《中印经济发展比较研究》总结了中国和印度40多年来在国民经济各个领域中取得的成就与经验，是中国第一部有关比较中印两国经济发展研究的专著。

（李宝龙）

Sun Quan

孙权　Sun Quan（182～252）　中国三国时期吴国开国君主，政治家。222～252年在位。字仲谋。孙坚之子，孙策之弟。在中印外交和中印文化交流领域作出过积极贡献。吴郡富春（今

浙江富阳）人。建安五年（200），孙策遇刺身亡，孙权接替兄长统领江东六郡。建安十三年，联合刘备在赤壁大破曹操军队。蜀汉章武二年（222），在夷陵之战中击败刘备。同年称吴王。黄武八年（229），在武昌称帝，不久将都城迁至建业（见**南京**）。统治江东50余年，消灭各支割据势力，平定、降服少数民族山越。管辖地域由江东扩展到今福建、广东、广西、湖南等地区，结束了这些地区之前的分裂状态，使社会经济得到了恢复与发展。

230年，孙权派遣将军卫温、诸葛直等人率部出航寻找夷洲（今中国台湾地区）、亶洲。并派交州刺史出使南洋诸国，与天竺（今印度）建立了外交关系。后派朱应、康泰出使扶南（位于今中南半岛南部）和南海各国。两人先后到达林邑（在今越南）、扶南、西南大海州（今南洋群岛）、大秦（今罗马帝国）、天竺等地，了解各国物产情况。归国后分别撰写《扶南异物志》和《吴时外国传》(又称《外国传》)。这两本书成为当时中国与外国交往的重要资料，今已失传。

另据《高僧传》等资料，孙权曾赞助当时由印度来的僧人**康僧会**等在东吴翻译佛经和传播佛教，并在建业建立起第一座佛教寺院**建初寺**。

（李宝龙）

Sun Simiao

孙思邈　Sun Simiao（约581～682）　中国唐代医药学家。京兆华原（今陕西铜川耀州区）人。其事迹见于《旧唐书》列传第一百四十一。他与张仲景、**李时珍**并称中医史上的“三大医圣”；又与**葛洪**、**陶弘景**并肩为“三大道医”；还在明代以后被尊为“药王”，后人多处建庙祭拜。他的著作中多处吸收印度古代医学和佛教的知识，体现了印度医学对隋唐中医学的影响。

孙思邈少年聪慧，日诵千言。善谈老庄，兼好释典，通晓百家之说，博洽多闻。尤精医药之学，且品性高洁，不慕俗华，隐居山林，悬壶济世。孙思邈著作甚丰，《**备急千金要方**》和《**千金翼方**》各30卷，是中医经典名著，系统总结了唐代以前医药学成就及其自身的医学经验，堪称中国最早的临床医学百科全书。

孙思邈的著作广泛吸收了佛教和印度医学的知识，受外来文化影响的痕迹比较明显。《备急千金要方》卷一引用了佛经的“四百四病”之说，但将“一大不调，百一病生”，改为“一气不调，百一病生”。孙思邈还模仿巢元方《诸病源候论》中的风病四百四种与五风之说。《备急千金要方》卷二十七的“凡百病不离五脏，五脏各有八十一种疾，冷热风气计成四百四病”，是用五脏理论去套用四百四病，又将“地火水风”改成了“冷热风气”。这说明孙思邈的医学思想中吸收并改造了印度佛教医学的一些内容。《备急千金要方》中还有“耆

婆万病丸”和“天竺国按摩，此是婆罗门法”等。此“天竺国按摩法”亦见于《太清道林摄生论》，是印度重要的瑜伽修行方法在中医典籍中的首次传译。

《千金翼方》中引用了天竺大医**耆婆**的“天下物类，皆是灵药”的理论。《千金翼方》卷二十一载有主万病的阿迦陀圆、“耆婆治恶病”诸方等外来药方。吃力迦丸所用都是印度或波斯出产的香药，如诃梨勒、熏陆、郁金、苏合、附子等。阿迦陀圆药方用紫檀、小蘖、茜根、郁金和胡椒五味药物，与印度生命吠陀经典《遮罗迦本集》中的“大香象阿伽陀方”相似。《千金翼方》中还有“耆婆汤”、“悖散汤”(来自波斯及大秦)、《耆婆医方·论治疾风品法》中的“浸酒法”、“耆婆大士治人五脏六腑内万病及补益长年不老方”、“禁令家和法”等外来医学知识。《千金翼方》卷十二的“服菖蒲方”非常典型，其来源

孙思邈诊脉图

630

为“天竺摩揭陀国王舍城邑陀寺三藏法师跋摩米帝，以大业八年与突厥使主至，武德六年七月二十三日，为洛州大德护法师净土寺主矩法师笔译出”。孙思邈通过中土高僧作为媒介，从而了解到不少域外医学知识，并将其收录于自己的著作之中，同时根据中医的思想进行适当的修改。孙思邈的著作进一步扩大了印度医学知识和佛教思想在中医领域的影响。

（陈明）

Sun Simiao tiaoqifa

孙思邈调气法 中国唐代医药学家孙思邈记载的调气养生法。孙思邈《千金要方·养性·第五》中介绍道，“作禅观之法：闭目存思，想见空中太和元气，如紫云成盖，五色分明，下入毛际，渐渐入顶，如雨初晴，云入山，透皮入肉，至骨至脑；渐渐下入腹中，四肢五脏皆受其润，如水渗入地；若彻，则觉腹中有声汩汩然。意专思存，不得外缘，斯须即觉元气达于气海，须臾则自达于涌泉，则觉身体振动，两脚蜷曲，亦令床坐有声拉拉然。”这种用意念去观想、运气的养生方法，被孙思邈称作“禅观之法”，即将佛家坐禅的某些要领融入气功，以达强身健体、益寿延年的目的。

（薛克翘）

Sun Wei

孙位 Sun Wei（约活动于9世纪） 中国唐末宗教画家。又名孙遇，号会稽山人。黄巢起义军攻陷长安后，随僖宗李儇避难入蜀，居成都，后更名为孙遇。擅长画人物山水、松石墨竹和佛道天王、鬼神等，长安和川蜀均曾留有其作品，情调高逸，笔力狂怪，以寺庙壁画等艺术形式对印度佛教在中国的弘传作出一定贡献。

北宋初年黄休复著《益州名画录》（又名《成都名画记》），记载了唐、五代至宋初成都地区的画家创作，包含孙位等50余人的小传及手笔写真处，按逸、神、妙、能四品评鉴，其中名列逸品者唯有孙位一人。该书描述孙位“性情疏野，襟抱超然，虽好饮酒，未尝沉酩。禅僧道士，常与往还；豪贵相请，礼有少慢，纵赠千金，难留一笔”。该书记载孙位于川蜀多所寺庙留有壁画手迹并予以高度评价，如在应天寺、昭觉寺所画壁画，“两寺天王、部众，人鬼相杂，矛戟鼓吹，纵横驰突，交加戛击，欲有声响。鹰犬之类，皆三五笔而成。弓弦斧柄之属，并掇笔而描，如从绳而正矣。其有龙拿水汹，千状万态，势欲飞动。松石墨竹，笔精墨妙，雄壮气象，莫可记述。非天纵其能，情高格逸，其孰能与于此邪”。

宋代苏轼赞孙位画水：“唐广明中，处士孙位始出新意，画奔湍巨浪，与山石曲折，随物赋形，尽水之变，号为神逸。其后蜀人黄筌、孙知微，皆得其笔法。”苏辙也曾赞其“纵横放肆，出于法度之外，循法者不逮其精，有纵心不逾矩之妙”。

孙位画迹有《说法太上像》、《维摩图》、《神仙故实图》、《四皓弈棋图》等27件，著录于北宋《宣和画谱》。现存公认的孙位传世作品唯有《竹林七贤图》（又名《高逸图》）残卷，绢本设色，纵45.2厘米，横168.7厘米，藏于上海博物馆。残图并无题款，宋徽宗赵佶题写“孙位高逸图”。图中竹林七贤仅有四人，从右至左，分别是山涛、王戎、刘伶、阮籍，列坐于花毯之上，旁有湖石花木及侍应小童，看似一场情深意浓、逸兴遄飞的幽园雅会。作品用笔工细，设色浓重。画人物着重眼神刻画，得顾恺之“传神阿堵”之妙，人物的清高、傲慢、放荡不羁等精神意态耐人寻味。画石注重皴擦完整，画树木兼有张僧繇“骨法奇伟”的特点。孙位画风，在六朝的基础上更趋工致精巧，为五代画法开了先河。

《高逸图》（局部） 孙位绘

（张绍斌）

Sun Zhongshan

孙中山 SunYat-sen（1866.11.12～1925.03.12） 中国民主革命的伟大先行者。平生多次旅居海外，虽从未造访印度，却是最受印度欢迎的国际人物之一，加

尔各答甚至有一条街道以他的名字命名。在演说与著述中多次提到印度，认为中印两国在独立前面临相似的问题，症结都在于军阀与封建主的统治。

孙中山是中国国民党与中华民国的创建者之一，三民主义政治纲领的首倡者。一生致力于将中国从一个贫穷落后的封建君主专制国家转变为一个先进的民主共和国家，为后人留下了宝贵的政治财富。在其领导下，民主共和观念深入人心，经过辛亥革命终结中国持续两千余年的封建君主专制，建立共和政体。

孙中山生于中国一个农民家庭，早年在家乡接受中式传统教育，学习国学经典。13岁时随母亲移居美国檀香山，在当地完成高中及大学学业，接受西方科学与基督教教育。

1882年，孙中山离开檀香山，奉父母之命回乡成婚，不久赴香港学习医学。学成后赴澳门行医，不幸遭当时统治澳门的葡萄牙当局驱逐，返回香港。在香港期间感受到清政府统治的残暴、无能和腐败。此时，他对政治的兴趣已超过医学。这促使他开始着手反清斗争，并组建资产阶级政治组织，由此正式踏

631

入政坛。他在演讲中宣扬反清思想，时常与当时的改良派领袖如郑观应等交换看法，与各反清秘密组织建立联系并准备成立革命组织。1894年，上书北洋重臣、时任直隶总督李鸿章，主张实行改良，但未被李鸿章采纳。同年，赴檀香山组织成立兴中会，宣言“驱除鞑虏，恢复中国，创立合众政府”。1895年10月，兴中会密谋在广州起义，因泄密宣告失败，孙中山被迫流亡海外。他先后前往美国檀香山、旧金山（今圣弗朗西斯科）和英国伦敦等地。在伦敦仔细研究了欧洲与美国的政治经济状况，以及不同流派的政治思想，接触了一批思想进步的欧美人士。其三民主义思想逐渐形成。1897年赴日，在此度过了多年的流亡生活。在康有为、梁启超领导的改良运动失败后，曾试图与改良派合作，但因改良派继续支持君主政体并反对革命而宣告失败。

1905年8月，孙中山与黄兴以兴中会等革命团体为基础，在日本东京创建同盟会，以推动中国革命运动的发展。此后，同盟会在华南各地组织了多次武装起义。

1911年10月10日，武昌起义爆发并迅速蔓延至全国其余各省。孙中山听到起义消息后于同年12月由美国返回中国，随即被全国17省代表选为中华民国临时大总统。1912年1月1日在南京宣誓就任，建立中华民国临时政府。1912年2月12日，清帝溥仪宣布退位，标志着中国持续两千多年的封建专制制度正式结束。

1923年8月14日，孙中山、宋庆龄在“永丰”舰上与海军官兵合影

因帝国主义势力、封建守旧势力、革命党人组织内部松散软弱等缘故，孙中山被迫于1912年2月13日辞去临时大总统，让位于袁世凯，4月1日正式解职。其间，制定并颁布了一系列法令，1912年3月11日正式颁布《中华民国临时约法》。在之后的一年中，积极致力于改善民生，倡导平均地权，亲自监督铁路建设与管理，努力通过借贷外资的方式建设中国铁路。但由于掌权者袁世凯的种种阻挠，其努力未能取得成果。后来，先后发动了反对袁世凯的二次革命以及反对北洋军阀的护国战争。

1923年，在苏联的鼓励下，孙中山决定通过国民党与共产党的联合来打击残余的封建势力和殖民势力，实现中国的重新统一。1924年被确诊罹患癌症。在人生的最后时间里，依旧激励着他的追随者们坚持革命理想直至最后胜利。1925年3月12日在北京逝世。1929年遗体移葬南京紫金山。

1913年4月，孙中山（前排中）、黄兴（前排左2）、戴季陶（后排左2）等人与日本企业家在上海正金银行合影

孙中山很关注印度的独立问题，对中印两国谋求独立有相似的建议。认为印度沦为殖民地的唯一原因在于英国东印度公司“巧妙地”利用了封建专制下印度的分裂割据状态。印度对于英国的经济而言非常重要，“英国之帝国主义，恃印度以为基础，故英人必百计求保印度，不惜以万事为牺牲也”。他预计印度的独立革命运动绝不会一帆风顺，希望印度人民保持团结、坚持抗争，直至结束英国的殖民统治。1905年，在日本东京会见了一些印度革命人士，并与他们讨论了反帝国主义斗争及民族解放的相关问题，使印度革命人士备受鼓舞。这也是中印两国革命人士的最初接触。

第一次世界大战伊始，印度国内外倡导暴力抗争的革命组织经常派遣代表前往远东地区购置军火，并寻求孙中山的帮助。当时作为孟加拉秘密革命组织成员、美国卡德尔党特使N.巴塔查里亚（即后来的M.N.罗易），以及S.N.桑亚尔和V.G.平格尔都曾在中国与孙中山会面并得到他的帮助。孙中山曾在中国上海和日本东京两次帮助1912年试图刺杀时任印度总督C.哈丁未遂，1915年领导并参与旁遮普和印度北部武装起

孙中山与宋庆龄在广州合影　1921年7月

义失败后潜逃的R.B.鲍斯免遭逮捕。还与印度知名革命人士A.H.M.巴拉卡图拉保持紧密联系与合作。因为孙中山是暴力抗争的倡导者，印度革命人士不仅敬佩他，也寻求他的帮助。鲍斯在《革命之印度》一书中记录了接受孙中山帮助的宝贵回忆。

20世纪20年代，当M.K.甘地开展非暴力不合作运动时，孙中山将这一运动称为“印度的觉醒”，并在1921年的一次演讲中说道：“印度人受到英国压迫，近亦引起反动，其革命思想，与前不同……见印度之革命精神，颇有进步，未必终为英国所屈也。”1924年，在一次宣传三民主义的演讲中对甘地的不合作主义做了介绍：“什么是不合作呢？就是英国人所需要的，印度人不供给；英国人所供给的，印度人不需要。好比英国人需要工人，印度人便不去和他们做工；英国人供给印度许多洋货，印度人不用他们的洋货，专用自制的土货。康第（甘地）这种主张，初发表的时候，英国人以为不要紧，可以不必理他。但是久而久之，印度便有许多不合作的团体出现，英国经济一方面便受到极大的影响，故英国政府捕康第下狱。”他要中国人民效仿印度，团结一致行动起来，对帝国主义“实行经济断交”。“假若全体国民都能和印度人一样的不合作……无论外国用什么兵力、经济和人口来压迫，我们都不怕他”。

作为暴力革命的倡导者，孙中山对于非暴力不合作运动的青睐是不寻常的。这表明他视野开阔，能够从多方位考虑民族斗争的战略策略问题。他对于反抗帝国主义的两种方法有着细致的思考：一是积极的，这种方法就是振起民族精神，求民权、民生，以暴力反抗外国统治者。二是消极的，“不合作是消极的抵制，使外国的帝国主义减少作用，以维持民族的地位，免除灭亡”。他认为非暴力不合作运动是抵抗外国经济压迫的办法，但人民依旧需要凭借暴力手段反抗并推翻外国的统治。他还主张中印合作，共同反抗国外压迫势力。国民党与广东革命政府遵循他的愿望，把实现与各受压迫民族主义力量的联合，特别是与印度的联合，作为对外政策的一项重要任务。

当R.泰戈尔于1924年经由香港赴

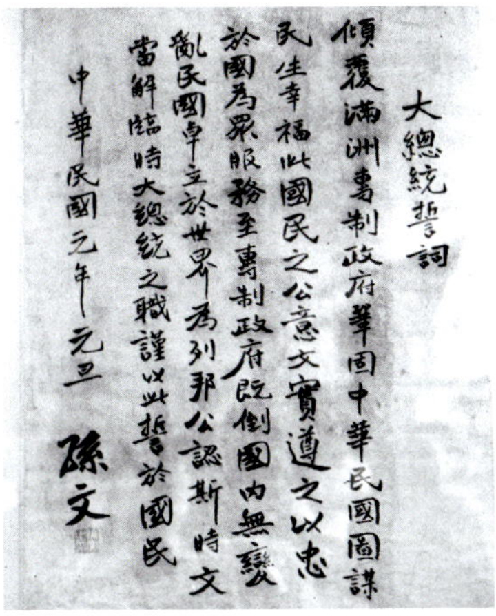

大總統誓詞

傾覆滿洲專制政府鞏固中華民國圖謀民生幸福此國民之公意文實遵之以忠於國為眾服務至專制政府既倒國內無變亂民國卓立於世界為列邦公認斯時文當解臨時大總統之職謹以此誓於國民

中華民國元年元旦　孫文

孙中山就任临时大总统誓词

大陆访问时，孙中山从广州特别派人拜访泰戈尔并表示因患病不能与其在广州或香港会面。他希望与泰戈尔在北京会面，称“中国之生命中心在北京，因此印度代表人士的任务，当自北方始。如力所能及，我当尽早北上，与诗人相见”。但最终孙中山与泰戈尔这两位重要人物未能会面。

（邵葆丽撰　胡俊麟译）

Suolisanwen

娑里三文　Soli Samudra（约活动于11世纪初）　古代南印度注辇国来华使者。据《宋史》卷四八九记载，娑里三文受注辇国王罗荼罗乍派遣，于宋大中祥符八年（1015）九月以“进奉使侍郎”的身份携国书与贡品抵达汴京（今河南开封）。娑里三文等人用盘子捧着珍珠、碧琉璃摆在御座前，通过翻译向宋真宗赵恒（997~1022年在位）表达诚意，并献上罗荼罗乍的信函。信函称，“谨派专使等五十二人，奉土产来进贡，共有真珠衫帽各一件、真珠二万一千一百两、象牙六十株、乳香六十斤”。娑里三文等使者也同时贡献“珠六千六百两、香药三千三百斤”。宋真宗诏令阁门祗候史祐之接待和陪同使团人员，其规格与接待龟兹使者相同。同年承天节（即宋真宗生日），娑里三文等人请求在启圣禅院与僧人一道向真宗祝寿。次年，携带真宗致罗荼罗乍的诏书与丰厚的赐物返回。

《宋史》详细记述其离开注辇后经海路抵达广州的行程。罗香林于《宋史研究集·第10辑》(1978) 发表《宋代注辇国使娑里三文入华行程考》一文，

孙中山灵堂

对娑里三文使团来华的路线进行了详细考证。

（张书剑）

suoluoshu

娑罗树 sala tree 一种龙脑香科娑罗树，佛教圣树之一。属多年生常绿乔木。学名Shorea Robusta。原产于印度及马来半岛雨林之中。佛经记载，佛祖释迦牟尼在拘尸那揭罗国（即拘尸那迦）都城外阿恃多伐底河（今拉普底河）边的娑罗双树间入涅槃。《大唐西域记》卷六描述玄奘到此地亲眼所见的娑罗树："其树类槲，而皮青白，叶甚光润。四树特高，如来寂灭之所也。""娑罗"是梵语Sala的音译。唐代神清《北山录》卷一解释为"梵云娑罗，此云坚固，凌冬不凋也"。慧琳《一切经音义》卷二十三对"娑罗林"的解释与之不同。"娑罗者，此云高远，以其林木森端，出于余林之上也。旧翻云坚固者误，由娑罗之与婆罗声势相近。若呼坚固，即转舌言之。若呼高远，直尔称之耳也。""坚固"所对应的梵文为Sara，其读音与Sala接近。

《梁书》卷五十四"诸夷列传"记载，南朝天监十八年（519），扶南国（位于今中南半岛南部）复遣使送天竺旃檀瑞像、婆（娑）罗树叶，并献火齐珠、郁金、苏合等香。唐代段成式《酉阳杂俎》记载，唐天宝初年，西域的安西道向朝廷进奉娑罗树枝。张谓为此代安西节度使撰写了一篇《进娑罗树枝状》，极言该木具有"不庇凡草，不止恶禽"的良好品性。作为佛教的圣树，娑罗树在中土不少寺院有栽种。《太平御览》卷九六一"娑罗"条引盛弘之《荆州记》，叙述了西晋永康元年（300）在巴陵显安寺的僧房内忽然生长出一株娑罗树，后被外国僧认出的神奇故事。楚州淮阴县（今中国江苏淮安）曾有唐开元十一年（723）海州刺史李邕撰文并书写的《娑罗树碑》。北京香山公园的香山寺遗址，有清乾隆三十八年（1773）御制的《娑罗树歌碑》，其诗以满、蒙、汉、藏四种文字镌刻，赞叹此处的千年娑罗树。历代文人的笔下也不乏歌咏此树者。北宋欧阳修《娑罗树诗》云："伊洛多奇木，娑罗旧得名，常于佛家见，宜在月中生。"故娑罗树不仅是中印植物的交流例证，也承载着佛教文化传播的信息。

（陈明）

雨后娑罗园 印度拘尸那迦

Suomo Feituo

《娑摩吠陀》 *Sāma-veda* 印度上古四种吠陀本集之一。全称《娑摩吠陀本集》。

"吠陀"梵语意为"知识"，作为专有名词，广义指上古印度在公元前2千纪~前1千纪形成的四类作品：吠陀本集、梵书、森林书和奥义书；狭义则仅指本集。四种吠陀本集，即《梨俱吠陀》、《耶柔吠陀》、《娑摩吠陀》和《阿闼婆吠陀》是印度最古老的经典。"沙摩"意为圣歌、圣诗。《娑摩吠陀》即是在举行苏摩祭时，由作为咏歌者的婆罗门祭司吟唱的颂诗。其颂赞和吁求的对象常是苏摩、阿耆尼和因陀罗等神。该吠陀共有颂诗1 810首，不算重复的计1 549首。除78首外，一概来自《梨俱吠陀》，只是经过了修改，次序亦有所调整，以适应咏唱的需要。另外的那些可能来自雅利安人入印以前当地原住民在夏至、冬至和其他节日时喜唱的歌曲。全书分为前、后两篇。前篇有诗585首，后篇有诗1 225首。由于《娑摩吠陀》的圣诗重在咏唱，所以对于音律的优美格外注意。欲操此业的婆罗门亦必须先经严格训练，以娴熟掌握有关曲调。在传承不同的各派中，《娑摩吠陀》圣诗的咏唱方法也不相同，有三个版本流行于不同地区。由于该吠陀的某些诗句在语法上甚为古老，所以有人认为尽管它大部分晚于《梨俱吠陀》，但有的部分可能早于《梨俱吠陀》。不过此说并未得到普遍认同。

《娑摩吠陀》梵英双语本封面

《娑摩吠陀》在印度音乐史的研究上具有重要价值。印度歌曲的七个基本声调即首见于这一吠陀本集。

（葛维钧）

suoliang

所量 prameya 印度古代哲学术语。指认识的对象。正理派与佛教中使用较多。如正理派的根本经典《正理经》中认为"所量"可以分为12种，即我、身、根、境、觉、意、业、过失、再生、果报、苦、解脱。这12种"所量"中包括人的生命主体、人的身体器官、世间事物，以及轮回解脱中涉及的一些状态或要素。中国现代研究正理派的学者对"所量"观念有关注。姚卫群在其所著的《印度宗教哲学概论》（北京大学出版社，2006）一书的第8章论及了这方面的内容。

（姚卫群）

Suowen Jing

所闻经 Śrauta-sūtra 印度古代文献里四种劫波经之一。用“经”体写成。

约产生于公元前10～前7世纪的梵书是专门论述吠陀祭祀的。随着时间的流逝，其精义逐渐模糊难解，遂有“所闻经”出现，对梵书加以注释，具体阐明其对于祭祀的各种规定及执行方法。不同吠陀系统各有自己的所闻经。属于《梨俱吠陀》的有《阿湿伐罗耶那》、《香卡耶那》和《绍那迦》等所闻经；属于《娑摩吠陀》的有《蚊氏》、《罗吒耶耶那》和《德罗诃耶耶那》等所闻经；属于《黑耶柔吠陀》的有《阿帕斯坦巴》、《宝陀耶那》、《真理不堕金长发氏》、《摩奴氏》、《婆罗德伐迦》、《娑吐那》、《隐修氏》、《泥目氏》、《慈氏》、《迦塔》和《野猪氏》等所闻经；属于《白夜柔吠陀》的有《伽陀耶耶那》等所闻经；属于《阿闼婆吠陀》的有《拘舍迦》等所闻经。劫波经本身有时亦统称所闻经。另有一说将劫波经分作两类，一类涉及祭祀仪式的，称所闻经；另一类规定人在家庭和社会中各个人生阶段的不同生活方式的，称传承经。总之，所闻经是一类与“天启”经典密切相关的文献，这从二词同出一源（梵语动词śru，意为“聆听”）且内在联系紧密可以看出。

（葛维钧）

Suoboqie Shijiaqiongnai

索波切·释迦琼奈 zur po che sha kya vbyung gnas（1002～1062） 中国藏传佛教高僧，宁玛派教法仪轨的主要传承人之一。从小亲近当时的许多密宗成就者，广泛学习**宁玛派**教法，先后学到了流行于各地的《幻变经》、《集经》等旧

译密法；同时，向后弘期兴起的新派代表人物**卓弥·释迦益西**学习**道果法**。功成名就后，他相继创建邬巴隆寺和卓浦寺，给宁玛派开辟了一个统一的有组织的宗教活动中心，使宁玛派结束以往分散无组织的传教模式，开始走向以寺院为中心的正统传教之路。

索波切·释迦琼奈建立健全了宁玛派的教法仪轨。他整理分散流传于社会上的宁玛派经典，并对重要部分进行分门别类，将《本续》和《释续》分开，《本论》和《释论》结合，《密续》与《修法》配合，《修法》和《仪轨》一致，最后归纳为《根本续》和《注疏续》两大类。此为后来被称为《十万旧密续》的最初大集成。

索波切·释迦琼奈门下产生许多著名弟子，相传有“四尖端”和“一锋芒”及108位大修行者。“四尖端”分别为：正见密意之尖端**索琼·喜饶札巴**，讲说幻变密法之尖端梅雅琼札，智解法门之尖端向格琼，修行密法之尖端桑贡西饶杰布。“一锋芒”指具足善知识之扎喇嘛。其中，索琼·喜饶札巴为主要法脉继承人。

索波切·释迦琼奈虽然是一名在家居士，没有受过比丘戒，但是他严格按照佛教戒律行事，在当时宁玛派居士大多娶妻养儿育女的社会风尚中树立了“奉行梵戒，无子嗣”的良好形象，为改变当时宁玛派戒律松散的现状起到了积极作用。

（尕藏加）

Suonanzimo

索南孜摩 bsod nams rtse mo（1142～1182） 中国藏传佛教高僧，萨迦派五祖之第二祖。幼年时期跟随父亲**萨钦·贡噶宁布**学习萨迦派教法，年长后赴桑浦寺拜噶当派高僧**恰巴·却吉僧格**为师，学习慈氏五论及**因明学**等显宗教法。父亲去世后，继任父亲法位，成为萨迦派第二祖。但继任法位后不久，又将法位让给弟弟**札巴坚赞**，不问政教事务，专心修习佛法，主要在前藏的桑浦寺研习佛学奥义。他博通显密教法，尤以注重密宗修炼和严守佛教戒律而享誉当时宗教界。同时，索南孜摩娴熟**声明**、工巧明、**医方明**、

因明和**内明**，即五明学科（见**五明论**），为推动佛教文化在青藏高原的发展起到积极作用。

（尕藏加）

Suoqiong Xiraozhaba

索琼·喜饶札巴 zur chung shes rab grags pa（1014～1074） 中国藏传佛教高僧，宁玛派的教法仪轨主要传承人之一。又名德夏·嘉沃巴。西藏后藏人，族姓“索”，名喜饶札巴。因与上师同姓，便在姓后加了“琼”字，意为“小”，以此区别并表示对上师的敬重。7岁始识字读书。9岁时能背诵静怒事业法。13岁时对世俗生活顿生厌烦心理，没带任何盘缠，离家外出，有幸拜见**索波切·释迦琼奈**。这位高僧见他天资聪慧，又为同族姓，便收容为弟子，不久又认为养子。索琼·喜饶札巴在**宁玛派**的教理方面取得令人仰慕的成绩。尤其是他的因明辩论才能出类拔萃，所向无敌。此外，在密法实践领域获得大成就，证悟甚深的**大圆满法**。

上师索波切·释迦琼奈去世后，索琼·喜饶札巴全面负责管理邬巴隆寺、卓浦寺和札嘉沃修行地三处宗教活动场所，建立健全寺院规章制度，使寺院宗教仪式迈向正规化。他规定每天早晨在邬巴隆寺举行宗教仪式，正午在卓浦寺举行宗教仪式，傍晚在札嘉沃修行地举行宗教仪式。同时，为了扩大宗教活动范围和增强宗派社会影响，他主持建造了一座有九个柱子的豪华佛殿，取名空行神殿，内部塑有42尊佛像及护法神像，并在殿堂两面墙壁上分别绘有广略坛城图案。

索琼·喜饶札巴培养了众多的得力佛门弟子，号称有四柱、八梁、十六椽、三十二桷、二大瑜伽士、一狂徒、二平庸、二达古若和二无用者等，为宁玛派的发展打下了组织基础。

（尕藏加）

Suo Shijiasangge

索·释迦桑格 zur shakya seng ge（1074～1134） 中国藏传佛教高僧，宁玛派教法仪轨的主要传承人之一。又名秘密怙主·卓浦巴、拉杰钦波·卓浦巴。

索·释迦桑格出生8个月后，父亲索琼·喜饶札巴辞世，靠母亲和舅舅抚养成长。15岁前在家中一边学习文化、一边练就管理家务的本领。15～19岁，在照顾家事的同时，外出广拜名师，系统学习佛教理论。后来又邀请高僧大德到府上传授佛法，系统学习《幻变经》、《集经》和《心品》等宁玛派远传经典部的全部教法，从而成为继承和发扬这一教法的著名人物。

索·释迦桑格曾长期在卓浦寺静修处修炼密法，在生起、圆满二次第上获得证悟，名扬四方，享有密宗大师称号。曾前往后藏定日地区会见印度瑜伽大师帕·丹巴桑杰，在广泛交流密法体悟后，这位瑜伽大师对他在密宗实践上取得的成就给予了充分肯定和高度称赞。此外，索·释迦桑格对卓浦寺进行了大规模的修缮和扩建，并在寺内每年举行春、夏、秋、冬4次大型法会。

索·释迦桑格培养了众多门徒，其中有12位著名弟子，号称4位那布、4位敦巴和4位梅。4位那布分别是杰敦嘉那、斯那科罗、聂那多瓦、达那孜多旺秋；4位敦巴是聂敦切桑、嘉敦多杰贡布、香敦、嘉敦；4位梅是藏巴戚敦、玉敦胡布、邦敦加吉、乌巴曲桑。他们都在宁玛派的发展过程中作出过贡献。

（尕藏加）

国家出版基金项目
NATIONAL PUBLICATION FOUNDATION

中印文化交流百科全书

（详编）下

Encyclopedia of China-India Cultural Contacts (Complete Edition)

《中印文化交流百科全书》（详编）
编辑委员会

中国大百科全书出版社
Encyclopedia of China Publishing House

T

takongjian

他空见 gzhan stong 中国藏传佛教觉囊派基本教理。“他空见”学说在藏传佛教诸多宗派中颇为孤立，除了觉囊派坚持中观他空见外，其余宗派都奉行中观自空见。

“自空”和“他空”的区别主要是在认识上，即世俗谛和胜义谛之间的异同点。世俗诸法均由因缘而生，而缘生不会有自体，故称世俗假有，也就是所谓的万物自空。觉囊派认为，这是通过人的错误的认识或分析把本来存在的实体说成“空”，从而否定其绝对存在的实体；但是胜义法性是永恒不变的真实，为智能观照之境，即胜义有。也就是说，胜义谛无体，无喻，远离一切戏论。

觉囊派认为，涅槃是常住法，非前无而现在始有；涅槃无烦恼，无明烦恼者无涅槃。凡是修菩萨心，禅定智能，执守戒律者都可以断除无明烦恼，能看见涅槃。关于“他空见”的佛学思想，笃布巴·西饶坚赞在《山法了义海论》中有全面的阐释，如他空胜义谛是恒常不变，周遍一切情器世界，与如来藏同一意义，而如来藏为万法之根，绝对不能空。觉囊派也承认有空性，但是这一空性是有条件的，只能是因缘生法，是虚妄不实的。正如无自体是自空，属于世俗谛；而胜义谛自体不空，因而是他空。

觉囊派认为，空就是心的存在本身，光是语言，这二者的统一就是“觉”（心）。这种划分法与三身的划分相同。心的真实存在就是具有无限精神潜力的身（法身），光明是受用身，其表现形式是化身。一旦升华的智能（智神）出现，幻觉现象就会停止；如果相反而表现出了幻觉现象，那么神智就会中断。事物的世界是无实的，事物仅仅是一些

觉囊派高僧画像

现象，而现象又仅仅是由心造成的。任何从事冥想的人事实上是不存在的，可以冥想的某种东西也是不存在的，因为冥想者和被冥想物都仅仅是思想的一种发光的特征。

（尕藏加）

Tashi Aoyishu

《他氏奥义书》 *Aitareya Upaniṣad* 印度古代哲学文献。数百种奥义书之一。约产生于公元前800～前500年。主要论述了梵、我、世界创造的根本因等问题。梵文本在当代中国被译成了汉文本。较早的汉译本由徐梵澄译出，收入《五十奥义书》(中国社会科学出版社，1984）中。黄宝生也将此译成汉文，收入《奥义书》(商务印书馆，2010）一书中。

（姚卫群）

Ta' er Si

塔尔寺 sku vbum dgon 中国藏传佛教格鲁派重要寺院，与甘丹寺、哲蚌寺、色拉寺、扎什伦布寺、拉卜楞寺并称格鲁派六大寺院。位于青海湟中县城，建于明代，兴盛于清代。最初信众在宗喀巴降生地建造佛塔，以示纪念。后当地高僧仁钦宗哲坚赞于1560年建造了一座静修禅房，1577年又增建一座弥勒殿，至此初具寺院规模。

1612年，维赛嘉措遵循四世达赖喇嘛旨意，创建显宗学院，自任法台（住持）。该寺实行哲蚌寺教规，讲授显宗五部大论，并确定寺院称谓，即格奔强巴林，意为十万弥勒佛洲。后衍生汉语塔尔寺之名。

1649年，由西纳·勒巴嘉措在塔尔寺建立密宗学院，其教法仪轨与拉萨下密院的相同。

1711年，却藏·洛桑丹贝坚赞在塔尔寺建立医药学院；1718年，嘉堪布·洛桑顿智遵照七世达赖喇嘛意愿，建立法舞学院；1757年，却藏·阿旺图丹旺秋扩建医药学院；1817年，却西·洛桑丹贝尼玛（1787～1859）建立时轮学院。至此，塔尔寺已成为显密兼容、修习大小五明学的大型寺院。

1776年，格奔（今青海湟中）西纳川拉科庄首领桑杰隆珠出资，由三世土观活佛·罗桑却吉尼玛和三世阿嘉·洛桑绛央嘉措共同主持，依据圣童垒塔的传说，建造了一字形排列的善逝如意八宝塔。这8座组合排塔成为塔尔寺的标志性建筑。塔尔寺的酥油花、堆绣（刺绣）和绘画（壁画），因工艺精巧，被

塔尔寺广场

塔尔寺八塔

誉为艺术三绝，名扬海内外。

塔尔寺鼎盛时期，寺僧数曾达3 600人，拥有显宗、密宗、时轮、医药和法舞五大学院。其中，显宗学院学僧达1 000人，采用哲蚌寺郭芒扎仓和色拉寺杰尊·却吉坚赞的教程，主攻显宗五部大论；密宗学院学僧约有300人，主要遵循拉萨密宗下院教规，修持密集生圆次第等密宗四续。塔尔寺学僧通常到哲蚌寺郭芒扎仓进修深造。

塔尔寺内建有近80座活佛府邸，如阿嘉活佛、赛赤活佛、拉科活佛、却藏活佛、赛多活佛、香萨活佛、西纳活佛、却西活佛的府邸。这些活佛曾被清政府册封并授予呼图克图或诺们罕职衔。其中阿嘉活佛、赛赤活佛、拉科活佛为驻京呼图克图，担任京城雍和宫和山西五台山的掌印喇嘛。历代阿嘉活佛为塔尔寺首席主持。

塔尔寺得到明清两朝的重视和扶持，加上三世、四世、五世、七世、十三世达赖喇嘛和六世、九世班禅额尔德尼等高僧活佛光临塔尔寺朝礼、驻锡并传法，使其声誉、地位不断提高，影响以及规模不断扩大，在蒙藏地区具有深远的影响。

塔尔寺在中印佛教文化交流史上有重大影响，其善逝如意八宝塔是为纪念释迦牟尼的八大成就而建造的。第一塔善逝塔，纪念释迦牟尼在蓝毗尼降生；第二塔菩提塔，纪念释迦牟尼在菩提树下觉悟成佛；第三塔法轮塔，纪念释迦牟尼在鹿野苑初转法轮；第四塔神变塔，纪念释迦牟尼示现神通，降伏外道；第五塔神降塔，纪念释迦牟尼升天说法后重返人间；第六塔和平塔，纪念释迦牟尼平息僧团内部纷争；第七塔殊胜塔，纪念释迦牟尼证得自主生死之境界；第八塔涅槃塔，纪念释迦牟尼在拘尸那迦涅槃。

塔尔寺每年举行四大祈愿法会：①正月祈愿大法会，赞颂佛祖释迦牟尼；②四月祈愿大法会，纪念释迦牟尼诞生、出家、成道和涅槃；③六月祈愿大法会，纪念释迦牟尼“三转法轮”；④九月祈愿大法会，纪念释迦牟尼神降。

（尕藏加）

Tata Jiazu

塔塔家族 the Tatas 印度拥有最大的私人企业的家族。主要从事工业和贸易，业务遍及印度国内外。经营范围涵盖钢铁、纺织品、能源、汽车、信息技术等诸多领域。最初以印度工业的先驱者为人所知，19世纪中叶开始从事贸易活动，其中包括对华贸易。

塔塔家族成员

1859年12月，家族企业创始人N.塔塔与两位合伙人P.罗易金德和迦利安达斯共同在中国香港的荷里活道创办了一家名为贾姆希德吉与阿尔德希尔的公司。该公司从印度进口鸦片和棉花，同时出口中国的茶叶、丝绸、樟脑、肉桂、铜、黄铜和黄金等商品。N.塔塔将儿子J.N.塔塔派往香港。作为家族企业真正意义上的创始人，J.N.塔塔1859～1863年到中国，其间在上海创办了一家分公司。1864年，受印度孟买股市暴跌的影响，塔塔集团遭到重创，暂时减少在中国的投资。数年后，N.塔塔访问中国和日本，试图恢复公司在香港的分支。在此次访问中，他收集了包括瓷器在内的各种艺术品，后来发展为塔塔东方艺术藏品系列，今收藏于孟买的西瓦吉博物馆（原威尔士亲王博物馆）。N.塔塔还投资了由妻子的两个兄弟达达帕依和索拉博吉创立的D.C.塔塔公司（后更名塔塔公司）。

当塔塔家族进军印度纺织品制造业时，他们和其他印度商人一样向中国出口自己生产的主要产品棉纱。19世纪末，印度在中国棉纱进口市场中所占份额已高达96%。在塔塔家族从事纺织品生产之前，人们认为只有印度生产的劣质棉纱在中国才有销路。然而，塔塔家族在孟买创办的司瓦德希纱厂所生产的优质棉纱同样受到中国的欢迎。直到20世纪初，印度棉纱在中国市场的份额才逐渐被日本棉纱和中国本土棉纱所取代。

19世纪末的若干年间，塔塔家族曾一度试图挑战欧洲航运巨头在东亚航线上的垄断地位。他们与日本邮船株式会社合作开通了自己的航线，随后在欧洲航运公司发动的“运费之战”中遭受损失，不得不退出航海贸易。

对华贸易虽从未成为塔塔集团的重心，但在其早期发展历程中仍占据了一定的地位。近年来，塔塔集团重返中国市场，主要从事信息技术、钢铁、工程、消费品等领域的相关贸易，在华员工逾3 000人。

（玛妲玉撰 杨衡宇译）

Taixu

太虚 Taixu（1890.01.08～1947.03.17）中国佛教僧人，哲学家。在中印文化交流中起过积极作用。乳名淦森，俗名吕沛林。生于浙江海宁，籍贯浙江崇德

（今浙江桐乡）。1904年5月在吴江平望小九华寺剃度出家，法名“唯心”，师祖奘年为他立“太虚”为表字。同年12月，随奘年于宁波天童寺受戒。在传戒过程中，表现出超群的记忆力，能在短时间内熟记各种戒本。1907年前往慈溪西方寺阅大藏经，阅读《大般若经》后有所感悟。1909年到南京，就读于**杨仁山**居上创办的**祇园精舍**。1911年赴广州弘扬佛法，被推选为白云山双溪寺住持。1912年与杨仁山在金山创立中国佛教协进会，后并入寄禅为会长的中华佛教总会。被推为《佛教月刊》总编辑，提出“教理革命，教制革命，教产革命”为口号的佛教革命，受到保守派的反对。1914年前往浙江**普陀山**锡龄禅寺闭关。1917年出关后前往中国台湾地区及日本讲学，并考察当地佛教。1918年回国，在上海与陈元白、章炳麟等人一起创办觉社，出版《觉社丛书》，后改为《海潮音》，历经30年从未中断。1922年在武汉创立武昌佛学院。1924年筹办世界佛教联合会，任会长。1925年率领佛教代表团出席在日本东京召开的东亚佛教大会，再次考察日本佛教。1927年2月于上海创办佛法僧圆觉苑，4月，成为厦门南普陀寺住持兼闽南佛学院院长。1928年在南京创设中国佛学会。同年，赴英国、德国、法国、荷兰、比利时、美国等国宣讲佛学，并应法国学者建议，在巴黎筹设世界佛学苑。1931年入川，在重庆北碚缙云寺创办汉藏教理院，用以沟通汉藏文化，融洽民族感情。参与发起1935年5月于南京成立的中国中印学会。1939年组织中国佛教访问团，从云南出发，访问缅甸、锡兰（今斯里兰卡）、印度、泰国以及南洋群岛。1945年出任中国佛教整理委员会常委。1946年元旦获宗教领袖胜利勋章。1947年3月17日圆寂于上海玉佛寺。

太虚为爱国护教作出重要贡献，对培育僧才、整顿僧制不遗余力。创办或主办的佛学教育学院有武昌佛学院、闽南佛学院、世界佛学苑、重庆汉藏教理院、西安巴利三藏院、北京佛教研究院。创办的佛教刊物有《海潮音》月刊、《觉群周报》等。著作有《整理僧伽制度论》（1929）、《释新僧》、《新的唯识论》、《法相唯识学》、《真现实论》（1940）等。

1940年，太虚抵达印度**加尔各答**，受到摩诃菩提会和印度国际大学的欢迎，与M.K.**甘地**、R.**泰戈尔**、J.**尼赫鲁**、**谭云山**等人会面。先后游历**菩提伽耶**、**瓦拉纳西**等佛教圣地。曾派遣**法舫**等赴锡兰、印度传布大乘佛教，研究**巴利语**、梵语，谋求中印文化进一步合作。为建立人生佛教，促使佛教世界化，派遣学僧分赴中国西藏及印度、锡兰等地学习，以从事巴利语、梵语、藏语之研究。通晓经律论三藏、各宗教义，以及各家学说。对于诸子百家，乃至科学、哲学也有研究。门人**印顺**整理了他的著作，将其汇编为《太虚大师全书》，全书约700万字，分为4藏20编，共60册，由宗教文化出版社出版。

《太虚大师全书》封面

（张然）

Taige' er

泰戈尔，A. Abanindranath Tagore （1871.08.07～1951.12.05） 印度现代画家。全名阿巴宁德罗纳特·泰戈尔。出生于今印度西孟加拉邦加尔各答市。诗人R.**泰戈尔**的侄子。1890年入加尔各答艺术学校学画，1896年毕业留校任教，结识该校校长、英国画家E.B.哈韦尔（1861～1934），开始临摹莫卧儿细密画。1903年结识访问印度的日本画家横山大观（1868～1958）、菱田春草（1874～1911），学习其“朦胧体”的新日本画淡彩晕染技法。1905～1915年任加尔各答艺术学校副校长，与哈韦尔一起发起印度孟加拉文艺复兴运动，形成孟加拉复兴派，简称孟加拉派，主张改革印欧学院派写实主义教学体系，倡导复兴阿旃陀壁画、莫卧儿细密画与拉杰普特细密画等印度艺术传统，培养了N.**鲍斯**等一批孟加拉派画家。1923年主持加尔各答印度东方艺术学会。1941年R.泰戈尔逝世后继任印度国际大学校长。

《玄奘》 水彩画 泰戈尔绘

泰戈尔作为孟加拉派创始人，他本人的绘画具有示范作用。主要描绘印度古代神话、历史和文学题材，在技法上融合了印度传统绘画与日本、中国绘画的元素，线条纤细，色彩朦胧，形成了孟加拉派典型的薄涂画风。代表作有薄涂水彩画《印度母亲》、薄涂蛋彩画《旅程的终点》、薄涂水彩画插图《天方夜谭》等。他1922年创作的薄涂水彩画《玄奘》塑造了中国唐代高僧身背行囊经籍、拄杖前行的坚忍不拔的形象。

（王镛）

Taige'er

泰戈尔,D. Debendranat Tagore（1817～1905） 印度近代宗教改革家，梵社第二代领导人。全名德宾德拉那特·泰戈尔。出生于孟加拉一个富有的婆罗门家族。父亲德瓦卡纳特·泰戈尔是印度新兴资产阶级的代表，不仅有大片庄园，而且经营蓝靛、茶、糖及煤和硝石等矿业生产，并拥有自己的船队。其父也是罗姆摩罕·罗易的好友，思想开明，积极支持梵社的改革活动，并热心慈善事业。其子R.泰戈尔是现代印度最著名的诗人和思想家。

泰戈尔早年就读于罗姆摩罕·罗易创办的启蒙学院。毕业后，热衷于宗教和社会改革事业，并研究梵文文献和西方哲学思想。1839年，他创立了通梵协会，不久更名为知梵协会，其宗旨是反对印度教的偶像崇拜和烦琐祭仪，提倡崇拜非人格的至高之神——梵。罗易逝世后，梵社的改革事业面临着内外危机，一方面受到外部保守势力的强大压力；另一方面内部又出现一些动摇分子，纷纷退出梵社。在这种形势下，1843年，他高举罗易的改革大旗，将自己的知梵协会与罗易创立的梵社合并，名称仍为梵社。他自己也承担起新梵社的领导重任。为了巩固和发展梵社，他采取了一系列改革措施：为梵社编纂了一部新的教典——《梵法教典》，为梵社会员制定了行动原则，要求会员必须通过正式仪式才能入社，使梵社由松散的社团转变为一个组织严密的团体。

此外，他建立了一所大学，名为"真理觉知学院"，目的是培养具有改革精神的青年思想家。同时，还创办了一些刊物，积极宣传改革思想。他对梵社最大的贡献，是向全国派出一大批青年梵社社员，让他们到各地游说，宣传梵社思想，帮助各地建立新的改革社团或梵社分会。这一行动不仅扩大了梵社的影响，而且也推动了全国的改革运动。其主要著作是《德宾德拉那特·泰戈尔的自传》。

泰戈尔的思想和事迹，在中国出版的许多有关印度历史和宗教的书籍中都有记载，如林承节著的《印度教现代史》、黄心川著的《印度近现代哲学》、朱明忠著的《印度教》等。

（朱明忠）

Taige' er

泰戈尔,R. Rabindranath Tagore（1861.05.07～1941.08.07） 印度诗人，作家，哲学家，艺术家，社会改革家。全名罗宾德罗纳特·泰戈尔。兼擅孟加拉文和

英文双语创作。泰戈尔不仅使孟加拉语文学焕然一新，而且转变了自己所在的孟加拉地区（泰戈尔在世时，孟加拉尚未分治，如今已分为印度西孟加拉邦和孟加拉国）音乐发展的方向。泰戈尔在身后留下一笔超越时代和文化的遗产。他不但是印度文学史上罕见的巨匠，而且也是世界文学史上少有的大师。随着岁月的流逝，他的作品愈益放射出璀璨的思想光芒，显示出永恒的艺术魅力。他的作品被译成多种文字，在世界各地广泛流传，并被编入教材，在中学和大学讲授，产生着持久的影响。泰戈尔与M.K.甘地，被并称为印度20世纪

19世纪80年代，在英国留学期间的泰戈尔

的两大伟人。在其60年的创作生涯中，始终保持不懈的探索精神和过人的创作精力，在诗歌、小说、戏剧和散文等领域都取得了卓越成就，给后世留下了数量惊人、种类繁多的艺术珍品。他毕生创作50余部诗集、10余部中长篇小说、90多篇短篇小说、数十种戏剧，同时著有数量可观的散文作品和其他杂著。这些作品主要收在多卷本《泰戈尔文集》之中。他还创作了2 000余首歌曲。1913年以诗集《吉檀迦利》获得诺贝尔文学奖，成为第一个获此殊荣的非欧洲裔人士。他的作品和获奖对中国青年、知识分子和诗人等产生了显著影响，而他为恢复印度与中国之间曾经密切的文化关系所付出的努力也起了重要作用。1915年，英国政府授予泰戈尔爵士头衔。1919年，在英国警方制造贾利安瓦拉花园惨案（又称阿姆利则惨案）之后，他愤然放弃这一荣誉头衔，以示强烈抗议。

生平与创作 1861年5月7日，泰戈尔生于印度孟加拉省加尔各答市。当时，加尔各答是英属印度的首府，也是印度的文化中心。以加尔各答为中心的印度宗教改革运动、文学革新运动和民族主义运动潮流涌动。这三大运动汇流，使印度进入被后来称为孟加拉文艺复兴的巨大变动阶段。这是英国殖民主义者统治之下的印度民族意识逐渐觉醒，从传统社会向现代社会迈进的重要历史转折时期。泰戈尔的祖父达罗卡纳特·泰

泰戈尔夫妇合影 19世纪80年代

戈尔（1794~1846）有王公之称，是印度启蒙思想家、宗教哲学家和社会改革家**罗姆摩罕·罗易**的友人和忠实支持者，不仅慷慨解囊，而且支持当时的重要社会改革和进步运动。泰戈尔的父亲戴本德罗纳特·泰戈尔是孟加拉19世纪一个新教派**梵社**的领袖。梵社信奉**奥义书**规定的印度教一元论根本原理。

泰戈尔家族是孟加拉地区的望族之一，在农村拥有大片的地产，在城市拥有豪华的邸宅。这一家族虽然属于婆罗门这一印度最高种姓，但从泰戈尔的祖父起，便不再把种姓制度的“神圣”放在眼里，颇多离经叛道之举。泰戈尔的父亲通晓印度与西方的哲学，是一位宗教哲学家和社会改革家。他的神秘主义哲学思想对泰戈尔起了潜移默化的影响。泰戈尔是家中的幼子，上有哥哥和姐姐13人。泰戈尔的兄长大都多才多艺，他们的非凡才能和家庭浓郁的文学艺术气息，对泰戈尔产生了重大影响。泰戈尔在晚年回忆童年时说，自己的“心智是在一种自由的气氛中成长起来的”。

泰戈尔早年虽曾短期就读于加尔各答的不同学校，却是个出名的辍学生和废除传统学校观念的倡导者。他主要在家里接受教育。虽然曾被送往英国接受正规教育，但他并没有修完任何规定的课程。他在8岁开始写诗，17岁时出版了第一部诗集《诗人的故事》(1878)，并在随后的5年中出版一系列诗集，其中包括《野花》(1880)、《破碎的心》(1881)、《暮歌集》(1882)和《晨歌集》(1883)，直至他于1884年托名帕努辛赫推出一部用中世纪风格创作的诗集《帕努辛赫诗抄》。到1881年时，他已创作一部舞剧《蚁垤的天才》及诗剧《楼陀罗昌德》。泰戈尔的创作虽然囊括了包括长篇小说和散文在内的多种文学样式，但他的创作天才主要倾注到诗歌、短篇小说和音乐之中。他摈弃刻板的古典形式和语言结构，通过采用新的散文、韵文形式和使用口头语言，丰富了孟加拉语。他的作品以抒情性、普世性和写实性而受到广泛而高度的赞誉；诗集《吉檀迦利》和两部长篇小说《戈拉》(1910)及《家庭与世界》(1916)是他最为著名的作品。他的两篇音乐作品分别被孟加拉国和印度遴选为国歌。他还在身后留下巨量的绘画、素描及无意识画。这些艺术品是他在暮年创作的。

作品的汉译和对中国新文学运动的影响　泰戈尔1913年被授予诺贝尔文学奖后不久，其作品即被译成中文。后来成为中国共产党创建人之一的**陈独秀**是其作品的第一个译者。陈独秀于1915年将《吉檀迦利》中的4首诗的中文译本发表在《青年杂志》(后改名为《新青年》)第一卷第二号上。随后，其他诗人和学者，如**郑振铎**、**赵景深**、王独清、**许地山**、柏香、瞿世英、沈雁冰（见**茅盾**）等，广泛翻译泰戈尔的作品。许多译者，如**郭沫若**、**胡适**和**徐志摩**，在国外时即读过泰戈尔的英文作品，另外一些在国内的译者，也能阅读英文著作。他们深受《新月集》和《吉檀迦利》的影响。中国对泰戈尔文学作品的激赏达到了一个新的高度，以至中国的数代老少学者在整个20世纪，尤其是在过去的数十年间，对泰戈尔做了大量原创性的研究及翻译工作。

泰戈尔获诺贝尔文学奖的消息和他的作品在世界各地的广泛流传，对于中国新文学运动产生了巨大影响。郭沫若在旅日期间读了泰戈尔的诗作后，产生了做一名诗人的强烈愿望。在他的第一部诗集《女神》中，可以很容易地看到泰戈尔的诗对他的深刻影响。“新月”被不止一次地用于他的诗歌标题之中。他在诗中向泰戈尔问候早安，祝愿他长寿。他将泰戈尔视为自己的偶像，还将《吉檀迦利》中的数行诗句化入自己的一首诗中。他将自己这一时期的诗歌称为泰戈尔式的诗歌，新颖而澄静。郭沫若成为现代中国文学新诗奠基人之一，显然与泰戈尔的影响和示范作用密不可分。

女作家**冰心**是新文化运动中受到泰戈尔巨大影响的另一位重要文学人物。1920年，当她还是一名学生时，就写了一篇散文《遥寄印度诗人泰戈尔》。这篇散文所表达的情感是当时中国文学青年对泰戈尔的普遍情感。1981年，她在给《吉檀迦利》中文译本写

泰戈尔青年时代饰演自创音乐剧《蚁垤的天才》中诗人蚁垤的剧照

泰戈尔与长女、长子合影　1889

19世纪90年代，担任孟加拉文学协会第一次会议主席时的泰戈尔

溥仪与泰戈尔在御花园四神寺合影 1924

的序中说，泰戈尔是她青年时代最爱慕的外国诗人。1961年泰戈尔百年诞辰之际，她写了一篇英文纪念文章，收在当年新德里出版的《泰戈尔百年诞辰纪念文集》中。她在文章中写道，童年时代，当她在学校图书馆的架子上发现泰戈尔的《吉檀迦利》、《新月集》以及其他诗歌时，觉得那些诗歌清新流畅并充满了东方的韵味，于是十分欣喜，仿佛在沿着山路漫步时发现了一簇幽兰。她还读了泰戈尔的短篇小说和其他散文作品，为诗人对妇女的深切同情和对儿童的热爱所深深打动。同郭沫若一样，冰心也是在泰戈尔作品的激励下开始尝试新诗创作的。她的两部诗集《繁星》与《春水》收录了许多具有哲理意味的小诗，与泰戈尔的《飞鸟集》有颇多相似之处。然而，冰心主要以散文创作而著称。她的以细腻而抒情的笔触和清新流丽的语言为特色的艺术风格，是在泰戈尔的强烈而巨大的影响之下形成的。冰心终身热爱泰戈尔，为翻译和诠释泰戈尔的作品作出了巨大贡献。她倾心翻译的《吉檀迦利》等作品已经成为中国翻译文学宝库中的经典之作。

受到泰戈尔的影响或激励的中国现代诗人与作家还有郑振铎、**刘半农**、徐志摩及**林徽因**等，他们大多翻译过泰戈尔的作品，后来都成了著名作家或诗人。徐志摩在1923年7月6日发表的《太戈尔来华》一文中表示，在中国新诗界中，“十首作品里至少有八九首是受他直接或间接影响的”。

泰戈尔对中国知识分子的影响，导致新文化运动中的一个新的文学流派新月派的兴起。其代表人物是新月社成员胡适、徐志摩、**闻一多**、梁实秋等。新月社社名即是徐志摩依据泰戈尔的诗集《新月集》而起的。

对中国的访问　1924年，泰戈尔应**梁启超**邀请访华，随行人员有国际大学印度学教授**沈谟汉**、艺术学院院长N.**鲍斯**、斯利尼克坦农村建设研究所所长恩厚之（音译伦纳德·埃尔姆赫斯特），以及加尔各答大学迦梨陀娑·纳格博士。泰戈尔一行5人于1924年3月21日离开加尔各答。**孙中山**闻讯盛情邀请泰戈尔前往广州晤面。然而，由于当时南方政局不稳，再加上泰戈尔不愿延期抵达北京，所以他们没有前往广州。不过，泰戈尔一行曾在香港逗留。其间，孙中山派了一位私人代表前去看望，表示泰戈尔一行从北京开始其中国之行不无道理，一旦可能成行，自己愿意北上与泰戈尔会面。不无遗憾的是，孙中山因患肝癌于翌年辞世，中印两国的两位伟人竟缘悭一面。

泰戈尔与友人们在北京景山庄士敦家中合影 1924
前排坐者：泰戈尔（左）、颜惠庆（右）；前排站者：任萨姆（左）、林徽因（右）；中排左起：徐志摩、迦梨陀娑·纳格、恩厚之、沈谟汉、润麒、鲍斯；后排：庄士敦（右）

对于泰戈尔1924年访问中国，中国知识界的反应毁誉兼而有之。1923～1924年，为了迎接泰戈尔来华访问，郑振铎与一些知名作家合编的《小说月报》连出泰戈尔专号，发表了他相当数量的短篇小说、剧作和诗歌的译作，以及评介他的思想与艺术的文章。全国所有的重要报刊群起效法，对泰戈尔的翻译与研究方兴未艾。一股泰戈尔热旋即席卷全国，为泰戈尔的造访营造了浓郁的气氛。这在中国现代文学史上实属罕见。

不过，鲁迅最初对泰戈尔却不以为然。早在1907年，他就在《摩罗诗力说》一文中表示，近代趋于衰落而且沦为英国殖民地的印度已经成为“影国”，亦即一个名存实亡的失败国家，不再产生足以“流转异域”的伟大作家和作品。1921年9月，他在《〈狭的笼〉译者附记》中再度以愤激之言写道：“我爱这攻击别国的‘撒提’之幼稚的俄国盲人埃罗先珂，实在远过于赞美本国的‘撒提’受过诺贝尔奖金的印度诗圣泰戈尔；我诅咒美而有毒的曼陀罗华。”鲁迅对泰戈尔的误解，可能与资讯欠缺以及日本报刊的影响有关。泰戈尔曾因抨击日本的民族主义和军国主义而令日本听众不快并遭到冷遇。后来，鲁迅对泰戈尔的态度有所转变。

1924年4月12日，泰戈尔一行抵达中国上海，受到隆重欢迎。嗣后，直至5月30日离境，泰戈尔在中国访问为期49天，游览了杭州、南京、济南、北京、太原和汉口等一批或风光秀丽或历史悠久的城市。他马不停蹄地参加了许多活动，会见了各界的许多人士，其

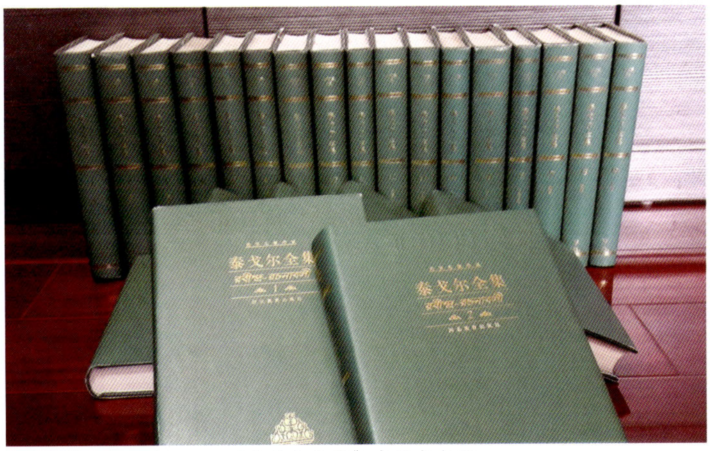

《泰戈尔全集》中译本书影

中包括知名学者、作家、教授、演员，众多的学生以及一些政治人物，著名京剧艺术家**梅兰芳**即为其中一人。泰戈尔与他的富有意义的会见被传为佳话。泰戈尔将自己用孟加拉文创作的一首诗题写在一柄纨扇上赠给梅兰芳，表达了他对梅氏高超的艺术技巧的激赏。此外，泰戈尔还访问了一些教育机构和佛教组织。所到之处，无不受到热情欢迎与接待。有关他活动的报道与文章一度频现于中国的主要报章杂志。

泰戈尔在北京讲学社的赞助下发表了系列演讲。几乎在每次演讲中他都强调，他是一个诗人，他的使命就是恢复古代印度与中国之间心心相印的文化关系。这些演讲收入1925年出版的《在中国的演讲》。

泰戈尔访华的高潮是他对北京的访问。他于4月23日抵达，5月20日离去，至少发表了6场演说。5月8日，诗人的64岁生日庆祝活动在北京隆重举行。梁启超赠其一对精良石制印章，上面镌刻着他为泰戈尔起的中国名字"竺震旦"。他热情洋溢地解释说，印度昔称中国为震旦，中国则名印度为天竺，因此这个名字代表了中印团结，同时又保留了泰戈尔印度名字Rabindra的固有含义。泰戈尔被这件富于意义的生日礼物深深感动。他的中国名字于1925年《在中国的演讲》一书出版时被附到了封面上。北京新月社成员当晚特意为庆贺他的华诞演出了他的剧作《齐德拉》。林徽因出演女主角齐德拉。根据鲁迅日记记载，鲁迅当晚也曾前往协和礼堂观剧。

泰戈尔对自己的中国之行非常快意。他说："我从来不曾这样愉快，也从来不曾像与你们这样密切地与任何别的民族接触过。有些人，我觉得我们仿佛从小就已经相识。我在此逗留期间，一切都被安排得十分美好，我感到愉快。" 1941年，诗人在80岁高龄时深情地写了一首诗，回忆自己在中国度过的那个不同寻常的生日：

在我生日的净瓶里
收集着我多次朝觐的圣水
这一点我始终铭记。
我曾踏上中国的土地
那些从来不曾谋面的人
将友谊的标志点上我的前额
称我为他们的知己。
不知不觉间异客的外衣脱落了
内里那个永恒的人显现了
展示出一种令人欣慰的关系
让我始料不及。
我取了中国名字，穿上了中国衣。
我心里早就知道，我无论在哪里
找到朋友，都会在那里获得新生，
他们给我带来生命的奇迹。

中国人民的伟大朋友 泰戈尔一生始终对中国人民怀着无限的友谊与深厚的感情。1881年，他在年仅20岁时就发表了一篇题为《在中国的死亡贸易》的论文，强烈谴责英国殖民者在中国倾销鸦片，毒害中国人民。他指控英国人用枪迫使中国人吞下鸦片，攫取巨额利润。这可能是世界上最早谴责**鸦片贸易**罪恶的正义的呼声。从那时起至其逝世的60年间，中国一直在泰戈尔的心目中占有特殊的地位。

泰戈尔对中国的前途充满信心并预言中国终将崛起。1916年，他于赴日本途中在香港停留。他从在码头上干活的中国劳工身上看到了中华民族的伟大力量。他在日记中写道："看到劳作中巨大的力量、技巧和喜悦如是集中于一处，我认识到，这个伟大的民族的整个大地上蕴藏着一种多么巨大的活力。当这样一种巨大的活力拥有了自己的现代工具，当它掌握了科学，世界上又有什么力量能够阻挡它呢？"他真诚地期望中国觉醒过来，希望中国繁荣富强。他的预言体现了一种博大的胸怀和善意，更透露出一种罕见的睿智与远见。

泰戈尔对中国人民的伟大友谊和衷心热爱在其1924年访华期间喷涌而出。他无论走到哪里，总要情不自禁地赞颂中印之间源远流长的友好关系。他非常珍视中印友谊，对那些为两国文化交流作出巨大贡献的前人充满景仰之情。他发现中印两国的先辈用生命缔造的珍贵友谊一直延续了下来。他希望中印之间能够弥合由岁月造成的情感裂隙。他呼吁中国人民"重新开启交流的渠道"，希望"中国走近印度，印度走近中国"。他一再强烈主张中印人民、亚洲人民乃至全世界的人民团结起来。

泰戈尔高度评价了中国人民的道德水平。他说："你们是历史最为悠久的民族，因为你们拥有古老的智慧。是你们对善的信仰，而不是单纯对力量的信仰，哺育了你们的智慧。这就使你们有了辉煌的历史。"在考察中国社会之后，他说道："你们中国人不是分散的个体。你们的社会本身就是你们的团结精神的产物。""你们执着地热爱这个世界和你们身边的万物，但并不将你们的财富封闭在孤立的围墙之中。"他断言中国人民已经"本能地掌握了事物的韵律"。在离开中国前夕，他动情地说："你们非常有人性。我也感触到了你们内心中的人性，我已经，或至少我觉得，我已经与你们的心贴近了。我的心里不是仅仅充满了仰慕与惊异之感，而是充满了爱的情感，特别是对那些我密切接触过的人们。"他数度提到，中国人热爱生活，具有让大地果实丰盈、万物瑰丽的巨大爱心和天赋。

泰戈尔衷心热爱中国文明。他在鉴赏中国古代绘画时说："中国是一个伟大的民族。他们创造了一个美的世界。"

《泰戈尔像》 徐悲鸿绘
现藏中国北京徐悲鸿纪念馆

泰戈尔熟悉中国古代的一些诗人。他告诉中国听众：“我一直在读你们的诗集的译本，我被你们的文学中的神韵所迷醉。它具有自己与众不同的特点，我在我所了解的文学之中没有见到过任何与之类似的东西。”他在中国发表的著名讲演《文明与进步》中多次引证中国古代哲人老子《道德经》中的诗句。他认为，中国文明是富于人性的、一以贯之的和注重精神的。他说：“出现过无数代树木的古老森林赖以繁荣滋长的土壤，会由于落叶与落花而变得深厚、肥沃和多产。你们古老的文明已经使心灵的土壤变得丰润。它那持续不断的人性，无论接触到任何属于它的东西，都有一种使之富于生命力的作用。如果中国文明不是充满了精神生命，它不可能延续如此长久。”他认为，中国的文学以及其他所有自我表现的艺术形式都天然具有一种好客与亲和的精神，所以他在这个文明古国居留期间颇有一种宾至如归之感。他怀着“重启古代精神交流渠道”的使命来到中国。他受印度人民的委托前来告诉中国人民，“我们印度人对你们心中有爱，我们也渴望接受你们的爱”。作为印度人民的杰出代表，铭记着中印两国历久弥新的友谊，他圆满地完成了自己的历史使命。与此同时，他也永远活在了中国人民的心中。他与中国人民的友谊，是两国传统友谊的新的篇章。

泰戈尔访华期间还与才华横溢的青年抒情诗人徐志摩结成了密切的友谊。徐志摩在泰戈尔访华期间一直充任其翻译。两人相处，情同父子。泰戈尔《在中国的演讲》就是题献给这位年轻人的。徐志摩于1928年10月赴印度，到国际大学回访了泰戈尔。1929年3月19日，泰戈尔在结束对加拿大的访问返回印度途中，专程前往上海逗留两日，以看望徐志摩。泰戈尔启程回国前，**宋庆龄**为他主持了隆重的送别仪式。5月14日，中国一位驻日外交官前往东京帝国饭店拜访在那里下榻的泰戈尔，邀请他再度访问南京和其他地方。泰戈尔表示自己希望在启程返回印度之前能够重访中国，与中国的青年人接触。6月11日，泰戈尔再次来到上海，仍旧在徐志摩家停留两日。

泰戈尔1924年访华之后，决定在国际大学内创建一所中国学院，以讲授中国语言文化和进行印中文化研究，最终这一的愿望最终在**中印学会**的帮助下变为现实。国际大学中国学院的设立成为现代印中关系史上的一件具有里程碑意义的大事。在泰戈尔的感召下，**谭云山**于1928年来到印度，加入国际大学，成为汉学和印度学方面的教授。他受命将中国学院建设成为印度第一个学习和研究中国语言、文学和文化的中心，以及第一个象征现代印中文化交融的摇篮。1937年4月14日，泰戈尔在国际大学中国学院落成典礼上致辞。他说：“今天对我而言，确实是一个盛大的日子，一个期盼已久的日子。此时，我终于能够代表我们的人民，履行我们的历史所蕴含的一个古老誓言，保持我们印度人民与中国人民之间文化交流和友好往来的誓言。”作家**许地山**、画家**徐悲鸿**等先后应邀在该学院讲学，一时气氛活跃，盛况空前。泰戈尔与他们都建立了深厚的友谊。1940年，徐悲鸿为泰戈尔画了一幅彩色肖像画。这一名作现藏于北京徐悲鸿纪念馆。

泰戈尔对中国人民的深厚友谊中最令人铭感的是他在坚苦卓绝的抗日战争中对中国人民真诚的同情和坚定的支持。泰戈尔曾经访问过日本。他对日本工业的崛起表示赞赏，但对其军国主义对世界的潜在威胁表示担心。他警告日本统治者：“决不要以为你们对其他民族造成的伤害对你们自身不会有任何影响，也决不要以为你们在自己家门口播下的敌意会在未来成为保护你们的壁垒。”

泰戈尔在多个场合明确表示深切同情中国人民，严厉谴责日本的侵略战争。日本对中国的暴行令他深感痛苦。他就人类文明面临的问题以及人类文明的普遍价值，与日本诗人野口米次郎进行了深入的哲学辩论；他在报纸上公开发表的与野口米次郎的通信中，旗帜鲜明地表示自己坚决与中国人民团结在一起。泰戈尔的这些书简一方面抨击了日本帝国主义及其盲目的民族主义，另一方面也强调了持续的文明对话对于一个由民族国家组成的不断变化的世界是必要的。他确信，“中国是不可征服的，她的文明展现出神奇的资源，她的空前团结的人民正在以奋不顾身的忠诚，为自己的祖国开创一个崭新的时代”。他痛斥日本军队轰炸中国城市的罪行和他们在中国的“死亡之舞”，拒绝在当时访问日本。1938年7月，泰戈尔写了著名的《致中国人民书》，谴责日本“叫嚣武力，残酷无情地不加区别地大肆屠

《泰戈尔作品集》中译本封面

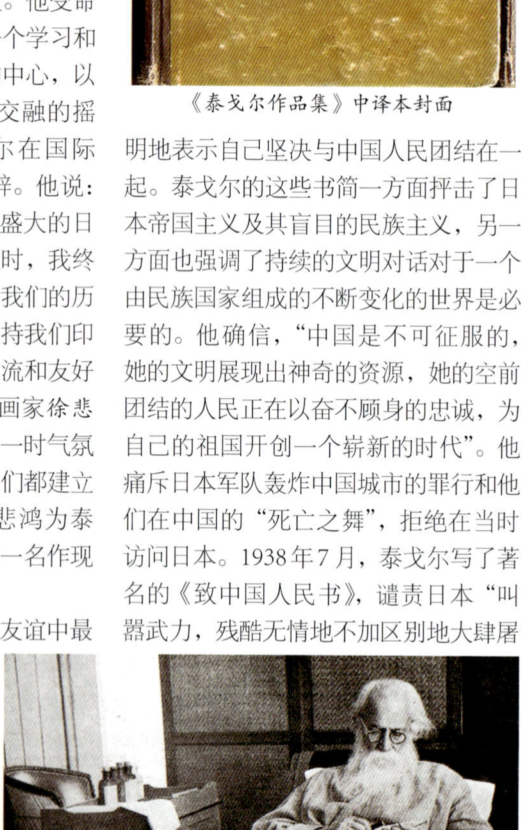

杀生命，摧毁教育中心，麻木不仁地蔑视人类所有的文明准则”，预言日本必将“承载失败的致命重负”。

泰戈尔对中国的关切与热爱是始终不渝的。1941年，他在身患重病之际依然念念不忘中国，渴望获得有关中国人民抗日战争的好消息。他曾对友人P.C.马哈拉诺比斯说，中国人民“是被迫与疯狂的侵略进行战斗的。他们与邪恶战斗，因而是光荣的。他们即使（暂时）遭到失败，也并不耻辱。他们的荣耀在于，他们抵抗了压迫”。他甚至在1941年4月14日发表的最后一次公开演说《文明的危机》中，也没有忘记谴责日本肆无忌惮的侵略。

中印友谊的桥梁　泰戈尔是现代中印友谊坚不可摧的桥梁。当他拨动中国青年诗人和知识分子富于创造性的心弦之时，当他在中国人民处于历史进程的

《中国学者论泰戈尔》封面

危难关头与他们站在一起，支持他们奋起捍卫自己的民族主权之时，当他在国际大学建立印度第一个中国语言、文学和文化的学习和研究中心之时，他就在中印之间建立了永恒的联系。一个同样重要的事实是，泰戈尔对文明和文明互动的论述，已逐渐成为一个促进中印关系升华的主要理论基础。

随着印度于1947年获得独立和中华人民共和国于1949年建立，中印关系进入了一个新的历史阶段。在经历长期战乱之后，中国人民开始了经济与文化的建设。直到此时，系统地译介泰戈尔的作品才有了可能。20世纪50年代，一些知名学者和翻译家如郑振铎、冰心、石真、黄雨石、吴岩、金克木、俞大缜、英若诚、冯金辛等，除一二人修订再版旧译外，都新译了泰戈尔的若干重要作品。

20世纪50年代～60年代初期，在泰戈尔访华的30年后中国出现了又一个译介其作品的高潮。在1961年泰戈尔百年诞辰之际，人民文学出版社出版了10卷本精装《泰戈尔作品集》。泰戈尔的诗集如《吉檀迦利》、《园丁集》、《故事诗》、30余篇短篇小说、长篇小说《戈拉》以及一些剧作都被收入其中。北京大学印度学家季羡林在于北京举行的纪念会上发表讲话，高度评价了泰戈尔的作品。

1981年，中国外国文学研究会在北京召开首次泰戈尔学术研讨会，人们开始以新的眼光研究和评价泰戈尔。至今中国学者发表了数以百计的文章，评介泰戈尔和他的作品。泰戈尔绝大多数孟加拉文和英文作品已被译成中文，有些作品还不止一个译本。2000年，河北教育出版社出版了24卷本《泰戈尔全集》。

20世纪50年代以来，泰戈尔的诗歌《两亩地》、《吉檀迦利》第35首等作品不断被选入中国中学语文教材。2000年3月，中国教育部修订初级中学语文教学大纲和高级中学语文教学大纲，首次明确制定了中学生课外文学名著必读书目，包括《吉檀迦利》、《新月集》、《园丁集》、《故事诗》等诗集在内的《泰戈尔诗选》名列其中。中国教育学会中学语文教学专业委员会为此组织有关专家编写《中学生课外文学名著导读》一书。《哲人绝唱　诗界丰碑》等导读性文字将泰戈尔的生平、主要作品的要义及一些世界名人的有关评论简要介绍给了中学生读者。在大学里，泰戈尔是有关外国文学课程中必讲的最重要外国诗人之一。这些举措使泰戈尔在中国变得家喻户晓。

中国官方和民间均将泰戈尔推崇为现代中印友谊的象征，因而极为重视泰戈尔对知识和文化领域的贡献。在2011年纪念泰戈尔诞辰150周年之时，在2013年纪念泰戈尔荣膺诺贝尔文学奖100周年之际，中国举办了多场学术研讨会、专题大会、舞台演出，并不断推进诸多研究和翻译项目，从而迎来泰戈尔热的一次新高潮。

（刘建　邵葆丽）

Taige'er zhexue sixiang

泰戈尔哲学思想　R.泰戈尔不仅是印度现代最伟大的诗人，而且是一位杰出的哲学家。他把诗人丰富的想象力、形象思维能力与哲学家深邃的抽象思维能力

R.泰戈尔像

和洞察力奇妙地结合在一起。这位诗人-哲学家有时表现出诗人的豪放和浪漫，有时则表现出哲学家的睿智和理性，在他的诗歌中包含着深刻的哲理，而在他的哲学作品中也不乏对日月江河的形象描绘。

从哲学家的角度看，泰戈尔无疑属于现代新吠檀多论者。其思想渊源主要是三个方面：①印度古代奥义书和吠檀多哲学。他早年受到的教育和生活环境已经在他的心灵中播下了印度古代哲学的种子，吠陀、奥义书、《薄伽梵歌》以及吠檀多的“梵我同一”思想对他的世界观产生了深刻的影响。②中世纪印度教虔信派改革家的泛神论和宗教改革思想。在青年时代，泰戈尔就对虔信派大诗人迦比尔、那纳克和达杜等人的诗篇非常感兴趣，他们诗歌中那种人格化的、大慈大悲的神或梵，以及在神面前人人平等的观念对他的哲学思想也产生了不可磨灭的影响。③西方近现代思 645

《泰戈尔随笔精选》封面

泰戈尔诗集《心笛神韵》封面

《泰戈尔》封面

泰戈尔《新月集》封面

想和自然科学知识。他从西方近现代的人文科学、自然科学和人道主义学说中吸收了大量的思想营养，并运用这些思想重新审视、批判和改造传统的吠檀多，从而创立了自己的哲学思想。

泰戈尔的哲学思想主要表现在四个方面：

人与自然的和谐统一　泰戈尔以其独特的视角分析了人与大自然的关系，并在此基础上进一步阐述了他的宇宙观、人生观、道德观、宗教观和社会理论等。有关人与自然的关系，是剖析和理解泰戈尔哲学思想的出发点。

泰戈尔首先对比了古希腊和印度这两种文明的特点。在他看来，古希腊文明与印度文明在看待人与自然的关系问题上存在着很大差异。古希腊文明是一种城市文明，孕育于城墙之内。城墙这种壁垒把人与大自然分割开了，使人不能自由地接触大自然。同时，这种壁垒也在人们头脑中留下了深深的痕迹，会使人养成一种习惯，凡是对屏障以外的东西都会产生怀疑，会认为它们是异己的或敌对的。因此，古希腊文明的特点是以征服自然、向自然索取为荣的。他们把城市以外的自然界看作异己的，所以力求征服自然，向大自然索取和掠夺更多的东西，以供自己使用。在他们看来，自然界各种事物基本上是无生命的或兽性的，它们没有理智和情感，人是无法与之相沟通的。

泰戈尔认为，印度文明与古希腊文明不同，古代印度文明产生于森林。雅利安人最初进入印度时，印度是广阔的森林地带。森林首先给他们提供了躲避骄阳酷暑和暴风雨的隐蔽场所，并且也为他们提供了建筑房屋的木材、养殖家畜的牧场、拜神祭火的燃料、赖以生存的水源和食物等。大批的雅利安人部族定居于森林地区，依靠森林而得以生存。因此，印度文明从一开始就与森林、与大自然产生了不解之缘。

在泰戈尔看来，印度文明与希腊或西方文明有两个不同的特点：一是，印度人与大自然保持着和谐统一的关系。印度人不像希腊人那样与大自然有一种分离感或障碍感。相反，他们生存于大自然、依靠大自然，与大自然保持最紧密的、最和谐的关系。一旦离开大自然，他们就无法生存下去。二是，印度人把自然界的万事万物都看作是有生命、有感情、有精神的，人与自然界的事物在精神上是相通的，人与自然可以交流和沟通。因此，泰戈尔不赞同西方人所谓“人与自然是征服与被征服的关系”的观点。他主张，人与自然是一种和谐而统一的 关系。

泰戈尔还从吠檀多哲学的角度，阐述人与自然的关系。他认为，世界万物都是梵的显现，或者说是梵的表现形式；梵潜居于万物之中，作为它们的精神本质。那么，人也不例外，人也是梵的显现。梵也潜居于人体之中，作为人的精神本质。潜居于人体之中的梵，泰戈尔称之为“我”、“个人灵魂”、“灵魂意识”、“人内中的神性”等。根据吠檀多“梵我同一”的观点，既然梵潜居于万物之中，也潜居于人体之中，那么人与宇宙、人与自然万物在精神本质上就是同一的。人与宇宙，在先天本质上就是和谐统一、紧密相连的。因此，泰戈尔主张，人与宇宙之间也是和谐统一的关系。

泰戈尔认为，由于西方文明和印度文明对人与自然关系的看法不同，因此，这两种文明在塑造国民和培养人才方面也存在很大差异。他指出，西方文明尽一切努力去培养国民，让国民发挥一切才干去占有和利用一切能够得到的东西，在这条道路上要克服种种障碍，要与大自然开战，也要与其他民族打仗，以最终实现理想。与西方文明不同，印度文明的最高理想是人与大自然的和谐和统一，因此，它所努力培养的人不是追求权力、不是追求财富，而是追求宇宙的最高本质，求得人与宇宙的统一。所以，自古以来，在印度最受人尊重的不是国王、皇帝、军事领袖，而是那些抛弃私欲和财产，在森林中静修的圣贤们。

泰戈尔通过这种对比的方式，论述了东西方文明的差异，阐明了人与自然关系的重要性。他主张，人与大自然之间的关系原本是和谐的，人与宇宙在精神本质上是同一的；征服自然的观点是错误的，与大自然保持和谐统一，才是人类的最高理想；只有实现人与自然相互和谐的理想，人类社会才能得到永久的和平与安宁。

人性的两个方面　泰戈尔哲学的核心就是人，他的一切哲学论述都是要解决人的问题，极力使人从痛苦和烦恼中解脱出来。因此，他用了大量的笔墨对人性或人的本质进行了分析。他的有关人性的观点，为其考察人生价值、人生理想和人生道路奠定了理论基础。

泰戈尔认为，人具有双重性质，既有有限的一面，又有无限的一面，人是

《泰戈尔精品集》封面

《泰戈尔抒情诗选》封面

《泰戈尔谈文学》封面

有限性与无限性的结合。具体地说，泰戈尔把肉体和肉体性质看作是人的有限方面，有时他称它为“有限人格”、“有限自我”。他认为，人的肉体方面是可以用生物学、生理学和心理学来测定的，肉体方面正是这三个学科研究的对象。泰戈尔指出，人的有限方面有三个特点：首先，有限方面要满足肉体存在的基本需求，如衣食住行，生儿育女，寻求欢乐，保证种群的延续等，这些都是人的生存所不可缺少的。其次，人的“有限自我”有一种强烈发展的自私意识。这种自私意识表现在许多方面：在物质追求上，人有一种贪得无厌的本性；在其他方面，自私意识则表现为沽名钓誉、自高自大、虚荣傲慢、固执己见、嫉妒报复等。其三，人的“有限自我”力图保持自己的独特性。肉体的人由于其自私性，他往往认为自己是世界上最聪明、最有力量的人，要求其他的人服从于他，听命于他。他不惜一切代价地保持自己的独特性，力图证明自己高于其他的人，从而使自己孤立起来。在这里，泰戈尔所谓的“有限自我”，实际上就是指我们所说的“普通的人”或“自然的人”。由于“有限自我”的这些特点，泰戈尔认为它只代表人的低级属性。

除了“有限自我”，人还有一个“无限自我”。泰戈尔根据吠檀多的“梵我同一”的原理，认为宇宙最高本体——梵是一种永恒的精神实体，它是万物的本源，世界万物都是它显现的。梵不仅显现了万物，而且寓居在万物之中，作为万物的精神本质。同样，人也是梵的显现，梵也寓居在人体之中，作为人的精神本质。这种寓居在人体中的梵，在吠檀多哲学中被称为“我”或“自我”。因此，泰戈尔把这种在人体中的“自我”看作是人的无限方面。同时，还赋予它许多名称，如“无限人格”、“无限自我”、“无限者”、“生命之神”、“普遍之人”、“永生之人”、“永恒精神”等。

泰戈尔认为，人的“无限自我”代表人的高级属性，人的真正本质。它是存在于人体内的“神性”，是与宇宙最高本体——梵相沟通的桥梁。因此，它具有许多不同于“有限自我”的特性：①它使人具有一种强烈的超越自身的愿望，不断地推动人超越有限的自我。这种“无限自我”具有无穷的力量，因为它与梵同出一源，它极力想恢复它原有的状态，不断地推动人超越物质状态，向精神状态发展。②因为人性中有这个“无限自我”，人才能不断地渴望解脱和永生。这种“无限自我”，原本就是永生不死的。正是有了它的推动，人才不甘心死亡，不断地追求永生，追求从生死轮回中解脱出来。③由于有了“无限自我”，人才具有极大的创造力。在泰戈尔看来，“有限自我”是以机械的方式或预先决定的方式对外界刺激做出反应的，它缺乏足够的创造性。相反，人的“无限自我”却具有无限的创造力，它不仅有创造新事物的能力，而且有独特的想象力和表达能力。有时，泰戈尔将其比喻为人内部的“艺术家”。

尽管泰戈尔认为肉体性质代表人的低级属性，但是他与古代吠檀多论者不同，他并没有否定肉体的实在性，也没有低估肉体价值和作用。许多古代吠檀多论者认为，肉体是虚幻的，它是束缚灵魂的牢笼；要想使灵魂获得解脱，就必须断灭肉体。与此相反，泰戈尔断言，肉体不但是真实的，而且是“神性的庙宇”。在他看来，人的“生命之神”就寓居在肉体之中，没有肉体存在，也就不能有“生命之神”，因此，肉体就成了“神性”存在的“庙宇”。他还认为，肉体不仅是“神性”存在的场所，而且也是人们进行精神修炼的基地。人们只要不断地进行精神修炼，就可以使肉体性质转化为精神性质，把人的有限方面转化为无限方面，最终获得精神的解脱。泰戈尔这种对待肉体和生命的态度，说明他完全摈弃了古代印度教那种蔑视肉体、轻视人生的愚昧观点，开始重视生命的意义和人生的价值。

人类的命运　泰戈尔的人性观告诉我们，人有两个方面：肉体的人（有限方面）和精神的人（无限方面）。肉体的人代表人的低级属性，他有强烈的自私意识和独立意识，他会做出许多自私自利、只顾自己不顾别人的事情，从而使自己与他人隔离开来，使社会不能和谐统一。而精神的人则代表人的高级属性、人的真正本质，他具有无限的创造力和真善美的本性，还在本质上有着与大自然的亲缘关系。一旦人的这种本性被揭示出来，人与人之间就会充满爱，人类社会就会和睦相处，人与大自然就会和谐统一。

泰戈尔认为，人类必须通过各种途径转化自己的人性，使自己的肉体性质转化为精神性质，使自己潜在的“真善美”、“和谐统一”的本性充分显现出来，从而使人与人之间相亲相爱、幸福欢乐，使社会生活和谐统一、完美无缺。

这就是人类奋斗的目标，也是人类的最终命运。他指出，人的努力就是力求从一种本性上升到另一种本性，只有当他的努力使他超越了个人的兴趣和自私的意识时，他才能成为一位“世界工作者”；只有当他与万物相联系，对万物产生爱时，他才能变成一个“大我”——“一个伟大的灵魂”。

在实现人类最终命运的问题上，泰戈尔反对传统吠檀多的观点。他认为传统吠檀多要求人断灭思想和行为的做法，只能导致人们脱离生活、逃遁现实，走上悲观厌世、蔑视人生的道路。因此，他主张，必须在现实生活中，通过人们的行动和工作，去转化肉体的自私性，去揭示内在的“自我”，使其真善美的本性充分发挥出来，最终实现人类的命运。

乐观的人生态度　在对待人生的方面，泰戈尔反对古代印度教那种悲观消极的人生观，表现出一种热爱生活、热爱生命、积极入世、乐观向上的人生态度。

泰戈尔认为，人的生活充满欢乐，生活本身就意味着欢乐，只有充分体会到生活欢乐的人，才不会谈论人生的悲哀，才能竭尽全力地坚持自己的生命，在生活和工作中以乐观的态度表现自己，如同一位凯旋的英雄昂首阔步地在生活的大道前进。他指出，这种生命的欢乐、工作的欢乐，对人类来说，就是绝对真理。

泰戈尔还进一步阐述，人类生命的欢乐在于运动，运动则意味着人体要与自然界进行内外交流。为了生活，身体必须与外界的阳光和空气保持多种关系，这不仅能获得生命力，而且也表现出生命力。另外，生命的欢乐亦在于创造性的工作。人在工作和劳动中，不仅可以创造出新的事物，而且还可以释放出他内在的美、内在的善和内在的才华，并从中享受到极大的欢乐。他指出，为了工作我们必须活着，为了活着我们必须工作，生命和行动不可分割地联在一起。他还认为，诗人的欢乐在他的诗歌创作中，艺术家的欢乐在他的艺术创作中，智者的欢乐在他对真理的洞察过程中，欢乐永远表现在他们各自的行动中。一个证悟梵的人的欢乐，也应当在他每天的、全部的、或大或小的工作之中。

庆祝泰戈尔诞辰150周年泰戈尔诗朗诵会门票　2011

在泰戈尔看来，一个人要使自己表面的自私性转化为真善美的本性，要使肉体性质转化为精神性，不需要脱离现实社会，就在日常的生活中，不断地磨炼自己，克服自私欲望，培养为他人服务的精神，从而证悟自己内在的“神性”或“无限自我”。具体的说，他提出了三个途径：①“在行动中证悟”。泰戈尔把人们日常的工作和劳动看作是克服私欲，培养为他人服务精神，证悟自己内在“无限自我”的重要途径，他把这种途径称为“在行动中证悟”。他认为，印度教经典《薄伽梵歌》早已告诉我们：我们必须行动，只有在行动中，我们所做的一切才能表现出我们的本性。②“在爱中证悟”。泰戈尔从一个人道主义者的角度出发，强调人与人之间的真正关系应当是爱，作为一个人必须培养博爱的精神，在爱他人，在同情、帮助他人的过程中，去证悟自己内在的“神性”。他指出，我们必须以爱来领悟整个世界，因为这种爱可以使世界回到爱的怀抱中；我们必须使内心得到解放，因为这种解放能使我们体验到原本属于梵的无限欢乐。③“在美的感受中证悟”。泰戈尔还以一个诗人或艺术家的视角，强调在大自然中、在人们的生活中充满着美，美是到处存在的。一个人必须在生活中去体验美、感受美，通过对美的感受，来体悟自己内在的“无限者”。他强调，真理无处不在，所以任何事物都是我们认识的对象；美无处不在，因此任何事物都可以给我们欢乐。

《泰戈尔歌曲精选集》出版首发式暨泰戈尔作品音乐会　2012

在泰戈尔看来，对于一个人来说，无论“在行动中”、“在爱中”，还是“在美的感受中”证悟内在的“神性”，都不是一件容易的事情。这里有一个自我牺牲的过程，最初的自我牺牲往往是痛苦和勉强的，这个时候必须坚持下去，一旦这一过程变成习惯时，它就能变成工作和行为的动力、变成爱和欢乐的源泉。

泰戈尔的哲学思想不仅充满热爱人民、热爱生活、热爱大自然的伟大情怀，而且也蕴含着崇高的人类理想以及“普遍和谐”和“普遍之爱”的人道主义精神，这些精神将永远激励印度人民为美好的未来而奋斗。

泰戈尔的哲学思想，对于中国人来说，并不陌生。早在1924年泰戈尔访华期间，中国学者不仅大量介绍了他的诗歌和文学作品，而且也有学者评述了他的哲学思想。时至今日，中国人对其哲学的研究更是广泛而深入。在中国出版的《泰戈尔》、《印度近现代哲学》和《印度吠檀多哲学史》等著作中，均有对泰戈尔哲学思想的详细论述和评价。

（朱明忠）

Tai Wuliang

泰无量 Amitendranath Tagore（1922～ ）印度中国现代文学研究学者。诗人R.泰戈尔的侄子。曾就读于印度西孟加拉邦圣蒂尼克坦国际大学中国学院，在谭云山的指导下学习中国古代汉语和文学。1947年，在印度政府奖学金的资助下作为研究生前往中国，在北京大学学习约2年。返印后，于1951年入中国学院，任中国现代语言文学讲师。后赴新西兰奥克兰大学，任中国文学教授。在汉学研究领域的代表作有《1918～1936现代中国的文学论战》和《道德经》的孟加拉语译本。

（那济世撰　乔安全译）

Tandi

昙谛 Tandi（约活动于4世纪下半叶～5世纪上半叶） 中国晋宋之际高僧。擅长讲解儒家与佛教经典，精通翰墨。

据《高僧传》卷七，昙谛姓康，祖籍康居（约在今中亚巴尔喀什湖和咸海之间），其祖先于汉灵帝（167～189年在位）时来到中国，献帝（189～220年在位）末年避乱于江东吴兴（今浙江湖州地区），父亲康彤官至冀州别驾。关于昙谛的出生，还有一个神异故事。据说他的母亲午睡时梦见一位僧人呼自己为母，并寄存一柄麈尾和两枚铁镂书镇，醒来后发现这两样东西都在，于是怀孕生下昙谛。昙谛5岁时，母亲将麈尾与书镇给他看，他回答说是秦王（姚苌）的馈赠，只是不记得放在哪里了。昙谛10岁出家。有一次昙谛跟随父亲到樊、邓（今湖北襄樊与河南邓州一带），遇见后秦高僧僧䂮，直呼其名。由于回忆起前尘旧事，并看到麈尾、书镇，僧䂮领悟到昙谛便是先师弘觉法师的转世。

昙谛阅览经籍，过目不忘。晚年到虎丘寺（位于今江苏苏州），讲《易》、《礼》、《春秋》各7遍，《法华经》、《大品般若经》、《维摩诘经》各15遍。性爱林泉，后来又回到吴兴山居，刘宋元嘉（424～453）末在山舍圆寂。而根据丘道护的《支昙谛诔》(收入《广弘明集》卷二十三)，昙谛跟随师姓支，于东晋义熙七年（411）圆寂。《出三藏记集》卷十二还著录有昙谛的《会通论》与《神本论》，今已不存。

（范晶晶）

Tanguang

昙光 Tanguang（约活动于7世纪） 中国唐代去印度求法僧人。荆州江陵（今湖北江陵）人。据义净《大唐西域求法高僧传》卷下，昙光于唐高宗李治时从海路赴印求法。到达东印度诃利鸡罗国（在今孟加拉国境内），其后不知行踪。

（王邦维）

Tankejialuo

昙柯迦罗 Dharmakāla（约活动于3世纪） 印度来华僧人，译经家。又译昙摩迦罗，或意译法时。

据《高僧传》卷一，昙柯迦罗出身于中印度一个富有家庭，幼时即聪明过人，具有敏捷的领悟能力，读书一遍，便能通解文义。曾潜心研习四部吠陀经典，以修求婆罗门教福慧为务。他也精通星相图谶之学以及其他各种道术，自谓天下学问，尽在腹中。25岁时，他偶于一处佛寺见到法胜撰写的《阿毗昙心论》，翻览一过，茫然不解其意，再三思索，更加糊涂。经一比丘解析，他才发现佛理更为深奥宏旷，于是舍弃世间荣华，出家精求佛道，遍诵大小乘经典及各部律藏。魏嘉平年间（249～253）游化至洛阳，发现当地虽有佛法流行，但道风不纯，规诫松弛。嘉平二年，众僧请他翻译戒律。他认为戒条繁细，律典复杂，汉地佛教尚不成熟，无法应用，故只在白马寺译出大众部戒律的节要本《僧祇戒心》，以备一般使用。此外，他请印度僧人按照规矩为汉僧剃度。佛教戒律传入中国自此开始。

（葛维钧）

Tanlang

昙朗 Tanlang（约活动于5世纪） 中国去印度求法僧人。南朝宋永初元年（420），与昙无竭、僧猛等共25人前往西方求经。一路历经艰难险阻，过雪山，度索桥，攀石壁，至平地已丧12人。余伴相携到达罽宾，游历天竺诸国，参礼天竺佛祖遗址和佛教圣物。除昙无竭最终回到扬州译经，昙朗等在天竺留居20余年，后不知所终。

（谭洁）

Tanluan

昙鸾 Tanluan（476～542） 中国北朝高僧。又作"昙峦"。对弥陀净土宗在民间的广泛传播作出了很大贡献，被尊为净土宗的二祖。

据《续高僧传》卷六等，昙鸾为雁门（今山西代县附近）人。未满15岁四处寻访遗迹，并随即出家。昙鸾广泛阅读佛经和儒、道两家典籍，尤其对鸠摩罗什所译的大乘中观派的基本著作《中论》、《十二门论》、《百论》、《大智度论》及有关佛性的学说特别留心。

梁武帝大通（527～529）年间，昙鸾到达江南，寻访道术之士陶弘景。陶弘景将《仙经》(10卷）送给昙鸾。梁武帝萧衍在重云殿接见了昙峦，他向武帝宣讲佛性之义。

之后，昙鸾启程返回北方。途经洛阳时，他遇到菩提流支，便向其请教佛经中是否也有长生不死之法。菩提流支将一部《观无量寿经》传授给昙鸾。昙鸾得到此经后，当即把《仙经》焚毁。自此以后，昙鸾四处弘扬弥陀净土信仰。

昙鸾的弥陀净土信仰主要强调"十念"(念佛名字、念佛相好等）与口称念佛，简化修行方法，依靠阿弥陀佛的神力往生净土并成佛。他还撰有《往生论注》、《略论安乐净土义》、《阿弥陀佛偈》等，可惜均已佚失。此外，昙鸾还善于调心练气、养生治病，并从事医学著述，著有《调气论》，著作郎王邵为该书作注。《隋书·经籍志》还收录了昙鸾的《疗百病杂丸方》(3卷)。

东魏孝静帝（534～550年在位）十分器重昙鸾，称其为"神鸾"，并命其住在并州大寺。他晚年又回到汾州北山的玄中寺（在今山西交城），有时前往介山讲法，此地后来被称作“鸾公岩”。玄中寺则直到唐代还是传播净土信仰的重要中心。

据《续高僧传》卷六，东魏兴和四年（542），昙鸾因病在平遥山寺去世。但关于他的卒年，文献、造像铭中还有其他的证据表明，他大约死于北齐天保五年（554）之后。

（范晶晶）

Tanluan Fashi Fuqi Fa

《昙鸾法师服气法》 中国南北朝高僧昙鸾的养生方法和理论。仅三百余字，收在北宋张君房编《云笈七签》卷五九。主要讲调息的具体方法，兼及养生的基本理论（即“四大调和”）。其方法是：①坐法，放松端坐，解衣带，双手置于膝盖上；②念诵《法性平等生死不二经》约半餐饭的时间；③闭目，举舌抵腭；④徐徐长吐气，使旁人听到出气声，然后由粗变细，十余息后，只有自己能听到出气声；⑤再由细到粗，十息后，达到刚开始时的状态，即让别人能听到。其要点有二：①系念，“如虎衔子，莫急莫缓”，“先净住所，使心不乱”。②“凡气节量，一任自然，绵绵若存，用之不尽”。昙鸾认为，“四大不调”可以从唇口之中得知：“冷为风增，热为火增，滑为水增，涩为地增。不冷不热，不滑不涩为调和。”还说：“声为风增，动为喘增，痒为热增，涎为水增。不声不喘，不痒不涎为调和。”可见，此法与《小止观》中的调息法有相似处。昙鸾的服气与道家养生健身术有关。“服气”一词即道家术语，昙鸾曾师从陶弘景修养生术，受过道家的影响。

（薛克翘）

Tanmojiatuoyeshe

昙摩伽陀耶舍 Dharmajātayaśas（约活动于5世纪） 印度来华僧人，翻译家。意译法生称。据《开元释教录》卷五、《历代三宝纪》卷十一等，昙摩伽陀耶舍为中印度人，南朝齐建元三年（481），于广州朝亭寺译出《无量义经》1卷。

（葛维钧）

Tanmojueduo

昙摩掘多 Dharmagupta（约活动于四五世纪） 印度来华僧人，译经家。据《开元释教录》卷四等，昙摩掘多为印度人，姚秦弘始年间（399～415）来到关中，与罽宾沙门昙摩耶舍相遇，“同气相求，宛然若旧”，遂于弘始九年（407）在石羊寺开始共同翻译《舍利弗阿毗昙论》，至十七年完成，得30卷。沙门道标为之作序。

（葛维钧）

Tanmoliuzhi

昙摩流支 Dharmaruci（约活动于四五世纪） 西域僧人，著名译经家。意译法乐、法希。

据《高僧传》卷二，昙摩流支为西域人氏，弃家入道后，以精通律藏驰名

远近。弗若多罗曾于长安中寺诵出《十诵律》梵本，由鸠摩罗什译成汉文。不料译到三分之二时，弗若多罗罹病去世。住在庐山的东晋高僧慧远知道昙摩流支精于律藏，遂驰书望他携书前往长安，续成译事。昙摩流支获信并受后秦文桓帝姚兴敦请，便于后秦弘始七年（405）秋来到关中，与鸠摩罗什共同将《十诵律》译毕。然而未及删订，鸠摩罗什亦复去世。他则前往其他缺乏律教的地方游化，据称遍历诸地后，终于凉州（治所在今甘肃武威）。《十诵律》后由卑摩罗叉补译完成。

（葛维钧）

Tanmomiduo

昙摩蜜多 Dharmamitra（356～442） 罽宾来华僧人，译经家。意译法秀。

据《高僧传》卷三等记述，昙摩蜜多为罽宾人，幼时便已显出亲近宗教的倾向，每遇法事，便欢喜雀跃。父母感觉不同寻常，7岁时即送他出家。罽宾圣贤众多，不乏明师。他在名僧大德的指导下博览群经，而最为精熟的，则是禅法。成年后，更显沉稳深邃且守戒不苟。由于生得两眉相连，人称连眉禅师。他性好游方，以弘传佛法为己任，遍历诸国后，到达龟兹（今中国新疆库车一带）。传说称，龟兹王曾在梦中得到大福德者将至的神示，遂于其到达之日亲自出城郊迎，请入宫中，殷勤供养。然而他对待遇并无多求。几年后，昙摩蜜多萌生去意，君臣苦留不果，遂度流沙而至敦煌。在那里，他在空旷之地建立精舍，并植海棠千株，开园林百亩，房阁池沼，干净整洁。不久，他东行至凉州（今甘肃黄河以西地区，治所在姑臧，即今武威），在那里修葺旧寺，传授禅法。南朝宋元嘉元年（424）辗转进入四川，后出三峡，止于荆州，住长

佛弟子像　中国新疆克孜尔石窟壁画

沙寺。据说他在这里请得了佛舍利。随后他继续沿江东下，到达京师建康（见南京），先住中兴寺，后迁至祇洹寺，皇后太子皆从师请戒，僧俗两众，常相礼拜。他在寺中教授禅道，往往有不远千里来受教者。人们都称他大禅师。在此，他翻译了《五门禅经要用法》、《佛说观普贤菩萨行法经》、《观虚空藏菩萨经》等经各1卷。会稽（今浙江绍兴）太守孟颛深信佛法，请他南下鄮县（今属宁波市鄞州区）游化。因他的到来，当地巫祝减少，佛徒增多。元嘉十年返回建康，住在钟山定林下寺；十二年，他在山势崇高处选址，另建定林上寺，远近士庶，踊跃捐助。寺成后，四方来朝者络绎不绝。十九年七月，昙摩蜜多逝世于该寺，葬于钟山宋熙寺前，终年87岁。

昙摩蜜多一生致力于弘扬佛教禅学，弟子众多。他所译经，还有《虚空藏菩萨神咒经》、《佛说转女身经》、《佛说象腋经》、《佛说诸法勇王经》各1卷等。据统计前后共有12部17卷。

（葛维钧）

Tanmonanti

昙摩难提　Dharmanandi（约活动于4世纪）　西域僧人，译经家。又称昙无难提，意译法喜。

据《高僧传》卷一、《出三藏记集》卷九等，昙摩难提为兜佉勒国（即吐火罗，在今以昆都士为中心的阿富汗北部地区）人，自幼离俗，聪慧早成，遍观三藏典籍，尤善诵解《增一阿含经》。对其博学洽闻，国人无不推服。由于志存弘扬佛法，故远涉流沙，于前秦建元年间（365～384），另据《历代三宝纪》卷八称建元初，道安《增一阿含经序》称建元二十年）来到长安，深受君主苻坚礼遇。在前秦重臣武威太守赵正的请求下，他与名僧道安、竺佛念等合作译出《中阿含经》59卷、《增一阿含经》41卷，共100卷（一说92卷）。此二经后由僧伽提婆校正，即成今日所传之经。另据《历代三宝纪》卷八，他还译有《三法度论》2卷、《僧伽罗刹集》2卷等。后苻坚为姚苌所杀，他又于后秦建初六年（391，另说建初二年）为尚书令姚旻译出《阿育王息坏目因缘经》1卷。但《高僧传》卷一称他在姚苌寇逼关内时，即已辞还

昙摩难提译《增一阿含经》封面

西域，不知所终，与前说不尽相同。昙摩难提译经总数，《历代三宝纪》卷八称为5部114卷，《高僧传》卷一称为106卷。

（葛维钧）

Tanmoyeshe

昙摩耶舍　Dharmayaśas（约活动于四五世纪）　印度来华僧人，译经家。意译法明、法称。

据《高僧传》卷一等，昙摩耶舍为罽宾人，自幼聪明好学，长而尤笃，14岁拜弗若多罗为师。成年后更显气宇高爽，明悟超群，除博览经律外，亦常独自深思，反省自责。然而，尽管长期专精悔罪，却年近三十仍未得正果，使他深自苦恼。传说此时博叉天王前来点悟，使他明白不该以独善小节为满足，而应以游方弘化为己任，广济世人，通过假借众缘，实现最终得道。自此他遍历各国，四出游化，并于东晋隆安年间（397～401）到达中国广州，当时他已85岁。由于善诵《毗婆沙》律，当地人称他大毗婆沙。在那里，他为前来受法的清信女张普明说《佛生缘起经》，并为之翻译《差摩经》1卷。东晋义熙（405～418）年初他来到长安。当时后秦文桓帝姚兴甚崇佛法，对他深加礼敬。天竺沙门昙摩掘多此时也在关中。二人同气相求，宛若旧交，并相商共译《舍利弗阿毗昙论》。译事从后秦弘始九年（407）开始，至十六年完成。译本今存。不久南游江陵，住辛寺弘扬禅法。无论官员百姓，即使来时并无信仰，去时也会内怀钦敬，满心欢喜。他既能仰同神明交接，也能俯与俗人亲近，大家都说他已经获得神圣的果报。昙摩耶舍于南朝宋元嘉年间（424～453）离开汉地，返回西域，后不知所终。

（葛维钧）

Tanqian

昙迁　（384～482）　南北朝时期居华的大月氏僧人，著作家。据《高僧传》卷十三等，昙迁俗姓支，祖先为大月支人，南朝宋、齐时代曾寓居建康（见南京），初住祇洹寺，后移往乌衣寺。既善儒学，又好老庄，而对佛教义理的研究则尤为深入，写过有关《十地经论》的注疏。此外，还工于书法，常将题写的佛经赠人。交游者多达官贵人，如彭城王义康、范晔等。后范晔被诛，无人敢行哀悼，唯昙迁毅然挺身为之营葬。皇帝闻之，甚为叹赏，嘱臣下撰写史书时切勿遗漏昙迁行迹。卒于南朝齐建元四年（482）。

（葛维钧）

Tanrun

昙闰　（约活动于7世纪）　中国唐代求法僧人。洛阳人。据义净《大唐西域求法高僧传》卷上，昙闰法师“善咒术，学玄理。探律典，玩医明”。他仪表堂堂，做事细致认真。曾周游江南，后到交趾（今越南北部），居住经年，很受当地僧俗敬仰。于唐高宗麟德年间（664～665）从海路赴印求法。乘船至诃陵北渤盆国（在今马来西亚加里曼丹岛东岸，另说在今印度尼西亚爪哇岛），遇疾而终，年30岁。

（王邦维）

Tanwuchen

昙无谶　Dharmarakṣa（385～433）　印度来华僧人，译经家。又译昙摩忏、昙无忏、昙无罗谶等。

据《高僧传》、《出三藏记集》等，昙无谶为中印度人，出身婆罗门种姓。6岁丧父，随母织毛布为生。母亲见沙门达摩耶舍受人崇敬，供养丰厚，便让他做其弟子。昙无谶聪明好学，10岁时读经，能够日诵万言。最初学习小乘，兼读五明，能说善辩，几无敌手。后遇白头禅师，终于败北。继而从禅师手中

获得写在树皮上的《涅槃经》，才真正惊悟，归信大乘。20岁时，他已能诵大、小乘经典200余万言。他又精于咒术，十试九验，曾以此道服务国王，人称大咒师。后国王待遇渐薄，他便辞往罽宾，并随身携带佛典数部，如《大涅槃经》前分10卷（一称12卷）和《菩萨戒经》(即《菩萨地持经》)、《菩萨戒本》等。然而罽宾国多学小乘，不信《大涅槃经》，他再东行，到达龟兹（今中国新疆库车一带），复至敦煌（有说至姑臧，即今中国甘肃武威），在该地滞留数年，译出《菩萨戒本》1卷。约在北

《大般涅槃经》书影

凉玄始十年（421），河西王沮渠蒙逊将他迎入姑臧，待之甚厚，并请他翻译佛经。他以不娴当地语言，又无传译者为由，没有立即应承。3年后他语言通晓，又有了名僧慧嵩、道朗可做助手，便开始翻译《大般涅槃经》前分。译场之内，聚集僧俗达数百人。昙无谶边译边讲，解释疑难，后人评价他所译“富于文藻，辞制华密”。接着他又应请翻译了《大方等大集经》30卷、《悲华经》10卷、《金光明经》4卷、《优婆塞戒经》7卷、《菩萨地持经》10卷、《海龙王经》(今已佚)等。由于《大般涅槃经》品数不足，昙无谶又返回故地寻找余本。不料母亲病故，故在家乡滞留1年。他在于阗（今中国新疆和田）找到了该经中分，回姑臧后继续翻译，得40卷本。北魏君主拓跋焘获知昙无谶精通道术后，派人索请，并且语带胁迫，称若不送人，即以刀兵相加。蒙逊不肯，拓跋焘更遣高官李顺前来劝说。蒙逊表示昙无谶为门师，不能离弃，自甘与之共死生。如此相持到北凉义和三年（433）三月，昙无谶以再度寻找《大般涅槃经》后分为由，自请西行。蒙逊对此十分不满，遂派刺客将昙无谶害于途中。这年他49岁。《大般涅槃经》译出后，在凉州（今中国甘肃黄河以西地区，治所姑臧）有道朗、智嵩等为之注疏传授。经本传到江南，则有慧严、慧观、谢灵运等加以修订传播。涅槃学说由此传播开来，对中国佛学产生了重大影响。时人评价他“临译谨慎，殆无遗隐，搜研本正，务存经旨”，故所译多能流传。他所译经，今人统计为11部112卷。

（葛维钧）

Tanwujie

昙无竭 Dharmavikrama（约活动于5世纪） 中国东北地区远赴印度取经的第一位僧人。又称法勇。

据《高僧传》卷三、《出三藏记集》卷十五等，昙无竭俗姓李，幽州黄龙（今辽宁朝阳）人。幼时为沙弥，勤修苦行，持戒诵经，深得师僧器重。受到法显事迹的激励，于南朝宋永初元年（420）邀集志同道合的沙门僧猛、昙朗等25人，携带幡盖供养之物前往西域，途经吐谷浑人建立的河南国（今青海湖一带）、海西郡（今青海省海晏县）、高昌（今新疆吐鲁番）、龟兹（今新疆库车）、沙勒（今新疆库什）等地。历尽艰难险阻，在12人丧生的情况下到达罽宾，礼拜佛钵。昙无竭在罽宾停留一年多，学习梵书梵语，获得《观世音受记经》梵本1部。之后又前往月氏国（今印度西北部），礼拜佛陀遗迹，并在檀特山（位于今印度西北部）石留寺受具足戒，奉天竺沙门佛陀多罗、汉地沙门志定为师，在寺夏坐三月。随后前往中天竺舍卫国（在今印度北方邦北部），并进至南天竺，最后跟随商船回到广州。昙无竭译出《观世音菩萨授记经》(T371) 1卷，据说还将其游历行记撰为《外国传》5卷，已佚。

（范晶晶）

Tanwuzui

昙无最 Tanwuzui（约活动于五六世纪） 中国南北朝时期僧人。曾在僧道辩论中取胜。据《续高僧传》卷二十三、《洛阳伽蓝记》卷四等，昙无最俗姓董，河南武安人。生而聪颖，善察幽微，少年出家，博通经论，并能坚持守戒，而对儒学、玄学亦有深究，颇为时人推重。曾于邯郸崇尊寺说戒，徒众过千。后奉敕驻锡洛阳融觉寺，宣讲《大般涅槃经》、《华严经》等经。天竺沙门菩提流支对他极为礼重，誉之为“东土菩萨”；又尝读昙无最所撰之《大乘义章》，大为赞叹，遂翻为梵文，寄传大夏，而那里凡读过此文者无不东向礼拜，呼之为圣人。北魏正光元年（520），孝明帝召昙无最与道士姜斌对辩佛道年次先后，以及老子《开天经》真伪等事。姜斌词穷失败，论罪当斩，经菩提流支苦谏，改为流放。此为北方佛道二教互辩优劣之滥觞。昙无最对于佛法之中兴贡献极大。后不知所终。

（葛维钧）

Tanyao

昙曜 Dharmayaśas（约活动于5世纪） 来华僧人，译经家。北魏佛教复兴者。

昙曜籍贯不详，或为西域人。据《续高僧传》卷一、《魏书·释老志》等，他少年出家，贞行坚固，曾于凉州（治所在今中国甘肃武威）修习佛学，以擅长禅业著称。后到北魏首府平城（今中国山西大同东北），受到太子拓跋晃的礼遇。当时其父太武帝采纳司徒崔浩的建议，崇信天师道士寇谦之所倡的新天师道，并于北魏太平真君七年（446）大举灭佛，焚毁寺塔，强令沙门还俗。昙曜道心坚固，誓欲死守，太子再三劝喻，仍旧密藏法服、器物，隐居山中。4年后，崔浩被诛。次年太子拓跋晃去世。再一年，太武帝被弑，文成帝继位。受其父拓跋晃影响，并有左右大臣支持，文成帝即位约一年，即下诏恢复佛法，委任僧人师贤为道人统。北魏和平初年（约460），师贤去世，昙曜代之，更名为沙门统，统辖僧尼。文成帝以师礼事之，他亦声誉日隆，深受僧俗敬重。为沙门统后，昙曜应文成帝之请，于平城以西武周山谷的北面石崖雕凿石窟5所，各镌佛像。像高六七十尺，雕饰奇伟，冠于一时。复又建立佛寺，称灵岩寺。大同云冈石窟的建立由此开端。后来的献文帝、孝文帝等都不止一次驾临此窟。和平三年，昙曜住云冈石窟通乐寺，在此召集各方德僧，译出佛经《大吉义神

咒经》4卷、《净度三昧经》1卷，另与西域沙门吉迦夜共译《付法藏因缘传》6卷、《杂宝藏经》10卷。北魏皇兴二年（468），献文帝攻破属于南朝宋的青、齐两州，将当地士庶数百户迁来平城，称平齐户。昙曜上奏，请将能够向寺院输谷60斛的平齐户和其他地方徙来的民户充作僧祇户，所纳粮称僧祇粟；同时将犯重罪者和官奴充作佛图户，从事寺院洒扫工作，兼种田输粟。上书获得批准，使得重兴佛教有了经济基础。此举对于后世佛教的发展也有很大影响。

（葛维钧）

Tanyi

昙翼 Tanyi（约活动于4世纪） 中国东晋高僧。道安的弟子，以律行、感通见称，在修建寺庙与礼请舍利、佛像方面有突出贡献。

据《高僧传》卷五记载，昙翼俗姓姚，是羌族人，也有说他是冀州（今河北）人。16岁出家，奉道安为师，以律行见称，博览佛经，受到同门的推崇。

昙翼曾游行蜀郡（今四川），刺史毛璩很看重他，为他置办午饭，亲自侍奉他进食。饭中有一粒谷子，毛璩看到昙翼先将谷子挑出来吃掉，心里更加钦佩，知道他不会浪费布施，于是赠给他一千斛米。昙翼将这些米都分发给众人。

昙翼跟随道安住在檀溪寺（位于今湖北襄阳）时，长沙太守滕含之将自己在江陵（今湖北荆州）的宅子贡献出来建立寺院，请求道安推荐一名僧人担任寺院的住持。道安便推荐了昙翼，昙翼南下对宅第进行改造，即长沙寺。后来前秦苻丕南侵江汉一带，百姓都避难于上明，昙翼又在那里建立寺院。等到前秦兵马撤去后，昙翼便回到江陵修复长沙寺。由于他至心祈请，据说还请来了一颗舍利，夜间大放光明，众人对佛教更生敬信之心。为了寻找修建寺院的木材，昙翼到巴陵君山伐木，途中有十多条白蛇挡住了去路。昙翼只好返回住所，向山神祷告，晚上便梦见山神显灵同意布施木材，但不许旁人窃取。第二天再去的时候路途很顺利，昙翼取回了修复寺庙所需的木材，而伐木工人偷藏的木料都被官家没收。

昙翼经常感慨：虽然有寺庙、僧人，却缺少佛陀的造像；阿育王所造的佛像很多，都分布在各地。于是他又诚心祈请，太元十九年（394）二月八日，城北突然出现了一座佛像，光芒万丈。白马寺的众僧先去迎接，而佛像岿然不动。昙翼认为这是阿育王的造像降临长沙寺，令弟子三人捧接，将其迎入寺中，僧俗大众竞相前来观看。后来罽宾禅师僧伽难陀前来礼拜，看到像光上的梵字，确认了这尊佛像就是阿育王像。众人对昙翼都十分叹服。

昙翼圆寂之日，所请佛像的圆光忽然灵化，不知往哪里去了，僧俗大众都认为这是昙翼的通感所致。

（范晶晶）

Tan Yunshan

谭云山 Tan Yunshan（1898.10.10～1983.02.12） 印度学学者、社会活动家，中印文化交流的使者。印度国际大学终身名誉教授。在中印文化交流中起过重要的作用。

谭云山原名启秀，中国湖南茶陵人。出身于书香门第，自幼学习中国传统文化。后考入茶陵县立高级小学，接受新式教育。毕业后，进入长沙城南书院学习。1915年考入湖南省立第一师范学校，在校时期，参加了毛泽东创办的新民学会和新文化书社，并组织了文学团体——新文学社，编辑《新文学》周刊。1919年进入长沙船山书院从事学术研究。

1924年，谭云山赴南洋留学、教书，辗转今新加坡、马来西亚等地。1927年7月，在新加坡结识R.泰戈尔，并接受泰戈尔的邀请，赴印度国际大学任教。

1928年9月底，谭云山到达泰戈尔创办的国际大学。先在国际大学学习梵文，研究佛学和印度文化，并开设中文课程。同时写下大量介绍印度政局和印度文化的报道、评论。在印度第二次不合作运动期间撰写的《1929年的印度国民大会和印度民族运动之初步》、《印度独立运动之进展》、《甘地访问记》等文章，使中国知识界了解到印度民族运动发展的情况。1931年周游了印度，次年即完成《印度周游记》一书，1933年出版。

1931年，谭云山离开印度，到马来亚（今西马来西亚）携带家眷回国，到上海任教，并不断在报刊上发表文章，介绍印度的情况，同时为中印文化交流奔波。1935年，在谭云山多方努力和倡议下，在国民政府和各界名流的积极支持下，中印学会成立。首任理事会主席由蔡元培担任，谭云山任秘书，负责处理具体事务。在此基础上，谭云山与国民政府要员联系，为在印度国际大学建立中国学院筹资。由于国民政府希望促进中印文化交流，不久，政府要员戴季陶、陈立夫、朱家骅等人开始担任中印学会的主要领导，谭云山任理事，并负责与印度方面沟通。

1934年春，谭云山再次赴印，带去了中国国民政府的信息，并与泰戈尔商议建立中国学院事宜。4月，泰戈尔致信戴季陶，提出建一座“中国大厦”及所需费用问题。同时，泰戈尔书写了两封热情洋溢的信，分别给中国人民和

谭云山夫妇和谭中（中间3人）及友人合影　1929

毛泽东会见谭云山 1956

中印学会。5月，戴季陶写信回应泰戈尔，表示要逐步实现中印交流的计划。10月，谭云山回国，并带回泰戈尔的4封信，分别致国民政府主席林森、司法院院长居正、中央研究院院长蔡元培和考试院院长戴季陶。谭云山用了一年多时间，在中国募集到足够建筑中国学院的款项，购买了10万册中文图书，又得到捐助图书约5万册。

1936年，谭云山带着所筹集的款项和书籍回到印度，国际大学立即开工兴建中国学院。1937年4月14日，正值孟加拉新年，中国学院正式揭幕。泰戈尔亲自主持揭幕仪式，并发表长篇讲话。M.K.**甘地**和J.**尼赫鲁**都致信对中国学院的成立予以热烈祝贺，以不能出席开幕式向泰戈尔表示歉意，“祝愿中国学院成为中印两国当今来往的象征”。甘地同时给谭云山写信：“我们希望开展两国之间的文化交往。你做了有价值的努力，祝你成功！”

中国方面得知中国学院将正式开幕的消息，蒋介石发电报给泰戈尔表示祝贺，蔡元培、戴季陶、**陈大齐**也联名给泰戈尔发去贺电。

中国学院建立以后，谭云山任学院院长并兼学院教授。1937年7月7日中国发生卢沟桥事变，抗日战争全面爆发。谭云山于1938年回国，带回了泰戈尔致蒋介石的信，还带回了国大党主席S.C.**鲍斯**的信，声援中国的抗日战争。1939年，谭云山将夫人和两个孩子接到国际大学中国学院，全身心地投入学院的工作。同年，他为促成尼赫鲁访华做了重要工作。1940年，极力促成戴季陶访问印度，并陪同戴季陶会见甘地。同年，他又促成**太虚**法师为首的中国佛教代表团访问印度。1942年，蒋介石访问印度期间，谭云山安排尼赫鲁与蒋介石见面，并陪同蒋介石夫妇参观国际大学。1944年，谭云山通过中印学会，促成时任贝拿勒斯（见**瓦拉纳西**）印度大学校长的印度哲学家S.**拉达克里希南**到中国重庆等地讲学。

1945年抗日战争胜利后，因抗战有功，谭云山回国接受国民政府颁发的胜利勋章。1947年回国，在长沙办大同学校。1948年，被国民政府任命为文化专员后，又回到印度国际大学工作。

1950年4月1日，中印正式建立外交关系。谭云山以长沙第一师范老同学的身份从印度给**毛泽东**发了贺电。1952年，中国驻印度大使袁仲贤到圣蒂尼克坦看望谭云山，再次促使谭云山成为中印文化交流的风云人物。

1956年9月，谭云山应邀回国访问并参加国庆观礼，在中南海见到毛泽东。之后，用两个月的时间走访了许多城市。在北京，他还见了刘少奇、周恩来和李维汉。和周恩来谈话时间最长，就增进中印友谊出谋献策。1957年1月30日，周恩来由贺龙陪同来到圣蒂尼克坦，接受了国际大学授予的荣誉学位。1959年9月，谭云山再次应邀回祖国观光，并带回特地印制的小册子——《观光祖国诗及其他》，以表达他的爱国热忱和进一步推进中印文化交流、致力和平友好的决心。

谭云山于1967年从国际大学退休，仍居住在圣蒂尼克坦。1971年到印度**菩提伽耶**创建世界佛学苑。1979年被国际大学授予文学博士学位。

1983年2月12日，谭云山于印度菩提伽耶中华佛寺去世。印度总理英迪拉·甘地为其致悼念信：“泰戈尔师尊和我父亲都爱戴他。他把自己和圣蒂尼克坦结成一体，并且对印度与中国这两大文明间增进了解作了极大的贡献。”

谭云山一生著述颇丰，著作分英文和中文两部分。至1957年，发表的英文文章已有30余篇，收录在*Professor Tan Yun-shan and Cultural Relations between India and China*（《谭云山教授与印中文化关系》）一书。这是其英文代表作，所录主要为20世纪三四十年代作品，有介绍中国文化的专论、时评、讲演稿、短诗及回忆录等。中文著作主要有诗集《海畔诗集》、《印度洋上》，专论《世界立法与立法革命》，文集《印度周游记》、《印度丛谈》。《印度周游记》包括印度社会、民俗、宗教、古迹及英印关系等内容。《印度丛谈》介绍了印度政治、经济、思想、文化、宗教、社会等各方面的情况，为中国学者进一步了解印度提供了丰富的第一手资料。还有译作《印度自治》(*Indian Home Rule*)，普及读物《印度六大圣地图志》，人物评介《圣哲甘地》。《诗圣泰戈尔与中日战争》，介绍诗人泰戈尔对中国人民抗战的同情和对日本法西斯的谴责。长篇报道《印度人民对我抗战同情》，传递了印度人民对中国人民的友好情谊和道义

《谭云山》新书首发式暨中印文化研讨会 2012

声援，以及对日本法西斯的谴责。还著有讲演集《现代中国讲演集》，散文《南洋回忆》，等等。

谭云山是中国人民和印度人民之间的友好使者，在中印文化交流中起到桥梁和纽带的作用，在促进中印佛教研究和学者交流等方面均有建树。在印度国际大学中国学院期间，一直从事中印佛学的研究和教育工作。晚年与锡兰（今斯里兰卡）、泰国、缅甸等10国佛教界人士一起创建世界佛学苑、世界大讲堂，并成立中华佛学研究所。讲学之余，还从事著述及梵文佛典的翻译。曾请求中国国民政府教育部设立奖学金，鼓励印度学者到中国研究汉学，同时派遣留学生到印度留学，为后来两国学者的交流提供了便利。

1931～1935年与泰戈尔共同发起、创办中印学会，增进了两国的文化交流与友好往来。为协助泰戈尔创办中国学院，奔波于中印两国之间，费尽周折，使国际大学的中国学院得以成立。任院长期间，领导中国学院秉承“研究中印学术，沟通中印文化，融洽中印感情，联合中印民族，创造人类和平，促进世界大同”的办学宗旨，数十年致力于中印文化的研究和传播，使中国学院成为中印学者研究彼此国家语言、文化、历史、宗教、哲学等学科的摇篮。这在中印文化交流史上具有划时代的意义。在此后的岁月中，不断有中国学者学习印度文化，印度也培养出一批批学习中国语言、研究中国文化的印度专家、学者。谭云山是继唐代**玄奘**之后，在现代中印文化交流史上贡献最大、影响最大的人物。

1998年11月，为纪念谭云山诞辰100周年，中国社会科学院亚洲太平洋研究所和北京大学的部分学者在北京举行座谈会，共同缅怀他为中印友好作出的贡献。与会者中还有**冉云华**、谭云山之子谭中及夫人等。

2008年11月，中国人民对外友好协会、北京大学、北京外国语大学和深圳大学联合举办大型国际学术会议，纪念谭云山和**师觉月**诞辰110周年，与会者不仅有中印两国的学者，还有来自美国、加拿大和英国的学者。印度驻华大使拉奥琦、中国人民对外友好协会副会长井顿泉等到会祝贺。谭中夫妇也应邀出席。同年，深圳大学谭云山中印友谊纪念馆正式揭幕。此前，谭中已将谭云山生前全部文献捐赠给深圳大学。

（王凌男）

Tan Yunshan Zhong–Yin Youyiguan

谭云山中印友谊馆 Tan Yunshan Sino-Indian Friendship Museum 中国深圳大学建立的博物馆。2006年，**谭云山**之子**谭中**将谭云山的日记，谭云山与中国印度社会各界就建立中国学院等事宜的通信，谭云山抄录的**R.泰戈尔**的书信和日记，各类书籍、合影等文献捐献给深圳大学。同年，深圳大学启建谭云山

印度孟买观察家研究基金会主席库尔卡尼参观深圳大学谭云山中印友谊馆

中印友谊馆，2007年11月竣工。2008年11月21日，谭云山中印友谊馆正式开馆。中国人民对外友好协会会长陈昊苏、印度西孟加拉邦时任邦长G.甘地、印度时任驻华大使拉奥琦分别发贺信祝贺开馆。谭中、印度驻广州时任总领事班浩然等出席开馆仪式。开馆仪式上，谭中再次向深圳大学谭云山中印友谊馆捐赠文物。

谭云山中印友谊馆除谭云山文献及相关藏品外，还收藏有中国台北故宫博物院赠送的《龙藏经》、印度国家博物馆赠送的高仿文物等。

（张忞煜）

Tan Zhong

谭中 Tan Chung（1929.04.18～ ） 印度华裔学者，中国问题专家。其父**谭云山**在**R.泰戈尔**的引导下创立并执教于印度国际大学中国学院。他追随父亲的脚步，在印度生活40余载，其间为数代印度学人传授有关中国语言、历史、文化的知识。被视为中印文化交

流的标志性人物和两国各层面交往的重要纽带。

谭中生于马来亚柔佛州，在襁褓中随母亲初至印度。幼年就读于中国湖南湘乡陶龛小学，初中和高中分别就读于湖南蓝田长郡中学和国师附中。1955年赴印度深造，在国际大学获学士学位，后再获得德里大学历史学硕士、博士学位。

谭中初在印度国防学院任中文教师，后转入印度国防部外国语学院任教。1964～1978年执教于德里大学。其间于1964年在福特基金会的支持下参与创立首个中国研究中心，该中心后逐步发展为中国与日本学系、东亚学系。1978年起在尼赫鲁大学教授中文。曾任尼赫鲁大学语言学院亚非语言中心主任。1994年从尼赫鲁大学退休。

谭中是1969年成立的中国研究小组的创始人之一，该小组于1990年发展为中国研究所。曾任中国研究所名誉研究员、联合主席，2002年起受聘为荣休研究员。1990～1999年任新德里英迪拉·甘地国立艺术中心顾问教授兼东亚部主任。1999年入芝加哥大学，任东亚研究中心访问学者。

谭中一直以来都是“中印大同”

谭中《印度与中国》封面

谭中在第四届中国-南亚国际文化论坛上发言 2012

这一地缘文明概念的坚定拥护者。撰写了诸多有关中国语言、文化、文学、现代史及中印文化交流的中英文著作，其中《中国和勇敢的新大陆：1840～1842年鸦片战争起源研究》、《海神与龙：对19世纪中国和帝国主义的研究》、《中国古典诗歌》等被印度高校作

谭中之父谭云山与印度第一任总统R.普拉萨德合影

为教科书，与北京大学耿引曾教授合著的《印度与中国：两大文明的交往和激荡》被纳入“印度文明之科学、哲学、文化史”百科系列工程，专著《段文杰眼中的敦煌艺术》是美国及其他英语国家高校中艺术课程的参考书目。编著有《跨越喜马拉雅鸿沟：印度试图了解中国》、《踏着玄奘的脚印》等。

谭中其他主要著述包括《谭云山与中印文化交流》、《CHINDIA中印大同：理想与实现》、《亚洲大国的崛起：龙象共舞》等，合编有《泰戈尔与中国》、《谭云山》等书。

1999年起，谭中定居美国芝加哥。长期以来，积极投身中印学术交流，在国际刊物和报纸上发表了大量文章。2010年获印度政府颁发的第二级莲花勋章及中国政府授予的中印友谊奖。2013年，获国际大学优秀奖。

（邵葆丽撰　贾岩译）

Tanzhe Si

潭柘寺　Tanzhe Temple　中国北京最古老的佛寺。初名嘉福寺，又名岫云寺。因寺后有龙潭，山上有柘树，故民间称为潭柘寺。位于北京门头沟区，距北京城40千米。其规模宏大，寺内占地2.5公顷，寺外占地11.2公顷。现共有房舍943间，其中古建殿堂638间。建筑保持着明清时期的风貌，是北京郊区最大的一处寺庙古建筑群。

潭柘寺始建于晋永嘉元年（307），一说建于建兴四年（316）。唐代武则天万岁通天年间（696～697），潭柘寺得到扩展，香火开始兴旺，成为幽州地区第一座大寺院。唐会昌五年（845），武宗李炎（840～846年在位）反对佛教，潭柘寺随之荒废，稍后，得以恢复，但发展缓慢。金代，潭柘寺先后出现了数位禅宗大师，寺院重振声誉。金代皇统元年（1141），金熙宗到潭柘寺进香礼佛，并拨款整修扩建，使潭柘寺得到进一步发展。元代，忽必烈的女儿妙严公主于潭柘寺出家，后终老寺中。元末，顺帝（1333～1368年在位）崇信佛教，对潭柘寺尤为重视，极为青睐。顺帝曾请潭柘寺住持雪涧禅师享用御宴，并且由皇妹亲自下厨，礼遇之高前所未有。明初，重臣姚广孝本是和尚出身，法号道衍，曾协助朱棣（1402～1424年在位）夺取帝位，功成后辞官，到潭柘寺隐居修行，朱棣曾到潭柘寺看望过他。明代，皇帝及后妃大多信佛，朝廷曾多次拨款整修和扩建潭柘寺。清康熙二十五年（1686），康熙帝亲临潭柘寺进香礼佛，并且留住数日，多有赏赐。康熙三十一年，康熙帝亲拨库银1万两，整修潭柘寺。康熙三十六年，康熙帝二游潭柘寺，亲赐寺名，潭柘寺因此成为北京地区最大的皇家寺院。此后，又有数位皇帝到过潭柘寺，或者拨款修缮。

潭柘寺是中印文化交流的见证。明代，东印度来的僧人底哇答思曾在此修行传法，并葬于该寺。

（薛克翘）

潭柘寺远眺

Tang Yongtong

汤用彤 Tang Yongtong（1893.08.02～1964.05.01） 中国近现代哲学史家，佛教史家。在中印文化交流中起过积极的作用。字锡予。祖籍湖北黄梅，生于

甘肃渭源。自幼对历史有浓厚兴趣。辛亥革命前，考入北京顺天学校。1912年入清华学堂，1917年毕业，考取官费留美资格，因病未能成行，留任清华大学教授国文，并担任《清华周刊》总编。1918年到美国汉姆林大学学习。1920年入哈佛大学学习哲学及梵文、巴利文，1922年获哈佛大

《汤用彤学术论文集》封面

学哲学硕士学位后回国。历任国立东南大学（今南京大学）、南开大学、北京大学、西南联合大学等校教授。教授的课程有中国佛教史、魏晋玄学、印度哲学史及哲学概论等。任北京大学文学院院长期间，积极促成建立东方语文学系。1947年赴美国加利福尼亚大学讲学，回国后，当选中央研究院院士、评议员，兼中央研究院历史语言研究所北平办事处主任。中华人民共和国建立后，历任北京大学校务委员会主席、副校长，兼任历史考古学术委员，中国科学院哲学社会科学学部委员，《哲学研究》、《历史研究》编委。

汤用彤通晓梵语、巴利语等，熟悉中国哲学、印度哲学、西方哲学。致力于中国佛教史、魏晋玄学及印度古代哲学史的研究。著有《汉魏两晋南北朝佛教史》(1938)、《印度哲学史略》(1945)、《隋唐佛教史稿》(1982)、《汤用彤学术论文集》(1983）等。《印度哲学史略》勾勒了印度哲学的概貌，对各哲学派别的发展和理论学说进行了介绍。《汉魏两晋南北朝佛教史》和《隋唐佛教史稿》，系统地阐述了佛教从印度传入中国至唐朝时期的历史发展过程及其特点、佛学思想与中国传统思想的相互关系，详细考察了中国佛教各个学派、宗派的兴起和衰落过程及其原委，对中国佛教史料中关于佛教传入中国的时间、重大的佛教历史事件、佛经的传译、重要的论著、著名僧人的生平、宗派与学派的关系、佛教与政治的关系等也都进行了考证和阐释。

（乔安全）

Tang chuanqi

唐传奇 legendary tales of Tang Dynasty 中国唐代文人有意识创作的一类文言小说。鲁迅认为，唐代以前的中国小说基本上不是有意识创作的，到唐代，文人们才开始有意识地创作小说。这一时期的小说，一方面继承了魏晋南北朝志人和志怪小说的传统；另一方面又开始创新，加强了描写和虚构，使故事情节更加曲折，人物形象更加生动，题材更加宽泛，涉及社会生活领域更广，尤其是那些描写男女之间恋爱故事的作品，带有较强的浪漫色彩。

唐传奇受到了印度佛教文学的深刻

南柯一梦图

影响。季羡林认为，唐传奇在形式上受到印度故事的影响，如《古镜记》的结构就与《五卷书》和《六度集经》等的结构相似。内容方面，如刻画梦幻世界的《枕中记》、《黄粱梦》)、《南柯太守传》等，如刻画灵魂与肉体分离的《离魂记》等，如描写人与龙女恋爱结婚的《柳毅传》等，都与佛教文学有关。同时，唐传奇中也有部分从佛经故事演化而来。如《宣室志》中的《猿怪》(又名《杨叟》)，即是在一则多种汉译佛经中出现的佛本生故事的基础上演变而来。

（薛克翘）

Tang Gaozong Li Zhi

唐高宗李治 Emperor Gaozong of Tang Dynasty（628～683） 中国唐代第三位皇帝。649～683年在位。他继续奉行唐太宗李世民的外交政策，在一定程度上促进了中印文化交流。

敕王玄策送佛袈裟 唐高宗做太子时即对佛教，尤其是玄奘法师十分尊重。他为母亲文德皇后祈求阴福所造的大慈恩寺规模宏大。大寺建成，延请玄奘法师充任该寺上座，并继续其译经工作。即位后，显庆二年（657)，命王玄策送佛袈裟至天竺，副使似为刘仁楷。使臣还包括铭文记录人刘嘉宾、铭文书写人贺守一、关内良家之子6人和王玄策之子王令敏等。据1990年在西藏自治区吉隆县附近发现的唐代汉文摩岩石刻铭文《大唐天竺使之铭》，王玄策这次出使时间为高宗显庆三年六月，这很可能是指从拉萨出发的时间。抵印度后，王玄策于显庆五年农历九月二十七日在摩诃菩提寺立碑。同年十月一日，摩诃菩提寺主戒龙为王玄策设大会。会后，王玄策归国。龙朔元年（661)，王玄策进献在天竺获得的佛顶舍利。

据《大唐西域求法高僧传·玄照传》，王玄策可能于龙朔三年再次前往印度。对于此次出使是否成行，学界尚无定论。

那提采药 据《续高僧传》卷四、《开元释教录》卷九等，永徽六年(655)，中天竺沙门那提携带大小乘经律论500夹、合1 500余部来到长安。唐高宗敕令将他安置在大慈恩寺。显庆元年，高宗罹疾，因那提能识异药，遂奉敕往昆

中国陕西咸阳乾县乾陵六十一蕃臣石像群

仑诸国（昆仑国即今南海中的昆仑岛）访求。南海诸王对他深加礼敬，为他立寺，请他度人授法，一时弘化甚广。那提因身负高宗敕命，于龙朔三年携带草药和梵夹等返大慈恩寺。

婆罗门方士来华　据《大唐西域求法高僧传》卷上、《旧唐书》卷八四等，麟德二年（665），唐高宗命玄照前往迦湿弥罗（见罽宾）延请长年婆罗门方士卢伽阿逸多（又称卢迦溢多）。总章元年（668），高宗命卢伽阿逸多炼制长生药。药成高宗准备服用之时，有郝处俊以唐太宗服药病故例加以劝止。高宗采纳了他的建议，没有服药，但依然加封卢伽阿逸多为怀化大将军。

其他中印交往　高宗在位期间，中印之间还有很多其他官方和民间交流，如：永徽三年，中天竺摩诃菩提寺沙门智光、慧天等遣沙门法常来中国致玄奘书，并赠白氎一双。玄奘亦有复信。永徽五年四月，罽宾、曹国（在今乌兹别克斯坦撒马尔罕西北）、康国（在今乌兹别克斯坦撒马尔罕一带）、安国（在今乌兹别克斯坦布哈拉一带）、吐火罗国（在今以昆都士为中心的阿富汗北部地区）遣使入唐。龙朔二年（662）五月，于弗国、摩腊国遣使送方物入唐。麟德二年，司天台太史令、印度天文学家瞿昙罗上经纬历。咸亨二年（671），义净启程前往印度。弘道元年（683），南天竺菩提流支来到中国。

（张远）

Tang Taizong Li Shimin

唐太宗李世民　Emperor Taizong of Tang Dynasty（598～649）中国唐代第二位皇帝，中印交流史上的重要人物。626～649年在位。曾3次遣使访印，促进了中印文化交流的繁荣。

在其任内，中印文化交流活动主要有以下几次。

波颇来华　据《续高僧传》卷三载：“中天竺国三藏法师波颇蜜多罗，冒冰霜而越葱岭，犯风热而渡沙河，时积五年，途经四万，以大唐贞观元年，顶戴梵文至止京辇。”贞观三年（629），唐太宗下诏沙门波颇于兴善寺译经。六年，波颇译经完毕，唐太宗又诏令将每部经文抄写10个副本，分发给诸寺院，在海内流传。其年，太子李承乾染疾，唐太宗诏波颇入宫一百余日，为太子诵经祈福。七年，波颇在长安过世。

玄奘西行　玄奘于贞观元年从长安出发，西行求法，抵印后，于十四年访晤戒日王。十九年正月回到长安后，于二月初一赶赴洛阳，拜谒唐太宗。唐太宗请他撰写《大唐西域记》。二十年，玄奘主持译场译经，直到唐高宗麟德元年（664）辞世。玄奘译经传法，得到了唐太宗、唐高宗的巨大支持。唐太宗在其《圣教序》中称玄奘为“法门之领袖”。

玄奘在翻译佛经、建立佛教宗派等方面作出了突出贡献。玄奘访印直接促使了戒日王遣使来唐，以及唐太宗遣使回访。玄奘是连接印度与中国的一座桥梁，紧随其后的唐使梁怀璥、李义表、王玄策、蒋师仁等人，则进一步具体实现了戒日王与唐太宗之间的交往。玄奘遵唐太宗之命撰写的《大唐西域记》是沟通中印两国，向中国介绍印度历史、地理、宗教、文化全貌的一部重要典籍，在今天依然得到印度历史研究者的极高评价。玄奘是中国佛教史和翻译史上开辟新纪元的高僧，是中印文化的传播者，也是中印人民友谊的象征。

唐太宗3次遣使访印　①唐太宗于贞观十五年或十六年派遣使臣访印，是对戒日王第一次遣使来访的报聘。《新唐书》卷二二一上载：“帝（太宗）命云骑尉梁怀璥持节尉[慰]抚。”《旧唐书》卷一九八称：“尸罗逸多（即戒日王）大惊，问诸国人曰：‘自古曾有摩诃震旦使人至吾国乎？’皆曰：‘未之有也。’乃膜拜而受诏书。”戒日王对唐太宗的尊重态度，给他的使者乃至太宗本人留下了深刻印象，从而推动了中印官方的持续交往。

②遣使目的是“送婆罗门客还国”和“取熬糖法”，为唐太宗在位时最重要的中印外交往来。使臣共22人。正使为卫尉寺丞李义表，副使为融州黄水县令王玄策，另有书写摩诃菩提寺碑的典司门令史魏才和匠人宋法智等。使团出发时间为贞观十七年三月，于十二月到达印度。抵达时，戒日王“遣大臣郊迎”，且“焚香夹道”，后又亲自“率其臣下东面拜受敕书”。离开戒日王宫廷后，唐朝使臣展开“巡省佛乡，览观遗踪”活动，如灵鹫山刻铭、摩诃菩提寺立碑，以及观礼佛足迹石等。归国时间在贞观十九年农历二月十一日之后。

③贞观二十一年上半年，唐太宗第三次遣使印度。王玄策一行30余人抵印后，据《旧唐书》称，“四天竺国王咸遣使朝贡”。但尚未到达中天竺，即获国王尸罗逸多（即戒日王）的死讯。当时中天竺国中大乱，阿罗那顺篡位自立，与中国使团发生激烈冲突。王玄策向吐蕃和泥婆罗（今尼泊尔）借兵后，战胜并俘获阿罗那顺。其后，东天竺迦摩缕波鸠摩罗王（即童子王）送牛马三万及弓、刀、宝缨络等犒军，并献上地图，请老子像。王玄策返长安后，献俘阙下。前此李义表访印曾见鸠摩罗王。后者请译老子《道德经》。李义表归国后上表太宗，太宗敕令玄奘等将该经译为梵文。有学者认为，王玄策此次见鸠摩罗王，有可能赠其已经译成梵文的《道德经》。

王玄策使印返国，还带回了天竺方士那罗迩娑婆寐。此人自称已200岁，有长生之术。唐太宗深加礼敬，让他制造长生不老药，并命兵部尚书崔敦礼主管此事。药成后唐太宗服用无效，于是将那罗迩娑婆寐遣返回国。那罗迩娑婆寐未及成行即殁于长安。《唐会要》卷五二称，唐太宗饵天竺胡僧长生之药，暴疾崩。所说胡僧或即此婆罗门方士。

纵观唐太宗一朝，中印官方和民间交流都很频繁，且常见记载，如：罽宾遣使献名马，太宗报以缯彩；乌荼王达摩因陁诃斯遣使者献龙脑香，朝廷修书表示感谢；擅长音乐、截舌、抽肠、走绳、续断之类杂戏的婆罗门来唐表演，等等。中印交流领域，包括宗教、政治、经济、哲学、科技、文艺等。太宗一期，中印文化交流呈现出十分繁盛的景象。

（张远）

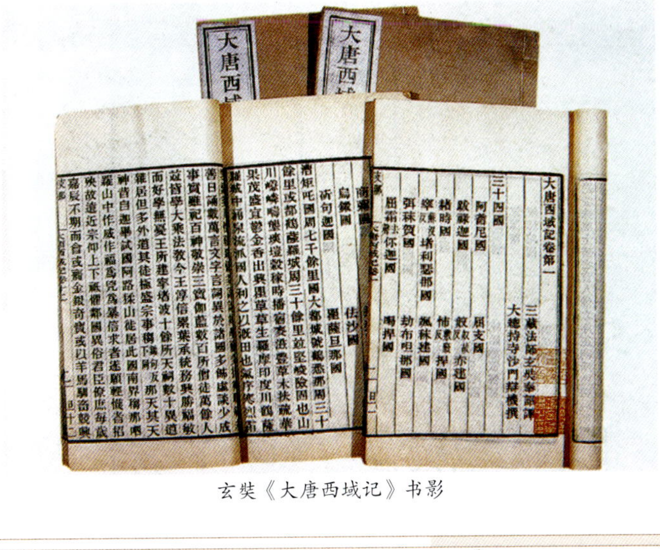

玄奘《大唐西域记》书影

Tang Xuanzong Li Longji

唐玄宗李隆基 Emperor Xuanzong of Tang Dynasty（685～762） 中国唐代皇帝。712～756年在位。早年励精图治，促进了中印多方位交流。晚年怠慢朝

政、宠信奸臣，导致安史之乱爆发，唐朝由盛转衰，中印交流也因此受到影响。

政治关系　在位期间中印之间外交使节往来密切，唐玄宗频繁接见印度各地来朝使节，这些国家包括西天竺（714年遣使来朝）、勃律（716～748年间数次遣使来朝）、中天竺（717～741年间数次遣使来朝）、罽宾（719～748年间数次遣使来朝）、南天竺（719、720年遣使来朝）、箇失密（位于今克什米尔地区，733年遣使来朝）、东天竺（737年遣使来朝）、小勃律（位于今克什米尔地区北部，714、745年遣使来朝）。

印度西北部多个国家臣服唐朝，接受册封。开元十年（722），唐封苏没谨忙为小勃律王。同年，北庭都护张孝嵩领军驰援小勃律，击败吐蕃军队。开元二十七年，罽宾国老王上表，请以子嗣位，许之，降使册命。天宝四载（745），册罽宾王子勃匐准为袭罽宾及乌苌国王，授左骁卫将军。开元二十八年，小勃律再次降吐蕃。天宝六载，安西节度副使高仙芝战败吐蕃，取小勃律。天宝十一载，玄宗任命封常清为安西副都护，后者于次年率军攻破大勃律国（位于今克什米尔地区）。

天宝十载，唐军与阿拔斯王朝（750～1258）军队在怛罗斯（今哈萨克斯坦塔拉兹附近）交战，唐军战败。天宝十四载，安史之乱爆发，唐军无暇西顾，政治影响逐渐退出中亚和印度，中印陆上交通受阻。

佛教交流　在位期间延续历代帝王鼓励中印佛教交流的政策。印度佛经被持续译为汉语，中国佛教不断吸收和融汇印度佛教文化，并实现中国本土文化。开元年间，善无畏、金刚智、不空金刚先后来华。唐玄宗先后支持三人翻

唐玄宗李隆基泰陵墓道西侧鸵鸟石刻
中国陕西蒲城

译佛经、传播密教。三人并称开元三大士，翻译、弘传以《大日经》和《金刚顶经》为中心的印度金刚乘体系密教，建立了汉传佛教密宗。此外，来到汉地并参与译经的印度僧人还有宝思惟、菩提流支等。开元七年，净土宗僧人慧日从印度返回，玄宗赐“慈愍三藏”称号。开元十八年，僧人智昇编写《开元释教录》，系统整理了数百年来汉译佛经情况。

科学技术交流　开元七年，罽宾国遣使献天文经一夹。开元二十五年四月，东天竺大德达摩战涅罗来献《占星记》梵本。金刚智、不空金刚所译佛经中包括数部天文学著作。开元九年，玄宗诏一行作新历。一行用时两年编写《大衍历》，融入印度天文历算知识。此外，一行名下还有数部包含印度天文历算知

识的密教著作。与此同时，印度裔天文学世家瞿昙家族多人任职于唐司天监。其中，瞿昙悉达于713~741年任司天监太史令，编译印度天文学著作《九执历》，编撰《开元占经》120卷。此外，成书于天宝十一载的《外台秘要方》收录不少印度医学知识，中国的造纸术也在唐玄宗年间开始传往印度。

（张忞煜）

Tang Youzhi

唐由之 Tang Youzhi（1926～ ） 中国中医眼科学家。主要成就是对源自印度的中国古代“金针拨障术”的恢复与创新。字昆吾。浙江杭州人。1942年开始拜师学习眼科知识。1952～1957年，就读于北京医学院医疗系。毕业后，在中国中医研究院等单位从事眼科的临床、研究和教学工作。

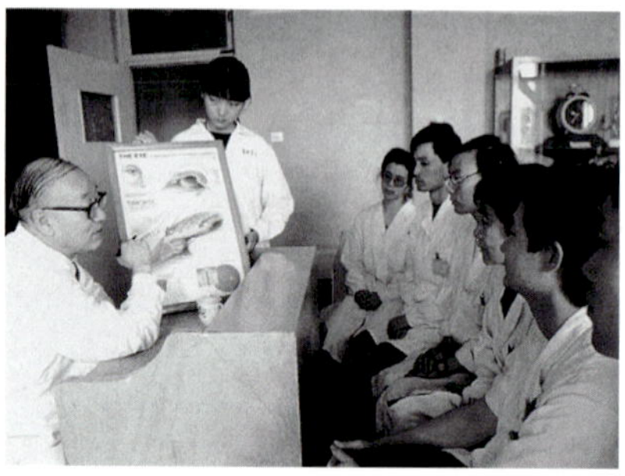

唐由之在给眼科医师们讲课

金针拨障术源自古代印度，唐代王焘撰《外台秘要方》中有记载，但在中印两地失传已久。从1960年开始，唐由之正式进行金针拨障术的临床研究，并解决了在睫状体平部做手术切口后，白内障针拨术的并发症问题。1966年，“白内障针拨套出术”科研成果被卫生部认可，作为经过中西医专家科学审定的中国中医药第一项科研成果，进行推广之后还多次获奖。唐由之曾为毛泽东等海内外政要诊治眼病，施行“白内障针拨套出术”。

1981年，时任中国中医研究院副院长的唐由之率中国传统医学考察团访问印度6个城市，与印度医学界同行广泛切磋中印两国传统医学理论与技术。在贝拿勒斯（见瓦拉纳西），考察团成员与传统印医研究所的上百名专家会聚一堂，观看唐由之等中国医生做“白内障针拨套出术”手术的纪录片。印度专家们无不为这一古老绝技的复活而

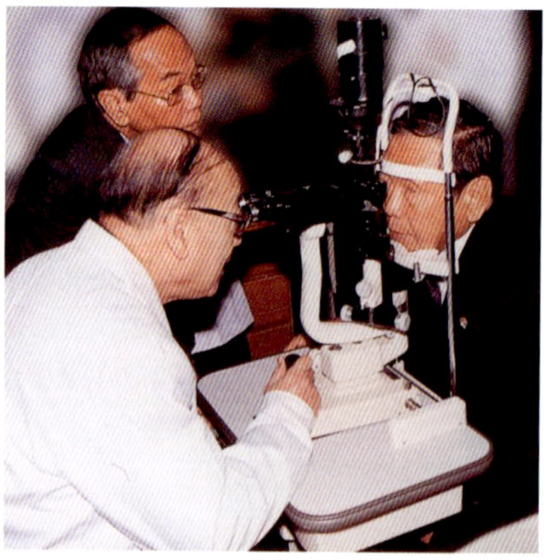

唐由之在给患者做检查

惊讶欣喜。这也是当代中印医学交流史上的一段佳话。

（陈明）

tang

糖 sugar 一种具有甜味的结晶状物质，可用于调味、配制饮料或直接食用，多从甘蔗、甜菜、米、麦等作物制取，而其制作技术的发明和发展，则充分体现了不同国家和民族之间在物质文化上的彼此学习和互相影响。见制糖。

Tao Hongjing

陶弘景 Tao Hongjing（456～536） 中国南朝齐梁时期道教思想家，医药学家，炼丹家。字通明，自号华阳隐居。丹阳秣陵（今江苏南京）人。卒谥贞白

先生。他在著作中引用了印度佛教医学术语。

陶弘景佛道兼通，人称“山中宰相”，事迹多见于《梁书》卷五十一、《南史》卷七十六、《华阳隐居先生本起录》、《华阳陶隐居内传》等书。陶弘景少时喜读葛洪《神仙传》，青年为官，壮年隐居，在茅山修道传法多年，开创茅山一门，为道教上清派承上启下的大师级人物。他又曾改事佛法，与崇佛的梁武帝萧衍过从甚密。陶弘景精通医学，将东晋葛洪的《肘后救卒方》的86篇，整理增补为101篇，改名为《华阳隐居补阙肘后百一方》。其序言中，引用“佛经云人用四大成身，一大辄有一百一病”之说。此说来自《佛说佛医经》的“四百四病”理论，说明陶弘景受此影响，而将“百一”一词嵌入书名。

陶弘景在前代《神农本草经》的基础上，整理增加同时代的药物新知而成《本草经集注》，为中医本草学的重要著作。《本草经集注》有三卷本和七卷本两说，内收药物730种，首创按药物性质分类，共分为玉石、草木、虫兽、果、菜、米食、有名未用7类。《本草经集注》现存两种写本。其一为日本龙谷大学图书馆收藏的、由第三次大谷探险队所获的一件敦煌写经，原卷（编号龙530）正面为《本草集注》和《大智度论》，背面为《比丘含注戒本》。此为其卷一序录部分，内容基本保存完整。其二为德国国家图书馆藏中国新疆吐鲁番出土《本草集注》残片（编号为Ch.1036v），为三卷本的卷下内容，抄写于初唐（7世纪初）时期。陶弘景著有《养性延命录》、《真诰》、《登真隐诀》、《名医别录》、《辅行诀脏腑用药法要》、《太清诸丹集要》等。

（陈明）

Tao Xingzhi

陶行知 Tao Xingzhi（1891.10.18～1946.07.25） 中国教育家。原名陶文濬，后改知行，终改行知。安徽歙县人。

曾在全面抗日战争时期访问印度，分别拜会R.泰戈尔与M.K.甘地。在中印文化交流史上起过重要作用。

生平 陶行知系晋代大诗人陶渊明后裔。父亲为基督徒，母亲一度在县城耶稣堂附设崇一学堂帮佣，因此虽然家

陶行知与外国友人

境贫寒，却得以免费就读该教会中学。其间，他接受了基督教主张的牺牲与服务精神和对自由、平等、博爱理念的追求，同时打下了坚实的英文基础。1913年开始信仰基督教义。1914年毕业于金陵大学，随即赴美留学攻读市政。1915年获伊利诺伊大学政治学硕士学位。同年秋入哥伦比亚大学专攻教育行政，1917年获该校师范学院都市学务总监资格证书。同年8月回国，曾任南京高等师范学校教育学教授、东南大学教育系主任等职。1922年与黄炎培等组建中华平民教育促进会。1927年在南京创办晓庄师范学校，不设校门，不建围墙，以示开放。师承并发展美国教育家J.杜威的教育思想，提出“生活即教育”、“社会即学校”、“教学做合一”的生活教育学说，具有为当时的中国教育探索新路的性质。1931年起从事普及教育运动。1936～1938年出访欧、美、亚、非洲的28国，考察教育，观乎人文，宣传抗日，呼吁华侨及留学生支援国内抗战。一生甘与平民为伍，致力于发展大众教育。56岁因突发脑溢血逝世于上海。有《陶行知全集》(1992) 10卷行世。

结识印度友人并与甘地联系　陶行知与印度的联系始于欧洲。1936年7月，他经海路抵达英国，作为中国代表之一参加世界新教育联合会第七届年会，向大会作了《中国救亡运动与小先生普及大众教育运动实践情况》的报告。他的以“小先生”制来解决大众教育师资匮乏的办法引起印度代表M.拉里的兴趣。后者当即邀请他赴印度考察，指导普及教育工作。陶行知欣然应允，并在两年后践约。

1937年12月上旬，身在美国的陶行知数度拜访自己昔日的老师杜威，请他出面与M.K.甘地、R.罗兰、A.爱因斯坦、B.罗素联系，请他们共同签署一份宣言，谴责日本，呼吁全世界人民抵制日货，对日本实行禁运，全面停止与日本的合作，尽可能支援中国的抗日战争。陶行知在12月6日代杜威拟电报稿并起草宣言，随后发往印度中央省(大致相当于今中央邦)瓦尔塔，请甘地在5日内电复。甘地热情支持中国人民的抗日战争，于12月22日回电表示同意署名，但因题为“我们对日本侵略中国的态度”的宣言已于12月13日发出，实际只由杜威、罗兰、爱因斯坦和罗素四人签署。前一天，日军已攻陷南京，开始屠城，这份宣言的意义自不待言。

陶行知争取甘地支持中国抗日一事说明，他在当时已充分认识到甘地在世界上的巨大声望和影响。

分别拜会泰戈尔与甘地　陶行知在欧美停留两年多后踏上归途，于1938年7月下旬抵达开罗。此前，拉里已为他访印安排好一切。7月27日，他根据拉里的建议分别给甘地、泰戈尔及议长博塞（今通译鲍斯）修书，礼节性地通知了他们自己的行程。他在信中称甘地的“教导和牺牲精神，永远鼓舞着中国人民”，说泰戈尔在中国的“光辉演说，永远是中国人民宝贵的财富，而且将被永远铭记”。对于实现访印夙愿和即将拜会两位世纪伟人，他感到无比喜悦。8月5日抵达科伦坡，翌日进入印度，第三日晨抵达马德拉斯，两天后抵达加尔各答，准备拜会泰戈尔。

陶行知于1938年8月11日乘火车抵达博尔布尔，随即前往印度国际大学拜谒泰戈尔。1924年诗人访华居京期间，两人曾有一面之缘。他们一边饮茶一边欣赏孟加拉音乐，交谈约一小时后作别。尽管陶行知的教育学说与泰戈尔的教育思想存在巨大差距，但他们还是有许多共同点：两人都秉持教育救国的理念，分别在自己的国家创建了有别于传统的学校；两人都提出了自己的教育主张，都进行教育实验；两人都为办学而不惜屈尊自筹经费，都为教育事业投入半生时间和心血。泰戈尔对陶行知评价很高，说他不但是一个很有创造力的教育家，而且是一个勇敢的出色的反法西斯斗士。

翌日，陶行知乘火车前往中央省瓦尔塔，再从那里转往甘地所在的谢冈。8月14日，甘地在自己的3间土墙茅屋中接待陶行知。当时，印度是世界第三大日本产品进口国。陶行知对印度抵制日货寄予厚望。他相信，“如果印度也能和美国一样，日本的经济便很难维持”。他当面请求甘地组织一个特别委员会领导印度抵制日货。甘地向他了解中国的教育情况。陶行知谈及中国的大众教育运动，引起甘地的浓厚兴趣。他于是请陶行知用英文写一篇介绍该运动的文章。陶行知慨然应命，并询问和了解了印度教育状况。

9月26日，陶行知在香港将所撰写的《民众教育运动》一文邮寄甘地。甘地将该文分3次刊发在10月29日、11月5日、11月19日出版的《哈里真》周刊上。那是一份甘地亲任主编的英文刊物，影响很大，在提高贱民地位和印度独立斗争中发挥过重要作用。甘地在为该文加的按语中表示：“这本小册子对我们是非常有用的。”这份见证中印教育思想交流的珍贵历史文献，较为系统地向印度介绍了作者的教育学说，篇幅约合12 000个汉字。在陶行知故去37年之后，这篇英文文章始被国人发现和回译。中文译本首次刊发在北京出版的《教育研究》1983年第4期上。

（刘建）

Teng Ruoqu

滕若渠 Teng Ruoqu（1901.10.13～1941.05.20） 中国现代作家，美术史论家。本名滕固，字若渠，以字行。江苏宝山（今属上海）人。1918年毕业于上海美术专科学校，1920年前往日本东洋大学学习美术，获硕士学位。回国后在上海、江苏、杭州等地任教。1921年参加文学研究会，与创造社也有较深渊源，同年与沈雁冰、陈大悲等人组织民众剧社。曾编辑《戏剧》月刊。1928年再赴德国柏林大学留学，1932年获该校美术史学博士学位。精研艺术史论，建树颇多。小说有《壁画》、《银杏之果》，学术著作有《唐宋绘画史》、《中国美术小史》等。

滕若渠是中国较早关注印度古典文学特别是两大史诗的学者。1921年2月20日，在东京写就《梵文学》一文，刊于《东方杂志》第18卷5号，后收入《挹芬室文存》，于2003年由辽宁教育出版社出版。该文对印度古典文学进行评介，重点叙述了史诗《罗摩衍那》和《摩诃婆罗多》的故事情节。这是中国较早论述印度两大史诗的文献，对改变当时国人只关注荷马史诗而忽略印度史诗的状况起了积极作用。此后，又经郑振铎、许地山、梁之盘等人介绍，印度两大史诗的梗概才渐被中国人所了解。滕若渠所以推介印度古典文学，是因为人们仅对R.泰戈尔等印度近现代诗人有一定了解，而印度源远流长的古代文学，是研究东方文化的学人应当知晓的。

此外，滕若渠关注并研究中印艺术的渊源关系，认为中国美术深受印度美术的影响。曾发表题为《六朝石刻与印度美术之关系》的著名演讲。他的观点在中国有较大影响。

（王汝良）

Tilake

提拉克，B.G. Bal Gangadhar Tilak（1856～1920） 印度民族独立运动领袖，国大党激进派代表人物。生于马哈拉施特拉的一个婆罗门家庭，父亲是教师。1880年，毕业于浦那德干学院，后全身心投入政治与社会活动。在浦那创办了一所中学——新英语学校，同时

创办了两份报纸——马拉特语的《狮报》和英语的《马拉特报》。1897年，因进行反英宣传，他被英国殖民当局拘捕，判处一年半徒刑。在狱中，他写了《吠陀中北极发祥地》一书。在1905～1908年的民族运动高潮中，他始终站在斗争第一线，积极领导群众的反英斗争，并把争取印度自治作为民族运动的政治目标。1908年7月，殖民当局以"煽动叛乱"罪将他逮捕，判处六年苦役，并把他移送到缅甸服刑。在狱中他进行梵文研究，写成了《薄伽梵歌秘奥导引》。1914年出狱后，他继续参加民族运动，在他的斡旋下促成了国大党内部两派的统一，以及国大党与穆斯林联盟的联合。1916年他发起建立了"印度地方自治同盟"，1920年又组织了"国民大会民主党"等。1920年8月逝世。

提拉克是第一个提出斯瓦拉吉（印度自治）的人。自1885年国大党建立以后，他就对国大党领导人的改良主义路线不满，认为这种改良主义不可能使印度获得真正的民族权利。1895年，他在《狮报》上发表文章，第一次提出了"斯瓦拉吉"的口号。"斯瓦拉吉"（Swarajya）一词出自梵文，早在吠陀文献中就已出现，意为"自主"。提拉克利用这个古老的词，提出印度要争取"斯瓦拉吉"，就意味着印度要从殖民主义的枷锁中摆脱出来，获得"自治"，"自己管理自己的权利"。"斯瓦拉吉"的口号，一开始并没有被国大党所接受，经过提拉克十年的宣传和努力，国大党终于在1906年年会上通过决议，决定把"斯瓦拉吉"作为全党的政治纲领。此后，"印度自治"才成为全国民族运动奋斗的目标。

提拉克主张发展民族工业。他认为，印度要真正获得自治，就必须发展自己的民族工业。印度贫穷的主要原因，在于英国的商品源源不断涌入印度，瓦解了印度的工业和农村手工业。因此，他主张开展"斯瓦德西"（自产）和"抵制英货"运动。他把"斯瓦德西"和"抵制英货"看作是实现印度自治的必要条件。所谓"斯瓦德西"，即印度人需要的一切商品都应当由印度人自己生产，印度应当多开办工厂，多生产产品，以满足人民的需要。提拉克曾号召印度的有钱人应以民族大义为重，多拿出钱来开办工厂。

提拉克倡导发展民族教育。他认为，英国人在印度建立的西方式学校和基督教会学校对印度的未来是有破坏性的，因为它们培养出来的都是洋奴，这些人名义上是印度人，而实际上却忘掉了印度的光荣历史和丰富的文化遗产。因此，他主张建立民族学校，发展民族语言，加强传统文化和爱国主义教育，培养出一代具有自力更生精神的，能够开拓印度未来的青年人。

印度独立运动领导人提拉克诞辰150周年5卢比纪念币 2007年印度发行

提拉克主张动员广大民众参加民族运动。他反对国大党温和派领导人空谈政治、脱离民众的态度。温和派领导人看不到民众的力量，认为工农群众是愚昧的，没有资格谈论政治，因此他们根本不去接触和发动群众。与此相反，提拉克一开始就主张，民族运动应当是有广大群众参加的运动，国大党应当成为领导亿万群众进行斗争的组织。在他看来，不发动工农大众，只靠少数人的奋斗，是不可能实现印度自治的。因此，他不仅在报刊上积极宣传，而且派出许多激进派的骨干深入工厂农村，接触工农，了解工农的疾苦，对他们进行爱国主义宣传，动员他们参加反英斗争。1908年，为了抗议殖民当局对提拉克

的逮捕，孟买10万工人举行了6天大罢工。这说明提拉克发动民众的策略产生了真正效果。

提拉克作为印度民族独立运动的重要领袖，他的思想和事迹很早就传到中国，在中国出版的许多有关印度近现代史著作中都有记载，如林承节著的《印度民族独立运动的兴起》(1984)、《印度近现代史》(1995)、《殖民主义史——南亚卷》(1999)，以及朱明忠的《印度教：宗教与社会》(2003) 等。

（朱明忠）

Tipo

提婆 Āryadeva（约活动于3世纪） 印度大乘佛教哲学中观派奠基人之一。龙树弟子。意译圣天；因失去一目，故亦称迦那提婆，意为独目提婆。

生平 据《提婆菩萨传》称，提婆生于南印度，属婆罗门种姓。玄奘所著《大唐西域记》则称其来自师子国（今斯里兰卡)。传说他学识渊博，能言善辩，常恨世人不能信其说，用其言。关于他的失目，有故事称，他曾认为某庙的大自在天神像闪动玻璃眼珠意在惑人，因而动手将它剜除。但是当他备办精美馔食，再次入庙敬拜时，神像却要他奉献自己的眼球。他立即抠出左眼相施，而天神也答应满足他日后言不虚设，受人宗奉的愿望。果然，他不久便得偿心愿，见到了龙树菩萨，出家受教，继而周游各地，弘扬中观教义。据玄奘记载，当时北印度波吒釐子城即华氏城印度教兴盛，佛道式微，每有论辩，佛僧必败，以致遭受侮辱，12年不得敲击犍椎（梵文ghaṇṭā，即钟）召集徒众。提婆闻后，自愿前往挽回颓局。龙树担心他学力不足，于是自充外道，与充作佛僧的提婆先行辩驳演练。7日后龙树词穷，提婆遂得前往。他乔装潜入城后，宿于犍椎台之上，并于次晨猛击犍椎。当着国王的面，与聚集而来的外道展开激辩，最后挫其词锋，尽雪前耻。玄奘往访该城时，曾见到为纪念此次辩论而建的窣堵波。提婆后来又往南印度弘法，坚称一切诸圣中佛圣第一，一切诸法中佛法第一，一切救世者中佛僧第一，并且立坛与八方外道论辩。据说前来应战的婆罗门中智浅者一言便屈，智深者至多二日便词理俱匮，于是纷纷拜伏，除发受戒，归信佛法。据说由于皈依者众，王家每天送来十车衣钵竟不够用。然而，有一外道弟子耻于败绩，心结怨忿，最后将提婆杀死。

重要著作及其汉译 提婆继承了龙树的大乘空观思想，著述颇多，但流传下来的较少，主要有：

①《百论》(1569)。2卷，曾有两译，译者皆为鸠摩罗什。后秦弘始四年（402）初译，僧睿作序。鸠摩罗什由于初到中原，汉语未娴，译文有欠允正，两年后又复重译，僧肇作序。原本有20品，每品5偈，故称百论。不过，译者认为后10品在本地无用，所以缺而未译。译本包括婆薮开士（即世亲）的注释，而以“修妬路”(梵文sutra）字样标出提婆原经。修妬路行文简约，其义要靠婆薮开士的训释才能彰显。僧肇序称当时印度的局势是“外道纷然，异端竞起，邪辩逼真，殆乱正道”，故该论的目的，在于破斥当时流行的所谓外道即印度教哲学流派，如数论、胜论等，以维护佛教的宗教地位。提婆据以论辩的哲学来自龙树的“空”和“无我”等中观义理，方式则是先以“外曰”提出外道看法，然后以“内曰”摆明自己观点，并对前者加以驳斥。僧肇在《百论》序中称其为“通圣心之津途，开真谛之要论”，对于印度佛教的发展曾经起过重要作用。至于鸠摩罗什的译风，则被评价为“陶练复疏，务存论旨，使质而不野，简而必诣”。汉译本问世后，中国僧人亦多有注疏，其中以吉藏的《百论疏》(T1827）最为著名。

②《四百论》。16品400颂，有藏文全译本，汉文仅有玄奘节译的《广百论本》(T1570)，内容为本论的后8品200颂。该论亦为论破外道学说而作，也有说法认为是根据《百论》敷衍而成(另有相反认为《百论》是本书提要的)。原本前八品为说法，即讨论中观理论的主要思想，指出断除常、乐、我、净等4种妄执的必要；后八品为论义，重点在破斥外道的理论，弘扬龙树大乘一切法空无自性的学说。至于该论的疏释，则有护法的《大乘广百论释论》(T1571) 10卷，玄奘翻译。20世纪初曾有《四百论》梵本残片出土，各国学者屡见研究成果发表。

③《百字论》(T1572)。1卷，北魏菩提流支汉译。该论篇幅短小，分成长行和偈颂两部分。后者为本论，前者为注释。内容亦为对于数论、胜论等印度教哲学理论的破斥。形式一如《百论》，也是以“外曰”和“内曰”分别引出对方和己方观点，加以辩驳，申说非一非异、非有非无，以及一切法空等理。汉译中僧佉为数论音译，毗舍为胜论音译。该论虽然简略，但中观理论的重点皆有涉及，故可视作该理论的入门书。该书亦有藏译本。

（葛维钧）

Tipoboluo

提婆波罗 Devapāla（约活动于八九世纪） 古代北印度波罗王朝统治者。约810～850年在位。达摩波罗之子。约810年继承波罗王朝王位。在位期间，进一步扩张领土，一度征服奥里萨和阿萨姆。他护持佛教，资助包括那烂陀寺、超岩寺等佛教寺庙，为印度与中国西藏之间僧人往来、佛教交流创造了良好环境。

（张忞煜）

Tiyunbore

提云般若 Devaprajñāna（约活动于七八世纪） 西域僧人，译经家。又称提云陀若那，意译天智。据《宋高僧传》卷二、《开元释教录》卷九等，提云般若是于阗国人，为学兼通道、俗，于佛教则遍解大小乘，咒术禅门亦无不谙晓。唐永昌元年（689）来华，后在洛阳谒见武则天，奉敕就大周东寺翻译佛典。自永昌元年至天授二年（691)，译出《华严经》、《大乘法界无差别论》等经典6部7卷。沙门处一笔受，沙门复礼缀文，沙门德感、慧俨、法明、恒景等证义。今存《佛说大乘造像功德经》、《诸佛集会陀罗尼经》、《智炬陀罗尼经》等亦归在他的名下。

（葛维钧）

Tifazhe Aoyishu

《剃发者奥义书》 *Muṇḍaka Upaniṣad* 印度古代哲学文献。数百种奥义书之一。约产生于公元前500～前200年。论述了梵是一切事物的根本或创造者。认为认识了梵就成为不朽者。强调了苦行生活，认为苦行可去除无知，并提出了上知和下知的理论。梵文本在当代中国被译成了汉文。较早的汉译本由徐梵澄译出，收入《五十奥义书》(中国社会科学出版社，1984）中。黄宝生也将此译成汉文，收入《奥义书》(商务印书馆，2010）一书中。

（姚卫群）

Tianchengti

天城体 Devanāgarī 印度梵语、印地语、俗语、马拉提语等的书写文字，亦是今印度官方的主要书体。由婆罗谜字体，中经笈多体发展而来，约成于7世纪。从左至右书写。拼法以音节为单位，把元音和辅音拼合起来写。如果没有标明带有其他元音，则任何一个辅音字母都自然带有元音a。

梵语(Sanskrit)

अस्ति हस्तिनापुरे कर्पूरविलासो नाम रजकः। तस्य गर्द-
भो ऽतिभारवाहनाद्दुर्बलो मुमूर्षुरिवाभवत्। ततस्तेन रज-
केनासौ व्याघ्रचर्मणा प्रच्छाद्यारण्यसमीपे सस्यक्षेत्रे मोचितः।
ततो दूरादवलोक्य व्याघ्रबुद्ध्या क्षेत्रपतयः सत्वरं पलायन्ते। स
च सुखेन सस्यं चरति। अथैकदा केनापि सस्यरक्षकेण धूसर-
कम्बलकृततनुत्राणेन धनुष्काण्डं सज्जीकृत्यावनतकायेनैकान्ते
स्थितम्। तं च दूरे दृष्ट्वा गर्दभः पुष्टाङ्गो गर्दभीयमिति मत्वा
शब्दं कुर्वाणस्तदभिमुखं धावितः। ततस्तेन सस्यरक्षकेण गर्द-
भो ऽयमिति ज्ञात्वा लीलयैव व्यापादितः।

用天城体字母书写的梵语故事

（葛维钧）

Tiandishi

天帝释 Śakra 吠陀神话及佛教和耆那教神话中天神之主因陀罗的别称。见因陀罗。

Tianjin Yindu Qiaomin Xiehui

天津印度侨民协会 Indian Residents Association, Tianjin 19世纪末20世纪初中国天津印度侨民组织。在天津，有一个小规模的印度居民区，总人数在20世纪初约为70人。其中一半是商人，他们大多来自印度信德省（今属巴基斯坦），部分人和日本有密切的贸易往来。其余多从事警察和门卫等职业。

这些商人中有一位名叫A.巴里的孟加拉穆斯林在中国定居，妻子是中国人。他积累了可观的财富，在当地印度人中较为突出。第二次世界大战期间日本占领中国，巴里在天津建立了印度侨民协会。战后，他成了富有争议的人物，因为有人称他挪用侨民协会财产与日占区当局建立联系，借此扩大贸易利润，但他对此予以否认。1942年印度独立联盟中国区委员会成立后，巴里在秘书长O.P.赛特的劝说下组建了联盟的天津分部，但并未解散印度侨民协会。该协会一直延续到1945年抗日战争结束。

天津第一饭店（原为泰莱饭店大楼） 英籍印度人泰莱悌与英国人莱德劳1929年建

（玛妲玉撰 何赟译）

Tianjue

天觉 Devabhodhi（约活动于11世纪）印度来华僧人。据《佛祖统纪》卷四四，天觉于北宋大中祥符八年（1015）从西北印度优填囊国（今巴基斯坦斯瓦特河谷地区）来到宋朝都城汴京（今河南开封），进献舍利和梵经。宋真宗赵恒（997～1022年在位）赐以紫服、金币。

（薛克翘）

Tiannü

天女 Apsaras 印度神话中的仙女。原本住在水泽之中，后来成为天上的歌舞伎，以歌舞娱乐众神，经常在天空中飞翔。

天女十分美丽，成为天上诸神和地上国王们追逐的对象。她们随着男伴乾闼婆的奏乐翩翩起舞，喜爱感官享乐，是赌徒的守护神。当大地上的苦行者通过苦行获得巨大的能量，威胁到天神的地位时，天神就会派遣天女下凡勾引他们，破坏他们的苦行威力。印度史诗、往世书和古典梵文作品中有很多关于她们的故事。

奏琴天女

中国西藏托林寺后殿西壁壁画（局部）

在佛教典籍中，天女是一群乐于聆听佛法、供养诸佛的天宫精灵，有时也把欲界天之女性称为天女。天女常在大的佛教喜庆时出场，在天空中撒下花雨。此即中国民间典故“天女散花”和成语“天花乱坠”的由来。同时，她们的形象也被艺术作品美化为“飞天”，频繁出现于佛教壁画中。汉译佛经中有时也把女神译为天女，如吉祥天女、伎艺天女等。

（范晶晶 薛克翘）

Tianpiyu Jing

《天譬喻经》 *Divyāvadāna* 印度小乘佛教经典。编著时间不详，估计不会早于公元3世纪。它所纂集的故事对于了解研究印度历史和社会具有重要价值。构成材料来源较杂，语言和文风也未求统一。所收传说大多用朴实无华的梵语写成。体裁基本为长行，偶有偈颂。个别章节有习见于印度古诗的雕琢痕迹，如长复合词等。总之，该书系采撷不同时代、各色经典中的故事缀合而成，不避庞杂。就整体看，应算小乘经典，因为大量内容来源于说一切有部律，不少传说与巴利文佛经完全相同，虽然也有若干章节取自马鸣《大庄严论经》，形式上亦有某些大乘特点。书中所讲阿育王及其继承人、布舍耶密多罗和巽伽王朝诸王、金币的使用，以及佛陀（见释迦牟尼）和阿难善待旃荼罗女等事，有助于后人了解印度古代史和宗教史。

（葛维钧）

Tianqi

天启 Śrut 印度古代经典类别之一。指远古仙人直接受上天启示而得的圣典，具有至上权威。梵文原意为“所听到的”。包括四吠陀本集、诸梵书和森林书；诸奥义书一般也算在内。

（葛维钧）

中国浙江天台山

Tiantaizong

天台宗 Tiantai sect 中国最早建立的佛教宗派。因其创始人智𫖮常驻浙江天台山说法，故名。

天台宗尊印度龙树为初祖，二祖为北齐慧文，三祖慧思，四祖智𫖮，五祖灌顶，六祖智威，七祖慧威，八祖玄朗，九祖湛然。智𫖮是陈隋时期人士，于陈文帝天嘉元年（560）在大苏山（在今河南信阳）跟慧思修法华三昧，得师真传。光大元年（567）智𫖮到金陵（见南京），受请居瓦棺寺开讲《法华经》经题，讲解《大智度论》，演说禅法，著书立说。陈太建七年（575），智𫖮和弟子慧辩等20余人入天台山，居住10年，创建了天台宗。智𫖮最后于隋代圆寂于浙江新昌大佛脚下。弟子灌顶忠实弘扬师说，建国清寺，天台宗一时盛行，之后势头稍减。至湛然时，在唐玄宗、肃宗、代宗的支持下，祖述所传，显扬宗义，对抗他宗，天台宗开始复兴。宋代天台宗分裂成“山家”与“山外”两派。居住在四明（今浙江宁波）的知礼一系自认为是天台宗的正统，以“山家”自称。持不同见解的晤恩、洪敏、源清、天昭、智圆一派则被贬称为“山外”。两派围绕天台宗教义展开激烈争论，知礼一系稍占上风。天台宗此后渐趋沉寂。明代重立天台祖庭，清末修复祖塔，刊刻经典。民初古虚、谛闲创设僧学，弘法南北。现代有倓虚、兴慈、静权一代高僧致力于弘扬天台宗教义。天台宗在元代已经不显，以后所说的天台宗更多的是以宗学的形式传衍不息，受到了诸多喜欢理论人士的重视与研习。

智𫖮生前述而不作，由弟子灌顶记录编纂而成的《法华经文句》、《法华经玄义》和《摩诃止观》“天台三大部”为天台宗的基本经典。另有《观音玄义》、《观音疏》、《金光明玄义》、《金光明文句》、《观经疏》，称为“天台五小部”。天台宗以《法华经》为宗经，故又名法华宗。

中国浙江天台山国清寺

天台宗以《法华经》为宗旨，以《大智度论》为指南，以大经（《涅槃》）为扶疏，以大品（《般若》）为观法，引诸经以增信，引诸论以助成。天台宗除继承和发展慧文、慧思的一心三观外，在教义上吸取了南朝盛行的三论、涅槃二系的思想，批判和摄取了“南三北七”十家判教之长，故天台宗的理论融合了南北朝时期中国佛教南方重义理、北方重实践的佛学特点，主张止观并用，既重视学习理论，又重视坐禅。

慧思说，世上事物皆虚幻不实，一切诸法当体即是实相，显现空相，而万有差别的事相皆显法性真如的本相，是一种假名。一切事物都由因缘而生，没有永恒不变的实体，叫作“空谛”。一切事物中虽无永恒不变的实体，却有如幻如化的相貌，叫作“假谛”。这些都不出法性，不待造作而有，叫作“中道谛”。故诸事诸物都不是全空全假，而是非空非假，既是空，又是假，又是中。“空”离不开“假”和“中”，“假”离不开“中”和“空”，“中”也离不开“假”和“空”。从中道来认识这种空、假，就体现了空、假、中为一，是名“三谛圆融”。在修行上，天台宗要求“一心三观”，即观空、观假、观中，只有实行了这种观法，才能除掉“无明”，获得涅槃解脱。

天台宗强调心、真如等同，世界万有，各种事物皆为“介尔一念心”的产物，具有天、人、阿修罗、地狱、饿鬼、畜生六凡，声闻、缘觉、菩萨和佛四圣之十法界。“六凡”可以向上到达“佛”的地位，而“佛”也可以现身在“六凡”之中。十法界相互具备，构成“百法界”。十法界所依的是色、受、想、行、识“五蕴世间”。五蕴构成“有情世间”。山河大地是“器世间”。十法界各具这三种世间，共有30种世间。百法界具有3 000种世间，是为“一念三千”；同时，一心非在物外，也非在物前，是为“心具三千”。

天台宗还进行“五时判教”，将佛教分为华严时、鹿苑时、方等时、般若时、法华涅槃时五时，主张天台宗是最高的法华涅槃时。该宗又分为化仪四教和化法四教二类。化仪是指释迦说法所用的仪式和方法，有顿、渐、秘密、不定4种。化法是按释迦五时说法的教理浅深，分为藏、通、别、圆4种。八教穿插在《法华经》以前的四时，《法华经》为最后时期的说法，被判为化导的终极，纯圆独妙，高出八教之表。天台宗属于教义圆满的圆教。中唐时湛然进一步提出“无情有性”的思想，认为佛性周遍法界，不因有情无情而间隔，故一草一木，一砾一尘，都具有佛性。一切诸法无一不具三千，染净善恶都可视为天然的性德。如来不断性恶，但断修恶，阐提不断性善，但断修善，故“性具善恶”。佛法、众生法、心法三种，虽有自他、因果之不同，但三法的体性都具足三千，互摄互融，并无差别，是故“三法无差”。宋代山家派四明知礼提出“别理随缘”说，认为别教所说的真如，超然在差别的事相之外，是和事相隔别的理体，故称为“别理”，或称为“但理”、“一理”。圆教则认为真如理中本来就具有差别的事相，事理相即熔融。其随缘而作一切诸法，乃是举体随缘，举体不变，即不变而随缘，随缘而不变，为“理具随缘”。山外派主张真心观，提倡灵知心性之说。元代以后，天台宗的理论发展不大，后来者以禅摄天台，促进了禅与天台的理论融合。

天台宗在修行实践上提倡实修一心三观、一念三千的观法，行仪有常坐、常行、半坐半行、非行非坐4种三昧。在修观前加行具五缘、诃五欲、弃五盖、调五事、行五法25种。正修时观行五阴、烦恼、病患、业相、魔事、禅定、诸见、慢、二乘、菩萨等十境，行观不思议境、真正发菩提心、善巧安心止观、破法遍、识通塞、道品调适、对治助开、知位次、能安忍、离法爱之十种观法。取得的修行的位次，是圆教中的理即佛、名字即佛、观行即佛、相似即佛、分证即佛、究竟即佛之6种次第。

唐以后天台宗开始向外传播，法脉东分，先后传到朝鲜、韩国、日本等，并得到发展，至今仍有影响。

天台宗在现代中国佛学界仍然有影响，许多从事佛学的人都对天台宗的理论有浓厚的兴趣。

（黄夏年）

Tianwang

天王 Devarāja 佛教中的护法天神。据佛经（如《长阿含经》等）所说，六欲天中有“四天王天”，位于须弥山山腰。四天天王分别守护四方人民，如东方持国天王（音译提多罗吒），率领乾闼婆和毕舍遮神将；西方广目天王（音译毗留博叉），统领一切诸龙及富单那；南方增长天王（音译毗琉璃），统领的部将为薜荔神、鸠槃荼；北方多闻天王（音译毗沙门），统领夜叉、罗刹将。

毗沙门天王

托塔天王

他们分别保护东方弗波提（东胜神洲）人、西方瞿耶尼（西牛贺洲）人、南方阎浮提（南赡部洲）人和北方郁单越（北俱卢洲）人。后来，中国寺庙中把这四大天王塑造成四位护法神，而且手中各执一物，掌管风调雨顺，老百姓把他们叫作“四大金刚”。

四大天王之中，北方毗沙门天王在中国最受重视，唐代曾在民间引起普遍崇拜。中国位于印度的北方，尤其是中国新疆和田地区，古称于阗，与印度临近，位于喜马拉雅山之北，被认为是北方天王毗沙门的管辖区，而中原地区也被认为属于北俱卢洲，也是毗沙门天王的管辖区。由于印度密教的兴盛，唐代佛教密宗也得以成立和发展。密教崇拜的毗沙门天王原型是印度古代婆罗门教神话中的财神俱比罗。据印度史诗《罗摩衍那》，俱比罗与楞伽岛罗刹王罗婆那是兄弟，而俱比罗的侍从又是一些药叉（夜叉），居住地也在喜马拉雅山上。这些神话传说被密教吸收，塑造了毗沙门天王的形象。密教典籍在唐代被大量译介，其中有不空金刚译的《毗沙门仪轨》等。唐代掀起一股崇拜毗沙门天王风，或将毗沙门天王像绣在军旗上，或在庙宇中起像供奉，民间则有人将其像刺于背上。宋元以后，将毗沙门天王与中国唐初名将李靖结合，演化出托塔李天王的形象，并在明代神魔小说《西游记》、《封神演义》等书中定型。

（薛克翘）

Tianxizai

天息灾 Devaśānti（？～1000） 印度来华僧人，译经家。来华前驻阇烂陀罗密林寺。宋太宗太平兴国五年（980）二月与施护一同到达北宋都城汴京（今中国河南开封），献梵夹，受到宋太宗赵炅接见。此前，已有法天等若干印度

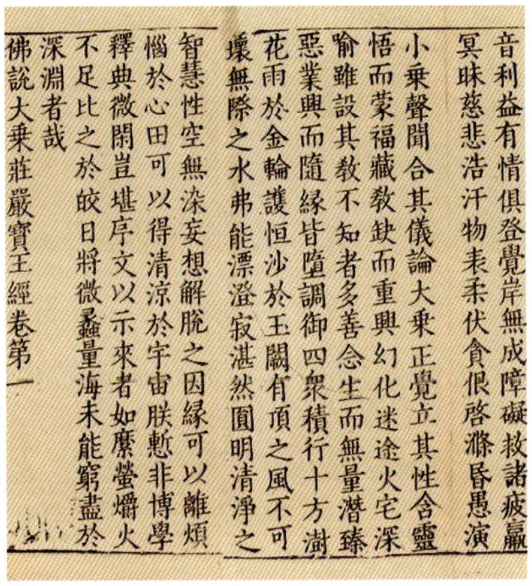
音利益有情俱登覺岸無成障礙救諸疲羸
冥昧慈悲浩汗物表柔伏貪佷啓滌昏愚演
小乘聲聞合其儀論大乘正覺立其性含靈
悟而蒙福藏教缺而重興幻化迷途火宅深
愉雖設其教不知者多善念生而無量潛臻
惡業興而隨緣皆墮調御四衆積行十方澍
花雨於金輪護恒沙於玉闕有頂之風不可
壤無際之水弗能漂澄寂湛然圓明清淨之
智慧性空無染妄想解脫之因緣可以離煩
惱於心田可以得清涼於宇宙朕慙非博學
釋典微閑豈堪序文以示來者如麋螢爝火
不足比之於皎日將微蠡量海未能窮盡於
深淵者哉
佛說大乘莊嚴寶王經卷第一

《佛说大乘庄严宝王经》书影

僧人来华献梵夹。宋太宗下令于太平兴国寺（在今中国河南浚县大伾山）修建译经院。太平兴国七年六月，译经院建成，七月，天息灾、施护、法护3人各译出佛经一卷，天息灾所译为《圣佛母小字般若波罗蜜多经》。后宋太宗下令将宫中所藏梵本全部取出翻译。自此，每年皇帝诞节都有新经译出以为献礼，宋太宗每每召见并赏赐，新经也当即入藏并刊刻流行。太平兴国八年，宋太宗将译经院更名为传法院，并下令在其旁建立印经院，以便新译佛经能尽快刻版流行。于时，天息灾等人提议，为译经事业后继有人，宜选童子习学梵文。宋太宗接受，下令选派年轻中国僧人开始学习梵文，入选者10人，学习效果显著。雍熙二年（985），宋太宗阅读新译的佛经时称赞“天息灾等妙得翻译之体”，并召见3人。不久，天息灾等提出，陕西一带僧俗人中收藏有很多梵文佛经，请寻访收取，以资翻译。宋太宗同意。雍熙三年，宋太宗将其御制《三藏圣教序》赐给天息灾等，令加在新译佛经之前。宋真宗咸平三年（1000），天息灾去世，宋真宗命按佛教礼仪祭拜安葬，并追封慧辩称号。

天息灾在华20年，为中印文化交流作出了贡献。太平兴国七年七月至雍熙四年十月他共译出佛经18部57卷，主要有《大方广菩萨藏文殊师利根本仪轨经》20卷、《分别善恶报应经》2卷、《大乘庄严宝王经》4卷、《菩提行经》4卷等。之后又译出至少5部18卷，主要有《众许摩诃帝经》13卷、《妙吉祥最胜根本大教王经》3卷等。

（薛克翘）

Tianxia Junguo Libing Shu

《天下郡国利病书》 中国史籍。共120卷，编定于清康熙元年（1662）。作者顾炎武（1613～1682），本名绛，字忠清，清后改名炎武。字宁人，自署蒋山佣，学者尊为亭林先生，今苏州昆山人。

《天下郡国利病书》自崇祯十二年（1639），依据《二十一史》、《明实录》以及府州县志和历朝奏疏、文集，结合对其中所载山川形势、风土民情的实地考察，分类纂辑相关民生利害，借以考究地方利弊得失。在“九边四夷”和“交阯、西南夷”中，对于边疆及邻近国家地区的形势、地理位置、历史沿革、交通、物产及外交等情况进行了详细叙述。如“佛朗机”条，说狮子国（今斯里兰卡），其北岸距南天竺大岸百里，自伽蓝洲行二十日至榜葛剌国，就是东天竺，是释迦牟尼得道的地方。海口有察地港，外来的商人在这里办理外贸税务。据说天竺向

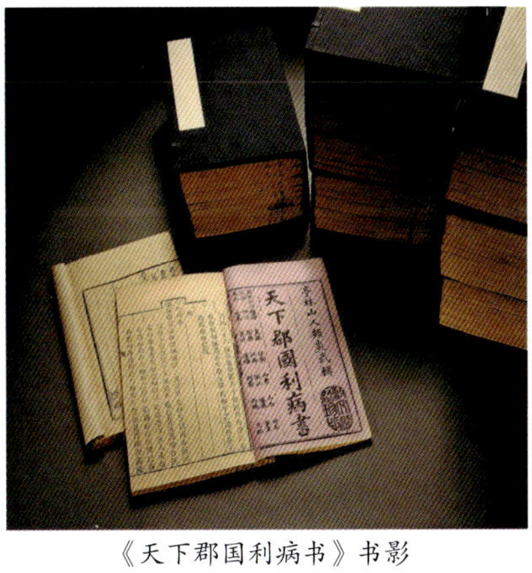

《天下郡国利病书》书影

西一千五百里，有注辇国，到了宋大中祥符八年（1015），注辇王罗茶罗乍开始派遣使者入贡，等等。该书先有抄本流传，清乾隆五十七年（1792），黄丕烈购得原稿本，对其中遗失的内容作了补充。嘉庆（1796～1820）时始有印本。梁启超《中国近三百年学术史》认为：“顾亭林著《天下郡国利病书》及《肇域志》，实为大规模的研究地理之嚆矢。”

（胡俊麟）

Tianzhu

天竺 India 中国古代文献对印度的称呼。见印度。

Tianzhu anmofa

天竺按摩法 Indian-style massage 古代由印度传入中国的按摩术。唐代孙思邈的《千金要方》卷二七提到此法，并说“此是婆罗门法”。天竺按摩法在张君房（约10世纪晚期至11世纪中）编

《遵生八笺》清道光年间步月楼刻本书影

辑的《云笈七签》和明代高濂（16世纪）的《遵生八笺》中均有收录。该法共有18节：第1节“两手相促相捩，如洗手法”。第2节“两手浅相叉，翻复向胸”。第3节“两手相叉，共按髀，左右同”。第4节“两手相重，按髀，徐徐捩身，左右同”。第5节“以手如挽五石力弓，左右同”。第6节“两手作拳，向前筑，左右同”。第7节“如拓石法，左右同”。第8节“作拳却顿，此是开胸法，左右同”。第9节“大坐，斜身偏倚，如排山，左右同”。第10节“两手抱头，宛转髀上，此是抽脑法”。第11节“两手据地，缩身曲脊，向上三举”。第12节“以手反捶背上，左右同”。第13节“大坐，伸两脚，即以一脚向前虚掣，左右同”。第14节“两手据地，回顾，此乃虎视法，

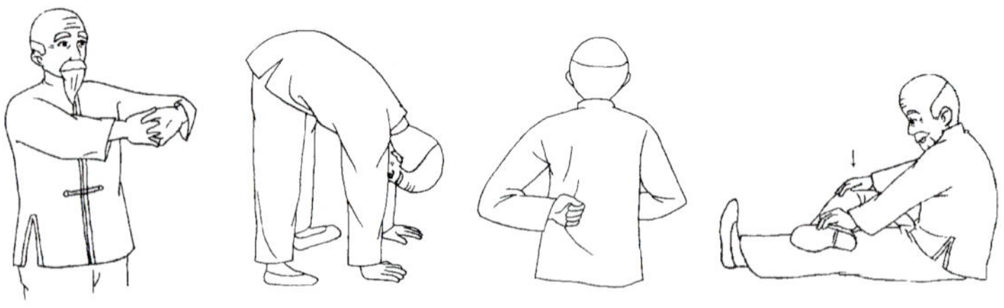
天竺按摩法1　　天竺按摩法7　　天竺按摩法8　　天竺按摩法13

天竺按摩法图示

左右同”。第15节“立地反拗身三举”。第16节“两手急相叉，以脚踏手中，左右同”。第17节“起立，以脚前后踏，左右同”。第18节“大坐，伸两脚，用相当手勾所伸脚，着膝上，以手按之”。该法有半数动作属于按摩，半数动作属于保健体操。作为中国按摩术的早期功法，天竺按摩法对后世按摩术的发展具有重要意义。

（薛克翘）

Tianzhu suanfa

天竺算法　印度古代十进位制的笔算方法和数字表示法。此算法见于唐代印度裔天文学家**瞿昙悉达**编纂的《**开元占经**》卷一百零四，其记载《**九执历**》时，开篇即介绍天竺的“算字法”。大意为：天竺的“算字法样”是一字、二字、三字、四字、五字、六字、七字、八字、九字，点（零）。用天竺算法，一到九这九个字互相乘除，可以立即得出计算结果。凡数数到十的时候，向前进一位，空位处总是要画一个圆点作为标记，这样每个空位都有记号，看得清楚，不会出错，运算方便，应该在历度中使用。

这段记载中的十个数字符号，当初都是用梵文数码表示的，翻译为汉文便成了从一到点（零）的十个数字。这说明：①这是中文文献中记载的最早介绍古代印度笔算的方法，与中国的计算法不同。因中国古代计算使用算筹表示数字算式，不用数码，而印度的笔算法使用数码，自有其优点。通过瞿昙悉达的介绍，唐代人已注意到了这一点，所以《新唐书》卷二八“历四”说：“《九执历》者，出于西域……其算皆以字书，不用筹策。”但这个算法并未在中国传播开来。②印度古代用“点”表示“零”，被认为是印度发明“零”的证据。而后来的所谓“阿拉伯数字”，即是从印度数字借过来的。按照英国科学史专家李约瑟的见解，最早的圆点零符号出现在今柬埔寨和苏门答腊的两处碑文中。碑文的年代为萨迦纪元605年，一般认为萨迦纪元始于公元78年，则碑文的年代应是公元683年，略早于《九执历》译为汉语的时间。

（周利群）

Tianzhu yifa

天竺遗法　Ancient Indian painting technique　印度传至中国的绘画技法。又称**凹凸法**。凹凸法是印度传统绘画技法之一，即在形象轮廓线条内通过深浅渐变的色彩晕染等方式产生一定立体感的画法。印度**阿旃陀石窟**壁画便广泛运用了凹凸法表现立体感。印度传统绘画的凹凸法也经由中亚各地传入中国，在中国绘画史上被称为“天竺遗法”（“天竺”是印度的古称）。中国学者**向达**说：“印度画与中国画俱以线条为主。惟印度画于线条中参以凹凸法，是以能于平面之中呈立体之势。其画人物，如手臂之属，轮廓线条干净明快，沿线施以深厚色彩，向内则逐渐柔和轻淡，遂呈圆形。是即所谓凹凸法也。阿旃陀以及锡兰（今斯里兰卡）之西吉利亚诸窟壁画，其表现阴阳明暗，皆用此法。印度画传入中国，其最引人注意与称道者亦为此凹凸法一事，与明、清之际西洋画传入中国之情形正后先同辙。”（《唐代长安与西域文明》）以凹凸法画花卉称为“凹凸花”。南朝梁代画家**张僧繇**曾在建康（见**南京**）一乘寺作画，“寺门遍画凹凸花，代称张僧繇手迹。其花乃天竺遗法，朱及青绿所成，远望眼晕如凹凸，就视即平，世咸异之，乃名凹凸寺”（《建康实录》）。唐初于阗（今中国新疆和田）画家**尉迟乙僧**，也曾在长安**大慈恩寺**画“凹凸花”，在光宅寺普贤堂画《降魔变》等壁画，“变形三魔女，身若出壁”。这些画家的真迹已无从寻觅，而今只能从**克孜尔石窟**和**敦煌石窟**的早期壁画遗迹中窥见“天竺遗法”的一鳞半爪。但克孜尔壁画和敦煌壁画中的凹凸法与阿旃陀壁画中的凹凸法相

九色鹿本生图　中国甘肃敦煌莫高窟第257窟壁画（局部）

割肉贸鸽图　中国甘肃莫高窟第254窟壁画（局部）

比，更加简化而粗略，肌肉的团块、线条、色彩分割生硬，面部、眼睛和鼻梁的白色“高光”更类似脸谱。隋唐以后，中国绘画中“天竺遗法”的痕迹逐渐消失，表现人物肌肤的凹凸以面颊晕染代替了边线晕染，对立体画法的好奇让位于对笔墨技法的追求。

（王镛）

Tianzhu yue

天竺乐 Tianzhu music　古印度乐。最早传入中国的外国音乐之一。346～353年传入前凉，后向中原传播，隋唐时成为宫廷音乐。据《隋书·音乐志》载：“天竺者，起于张重华据有凉州，重四译来贡男伎，天竺即其乐焉。”又据《旧唐书·音乐志》载：“后其国王子为沙门而来游，又传其方音。”可见早在4世纪中叶，印度乐舞即已开始传入中国；至天竺国王子以出家僧侣身份游历中国时，具有浓厚印度风格的天竺乐真正进入中国。之后，天竺乐成为隋代七部乐、九部乐，唐代九部乐、十部乐等乐部之一。传入隋代的天竺乐应是印度北方的音乐，从服饰看当与佛教音乐有关。

隋代，天竺乐的歌曲有《沙石疆》，舞曲有《天曲》；使用的乐器有凤首箜篌、琵琶、五弦、笛、贝、铜鼓、毛员鼓、都昙鼓及铜钹等。唐代有些许变化：乐器为五弦、毛员鼓和都昙鼓，增加横笛、觱篥和羯鼓，但曲目并无变化。表演时有乐工12人，舞者2人，各着特制服饰。乐工为皂丝布头巾、白练襦、紫绫裤、绯帔，舞者为辫发、朝霞袈裟（僧衣）、行缠、碧麻鞋。后随宫廷乐部解散而消亡。

（赵佳梓）

tiaoxi

调息 prāṇāyāma　印度古代哲学中瑜伽派根本经典《瑜伽经》中提出的瑜伽修行“八支行法”中的第4支。指瑜伽行者在修行时对呼吸的调节和控制，即注意调节呼吸时气息活动的内外范围（位置）、呼吸的间隔时间、停顿的次数等。这被认为有利于控制心作用，顺利进入三昧状态。论及调息概念的《瑜伽经》有现代的汉译本，姚卫群翻译，收入《古印度六派哲学经典》（商务印书馆，2003）一书。

（姚卫群）

Tiaoyuan Li

《调元历》 *Tiaoyuan Calendar*　中国后晋时历法。见马重绩。

Tiege

铁哥（1250～1313）　克什米尔人，中国元朝大臣。《元史》卷一二五有传。姓伽乃氏，父名斡脱赤，叔父名那摩，均为佛教徒。太宗二年（1230），其父与其叔投奔蒙古大汗窝阔台（成吉思汗第三子，1229～1241年在位），受到礼遇。窝阔台长子贵由（1246～1248年在位）拜那摩为师，斡脱赤也受到重用。蒙哥汗在位时（1251～1260），拜那摩为国师，斡脱赤奉命前往克什米尔劝降，被克什米尔国王杀死。其时铁哥刚4岁。铁哥小小年纪就懂得孝敬母亲，深受蒙哥喜爱。元世祖忽必烈（1260～1294年在位）即位后，铁哥深受赏识，在铁哥17岁时，为他娶汉人女子为妻。此后，屡屡升官晋爵。铁哥每每向世祖进谏少开杀戒、少扰民，其谏议均被世祖采纳。至元二十二年（1285），桓州（今中国内蒙

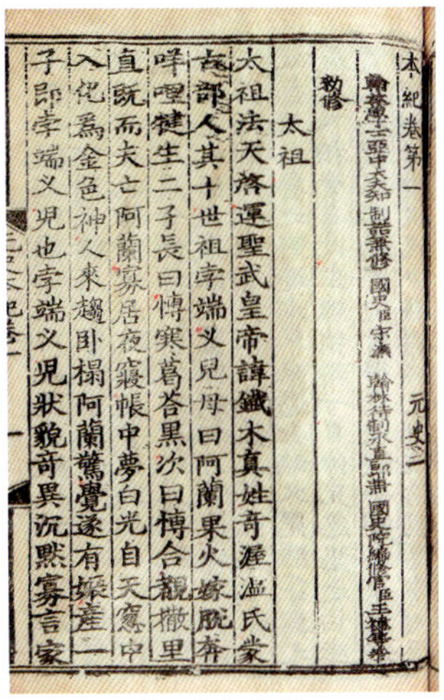
本紀卷第一　元史一

翰林學士亞中大夫知制誥兼修國史臣宋濂　翰林待制承直郎同知制誥兼國史院編修官臣王禕等

敕修

太祖

太祖法天啓運聖武皇帝諱鐵木真姓奇渥溫氏蒙古部人其十世祖孛端叉兒母曰阿蘭果火嫁脫奔咩哩犍生二子長曰博寒葛荅黑次曰博合覩撒里直既而夫亡阿蘭寡居夜寢帳中夢白光自天窻中入化爲金色神人來趨臥榻阿蘭驚覺遂有娠產一子即孛端叉兒也孛端叉兒狀貌奇異沉默寡言家

《元史》书影

古正蓝旗、多伦一带）有饥民卖子女为食，铁哥奏官府出钱赎回。二十四年，铁哥从世祖出征，陷入孤立无援境地，敌人攻来时，铁哥建议世祖不动声色，故意摆出休闲姿态，他则从容为世祖进酒。敌军将领见状，恐遭埋伏，引兵而退。其机智勇敢得到世祖奖赏。成宗铁穆耳（1294～1307年在位）时，铁哥官至相位，曾多次开仓放粮，赈济灾民。去世后，其子6人，均居高位。

（薛克翘）

Tieli

铁里（约活动于13世纪后期）　中国元朝大臣。曾出使印度。至元十九年（1282），俱蓝（见故临）接受元朝诏谕。至元二十八年九月，铁里出任礼部尚书，同侍郎阿老瓦丁、不剌率团出使俱蓝，进行了一次礼节性访问。《元史·世祖纪》对此次访问有记载：“庚申，以铁里为礼部尚书，佩虎符，阿老瓦丁、不剌并为侍郎，遣使俱蓝。”

（张亚冰）

tiexianmiao

铁线描 iron line drawing　中国传统人物画衣纹描法“十八描”之一。线条粗

阿弥陀经变中的六人乐队　六人分别演奏筝、箜篌、直项琵琶、排箫、笙、横笛
中国甘肃敦煌莫高窟第445窟壁画（局部）

细均匀，圆劲坚挺，状如铁丝，故称铁线。铁线描兴起于魏晋隋唐之际，可能是从西域传入中原的，在于阗（今中国新疆和田）佛寺、龟兹（今中国新疆库车一带）石窟壁画中曾大量使用。唐代张彦远在《历代名画记》中形容入居中原的于阗画家尉迟乙僧的画法“小则用笔紧劲，如屈铁盘丝，大则洒落有气概”，“屈铁盘丝”当指铁线描。铁线描是否为尉迟乙僧独创的描法，或者是否受到印度传统绘画技法的影响，尚缺乏证据，无法肯定。

（王镛）

Tongyun

《通韵》 英国伦敦所藏的敦煌写卷（标号S.1344）抄录的一段有关音韵学的文字。这段文字的第一句为“鸠摩罗什通韵”。中国香港学者饶宗颐据此认为抄写的是鸠摩罗什所撰写的《通韵》。此前，中国学者刘铭恕认为，这段文字是其他人“论鸠摩罗什《通韵》”。一般认为，鸠摩罗什没有撰写过《通韵》，因此这段文字也不是鸠摩罗什的作品。原卷可以判定为唐代写卷，抄写时代在唐代中后期。文字的背景为佛教，内容既与梵语的语音有关，也与中国古代音韵学的一些概念有关，例如“五音和合”、“短者吸气”、“长者平呼”、“双声牒（叠）韵”、“傍纽正纽”、“半阴半阳，乍合乍离”、“咽喉牙齿，咀嚼舌（腭）”、“唇端呼吸，半字满字”，等等。其中的内容反映了中国音韵学在早期阶段通过佛教而接受印度梵语语音知识影响的历史。“通韵”未必是书名，而是指在梵汉声韵方面做一种沟通和通解。

（王邦维）

tongjuyi

同句义 sāmānya-padārtha 印度古代哲学中胜论派的术语。今译“普遍性”。指事物之间的相同性或普遍性。胜论派认为宇宙一切事物或现象可以区分为若干种“句义”。此派提出，若把事物之间的共同性在概念上抽象出来，可以称之为“同”。胜论派的根本经典《胜论经》中，同句义既指事物间相对的同的关系，又指事物的存在特性。而在胜论派的另一重要文献《胜宗十句义论》中，同句义仅指事物的存在性。《胜宗十句义论》中提出的俱分句义则包含了事物之间的相对的同和相对的异。中国现代研究印度哲学的学者对此概念较关注。姚卫群在其所著的《印度宗教哲学概论》（北京大学出版社，2006）一书的第7章论及了这一概念。

（姚卫群）

Tongshou

童寿 Kumārajīva（约活动于11世纪）印度来华僧人。据《佛祖统纪》卷四四，童寿于北宋大中祥符八年（1015）由中印度萨缚罗国（今地不详）来到宋朝都城汴京（今河南开封），进献梵经。宋真宗赵恒（997～1022年在位）赐以紫服。

（薛克翘）

Tongziwang

童子王 Kumāra（约活动于六七世纪）东天竺迦摩缕波国国王。又称鸠摩罗、拘摩罗、尸鸠摩，本名婆塞羯罗伐摩。约600～650年在位。据《大唐西域记》卷十载，童子王好学礼贤，虽不信仰佛法，但敬慕博学的沙门，听闻中国高僧玄奘在摩揭陀那烂陀寺修习佛法，再三殷勤延请，并表白仰慕大唐、希望朝贡的心愿。玄奘遂应邀前往迦摩缕波，与童子王会见。继而在他陪同下前往戒日王首都曲女城参加法会。玄奘回国时，童子王亲与戒日王远送。据《新唐书》记载，童子王送唐朝使者王玄策、蒋师仁“牛马三万”以及“弓、刀、宝缨络”以慰劳三军，向大唐呈献珍奇之物及地图，并延请“老子像”。

（张然）

Tongtian Li

《统天历》 *Tongtian Calendar* 中国南宋时历法。见杨忠辅。

Tugutiemu'er

秃古铁木而 Turkut Tamer（约活动于13世纪末）中国元朝官员。曾出使南印度。据《元史·成宗本纪》载，至元三十一年（1294），奉命出使俱蓝（见故临）等国。

（何赟）

Tu Houshan

涂厚善 Tu Houshan（1919～2007.01.11）中国学者。主功印度古代历史。字瀚池。湖北武汉人。与崔连仲合称“南涂北崔”。在中国的印度学研究领域发挥了积极作用。1943年毕业于西南联合大学历史系。1949年考入中原大学，后留校任教。1953年参加中南地区俄文速成班。1956年于东北师范大学进修世界古代史，从此参加了中国世界史学科的建设工作，并利用俄文资料编写外国历史小丛书和知识丛书。1987年离休。曾先后担任中国古代世界史研究会理事、中国南亚学会常务理事和副秘书长。其治学严谨，成果丰硕。在长期的教学与研究生涯中，主持编写了《简明印度史》（1991）等高校教材。参与翻译了印度文化、历史相关著作。1981年，商务印书馆出版其专著《古代印度河流

涂厚善《古代印度河流域的文化》封面

域的文化》。该书论述了古代印度河流域文化的产生和发展、主要成就、衰落及其历史意义等。发表论文数篇，如《关于古代东方社会的社会性质问题》、《〈佛国记〉与古代印度史的研究》、《浅谈古代印度史的分期问题——试论印度封建社会的开端》、《略论早期中印关系的特点》等。此外，还主持编纂《南亚大词典》（1998）。

（任筱可）

Tuguan Zongpai Yuanliu

《土观宗派源流》 *thuvu bkwan grub mthav* 中国藏传佛教名著。全称《一切宗派渊源及教理善说晶鉴》。藏传佛教格鲁派三世土观活佛·罗桑却吉尼玛（1737～1802）撰。清嘉庆六年（1801）

《土观宗派源流》藏文版封面

问世。全书分五品：第一品，简要陈述印度各种宗教哲学派别及佛教各派的演进历史及思想学说；第二品，主要考述藏传佛教前弘期和后弘期，以及宁玛派、噶当派、噶举派、息解派、萨迦派、觉囊派、格鲁派和苯教等各派历史，尤其对各派教理、仪轨和学说等作了深度阐述；第三品，简略描述汉地儒释道等各种宗教、哲学派别之源流及思想；第四品，叙述佛教弘传于西域、蒙古等地的情形；第五品，讲述了编著此书的主客观条件及宗旨等前因后果。1984年，中国兰州甘肃民族出版社出版发行新版。2000年，北京民族出版社出版汉译本。

（尕藏加）

Tuta

土塔 Chinese Earthen Pagoda at Nagapattinam 中国人在印度所建之塔。位于今印度泰米尔纳德邦东岸纳格伯蒂讷姆县。土砖材质。元人汪大渊《岛夷志略》(1349) 载："居八丹之平原，木石围绕，有土砖甃塔，高数丈。汉字书云：'咸淳三年八月毕工。'传闻中国之人其年旅彼，为书于石以刻之，至今不磨灭焉。"八丹为"沙里八丹"之简称，即今印度泰米尔纳德邦纳格伯蒂讷姆县，中古时期印度半岛重要的贸易港口和海军基地。土塔具有明显中国风格，系由宋人将中国塔样式和建筑技艺传入印度朱罗王国后建成。"咸淳三年八月毕工"提供了该塔的建造年代，即1267年。这说明，一直到南宋末期，中印间海上贸易往来仍很活跃，有诸多中国人远赴印度半岛经商。所以建造此塔，很可能与中国商人礼佛需要有关。9～12世纪，纳格伯蒂讷姆曾为南印度主要的佛教中心。斯里兰卡国王和爪哇室利佛逝国王均曾在此建立佛寺。佛教旅行家往来不绝。

残存土塔图

1846年英属印度政府绘图员绘

汪大渊的《岛夷志略》是研究中西交通史的重要著作，书中有关印度的记载非常丰富。"土塔"条虽仅寥寥数语，却提供了关于中古时期中印交通方式、贸易往来、艺术交流的诸多宝贵信息。1725年，欧洲旅行家瓦伦丁造访该塔，称之为"中国宝塔"。1846年，此塔尚存三层。1867年，纳格伯蒂讷姆的耶稣会传教士们征得英属印度当局的同意，将这座业已残破的土塔彻底拆毁。

（王汝良）

Tubo

吐蕃 Tibet 7～9世纪时古代藏族在中国青藏高原建立的政权。古代藏族人称之为吐蕃，今通称为西藏。6世纪，以山南地区经营农业的雅隆部为首的部落联盟已经建立政权，并逐渐将势力扩展到拉萨河附近。

629年，松赞干布继赞普位，建都逻些（今西藏拉萨）。他与唐、天竺、泥婆罗（今尼泊尔）开展交往，引入先进文化。佛教也于此时正式传入吐蕃。先后嫁给松赞干布的尼泊尔尺尊公主及唐文成公主各自带去佛像、经典、法物和僧人，并在拉萨修建了**大昭寺**和小昭寺。8世纪中叶，赤松德赞剪除反佛大臣，派人去长安取经，又礼请印度佛教名僧**莲花生**和**寂护**入藏弘扬

唐蕃会盟碑 中国西藏拉萨大昭寺

671

佛法，度出家僧人，创建僧团，建**桑耶寺**，佛教始盛。赤祖德赞（815～838）规定"起户养僧"制度，命僧师班第钦布掌管军政大权。主持翻译佛经达700余种。其统治时期，藏传佛教达到一时之盛。

自6世纪中叶起，吐蕃灭吐谷浑，威胁唐之陇右、河西，进而与西突厥余

中国西藏拉萨大昭寺佛殿

众连兵，争夺唐之安西四镇。双方战争不断，然通使亦不绝。709年，唐又以宗室女金城公主嫁吐蕃赞普。但两个王朝之间仍然冲突不断。安史之乱爆发后，唐兵东调平乱，吐蕃趁虚据有陇右、关西。763年一度攻进长安。唐河西、安西、北庭地区初被隔绝，后亦沦陷。在唐西南的**南诏**亦依附吐蕃。

8世纪90年代，吐蕃势力极盛，控制区域西达**葱岭**、北至天山，东至今四川西部及甘肃陇山一带。它在西方阻止了大食人（即阿拉伯人）的继续东进；在北方则与葛逻禄、黠戛斯等结盟同回鹘争衡。821～822年唐蕃会盟，823年建立了唐蕃会盟碑。846年（一说842），赞普达磨死后，吐蕃瓦解。848年，沙洲汉人张议潮起义，赶走吐蕃统治者，建立归义军政权，以河西归顺唐朝。自松赞干布起，吐蕃赞普9人，历218年。

吐蕃时期的碑铭、木简、文书、经卷等，尚有大量保存至今，是研究吐蕃社会、历史的宝贵材料。吐蕃王朝瓦解以后，宋、元及明初史籍仍泛称青藏高原及当地人民为吐蕃或西蕃。

（韩知更）

Tuolin Si

托林寺 mtho ldings dgon 中国藏传佛教寺院。位于今西藏阿里地区札达县境内。

藏历绕迴前火猴年（996），阿里古格王拉喇嘛·益西沃在阿里地区仿照西藏山南地区的**桑耶寺**创建了托顶贝吉拉康，后来简称托林寺，为藏传佛教复兴时期建造的第一座寺院。该寺由于得到古格王朝的大力扶持，遂成为阿里古格地区的佛教中心。

托林寺建筑布局呈带形，包括殿堂、僧舍和塔林三部分。殿堂的主体建筑是迦萨殿，分为内、外圈。内圈包括中心大殿和4座小殿，中心大殿呈四方形，供有主体坛城和**如来佛**像，四周有回廊与4座小殿相连。外圈包括16座殿堂，中间殿堂有转经道。其外圈的四角还建有4座高13米的红砖塔。其白殿位于集会殿的东北部，殿内墙壁上绘有许多精美的壁画。此外，还有罗汉殿、弥勒佛殿、护法神殿、阿底峡尊者殿、仁钦桑布译师殿等，殿内壁画上的人物、动物栩栩如生。

塔林分为两组，每组塔群中各有3条长塔，每条长塔由数十座或上百座形制相同的小塔串联而成，极为壮观。其建筑和壁画风格明显受尼泊尔和印度艺术的影响。

托林寺壁画

10～11世纪，大译师**仁钦桑布**和阿底峡尊者等高僧大德曾在托林寺居住生活，翻译佛经，讲经传法，著书立说，留下了深远的影响。藏历第一绕迴火龙年（1076），古格王赞德在托林寺举办声势浩大的藏区大法轮会（大法会），从各地前来参加法会的高僧大德以及僧俗信众达万人之众，其盛况已载入史册，史称丙辰法会或火龙年大法会。

（尕藏加）

tuoluoni

陀罗尼 dhāraṇī 佛教咒语。原意为“持”、“持有”、“掌握”，传统意译为“总持”、“总摄”、“忆持不忘”等，音译又作陀邻尼、陀怜尼等。

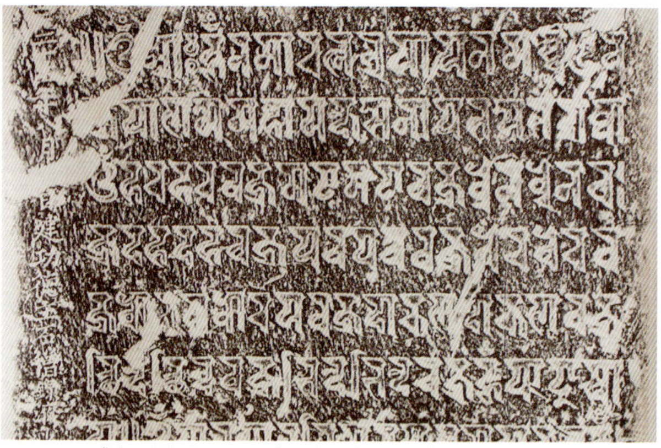

《金刚摧碎陀罗尼》 中国杭州飞来峰梵文石刻

陀罗尼最早可能是一种记忆方法。印度上古无文字，**吠陀**经典靠师徒间口耳相传，因而需要记忆。佛教采用了这种记忆方法，故一般佛经后附设有《陀罗尼品》(或称《持品》)。据中国学者吕建福研究，部派佛教时期，由于神秘主义的发展，陀罗尼逐渐被神秘化为一种咒术，开始流行。大乘佛教则从一开始即有大量陀罗尼，并逐渐发展成一种修行法门——陀罗尼门。2世纪时，般若类佛经特别突出了陀罗尼的地位和作用，而宝积类佛经则进一步将它与咒术相结合。在密教中，陀罗尼和咒语等同起来，成为一种具有神秘力量的语言，而此种语言不需要知道其含义，因此不需要意译，仅需要音译，只需要知道其发音，然后背诵、默念，便可达到预期的愿望和目的。中国流行的陀罗尼是《佛顶尊胜陀罗尼》和《千手陀罗尼》(即《大悲咒》)。前者因经常被镌刻于经幢而常见，后者则因僧尼早课必诵而知名。

（薛克翘）

Tuoluoni Mijiao

陀罗尼密教 密教的最初阶段。在大乘佛教初期，即2世纪时，陀罗尼广泛流行，并与咒术相结合，逐渐成为一种具有神秘力量的语言或声音（甚至是不发声的默念）。在其成为一种修行法门后，逐渐独立发展，成为原始的密教——陀罗尼密教。据中国学者吕建福研究，陀罗尼密教形成的标志是《无量门微密持经》的出现，时间在二三世纪。该经汉译本在3世纪已

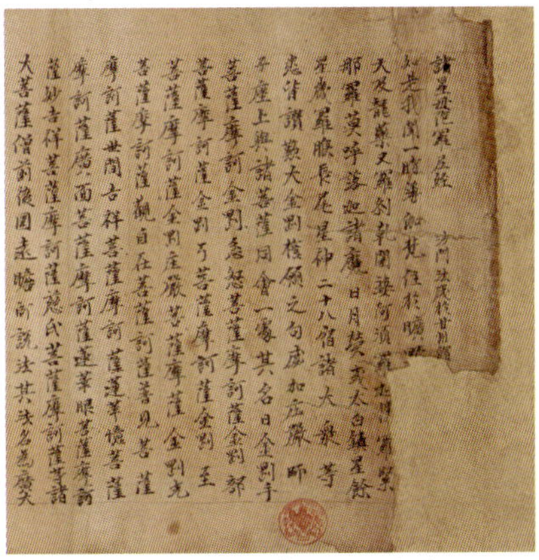

《诸星母陀罗尼经》敦煌写本书影
现藏英国图书馆

经译出。该经不再把陀罗尼作为一种修行法门，而是以陀罗尼为中心，为修行的目的和证悟的境界。到南北朝时期，陀罗尼文句开始不用意译，而采用音译，彻底将其文句神秘化，给人以陀罗尼万能的感觉。大约三四世纪，陀罗尼密教的发展达到高潮。其最早的流行地区在南印度，后传至西印度，再经过西域传到中国，故最早来华翻译陀罗尼密教经典的都是贵霜人。

陀罗尼密教又可称为原始密教。它依附于大乘佛教，而又相对独立地发展。即便在后来发展到佛教后期的金刚乘时期，陀罗尼仍被大量使用，不断被创造，并不断被编辑成书。

（薛克翘）

W

Washi Aoyishu

《蛙氏奥义书》 *Māṇḍūkya Upaniṣad* 印度古代哲学文献。数百种**奥义书**之一。约产生于公元前500～前200年。篇幅较短，主要论述了意识的四态或四位说——醒位、梦位、熟眠位、第四位。认为一切都是**梵**，认识了这四位之人的自我与最高我不二。梵本在当代中国被译成了汉文。较早的汉译本由**徐梵澄**译出，收入《五十奥义书》(中国社会科学出版社，1984) 中。黄宝生也将此译成汉文，收入《奥义书》(商务印书馆，2010) 一书中。

（姚卫群）

Wajiepayi

瓦杰帕伊，A.B. Atal Bihari Vajpayee (1924.12.25～) 印度政治家。全名阿塔尔·比哈里·瓦杰帕伊。曾三度出任总理 (1996.05～1996.06, 1998.03～1999.04, 1999.10～2004.05)。印度人民党创始人。1924年12月25日生于印度中央邦北部城市瓜廖尔的一个印度教高种姓家庭。1942年进入瓜廖尔维多利亚学院(现名拉克西米·芭依学院)主修印地语、英语和梵语，后在坎普尔的达耶难陀盎格鲁吠陀学院获得政治学硕士学位。

瓦杰帕伊以记者身份开始其政治生涯，做过多个与印度教民族主义相关的印地语杂志和报刊的编辑。1951年，参与创建印度人民同盟，后任人民同盟议会党团领袖和主席。1977年3月议会选举中人民同盟成为执政党。1977～1979年任外交部长。1980年，人民同盟分裂，创建印度人民党，并担任党主席和议会党团领袖。1996年5月印度大选，印度人民党成为议会第一大党，瓦杰帕伊出任总理，但由于支持者寡，执政仅15天即被迫辞职。1998年3月选举中，印度人民党再次获胜，瓦杰帕伊第二次出任总理，13个月后，由于政府内部分裂，再次辞职。1999年10月大选中，印度人民党获胜，瓦杰帕伊第三次出任总理。2004年5月，结束5年任期，向时任总统A.P.J.A.卡拉姆递交了辞呈。

1979年2月，瓦杰帕伊曾以印度外交部长身份访华。2003年6月22日，应中国国务院总理温家宝邀请，以总理身份抵达北京，开始对中国进行为期6天的正式访问。其代表团成员包括印度外长Y.辛哈、国家安全顾问B.米什拉、印度前驻华大使S.S.梅农、新任驻华大使N.苏里等。访问期间，中国多位领导人与瓦杰帕伊举行会晤，就双边关系和共同关心的地区及国际问题广泛交换意见。中印双方签署了《中华人民共和国和印度共和国关系原则和全面合作的

瓦杰帕伊在中国洛阳白马寺

宣言》等11个合作文件。瓦杰帕伊还到北京大学和两国企业界人士举办的经济合作和发展研讨会上发表了演讲。25日前往洛阳，参观**龙门石窟**和**白马寺**。后抵达上海，出席“中印信息产业论坛”，并发表演讲，呼吁中印两国加强信息产业合作。此次访华对中印关系具积极推动作用，对南亚地区的长远稳定、繁荣和发展具有重要历史意义。

（姜景奎　乔安全）

Walanaxi

瓦拉纳西 Varanasi 印度北方邦名城。历史上曾名贝拿勒斯或迦尸。位于**恒河**岸边，是世界上如今依然活跃的最古老城市之一。据考古和文献记载，该城市从公元前第2千纪末一直持续至今。瓦拉纳西北临瓦拉纳河，南依阿西河，其名称即由这两条河的名字合在一起而成。瓦拉纳西呈半月形，坐落在恒河岸边。瓦拉纳西以立在大神**湿婆**三叉戟上的城市而知名，它也是最为神圣与最负盛誉的知识之乡，它吸引着来自印度各地的旅人和远方的游客。过去所有知名的中国旅行家都在不同时期造访过这座城市。这座城市的世界性使之成为印度的缩影，成为印度的文化之都或至福解脱之城。

瓦拉纳西最初是古老的迦尸王国的都城。在该王国消亡后，“迦尸”就成为这座都城的名称。在诸**往世书**中，它又被称为“非解脱地”、“伟大的归葬地”等。奥朗则布时代，它还一度被称为马哈茂达巴德。迦尸之名源于当地第一个王朝第七世国王迦萨之名。

现在所知最早统治迦尸的王朝，曾自称是**摩奴**的后裔。除迦萨外，该王朝的名王尚有昙梵陀利、提婆达萨一世、普罗多尔达那等。在摩诃婆罗多战争时期，迦尸在享有盛名的阇罗桑德王的控制之下，遂导致迦尸诸王在这场大战中与般度族结盟。随后迦尸进入《本生经》中提到的梵摩达哆王世系统治时代。他们在公元前第1千纪最初数世纪统治迦尸。嗣后，迦尸成为**摩揭陀**与憍萨罗两个王国争夺的一块地盘。摩揭陀王国的瓶沙王去世后，他的儿子阿阇世王在一

瓦拉纳西恒河岸边

恒河祭

场旷日持久的战争中被憍萨罗的波斯匿王击败。但是，波斯匿王之女与阿阇世联姻，使迦尸得以在摩揭陀王朝治下保存下来，而且在难陀王朝、孔雀王朝、巽伽王朝和笈多王朝统治期间一直保持这种状态，只是在很短一段时期内，憍赏弥王国和贵霜王朝曾支配过这座城市。笈多王朝之后，曲女城的穆克里王朝和戒日王朝控制迦尸。8世纪，因波罗提诃罗王朝、拉什特拉库塔王朝和波罗王朝三方之间的争斗，对迦尸的控制频繁易手。最后，波罗提诃罗王朝一直控制该城直到10世纪。随后，在恒河平原的混乱时期，切底王朝和迦德瓦尔王朝统治迦尸。

13世纪开始，瓦拉纳西处于穆斯林的统治下，改称贝拿勒斯，由突厥阿富汗人入主至14世纪。15世纪，它受江布尔的沙尔吉王朝和洛迪王朝统治。后来，苏尔人和莫卧儿人频繁争夺对瓦拉纳西的控制权。最终，它于1567年被阿克巴攻陷。莫卧儿人将该城一直控制至1725年。是年，阿瓦德的纳瓦布直接将税收上缴曼萨拉姆。曼萨拉姆确立了其家族对贝拿勒斯的统治。曼萨拉姆之子巴尔万特·辛格起兵反叛阿瓦德，建立了独立王国。1794年，贝拿勒斯沦陷，落入英国统治之下，但曼萨拉姆家族的后裔获准继续做永久土地世袭所有者和名义上的国王。独立后，贝拿勒斯即瓦拉纳西成为北方邦的一个行政区。

尽管迦尸的政治历史十分芜杂，但是此地从远古时代起就以知识之乡而著称。它曾对印度的文学、音乐、艺术和文化作出巨大贡献，因而与古老的印度教、佛教和耆那教等传统宗教有着紧密的联系，时至今日仍然是这些宗教最重要的朝觐中心之一。对诸多新的激进思潮的支持，将四面八方的学者吸引到此座城市来。最初，它是一片与湿婆有关的圣地，而湿婆并非吠陀教神祇；它也是一块与崇奉夜叉蛇神的教派联系在一起的圣地，而此种习俗与婆罗门教无涉。这些神祇后来均加入到印度教万神殿。在阿阇世统治时期，著名的婆罗门学者伽尔戈雅·巴尔基在此地的哲学辩论中落败。佛陀（见释迦牟尼）在此初转法轮，为佛教奠定基础。

7世纪时，迦尸的名声已超越塔克西拉。当时，中国求法僧玄奘即对此地潜心学术的热忱表示赞叹。他在此地发现了众多的庙宇和虔诚信奉湿婆或佛陀的学者。在毗连的鹿野苑，众寺院中住有约1 500名佛教僧人。耆那教第23代祖师巴湿伐那陀是婆罗痆斯亦即瓦拉纳西国王马军之子。8世纪，伟大的学者和哲人商羯罗大师在此建立寓所，撰写了著名的《吠檀多经注》(一译《梵经注》)。印度教法论注释家拉克希米达

印度贝拿勒斯印度大学校园

罗·巴达著有《行为法规》，诗学学者潘迪特拉杰·贾甘纳特著有《味海》。还有许多名流出自瓦拉纳西。

随着来自马哈拉施特拉和卡纳塔克的梵学家的涌入，印度正理派及吠檀多不二论和文学的研究在此地蓬勃发展。比鲁尼的著述和《觉月初升》都曾提到过此座城市的崇高声誉。与迦尸有关的伟大文学家不胜枚举，如中世纪时期的罗摩难陀、格比尔达斯、莱达斯和杜勒西达斯，再如属于现代的帕勒登杜、J.伯勒萨德和M.普列姆昌德。

瓦拉纳西既是一座圣城和知识中心，也是一座以艺术、手工艺、贸易和商业闻名的繁荣城市。由于地处重要的贸易通道，此地生产的纺织品、香精、陶瓷和象牙产品曾经很出名。鹿野苑雕塑学院在此地制作的佛陀说教雕像，柔和而精美，曾被驰誉世界的艺术史学家A.K.库马拉斯瓦米誉为世界三大最佳雕刻之一。这所学院的影响甚至远及吴哥时代之前的柬埔寨。在音乐和舞蹈领域，瓦拉纳西也同样形成了自己的独特风格。

如今，瓦拉纳西继续保持着自己的盛名。它拥有4所著名大学，即贝拿勒斯印度大学、圣雄甘地迦尸大学、至乐梵文大学和高级藏学院。此外，还有阿拉伯语大学及数十个教育机构。它们专注于从古至今的学术，涵盖从艺术、音乐、文学到科学各个知识门类。此地聚集着数以百计的印度教、佛教和耆那教各个教派的寺庙，其中最著名的是7世纪建造的维什瓦纳特神庙，即世主湿婆庙和摩诃提婆庙，后者被认为是现存最古老的属于笈多时期的神庙。此外，还有无数座各具特色的由石阶连通的河滨浴场，著名的织锦和纱丽、木制玩具，以及蒟酱叶槟榔包。只要将贝拿勒斯、瓦拉纳西或迦尸这样的名字与一件物品、一种职业或某种艺术联系起来，就会使它们显出与众不同的特征。世上恐怕没有任何一座城市，因为能使众多的社会元素带有独特风味而声誉卓著。

（卡马尔·希尔撰　刘文亮译）

Wani

瓦你（约活动于13世纪后半叶）古代印度俱蓝国国王。据《元史》卷十二《世祖九》等记载，元至元二十年

(1283)，杨庭璧为宣慰使出使俱蓝（见故临）等国，并代表元朝赐金符给俱蓝国国王瓦你。

（何赟）

Wai Ba Miao

外八庙 Outer Eight Temples 中国清代皇家寺庙群，中国河北承德避暑山庄东北部12座藏传佛教寺院的总称。因其中8座寺院由清廷理藩院管理，又因承德地处长城之外，故称外八庙。

清代康熙、雍正、乾隆三朝，为巩固边疆，加强与西藏、蒙古地区的联络，在热河承德兴建了12座藏传佛教寺院：溥仁寺、溥善寺、普宁寺、普佑寺、安远庙、普乐寺、普陀宗乘之庙、广安寺、殊像寺、罗汉堂、须弥福寿之庙和广缘寺。

1713年，蒙古诸部王公请旨在承德建造溥仁寺和溥善寺，以庆祝康熙帝六十寿辰。

1755年，清朝平定准噶尔部达瓦齐的势力，乾隆帝承袭"修建一座庙，胜养十万兵"的祖训，利用藏传佛教统治厄鲁特蒙古。他下令在承德仿照西藏**桑耶寺**建造普宁寺，并亲撰《普宁寺碑》、《平定准噶尔勒铭伊犁之碑》和《平定准噶尔后勒铭伊犁之碑》，碑文皆用汉、满、蒙古、藏四体，以纪念平定厄鲁特蒙古准噶尔部，表达各民族"安其居，乐其业，永远普宁"的意愿。普宁寺不仅成为西藏、蒙古诸部与清朝中央政府在政教上直接联络的纽带，而且是承德诸佛寺中规模最大的正规藏传佛教寺院。

1760年，适逢乾隆帝和皇太后寿辰，又值清军平定西北边疆叛乱，故在普宁寺旁增建普佑寺以示庆祝。该寺为经学院，属于大众学僧修习佛学和文化知识的寺院。内设显宗、密宗、历算、医药四大扎仓（学院），住寺僧众除参加法定佛事活动外，平日研修显宗、密宗教理及藏医、天文历算等五明学。

外八庙普陀宗乘之庙琉璃牌楼

1764年，为安抚举部投归的厄鲁特达什达瓦部，清廷在承德建造了仿新疆伊犁河畔藏传佛教中心固尔扎庙的安远庙（俗称伊犁庙），其寓意是安定远方、巩固边疆。它也是信众礼佛之所。

1766年，为纪念土尔扈特、左右哈萨克、布鲁特等部归顺清朝而建普乐寺，其寓意是各民族亲密团结，普天同乐。它也为哈萨克、维吾尔、柯尔克孜等西北各民族的王公贵族朝觐清帝提供了瞻礼之所。

1767年，仿西藏布达拉宫的普陀宗乘之庙动工兴建同名庙宇，1771年竣工，俗称小布达拉宫。普陀宗乘之庙气势磅礴，蔚为壮观，为承德寺庙群中规模最大的一座。是年，乾隆帝在该庙万法归一殿接见土尔扈特首领渥巴锡一行，随后举行了大型讲经祝寿活动。

外八庙普陀宗乘之庙全景

1774年，仿五台山殊像寺规制，在承德新建了一座藏传佛教寺院，名为殊像寺。这座皇家御用寺庙由满族僧人住持，喇嘛僧人定额为50名，从京城**妙应寺**通晓清字经的僧人中遴选。

1780年，六世班禅额尔德尼到承德参加乾隆帝七十寿辰庆典。乾隆帝以此作为清王朝吉祥盛世的象征，敕谕仿照后藏扎什伦布寺形制，特建须弥福寿之庙，作为六世班禅额尔德尼在热河的行宫。寺庙豪华壮丽，内建吉祥法喜殿，为班禅额尔德尼寝室；妙高庄严殿为班禅额尔德尼讲经之所。

其余寺庙如广安寺、罗汉堂、广缘寺等，皆是为蒙藏王公贵族到承德朝觐而建的藏传佛教寺院。

以上12座藏传佛教寺院中的罗汉堂、广安寺、普乐寺，朝廷向未安设喇嘛，归内务府管理；其余9座寺院中（普佑寺附属普宁寺）设8处管理机构，由朝廷派驻僧人，逐月按人数由理藩院发放饷银，由理藩院喇嘛印务处管辖。

外八庙是中印文化交相辉映的典型实例，更是中印建筑艺术相互借鉴、融为一体的最具代表性的佛教寺院群。

（尕藏加）

Waiguo Shi

《外国事》 中国古代游记。作者支僧载，东晋（317～420）人，来自大月氏或为移居内地的**大月氏**人后裔。《隋书·经籍志》未著录，亡佚已久，内容散见于《水经注》、《艺文类聚》、《太平御览》等著作。据该书记载，支僧载于笈多王朝的旃陀罗·笈多一世(319～335年在位)、沙摩陀罗·笈多(335～375年在位)时期到印度游历，足迹遍及播黎曰罗(疑为《大唐西域记》中的钵罗耶伽，今印度北方邦阿拉哈巴德)、迦维罗越（通译迦毗罗卫)、拘斯那竭（即《大唐西域记》中的拘尸那揭罗，见拘尸那迦)、维邪离（即《大唐西域记》中的吠舍离)、摩竭提（即《大唐西域记》中的摩揭陀)、拘宋婆(即《大唐西域记》中的憍赏弥)、舍卫（即《大唐西域记》的室罗伐悉底，在今印度北方邦拉普提河畔）等国。该书与道安、佛图调、竺法维等人的记述相呼应，也可与《佛国记》互为补充。

（张然）

Waitai Miyao Fang

《外台秘要方》 *Arcane Essentials from the Imperial Library* 中国唐代由文献辑录而成的综合性医书。王焘于天宝十一载(752)辑成。又称《外台秘要》。书中保存了不少来自印度古代医学和佛教的知识，体现了盛唐之前印度医学在中国的影响。

《外台秘要方》40卷，共1 104门，均先论后方，以隋代巢元方编撰的《诸病源候论》为经，以唐代孙思邈《千金要方》等方书为纬，载方6 000余首，分门别类，内容宏富。全书援引大量古方典籍和时人著述，“上自神农，下及

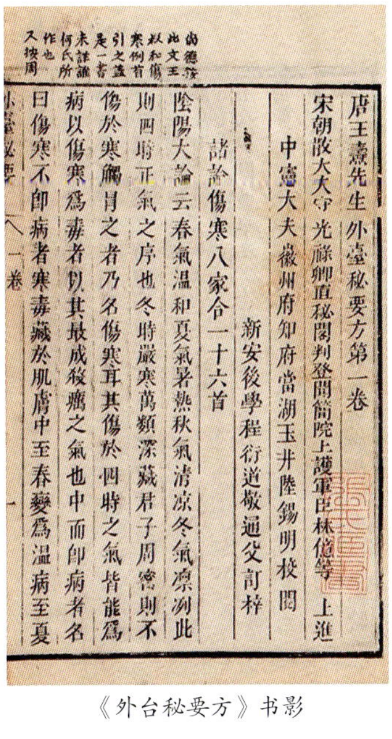
唐王燾先生外臺秘要方第一卷
宋朝散大夫守光祿卿直秘閣判登聞檢院上護軍臣林億等上進
中憲大夫徽州府知府當湖玉井陸錫明校閱
新安後學程衍道敬通父訂梓
諸論傷寒八家合一十六首
陰陽大論云春氣溫和夏氣暑熱秋氣清涼冬氣凜冽此則四時正氣之序也冬時嚴寒萬類深藏君子周密則不傷於寒觸冒之者乃名傷寒耳其傷於四時之氣皆能爲病以傷寒爲毒者以其最成殺厲之氣也中而即病者名曰傷寒不即病者寒毒藏於肌膚中至春變爲溫病至夏
外臺秘要 一卷 一

《外台秘要方》书影

唐世，无不采摭”。《外台秘要方》“博存古方，论不偏守”，其“尾注同书、藉存古籍”之法，比起《备急千金要方》、《千金翼方》要引而有据。由于保存大量唐以前医学文献，且标明引书出处，所以勾勒出比较清晰的汉唐医学发展脉络。该书是研究唐以前医学的一部重要参考书。北宋治平二年（1065)，《外台秘要方》曾经校正医书局校刻。明崇祯十三年（1640)，又经程衍道校正重刻。清代陆心源有《外台秘要校补》。日本则有静嘉堂文库宋刊本影印问世。高文铸校注的《外台秘要方》是目前较通用的校注本。

王焘利用弘文馆图籍方书之便，博采古今方论，《外台秘要方》所引诸多方书早已佚散，要了解这些医籍吸收域外文化及其转化的情况，唯依赖此书。《外台秘要方》摘录了许多外来医学知识，其卷二十一所引《天竺经论眼序一首》最为重要，它是初唐至盛唐时一位俗姓谢的陇上道人所撰。谢道人的知识是在齐州（今山东济南）从西国胡僧那里接受的。《天竺经论眼》是印度眼科医学知识的缩影，包含佛教“四大成身”理论和治疗白内障的金针拨障术，不仅对了解印度眼科知识在唐代的传播有重要的史料价值，而且在后世的眼科医疗实践中有重要的临床价值。《外台秘要方》所引《近效方》多处，基本上是初唐至盛唐时期的有效验方。其中的“婆罗门僧疗大风疾，并压丹石热毒、热风、手脚不随方”，“本是婆罗门方”的“莲子草膏”，以及属于“西域法”的《崔氏纂要方》中的“疗三、五十年眼赤并胎赤方”，与《许仁则方》中的“秦艽牛乳二味汤”一样，都是唐代传入的外来药方代表。《近效方》中的数个药方使用了呵梨勒、波斯盐绿、婆罗勒、廅药、荜拨等明显的外来药物。《外台秘要方》中所引用的这些药方，大多能在印度生命吠陀典籍或波斯（今伊朗）医籍中找到相关的用法，反映了印度古代医学对唐代中医的影响。

（陈明）

Wan Baochang

万宝常 Wan Baochang（约556～约595）中国隋代音乐学家。幼时原为南朝梁人。因陈灭梁，随父万大通从梁将王琳归附北齐。听觉异常灵敏。曾追随北齐音乐名家祖珽学习音乐。王琳抗陈战死后，其父再度密谋，拟逃离北齐，复归江南，事泄伏诛。万宝常因此被配为地位卑微的乐户。

北朝时，西域各国大多信奉佛教，深受印度文化濡染，音乐也“多演释氏之词”。随着佛教势力的增强，以及北朝异族统治者的大力提倡，西域音乐盛极一时。龟兹音乐更是盛行于北齐，万宝常常求教于西域音乐家，故对源自印度佛教文化的龟兹音乐造诣颇深。他擅于演奏多种乐器，精通音律，曾造玉磬献于北齐，并修订洛阳旧曲。之后，北周灭北齐，继而隋朝取代北周，万宝常遂成为隋人。

隋文帝开皇元年（581)，沛国公郑译等制定礼乐，常召万宝常参议。后又奉诏造诸乐器，并以自制水尺为律调音。万宝常有极高的艺术修养，“能应手成曲”，但因其声雅淡而不为时人所好。他对音乐理论多有建白，所撰《乐谱》64卷，论述“八音旋相为宫之法，改弦移柱之变。为八十四调，一百四十四律，变化终于一千八百声”等乐律理论，却因身份卑微，终未被采纳，且屡遭同行权贵诋毁排斥，终因穷困潦倒，遭妻背弃，饥饿而死。临死前，他愤然焚毁自撰《乐谱》，仅被见者抢得数卷，得以行世。

（赵佳梓）

Wan Tianyi

万天懿 Wan Tianyi（约活动于6世纪）中国北齐译经家。曾参与那连提黎耶舍主持的译场，辅助译经。据《续高僧传》卷二等，万天懿是鲜卑人，祖籍云中(今内蒙古和林格尔)，本姓“万俟”。后来其祖先迁居洛阳，便世代居住于此地，并将姓氏简化为“万”。万天懿少年时曾出家拜婆罗门为师，聪慧机巧、志向远大，擅长梵语、精通咒术，故而被选进那连提黎耶舍主持的译场，承担传译的工作。北齐河清年间（562～565)，他还曾在邺都（今河北临漳县西南）独立翻译《尊胜菩萨所问经》(T1343) 1卷。

（范晶晶）

Wang Dayuan

汪大渊 Wang Dayuan（1311～1350？）中国元代民间航海家。曾到中东、南亚、东南亚等地区游历，所撰《岛夷志略》

有关于印度地理和风物的记述。江西南昌人。幼年聪明好学，尤喜游历。后至泉州，看到中外商人所带来的异域风情，心生向往，遂决心远游。元至顺元年（1330）从泉州出海航行，先后到达今菲律宾、马来西亚、印度尼西亚，中东、北非等地区，元统二年（1334）夏秋间返回。至元三年（1337），再次从泉州出航，历经南洋群岛、阿拉伯海、波斯湾、红海、地中海、澳大利亚各地，至元五年返回。此后应泉州地方官之请，整理海外见闻笔记，写成《岛夷志略》。权威的《四库全书总目》认为“大渊此书，则皆亲历而手记之，究非空谈无征者比。……又于诸国山川、险要、方域、疆里一一记述，即载于史者亦不及所言之详”，其内容翔实，记述准确，由此可见。该书对研究元代中西交通和亚非等地区历史地理有重要参考价值。而其上承宋代周去非《岭外代答》、赵汝适《诸蕃志》，下接明代马欢《瀛涯胜览》、费信《星搓胜览》等书，对明、清的历史地理著作也产生了巨大影响。19世纪中叶，西方学者开始注意此书，并将其译成多种文字，公认它对于世界历史和地理研究作出了重要贡献。书中涉及印度的记述多切实际，故很有价值。如关于朋加剌（今孟加拉国及印度孟加拉邦）：“五岭崔嵬，树林拔萃，民聚而居之，岁以耕殖为业，故野无旷土，田畴极美。一岁凡三收谷，百物皆廉，……气候常热，风俗最为淳厚。男女以细布缠头，穿长衫。官税以十分中取其二焉。”又如关于放拜（今孟买）：“居巴隘乱石之间，渡桥出入，周围无田。平旷皆陆地，宜种麦。气候常暖。风俗质朴，男女面长，目反白，容黑如漆。编发为绳，穿斜纹木绵长衫。煮海为盐，煅鹅卵石为炭以代炊。……槟榔为诸番之冠。”汪大渊较早提出了“东洋”和“西洋”概念，为后人所习用。他对造访各地的山川、风物、建筑、服饰等的具体描绘，对后世的地域文化研究也有参考价值。

（葛维钧）

Wang Yuanfang

汪原放 Wang Yuanfang（1897.06.09～1980.04.01） 中国现代出版家、翻译家。安徽绩溪人。5岁丧父，少时仅读书7年，即于1910年入叔父汪孟邹创办的科学图书社当学徒。1913年入汪孟邹创办的上海亚东图书馆，工余苦学英语，不久成为该馆编辑。1927年任汉口《民国日报》编辑、经理，一度出任中共中央出版局局长。北伐战争失败后，返沪任亚东图书馆编译，直至1953年该馆停业。1956年起继续从事编辑、出版工作，先后在新文艺出版社、古典文学出版社、中华书局上海编辑所、上海文献资料编辑所任编辑。整理出版《水浒传》、《红楼梦》、《西游记》等十余种古典小说标点本，译有《印度七十四故事》、《一千零一夜》、《鲁滨逊漂流记》等20余种外国文学名著，晚年著有《回忆亚东图书馆》一书。

《印度七十四故事》原名《印度的才思与智慧：朝野民间幽默故事集》，系由印度现代学者P.S.尚卡尔收集、整理并译成英文。1924年1月在伦敦出版，收入印度民间故事、寓言、笑话74篇。

汪原放译《印度七十四故事》书影

它们大多流行于拉贾斯坦、中印度和孟加拉等地区，以幽默和讽刺见长。由于作者刻意规避《嘉言集》等早已译成英文的梵语故事，书中许多故事属首次译成英文，一些故事甚至是初次形成文字。篇幅差异很大，长的达五千言，短的不足二百字。情节单纯，世俗性强，易于通解。除《盲人摸象》一类古老故事外，大多为莫卧儿王朝以来的故事，包括一些近现代故事。汪原放在译者序中简要评介了作者和这部故事集的内容及特色，认为那些嘲讽贪婪的婆罗门、昏庸的君主、营私的大臣、迂腐的学者、杀人的庸医等人物的故事最为精彩，也最有价值。这部书的汉译本于1930年由亚东图书馆出版，其中一些故事流传开来并产生了一定影响，个别故事甚至已出现本土化文本。该译本在译名等方面存在一定瑕疵。

（刘建）

Wang Enyang

王恩洋 Wang Enyang（1897～1964） 中国唯识学家。字化中。四川南充人。欧阳竟无的重要弟子。

王恩洋早年曾在北京大学哲学系旁听，跟随梁漱溟学习印度哲学。欧阳竟无于南京成立支那内学院后，王恩洋由黄树因介绍入院学习，曾与吕澂、熊十力、陈真如等人同门。王恩洋钻研佛学极为努力，深得欧阳竟无赏识，1925年内学院设立法相大学特科，王恩泽出任主任兼教授，讲授唯识、佛学概论等课程。其著作《佛学概论》，即由当时授课讲义编写而成。王恩洋学宗唯识，在内学院期间，曾作论文《大乘起信论料简》，批判《大乘起信论》为伪作邪见，与太虚法师等展开讨论。后返回四川，1929年于南充设立龟山书房，讲授佛学、儒学。又于1942年赴四川内江创办东方佛学院。中华人民共和国建立后，曾任四川政协委员及文史馆馆员，又移居北京，任中国佛学院教授。1961年因健康原因返回四川。1964年病逝。

王恩洋著作颇丰，大多属于唯识之学，包括《摄大乘论疏》、《二十唯识论疏》、《阿毗达磨杂集论疏》、《唯识通论》、《佛学概论》、《佛法真义》等。

（陈帅）

Wang Fanzhi

王梵志 Wang Fanzhi（约590～660） 中国唐代民间诗人。生平不详。据野史、笔记若干传说大致判断：河南人，大约

生活在隋末唐初，他的诗在唐代很有影响，传到了西北边地及四川一带。大约于50岁左右因家境贫困而思想大变，皈依了佛门。

王梵志的诗大体上可分三类：一类是反映社会现实的，如贫富悬殊、社会动荡、穷人生活等。一类是劝诫诗，如劝人们行善积德、杜绝恶习等。一类是宣扬佛教的诗。王梵志的诗在中国文学史上占有一席之地，是唐代白话诗的优秀代表。他的诗都没有题目，张锡厚把他的诗称为"白话诗"，认为它们在唐宋时即广泛流传，受到评论者的重视和研究，说明其中蕴含的深刻哲理与超俗思想，比之文人诗歌毫不逊色。王梵志有一首劝世诗："男女有亦好，无时亦最精。儿在愁他役，又恐点着征。一则无租调，二则绝兵名。"此诗反映了贫民生活的痛苦。

《王梵志诗校注》书影

（薛克翘）

Wang Fu

王浮 Wang Fu（生卒年不详） 中国晋代思想家。晋惠帝时道士。提倡道教，对佛教持排斥态度。晋惠帝时，王浮与沙门帛远争论佛道二教邪正，王浮落败。事后王浮发挥襄楷"或言老子入夷狄为浮屠"之说，采集《列子》等书内容，附会种种传说，窃取佛教理论，伪造《老子化胡经》。该书声称老子西出函谷，实为入印度传教。并说佛陀是老子弟子，借以提高道教的权威。《老子化胡经》在佛道争论中，一度为道教徒所倚重，后至元代遭到禁绝。

（江巨浪）

Wang Huaiting

王槐挺 Wang Huaiting（1931～2007） 中国印度英语文学翻译家。在中印文化交流史中起过一定的作用。江苏武进

人。1954年毕业于北京外国语学院（今北京外国语大学）英语系，后分配到中国外文出版发行事业局工作。1979年调入中国社会科学院北京大学南亚研究所，从事印度英语文学的研究和翻译工作。后任中国社会科学院亚洲太平洋研究所译审、中国翻译工作者协会会长。

王槐挺多年从事英文书籍翻译、审校工作，成果达50余本，包括政治、经济、哲学、文化、艺术、传记等。擅长文学翻译。译著7部，翻译短篇小说和论文百万余字。译出印度英语作家M.R.安纳德的"拉卢三部曲"《村庄》(1983)、《黑水洋彼岸》(1985)、《剑与镰》(2011)。翻译风格以信为本，准确复述原著故事情节，客观反映原著的语言风格，同时在译著前言中介绍安纳德的生平，并对其作品进行简要评述。自1982年起与安纳德通信，讨论翻译中的疑难问题。1986年赴印拜访安纳德，分别在新德里安纳德住宅、新德里郊区安氏旧居、孟买安氏住宅等处与其会面交谈。1992年9月安纳德访问北京，二人再次会面。王槐挺与安纳德的友谊是中印文学交流史上的一段佳话。

（刘磊）

Wangshe Cheng

王舍城 Rājagṛha 印度古代佛教圣地。佛陀传教中心之一。今印度比哈尔邦拉杰吉尔。曾是古印度强国**摩揭陀**的都城，公元前5世纪被**华氏城**取代。毗邻那烂陀，距华氏城约100千米，距格雅约75千米。根据《**罗摩衍那**》及**往世书**文献，该城由梵天之孙婆薮王建立，因而被称为婆薮之城。《**摩诃婆罗多**》史诗时期，随着巨车建立王朝，此地又被称为巨车城，该王朝后继者为传说中的妖连王。因被五座山环绕又得名山环城。这五座山在《摩诃婆罗多》中分别是毗诃罗山、野猪山、公牛山、仙人山和支提迦山，巴利文文献称其为毗婆罗山、般荼婆山、方广山、灵鹫山和仙人山。之后的佛教和**耆那教**文献以及**玄奘**的游记也将该城称为矩奢揭罗補罗城（又称上茅宫城）。据现存史料，公元前6世纪曷利昂伽王朝的频毗娑罗王兴建或重建了该城，并将其命名为王舍城，意为王族住所。

现代考古发掘将王舍城的历史追溯到公元前1 000年。但由于迁都华氏城等诸多原因，这座古城逐渐失去了曾经的显赫地位。中国求法僧人**法显**、玄奘和**义净**的行纪中记录了很多有关其自然环境的信息，分别提到了旧城和新城。旧城坐落在山谷之中，被丘陵环绕，以一座土堤为内界，以包含巨大缺口的石墙为外廓，二者相通。新城则以一座更大的石堤为界，这座石堤设在山谷北部向平原过渡的出口上。这些记录可追溯至公元前6～前5世纪频毗娑罗王和阿阇世王时代。法显于5世纪初造访王舍城，发现该城的往昔繁华已基本不复。但他注意到许多伽蓝和窣堵波，其中包括阿阇世王在"八王分舍利"中得到的那份佛陀舍利上建造的窣堵波，以及之后由阿育王建造的一座带有大象柱头的

大窣堵波。玄奘于7世纪中期到访时同样发现了这座城的衰败，但他确定了各种佛陀相关遗迹的位置。据文献记载，该城存至12世纪，之后消失了7个世纪。殖民时期英国考古学家循着中国求法僧行纪重新发现了这里。

王舍城在**印度教**、佛教和耆那教众多文献中被提及。该城因《摩诃婆罗多》中的摩揭陀国强大而传奇的国王妖连而著名。妖连曾与**黑天**展开多场战斗，最终被般度五子之一的怖军在黑天的帮助下杀死。该城与佛陀、耆那教祖师**大雄**、频毗娑罗王、阿阇世王的联系在文献中亦有详细记载。巴利文文献称其为佛陀最钟爱的地方。相传，刹帝利国王净饭王之子乔答摩·悉达多（见**释迦牟尼**）曾接受频毗娑罗王的款待，并许诺悟道后再次前来拜访。他信守诺言，证悟后不仅很快来到王舍城，还使频毗娑罗王及其随从皈依了佛教。频毗娑罗王将他最喜爱的竹林献予佛陀及其弟子，并在那里建造了第一座佛教精舍。佛陀曾长年居此修行、宣讲佛法，在**拘尸那迦涅槃**前还最后造访此地。一部巴利文文献描述了他对城中不同地方的喜爱，这些地方如今已成为朝圣者的圣地。这里还是佛陀弟子舍利弗和**目犍连**的故乡。佛陀涅槃后，为编订佛陀言教，第一次佛教结集在大迦叶的主持下在此地举行。

王舍城还与耆那教第24位祖师大雄有关。据耆那教文献记载，大雄在这里度过了14个雨季，门下有包括阿阇世王在内的众多弟子。这里因此成为耆那教重要的朝圣中心之一。耆那教寺庙散布于城市周边的群山上，许多耆那教传说也与此地有关。

王舍城温泉沐浴　相传毗婆罗山西南悬崖背阴处曾有五百温泉，佛陀生前曾在此沐浴

现代拉杰吉尔是一座旅游城市，拥有许多古代遗迹，如妖连的摔跤场、阿阇世王的城堡、频毗娑罗王被关押的监狱、石墙、七叶窟、毕毕罗窟、**竹林精舍**、灵鹫山、温泉等。

（卡马尔·希尔撰　任婧译）

Wang Shouren

王守仁　Wang Shouren（1472～1528）中国明代儒家思想代表人物之一。字伯安，因筑室会稽山南麓阳明洞，世称阳明先生。

王守仁父王华，字德辉，称龙山公，喜爱绍兴山水，遂迁居于此。据传阳明五岁尚不能说话。11岁时随父至京师，15岁游居庸三关，慨然有经略四方之志。17岁迎娶夫人诸氏，合卺之日，如铁柱宫与道士讲论养生之说，坐语忘归，次早方回。18岁与夫人同归余姚，途径广信，谒见娄谅。娄谅以宋儒格物之说相授，并告诉阳明圣人必可学而至。21岁中举人，在京师侍奉父亲，勤读朱子书。一日与钱姓朋友在官署竹树之前考索，不得其理，如是七日竟劳思致病。弘治九年（1497）中进士。正德元年（1506），谪贵州龙场为驿丞。正德三年某夜忽悟格物致知之旨，谓我本性自足，不必求理于事物；证以所记五经之言，莫不吻合。正德四年又悟知行合一，自此阳明学问圆熟。是年，贵州提学副使席书聘阳明主讲贵阳书院，为徐爱等弟子讲知行合一之旨："某尝说知是行之主意，行是知之功夫。知是行之始，行是知之成。"正德十六年，阳明始揭致良知之教。嘉靖元年（1522）至六年居越守丧，辟稽山书院，门人筑阳明书院，大阐致良知与《大学》万物一体之旨。嘉靖六年，门人钱德洪与王畿辩论良知善恶之旨，于天泉桥上就正于阳明。阳明首发对四句教（无善无恶心之体，有善有恶意之动，知善知恶是良知，为善去恶是格物）的解释，是为天泉证道。嘉靖七年十一月二十九日卒于江西南安，终年五十七岁。后追赠新建侯，谥文成。

黄宗羲在《明儒学案》指出：有明学术，白沙开其端，至姚江而始大明。认为阳明拈出致良知、知行合一、格物致知三学是使人人有个作圣之路。阳明认为圣人之道，吾性自足，不假外求。提出"天下无心外之理，无心外之物"，"心者，天地万物之主也，心即是天"。认为人的良知就是草木瓦石的良知，若草木瓦石没有人的良知，不可能成为草木瓦石。不仅草木瓦石是这样，天地如果没有人的良知也不可能成为天地，"盖天地万物与人原是一体"。良知是人先天具有的，"亘万古，塞宇宙，而无不同"。阳明认为"心即道，道即天，知心则知道，知天"，因此他指出知行关系为"知是行的主意，行是知的功夫，知是行之始，行是知之成。只说一个知，已自有行在；只说一个行，已自有知在"。认为知行不是两截，而是一体两面，并明确指出"知之真切笃实处便是行"，不难化知为行。格物致知是为善去恶的修养功夫，"格者，正也，正其不正以归于正之谓也，正其不正者，去其恶之谓也，归于正者，为善之谓也"。"致吾心之良知之天理于事事物物，则事事物物皆得其理矣。"为进一步讲明"天下无心外之物"，阳明在会稽山中说："你未看此花时，此花与汝同归于寂；你来看此花时，则此花颜色一时明白起来，便知此花不在你的心外。

（江巨浪）

Wang Tao

王焘　Wang Tao（约670～755）中国唐代医学家。郿县（今陕西眉县）人。他所编撰的《**外台秘要方**》摘录了不少来自印度的医学知识，是研究中印医学交流史的重要史料集。

王焘生平简略，事附《新唐书·王珪传》之后，王珪（571～639）是王焘

的曾祖，入仕唐朝后，出任侍中、礼部尚书等要职。王焘之孙王师正、曾孙王谭皆有墓志铭出土，略载其职官名称。王焘幼年多疾病，性情至孝，后为治疗母病而发愤习医，曾“数从高医游，遂穷其术”。王焘的医学成就虽难与孙思邈等医学巨擘比肩，但医道精深。王焘曾出任给事中，掌管弘文馆图籍方书达20余载，得以博览群籍，探其秘要，皆研其总领，核其旨归。他因为婚姻之故，贬官房陵（今湖北房县），又为大

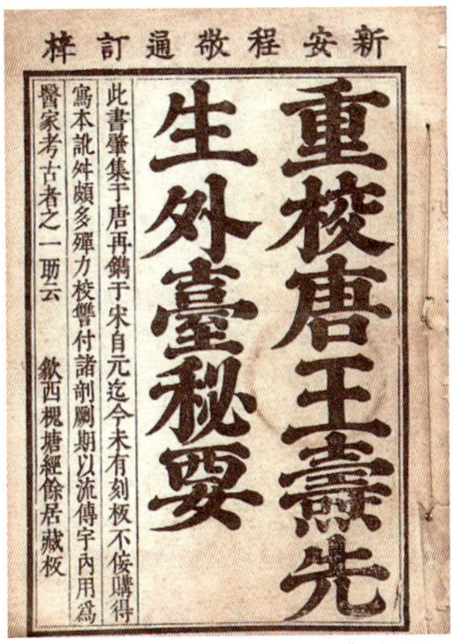
新安程敬通訂梓
重校唐王燾先生外臺秘要
此書肇集于唐再鐫于宋自元迄今未有刻板不佞購得寫本訛舛頗多殫力校讐付諸剞劂期以流傳宇内用爲醫家考古者之一助云
歙西槐塘經餘居藏板

《重校唐王焘先生外台秘要》书影

宁（今山西隰县）太守。他辗转南北，利用经方，救助患病的百姓。天宝十一载（752）辑成《外台秘要方》。著作还有《外台要略》10卷、《外台秘要论乳石方》2卷、《明堂灸法》(或《明堂十二人身图》)、《外台伤寒方论》(出自《外台秘要方》卷一和卷二）等。

（陈明）

Wang Tongzhao

王统照　Wang Tongzhao（1897.02.09～1957.11.29）　中国现代作家，诗人。字剑三，山东诸城人。6岁入家塾，诵读四书五经。12岁开始接触新学。1918年考入北京中国大学英文系。1921年，参与发起文学研究会。1933年发表反映农村现实生活的长篇小说《山雨》。1934年初，变卖田产，自费游历欧洲多国，考察文学艺术，著《游欧散记》。曾任中国大学教授兼出版部主任，《文学》月刊主编，开明书店编辑，暨南大学、山东大学教授。中华人民共和国建立后，历任山东省文联主席、山东大学中文系主任、山东省文化局局长。除《山雨》外，主要著作还包括短篇小说集《春雨之夜》，长篇小说《一叶》、《黄昏》，诗集《童心》、《横吹集》等，皆收入《王统照全集》(7卷本），由中国工人出版社于2009年出版。

王统照是较早接触和介绍R.泰戈尔的中国作家之一。泰戈尔访华前，王统照曾选译其《园丁集》中的诗篇。1920年，在《曙光》杂志发表《印度诗人葛拜尔之略传与其诗之表象》一文，属国内较早对泰戈尔进行研究的文章之一。此后，发表多篇介绍和研究泰戈尔的文章，如《太戈尔的人格观》、《太戈尔的思想及其诗歌的表象》、《太戈尔研究最需要的两本书》等。其中，最有影响也最重要的当属《太戈尔的思想及其诗歌的表象》一文。该文刊于1923年9月10日发行的《小说月报》第14卷第9号。作者从印度哲学的核心理念“梵我同一”入手，探寻泰戈尔的哲学观念的来源，又从其集诗人、哲学家于一身的身份谈起，认为他诗作的哲理化成就表现在：“自我的实现与宇宙相调和”、“精神的不朽与‘生’之赞美”、“创造的‘爱’与人生之‘动’的价值”。这在当时实属相对冷静、客观而又深刻之见。

1924年泰戈尔访华期间，王统照曾陪同诗人往返于中国各地，负责对泰戈尔的演讲内容进行记录和整理，有时也担任他的翻译。这进一步加深了他对泰戈尔的理解，同时也使他本人的思想和创作深受泰戈尔的影响。作为文学研究会的一员，王统照早期探讨“改造人生”途径的诸多“问题小说”，往往以爱与美作为“得正道之归宿”，明显受到泰戈尔“爱的哲学”的影响。在艺术风格方面，王统照小说的“诗化”色彩和“小诗”体的创作，也无不显示出泰戈尔的影响。

（王汝良）

Wang Wei

王维　Wang Wei（701～762）　中国唐代诗人，画家。字摩诘。祖籍太原祁县（今山西祁县东南）人，生于浦州（今

山西永济西)。长于官宦人家，自幼聪颖，9岁能文。少年时代即有名声，善作诗，且能画，兼通音律。据《新唐书》卷二〇二，王维“兄弟皆笃志信佛，食不荤，衣不文采”。因而，他的诗中明显可见佛教思想的影响：它们笼罩着一种禅寂，使佛教僧人所追求的清静活现于画面之中，读之如身临其境，不能不深受感染。王维的《山居秋暝》被传为千古绝唱。其前四句为：“空山新雨后，天气晚来秋。明月松间照，清泉石上流。”诗人以通俗平直的语言、工整的对仗、轻松的节奏，画出一幅秋天清爽宜人的初夜图景。诗意中带着禅意。王维的另一首千古绝唱是《鹿柴》：“空山不见人，但闻人语声。返景入深林，复照青苔上。”王维写空写静，常以有声作为反衬。空山和人语相对，以人语反衬山空。日影投入

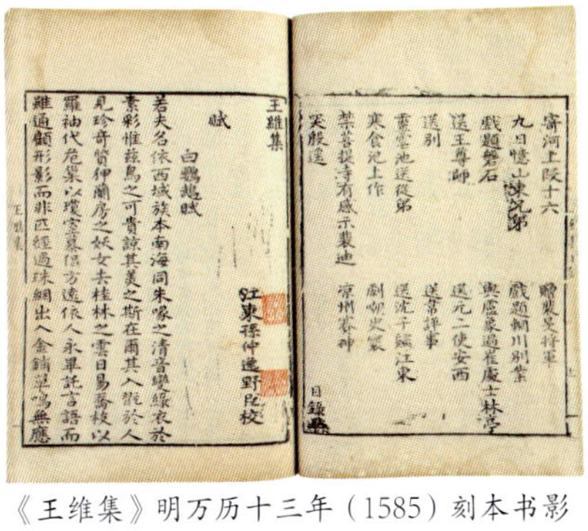

《王维集》明万历十三年（1585）刻本书影

深林，又照到青苔上，这样平常的景象，在诗人笔下却烘托静谧和神妙莫测的气氛。王维是魏晋以来山水诗的集大成者。其诗作特点之一是以禅入诗，把佛家清静脱俗的理念注入自然景物之中，使如画的诗意带有无尽的空灵与禅思。

（薛克翘）

Wang Weike

王维克 Wang Weike（1900～1952.04）中国翻译家。江苏金坛人。1917年入南京河海工程学校（河海大学前身），后转赴上海大同大学主修数理，毕业后，入震旦大学专修法语。1925年赴法国巴黎大学攻读数学、物理学、天文学，成为居里夫人的学生。1928年秋归国。曾在金坛、上海和长沙等地的中学和大学任教。早年在金坛县立初级中学任教时，发现并赏识华罗庚的数学天赋。1934年，

王维克译《沙恭达罗》中英双语本封面

居里夫人逝世，王维克撰写《忆我的老师居里夫人》一文表示悼念。1951年经华罗庚推荐，入北京商务印书馆任编审，不幸因患癌症而于翌年早逝。

王维克爱好文学，学识渊博，酷爱翻译工作。曾据原著并参照法、英等译本翻译但丁的《神曲》。1933年，他据法文本转译印度古代诗人迦梨陀娑的名剧《沙恭达罗》，柳亚子为之题词，人民文学出版社于1954年将此译本再版，其绫罗精装本在政务院总理周恩来50年代访问印度时，曾用作礼品赠送印度友人。该译本语言流畅，朗朗上口，符合戏剧语言规范，在季羡林据原著推出权威译本之前曾发挥过有益作用，因而在中印文化交流史上占有一定地位。

（刘建）

Wang Xuance

王玄策 Wang Xuance（约活动于7世纪） 中国唐代出使印度使节。中印交流史上的重要人物，于唐太宗朝和唐高宗朝多次出使印度，为中印官方往来作出了突出贡献。

第一次出使印度 唐贞观十七年（643）农历三月，唐太宗李世民诏令朝散大夫行卫尉寺丞上护军李义表作为正使，融州黄水县令王玄策作为副使，带领20人的使团送戒日王的使者回国，于当年农历十二月（644年初）到达摩揭陀。使团抵达时，戒日王“遣大臣郊迎”，且“焚香夹道”，后又亲自“率其臣下东面拜受敕书”。事毕，王玄策等又观礼位于摩揭陀国阿育王精舍中的佛足迹石并留下拓片。拓片东传日本，在日本奈良药师寺铭文留下了关于王玄策西行的记载。此外，还在摩揭陀国摩诃菩提寺立碑，并召得唐太宗诏请的善制石蜜（即白砂糖）的匠人。

第二次出使印度 贞观二十一年，唐太宗派遣右卫率府长史王玄策出使印度。蒋师仁为副使。王玄策一行30余人抵印后，据《旧唐书》称，“四天竺国王咸遣使朝贡”。但尚未到达中天竺，即获国王尸罗逸多（即戒日王）的死讯。中天竺国中大乱，乱臣阿罗那顺篡位自立，与中国使团发生激烈冲突。王玄策向吐蕃借1 200精兵，泥婆罗国（今尼泊尔）出兵7 000余骑。王玄策、蒋师仁与诸国联军返回中天竺，大破阿罗那顺并擒之。阿罗那顺余众在后妃和王子的率领下，集合于乾陀卫江，被蒋师仁再度击溃。贞观二十二年农历五月二十日（公历6月16日），王玄策、蒋师仁等随吐蕃等国将士一道返回唐都长安，献俘阙下。归国后不久，王玄策上《沙门不应拜俗》议状。有学者认为，王玄策借兵大破阿罗那顺一事，中国史书记载或有夸张。它也可能是吐蕃、泥婆罗

《王玄策使印度记》中译本封面

等国借援助王玄策之名，趁印度内部变乱之机发起的一次攻城略地战争。该战之后，东天竺迦摩缕波鸠摩罗王（即童子王）送牛马三万及弓、刀、宝缨络犒军，并献上地图，请老子像。王玄策此次出使，很可能携带着已经译成梵文的《道德经》（见《老子》）并送给了鸠摩罗王。王玄策自印度返国时，有婆罗门方士那罗迩娑婆寐随行。此人自称已200岁，有长生之术。唐太宗深加礼敬，让他制造长生不老药。后药剂炼成，唐太宗服用无效，于是将那罗迩娑婆寐遣返回国。那罗迩娑婆寐未及启程即殁于长安。

第三次出使印度 据《法苑珠林》卷一六、《册府元龟》卷四六等，唐显庆二年（657）（也有高宗显庆三年六月

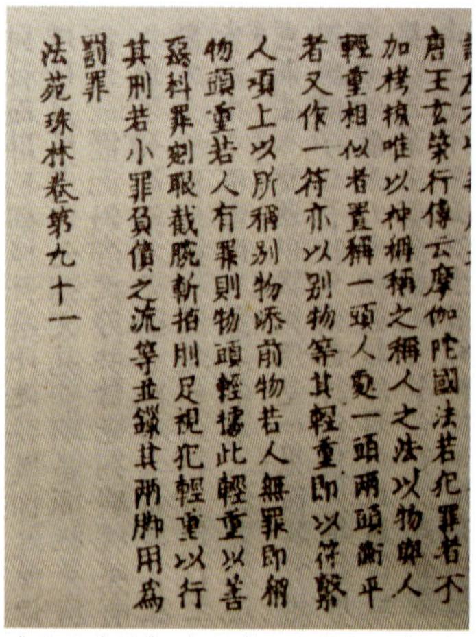
唐王玄策行傳云摩伽陀國法若犯罪者不
加栲核唯以神稱稱之稱人之法以物與人
輕重相似者置稱一頭人處一頭兩頭衡平
者又作一符亦以别物等其輕重即以符繫
人項上以所稱别物添前物若人無罪即稱
物頭重若人有罪則物頭輕據此輕重以善
惡科罪刻耴截腕斬指刖足視犯輕重以行
其刑若小罪負債之流等並鎖其兩脚用為
罰罪
法苑珠林卷第九十一

《法苑珠林》关于《王玄策行记》的记载

一说），唐高宗李治命王玄策送佛袈裟至天竺。使团取道中国西藏拉萨，经尼泊尔加德满都到达印度。

据《太平广记》卷四〇六、《酉阳杂俎》卷一八、《法苑珠林》卷五二、《佛祖统纪》卷三九等，显庆五年农历九月二十七日，王玄策在摩诃菩提寺立碑。同年十月一日，摩诃菩提寺主戒龙为王玄策设大会。会后，王玄策归国。龙朔元年（661），王玄策进献在天竺获得的佛顶舍利。

王玄策于7世纪多次出使印度，促进了中印文化和物质文明的交流，并见证了中印交通中唐—蕃—尼泊尔古道的存在。他在第三次访印期间撰写了《中天竺国行记》，共10卷，已散佚。《中天竺国行记》的部分史料保存在《法苑珠林》中，内容涉及宗教、地理、政法、艺术、民俗等方面。后又有官书《西域

《礼宾图》 中国唐代壁画（局部）

志》，为朝廷敕令百官依据玄奘《大唐西域记》和王玄策《中天竺国行记》等合撰而成，共60卷，与画图40卷合成100卷，现已散佚。

（张远）

Wang Zao

王藻 Wang Zao（1917.6.10～1983.5.28） 中国印度史学者。中国辽宁北镇人。

1923～1937年，王藻先后在黑龙江省齐齐哈尔市小学、中学及北京中山中

学学习。1937～1941年在四川省三台县东北大学文学院史地系读书。1941～1945年在四川绵阳、三台等地中学教书。1946～1948年在沈阳东北师范专科学校教书。1948～1950年在沈阳东北行政学院（东北人民大学前身）任教。1950～1983年在长春东北人民大学（后更名为吉林大学）历史系任教，先后任副教授、教授，兼任系副主任、系主任。1964年起任吉林大学历史系印度史研究室主任。1956年加入中国共产党。1979年起，兼任中国社会科学院—北京大学南亚研究所学术委员会副主任委员。历任中国亚非学会理事、中国南亚学会副理事长、吉林省历史学会副理事长、《史学集刊》编辑委员会主编。曾被列入《当代中国社会科学家》。

王藻主要学术研究领域包括世界古代史及印度近代史。晚年致力于M.K.甘地的研究。

王藻主要学术著作有《论罗马帝国后期封建因素的萌芽》、《论罗马奴隶制经济危机发生的原因》、《一八五七～五九年印度大起义的原因，性质和大起义时期的资产阶级等问题》、《十九世纪初～七十年代印度的改良主义运动》、《一八五七年印度人民起义》、《甘地浅议》、《印度史学界关于印度古代史分期的研究》等。

（王更梅 韩知更）

Wang Zhichun

王之春 Wang Zhichun（1842～1906） 中国清朝官员。字爵棠、芍棠，号椒生。湖南清泉（今湖南衡南）人。明末清初思想家王夫之七世孙。早年随彭玉麟、曾国藩参与镇压太平天国，后任江防统领。1879年，受命赴日本查探军情，将见闻写成《谈瀛录》。1884年，率部参加中法战争，参与中法越南边界划定谈判。1891年，在广东布政使任上接待来华旅行的俄国王储亚历山德罗维奇·罗曼诺夫（即后来的尼古拉二世）。1894年，以唁贺使臣身份出使俄国，

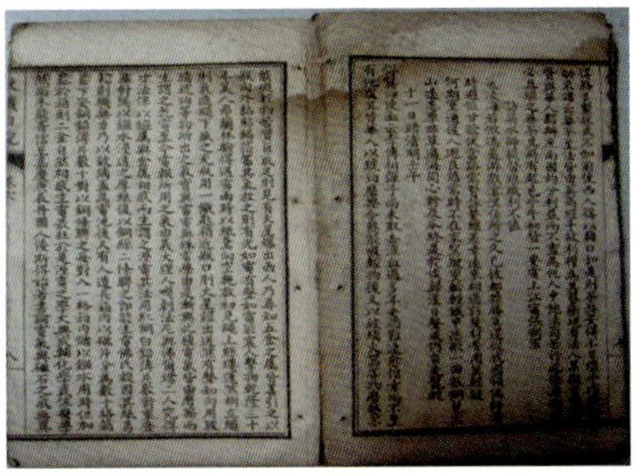
《使俄日记》清末民初印本书影

欲联俄制日。次年游历西欧诸国，后经海路返回上海。1899年，任山西巡抚，复任安徽巡抚。1902年，调任广西巡抚。1904年，在上海遭革命党人万福华刺杀，未遂。1906年去世。著有《船山公年谱》、《国朝柔远记》、《使俄草》、《椒生随笔》。

《使俄草》是王之春1894～1895年出使俄国与西欧诸国的日记，记录了沿途各地区的基本情况。卷八部分对中印古代交往与欧洲在印度的殖民活动有所介绍，表达了作者对印度彻底沦为殖民地的哀叹之情。

（张书剑）

Wangshishu

往世书 Puranas 一类记述上古事物起源的印度教典籍的总称。又被称为五相书，指该类书有5个标志，即记载5种内容：宇宙的创造、宇宙毁灭后的再创造、天神与仙人谱系、各摩奴时代和帝王世系。继吠陀、梵书、奥义书和两大史诗之后出现，7世纪以后，内容不断扩展。有人又提出十相说。往世书的基本内容都以神话传说为主。

《未来往世书》英文本封面

往世书有很多，主要有十八大往世书和十八小往世书。十八大往世书更为重要，流传更广。

《梵天往世书》。约1万颂。先叙述书名的由来、宇宙创造、各摩奴时期、日族与月族帝王谱系及地上世界、地下世界、星宿等，继而以大量篇幅讲述印度教圣地，并讲述了黑天的传说。最后讲祭祀仪式、神姓职责、人生阶段、毗湿奴崇拜、时代划分等，其中还说到印度古代六派哲学中的瑜伽派和数论派。

搅乳海图　巴索利绘

《莲花往世书》。约5.5万颂，篇幅相当于《摩诃婆罗多》的1/2，是现存往世书中最长的。共分为5篇（有的版本为7篇）：①《创造篇》。先讲述书名由来：梵天自莲花中出生，创造了世界。继而说时间的划分、时代及各摩奴时期、诸神的起源，及帝王世系、种姓的产生、种姓的职责。罗列了部分圣地，及有关圣地的故事，并讲述了众神和阿修罗搅乳海的故事、毗湿奴诛杀恶魔摩杜，及化身为野猪诛杀恶魔希兰雅叉的故事等。还涉及湿婆、雪山神女及战神塞健陀的事迹。最后讲到恒河崇拜、太阳崇拜、女人忠贞和贫人不贪的功果等。②《大地篇》。讲述大地创造之初，迦叶波大仙的两妻各生一群后代，分别为众神和阿修罗。然后通过迦叶波大仙之口解说世界的实与不实，以及灵魂和生死等哲理。继而又通过极裕仙人之口讲述达磨（法）的本质。最后讲了一些遵行达磨和不遵行达磨的故事，其中包括《摩诃婆罗多》中迅行王的故事。③《天国篇》。先是关于毗湿奴崇拜的说教，然后讲到世界的创造，五大元素的形成，印度的主要山脉、河流、古国及四时代等，又讲到四种姓职责、人生四阶段等。继而又是崇拜毗湿奴的说教及如何洗去罪孽等。④《地下篇》。主要讲述一个较完整的罗摩故事，但对罗摩本人事迹的叙述简略，而对其父十车王及罗摩两个儿子的故事着墨较详。⑤《后篇》。先是通过湿婆和雪山神女对话的形式，讲述毗湿奴崇拜的意义和功果，然后讲到恒河女神同大海结合生下儿子水持，水持长大后成了恶魔统帅，打败天神，湿婆同水持大战，并赐水持恩典。继而叙述了土星神和十车王的故事，介绍了月份和每个月的礼拜仪式。又用大篇幅讲述听《薄伽梵歌》各章的益处及毗湿奴的8次化身故事。最后又讲到毗湿奴崇拜及四时代等。

684

毗湿奴往世书。约2.3万颂，分为6篇。第1篇首先提出宇宙起源、天地形成、诸神世系、时代划分，以及有关达磨、仙人和吠陀的问题，然后逐一解答，又讲述若干神话传说。第2篇先讲述摩奴后代的世系及其对七大洲的统治，突出了印度的统治者婆罗多，然后介绍七大洲之一的赡部洲及位于赡部洲中心的妙高山（须弥山、修弥罗山），介绍印度古国及其山脉、河流等。继而介绍其他各洲，又讲到天上的太阳、月亮、星辰及季节、月份等。最后讲婆罗多的故事。第3篇讲7个摩奴时期，又对这些时期提出预言，然后介绍四吠陀及往世书等文献，介绍四种姓职责、人生四阶段等，并穿插一些故事。第4篇主要讲述日族和月族的帝王世系，并穿插一些帝王的传说，如罗摩的故事、优哩婆湿的故事、黑天故事、迅行王故事、福身王故事等。第5篇完整地讲述了黑天的故事。第6篇先讲述四个时代的划分，重点讲第四个时代——争斗时代的情形。后又进行道德、业报、轮回、行善、修行等方面的说教。全书突出的是毗湿奴的至尊地位。

《湿婆往世书》。又称《风神往世书》。约2.4万颂，分为7个本集，主要讲述湿婆及其妻子们与两个儿子的非凡事迹。先讲湿婆是宇宙的本源。他左边生出毗湿奴，右边生出梵天。他命梵天创造世界。梵天生出诸神和仙人。世界之母湿娃投胎大仙陀刹之妻腹中，生出女神萨蒂。萨蒂与湿婆结婚。萨蒂因父亲举行祭祀没有邀请丈夫湿婆而自焚。萨蒂投胎喜马拉雅山王之妻腹中，生出雪山神女。爱神试图让湿婆爱上雪山神女，用花箭射向湿婆，结果被湿婆的第三只眼烧成灰。雪山神女嫁湿婆为妻。又讲述了塞建陀与群主的故事和湿婆诛杀水持的故事。还讲解了湿婆林伽崇拜的意义及若干林伽圣地。

《薄伽梵往世书》。又称《幸福海》。是目前印度流传最广的往世书。长约1.8万颂，共分12篇，篇下分章。第1篇先叙述崇信毗湿奴的功德，并简单提及毗湿奴的24次化身。然后讲述《摩诃婆罗多》中大战之后的情况。第2篇讲述世界的创造、毗湿奴化身等。第3篇颂扬黑天，较详细地描绘了世界的创造及毗湿奴的两次化身故事。第4篇讲述了第一摩奴的谱系，以及湿婆的故事、北极星的传说及一些虔信毗湿奴者的故事。第5篇先讲解家庭生活和精神解脱的关系，又讲了几个帝王故事，然后描述了地上七大湖、天上日月星辰及地下各区域和地狱的情况。第6篇讲述了几个毗湿奴崇拜者获得功果的故事。第7篇主要讲述毗湿奴化身人狮的故事。第8篇讲述一个国王被诅咒变成象王，因虔信毗湿奴得升天国。还讲述了毗湿奴化身为龟、侏儒和鱼的故事。第9篇讲述第七摩奴的谱系。第七摩奴的后代分为日月两大族系，其儿子的后代为日族，其女儿的后代为月族，并讲述了两大族系中若干帝王的故事。第10篇最长，详细叙述了黑天的生平。第11篇讲述黑天完成在人间的使命，返回天国。第12篇讲述黑天死后的争斗时代的帝王谱系、种种社会罪恶和世界毁灭。告诫人们要聆听毗湿奴的事迹，冥想毗湿奴，以达到最后的解脱。

《薄伽梵往世书》书影

《那罗陀往世书》。约有2.5万颂，是一部毗湿奴教派的知识手册。全书分为两大部分。第一部分先讲述宇宙的起源：那罗延（即毗湿奴）是宇宙的本原，他

黑天出巡 《薄伽梵往世书》插图

从右侧生出梵天，中间生出楼陀罗（湿婆），左侧生出毗湿奴。他以梵天的形式创造世界，以毗湿奴的形式保护世界，又以湿婆的形式毁灭世界。继而又讲述业报、毗湿奴崇拜、道德礼仪、知识和修行等问题，中间穿插了许多神话传说。第二部分先讲述礼仪、禁忌、教育、数学、语法、天文、音韵等，最后讲如何崇拜毗湿奴及其化身。

《摩根德耶往世书》。约0.9万颂，是最古老的一部往世书，也有较晚时期后人加入的内容。其中因陀罗、火神、太阳神的地位较为突出，而毗湿奴和湿婆的地位则不太突出；许多神话传说都与《摩诃婆罗多》关系密切，如较晚时期后人加入的杜尔伽女神诛杀恶魔的故事。内容包括七大洲、各个摩奴时期、种姓、生死、天堂、地狱，以及道德、礼仪等。

《火神往世书》。约1.5万颂。主要讲述毗湿奴的10次化身故事，以及湿婆林伽和杜尔伽女神崇拜问题。其余部分内容驳杂，包括政治、军事、法律、吠陀、往世书、医学、诗律、语法、占星、礼仪、天文、地理等。其中关于画曼荼罗的仪轨、真言咒语的念诵仪轨、建造庙宇的功德、庙中各个神像的位置等内容，与佛教密宗有一定关联。

《未来往世书》。约1.45万颂。内容杂乱，并非关于预言未来的往世书，因而可能不是原书。该书分为3篇：①《梵篇》。先讲述宇宙的生成，可能出自《摩奴法论》，后讲述时代、种姓、女人的本分等。②《造物篇》。主要讲述印度各地的王国和国王及其事迹，其中提到支那（见中国）。最后部分成书晚于16世纪，出现几个穆斯林统治者的名字，如帖木儿、胡马雍、阿克巴等。③《后篇》。讲述各种罪孽和地狱的恐怖，以及拜神仪式、祭品、祷词、咒语等，告诉人们如何才能获得解脱和进入天堂。

《梵转往世书》。约1.8万颂。分为《梵篇》、《原质篇》、《群主篇》和《黑天出生篇》4篇。分别讲述了宇宙的创造、5位女神、群主（湿婆与雪山神女之子）和黑天的故事，其中黑天的故事是全书的主要部分。

《林伽往世书》。约1.1万颂。分为两部分。第一部分讲述世界的创造，说湿婆是宇宙的本原和最高主宰，还叙述了湿婆的28次化身，及林伽崇拜、天文、地理、帝王世系等。第二部分讲述了各种有关湿婆林伽的传说，介绍了一种使个体灵魂（自我）与最高灵魂（湿婆）合而为一的修行方法——牛主瑜伽。

《野猪往世书》。约2.4万颂。重点介绍毗湿奴教派的祷词、仪式、修行方法、日常行为规范等，穿插了许多神话故事，并以不少篇幅介绍毗湿奴派的圣地，也讲述了湿婆和杜尔伽女神的故事。

《塞健陀往世书》。原作散佚，据传有81万颂。现存各种抄本的篇目较混乱，其中一个版本分为6篇：①《大自在天篇》。先讲述湿婆大闹陀刹的祭祀，打败包括毗湿奴、梵天和因陀罗在内的所有天神，又讲罗摩与罗婆那的故事和搅乳海的故事，最后讲述湿婆崇拜。②《毗湿奴篇》。先描绘毗湿奴野猪化身的形象，朝拜圣地和在圣河中沐浴的功效，继而叙述学习往世书和不同月份崇拜毗湿奴的不同功效等。其中提到中世纪毗湿奴派宗教哲学家罗摩奴阇。该篇编定年代较晚，且为毗湿奴派强行加入的内容。③《梵篇》。主要介绍一些重要圣地，讲述如何通过虔诚去亲证毗湿奴以获得解脱。该篇内容与中世纪印度教的虔诚运动有关，成书时间亦较晚。④《迦尸篇》。迦尸（见瓦拉纳西），又称贝拿勒斯。一般认为，该篇是本往世书的原有部分。内容先是罗列印度教的若干圣地，讲述朝拜圣地的功果，然后重点介绍迦尸和迦尸的湿婆圣地。⑤《阿槃底篇》。阿槃底为古地名，在今纳玛达河以北，中印度乌贾因市一带，亦是古代文化中心之一。该篇主要介绍阿槃底的圣地，并通过一些故事说明朝拜这些圣地的功果。⑥《雷瓦篇》。雷瓦为河名。圣河之一，又称纳玛达河。在中印度温底耶山脉南侧，由东向西注入阿拉伯海。该篇主要介绍圣河雷瓦的灵迹，穿插了不少神话传说。

《侏儒往世书》。约1万颂。讲述毗

黑天举起牛增山 《薄伽梵往世书》插图

湿奴的化身故事，主要介绍湿婆教派的圣地、湿婆林伽崇拜，以及湿婆、雪山神女、塞健陀和群主的故事。

《龟往世书》。约1.7万颂。主要内容是颂扬湿婆，讲述湿婆的化身故事，介绍湿婆圣地，告诉人们如何通过冥想认知湿婆和如何通过虔诚的仪式获得最高知识。

《鱼往世书》。约1.4万颂，是一部比较古老的往世书，但也有后世加入的内容。其中许多故事与《摩诃婆罗多》中的插话一致，如洪呼王与优哩婆湿的故事、迅行王的故事、神魔大战、搅乳海、莎维德丽的故事等。该书也介绍了十八往世书、九大天体、七大部洲、四个时代、毗湿奴化身、湿婆诛魔、战神出世、王朝世系、君王职责、家教仪式、宗教节日、占星占梦、法律道德等。

《大鹏往世书》。约1.9万颂。分为3篇：①《业篇》。讲述医学、诸神崇拜、法论、天文、地理等。②《法篇》。叙述生死、业报、解脱及丧葬仪式等。③《梵篇》。讲述毗湿奴的崇高地位、圣地等。该书有的版本不分篇，而是将全书分为18章。第1～4章讲述地狱的恐怖和导致下地狱的罪恶。第5章讲述毗湿奴的至尊地位及遵行达磨的意义。第6、第7章讲述业报轮回、毗湿奴的10个化身及解脱轮回的做法等。第8～11章讲人死后的祭奠仪式等。第12章描述地狱的规模。第13章讲述人体脉络和禅思方法。第14章讲述如何永久

须弥山　印度教徒和佛教徒均视之为宇宙的中心

林伽－约尼崇拜　印度绘画

摆脱世间苦难。第15章讲述医学、保健方面的知识。第16、第17章讲述虔信毗湿奴的意义及方式。第18章讲述宇宙的创造和神魔的产生。

《梵卵往世书》。原作已散佚，现存约1.2万颂，是一些颂神诗和传说故事。主要内容包括世界的创造、仙人谱系、帝王世系、摩奴时期、优秀人物事迹、世界各洲、七大圣山、天体星座、毗湿奴化身、神魔争斗等。

往世书神话的一些内容曾随佛教典籍传入中国。如印度教三大神——大自在天（湿婆）、遍入天（毗湿奴）和梵天都曾在佛典中作为佛教的护法神出现，尤其是在7世纪以后的佛教密宗阶段，连同他们的配偶、坐骑等也在佛教神殿中占有一席之地，密教曼荼罗中有他们的位置。他们有的出现变体，成为在中国影响很大的神明，如由湿婆演变而来的摩诃迦罗（意译大黑天），13、14世纪曾在中国内地有很大影响，至今在藏族、蒙古族、白族等少数民族民众中仍然受到崇拜。近代以来，中国学者许地山、季羡林、金克木、黄宝生都曾对往世书做过简要介绍。

（薛克翘）

Wang Wu Tianzhuguo Zhuan

《往五天竺国传》 新罗国（今韩国）来华僧人慧超于中国唐代时撰写的史地著作。其写本原藏敦煌石室，现藏法国国家图书馆，系由法国学者、探险家P. 伯希和于1905年掠去，编号为P.3532。

由于写卷首尾残缺，故本不知作者何人。伯希和根据慧琳《一切经音义》卷一百，将此卷作者定为慧超，后经各国学者举证认定。

慧超生平事迹不见于史传，故不能确知其生卒年。经学者研究，其生年约为700年或704年，卒年约在781年。慧超很早就到中国，16岁时在广州遇见印度来华僧人金刚智，并拜为师。据学者张毅（汶江）推测，慧超约于开元十一年（723）前往天竺巡礼，去时可能走海路，故慧琳《一切经音义》引文中有南海地名，且其巡礼自东天竺起始。其后，慧超依次巡礼中天竺、南天竺、西天竺、北天竺，最后经中亚各地回到中国，时在开元十五年。之后，慧超在长安大荐福寺继续从金刚智受业，并于开元二十一年开始学习《大乘瑜伽金刚性海曼殊室利千臂千钵大教王经》，8年后，即开元二十九年，金刚智开始翻译此经，慧超担任笔受。天宝元年（742），金刚智去世，译事中断，慧超又在不空金刚指导下继续研习此经。建中元年（780），慧超于五台山将此经录出。

慧超是继玄奘、义净之后去印度的求法僧。其时虽有其他中国僧人到印度去，但留下的记载很少。因此，《往五天竺国传》对研究8世纪前半叶印度和中亚地区的历史具有重要参考价值。其有关佛教圣地的记载，对研究当时印度宗教发展变化具有参考价值。其关于五印度国情的记载，则对研究当时印度的政治社会状况具有一定参考意义。如写到南天竺时说：“即从南天国南行三个

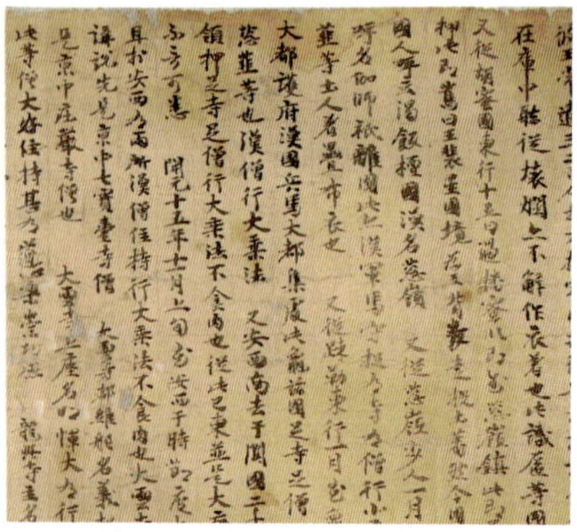

《往五天竺国传》敦煌残卷

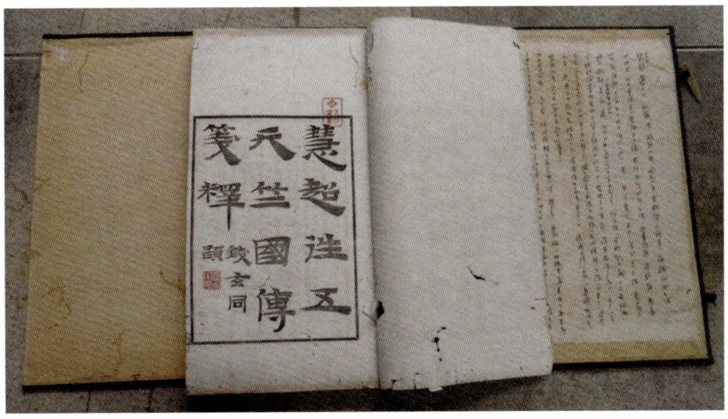

《往五天竺国传笺释》书影

余月，至南天竺国王所住。王有八百头象。境土极宽，南至南海，东至东海，西至西海，北至中天、西天、东天等国界。”基本符合当时南印度的历史情况。他写西天竺时说：“今被大食来侵，半国已损。”指的是阿拉伯人占领信德地区并向外扩张的史实。

伯希和于1905年将该书公布于《法兰西远东学校校刊》，之后首先引起中国学者重视。罗振玉在其后不久即著文予以研究。继而引起了日本学者的重视。藤田丰八、羽田亨、高楠顺次郎等都对该书作过研究。20世纪30年代，其德文译本、英文译本相继出现。1945年以后，韩国和朝鲜学者也加入研究行列，并于1959年翻译出版了朝鲜文本。1931年，中国学者钱稻孙将藤田丰八《慧超往五天竺国传笺释》译为中文。张毅于1988年对该书再作笺释，1994年由中华书局出版。

（薛克翘）

Wei Jie

韦节　（约活动于7世纪初）　中国隋代出使印度使节。大业元年（605），奉隋炀帝杨广（605～618年在位）之命与**杜行满**一同出访。从罽宾带回玛瑙杯，从**王舍城**带回佛经。著有《西蕃记》。全书已佚，仅有部分内容见诸《通典》。

（张忞煜）

Weishi Ershi Lun

《唯识二十论》　*Viṃśikā-vijñapti-prakaraṇa*　印度佛教大乘瑜伽行派重要论典，汉传唯识宗瑜伽十支论之一。又称《二十唯识论》。作者**世亲**。包含22首偈颂及自注。

《唯识二十论》主张主客观世界唯是心识之虚妄显现而毫无实体，此唯识之真相唯佛能知，不可言表，却也可以通过遮破妨难的方式来间接成立。该论的主体即是显示种种对于“唯识无境”的质疑和破斥均不能成立，证明唯识之说亦可于理无违，反倒是原子论等实有外境之说难以确立。例如，对方质疑，如果唯识为幻现，就无法解释为什么我们看到的世界一时一处皆固定不乱，所有人看到的都是一样，而且这些事物还各有作用，并且这些都是现量直觉所见而不假思维分别，对此，该论的回答是，上述所有经验在梦中均可以获得，而梦中所见唯识无疑，不醒则不知。

梵文本现存，但缺首叶，1925年S. 列维出版校勘本。后列维及其他学者都曾对这一刊本提出勘误或修订建议，以宇井伯寿在1953年出版的《四译对照唯识二十论研究》纠正最多。日本于1989年出版梵文写本影印本。

汉译本有3种，分别为般若流支译《唯识论》(一名《破色心论》，T1588)、**真谛**译《大乘唯识论》(T1589)、**玄奘**译《唯识二十论》(T1590)。藏译本包括偈颂（D4056）和自注（D4057）。

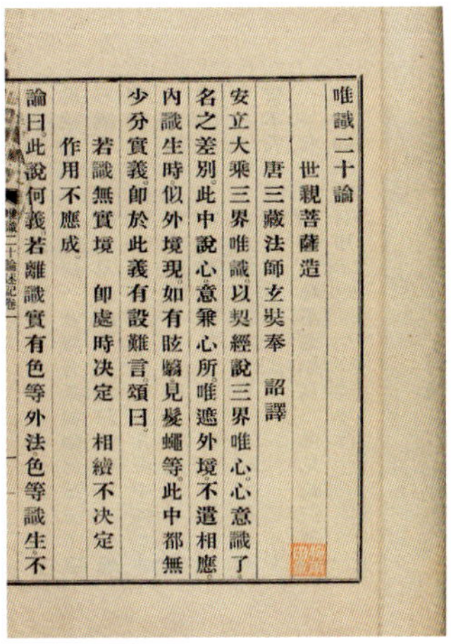
唯識二十論
世親菩薩造
唐三藏法師玄奘奉　詔譯
安立大乘三界唯識。以契經說三界唯心。心意識了名之差別。此中說心意兼心所。唯遮外境不遣相應。內識生時似外境現。如有眩瞖見髮蠅等。此中都無少分實義。卽於此義有設難言。頌曰。
若識無實境　卽處時決定　相續不決定
作用不應成。
論曰。此說何義。若離識實有色等外法。色等識生不

《唯识二十论》民国十二年(1923)萍寄庐排印本书影

《唯识二十论》在印度极受重视，相传注疏有十余家。现仅传有护法与调伏天两家，前者唯存**义净**汉译5卷，即《成唯识宝生论》(一名《二十唯识顺释论》，T1591)，后者唯存藏译本(D4065)。此外，日护（约活动于11或12世纪）基于调伏天释所作的简短词注（约1叶，仅存梵本）由加纳和雄于2008年校勘出版。汉语注疏有**窥基**所撰《唯识二十论述记》2卷（T1834），相传圆测也有注疏两卷，今已不传。2009年肖永明整理出版了**吕澂**的《二十唯识白话译本》遗稿。

（叶少勇）

Weishi Sanshi Song

《唯识三十颂》　*Triṃśikā-vijñapti-kārikā*　印度佛教大乘瑜伽行派重要论典，汉传唯识宗瑜伽十支论之一。又称《唯识三十论颂》。作者**世亲**。包含30首偈颂。相传为世亲临终前不久所作，概述了唯识、三性的理论及行位，然未及作释。其后印度有十大论师为其作释，对后世影响巨大。

与世亲的《唯识二十论》的间接成立不同，《唯识三十颂》开篇第1颂就从圣者所见的角度描述胜义真实，指出世人所谓种种主客观存在并非真实事物的反映，这些错误认识的产生是基于“识转变”的运行机制。第2颂指出识转变的3种形式，即异熟识（第八识阿赖耶识）、思量识（第七识）和了别境识（眼等六识）。第3～16颂分述这3种形式识的各自属性特征和运行方式，历数了八识与诸心所之名数。第17～19颂总述这一运行机制如何产生主客观世界的错觉。第20～22颂将上述运行机制纳入三性的存在论框架之中：错误认识所执着的事物是遍计所执性，实则根本不存在，产生错误认识的缘起运行机制是依他起性，在依他起性上如果没有遍计所执性的妄执，即现其中的真实性——圆成实性。第23、24颂解释了三性的另一面——三无性。第25颂解释唯识性。第26～30颂说明了唯识观行次第、方法与得果。

玄奘所译《唯识三十论颂》

（T1586）依据护法的注释插入了一些简略标示和科判。据说玄奘在印度时集齐了德慧、安慧、难陀、护法、亲胜、火辨、净月、胜友、胜子、智月等十大论师的注本，回国后采纳弟子**窥基**的建议，未将10家一一译出，而是以护法的注本为主，糅译为**《成唯识论》**10卷（T1885）。10家注释之中唯一现存梵文本的是安慧的释论，1925年S.列维出版校勘本，1989年日本刊出梵文写本影印本，2007年H.比舍尔出版了最新的校勘本。藏译本除了存有安慧释本（D4064），还有调伏天的复注（D4070），其梵本则仅存残叶，

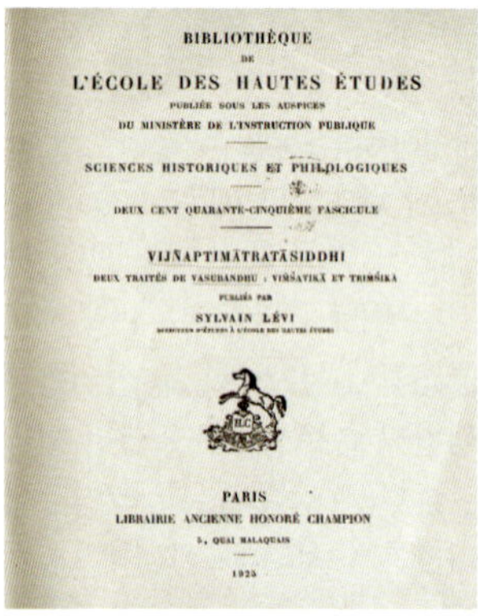
BIBLIOTHÈQUE
DE
L'ÉCOLE DES HAUTES ÉTUDES
PUBLIÉE SOUS LES AUSPICES
DU MINISTÈRE DE L'INSTRUCTION PUBLIQUE
SCIENCES HISTORIQUES ET PHILOLOGIQUES
DEUX CENT QUARANTE-CINQUIÈME FASCICULE
VIJÑAPTIMĀTRATĀSIDDHI
DEUX TRAITÉS DE VASUBANDHU : VIṂŚATIKĀ ET TRIṂŚIKĀ
PUBLIÉS PAR
SYLVAIN LÉVI
PARIS
LIBRAIRIE ANCIENNE HONORÉ CHAMPION
5, QUAI MALAQUAIS
1925

《唯识二十论、三十颂合刊》1925年S.列维校勘梵本封面

P.杰尼于1985年发表。汉译本另有**真谛**所译《转识论》1卷（T1587），与《唯识三十颂》大体相当，但为散文体，其中也插入了释文。此外，20世纪20年代**吕澂**基于梵藏本发表了《安慧三十唯识释略抄》，徐梵澄和霍韬晦也都曾发表过这一梵本的汉译。

（叶少勇）

Weijing

惟净 Weijing（？～1051） 中国僧人，译经家。据《**佛祖统纪**》卷四三等，惟净俗姓李，金陵（见**南京**）人，五代南唐后主李煜之侄。7岁出家，11岁能诵《法华经》。宋太宗太平兴国八年（983），为译经事业后继有人，印度**三藏法师天息灾**提议招贵族子弟学习梵文，宋太宗批准。惟净等10名童子入选。惟净学而有成，"口受梵章，即晓其义，岁余度为僧，升梵学笔受，赐紫衣、光梵大师"。在天息灾、**法天**先后去世之后，天竺三藏法师**施护**成为译经场的主译，惟净与宋真宗景德元年（1004）来华的

《妙法莲华经》梵文残片
现藏中国辽宁旅顺博物馆

印度僧人**法护**一起协助施护译经多年。大中祥符六年（1013），与杨亿等人合编《大中祥符法宝录》21卷；宋仁宗天圣三年（1025），与夏竦等人合撰《新译经音义》70卷；天圣五年，与惠方等人合编《天圣释教总录》3卷；景祐二年（1035），与法护等人合撰《景祐天竺字源》7卷。有学者统计，其所译经为7部121卷。实际不止此数。其个人译作有《大乘菩萨藏正法经》40卷，与施护、法护合译的佛经有17部45卷，与法护合译的有8部94卷。惟净是北宋时期最杰出的译经家，宋神宗熙宁五年（1072）被追谥为明教三藏。

（薛克翘）

Weila

维拉，R. Raghu Vira（1902.12.30～1963.05.14） 印度民族主义者，学者，文献学家。以在世界范围内展现印度悠久浩瀚的历史而闻名，为人们了解古代印度与中国的关系作出了重大贡献。

维拉出生于西旁遮普省拉瓦尔品第（今属巴基斯坦）。在旁遮普大学获文学硕士学位，后赴英国伦敦、荷兰莱顿攻读博士学位，熟悉现代西方教育和印度古典文献。曾在拉合尔（今属巴基斯坦）的恒法学院任梵文系主任并从事教

维拉（左2）与中国学者在一起

学工作。

维拉是一位颇有建树的文献学家。他倡导确立一种通行印度的语言以抗衡英语的主宰地位。熟练掌握英语、梵语、阿拉伯语、印地语、乌尔都语、孟加拉语等多种语言。他以梵语为词基创造出了15 000个科学及其他术语。其著作《英语印地语大辞典》对印度语言的发展具有奠基性意义。他为若干古代梵语文献作过校注。作为印度浦那班达卡尔东方研究所精校本《**摩诃婆罗多**》项目的校订者之一，整理了《摩诃婆罗多》第四篇"毗罗吒篇"。出版的主要著作超过30部。

维拉的重要贡献之一是对印度与东亚、东南亚之间文化联系的研究，尤其是印度与中国之间文化联系的研究。他将印度教和佛教传法僧视作这一广阔区域内的文化使者。在访问该区域诸国时，鉴定和收集了大量遗迹和手稿。他的工作得到了**J.尼赫鲁**、**周恩来**以及亚洲其他国家领导人的支持。1956年，在结束3个月的中国之行后，他将搜集的与中印文化交往密切相关的古董、手稿等装进300个木箱带回印度。如今，这些文物收藏于由他创立的国际印度文化学院。该学院主要研究印度文化、文献与宗教，侧重考察印度文化在蒙古、印度尼西亚、中国、俄罗斯和中亚地区的传播与扩散。他所编纂的汉语梵语词汇表沿用至今。学院期刊《印度亚洲文化》在文化研究领域较为知名。

（卡马尔·希尔撰 张书剑译）

Weimojie Jing

《维摩诘经》 *Vimalakīrti-nirdeśa-sūtra* 佛教大乘类经典。主体部分记录了维摩诘居士与佛陀（见**释迦牟尼**）门下几大弟子的辩论，主旨是确立大乘学说对小乘学说的优越地位。该佛经于东汉末年传入中国后有多次重译，现存3个汉译本，对经名的翻译略有差异：东汉**支谦**译《佛说维摩诘经》2卷，姚秦**鸠摩罗什**译《维摩诘所说经》3卷，唐代**玄奘**译《说无垢称经》6卷。据《**出三藏记集**》，该经尚有西晋**竺法护**译《维摩诘经》1卷、竺叔兰译《异维摩诘经》3卷，合本有西晋**支敏度**合支谦、竺法护、竺叔兰3

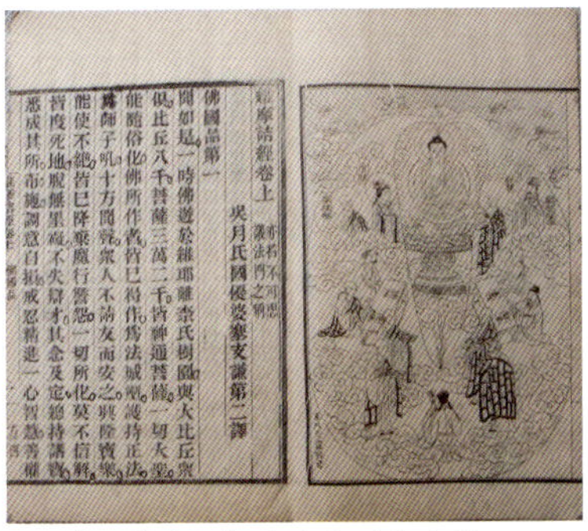

《维摩诘经》清晚期刻本书影

本为《合维摩诘经》5卷，都已不存。《开元释教录》还录有东汉严佛调译《古维摩经》2卷，东晋祇多蜜译《维摩诘经》4卷，也已佚失。除汉译本外，该经尚有藏语译本（D176），以及粟特文、满文、蒙文译本等。日本学者高桥尚夫曾于布达拉宫发现了该经的梵文写本，日本大正大学于2004年整理出版《梵藏汉对照〈维摩经〉》，又于2006年出版梵文精校本。虽然梵文写本的时代较晚，但与3种古代译本重合度较高。

《维摩诘经》梵本有12章，汉译分为14品。大体内容如下：佛陀与菩萨、比丘众住在毗耶离（吠舍离）城菴罗树园，长者子宝积等前来供养。此时，毗耶离城的长者维摩诘表现出疾病之相，为大众说法。于是佛陀遣人前往慰问，但弟子们回忆了各自与维摩诘辩论佛法时的窘况，都不敢前去。唯有文殊师利决定受命前往，诸菩萨、弟子、大众紧随其后，渴望听二人辩论。辩论的主旨是宣扬世间法、出世间法不异的不二法门。在辩论佛法的过程中，还穿插了三个情节：须弥灯王佛送来三万二千狮子座，天女将舍利佛变成女身，香积佛赠送饭食。辩论结束，维摩诘与文殊师利等大众一起来到佛陀面前致礼。最后，佛陀将此经托付给弥勒菩萨，使之广泛流布。

《维摩诘经》以其思辨性与文学性而闻名，对中国文化影响深远。在佛教界，由于这部佛经是大乘与小乘的论辩之作，故而注本很多，从鸠摩罗什门下众弟子僧肇、道生、道融等人的注解，到窥基对玄奘译本的分析阐述，形成了深厚的注释传统。在世俗层面，这部佛经的传译正好迎合了中国当时盛行的清谈风气，在士人当中比较流行，经常被用作清谈的材料和掌故。《高僧传》与《世说新语》都记载了支遁讲《维摩诘经》时的情形，他和许询反复论难，听众乐而忘倦。《维摩诘经》中讨论“不二法门”时维摩诘的沉默、文殊师利对

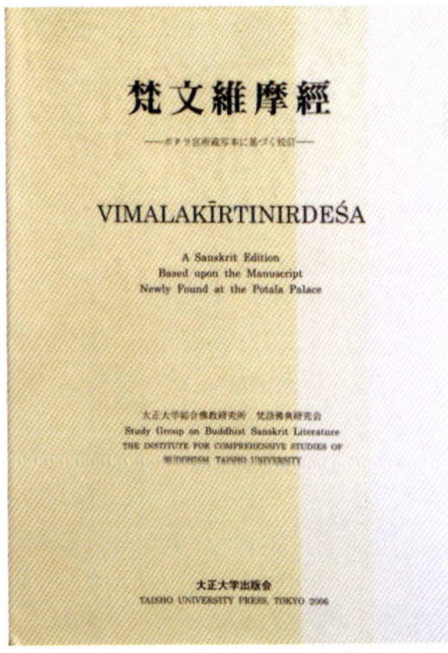

《维摩诘经》日本大正大学2006年梵文精校本封面

其“无言无说”的叹赏，也是对时人所关注的“言意之辨”哲学问题的理想阐释。在文学方面，晋宋之际，谢灵运曾仿照《观众生品》中的10种譬喻创作了《维摩经十譬赞》。南齐竟陵王萧子良受到《维摩诘经》咏诵方法的启发，积极参与当时的诗歌声律改革。唐代王维仰慕维摩诘之为人，故字“摩诘”。在白居易、苏轼等人的诗歌里更是常常见到《维摩诘经》的典故。在敦煌俗文学中，《维摩诘讲经文》有七种之多，承袭了《维摩诘经》丰富的想象力，对佛国的庄严、勾引持世菩萨的魔女的美貌，都极尽铺陈之能事。敦煌壁画中也有吴道子等人所绘制的数幅维摩诘居士的画像。京剧中仍在上演的《天女散花》的故事情节，也取自《维摩诘经》。

（范晶晶）

Weizhinan

维祇难 Vighna（约活动于二三世纪）印度来华僧人，翻译家。又译维只难。据《高僧传》卷一等，维祇难为印度人。其家族信奉拜火教，他亦以火祀为最上之法。后受一沙门影响，乃舍弃旧日所学而归依佛教。有故事述其缘由称，当时有一习学小乘、善行道术的沙门于日暮时分来到他家门前，希望投宿。由于信仰不同，多有猜忌，维家闭门不纳，沙门只好露宿门外。是夜，沙门暗施咒法，使得维祇难家所事之火欻然变灭。维家大惊，于是举家而出，拜请沙门入室供养。沙门复以咒术使火重燃。维祇难见沙门神力远胜于己，遂于佛法大生信心，坚决放弃昔日所学，出家为道，后深究三藏，并特精于四阿含经。游化诸国，莫不奉其为师。三国吴黄武三年（224），与竺律炎（一称竺将炎）携梵本《法句经》同来武昌。当时吴地士人请他们出经，二人遂将该经译出，得2卷。后又译《阿差末菩萨经》4卷。由于二僧不善汉文，故译经文辞颇有未能尽义之处。后人评其译本“志存义本，辞近朴质”。

（葛维钧）

Wei Fengjiang

魏风江 Wei Fengjiang（1912.10.14～2004.03.05） 中国旅印留学生。在中印文化交流中起过一定的作用。浙江萧山（今属杭州）人。1933年经谭云山推荐，派往印度国际大学学习，成为R.泰戈尔的中国学生，其间与英迪拉·甘地同学。1937年获国际大学文学硕士学位，4月

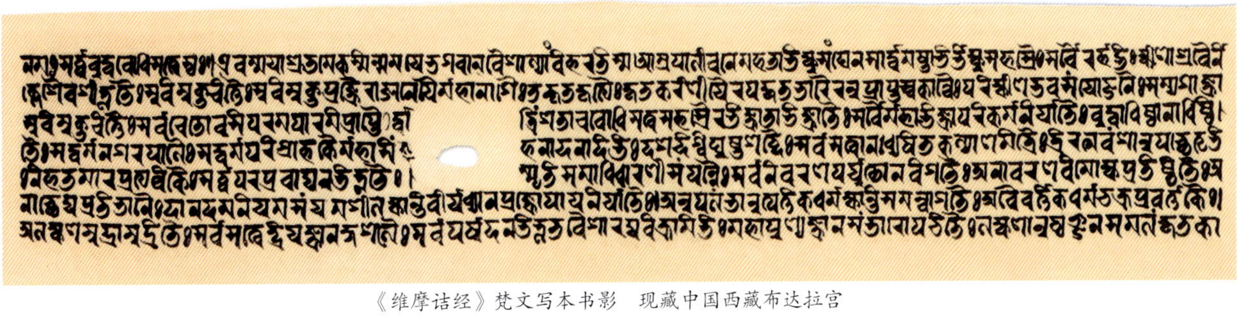

《维摩诘经》梵文写本书影 现藏中国西藏布达拉宫

1987年，拉吉夫·甘地在新德里会见魏风江

被泰戈尔任命为国际大学中国学院副教授。同年前往甘地真理学院，在M.K.甘地身边学习。1939年回国，在浙江、上海等地学校任教。晚年曾任浙江绍兴越秀外国语学校校长等职务。1987年应印度政府邀请访问印度，重游母校国际大学与甘地真理学院。1988年在北京受到来访的时任印度总理拉吉夫·甘地接见。1992年印度总统R.文卡塔拉曼亲赴杭州看望魏风江。1997年再次受邀访问印度。2004年3月5日去世，时任印度总理A.B.瓦杰帕伊与印度国大党主席索尼娅·甘地均发来唁电，赞扬他为中印友谊和两国文化交流所作的贡献。

魏风江作为泰戈尔唯一的中国学生、甘地的中国追随者，发表过《在甘地先生家里》、《漫话诗人泰戈尔故居今昔》、《我所认识的印度国大党先辈领导人物》、《印度重访记》等文章，著有《我的老师泰戈尔》(1986)，该书根据作者的亲身经历，回忆了泰戈尔的思想、创作、生活，以及国际大学的师友。

（张书剑）

Wei Guisun

魏珪荪 Wei Guisun（1915～1995） 中国旅印学者。原籍中国福建。1943年获政府奖学金，前往印度留学，研究印度历史与文化。最初在圣蒂尼克坦国际大学中国学院度过数月，随后成为阿利加尔穆斯林大学的学生。研究生毕业后，在该校进行蒙古历史研究工作，完成自己的哲学博士论文。1951年7月，成为国际大学中国学院中国语言和历史讲师，后成为该学院教授和院长。1980年退休后，仍坚持于研究和著述。逝世于圣蒂尼克坦。著有*The Secret History of the Mongol Dynasty*（1957，《蒙古王朝秘史》）。

（那济世撰 刘建译）

Wei-Jin xuanxue

魏晋玄学 metaphysics of Wei and Jin Dynasties 东汉末期及三国两晋时代，有“清谈”之风。尚清谈者生活放诞，以道家“自然无为”相标榜，其言论及思想，后世称为“魏晋玄学”。魏晋玄学包含名理论和才性论。名理论包括本末有无之辩、言意之辩、名教自然之辩等内容，以王弼、何晏、向秀、郭象为代表；才性论以才性鉴赏为主要内容，以刘劭《人物志》肇其端绪，后继以钟会《四本论》等。玄学思想以道家精神为主体，兼及儒家学理，相互融合而成。

产生流变 儒、道思想在汉代已经开始相互混合。孔融答李膺说，“昔先

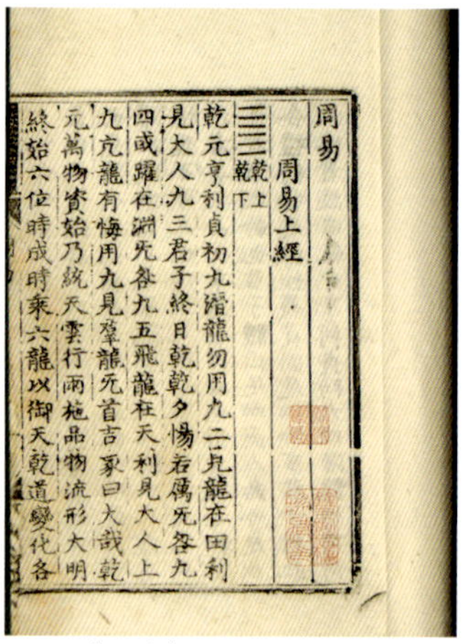

周易
周易上經
乾下乾上
乾元亨利貞初九潛龍勿用九二見龍在田利
見大人九三君子終日乾乾夕惕若厲无咎九
四或躍在淵无咎九五飛龍在天利見大人上
九亢龍有悔用九見羣龍无首吉彖曰大哉乾
元萬物資始乃統天雲行雨施品物流形大明
終始六位時成時乘六龍以御天乾道變化各

《周易》明刻孤本书影

君仲尼与君先人伯阳有师资之尊，是仆与君奕世为通好也”，一时传为美谈，可见汉末学者已承认儒道合流。魏晋之际更以孔子与老子为同源。三国魏正始年间（240～249），王弼、何晏等祖述老庄，却偏好对儒家经典发挥议论，如何晏之集解《论语》，王弼之著《论语释疑》、注《周易》。王、何等人出身世家大族，承袭汉末清议遗风，相互问难析理，反复致辩，谓之“清谈”，时人慕之，引为风尚。他们讨论了本末有无、

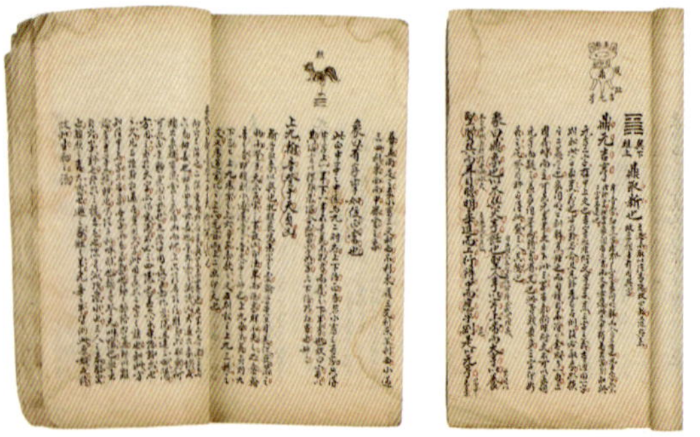

《周易》旧抄本书影

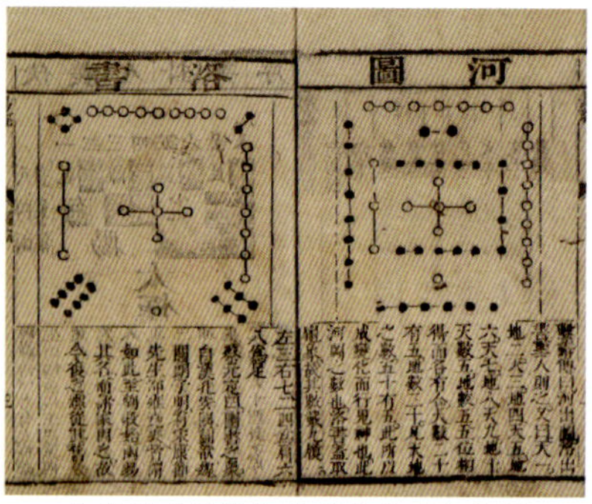

朱熹注《周易》清赠言堂刊本书影

名教自然关系，以及圣人有情无情等问题。同时代的刘劭、傅嘏等人则以论“才性”引领风气。东汉即视品评人物为大事，其实与当时人才选拔制度有关。至“竹林七贤”时期（约255～262），嵇康、阮籍等人以“自然”为宗，从而提出“越名教而任自然”的观点，认为人应追求自然而摆脱名教束缚。这种观点产生的根源，是执政者司马氏欲以名教来掩饰其政权的非法性，而嵇、阮则耻与合流。钟会（225～264）作《四本论》，延续才性论，但已少有发明，不如名理论者推陈出新，代有人出。以向秀、郭象等人为代表的时期，称为“元康玄学”。二人认为自然与名教实不相悖，人之所为无不在自然天道之中。如郭象注《庄子·秋水篇》：“人之生也，可不服牛乘马乎？服牛乘马，可不穿落之乎？牛马不辞穿落者，天命之故当也。苟当乎天命，则虽寄之人事，而本在天也。”他们在论“本末有无”时提出了“自化”、“冥然独化”等观点，认为“有”并非生于“无”，而是自“有”，即“物各自造而无所待焉”。西晋裴頠（267～300）作《崇有论》，也以“至无者无以能生，始生者自生也”为论，认为世间万事万物“自生而必体有”，而非“无”所生成。自此名理论从原来的贵无已转向崇有。

印度佛教约在汉明帝（公元57～75年在位）时传入中国，到东晋（317～420）时期，随着大量重要经典的译介和本土著述的出现，佛教理论对本土思想文化的影响日渐深入，致使玄学的发展也呈现出了不同于前期的趋势。张湛注《列子》，还认为“群有以至虚为宗，万品以终灭为验”，但不久之后“非有非无”的

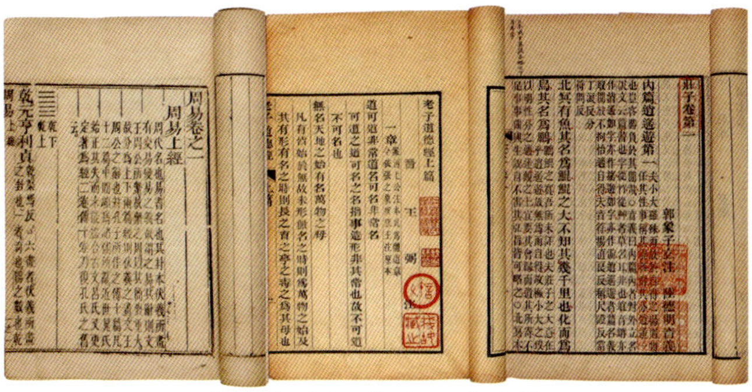

《周易》、《老子》、《庄子》书影

说法取代了“本末有无”之辩，成为玄学讨论的新风尚。自此大量玄学内容成了注释解读佛经的理论依据，而独具特征的玄学思潮遂逐渐湮没。“玄学”之名，首见于《晋书·陆云传》中的“云本无玄学”，其实当时对“玄学”理解并不同于后世，只是以注重清谈、仪容甚至是门第的学术论析为“玄学”。到南北朝时，《周易》、《老子》、《庄子》并称“三玄”，一种具备自身经典的学派俨然已经形成。

哲学思想　名理论以对“本末有无”观点不同而分两派：贵无派与崇有派。贵无派主张“以无为本”，认为“道”或“无”，统御万有；世间万物之所以存在、变化，皆导因于本体“无”，所谓“天地万物，皆以无为为本”。其中何晏明确提出“有之为有，恃无以生；事而为事，由无以成”，认为“有”生于“无”，而“无”成就万物。王弼则以“无”和“有”互为体用，认为“天地以本为心者也。寂然至无，是其本也”。并且认为“有”是有形、有待，有所局限的，而“无”则是无所限制的绝对存在，具有终极意义。他还从“以无为本”的理念出发，提出“崇本息末”与“崇本举末”的政治理论，认为以“道”施政，无为而治，只要从根本上着力，就可避免纠缠于细枝末节，而获得纲举目张、以简驭繁的效果。崇有派则主张“有自生说”。《崇有论》认为“至无者无以能生，始生者自生也”，指出“无”不能生有，而能存在的事物，恰恰是因为“有”，而并非来自绝对存在。郭象也认为“无”不能生“有”，因为“无”是什么都没有，自然不能生有；有之所以为有，且“万物虽聚而共成乎天”，则是“冥然独化”的结果。“独化于玄冥”即指万物生成运化于玄远冥然之境，非人可以知晓；而万事万物却也因此而不相妨碍，共成天地自然。

自然名教之辨，意在辨明儒家礼教与天性自然的关系。自然是人及宇宙的本然面目，未加人为造作；而礼乐名教则是人所造作，以典章制度、礼乐教化节制人过分的行为情感。何晏、王弼均认为“名教出于自然”，以名教为用，而自然为体；名教为末，自然为本；名教有形，而自然体无，两者是体用本末关系。但是王弼学宗道家，援道解儒，认为礼法无非一种具化的约束，乃是一种“伪”，有其局限性；应该从“无”之本体上着手，去掉礼法的约束，达到礼乐教化所指向的真正道德，也即以无为为君，以不言为教，从而使万事万物各归其定分。这是因为在王弼的观点中，儒道同源，圣人体无，故常说有，老子体有，故常说其不足。阮籍、嵇康则提倡“越名教而任自然”，缘于对司马氏的不满。司马氏篡夺曹魏政权之后，宣扬以孝治天下，却对与孝密切相关的忠避而不谈，其意在通过抽换“名教”内涵，以淡化其政权的非法性。嵇康所指的“名教”，不同于王弼、何晏所说之名教，实已沦落为当权者随意把玩之物，与人的天性自然已是南辕北辙。他目礼法、名教为枷锁，认定其束缚人性，与自然相悖；只有越名教，除礼法，方可复归天性自然，合于天道。郭象的观点与嵇康不同，主张“名教即自然”。针对时俗放逸，不尊道术，而嵇康等竹林七贤虽有高名，却随波逐流，不遵礼法，唯以“自然”涂饰自己的行为，郭象提出“我既不能生物，物亦不能生我，则我自然矣。自己而然，谓之天然”。名教既是自然而然的存在，故与自然无异，不应毁弃。其例如穿牛鼻，落马首，虽在庄子看来乃非天性而属人为，但郭象则认为牛鼻可穿、马首可落，穿落虽系人为，而其理却是天性自然。因此，名教虽为人所造作，而其理却不离自然。

言与意的问题由来已久，《周易·系辞》有“书不尽言，言不尽意”的说法。魏晋时期，儒道合流，共尊《周易》，因此注释发挥易理成为一时要务。在解释易理时，学者们经常面临“言”、“象”、“意”之间的关系问题。正是有此问题及其解决思路，才奠定了玄学的哲学基础。三者之中，“言”指语言形式，包括声音等符号；“意”即语言所表达的意思，以及其中蕴含的道理；“象”指语言所描述的形象、意象等。名理论关于言意之辩，存在三种理论，即言不尽意论、言尽意论与得意忘言论。荀粲提出言不尽意论，认为“象外之意，系表之言，固蕴而不出矣”，尤其是圣人之意，“非物之象所举也”，当然语言也无法穷其深层意蕴；另外，一般事物的根本道理也不是语言所能确切说明的。言不尽意论揭示了语言的局限性，但认为圣人可以突破这一局限。欧阳建提出言尽意论，认为“原其所以，本其所由，非物有自然之名，理有必定之称也。欲辩其实，则殊其名；欲宣其志，则立其称。名逐物而迁，言因理而变”。探寻事物的规律，必须依靠相应的名称概念。不同的事物有不同的定义，不同情感也有不同的名称。名称语言是随事物情理而变化的，相互之间“犹声发响应，形存影附”，因此应该说言无不尽意。王弼则持得意忘言论，认为在具体存在的世界中，语言名称并不能完全准确地表达出说话者内心的意思，而其所描述的意象却可以传达出语言所不能传达的意思。他提出意、象、言三个概念，认

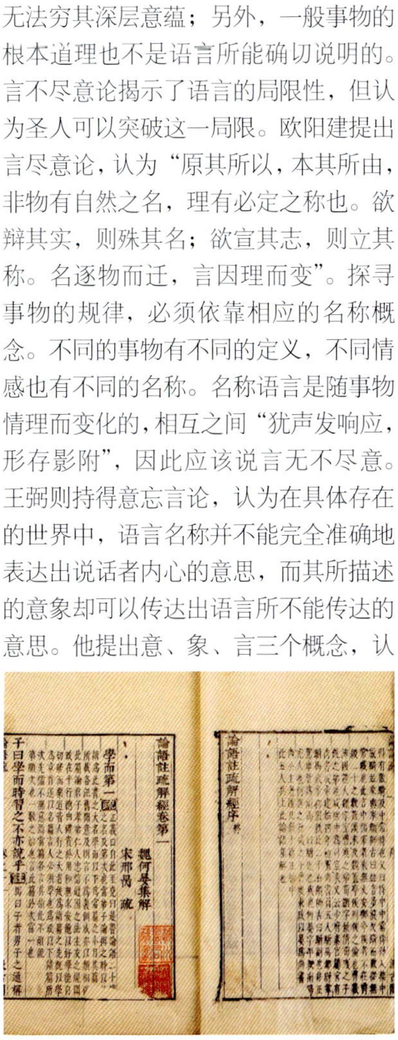

何晏注、邢昺疏《论语注疏解经》书影

为其关系是“夫象者，出意者也。言者，明象者也。尽意莫若象，尽象莫若言。言生于象，故可循言以观象；象生于意，故可寻象以观意。意以象尽，象以言著”。认为语言所描述的意象可以完全传达出说话者的意思，而语言又是可以对意象进行客观描述的。这是因为语言名称来源于静态的图像情景，而静态的图像情景又来源于不断变化的事物与人心变化的定格。王弼基于言、象、意的关系，更进一步提出了“得象在忘言，得意在忘象”的认识方法，对玄学的发展具有很大的促进作用。

何晏与王弼关于之间圣人有情无情的辩论，属于名理论。何晏从喜怒哀乐所发的主体角度出发，把人分成凡人、贤人与圣人三类，认为“凡人欲喜则喜，欲怒则怒，或应喜反怒，应怒反喜；喜怒不得其理”。也就是说一般人喜怒哀乐不得其正，任情妄为。贤人虽不能无喜怒哀乐等情绪，却可以使发作的情绪不过分，“凡人任情，喜怒违理，颜回任道，怒不过分”。而圣人则已至“无喜怒哀乐”的境界，任性而不任情。圣人“体无”，故以自然为性。因此说圣人无情，并不是说圣人绝对无喜怒哀乐等情绪，而是相对于凡人而言，他们已无凡人之情。王弼从喜怒哀乐所产生的对象入手，认为圣人“物物而不物于物”，不会让外物影响自己的情绪状态。但是圣人也有情感，他说：“圣人茂于人者，神明也。同于人者，五情也。神明茂，故能体冲和以通无；五情同，故不能无哀乐以应物。然则圣人之情，应物而无累于物者也。”王弼以孔子哭颜子之丧，哀伯牛之病证明圣人也有情，只是圣人已经达到了“从心所欲不逾矩”的境界，故能“应物而无累于物”。

才性论是由汉末魏初的选举制度变化所产生的特殊理论。汉末战乱频仍，士人流徙，传统乡举无法实行，于是魏明帝（226～239年在位）时，刘劭制定了都官考课之法。为确保考课之法有效，就需要对人物进行品鉴，根据人的才性，循名按实，依名举才。刘劭《人物志》一书，杂取儒、道、名、法诸家，虽专论观人之法，顺应当时人物品评的需要，但是却推阴阳形神以立论，有以圣人配天的思想。《三国志·魏书·傅嘏传》称，“嘏常论才性同异，钟会集而论之”。钟会作《四本论》，集当时论才性的流行观点，并附自己的评述。在《世说新语·文学》注引《魏书》中有一条关于《四本论》的记载：“四本者，言才性同，才性异，才性合，才性离也。尚书傅嘏论同，中书令李丰论异，侍郎钟会论合，屯骑校尉王广论离。”其实傅嘏、钟会的才性论，纯以刑名家的眼光出发，对人物进行品鉴，意在实用，其哲学价值远不如刘劭的《人物志》。

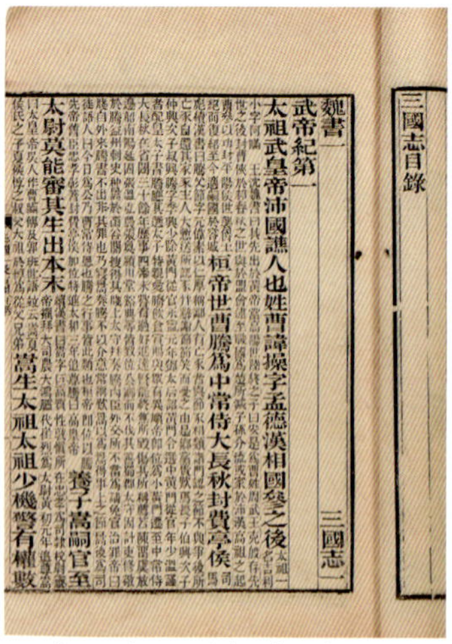
三國志目錄

魏書一

武帝紀第一

太祖武皇帝沛國譙人也姓曹諱操字孟德漢相國參之後

桓帝世曹騰爲中常侍大長秋封費亭侯

養子嵩嗣官至

太尉莫能審其生出本末

嵩生太祖太祖少機警有權數

三國志一

《三国志·魏书》清刊本书影

东晋南迁之后，玄学风尚也随之渡江。随着佛教在中国的传播，学者讨论的问题受其影响，逐渐由论“本末有无”，变成论“非有非无”。佛教学者也将玄学引入佛经注释解读之中，出现了“以经中事数，拟配外书，为生解之列，谓之格义”的学问，例如**慧远**讲“实相”引庄子作类比，**支遁**论有无与寄言以王弼、郭象的思想为理路等。玄学也深刻地影响了当时的佛教理论本身.如**道安**在理解空义时，不时流露出王弼言意论的影响，将“去乱意之我”与“缘起之事相”并立，从而得出我之超越境界“离于缘起，观照于缘起，无碍于缘起”的结论。而支遁则受郭象思想方法的影响，说：“夫色之性也，不自有色，色不自有，虽色而空。”所谓色性，是指所以成色的原因，“色”与“色性”的关系类似于郭象所说的“迹”与“冥”的关系。印度佛教思想与中国本土固有思想互相比附、融合，彼此影响臻于化境。随着六朝佛教的兴起，玄学逐渐淡出了学者的坐谈。

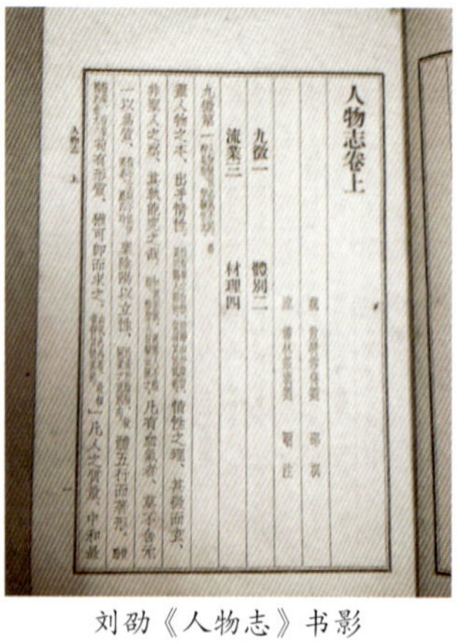
人物志卷上

九徵一

體別二

流業三

材理四

刘劭《人物志》书影

（江巨浪）

Wengang

文纲 Wengang（636～727） 中国唐代律宗高僧。为四朝（天后、中宗、睿宗、玄宗）法主，或被尊为南山律宗继初祖**道宣**之后的二祖。

据《**宋高僧传**》卷十四等，文纲俗姓孔，会稽（今浙江绍兴）人。曾祖孔范为陈朝都官尚书，祖父孔祀为祠部侍郎，父亲孔顶于贞观年间（627～649）官拜尚乘直长。一家世代修习儒业，同时旁通佛教，故文纲从小便受到很好的教育。

文纲七八岁时拜师求道，12岁出家，20岁受**具足戒**。一心苦行，专念坐禅，饮食穿着极为简朴，口不妄言。之后前往长安道宣、道成律师处学习律藏。25岁开始讲律，30岁登坛为人授戒。文纲戒行精苦，处事稳重，受到四方钦仰，前来问学的徒众很多，由他登坛主持受戒者有数千人。永隆元年（680），**义净**翻译根本说一切有部律典，文纲参与译场，担任证义之职。由于文纲德高望重，所获布施极为丰裕，他将所有布施都用来修建装饰塔庙，达20余所。此外，他还刺血抄写经书近600卷。

大周长安四年（704），文纲奉敕前往岐州（今陕西凤翔）无忧王寺迎舍利。景龙二年（708），中宗李显（705～710年在位）请他入内道场行道，并送真身舍利前往无忧王寺入塔。同年，文纲在乾陵宫为内尼授戒，并在宫中度过夏三月，为帝后及内尼讲《**四分律**》一遍。中宗对其十分嘉许，赏赐颇丰。文纲因而上奏道场的感应之事，中宗为之题榜，名为灵感寺。先天元年（712），睿宗李旦（710～712年在位）请文纲为菩萨戒师，赐绢3 000余匹，文纲全部用来营修法事。

开元十五年（727），文纲逝世。门下弟子请李邕撰写碑文，其中有"不忝怀素前，不惭宣师后"之语。

（范晶晶）

Wenkatalamannan

文卡塔拉曼南，K. K.Venkataramanan（1920～1987） 印度中国佛教学者。1920年生于今印度卡纳塔克邦迈索尔地区的耶兰杜鲁村。在迈索尔大学获文学学士学位，因学术表现突出，屡获迈索尔大学颁发的金质奖章。后在S.拉达克里希南博士的指导下，在贝拿勒斯印度大学获哲学硕士学位。之后不久，赴中国学习哲学近3年。1950年回到印度圣蒂尼克坦，入国际大学担任哲学教授。1955年赴美国波士顿访学1年。返回圣蒂尼克坦后，于1957年以中文教授身份入国际大学中国学院。文卡塔拉曼南对佛教这一重要的思想体系进行了充分的论述。他处理资料的学术方法、敏锐的辨别力和对中文材料的驾驭力，为其在印度国内外赢得广泛尊重。他还擅长研究日本佛教，曾在日本许多大学做过演讲。1987年在圣蒂尼克坦去世。

（阿维杰特撰 乔安全译）

Wenshu Pusa

文殊菩萨 Mañjuśrī 佛教菩萨，中国佛教四大菩萨之一，中国民间诸神之一。本名文殊师利。

相传，释迦牟尼有二胁侍菩萨，左为文殊菩萨，骑青狮；右为普贤菩萨，乘白象。东晋佛驮跋陀罗译60卷本《华严经》之《菩萨住处品》中说："东北方有菩萨住处，名清凉山，过去诸菩萨常于中住。彼现有菩萨名文殊师利，有一万菩萨眷属，常为说法。"后研习传播《华严经》的中印僧人渐多。到隋代已形成一派，即华严宗。从北魏到隋，有多位高僧曾住五台山传播《华严经》，人们称五台山为清凉山，五台山遂成为文殊菩萨道场，建立寺庙。隋唐之际，五台山成为一些高僧的驻地，并出现一些有关文殊菩萨的传说。如道宣《续高僧传》卷二十七《僧明传》说僧明"年十七时从师上五台东，礼花林山，访文殊师利"。同卷《明隐传》说北齐时就有人到五台山欲见文殊师利。

脚踩莲花的文殊菩萨 《维摩演教图》(局部)
中国北宋纸本水墨画 传为李公麟绘

从晋代、南北朝到唐宋时期，许多以文殊冠名的经、咒、仪轨被译成中文。又随着印度真言乘和金刚乘兴起，文殊菩萨成为密教神。在胎藏界曼荼罗中，文殊菩萨成为"中台八叶"的主要神明之一。五台山则不仅知名中原，也是西域僧人的向往之地。如《宋高僧传》卷二《佛陀波利传》说，克什米尔僧人佛陀波利听说文殊师利在清凉山，便来拜见。他于676年到达五台山，遇一老翁让他带《佛顶尊胜陀罗尼经》来华，然后方可指示文殊居处。于是他返回印度，取来《佛顶尊胜陀罗尼经》到京师长安，武则天接见并安排译经。佛陀波利译毕，持梵本入五台山。又据卷一《不空传》，密教僧人不空金刚曾于770年夏天上奏皇帝，希望天下食堂置文殊菩萨为上座，皇帝诏可。秋天，不空金刚上五台山为皇帝修功德。唐五代时期，五台山高僧辈出。宋金时期，也有许多高僧到五台山礼拜文殊，或在五台山修行密法。尤其是藏传佛教密宗喇嘛，在11世纪时就将五台山视为圣地。其时不仅有西藏喇嘛去五台山，还有从印度来华经过西藏到五台山的僧人。金代，五台山是密教的修行中心，既有汉僧，也有印僧在那里修行。如《补续高僧传》卷一记载，仅北印度来的高僧就有十余人，并长期居住并传播密法。北宋大臣张商英（1043～1122）、金代诗人元好问（1190～1257）等都曾写过歌咏五台山的诗。元代，帝师八思巴曾在五台山居住一年，仅1257年5～7月，巡礼五台过程中就写出多首赞词，有《文殊菩萨名号赞》、《文殊菩萨坚固法论赞》、《赞颂文殊菩萨——花朵之鬘》等。

文殊菩萨像 唐卡

文殊菩萨是继观音之后第二位受民众敬奉的佛教神明。故在各种雕塑、绘画中多有表现。在元明杂剧和小说中也经常出现。

（薛克翘）

Wenshu Qiyao Jing

《文殊七曜经》 中国古代天算书籍。作者不详。《宋史》卷二百六《艺文志》第一五九"天文类"著录"《文殊七曜经》一卷"，原书已佚，内容不可考。从其书名推测，当为随佛教传入中土的印度行星运动推算法之介绍，或亦可能包含有关星占学内容。

（钮卫星）

Wenshu Qiyao Tu

《文殊七曜图》 随印度佛经传入中国的占星类图谱或书籍。已佚。该书有关记载极少，仅存标题于《宋史·艺文志》中，著录为"《文殊七曜图》一卷"，与其他星占类书目放在一起，推测为天文历算类书籍。标题中有"文殊"和"七曜"字样，说明是以佛经为载体的七曜占星术从印度入华之后的产物。

（周利群）

Wenshu Xingli

《文殊星历》 随佛教输华的印度天文历算类书籍。已佚。该书仅存标题于《宋史·艺文志》中，著录为"《文殊星历》二卷"，与其他星占类书目放在一起。据标题中有"文殊"二字推测，应属与佛经相关的占星书籍或历书，可能是唐五代时传入中国的佛书，亦可能是在华改编的书籍。

（周利群）

Wen Zhong

文忠　Wen Zhong（约活动于前1世纪）中国西汉时期官吏。曾出使罽宾。据《汉书·西域传》记载，罽宾王乌头劳之子主动与汉朝（汉元帝时期，公元前49～前33）交好，派使者出访汉朝。后汉朝派关都尉文忠送使者回国，并携贵重物品回访罽宾。到达后，罽宾国王想谋害他，于是文忠与不甘失去政权的容屈（希腊城）王子阴末赴联合，支持阴末赴出兵攻打罽宾。胜利后，文忠立阴末赴为罽宾国王。

（乔安全）

Wen Yiduo

闻一多　Wen Yiduo（1899.11.24～1946.07.15）中国诗人，学者，社会活动家。生于湖北浠水。1912年入北京清华学校学习。1916年在《清华周刊》上发表了一系列读书笔记。1919年五四运动爆发，全国范围内反帝热情高涨，他在此期间加入全国学生联合会，作为清华大学代表踊跃参加联合会举办的各类活动。1920年4月，发表首篇白话文作品《旅客式的学生》，同年9月发表第一首新体诗《西岸》。1921年11月，与梁实秋等人共同成立清华文学社。

1922年，闻一多入美国芝加哥大学美术学院。1923年，出版第一部诗集《红烛》。1925年回国，先后任教于武汉大学、山东大学、清华大学、北京大学，并在多所高校担任艺术和文学系主任、院长等职务。1928年，出版第二部诗集《死水》，书中洋溢着强烈的爱国热情。同年加入新月社，撰写诗歌评论。在创作中遵循“艺术必须独立于政治”的观点，同时主张捍卫作家在文学艺术创作中追求个性表现的自由。

1928年起，闻一多很少写诗。其人生最后18年中的大部分时间都用于教授和研究《易经》、《诗经》、《庄子》、《楚辞》等中国经典。其间出版《古典新义》，反映出其在中国古典文学研究领域探索新知的独创性。

1937年抗日战争爆发后，中国北方几所著名大学转移到云南昆明，合并为国立西南联合大学。闻一多同许多清华大学的同事一起移居昆明。抗战胜利后，内战爆发，闻一多从此对国民党不再抱有幻想，1944年加入中国民主同盟。由其任社长的《民主周刊》主要聚焦于民众关注之事。

1946年7月11日，中国民主同盟的主要成员、闻一多的挚友李公朴在云南昆明遭暗杀身亡。7月15日，闻一多在其追悼会上发表了慷慨激昂的演讲，公开谴责南京国民政府。当晚在回家途中遭特务暗杀，其子也身负重伤。

闻一多所有著述收录在4卷本《闻一多全集》(1948）中。

闻一多对遭受殖民统治的印度人民表示同情，积极声援印度独立，称“尽管受尽压迫和痛苦，终有一天是印度人民的世界，而不是英国人的世界”。在中印文化比较研究方面有所成就，认为中国文化深受印度文化影响。留美期间曾撰写文章《印度女诗人——奈都夫人》，高度赞扬了以她为代表的印度民族主义精神。另撰有《泰果尔批评》一文（1923），在一定程度上对R.泰戈尔的诗歌艺术进行了评价。

（那济世撰　李宝龙译）

Wengwu

翁勿（约活动于11世纪初）古代南印度注辇国来华使者。作为判官随娑里三文等人于宋代来华。

（张书剑）

Wo de Mingzi Jiao Kehan

《我的名字叫可汗》 *My Name Is Khan* 印度印地语电影。2010年2月12日于印度上映，K.乔哈尔执导并监制，沙鲁克·汗、K.德夫甘分别饰演电影主人公R.汗（又称可汗）和曼迪拉。

《我的名字叫可汗》电影海报

影片以美国“9·11事件”为背景，讲述了事件发生后一对居住在美国的穆斯林夫妇虽饱受歧视，却不畏艰难，追求正义与平等，最终感动众人的故事。主人公汗出生于孟买城郊的一个穆斯林家庭，天生患有阿斯伯格综合症，但具有惊人的动手能力和记忆力，且乐于助人。母亲去世后，汗跟随弟弟远赴美国生活，在那里遇到了信仰印度教的单身妈妈曼迪拉，坠入爱河，并不顾弟弟反对同曼迪拉结婚。婚后曼迪拉及其子萨米尔改姓汗。“9·11事件”之后，美国掀起反穆斯林的浪潮。包括汗一家在内的广大穆斯林受到歧视和不公平待遇。在一场因种族歧视引发的争斗中，萨米尔意外身亡。曼迪拉悲痛欲绝，发誓找出元凶为子报仇，并把这一切都归因于改嫁汗。汗为安抚妻子，决心找到美国总统为儿子萨米尔申冤。历经千辛万苦，汗最终得到美国总统接见。电影反映了“9·11事件”发生后美国出现的种族冲突这一社会问题，呼吁人们相互尊重、相互理解。

《我的名字叫可汗》在印度国内放映后广受好评，票房在一个月内达到7亿卢比，居当年印度电影票房榜之首。在2011年度印度电影观众奖评选中获最佳导演奖，最佳男、女演员奖，并获最佳电影奖等7项提名。

《我的名字叫可汗》于2010年11月30日在中国大陆地区上映，受到观众欢迎。

（李宝龙）

Wo' erma

沃尔玛,N. Nirmal Varma(1929.04.03～2005.10.25) 印度现代印地语小说家，翻译家，社会活动家。生于喜马偕尔邦西姆拉的一个中产阶级家庭。在西姆拉开始接受教育，一直就读于英式学校，但印地语仍是学校课程的重要组成部分。1947年进入德里大学圣史蒂芬学院，获经济学学士学位后进入历史学院攻读硕士，1951年获得硕士学位后留校任教。1959年受布拉格东方研究院之邀赴布拉格从事翻译工作。1968年转赴英国。两年后回到印度。于1972年加入西姆拉印度高等研究院。1977年，受美国艾奥瓦大学邀约，以访问学者的身份参加了该校的"国际写作项目"，此后一直作为职业作家长居德里并在那里逝世。

沃尔玛一生共创作近30部作品，包括：《那些日子》(1964)、《破碎的幸福》(1979)、《午夜的记者》(1989)等5部长篇小说；《候鸟》(1959)、《去年夏天》(1968)、《乌鸦和流放》(1983)等5部短篇小说集；6部短篇小说选集以及十余部文集，包括游记、散文、访谈、日记、文学评论、社论等。1972年，短篇小说《幻镜子》被改编拍摄成电影，1973年获得印度电影评论奖最佳电影奖。1985年以《乌鸦和流放》获印度文学院奖。2002年获得印度政府颁发的第三级公民荣誉勋章。

作为印地语"新小说"的代表作家，沃尔玛在整个创作生涯中始终秉承新小说运动所提倡的创作理念，通过创作实践不断推动新小说运动的发展，对独立后印地语小说的发展产生了重大影响。中国学界已对其进行一定研究，北京大学外国语学院2011届的硕士学位论文《试析尼尔莫勒·沃尔马的短篇小说创作》针对其短篇小说的主题和创作技巧进行了探讨，专著《20世纪印度文学史》(1998)以及论文《印地语新小说概论》(2008)、《印度20世纪现代主义小说创作论析》(2008)等都评介了沃尔玛。

（任婧）

Wuchang

乌苌 Uḍḍiyāṇa 联系中国和印度的丝绸之路上的古国。意为"花园"，又译乌场、乌仗那等。

乌苌大佛塔遗址

乌苌在今巴基斯坦北部印度河上游及斯瓦特河流域，为中国古代取道丝绸之路前往印度求法和经商者必经之地。《北史》卷九十七称："乌苌国，在赊弥南。北有葱岭，南至天竺。"中国东晋高僧法显在其《佛国记》中称："乌苌国是正北天竺也，尽作中天竺语。"名僧宋云和惠生曾在北魏神龟元年(518)同赴西域取经，过乌苌国，见其国王。据《洛阳伽蓝记·凝玄寺》记载，他们向他"具说周、孔、庄、老之德，……华陀治病，左慈方术"，引致他的向往，说："若如卿言，即是佛国，我当命终，愿生彼国。"此外，二人还"割舍行资，于山顶造浮图一所，刻石隶书，铭魏功德。"唐玄奘在《大唐西域记》的记述更为详细，说："乌仗那国周五千余里，山谷相属，川泽连原。谷稼虽播，地利不滋。多蒲萄，少甘蔗，土产金、铁，宜郁金香，林树蓊郁，花果茂盛。寒暑和畅，风雨顺序。人性怯懦，俗情谲诡。好学而不功，禁咒为艺业。……崇重佛法，敬信大乘。"中国西行僧人造访该国的颇多，慧景、道整、慧达、慧超、道琳、玄照等，都在其列。

（葛维钧）

Wumasifadi

乌玛斯伐蒂 Umāsvāti（约活动于五六世纪） 印度古代耆那教哲学家，《谛义证得经》的作者。文献中关于他的生平事迹等情况不详。耆那教是印度历史悠久的重要宗教派别。在1世纪时，此教发生分裂。教徒由于对戒律和教祖遗训解释不同，分为空衣派和白衣派。两派对于本教的主要经典或文献的看法有差别。有些经典其中的一派承认，认为是教祖思想的真传，而有些经典其中的一派并不承认。但乌玛斯伐蒂所著的《谛义证得经》则被两派所共同承认，认为此典传承了教祖的真实教义。因而，乌玛斯伐蒂的思想就在耆那教的发展中占有重要地位。

根据《谛义证得经》，乌玛斯伐蒂在理论上致力于探讨人生和世间事物的真理。这种真理被他称为"谛"。他认为有"七谛"，即：命我、非命我、漏、缚、遮、灭、解脱。"七谛"实际是乌玛斯伐蒂的基本理论体系。在这一体系中，他论述了世间事物的主要种类，提出了"极微"的概念，分析了事物的运动及静止的原因，还论述了时间与空间、轮回与解脱等问题。

乌玛斯伐蒂认为：人的行为就是身、语、意的活动。行为产生的业物质漏入命我就对其造成束缚，形成轮回。业分善恶。善业可以使人感受快乐、长寿，产生好身，生于高等家庭。与之相反的则是恶业，恶业产生不好的生存状态。他还认为，解脱就是不再受业物质的束缚。当命我解脱时，人达到一种圆满成就的状态。

乌玛斯伐蒂的理论被作为印度耆那教的正统理论在印度思想史上占有重要地位。他的理论也传入中国。《谛义证得经》在现代中国被译为汉文，由方广锠译出，收入《藏外佛教文献》第二辑(宗教文化出版社，1996)。

（姚卫群）

Wumo

乌摩 Umā 毁灭之神湿婆的妻子，印度教中喜马拉雅山神的女儿。又称为雪山神女（又译波哩婆提），又译优摩。

据印度教传说，乌摩的前世是生主达刹的女儿萨蒂，许配给湿婆为妻。由于达刹没有邀请湿婆参加祭祀，萨蒂感到羞辱，自焚而死，转世为喜马拉雅山神的女儿波哩婆提。为了重新赢得湿婆为夫，她实行严厉的苦行，最终打动了湿婆，她再次成为他的妻子。关于"乌摩"之名的由来，有一个传说：她的母亲不忍看女儿自我折磨，劝她

雪山神女浮雕

不要苦行："哦（U），不要（mā）！"乌摩便是这句话的音译。

雪山神女的形象是美丽端庄的，但她又有很多变体，杜尔伽（又译难近母）、迦梨女神（又译时母）等都是她的化身或变体，而且呈恐怖相，青面獠牙，多只手臂各执兵器，以降魔除妖为能事。在印度教性力派中，雪山神女及其化身被描绘为宇宙的原动力，而湿婆成为她的辅助。

雪山女神像　两手持莲花，另外两手分别作施无畏印与愿印　马来西亚印度教神庙马里安曼兴都寺

有的佛教典籍将乌摩描绘为魔女，亦将其丈夫大自在天（湿婆）描绘为魔。而有的典籍则将他们夫妇一起吸收为佛教护法，成为密宗神祇。

（范晶晶）

Wusantelesa

乌散特勒洒　（约活动于8世纪）古代印度罽宾国国王。719～739年在位。据《旧唐书》卷一九八记载，开元二十六年（738），乌散特勒洒让位于其子拂菻罽婆，唐玄宗李隆基（712～756年在位）下令派遣使者册封拂菻罽婆为罽宾国王。

（任筱可）

Wushasi

乌莎斯　Uṣas　印度教神话中的黎明女神。据古代辞书《尼禄多》称，乌莎斯之名可能源出于梵语动词字根vas，意

为"照耀"、"变亮"。在《梨俱吠陀》中，她是天空神的女儿，有时被称作众神之母。太阳神苏利耶是她的丈夫，但在另外的地方又称是他的儿子。献给乌莎斯的颂歌是吠陀经典中最优秀的圣诗之一。每天清晨，她打开东天的双门，露出自己光彩夺目的形象。她驱走黑暗和依附于黑暗的种种邪恶，把世间的一切从睡眠中唤醒，同时也给微贱的和无助的人们以行动的力量。

（葛维钧）

Wutoulao

乌头劳　（约活动于前1世纪）古代印度罽宾国国王。又称斯巴莱尼斯，乌头劳为其封号"国王之弟"的希腊语音译。西域塞人（中国史书称作"塞种"，西方文献称谓"斯基泰"，古波斯史籍称作"萨迦"等）。时匈奴破大月氏，大月氏向西建大夏国，而塞王向南建罽宾国。公元前115年，张骞派副使到达罽宾，汉与罽宾始有往来。因汉与罽宾的道路交通是从皮山（位于新疆维吾尔自治区南部）向西南行，经印度河上游吉尔吉特一带，距离不远，但路途险峻。罽宾自以为绝远，汉朝军队难以到达，其王乌头劳于汉昭帝（公元前87～前74年在位）、汉宣帝（公元前74～前49年在位）时期，数次剽杀汉使者。乌头劳死后，其子斯巴拉革达玛斯继立，派遣使者朝贡汉朝。

（胡俊麟）

Wuzhangna

乌仗那　Uḍḍiyāṇa　联系中国和印度的丝绸之路上的古国。见乌苌。

Wubasijialuo

《邬巴斯伽罗》　*Upaskāra*　印度古代哲学中胜论派的著作。作者商羯罗·弥尸罗。这一文献是对胜论派最早的根本经典《胜论经》的一种注，尽管形成年代较晚，但却反映了当时胜论派思想家对本派根本原典基本思想的理解，对于人们了解印度保存的胜论派文献有一定帮助。这一文献的部分内容在现代中国有汉译，姚卫群翻译，收在《古印度六派哲学经典》(商务印书馆，2003)一书中。

（姚卫群）

Wu Baihui

巫白慧　Wu Baihui（1919.09.09～2014.10.02）中国印度学研究者，佛学研究者，中国社会科学院哲学所研究员。在中印文化交流中起过积极的作用。

巫白慧生于香港，祖籍广东惠州。自幼深受虔信佛教的母亲影响，虽接受教会学校的西式教育，仍先后在何东居士主持的菩提场和志莲正院学习。1937年结识赴香港讲经的太虚大师，

巫白慧著作书影

并在其推荐下获得赴印度留学的机会。1940年，随法舫法师出国，途经缅甸，辗转一年多，抵达R.泰戈尔创办的国际大学。

在国际大学期间，巫白慧求学于师觉月、P.V.巴帕特、寂比丘、谭云山等学者，主修印度哲学、印度佛学、印度历史、梵文等，广泛涉猎包括佛教、印度教在内的诸多宗教哲学经典。1946年、1948年先后获得学士、硕士学位。1949年申请前往浦那大学攻读博士学位。1952年后回国，入北京大学东语系印地语教研室教授印地语。1957年调入商务印书馆从事编辑工作。1978年调入中国社会科学院哲学研究所工作。1983年提议组建东方哲学研究室，并出任研究室主任。1984年获印度国际大学名誉文学博士学位和最高荣誉教授。

巫白慧主张用“以点带面，会面归一”的方法研究印度宗教哲学。对印度宗教哲学中的基本问题追本溯源，分析了吠陀颂诗中原水说、摩耶说、有无说、末那说、原人说种种观点，并由此展开类比分析，将吠陀、奥义书、佛教哲学、吠檀多哲学等不同时期、不同流派的宗教哲学思想纳入到一个有机、完整的印度宗教哲学发展史叙述之中。主要学术成果包括译著《圣教论》(1999)、《〈梨俱吠陀〉神曲选》(2010)，专著《印度哲学与佛学》(1994)、《印度哲学》(2000)，论文《印度古代辩证思维》、《耆那教的逻辑思想》、《印度的自然哲学》、《奥义书及其唯物论哲学》、《印度吠檀多主义哲学》、《印度早期禅法初探——奥义书的禅理》、《略论大乘佛教哲学空有二宗的理论实质》、《婆罗门教和佛教的幻论》等。

（张忞煜）

wuchang

无常 anitya 佛教概念。音译“阿你怛也”。意为世间一切事物，包括肉体上和精神上的人以及所有客观之物，皆处于不断的流转迁变之中，无时不在生、住、异、灭，不会有一刹那停留于稳固的状态。

原始佛教认为事物的流变表现为因果相续，而因和果却是不可能同时存在的。果一旦出现，因便已经消失。看似恒常的东西，实际始终在由此迁彼地变动着，无一刻同于旧观。理论上，无常又分为从时间上看不断生灭的刹那无常，和从一定时期内看事物无不经历生、住、异、灭“四相”过程的相续无常。人执着于本性无常的世界，就会陷于轮回，受苦不止；认识到宇宙中包括自我在内一切存在的无常，就能获得觉悟，达到解脱。无常说既不同于婆罗门教的常住论，也不同于顺世论的断灭论，实际上是这两种对立思想的彼此妥协的结果。

随着佛教在中国的传播，俗间也将阎王的使者称为无常。汉语中，无常一词又往往是死的代名词。

（葛维钧）

Wugouyou

无垢友 Vimalamitra（约活动于8世纪）佛教高僧，译经家，密宗大师，吐蕃佛教密宗创始人之一。在藏文文献中音译为布玛拉弥札，意译为智美协年，即无垢友。

无垢友为迦湿弥罗（见罽宾）人。7岁上学，不久，因智力超群而被举荐入佛门。在学习佛教知识期间，共聘请15位老师授课。21岁时选入班智达的行列，精通各门学科知识，通达佛教三

藏包括大小乘之经论，谙熟般若经。在密宗方面，曾依止160位具足讲说及修持传承的上师，修学所有续部，从布达古哈亚上师修习《甘露功德续》之一切密法，获得大手印殊胜成就。精通《幻变经》，著有《秘藏》之注释（即《理论明灯》）和《略释》等多部密宗经论。

8世纪，吐蕃名僧娘·当增桑布向吐蕃国王赤松德赞举荐无垢友，赤松德赞遂派遣噶瓦·白泽、觉若·鲁坚赞等吐蕃佛教译师赴印度邀请他入藏传法。

无垢友在吐蕃传授密法和翻译佛经13年，后赴五台山朝礼，并在那里圆寂。他在吐蕃所译佛典绝大多数是密宗经典。他与聂·咱纳古玛热合译了《金刚萨埵幻网续》、《真实续》《金刚橛续》、《阎罗续》、《心部》、《界部》、《教授部》等，并培养了不少吐蕃本土密宗弟子。

无垢友在吐蕃所传密法，被后世宁玛派继承，成为藏传佛教中一支重要密法传承。宁玛派远传经典部中三支传承，即《幻变经》、《集经》(包括《本续》及《释续》）和《大圆满心品》，及其分支《隆钦宁提》、《康卓宁提》等，均源于无垢友。 697

无垢友在吐蕃期间，向玛仁钦乔和聂·咱纳古玛热二人传授《幻变经》，玛仁钦乔将《幻变经》译成藏文，名为《幻变密续》。由此产生许多传承弟子，使这一密法弘传于后藏芒噶、拉堆南北、金沙江流域、布波岗等地区。

宁玛派密法传承史上的著名人物聂·咱纳古玛热（又名聂·雄努西饶或聂·智童大师）是无垢友的高足，后被宁玛派推崇为该派密法传承的初期祖师。他将《幻变经》密法传授给弟子索波·白吉耶协；索波·白吉耶协又传努钦·桑杰耶协。努钦·桑杰耶协在这一密法传承过程中发挥了承前启后的作用，成为宁玛派密法传承史上的中期祖师。努钦·桑杰耶协又培养了许多著名弟子。

无垢友在吐蕃除了传授《幻变经》外，还向广大佛徒传授《大圆满心品》，甚至向吐蕃国王赤松德赞和名僧娘·当增桑布二人传授《大圆满宁提》。这一密法后来被贡钦·隆钦巴继承并发扬光大，遂形成隆钦宁提传承。

（尕藏加）

Wujigao

无极高 Atigupta（约活动于7世纪）印度来华僧人，译经家。音译阿地瞿多。

据《开元释教录》卷八、《宋高僧传》卷二、《佛说陀罗尼集经翻译序》等，无极高为中印度人，出身不详，幼年慕道，聪慧超群，曾遍历印度各地寻师，并虚心求教，为学深究大乘，为人道行圆满，兼通五明（**声明**、工巧明、**医方明**、因明、**内明**），妙解三藏（经、律、论），志在弘教，利乐众生，四出游方，不恋故土。唐永徽三年（652）正月，携带佛典梵夹自西印度来到中国**长安**，高宗敕于慈恩寺安置。三月，沙门大乘琮等16人，朝廷显贵英公李世勣、鄂公尉迟敬德等12人，一同请他在慧日寺浮图院建陀罗尼普集会坛。据称坛成之日曾屡现灵异事件，使得京城道俗惊叹不已。后沙门玄楷等一再请求他译出经本，他便于永徽四年三月开始在慧日寺从《金刚大道场经》中将精华部分撮要译出，由玄楷笔受，至永徽五年四月译毕，集成一部，共12卷，冠名《陀罗尼集经》。由于无极高经常被皇帝召入宫内行法，来去匆忙，致使该经译本一直未得复校。当时还有从中印度**摩诃菩提寺**来的阿难律木叉和迦叶等法师在经行寺翻译了《功德天法》。该经籍译出后编入《集经》第十卷，没有另出别本。

（葛维钧）

Wuliangshou Jing

《无量寿经》 *Sukhāvatī-vyūha-sūtra* 印度佛教典籍。亦称《大阿弥陀经》、《双卷经》。在汉地与《小阿弥陀经》、《观无量寿经》合称净土三经，为净土宗修习之依据。该经原型约成立于公元一二世纪的贵霜王朝，主要内容为**释迦牟尼**讲述先世有国王出家名为法藏比丘，于因地修行时发诸大愿（依版本不同而数量不一，有二十四愿、三十六愿等，最多为四十八愿），愿来世成佛时，众生念佛"乃至十念"皆得往生其佛国土，此净土即极乐世界，法藏所成之佛即阿弥陀佛。经中描述其国土庄严，并劝众生精进修行往生彼国。关于佛名"阿弥陀"，据辛岛静志研究，其原语可能是印度西北方言，原意为"无量光"，而后伴随梵语化被解释为"无量寿"。

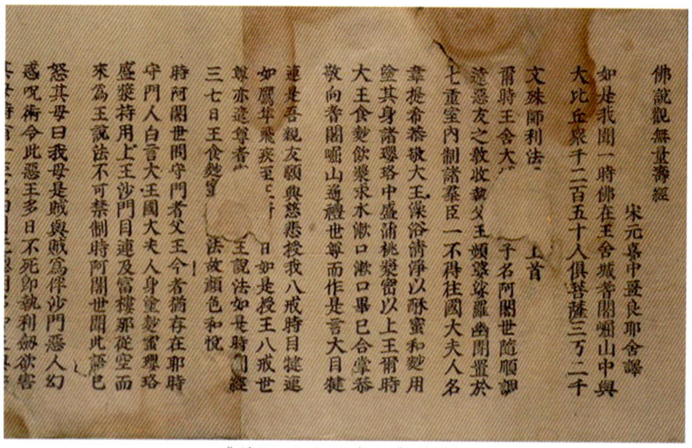

《佛说观无量寿经》书影

《无量寿经》现存的梵文写本计有38种之多，均出自尼泊尔，分藏于各国，其中最古者抄写于12世纪。梵本题名为"Sukhāvatīvyūha"，即"极乐庄严"，与《小阿弥陀经》同名，故于两者冠以大小而区分。该经的尼泊尔系梵本属晚期传本，多为四十七愿，而与最早的两种汉译本的二十四愿不同体系。而且，早期传本中的般若思想痕迹较少，其佛名"阿弥陀"意为"无量光"，后期传本才附加了"无量寿"的意义。此外，巴米扬一带发现了26片梵文残叶，可以缀合为3页，收入邵格延藏品，于2002年出版。该本约抄于六七世纪，与尼泊尔系梵本、藏译以及5种汉译均不同，是另一传承。该经梵文校勘本最初由马克斯·穆勒与南条文雄刊于1883年，其后学者数次重校，最新的校勘本是藤田宏达2011年的刊本。

相传《无量寿经》汉译前后有12种，有"五存七缺"之说。现存的5种为：吴**支谦**译《阿弥陀三耶三佛萨楼佛檀过度人道经》2卷（又称《大阿弥陀经》，T362）、东汉**支娄迦谶**译《佛说无量清

藤田宏达《无量寿经》、《阿弥陀经》
2011年梵文本合刊封面

净平等觉经》4卷（T361）、曹魏**康僧铠**《佛说无量寿经》2卷（T360）、唐**菩提流支**译《无量寿如来会》(即《大宝积经》第五会）2卷（T310）、北宋法贤译《大乘无量寿庄严经》3卷（T363)。近代日本学者对古来十二译之说提出质疑，认为缺失的七译并不曾存在，而是重复讹伪的记录。在现存的五译之中，第一种《大阿弥陀经》虽然题为支谦，但译者有可能是支娄迦谶，而第二种《平等觉经》虽然署作支娄迦谶译，实为第一种的抄编和补译，有学者怀疑是支谦所为，也有认为是帛延或白延。二者属于一个早期的传本体系，只有二十四愿，从译文中也可看出印度西北方言的特征，但目前尚未发现支持这一传本的原文本。康僧铠译《佛说无量寿经》是汉译中流传最广者，与菩提流支译《无量寿如来会》同有四十八愿，最晚的北宋法贤译《大乘无量寿庄严经》则有三十六愿。此3种译本属晚期传本，与现存尼泊尔系梵本以及藏译本较为接近。鉴于上述5种汉译本内容文字的出入，陆续有人将其进行会集，今传4种，即赵宋王日休（王龙舒）《大阿弥陀经》(T364)、清初彭绍升（彭际清、彭二林）《无量寿经》、清咸丰魏源（魏承贯、魏默深）《无量寿经会译》1卷（X5)、民国夏莲居《佛说大乘无量寿庄严清净平等觉经》。5种译本和4种会集本合称"大经九种"。中亚曾发现一个《大阿弥陀经》汉译本残片，现收于土耳其伊斯坦布尔大学图书馆，该译本不同于上述中任何一种。该经的藏译本收于藏传大藏经甘珠尔部的《大宝积经》第五会《圣阿弥陀名庄严大乘经》，译

成于9世纪初。另存该经的于阗语译的残片。

《无量寿经》的印度注释有传为世亲所作《无量寿经优婆提舍愿生偈》1卷（菩提流支译，T1524），即著名的世亲净土论，与净土三经合称“三经一论”；有北魏昙鸾《无量寿经优婆提舍愿生偈注》（即《往生论注》）2卷（T1819）。该经作为汉传净土宗的根本圣典，汉语的注疏赞述也不胜枚举，较重要者有隋代慧远《无量寿经义疏》2卷（T1745）、隋代吉藏《无量寿经义疏》1卷（T1746）、新罗元晓《无量寿经宗要》1卷（T1747）、唐代玄一《无量寿经记》（X0397，上卷残存，下卷已佚）、新罗璟兴《无量寿经连义述文赞》3卷（T1748）等。此外已佚的尚有灵裕、知玄、法位、圆测、大贤、义寂、寂证等所作注疏。

（米媛）

Wuluocha

无罗叉 （约活动于3世纪） 西域译经僧。又作无叉罗。据《高僧传》卷四、《开元释教录》卷二等，无罗叉为于阗（今中国新疆和田）人。晋武帝太康元年（280，另说晋惠帝元康元年，291）与竺叔兰于陈留仓垣水南寺，译《放光般若经》一部，由无罗叉手执梵本，叔兰译为汉文，祝太玄、周玄明笔受。该经梵本系由朱士行得自于阗，即《放光般若波罗蜜经》。

（葛维钧）

wunengjuyi

无能句义 aśakti-padārtha 印度古代哲学中胜论派的术语。今译“非可能”。胜论派认为，宇宙一切事物或现象可以区分为若干种“句义”。此派文献《胜宗十句义论》提出，有一种句义，与实、德、业三句义有内在联系，并可使它们不共同或单独生出其他结果，该论称之为无能句义。这一句义涉及在将定情况下，某种事物不能或不会产生的问题。中国现代研究印度哲学的学者对此概念也有关注。姚卫群在其所著的《印度宗教哲学概论》（北京大学出版社，2006）一书中曾论及了它。

（姚卫群）

wuqian

无前 apūrva 印度古代哲学中弥曼差派理论中的术语。弥曼差派相信祭祀的功效，认为祭祀行为能产生给人带来好处的力量，这种力量被称为“无前”（即在作祭祀之前不存在之意）。弥曼差派否定古印度历史上的有神论思想，认为在祭祀行为和祭祀果报之间起作用的不是神，而是“无前”这种力量。“无前”说是弥曼差派论证无神论的重要论据。姚卫群在其编译的《古印度六派哲学经典》（商务印书馆，2003）一书中翻译了包含“无前”观念的《弥曼差经》。

（姚卫群）

wushuojuyi

无说句义 abhāva-padārtha 印度古代哲学中胜论派的术语。今译“非存在”。指事物的非存在状态。胜论派认为，各种事物或现象可以区分为若干种“句义”。《胜宗十句义论》认为，不仅有关于事物存在的句义，也有事物非存在的句义。这种句义在《胜宗十句义论》中分为5种：未生无（事物未产生前之非存在）、已灭无（事物毁灭后之非存在）、更互无（事物相互排斥之非存在）、毕竟无（过去、现在、将来都不会出现的事物之非存在）、不会无（一物中不会具有另一物的性质之非存在）。胜论派的根本经典《胜论经》中虽然没有设立无说（非存在）句义，但有对事物非存在现象的分析。《胜宗十句义论》中的无说句义应该是在此基础之上完善后的产物。中国现代研究印度哲学的学者对此概念也较关注。姚卫群在其所著的《印度宗教哲学概论》（北京大学出版社，2006）一书中曾论及它。

（姚卫群）

wutiliang

无体量 abhāva 印度古代哲学中认识论方面的术语。指观察到某处没有某种东西，因而产生不存在某物的知识。如见桌上没有陶罐，产生没有陶罐的认识。在印度宗教哲学派别中，认为有这一认识方式的主要是弥曼差派和吠檀多派中的一些人。其他的多数派别则不承认此为一独立的认识方式。中国现代研究印度哲学的学者对此概念也有关注。姚卫群在其所著的《印度宗教哲学概论》（北京大学出版社，2006）一书中曾论及了此概念。

（姚卫群）

wuwo

无我 anātman 佛教小乘上座部最重要的概念和中心教义之一。又译非我、非身。

佛教三法印中有“诸法无我”（其余两个是“诸行无常”和“涅槃寂静”），意为世界上的一切事物和现象都是因缘和合，刹那生灭的，并无独立的实体及起主宰作用的我或灵魂。就客观世界来说，一切皆在不断的流变之中，决无坚实恒常的自体存在，即所谓“法无我”。就主观的人来说，既是由五蕴假和合而成，便也不会有永久存在的本我，无论是作为肉体人的一部分，作为假定的灵魂，还是作为灵—肉的统一体，此即所谓“人无我”。佛教的无我说与印度教本我真实不变，永恒存在，期与宇宙本体梵最终结合的理论是完全对立的。印度教认为梵我如一，而佛教则根本否定我的存在。但是佛教接受轮回业报理论。这样何为轮回主体便成了无我理论难以解决的问题。部派佛教曾对此展开过激烈的争论。犊子部提出与五蕴不即不离的“补特伽罗”作为生死转世的联系者，实际上承认了轮回与解脱主体的存在。经量部亦提出了“胜义补特伽罗”。大乘瑜伽行派的“阿赖耶识”同样是永恒相续，或陷于轮回业报，或在世间证得涅槃的精神依据。它们显然都已是对于原有无我说的修正。

（葛维钧）

Wuxi Huishan Si Jingchuang

无锡惠山寺经幢 Dharani Sutra Pillars at Huishan Temple 中国唐宋时期经幢。为江苏无锡地区年代最为久远且保存最为完好的地面石刻艺术遗珍。共有唐、宋经幢两座，为无锡惠山寺标志性建筑，对称并立于惠山寺山门外两侧，相距约10米。唐经幢建于乾符三年（876），高6.26米。基座为八棱形束腰须弥座，刻有云纹、海水纹、仰覆莲瓣、姿态各异的狮子、结跏趺坐的佛像等；幢身为八

无锡惠山寺经幢

棱形石柱，遍刻《佛顶尊胜陀罗尼经》，经文字迹端秀，虽经千年风雨剥蚀，仍依稀可辨；幢顶为八角形宝盖，刻有口衔连珠状璎珞带的狮首、饰以花卉的扁圆石、仰覆莲瓣，雕有坐佛的八棱形束腰石柱等，顶端为宝珠。宋经幢全称为“普利院（北宋时，惠山寺名普利禅院）大白伞盖神咒幢”，建于熙宁三年（1070），形制大小与唐经幢相类，显为仿制，但幢身刻有陀罗尼咒语而非经文。现存各种大藏经多只有此咒语的元代译本，故该宋经幢上的译本弥足珍贵。

惠山寺经幢历史上曾躲过多次劫难，但由于年代久远，亦有局部沉降、倾斜和表面风化、剥蚀现象。1989年、1990年、1998年经多次修复。现存经幢形体高大，雕刻精美，刻文可辨，是研究江南地区佛教艺术的珍贵文物。唐、宋经幢并立且保存完好，在国内实属罕见。1956年，惠山寺经幢被列为江苏省文物保护单位。2013年，复被列为国家重点文物保护单位。

（王汝良）

Wuxing

无行 Prajñādeva（约活动于7世纪） 中国唐代去印度求法僧人。荆州江陵（今湖北江陵）人。据义净《大唐西域求法高僧传》卷下，无行梵名般若提婆，意译“慧天”。少年时代潜心读书，约20岁便有抱负，遍读诸子百家。因与佛法有缘，出家为僧。以坐禅为务，学有所长。一个月之内，便能背诵《法华经》。后游九江、衡山、金陵（见南京）等地，寻访善知识。唐高宗李治时从海路赴印求法。与僧人智弘同行，乘船一月，到达室利佛逝。其后乘坐王舶，经15日，到末罗瑜洲（今印度尼西亚苏门答腊占碑及附近一带）。又15日到羯荼国（今马来西亚吉打州）。冬末转舶西行，经30日，到印度那伽钵亶那（今印度泰米尔纳德邦纳加帕蒂南）。从此泛海二日，到师子洲（今斯里兰卡）。从此复东北，泛舶一月，到印度诃利鸡罗国（在今孟加拉国境内）。停留一年后，到摩诃菩提寺和那烂陀寺，在那烂陀寺学习数年。在那烂陀寺时，曾与义净一同巡礼胜迹，义净作《与无行禅师同游鹫岭瞻奉既讫遐眺乡关无任殷忧聊述所怀为杂言诗》。后拟取道北印度归国，去世于途中。在那烂陀寺与僧人义净告别时，年56岁。

（王邦维）

wuyoushu

无忧树 aśoka 属苏木科的一种乔木，佛教圣树之一。学名Saraca asoca，原产印度、中南半岛及中国西南地区。“无忧”是梵语aśoka的意译，其音译有阿输迦、阿输柯、阿叔迦、阿菽迦等。南朝宝唱《翻梵语》卷九记载：“阿菽迦树：应云阿输迦，译曰无忧。”《翻梵语》卷十记载：“阿输迦：论曰无忧华树。”唐代慧琳《一切经音义》卷二十六记载：“阿叔迦树：此云无忧树。”南宋法云《翻译名义大集》卷三说：“阿输迦：或名阿输柯。《大论》翻无忧华树。《因果经》云：二月八日，夫人往蓝毗尼园，见无忧华，举右手摘，从右胁出。”佛经记载，佛祖释迦牟尼的母亲摩耶夫人按当时习俗回娘家分娩，路过蓝毗尼，在无忧树下生下悉达多太子。南朝宋天竺三藏求那跋陀罗译《过去现在因果经》卷一具体描述了该树的情形：“夫人见彼园中，有一大树，名曰无忧，花色香鲜，枝叶分布，极为茂盛。”《大唐西域记》卷六记载，玄奘前往腊伐尼林（今蓝毗尼）观礼，所见菩萨诞灵之处的无忧华树已经枯悴。因与佛诞相关，无忧树与菩提树、娑罗树一并成为佛教的圣树。古代印度所有描述佛诞情形的石雕或壁画等，无不刻画此树的形象。这种描述无忧树的艺术表达方法，也传入了中国，克孜尔石窟、敦煌石窟等地壁画以及多地造像碑中的佛诞图，均出现了此树

修剪成伞形的无忧树　位于印度拘尸那迦

的图景。中国华南地区也多有无忧树的引种。无忧树承载着印度佛教的动人故事而在中国流传。

（陈明）

Wuzhu

无著 Asaṅga（约活动于四五世纪） 印度大乘佛教瑜伽行派创始人之一。音译阿僧伽。

生平　据《婆薮槃豆法师传》称，无著生于北印度犍陀罗国弗楼沙，属婆罗门种姓。父亲憍尸迦为当朝国师，育有三子，无著之弟世亲亦为大乘佛教重要论师。无著初于小乘佛教说一切有部出家，一度因为想参透空的义涵却又不得门径而想自杀。后有高僧宾头罗从东

毗提诃来，为他解释小乘空观。他虽有所悟，但仍不满意，以为道理不该终止于此。于是，他又以神通力去往**兜率天**，师从弥勒菩萨，学习大乘空观，归来后深入思考，终于明白了其中学理。此一弥勒菩萨有学者认为实有其人，另有学者认为是无著时代以前的一批可能托名弥勒的瑜伽师。据说他曾数次向弥勒菩萨请教，得到《**瑜伽师地论**》、《庄严大乘经论》、《中边分别论》等，回来广为宣讲所学妙义，使大乘瑜伽之法广传四方。相对于**龙树**、**提婆**的无相空宗而言，其所创宗派称**法相宗**。

无著之弟**世亲**博闻强识，学问深广，亦于小乘说一切有部出家，为学兼通小乘十八部派各种教义，并能妙解，且指斥大乘非佛所说，不能相信。无著生怕他写出论著，破坏大乘，遂称病急召他从所在的**阿逾陀**国返回弗楼沙。世亲来后，他即以毁谤大乘，必遭恶报相警示，并为之宣说大乘要义。世亲随之放弃小乘，遍学大乘义理，并对当初的过失深自忏悔，意欲割舌以谢其罪。无著则称其舌既能诋毁大乘，当可解说大乘，故应以宣说大乘教义补过自新，赎灭罪责。世亲遂承兄命，以讲习大乘为务。无著晚年游化于中天竺的**憍赏弥**国，至百余岁（一说75岁）而殁。无著殁后，世亲积极弘传其兄所传遗教，使弥勒、无著之学得以广泛流传。

重要著述及其汉译　无著著述颇多，保存在汉、藏译本中的计有30种左右。汉译主要有：

①《**摄大乘论**》。又称《摄论》，因其内容赅摄大乘佛教一切圣教法门要义，故名。梵文原本已佚。汉译前后共有3种：北魏**佛陀扇多**译，2卷（T1592）；南朝陈**真谛**译，3卷（T1593）；唐**玄奘**译，3卷，称《摄大乘论本》（T1594）。其中以后二译流行较广。该论为解释印度《大乘阿毗达磨经》（已佚，且未传入中国）而作，不过玄奘认为所解仅为该经的《摄大乘品》。它集中阐述了瑜伽行派的学说，详细论述了唯识成立的理由、三性（遍计所执性、依他起性、圆成实性）说，以及阿赖耶识等问题，从而奠定了大乘瑜伽行派的理论基础。该论甫出，即有诸多注释出现，如世亲、无性二人先后撰《摄大乘论释》，对《摄论》思想多有发挥。前者有南朝陈真谛、隋笈多和行炬、唐玄奘的汉译本，后者仅有唐玄奘译本。《摄论》译出后，汉僧的注疏也大量出现，如真谛和慧恺的《摄大乘论疏》、道基的《摄大乘义章》、昙迁的《摄大乘论疏》、**窥基**的《摄大乘论抄》等，不胜枚举。该论在南北朝时甚为流行，成为摄论宗的根本典籍。

②《显扬圣教论》（T1602）。又称《广苞众义论》，20卷，唐玄奘译。该论为佛教瑜伽行派的主要论著之一，是为阐扬《瑜伽师地论》而撰的纲要性著作。它系统运用大小乘各种法数，以证明“唯识无境”这一基本教义，历来被视作学习瑜伽行派理论的重要工具书。由于玄奘将该书颂文别成一卷，称《显扬圣教论颂》，故学界对于两书是否同一作者有所怀疑。有学者认为“颂”乃无著所作，而“论”的作者实为世亲，可备为一说。据载，该论曾有唐窥基、神泰和新罗璟兴等人的注疏，但皆已不传。

③《顺中论》（T1565）。全称《顺中论义入大般若波罗蜜经初品法门》，2卷，无著早年之作，北魏**瞿昙流支**译。

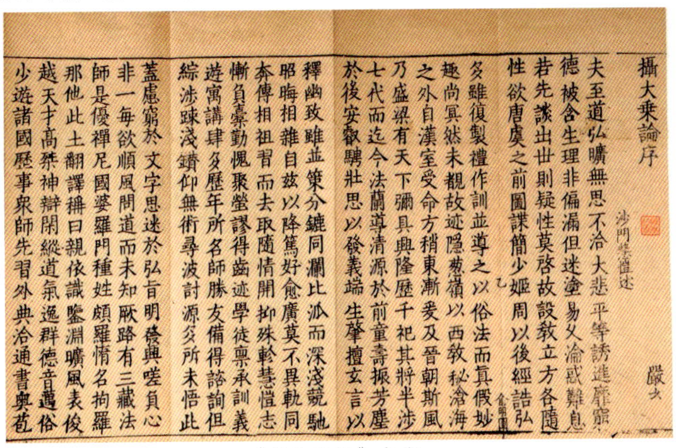
攝大乘論序

沙門慧愷述

夫至道弘曠無思不洽大悲平等誘進靡窮
德被含生理非偏漏但迷塗易久淪惑難息
若先談出世則疑性莫啓故設教立方各隨
性欲唐虞之前圖諜簡少姬周以後經誥弘
多雖復製禮作訓並導之以俗法而真假妙
趣尚冥然未覩故迹隱葱嶺以西教秘滄海
之外自漢室受命方稍東漸爰及晉朝斯風
乃盛梁有天下彌具興隆歷千祀其將半涉
七代而迄今法蘭導清源於前童壽振芳塵
於後安遠騁壯思以發義端生肇擅玄言以
釋幽致雖並策分鑣同瀾比泒而深淺競馳
昭晦相雜自茲以降篤好愈廣莫不異軌同
奔傳相祖習而去取隨情開抑殊軫慧愷志
慚負橐勤愧聚螢謬得齒迹學徒稟承訓義
遊寓講肆多歷年所名師勝友備得諮詢但
綜涉疎淺鑽仰無術尋波討源多所未悟此
蓋慮窮於文字思迷於弘旨明發興嗟負心
非一每欲順風問道而未知厥路有三藏法
師是優禪尼國婆羅門種姓頗羅墮名拘羅
那他此土翻譯稱曰親依識鑒淵曠風表俊
越天才高爽神辯閑縱道氣逸群德音邁俗
少遊諸國歷事衆師先習外典洽通書典苞

《摄大乘论》书影

该论宗旨在解释龙树在《**中论**》中提出的八不（不生、不灭、不常、不断、不一、不异、不来、不出）和戏论（荒谬可笑而无意义的言论）等要义，破斥对于空和有两端的迷执，劝人持守中道。

④《大乘阿毗达磨集论》（T1605）。略称《集论》，7卷，唐玄奘译，为无著汇集《阿毗达磨大乘经》中要义的两部论书之一，另一即《摄大乘论》。纯粹的阿毗达磨论书在大乘中仅有该论一部。全文约1 500颂，分为5集。内容分为本事分与决择分，以下各有4品。该论的重要意义之一，在于可以通过其论述内容推见《阿毗达磨大乘经》的全貌，而该经虽为大乘瑜伽行学派赖以立说的重要典据，但原经和译本一概无存。

（葛维钧）

Wu Chuan Lu

《吴船录》　中国南宋史籍。共2卷。作者范成大（1126～1193），字致能，号石湖居士，谥文穆。吴郡（今江苏苏州）人。绍兴二十四年（1154）进士，官至参知政事。

范成大在淳熙四年（1177）从四川制置使的官位上被召回。同年五月，从

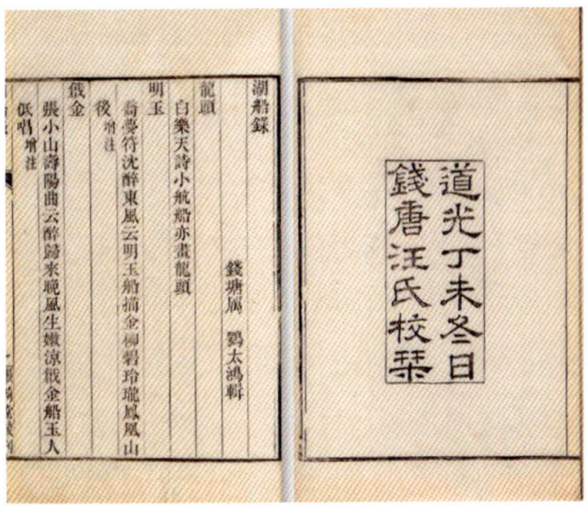
道光丁未冬日
錢唐汪氏校栞

吳船錄
錢塘厲鶚太鴻輯
龍頭
白樂天詩小航船亦畫龍頭
明玉
翁夢符沈醉東風云明玉船描金碧玲瓏鳳凰山
後 增注
戧金
張小山詩陽曲云醉歸來晚風生嫩涼戧金船玉人
低唱 增注

《吴船录》清道光二十七年（1847）钱塘汪氏刻本书影

水路前往临安（今浙江杭州）。该书为其每日所见所历之记录。书名取自杜甫《绝句四首》中“门泊东吴万里船”句意。书中对沿途名胜古迹记载详尽，并有所考证。如记停泊嘉州。嘉州是众水汇合的地方，导江、沫水与岷江汇合在山下。沫水汇合大渡河由雅州而来，直冲山壁，滩泷险恶，据称为航船最危险之处。唐开元年间（713～741），和尚海通开始凿山造弥勒佛像来镇压它。佛像高360尺，顶围10丈，眼睛宽大2丈，造楼13层。从头面到佛脚，均为天下佛

像中最大。又如记载光明岩：光明岩之后岷山万重。这些山后，就是西域雪山。西域雪山绵延入天竺各地，相去不知几千里。在光明岩眺望这些山，却只像是在桌子之间。又如记牛心寺：相传是孙思邈的隐居地。民间传说他招呼僧人念经。寺里有唐代罗汉图，笔迹巧妙，眉目生动，似与人言。此书中记载成都的古画，佛教题材最多，并以此寺中为最好。该寺为继业三藏所建造。乾德二年（964），宋太祖赵匡胤诏令佛教徒300人，进入天竺访求舍利及贝多叶书，继业便在其中。至开宝九年（976）归来。此时太祖已逝，宋太宗赵炅即位。继业进宫，呈上从天竺带回的梵夹、舍利等。太宗颁诏，许其选择名山修习。继业登上峨眉山，向北眺望牛心，众峰环抱，于是修建一庵居住，不久改庵为寺。继业84岁时去世。他所珍藏《涅槃经》1套，共42卷。在每卷的后面，继业分别记录了在西域的行程，虽然并不十分详细，但是地理情况大致可以考证。《吴船录》关于“继业行程”的记录深受学界重视，被称为《继业行记》，是研究12世纪中印交通的宝贵资料。《吴船录》的其他记录也多可填补正史空缺。

（胡俊麟）

Wu Daozi

吴道子 Wu Daozi（约686～约760）中国唐代画家。阳翟（中国今河南禹州）人。

《维摩诘经变图》 唐代吴家样风格绘画 中国甘肃敦煌莫高窟第103窟壁画（局部）

《释迦降生图》(局部) 又名《送子天王图》传为唐吴道子所画，或说是李公麟手笔。画中所绘释迦降生场面，具有鲜明的中国风格

出身孤贫。初学书法未成，改习绘画，名声大振。唐玄宗闻名将他召入宫廷作画，改名道玄，授以内教博士，后升为宁王友。他曾在长安、洛阳等地的佛寺、道观和宫殿绘制300余间壁画。唐代朱景玄《唐朝名画录》称其“凡画人物、佛像、神鬼、禽兽、山水、台殿、草木，皆冠绝于世，国朝第一”。吴道子尤其擅长画佛教与道教人物，师法南朝梁画家张僧繇的绘画，被誉为“张僧繇后身”，并与张僧繇并称为“疏体”画法的代表。吴道子创立了“吴家样”的佛教与道教人物样式，笔迹磊落，劲爽洗练，衣纹线条多为兰叶描或如莼菜条，其势圆转，而衣服飘举，有“天衣飞扬，满壁风动”之感，人称“吴带当风”。设色也有创新，往往以焦墨勾线，略施淡彩微染，人称“吴装”，又称“浅绛”。北宋董逌《广川画跋》卷六说：“吴生画人物如塑，旁见周视，盖四面可意会。其笔迹圆细如铜丝萦盘，朱粉厚薄，皆见骨高下，而肉起陷处。”看来吴道子也熟悉西域于阗画家尉迟乙僧“如屈铁盘丝”的铁线描，对作为“天竺遗法”的“如塑”的凹凸法并不陌生。元代夏文彦《图绘宝鉴》说吴道子所画“人物有八面，生意活动。其傅彩，于焦墨痕中略施微染，自然超出缣素，世谓之吴装”。这种表现立体感的着色方法大概是对“天竺遗法”的一种变通。传为吴道子的《送子天王图》，可能是宋人的摹本，佛教人物的造型服饰均属唐代的衣冠贵胄，毫无印度风格，白描不施彩色，也无从寻觅“天竺遗法”的踪影。

（王镛）

Wu Guangpei

吴广霈 Wu Guangpei（1854 / 1855～1918 / 1919）中国清末名士。安徽泾县人。虽然少负才名，但7次赴考，均落第不取。光绪三年（1877），作为公使何如璋的随员，东赴日本。时任驻日参赞的黄遵宪称赞他“卓荦不凡”，饱有文才。光绪七年，北洋大臣李鸿章面谕马建忠，让他以清廷专使身份，赴印度与英国人谈判鸦片专售事宜。马建忠遂邀他同行。他对于英国强加于中国的鸦片贸易十分愤怒，深为其“遗祸甚烈，糜财更广”而痛心，故被马建忠引为同调。二人在印度停留25天。关于此次旅行，他们皆有日记存世，而马建忠由于公务繁忙，其所记有时还需由吴广霈代为删润。吴广霈所成《南行日记》约3万余字，凡有闻见，无不录为文字，发为议论和感慨。如见到金碧辉煌的土邦王公旧宅，则讥其屈身受禄于英国殖民者，以养自家宗族，而将“数千里富厚之国，二百兆繁庶之众，拱手授人，仰其鼻息”。而见到另外一些倾圮旧垒，

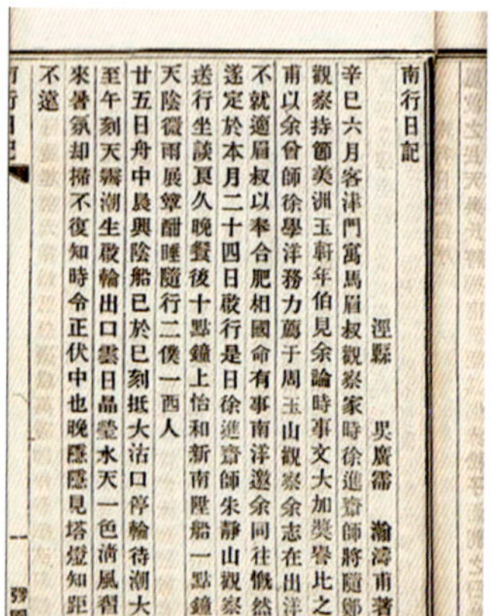
南行日記
涇縣 吳廣霈 瀚濤甫著
辛巳六月客津門寓馬眉叔觀察家時徐進齋師將隨鄭玉軒
觀察持節美洲玉軒年伯見余論時事文大加獎譽比之陳同
甫以余曾師徐學洋務力薦于周玉山觀察余志在出洋固辭
不就適眉叔以奉合肥相國命有事南洋邀余同往慨然許之
遂定於本月二十四日啟行是日徐進齋師朱靜山觀察皆來
送行坐談良久晚餐後十點鐘上怡和新南陞船一點鐘開輪
天陰微雨展簟酣睡隨行二僕一西人
廿五日舟中晨興陰船已於巳刻抵大沽口停輪待潮大雨時
至午刻天霽潮生啟輪出口雲日晶瑩水天一色清風習習然
來暑氣却掃不復知時令正伏中也晚隱隱見塔燈知距燕臺
不遠
南行日記 一 劈園校訂

吴广霈《南行日记》书影

知是当年土邦王公抵抗英人侵略之处，则又发出评论，认为“保疆却敌，端在内政之修，非徒恃贾勇于疆场”，其实也是思索印度教训，联想中国处境，寻求祖国出路。他也曾参观法庭判案、银行办公，以了解印度社会的运行状况。对于印度各地的美景，则情不自禁赋诗赞叹。他以能够踵武法显、玄奘，于

千百年后踏上印度国土而骄傲。《南行日记》由王韬作序，于光绪十六年出版。甲午海战中国惨败，光绪二十一年清廷签订《马关条约》丧权辱国，吴广霈乃“发愤慷慨，闭户著万言书”，指陈时弊，分析民族危机，就安内、驭外、筹财、经武、用人、变法等提出改革主张，所成即后来的《剑华堂救时要策万言书》。吴广霈还有《石鼓文考证》一书传世。入民国后，任清史馆纂修，负责邦交志，为《清史稿》的编纂作出了重要贡献。

（葛维钧）

Wu Juncai

吴俊才 Wu Juncai（1921.12.25～1996.08.26） 中国印度学学者，历史学家。在中印文化交流中起过一定的作用。字淑心。湖南沅江人。毕业于中央政治学校。曾赴印度德里大学历史研究所学

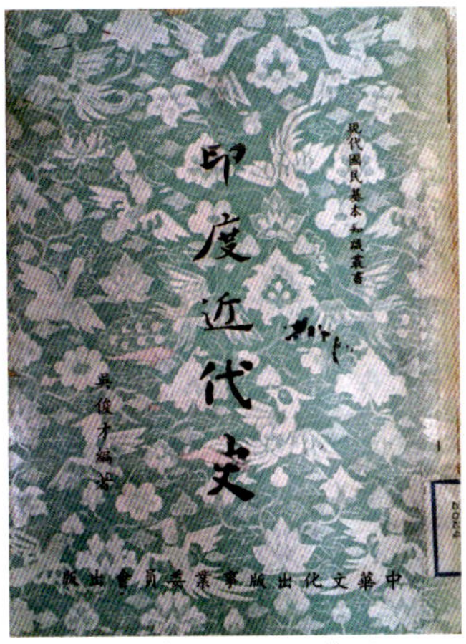

吴俊才《印度近代史》封面

习，获硕士学位。后转入英国伦敦政治经济学院攻研国际关系专业，主修东南亚区域研究。获韩国成均馆大学名誉法学博士学位。曾任《中央日报》驻重庆、新德里、伦敦特派员，《中央日报》香港版主任，1951年出任《中央日报》香港出版社社长、主笔。1952年起，先后兼任中国台湾省立师范学院（今台湾师范大学）、台湾大学、政治大学教授及“国防研究院”讲席。1964年创办“中华民国国际关系研究所”，任董事长兼主任。1968年创办东亚研究所，任所长、教授。1978年任《中央日报》社长兼发行人、政治大学国际关系研究中心研究员。1996年病逝于美国。

吴俊才主要著作有《印度独立与中印关系》、《克什米尔与印巴关系》(1958)、《甘地与现代印度》(1987)、《政治与文化》(1988)、《印度史》(1981) 等。《印度史》一书讲述了从印度河流域文化的产生，一直到印度独立、建国的历史，分析了印度历史发展中的关键因素，探讨了现代印度与邻邦之间的关系。

（李宝龙）

Wu Xiaoling

吴晓铃 Wu Xiaoling（1914.03.09～1995.02.07） 中国古典文学专家，梵文学者。满族人。祖籍中国辽宁绥中。自幼随父居住北京。20世纪30年代，先就读于燕京大学，得郑振铎小说及戏曲文献、版本目录学方面之真传，后转入北京大学中国语言文学系，师从胡适、罗常培、魏建功，在音韵、训诂、校雠、考据之学诸方面打下坚实基础，成为中国古典戏曲和小说研究知名专家。在北京大学读书期间，选修德国学者李华德（1886～1982）为中文系和哲学系开设的梵文课。1937年毕业后，先后在北京大学、北京神学院、燕京大学、昆明西南联大执教。1942年应邀前往今印度西孟加拉邦圣蒂尼克坦，在R.泰戈尔创办的国际大学中国学院任教授。1946年回国。1947年起任法国巴黎大学北京汉学中心通检组主任，兼任北京大学、清华大学、辅仁大学、中央戏剧学院教授。1950年起任中国科学院语言研究所研究员，1956年起任中国科学院文学研究所（今中国社会科学院文学研究所）研究员，同时兼任民间文艺研究会顾问、中国曲艺家协会理事、国家文物咨询委员会委员等职。对古典戏曲和印度文化颇有研究。20世纪80年代，任加拿大多伦多大学客座教授，开

《吴晓铃集》书影

设中国古典小说和《金瓶梅》研究等课程。曾获法国巴黎大学荣誉哲学博士和印度国际大学荣誉文学博士称号。在中印文化交流中发挥过积极作用。

吴晓铃在20世纪50年代将《龙喜记》和《小泥车》两部印度古典梵语名剧译成中文，由人民文学出版社分别于1956年和1957年出版。《龙喜记》是7世纪由笃信佛教的戒日王创作的一部五幕剧，取材于佛经《持明本生》。译者前言介绍了作者家世和故事由来，认为这部旨在弘扬佛教利他主义和牺牲精神的戏剧，在印度古典戏剧发展史上具有特殊价值。1995年，《龙喜记》中文译本被列入“世界佛学名著译丛”，由中国台湾华宇出版社出版。《小泥车》是一部十幕剧，作者为首陀罗迦，约创作于3世纪。吴晓铃还写过《〈西游记〉和〈罗摩延书〉》、《印度文化的另一面》、《我的第一位梵文老师李华德博士》、《难达婆薮〈禅定图〉跋》等文章，以阐释中印文化交流之因缘。“难达婆薮”就是曾随泰戈尔访华的印度现代著名画家N.鲍斯。

1981年12月，吴晓铃（左）与石真（右）在印度拜会老师

1981年12月17日～1982年1月29日，吴晓铃偕夫人石真访问印度，参加国际大学60周年校庆典礼，在国际大学、德里大学、印度国际文化中心、尼赫鲁大学和印度中央戏剧学院做学术报告。在参加印度国庆观礼活动和出席在总统府举行的国庆招待会时，与印度总统雷迪并印度总理英迪拉·甘地晤谈。甘地夫人详细询问了他们的工作和生活情况，称他们为老朋友。

1984年10月8日～10月22日，吴晓铃与任继愈、巫白慧一道赴印度参加第一届国际佛学和国家文化大会。10月10日大会开幕式上，英迪拉·甘地亲临科学宫致贺，并在休息时首先会见他们3人。10月12日，在印度文化关系委员会副主任举办的晚宴上，英迪拉·甘地再次与吴晓铃亲切交谈。

吴晓铃的其他主要著作有《西厢记》校注本、《六十种曲》校订本、《关汉卿戏曲集》编校本、《话本选》(合编)、《西谛题跋》、《马连良演出剧本选》等。有5卷本《吴晓铃集》(2006)行世。

（刘建）

Wu Xue

吴雪 Wu Xue（1914.09～2006.09.18）中国现代戏剧家。原名吴开元。生于四川省岳池县。1934年7月开始投身戏剧活动。1940年赴延安。1941年5月创立延安青年艺术剧院，任副院长，导演并主演了《塞上风云》、《雷雨》、《伪君子》、《上海屋檐下》等著名话剧。1949年4月起历任中国青年艺术剧院副院长、院长，文化部电影局副局长、艺术局负责人，全国剧协副主席、文化部副部长等职。从艺70余年，导演20余部中外戏剧。因导演印度诗剧《沙恭达罗》而为中印文化交流作出重要贡献。

1956年，吴雪首次应邀访问印度，参观了举世闻名的阿旃陀石窟，扩大了艺术视野。1957年，中国青年艺术剧院将印度古代大诗人迦梨陀娑的著名梵文诗剧《沙恭达罗》搬上话剧舞台。这是当时中国纪念世界文化名人迦梨陀娑系列活动中的重要一项，也是中国有史以来首次排演印度古典戏剧。吴雪出任导演，采用印度学家季羡林从梵文所译剧本，遴选著名表演艺术家梅熹、舞蹈演员白珊等饰演剧中主要人物。他在“幕前讲话”中表示，作为神话传说的《沙恭达罗》，“其中有纯真的爱情，也有优美的诗章”。他还认为，中印两国的古典戏剧存在许多相似之处。

吴雪在执导《沙恭达罗》时表现了细腻、严谨而又气度恢宏的导演风格。他较多采用了话剧手法，以浓郁的印度音乐舞蹈渲染气氛，同时掺入一些中国传统戏剧技巧。此外，为了增强戏剧性和控制舞台演出时间，他大胆地将原著的七幕戏压缩为六幕戏，将第三和第四两幕合并成一幕，使第三幕成为第四幕的过场，并将第六幕的“渔父得宝”和“宫女迎春”两段戏改为“暗场”。他还在剧中加进原作所没有的四场舞蹈，烘托了戏剧气氛。1957年5月初公演后，立即引起轰动，观者蜂拥而至，以至一票难求。吴雪本人亦饰演了剧中仙人。5月19日，印度驻华大使R.K.尼赫鲁（1902.10.10～1981.4.2，印度总理J.尼赫鲁之侄）举行酒会，庆祝中国印度友好协会成立5周年，同时祝贺中国青年艺术剧院演出《沙恭达罗》获得成功。9月18～26日，印度副总统S.拉达克里希南访华。其间，周恩来陪同他前往中国青年艺术剧院观看《沙恭达罗》。9月20日，中国梵文学者和戏剧专家吴晓铃在《人民日报》发表《谈〈沙恭达罗〉的导演处理》一文，肯定了吴雪有胆有识的尝试和他首次将印度古典戏剧搬上中国舞台的功绩。1958年11月17日，吴雪再度应邀访问印度并参加纪念迦梨陀娑的活动。1982年，中国青年艺术剧院重新排演《沙恭达罗》，继承和发扬了吴雪的导演风格。

（刘建）

Wu Yan

吴岩 Wu Yan（1918.12～2010.09.08）中国翻译家，出版家。在中印文化交流中起过一定的作用。原名孙家晋，笔名吴岩。江苏昆山人，1941年毕业于国立暨南大学外文系。1962年加入中国作家协会。历任新文艺出版社编辑室主任、上海文艺出版社编辑室主任、人民文学出版社上海分社副总编辑，以及上海译文出版社社长。

吴岩曾翻译R.泰戈尔多部诗歌作品，代表译著有《泰戈尔抒情诗选》(1989)、《心笛神韵》(1997)、《泰戈尔诗选》(2003)等。《心笛神韵》包括《吉檀迦利》、《园丁集》、《新月集》、《采果集》、《飞鸟集》、《情人的礼物》、《渡》、《遐想集》、《流萤集》，以及《集外集》等10部泰戈尔英文诗集的汉译作品。

20世纪八九十年代，吴岩任上海译文出版社社长，主持出版了一批印度文学汉译著作，包括M.R.安纳德的《村庄》(1983)、《黑水洋彼岸》(1985)、《阿基兰短篇小说选》(1984)，泰戈尔的《孟加拉掠影》(1985)，V.沃尔马的《章西女王》(1987)，M.M.H.鲁斯瓦的《勒克瑙名妓》(1993)，R.K.纳拉扬的《男向导的奇遇》(1993)，I.朱希的《托钵僧的情史》(1994)，雷努的《肮脏的裙裾》(1994)等书。推动了印度现代文学在中国的传播，为中印文化交流作出了贡献。

（王凌男）

Wu Yinxian

吴印咸 Wu Yinxian（1900.09.21～1994.09.07）中国摄影家，摄影理论家。原名荫咸。江苏沭阳人。少时家贫，半

《喂鸟人》
吴印咸1952年访印期间摄影

1952年，吴印咸（右2）率领的中国电影代表团拜会印度总统R.普拉萨德

工半读修完中学课程，1919～1922年就读于上海图画美术学校（上海美术专科学校前身），其间接触摄影。毕业回乡后，在教授美术的同时，继续从事摄影创作。1927年返沪，任布景师、摄影师等，并首次接触电影这门新兴艺术。1935年后，既从事摄影创作又兼作电影摄影。1955年与章泯、钟敬之等筹建中国第一所电影教育高等学府——北京电影学院，并开始了长达十余年的教学生涯。历任北京电影学院副院长兼摄影系主任，文化部电影局顾问，中国摄影家协会副主席、名誉主席等职。一生创作丰富，作品注重写实，构图朴素，处理自然，代表作有《马路天使》(1937)、《白求恩大夫》(1939) 等，出版《摄影艺术表现方法》(1961～1964)、《摄影用光》(1979)、《摄影构图》(1984) 等理论著作。

吴印咸的摄影作品具有世界声誉。中华人民共和国建立后，曾赴印度、日本、新加坡、美国、巴西、瑞士、法国等国家访问或举办摄影展。1952年1月，率中国电影代表团参加印度第一届国际电影节，代表团团员有吴蔚云、谢力鸣、翟超、李牧、李勤（翻译）等，获得印度总统R.普拉萨德的接见，所到之处均受到印度各界热烈欢迎。在此次国际电影节上，中国正式参展影片为《白毛女》和《中国民族大团结》，另有两部非正式参展影片《钢铁战士》和《光芒万丈》也得以放映。其间，完成摄影作品《喂鸟人》，以一个印度人喂食一只鸟儿为构图中心，记录下了这一普通却感人的一幕。作品取材于印度人的日常生活，构图元素简单朴素，却动静相宜，充满生活气息，真切表现出印度人与自然和谐相处的理念。这一珍贵作品成为中印友好交往的见证。

（王汝良）

Wu Zonglian

吴宗濂 Wu Zonglian (1856～1933.09.15) 中国近代外交官。字挹清，号景周。上海嘉定人。1876年入上海广方言馆，次年入京师同文馆学习法语和俄语。毕业后任京汉铁路局法语翻译，后调入外务部。1883年，随李鸿章赴俄国签订中俄边界条约。1885年起，任驻英国与驻俄国使馆翻译。1890年，任驻英国钦差大臣龚心湛的随员。1897年回国后任职于芦汉铁路稽查部。1901年，任上海广方言馆法语教习。1902年起，先后任职于驻法国、日斯巴尼亚（西班牙）、奥地利使馆。1908年，任外务部左参政、右丞。1909年，任驻意大利钦差大臣，辛亥革命后继续留任。1914年回国，任北京大总统府外交咨议。1918年，当选安福国会参议员。1924年任浦口商埠督办。次年任上海法租界市政会议委员。1930年任国民政府条约委员会委员。1933年病逝于上海。

《随轺笔记四种》是吴宗濂担任驻外使节期间的记录。第1卷《记程》记载其1890年自上海乘船至法国途中的见闻，对孟买等印度沿海地区的地理状况以及欧洲在印度的殖民历史有所介绍。

（张书剑）

wu bu dalun

五部大论 gzhung bkav pod lnga 中国藏传佛教五种学问的统称。指因明学、般若学、中观论、俱舍论和戒律学。

因明学 藏传佛教五部大论之一，佛教逻辑学。佛教因明学冠以多种功能属性，是一门具有工具性、功能性的学问，也是一门既能正确推理又可智力锻炼的学科，是探求真理的方法论和知识论，被藏传佛教誉为打开知识宝库大门的金钥匙。历史上，藏传佛教学僧运用和发挥陈那的《集量论》(本论) 和法称的《因明七论》(释论) 等因明学，破除印度外道四派思想，确立内道四派思想，最终达到建立佛教中观应成派思想的宗旨。因明学不仅在佛教“破”与“立”的立论过程中发挥“为破邪论，安立正道”的理论思维作用，而且在藏传佛教学僧考取宗教学衔中成为必备的答辩技巧基础。

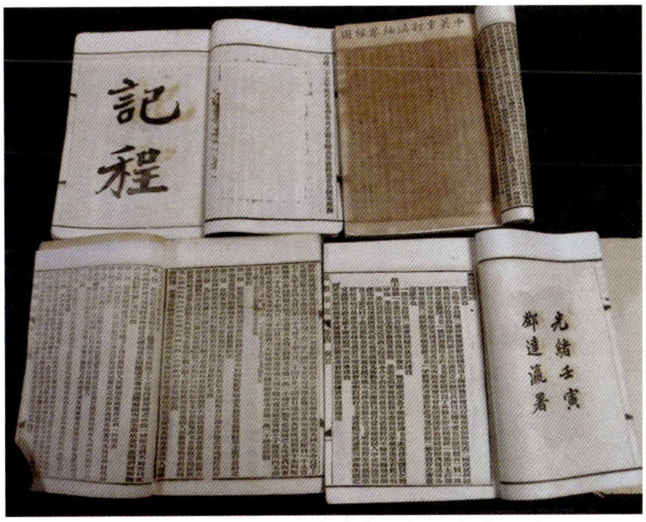

吴宗濂《随轺笔记四种》清光绪年间石印本书影

藏传佛教五部大论研究丛书书影

般若学 藏传佛教五部大论之一，大乘佛教早期的重要佛学思想理论。其根本经典为《般若经》，又名佛母，因为诸佛之所以成就佛，主要借助于佛经，而佛经之要义和觉悟过程（缘起性空理论和如何修法成佛）源于《般若经》，故称《般若经》乃佛经之母或诸佛之母。此外，认为《般若经》是超凡脱俗的开悟大智能，即般若为智慧，依凭般若智慧去探讨真理问题——真如、真谛，以及假有、性空等道理，故说**般若**是“空观”的抽象理论。而弥勒的《现观庄严论》则是一部纲要性的《般若经》释，以“诸法无自性”的中观思想为主，兼采瑜伽观行及其次第。所以，藏传佛教将《现观庄严论》作为般若学纲要编入五部大论之一，成为认识佛教般若空智、成就佛陀果位在智慧上最主要的内容。

中观论 藏传佛教五部大论之一，佛教四大宗派学说之一。在佛教思想史上占有重要地位，上穷阿含经（四圣谛）与**般若思想**（缘起性空），下开藏传佛教中观学说，受到极大重视并大力弘扬。因而中观学在藏传佛教中得以兴盛和发展，甚至中观思想成为藏传佛教建立自己佛学观见的主要理论依据，如五部大论中将中观和因明作为建立佛学理论观见的两部大论。因明是修学般若的眼目，故先学因明；后学中观，因为中观是修学般若的果实。说明修学中观的目的是要见道，是要得到清净的中观正见。藏传佛教将中观学置于整个佛学体系重要地位，特别是藏传佛教后弘期内翻译了**月称**的有关中观学的主要论著，从而使中观学经论完整保存在**藏文大藏经**中，而且在藏传佛教中树立了月称的中观应成派学说的权威地位。

《俱舍论》 藏传佛教五部大论之一，全称《阿毗达磨俱舍论》，其中“阿毗达磨”是指可以现观的教法义理；“俱舍”一词，具有箧藏和宝库之义。无论是汉传佛教、藏传佛教，还是南传佛教，都拥有经、律、论三藏，由经、律、论三藏构成了佛教各派完整的理论体系和实践方法。而《俱舍论》属于三藏中的**论藏**，归入藏文大藏经中的丹珠尔部，是印度高僧大德对佛陀（见**释迦牟尼**）所讲的经、律二藏所作的注疏，是对第一转法轮中所讲的四圣谛的进一步阐释。如小乘之见与行在《俱舍论》中讲说，是一部以小乘教为主要内容的大乘佛教经论，是佛教三藏不可或缺的重要组成部分。《俱舍论》作为五部大论之一，在藏传佛教中成为重要修学内容。

戒律学 藏传佛教五部大论之一，乃佛教的根本、修法的基础，故在藏传佛教修学体系中占据主要地位。佛教之所以能够弘传，主要依靠僧团组织及其戒律制度保障。为了僧团的管理或使他们从事有规律的集体宗教生活，制定了规章制度，特别对不同信徒规定出必须遵守的各种戒律。戒律学由此建立起来。如《五部遗教》所说，僧人是戒律的忠实实践者或维护者，故说僧人是佛法的基础，从而建立了许多僧伽组织。

（尕藏加）

Wufang Shizi Wu

《五方狮子舞》 *Lion Dance* 中国唐代立部伎八部乐舞之一，系集体表演的大型歌舞。又名太平乐。据唐杜佑《通典·乐六》载：“太平乐，亦谓之五方师子舞。师子鸷兽，出于西南夷天竺、师子等国。缀毛为衣，象其俯仰驯狎之容。二人持绳拂，为习弄之状，五师子各依其方色，百四十人，歌太平乐，舞抃以从之，服饰皆作昆仑象。”《旧唐书·音乐志》有类似记载。据**段安节**《乐府杂录》云：“乐有觱篥、笛、拍板、四色鼓、揩羯鼓、鸡楼鼓。戏有五方狮子，高丈余，各衣五色。每一狮子有十二人，戴红抹额，衣画衣，执红拂子，谓之狮子郎。舞太平乐曲。”

狮子舞

狮子是一种瑞兽，与印度佛教有密切关系。据说，佛初生时，有500头狮子从雪山来，侍列于门侧。狮子舞在中国三国时期即已流行。狮子为龟兹（今新疆库车一带）王室所崇尚。前秦（350～

狮子舞图 中国宋代

394）将领吕光率军攻西域，破龟兹，带上万龟兹艺人回到凉州（今甘肃武威），融合了汉地元素的狮子舞遂成中原五方狮子舞。起舞时，数十面羯鼓齐响，青、赤、黄、白、黑五色狮子各立东、西、南、北、中五方中的一方。十人扮五头狮子，另有二人扮武士，持彩球逗引，旁边则有140人的伴舞队演奏龟兹乐舞。他们使用多种乐器，烘托气氛。场面十分壮观，动人心魄，充分体现了盛唐的宏大气象。

除宫廷外，如中国唐代诗人**白居易**《西凉伎》一诗所说，狮子舞在军队及民间都广为流传。狮子舞至今风行不衰，成为所有有中国人居住的地方重要的节庆娱乐形式。

（赵佳梓 刘建）

Wufen Lü

《五分律》 *Mahīśāsaka-vinaya* 印度佛教典籍。全称《弥沙塞部和醯五分律》，属于印度上座部系统弥沙塞部（又称化地部）所传戒律。今传30卷（T1421），汉译5部广律之一。

《五分律》梵本由东晋高僧**法显**从师子国（今斯里兰卡）带回，于景平元年至景平二年（423～424）由罽宾律师佛驮什和于阗沙门智胜以及**竺道生**、**慧**

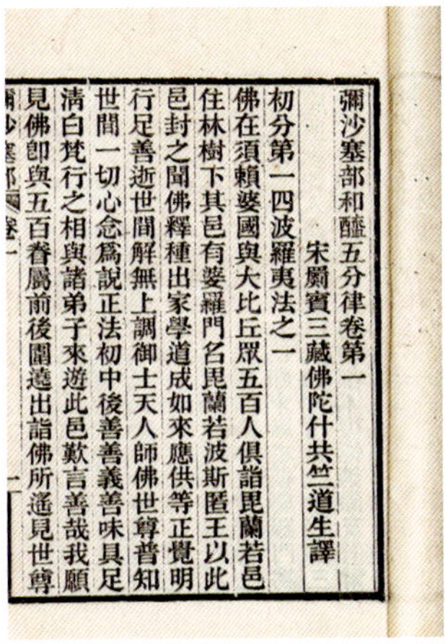
彌沙塞部和醯五分律卷第一
宋罽賓三藏佛陀什共竺道生譯
初分第一四波羅夷法之一
佛在須賴婆國與大比丘衆五百人俱詣毘蘭若邑
住林樹下其邑有婆羅門名毘蘭若波斯匿王以此
邑封之聞佛釋種出家學道成如來應供等正覺明
行足善逝世間解無上調御士天人師佛世尊普知
世間一切心念爲說正法初中後善善義善味具足
清白梵行之相與諸弟子來遊此邑歎言善哉我願
見佛卽與五百眷屬前後圍遶出詣佛所遥見世尊

《五分律》清刻本书影

严共同译出。《五分律》第一部分共10卷，列比丘戒251条，内容包含波罗夷法、僧残法、不定法、舍堕法、堕法、悔过法、众学法、灭诤法。第二部分共4卷，列比丘尼戒370条。第三部分共8卷，内容包含受戒法、布萨法、安居法、自恣法、衣法、皮革法、药法、食法、迦绨那衣法。第四部分共2卷，内容包含灭诤法、羯磨法。第五分共6卷，内容包含破僧法、卧具法、杂法、四威仪法、遮布萨法、别住法、调伏法、比丘尼法、五百集法、七百集法。

《五分律》无藏译本，至今也未发现其梵文本。自此律在汉地译出后，在关中一带仅有少数僧人弘传，与其他律典相比，在中国历史上不受重视。据研究，此律与南传巴利文本较为接近，可相参照。

（吴蔚琳）

Wuhe

五河 Panca-sindhava 古代印度地理概念。梵语sindhu（sindhava为其复数）一字意为“河流”，后又专指今印度河。“五河”即它的5条支流：杰卢姆河、奇纳布河、拉维河、比阿斯河与萨特累季河。其地在今巴基斯坦和印度西北部的旁遮普地区，为雅利安人于公元前2千纪中叶进入印度后的最初居留地，亦为任何自西北由陆路侵入印度者的必经之地。五河地区有4个山口与外界相连，其中以开伯尔山口最为重要。数千年不同种族的不断移入和沉淀，使这里的人种呈复杂状态，故有人称之为“人种博物馆”。

（葛维钧）

wujie

五戒 pañca-śīla 5条戒律，常见于印度宗教。在佛教中，戒为“三学”（戒、定、慧）之一，指该教为出家及在家信徒所制定的戒律，有五戒、八戒、十戒、具足戒等。五戒为不杀生、不偷盗、不邪淫、不妄语、不饮酒。耆那教也有五戒，计为不杀生、不欺诳、不偷盗、不积藏、不奸淫。前四条是该教第23位先圣波罗湿伐那陀提出的。大雄补充了第五条。

（葛维钧）

Wu Juan Shu

《五卷书》 *Pañca-tantra* 印度古代梵文寓言故事集。最早的版本编订于12世纪。其中一些故事在公元前6世纪就已存在，其最初文本可追溯至二三世纪。

内容 楔子叙述《五卷书》的成因，说某城有3个愚笨的王子，不爱读书。国王请一个婆罗门教导他们。婆罗门便给他们讲故事，所讲的故事就成了《五卷书》主要内容。该书分为5卷。第一卷《朋友的分离》，主干故事讲述狮子和牛结交成为好朋友，豺狼离间它们。除主干故事外，中间还穿插了30个小故事。第二卷《朋友的获得》，主干故事讲乌鸦、乌龟、兔子和鹿结交为友，它们同心协力摆脱了猎人的捕杀。其间穿插有9个故事。第三卷《乌鸦和猫头鹰从事于和平与战争等等》，主干故事讲述乌鸦与猫头鹰结怨，乌鸦用计战胜猫头鹰。其间穿插17个故事。第四卷《已经得到的东西的丧失》，除主干故事外，穿插了11个故事。第五卷《不思而行》，除主干故事外，也穿插了11个故事。5个主干故事加上78个穿插故事，总共83个故事。

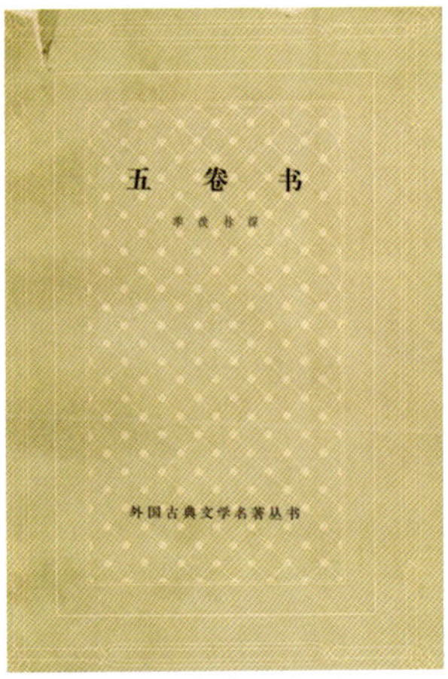

《五卷书》中译本封面

特点 《五卷书》除具备寓言的一般特点外，还具有自己的特点：①结构特殊，为大故事里套小故事。②采用韵散相间的形式。叙述故事情节用散文体，不断插入有韵律的诗歌、格言和警句。③动物寓言居多。

对中国的影响 《五卷书》的故事在世界范围内都有影响，在中国也影响广泛。由于《五卷书》中的故事有许多与《本生经》的故事相同，而《本生经》的许多故事在二三世纪甚至更早就已被译为汉语，所以中国古人对这部分故事并不陌生。另外，在中国西藏、新疆、云南、广西等地，都流传有《五卷书》的故事。因很早就有《五卷书》的蒙古文译本，故其在内蒙古地区流传更广。1930年，许地山在《印度文学》一书中简要介绍了《五卷书》及其中的故事。1959年，季羡林全文翻译了《五卷书》，他在《译本序》和1979年写的《再版后记》中，对《五卷书》的成书情况、在中国的影响等作了详细介绍。金克木在《梵语文学史》(1964) 中、黄宝生在《印度古代文学》(1988) 中，也都有对《五卷书》较详细的介绍。近代以来，中国比较文学研究者和民间文学研究者经常利用《五卷书》中的故事进行比较研究。

（薛克翘）

wuminglun

五明论 pañca-vidyā 印度古代五种学科所构成的知识体系。在推动一系列新理念从印度传入中国方面起了显著作用。所谓五明，一般指声明（语言学）、工巧明（美术与工艺学）、医方明（医学）、因明（逻辑学，见因明学）和内明（形而上学）。汉语语境中的五明论，有时也指声论（文字、文法、语文学）、医方论（医学）、工巧论（营造）、咒术论（具有神秘力量的咒语）和符印论（印法）。

印度佛教僧人是博学之人，许多人是生来就信奉印度教的婆罗门。他们一般在童年时期都会学习当时的显学。一些从2世纪起到中国的印度僧人的传记中提到，他们曾修习五明，将它们作为自己的基础训练课程。那烂陀大学在进行宗教培训的同时也讲授这些学科。

汉语中最早提及五明的一个例证见于《五明论》。该书属中国佛教经典，被归到**龙树**名下，所以书名又常被写成《龙树五明论》。书中若干处提及医学，包括妇科学和产科学。据唐代**玄奘**和**义净**的记述，龙树亦曾在**那烂陀寺**就学和任教。一位名为智贤（音译攘那跋陀罗）的印度佛僧，于6世纪访问中国，与其他3位僧人合作译出该书。

作为学问总汇的五明的所有领域，是佛教僧人都应掌握的，因此五明每传到一个新地方，都会在那里产生影响。这一点，在佛教经典、历史文献和民间文学中，在石窟雕刻和绘画中，在石窟所藏写本中，以及在民间有关药王或药师的传说中，都非常明显。像眼科学著述的作者龙树和天文学著述的作者**瞿昙悉达**这样的名字，乃至药方和合金的名称，都显示了此类交流。许多源于梵文的外来词也进入汉语，例如“禅”即Dhyana，“**九执**”即Navagraha，**孙思邈**医学文献中的“迦摩罗”（黄病）即Kamala，“三果”即Triphala。

印度古代医学对中医产生了深刻影响，表现在眼科学、妇科学、儿科学、制药学、养生学和禅一类心理疗法上。佛陀（见**释迦牟尼**）和菩萨的许多逸事，与他们向穷困之人提供医疗意见、发放药物乃至医书等有关。

8世纪来自北印度（一说来自师子国，即今斯里兰卡）的佛教僧人**不空金刚**，以咒语和炼金术为载体将佛教密宗传入中国。他将大量佛教著作译成汉文。佛教徒也致力于炼金术，以实现长生不老、冶炼出金银一样的合金，因为礼佛就得制作偶像和法器，需要铜一类金属，以及黄铜和青铜一类合金。新的工艺和材料广为人知，新的字词成为汉语科学术语。它们首先出现在工艺类书籍中，随后被收入古代字典及编著中。7世纪的《新修本草》和16世纪的《本草纲目》就包含此类术语。例如，硇砂即Sal ammoniac，为氯化铵，醍醐即Ghria，为已净化的黄油；牛黄即Gopitta，为家牛胆结石。还有一些音译术语，如“土多年”（totamu）即梵文词Tutthanaga，指锌，在汉语文献中常见。

佛教徒还撰写了关于系统学习梵文的文章。他们编写专用词典，以供将梵文和巴利文著作译成汉文和藏文之用。他们遴选了梵文词汇的汉文对音。从**法显**的著述即可看到这一方面的最初尝试。在译经活动方兴未艾之时，词典次第问世。9世纪，**吐蕃**译师编纂出梵藏双语词典《**翻译名义大集**》。12世纪，南宋法云编纂出梵汉双语词典《翻译名义集》，此外还有唐礼言所集《梵语杂名》等，这些辞书有些已被收入**汉文大藏经**。

（维杰耶·德什潘德　卡马尔·希尔撰　刘建译）

wuqi chaoyuangong

五气朝元功　明代道教气功养生法。其中融合有佛教的“四大”理论。见《**性命圭旨**》。

Wu Shi Dalailama Awangluosangjiacuo

五世达赖喇嘛·阿旺罗桑嘉措　ngag dbang blo bzang rgya mtsho（1617～1682）中国藏传佛教格鲁派著名高僧活佛。前

藏琼结人。在**四世班禅·洛桑确吉坚赞**座前受戒，6岁受沙弥戒，22岁受比丘戒。之后，出任**哲蚌寺**和**色拉寺**法台，讲经传法，并广泛研修佛法，兼通**藏传佛教**新旧密法。

藏历第十一绕迥水龙年（1652），五世达赖喇嘛应清顺治帝诏迎，率西藏僧俗官员及蒙古护卫军3 000余人进京朝觐。顺治十年（1653），他辞归。是年四月，顺治帝命礼部尚书觉罗朗球、理藩院侍郎席达礼赍金册、金印。嗣后凡遇重要公文即使用此印。

五世达赖喇嘛推动**格鲁派**在整个藏区迅速发展，在前后藏相继兴建13座寺院，其中10座为格鲁派寺院：耶日香·噶丹曲科寺（1645年建）、噶丹曲科央孜寺（1648年建）、噶丹松热林寺（1648年建）、噶丹沃蒙林寺（1649年建）、噶丹敦尼林寺（1649年建）、噶丹协珠林寺（1654年建）、噶丹特桑达杰林寺（1651年建）、噶丹曲科林寺（1669年建）、噶丹桑额央孜寺（1647年建）、噶丹培杰林寺（1651年建）。前8座属传习**五部大论**、注重修学经律的显宗寺院，后2座归传承密宗四续、注重修持密法的密宗寺院。

五世达赖喇嘛在格鲁派教法研究领域取得很高造诣，撰有30余卷论著，以《诗镜论》、《西藏王臣记》、《入中论明辨》、《拉萨大昭寺志》(1645)等为代表。

（尕藏加）

Wu Shi Gamaba Deyinxieba

五世噶玛巴·德银协巴　bde dbyangs bzhad pa（1384～1415）中国藏传佛教转世活佛，噶玛噶举派黑帽系五世噶玛巴活佛。原名却贝桑布，明成祖时受

封“大宝法王”后改称“德银协巴”。“德银协巴”为汉语“如来”的藏语意译。出身于西藏工布地区一户信佛世家，父亲名古日仁钦，是一位专修密宗的瑜伽师，母亲叫拉姆吉。4岁时被认定为**四世噶玛巴·若贝多杰**的转世灵童。7岁在聂普瓦·索南桑布座前受沙弥戒，取名却贝桑布，并聆听以律学为主的教法。后师从益西拔瓦、格西扎西坚赞、仁钦贝等高僧大德，全面修学显密宗教法。19岁在堪钦索南桑布

和羯摩师云丹洛哲等80多位高僧座前受比丘戒。这是藏传佛教史上最隆重的一次授予比丘戒的宗教仪式。1403年，明成祖朱棣遣使持诏书到西藏迎请德银协巴。1407年，德银协巴抵达南京，受到明成祖的热情款待，并封为“万行具足十方最胜圆觉妙智慧善普应佑国演教如来大宝法王西天大善自在佛领天下释教”，简称“大宝法王”，还赐玉印、大银翘宝700颗。1408年，德银协巴离开内地返藏，沿途向民众讲经说法，于1410年回到楚普寺。曾在西藏山南、工布、达布等地云游宣讲噶玛噶举派的教法仪轨，在广大信徒中产生深刻影响。

（尕藏加）

五台山小朝台黛螺顶大圆照寺牌坊

Wutai Shan

五台山 Mount Wutai 中国佛教四大名山之一。又名清凉山。位于山西东北部五台县境内。在中印佛教文化交流方面起过重要作用。

历史沿革 相传，最早来华的印度高僧摄摩腾、竺法兰曾见五台山，以为是文殊住处，建议汉明帝刘庄建寺。盖后人附会之说。文殊菩萨与五台山的因缘，约经历3个步骤。最早的说法是文殊在雪山中住，当指在喜马拉雅山中住，与五台山并无关系。后将雪山替换为清凉山，如《大华严经·菩萨住处品》(T278）云：“东北方有菩萨住处，名清凉山，过去诸菩萨众常于中住。彼现有菩萨名文殊师利，有一万菩萨眷属，常为说法。”亦与五台山无关。故两晋南北朝时期五台山尚未闻名天下。7世纪，因印度佛教凋敝，中国佛教方兴，中国又在印度东北，五台山恰好冬季冰封、夏季飞雪，遂被指为清凉山。晚出的密教典籍《宝藏陀罗尼经》(T1185)曰：“佛告金刚密迹主言，我灭度后，于南赡部洲东北方，有国名大震旦。其中有山，名曰五顶。文殊童子游行居住，为诸众生于中说法。”

北魏、北齐时期，五台山已受到皇家重视。至隋代，据说文帝杨坚（581～604年在位）下诏在五座峰顶各建一寺，供奉文殊菩萨，但俱无遗迹。今东台望海寺、西台法雷寺、南台普济寺、北台灵应寺和中台演教寺，均在唐代以后兴建。唐代，五台山迎来鼎盛时期，尤其是佛教密宗在中国形成之后，文殊菩萨作为密宗神，受到特殊礼敬，不仅中国佛教界认为五台山为文殊道场，外国佛教人士也认为文殊在五台山，慕名而来。后经宋、元、明、清历代的不断拓展，尤其是藏传佛教将五台山奉为佛教圣地之后，五台山更加声名远扬，佛事活动日益频繁。五台山及其周边地区逐渐发展成为中国北方佛教文化的最大中心。今有大小寺院95座，是中国最大的佛教寺庙群，2009年被联合国教科文组织列入世界文化遗产名录。

五台山不仅是佛教文化的集萃之地，也是中印文化交流的历史见证。五台山有许多地名都比照印度佛教圣地和佛教人物而命名，如灵鹫山、那罗延窟、观音坪、普贤塔、罗睺（罗）寺、罗汉台、金刚窟、帝释宫，等等。唐代以后，五台山高僧辈出，为中国佛教文化的繁荣作出贡献。另外，还有一些印度来华僧人到五台山礼拜文殊菩萨，并传教译经。如唐代时北印度罽宾僧人佛陀波利，听说文殊在中国五台山，不远万里，穿越沙漠，于唐上元三年（676)“杖锡五台，虔诚礼拜，悲泣雨泪”，后到长安翻译佛经，据说晚年隐居五台山金刚窟。唐代来自北印度的密宗僧人不空金刚，因提倡文殊崇拜而得到唐玄宗认准，并于大历五年（770）夏天奉诏到五台山为唐玄宗作法事积功德3个月。南宋时，印度那烂陀寺僧人苏陀室利善颂《华严经》，久慕清凉山，以85岁高龄带弟子7人从海路来华，途中弟子三还三殒，仅一名弟子亲随至五台山。苏陀室利后在东台灵鹫峰去世，弟子将其舍利带回印度。中天竺僧具生吉祥为朝拜五台山，特地来华，于明洪武二年（1369）到达五台山，后至金陵（见南京）传教，临终不忘回归五台山。印度僧人释迦也失为释迦牟尼后裔，因崇拜文殊菩萨，特地来游五台山，明永乐十二年

五台山塔院寺

五台山显通寺

五台山金阁寺

(1414) 到达，居住于显通寺，宣德六年 (1431) 回国。至于不见经传的朝拜者，不知几多。

主要寺院 五台山现有国家级文物保护单位6处，山西省级文物保护单位15处。

显通寺 据传，后汉永平年间(58～75)五台山即建有中国最早的寺庙之一大孚灵鹫寺，以其西侧山势如印度灵鹫山而得名。其地在台怀镇北侧，即今日显通寺之原基。北魏孝文帝元宏(471～499年在位)时，大孚灵鹫寺得到扩建，并更名为花园寺。唐太宗(626～649年在位)曾重修显通寺。武则天(690～705年在位)时，花园寺得到扩建，因新译《华严经》中提到五台山，又将花园寺更名为大华严寺。此后直至明代洪武年间(1368～1398)大规模修缮，更名为显通寺。清代屡次重修，遂至今日规模，有殿宇400余间，占地8万余平方米，为五台山最大寺院。

佛光寺 位于五台县城东北25千米的佛光山上。初建于北魏孝文帝延兴时期 (471～476)。其后声名远播。寺内六角形祖师塔为北魏遗物。弥勒大阁为唐代重建，巍峨宏大，于唐会昌五年(845) 被焚。至大中十一年 (857) 重修。如今寺内尚保留有唐代壁画、塑像与石幢等珍贵文物艺术品。该寺还保留有金代修建的文殊殿，其中文殊等6尊塑像均为当时遗物。

罗睺寺 位于台怀镇显通寺东，以释迦牟尼之子罗睺罗命名，供奉文殊菩萨。最初兴建于唐代，后成藏传佛教寺院，到清代前期，多位皇帝亲临礼拜，并拨款修缮扩建，规模日大。现有殿阁僧房等500余间。相传，罗睺罗崇拜文殊菩萨，于阴历六月十四日庆祝文殊生日。至今，寺中喇嘛沿袭此俗，每至六月十四日便身穿奇装、头戴面具跳舞。

五台山佛光寺东大殿内的唐代彩塑

金阁寺 位于南台西北，距台怀镇15千米。建于唐大历五年 (770)，其时，印度来华僧不空金刚奉皇帝命到五台山修功德，建此寺。因铸铜为瓦，瓦上涂金，故名金阁寺。该寺以观音为主尊，有各类佛教人物造像2 000余尊。

殊像寺 以供奉文殊菩萨巨像而得名。位于台怀镇杨林街西南。始建于唐代，元延祐年间 (1314～1320) 重建，后遭火灾，明成化二十三年 (1487) 再建，弘治九年 (1496) 树立高达9米多的文殊菩萨骑狮子塑像。

南禅寺 位于五台县西南李家庄西侧。其初建年代已不可考，重建年代为唐德宗建中三年 (782)。当时所

五台山南禅寺大殿

建的大雄宝殿躲过了各种天灾人祸，保存下来，是目前中国所能见到的唯一唐代木结构建筑。其中，释迦牟尼塑像以及其两侧的弟子、菩萨、天王等彩色塑像均为当年遗物，表现出唐代的雕塑风格。

（薛克翘）

Wutai Shan Foguang Si Jingchuang

五台山佛光寺经幢 Dharani Sutra Pillar at Foguang Temple in Mount Wutai 中国

唐代经幢。位于山西五台山佛光寺。两座，石制。一座建于大中十一年(857)，立于东大殿前，高3.24米。基座为八角形须弥座，刻有狮兽壶门及仰覆莲瓣。幢身刻《佛顶尊胜陀罗尼经》，并有“女弟子佛殿主宁公遇”及“唐大中十一年”之铭记。幢顶为周饰璎珞的八角形宝盖，宝盖之上设八角矮柱，上雕内置佛像的佛龛四个。另一座建于乾符四年(877)，立于山门和文殊殿之间，高4.9米，八角形须弥座上刻有宝装莲瓣和壶门乐伎，幢身亦刻有《佛顶尊胜陀罗尼经》及立幢人姓名，幢顶则为上端雕有仰莲覆宝珠的八角形宝盖。

林徽因在中国山西五台山
佛光寺测量经幢　1937年6月

两座石质经幢均轮廓秀美，雕工精致，是唐末重要的佛教石刻艺术上品。1937年6月，梁思成、林徽因夫妇赴佛光寺考察，曾以石幢上的铭记与东大殿内墨书题记相印证，最终确定佛光殿这座稀有木构建筑的营造年代为大中十一年，首次确认唐代木构建筑的存在。此前，日本学者认为，“中国已不存在唐代的木构建筑，要看唐制木构建筑，人们只能到日本奈良去”。梁思成、林徽因的考察研究，否定了这一观点。

（王汝良）

Wutai Shan Zangchuan Fojiao Siyuan

五台山藏传佛教寺院　中国藏传佛教寺院建筑群。位于山西五台县境内。五台山，藏语称ri bo rtse lnga（日沃泽额），以文殊菩萨道场闻名于世，而文殊菩萨又以智慧化身备受藏传佛教青睐。因此，藏传佛教与五台山早在8世纪就有密切联系。根据历史文书，藏传佛教在五台山正式传播始于元代。明代得到进一步发展，建造了不少藏传佛教寺院。清代是藏传佛教在五台山发展繁荣时期，改建不少藏传佛教寺院，使五台山成为汉传佛教与藏传佛教平分秋色的中国佛教圣地，在加强各民族之间文化交流方面发挥重要作用。

清康熙二十二年（1683），康熙帝亲礼五台山名刹古寺，在菩萨顶各殿奉献金银、龙缎、香烛和哈达等供品，特旨发帑金三千两，重修五座台顶。翌年，颁御制五顶碑文，在菩萨顶前后山门设立永镇把总一员，马兵10名，步兵30名，护守香火供器。

康熙三十七年，第二次修缮五台山菩萨顶。该寺历史悠长，始建于北魏孝文帝时，称“大文殊院”。唐代重建称真容院。明永乐年间，“敕改建大文殊寺”，明代及以后，一直沿称“大文殊寺”，又称菩萨顶。明代开始，即有蒙藏僧人进住菩萨顶并由大喇嘛住持。清代又设札萨克喇嘛掌管，并将推演藏传佛教法事仪轨的罗睺寺、玉花池、寿宁寺、金刚窟、涌泉寺、七佛寺、三泉寺、善财洞、普安寺等归属菩萨顶寺主管。

康熙四十一年，重新修葺罗睺寺，内建十方禅院，供游方僧人至五台山礼佛时暂住。设虚衔大喇嘛一名住持。如果出现空缺时，由菩萨顶札萨克喇嘛处于本寺大众内拣选，保送喇嘛印务处拟定正陪，照台麓寺大喇嘛例报理落院补放。其余所属之玉花池、泰宁寺、金刚窟、涌泉寺、七佛寺、三泉寺、善财洞、普安寺八庙，亦各设虚衔大喇嘛一名，缺出由菩萨顶札萨克喇嘛处拣选补充，均开列职名，呈报喇嘛印务处，报理落院给与札付。以上各大喇嘛均系虚衔，不支钱粮。

（尕藏加）

中国山西五台山藏传佛教大白塔

wuweifa

五位法　five categories of dharma　佛教关于一切事物或现象的类别划分理论。最初由佛教说一切有部的一些文献提出，后来瑜伽行派的一些文献也阐述了相关的思想。

佛教对一切事物或现象通常称为“法”。这一词多译自梵语的“dharma”或巴利语的“dhamma”。音译则有“达磨”(达摩)、“昙摩”、“昙无”等。《俱舍论》卷第一中说：“能持自相，故名为法。”按照此类解释，能持有自己特性或能有所表现的东西就是“法”。法即指各种事物或现象。

佛教在产生时关注的重点是人生现象，但同时也论及了其他世界现象。因而，在佛教最初提出的理论中，就有对包含人生现象在内的种种“法”的分析。其中主要的是关于五蕴、十二处、十八界、十二因缘等的理论。

在小乘佛教中，不少部派提出了不同于早期佛教的“法”的分类学说。这些学说总的特点是，在继承早期佛教关于蕴、处、界等的理论基础上，增加了一些新的概念，对“法”作了进一步的区分。多数部派对“法”在时间上作了过去法、现在法和未来法的区分。犊子部把“法”分为五类：过去法、现在法、未来法（这三种法又被称为“有为法”）、无为法、不可说法（补特伽罗）。但部派佛教中对“法”的分析最细致和最有特色的还是说一切有部的“五位法”之说。

《品类足论》是说一切有部的重要著作，属于《发智论》系统的“六足论”之一。但由于此论对诸法作了较为细致的分类等，因而其重要性远在其他“五足”之上，几乎具有接近作为“身论”

的《发智论》之地位。《品类足论》对“法”分析的较有特色之处是其提出的五种类别的“法”划分理论，这在玄奘法师翻译的《阿毗达磨品类足论》卷第一中的“辩五事品”中有集中论述。这一品的一些相应译本有汉代安世高译的《阿毗昙五法行经》和唐代法成译的《萨婆多宗五事论》。

根据《品类足论》，“法”被分成了五大类，即所谓“五位法”。它们是：色法、心法、心所法、心不相应行法、无为法。《品类足论》在区分了这五大类后，又对其作了具体的解释，在五位之下有更细的“法”的内容区分。

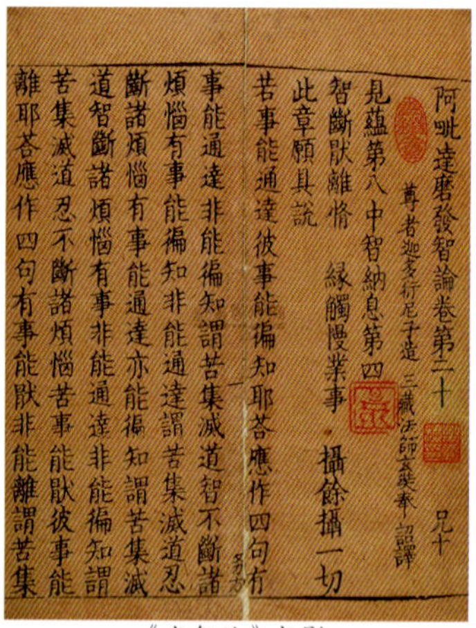
阿毗達磨發智論卷第二十　見十
尊者迦多衍尼子造　三藏法師玄奘奉　詔譯
見蘊第八中智納息第四
智斷猒離脩　緣觸慢業事　攝餘攝一切
此章願具說
苦事能通達彼事能徧知耶答應作四句有
事能通達非能徧知謂苦集滅道智不斷諸
煩惱有事能徧知非能通達謂苦集滅道忍
斷諸煩惱有事能通達亦能徧知謂苦集滅
道智斷諸煩惱有事非能通達非能徧知謂
苦集滅道忍不斷諸煩惱苦事能猒彼事能
離耶答應作四句有事能猒非能離謂苦集

《发智论》书影

色法指物质现象。《品类足论》认为色法又细分为15种。它们由“四大”和“四大”所构成的身体器官及其相应的认识对象组成。具体指：地、水、火、风、眼、耳、鼻、舌、身、色、声、香、味、触、无表色。

心法指各种意识现象的精神载体。《品类足论》认为心法又细分为6种。它们是：眼识、耳识、鼻识、舌识、身识、意识。

心所法指心所具有的种种作用。《品类足论》认为心所法又细分为27种。它们是：受、想、思、触、作意、欲、胜解、念、定、慧、信、勤、寻、伺、放逸、不放逸、善根、不善根、无记根、一切结、缚、随眠、随烦恼、缠、诸所有智、诸所有见、诸所有现观。

心不相应行法指事物或现象的非心非物的形态或表现形式，为五蕴中的行蕴所包摄。《品类足论》认为心不相应行法又细分为16种。它们是：得、无想定、灭定、无想事、命根、众同分、依得、事得、处得、生、老、住、无常性、名身、句身、文身。

无为法指无生、住、异、灭这些特征的表现形态或境界。《品类足论》认为无为法又细分为3种。它们是：虚空无为、非择灭无为、择灭无为。

《品类足论》中一共列举了五位下67种法。这是说一切有部较早提出的系统的诸法分类理论。在当时的各种佛教文献中，这种对“法”的分类是极为精细的，对此后佛教构建诸法分类理论有重要的示范意义。

说一切有部是小乘部派佛教中影响较大的部派，也是发展时间较长的一个部派。这一部派不仅在大乘佛教产生前，在印度佛教的发展中占有显要地位，而且在大乘佛教产生后，仍在佛教中具有很大势力。此派所制作的论典在印度佛教中是较多的。在对诸法的类别分析方面，除了《品类足论》之外，说一切有部后来又制作了一部影响较大的佛典，这就是《俱舍论》。《俱舍论》对当时佛教中的各种名相概念作了全面的梳理，构建了小乘佛教中最为系统的理论体系。在诸法的分类方面，这一佛典也对《品类足论》的相关学说进行了新的整合，提出了著名的“五位七十五法”理论。《俱舍论》的五位也是色法、心法、心所法、心不相应行法、无为法，但在这五位之下对诸法的进一步分类则与《品类足论》有所不同。按照《俱舍论》的描述，五位中各部分中法的分布为：

色法分为11种：眼、耳、鼻、舌、身、色、声、香、味、触和无表色。

心法之下不分类，因而只有1种。

心所法分为46种：受、想、思、触、欲、慧、念、作意、胜解、三摩地、信、勤、舍、惭、愧、无贪、无瞋、不害、轻安、不放逸、无明、放逸、懈怠、不信、昏沉、掉举、无惭、无愧、忿、覆、悭、嫉、恼、害、恨、谄、诳、憍、恶作、睡眠、寻、伺、贪、瞋、慢、疑。

心不相应行法分为14种：得、非得、众同分、无想果、无想定、灭尽定、命根、生、住、异、灭、名身、句身、文身。

无为法分为3种：虚空无为、择灭无为、非择灭无为。

《俱舍论》五位之下的诸法合计共75种。

可以看出，《俱舍论》五位法理论在《品类足论》五位法的基础上有一些变化，对每一位法下面的具体内容作了一些调整。《俱舍论》中增加内容的主要是心所法，由《品类足论》中的27种增加为46种。其余四法中的内容或减少或未变，心法由《品类足论》中的6种减少为1种；色法由《品类足论》中的15种减少为11种；心不相应行法由《品类足论》中的16种减少为14种；无为法没有变化，仍是3种。

《俱舍论》对心所法内容的增加反映了佛教对精神或意识现象分析的深入，对这方面的内容逐步重视起来。

大乘佛教在发展中也提出了对于诸法的分类理论。主要代表是瑜伽行派的文献《大乘百法明门论》。该论很短，基本内容就是对诸法的分类。仍分为五位，但五位的顺序与《品类足论》不同。《大乘百法明门论》的五位顺序是：心法、心所有法、色法、心不相应行法、无为法。在五位之下对诸法的进一步分类则更为细密，合计有100种，故称“五位百法”。

心法分为8种：眼识、耳识、鼻识、舌识、身识、意识、末那识、阿赖耶识。

心所有法分为51种：作意、触、受、想、思、欲、胜解、念、定、慧、信、精进、惭、愧、无贪、无瞋、无痴、轻安、不放逸、行舍、不害、贪、瞋、慢、无明、疑、不正见、忿、恨、恼、覆、诳、谄、憍、害、嫉、悭、无惭、无愧、不信、懈怠、放逸、惛沈、掉举、失念、不正知、散乱、睡眠、恶作、寻、伺。

色法分为11种：眼、耳、鼻、舌、身、色、声、香、味、触、法处所摄色。

心不相应行法分为24种：得、命根、众同分、异生性、无想定、灭尽定、无想报、名身、句身、文身、生、老、住、无常、流转、定异、相应、势速、次第、方、时、数、和合性、不和合性。

无为法分为6种：虚空无为、择灭无为、非择灭无为、不动灭无为、想受灭无为、真如无为。

可以看出，《大乘百法明门论》虽然采用了《品类足论》中的五位分类，但明显看出其对于心法和心所法更为重视。心法由6种变成了8种，而且其中的阿赖耶识在诸法中占有了核心地位。这是《品类足论》所不曾有的。此外，心所有法的具体内容也增加到了51种。这亦是包括《品类足论》在内的此前佛教文献所不曾有的，反映了印度佛教由小乘发展到大乘瑜伽行派后对一切事物或现象看法的较大变化。在《品类足论》和《俱舍论》中，诸法之间的关系在总体上说是平行或并列的，而在《大乘百法明门论》中，心法是主导性的。这种对诸法类别重要性看法的差别，实际上是由瑜伽行派和说一切有部主要理论倾向的不同决定的。

印度佛教五位法理论随着佛教的其他思想一起传入中国。这种理论较为典型和集中地体现了佛教哲学对于一切事物或现象的基本看法和细致分析，表明了古代印度人理论思维的高度发达，是中国古代和近现代不少佛学家或思想家关注的重要内容，在中国思想界有一定影响。

（姚卫群）

wuyun

五蕴 pañca-skandha 佛教概念。又译五阴、五众等。

梵语“蕴（skandha）”，有“聚集”、“量”、“部分”的意思，在佛教理论中为“三科”（蕴、处、界）之一，是用来区分心、物等存在的范畴。佛陀认为一切有情皆成立于因缘关系之中，且由种种精神的和物质的元素所构成。五蕴即五类（每一类可视为一“堆”或一“聚集”）元素。它们是：①色蕴，相当于物质现象，包括地、水、火、风这四种基本的物质因素，以及由这些因素组合而成的感觉器官（眼、耳、鼻、舌、身、心）和它们所触及的感觉对象（色、声、香、味、触、法）。一切色——过去的、现在的、未来的、内的、外的、粗的、细的、劣的、胜的、远的、近的，统统摄为一聚，称为色蕴。②受蕴，相当于感觉器官从外界所得的种种感觉内容，可分为苦、乐、不苦不乐三类。所有这些感受组成一聚，称为受蕴。③想蕴，指反映色、声、香、味、触、法等感觉对象的各种观念和表象，以及经过抽象后可以用作思维材料的概念。形象地说，即倘有所志所思，便会“若睹其象”，历历如在目前。④行蕴，相当于意志、动机、意向等的思维活动；并认为“心驰无极”，意志作用可以无处不届。⑤识蕴，也即意识，指心智对于外在事物的识别及判断。具体即指前述六根（眼、耳、鼻、舌、身、心）对于六境（色、声、香、味、触、法）的认识、鉴别作用。这五类元素中，色蕴有客观性，是物的；其他四者有主观性，是心的。狭义上，现实的人就是它们在一定的因缘关系中相互聚合变化的结果；广义上，物质世界和精神世界的总和也是由它们构成的。小乘佛教认为，人由五蕴假和合而成，只是一种暂定的概念上的存在，并无真实的、常恒自在的主体。因此必须破除对于“人我”的执着，建立“无我”的观念。大乘佛教则认为五蕴本身亦非真实的存在，连“法我”也否定了。

（葛维钧）

wuzhi lunshi

五支论式 pañca-avayava 印度古代哲学中正理派的推理论式。亦称“五支作法”。最早由正理派根本经典《正理经》提出。正理派认为：正确的推论式应由五部分组成，即宗（命题）、因（理由）、喻（实例或例证）、合（应用）、结（结论）。根据《正理经》及其古代的注释，五支论式的一般应用实例如下：

宗：声是非常住的；

因：因为是被造出来的；

喻（同喻）：凡是被造出来的都是非常住的，如盘、碟等；

合：声是这样，是被造出来的；

结：所以声是非常住的。

从单纯达到推理目的来看，五支论式中明显有重复的成分。但这一论式是正理派在古印度广泛存在的辩论中创立的。此派使用这一论式所要达到的目的不仅仅是一般的推理，它还要在辩论中向人们充分展示己方观点的正确性，以便最有效地赢得辩论和争取信众。

这一推论式在古代也随佛教传入中国，被作为古因明的理论成分为人们所了解。姚卫群在其《佛学概论》（宗教文化出版社，2002）第16章中论述了这方面的内容。

（姚卫群）

wushu

武术 中国格斗、健身术。起源甚早。包括拳法和器械使用技能。有佛教武术、道教武术和民间武术等多个流派。

少林武术表演

中国武术的最大特点是与气功相结合，讲究“内练一口气，外练筋骨皮”，其中吸收了不少佛教思想和修炼方法。佛教武术在僧人中长期流传，特别是6世纪以后，少林寺武僧因受到唐太宗李世民褒奖而逐渐闻名于武术界，有“天下功夫出少林”的说法。少林武术作为

武当功夫表演

中国佛教武术的一个代表，传说起源于印度来华僧人菩提达摩，属牵强附会。菩提达摩传禅法是真，说他创制《易筋经》、《洗髓经》，编制出达摩拳法、剑法、棍法，是后人假托。少林武术体系的形成，是历代武僧广收博取的结果，是全国武术家联合创制的结果。福居和尚（10世纪）、觉远和尚（13世纪）曾先后延请中国著名武师丰富少林功夫，使少林武术渐趋完备，乃至在15世纪以后取得武林至尊地位。少林武术后来分为南北二宗、五个支派，在国外广有影响，如日本剑道、空手道、柔道等，都与少林武术有关。除少林武术，四川峨眉派武术也属于佛家功夫，据说创立于13世纪。峨眉武术也融合有佛道两家的健身养生精华，是秉承中国武术传统，经过不断创新发展而来。

道家武术以武当派为代表，其太极拳最负盛名。传说该派约于11世纪后半叶～12世纪前半叶由张三丰创立，其太极拳法以道家气功为根基，吸收佛家精神，绵中有刚，缓急兼济，是防身健体的极佳手段。经历代拳师发展丰富，太极拳已成为中国的国粹之一，具有世界影响。

由于电影电视的广泛传播，印度青少年熟知中国功夫。自中国武术被列入亚运会比赛项目，印度体育界予以特别关注，采取聘请中国教练和来华学习观摩等方式，培养自己的教练员和运动员，并在一些大型比赛中获得较好成绩。一些地方还成立了武术协会，经常开展表演和比赛活动。如印度北方邦武术协会是较早成立、活动较多的团体，其负责人曾访问中国。

2010年6月20日，借中国举办“印度节”之机，印度的12名武师在少林寺与中国武师同台表演技艺。印度武师表演印度的武术——卡拉里帕亚图，中国武师则演示了少林功夫，包括醉拳、八段锦、二指禅、棍术等。这是中印两个不同武术体系之间第一次面对面的交流，具有历史意义。

（薛克翘）

Wu Zetian

武则天　Empress Wu Zetian（624～705）　中国唐代第六位皇帝，中国历史

上唯一女皇。又名武曌。690～705年在位。她尊崇佛法，支持译事，促进了中印文化交流。

武则天于天授元年（690）正式称帝，改国号为周。从显庆年间（656～660）至弘道元年（683）唐高宗李治过世，她已作为皇后开始主政，与高宗并称二圣。武则天主政期间，在中印交流方面，以传法、译经为主要内容，呈现出新的繁荣局面。

义净西行　高僧义净于咸亨二年（671）启程前往印度，四年经室利佛逝到达东天竺。咸亨五年抵达那烂陀寺，在那里学习佛典，同在该寺的唐朝僧人还有玄照、佛陀达摩、僧哲、慧轮、道琳、智弘、无行等。垂拱元年（685）义净东归，在耽摩栗底登船，携带梵本佛典近400部、合50余万颂。垂拱三年，

卢舍那大佛　中国河南洛阳龙门石窟奉先寺

归途重经室利佛逝，停留下来，从事译述。武周天授二年（691），义净撰成《大唐西域求法高僧传》和《南海寄归内法传》等。五月十五，遣大津归唐，携回两传及新译经论10卷，并请朝廷于西方造寺。证圣元年（695）五月，义净还至洛阳。武则天亲自往上东门外迎接，敕令安排他居住在佛授记寺。万岁登封元年（696）至圣历二年（699），义净在洛阳与实叉难陀等翻译《华严经》。圣历三年至长安三年（703），在洛阳和长安译经。长安四年，于东都少林寺立戒坛，并自制铭文。唐玄宗先天二年（713）正月义净去世。义净译经范围较广，涵盖大乘、小乘和密宗经典，其中影响最大的是《华严经》、《金光明经》和根本说一切有部律。此外，还撰有供梵语初学者使用的教材《梵语千字文》。

敕译宝雨经　武则天崇信佛教。天授元年七月，东魏国寺僧法明等撰《大云经》四部奏上，称武则天是“弥勒佛下生，当代唐为阎浮提主”。此举得到武则天的极大重视。长寿二年（693），武则天敕令薛怀义监督、印度僧人菩提流志等重译《佛说宝雨经》，加入了宣扬女身为帝的内容：“摩诃支那国，位居阿鞞跋致，实是菩萨，故现女身，为自在主。”此后，武则天为自己加上了“金轮圣神皇帝”等封号。她执政时期，译经事业十分繁荣。有学者认为，河南洛阳龙门石窟中规模最大的奉先寺中所雕卢舍那佛像，其面相乃模仿中年武则天而成。

其他中印交往　武则天在位期间，中印之间其他交往亦多，如麟德二年（665），武后赴东岳封禅，天竺、罽宾、乌苌等国使臣相从。天授二年，五天竺皆遣使来：“东天竺王摩罗枝摩、西天竺王尸罗逸多、南天竺王遮娄其拔罗婆、北天竺王娄其那那、中天竺王地婆西那并来朝献。”长寿二年，北天竺沙门阿你真那（即宝思惟）来到洛阳，敕于天宫寺安置。同年，天竺沙门慧智于东都授记寺译《观世音颂》。

（张远）

Wu Lun

《舞论》　*Nāṭyaśāstra*　印度古代戏剧、音乐、舞蹈理论专著。相传为印度古代戏剧学家和音乐学家婆罗多牟尼所著。

《舞论》封面

印度舞肢体语言

natya一词在梵文中本义为舞蹈，后演变为集音乐、舞蹈、语言等为一体的戏剧。《舞论》成书过程漫长，约历时三四百年，因而全书前后文体并不统一，而且出现重复和矛盾的地方。最早版本据传有6 000颂，而现存版本南方传本有36章，北方传本有37章，约5 000颂，应系经几代人不断增删修订而成。对于成书时间，有人认为是在公元前2世纪，大部分人则认为是在公元四五世纪，至迟定型于7世纪之前。

《舞论》总结了戏剧、音乐、舞蹈的文本理论和舞台实践标准。第1章论戏剧的起源、性质和功能。第2~5章论述剧场和舞蹈等。第6、第7两章阐述味论。“味”的概念源于吠陀文献，原始含义为“汁”、“液”、“滋味”等，后在**奥义书**中引申为“五种感官对象(色、声、香、味、触)之一”。婆罗多牟尼沿用了“味”这一概念，并赋予它更为全面的、深层次的含义，使味论成为舞台表演实践的理论核心。“情”是婆罗多牟尼提出的另一个重要概念，是产生“味”的原因和手段，可以是情境、人物、事件，也可以是动作或感情，由此“促成与各种表演相联系的味”。《舞论》的情味论对当时印度的文学艺术等产生了深刻影响，后被广泛应用于整个诗学和艺术学领域，至今依然是印度整个审美理论体系的灵魂所在。《舞论》认为，戏剧中的情主要有“常情”、“不定情”和“真情”，其中“爱、笑、悲、怒、勇、惧、厌、惊”为8种常情，不定情为“不固定”的情，和真情一样依附于常情。这些常情通过形体、语言和妆饰表演，产生了观众能够品尝的味，即艳情味、滑稽味、悲悯味、暴戾味、英勇味、恐怖味、厌恶味和惊奇味。婆罗多牟尼还规定了8种味的颜色以及各自代表的天神。之后梵语诗学名家新护在《舞论注》确定了“平静味”为第九种味。

《舞论》第8~14章论述手、足与眼神等肢体动作在舞蹈和戏剧中的运用。婆罗多牟尼在讨论角色塑造时，阐述了与之紧密相连的情节运用规则。他把情节分为5个阶段：开始、努力、希望、肯定和成功。还有情节的5种元素：种子、油滴、插话、小插话和结局。此外，他还规定了戏剧的5个关节、21种关节因素和56种关节分支。以上各种要素相互关联，相互对应，组成戏剧的内在结构，使戏剧这种“情感的有意味的形式”得以完整呈现，从而达到塑造人物形象的目的。婆罗多牟尼对戏剧角色进行了烦琐的归纳和分类，规定了各种角色的情态表演。他把形体动作分为肢体、面部和姿态3类。肢体包括头、手、胸、腰、肋和脚，面部则分为眼、眉、鼻、唇、面颊和下颌。他细致地描述了每个部位的动态、姿态和情绪表达。例如：头部动作分为点头、摇头、交替转向两侧、昂头等13个动作，分别用于暗示、

印度舞中的9种表情

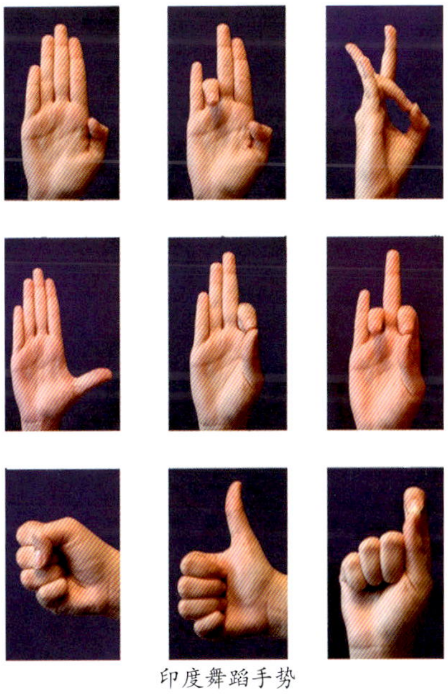

印度舞蹈手势

拒绝、质疑、傲慢等意味。眼神分为侧视、凝视、半垂眼睑、瞪视等36种，分别用于表达8种味、8种常情和其他情绪。此外，还规定了6种鼻的动作、8种脸颊的动作、6种下颌动作和9种颈部动作。手的姿态固定了28种单手势和23种双手势，每个手势都有单独的名称和多种用法。比如单手势巴达嘎，意为旗帜，放在不同位置可以表示舞蹈开始、云、森林、拒绝、风神、睡觉等40多种含义。如果两只手以相同或不同手势配合，就可以衍生出更多的含义。比如左手拇指和中指、无名指捏起于胸前，做辛哈姆卡手势，代表小鹿，配合右手拇指与无名指、小拇指捏起于右眼角，表示小鹿般的眼睛，通常用来形容美丽的少女。

《舞论》第15~22章论述语言表演。第23章以下论述服装、化妆、角色分类、演员、观众和音乐等。对于剧场、剧团设置，祭祀和演出，角色装扮，表演动作规范等也作了详细规定。

自古以来，印度的表演艺术一直遵循着《舞论》所规定的各项原则，现代印度舞蹈的艺术形象、身段、手势与表情等仍主要以这一论著为根据。

中国人开始较多地了解婆罗多牟尼的《舞论》始于20世纪60年代。**金克木**在1964年出版的《梵语文学史》中列有“文学理论”一章，其中第一节简明扼要地介绍了《舞论》的内容和重要意义。翌年，他为《古典文艺理论译丛》选译了《舞论》的一些重要章节。黄宝生在1993年出版的《**印度古典诗学**》中探讨了梵语戏剧源流，深入而系统地论述了《舞论》的诸多方面。他还选译了《舞论》的11个章节，并将它们收入2008年出版的《梵语诗学论著汇编》中。《舞论》对中国的印度文学研究，对于中国的印度舞艺术家以及他们的教学活动都具有指导意义。

（金珊珊）

Wutitichanyu

勿提提羼鱼 （约活动于八九世纪） 西域译经高僧。又译勿提提犀鱼，意译莲华精进。据《**宋高僧传**》卷三、《贞元新定释教目录》卷十七等，勿提提羼鱼为龟兹（今中国新疆库车一带）人，善通华、梵语言，曾住该城西门外莲华寺。唐德宗贞元（785~804）初年，高僧**悟空**自北印度返回中原路此，诚请他将自己随身携带的梵本佛经翻译出来。勿提提羼鱼遂为之译出《佛说十力经》1卷。悟空于贞元五年（789）随返京复命的北庭宣慰中使段明秀回到长安，将该经译本与其他二经一齐进呈内廷。后该经于贞元十五年奉敕编入《贞元新定释教目录》。

（葛维钧）

Wukong

悟空 Wukong（731~？） 中国唐代僧人，译经家。曾奉敕出访印度，又名法界。在中印文化交流中起过重要的作用。

悟空为京兆云阳（今陕西泾阳）人，俗姓车，名奉朝，为后魏拓跋氏的后裔。自幼聪明好学，喜阅古籍，且在邻里间有孝悌之名。成年后一心效力国家。唐天宝九载（750），**罽宾**遣其大首领萨波

印度比哈尔邦那烂陀寺遗址

达干与法师**舍利越摩**访问长安。次年，朝廷派中使**张韬光**携国书率40余人使团西行报聘。车奉朝以左卫泾州四门府别将的官职受命随行。使团取道今新疆，于天宝十二载到达罽宾东都城**犍陀罗**，受到国王的礼遇。使命完成后，张韬光等返国，而悟空遘疾，无奈滞留当地，遂于病中发愿：若能痊愈，必当出家。后于唐肃宗至德二年（757）依愿投舍利越摩门下，落发为僧，法号达摩驮都（意为法界），时年27岁。两年后，在迦湿弥罗（见**罽宾**）受**具足戒**，以文殊矢涅地为亲教师，邬不羼提为轨范师，驮里巍地为教授，4年间学习根本说一切有部律仪及梵语，并巡礼诸佛寺。后又南游中天竺，亲礼佛祖诞生、成道、初转法轮、**涅槃**等处的八大灵塔和其他圣迹，居留**那烂陀寺**三载。至永泰元年（765），因久羁外国，思念君亲，欲返中土。舍利越摩经他再三请求后方才同意，并亲自授其梵本《佛说十地经》、《佛说回向轮经》、《佛说十力经》和佛牙舍利一颗，洒泪相别。法界初拟泛海而归，因虑沧波险阻，仍改北向陆路返国，途经吐火罗（在今以昆都士为中心的阿富汗北部地区）、疏勒（今中国新疆塔里木盆地西部一带）、于阗（今中国新疆和田）等多国，多所延留。到达龟兹（今中国新疆库车一带）时，居莲华寺，遇“语通四镇，梵汉兼明”的**三藏法师勿提提羼鱼**，请他将《佛说十力经》1卷翻出。再经乌耆国（今新疆焉耆），到北庭（治所在今新疆吉木萨尔北破城子）。在此应节度使杨袭古与龙兴寺沙门大震之邀，与于阗三藏**尸罗达摩**（意译戒法）合作，译出《佛说回向轮经》1卷和《佛说十地经》9卷。尸罗达摩读梵文并译语，大震笔受，沙门法超润文，善信证义，法界证梵文并译语。后所译诸经在贞元十五年（799）奉敕编入《贞元新定释教目录》。当时适逢四镇北庭宣慰使中使段明秀来北庭，法界遂于唐德宗贞元五年随他东行，次年返抵京师长安（有说贞元五年是到达时间），敕于跃龙门使院安置。所译佛典汉本随身带来，而梵文原本则留藏龙兴寺。段明秀将佛牙舍利及佛经进奉朝廷。不久，蒙敕住长安章敬寺，赐名悟空。后返云阳，祭双亲墓，其后不知所终。悟空于贞元六年口述《大唐贞元新译十地等经记》（又名《悟空入竺记》）1卷，长安西明寺高僧圆照记录。该书记述了悟空本人的身世和到达印度求法的经历，但于经行各国的情况，则未见详述。

（葛维钧）

X

Xi Shi Ji

《西使记》 中国元代旅行记。元中统四年三月（1263）由彰德府（今河南安阳）宣课使常德口授、刘郁笔录而成。记录了元宪宗九年（1259）常德奉命西行觐见旭烈兀大王于波斯的行踪和见闻，内容涉及山川、城郭、道里、风土、物产、民族、宗教、医药等方面。其中提到印度，称“印毒国去中国最近，军民一千二百户，所出细药、大胡桃、珠宝、乌木鸡、舌镔铁诸物。国中悬大钟，有诉者，击之，司钟者纪其事及时，王官亦纪其名，以防奸欺民。居，以蒲为屋。夏大热，人处水中。己未年七月，乌林国阿必鼎苏勒坦来降。城，大小一百二十。民，一百七十万。山产银”，并称“印毒即汉身毒也”。

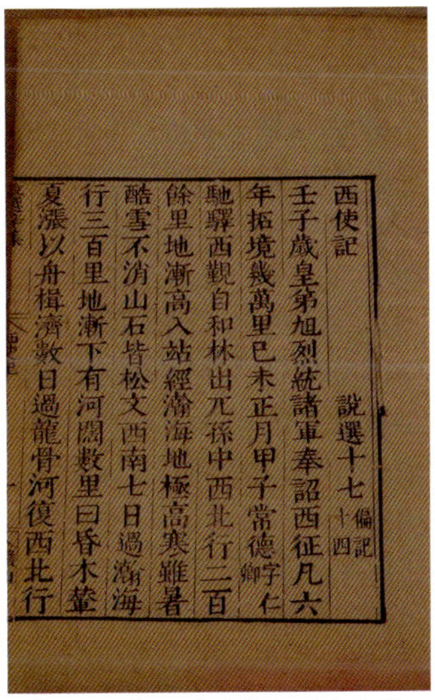
西使記　說選十七　十四　偏記
壬子歲皇弟旭烈統諸軍奉詔西征凡六
年拓境幾萬里巳未正月甲子常德字仁卿
馳驛西覲自和林出兀孫中西北行二百
餘里地漸高入站經瀚海地極高寒雖暑
酷雪不消山石皆松文西南七日過瀚海
行三百里地漸下有河闊數里曰昏木輦
夏漲以舟楫濟數日過龍骨河復西北行

《西使记》明嘉靖年间刻本书影

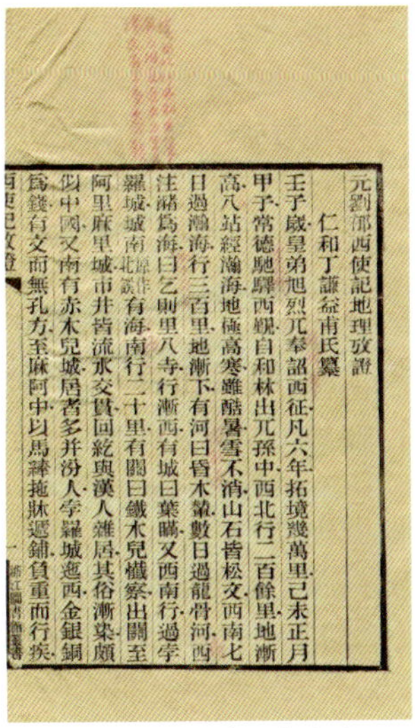
元劉郁西使記地理攷證
仁和丁謙益甫氏纂
壬子歲皇弟旭烈兀奉詔西征凡六年拓境幾萬里己未正月
甲子常德馳驛西覲自和林出兀孫中西北行二百餘里地漸
高八站經瀚海地極高寒雖酷暑雪不消山石皆松文西南七
日過瀚海行三百里地漸下有河曰昏木輦數日過龍骨河西
注瀦爲海曰乙則里八寺行漸西有城曰葉瞞又西南行過孛
羅城城南北誤作有海南行二十里有關曰鐵木兒懺察出關至
阿里麻里城市井皆流水交貫回紇與漢人雜居其俗漸染頗
似中國又南有赤木兒城居者多并汾人孛羅城迤西金銀銅
爲錢有文而無孔方至麻阿中以馬牽拖牀遞鋪負重而行疾
西使記攷證　一

《西使记地理考证》书影

《西使记》对于研究西域古代史、交通史以及中国内地与西域的历史交往等方面具有参考价值，曾被陶宗仪《说郛》、陆楫《古今说海》、魏源《海国图志》等书籍引录，并于清道光五年（1825）译成法文，后又译为英文。

（任婧）

Xitian Lujing

《西天路竟》 记载自汴封到南印度海滨行程的敦煌卷子。现藏伦敦博物馆，编号为S.383。该卷子首尾完整，共19行，369字。学界对该卷子所记行程主要有两种意见。一种意见认为，这可能是唐五代时的写本《西天路竟》的略出本，其地名与唐代西天取经僧人所记一致。另一种意见认为，这是北宋乾德四年（966）皇帝下诏征集157名僧人去印度求法的庞大僧团中，某一位求法者行记的传抄和略出本，其路线与史传所记157人的行程相符。无论如何，该卷子所记行程路线相当清晰，对于考察8～10世纪中印陆上交通具有重要的史料价值。

（薛克翘）

Xixiawen Dazangjing

西夏文大藏经 Ta-ts' ang Ching in Tangut Language 中国西夏文佛教典籍总集的统称。最初由汉文大藏经译出。宋景祐元年（1034），《开宝藏》传到西夏（可能是《开宝藏》的天禧修订本），西夏的开国君主赵元昊于兴庆府建造高台寺加以收藏，并召集回鹘僧人将其译为新创造的西夏文。先后历时53年译毕，共362帙，812部，3 579卷。元世祖至元七年（1270）由化身一行国师主持，

西夏文大藏经木活字版残片

重行校勘并翻译未译的经籍，印制三藏新经。至元三十年，世祖敕令将西夏文旧经本送杭州刻印，到大德六年（1302）竣工，前后共刷印了140余藏。后大多毁损无存，现各地发现的经论残卷仅数十种。

（童玮）

Xiyang Chaogong Dian Lu

《西洋朝贡典录》 中国明代外交、交通史籍。共3卷。黄省曾编纂。纂修于正德十五年（1520）。

《西洋朝贡典录》共记海外23个国家和地区的情况，提到南亚6个国家，为溜山（今马尔代夫）、锡兰山（今斯里兰卡）、榜葛剌、小葛兰（见故临）、柯枝和古里。作者在自序中说，他编写此书，采用了《瀛涯胜览》、《星槎胜览》、《针位》等书，但他并非一味摘抄，而是有所加工，并有一定补充。如对上述国家和地区的物产及贡品等，即有所补充。对于校勘《瀛涯胜览》等书也有帮助。此外，由于《针位》一书已经失传，

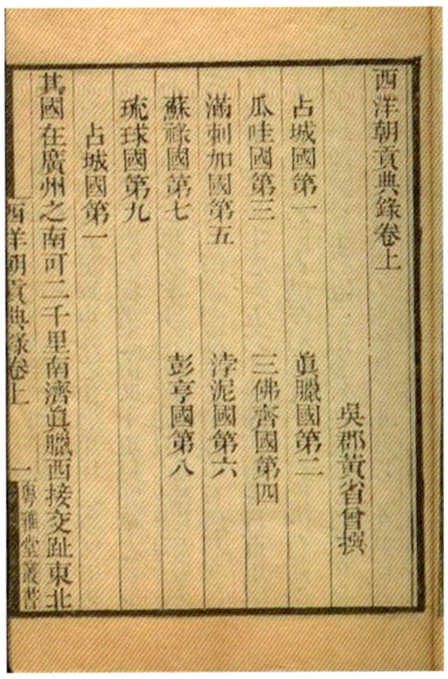
西洋朝貢典錄卷上　吳郡黃省曾撰
占城國第一　眞臘國第二
瓜哇國第三　三佛齊國第四
滿剌加國第五　浡泥國第六
蘇祿國第七　彭亨國第八
琉球國第九
占城國第一
其國在廣州之南可二千里南濟眞臘西接交趾東北
西洋朝貢典錄卷上　一　粵雅堂叢書

《西洋朝贡典录》清粤雅堂刻本书影

其部分内容得以借此书保存下来。

现有中华书局1982年谢方校注本。

（胡俊麟）

Xiyang Fanguo Zhi

《西洋番国志》 中国明代外交、史地类书籍。无卷数。作者巩珍，约活动于14世纪后半叶至15世纪前半叶。号养素生，明应天府（今江苏南京）人。

《西洋番国志》成书于宣德九年（1434）。作为总制之幕（相当于今秘书），巩珍在宣德六年到宣德八年跟随**郑和**下西洋。对于沿途的风土人情，咨询各位通事（翻译），译为汉语，并探究原委，将宣德八年郑和第七次下西洋经过的占城（在今越南）、爪哇（今印度尼西亚哇岛）、旧港（即**室利佛逝**）、暹罗（今泰国）、满剌加（今马来西亚马六甲）、苏门答剌（今印度尼西亚苏门答腊）、哑鲁（今印度尼西亚阿鲁）、**柯枝**、小葛兰（见**故临**）、**古里国**、阿丹（今也门亚丁）、**榜葛剌**、忽鲁谟斯（今伊朗霍尔木兹甘）、天方（阿拉伯半岛，尤指麦加）等20个国家和地区的山川形势、民人风俗、物产气候等详加记录，并收录了永乐十八年（1420）、十九年及宣德五年的3种敕书。其中，记述了柯枝的地理位置、国王特征、五等国人、气候、土产、农作物及牲畜等内容，还将当地的计量与中国相比较，具有史料价值。并记柯枝国有人专门收买宝石、珍珠、香货，等待中国宝船前来交易。国王也派遣使者“进贡”中国。又如，记古里国：永乐五年，明王朝的正使出使，敕谕、赐其国王诰命、银币以及分别赐给各头目衣、帽等物，立碑记之。尤其详细记录中国宝船一到，专门人员用特殊的定价方式议价等。此外对柯枝、古里、榜葛剌的周边地区，也一并记载。该史册与**马欢**的**《瀛涯胜览》**、**费信**的**《星槎胜览》**并称为记载郑和下西洋史实的3部最初史料作品。《明史·外国传》即主要依据《西洋番国志》等书编修。

现有中华书局2000年向达校注本。

（胡俊麟）

《西洋番国志》封面

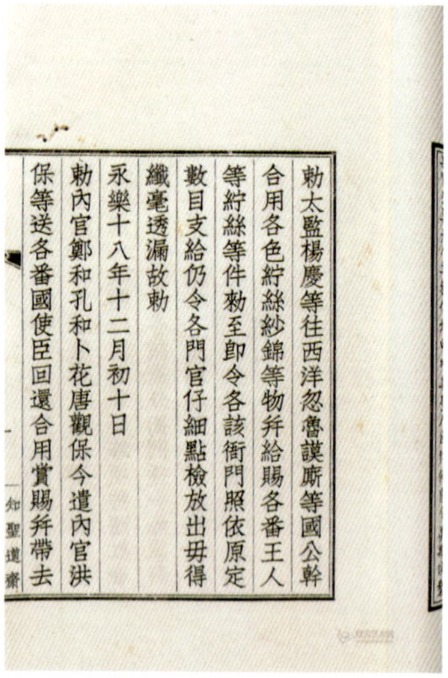
敕太監楊慶等往西洋忽魯謨廝等國公幹
合用各色紵絲紗錦等物幷給賜各番王人
等紵絲等件勑至即令各該衙門照依原定
數目支給仍令各門官仔細點檢放出毋得
纖毫透漏故勑
永樂十八年十二月初十日
勑內官鄭和孔和卜花唐觀保今遣內官洪
保等送各番國使臣回還合用賞賜幷帶去

《西洋番国志》书影

Xiyang Ji

《西洋记》 *Expedition to the Western Oceans* 以明代初期郑和下西洋的历史事件为背景演义出的中国长篇神魔小说。全名《三宝太监西洋记通俗演义》，别名《三宝开港西洋记》。全书20卷，每卷5回，共100回。作者罗懋登（16世纪中期～17世纪前期）。

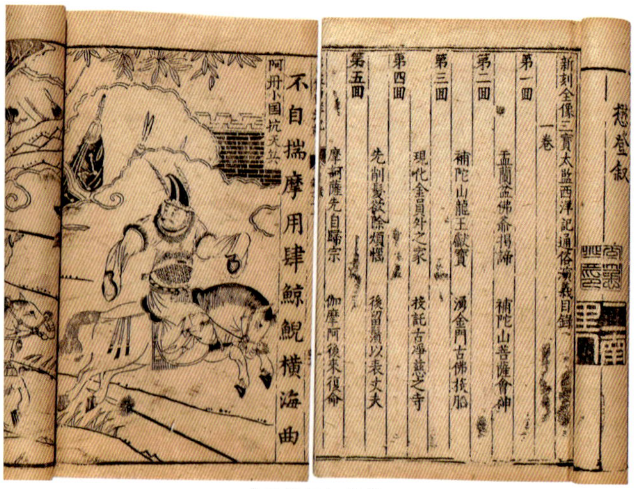

《西洋记》书影

主要情节是：燃灯古佛预知东土（指中国）有厄难，决定下凡转世，解救众生。他投胎到杭州西湖畔金家，少年出家，人称金碧峰。金碧峰是古佛化身，神通广大，能降妖伏魔。后赴**五台山**传教。龙虎山张真人向**明成祖朱棣**提起传国玉玺的事，说玉玺在西洋（指印度洋）番国，应当取回，但要取玉玺，须先灭佛教。明成祖传旨灭佛。金碧峰从五台山赶往金陵（见**南京**），在明成祖面前与张真人斗法。几番较量，张真人失败，拜金碧峰为师。明成祖拜金碧峰为国师，收回灭佛成命。明成祖任命三宝太监郑和下西洋，金碧峰和张真人辅佐，又选派战将，召集兵马。克日造出宝船之后出发。明军经过30余国，遇到各种阻挠和磨难，发生无数次战斗，遇到各种各样的人物（包括神仙、妖怪和魔鬼），在战胜了所有艰难险阻后胜利返航。

明代**郑和**下西洋曾到印度。《西洋记》参考了《**瀛涯胜览**》和《**星槎胜览**》等书，有些内容直接取自这些史料，提到印度沿海各地风土人情。书中还有大量与佛教相关的内容。该书作者非常熟悉佛教，书中运用了大量佛教语汇和掌故，有些地方还讲述了佛教教义。该书有明显的结构特点，即以郑和下西洋故事为主线，中间穿插了许多小故事。这正是印度古代民间故事集的结构特征。书中还有不少故事情节与印度故事有关，主要与佛经中的佛传故事、本生故事、神通故事、比喻故事和神话传说有关。

（薛克翘）

Xiyou Ji

《西游记》 *Journey to the West* 以玄奘赴印度取经的事迹为背景演绎出的长篇神魔小说。中国古代四大经典中国长篇小说之一。共100回。作者吴承恩（1506～1580或1582），存争议。因唐代玄奘在印度游学和取经的事迹颇具传奇色彩，对后世影响很大，所以玄奘取经故事自九十世纪便现诸文人笔记和民间传说，并不断被神化。约成书于九十世纪（一说十一二世纪）出现的《大唐三藏取经诗话》，已将玄奘事迹编成神话。10世纪后期或稍晚，已有戏曲《唐三藏》在民间上演。14世纪则有杨景贤编的杂剧《西游记》上演，同时还有一部同名小说流传。说明吴承恩的该书是在广泛搜集各种民间传说基础之上加工而成。

《西游记》书影

基本情节　东胜神州（即佛经之东胜神洲）傲来国花果山有猴子从石头中生出。众猴拥戴为王。猴王渡海，经南赡部洲至西牛贺洲，拜须菩提为师，取名孙悟空，学得七十二种变化。后大闹龙宫、地府、西王母蟠桃宴、太上老君兜率宫和玉皇大帝的天宫。其间，孙悟空曾与托塔李天王、哪吒、二郎神作战，最后被西天佛祖如来制服，压于五行山下。镇江金山寺长老收养江中漂流的婴儿，婴儿长至18岁，取名玄奘。玄奘与唐王结拜兄弟，观音命玄奘西天取经。唐僧出发后，先后收孙悟空、猪八戒、沙僧为弟子。三弟子护送唐僧西行。历经八十一次磨难、战胜各种妖魔后，到达西天佛国，在印度灵鹫山见到佛祖释迦牟尼，将真经取回国。四人功德圆满，一同升入西天，如来封唐僧为旃檀功德佛、孙悟空为斗战胜佛、猪八戒为净坛使者、沙僧为金身罗汉。

评价　无论语言、结构、人物，还是一些故事情节，《西游记》都受到了佛教，尤其是佛教密宗影响，是中印文化交流的产物。语言方面，《西游记》采用了许多佛教名词术语。

结构方面，《西游记》有两点与印度的佛教影响有关，一是韵散相间的文体结构；二是用一个大故事将若干小故事串连起来的编排方式，而这些小故事都可以独立成篇。

人物方面，《西游记》的主角有4个，都是佛门中人物。其中唐僧是由历史上的真实人物玄奘演化而来。关于孙悟空形象的来源，有人认为其源于印度古代史诗《罗摩衍那》中的神猴哈奴曼，也有一些学者认为孙悟空是中国的原产。孙悟空的形象并非直接来源于哈奴曼，但却受到佛典中猴子故事的影响，而他的行为事迹，确与哈奴曼有相似之处。猪八戒和沙僧的形象来源，也是在佛经故事的基础上演化来的。其他人物，如佛、菩萨等，都是佛经人物；须菩提，本是释迦牟尼的弟子，在这里是道教仙人；托塔李天王和哪吒，是毗沙门天王父子的中国化，等等。

情节方面，《西游记》也受佛经故事影响。如孙悟空与二郎神斗法的故事，与佛经中佛的弟子舍利弗与六师外道斗法的情节相似。《佛说菩萨本行经》中有佛与龙斗法的故事：佛为民除害而到龙泉，龙化为罗刹，佛化为毗沙门天王。龙化为大象，佛即化为狮子。龙现出本相，佛化为金翅鸟王，最终降服了龙。

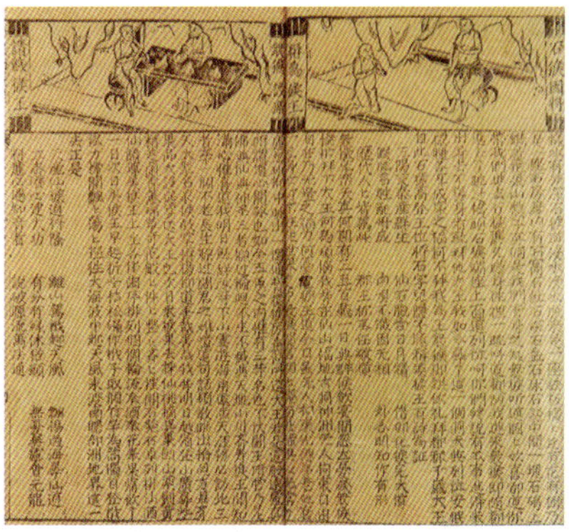

《西游记》明插图本书影

此外，通天河孙悟空与猪八戒变童男童女的故事、孙悟空大闹龙宫的故事、如来将手化为五行山的故事、大龟驮经的故事等，都有其佛经来源。

影响　吴承恩之后，《西游记》不仅有删节本传世，还出现了多种续作，如《续西游记》、《西游补》、《后西游记》等。此外，西游记故事在中国戏剧、绘画、雕刻、电影、电视等领域，都产生巨大影响。

《西游记》作为中国四大名著之一，早在1913年就有英译本，译者为T.理查德，书名《圣僧天国之行》。其次是海伦·海斯节译本，1930年出版。1942年，英国人A.D.韦利将《西游记》节译，取书名《猴子》，在伦敦出版后转译为多种文字。1944年，美国在此版基础上出版了儿童版《猴子历险记》。美国芝加哥大学教授、汉学家余国藩依据百 719

《西游记·取经归来》 中国甘肃张掖大佛寺大佛殿壁画（局部）

回本翻译了全本《西游记》(4卷)，于1977～1983年由芝加哥大学出版社陆续出版。此版被认为很好地传达了原作的精髓。1980年，W.J.F.詹纳依据百回本翻译的英文全本《西游记》由中国外文出版社出版，该书在中国驻印度新德里大使馆文化处存有多套。此外，尚有多种英文译本的《西游记》(均为节选本)流传于英语国家。

《西游记》印地文本封面

2009年，两位印度专家M.泰古尔和J.波拉普合译的印地文本《西游记》由北京外文出版社出版。该书从策划到翻译，再从校订到出版，历时30年，是中印两国语言学家合作完成的一项巨大文化工程。

（薛克翘）

Xiyou Ji Zaju

《西游记杂剧》 *The Drama of Journey to the West* 中国明代早期杂剧。杨景贤(约14世纪中叶～15世纪中叶)作，一说元代吴昌龄(约13世纪下半叶～14世纪上半叶)作。共6本24出，为杂剧中篇幅最长的一种。基本剧情为：西天毗卢伽尊者投胎陈光蕊妻殷氏腹中，因父母有难，孩子生下后被放进梳妆匣沿长江漂流。金山寺老僧从江中得到婴儿，抚养长大，取名玄奘。玄奘长安祈雨成功，唐皇赐号三藏法师，命去西天取经。观音弟子木叉将白龙马送玄奘。孙行者在天宫盗仙衣，李天王、哪吒奉命拘捕。孙行者被压花果山下。观音将他命名为孙悟空，命随玄奘取经。师徒二人到流沙河，收服沙和尚。师徒3人山中遇红孩儿，佛祖领菩萨天王前来救难，并收服鬼子母。猪八戒骗民女为妻，二郎神奉观音命带细犬擒猪八戒。猪八戒皈依玄奘。师徒四人到女人国，女王逼玄奘婚配，韦驮前来营救。四人到火焰山，孙悟空与铁扇公主斗法。师徒四人到达中天竺灵鹫山，参拜佛祖。孙悟空、猪八戒、沙僧得成正果圆寂。佛祖另派四人助玄奘带佛经回东土。最后，释迦牟尼亲自接引唐僧上西天灵山。

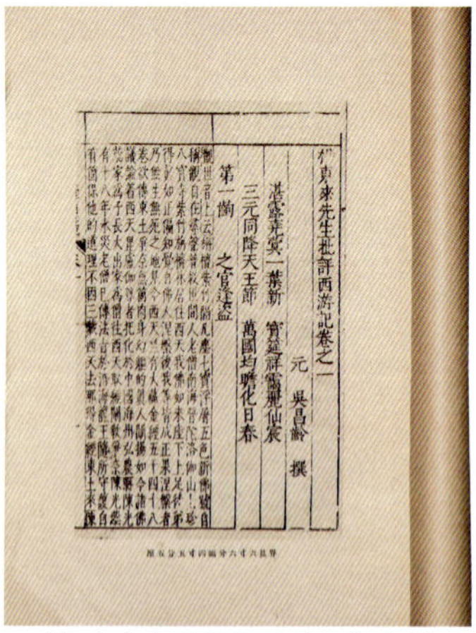

《杨东来先生批评西游记》书影

在九十世纪《大唐三藏取经诗话》之后，十一二世纪，中国北方又有《唐三藏》杂剧，现只存剧目而无原本。《西游记杂剧》出现在《唐三藏》之后和吴承恩小说《西游记》之前。这几部作品形成了一个玄奘取经神话的链条，《西游记杂剧》是其中重要一环，也是中印文化交流的产物。

（薛克翘）

Xiyu Tuji

《西域图记》 中国隋代历史地理著作。对了解当时中西(包括中印)交通和贸易路线，以及丝绸之路的形成过程，具有重要参考价值。作者为隋末唐初大臣裴矩(约547～627)。

《西域图记》分三卷，涉及44"国"，并另外绘有地图。书正文已佚，仅有其序言(见《隋书·裴矩传》)和他书零星征引传世。据《隋书·裴矩传》，隋炀帝(604～618年在位)即位时，西域诸蕃商人大多都会聚于张掖与中国做生意。炀帝命裴矩掌管其事。裴矩知道皇帝有远大谋略，便让前来做生意的胡商讲述自己国家的风俗与山川地理，然后撰成《西域图记》三卷，入奏朝廷。据学者余太山考证，裴矩撰成该书的时间为大业二年(606)正月至七月间。

关于《西域图记》的内容，应是44"国"的概况，包括民风民俗、地理位置、交通状况、物产等。具体固不可考，但从其序言中仍能得到诸多信息。

裴矩在序中说："发自敦煌，至于西海，凡为三道，各有襟带。"序中提到这三条道上的27"国"，大约应包括在44"国"之内，而其余17"国"应在三道的"襟带"之中。序称这三条道为北、中、南三道，最终皆达于"西海"(即地中海)。此"三道"的说法与汉代的西域道有所不同。

序中对其北道说得简略，给后人考证以很大困难，大约由于当年走此道者不甚多，或所记语焉不详。其北道为，从伊吾经蒲类海(今中国新疆巴里坤湖)、铁勒部(伊吾以西的少数民族部落)、突厥可汗庭(约在今哈萨克斯坦境内)，度北流河水(指若干条北向而流之河)，至拂菻(指拜占庭，即东罗马帝国)，达于西海。

中道从高昌(故地在今新疆吐鲁番高昌古城)、焉耆(今新疆焉耆县)、龟兹(今新疆库车)、疏勒(今新疆喀什附近)，度葱岭(此指帕米尔高原)，又经钹汗(即古代大宛)、苏对沙那国(在今塔吉克斯坦西北)、康国(今乌兹别克斯坦东部之撒马尔罕)、曹国(约在今撒马尔罕西北部)、何国(约在今乌兹别克斯坦布哈拉以东)、大小安国(约在今布哈拉一带)、穆国(约在今土库曼斯坦东部)、波斯(指萨珊波斯，其地包括今伊朗和伊拉克部分土地)，以达西海。

南道从鄯善(即古楼兰国，在今新疆若羌县)、于阗(在今新疆和田)、朱俱波(在今新疆叶城西)、喝槃陀(在今新疆塔什库尔干)、葱岭(此指喀喇昆仑山)、护密(约在今塔吉克斯坦东南部地区)、吐火罗(在今以昆都士为中心的阿富汗北部地区)、挹怛(今阿富汗北部巴尔赫一带)、忛延(今阿富汗巴米扬)、漕国(在今阿富汗境内)、北婆罗门国(即北印度，指今巴基斯坦一带)。

如裴矩自序所说："其三道诸国，亦各自有路，南北交通。其东女国、南婆罗门国等，并随其所往，诸处得达。故知伊吾、高昌、鄯善，并西域之门户也。总凑敦煌，是其咽喉之地。"说明当时丝绸之路已至活跃期，从长安出发，到张掖为商贸中心，到敦煌为西行要冲、文化中心。敦煌以西，有三道可选，而三道之外，又各有道路，可以相互交通，南可达印度，西可抵地中海沿岸国家。

（薛克翘）

Xikabu' er fangzhairen

希卡布尔放债人 Shikarpuri financiers 旧时出自英属印度信德省（今属巴基斯坦）希卡布尔镇的商人。十八九世纪对印度与中亚之间的商队贸易起了非常重要的作用。作为金融家，他们对商队贸易的作用尤为举足轻重。印度西北部、阿富汗、伊朗东南部及中亚数个汗国这些经济体所以能够联系在一起，就是因为商队贸易发挥了显著作用。同时，希卡布尔商人亦曾出现在中国新疆的集市和城镇。

信德省的希卡布尔过去没有农产品或制成品。但其地理位置处在中亚和印度之间的贸易路线上。希卡布尔商人以印度教徒为主体，数十年间在阿富汗杜兰尼王国统治者的提挈下发挥作用。他们以自己先进的银行业系统而著称，业务包括发行汇票，使中亚一条广阔的弧形地带的贸易活动获得一定程度的安全性和稳定性。

虽然人数历来不是很多，但在新疆的很多主要绿洲城镇里均可见到希卡布尔商人。如在叶尔羌（今中国新疆莎车）等城镇，他们为数可观，足以使自己的同人旅舍能维持下去。那些旅舍被称为"印度客栈"。希卡布尔商人很少定居于新疆，往往自己来此短期出差，而且不带家眷。他们以十分精明的放债者而著称，以高额利率将小笔现金借给大量的人。他们的放债活动，导致自身与当地人频繁发生冲突。根据当地法律，放债严格来说是非法的。不过，希卡布尔商人提供便捷的信贷，所起作用对集市经济是重要的，这也是他们为当局和当地民众容忍的原因。20世纪的前几十年间，希卡布尔放债人在新疆的数量不断减少，终至近乎于无。

（玛妲玉撰　刘文亮译）

Xili Xili

希里·希里 Srirangam Srinivasa Rao (1910.04.30～1983.06.15) 印度泰卢固语现代诗人，电影剧本作家，词作家。以"希里·希里"(sri sri) 闻名。

希里·希里生于印度维沙卡帕特南，1931年毕业于马德拉斯大学。1938年成为《安得拉之光报》的编辑，后在全印广播电台工作。希里·希里自学生时代开始诗歌创作。作为泰卢固语现代左翼诗人代表，他突破了泰卢固语传统诗歌的主题和格律等模式，采用自由诗体书写现实。20世纪50年代后受超现实主义影响，倾向于实验主义创作。代表作有诗集《伟大的旅程》(1950)、《人万岁！》(1956)、《剑的创造》(1966)、《从三到五十》(1964)等，广播剧集《另一个世界》(1953)和短篇小说集《最后一夜》(1957)等。20世纪50年代起，同时涉足泰卢固语电影界，创作剧本和歌词，共为超过1 000首泰卢固语电影歌曲配词，于1974年荣获印度第22届国家电影奖最佳电影歌词奖。曾为印度文学院笔会成员、南印度马德拉斯（今金奈）电影作家协会副主席、安得拉邦革命作家协会主席。逝于马德拉斯。

20世纪70年代，希里·希里被推选为新成立的泰卢固语革命作家协会主席，并于1977年来中国访问，会见了一些著名诗人、作家和学者。中国工具书《外国文学大词典》(1990)和《南亚大辞典》(1998)对他有简介，印度文学专题著作《印度近现代文学》(2014)中设专节评介了他的生平和创作。

（张亚冰）

Xilamuding

昔剌木丁 Sayyid Jalal-ud-Din Ahsan (？～1340) 德里苏丹国时期南印度马杜赖总督，后独立为马杜赖苏丹。阿拉伯历史学家伊本·白图泰的岳父。1311年，印度德里苏丹国图格鲁克王朝军队攻陷马八儿国（当时为潘迪亚国）首都马杜赖后，派遣昔剌木丁担任首任马杜赖总督。1335年，他从德里苏丹国图格鲁克王朝独立，建立马杜赖苏丹国。据《元史》卷二五载，元延祐元年（1314），昔剌木丁遣臣爱思丁出使元朝并进贡方物。

（何赟）

Xi Chao

郗超 Xi Chao (336～377) 中国东晋名士与权臣。字景兴，又字嘉宾。高平郡（今山东济宁）人。其祖父郗鉴是东晋开国功臣，父亲郗愔官至徐兖二州刺史、信奉天师道。郗超幼时便脱颖而出，气度潇洒。他交游广泛，善于谈论，义理精微，与高僧交结。支遁与他是知己好友。道安在襄阳时，他赠送粮米千石，并写信慰问。于道邃圆寂后，他也为其画像，支遁作铭。郗超乐于支持别人避世隐居，一旦听说有人愿意栖遁，便斥资为其建房舍、置器物、买童仆等，成人之美，毫不吝啬金钱。他还著有《奉法要》一文（收入《大正藏》第2102号《弘明集》卷十三），主要内容是说明三归、五戒、六斋、十善、五阴、五盖、六情、四无常、六度等基本佛教概念，并引用多部佛经来进一步阐释。其中将佛教名相与儒家思想相类比，着重强调了因果报应的观念。该篇文章是指导当时在家居士修行佛法的实践指南，很大程度上代表了东晋名士对佛教的理解，意义重大。

（范晶晶）

Xijiepai

息解派 zhi byed pa 中国藏传佛教宗派之一。11世纪中叶，由印度著名高僧、大成就者帕·丹巴桑杰创立。息解为藏语，又译作息结、希解，或者系解等，意为寂灭、息灭。藏语全称为度阿息解，意为寂灭痛苦。据说修习该教派教法义理能够息灭或消除世间一切烦恼和痛苦，故得名息解派。11～15世纪，息解派曾在西藏产生过较大的影响。

息解派教法义理以《般若波罗蜜多经》为根基，结合甚深瑜伽苦行修炼，以息灭或消除所有痛苦和烦恼为宗义。息解派认为本宗派集中了帕·丹巴桑杰自身具有的6种般若传承：从兜率天宫

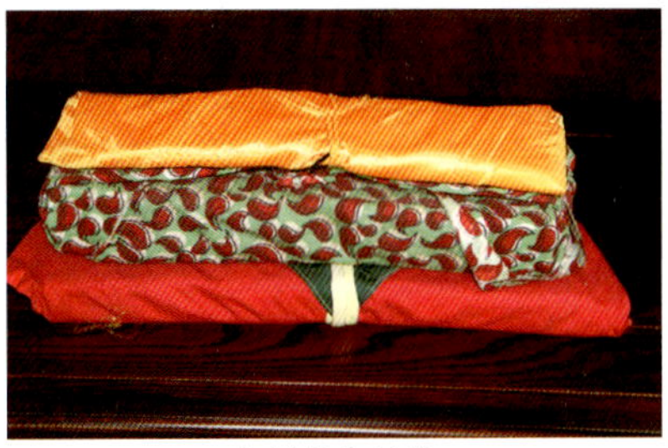

木刻藏文经书

《八千颂般若波罗蜜多经》藏文本书影

所传，从龙宫所传，从乌仗那（见乌苌）所传，从东印度藩伽罗所传，从南印度贝达拉所传和从南部毗达果达旃檀林所传之不共教授的要义精华。同时，该宗派摄取帕·丹巴桑杰特有的4种密法传承——最尊本尊神之传承、54位男女瑜伽者之共同传承、三十六大圣之奇妙传承和空行母心髓之特别传承的密法要诀，作为息解派独有的秘密教法与解脱生死轮回的方便法门，构成了息解派与众不同的教法特点。

息解派的正见或思想根源，可溯源于《般若经》，其诸教授或经论，悉以龙树为准绳。息解派的正见，未超出中观之见。息解派以认识本性、明智和心性为基本要义，依此来认识客观事物，从而断除或息灭一切痛苦和烦恼。但息解派不直接逃避和否定现实，而是将现实生活中的生死病苦等诸烦恼，以利、乐体识，以逆缘为助友，转其为道用，以此所行，了解境义，体认心性，最终断除一切无明烦恼而成就佛果。息解派认为，外在客观现象与所有一切，皆存在于内在明智之心，故而内心所显现的一切，皆乃分别。若能以此道理体认内心或分别疑虑之心，致使人们烦恼的五毒，将可生为五慧或五智，此乃正觉之思想。

息解派是一个注重佛法实践和修炼的宗派，要求每个修行者，"身，具三戒。道，入苦行。果，利他行"。修习教法义理，以作加被清净，是息解派修行者必须具备的条件和素质。帕·丹巴桑杰认为，未经净治的路道，马车无法行驶；弯弯曲曲，高地不平的渠道，流水无法流淌；污浊不净之水，影像难以显现；烧焦的陶罐不沾水，根性不净，功德不生。因此，息解派要求行者依次第修行。首先，依上师听闻佛法，修持声闻之咒。其次，奉行独觉，修持独觉之咒。再次，证悟慈悲，修持菩提萨埵之咒。依次第修行，体识心性，无分别、利他行，息灭一切烦恼痛苦，对息解派而言，显得非常重要。

息解派行者常在荒山老林、雪山、墓地苦行修炼。息解派著名的墓地瑜伽修持法，就是在坟场墓地修持的一种密法。他们认为在坟场墓地修行，有助于对人生无常、人生苦海的认识，且能消除无明。故息解派提倡苦修，将世间一切烦恼或逆缘转为道用，或作助友，及彼认识心性，领悟事物之性空，从而舍弃贪著，断除无明烦恼，息灭痛苦，成就正觉。息解派始终强调自性空，以体现其般若空观思想或中观见。

息解派的经典，是由帕·丹巴桑杰以口耳相传的形式传授，由弟子记录书写成文。由于帕·丹巴桑杰因人施教，所教化的徒众不可计数，故息解派的教法经典名目繁多，十分庞杂。其弟子依据他传授的教法撰著、注疏，又续出大量经典。不仅衍生出大小不同的教法传承支系，还形成各传承支系不同的教法经典。

息解派传承分为初期、中期和后期三大传承，以及若干小的或零散传承支系。初期传承，始于帕·丹巴桑杰第二次、第三次进藏传教时期，主要传承者是克什米尔地区的乍聂那古哈亚。当帕·丹巴桑杰路经克什米尔地区时，将《息解明灯三部》、《大威德修行法》和《亲传十六经义》等传予乍聂那古哈亚，从他以后形成传承，在藏地相沿流传，藏传佛教称此为息解派初期传承。

中期传承分三大支系和若干小支系，始于帕·丹巴桑杰第四次进藏传教时期。三大支系的代表人物是雅砻的玛贡·确吉希热、索琼·根敦贝尔、岗·益西坚赞。他们分别从帕·丹巴桑杰得法以后，形成了各自的教法传承，在息解派史上产生过一定的影响。玛贡·确吉希热传承的经典主要有《窍门六十四石子导言随许法》、《发菩提心》、《转道修行》、《总义纲要》、《散集》、《口鼻相触》、《后广》等；索琼·根敦贝尔传承的主要经典有《五十四位男女成就者之教授》、《五十一除边教法》、《三十二上师义传》、《十七正贤传》、《开眼法类》、《空行母法类》、《时与微时教授》、《一百零六种认识法》、《非遮》、《清净》、《金刚萨埵密道》、《静虑大小正座法》等；岗·益西坚赞传承的主要经典有《转分为道用随波罗蜜多》、《现观八品》、《集经》、《义理第一品》、《教诫四谛》、《实修散集》等。

小支系的代表人物是格西扎巴（善知识）、格西杰巴和江嘎当巴。格西扎巴传承的教法主要是《息解明炬九类》等；格西杰巴传承的教法经典有《共同和不共波罗蜜多》、《共同和不共密宗》等各种不同教授108类；江嘎当巴传承的主要经典是《波罗蜜多无字教授》等。

后期传承称为息解派秘密言传教法传承，又称为单传秘密三上师传承。始于息解派根本道场朗廓寺建成以后。传承者为四门瑜伽弟子之一的绛曲三化贡嘎（1062～1124），主要经典有《墨竹巴大手印》、《无垢》（即《帕·丹巴桑杰之亲训》）、《明点精髓》和《实践修炼》四大部，包括共同教法《显密经续实践》、《亲训耳传》、《无垢精滴》、《绢罗诠集》和不共教法《密续总纲》、《灌顶道次第导引》、《三密库》、《八宝瓶》等。

息解派三大传承及若干小传承，曾播及整个藏区。16世纪后期，息解派逐渐式微，其教法仪轨亦被藏传佛教宁玛派、噶举派、萨迦派和格鲁派等纳入各自的教法仪轨中。大多数息解派教法经典已失传。

（德吉卓玛）

Xitan Zhang

《悉昙章》 *Siddhirastu* 印度古代学习梵语的入门教材。主要讲述梵文字母、声母和韵母拼合、连声等梵语语音与基础的语法知识。传说是婆罗贺磨天（大梵天）所作。悉昙，是梵语siddha一词的音译，其他音译形式还有悉檀、悉谈、肆昙等，意为“成就、成就所生、吉祥、安住”。《大唐西域记》卷二指出，印度人学习梵语的启蒙教材就是《十二章》，即指《悉昙章》。中国唐代高僧义净的《南海寄归内法传》卷四“西方学法”指出，《悉昙章》是5种主要声明学著作中的第一种，所谓创学《悉谈章》，亦名《悉地罗窣覩》，即梵语书名Siddharastu的音译。该书以梵语的49个字母为基础，相互拼合，相生而成一部有18章的专书。其篇幅共有300余首偈颂，大约1万余字。6岁童子开始学习《悉昙章》，6个月就可学完。义净认为该书是大自在天所说的。随着佛教的传入，《悉昙章》及其相关知识亦传入中国，其早期的传播形式是有关十四音（即14个梵文声母）和四十二字门（即42个字母）的论述。慧远所传的胡地《悉昙章》，又被称作《大般涅槃经·文字品悉昙章》，传播最广。中国甘肃敦煌出土了多种以《悉昙章》为名的抄本（S.4583、P.2204、P.2212、P.3082、P.3099等），如《俗流悉昙章》、《佛说楞伽经禅门悉昙章》等。隋唐时期研习《悉昙章》的僧侣与文人不在少数，玄奘、义净、佛陀波利、空海等佛教大师都传播过《悉昙章》，天竺僧人宝月、难陀等还口传过《悉昙章》。唐代僧人智广师从南天竺三藏般若菩提学习了《悉昙章》，自己撰写了《悉昙字记》。

义净在《梵语千字文》序言中指出，只要学习了《悉昙章》和《梵语千字文》，读了一些梵本之后，就能开始佛经翻译了。《悉昙章》传入中土之后，中国学者以此为基础，糅合中印两地的语言、宗教与文化知识，从语言学出发，并结合佛教义理等哲学思想，创建了一门独特的学问，即悉昙学。它可被视为接受印度文化影响而又有所创新的一个范例。悉昙学在中土的形成与传播，不仅与佛教的法相宗、华严宗、密宗、天台宗和禅宗等本土宗派有密切关系，而且与佛典翻译、梵字的传习以及汉语言文字的发展也有一定联系。明清时期，《悉昙章》与汉语的等韵学合流，出现了赵宧光《悉昙经传》、周春《悉昙奥论》等著作。《悉昙章》不仅影响到汉语等韵学的形成和发展，而且对文人创作所用的诗文声律也有影响，宣扬佛教教义的《悉昙章》歌词对中土民间曲词也有影响。悉昙学知识随遣唐使东传日本后，日本平安时代（794～1192）的僧人安然撰写了一部悉昙学代表性著作《悉昙藏》，进一步扩展了古代印度文化的影响范围。

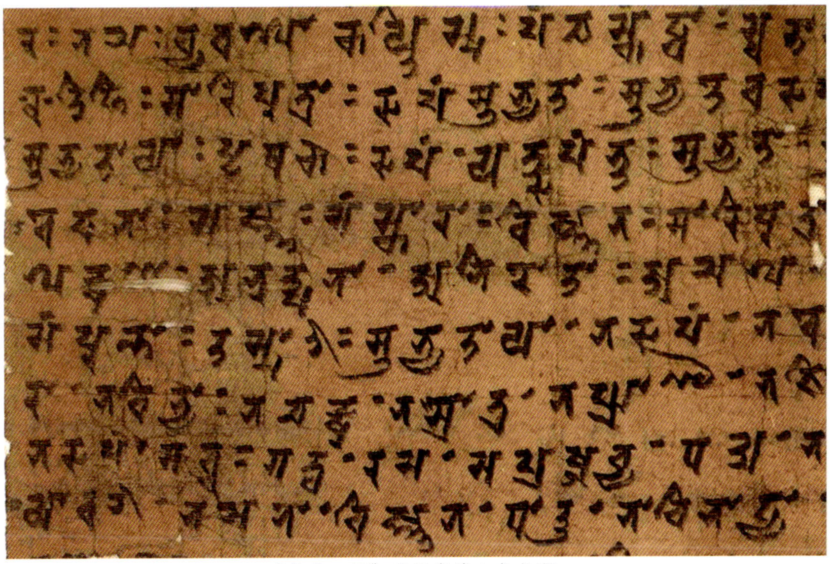
《般若心经》悉昙字梵文本书影

（陈明）

xizhang

锡杖 khakkhara 佛教僧人使用的器物。又称“声杖”或“鸣杖”。杖约与人高，头装有铜或铁环。僧人行路或乞食时，振环作声，或用以叩门，兼防牛犬。义净《南海寄归内法传》卷四《亡则僧现》：“言锡杖者，梵云吃弃罗，即是鸣声之义。古人译为锡者，意取锡锡作声。鸣杖、锡杖，任情称说。”

（王邦维）

Ximalayashan Qingjie Zhong–Yin Guanxi Yanjiu

《喜马拉雅山情结：中印关系研究》 *The Himalayas Sentiment: A Study of Sino-Indian Relations* 中国论述中印关系的著作。作者中国社会科学院亚洲太平洋研究所研究员王宏纬。1998年中国藏学出版社出版，1999荣获中国国家社会科学基金项目优秀成果奖。

王宏纬（1934～ ），山西人。1955年毕业于北京大学东方语言文学系（今南亚学系），长期从事南亚问题研究，曾多次出访印度、尼泊尔等国。主要著作包括《高山王国尼泊尔》（1980）、《尼泊尔民族志》（1990）、《南亚区域合作的现状与未来》（1993）、列国志之一《尼泊尔》（主编，2004）、《来自喜马拉雅山南麓的报告》（2006）、《尼泊尔——人民和文化》（2007）等及论文、评论、散文等中英文文章百余篇，另有《中印边界秘史》（1991）等译著。

《喜马拉雅山情结：中印关系研究》是王宏纬的一部代表作，在国内外均产生了重要影响。全书近40万字，分12章，主要围绕中国与印度在西藏地区的边界问题展开，运用丰富翔实的文献资料，深入揭示了中印边界问题的起源、发展及演变，客观阐述与总结了中印边

《喜马拉雅山情结：中印关系研究》封面

境冲突爆发的多重原因、影响及教训，并对中印边境冲突后两国关系和解、“冷战”后中印关系、21世纪中印关系及中印关系前景进行了论述与展望。书中附录部分收入中印建交以来的一些重要文献。该书为中印关系研究领域的一部极为重要的著作，为中印关系研究提供了丰富而系统的参考资料，具有不容忽视的高度学术价值。2007年，王宏纬对该书进行补充和修订，更名为《当代中印关系述评》，由中国藏学出版社再版。2011年，该书英文版（*A Critical Review of Contemporary Sino-Indian Relations*）由中国藏学出版社和尼泊尔贾纳桑德斯出版社联合出版。中国前驻印大使屠国维和程瑞声，印度前驻华大使任嘉德、尼泊尔中国研究中心主任M.莱格米等人士均给予该书高度评价，认为它具有客观性、权威性和文献性，“是一部杰出的当代中印关系史著作”。

（任筱可）

xibu

细布 muslin 印度古代的一种纺织品，多指制作比较精细的布料。中国古代表示细布的词有缌和纻等。《说文解字》：“缌：细疏布也。”“纻，细布也。”而蜀布在西汉早期就经过云南、缅甸贩运到达东印度，再转运到印度其他地区直至大夏地区。张骞出使西域时，就在大夏见到了由北印度商路转运而来的蜀布和邛竹杖等物品。印度是亚洲棉的原产地，织布方便，佛经中对印度的布匹多有描述。印度古代的细布比较难得。印度密教徒常用白净细氎或者细布，画作观世音等神像，用于密教仪轨之中。但从古到今，印度的细布概念有多种含义，有以木棉为原料纺织的，有以棉花为原料纺织的，也有以麻为原料纺织的。中国南宋法云《翻译名义集》卷七：“头鸠罗，此云细布。”同卷还有“屈眴，此云大细布。绢木绵华心织成，其色青黑。即达磨所传袈裟”。明代沈懋赏《四夷广记》所录的《榜葛剌译语》，也有“细布，头鸠罗”条。指的都是木棉布。元代汪大渊《岛夷志略》记载印度的巴南巴西（今印度卡纳塔克卡尔瓦尔东南）“地产细棉布，舶人以锡易之”。朋加剌（今孟加拉国及印度西孟加拉邦）的男女“以细布裹头，穿长衫”。以及今巴基斯坦信德地区的男女多穿“细布长衫”，指的是用棉花纺织的布。朋加剌出产的“苾布、高你布、兜罗绵”，则分别指黄麻布、白棉布和红棉布。元代陈大震《大德南海志》记载，南亚地区出产的布匹种类较多，有白蕃布、花蕃布、荜布、剪绒单、剪毛单等。元代印度诸国所贡的物品中就有蕃布。明代马欢《瀛涯胜览》记载，榜葛剌的土产有五六样细布。其中的一种叫作荜布，番名卑泊，土产阔三尺余，长五丈六七尺，此布匀细如粉笺纸一般。其他种类还有姜黄布、沙纳巴付（波斯语sanahbaf）、沙榻儿（被单）、蓦嘿蓦勒（天鹅绒）等。明正统年间（1436～1449），榜葛剌进贡过洗白苾布、兜罗绵。《明史》卷三二六记载，小葛兰和古里分别进贡了白棉布、单伯兰布等。进入清代之后，中印之间的商品贸易逐渐转向依赖西方人的转手贸易，印度输入中国的主要商品是棉花、糖、树胶和布匹。民国时期的中印贸易中，印度输华的主要商品是棉花、大米和棉纱，所输入的布匹包括原色布、本色粗布、本色细布、洋标布、斜纹布等多个品种。这些品种均属于由棉花织成的布匹。可以说，以细布为代表的印度布匹在近现代中印贸易中占据了比较重要的位置。

细棉布

（陈明）

xiafan

下凡 avatāra 印度古代神话概念。或称化身，指印度神话中天神化形他物、下现人间的现象。

下凡概念最早见于《薄伽梵歌》，其产生可能源自印度古代“幻”的理论，即神可以借助幻力任意变化其身。化形下现的天神主要是毗湿奴和湿婆；前者的例子尤多。天神下凡往往在正气不振、邪气上升之时，目的是驱恶扬善，伸张

克里希那消灭马妖 《薄伽梵往世书》插图

正义。各神化身的形象和数目多因地域、教派的不同而不同。毗湿奴的化身常称有10种：鱼、龟、野猪、人狮、侏儒、持斧罗摩、十车王之子罗摩、黑天、佛陀和迦罗吉（乘白马的救世者）。前九位已各有事功，最后一位尚待出现。化身观念传入中国后，曾对中国的文学、戏曲等的创作产生过影响。

（葛维钧）

xiafan

下梵 apara-brahman 印度古代哲学中吠檀多派的概念。主要使用者为商羯罗。他认为，梵在本质上是唯一不二的，但由于人们对梵的理解不同而表现出对梵的不同体悟。他把那种人们体悟到的有限制的，有属性的，表现为神创造的具有不同名称和形态的

现象世界称为下梵。姚卫群在其所著的《印度宗教哲学概论》(北京大学出版社,2006)一书中设有“吠檀多派”的专章,论及了这一概念。

(姚卫群)

Xialilai Jiazu

夏利莱家族 The Harilelas 印度最为成功的发迹于中国香港的商业家族之一。旗下全资控股的夏利莱集团资产达数百万美元,在香港的酒店业表现强势,另在香港岛内外拥有大量地产

中国香港夏利莱集团主席
H.N.夏利莱像

与商业股份。20世纪20年代,N. L.米尔查达尼离开故乡印度信德省(今属巴基斯坦)到中国广州谋生,开设了一家将中国古玩出口至欧洲的古玩店。为纪念母亲,他将家族姓氏改为夏利莱,1930年他将妻子和儿子H.夏利莱接到中国。

20世纪30年代的经济大萧条使古玩生意备受打击,夏利莱家族转而经营邮购订制成衣生意。第二次世界大战日本占领香港期间,夏利莱家族克服重重困难得以幸存,并在战后获得了为驻港英军制作服装的合约。1959年夏利莱集团成立,H.N.夏利莱任主席。该家族开始向地产和酒店业投资,获得了香港黄金地段的大量地产,旗下诸多酒店包括香港金域假日酒店和澳门威斯汀度假酒店。

夏利莱曾任中国政府港事顾问,并于2000年荣获香港特别行政区政府颁发的金紫荆星章。夏利莱家族克服种种困难,在20世纪取得了成功,展现了印度企业家的多元能力和商业智慧。

(玛妲玉撰 胡俊麟译)

Xiaqiong Si

夏琼寺 bya khyung dgon 中国藏传佛教格鲁派著名寺院,与郭隆寺、赛柯寺、却藏寺并称青海湟北四大寺。全称吉祥夏琼特钦永丹达杰林寺。位于今青海化隆县查甫乡境内。始建于藏历第六绕迥土牛年(1349),最初属噶当派,后改宗格鲁派。由于宗喀巴大师早年在该寺拜却杰·顿珠仁钦为师剃度出家,该寺在民间享有格鲁派祖寺之誉。

藏历第十绕迥水猪年,即明天启三年(1623),夏琼寺第九届法台(住持)却杰·丹巴仁钦建立显宗学院,开始系统传习显宗五部大论,成为安多地区较早系统修学显宗教理的名寺。后因事中断,终未恢复。

藏历第十三绕迥火兔年,即清乾隆十二年(1747),拉萨密宗下院高僧俄然巴·阿旺扎西在甘丹赤巴·阿旺却丹的鼓励下,在夏琼寺筹建密宗学院。翌年,正式建立并开课,开始系统修学密宗四续及教法仪轨。乾隆二十年,密宗学院扩建,更具规模。

藏历第十三绕迥水龙年,即乾隆三十七年(1772),三世却藏·阿旺图丹旺秋(1725~1796)出任夏琼寺第三十九届法台,用重金扩建大经堂(128根柱子)并新建却藏活佛府邸。尔后,历辈却藏活佛成为夏琼寺寺主。乾隆五十三年,乾隆帝亲自给夏琼寺赐汉、藏、蒙古、满四体“法净寺”匾额。

藏历第十三绕迥火蛇年,即清嘉庆二年(1797),塔尔寺三世西纳活佛·慈臣达杰(1734~1802)出任夏琼寺第四十六届法台,创建藏医药学院,内设天文历算及医药学等科目。嘉庆七年,噶普·洛桑顿珠出任医药学院堪布,采纳密宗上师阿旺索南的建议,将医药学院改建为时轮学院,主要研习时轮金刚法并涉及天文历算等五明学科,但仍保留医药学内容。

至清末期,夏琼寺已经拥有密宗学院、时轮学院及活佛府邸25座和属寺25座,寺僧达1 000人。其学僧主要遵循拉萨密宗下院教规和色拉寺高僧杰尊·却吉坚赞教程,以研修密宗为主,传习显宗为辅。

夏琼寺以历史悠久、戒律严谨和名僧辈出闻名,以第五十四届甘丹赤巴·阿旺却丹(1677~1752)、第五十八届甘丹赤巴·阿旺曲扎(1707~1778)、第六十六届甘丹赤巴·阿旺年智(1746~1824)等高僧为代表。

(尕藏加)

Xiasiteli

夏斯特里,N.A. N. Aiyaswami Sastri (1910~1978) 印度汉传佛教学者,国际大学中国学院教授、副院长。其主要建树是还原了一批珍贵的佛教论典。曾翻译出版龙树的《十二门论》,其中包括根据吉藏《十二门论疏》添加的注释和关于这部论著的英文综述。还将因明学论典《掌珍论》还原成梵文,并附注释和介绍。这部论著为6世纪著名佛教学者清辨所作,仅有汉文译本存世。此外,还根据鸠摩罗什的汉译本将4世纪诃梨跋摩撰写的经量部论典《成

夏琼寺一角

实论》还原成梵文。其他重要工作有：根据真谛的汉译本还原了《数论颂》之最古释论《金七十论》，根据汉文和藏文译本还原了《转有经》，以及陈那的《观所缘缘论》，还将月称的《入中论》第六章由藏文回译为梵文。

（阿维杰特撰　王凌男译）

Xiawaba

夏瓦巴　shar ba pa（1070～1141）　中国藏传佛教高僧，噶当派法脉传承人之一。全名夏瓦巴·永丹札巴。根据《青史》，他出生于西藏北方的一户牧民家，原本家人让他成家立业，可他没有听从，选择了出家为僧的人生道路。他在噶当派高僧博多瓦座前剃度出家，并师从这位高僧求法学佛。夏瓦巴智慧超群、记忆力极强，曾默记全部佛语，即大藏经的甘珠尔部。博多瓦去世后，其许多弟子又转从夏瓦巴继续学法。夏瓦巴门下学法弟子一度达到3 600多人，他向众弟子重点传授佛教显宗经论，包括阿底峡和那措译师合作翻译的《宝性论》等。众弟子中产生四大著名人物，其中却喀巴和邓敦两位成为噶当派“教典传承”的发扬光大者。

（尕藏加）

Xia Yan

夏衍　Xia Yan（1900.10.30～1995.02.06）　中国现代剧作家，电影艺术家，社会活动家。原名沈乃熙，字端轩，号端先。浙江杭县（今属余杭）人。早年参加五四运动，1920年赴日留学，毕业于

明治专门学校电机科。1927年回国后曾从事翻译工作，是高尔基在中国的首位译介者。1929年秋发起成立上海艺术剧社，编辑左翼文艺月刊《艺术》。1930年3月和8月，先后成为中国左翼作家联盟、中国左翼剧团联盟主要成员

《夏衍选集》封面

和负责人。长期致力于民族文化事业、对外文化交流工作。有话剧剧本《秋瑾传》、《上海屋檐下》、《法西斯细菌》，报告文学《包身工》等。创作或改编电影剧本若干，如《狂流》、《春蚕》、《上海二十四小时》、《祝福》、《林家铺子》等，收入《夏衍剧作集》(3卷，1984～1986)、《夏衍电影剧本集》(1985)。2005年，约920万字的《夏衍全集》(16卷）由浙江文艺出版社出版。

1950年底，夏衍随中印友好代表团赴印度访问。丁西林任团长，他任副团长。在印度期间，参加了印度中国友好协会成立大会，举行了200多场文艺演出活动，加深了中国与印度的文化交流。其间，曾往印度总理J.尼赫鲁的官邸赴宴，专程造访R.泰戈尔故居，对冰心向印度友人讲述泰戈尔与中国的情谊和用英语诵读泰戈尔的诗篇留下深刻印象。回国后，参加中国印度友好协会与中国文学艺术界联合会共同举办的访印报告会和座谈会，对印度的文学、音乐、舞蹈等进行介绍，提倡中国与印度积极开展文化艺术交流。

印度之行使一向不轻易流露感情的夏衍受到极大震撼。他回国后满怀热情写成《南印度之行》一文，刊于《世界知识》1954年第5期，后收入《夏衍散文》，由浙江文艺出版社于2007年出版。他回首难忘的印度之行，描摹了印度乡村如诗如画动静相宜的田园风光，散发出浓浓的乡土气息。在他的笔下，南印度炎热的气候令代表团印象深刻，但最令他们感到震撼的却是“热情如沸”的印度人民：每到一地都涌动着欢迎的热潮，如堵的人群中不乏衣衫褴褛的农民、劳苦憔悴的妇女和身有残疾的老人。

（王汝良）

Xianjie Jing

《贤劫经》　*Bhadrakalpika-sūtra*　大乘佛教经典，佛教贤劫信仰的主要经典之一。全经分为三个相对独立的部分，第一部分讲述了诸法本三昧。第二部分详细罗列各种度无极（即波罗蜜多)。第三部分讲述贤劫千佛，该部分又可进一步分为千佛名号、千佛兴立、千佛发意三部分，三部分各含有一套贤劫千佛名(后两套仅藏译本完整)，但并不完全一致。

《贤劫经》尚无印度语原典全本保存，但近年阿富汗巴米扬地区出土犍陀罗语残片约60片（分藏于邵格延藏品、平山郁夫藏品和林寺严州藏品)，和田地区出土梵文残片2片（中国国家图书馆藏品BH4-11、大英图书馆斯坦因藏品Or.8212/1695)。另有不少梵文贤劫千佛名材料存世，如梵藏汉蒙满五语合璧《贤劫千佛号》、梵本《一切金刚出现》以及少量佛名残片。该经历史上进行过多次汉译。第一次出自竺法护（T425)，但并非全译。其后昙无兰曾整理竺法护

《贤劫经》梵文残叶　现藏中国国家图书馆

本的佛名而成《贤劫千佛名经》，其序文存于《出三藏记集》中。该本长期被认为已经佚失，但李灿推测安徽博物院所藏的一件神玺三年（399）写本可能即是此本。道安曾对该经度无极部分进行注释，然已亡佚。第二译出自鸠摩罗什，而僧祐撰写《出三藏记集》时便已记载佚失。所幸尚有一件吐鲁番残叶存世，入藏中国国家图书馆，2010年得以公布。此外尚有两部节译本。失译的《现在贤劫千佛名经》(T447）为该经《千佛名号品》的节译本。可惜诸大藏经版本均混有中国本土撰述的内容，不足以反映该译本原貌。敦煌写本虽多有保存，但除少数早期残片外，大多较晚（以五代时期为主)，且改编方式更加多样，

也难以反映原貌。诸本中当以房山云居寺雷音洞刻经本年代最早，保存也很完整，对于澄清该本原貌最有价值。另外，李灿于近年发现，隋代阇那崛多译《观察诸法行经》(T649) 可与《贤劫经》的三昧勘同，则此译实为该经的最后一次汉译。上述汉译本中以《现在贤劫千佛名经》影响最大，敦煌写本多有保存，敦煌石窟壁画榜题中多有绘制贤劫千佛并在榜题中题写贤劫千佛名的情况。此外，该经的佛名被收入诸如30卷本《佛名经》等中国本土撰述中，并对中国的礼忏活动有一定的影响，如《千佛忏》等。《贤劫经》现存唯一的完整本是藏传佛教前弘期的一部藏译本(D94)，共26卷。该经在藏传佛教中也产生过一定的影响，如《教宝传说释迦世系》、《布顿佛教史》、《娘氏教法史》中都曾引用该经。此外，藏传佛教仪轨中也保存有贤劫千佛相关仪轨。《贤劫经》对西藏的苯教也有一定影响，在苯教经典中曾出现至少5部以“贤劫经”命名的经典。此外，于阗文Ch.c.001号写卷中的6部经典中有1部题作《贤劫经》，但该经的于阗文部分与《贤劫经》并无关系，且序分与流通分前后不连贯，而其中的梵文贤劫千佛名则与《贤劫经·千佛名号品》中的佛名基本一致。另外蒙文、满文大藏经中也存有《贤劫经》，西夏文《现在贤劫千佛名经》也曾在多地出土。

（李灿）

Xianbin Lu

《咸宾录》 中国明代史籍。共8卷，分别为《北虏志》、《东夷志》各1卷，《西夷志》和《南夷志》各3卷。作者罗曰褧，生卒年不详。字尚之，江西豫章人，明万历十三年（1585）举人。该史籍以明王朝为主，周边国家和地区为宾，取周边交往和前来朝贡的国家和地区入录，故名《咸宾录》。记载了周边国家和地区以及边疆的地理分布、历史概况、风俗特产、民族特征以及外交往来等，引用图书345种。所记述的民族与国家中，许多都没有文字，作者通过整理汇编，留下了比较原始的资料。

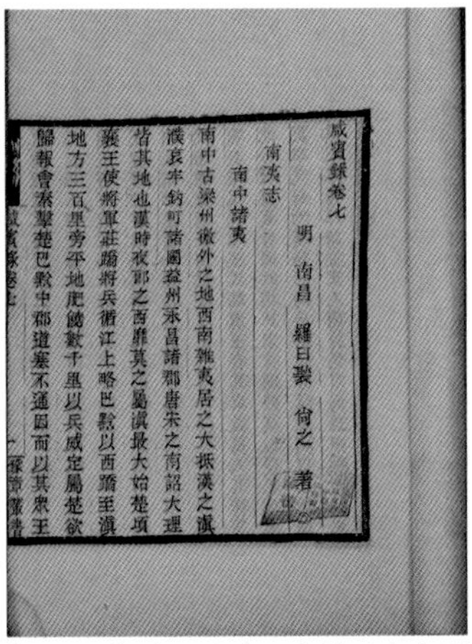
咸賓錄卷七
明 南昌 羅曰褧 尚之 著
南夷志
南中諸夷
南中古梁州徼外之地西南雜夷居之大抵漢之滇
濮哀牢牂牁諸國益州永昌諸郡唐宋之南詔大理
皆其地也漢時夜郎之西靡莫之屬滇最大始楚頃
襄王使將軍莊蹻將兵循江上略巴黔以西蹻至滇
地方三百里旁平地肥饒數千里以兵威定屬楚欲
歸報會秦擊楚巴黔中郡道塞不通因而以其衆王

《咸宾录》清代豫章丛书精刻本书影

《咸宾录》记录了西域多国事迹，特别是《西夷志》，收录了中印文化交流中大量的历史资料，记述了佛教的产生及其传播，在中印文化交流方面具有比较重要的意义。如记撒马儿罕，汉为罽宾，隋为漕国。汉武帝刘彻（公元前141～前87年在位）时通西域，罽宾自以为偏远，汉军不能抵达，其王乌头劳数次剽杀汉使者。乌头劳死后，其子斯

《咸宾录》封面

巴拉革达玛斯继立，派遣使者朝贡汉朝；汉遣关都尉文忠护送使者到罽宾者域循鲜（今阿富汗首都喀布尔附近），斯巴拉革达王子斯欲另害文忠，文忠发觉以后联合容屈王子阴末赴攻打罽宾，杀斯巴拉革达玛斯；汉立阴末赴为罽宾王，授以印绶。后阴末赴又杀汉赵德所率使团70余人。事后上书，贡物谢罪。至隋，更名漕国，派遣使者进贡隋王朝。唐时，恢复国名罽宾，唐太宗李世民时派遣使者厚赐其国王。开元、天宝(713～756) 年间，该国屡次派遣使者朝贡。宋时没有外交往来。至明，再次互派使者往来。又记天竺，一名身毒，分中、东、南、西、北五天竺，即五印度。自张骞出使西域，身毒之名始通中国。世传汉明帝刘庄梦见金人，派遣使者到天竺求佛，于是佛教才流传到中国。吴时扶南（位于今中南半岛南部）王范旃派遣苏勿出使天竺，4年后回国。隋以前，天竺及其附属国，多有使者往来并进献贡物。隋炀帝杨广（604～618在位）派遣裴矩出使西域，以未能到天竺、佛菻为遗憾。唐时玄奘、梁怀璥、王玄策等出使西域，天竺与附属国多来朝入贡。宋时多有僧人来朝献。成吉思汗西征，曾进驻西印度国。明代时互有来往。记婆罗门，东晋时为天竺属国，自此以后，朝贡不绝。

（胡俊麟）

xianliang

现量 pratyakṣa-pramāṇa 印度古代哲学中涉及认识论方面的术语。指感官与对象接触后所直接产生的感觉。印度各哲学或宗教派别都使用这一概念。解释上大致相同，也有一些细微差别。正理派的根本经典《正理经》中说：“现量是根境相合产生的认识，不可言说，无误，确定。”弥曼差派的一些思想家（如普拉帕格拉）认为：现量可以分为“无分别现量”（对象最初被接触时人产生的纯粹的感觉）和“有分别现量”（对事物较完全的感觉，多少有些区别作用）。佛教和瑜伽派等也有一些自己的解释。中国现代研究印度哲学的学者对此概念也较关注。姚卫群在其所著的《印度宗教哲学概论》(北京大学出版社，2006) 一书中论及了这方面的内容。

（姚卫群）

xianding bu' erlun

限定不二论 viśiṣṭa-advaita 印度古代哲学中吠檀多派的一种理论。是吠檀多派思想家罗摩努阇在解释梵我关系问题时所持的观点。这种理论认为，小我（世间事物或现象界）与最高我（梵）之间的关系是属性与实体或部分与整体之间的关系。这就如同光是火或太阳的一部分，或白色等是具有这些颜色的东西的性质一样。小我与最高我虽密不可分，但二者又不相同。小我是最高我的属性或部分，属性或部分尽管隶属于实体或整体，但并不能因此就

认为属性和部分不实。同样，现象界虽然隶属于梵，但并不能由此认为现象界不真实。世间事物并不是虚幻的。限定不二论的思想反映了古代印度社会中存在的那种要求正视世界实在性的要求。这种思想在近现代印度的宗教与社会改革中也有一定影响。中国现代研究吠檀多派思想的著作中对这一理论也有论及。黄心川在其所著的《印度哲学史》(商务印书馆，1989)一书的第14章中分析了限定不二论。

（姚卫群）

香港第一家锡克教谒师所

Xianggang

香港 Hong Kong 中国特别行政区，著名商埠。香港与印度之间的显著联系始于19世纪中叶。从18世纪后期开始，数以百计的印度人就一直在乘船前往中国沿海进行贸易活动，定期造访中国广州和澳门。第一次鸦片战争后，香港沦为英国殖民地，约2 700名印度士兵出现在此地。此外，在英国当局于1841年6月举行的首次土地拍卖会上，就有很多印度人买下香港地产。在随后数年中，346名印度商人在香港创立了自己的商行。巴伦治洋行是这些商行中的第一家。其他商行包括永昌洋行、祥记洋行和沙逊洋行。其中祥记洋行是21世纪仍在香港沿用原名经营的最古老的贸易公司。

一些在香港的印度商人对香港的成长和发展作出了显著贡献。H.N.么地在香港大学的创建过程中起了先锋作用。据记载，祥记洋行建立了香港第一家跨港轮渡服务公司，而另一名印度人D.瑙罗吉，则创建了一家类似的服务公司，成为香港著名的天星小轮渡轮公司的先驱。来自印度加尔各答的亚美尼亚裔商人C.P.遮打，与香港的很多地标性工程和公司有关，其中包括香港九龙码头及货仓公司、开发香港岛北岸滨水区的香港海旁填海计划、香港置地及香港电灯公司。E.R.庇理罗士与嘉道理兄弟之弟埃利·嘉道理负责兴建了很多学校和其他教育机构。1901年，兄埃黎士建立了一所华裔男童学校，而庇理罗士则出资帮助建立第一所公立华裔女童学校。律敦治家族创办了以其姓氏命名的肺痨疗养院。香港上海汇丰银行早期的董事会里亦有很多印度人。

在19世纪，出身于帕西人、犹太人和伊斯玛仪派诸社群的印度人业绩显赫。而在20世纪，很多印度信德（今属巴基斯坦）人和马尔瓦尔人也移居香港并开创了蒸蒸日上的企业。夏利里拉家族企业就是其中最突出的典范之一。很多早期商号从事进出口贸易业务，而随着香港的扩张和发展，印度人的商业活动变得多样化，进入很多领域。印度人取得突出成就的一个领域是裁缝业，尤其是在20世纪50年代。很多印度人现在从事食品业、服务业、海运业和交通运输业。21世纪前十年，大量印度专业人士将香港作为自己的基地，尤其在金融、信息技术和电信行业等方面颇多建树。

19世纪60年代～20世纪40年代，香港生活的一个特征是，警察队伍里有大量印度人。在数十年间，警察队伍里印度人的数量与华人大致相等。除警察中的印度人外，香港昔日的一个常见景象是酒店、餐馆、货栈和工厂门前的印度籍安保人员。20世纪40年代，在香港的印度人总数始终为7 000余人。21世纪前十年，在香港的印度公民总数约22 000余人。至于那里的印度裔和南亚裔人口的数量，则要多得多。香港现有约1 500家已经注册的印度公司，还有20多家已经注册的地区性、宗教性和职业性印度人协会。

（玛妲玉撰　刘文亮译）

19世纪香港

Xiangka

香卡，R. Ravi Shankar（1920.04.07～2012.12.11） 印度音乐家，作曲家，西塔尔琴演奏家。全名拉维·香卡。孟加拉族人。出身于北方邦圣城瓦拉纳西一

户婆罗门家庭，有兄长6人，其中长兄U.香卡系杰出的印度舞蹈家。香卡曾访问中国并产生巨大影响，从而促进了

728

香卡在演奏

中印音乐文化的交流。

生平　香卡10岁时离开瓦拉纳西，跟随长兄U.香卡的舞蹈团前往法国巴黎。13岁时成为该舞蹈团一名成员，一边在欧洲和印度巡演，一边学习舞蹈和演奏各种印度乐器。20世纪30年代前期和中期随舞蹈团巡演欧美时，开始学习法语，了解了西方古典音乐、爵士乐、电影音乐，以及西方的风习。1938年起放弃舞蹈，前往富于音乐传统的小城迈哈尔（在今印度中央邦东部），正式师从杰出宫廷音乐家阿拉乌丁·汗学习印度古典音乐，在西塔尔琴演奏、传统乐理和乐器技巧等方面受到严格训练。1944年卒业后前往孟买为芭蕾舞剧作曲，1949年起任全印广播电台音乐总监。50年代中后期为著名电影导演S.拉伊的“阿普三部曲”——《道路之歌》(1955)、《不屈的人》(1956)及《阿普的世界》(1959)创作音乐，获得国际性声誉。1955年，美国小提琴家Y.梅纽因邀请香卡赴纽约演示印度古典音乐，但他因婚姻出现问题而未能成行。后来两位大师于1966年和1967年在英国、美国合作演出小提琴和西塔尔琴二重奏。1956年1月他辞去全印广播电台的职务，开始到英国、德国和美国巡演。实际上，从1956～2012年，香卡一直不断在很多国家巡演。除中国外，还曾应邀在30多个国家巡演。他以精湛的演技、高度的修养和纯粹的敬业精神使听众倾倒。他与英国披头士乐队的G.哈里逊的结识和合作更使他人气飙升。后者称他为“世界音乐教父”。他成为世界上最著名的传奇式的印度音乐家。他一生举办了上千场音乐会，出版了众多音乐专辑，创作了《西塔尔琴协奏曲》等众多不同种类的音乐作品，并有《我的音乐，我的生活》(1968)、《印度音乐入门》(1979)、《拉格集锦：拉维·香卡自传》(1997)等著作行世。

香卡一生获奖众多。初登国际舞台即因给电影《喀布尔人》配乐而获得柏林电影节银熊奖（1957）。曾3次获得格莱美奖，并因为对影片《甘地传》的贡献而获得最佳原创音乐学院奖提名(1982)。印度政府也曾3次授予他国家最高荣誉奖：二级莲花勋章（1967）、一级莲花勋章（1981）和印度之宝勋章(1999)。此外，他还获得英国、法国、澳大利亚、日本等多个国家和机构的各种奖项和荣誉。他在临终前获得中国第一届太极传统音乐大奖（2012年10月），在逝世后不久获得格莱美终身成就奖（2013年2月）。他先后获得多国14个荣誉博士学位。印度总理M.辛格办公室在发布香卡去世的消息时，称他为“印度的国宝和印度文化遗产环球大使”。辛格本人在发给香卡遗孀的唁函中表示：香卡大师的逝世，使印度失去了一个杰出的儿子。音乐界陨落了一颗璀璨的巨星。他的伟大精神伴随他的音乐跨越了国家的界限，逾越了艺术的疆界，惠及了整个人类文明。

中国之行　香卡在中国享有盛誉。中央音乐学院教授陈自明1982年6月在《乐器》杂志发表《西塔尔琴与拉维·香卡》一文，这是中国第一篇专门介绍他的文章。1983年8月，香卡应中国文化部和中国音乐家协会的邀请访华，先后在北京、成都和上海举行多场演出，均获得巨大成功。除在北京两场音乐会外，他还在中央音乐学院举办关于印度古典音乐的讲座，介绍西塔尔琴的特征、演奏技巧及印度古典音乐的两大理论支柱——拉格（旋律框架）和塔拉（节拍节奏），并借助自己的演唱、演奏来诠释这些复杂、深奥的乐理。他的讲座和演奏具有重要意义，因为此前中国人所接触的主要是印度电影音乐，对其古典音乐理论了解不多。香卡使现代中国人开始真正理解和欣赏印度古典音乐，也使中国音乐家初次真正接触印度音乐的精髓。

在中国举办音乐会和专题讲座的过程中，香卡也直接接触并了解了中国的音乐文化。他为中国博大精深的传统文化而快慰，表达了对中国音乐家的赞佩和与他们交流的愿望。陈自明在《人民音乐》1984年第1期上发表文章《拉维·香卡——来自印度的音乐使者》，详细介绍了香卡的中国之行：除演出和讲座外，他还参加了中国音乐家协会为他举办的联欢会，欣赏了中国民族器乐、声乐及中国艺术家的印度舞表演。他最感兴趣的中国乐器是古琴、琵琶、古筝和箜篌。他说：“以前我在音乐上作了东方与西方相遇的尝试，颇为成功。我想，用西塔尔琴与琵琶或古筝作一次东方与东方相遇，也一定很有趣，希望以后能如愿。”他期待能用西塔尔琴与中国民族乐器进行合作，从而促成印度与中国两种东方音乐的会合。

在中国的影响　陈自明在北京接待香卡，与他一道登临八达岭长城，并拜他为师。香卡建议陈自明尽快赴印亲身体验印度古典音乐的三昧。后者从此对印度音乐产生浓厚兴趣，并开始将印度音乐纳入他在20世纪80年代前期讲授的“世界民族音乐”课程中。1986年，陈自明派学生安平赴印留学，同行者还有上海音乐学院印度音乐专家赵佳梓。

1989年，陈自明作为访问学者前往印度研修印度音乐时曾专程拜访香

香卡与友人在一起

卡，并应邀去他家里与印度同行交流。

之后，首都师范大学副教授张玉榛前往新德里艺术大学做访问学者和学习西塔尔琴。其间，经印度有关方面安排和陈自明力荐，她与香卡相识并有幸得到他的教诲。2001年12月2日，她在新德里市中心的音乐厅用中国民族乐器琵琶与印度音乐家用西塔尔琴、印度笛、塔布拉鼓一起演奏了一首拉格，成为“中国与印度相遇”的首次尝试。回国后她在中央音乐学院深造并获得博士学位，其博士论文《拉维·香卡艺术实践中的印西音乐交融研究》是中国对印度音乐深入研究的开端。2010年，以该论文为基础的专著《东方与西方相遇：拉维·香卡印西音乐交融研究》一书出版。天津市艺术学校教师刘慧媛于2003～2006年在德里大学音乐学院学习西塔尔琴。她在2005年用中国扬琴与

晚年的香卡仍活跃在音乐舞台上

印度音乐家用西塔尔琴、塔布拉鼓合奏印度拉格和中国民歌《茉莉花》。

2012年8月，中国音乐学院和太极传统音乐基金会共同发起和主办第一届太极传统音乐奖。该奖项授予在全球传统音乐的表演、传承、理论和传播等领域内作出杰出贡献的个人和团队。香卡受张玉榛推荐参与评比并获奖。由于身体原因，他无法亲自前来中国领奖，遂委托陈自明在10月25日颁奖晚会上代他领奖。他特意从美国发来视频，在视频中，有他90岁高龄后的音乐会演出片段，而且传达了他的获奖感言和他对中国人民的美好情谊。

（刘建）

Xiangka

香卡，U. Uday Shankar（1900.12.08～1977.09.26） 印度舞蹈家，舞蹈编导。全名乌黛·香卡。香卡善于将西方戏剧手法运用于传统印度古典舞蹈中，配以

大量印度古典、民间及部落舞蹈元素，形成现代印度舞蹈的根基。20世纪二三十年代在欧美大力推广印度舞蹈，使之在世界上占有一席之地。被称为印度“现代舞之父”。1962年获印度音乐戏剧学会奖。1971年获印度政府颁发的一级莲花奖。曾应邀到中国访问，在中印文化交流方面起过重要作用。

香卡是孟加拉族人，出身于北方邦圣城瓦拉纳西一户婆罗门家庭。父亲是一名学者，后在英国伦敦当律师。双亲均有音乐素养。香卡是长子，他的4个弟弟均长于艺术，最小的**R.香卡**后来成为蜚声世界的西塔尔琴演奏家。香卡曾在瓦拉纳西和孟买的多个学校学习艺术，后到伦敦皇家艺术学院学习绘画。其间，陆续参加过舞蹈表演。这一时期，俄罗斯著名的芭蕾舞蹈家安娜·巴甫洛娃寻找可一道进行印度题材舞剧创作的艺术家，香卡的事业遂出现转机。他们共同创作以印度教中罗陀与**黑天**的故事为题材的舞剧《东方印象》，得以在伦敦皇家大剧院首演。1931年香卡组建欧洲首个印度舞蹈团，7年中在欧美84个城市巡回演出。1927年香卡回印度时，受到大诗人**R.泰戈尔**的亲切接见和赞赏。他听从泰戈尔的建议，于1938年在印度成立乌黛·香卡艺术中心。

1957年7～8月，乌黛·香卡舞蹈团应中国总理**周恩来**邀请访华。一行27人在北京、上海和广州等地演出。7月25日，在北京的首场演出中，舞蹈团表演了《佛陀一生》、《劳工与机器》、《因陀罗舞》、《曼尼普里舞》等节目。在上海，舞蹈团表演了香卡1953年创作、在国外首演的“影子舞剧”。这一新的艺术形式以幻灯烘托背景，将演员在幕后

香卡在表演舞蹈

进行的表演轮廓映现到台前幕布上，使观众在幕布上欣赏他们的优美舞姿和所演绎的故事。时任文化部副部长郑振铎特为演出撰写《赞歌朝霞般的舞蹈》一文。

在舞蹈团访华期间，中国舞蹈家**张均**随香卡学习《拍球舞》，并使之成为自己的成名作。舞蹈表现了一个少女拍皮球时的顽皮可爱，是广为中国人民喜爱的印度舞蹈。

周恩来接见印度舞蹈家香卡（右一）一行 1957

香卡逝世后，事业由妻子阿玛拉、儿子阿南德·香卡和女儿玛玛塔·香卡继承。他们各有自己的学校和舞团，都曾访问过中国。

（金珊珊）

Xiang Da

向达 Xiang Da（1900.02.19～1966.11.24）中国历史学家，敦煌学家。在中印文化交流中起过积极的作用。

向达字觉明，笔名方回、佛陀耶舍。湖南溆浦人，土家族。1924年毕业于南京高等师范学校，入上海商务印书馆编译所任编辑。1930年被任命为北平（今北京）图书馆编纂委员会委员，主要从事敦煌俗文学写卷和中西文化交流等领域的研究。1935～1938年，客居欧洲，走访英国牛津大学图书馆及英国博物馆、德国普鲁士科学院、法国国家图书馆等机构，搜集、抄录并整理了中外交通史、敦煌写卷、汉籍及俗文学写卷等重要资料。1938年回国后，任教于浙江大学史地系，不久转任昆明西南联合大学历史系教授。1942～1944年加入国立中央研究院西北史地考察团历史考古组并任组长，赴河西及敦煌地区，对莫高窟、万佛峡等地进行考察研究，并撰写多篇有关敦煌和西域考古方面的论文，后陆续发表。1949年后，任北京大学历史系教授、北京大学图书馆馆长，中国科学院哲学社会科学学部委员，中国科学院历史研究所第二所副所长，《历史研究》和《考古学报》编委等职。

向达《唐代长安与西域文明》封面

向达对中西交通史、敦煌学等领域研究颇深，对西域地区及中印文化交流史的研究作出了较大贡献。主要著作有《中外交通小史》(1934)、《中西交通史》(1934)、《敦煌》(1951)、《唐代长安与西域文明》(1956）等。主要译著有《印度现代史》(1929)、《史学》(1930)、《甘地自传》(1934)、《匈奴史》(1934)、《斯坦因西域考古记》(1936)等。《唐代长安与西域文明》是学术论文集，收录其论文23篇，内容涉及中西文化交流、敦煌学研究、佛教石窟造像等诸多领域。其中《唐代长安与西域文明》一文考察了唐代长安的西域各国使者、商人、胡姬等各色人物，揭示了唐开元年间（713～741）前后长安所受西域文化的影响情况。该文被认为是有关唐代中西文化交流史研究方面的重要资料。书中有关敦煌学的一组论文，运用传统文献、敦煌文书和实地考察相结合的研究方法，对敦煌史地、艺术、考古等方面进行了独到深入的论述。

向达曾参与《大唐西域记》的整理工作。1981年，中华书局出版了其编辑的《大唐西域记古本三种》，书中包括《大唐西域记》敦煌残卷、北宋福州本残卷与金赵城藏本残卷的影印资件，为相关学者进行研究提供了有重要参考价值的资料。

（王凌男）

Xiangguo Si

相国寺 Xiangguo Temple 中国古代佛教寺院。又称大相国寺。

相国寺位于河南开封。始建于北齐天保六年（555），原名为建国寺。唐代重建，改名为大相国寺。虽是初创，但由于是皇帝赐名，故声誉很高。相国寺规模很大，建筑豪华。唐代，相国寺里有许多著名壁画，如吴道子等人作品，亦有唐代雕塑家杨惠之的许多雕塑佳作。宋代，相国寺被封为皇家寺院，寺中著名和尚也都获得皇帝亲赐封号。宋太祖（960～976年在位）时，相国寺又是接待贵宾的地方，如开宝四年（971），中印度王子曼殊室利随同西天取经归国的中国僧人建盛到开封，会见皇帝后，被安置在相国寺居住。当时，许多从印度来的僧人都在大相国寺居住过。此后，大相国寺经历了很多变故，明代崇祯十五年（1642），黄河决口，大相国寺被洪水吞没。清代两次重建重修后，道光二十一年（1841）又遭洪水淹没。1949年以后，经过多次重修的相国寺于1992年正式恢复佛事活动。

大相国寺山门

（薛克翘）

Xiao San

萧三 Xiao San（1896.10.10～1983.02.04）中国现代诗人，翻译家。原名萧子暲，笔名埃弥·萧、爱梅等。湖南湘乡人。1918年参加新民学会，1920年赴法国勤工俭学，1923年赴莫斯科东方劳动者共产主义大学学习，1924年回国后投身共青团工作。1928年赴莫斯科东方学院任教，任《世界革命文学》中文版主编，同时从事创作。1939年回国后，

在延安鲁迅艺术学院等部门工作，主编《大众文艺》、《新诗歌》。中华人民共和国建立后从事对外文化交流工作，历任文化部对外联络局局长、中国作家协会书记处书记、国际笔会中国中心副会长等职。著有诗集《和平之路》、《友谊之歌》、《萧三诗选》等，译有《列宁论文化与艺术》，剧本《前线》、《马门教授》，以及普希金的一些诗篇等。

抗战时期，萧三对**印度援华医疗队**有较为深切的了解。1938年，印度援华医疗队一行五人，冒着生命危险，远离故土来到中国，对中国人民的抗战事业施以无私援助。医疗队于1939年辗转赴延安。5月18日，时任鲁迅艺术学院编译部主任的萧三曾探访医疗队所在医院，听取医疗队员对印度国大党历史和现状的介绍，感受到了印度友人对中国人民的深厚情谊。20世纪50年代，萧三曾一度主持国际文化交流工作。1956年12月，萧三参加在印度新德里举行的第一次亚洲作家会议，得到印度总理J.**尼赫鲁**的接见，参观了阿格拉古堡、泰姬陵，了解到印度的《五卷书》、《沙恭达罗》，对光辉灿烂的印度文化和由**周恩来**、**尼赫鲁**联手缔造的现代中印友谊赞叹不已。会议期间，曾与当年印度援华医疗队成员之一**巴苏华**重逢和畅叙旧谊。他将这些美好记忆融入《从印度归来》一诗中，收入《萧三诗选》，于1960年由人民文学出版社出版。

《萧三文集》封面

（王汝良）

Xiao Yingchun

萧应椿 Xiao Yingchun（1856～1922）中国清朝官员。字绍庭，号大庸，云南昆明人。1901年，考得经济特科二等。1908年，任山东劝业道，后兼任山东大学堂总监。1911年，与德国商议收回山东博山、淄川的矿权。辛亥革命后退出仕途，从事商业活动。著有《五洲述略》(1902)。该书对南亚地区廓尔喀(今尼泊尔)、阿富汗和俾路支等地的历史与地理有所介绍。

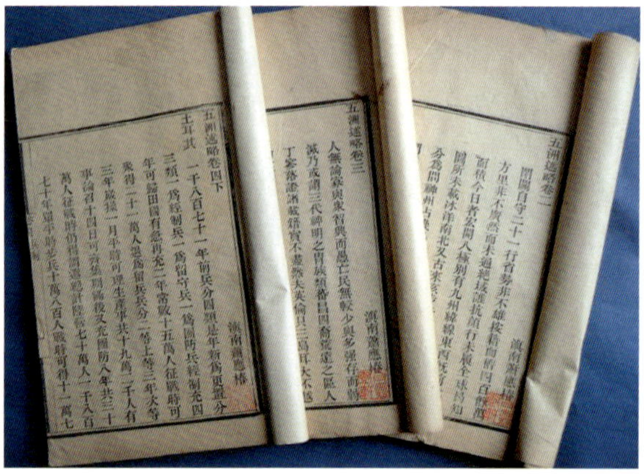

萧应椿《五洲述略》书影

（张书剑）

Xiaogelanguo

小葛兰国 中国古代对今印度西南海岸城市奎隆的称呼。见**故临**。

Xiao Niche

《小泥车》 *Mṛcchakaṭika* 印度古代梵语名剧。作者**首陀罗迦**。

《小泥车》分为10幕，情节为：在暴君波罗迦王统治的优禅尼城，国舅正在追逐妓女春军。后者逃入穷商人善施的家。后春军离去，但将一盒首饰留下，准备以此为借口，与她所倾心的善施再次相会。与此同时，穷婆罗门青年夏维罗迦也爱上了春军的丫环摩德尼迦，为了给她赎身，当上窃贼，刚巧偷了那盒首饰。善施焦急，其妻拿出仅存的一串项链作为赔偿，请一位朋友送还春军。夏维罗迦将首饰送到春军处为摩德尼迦赎身。后者认识首饰，但未点破。此时传来起义领袖阿里耶迪被捕的消息。夏维罗迦急往营救。当晚春军到善施家，交回首饰，两人结合。次晨，善施先去公园。春军醒后，见善施之子要玩邻居的小金车。丫环捏了一个小泥车，他不要。于是春军解下身上全部首饰放入泥车，让他去换金车。春军出门后，错上了国舅的车，而已经脱逃的阿里耶迪却上了等候善施的车。后一车到达公园，善施发现差错，立即让阿里耶迪乘自己的车逃走。春军到公园后，国舅大喜，欲施无礼，遭到痛斥，遂因恼怒而勒死春军。此时她解救过的一个按摩师正好路过，将她救活。国舅则去法官处诬告善施杀人。暴君波罗迦命令判他死刑。刑场上刽子手正要举刀，按摩师偕春军赶到，救下善施。同时阿里耶迪起义成功，封善施为拘舍波底王，春军亦得为其正式之妻。《小泥车》故事起伏跌宕，曲折生动，扣人心弦而又洋溢着幽默情趣；语言质朴自然，并依据人物和情节的需要，使用了多种俗语。其所描绘的人物也多性格鲜明，各具特点。作者站在被压迫被奴

春军在妓院花园中的醉态　石雕
印度北方邦马图拉出土

役的底层民众的立场，无情揭露统治者的愚蠢和暴虐，歌颂平民的爱情，支持民众的反叛斗争，使得《小泥车》成为古典梵语文学中的典范作品之一。该剧在中国已有吴晓铃的汉译本。

（葛维钧）

Xiao Zhiguan

《小止观》 关于禅法的入门书。即《修习止观坐禅法要》，又称《童蒙止观》。作者智颢。

《小止观》结合佛经总结了前人的理论和实践，归纳出十个问题，即“具缘第一”、“诃欲第二”、“弃盖第三”、“调和第四”、“方便行第五”、“正修行第六”、“善根发第七”、“觉知魔事第八”、“治病第九”和“证果第十”。智颤认为，大乘的禅法应当是定慧双修。即如他所说：“若人成就定慧二法，斯乃自利利人，法皆具足。”定指禅定，慧指智慧。他说：“当知此之二法，如车之双轮，鸟之两翼。”二者相辅相成，不可偏废。只修禅定而不学智慧是愚昧，只学智慧而不修禅定是轻狂。愚昧和轻狂都不免要堕入偏邪，不可能获得涅槃。他还认为，修行佛法，要想达到涅槃境界，虽然有多种途径，但最主要的是“止观二法”。对于止和观，他的解释是：“止乃伏结之初门，观是断惑之正要；止则爱养心识之善资，观则策发深解之妙术。止是禅定之胜因，观是智慧之由借。”实际上，止，在梵文里作shamatha，音译为奢摩他，即可作禅定理解；观，梵文是vipashyana，音译为毗婆舍那，即可作智慧理解。所以，止观二法即定慧二法，定慧双修即止观双修。修止的同时要修观，修观的同时也要修止。但修止与修观相比，修止是“初门”，是一种初级的实践，而修观则是深入掌握佛法的途径，是达到智慧彼岸的法门。

智颤所归纳的十个问题，即是止观禅法的十大要领。坐禅与身心健康的关系是密切的。而修习禅定的关键是调节心理，并通过心理的平衡达到身体的平衡。

由《小止观》的内容还可知：第一，印度的瑜伽被佛教僧人吸收为自己的修行方式以后，传到了中国，又与中国传统的医学理论和养生实践相结合，形成

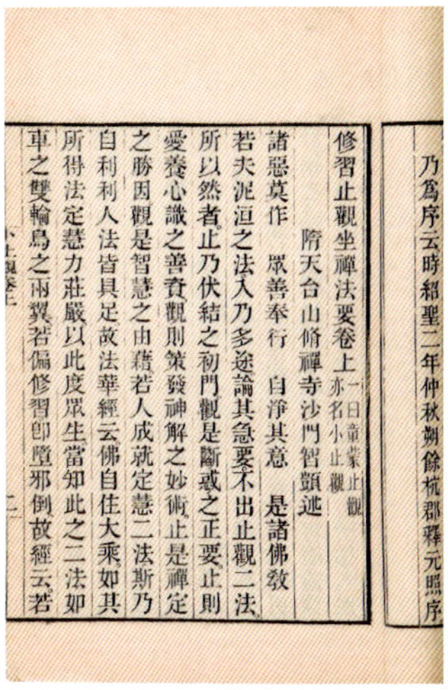
乃爲序云時紹聖二年仲秋餘杭郡釋元照序
修習止觀坐禪法要卷上 一曰童蒙止觀 亦名小止觀
隋天台山脩禪寺沙門智顗述
諸惡莫作　衆善奉行　自淨其意　是諸佛教
若夫泥洹之法入乃多途論其急要不出止觀二法
所以然者止乃伏結之初門觀是斷惑之正要止則
愛養心識之善資觀則策發神解之妙術止是禪定
之勝因觀是智慧之由藉若人成就定慧二法斯乃
自利利人法皆具足故法華經云佛自住大乘如其
所得法定慧力莊嚴以此度衆生當知此之二法如
車之雙輪鳥之兩翼若偏修習卽墮邪倒故經云若
小止觀卷上　二

《修习止观坐禅法要》清光绪二十九年（1903）金陵刻经处刊本书影

了中国佛教的禅法。第二，书中虽有消极迷信的内容，但作为一种健身养生地方法，仍然有不少可取之处，有不少科学的内容。第三，中国佛教的禅法长期被广大僧俗所习练，经过许多人不断地总结和丰富，成为中国养生健身术的一个体系和一个组成部分，从而为中国健身养生科学的发展起到有益的作用。

（薛克翘）

Xie Zunzhe

胁尊者 Pārśva（约活动于2世纪） 印度小乘佛教说一切有部大师。梵语原意为“胁”，“尊者”是其敬称。汉译亦有单译作“胁”的。也译胁比丘，或音译

波栗湿缚。

胁尊者为公元2世纪贵霜王迦腻色迦同时代人。据《大唐西域记》等书所载佛教传说，尊者最初是一位婆罗门教师，年近八十出家皈佛，师事高僧佛陀蜜多。时人讥笑他老朽昏愦，断言他定无所成。他遂自立誓言道：“我如不能学通三藏，断三界欲，得六神通，具八解脱，身胁绝不沾席！”此后行走坐立，无不潜心思维，白日研习教理，夜间静坐凝神，三年之后，果然达到目的。于是大家对他肃然起敬，称他为胁尊者。据说是他劝说迦腻色伽举行了佛教第四次结集。

（葛维钧）

Xie Lingyun

谢灵运 Xie Lingyun（385～433） 中国南朝刘宋时诗人。陈郡阳夏（今河南太康）人。据《宋书》卷六七，谢灵运为晋代重臣谢玄（343～388）之孙，

谢灵运与慧远 《庐山观莲图》（清）上官周绘

袭封康乐公，“少好学，博览群书，文章之美，江左莫逮”。宋武帝（420～422年在位）时由公爵被降为侯爵，后为永嘉太守，不久辞官，过起隐居生活。宋文帝（424～453年在位）时出任临川内史，后因谋反而被处死。

谢灵运对佛教非常熟悉，且非常推崇。他与佛教名僧交游，受影响颇深。虽生年不满半百，却留下不少诗作。他的诗赋中印有佛教影响的痕迹。如在《山居赋》中写道：“故大慈之弘誓，拯群物之沦倾。岂寓地而空言，必有待以善成。钦鹿野之华苑，羡灵鹫之名山。企坚固之贞林，希奄罗之芳园。虽悴容之缅邈，谓哀音之恒存。建招提于幽峰，冀振锡之息肩。庶灯王之赠席，想香积之惠餐。”他将山居比喻为修行，将所处的环境与佛教的圣地相联系，运用佛教典故，抒发佛家情怀。在《石壁立招提精舍》中，他对人生的空幻、时间的

流逝发出慨叹。尽管谢灵运对佛教多有了解，但他并没有成为真正的佛教徒，一生狂傲不羁，放浪形迹，所以才有后来被杀之祸。当他将被处以极刑时，才有所觉悟，在《临终诗》里表示要“送心正觉”，并把希望寄托于来生，颇有忏悔之意。

（薛克翘）

Xie Qinggao

谢清高 Xie Qinggao（约1765～1821）中国清代旅行家，航海家。广东嘉应州（今梅州市）程乡（今梅县）金盘堡人。

谢清高18岁时，跟随商人到海南谋生。一次，因遇到风暴，所乘船被吹翻，落水后幸被“番舶”（外国船，此指一艘葡萄牙船）救起。从此便在葡萄牙船上服务，充当一名水手，随船航行至世界各地，尤其是海上岛国和各大港口。在外船上，他经历了10～11年的光阴，增长了见识，也学会了外语，主要是葡萄牙语。约1793年或1792年，他因通晓葡萄牙语来到澳门居住，主要靠打理铺面和替人当翻译谋生。1793年，由于向当地的葡萄牙人出借150元番银（可能指葡萄牙银元），久讨利息不还而双目失明。从此，又被称为“盲清”。

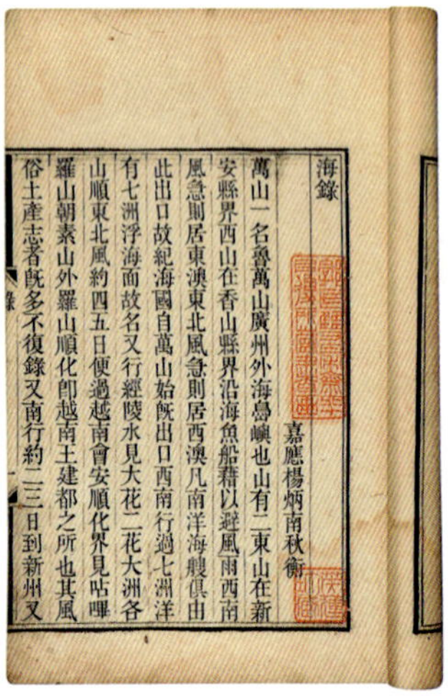
海錄
嘉應楊炳南秋衡
萬山一名魯萬山廣州外海島嶼也山有二東山在新
安縣界西山在香山縣界沿海魚船藉以避風雨西南
風急則居東澳東北風急則居西澳凡南洋海艘俱由
此出口故紀海國自萬山始旣出口西南行過七洲洋
有七洲浮海面故名又行經陵水見大花二花大洲各
山順東北風約四五日便過越南會安順化界見咕嚾
羅山朝素山外羅山順化即越南王建都之所也其風
俗土產志者旣多不復錄又南行約二三日到新州又

谢清高《海录》书影

清嘉庆庚辰岁（1820），同乡举人杨炳南游澳门见到谢清高。倾谈间，杨炳南发现谢清高对西洋方面的事情很了解，便应邀代为笔录，以便传留后人。杨炳南逐条记下谢清高所述，并予以加工、补充。成书定名为《海录》，约于同年刊刻为书。1821年，谢清高于广东老家病逝，终年66岁。谢清高有非凡的记忆力，虽然读书很少，但开阔的眼界和广博的阅历仍然使他独具慧眼，对许多事物都有独到的见解。由他口述、杨炳南笔录的《海录》一书以丰富而新奇的内容赢得许多读者，成为中国鸦片战争前介绍海外概况的最有价值的著作，引起了中国知识界的广泛重视，为在闭关锁国中夜郎自大的国人打开了视野。

（薛克翘）

Xinge

辛格，A. Amar Singh（1878.07.25～1942.11.02） 印度作家。生于今印度拉贾斯坦邦首府斋浦尔市附近的迦诺塔土邦一个显赫的豪绅家族。其祖父T.Z.辛格为迦诺塔土邦创立了基业。父亲T.N.辛格则是旧时斋浦尔土邦的警察首脑及毗邻的阿尔瓦尔土邦的一名大臣。A.辛格在P.辛格爵士的监护下成长。P.辛格爵士为佐德普尔（又译焦特布尔）土邦颇有权势的首相。

辛格因在王室环境下成长，接受了拉其普特人尚武的文化和意识。他应征加入佐德普尔长矛轻骑兵团——佐德普尔土邦的骑兵团。1900年，该骑兵团与英属印度其他军队一道被派往中国，参加国际联合远征军，镇压义和团运动。从中国返回印度后，他率先加入帝国候补军官团，继续自己的军旅生涯。该部队是英国人1901年成立的，是一支由印度本土人组成的独立的土邦军队。作为一名军官，他先后在欧洲，及对伊朗和阿富汗的战争中服役。在部队中，他被种族不平等的现实激怒，辞去军职，终在摩诃罗阇萨瓦伊·曼·辛格登基后加入斋浦尔土邦。

由于贯通印度精英文化和英国殖民文化，辛格成为一名富于才智的行政人员、称职能干的军官和热情洋溢的体育运动爱好者。倘若不是由于他为了“自娱自乐”而写下的日记，他在历史上将一直籍籍无名。这些日记不仅是一部关于那个时代拉其普特贵族的人种志记录，描述了他们的个性和竞争，相互对抗的社会统治集团，当时的权谋游戏以及英国人和拉其普特人治下的地方精英文化，而且记载了他本人的英勇行为，同时也坦诚地表达了他对当时的社会、政治和文化结构的见解。这些用英文写下的日记，始于1898年，止于1942年，时间跨度44年。共89册，每册达800页。这些日记的节本已由S.H.鲁道夫、L.鲁道夫和M.S.迦诺塔编选并注释，于2002年由美国韦斯特维尤出版社出版，题为《回眸对视：阿马尔·辛格日记——英属印度帝国纪事》。

辛格在日记中叙述了一个印度精英人士对中国及在中国发生的义和团运动的看法。1900年9月9日，作为镇压义和团运动的国际联合远征军的组成部分，辛格所在的由P.辛格爵士统辖的佐德普尔骑兵团抵达中国香港。同年10月12日，骑兵团最终在山海关兵营驻扎下来。随后，比卡内尔的G.辛格少校率领的骆驼部队接踵而至。他们的部队数度在刘家堡与义和团交战。1901年7月2日，在驻留8个多月后，该骑兵团撤离中国。辛格对自己在中国的见闻和体验相当震惊。尽管他本人与英国军官的关系是平等的，他还是满腔郁愤：“印度人被视为人类等级体系中的下品……我不愿被当作一名苦力。”种族歧视也令他不快，远征军的掳掠与残暴令他痛心。他着力记述了“俄罗斯人的残酷无情和毫无约束”，以及他们对中国人的洗劫杀戮和对中国村庄的破坏。他写道，远征军到这些村庄搜寻武器，“带那么多军人，与其说是要与那么可怜而又无害的妇女战斗，毋宁说是为了恐吓她们，真是太可耻了”。他在将一匹母马及一头骡驹作为战利品牵回驻地时深感内疚，而当他奉将军命令将这些赃物送还时则喜上心头。他赞赏中国人的勤劳和中国村庄的干净，但发现山海关城“肮脏而污秽”。他在归纳当时的中国问题时，引用了一个没有具名的诗人的话：“倘若天阙无主，倘若主人太多，或者主人懦弱，是妇孺，那么天庭亦会毁灭。这个世界又该当如何？这样的事情正在中国发生。倘若处于能人治下，中国就会将一支堪与世界任何强国争雄的军队排布于田野……”辛格以一种客观公正的笔法记录了自己在中国的经历，以悲天悯人的情怀提供了一幅关于20世纪初中国的图画。

（卡马尔·希尔撰 刘建译）

Xinge

辛格,M. Manmohan Singh（1932.09.26～ ） 印度政治家，经济学家。曾任印度总理(2004～2014)。在中印外交方面作出过积极贡献。

辛格出生于英属印度旁遮普省杰赫勒姆县（在今巴基斯坦旁遮普省），锡克教徒。印巴分治后，随家人迁居

阿姆利则。1948年，入旁遮普大学学习经济学。于1952、1954年分别获得学士、硕士学位。1957年赴英国剑桥大学深造。后归国任教于旁遮普大学。1960年赴英国牛津大学攻读博士学位，1962年获经济学专业博士学位后回国。1966～1969年，在联合国贸易和发展会议任职。1969年，被聘为德里大学德里经济学院教授。20世纪70年代初进入政界。1971～1976年，先后在印度外贸部、财政部任顾问。1982年，出任印度储备银行行长。1985～1987年，任印度国家计划委员会副主席。1991～1996年，任财政部部长。其间进行经济改革，使印度经济摆脱束缚进入高速发展轨道，由此被誉为“印度经济改革之父”。2004年5月19日，被印度总统A.P.J.A.卡拉姆任命为政府总理，成为印度历史上首位非印度教徒总理。2009年5月连任，2014年5月卸任。1987年，获得印度政府颁发的第二级公民荣誉勋章。

辛格曾于2008年1月13～15日、2013年10月22～24日两次对中国进行正式访问。2008年访华期间，与时任中国国务院总理温家宝举行会谈，达成多项共识。包括扩大两国人文交流、设立中印交流基金、提高相互投资规模等内容，共同签署了《中华人民共和国和印度共和国关于二十一世纪的共同展望》。2013年访华期间，与中国国家主席习近平、国务院总理李克强进行深入交流，在经贸、人文等领域达成了广泛共识并签署边防合作协议。10月23日，与李克强共同会见记者，并在其陪同下参观故宫博物院。10月24日，于中共中央党校发表题为《新时代的中国和印度》的演讲。

2013年5月，辛格与访印的中国总理李克强共同签署中印联合声明。声明内容包括于2014年完成《中印文化交流百科全书》编撰工作、同意启动中印经典及当代作品互译项目、加强两国媒体交流与合作、同意协商简化签证手续等内容。

（姜景奎　李宝龙）

Xinge

辛格,T.G. Thakur Gadadhar Singh (1869.10.～1920.10.) 印度作家。生于今印度北方邦坎普尔县桑切蒂村一个旃代尔拉其普特家庭。其父T.D.辛格曾于1864～1878年在孟加拉第五本地人步兵团服役。T.G.辛格17岁高中毕业，加入孟加拉第七拉其普特团。18岁时，受命参加英缅战争。1894年因良好的教育背景被任命为部队教员。1896年晋升为一级准尉，这是当时印度人在英军中所能获得的最高职位。1900年中国爆发义和团运动，随第七拉其普特团前往中国，在那里度过13个月。

辛格不仅是英军的一名印度本土拉其普特军官，其印地语著述也享有美誉。由他撰写的游记兼回忆录《在中国的十三个月》于1901年出版。1902年5月1日，勒克瑙知名英文报纸《拥护者》对该书予以好评：“作者极为仔细地观察并记录了军旅生活中稍纵即逝的事件细节，并用质朴的印地语加以呈现，字里行间点缀着丰富的个人见解，这些都是作者的过人之处。该书具有明显的超越性，因此在尚处萌芽阶段的印地语文学里留下了永恒的印记。”该书以一位印度中尉的视角写就，为人们详细了解义和团运动、八国联军占领北京，以及中国人民在与八国联军的斗争中所遭受的各种暴行提供了一份可供参考的资料，同时提出了印度和中国联手抵抗西方统治的可能性。

辛格用印地语撰写的另一部著名游记《英王爱德华加冕礼目击记》是他在英国的游记，于1903年出版。由于这两部著名的游记，他被誉为现代印地语文学史上的第一位游记作家。其他主要著作有《日本的国家制度》、《俄日战争》、《武士道》、《国外旅行》、《外国家庭》、《佛陀的哲学》、《战争与和平概论》、《眼睛与视觉》等。他还创办了期刊《妇女之友》，致力于揭示和解决妇女问题，使女性接受教育并享有更多权利。

（兰贾那·希尔　卡马尔·希尔撰　乔安全译）

Xinha

辛哈,K.K. Krishna Kinkar Sinha（生卒年不详） 印度中国研究者。1942年起任教于印度国际大学中国学院，师从谭云山学习现代及古代汉语，是第一位在中国讲授印地语和印度文化的印度教授。主要从事汉语作品的印地语翻译工作，译有谭云山的《现代中国》、孙中山的《三民主义》、蒋介石的《中国之命运》等。

（阿维杰特撰　张书剑译）

Xintou Dahe

辛头大河 Sindhu 印度河的古译名。出自《宋云行纪》。《高僧传》作辛头河，《佛国记》作新头河，为布鲁沙斯基语Sinda的音译，本义为“河”，指印度河。见县度。

（陆水林）

xin feitanduo

新吠檀多 new vedānta 一批近现代印度哲学家在继承古代吠檀多基本原理的基础上，吸收西方哲学和现代科学的内

黄心川《印度近代哲学家辨喜研究》封面

735

容，对传统吠檀多加以改造和革新而产生的哲学。作为一种新的哲学思潮，产生于19世纪末20世纪初，兴盛于20世纪中叶，一直延续至今。新吠檀多哲学的首倡者，是印度近代著名宗教改革家斯瓦米·韦维卡南达(见 辨喜)。他主张，要改革印度教，就必须首先改革印度教的哲学体系——吠檀多。他首先批判古代吠檀多的“世界虚幻论”，利用西方现代哲学和科学的内容重新解释“梵与我”、“梵与世界”的关系，并且提倡“行动哲学”，鼓励民众参加社会活动，依靠行动改变自己的命运。在他之后，一大批新吠檀多哲学家陆续出现，其中著名的有：奥罗宾多、B.达斯、K.C.薄泰恰里耶、S.拉达克里希南、P.T.拉哲等。在近现代印度社会的意识形态中，新吠檀多哲学一直占据着主导地位，对印度人民的思想有深刻的影响。

新吠檀多哲学的特点是：①融合东西方思想。新吠檀多哲学家一般都将印度传统吠檀多论与西方哲学融会在自己的思想体系中。他们的方法有两种：一是运用西方近现代哲学的观点、方法和术语重新诠释和阐述古代吠檀多；二是直接汲取西方哲学中的某些学说和内容，使之与传统吠檀多相结合。②调和宗教与科学。吠檀多哲学是一种宗教哲学。他们认识到，要使吠檀多哲学跟上时代的发展，就必须吸收近现代自然科学的知识和成果，使这种宗教哲学与自然科学协调起来。在这方面，他们采取了各种方式。例如，奥罗宾多就是用现代物理学中的“力”和“能”的学说，来说明梵是一种无限永恒的创造力量，以此证明梵是符合现代科学的。③宗教的倾向逐渐减弱，世俗化的倾向不断加强。新吠檀多的世俗化倾向表现在许多方面：在自然观上，他们无一不批判商羯罗所宣扬的“世界虚幻论”，主张物质世界并非虚幻，而是真实的存在。在认识论上，虽然他们强调直觉在认识梵的过程中的作用，但是他们并不否认感觉认识和理性思维在认识自然世界中的重要性。在人生观方面，他们吸收西方人道主义思想，批判以神为中心，贬低人生价值的神学蒙昧主义，倡导以人为中心，人即是神的思想；批判超世论和禁欲主义，提倡世俗文化和世俗教育，强调世俗生活和世俗行为的重要性。在人生理想方面，他们反对“业报轮回”和“死后的解脱”，号召人们相信自己的力量，通过现世的努力去实现自己的理想。总之，新吠檀多哲学代表现代印度的一种进步思潮，它是对传统印度教文化的一种变革、发展和创新。

印度新吠檀多思想在20世纪60年代就已传入中国，时任北京大学哲学系讲师的黄心川曾给研究生讲授印度新吠檀多的代表人物斯瓦米·韦维卡南达的哲学思想。1979年，他出版的《印度近代哲学家辨喜研究》一书，全面地阐述了斯瓦米·维韦卡南达的新吠檀多思想。1989年，他出版的《印度近现代哲学》，还论述了罗摩克里希那、奥罗宾多等人的新吠檀多论。2013年，朱明忠出版的《印度吠檀多哲学史》(下卷)，全面系统地阐述了新吠檀多思潮产生的时代背景、思想渊源和不同时期的代表人物，如斯瓦米·维韦卡南达、斯瓦米·阿贝德南达、B.达斯、K.C.薄泰恰里耶、S.拉达克里希南、P.T.拉哲、马哈德万，等等。

（朱明忠）

Xin Shaxun Yanghang

新沙逊洋行 E.D. Sassoon & Co. 19世纪印度商人在中国成立的贸易公司。创始人E.D.沙逊。其父D.沙逊是巴格达犹太人，1832年以难民身份到达印度孟买，随后迅速转向对华贸易。沙逊家

中国上海沙逊大厦 1928

族在中国最初主要从鸦片贸易中获取利润，后不断拓展贸易链，逐步成为香港和上海最为显赫的商业家族之一。1844年E.D.沙逊来华，后从家族母公司沙逊洋行独立出来，1872年成立了自己的公司E.D.沙逊洋行，中文名为新沙逊洋行，总部位于上海仁济路5号。在公司两位继任领导者J.沙逊和V.沙逊的带领下，该公司在中国的业务超越了母公司。

新沙逊洋行在进行鸦片贸易的同时，还从事布匹贸易，将英国进口的布料供给上海南京路和天津路上最繁华的商铺。此外，该公司也开展保险业务，19世纪末开始投资制造业，成立纺织厂、米厂、纸厂、面粉厂和酿造厂。该公司最成功的投资领域是地产业，控制了华懋地产公司、上海地产公司和远东地产公司，拥有上海外滩的一些标志性建筑。公司还拥有华懋酒店、国泰酒店、国泰电影院，以及1928年建成的沙逊大厦。在中国20世纪二三十年代，该公司通过发行股票和债券获取了巨额利润。20世纪早期，该公司对香港地区的关注逐渐减少。1948年，V.沙逊终止了该公司在上海的业务。

（玛妲玉撰 任婧译）

Xin Zuan Yunnan Tongzhi

《新纂云南通志》 中国史籍。共266卷。龙云主修，周钟岳、赵式铭等编纂。龙云(1884～1962)，字志舟。云南昭通人。彝族。先后主政云南17年。周钟岳(1876～1955)，字生甫，号惺庵。云南剑川人。清光绪二十九年(1903)解元，主要从事译述。赵式铭(1877～1941)，字星海。云南剑川人。白族。著有《白文考》、《云南光复志》等书。

1931年9月，云南通志馆正式设立。1944年定稿，1949年2月铅印成书800部，正式发行。2007年3月，点校本《新纂云南通志》正式出版。其中，“大事记”转述张道宗《记古滇说》：天竺摩那提国(即摩揭陀)阿育王的3个儿子追神马到了滇地，定居不归。阿育王派遣舅氏神明带军队来迎接，被哀牢山所阻隔，于是也在滇地聚居下来。阿育

王的3个儿子和神明4人，死后都成了神。甥舅4人带来的其他人，以及庄蹻率领进入滇地的部队，和当地各族土著混杂相处。庄蹻成为滇王，崇信佛教。这是一个荒诞传说，就此观点书中还进行了解释说明，认为滇地佛化，应当从迦叶进入鸡足山开始。有文字的佛教传播在汉明帝刘庄后渐渐由中夏向西南流传。未有文字记载的佛教流传，在佛祖涅槃后，最早由印度向东传播。后来有人根据张道宗的说法，认为庄蹻崇信佛教，因在理论上互不矛盾，故在书中予以采用。此外，书中的“艺文考”有释

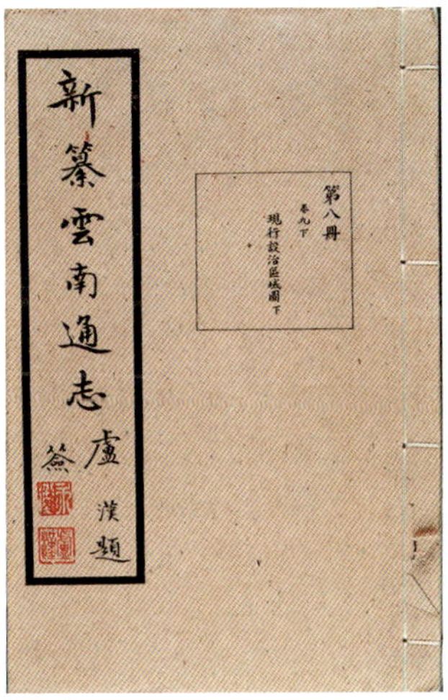

《新纂云南通志》封面

家类；“金石考”收录寺庙碑、铭、记等；“宗教考”，对宗教的来源、流派、教义、风习等细加阐述，如“迦叶入定鸡足山辨妄”等，全文收入陈垣《明季滇黔佛教考略》；人物传记，设有释、道类；而在边裔、外交诸卷，显示了编纂者对云南在东南亚、南亚地位的重视。

（胡俊麟）

Xinzhou

信胄 Śraddhāvarman（约活动于7世纪） 中国唐代去印度求法僧人。籍贯不详。据义净《大唐西域求法高僧传》卷上，其梵名为设喇陀跋摩，意译信胄。唐高宗李治时从陆路赴印求法。从北道到印度。去世于菴摩罗跋国（在今印度比哈尔邦境内）信者寺，年35岁。

（王邦维）

Xingjiao Si

兴教寺 Xingjiao Temple 中国著名佛教寺院之一。唐高宗总章二年（669），

兴教寺山门

为迁葬玄奘遗骨而建立。位于陕西西安南郊长安。麟德元年（664），玄奘圆寂于玉华宫（位于今陕西铜川），葬于长安白鹿原。数年后，为其遗骨建塔，并建兴教寺。寺内最主要的建筑物为玄奘的舍利塔，以及其弟子窥基和圆测的舍利塔。

兴教寺虽经历代兴废，但一直香火不断。19世纪中期毁于战火，唯玄奘及其弟子的3座舍利塔存留下来。1922年曾大规模重建，康有为曾书兴教寺匾额。1939年，兴教寺又经重修。1949年以后，中国政府曾两度拨款修复，兴教寺得以呈现今貌。其大雄宝殿内供奉明代的铜佛像和缅甸赠送的白玉石雕弥勒佛像各一尊。其藏经楼在东跨院，为二层楼：一层陈列有关玄奘法师的画像和名人书画，还有周恩来、J.尼赫鲁等领导人瞻仰玄奘法师墓地的珍贵历史照片；楼上珍藏数千册经书及用巴利文写的贝叶经残片。西跨院又称慈恩塔院，即玄奘及其弟子窥基和圆测三塔的所在地。

（薛克翘）

Xingcha Shenglan

《星槎胜览》 中国明朝外交、交通史籍。共2卷。作者费信（1388～？），字公晓，自号玉峰松岩生，江苏昆山人。原稿完成于正统元年（1436）。相传费信还曾绘有《郑和航海图》一卷，迄今无考。

费信作为通事（翻译），曾于永乐、宣德年间四次随郑和下西洋。前集记作者亲历的22个国家和地区，其中属于南亚的有锡兰山（今斯里兰卡）、小具喃国（今印度喀拉拉邦奎隆一带）、柯枝、古里国、榜葛剌。后集辑录旧有说法和传闻而成，其中部分内容采自元代汪大渊的《岛夷志略》，记录了东南亚、南亚、西亚等23个国家和地区的情况。

《星槎胜览》前集所记与马欢《瀛涯胜览》大致相同，但相对简约，不及《瀛涯胜览》详细。但后集涉及多处古印度及其周边地区，包括了《瀛

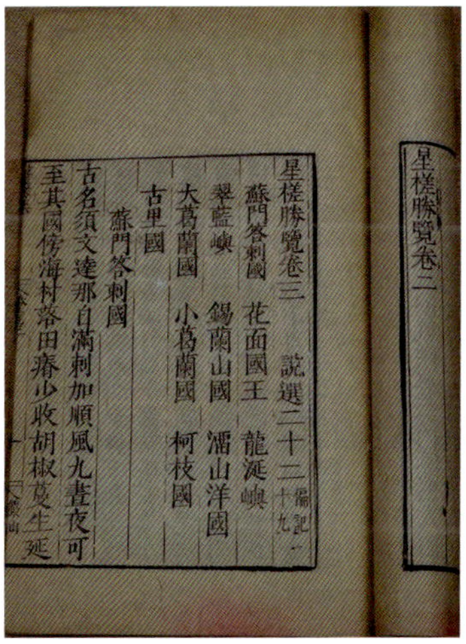

《星槎胜览》书影

涯胜览》中没有收录的若干个亚非国家和地区。

《星槎胜览》记述了郑和等人访问各国时的情况，是研究明代亚非地理及中西交通的重要史料。该书除原本2卷，今可见改订本4卷，最古为《古今说海》本。1937年商务印书馆出版冯承钧校注本，1954年中华书局重印该本。

（胡俊麟）

Xingshen Huaxiang

星神画像 Partraits of Constellation Gods 古代由印度传入中国的一种绘

画题材，同时也是经密教引进的一种祭祀用具。

唐代起，中印交流逐渐繁盛，在印度颇为流行的星神画像也陆续传入中国。关于星神画像的最早记载，是北宋御府藏梁代画家张僧繇所画星神像《九曜像》、《镇星像》和《五星二十八宿真形图》3种。若所载属实，则证明早在南朝梁时期中国已经开始吸收印度的星神画像。但学者多认为这些画像的真正作者应是唐代之人。

星神画像主要分为两种：一种是艺术品，如《五星二十八宿真形图》；一种是密教祭祀用具，如佛经中的诸曜神像以及炽盛光佛与众神像等。

五星二十八宿神形图在中国绘画史上以一种独立的绘画题材传世，内容包括五大行星神和二十八宿神之画像。目前尚存世几种：日本大阪藏《五星及廿八宿神形图》、中国台北故宫博物院藏《宋人星宿图卷》、中国北京故宫博物院藏《元紫霜道士星宿真形图》，以及美国大都会艺术博物馆藏《仇英款星宿神形图》，其作者时代依次为唐、宋、元、明。

《五星及廿八宿神形图》（局部）（唐）梁令瓒绘
现藏日本大阪市立美术馆

说明星神画像的佛经众多。《大正藏》所收录的《梵天火罗九曜》、《七曜攘灾决》、《火罗图》、《九曜尊像》、《九曜等图像》、《九曜星图像》以及《九曜秘历》中，均录有九曜神像。收录二十八宿和十二宫神像的佛经则非常少见。目前所存的《火罗图》比较少见地集合了曜、宿、宫神的众神合像。

在敦煌文献中，也可看到大量星神画像。其原因在于随着唐代密教的盛云，星神崇拜在民间广为流行，人们相信通过供养星神的画像，举行相应的祭祀仪式或密教仪轨，就可以排除或消除来自恶曜的不利影响，从而获得护佑和福祉。民间信仰加速了星神画像的流行。

炽盛光佛图是炽盛光佛和众星神组合在一起的星象图，同样具有消灾祈福的作用。只是图像的主角是炽盛光佛，宿、曜、宫诸神围绕其四方。

作为艺术品的宿曜神像与汉译佛经中的宿曜神像在特征上存在一定的差异，但又有着非常明显的联系。最显著的是《五星二十八宿真形图》中诸曜神的坐骑，在佛经中统一转化为诸曜神的头冠。

至今还无法将汉译佛经中或中国历代艺术品中的星神画像与印度传世的星神画像进行完全对接。原因在于：一是星神画像是一种长期演变的艺术题材，流传至中国的星神像，可能只是印度某一阶段星神像的变体，印度本土的星神像也在不断演化之中；二是进入中国的这些星神画像多是秘密传播的，行世本来不多，现存数量有限的画像不能反映印度星神画像的原貌和特征；三是佛经和艺术品在传播途中，可能还融合了中亚等地区画像的元素。

（李辉）

Xingyun

星云 Xingyun（1927～） 中国僧人。临济宗第48代传人，创建佛光山道场，弘法利生，以弘扬“人间佛教”为宗风，

树立“以文化弘扬佛法，以教育培养人才，以慈善福利社会，以共修净化人心”之宗旨，致力于推动佛教教育、文化、慈善、弘法等事业，对佛教的制度化、人间化、现代化、国际化等多方面作出了重要的贡献。

星云俗名李国深，1927年出生于江苏江都。1939年，星云随母至栖霞山寻父，得遇宜兴大觉寺志开上人，同年于栖霞寺出家为僧，礼志开上人为师，法名悟彻，号今觉。两年后在栖霞寺受具足戒，并于栖霞律学院学习。4年后考入镇江焦山佛学院研读经文，并主编《我的园地》杂志。1947年自焦山佛学院毕业，到宜兴大觉寺任监院，兼任白塔小学校长、华藏寺监院等职务，还与智勇创办了《怒涛》月刊。1949年，带领僧侣救护队随国民党伤兵前往台湾，救护伤员。后僧侣救护队取消，星云辗转各寺暂住，最后投奔慈航法师，落脚中坜圆光寺，并担任佛学院老师。然不久被污为“匪谍”入狱，23天后因孙立人夫人张清扬担保而被救出狱。出狱后，积极以文字弘法，曾主编《觉群周报》和《人生》月刊，为各大报纸和杂志供稿，撰写第一本书——《无声息的歌唱》等，被誉为“佛教文坛之星”。1953年，应李决和邀请，前往宜兰弘法，长达12年之久，其间在弘法方式、佛教教制和文教事业等多方面颇有创新和建树。1965年，创办寿山佛学院，后因条件之限制，又在高雄县大树乡（今高雄市大树区）创办了佛光山道场，出任第一代住持。佛光山道场从1967年正式动工，在建设过程中，星云吸收宜兰建设的经验，在弘法方式方面进一步革新，如运用夏令营、冬令营，采用讲演、座谈，甚至戏剧、音乐、体育等多种形式弘法。此外，星云还尤

其注重青年和僧才培养，派遣僧人留学，创办佛学研究机构和刊物，举办学术会议等。邓子美曾归纳星云顺应时代弘法的特色为：广泛运用现代视听传媒和网络；顺应多元竞争时代，灵活把握佛光山道场的发展方向；首创道场建筑现代化、设施现代化；推行佛教义理生活化、大众化、普及化。

星云还注重国际传法，在世界各地创立了百余所海外传法寺院，如被誉为“西半球第一大寺”的美国洛杉矶西来寺，被誉为“南半球第一大寺”的澳大利亚南天寺，被誉为“非洲第一大寺”的南华寺，被誉为“南美洲第一大寺”的巴西如来寺等。这些寺庙成为海外弘扬佛法、东西交流的重要场所。星云与印度也颇有因缘。1963年参加佛教访问团出访印度，并在印度要求释放被捕华人，救出高雄渔船。1995年，荣获全印度佛教大会颁发的佛宝奖。1998年，前往印度菩提伽耶传授国际三坛大戒暨在家三皈五戒。

星云一生著述丰富，如《释迦牟尼佛传》、《十大弟子传》、《玉琳国师传》和诸多讲演集，他还主持编撰了《佛光大藏经》、《佛光大辞典》、《中国佛教经典宝藏精选白话版》等著作。星云门下弟子和信众众多，1985年，星云辞退佛光山住持，由弟子心平继任。

（杨祖荣）

xingdong feitanduo

行动吠檀多 actional vedānta 印度近现代吠檀多思潮中出现的一种反对消极遁世、提倡人们积极行动，依靠自己行动来实现人生理想的思想学说。

近代印度宗教改革家罗摩克里希那为行动吠檀多的首倡者。他反对悲观厌世的传统吠檀多观点，强调世俗生活的重要性，主张一个人生活在现实世界中，一边努力工作，一边保持对神的虔信，就可获得解脱。一次，有人问他：不舍弃这个世界，真能证悟到神吗？他说：你用不着舍弃任何东西。你最好就生活在这个世界上。但是，你一定要把心思盯住神。你应当用一只手工作，用另一只手紧抓住神的双脚。当你做完工作时，要用你的双手把神的脚搂在自己的心头。罗摩克里希那主张“一只手工作，一只手抓住神的脚”，这表明他鼓励人们积极参加社会活动。罗摩克里希那的弟子斯瓦米·韦维卡南达（见辨喜）也是行动吠檀多的积极倡导者。他提倡“业瑜伽”，反对舍弃尘世，鼓励人们生活在现实社会中，通过忘我工作和无私奉献的方式来表达对神的忠诚，从而实现人生的最终目标——精神解脱。他认为，释迦牟尼在觉悟成道以后，仍然留在世间，为解救众生而无私奉献，不图任何报答——这就是行动吠檀多的最高典型。印度民族运动的领袖B.G.提拉克也提倡行动吠檀多。他认为，《薄伽梵歌》的主旨就是教导人们在这个世界上积极行动。他提出，如果一个人要寻求与神相结合，他必须也寻求与周围的世界相结合，并且为这个世界努力工作；如果不是这样，那么他与神的结合就是不完善的。为世界工作，为世界服务，就是为神的意志服务，这才是最可靠的解脱之道。提拉克提出这种“为世界服务”的思想，目的就是鼓励广大印度教徒积极参加各种社会活动，踊跃投身于争取民族独立的斗争。

行动吠檀多的思想在中国有一定影响。在中国出版的《印度近代哲学家辨喜研究》、《印度近现代哲学》、《印度吠檀多哲学史》等著作中都有详细的阐述和评论。

（朱明忠）

Xingqin

行勤 Xingqin（约活动于10世纪） 中国去印度求法僧人。生平不详。据《佛祖统纪》卷四三、《宋史》卷四九〇，宋太祖乾德四年（966），以行勤为首的僧人157人应诏西行求法（一说上书请求西行，宋太祖许之），不知何时回国。另据《新续高僧传》卷一《天息灾传》，行勤归国后入译经院参与佛经翻译。

（薛克翘）

xingxiang

行像 mūrti-yātrā 佛教节庆活动，即将佛像载于车上游行。

两晋南北朝时期，民间在四月初八举办浴佛活动的同时举行“行像”活动。据《邺中记》记载，东晋后赵石虎曾让能工巧匠制造一辆檀木车，载着金佛像游行，而且还制作九龙吐水为佛像沐浴。北魏时，浴佛节也有行像活动。《魏书·释老志》云，北魏拓跋焘即位后，“于四月八日，舆诸佛像，行于广衢，帝亲御门楼，临观散花，以致敬礼”。《洛阳伽蓝记》卷三《景明寺》也记载：“四月七日，京师诸像皆来此寺。尚书祠曹录像凡有一千余躯，至八日，以次入宣阳门，向阊阖宫前，受皇帝散花。于时，金花映日，宝盖浮云，幡幢若林，香烟似雾。梵乐法音，聒动天地。百戏腾骧，所在骈比。名僧德众，负锡为群；信徒法侣，持花成薮。车骑填咽，繁衍相倾。时有西域胡沙门见此，唱言佛国。”据《高僧传》卷十《邵硕传》记载，刘宋时成都也在四月初八这天举行行像活动。

“行像”活动从印度传来。《佛国记》讲到印度行像时说：“年年常以建

中国台湾台北公园浴佛节游行

卯月八日行像。作四轮车，缚竹作五层，有承栌、揠戟，高二疋余许，其状如塔。以白氎毛缠上，然后彩画，作诸天形像。以金银琉璃庄校其上，悬缯幡盖。四边作龛，皆有坐佛，菩萨立侍。可有二十车，车车庄严各异。当此日，境内道俗皆集，作倡伎乐，华香供养。婆罗门子来请佛，佛次第入城，入城内再宿。通夜然灯，伎乐供养。国国皆尔。”

（薛克翘）

Xingming Guizhi

《性命圭旨》 中国明代气功养生学著作。无名氏撰。据说此书出于“尹真

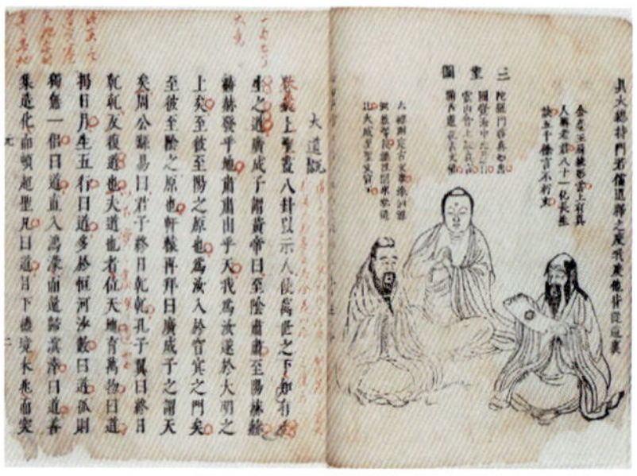

《性命圭旨》书影

人高弟手笔”。其中讲到“五气朝元”功法时说：“盖身不动，则精固而水朝元；心不动，则气固而火朝元；直性寂，则魂藏而木朝元；妄情忘，则魄伏而金朝元；四大安和，则意定而土朝元。此谓五气朝元，皆聚于顶也。”这是把佛教的“四大”学说纳入中国古代的五行学说之中。

（薛克翘）

Xiong Shili

熊十力 Xiong Shili（1884～1968）中国现代哲学家，新儒家的开创者。

熊十力原名继智、升恒、定中，字子真，晚年号漆园老人。湖北黄冈人。幼年既熟读各类儒家经典，受晚明儒学家王夫之影响颇深，后投身革命，曾参与武昌起义。后觉革命党人须先在身心上做好功夫，遂决意献身学说。此后，先入南京支那内学院随欧阳竟无学习佛法，专攻唯识学，后又代吕澂赴北京大学任教。在教学期间，因不满于传统唯识学理论，另撰《新唯识论》。后又任教于武昌大学、中央大学、乐山复性书院、勉仁书院、浙江大学等地，1949年回到北京大学，1954年退休，1968年逝世于上海。一生重要著述，除《新唯识论》外，还有《体用论》、《原儒》、《明心篇》、《佛教名相通释》、《因明大疏删注》、《乾坤衍》等。其弟子以唐君毅、牟宗三、徐复观三人最为著名，均为新儒家中坚人物。

熊十力在哲学思想上不满于传统佛教唯识学理论对体与用的架构，而借入易学思想来构建自己阴阳翕辟、体用一如的“新唯识学”体系，以儒学改造佛学。但这种做法引起了广泛的不满，被视作误解佛法，激起了一场与支那内学院诸公及太虚、印顺等人之间的大辩论。后又与吕澂书信往返，讨论“性觉”、“性寂”、“返本”、“革新”之问题，被后人整理出版。晚年所撰《体用论》，亦是其思想的进一步发展。

（陈帅）

Xiulu

岫庐 Shih Shu-lu（？～1950?） 中国僧人。湖南人。1928年入闽南佛学院学习。1932年任教于世界佛学苑汉藏教理院。1936年与惟幻、法周、慧松、唯实等比丘赴锡兰（今斯里兰卡）留学，师从金刚智长老。同年，转入印度国际大学修习梵语、巴利语，后留校任教于中国学院，教授中华文化。1940年与陈忠士等人在国际大学接待了中国佛教访问团。约于1950年逝世于印度鹿野苑。

在闽南佛学院期间，岫庐曾对太虚法师的讲学内容进行记录，整理出《佛学之宗旨和目的》(1930)、《唯识三十论讲要》(1931)、《澹宁明敏》(1932)等文；与大醒、谈玄、尘空等人宣扬推广太虚法师倡导的“人间佛教”，曾于1934年《海潮音》“人间佛教号”专辑发表《大乘积极精神之人间佛教》一文，另著有《南山律学院昙花一现记》等文；译有《转法轮经》汉语巴利语对照本。

（王凌男）

Xiuyao Jing

《宿曜经》 *Constellation Scripture* 含有印度天文学知识的汉译佛经。全称《文殊师利菩萨及诸仙所说吉凶时日善恶宿曜经》。分上、下两卷（T1299）。由唐代四大译经家之一的密教高僧不空金刚，于唐乾元二年（759）译出。《宿曜经》一般被认为由不空金刚依据自己对印度占星术的了解口述，其弟子史瑶和杨景风记录和注解而成。其中，下卷可能是史瑶协助不空金刚译出的版本，而上卷则是杨景风对史瑶译本的加注本。

《宿曜经》的主要内容可归为宿值日占和曜值日占两部分。宿曜具有善恶特性，因此宿曜所值之日有吉凶之谓。《宿曜经》所提供的算命之法，即根据人诞生日与宿值日和曜值日的关系，来占卜一生之命运；《宿曜经》所提供的择吉之术，即根据每一日所值之宿、曜的善恶来预测世间该日的吉凶祸福。这些内容属于受希腊化影响之前的印度本土星占术。宿值日和曜值日的纪时体系分别是这两种占术的关键。宿值日即二十七宿轮流值日，周而复始。其中也有一些特殊情况。二十七宿所值的时间周期是印度的理想年周期，即一年包括

《炽盛光佛并五星神图》 绢本 （唐）张淮兴绘于乾宁四年（897） 现藏英国博物馆 画的主体为炽盛光佛，五星在其周围。五星以人物形象绘出，即手持莲花的东方岁星、手持兵器的南方荧惑星、弹弦奏乐的西方太白星、执纸笔的北方辰星、执锡杖的中宫土星

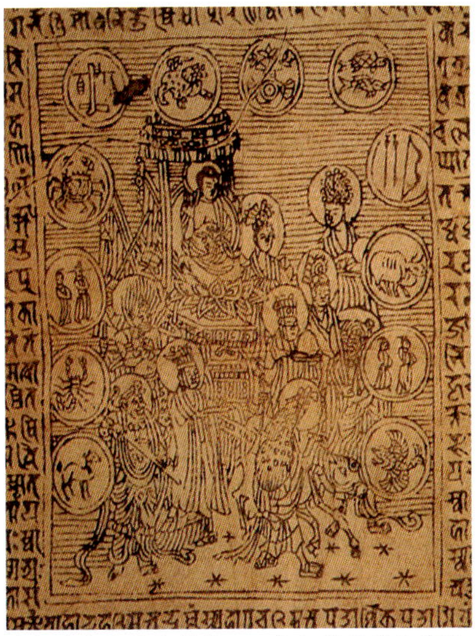

《大随求陀罗尼经咒·二十八宿星宿和黄道十二宫图》 宋雕版

360个太阴日。而二十七宿经过13个周期后，值日351天，剩余9天，因此该历表设定：1月30日和2月1日、2月30日和3月1日、3月30日和4月1日、4月30日 和5月1日、5月30日 和6月1日、8月30日 和9月1日、9月30日和10月1日、11月30日 和12月1日、12月30日和1月1日，这9个连续的两日共享一宿。据此，《宿曜经》给出了360日的表格。曜值日即日曜、月曜、火曜、水曜、木曜、金曜、土曜轮流值日，周而复始。曜值日在《宿曜经》译出之前的《**九执历**》中已经出现，但依据曜值日的算命和择吉之术，则是最先在《宿曜经》中完整出现的。

由于中国采用的是**二十八宿**体系，而《宿曜经》采用的是印度的二十七宿体系，所以杨景风在注解时按照中国的二十八宿体系增加了一个新表。

《宿曜经》的算命和择吉之术后来扩散到了中国的本土宗教道教。《道藏》中录有一部名为《金锁流珠引》的数术著作，在其卷二十一《二十八宿旁通历仰视命星明暗扶衰度厄法》中，就出现了和二十七宿值日表完全一样的表格。可见道教完全学习并吸收了《宿曜经》中的二十七宿值日体系，并在其基础上建立了自己的数术体系。而宿值日这种纪日体系在后来的历书中也经常出现。

七曜值日也广泛渗入中国民间文化之中。在中国甘肃**敦煌**出土的文献中，有大量关于曜值日占的内容。明清时期历书中关于“蜜”日（日曜日）的历注，其源头也很可能是《宿曜经》中的择吉之术。

唐时在华留学的日本僧人空海把《宿曜经》引入日本。日本在此基础上发展出了宿曜道和宿曜占星术。日本至今使用的星期名称也与此有关。

（李辉）

Xiuyao Yigui

《宿曜仪轨》 中国佛教经典。1卷。唐一行撰。收入《大正新修大藏经》密教部，编号第1 304号经。主要介绍为了消除某种灾难而需要结何种手印、念何种真言。包括虚空藏印及真言、文殊印及真言、普贤印及真言、延命印及真言、帝释天印及真言、毗沙门天印及真言、日天真言、月天真言、水星真言、木星真言、火星真言、金星真言、土星真言、罗睺真言、计都真言、九执曜天印及真言、二十八宿印及真言、能吉祥真言、北斗七星真言等19种，这些真言以梵文音译的方式写出。经文的最后一段则摘录了所谓的《金刚宿成就经》“吉祥成就品”中的部分内容，说明诸曜运行到人命、对冲、迁徙等宿时需采取的应对之法。其中的九执（曜）概念和“四大恶曜，所谓火曜、土曜、罗睺、计都”的说法，无疑是来自印度的星占学内容。一行应该是参考了某种来自印度的星占学文献而编译了该经。

（钮卫星）

Xudaduo

须达多 Sudatta 佛教传说中的虔诚信徒。又译须达、苏达多，意译善给、善授等。曾以名园献给佛教僧团。

在佛教传说中，须达多是公元前6世纪憍萨罗国**舍卫城**富商，波斯匿王的大臣。**玄奘**说他“仁而聪敏，积而能散，拯乏济贫，哀孤恤独，时美其德，号给孤独焉”。佛经中常称他为“给孤独长者”。皈依佛教后曾以重金购得祇园献给**释迦牟尼**及其弟子，号“祇树给孤独园”。佛陀及其弟子在此居住25年，宣道说法。见**祇园精舍**。

须达多绣像

（葛维钧）

Xumi Shan

须弥山 Sumeru 印度神话中位于世界中心的一座圣山。又音译作须弥楼、苏迷卢或弥卢山等，意译为妙光山或妙高山等。

据印度神话传说，须弥山高84 000由旬（1由旬约等于13千米，即1 092 000千米），入水也是84 000由旬。诸神在这里居住集会。山的四周有海洋环绕，

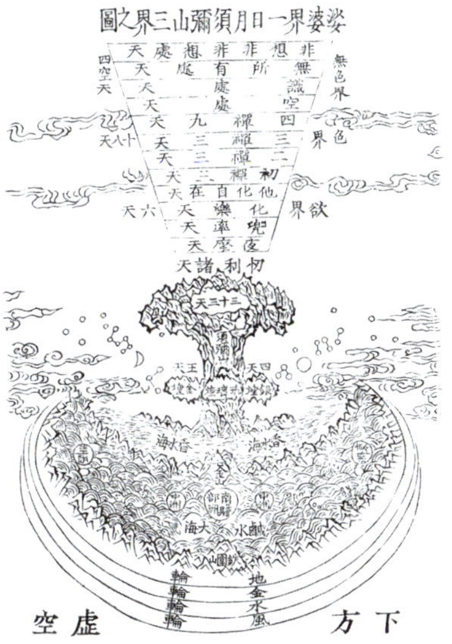

须弥山图

日月星辰都围绕着须弥山旋转。印度教、耆那教、佛教的一些庙宇建筑都以须弥山为模型建造，以象征宇宙。

根据佛教的宇宙论，世界的底层是风轮，其上依次有水轮、金轮，金轮之上则为山、海、洲所构成的大地，须弥山即此世界的中心，其周围有7座大山，各山之间有海洋相隔，第七座大山之外是咸海。咸海上有四大部洲，分别为南赡部（或译阎浮提）洲、东胜神（或译弗婆提）洲、西牛货（或译瞿陀尼）洲与北俱卢（或译郁单越）洲。四大部洲又被外层的铁围山环绕起来。须弥山由黄金、白银、琉璃、水晶四宝构成，山顶是**三十三天**（忉利天）所在，中心是天帝释所居的善

见城。西藏地区的桑耶寺便是模仿这一结构格局而修建的。

（范晶晶）

Xuyun

虚云 Xuyun（约1864～1959） 中国禅宗僧人。现代中国禅宗代表人物之一，被誉为“禅宗泰斗”，在近代禅宗史、佛教史上有重要地位。

虚云俗姓萧，初名古岩，又名演彻、性彻，字德清。50岁后自号虚云，改字幻游。祖籍湖南湘乡，生于福建泉州。

清光绪八年（1882），虚云至福州鼓山涌泉寺剃度出家，于妙莲座下受具足戒。后奉师命遍访名山大寺，先后至浙江天台山、普陀山、天童寺、阿育王寺，杭州三天竺、常州天宁寺、镇江金山寺、扬州高旻寺等，从融镜、敏曦、天朗、观心、大定、朗辉等习禅研教。此外，为报父母恩，虚云曾从浙江普陀山朝礼至山西五台山，历时3年方得圆满；为朝礼佛陀圣迹，又历参陕西终南山、四川峨眉山、拉萨三大寺，并由西藏至印度、锡兰（今斯里兰卡）、缅甸等国。后由缅甸回国，朝拜云南鸡足山，经贵州、湖南、湖北等地，礼安徽九华山。光绪二十一年在扬州高旻寺参加禅七法会。

虚云讲经说法，整顿丛林，恢复道场。1901年至终南山结茅潜修，次年离开终南山，朝峨眉山后至鸡足山，重兴鸡足山钵盂庵（祝圣寺）、昆明华亭寺。1928年为募款项，路过福建，是时涌泉寺方丈圆寂，虚云得众人礼请，住持涌泉寺法席，振兴涌泉寺。1934年，虚云应请前往南华六祖寺执掌法席，重振南华禅寺。1943年又受邀重振云门祖庭。同年12月移锡云门大觉禅寺，重振道场。在此期间，他还曾收美国信徒为弟子，于1950年冬创办云门大觉农场，嘱弟子整理《云门山志》，并应请至中国港澳地区弘法。1952年，虚云北上筹建中国佛教协会，次年成立大会召开，被推选为中国佛教协会名誉会长。同年12月应请南下上海主持法会49天。1953年应请前往杭州主持法会。同年，前往庐山大林寺休养，得闻云居山真如禅寺残败之相，又移锡云居山重振道场。1959年10月于云居山逝世。

虚云身兼禅宗五脉。在妙莲座下受临济衣钵，成临济第43世；同时又在耀成座下承曹洞法脉，成曹洞第47世；1932年应福建长汀八宝山明湛之请，遥接良庆所传法眼宗，成法眼第8世；次年，应湖南沩山宝山之请，远承兴阳词铎所传沩仰宗，成沩仰第8世；重振云门大觉禅寺时，遥承已庵深静之云门宗，成云门第12世。

虚云一生功绩主要有：一身延续禅宗五门法脉，广大宗门，续佛慧命；深研经藏，注重禅定，形成一整套完整而系统的禅学理论，并用于实践，指导信众；融合诸宗，禅净双修，讲经说法，广弘禅教；整顿丛林，兴建名刹，恢复道场。

虚云曾有不少著述。但大多散佚。后人将其仅存法语、开示等汇编为《虚云和尚法汇》、《虚云和尚法汇续编》等，传世流行。

（杨祖荣）

Xu Beihong

徐悲鸿 Xu Beihong（1895.07.19～1953.09.26） 中国现代画家。江苏宜兴人。幼从家学，练字习画。1917年东渡日本考察美术。1918年被蔡元培聘为北京大学画法研究会导师，发表《中国画改良之方法》。1919年春赴法国巴黎美术学院学习油画，打下学院派素描写实造型基础。1927年回国，被聘为中央大学艺术系教授。1929年任北京大学艺术学院院长。1933～1934年在欧洲诸国举办中国美术展览和个人画展。1938年在新加坡举办筹赈画展，

救济祖国难民。1940～1941年访问印度。1946年任北平艺术专科学校校长。1949年任中央美术学院院长。在中印文化交流中起过重要的作用。

徐悲鸿一生倡导写实主义，主张“素描为一切造型艺术之基础”，同时尝试素描造型与笔墨技法的融合，逐渐形成后来中国美术院校长期奉行的写实绘画教学体系，对中国画特别是人物画的发展影响巨大。代表作有素描《女人体习作》，油画《箫声》、《田横五百士》，中国画《泰戈尔像》、《愚公移山》、《群马》等。

印度之行是徐悲鸿中国画创作的高峰期。1939年冬，徐悲鸿应印度诗人R.泰戈尔邀请赴印度国际大学讲学，寓居国际大学中国学院院长谭云山家。徐悲鸿为泰戈尔画像10余幅，包括速写、素描、油画、中国画，中国画《泰戈尔像》是他的最佳代表作之一。1940年2月17日，M.K.甘地访问圣蒂尼克坦，徐悲鸿当场为甘地画速写像，甘地在画上签名。同年，徐悲鸿相继在圣蒂尼克坦和加尔各答举办个人画展，泰戈尔在画展前言中写道：“中国艺术大师徐悲鸿在有韵律的线条和色彩中，为我们提供一个在记忆中已消失的远古景象，而无损于他自己经验里所具有的地方色彩和独特风格。”

泰戈尔与徐悲鸿合影 1940

1948年6月15日，北京大学校长胡适与出席泰戈尔画展的中印嘉宾在孑民堂前留影
前排右5徐悲鸿，右6胡适，左1季羡林，左2黎锦熙，左3朱光潜；第2排左3饶毓泰，
左7郑天挺，左8冯友兰，左9廖静文；第3排左5邓广铭

1940年4～7月，徐悲鸿旅居喜马拉雅山大吉岭，完成巨幅中国画《愚公移山》，其中大多数人物均以印度人为模特儿写生创作。他在大吉岭还画了中国画《群马》、《印度妇女》等。1940年11月徐悲鸿离印前夕，与印度画家N.鲍斯一起，从诗人泰戈尔晚年创作的2 000余幅绘画中选出70余幅精品，交付印度国际大学出版。1941年徐悲鸿在新加坡惊悉泰戈尔逝世，撰写《泰戈尔翁之绘画》以志纪念。

（王镛）

Xu Fancheng

徐梵澄 Xu Fancheng（1909.10.26～2000.03.06） 中国哲学家，翻译家，当代最为著名的印度学研究者之一。

为中印文化交流作出了不可磨灭的贡献。原名徐琥，谱名诗荃，字季海。湖南长沙人。中国社会科学院世界宗教研究所研究员。

徐梵澄生于湖南长沙一个富裕的读书人家庭，家中季子。自幼接受严格的传统家庭教育，后考入美国教会创办的长沙雅礼中学，接受完全新式教育。其父原本希望他能考入湘雅医学院，但适逢1926年北伐战争，徐梵澄弃医从文，考入国立武昌中山大学历史系。次年夏，前往上海复旦大学西洋文学系学习，同时在南京大学修读文学与医学，并自学德语。1928年5月，在复旦大学的一场讲座上结识鲁迅，两人长期往来。1929年8月，徐梵澄赴德留学，入海德堡大学哲学系，并在柏林大学进修文学与西洋艺术史。其间，他利用海德堡大学图书馆丰富的印度文献学习梵语，开始阅读大藏经，对佛教产生兴趣。1932年8月回国，寓居上海。在鲁迅的推荐下，开始为《申报》副刊《自由谈》撰写杂文，并出版《泥沙杂拾》。1934年翻译出版了尼采的《苏鲁支语录》、《朝霞》、《快乐的知识》、《尼采自传》和《歌德论自著之〈浮士德〉》等著作，是中国翻译和研究尼采著作第一人。1937年中国抗日战争爆发后，徐梵澄任教中央艺术专科学校，辗转云南、重庆等地。1940年，赴重庆中央图书馆编辑《图书月刊》，兼任中央大学教授。1945年初，受国民政府教育部委派参与中印文化交流，前往R.泰戈尔创办的国际大学中国学院任教，讲授欧阳竟无的唯识学思想，由此开始了长达33年的印度讲学生涯，研究方向亦转向佛学与印度宗教。1947年他以魏、陈、唐三个朝代的译本为参考，根据法国学者列维的考校本，从梵文译成《安慧〈三十唯识〉疏释》。1950年，他前往贝拿勒斯（今印度北方邦瓦拉纳西）继续学习梵文，其间翻译印度教经典《薄伽梵歌》和迦梨陀娑的《行云使者》。1951年入南印度本地治里（今普度治里）的室利奥罗宾多学院，出任国际教育中心华文部主任。在此后的20多年中，致力于精神哲学的研究，亦注重探讨法相唯识之学，著书立说，出版多部著作。1978年底回国。1979年起任中国社会科学院世界宗教所研究员，2000年3月6日因肺炎病逝于北京。

徐梵澄精通英语、德语、法语、梵语、拉丁语、希腊语等多种语言，同时擅长绘画创作，学术涉猎领域广泛，对于中国、西方和印度三大文明都有深入研究。他语言功底扎实，注意语言与民族文化、地域文化之间的内在联系，力求从语义入手解析语言文化交流的脉络。他学术视野开阔，将中国、印度学术传统与德国东方学研究传统三者相结合，提出许多独到的见解，对社会学、人类学和民俗学研究都具有重要的价值和意义。他从音韵学入手，将梵文与其家乡方言长沙话进行对比，说明佛教传入中原后对中原民族语言的深刻影响，以此窥见中印两大文明之间的交流与融合，为中国的印度学研究提供了新的研究方法和思路。

在中印文化交流方面，徐梵澄以译介印度宗教哲学经典而闻名，是第一个系统地将印度古代经典奥义书译介到中国的学者。在室利奥罗宾多学院任教期间，他利用学院丰富的藏书，从上百部奥义书中精选50部，陆续译成中文。为保持奥义书古朴典雅的语言特色，他选择了最为接近这种雅语风格的古代汉语，并且采用诗体的形式，以体现原文

《徐梵澄文集》书影

743

适合吟唱的特点。在《薄伽梵歌》与《行云使者》的翻译中，徐梵澄同样采取了离骚体和古诗体的风格，充分体现其高超的语言文学功底。1984年出版其汉译本《五十奥义书》出版。该书序言详细阐述了奥义书形成的历史根源与丰富庞杂的思想内容及其在印度哲学史、宗教史上的重要地位和对世界的影响。

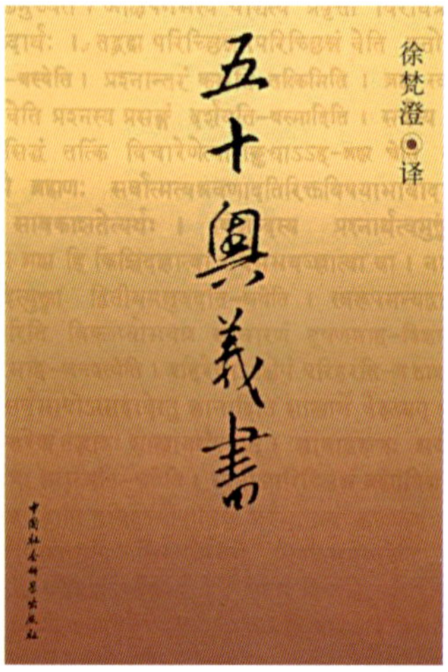

徐梵澄译《五十奥义书》封面

徐梵澄对奥义书的译介，填补了中国印度学界在印度古代哲学史和宗教史研究领域的重大空白。他对中印文化交流的另一重大贡献是对印度近代哲学家**奥罗宾多**的研究与作品翻译。1954年出版《室利阿罗频多事略》；1957年翻译出版奥罗宾多的重要作品《薄伽梵歌论》；1959年翻译《综合瑜伽论》第一、第二、第三部，1987年又翻译第四部，题为《瑜伽论》；1973年翻译出版奥罗宾多的《赫那克莱妥斯》，将书名改为中国读者易于理解的《玄理参同》。在室利奥罗宾多学院任教的28年中，他将记载奥罗宾多简短话语的小册子由英文译成现代白话文，取名《周天集》。1984年翻译出版了《**神圣人生论**》。此外，他还整理室利奥罗宾多学院法国院母密那氏有关瑜伽的问答与解释，共6辑，题为《母亲的话》。徐梵澄所翻译的奥罗宾多著作广泛流传于东南亚与欧美等地，受到国内外学术界的高度重视。他的译著对于奥罗宾多“综合瑜伽论”思想的传播起到了重要作用。

作为中印文化交流史上的重要人物，徐梵澄的思想与著作受到两国学术界的重视。2006年，中国社会科学院整理、华东师范大学出版社出版了《徐梵澄文集》，包括著作4卷，译作12卷，约650万字。2010年10月，室利奥罗宾多学院亦举办活动，纪念徐梵澄诞辰101周年，展出了徐梵澄在印度所作的多幅书画。

（姜景奎）

Xuwen

徐闻 Xuwen 中国地名。汉代出海口之一。今属广东，在雷州半岛南端。

据《汉书·地理志》:“自日南障塞、徐闻、合浦船行可五月，有都元国；又船行可四月，有邑卢没国；又船行可二十余日，有谌离国；步行可十余日，有夫甘都卢国。自夫甘都卢国船行可二月余，有黄支国，民俗略与珠崖相类。其州广大，户口多，多异物，自武帝以来皆献见。”其中，“日南”在今越南岘港一带；“都元国”在今越南南圻一带；“邑卢没国”在今泰国华富里一带，一说在缅甸东境；“谌离国”在今泰国境内，为暹罗古都佛统，一说在缅甸伊洛瓦底江中下游地区；“夫甘都卢国”在今缅甸蒲甘地区；“黄支”在今印度泰米尔纳德邦康契普拉姆一带。这一记载说明，汉代中国与印度的海上交往有一条清晰的航线和一份明确的行程表。

在军事上，当时的徐闻是一个障塞（要塞）。由于与海外交易，该地既是中国船只的出海口，又是外国船只的入海口，囤积有大量货物。朝廷在这里设有左右“候官”负责守望、管理。当地曾出土汉代建筑遗址和遗物，与文献记载可相印证。因当时中国出口货物主要为黄金和“杂缯”(丝织品)，因而徐闻又是海上丝绸之路的起点之一。

（薛克翘）

Xu Xiaoyang

徐晓阳 Xu Xiaoyang（1932～1985）中国印地语学者。湖北人。1951年2月入北京大学东方语言文学系印地语专业学习。1955年毕业后留校任教，曾任印地语教研室主任。与**马孟刚**、孙宝刚等人以“庄重”为笔名合译了印度作家M.普列姆昌德的长篇小说《舞台》(1980）和《一串项链》(1983)。与殷洪元合编的《印地语课本》(1983）是中国最早系统介绍印地语语音、语法的基础教材之一，在推动中国的印地语教学事业发展方面发挥了积极作用。

（姜景奎 贾岩）

Xu Zhimo

徐志摩 Xu Zhimo（1897.01.15～1931.11.19）中国诗人，散文家。名章垿，初字槱森，留学美国时改字志摩。笔名南湖、云中鹤等。

徐志摩生于中国浙江海宁的一个殷实家庭。幼年接受私塾教育，1915年从杭州一中毕业，1916年入北洋大学（今天津大学）学习法律，翌年转入北京大学法科。1918年赴美留学，先后就读于克拉克大学和哥伦比亚大学。

1921年春，徐志摩入英国剑桥大学学习两年。其间接触到诸多名人以及伦敦各种文学流派的先进思想和文化，钟情于P.B.雪莱、J.济慈等英国诗人的浪漫主义诗歌。徐志摩的社会观、文化

徐闻大汉三墩古迹——官员上马石

观和文学观发生巨变，从此走上文学创作之路。开始翻译大量英国、法国、德国、意大利诗人和小说家的文学作品，

并用朴素的白话文创作新诗。《再别康桥》、《雪花的快乐》等作品充分展现了他的诗艺和才华。

1922年10月，徐志摩返回中国，发表了大量诗文，并参与成立文学社团“新月社”，社名是徐志摩根据印度诗人R.泰戈尔的诗集《新月集》而起的。参加者有胡适、梁实秋、闻一多、沈从文、饶孟侃等。新月社成员决定，社团的座右铭和目的是传播“为艺术而艺术”的基本原则，创作以真、美、爱为主题的现代主义和浪漫主义新文学。1925年，徐志摩的第一本诗集《志摩的诗》出版。诗集颇受好评，使他在新文学领域崭露头角。此后，又出版诗集《翡冷翠的一夜》(1927)、《猛虎集》(1931)。除诗歌外，还出版有散文集《落叶》(1926)、《秋》(1931)等，广泛探讨了理想主义的人人生及时事，也有些文章是对往事的回忆。

1924年4月，徐志摩任印度诗人泰戈尔首次访华期间主要翻译。徐志摩认为泰戈尔的诗歌颇有意义，在品味和气质上清新脱俗。他高度赞扬泰戈尔的诗，并一向对这位印度诗圣报以十分虔敬的态度。泰戈尔也曾亲切地为他取印度名“素思玛”。他在后来给泰戈尔写信时一直沿用此名。1928年10月，徐志摩到访印度圣蒂尼克坦，在那里停留数日，并向国际大学师生发表了列演讲。

中国浙江海宁徐志摩之墓

1925～1926年，徐志摩应邀主编《晨报》副刊《诗镌》，并在多所大学任文学教授。1928年3月创办《新月》月刊，聚焦西方文学和自由思想。

1931年11月19日，徐志摩乘飞机从南京前往北京，飞至山东泰安附近时飞机失事，罹难时年仅34岁。

（那济世撰　杨衡宇译）

Xu Chonghao

许崇灏　Xu Chonghao（1882.06.03～1959）　中国军事将领，政治家。字晴江，号公武。广东番禺（今属广州）人。毕业于江南陆军学堂。1910年加入中国同盟会。1911年任南京临时卫戍司令

许崇灏《伊斯兰教志略》封面

兼第一混成旅旅长，辛亥革命时为湖北科学补习所成员。1913年任江苏讨袁军参谋长，讨袁失败后，逃至上海。后辗转至广州，跟随孙中山左右。1928～1946年在南京、重庆等地任国民政府考试院秘书、秘书长等职。1938年5月，以在渝理事身份出席在重庆召开的中国佛学会。1943～1946年在南京、重庆任国民政府委员、国民政府顾问。1946年退休，弃政从文，著书立说。1949年起，先后任上海市文史馆馆员、市参事室参事、市政协委员、中国国民党革命委员会中央团结委员。

许崇灏著有《战术应用作业之参考》(1929)、《伊斯兰教志略》(1944)、《中国政制概要》(1946)等书，编著包括《青年训练教范》(1929)、《新疆志略》(1945)等。对印度研究有所涉猎，撰写《中印历代关系史略》(1942)一书，记述了自周秦至抗日战争时期的中印关系史，并附有多篇报刊中涉及中印关系的评论文章。

（李宝龙）

Xu Dishan

许地山　Xu Dishan（1893.02.14～1941.08.04）　中国作家，印度学学者。名赞堃，字地山，笔名落花生。

生平　许地山原籍福建，生于台湾，1895年随家人移居福建，1897年再随家人迁居广东。幼读私塾，继上学堂。1912年在福建省立第二师范任教。1913年赴缅甸仰光华侨学校任教，对佛教发生兴趣。1915年回国后，继续在福建省立第二师范任教。1917～1920年在燕京大学文学院学习，获文学学士学位，留校任助教。同时攻读神学院课程，1922年毕业，获神学学士学位。同年，赴美国纽约哥伦比亚大学，学习宗教史与比较宗教学，1924年获文学硕士学位。同年转赴英国牛津大学学习宗教史、印度哲学、梵文及民俗学。1926年获牛津大学文学学士学位。同年10月回国，途中到印度贝拿勒斯印度大学学习梵文及佛学。1927～1935年任教于燕京大学，历任助教、副教授、教授，并在北京大学、清华大学和北京师范大学兼课。其间，1934年1～6月再次到印度考察宗教、文学，学习梵文。1936年任香港大学文学院教授。1941年因心脏病突发在香港去世。

文学创作 1919年，许地山在北京结识郑振铎、瞿秋白、耿济之、瞿世英等，共同编辑青年读物《新社会》旬刊，开始从事散文写作，发表作品约20篇。1921年与茅盾、郑振铎、王统照、叶绍钧等人发起成立文学研究会。同年在《小说月报》发表第一篇短篇小说《命命鸟》，引起文坛注意。继而又在该刊连续发表《商人妇》等3篇短篇小说。1922年在《小说月报》上发表短篇小说《缀网劳蛛》。1923年与冰心、梁实秋一同赴美留学，并在《小说月报》上发表短篇小说《醍醐天女》等。1924年在《小说月报》上发表短篇小说《枯杨生花》，短诗《看我》、《情书》、《邮筒》等；结识老舍。1925年1月，第一部短篇小说集《缀网劳蛛》出版；6月，散文集《空山灵雨》出版。此后，文学创作减少，学术著作增多。1927年在《小说月报》上发表诗歌《我的病人》。1928年在《小说月报》上发表短篇小说《在费总理底客厅里》。1930年写有儿童故事《萤灯》、《桃金娘》等，后于1941年发表。1933年，第二本短篇小说集《解放者》由北平星云堂书店出版；在《文学》月刊上发表短篇小说《女儿心》。1934年在《文学》上发表短篇小说《人非人》、《春桃》。1938年在《大公报》上发表独幕剧《女国士》，为抗日战争做动员。1939年在《大风》旬刊上发表中篇小说《王官》。1940年，剧本《凶手》发表于《宇宙风》；写出剧本《木兰》，未发表。1941年2月在《大风》上发表短篇小说《铁鱼底鳃》，同年，郁达夫将其转载于新加坡《华侨周报》。

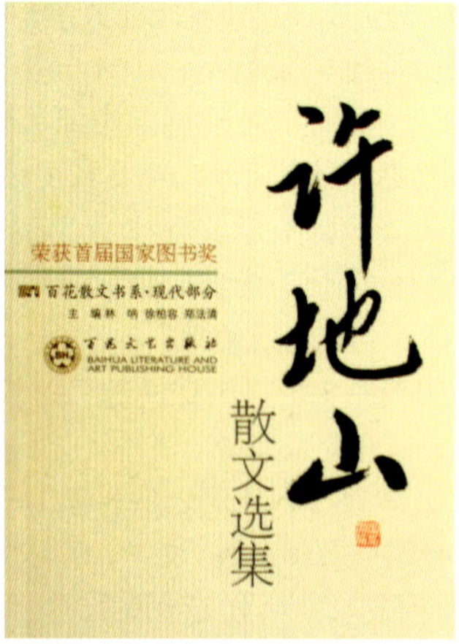

《许地山散文选集》封面

许地山《落花生》封面

许地山文学创作深受印度文学的影响。尤其是早期的散文和短篇小说，使用了大量的佛教语汇，也表现出佛教的思想。他的第一篇小说《命命鸟》引用了佛经故事中的典故。小说《醍醐天女》中介绍了印度神话“搅乳海”的故事。

印度学研究与译介 许地山少年时代关注佛教，成年时苦读佛书，由此而产生浓重的印度情结。早在1920年5月的《晨报》副刊上，就发表了他翻译的R.泰戈尔哲学文章《美的实感》。1921年《小说月报》发表了他翻译的泰戈尔的小说《在加尔各答途中》。许地山是中国最早译介泰戈尔哲学文章与小说的作家之一。1921年，他还曾专门主持座谈会，请徐志摩介绍泰戈尔的事迹与文学创作。同年，他已开始自学梵文。1923年在美国学习比较宗教学，1924年在英国学习梵文和印度哲学。1925年，在《小说月报》发表文章《中国文学所受的印度伊兰文学的影响》，此为近代中国最早对中印文学进行比较研究的文章。1926年到印度学习梵文与佛学，同时专程去国际大学拜访大诗人泰戈尔。1927年编写出《佛藏子目引得》3册，由燕京引得社出版；又撰写《梵剧的体例及其在汉剧上的点点滴滴》。1928年，他在北京大学讲授印度哲学，是近代中国最早讲授印度哲学的学者之一；翻译的《孟加拉民间故事》，于1929年由商务印书馆出版。1930年撰文《陈那以前中观派与瑜伽派之“因明”》、《大中磬刻文时代管见》，刊登在《燕京学报》上。同年，他撰写的《印度文学》一书，由商务印书馆出版，此为中国第一部全面系统介绍印度文学的专著。1934年，他又自费去印度考察学习6个月，回国后，开始翻译印度民间故事集《二十夜问》和《太阳底下降》，同年在天津《大公报》上发表《观音崇拜之由来》。《二十夜问》1935年在《文学》杂志上发表，1955年由作家出版社出版；《太阳底下降》1956年由作家出版社出版。1939年，许地山准备编写梵文词典，因猝然病逝而未能完成。许地山以有限的生命和无比的热情，为中国印度学的研究和译介作出了开拓性的贡献。

（薛克翘）

Xu Jishang

许季上 Xu Jishang（1891～1953） 中国佛学家，佛教居士。名丹，字季上，浙江钱塘（今杭州市）人。自幼聪慧，8岁时已通读儒家十三经。14岁入上海复旦公学学习哲学。19岁受聘为南京高等师范学校教师。辛亥革命后，任职于北京政府教育部，与鲁迅同事，交往密切，曾促成鲁迅刻印《百喻经》。20世纪初曾在北京大学兼课，讲授印度哲学。后梁漱溟以其授课讲义为蓝本，著成《印度哲学概论》一书。1917年，因患重病辞去北大职务，病愈后专心攻研佛学。1920年，被北洋政府选为中国佛教界代表，赴印度参加世界佛教会议。1921年，进入天津启新水泥公司任职，不久调至开滦矿务局任英文秘书。抗日战争时期，曾称病避居北京数年，后返津生活。中华人民共和国建立后，曾担任天津文史馆馆员。1953年春，因病于天津去世。

许季上曾师从佛教界大德杨仁山、天台宗泰斗谛闲法师。对佛学造诣颇深，且于佛教禅、净、密等各宗修持方法皆悉心体究，躬亲实践。通晓英、德、法、日等语言，兼习梵文。1920年赴印期间，遍访佛教古迹，并对印度佛教的历史与现状进行了考察，丰富了其佛学研究内容。在津期间，曾协助佛学家徐文蔚创设佛经流通处、天津刻经处、天津佛教功德林及莲社。功德林创办初期，为佛学讲座主讲之一。20世纪二三十年代，与徐文蔚共同负责金陵、扬州、北京及天津四刻经处的选刻、校阅、定版等工作。曾从日本引进收集了诸多中国失传的佛教典籍的《续藏经》，并委托上海涵芬楼影印。此外，还将佛教经典《大乘起信论》译成英文出版，为西方学者研究佛教提供了便利。

（王凌男）

Xu Gaoseng Zhuan

《续高僧传》 中国古代僧人传记。30卷。初唐高僧道宣撰。收于《大正藏》第2060号。又称《唐高僧传》。简称《唐传》、《续传》。

道宣早年即有志于僧传之著述，在实地考察、搜集资料的基础上，于贞观十九年（645）完成《续高僧传》初编。自序称，正传331人，附见160人。然据陈垣先生统计，现存《续高僧传》正传485人，附见219人。多出的部分既有道宣后来完成的《后集续高僧传》(或《后续高僧传》10卷）的增补修改，也有后人补入的成分。

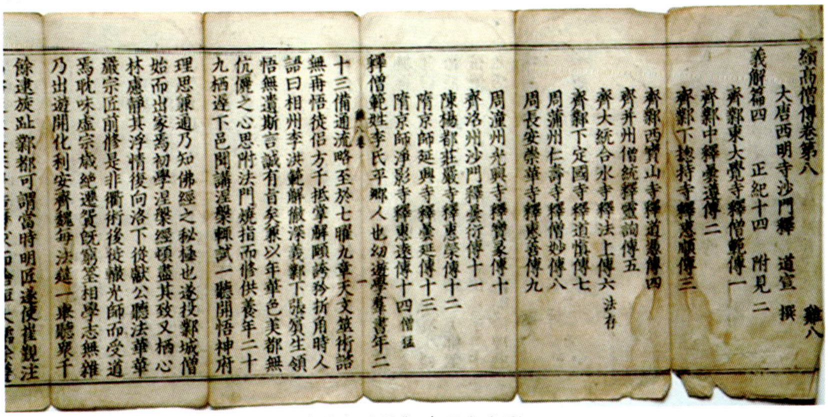
續高僧傳卷第八 難八
大唐西明寺沙門釋道宣撰
義解篇四 正紀十四 附見二
齊鄴東大覺寺釋僧範傳一
齊鄴中釋曇遵傳二
齊鄴下總持寺釋慧順傳三
齊鄴西寶山寺釋道憑傳四
齊并州僧統釋曇詢傳五
齊大統合水寺釋法上傳六 法存
齊鄴下定國寺釋道慎傳七
周蒲州仁壽寺釋僧妙傳八
周長安崇華寺釋慧善傳九
周潼州光興寺釋寶彖傳十
齊洛州沙門釋曇衍傳十一
陳揚都莊嚴寺釋慧榮傳十二
隋京師延興寺釋曇延傳十三
隋京師淨影寺釋慧遠傳十四 僧猛

《续高僧传》清刻本书影

但基本完整。

《续高僧传》编撰所依据的资料，包括著作、碑铭，以及亲自采访。其体例与慧皎《高僧传》大体相当，亦分10科，但改神异为感通，改亡身为遗身，改诵经为读诵，将经师、唱导合为杂科，并增设护法，故其十科为：译经、义解、习禅、明律、护法、感通、遗身、读诵、兴福、杂科。每科之后，有论无赞。《高僧传》不著录在世人物，此书则将当时名望较高的在世僧人如慧净、慧休、法冲等均编写。《续高僧传》录文甚多。

《续高僧传》的编撰有重大意义。《高僧传》的纪事截至梁武帝天监十八年（519），这距离道宣有一个多世纪。其间，朝代的更替，社会的变革，分裂到统一的发展，深刻影响了佛教发展和僧传书写。一方面，《高僧传》编撰时期至道宣时代的高僧，有立传记录的必要；另一方面，《高僧传》编撰时囿于南北分裂之阻隔，南方之僧人易述，而北方之僧人则疏于记录。道宣编撰《续高僧传》时南北统一，可以补《高僧传》之不足。《续高僧传》，记录了一个半世纪之中的佛教发展，如佛典翻译、创立学派、持律习禅、建造寺院、雕刻石窟、制作经像等，亦可一睹当时社会状况，如政权与佛教的联系、宗教政策的制定与实施、佛道论辩等。

《续高僧传》的流传主要有两个系统：一是30卷本，主要代表有赵城金藏本、高丽藏本；一是31卷本，代表是碛砂藏本。赵城金藏本的《续高僧传》仅留残卷，且部分卷有缺页；高丽藏本《续高僧传》与赵城金藏本同是开宝藏的翻刻本，但两者在版式及部分文字上仍有出入。碛砂藏本《续高僧传》是明、清藏的底本，然其间亦有部分差异，如《感通篇》之目录与传文，乃至僧传的顺序等。至于明、清藏本所说的40卷，乃是将31卷本的部分卷拆分为上、下，而《高僧传二集》中则将明、清藏本改头换面，直接按照卷次顺序编号，标作40卷，亦属于31卷本系统。此外，1978年日本圆通山兴圣寺发现了唐代抄本，属于30卷本系统，虽有残损段落，

《续高僧传》也有不足，如译经年代与道宣其他著作的记录不一致；同一人作重复记录；有些初稿中所录的在世之人，在修订时已去世，却未增补其后来事迹。

（杨祖荣）

Xuanchang

玄畅 Xuanchang（416～484） 中国南北朝时期的名僧。玄高的弟子，博览经律，尤其擅长禅法，还曾参与佛经翻译。善于占卜、预知未来，熟悉各种神通。

据《高僧传》卷八等记载，玄畅俗姓赵，河西金城（今甘肃兰州）人。传说他小时候就与众不同，胡人杀害了他全家，但看到他目光炯炯，认为他不是一般的儿童，便放他一条生路。由此变故，他前往凉州（今甘肃武威）出家，本名慧智。后来遇到名僧玄高，就奉玄高为师。玄高很看重他，经常同他商议事情，因而改名为玄畅。北魏灭掉北凉，玄畅也跟着一起到了平城（今山西大同）。北魏太武帝拓跋焘灭佛，他便打算逃到南方。元嘉二十二年（445）闰五月十七日，玄畅从平城出发，一路上都有追兵，他用杨枝扬起漫天沙子，追兵不能前进，他又潜入河中靠葱叶呼吸，如此才辗转于八月一日到达扬州。

玄畅通晓佛教经律，尤其专精于禅法。之前《华严经》由于卷帙浩繁，一直没有人对这部经文进行宣讲解释。玄畅乃竭尽才思，仔细研究，为《华严经》划分章句，开始传讲这部经典。他又精通“三论”(即《中论》、《十二门论》、《百论》)，受到学者们的推重。玄畅迁居到荆州长沙寺后，请外国僧人功德直译出《念佛三昧经》(T0414) 5卷、《无量门破魔陀罗尼经》(T1014) 1卷，玄畅协助刊正文字、辞旨婉切。

此外，玄畅还博览诸子百家，能够占卜吉凶，各种世俗技艺都很擅长。宋文帝刘义隆（424～453年在位）出于对他的尊敬，请他担任太子的老师。玄畅坚决拒绝，弟子们都不理解。后来太子被废，众人才佩服他的先见之明。据说玄畅展开手掌，手中便有香，还能流出水来。刘宋末年，玄畅西入成都，住在大石寺中，亲自绘制金刚密迹等16尊神像。昇明三年（479），他到岷山郡广阳县（今四川阿坝）见到齐后山，便打算在那里隐居终老。南齐建元元年（479）四月二十三日，正当齐高帝萧道成（479～482年在位）接受禅让时，玄畅在此地修建寺院，名为“齐兴”，并写信将此事告诉益州（今四川）刺史傅

琰。傅琰又将这件事上报朝廷，于是皇帝下令赐一百户以供寺庙使役。河南国吐谷浑王本想迎请玄畅，但玄畅已受豫章王萧嶷之请东下荆峡了。齐武帝萧赜(482～493年在位)登基，文宣王萧子良、文惠太子萧长懋都遣使征请玄畅。盛情难却，玄畅只好动身前往，途中染疾，依然带病到达都城，住在灵根寺。永明二年（484）圆寂，葬在钟山。

（范晶晶）

Xuanhui

玄会 Xuanhui（约活动于7世纪） 中国唐代去印度求法僧人。唐京师（今陕西西安）人。据义净《大唐西域求法高僧传》卷上，唐高宗李治时从陆路赴印求法。从北印度到羯湿弥罗（又译迦湿弥罗，见罽宾）。其后南行，到摩诃菩提寺。后从陆路返国途中去世于泥波罗（今尼泊尔），年仅30岁。

（王邦维）

Xuanjue

玄觉 Xuanjue（665～713） 中国唐代高僧，六祖慧能之弟子。精通禅宗与天台，留有《永嘉集》和《永嘉证道歌》等著作。

据《宋高僧传》等载，玄觉字明道，俗姓戴，永嘉（今浙江温州市）人，总角出家，8岁剃发，住温州龙兴寺。后于岩下自构禅庵，独居研学，精通天台止观圆妙法门，常行禅观，与天台五祖左溪玄朗，道交笃厚。志磐在《佛祖统纪》中更认为玄觉乃天台宗四祖慧威门下，与玄朗同门。因自觉独学孤陋（一说得玄朗之激励），玄觉遂起游方之志，与东阳玄策禅师游方询道。至韶阳时，玄觉前往拜谒曹溪慧能，得到印可，留觉一宿，时人称之为“一宿觉”。其后，学者辐辏，号“真觉大师”。玄朗曾贻书招玄觉归隐山林，玄觉见其滞见于山，拘情于讲，故回以“山世一如，喧静互用”辞之。先天二年（713）十月十七日，玄觉于龙兴别院端坐示寂，同年十一月十三日殡于西山之阳，年四十九岁，谥号“无相”，塔曰“净光”。后括州守李邕列玄觉之行录为碑，号“神道”，庆州刺史魏靖编辑其文，号《永嘉集》。

玄觉之弟子主要有吴兴兴师、新罗国宣师、惠操、惠特、等持、玄寂等。著作主要有《禅宗永嘉集》10卷、《永嘉证道歌》1首、《禅宗悟修圆旨》1卷、《观心十门》等。其中，《永嘉证道歌》乃以诗歌之形式，阐发禅宗之思想，通俗易懂，影响颇大，多有名句，如“一性圆通一切性，一法遍含一切法。一月普现一切水，一切水月一月摄”等。据《佛祖历代通载》卷十六载，一梵僧曾将玄觉之《永嘉证道歌》传归天竺，天竺人皆认为其乃东土之大乘经，而心生敬仰。此说或为虚构，若确有其事，则为古今美谈。

（杨祖荣）

Xuankui

玄逵 Xuankui（约活动于7世纪） 中国唐代求法僧人。润州江宁（今江苏南京）人。据义净《大唐西域求法高僧传》卷下，唐高宗咸亨二年（671）与义净一起打算从海路赴印求法。行至广州，因患病而未成行。当时年约二十五六岁。

（王邦维）

Xuanying

玄应 Xuanying（约活动于7世纪） 中国隋唐时期佛僧，语言学家。生平不详。主要著作是《一切经音义》，另撰有《摄大乘论疏》、《辨中边论疏》、《因明入正理论疏》等。玄应为中印古代语言学交流以及印度佛经在中国的流通和理解作出了重要的贡献。

玄应曾作为“字学大德”于唐贞观十九年（645）之后，参与玄奘法师的译场，负责“正字”的工作。他驻锡过醴泉寺、京师大总持寺和大慈恩寺等佛寺。精通字学，梵汉兼明，学识渊博。作为玄奘译场唯一的“字学大德”，被同时代的道宣在《大唐内典录》中评价为“万代之师宗”、“当朝之难偶”。在译经之余，玄应将465部佛经中的疑难

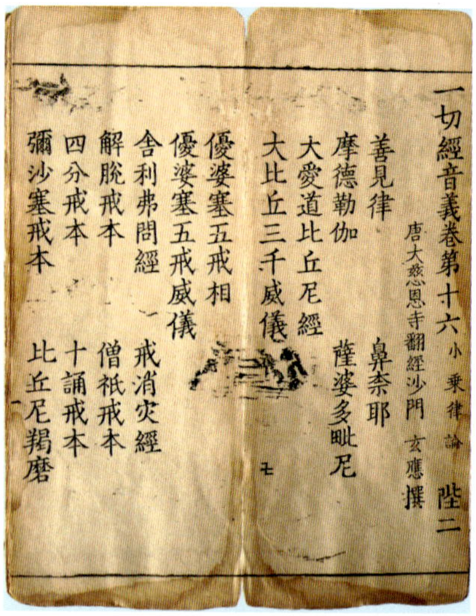

玄应《一切经音义》书影

字词，逐词音义，引用大量的前代辞书和文史著作，于永徽五年（654）之后撰成《玄应音义》一书。《玄应音义》又名《众经音义》、《一切经音义》等，共25卷，是现存最早汇释众经的佛经音义著作，为后代的佛经音义类著作提供了范例和基础。《玄应音义》除收录在历代大藏经中外，还有日本古抄本，中国敦煌和吐鲁番地区的数种残卷留存于世。据统计，《玄应音义》全书收录了9 400多个词条，其中有850多个梵语音译词的词条。玄应不但解释词语的读音和语义，还注重揭示其在印度文化中的含义，涉及印度的风土人情与宗教习俗等多方面的内容。如《玄应音义》卷六“丹枕”条，指出天竺没有木制枕头，皆以赤皮、氍布为枕，枕内贮以兜罗绵及毛，既可以作枕头，又可以作靠垫，颜色多为朱红色。类似的词语解释为读者理解印度佛教与世俗文化提供了基本的参考资料。《玄应音义》也有一些不足之处，慧琳的《一切经音义》在此书基础上发扬光大，成为佛经音义的巨著。

（陈明）

Xuanzang

玄奘 Xuanzang（600～664） 中国唐代僧人，大乘佛学理论家，译经家，旅行家，中印文化交流使者。

幼年出家 玄奘俗姓陈，名祎，洛州缑氏（今河南偃师缑氏镇）人。他自幼聪敏，喜欢读书。13岁受度为僧，法号玄奘。20岁时，于成都空慧寺受具足戒。受戒后，按佛教的规矩开始坐

夏并学习律藏典籍，正式成为法师。他不仅熟悉佛教大小乘理论，也掌握了中国佛教南北各派的要旨。623年，玄奘

离开成都，经荆州、苏州、扬州、相州（今河南安阳）、赵州（今河北赵县）等地，参访名师，请教疑难学习经典。他先后从慧休、道深、道岳、法常、僧辨、玄会等学《摄大乘论》、《杂阿毗昙心论》、《成实论》、《俱舍论》和《大般涅槃经》等经论，造诣日深。

发愿西行　当时的佛学界仍然有许多分歧，争论不休，为了搞清这些问题，玄奘决心效法东晋法显去西天取经。恰在此时，从印度来的明友法师告诉他，要进一步弄清佛学问题，一定要学习《瑜伽师地论》。印度的佛学巨匠戒贤法师，就在那烂陀寺当住持。于是，玄奘联合了一些僧人，一起向皇帝上表，争取朝廷支持他们西行求法。但未得应允。其他僧人纷纷知难而退，唯有玄奘不改初衷，一边学习梵语，一边等待时机。

西行求法　贞观三年（629，另有贞观元年、二年说）秋天，玄奘潜行西出长安，经秦州（今甘肃天水）、兰州，抵达凉州（今甘肃武威）。当地官府严格执行朝廷禁令，勒令玄奘东归。玄奘在几位佛教信徒的帮助与掩护下，经瓜州西出玉门关。后进八百里沙碛。玄奘用了七天六宿才走出沙漠，后经过伊吾，到达高昌（今中国新疆吐鲁番）。玄奘受到高昌王麹文泰的礼遇。高昌王为玄奘特地剃度了4名沙弥作为侍奉随从，并供给行装、盘缠、马匹及脚夫。高昌王又为玄奘写了24封国书，照会高昌以西二十四国君主，为玄奘提供方便。在高昌王的帮助下，玄奘此后一段行程比较顺利。他带领人马通过焉耆、龟兹（今新疆库车一带）等地，后又翻越葱岭北段的凌山。走出雪山后，玄奘一行依次经过今吉尔吉斯斯坦、乌兹别克斯坦、塔吉克斯坦和阿富汗等地，最后进入五印度境内。

游学北印度　在今阿富汗一带，玄奘已经可以见到僧人、佛寺、佛像等圣迹。进入五印度以后，佛教的影响明显增加。玄奘首先在今巴基斯坦北部地区观礼佛迹。在那揭罗曷国（又名那迦罗阿国），玄奘看到阿育王所建的大塔，礼拜佛顶骨城的佛骨舍利。在犍陀罗，玄奘瞻仰了菩提树和迦腻色迦大塔以及周围的佛像，参观了佛寺废墟和佛教先哲们的遗迹。在呾叉始罗的情况也大抵如此。

玄奘到达克什米尔的时候，当地国王派人到边境迎接，国王自己则率领群臣在玄奘的下榻处迎候。国王还特地安排了20名佛经抄写员、5名仆人专门为玄奘等人服务，一切生活物品都由国王供给。当地有一位年近70岁的老法师，一天三段时间为玄奘讲解经文：上午讲《俱舍论》，下午讲《顺正理论》，晚上讲《因明论》和《声明论》。玄奘的谦逊好学和博闻强记让老法师倍加赞扬。玄奘在克什米尔住学近两年后，又继续东行。

629年，玄奘等人进入北印度。玄奘曾去拜会一位号称活了700岁的很有学问的婆罗门，并向他学习有关典籍和知识。

玄奘一路东行旅途中，遇到佛教遗迹一定要前往观礼，遇到高僧大德一定要住下学习。他不仅学习佛教大小乘经典，还学习婆罗门教经典，知识日渐丰富。在此期间，玄奘的外语也有飞速进步，不仅能够读懂原文经书，听懂讲解，还能够为当地人讲经说法。

630年，玄奘走了3 000余里，从今巴基斯坦和印度的旁遮普地区来到恒河、亚穆纳河流域。他经行7个国家，曾在两处各停留4个月求师问学。631年秋，他来到北印度曲女城，在那里住学3个月后，渡过恒河来到印度历史名城阿逾陀，巡礼大乘佛教瑜伽行派大师无著和世亲的遗迹。此后，玄奘又在恒河两侧巡礼了若干处佛教圣地，如舍卫城、给孤独园（见祇园精舍）、释迦牟尼的故国迦毗罗卫、佛的诞生地蓝毗尼、佛的涅槃地拘尸那迦、佛初转法轮处鹿野苑、吠舍离、华氏城、佛成道处金刚座和菩提树等。

那烂陀寺住学　631年玄奘进入那烂陀寺后，在20名僧人的指引和陪同下，以隆重的礼节拜见那烂陀寺住持戒贤法师。戒贤法师百岁有余，人们都尊称他为“正法藏”。玄奘顶礼拜见，然后说出自己想跟正法藏学习《瑜伽师地论》的心愿。戒贤答应亲自为玄奘授课。

玄奘在那烂陀寺的待遇优渥，并被安排住在上房，出入可以乘坐大象。

玄奘在那烂陀寺安顿下来以后，曾借短暂闲暇之际，到王舍城、竹林精舍、七叶窟、灵鹫山等处礼拜圣迹。

玄奘返回那烂陀寺，戒贤法师便为玄奘开讲《瑜伽师地论》，同听者数千人。《瑜伽师地论》100卷，戒贤讲了15个月才讲完。玄奘在那烂陀寺住学5年，反复研习此书3遍。5年中，除了《瑜

印度那烂陀玄奘纪念堂

行脚僧像　中国西藏古格托林寺杜康殿壁画

松本氏图玄奘像
现藏韩国国立中央博物馆

玄奘与十六美神图（局部）

伽师地论》，他还听了《顺正理论》、《显扬论》、《对法论》、《因明论》、《声明论》、《集量论》、《中论》、《百论》。其中，有些经典不止听讲一两遍，有些甚至是二三遍，此外，玄奘还学习了婆罗门教典籍，尤其是系统地学习了梵语语法学和音韵学，这为他回国翻译佛经打下坚实的基础。

游学南印度　636年春，玄奘告别戒贤法师，开始周游五印度。此次周游的重点是南印度。玄奘从那烂陀寺东行，来到恒河南岸今印度比哈尔邦蒙吉尔附近。在那里，住学一年，师从两位大德学习《大毗婆沙论》、《顺正理论》。翌年春，玄奘又沿恒河岸东行，穿过大森林，进入今孟加拉地区。周游孟加拉后，来到海滨港口**耽摩栗底**，本打算从这里乘船到斯里兰卡去，但因海路凶险，就折而南下，来到今奥里萨邦境内。参观过圣迹后，又西北行进入中印度的南憍萨罗国。在那里，他向一位善解因明的婆罗门请教《集量论》达一月有余。此后，南下至今安得拉邦地区，玄奘寻访到两位高僧，向他们学习佛教大众部经典。他们也向玄奘学习大乘理论。之后，玄奘和两位高僧结伴南游，来到今泰米尔纳德邦一带。在到达今金奈附近的建志补罗城时，曾想和两位高僧一起去斯里兰卡，但听说斯里兰卡的国王去世，又遭受饥荒，天下大乱，而且得知那里一些高僧的学问都不及戒贤法师，于是玄奘决定转而西行。

经过今卡纳塔克邦，玄奘向北到达今马哈拉施特拉邦。在今马哈拉施特拉中部地区，玄奘看到了一个石窟群，并在《**大唐西域记**》中予以记载。这就是佛教艺术宝库**阿旃陀石窟**。

玄奘继续北上，进入西北印度。经过今古吉拉特邦，又向西到达今巴基斯坦的信德省。遍访佛迹之后，开始沿印度河向东北方行进，经今巴基斯坦木尔坦地区，到旁遮普一带。

那烂陀寺说法　640年，玄奘回到那烂陀寺，向戒贤法师汇报有关情况。后又赶到那烂陀寺以西不太远的地方向一位精通声明和因明的大德学习，然后又到杖林山，向**胜军**论师学习了若干部经论。次年正月，玄奘与胜军一起去**摩诃菩提寺**看佛舍利，礼拜菩提树。然后玄奘重返那烂陀寺。大约此时，有南印度乌荼国婆罗门出身的一位小乘大师，写出《破大乘论》700颂，呈送**戒日王**。

此后，戒贤法师命玄奘升坛开讲《摄大乘论》和《唯识决择论》。与此同时，那烂陀寺大德师子光在讲《中论》和《百论》时攻击《瑜伽师地论》。玄奘认为，先贤所言，角度不同，各有发挥，后人不能融会贯通，以讹传讹，才引来争执，并非佛法的欠缺。为此，他多次找师子光辩论。玄奘为进一步阐明观点，写出了《会宗论》3 000颂（已佚），受到戒贤和诸位大德的一致称赞。

此时，又有一名顺世外道的婆罗门找到那烂陀来要求辩论。他写了40条观点悬挂于寺门。玄奘请戒贤等法师及诸大德作证，开始与婆罗门辩论。先历数各种外道的愚蠢行为，加以讥讽，然后对其理论加以批驳。经过几个回合的辩论，婆罗门终于无言以对，起身认输，甘愿受罚。

曲女城法会　玄奘在那烂陀寺讲经说法已经半年有余，但戒日王召集辩论会的事仍无消息。此时，玄奘打算回国。那烂陀寺的高僧大德纷纷挽留，但戒贤

玄奘法师像拓片

法师支持玄奘回国传教。玄奘准备动身之际，迦摩缕波国**童子王**3次派遣使者到那烂陀寺请玄奘前去宣讲佛法。于是玄奘前往**迦摩缕波**，在迦摩缕波说法一月有余，戒日王便派遣使者邀请玄奘到**曲女城**参加辩论大会。童子王亲自陪同玄奘前往。

戒日王特地为玄奘举行为期18天的盛会，邀请来五印度18位国王、各国大小乘僧人3 000余人、婆罗门教和耆那教人士2 000余人、那烂陀寺僧人1 000余人。戒日王命玄奘为论主，宣讲观点主张，并将《制恶见论》1 600颂悬挂于会场门外。18天里，无人能提出诘难，无人敢与玄奘辩论。最后，戒日王宣布玄奘获胜。因此，大乘人称玄奘为“大乘天”，小乘人尊他为“解脱天”。辩论会后，玄奘提出回国请求，戒日王又坚请玄奘参加五年一度、历时75天的无遮大会。会后，玄奘谢绝了戒日王和童子王的挽留，决定动身回国。戒日王和童子王为玄奘准备了旅途所需的一切，包括数十名僧人和仆从、数头大象、数十匹马和驴。

玄奘大体按着来时的路线返回。自今巴基斯坦北上，经阿富汗东北，后折向东，穿帕米尔高原南侧的瓦罕山谷，取道天山南路，经于阗、且末，回到长安。回国途中，他仍走走停停，一边礼拜圣迹，一边学习，一边说法。

载誉回长安 贞观十九年（645）正月二十五日，玄奘一行人马携佛经657部、各种佛像若干躯、佛舍利150粒和花果种子等载誉回抵长安。二月，玄奘去洛阳谒见唐太宗。二人见面长谈。唐太宗建议玄奘写书记叙西域见闻，玄奘允诺，表达了传法译经的愿望。唐太宗命宰相房玄龄安排玄奘于弘福寺译经事宜。

著书与译经 贞观二十年（646），根据皇帝的旨意，玄奘口述、弟子辩机记录整理的《大唐西域记》12卷撰成，上呈皇帝。

《大唐西域记》是玄奘亲见亲闻的旅行记录，有极高的史料价值。此书记载正确，故为近代学者在中亚、印度等地进行考古发掘的指导书。在书中，玄奘详细记叙了西域138个国家和地区的历史、地理、宗教、民俗、语言、文字等情况，为研究古代中亚和南亚的历史、社会和文化提供了极为丰富与宝贵的资料。这些资料在印度、尼泊尔、巴基斯坦近现代的佛教考古活动中，不论是在蓝毗尼、迦毗罗卫、鹿野苑、灵鹫山，还是在阿旃陀石窟、那烂陀寺、塔克西拉等地，玄奘的记载往往为发掘指明方向提供证据。反过来，许多考古资料又都证明了玄奘记载的真实性。无论是印度的还是西方的历史学家，都对玄奘的《大唐西域记》给予极高的评价，认为这部书对于重建印度乃至中亚中世纪的历史极为重要。

玄奘倾其后半生精力，译出佛经74部，1 335卷。不仅丰富了中国佛学经典的宝库，还为中国的翻译学作出了贡献。第一，他创办的译经场建立起一整套的译经场制度。例如，在翻译《瑜

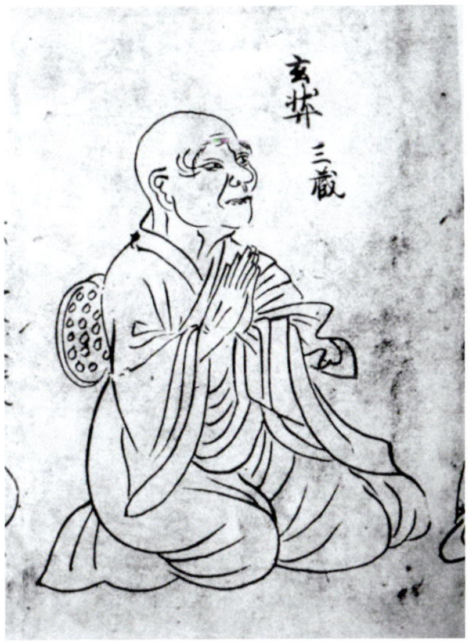

玄奘像

伽师地论》时，玄奘“敬执梵文，译为唐语”，然后有“笔受”、“证梵语”、“正字”、“证义”、“缀文”、“监阅”等，后来还增加了“润色”一项，可见其分工较前代更加细密。其中，笔受、证义、缀文、润色等项，都由多人充任。玄奘所创译场制度，成为有唐一代译经场的成式，也成为宋代初年译经场的典范。第二，他译经中运用了多种翻译技巧，这些技巧直至今日仍具借鉴意义。第三，他提出了重要的翻译理论。主张“既须求真，又须喻俗”。还制定了“五不翻”的原则，即在5种情况下采取音译的原则。第四，他译出经典的数量超过其他三大译师——鸠摩罗什、真谛和不空金

《玄奘研究文集》书影

刚译经卷数的总和，占唐代新译佛经总卷数的一半以上。第五，他是中国佛经翻译史上汉人独立译经而不借助印度及其他西域人力的第一人。第六，他在译汉为梵方面成就卓著。据《续高僧传》本传：“奘奉敕翻《老子》五千文为梵言，以遗西域。”“又以《起信》一论，文出马鸣。彼土诸僧，思承其本。奘乃译唐为梵，通布五天。”第七，他的敬业精神垂范后代。据《慈恩传》卷七，自永徽改元（650）后，玄奘“专务翻译，无弃寸阴。每日自立程课，若昼日有事不充，必兼夜以续之。……至三更暂眠，五更复起，诵读梵本，朱点次第，拟明日所翻”。

除佛经翻译，玄奘在佛学方面有巨大贡献。在那烂陀期间，为弥合大乘空宗和大乘有宗（瑜伽行派）的矛盾，他曾写过《会宗论》3 000颂。为维护大乘佛教的尊严和批驳小乘佛教的攻击，他曾创作《制恶见论》1 600颂。

玄奘还广收门徒，继承印度大乘佛学瑜伽行派的传统，在中国开创了**法相宗**（慈恩宗），成为一代宗师。法相宗在唐代初期影响很大，拥有一批海内外有成就的弟子。虽然法相宗后来在中国

中国河南偃师玄奘故居

没有流传下来，但流传到了朝鲜半岛和日本。

中印文化交流的象征　玄奘于唐高宗麟德元年（664）逝世，始葬白鹿原，后移兴教寺（在今西安市南郊）。玄奘是中国与印度文化交流史上的第一伟人。季羡林对他的功绩作了全面评价，称“他是唐代著名的高僧，佛教唯心主义理论家，不畏艰险的旅行者，卓越的翻译大师，舍生求法的典型，中印友好的化身”。至今在印度，玄奘的名字家喻户晓。在印度小学的历史课本里，用专门一节篇幅介绍玄奘访问印度的事迹。在比哈尔邦那烂陀寺遗址北面1千米处，有一座由中国政府和印度政府合作修建的玄奘纪念堂。

（薛克翘）

玄奘纪念堂

Xuanzang Jiniantang

玄奘纪念堂　Xuanzang Memorial Hall　位于印度比哈尔邦巴特那市东南那烂陀寺遗址迤北约1千米处。是中印两国文化交流的见证，也是中印两国传统友谊的象征。系为纪念中国唐代高僧、旅行家、译经家、法相宗创始人**玄奘**而建。玄奘于唐贞观五年（631）抵达中印度**摩揭陀**，入当时印度佛教中心**那烂陀寺**，师从**戒贤**法师学习佛教经典，并成为那烂陀寺教师，前后在此生活五六年。贞观十九年，他从印度携带佛教经律论657部返回长安，投入译经事业。玄奘为中印文化交流作出了巨大贡献。

那烂陀寺建于5世纪上半叶笈多王朝时期，是印度佛教学术中心，也是世界上最早的国际性大学。后屡有扩建，规模宏大，殿宇壮观，藏书丰富，声闻海外。《宋高僧传》卷三《寂默传》称：“那烂陀寺，周围四十八里，九寺一门，是九天王所造。”该寺在全盛时期拥有数以千计的杰出学者，上万名学习佛教等不同学科的学生，但在12世纪时毁于突厥穆斯林入侵者的兵燹。在20世纪前期，印度考古局根据玄奘《**大唐西域记**》的有关记载，对遗址进行了局部发掘，使之重见天日。

1954年，中国总理**周恩来**与印度总理J.**尼赫鲁**互访，推动两国友好往来。印度那烂陀学院院长迦叶波遂率先倡议两国共建玄奘纪念堂，中国佛教界代表赵朴初积极回应。中印佛教界的互动得到两国政府的重视与支持。周恩来与尼赫鲁随即决定，在玄奘留学和工作过的那烂陀寺遗址建立纪念堂，以让人们永远铭记和缅怀他为中印两国民族文化交流所作出的历史贡献。1956年11月23日，中国佛教代表团前往印度。1957年1月12日，在那烂陀寺遗址附近新建的巴利文佛教研究院举行隆重仪式，第十四世达赖喇嘛代表中国政府将玄奘的一份顶骨舍利、1 335卷藏译佛经、一部《碛沙藏》及一份玄奘纪念堂设计草图，并30万元人民币修建资金馈赠印度，尼赫鲁代表印度政府郑重接受。嗣后，玄奘纪念堂建成，珍藏玄奘顶骨舍利。这份顶骨舍利被印度奉为国宝。玄奘的故事也被编入印度小学课本。与在中国一样，玄奘在印度同样是一位家喻户晓的人物。20世纪60年代后，由于种种原因，玄奘纪念堂未能完全竣工。

玄奘纪念堂内景

2000年，中印双方将玄奘纪念堂项目列入两国政府文化交流协定。2003年底，印度政府拨款3 000余万卢比，对大厅内部进行初步装修，对庭院进行绿化。2005年，中国总理温家宝与印度总理M.**辛格**重申，修缮玄奘纪念堂为两国文化交流项目。中国国家宗教事务局成为中方项目实施单位，印度则组成那烂陀玄奘纪念堂修缮委员会。

玄奘纪念堂主体建筑占地面积约4.5公顷。应那烂陀玄奘纪念堂修缮委员会的请求，印度政府将周边面积27公顷的湖泊拨给纪念堂。如今，整个纪念堂占地面积达30余公顷。在两国专家、学者、艺术家、工程技术人员的努力下，在佛教界、企业界的支持下，玄奘纪念堂的修缮工程在2006年年底圆满完成。2007年2月12日，举行了庆祝玄奘纪念堂修葺项目竣工的仪式。

玄奘纪念堂主体建筑气势庄严，

玄奘纪念堂前玄奘塑像

巍然耸立在巨大的汉白玉平台之上，体现了中国盛唐宫殿建筑风格。在纪念堂入口，一座拔地而起的中式门楼用铜14吨。在纪念堂前的庭院两侧，竖立着玄奘纪念碑、大唐三藏圣教序碑和玄奘纪念堂缘起碑；新建钟亭悬挂铸有梵、汉双语《心经》的巨钟。在纪念堂正门入口前，则是一尊表现玄奘跋涉千山万水舍身求法的青铜立像。在纪念堂内大厅正面，是弥勒经辩图汉白玉浮雕和一尊表现玄奘凝神译经的青铜坐像，侧面墙壁上是表现玄奘法师生平的铜版壁画。展厅陈列着铜雕等大量艺术品和中国政府赠送的清乾隆时期大藏经等历史文物。

（刘建）

Xuanzhao

玄照 Prakāśamati（约活动于7世纪） 中国唐代去印度求法僧人。太州仙掌（今陕西华阴）人。据义净《大唐西域求法高僧传》卷上，梵名般伽舍末底，意译“昭慧”。曾两次赴印求法。第一次在唐贞观十五年（641）之后，具体时间不详。取道陆路，经过金府（今甘肃兰州），穿越流沙，到达铁门（在今乌兹别克境内），途经速利（在今乌兹别克斯坦布哈拉附近），过睹货逻国（今阿富汗北部和塔吉克斯坦一带），到达中亚。其后又到达吐蕃，得到文成公主的帮助，到北印度。在北印度阇阑陀国（今印度旁遮普邦贾朗达尔）停留4年，再往南行，到达中印度。在摩诃菩提寺停留4年。然后到那烂陀寺，驻留3年。在那烂陀寺跟随胜光法师学习《中论》、《百论》，又随宝师子大德学习《瑜伽师地论》。后到菴摩罗跋国（在今印度比哈尔邦境内），住信者寺，前后4年。唐使王玄策回国，向唐高宗李治提到他。高宗派人传达命令，要他回国。麟德元年（664）九月取道泥波罗国（今尼泊尔）返国。中间经过吐蕃，再次见到文成公主。麟德二年正月到达洛阳，稍后在洛阳觐见高宗。高宗又命令他到羯湿弥罗国（又译迦湿弥罗，见罽宾），接长年婆罗门卢迦溢多到中国。于是他第二次赴印。行至北印度，见到与唐使在一起的卢迦溢多。卢迦溢多让他去西印度取长年药。其后到过缚渴罗国（在今阿富汗北部）、迦毕试国（在今阿富汗喀布尔附近）、信度国（在今巴基斯坦印度河中下游一带）、罗荼国（在今印度古吉拉特邦境内）等地。在罗荼国住居4年，然后到南印度。这时他带着采集到的各类药物，打算回国。再次到那烂陀寺，在此见到僧人义净。因为泥波罗道路不通，经迦毕试国回国的道路也被阿拉伯军队阻塞，最终未能回国。后因病去世于中印度菴摩罗跋国，年60余岁。

（王邦维）

Xuanzheng

玄证 Xuanzheng（约活动于7世纪前半叶） 中国唐代梵学僧人。据义净《大唐西域求法高僧传》卷上，玄证于唐贞观（627～649）年间住锡于大兴善寺，玄照从之学梵语。

（王邦维）

Xuandu

县度 Sinda 古代西域地名。又称悬度。一为河名，一为州名。

县度，为布鲁沙斯基语Sinda的音译，本义为“河”，指印度河，尤指克什米尔巴基斯坦实际控制区境内的吉尔吉特城以南本吉与沙津之间的一段自东向西奔流的印度河。这段印度河两岸有多条支流，支谷中多森林、草场，多果木，且有矿产，宜于人类生存。从这些支谷上溯，往北可达吉尔吉特河上游地区，进而通往奇特拉尔、瓦罕和中亚；往西可通往斯瓦特；往南可通往克什米尔谷地；往西南可通往犍陀罗地区。印度河左岸吉拉斯一带有大量古代岩刻，表明这里自古即为重要交通枢纽。吉拉斯一带也是皮山—罽宾道和陀历道交会之处。

县度一名，始见于《汉书》。《汉书·西域传·乌秅国》中“乌秅国……其西则有县度”，《汉书·西域传·乌孙国》中“大月氏西破走塞王，塞王南越县度”，书中县度均指印度河。《后汉书·西域传》中“自皮山西南经乌秅，涉悬度，历罽宾，六十余日行至乌弋山离国”之“悬度”，也是指印度河。

印度河上游河谷风光

县度是中国新疆南部与南亚次大陆西北部之间交通路线上重要的具有标志性意义的地方。这一段印度河河谷的长度，以现代公路里程比附，只算贾格洛特村至夏迪亚尔一段，便长达154千米。其间有多处可以渡河，但最重要之节点，为达丽罗河和萨依河汇入印度河的地方，两地都有著名的悬索桥。达丽罗河谷出口对面是夏迪亚尔，法显在此首

753

伊斯兰堡北部的印度河流域

雪顿节晒佛场面

次渡印度河。萨依河谷出口对面是著名渡口本吉，释昙无竭曾在此渡印度河。萨依河谷且是吉尔吉特城前往印度河畔的最佳路线。

印度河在梵文中作Sindhu，本义亦为“河”。《史记·大宛列传》载张骞在大夏听闻身毒国情况，“身毒”即源于Sindhu。

印度河的名称，《佛国记》作新头河，《那先比丘经》作信他，三国时吴丹阳太守万震《南州异物志》、康泰《吴时外国传》、晋郭义恭《广志》均作新陶水，《梁书·诸夷列传》作新陶（江），《高僧传·昙无竭传》作辛头那提河，《高僧传·智猛传》作辛头河，《正法念处经》般若流支译本作辛头河，《大唐西域记》作信度河，《孔雀王经》不空金刚译本作辛都河，《元秘史》作申河，《亲征录》作辛河。

县度又是州名。《新唐书·地理志》云：“悬度州以布路犍城置。”县度州地望，疑在吉尔吉特以下至吉拉斯一带印度河两岸之地。

（陆水林）

Xue Fucheng

薛福成 Xue Fucheng（1838.04.12～1894.07.21） 中国清朝官员，改良主义思想家，外交家。字叔耘，号庸庵。江苏无锡人。早年入曾国藩幕，参与镇压捻军。1875年，上疏提出“治平六策”与“海防密议十条”。同年入李鸿章幕府，协助办理外交事宜。1879年，写成《筹洋刍议》，阐述洋务思想。1884年，出任浙江宁绍台道，后参与中法战争，挫败法军登陆浙江的企图，并

巩固海防设施。1888年，升任湖南按察使。1890年，担任出使英国、法国、意大利、比利时四国大臣。其间完成滇缅边界划定谈判。1894年回国，同年7月病逝于上海。著有《庸庵文编》、《庸庵笔记》、《海外文编》、《出使英法意比日记》等。

《海外文编》是薛福成出使海外期间的见闻与感想，其中包含了作者对印度殖民地形成原因的思考。书中指出印度物产丰富却“不可自用”，领土面积广阔却没有出现强势的王朝，而印度人的懒惰正是上述现象产生的原因。

（张书剑）

Xuedun Jie

雪顿节 zho ston 中国西藏拉萨雪顿地区规模最大的宗教文化节日。系藏语音译，意为酸奶盛宴。

15世纪，宗喀巴·洛桑札巴大师在甘丹寺严整寺院规章制度，提倡僧众夏季在各自寺内安居修行，以避免外出踩踏昆虫等伤及生灵。当甘丹寺坐夏僧众开禁下山休闲时，广大世俗百姓以布施酸奶来酬劳、庆贺寺僧坐夏修行圆满，此举后成定制，成为一大宗教节日。17世纪始，又演化为僧俗共庆的盛大节日，僧众在各大寺院举行展佛等宗教仪式。世俗百姓在罗布林卡等公园举办藏戏表演等文艺活动。该节每年藏历六月底至七月中旬在拉萨如期举行，以哲蚌寺、色拉寺和甘丹寺三大寺以及罗布林卡为活动中心。

（尕藏加）

Xunxian Cheng

循鲜城 Takṣaśilā 古代西域城名。汉代罽宾国国都，今巴基斯坦塔克西拉西尔卡普古城遗址即被认为系循鲜城故址。其名首见于《汉书·西域传》：“罽宾国，王治循鲜城”。《汉书·西域传》称，“其民巧，雕文刻镂，治宫室”，现西尔卡普古城遗址中尚有一部分被指为古时王家宫室遗迹。循鲜城还是一个重要的交通中心和商业城市，有市场和许多店铺，交易时使用金、银币，商品中有珠玑、珊瑚、虎魄（琥珀）、壁流离（玻璃器物）等多种来自远方的物品。

（陆水林）

Y

yapian maoyi

鸦片贸易 opium trade 19世纪印度与中国商业互动的主要形式之一。鸦片贸易是在英国对印度实行殖民统治的条件下进行的，对中国与英国之间的关系乃至中国与整个西方之间的关系产生了重大影响。它是两次鸦片战争的直接原因。它影响到贸易流动和财政稳定，使中国社会不同阶层染上毒瘾，导致灾难性后果，从而明显影响了中国的经济和社会状况。它也促成中国当时存在的贸易结构和权力结构的崩溃。同时，鸦片贸易也显著影响了英属印度政府的财政收入，以及印度那些与鸦片生产和贸易有关的地区的经济。

从七八世纪起，鸦片一直主要由阿拉伯和突厥商人输入中国，主要用于医疗。中国将鸦片用作麻醉品消费，约在18世纪初期。1729年，清雍正帝颁旨，禁止在国内销售和消费鸦片，后来，鸦片进口亦被明令禁止。然而，鸦片继续被走私到中国。

18世纪鸦片贸易的增长，与英国东印度公司的利益直接联系在一起。普拉西战役（1757）和布克萨尔战役（1764）之后，英国东印度公司控制了东印度大片地区。作为提高财政收入的措施之一，该公司在其控制地区组织大规模的鸦片种植。该公司不愿用自己的船舶向中国运送违禁鸦片，以免损害它与中国有利可图的贸易，而是将鸦片拍卖给私商，由他们偷运进中国。该公司以这种方式从鸦片销售中获取巨额利润。向中国销售鸦片还达到了另外一个目的——英国与中国的贸易平衡。18世纪，中国对英国的茶叶出口迅猛增长。由于英国产品在中国的市场拓展幅度不大，英国不得不主要以银锭为中国茶叶付账，因此贸易平衡形势对英国日益不利。1784年，英国议会通过《折抵法案》之后，茶叶关税急剧下降，导致茶叶进口呈指数增长，英国的贸易平衡问题日益严重。英国最初试图通过出口西印度原棉来挽回贸易逆差，因为原棉在中国有市场。这就是所谓中、英、印三角贸易的开端。然而，从19世纪初的一二十年代起，尤其是20年代以后，鸦片成为从印度输入中国的主要出口品。

起初，从印度销往中国的鸦片，实际上都是在孟加拉和比哈尔种植的，因此被称作孟加拉鸦片或巴特那鸦片。然而，从19世纪初起，印度西部的麻洼（今通译为马尔瓦，印度旧日省名）鸦片也开始在中国找到市场，并最终在销量上超过巴特那鸦片。与巴特那鸦片不同，麻洼鸦片不是在东印度公司的监管下种植的，而是由大量个体农户种植。麻洼鸦片比巴特那鸦片便宜，因而销量更大，极大地拓展了在中国的毒品市场。

英国东印度公司在印度的鸦片仓库

吸食鸦片的中国人

一个精心编织的由种植者、经纪人、船运商、代理行和代理人组成的网络，与东印度公司及其官员密切联系在一起，将鸦片从印度运往中国。据估计，在鸦片贸易的全盛时期，鸦片税收所得约占英属印度政府财政收入的17%～20%。在中国沿海，英国、印度、美国等国的商人与当地的走私者、官员、商人勾结起来，无视严厉的鸦片禁令。英国人和其他鸦片走私者，将鸦片运到中国沿海各种秘密地点，以尽量扩大其销量。吸食毒品极易成瘾的特点，更使中国当局难以遏制此项贸易。

鸦片贸易给中国带来很多恶果。中国昔日的贸易顺差开始逆转，白银开始日甚一日地大量外流。这就导致通货不稳，给那些须用白银交税的耕种者造成极大的困难。大规模的鸦片走私活动，造成受影响部门的腐败及政务瘫痪。鸦片成瘾对人的生产效率和社会生活的影响难以估量。在中国军队里，鸦片瘾传播迅速；从清政府的角度看，它对军力的冲击尤其惊人。这一切迫使嘉庆帝及其高级官员果断决定，强制执行既有法规，取缔鸦片贸易。1839年，为使此项政策生效，嘉庆帝派遣钦差大臣林则徐前往广州。针对林则徐奋力终止鸦片贸易的行动，英国决定用海军进攻中国。这就是第一次鸦片战争，结果中国败北。在第二次鸦片战争之后，清政府被迫于1860年使鸦片贸易合法化。

尽管鸦片贸易已合法化，但直至19世纪末，中国政府一直对鸦片贸易设置各种限制。在19世纪最后数十年间，中国国内的鸦片生产也开始对鸦片进口形成竞争。最终，1911年5月8日，英国驻中国特使与中国外务部代表签署协议，规定到1917年结束对华鸦片出口。1911年辛亥革命爆发，影响了进口鸦片的销量，致使鸦片贸易提前终止。1913年末，随着孟买鸦片货栈所有交易的全部终止，鸦片贸易走到尽头。

（玛妲玉撰　刘文亮译）

Yadulali Youxian Gongsi

鸭都喇利有限公司　Abdoolally Ebrahim & Co.　19世纪印度商人在中国香港成立的贸易公司。成立于香港沦为英国殖民地后不久，也是香港目前仍在使用最初名称的老公司之一。现名为鸭都喇利（香港）有限公司。它还是汇丰银行现存合作时间最久的客户。1842年由印度孟买达沃蒂博拉穆斯林社群

S.J.E.鸭都喇利

成员S.E.努尔丁创立。是最早在香港成立的印度公司之一，该社群源自古吉拉特，在印度西部对波斯湾、东非以及东亚、东南亚各港口的海外贸易中发挥着重要作用。成立之初主要从事棉花、丝绸、鸦片和茶叶贸易，经过数十年的经营逐渐将其贸易扩展至多个领域。鸦片战争之前，其库存鸦片曾用于充公。1842年，率先在香港推出连通尖沙咀和中环的跨海轮渡服务，同年在广州和上海开设分公司。1949年，位于外滩的上海分公司中止业务。后于2004年再度营业。集团还在深圳和大连设立了分公司。

1920年后，公司总部始终设在香港士丹利街20号。1940年成为香港总商会的创办成员之一，1952年加入香港印度商会。贸易领域主要包括农产品、金属和矿产、船舶租赁、纺织品和家居用品等。

（玛妲玉撰　李亚兰译）

Yali' anren

雅利安人　Āryan　由学者构拟的操雅利安语的种族名称。

雅利安人作为种族名有广狭二义。广义上指亚洲和欧洲一切操印欧语系语言的人。研究者认为，公元前2千纪以前或更早，他们的祖先可能共同生活在一个地方。19世纪中叶以前，学者大多认为这个地方在兴都库什山或喜马拉雅山附近某处。19世纪60年代，一些学者（主要是语言学家）对旧说提出质疑。随之新说层出，至今已有多种，如德国、西南乌克兰、南斯堪的纳维亚、高加索、北极、波罗的海、南俄罗斯和南乌克兰草原、土耳其中部等。其中南俄和南乌草原一说，学界应和较多。后来可能因人口压力过大，印欧人祖先向外迁移。南下一支中的赫梯人大约在公元前2千纪初到达小亚地区。其余大部几经徘徊，或在阿姆河与锡尔河两河平原略事居留后，于该千纪上半叶开始进入西亚、伊朗和印度北部。中叶前后，来到伊朗的雅利安人又分出一部分向东，穿过阿富汗，侵入印度。东迁者以留居伊朗者并不崇奉的《梨俱吠陀》为圣典。有人认为该圣典的最早部分形成于伊朗，说明大迁徙之前分裂已成定局。前后分批入印的雅利安人靠畜牧业为生，能征惯战，用他们灵便的马拉战车和青铜（一说铁）武器降服了当地已经进入农业社会，有城

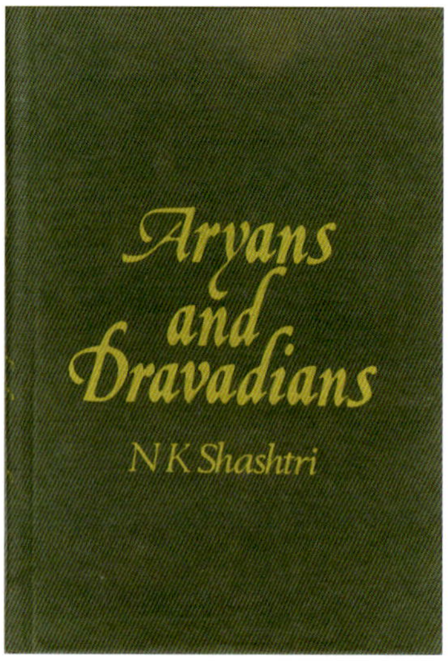

《雅利安人和达罗毗荼人》英文本封面

市可住，文明程度更高因而相对柔弱的原住民。后者大部由达罗毗荼人构成，被他们称为“达萨”。此词在他们使用的梵语中与“雅利阿”相对，有“野蛮”、“劣种”、“奴隶”之意。然而他们也很快学会了农耕，并在宗教文化上积极吸收本地因素。有影响的当地人不久亦开始踏入新来者的上层社会。随着他们向恒河流域和中印的发展，两者间的同化不断进行。雅利安作为狭义上的种族名，指操印度-伊朗语族诸语，留居伊朗和长驱入印的人。19世纪，随着比较语言学的发展和西方人对于印度宗教、哲学、文学等的新认识，在欧洲学术界出现了东方热，并提出“东方文艺复兴”之说。梵语成了所有印欧语言之母，连希腊语也降居次要地位。而日耳曼语则在语言结构上明显地更接近梵语。所有这些对人种学说不无影响。1853～1855年，法国学者和社会思想家J.A.戈宾诺发表《人种不平等论》，鼓吹种族成分决定人种集团命运的理论，认为排除黑人和黄种人血缘是雅利安人社会繁荣昌盛的前提，否则其文明就会失去生命力和创造性，陷于腐败。一种附有高贵、优越含意的“雅利安人种”说就此诞生，而其中尤以条顿人血统最纯。此说20世纪被希特勒纳粹分子利用，成为他们迫害

《寻找印欧人》、《雅利安人的起源》英文本封面

犹太人及其他“非雅利安人”的借口。随着第二次世界大战的结束，这种在理论上早已遭摈弃的说法在实践上也失败了。

（葛维钧）

Yali' anshe

雅利安社 Arya Samāj 近代印度教改革社团。又称“圣社”。1875年，由宗教改革家达耶难陀·娑罗室伐底在孟买创立。1877年，该社的活动中心由孟买转移到旁遮普的首府拉哈尔。此后，便成为西北印度宗教和社会改革的先锋。雅利安社的改革原则是：高举吠陀的大旗，用古代吠陀的精神来改革印度教。为此，他们提出一个响亮的口号——“回到吠陀去”，主张古代的吠陀经典是真正知识的源泉，要用古代吠陀的精神来改造当前腐朽的印度教。另外，该社的民族主义倾向比梵社更强烈，他们反对英国的殖民统治，提出“印度是印度人的印度”的口号，深得爱国民众的响应。

在妇女问题上，雅利安社坚决与印度教歧视妇女的现象进行斗争。他们反对童婚、溺婴、不许寡妇再嫁以及寡妇殉夫等陋习，也反对印度教婚礼上的繁文缛节和索要大量嫁妆的习俗。主张男女平等、妇女应当享有与男子同样的权利，妇女应当接受教育、参加社会活动等。在教育改革方面，他们反对印度教经院式的教育方式，主张教育必须与现实生活相联系；反对英国人的奴化教育，主张印度人自己创办学校，发扬独立自主的精神；反对单纯学习宗教文化，主张把学习传统文化与学习西方现代科学技术结合起来。1886年，雅利安社在拉哈尔创办了一所具有民族形式的现代化大学——达耶难陀盎格罗吠陀学院。1902年，又在哈特瓦尔创立了另一所大学——朱尔库拉大学。据1952年统计，雅利安社已开设了15所大学，210所高级中学（其中女校10所），151所中等学校，892所小学（其中女校700所），142所夜校，40所教师培训学校。

雅利安社的宗教改革活动，不仅在印度国内，而且在世界上也产生了很大的影响。创始人达耶难陀规定：欢迎任何人参加雅利安社，参加者一律不受性别、种姓、种族、肤色的限制。其弟子遵循这个教导，积极向海外发展，大力吸收各国人士参加。该组织从事国际活动的机构，名为“国际雅利安社”。国际雅利安社在缅甸、新加坡、斐济、毛里求斯、美国以及拉丁美洲的一些国家都设有分会，并组织信徒开展各种活动。该组织在印度国内外的社员至少有600万以上。今天，它仍然是印度教最重要的改革派别之一，有着广泛的影响。

有关雅利安社及其创始人达耶难陀，在中国出版的许多历史和宗教书籍中都有详细的介绍和阐述。例如，林承节的《印度民族独立运动的兴起》(1984)、《印度近现代史》(1995)，黄心川的《印度教现代哲学》(1989)，朱明忠的《印度教：宗教与社会》(2003)、《印度教》(2013）等。

（朱明忠）

Yali'anyu

雅利安语 Āryan 语言名。该词源于梵语“雅利阿”(àrya)。后者则派生自印度古代梵语动词ç——“升高”、“上行”，因而有“高贵”之意。其内涵经引申又有“可敬”、“忠诚”、“信仰正确”等，亦包括具有这样品性的人。

雅利安作为语言名有广狭二义。广义上与印欧语这种理论上认为存在过的原始母语同义。自威廉·琼斯爵士(1746～1794）研究并发现梵语同希腊、拉丁、德语等有亲缘关系以后，18～19世纪的比较语言学曾构想出原始印欧语的存在。属于该语系的诸语言在公元前2～1千纪通行于欧洲大部及西亚和南亚部分地区，后广泛传至世界其他地方。希腊、意大利、日耳曼、凯尔特、亚美尼亚、波罗的－斯拉夫、阿尔巴尼亚、安纳托利亚、吐火罗、印度－伊朗等语族皆在其列。狭义上，仅指印欧语分布区东端的印度－伊朗语族，且往往特指所属两语支的前者，即印度（又称印度－雅利安）语支。这一语支包括最古老的吠陀梵语和以后的古典梵语、俗语，以及现代的印地、孟加拉、旁遮普、古吉拉特、马拉提、僧伽罗、信德、乌尔都等语。

（葛维钧）

Yalejia

亚勒加 （约活动于11世纪初） 古代南印度注辇国来华使者。作为“防援官”(护卫官）随娑里三文等人于宋代来华。

（张书剑）

Yadaren

嚈哒人 Hūṇa 中亚古代游牧部族。东罗马史学家称为“白匈奴”。《魏书·西域传》说，该族为大月氏人的后裔，又一说为高车人的别种，今一般认为是大月氏和匈奴的混血种。原系游牧民族，

犍陀罗时期嚈哒银币

强悍善战，居塞北，在金山（今阿尔泰山）以南，于阗（今新疆和田一带）以西。康居（约在今中亚巴尔喀什湖和咸海之间）、于阗、沙勒、安息等30余国都曾为其属国。北魏太安（455～459）以后一度遣使至北魏朝廷，至永熙（532～534）以后断绝。建都于乌许水（即《新唐书》、《旧唐书》的乌浒水，今阿姆河）以南100余千米的拔底延城（在阿富汗北部）。其风俗与突厥人略同，兄弟共有一妻。妇女戴多角帽，角数与夫家的兄弟数相同。用刑严急，偷盗者无论多少一律腰斩。富者死后垒石为墓，贫者

余太山《嚈哒史研究》封面

则掘地而葬。5世纪中叶曾进攻印度，被笈多王朝的塞健陀·笈多所败。后又不断组织更大规模的入侵，严重削弱了笈多王朝的国力。500年左右，其王陀罗摩那在马尔瓦地区建立了独立的政权。他的继承人摩醯逻矩罗继续扩大领土，建都于奢羯罗（今巴基斯坦东北境的锡亚尔科特）。约530年，他被占据西马尔瓦的曼达索尔人首领耶输达曼和一个名为巴拉底陀耶的王公联合击败。此后嚈哒人在印度定居下来，皈依了印度教。后来在印度中世纪历史上起过重大作用的拉其普特人据信是他们的后裔。

（葛维钧）

Yan Fotiao

严佛调 Yan Fotiao（约活动于2世纪）中国东汉僧人，佛经翻译家。又称严浮调。临淮（郡治在今江苏泗洪一带）人。幼年颖悟，出家修道，他是史籍所载最早的汉人出家者，其著作《沙弥十慧章句》也是现存最早的汉人佛教撰述。

据《高僧传》卷一、《出三藏记集》卷十三，汉灵帝（167～189年在位）末，严佛调与安玄合译《法镜经》(T322) 1卷，安玄口译、佛调笔受。而根据《历代三宝纪》，他还翻译有《濡首菩萨无上清净分卫经》2卷、《慧上菩萨问大善权经》2卷、《思意经》一卷、《内六波罗蜜经》1卷、《迦叶诘阿难经》1卷等。严佛调与安玄的合译之作在当时受到很高的评价，与安世高的翻译齐名。道安也称赞其译本“省而不烦，全本巧妙”。

（范晶晶）

Yan Wenjing

严文井 Yan Wenjing（1915.10.15～2005.07.20）中国现代作家，散文家，儿童文学家。原名严文锦。湖北武昌人。

严文井《印度，我们永远不会忘记你》封面

1934年毕业于湖北省立高级中学，翌年前往北京图书馆任职，1938年赴延安，曾任教于鲁迅艺术学院文学系。1945年冬前往东北任《东北日报》副总编辑。中华人民共和国建立后，历任《人民文学》主编，作家出版社、人民文学出版社社长、总编辑，中国作家协会书记处常务书记，亚非作家委员会中国委员会副主席，中国笔会中心副会长，儿童艺术委员会副主任等职。前期主要创作散文、小说，有散文集《山寺暮》(1937)、长篇小说《一个人的烦恼》(1944) 等；后转向童话、寓言创作，有《南南和胡子伯伯》(1943)、《四季的风》(1951)、《小溪流的歌》(1959)、《不泄气的猫姑娘》(1982) 等大量儿童文学作品。这些作品构思巧妙，情节生动，具有浓厚的哲理与诗情，被誉为“一种献给儿童的特殊的诗体”。

严文井是中印友好的使者。1956年1月17日～3月2日，随中印友好协会访印文化代表团出访印度。在长达45天的行程里，访问了德里、孟买、海德拉巴等15座城市，所到之处均受到印度人民的热烈欢迎和接待。其间曾与印度总统R.普拉萨德、副总统S.拉达克里希南、总理J.尼赫鲁并诸多艺术家及民众见面。代表团游览了胡马雍陵、阿格拉城堡、泰姬陵等诸多文化古迹，参观了大学、医院、甘地故居，瞻仰了甘地纪念像，参加了印度国庆观礼，认识到这是“不同民族、不同宗教、不同语言文字的印度人民的共同欢乐”。

代表团一行见证了丰富多彩的印度音乐、舞蹈、电影、建筑、雕刻、民俗等。严文井深深感受到印度人民对文学艺术的挚爱。他会见了K.M.潘尼迦、M.R.安纳德、K.A.阿巴斯、迦尔基等著名作家，了解了印度文学界的组织情况和印度文学事业的一些特色。严文井还注意到除提倡自主创作外，印度文学界还很注重对戏剧《小泥车》、史诗《罗摩衍那》和迦梨陀娑作品等古典名著的整理和研究，也重视翻译和介绍外国的优秀作品，印度作家对中国现代文学亦具有浓厚兴趣。严文井将这些在印度的见闻都记录在《我们接触了印度的文学界》一文中。

印度之行给严文井留下难以磨灭的美好回忆。他将这45天比作充满了无尽色彩、歌声和激情的完整一天。回国后不久，即写成《印度，我们永远不会忘记你！》，于1956年11月由少年儿童出版社印行，后收入人民文学出版社1959年9月出版《小溪流的歌》中。这部致力于表现“印度人民的伟大才智和伟大心灵”的作品，叙述详致，文笔生动，情感真挚，是现代文学中不可多得的印度游记，也是现代中印友好交往的见证。

（王汝良）

Yan Yu

严羽 Yan Yu（约活动于12世纪末～13世纪初）中国南宋诗人兼文学评论家。字仪卿，又字丹邱，自号沧浪逋客。邵武（今属福建）人。生卒年不详。一生不参加科举考试，多在乡间过隐居生活，性格清高孤傲。有诗集《沧浪吟》传世。但其诗作成就不大，除

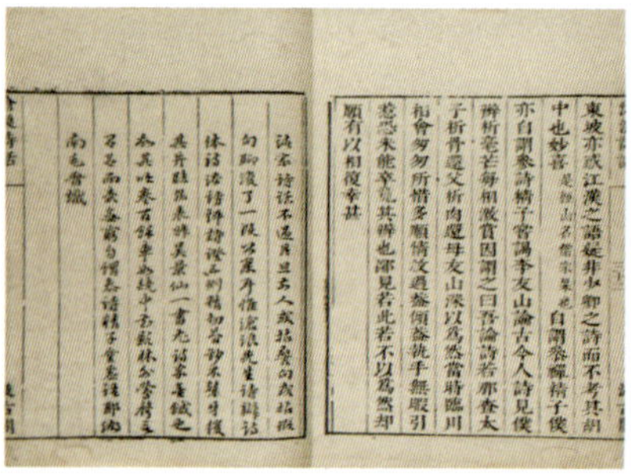
《沧浪诗话》书影

一些仿古作品如《从军》、《塞下》、《出塞》、《闺中词》等外，还有一些感怀诗、应酬诗等。诗中最突出的是抒发了爱国激情。其诗学著作《沧浪诗话》以禅论诗，别出新意，影响很大，并在后世引起激烈争论。

（薛克翘）

Yangaozhen

阎膏珍 Vima Kadphises（约活动于一二世纪） 贵霜王朝第二代统治者。约公元78～120年在位。丘就却之子，一说第三代统治者。音译卡德费塞斯二世。

据中国史籍记载，阎膏珍为贵霜王朝建立者丘就却之子，但依据铭文、钱币及其他相关资料，两者统治时间隔有数年，故其间似有无名主在。阎膏珍登基后积极扩张领土，逐步实现了对于北印度的统治。东到瓦拉纳西、南到纳巴达河的土地皆在他的版图之内。原来依附于大夏、安息的中亚和阿富汗地区各小公国，也告臣服。这一地区割据混乱的局面开始向统一迈进。阎膏珍治下的贵霜帝国一度与中国关系友好。但迎娶东汉王朝公主的要求遭班超拒绝，使他非常恼怒。贵霜副王曾将兵7万逾葱岭，入侵中国，受到班超伏兵的致命打击，被迫遣使请罪，纳贡称臣。在西方，贵霜与罗马帝国往来密切，除经常互换使节外，贵霜还仿照罗马的样式铸造了自己的钱币。与安息的关系则因争夺丝绸之利而较为紧张。由于对宗教信仰采取宽容鼓励政策，故印度佛僧多能经过其地往中亚、中国等地传教。阎膏珍在其统治后期皈依了印度教，成为湿婆神的信徒。

阎膏珍时期金币

（葛维钧）

Yanmo

阎魔 Yama 印度古代神话中的冥王。亦称法王，汉译佛经又称夜摩、焰摩、琰摩、阎魔王、阎罗、阎王等。

在远古印度神话中，阎魔是太阳神毗婆薮之子，第一个凡人，有孪生姊妹阎蜜。《梨俱吠陀》中有阎蜜希望与他结合以求得人类繁衍但被他拒绝的圣诗，据此某些学者认为他们应是印度古代传统学说中的人类始祖。他死后，阎蜜痛悼不已。众神为使她忘却悲哀，创造了黑夜。阎魔在吠陀时代为一小神。他也是第一个死去并找到通往冥界之路的人，由于发现不死的秘密而被神化。作为世人祖先的亡魂之王，他所管理的冥界为一亲人团聚、共享祭品的幸福世界。其地在天界最远之处。在《阿闼婆吠陀》中，其地则转至下界，称为阎魔城。梵书时代，阎魔增加了称号“结束生命者”、“毁灭”、“死亡”等。更后，除天国外，又有了黑暗地狱的描述，且有果报之事。在两大史诗中仍为死亡之主，与因陀罗、阿耆尼、伐楼拿并称“世界保护者”。作为冥王，亦为铁面无私的审判者。在他的判决下，死者依善恶而入天堂或地狱。往世书历数各种地狱可怖之状，并称无人死后可以逃脱阎魔之掌。地狱有21或28层，生时邪恶者受煮、烤之苦，或为饥渴、疾病、蛇蝎所折磨。阎魔的形象先后曾有变化，后通常为绿面红袍，身骑黑色水牛，一手握正义之棒，一手持捕人之索。为他送递死讯的是一只鸽子或猫头鹰。随身有两只四眼狗，任务为搜寻当死之人，护卫通往阴曹之路。他亦为南方之主。其地为幽灵居所，故印度人视为不祥。印度古代法论曾有一部归在他的名下，但原书已佚。

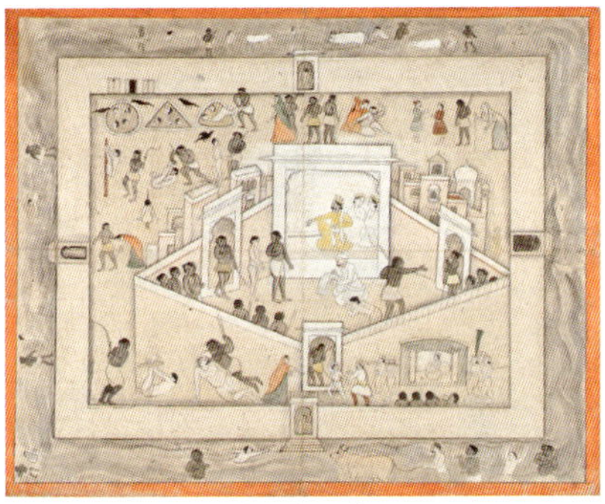

阎罗殿图

阎魔像 日本京都成相寺

阎魔在佛教中的地位和作用与在印度教中大略相同。阎魔作为冥界之主随佛教的传入而为中国人所知后，同道教信仰相结合，衍生出冥界十王、阎罗十殿（或十殿阎罗）等说。在密教中，阎魔被列于天部，称为焰摩天，为护世八方天之一，十方护法神王之一，十二天之一，外部二十天之一。

中国西藏阎罗王画像 17世纪中叶～18世纪 现藏美国纽约大都会艺术博物馆

（葛维钧）

Yanmouna He

阎牟那河 Yamunā 印度主要河流之一。今译亚穆纳河，曾称朱木拿河；古译还有盐牟那河、遥扶那河、摇旡那河、耶牟那河等称。

阎牟那河为恒河支流，全长1 376千米，发源于喜马拉雅山脉班达蓬奇山的西南坡。该河自喜马拉雅山麓向南流入北印度后，成为旁遮普平原和恒河平原的界河；过德里后，在马图拉附近折向东南，后流过阿格拉等城，并有昌巴尔河等支流汇入，于安拉阿巴德附近与

印度亚穆纳河与泰姬陵

印度亚穆纳河

恒河汇合。在《诃利世系》和《摩罗根德耶往世书》等古代经典里，阎牟那河被视为阎魔的孪生姊妹阎蜜的象征，从而成为圣河，受到崇拜。

佛教经典中对此河多有记载。《善见律毗婆沙》称盐牟那水，《大智度论》称蓝牟那，法显在其《佛国记》中称遥捕那河，《摩诃僧祇律》称其为遥扶那河："摩头罗东有遥扶那河，河东有仙人聚落精舍。"（卷六）。沿河多建有古代城邦国家，如秣菟罗（又译摩头罗）、窣禄勤那、钵逻耶伽等。关于窣禄勤那，玄奘《大唐西域记》卷四称："……周六千余里，东临殑伽河，北背大山，阎牟那河中境而流。国大都城周二十余里。东临阎牟那河。荒芜虽甚，基趾尚固。土地所产，风气所宜。同萨他泥湿伐罗国。人性淳质，宗信外道。贵艺学，尚福慧。伽蓝五所，僧徒千余人，多学小乘，少习余部。"钵逻耶伽即阎牟那河与恒河汇流处的阿拉哈巴德。《大唐西域记》卷五记述该地："周五千余里。国大都城据两河交，周二十余里。稼穑滋盛，果木扶疏，气序和畅，风俗善顺。好学艺，信外道。伽蓝两所。僧徒寡少，并皆习学小乘法教。天祠数百，异道寔多。"道宣《释迦方志》卷上该地作钵罗伽耶，所记甚为生动："……周五千余里。都城据两河交，周二十余里，寺二所，僧少。天祠数百，异道特多。城西南临阎牟河曲二三千里。东北流合间有瞻博迦花。林中塔高十余丈。佛曾于此降外道处，有发爪塔、经行迹。又有提婆菩萨作《广百论》处。城中天祠堂前大树枝叶蒙密。食人鬼依之，左右遗骸为积。人至祠中，无不轻命，上树投下，为鬼所诱。城东两河间交广十余里。土地平垲，细沙弥布。古今王豪诸有舍施莫不止焉，号大施场。……场东合流口。日数百人自溺而死。彼俗名为生天所也。有欲行法，七日于此绝粒，自沈中流。远近相趣，乃至山猿野鹿，群游水滨，绝食沉水。"此处所述，皆为古代印度教重要信仰和习俗。

（葛维钧）

Yan Yanzhi

颜延之 Yan Yanzhi（384～456） 中国南朝宋思想家，文学家。字延年。琅邪临沂人（今属山东）。少年孤贫，住在城郊，房屋破败；但他好读书，无所不览，因此文章美妙，冠绝当时。颜延之爱饮酒，不修边幅，不拘小节，年至三十，犹未婚配。

吴国内史刘柳任命颜延之为参军，后转主簿等职。南朝宋政权建立后，奉常郑鲜之举颜延之为博士，后迁世子舍人。宋高祖刘裕受命之后，补为太子舍人。雁门人周续之，隐居庐山，以儒学著称，一次宋高祖问周续之三义，周续之雅仗辞辩，颜延之则每折以简要。因颜延之连挫周续之，宋高祖让颜延之阐述自己的论点，众人称善，升为尚书仪曹郎，太子中舍人。后宋少帝即位，任命颜延之为正员郎，兼中书，不久迁任员外常侍，出为始安太守。元嘉三年（426），又征为中书侍郎，随即转为太子中庶子，领步兵校尉，赏遇甚厚。后因故外放为永嘉太守，颜延之因此十分怨愤，于是作《五君咏》以追述竹林七贤，因为山涛、王戎等也曾从贵显被黜。后又被起用，为始兴王浚后军谘议参军，御史中丞。但他在任放纵自己，无所举奏。不久迁任国子祭酒、司徒左长史等职。孝建三年（456）卒。明代张溥辑颜延之存世作品为《颜光禄集》。

颜延之与谢灵运以辞采齐名，当时认为潘岳、陆机之后，文士莫及，并称颜、谢。他和陶渊明亦多有往来，交谊甚笃。曾赠两万钱给陶渊明，并在陶渊

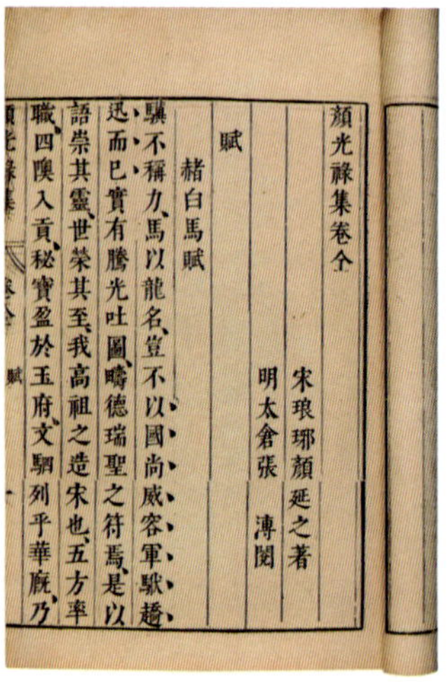
顏光祿集卷仝
宋琅琊顏延之著
明太倉張　溥閱
賦
赭白馬賦
驥不稱力馬以龍名豈不以國尚威容軍駮趫
迅而已實有騰光吐圖疇德瑞聖之符焉是以
語崇其靈世榮其至我高祖之造宋也五方率
職四隩入貢秘寶盈於玉府文駟列乎華廄乃

《颜光禄集》书影

明死后，作《陶徵士诔》，表达哀思纪念。

颜延之信奉佛教，多与名僧交游。元嘉十二年，颜延之针对何承天所著《达性论》，两次致函，提出了不同观点。尤其反对何承天“有生必有死，形毙神散，犹春荣秋落”的观点。宋文帝认为颜延之能出入儒佛，驳斥《达性论》，给人以启发。对沙门释慧琳，颜延之十分反感，一次乘自己酒醉对宋文帝说：“昔同子参乘，袁丝正色。此三台之坐，岂可使刑余居之。”认为慧琳是“刑余”，即受过髡刑之人，可见其厌恶之甚。

（江巨浪）

Yancong

彦悰 Yancong（约活动于7世纪） 中国唐代高僧。玄奘法师的弟子。博览群书、工于著述，曾参与译经家地婆诃罗的译场。

据《宋高僧传》卷四等记载，贞观末年（627～649），彦悰来到京城长安，投身于玄奘法师门下。其才华不如普光、法宝等人，但他学习非常刻苦用功。彦悰在玄学、儒学方面造诣精微，并且在文笔辞采上过于众人。地婆诃罗在太原寺、弘福寺翻译佛经时，彦悰参与其中。永淳元年（681），彦悰请地婆诃罗重译《佛顶最胜陀罗尼经》（T969），并为之作序。

慧立著有《大慈恩寺三藏法师传》5卷，专门记录玄奘于贞观年间游历西域、印度的事迹。等到缮写完毕，慧立又担心内容有所遗漏，故而将其藏在地穴里。直到他病重即将离世，才吩咐弟子将书稿掘出来。后来，这部传记在外流散数年。慧立的弟子们四处搜求购买，才又重新获得书稿。他们请彦悰对书稿进行排序修订，模拟郑众对大、小毛公的《诗传》进行笺注，故而名之曰“笺述”，现收入《大正藏》第2053号，共计10卷。

龙朔二年（662），唐高宗李治下令沙门必须向皇帝、父母跪拜，由于受到佛教界道宣等人的一致反对，最终作罢。在此背景下，彦悰编撰了《集沙门不应拜俗等事》（T2108）6卷，收录自东晋至唐代讨论沙门是否应该向皇帝、官员致敬的文章奏疏，以作为后世的楷模。彦悰还撰有《大唐京寺录》10卷与《沙门法琳传》3卷，均已佚失。

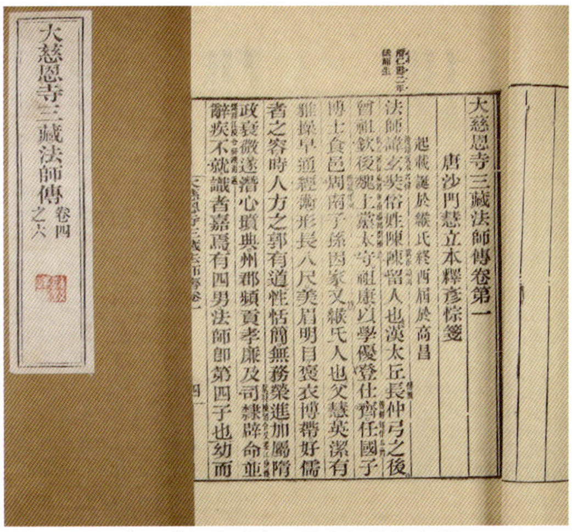
大慈恩寺三藏法師傳 卷四之六

大慈恩寺三藏法師傳卷第一
唐沙門慧立本釋彥悰箋
起載誕於緱氏終西屆於高昌
法師諱玄奘俗姓陳陳留人也漢太丘長仲弓之後
曾祖欽後魏上黨太守祖康以學優登仕齊任國子
博士食邑周南子孫因家又緱氏人也父慧英潔有
雅操早通經術形長八尺美眉明目褒衣博帶好儒
者之容時人方之郭有道性恬簡無務榮進加屬隋
政衰微遂潛心墳典州郡頻貢孝廉及司隸辟命並
辭疾不就識者嘉焉有四男法師即第四子也幼而

慧立《大慈恩寺三藏法师传》书影

有人曾对彦悰开玩笑：你与隋代的彦琮孰高孰低？彦悰引用《论语》回答说：我端木赐，哪里敢与颜回相比！司马相如仰慕蔺相如之为人，我也仰慕彦琮之为人，故而名“悰”。

（范晶晶）

Yancong

彦琮 Yancong（557～610） 中国隋代僧人，中国佛教历史上著名的译师和翻译理论家。

彦琮俗姓李，北齐赵郡（今河北隆尧西）人。10岁出家，法名道江，12岁时便参讲席，14岁时受北齐皇后召，讲《仁王经》。北齐灭亡，他被北周武帝召为通道观学士，侍讲《老子》、《庄子》、《周易》等，武帝不喜佛教，因此他只能内着僧袍外披俗衣，并改名彦琮。这一时期，他虽奉官位而无亏戒行，入隋之后，复著僧衣为朝廷诸贤讲般若经，并蒙召入京师掌管佛经翻译事务，至54岁卒。彦琮不但自己长于翻译、整理佛教经典，而且留下很多优秀的见解作为典范影响后人，促进了佛教在汉地的广泛流传，同时，他记述印度、西域各地状况的著作也极利于增进汉印文化间的相互了解。

彦琮曾与陆彦师、薛道衡、刘善经等人合著《内典文会集》，此外有《众经目录》、《辩正论》、《唱导法》、《天竺记》、《大隋西国传》、《达摩笈多传》、《通极论》、《通学录》、《福田论》、《僧官论》、《慈悲论》等，著作颇丰。彦琮翻译佛经23部100余卷，每译一经，必作序述事。当时曾有印度僧人来华，彦琮奉诏将《舍利瑞图经》及《国家祥瑞录》译为梵文，传至西域。

《众经目录》按经、律、赞、论、方、字、杂书七例将当时新得佛教经典加以分类，并将当时已经译出的汉文佛教经典分为单本、重翻、别生、贤圣集传及疑伪五类，再各按大小乘经、律、论加以编目，编成5卷本。

彦琮通习梵文，在参与译经的过程中，发现汉地译师在译梵为汉的过程中存在许多问题。为此，彦琮著《辩正论》，阐述自己的翻译理论。之前的道安、慧远等人也有一些佛典翻译见解，但只是将其附于所译经的序文中，而彦琮的《辩正论》则是中国佛典翻译史上第一篇专门论文。在《辩正论》中，彦琮提出了“十条八备”之说。彦琮先是引述了道安“五失本，三不易”，而在高度赞誉道安的同时，也指出了他的不足，即同一般译师一样“梵”、“胡”相混淆。在彦琮看来，要令法义真正明了，需要汉地人人通习梵语的“正语妙音”是不可能的，因而译师必须谨慎翻译，借以流传正法。对此，彦琮列举“十条”，包括“字声一、句韵二、问答三、名义四、经论五、歌颂六、呪功七、品题八、专业九、异本十”，译经者应当从这10个方面入手进行翻译。彦琮进而对前人的译经事业进行了梳理，提出了关于译才的“八备”之说，从道德品行和学识素养等方面提出要求。

彦琮曾和裴矩一同撰写《天竺记》，又将达摩笈多自印度来华期间游历诸国的见闻记录为《大隋西国传》，该书包括10个部分，“一方物、二时候、三居处、四国政、五学教、六礼仪、七饮食、八服章、九宝货、十盛列山河国邑人物”，分别对达摩笈多所经各国加以详细记述。

（陈帅）

Yantuomanguo

晏陀蛮国 Andaman 印度古地名的异译。即今安达曼（群岛）。

《诸蕃志》“海上杂国”条首先提到此国名：“自蓝无里（在今印度尼西亚苏门答腊亚齐）去细兰国（即锡兰，今斯里兰卡），如风不顺，飘至一所，地名晏陀蛮，海中有一大屿，内有二山，一大一小，其小山全无人烟，其大山周围七十里，山中之人，身如黑漆，能生食人，船人不敢艤岸。山内无寸铁，皆以砗磲蚌壳磨铦为刃。”唐代义净去印度时曾经过安达曼群岛，其《大唐西域求法高僧传》记曰“倮人国”，并说“其所爱者但唯铁焉”。《瀛涯胜览》“锡兰国”条记曰：“其山三四座，唯一山最高大，番名桉笃蛮山。”并说其人“男女赤体，皆无寸丝”。《郑和航海图》标为“安得蛮”。然而古人常把安达曼群岛和尼科巴群岛相混淆。《海录》有“呢咕吧拉”(即尼科巴群岛)条，并称从其地向北行半日许，有“牛头马面山”，盖指安达曼群岛。

（薛克翘）

安达曼群岛海边

Yang Dazhao

杨大钊 Yang Dazhao (Atchew)(？～1783) 印度华人社区创始人。昵称阿钊。18世纪70年代后期到印度加尔各答。据说曾向时任英国驻印度总督W.黑斯廷斯请愿，要求给予一些土地种植甘蔗。关于这段轶事的流行说法是，黑斯廷斯赠给杨大钊的土地，即他一天内骑马所能圈占的土地。这些地产位于加尔各答以南约15千米处，在胡格利河畔。他种植甘蔗，加工蔗糖，用蒸馏法制作烧酒。他在创业不久即于1783年去世。但他建立的村庄至今仍称阿钊坡。虽然某些记载认为他原是一名水手，但他实际上更可能是一名茶叶贸易商，因为他似曾受过英国当局的照顾。在杨大钊指控加尔各答某些华人试图引诱他的劳工离他而去时，在处理这一纷争过程中，英属孟加拉政府对他表示支持这一事实，也颇能说明问题。另外，有关此次纠纷的记录显示，杨大钊在加尔各答时，当地已有其他华人存在。即使在今天，杨大钊的故事在加尔各答华人社区的历史记忆中依然占有重要位置。每逢中国农历春节之际，华人社区的许多成员都会聚集于阿钊坡，在杨大钊的墓前追思，表达敬意。加尔各答华人社区的人尊称杨大钊为“大伯公”。

（玛妲玉撰　刘文亮译）

Yang Huizhi

杨惠之 Yang Huizhi（约活动于713～741年间） 中国唐代雕塑家。曾与同时代画家吴道子一起学画，共同师法南朝梁画家张僧繇的绘画，但画名不如吴道子显赫。因此他毅然发愤，专攻雕塑，在雕塑领域也摄取了张僧繇绘画的神韵，于是杨惠之的雕塑才可以与吴道子的绘画争衡。当时人说：“道子画，惠之塑，夺得僧繇神笔路。”据记载，他在长安、洛阳等地的佛教寺院塑造了许多佛像、菩萨、罗汉、天王、居士、彩女，并在雕塑中创造了千手千眼观音的形象。著有《塑诀》一书，但已无存。

（王镛）

Yang Jingfeng

杨景风 Yang Jingfeng（约活动于8世纪后半期至9世纪前期） 中国唐代天文学家，佛教信徒。唐德宗在位时期(779～805)，曾任司天台夏官正，唐代密宗三大师之一不空金刚的弟子。

《新唐书》、《玉海》、《古今律历考》、《畴人传》等皆有关于杨景风的记载：司天徐承嗣和夏官杨景风在唐德宗的命令下，以《麟德历》、《大衍历》为基础，制定新历法《正元历》。上元七曜，起赤道虚四度。建中四年(783)，颁布《正元历》，演纪上元甲子，距建中五年甲子，岁积402 900算，通法1 095。《正元历》一直用到唐宪宗元和元年（806）《元和观象历》施行。

杨景风曾为不空金刚《宿曜经》作注，以补正端州司马史瑶注“文义烦猥，学者难用”之不足。在为《宿曜经》作注时，就七曜日（现代的星期制，七日一周）有如下说明：“夫七曜者，所为日月五星下直人间，一日一易，七日周而复始，其所用各各于事有宜者，不宜者，请细详用之。忽不记得，但当问胡及波斯并五天竺人总知。尼乾子、末摩尼以蜜日持斋，亦事此日为大日，此等事持不忘，故今列诸国人呼七曜如后。”杨景风的说明，被认为是七曜值日入华的重要证据。

杨景风在《宿曜经》第三品末又注曰：“今有迦叶氏、瞿昙氏、拘摩罗等三家天竺历，并掌在太史阁。然今之用，多用瞿昙氏历，与大衍相参供奉耳。”由此可知，8世纪时有印度的三个天文学学术派别受到中国天文机构的重视，对中国的天文学产生过一定影响。

（周利群）

Yang Renshan

杨仁山 Yang Renshan （1837～1911） 中国近代佛教居士，佛学家。被誉“中国佛教复兴之父”。

杨仁山名文会，字仁山。安徽池州石棣人。出身官宦世家。曾在曾国藩军中办理军粮事务，后服职于江宁筹防局。杨仁山移居杭州后，开始广泛搜集研读佛教典籍。1866年，在南京创办金陵刻经处，发心刻经。1878年受聘于曾纪泽幕府，其后两次以使节名义出使欧洲，其间结识日本佛教学者南条文雄，得知许多中国佛教重要典籍，在日本得以存留。归国后，在南条文雄的帮助下，得到数百种中土已佚的佛教著述，拣择其中重要者加以刻印。其中包括吉藏《中观论疏》、窥基《成唯识论述记》、窥基《因明入正理论疏》、善导《观无量寿佛经疏》等。

1894年，杨仁山与英国人李提摩太一同将《大乘起信论》翻译成英文。后又与斯里兰卡的达磨波罗在上海见面。此后，开始着手编订《初学课本》等书，努力在中国兴办佛学教育。杨仁山先于1908年创立祇洹精舍，后于1910年设佛学研究会并讲学。其中优秀弟子有太虚、邱晞明、谭嗣同、桂柏华、梅光羲、欧阳竟无等。此外，他还曾计划刻印《大藏辑要》，但仅完成编目，未及刻成，便已病逝。

杨仁山著有《大宗地玄文本论略注》4卷、《佛教初学课本》及其注释各1卷、《十宗略说》1卷、《等不等观杂录》8卷、《观经略论》1卷、《阐教编》1卷，以及一些与儒家、道家相关的著作。

杨仁山不但从日本取回大量中土已经不存的佛教典籍，而且兴办刻经事业，创办佛学教育，培养了大量僧俗人才，为后来中国佛教的复兴奠定了基础，欧阳竟无创建的支那内学院便是在其基础上发展而来的。

（陈帅）

Yang Ruilin

杨瑞琳 Yang Ruilin（1921.05～　　）中国翻译家，编辑，中国社会科学院亚洲太平洋研究所研究员。曾任《南亚研究》主编。在中印文化交流中起过一定的作用。湖南常德人。1944年毕业于国立东方语文专科学校印地语科，1946年赴印度国际大学学习，1949年毕业于印度贝拿勒斯（见瓦拉纳西）印度大学印度古代历史文化系，获硕士学位。1950～1963年先后供职于中国驻印度大使馆、外交部亚洲司、外交部国际关系研究所。1963～1979年在亚非研究所工作。1979年转入中国社会科学院，从事印度历史、印度政治等问题的研究工作。受其岳父、中国艺术考古学家常任侠的影响，在印度艺术研究领域也有所建树。

杨瑞琳曾参与翻译印度农业研究者K.奈尔的论著《贫困的印度农村》（1965），发表论文《中国佛教艺术演变略谈》、《印度教种姓制度的今昔》、《远古印度艺术》等。1980年1月出席了在印度比哈尔邦那烂陀举行的第二届世界佛教大会。1979～1989年主持《南亚研究》、《南亚译丛》和《南亚东南亚资料》的编辑工作。

（李宝龙）

Yang Shuo

杨朔 Yang Shuo（1913.04.28～1968.07.08）中国作家。原名杨毓瑨，字莹叔。中国山东蓬莱人。1937年开始文学创作。1956年起从事外事工作，曾

任中国作家协会外国文学委员会主任、亚非人民团结理事会书记处中国书记等职。著有散文集《亚洲日出》、《海市》、《东风第一枝》等及数种小说。1956年夏访问印度，先后游历德里、赭堡（今印度斋浦尔）、马德拉斯、奥兰加巴德及阿旃陀石窟、埃洛拉石窟。1957年发表散文《印度情思》，以充满诗情画意的笔触描绘了印度的风土人情、文物古迹和人民的虔诚信仰及美好理想。杨朔认为印度“到处是诗意，是哲理，是神话”。他表示自己“完全沉醉在美的境界里”，对印度先民“用生命创造的美”，尤其是那些“精彩无比的壁画”和“绝世的”雕刻艺术表示激赏。由于若干作品长期入选语文教材，他的散文在中国产生了广泛影响。

（刘建）

Yang Tingbi

杨庭璧 Yang Tingbi（约活动于13世纪）中国元代官员。曾作为朝廷使节4次访印。

元至元年间（1264～1294），行中书省左丞（官名）唆都（人名）曾受命发出十道诏书，要求各蕃国归顺。不久，占城（今越南中部）、马八儿国等先后送来国书，承认附庸地位，但俱蓝（见故临）等国却无表示。行中书省打算再次派15人前往，被元世祖阻止。至元十六年十二月，世祖钦命时任广东招讨司达鲁花赤（监察官）的杨庭璧出使俱蓝。次年三月到达，后携其国主必纳的命令其弟所写的国书返回，内称将于来年遣使入贡。当年十月，世祖再派哈撒尔海牙以俱蓝国宣慰使的名义，与杨庭璧一同出访该国。十八年正月，他们自泉州出发，3个月后抵达僧伽耶山，因缺粮而又风向不顺，只好在马八儿国登岸，再设法经陆路前往俱蓝。然而，此时马八儿正拟与俱蓝交战，难以通行。二人返国后，十一月，杨庭璧再次出使，并于至元十九年二月到达俱蓝国，受到国主接待。三月，该国派出使节赴元。当时也里可温（基督教）的兀咱儿撒里马和木速蛮（穆斯林）教主马合麻等正在该国，也表示愿与中国结好，

印度奎隆海岸中国式渔网
奎隆古称俱蓝，杨庭璧曾出使该国

遣使入朝。返国路上，杨庭璧还曾劝说那旺（可能是今孟加拉湾东南部的尼科巴群岛）等国归附。至元二十年正月，朝廷再派他以宣慰使身份访问俱蓝，二月到达，赐其国王金符。同年，马八儿再次遣使入朝，五月到达京城时，元世祖专门派官员到半途迎接。到二十三年，由杨庭璧携元帝诏书规劝而表示归顺的已有10个国家。

（葛维钧）

Yang Yunyuan

杨允元 Yang Yunyuan（1914～2007.01）华裔印度学学者。在中印文化交流中起过一定的作用。湖南湘阴人。出身于知识分子家庭，大表姐陈乃蔚为**谭云山**之妻。自幼与谭云山相识，深受其影响。先后求学于长沙长郡中学、湖南第一师范学校、南京中央政治大学。毕业后，在贵阳从事教学工作，其间恢复了因战乱中断的与谭云山的通信，在其帮助下受到印度国际大学的邀请和中华民国教育部的资助，得以赴印。1946年初，在国际大学中国学院担任访问学者。其间，受教于师觉月、**P.V.巴帕特**等印度学者，研习印度文化、宗教、语言，并对佛教产生了浓厚兴趣。20世纪40年代末，担任中华民国首任驻印度大使罗家伦的秘书。50年代起，在印度国防部外国语学院教授中文。后辗转墨西哥，前往美国，在加利福尼亚大学伯克利校区任教。

杨允元撰有《平生热爱中国的太戈尔》、《徐志摩与太戈尔访华韵事》、《中国语文中的印度词语释例》、《中印先哲有关言语之教》、*Generalissimo and Madam Chiang Kai-shek's Visit to India and India's Independence*（《蒋公访印与印度独立》）等与中印文化交流相关的论文。

（贾岩）

Yang Zhongfu

杨忠辅 Yang Zhongfu（约活动于十二三世纪） 中国宋代天文学家。字德之。籍贯不详。杨忠辅精通历法，大约从淳熙十二年（1185）到嘉泰二年（1202）在太史局供职。曾批评当时行用的《淳熙历》简陋，与天象不合。某年九月望日发生的月食，据他推算应是在白天，而按《淳熙历》则在夜里，但测验当天有阴云遮月，分辨不出是否有食。到庆元四年（1198），正在行用的《会元历》与天象相差越来越大，遂奉命负责编造新历。翌年，新历造成，命名为《统天历》。

有关《统天历》的推算方法均载于《历经》中。该历使用的回归年长度数值为365.242 5日，这与现在世界各国通用的公历所采用的数值一样，但比公历早约四百年。还提出回归年的长度每年都有微小的变化，其值古大今小。这一问题西方直到六七百年后才提出。此外，《统天历》中不用传统的上元积年法，而采用甲寅年为近距上元。这种创新后来被郭守敬（1231～1316）在编制《授时历》时所采用。清代梅文鼎（1633～1721）在评论宋代历法时说，“宋术莫善于统天”。

《统天历》的消长算法是先进的，但对消长数值的选取偏大。同时杨忠辅在交食、五星算法上并未对前历做任何改动，加之他急于将历法献上，未进行严格检验。这使得《统天历》在推算水平上并未高过以前的历法。庆元五年（1199）、庆元六年、嘉泰二年，《统天历》皆推日食不验。杨忠辅违反惯例，使用民间具有印度背景的制历方法，遭人质疑。最终杨忠辅在嘉泰二年遭罢免，《统天历》被停止使用。

（周利群）

Yerou Feituo

《耶柔吠陀》 *Yajur-veda* 印度上古四种吠陀本集之一。全称《耶柔吠陀本集》。

“吠陀”梵语意为“知识”，作为专有名词，广义指古印度在公元前2千纪～前1千纪形成的四类作品：吠陀本集、**梵书**、**森林书**和**奥义书**；狭义则仅指本集。四种吠陀本集，即《**梨俱吠陀**》、《耶柔吠陀》、《**娑摩吠陀**》和《**阿闼婆吠陀**》是印度最古老的经典。“耶柔”意为祭祀或祭祀用语。《耶柔吠陀》即是在举行吠陀祭祀时供负责全部仪节的行祭者低吟的祷词。祷词内容几乎全都出自《梨俱吠陀》，但是为了具体行祭的需要做了必要的更动，并在顺序上加以重新安排，同时另加了散文体的有关祭仪的解释。涉及的祭祀有新月和满月祭、火祭、苏摩祭、王祭、马祭、人祭、全祭和大锅祭等。作为实用的僧侣手册，它在古代就受到了广泛的研究，并形成了很多学派。该吠陀又分成两个本集：《泰底哩耶本集》（*Taittirīya Saṃhitā*），亦称《黑耶柔吠陀本集》（*Kṛṣṇayajurveda Saṃhitā*，简称《黑耶柔吠陀》），包括7部，44章，651段，2198节；《伐遮娑内夷本集》（*Vājasaneyi Saṃhitā*），亦称《白耶柔吠陀本集》（*Śuklayajurveda Saṃhitā*，

描绘耶柔吠陀故事的瓷盘

简称《白耶柔吠陀》），包括40章，303段，1 975节。分集的原因不太清楚，可能是源于仙人祭言的分裂活动。《毗湿奴往世书》为说明分集的缘由编了一个故事：《白耶柔吠陀》原有27个部分，由仙人维扇钵衍那传授给他的27个弟子，祭言是其中之一。维扇钵衍那不幸失手杀死了他的外甥，于是他召来弟子们，要求他们一起为此事实行赎罪苦行。但是祭言拒绝参加，理由是维扇钵衍那不是故意杀人，实际无罪。二人争吵起来。维扇钵衍那要求祭言放弃从自己那儿学得的东西。祭言做了一个呕吐的动作，果然把所学的《耶柔吠陀》吐了出来。其他弟子随即变成了鹧鸪（梵语tittiri），将吐出的已经弄脏的东西啄进肚里。于是这一部分便称作“Taittirīya”，亦因其被污而称《黑耶柔吠陀》。祭言离开后，开始操习严厉的苦行，并致诗太阳神。太阳神应他之请，把一部他的师父未曾教过他的《耶柔吠陀》教给了他。这一次太阳神是化作了一匹马（vājin）

来的，于是这一部分便称作“Vājasaneyi”，或因太阳的光亮而称《白耶柔吠陀》。现代学者多认为这是一种“往世书”作者拿手的通俗语源学的解释。另一说法可能稍为合理，即Taittirīya来自一个叫作Tittiri的婆罗门的名字，他的师父是直接受学于维扇钵衍那的耶私迦（Yaska）；Vājasaneyi则是祭言自己，这个名字源自他的父姓Vājasani。《黑耶柔吠陀》比《白耶柔吠陀》更为古老。两者的内容基本一致，唯后者在编排上更为系统，亦有若干颂诗为前者所无。前者既有祭祀时用的祷词，也有关于祭祀仪式的讨论。后者较为单一，只有祷词，而对于祭仪的讨论，则放到了后出且与它属于同一体系的《百道梵书》里。正因为如此，有些学者坚持认为Tittiri系指鹧鸪，以其羽色斑驳比喻《黑耶柔吠陀》的未经整理，内容混杂。《耶柔吠陀》对于宗教史的研究具有重要价值，而在语言文学上，除为后人提供了印度最早的散文典型外，并无足观。

（葛维钧）

Yeshejueduo

耶舍崛多 Yaśogupta（约活动于6世纪） 印度来华僧人，译经家。意译称藏。据《续高僧传》卷一、《开元释教录》卷七等，耶舍崛多为印度优婆国人，阇那耶舍的弟子。北周时（557～581）与其师和师兄弟阇那崛多一同入华，至长安。北周武帝宇文邕（560～578在位）时，在四天王寺和归圣寺，为大冢宰宇文护译出《金光明经》、《十一面观世音神咒经》等3部经典。亦曾作为传译，于北周明帝二年（558）在长安旧城婆伽寺，参与《五明论》的翻译。

（葛维钧）

Yeshiba'er

耶什巴尔 Yashpal（1903.12.03～1976.12.26） 印度进步主义作家。生于今旁遮普邦菲罗兹布尔地区。中学毕业后，入拉合尔的国民学院学习，1925年毕业，获文学学士学位，之后任教于该院的附属学校。学生时代起便积极投身反英爱国运动，曾任反英爱国组织——印度斯坦社会主义人民共和军领导人。1932年被捕入狱，在狱中开始创作生涯。1940年第二次被捕入狱，第二次世界大战结束后获释。1976年12月26日病逝于勒克瑙。

在继承和发扬M.普列姆昌德的批判现实主义传统的基础上，耶什巴尔结合马克思主义以及他自己的斗争生活，创作了大量作品，包括《大哥同志》（或译《达达同志》，1941）、《叛国者》（1943）、《虚假的事实》（1960）等14部中长篇小说，约200篇短篇小说，4部剧本，10部文集和3部回忆录。1976年获印度政府授予的第三级公民荣誉勋章，同年获印度文学院奖。其作品被译成多国文字，其中《虚假的事实》已由金鼎汉、沈家驹译成中文，2000年由上海译文出版社出版。

（任筱可）

ye

业 karma 印度古代宗教中的重要概念。认为人或有情的行为会产生一种力量。又音译为“羯磨”。这种力量将影响行为者此后或后世的生存状态或生命形态。此力量即称为业或业力。业分为善业和恶业。善业产生善果，恶业产生恶果。业的观念也传入中国，对中国的宗教思想文化有很大影响。

（姚卫群）

yejuyi

业句义 karman-padārtha 印度古代哲学中胜论派的术语。今译“运动”。指事物的动的形态。胜论派认为宇宙一切事物可以区分为若干种“句义”。此派认为，在分析事物时如果在思想上把事物的动的形态分离出来，即可称之为“业”。胜论派的各种文献中都认为业句义之下可以具体分为5种——取（向上运动）、舍（向下运动）、屈（收缩运动）、伸（伸展运动）、行（方向不定的运动）。中国现代研究印度哲学的学者对此概念也较关注。姚卫群在其所著的《印度宗教哲学概论》（北京大学出版社，2006）一书的第7章中论及了这一概念。

（姚卫群）

Ye Qianyu

叶浅予 Ye Qianyu（1907.03.31～1995.05.08） 中国现代画家。原名叶纶绮，笔名初萌、性天等。浙江桐庐人。自学

绘画。1927年在上海开始创作漫画，代表作有长篇连环漫画《王先生》等。1939年任香港《今日中国》画报主编。1943年以战地记者名义访问印度兰姆伽（今拉姆格尔）中印训练营营地，参观印度国际大学和佛教圣地菩提伽耶，画有大量印度舞蹈人物速写和风光写生，创作重心从漫画转向中国画

《印度婆罗多舞》 叶浅予绘

尤其是舞蹈人物。1944年在重庆举办“旅印画展”，徐悲鸿盛赞之并订购其两幅舞蹈人物画，宗白华评论说：“浅予的印度舞画，是古典美与现代美的结合。”1947年在北平艺术专科学校任教。1949年任中央美术学院教授，历任该学院中国画系主任，中国美术家协会副主席等职。1962年根据1943年旅印速写稿重新创作的中国画《印度婆罗多舞》是他的最佳代表作，在同类题材作品中无出其右。1945年在重庆时，叶浅予曾师从张大千学习中国画，张大千亦曾临摹叶浅予的《印度献花舞》。1981年叶浅予重画一幅《印度献花舞》托人带给张大千，张大千题跋称其“每写天竺寂乡舞女，奇姿逸态，如将飞去”。叶浅予在中印文化交流中发挥了积极作用。

（王镛）

Yecha

夜叉 Yakṣa 印度古代神话中的一种神灵。又译药叉、捷疾鬼等。

夜叉常出没于田野和丛林之间。其身形或矮小或巨大，其于人或兴福或招祸，由此成为世俗和宗教文学中常见的角色。吠陀时代以前可能作为植物神受到崇拜。后世在耆那教中为二十四祖的随侍之一，在印度教中则以不同身份出现于各派神祇体系之中。最为人熟知的身份是财神俱毗罗的侍从。民间认为他们常常隐藏于大树中间，故往往置花

耆那教夜叉像 印度埃洛拉石窟

环、灯盏、供品等于树下。其所藏身的树木之下必有珍宝埋藏，即使掘之不得，也能使花果繁茂，年成转好。母夜叉传为树液之精，可使不育妇女怀孕生产。夜叉的来历有各种不同说法，如其父为补罗娑底耶，或补罗诃，或迦叶波，或生自梵天之足；其母则为财神俱毗罗的随从，或毗湿奴的随从。在佛教中为毗沙门天王的八大将，或十六大臣。密教中的密迹力士亦为守护佛法之夜叉神。汉文佛典中亦曾将夜叉分类，如分作地夜叉、虚空夜叉、天夜叉等。玄奘《大唐西域记》卷一记迦毕试国事曾说：“伽蓝北岭上有数石室，……其中多藏杂宝，其侧有铭，药叉守卫。有欲开发取中宝者，此药叉神变现异形，或作师子，或作蟒蛇、猛兽、毒虫，殊形震怒，以故无人敢得攻发。”在中国古典文学作品中，夜叉也常借来用以比喻人物性格，所取即其凶悍暴烈之意。

（葛维钧）

Yi Shi Zhangjiahuofo Zhaba' ese

一世章嘉活佛·札巴鄂色 grags pa vod zer（1607～1641） 中国藏传佛教格鲁派活佛和高僧。生于今青海互助县张家村。幼年入郭隆寺（又名佑宁寺）出家为僧。1630年，升任郭隆寺第六届法台（住持），后前往多麦丹斗寺（在今青海化隆境内）静修。不久，应邀担任龙合寺（在今青海民和境内）经师，收徒传法，名声大振。后重返郭隆寺任职，直至圆寂。弟子寻访其转世灵童，创立章嘉国师世系，追认札巴鄂色为一世章嘉活佛。在汉文文献中最初以张家活佛出现，清康熙年间易名章嘉活佛。后世章嘉活佛大多精通梵文，在佛学研究领域造诣很高，著作颇丰。

（尕藏加）

Yi Shi Zhebuzundanba Luosangdanbeijianzan

一世哲布尊丹巴·洛桑丹贝坚赞 blo zang bstan pavi rgyal mtshan（1635～1723） 中国清代蒙古地区藏传佛教高僧活佛。生于漠北喀尔喀部土谢图汗家中，系蒙古王族子弟。清顺治六年（1649），赴西藏拜五世达赖喇嘛和四世班禅为师，闻法受戒，传承法脉。顺治八年，返回故里喀尔喀部，驻锡漠北库伦，始传扬藏传佛教格鲁派教法仪轨，喀尔喀四部王公札萨克台吉僧俗人等，皆诚心信服。康熙二十七年（1688），率领漠北蒙古喀尔喀部归清。康熙三十二年，清朝政府正式敕封他为喀尔喀部大喇嘛。雍正元年（1723），一世哲布尊丹巴在京城圆寂。之后，历辈哲布尊丹巴呼图克图均受清廷册封，成为统治漠北蒙古的主要宗教领袖。

（尕藏加）

Yixing

一行 Yixing（683～727） 中国唐代高僧，天文学家。本名张遂。魏州昌乐（今河南南乐）人。法号敬贤，号大慧禅师，

也称沙门一行、一行阿阇梨，或尊称为“一公”。协同印度僧人善无畏翻译《大毗卢遮那成佛神变加持经》(即《大日经》)7卷，并作《大毗卢遮那成佛经疏》(即《大日经疏》)20卷，奉唐玄宗之命修造《大衍历》。另佛藏密教部宿曜吉凶法类归在一行名下的佛经有《宿曜仪轨》1卷、《七曜星辰别行法》1卷、《北斗七星护摩法》1卷、《梵天火罗九曜》1卷等4种。其在中印文化交流特别是天文学交流方面起到了重要作用。

一行出身世家，其曾祖张公谨辅佐李世民，参与玄武门之变，为唐太宗“凌烟阁二十四功臣”之一。后家道中落。父母双亡后，赴嵩山依沙门普寂出家为僧。又为避朝廷征召，遁入荆州当阳山，并南下游历。开元五年（717）奉唐玄宗召入京，先后与印度僧人善无畏、金刚智合作翻译密教经典。开元九年奉唐玄宗之命造新历。开元十二年铸造黄道游仪，并主持全国范围的天文大地测量。开元十五年新历草成而卒。张说与历官陈玄景等把新历草稿整理成定稿52卷，于开元十六年献上朝廷，开元十七年起颁行天下。

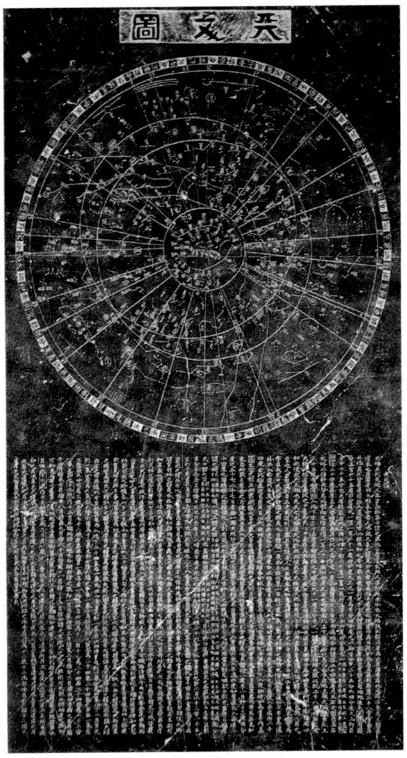

《天文图碑》拓片　南宋
现藏中国江苏苏州博物馆

一行在《大衍历》中作出若干创新，从中可以看出印度天文学的影响。在《大衍历·日躔盈缩略例》中，一行首次对太阳视运动不均匀性作出了正确描述。从《大衍历》的“日躔表”可计算得一行采用的最大中心差值为143′.29。有学者指出，此值与托勒密的中心差值143′.38几乎相等，很可能后者通过某种途径，譬如以印度天文学为中介，影响了前者。一行在《大衍历》中构造了被认为是历史上第一份正切表。有学者认为，这是一行根据《**九执历**》中的正弦表改造而成，但也有学者主张这是一行在中国本土天文历法框架内的独立发明。《大衍历·五星略例》中介绍五星周年视运动不均匀性时，引入了“天竺历法”的解释，认为“九执之情，皆有所好恶。遇其所好之星，则趣之行疾，舍之行迟”。《大衍历·日食略例》中提到的交食算法与《九执历》中的计算方法相对应。《大衍历》中“没”、“灭”日的计算方法和造术思想有明显的印度渊源，例如《立世阿毗昙论》卷五就表达了类似的思想。《大衍历》中有些地方采用360°的周天分度，《月离表》以远地点为起算点，这些都与中国古代传统天文学中的做法不符，而与西方天文学的做法一致。

在《大日经疏》中，一行则经常直接引述“天竺历”或“西方历法”，来对《大日经》中的天文历法术语进行阐释，充分展示了他对印度历法的掌握。《大衍历》的名称来自儒家经典《易经》，加之一行少年时曾精读道家经典，因此一行可谓博采儒、释、道三家之长。在其所撰写的《**梵天火罗九曜**》中便可看到道教星占学的内容。

一行通过何种途径学习掌握了印度天文历法知识，史籍虽没有明确交代，但当时中印之间人员往来频繁，不仅有印度天文学家来华，也不时有印度天文书籍输入唐朝。例如，开元六年唐玄宗命**瞿昙悉达**翻译《九执历》，开元七年又收纳了**罽宾**进贡的天文书籍和吐火罗（在今以昆都士为中心的阿富汗北部地区）进贡的天文专业人员。这些都可以看成为修历所做的准备工作。唐玄宗非常器重一行，把修历一事全权委托给他。因此，精通梵语的一行对皇家所藏的外来天文图书可随时查阅，亦可随时咨询印度来的天文学家和僧人。

（钮卫星）

Yicun

伊存　见诸史书年代最早的将佛教传入中国的人。《三国志·魏志·东夷传》裴松之注引《魏略·西戎传》说：“《浮屠经》云，其国王生浮屠。浮屠，太子也。父曰屑头邪，母云莫邪……始莫邪梦白象而孕。及生，从母左胁出。生而有结，堕地能行七步。昔汉哀帝元寿元年，博士弟子景卢受大月支王使伊存口授《浮屠经》。曰复立（应为‘豆’）者，其人也。《浮屠》所载临蒲塞、桑门、伯闻、疏问、白疏问、比丘、晨门，皆弟子号也。《浮屠》所载，与中国《老子经》相出入。”对于这一说法的可靠性，有些研究者持保留态度。

（葛维钧）

Yikeba' er

伊克巴尔，M.　Mohammad Iqbal（1877.11.09～1938.04.21）印度诗人，哲学家，社会活动家。又称阿拉马·伊克巴尔。生于印度旁遮普省锡亚尔科特（今属巴基斯坦旁遮普省）的一个穆斯林家庭。6岁时入本地的一所学校学习，开始接触阿拉伯语、波斯语和乌尔都语诗歌。1893～1895年，在锡亚尔科特苏格兰教会高中学习。1895年入旁遮普大学主修哲学，1899年获硕士学位，

后留校任教。1905年赴英国学习法律和哲学。1908年获德国慕尼黑大学哲学博士学位，同年回国。1909年任旁遮普大学教授，并出任克什米尔穆斯林协会秘书长。1923年获英国政府授予的爵士封号。1926～1929年当选旁遮普省议员。1930年出任全印穆斯林联盟年会主席，首次提出建立巴基斯坦的主张，并系统阐述了立国理论。1931年，作为印度穆斯林代表，出席在伦敦召开的英印圆桌会议。

伊克巴尔的诗歌创作多以爱国主义和民族主义为主题，同时吸收伊斯兰教哲学思想。代表作有波斯语诗集《自我的秘密》(1915)和《非我的奥秘》(1918)。除文学作品外，著有《伊斯兰宗教思想之重建》(1930)。该书是伊斯兰现代主义代表作之一，在穆斯林知识阶层中有广泛影响。关心中国革命，曾在《侍酒歌》一诗中写道：“沉睡的中国人民正在觉醒，喜马拉雅山的喷泉开始沸腾”，表达了对殖民统治的不满和对中国革命的支持。

中国先后翻译出版了3种《伊克巴尔诗选》，分别是邹荻帆译《依克巴尔诗选》，邹荻帆和陈敬容译《伊克巴尔诗选》，及王家瑛译《伊克巴尔诗选》。另有刘曙雄译《自我的秘密》。该领域研究专著主要有刘曙雄的《穆斯林诗人哲学家伊克巴尔》和雷武铃的《自我·宿命与不朽：伊克巴尔研究》等。

（李宝龙）

Yishafumo

伊沙伏摩 Yasovarma（约活动于8世纪初叶至8世纪中叶） 古代印度中天竺国王。8世纪初在位。在其治下，中天竺国国力强盛，四处征战，开疆拓土，成为当时印度强国。后被迦湿弥罗国（见罽宾）击败，成为其臣属。主要事迹载于宫廷诗人伐克巴迪所作的俗语叙事诗《讨伐高达国记事诗》中。

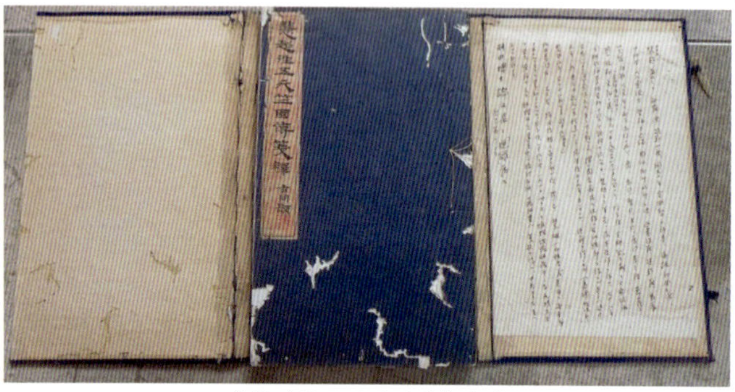

惠超《往五天竺国传》书影

据冉云华在《中国佛教文化研究论集》中考证，唐新罗僧人惠超（又称慧超，700或704～约781）到访中天竺时正是伊沙伏摩统治时期。惠超《往五天竺国传》中的记载对研究该时期的政治、文化、风俗等具有一定参考意义。《册府元龟》及《唐会要》中记载伊沙伏摩于开元十九年（731）遣大臣僧人勃达信朝觐唐朝，并进贡礼物。

（何赟）

Yisha Aoyishu

《伊莎奥义书》 *Īśā Upaniṣad* 印度古代哲学文献。数百种奥义书之一。约产生于公元前500～前200年。在各种奥义书中，其篇幅最短。论及“梵我同一”思想，并分析了人的认识、行为、智慧以及我的本质等。表现出了一些明显的辩证思维。梵本在当代中国被译成了汉文。较早的汉译本由徐梵澄译出，收入《五十奥义书》(中国社会科学出版社，1984）中。黄宝生也将此译成汉文，收入《奥义书》(商务印书馆，2010）一书中。

（姚卫群）

Yisilamu

伊斯拉姆，K.N. Kazi Nazrul Islam（1899.05.24～1976.08.29） 孟加拉语诗人，小说家，剧作家，散文家，音乐家。全名卡齐·纳兹鲁尔·伊斯拉姆。是继R.泰戈尔成名之后取得突出成就的孟加拉语诗人，孟加拉穆斯林社会在诗界首屈一指的代表。在中国与印度、孟加拉国的文化交流中均有一定影响。

生平 伊斯拉姆生于英属印度孟加拉管区布德万县久鲁利亚村一户穆斯林家庭。1908年丧父，家境贫寒，开始承担养家责任，勉强读完中学。在随乡村剧团演出时自学并创作诗歌和戏剧，从而提高了自己的文学素养。1914年，进入地处迈门辛县的达里拉姆布尔学校（现已发展成为“民族诗人卡齐·纳兹鲁尔·伊斯拉姆大学”），学习孟加拉语、梵语、阿拉伯语和波斯语文学及古典音乐等课程。18岁从军，随英属印度军队第49孟加拉团前往卡拉奇及伊拉克服役。在军旅生涯之余，开始写作诗歌和散文。作品在加尔各答的一些杂志刊出后引起广泛注意。1920年退役后回到加尔各答，加入孟加拉穆斯林文学社，从此投身文学创作，逐步成为20世纪二三十年代引领孟加拉穆斯林复兴的先锋。1922年在《闪电》杂志发表抒情长诗《叛逆者》一举成名，从此获得“叛逆诗人”的称号。曾因积极参加印度独立运动而遭到英国当局的囚禁。然而，诗人为被压迫的同胞的解放而奋斗的决心始终不曾动摇。1924年与印度教徒P.黛维结为伉俪，试图以自身行动打破宗教藩篱。1941年因罹患神经麻痹症而瘫痪，不得不停止文学创作。1972年5月，应孟加拉国政府邀请，举家移居达卡，被孟加拉国政府誉为“民族诗人”。1976年1月获孟加拉国国籍，同年8月底逝世。孟加拉国为其举行国葬。加尔各答和达卡两座城市各有一条主干道以他的名字命名。

文学与音乐创作 从1919年发表第一首诗至1942年因病停止写作，其间伊斯拉姆在创作盛期共出版50余种著作，其中包括22部诗集、3部长篇小说、3部短篇小说集、4部散文集、6部电影戏剧剧本、10余部歌曲集。1945年获加尔各答大学“贾加塔利尼金质奖章”，1960年获印度政府颁发的第三级公民荣誉勋章，移居达卡后获达卡大学荣誉博士学位和孟加拉国政府颁发的“21日奖章”。

在中国的影响 伊斯拉姆以其富于个性和独创精神的诗歌和音乐作品而在中国产生了一定的影响。1979年，中国社会科学院外国文学研究所印度文学专家黄宝生、石真推出《伊斯拉姆诗选》，收入诗人的《叛逆者》等22首最为知名的诗篇，由人民文学出版社印行。其中黄宝生据英译本转译15首，石真据孟加拉文原著译出7首。译本前言介绍了诗人的生平和创作，认为其文学遗产将永远闪耀光芒并激励人们为争取社会进步而英勇奋斗。1979年8月5日，中国孟加拉语专家于殿周在《人民日报》发表《孟加拉国爱国诗人纳兹鲁尔》，使诗人的名字为更多中国读者所熟知。1983年，他在《南亚研究》第3期发表论文《从〈叛逆者〉一诗看卡吉·纳兹鲁尔·伊斯拉姆的叛逆性格》。2006年，中国孟加拉语翻译家白开元据孟加拉文原著译出《卡齐·纳兹鲁尔·伊斯拉姆诗歌选》，由中国国际广播出版社印行，收入从诗人全部诗集中精选的419首诗篇及152篇歌词，基本囊括了他的佳作，尤其是他的所有名篇。译者前言评介了诗人的生平、思想、创作和艺术风格。同年，北京大学于开设“纳兹鲁尔·伊斯拉姆诗歌研读”课程。2010年，中央音乐学院李雪提交一篇专门研究伊斯拉姆爱国歌曲的硕士学位论文。同年，刘建在列国志之一《孟加拉国》第六章文学和艺术两节分别评介了伊斯拉姆的文学和音乐成就。

（张幸）

Yisimayipai shangren

伊斯玛仪派商人 Ismaili traders 19世纪在中国沿海地区印度商界中，由来自西印度的伊斯玛仪派穆斯林商人组成的社群。是一个具有贸易传统的社群，善

火花《状元及第》 中国香港祥记洋行发行

于利用欧洲人渗透非洲和亚洲所提供的新机会。虽然他们在东非的商业作用更为人所知，但他们的身影也出现在东亚。19世纪早期，同来自印度的帕西族商人和犹太商人一样，他们也从事原棉、鸦片及西印度其他产品的贸易，其中包括卡苏皮19世纪30年代在广州经营的商号。1842年，英国在中国香港建立殖民地后，一些伊斯玛仪派商人将其贸易基地从广州迁至香港。在香港政府编制的一份1864年28个印度商人的名单中，就有15个伊斯玛仪派商人及其商号的名字。1841年成立的祥记洋行，是香港最老的商号，经营豆类、香料、生丝、糖和棉纱等物品的贸易。伊斯玛仪派商人的企业大多是家族公司。有些伊斯玛仪派商人给帕西人开的公司做经纪人，其他则是独立商人。有记录表明，1920年有240个伊斯玛仪派商人在香港，但到1938年就只剩下60人。有些伊斯玛仪派商人还在上海建立了自己的贸易基地，以利用那里不断增多的机会。诸如特雅布吉、罗加伊、加提和库尔这样的家族，在与中国的贸易中均赚得了可观的财富。

（玛妲玉撰　刘文亮译）

yifangming

医方明　cikitsāvidyā　印度医药学。佛教关心人类的苦难、疾患及其治疗与解脱，因此在其创立伊始即赋予医方明亦即医学特殊的地位。学僧由于接受正式的五明（五种学问）训练，因而熟悉医学。他们从事包括外科在内的各种医学专科，为寺院住僧及贫困的世俗百姓提供治疗服务。学僧是率先将印度古代医学传播到中国的人。

僧人分3个方面利用医方明。首先，用关于去除人体疾病的科学的医学术语作为隐喻，解释从世俗生存获得解脱的理论。其次，用宗教法术治疗精神疾病，所用办法无非向佛陀（见释迦牟尼）、龙树或耆婆祈祷求助，或用咒语驱除鬼邪。最后，施用药物或手术解除人的肉体痛苦。于是，医学在中国发展成为佛教文化的一个不可或缺的组成部分。

医方明是通过《杂阿含经》一类佛经的翻译而传入中国的。例如，4世纪初，汉译《杂阿含经》卷十五的一部小经援引佛陀话语说明何者可谓大医王："有四法成就，名曰大医王者，所应王之具、王之分。何等为四？一者善知病，二者善知病源，三者善知病对治，四者善知治病已，当来更不动发。云何名良医善知病？谓良医善知如是如是种种病，是名良医善知病。云何良医善知病源？谓良医善知此病因风起、癖阴起、涎唾起、众冷起、因现事起、时节起，是名良医善知病源。云何良医善知病对治？谓良医善知种种病，应涂药、应吐、应下、应灌鼻、应熏、应取汗。如是比种种对治，是名良医善知对治。云何良医善知治病已，于未来世永不动发？谓良医善治种种病，令究竟除，于未来世永不复起，是名良医善知治病，更不动发。"在分析疾病分类和查清病因的方法时，这部小经阐述了印度古代医学基本的三体液（痰、风、胆汁）原理，以及一般治疗方法。

随着印度古代医学在中国的传播，其中突出的医疗专科，如"治身患"(内科)、"疗孩童"(小儿科)、"针刺首疾"(眼科)和"治毒"(毒理学)等得到认可。唐代王焘在其所编纂的医学名著《外台秘要方》中就收录了一部源于印度的眼科学著作《天竺经论眼》。另有两部与印度有关的眼科学著作，即9世纪的《龙树菩萨眼论》和11世纪晚期或12世纪初期的《龙木总论》，随后问世。

基本要素地、水、火、风和它们在人体构成和运行中的作用，通过5世纪的一些佛教文献译本传入中国。这些文献解说了人体的四大不调："初则地大增，令身沉重。二则水大积，涕唾乖常。三则火大盛，头胸壮热。四则风大动，气息击冲。"

印度的制药理念和药物也传入了中国。唐代，一位名为阿你真那（一译宝思惟）的印度僧人将《观世音菩萨如意摩尼陀罗尼经》译成汉文，其中提到胡椒、牛黄等治疗眼疾的印度药物。此外，还收录了用龙脑香和麝香等制成的药膏可治疗少年青光眼、翼状胬肉一类疾病的方法。佛经《首楞严经》，记载了佛教徒如何根据诸如味道一类物理性质、生理影响（有毒性或无毒性）或寒热等所谓本性来鉴别药物的方法。《首楞严经》是由般剌蜜帝于705年前后移译的，现已成为汉文佛经的组成部分。此前，鸠摩罗什在350年左右已经译出《首楞严三昧经》。

因此，印度古代医学及其观念、技术和药物一起被引进中国，从而促进了中国中古时期医学的全面发展，可归功于佛教。

（维杰耶·德什潘德　卡马尔·希尔撰　刘建译）

Yili Jinghua

《医理精华》　*Siddhasāra*　印度7世纪中期的一部主要讲述临床知识的重要古典医学著作。作者为拉维笈多。该书有几种中国西北古代地方语言的译本和当代汉译本，是印度古代生命吠陀医学向东流传的代表著作之一。

《医理精华》是一部医方选集，它从数部医书中精选出有效的良方。该书以病症为纲，各章配以相应的医方，编为31章。前4章主要涉及印度医学的传统理论，第2、第3章列举药物的性能，内容与传统中医的本草学著作类似。第5~30章，以不同的病症为单位，论述病症的病因、分类及治病的药方。

第31章是对医疗方法的补充说明。该书呈现出一部完整的医学著作的形态，涉及了内外诸科、儿科、妇科等多方面的疾病治疗。

《医理精华》的贡献在于它独特的编排方式，其结构在印度医学史上可以说是一个转折点。该书成书之前的内科专著《遮罗迦本集》、外科专著《妙闻本集》、内外科并重的《八支心要方本集》等，多分为六部、八支，都是按照印度生命吠陀医学的传统分类“八支”体系来安排医书的内容。该书成书之后，摩陀婆迦罗的《摩陀婆医经》(或译《摩陀婆病理经》）没有分部，只是由70章

陈明《印度梵文医典〈医理精华〉研究》封面

组成，每一章主要论述一种疾病的多种医方疗法，其次序就成了后世印度医典的编辑标准。

《医理精华》保存了许多有价值的临床医方。但从印度古代医学文化向外传播与交流的角度来看，其意义更为重要。该书于9世纪译成藏文，10世纪译成于阗文，在13世纪前译成回鹘文。其部分内容约在9世纪末或10世纪初传入阿拉伯。于阗文译本（编号为Ch.ii 002，另一种编号为P.2892v）出自中国甘肃敦煌莫高窟藏经洞，是现存篇幅最长的于阗文写卷。与印度传世的梵文本《医理精华》相比，于阗文译本和藏文译本中有不少的添加成分，可能是对原著的解释，也有可能将西域其他医籍或者当地的一些知识加入进去。

《医理精华》中既有与中国新疆库车出土的6世纪医学写本《鲍威尔写本》中相同的药方，也有与敦煌藏经洞同时出土的梵文、于阗文双语医典《耆婆书》中相同的药方，还有与新疆吐鲁番本回鹘文《杂病医疗百方》、西藏传世的《四部医典》及汉文医药文书中相同的用药方法。甚至现存最早的西域佉卢文残药方之一“达子香叶散方”，亦见于《医理精华》之中。《医理精华》和《鲍威尔写本》一样，是在西域地区胡语文化圈中流传的，“达子香叶散方”就是一个非常明显的例证。《医理精华》和其他印度医书对中古时期西域地区的医学起到了极大的丰富作用，并使之染上了较明显的印度医学色彩。

（陈明）

Yiwen Aoyishu

《疑问奥义书》 *Praśna Upaniṣad* 印度古代哲学文献。数百种奥义书之一。约产生于公元前500～前200年。篇幅较短。主要论述最高我或梵为一切事物以及人的基础的观念，认为认识了它就能达到至上的不朽境界。梵本在当代中国被译成了汉文。较早的汉译本由徐梵澄译出，收入《五十奥义书》(中国社会科学出版社，1984）中。黄宝生也将此译成汉文，收入《奥义书》(商务印书馆，2010）一书中。

（姚卫群）

Yicihui Shizhu

义慈惠石柱 Yicihui Stong Pillar 中国北齐时期建造的石柱。又称北齐石柱。位于今河北保定定兴石柱村，建于北齐太宁二年（562)。北魏孝昌元年（525）至永安元年（528）间，杜洛周、葛荣等人起义失败，百姓遂收集并掩埋义军骸骨，立木为志。后北齐皇帝高湛（561～565年在位）命更木柱为石柱，并雕刻文字，以警示后人不要造反。该石柱因具有历史文化意义，1961年被国务院批准列为全国重点文物保护单位。

石柱通高6.65米，柱身为八面体，被雕刻为四段，由下向上逐渐收煞，最上段为长方形石榜，上刻“标异乡义慈惠石柱颂”9字大标题，柱身刻颂文。颂文长达3 400余字，为历代石柱铭文所罕见。石柱立于一正方形基

义慈惠石柱

石上，基石上有柱础，柱础为覆莲座。柱顶石榜上方为一方形石板，石板上建一方形小石室。石室实为佛龛，虽小，却宛如殿堂，椽檐叠瓦，刻工精细。石室内有释迦牟尼佛坐像一尊，仪态端庄，背光焕然。该石柱为北朝华表的典范，与大体属于同一时期的南朝陵墓华表形成呼应，均为受印度佛教雕刻艺术影响而产生的佳作。

（薛克翘）

Yihui

义辉 Yihui（约活动于7世纪） 中国唐代去印度求法僧人。洛阳人。据义净《大唐西域求法高僧传》卷上，义辉天性聪敏，思维深邃，博学而追求真理。为了到印度亲自听印度僧人讲解经论，决定西行。遂于唐高宗李治时从海路赴印求法，到中印度。后返国途经南海郎迦戍国（在今马来半岛东岸)，因病去世，年30多岁。

（王邦维）

Yijing

义净 Yijing（635～713） 中国唐代高僧，译经家。在中印文化交流方面起过重要作用。

生平 义净为齐州（今中国山东济南）人。俗姓张，字文明。7岁出家，在齐州城外的土窟寺依止善遇和慧智法师。他努力学习佛教的理论，尤其是佛教的戒律，“于是五年之间，精求律典”。高宗显庆五年（660)，他离开土窟寺，

“杖锡东魏，颇沉心于《对法论》、《摄论》；负笈西京，学习《俱舍》、《唯识》”。

义净很早就萌发了去印度求法的念头，“十四得霑缁侣，十八拟向西天”。

高宗咸亨元年（670），义净在长安认识了并州（今中国山西太原）僧人处一、莱州僧人弘祎，还有其他两三位僧人。大家都有去印度求法的愿望，便相约一起出发。义净先回齐州，看望土窟寺的师父。第二年，即咸亨二年年初，义净从齐州南下，经过扬州，在扬州坐夏三月，然后跟随龚州（今中国广西平南）使君冯孝铨前往广州。这时最初相约一起赴印的伙伴中，有的因改变主意，有的因生病，不打算继续前行。到达广州后，又受邀到冈州（今中国广东江门新会区），接受冯孝铨全家的资助。之后再回到广州，这时只有一位名叫善行的晋州（唐辖境相当于今中国山西临汾、霍州、汾西、洪洞、安泽等地）僧人愿意跟他同行。当年十一月，义净和善行一起，在广州搭上波斯商人的货船，开始了去印度的旅程。

义净描写船在海中航行的情景：“长截洪溟，似山之涛横海；斜通巨壑，如云之浪滔天。”艰危之状，可以想象。不过这次航行还算顺利，不到20天，便到达了室利佛逝。室利佛逝那时是南海最重要的交通贸易中心之一，地方很繁华，佛教也颇流行。义净在这里停留了6个月，学习梵语，为到印度求法做进一步的准备。而同行的善行因病回国。室利佛逝的国王对义净十分友好，用船把他送到末罗瑜（在今印度尼西亚苏门答腊岛上）的国家，停留两月，然后再送往羯荼（今马来西亚吉打州）。高宗咸亨三年年底，义净继续乘坐“王舶”，即室利佛逝国王提供的大船北行，中途经过裸人国（今印度安达曼群岛一带），于咸亨四年（673）二月八日到达东印度的耽摩栗底。

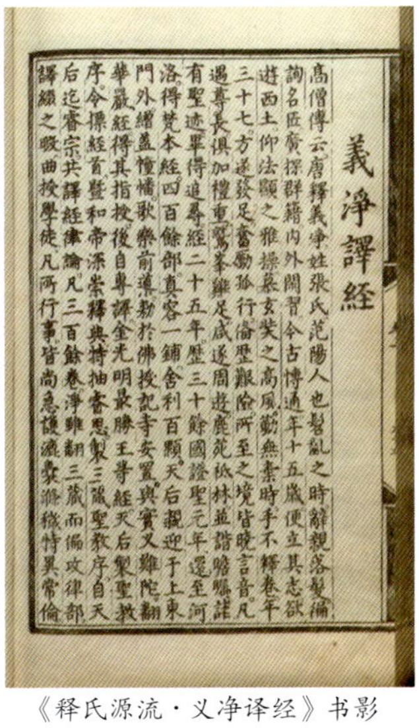
義淨譯經
高僧傳云唐釋義淨姓張氏范陽人也髫亂之時辭親落髮徧
詢名匠廣探群籍內外閑習今古博通年十五歲便立其志欲
遊西土仰法顯之雅操慕玄奘之高風勤無棄時手不釋卷年
三十七方遂發足奮勵孤行備歷艱險所至之境皆曉言音凡
遇酋長俱加禮重鷲峯雞足咸遂周遊鹿苑祇林並諧瞻矚諸
有聖迹畢得追尋經二十五年歷三十餘國證聖元年還至河
洛得梵本經四百餘部真容一鋪舍利百顆天后親迎于上東
門外緇蓋幢幡歌樂前導勅於佛授記寺安置與實叉難陀翻
華嚴經得其指授後自專譯金光明最勝王等經天后製聖教
序令標經首暨和帝添崇釋典特抽睿思製三藏聖教序自天
后迄睿宗共譯經律論凡三百餘卷淨雖翻三藏而偏攻律部
譯綴之暇曲授學徒凡所行事皆尚急護濾漉蟲豸纖特異常倫

《释氏源流·义净译经》书影

义净在印度东部的耽摩栗底住了一年，继续学习梵语。咸亨五年五月，义净跟随一支几百人的商队，继续往西，前往中印度。

这个时候的印度列国割据，路上并不太平。就在离开耽摩栗底不久，义净因为生病掉队在后，途中遭遇强盗，行李被洗劫一空，还差点丢了性命。幸而逃离险境，追上同伴继续前行。咸亨五年六月，他到达目的地摩揭陀国那烂陀寺。

在那烂陀，义净最主要的活动之一便是朝拜佛教圣址。在印度的游踪，义净没有一个完整的记载，只是在《大唐西域求法高僧传》中有所提及。此外，在义净所译《根本说一切有部毗奈耶杂事》里有一段注释：“比于西方，亲见如来一代五十余年居止之处，有其八所：一本生处；二成道处；三转法轮处；四鹫峰山处；五广严城处；六从天下处；七祇树园处；八双树涅槃处。”本生处在劫比罗伐窣堵国。成道处在摩揭陀国的菩提伽耶。转法轮处在婆罗痆斯国鹿野苑。鹫峰山处就是耆阇崛山。广严城处就是吠舍离城。从天下处又称为三道宝阶，在劫比他国。祇树园处在室罗伐悉底国。双树涅槃处在拘尸那迦城边。这些都是古代印度最有名的佛教圣地，大部分在中印度境内。除了这些地方，义净究竟还到过什么地方，不是很清楚。唐中宗《大唐龙兴三藏圣教序》载，义净“所经三十余国，凡历二十余年”。义净自己也说“历三十之外国”。这大概包括他从海路赴印度所经过的一些地方。

除朝圣和游历，义净在印度更多的是学习佛教。在那烂陀的10年里，义净努力学习佛教的各种经典，收集各种梵本佛经。玄奘当年的老师戒贤法师这时已经去世，但在那烂陀寺有学问的僧人还有不少。义净在那烂陀寺的老师有宝师子大德。宝师子擅长教授《瑜伽师地论》，这显然是继承了戒贤的传统。

义净在那烂陀的时间很长，他因此有机会仔细观察那烂陀寺的戒律、僧人们的日常生活，甚至包括寺院建筑中某些很细小的特点。这为他后来撰写《南海寄归内法传》提供了最具体的材料。

义净塑像

所以他在《南海寄归内法传》里多次提到那烂陀，把它作为所有佛教寺院的典范。他还为那烂陀寺画了一张图，附在他后来撰写的《大唐西域求法高僧传》中，但这张图很早就佚失了。

那时，在那烂陀寺学习的中国求法僧不止义净一人。义净在这里遇见许多中国僧人。《大唐西域求法高僧传》中提到有姓名的僧人有玄照、慧轮、道琳、智弘、无行等。有的中国僧人虽然义净没有见到，但可以从其他求法僧那里了解到相关信息。义净后来把他们求法的事迹专门写成一部书，这就是《大唐西域求法高僧传》。

在那烂陀的10年里，义净不仅学习，还翻译佛经。他译出了《根本说一切有部毗奈耶颂》和《一百五十赞佛颂》。但这只是初稿，回国后又加以删正。这个时候义净已经有了翻译佛经的初步计划。

《释氏源流·义净译经》插图

垂拱元年（685），义净在印度学习了10多年之后，决定回国。他随身携带梵本三藏五十余万颂，离开了那烂陀寺东行，路上又遇到劫贼，不过终于平安到达东印度的耽摩栗底国。与去印度时完全一样，他仍由海路乘船东归。垂拱二年春初，义净再次到达羯荼国，在羯荼国停留至冬天。垂拱三年年初，他乘船继续南下，一个月后再次到达末罗瑜，然后到达室利佛逝。

义净第二次在室利佛逝停留的时间较长，前后有6年多。其间永昌元年（689）七月，他在“佛逝江口升舶，附书凭信广州，见求墨纸抄写佛经，并雇手值”，“于时商人风便，举帆高张，遂被载来，求住无路”，因此意外地回到广州，在广州停留至十一月一日，再次坐船回到室利佛逝，这前后有五六个月。除此之外，他一直住在室利佛逝。在室利佛逝，义净开始翻译佛经，同时撰写《大唐西域求法高僧传》和《南海寄归内法传》。天授二年（691）五月，两部书完成，义净遣人带着他写给朝廷、请求朝廷在西方造寺的表文，并附上新写成的两部书及新翻译的10卷佛经，送往长安。《南海寄归内法传》的书名中的“南海寄归”四字，就是因此而来。

长寿二年（693），义净终于从室利佛逝回到了广州。在广州停留了一年多，然后在证圣元年（695）年初离开广州北行。五月仲夏抵达洛阳。洛阳当时又称“东都”，皇帝武则天多数时间住在这里。义净到达洛阳之前，是否和玄奘当年一样，先接到皇帝的诏书，史无明文，但从他到达洛阳时受到的盛大欢迎看，皇帝先有准备，他也应该是先接到诏书，而后再出发的。

义净到达洛阳那天，欢迎的规格之高，超过当年玄奘的待遇。武则天亲自出城迎接。《开元录》卷九记载了当时的情形：“以天后证圣之元乙未仲夏，还至河洛，将梵本经律论近四百部，合五十万颂；金刚座真容一铺，舍利三百粒。天后敬法重人，亲迎于上东门外。洛阳缁侣，备设幢旛，兼陈鼓乐，在前导引。敕于佛授记寺安置。所将梵本，并令翻译。”

译经和著作　义净回到中国，马上开始翻译佛经的工作。他先是参加于阗国（今中国新疆和田）僧人实叉难陀主持的译场，翻译《华严经》。圣历二年（699），《华严经》全部译完。从久视元年（700）起，义净开始组织自己的译场。他住在洛阳大福先寺。五月五日，他译出《入定不定印经》。武则天为此专门写了《大周新翻圣教序》，文中将义净称作“缁俗之纲维，绀坊之龙象”。

根据《开元释教录》卷九的记载，从久视元年到长安三年（703），义净先是在洛阳大福先寺，后来在长安西明寺，共译出佛经20部115卷。平均每年译出约30卷。

皇帝武则天对义净十分重视。根据经录中记载的各个时间的细节可以推断，武则天在洛阳时，义净也住在洛阳，武则天回到长安，义净也回到长安。大多数时间义净都随皇帝而行。长安四年四月，义净受少林寺的邀请，为少林寺僧众重结戒坛。这是这个时候义净离开洛阳或长安唯一的记载。

神龙元年（705）唐中宗即位。二月，国号恢复为唐。唐中宗对义净也非常尊重，他为义净新译的佛经撰写了《大唐龙兴三藏圣教序》，又亲御洛城西门，“宣示群辟净所新翻，并令标引”。神龙二年十月，义净随中宗回到长安。中宗命令在大荐福寺内专门辟出一所翻经院，作为义净翻译工作的地方。

神龙三年六月，唐中宗召义净进宫。义净在皇宫中的大佛光殿译出《药师琉璃光七佛本愿功德经》2卷。

这时候的义净虽已高龄，但仍翻译不辍。神龙元年，译出佛经4部6卷。景龙四年（710），译出佛经20部88卷。唐睿宗景云二年（711），译出佛经12部21卷。加上他在长安所译佛经，这一时期共译56部229卷。但这只是《开元释教录》举出的数字，义净实际翻译的佛经，数量不止于此。现存的义净翻译的根本说一切有部的多种律中，至少就有7部50卷没有包括在内。上述50多部佛经，大部分都是义净66～77岁12年间翻译的。

义净亲自领导过的译经场至少有4个，规模都很大。译经场中有中国僧人，也有外国僧人，还有不少高官显宦。例如景龙四年他在长安大荐福寺领导的译经场，直接参加者就有40多人。译经场中的分工也非常仔细，并得到皇帝的支持。

除了译经，义净还教授学生。《开元释教录》卷九记载，他“译缀之暇，曲授学徒。凡所行事，皆尚其急。滤漉涤秽，特异常伦。学侣传行，遍于京洛”。说明他当时的学生不少。

义净一生最大的成就是赴印取经和回国译经。他翻译的佛经数量庞大，一共63部280卷。据《贞元新定释教目录》

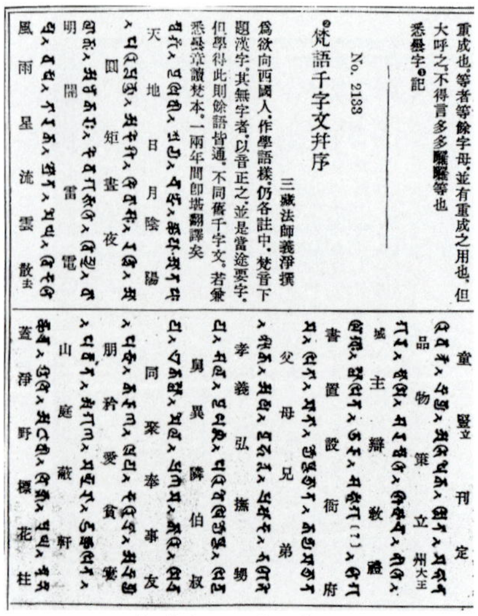
重成也。等者等餘字母，並有重成之用也。但大呼之，不得言多多囉囉等也
悉曇字記

No. 2133

梵語千字文幷序

三藏法師義淨撰

為欲向西國人，作學語樣，仍各註中，梵音下題漢字。其無字者，以音正之，並是當途要字。但學得此，則餘語皆通。不同舊千字文。若兼悉曇章讀梵本，一兩年間即堪翻譯矣。

天 地 日 月 陰 陽
圓 矩 晝 夜
明 闇 雷 電
風 雨 星 流 雲 散

童 豎 刊 定
品 物 策 立
主 辯 教 體
書 置 設 衙 府
父 母 兄 弟
孝 義 弘 撫 甥
舅 異 隣 伯 叔
同 衆 奉 事 友
朋 矜 愛 貧 寠
山 庭 藏 軒
蓋 淨 野 標 花 柱

义净《梵语千字文》书影

卷十三的记载，义净翻译的佛经主要有《金光明最胜王经》10卷、《能断金刚般若波罗蜜多经》1卷、《大孔雀咒王经》3卷、《成唯识宝生论》5卷、《根本说一切有部毗奈耶》50卷、《根本说一切有部比丘尼毗奈耶》20卷、《根本说一切有部毗奈耶杂事》40卷、《根本说一切有部尼陀那目得迦》10卷或8卷、《根本说一切有部百一羯磨》10卷、《根本萨婆多部律摄》20卷或14卷、《根本说一切有部毗奈耶药事》20卷、《根本说一切有部毗奈耶破僧事》20卷（内欠2卷），等等。

义净著作校注本书影

除翻译的佛经及两部重要著作《大唐西域求法高僧传》和《南海寄归内法传》外，义净还撰写了3部与戒律有关的著作，即《别说罪要行法》、《受用三水要法》和《护命放生轨仪》。

还有一种在中国早已失传，但保留在日本的书《梵语千字文》，书名下题“三藏法师义净撰”。该书收录常用的梵语词汇，与汉文对照，仿照中国传统的《千字文》的文体编撰而成，是为中国人学习梵语使用的工具书。

义净的翻译和著作，还有经录中没有记载，但一般也被认为是义净翻译的《略名般若末后一颂赞述》，以及受邀少林寺重结戒坛时所撰写的《少林寺戒坛铭并序》等。

对中印文化交流的贡献　义净赴印最主要的目的是求取佛教的戒律。从《南海寄归内法传》可以清楚看到，义净对当时中国佛教，尤其是对佛教僧人中持律的状况很不满意。他在印度学习多年，特别注意佛教戒律方面的规定和佛教僧伽内部的制度。他把印度当时最为流行的根本说一切有部的律典几乎完整地带回中国，并翻译出来，就是希望用印度正统的典范，来纠正当时中国佛教的很多偏误。为此，他在还未回到中国时，就撰写了《南海寄归内法传》，目的是尽可能详细地向中国僧人介绍印度佛教寺院生活的各种戒律，回国后又翻译大量佛教律典，传授学生以持律为先。从后来的情况看，义净的努力没有产生很大的影响，但他翻译的各种佛经和撰写的著作，今天都成为了珍贵的文化遗产。尤其是他的《南海寄归内法传》和《大唐西域求法高僧传》两部书，是今天了解和研究中印文化交流史，以及印度、东南亚和中国佛教史的十分重要的资料。义净及其著作很早就受到国际学术界的重视，在欧洲和日本，出版了义净著作当地语言的译本，也有人对义净进行研究。今天研究印度历史和佛教的中外学者都知道义净，都要读义净的这两部书。

（王邦维）

Yilang

义朗　Yilang（约活动于7世纪）　中国去印度求法僧人。唐益州成都（今四川成都）人。据《大唐西域求法高僧传》卷上，义朗熟悉律典，并通《瑜伽师地论》。唐高宗李治时与同乡僧人智岸、弟弟义玄一起赴印求法。在今广西钦州登上商船，经过扶南（位于今中南半岛南部），到达郎迦戍（在今马来半岛东岸），智岸在此遇疾身亡。义朗与弟弟义玄再搭乘商船到达师子洲（今斯里兰卡），搜求佛典，顶礼佛牙，然后前往印度。后不知行踪。时年40余岁。

（王邦维）

Yixuan

义玄　Yixuan（约活动于7世纪）　中国去印度求法僧人。唐益州成都（今四川成都）人。僧人义朗之弟。据义净《大唐西域求法高僧传》卷上，义玄熟悉佛典，尤善文笔。唐高宗李治时随其兄义朗和同乡僧智岸一起赴印求法。从广西钦州登上商船，经过扶南（位于今中南半岛南部），到郎迦戍（在今马来半岛东岸），受到国王以上宾之礼款待。智岸遇疾身亡，义玄与兄义朗搭船到达师子洲（今斯里兰卡），寻求佛典，礼拜佛牙，然后再搭船到印度。后不知行踪。时约20岁。

（王邦维）

yizhunliang

义准量　arthāpatti　印度古代哲学中涉及认识论方面的术语。指借助于对另一事件的假设或推想获得知识。如当一个人听说某人肥而昼不进食之时，他就被引向义准量，即设想此人在夜里吃饭。在印度宗教哲学派别中，认为有这一认识方式的主要是弥曼差派和吠檀多派中的一些人。其他的多数派别则不承认此为一独立的认识方式。义准量的概念在中国现代介绍印度哲学的理论中多有论及。如姚卫群在其《印度哲学》（北京大学出版社，1992）一书的“量论”一章中有记述。

（姚卫群）

Yibulajin

亦不剌金　Ibrahim Sharqi（约活动于15世纪）　沼纳朴儿王国统治者。1394～1479年，沼纳朴儿（今印度北方邦江普尔一带）系独立王国，由沙尔吉王朝统治。在最有能力的亦不剌金（今译易卜拉欣）统治时期（1402～1436），沼纳朴儿扩张疆域，甚至对榜葛剌构成威胁。在15世纪的中国文献中有数处提到沼纳朴儿及沙尔吉王朝统治下的亦不剌金。明代费信写的记述15世纪中外交通的史籍《星槎胜览》称金刚宝座国乃释迦牟尼得道之所，地处榜葛剌国之西。中国文献还提到，明成祖朱棣曾于永乐十年（1412），主动遣使者赍敕抚谕其国，显然旨在与之建立贸易及外

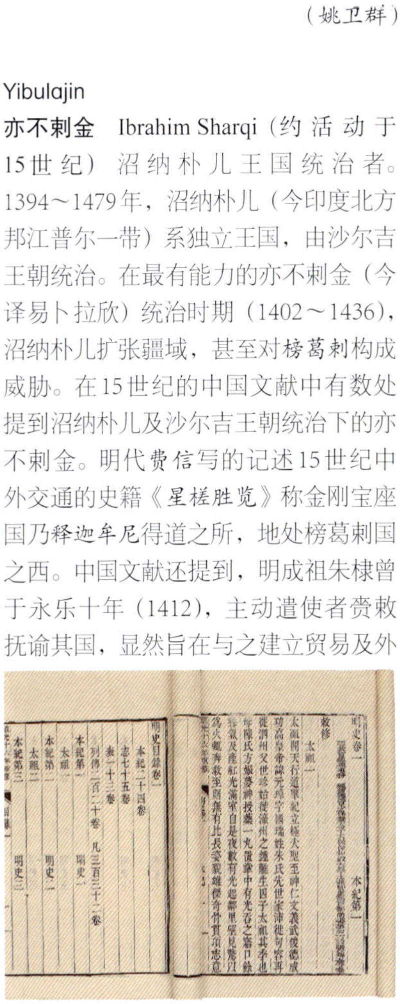
《明史》书影

交关系。官修《明史》中亦曾提及榜葛剌国与亦不剌金统治之下的沼纳朴儿之间的敌对关系。

《明史》还证实，明朝政府曾干预印度两个邦国之间的纷争并成功促使它们罢兵言和。《明史》记载："榜葛剌之西，有国曰沼纳朴儿者，地居五印度中，古佛国也，侵榜葛剌。赛佛丁告于朝。十八年九月，命显往宣谕，赐金币，遂罢兵。"根据此项记载，作为对明成祖赏赐的回报，亦不剌金听从劝慰，同意不再入侵榜葛剌。《明史》还详述了明成祖使者在沼纳朴儿与榜葛剌之间发挥的调停作用："侯显赍敕谕以睦邻保境之义。"《明史》还提到，沼纳朴儿以去中国绝远，朝贡竟不至。

（玛妲玉撰　刘文亮译）

Yilieshijin

亦列失金　（约活动于13世纪末叶）　中国元朝官员，出访印度使节。据《元史》卷十六记载，元至元二十八年（1291），受元世祖忽必烈派遣，以礼部侍郎的身份同别铁木儿出使马八儿国。

（张书剑）

Yibu Zonglun Lun

《异部宗轮论》　*Samaya-bheda-vyūha-cakra*　印度佛教说一切有部记载部派分裂历史及各部派论义同异的论书。作者世友。成立年代不详。有学者认为该论所题之世友，即参与编写《大毗婆沙论》的有部四大论师之一世友尊者。依此，该论应与《大毗婆沙论》问世于同时期，即约公元2世纪。玄奘译本（T2031）成于唐龙朔二年（662），异译本有姚秦失译的《十八部论》1卷（T2032）和南朝陈真谛所译《部执异论》1卷（T2033）。另存藏译本（D4138）。

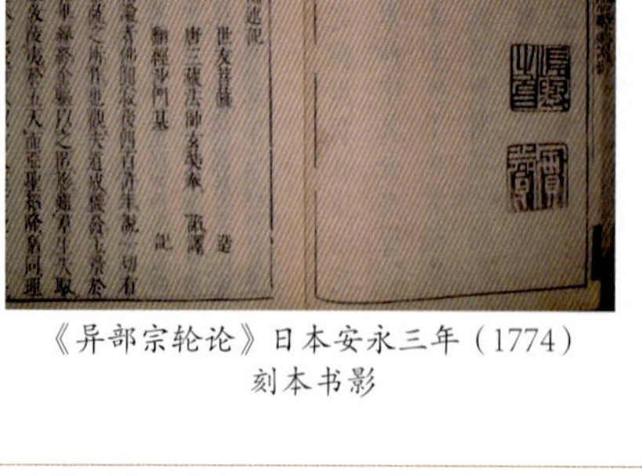

《异部宗轮论》日本安永三年（1774）刻本书影

近代有日、英、俄译本，寺本婉雅和平松友嗣于1974年出版了《异部宗轮论》藏汉日3种译文对校本。该论的注释有唐窥基的《异部宗轮论述记》（X844），对此述记的注释有日本荣天的《目论》和宪荣的《发轫》等。

《异部宗轮论》共1卷。首5颂指出造论因缘，后内容分为两部分，第一部分叙述佛灭后部派分裂的缘由及次序，第二部分罗列各部派宗义。据该论的记载，佛灭后百余年，僧团内因大天五事而发生根本分裂，形成大众、上座两部，佛灭后二百年始大众本部逐渐分裂为大众部、一说部、说出世部、鸡胤部、多闻部、说假部、制多山部、西山住部、北山住部共九部，三百年始上座本部逐渐分裂为说一切有部、雪山部、犊子部、法上部、贤胄部、正量部、密林山部、化地部、法藏部、饮光部、经量部共十一部，共成二十部派。实际上这只是北传佛教说一切有部的说法，根据《岛史》、《大史》的记载，南传佛教以跋耆比丘的十事非法作为根本分裂之事由，部派数目和分裂顺序也有一说。另外，清辨《异部宗释》所记录的归属于正量部的部派分裂目录，及其所记录的归属于大众部的目录，以及调伏天《异部说集》所记录的另一大众部目录，对部派名称、数目及分裂顺序也都有着不同的说法。这说明诸种史传都是有其部派立场和背景的，如该论将说一切有部尊为上座部中最为古老者之一，对其他部派则有轻蔑之称。

《异部宗轮论》所记录的各部派之本宗同义（各部派从母系分裂出之前所持的共同论义）以及末宗异义（各部派不同于母系的独特教义）所涉甚广，可以看出当时部派之间的法义争论已涵盖了佛教义理的方方面面，比如对佛陀、菩萨、罗汉的特质及其差别的思考，对三世法实有非实有的争论，对心心所之染净及其认识功能的讨论，对烦恼及解脱道相关的修行问题的异议，对四谛、五根、蕴处界等佛教重要概念范畴的争议等。对于研究部派佛教历史及其教理发展，该论都是极为重要的文献。

（赵菲）

yijuyi

异句义　viśeṣa-padārtha　印度古代哲学中胜论派的术语。今译"特殊性"。指事物之间的特殊性或差别性。胜论派认为，宇宙一切事物或现象可以区分为若干种"句义"。此派提出，若把事物之间的差别性或特殊性在概念上抽象出来，可以称之为"异"。在胜论派的根本经典《胜论经》中，异句义既指事物间相对的异或差别的关系，又指事物的最终差别。而在胜论派的另一重要文献《胜宗十句义论》中，异句义仅指事物的最终差别（边异）。《胜宗十句义论》中提出的"俱分句义"则包含了事物之间的相对的同和相对的异。中国现代研究印度哲学的学者对此概念也较关注。姚卫群在其所著的《印度宗教哲学概论》（北京大学出版社，2006）一书的第7章中论及了这方面的内容。

（姚卫群）

Yiyu Zhi

《异域志》　中国明代舆地书籍。原名《赢虫录》。成书于明朝初年，作者是元末明初江陵（今湖北荆州）人士周致中（生卒年不详）。《异域志》分为上下

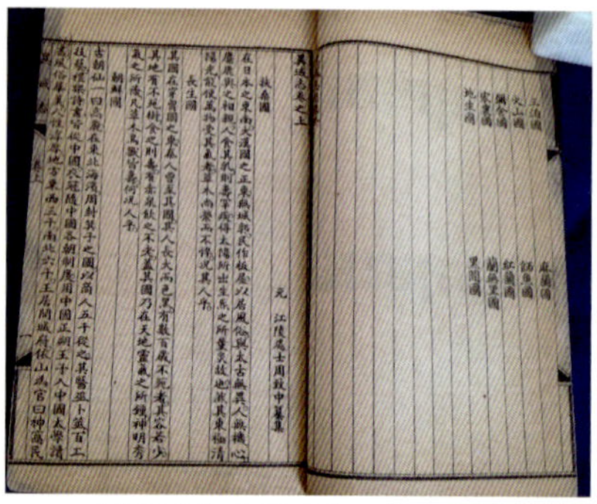

《异域志》民国时期石印本书影

两卷。上卷共著录有82个国家和民族，编为87条，内容涉及住辇国、东印度国、西洋国（今印度科泽科德）、乌仗那国（见乌苌）、印度丹（今印度）、天竺国（今印度）等。下卷共著录有124个国家和民族，编为97条，内容涉及私诃条国（今斯里兰卡）、南尼华罗国（今印度卡提阿瓦半岛）、干驼国（即犍陀罗）、麻离拔国（今印度马拉巴尔地区）、故临、乌苌、宾童龙国（今印度比哈尔邦巴特那地区）等。

《异域志》依作者见闻或历代典籍论及上述各国的种族、物产、风俗、建

筑、宗教、交通贸易、政治制度等多方面情况，所记范围东起朝鲜、日本，西至欧洲、非洲，北起俄罗斯，南达东南亚、南亚诸国，对于今人研究这些国家当时的社会风貌具有参考价值。

（任婧）

Yijin Jing

《易筋经》 *Tendon-strengthening Sutra* 中国古代健身著作。其功法是一套完整的保健体操。相传为印度菩提达摩所传，但并无根据，多半是十二三世纪的托名之作。《易筋经》有多个版本流传，其中清咸丰年间得自少林寺的版本有十二式，并附有歌诀以解说其要领，融有佛教和道教内容。清道光年间，马一贞在坊间买到《易筋经》抄本多种，校刊出《易筋》、《洗髓》二经。经他校刊的《易筋经》分21个部分，包括总论、内壮论、采日月精华法、服药法、行功法、八段锦等。清末期，周述官在《易筋经》基础上增演出更多招式，编撰出《增演易筋洗髓内功图说》，共17卷，第1卷演说《易筋》、《洗髓》二经，第2卷推演《易筋、洗髓内功图说》，第3卷为《正身图说》，第4卷为《侧身图说》，第5卷为《半身图说》，第6卷为《屈身图说》，第7卷为《折身图说》，第8卷为《扭身图说》，第9卷为《倒身图说》，第10卷为《翻身图说》，第11卷为《行身图说》，第12卷为《坐身图说》，第13卷为《定身图说》，第14卷为《卧身图说》，第15卷为《增益易筋内壮神勇图说》，第16卷为《易筋、洗髓支流汇纂》，17卷为《易筋、洗髓分行外功集成》。

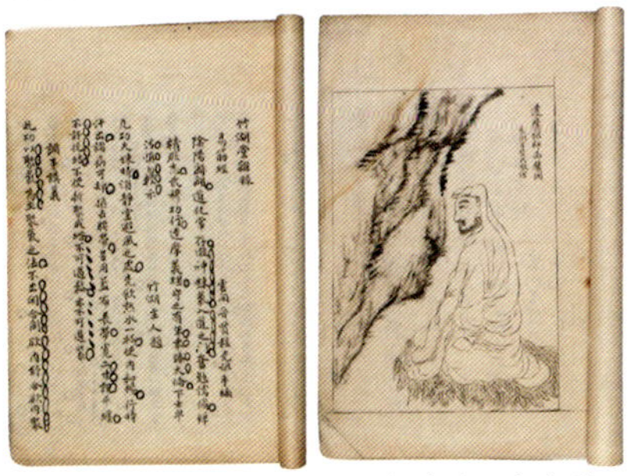

《易筋经·达摩祖师面壁图》清手写本书影

《易筋经》在中国影响很大，至今仍有很多习练者。

（薛克翘）

易筋经十二式图

Yixingcheng

易行乘 Sahajayāna 印度密教金刚乘后期出现的一个主张简便易行的流派。又称自然乘，旧译俱生乘。

10世纪，佛教受到印度教的进一步渗透，尤其受到印度教性力派的影响，内部出现了一个“无上瑜伽派”。他们强调世界一体、平等无二，修行者追求与佛平等，即身成佛。他们主张放弃一切烦琐的仪轨，在修行中顺其自然。主张采取世俗间男女交合的方式达到与佛同等的境界。在印度，修行者打破种姓和民族界限，寻找异性修行伙伴。修行中想象自己是佛或金刚，异性伙伴为明妃或莲花，二人合作以获得“大乐”。该派经典称“母怛特罗”，汉译仍称为“经”，藏传佛教称为“母续”，以区别于此前大瑜伽的“父怛特罗”（“父续”）。该派经典主要有《胜乐》、《喜金刚》、《佛顶》、《四座》、《大幻化》、《大印明点》等，均为藏传佛教译名。其教法也在11世纪中期流行于中国西藏。汉译此类经典有《大悲空智金刚大教王仪轨经》(藏文译为《喜金刚本续》)、《一切秘密名义大教王经》和《秘密相经》等，均由北宋初期来华的译经家法护译出。但由于儒家传统势力的牵制，其教法未能在内地流行起来。

（薛克翘）

胜乐金刚像　唐卡

Yixicuojie

益西措杰 ye shes mtsho rgyal (732～？) 中国藏传佛教前弘期女密宗大师，中国藏传佛教宁玛派的祖师佛母，印度高僧莲花生的弟子。又名卡钦萨措杰，或卡卓（即空行母）益西措杰。

益西措杰12岁时被吐蕃赞普（国王）赤松德赞召入宫中为妃。入宫后，益西措杰勤奋好学，从诸多贤智学习五明学。由于对佛教虔信，被赤松德赞任命为吐蕃佛教管理人。8世纪，莲花生大师进藏后，开设坛城。756年，益西措杰随赞普赤松德赞接受莲花生大师的灌顶，莲花生大师独具慧眼，看出益西措杰有智慧空行母之相，请求赞普能以她开启吐蕃密宗法门，赞普允诺。益西措杰遂被莲花生收摄为弟子，剃度出家，跟随莲花生大师修得律、经、论三藏以及九乘等所有显密教法。

然而，益西措杰随莲花生大师修习密法却遭到了吐蕃大臣们的极力反对，莲花生被驱逐，益西措杰被流放洛扎。临行前，莲花生大师和益西措杰在雅玛隆一个形似老鸦的山崖项颈处伏藏三部佛经，后隐居雪堆德仲（今西藏墨竹工卡境内，传说中的空行母集聚圣地）修行。在这里，她从莲花生大师受得宝瓶内外等各种灌顶，以及空行母心髓、明王心髓、无上密法等重要密法，获得不共成就。特别是空行母心髓，是莲花生大师专门授予益西措杰的一种重要密法，千百年来传承相沿不断。

修法一年零七个月后，益西措杰按莲花生大师的旨意前往尼泊尔收摄名叫

阿雅萨勒的17岁云游僧修持密法。据传在尼泊尔，她用往生法使一名刚刚战死的男青年死而复生，声誉大振。在尼泊尔，她从莲花生的亲传女弟子释迦德玛受得脐火炽降、中阴精要秘诀等重要密法。后携云游僧阿雅萨勒返藏，从莲花生大师受上师加被。

莲花生大师又将猛力甚深密法金刚橛授予益西措杰、拉龙贝吉森格等5位根本弟子。其中益西措杰后来成为金刚橛的主要传承人，并形成了金刚橛觉姆（佛母）传承派系，迄今相沿不断。

益西措杰通过自己的苦行修炼，掌握了莲花生授予的各种密法及诀窍，不仅成为莲花生密法的主要继承者和传播者，且以“神通广大，法力无边”著称于世，成为藏传佛教史上第一位获得成就的女密宗大师。

益西措杰与莲花生授受密法，相处11年。其间，她同莲花生的其他著名大弟子，用各种书写体将莲花生大师传授的各类修心法门1 000部，各类心髓法门10 000部，以及密续、经教、密诀等各种甚深教法，全部分类书写抄录，编纂成各种目录，伏藏（秘密珍藏）于25座大雪山、四加被胜地、十八大宗、莲花生大师的108个修行地，特别在多康地区，莲花生大师加被的八名号胜地、颅骨项鬘五勇之五胜地、奇妙事业之十二胜地、加被授记的三胜地等，全藏125个大胜地、1 070个小胜地，以及在尼泊尔等国，伏藏了千余部佛经，使莲花生大师的教法能够传播于吐蕃及邻邦异域。故此，藏传佛教**宁玛派**、**噶举派**将益西措杰供奉为伏藏大师。

益西措杰撰有许多论著。有目录的有《觉姆耳传一百诀窍》、《行境清净律藏》、《因量九引》、《耳传上下空行心髓》等19部显密论著，以及《益西措杰自传》、《莲花生大师传》等重要著作。因此，后人称她为“吐蕃女班智达”（即吐蕃女大学者）。她传授的这些教法，当时在**吐蕃**形成口耳传承和伏藏传承两大传承，并被她的亲近弟子德哇姆等所传承，至今相沿不断。尤其是《极密金刚橛》、《耳传上下空行心髓》等对后世产生了广泛的影响。

益西措杰不仅为佛教在吐蕃的传播和发展作出了重大贡献，而且为广大藏族女性开辟了一条习文识字、学法修法的道路，对提高藏族妇女的整体素质与文化修养，发挥了重要作用。为纪念益西措杰献身佛教事业，在她的出生地，雅鲁藏布江北岸今扎囊县扎达乡境内，建有措杰那木措拉康，专门供奉益西措杰。

（德吉卓玛）

Yinming Dashu

《因明大疏》 汉传佛教因明学重要典籍。中国唐代僧人**窥基**为**玄奘**译古印度**商羯罗主**《**因明入正理论**》所作的注疏。原名《因明入正理论疏》。

窥基于666年开始撰写这一著作，经16年至去世还未最后完成。自解释关于因明论式中喻支过失的“能立法不成”处起，由其弟子慧沼（650～714）补完。由于唯识宗衰落以及兵燹不断等

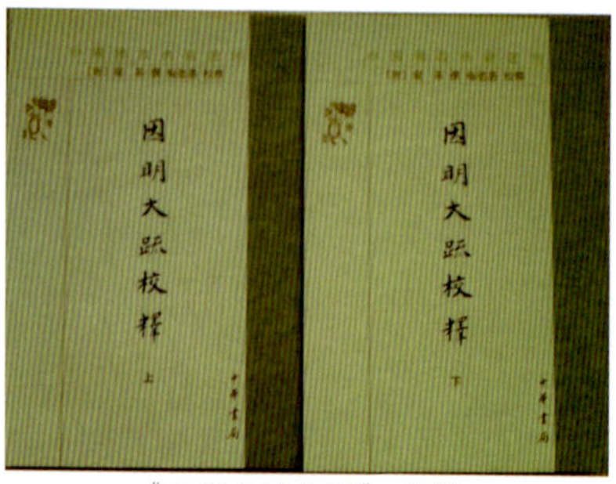

《因明大疏校释》书影

原因，这部著作曾在汉地佚失，导致明代**因明学**陷入无所依从的境地，至清末才由**杨仁山**从日本取回，交由金陵刻经处再度刊行。此外，1933年在山西赵城广胜寺发现的金代藏经中亦有此疏。《大正藏》收入了这部著作（T1840）。

玄奘翻译讲解《因明入正理论》（647年译出）与《因明正理门论》（649年译出）之后，众弟子对因明这一新体系产生了极大的兴趣。据传在此期间，神泰、文轨等人针对此二论所作注疏有20余种，而由于玄奘曾专为窥基讲解因明，窥基的疏文大量保留了玄奘口义，又能对前人疏文有所借鉴，自然会更加优善，被后人尊为《因明大疏》，为汉传因明学者登堂入室之必读。

《因明大疏》首先介绍了因明学及本疏的源流，接着解释疏题名，而后回应七种妨难，之后开始分段逐句疏解商羯罗主《因明入正理论》的正文。《因明入正理论》将因明学的内容分为八个部分，即真能立、似能立（错误的能立）、真能破、似能破、真现量、似现量、真比量、似比量。前四者以令他人觉悟为目的，即他益；后四者以自身觉悟为目的，属自益。窥基的疏文总结为“八门二益”，分别作了详细解释。其中，似能立部分论述了因明论式中可能出现的9种宗过、14种因过、10种喻过，共计33种过犯，最为详尽，篇幅也占全疏一半。

《因明大疏》中，窥基一方面深入解释了印度**陈那**一脉的因明思想，另一方面也在玄奘口义的基础上有独到的发展，例如3种**比量**的理论。根据论辩双方是否共同认可论式中各部分，将因明论式划分为共比量、自比量、他比量3种。共比量既确立自宗也破斥论敌，自比量重在保全、确立自宗，他比量则重在破斥敌方。如此，窥基疏文对商羯罗主原论有大量发挥之处。

《因明大疏》也存在一些问题。例如窥基认为在宗支部分，作为主词的有法和作为谓词的能别应该是“互相差别”，而非只由能别来单方向地对有法进行差别，属于错误的解读。再如似能立解释过犯的部分，基于宗支可能出现的错误，将宗的情况划分成9 216种（2 304种四句），有失烦冗。

后人曾对《因明大疏》作引申续补，例如窥基弟子慧沼的《因明义断》(T1841)、《因明入正理论义纂要》(T1842)，再传弟子智周（668～723）的《因明入正理论疏前记》(X853)、《因明入正理论疏后记》(X854）等。该疏传入日本后，亦有大量相关著述。

（陈帅）

Yinming Ruzheng Lilun

《因明入正理论》 *Nyāya-praveśa* 印度佛教因明学的基础典籍。简称《入论》。印度商羯罗主论师（约500～560）所著，梵文本被重视因明学的印度耆那教徒保存了下来，由俄国学者米洛诺夫在20世纪初发现并校勘出版，此外尚有德鲁瓦、宇井伯寿、郭良鋆等多次校勘。汉文本（T1630）为唐代玄奘所译。藏文本有两个译本，第一个译本是宋代胜藏主和度语教童依据玄奘汉译本的再译，并经汉人法宝校订（D4208，P5707）；第二个译本是元代一切智护和度语名称幢祥贤根据在迦湿弥罗国所得到的梵文本的翻译（P5706），但译者均误将此论与陈那的《因明正理门论》相混淆。

《入论》作者为陈那的弟子，因而《入论》几乎完全继承了陈那的新因明理论体系。《入论》详细解释了因明学中的宗、因、喻等概念，列举了因明辩论中可能出现的33种错误，并对现量和比量两种认识方式做出说明。宗、因、喻三者即命题、理由根据及譬喻例证。在玄奘法师的译本中，陈那、商羯罗主所要求的“因三相”——正确的因必须要满足的3个条件，被明确表述为“遍是宗法性”、“同品定有性”及“异品遍无性”，即宗的主词必须全部符合因的内容，一定存在其他符合因的例证可以满足宗的述词，并且所有不满足宗的述词者也必定不符合因的内容。在因明辩论中，宗、因、喻3个部分都可能出现各种过错、漏洞，商羯罗主将其归纳为33过，包括9种宗过、14种因过以及10种喻过。

与《因明正理门论》的译本相比，《入论》的内容更加清楚简明，在汉传因明学中的地位更重要，留有大量汉语注疏，其中最著名者为玄奘弟子窥基法师所著，被后世尊为《因明大疏》的《因明入正理论疏》(T1840)，以及其弟子慧沼等人的再疏。另外，现存文轨所著《因明入正理论疏》及敦煌出土的净眼《略抄》、《后疏》的部分。文轨疏又名《庄严疏》，但有残缺，南京支那内学院于1934年依据残本及日本僧人著述中所保留的文句刊出此疏。

（陈帅）

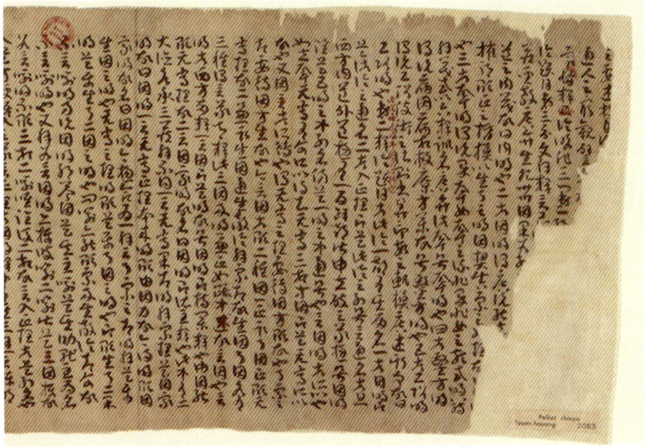

《因明入正理论后疏卷》敦煌残卷

yinmingxue

因明学 hetu-vidyā 印度古代宗教哲学中以逻辑思想为主要内容的认识理论。最初在佛教外的一些印度宗教哲学派别中形成，后被佛教吸收和改造，成为其思想体系中的一个重要组成部分。佛教的因明学达到了因明学发展的高峰，成为印度逻辑思想的主要代表，在古代东方哲学的整个发展史上占有重要地位。

因明学说的产生 “因明”一词的原文是“hetu-vidyā”。“因”指理由、根据，“明”指明了、知识、智慧。二者（因明）合起来则指通过使用推理的理由或根据来获得知识或智慧。故所谓“因明”就是借助一些论据来论证论点，通过对论证过程中的主要环节的研究获得知识，这也就是逻辑推理。就整个因明学来看，包含了不少关于辩论、其他一般的认识论观念等方面的内容，但在总体上它主要还是一种逻辑学说。由于佛教关于因明的论述是因明学发展史上较完善的形态，因而不少人也把因明学称为佛教的逻辑学。

中国学者的因明学论文集《因明新探》封面

佛教是古代印度因明学的集大成者，但它并不是这一学说的最早创立者。因明学的最初思想来源要追溯到佛教之外的一些印度宗教哲学思潮或流派。

印度早期的因明思想萌芽与古代印度婆罗门教关于祭祀规定的辩论有关。婆罗门教在印度的起源极为古老，早期婆罗门教尤其信奉“祭祀万能”。祭祀不仅种类多，而且步骤极为复杂。上古印度传授宗教信条和祭祀程序主要依靠教徒口耳相传，难免产生记忆差别，如各持己说，便出现辩论，在客观上推动人们努力去寻求一种较为固定的推论模式及其相应的逻辑规则。这些推论模式和逻辑规则最初的表现形式就是印度早期的因明学思想。

印度早期的因明思想萌芽也与古代印度早于佛教或与佛教同时兴起的许多思潮或流派的思想交锋有关。这些思潮的种类极多，观点极为复杂，不同思想间的撞击表现为范围广阔的争辩，为印度因明学的形成创造了适宜的文化思想环境。

最初为适应历史发展的需要，对创立印度的逻辑或因明学说作出重要贡献的是正理派。正理派是印度教系统的六

派哲学之一。该派的最早经典是《**正理经**》，约产生于1世纪，作者是**乔答摩**。现存《正理经》有后人添加的内容，成书时间约在3～4世纪。

在《正理经》形成之前或同时，印度已经流传着一些零散的逻辑理论或观念，如**耆那教**的思想家贤臂（约前433～前375）曾提出一些有关推理过程中的概念或范畴，涉及推理的命题、理由、例证、结论等。但这类概念或范畴的影响均不如《正理经》，而且不少内容仅限于被某些古代文献提及，详细内容不是很清楚。《正理经》则是印度古代第一部提出系统逻辑理论的典籍，对印度因明学的形成起了重要作用。

郑伟宏《因明大疏校释、今译、研究》封面

778

根据《正理经》及其注释，古代正理派的逻辑理论主要包括在其“量论”之中。“量”指获得正确认识的方式或方法。正理派认为有**现量**、**比量**、**譬喻量**、**圣言量**四种量。正理派的逻辑理论主要属于“量论”中的比量。其理论主要分为关于获得正确认识的推论式的学说和对推论中产生谬误或与推论有关的辩论失败原因的分析两个部分。

正理派认为，正确的推论或论证的形式由宗（命题）、因（理由）、喻（实例或例证）、合（应用）、结（结论）五部分组成。一般称为“五支作法”或“**五支论式**”。正理派还对推理中的错误和辩论失败的原因作了细致的分析，论述了五种**似因**、三种**曲解**、二十四种**倒难**和二十二种**堕负**。

正理派的理论为印度因明学的建立奠定了基础。它提出了这一学说的基本形态、理论框架或讨论的主要问题。后来以佛教逻辑思想为主要内容的较为成熟的印度因明学讨论的问题多数是《正理经》中已提出的问题。所不同的是，佛教把印度的逻辑思想大大向前推进，佛教因明学在推论式的研究和推论错误种类等的研究方面，比正理派的逻辑学说更有深度、更具科学性。

佛教的古因明学说　正理派提出的较为系统的逻辑理论在印度思想史上产生了重要影响，吸引了不少古代印度思想家关注逻辑问题，较为突出的是佛教思想家。从佛教因明学的主要发展过程来看，小乘佛教和初期大乘佛教对逻辑问题探讨得相对少一些，而大乘佛教中的瑜伽行派则极为关注逻辑的问题。佛教因明学的主要著述是瑜伽行派的思想家撰写的。在瑜伽行派的众多思想家中，**陈那**（约五六世纪）是一位在佛教因明学方面作出突出成就的论师。学术界在划分因明发展史时，通常把陈那作为一个分界线，将他出现之前的佛教因明学称为“古因明”，他出现之后的称为“新因明”。陈那是佛教新因明学的主要代表人物。

佛教古因明学说的基本特点是吸收了正理派等派别的逻辑思想，它自身的创新不多。佛教的著名论师**龙树**、弥勒、**无著**和**世亲**等人的著作中，记述因明方面的内容基本属“古因明”。

记述古因明内容的佛教著作不少，主要的有《方便心论》、《**瑜伽师地论**》（卷十五）、《显扬圣教论》（卷十一）、《大乘阿毗达磨杂集论》（即《对法论》，卷十六）、《如实论》等。

《方便心论》论及因明学的许多问题，如关于“四种知见”（现见、比知、喻知、随经书）的论述，关于在推论中使用“因”和“喻”不当而导致自相矛盾或推论失败的事例等。有许多内容与正理派的理论接近。

《瑜伽师地论》有不少论及因明之处，其中卷十五中有较为集中的论述。“能成立法有八种者：一立宗，二辩因，三引喻，四同类，五异类，六现量，七比量，八正教量。”前五种涉及因明的推论式中的内容，后三种则是“量”的几个主要种类。“立宗”相当于正理派“五支作法”中的“宗”，主要用来确立本派的命题或基本观点。“辩因”相当于正理派“五支作法”中的“因”。“引喻”相当于正理派“五支作法”中的“喻”。“同类”指事物间有类似之处。与正理派“五支作法”中的“同喻”有某些关涉。“异类”指事物间无类似之处。与正理派“五支作法”中的“异喻”有某些关涉。“现量”指通过感官等获得对事物的感知。《正理经》也有对现量的论述，但具体内容与《瑜伽师地论》不尽相同。“比量”主要指推理，实际是因明学的主要内容。《瑜伽师地论》对“比量”有分类：“比量者，谓与思择俱已思应思所有境思。此复五种：一相比量，二体比量，三业比量，四法比量，五因果比量。”《正理经》也有对比量的论述，但具体分类的内容与《瑜伽师地论》相差较大。“正教量”指根据智者或圣人的言教或理论获得知识。《瑜伽师地论》对“正教量”有分类：“正教量者，谓一切智所说言教，或从彼闻，或随彼法。此复三种：一不违圣言，二能治杂染，三不违法相。”《正理经》也有对正教量（圣教量或声量）的论述，但具体分类的内容与《瑜伽师地论》不完全相同。

《显扬圣教论》卷十一中对因明的论述与《瑜伽师地论》卷十五中的论述基本相同。

《大乘阿毗达磨杂集论》卷十六中对因明也有较详细的论述。“能成立有八种：一立宗，二立因，三立喻，四合，

玄奘译《大乘阿毗达磨杂集论》明正统五年（1440）刻本书影

中国北京房山石经《大乘阿毗达磨杂集论》(局部)

五结，六现量，七比量，八圣教量所成立。”该论虽然与《瑜伽师地论》同样提到八种“能成立”，但内容有差别。主要表现在《瑜伽师地论》中的“同类”和“异类”在《大乘阿毗达磨杂集论》中变成了“合”与“结”。关于“合”，该论解释：“合者，为引所余此种类义，令就此法正说理趣，谓由三分成立如前所成义已，复为成立余此种类所成义故，遂引彼义令就此法，正说道理，是名合。”关于“结”，该论解释称“结者，谓到究竟趣所有正说，由此道理极善成就，是故此事决定无异，结会究竟，是名结”。

该论中的其余六种“能成立”，与《瑜伽师地论》中的“能成立”的基本内容没有差别，只是有的名称不同，如“立因”相当于“辩因”，“立喻”相当于“引喻”，“圣教量”相当于“正教量”。该论中的前五种“能成立”实际上是推论式。

《如实论》是与《正理经》内容更为接近的佛教古因明著作。该论中的“三品”(无道理难品、道理难品、堕负处品)均论及了因明问题。其中“堕负处品”其关于因明中推论式和论辩错误的论述与《正理经》中的相关论述基本相同。

关于推论式，《如实论》的“堕负处品”中提出了“五分”。“五分者，一立义言，二因言，三譬如言，四合譬言，五决定言。”“五分”的名称虽与《正理经》及其注释的“五支”有差别，但二者的内容是完全相同的，且二者所举的实例也基本相同。

关于论辩错误，《如实论》的“堕负处品”中描述：“论曰：堕负处有二十二种：一坏自立义，二取异义，三因与立义相违，四舍自立义，五立异因义，六异义，七无义，八有义不可解，九无道理义，十不至时，十一不具足分，十二长分，十三重说，十四不能诵，十五不解义，十六不能难，十七立便避难，十八信许他难，十九于堕负处不显堕负，二十非处说堕负，二十一为悉檀多所违，二十二似因。是名二十二种堕负处。”这与《正理经》中的二十二种“堕负”也是一致的。

佛教古因明学说在主要方面吸取了印度正理派的逻辑理论，二者理论差别不多，不足以将二者的学说严格区分开。从逻辑推理的严密性或科学性来看，二者存在缺陷：一是佛教古因明学说与正理派学说都存在不完善或不严密之处。如“五支作法”的推论式明显有重复之处，在“五支”中，无论是去掉前两支还是去掉后两支，剩下的三支仍可完成推理的目的。二是古因明的推理主要是类比或归纳推理，得出的结论不一定必然正确。三是古因明对“因”作了大量分析，但在关于如何确定“因”的正确与否方面的探索仍有不足，这使得其逻辑理论存在不严密之处。四是古因明中的“堕负”等理论，既有推论中矛盾或谬误的内容，也有违反特定辩论规则的内容，因而有些内容不在严格的逻辑推理的范围之内。

佛教的新因明学说　陈那对因明学进行的重要改革标志着佛教新因明学的形成。新因明的主要代表人物除陈那外，还有商羯罗、护法、戒贤、胜军、法称等人。其中影响最大的是陈那、商羯罗和法称。

新因明对古因明的改革主要表现在对推论式的完善和对推论中“因”等要素的正确与否的更精确的判定方面。古因明中提出的“三支”作为推论式并不很固定，也不完善。新因明则针对古因明中“五支作法”推论式的弱点，明确把“合”与“结”去掉，将“三支作法”作为一种较固定的推论式，并将这种推论式中的一些内容进一步完善，使之更具合理性或科学性。

新因明与古因明的最重要差别还是表现在二者对“因”的分析方面，“因”的正确与否直接关系到推论能否成功的问题。新因明对古因明理论进行了完善或改造。对“因三相”作全面清晰论述的是新因明的思想家。所谓“因三相”，指在推论中的“因”如果正确就必须具有的三项条件：遍是宗法性、同品定有性、异品遍无性。“遍是宗法性”，指推论式中“因”的特性必须为“宗”的主词（有法）所具有。“同品定有性”，指推论式中的“同喻”(同品）要有“因”的特性。“异品遍无性”，指推论式中的“异喻”(异品）不能有“因”的特性。

新因明思想家的理论创新最为突出之处是他们提出的“九句因”学说。“九句因”是在“因三相”理论基础上提出的，是对“因三相”理论的进一步完善。

“九句因”是新因明思想家用来具体判定“因”的正确与否的一种理论。符合“因三相”中“遍是宗法性”条件

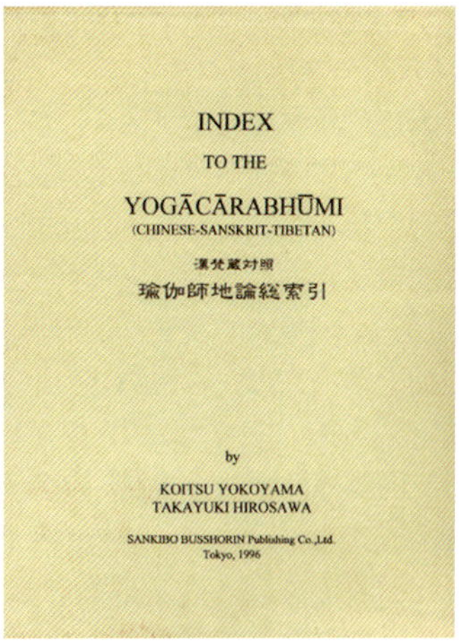

《瑜伽师地论总索引》
汉梵藏对照本封面

的“因”，与“同品”和“异品”存在着可能有的九种关系，因而有同品有异品有、同品有异品非有、同品有异品有非有、同品非有异品有、同品非有异品非有、同品非有异品有非有、同品有非有异品有、同品有非有异品非有、同品有非有异品有非有九种因（九句因）。陈那等人认为，上述九句因中的第二句因在同品中遍有，在异品中遍无，第八句因在部分同品中有，在所有异品中无，都符合“因三相”中后两项的要求，因而是正因。其余七句因由于不符合“因三相”中后两项的要求，因而是似因。

新因明还对古因明中关于在推论式中产生错误（过失或倒难等）的理论进行了整理和充实，其显著特点是把这些错误（过失或倒难等）与推论式中的“三支”紧密联系，明确区分出“宗过”、“因过”、“喻过”。其中最系统的理论是商羯罗提出的“三十三过”的理论。“三十三过”包括九种“宗过”、十四种“因过”和十种“喻过”。

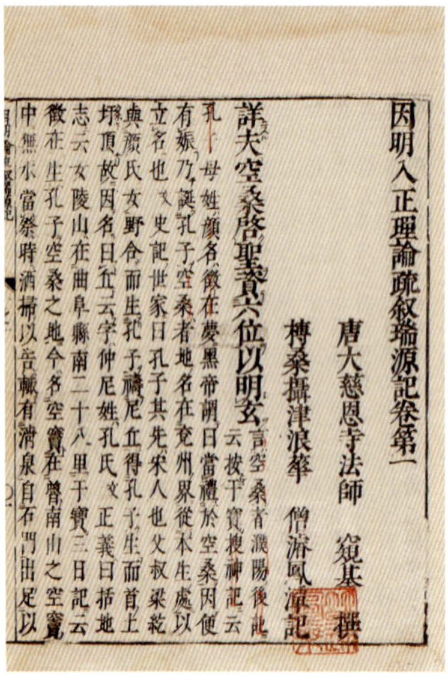
因明入正理論疏叙瑞源記卷第一
唐大慈恩寺法師 窥基 撰
榑桑攝津浪華 僧游風 源記
詳夫空桑啓聖，冥資六位以明玄 言空桑者濮陽後記
云按干寶搜神記云
孔子母姓顏名徵在夢黑帝謂曰當禮於空桑因便
有娠乃誕孔子空桑者地名在兗州界從木生處以
立名也 文 史記世家曰孔子其先宋人也父叔梁紇
與顏氏女野合而生孔子禱尼丘得孔子生而首上
圩頂故因名曰丘云字仲尼姓孔氏 文 正義曰括地
志云女陵山在曲阜縣南二十八里干寶三日記云
徵在生孔子空桑之地今名空竇在魯南山之空竇
中無水當祭時灑掃以告輒有清泉自石門出足以

《因明入正理论疏叙瑞源记》书影

在陈那和商羯罗之后，法称又进一步发展了新因明学说。他在推论的形式、正因的判定、推论中的过失等具体问题上，提出了一些新的看法。

关于推论的形式，法称认为不必去除喻支或废除“三支作法”，但可以调整三支的顺序，把喻体提前，与宗对调位置，成为喻、因、宗。这样的推论式实际与三段论类似，具有演绎推理的性质，更具合理性或科学性。

在正因的判定方面，法称对“因三相”的学说有所发展。他认为具备三相的正因可以有三种：不可得的、自性的和果性的。“不可得的因”（不可得比量因），指在推论某物不存在时，以在相关条件下未感知到该物为因，如在某处未发现某人存在的表现（声音、形体等），以此未发现为因，推论该人不在；“自性的因”（自性比量因），指从事物的属性推论其所属的类别，如从某物自己会动并能发出声音等（有动物的属性或属于某种动物）而推知该物为动物；“果性的因”（果比量因），指在有因果关系的事物中从果推因，如从江中涨水推知江上游下了雨。

巫寿康《〈因明正理门论〉研究》封面

关于推论中的过失，法称对“不共不定”和“相违决定”两种“因过”有不同看法。“不共不定”，是指在推论式中同品和异品中都无因的性质（不共），使因不能确定地（不定）证明宗正确，如立“声无常”为宗，“能听闻”为因，“瓶”为同品，“虚空”为异品。“瓶”和“虚空”都无“能听闻”的性质，因而，因不能证明宗正确。此句实际就是“九句因”中第五句的情况，违反因三相中的“同品定有性”。“相违决定”，是指在论辩过程中，敌对双方各自立论式，而且所用的因都符合因三相的条件，但各自的结论（或宗）却完全对立（相违），因而无法确定何方所立正确。如一方立论式：声无常，所作性故，如瓶。另一方立论式：声常，能听闻故，如声性。这两个论式在双方各自看来都正确，但无法确定对方错误。法称认为，上述两种“因过”的情况是不会出现的，因此，应当在推论过失的种类中去除。

法称的新见解使新因明理论更为完善、更趋合理。在他之后，印度历史上仍不断有因明学者出现，他们继承了陈那、法称等人的新因明学说，使佛教的因明学达到了印度古代逻辑理论的高峰，极大地丰富了古代印度的哲学思想宝库。

在中国的传播和影响 印度因明学随佛教的其他思想传入中国，在中国古代的理论思维发展中产生了重要的影响。特别是在唐代唯识宗形成后，因明学说由于在瑜伽行派的文献中有大量论述，因而唯识宗的一些思想家在传播唯识理论的过程中也大力传播因明学说。

在中国藏族地区有大量翻译因明学说的文献，使许多印度已失传的珍贵文献得以保存。中国汉藏民族对因明学说的研究和发展起了重要作用（见**藏传佛教因明学**）。

20世纪二三十年代，因明学研究形成高潮，涌现出**太虚**、**熊十力**、**陈大齐**等大师，出版了不少著作。主要有：熊十力的《因明入正理论疏节录集录》(1926)，**吕澂**的《因明纲要》(1926)、《因明大疏删注》(1929)，陈望道的《因明学概略》(1931)，太虚的《因明概论》(1936)，虞愚的《因明学》(1936)等。50年代至今，因明研究队伍进一步扩大，研究成果颇丰。主要著作有沈剑英的《佛家逻辑》(1993)、《因明学研究》(1985)，杨化群译的《藏传因明学》(1990)，周叔迦的《因明入正理论释》(1989)，巫寿康的《〈因明正理门论〉研究》(1994)，剧宗林的《藏传佛教因

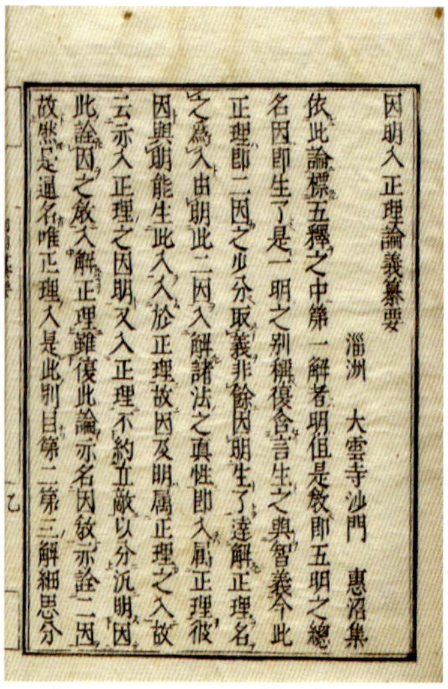
因明入正理論義纂要
淄洲 大雲寺沙門 惠沼集
依此論標五釋之中第一解者明但是教即五明之總
名因即生了是一明之別稱復含言生之與智義今此
正理即二因之少分取義非餘因明生了達解正理名
之為入由明此二因入解諸法之真性即入屬正理彼
因與明能生此入入於正理故因及明屬正理之入故
云亦入正理之因明又入正理不約立敵以分汎明因
此詮因之敵入解正理雖復此論亦名因敘示詮二因
故然是通名唯正理入是此別目第二第三解細思分

《因明入正理论义纂要》书影

明史略》(1994)，祁顺来的《藏传佛教通论》(2006) 等。

（姚卫群）

Yinming Zhengli Menlun

《因明正理门论》 *Nyāya-mukha* 印度佛教因明学基础典籍。简称《门论》。印度陈那论师著。仅存有唐代玄奘及义净两个汉译本（T1628、T1629）。曾有日本和西方学者从其他梵文文献中辑出一些该论的梵文章句。

《因明正理门论译解》书影

因明学，即印度逻辑学。相比以世亲《如实论》为代表的“古因明”，陈那以《因明正理门论》为基础的学说体系被称作“新因明”。《因明正理门论》解释了包括宗、因、喻三支在内的真、似能立及立具部分，以及十四过类在内的真、似能破部分。陈那的逻辑学体系确立了宗、因、喻三支作法，删除了合、结两部分，并且在喻支中，除旁引例证（汉传因明称之为“喻依”）外，明确要求增加从正、反两方面说明因法与宗法之间不相分离关系的陈述（汉传因明称之为“喻体”），这样就避免了在辩论时被论敌抓住漏洞而陷入无穷类比或全面类比等困境。陈那还创立了“九句因”，进一步充实用以判断正因标准的“因三相”理论，并在认识论方面，只保留现量、比量两种认识方式，取消圣言量、譬喻量等量的独立性。

《释量论》曾提到一部《正理门论释》，现已不存。《因明正理门论》在汉传因明学中有重要地位，与商羯罗主所著《因明入正理论》并称为汉传因明学的两部根本经典。窥基《因明大疏》曾引用该论以展开论述，玄奘门下如神泰、文轨、圆测、净眼等人曾为该论作有大量汉语注疏，但大都佚失，仅神泰的《因明正理门论述记》存有部分章节。

（陈帅）

Yinshizi Jingzuo Fa

《因是子静坐法》 中国现代第一部科学阐释气功原理与养生实践的著作。蒋维乔著。蒋维乔于1914年写成此书。不久，因从谛闲法师学习天台宗止观双修（即定慧双修）的理论和功法，又于1922年写成《因是子静坐法续编》。1950年，结合佛教密宗的瑜伽修法，写出《因是子静坐卫生实验谈——中国医疗预防法》，又于1955年写出《中国的呼吸习静养生法——气功防治法》(即《因是子静坐法提要》) 等。至此，蒋维乔一整套见解独到的气功理论得以形成。1989年，后人将其气功学著作结集为《因是子静坐法汇编》出版。

因是子静坐法其实是一套将气功与按摩结合一体的健身养生功法。主要分三个环节，即调身、调息和调心。先盘腿（双盘或单盘）坐在床、凳之上，解衣宽带，从容自然。然后将右掌背迭于左掌，贴近小腹，轻放腿上，继而左右摇动身体七八次，端正身体，勿挺勿曲。头颈要正，令鼻与脐成一线，不抵不昂。开口吐腹中秽气，舌抵上腭，以口鼻徐徐吸清气3～7次，闭口，唇齿相着，舌仍抵上腭。轻闭双目，端坐。令身中热气外散，慢摇动躯体，活动肩胛及头颈，慢舒双手双脚，以两拇指互相摩擦生热，擦双眼，再擦鼻及两侧，再擦耳

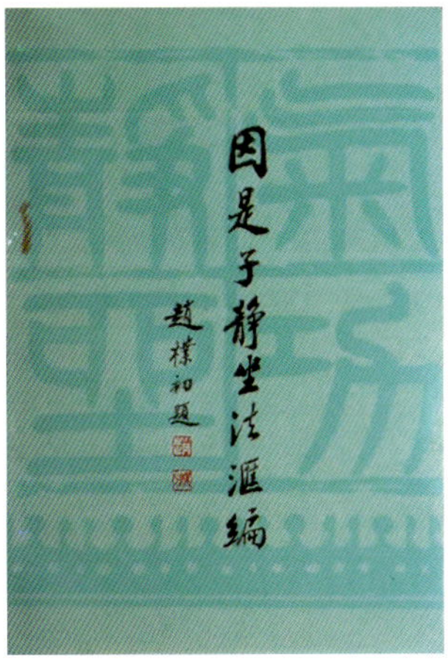

《因是子静坐法汇编》封面

轮，按摩头部及胸、腹、臂、腿，而至足心。调息、调心与调身同时进行，宜使呼吸轻缓均匀。可用数息法，或数出息，或数入息，从一至十，反复数。不可中断，中断则从头数起。调心是要使妄心调伏。专心一念，可存想小腹丹田。也可用数息法，使心息相依。这套功法，大体上继承了隋代智𫖮大师《小止观》中禅法十大要领的第四项“调和”中的功法，是得之天台宗的真传。

（薛克翘）

Yintuoluo

因陀罗 Indra 古代印度教神话中的太空、雷雨之神。

因陀罗神像

因陀罗的形象为一古代英雄：身体呈现红色或金色，臂长无限，外貌可任意变幻，车乘金光闪闪、由赤色或棕色马牵引飞奔。手中常携金刚杵（亦称闪电），打击敌人；又有箭、钩等武器，或用网捕捉对手。嗜苏摩酒，常在酒力帮助下投入战斗。他有控制天气、耕云播雨之责，不断以雷鸣闪电战胜黑暗和干旱之神弗栗多，迫其降雨。他在吠陀时代备受崇奉，《梨俱吠陀》中有1/4的圣诗是颂扬他的，并常取代伐由成为三位主要大神之一。作为印度—雅利安人的战神，他为他们摧毁了无数阿修罗的石砌城堡（有学者认为即印度河流域文明的城市），故又被称作“城堡破坏者”。因此有人认为他是被神化的远古雅利安人氏族酋长。在《百道梵书》中为众神之主，而因陀罗之名有时索性就意味着主神之称。他在吠陀时代以后的神话中地位下降，成为东方的保护神，但原有的特征仍在。虽继续与阿修罗斗争，但不时为其所败。尽管杀死了弗栗多，但由于后者被视为婆罗门，他不得不

躲藏起来，并举行祭祀洗刷罪愆。在大史诗《摩诃婆罗多》中，他是般度五子之一的阿周那之父，并为阿周那从别处骗来了神力锁子甲。因陀罗由于引诱仙人乔达摩的妻子而被后者诅咒，身生一千个印记，状如女子性器。不过后来它们变为眼睛，他亦随之得

婆罗门教信仰的因陀罗神

号“千眼”。在大史诗《罗摩衍那》中，他被楞伽国罗刹王罗波那之子所败，从天国带回楞伽。后者因此得名“因陀罗吉”，意为“战胜因陀罗者”。在往世书故事中，他屡遭败绩。《薄伽梵往世书》甚至说他因为杀了一个婆罗门，迫于罪责，不得不托形于旃荼罗。尽管如此，他仍时时受到印度教徒的崇拜，且设有与他相关的节日。在佛教和耆那教神话中，他继续为天神之主。汉译佛典称他为“天帝释”(或“帝释天”)、“释提桓因”等，是三十三天之主，居须弥山之善见城。这里的“释”出自“释迦罗”，意为“强有力”；“释提桓因”意为“众神之主释迦罗”，皆为后世加给因陀罗的不同名号。

因陀罗在被佛教纳入自己的神灵系统后，便成为它的护法神。相关神话也随着佛教一同传入中国。但其形象已有改变，虽仍手持金刚杵，但已改乘白象。《长阿含经》第二十卷说他“著众宝饰，璎珞其身……两边各有十六天王”，同时“左右常有十大天子随从侍卫”，表明他地位隆崇。《杂阿含经》第四十卷以佛陀口吻说：“释提桓因于三十三天为自在王。”至于他“千眼”名号的来历，该经所说，亦大不同：“彼释提桓因本为人时，聪明智慧，于一坐间，思千种义，观察称量，以是因缘，彼天帝释复名千眼。”他经常到舍卫国祇树给孤独园（见祇园精舍）听佛教诲，届时往往“以帝释神力，身诸光明遍照祇树精舍”。玄奘《大唐西域记》第四卷记有他精心奉侍佛陀的传说，称：“昔如来起自胜林，上升天宫，居善法堂，为母说法。过三月已，将欲下降。天帝释乃纵神力建立宝阶，中阶黄金，左水精，右白银。如来起善法堂，从诸天众履中阶而下。大梵王执白拂履银阶而右侍，天帝释持宝盖蹈水精阶而左侍。天众凌虚，散华赞德。”其与佛祖的亲近程度，亦由此可见。

（葛维钧　范晶晶）

yinzhongwuguolun

因中无果论　asatkārya-vāda　印度古代哲学中胜论派的理论。胜论派认为原因在产生结果之前，结果不存于原因中。原因与结果有着根本的不同。胜论派所理解的原因在很大程度上是指部分，所理解的结果是指部分聚合后形成的整体。在此派看来，结果虽然由原因构成，但结果和原因在性质上是完全不同的。因与果在观念、名称、作用、时间、形式、数量等方面都有差别，因中是无果的。胜论派提出了因中无果或因果不同的7个理由：一是因与果的观念不同，没有人把作为因的线看作作为果的布，也没有人把作为果的罐看作作为因的黏土；二是因与果的名称不同，如无人称线为布，也无人称布为线；三是因生出的果有差别，如线可以做衣，也可以做绳索；四是因与果的时间不同，因在前，果在后；五是因与果的形式不同，如作为因的黏土具有块的形状，而作为果的罐则呈一种有宽大基础的腹状；六是因与果的数量不同，如线有多根，而布则仅为一块；七是如果因果同一，那么因就应只有一个，不应有构成果的材料和制作果的作者等多因。胜论派的这种因中无果论在古印度是一种很有影响的因果理论。佛教不少文献中都将其作为重要的“外道”思想来批判。汉译或汉文佛典中有很多这方面的内容。姚卫群发表在《南亚研究》(1986年第1期）论文“印度古代哲学的因果观”，详细论述了这方面的问题。

（姚卫群）

yinzhongyouguolun

因中有果论　satkārya-vāda　印度古代哲学中数论派的理论。认为原因在产生结果之前，结果已经潜存于原因中。原因与结果没有本质的差别。原因只是事物的因位，结果只是事物的果位。二者只是事物的不同形态。数论派认为，世间各种事物或人生现象作为果最初潜存于作为因的“自性”之中。当自性将这些潜存的事物转变出来时，事物作为果的形态就形成了。数论派的这种因中有果论在古印度是一种很有影响的因果理论。佛教的不少文献中都将其作为重要的“外道”思想批判。汉译或汉文佛典中这方面的内容很多，如汉译的中观派主要论典《中论》、《十二门论》等文献中都有对因中有果论的批判。

（姚卫群）

Yinmofu

阴末赴　（约活动于前1世纪）　古代印度罽宾国国王。原容屈王子，即希腊王赫尔毛攸斯（公元前50～前30)。

汉元帝刘奭（公元前49～前33年在位）派关都尉文忠护送使者到罽宾都城循鲜（今阿富汗首都喀布尔附近)。时罽宾王斯巴拉革达玛斯欲加害文忠，被觉察。文忠与阴末赴合谋，杀斯巴拉革达玛斯，立阴末赴为罽宾王，授以印绶。文忠之后，赵德出使罽宾，与阴末赴失和，被其用铁链捆绑，副使以下70余人被杀。后阴末赴遣使上书谢罪。公元前30年，阴末赴死，其子继位，仍然朝汉。

（胡俊麟）

Yin Hongyuan

殷洪元　Yin Hongyuan（1925.10.15～　）中国印地语学者，北京大学东语系教授。在研究和传播印度文化方面起到积极作用。

殷洪元为江苏松江（今上海松江区）人。1944年经安徽、河北、陕西辗转抵达重庆。1945年考取国立东方语文专科学校印度语科，是东方语专第

四期学员。1946年随东方语专迁往南京，1948年毕业后留校任教，是当时唯一从事印地语教学的中国教师。1949年7月，东方语专并入北京大学东语系，遂赴北京工作。

殷洪元长期从事印地语教学与研究工作，主要研究印地语语法。译有K.古鲁的《印地语语法》(油印教材)、V.沃尔马的《伯勒杰语语法》(油印教材)、B.莱尔斯的《转换语法入门》(1985)等语法著作。自20世纪70年代后期开始，结合印度、欧美不同流派语法著作，编写印地语语法教材，80年代初完稿，印作4册讲义用于教学，后修改、精简为《印地语语法》(1992）一书，由北京大学出版社出版。该书兼具实用价值和理论深度，是国内权威的印地语语法研究著作和教材，为各高校印地语教学、研究者所使用。此外，与他人合作编著《印地语课本》(1983),《印地语汉语大词典》(2000）等。另译有沃尔马的小说《章西女王》(合译，1987），M.普列姆昌德的短篇小说《有儿女的寡妇》、《罗摩的故事》(1987)，I.朱希的小说《托钵僧的情史》(1994）等文学作品。其主编的《汉语印地语词典》等一系列印地语工具书将于近年出版。

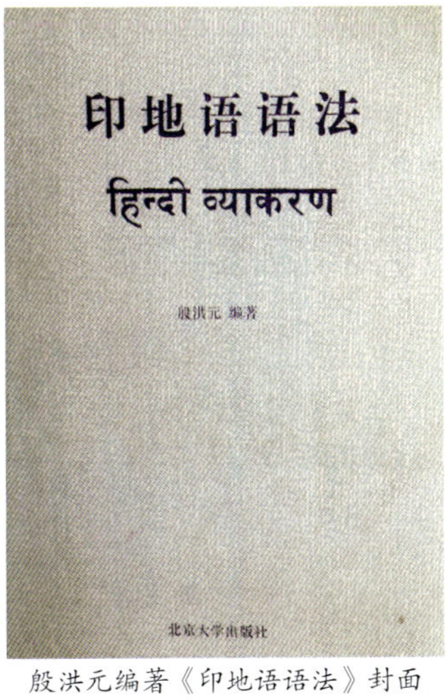

殷洪元编著《印地语语法》封面

（姜景奎　张忞煜）

Yin Shao

殷绍　Yin Shao（约活动于5世纪）　中国北魏时期术士。长乐（今属福建）人。少时聪明，喜爱阴阳术数，游学诸方，通晓《九章》、《七曜》。太武帝拓跋焘时任算生博士，因擅长阴阳术数而得太子拓跋晃赏识。太安四年（458）向文成帝拓跋濬进献《四序堪舆》，该书很快便流行于世。

据殷绍上《四序堪舆》表中的自述，他在四处游学中遇到过成公兴，向后者求学《九章》之术。后成公兴将他带到阳翟九崖岩沙门释昙影处学《九章》。昙影又把他推荐给长广东山道人法穆。殷绍在法穆处学得《九章》、《周髀》等。学习了4年之后，法穆又将其先师和公所注之黄帝《四序经》36卷、合有324章传授给殷绍。《四序经》专说天地阴阳之本，其第一《孟序》9卷81章阐释阴阳配合之原，第二《仲序》9卷81章讲解四时气王休杀吉凶，第三《叔序》9卷81章说明日月辰宿交会相生为表里，第四《季序》9卷81章叙述六甲刑祸福德。当时该书被禁止带出山中。后来殷绍不堪忍受山居生活的简朴、艰苦，告别了昙影等人，45年之后，凭记忆“抄撮要略”，改写《四序经》为《四序堪舆》。

殷绍从之交游的成公兴、释昙影等，或精通算术，或有接触印度知识之途径。成公兴曾经在寇谦之家见后者“算七曜，茫然不了”，便令他“依言布之，俄尔便决”，足见成公兴历算之高明。殷绍精通的《七曜》术很可能是从成公兴学得。释昙影曾经在长安与鸠摩罗什一起翻译佛经，并深得后者器重，后来辞别长安，隐居山林。殷绍从之游当在昙影隐居之后。

（钮卫星）

Yin Qing

尹庆　Yin Qing（约活动于15世纪初）　中国明代太监，航海家。曾先于郑和两次出使西洋。据《明史》载，于永乐元年（1403）携明成祖朱棣的即位诏前往东南亚、南亚诸国，抵达古里国和柯枝，赏赐其彩币、销金帐幔、织金文绮、彩帛及华盖等礼物，古里国王沙米的喜派遣使臣随其入朝进贡。后于永乐三年再下西洋，到达满剌加（今马来西亚马六甲州）和苏门答剌国（今印度尼西亚苏门答腊），但未继续前往南亚。为纪念他，中国政府将南沙群岛一个群礁（北纬8度48～55分，东经112度12～53分）命名为“尹庆群礁”。

（何赟　贾岩）

Yindu

印度　India　世界文明古国之一。位于今南亚次大陆。今名印度共和国。

印度诸语言中称印度为婆罗多。这一名称最早出现在梵文史诗《摩诃婆罗多》及《莲花往世书》中。印度诸语言又名印度为Bharatavarsa，意思是婆罗多子孙之国或婆罗多族之国。印度古人亦称印度次大陆为赡部洲。

印度新德里印度门

印度之名India来源于印度河。雅利安人进入印度后，首先到达印度河流域，梵语称该河为Sindhu。该词的意思是“河流”，亦泛指任何江河，乃至任何水体。公元前6世纪波斯人入侵印度，便以Sindhu称呼该地。但是在古波斯语中，s读作送气音h。此外，古波斯语中也没有送气的浊辅音，故梵语中的dh只能读作d。因此，波斯人便把Sindhu读成Hindu。古希腊人从波斯人那里知晓印度。但是，古希腊语中无h音，故Hindu一词传入希腊后，

Hindu又读为Indos。他们还称印度人为Indoi。在拉丁语中，该字又变成Indus。在西方，至今仍以Indus称印度河。India作为印度之名在16世纪开始流行，这一形式可能是受西班牙语或葡萄牙语的影响。

中国古代文献最早称印度为身毒、天竺。此外，中国古人对印度尚有贤豆、忻都、欣都思、捐毒、印毒、印都、哂度等众多称谓。这些称谓基本是Sindhu的音译，只是不同时代不同译者选用了不同的汉字，但在读音上还是十分相近的。也有人称之为五天竺，或五天。

“印度”这个词始出于唐玄奘的《大唐西域记》卷二《印度总述·释名》：“详夫天竺之称，异议纠纷，旧云身毒，或曰贤豆，今从正音，宜云印度。”后来，中国宋代史料文献又称印度为“天竺”、“身毒”。

（韩知更）

Yindu-Alabo Shuzi

印度–阿拉伯数字 Hindu-Arabic Numerals 印度人创造并经由阿拉伯地区传入欧洲的国际通用数字，一种十进制位值数字体系。印度最早书写梵语及某些俗语的婆罗谜文字，约于公元前3世纪中叶开始使用数字符号。这些符号是印度–阿拉伯数字的滥觞。数学家和数学史学者将大多数语言中通用的现代数字归功于印度的婆罗谜数字。在印度古代的一些石窟铭文和钱币上，依然可以找到婆罗谜数字。这一数字体系连同其他数学知识，在7世纪上半叶传入阿拉伯地区。阿拉伯语中数学一词为hindisat，意即“印度之术”。这一事实说明，阿拉伯世界的数学知识源于印度或至少曾受益于印度。后来，印度数字体系经阿拉伯地区传入欧洲，欧洲人未加详考，曾长期称之为阿拉伯数字。

印度数系的起源与演变 印度古代数学著作残篇《巴克沙利稿本》，可能是公元前2世纪（一说公元四五世纪）一部数学著作的抄本。在部分抄本中，已开始使用婆罗谜字体的梵文字头表示十进制数码计数法。用圆点（·）表示空位的零亦见于此稿本。同时在公元前后，开始流行六进位和八进位的卡罗什奇数码、婆罗继数码，公元5世纪及以后，印度数码中零的符号日益明确，使记数逐渐发展为十进位值制。458年，一份耆那教天文学文献提及零和十进位值制。其中一个数字为13 107 200 000，成为最早的包含零的概念的位值十进制数字。零的采用使印度数字体系得以完善。

伊本·拉班《印度算术原理》英文本封面

印度笈多王朝时期大数学家和天文学家阿利耶毗陀所著《阿利耶毗陀论》（499），科学地归纳和介绍了印度数字体系。此后，所有印度文献均取法阿利耶毗陀，采用这一数字体系。6世纪末，位值制在印度得到普遍采用。就文物证据而言，6世纪的印度铜版文献中的数字已经使用0，不过字体相对较小。从7世纪起，笈多数字发展成为天城体数字。

印度数系传入阿拉伯地区及欧洲 在阿拉伯帝国兴起之前，印度数字体系即开始西渐。632年，叙利亚学者塞维鲁·塞伯克特（575～667）提到印度数字体系，为将这一数字体系传入伊斯兰世界建立首功。7世纪下半叶，它们随印度文化的扩散而传入印度尼西亚、柬埔寨，出现在当地的石刻铭文中。776年，阿巴斯王朝第二代哈里发曼苏尔（714～715）命令将印度数学天文学名著《婆罗门历数书》译为阿拉伯文，阿拉伯人从而开始熟悉印度数字体系。这些数字几经演变，渐趋完善。阿拉伯数学家和天文学家花拉子密（约780～约850）在《论印度数字的计算》（约825）一书中首次描述这一数字体系及其应用。伊朗伊斯兰教哲学家金迪（？～约870）的4卷本数学著作《论印度数字的使用》（约830）也是最早论及印度数字的名著。900年前后，阿拉伯人将印度–阿拉伯数字传入西班牙。976年，这一数字体系首次出现在一部名为《维吉拉努斯抄本》的西班牙历史文献汇编中。花拉子密和金迪介绍印度数字和算法的两部著作，约于12世纪初被译成拉丁文，从而使印度数字体系由另一路径传入欧洲。意大利中世纪最杰出的数学家比萨的莱奥纳尔多（约1170～1250，别名斐波那契）曾研究各种不同的数字体系，发现无一能与印度–阿拉伯数系媲美。1202年，他的数学名著《算经》出版，促进了印度–阿拉伯数字和印度–阿拉伯数学在欧洲的传播。此前，欧洲只有少数人通过花拉子密和金迪著作的译本得知印度–阿拉伯数字。《算经》开篇即介绍：9个印度数字是9、8、7、6、5、4、3、2、1，而用这9个数字和记号0，可以写出任何数字。15世纪，伊朗数学家和天文学家伊本·拉班（971～1029）的数学名著《印度算术原理》（925）被译成希伯来文（译稿现存牛津大学图书馆）。16世纪文艺复兴时期，几经改进，印度–阿拉伯数字体系的写法与现在的写法几近一致，并在随后的数世纪中传遍世界，成为今日世界通用数字体系。用印度–阿拉伯数字计数时，按照十进位制，从最高位起依次写出个数位上的数。这是印度古代数学家对人类文化和科学技术发展所作出的重大贡献。法国数学家P.S.拉普拉斯（1749～1827）曾说：“是印度给我们提供了以十个符号表达所有数字的巧妙方法，每个符号既有绝

《雪泥鸿爪溯数源》英文本封面

对值，又有位值……”

1963年，美国学者M.利维和M.彼得拉克合作译注《印度算术原理》，由威斯康星大学出版社印行。笔名N.布尔巴基的一个法国数学家群体在《数学史纲要》(1998)中指出：“我们的十进制，源于印度数学(中经阿拉伯人绍介)。已经证实，从公元纪元初期的数世纪起，十进制即已用于印度数学。此外，值得注意的是，零作为一个数字而不是一个单纯的分隔符号的概念，以及它被引进计算之中，亦属印度人的原创贡献。”现代学者已普遍认识到，阿拉伯数字的正确名称应为印度-阿拉伯数字。

与中国数学的关系　唐开元六年(718)，在长安任司天台太史监的印度天文学家瞿昙悉达，奉诏据梵文原本译《九执历》。该历书开卷，即介绍了印度的“算法字样”，即数字写法，“其字皆一举札而成”，十分便于书写。“每空位处，恒安一点”，首次引入零的概念和书写符号（另说，唐代以前中国已有数字0)，即一个圆点（·)。《九执历》编译本后收入由瞿昙悉达本人主编的《开元占经》第一〇四卷。可是，印度数系当时未能引起特别注意和得到广泛利用。

约在十三四世纪，印度-阿拉伯数字初传中国。这一数系也未能在中国引起充分重视和得到及时推广。中国最早使用阿拉伯数字的时间为1875年，见于登州文会馆的数学教科书《笔算数学》。20世纪初，随着西学东渐，印度-阿拉伯数字开始逐渐在中国得到广泛使用。现在，印度-阿拉伯数字业已进入汉字书写系统，成为人们学习、生活和交往中最常用的数字。

国际科学史研究院院士、新加坡中国数学史学者蓝丽蓉（1936～　），从1966年开始在国际数学期刊发表关于《九章算术》、《杨辉算法》、《张邱建算经》等中国古代数学经典的论文。1992年，她与洪天赐合著的《雪泥鸿爪朔数源》一书问世。该书论述了中国5世纪《孙子算经》的十进位制筹算的记数法则等，并将《孙子算经》与花拉子密、伊本·拉班关于印度算法的著作进行对比，发现阿拉伯国家早期关于印度算法中的四则运算和开平方的程序，与孙子算经中的方法相同，从而提出印度-阿拉伯数系的十进制概念起源于中国算筹的学说。此说虽未得到国际学术界的普遍认同，但已产生了一定影响。英国科技史学者李约瑟指出：“在西方后来所习见的印度数值的背后，位值制早已在中国存在两千年。”

（刘建）

Yindu Bowuguan

印度博物馆　Indian Museum　设在印度第二大城市加尔各答的以艺术和考古为主旨的综合性博物馆。印度三大国立博物馆之一。为印度最古老也是最大的博物馆，亦是东方藏品最丰富的博物馆之一。藏品展现了从史前至穆斯林入主时期的印度文化史。曾在中国举办藏品展览。

印度博物馆内庭

印度博物馆1814年由孟加拉亚洲学会建立。其带有列柱廊的具有意大利风格的建筑竣工于1875年，后随藏品增加而不断扩建，分艺术、考古学、人类学、地质学、物产、动物学和植物学六大展区，有35个陈列厅，藏品逾10万件。建筑平面呈方形，内辟方形中庭，分为两层。第一层包括：正面入口门厅；巴尔胡特厅，陈列有1875年从出土地移至该馆复原的巴尔胡特窣堵波塔门和围栏；犍陀罗雕刻厅；佛教雕刻厅；印度教和耆那教雕刻厅；青铜神像厅；东南亚艺术厅；孔雀王朝历史厅；史前和古代历史厅；民族乐器厅。第二层包括：民间绘画厅；染织与工艺(陶器、象牙雕刻、木雕、银器)厅；动物学厅；经济植物学厅；化石厅；地质学厅，为亚洲最大同时也是世界上最重要的地质收藏馆之一。该馆依年代次序陈列的古钱币不同凡响，总量达5万余枚。此外尚有展示木乃伊的埃及厅，反映部落民生活的仿真立体模型及其手工艺品陈列厅，以及保存珍贵绘画作品和古旧手绘地图的主题陈列厅。

印度博物馆孔雀王朝历史厅，亦即考古厅，有多件主题为蛇神夫妇的石雕。它们人首蛇身，上体相拥，下身相交，与中国伏羲女娲图不无相似之处，但造型更为复杂。有的作品蛇身简单相交，有的则迂曲盘绕，刻工非常细腻，乃至鳞片都一一可见。据悉，该馆也收藏着一些英国人A.斯坦因所获中亚文物。

2002年12月27日～2003年2月7日，在中国文化部和印度旅游文化部的安排下，题为“天竺之魂——印度古国青铜雕像”的展览在陕西历史博物馆举办，为期3个月。80件青铜雕像展品全部来自印度博物馆。随后，北京中华世纪坛世界艺术馆和天津市艺术博物馆也接续举办了同一展览，分别为期1个月。

（刘建）

Yindu de Fazhan jiqi Duiwai Zhanlue

《印度的发展及其对外战略》　中国研究独立后印度政治、经济、文化、外交及社会等诸多方面的学术著作。孙士海主编，为中国国家社会科学基金设立的研究项目，中国社会科学出版社于2000年5月出版。

《印度的发展及其对外战略》共30万字，分为8章。第1章从宏观角度探讨了印度的对外战略目标和基本的对外战略思想，并对印度崛起的有利因素和制约因素进行了综合性分析。第2章分析了印度的政治制度及其在政治发展中的作用、政治发展的特点及其未来的发展趋势。第3章论述了印度的经济体系和政策的演变，经济改革的内容，经济发展的成就、问题及未来的发展措施，并对印度的经济实力与其他国家进行了比较。第4章阐述了印度发展科技的政策、措施和未来的发展趋势，并对主要科技前沿领域的发展成就以及存在的问题进行了分析。第5章从人民生活、人口、教育、医疗卫生以及妇女的社会地位等方面论述了印度的社会发展状况。第6章对印度的传统文化及其在印度现代化进程中的作用和影响进行了探讨。第7章对印度独立以来的国防政策和核政策的发展、当前的军备状况、军事工业以及军事科技能力进行了分析。第8章论述了印度的外交和安全战略，着重分析了印度与南亚邻国以及与美、俄、中3个区外大国的关系。

《印度的发展及其对外战略》对印度建国后50多年在各个领域的发展进行了全面系统的探讨，促进了中国印度学、南亚学等学科的建设，对中印两国间的交流合作、政策选择亦具有意义。

（王凌男）

Yindu de Zhongguo yanjiu

印度的中国研究　China studies in India

印度对中国的历史和现状等进行的多学科研究。又称印度汉学。中国研究从属于范围更广的区域研究，从本质上讲是一个跨学科领域，融合了社会科学和人文学科的诸多元素。该领域与中国的经验以及世界对中国的体验相关，鼓励不同学科的学者就学术研究交换观点。尽管区域研究这一概念在印度出现较晚，但中国研究早在印度独立之前就已成为人们关注的领域。事实上，印度对中国研究的兴趣根植于古代中印之间的文化互动。在殖民时期，西方列强将符合自身利益的观点强加于人。由此，对中国的学术研究在很大程度上依赖来自西方的资料。恰在这时，诗人、思想家R.泰戈尔指出并强调中国与印度所共享的文明遗产。

《谭云山教授与印中文化关系》英文本封面

对印度与邻国之间文化关系的探索是推动印度的中国研究发展的最初动力。对这种被视为非殖民主义关系的探索为在殖民框架之外塑造新的关系提供了机会，并在批判西方殖民主义的同时为初露端倪的后殖民秩序提供了一个来自印度的备选方案。对中国的了解可以追溯至早期由传法僧人和商贸往来所建立的历史联系，学术关注正是在这一开阔的历史背景下应运而生。

对中国抗日战争以及中国共产主义运动的广泛支持促成了中国研究第二个层面的形成。中国对印度左翼运动的意识形态影响在1962年之后依然持续，并在很大程度上促使人们在20世纪六七十年代转向对中国的研究。1962年以后，印度政府开始注重发展对中国问题的专业研究，由此产生了中国研究的第三个层面。这些层面互有交叉，构成了印度的中国研究的基本框架。大学中的中国研究正是创立在这一框架之中，并持续发展。鉴于美国对了解中国的兴趣，福特基金会通过图书馆捐资和提供奖学金，为印度派遣学者赴美国大学开展研究提供了重要的经费支持。当时，印度尚无法与中国在学术领域建立任何有意义的直接联系。

中国研究在印度的多层面发展历程决定了其目前的形态和现存的缺陷。中印两国早期通过佛教和贸易开展交流的历史已经有所研究，但借由印度北部边境和东南亚海道建立的联系仍亟待深入探索。虽然印度的中国研究者对贸易栈、士兵、传教士等与殖民相关事务有过一定程度的考察，但仍有巨大的空间可为他们提供产生兴趣的切入点，以提升印度高校的中国研究水平。

从现有研究水平看，与中国研究相关的学术项目并不是全面发展的，部分领域整合成为学术项目的时间要早于其他领域。1918年，首个汉语项目由加尔各答大学引入，但由于生源少和资金匮乏，几年后被迫停办。泰戈尔结束对中国的历史性访问之后，由于他的远见卓识、智慧和努力，中国学院即中国语言文化系，于1937年在国际大学成立。20世纪40年代，加尔各答大学和贝拿勒斯印度大学分别开设汉语专业，德里大学于50年代加入该阵营。70年代，尼赫鲁大学设立了一套完整的5年制汉语硕士培养计划。

1947年印度独立以后，新任印度领导人渴望了解与中国相关的专业知识，中国研究领域真正意义上的学术项

印度德里大学校园

印度尼赫鲁大学校园

目，特别是区域研究项目在这样的背景下应运而生。为适应这一目标，印度国际研究学院于1948年成立，后更名为印度国际事务委员会。该研究机构于20世纪60年代并入尼赫鲁大学，整合为国际关系学院。在德里大学，佛教学系和中国研究中心先后于1958年和1964年设立了佛教研究项目。中国研究中心后更名为中国与日本学系，它采用跨学科专业知识与中国专题研究相结合的区域研究范式。2001年，该机构更名为东亚学系。

1962年中印边境武装冲突发生后，印度更加重视中国问题的研究，为政府进行外交政策和安全问题等方面的决策提供专业依据。这一时期，由于往返印度与中国的跨境出行受到严格限制，两国间鲜有学术交流和其他来往。1978年，学术交流开始复苏，但真正开始繁荣是在20世纪80年代末，关注领域涵盖语言、文化及一些社会科学学科，特别是历史和政治思想学科。

1988年，印度总理拉吉夫·甘地对中国进行正式访问，此次访问被认为是中印两国关系的转折点，它巩固和深化了中印双边关系中政府与民间在各个领域的互动。20世纪90年代起，特别是随着中印两国经济关系的加深，印度对中国的研究兴趣激增。这不仅体现在高层互访与学术交流上，也表现为中国与印度留学生互派数量的急剧上涨，很多研究机构已经或正在建立专门从事中国研究的部门。

20世纪50年代以来，一直活跃着一个由印度的中国研究者组成的非正式研讨组织。1990年，中国研究所的成立使这一组织正规化，印度唯一专注于中国学的刊物《中国述评》也由此产生。中国研究所将来自德里大学、尼赫鲁大学的教员、学者，以及前任外交官和来自其他领域但对中国有着特殊兴趣的人们聚在一起。他们有着广泛的研究方向，包括国际关系与战略研究，中国的政治、经济发展，历史、社会与文化，他们致力于从跨学科视角对中国进行研究。中国研究所定期举办研讨会，召开有关会议，承担课题，并同中国、俄罗斯、日本的相关组织进行学术交流。此外，中国研究所还举办各类外延活动，如一年一度的全印中国研究大会，以激发印度国内研究中国的兴趣，提高中国研究的水平。

在21世纪的前14年，随着越来越多人力、物力的投入，印度的中国研究持续稳步发展。与此同时，大多数中文专业的毕业生在印度的政府部门、旅游行业及跨国公司中找到工作，另有一些人在大学任教，还有部分学生继续从事更为深入的区域研究项目。对于国际关系和社会科学学科的毕业生来说，一些人继续从事更为深入的区域研究项目，一些人则在教学和研究机构中谋求职位。除印度国防研究和分析研究所、印度世界事务理事会、政策研究中心、和平与冲突研究中心等成立已久并长期致力于中国研究的资深研究机构外，一些新的中国研究中心逐步出现。一方面，越来越多的中央和地方大学开始开设与中国相关的课程；另一方面，大学拨款委员会也在遍布全印度的知名大学和研究机构中设立了专门的中国研究点。与此同时，印度各主要城市已出现很多私立汉语教学中心。这些中心虽然不从事专业的中国研究，仍旧吸引了大量因职业需求而热衷于学习汉语的人。此外，随着印度中等教育中央理事会将汉语作为中学阶段的一个学习科目，学生们有望将对中国的兴趣保持到高中甚至大学，最终加入日益壮大的中国研究队伍之中。

（邵葆丽撰　张忞煜　贾岩　李宝龙译）

Yindu dianying zai Zhongguo

印度电影在中国　Indian films in China

印度电影在印度人民的文化生活中占有十分重要的地位，在世界上有广泛的影响，在中国也一直受到热情欢迎。

印度电影之父巴尔吉像

简 史　印度的电影业已有百年历史，是世界上最古老的电影业之一。

1896年7月7日，印度第一个电影广告出现在《印度时报》上。D.G.巴尔吉（1870～1944）被公认为印度电影之父。他于1912年即制作出取材于印度史诗《摩诃婆罗多》的神话电影《哈里什昌德拉王》。这是印度的第一部电影，也是印度的第一部故事片。该片公映后获得巨大商业成功。他的第二部影片《迷人的巴斯马苏尔》为印度电影的发展奠定了基础。然而，印度电影起步之时步履维艰。最初，由于传统观念的

印度第一部电影《哈里什昌德拉王》海报

影响，电影导演难以觅得女演员，只好让演员男扮女装。20世纪20年代初，印度电影业获得迅速发展，影片年产量从最初的8部增加到18部，并涌现出一批电影公司和制片人。B.帕特尔被认为是继巴尔吉之后对印度电影业贡献最大的人物之一。这一时期是印度无声电影的繁荣期。

1930年，印度电影年产量已达172部。电影业不仅成为印度经济的一个重要行业，而且也成为印度艺术的重要表现领域。印度影片开始步入有声时代。1931年，帝国影片公司出品第一部有声电影《阿拉姆·阿拉》。影片中的场景、

印度第一部有声电影《阿拉姆·阿拉》海报

语言、音乐均令观众耳目一新，其插曲《以真主的名义赐给我爱情》是印度第一首电影歌曲。这一时期还拍摄了27部地方语言片。1937～1938年，印度电影制片人协会和印度电影发行人协会成立。整个30年代，印度年均拍摄影片200部。1937年，印度第一部彩色影片《农家姑娘》问世。

1940年，印度电影业在世界名列

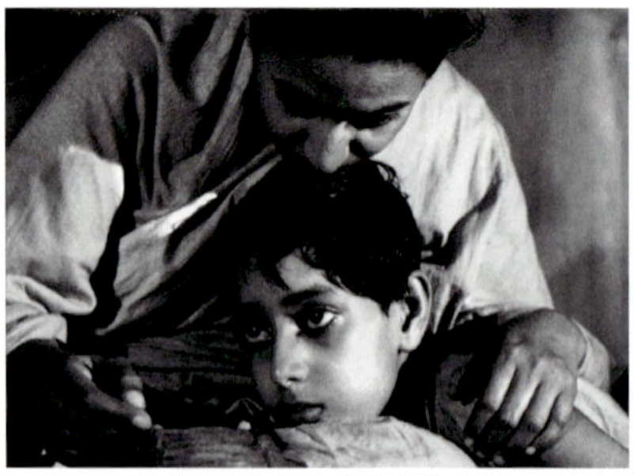

印度电影《不屈的人》剧照

第四，从业人员达4万人，电影院达1 496家。影片内容发生很大变化，题材开始从以神话、幻想为主转向以历史和现实为主。例如，《不可接触的姑娘》抨击了种姓制度，《新世界》、《命运》等表达了民族独立的愿望。还有一些电影反映了教派团结的主张。

20世纪50年代，独立后的印度出现了一批优秀影片，如《流浪者》、《两亩地》、《章西女皇》等。著名电影导演S.拉伊（一译雷伊）拍摄的“阿普三部曲”《道路之歌》、《不屈的人》和《阿普的世界》取得前所未有的艺术成就。前两部分别获得戛纳电影节金棕榈奖和威尼斯电影节金狮奖。此后，他次第摄制了《女神》等关于女性题材的系列影片，有由《对手》、《有限公司》和《中间商》组成的“加尔各答三部曲”，有由《远方的雷声》、《棋友》和《家庭与世界》组成的“历史三部曲”，有由《人民公敌》、《树枝》和《陌生人》组成的“心灵三部曲”。拉伊以非凡的天才和出色贡献于1992年荣膺奥斯卡终身成就奖。

20世纪60～80年代，印度电影产量不断增加，虽然也制作了一些好影片，但不少作品质量不高，受到影评界的批评。这一时期的影片绝大多数属于娱乐片，公式化、概念化严重，缺乏艺术性。后这种情况逐渐得到扭转。到80年代中期，全国有66家制片厂，26个电影实验所，400多种电影杂志，12 000家电影院，25万从业人员，年产影片800～1 000部。印度电影业跃居世界首位，成为印度重要的支柱性产业。

20世纪90年代，商业片依然占据主导地位，好的艺术片和优秀的导演也在不断出现。印度电影在题材和风格方面日趋多样化。虽然很多商业性电影是围绕社会生活中的戏剧性事件或恐怖故事而展开的，但不乏表现民族正气的或非常高雅的艺术片。关注印度社会问题的严肃艺术片，不仅在印度广受欢迎，而且在世界各地的电影节上也每每受到好评。具有国际知名度的女导演M.奈尔的电影《向孟买致敬！》(1988）揭示孟买贫民窟儿童的苦难生活，表现了对下层社会的深切同情。它构图雄浑，引人入胜，深深打动人心，因而在印度和

印度电影《向孟买致敬！》海报

西方均大获成功，荣膺第41届戛纳电影节金摄像机奖和第61届奥斯卡金像奖最佳外语片奖提名。她的《季风婚礼》(2000）表现了印度旁遮普人的一场混乱而又妙趣横生的婚礼，2001年获威尼斯电影节金狮奖，成为她最为驰名的电影之一。

印度电影制作中心在孟买影城宝莱坞。这里生产的许多电影在欧洲、美洲、中东乃至非洲获得成功。如今，以宝莱坞为代表的印度电影业，也已成为印度文化的一个代表，成为印度发展最快的部门之一。2004年，以影视行业为龙头的娱乐传媒产业的产值约为70亿美元，到2009年达到130亿美元。印度

印度电影《季风婚礼》海报

每年有高达300多亿以上的观众人次，换言之，平均每天有8 000万以上的印度人看电影。印度以年产电影1 000部左右的业绩成为超越美国的世界最大电影生产国。为了保证电影的放映质量、防止盗版和全国同步放映，印度已在众多城市兴建了数字影院。

在中国的影响　印度电影与中国的联系可追溯到抗日战争时期。1944年，印度小说家、电影导演、编剧和新闻记者K.A.阿巴斯在获悉柯棣华大夫在中国为援助抗日战争而殉难的传奇故事后，写了一本小书《还有一个没回来》，并将它改编成电影剧本《柯棣华大夫的不朽事迹》，进而拍摄成兼有印地语和英语的双语电影。这部电影使柯棣华的英雄事迹和中国人民艰苦卓绝的抗日战争不仅为印度人民所知，也使英语世界的人民为之动容。

1951年，根据阿巴斯剧本摄制的电影《流浪者》，由于明显的社会进步意义和男主角R.卡普尔的出色表演，先后在中东、苏联获得空前成功。1952年，阿巴斯访问中国。1955年，P.卡普尔率印度电影代表团前来中国。译制成汉语片后的《流浪者》在中国引起巨大轰动。插曲《拉兹之歌》旋即风靡大江南北，至今仍深受中国民众喜爱。随后，《道路之歌》(1955）被引进中国。这部新现实主义电影在世界范围内赢得巨大声誉和票房收入。在中国的票房收入为40 000卢比，仅次于在美国的251 230卢比。

印度电影《印度往事》海报

20世纪六七十年代，印度电影从中国的电影市场销声匿迹。随着中印关系逐渐解冻，印度电影于80年代再度进入中国市场。《大篷车》(1971)、《奴里》(1979)、《哑女》(1982)等多部电影扣人心弦，迅速流行。1986年，中国文化部电影局在北京、上海、天津、重庆等城市举办印度电影周。后来，由于欧美电影的大量引进，再加上电视冲击等原因，观众兴趣开始分散，印度电影在中国的引进数量和影响同步下降。

20世纪末以来，印度电影重新引起中国观众尤其是年轻人的兴趣。A.戈瓦里克导演的宝莱坞故事片《印度往事》(2001)，以不乏诙谐的手法表现了19世纪后期印度人在与英国殖民者的斗争中民族意识的觉醒，弘扬了一种令人荡气回肠的爱国主义精神。在2002年获得奥斯卡金像奖最佳外语片奖提名后，这部电影在中国上映。随后，《阿育王》等电影相继上映并获得好评。

印度电影《眼中砂》剧照

2006年是中印文化友好交流年。该年8月下旬和9月上旬，印度电影节先后在北京和上海举办，使中国观众有幸欣赏1990年以来印度拍摄的10部电影：《洛加》、《一场虚惊》、《安贾丽》、《母子情深》、《真爱》、《战胜自我》、《心归何处》、《眼中砂》、《小岛特威巴》和《双人秀》。以反恐为中心内容的《洛加》，在表现印度西北部雄浑壮美的自然景观的同时，不乏惊险与刺激。根据R.泰戈尔同名长篇小说摄制的《眼中砂》，每一个场景和细节都一丝不苟，印度传统电影中的歌舞表演淡化为背景，而其绝妙而完美的艺术手法，毫不逊于法国和意大利等电影大国的艺术片。

2010年6月24日～7月23日，作为中国“印度节”的一项重要活动，印度电影节先后在北京、重庆和广州举行，再次上映10部电影：《无尽的等待》(孟

印度电影《心中的小星星》海报

加拉语)、《幸运蛊惑仔》(印地语)、《哈里什钱德拉的工厂》(马拉提语)、《克沙》(马拉雅兰语)、《地球上的星星》(印地语)、《白象》(印地语)、《这该死的雨》(马拉提语)、《一杯茶》(马拉提语)、《孩子王》(泰米尔语)、《爱的发现》(孟加拉语)。这些影片是印度主流电影的代表作，反映了印度电影广泛的题材及地区语言电影的发展。一项题为“印度电影之旅”的展览同时举办，揭示了印度电影发展和崛起的历程。

随着全球化的发展，中国在引进印度优秀电影方面与世界同步。《贫民窟的百万富翁》、《三傻大闹宝莱坞》等电影引起中国观众的强烈反响和赞赏。与此同时，中国年轻一代导演开始借鉴印度电影，追求题材的多样性和手法的独创性。许多年轻观众成为印度影迷，非常关注印度电影动向，不时在博客等媒体发表评论。《三傻大闹宝莱坞》描写了年轻人的理想与爱情，感人肺腑，成为近年来中国互联网上口碑最好的印度电影。

印度电影《我要走天涯》剧照

2013年6月15～23日，为庆祝印度电影诞生100周年，第16届上海国际电影节专门安排印度电影展映。其中有《哈里什昌得拉国王》、《蛮横有理》、《孟买孩子王》、《把希德叫醒》、《律界新手》、《情怨》、《印度往事》、《三傻大闹宝莱坞》、《人生不再重来》、《巴菲的奇妙命运》、《流浪者》、《爱情战车》、《兰贾娜，我不会再回来》、《我要走天涯》等18部新老代表性作品。

中国电影杂志和报纸素有对印度电影的介绍和报道。不时有关于印度电影历史著述的编译出版，也有学术性论文发表。社会科学文献出版社出版的“列国志”丛书之一《印度》(2003,2010)有关章节介绍和评价了印度电影一个世纪的发展历程。2010年，北京大学外国语学院出现以拉伊电影创作为研究主题的博士论文，首次在中国深入而全面地评价了拉伊的创作道路和艺术成就。

（刘建）

Yindu diaoke

印度雕刻 Indian sculpture 产生于印度境内的造型艺术之一。历史悠久，风格多样。在世界艺术史上发挥了重要影响，占有极其重要的地位。从材质讲，印度古代既有石雕，也有铜雕；从主题讲，既有佛教雕刻，也有印度教雕刻。无论在哪一领域，印度雕刻都取得了非凡成就。

印度河流域文明时期雕刻 印度先民至少在印度河流域文明时期即已开始雕刻艺术创作。在印度河流域发现的大量印章底面，镌刻着动物、树叶和神祇。这些印章大部分是用皂石、玛瑙、象牙和青铜一类材料刻制的。一般呈方形，也有呈圆形的；一般边长为3～5厘米，也有边长达7.5厘米的。例如，现存于卡拉奇市巴基斯坦国家博物馆的

舞女像 公元前3千纪 摩亨佐达罗出土 现藏新德里印度国家博物馆

一枚刻有一只雄性独角兽的皂石印章，就基本呈圆形，直径约7.5厘米。在这只想象出来的动物的嘴巴底下，还刻着一个食槽，仿佛它是已驯化的动物。这些印章的上部虽然大都刻有象形文字符号，并且在实际使用中可能更为重要，但动物雕刻往往占去大半面积，分外引人注目。刻在印章上的动物多种多样，主要是黄牛、瘤牛、水牛、犀牛、象、虎、羊、羚、鹿、兔、鳄、蛇等常见动物，也有存在于人们幻想与传说中的动物，或为标新立异而人为组合的动物，如独角兽以及牛角虎、象鼻牛、三头兽等怪异动物。由于牛在印度社会与宗教生活中的特殊地位，牛的形象出现在印章中的次数最多，也雕刻得最为传神。那浑圆的躯体似乎蕴含着无穷的力量，微微低垂的头仿佛就要发起进攻。这些写实的或自然主义的雕刻虽然十分古朴，但其技法即使在今天看来也属非常娴熟。这样，一件生活中的实用品就变成了可以欣赏的艺术品。也有些印章上面雕刻了人或神的形象，但在气韵上远不如那些动物的形象生动。这是印度先民对雕刻艺术的初步尝试。他们对动物题材的偏爱，被后世的艺术家们继承下来。

印度河流域文明时期瘤牛印章、独角兽印章 公元前3千纪

在从印度河流域的废墟中挖掘出来的一件青铜舞女雕像和一件石灰岩雕祭司半身像也表明，印度早期雕刻已表现出相当成熟的技巧和工艺水平。这尊舞女雕像高约14厘米，显然是作为家庭陈列品的小型雕像。从面部特征看，这位舞女似乎是一位黑人少女。她通体赤裸，腿部修长，身材苗条，头部微仰，神情颇显自信。她右手叉腰，左臂下垂，手执一碗，靠在膝部，右腿略曲，左腿微抬，整个站姿相当放松而优雅。她的左臂从上到下套满臂镯，略显繁缛，但她的项链又非常简朴。从尚未发育成熟的形体判断，她大约是位十几岁的少女，但也可能当时的社会还没有形成印度后世以女性丰乳肥臀为美的观念。她的肤色表明她的身份很可能是奴隶，即中世纪印度教寺庙中神奴的先辈。在哈拉帕古城遗址，还出土了一尊高约10厘米的石灰石男性舞者雕像。虽然头部与四肢残缺不全，但从躯干部分看，他的肩膀宽阔，腰部细瘦而臀肌坚实，透出一种强烈的阳刚之美。由于它体现了后来希腊雕

母神像 公元前3千纪后半期～前2千纪初期 现藏加尔各答印度博物馆

瘤牛　公元前2千纪初　现藏加尔各答印度博物馆

刻对人体解剖学的理解与把握，西方有的学者最初曾怀疑它的由来。此外，在印度河文明遗址中还发现了若干青铜动物小雕像。不过，它们已被锈蚀得几乎无从辨识。这些雕刻作品属于人类最早的雕刻作品之列。

在从印度河文明终结至孔雀王朝崛起的1 000多年中，没有任何雕刻作品存留下来。这并不意味着雕刻艺术在这一期间是一片空白。这一时期的艺术家采用的很可能是木头一类不易长期保存的雕刻材料。

阿育王时代的狮子柱头雕刻　公元前4世纪时建立的孔雀王朝是印度历史上一个空前的庞大帝国。除了半岛南端

阿育王石柱狮子柱头　约公元前3世纪

外，其版图从恒河平原一直延伸到兴都库什山脉，几乎囊括了整个南亚次大陆。位于恒河之滨的首都华氏城规模宏大，绵延15千米左右。巍峨壮丽的皇宫比波斯的皇宫有过之而无不及。由于社会经济的进步和物质财富的积累，以及皇室的大力赞助和希腊文明的影响，印度雕刻艺术在这一时期得到恢复并获得极大发展。

孔雀王朝时期的雕刻在印度艺术史上占有特殊重要的地位。在这一时期，石头开始在印度被普遍用于建筑和雕刻。这对于印度艺术的发展与传世具有极其重要的意义。用于雕刻的石材，表面都打磨得十分光洁。这一特征甚至成了鉴定孔雀王朝时期石雕的一个重要依据。

公元前3世纪，孔雀王朝第三世皇帝阿育王在征服羯陵伽后，深感战争的残酷与血腥，遂幡然悔悟，放下屠刀，皈依佛教。他对佛教的推崇与弘扬，对于佛教成为亚洲乃至世界上的主要宗教起了很大作用。据传，他有一儿一女出家修道。他甚至派遣自己的儿子摩哂陀渡海前往锡兰（今斯里兰卡）传播佛教。佛教在印度本土地位的提升，促进了佛教艺术在印度的发展。

阿育王统治时期的雕刻，是印度雕刻史上的辉煌一章。为了弘扬佛法，他命人在帝国的许多地方寻找天然岩壁或建造石柱以刊刻诏书。他敕建的独石纪念碑式圆柱是这一时期石雕作品的典范代表。这些石柱主要竖立在佛陀生前的重要活动场所或通往这些圣地的重要线路上。虽然当时印度的建筑与雕刻受到波斯帝国的影响，但竖立纪念柱的做法却出于印度的固有理念。它很可能是印度古代崇奉宇宙之柱的传统的体现。印度人关于宇宙之柱的理念与中国古人关于天柱的说法有一定的相通之处。

在印度各地曾先后发现30余根阿育王石柱。但由于风雨侵蚀和后世人为破坏，它们多已残破或倾覆。不过，在今比哈尔邦靠近印度与尼泊尔边境的劳里亚·南丹加尔，却可以看到一根巍然耸立的阿育王石柱。它约建于公元前242～前241年，历经2 000余年依旧安然无恙，向人们印证着当年孔雀帝国的辉煌。

阿育王石柱多为整块砂石雕造，高度一般为12～15米，重约50吨。柱头雕饰狮、象、牛一类动物，柱身镌刻诰文，或铭记政事，或弘扬佛法。阿育王石柱的雕刻艺术精髓集中体现在柱头雕刻上。在今比哈尔邦首府巴特那迤北55千米处的历史名城吠舍厘所发现的是现存最早的阿育王石柱柱头，约作于公元前250年。这是一根高度抛光的红砂岩独石柱。玄奘印度游学时曾亲睹这一石柱。《大唐西域记》称其“高五六十尺，上作师子之像。石柱南有池，是群猕猴为佛穿也，在昔如来曾住于此”。现经实测，此柱高达18.3米。石柱顶部为钟形垂莲柱头，上置一方形顶板，顶板上是一只与真狮体量相仿的狮子，体态雄壮，呈蹲踞状，造型与波斯王宫雕刻风格一脉相承。这一统称吠舍厘狮子柱头，堪称阿育王石柱柱头雕刻的代表作。

阿育王石柱　公元前3世纪
比哈尔邦劳里亚·南丹加尔

在今北方邦印度教圣城瓦拉纳西近郊萨尔纳特（又译鹿野苑）发现的阿育王石柱的狮子柱头最为重要，也最具有代表性，因而也最为知名。柱端为四只尾部相对、举目远眺、张嘴欲吼的连体雄狮，颇具阳刚之气。雄狮屹立于鼓形圆雕（顶板）之上，鼓身周匝刻有四只法轮，面对宇宙四极。法轮间依次刻有奔马、雄狮、大象、瘤牛四只圣兽。再往下是钟形垂莲柱颈，状似倒挂莲花，覆以修长花瓣。在四只雄狮的肩上，原先曾有一个巨大的石雕法轮，今已无存。玄奘在《大唐西域记》中称这根石柱“高七十余尺，石含玉润，鉴照映彻”，由此可见当年风采。这根石柱是阿育王为纪念释迦牟尼在鹿野苑初转法轮的盛事而建造的。由于初期佛教艺术从不表现佛陀的形象，他的生平事迹就只能借助各种符号予以表现。车轮象征佛法，

《持拂药叉女》立像 约公元前3世纪
现藏印度巴特那博物馆

兽王狮子象征法王佛陀，面向四方的狮子又象征佛法广被四极。1947年，印度制宪会议决定将阿育王柱头上的24辐法轮（又称阿育王轮）置于国旗的中心，象征法律在国家政治生活中的永恒地位和社会生活的流转不息。1950年，萨尔纳特阿育王柱头被定为印度共和国国徽中心图案。

巴特那药叉雕像 孔雀王朝时期的人物雕刻作品数量似乎不多。在今北方邦圣城马图拉等古代雕刻艺术与文明中心，曾先后发现了当时遗留下来的20余尊巨大的石头药叉雕像。在今比哈尔邦首府巴特那附近，曾发现两尊无头男性躯干雕像。它们被认为是现存最早的耆那教圣人的雕像。此外，在巴特那还发现了一尊砂石雕刻的药叉立像，虽然其头部及双手已缺损，但仍可看出这是一件技法熟练的成功之作。这尊巴特那药叉雕像高约1.65米，与真人相仿佛。在巴特那市郊区迪达尔甘吉发现的同样用砂石雕刻的《持拂药叉女》立像，保存相当完好，高1.63米。药叉女右手所持拂尘搭过肩头自然垂下，赤裸的上身略微前倾，椭圆形的丰满的面部微露笑意却不失端庄，额上佩戴一枚硕大的顶珠，发髻环以珠串，颈部佩戴两长一短三条项链，此外耳坠、手镯、脚镯一应俱全，连低低地穿在小腹下面的半透明波纹纱裙也由五条宝石链锁腰带系着。她造型丰腴，浑圆的双乳分外醒目，腰肢纤细而臀部肥硕，既十分肉感又充满活力。在她的身上，集中体现了印度古人对女性的审美理念。这一人物雕刻的杰作，风格既写实，又不乏夸张。它被誉为"东方维纳斯"，在印度雕刻艺术史上具有里程碑意义，后成为女药叉雕像的基本范式。

巴尔胡特浮雕 在公元前2世纪上半叶，孔雀王朝将军布舍耶密多罗弑君篡位，建立巽伽王朝。该王朝虽仅存在112年，但印度雕刻艺术在这一时期却有所发展和变化。1873年，英国考古学家A.坎宁安在今中央邦东北部离宋河（恒河南侧最大支流）不远处的巴尔胡特村的田野上发现一座属于这一时期的佛教窣堵波废墟。当时，由于村民大肆盗取砖石，佛塔本身已遭到彻底破坏，而环绕佛塔的石头围栏和四座石门却由于自身过于沉重未被村民全部搬走，只是略微受到一定程度的损伤而已。过去，佛塔围栏和大门系由木头制成。到巽伽王朝时期，容易焚毁或腐朽的木料被石材取代，但其形制与衔接方法仍与从前的木结构类似。雕刻家们在石栏与石门上面施展才华，遂使它们成为享誉世界的艺术珍品。

巴尔胡特浮雕主要描绘佛本生故事和释迦牟尼一生中的重大事件。现在依然可以辨认的佛本生故事浮雕达32个之多。它们是现存佛本生故事最早的形象再现。说明佛本生故事在形诸文字之前早已广泛流传。文本与实物，文学与雕刻，正好可以相互印证。后来，在佛教石窟寺庙中以浮雕或壁画形式表现佛本生故事和佛传故事，就成为一种惯例或传统。

在巴尔胡特浮雕时期，佛陀的形象依然隐而不现，艺术家们仍采用不同的符号象征或暗示他一生中的重要事迹。他们用无人骑乘的马表示释迦牟尼离家出走，用菩提树表示他修行悟道，用车轮表示他初转法轮，用佛塔表示他终归涅槃。所有这些象征性事物，都处于浮雕构图的中心位置。例如，在浮雕《毗杜陀娑王访佛》中，画面中心是一个巨大的车轮，位于佛陀宝座之上，表示佛陀在讲道。轮轴上挂着一个花环，显然是由信徒们奉献的。在车轮左右两侧，分别有一个双目圆睁、双手合十、凝神谛听的男子立像；在车轮下方，则是两个双腿跪地、手扶宝座、虔诚聆听的女子侧面像。他们都是佛陀的忠实信徒。画面右侧，两个包着头布的威武男子坐在一辆由两头公牛拉着的战车上。驭手右边的男子就是前来拜访佛陀的毗杜陀娑王。装饰华丽的公牛左蹄扬起，富于动感，仿佛就要冲出画面。

桑奇塔门浮雕 在今中央邦首府博帕尔市东北约50千米处的桑奇，有一座举世闻名的佛教艺术宝库，即1989年被列为世界文化遗产的桑奇大塔。它的雕栏和塔门是孔雀王朝之后极其重要的雕刻作品，而塔门浮雕尤具代表性。这些作品约作于公元前1世纪至公元1世纪初安度罗王国领有中、南印度时期。当时，安度罗国国势逐渐强盛，控制了印度许多重要的商路与海港。信奉佛教的商人与富有的市民，为桑奇大塔的扩建和维修慷慨解囊。大塔原有的木头围栏遂被石头围栏取代。

桑奇大塔石头围栏四边各有一座石

巴尔胡特窣堵波塔门与围栏 公元前2世纪 现藏加尔各答印度博物馆

桑奇大塔北门
公元前1世纪晚期～公元1世纪初期

门。塔门石刻浮雕的装饰纹样，既有波斯王宫常见的钟形柱饰、忍冬花纹和锯齿状饰带，也有印度流行的莲花卷涡纹和孔雀等图案。塔门托架药叉女为一裸体妙龄女子形象，三围分明，乳房丰满，神情自若，体态灵活，被各国美术史家公认为印度艺术标准女性人体美的标本。

同巴尔胡特浮雕一样，桑奇塔门浮雕主要表现佛本生故事和佛传故事。此时佛像依然阙如，艺术家仍以象征主义的手法，借助轮子、足迹、伞盖和菩提树叶等来代表佛陀本人。南门的一处铭文表明，有一组雕刻出自附近一座小镇牙雕工匠之手，而该镇的牙雕工艺在当时已经十分驰名。在意大利的庞贝古城，曾发掘出一件长24厘米的象牙制作的镜子手柄。这是一个裸体而装饰繁复的药叉女小雕像，刻画非常精致。这件安度罗王朝时期的牙雕作品是在公元79年维苏威火山喷发酿成庞贝被整体掩埋悲剧前到达意大利的。从人物造型与神态及一些细节看，这件作品与桑奇药叉女颇为接近。它很可能是印度商人赠送出去的礼物。不难想见，那些牙雕工匠在雕刻石头时必然受到雕刻象牙时形成的构图特点与艺术手法的影响。由于用了白砂石材，这些石门雕刻愈发显出牙雕的特色。然而，纤巧的手法丝毫未影响桑奇大塔雕刻的雄浑气势，反倒使它有别于世界上的任何石雕艺术。简言之，桑奇雕刻规模宏大，技巧细腻，刀工精湛，造型娴熟，堪称稀世之作。它在时间上稍晚于巴尔胡特浮雕，但在艺术上已达到炉火纯青的地步，因而成为印度早期佛教雕刻的代表作品。

马图拉和犍陀罗的佛像雕刻　公元1世纪中后期，在波斯、希腊和罗马等外来文化的影响和交互作用下，印度佛教雕刻艺术发生迅速变化。人物造型逐渐取代了对佛陀的象征性表现。这一艺术现象，与佛教自身的发展息息相关。虽然释迦牟尼在世时明确反对偶像崇拜，但到公元1世纪后期，随着部派佛教（小乘佛教）向大乘佛教演变，佛陀逐渐被信徒神化。雕刻和树立佛陀形像已变得十分重要。佛教开始需要自己的偶像供僧俗信徒顶礼膜拜。

马图拉和犍陀罗两大雕刻流派都雕刻过佛像。前者的代表作为《马图拉佛陀立像》。后者，即犍陀罗佛像，其前期（1～3世纪），受希腊雕刻的影响非常明显，以片岩石雕为主，佛陀形象酷似希腊太阳神阿波罗，因而被称为希腊化佛像。这些佛像头部带有光环，手掌和足底刻有法轮，神性十分突出。2001年初被塔利班政权摧毁的两尊巴米扬大佛，是形制最为宏伟的犍陀罗佛像。它们的高度分别为53米和35米。两者相距不过400米。玄奘在《大唐西域记》中称前者“金色晃耀，宝饰焕烂”。后期犍陀罗佛像逐渐本土化，印度风格趋于浓重，方法以泥塑为主。佛像双目微

马图拉式佛陀立像
现藏印度马图拉美术馆

阖，神态安详，似在沉思。

马图拉是北印度雕刻艺术中心之一。马图拉雕刻除佛教造像外，更以裸体女像雕刻而著称。2世纪时的《逗弄鹦鹉的药叉女》，是马图拉裸体药叉雕像的名作，充分体现了这一流派喜爱裸体、崇尚肉感的传统特色。那用红砂石雕刻的女像，体态丰腴而曲线分明，妖冶性感又不乏健美。

笈多王朝的印度教神像雕刻　在笈多王朝时期，随着印度教的复兴，印度教神像雕刻也蔚成风气。毗湿奴、湿婆、

湿婆与南迪立像　6世纪
现藏巴罗达博物馆

黑天、太阳神、难近母等男女诸神的雕像纷纷问世。今中央邦乌代吉里石窟中毗湿奴化身为野猪的巨幅雕像是这一时期的代表作。在印度著名的埃洛拉石窟，34座石窟中有17座为印度教雕刻。毗湿奴、湿婆等印度教诸神及其化身的大量精美雕像，构成了印度教图像的岩石百科全书。约开凿于8世纪的第16窟凯拉萨神庙规模最为宏大。这座湿婆神庙高30米，进深达90米。湿婆神像及表现其功业的雕刻类乎鬼斧神工。同期开凿的象岛石窟是纯粹的印度教石窟。门廊两侧与窟内岩壁上刻有表现湿婆诸相的9块高浮雕，其中以《湿婆三面像》最为著名，“体现了一种率直的象征性手法，用以表现这位至高无上之神的三个不同侧面”。在中印度和南印度，大量印度教神庙都有着极其丰富多彩的雕刻，具有极高的艺术价值。与佛教雕刻

印度克久拉霍神庙雕刻　坎达里亚·摩诃提婆神庙外壁

佛陀立像　中国山西大同云岗石窟第19窟南壁

不同的是，印度教雕刻以造型夸张、动感强烈和变化丰富为特征。

古代南印度的泰米尔人十分擅长铜雕艺术。朱罗王朝的青铜雕像在印度最为驰名。题材既有男女诸神、圣徒、国王、王后，也有动物。大小形制均有。由于朱罗国王虔信湿婆，湿婆神像备受青睐，其中尤以各种青铜舞王湿婆神像最为流行。现存新德里国家博物馆的一尊约创作于11世纪的青铜舞王湿婆神像，是一件举世罕见的艺术珍品。湿婆被塑造成三目四臂的裸体男性舞者形象，周身环以火焰光环。右上手持沙漏形手鼓，象征着宇宙的创造；左上手持火焰，象征着定期焚毁宇宙的劫火。这两条臂膀的平衡，象征着宇宙生命创造与毁灭两极的辩证统一。前右手作无畏式，前左手模拟象鼻下垂作象鼻式。右足踏无明亦即无知的侏儒，左腿凌空翘起，象征着解脱。湿婆昂首挺胸，头发水平甩开，极富动态之美。这座铜雕，通过湿婆的神秘之舞象征着宇宙的创造、保护和毁灭，从中透出印度古人对宇宙演化的哲学理解。

中世纪克久拉霍神庙雕刻　950～1050年，在今北印度中央邦的克久拉霍修建了众多神庙。这些神庙以表现性爱的艳情雕刻而闻名于世。其实，这些雕刻并非纯粹的色情之作，而是具有强烈的象征意义。它们通过世俗的爱情来体现人们对神的宗教虔诚和对梵我合一的最高哲学境界的追求。这些雕刻也反映了10～11世纪时社会生活。它们在被世人遗忘许多世纪之后于1838年被重新发现。克久拉霍雕刻题材广泛，除了表现性爱的雕刻外，尚有神祇、武士、舞女、动物的雕像。从裸体女像的造型看，似与马图拉雕刻艺术一脉相承。

由于伊斯兰教反对偶像崇拜，所以穆斯林侵入印度后对佛教和印度教建筑雕刻进行了不同程度的破坏。在穆斯林政权统治时期，印度雕刻艺术基本陷于停滞。

现代雕刻　印度古代雕刻传统在近代得以恢复和发展。20世纪以来，新的雕刻作品开始不断出现。泰米尔纳德邦境内的历史名城马哈巴利普拉姆在7世纪即成为印度教中心，曾是帕拉瓦王朝的主要海港和海军基地。当地现代雕刻家继承和弘扬帕拉瓦王朝时期的石雕艺术，所创作的花岗岩雕刻作品十分驰名。与此同时，在西方现代雕刻艺术影响的背景下，印度现代雕刻出现了多样化和世俗化的新貌。

在中国的影响　印度古代宗教题材的雕刻在亚洲产生了长期而深刻的影响。泰国的佛教造像、印度尼西亚的婆罗浮屠、柬埔寨吴哥石窟印度教雕刻等，均是在印度雕刻艺术的影响下出现的。

印度佛教石窟寺庙中以浮雕或壁画形式表现佛本生故事和佛传故事的传统，在中国古代产生了巨大的示范作用。东汉晚期的墓葬中已有佛教图像。中国最早的铜雕佛像可以追溯到这一时期（25～220）。据《三国志·吴志》记载，东汉初平四年（193），笮融大起佛寺，“以铜为人，黄金涂身，衣以锦彩”。《释氏稽古略》称，桓帝永兴二年（154），“帝铸黄金浮图（佛像）、老子像，覆以百宝盖，宫中身奉祀之。世人以金银作佛像，自此而始也”。

犍陀罗佛像经中亚传入中国、朝鲜、日本，为东亚佛教造像艺术提供了范本，产生了久远而广泛的影响。**法显**和玄奘从印度返国时，均带有佛像。印度来华僧人也不断送来各种佛像。这些佛像成为中国佛教造像的摹本。山西**云冈石窟**和河南洛阳**龙门石窟**的石雕，发轫于大兴佛教的北魏时期（386～534）。《魏书·释老志》称云冈石窟佛像“雕饰奇伟，冠于一世”，而云冈石窟佛传故事的浮雕可溯源于巴尔胡特。从隋代起，印度笈多雕刻艺术开始深刻影响中国的佛教造像，使中国的雕刻艺术呈现新的风格。许多中国佛像作品成为世界级艺术瑰宝。甘肃敦煌莫高窟中隋唐时代的佛教塑像也在世界艺术史上占有重要地位。

湿婆三面像　印度孟买象岛石窟

中国山西木雕彩绘水月观音菩萨像　辽代　现藏美国纳尔逊艺术博物馆

中国自东汉起开始在桥梁、宫殿、城垣、陵墓等建筑物前设立石造华表。华表的底座通常为莲花座或须弥座，柱身往往雕有蟠龙等纹饰，上端横插云板，柱头蹲兽高踞。从基座到柱头雕刻，华表造型显然受到阿育王石柱的直接影响。

中国古代多种典籍对印度雕刻随佛教东传而对中国佛教造像的影响及过程留下丰富的记载。在现代中国，对印度雕刻和中印雕刻交流史的研究也取得非凡成就。中国东方艺术史专家常任侠所著《中印艺术因缘》(1955)、《印度与东南亚美术发展史》(1980)、《丝绸之路与西域文化艺术》(1981)等书及论文多篇，较为全面探讨了古代中印雕刻艺术交流的历史。中国当代印度美术史专家王镛师承常任侠，著有《20世纪印度美术》(1997)、《印度美术史话》(1999)、《印度美术》(2004)等书及论文多篇，从不同角度系统探讨了印度雕刻自古迄今的发展史。薛克翘著《中国与南亚文化交流志》(1998)等书也梳理和论述了中国与印度在雕刻领域交流的历史脉络。此外，还有不少著作或论文涉及印度雕刻艺术。

（刘建）

Yindu Duli Lianmeng

印度独立联盟　Indian Independence League　第二次世界大战晚期活跃于东亚和东南亚各地的印度政治组织。主要目标是使印度摆脱英国的殖民统治。在中国有多个分部，吸纳了大量在华印度人。宣称遵循印度国大党的执政理念和目标，但在是否依靠武力推翻英国统治和是否与奉行扩张主义的日本结盟的问题上与国大党有明显分歧。

1942年，在流亡日本的印度民族主义者R.B.鲍斯的领导下该组织再度活跃。鲍斯向日本寻求援助，以推进印度独立目标。1942年，在日本东京和泰国曼谷召开的两次会议会集了东南亚、东亚的印度反殖民组织，巩固了联盟的组织架构，包括一个行动委员会和一个代表委员会，下设地区性委员会和地方分部。与此同时，一支由东南亚的印度战俘组成的印度国民军也在日本的支持下建立起来，作为印度独立联盟的武装接受其领导。

印度独立联盟在中国的主要分部位于上海的北京路157号，包括指挥部、军营和自由印度俱乐部，其指挥部后迁至宝兴路330E号的一处锡克教谒师所。印度独立联盟上海分部出版用两种文字编写的刊物《去德里》，分别为英文版 *On to Delhi* 和罗马字母拼写的乌尔都语版 *Chalo Delhi*。1943年，S.C.鲍斯全面接管印度独立联盟和印度国民军，随即对上海分部进行重组，任命C.辛格为主席，J.拉赫曼为秘书长。该分部隶属于印度独立联盟中国区委员会，后者还在当时的中国东北地区、南京、天津、汉口设立分部并实施监管。

M.K.甘地在印度国民军集会上讲话

除上海外，印度独立联盟在中国最大的分部位于香港。D.M.汗为该分部首任主席，其接任者为主席P.D.R.奈都和秘书长P.A.克里希那。

抗日战争期间，在中国的印度独立联盟得到了在华印度人的大力支持。除为印度国民军动员新兵、为斗争提供经济支援外，该联盟还关心那些因战事而陷入艰难处境的在华印度人。随着日本战败和鲍斯的逝世，印度独立联盟和印度国民军几近解体。该联盟在中国的激进分子遭到当局逮捕，其中一些人被遣送回印度。除印度独立联盟外，或许从未有过其他任何一个印度政治组织能够在中国拥有如此大规模的根据地。

（玛妲玉撰　贾岩译）

YIndu Fojiao

印度佛教　Indian Buddhism　产生和流传于南亚次大陆的佛教，创始人为乔答摩·悉达多。佛教徒尊称他为释迦牟尼。他提出“无我”的思想和实践体系，制定戒律组建僧团。佛教逐渐发展成为印度众多沙门学派中声势最为壮大的一支，并且走出印度传遍亚洲大部分地区，成为世界性的宗教。

犍陀罗风格佛像
现藏巴基斯坦拉合尔博物馆

印度佛教大致分为以下几个阶段和类型。自佛陀开始传道至佛教分裂之前，称为“原始佛教”。佛陀灭度后百余年(约公元前4世纪)，印度佛教逐渐分裂

释迦牟尼苦行像　现藏巴基斯坦拉合尔博物馆

为不同的部派，称为“部派佛教”。公元前1世纪前后在印度兴起一种自称为“大乘”的佛教思潮，称为“大乘佛教”，这一时期的其他佛教部派则被统称为“小乘佛教”。六七世纪前后印度佛教开始与怛特罗结合而趋向神秘化，称为“密教”。8世纪之后，佛教日趋式微，在穆斯林入侵的打击之下，于13世纪初在印度消亡。19世纪时佛教又从斯里兰卡等国传回印度。

佛教产生的历史背景　公元前6世纪的印度处于政治上列国争雄，社会上发展转型，思想上百家争鸣的时代。相传当时有十六大国纷争割据，这些国家多分布于恒河流域，其中最强者为印度东部的**摩揭陀**和中北部的**憍萨罗**，释迦族的**迦毗罗卫**即是后者的附庸国。雅利安人的吠陀文明从西北部进入印度，但在东部根基尚浅，这里的本土思想较为活跃，佛教就发源于这里。这一时期印度的物质文明已经有了长足发展。农业的增产促进了手工业、商业的兴起，社会阶层进一步分化使得吠陀时期以来的阶层排序——四种姓发生了深刻变化。刹帝利阶层由游牧部落的首领转变为定居国家的王族权贵，拥有的财富和权力都大大增加，与原本位列第一的婆罗门种姓之间的矛盾日益凸显。佛经中普遍将刹帝利列于四姓之首，也反映了当时宗教话语权的争夺。同时，拥有大量财富并在经济生活中扮演重要角色，由商人和地主等组成的吠舍种姓，在很多方面也与掌握教权的婆罗门阶层形成对立。政治局势的动荡，物质财富的增长，以及教权与财富分配的不相称，为思想的争鸣提供了温床。印度思想界开始对正统**婆罗门教**的吠陀祭祀文明进行审视与反思，进而分化为两大阵营——婆罗门与沙门，理论上前者是在拥护吠陀权威的原则之下对其进行哲学化的梳理改造，后者是直接举起反吠陀的旗号进行新的理论构建。佛教与**耆那教**即是**沙门思潮**中的两大派别。

原始佛教　相传释迦牟尼诞生于喜马拉雅山山麓迦毗罗卫国的**蓝毗尼**。其生卒年代尚有争论，这里暂取生于公元前565年，卒于公元前486年之说。释迦牟尼是统治迦毗罗卫的释迦族的王子。当时迦毗罗卫国处于列国争霸的夹缝之中，其父净饭王希望儿子成为“转轮圣王”来改变宗族的命运，而年轻的释迦牟尼却感悟人生无常，选择放弃王位出家访道。在寻访了几位当时著名的出家人而未得到满意答案之后，他决定实践当时流行的做法——苦行。经6年而无果，于是释迦牟尼放弃苦修，沐浴进食以恢复体力，在**菩提伽耶**独坐树下冥思，终于得出了自己对真理的阐释，成为了觉者——“佛陀”，时年35岁。

印度菩提伽耶的菩提树

其后，释迦牟尼来到**鹿野苑**，对最初的5位追随者传道，被称为“初转法轮”。这5位**比丘**成为佛教最初的僧团成员。僧即“僧伽”，和合众之意。根据后来的文献记述，此次说法的内容首先是对于“中道”的阐释，即避免苦行的自我折磨与纵欲的尽情享乐两个极端。苦行与纵欲是沙门中常见的两种路线，体现了对传统婆罗门教的叛逆。初转法轮的内容还包括苦、集、灭、道“四

佛陀说法像　现藏印度鹿野苑博物馆

圣谛”，以及正见、正思、正语、正业、正命、正勤、正念和正定等“八正道”，这些思想构成了原始佛教的理论核心。自此佛教的三要素（三宝）——佛、法、僧都已齐备。

初转法轮之后，释迦牟尼开始了他长达四十余年的说法历程，其足迹西至马图拉和毗兰若，东至鸯伽（孟加拉），北到迦毗罗卫，南到菩提伽耶。至于远赴克什米尔和斯里兰卡的说法，则不足采信。佛陀接纳了最初几位弟子之后，允许这些弟子各自接收新的门徒，佛教的队伍开始逐渐壮大。在生命的最后一年，佛陀离开摩揭陀国，北渡**恒河**，途中患病，行至**拘尸那迦**城娑罗树林，对弟子作临终嘱托之后，于夜晚安然入灭——佛教称为“大般涅槃”，享年

印度鹿野苑遗址笈多时代佛塔

印度拘尸那迦遗址

80岁。僧团首领迦叶主持焚化佛陀，舍利（遗骨）被八王分领，起塔供养。

此前，迦叶闻佛即将入灭率众赶往拘尸那迦之时，见众比丘悲痛不已，唯有须跋陀罗拍手称快，感言终于可以无人管束、为所欲为。见此情景，迦叶召集僧团代表（号称五百罗汉）在王舍城外之七叶窟举行结集，以规范教团，维护正法，史称第一次结集。此次结集的同时，虽然也传有富楼那窟外结集之说，但总的来说佛教在佛灭后约一百年间并未出现大的分裂。第一次结集正值雨安居期，据说由阿阇世王赞助，历时数月。由“多闻第一”的阿难诵出经藏，即佛陀的言教，“持律第一”的优波离诵出律藏，即佛教团体共同遵守的行为规范和议事制度。佛教文献的另一组成部分——论藏，即经义的阐释，在这次结集上尚未形成。当时印度重记诵而非书写，所以这次结集只是将佛陀的言教与戒律回顾一遍而取得了统一认识，并未形成书写文献，因此出现了分工记忆而专持一部的僧人，如经师、律师等。而这次结集所用的语言，已无确切证据可考。在巴利语《小品》的一段记述中，佛陀主张比丘用“自己的语言”来传教，而反对用上层社会通用的梵语，据此可以推断早期的佛教语言政策是因地制宜鼓励使用地方俗语。现在见到的巴利语三藏，约编辑于公元前1世纪前后，最终编订于公元5世纪，虽然可以反映一些早期的语言现象，但不等于最原本的佛语。

印度拘尸那迦大涅槃塔及大涅槃寺

部派佛教 佛灭度时，佛教的流布区域还仅限于恒河中游地区，其后百余年间，摩揭陀国不断扩张，佛教在王室支持下也向西和西南方向扩展，开始逐渐深入民众，现出世俗化端倪。加之地域广大而距离阻隔，各地异俗影响僧律，当时的僧团又缺乏足够权威的领导力量，于是各地僧团先是由于持律的不同，后来也因为对佛法见解的差异，逐渐分裂为多个部派。几个大的佛教部派从出家受戒到安居布萨都遵循着不同的规范制度，并逐渐形成了各自体系的经、律、论三藏，分支传承于印度各地，其数相传有十八部之多。关于诸多部派的分化过程以及各自的主张，古代的记述资料虽然丰富，但彼此差异很大，成为一段难以厘清的历史。

佛教典籍公认的僧团第一次重大分裂，也叫根本分裂，据说是在佛灭后百（余）年，一般认为即摩揭陀国尸术那伽王朝的最后一代国王迦罗育王（又称黑阿育王）在位时期（有考证为公元前396年～前360年）。在中印度的毗舍离有些比丘们开始违背戒律规定接受金钱布施，一位来自西边马图拉地区的比丘耶舍对此表示反对，双方发生争议，于是耶舍约集有威望的长老（上座）前来仲裁，所议内容除了接受金银布施之外，还有其他一些事项，并称“十事”。代表了僧团保守力量的长老禁止当地比丘放宽戒律，裁定“十事非法”。为了统一认识，僧众随后举行了结集，称为第二次结集。据说有七百人参加，故称“七百人结集”，也叫“毗舍离结集”。据巴利语《岛史》记载，毗舍离一带占多数的比丘并不接受此次决议，而是另行结集，形成自己的戒律，据说有万人参加，称为“大结集”。此后僧团分为上座部与大众部两派，其后的几百年间，这两部逐渐分成十八部。

笈多风格佛陀立像
现藏加尔各答印度博物馆

第二次结集后不久，摩揭陀国进入难陀王朝统治时期，公元前4世纪末旃陀罗笈多推翻难陀王朝，建立孔雀王朝。该朝第三代君主阿育王信仰并极力弘扬佛教，使之获得长足发展，流布范围更广，僧团人数激增，但也带来了新的问题。僧团之中鱼龙混杂，许多外道沙门仅为利养而加入僧团，却并不接受佛教的思想和实践，导致一些正常的僧伽管理程序和诵戒仪式不能实行。据巴利语史籍记述，阿育王派遣官员去华氏城的皇家寺院阿育王寺（又称鸡园寺）

笈多风格佛像 现藏新德里印度国家博物馆

督导僧务，结果导致矛盾激化，众人一致认为应请出当时已隐居山林的德高望重的目犍连子帝须长老。于是在阿育王的支持下，帝须主讲法义，肃清僧团，恢复了寺院的正常僧务。为进一步巩固成果，约在公元前250年，帝须召集高僧千人举行结集，史称第三次结集。据传这次结集编辑了一部《论事》以记载各派观点。该书现存的巴利语本中包含了晚出的部派，应是阿育王之后百年间不断增补的结果。

第三次结集后，阿育王分派上座去各地弘扬佛教，所到一处，自成一派。昙无德到了西部，后来形成了法藏部。大天到了南印**安度罗**东部，后来在此形成了制多部。另外，大天认为阿罗汉有五点不如佛，称为“大天五事”，对此法藏部表示反对，导致分裂。由“大天五事”也可窥见大乘思想的萌芽，从上座部分出的制多部后来也成为了大众部的代表之一。

分派至西北印度的迦湿弥罗（见**罽宾**）及**犍陀罗**地区的上座形成了另一个大派——说一切有部（简称有部），主张三世实有，其另一特点是一反早期佛教抵制梵语的惯例，开始使用梵语重新编辑经典。后来从说一切有部分出经部，反对有部的以论藏为中心，转而注重经藏，故而得名。经部是最晚分出的部派。有部、经部与大乘的中观派与瑜伽行派合称印度佛教有代表性思想的“四宗”。公元之后迦湿弥罗与犍陀罗发展成为有部的两大中心，分别称为东方有部和西方有部。东方有部较为保守，其早期代表是迦多延尼子的《**发智论**》，后来其注疏被汇集成巨著《**大毗婆沙论**》，自诩有部正统。西方有部则较为开放，并逐渐接受了经部，早期以法胜的《**阿毗昙心论**》为代表，后有法救的《杂阿毗昙心论》发展其思想，至**世亲**造《**俱舍论**》集其大成，对《大毗婆沙论》有所批判与总结，传习甚广。众贤曾造《**顺正理论**》以东方有部的思想来破斥《俱舍论》，但他也受到了《俱舍论》的影响，对东部传统有所革新，又称为新有部。

上座部传入锡兰（今斯里兰卡）之后，形成了代表保守思想的大寺派。该派僧人于公元前1世纪左右将口传的三藏经典以巴利语写出，相传有五百比丘参与记录。这一时期在锡兰也出现了无畏山寺派，该派与印度本土的交流比较频繁，接受了大乘以及后来的密教思想。5世纪时印度僧人觉音来到锡兰大寺，整理注解巴利三藏并作撰述，自此巴利三藏定型，成为现在的形态。上述两派长期对立，直至12世纪时锡兰国王取缔无畏山寺派，扶持大寺派为正统。锡兰大寺派将上座部佛教和巴利语经典传至东南亚各国，发展成为南传佛教，也称上座部佛教。南亚和东南亚的南传佛教现今仍然使用巴利语，所以又称巴利语系佛教。这是存留至今的唯一

带有迦腻色迦像和佛像的贵霜金币

使用印度原语的佛教传承。取道中亚传至中国新疆、汉地以及西藏的佛教，大乘居多，称为北传佛教。依现今的两大语言传习体系，又可分称为汉语系佛教（汉传佛教）与藏语系佛教（**藏传佛教**）。大乘佛教兴起之后，各个小乘部派依然强盛，据7世纪**玄奘**和**义净**记述，如果将各个小乘部派合计起来，则比大乘更为流行。

大乘佛教　大乘佛教盛行的时期是印度社会全面发展，宗教、文学、艺术繁盛的时期，南北印度历经安度罗（公元前232～公元225）、**贵霜王朝**、**笈多帝国**等宗教政策宽松或扶持佛教的王朝，大小乘佛教的思想都有长足发展与流传，并于4～6世纪时达到鼎盛。印度东部的**那烂陀寺**，始建于5世纪初笈多帝日王时期，经历代扩建成为绵延十几千米容纳上万人的佛教最高学府。5世纪末以后笈多王朝失势，6世纪后，

印度那烂陀寺遗址

北印度德里一带兴起萨他泥湿伐罗国，至606年喜增王统一了北印大部，称**戒日王**，都于**曲女城**，采取宗教平等政策，佛教在这一时期可谓是衰落前的最后辉煌。玄奘就是在戒日王统治时期来到印度，并深得戒日王赏识。玄奘和义净也都曾在那烂陀寺求学。

约于公元前1世纪开始在印度兴起的一些佛教形式，在教法、理论、实践等诸多方面有别于主流，初称"菩萨乘"，其经典则称"方广"或"方等"。后来这一潮流被冠以"大乘"之名，取运载广大之义，以显其胜，同时贬称旧有的部派为"小乘"。虽然大乘可能与大众部的关系较为密切一些，却并非是新分裂出的部派，而是一种不限于某个部派的新思潮，因此也没有形成自己的僧律。时至今日，大乘僧人仍遵守小乘戒律。

大乘与小乘的差别主要体现在4个方面：①在经典上，小乘只奉行早期的经教，而斥大乘经为非佛说；大乘则认为小乘经典虽为佛说，却是权便而非究竟，唯大乘经圆满了义。②在理论上，小乘各派注重个人解脱，以生命现象的无常来解释"无我"，即"人无我"；大乘则更加涉入对终极真理的思考，除人无我之外，还主张一切法无我，主客双泯，一切唯是空名而无自体。③在实践上，小乘以自利为主，强调出世与个体解脱；大乘则以利他为自利，行菩萨道而广度众生。④在目标上，小乘佛教不深究阿罗汉与佛的差异，以证涅槃得阿罗汉果为最高目标；大乘则认为阿罗汉并非终极，主张经菩萨十地最终成佛，才是究竟解脱。关于佛陀的观念，早期佛教虽也有多佛信仰，但是影响有限，佛陀通常指释迦牟尼；而大乘则以"众生皆可成佛"为信念，认为有无量无边的佛存在于各个世界，在禅修与观佛的实践中逐渐神化佛陀，并且出现了菩萨信仰。

大乘佛教起源问题目前学界仍有很大争议，很可能并非出自一个地域和来源，而且所谓的"大乘佛教"，本身也不是一个思想统一的新部派，而是后世对相当长一段时期内多种思想趋向的统称或身份认同。阿育王之后的孔雀帝国开始衰落，印度又重回割据局面。其后的巽伽王朝（公元前185年~前75年）扶持婆罗门教而抑制佛教，佛教中心遂向南和西北两个方向转移，并且由于失去王权依怙而转向大众。印度南部的安度罗王朝消灭了继巽伽之后的甘婆王朝，国力强盛一时，该王朝对佛教的政策相对宽松，允许其自由传播，于是这里成了新的佛教中心，并成为大众部流布之地。这很可能对大乘思想的产生起了催化作用。大乘中观思想的创始人**龙树**，出生和主要活动区域就在这里。在西北印度，从公元前2世纪初**大夏**的希腊人不断入侵，建立了一些国家并逐渐接受了佛教信仰。公元前2世纪末大月氏西迁并逐步占领大夏，于公元1世纪建立了贵霜王朝，以犍陀罗为中心，疆域覆盖今阿富汗、克什米尔、旁遮普等地，贵霜王朝**迦腻色迦**原崇信琐罗亚斯德教，后皈依佛教并极力支持，在佛教中赢得了仅次于阿育王的声誉。这一时期的西北印度在政治上更替迅速，佛教与来自中亚甚至欧洲的诸多思想相碰撞，可能也是大乘佛教产生的另一促成因素。

从公元前1世纪开始在印度出现了大乘经典。大乘经典初传不久即书写成文，对书写的重视可能也对大乘佛教的兴起产生了作用，经典体例也逐渐由模仿口述演化为结构清晰的编辑形式。这一时期的婆罗门教在沙门思潮的刺激下，正统六派哲学逐步完成了理论化的重组。与此同时，以般若经类的出现为代表，佛教思想也在进行着哲学化。般若经的主要思想是"一切法空"，在流传过程中形成了不同规模的经典，如《八千颂般若》、《二万五千颂般若》和《十万颂般若》等。最早的汉译大乘佛典之一——公元179年**支娄迦谶**所译的《道行般若经》，即《八千颂般若》之异译。其原本很可能以印度西北方言——犍陀罗语所写。近年则在巴基斯坦出土了抄写于公元1世纪的犍陀罗语《八千颂般若》残卷。观佛与净土信仰也在初期大乘经中占有重要地位，《**无量寿经**》、《阿閦佛国经》等净土类经典几乎与般若类经典同时涌现。其他影响较大的早期印度大乘经典还有《法华经》、《**华严经**》和《**维摩诘经**》等。

中观派　公元2世纪时的印度，以说一切有部为代表的佛教诠释学——小

犍陀罗风格佛像　现藏印度国家博物馆

乘阿毗达磨已经体系渐备，同时大乘经典尤其是般若经的流布也有了一定积累。最初佛经的语录体形式使得其结构庞杂松散而理路不够彰显，首先对其理论进行系统化组织并卓有成就的人，就是龙树。龙树活跃于约公元二三世纪的南印度安度罗地区，著有《**中论**》、《回诤论》、《六十如理颂》、《七十空性论》等，其唯破不立的归谬论证方法独树一帜，阐释与论证了般若经中"一切皆空"的命题，主张一切思维所及、言语所表的事物皆空无自体，并以空亦复空而趣入中道，是在般若经思想的基础上向理论化、体系化迈进了一步。龙树被中观派尊为祖师。其思想体系曾对中国佛教产生巨大影响，汉地有"八宗共祖"之誉。龙树的弟子**提婆**继承这一主张，以归谬论证遍破外道，终因激起怨忿而被外道所杀。

6世纪时，出现了**佛护**与**清辨**两大中观论师。从佛护唯一传世的著作《中论释》来看，佛护在继承的基础上进一步组织《中论》的归谬论证体系，却并未表现出派别身份的区别认同，也没有对当时流行于世的瑜伽行派理论作回应和批判。而稍晚的清辨则援入瑜伽行派**陈那**论师的因明体系以诠释和改造龙树的空观，主张步步为营的逻辑演绎可以通达胜义。他抬升了世俗谛的地位，并提出"缘起性空"的理论，奠定了此后中观派的基调。清辨著有《般若灯论》和《中观心论》，不仅对佛护提出批评，还批判了瑜伽行派的唯识理论体系，是

印度超岩寺遗址

中观派自我认同的开始，由此形成了大乘佛教中观、瑜伽的二分格局。清辨的门人也一直在与瑜伽行派论战，玄奘在那烂陀寺时曾涉入了这场争论，但玄奘主张调和双方观点，著有《会宗论》阐述己见。

7世纪时有中观论师**月称**。他是南印度人，曾任那烂陀寺住持。他的观点主要体现在《中论》的注疏《明句论》和自己的理论著作《入中论》之中。他拥戴佛护而讨伐清辨，确立了中观派的内部对立。后来这两个体系被归纳为应成派与自续派。月称一系的思想在10世纪以前似乎并无太大影响。西藏前弘期传入的也主要是自续一支。

月称之后的中观大家是寂天（约685～763）。他生于南印度王族，后于那烂陀寺出家，由于“内勤修学，外示放逸”而被称为“三行者”，意为只会吃、睡、便。那烂陀僧众要驱赶他，他当众诵出自己的著作《入菩提行论》，众为折服。他的另一部重要著作为《集学处论》。

8世纪时，属于自续一系的论师**寂护**（约725～788），在胜义谛上坚持“空”的同时，就世俗层面如何看待外界事物的讨论中，援入瑜伽行派的认识论，主张没有外境，被称为“瑜伽行中观”。此前以清辨为代表的自续派思想，承认有世俗层面的外境，类似经量部的主张，因此也称“经部行中观”。寂护著有《中观庄严论》和《真理要集》，曾两度入藏传法译经，并修建桑耶寺，组建正式僧团，终卒于西藏。其弟子**莲花戒**也曾入藏传法，并与汉地禅宗和尚摩诃衍就修行顿渐之说展开论争，留有《修习次第》、《中观明论》等著作。寂护的另一个著名弟子是师子贤，他不但融贯瑜伽、中观，还重视般若学，曾为《现观庄严论》(弥勒所作解释般若经的论书）作释。

月称的思想沉寂了两个世纪，却在印度佛教接近尾声的10世纪以后地位逐渐得到提升。印度论师**阿底峡**师从应成派一系的觉贤，于1042年被请至西藏译经弘法。他传播的思想学说促成噶当派的形成。**宗喀巴·洛桑札巴**继承和发展他的学说，创立了**格鲁派**，奉月称的应成派思想为中观正统。

瑜伽行派　三四世纪之际，大乘佛教出现了《**解深密经**》、《阿毗达磨大乘经》等一批宣扬唯识理论的经典，佛教哲学思想日趋深化细化，以瑜伽行派为代表，经院之风勃兴。瑜伽行派相传为弥勒所创，代表人物是**无著**、**世亲**兄弟，西北印度犍陀罗人，活跃于约5世纪的笈多王朝后半期。二人都在有部出家。据说无著先修小乘空观而不能满足，后修弥勒观入兜率天，亲得弥勒传授。世亲曾著《俱舍论》，是有部、经部思想的集大成者，后改宗大乘，与无著共同弘扬弥勒学说。瑜伽行派传到中国后，曾形成地论宗与摄论宗，经玄奘的系统译传则形成了**法相宗**。

弥勒的著作有“五论”之说，依汉传说法为：《**瑜伽师地论**》、《**大乘庄严经论**》、《分别瑜伽论》、《金刚经论》、《**辩中边论**》，藏传则名录有异。其中最重要的是《瑜伽师地论》，其汉译本有100卷之巨，堪称瑜伽行派的百科大典，包括瑜伽禅修境界、大乘菩萨戒律、唯识理论等，为历来学人所重视。无著的《**摄大乘论**》为瑜伽行派的纲领性文献，将其理论与实践的重点概括无余。《**唯识二十论**》、《**唯识三十颂**》是世亲的代表作。前者为驳斥反对意见而写，后者则着重构建唯识体系，以30首偈颂概括了八识、三性等重要概念与理论，印度曾有10家论师为之作注，玄奘将这10家论本糅译为《**成唯识论**》。

不同于中观的但破不立，瑜伽行派兼以正面表诠，重视因明逻辑，虽然在立场上也体认中观，主张名言所指皆是空妄，却大量采纳有部、经部的经院体系，容许假立名相以为舟筏，于是名相众多成为这一学派的特色之一。“三性”是该派理论框架，也称“三自性”。唯圣者可见的世界之真实运行机制，其体实有而离言，即“依他起自性”。赖耶缘起、唯识无境的理论体系即依此自性而安立，即只承认认识活动（识）的存在，而认识对象（境）则无，如梦中所见，因此瑜伽行派也称为“唯识派”。

斯里兰卡波隆纳鲁沃古城佛教遗址

印度吠舍离遗址

凡夫不见唯识性，依名执体而臆造诸法，其体实无所有，称作“遍计所执自性”。若于缘生法如实了知而不生妄执，即见清净真实的“圆成实自性”。既然真相离言，以名言构建的唯识理论体系即非终极，而是引摄观想指导实践的方便，所以该派重视止观修行，故名“瑜伽行”。

此派后来的理论体系有所发展，称“唯识今学”，以区别于无著、世亲及其继承者德慧、安慧等所传的“古学”，今学的代表人物为陈那和护法。其区别主要在于对唯识之“唯”字的解释不同。古义认为境是不存在的，所知万法唯是识，而今义认为识外无境，识内有境，内境由识变，不离识。识又有见（认识作用）、相（认识对象）二分，为不同种子所生，皆为实有。识的外部对象（外境）是不存在的，而相分作为识内的认知对象亦即内境，是实有的。见分认识相分，即是受到相分的影响带着相分的行相（影像）而生起的过程。相分内境即于识中，故成立“唯识”。这一理论以行相为依他起的真实存在，后来也被称为“有相唯识”，与之相对即古义的“无相唯识”。

陈那还对**正理派**和佛教的古因明学作出改革，将五支作法变为三支作法，是印度逻辑史上的转折和飞跃，使佛教因明得到长足发展。他撰有《因明正理门论》、《**集量论**》等多部因明论著。7世纪的**法称**发展了陈那的因明体系，将印度逻辑学推向高峰。他曾在那烂陀寺受教于护法和陈那的弟子自在军。法称著有《**释量论**》、《**定量论**》、《正理滴论》等“因明七论”。

据说瑜伽行派还有一位著名人物——月官（约活动于7世纪），虽为在家人而精通内外教典，可惜少有著作流传下来，无从知晓其主张。据西藏文献记述，他曾去那烂陀寺与月称辩论达7年之久，一时间下至牧童皆知“诸法无自性”，后以月官胜利而结束。月官还是梵文古典语法学家，有《旃陀罗语法》传世，曾对西藏声明学产生过极大的影响。晚期的唯识和因明学重要人物还有宝称、法上、智吉祥友、宝藏寂等。

瑜伽行派兴起的同时，《如来藏经》、《**楞伽经**》、《**大般涅槃经**》、《**胜鬘经**》、《宝性论》等一批如来藏系典籍也开始流传。它们宣扬一切众生皆有清净如来藏为根本所依，但为烦恼所覆藏，并最终将如来藏与阿赖耶识联系等同起来，形成如来藏缘起理论，曾对汉传佛教产生巨大影响。虽然早期佛经以及瑜伽行派文献之中也曾提及“如来藏”一词，但将如来藏与阿赖耶识等同起来，而建立起来的真如缘起理论，则与瑜伽行派的唯识理论体系判然有别。

密教　戒日王去世后，北印度复成割据局面。8世纪初建立的波罗王朝以巴特那为中心，占据比哈尔、孟加拉一带，势力一度到达中部的曲女城，其统治者崇信佛教，在那烂陀寺附近修建了欧丹多富梨寺，在恒河沿岸又建立了**超岩寺**，规模甚至超过那烂陀寺。这三大寺成为晚期大乘佛教尤其是密教的中心。根据西行求法僧的记述，这一时期佛教虽仍遍布全印，但情势已大不如前。西北方向的输出路线被伊斯兰文化阻断，穆斯林大军日渐压境。同时，婆罗门教进入了印度教时期而日益强大，出现了商羯罗等一批大师，东部兴起性力派，南方风行虔诚运动，湿婆派及其支派则几乎流行于印度全境，对佛教产生很大冲击。佛教在衰落与边缘化的同时迅速密教化。

密教即秘密之教，有时也称怛特罗佛教。怛特罗一词原有织机、丝线之义，后来用作“著作之相续”，密教文献即称为“续部”。怛特罗文化是雅利安文化之外一种古老的印度本土信仰，特重神秘体验，其早期表现形式为**湿婆信仰**，在吠陀时期已有体现。公元2世纪以后怛特罗文献和教派开始出现，在婆罗门教中逐渐形成了湿婆派，佛教也开始了密教经典的编写。但怛特罗在本质上并没有鲜明的哲学属性，因此既可与婆罗门教结合，又可与佛教结合。至7世纪时，湿婆派的理论与实践已经系统化，其影响开始彰显，并被采入佛教。于是佛教进入密教阶段。

佛陀曾经明确表示反对或不鼓励咒术、神通等神秘主义元素进入佛教，却也允许用作禳灾、祛病、防护的目的。阿含类早期佛典就已含有**真言**或**陀罗尼**，据说部派时期的大众部和法藏部还曾结集有《持明咒藏》。到了大乘时期，真言和陀罗尼在经典中比比皆是，但还是辅助元素，未以独立形式出现，被称作“杂密”。约7世纪前期出现的《**大日经**》，以身结印契、口诵真言、心观本尊的“三密相应”为“即身成佛”的究竟之途，标志着密教的开端，这一教法被称作“纯密”，有时也称**真言乘**。约7世纪后期成立的《**金刚顶经**》之中开始出现性力崇拜，是中期密教的开始，又称**金刚乘**。10世纪以后的晚期密教又有**易行乘**和**时轮乘**两支。

由于部派时期有《持明咒藏》的记载，不能说密教与小乘佛教没有关联，但密教哲学思想的主体框架是建立在大乘之上的，或取材于中观的空性，或植根于唯识的心学，或杂糅以如来藏的本体而与吠檀多相通，只不过其仪轨行法与传统大乘迥然有异，是密教的特别之处。

依照藏传的分类法，密教的经典可分为事续、行续、瑜伽续和无上瑜伽续四大部。这一分类也大体反映了密教的发展顺序。

事续出现较早，尚属杂密，包括《药师经》、《金光明经》、《摩登伽经》等一些带有密咒成分的大乘经，以及《佛顶尊胜》、《孔雀明王》、《不空罥索》等咒经。此部以解说事相为主，有外法仪轨，而无观行内法。

行续主要解说内在行持仪法，其代表经典是《大日经》(汉译《大毗卢遮那成佛神变加持经》)，其内容不再是释迦牟尼对弟子的说教，而是由大日如来（又译毗卢遮那佛）在金刚法界宫为金刚手秘密主等宣说，开显胎藏生曼荼罗，主张“菩提心为因，大悲为根本，方便为究竟。”《大日经》以身语意三密的修持方法为究竟法门，树立了即身成佛的教义，确立了大日如来的中心地位，标志着纯密的出现。

印度舍卫城遗址

瑜伽续主要解说瑜伽观法的修持，其代表经典是《金刚顶经》初会，又称《真实摄经》，其成立年代比《大日经》稍晚，但也不迟于7世纪末叶，主要解说金刚界曼荼罗，阿閦佛的地位凸显，宣扬大乐思想，开始转向左道而出现了性力内容。《金刚顶经》在北印度迅速流传开来，其后的密教又称金刚乘。其他瑜伽续还有《理趣般若》、《秘密名义仪轨》等经典。

无上瑜伽续成立较晚，8世纪才开始出现，崇尚性力，特尊阿閦佛，修法包括生起次第和圆满次第，其中后者为此续所独有，自称最胜而无出其上者，故名无上瑜伽。此续主要包含大瑜伽续和瑜伽母续两类，西藏称为父续和母续，有学者依据印度文献主张将此二与前三并称五续。父续也称方便续，重点解说修持方法，代表经典为《密集》(汉译称《秘密三业》)，是最早的无上瑜伽续，此外还包括《大威德》等续。在父续的弘传过程中形成智足派和圣者派两大流派。智足派由觉吉祥智（约活动于8世纪后半，尊称智足）开创，以超岩寺为中心，宝藏寂、**莲花生**、阿底峡等皆涉此系。圣者派以龙树、提婆、龙智、月称等为代表，上述几位除龙智外，皆与中观论师同名异人。唐代来华的金刚智即是龙智弟子。母续又称智慧续，偏重修密所得之殊胜智慧，包括《喜金刚》、《胜乐》、《佛颅》、《大幻》、《大时》等续，阿底峡也是母续的弘传者。

10世纪密教后期出现一支称为易行乘的独特教派，没有特定的经典，代表文献为《道把歌》。该派反对深奥的理论与烦琐的仪轨，主张自然天成、简便易行的解脱之道。有学者认为该派受到了中国道教的影响。

斯里兰卡康提佛牙寺

出现于11世纪的《时轮》也属于无上瑜伽续，自认超越父母续之上而称“无二续”，其中有体现佛教联手印度教对抗伊斯兰教的愿望。这是印度密教的最后一个阶段，也称时轮乘。

善无畏、**金刚智**和**不空金刚**于唐代开元年间从印度来到中国，并称“开元三大士”。他们弘扬行续之胎藏与瑜伽续之金刚界密法，其教法被称作唐密，后传入日本。无上瑜伽部由于涉及男女双修的内容，未在汉地传开，却大行于西藏，形成密集、大威德、喜金刚、胜乐、时轮五大流派。

印度佛教的灭亡与回传 12世纪末，佛教最后的偏安处——东部印度不断受到西北部的穆斯林军队的侵袭。他们所到之处，屠僧毁寺。那烂陀寺被数次劫掠，超岩寺和欧丹多富梨寺于1203年遭毁，一般将此事件视作印度佛教灭亡的标志。不过有证据表明印度佛教在东部还残存了约一个世纪。此后至19世纪末，是印度佛教的空白时期。

18世纪末，随着欧洲殖民者对印度文化的研究和发掘，佛教再次引起关注。有记载的现代印度首位佛教僧人是摩诃毗罗。他出生于印度北方邦，曾入锡兰学习佛教并出家，在缅甸受具足戒。1891年回到印度收徒开讲佛教，并定居于佛陀涅槃之地拘尸那迦。1902年他在此地建立了现代印度第一所寺院，1919年逝世于此。

以复兴印度佛教为目标，1891年斯里兰卡的达摩波罗（1864～1933）在科伦坡创立了大菩提协会，次年协会迁往加尔各答，创办英语杂志《大菩提》，并着手恢复菩提伽耶和鹿野苑这两大佛教圣地，1920年该协会在加尔各答建成第一座寺院作为协会总部，成为印度佛教复兴运动的象征。1928年，第一

达摩波罗像

次全印度佛教徒大会在此召开，有300多名代表参加。大菩提协会在菩提伽耶的工作进展十分艰难，直到达摩波罗逝世16年后，地方政府于1949年才允许佛教徒与印度教徒共管菩提伽耶，1953年实现了产权交接，佛教徒首次入住佛陀的觉悟之地。经过百余年的发展，现在大菩提协会的组织已经遍布印度各地，在其他国家也设有分支。

印度佛教复兴的另一位领导人物是B.R.安培德卡尔。他出身于被称为“不可接触者”的贱民种姓，自幼致力于改变贱民地位，经历多次失败后，于1935年宣布与印度教决裂。其后安培德卡尔活跃于政坛，印度独立后成为首任司法部长。1951年他创立了印度佛教协会。1956年，为了纪念佛陀涅槃2 500周年（南传纪年），印度政府举行

B.R.安培德卡尔像

为期一年的庆祝活动。同年10月14日，安培德卡尔带领数十万的贱民追随者在那格浦尔举行仪式，宣读他所写的22条誓言，正式皈依佛教。当天皈依者有38万，次日又有约10万人皈依，被称为“新佛教运动”，皈依者称“新佛教徒”。安培德卡尔于同年底逝世，孟买约10万人举行皈依佛教仪式以示悼念。此后，安培德卡尔被新佛教徒视作菩萨，受到敬拜。现在，总部设在孟买的印度佛教协会几乎在马哈拉施特拉邦的每一个村镇设有分部，在其他邦的基层民众之中也有巨大的组织网络。

经过社会各界100多年的共同努力，现今印度的佛教圣地都得到了保护和修复，各个大城市都有了佛教组织机构和寺庙，众多大学设置了佛教专业。据2001年统计，印度佛教徒有800万，约占全国总人口的0.8%。

（叶少勇）

Yindu Fojiao Shi

《印度佛教史》 *rgya gar chos vbyung* 佛教历史名著。藏传佛教觉囊派高僧多罗那他著于1608年。全书以印度历代王统为序，以其间护教的国王，特别是弘教的佛教大师的活动为重点，简明而又系统地介绍了释迦牟尼佛入灭之后，印度佛教的传承、流布、嬗变和盛衰。

《印度佛教史》由前言、正文和后记构成，分为44章，约10万字。大致可分为四部分：第一部分，第一章至第十二章。记叙阿阇世王至迦腻色迦王期间，小乘佛教的传承、流布和分派。第二部分，第十三章至第二十七章。记叙迦腻色迦王去世之后，至瞿毗旃陀罗王（7世纪左右在位的印度阿波兰多迦国的国王）时期，以中观、瑜伽行派为主的大乘佛教，和其间尚存的小乘佛教的流布情况。第三部分，第二十八章至第三十七章。记叙瞿波罗（8世纪初在位的波罗王朝的第一代国王）至罗提迦斯那王（12世纪末在位的斯那王朝的末代国王）期间，以密教为主的晚期大乘佛教的流传和印度佛教毁灭的情况。第四部分，第三十八章至第四十四章。记其他佛教史实。其中，有关晚期大乘教（主要是密教）的人物资料可弥补佛教史籍的空缺。

《印度佛教史》封面

从时间上看，《印度佛教史》内容上始公元前5世纪初，下至12世纪末。

《印度佛教史》向世人提供了许多鲜为人知的有关印度佛教史的珍贵资料，尤其是印度佛教晚期的人物、学说、教团、寺院、施主、教敌等情况，在其他资料中最为缺乏。因此，藏文《印度佛教史》早在19世纪就译为多种文字流传，先后有俄、德、日、英、汉等译本问世。

（尕藏加）

Yindu Fojiao wenxue

印度佛教文学 Buddhist literature in India 印度古代佛教文献中的文学现象与文学作品。释迦牟尼创立佛教时，为宣传主张，须使自己的说教具有文学感染力。他经常运用比喻，以民间故事或现实生活中的事例为论据，以便于信徒们理解和接受。文学成为他传教的工具。释迦牟尼去世之后，他的弟子们整理他传教的内容，形成佛教最早的经典。后世历代印度佛教徒又对佛教经典不断加工、发挥和丰富，使之日益增多，趋于庞杂。由于成书的地区和年代不同，佛教经典有梵文、巴利文、俗语等数种。

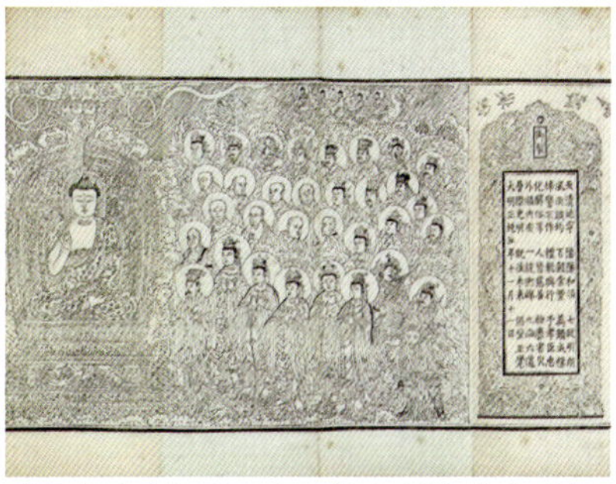

《大智度论》明正统五年（1440）内府刊本书影

《萨埵太子本生》 北魏时期 中国敦煌莫高窟第254窟南壁壁画（局部）

后世撰辑的印度佛教经典，仍然充分利用了文学工具，形成了许多文学性很强的作品，被称为印度佛教文学作品。

印度佛教经典包括经藏、律藏、论藏三大部分，统称为三藏。其中每部分都有很多文学成分。凡属于“经”的典籍，都是佛的直接教导，是释迦牟尼当年亲口所述，但实际上其中混有许多后人的著作。经藏部分内容虽然主要是宣讲佛教教义的，但其中有不少文学故事。如《涅槃经》中就包含很多寓言、故事、神话、传说等。“律”是指佛教信徒必须遵守的戒律。为了使信众便于理解、记忆和执行，律藏部分典籍中也有许多文学性内容，如优美的故事、寓言、神话传说等。《摩诃僧祇律》、《四分律》、《五分律》、《十诵律》等即是。佛经中的论藏部分也有不少文学成分。如龙树著的“论中之王”、长达百卷的《大智度论》就包括许多故事。

印度佛教文学作品的体裁多种多样，不仅有寓言、童话、神话、故事等，还有诗歌和戏剧，如马鸣的长诗《佛所行赞》和剧本《舍利弗传》。印度佛经故事分为以下几类：①佛传故事。主要是释迦牟尼的生平故事，讲述释迦牟尼的出生、成长、出家、学道、成道、说法、传道和涅槃。②本生故事。即以《社得迦》为代表的那些佛陀前生累世转生为不同身份的生物的故事，实际上是与佛教有关的印度古代民间故事。③神话传说。指经过佛教徒记录、加工、改造的印度古代神话传说，尤其是婆罗门教的神话传说。④因缘故事。又称譬喻故事。指佛经中在谈义理和戒律时随时拿来作例证或打比方的故事。⑤神变故事。指佛经中保存的有关诸佛及历代弟子的神通（法术）故事，实际上是佛教徒们创造的新神话。

（薛克翘）

Yindu Fojiao zhexue

印度佛教哲学 Indian Buddhist philosophy 产生并流传于印度的佛教教义体系中的哲学思想。早期理论形成于公元前6世纪左右。最初的基本观念为释迦牟尼及其弟子创立。其思想后来不断丰富发展。经历了早期佛教、小乘部派佛教、大乘佛教、后期佛教等主要发展阶段，13世纪左右在印度衰落。这一哲学在古代传到印度之外，成为世界性宗教哲学，对中国等许多国家的文化有极大影响，在世界哲学中占有重要地位。

早期佛教哲学 释迦牟尼是在批判、改造、吸收婆罗门教哲学思想的基础上创立其理论体系的。婆罗门教哲学是古印度通常占主导地位的理论体系。这一理论体系认为，包括人生现象在内的世间一切事物源于一个根本因——梵或我（阿特曼）。梵（大我）是宇宙现象的本体，我（小我）是生命现象的主体，二者在本质上是同一的。这被视为是婆罗门教哲学的核心理念，认为认识它就能达到最高境界，达到脱离痛苦的解脱状态。佛教在产生时就反对这种梵或我的一元论思想，认为世间事物都是因缘和合而成的，不存在一个永恒不变的主体或本体。基于这种思想，早期佛教提出了四谛、无常、无我、涅槃、五蕴、缘起等理论。

四谛说是释迦牟尼创立佛教时提出的最初理论。四谛指四个真理，即：苦谛（认为世界充满了痛苦。这一谛论述了苦的普遍存在）、集谛（认为痛苦产生的直接原因是由于无明而产生的渴爱或欲望。这一谛分析了苦产生的原因）、灭谛（认为应消除这种渴爱或欲望。这一谛确立了灭苦的目标）、道谛（消除痛苦的途径或道路。这一谛指明了灭苦的具体方法）。四谛说为整个佛教思想体系成立的必要性或合理性作了基础的论证。

无常理论认为世间一切事物都不是永恒存在的，事物处在不断的变化之中。记述早期佛教较多思想的阿含类经典中有这方面的论述，如《杂阿含经》卷第十中说：“一切行无常。”意思是说，世间一切事物都是处在迁流变化之中，没有常住永在之物。这一理论直接否定

印度灵鹫山

了婆罗门教哲学中的事物在本质上是不变的梵或我（大我）的显现的观念。

无我理论认为世间一切事物中不存在一个主体或本体，事物是多种要素组合而成的。《杂阿含经》卷第十中说："一切法无我。"意思是说，包括生命现象在内的诸法（各种事物）中没有一个主体或本体，不存在婆罗门教哲学中说的梵或我。这一理论直接否定了婆罗门教哲学中的核心概念的实在性。

涅槃理论号召要消除各种无知或无明，消除各种烦恼，使人不执着于任何不实在的东西，按照佛教的见解去认识事物或人生的本来面目，消除由无明而出现的渴爱或欲望，停止追求不能真正得到的东西，达到一种最高的无苦境界。

无常、无我、涅槃这三个佛教的基本观念在后来的佛教中被称为"三法印"，即三项判定是否为佛教理论的标准。主张无常、无我、涅槃的一般属于佛教的理论，而反对或背离这三者的则通常不是佛教的理论。

五蕴理论是佛教对人的一种分析。佛教反对**婆罗门教**主张的人在本质上是我或梵的理论，而认为人及其主要作用是由五种成分构成的，即：色蕴、受蕴、想蕴、行蕴、识蕴。色蕴指有形态的物质现象，如地、水、火、风及由其所构成的事物；受蕴指感受，即由感官接触外物所生的感受或情感等，分为苦受、乐受、不苦不乐受；想蕴指表象、观念等；行蕴指意志一类的心作用；识蕴指总的意识活动，如区别与认识事物等。五蕴是佛教教理中的重要概念。早期佛教中，它有时也指一般的物质现象和精神现象，但主要还是指现实的人或人身心的构成。这一理论的提出是要表明在五蕴之外不存在独立的"我"或不变的主体，世间所谓的"我"仅是五蕴暂时的和合，它（我）实际上并不实在，而人之所以有痛苦就是因为不明白这个道理，把"五蕴"认作实在的"我"或不变的主体来执着。

缘起说是佛教关于事物或人生现象产生或形成的基本理论。这一理论实际是佛教哲学理论的核心，其中包含着佛教提出的许多重要观念。早期佛教认为，人生是处于一种因缘关系中的，是依一

印度鹿野苑遗址

定的条件生灭变化的。《杂阿含经》卷第十二中说："此有故彼有，此起故彼起。"《**中阿含经**》卷第二十一中说："若有此则有彼，若无此则无彼，若生此则生彼，若灭此则灭彼。"在这里，早期佛教实际已论及了关于世间现象相互间的关系问题，已论及了事物的因果联系问题。但早期佛教最终没有把缘起的观点完全应用到整个宇宙，而主要是把它限定在解释人生现象的范围之内。

由缘起理论出发，早期佛教还论及了一些重要的观念，如**十二因缘**、轮回业报、十二处、十八界等。

十二因缘是早期佛教提出的关于人生现象的一种动态发展形式的理论。这种理论把人生过程分为十二个彼此成为条件或因果联系的环节，即：无明、行、识、名色、六入、触、受、爱、取、有、生、老死。通过此种理论，佛教把人生现象描述为一种有依存关系的变化状态，否定了婆罗门教关于有常恒不变的实体的理论，把所谓"我"看成是由精神要素和物质要素聚集起来而产生的结合体，说明了人由于无明而去追求不实之物，陷入不断的痛苦轮回之中。人应当消除无明，斩断十二因缘的因果发展环节，达到涅槃。

轮回业报理论在佛教产生前的婆罗门教中就存在，佛教加以改造、吸收和利用，作为其理论体系中的重要组成部分。十二因缘中的无明被认为是产生轮回的主要原因。佛教也认为人的行为会产生业力。这业力会对行为者以后的生存状态产生影响。佛教同样承认善有善报，恶有恶报。佛教的根本目标不是去追求相对好的轮回形态，因为佛教认为再好的轮回形态也是相对的好。从根本上说，轮回的形态都是痛苦的。要想真正摆脱痛苦只能消除无明，不再去追求那些不实在的东西，停止造业，跳出轮回。

十二处是佛教关于人的认识器官及其相应的把握对象的理论。佛教认为人的认识器官有六种，即所谓"六根"——眼、耳、鼻、舌、身、意；人的认识器官把握的对象也有六种，即所谓"六境"——色、声、香、味、触、法。六根称为"内六处"，六境称为"外六处"。

十八界指"六根"、"六境"以及根取境后产生的"六识——眼识、耳识、鼻识、舌识、身识、意识。这根、境、识三者合起来就是眼界、色界、眼识界、耳界、声界、耳识界、鼻界、香界、鼻识界、舌界、味界、舌识界、身界、触界、身识界、意界、法界、意识界。"界"指种类或要素。十八界即是构成世间事物的十八种要素或基本类别。

五蕴、十二处、十八界是佛教基于缘起的观念对人自身、认识器官、认识对象和认识形态的基本分析。这三者在佛教中后来被称为"三科法门"，即三种佛教用来教导信众认识人生和世界的基本科目。

早期佛教在哲学上还提出了"中道"的概念，展示出一种思维方法，即要不落两边，不走极端。如不极端地追求享乐，也不极端地进行苦行等，而是应"舍此二边，有取中道"。早期佛教在这方面的内容论述相对不多。在佛教后来的发展中，这一思维方法逐渐被强调。

释迦牟尼成道处的菩提树

早期佛教在哲学上表现出来的基本倾向与其当时所主要代表的社会种姓阶层有关。佛教在产生时主要反映了刹帝利和吠舍种姓阶层的思想，它们反对婆罗门教主张的婆罗门至上及各种姓的社会地位永恒不变的观念，而是主张四姓平等，因而提出了无我、无常、缘起等相应的理论。

小乘部派佛教哲学　释迦牟尼圆寂百年后，即公元前4世纪左右，古印度佛教僧团发生了分裂。先是发生了“根本分裂”，形成了上座部与大众部两大部派。后又发生了“枝末分裂”，形成了十八部或二十部。印度佛教各部派的主要分裂和形成时间较长，持续发展有数百年之久。

在部派佛教时期，产生的分支较多，但各部派的影响大小和持续时间长短不同，而且有些部派留下的文献多些，有些部派少些；有些部派发展的线索清楚些，有些部派发展的情况模糊些。

各部派在理论上有相同处，也有差别点。它们争论的问题虽然很多，但其中主要的问题有3个，即关于“法”的问题、关于“我”的问题、关于“佛陀”的问题。

所谓“法”的一个基本含义是指一切事物或一切现象“法”在佛教中常被分为有为法和无为法。有为法指有生、住、异、灭特征的现象，无为法指无生、住、异、灭特征的现象。“法”还常被分为三世法，即过去法、现在法、未来法等。关于各种法的实在与否的问题，部派佛教中有种种看法，常常出现分歧。有些部派认为法是实在的，有些部派认为法是不实在的，有些部派认为某些法实在，某些法不实在。在这个问题上产生对立观点。

所谓“我”指生命现象中的主体。早期佛教中就提出了无我论，但又主张轮回解脱的理论。无我论否定有轮回中的主体。这使得佛教在理论的论证上产生一定困难，因为轮回或解脱从逻辑上说是要回答是谁在轮回或谁最后解脱。不少部派认为这是佛教理论体系中存在的一个矛盾，并试图解决它。一些部派提出了变相的“我”的概念，认为此种概念能起一个轮回（或解脱）主体的作用，但又强调这种概念不是“我”，与婆罗门教的“我”不同。这样既能解决轮回主体的问题，又不与释迦牟尼提出的无我论基本原则相冲突，可以妥善地解决佛教理论体系中的矛盾。在这个问题上，各部派的具体主张并不完全相同，提出的变相“我”的概念有多种，解释不一，存在分歧。

所谓“佛陀”即指释迦牟尼。在部派佛教时期，众多佛教信徒都未见过佛陀。因而对历史上佛陀的形象、能力或功德就有种种想象，种种解释。有些部派对佛陀的解释接近于历史上真实的释迦牟尼，将其看作一个宗教导师，认为他品行高洁，智慧超群，他创立的佛教，带给人们真理或智慧，是一个伟大的觉悟之人。有些部派则将其神化或偶像化，认为他不同于凡人，有种种不同一般的形象，有神奇的力量或功力，实际将佛陀描述成一个没有神名称的最高神。不少部派在这方面观点或解释不同。

在诸部派中，影响较大或留下资料较多的是上座部系统的分支，如根本上座部、说一切有部、犊子部、经量部等。而大众部系统的分支留下的资料较少。

根本上座部指较多坚持上座部最开始观念的部派。这一部派将“法”在时间上分为过去法、现在法和未来法三种，认为这三种法并非都是实有的，只有现在法实有，过去法和未来法则无实体。根本上座部还认为不存在“中阴”（人死到再投生中间的过渡状态）、阿罗汉不退、四谛可以顿得现观等。

说一切有部认为“法”可以分为五大类，即：色法（物质现象）、心法（意识或精神主体）、心所法（心所具有的表现）、心不相应行法（非色非心的一些现象）、无为法。五种法中前四种是有生、住、异、灭的，因此可合在一起属“有为法”。五法之下具体又包括许多内容。关于这些法的实在与否问题，有部的看法是：无论是有为法还是无为法，均有实体，主张所谓“法体恒有”。关于有我和无我的问题，有部大致坚持早期佛教的无我理论，认为人就是五蕴的合成，没有一独立的轮回主体。有部这种关于法与我的主张即是小乘佛教典型的“我空法有”理论。有部思想体系中的另一个重要组成部分是其细密的因果学说。它提出了所谓“六因”(能作因、俱有因、同类因、相应因、遍行因、异熟因)、“四缘”(因缘、等无间缘、所缘缘、增上缘)、“五果”(异熟果、等流果、离系果、士用果、增上果）等理论。

犊子部在理论上亦对宇宙万有的基本构成进行了分析，认为一切“法”可以分为过去法、现在法、未来法、无为法、不可说法五大类。其中过去法、现在法和未来法亦同属“有为法”。无论是有为法还是无为法及不可说法都是实

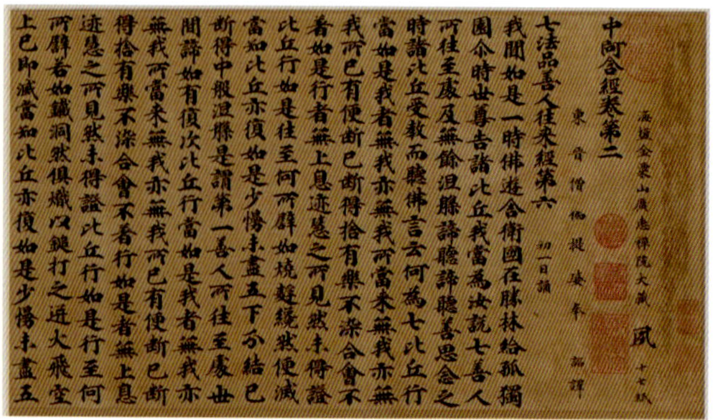
中阿含經卷第二

七法品善人往來經第六 初一日誦
我聞如是一時佛遊舍衛國在勝林給孤獨
園尒時世尊告諸比丘我當為汝說七善人
所往至處及無餘涅槃諦聽諦聽善思念之
時諸比丘受教而聽佛言云何為七比丘行
當如是我者無我亦無我所當來無我亦無
我所已有便斷已斷得捨有樂不染合會不
著如是行者無上息迹慧之所見然未得證
比丘行如是往至何所譬如燒麩纔然便滅
當知比丘亦復如是少慢未盡五下分結已
斷得中般涅槃是謂第一善人所往至處世
間諦如有復次比丘行當如是我者無我亦
無我所當來無我亦無我所已有便斷已斷
得捨有樂不染合會不著行如是者無上息
迹慧之所見然未得證比丘行如是往至何
所譬若如鐵洞然俱熾以鎚打之迸火飛空
上已即滅當知比丘亦復如是少慢未盡五

《中阿含经》书影

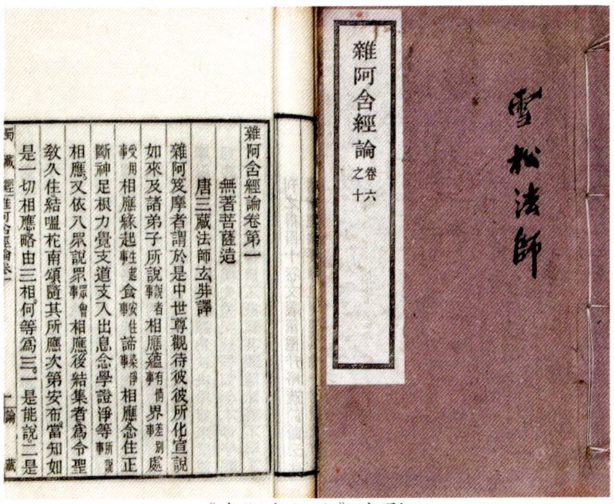

《杂阿含经论》书影

有的。所谓“不可说法”指的是“补特伽罗”，它是犊子部学说中的一个引人注目的概念。犊子部在解决早期佛教时期遗留下来的无我论与轮回理论的矛盾时，认为可以用“补特伽罗”来作人生死轮回的主体。提出“补特伽罗”与“五

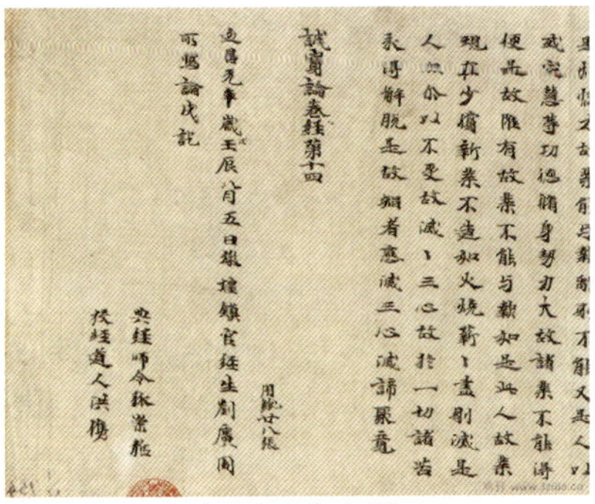

《成实论》书影

蕴”不即不离，即认为作为轮回主体的“补特伽罗”既不能说与作为身体的五蕴是一个东西，又不能说是不同的东西，它是“不可说”的，但可以作为轮回主体。这样，犊子部实际上是变相地主张有我论，只不过在表面上还要维护原始佛说的尊严，不说有我。犊子部关于“法”和“我”的学说在后来被概括为小乘佛教中的“法我俱有论”。犊子部在学说上与其他部派的明显差别还表现在有关轮回形态的理论上。一般的部派认为有“五道”或“五趣”，即地狱、傍生（畜生）、鬼、人、天，犊子部则加入了一个阿修罗，认为有“六道”或“六趣”。此外，犊子部还认为阿罗汉有退。

经量部认为不能像有部那样仅从论藏出发来阐述佛理，而应以经（阿含经）为依据或尺度来建立学说。经量部认为处于因果系列中的法是刹那生灭的，只有现在这一刹那的法实有，过去法和未来法则无实体。关于轮回主体问题，经量部提出一种“一味蕴”，认为它由五蕴中除色蕴外的其他四蕴组成，是人生死轮回的“种子”，这种子在色与心的相互作用中受熏习，使人的善恶业对轮回状态的好坏起作用。此概念实际也是用来解决轮回主体问题的，“一味蕴”也是一个变相的我。印度后来大乘佛教中的瑜伽行派在一些方面受到了经量部学说的影响。

大众部系统有不少分支（进一步分出的部派），但文献中记载的都不是很多。大众部系统所留下的文献相对于上座部系统的资料要少得多。大众部系统的理论与大乘佛教的学说有很密切的关系，被认为是大乘佛教思想的先驱。小乘佛教在后世流行的派别主要是从上座部系统分化出来的。大众部系统极力夸大佛陀超人的神性，认为他无有漏法，离情绝欲，寿量无边，威力无比等。由大众部分出的一说部不仅认为过去法和未来法没有实体，而且认为三世法都是“言说”，一切事物都无实体。属大众部系统的说出世部也认为“世间法”都是“假名”，没有实体，只有“出世法”（即涅槃等境界）才是真实的。大众部系统的说假部虽未说一切法都不实，但却认为十二处和十八界为“积聚之法”，是假的。大众部系统的这些部派对诸法的分析有许多内容与大乘佛教的观点接近。

小乘部派佛教在大乘佛教产生后仍然有重要的发展，在理论上也有一些变化。其中较引人注目的是有部系统的著作《俱舍论》以及与经量部有关的著作《成实论》。

《俱舍论》仍然坚持有部主张的“法”有理论，并对诸法的形态作了系统的分析，是小乘佛教中解释佛教名相较为全面和系统的重要哲学著作。

《成实论》虽为小乘佛教的著作，但受大乘佛教的影响，提出了一种较有特色的“空”的理论。但其空观又与大乘佛教的空观有本质不同，属于缺乏中道意识的小乘佛教的“偏空”观。

大乘佛教哲学 在公元前1世纪左右，大乘佛教在古印度兴起。当时古印度的一些佛教徒对释迦牟尼创立的佛教的教义有了新的理解，认为先前的部派等的一些佛教理论不能有效地使众生脱离苦海，属于“小乘”佛教，认为自己的理论代表了释迦牟尼的真正思想，是佛教最高的智慧，可以有效地使众生觉悟，属于“大乘”佛教。现代佛教的研究者使用“小乘”一词已不带有多少贬低色彩，使用大小乘的概念主要是用于区分有不同主张的佛教分支或流派。

大乘佛教的理论最初产生于一些大乘经中。大乘经是数百年间陆续在古印度出现的，有不同的种类。较早出现的大乘经是一些般若类大乘经、法华类大乘经、华严类大乘经等。其中早期部分的出现时间约在公元前1～2世纪。

般若类大乘经在理论上反对说一切有部等提出的诸法实有观念，认为诸法皆空。这些经典论空的方式或角度与先前的佛教有较大不同。般若类大乘经以一种“体空”或“性空”的表述方式来强调事物是空的，认为事物之所以空是因为在本质上即空，空是事物不可分的本性，事物在自体上即空，空性也不能离开事物独立存在，要即空观有，即有观空。般若类大乘经的思想后来成为大乘佛教的核心理念，对此后的佛教发展影响极大。

法华类大乘经的突出之处是要进行所谓“开三显一”或“开权显实”，即认为佛教中对声闻（指完全依靠听闻佛陀说法而觉悟者，这种觉悟者仅求自身解脱）、缘觉（独自悟道，不事说法教化之修行者）和菩萨（通过修菩萨行而得道者）这三乘的区分不过是佛的权宜方便之法，真正实在的仅是一乘——佛

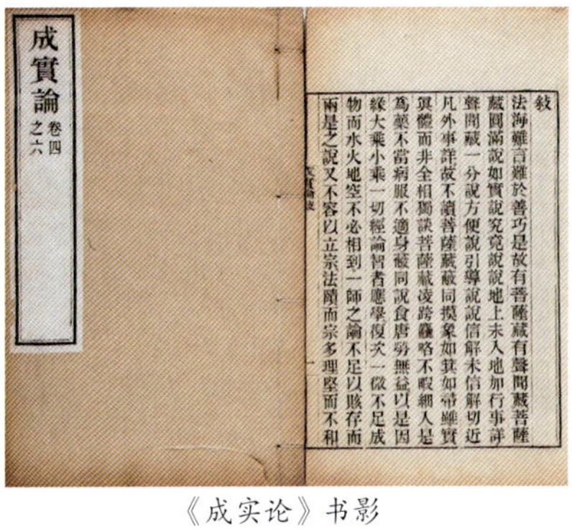

《成实论》书影

乘。此经中强调佛教教化众生的一些“方便”手法。即不直接说佛教的根本道理，而是先通过一些众生能接受的方式来教化，使其觉悟。

《十二门论》清光绪十二年（1886）金陵刻经处刊本封面

华严类大乘经在对大乘佛教的修行内容或阶段进行描述的过程中论及了大量的哲学思想，其中较为引人瞩目的是其关于“三界唯心”和“一多相即”的思想。该经中的一些论述将人的认识实体化，称为“心”，认为心是事物的根本因。此经中的“一多相即”思想表明：事物是缘起发展的。从发展的角度来看，有相续性，在同一发展中，这是“一”。从相互作用，有区别，有多种形态来说，是“多”，二者是统一的，即“相即”的。

般若类大乘经产生后，有许多人对此类经进行解释，提出一些新的见解。在此基础上，形成了大乘佛教中第一个影响较大的派别——中观派。

中观派形成于公元2~3世纪，最初的理论奠基者是龙树和提婆。此派制作的论典极多，其代表性的著作是龙树的《中论》、《十二门论》、《大智度论》和提婆的《百论》。这“四论”历来受人们重视，无论在印度还是在中国影响都很大。尤其是《中论》，对中观派的主要观点有系统的论述。根据这几部著作，中观派阐述的主要理论是：缘起性空、中道、二谛、实相涅槃等。

缘起性空说是中观派“空”观的重要内容。从缘起的理论出发，表明事物不实在，这在早期佛教中就有，但早期佛教讲“缘起”时并不总是明确归结为“空”。而且，在早期佛教中，讲“缘起”时所隐含的“空”义，主要指“我空”（无我）、“果空”（由构成因组成的聚合物不实），而通常较少指“法空”（一切事物均不实在），也不指“因空”（组成聚合物的构成因自身就不实）。中观派则认为一切事物都毫无例外地由因缘而生，不仅缘起的事物是“空”，而且构成缘起的诸因亦“空”，这就从缘起的角度表明了事物自身亦“空”的“体空”思想，使得大乘佛教对“空”的论述更加深入。

中道作为一种思维方法在早期佛教及小乘部派佛教中就已提出，但得到强调和大力使用是在大乘佛教时期。中观派则在其理论中普遍贯彻了这一方法。中道成为此派理论的典型论证手法。《中论》卷第四中有一偈是关于中道的经典性论述：“众因缘生法，我说即是无（空），亦为是假名，亦是中道义。”此偈要强调的是：事物都是因缘和合而成的，因此是空的，但这空不是绝对的虚无，还存在着虚假的名相或各种不断变化的因缘，看到了这两方面（即性空和假有），就达到了所谓“中道”。或者说，中观派的“空”是指“性空”，亦指“假有”（假名）。在此派看来，对缘起的事物讲“无”和讲“有”都不能走极端，要把二者结合起来，才不片面。这也就是“中道”的根本含义。中观派在论述许多重要思想时都体现出中道的精神，并由此而得名。

二谛即两个真理，在佛教中通常指“真谛”（又称“第一义谛”或“胜义谛”）和“俗谛”（又称为“世俗谛”或“世谛”）。“二谛”一词在佛教阿含类经中就有提及，但其含义并没有明确说明。佛典中较早明确论述“二谛”思想的是部派佛教的一些文献。但在部派佛教中，二谛的地位不高，提到的佛典也不多，其含义与后来的大乘佛教也有不同。中观派把“二谛”放在了一个很高的位置上。此派认为，世俗之人不认识事物性空的道理，产生虚妄的认识，认为事物实有。佛根据世俗之人的认识能力，随顺具体情况，对世俗之人讲事物之有，特别是使用一些似乎是肯定事物实在的言说，这就是俗谛。真谛则指佛教圣贤认识事物性空的道理，他们知道世俗认识的颠倒性，知道一切事物都是空，没有真正的生。佛要显示出的事物性空的道理就是真谛。中观派认为，俗谛虽然是佛的一种随顺世俗之人讲的方便之说，但并不是可有可无的。言说即是俗谛，虽然不能完全地表明事物的本质，但如果不依赖于它，真谛就表现不出来。龙树在《中论》卷第四中说：“若不依俗谛，不得第一义。不得第一义，则不得涅槃。”因此，真谛和俗谛对于信众达到涅槃都是不可缺少的。

实相涅槃是中观派主张的一种大乘佛教的涅槃观念。它把涅槃与对事物实相的认识联系在一起，认为涅槃就是对世间本质的真实性认识的境界。这种境界不是脱离世间而存在的另一个更高级的境界，世间的本来面目就是佛教所谓涅槃境界的那个样子，二者没有什么区别。中观派的“实相涅槃”理论为大乘佛教深入世俗社会进行宗教活动提供了重要的理论依据。既然涅槃就是对世间的真理性认识，那么佛教信徒就应积极在世间修行，去“即世间即涅槃”，努力弘扬佛法，普度众生。

大约在公元3世纪后，印度又出现了一批影响较大的大乘经，这些经典通常被称为续出的大乘经，它们对大乘佛教中瑜伽行派的形成及后来印度佛教的发展起了重要的作用。续出的大乘经有不少种类，其中主要的有：《大般涅槃经》、《胜鬘经》、《解深密经》等。这些经的思想内容与早期大乘经有重要的关联，但也有自身的独特性质。它们决定了大乘佛教在3世纪之后的基本发展方向。

《胜鬘经》书影

《大般涅槃经》叙述了佛身常住的观点，认为佛身与凡人之身不同，佛身即是法身（指具有一切佛法的身，或以佛法成身），这法身是常住不坏的。该经还讨论了佛性及一阐提（断善根者）能否成佛等问题，主张众生悉有佛性，而且该经的一些部分认为“一阐提”也能成佛。此外，该经还对佛教的涅槃观念提出了一些新的见解，认为在大涅槃中存在着常、乐、我、净。《大般涅槃经》提出的这些理论对提高教徒修习佛法的信心，扩大佛教的影响，有重要意义。

《胜鬘经》主要论述了佛教的“如来藏”思想。“如来藏”主要指佛性或成佛的可能性，它是众生的自性清净心，是被众生的贪、瞋、痴等烦恼所遮覆的法身或佛性。该经认为，一切众生均具如来藏，众生都有成佛的功德或潜力，只是由于被烦恼隐覆，才不显佛性，去除烦恼等的隐覆，即可成佛。该经还主张“一乘真实”的思想，强调声闻、缘觉和菩萨“三乘”的区分并不具有实在性，实在的仅是佛乘。

《解深密经》在印度大乘佛教的发展中占有重要地位，它提出了许多先前大乘经论中未提及的思想，对心意识进行了细致的分析，在大乘经典中较为系统地提出了唯识思想，认为作为事物根本的识可以保存人过去的记忆、经验，还可以保存人们过去行为产生的业，它因而被称为阿赖耶识或藏识。此识还是生死轮回的种子，是人生存的根源，生命存续的主体，能“于身随逐执持”，具有“执持”作用，它因而也称为阿陀那识或执持识。此经也否定外部事物的实在性，是大乘佛教中较早出现的通过讲唯识来表明空观的经典。

瑜伽行派是大乘佛教中另一个主要的派别。此派形成于公元4世纪左右。最初的主要理论阐述者是无著和世亲等。此派制作的论典也极多，其代表性的著作是署名弥勒的《瑜伽师地论》、无著的《摄大乘论》、世亲的《唯识三十论颂》及其注释等。此派理论极为复杂，较著名的理论有八识、四分、五位百法等。

八识是瑜伽行派在讲述唯识理论时对识所进行的一种重要的分析。此派认为识根据其功能等可以分为八种，即眼识、耳识、鼻识、舌识、身识、意识、末那识、阿赖耶识。其中阿赖耶识是根本的，它含藏着形成各种生命形态的种子。眼识、耳识、鼻识、舌识、身识、意识这六识分别执取其相应的对象——色、声、香、味、触、法。末那识的主要作用是将阿赖耶识思量为“我”，并由此形成种种我慢或烦恼，推动轮回现象的展示。八识中的阿赖耶识为核心，它是一切事物产生的根源，也是其他识存在的依据。

四分是瑜伽行派中对识的一种功能划分的理论。具体指：见分、相分、自证分、证自证分。见分是认识的执取或把握对象的能力；相分指认识的对象，此对象也是认识本身变化出来的；自证分是认识对见分把握相分结果的证知；证自证分是对自证分作用的证知，它自己的作用则需自证分证知。在瑜伽行派看来，无论是认识的主体，还是认识的对象，或是认知的证知等，都是认识的产物。一切唯识。

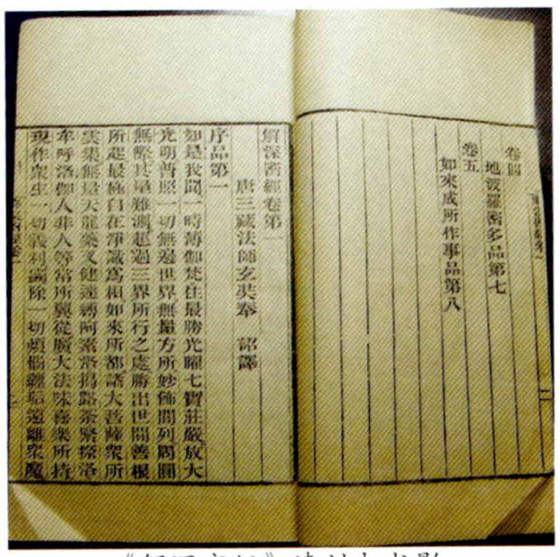

《解深密经》清刻本书影

五位百法是瑜伽行派中的一种对诸法种类划分的理论。这种理论认为诸法分为五大类，即心法、心所有法、色法、心不相应行法、无为法。这五位法之下又有更细的分类：心法分为8种，心所有法分为51种，色法分为11种，心不相应行法分为24种，无为法分为6种，共计100种法。这是佛教理论中关于事物构成的较为细致的划分。但瑜伽行派认为，这些法在本质上都是心法的产物，一切唯心，万法唯识。但此派也不认为识是真正有自性的实有之物，讲唯识仅仅是为了更有效地表明一切皆空的大乘思想。

后期佛教哲学　公元8~13世纪，印度佛教进入后期发展阶段。这一时期，瑜伽行派与中观派融合，佛教完全密教化，并开始在印度衰落。

在大乘佛教发展的后期，瑜伽行派与中观派最终融合在一起，8世纪左右，形成了“瑜伽中观派”。其代表人物是寂护等。此派主要站在中观派的立场上，把“识有境无”的观点与“一切皆空”的观点捏合在一起，认为“识有境无”是认识“一切皆空”的起点，属于“俗谛”，但心（识）的实在性最终亦要否定，要达到一切皆空的认识境界，这属于“真谛”。因而，此派虽为两派融合之产物，但实际上还是偏向中观派的，以般若思想为根本。

密教的渊源或萌芽在印度非常古老，但发展成为印度佛教中一种引人瞩目的形态是在7世纪中叶以后。密教的根本经典是《大日经》和《金刚顶经》。这两部经典由于论述了密教的基本教理和修持密法，代表了成熟期的密教学说。佛教在印度完全密教化的时间是在晚期密教时期。密教信奉大日如来，认为世间一切事物都是大日如来的显现。大日如来据说为教化众生而表现为多种佛身，他的悟性或智慧以菩提心为因，以大悲为根本，以方便为究竟。此教强调要达到菩提（觉悟）就要如实地认识自心，在自心中求一切智。密教把表现大日如来的“智”的方面（即大日如来所具有的智的特性）称为“金刚界”，认为它如金刚一样坚固，一切烦恼不能破，把表现大日如来的“理”的方面（即大日如来本来存在的永恒悟性）称为“胎藏界”，认为它由大悲哺育，如胎儿存在于母胎之中，包摄一切。

13世纪之后，佛教在印度衰落，先前流行佛教的不少地区已基本没有佛教影响了，但佛教在发展中成为世界宗教。佛教在公元初已传入中国，逐渐成为中国文化中的重要组成部分，印度的佛教哲学在中国思想界产生了极大的影响。中国南北朝时期的不少佛教“师说”或学派都是以某种印度佛典为主要弘扬对象的。隋唐时期形成的各主要中国佛教宗派的理论核心与印度佛教哲学有着密不可分的联系。中国思想史上的魏晋玄学、宋明理学等重要的理论形态中都在不同程度上融入了印度佛教哲学的成分。

（姚卫群）

Yindu gudai duliang danwei

印度古代度量单位　印度古代的长度单位和时间单位。印度古代度量单位，在《大唐西域记》、《阿毗达磨俱舍论》、《摩登伽经》、《舍头谏太子二十八宿经》、《酉阳杂俎·贝编》等书中都有记载。

长度单位，佛教典籍中的进制多为7，婆罗门教的进制多为8。

时间度量单位分为两组。一组是人为划分的时间度量单位，最小的时间单位为刹那；一组是漏刻法基础上的时间度量单位，最小的时间单位是眨眼，次第与单位漏刻时间进行换算。

人为划分的时间度量单位，《摩登伽经》与《大唐西域记》换算比例基本相同，差别只在于《摩登伽经》尼泊尔梵本中最小时间单位是呾刹那，而《大唐西域记》中最小时间单位是刹那。

另外一组时间度量单位，与实际的时间测量手段——水漏法有关。见**那烂陀寺漏法**。

（周利群）

Yindu Gudai Shigang

《印度古代史纲》 中国研究印度古代历史的学术著作。作者为北京大学历史系教授林承节，2000年光明日报出版社出版。其研究领域主要为印度史、中印关系史等。

《印度古代史纲》封面

《印度古代史纲》由绪论、正文和附录3个部分构成，约30万字。正文部分按时间顺序分为9章，即印度河流域文明、雅利安人进入印度、十六国时期、孔雀帝国时期、南北诸王国割据和贵霜帝国、笈多帝国时期、戒日帝国及其后地区性王国长期割据时期、德里苏丹国时期和莫卧儿帝国前期等，详述了从史前到莫卧儿帝国时期的印度历史。确定了各历史分期，叙述了各历史时期印度在政治、经济、文化等领域的变化与发展，并探讨了其意义。亦有对社会制度、土地制度、奴隶制度等问题的讨论。

绪论中，作者明确了印度的地理范围，介绍了印度国家名称的由来与印度现存的古代史料，提及了当今印度古代史的研究状况，并简要探讨了研究印度古代史的意义所在。发表在1994年第四期《南亚研究》上的论文《〈大唐西域记〉对印度历史学的贡献》作为附录收入此书。

（李宝龙）

Yindu gudai shuxue tianwenxue

印度古代数学天文学 ancient Indian mathematics and astronomy 印度古代数学天文学比较发达。印度经典吠陀中就涉及了数学天文学知识，《开元占经》、《宿曜经》等也都包含了数学天文学内容。这些经典著作对中国的数学天文学知识产生了重要的影响。

印度古代数学 古代印度是数学知识比较发达的地区。吠陀保留了最古老的印度数学知识。《绳经》是印度最重要的数学经典，包括了几何内容和建筑中的代数计算问题，还使用了圆周率的近似值。印度瓜廖尔9世纪的石碑上，有表示数字零的符号。印度数码通过阿拉伯人对外传播，是世界数学史上的重大贡献之一。隋代参与达摩笈多译场的翻经学士刘凭，精通数术，撰写了一部一卷本的《内外旁通比校数法》(或作《外内傍通比校数法》)，对汉译佛经中的算数名称与计算方法进行归纳，并与中土的相应单位与数值进行比较，即所谓"取众经算数之法，与东夏相参"，以此规范佛经翻译中的印度数法术语及数值。该书可以说是第一部涉及中印算数比较研究的著作。唐代以前传入中国的印度历算著作有《隋书·经籍志》记载的《婆罗门算法》3卷、《婆罗门阴阳算历》1卷、《婆罗门算经》3卷等。唐代在华的印度天文学家瞿昙悉达编撰的《开元占经》共120卷，书中有关《九执历》的内容(即卷一百零四《算法》)，记录了天竺算法中的9个数码，以及十位的空点符号。瞿昙悉达还介绍了印度的圆弧量法、间隔为3°45′的正弦函数表等数学知识。这是中印数学交流史上的一段重要资料。《新唐书》卷二十八对印度的天文算法评价偏低，是对印度天文算法的了解不深。

印度古代教授三角的数学教材

印度古代的度量衡知识也多通过汉译佛经进行传播。三国时期吴国的天竺三藏竺律炎共支谦译《摩登伽经》卷下《观灾祥品第六》，记载了印度的斤两数法，包括麦、大豆、修跋那、铢、两、斤、婆罗、撮、掬、钵悉他、摩伽陀钵悉他等重量单位之间的换算关系。《摩登伽经》的里数由旬之法、漏刻之法与昼夜分数长短时节，分别为计算距离和时间的知识。《摩登伽经》的异译本《舍头谏太子二十八宿经》(西晋竺法护译)，更为详细地叙述了摩揭陀国所计称量的由旬里数、分别诸味、分别谷米的知识。佛经中的大数记法与小数记法，在中国略有影响。元代数学家朱世杰的《算学启蒙》，辑录了印度的极大数"恒河沙"、"阿僧祇"、"那由他"、"不可思议"、"无量数"与极小数"沙"、"尘"、"埃"、"渺"、"漠"、"模糊"、"逡巡"、"须臾"、"瞬息"、"弹指"、"刹那"、"六德"、"虚"、"空"、"清"、"净"等。

英国学者李约瑟与中国学者钱宝琮均认为印度古代数学中也有中国的影响。钱宝琮的《中国数学史》一书，列举出位值制数码、四则运算、分数、三

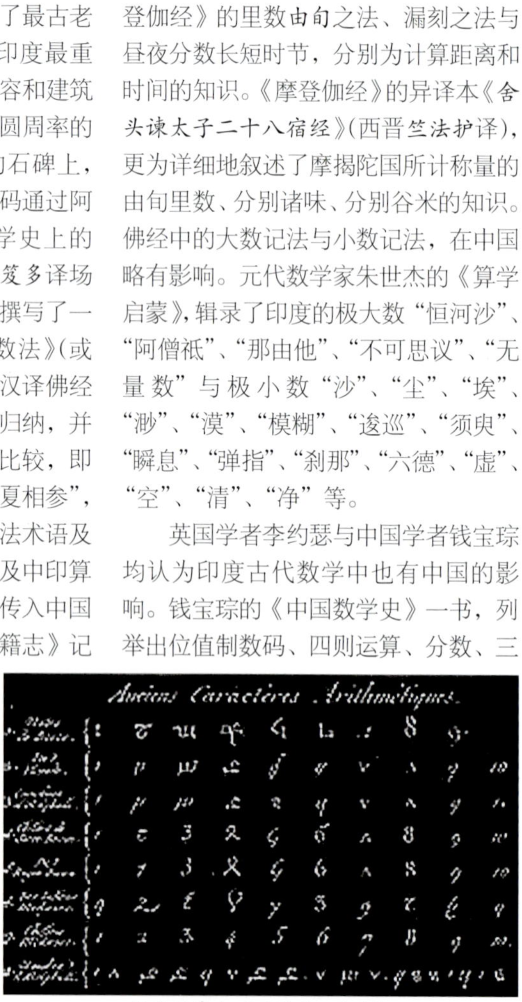

印度瓜廖尔石碑铭文 9世纪

项法、弓形面积与球体积、联立一次方程组、负数、勾股问题、圆周率、重差术、一次同余式问题、不定方程问题、开方法、正弦表的造法等14项证据，证明印度数学曾经受到中国数学的影响。

印度古代天文学 印度古代天文学是印度古代发展起来的一种对天文现象进行观察和描述，并用数学手段给出解释和预测的知识体系。按照D.平格里的观点，印度古代天文学可分为5个时期，依次为吠陀时期（约前1000～前400）、巴比伦时期（约公元前400～公元200）、希腊化巴比伦时期（约200～400）、希腊时期（400～1600）和伊斯兰时期（1600～1800）。

吠陀时期的天文学主要保存在《梨俱吠陀》等四吠陀中，它们构成最为本土化的印度天文学。在巴比伦时期，印度天文学融入了大量美索不达米亚天文学的内容，包括描述日长变化的方法和其他源于巴比伦的参数、数学模型、时间单位、仪器等。希腊化巴比伦时期传入了经希腊人改编过的巴比伦塞琉古时期的天文学，其内容有对行星动态的描述，有关日月交食、影长等问题的几何计算等。部分内容保存在575年左右成书的《五大历数书汇编》中。在长达1 000多年的印度天文学希腊化时期，印度天文学名家辈出，经典繁多，先后

印度新德里古天文台（局部）

形成了五大天文学派，其中的婆罗门天文学派建立最早（400年）、延续最长（1 500多年），因此影响也最为深远。其余为：雅利安天文学派，建立于500年；夜半学派，建立于500年；太阳学派，建立于800年；伽纳莎学派，建立于1500年。随着伊斯兰教传入印度，在1600～1800年印度经历了一个伊斯兰天文学时期，随后直接接触西方近现代天文学。

在印度历史上虽然有多次域外天文学侵入，但作为印度本土天文学的吠陀时期天文学在与外来天文学的融合中，仍然以各种各样的方式保存下来。这种融合了外来天文学内容的印度古代天文学伴随着佛教东传而传播到中国，散见于汉译佛经和各种史籍，按其内容可分为宇宙学，星宿体系，太阳、月亮的运行及日月交食，时节和历法，行星运行及其历表5个部分。

随佛教传入的宇宙学知识应属于早期印度天文学，主要包含**劫**的概念，宇宙的循环毁灭与创造，宇宙的结构和尺度等内容。佛教世界观认为，一劫之初在风的吹动下有一定结构的宇宙被建成，在一劫之末劫火烧毁一切，世界完成一个轮回，然后被重新创造。佛经中对印度古代宇宙结构有比较定量化的描述：宇宙间万物处在一个巨大无边的风轮之上，该风轮厚一百六十万由旬。风轮之上有水轮，厚一百十二万由旬，其中表面的三十二万由旬凝结成金地轮。水轮、金轮的直径为一百二十万零三千四百五十由旬，周长为直径的三倍。金轮之上苏迷卢山处于正中，出水高度和入水深度均为八万四千由旬，其外依次有七金山围绕。七金山之外有四大部洲。四大部洲之外有轮围山。七金山、轮围山入水深度与苏迷卢山入水深度相等，出水则依次减半，各山宽度与出水高度相等。九山之间依次又有八海，前七海名为内海，最内之海宽八万由旬，周围长二十四万由旬。余下六海宽度依次减半。第八海为外海，宽三十二万一千由旬。印度古代的这个宇宙模型与中国古代的盖天宇宙模型有相似之处，但目前没有确切证据证明两者之间的联系。

汉译佛经中的印度星宿体系值得

钮卫星《西望梵天》封面

注意的有名称的翻译、首宿问题、星宿数目、每宿宽度、各宿星数和构形等。在印度星宿体系传入中国之前，中国本土已经发展形成了一套类似的星宿体系。印度星宿在汉译过程中其名称的翻译有3种情况：①对译成中国已有的星宿名称，这种情况占了相当多的一部分；②按照梵语发音进行音译，这种译法在汉译佛经中也有相当的数量；③按照梵语星宿名称的字面意思意译成汉语，这种译法在汉译佛经中只找到一例。印度星宿体系的首宿与中国古代有所不同，汉译佛经中除以角宿为首宿外，还出现了以昴宿、娄宿为首宿的情况。以角宿为首宿是为了保持与中国古代星宿体系一致；以昴宿为首宿是印度古代天文学的特征，其天文学意义在于认定昴宿是春分点所在的宿。而后期译经中多见娄宿为首宿则反映了因岁差而作出的调整。汉译佛经中出现的星宿数目有二十八和二十七两种。**二十八宿**体系在数目上与中国古代的相一致，而除去牛宿之后的二十七宿体系为印度本土星宿体系，是为与外来之黄道十二宫相配合而作出调整的产物。汉译佛经中二十七宿最为完整明确的表述见于唐**不空金刚**所译的《宿曜经》。汉译佛经中所见星宿之宽度主要为一种不均匀划分，但其不均匀性又不似中国古代二十八宿各宿宽度那样没有规律，大致分宽、次宽和窄3种。从《宿曜经》等佛经中，也看到了一种统一各宿宽度的趋向，这种趋向应是受到黄道十二宫传入印度的影响。佛经星宿体系各宿的星数与中国古代的情况相差较大，只有五

宿的星数完全相同。描绘星宿构形的器物或物产名称等也都具有印度特色。

关于太阳和月亮的运行，多种汉译佛经都提到它们是在风轮的托持和吹动下，绕苏迷卢山而转。日月运行的高度为苏迷卢山高的一半，即四万二千由旬。日之直径为五十一由旬，月之直径为五十由旬。日绕苏迷卢山转动，在四大部洲形成昼夜交替和季节变化。《立世阿毗昙论》卷五《日月行品第十九》提到，太阳运行的道路有180条，月亮运行的道路有15条。在半年内太阳每天连续地从一条日道过渡到下一条日道，到最外一条日道后依次退回到最内一条日道。这样一年之中日出方位角的

《天问图》（清）萧云从绘

变化、白昼长度的变化等周年变化可以得到比较好的解释。对月亮的行路，每一条月路相当于12条日路。180条日路之最南一路到最北一路之间相距二百九十由旬，日月在这中间来回运行。其中还给出日光照射范围是直径为七十二万一千二百由旬的一个球。

关于日月交食，汉译佛经中解释其成因是因阿修罗王罗睺用手遮挡日月造成的，并且提到了6个月的交食周期。从汉译佛经以外的文献资料可知，传入中土的印度天文学尤以推交食术最为擅长。《旧唐书》卷三十三“《麟德历》推交食术”条附有“迦叶孝威等天竺法”，即是一种推算交食的印度方法（见**迦叶孝威**）。《旧唐书》卷三十四“《大衍历》推交食术”条也附有一段天竺交食术，这是天竺僧俱摩罗所传的“断日食法”

印度斋普尔古天文台（局部）

（见**俱摩罗**）。另外，瞿昙悉达所编译的《九执历》较详细地介绍了印度的交食推算法。

汉译佛经中记载的有关印度古代的时节和历法的内容比较丰富，主要内容有季节的划分、月份的名称、白月和黑月的概念、大月和小月的安排、闰月的安插、昼夜长短变化，以及昼夜时分划分与命名，等等。《**大智度论**》卷四十八则给出了4种不同月的定义，有所谓的“日月”、“世间月”、“月月”和“星宿月”。这里的“日月”是回归年长度的十二分之一，“世间月”是一种理想年（360日为一理想年）的1/12，“月月”即朔望月，“星宿月”即恒星月。佛经中还给出几份正午表影长度的季节变化表，其中以《时非时经》中的数据表最为详细。较为完整的类似于印度古代历数书的著述，除《九执历》外，晚唐期间流传于中国民间的源于印度天文学的《**符天历**》可为代表，但其主体内容已经失传。**瞿昙罗**修撰的《**光宅历**》据日本天文学家薮内清推测，可能是根据印度天文学计算天象的一种

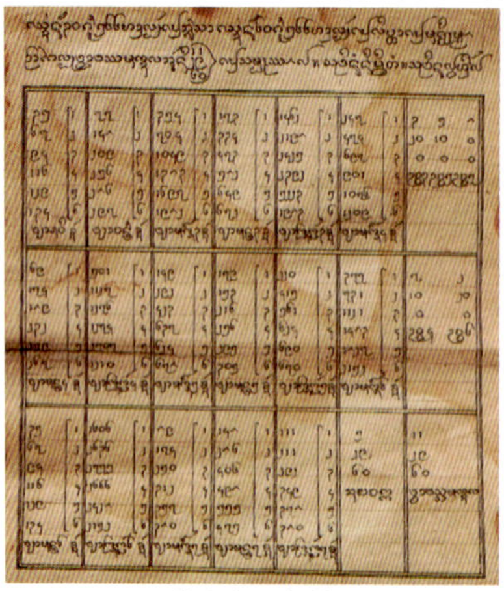
傣文古历书影

天文表。

关于行星的知识，汉译佛经中所涉及的主要有行星名称和排列次序、行星尺度大小、行星行度、行星历表等。**罗睺和计都**两颗隐曜也被作为行星对待。行星的名称有时采用中国古代的名称，有时采用音译。行星的排列次序有时采用中国古代的五行相生次序，有时采用亮度大小的次序，《宿曜经》则给出了行星行度“从速至迟”的次序。行星的行度及其历表比较集中地展示在《七曜攘灾决》中。

印度天文学传入中国的时间早、传播跨度大（3~10世纪），保存至今的相关材料比较零散，很难将其中的天文学内容与印度各个时期各大天文学派的某一部天文学经典建立联系。但印度天文学对中国天文学所产生的影响还是有迹可循的。特别在唐代，影响达到高潮。李峤在《神龙历序》中提到中印天文学家“虽异体而各术，并同心而合契”，为修改历法共同努力。最为典型的是僧人一行修《大衍历》。日本入唐求法僧人最澄在《内证佛法相承血脉谱》中描绘，“唐梵参会，共成一议”，最后完成了一部中国历法史上的“不刊之典”，成为后世历法的楷模。

（陈明　钮卫星）

Yindu Gudian Shixue

《印度古典诗学》 中国第一部系统介绍印度古典文艺理论的专著。北京大学出版社，1993年6月出第1版，1999年1月出第2版。作者黄宝生，中国社会科学院外国文学研究所研究员，曾任所长，中国社会科学院学部委员，长期从事印度古代文学和诗学研究。

《印度古典诗学》分上下两编。依据大量原始资料，叙述了印度梵语戏剧学和诗学的源流、体系和结构，并详尽阐释了印度古典文艺理论种种独特的批评原则、概念和术语等。上编名为《梵语戏剧学》，共分9章，分别为梵语戏剧源流、梵语戏剧学论著概述、味和情、戏剧的分类、情节、角色、语言、风格、舞台演出；下编名为《梵语诗学》，共分11章，分别为梵语诗源流、梵语诗学论著概述、庄严论、风格论、味论、韵论、曲语论、推理论、合适论、诗人学、梵语诗学的终结。该书着重阐释了婆罗多牟尼的《舞论》、婆摩诃与优婆吒以及楼陀罗吒的“庄严论”、檀丁和伐摩那的“风格论”、

《印度古典诗学》封面

新护的“味论”，并详细评述了曼摩吒的《诗光》、毗首那特的《文镜》、世主的《味海》等印度古代文论家的主要理论观点和著作。书中对梵语戏剧学和诗学原著引文的出处均已注明，在主要术语的译名之后均附梵语原文，便于读者核查和把握原义。

《印度古典诗学》全面介绍了印度古代文艺理论，深入分析研究了印度古典梵语文论家的主要理论观点和著作，为中国比较文学、文学理论和戏剧学以及梵语戏剧学和诗学的研究提供了翔实的理论依据和参考，是中国研究印度古代文艺理论的重要著作之一。

（王靖）

Yindu Gu Foguo Youji

《印度古佛国游记》 印度佛教圣地游记。新加坡华侨李俊承居士撰写。的1940年由商务印书馆出版。

李俊承在《自序》中说明了游印度佛教圣地和该书写作的缘起：最初，北平（今北京）法源寺道阶法师三游印度，参谒圣迹。当时获知鹿野苑原有支那寺一所，为唐代敕建，因年久失修，已归湮没。锡兰（今斯里兰卡）居士劝道阶重修，诗哲R.泰戈尔也撰文慨叹，因而道阶与高剑父、丘菽园、庄笃明、僧转道、僧瑞于等发起重建。未就绪而道阶圆寂。其弟子德玉秉师遗志继续奔走。1936年，民国考试院院长戴季陶（1891～1949）经过新加坡，应允捐国币2 000元，槟城佛学院亦认捐3 000卢比，一时皆未到位。李俊承认捐新加坡币3万元，独自承担买地、建寺和造佛像费用。第二年春，他出资将德玉、演本二师送往鹿野苑，筹办购地和建寺事宜。德玉等得到谭云山、丘庆昌的大力帮助，至1938年末，诸事就绪。李俊承于1939年1月赴印度主持奠基礼，乘便参谒各处圣迹，于3月回新加坡，然后写出该书。可见，该书的写作与鹿野苑中华佛寺的重建关系密切，而且也与诸多中印文化交流史上的名人有关。

《印度古佛国游记》一书图文并茂，有彩图8幅，黑白图片52幅，计60幅。其书以日记形式叙事，自1939年1月1日自新加坡启程，至3月8日返抵新加坡，一日一记，且往往在一日行程之后附上诸多与印度和佛教相关的知识，如“印度略史及佛教沿革”、“中国游印僧人”、“法显事略”、“玄奘事略”、“印度现状概略”、“加尔各答概况”、“拘尸那古记载”、“舍卫城古记载”、“蓝毗尼古

《印度古佛国游记》封面

记载”、“那烂陀古记载”、“灵鹫山古记载”，等等。又往往因感赋诗，文辞清雅，用意幽远。

书后附录有《泰戈尔倡议重建中华寺文》、《中华寺奠基礼新闻》、《冯执正总领事演说辞》、《李俊承中英文演说辞》、《德玉法师演说辞》、《丘菽园撰中华寺碑文》，都在中印文化交流史上具有意义。

（薛克翘）

Yindu Guojia Bowuguan

印度国家博物馆 National Museum of India 印度政府在首都新德里设立的艺术与考古博物馆。印度三大国立博物馆之一。以馆藏文物的丰富和珍贵著称于世，与中国等160多个国家建立了交流与合作关系。馆藏许多中国藏品，亦曾有珍贵藏品在北京中华世纪坛世界艺

印度国家博物馆内景

印度国家博物馆外观

术馆长期展出。

创建于1949年8月15日。年均接待参观者740万人次。藏品约20万件，或产于本土，或源于国外，涵盖时间超过5 000年。该馆以1947、1948年之交在伦敦举办的印度艺术展览展品为核心，后来广泛收藏印度各个历史时代和不同地区的艺术与考古文物。建筑平面呈扇面形，内辟圆形中庭，共分3层，有26个永久展厅。第一层包括：史前厅，陈列印度河文明时代的遗品；初期佛教艺术厅，陈列孔雀王朝和巽伽王朝时代的赤陶和雕刻；佛教艺术厅，陈列**贵霜王朝**、笈多王朝和波罗王朝时代的雕刻；印度教艺术厅，陈列中世纪印度教雕刻；青铜神像厅，陈列朱罗王朝时代的青铜神像。第二层包括：写本厅，陈列莫卧儿王朝时代的贵重文书等；细密画厅，陈列莫卧儿细密画和拉其普特细密画；绘画厅，陈列**阿旃陀石窟**和埃洛拉石窟壁画的临摹品；中亚艺术厅，陈列匈牙利裔英国考古学家和地理学家A.斯坦因收集的部分中亚和中国新疆、敦煌壁画等文物（大宗文物另设中亚考古部别馆收藏）。第三层包括：民族服饰厅；藏有4万余枚古钱的古代货币厅；染织厅；武器盔甲厅；木雕工艺厅；民族乐器厅。该馆丰富的艺术藏品陈列，展示了印度乃至整个南亚地区文化发展的轮廓。该馆内部还附设收藏室、研究室、图书馆、讲堂、商店等。

财神俱毗罗石像
现藏印度国家博物馆

中亚艺术厅无论在数量上还是质量上均十分突出。其中许多藏品是来自中国新疆吐鲁番和甘肃敦煌的文物。这些珍贵的中国文物是由斯坦因在3次中亚探险中获得的。他于1900～1901年、1906～1908年、1913～1916年，分别得到不列颠博物馆和英属印度政府的资助。他来中国时持英属印度政府颁发的护照，并有若干来自旁遮普的锡克人与他偕行。他搜集的文献资料及器物甚多，甚至有新石器时代的石器乃至8世纪的随葬品和纺织品。在敦煌附近发现千佛洞，获取绘画等大量珍贵文物。根据英属印度政府、不列颠博物馆和英国印度事务部三方的事先约定，斯坦因获得的壁画、绢画、刺绣、木版画、陶器、木雕、钱币等文物，由印度中亚考古博物馆与不列颠博物馆平分。1918年三方分割结束。大批主要来自新疆，其次来自敦煌的中国文物被运往新德里，总数在千件以上。敦煌壁画原作200余件，实际展出仅20幅。在印度收藏的这些中国文物，一直没有受到中国学术界的应有重视。迄今为止，见到并研究过这批中国文物的中国学者，只有台湾的敦煌学者金荣华。他自1982年起曾数度前往新德里，对该馆所藏中国文物进行研究。他发现，英国学者A.魏礼1931年编写的《斯坦因爵士敦煌所获绘画品目录》并未登录全部藏品，“新德里的佛画，有些见于著录的已找不到，有些则书中未曾收录”。

印度国家博物馆中国藏品专家、独立学者C.B.黑斯纳，经过数十年的艰辛工作，完成对该馆所藏中国敦煌及吐鲁番文物的研究，2014年在德国出版。她表示，馆内陈列的展品仅是

地藏菩萨像 敦煌绢画
现藏印度国家博物馆

药叉石像
现藏印度国家博物馆

实际藏品的1/10，特点是实物多而文书少，现已全部整理完毕。它们是了解有关地区先民文化传统和宗教信仰的珍贵实物资料。

在印度国家博物馆史前厅陈列的印度河文明时代的藏品中，有众多造型巨大的赭红色陶罐，上绘各种图案，其中多见者为鱼纹图案，与中国半坡出土的人面鱼纹盆相似。虽然中国和印度在远古时代不可能有文化交流，但这一事实至少说明，生活在印度河畔和黄河岸边的两国先民均喜食鱼，都对鱼怀着某种崇拜的情感。

印度国家博物馆还收藏着一些来自中国西藏的宗教器物。

（刘 建）

Yindu Guomin Xiehui Zhongguo Fenhui

印度国民协会中国分会 Indian National Association of China 20世纪三四十年代印度人在中国上海设立的组织。见萨哈伊，A.M.。

Yindu Huaren shequ

印度华人社区 Chinese community in India 印度华人社区始于殖民时期印度与中国间的海上贸易。正如许多印度商人蜂拥至中国沿海地区寻求商机，不少中国海员、商人、工匠和劳工也抵达加尔各答和孟买这两个在当时印度东西海岸最为繁华的港口城市。

一般认为第一个在印度定居的华人叫杨大钊或阿钊。他于1780年前后向加尔各答的英国总督W.黑斯廷斯申请一片种植甘蔗的土地，并得到批准。他得到了加尔各答以南约15千米处一片土地。为纪念他，此地至今仍被称作阿钊坡或阿钊普尔。杨大钊从中国雇用了约100个华工在这片土地上种植甘蔗、制糖、酿酒。但也有记录表明，在杨大钊来印度时已有一些华人生活在加尔各答。在同一时期，中国海员、商贩、工匠等也来到孟买。他们在木工方面的技能尤其得到赞赏，多受雇任船舶装配工，从事码头的建设和维护。也有一些人是画工和手工业者，他们为满足孟买家庭在与中国贸易联系中形成的对中国刺绣、绘画和纺织品的爱好而来到印度。另有一些人从中国带来丝绸和其他物件，挨家挨户推销。第三类华人大多是从马来亚及其他东南亚国家来到印度，以促进早期印度东北部阿萨姆地区茶业的发展。其中许多人与当地妇女通婚并开设小型商铺和兴办企业，在阿萨姆马金镇周围一度形成了一定规模的阿萨姆华人族群。

至19世纪中叶，约有500名华人居住在加尔各答和孟买。他们大部分是男性，多为往返于中国与印度的旅居者。从20世纪初期开始，加尔各答的华人社区逐渐壮大。当时中国的社会政治动荡，战祸连绵，经济困难，使得更多华人到印度寻求生计。一个重要的变

印度加尔各答唐人街

化是在印度的华人男性开始将他们的妻子和家人接来，从而形成了更为稳定的社区。社区规模最初有数千人，50年代初达到峰值，一度有约14 000人。印度华人唯一的聚集地在加尔各答，那里的华人最初主要定居在市中心的保巴沙一带，之后又在塔坝或称唐格拉的地区建立起自己的社区。

南顺会馆 印度加尔各答华人社区

从印度华人中可以识别出一些明显的地区性群体。最早到达的主要是广东人，他们作为优秀的木匠为人所熟知。另一个群体是客家人，他们中的许多人主要从事皮革生意，在塔坝地区经商并定居。第三个稍小的群体来自中国中部的湖北省。他们当中很多人最初是传统的镶牙人，后来慢慢成为牙医。相比于其他群体，他们因工作性质的原因而更为广泛地分布于印度的村镇和城市。近几十年，印度华人开始涉足其他行业，尤其是餐饮业、美容业、洗衣业及其他服务业。

几十年来，加尔各答的塔坝已发展为印度的唐人街。中国家庭不遗余力地保持着自己的语言、文化特征以及群体意识，他们创办了几种中文报纸，但目前仍在发行的只有一家报纸，即《印度商报》。华人社区为自己的孩子创办了培梅、梅光、建国、圣心等多所以中文为授课语言的学校，尽管近年来因生源减少，一些学校完全或部分关闭。此外，他们还建造了一些中国庙宇。印度华人以隆重的传统方式庆祝中国农历新年和其他中国传统节日，在加尔各答地区尤

甚。每逢中国农历新年，在印度的华人都愿去印度华人最早的定居地阿钊坡祭拜，此形式已成为加尔各答华人的一大习俗，他们在阿钊墓前，表达对他的尊崇之情。

1962年的中印边境问题使印度华人遭到严重打击。许多华人家庭被迫从原住处迁离，被送往集中营，有的甚至被驱逐出境。后来，一些人被允许回到在印度的原有住所，但他们发现已经很难回归昔日的生活。很多人在印度的法律和政治地位无法得到保障。在加尔各答长大的华人李桂云在自己的作品中生动再现了这些创伤。涉及这一题材的还有阿萨姆作家R.乔杜里的小说《马金镇》，该书在阿萨姆地区读者众多。此外，R.伊利阿斯的纪录片《胖妈妈传奇》也唤起了华人悲喜交集的记忆。

近年来，华人社区面临着人口减少的问题，其中一个重要原因是不少青年人已出国前往加拿大、澳大利亚及其他地区寻求致富机遇。但已经移民的印度华人会时常通过博客、网站和各类协会、各种活动，保持彼此之间以及与在印度的亲人的联系。

（玛妲玉撰　张幸　张然译）

Yindu huihua

印度绘画 Indian painting　印度视觉艺术或造型艺术门类之一。具有深厚的传统和悠久的历史。包括岩画、古代壁画、莫卧尔细密画、现代绘画等。分属史前、古代、中世和近现代4个时期。无论是与波斯细密画水乳交融的莫卧尔细密画还是借鉴西方现代艺术流派的现代画，均恪守了民族传统，保持了鲜明的印度特色。两大画种壁画和细密画在世界艺术之林独领风骚，占有极为崇高的地位，产生了广泛而深远的影响。

史前岩画　印度最早的视觉艺术作品是原始的线条画。这些线条画绘制于天然岩洞之中，因此又称岩画。在印度发现的岩画达数百处，它们主要集中在以今中央邦首府博帕尔市为中心的半径约160多千米的范围之内。1880年在今印度北方邦米尔扎普尔县等地发现一批史前岩画。1973年又在今中央邦辛坎普尔村附近的比姆贝特卡山区一带发现了世界上规模最大的史前岩画群之一。截

哈拉帕陶器　公元前2千纪

至1982年，中央邦境内共发现157处岩画集中分布区。印度岩画的年代约从公元前第6千纪中叶延续到公元4世纪。这些岩画主要描绘狩猎场面和各种野生动物，也有描绘人类舞蹈活动或殡葬场景的。在比姆贝特卡发现的一幅约绘于公元前5500年的高约51厘米的《猎舞图》，可能是印度最早的岩画作品。线条极为简洁，也极为稚拙，但还是表现了原始部落民狩猎有获的喜悦心情。这些岩画主要画在砂岩上。后期岩画有表现骑马、骑象和战争等人类生活内容的，也有表现巫术和生殖崇拜的符号。从画面可以看出，当时的武士已在使用刀剑和盾牌。因此，它们显然是铁器时代的作品。所用颜料有红、黑、粉、绿、蓝、黄、橙、紫诸色，均为天然矿物颜料。同样在比姆贝特卡发现的巨幅岩画《骑马的人的行列与骑象的人》，气势恢宏而色彩绚烂，画面内容已经十分丰富。该画可能创作于吠陀时期或之前。有些岩画的作者已经产生了原始的透视意识，在画母牛时还要捎带将其腹中的犊牛画出，画羚羊时竟然将其内脏也要表现出来。这样的岩画在世界其他地区十分罕见。史前岩画是印度绘画的滥觞，也是印度壁画的前身。

印度河文明时期的绘画　从摩亨佐达罗和哈拉帕等印度河文明遗址发掘出来的赤陶图案和印章图像判断，在印度河文明时期，人们已拥有很高的审美能力和绘画技能。在哈拉帕出土的硕大陶罐的外表，绘着写实风格的鸟、树和叶片。在现存2 000余枚印章中，动物形象虽然构图简洁，但笔法洗练，造型逼真，气韵生动。在印章上还出现了想象或传说中的动物独角兽的造型，甚至还出现了人物或神的形象。没有一定的绘画基础，断难在方寸之间有所作为。因此，据美术史家推断，在印度河文明时期繁荣的城市中，可能已有壁画存在。此外，从现有文献看，绘画在上层社会的教育与生活中都十分重要。从文学作品中可以获悉，国王的宫殿与富人的宅邸都饰有壁画和木版画。不过，由于年代过分久远，它们早已化作历史的烟尘。

阿旃陀石窟壁画　从公元前2世纪发端至公元8～10世纪，为印度壁画的主要创作时期。在现存印度古代绘画中，以阿旃陀壁画最为重要也最知名。它们是印度古典绘画的成熟和典范之作，存于今德干高原马哈拉施特拉邦奥兰加巴

比姆贝特卡岩画　约公元前1000年

《持莲花菩萨》 约580年
印度阿旃陀石窟第1窟壁画（局部）

《须大拿本生》 约500年 印度阿旃陀石窟第17窟壁画

德市西北100千米处的阿旃陀石窟。瓦科拉河在这里形成一个近乎180度的大转弯，河谷呈马蹄形状。阿旃陀石窟就是在河谷高约20米的花岗岩陡壁上开凿的，29座石窟沿河谷排列，遂形成一个巨大的半圆。

阿旃陀石窟壁画创作时间约从公元前200年持续至公元650年。这一时期始于佛教兴旺之时，终于佛教衰微之日。在阿旃陀石窟开凿和艺术创作的鼎盛时期，约有200名佛教僧人住在这里，其中不乏技艺高超的画僧，此外还有众多画家与工匠。这是一个集建筑、雕刻与绘画于一身的规模空前的宏大艺术工程。阿旃陀石窟虽系为宗教目的而开凿，但其壁画并非全然是宗教性的。根据铭文，第10窟动工于公元前2世纪上半叶，因而是最早开凿的洞窟。其中约创作于公元前1世纪的壁画系印度现存最古老的壁画，因而十分珍贵。尽管大部分画面已不可辨识，但有一段描绘当时王室生活的画幅却相对完好。在画面左侧，一个浓眉大眼、蓄着胡髭、相貌英武、神态威严的国王在扈从的簇拥下向位于中心的一株圣树走去，画面右侧，一群手执各种乐器的乐师及若干舞女在恭候国王莅临。画中20余人神态各异，发式各不相同。国王的发式最为特别。他一头质感浓密的黑发在头顶高高束起，束发带上饰以珠宝。他很可能是巽伽王朝的一位国王。画面上其他人物的处理也一丝不苟。乐师正襟危坐，舞女美目灵动。画的内容是世俗的，风格是写实的，手法是成熟的。此类早期壁画多以长条沿墙铺展。后来，阿旃陀石窟壁画逐渐发展到把所有可资利用的墙壁全都覆盖起来。

阿旃陀石窟绘画的主要题材是佛本生故事和佛传故事。约创作于公元前2世纪中期或前1世纪的前期作品风格古朴，类似巴尔胡特和桑奇等地的古风式雕像。代表作有《六牙白象本生》、《国王及其扈从礼拜菩提树》等。后期壁画大部分约作于475年之后。风格处于从古典主义的高雅单纯向巴洛克的豪华绚烂过渡时期。密集而连续的画面构成完整的故事。女性人物造型强调三曲式体态，头部向右倾侧，胸部往左扭转，臀部复又向右耸出。在这些作品中，人物眼神顾盼流动，手势优美，线条流畅，构图紧凑和谐而曲折多变。这些壁画恪守印度传统绘画法则六支的规范，属于印度传统绘画的妙品“味画”，十分注重对情感的描绘与表现。表现眷恋世俗生活情感的“艳情味”和表现皈依宗教情感的“悲悯味”，是两种主导的审美情感基调。许多壁画既表现世俗情感又表现宗教情感。代表作有第16窟的《难陀皈依》，第17窟的《须大拿本生》、《因陀罗与天女们》、《佛陀还家》、《僧伽罗故事》，第1窟的《持莲花菩萨》、《降魔图》、《摩诃诘那卡本生》，第2窟的《女信徒献祭》等。在这些洞窟中，洞壁、列柱、天井等，几乎绘满图画。形形色色的人物和动物色彩斑斓，栩栩如生。

开凿于5世纪笈多时代的第1窟系毗诃罗式洞窟，是阿旃陀所有石窟中最为壮观宏大的，犹如一座佛教艺术博物

《国王及其扈从》 公元前1世纪～公元200年 印度阿旃陀石窟第10窟壁画

印度阿旃陀石窟第19窟壁画

馆。内中壁画无论在数量上还是质量上均令人称奇，至今依然熠熠生辉，光彩照人。它们是古典绘画艺术达到顶峰时期的产物，显然出自艺术大师之手，因而具有典范意义。绘画的主题是佛本生故事。画面生动而富于活力，隐约折射出一个处于鼎盛时期的王朝的气象。《持莲花菩萨》中的菩萨身躯伟岸，比例远远大于其身边人物。他头戴尖顶宝冠，两道修长而显纤细的弓眉在印堂处连为一体，低垂的眼睛似在下视人寰，流露出一副悲天悯人的神情。他的上身裸露，白色项链下部的蓝色宝石分外耀目，右手执一朵盛开的青莲，站姿略呈女性化的三曲式，但头部却稍微向左倾侧。菩

合十礼拜的菩萨像　7世纪中叶
中国新疆和田地区巴拉瓦斯特佛寺遗址出土

萨左侧是一位袒胸露乳的肤色较黑的公主，呈坐姿。持拂者、持乐器者等次要人物及猴子、孔雀等动物并棕榈山石等构成的背景，起着烘云托月的作用。这幅持莲花菩萨像在阿旃陀石窟壁画中名声最大，因而影响也十分广泛。在阿富汗、中国、日本等国家的佛教壁画中，不乏造型类似的菩萨像。这位菩萨就是以大慈大悲闻名遐迩的观音菩萨。不过，他在中国逐渐演化成为女性形象。

以阿旃陀石窟为代表的丰富而绚烂的壁画表明，绘画在古代印度已是一种高度发达的艺术，并且取得了垂为典范的巨大成就。除艺术和审美价值外，阿旃陀石窟壁画还向我们展示了印度古代社会生活的方方面面，从中不但可以看到王公贵族及名门侍女的生活，而且可以看到苦力、乞丐、农民、僧侣等形形色色的人物形象。古代印度的服饰与风尚也逼真地呈现在后人面前。

7世纪晚期，印度佛教衰微，僧侣云散，阿旃陀石窟逐渐为泥土湮没，其后周围林木丛生，人迹罕至。直到1819年，一队英国军官被一位印度少年带来此地猎虎，才发现并使这座深藏多个世纪的佛教石窟艺术宝库重见天日。

除阿旃陀石窟外，在印度尚有20余个保存着这一时期壁画的处所，多为天然岩洞或人工石室。今中央邦达尔县温迪雅山脉南坡的巴格石窟，也是一个知名的佛教石窟群，由9个石窟组成。约开凿于5世纪。同阿旃陀石窟一样，巴格石窟也主要以壁画闻名。这些壁画皆出于古代绘画大师之手，残片尚存于第2、3、4、5、7等5窟中。第4窟壁画至为精美。除佛教壁画外，还有一些描绘世俗生活的画作。其中一些优异作品于1982年被搬迁到瓜廖尔考古博物馆。在德干高原上的另外一些石窟，如巴达米石窟与埃洛拉石窟之中，乃至在今泰米尔纳德邦布杜戈代县的锡塔纳瓦萨尔石窟中，也可以看到具有阿旃陀风格的壁画的遗迹。锡塔纳瓦萨尔石窟是一座耆那教寺庙，约开凿于7世纪。此外，同样在泰米尔纳德邦境内的阿尔马马莱石窟、奥里萨邦肯杜恰尔县的罗波那石窟等，也以富丽多彩的壁画而著称。除表现佛教、耆那教主题外，也有表现印度教主题的壁画。由此可见印度古代绘制壁画风气之盛。8世纪之后的壁画画家的艺术技巧，已难与阿旃陀时期的大师媲美。随着穆斯林的不断入侵和伊斯兰教影响的扩大，曾经辉煌的壁画艺术在印度逐渐衰微。

细密画　穆斯林在中世纪侵入印度后，虽然对印度本土艺术造成极大的冲击与破坏，但也带来了一些新的艺术理念与艺术品种。十一二世纪，细密画传入印度。它最初以佛教和耆那教贝叶经写本插图的形式出现，流行于东印度波罗王朝的一些文化艺术中心。在莫卧儿王朝时期，印度在政治上、军事上和经济上渐趋强大，历代皇帝基本采取了积极的宗教与文化政策，印度绘画再度呈现繁荣与辉煌的局面，为后世留下了许多艺术瑰宝。由于远离伊斯兰教文化中心，印度穆斯林艺术在发展过程中受到印度博大精深的本土文化与源远流长的传统艺术的影响，从而形成了自己独特的品格与风貌。

大雄的献身　《劫经》插图　细密画
约1404

作为一种具有独特风格和审美价值的艺术品种，莫卧儿王朝时期的细密画无论在印度艺术史上还是世界艺术史上都占有极其重要的地位。它们曾引起与莫卧儿皇帝贾汉吉尔及沙·贾汗同时代的荷兰伟大画家伦勃朗收藏与临摹的兴趣。在英国与美国的一些著名艺术博物馆中，也可以看到不少被珍藏着的莫卧儿细密画。

印度细密画与伊朗细密画存在渊源关系。早期的穆斯林王朝出于宗教原因大多严禁绘画艺术。一些正统穆斯林甚

卡里巴夜袭伊拉吉的军队 《哈姆扎传奇》插图 莫卧儿画派细密画 约1570

至认为，人类模仿真主的伟大创造是一种渎圣行为。然而，绘画艺术在初期虽然不为伊斯兰教所支持，但在后来却逐渐在一些穆斯林王公的赞助下发展起来。13世纪初期，蒙古人入侵伊朗，传去中国传统绘画艺术。在帖木儿王朝时期，伊朗绘画曾获得迅速发展。14世纪时，伊朗画家模仿中国传统风景画技法，为自己的历史、史诗和传奇绘制插图。15世纪时，伊朗南方城市设拉子等地成为重要的艺术中心，形成世界艺术史上知名的波斯细密画派。波斯细密画大师毕扎德师法自然，形成自然主义的表现手法。他对伊朗和印度的细密画艺术均产生过重大影响。穆斯林在印度建立政权后，许多波斯细密画画家从设拉子前往印度的穆斯林宫廷，对当时的印度绘画艺术产生了冲击和影响。在印度穆斯林重要的艺术和文化中心绍纳福儿和拉贾斯坦等地，都有穆斯林绘画品种和流派出现。在莫卧儿王朝统治时期，印度细密画创作趋于繁荣，产生了众多优异的细密画作品，形成一股艺术复兴的高潮。

细密画所以成为莫卧儿王朝时期最重要也最有成就的绘画品种，与该王朝几代皇帝的扶植与奖掖密切相关。胡马雍长期流寓伊朗时，在萨非王朝的宫廷目睹并开始迷恋细密画艺术。他的身边聚集了为数众多的极有天赋的伊朗画家。他决心在收复德里后将他们延请到宫中。1555年，胡马雍复辟，同时将两位细密画艺术大师米尔·阿里·赛义德和阿卜杜勒·萨马德带到印度。他们后来成为莫卧儿细密画派的核心人物。胡马雍逝世后，莫卧儿皇帝阿克巴对绘画等艺术形式继续持赞助态度，因而被认为是莫卧儿细密画的奠基人。在当时的都城法特普尔西克里的皇家画室中，聚集着100多名画家，既有穆斯林，也有印度教徒，细密画创作呈现盛况。由于莫卧儿细密画主要风行于宫廷之中，因而是一种宫廷艺术。

莫卧儿细密画最初只是波斯细密画的移植和模仿，后来融合了印度传统绘画及西方写实绘画的因素，形成了既富于装饰性又注重写实性的独特的莫卧儿画风。阿克巴时代的细密画富于活力，充满动感，代表作有《哈姆扎传奇》和《阿克巴本纪》的抄本插图等。《哈姆扎传奇》是一部历险故事，以伊斯兰教先知穆罕默德的叔父阿米尔·哈姆扎为中心人物。书的内容有些是史实，但也吸收了许多阿拉伯传说与民间故事。1567年前后，阿克巴下令为著名的阿拉伯史诗《哈姆扎传奇》的波斯文译本绘制大量插图。米尔·阿里·赛义德和阿卜杜勒·萨马德被任命为约100名画家的首领，负责此项工作。整个工程持续了15年才告完成。这些画家共为14卷本的《哈姆扎传奇》绘制了1 400幅插图。每卷的插图数量为100幅。画幅长约68.6厘米，宽约51厘米。最初，他们刻意模仿毕扎德画派。到了后期，印度传统绘画与雕刻中固有的特色与生命活力释放出来。这些在实践中得到锻

阿格拉城堡建筑施工 《阿克巴本纪》插图 约1590～1597

《火鸡》 印度细密画 约1612

炼的画家逐渐形成自己的艺术风格与审美取向，成为创立莫卧儿画派的骨干力量。到16世纪末，他们已将擅于造成立体效果的印度古代绘画传统技巧与伊朗毕扎德画派注重对称和比例的长处结合起来。宫廷画家还为印度两大史诗《摩诃婆罗多》和《罗摩衍那》绘制了色彩绚丽、精美绝伦的插图。阿克巴时代著名的宫廷画家达斯万特是印度教徒。他是一位才华盖世的艺术大师，深受阿克巴赏识。他为《摩诃婆罗多》的波斯文译本绘制的插图，具有浓郁的印度传统与地方特色。在他的笔下，印度风物栩栩如生。这些插图是16世纪～17世纪初期莫卧儿细密画的典范之作。类似达斯万特这样的画家，阿克巴的要臣与密友阿布勒·法兹勒在其所著的《阿克巴本纪》中一共提到18位。

贾汉吉尔时代的细密画崇尚自然，注重写实，代表作有《斑马》、《火鸡》、《楝树上的松鼠》、《贾汉吉尔肖像》、《身为王子时的沙·贾汗》、《巴尔维兹与女人们》、《贾汉吉尔与沙·阿巴斯假想的会见》、《贾汉吉尔向诸王引荐苏非派长者》等。16世纪后期～17世纪初期，西方绘画艺术随着殖民者与传教士的纷至沓来而传入莫卧儿宫廷。1607年，杰罗姆·泽维尔神父将配有意大利风格插图的《使徒行传》波斯文译本献给贾汉吉尔。1615年，英国国王詹姆斯一世通过驻莫卧儿宫廷大使托马斯·罗爵士向贾汉吉尔赠送英国杰出细密画家伊萨克·奥利弗的细

密肖像画。西方绘画艺术中纯熟的透视法与明暗法引起莫卧儿皇帝的注意。贾汉吉尔鼓励自己的宫廷画家临摹这些西方绘画并从中汲取艺术灵感。他们在回归印度传统的同时，逐渐抛弃波斯细密画偏于平面表现人物的手法，转向具有明显优点的透视法与明暗法。莫卧儿细密画于是开始表现出强烈的写实感。

贾汉吉尔时代的著名画家在其逝世后大多留在沙·贾汗的宫廷。他们提高了使用色彩的技法，对色度的处理出神入化。因此，沙·贾汗时代的细密画的特点是注重装饰，强调色彩。代表作有《沙·贾汗本纪》抄本插图、《沙·贾汗的三个儿子》等。莫卧儿诸皇均喜欢暖色和细致的笔触，以至莫卧儿细密画与中国工笔重彩画多有相似之处。

莫卧儿细密画是一种宫廷艺术，所表现的一个重要内容是王公贵族的生活。莫卧儿细密画依靠他们的赞助而发展，就必然要满足他们的审美趣味与精神需要。莫卧儿皇帝以雄厚的财政收入赞助绘画，也凭借艺术家之手而使自己的形象传诸后世。因此，莫卧儿王朝历代皇帝及其先人的日常生活与肖像画在这一绘画品种中占有突出地位。它们组成了帖木儿及其后裔的画集。除艺术价值外，这些细密画还形象而生动地揭示了那些重要历史人物的个性以及他们的事迹。它们或许有些夸饰，但基本是写实的。有一

手持阿克巴肖像的贾汉吉尔
印度细密画　约1614

《梧桐松鼠》
阿布尔·哈桑-曼苏尔绘于约1615

幅细密画描绘童年的帖木儿在与同伴游戏时就有王者之风。还有一幅画表现巴布尔在儿子胡马雍降生后满怀喜悦举行盛大宴会款待王公贵族。莫卧儿细密画再现了胡马雍登基的盛况、阿克巴以及贾汉吉尔狩猎的场景等。莫卧儿诸皇帝的肖像画大多惟妙惟肖。巴布尔精力充沛而略显拘谨，同时颇有教养。胡马雍清瘦而神情忧郁，颠沛流离的生活与多舛的命运在他的脸上留下难以掩饰的痕迹。阿克巴在艺术家的笔下显得深沉而刚毅，颇有君临天下、睥睨一切、雄视千古的气概。贾汉吉尔的目光流露着睿智的神色，但面容却显出酒色过度造成的浮肿。1615年以后，贾汉吉尔在一些肖像画中被描绘成超人，头部出现光轮。沙·贾汗的肖像画也带有光轮，神情威严、冷峻而尊贵，也透着专横。史家或许要为尊者讳，但画家们却忠于艺术。因此，有的论者认为，他们更为精确地记载了当时的历史。这些笔触细腻、造型精妙的肖像画不仅形似，而且传神。连画中人物的豪华服饰，也成了后世研究当时皇族生活的珍贵资料。莫卧儿人物画也描绘伊斯兰教神职人员和印度教苦行僧等，或描绘他们的宗教热忱，或表现他们的精神追求。

除人物画外，莫卧儿细密画的一个重要分支是花鸟动物画。曾为阿克巴与贾汉吉尔两代皇帝服务的乌斯塔德·曼苏尔是当时最为杰出的穆斯林画家。在《贾汉吉尔自传》中，他是皇帝提及次数最多的一位艺术家。贾汉吉尔喜欢珍禽异兽与瑶草琪花。他经常收到印度各地和外国赠送的罕见鸟兽。他在收到波斯国王送给他的一只隼后，对这只猛禽的雄健与色彩之美非常欣赏，遂命令曼苏尔将它摹绘下来。这位艺术大师先后画过多种花木与鸟兽。他在1612年前后创作的《火鸡》色彩斑斓，气韵生动。在作为背景的地上，花草的相应比例被明显缩小，笔触也非常简洁，从而映衬了高视阔步的雄火鸡的不凡气势。这幅完美体现曼苏尔艺术风格的典范之作，现收藏于伦敦维多利亚和艾伯特博物馆。他的另一幅代表作《楝树上的松鼠》高不过36.5厘米，阔不过22.5厘米，却表现了丰富的内容。楝树生长于克什米尔地区，是贾汉吉尔时代常见的绘画题材。曼苏尔将这株虬枝横逸的老树画得生机勃勃且富丽堂皇。在姜黄色的背景下，或红或绿或黄的树叶密密匝匝，色彩绚丽而又富于层次感，占去整个画面的2/3，造成强烈的视觉冲击。灰色的树干上，十余只松鼠上蹿下跳，神态与动作各异。在茂密的树叶的掩映下，还可看到不少小鸟或栖或飞。树旁灰色的巉岩间是一片碧草，上面点缀着紫色、红色或黄色的花卉，小鹿、山羊和几种飞禽在休憩或觅

贾汉吉尔凭窗　《贾汉吉尔本纪》插图
约1620

食。一个猎人试图攀树，引起了松鼠与一些飞禽的不安和躁动。这幅杰作现收藏于伦敦印度事务部图书馆。除曼苏尔外，还有一些优秀的花鸟动物画家。他们画野象、猛虎，也画孔雀、水牛，或不羁，或威武，或美丽，或雄健。

莫卧儿细密画从波斯传入，不断吸收印度本土传统艺术的要素，并深受西方近代艺术的影响。这种绘画样式从集体创作开始，逐渐形成个性化的风格，在人物、鸟兽、花卉等诸多绘画领域都取得了非凡成就，因而成为印度乃至世界艺术中的一朵奇葩。细密画一般篇幅不大，缺乏巨制，但在尺幅之间，却可尽展艺术家的才华与襟怀，表现重大历史事件和重要历史人物，涂写天地间的各种生物。被作为背景描绘的自然，常能给人以雄奇壮阔之感。

莫卧儿细密画从奥朗则布时代开始式微。18世纪中叶以后，莫卧儿王朝走向衰亡，移居勒克瑙等地的莫卧儿画家形成莫卧儿地方画派。

在莫卧儿王朝统治时期，除莫卧儿细密画的主流外，拉其普特细密画也是一个十分著名的独立画派，也享有崇高的声誉。拉其普特人是王族子孙，在拉贾斯坦和旁遮普等地建立了一系列独立的印度教王国。拉其普特细密画即指16～19世纪流行于拉其普特诸多土邦的细密画。拉其普特细密画基本属于民间或“贵族式的民间艺术”。在艺术风格上，莫卧儿细密画富丽典雅，拉其普特细密画朴实无华。莫卧儿细密画属于王公贵族，拉其普特细密画属于普通民众。两者一重写实，一重象征，技法大相径庭。

与莫卧儿细密画不同，拉其普特细密画源于印度本土。远在公元纪元之前，耆那教徒就开始给自己的贝叶经配制插图。人们用细绳将书页穿在一起，再配上薄木板制成的封面。印度现存的最古老的贝叶经，是在比哈尔与孟加拉地区发现的11世纪的佛经写本，以及在西印度发现的耆那教经写本。这些佛经写本插图中的人物，是以波罗王朝时期的铜雕佛像为蓝本绘制的，线条和设色均十分老到。在伊斯兰教征服孟加拉地区后，幸存的佛教僧人将这一艺术转移到尼泊尔与中国西藏，并使之在喜马拉雅山深处的佛寺中流传至近代。耆那教贝叶经画由于得到古吉拉特地区商人的赞助而一度繁荣。早期耆那教经典插图的一个显著特点是，在人物的侧面像中竟然能够将双目全都画出。近侧眼睛画得大，甚至有些夸张，远侧眼睛则凸出于面部轮廓线之外，似已脱离了眼窝。这种立体主义手法，比P.毕加索和G.布拉克在20世纪初期开创的现代立体主义早了至少7个世纪。纸在14世纪下半叶经伊朗传入印度后，纸质书开始取代贝叶经，绘画材料遂发生相应变化。插图艺术家从此可以挥洒自如地创作，颜料的使用可以更为得心应手，作品也可以更为细致精妙。

拉其普特细密画深受印度古代壁画艺术影响，线条生动流畅，色彩鲜明。采用象征主义手法，人物造型夸张，背景处理趋于程式化。它也受到莫卧儿细密画的熏染，绘画内容有土邦王公肖像和宫廷生活场景，但大量题材取自往世书、《罗摩衍那》和《摩诃婆罗多》中的印度教神话传说，其中尤以黑天的故事最为流行。黑天是印度教大神毗湿奴的化身之一。他以牧童的形象出现在人间，与牧女罗陀谈情说爱。由于中世纪虔信运动的影响、地方语言文学的崛起和印度教的复兴，黑天与罗陀的故事变得家喻户晓，深受印度教徒的喜爱，成为当时许多民间诗人吟咏的主题，也成了拉其普特细密画艺术家钟爱的主要题材。拉其普特细密画艺术家曾为《薄伽梵往世书》、《牧童歌》等文学作品绘制插图。这些作品的核心人物是毗湿奴或其化身黑天及罗陀。舞王湿婆也是画家钟爱的题材。斯里兰卡著名艺术史学者阿南达·库马拉斯瓦米认为，按照地域与风格的差异，拉其普特细密画可以分为拉贾斯坦派和帕哈里派。拉贾斯坦派地处平原，因而又名平原派；帕哈里派地处喜马拉雅山山麓，因而又名山区派。这两大流派还可以进而分为许多支派。

拉其普特细密画中最为别致也最有特色的品种，是“拉格马拉”画。“拉格马拉”是一部论述音乐调式的诗集《乐调之环》的音译。“拉格马拉”画

胡马雍肖像　印度细密画
约1645

相思调式　《乐调之环》组画之一
约1650

黑天与罗陀避雨　《牧童歌》插图
拉其普特细密画　18世纪末

就是为这部诗集配的插图。这部诗集以形象化的语言将印度音乐形式的内涵表述得十分明确，而这些特殊类型的细密画则使得诗歌意象变成了可让人目睹的具象。所以，这些细密画又被称为“音乐的绘画”。在北印度的古典音乐中，6个基本的男性曲调分别配以5个女性曲调，从而组成36个基本曲调。它们只能在一年特定的季节和一天特定的时辰演唱。“拉格马拉”画是世界艺术中独一无二的品种。它将绘画、诗歌与音乐结合在一起，对音乐家准确理解和把握音乐调式不无裨益。约创作于1790年的《秋千》，就是这种细密画的一个代表作。画的内容是一位贵族少妇在白色大理石阳台上欢快地荡着秋千。时当雨季，天空乌云翻滚。这幅画图解的是适合在雨季演唱的“秋千”调式，象征意义十分明显。

近现代绘画　19世纪以来，随着殖民统治的确立和西学东渐，西方绘画理念、样式和技法开始传入印度。在西方艺术的影响下，印度绘画进入近现代时期。英国人于1850、1854年分别在马德拉斯与加尔各答创办艺术学校，以推进艺术教育。印度学生开始系统学习西方美术，印度绘画开始受到西方绘画理论和作品的影响，无论在品种、技巧还是风格方面都发生了缓慢而显著的变化。西方绘画在光线效果、人体比例和透视等方面的基本技巧和科学处理引起印度画家的注目。从19世纪中叶至1947年独立，印欧学院派一直在印度美术界居于主导地位。与此同时，在孟加拉文艺复兴运动的文化背景下，以诗人R.泰戈尔的侄子A.泰戈尔为领袖的孟加拉画派在20世纪初异军突起，号召抵制殖民主义的艺术教育，主张继承阿旃陀壁画、莫卧儿细密画和拉其普特细密画为代表的印度艺术传统，进行了多种形式的艺术实验。N.鲍斯是孟加拉画派的代表画家。诗人泰戈尔也是印度近代的一位重要画家。他在60岁之后开始作画，作品数量达1 500余幅。他生前曾多次在西方举办个人画展，赢得极高声誉。由于他的绘画作品和艺术理论在印度现代艺术中的开拓作用和巨大影响，他也被认为是印度现代艺术的先驱之一。

印度独立时，不同流派的画家均已接受了现代技巧、理念和风格的浸染。尽管如此，印度画家依然主要凭借印度主题及意象激发创作灵感。印度独立后不久，6位杰出的画家K.H.阿罗、S.K.巴克莱、H.A.嘉代、M.F.侯赛因、S.H.拉扎和F.N.索萨在孟买成立进步艺术家集团，旨在确立以绘画展现后殖民地时代印度的新方式。该组织虽然于1956年即告解散，却对更新印度绘画语言及风格产生了深刻影响。在20世纪50年代，印度的几乎所有重要画家均与该艺术团体保持联系。其中一些艺术家如B.查布达等至今依然驰誉画坛。他们丰富了印度现代美术文化，反映了现代印度人的意识和情思。在这一时期，一些在印度美术界举足轻重的画家如J.罗易、侯赛因、索萨等创造了许多新的艺术样式。

20世纪90年代初以来，随着经济改革的推进，印度当代绘画发生了许多变化。恪守学院派传统的绘画和敢于突破藩篱的作品相映成趣。现实主义与伪现实主义并行不悖。在一些伪现实主义画家的笔下，寻常的印度生活场景被赋予抽象概念，形成怪诞的意象。不少画家得以立足于国际美术市场，如A.卡普尔等画家以巨幅画作引人瞩目。

不过，依然有人坚守传统。即使在现代主义和现代艺术已成为主流的今天，拉其普特细密画在印度依然拥有自己的市场。在2003年首届中国北京国际美术双年展上，就有印度当代画家V.S.拉希在2002年创作的三幅画，分别题为《礼拜湿婆》、《罗陀与黑天的传奇》及《艳情》。画中人物全是侧面

孟买进步艺术家群体合影

欧马尔·海亚姆像
A.泰戈尔绘　1905～1907

像，画家的风格与拉其普特细密画一脉相承。

自独立以来，印度画坛流派迭出，异彩纷呈。前后有表现主义绘画、超现实主义绘画、新坦多罗艺术等重要艺术流派出现。在每一流派的旗帜下，都有一批重要的画家。他们的眼界开阔，绘画技巧也愈益成熟。新的作品注重表现现实生活和人们在现代社会的种种感受。印度绘画在继承传统的同时不断创新，展现出蓬勃的生机。

在世界上的影响　印度著名历史学家D.D.高善必在《印度古代文化与文明史纲》第5章“从部落到社会”中指出：“没有在印度影响之下发展起来的佛教主题，缅甸、泰国、朝鲜、日本与中国（包括西藏）的艺术和建筑，乃至世界艺术，都会逊色许多。”英国美术史专家、达勒姆大学东方博物馆馆长P.S.罗森在《印度文化史》(A.L.巴沙姆主编，1975) 第15章“早期艺术与建筑”中也表达了类似看法：只有少数人认识到，世界艺术，尤其是东方世界的艺术，在多大程度上归功于印度。说实话，如果没有印度的样式与理念作为范例，整个东南亚，中国、内地及西藏、朝鲜、蒙古和日本的艺术就会全然不同，并且会由于这种不同而黯然失色。近代西方艺术，尤其是建筑与绘画，亦会如此。卓越的商人宗教——佛教，是这种艺术影响的主要媒介，不过，印度教也确乎渗入了东南亚及其岛屿；而印度的佛教艺术，则在很大程度上归功于与之一道繁荣的印度教艺术。这些学者的论断表明，印度绘画在世界上，尤其是在其亚

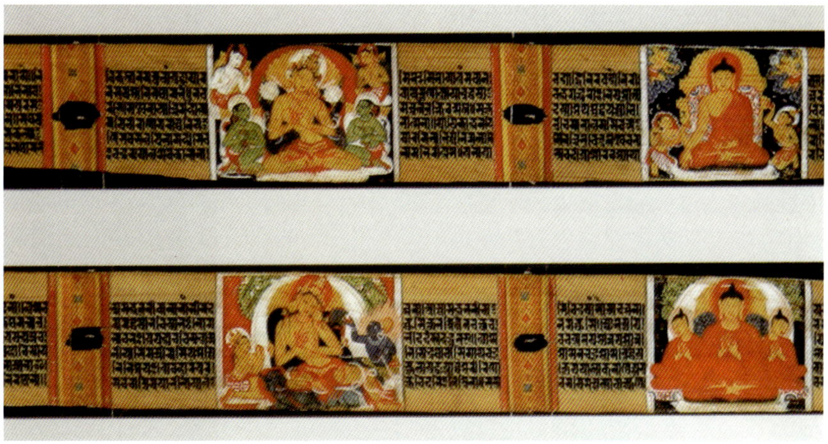

《八千颂般若波罗蜜多经》插图 约1090

洲邻国，产生了深远而广泛的影响。

中印绘画交流 中国与印度的绘画交流始于佛教初传东土之时。1世纪下半叶，汉明帝派往天竺的使者**蔡愔**在西域获得释迦牟尼画像。中国画工遂奉明帝之命据以涂写佛像。东晋高僧**法显**曾在印度长期居留，写经并绘画佛像。在魏晋南北朝和唐代，中国绘画艺术随佛教兴盛而获得长足发展。其间，不少印度画僧前来中国一试身手，而中国的一批知名画家亦擅画佛像。唐代书画理论家张彦远在《历代名画记》中记述了一些来华印度画僧如僧伽佛陀等人的事迹，也评价了与印度佛教艺术关系密切的中国画家**顾恺之**等人"变夷为夏"的艺术成就，为中印绘画艺术交流留下了宝贵史料。

在佛教主题和创作方法等方面，阿旃陀石窟壁画对中国敦煌等地的石窟或寺庙壁画产生过巨大影响。魏晋南北朝时期，阿旃陀石窟壁画中采用的一种印度传统绘画方法——**凹凸法**，逐渐从西向东传入中国。梁朝大画家**张僧繇**曾用此法在建康（今江苏南京）一佛寺内绘制壁画。凹凸法在中国画史上又被称为"天竺遗法"。该法在中国的一度流行，成为中印文化交流史上的一段佳话。不过，印度绘画艺术传入中国之后，逐渐出现本土化倾向。例如，在印度绘画中，飞天呈由下而上倾斜飞升状，而敦煌的飞天则衣带飘摇呈水平飞行状。由于这种变异，中国的壁画艺术形成了自己的个性。

宋元以降，随着佛教在印度的衰微，中印两国绘画艺术交流急剧减少。不过，流风余韵，终未断绝，甚至偶有印度画僧前来中国，为寺庙或官署画佛、菩萨、罗汉等像。宋代郭若虚《图画见闻志》、邓椿《画继》等中国绘画史典籍对此均有所记载。

20世纪，中国与印度的绘画艺术交流复兴。两国画家友好往来逐渐增多。1924年，印度国际大学艺术学院院长、画家鲍斯陪同泰戈尔访华，会见了中国画家**齐白石**等人。1937年，印度现代艺术先驱之一、画家B.B.穆克吉访问中国。1939～1940年，中国画家**徐悲鸿**应诗人泰戈尔邀请赴印度国际大学讲学。其间，为泰戈尔画像10余幅，包括速写、素描、油画、中国画，中国画《泰戈尔像》是他的代表作之一。1940年，徐悲鸿相继在圣蒂尼克坦和加尔各答举办个人画展，泰戈尔在画展前言中高度评价了他的艺术成就。1940年4～7月，徐悲鸿赴喜马拉雅山大吉岭，完成巨幅中国画《愚公移山》，其中多数人物以印度人为模特儿。1943年，中国画家**叶浅予**以战地记者名义访问印度兰姆伽中国远征军营地，参观印度国际大学和佛教圣地佛陀伽耶，画了大量印度舞蹈人物速写和风光写生。1944年，他在重庆举办"旅印画展"。1962年，他据旅印速写稿重新创作的中国画《印度婆罗多舞》是他的最佳代表作。

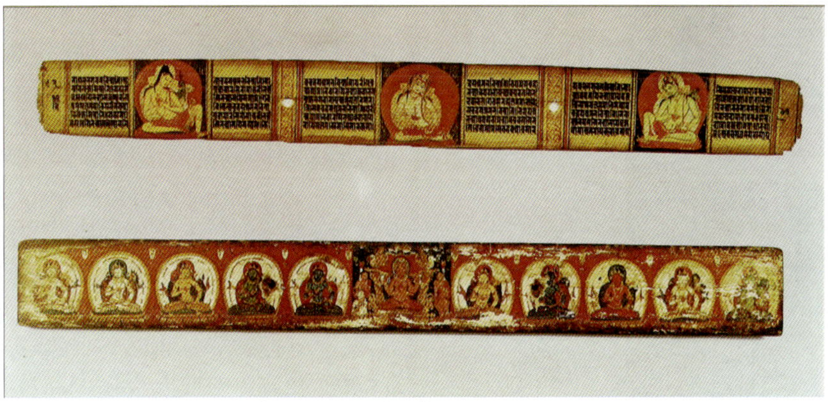

《般若波罗蜜多经》插图 约1090

印度独立和中华人民共和国建立后，两国绘画艺术交流和画家互访趋于常规化。1950年2月，中国画家**张大千**应邀在新德里举办个人画展。同年3～4月，他考察印度阿旃陀石窟，临摹阿旃陀壁画，并与敦煌壁画进行比较研究。1950年5月～1951年8月，他旅居喜马拉雅山避暑胜地大吉岭作画。1952年，印度著名画家M.F.侯赛因首次访问中国，曾拜访画家齐白石并与他交流画艺。1955年9月11日，北京举行印度阿旃陀壁画1 500周年纪念会。1981年5月，印度举办中国画展览。同年11月，新德里艺术馆举办中国画展览，展出郭熙、石涛、郑板桥、任伯年、徐悲鸿、齐白石等古今杰出画家的作品80余幅。1984年7月，侯赛因再度访问中国，曾拜访画家叶浅予，参观徐悲鸿纪念馆，回国后在新德里举办个人访华画展。1984年10月，在北京中国美术馆举办了纪念鲍斯诞生100周年绘画展览，展出了他的125幅多样风格的作品。近年来，在北京举办的历届国际美术双年展中，均有印度画家的新作与中国美术爱好者见面。

在现代中国，对印度绘画和中印绘画交流史的研究也取得非凡成就。中国东方艺术史专家**常任侠**与印度美术因缘殊深，著有《中印艺术因缘》(1955)、《印度与东南亚美术发展史》(1980)、《丝绸之路与西域文化艺术》(1981) 等书及论文多篇，较为全面探讨了古代中印绘画交流的历史。中国当代印度美术史专家王镛师承常任侠，著有《20世纪印度美术》(1997)、《印度美术史话》(1999)、《印度美术》(2004）等书及论文多篇，从艺术、宗教及哲学的角度深入系统地探讨了印度绘画自古迄今的发展史。薛克翘著《中国与南亚文化交流志》(1998）等书也梳理和论述了中国与印度在绘画领域交流的历史脉络。此外，还有不少著作或论文涉及印度绘画艺术。

（刘建）

桑奇大塔　公元前3世纪～公元1世纪

Yindu jianzhu

印度建筑 Indian architecture　产生于印度境内的造型艺术之一。历史悠久，空间广阔，风格多样，具有强烈的宗教性。在世界艺术史上占有极其重要的地位，产生了持久而广泛的影响。从材质上看，印度建筑主要是石建筑；从主题上看，则既有印度教建筑，也有佛教建筑和耆那教建筑，还有伊斯兰教建筑，以及现代建筑。无论在哪一领域，印度建筑都取得了非凡而独特的成就。

印度河流域文明时期建筑　印度最早的建筑出现在印度河流域文明时期。摩亨佐达罗和哈拉帕是当时两座规模很大的城市。它们出现在公元前第三千纪至第二千纪。从摩亨佐达罗遗址看，古城建筑规划相当和谐统一。街道纵横交错，南北方向为干路。民居整齐有序，大多有水井、浴室和排水管道。有的住宅分为上下两层。全城排水系统完善。可能为宗教目的而建的大浴池十分有名，池底还做了防渗漏技术处理。在1 000年之内，这座古城曾七度修建。砖是建筑的基本材料。

巴基斯坦摩亨佐达罗的大浴池遗址

佛教建筑　印度建筑艺术的真正开端是在孔雀王朝时期。这一时期的建筑遗存不多，但它们却对后世的印度教建筑产生了深刻影响。阿育王石柱被认为是印度最早的石建筑，曾广泛分布于孔雀帝国的许多地方。从建筑角度讲，阿育王石柱显然是象征主义的，它象征着宇宙之轴。在印度各地曾先后发现30余根阿育王石柱，但它们多已残破或倾覆。不过，在今比哈尔邦靠近印度与尼泊尔边境的劳里亚南丹加尔，还可看到一根巍然耸立的阿育王石柱。约建于公元前242～前241年。阿育王石柱多为整块砂石雕造，高度一般为12～15米左右，重约50吨。柱头雕饰狮、象、牛一类动物，柱身镌刻诰文，或铭记政事，或弘扬正法。它是雕刻艺术和建筑艺术的综合。

阿育王时期另一种重要建筑是佛塔。传说这位虔诚信佛的皇帝曾“敕建八万四千塔”，以分散保存佛舍利。此数虽然未必确切，但阿育王时代无疑造塔成风。今中央邦首府博帕尔附近的**桑奇大塔**是印度早期佛塔建筑的典型范例。其核心部分直径约36米，高约16米。大塔中心半球形覆钵，始建于公元前3世纪，即阿育王时代。在孔雀王朝之后的巽伽王朝时期，在大塔覆钵土墩外面垒砌砖石，涂以灰泥，顶上添建一方平台和三层伞盖，底部构筑沙石台基、双重扶梯、右绕甬道和围栏，始具现今规模。安度罗王朝时代，又在大塔围栏四方陆续建成4座沙石塔门。桑奇大塔的建造和完善前后跨越4个世纪，历时近300年。它对后来的佛塔建筑产生深远影响。随着与**释迦牟尼**涅槃前重要活动有关的地方逐渐成为圣地，寺庙和佛塔次第兴建。安放舍利的佛塔象征着佛陀法体，众多的佛塔则象征着佛陀法体无所不在。

摩诃菩提寺正觉佛塔（局部）

今比哈尔邦伽耶城南10余千米处的**摩诃菩提寺**也是一座著名的佛教建筑。相传释迦牟尼曾在此地的**菩提树**下静坐悟道。它与桑奇大塔约建造于同一时期。大菩提寺大塔规模宏伟。**玄奘**在《**大唐西域记**》中称此塔“高百六十尺，下基面广二十余步，垒以青砖，涂以石灰。层龛皆有金像，四壁镂作奇制”。1882年，该塔修复。塔身凌空耸峙于边长15米的方形基座之上，中央角锥形主塔的塔顶高达50米，四角4座小塔，高度约为主塔的1/3，形状也与主塔相似，给人以大小相形与和谐统一之感。

后来的佛教建筑主要是寺院和石窟寺，散见于印度各地。其中最著名的寺院有位于今比哈尔邦巴特那市东南的**那烂陀寺**。该寺建于5世纪上半叶笈多王朝时期，是印度佛教学术中心，后屡有扩建，规模宏大，殿宇壮观，声闻海外。寺内宝彩、宝海、宝洋三大殿，实际是藏书甚丰的图书馆，其中宝洋殿高达9层，极其壮观。《宋高僧传》卷三《寂默传》称：“那烂陀寺，周围四十八里，九寺一门，是九天王所造。”这一享有国际声誉的大型寺庙群，在12世纪末时毁于入侵穆斯林的兵燹。无数珍贵典籍也未能幸免于难。随后，佛教在印度本土急速衰落，佛教建筑的黄金时代一去不复返。

阿育王时代还出现了石窟建筑。在今比哈尔邦巴拉巴尔丘陵开凿的苏达马石窟和在格雅附近龙树山开凿的洛摩斯里希石窟，开了后世印度佛教岩凿支提（佛殿）窟、毗诃罗（僧房）窟等石窟建筑的先河。在巽伽王朝后期，即从公元前2世纪中叶起，在今马哈拉施特拉邦的加尔利和帕贾两地，开始成批出现岩凿支提窟。印度规模最大、保护最好的支提窟就在这里。在随后的漫长岁月中，佛教、印度教和耆那教的无数虔诚信徒，在印度开凿了1 500多个规模或大或小的类似支提窟，以形式的多样和数量的丰富超越世界任何形式的岩凿建筑，构成印度艺术史上极其重要的一章。它们大多饰以精美的雕刻，主要集中在印度西部西高止山中的悬崖峭壁上。在印度，无论是天然形成的还是人工开凿的石窟，均被认为是神圣之地。除神圣性外，石窟寺具有可长久保存的优点。

阿旃陀石窟

所谓支提，原本泛指各种礼拜场所，可以是建筑物、窣堵波、祭坛乃至树木，后来才用以指称佛殿。由于窣堵波（佛塔）是人们礼佛的最主要地方，所以它成了支提窟必不可少的组成部分。支提窟与当时在罗马帝国出现的长方形廊柱大厅不无相似之处。它的两侧是两排石柱，其间是宽敞的中央大厅。最后，两排石柱在大殿里侧形成曲线，在窣堵波后面相会。支提窟的顶部往往凿成拱形。拱顶不仅使建筑内部显出曲线美，而且拓展了大殿空间；信徒在这里不但不觉压抑，而且感到庄严神圣。支提窟正面门洞上方是一个巨大的马蹄形拱窗，天光由此进入佛殿。支提窟虽为石建筑，却以木结构建筑为其蓝本。这种建筑手法，亦为中世纪时期印度教神庙所沿用。帕贾第12号窟长约17米，宽约8米，高约9米，规模相当可观。

与支提窟相伴开凿的毗诃罗窟是供僧人居住的地方，一般形制平面呈方形，经由门厅入内，厅堂三面的石壁上开凿有诸多小室。僧人们在里面生活、静修和睡眠。

印度佛教石窟以**阿旃陀石窟**最负盛名。阿旃陀石窟位于今马哈拉施特拉邦奥兰加巴德市西北约106千米处。从约公元前2世纪~公元7世纪，在此地陆续开凿了29座石窟。玄奘在《大唐西域记》中记载，这一石窟群，处于“叠岭连嶂，重峦绝巘”之中，“基于幽谷，高堂邃宇，疏崖枕峰，重阁层台，背岩面壑”。石窟分属小乘佛教和大乘佛教

甘海里石窟第3号窟入口　开凿于2世纪

阿旃陀石窟 第19窟　约500~550

阿旃陀石窟第26窟　约600～642

两个时期。5窟为支提窟，余为毗诃罗窟。前期石窟风格素朴，后期石窟追求华美。阿旃陀石窟主要以壁画闻名于世。

在孟买迤北约42千米处的甘海里石窟（意译黑山石窟）虽远不及阿旃陀石窟知名，却与后者处于类似环境。甘海里石窟开凿于公元前1世纪至公元9世纪。共有109窟，多为毗诃罗窟。与阿旃陀石窟类似，早期毗诃罗窟朴实无华，毫无装饰。支提窟较大，饰以佛像、浮雕，有石刻窣堵波和廊柱。约开凿于6世纪的第3窟，长28米，宽13米，有34根廊柱，可容纳数百人聚集。石窟分布格局较为疏朗，由石阶相连。甘海里石窟3世纪成为一处重要佛教聚落，曾为佛教大学，系西印度佛教中心。10世纪时，阿底峡尝来此处修习禅定。虽然山间溪水奔流不息，一些石窟入口两侧还是开凿了可以积蓄雨水的石池。

位于奥兰加巴德市西北约29千米处的埃洛拉石窟则由34座石窟组成。开凿年代在5～10世纪之间。有佛教石窟12座，耆那教石窟5座，余为印度教石窟，艺术地反映了历史上此一时期印度多元宗教和谐共存的事实。佛教石窟开凿年代稍后，在630～700年。大多为毗诃罗窟，形制宏大。有佛陀、菩萨等人物雕像。第10号窟是此组佛教石窟中唯一的支提窟。主殿长26米，宽13米，高10米，宏敞壮观。雕刻家们将“房梁”雕凿得富于木梁效果。中心则是一座4.5米高的佛陀说法坐像。两侧有28根廊柱。埃洛拉石窟虽被认为是印度岩凿建筑的典范，但主要以雕刻名世。

印度教建筑　现存最早的印度教建筑艺术是笈多王朝时期的一些岩凿洞窟。随着佛教的衰落，印度教开始兴盛起来。中世纪时，印度南北诸多王朝大多信奉印度教，促进了印度教神庙建筑艺术的发展。6世纪时，南印度的多个印度教国王大力营造石窟寺，以供奉印度教诸神。578年，遮娄其国王曼伽莱萨在其都城巴达米（现为卡纳塔克邦比贾布尔县巴达米镇）为毗湿奴敕造石窟神庙。此地遂形成由4座石窟寺组成的巴达米石窟群，其中第4窟是一座耆那教石窟。7世纪，在今泰米尔纳德邦，出现了由独石凿出的野猪（毗湿奴化身）石窟寺和五车神庙，成为印度独石神庙的典范之作。

大约10世纪，印度教建筑进入全盛时期。佛教强调平和宁静，印度教崇尚动态变化，因此印度教建筑艺术呈现出与佛教建筑艺术全然不同的风貌。从时间跨度、建筑规模和艺术风格看，南印度的神庙建筑在印度具有典型意义。自称“神庙建造者”的帕拉瓦王朝国王马亨德拉瓦尔曼一世，于7世纪初在泰米尔纳德地区开辟了一系列印度教石窟柱廊。其子即位后，敕建独立式岩凿神庙，后来的南印度印度教神庙多以此为建筑范式。朱罗王朝于11世纪初在今泰米尔纳德邦坦焦尔兴建的布里哈迪希瓦拉神庙是印度现存最高大的神庙，俗称坦焦尔大塔。整个神庙用大块花岗岩石料垒砌而成，围以长方形回廊庭院。主殿平面为方形，边长25米。双层圣所上方耸立着13层角锥形悉卡罗，高达61米。顶端盔帽形盖石重达80吨，据说是沿着一条长达6千米以上的土坡牵引安放到塔顶的。众多壁画、雕刻及各种装饰使这座巍峨壮观的神庙显得富丽堂皇。马杜赖的米娜克希神庙建于17世纪，也是南印度极其有名的一座神庙。埃洛拉石窟有17座印度教石窟神庙，其中第16窟凯拉萨神庙是一座印度教雕刻艺术的宝库，也是一座建筑巨构。就建筑规模而言，它比希腊雅典卫城上供奉雅典娜女神的主神庙帕台农

布里哈迪希瓦拉神庙

五车神庙　帕拉瓦王朝　7世纪中叶

埃洛拉石窟第10窟（木匠窟） 约620～650

神庙远为宏伟壮观。施工过程中，被凿掉的岩石多达20万吨。它集建筑艺术与雕刻艺术于一身，给人强烈的视觉冲击和精神震撼。艺术史家们称之为“印度岩凿神庙的顶峰”、“印度建筑最奇异的狂想”、“雕刻的建筑”、“岩石的史诗”、“韧性的成就”。这座在世界建筑史与雕刻史上无与伦比的作品，充分体现了印度人民的伟大创造力和非凡的艺术想象力。孟买象岛石窟则完全是印度教石窟神庙。与佛教寺庙相比，印度教神庙不但工程难度大，艺术内涵也更丰富。

伊斯兰教建筑　穆斯林在中世纪侵入印度后，虽然对印度本土艺术造成极大的冲击与破坏，但也带来了一些新的艺术理念与艺术品种。不同时代的伊斯兰王朝奉行不同的文化政策，产生了迥然不同的结果。在莫卧儿王朝时期，印度在政治上、军事上和经济上渐趋强大，历代皇帝基本采取了积极的宗教与文化政策，印度建筑再度呈现繁荣与辉煌的局面，为后世留下许多艺术瑰宝。

由于远离伊斯兰教文化中心，印度伊斯兰艺术在其发展过程中不可避免地受到了印度博大精深的本土文化与源远流长的传统艺术的影响，从而形成自己独特的品格与风貌。佛教艺术、印度教艺术与伊斯兰教艺术，构成印度艺术的三大板块，使印度成为真正的多元文化大国。

穆斯林在侵入印度并建立政权后，也将伊斯兰风格的多种建筑形式带入印度。早期的阿拉伯统治者曾在信德南部兴建清真寺。10世纪末～12世纪初，伽色尼王朝苏丹马茂德与马苏德三世的宫殿，基本上属于伊朗建筑风格。马茂德在对印度西北部的多次劫掠中，从卡提阿瓦半岛的印度教寺庙索姆纳特寺掠得无数黄金珠宝，从而为自己营造宫室与清真寺聚集了足够的资财。与此同时，他也在印度本土看到并认识到大理石作为建筑材料的重要性。12世纪时修建的两座清真寺的宣礼塔，迄今还有一些部分残存下来。这些塔的基础部分为多边形，塔身则呈圆柱形。

在德里苏丹国时期，各种艺术形式都曾一度繁荣，但仅有一部分建筑艺术作品幸存至今。一些宫室在主人逝世后未能得到很好的保护而逐渐土崩瓦解。他们的后代另外择地修建宫室，有时也会拆毁祖居以获取建筑材料。因此，这一时期留存下来的建筑，主要是清真寺与陵寝。

从13世纪起，伊斯兰教建筑逐渐在北印度许多城市出现。印度伊斯兰教建筑主要包括城堡、宫殿、陵墓和清真寺。建筑材料多采用红色砂岩和白色大理石。印度伊斯兰教建筑在其发展过程

伊斯兰威力清真寺列柱回廊

中，逐渐吸收了印度固有建筑的一些艺术形式，形成了独具特色的印度伊斯兰教建筑风格。莫卧儿王朝时期是印度伊斯兰教建筑的黄金时期，大量建筑艺术杰作在这一时期问世，构成印度乃至世界建筑史上辉煌的一章。

穆斯林统治者在征服一地之后，首要之事就是建立清真寺，以供穆斯林集体礼拜之用。除宗教事务外，清真寺还可用作穆斯林子弟的学校。从建筑结构平面图看，它是一种与印度教神庙全然不同的建筑。每一座清真寺都筑有礼拜殿，内设讲坛和指示麦加方向的凹壁。在印度，礼拜殿总是指向西方，以便穆斯林朝向麦加祈祷。讲坛位于凹壁的右边。礼拜殿的平面图呈长方形，进深一般不大。殿外是空阔的广场，可容纳众多信众。广场东、南、北三面筑有高墙，与西面的礼拜殿合成一体。印度清真寺的主要入口设在东面，信徒由此入内即可直接望见并走向礼拜殿。较大的清真寺在东、南、北三面还建有回廊。寺侧往往建有高耸峭拔的宣礼塔，供宣礼员在上面呼唤信众参加礼拜。由于伊斯兰教反对偶像崇拜，所以清真寺内没有雕像、塑像或画像。印度清真寺总体而言，

埃洛拉石窟第16窟北侧壁三河神殿

印度奥恰古堡融合了印度与伊斯兰建筑风格的建筑群

规模宏大，格局疏朗，庄重肃穆。

1192年，古尔的穆罕默德手下的悍将库特卜-乌德-丁·艾伯克率部攻克德里。他后来成为第一个德里苏丹国奴隶王朝的首任苏丹。为纪念伊斯兰教在德里的具有决定性意义的重大胜利，库特卜命令立即在德里郊区修建一座大清真寺。他来不及延请擅于修筑拱门与穹顶的伊朗工程师，只得命令当地信奉印度教的建筑师便宜行事。他们用梁柱将整个建筑支撑起来。为了就近取材，库特卜悍然命令拆毁27座印度教与耆那教神庙，并在其中一座规模宏大的印度教神庙的废墟上建立名为"伊斯兰威力"的清真寺。庭院平面呈长方形，三面围墙均修建了回廊。列柱取自被毁神庙，上面原有的人物与动物雕像被尽行毁坏或凿掉，但花卉装饰浮雕却因为与阿拉伯传统建筑上采用的类似装饰相符而幸免于难。

库特卜开始在这座气势恢宏的清真寺的西南角修建一座后来以他的名字命名的宣礼塔。库特卜塔上的阿拉伯铭文表明了造塔目的："让真主的影子投射在东方与西方。"这一目的包含宗教与心理方面的双重意义，一是宣扬伊斯兰教的胜利，二是对被征服的印度教徒形成精神威慑。库特卜的女婿兼继任者伊杜米思苏丹修筑了该塔的第二至第四层。1370年，塔的第四层被雷电击毁。费鲁兹·图格鲁克苏丹修复该塔，并增建一层。因此，全塔头三层外壁由红砂石贴面，最后两层主要用白色的大理石贴面。塔身由下到上逐渐变细，塔基直径约14.3米，塔顶直径约2.5米。外观依伊朗宣礼塔模式设计。塔身呈圆柱形，层间筑有阳台。塔的第一层的外壁由垂直分布的半圆柱形与角铁状凸壁相间形成凹槽，第二层则由单纯的半圆柱形凸壁形成凹槽纵沟，第三层又仅以角铁状凸壁形成凹槽纵沟。离塔基约3米处，刻有印度教传统的花卉图案。这就使这座世界闻名的伊斯兰教建筑，具有了印度传统建筑常用的装饰风格。这两种建筑艺术风格的混成或融合，成为莫卧儿王朝时期伊斯兰建筑的滥觞。历时数十年方才竣工的库特卜塔最终高度为72.59米，这座早期的具有代表性的伊斯兰建筑，如今已成为印度首都著名的

库特卜塔（局部）

库特卜塔

库特卜塔（局部）

标志性建筑。

在奴隶王朝之后，各伊斯兰王朝在北印度的历史舞台上次第登场。14世纪时，图格鲁克王朝崛起，穆斯林的势力达到德干地区。他们在新德里依阿富汗风格完成了一些气象庄严而形态伟岸的建筑。吉亚斯-乌德-丁-图格鲁克的陵寝就是其中之一。墓室入口为拱门，上方覆以穹顶。14世纪末期建立于北印度中部的沙尔吉王朝在建筑艺术方面也有突出成就。第三代苏丹易卜拉欣统治时期，首都绍纳福儿（今江普尔）成为穆斯林重要的艺术与学术中心。1408年，易卜拉欣苏丹完成著名的阿塔拉清真寺。该寺建立在一座被拆除的印度教神庙的遗址之上，并利用了该神庙原有的列柱、大梁、础石和镶板等建筑部件。该寺的正门高达22.87米，底部宽达16.77米，双侧呈坡形，厚重而敦实，犹如一座凯旋门，但外框格局呈长方形的成排的拱形凹壁，使之透出一定的秀逸轻灵之美。礼拜殿的上部为半球状穹顶，殿内装饰繁复而精致，具有印度教神庙的风格。清真寺东面、南面和北面是双层柱廊。阿塔拉清真寺是绍纳福儿建筑风格的典范之作。

到德里苏丹国洛迪王朝时期，北印度已出现25座用石材建造的大清真寺。洛迪王朝在德里周边修建的伊斯兰陵墓，须经门廊入内，墓侧配以清真寺。拱门、圆顶、穹隆、塔等伊斯兰建筑的基本要素无不具备。同样，洛迪王朝的建筑也以厚墙壁低穹顶为其特征。这种风格的影响，在洛迪王朝崩溃之后依然绵延不绝。16世纪苏尔王朝时期修筑的伊萨·汗陵就属于洛迪王朝时期的风格，墓室外围为八边形连拱廊，上覆穹顶，显得古朴、庄重而又浑厚。在建筑艺术中，一种流行或成为主体的样式，并不会随着一个朝代的终结而即刻烟消云散，在新王朝的建筑中，往往能看到其流风余韵。

在德里苏丹国5个伊斯兰王朝统治的数百年间，从古吉拉特到孟加拉，从克什米尔到安得拉，印度到处都在大兴土木。一个普遍现象是，伊斯兰统治者为了建造自己的宫殿、清真寺与陵墓，不惜拆毁其他宗教的众多神庙，以获得供不应求的宝贵建筑材料。

胡马庸陵

一种新的建筑艺术形式的发展，让旧有的建筑艺术付出了沉重的代价，同时也为印度后来乃至今日的教派冲突埋下隐患。德里苏丹国时期的伊斯兰教建筑随着时间与地点的不同而有所变化。例如，在石料缺乏的孟加拉地区的平原上，砖不仅是佛教建筑的主要建筑材料，而且也是伊斯兰教建筑的主要建筑材料。砖木结构建筑的一个弊病是容易失火，同时也容易坍塌。例如，洛迪王朝第二代苏丹西甘达尔沙16世纪时在孟加拉班杜瓦建立的阿迪纳清真寺规模极其宏大，三面环以砖砌的高墙并建有回廊。现在，这座清真寺的外墙、回廊、殿顶已经坍塌，几乎成为一片废墟。而石料如红砂岩与白色的大理石，不仅能为建筑增色，而且存世时间也较长。

德里苏丹国与各地伊斯兰政权的建筑热潮，不仅为印度增添了许多新颖别致的伊斯兰教建筑，而且为莫卧儿王朝时期伊斯兰教建筑的发展积累了丰富的经验，培养了大批熟练的建筑人才。到莫卧儿王朝时期，由于国家经济实力强大，国家宗教与文化政策相对开明，社会秩序逐渐趋于稳定，印度伊斯兰教的建筑艺术达到辉煌的顶峰，而且趋于标准化和理想化。

莫卧儿王朝开国皇帝巴卑尔即位不久就因病英年早逝。他虽然一生戎马倥偬，但对学问与艺术却心有所仪并学有所成。他酷爱并提倡文学艺术，同时自己也是个情感丰富的诗人。他用突厥语撰写的自传《回忆录》是文学与史学名著。他在书中披露了自己对建立清真寺与开辟花园的兴趣。他在自己战胜德里苏丹易卜拉欣军队的帕尼帕特和德里东面的桑巴尔分别建立了一座清真寺。巴卑尔之子与继承人胡马雍在执政初期完成了为数不少的新建筑，但它们很快就被1540年时起兵反叛的舍尔沙悉数摧毁。

莫卧儿王朝的建筑历史，实际上是从其第三代皇帝阿克巴开始的。他是胡马雍之子与继承人。阿克巴在位长达半个世纪，为莫卧儿王朝的崛起作出巨大贡献。他对建筑抱有巨大的热情，先后在都城德里等地敕造了许多规模宏大的建筑物。他在宗教上持十分开明与包容的态度，为了国家的统一与民族的团结，他对印度教徒与穆斯林一视同仁。同时，他本人虽属逊尼派，但对什叶派与苏非派都十分信任。显然，阿克巴豁达的胸怀与宽容的宗教政策是莫卧儿王朝走向强盛并在艺术领域取得划时代成就的重要因素。阿克巴时代的建筑，大多融合了伊斯兰教与印度教的建筑艺术要素，是阿克巴开明文化政策的反映。

阿克巴之子与继承人查汉吉尔虽在文治武功方面乏善可陈，却能继续奉行其父行之有效的宗教宽容政策。他对于包括伊斯兰教在内的任何足以构成威胁的教派领袖都采取无情镇压的态度，他在权力斗争之余尚能鉴赏绘画并赞助文学艺术。

查汉吉尔之子与继承人、第五代莫卧儿皇帝沙·贾汗在文化政策上趋于褊狭。他下令禁止建造印度教神庙并试图让印度教徒改宗伊斯兰教。在他长达31年的统治时期，莫卧儿王朝的对外贸易获得发展，财政收入大增，为他在各地修建城堡、宫殿、花园与清真寺奠定了丰厚的物质基础。沙·贾汗在宫廷生活中耳濡目染，成为像其父一样的绘画鉴赏家。执政后，他对文学艺术亦持鼓励态度。印度伊斯兰教建筑艺术在他统治时期达到辉煌的顶峰。

沙·贾汗的第三个儿子奥朗则布在囚禁父皇与逐杀兄弟夺取帝位后，因暴虐与专制而渐失人心。他彻底背弃了先祖阿克巴的文化宽容方针，大肆迫害印度教徒，摧毁印度教神庙与学校，实行宗教歧视政策。莫卧儿王朝在其错误政策的指引下开始衰败。伊斯兰教建筑艺术随之走向没落。

从阿克巴到沙·贾汗，在一个多世纪的漫长岁月中，几代莫卧儿皇帝均醉心于建筑。帝国的经济实力、统治者的素养和开明的国策，促成了印度伊斯兰教建筑艺术的繁荣。众多举世闻名的建

达加清真寺布兰德门

阿格拉城堡

筑奇珍一直留存至今。德里城东属于阿克巴时期的胡马雍陵是莫卧儿王朝早期建筑最重要的代表作。胡马雍的遗孀、阿克巴的母亲哈吉·贝古姆亲自在工地扎营全程督造，保证了工程的质量。波斯建筑师米拉克·米尔扎·吉亚斯负责陵墓设计，使之带有波斯风格，同时糅合了印度传统建筑固有的特色。全部工程从1564年开始，至1573年竣工。陵墓坐落在高度为6.7米的赭红砂石台基之上，台基侧面的连拱廊为白色大理石嵌饰的连续拱门。陵墓平面呈八角形。红砂石墓室上方，耸立着高达47.5米的白色大理石圆顶。圆顶为中亚式双重复合穹隆。它在周围印度传统的钟形小亭的映衬下显得十分壮观。镶嵌在陵墓赭红砂石间的白色大理石具有极强的装饰效果，使整个建筑披上一层瑰丽的色彩。这座雄浑而又古朴的陵墓，置身于一座高墙围绕因而幽雅静谧的方形花园的中央。这是印度花园陵墓的第一个范例，对后来泰姬陵的构建起了示范作用。1993年，胡马雍陵被联合国教科文组织列入《世界遗产名录》。

今北方邦西部历史名城阿格拉在16、17世纪曾两度成为莫卧儿王朝的首都。1565年，就在胡马雍陵在德里紧张施工期间，阿克巴开始在阿格拉修建自己的都城阿格拉城堡。1628年，沙·贾汗予以改建增修。奥朗则布也曾予以增建。阿格拉城堡既是一座气势宏伟的皇宫，更是一座固若金汤的军事要塞。城堡主要由巨大的红砂石构建，所以俗称阿格拉红堡。外城墙高22米，长2.4千米，上面分布着塔楼、角塔、炮塔、雉堞，下环以宽达10米的护城河。西北方向的正门巍然耸立，因其遥对德里，故名德里门。城堡内有数百个红砂石楼阁，壮观的查汉吉尔宫正面红砂石墙壁上嵌饰着白色的大理石条带的尖拱和伊斯兰图案，形成色彩的对比和变化。一些柱础上面精致地雕刻着孔雀和蟒蛇图案，有些地方还出现了火烈鸟与莲花一类的雕刻。它们显然属于印度教建筑风格。一些印度教建筑的特征如中央庭院和突出的阳台等，也体现出两种建筑艺术的融合。

1569年，阿克巴因为在阿格拉西南37千米处西克里隐居的一位苏非派圣者关于他将获得三个子嗣的预言应验，决定在那里另建新都城西格里城堡。后来，该城堡被命名为“法特普尔”，意为“胜利之城”。法塔赫布尔西格里城堡也是一座红砂石城堡，周长约11千米，比阿格拉城堡还要雄伟。法塔赫布尔西格里城堡被认为是阿克巴时代最为雄心勃勃的建筑工程。城堡西南侧是用红砂石构建的庄严而宏大的达加清真寺，庭院南面高达54米的布兰德门是一座凯旋门。它是印度最大的清真寺之一，而布兰德门的宏大在伊斯兰教建筑中也鲜有其匹。阿克巴生前在这一城堡约生活了12年。他在逝世前的岁月中，开始在阿格拉北郊的西坎德拉为自己营造陵墓。阿克巴陵也是一座带有广阔花园的壮观的陵墓，周围环境分外清幽。这座陵墓刻意回避了伊斯兰教陵墓特有的穹顶结构，体现了墓主兼容并包的文化理念。它是一座建在高大台基之上的依次缩减的五层平顶楼式建筑。基本建筑材料为红砂石与白色大理石。底下四层使用红砂石，最上面一层铺以白色大理石。阿克巴的假棺安放在露天平台中央供后人凭吊，他的遗体则安息在幽暗深邃的地宫之中。大门通道过去曾饰以基督教图案，但后来被奥朗则布用泥灰覆盖。

1628年，查汉吉尔之宠后努尔·贾汉在阿格拉亚穆纳河畔为自己的父亲伊蒂默德-乌德-道拉营造了一座相当豪华的陵墓。其造型既似清真寺又如波斯凉亭，为一方形双层白色大理石阁楼。中央墓室安放着假棺，周围为房间、通道以及室内游廊。陵墓平台四角分别有一个高12米左右的圆顶八角塔楼。由于努尔·贾汉在查汉吉尔生病后曾把持朝政，所以拥有足够的财力。莫卧儿王朝早期建筑多用白色或黑色大理石装饰，而她却用天青石、缟玛瑙、碧玉、黄晶与肉红玉髓等名贵宝石嵌饰父亲的陵墓。墓室墙壁上大量的酒器、杯盏、花瓶等装饰性雕刻充分表现了建筑设计师的才华。例如，一些酒器的把手是长

阿格拉城堡珍珠清真寺

阿格拉城堡议事厅

德里红堡后宫内景

泰姬陵圆顶寝宫大门

着鸟喙的蛇，一些花瓶上是翩翩起舞的孔雀。但是，装饰的主体还是几何图案与花卉图案。由于这一陵墓的内部装饰显得繁复，因而有些俗气。后来的莫卧儿建筑设计师从中吸取教训，对自己的设计方案都心存约束。伊蒂默德-乌德-道拉陵是莫卧儿建筑从早期的雄浑古朴向后世的优美典雅过度的开端。由该陵开始的宝石嵌饰工艺后来为泰姬陵内假棺及大理石屏沿用。因此，它在莫卧儿王朝建筑史上处于承先启后的重要位置。

沙·贾汗执政时期，莫卧儿建筑艺术达于鼎盛。他在建筑中大量使用白色大理石，使莫卧儿建筑艺术从雄浑壮观转向典雅瑰丽。他在阿格拉城堡中心敕建的珍珠清真寺，通体为素雅的白色大理石。1639年，沙·贾汗决定迁都德里，遂敕建德里红堡。这座城堡与阿格拉城堡有异曲同工之妙。沙·贾汗的理念是建一座人间天堂。德里红堡基本满足了他的愿望。红堡平面呈不规则长方形。枢密殿为白色大理石宫殿，拱门列柱和殿内墙壁饰以红绿宝石镶嵌而成的花卉图案，天花板以白银包装。同阿格拉城堡一样，德里红堡城墙用巨大的红砂石砌就。德里红堡斜对面的德里大清真寺是沙·贾汗敕建的又一大型建筑。它是印度最大的清真寺。它那纯白的颜色与红堡交相辉映，形成鲜明对比。据说，寺内广场可以同时容纳两万以上的信众。沙·贾汗还在今巴基斯坦拉合尔等地修造和扩建了许多结构精巧、装饰绚丽、风格典雅的建筑。

泰姬陵是沙·贾汗敕造建筑中最为辉煌的范例，是莫卧儿建筑艺术的登峰造极之作，也是世界建筑史上的丰碑。1631年，沙·贾汗美貌绝伦的妻子阿尔朱蔓德·巴努·贝古姆皇后在产下第14个孩子后香消玉殒。沙·贾汗决定在阿格拉城堡东面偏南的亚穆纳河畔修建一座旷古未见的陵墓，以安葬并永远纪念亡妻。出身于波斯贵族之家的皇后的封号为“穆姆塔兹·马哈尔”，意为“皇宫首选”或“皇宫翘楚”。陵墓建成后称“塔吉·马哈尔”，实为这一封号的讹略。中文以半音半意的方法将“塔吉·马哈尔”译为“泰姬陵”。工程由印度本土和来自波斯、中亚及其他地区的建筑师组成的设计委员会设计。沙·贾汗宫廷首席建筑师乌斯塔德·艾哈迈德·拉合里总揽其事。主体建筑于1632年开工，至1643年告竣。施工期间，每天动用工匠两万余名。附属建筑物约于1653年建成。全部工程耗资达4 000万卢比。整个建筑群平面呈长方形，南北长580米，东西宽305米。入口在南面花园围墙，是一座高达30米的红砂石拱门。陵园中间是一座正方形波斯式四分花园。花园中心的白色大理石水池，映照出泰姬陵主体建筑。白色大理石圆顶寝宫在花园北面正中方位。整座寝宫坐落在高约7米的方形平台之上。平台四角矗立着4座三层圆柱形尖塔，高达42米，显得玲珑剔透。位于平台中央的圆顶寝宫高达57米，圆顶周围环绕着4个小型圆顶凉亭。圆顶为双重复合式穹隆。寝宫大厅为八角形，正中安放着穆姆塔兹·马哈尔皇后的石棺，为衣冠墓，西侧安放着沙·贾汗的假棺。石棺围以镶嵌着各种宝石的大理石屏。沙·贾汗原拟在亚穆纳河北岸给自己修

泰姬陵

建一座黑色大理石陵墓，以使自己在身后能与亡妻永远隔河相望，但他却因逆子奥朗则布篡位而被囚禁在阿格拉城堡的八角塔中，只能终日望着亡妻所在的陵墓流泪叹息。他死后被附葬于泰姬陵中。他与亡妻的真棺安放在寝宫大厅下面的墓室之中。泰姬陵并不是一座孤独的建筑。它的圆顶寝宫两侧分别配以红砂石构建的清真寺和贵宾住房。中国印度美术史专家王镛在《印度美术史话》中指出："泰姬陵在总体设计上，强调数学计算的精密，几何学构成的均衡，光学效应的变化，宇宙学图解的清晰；在审美基调上，追求华贵的简洁，静穆的辉煌，水晶般的纯净，女性式的柔美。"泰姬陵这座天国花园被公认为世界建筑奇迹之一。奥朗则布身后，辉煌的莫卧儿建筑艺术随着王朝走向没落而渐趋衰微。

莫卧儿建筑艺术的一个重要分支是其造园艺术。巴卑尔将在伊朗十分流行的四分花园形式移植到印度。他在阿格拉修建的憩园尚有局部幸存。花园是莫卧儿王朝所有宫殿与陵墓的重要组成部分。由于印度夏季气候炎热，莫卧儿王朝的皇帝们也在一些避暑胜地专门营造了一些花园供自己游玩。沙·贾汗于1637年在拉合尔旧城东北方向5千米处修建的夏利玛园，系莫卧儿王朝造园艺术的代表作之一。该园占地16公顷，环以高墙。全园分为三层，由南向北依次降低。上下两层为正方形，边长为265米，中层为长方形，长265米，宽78米。上层正中间设一水池，4条水道将该层均分为4块，水道中设大管喷泉。中层为全园核心，正中亦设大水池，喷泉数以百计。水池南面建大理石宝座。水池东西两侧各有一间凉亭伫立。此外，水池北面还有两间大理石小厅。下层也设有中央水池及4条水道。全园布局对称，造型精巧。克什米尔地区夏季气候凉爽宜人，景色瑰奇秀丽，犹如世外桃源。因此，克什米尔河谷成了查汉吉尔最钟情的避暑胜地。他在山间营造了许多规模可观的花园，至今依然是游人神往的地方。

在莫卧儿王朝灭亡之后，印度建筑在近两个世纪中处于停滞和衰落状态。然而，莫卧儿王朝时期形成的建筑传统，对后世包括英国殖民者的影响，一再显现出来。英国殖民者入侵印度并站稳脚跟后，逐渐将欧洲近代建筑理念应用于这个文明古国。英国建筑师因对印度本土建筑设计的看法相左而聚讼纷纭。有人主张通过建筑体现"英国主权精神"，但大多数建筑师尊重并愿意体现印度传统建筑风格。1911年，英王乔治五世正式宣布将英属印度政府从加尔各答迁往德里。决策者决定在老德里之南择荒地另辟新都，以完整地将古都德里及其众多历史建筑保留下来。两位英国建筑师爱德华·勒勤斯爵士与赫伯特·贝克爵士受命设计新城。1931年1月，新德里举行开城仪式，正式成为英属印度的首府。总统府等现代建筑结构疏朗、明快、典雅而又不失庄严、古朴和大气。莫卧儿王朝时期最重要也最基本的建筑材料红砂岩和白大理石构成这些建筑外观的基本色调。它们与古城德里莫卧儿时代的宏伟建筑遥相呼应，格调和谐。新德里的印度门是兼具象征性和纪念性的建筑。这座巍然耸立的拱门式建筑，在规模上堪与莫卧儿时代有代表性的宏伟建筑的大门媲美。印度门又名印度战争纪念碑，它是为纪念在第一次世界大战中牺牲的无名战士而建的。印度独立后，一些体现传统风格和现代建筑理念的建筑在印度的许多城市崛起。新德里圣雄甘地的陵墓是用黑色的大理石修筑的。1986年在新德里建成的印度巴哈依教（即大同教）灵曦堂是一座非常引人注目的现代宗教建筑。它由当代建筑师法里布尔兹·沙设计，系世界7座巴哈依教寺庙中最新的一座。同泰姬陵一样，它的主要建筑材料也是白色大理石，造型则为巴哈依教寺庙的典型样式，外观宛如一朵绽放的硕大无朋的白色莲花。这座被誉为现代建筑奇迹的莲花庙是新德里最壮观的建筑之一，同时也是新德里的标志性建筑之一。

新德里印度门

莲花庙

对中国建筑的影响 印度建筑对中国的影响，主要体现在佛教建筑尤其是佛寺、佛塔和石窟建筑领域。东汉明帝时期，佛法东渐中原。永平十年（67），印度僧人**摄摩腾**与**竺法兰**冒涉流沙，抵达洛阳。翌年，明帝于城西门雍关外立**白马寺**处之，汉地营造佛寺由此而始。三国吴赤乌十年（247），西域僧人**康僧会**抵达吴都建业（后名建康、金陵等，见**南京**），吴王孙权为其敕建**建初寺**，使之成为江南首座佛寺。与寺院伴生的佛塔在汉末亦已开始出现，至魏晋南北朝之际大盛于洛阳和建业南北两大佛教中心。《魏书·释老志》记载:“自洛中构白马寺，盛饰佛图，画迹甚妙，为四方式。凡宫塔制度，犹依天竺旧状而重搆之，从一级至三、五、七、九。世人相承，谓之‘浮图’，或云‘佛图’。晋世，洛中佛图有四十二所矣。”唐杜牧“南朝四百八十寺”的诗句极言建康佛寺之多。《南史·郭祖深传》记载:“都下佛寺，五百余所，穷极宏丽，僧尼十余万，资产丰沃。所在郡县，不可胜言。”《续高僧传》描述了建康寺庙林立的盛况:“钟山帝里，宝刹相临；都邑名寺，七百余所。”除帝王敕建皇家寺院外，僧尼、居士也群策群力，不甘落后。印度僧人参与了某些寺院的营造，宋熙寺即传为

中国洛阳白马寺齐云塔

天竺僧伽罗多哆所造。从名字看，此僧似为孟加拉人。罽宾寺、天竺寺等寺则专为印度来华僧人而建。富豪舍宅建刹成风。北魏兴建寺塔之众，甚至多于南朝。据《魏书·释老志》，自兴光至太

中国河南洛阳龙门石窟

中国江苏南京栖霞古寺

和年间（454~499），“京城内寺新旧且百所，僧尼二千余人，四方诸寺六千四百七十八，僧尼七万七千二百五十八人”。“至延昌中，天下州郡僧尼寺，积有一万三千七百二十七所”。到神龟年间（518~520），佛寺增至三万余所，蔚为壮观。

北魏杨衒之撰《洛阳伽蓝记》，记述北魏时期寺塔营造之盛。晋永嘉年间（307~312），此地仅有寺42所；北魏孝文帝迁都洛阳后，数十年间寺庙增至1 000余所。一时之间，洛城内外，“昭提栉比，宝塔骈罗，争写天上之姿，竞摹山中之影，金刹与灵台比高，广殿共阿房等壮”。熙平元年（516），胡太后敕造永宁寺，中立九级木构佛塔一座，“高九十丈。有刹复高十丈，合去地一千尺。去京师百里遥已见之”。另有“僧房楼观一千余间，雕梁粉壁，青璅绮疏，难得而言”。瑶光寺有五级佛塔一座，“去地五十丈，仙掌凌云，铎垂云表，作工之妙，美埒永宁”。

印度佛教和佛教建筑艺术首先传入中国新疆。3世纪，今新疆拜城的克孜尔石窟开始动工。多数石窟则营造于4~7世纪。这是中国在印度阿旃陀石窟等印度石窟建筑的示范和启迪之下开凿最早的佛教石窟群。其形制与壁画明显受到印度犍陀罗艺术与笈多艺术的影响。这条艺术带持续向东延伸。不久，在前秦建元二年（366），敦煌石窟群开始兴建。早期洞窟分为禅窟和中心塔柱窟两种，分别从印度佛教石窟的毗诃罗窟和支提窟演变而来。

5~8世纪是中国佛教石窟建筑艺术的全盛时期。北魏与南朝营造塔寺成风，与此同时，兴建石窟的壮举震天撼地，硕果迭出。从文成帝拓跋濬（452~465年在位）至孝明帝元诩（515~528年在位），北魏先后在平城（今山西大同）和洛阳大力营造石窟。《魏书·释老志》记载了开凿云冈石窟和洛阳龙门石窟的浩大工程:“昙曜白帝，于京城西武州塞，凿山石壁，开窟五所”。“景明初，世宗诏大长秋卿白整准代京灵岩寺石窟，于洛南伊阙山，为高祖、文昭皇太后营石窟二所。初建之始，窟顶去地三百一十尺；至正始二年中，始出斩山二十三丈”。从景明三年（502）至正光四年（523），用工80余万。

随着佛教于13世纪初叶在印度的衰微，中国开凿石窟的壮举亦渐趋停顿。16世纪后，中国开凿石窟数量急剧下降，影响和成就与其全盛之时不可同日而语。不过，从隋唐下迄清季，中国的寺塔营造一直持续不断。据《唐六典》，开元年间，全国佛寺总数达到5 358所。至会昌年间（841~846），增

至4万余所。元代，从元世祖忽必烈起，大都和上都修建大量佛寺。此时，由于藏传密教的传入和影响，一直至清季，京都皇家寺院出现密宗化倾向。明清时期，中国一个千人左右的村庄一般就有一座规模中等的佛寺。由于战争、法难和自然因素等，中国佛教寺院屡有兴废。在这一历史过程中，中国佛教建筑艺术逐渐本土化，形成地域特色和时代特色。印度传入的佛寺、佛塔和石窟建筑艺术，极大地改变了中国的人文景观，丰富了中华民族的文化内涵。

（刘建）

Yindujiao

印度教 Hinduism 自古以来流行于南亚次大陆的一种宗教信仰和生活方式。公元前1500年左右发源于古代印度河流域（今巴基斯坦境内），是世界上最古老的宗教之一。印度教徒主要集中在印度。根据2011年印度人口普查，印度人口总数为12.1亿，印度教徒为9.7亿人，占全国人口的80%以上。除印度外，还分布于南亚诸国，如尼泊尔、斯里兰卡、孟加拉国、不丹等。在尼泊尔，印度教被定为国教，印度教徒约占全国人口的80%；在斯里兰卡，约16%的人信仰印度教；在孟加拉，约10%的人信仰印度教；在不丹，印度教徒占全国人口的25%；大约公元前后，印度教就已传播到东南亚诸国，如缅甸、越南、柬埔寨、马来西亚、印度尼西亚等。到了近现代，随着印度向海外大量移民，印度教也传到非洲和欧美各国，如非洲的毛里求斯、南非、乌干达、肯尼亚等。到21世纪，印度教徒遍布全球各地，全世界印度教徒总数超过10亿。仅从信徒人数看，印度教远远超过了佛教（约4亿），仅次于基督教（约20亿）和伊斯兰教（约12亿），成为世界第三大宗教。

印度教的产生与演化 分为以下几个阶段。

原始信仰 婆罗门教是印度教的前身，它是古代印度河流域文明与雅利安文明相融合的产物。据考古发现，公元前2400年～前1700年，在印度河流域居住的达罗毗荼人所创造的文明，形成了印度最早的文明。由于当时的社会和经济都发展到很高的水平，故印度河流域也形成了比较发达的宗教。居民们流行着对母神、生殖器和各种动植物的崇拜。考古学家在那里发现了许多刻有裸体女神的陶像，她们是农业丰收和生育繁茂的象征。还发现了一些经过打磨的石柱，头上圆圆的，被认为是“林伽”（男性生殖器）的雏形。另外，还有一些刻有动物的陶器或印章，如公牛、独角兽、象、虎、犀牛等，这些动物可能是一些部落的图腾象征。

古代婆罗门教 大约在公元前1500年，原来居住在欧洲的雅利安人部落，跨越兴都库什山脉，经伊朗、阿富汗进入印度河流域，并征服了当地的达罗毗荼人。雅利安人进入印度之前，属于游牧民族，以畜牧为主。在他们的民族中，父权占统治地位，因此他们崇拜的人格化自然神大都是男神，女神寥寥无几。他们崇拜的神中，最大的是天神伐楼拿，其次是战神因陀罗、火神阿耆尼。为了祭祀神灵，他们喜欢宰杀牲畜，并吟唱赞神颂歌。进入印度后，雅利安人开始定居，学习农业生产，在这个过程中他们吸收了不少达罗毗荼人的宗教信仰和生活习俗。

毗湿奴石雕

公元前1500～前1000年，雅利安人创作的《梨俱吠陀》是婆罗门教产生的标志。《梨俱吠陀》是一部专门赞美

亚穆纳河女神像 笈多时代（约5世纪）
阿希恰特拉出土
现藏新德里印度国家博物馆

各种神灵的诗集。在诗集中，把各种神分为天、空、地三界。在天界中有宇宙之王伐楼拿、天神特尤斯、太阳神苏利耶、黎明女神乌莎斯等；在空界中有雷电之神因陀罗、风暴之神楼陀罗、风神伐由、雨神帕阇尼耶、水神阿帕斯等；在地界中有火神阿耆尼、酒神苏摩、地母神波利特维、河神萨拉斯代底、马神陀帝克罗等。

大约从公元前1000～前600年，一些雅利安人部落开始从印度河流域逐步向东扩展，移居到恒河流域。在此期间，婆罗门教许多新的经典陆续出现。例如，阐述如何举行祭祀仪式的《耶柔吠陀》和《娑摩吠陀》，汇集大量巫术和咒语的《阿闼婆吠陀》，讲述祭祀目的和方法的**梵书**，讨论人与世界关系以及人生命运的**森林书**和**奥义书**等。这些经典的出现为婆罗门教的神学理论奠定了基础，象征着婆罗门教已经成熟和定型。

婆罗门教的特点有三：一是"吠陀天启"，即把四部吠陀本集（包括《梨俱吠陀》、《耶柔吠陀》、《娑摩吠陀》、《阿闼婆吠陀》）、梵书、森林书和奥义书称为"吠陀经典"。把这些经典视为"神的启示"或"神的命令"，要求信徒必须绝对遵守，必须按吠陀经典的规定进行各种仪式。二是"祭祀万能"，即盛行祭祀之风，把祭祀神灵视为是万能的。他们所实行的祭祀活动种类繁多、程序复杂、规模巨大。如一个人每天必须做5种"家庭祭"：梵祭、祖先祭、天神祭、精灵祭和客人祭。此外，还有大型的"天启祭"，"天启祭"又分为无数种。三是"婆罗门至上"，即婆罗门教把信徒分为4个种姓，婆罗门是最高种姓，他们主管祭祀，无论在宗教生活或在社会生活中都具有至高地位和种种特权。

婆罗门教向印度教的转化 公元前6～前4世纪，是古代印度各种奴隶制国家普遍形成的时期，史称"列国时代"。这个时代，经济发展迅速，新旧思想斗争激烈，许多代表新兴社会力量的宗教派别和思想体系纷纷出现，如佛教、**耆那教**等。这些新兴宗教和思想体系，构成了一股反婆罗门教的思潮。佛教、耆那教否定吠陀权威，否定婆罗门教所宣扬的神主宰一切的理论；反对婆罗门的至上地位和特权，主张种姓平等；反对婆罗门教为祭神而大量杀生的行为，主张戒杀，认为一切生物都是有灵魂的；反对婆罗门教烦琐的祭祀仪式，认为这些仪式都是婆罗门敛财的手段。佛教和耆那教的主张，颇受下层民众的欢迎，因此广泛传播。在孔雀王朝时期（前332年～前185），佛教在**阿育王**的扶持下，开始传播到国外。佛教和耆那教的兴起对婆罗门教造成了巨大冲击，使它有几个世纪处于衰败不振的状态。

孔雀王朝瓦解后，婆罗门教又逐渐复兴。到4世纪，北印度结束了几百年的分裂状态，建立起一个统一的大帝国——笈多王朝（320～550）。笈多王朝持续二百多年，经济和文化都相当繁荣。这段历史被称为印度史上的"黄金时代"。笈多王朝的历代君王，都是正统婆罗门教信徒，尊崇婆罗门教。在他们的保护和支持下，婆罗门教迅速复兴，其文化也达到了空前的繁荣。这时期，编纂出许多新的经典，形成了六个正统哲学流派，涌现出大量有关宗教的诗歌、戏剧和文学作品。例如，著名的《摩奴法典》、《布里哈斯帕蒂法典》和《那罗陀法典》是在这个时期编纂的，大史诗《**摩诃婆罗多**》和《**罗摩衍那**》以及宗教哲理诗《**薄伽梵歌**》也是在这个时期完成其最后的形式，讲述神话故事的各种往世书也相继出现。婆罗门教正统六派哲学——**数论派**、**胜论派**、**正理派**、**瑜伽派**、**弥曼差派**和**吠檀多派**在这时也形成自己的哲学体系。在笈多王朝，随着婆罗门教各种新经典的问世，以及它们在信徒心目中建立起的权威，使婆罗门教完全展现出一种新面貌。另外，它在神灵崇拜、祭祀方式、

梵天石雕

婆罗门的地位等方面上都发生了很大的变化。这些变化表明，旧的婆罗门教已经转化为一种新的婆罗门教。这种新婆罗门教，就是后来所说的"印度教"。

新婆罗门教（又称"印度教"）的特点是：①三大主神崇拜。旧婆罗门教是多神崇拜，崇信的神明有无数个，分布在天、地、空三界。但到了这时，这些神灵大都下降到次要的地位，取代它们是印度教的三大主神。原来的雷电之神因陀罗、宇宙之王伐楼拿、风暴之神楼陀罗、太阳神苏利耶等，都失去了吠陀时代的威风和辉煌，而降之为次要的神。印度教崇拜的三大主神是**梵天**、**毗湿奴**和**湿婆**。梵天，被奉为"创造之神"；毗湿奴，被奉为"保护之神"；湿婆，被奉为"毁灭之神"。②化身说的出现。所谓"化身说"，是指印度教的大神以某种化身的形式降临人间，为民除妖降魔。印度教为了振兴自己，力图把各地民众争取到自己的宗教中，便大量吸纳各地方的民间信仰，如把一些地方崇拜的神灵纳入印度教中，成为某个大神的

湿婆石雕

湿婆石雕

化身。例如毗湿奴的化身最多，最流行的就有10种：麻磋（鱼）、俱利摩（龟）、筏罗诃（野猪）、那罗希摩（人狮）、筏摩那（侏儒）、持斧罗摩、罗摩、黑天、佛陀和迦尔基。③三大教派已形成。原来的婆罗门教是没有教派之分的，但是到了笈多王朝时代，即新婆罗门教时期，则形成了两大教派：一个是毗湿奴教派，一个是湿婆教派。大约到10世纪，又形成了一个以崇拜女神为主的性力派。④三种瑜伽的确立。原来的婆罗门教是以祭祀为中心的，把祭祀作为人与神沟通的唯一手段，认为只有通过祭祀才能实现解脱。到了新婆罗门教时期，祭祀活动大大削弱，取而代之的是三种瑜伽修行——智瑜伽、业瑜伽和信瑜伽。

中世纪虔诚派改革运动　8世纪以后，信仰伊斯兰教的阿拉伯人不断入侵印度。12世纪，阿富汗境内廓尔王朝的伊斯兰统治者，率大军攻入印度，他们以德里为中心，建立起伊斯兰教的德里苏丹政权（1206～1526）。1526年，盘踞在中亚的蒙古贵族后裔巴布尔，乘德里苏丹政权的内乱，率大军南下，经阿富汗侵入印度，打败了德里苏丹的军队，建立了印度历史上最强大的穆斯林帝国——莫卧尔王朝（1526年至18世纪中叶）。自德里苏丹政权建立以后，印度便进入了一个印度教文化与伊斯兰教文化相互融合的时期。

11～17世纪，在伊斯兰教文化的影响下，印度教掀起了一场蔓延全国的宗教改革运动——虔诚派改革运动。所谓虔诚派，是因为这些改革派别反对传统印度教烦琐的祭祀仪式，主张通过对神灵的无限虔诚和信爱（如反复吟唱赞神颂歌、背诵神的名字等），就可获得解脱。虔诚派的思想最早起源于南印度，后来在宗教改革家罗摩努阇的宣传和鼓动下，才在全国扩展开。改革运动首先从南方兴起，各地陆续出现许多改革派别。在南方，有崇拜毗湿奴化身黑天的摩陀伐派、崇拜湿婆化身林伽的林伽派；在北方，有崇拜毗湿奴化身罗摩的罗摩难陀派、深受伊斯兰思想影响的伽比尔派；在西北印度，有崇拜黑天的瓦拉巴派；在东北印度，有崇拜黑天的阇多尼耶派等。

虔诚派运动是印度教历史上规模最大的一次改革运动。从运动的参加者看，包括社会各阶层，如农民、商人、手工业者和服务行业者，主要是广大下层民众和低级种姓者；从改革的内容来看，它涉及印度教的教义教规、伦理道德、种姓制度、生活习俗等各个方面。因此，这场运动对印度教产生了深远影响。其影响主要有：①在敬神方式上，由重仪礼的献祭崇拜转向重情感的虔信崇拜。原来印度教祭祀成风，把祭祀神灵视为最重要的活动。虔诚派改革家主张，信徒不必进行烦琐的祭祀仪式，只要从内心中真诚地热爱神，就可以获得解脱。因此，他们要求信徒加强对神的感情，在行动上服从于神、多多为神服务。这场改革运动把广大信徒从劳民伤财的祭神活动中解放出来。②在宗教文化形式上，开始用地方语言代替梵语。虔诚派运动最大的特点，就是各个改革派别都用自己地区的俗语方言，以通俗易懂的形式创造了大量的诗歌和宗教作品，向广大群众宣传虔信思想，从而取代了过去婆罗门祭司所垄断的神圣语言——梵语和梵文经典。在这场运动中，各地方的俗语文学迅速兴旺起来。③反对种姓分立和歧视，传播平等和友爱的观念。无论北方或南方，虔诚派的改革思想家都受到伊斯兰教尤其是伊斯兰教的苏非派的影响。苏非派代表下层穆斯林的利益，反对正统伊斯兰教，鼓吹在神的面前人人平等和友爱的思想——这对印度教改革家们有很强的吸引力。在苏非派的影响下，虔诚派改革家奋起批判印度教等级森严的种姓制度，谴责种姓分立和歧视，主张在神面前不分种姓，人人

毗湿奴的野猪化身像（局部）
笈多时代（5世纪初）
印度乌达耶吉里石窟第5窟

母神立像　笈多时代（约5世纪）
拉贾斯坦邦出土
现藏美国洛杉矶县艺术博物馆

湿婆与帕尔瓦蒂像
笈多时代（458年或459年）
现藏加尔各答印度博物馆

飞天像　笈多时代（约6世纪）
现藏新德里印度国家博物馆

维马拉·瓦萨希神庙会堂内部　中世纪

平等。经过几百年的宣传，在许多改革派别中确实树立起在神面前人人平等的观念，甚至在某些派别中种姓制度也已名存实亡。

近现代印度教　18世纪中叶，莫卧儿王朝已基本瓦解，英国殖民者趁机大举向印度发动军事入侵，直至将其沦为殖民地。从此，印度揭开了近代的历史。近代的印度社会进入一个大动荡、大变革的时代。这个时代，印度教也发生了巨大变化。印度教中一批先进的思想家，首先在孟加拉点燃了改革印度教的烈火，而后逐渐向各地蔓延，最终扩展成一场全国性的宗教改革运动。

在近代改革运动中，涌现出3个著名的改革社团：梵社，1828年在加尔各答创立；雅利安社，1875年在孟买创立；罗摩克里希那传教会，1897年在加尔各答建立。近代印度教改革运动，持续近百年之久，震撼了印度社会的各个阶层和各个领域。它对印度教的影响主要有：①批判中世纪的神学体系，促进人民的思想解放。从本质上说，这场改革运动也是一场启蒙思想运动。当时，印度教的神学体系严重束缚了人民的思想、阻碍社会进步。改革家们批判了印度教的多神论和偶像崇拜，揭露了偶像崇拜给社会带来的各种危害。批判了印度教教义中“世界虚幻论”和“遁世苦修”的思想，主张积极行动，“为社会服务，就是为神服务”。他们还宣传，宗教的目标是实现人类的“普遍之爱”和“美好的生活”，这些目标只能靠自己的实际行动才能实现。改革运动促进了教徒的觉醒，使他们从消极遁世的哲学中解脱出来。②推广新式教育，传播现代科学文化。改革家们意识到要振兴印度，就必须吸收西方先进的科学与文化，因此他们主张废止经院式的旧教育，采取西方的教育体制，开办新型学校。各个改革社团在各地都开设了许多小学、中学、职业学校、女子学校和夜校。此外，还创立了几所大学，如罗姆摩罕·罗易创立了印度第一所新式大学——印度学院，雅利安社建立了埃尔芬斯顿学院。③激发人民的爱国热情，为民族主义运动做准备。近代印度教改革运动并不是单纯的宗教改革，而是与当时的民族斗争紧密相连的。在英国殖民统治下，许多改革家利用各种手段启发人民的爱国情感，增强民族的自尊心和自信心，从思想上和组织上为以后的民族主义运动做了准备。雅利安社创始人达耶难陀·娑罗室代底就曾提出“印度是印度人的印度”，反复告诫自己的信徒：“不让外国人统治我们的国家，不要使我们丧失独立。”在改革运动中涌现出一大批领导人才，后来都成为民族独立运动的骨干。

印度教寺庙克久拉霍神庙

1947年印度获得独立。独立以后，印度政府进行了一系列政治、经济和文化的变革，使印度社会发生了天翻地覆的变化。随着社会的变迁，印度教也发生了巨大的变化。主要变化有：①贱民的地位大大提高。原来印度教的贱民是最受压迫、最受歧视的阶层。独立以后，在政治权利上，贱民与其他公民一样享有选举权和被选举权；在经济方面，政府给予他们特殊的照顾，使他们的生活明显改善；在教育方面，政府实施一系列解决贱民子女受教育的措施，保证他们有上学的机会。②婆罗门种姓的地位明显下降。独立以后，印度政府制定的新宪法和各种法律，全面地贯彻了“法律面前人人平等”和“消除种姓差异”的精神。随着这些法律的实施，婆罗门原有的特权越来越少。婆罗门特权的丧失，也使他们的经济生活发生了很大的变化。一些婆罗门在农村找不到工作，只能到城市去，但是他们没有谋生的本

毗湿奴神像　笈多时代

印度教寺庙克久拉霍神庙雕塑

领，许多人只得变成了搬运工人或黄包车夫。③社会交往的隔阂基本消除。按照印度教种姓制度的规定，种姓之间的交往都有严格的限制。一个高级种姓不能与低级种姓者，尤其是贱民，在同一房间居住，在同一餐桌上吃饭，在同一辆车上乘车等。独立以后，由于新宪法的实施和现代社会的发展，原来种姓之间社会交往的隔阂已经基本消除了。新宪法规定：任何人不能以种姓的理由，限制他人进入商店、饭店、娱乐场所，也不能限制他人使用公共水池、浴场和道路等。这就从法律上保证了各种姓之间进行交往的自由。另外，随着社会发展，城乡交流越来越频繁，人口流动性大大增加，原来种姓交往的限制也无法继续维持。为了谋生，不同种姓的人不能不在同一个车间工作、不能不在同一个食堂吃饭。不同种姓出身的学生，也

印度教寺庙克久拉霍神庙雕塑

不能不在同一教室上课、不能不在同一宿舍居住。城市中紧张的公共交通和住房条件，也迫使不同种姓者同乘一辆公共汽车，同住一幢公寓。④婚姻的限制大大削弱。按照种姓制度，各个种姓集团只能实行内婚制，即男女青年只能在种姓内部选择配偶。如果违反规定，则被认为是大逆不道，必须受到惩罚。到了现代，随着种姓隔离体制的逐步消除，这种通婚的限制大大地削弱了。独立以后，印度政府制定了一些法律，鼓励人们冲破种姓婚姻的限制，进行跨种姓之间的通婚。1949年颁布的《印度教徒婚姻认定法》，就鼓励男女青年在不同种姓之间选择配偶。1955年颁布的《印度教徒婚姻法》，则进一步在法律上保障了妇女的权利，禁止童婚，允许妇女离婚，禁止一夫多妻等。有一些地方政府，如西印度的马哈拉施特拉邦政府，不仅鼓励不同种姓者通婚，而且还对他们实行奖励。在南印度，还有一些邦政府宣布，婆罗门种姓与贱民结婚十年者，奖励金表一块。随着法律的实施和人们观念的变化，原来种姓婚姻的限制已经基本消除了。

印度教传入中国　大约在公元前后，印度教伴随着佛教，就已从印度传入中国。关于佛教传入的具体时间，历史学界有不同的看法，一般倾向于这两种观点：一是西汉哀帝元寿元年（公元前2年）；二是东汉明帝永平十年（公元67年），中天竺和尚**摄摩腾**和**竺法兰**，“白马驮经”来到洛阳。这两种说法证明，佛教在公元前后就已传入中国。

至于印度教是何时传入中国的，很难考证。因为印度教比佛教早产生近一千年，佛教深受印度教的影响，吸收了许多印度教的教义与学说。实际上，印度教的许多思想都包含或融合于佛教之中，当佛教传到中国后，印度教的思想也随之进入中国。

佛教自公元前后传入中国，经过了东汉、魏晋、南北朝，到了隋唐时代，中印的佛教文化交流已达到鼎盛时期。在这种交流中，有许多佛教僧人为此作出了杰出贡献。在祖籍印度的学者中，以摄摩腾（1世纪）、**鸠摩罗什**（5世纪）、舍那崛多（5世纪）、**菩提达摩**（6世纪）为代表，他们不远万里来到中国，把大量的佛教梵文经典翻译成汉语，同时也通过佛经把许多印度教的思想传播到中国。

在赴印度取经的中国佛教僧人中，最著名的是晋代的**法显**（5世纪）、唐代的**玄奘**（7世纪）和**义净**（7世纪）。他们不仅从印度带回大批佛教经典，而且也向国人大量地介绍了印度教的思想与文化。法显在《**佛国记**》中，描述了他亲眼所见的印度教民俗和种姓歧视现象：“举国人民悉不杀生，不饮酒，不食葱蒜。唯除旃荼罗（即贱民）。旃荼罗名为恶人，为人别居，若入城市则击木以自异，人则识而避之，不相唐突。”另外，玄奘在《**大唐西域记**》中，也详细阐述了印度教的教育制度和各种科学技艺：“开蒙诱进，先导十二章。七岁之后，渐授五明大论：一曰声明，释诂训字，诠目流别。二工巧明，技术机关，阴阳历数。三医方明，禁咒闲邪，药石

印度教毗湿奴立像 20世纪80年代 中国泉州出土

印度教米娜克希神庙

针艾。四曰因明，考定正邪，研核真伪。五曰内明，究畅五乘，因果妙理。”他在解释印度教早期经典——四种吠陀本集时说：“其婆罗门学四吠陀论：一曰寿，谓养生缮性。二曰祠，谓享祭祈祷。三曰平，谓礼仪、占卜、兵法、军阵。四曰术，谓异能、伎数、禁咒、医方。”此外，在中国的史书中，如《晋书》、《南齐书》、《梁书》、《隋书》、《新唐书》、《通典》、《文献通考》等，都有不少关于印度教的记载。

印度教传入中国后，在中国许多地方都留下了历史遗迹。在云南白族居住的剑川地区，有一个著名的石窟群，名为“石钟山石窟”。在石钟山石窟的第8号窟中，正座上供奉着石雕的莲花形的女阴，当地称之为“阿盎白”，意思是“姑娘的生殖器”。在女阴的旁边，还矗立着印度教的天王像和佛像。据专家考证，这里曾流行过一种宗教，名为“阿吒力教”。这种阿吒力教，实际上是佛教密宗与印度教性力派结合的一种宗教，因为受印度教的影响，它也盛行对男女生殖器的崇拜。

在敦煌石窟的壁画中，也保存着许多印度教的神像。如莫高窟西魏第285窟中，就有一幅笑容可掬、神态鲜明的印度教象头神的画像。新疆克孜尔千佛洞第179窟中，有一幅有关印度教史诗《罗摩衍那》中的助猕猴的本生壁画。这些至今保存完好的印度教神灵的石雕或壁画，就是印度教传入中国的历史见证。

印度教的神庙，在中国也出现过。据史书记载：唐宋两代，有大量信奉印度教的商人从南海来中国经商，许多人长期居住在广州和泉州（古称刺桐）。为了敬拜神灵和祈求平安，这些印度教徒在广州和泉州建起了印度教神庙。最早的记载见《唐大和尚东征记》，该书曰：“（唐）天宝九年，广州有婆罗门寺三所，并梵僧居住，江中有婆罗门、波斯、昆仑等船，并载香药珍宝，积载如山。”这里说的婆罗门寺，实际上就是印度教神庙。到了宋代，泉州成为中国最重要的对外通商口岸，来这里的印度教商人也修建一些神庙。在这些印度教神庙中，供奉着湿婆大神的化身——“林伽”，并定时举行宗教祭祀活动。泉州当地人把“林伽”称为石笋，他们对这种石笋崇拜不理解，而加以反对。据《泉州府志·古迹》记载：大约在北宋大中祥符四年以前，石笋崇拜出现以后，当地百姓认为这是秽物，引起官府重视，府伊曾派人去破坏之。到20世纪80年代，中国考古学家在泉州挖掘出土了二百多件印度教文物，其中有大量石头制成的“林伽”像以及毗湿奴、湿婆、黑天、罗摩、吉祥天女等大神的雕像。此外，还发现了史诗《摩诃婆罗多》、《罗摩衍那》和往世书中神话故事的浮雕，以及用古泰米尔文写成的有关印度教的碑铭。这说明，宋代以后印度教在泉州的活动十分活跃。

印度教对中国文化的影响 印度教传入中国后，对中国思想文化的各个方面都产生了一定的影响，这些影响主要表现在天文学、医学、数学、宗教、哲

印度贡卜节宗教仪式

学、瑜伽、文学、语言学等领域。

天文学领域 印度教崇尚祭祀，为了选择天时以利祭祀，它在吠陀经典中建立了一套完整的天文学体系。印度教的天文学知识，早在汉代就已传入中国。中国《隋书·经籍志》中，记录着许多印度教天文学的典籍，如《婆罗门天文经》21卷、《婆罗门竭伽仙人天文说》30卷、《婆罗门天文》1卷等。这些经典都已经从梵文译成汉语，详细阐述了印度古代的天文与历法知识，对中国天文学的发展有很大的影响。例如，在中国古代的天文学中，有"二十八宿和五星"说，"五星"指岁星、荧惑、镇星、太白和辰星，而在印度的天文学中，有"七曜"说，所谓"七曜"，是在"五星"的基础上加上太阳和月亮。"七曜"说，约在东汉末年传入中国，曾对中国的天文历法产生影响。《后汉书·律历中》有这样的记载："常山长史刘洪上作《七曜术》。甲辰诏属太史部郎中刘固、舍人冯恂等课效，复作《八元术》，固等作《月食术》，并已相参。固术与《七曜术》同。"这说明，当时中国的天文家已接受了印度教的"七曜"说。

到了唐代，印度瞿昙家族对中国天文历法的发展作出了突出贡献。瞿昙悉达是一位印度裔华人，他的祖先在唐初就移居中国，其家族四代人都在朝廷做官，主要司管天文。其父瞿昙罗，任"皇朝太中大夫，司津监"。据《旧唐书·历志》记载：瞿昙罗在麟德二年（665），受朝廷之命，编制了《经纬历》，经唐高宗批准，与当时的《麟德历》参照实行。他在圣历元年（698），又受武则天之命，以《麟德历》为基础，编制了《光宅历》。瞿昙悉达曾任"皇朝银青光禄大夫，太史监"。他"大约在景云三年到开元六年……受皇帝委托，修理浑仪。开元六年，又受命翻译《九执历》……开元六年至十六年，他编辑了《开元占经》一书"。其子瞿昙譔，任"司天少监、司天监"，曾著《大唐甲子元辰历》。其孙瞿昙晏，任"司天台冬官正"。瞿昙家族，深懂印度教历法，当时的中国政府命这个家族成员利用印度算法，在不同的时间分别编制了《经纬历》、《光宅历》、《大唐甲子元辰历等》等。这一事实，足以说明印度教天文学对中国的影响。在这四代人中，瞿昙悉达是把印度教历法引进中国，贡献最大的一位。他编制的《开元占经》，已经成为唐代一部重要的天文历算著作，对后世影响很大。

医学领域 印度教的医学历史悠久，早在《阿闼婆吠陀》中就有大量治病方剂的记载，后来形成了许多医药典籍。在《隋书·经籍志》中，记录着许多传入中国的印度教医学典籍，如《婆罗门诸仙药方》20卷、《婆罗门药方》5卷、《耆婆所述仙人命论方》2卷、《乾陀利治鬼方》10卷等。这些典籍传入中国后，对中国医学的发展产生了很大影响。

中国最早的两部医药学著作——《千金翼方》和《备急千金要方》，是中国唐代著名医药学家孙思邈所著。在

冥想修行的苦行僧

这两部著作中，可以看到印度医学的影响。在医学理论上，印度医学主张：人由四大（地水风火）和合而成，四大不调，百病聚生。孙思邈的医学思想也受到这种"四大不调"理论的影响，他在《备急千金要方》中说："地水火风和合成人。凡人气不调，举身蒸热；风气不调，全身强直，诸毛孔闭塞；水气不调，身体浮肿，气满喘粗；土气不调，四肢不举，言无音声。火去则身冷，风止则气绝，水竭则无血，土散则身裂……凡四气合德，四神安和，一气不调，百一病生；四神动作，四百四病，同时俱发。"另外，孙思邈在《千金翼方》中还引用许多印度的药方，如"服菖蒲方"、"酥蜜煎煮消渴方"、"阿魏雷丸散方"、"苦参消石酒方"、"大白膏方"和"天真百畏方"等。

唐代，中国还有一部著名的医药学著作，名《外台秘要方》。在这部书中，也详细记载了印度医学在基本理论、眼科医术、药物方剂等方面对中国的影响。例如，在眼科方面，印度有一种"熏烟剂涂敷眼眥"的方法传入中国，在临床应用中疗效很好。另外，印度的"金篦角障术"，即用金鍼治疗白内障的技术，在唐朝也得到广泛应用，可以使人恢复视力。在唐代诗人白居易、刘禹锡等人的诗歌中，都提到这件事。在方药方面，《外台秘要方》中还记录了许多印度的方剂和药物。从印度引进的方剂有"疗肺病咳嗽脓血及唾涕血不止方"、"牛膝三物散"、"久患风赤眼方"、"疗脚气方"、"婆罗门僧疗大风疾方"等。从印度引进的药物有金刚石、青木香、胡椒、

印度教徒在印度恒河、亚穆纳河汇流处沐浴

印度教圣城瓦拉纳西恒河渡口

中国福建泉州开元寺雕有印度教内容的石柱

沉香、天竺桂、苏合香、龙脑香、象牙等。印度的药物多以植物、动物和矿物为主，而不同于阿拉伯的药物，多以香燥植物为主。

数学领域　印度教的算法书籍很早就传入中国。在《隋书·经籍志》中，记载着《婆罗门算法》3卷、《婆罗门阴阳算历》1卷、《婆罗门算经》3卷等。印度教的运算方法，有许多内容比中国先进，故促进了中国数学的发展。例如，瞿昙悉达所译的《九执历》，就把印度的数字码（即阿拉伯数字）和笔算方法介绍给中国人。此书中，列举了0、1、2、3、4、5、6、7、8、9等10个数字符号后，指出：“右天竺算法，用上件九个字乘除，其字皆一举札而成。凡数至十，进入前位。每空位处，恒安一点。有间咸记，无由辄错。运算便眼，述须先及。”由此可见，古代印度人发明的“0”、“阿拉伯数字”和十进位的运算方法，在唐代或更早的时代就已传入中国。

另外，中国自然科学史专家陈久金，在注解《九执历》时说：《九执历》中的“月间量命，为求月距纬之用的数据，以月距交一象限分为二十四段，取各段之正弦线，通为弧度列成表”。说明，古代印度人在测量月距时已经会用三角函数表。印度的三角函数表，在唐代通过《九执历》也传到中国。

宗教领域　印度教古代的许多梵文经典很早就传入中国，并完好地保存下来，如《摩诃婆罗多》、《薄伽梵歌》、《莲花往世书》等。这些梵文原典大都是11世纪以后的手抄本，对研究印度教有很高的学术价值。另外，伴随着佛教，印度教许多教义和思想也在中国得到广泛传播，如“生死轮回”、“善恶报应”（即“业报”）、“三世因果”、“解脱”、“瑜伽”、“化身”等学说。

印度教的许多神灵被印度佛教所吸纳并奉为护法神，这些神灵也随着佛教传入中国。现在中国的佛教庙宇中，供奉着许多印度教的神灵。例如，在佛教寺院大殿两侧供奉的“二十诸天”，即20个天神，原本都是印度教的神灵，来源于古代印度教的神话故事，后经佛教吸纳，转化为护持佛教的天神。他们的名称是：大梵天王、帝释天、多闻天王、持国天王、增长天王、广目天王、金刚密迹、摩醯首罗天、散旨大将、大辩才天、大功德天、韦驮天、坚牢地天、菩

南诏大理时期阿吒力教《利贞皇帝礼佛图》

讨论印度教信仰、哲学、伦理学的各种著作

印度教大神湿婆的象征林伽与神像
20世纪80年代中国泉州出土

提树神、鬼子母、摩利支天、日宫天子、月宫天子、娑竭龙王、阎摩罗王。在这里值得一提的是，佛教的护法大神——帝释天，其实就是从古代印度教最有名的雷电之神——因陀罗演变而来。还有"阎摩罗王"，原本是印度教神话中负责主管人死后灵魂的一位天神（天界之神），他在《梨俱吠陀》中就已经出现。后来，佛教也吸纳了这个天神，让他主管地狱。伴随着佛教，这位阎摩罗王传入中国，被中国老百姓普遍接受。经过中国人的改造，"阎摩罗王"变成了地狱中最公正的审判者，那些在人间做了坏事的恶人，到了阴间都会得到应有的审判和惩罚。另外，印度教的许多女神也传入中国，如萨拉斯瓦蒂女神，她的画像在中国的佛寺中经常可以看到，被称为"辩才天女"；杜尔伽女神和迦梨女神，也被中国藏传佛教所吸纳，在北京雍和宫就有她们的画像或塑像，杜尔伽被称为"难近母"，迦梨被称为"时母"。

印度佛教后期的密宗，在崇拜对象和修持仪式方面大量吸收了印度教性力派的内容，所以，印度教性力派的许多仪礼和修行方式也自然而然地传到中国，在中国藏传佛教中表现得十分明显。例如，密宗在修行时所用的"曼荼罗"，有的就是从印度教性力派那里引进的。这种曼荼罗，实际上就是密宗修行密法、举行法事的场所（坛场）。按照他们的说法：在修行密法时，为了防止魔众的侵扰，需要在修法之处，按照要求制作坛场。密教真言乘和金刚乘的曼荼罗是画一个正方形或建造一个土坛，上面绘相应的色彩图画，并依照特定的方位，布置瓶、灯、花、香等饰物，以此象征佛、菩萨和金刚都聚会在此，以保证达到预期的修行目的和效果。

印度教对中国的道教也有一定影响。中国学者刘仲宇在研究了道教早期经典——《灵宝无量度人上品妙经》（简称《度人上品妙经》或《度人经》）后，指出道教与古代婆罗门教曾有密切联系。他说："（《度人经》）以大梵为主神，宇宙经历劫运的演化图景，元始天尊开劫度人，等等，都是直接来自婆罗门教，或是从中引申、讹变而成的。其中，'大梵隐语'之类对诸天的赞美之辞，译自婆罗门教经典，但经过了浓缩改写。"刘仲宇的这种观点，不无道理。因为《度人经》产生于汉末三国时代，正处于道教建立自己信仰体系的过程中，此时佛教和印度教已传入中国，因此，道教僧人吸收印度教的一些学说以充实自己的思想体系，那是很自然的事情。况且，道教与印度教在宇宙观和创世说方面是非常相似的。道教的"道"和印度教的"梵"，皆为宇宙最高本体、万物的创造者，两者创造世界的过程都是一种"生化"或"显现"的过程（即把内在固有的东西显现出来），所以，有些道教经典就直接把"道"称为"大梵"。如《空洞迷歌之章魔王灵篇》说："梵行诸天，迂回十方。无量大神，皆由我生。"这表明，道教思想体系的形成在某些方面曾受到印度教的影响。

瑜伽领域　印度教的瑜伽术对中国的影响是明显的。瑜伽原本是印度教徒为了实现解脱而进行的修行方式，它分为许多种，其思想和实践方法都非常复杂。大约在4世纪，印度教的瑜伽术就已传入中国，对中国佛教、道教、儒教、医学、武术和气功等都产

中国泉州开元寺石柱（局部）
石柱右边圈内的装饰是毗湿奴的化身之一那罗辛哈撕裂不死恶魔的场景

生了一定的影响。中国佛教禅宗所修的"上乘禅"、天台宗提倡的"六妙法门"、净土宗主张的"念佛三昧"等修行法，皆可以明显地看出印度瑜伽的影响。中国古代的一些健身术也与印度的瑜伽有过交流。例如，南北朝时流行的《易筋经》、唐朝流行的"天竺按摩法"、宋代流行的"婆罗门导引法"都是从印度传来的。据说，《易筋经》就是少林寺的开山老祖达摩所传。《易筋经》中所练的功法，如内壮、外壮、动功、静功、炼形、炼气、炼意等，与印度教古典瑜伽提出的"八支行法"，即禁制、劝制、坐法、调息、制感、执持、静虑、等持等基本相似。另外，中国宋代所流行的"婆罗门导引法"（从印度传来的瑜伽功法），最早出现在宋代张君房所著的《云笈七签》中。"婆罗门导引法"包括12种功法，如"蛇功"、"龟功"、"孔雀功"、"鹤功"、"莲花功"、"仙人功"等，这些功法的传入对中国的武术和气功都有一定影响。

印度是中国的近邻，两国人民很早就开始了经济和文化的交往，在这种交往中，我们的祖先曾经从佛教和印度教文化中吸收了许多有益的东西，大大丰富了中华民族的古代文化。

（朱明忠）

Yindu Meishu

《印度美术》 *Art of India* 中国学者的印度艺术研究专著。中国人民大学出版社2004年出版，2010年再版。作者王镛，1967年毕业于北京大学东语系，现为中国艺术研究院研究员、博士生导师，主要从事印度美术史与中外美术交流史研究。

《印度美术》以历史发展为线索，阐述了印度艺术的演变过程，对印度宗教、哲学和美学皆有探讨。书中收录四百余幅图片，包含印度建筑、雕塑、绘画等各类历代艺术代表作。全书分5章，共18节。第1章为古代早期，介绍了印度艺术的起源，包括孔雀王朝（约前321～前185）、巽伽王朝（约前185～前75）及早期安度罗王朝（约公元前1世纪～124年）的艺术发展概况，涉及摩亨佐达罗发掘文物、阿育王石柱以及桑奇大塔等著名作品。第2

章为贵霜时代，介绍了贵霜王朝（30～375）时期印度艺术的发展状况，主要涉及北印度的**犍陀罗艺术**、马图拉雕刻以及南印度的阿马拉瓦蒂雕刻等三大艺术流派。第3章为笈多时代，介绍了笈多王朝（约320～550年）时期的艺术发展状况，主要涉及该时期美学理论、佛教造像、**阿旃陀石窟**，以及印度教艺术的发展。这一时期被称为“印度艺术的黄金时代。第4章为中世纪，介绍了南印度、德干地区以及北印度诸王朝艺术发展概况。这一时期被称为“印度教艺术的全盛时期”。第5章为莫卧儿时代，

《印度美术》封面

介绍了13世纪初伊斯兰统治者在印度建立政权至莫卧儿王朝（1526～1857）时期的艺术发展概况，主要涉及莫卧儿建筑、莫卧儿细密画及拉吉普特细密画3个方面。附录包括年表、参考书目及图版目录。

《印度美术》是当代中国研究印度艺术的代表性成果之一，对印度美学、宗教和哲学的研究有一定贡献。

（王靖　何赟）

Yindu minjian wenxue

印度民间文学　Indian folk literature

印度次大陆上用梵语、巴利语、印地语、孟加拉语等多种语言写作的民间文学作品。印度民间文学具有悠久的传统，同时，又具有多样性。其民间文学异常丰富，不仅有各地区各语言的民间文学，还有不同宗教的民间文学。

传统　印度最古老的文献**吠陀**是印度上古民间神话传说的汇集，是印度民间文学的开山之作。吠陀以下，**梵书**中也有许多民间神话传说，同时，

《印度民间故事集》封面

有些神话传说已发生变异，情节趋于丰富。两大史诗《**罗摩衍那**》和《**摩诃婆罗多**》是印度古代民间文学的宝库，不仅主干故事属于民间文学作品，还穿插有大量的神话传说、寓言、故事等。几乎与两大史诗同时，还出现了一批**往世书**，其主要内容为古代神话传说。约在公元前几个世纪成书的《本生经》则汇总了500多个寓言故事，其中还包括智者故事。《**五卷书**》的性质与《本生经》相同，也是一部寓言故事集，其最早文本可能出现于二三世纪，现存梵文本编定于12世纪。大约10～14世纪成书的《有益的教训》(又译《嘉言集》) 吸取了《五卷书》的内容而独立传播于印度东部地区。《伟大的故事》是一部用俗语写成的故事诗集，其内容丰富，有人将它与两大史诗相提并论。其产生年代不详，约与《五卷书》产生的时间相近。该书于11世纪散佚，印度和尼泊尔现存3个改写

《本生鬘》封面

本，其中《故事海》流传最广，是11世纪编写于克什米尔地区的梵文本，其篇幅约为《伟大的故事》书的1/35。梵语故事集还有《**僵尸鬼故事二十五则**》、《**宝座故事三十二则**》和《**鹦鹉故事七十则**》等，都流传很广。这3部故事集的内容都偏重于道德说教。在南方**达罗毗荼语**地区，很早就有自己的民间文学作品。如泰米尔语就有自己的“五大史诗”和“五小史诗”，同时还有翻译并改写的泰米尔语《罗摩衍那》。13世纪以后，印度各地的方言逐渐兴起，各语言除翻译和改写梵语民间文学作品外，各地还产生了大量自己的民间文学作品。另外，穆斯林的进入，带来了阿拉伯和波斯（今伊朗）一带的民间文学作品。这就使印度民间文学更加丰富多彩。

许地山译《孟加拉民间故事》封面

分类　按民俗学分类，印度民间文学有神话、史诗、故事、歌谣、谜语、谚语、民间戏剧和民间歌舞等，门类齐全，且每个门类都内容丰富。**印度神话**又可按宗教分类，有印度教神话，包括吠陀神话、史诗神话、往世书神话等；佛教神话，包括佛陀（见**释迦牟尼**）生平神话和佛经中记载的神话等；耆那教神话，包括**大雄**和其他23位祖师，以及12位转轮王、9位那罗延（或伐苏提婆）、9位那罗延之敌、9位力天等63位伟人生平等。伊斯兰教神话，包括《古兰经》中的神话等。歌谣、谜语、谚语、民间戏剧和民间歌舞等大多在13世纪以后产生并流行于各地区，其搜集、整理和研究工作是近现代才开始的。

世界影响　印度民间文学具有世界

影响。19世纪中期，西方学者掀起搜集、整理和研究印度民间文学的热潮。他们通过对印度神话的研究，促进了历史比较语言学和比较文学的产生和发展。有人从印度民间文学入手寻找世界民间故事的起源，认为大多数民间故事都是从印度走向世界各地的。如《本生经》和

印度民间文学《嘉言集》梵英对照本封面

《五卷书》中的一些故事就在世界各地，尤其是亚洲各地流传。再如史诗《罗摩衍那》的故事，也在亚洲各地流传。印度民间文学在中国影响也很大。随着佛教的传入，印度的神话传说、民间故事大量进入中国，不仅在中原地区流行，也在西藏、内蒙古和云南等地广泛传播。

（薛克翘）

Yindu Qishisi Gushi

《印度七十四故事》 *Wit and Wisdom of India: A Collection of Humorous Folk-tales of the Court and Countryside* 印度近现代故事集。原名《印度的才思与智慧：朝野民间幽默故事集》，由印度现代学者P.S.尚卡尔收集、整理并译成英文。见汪原放。

Yindu Qingniantuan

印度青年团 Indian Youth League 20世纪二三十年代旅居中国的印度人组织的协会之一。有强烈的反帝国主义倾向，与东方被压迫人民协会有联系。成立于当时中国除香港外印度人口最密集的城市上海，办公地点位于闸北地区。20世纪20年代末30年代初，曾受到上海英国租界殖民者的严酷迫害。Z.辛格、C.辛格、K.辛格、S.辛格等领导人及活跃分子先后被捕并被遣回印度，但印度青年团在中国的支持下得以幸存，并继续召开会议，开展政治活动。

20世纪30年代，日本侵占中国东北等地，印度青年团曾公开谴责日本的侵略行为和泛亚洲主义，并通过一份决议，宣称“作为居住在中国土地上的印度人，我们对中国的劳苦大众报以深切的同情，全力支持他们反抗日本在中国的剥削和侵略行径。虽然中国在列强的入侵下已沦为半殖民国家，但我们坚信中国人民争取解放的英勇努力会在不久的未来赢得胜利”。此后，该组织的活动鲜为人知。随着日本攻占上海，印度独立联盟在日本人的协助下成立，并在上海等地设立分部，印度青年团再无可能继续其公开活动。

（玛妲玉撰 张然译）

Yindu shenhua

印度神话 Indian mythology 印度古代人类解释世界的起源和各种自然现象，讲述神灵、妖魔或超人的事迹，叙述发生在远古时代的非凡事件的故事和说。神话普遍存在于印度各民族的社会史中，是印度文化的基本组成部分。印度神话与宗教是同步发展的。它有一个充实、丰富和系统化的过程。到史诗时代，印度教的崇拜对象已发生很大变化，梵天、毗湿奴和湿婆三大神被突出出来，一些历史传说也被演绎为新的神话，附加在三大主神的身上。往世书中，印度教已有毗湿奴派和湿婆派的明确划分。宗教的成熟和分裂，使神话系统化、严密化，也使神话分

湿婆与毗湿奴合体像 左为毗湿奴，右为湿婆

火神阿耆尼

别依附于不同派别。

史诗时代之后，新宗教的出现导致新神话体系的出现。佛教和耆那教的出现，使印度产生了一批新神话。同时，佛教和耆那教也将印度教的一些神话吸收到自己的神话体系。三个宗教神话体系合起来，就是印度古代神话体系。佛教在13世纪初从印度本土消失，佛教神话也就基本不再在印度流传，只是在近代佛教回传以后，佛教神话才开始在印度复苏。耆那教神话长期以来也一直处于细水长流的状态。印度神话包括印度教神话、佛教神话、耆那教神话。印度神话对中国文化产生了一定的影响。

印度教神话 在印度的神话体系中，印度教神话更丰富、更复杂，在印度神话中占主要地位。印度教神话体系的形成分为两个阶段：第一个阶段在吠陀时期，第二阶段在列国时代。印度教神话，主要来自三类文献，即吠陀文献、两大史诗和往世书文献。

吠陀神话 公元前1500年到前600年是印度历史上的吠陀时期。这个时期产生的神话称为吠陀神话。吠陀文献中提到许多神明，诸如日月星辰、黎明黑夜、山川河流、风云雷电、森林树木等。主要神明有众神之王因陀罗、火神阿耆尼、太阳神苏利耶、水神伐楼拿、风神伐由、医神双马童、死神阎摩等。

《梨俱吠陀》中约有250首诗是歌颂天帝因陀罗的。他有神的特点，可以呼风唤雨，役使雷电；又有人的特征，英勇善战，吃喝玩乐，尤其喜欢饮苏摩酒。因陀罗既是自然力的人格化，又是印度雅利安人游牧部落酋长的理想化和

神化。书中还有约200首诗是歌颂火神阿耆尼的。阿耆尼带有火的一些特征，又是最高一级的神。他给人们带来光明，又能消病除灾。火的神化反映了印度上古居民使用火的情况和对火的崇拜。书中还有歌颂太阳神苏利耶、水神伐楼拿（婆楼那）、风神伐由的诗。《梨俱吠陀》中经常被提起的还有一对孪生兄弟，叫双马童。他俩长得年轻英俊，聪明强壮，善治病救人。阎摩是死神，也掌管法律。人们死后都要见到他，他有两名使者，是两条狗，守护在人们去见阎摩的必经之路上。

《梵天的降生》 印度细密画

《梨俱吠陀》中，关于创世的神话有几种。其中一种属生殖崇拜型创世神话。如《梨俱吠陀》10.82《造一切者之歌》、10.121《生主歌》和10.129《无有歌》，暗示了男女交合的情景。说明上古之人崇拜生殖器，认为那是生命之源。人们在思考宇宙形成的原因，以为宇宙的形成就像男女交合一样，先有一个“独一之主”，然后孕育出“金胎”乃至宇宙万物。

耆那教《宇宙图》

另一种属肢体分解型创世神话。如《梨俱吠陀》10.90《原人歌》中说，宇宙间最先有的是原人（布路沙）。他的口生出婆罗门，双臂生出刹帝利，双腿生出吠舍，双足生出首陀罗；他的胸部生出月亮，眼睛生出太阳，他的口中吐出雷神因陀罗和火神阿耆尼，他的呼吸生出风神伐由；他的肚脐生成空界，他的头显现为天界，他的脚生成地界，同时也生出方位，构成整个世界。这里不仅有日月等自然界的生成，也有人的生成，而且印度古代特有的种姓制度也在此时萌芽。

史诗、往世书神话 到公元前6世纪，印度历史进入列国时代。当时有16个国家。其间，印度出现许多文献。其中影响最大、流传最广的是两大史诗《罗摩衍那》和《摩诃婆罗多》。这两部书都是鸿篇巨制，是印度文化中的瑰宝，也是非常丰富优美的印度古代神话传说的汇集。两部史诗的编订，加上同期往世书的出现，最终建立起印度教神话的完整体系。

在史诗与往世书神话中，突出的是三大主神的业绩。梵天是创造之神。史诗中，他还有一些别名，如“创造者”、“生主”等。他虽然位居三大神之首，在各种典籍中也频繁出现，但业绩平平，并时常受另外两位大神的排挤。毗湿奴是保护神，又称“那罗延”，意译“遍入天”，意思是无所不在。其妻是吉祥天女。毗湿奴的故事中，最突出的是他化身下凡拯救世界的故事。有的往世书说他曾下凡救世24次，也有的说他下凡10次。他曾化身为龟、野猪、人狮等多次救世。在他的化身故事中，最精彩的是化身为罗摩和黑天的故事。罗摩故事集中于史诗《罗摩衍那》中，黑天故事则集中于《摩诃婆罗多》、《诃利世

《佛陀诞生》 宋代
中国甘肃敦煌莫高窟第75窟壁画

梵天像

毗湿奴及其10个化身（鱼、龟、野猪、人狮、侏儒、持斧罗摩、罗摩、克里希那、佛陀和伽尔吉）

耆那教教主大雄像

系》、《薄伽梵往世书》和《毗湿奴往世书》中。湿婆是世界的创造和毁灭之神。湿婆又称为“兽主”，早在印度河文明时期即受到崇拜。在吠陀中，他的地位不高，称楼陀罗。从湿婆的功能看，他集中了雅利安神和印度本土神的若干特点。他是生殖神，印度人崇拜他的象征物林伽。他是舞神，他的舞蹈能毁灭世界，他还曾用舞蹈征服过许多敌视他的苦行者。他又是苦行之神，终年住在喜马拉雅山的盖拉斯雪峰（即中国西藏普兰县境内的冈仁波齐峰）上。印度教湿婆派信徒把他奉为宇宙最高神，而另外两位大神都在他之下，有时还得听从他的命令。湿婆有极大的降魔威力，性情暴躁，但有时也显得非常温和仁慈。相传湿婆本来是禁欲者，爱神迦摩引诱他，被他的第三只眼烧成灰烬。但湿婆最终还是爱上雪山神女。他们生了两个儿子，一是战神鸠摩罗，又称塞健陀；一是象头

佛陀像　现藏新德里印度国家博物馆

神群主。湿婆及其家族成员的故事集中在《湿婆往世书》中，也散见于史诗和其他往世书中。

三大神在一般印度教徒心目中是三位一体的，分别代表着宇宙的创造、保护和毁灭。至于吠陀神话中的一些主神，在印度教神话中已退居次要地位。

佛教神话　印度的佛教是在列国时代创立的。它从古老的吠陀文献中吸取了营养，继承了其中部分思想和传说，加以改造和利用。佛教创造出一套自己的神话体系。佛教神话体系主要有两部分内容：一部分是佛传故事，另一部分是采自吠陀文献、史诗，以及民间神话传说。这个神话体系的核心是佛陀（见**释迦牟尼**），围绕佛陀的是各类神明。佛有过去佛、未来佛、横三世佛、竖三世佛；佛之外还有诸天，属于佛教的护法神，如帝释天、大梵天、大自在天、四大天王等；除诸天之外，还有天龙八部，即天众、龙众、**夜叉**、**乾闼婆**、**阿修罗**、迦楼罗、紧那罗和摩睺罗迦，为次一等的小神灵。菩萨、罗汉等都有神通变化和降魔的能力。佛教也描绘了宇宙的立体图景，如天有若干重，地分若干部洲，**地狱**若干层次，其想象瑰丽，景象神奇。

佛传故事是最有代表意义的佛教神话。同佛的出生一样，佛的谢世也充满神奇色彩。

耆那教神话　与佛教神话的情况类似，耆那教神话中也有一部分解释宇宙和人生的故事，主要取自上古神话传说，有的来自吠陀文献和史诗，有的直接取自民间，但情节性较差。耆那教创始人**大雄**及他以前23位祖师的传说，还有12位转轮王的传说等，构成了耆那教神话的主要内容。

关于大雄以前的故事，耆那教典籍中说：时间是无限的、无形的。一**劫**接着一劫周而复始地轮转着。宇宙是无边无际的，宇宙的中心是动魂界，下有7层地狱，上有16层天和14个天界，人兽鬼神都在动魂界中。在宇宙的最上边，是经过苦修得了解脱的灵魂居住的天堂。人类目前正处在一劫的降世里。在降纪的最初3纪中，人类处在幸福美满的状态中，过着完全依赖自然的生活。人所需要的东西，只要站在如意树下即可得到。那时，没有文化、法律、制度等，人生活得无拘无束，没有争斗，没有战争。到了降纪的第3纪的末期，人开始从沉睡状态中苏醒，开始组织起来，形成许多氏族部落。一些杰出的领头人物被尊称为“王”。这些“王”又被称为“**摩奴**”。在第3纪的末期，前后共有14位摩奴。在第4纪中，出现了包括24位祖师在内的63位伟人。

耆那教神话传说中，对大雄的生平故事描绘最多，其出生的故事最为神奇：相传在大约2 500年前，在今比哈尔邦，有一个甘蔗族国王悉达多。他的王后做了一个神奇的梦，看见吉祥天女、圆月、太阳、雄狮、大象、公牛、金车、圣火、花环、宝座等一系列吉祥事物。过了些日子，王后生下小王子。世尊大雄一出生，就非同凡响，健壮英俊，而且根本不用从师学习，因为他在前世就掌握了一切知识。

在印度古代三个神话体系中，佛教神话对中国影响最大。印度教神话是通过佛教在中国古代产生影响的，而耆那教神话则基本没有在中国产生影响。

（薛克翘）

Yindu Wenhua yu Minsu

《印度文化与民俗》　中国针对印度民俗文化进行系统介绍和探讨的研究专著。作者中国社会科学院亚洲太平洋研究所研究员王树英，1989年由四川民族出版社出版。

《印度文化与民俗》共计26万余字，共12章，其中第1章对印度地理、

《印度文化与民俗》封面

文化状况进行了整体概述，第2～12章分别对印度的主要宗教与民间信仰、印度教的种姓制度、印度教的礼仪、印度的生活习俗、住宅、交通运输、婚丧习俗、土著部落、不同地区的居民及生活特色、印度的节日、文化艺术与教育，以及印度的名胜古迹进行了详细介绍。

《印度文化与民俗》以典籍文字和作者的寻访记录为依据，全面反映了印度的社会风貌和民俗特征，对于人们关注和研究印度社会、文化具有参考价值。

（任婧）

Yindu wudao

印度舞蹈 Indian dance 产生并流传于今印度境内的世界重要舞种之一。历史悠久，风格多样，包括古典舞蹈和民间舞蹈。有独特的理论体系和表演形式。

在巴基斯坦摩亨佐达罗和哈拉帕出土的印度河文明遗物中，就有舞女青铜像和表现男性舞者的石雕像。它们说明，印度先民十分喜欢舞蹈。在印度神话传说中，神明是最初的舞者，表演创造、保护和毁灭之舞。印度教三大神之一湿婆是印度舞蹈的始祖。据说他会跳108种舞。宇宙在他的舞蹈之中周而复始地走向毁灭和新生。他的舞王形象十分驰名。印度舞蹈很可能起源于宗教祭祀仪式。最初的职业舞者，需要在祭祀时表演舞技以取悦神灵。作为一种艺术形式，舞蹈在印度至少已有3 000年的历史。舞蹈被认为是戏剧的基本组成部分。在2世纪问世的《毗湿奴往世书》中提到过一部舞剧的名字。显然，在婆罗多牟尼写作《舞论》之前，印度舞蹈就已十分繁荣和成熟。根据《舞论》，舞蹈已是当时所有重要庆祝活动必不可少的内容。《舞论》为印度古典舞蹈制定了规则，而且至今依然是印度所有古典舞蹈形式的理论源泉。

印度古典舞蹈 印度古典舞蹈分为南北两大体系和八大流派。由于历史和社会的变迁，每一种舞蹈形式在演变之后均具有独特的技巧，但它们还是拥有一些共同的审美原则和技巧特点，同时都从印度神话取材。印度八大流派古典舞蹈包括婆罗多舞、卡塔克舞、卡塔卡利舞、库奇普迪舞、曼尼普里舞、奥迪西舞、萨特里亚舞和摩西尼亚塔姆舞。

婆罗多舞 婆罗多舞是南印度的一种古典舞蹈流派。起源于今泰米尔纳德邦。原系神庙舞女的敬神舞蹈。16世纪传入宫廷。现代形式的婆罗多舞是在18世纪晚期或19世纪早期发展起来的，但在1910～1930年一度处于低谷，随后迅速复兴并登上舞台。婆罗多舞是一种独舞，通常由一名女演员演出，题材为印度神话。舞蹈分为6节：①序，祈祷并致礼；②纯舞蹈，演员随鼓乐节奏

乐舞图 5 000年前岩刻 印度中央邦

《舞蹈的湿婆》 印度埃洛拉石窟第16窟

摩诃兜勒图 5 000年前岩画 印度中央邦

起舞；③短舞，以表情和手势简略表现泰卢固语或泰米尔语伴唱歌词的内容；④叙事舞段，以动作、表情和手势细腻表现全部故事情节，同时模拟几个不同角色；⑤抒情舞段，以轻快的舞姿表现对神的赞颂；⑥纯舞蹈，动作迅疾，收煞爽利。第4节为舞蹈中心和高潮，演员须在作为道具的供盘上完成一系列高难度动作。舞姿取自并模仿印度雕刻作品，演员须曲膝而舞。

卡塔克舞 卡塔克舞是北印度的一种古典舞蹈流派。起源于今拉贾斯坦邦和北方邦的寺庙。“卡塔克”意为“说书人”。这些说书人在寺庙里讲述往世

《湿婆舞蹈图》 19世纪

婆罗多舞

书中的故事，常以歌唱和舞蹈动作助兴。卡塔克舞由是诞生。最初与婆罗多舞非常相似。一度曾是表现黑天与罗陀爱情故事的歌舞剧。穆斯林入侵后，卡塔克舞一时销声匿迹。后在17世纪始由莫卧儿皇帝恢复。莫卧儿王朝舞蹈音乐的影响使这种舞蹈的形式发生很大变化。演出地点也从寺庙转向宫廷。今天，卡塔克舞依然凝聚着印度教徒和穆斯林两种文化的成分。男女舞者可对舞蹈段落自由发挥，节拍迅疾，动作复杂，强调旋转和足部动作，舞者踝系脚铃，脚掌配合鼓点快速踏击，铃声铿锵，令人

卡塔克舞

闻之动容。其服装与主题多取自莫卧儿细密画。如果说婆罗多舞重在手势，那么卡塔克舞则强在足功。

卡塔卡利舞　卡塔卡利舞是南印度的一种古典舞蹈流派。起源于今喀拉拉邦。“卡塔卡利”意为“故事表演”。该舞蹈实际是承袭古代梵剧形式的舞剧，而且至今仍以梵语诗歌伴唱。当地民间在古代曾经流行演出舞剧，内容为神话传说，演出单位既有乡民剧社，也有职业剧团。卡塔卡利舞即从这些舞剧演化而来。该舞蹈植根于1 500年前，在印

卡塔卡利舞

度西南沿海流行也已近300年。主题多取自史诗《摩诃婆罗多》与《罗摩衍那》及印度教神话，经常在乡间神庙旁露天舞台通宵达旦地演出，月明之夜通常在旷野演出。舞者均为男性，运用24种基本手势、面部表情和动作叙述剧情。面部化妆浓墨重彩，类似中国京剧脸谱。绿脸代表高贵英武的正面人物，绿底红花脸代表妖魔，橙色脸代表王后、公主等由男性扮演的正面女角。化妆一次，需费3个多小时。服装和头盔均十分考究。

库奇普迪舞　库奇普迪舞是南印度的一种古典舞蹈形式。问世于公元前2世纪，起源于今安得拉邦。得名于孟加拉湾边上克里希纳县的一个村庄。这是由婆罗门跳的一种传统舞蹈。表演在一些舞台仪式之后开始，剧中人物次第登场，载歌载舞，自我介绍。舞剧情节随后展开。舞者饰物繁复，从头到脚，从颈部到手臂、手腕，分别佩戴不同的金属或珠宝饰品。舞蹈情节多取材于印度神话。

曼尼普里舞　曼尼普里舞是北印度的一种古典舞蹈流派。起源于今印度东北部的曼尼普尔邦。最初是山民在举行宗教仪式时跳的集体舞，表现内容属于地方文化，后受毗湿奴教派影响发生变化。早期舞蹈内容以舞王湿婆及其妻子雪山神女为中心，后受虔诚运动影响而以表现黑天与罗陀的爱情游戏为重点。最初的民间舞蹈经与古典舞蹈结合而成

曼尼普里舞

为一种抒情舞蹈。舞蹈音乐旋律古朴，舞蹈动作流畅娴雅。曼尼普里舞不像婆罗多舞、卡塔克舞、卡塔卡利舞那样注重面部表情和手势，它主要通过舞者腰身和四肢的轻柔流动来表情达意。

奥迪西舞　起源于东印度奥里萨邦。首府布巴内斯瓦尔附近山间发现的属于公元前1世纪的浅浮雕表明，这是印度一种最为古老的舞蹈。《舞论》

库奇普迪舞

奥迪西舞

摩西尼亚塔姆舞

金刚舞　中国四川藏族法会

鹿神舞　中国青海塔尔寺

提到过它。以舞者的三曲式造型而著称。舞者姿势，时或再现印度雕刻中的造型。

萨特里亚舞　印度阿萨姆地区的毗湿奴派在15世纪创立的一种舞蹈形式。常用于在寺院演出的独幕剧中。在举行仪式等场合，寺院也会演出此种舞蹈。

摩西尼亚塔姆舞　起源于南印度今喀拉拉邦。是一种纯女性表演的舞蹈。动作模拟棕榈、大海等当地自然景物，舞姿异常优美。

印度民间舞蹈　由于多种宗教、多种种族的存在，特别是由于众多少数民族和部落民的存在，印度民间舞蹈多姿多彩，异常丰富。在收获、结婚、添丁等喜庆的日子，居住在山野、森林和村庄中的人民都会翩翩起舞，表达自己的欢乐心情。舞蹈自古以来就是他们生活的重要组成部分。民间舞蹈在风格上存在巨大差异，但可依照舞蹈场合分为工作性、季节性、演武性、宗教性和仪式性5种。舞蹈动作以模仿自然和劳动等为特点，如表现自然富丽的色彩、季节的流转变幻和播种水稻、采集食物等。

《极乐经变》舞蹈图　敦煌壁画　图中舞蹈者肩披彩带，腹部裸露，赤足，佩戴脚铃　中国甘肃敦煌莫高窟第112窟

有些民间舞蹈亦很浪漫。例如，在素有舞蹈之乡之称的曼尼普尔邦，年轻人在月光下一边轻歌曼舞，一边谈情说爱。印度民间舞蹈是一座蕴藏着无数舞蹈资源的宝库，具有无可估量的艺术价值。实际上，大多数技巧精湛的印度古典舞蹈起源于民间舞蹈。

印度舞蹈在中国　自汉代佛教东渐起，印度乐舞就开始传入中国。在2 000年间，印度舞蹈直接或间接影响了中国宫廷和民间的舞蹈艺术。

古代印度佛教舞蹈的中国化　从南北朝开始，经隋唐直至清代，中国各地区各民族对印度佛教舞蹈予以模仿、吸收、改造和融合，创造出不同形态、不同风格的中国佛教舞蹈，尤其是敦煌乐舞、汉族民间佛教舞蹈、藏传佛教舞蹈和南传佛教舞蹈。

敦煌乐舞的盛况，可见于敦煌壁画。壁画上众多舞蹈样式，为当代艺术家研究舞蹈的历史和发展提供了重要素材，也给他们以无限的灵感和启示，使他们能够复活和创作敦煌舞蹈。壁画中的飞天、伎乐天原形，就是印度神话中天宫里的舞伎和乐师。舞姿中的S形“小三曲式”造型和印度奥迪西舞的S形“大三曲式”有渊源关系。在早期壁画中，画中人物服饰完全承袭印度装束：赤脚，赤裸上身，佩戴珠宝、臂环、手镯和脚链，天衣彩带绕身，下着短裙或及膝裤，头梳高髻或披长发，等等。在中唐壁画中，乐师服饰渐变为宽袍大袖，乐器中也开始出现横笛、笙等本土乐器。

佛教传入中国后，除寺庙之外，汉族民间也常上演佛教舞蹈。每逢节日或庙会，就会有丰富多彩的娱佛舞蹈表演。如在江苏南通、海安等地，正月十三的灯会、七月十三的关帝会及药王会、地藏会、观音会等佛教节日里，都要表演舞蹈。放河灯是汉族流传较广的一种舞蹈，陕西西乡的波罗寺，每到农历七月十五都要举行放河灯佛教祭祀乐舞仪式。

藏传佛教舞蹈，俗称“法王舞”、“跳欠”、“跳布扎”、“跳鬼”、“金刚舞”等。藏传舞蹈涉及多个民族，而以藏族、蒙古族为主。表演者是自幼出家的喇嘛，按要求接受佛教舞蹈的培训。主要以“查玛”、“鹿神舞”、“马头明王舞”、“曲佳法王舞”为代表。

南传佛教，俗称小乘佛教，又称上座部佛教，以巴利文佛经为依经，在中国云南和泰国、缅甸诸国盛行。南传佛教舞蹈以孔雀舞、八宝花舞、大鹏鸟舞和白族佛教乐舞为代表。孔雀舞，傣语称“戛洛涌”或“戛朗洛”，流传于云南省德宏傣族景颇族自治州和西双版纳傣族自治州。一般在盛大佛教节日和隆重集会时演出。舞蹈动作模仿孔雀飞翔、开屏、吸翅、抖翅、展翅、饮水和嬉戏等。当代舞蹈家刀美兰和杨丽萍将此舞改编，使之成为驰名中外的舞蹈佳作。

印度舞蹈家访问中国　1950年4月中印建交后，两国文化交流日趋繁盛。1955年6月，由印度外交部副部长A. K.钱达尔率领的51人文化代表团，给中国观众带来丰富的音乐舞蹈节目，表演了婆罗多舞、卡塔克舞和卡塔卡利舞及那加族民间舞。有8位中国舞蹈演员在印度艺术家指导下表演卡塔卡利舞。

1957年3~4月，印度著名婆罗多舞蹈家拉克希曼姐妹访华。她们的演出得到中国观众的喜爱，著名作家冰心撰写《观舞记》一文题献她们。1957年7~8月，印度现代舞之父U.香

印度现代舞之父U.香卡率团来华访问的首场演出剧照 1957

卡访华，演出期间教授中国舞蹈家张均跳《拍球舞》。

1978年10～11月，在中印文化交流长期中断之后，印度舞蹈家M.萨拉拜率团访华。她在访问期间建议中国派留学生到她的学校（达尔帕纳艺术学院）学习，之后，张均和刘友兰受中国政府公派赴该校留学。

1984年，印度婆罗多舞复兴运动的先锋R.黛维率卡拉谢特拉舞蹈学院演员来华演出，印度著名婆罗多舞蹈家L.桑姆森随行。这是她人生最后一次出访，随后她于1986年2月逝世。同年，U.香卡的女儿M.香卡一行来华演出，受到观众热烈欢迎。

1991年8月，中国人民对外友好协会、中国社会科学院和印度驻华大使馆联合举办R.泰戈尔逝世50周年纪念会。来自加尔各答的印度舞剧团在北京、福州、厦门等地演出泰戈尔戏剧《纸牌王国》。1992年，印度舞蹈评论家S.柯塔里访问中国，在印度驻华大使馆作关于印度舞蹈的讲座。1994年5月，首届印度文化节在北京举办。印度舞蹈家S.辛格和妻子恰鲁在开幕式上表演曼尼普里舞中具有特殊优雅风格的拉斯舞。1997年10月，印度艺术团一行20人来华参加第五届亚洲艺术节。

2000年1月，印度卡塔克舞蹈之王B.马哈拉吉率团来华参加亚洲艺术节。同年5月1日，为庆祝中印建交50周年，印度文化关系委员会派艺术团来华演出。2002年10月，印度著名婆罗多舞蹈家桑姆森率领斯班达舞蹈团来北京参加亚洲艺术节，并赴呼和浩特、包头、上海和杭州等地演出。其间，应中央音乐学院教授陈自明邀请在中央音乐学院演出，并为北京舞蹈学院东方班作印度舞蹈讲座。同年，M.萨拉拜率团访华演出，观看北京舞蹈学院东方班婆罗多舞课。2004年，库奇普迪舞著名舞蹈家J.拉奥和妻子V.拉奥访华，并在北京演出。2007年，被誉为卡塔克舞蹈王后的S.纳拉扬在北京政协礼堂演出卡塔克舞。2008年，摩西尼亚塔姆舞蹈家G.拉达克里希那应印度驻华大使拉奥琦邀请来北京演出，同行者还有印度卡塔卡利舞蹈团。同年，桑姆森再次访华，为印度旅游文化年启动仪式演出。作为总导演，她带来一台由印度六大派古典舞组成的精彩晚会。同年9月，印度文化中心在北京成立。由印度文化关系委员会派来两名教师给中国学员授课。以A.查克拉瓦蒂为首的卡塔克舞蹈教师每天为学生提供免费艺术课程，并在节日庆典中给他们提供演出机会。2011年，奥迪西舞蹈家R.高哈尔在北京国家大剧院和中央音乐学院演出两场，并作舞蹈讲座。同年，卡塔克舞之王马哈拉吉的两个儿子贾伊吉山和迪帕克在北京演出。2012年1月15日，印度奥迪西舞蹈家K.赛加尔在广州表演奥迪西舞蹈。3月，印度当代著名婆罗多舞蹈家L.瓦伊德亚纳坦从新德里前来北京，在国家大剧院和中央音乐学院演出两场，引起热烈反响。同年夏天，资深婆罗多兼奥迪西舞蹈家S.曼辛格亦来北京演出。

印度婆罗多舞蹈家桑姆森

中国人跳印度舞　东方舞舞蹈家张均是第一个把印度舞蹈系统介绍给中国的人。她八赴印度访学，不仅学遍七派古典舞蹈，还大量采集民间舞素材。她先后在北京舞蹈学院、东方歌舞团、东

印度舞蹈家M.萨拉拜率团访华演出后的合影

杨丽萍表演的孔雀舞

方艺术辅导中心、广州舞蹈学校等机构任教。1999年出版《婆罗多舞蹈教程》教学光盘，2004年主编《婆罗多舞蹈教程》一书。主要舞蹈作品有“敦煌舞姿和印度舞鉴赏晚会”，舞蹈《西土情韵》和《多彩的脚铃》等。

20世纪八九十年代，刘友兰、郑韵、李江、苏宝华、赵世忠、江东、梅丽古力·艾哈迈德等人曾在印度留学。他们回国后都在各自领域传授印度舞蹈。刘友兰任教于北京舞蹈学院。郑韵先在印度跟随桑姆森学习婆罗多舞，后又师从奥迪西舞蹈家M.穆德加尔学习奥迪西舞，成为最早在印度开独舞晚会的中国人。她学成回国后在上海歌剧院工作。

中国甘肃兰州大学纪念泰戈尔诞辰150周年演出的泰戈尔戏剧《齐德拉》剧照

李江任广西艺术学院教授兼国际交流处处长。苏宝华任东方歌舞团舞蹈编导和舞蹈指导。赵世忠做卡塔克舞和踢踏舞比较研究。江东任中国艺术研究院舞蹈研究所副所长，是著名的舞蹈评论家，著有《印度舞蹈通论》等书。梅丽古力·艾哈迈德在印度学习奥迪西舞，回国后在新疆艺术学院开设印度舞蹈课程。

年轻一代印度舞者亦崭露头角。林萍、赵晓贞、李默文曾受印度总统邀请随张均、苏宝华赴印度留学，被誉为“舞蹈神童”。金珊珊曾4次赴印度留学，先后师从马哈拉吉和桑姆森，被称为“婆罗多舞在中国的传人”。现已有更多的年轻人研习印度舞蹈。

现代中国的艺术院团曾3次大规模排演印度歌舞剧。1957年，为庆祝中国印度友好协会成立5周年，中国青年艺术剧院演出印度大诗人迦梨陀娑诗剧《沙恭达罗》。当时正在访问中国的印度舞蹈家K.拉克希曼参与了舞蹈排练。1981年，中国青年艺术剧院重排《沙恭达罗》，张均应邀为舞剧编排舞蹈。2012年，兰州大学排演泰戈尔戏剧《齐德拉》，由金珊珊出任舞蹈编导，被时任印度驻中国大使评为“非常有印度味儿的泰戈尔戏剧表演”。

（刘建 金珊珊）

Yindu xiju

印度戏剧 Indian drama 产生并流传于今印度境内的世界重要剧种之一。具有独特的理论体系和表演形式。

印度戏剧具有悠久的传统。在吠陀本集中，已有对话形式的颂歌和附有故事梗概的合唱。这可以看作印度戏剧的萌芽。同西方戏剧一样，印度戏剧也很可能起源于宗教祭祀活动。宗教将戏剧作为宣传工具，从而促进了戏剧的发展。两大史诗《摩诃婆罗多》与《罗摩衍那》问世后，民间逐渐产生了演唱史诗内容的戏剧形式，时至今日依然长盛不衰。公元前后出现的传为婆罗多牟尼所著的《舞论》一书，是最早的梵语戏剧学著作。《舞论》论述了戏剧的起源、性质、功能、剧场、动作、表情、语言、风格、服装、化妆、角色、观众及音乐等涉及戏剧形体表演和语言表演的诸多要素及细节。戏剧理论是对戏剧实践的归纳和总结，由此可以想见印度古代戏剧表演艺术的成熟。后世的戏剧工作者都承认婆罗多牟尼为印度戏剧的祖师。

从现存文献看，公元纪年开始后，印度古典梵语戏剧进入繁荣时期。现存最早的剧本是一二世纪时佛教诗人和戏剧家马鸣的3部戏剧残卷。其中《舍利弗传》是一部九幕剧，内容为佛陀（见释迦牟尼）的两个大弟子舍利弗和目犍连皈依佛门的故事。这3部戏剧残卷在20世纪初发现于中国新疆。南印度的寺庙中一直有表演戏剧的传统。1910年，一位印度学者在南印度波德摩纳帕城附近一座寺庙的藏书中发现13部剧本，它们被认为出于二三世纪时著名梵语戏剧家跋娑之手。这是印度戏剧史上的一件大事。跋娑的13部剧主要取材于印度两大梵语史诗和其他传说。传为首陀罗迦所著的梵语名剧《小泥车》是一部反映市民生活和斗争的现实主义戏剧。剧中人物有34个之多，情节跌宕起伏，变化有致。诗人和戏剧家迦梨陀娑的创作，使印度古代戏剧达到辉煌的顶峰。他的主要剧作有《沙恭达罗》、《优哩婆湿》（又译《广延天女》）和《摩罗维迦和火友王》。故事情节曲折，语言优美，极富艺术魅力，因而成为印度戏剧艺术的典范和世界戏剧宝库中的明珠。约活跃于8世纪的薄婆菩提，是迦梨陀娑之后最重要的古典梵语戏剧家。他的3部著名剧作是《茉莉和青春》、《大

婆罗多牟尼《舞论》封面

印度梵剧剧照

首陀罗迦《小泥车》中译本封面

雄传》和《后罗摩传》。它们借历史传说以影射现实，演出后获得巨大成功。约生活于6~9世纪的毗舍佉达多的《指环印》和生活在8世纪之前的婆吒·那罗衍的《结髻记》是两部很有影响的政治戏剧。

随着梵语本身的衰微和穆斯林的入侵印度，印度文人戏剧逐渐走向没落，但民间戏剧仍然顽强地生存下来。在迎神赛会的节日期间，戏剧是必不可少的表演项目。19世纪以来，传统戏剧在孟加拉、古吉拉特、今北方邦等地区逐渐恢复。同时，以反殖民主义和封建主义为内容的近代戏剧开始出现。19世纪后半叶，数以百计的戏剧在孟加拉地区问世，呈现出空前繁荣的景象。当然，这些戏剧鱼龙混杂，大多水平不高。孟加拉戏剧作家D.米特拉在1860年完成第一部反对英国殖民统治的戏剧《靛蓝镜》，演出后在社会上引起巨大反响。印度近现代戏剧宣告诞生。20世纪，印度现代戏剧逐渐以表现现实生活内容为主。在农村地区，传统戏剧表演至今依然受到欢迎。在城市里，现代传媒对戏剧的冲击日趋明显。然而，人们在重大的节日期间，还是会观看各种各样的戏剧表演。

印度戏剧传入中国始于20世纪20年代。1924年，印度诗人R.泰戈尔访华，与中国戏剧大师梅兰芳结下了非同寻常的友谊。5月8日，泰戈尔64岁生日的第二天，中方为诗人举办隆重的祝寿活动，当晚在北京协和医学院礼堂用英文演出泰戈尔名剧《齐德拉》。这是中国有史以来首次演出印度戏剧。泰戈尔向梅兰芳表示，希望在离京前看到他的戏。梅兰芳于是邀请诗人观看由他主演的神话剧《洛神》。5月19日，梅兰芳在开明戏院如约专场演出《洛神》招待泰戈尔。

1956年，季羡林将迦梨陀娑的诗剧《沙恭达罗》从梵文译成中文出版。中国青年艺术剧院先后于1957年和1982年两度在北京隆重演出该剧，使中国观众得以领略印度戏剧的非凡魅力。2011年，为纪念泰戈尔诞辰150周年，兰州大学学生重新排演《齐德拉》。2013年，为纪念泰戈尔获得诺贝尔文学奖100周年，北京大学学生排演了诗人的知名剧作《邮局》。首陀罗迦的《小泥车》，迦梨陀娑的《摩罗维迦和火友王》和《优哩婆湿》，泰戈尔的所有主要剧作等，已被译成中文。与此同时，鲁迅的《阿Q正传》被改编成戏剧在印度演出，也获得了观众的好评。

（刘建）

Yindu yixue zai Zhongguo de chuanbo

印度医学在中国的传播 Indian medical science transmission to China 中印之间科学和医学的交流长期以来伴随着佛教的联系。人们普遍认为，印度佛教游僧在五明（五种学问）训练中习得生命吠陀的观念，并将它连同佛教教义一起传入中国。

佛教徒对于人类的疾苦深为关切。涅槃被认为是从所有痛苦中解脱出来的状态，而引领人们进入涅槃境界的佛陀（见释迦牟尼），被视同一名医生。因此，佛祖也被赋予“药师”或“药王”称号。人们认为，健康的身体是平静追求学问和悟道的前提。帮助僧俗一体达到此种境界，是佛陀和菩萨的首要职责。在认识到苦为圣谛之一，即苦为人生不可避免的组成部分后，也就顺理成章地认识了集圣谛、灭圣谛和道圣谛。四圣谛与医学术语中的诊断、病因、治疗和痊愈相应。

佛教徒投身医学，为印度古代医学亦即生命吠陀进入中国并最终被中国人体科学所吸收铺平了道路。由于中国人对于印度的医学及其他科学的兴趣不断增长，中国到印度的佛教游僧探寻并在自己的游记中记载了印度医学的独特性质。玄奘在629~645年访问印度，义净在673~695年访问印度。他们使印度人知晓了中国的针灸和诊脉技术，并亲身带回佛教著作，其中就有大量与医学有关的内容，以及与药用植物、治疗方法、免费医院的组织和药房建设有关的宝贵信息。中国寺院行医的做法也迅速发展起来，在当时的文献、石窟铭文和雕像上都有所反映。

印度僧人访问中国往往是为了参与印度佛教经文的汉译工作。这些文本包含与医学相关的内容，范围从普通医学到儿科、眼科、妇科、产科等，也提及内科和外科标准的生命吠陀疗法。它们常常引用构成生命吠陀诊断和治疗基础的三体液（痰、风、胆汁）说。

冷热食物的观念随佛教东渐而被中医吸收。精神痛苦的医治也得到提倡，从而导致静虑术亦即禅的兴起，日本禅宗亦由此演变而来。

早期通过佛经译本传入中国的印度医学知识，有效地将有关人体构成和疾病演变的新观念引进中国。此前中国的医学理论一直建立在阴阳理论之上。

生命吠陀的观念、方法和药物逐渐在中国扎根。这种情况以不同的形式表现出来，如佛教经典著作、僧人们提供的疗法、作为药师的佛和菩萨的传说、敦煌石窟发现的《耆婆书》一类医学写本，以及洛阳龙门石窟药方洞里的医疗画和药方石刻。

唐代的权威医学著作开始提及印度内科学和外科学，如在孙思邈的著作《备急千金要方》和《千金翼方》中即可看到这种情况。他的著作列举了归在古代印度大医耆婆名下的几个药方。这表现在生命吠陀梵文术语的音译上。例如：Agada被译为阿迦陀，意即无

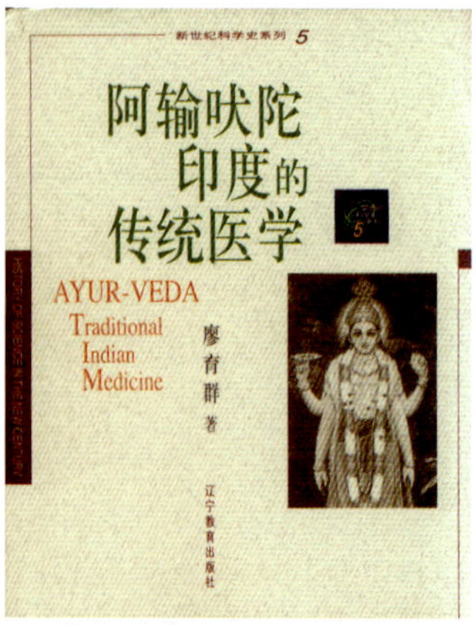

廖育群《阿输吠陀：印度的传统医学》封面

病；Kamala被译为迦摩罗，意即黄疸；Bastinetra被译成坐导药，意即栓剂。虽然一部5世纪的著作《僧深方》记载，中国先前已在使用栓剂，但它们的名称是不同的。孙思邈还引入了通过禅法治愈精神痛苦的观念，以及一种印度按摩术，称作婆罗门法。由于善谈老庄，兼好释典，孙思邈被称为"新维摩诘"。

在中国历史文献及文学作品中，曾有印度人成功进行眼科手术的事例。中国唐代著名诗人**白居易**在一首诗中提到印度古代眼科名医**龙树**的一部经典著作和一种叫作"决明丸"的药物。另一位唐代诗人刘禹锡(772~842)在一首诗中，讲述了一位印度医僧如何以金篦术为他拨除白内障，使他得以重见光明的逸事。

这些诗作说明，龙树被认为是当时的眼科权威。他的著作十分有名，而使用一根金针拨除白内障的金篦术，作为印度引入中国的有效外科疗法，尤为著名。8~12世纪，中国先后有3部关于龙树眼科学的重要著作问世，分别是《天竺经论眼》(752)、《**龙树菩萨眼论**》(8世纪中叶)及《龙木总论》(12世纪)。

在印度外科思想传入之前，中医外科发展尚未达到引人注目的程度。一个重要原因是，儒家学说认为，身体发肤，受之父母，不敢毁伤，孝之始也。另一个原因是，医学哲学认为，阴阳失衡则引发疾病。因此，要破解阴阳失衡，治疗疾病，通常做法就是开方用药。

由于印度的影响，中国眼科学出现诸多新趋势。眼病开始依据解剖学分类，提出的疗法是印度外科术与中医内服物的结合。此时，眼外科学已全面引入中医。处方中包含的某些药物，如被汉译为"三果"的阿摩勒、毗黎勒、诃梨勒，以及决明子、黄连等，进一步说明两种医学体系相得益彰。

随着理念和技术的引入，技术术语也得以传播。例如：Navasara被译为硇砂，即氯化铵；Tutthanaga被译作土多牟，即常用于炼金术和冶金术的锌；Bastinetra被译为坐导药，用于妇科。医学人物如耆婆、迦叶波或啰嚩拏，分别在妇科学、产科学和小儿科学中被提及。耆婆和迦叶的名字是与古代印度的妇科学和儿科学密切联系在一起的。同样，啰嚩拏的名字也与印度古代医学中的儿科学不可分割。

随着寺院医学的繁荣，有些寺院以擅长医疗而驰名。位于浙江萧山的惠济寺，当地人称之为竹林寺，直至19世纪一直以行医而著称。竹林寺的僧人被认为是治疗妇女疾病的专家。

此外，《隋书·经籍志》罗列了一批印度科学著作，如有关数学、天文学和制药学的著作。随着印度药物的广泛应用，它们被收入中国药典，如陈藏器编写的《本草拾遗》(725)，就增添了"阿勒勃"等368个新条目。他还描述了婆罗门皂荚。段成式在《**酉阳杂俎**》(860)中对之亦有描述。在佛教石洞雕刻中也发现了药方石刻。

（维杰耶·德什潘德　卡马尔·希尔撰
刘建　刘文亮译）

冥想毗湿奴

Yindu yinyue

印度音乐 Indian music 产生和流传于现今印度境内并深刻影响南亚次大陆乃至东南亚、中亚、西亚和东亚的世界重要音乐体系之一。包括古典音乐和民间音乐在内的印度音乐，有其独特的理论体系和表演形式，是世界音乐百花园中的一朵奇葩。

印度古典音乐的由来与发展　印度是文明古国，有悠久的历史和灿烂的文化，也有多种多样的宗教。除诞生于本土的印度教、佛教、**耆那教**、锡克教外，还有影响巨大的伊斯兰教和基督教。数千年来，由于外来民族不断入侵，人口不断迁徙，使得印度民族成分复杂，文化多样，也使得印度音乐呈现出独有的特色。

吠陀不但是印度最古老的宗教、文学、哲学著作，也是印度音乐最重要的源头。四吠陀之一的《**娑摩吠陀**》，就是一部印度上古时期的歌曲集，收入1 875首颂歌。"娑摩"的意思是曲调，因此，《娑摩吠陀》是适应咏歌者祭司的需要而编制的一部曲调集，其中的诗歌内容则居于附属地位。各派的咏唱方法不同，一直传承至今。故《娑摩吠陀》对研究印度古代音乐史具有重要价值。

吠陀咏唱只有3个音高。在咏唱之前，先发出一个由"阿(a)、呜(u)、牟(m)"3个音合在一起的"唵"(om)，以表达人们对创造天地万物之神的敬畏。古代**婆罗门教**认为，这位创造天地万物之神即生主，也就是吠陀中的"**因陀罗**"、《**摩奴法论**》中的"**梵天**"。由"唵"字为首字的**六字真言**，至今在中国和其他一些亚洲国家的佛教信众中具有神圣性。

公元前4世纪~公元4世纪，先后产生了《**罗摩衍那**》和《**摩诃婆罗多**》两大史诗。2 000多年来，通过故事、

印度古典音乐演奏　印度细密画

印度古典音乐演奏　印度细密画

《牧女与舞蹈的黑天》　印度细密画　18世纪　现藏新德里印度国家博物馆

戏剧和舞蹈等形式，它们早已深入人心，并传到亚洲很多国家。今天，这两部史诗仍然是印度音乐、舞蹈永恒的主题之一。史诗中有关印度公元前的乐种、乐器及音乐生活的记载，是了解古代印度音乐的极为珍贵的史料。

印度古典音乐在吠陀咏唱3个音高的基础上，逐步发展成七声十二律，并进而形成独特的“拉格”和“塔拉”体系。

早在欧洲人使用Do、Re、Mi、Fa、Sol、La、Si作为阶名演唱的数百年前，印度人就已使用“沙贾”、“里沙帕”、“甘塔拉”、“玛蒂亚玛”、“班贾玛”、“泰瓦达”、“尼沙达”作为7个乐音的名称，并将它们简称为Sa、Ri、Ga、Ma、Pa、Dha、Ni。

婆罗多牟尼的《舞论》，是印度最古老的音乐理论著作，约成书于公元前2世纪。这部书较全面地论述了印度古代的音乐、舞蹈和戏剧理论，其中第28～36章，主要是有关音乐的论述，特别是关于印度音乐中特有的乐音“斯瓦拉”、微分音程“什鲁蒂”及古音阶“格拉玛”等的论述。这些印度音乐特有的理论，成为流传至今的印度古典音乐的基础。

20世纪初，在南印度泰米尔纳德邦布杜戈代地区古杜米延马莱村附近的山麓，发现了一块396.24厘米×426.72厘米的石碑。据考证，这是7世纪时的一块石碑，用“帕拉瓦典籍体”刻成。其时间略晚于婆罗多牟尼的《舞论》，故两者关于乐谱的记载基本相同。

8世纪起，伊斯兰教开始从西部和西北部传入印度。13世纪，穆斯林在德里建立苏丹国。16世纪，莫卧儿王朝建立。印度音乐受到来自波斯（今伊朗）、阿拉伯的音乐文化的影响。印度古典音乐逐渐分为南北两大流派，即北印度在伊斯兰政权下发展起来的“印度斯坦音乐”和较多保留了印度本土传统的南印度“卡纳塔克音乐”。

13世纪上半叶，沙楞伽提婆《乐艺渊海》一书，进一步发展了婆罗多牟尼的理论，成为当时集印度音乐理论之大成的重要文献。

印度古典音乐自分为南北两大流派之后，相继出现了许多著名的音乐家。15世纪后半叶～16世纪前半叶的普朗达拉·达沙（1481～1561）被尊为印度音乐之父。他所创作的乐曲，至今仍列在初学者的实用教本之中。

1526年莫卧儿王朝建立之后，印度社会和文化迅速伊斯兰化，音乐同样如此。伊斯兰文化与古老的印度文化融合，产生了新的印度音乐风格，先后出现了许多新的音乐形式和体裁，丰富了印度音乐文化的宝库。至16世纪末期，在阿克巴的宫廷中任职的著名音乐家丹森最终完成了流传至今的北印度古典音乐体系。

19世纪中叶，由于印度完全沦为英国殖民地，印度音乐文化受到冲击，

第五调式　《乐调之环》组画之一
印度细密画　17世纪中叶

雨季调式　《乐调之环》组画之一
印度细密画　17世纪中叶

子夜调式　《乐调之环》组画之一
印度细密画　17世纪中叶

古典音乐日趋衰落。这时，以坦焦尔为中心的许多音乐家为复兴古典音乐而努力，其中被尊为乐圣的作曲家迪亚加拉贾最为活跃。

印度诗人R.泰戈尔也是一位杰出的作曲家，他创作的2 000多首歌曲中，融入了印度古典音乐、孟加拉民间音乐以及西方音乐3种元素，开创了印度音乐的一代新风。

在印度，印度古典音乐在人们的心灵里占有崇高地位。它的一些基本理论，对其他各种音乐形式，都有着不同程度的影响。

印度古典音乐与宗教文化有着密切联系。古典音乐与古典舞蹈的题材多半为神话故事，而且早期一般都在寺庙中演出。声乐作品的歌词，内容大多是对神的赞颂，表达人们对宗教的虔诚；音乐家的创作和表演，则被认为是受到神的启示，体现了神的意志。总之，印度人认为音乐是神的语言。因此，古典音乐及各种相关乐器，乃至对古典乐舞的欣赏，也都是神圣的。

印度古典音乐的理论体系　①乐音。在印度称作“斯瓦拉”，基本乐音有7个音阶，即“沙贾”、“里沙帕”、“甘塔拉”、“玛蒂亚玛”、“班贾玛”、“泰瓦达”、“尼沙达”。采用固定唱名法。印度南北两大体系的乐音名称相同，但在表演风格上却有明显区别。

印度古典音乐有独特而完整的理论体系。婆罗多牟尼的《舞论》把一个八度细分为22个“什鲁蒂”。印度人认为，什鲁蒂是人的听觉所能分辨的最小音程单位。在世界各民族中，有多种多样的律制，目前最通用的是十二平均律，即将一个八度分为12个相等的半音，两个半音等于一个全音。印度音乐中音程的大小，则根据什鲁蒂的多寡决定，如大音程为4个什鲁蒂，小音程为3个什鲁蒂，半音程为2个什鲁蒂。这3种音程与西方音乐的半音及两个半音等于一个全音的观念完全不同。

由于音律不同，两种音阶乐音之间的音程也不尽相同，因而造成风格上与世界其他民族音乐的明显区别。Sa音高通常会与钢琴的C一致，但不是绝对的，可适应任何歌唱或乐器的音域。同样，音域也分3个音区，即低音区、中音区和高音区。乐音可以一定的音高和唱名在3个音区内自由运行。

②拉格。印度古典音乐中具有调式意味的旋律框架。由规定的一组5～7个音组成，供即兴演奏或歌唱使用，从而在长期的发展中形成了世界上独一无二的体系。拉格是男性曲调。传统上原有6个基本的拉格。每个拉格又配有5个拉吉尼，是女性曲调，总计36个曲调。特定的拉格和拉吉尼，须在特定的季节或时辰演唱，表达某种特定的情感或情绪，以体现印度传统美学的9种味。例如，辛提派拉维拉格适于早晨演奏，而杜尔伽拉格则适于黄昏演唱。印度南北两大古典音乐体系分别有多种不同的拉格。音乐家通过即兴演奏，来诠释这些拉格的特征。最常用的拉格有数十种。作为印度音乐即兴表演的旋律基础，每一个拉格都有其特定名称。

《表现雨云的拉格》 印度细密画 约1650～1660

印度音乐中也有使用五声音阶的，如普布加扬拉格即相当于五声宫调，而杜尔伽拉格的音阶则和中国的五声徵调完全一样。印度音乐家也认为它来自中国，但其名称则源于备受崇奉的印度女神杜尔伽。

③塔拉。印度音乐中由节拍循环而形成的节奏体系。印度音乐计量时值的单位叫单位拍。最常用的廷达尔塔拉由16个单位拍分成4个部分组成，即4+4+4+4。此外，还有由10个单位拍、7个单位拍、12个单位拍组成的塔拉。每个塔拉中一定有两个重要的节拍，一个是最强音，另一个则为虚拍。

④装饰音与即兴表演。印度音乐在基本乐音之前，常常会加上装饰音。装饰音是一种印度音乐风格不可缺少的润腔手法，在南方和北方的运用方法也不尽相同。

⑤两种重要的声乐形式。北印度古典音乐中代表性的声乐作品是“特鲁巴德”和“克亚尔”。“特鲁巴德”是十五六世纪时在宫廷中发展起来的声乐形式，歌词多半歌唱神明、帝王或英雄人物，风格比较庄重，装饰音用得并不太多。“克亚尔”是现今北印度音乐舞台上最常见的声乐形式之一，比“特鲁巴德”更华丽也更抒情。它是在印度民间歌曲的基础上，吸收了波斯音乐的某些特点发展而成的。

印度民间音乐　印度古典音乐主要为满足审美需要，而民间音乐则具有各种社会功能。人们在生产劳动和日常生活中离不开音乐。如丰收之后，娶妻生子之时，人们往往相聚，载歌载舞，以示庆祝，到处都可以听到不同民族旋律优美而且富于地方色彩和生活气息的歌声。印度民间音乐的音域也十分宽广，许多民歌可以达到3个八度。包含大量音乐歌舞的印度电影，也促进了印度民间音乐的发展。20世纪下半叶以来，西方流行音乐开始传入印度，受到城市青年的欢迎。

印度乐器　印度乐器品种丰富，主要分为弦鸣乐器、革鸣乐器、体鸣乐器和气鸣乐器四类。其中七弦乐器维那琴、西塔尔琴、双面手鼓等都颇具特色，具有丰富的表现力。

中印音乐交流　中国与印度的音乐交流历史悠久。早在东汉时期，印度音乐就随着佛教传入中国。西域龟兹宫调理论，就包含着一些印度因素，曾对中

印度传统乐器

《天宫伎乐》中国新疆龟兹库木吐喇石窟第58窟壁画（局部）

国古代音乐的发展产生过重大影响。6世纪上半叶，**梁武帝萧衍**已将佛教音乐纳入宫廷音乐。北周武帝宇文邕在位时期（560～578），**苏祇婆**将龟兹音乐的七调传入北周。中国音乐史专家、上海音乐学院教授沈知白（1904～1968）认为，由于龟兹在西域是"染受印度文化最深的国家"，所以苏祇婆所传述的五旦七声理论无疑"源于古代印度的乐制，而七调之名也显然都是印度梵文的音译"。现今已能确定的是："娑陁力"和"般瞻"是shadja和panchama的对音，"旦"则是that的对音。至隋唐时期，直接或间接源自印度的**天竺乐**、**龟兹乐**、安国乐、康居乐等西域音乐，已盛行于中国内地。

20世纪50年代初，沈知白开始研究印度音乐。50年代后期，他带领研究生收集、整理、翻译印度音乐资料和著作。60年代初，他在中国音乐学院讲授印度音乐的音阶、调式、拉格、塔拉及曲式，于是印度古代音乐理论得以首次进入中国大学课堂。80年代中期，中国首次向印度派出研究印度音乐的访问学者。80年代末和90年代初，中国中央音乐学院和上海音乐学院分别开设"印度音乐文化"等课程。1991年起，上海音乐学院先后招收研究印度音乐的硕士和博士研究生。印度音乐已成为中国各类音乐院校中有关世界民族音乐重要的教学内容之一。

20世纪50年代，随着《**流浪者**》等印度电影的上映，印度电影音乐开始在中国广泛流传。80年代以来，泰戈尔歌曲开始引起中国音乐界的关注。1989年，中央音乐学院教授陈自明在印度学习和研究印度音乐时，泰戈尔的音乐成为其研究课题之一。2007年9月，中央音乐学院世界民族音乐演奏小组用中国民族乐器琵琶、扬琴、二胡、笛子演奏泰戈尔音乐作品。2012年5月17日，作为中印音乐文化交流项目的成果，由刘月宁翻译乐谱、白开元翻译歌词的《泰戈尔歌曲精选集》出版首发式暨泰戈尔作品音乐会在中央音乐学院举行，印度驻华大使苏杰生等印度友人出席盛会。

（赵佳梓　刘建）

Yindu Yuanhua Yiliaodui

印度援华医疗队　Indian Medical Mission　印度国民大会党派遣来华支援中国人民抗日战争的医疗队。1938年9月1日，印度国民大会党派遣一支由5名训练有素的印度医生组成的医疗队前往中国。M.M.爱德任医疗队队长，M. R.卓克任医疗队副队长。其他3名医生分别是D.S.柯棣尼斯、B.K.巴苏和D.木克吉。他们拯救了很多中国士兵的生命，帮助培训中国医务人员，在援助中国战胜日本侵略者的战争中作出了卓越贡献。这是印中关系史上的一座里程碑。

1937年日本侵略中国，印度当时处于英国的统治之下，也面临着英国帝国主义统治者的压迫和剥削。得知日本全面侵华的消息后，一场援助中国的运动席卷印度。学生上街演讲示威，文艺团体组织演出，城市居民募捐援华。1937年11月27日，在A.史沫特莱的建议下，八路军总司令朱德致函印度民族领袖**J.尼赫鲁**，请求他在此危难时刻提供医疗物资并派遣医生来华帮助中国人民。

为了回应中国人民的这一请求，印度国民大会党在其第52次大会上通过一项决议，确定立即向中国派遣一支医疗队，帮助处于困境的中国人民。这支医疗队由尼赫鲁本人力主而促成。一个特别委员会组建起来，为医疗队筹集资金和遴选人员。印度国民大会党主席S. C.**鲍斯**亲自发起筹资运动，为印度援华医疗队准备经费。

最后，国大党就援华医疗队成员人选做出决定，鲍斯在加尔各答主持群众欢送集会。1938年8月底，在完全符合所有基本要求并已履行手续后，医疗队全体成员齐聚孟买。队长爱德和副队长卓克为医学专业资深专家，其余3名医生都是年轻人，年龄均在30岁以下。1938年8月31日，孟买的中国侨民在泰姬饭店为他们举办欢送宴会。当天晚

叶剑英在武汉八路军办事处与印度援华医疗队全体成员合影
1938年9月30日

上，国大党孟买省委员会和当地劳工组织在真纳会堂举行群众集会，为他们送行。印度国民大会党深孚众望的领导人之一S.奈都夫人任会议主席。她将医生们称作非官方大使，印度人民的驻华大使。1938年9月1日，医疗队登上铁行轮船公司的“拉吉普塔纳”号客轮，前往中国。奈都夫人来到泊在孟买巴拉德码头的船上为医疗队送行。医疗队随船携带54箱药品和一辆防弹救护车等援华物资。9月17日，医疗队抵达广州。

医生们在广州停留6天，然后随救护车队北上奔赴长沙。于9月25日到达长沙，随后被编入中国红十字会第15救护队。在长沙度过4天之后，医疗队于9月29日抵达国民政府所在地武汉。医生们开始在汉口第64陆军医院投入工作。之后，他们又动身前往重庆，最后到达陕北延安，延安当时是八路军总部所在地。为了表示他们对中国人民的热爱和友谊，每位医生都将自己名字的最后一字换成汉语中表示中国的“华”字。于是，爱德的名字变成爱德华，卓克的名字变成卓克华，木克吉的名字变成木克华，巴苏的名字变成巴苏华，柯棣尼斯的名字变成柯棣华。这一做法，是由印度国际大学中国学院的谭云山教授提议的。5名医生在极端恶劣的生活和工作条件下努力工作。

后由于染病、健康状况恶化及其他原因，卓克华、木克华和爱德华被迫提前返回印度。柯棣华和巴苏华留下来继续为八路军工作。他们转往晋东南，随后前往冀南。1940年8月中旬起，他们开始在晋察冀边区、白求恩卫生学校及其附属医院工作。后巴苏华因公返回延安，柯棣华则继续留在那里工作。

柯棣华大夫非常勤奋，总是超时工作，有时甚至一天工作20小时。由于过度劳累，他的健康状况迅速恶化。1942年12月9日，柯棣华在中国病逝，年仅32岁。柯棣华逝世后，医疗队的责任完全落在巴苏华一人肩上。他继续在延安工作，奋力救治中国患者。1943年6月，巴苏华离开延安，踏上返回印度的旅程。

由于5名医生的无私奉献，印度援华医疗队圆满完成其在中国的使命。

（邵葆丽撰　刘文亮译）

Yindu Zhexue Dahui

印度哲学大会　Indian Philosophicalcongress　印度哲学工作者全国性组织。

1925年，在印度著名哲学家S.拉达克里希南的倡导下，印度哲学大会在加尔各答成立。在成立大会上，现代著名诗人、哲学家R.泰戈尔应邀发表演讲，并当选第一届哲学大会主席。其宗旨是，加强印度哲学工作者的联系，促进印度哲学与时俱进，不断发展和创新，以适应现代社会的需要。此后，大会每年召开一次，一直保持至今。大会不仅邀请本国的哲学家，而且也邀请世界各国研究印度哲学的学者。每届会议的议题，根据当时社会关心的主要问题而定。例如，1985年12月，在南印度海得拉巴召开第60届年会，以纪念印度哲学大会成立60周年。在这届大会上，印度总理拉吉夫·甘地应邀主持大会开幕式。参加的学者共300余人，除本国哲学家外，还有中国、美国、加拿大、民主德国、丹麦、新西兰、孟加拉、斯里兰卡等国的学者。大会分5个议题进行讨论：①认识论与形而上学；②逻辑学与科学方法；③哲学史；④宗教；⑤伦理学与社会哲学。大会共收到160多篇学术论文。

印度哲学大会自20世纪80年代起，就与中国学者保持联系，并邀请中国学者参加会议。1985年，该组织举办的第60届印度哲学大会曾邀请中国社会科学院哲学所教授、印度哲学专家巫白慧参加。会上，巫白慧作了有关吠檀多哲学的发言。此后，又有中国学者陆续参加了其主办的大会。

（朱明忠）

Yindu Zhengzhi Zhidu Yanjiu

《印度政治制度研究》　中国研究印度政治制度的学术著作。北京大学亚非研究所教授林良光主编。1995年由北京大学出版社出版。全书共9章，季羡林为之作序。对印度政治制度进行了比较全面系统的阐述。作者以历史时期为线索，追溯了印度政治制度从古代到近代的发展历史，认为独立后的印度政治体制受到英国体制的影响，并认为近代印度政治制度是英国议会民主制的异化。同时，作者结合印度国情对印度宪法、立法制

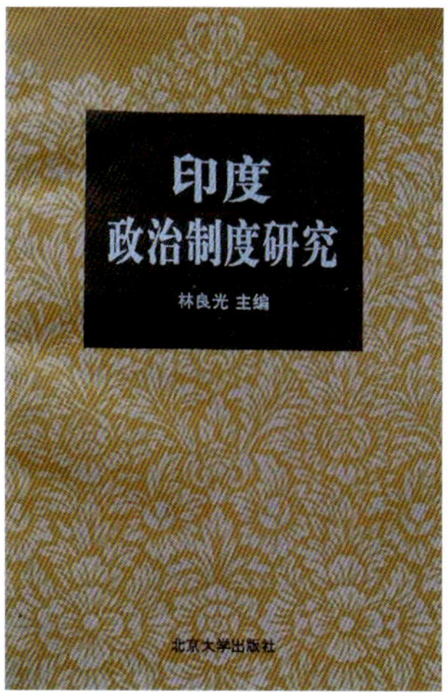

《印度政治制度研究》封面

度、司法制度、行政制度、行政官制度，邦、中央直辖区和地方政权机构、政党制度和主要政党等，作了清晰详尽的论述，并就印度行政官制度进行了评估，总结了其中的成功经验。此外，书中亦有对印度种姓、宗教、部族对政治制度影响的合理分析。该书能够加深读者对印度政治制度的了解，具有一定的学术价值和现实意义。

（任筱可）

Yindu Zhongguo Youhao Xiehui

印度中国友好协会　India-China Friendship Association　印度从事与中国民间外交工作的全国性民间团体。简称印中友协。1950年由P.森德拉尔创立，他曾于1931～1936年任印度联合省国大党副主席，1959～1963年在全印和平理事会任职。印度总理J.尼赫鲁亲自为印中友协的成立向森德拉尔表示祝贺。该协会的主要使命是加强印中两国在文化、经济和历史等方面的联系。协会于1950年召开了第一次全国代表大会，推选森德拉尔为第一任主席。

印度西孟加拉邦合作部长B. B.曼达尔曾任印中友协主席一职长达30年。

印度中国友好协会为庆祝中华人民共和国成立63周年举办的图片展上，印度女学生在观看图片

毛泽东会见印度文化代表团团长潘迪特夫人及印度驻华大使K.M.潘尼迦

其间，协会多次应中国政府和**中国印度友好协会**的邀请，派出多个代表团对中国进行友好访问。印方也曾邀请多个中国代表团访印。2012年10月，由印中友协马哈拉施特拉邦分会会长G.H.费尔南德斯率领的代表团一行6人对中国进行访问。此次访问旨在加强印中两国的友好合作关系。同年，中国人民对外友好协会副会长冯佐库对印中友协马哈拉施特拉邦分会进行了回访。

为使印度人民更好地了解中国，印度中国友好协会还出版了《印中友好起源》一书。协会在印度全国设有分会，其中马哈拉施特拉邦分会拥有超过万名会员，卡纳塔克邦分会拥有超过5 000名会员。协会时常举办各类活动，纪念印中两国历史文化关系中的重大里程碑事件。2004年7月31日，印中友协卡纳塔克邦分会在班加罗尔举办了**和平共处五项原则**提出50周年纪念大会。

2009年，为纪念中华人民共和国建国60周年，卡纳塔克邦分会举行了庆祝活动。西孟加拉邦分会也于2009年10月9日在加尔各答大学举办了庆祝活动。

（邵葆丽撰　王靖译）

Yinguang

印光　Yinguang（1861～1940）　中国近现代佛教高僧。毕生弘扬净土，被尊为净土宗第13代祖师。俗姓赵，名绍伊，字子任。生于陕西合阳。年幼时从兄读书，治儒术，尤好程朱之学，曾辟佛批老，后因眼疾，病困数载，始觉前非。待眼疾渐愈，乃发心皈依，于1881年至终南山莲华洞寺从道纯出家。次年至

湖北竹溪莲华寺挂单，又往陕西兴安双溪寺从印海受具足戒。此后，遁迹终南山太乙峰，结茅潜修，深悟佛法，专心净土。因听闻红螺山资福寺乃净土十二祖之道场，于1886年前往挂单，念佛修行。在寺3年，历任诸职务，于净土修习颇有收获，其间曾至五台山朝拜。1890年住龙泉寺，次年住圆广寺。后受化闻之邀，南下至法雨寺，安单于藏经楼，励志潜修。1897年应众讲解《弥陀便蒙钞》，后闭关6年。出关后移居慧莲蓬，两年后回法雨寺。1912年，居士狄楚清创办《佛学丛报》，高鹤年向其索稿，印光以“常惭”之名发表文章，后徐蔚如得知作者乃是印光，于1914、1916年两度至普陀山求稿，并将所得稿件带至北京印行，题为《印光法师信稿》。1918年，徐蔚如又得多篇稿件，重新刊行，题为《印光法师文钞》。此后该书一再增益，广为流行，影响深远。印光在普陀山25年，1918年前后因印经事宜才离开几次。1922年，印光居上海太平寺，后因声望盛隆，事务繁杂，遂于1930年迁至苏州报国寺闭关，次年创办苏州弘化社，印行佛典，弘扬佛法。1936年，上海佛教界修建护国息灾法会，印光应邀出关说法，并捐赠香敬和印书款，以救济绥远灾情。1937年，印光移居灵岩山寺，1940年于此示寂。

印光不做寺院住持，不收出家弟子，然其在家弟子众多。印光著述丰富，重视净土经典，曾编定《净土五经》，又增定《净土十要》，其论述现收入《印光法师文钞》。

印光一生专心修持，唯念净土，缁素并重，其思想一方面由儒入佛，融通儒释；另一方面崇尚他力，弘扬净土，在近代佛教史上有重要地位和影响。

（杨祖荣）

Yinshun

印顺　Yinshun（1906～2005）　中国现代佛学思想家。一生解行并重，著述丰富，倡行人间佛教，讲求契理契机，为佛教的发展作出了重要贡献。

俗名张鹿芹，1906年出生于浙江海宁（今嘉兴）。父亲张学义，母亲陆氏。25岁时，于福泉庵礼清念为师，法名印顺，号盛正，同年至天童寺圆瑛处受**具足戒**。受戒后，前往厦门南普陀寺闽南佛学院求法学习，半年后升任该院教师，随后至鼓山涌泉佛学院授课。次年赴佛顶山慧济寺阅藏，一年半后至武昌佛学院阅读三论宗章疏，经半年复回佛顶山。1938年，辗转到达重庆，在汉藏教理院修学，常与法尊讨论法义。1947年，**太虚**圆寂，印顺被推举为《太虚大师全书》主编。次年应性愿之请，往南普陀寺传戒，创办大觉讲舍，随后应**法舫**之请前往香港，并出版《佛学概论》等书。1952年，印顺因出席世界

佛教友谊会之机缘，由香港至台湾弘法，接任《海潮音》杂志社社长，次年于新竹观音坪创办福严精舍，4年后在壹同寺创办新竹女众佛学院。再两年，在台北成立慧日讲堂。除了在台弘法外，印顺还多次前往东南亚弘法，如菲律宾、新加坡、马来西亚等地。1970年，印顺写下《中国禅宗史》，该书得圣严之推介，受到牛场真玄的高度重视，将其翻译成日文，并以该书为印顺申请大正大学博士学位。1973年，日本大正大学授予印顺文学博士学位，他也成为中国台湾地区首位博士比丘。

印顺是近代义学高僧的典范，他治佛学不受传统宗派影响，讲求直探本源，对原始佛教、部派佛教、禅宗史、如来藏思想、人间佛教等多方面均有较深之研究。以“人间佛教”为例，相传印顺在阅读《增一阿含经》时见“诸佛世尊，皆出人间，非由天而得也”时，深有所感，深信“佛在人间”。其“人间佛教”思想讲求契理契机，与其对佛教的判摄有密切关系。这与太虚相关思想虽有联系，但也有不小差异，这一点在《契理契机之人间佛教·少壮的人间佛教》中有明确解释。

印顺一生著述丰富，后人辑为《印顺法师佛学著作全集》。从其修学的主要有演培、常觉、续明、仁俊等。

（杨祖荣）

Yin–Zhong renmin shi xiongdi

印中人民是兄弟 Hindi Chini Bhai Bhai 20世纪50年代在中国和印度广为流传的一句口号。

1924年，梁启超为号召中国知识分子欢迎印度诗人R.泰戈尔访华，首次用“兄弟”一词对中印关系进行了描述。同年，泰戈尔在出席济南各界人士欢迎会时发表演说，赞扬了中国和印度兄弟般的情谊。1950年4月1日中印建立正式外交关系后，两国间的友好交往迅速升温，“印中人民是兄弟”的口号正是对这一历史阶段的写照。在政治方面，中国和印度的领导人高度重视两国关系，共同倡导了对国际关系产生深远影响的和平共处五项原则；50年代中期，中印两国实现总理互访，高层访问日益频繁。在国际事务方面，

庆祝中印友协成立60周年文艺演出

中印两国精诚合作、相互支持，在1955年万隆会议上为亚非国家反帝反殖民、争取民族独立作出了贡献。在民间外交方面，中国印度友好协会和印度中国友好协会先后于1952年和1956年成立，为深化两国民间交往做了大量工作。在经济方面，中印两国于1951年启动贸易往来，1954年共同签订了《关于中国西藏地方和印度之间的通商和交通协定》和两国间第一份贸易协定，经济贸易渐趋繁荣。在文化方面，两国官方或半官方代表团频繁互访，交流内容涉及文学、艺术、科技、教育、新闻、体育、医疗等诸多领域。1953年印度艺术代表团访华期间，D.比斯瓦斯多次表演了由诗人H.查托巴迪雅亚创作的《印中友谊歌》，“友好的歌声四处起，印中人民是兄弟”的词句开始在中国广为流传，成为人们表达中印友好情谊的常用语。

（邵葆丽撰　贾岩译）

Yin–Zhong Youhao Funü Xiehui

印中友好妇女协会 Indian Women's Society for India-China Friendship 印度民间妇女对话友好组织。1977年成立。协会的宗旨是在互惠平等原则的基础上，加强印度和中国妇女之间的全面合作。协会总部设在新德里，并在北方邦和西孟加拉邦设有分部。协会的主要任务是推动印中两国人民，尤其是印中两国妇女之间的相互理解和友谊。曾派代表参加1995年9月在北京召开的联合国第四届世界妇女大会。

（邵葆丽撰　任婧译）

Yingwu Gushi Qishi Ze

《鹦鹉故事七十则》 *Śuka-saptati* 印度古代梵语故事集。简称《鹦鹉故事》。约于12世纪编订成书。现存两个传本，一繁一简。繁本优于简本，简本早于繁本。其中有些故事产生很早，可见于《佛

《鹦鹉故事七十则》德译本（1899）封面

本生故事》和《故事海》。目前发现的最古老的写本属15世纪，已译成多种语言。全书实际收入72则故事，除主干故事外，其余71则故事均出，自一只鹦鹉之口。

《鹦鹉故事》于14世纪被译成波斯语，随后被转译成土耳其文，可能对十五六世纪之交才基本定型的阿拉伯民间故事集《一千零一夜》有一定影响。1371年译成马来语。1899年，德国印度学家R.施密特推出德文本，使之成为《鹦鹉故事》的第一个西方语言译本。2000年，印度翻译家A.N.D.哈克萨尔（1933～ ）首次从梵文原著将之译成英文，由哈珀·柯林斯公司印度分公司

《鹦鹉故事七十则》英译本（2009）封面

出版。近年来，鲁帕公司也出版了这一译本。

《鹦鹉故事》的大故事中套小故事的结构与《五卷书》、《僵尸鬼故事二十五则》类似。作为统合全书故事的框架故事说，一个商人之子因沉溺于温柔乡而不肯背井离乡，后经一只鹦鹉劝说终于立志外出经商，而让鹦鹉陪伴妻子。妻子从房顶上瞥见一个英俊的陌生人，与之一见钟情，于是不甘独守空房，屡欲暗度陈仓。每到关键时刻，鹦鹉就开始给她讲故事，晓以利害，劝诫她打消红杏出墙的念头。鹦鹉一夜讲一个故事，一直讲到丈夫归来，使妻子一直未能获得外出与情郎幽会之机。她最终认识到自己的错误并获得丈夫的原宥。鹦鹉所讲故事约有半数涉及男女私通和由此而产生的问题，以及用以逃脱困境的智谋。另一半是与盗贼、妓女、断案及破谜等有关的故事。大多数故事语涉猥亵，笔调放纵。一些故事濒于色情，乃至沦于乱伦地步。这与在晚期处于衰落状态的梵语文学趋势是一致的。一些插入故事中的诗歌直接取自《嘉言集》、《五卷书》等梵文古籍。除文学性外，《鹦鹉故事》还具有研究当时风俗的社会学意义。

金克木在其所著《梵语文学史》（1964）中扼要评介了《鹦鹉故事》，使之在中国的印度学界和外国文学界广为人知。黄宝生在季羡林主编的《印度古代文学史》（1991）中也概括分析了这部故事集。中国普通读者也通过英文及德文译本了解了这些故事。2012年5月，北京大学潘珊的长篇硕士论文《〈鹦鹉故事七十则〉在东西方的流传研究》获得通过。其文后附有自英文翻译为汉语的《鹦鹉故事七十则》。此外，中国学界对《鹦鹉故事七十则》有多方研究，如：阿布都外力·热克木《论维吾尔文版〈鹦鹉故事五十二则〉的主题思想与结构特点》（《内蒙古师范大学学报》哲学社会科学版，2014年第4期），毕桪《〈鹦鹉故事七十则〉与〈鹦鹉传奇〉》（《伊犁师范学院学报》社会科学版，2014年第2期），陈岗龙《论印度〈鹦鹉的故事〉在中国各民族中的传播》（《民间文化论坛》，2014年第3期），阿布都外力·热克木《浅论维文版〈鹦鹉故事〉的主要母题及其文化内涵》（《西北民族大学学报》哲学社会科学版，2012年第5期）等。

（刘建）

Yinghuan Zhi Lue

《瀛寰志略》 中国地理学著作。清代学者徐继畬撰。

第一次鸦片战争以“天朝大国”的完败而告结束，屈辱之余，中国一些有识之士开始有所醒悟，有了放眼世界的要求。《瀛寰志略》系徐继畬1843年在福建布政使任上着手编写，历时5年。该书撰写中得到美国传教士雅裨理、英国首任和继任驻福州领事李太郭和阿礼国的帮助。作者在《自序》中特别提到雅裨理为他出示的地图，称雅裨理为“西国多闻之士”。此外，该书还参阅了大量中国古籍，如《天下郡国利病书》、《海国闻见录》等，并收集了大量报刊资料，尤其是明代以来西方传教士写的中文书籍及所绘地图等。该书于1848年初刻，1850年重印，但当时并

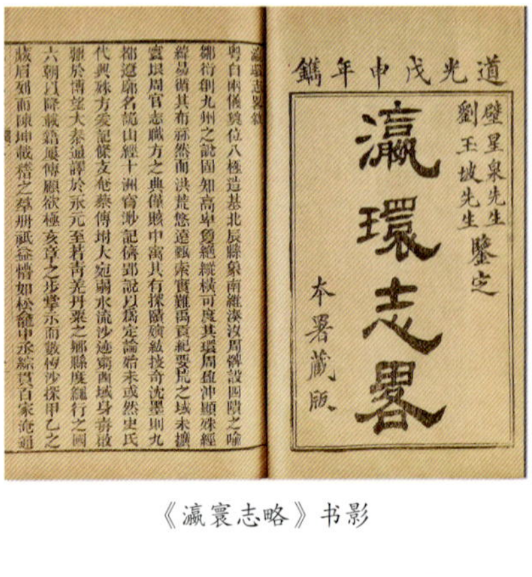

《瀛寰志略》书影

未引起知识界重视。直至1866年二刻，方作为同文馆教科书和清末驻外使节的出国指南。今人田一平予以点校，2001年由上海书店出版社出版。

《瀛寰志略》除序、跋外，凡十卷。卷一介绍“地球”、“亚细亚”、“皇清一统舆地全图”、“东洋二国”（日本和琉球）、“南洋滨海各国”；卷二介绍“南洋各岛”、“东南洋各岛”和“大洋海群岛”；卷三介绍“五印度”、“印度以西回部四国”和“西域各回部”；卷四至卷七介绍欧罗巴（欧洲）诸国；卷八介绍“阿非利加”（非洲）各国；卷九和卷十介绍“亚墨利加”（美洲）。几乎每一个条目都配有地图，计42幅。

卷三“五印度”一节，先介绍印度一名的古代多种译法，再介绍五部分的区划、地理、地貌、物产、风俗、与中国的交通、西方列强殖民过程及英国殖民现状等。说英国人先取孟加拉，然后乘胜兼并中印度和南印度，“由是五印度全土，归英辖者十之七，仅余西北数部尚未服也。英人于沿海立藩部三，

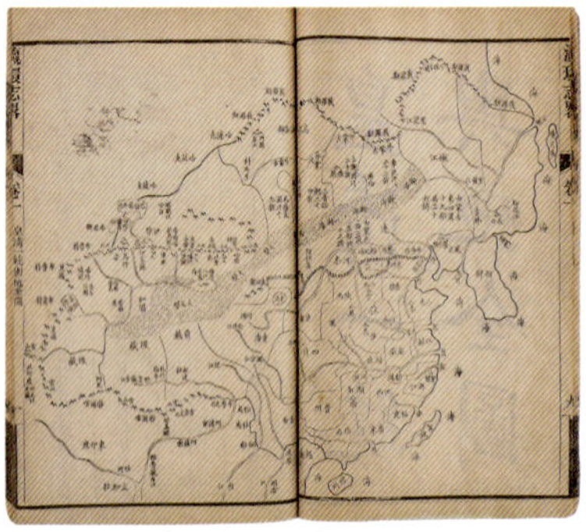

《瀛寰志略》书影

曰孟加拉、曰麻打拉萨（即马德拉斯）、曰孟买；内地立藩部一，曰亚加拉（今阿格拉）”。然后重点介绍此四地情势。进而讲五印度诸部，兼及锡兰（今斯里兰卡）和廓尔喀（指尼泊尔），并插五印度新旧地图各一幅。尽管有诸多讹误，但总体上对印度的描绘已经接近当时西方人的认识水平，比中国先前对印度的了解，尤其是对当时现状的了解已有明显进步，可以代表当时国人对印度的最新认识。

（薛克翘）

Ying Ya Shenglan

《瀛涯胜览》 中国明朝外交、交通史籍。以地名为条贯，不分卷。成书于景

泰二年（1451）。马欢著。

《瀛涯胜览》是马欢作为通事（翻译），随郑和于永乐十一年（1 413）、永乐十九年和宣德六年（1431）三次下西洋的见闻记录。详细记录了下西洋时亲历的20个国家：占城国（在今越南）、爪哇国（今印度尼西亚爪哇岛）、旧港国（即室利佛逝）、暹罗国（今泰国）、满剌加国（今马来西亚马六甲）、哑鲁国（今印度尼西亚阿鲁）、苏门答剌国（今印度尼西亚苏门答腊）、那孤儿国（当时属苏门答腊一土邦）、黎代国（当时属苏门答腊一土邦）、南浡里国（在今印度尼西亚亚齐）、锡兰国（今斯里兰卡）、小葛兰国（见故临）、柯枝国、古里国、溜山国（今马尔代夫）、祖法儿国（今阿曼佐法尔）、阿丹国（今

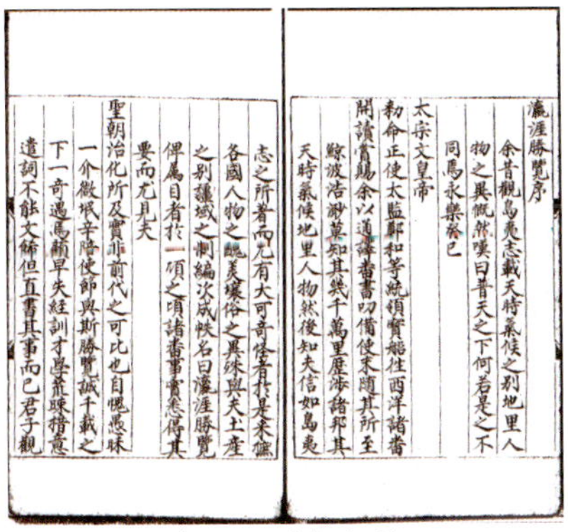
瀛涯勝覽序
余昔觀島夷志載天時氣候之別地里人
物之異慨然嘆曰普天之下何若是之不
同焉永樂癸巳
太宗文皇帝
勅命正使太監鄭和等統領寶船往西洋諸番
開讀賞賜余以通譯番書忝備使末隨其所至
鯨波浩渺不知其幾千萬里歷涉諸邦其
天時氣候地里人物然後知夫信如島夷
志之所著而尤有大可奇怪者於是采摭
各國人物之醜美壤俗之異殊與夫土產
之別疆域之制編次成帙名曰瀛涯勝覽
俾屬目者於一頃之頃諸番事實悉得其
要而尤見夫
聖朝治化所及實非前代之可比也自愧愚昧
一介微氓辛陪使節與斯勝覽誠千載之
下一奇遇焉顧早失經訓才學荒疎措意
遣詞不能文飾但直書其事而已君子觀

《瀛涯胜览》书影

也门亚丁）、榜葛剌国、忽鲁谟斯国（今伊朗霍尔木兹甘）、天方国（今阿拉伯半岛，尤指麦加）的航路、气候、物产、工艺、交易、货币和土产动植物等状况。

书中有关于印度及周边国家，如榜葛剌国、锡兰国、小葛兰国、柯枝国、古里国等记录，翔实可靠。例如对柯枝国的记载，从小葛兰国开船，沿山往西北航行，遇顺风，一个昼夜即可到达柯枝国的港口。柯枝国有五等人，国王崇信佛教（实为印度教），尊敬象、牛，建造佛殿（实为印度教庙宇）。国王也派遣头目随郑和船队将地方物产进贡中国。又如榜葛剌国，记述了进出的交通路线、民俗、宗教、方言、四时气候、物产、器什、衙门、军队、百工艺技等，其国王也派人驾船到各周边国家贸易，采办地方物产、珍珠宝石，进贡中国。

从永乐十四年开始，作者经过35年的修改和整理，最终完成《瀛涯胜览》。该书的抄本、刻本有马欢足本系列和删节本系列。该书之记录比《星槎胜览》、《西洋番国志》和《明史》中的相关记述更为详细，成为研究郑和以及明代中外关系史和交通史的重要资料，也是研究中印文化交流的重要历史文献。近代以来，该书受到国内外学者的高度重视。在国外，1895年，英国学者G.菲利普斯首先发表了《瀛涯胜览》中“榜葛剌国”条的翻译和注释；1933年，荷兰学者J.J.L.戴文达发表论文《马欢再考》；同年，法国学者P.伯希和发表长篇书评；1969年，日文译注本在东京出版；1970年，英国学者J.V.G米尔斯译注本在英国出版。国内，1929年，向达首先著文《关于三保太监下西洋的几种资料》，对《瀛涯胜览》予以详细介绍，并作版本考证；1935年，冯承钧翻译的伯希和《郑和下西洋考》一书由商务印书馆出版；同年，冯承钧《瀛涯胜览校注》亦由商务印书馆出版。2005年，万明的《明钞本〈瀛涯胜览〉校注》由海洋出版社出版，系最新校本。

《明钞本〈瀛涯胜览〉校注》封面

（胡俊麟）

Yonghe Gong

雍和宫 Lama Temple 中国藏传佛教格鲁派重要寺院，是京城第一座皇家寺院，也是内地第一家藏传佛教皇家寺院。位于今北京东城。建于清康熙三十三年（1694），原为清世宗即位前的府邸。1744年，乾隆帝下旨将雍和宫改建为藏传佛教寺院，赐藏名噶丹钦恰林，意为兜率壮丽洲，并亲撰碑文，分立于天王殿前东、西两座碑亭，东为满、汉两体文，西为蒙古、藏两体文。

雍和宫建有四大学院，即显宗学院、密宗学院、医学学院和时轮学院。各个学院的教习堪布一律从西藏选派高僧担任。从该寺的整体布局看，凸显了密宗的主体性。除显宗学院外，其余3所学院与密宗紧密相关。密宗学院主要研究密宗义理，广授密法之灌顶和仪轨，教化善根弟子入密宗之门；时轮学院系密宗传承，主要研习天文历算和修学时轮金刚乘等；医学学院主要学习《四部医典》和《药王月珍》等，同时也举行密宗仪式。

雍和宫各学院学僧须从蒙古四十九旗、喀尔喀七部和汉藏地区的聪慧青少年中遴选，使他们成为“尊国政、知举止、谙例律”的佛教优秀人才。完成学业后或在京任职掌教，或赴藏族、蒙古族地区办事。

雍和宫法定僧数为500名，虽在整个格鲁派寺院中不算很多，但在内地藏

雍和宫

传佛教寺院中首屈一指。当时雍和宫僧人除在四大学院修习教法仪轨外，还负有到宫廷或其他御园进行佛事活动的内课任务，以及皇帝离京外出时进行佛事活动的随营职责。清廷将雍和宫视作御用家庙，选派宗室王公管理事务，内设总管喇嘛印务处，管理京城、东陵、西陵、热河、五台山等地藏传佛教寺院。

雍和宫的法事仪轨遵循西藏格鲁派主寺的正统教规。它既是普通僧众受戒修习佛法的寺院，又是清朝皇帝喜欢驾临的重要宗教活动场所。1780年，六世班禅额尔德尼在雍和宫佛殿向乾隆皇帝传法授戒，后人将此殿称为受戒台。

雍和宫在清代有崇高的宗教地位，对当时蒙藏地区的政治、经济和文化以及后世社会均有重要影响。它在中印佛教文化交流史上占有重要地位，是在中国宫廷建筑形制和印度佛教文化内涵相结合的基础上建构起来的具有独特风格的佛教寺院。

（尕藏加）

Yongle Dazhong Fanzi Mingwen Kao

《永乐大钟梵字铭文考》 *A Study of the Inscription in Sanskrit on the Yongle Bell* 中国解读和阐释明代永乐大钟上梵文铭字的研究专著。作者为北京大学教授张保胜。2006年由北京大学出版社出版。该书的研究主体明永乐大钟内外有汉梵佛教经咒铭文23万字，其中梵字5 000余个，咒语145道，是研究佛教密宗的重要文献。

《永乐大钟梵字铭文考》共计45万余字，分为图版、永乐大钟梵字铭文考和附录3个部分。其中图版根据铭文位置将大钟分为7部分，详细展示了各个部分的铭文拓片。正文分为7章，对照图版对永乐大钟上的蓝札体梵字铭文进行逐句解读、复原、断句、定名、汉语音译和出典，并就含义进行翻译与阐释。附录部分则以铭文中涉及的咒语、永乐大钟的历史成因、与明清帝王的关系，以及大钟的结构与设计等为主题，收录了5篇与永乐大钟相关的学术论文。

《永乐大钟梵字铭文考》封面

《永乐大钟梵字铭文考》首次完整解读了拥有近600年历史的永乐大钟上的梵字铭文，在中国的印度学研究领域具有重要意义。

（姜景奎　张亚冰）

Yongning Si

永宁寺 Yongning Temple 中国北魏时期洛阳城内最大佛寺。今仅存遗址。

据《洛阳伽蓝记》卷一，永宁寺建于熙平元年（516），寺院宏伟，有九级木结构大塔高入云霄，百里之外就能看见。大塔北侧有一大殿，内有一丈八尺高的金佛巨像。此外，尚有与普通人等身的金像十躯、珍珠绣成的佛像三躯、金丝编织的佛像五躯、玉石佛像二躯，皆做工奇巧。大殿之外，僧房一千余间，皆雕梁画栋。外国所进佛经佛像，都收藏于此寺。又有围墙环绕全寺，寺内林木扶疏，翠竹芳草，景色秀美。围墙顶上架有短椽，上面以瓦覆盖，如同当时的皇宫围墙。该寺开设四门，南门为正门，有三层门楼。东西二门楼均为二层，北门未建门楼。各门之前各有四名力士和四只狮子的雕像。当时有印度僧人菩提达摩来华，见到此寺，感叹其精美壮丽，以为整个南赡部洲所无。永熙三年（534）二月，大塔遇火灾，经三月不灭。同年，北魏灭亡。

近年，中国考古界对永宁寺遗址作勘测挖掘。发现寺院围墙平面为长方形，南北305米、东西260米。大塔基位于围墙内正中部位，平面呈方形。塔北有一片较大的夯土台基遗迹，东西60余米，建筑面积达1 300平方米以上，为正殿基址。永宁寺遗址的山门、佛塔及正殿均位于中轴线上，而以塔为中心，殿在塔后，这是中国早期佛寺建筑

中国洛阳北魏永宁寺雕塑残片
现藏中国河南洛阳博物馆

的典型布局。有大量佛教泥塑残像，还有石雕、瓦、瓦当等建筑材料出土。

（薛克翘）

Yongshi

永世（约活动于10世纪后半叶） 印度来华僧人。据《宋史》卷四九〇，婆罗门僧永世于北宋雍熙中（约986年前后）与波斯人阿里烟一同来到宋朝都城汴京（今河南开封）。永世向中国人介绍了他的国家：国名“利得”（今地不详），国王姓“牙罗五得”，名“阿喏你缚”，衣黄衣，戴金冠，以七宝为饰；出门乘大象或肩舆，以音乐螺钹先导，多游佛寺，向穷人施舍。其夫人称“摩诃尼”（意为王后），穿绣金缕的绸布红衣，一年出宫一次，对穷人多所施舍。百姓有冤，等王与妃外出时拦路申诉。有国相4人处理和裁决事务。五谷、六畜、果实，与中国相同。贸易用铜币，圆形，中间实心，不像中国钱中间有孔可以贯穿。从永世的介绍可知，其国在五印度境内。

（薛克翘）

Youchanni

优禅尼 Ujjayinī 古代印度重要的政治经济中心。七圣城之一。今中央邦的乌贾因。又译邬阇衍那、乌舍尼等。远古婆罗多大战之后，统治该城所在地区的据称是月种雅度族旁支亥诃耶五支中的阿般提家族。公元前6世纪的列国时期，阿般提国转由普罗调陀家族掌权，称四强之一，以优禅尼为其北部首城，后被摩揭陀吞并。孔雀王朝时期，频头沙罗曾派其子阿育王

今日印度乌贾因城

至该城做西部地区总督。公元1世纪塞人侵印后，遂为所据。笈多王朝的旃陀罗·笈多二世（超日王）在赶走最后一个塞人西方总督（约388年）后，将国都从华氏城迁此。当时这里与希腊、罗马皆有贸易往来，同时也是宗教圣地，有印度教最著名的12个湿婆神庙之一的大黑庙。林伽行者派信徒每年大批来此朝拜。古代一度为佛教中心之一，众多长老出生或成长于此。耆那教始祖大雄也曾在此修行。古典文学作品和欧洲地理书对此城亦多有描述。印度古天文学家以它为本初子午线的通过点。

（葛维钧）

Youliposhi

《优哩婆湿》 *Vikramorvaśīya* 印度古代梵语五幕神话爱情剧。见迦梨陀娑。

youposai

优婆塞 upāsaka 佛教称谓。指未出家的信徒。又译伊蒲塞、邬波索迦、优波娑迦等，意译信士、近事男、近善男、清信士、善宿男等。该词梵语原意为“服务者”、“崇拜者”、“追随者”等，源自动词upa-ās，意为“坐近”、“服侍”、“表示敬意”。佛教用以指其世俗信徒，也即居士。他们敬信三宝，遵守五戒，在家事佛，并且参加种种宗教仪节。

（葛维钧）

youpoyi

优婆夷 upāsikā 佛教称谓。指未出家的女性信徒。又译优婆斯、邬波斯迦、优婆私柯，意译近事女、清信女、近善女、清净女等。优婆夷为敬信三宝的世俗女性佛教信徒。见优婆塞。

（葛维钧）

Youshui Aoyishu

《由谁奥义书》 *Kena Upaniṣad* 印度古代哲学文献。数百种奥义书之一。约产生于公元前800～前500年。主要回答了什么是宇宙现象之后的真正力量的问题，论述了梵的不可思议性，展示了古印度较早出现的认识最高实在时所采用的遮诠法。梵本在当代中国被译成了汉文。较早的汉译本由徐梵澄译出，收入《五十奥义书》（中国社会科学出版社，1984）中。黄宝生也将此译成汉文，收入《奥义书》（商务印书馆，2010）一书中。

（姚卫群）

中国四川成都大圣慈寺优婆塞及优婆夷做法事

youxun

由旬 yojana 印度古代计程单位。约当15千米。佛经又译由延、逾缮那等。玄奘《大唐西域记》卷二：“逾缮那者，自古圣王一日军程也。旧传一逾缮那四十里矣。印度国俗乃三十里，圣教所载唯十六里。”梵字原意为“驾”，引申为牛车从早上挽驾到晚上税驾所行的路程。

（葛维钧）

you

有 bhava, sad 关于事物的存在形态或本质的哲学概念。是世界各大哲学体系讨论的基本问题，也是印度宗教哲学各派或理论形态论及的基本问题。

就印度宗教哲学而言，“有”经常是与“无”这一概念相提并论或一起讨论的。如现存印度最早的哲理诗无有歌（《梨俱吠陀》10，129）就认为泰初既没有“有”（sad），也没有“无”。该诗中的“无”在语言表述上写成了“非有”（asad），可见这两个概念的联系之密切。吠陀时期之后的许多古代印度宗教哲学文献中可以看到，哲人们无论是说“有”还是说“无”，在多数情况下其实都是对事物的存在形态或性质的一种表述或判定。“无”实际上也是对“有”的一种形态的表述。

印度宗教哲学各派在展开其理论体系时都涉及关于事物是否存在，或事物的表现及相关观念是否实在的看法。这些看法就构成了古印度思想史上有关“有”的概念的理论或思想。

奥义书中的主流哲学是婆罗门教的思想。这种思想认为，包括生命现象在内的世间一切事物（或小我）在本质上都是唯一不二的梵（大我）。这梵是实在的，是真正的“有”。而事物的各种形态是不断变化的，因此这些形态不实在，没有独立于梵的“有”。但如果从这些形态在本质上是梵之表现的角度看，也可以说它们是“有”。在奥义书哲人看来，对梵及其展现出来的事物的真理性认识也是“有”。

奥义书之后形成的古印度正统派哲学（吠檀多派、弥曼差派、数论派、瑜伽派、胜论派、正理派）和非正统派哲学（顺世论、耆那教、佛教）也都对事物的存在形态或本质问题表明了态度，都有关于“有”的基本看法。

吠檀多派继承了奥义书中的根本思想，其中的主流理论“不二一元论”认为梵是唯一实在的，是唯一的“有”，离开梵而独立存在的东西是没有的。

弥曼差派的核心理念是“生常住论”。这种理论认为，表现为吠陀之声的婆罗门教的有关祭祀等的教令或主张是实有及永恒有效的。

数论派认为真正存在的有两个实体，一个是物质性的“自性”，另一个是精神性的“神我”。神我作用于自性后，自性生成世间各种事物和生命现象。世间事物或生命现象毁灭时又回归到这两个实体独存的状态中。这就是事物之“有”。

瑜伽派与数论派在哲理上类似，也认为真正存在的是“自性”和“神我”这两个实体，通过做各种瑜伽修行，可以使自性和神我独存，恢复事物本来的存在或“有”的状态。

胜论派主张一种“句义”(与概念或观念相对应的实在物）的理论。认为句义是实有的。各种事物可以分析为若干种句义。此派还专门设立了一个“同句义”，认为一切事物的最大或最高的“同”(相同性）就是“有”(存在)。

正理派与胜论派类似，也认为事物是实有的。但此派理论的重点是逻辑与辩论问题，致力于研究逻辑与辩论的规则或技巧，以此来探讨事物间真正存在（有）的逻辑关系。

顺世论否定各种宗教派别关于现实世界不实在的看法，认为事物在本质上都是“四大”(地、水、火、风）的产物，四大是实有的，世间事物的各种形态是由四大的不同结合形式生成的，甚至意识也是四大的某种组成物的属性。真正存在的就是四大及其产物。

耆那教在哲学理论上也持一种实有论的观念。此派将事物区分为“命我”和“非命我”两大类。“命我”主要指存在于人等生命体中的灵魂一类的实体。“非命我”指命我之外的各种事物或其存在形式，包括物质性的事物（极微及其复合体)、运动的条件、静止的条件、虚空等。耆那教认为命我和非命我都是实有的。

佛教中分支众多，教义复杂，“有”的概念也有多种含义。早期佛教否定婆罗门教哲学中主张的梵等本体或主体的存在，强调无我论。但这并不能说佛教绝对否定事物的存在。释迦牟尼实际承认事物不断变化的形态，但不承认事物仅仅是梵一类本体的显现或展现，而是认为事物表现为多种因缘条件的相互结合，相互作用。释迦牟尼主张一种缘起观，实际上承认事物的缘起之有。

部派佛教讨论的重要问题是“法”和“我”的实有与空无的问题。各派在观点上不尽相同。诸部派常把“法”分为过去法、现在法和未来法。有的部派认为这三世法都是实有的，法在体上也是实有的，如说一切有部就主张“三世实有”、“法体恒有”。经量部则认为只有现在这一刹那的法实有，过去法和未来法则无实体。大众部中的一说部认为过去法和未来法没有实体，认为三世法都是“言说”，均无实体。说出世部也认为“世间法”都是“假名”，没有实体，只有“出世法”(即涅槃等境界）才是实有的。关于“我”的问题，多数部派表面上坚持早期佛教时期就提出的无我论，否定我之有。然而在实际上，不少派别都提出了变相的我，如犊子部提出的“补特伽罗”、经量部的“一味蕴”、化地部的“穷生死蕴”、大众部的“根本识”等都是起着我的作用的概念。因而，在部派佛教中，不少部派实际上提出了变相的我之有。

大乘佛教产生后，佛教开始突出地讲空，这在般若类经典中尤为明显。但大乘佛教也并不认为事物是绝对的虚无，甚至般若类大乘经讲的事物空也主要是说事物的无自性，并不是指事物绝对非存在。中观派在讲事物空时，强调“中道”的精神或方法。此派讲的空，指的是缘起性空。这种理论一方面强调事物的无自性，另一方面强调事物的假有。这是大乘佛教在论述事物性质时的主流思想。瑜伽行派借说唯识来表明事物的性空。此派强调“识有境无”。但在此派中，这“识”之有也是有限度的。从根本上说，瑜伽行派也不认为识是实有的。

佛教中各分支无论是讲有还是讲空都与缘起论关系密切。因为讲缘起可以论证事物依他，无自性，是空；也可以说事物由多种要素或因缘构成，可以讲妙有或假有，是缘起之有。

此外，佛教文献中还有许多概念使用“有”这一词。如十二因缘中的“有”支；论及三界的欲有、色有、无色有；涉及有情一生的生有、本有、死有。《大智度论》卷十二中提及相待有（事物相依而存在之有)、假名有（事物聚在一起而获得的假名)、法有（事物的因缘生灭而无自性之有）等。但使用范围最广的还是在分析各种事物时使用的“存在”这样一种“有”的含义。

佛教传入中国后，印度宗教哲学中的各种“有”的观念也传入中国。印度佛教等文献中的相关思想译成汉文，在中国思想界或佛教界流传。中国先前的佛教外的文化中的“有”、“无”概念也是哲学讨论中的重要内容。这些内容与印度宗教哲学中的此类概念融合在一起，共同对中国文化的发展产生了影响。

（姚卫群）

younengjuyi

有能句义 śakti-padārtha 印度古代哲学中胜论派的术语。今译“可能”。胜论派认为，宇宙一切事物或现象可以区分为若干种“句义”。此派文献《胜宗十句义论》提出，有一种句义，与实、德、业三句义有内在联系，并可使它们共同或单独生出特定结果，该论称之为有能句义。这一句义涉及事物的产生或形成问题，即对将定事物的产生起作用的一种句义。中国现代研究印度哲学的学者对此概念也较关注。姚卫群在其所著的《印度宗教哲学概论》(北京大学出版社，2006）一书中的第7章论及了这方面的内容。

（姚卫群）

Youyang Za Zu

《酉阳杂俎》 中国唐代晚期一部类书性质的杂记。段成式撰。有前集二十卷、续集10卷。自《新唐书·艺文志》以下，历代著录皆入小说家类。但书中所涉门类极多，内容也极丰富，天上地下，古往今来，海内海外，几无所不包。南宋嘉定十六年（1223）刊本邓复序中言："考其论撰，盖有书生终身所不能及者，信乎其为博矣！"陈振孙《直斋书录解题》卷一一云："所记故多谲怪，标目亦奇诡。"明人李云鹄于万历本序中称之为"无所不有，无所不奇"，道出此

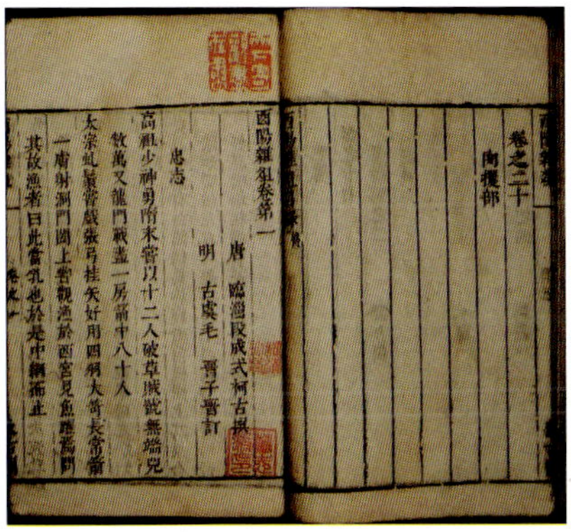

《酉阳杂俎》明代毛晋汲古阁刻本书影

书的两大特点：博杂与奇异。故自问世起，颇受学界重视。尤其近代以来，中西学比较之风鼓荡，该书更为世界瞩目，征引者络绎不绝。

段成式（约803～863），籍贯临淄（今山东淄博市临淄区），生于西川（今四川成都一带）。其父段文昌曾经做过宰相，并信仰佛教。段成式也随之信佛，熟悉佛经和佛教掌故，并与僧人交往频繁，经常出入佛寺。因此，他对天竺故事关心尤切，亦使《酉阳杂俎》成为研究中印交通史和中印文化交流史的重要资料来源。

《酉阳杂俎》所记似多涉荒唐，然而其真实可信的信息并不少，这是历代多位学者征引的原因所在。撰写南北朝至唐代的政治史、经济史、外交史、科技史、佛教史、道教史、文学史、艺术史、民族史、民俗史等时，均可从中找到宝贵资料。甚至连撰写某些外国的历史，也可以从中找到有用的资料。如卷一四《诺皋记》中的"乾陀国"条，记载了一条关于迦腻色迦王的神奇传说，虽涉荒诞，却可以作为研究印度贵霜王朝历史的佐证，证明迦腻色迦曾征服过南印度的萨塔瓦哈那王朝。

唐代中印交通达到了一个高潮，其标志之一是政府间的使者多有往来。王玄策作为大唐使者出使印度堪称中印关系史上的一件大事，《酉阳杂俎》卷七就记有王玄策事。唐代长安已成世界一大文化中心、东方最大的佛学中心之一。以玄奘为先导的大规模求法活动在进行，天竺僧来华空前频仍，亦有不少日本等东国僧假道唐土西行求法的事例。这些在《酉阳杂俎》中都有记载。

在中印文化交流方面，《酉阳杂俎》的记载更为可观。有印度天文历算方面的知识，如卷三列出的二十八宿梵名，与佛经中记载不同，另有其来源。有关于印度化学医药的知识，相关记载曾引起英国科技史专家李约瑟博士的重视。有佛教文学知识，记载了各种故事，并将一些佛教故事作对比，从而为比较文学研究提供了素材。有艺术方面的知识，如对塔寺的建筑、寺院中雕塑和绘画的纪录等。有印度语言文字学知识，如关于印度书写材料和书体等的记载。还有动植物方面的知识，如鹦鹉、胡椒等记载。

现存《酉阳杂俎》版本，以明本为早，有琅环斋本、万历三十五年（1607）本等，清代有《津逮秘书》本、《学津讨原》本、《稗海》本等，民国时期有1931年上海扫叶山房排印本。由于自宋以来，转抄与刊刻的本子脱误较多，给校刊带来很大困难。1981年中华书局出版的方南生点校本虽有诸多失校，仍为目前最完善版本。其后附有历代主要刊本的序跋和评论，同时点校者又撰写了《前言》和《段成式年谱》，为研究段成式其人其书提供了很大方便。

（薛克翘）

Yu Daosui

于道邃 Yu Daosui（约活动于3世纪下半叶～4世纪上半叶） 中国两晋之际高僧，"六家七宗"中"缘会宗"的代表人物。

据《高僧传》卷四等，于道邃是敦煌人，从小失去父母，为叔父所养。于道邃对叔父很孝顺，如同对待亲生父母一般。16岁时出家，奉于法兰为师。学业高明，广泛阅读各种佛经与俗书，擅长医术与书法。熟知各地风俗，尤其善于谈论，曾著《缘会二谛论》(已佚)，亦即"缘会宗"的代表著作。其主要观点是：由于因缘和合，产生万物，这是世俗谛，例如用土木建成房舍；缘散之后，重归于无，这是第一义谛。竺法护称其"高简雅素，有古人之风"，将来必能成为佛法栋梁。后来与其师于法兰一起迁居江南，受到名士谢敷的赏识。于道邃性喜山泽，经常游历名山，率性而为，不在乎别人的称赞或批评。之后与于法兰前往西域，在交趾（今越南北部）染病辞世，终年31岁。孙绰将其比作阮咸，郗超为他画像，支遁为其作铭。

（范晶晶）

Yu Falan

于法兰 Yu Falan（约活动于3世纪下半叶～4世纪上半叶） 中国两晋之际高僧。

据《高僧传》卷四，于法兰是高阳（今河北保定一带）人，从小便卓尔不群。15岁出家，日以继夜地诵读佛书，积极求法问道，十分精进。20岁后风神秀美，远近闻名。性爱山泉，经常居于岩壑之间，德行甚至感化了猛兽精灵。后来他听说江南剡县（今浙江嵊州）景色优美，于是迁居到石城山元华寺。由于气质超群，时人将其比作庾亮，孙绰《道贤论》则将其比作阮籍。在剡县居住一段时间后，于法兰慨叹道："佛法虽然兴盛，但经书尚有缺漏。只要一旦能听闻圆满的佛法，即便死去也无遗憾。"于是前往西域求法，但走到交州（大约相当于今广东、广西南部，越南北部地区）便染病辞世。名僧支遁为其作像赞。其他传记还称于法兰曾感动枯泉重新出水。

（范晶晶）

Yulanpen Jie

盂兰盆节 佛教的重要节日，中国民间节日之一。为农历七月十五日。

七月十五日也是中国传统节日，道教徒称"中元节"，佛教徒称"盂兰盆节"，同时，佛教僧侣坐夏以后，在这一天解制，故又称为"自恣日"。民间受佛教影响，又称为"鬼节"。盂兰盆节起源于佛教。据《盂兰盆经》，佛大弟子目连生于富有之家，父死后，目连出外经商，行前嘱其母在家行善。其母

中国上海静安寺壬辰年（2012）盂兰盆会

中国上海闸北盂兰盆会出巡队伍
1909～1911

对佛僧态度恶劣，种下恶果，不久死去。目连后来从佛学道，得神通力。出于孝心，目连想把父母度入佛门。但他以天眼通观得母亲堕入饿鬼道，在地狱受苦。目连悲伤，以钵盛饭送给母亲吃，但饭未入口即化为火炭。目连只好回来告诉佛，佛要目连在七月十五日这天准备盆器，装上“尽世甘味”，并准备床具、香烛等，供养十方大德，通过众僧的一致努力，便可使七世父母和五种亲属一并解脱。《盂兰盆经》宣扬的是布施和孝道。盂兰盆，为梵文音译，原意为“救倒悬”。**印度神话**传说中，人们的祖先死后会倒悬在某处受苦，须后代行善解救。但国人将其误解为一种盆器。据《佛祖统记》卷三七记载，梁武帝大同四年(538)始设盂兰盆斋。

唐代，皇家对盂兰盆节相当重视，其程度超过了四月初八的佛诞节。据《旧唐书》卷一九〇《杨炯传》：“如意元年七月望日，宫中出盂兰盆，分送佛寺，则天御洛南门，与百僚观之。炯献《盂兰盆赋》，词甚雅丽。”卷一一八《王缙传》：“代宗七月望日于内道场造盂兰盆，饰以金翠，所费百万。又设高祖以下七圣神座，备幡节、龙伞、衣裳之制，各书尊号于幡上以识之……是日，排仪仗，百僚序立于光顺门以俟之，幡花鼓舞，迎呼道路。岁以为常，而识者嗤其不典，其伤教之源始于缙也。”卷十六又载：宪宗元和十五年七月十五日，“上幸安国寺观盂兰盆”。唐代皇帝向全天下推广盂兰盆节，目的在提倡孝道。

中国元代盂兰盆道场场面

宋代，关于盂兰盆节的记载也很多，而且明显更具民间色彩。孟元老《东京梦华录》卷八《中元节》：“七月十五日，中元节。先数日，市井卖冥器：靴鞋、幞头、帽子、金犀缎带、五彩衣服，以纸糊架子盘游出卖……闹处亦卖果食、种生、花果之类，及印卖《尊胜目连经》。又以竹竿斫成三脚，高三五尺，上织灯窝之状，谓之盂兰盆，挂搭衣服冥钱在上焚之。构肆乐人自过七夕，便般《目连救母》杂剧，直至十五日止，观者增倍。中元前一日，即卖练叶，享祀时铺衬桌面；又卖麻谷窠儿，亦是系在桌子脚上，乃告祖先秋成之意；又卖鸡冠花，谓之洗手花。十五日供养祖先素食，才明即卖穄米饭，巡门叫卖，亦告成意也。”“城外有新坟者，即往扫拜。禁中亦出车马诣道者院谒坟。本院官给祠部十道，设大会，焚钱山，祭军阵亡殁，设孤魂之道场。”周密《武林旧事》卷三《中元》：“七月十五日，道家谓之中元节，各有斋醮等会，僧寺则于此日作盂兰盆斋，而人家亦以此日祀先……而茹素者几十八九，屠门为之罢市焉。”可知，两宋时期，官方和民间都很重视中元节。人们从孝道出发，拜佛、祭祖、吃素，但也没有忘记娱乐，要看《目连救母》杂剧。《梦粱录》卷四还记载，七月十五日晚上杭州一带水上“放江灯万盏”。到元明清三代，盂兰盆节中的放灯活动显得比较突出。《帝京景物略》、《松窗梦语》、《西湖游览志余》、《帝京岁时纪胜》等皆有详细记载。见**放灯**。

（薛克翘）

Yulanpen Jing

《盂兰盆经》 *Ullambana-sūtra* 印度大乘佛教经典。全名《佛说盂兰盆经》(T685)。1卷。翻译为汉文的时间当不晚于5世纪。经中讲，**目犍连**获得6种神通之后，想将母亲度为佛教徒，以报哺乳之恩。他运用神通见母亲在饿鬼地狱受苦，不得饮食，十分悲痛。他喂母亲饭食，饭到嘴边即化为炭火。目犍连悲恸号哭，向佛陀（见**释迦牟尼**）诉说。佛陀说，要在七月十五这天准备盆器，内盛甘美饮食，供养十方大德僧众，其功德可使现世父母、亲属得到解脱。目犍连照做，母亲即刻解脱。

《盂兰盆经》内容因与中国传统道德中的孝道相一致，故受到统治阶级与民众的欢迎，译出不久，中国便出现了**盂兰盆节**。该经短小，便于念诵，在中国流传1 500多年而不衰，并在唐以后被改编、演绎为数十种小说和戏剧，在民间广泛流传。

（薛克翘）

Yushan Fanbai

《鱼山梵呗》 *Yushan Hill Paṭhaka* 中国古代赞颂释迦牟尼的佛教歌曲。相传为陈思王曹植所作。慧皎《高僧传》卷十三末附《论》说，“原夫梵呗之起，亦兆自陈思。始著《太子颂》及《睒颂》等，因为之制声。”相传曹植曾游历山东鱼山（今山东东阿境内），得到天启，有感而作梵呗。《太子颂》是赞颂释迦牟尼出家前为太子时的事迹，属于佛生平故事之一。《睒颂》则是一则带有劝孝色彩的佛本生故事。

（薛克翘）

yujia

瑜伽 yoga 印度古人发明的身心锻炼方法；修炼瑜伽的形象。考古资料表明，早在印度河文明时期，印度先民就懂得

摩亨佐达罗瑜伽男神印章 公元前3千纪 现藏巴基斯坦卡拉奇国家博物馆

瑜伽术，距今至少5 000年。印度最古老的文献《梨俱吠陀》中已出现“瑜伽”一词，意思是架在两头牛脖子上的轭。之后的《阿闼婆吠陀》中提到一个通过苦行获得了法术的教团，他们可能是早期的瑜伽修行者。早期的奥义书中，曾经提到“控制心思”和“统一感官”，以及呼吸吐纳等问题。稍晚的《鹧鸪氏奥义书》中则明确提到瑜伽。中期的《白骡奥义书》又进一步阐述了瑜伽的修炼姿势、呼吸的调整、修行的场所、修行中容易出现的幻觉、瑜伽的现实作用和所要达到的最终目的等。后期的《慈氏奥义书》则在此基础上对瑜伽作了分

瑜伽沉思

类，形成了最初的“六支分法”，即坐法、调息、制感、禅定、执持、思辨。

在《薄伽梵歌》中，瑜伽分为数种，有智瑜伽、有为瑜伽、王瑜伽、舍弃瑜伽等。《薄伽梵歌》的原始部分可能创作于公元前三四世纪，共18章，每章的标题均有瑜伽字样。其中对调息、禅定等，都有详细解说。《薄伽梵歌》的瑜伽学说与《白骡奥义书》大体相当，其形成时间可能在公元前3世纪。

到公元前2世纪或稍后，东印度的一位婆罗门波颠阇利总结了前人的理论和实践，写出《瑜伽经》。该书把瑜伽分为业瑜伽和智瑜伽两种，并列出8个修行阶段：①禁制，即实行五种戒（不伤害、真实、不盗、不淫、无所有）。②劝制，即遵行5个方面的规定（清净、知足、苦行、读诵、念神）。③坐法，即身体的姿势要稳固放松。④调息，即注意呼吸，调整呼吸在身体内外的出入范围，呼吸的间隔、次数，呼吸要长而细微，逐步进入禅定状态。⑤制感，即制止心或认识的活动，把认识置于心的控制之下。⑥执持，即让心念专注一处，如身体的某一部位（脐、心脏、鼻尖或舌端等处）或外界对象（月亮、神像等）。⑦静虑，即进一步使上述专注的对象与心统一，使主客观相融合。⑧三昧，即进入主客观完全融合的状态，达到最高的解脱境界。

释迦牟尼离家出走后，首先进行了

《波颠阇利瑜伽》英文本封面

6年修行，主要做法就是坐禅。他最后到菩提树下打坐冥想，使用的仍是从婆罗门仙人们那里学来的禅定方法。坐禅是他悟道的关键。后来的佛教徒都把静坐沉思作为自己的必修课，佛教的坐禅是印度瑜伽的一个分支。耆那教的情况与佛教类似。

印度现代瑜伽是在古代瑜伽的基础上发展而来。现代瑜伽的特点主要有二：一是以强身健体为目的；二是采取动静结合的练习方式。古代瑜伽的修炼目的是通过沉思达到“梵我同一”，并最终获得解脱。现代瑜伽，变得世俗化了，是以治疗疾病、锻炼身心为主要目的。传统的瑜伽以静坐为主要修炼方式，而现代瑜伽则在传统瑜伽的基础上吸收了

《瑜伽》马拉雅兰文本封面

体操动作，以静坐沉思平静心灵，又以动作的平衡达到身心的平衡与和谐。

印度瑜伽在世界上影响巨大，中国也深受其影响。古代瑜伽通过佛教影响了中国的僧人、居士，现代瑜伽则在近二三十年影响了中国的白领阶层。20世纪80年代，中国学术界纷纷发表文章研究印度瑜伽；瑜伽的有关著作也被翻译成中文并出版，电视台也播放现代瑜伽教程。90年代，有很多中国人去印度专门学习瑜伽，回国后开班传授。各大城市都有人开设瑜伽课程，有的地方还特地聘请印度瑜伽师前来授课。

（薛克翘）

Yujia Jing

《瑜伽经》 *Yoga-sūtra* 印度古代哲学中瑜伽派的根本经典。约产生于公元前2世纪，作者波颠阇利。现存《瑜伽经》

其中包含着后人加入的内容，大约在4～6世纪之间成书。

《瑜伽经》在印度后世的主要注与复注有：毗耶舍（约6世纪）的《瑜伽经注》、婆察斯巴蒂·弥尸罗（9世纪）对毗耶舍注释本所作的《真理明晰》、博阇（11世纪）对《瑜伽经》所作的《王注》、吠若那比柯宿对毗耶舍注释本所作的《瑜伽释补》等。

《瑜伽经》对古印度先前流行的瑜伽修行在理论上作了归纳，在印度历史上第一次提出系统化的瑜伽理论体系，奠定了瑜伽体系在印度文化史上的重要地位。

《瑜伽经断想》英文本封面

《瑜伽经》共分4卷。第一卷阐述瑜伽的定义，论述心作用的种类、三种量，并阐述三昧的种类和四种等至。此外，还论及自在天、精神涣散的状态，以及与数论派哲学共用的一些哲学概念。第二卷论述作为瑜伽的三项内容，指出产生轮回及痛苦的原因，分析无明或烦恼的一些具体表现，列举作为瑜伽修行主要手段的八支行法，具体描述了其中的禁制、劝制、坐法、调息和制感。第三卷论述八支行法中的后三支，即执持、静虑和等持（三昧），认为后三支结合起来即总制，它可以获得各种神通力，并论述各种总制的功效，指出当认识了自性和神我的差别时，就获得了对一切存在和无限知识的支配力。第四卷论述获得神通力的五种途径，即生得、药草、咒文、苦行和三昧，认为瑜伽行者的业是非白非黑的，其他人的业则还有三种（黑的、白的、黑白的），强调直观了自性和神我差别的人就将灭除我执，从永久的辨别智中产生“法云三昧”，这样就可以消除业与烦恼，跳出轮回，达到解脱。第四卷中有一些受大乘佛教思想影响的内容，一般被认为是后出的。

《瑜伽经》提出了瑜伽派学说中的基础内容，主要包括对心作用、三昧状态、能观与所观、八支行法、神通力等的阐述。

“心作用”是《瑜伽经》关注的重要内容。心作用被分为五种，即正知、不正知、分别知、睡眠、记忆，涵盖了人们通常具有的主要精神或意识活动。该经认为心作用无论是世俗所谓正确的还是不正确的，或是其他性质的，都应加以抑制，因为这些心作用对达到事物的最高境界都有阻碍。《瑜伽经》强调要通过长期的修习和离欲来灭除心作用。“修习”是指为了使心平静而作的不间断的努力，这需要不受外界的干扰并极度的专注。“离欲”是指放弃对外物的追求，即摆脱对一般的世间享乐和特殊的超验享乐。该经认为，借助修习和离欲就能达到三昧状态。

三昧状态是瑜伽修行者努力要达到的状态。这种状态在该经中也分成不同的层次，有不同的分类。该经中提到的有关三昧的名称有：有想三昧、无想三昧、有种三昧、无种三昧、法云三昧。但这几种三昧并不都是层次不断深入的阶段。它们中有些是重复的。

三昧的有些状态也被称为“等至”。该经把等至分为四种：有寻等至、无寻等至、有伺等至、无伺等至。这四种等至能不断深化瑜伽修行，但它们都属于“有种三昧”，即修行者虽然逐步排除了当时的杂念或印象，却没有彻底消除过去行为（业）所产生的残存潜势力。如果修行者能更进一步把“有种三昧”中的潜势力消除掉或加以抑制，就可以达到“无种三昧”的境界。

瑜伽修行者

瑜伽修行者

瑜伽派的理论与数论派的理论关系密切。数论派使用瑜伽派的修行手法，瑜伽派则接受数论派对世间事物的基本分析。该经认为，瑜伽修行者要获得解脱，就要真正认识“能观”与“所观”。“能观”相当于数论派哲学中阐述的“神我”（精神）；“所观”相当于数论派哲学中阐述的“自性”（自然），在该经中又称其为“实在”。瑜伽派认为，轮回的产生与这两个实体结合有关。该经2，17中论述“能观和所观的结合是可以避免的苦的因”。即要使轮回结束，获得解脱，就必须使这两个实体脱离接触，各自独存。而要实现这种目的，则需达到“无种三昧”或“法云三昧”。这就要按照瑜伽派的要求来修行。

《瑜伽经》中关于修行的具体方法是“八支行法”，即瑜伽修行的八个具体手法，包括禁制、劝制、坐法、调息、制感、执持、静虑、等持。

“神通力”是在瑜伽修行者修“八支行法”中后三支（执持、静虑、等持）的基础上获得的。这后三支合起来称为“总制”。用总制作用于不同的对象，可以获得不同的神通力。如借助对动物、日、月、星系、身体器官及其功能等的总制，可相应地得到许多异乎寻常的知识和力量。还可以获得一种对“自然”（即“自性”）和“精神”（即“神我”）的“辨别智”，并得到对一切存在和无限知识的至上支配力量。如果修行者再进一步将“辨别智”摆脱掉，就可以摧毁罪恶的种子，进入绝对独存的状态，达到解脱。

《瑜伽经》出现后，在印度历史上产生了重要影响。印度历史久远的瑜伽修行在该经中得到系统整理。婆罗门教中形成了专门以瑜伽修行为目的的瑜伽派。《瑜伽经》的思想经过该派后代的整理和发展进一步完善。印度历史上许多宗教哲学派别都把瑜伽修行纳入自己的体系中。印度近现代的一些著名思想家也高度关注这种修行。

《瑜伽经》的思想传到世界上许多国家，也传到中国。该经理论在中国古代的传播主要是通过佛教文献实现的。汉译佛典中论及禅定或瑜伽的内容就包含了《瑜伽经》中的一些内容。

在中国近现代，《瑜伽经》的思想也受到高度重视。《瑜伽经》被译成汉文本，有多种该经的译本在中国出版或发表。中国学术期刊上发表过不少对《瑜伽经》的研究论文。一些有关《瑜伽经》的研究专著也在中国出版。中国高校中开设的印度宗教哲学的课程中也有关于《瑜伽经》的内容。作为锻炼身体重要方法的瑜伽修行在当代中国开展得较为广泛。

（姚卫群）

Yujia Jing Zhu

《瑜伽经注》 *Yoga-sūtra-bhāṣya* 印度古代哲学中瑜伽派的著作。作者毗耶舍。《瑜伽经》是最早对古印度长期流行的瑜伽修持方法在理论上进行整理和系统化的经典，但该经写得非常简略，一些经文含义不明。毗耶舍对《瑜伽经》的文本作了系统的阐释，显明了瑜伽派的主要思想，对人们准确理解《瑜伽经》的思想起了重要的作用。《瑜伽经注》的部分内容在现代中国有汉译节本，姚卫群翻译，收入《古印度六派哲学经典》（商务印书馆，2003）一书。

（姚卫群）

Yujiapai

瑜伽派 Yoga school 印度教六派哲学之一。在印度有着极为古老的历史渊源。最初的一些形态在南亚次大陆的早期文明时期即已出现。其宗教修持观念在不

波颠阇利像

少印度远古文献中就有展示。明显形成一个独立的派别大致在公元前2世纪。瑜伽的修持方法与思想一直受到印度宗教哲学各派的重视，也曾随佛教一起传入中国。

历史发展与主要文献 “瑜伽”一词的梵文“yoga”原义为“联合”、“合一”等，引申为“与绝对者的合一”或“心作用的统一”等。作为一种宗教修持方法，瑜伽在印度河文明时期就形成了基本的形态。在印度河文明遗址印章上有神像，其中一些神的坐姿和印度后世流行的瑜伽坐法一致，被认为是当时流行的瑜伽修行的姿势。故瑜伽修持的历史就要以印度河文明时期为起点，大致出现在公元前2500年。

印度许多古老的典籍，如奥义书、《政事论》（又称《利论》）、史诗《摩诃婆罗多》等都提到或论述过瑜伽。瑜伽的修持方法很早就被印度的许多宗教派别所采用，但瑜伽的宗教实践被归纳、总结，并形成一个具有系统理论的独立宗教哲学流派的时间则要晚一些。

通常认为，独立的瑜伽派创立者是波颠阇利。该派最早的根本经典是他的著作《瑜伽经》，大约在3~5世纪成书。现存《瑜伽经》有后人加入的内容。

在《瑜伽经》之后，瑜伽派的主要典籍是对《瑜伽经》的注释与复注。其中主要的有：毗耶舍的《瑜伽经注》、婆察斯巴蒂·弥尸罗（9世纪）对毗耶舍注释本所作的《真理明晰》、博阇（11世纪）对《瑜伽经》所作的《王注》、吠若那比柯宿对毗耶舍注释本所作的《瑜伽释补》和他直接阐述此派理论的《瑜伽精髓集要》等。

《瑜伽经》及其注释产生后，瑜伽在印度历史上的作用日益扩大。在瑜伽后来的发展中，又出现了一些被称为“瑜伽奥义书”的典籍（新奥义书），这些典籍在理论上重点探讨了神、灵魂（我）和身体之间的关系。此外，瑜伽的理论和修持方法被印度思想史上的许多派别所吸收和发展。印度古代流行的主要哲学派别，除顺世论外，都有隶属于自己的瑜伽修持成分。

瑜伽的理论与修持方法对印度教正统哲学派别和佛教等非正统派别都有影响。吠檀多派的许多思想家在其理论中借鉴了瑜伽修持的内容，这些

奥罗宾多像

内容在他们看来对体悟有关梵的真理十分重要。数论派与瑜伽派关系极为紧密，早期数论派是不论及神的，但在瑜伽派等的影响下，后期数论派的文献中也纳入了神的概念。胜论派和正理派的文献中也有瑜伽修持的内容，在论及认识论或认识方式等问题时，也常常提及这类内容。

佛教自产生时起就很重视禅定方面的内容。瑜伽派产生后，大乘佛教亦受到该派的影响。

瑜伽派在发展过程中也受到其他派别的影响，较突出的是受到佛教的影响，如《瑜伽经》第四章一般被认为是后出的，其中有不少佛教的观念。

在印度近代，瑜伽派的理论与实践仍在社会上起着重要作用。印度近代的许多思想家或哲学家都在不同程度上倡导瑜伽，如达耶难陀·娑罗室伐底、辨喜、奥罗宾多等。

印度后世，特别是印度近代的瑜

伽概念，与古代瑜伽派理解的瑜伽已有不少差别。如辨喜提及的瑜伽实际上是指他的学说的各个主要方面，包括宗教信仰、伦理道德、哲学学说等。奥罗宾多提到的瑜伽也有不少新的含义，他提出了“超心的瑜伽”、“全体的瑜伽”等概念。这些是《瑜伽经》等古代瑜伽文献中所没有论及或没有展开叙述的。应当说，瑜伽派的思想在印度后世有很大发展。

在古代，瑜伽对西方的新柏拉图派，对东方的伊朗、中国、日本的宗教也有重要影响。在近代，瑜伽传播到世界上更多的国家和地区，如欧美等地就有不少瑜伽研究中心。瑜伽术在医学、体育锻炼等科学领域的积极作用越来越受到人们的重视。

瑜伽石雕

修持理论与方法 根据《瑜伽经》及其主要注释，瑜伽派的主要理论包括“心作用”、“**三昧**”、“能观和所观”、“**八支行法**”、“神通力”等。

心作用 《瑜伽经》说：“瑜伽是对心作用（心的变化）的抑制。”它认为有5种心作用：正知、不正知、分别知、睡眠、记忆。正知指日常生活中一般的真实认识，主要包含通过现量、**比量**、圣教量（见**圣言量**）获得的认识。不正知是对事物的虚假认识，这种认识不表明事物的真实特性。分别知由言语表达的认识产生，它对事物进行区分或类别划分，但没有实在性。睡眠也是一种心识的形态，它依赖于不实在的原因。记忆是对以前经历过的事物的未遗忘的感觉印象。

实际上，瑜伽就是追求一种摆脱外界影响的禅定状态。因为这5种心作用其实都是事物的外部表象（也就是所谓“相”）影响的产物。无论是世俗的正确认识还是不正确的认识都是对外部事物的反映，都是人在接触外部事物后形成的意识形态。这5种心作用归结在一起，都离不开外物，而外物展示出来的往往是不实在的事物，会扰动人心。瑜伽行者认为，只有离开了事物的不实之相的影响，才能保持身心安宁。5种心作用应当加以抑制，即要通过长期的修习和离欲来灭除。所谓修习是指为了使心平静而作的不间断的努力，这需要不受外界的干扰并极度地专注；所谓离欲是指放弃对外物的追求，即摆脱对一般的世间享乐和特殊的超验享乐（如天堂中的享乐）。借助修习和离欲就能达到“三昧”状态。

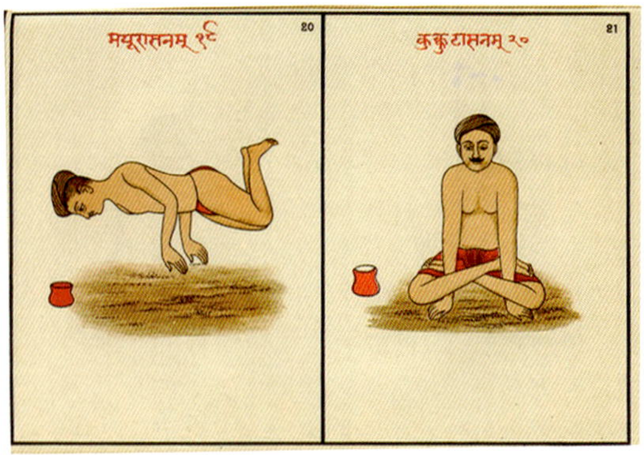

瑜伽动作图示

三昧 瑜伽派的“三昧”，主要指心专注一处而不散乱的精神状态。这种状态在《瑜伽经》中有时被称为“三昧”，有时被称为“等至”，并被作了种种分类。《瑜伽经》认为三昧可分为“有想三昧”和“无想三昧”两种。“有想三昧”是带有一定思虑情感的状态，这种三昧虽然也是一种入定的状态，但还伴随着人的想象等自我意识。“无想三昧”则摆脱了各种杂念，不存在现行的心作用，仅保留作为潜在能力的心作用。这是一种较高程度的三昧状态。

达到“无想三昧”状态的基本方法是依靠信（信仰）、力（力量）、念（忆念）、定（禅定）、慧（智慧）。此外，通过敬最高神也可达到“无想三昧”。象征最高神的圣音是“唵”。重复这个圣音并思念其意义，就可以理解自我并消除一切引起精神涣散的障碍。伴随着障碍引起的精神涣散的是痛苦、忧愁、动摇和不规则的呼吸。为了防止这些障碍及精神涣散的随属现象，就必须把心集中在一个实在上。要使心明净须借助于对友好（慈）、同情（悲）、满足（喜）的习性的修炼和对乐、苦、善、恶的冷漠（舍）。可以通过调节呼吸，或使意安静，或去除贪欲，或对任意选择的一个对象进行静虑，也可达到三昧状态。

瑜伽派认为，为了进入三昧和减少烦恼，应当修习“当为瑜伽”，即苦行、诵读和敬神。苦行是一种使心净化的行为，诵读是反复念诵纯净的言语（如“唵”），敬神则是将一切行为敬献给神。

《瑜伽经》把烦恼分成5种：无明、我见、贪、瞋和现贪。无明在各种烦恼中是基础或根干，它把无常、不净、苦和非我误认为是常、净、乐与我；我见是认为主体的意识力与对客体的观察力

练瑜伽的印度教僧人 印度细密画

同一的表现；贪由感觉愉快的事物引起；瞋则由感觉痛苦的事物引起；现贪是对现实生存的追求。

瑜伽派认为，人的行为产生的意乐（潜势力）根源于烦恼，只要这个根源存在，就会形成生命现象，即进入轮回的形态。在这种形态中，人是不能摆脱痛苦的。

能观和所观　瑜伽派认为，痛苦是**轮回**现象中必然存在的，探讨产生轮回现象的原因也就是探讨痛苦产生的原因。这就涉及瑜伽派的基本哲学理念。瑜伽派认为，在人的生存过程中，过去的善与恶会产生乐与苦，而变化等就是苦。轮回过程也就是变化的过程，轮回中有种种差别的事物，差别的一切都是痛苦的。瑜伽派

《究竟定——清宫藏密瑜伽修行宝典》封面

认为，轮回的产生与两个实体有关。《瑜伽经》中说："能观和所观的结合是可以避免的苦的因。"这里的"能观和所观"就是与轮回现象直接相关的**自性**和**神我**两个实体。

瑜伽派吸收了**数论派**的基本哲学理论。数论派认为，生命现象或轮回现象是由自性和神我结合形成的。在瑜伽派的思想体系中，这两个实体称为"能观和所观"。

能观和所观之所以结合，是由于有无明。如果消除了无明，那么能观和所观的结合也就不存在了。而要消除无明，使能观脱离所观，就须借助一种"**辨别智**"。毗耶舍在注释《瑜伽经》时说："辨别智是对神我和实在（自性）的不同本质的认知。"当能辨别出能观和所观的差别或根本不同时，二者的结合将结束，轮回也就终止。这就能使人摆脱痛苦。故在数论派和瑜伽派的理论体系中，获得"辨别智"是至关重要的。而获得"辨别智"需依靠具体的瑜伽实践，即所谓"八支行法"。

八支行法　八支行法是瑜伽派倡导的具体修行方法，是该派的特色理论。八支为**禁制**、**劝制**、**坐法**、**调息**、**制感**、**执持**、**静虑**、**等持**。瑜伽派把前五支称为"外支"，后三支称为"内支"。外支有时也称为"有德瑜伽"、"作法瑜伽"，它侧重于道德、伦理和身体的修炼。内支有时也称为"王瑜伽"，它侧重于精神修炼。

瑜伽派非常重视内三支，认为它们是比其余五支"更内在的部分"。这三支合起来又被称为"总制"（又译为"专念"、"总御"等）。获得总制即可进入认识的广阔境界。

神通力　瑜伽派认为，通过八支行法中内三支形成的总制可以获得神奇的超自然力，即"神通力"。对象不同，所获神通力也不同。《瑜伽经》中提到的神通力很多，例如：借助于对身体形态的总制，可以隐身；借助于对言语和对象之差别的总制，可获得一切生物声音的知识；借助于对观念的总制，可知道别人的心；借助于对行为及其结果等的总制，可获得关于死的知识；借助于对潜势力（行）的总制，可获得前生的知识。此外，借助于对动物、日、月、星系、身体器官及其功能等的总制，可相应地得到许多异乎寻常的知识和力量。最后，还可获得一种对"自然"（相当于数论派的"自性"）和"精神"（相当于数论派的"神我"）的"辨别智"。获得"辨别智"就能够获得对一切存在和无限知识的至上支配力量。如果修行者再进一步将"辨别智"也摆脱掉，就可以摧毁罪恶的种

《究竟定——清宫藏密瑜伽修行宝典》插图

印度教出家人

子，进入绝对独存的状态。在这种状态中，"自然"和"精神"具有同样清净的性质。二者独存，实际上也就是不再结合。没有了这种结合，就失去了产生轮回的基本条件，为灭苦提供了可能。这是瑜伽派和数论派都追求的状态。

《瑜伽经》论述了获得神通力的途径，认为神通力有5种来源：第一种是生得，即人生来就具有神通，具有这种神通力的人生前已修瑜伽；第二种是借助药草，即使用药草而获得神通力；第三种是通过咒语，即借助咒文获得神通力；第四种是通过苦行，即采用苦行的方式获得神通力；第五种是通过三昧，即借助八支中内三支形成的总制获得神通力。

在中国的影响　瑜伽派对印度远古时期的瑜伽修持方法作了理论上的完善或系统化，对印度流行的许多宗教派别都有影响。佛教体系吸收了大量这类成分。因而，当佛教传入中国后，瑜伽派的宗教修持或修炼理论也随佛教进入中国，在中国产生了一定影响。

瑜伽派强调要抑制心作用，这和佛教中禅定的要求是类似的。中国禅宗强调禅定要外离相，内不乱，其实也就是瑜伽派要求的抑制受外部不实事物影响而产生的种种心作用。瑜伽派所提倡的八支行法、三昧、神通力等，在印度佛教和中国佛教中都以种种方式存在。佛教强调的戒、定、慧三学，与瑜伽派的理论有相同之处。瑜伽派八支行法中的前两支中的内容与佛教戒律中的一些要求相同或接近。瑜伽派追求的三昧状态与佛教的定的状态相近。瑜伽派追求的对事物的最高智慧或真理性认识与佛教

的慧也有相通之处。

瑜伽派的经典和理论在中国近现代学术界也很受重视。《瑜伽经》被译成现代汉语文本。中国的学术期刊上发表过不少关于印度《瑜伽经》或瑜伽派思想的研究文章。中国大学中开设的印度哲学或宗教的课程中，都有介绍瑜伽派的内容。在中国民间，瑜伽派的影响现在主要体现在将瑜伽修持的一些内容作为强身健体的重要方法。

（姚卫群）

《瑜伽论·声闻地》梵文精校本封面

Yujia Shidi Lun

《瑜伽师地论》 *Yogācāca-bhūmi* 佛教典籍。旧称为《十七地论》。相传为弥勒述，无著记。大乘佛教瑜伽行派（唯识派）的根本论典，汉传“弥勒五论”之一，也是汉传唯识宗“一本十支”论之一本。“瑜伽师”泛指佛教修行者，“地”即修行阶位。该论有文献汇编的性质，系统论述了瑜伽观行的境、行、果，详细阐释了法相、唯识、三性等理论体系，是大乘佛教哲学的理论宝库。

在玄奘译本之前，《瑜伽师地论》只有部分章节被翻译出来，包括昙无谶所译《菩萨地持经》(T1581) 10卷、《菩萨戒本》(T1500) 1卷，求那跋摩所译《菩萨善戒经》(T1582) 9卷、《优婆塞五戒威仪经》(T1503) 1卷，真谛所译《决定藏论》(T1584) 3卷及已经佚失的《十七地论》等。玄奘所译100卷的《瑜伽师地论》(T1579) 是完整译本，在汉传佛教中有着极其重要的地位。据《大慈恩寺三藏法师传》记载，玄奘曾就佛学义理“遍谒众师”而“莫知适从”，于是发誓西行赴印度取《瑜伽师地论》“以释众疑”，玄奘在那烂陀寺曾听戒贤法师讲解该论三遍，回国后于贞观二十年(646)至二十二年译出该论。

玄奘译本分为《本地分》、《摄抉择分》、《摄异门分》、《摄事分》5个部分。《本地分》有50卷，占全论一半篇幅，将瑜伽修行者的境界分为十七地详细阐述，即五识身相应地、意地、有寻有伺地、无寻唯伺地、无寻无伺地、三摩呬多地、非三摩呬多地、有心地、无心地、闻所成地、思所成地、修所成地、声闻地、独觉地、菩萨地、有余依地和无余依地。其中的《声闻地》和《菩萨地》都曾单独流传，《菩萨地》则是该论的核心，也是后世研习的重点。《摄抉择分》(卷五十一至八十）是对除《独觉地》之外之十六地进行各别抉择，阐发深隐要义。其中卷七十五至七十八全文引用了除序品之外的《解深密经》。《摄释分》(卷八十一至八十二）是释经体例与内涵的辨析。《摄异门分》(卷八十三至八十四）是对经典中同义词的解析。《摄事分》(卷八十五至一百）是对经和律的纲要概括，其中经的概要（摩呾理迦），吕澂指出即是《杂阿含》的本母。

《瑜伽师地论》的藏文译本(D4035～4042）题为无著作，按照《本地》、《摄决择》、《摄事》、《摄异门》、《摄释》的顺序编排，而且《本地》之中，将《声闻地》和《菩萨地》单提出来，排在其他诸地之后。

《瑜伽师地论》《本地分》中的大部分都存有梵文本并已陆续刊行，其中的《声闻地》和《菩萨地》则已校勘数次。《摄抉择分》的一个梵文写本也已经被发现分藏于中国西藏和俄罗斯两处，迄今尚未公布。松田和信曾发表《摄抉择分》和《摄异门分》的少量梵文残叶。此外，《菩萨地》部分亦有于阗文译本残片出土。

无著的《显扬圣教论》(现有玄奘汉译本20卷，T1602）和《大乘阿毗达磨集论》(玄奘译本7卷，T1605，有部分梵本）都是对《瑜伽师地论》要义的概括和阐扬。世亲的《百法明门论》，全称《大乘百法明门论·本事分中略录名数》，略述《瑜伽师地论·本地分》(又称《本事分》）的660个法相名数中精简出的百法。其他印度注释，玄奘译有最胜子等撰《瑜伽师地论释》(T1580)，据说原书有600卷，玄奘仅译出一卷。藏译中还有德光《菩萨地注》、《菩萨戒疏》，以及最胜子《菩萨戒广疏》和海云《瑜伽行地中菩萨地解说》等，收入德格版第4043～4047号。汉语注疏现存遁伦《瑜伽论记》(T1828)、窥基《瑜伽师地论略纂》(T1829)、清素《瑜伽师地论义演》(《金藏》第1565号）等，另有今人韩清净所撰《瑜伽师地论科句批寻记》。

（陈帅）

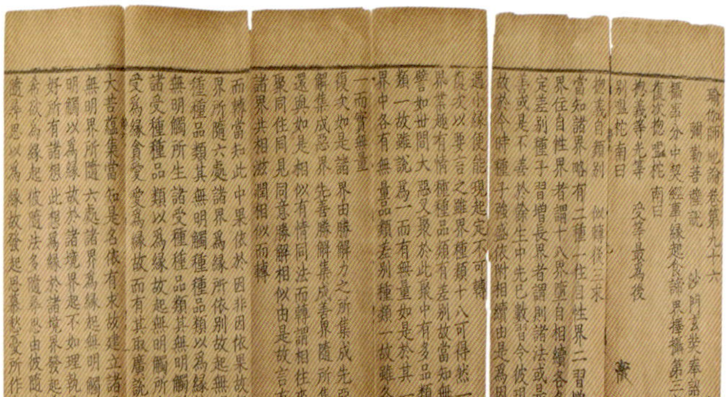

《瑜伽师地论》宋刻本书影

Yujiaxingpai

瑜伽行派 Yogācāra 印度佛教宗派。见印度佛教。

Yulin Ku

榆林窟 Yulin Caves 中国佛教石窟。又名万佛峡。全国重点文物保护单位之一。位于甘肃瓜州（原安西）县城西南约75千米处的榆林河峡谷两岸峭壁上。现存43窟，东崖32窟，西崖11窟。大部分石窟由甬道、前室和主室组成。现

榆林窟壁画

榆林窟内景

存壁画4 200平方米、彩塑259身。最早的石窟可能开凿于隋代乃至北魏时期，后世唐、五代、宋、回鹘、西夏、元、清各代均有新辟石窟和绘画、彩塑作品。明季榆林窟被弃用，所以没有该朝作品或维修记录。以壁画著称于世，彩塑亦颇可观。多为唐宋作品，也有不少西夏及元代作品。榆林窟西距敦煌仅约120千米，而其营造历史背景、建筑形制、壁画和彩塑的题材、内容和艺术风格，也与莫高窟类似，因而属于广义的**敦煌石窟**体系，被称为其姊妹窟。

同敦煌一样，瓜州亦是古代丝绸之路重镇。印度佛教艺术沿丝绸之路经西域传入敦煌后，很快即东延至瓜州，推动并在艺术范式上影响了榆林窟的开凿和艺术创作。洞窟形制主要有中心圆坛（密宗）窟、中心塔柱窟、大像窟三种，均可溯源于印度佛教石窟。彩塑主体为佛教人物，包括佛、菩萨、天王、力士、飞天等。除一二石胎泥塑外，余均系木骨泥塑。唐宋彩塑受印度**犍陀罗艺术**和**笈多艺术**的影响。属于唐宋时期的第5窟卧佛像长13米，第6窟佛像高24.35米，庄严雄伟，堪称巨制。第11窟的十八罗汉栩栩如生，神态各异。它们是榆林窟彩塑的精华所在。

榆林窟壁画多系唐代至元代约700年间的作品。题材多样，内容丰富，故事性强，色彩富丽。既有巨幅经变画、佛像、菩萨像、佛传故事画等，又有一定数量的反映社会、生活、生产、科技等现实内容的世俗画。大部分壁画保存尚好。第25窟属于中唐时期的壁画，是十分罕见的艺术珍品。正壁中部为毗卢遮那佛（略称卢舍那佛）像及弥勒佛、地藏、文殊、普贤等菩萨像。其余侧壁分别绘《观无量寿经变》、《弥勒经变》、《文殊变》、《普贤变》等。南壁《西方净土变》描绘佛教极乐世界图景；阿弥陀佛在菩提树下说法，十大菩萨静坐聆听；仙鹤翩翩起舞，飞天凌空散花；池中碧波粼粼，水面莲花盛开；两边八位女乐师手执不同乐器，在怡然演奏佛曲。构图严谨，造型丰腴，线条流畅，色彩绚烂，具有唐代擅画佛寺壁画的**吴道子**所创“吴家样”神韵，充分体现了唐代绘画的高度艺术成就，实属榆林窟中唐壁画之典范。榆林窟早中期佛教壁画，无论在主题上还是技法上均明显受到印度佛教石窟壁画的影响。元代的一些表现佛教密宗主题的壁画，人物形象与藏密壁画有渊源关系，从而间接受到印度同类作品的影响。除佛教题材绘画外，供养人画像亦十分珍贵。它们反映了历史生活场景，具有浓郁的生活气息，富于历史实物资料价值。由于时间跨度长，榆林窟壁画艺术风格呈现多样性。

榆林窟外观

20世纪70年代前期，榆林窟遭人为破坏。曾有民工和知青入住少数石窟，将一些佛像抛到榆林河中；又在住所开伙烧饭，遂致大片壁画剥落，殊为可惜。

（刘建）

Yu Yu

虞愚 Yu Yu（1909～1989.07.28） 中国印度哲学学者，中国社会科学院哲学研究所研究员，中国社会科学院研究生院兼职教授，厦门大学哲学系、历史系兼职教授。在中印文化交流中起过一定的作用。

虞愚，原名德元，字竹园，号北山。祖籍浙江山阴，生于福建厦门。曾就读于厦门同文中学。1928年入南京支那内

学院，师从欧阳竟无研习唯识因明学。1930年毕业于上海大夏大学预科，1934年毕业于厦门大学教育学院心理学系，后留校任逻辑学课程助教。翌年，赴南京任监察院编审。1938年厦门沦陷后，辗转入渝，继续在监察院任职。1941年起任贵州大学逻辑学讲师、副教授。1943年起任厦门大学哲学系副教授、教授。1956年被调往北京撰写《斯里兰卡佛教大百科全书》有关中国古代专著的条目，同时兼任中国佛学院教授。1976年任《中国佛教》编委会编辑。1979年受聘担任中国社会科学院文学研究所兼职研究员。1982年调至中国社会科学院哲学研究所任研究员。1989年7月在厦门病逝。

虞愚一生致力于因明学的研究。主要著有《因明学》(1936)、《印度逻辑》(1939)、《中国名学》(1947)、《玄奘对因明的贡献》(1981)等。论文《法称在印度逻辑史上的贡献》对法称的因明学理论进行了详细论述，在学术界引起较大反响。

（乔安全）

Yu Manqian

庾曼倩 Yu Manqian（约480～560）中国南朝梁历算家，学者。字世华。早有令誉，为梁元帝(552～555年在位)所重。曾注释《算经》及《七曜历术》，著有《丧服仪》、《文字体例》、《庄老义疏》和其他文章，共95卷。其所注《七曜历术》，应与佛教所传印度天文历算知识有关。

庾曼倩的父亲庾诜也是幼年便聪警笃学，经史百家无所不知，以知识广博名重当时，梁武帝萧衍曾多次征其做官参政，不就。著有《帝历》20卷，《易林》20卷，《续伍端休江陵记》1卷，《晋朝杂事》5卷，《总抄》80卷，行于世。

庾曼倩之子庾季才，字叔奕，也是幼时聪颖，好学不辍，在其父影响下致力于天文学研究。曾任梁朝参军，北周太史，隋朝常侍。撰有《灵台秘苑》120卷，《垂象志》142卷，《地形志》87卷，并行于世。

庾季才之子庾质在隋大业初年(605)为太史令，庾质之子庾俭在唐武德年间（618～626）任太史令。天文历算之学在古代以家学的方式传承，这虽是常态，但庾氏一族从庾诜到庾俭共五代人都从事天文历算之学的研究，并都取得较高成就，却并不常见。

（钮卫星）

yujinxiang

郁金香 kuṅkuma 一种鸢尾科番红花属的多年生花卉，也是一种常见的香料。原生于南亚，梵文为kunkuma，孟加拉语为japhran，印地语为zafran、kesar，孟买语为safran，英译名saffron，学名Crocus sativus。郁金香的梵语名kunkuma有几种音译名字，如官久摩、茶矩磨、茶矩么等。中国南朝梁扶南三藏僧伽婆罗译《阿育王经》卷七的音译为官久摩，其译注为“翻郁金香”，该香从天竺（见印度）引种到罽宾。唐代义净译《金光明最胜王经》卷七《大辩才天女品》说“郁金：茶（荼）矩么”。佛经中提到的郁金香不是今日常见的百合科郁金香属的草本植物，而是指藏红花。梵语文献《医理精华尼犍荼》指出：“藏红花又叫郁金香。”唐代玄应《一切经音义》卷二十四指出：“郁金：此是树名，出罽宾国，其花黄色，取花安置一处待烂，压取汁，以物和之为香，花粕犹有香气，亦用为香也。”郁金香在古代印度除偶尔入药外，主要用于宗教仪式和食物的调料与色料。义净译《根本萨婆多部律摄》卷六记载印度有紫矿、红蓝、郁金香、朱砂、大青及红茜、黄丹、苏方八大色，比丘不能用来染衣服。

印度多地盛产郁金香。《梁书》卷五十四记载，“郁金独出罽宾国，华色正黄而细，与芙蓉华裹被莲者相似。国人先取以上佛寺，积日香槁，乃粪去之，贾人从寺中征雇，以转卖与他国也”。义净《南海寄归内法传》记载了印度药物的分布情况：“西方则多足诃梨勒，北道则时有郁金香，西边乃阿魏丰饶，南海则少出龙脑。三种豆蔻，皆在杜和罗。两色丁香，咸生堀沦国。”玄奘《大唐西域记》记载了部分香药的产地。卷一，迦毕试国：“出善马，郁金香。异方奇货，多聚此国。”卷三，乌仗那国（见乌苌）：“多蒲萄，少甘蔗。土产金铁，宜郁金香。”达丽罗川（喀布尔河谷），“多出黄金及郁金香”。迦湿弥罗（见罽宾），“出龙种马及郁金香、火珠、药草”。卷十二，漕矩吒国（今阿富汗加兹尼一带），“花果茂盛，宜郁金香”。敦煌本慧超《往五天竺国传》记罽宾出产“蒲桃（葡萄）、大小二麦、郁金香等”。《魏略》与陈藏器《本草拾遗》记载了郁金香的产地和性能：生大秦国（罗马帝国），二月、三月有花，花如红蓝花，

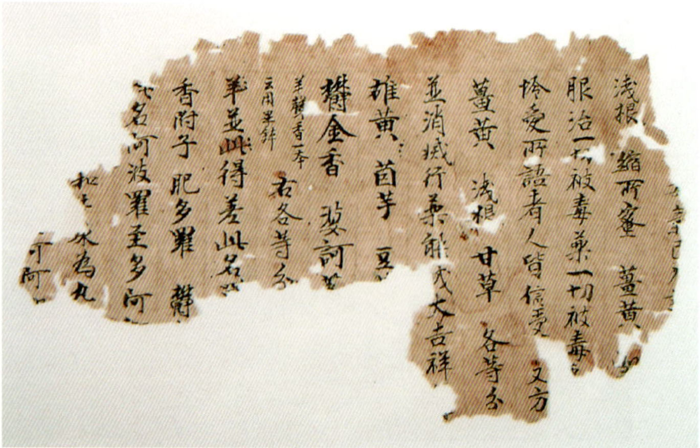

有关郁金香内容的残片　日本大谷光瑞新疆探险队所获

红郁金香　印度细密画

四月、五月采花。其味苦，平，无毒，主一切臭，除心腹间恶气鬼疰。入诸香药用之，即是香也。

《梁书》卷五十四《诸夷列传》，扶南国（位于今中南半岛南部）在梁天监十八年（519），复遣使送天竺旃檀瑞像、婆（娑）罗树叶，并献火齐珠、郁金、苏合等香。唐代郁金的进贡也不止一地。《旧唐书》卷一九八记载，大唐贞观十五年（641），戒日王遣使至长安，以后数遣使来，并赠郁金香及菩提树等。《唐会要》卷一百记载，贞观二十一年，伽毗国（克什米尔地区）献郁金香，"叶似麦门冬，九月花开，状如芙蓉，其色紫碧，香闻数十步，华而不实，欲种取其根"。《新唐书》卷二二一记载，开元二十二年（734），西域东安国（今乌兹别克斯坦布哈拉东北）国王遣使献郁金香、石蜜等。E.H.薛爱华指出，这种植物在中世纪传入中国，郁金香香粉在唐代有很好的销路，当时被用作一种治疗内毒的药物和香料。唐宋本草乃至明代《本草纲目》中均记载了郁金香的性能。孙思邈的《备急千金要方》卷十七的薰衣香方，使用了零陵香、丁香、青桂皮、青木香、鸡骨煎香、郁金香、枫香、芽生熏陆香等香药。王焘《外台秘要方》卷三十一所引《近効》莲子草膏"，就是一个来自印度的婆罗门方，主治一切风耳聋眼闇、生发变白、坚齿延年。该药方使用了莲子草汁、生巨胜油、生乳、甘草右四味，并加入了二分的郁金香等，非常有效。除作为外交礼品外，郁金香还可用作宗教仪式和日常生活中的香料，是中印民间的重要贸易品之一。不止是印度一地的郁金香传入中国，明代周嘉胄《香乘》卷二引《方舆胜略》记载，中亚的赛玛尔堪（撒马尔罕，今属乌兹别克斯坦）是西域大国，也产郁金香，色黄似芙蓉花。

（陈明）

Yufo Jie

浴佛节　相传为佛诞日。佛教传入中国后，成为中国民间节日。为农历四月初八。

宗懔《荆楚岁时记》记载："四月八日，诸寺各设斋，以五色香汤浴佛，共作龙华会，以为弥勒下生之征也。"浴佛的做法来源于印度。传说佛祖释迦牟尼出生时，曾有九龙吐水为之沐浴。故后来每到佛祖诞日，佛教徒便要浴佛纪念。而关于佛祖诞日，佛经记载不一。有二月初八、四月初八和腊月初八三种，中国多取四月初八说。浴佛的做法在中国开始得很早，据《后汉书》卷七十三《陶谦传》："每浴佛，辄多设饭，布席于路，其有就食及观者且万余人。"说明在佛教传入中国后不久，中国佛教徒便开始了浴佛活动。晋代，在举办浴佛活动的同时还加进了"行像"内容。北魏时，浴佛节也有行像活动。《洛阳伽蓝记》卷三《景明寺》记载了当时浴佛节盛况："四月七日，京师诸像皆来此寺。尚书祠曹录像凡有一千余躯，至八日，以次入宣阳门，向阊阖宫前，受皇帝散花。于时，金花映日，宝盖浮云，幡幢若林，香烟似雾。梵乐法音，聒动天地。百戏腾骧，所在骈比。名僧德众，负锡为群；信徒法侣，持花成薮。车骑填咽，繁衍相倾。时有西域胡沙门见此，唱言佛国。"刘宋时，成都也在四月初八这天举行浴佛和行像活动。

唐代，四月初八也有庆祝活动。苏鹗《杜阳杂编》卷上，记代宗皇帝（762～779年在位）时，新罗国（今韩国）献万佛山，高一丈，雕沉檀珠玉以成之。"四月八日，召雨众僧徒入内道场，礼万佛山。"卷下又记，咸通十四年（873）春，"诏大德僧数十辈于风翔法门寺迎佛骨……四月八日，佛骨入长安。自开远门安福楼，夹道佛声振地。士女瞻礼，僧徒道从。上御安福寺亲自顶礼，泣下沾臆……长安豪家，竞饰车服，驾肩弥路。四方挈老扶幼来观者，莫不蔬素以待恩福。时有军卒断左臂于佛前，以手执之，一步一礼，血流满地。至于肘行膝步、啮指截发，不可算数"。由浴佛行像到迎佛骨，是唐代晚期的一件大事。

宋代的浴佛节不仅要举行浴佛仪式，还要举行放生活动。孟元老《东京梦华录》卷八：北宋开封等大寺院于四月八日"各有浴佛斋会，煎香药糖水相遗，名曰浴佛水"。周密《武林旧事》卷三说："四月八日为佛诞日，诸寺院各有浴佛会。僧尼辈竞以小盆贮铜像，浸以糖水，覆以花棚，铙钹交迎，遍往邸第富室，以小勺浇灌，以求施利。是日，西湖作放生会，舟楫甚盛，略如春时小舟，竞买龟鱼螺蚌放生。"明清时

美国佛教联合会在中华公所中山纪念堂举行浴佛游行大法会

中国江西庐山东林寺浴佛节

代的北方，浴佛节买活物放生的活动不那么兴盛，代之而行的是以豆结缘的活动。据《帝京景物略》记，四月初八这天，“舍豆儿，曰结缘，十八日，亦舍。先是拈豆念佛，一豆佛号一声，有念豆至石者。至日熟豆，人遍舍之，其人亦一念佛啖一豆也。”《日下旧闻考》亦曰：“京师僧人念佛号者，辄以豆记其数。至四月八日佛诞生之辰，煮豆微撒以盐，邀人于路请食之，以为结缘。”南方水乡，特别是杭州西湖，放生的活动直到清代仍很兴盛。

（薛克翘）

Yuchi Yiseng

尉迟乙僧 Yuchi Yiseng（约活动于7世纪） 中国唐代画家。西域于阗（今中国新疆和田）人。出身于阗贵族。其父尉迟跋质那是于阗画家，隋朝入居中原，唐代仍负盛名，时人称为大尉迟。尉迟乙僧在唐贞观初年因“丹青奇妙”而被于阗举荐到唐代都城长安，任宿卫官，袭封郡公，时人称为小尉迟。他擅画外国鬼神人物及佛像、**菩萨**，奇形异貌，神采飞动，曾在长安**大慈恩寺**、光宅寺、奉恩寺等地绘制壁画。他从于阗带来的西域画风，“小则用笔紧劲，如屈铁盘丝，大则洒落有气概”（《历代名画记》），“用色沉着”（《画鉴》），并与中原画风融合，起到了把西域画风转变为中原画风的开创作用，被评为“祖述（曹）仲达，改张琴瑟，变夷为夏，肇自斯人”（《历代名画记》）。尉迟乙僧的壁画真迹早已荡然无存，但根据画史资料诸如他画的“凹凸花面中间千手眼大悲精妙之状”、“变形三魔女，身若出壁”之类的记载，可以想见他对印度的**凹凸法**有所了解和运用。

（王镛）

Yumo Mijueduojie

裕摩·弥觉多杰 yu mo mi bskyod rdo rje（约活动于11世纪） 中国藏传佛教高僧，觉囊派的主要传承人，中观“他空见”思想的开创者。西藏北部的宇摩地方人，最初是一位在家的瑜伽修行者，后来出家，取名戴巴杰布，亲近索律师等大德。曾拜克什米尔的班钦·达瓦贡布及其弟子卓敦·南拉孜等为师，系统研习《时轮本续》、《密集》等深奥密续教法，在修行实践中获得大彻大悟，心中生起他空之见，赢得大成就者之声望。根据史书记载，他在修习“时轮六加行”时，见到空色的天身之相由内显现，便将其作为幻觉之依据，又引用了不了义经及一类本续经文，只如言取义，说他空胜义谛常恒不变，周遍一切情器世间，与如来藏同一意义，在因位时即已本有，由修习《六加行》瑜伽次第现证果位法身。这种矛盾的复合物，现于分别之上，则名为“**他空见**”，以此见又掺入《时轮》的引导，成为隐秘宣说之法。因此，“他空见”思想在**藏传佛教**学界产生长期的争论，既受到不少高僧大德的质疑和批判，又作为一种新的佛教学说，赢得**觉囊派**内部学僧的推崇、研习和传承。

（尕藏加）

Yuandu

身毒 Sindhu 中国古代文献对印度的称呼。见**印度**。

Yuanjia Li

《元嘉历》 *Yuanjia Calendar* 中国古代历法，属于阴阳合历。南北朝时刘宋天文历算学家**何承天**编撰。宋文帝元嘉二十二年（445）起颁行，**梁武帝萧衍**天监八年（509）被祖冲之《大明历》取代。

何承天于元嘉二十年向朝廷献上所撰《元嘉历》。太史令钱乐之、太史兼丞严粲对《元嘉历》进行了评议。大明六年（462）祖冲之进《大明历》的奏表中对《元嘉历》也有所评价。综合这些对《元嘉历》的批评意见，可以总结出《元嘉历》作出了不为当时历法传统所接受的5项引人瞩目的改革：①以月食冲法定日所在；②对“十九年七闰”这一闰周提出怀疑，主张“随时迁革，以取其合”；③以雨水为气初；④以盈缩定其小余，以正朔望之日，即主张用定朔；⑤为五星各立后元。另外，何承天在《元嘉历》中还有首用调日法、以土圭测影确定更为正确的冬至位置等先进做法。

关于“月食冲法定日所在”，就是根据月食时太阳与月亮在黄道上遥遥相对的位置关系，根据月亮的位置来确定太阳的位置，然后根据太阳“日行一度”的规律可以进一步定出冬至日太阳的位置。这一方法虽不是由何承天首创，却是在被视为华夏正统王朝的历法中首次使用。东晋太元九年（384），后秦天水人姜岌在《三纪历》中首次提出以月食冲法定日所在。中国西北是古代中西交通的要道，是佛教大量传入中原的门户。佛教及其带来的天文学知识先在彼地落脚生根，因此姜岌极有可能也接触到了印度天文历法知识。

印度传入中国的天文历法知识，以推交食术为长。而以月食冲法定日所在正是需要对交食术有很好的掌握，尤其对发生交蚀时日、月、地三者的几何关系更要明确，而这一点正是中国古代历法所缺乏的。何承天进历表说道：“汉代杂候清台，以昏明中星，课日所在。虽不可见，月盈则蚀，必当其冲，以月推日，则躔次可知焉。舍易而不为，役心于难事，此臣所不解也。”何承天不理解汉代为什么不用简明的月食冲法定日躔次，反而用较难的昏明中星法课日所在。然而，若是不了解发生月食时日、月、地三者明确的几何关系是不可能得到月食冲法的。何承天很可能从印度天文历法中获得了较为正确的交食知识，因此自然而然地理解并使用了月食冲法定日所在。

关于“十九年七闰”，这是南北朝以前的定制。稍早于何承天的北凉赵匪攵在417年打破了这一旧闰周，并创建了600年221闰的新闰周；稍晚于何承天的祖冲之创建了391年144闰的新闰周。赵匪攵与祖冲之虽然都打破旧闰周，但又都创设了新闰周。现在人们知道，闰周的存在是不合理的，它限制了历法精度的提高。何承天的《元嘉历》形式上虽保留了十九年七闰这一旧闰周，但认识到了这一闰周的不合理性，并且建议在历法中“宜当随时迁革，以取其合”，而不必在建立新闰周上下不必要的功夫。

何承天之后，出现了几种新闰周，到李淳风《麟德历》才正式废弃闰周的推算。同样，何承天对待闰周的新观念是否受到了印度天文历法的启发，也无确凿证据。但可以肯定的是，他的这种新观念大大超越了当时的历法水平。何承天这种不主张在推求闰周方面使“用算滋繁”的实用观点，与他为五星各立后元的做法是一致的，这两种做法都不符合当时的历法传统。

关于“以雨水为气初”，是《元嘉历》中完全突破传统的改革。中国古代历法一般以冬至为气初，《元嘉历》之后另有两部历法《调元历》与《符天历》也以雨水为气初。据《新五代史·司天考一》载：“晋高祖时，司天监马重绩始更造新历，不复推古上元甲子至七曜之会，而起唐天宝十四载乙未为上元，用正月雨水为气首。初，唐建中时，术士曹士蔿始变古法，以显庆五年为上元，雨水为岁首，号《符天历》，然世谓之小历，只行于民间。而重绩乃用以为法，遂施于朝廷，赐号《调元历》。”由此可见《调元历》与《符天历》是有承传关系的两部历法，前者获得颁行，后者只行于民间，雨水在这两部历法中一为气首，一为岁首。《符天历》与《七曜历》一样，具有浓厚的域外色彩，无疑是从印度或受印度天文历法影响的西亚一带传入中土的。

何承天在《元嘉历》中以雨水为气初，与传统习惯不符，却与《符天历》、《调元历》这两部受印度天文学影响的后世历法中的做法遥相呼应。因此可以推断，特别重视雨水是《符天历》等受印度影响的历法的共同特征。

关于“定朔”，当时的太史令钱乐之和太史兼丞严粲评议道：“每月朔望及弦，皆定大小余，于推交会时刻虽审，皆用盈缩，则月有频三大、频二小，比旧法殊为异。旧日蚀不唯在朔，亦有在晦及二日。《公羊传》所谓‘或失之前，或失之后’。愚谓此一条自宜仍旧。”何承天这项改革的目的是为了使交食必定发生在朔望，是中国历法史上改平朔用定朔的首次尝试，但带来的一个后果是连续有三个大月和两个小月。这与传统不符，因此成为钱乐之等人反对这项改革的理由之一。钱乐之等人另一条反对理由是以《公羊传》日食“或失之前，或失之后”为证据，证明日食不一定在朔。这是古代历法精度不高造成的，并由此来证明《元嘉历》的这一条改革是不必要的。后来，何承天放弃了这项改革，但这项改革与交食的计算密切相关，何承天有可能是受到印度天文历法中先进的交食理论的启发而提出这一改革的。

关于“五星后元”，就是5颗行星计算起点（历元）各不相同。何承天在《元嘉历》中为五星立的后元分别是：木后元，晋咸和元年（326）；火后元，宋元嘉十二年（435）；土后元，宋元嘉十一年；金后元，晋太元九年（384）；水后元，宋元嘉二年。中国古代历法有所谓的上元积年的推求，要求在上元这一刻，日、月、五星，交会、迟疾皆会于初度。何承天为五星各立后元的做法，显然与上元积年的传统背道而驰。

祖冲之站在中国传统立场上对何承天的这一改革作了强烈批评：“又承天法，日月五星，各自有元，交会迟疾，亦并置差，裁合气朔而已。条序纷互，不及古意。今设法，日月五纬，交会迟疾，悉以上元岁首为始。则合璧之曜，信而有征，连珠之晖，于是乎在。”祖冲之指责何承天这项改革“不及古意”，而他强调日月五星等悉以上元为始的理由却也只是为了日月合璧、五星连珠之类的说法。

在何承天的历法知识结构中，对上元积年一向不是很重视。比如他对东汉发生的围绕《后汉四分历》历元问题的历争评价道：“四分于天，出三百年而盈一日。积代不悟，徒云建历之本，必先立元，假言谶纬，遂关治乱，此之为敝，亦已甚矣。”可见他甚至将过分重视历元的做法看作一种很大的弊病。

《符天历》以唐显庆五年（660）为历元，《调元历》以天宝十四载（755）为历元。汉译佛经《七曜禳灾诀》五星历表以唐贞元十年（794）为历元，罗睺、计都历表以元和元年（806）为历元。《九执历》以显庆二年为历元。这些有印度渊源的历法或历表，均是断取近距历元。而在印度即有一种历书，其主要特征就是断取近距历元。因此，何承天为五星各立后元的做法应是受了印度天文历法的影响。

（钮卫星）

Yuanjian Daoyin Fa

《元鉴导引法》 中国道教气功著作。作者不详。大约成书于唐五代间。此法收在道教类书《云笈七签》中，讲述了13条导引方法。其中第1条和第5条两次提到结跏趺坐。跏趺坐是释迦牟尼的坐法，也是佛教徒坐禅的姿势，是外来语。同样，道教也直接将“坐禅”等佛教概念纳入气功理论和实践。说明道教和佛教的养生健身法已经相互容受。

（薛克翘）

Yuan Ming zaju

元明杂剧 poetic drama in Yuan and Ming Dynasties 中国元明时代创作的戏剧。元代，中国的戏剧发展达到一个高峰，出现了一大批戏曲作家和优秀作品。戏曲是一门综合性艺术，其中有文学、音乐、绘画及表演等多种成分。这

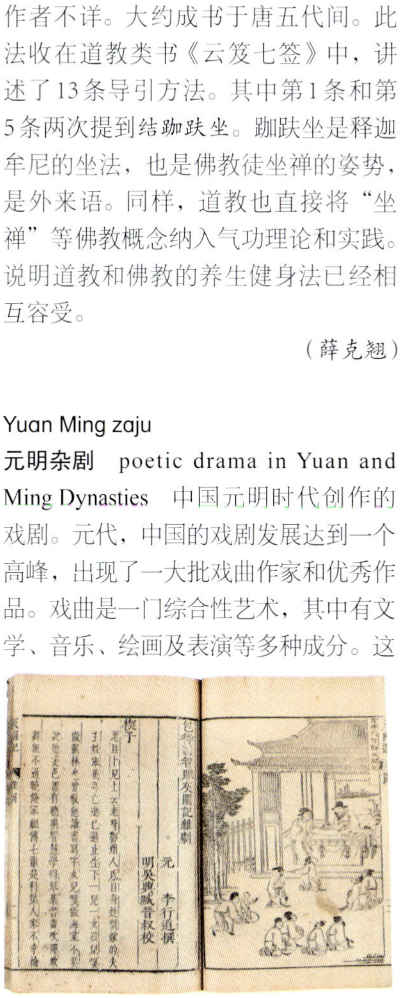

李行道《包待制智赚灰阑记》明刻本书影

诸多成分在中国都有十分悠久的历史，且都有与印度文化不断交流的痕迹，尤其与佛教有着千丝万缕的联系。多种因素聚合凝结，日积月累，终于在元代的特定历史条件下出现了元杂剧这一文学艺术形式。到明代，中国戏剧虽不像元代那样令人瞩目，但仍有一些著名剧作存留于世，从中可以透视出印度佛教文化对中国戏剧的深远影响。可以说，元明杂剧中表现的佛教影响非常普遍，其教义、语汇、典故等比比皆是。元明两代杂剧在思想、语汇、角色、背景、剧情等方面均受印度佛教的影响。

关汉卿（约1220～约1300）是元代最负盛名的剧作家，其名作《窦娥冤》表现的是一个年轻寡妇窦娥遭恶人陷害，被错判极刑而冤死的故事。剧中，窦娥不向恶势力低头，临刑前发下三大誓愿以示冤屈。其唱词中对佛家善有善报、恶有恶报的理论提出质疑。剧中在另外一些方面也反映出一些佛家思想。如第一折中说，“莫不是前世里烧香不到头，今也波生招祸尤，劝今人早将来世修”。第二折中说，“空悲戚，没理会，人生死，是轮回”。相信前生来世、生死轮回，这是当时民众的普遍认识，是佛教教义深入人心的结果。窦娥的三大誓愿一一应验，也体现了受到佛教的影响。

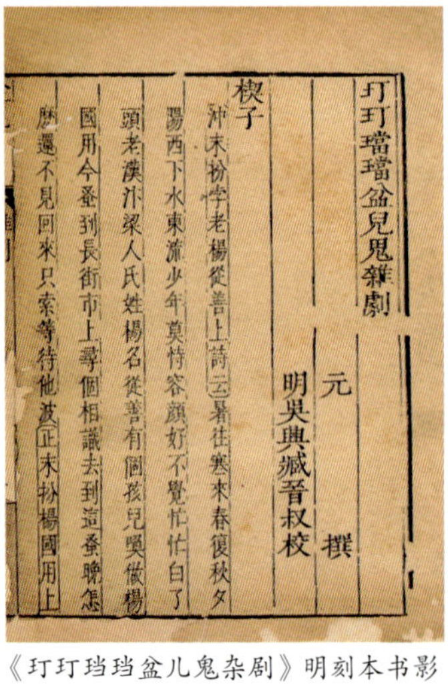
玎玎璫璫盆兒鬼雜劇
元　撰
明　吳興臧晉叔校
楔子
冲末扮李老楊從善上詩云暑往寒來春復秋夕
陽西下水東流少年莫恃容顏好不覺忙忙白了
頭老漢汴梁人氏姓楊名從善有個孩兒喚做楊
國用今蚤到長街市上尋個相識去到這蚤晚怎
麼還不見回來只索等待他波正末扮楊國用上

《玎玎珰珰盆儿鬼杂剧》明刻本书影

李好古（生平不详）的《张生煮海》（全名《沙门岛张生煮海》）共四折，讲述秀才张羽与龙女琼莲相爱并喜结良缘的故事。此剧的突出特点之一是“三教合流”。其中既有儒生张羽，又有道教仙人和佛教僧侣，众人和平共处，互相帮助，十分和谐。此外，“人龙联姻”主题也是其特点之一。元代尚仲贤（约活动于13世纪后半叶）的《洞庭湖柳毅传书》杂剧，也讲述书生与龙女恋爱结婚的故事。其故事来源为唐传奇的《柳毅传》。此类凡人同龙女相恋的故事，也是受到佛经故事的影响，因佛经故事中常有龙王、龙女出现。“煮海”的情节也受到佛经故事的启发。

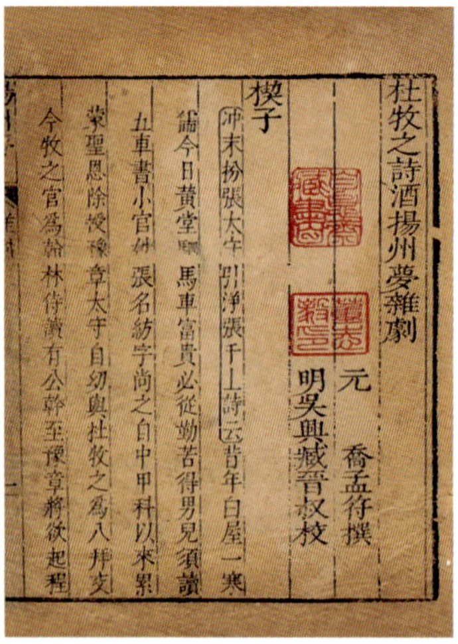
杜牧之詩酒揚州夢雜劇
元　喬孟符撰
明　吳興臧晉叔校
楔子
冲末扮張太守引淨張千上詩云昔年白屋一寒
儒今日黃堂駟馬車富貴必從勤苦得男兒須讀
五車書小官姓張名紡字尚之自中甲科以來累
蒙聖恩除授豫章太守自幼與杜牧之爲八拜交
今牧之官爲翰林待讀有公幹至豫章將欲起程

《杜牧之诗酒扬州梦杂剧》明刻本书影

郑德辉（活动于14世纪）《倩女离魂》共四折，前有《楔子》。讲述王文举出生之前，其父母与张家指腹为婚。王文举长大成人，赴京赶考，顺路去张家提婚。张家女名倩女，亦已长大，见文举一表人才，心生爱慕。王文举赴京，倩女因相思而病倒，灵魂游离躯体去追赶王文举，一起进京，陪伴3年。王文举中状元，被委任衡州府判，带着倩女（魂体）衣锦还乡。众人见家中躺着一倩女，而外面又来一倩女，不禁惊呼鬼魅。倩女魂进房中与倩女体合而为一。举家欢庆。剧中除使用了佛教语汇外，这种“离魂”的表现手法也是受到佛教故事的影响。

吴昌龄，元代剧作家，生卒年不详，约生活于13世纪下半叶至14世纪上半叶。著有杂剧11种。其《唐三藏西天取经》（又称《西游记杂剧》，一说杨景贤作）共6本，24出，为杂剧中的巨著。从剧情看，它与后来吴承恩的小说《西游记》有许多不同之处，但二者都是借玄奘去印度取经的历史事件演义神魔故事。杂剧《唐三藏西天取经》中夹杂着儒家和道家的一些思想、典故和传说，但佛教思想、佛教掌故占主流。此外，吴昌龄还作有《鬼子母揭钵记》和《哪吒太子眼睛纪》，今均无存，但据有关资料可知，前者是演绎佛经中鬼母子皈依佛教的故事，后者则是根据佛经中的人物演绎出新故事。

《龙济山野猿听经》杂剧系无名氏撰。共四折。第一折讲述野猿化一打柴儒生入龙济山与修公禅师见面；第二折讲述野猿时常在兽光寺听经，又到佛殿僧房等处玩耍，山神将猿猴赶走；第三折讲述猿猴又扮作一秀才，自称姓袁名逊，到寺中与禅师谈话，禅僧导之以佛理；第四折讲述袁逊复来寺中听经，终于悟道而坐化，升入西方极乐世界。该杂剧是宣扬佛教，尤其是第三折，教人舍去功名利禄而信佛，旨意非常明显；而第四折对西方极乐世界的描绘，与佛经记载一致，又与佛教壁画西方净土变有异曲同工之妙。

《感天动地窦娥冤》剧本明崇祯刻本插图

《释迦佛双林坐化》为无名氏作。共四折加一《楔子》。《楔子》：佛母摩耶夫人在忉利天宫，感得六种噩梦，正不知如何解，忽有佛弟子优婆夷（应为优波离）来报告释迦坐化的消息，夫人悲痛晕厥，被金童玉女唤醒，佛母率众赶往双林。第一折：释迦牟尼在灵山说法，天魔波旬来劝佛速入涅槃。佛应允于三日内涅槃，为弟子迦叶、阿难最后说法。外道毗（提）婆达多化作一孕妇前来作乱，佛以法力使之现形。释迦差使者报告摩耶夫人后，在双林坐化。毗婆达多率鬼兵上灵山争佛宝座。第二折：韦驮向四大天王、诸菩萨、金刚报告释迦坐化消息，诸神赶往双林。第三折：毗婆达多兴兵作乱，被华光率五显神、千里眼、顺风耳战败，皈依佛门。第四

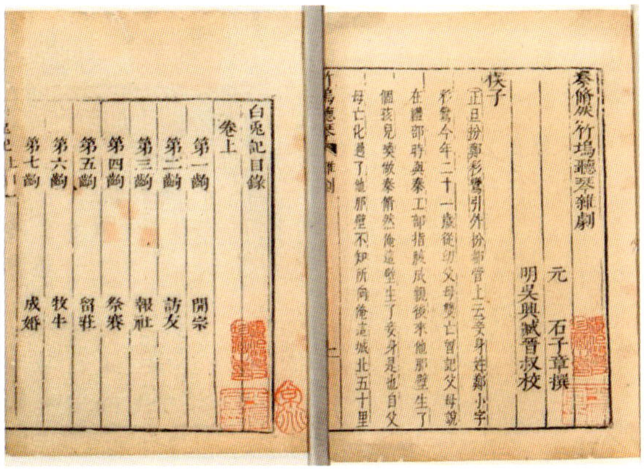
秦修然竹塢聽琴雜劇
元 石子章撰
明吳興臧晉叔校
白兔記目錄
卷上
第一齣 開宗
第二齣 訪友
第三齣 報社
第四齣 祭賽
第五齣 留莊
第六齣 牧牛
第七齣 成婚

《秦修然竹坞听琴杂剧》明万历年间刻本书影

折：释迦佛从棺木中出来见母，与佛母拜别。阿难说：“诸行无常，是生灭法，生生灭灭，寂灭为乐。”佛用三昧真火自焚。诸神一起念诵《心经》，送佛上天。然后三界诸神各归其位。

“目连戏”是中国古代在民间常演不衰的戏曲。据文献记载，北宋时代即有目连戏。此后，目连戏在中国被不断改编、翻新、扩充，甚至人物都被中国化了，上至宫廷，下到村野，连续演了700余年，中国许多剧种几乎都有相关剧目。

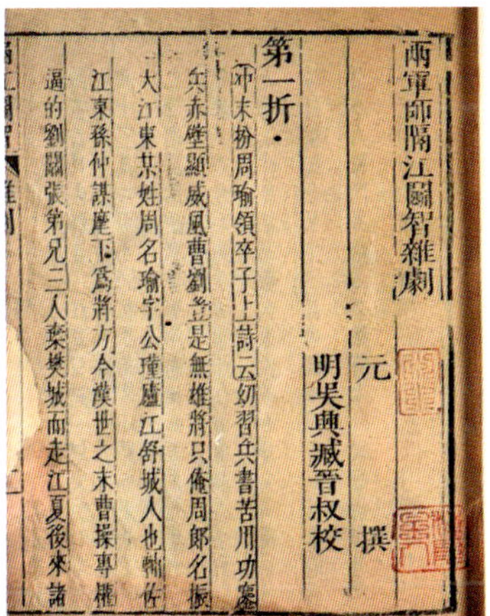
兩軍師隔江鬬智雜劇
元 撰
明吳興臧晉叔校
第一折

《元人杂剧·两军师隔江斗智杂剧》
明刻本书影

除上述杂剧外，元明两代尚有不少杂剧，从名目即可知其与佛教有关，如张国宾《相国寺公孙合汗衫》、《罗大郎大闹相国寺》，李行道《包待制智勘灰栏记》，孔文卿《地藏王证东窗事犯》，乔吉《玉箫女两世姻缘》，刘君锡《庞居士误放来生债》，朱有敦《李妙清花里悟真如》、《惠禅师三度小桃红》、《豹子和尚自还俗》、《文殊菩萨降狮子》，陈沂《善知识苦海回头》，徐渭《玉禅师翠乡一梦》，王衡《再生缘》，冯惟敏《僧尼共犯》，叶宪祖《北邙说法》，湛然《金渔翁证果鱼儿佛》，傅一臣《生死冤报》，祁麟佳《错转轮》，以及无名氏的《月明和尚度柳翠》、《观音菩萨鱼篮记》、《猛烈哪吒三变化》等。

元明杂剧中不仅有表现佛教的历史人物，如释迦牟尼、玄奘等，还有表现佛教传说中的人物，如观音菩萨、文殊菩萨、地藏菩萨、天王、鬼子母、哪吒等。此外，元明杂剧描绘的佛寺、僧人、尼姑、居士等，反映了元明时代的社会现实。

同时，南戏也有很大发展，特别是到了明代，南戏中已发展出了四大声腔流派，即昆山腔、弋阳腔、海盐腔和余姚腔。其中昆山腔从明代中期开始显得比较突出，出现了汤显祖（1550--1617）这样中国戏剧史及文学史上的名人。其戏曲代表作“临川四梦”（《紫钗记》、《牡丹亭》、《南柯记》和《邯郸梦》）十分有名，特别是《牡丹亭》（又名《还魂记》），更是影响深远、脍炙人口的佳作。汤显祖深受佛教影响，晚年皈依佛门。他的作品中明显反映了这一点。

（薛克翘）

Yuan Shizu Hubilie

元世祖忽必烈 Emperor Shizu of Yuan Dynasty（1215～1294） 中国元朝的建立者。1260～1294年在位。在位期间

支持佛教发展，并与印度有外交往来。全名孛儿只斤·忽必烈，蒙古成吉思汗孛儿只斤·铁木真之孙。其兄孛儿只斤·蒙哥（蒙古宪宗）即大汗位后，忽必烈曾受命总理漠南汉地军政事务，任用汉人儒士，整饬吏治，恢复农业，建立学校，取得北方汉族上层人士的拥护，为元王朝的建立奠定了社会基础。又曾远征云南，灭大理国。宪宗八年（1258）蒙哥攻打南宋，忽必烈受命统领东路军。宪宗九年九月，蒙哥在四川病逝，忽必烈继续围攻鄂州（今湖北武汉）。后得悉留守漠北的幼弟阿里不哥擅自征兵，图谋汗位，即采纳汉人郝经建议，与南宋约和，轻骑北返，争夺汗位。次年三月，忽必烈在部分王公的推戴下，即大汗位于开平（遗址位于今内蒙古闪电河北岸，辖境约当今正蓝旗及多伦县附近一带），称皇帝，建元中统。中统五

《元世祖出猎图》 现藏中国台北故宫博物院

年（1264）八月，元世祖忽必烈改元为至元。当年阿里不哥败降。世祖至元八年（1271）十一月，取《易经》“大哉乾元”之义，建国号为大元。翌年，确定以大都（今北京）为首都。至元十一年，命伯颜伐宋。十三年破临安，十六年最后消灭了流亡在崖山的南宋残余势力，完成统一。此后，他又曾派兵远征日本、安南（今越南北部）、占城（今越南中部）、缅甸与爪哇等地，但多数都不成功。统一中国后，忽必烈实行的一系列政策，如组织恢复农业、减轻农民负担、爱护手工业者、促进普及教育、鼓励商业贸易、建立驿站系统、重视科学研究等，十分有益于社会和经济的发展。

忽必烈崇仰佛教，但他的宗教政策也是宽容和灵活的。早年他曾依蒙古传统参加萨满教仪式，同时又尽力迎合中土臣民的信仰。他与儒家保持良好的关系，在朝廷中实行传统的儒家礼仪，并把古代汉文经典翻译成蒙古文。他把财政机构的重要职位交给伊斯兰教教徒，

并给予他们豁免赋税等若干特权。佛教无疑是他最为重视的。早在登基以前，他即与藏传佛教萨迦派第五代祖师八思巴（1235～1280）往来密切。宪宗三年，忽必烈从之受密宗灌顶，并奉献财宝作为供养。宪宗八年，他集僧道辩论《老子化胡经》的真伪（见僧道辩论），八思巴参加辩论，使道士辞穷服输。忽必烈中统元年继承帝位后，尊其为国师，赐玉印，使统领天下佛教徒。至元元年，设立由八思巴主管的释教总制院（后改宣政院），统辖释教僧徒及吐蕃地区僧俗政务。至元五年，八思巴完成了以藏文字为基础的蒙古新字（后又称八思巴字）的创制。次年升号帝师、大宝法王。除藏僧外，忽必烈与汉地士大夫高僧，如海云印简、子聪和尚（刘秉忠）、雪庭福裕等也多有往来。他对于佛教经籍的印制流通亦很关心，曾下诏在原有《金藏》的基础上，删补印造元代的官版藏经《弘法藏》，颁行天下。著名的大圣寿万安寺（今北京妙应寺）白塔也是在世祖至元年间修建的。建筑师阿尼哥来自尼波罗（今尼泊尔），负责皇家的营造、雕塑、冶铸、工艺制造等工作。忽必烈欣赏其才艺，曾赐以京畿良田一万五千亩。忽必烈的崇佛，颇多文字记载。《宗统编年》卷二十六称：“世祖在位凡三十五年。元制，凡皇帝即位之始，必先受佛戒，方登大宝，布告天下。” 孔章《创建永圣院功德记》则说，“释教兴隆，莫此为盛”。元代政府熟悉南亚情况，对于与南亚的关系十分重视。《元史》卷二一〇称，海外诸蕃国，唯马八儿国与俱蓝（见故临）足以纲领诸国，而俱蓝又为马八儿后障，自泉州至其国约十万里。据该史书记载，世祖至元十六年六月，占城（今越南中部）、马八儿等国曾献来象、犀各一头和其他珍贵物品。十二月，世祖钦命时任广东招讨司达鲁花赤（监察官）的杨庭璧出使俱蓝，并带回该国国书，内称将遣使入贡（见杨庭璧）。次年八月，占城、马八儿两国皆遣使奉表称臣。至元十九年，俱蓝国主遣使奉表，并赠黑猿一头和多种宝货。那旺（可能是今孟加拉湾东南部的尼科巴群岛）国主也遣使四人来朝。二十年，马八儿再次遣使入朝，五月到达京城时，世祖专门派官员到半途迎接。终世祖一朝，中国与印度南部国家往来不断，联系紧密。

（葛维钧）

Yuan Taizu Chengjisihan

元太祖成吉思汗 Emperor Taizu of Yuan Dynasty（1162～1227） 中国蒙古开国君主，军事统帅。1206～1227年在位。蒙古乞颜部孛儿只斤氏，名铁木真。

成吉思汗生于蒙古漠北草原（今蒙古国肯特省）。少年时，父也速该（1134～1179）去世，部落衰落。金大定二十九年（1189）始用君主称号“汗”。陆续击败塔塔儿、克烈、乃蛮等部族。金泰和六年（1206），在斡难河畔召开大会，始称成吉思汗，建立蒙古国，颁布了《成吉思汗法典》。1215年，攻破金中都（今北京）。1219年，以西域花剌子模国（今乌兹别克斯坦和土库曼斯坦一带）杀蒙古商人和使者为由，亲率大军分路西征。数年间先后攻破讹答剌（今锡尔河中游）、布哈拉（在今阿富汗）及撒马尔罕（在今乌兹别克斯坦）等地。派遣哲别、速不台率军追击花剌子模国王，后继续西进，最远抵达克里米亚半岛。并亲自率一部分军队追击花剌子模国王摩诃末之子札阑丁至申河（今印度河）。班师回蒙古，留哲别、速不台进军到喀勒喀河（今顿河），打败斡罗思（俄罗斯）、钦察联军。1226年，再次攻打西夏。次年，在清水县（今甘肃天水东）行营去世。1229年，窝阔台（1186～1241，1229～1241年在位）继大汗位。后至1265年，元世祖忽必烈追加成吉思汗庙号为太祖。次年，追加谥号为圣武皇帝。

成吉思汗西征在客观上促进了东西方的交通和民族融合。

（胡俊麟）

Yuanxiao Jie

元宵节 中国传统节日之一。又称上元节、灯节。起源很早，不晚于汉代。

有人认为，元宵节灯会是受印度的影响。印度确有灯节，而且是全国性的大节。也有人认为是受佛教大神变月燃灯礼佛的影响而有了元宵灯会。《僧史略》说：“西域十二月三十日，是北方正月望，谓之大神变。汉明帝令燃灯，表佛法大明也。”说汉明帝时下令燃灯，于史无征，但灯节与佛教有关，则后世许多材料都可以证实。《隋书》卷六二，说柳彧见“近代以来”全国各地都邑百姓每于正月十五日过节庆祝，“充街塞陌，聚戏朋游。鸣鼓聒天，燎炬照地，人戴兽面，男为女服，倡优杂技，诡状异形”，“男女混杂，缁素不分”，既耗费财力，又有伤风雅，便上奏隋文帝杨坚予以禁断。从中可以看出，当时庆祝元宵节的盛况，佛教僧尼已经加入。

唐代有“观灯”的记载。《旧唐书》

唐代放灯日图

卷七，唐中宗景龙四年（710）“春正月乙卯，于化度寺门设无遮大会。丙寅上元夜，帝与皇后微行观灯”。玄宗先天二年（713）春正月“上元日夜，上皇御安福门观灯，出内人连袂踏歌，纵百僚观之，一夜方罢”。“初，有僧婆陀请夜开门然灯百千炬，三日三夜。皇帝御延喜门观灯纵乐，凡三日夜。”唐人崔液《上元夜》诗云：“神灯佛火百轮张，刻象图形七宝装。影里如闻金口说，空中似散玉毫光。”说明唐代灯节的繁盛，并能证明其与印度佛教有关。唐苏味道《正月十五夜》:“火树银花合,星桥铁锁开。”说的也是元宵节的景象。五代何光远在《鉴戒录》中也提到,成都人竞相在三元日到大慈寺东北的放生池去放鹅鸭。三元日是指上元(正月十五)、中元(七月十五)和下元(十月十五)三天。

宋代元宵节也很热闹。金盈之《醉翁谈录》卷三,“上元,自月初开东华门为灯市……诸灯之最繁者,棘盆灯为上。是灯于上前为大乐坊,以棘为垣,所以节观者,谓之棘盆。山棚上棘盆中,皆以木为仙佛人物车马之象,尽集名娼立山棚上。”吴自牧《梦粱录》卷一《元宵》,“正月十五日元夕节,乃上元天官赐福之辰。昨汴京大内前缚山棚,对宣德楼,悉以彩结,山沓上皆画群仙故事,左右以五色彩结文殊、普贤跨狮子白象,各手指内五道出水。”宋代灯节持续时间很长。其中与佛教的关涉也似越来越少。明代以后,灯节的宗教色彩则更为淡薄,只是在庆祝活动中出现一些如唐僧西天取经之类的节目。

(薛克翘)

Yuanyi

元一 Yuanyi(约活动于12~13世纪) 中国四川僧人,曾去印度取经。据《佛祖历代通载》卷三五,元一于元世祖至元三十一年(1294)从印度回国,到大都(今北京)朝见元世祖忽必烈。元世祖问:“西天佛有么?”元一回答:“当今东土生民主,何异西天悉达多。”元一将一枚印度玉石雕成的佛像献给元世祖,元世祖将其安放在万岁山(在今北京北海公园)供奉。元一又将从印度带回的贝叶经献给元世祖,元世祖将经装进七宝镶嵌的盒子里供奉。元世祖认为元一是僧中之杰,封为太保。元一还曾将从印度带回的如来佛铁钵献给元世祖,元世祖很高兴,命人放进国库,作为镇库之宝。另据《新续高僧传》卷三三《祥迈传》,元一曾参加至元年间(1278年前后)在大都举行的僧道辩论。

(薛克翘)

中国北京北海公园琼岛白塔

Yuan Shuipai

袁水拍 Yuan Shuipai(1916~1982.10.29) 中国现代诗人。原名袁光楣,笔名马凡陀。江苏吴县(今苏州)人。上海沪江大学肄业。抗战爆发后曾在香港、重庆等地从事宣传、编辑工作,同时从事诗歌创作。抗战胜利后任《新民报》、《世界晨报》副刊编辑。中华人民共和国建立后相继在《人民日报》文艺部、中宣部文艺处、中国艺术研究院工作,曾任《人民文学》、《诗刊》编委。“文化大革命”后期曾出任文化部副部长。作品有诗集《向日葵》、《马凡陀的山歌》、《马凡陀的山歌续集》等,译著《聂鲁达诗文集》、《现代美国诗歌》等。

1953年12月8日~1954年1月12日,袁水拍随以丁西林为团长的中印友好代表团访问印度。印度总统R.普拉萨德、副总统S.拉达克里希南、总理J.尼赫鲁接见了代表团。代表团还与诸多印度政府官员、社会名流、文艺工作者会面。这次长达一个多月的访问给袁水拍留下深刻印象。他回国后撰写《花环和友情》一文,发表在1954年1月28日的《人民日报》上。文中记载了代表团在印度的行程,着重描绘了印度人民的深情。“印中友谊万岁、印中人民是兄弟”的呼喊,始终回荡在诗人耳畔。他深切感受到印度人民对于中国人民的友谊及对和平民主的热爱,特意提及1951年印度亲善访华团团长、印度中国友好协会协会主席P.森德拉尔发表的深情而热烈的演讲。

袁水拍在访印期间对中印之间的相互了解也深有感触。在他的笔下,印度民众不但对中国的古老文明有深切的认识,而且对中国的新发展也非常好奇。他们关注的领域有经济、社会、医疗、教育、农业、水利等。他还提到印度友人有关中国的若干新著,它们是20世纪50年代中印两国人民相互理解和友好往来的见证。

(王汝良)

Yuanren Ge

《原人歌》 *Puruṣa-sūkta* 印度上古著名圣诗。曾为种姓制度提供重要的理论依据。又译《布鲁沙赞歌》、《人的颂歌》等。

《原人歌》见于《梨俱吠陀》,为其第10卷第90首,也是公认最晚出的一首。诗中布鲁沙被形容为原初的、威力无穷的、具有宇宙创生功能的“人”。他千头、千眼、千足,巨大无比,整个世界都在他的包容之下;同时,他也是已有的一切和未来的一切。天神用他作祭祀的牺牲。当身体被分解后,他的口变成了婆罗门,臂变成了刹帝利,大腿变成了吠舍,足变成了首陀罗。太阳、月亮、天空和风则分别生自他的眼睛、心神、头和呼吸。这首圣诗说明了祭祀在吠陀时期印度教诸仪节中的中心地位。印度所特有的四种姓也在这里第一次提到,而对其象征性的描述则成了后世种姓不平等的理论基础。到《摩奴法论》里,种姓

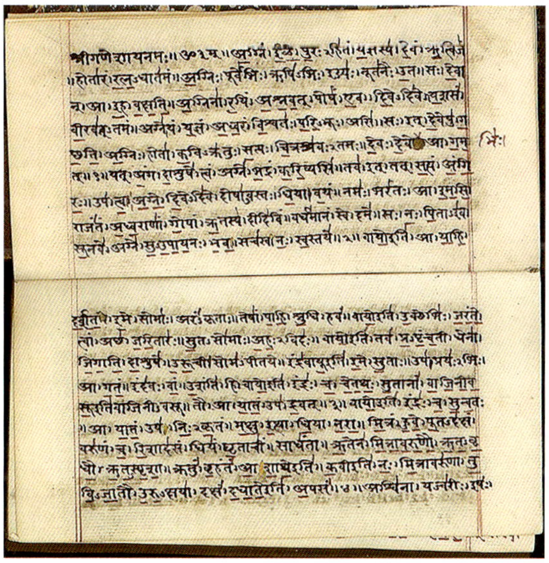

《梨俱吠陀》19世纪初天城体手写本书影

制度便固定下来，成为不可违背的神圣律条。该圣诗可由求子者或求纯洁者诵唱。印度教庙宇落成典礼上也诵唱此诗。

（葛维钧）

Yuanren Lun

《原人论》 中国佛教典籍。唐代宗密针对韩愈《原人论》所撰。又称《华严原人论》。1卷，收于《大正藏》第1886号。依《华严经》之宗旨，评破儒、道二教之妄执、非难与排佛，并探究人之所本与所原。

《原人论》卷首有宗密自序，总叙造论缘由及全论宗旨。宗密认为，万灵皆有其本，万物各归其根，人作为三才之最灵者，更应知所从来。然而儒家只见近之祖父传体而相续受身，道家只知远之一气为本剖分阴阳而生三才万物，二者皆权。而习佛者也往往不得实义，“故于天地人物不能原之至源”。因此，宗密“依内外教理，推穷万法，初从浅至深，于习权教者，斥滞令通而极其本；后依了教，显示展转生起之义，会偏令圆而至于末（末即天地人物）”，作《原人论》。

《原人论》分为4篇：①《斥迷执》，评破习儒道者，儒道的万物本源说，谓道法自然，从元气生天地万物，皆权便之说而非究竟；②《斥偏浅》，评破习佛不了义教者，其所执之人天教、小乘教、大乘法相教和大乘破相教之诸说，落于偏浅；③《直显真源》，显佛了义实教，依一乘显性教，说一切有情皆有本觉真心，无始以来常住清净，“迷悟同一真心，大哉妙门，原人至此”；④《会通本末》，会前所斥，无论儒、道二教，还是佛教之人天、声闻、大乘法相、大乘破相四教，皆同归一源，同为正义，乃一乘显性教之方便说。

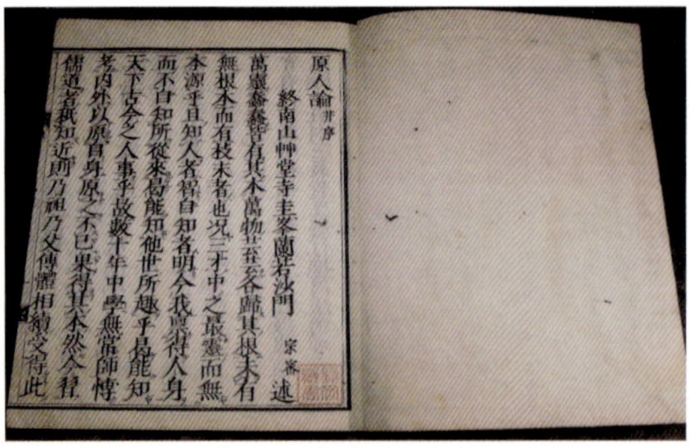
原人論 并序
終南山艸堂寺圭峯蘭若沙門 宗密 述
萬靈蠢蠢皆有其本萬物芸芸各歸其根未有
無根本而有枝末者也況三才中之最靈而無
本源乎且知人者智自知者明今我稟得人身
而不自知所從來曷能知他世所趣乎曷能知
天下古今之人事乎故數十年中學無常師博
考内外以原自身原之不已果得其本然今習
儒道者秖知近則乃祖乃父傳體相續受得此

《原人论》清刻本书影

《原人论》虽是探究人之所本与所原，然其思想间既暗含了教相判释之说，亦体现了融汇诸家之特点。就前者来说，宗密在《原人论》中的五教判在法藏的基础上有所不同，既加入了早期判教中用的人天教，也为禅宗思想留下了位置。就后者来说，宗密《原人论》在体现禅教一致的思想外，也站在佛教立场，肯定儒道二教的价值，为三教融合打下思想基础。

《原人论》的注疏主要有宗密的自注、北宋晋水净源的《华严原人论发微录》3卷、元代圆觉的《华严原人论解》3卷、明代杨嘉祚删合的《华严原人论合解》2卷等。

（杨祖荣）

Yuanshi Fojiao

原始佛教 Original Buddhism 印度佛教自释迦牟尼开始传道到分裂之前的发展阶段。见印度佛教。

Yuance

圆测（613～696） 新罗来华高僧，译经家。原籍新罗（位于今朝鲜半岛），入唐求法后未曾归国。圆测是唯识宗的大师，开创了唯识新罗派。

据宋代宋复所撰《大周西明寺故大德圆测法师佛舍利塔铭》(收在《玄奘三藏师资传丛书》卷二，X1651）等材料，圆测俗名文雅，字圆测，是新罗国王之孙，于新罗真平王三十五年（613）生于新罗。他3岁出家，15岁离开新罗来到唐朝，拜师学业。圆测最初跟随法常、僧辩二位法师学习《摄论》。他天资聪颖，过目不忘，并且通晓六国语言。贞观年间（627～649），圆测由唐太宗下令剃度为僧，住在长安的元法寺，集中精力攻读《阿毗昙心论》、《成实论》、《俱舍论》、《大毗婆沙论》等。他博览古今章疏，无所不通，声名远播。

玄奘从西域取经返回后，与圆测一见如故，立即将《瑜伽师地论》、《成唯识论》等新译的大小乘经论都交付于他。圆测对这些学说非常熟悉，仿佛生来就已经知晓。显庆三年（658），西明寺落成，高宗敕令玄奘徙居西明寺，并选拔高僧大德50名入住其中，协助玄奘译经弘法，圆测也在其列。但圆测虽然精通梵语，却并未在玄奘的译场中充任职事。一年之后，玄奘即搬到玉华宫，因此二人的共事时间并不长。玄奘与圆测都曾求学于《摄论》、《唯识论》的大家法常、僧辩法师，二者之间可谓是亦师亦友的关系。

中国陕西西安兴教寺圆测灵塔

麟德元年（664），玄奘圆寂，继承其衣钵的窥基声誉鼎盛，窥基所传承的唯识学说也广为流传。在这种形势下，对《成唯识论》持不同意见的圆测则避居于终南山云际寺一带八年。大致而言，窥基所传的唯识学说主要来自玄奘的新译经典，而圆测则糅合了真谛的旧译与玄奘的新译，故而二人的观点有所不同。到了高宗咸亨年间（670～674）至武则天称帝时期，圆测由于受到武后的赏识，重回西明寺开讲《成唯识论》。

仪凤四年（679），高宗下令为入唐的天竺僧人地婆诃罗开设译场，圆测被遴选为证义，负责参与义理的讨论，译出《佛说造像功德经》、《大乘显识经》、《大乘广五蕴论》等经典。垂拱年间（685～688），新罗曾上表请求朝廷让圆测回国弘法，但未蒙准许。正是在这一时期，圆测以西明寺为活动中心，指导新罗入唐求法的僧人，创立了唯识新罗学派。长寿二年（693），南印度僧人菩提流志到达都城，在佛授记寺翻译《佛说宝雨经》等，圆测又充当证义。证圣元年（695），于阗（今新疆和田）僧人实叉难陀来唐，与菩提流志、义净等重译《华严经》，圆测也以83岁高龄参与译场。不久，圆测又奉诏到东都洛阳讲解新译的《华严经》，未等讲完，便于万岁通天元年（696）在佛授记寺圆寂。

圆测一生勤于著述，撰成《解深密经疏》(X369)10卷、《仁王经疏》(T1708)3卷，又为《金刚般若经》、《观所缘论》、《般若心经》、《无量义经》等编写注疏，方便学者理解这些经典。其中，《解深密经疏》由圆测的弟子昙旷带到敦煌，吐蕃僧人法成将其译为藏语。可惜圆测最重要的著作《唯识论疏》10卷已经佚失。不过，他的《唯识论疏》经常为后人所称引。20世纪上半叶，支那内学院将散见于各种文献中的圆测义疏辑佚汇编，集成一部《成唯识论疏》，从中大致可以窥见圆测唯识学说的面貌。

圆测去世后，僧徒们原本在洛阳龙门香山寺北谷将其焚化，并为其立塔供养。之后，西明寺主持慈善与大荐福寺高僧胜庄将香山寺的一节遗骸移葬于终南山丰德寺东岭，也就是圆测生前曾经游行的地方；并在墓上立塔供养，塔基内有舍利49颗。然而此处偏僻，不易为世人所知。到北宋政和五年（1115），同州（今陕西大荔）龙兴寺僧人广越又将其舍利分迁至兴教寺，在玄奘的舍利塔左侧起一座新塔，与右侧窥基的舍利塔同受供奉。

（范晶晶）

Yuanying

圆瑛 Yuanying（1878～1953） 中国近现代佛教高僧。禅教兼通，尤善《楞严》，被誉为“楞严独步”，住持多所佛刹，保护寺产，是传统派重要代表。

圆瑛俗姓吴，生于福建古田。幼失怙恃，随叔父生活。19岁时至福州鼓山从兴化梅峰寺增西出家，次年至涌泉寺依妙莲受具足戒，未几至福州大雪峰寺随达公修苦行。21岁时行脚至常州天宁寺，依冶开学禅宗心法，4年后至宁波天童寺，依敬安习禅定，又随道阶、谛闲、祖印、慧明等人学习天台教观。在天童寺期间，曾与太虚结识并结为兄弟，后因观念不同而生嫌隙。1908年，于泉州涌泉寺开座讲经，次年创设佛教讲习所。民国初始，各地兴起寺产兴学

之潮，圆瑛与敬安等人在上海成立中国佛教总会，被选为总会参议长。1917年，出任宁波佛教协会会长，创设两所僧民学校，次年创办宁波佛教孤儿院。1920年，组织赈灾会。两年后前往南洋讲经弘法，创设佛教研究所，后又至台湾弘化。1923年回泉州，重修开元寺，创开元慈儿院，自任院长，后为募资金，再下南洋。1928年，政府公布《寺庙管理条例》，寺产兴学风潮日盛。次年，圆瑛与太虚、谛闲等人在上海成立中国佛教会，被推举为会长，并向政府请愿，反对《寺庙管理条例》，后该条例得以修改为《监督寺庙条例》。主持中国佛教会期间，积极推动佛教参与社会事业，鼓励寺院设立医院、工厂、慈幼院以分担社会责任。1930年，继任宁波天童寺主持。次年，因中央大学教授邰爽秋之“打倒僧阀，解散僧众，划拨庙产，振兴教育”之主张而四处奔走，力辟其说，平息风潮。同年，中国佛教会第三次全国代表大会在沪举行，被推举为理事长。1937年，接任鼓山涌泉寺住持。抗日战争全面爆发后则积极投身救亡运动，并出任全国灾区救护团团长，组织僧侣救护队，积极救助军民。因抗战经费紧张，受国民政府主席林森之请，赴南洋募集医药费。募款期间，曾住持槟榔屿极乐寺法席，弘扬佛法。1939年，偕弟子明旸回沪，但遭人检举而被日本宪兵队逮捕，被释放后，住圆明讲堂专事著述。1943年后至天津、上海、无锡、南京等地讲经弘法。两年后，因弘法人才培养之需要，创办圆明楞严专宗学院，自任院长。1953年，中国佛教协会成立，圆瑛被推举为第一任会长。后回天童寺疗养，不久圆寂。

圆瑛虽为传统派的代表，但其思想与实践并不古板，如他为保护寺产而积极奔走，鼓励佛教多承担社会责任，为培养僧才而创办佛学教育机构等做法，都是为佛教之发展与变革谋求转型之路。

圆瑛著述丰富，主要有《楞严经讲义》、《大乘起信论讲义》、《一吼堂文集》等20余种，后人编辑为《圆瑛法汇》行世。

（杨祖荣）

Yue' ai

月爱 Chandrapriya（约活动于5世纪） 古代印度迦毗黎国国王。在中印古代外交领域有一定地位。据《宋书·夷蛮传》记载，刘宋元嘉五年（428），曾派遣使者尼陁达来华，向宋文帝刘义隆（424~453年在位）转交国书，并奉献金刚指环、摩勒金环诸宝物、赤白鹦鹉各一头。后于泰始二年（466）再次派使者竺扶大和竺阿弥来华。宋明帝刘彧（465~472年在位）封两位使者为建威将军。

（李宝龙）

Yuecheng

月称 Candrakīrti（约600～670） 印度佛教中观应成派论师，大乘佛教主要代表人物之一。藏语名达瓦扎巴。出身于印度萨曼达国一婆罗门家中。幼年学外道，后从那烂陀寺堪布达瓦贡波（意为月怙主）阿阇黎受沙弥戒，出家为僧，

取法名月称。岁足受具足戒，广学显密教法，证得殊胜成就。但在他人看来，月称好吃懒做，无所事事，引起僧众不满，迫使月称离寺。唯有其上师阿阇黎月怙主知其非凡僧，将来定有出息，便派弟子日称（尼玛扎巴）偕月称在寺院附近山林放牛。其间，月称在石板上画牛挤奶，示显希有神变，引出画牛出乳的千古传奇。又有调伏外道果玛日呷，使其修学佛法；再有降伏印度多日嘎（突厥）军队，保护那烂陀寺等，令僧众折服。

月称后来被阿阇黎月怙主请回那烂陀寺任大堪布，为众弟子讲经说法，以弘传中观应成派学说。与大班智达·旃扎古昧（月官）就自空与他空之见辩论达7年之久，名声远扬。开显龙树菩萨的究竟密意，抉择第二转般若法轮，无相法轮中最为甚深了义的中观学说。著有《中观论注释·显句论》、《密集金刚注释·灯显论》等显密论著，其代表作《入中论》、《入中论自释》对后世影响深广，成为藏传佛教寺院修学的五部大论之一。《中观四百颂释》、《六十正理论释》、《中观五蕴论》等11部论著，皆由西藏大译师巴操、桂·廓巴拉泽等翻译成藏文，在藏传佛教徒中广为流传。月称曾在印度南部兴建寺庙，弘传佛法。

（德吉卓玛）

Yueposhouna

月婆首那 Urpaśūnya（约活动于6世纪）印度来华僧人，译经家。意译高空。据《续高僧传》卷一、《开元释教录》卷六等，月婆首那为中天竺优禅尼（今印度中央邦乌贾因一带）国王子，天资聪颖，体悟幽微，专学佛经，尤工义理，精研佛典，兼善音韵方言。北朝东魏（534～550）初抵达邺都（今河北临漳西南邺镇东）。从元象元年（538）至兴和三年（541），在邺都司徒公孙腾之府第，译出《僧伽吒经》4卷、《频婆娑罗王问佛供养经》1卷、《摩诃迦叶经》2卷等。南朝梁大同（535～545）中去往梁武帝萧衍处。后又译《大乘顶王经》1卷、《胜天王般若波罗蜜经》7卷。其后不知所终。

（葛维钧）

Yuetian

月天 Somadeva（约活动于11世纪）印度古代梵语诗人。见《故事海》。

Yuexia

月霞 Yuexia（1857～1917.10.03） 中国僧人。民国时期弘扬华严学的代表人物。清末海外弘法之首倡者。为民国时期华严宗的再兴和新式学僧的教育作出了重要贡献。

月霞俗姓胡，名显珠。湖北黄冈人。幼年学医，17岁在南京大钟寺出家，次年于安徽九华山受具足戒。此后历参金山、天宁、高旻诸大禅门，参访求学，随缘说法。26岁往终南山结茅静修，6年后离开，前往河南桐柏山太白山顶依了尘和尚参禅3年，后听了尘讲《维摩诘经》而开悟。1890年，月霞到南京参谒赤山法忍，备得其传。后随法忍至湖北开元寺讲经，因代法忍讲经弘法而声誉渐起。月霞初习天台，后改宗华严，曾与普照、魁印等人结茅翠峰山，3年后复出，于法界观颇有所得。此后数年，游历武汉、北京、江苏、浙江等地，随缘讲经弘法。43岁出任安庆迎江寺主持，创设安徽省佛教会。逊清之际，月霞海外弘法考察3年，先后游历日本、南洋、印度诸地。1906年，月霞应请前往日本讲经弘法，并于同年与应慈、明镜、惟宽三人，同承天宁冶开之法嗣，成临济宗传人。两年后，月霞应杨文会之请，入祇园精舍讲学，后被推举为江苏僧教育会副会长，主持江苏僧师范学堂。1913年，月霞在上海哈同花园讲经，次年于此创办华严大学。后迁校至杭州海潮寺，又因办学经费与环境之故，再迁至江苏常熟兴福寺。1917年夏，月霞奉冶开之命出任兴福寺主持，同时在寺内开办专弘华严之法界学苑，7月1日升座就任后，返回杭州，着手将华严大学迁至兴福寺，然而因积劳成疾，于10月3日逝世于杭州西湖玉泉寺。

月霞一生讲经弘法，力阐华严，致力于培养寺僧的寺院教育事业，对华严宗的复兴，乃至整个佛教的复兴都有重要的意义。他所创办的中华佛教华严大学，是民国时期手续完备的第一所现代意义的佛教专宗学院就思想而言，月霞教弘贤首，禅继南宗，同时兼顾戒律，这一佛学取向也反映在其佛教大学之课程设计上。月霞著述多已散佚，仅《维摩经讲义》行世。其门下弟子既能发扬办学弘法之风，且专弘华严的主要有慈舟、常惺、持松和惠宗等。

（杨祖荣）

Yueleyenu

岳乐也奴（约活动于13世纪末叶14世纪初叶） 中国元朝出使印度的使节。又称岳剌也奴。在中印外交领域作出过一定贡献。元贞二年（1296），元成宗孛儿只斤·铁穆耳（1265～1307，1294～1307年在位）派其出使马八儿国，此为岳乐也奴第二次出使马八儿国。元世祖忽必烈在位时，希望征服暹罗（今泰国）、马八儿等国。后听取迦鲁纳答思的建议，先派遣使者以理说服，于是命令岳剌也奴、帖灭等人出使这些国家。后元朝与马八儿国多次派遣使者互访，双方关系密切。事见《元史》卷十九、卷一三四。

（胡俊麟）

Yuezang Zhijin

《阅藏知津》 中国明代高僧智旭编撰的佛教藏经解题著作。简称《知津》。编撰于明崇祯八年（1635）至永历八年（1654）。48卷。

《阅藏知津》前4卷为简目，后44卷为正文，分为经藏、律藏、论藏和杂藏，共收典籍1 773部。其中经藏共1 187部。下分大乘经共976部，分华严、方等、般若、法华和涅槃五部，方等部下又分显说和密咒两部，密咒再分为经和仪轨两项；小乘经不分类，共211部。律藏共92部，下分大乘律30部，小乘律61部，另附疑似杂伪律1部。论藏共268部。下分大乘论共220部，分释经论、宗经论和诸释论三类，每一类又分西土与此方两项；小乘论，不分类，共47部。杂藏共227部。下分西土撰述48部，末附外道论2部，疑伪经1部，共51部；此方撰述分十五类：忏仪、净土、台宗、禅宗、贤首宗、慈恩宗、密宗、律宗、纂集、传记、护教、音义、目录、序赞诗歌、应收入藏此土撰述，共176部。

宋明以来，有关佛教藏经提要之著作已有不少，然而智旭仍觉得不够完备，因此从30岁发心阅藏开始，便随阅随录，历时20年编成此书，旨在“俾未阅者知先后所宜，已阅者达权实所摄，义持者可即约以识广，文持者可会广以归约”。因此，《阅藏知津》虽成书较晚，但却因其分类与解题方面的独到之处，成为汉地古代最有影响的藏经解题著作。

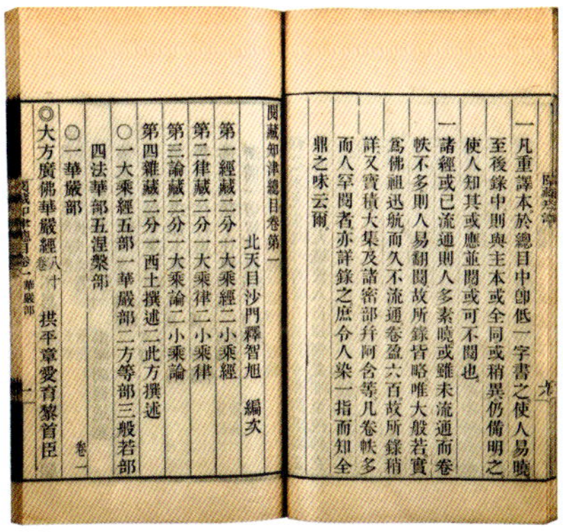
一凡重譯本於總目中卽低一字書之使人易曉至後錄中則與主本或全同或稍異仍備明之使人知其或應並閱或可不閱也
一諸經或已流通則人多素曉或雖未流通而卷帙不多則人易翻閱故所錄皆略唯大般若實爲佛祖迅航而久不流通卷盈六百故所錄稍詳又寶積大集及諸密部幷阿含等几卷帙多而人罕閱者亦詳錄之庶令人染一指而知全鼎之味云爾

閱藏知津總目卷第一
北天目沙門釋智旭 編次
第一經藏二分一大乘經二小乘經
第二律藏二分一大乘律二小乘律
第三論藏二分一大乘論二小乘論
第四雜藏二分一西土撰述二此方撰述
○一大乘經五部一華嚴部二方等部三般若部
四法華部五涅槃部
○一華嚴部 卷一
◎大方廣佛華嚴經八十卷 拱平章愛育黎首臣

《阅藏知津》清光绪十八年（1892）金陵刻经处刊本书影

《阅藏知津》的特点，就分类方法看，在寂晓《大明释教汇目义门》按天台宗五时判教的基础上，进一步修正调整，编排经藏；在《开元释教录》将大乘论分释经论与集义论的基础上，将集义论进一步分为宗经论和诸论释，并编入中土论著；在经、律、论三藏外，“其或理兼大小，事涉世间，二论既不可收，故应别立杂藏”；对《开元释教录》中某些经典的编排作调整，包括某些大乘经内部的调整，某些大乘、小乘经移入大乘、小乘律，某些大乘经、论移入小乘经、论；在重译中选择善本标识，其余依内容之疏密编次列于其后。就解题方面来看，在经藏和律藏各部之首有“述曰”说明该部性质及分部缘由；在经题下标注卷数、依明南北二藏函号、译撰者，有些还标出异名和作序人，而后再开示纲要，部分经典甚至逐品解说；在内容和按语上，有对经本的考证和非同类经典内容上交叉的说明，有对译本尤其是重译本的优劣比较和评判，还对经典学术与流通意义的评论，以及对疏钞关系的标明等。

《阅藏知津》的编目分类方式对后来的藏经编辑有一定影响，如近代日本刊行之《缩刷藏》、上海排印之《频伽藏》、杨文会手订之《大藏辑要目录》，都是参照此分类而编撰的。

（杨祖荣）

Yungang Shiku

云冈石窟 Yungang Caves 中国佛教石窟。位于山西大同西16千米武周山南麓，东西绵延1千米，现存洞窟53个，造像5.1万多身。云冈石窟主要开凿于北魏时期（386～534），从北魏文成帝和平元年（460）延续至北魏孝明帝正光五年（524），北魏以后历代也有营建或整修。

鲜卑族拓跋氏入主中原的北魏时期，是中国北方佛教石窟艺术兴盛的时期。北魏诸帝多崇佛法。太延五年（439），北魏太武帝灭北凉，“凉州平，徙其国人于京邑，沙门佛事皆俱东，象教弥增矣”（《魏书·释老志》）。从凉州（今甘肃武威）徙居北魏京邑平城（今中国山西大同东北）的僧人，包括罽宾人沙门师贤，他曾任道人统，奉旨仿照北魏帝王形象雕刻或铸造佛像。北魏和平元年

主佛像　云冈石窟第5窟

至六年，来自凉州的禅僧昙曜接替师贤任沙门统，建议北魏文成帝“于京城西武州塞，凿山石壁，开窟五所，镌建佛像各一。高者七十尺，次六十尺，雕饰奇伟，冠于一世”（《魏书·释老志》）。这就是云冈第一期石窟昙曜五窟（第16、17、18、19、20窟）。这5座石窟的形制平面均为马蹄形、穹隆顶，大体模拟印度椭圆形的草庐形式。昙曜五窟的石雕大佛造像，一方面渗透了北魏“帝王即佛”的观念，在容貌、气质和装饰上强调中国北方民族的帝王威仪与个性特征；一方面摄取了犍陀罗佛像的造像传统或笈多马图拉样式佛像的衣纹表现手法。昙曜五窟的造像以三世佛为主，主佛异常高大。第18窟主佛立像高15.5米，第19窟主佛坐像高16.8米，第20窟主佛坐像高14米，在

露天大佛　云冈石窟第20窟

释迦、文殊与维摩像　云冈石窟第6窟

龛状窟内或立或坐的大佛令人联想起巴米扬的大佛或龟兹的大像窟。这些主佛的造型肉髻高耸，面相丰圆，双耳垂肩，目光正视远方，肩宽胸厚，躯体雄浑，多披袒右式袈裟，衣纹线整齐趋于图案化，富有中国北方民族领袖的理想化形象的特征。第20窟主佛的高鼻深目、薄唇髭须和火焰纹顶光与背光，均带有犍陀罗佛像尤其是迦毕试样式的佛像的特点。第16窟主佛的波状头发亦属于犍陀罗佛像的遗风。主佛两侧的胁侍佛立像，容貌与本尊雷同，而通肩袈裟的衣纹则沿袭炳灵寺西秦窟佛像U字形波纹状刻画方式。特别是第18窟东壁立佛和第19窟南壁西侧立佛，半透明的通肩薄衣紧贴身体，U字形弧线的衣纹从胸前垂落向下波动，更兼右手似作施无畏印，酷似笈多马图拉样式的佛像。第18窟东壁深目高鼻的弟子浮雕像，表情强烈的造型近似于哈达的灰泥塑像。此外，云冈石窟的大量本生故事与佛传故事浮雕，题材和构图都与犍陀罗地区的同类浮雕相仿，而且往往两地同一题材的浮雕构图方向相反，因此有人推测云冈浮雕的某些粉本可能是犍陀罗浮雕的拓片。

云冈石窟开窟造像的基本力量，大半是熟悉西域艺术的凉州工匠。在昙曜五窟开凿前夕（455），曾有师子国（今斯里兰卡）胡沙门邪奢遗多、浮陀难提等5人奉佛像三到京师（平城），又有沙勒（疏勒）胡沙门赴京师致佛钵并画像迹。这些西域诸国的僧人，或许也对云冈石窟“平城模式”的造像有所贡献。北魏后半期云冈石窟的“平城模式”又一再变化，出现了褒衣博带式服装和秀骨清像的造型，犍陀罗艺术与笈多艺术的影响日趋淡薄，中国化艺术的倾向日益显著。

北魏孝文帝初期开凿的云冈石窟第8窟门两侧还雕有印度教护法神三头八臂的摩醯首罗天（湿婆）和五头六臂的鸠摩罗天（塞建陀），造型奇特，风格独具。

（王镛）

Yunnan Shangzuobu Fojiao

云南上座部佛教　Theravada Buddhism in Yunnan　中国佛教的一支。由于信徒以傣族占多数，又名“傣族佛教”。云南上座部佛教是印度文化通过东南亚传播至中国云南，影响当地民间信仰的重要例证。

云南上座部佛教主要分布在云南省两部分地区：一是西双版纳傣族自治州、普洱市、临沧市，二是德宏傣族景颇族自治州及保山市。主要流行于傣族、布朗族、阿昌族、部分佤族，以及其他民族部分群众之中。约六七世纪开始传入。最早传入的是缅甸系佛教，后因战争等影响而绝灭。8世纪后，汉地佛教也影响过这一地区。12世纪泰国佛教开始传入西双版纳地区。不久，缅甸佛教传入德宏地区。15世纪以后开始有了极大的发展，流传至今。

由于传入的路径不同，傣族佛教主要有两大派别，即润派和摆庄派。每派之下又有若干支系。润派是由泰国东北地区传入的，下分花园寺派和莲花寺派二支。前者亦名摆孙派，流行于澜沧江两岸的大勐龙、景洪、勐罕地区；后者亦名摆罢派，分布在西定布朗山区，勐遮、勐海、勐混等坝区。摆庄派又名寺院派，属于缅甸传来的佛教派别，传入时间较早。主要分布在德宏傣族景颇族自治州和保山市的傣族、德昂族、阿昌族的居住地。摆庄派和润派僧侣最多，影响最大，是云南上座部佛教的主体。除这两大派别外，还有多列派和左抵派，也属于缅甸佛教系统下的派别。下有达拱量、苏特曼、瑞竟、缅座4支，在芒市、遮放、孟定等地流传，现有寺无僧。各派在教义教制上基本相同，不同之处在于持戒的宽严（如吃素与不吃素等），以及诵经声调的高低快慢。

中国云南西双版纳勐罕南传佛教寺庙

云南上座部佛教在一些民族地区是一个全民信仰的宗教。男性教徒终身至少到寺庙出家一次。一般在年轻时到寺院出家，既发心奉佛，又可以在寺里学习佛教和文化。出过家的人才能在社会上取得应有的地位，受到大家的尊敬。上座部寺院遍布傣族居住区各地，“村村有佛寺，家家有佛堂”。历史上，寺院分为4等，最高佛寺是州总佛寺，负责协调佛教徒的佛事活动，颁布有关宗教法规，形式上批准僧人僧职的晋升，以及为新述职的官员、较高级别的土司举行宗教仪式活动。下属各勐的总佛寺是二级寺院，负责勐内的宗教事宜。同一地区的4个寺院或4个以上的村寨组成的若干个中心布萨堂是三级寺院，负责每月法定日的佛事活动和监督比丘持戒的情况，批准及考核沙弥晋升比丘等事。各村寨的佛寺是最低级别的寺院，负责村民日常的礼佛诵经活动，以及对年轻人进行佛教教育、文化培训的工作。僧侣的僧阶，各地区、各派别都不一样，润派分为8级，摆庄派、多列派为4级。上座部没有比丘尼，但有出家女。她们只能从事慈善事业，不得主持佛事活动。

云南上座部佛教有自己的三藏经典，系南传巴利文三藏的音写本。经文用傣泐文、傣纳文、傣绷文、金平傣文4种文字写在贝叶或狗皮纸上。而那些各民族的高僧、学者的著述，重要的傣文译典和注释也被收入藏经。

重要的佛教节日有泼水节、雨安居、豪干节等，每逢节日期间，也是人民欢庆的时节，非常热闹。

1949年以后，上座部佛教加入中国佛教协会，在中国佛教的发展中，开始发挥重要作用。

（黄夏年）

Yun Shi

《云使》 *Meghadūta* 印度古代梵语抒情长诗。见迦梨陀娑。

Yunqi

运期 Yunqi（约活动于7世纪） 中国唐代去印度求法僧人。唐交州（今越南河内一带）人。据义净《大唐西域求法高僧传》卷上，运期于唐高宗麟德年间（664～665）与僧人昙闰一起赴印度。从海路去，先到达诃陵（在今马来西亚加里曼丹岛东岸，或以为在今印度尼西亚爪哇岛）。从诃陵国僧人智贤受具足戒。在南海一带十多年，“善昆仑音，颇知梵语”。僧人会宁让他把翻译的佛经送回交州，再到长安。不久回到南海，在南海居留十多年。后来还俗，住在室利佛逝。义净撰写《大唐西域求法高僧传》时（691）还在世。时年约40岁。

（王邦维）

Z

Za Ahan Jing

《杂阿含经》 *Saṃyuktāgama* 佛教早期经典集成《阿含经》中规模最大的一部。又称《相应阿含经》。主要讨论早期佛教的基本教理，涉及哲学义理较多。该经集中的经篇按主题归类为50余个“相应”，故而得名。“相应”兼有应机施教与聚集杂类之义。现代学界认为《杂阿含经》是阿含中编集时代最早的一部，与第一次结集的形态最为接近，是阿含之根本。

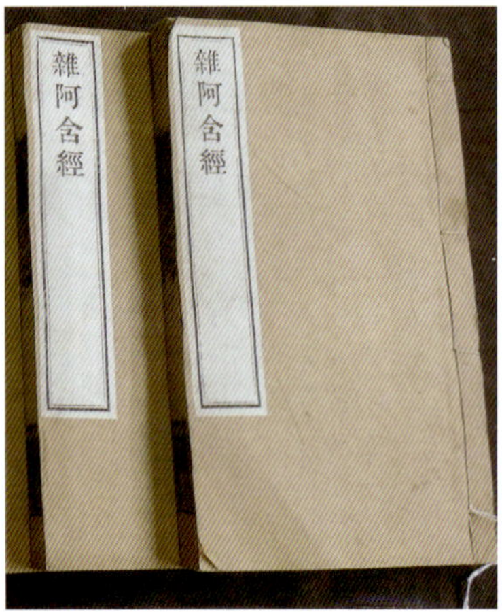

《杂阿含经》书影

《杂阿含经》的梵文原典今已失传，中国新疆地区发现了一些说一切有部传本的梵文残叶，阿富汗地区出土的梵文残叶收于邵格延藏品，此外从《俱舍论》、《瑜伽师地论》的梵本中也能辑出不少《杂阿含》梵文章句。英国的森尼尔藏品中有约30片与《杂阿含经》相对应的犍陀罗语残片，可能属于法藏部传本。南传上座部传有巴利语《相应部》，收经约2 900部（不同传本有差异），分为5分56相应。

汉译《杂阿含经》50卷由求那跋陀罗译于南朝宋元嘉十二年（435）至元嘉二十年，收经1 359部（《大正藏》第99号误编排作1 362部），其中883部经可与巴利语《相应部》勘同，约占2/3。学术界一般认为该译本的底本属于说一切有部。另一部译者不详的《别译杂阿含经》20卷（《大正藏》第100号作16卷），可能译于350～430年之间，收经364部，可能是未译完之作，其部派归属尚有争议。另有一部一卷本的《杂阿含经》(T101)，是选译本，仅有27经，可能是安世高所译。其他还有汉语单译本30余种。其中，求那跋陀罗的译本最为完整，但其内容编排在流传过程中有错乱。吕澂在《杂阿含经刊定记》(1923）一文中指出《瑜伽师地论·摄事分》中保存有《杂阿含》本母，并据此将汉译《杂阿含》整编为四分十诵。印顺所著《杂阿含经论会编》(1983）在吕澂的基础上进一步编排为七诵（五阴诵，六处诵，杂因诵，道品诵，弟子所说诵，佛所说诵，八众诵)，由“修多罗”、“祇夜”、“记说”三分教摄，影响最广。2014年王建伟、金晖发表了8册的《杂阿含经校释》，在前人研究成果基础上调整卷次，对勘巴利文本，对汉译本《杂阿含经》进行标点、校释，并从巴利文补译缺典。藏文大藏经中没有完整的《杂阿含经》译本，只有一些收于甘珠尔的单经，其中有译自梵语，也有译自巴利语。

（叶少勇）

Zai Zhen

载振 Zai Zhen（1876～1947.12.31）中国清末官员。字育周，爱新觉罗氏，满洲镶蓝旗人。生于北京，为庆亲王奕劻长子。1894年，获封二等镇国将

军。1901年，领贝子衔。1902～1903年外访回国后参与新政。1906年，出任农工商部大臣，次年因杨翠喜案辞职。1911年，任弼德院顾问大臣。辛亥革命后避居上海，后返回北京。1924年迁入天津，从事金融商业活动。1947年病逝。

载振著有《英轺日记》。据民族出版社2010年版“序言”，“光绪二十八年（1902）夏，英国君主在伦敦加冕，英国外务部邀请清朝派员参加加冕仪式。同时，应比利时、法国、日本等国邀请，还前往上述各国考察。载振一行由北京启程，途径南洋各岛、过印度洋至地中海，行程八万里，历时半年有余。沿途他都以日记体详细记

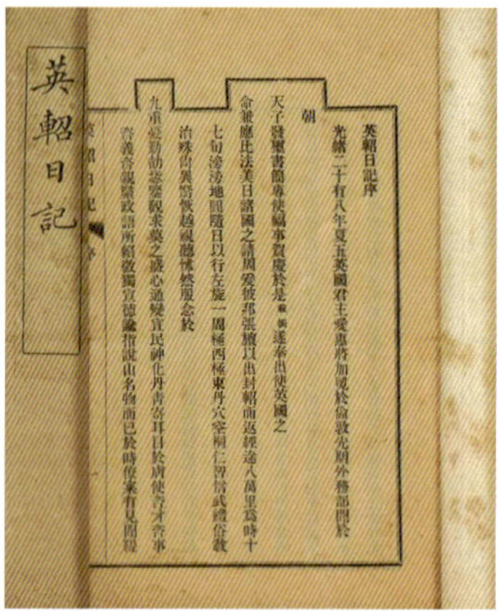

载振《英轺日记》1903年上海文明书局刻本书影

录了所到之处的风物人情。《英轺日记》尤其在考证研究各国政治、学术、律令典章以及商务工艺等方面有独到之处，更有别于同时代其他出洋日记”。

《英轺日记》介绍了印度历史、地理以及英国殖民统治的行政与经济情况，将印度完全沦为殖民地归因于印度人的盲目闭塞，称印度人对现状“熙熙然相安于无事，是心死也”。

（张书剑）

Zantuojueduo

赞陀崛多 Candragupta（约活动于9世纪）印度来华僧人。云南阿吒力教早期开创者之一。又名摩伽陀，盖以籍贯称名。与其行事相关的主要文献大多为明代人所记，且传说颇多，记载不一。据明代李元阳《云南通志》卷十二，赞陀崛多于蒙氏保和十六年（839）自西域摩伽陀国来，“于鹤庆东峰顶山结茅入定，慧通而神”。或说在腾冲长洞山设坛传播密法，可知其为密教僧人。南诏国王劝丰祐奉之为国师，以王妹越英公主嫁之。赞陀崛多在云南期间，除了传播密法、翻译密典《大灌顶仪轨》，还曾兴修水利。晚年辞归故国，不知所终。但明人李浩《三迤随笔》有另说，

中国云南大理无为寺

以为赞陀崛多早在南诏王阁罗凤即位之前即由印度到吐蕃传教，后至南诏传教，被阁罗凤封为护法国师，后曾回国8年，重返南诏，建无为寺，为异牟寻、寻阁劝所重。年八十四闭关修炼，九十九坐化。若是，则赞陀崛多为8世纪至9世纪初期人。两种说法，前者因有《增订南诏野史》、《僰古通纪浅述》等文献为佐证，更接近事实。

（薛克翘）

Zangbajiare Yixiduojie

藏巴嘉热·益西多杰 gtsang pa rgya ras ye shes rdo rje（1161～1211） 中国藏传佛教高僧，周巴噶举派创始人。出生于西藏娘堆库勒地方，12岁在兄长处学法，13岁削发出家，后在喇嘛香座前受戒，取名益西多杰。22岁时，在热隆地方恰遇林热·班玛多杰，仅以一升盐为馈礼，请教佛法要义甚多。后在纳浦寺又重遇林热·班玛多杰，随之修习《六法》及《俱生和合》等密法。

藏巴嘉热·益西多杰最初在前藏拉萨附近建造一座名为隆多寺的寺院；之后，云游浪卡子一带的农牧区传法，并在热隆地方建造热隆寺；接着又在拉萨西南的曲水建造了一座寺院，因建寺时恰逢雷声轰鸣，便取名“周寺”，意为“雷声”寺。他在三座寺院中轮番讲经传法，前来听法学僧猛增。鼎盛时期，其门下徒弟高达5 000多人，遍及整个藏族地区，而且众弟子中人才辈出，逐渐形成一支新的宗派，即“周巴噶举派”。该派初期以周寺为主寺，后又以热隆寺为中心寺院。

（尕藏加）

Zangchuan Fojiao

藏传佛教 Tibetan Buddhism 中国佛教重要派系之一，属北传大乘佛教系。又称藏语系佛教。

藏传佛教形成于八九世纪，成熟于十二三世纪，具有鲜明的印度佛教中晚期文化特征。7世纪，佛教从印度、尼泊尔、中国内地及西域陆续传入吐蕃，逐渐立足并成为具有吐蕃地区人文地理特征的藏传佛教。整个历史进程大体上经历了前弘期和后弘期。

前弘期始于7世纪中叶松赞干布时期，止于9世纪中叶朗达玛赞普灭法时期。这一阶段是佛教传入吐蕃并形成藏传佛教的黄金时期。8世纪，吐蕃多次派使者到天竺迎请寂护、莲花生、无垢友、莲花戒等著名佛教高僧，在吐蕃创建佛教寺院、建立僧团组织、翻译梵文佛经和传授佛教经律论三藏。正当佛教在吐蕃兴盛之际，却遭遇法难，吐蕃佛教陷入了百年黑暗时期。

后弘期始于10世纪，止于15世纪格鲁派产生，长达四五百年。这一阶段是藏传佛教中断后在藏族地区复兴的历史新纪元。大批藏族青年出家为僧或赴印度学法，大译师仁钦桑布、卓弥·释

文成公主像　中国西藏拉萨大昭寺

迦益西、那措·茨诚嘉瓦、玛尔巴·却吉洛哲等是这一时期代表人物。他们在印度学业有成后返回故乡，一边讲经说法，一边翻译佛经，在藏区掀起传扬佛法的热潮。与此同时，古格等地区的佛教组织也邀请印度高僧大德进藏传授佛法，培养嗣法弟子。阿底峡尊者等印度高僧在藏族地区招收弟子，传授佛法，为藏传佛教各宗派的建立和发展作出了重要贡献。

藏传佛教拥有佛教完整的经律论三藏典籍。包括甘珠尔（经藏和律藏）和丹珠尔（论藏）在内的藏文大藏经，以及保存至今的大量藏外文献典籍，内容极其丰富，涵盖藏族十明学科，涉及佛学、哲学、逻辑、历史、文化、伦理、

王森《西藏佛教发展史略》封面

道德、地理、生态、文学、艺术、建筑、天文、历算和医学等人文社会科学和自然科学。

藏传佛教贯通小乘（上座部）佛教、大乘佛教和金刚乘（密宗）佛教，从而建构了藏传佛教既有戒律传承、系统教义、宗派见地，又有密宗传承、修持次第、成就境界等自成一体的理论体系和实践方法。因此藏传佛教在当今世界佛教派系中具有贯通性、系统性和传承性等特征。尤其在密宗传承、活佛转世、寺院教育、法事仪轨、文献典籍、正理量论、中观思想等领域具有鲜明的特色。

藏传佛教前后产生了20多个相对独立的宗派或学派。其中格鲁派、宁玛派、萨迦派、噶举派和觉囊派是最大宗派。此外，噶当派、息解派、觉域派、布鲁派等也有众多信徒和较大的影响。

金汁书写的大藏经版 现藏中国拉萨哲蚌寺

藏传佛教各个宗派的发展极不平衡。由于主客观条件不同，有些宗派存在时间短暂，如香巴噶举派；有些宗派融入他派，但法脉藕断丝连，如噶当派、息解派；有些宗派则支脉繁盛，得以发扬光大，如达布噶举派。

在中国，藏传佛教盛行于藏族、蒙古族、土族、裕固族和纳西族等民族中，此外，在山西五台山、河北承德等地区亦有流传。在国外，藏传佛教传播到了不丹、尼泊尔、印度、蒙古、俄罗斯等国家以及欧美地区。

（尕藏加）

Zangchuan Fojiao sheleixue

藏传佛教摄类学 collected topics of Tibetan Buddhism 对藏传佛教因明学要义进行分门别类、归纳概括的专门学科，为初学法相理论者的必修教程。在藏传佛教与其他一切外道之判教界定中发挥“为破邪论，安立正道”的推理作用，并在考取宗教学衔中成为必备的答辩技巧和思维公式。

摄类学的理论体系由小理路、中理路和大理路三大部分构成，由浅入深，循序渐进。小理路从辨别红白颜色等开始，逐步认识因明术语概念，其推论短小精悍；中理路是如何认识事物的过程，对相违及相属等矛盾进行分析，扩展其量理知识；大理路是进入应成论式的辩论阶段，通过辩论，揭示思想认识中的诸种错误，其理路艰深，推论繁杂。

摄类学的理路中贯穿驳他宗、立自宗、断除诤论3个程序，即提出问题、表述观点和得出结论。驳他宗以量学理论为基础，以应成辩论形式，反驳他人错误观点，使他人祛除疑惑，获得正理的论证。立自宗是论述立论者自己的观点，主要遵循和引用陈那的《集量论》和法称的《释量论》等量学经典著作的观点。断除诤论专为破除他人疑惑、消除诤论而设。是以立论者的立场，表述自己的理论观点，驳斥对方提出的种种谬论。

摄类学的内涵结构包含心理与因理两方面。心理是从认识论的角度阐述因明学的内涵及心理认识（心理学）；因理则从逻辑学的角度阐述因明学的现量与比量两个概念（逻辑学）。

（尕藏加）

Zangchuan Fojiao yinmingxue

藏传佛教因明学 hetuvidyā of Tibetan Buddhism 藏传佛教诠释其义学的重要科目和论辩方式。又名量论。其内涵涉及佛教逻辑学、认识论和知识论。因明学源于印度佛学，在藏地得以创造性地发展推演，不但列入佛学五部大论之一，而且成为藏族十明学文化的主要组成部分，在藏传佛教研修中发挥重要作用。

藏传佛教学僧运用和发挥陈那《集量论》（本论）和法称《释量论》（释论）等因明学的逻辑思维和推理路径，破除印度外道四派学说，确立佛教内道四派观见，建立了中观应成派思想的宗旨。故因明学被誉为开启藏传佛教知识宝库大门的金钥匙，并作为一种探求真理的方法论和知识论，颇受广大学僧重视，他们著书立说，发展因明学。

藏传佛教学僧在因明学领域所取得的前期（11～13世纪）成果，主要有注疏类、原创性和综合性论著3种。注疏类论著对陈那与法称因明学经典进行注疏，以俄·罗丹喜饶的《量抉择论释难》为代表；原创性论著为藏族学僧独创的摄类学，以恰巴·却吉僧格的《量论摄义祛蔽论》为代表；综合性论著在前人成果的基础上进一步深化对因明学的研究，以萨迦班智达·贡噶坚赞的《量理宝藏论》为代表。

清代藏传佛教因明学在原有基础上持续发展，以格鲁派为代表的藏传佛教寺院成为其发扬光大的基地。通过寺院教育和系统修学五部大论，拓展和深化了因明学研究，尤其在摄类学领域形成了诸多学说派系，主要学派有赞普堆札、赛堆札、堪钦堆札等。

清代除格鲁派外，其他宗派高僧对因明学也做过深入研究，如噶举派高僧贡珠·云丹嘉措（1813～1890）及其著作《量学》、觉囊派高僧土登·格勒嘉措（1844～1904）及其著作《摄类学论·悟道宝灯》、宁玛派高僧居弥庞·绛央南杰嘉措及其著作《释量论释难·善说宝藏》等具有代表性。

藏传佛教因明学的最终目的是推理论证“行善破邪、因果报应、解脱苦恼、涅槃寂静”等佛学理论概念。同时，以法称因明学为主，主张外境实有，承认客观存在，并在认识事物过程中注重佛教量学的作用，形成了一种独具特色的因明学理论体系。

（尕藏加）

Zangwen Dazangjing

藏文大藏经 bod yig gyi bkav bstan vgyur 中国藏传佛教典籍总集的统称。与汉文、巴利文大藏经相同，分为经、律、论三藏。由甘珠尔和丹珠尔两部分构成，前者为经藏和律藏部分，后者为论藏部分。藏文大藏经共收入佛教初、中、晚期经论4 570多部。内容除佛教经律论三藏及密宗四续外，还有文法、诗歌、美术、逻辑、天文、历算、医药、工艺等。其中佛教密宗和因明量论经典十之七八在汉文和巴利文大藏经中阙如，弥足珍贵。

藏文大藏经经书

藏文大藏经书影

甘珠尔部是记载佛祖**释迦牟尼**言教的著作。由他的弟子们6次结集，记诵编纂，集成文字，又名佛部，或称正藏，收入经藏、律藏和密典3个部分，包括律部、般若、华严、宝积、经部、续部及总目录7大类，共108部（函）。不同版本的甘珠尔略有差异，但体例大致相同。其总目录分为9大类：第一编，律部；第二编，般若部；第三编，华严部；第四编，宝积经；第五编，经部；第六编，十万怛特罗部；第七编，古怛特罗；第八编，时论经疏；第九编，陀罗尼集。

丹珠尔部是印藏佛教大师、学僧、译师对甘珠尔部所作注疏及论著之集成，又名祖部，或称副藏，分为18类，共225部（函）。内容涉及哲学、文学、艺术、语言、逻辑、天文、历算、医药、工艺和建筑等，堪称藏学百科全书。

丹珠尔部的不同版本略有差异，但体例大致相同。其总目录如下：第一编，礼赞部；第二编，怛特罗部；第三编，般若部；第四编，中观经；第五编，经疏部；第六编，唯识部；第七编，阿毗达磨部；第八编，律部；第九编，本生部；第十编，书函部；第十一编，因明部；第十二编，声明部；第十三编，医方明部；第十四编，工巧明部；第十五编，修身部；第十六编，杂部；第十七编，阿底峡小部集；第十八编，目录部。

藏文大藏经早在8世纪就开始翻译编纂而具雏形，直至近现代依然不断修订和刻印，陆续推出了多种版本。吐蕃时期（8～9世纪）汇编了《丹噶玛》、《青浦玛》、《庞塘玛》3部不同的大藏经及其目录。此为藏文大藏经雏形，以手抄本或抄写本形式流传。

纳塘古版藏文大藏经。14世纪，藏文大藏经在后藏纳塘寺重新编纂，藏传佛教后弘期史上第一部较完整的善本问世。明永乐八年（1410），依据纳塘古版在南京刻印了甘珠尔部，史称永乐版藏文大藏经，印本大部用朱砂或云硃刷印，故亦称赤字版。明万历三十三年（1605），续刻丹珠尔部，史称万历版藏文大藏经。永乐版和万历版在藏文大藏经发展史上具有里程碑意义。从此，藏文大藏经版本结束手抄本形式而进入木刻版时代。

理塘版藏文大藏经。是在明末清初（1628～1644）刻印的。由云南丽江纳西族土司木增赞助，噶玛巴六世红帽系活佛·却吉旺秋主持刻印甘珠尔部。这是藏族地区问世的第一部刻印版大藏经。该版本只有甘珠尔部，没有丹珠尔部，因藏于理塘寺，故称理塘版。

北京版藏文大藏经。又称嵩祝寺版。清康熙二十二年（1683），根据西藏夏鲁寺写本，在北京嵩祝寺刊刻。康熙年间仅完成甘珠尔部，雍正二年（1724）续刻丹珠尔部。乾隆二年（1737），甘珠尔和丹珠尔重新整理出版，史称乾隆修补版，又因刻于北京，所以又称北京版藏文大藏经。

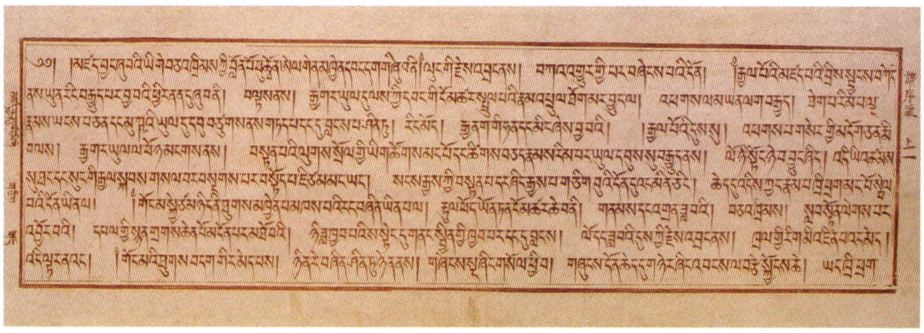

藏文大藏经甘珠尔一百零六巨函清康熙三十九年（1700）北京刻本书影

卓尼版藏文大藏经。是在安多**卓尼寺**（在今甘肃临潭）刻印的，故名。甘珠尔部先刊刻，自清康熙六十年至雍正九年（1721～1731），历时10年，共108部（函）。之后，丹珠尔部于乾隆十八年开始刻印，历时19年完成，共209部（函）。

德格版藏文大藏经。是在康巴地区**德格印经院**（在今四川甘孜德格）刻印的，故名。自雍正八年开始刻印，至乾隆二年完成。其中甘珠尔部为理塘版的复刻，丹珠尔部是依据夏鲁寺写本大藏经并增补布敦目录所收典籍而刻印的。其全套木刻版本均藏于德格印经院。

纳塘新版藏文大藏经。是由七世达赖喇嘛·格桑嘉措（1708～1757）和西藏地方官颇罗鼐郡王（1689～1747）主持，以纳塘古版和布顿·仁钦珠汇集存放于夏鲁寺的甘珠尔和丹珠尔作为底本刊刻的。新版甘珠尔部完成于雍正八年，共102部（函），经版5万余块。丹珠尔部完成于乾隆七年，共225部（函），经版7万余块。纳塘新版藏文大藏经刻工精湛，校勘准确，被誉为最佳版本。全套木刻版原藏纳塘寺，今已不存。

藏文大藏经是中国藏族高僧和印度学问僧精诚合作而翻译完成的文化巨制。自8世纪中叶至14世纪初，相继来藏参与藏文大藏经翻译的印度班智达和译经家等学问僧达192人，所收经典绝大多数是从梵文译为藏文的。

（尕藏加）

zaozhi

造纸 paper making 制作纸张的技术。由中国人发明于汉代。见**中印科技交流**。

Ze Rong

笮融 Ze Rong（?～195） 中国东汉末期佛教徒。丹阳（今安徽宣城）人。曾聚众数百投奔同郡徐州牧陶谦，陶谦命其监督广陵（今江苏扬州）、下邳（今江苏睢宁）、彭城（今江苏徐州）粮运，并任下邳相。《三国志·吴志》卷四《刘繇传》云，笮融依附陶谦后，放纵部下擅杀，夺劫三郡所输为己所有。“乃大起浮图祠，以铜为人，黄金涂身，衣以锦采，垂铜盘九重，下为重楼阁道，可容三千余人，悉课读佛经，令界内及旁郡人有好佛者听受道，复其它役以招致之，由此远近前后至者五千余人户。每浴佛，多设酒饭，布席于路，经数十里，民人来观及就食且万人，费以巨亿计。”这是中国佛教造像立寺的最早记录。表明在江淮地区已出现佛教信徒群体诵经，以及举办浴佛会施食的宏大场面。笮融事佛，受**楚王英**影响。楚王英信佛，其封地在江淮一带，佛教遂在当地产生影响。笮融通过大建佛寺、造佛像，招徕信徒，聚集民众诵读佛经，博取名声；又通过设酒饭、免徭役等方式，使佛教在广大民众中得以推广，起到扩大佛教影响的作用。

（谭浩）

Zeng Shengti

曾圣提 Shanti Tseng（1901～1982.12.01）中国作家，新闻人。M.K.**甘地**的学生。在中印文化交流中起过一定的作用。原名曾楚侨，又称伟石、曾曼

尼，笔名大吉、M等。生于广东饶平凤凰（今属广东潮州市潮安区）。1918年入厦门集美学校。1922年赴新加坡，执教于道南中学，半年后返回中国。1924年受R.**泰戈尔**访华影响，开始大量阅读其作品。1925年赴印度求学于泰戈尔创办的国际大学，后于真理学院追随甘地任文职，成为甘地的中国学生。甘地曾为其取名“圣提”，即梵文shānti的音译，意为“和平”。1926年返回中国，1927～1937年在东南亚华文报界工作，曾任《南洋商报》总编，参与创办多部文学刊物，推动马华文学的发展。其间于1932年第二次前往印度，看望了绝食中的甘地。1937年抗日战争爆发后，组织华侨战地记者通讯团，回国作战地报道。战后定居天津。1979年12月应印度甘地和平基金会邀请，前往印度从事对甘地的研究，计划以甘地的事迹为素材，完成一部约50万字的《非暴力战争在印度》。1982年12月1日因病逝世于新德里。

曾圣提曾将泰戈尔的小说《覆舟》（今通译《沉船》）译介到中国。1943年3月将自己第二次印度之行撰为《在甘地先生左右》一书，1948年在上海出版。书中详细记录了其追随甘地的亲身经历，介绍了甘地的非暴力思想，以及印度的风俗与文化，是向中国人民介绍甘地思想和印度文化的重要著作。1982年，该书的英文译本*By the Side of Babu*在甘地和平基金会的资助下于印度出版。

（张书剑）

Zengyi Ahan Jing

《增一阿含经》 *Ekottarikāgama*、*Ekottarāgama* 佛教早期经典集成《阿含经》之一部。经篇编排依照法数次序由一法逐一增加，故而得名。

《增一阿含经》梵文全本已失传，吉尔吉特曾出土梵文残本，包含一法至二法，属于根本说一切有部。中国新疆地区也有梵文残叶出土，属于有部传统。此外，在《集学处论》与《**俱舍论**》梵本中也有少量引文。并有犍陀罗语对应文献残片藏于英国图书馆。与《增一阿含经》相对应，南传上座部传有巴利语《增支部》，分十一法，约收2 300部经。

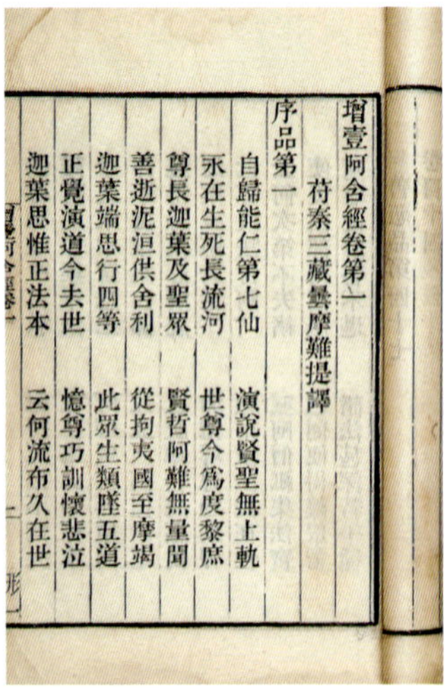

增壹阿含經卷第一
苻秦三藏曇摩難提譯
序品第一
自歸能仁第七仙　演說賢聖無上軌
永在生死長流河　世尊今爲度黎庶
尊長迦葉及聖衆　賢哲阿難無量聞
善逝泥洹供舍利　從拘夷國至摩竭
迦葉端思行四等　此衆生類墮五道
正覺演道今去世　憶尊巧訓懷悲泣
迦葉思惟正法本　云何流布久在世

《增一阿含经》清光绪十二年（1886）刻本书影

《增一阿含经》初由**昙摩难提**于前秦建元二十年（384）口诵梵本，**竺佛念**译成汉文，昙嵩笔录，这一译本今已不传，现在的藏经版本是**僧伽提婆**在其基础上的改译（T125），共51卷，分52品，收472经。该经古有四分八诵之说，但今本仅有四分四诵，虽与巴利语《增支部》同为十一法，却大为简略，所收472经可与《增支部》勘同者有135经，其他一些则可在巴利语《相应部》等处找到对应。该译本的部派归属尚难定论，可能是以有部传本为基础，加入了其他部派的成分。此外，更早的译本还有**安世高**所译《杂经四十四篇》一卷，是《增一阿含经》的一个选译，收44经，应属有部传承，其现行本被误附于《七处三观经》（T150）之后。汉译藏经中另有20余种单经译本（T126～148），以及后汉末（147～220）失译的《分别功德论》5卷，是《增一阿含经》的注疏，但并非完本。

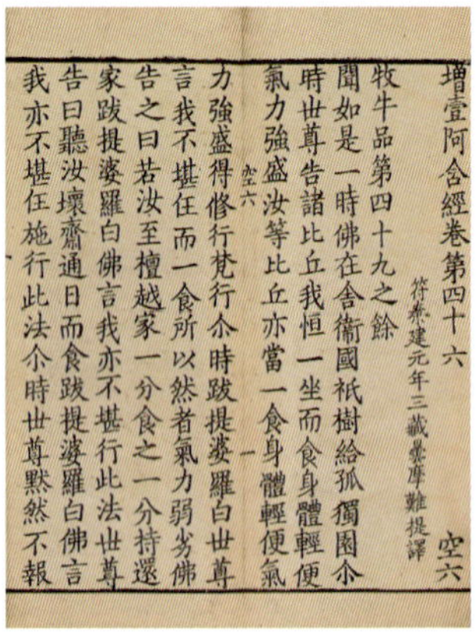

增壹阿含經卷第四十六
苻秦建元年三藏曇摩難提譯　空六
牧牛品第四十九之餘
聞如是一時佛在舍衛國祇樹給孤獨園介
時世尊告諸比丘我恒一坐而食身體輕便
氣力強盛汝等比丘亦當一食身體輕便氣　空六
力強盛得修行梵行介時跋提婆羅白世尊
言我不堪任而一食所以然者氣力弱劣佛
告之曰若汝至檀越家一分食之一分持還
家跋提婆羅白佛言我亦不堪行此法世尊
告曰聽汝壞齋通日而食跋提婆羅白佛言
我亦不堪任施行此法介時世尊黙然不報

《增一阿含经》明永乐南藏本书影

藏文的《登噶目录》和《旁塘目录》都录有一部《增一阿含经》全译本，但今已不存，现存藏文大藏经中只存有一些单译经。

（叶少勇）

Zhashilunbu Si

扎什伦布寺 bkra shis lhun po dgon 中国藏传佛教著名寺院，与甘宁寺、哲蚌寺、色拉寺、塔尔寺、拉卜楞寺并称格鲁派六大寺院。位于今西藏日喀则市西郊。由宗喀巴大师弟子根敦珠巴（1391～1474）于藏历第八绕迥火兔年（1447）在后藏日喀则地区创建，至1459年初具规模。该寺拥有多座大小佛殿，包括密宗殿、大经院、展佛台，

扎什伦布寺

以及闻思学院等三大扎仓（学院），住寺僧侣达1 600余人，分别来自后藏、阿里地区，以及尼泊尔、克什米尔地区。根敦珠巴首任寺院赤巴（即住持）达38年，他推行修学佛法必须遵循道次第的教规，注重对佛教三律仪的修持，要求僧人恪守清规戒律。扎什伦布寺后成为**格鲁派**在西藏后藏地区的中心寺院。

藏历第十绕迥金牛年（1601），**四世班禅·洛桑确吉坚赞**应邀担任该寺第十六届赤巴。他将格鲁派密宗法脉温萨耳传系从后藏温萨静修地或温萨寺引入扎什伦布寺，始建密宗学院，设立完整的显密兼容的教育体制，取消之前寺僧赴拉萨上下密院进修深造的惯例。自四世班禅·洛桑确吉坚赞始，历代班禅额尔德尼住持扎什伦布寺，该寺成为班禅额尔德尼活佛世系的驻锡地。历史上，该寺僧侣人数定额为4 400名，是格鲁派在后藏地区最大的寺院，具有与拉萨三大寺同等的宗教地位。目前，该寺依然规模恢宏、金碧辉煌、殿堂林立，拥有世界上最大的弥勒铜佛像，建有历代班禅额尔德尼灵塔，为西藏日喀则地区乃至整个藏族地区一座大型藏传佛教寺院。

（尕藏加）

Zhabajianzan

札巴坚赞　grags pa rgyal mtshan（1147～1216）　中国藏传佛教高僧，萨迦派五祖之第三祖。幼年时期跟随父亲**萨钦·贡噶宁布**学法至12岁。其间，8岁时在绛森·达瓦坚赞处受梵行优婆塞戒，至10岁时能够闻记《律仪十二颂》、《修法·莲花》等。11岁即向众人宣讲《喜金刚》等密法，震惊远近佛教学僧。他修习**道果法**而对其产生很深的感悟。13岁继任萨迦寺住持，自幼年就肩负起**萨迦派**的教务重担。他住持萨迦寺长达57年之久，先后主持增建佛殿，扩大寺院规模，用

金汁书写藏文大藏经甘珠尔部。

札巴坚赞严守佛教戒律，将广大信徒布施的财物全部用于建造佛像、佛殿和佛塔，以及救济贫困农牧民。当他去世时，其财产只有一个坐垫、一套袈裟，别无他物。

（尕藏加）

Zhantuluo

旃荼罗　Caṇḍāla　印度古代典型的最低等杂种性，贱民。在古代印度种姓制度中，有一种因为违犯戒条而被排斥在四种姓（见**种姓**）之外的贱民，被视为不可接触者。旃荼罗即为一典型。《**摩奴法论**》称他们为“人中最低贱者”。他们是由首陀罗父和婆罗门母所生。《**歌者奥义书**》说行为恶劣者来世生于狗、猪和旃荼罗的子宫。《**毗湿奴往世书**》说为亡灵举行的湿罗陀祭上用的食品绝不能让他们看见，否则会被玷污。他们只能住在城镇和村落的外边，做些从焚化场收取尸衣之类

扎什伦布寺灵塔

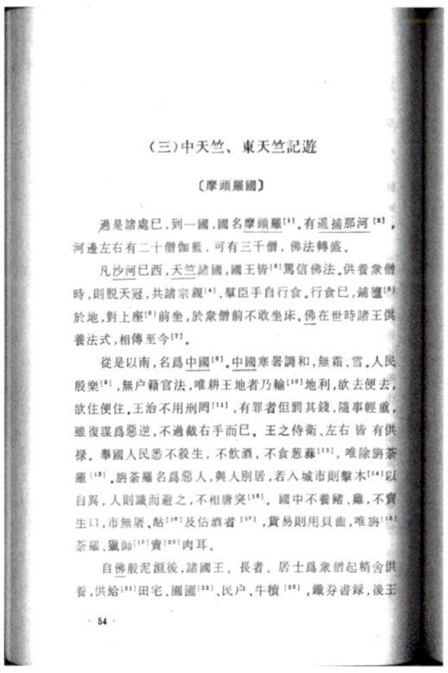

（三）中天竺、東天竺記遊

〔摩頭羅國〕

過是諸處已，到一國，國名摩頭羅[1]。有遥捕那河[2]，河邊左右有二十僧伽藍，可有三千僧，佛法轉盛。

凡沙河已西，天竺諸國，國王皆[3]篤信佛法。供養衆僧時，則脱天冠，共諸宗親[4]、羣臣手自行食。行食已，鋪氈[5]於地，對上座[6]前坐，於衆僧前不敢坐床。佛在世時諸王供養法式，相傳至今[7]。

從是以南，名爲中國[8]。中國寒暑調和，無霜、雪。人民殷樂[9]，無户籍官法，唯耕王地者乃輸[10]地利，欲去便去，欲住便住。王治不用刑罔[11]，有罪者但罰其錢，隨事輕重，雖復謀爲惡逆，不過截右手而已。王之侍衛、左右皆有供禄。舉國人民悉不殺生，不飲酒，不食葱蒜[12]，唯除旃荼羅[13]。旃荼羅名爲惡人，與人别居，若入城市則擊木[14]以自異，人則識而避之，不相唐突[15]。國中不養豬、雞，不賣生口，市無屠、酤[16]及估酒者[17]，貨易則用貝齒，唯旃[18]荼羅、獵師[19]賣[20]肉耳。

自佛般泥洹後，諸國王、長者、居士爲衆僧起精舍供養，供給[21]田宅、園圃[22]、民户、牛犢[23]，鐵券書録，後王

· 54 ·

有关著作中法显对于笈多时代旃荼罗处境的描绘

893

的活计。法显在其《佛国记》中对此曾有生动记载:"旃荼罗,名为恶人,与人别居;若入城市,则击木以自异,人则识而避之,不相唐突。"《火神往世书》说旃荼罗死后取其牙齿做成的项链用在咒术中可以致敌死命。

(葛维钧)

Zhanbo

瞻波 Campā 印度古代列国时代(前6~前4世纪)鸯伽国的首都。又作瞻婆、瞻匐、瞻卜、詹波、阐卜、占波、栴波等。城名一说出自叫作瞻波的建城者,一说由于城郊多瞻波伽树。又名摩力尼,因为城周的瞻波伽树如花环(梵语"摩罗")一般将它围绕。古代为一重要商埠,佛典所列八大城市之一。商人多由此出发去金地(今缅甸)。亦有商船从这里启程去中国等东方国家。法显曾至此城访问,后从其东的多摩梨帝登舟离印,取道师子国(今斯里兰卡)、耶婆提(学者多认为即今爪哇或苏门答腊,并非南美洲某地)回国的。玄奘旅印时也曾往访,并说城是古代天女降迹人间所生四子之一兴建的。今比哈尔邦巴加尔普尔略西仍可见该城遗迹。玄奘《大唐西域记》卷十对该城有较详记载:"瞻波国周四千余里。国大都城北背殑伽河,周四十余里。土地垫湿,稼穑滋盛,气序温暑,风俗淳质。伽蓝数十所,多有倾毁。僧徒二百余人,习小乘教。天祠二十余所,异道杂居。都城垒砖,其高数丈,基址崇峻,却敌高险。"

(葛维钧)

Zhanran

湛然 Zhanran(711~782) 中国唐代高僧。被尊为天台宗第九祖,也有说是第八祖。一生宣讲不辍,著述颇丰,大力弘扬天台宗的空观、假观、中观三观学说。

湛然俗姓戚,常州人,世代居住在晋陵荆溪(今江苏宜兴)。开元十六年(728),到浙江东部一带游历,求师问道。开元十八年,就学于天台八祖玄朗,专习天台教旨。

天宝七载(748),湛然始于荆溪净乐寺剃度出家,前往越州(今浙江

绍兴)昙一律师处学习佛教律仪。后又在吴郡(今江苏苏州)开元寺宣讲《摩诃止观》。天宝十三载,玄朗法师圆寂后,湛然游化东南,著述宣讲,显扬教义,贬斥禅、华严、法相诸宗,以中兴天台为己任。他还将师传的教义全部撰成注疏,有《法华玄义释签》(T1717)20卷、《法华文句记》(T1719)10卷、《维摩经略疏》(T1778)10卷、《维摩经疏记》(X340)3卷、《止观辅行传弘决》(T1912)10卷、《止观义例》(T1913)2卷、《止观大义》(T1914)1卷、《十不二门》(T1927)1卷,等等。此后天台止观学说蔚为鼎盛,全靠湛然的推广。

天宝末年至大历初年,唐玄宗李隆基、肃宗李亨、代宗李豫都曾下诏征请湛然前往都城,但他均以生病为借口,不肯前行。战乱饥荒之时,湛然依然讲法不辍,学徒望风影从,都前来投靠他。湛然对他们怀有慈悲之心,以礼相待。他自己生活简朴,诲人不倦。建中三年(782),湛然在佛陇道场圆寂,临终前他还向弟子讲法,阐释天台宗的空观、假观与中观。门人弟子为他起塔,葬在智者大师墓冢的西南边。

(范晶晶)

Zhang Daqian

张大千 Zhang Daqian(1899.05.10~1983.04.02) 中国现代画家。名权,号大千。四川内江人。1917年东渡日本

学习染织。1919~1937年主要在上海结识书画名家,临摹明清古画,兼工山水、人物、花鸟。1933年曾任中央大学艺术系教授。1936年张大千因其艺术造诣被徐悲鸿誉为"五百年来第一人"。1940~1943年考察敦煌石窟,临摹敦煌莫高窟、榆林窟历代壁画约276幅。1945年在重庆曾临摹叶浅予的《印度献花舞》。1949年暂住香港。1950年2月,应邀在印度新德里举办"张大千画展"。同年3~4月考察印

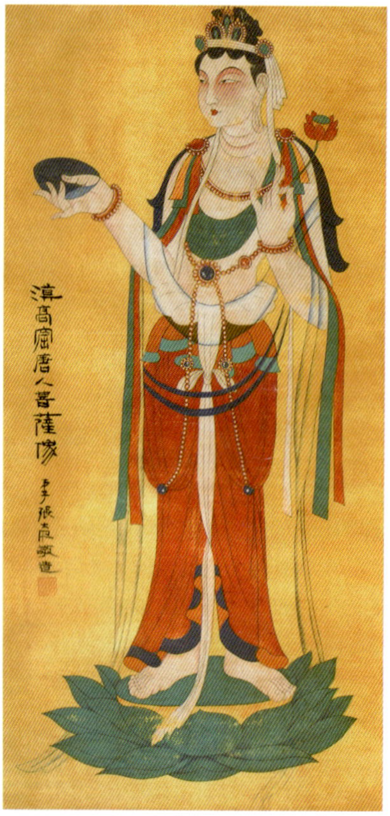

敦煌壁画菩萨像 张大千临摹

度阿旃陀石窟,临摹阿旃陀壁画,并与敦煌壁画进行比较研究。随后参观印度国际大学和菩提伽耶等佛教圣地,1950年5月~1951年8月,旅居喜马拉雅山避暑胜地大吉岭,吟诗作画,创作颇丰。1952年起相继移居阿根廷、巴西、美国圣弗朗西斯科(旧译旧金山),晚年开创泼墨泼彩花卉、山水画风,引起世界画坛瞩目。1978年定居台北外双溪,建摩耶精舍。代表作有中国画《张大千临摹敦煌壁画》、《印度仕女》、《泼彩荷花》、《长江万里图》等。张大千在中印文化交流中发挥了积极作用。

(王镛)

Zhang Heng

张衡 Zhang Heng（78～139） 中国东汉时期科学家，文学家。字平子。南阳西鄂（今河南南阳北）人，《后汉书》有传。少年时代即擅长作文，通五经，贯六艺。约于30岁左右，受班固《两都赋》启发，创作《西京赋》和《东京赋》，赢得文名。又钻研天文历算，

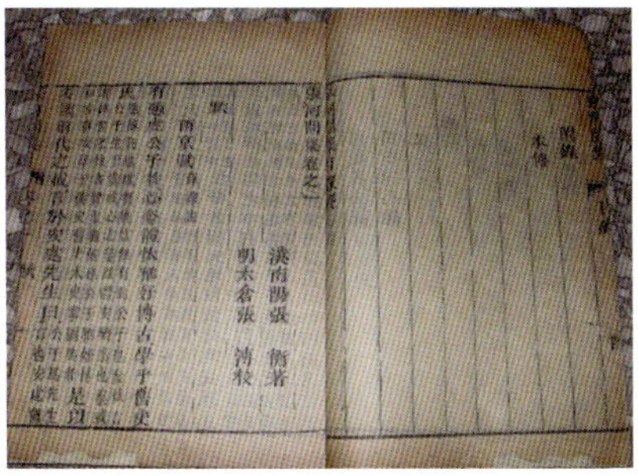

张衡《西京赋》书影

皆有成就。获汉安帝刘祜（106～125年在位）赏识，被任命为郎中，又升任太史令。后掌管天象观测。汉顺帝刘保（125～144年在位）时再任太史令，后几经升降。曾提出宇宙生成的“浑天说”，认为天地如鸡卵。在其所作《灵宪》中绘制出中国第一幅星图，有恒星2 500颗。曾造浑天仪、候风地动仪等科学仪器，测量天体运行和地震信息，皆精密。其著作尚有《四愁诗》、《灵宪》、《七弁》、《巡诰》、《悬图》等32篇，曾作《周官训诂》以补《东观汉记》之不足。其《西京赋》中提到“桑门”一词，为中国提到佛教名词的最早文学作品之一。

（薛克翘）

Zhang Jun

张均 Zhang Jun（1935.02～2012.01.04） 中国舞蹈家，东方舞蹈教育家，印度舞蹈专家，东方歌舞团创始人之一，曾任首席舞蹈演员、舞蹈编导、艺术顾问。中国人民对外友好协会理事，中国舞蹈家协会主席团委员。1991年被国务院授予有突出贡献的表演艺术家称号。一生奉献于东方舞蹈表演、教学和研究工作，曾8次赴印度学习和交流，在中国系统传授印度舞蹈。被季羡林称作“印度舞蹈在中国的奠基人”。

生平 张均出生于湖北武汉。母亲是古典文学教授，父亲曾留学德国，后在上海文史馆工作。因父母均喜爱艺术，张均从小受到熏陶并展露天赋，14岁入第三野战军新安旅行团（后更名为上海歌剧院），成为一名舞蹈演员。1954年随中国总理周恩来率领的中国文化代表团访问印度、印度尼西亚、缅甸三国时，在新中国舞蹈奠基人戴爱莲的引导下初次向印度舞蹈大师U. 香卡学习古典舞。1956年入北京舞蹈学校（现北京舞蹈学院）进修，旨在向苏联专家学习芭蕾舞，却在戴爱莲的规劝和有意安排下学习了印度和东南亚舞蹈，由此对印度舞产生浓厚兴趣。1957年香卡访华时，张均随香卡学习《拍球舞》。该舞日后成为张均的成名之作，曾在东方歌舞团建团大会上表演。1957年11月6日，北京舞蹈学校成立现代中国第一个东方音乐舞蹈班（以下简称东方班），张均参加了招生和组建工作，并担任舞蹈教员。其间，她带领学员学习了印度、印度尼西亚、柬埔寨、泰国、缅甸、斯里兰卡、巴基斯坦、阿富汗等近10个国家的舞蹈。1961年1月5日，东方班随周恩来访问缅甸，张均和赵世忠表演的《缅甸古典双人舞》受到缅甸总理吴努和观众的热烈欢迎，被当地媒体誉为“中国飞来的缅甸公主和王子”。在周恩来举行的告别宴会上，以张均为首的东方班表演了各国民间舞蹈。1962年1月13日，东方歌舞团成立，张均作为主要演员和业务指导，成为该团创始人之一。1963年，张均再次随周恩来率领的中国代表团访问柬埔寨，表演了柬埔寨国家元首诺罗敦·西哈努克亲王之女帕花黛维公主亲授的柬埔寨古典舞《百花园中的仙女》，受到赞赏并获得亲王授予的勋章，被当地传媒誉为“中国的帕花黛维”。

留学印度 张均铭记周恩来“一定要学好印度舞”的勉励，将一生最美好的年华都投入到她所酷爱的印度舞中。1980年她以留学生身份前往印度学习舞蹈。为了能在有限的时间里多学东西，她和同伴每天工作15小时，在短短一年中学习了多派舞蹈节目，获得达尔帕纳艺术学院戏剧荣光学位。1981年，为《中国大百科全书·音乐舞蹈》撰写关于印度古典舞蹈“婆罗多舞”、“曼尼普里舞”、“卡塔卡利舞”、“库契普迪舞”的词目，后受印度驻华使馆委托，补写“奥迪西”、“卡塔克”两个条目。1982年春，在东方歌舞团创办首个印度舞蹈班，教授学员婆罗多舞中的阿拉瑞普、奥迪西舞、曼尼普里舞和卡塔克舞。这些舞蹈在东方歌舞团公演晚会上受到高度评价，印度舞蹈从此成为东方歌舞团传统强项之一。此外，还为歌唱演员培训舞蹈技能，使他们能更好演绎印巴歌曲。1982年、1987年，张均两赴印度留学，在短短两年中学习了印度学生通常需要10年才能学完的课程。学成归国后开始培养接班人，不但给专业演员指导，还给东方歌舞团艺术辅导中心的儿童开设印度舞课。1988年印度总理拉吉夫·甘地访华期间，特意委托印度驻华使馆赴张均家中赠送舞蹈脚铃，并在钓鱼台国宾馆接

张均和周恩来等人合影

印度总理拉吉夫·甘地会见张均

见了包括张均在内的数十位中国专家。1990年，张均和同事于海燕联合推出“敦煌舞姿舞和印度舞鉴赏晚会”，将舞蹈比较研究搬上舞台，为日后深入研究中印舞蹈开拓了崭新局面。1992年，印度总统R.文卡塔拉曼访华，张均带领林萍、赵晓贞、李默文为总统一行表演印度舞蹈，受到高度赞扬，随后应总统邀请再赴印度留学，同行者还有张均的学生苏宝华。在印度期间，文卡塔拉曼邀请他们到总统府做客。1995年的“一代风流——金秋晚会”，集中了现代中国所有印度舞蹈名家，张均带领4岁的小学生张梦洋表演的“卡塔克双人舞”，让观众领略到大师的舞蹈风采，也看到了未来舞蹈的希望。1999年，张均带领学生金珊珊等录制《婆罗多舞蹈教程》教学光盘，当年荣获第三届全国优秀教育音像制品二等奖，并成为印度舞蹈爱好者的必备教材。2002年9月，张均在北京舞蹈学院东方班开设婆罗多舞蹈课程，汇报演出时受到印度大使夫人的高度评价，并促成印度文化关系委员会邀请所有师生赴印访问。印度舞蹈之花经她妙手栽培在中国绽放。

在印度的影响 1980年，张均和刘友兰留学达尔帕纳艺术学院，当时该学院院长M.萨拉拜对她们仅用半年时间学习婆罗多舞整个流程感到不可思议。印度卡塔克舞之王B.马哈拉吉给张均起了个印度名字霞依，称张均为“石头女人”；她的不怕苦精神，也受到卡塔克舞蹈中心所有学生的钦佩。在学成回国之前，达尔帕纳艺术学院的同学从古吉拉特邦到新德里为张均和刘友兰送行。1981年10月16日，在新德里的泰姬饭店，印度文化关系委员会主任巴拉夫人宴请张均、刘友兰和中国驻印大使夫妇及文化处全体工作人员。巴拉夫人感慨地说：“在你们当初来时，我还在想，短时间能学什么印度舞呢？我和萨拉拜夫人商量，决定让你们试试。现在看到你们学有所成，怎能不让人兴奋呢？”印度《金融快报》在1982年第二期《艺术通讯》专刊发表专题文章，赞扬张均、刘友兰效法前贤法显和玄奘，为增进中印友谊作出了贡献。

1992年，张均带领林萍、赵晓贞、李默文、苏宝华4名学生到印度留学时，师从婆罗多舞蹈家L.桑姆森和卡塔克舞之王马哈拉吉。她们在马德拉斯和新德里的演出产生轰动效应，媒体也大规模报道演出盛况，夸赞她们跳得比印度孩子还要好。

张均和桑姆森合影

2003年，张均再次带领北京舞蹈学院东方班的学生赴印度学习和演出。她们拜访了卡拉谢特拉艺术学院，还观看了奥迪西舞蹈宗师K.马哈帕特拉的表演。

2012年1月4日，张均病逝于北京。1月11日，印度发行量最大的报纸《印度教徒报》刊登长篇文章报道她的事迹，表达了赞扬和缅怀之情。

（金珊珊）

Zhang Mantao

张曼涛 Zhang Mantao（1933.11.17～1981.01.18） 中国佛教学者。在中印文化交流史中起过一定的作用。

张曼涛笔名澹思，出家期间法名青松。生于湖南耒阳。自幼出家，拜明真和尚为师，10岁入南岳佛学院。1949年4月赴香港，就读光夏书院，专攻佛学，其间曾受教于竺摩法师。1955年前往中国台湾。1956年发表第一部小说《晓露》。1961年以青松法师之名赴日本留学，在大谷大学以优异成绩修完博士课程。其间参加众多日本全国性的学术会议，发表多篇论文，受到日本学界的重视。留学期间还俗。1967年返回台北，被聘为“中国文化学院”哲学系副教授，次年任教授，并担任该校佛学研究所所长，主编《华冈佛学学报》。1969年入选中国台湾第七届十大杰出青年。同年再赴日本，入东京大学东洋文化研究所从事研究工作，并在东京创办《天声杂志》。1974年回到中国台湾，着手编辑《中华民国六十年来佛教论文目录》。1975年创立大乘文化出版社，次年开始出版《现代佛教学术丛刊》，至1980年出版完毕，共100册，3 000余万字。《现代佛教学术丛刊》搜集近百年来国内外报章杂志的佛学论述，按禅宗、佛教史、唯识、华严、三论、天台、净土、密宗、律宗、印度佛教排列10辑。丛刊的出版，对现代佛教文化著述的整理、编集作出了贡献。1981年1月16日赴日本筹划亚洲佛教文化交流会议，其间因病去世。著有《佛教思想文集》(1969)、《涅槃思想研究》(1981)、《魏晋新学与佛教思想》等。

（张然）

Zhang Qian

张骞 Zhang Qian（？～公元前114） 中国西汉通西域使者。为中国通往西域的丝绸之路的开辟作出卓越贡献。

张骞为西汉汉中成固（今陕西汉中城固）人，生年及早期经历不详。公元前141年汉武帝即位初期，任郎侍从官。《史记·大宛列传》称张骞“为人强力，宽大信人”。武帝即位之初，依靠雄强的国力，准备改变汉初诸帝对于匈奴的和亲国策，转而进行武力征逐。当时有降汉的匈奴人称，匈奴破大月氏（今阿富汗中西部），用其王头颅制作饮器，由是两族结怨，不妨联合后者，夹击匈奴。汉武帝采纳建议，征募使者。张骞应募，组成使团，由归汉的胡人堂邑父任向导，于建元二年（公元前139）出

张骞雕像 中国河南方城

发西行。他们过陇西，经匈奴境时，身份暴露，被俘并押至单于处。单于欲久拘张骞不放，且使之与胡女结婚生子。然而他志节不变，十余年后终于相机逃脱，西行数十日，到达**大宛**。大宛早慕汉地富庶，有意结交，遂派向导带领他前往康居（约在今中亚巴尔喀什湖和咸海之间），康居王复遣人将他送至**大夏**。此前大月氏曾屡遭匈奴和乌孙追迫，不断西迁，后在已故旧王之子（一称其妻）的率领下，武力臣服大夏，定居该地。大夏土壤肥沃，物产丰富，又远离异族袭扰，故虽经张骞力劝，大月氏王已不再做联合汉朝、报复匈奴之想。张骞在大夏逗留岁余后返汉，并改取南道，走塔里木盆地南缘，经青海羌人居住地，以避匈奴。不料因羌人已附匈奴，再次被拘。后又经岁余，趁匈奴内乱逃脱，至元朔三年（公元前126）返抵长安。张骞向汉武帝详细报告了西域各国的人口、城市、兵力、物产等情况，获武帝称赞。初离长安时，使团有百余人，13年后仅二人得还。为表彰其出使之功，汉武帝封张骞为太中大夫，堂邑父为奉使君。

《史记·大宛列传》及《汉书·张骞传》皆载有张骞报告内容，称："臣在大夏时见邛竹杖、蜀布。问安得此，大夏国人曰，吾贾人往市之身毒国。"并说该国"在大夏东南可数千里。其俗土著，与大夏同，而卑湿暑热。其民乘象以战。其国临大水焉"。汉朝君臣从此始知在中国的西南方有一身毒（见**印度**）国存在，并进一步认为，身毒既有蜀地（今四川盆地）产物，两地必能相通，且身毒距蜀当比距长安更近。汉武帝因此有意在西南开通道路，并命张骞主其事，从犍为（武帝时为郡，治所南广，在今四川筠连县境）派4组使团分别往昆明等地探访。后各团皆以不同原因受到阻难，相继无功而返。

元朔六年，张骞以校尉身份，从大将军卫青出击漠北，攻打匈奴。他因熟悉地形，知有水草之处，从而保证了军队的充足给养。得胜返回后，封博望侯。元狩二年（公元前121），又以卫尉身份随李广出右北平（今河北东北部地区），进击匈奴。李广部队被围，张骞救援迟缓，致汉军损失惨重。张骞论罪当斩，后以侯位相抵，贬为平民。

元狩四年，汉武帝再任张骞为中郎将，派他二次出使西域，目的在厚赂乌孙（在今伊犁河流域），使其与汉结好，东向来攻匈奴，以实现"断匈奴右臂"之策。随行人员多达三百人，每人配马两匹，并携上万牛羊，以及金币丝帛等财物，价值数万。无奈乌孙内部纷乱，意见不一，张骞游说不果。后乌孙派翻译、向导以及使者数十人护送张骞返汉，于元鼎二年（公元前115）抵达长安。张骞因功拜大行令，列于九卿。次年去世。在乌孙时，张骞曾分遣副使往大宛、康居、大月氏、大夏、**安息**、身毒等地。后各路使节陆续与所访各国国人相携返回，汉地同诸国的经济和文化交往亦由此建立并逐渐繁荣起来。张骞两次出使西行，凿通了从中原通往西域的丝绸之路，并使汉代人获得对印度的初步知识，对中印经济文化交流的开拓卓有贡献。

（葛维钧）

Zhang Sengyou

张僧繇 Zhang Sengyou（约活动于6世纪上半叶） 中国南朝梁画家。吴中（今中国江苏苏州）人。天监年间（502～519）曾任武陵王国侍郎，掌管宫廷秘阁画事。**梁武帝萧衍**崇信佛教，装饰佛寺多命他绘制壁画。所绘人物，奇形异貌，殊方夷夏，实参其妙。张僧繇创立了"张家样"佛像样式。他也擅长人物肖像、花鸟、走兽，曾有画龙点睛、破壁飞去的传说。他根据卫夫人《笔阵图》以书法用笔作画，线条简练，富于变化，与唐代画家**吴道子**被后世并称为"疏体"画法的代表。相传梁大同三年（537）他曾在建康（见**南京**）一乘寺采用印度传入的**凹凸法**绘制壁画，有一定立体感。据许嵩《建康实录》卷十七记载："寺门遍画凹凸

《张骞出使西域图》 骑马者为汉武帝，跪拜者为张骞 中国甘肃敦煌莫高窟第323窟

五星二十八宿真形图（局部） 张僧繇绘

花，代称张僧繇手迹。其花乃天竺遗法，朱及青绿所成，远望眼晕如凹凸，就视即平，世咸异之，乃名凹凸寺。”

（王镛）

Zhang Taoguang

张韬光 Zhang Taoguang（约活动于8世纪） 中国唐代宦官。曾受遣出使西域。唐玄宗李隆基时内侍省宦官。天宝九年（750），罽宾愿归附大唐，遣大首领萨婆远干与三藏法师舍利越摩来京城觐见，并请派使者巡按。天宝十年，受唐玄宗派遣，张韬光率使团40余人出使西域，于天宝十二年到达罽宾东都城犍陀罗，受其国王礼遇。《宋高僧传》卷三《唐上都章敬寺悟空传》中记录了张韬光此次出使的相关情况。

（李亚兰）

Zhang Wentian

张闻天 Zhang Wentian（1900.08.30～1976.07.01） 中国现代政治家，理论家，翻译家，学者。原名应皋，亦作荫皋，曾化名洛甫，字闻天，出自《诗经·小

雅·鹤鸣》中“声闻于天”，以字行。江苏南汇（今属上海）人。幼读私塾，聪敏好学，1917年入读南京河海工程专门学校（今河海大学的前身），1919年参加五四运动，并开始从事学创作和翻译，后参加少年中国学会。1920年留学日本，1922年在美国旧金山（今圣弗朗西斯科）任华文《大同日报》编辑，1924年回国任中华书局编辑，1925年赴莫斯科学习、任教，1931年回国后长期从事革命工作。1951年后曾任中国驻苏联大使、外交部第一副部长、中科院经济研究所特约研究员等职。“文化大革命”中遭受迫害，1976年病逝于江苏无锡。有《张闻天选集》（1985）、《张闻天文集》（1995）行世。

《小说月报》影印本封面

张闻天翻译成就卓著，曾对国外哲学社会科学诸多名家作过译介，如文学巨擘L.托尔斯泰、J.W.von 歌德、O.王尔德、C.P.波德莱尔、G.G.拜伦、K.纪伯伦，哲学家H.柏格森、B.R.W.罗素、G.杜威等。他还是向国内介绍R.泰戈尔生平及思想的早期译介者之一。1922年2月10日，发表《太戈尔对印度和世界的使命》、《太戈尔的妇女观》、《太戈尔之“诗与哲学”观》3篇文章，刊于《小说月报》第13卷第2号。《太戈尔对印度和世界的使命》一文，是根据印度现代著名哲学家S.拉达克里希南的《泰戈尔的哲学》一书第四、五两章，扼要而系统地介绍了泰戈尔在印度从传统向现代转型过程中的重要地位，他的宗教观、教育观、艺术观、人生观和政治观，对印度种姓制度的批判，以及他作为具有世界主义胸怀的爱国主义诗人，对印度如何摆脱殖民统治、建设和谐世界所提出的主张。《太戈尔的妇女观》是根据泰戈尔《人格》一书中《论妇女》一文写成，认为男女两性平衡发展各自的天赋，才能建成真文明。《太戈尔之“诗与哲学”观》则根据《泰戈尔的哲学》第一、二两章，介绍了泰戈尔对诗与哲学关系的见解，即“哲学应该为真实而又伟大的诗的基础”，“诗是美的神座，哲学是真理的庙宇”。这些译介视野开阔，“译”、“述”并重，是国内学术界早期对泰戈尔思想较为客观、全面的认识。

（王汝良）

Zhang Yanyuan

张彦远 Zhang Yanyuan（约815～907） 中国唐代书画理论家。蒲州猗氏（今山西临猗）人。出身宰相世家，官至大理寺卿。他酷爱书画收藏品鉴，家藏法书名画极富，著有《法书要录》、《历代名画记》等。《历代名画记》成书于唐大中元年（847），是中国第一部绘画通史，除评述绘画历史发展以外，还收录从轩辕时代至唐代会昌年间（841～846）372位画家的传记和品评，以及作品鉴藏资料。在《历代名画记》中涉

张彦远《历代名画记》封面

及与印度佛教艺术关系密切的中国画家、雕塑家有顾恺之、戴逵、张僧繇、曹仲达、尉迟乙僧、吴道子、杨惠之等，外国包括印度艺术家有僧吉底俱、僧摩罗菩提、僧迦佛陀、僧金刚三藏等，为中印艺术交流史研究提供了极其珍贵的资料。

（王镛）

Zhang Yunan

张煜南 Zhang Yunan（1851～1911）中国清末华侨实业家。号榕轩，广东梅县人。早年前往巴达维亚（今印

度尼西亚雅加达）谋生，后成为印度尼西亚华侨实业家与地方侨领。1903年投资兴建潮汕铁路，1906年通车，被清廷授予三品京堂候补，后升为考察南洋商务大臣。1911年病逝于棉兰（今印度尼西亚棉兰市）。著有《海国公余辑录》。

《海国公余辑录》卷二收录《辨正瀛寰志略》，指正了徐继畬所著《瀛寰志略》一书中的错误，包括印度地理、历史地名考证等问题。卷四《槎使游历诗歌》收录了部分清代外交官创作的诗歌，包括描绘印度饥荒惨状、感慨历史兴衰的作品。卷五至卷九介绍世界各地情况，涉及印度地理、历史、经济等方面。

（张书剑）

Zhang Zai

张载 Zhang Zai（1020～1077）中国北宋哲学家，儒家思想代表人物之一。字子厚。其家族世居大梁（今河南开封），

后迁居凤翔郿县横渠镇（今陕西眉县）。年少时就志气不群，喜谈兵论武；18岁时，上书拜访范仲淹，范仲淹知其为远大之器，故意责问他："儒者自有名教可乐，何事于兵？"并将《中庸》一篇送给他。因此，张载幡然有志于道，求之六经。嘉祐元年（1056），张载到京师汴梁，曾坐虎皮讲《易》，听众环立，司马光也在其中。后与外甥程颢、程颐讨论道学之要，涣然自谓："吾道自足，何事旁求？"于是放弃一切杂学，笃志经术。嘉祐二年中进士，熙宁二年（1069），因吕公著推荐，宋神宗向张载问治道，张载对以"为治不法三代，终苟道也"。当时王安石试行新法，张载不满，遂托疾辞归故里，读书讲学，蔬食饮水。他常在家正襟危坐，俯读仰思；冥心妙契，即使是半夜也立即点上蜡烛记录下来。他说："吾学既得诸心，乃修其辞命，命辞无失，然后断事，断事无失，吾乃沛然。"可见张载笃志精思，没有须臾放松。他提倡学必如圣人，方能止步，认为知人而不知天，求为贤人而不求为圣人，是秦汉以来学者最大的通病。

张载的宇宙论，自树一宗，不是老子有生于无之说，也与当时诸家论宇宙不同。如周敦颐言太极，邵雍言先天，二程言理气，张载都不认同，他提出"气即道"的观点，认为一切事物的本体是气，在《正蒙·太和篇》中，他说"太和所谓道"，太和就是阴阳会合冲和之气。这一观点当时就受到批评，说他"以清虚一大名天道，是以器言，非形而上者"。但张载却认为气外无道，道外无气。世间事物的生灭变化都是"气化"的过程，而所谓"气化"即是道体流行。张载以气为本体探讨了鬼神为何物。他认为鬼神不过是气之一伸一屈，"鬼神者，二气之良能也"，"鬼神，往来屈伸之义"。张载在学堂两扇窗门，右书《订顽》，左书《砭愚》。程颐担心引起争端，改《订顽》为《西铭》，改《砭愚》曰《东铭》。《西铭》综合了古来圣贤所发明的人生至善理论。认为天地万物，在理上是一体的，因此只有廓然大公，无一毫自私，融化洞澈，使物我之间没有隔碍，这样才可以契会仁之本体。《西铭》的宗旨就是发挥仁之本体，使学者可以实践。

在《正蒙·诚明篇》中，张载说："形而后有气质之性，善反之，则天地之性存焉。"这是张载对宋以前人性论的创新之处，认为天命流行并赋与万物的纯粹至善者为天地之性。气聚成形之后，万物的性质有纯驳偏正的差异，这便是气质之性。要是能变化气质，则天地之性不失其初，便能复于本然之善。天地之性并非独立于气质而存在，而是寓于万有之中的。气质之性也不是纯出于恶，只是气质有所杂糅，因此有善与不善。他告诉学者一方面应当变化气质之恶以进于善，另一方面需要扩充善者。张载认为学者修养之功，莫先于变化气质。而能变化气质的，无非是此心而已。

张载与其他宋儒一样，都排斥佛教以维护圣人之道。但是张载对佛教的批评，更多是从佛教哲学方面提出的，而不是从社会伦理角度对佛教加以抨击。张载认为佛教不知天命为何物，不能穷理才说万法皆幻。张载还对佛教轮回说提出了批评："谓有识之死受生循环，遂厌苦求免，可谓知鬼乎？"这些对佛教的批判都较粗疏，说明张载对批判对象并无深刻了解，所反映的只是宋儒的排异心态。

张载的学问主要以易为宗，以中庸为的，以礼为体，以孔孟为极。张载深信周礼，认为后世也可实行其中的制度。认为仁政必从确定田亩边界开始，如果田亩边界确定不好，或者田亩边界屡屡更易，就会出现贫富不均，教养无法的恶政。因此他还打算和学生一起买田，实行井田制，可惜没有实行就逝世了。张载的著作有《东铭》、《西铭》、《正蒙》、《经学理窟》、《易说》等。其中《西铭》旨意尤其纯粹广大，二程门下专以《西铭》开示来学。

（江巨浪）

Zhang Binglin

章炳麟 Zhang Binglin（1869.01.12～1936.06.14）中国学者，哲学家，近代民主革命思想家。又名绛，字枚叔，号

太炎。以政治观点激进、敢于直言著称。曾在《时务报》、《民报》等多家报纸任主笔、撰稿人，写过不少分析印度局势的文章。流亡日本期间，接触了一些在日本学习的印度人，进而影响了他对印度和亚洲的看法。曾在1908年4月第20期《民报》上以《支那印度联合之法》为题发表数篇关于印度的重要文章。

章炳麟有关印度的早期评论体现在他与著名改革家**康有为**的一次讨论中。他认为，印度人之所以接受英国的统治，是因为他们有过被外族统治的历史，特别是莫卧儿王朝。

20世纪早期的中国涌现出大量关于“亡国”的文学作品，目的是为了弄清印度这样的国家快速衰落的原因。和康有为一样，章炳麟试图将原因归结为印度人民的某些秉性，这些秉性导致了他们被征服的状况。他称：“不知热带之地，不忧冻饿，故人多慵惰，物易坏烂，故薄于所有观念……惟其无所有观念，而视万物为无常，不可执著故……夫薄于所有观念，则国土之得丧，种族之盛衰，固未尝概然于胸中。”这一时期，章炳麟相信中国人并没有印度人这样的弱点。他认为，尽管中国当时面临诸多问题，但亡国并不是其中之一。

1903～1906年，章炳麟被清政府关押入狱。其间他认真研究佛教，改变了对印度的看法。曾在著述中反复称印度为佛教故乡，称印度人为佛教徒。在《支那印度联合之法》中写道：“亚洲之国，汉土在东，梵土在西……汉世多由葱岭往来。”在《印度人之论国粹》文章中讲述了他与一位名为“带氏”的印度友人之间的讨论，两人均认为国粹应当从对历史的思考中产生。他写道：“闻释迦氏言，知梵、汉之情不异，窃沾沾自欣幸。”

1906年出狱后，章炳麟赴日本东京，加入由**孙中山**领导的同盟会，并被委为同盟会机关报《民报》主编，积极参加与改良派的论战。1907年4月参加了当地一些印度学生组织的缅怀16世纪印度统治者西瓦吉的纪念会。在日本期间萌生泛亚主义观念，但也对日本不断增长的霸权主义态势表示批判态度，同时被中印联盟的想法所吸引。对印度人反抗英国统治、争取民族独立的斗争表示支持，认为这是探寻“国粹”的一部分。他写道：“假令印度得独立，一战遂胜英人，文化高下，未必遽胜于昔。”

作为20世纪初中国著名知识分子，他虽未像康有为一样有机会造访印度，但确曾与印度人交流，并试着理解、分析他们的观点，特别是在民族主义和亚洲主义问题上的观点。他还认为中印之间的特殊关系超越了以佛教为基础的传统联系。

（玛妲玉撰　杨衡宇译）

Zhangjia Guoshi Shixi

章嘉国师世系　中国藏传佛教四大活佛世系之一。章嘉国师又称章嘉活佛，除了享有世袭“国师”职衔之外，又位居驻京八大呼图克图之首。

三世章嘉活佛·若贝多杰坐像

一世章嘉活佛·札巴鄂色，**二世章嘉活佛·阿旺洛桑却丹**，**三世章嘉活佛·若贝多杰**。四世章嘉活佛·益西丹贝坚赞（1787～1846），在安多宗喀地方（今青海互助南门峡）出世，藏族。清乾隆五十九年（1794），奉召进京；嘉庆五年（1800），赴西藏拜师学经；嘉庆十一年，在西藏受比丘戒，之后回京任职；嘉庆二十四年，晋升札萨克掌印大喇嘛，全权管理京城**藏传佛教**事务；道光十九年（1839），返回故里安多，担任**郭隆寺**第六十五届法台（住持）。五世章嘉活佛·洛桑土丹达杰（1849～1874），在安多华热地方（今甘肃天祝）出世，藏族。同治元年（1862），赴西藏学经深造；同治九年，回京任职。六世章嘉活佛·洛桑丹增坚赞（1875～1888），藏族，在安多地区出世，在多伦诺尔（今内蒙古多伦）**善因寺**少年早逝。七世章嘉活佛·洛桑班丹旦贝卓美（1892～1957），在安多宗喀地方（今青海互助）出世，藏族。光绪二十五年（1899），奉旨进京，安心闻法学经。后被封为京师札萨克掌印喇嘛，并掌管京城各寺院及多伦诺尔**汇宗寺**、善因寺，以及山西**五台山**镇海寺、善乐寺、广安寺和青海郭隆寺等。1957年在台湾去世。

清代，尤其康熙、雍正和乾隆三朝，对历辈章嘉国师虽极礼遇，但章嘉国师不大过问政治。清末，章嘉活佛实际仅限于在蒙古族聚居区和藏族聚居区从事宗教活动。

（尕藏加）

Zhangxi Nühuang

《章西女皇》 *Jhansi Ki Rani*　印度印地语电影。又名《虎与焰》。1953年上映。S.莫迪执导并担任主演，梅赫塔布饰演女主角拉克希米·巴依。影片取材自1857年印度民族起义中的女英雄章西女皇的历史事迹。19世纪中叶，出身没落婆罗门的女孩玛奴自幼精通武艺，一次偶然的机会被章西土邦的国

《章西女皇》剧照

师相中，将她嫁给年长无能的章西王公甘伽特尔·拉奥，并改名拉克希米·巴依。王公去世后，指定养子继承王位，并由拉克希米·巴依代理政事。英国东印度公司拒绝承认养子的继承权，企图乘机吞并章西土邦。作为章西女皇的拉克希·米巴依率兵坚守城堡，身先士卒与英军战斗，不幸身负重伤，壮烈牺牲。该片服装道具与布景较为考究，战争场面宏大，是印度历史题材电影的代表作之一。20世纪50年代与《流浪者》一道，成为首批中国引进的印度电影，由长春电影制片厂译制，在全国各地上映，深受观众欢迎。章西女皇的人物形象也因此为中国观众所熟知。

此外，印度作家V.沃尔马曾于1946年发表同名印地语长篇历史小说。作品详尽叙述了章西女皇从幼年到牺牲的生平经历，展现出19世纪中叶印度社会的历史面貌，是印地语历史小说的重要代表作之一。小说于1954年获印度政府授予的最佳小说奖。曾被译为英语、俄语、捷克语等语言。中文译本由殷洪元、马孟刚根据1956年印地语第6版译出，1987年出版。

（张书剑）

Zhang Xun

章巽 Zhang Xun（1914.04.23～1994.12）中国历史地理学家。笔名丹枫，浙江金华人。在中印古代交通史和航海史等

研究领域发挥过积极作用。

1930年，章巽考入浙江大学文理学院。攻读半年后，因学校停办部分文科专业，转至南京中央大学（今南京大学）历史系。1934年毕业后，赴天津南开中学任教一年半。后辗转上海、香港、重庆等地，先后在《大公报》和中华书局担任编辑，并在重庆中央大学历史系任教一年。1944年春，以《大公报》特派员身份赴美，先后于哥伦比亚大学、约翰斯·霍普金斯大学和纽约大学研究院求学，获文科硕士学位。1947年夏回国，受聘为重庆中央大学历史系教授。1956年起担任复旦大学历史系教授。

章巽长期致力于中国古代航海史和中西交通史的研究，著作甚丰。1952～1956年，编译《世界历史地图》三册，并与顾颉刚合编《中国历史地图集》(1955)。其专著《我国古代的海上交通》(1956) 曾被译成俄文，于1960年由莫斯科苏联国家科学出版社出版。其他著作包括《大唐西域记（校点本）》(1977)、《古航海图考释》(1980)、《法显传校注》(1985)。编译有《中亚古国史》(1958)，主编《辞海》(1979) 中西交通史部分及《中国航海科技史》(1991)。其26篇学术论文于1986年被汇编成《章巽文集》出版，成为深入研究航海史及中西交通史的珍贵文献。

章巽在促进中印文化交流方面最为突出的贡献是对《大唐西域记》和《法显传》(见《佛国记》) 两部佛教史籍的校勘和整理。《大唐西域记（校点本）》以金陵刻经处1957年刊行的《大唐西域记》为底本，充分利用敦煌唐写本残卷等多个版本，修正了传刻过程中的诸多讹误。但因该书编定之时正值“文化大革命”中期，原拟编入的注释、前言和多条校勘记均被删去，一定程度上折损了该书的学术价值。在撰写《法显传校注》的30年间，他搜集、整理了大量史料，精选《法显传》北宋本、南宋本、金刻本和存于日本的两种古抄本为底本，进行了严谨的对勘和注释工作。这两部著作为后辈学人研究中印古代交通往来和古印度疆域、地理、历史、文化、风土、宗教等提供了宝贵的参考资料。在对比研究《法显传》和《水经注》时他指出，《水经注》中包含大量摘引自《法显传》却被错误理解和使用的印度地理概念，如“恒水”、“中国”、“新头河”、“太子箭泉”等。此外，在进行航海史研究的过程中，对东汉以来中国与印度洋地区海上交往的发展和特征也进行了细致的考察。特别指出佛教经籍对研究中国航海史的独特意义，并从中国和天竺僧人的传记中挖掘出大量有关中印通航路线、海上商贸活动和港口的重要信息，为研究古代中印文化交流作出了积极贡献。

（贾岩）

Zhao De

赵德 Zhao De（约活动于前1世纪中期）中国西汉时期官吏。曾出使罽宾。汉元帝刘奭（前76～前33，前49～前33年在位）时任军侯，出使罽宾国，与罽宾国王阴末赴失和，被锁链捆绑，所带使团副使以下七十余人被杀。《汉书·西域传》称：阴末赴后“遣使者上书谢。孝元帝以绝域不录，放其使者于悬度，绝而不通”。

（张亚冰）

Zhao Guohua

赵国华 Zhao Guohua（1943.06～1991.11）中国梵文学者。中国社会科学院亚洲太平洋研究所研究员。在中印文化交流史中起过积极的作用。黑龙江哈尔滨人。1960～1965年就读于北京大学东方语言文学系梵语巴利语专业，师从季羡林与金克木。1965～1978年在中国科学院历史研究所工作，自1978年起，先后进入中国社会科学院北京大学南亚研究所、中国社会科学院亚洲太平洋研究所工作。

自梵文译出印度两大史诗之一《摩诃婆罗多》的插话《那罗与达摩衍蒂》

赵国华《生殖崇拜文化论》封面

(1982)。1986年与金克木、席必庄合作译出《摩诃婆罗多》第1卷。同时翻译了《沙恭达罗》、《洪水传说》等10余篇《摩诃婆罗多》插话，编入《摩诃婆罗多插话选》(1987)。1988年完成《生殖崇拜文化论》一书，从八卦符号和半坡鱼纹入手，独辟蹊径，大胆创新，利用广博的学识，贯穿古今，提出具有理论意义和世界意义的问题，探讨了人类的生殖崇拜文化，为生殖崇拜文化这一门学问开辟了一个新天地。遗稿《印度古代神话》于1993年出版，介绍了印度早期神祇传说及创世神话。发表学术论文10余篇，包括《关于洪水传说》、《印度古典叙事长诗〈那罗传〉浅论》等印度史诗相关研究论文，《印度古代文学（一）》等5篇系列论文，介绍了印度古代文学发展及主要作品；《论孙悟空神猴形象的来历——〈西游记〉与印度文学比较研究之一》(上、下)、《论中国的献人供妖与义士除害型故事——〈西游记〉与印度文学比较研究之二》、《热与光：苦行与精进——略论中印太阳和火神话及相关的宗教问题》等中印比较文学论文。

（任筱可）

Zhao Jingshen

赵景深 Zhao Jingshen（1902.04.25～1985.01.07） 中国戏曲史家，戏曲理论家，民间文艺学家，翻译家。字旭

初，笔名邹啸。祖籍四川宜宾，生于浙江丽水。在中印文化交流方面具有积极影响。

1922年，赵景深任职于天津新民意报社，并任文学团体绿波社社长。1930年，任复旦大学教授。1933年起，专心致力于古代戏曲研究，搜集了丰富的戏曲史料，以严谨的治学态度，考证作家生平、作品本事与版本渊源。

赵景深《小说戏曲新考》封面

同时，十分重视民间戏曲，强调民间戏曲的地位与作用，并系统研究前人戏曲理论，为戏曲批评史的研究开辟了道路。此外，对古典小说、民间文学、曲艺亦有大量研究。主要著作有《小说戏曲新考》(1939)、《戏曲笔谈》(1958)、《曲论初探》(1980)、《民间文学丛谈》(1982)、《中国戏曲丛谈》(1986)等。

在绿波社期间，赵景深曾撰写《泰戈尔传》(1923)，向中国民众介绍了行将访华的印度诗人R.泰戈尔，发表于《新民意报副刊》。翻译《吉檀迦利》中的部分诗篇，登载于绿波社旬刊《绿波旬报》(1923年第5期)。

在学术研究过程中，赵景深对中印两国民间文学及俗文学等领域的关系进行了论述。在民间文学方面，曾撰写《弹词考证·白蛇传》(1938)，指出《白蛇传》的故事起源于印度，后传入中国和希腊。在俗文学研究方面，针对胡适等学者在论述中国俗文学时多从印度找依据的学术现象，提出中国俗文学在早期可能受到印度影响，后由于本土文化的强大生命力与包容性而逐渐中国化，客观地阐述了中国俗文学的自我发展与受印度影响的关系，完善了学界观点。

（王凌男）

Zhao Rukuo

赵汝适 Zhao Rukuo（1170～1231） 中国南宋学者。字伯可，浙江临海人。著有中西海上交通史著作《诸蕃志》。

1983年，在浙江省临海市郊区发现了赵汝适的墓志铭碑，据此墓志铭及《宋史》等相关资料，可知赵汝适为宋太宗赵炅（976～997年在位）八世孙，南宋绍熙元年（1190）登上仕途，一路顺利，每有升迁。至嘉定十六年（1223）为南剑州（今福建南平）知州，十七年升任福建路市舶提举，负责管理外国船只出入港检查、接待进贡使者与蕃商、货物检查、海难拯救及诸贸易事项。宝庆元年（1225），又兼管泉州市舶。后在江西、浙江等地辗转为官，直至绍定四年（1231）七月因病致仕，归故里，不日而卒。

自嘉定十六年至宝庆元年前后约3年间，赵汝适为撰写《诸蕃志》准备了

柬埔寨吴哥巴芳寺 赵汝适所著《诸蕃志》“真腊”条记载：“西南隅铜台上列铜塔二十有四，镇以八铜象。”其中所指的铜台就是巴芳寺

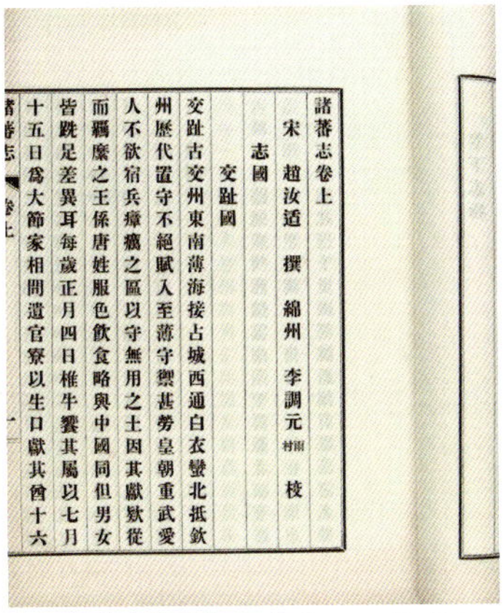
諸蕃志卷上

宋 趙汝适 撰 綿州 李調元 村 校

志國

交趾國

交趾古交州東南薄海接占城西通白衣蠻北抵欽州歷代置守不絕賦入至薄守禦甚勞皇朝重武愛人不欲宿兵瘴癘之區以守無用之土因其獻欵從而羈縻之王係唐姓服色飲食略與中國同但男女皆跣足差異耳每歲正月四日椎牛饗其屬以七月十五日爲大節家相問遺官寮以生口獻其酋十六

諸蕃志 卷上 一

赵汝适《诸蕃志》日本大正三年(1914)民友社刊本书影

翔实的资料。据其《诸蕃志·序》，该书杀青于宝庆元年九月。书中所记宋时与海外的交通与贸易情况颇详，对于研究当时中印交通、贸易与文化交流具有重要价值。

（薛克翘）

Zhaozhou Tuoluoni Jingchuang

赵州陀罗尼经幢 Dharani Sutra Pillar at Zhaozhou　中国北宋经幢。位于河北赵县（古称赵州）原开元寺旧址。建于景祐五年（1038），由礼宾副使、赵州知州王德成督办，赵州人何兴、李玉等人建造。传高约18米，1984年修缮时实测高度为16.44米，是国内现存经幢中最高的一座。幢体全部采用石料叠砌而成，外形似塔，当地人称之为石塔。

经幢基座部分为八角形须弥座，刻

赵州陀罗尼经幢

有佛像、坐莲菩萨、金刚力士、善男信女、歌舞乐伎及蟠龙、祥云、山峰、宝塔、长廊、莲花等，其中束腰部东、西、南三面刻有妇女掩门图案，形象逼真，仪态优美，富有生活气息。这是宋代造型艺术中特有的题材和手法，是佛教中国化的一个典型表现。幢身为八棱形石柱，共6层。第一层刻有“奉为大地水陆苍生敬造佛顶尊胜陀罗尼幢”18字篆书。第二、三层刻有《陀罗尼经咒》等楷书字印，方整有致，书体秀雅，笔势遒劲，向来被视为书法妙品。其余各层刻有佛教人物、经变故事、殿堂楼阁、狮象动物、吉祥花卉等，均精美富丽，其中“太子游四门”图、讲法图、佛涅槃图等，栩栩如生。幢顶为桃形铜质火焰宝珠，庄严清秀。整座经幢气势雄伟，造型挺拔，轮廓清逸，雕饰精美，是宋代佛教文化和雕刻艺术完美结合的产物。

赵州陀罗尼经幢原系开元寺内建筑之一。后开元寺毁，仅此经幢得以幸免。1961年3月，此经幢被列为首批全国重点文物保护单位。1983年8月，突遭雷击而致局部损毁。1984年进行局部修缮，1990年得到全面修复。

（王汝良）

Zhao Lun

《肇论》　中国佛教论文集。1卷。作者为后秦高僧僧肇（384～414），系后人汇编而成。《肇论》(T1858号）上承**龙树**、**鸠摩罗什**之般若中观学，下启中国佛教的三论宗，对当时汉地佛学经常争论的空有、动静、因果、名实、般若、涅槃等重要问题，均有论及。其哲理性强，结构严谨，语言凝练，是中印思想交互诠释的典范，为历代缁素所重，注疏繁多。

历史上《肇论》的结构与顺序是有所变化的。现行本《肇论》主要包括《宗本义》、《物不迁论》第一、《不真空论》第二、《般若无知论》第三（附与刘遗民之往返书信）和《涅槃无名论》第四。书前还有小招提寺沙门慧达所作的序言。其中，后四篇的结构与次第，最早见于刘宋陆澄所选《法集》的目录，而《宗本义》则至南朝陈时，才加入《肇论》之中，并置于最前。然而慧达的《肇论疏》中所保留的顺序又与之不同，其上卷释《涅槃无名论》和《不真空论》，中卷释《般若无知论》和《物不迁论》，下卷缺。

《肇论》的篇目次第与僧肇的写作顺序也不一致。其写作顺序当为：《般若无知论》(405)、《不真空论》(410)、《物不迁论》(410) 和《涅槃无名论》(413)。《肇论》这一结构次第的形成，有一定历史原因，也体现出汇编者对其思想内在联系的理解。

《肇论》所收篇章还存在真伪的问题。其中，《物不迁论》、《不真空论》和《般若无知论》的真实性是无疑的；《宗本义》真假难辨，但其基本思想与僧肇其他诸论并无矛盾；《涅槃无名论》则自宋代以来就多有怀疑，目前尚无定论。

《肇论》的入藏时间较晚，迟至明末刊刻《嘉兴续藏》时才单独入藏。而在中国佛教思想史上，该论具有重要地位和意义。《不真空论》写作之际，时

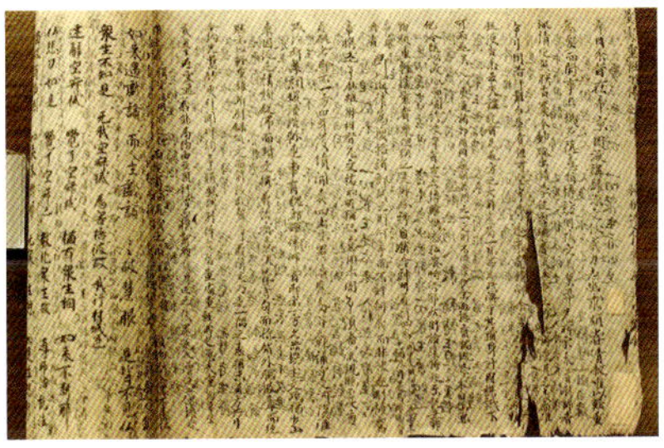

《肇论》唐写本书影

人于印度佛理与思维习惯不太熟悉，在玄学思潮与格义佛学的影响下，多以玄解佛，以本土思维强解般若，以固有概念比附空理，从而对般若和空等观念，形成诸多见解而各成一家，有“六家七宗”之谓。僧肇在鸠摩罗什门下诸弟子中号称“解空第一”，其所作《不真空论》虽仍不免以玄学字眼来表述，但于“空”的理解却不同于过去或执于有、或执于无之两边，而以“不真”释“空”，被认为是直承龙树、鸠摩罗什之学，为后来三论宗的兴起做了铺垫。《肇论》其他诸篇，也论及很多当时汉地佛学的重要问题，所提出的相关见解，被认为于印度佛理多有契合，于时人误解也多有修正。

《宗本义》阐述本无、实相、法性、性空等，其最大特点是“般若”与“智巧”的统一。一方面“大慧”包括“般

若”自身，体认“诸法实相”；另一方面也包括“沤和”功用，适化众生。《物不迁论》初看似反对佛教“无常”主张，细观则乃针对常情之“有物流动”，且为佛教因果不失作证明。说明佛教之因果不失，修佛可成。《不真空论》立论目的在于针对当时解空之偏颇而作，阐明空理真意。论中僧肇破斥了“心无”、“即色”与“本无”三家，直指其弊，并就有与无，名与实等关系详加辨析，认为诸法虚假，所以不真，虚假不真，所以是空，故不真即空。《般若无知论》乃针对坚持般若有知而有所取著之观点而作，讨论的是佛教以智观空的问题。该论可分两部分，前分通说，标立宗旨；后分问答，深入阐发。该论写成后，曾呈予鸠摩罗什审阅，获高度赞扬，后又于407年传至庐山慧远（334～416）和刘遗民（352～410）处。刘遗民读后，多有感慨，将其与何晏相类比，颇为赞叹。《涅槃无名论》亦有伪作之嫌，传僧肇有鉴于时人不解涅槃，适逢秦王姚兴（366～416）与安成侯姚嵩（？～416）有关涅槃之问答，故以敷衍发挥姚兴之说，并在某些方面委婉地改正了姚兴的错误见解，而成《涅槃无名论》。全论分为两部分：其一为《奏秦王表》，申说造论缘由；其二为本论，即九折十演。全论内容在于厘清对涅槃的疑难和误解，表达涅槃寂寥虚旷，超言离相的特性，故以“涅槃无名”为名。

《肇论》的注疏繁多，据《肇论集解令模钞》记载，仅自唐至宋的疏钞注解就有二十余家。目前保存下来的注疏主要有：陈慧达撰《肇论疏》2卷（原3卷），唐元康撰《肇论疏》3卷，宋遵式撰《注肇论疏》6卷，宋净源集《肇论中吴集解》，宋净源述《肇论集解令模钞》2卷，宋悟初、道全集《梦庵和尚节释肇论》2卷，元文才述《肇论新疏》3卷、《肇论新疏游刃》，明真界解《物不迁论辩解》，明德清述《肇论略注》6卷等。

（杨祖荣）

Zheda

遮打，C.P. Catchick Paul Chater（1846.09.08～1926.05.27）亚美尼亚裔商人。生于印度加尔各答。在中国香港的早期发展中起到了重要作用。香港有多处以“遮打”命名的场所，如香港岛中环的“遮打花园”。

1864年，遮打抵达香港，任职于利生银行。在沙逊集团的帮助下从事股票代理并大获成功。1868年，与印度籍波斯商人H.N.么地合伙创立遮打与么地公司。主要成就在房地产开发领域，促进了港岛中环大部分地区的发展。1886年，创立香港九龙码头及货仓有限公司，致力于开发位于九龙港和香港岛西北的坚尼地城。其最大规模的项目是香港岛北部沿海的填海计划。1889年创立香港电灯公司，使香港成为亚洲最早有电力供应的城市之一。1896年，被任命为香港行政会议成员，以嘉奖其为香港发展作出的贡献，1902年被英国皇室封爵。赞助过印度的诸多机构，包括其母校马帝尼耶书院。

遮打逝世后将大部分财产赠予香港。曾收藏有包括中国沿海地区港口生活图像在内的大量艺术品。多数藏品在日本入侵香港时被毁，留存部分现陈列在香港艺术馆。

（玛妲玉撰　何赟译）

Zhelouqibaluopo

遮娄其拔罗婆 Cālukya Pallava 《旧唐书》所记古代印度南天竺国王。实则误以两个国名为王名。据《旧唐书》卷一九八《西戎列传》，于武则天天授二年（691，《新编唐会要》中载为天授三年）与西天竺王尸罗逸多、东天竺王摩罗枝摩、北天竺王娄其那那、中天竺王地婆西那同至唐朝觐并进贡礼物。

（何赟）

Zhebang Si

哲蚌寺 vbras spungs dgon 中国藏传佛教格鲁派重要寺院，与色拉寺、甘丹寺并称拉萨三大寺。全称吉祥哲蚌寺。其名源于印度南方一地名，据说该地建有一座名为吉祥哲蚌的古塔，佛陀（见释迦牟尼）在此初传《时轮金刚经》，遂成佛教圣地。位于西藏拉萨西郊更丕乌孜山下。

哲蚌寺由宗喀巴弟子绛央却杰·扎西班丹（1379～1449）于1416年在拉萨近郊创建，并担任寺院法台（住持），直至逝世。他传扬宗喀巴显密兼容的佛学思想，注重显宗教理的系统修习。

哲蚌寺初建七大扎仓（学院）：罗赛林扎仓、郭芒扎仓、德阳扎仓、阿巴扎仓、夏果扎仓、杰巴扎仓和杜瓦扎仓。后来夏果扎仓、杰巴扎仓并入罗赛林扎仓，杜瓦扎仓并入郭芒扎仓，遂形成四大扎仓格局。阿巴扎仓是学僧专门修持密法和举行密宗仪式的场所，其余三大扎仓均为主攻五部大论的显宗学院。

格鲁派高僧大德多出自哲蚌寺郭芒扎仓和罗赛林扎仓，其教法仪轨广传于多康地区，并兴建了众多一脉相承的著名寺院，如塔尔寺、郭隆寺、却藏寺、赛柯寺、拉卜楞寺、拉莫德钦寺等。

哲蚌寺是藏族、蒙古族地区历史上规模最大、寺僧最多、级别最高的佛教大寺院，寺僧数定额7 700，实则逾万，位居拉萨三大寺之首，享有格鲁派第一大僧院之誉。自二世达赖喇嘛确立为哲蚌寺大活佛后，哲蚌寺又成为二世至五世达赖喇嘛的驻锡地。哲蚌寺亦是清代西藏噶丹颇章政权的发源地，在西藏政教合一制度史上居于崇高地位。

哲蚌寺培养了许多精通藏文、梵文的佛学家和译经家，收藏了大量藏文典

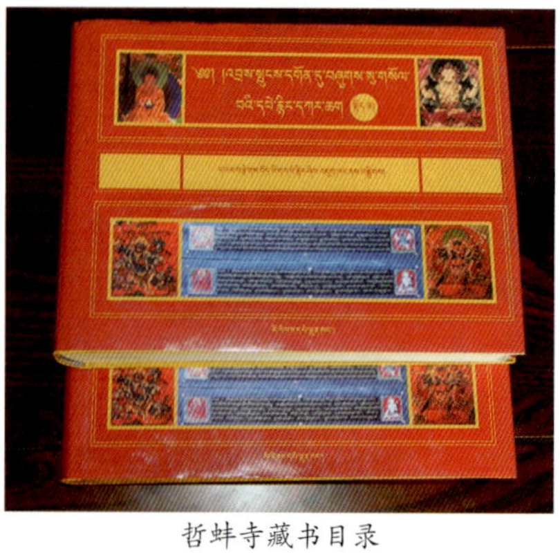

哲蚌寺藏书目录

哲蚌寺一角

籍和一些梵文贝叶经，成为中印文化交流的中心之一。近代以来，格鲁派传入印度，建造了不少格鲁派大型寺院，如印度南部的哲蚌寺（位于卡纳塔克邦芒果志地区），现约有4 500多名僧侣。

（尕藏加）

Zhebuzundanba Hutuketu Shixi

哲布尊丹巴呼图克图世系 中国藏传佛教四大活佛转世系统之一。哲布尊丹巴被认定为累世推广藏传佛教格鲁派、护持蒙古而由喀尔喀四部共奉之呼图克图。该活佛世系始于明末，其前身存有二说，其中以藏传佛教觉囊派高僧多罗那他之转世说为主流观点。

一世哲布尊丹巴·洛桑丹贝坚赞像

清朝政府极为器重哲布尊丹巴呼图克图，扶持他在漠北蒙古喀尔喀诸部中成为宣扬教化之宗教领袖，以分享藏传佛教格鲁派的至高地位和宗教权威。雍正时，清政府动用黄金十万两，在库伦（今蒙古国乌兰巴托）建造第一座藏传佛教大型寺院，由历辈哲布尊丹巴呼图克图住持，其地位与达赖喇嘛、班禅额尔德尼等同。

哲布尊丹巴世系为：一世哲布尊丹巴·洛桑丹贝坚赞；二世哲布尊丹巴·洛桑丹贝仲美（1724～1757）；三世哲布尊丹巴·益西丹贝尼玛（1758～1774）；四世哲布尊丹巴·洛桑土丹晋美嘉措（1775～1813）；五世哲布尊丹巴·洛桑慈臣晋美丹贝坚赞（1815～1841）；六世哲布尊丹巴·阿旺洛桑绛白丹增慈臣嘉措（1842～1849）；七世哲布尊丹巴·阿旺却吉旺秀赤列嘉措（1850～1869）；八世哲布尊丹巴·阿旺洛桑却吉尼玛丹增旺秀（1870～1923）；九世哲布尊丹巴·蒋巴南卓确吉坚赞（1932～2012）。

清朝政府有一条不成文的规定，历代哲布尊丹巴呼图克图圆寂后，其转世灵童须在前后藏或多康等藏族聚居区寻访和认定，禁止在蒙古族聚居区或蒙古族中出世。因此，除一世、二世哲布尊丹巴呼图克图为蒙古族外，其余各辈皆为藏族聚居区出生的藏族后裔。历代哲布尊丹巴呼图克图的驻锡地为漠北库伦丹巴达吉林大寺（在今蒙古国境内）。

（尕藏加）

Zhegushi Aoyishu

《鹧鸪氏奥义书》 *Taittirīya Upaniṣad* 印度古代哲学文献。数百种奥义书之一。约产生于公元前800～前500年。主要论述了梵我关系问题、伦理问题，还论及古代印度婆罗门教等宗教教派修行方面的一些问题等。梵本在当代中国被译成了汉文。较早的汉译本由徐梵澄译出，收入《五十奥义书》（中国社会科学出版社，1984）中。黄宝生也将此译成汉文，收入《奥义书》（商务印书馆，2010）一书中。

（姚卫群）

Zhengu

贞固 Śālagupta（约活动于7世纪后半叶） 中国唐代译经僧人。郑州荥泽（今河南郑州）人。梵名娑罗笈多，意译贞固。据《大唐西域求法高僧传》卷下，高宗永昌元年（689）十一月一日，因义净的邀请，贞固从广州乘船到室利佛逝，协助义净译经。长寿三年（694）夏随义净返回广州，不到3年而亡。

（王邦维）

Zhendi

真谛 Paramārtha（499～569） 印度来华僧人，译经家。音译波罗末陀，又名拘那罗陀。

据《历代三宝纪》卷十二、《续高僧传》卷一等，真谛为西印度优禅尼国人，原姓颇罗堕，出身婆罗门种姓。自幼聪敏强记，富有辩才，风神超拔，气宇不凡，曾游历诸国，遍访名师，通晓婆罗门教四吠陀和佛教三藏经典，尤其精于大乘理论。他以弘道为怀，不畏险阻，曾泛海至扶南国（位于今中南半岛南部）。南朝梁大同年间（535～545），武帝利用直后（官名）张汜送扶南使者返回的机会，命他访求名僧大德和大乘经典。当时真谛已年垂五十，仍欣然应请来华。梁中大同元年（546），他携带梵本经论240夹到达南海郡（治所在今中国广州）。后再行北上，一路经停多处，至梁太清二年（548）八月始达京城建康（见南京）。武帝安排他住宝云殿，竭诚供养。正待译经，遭遇侯景之乱，只好杖锡东行，于太清四年到达富春（今浙江富阳）。县令陆元哲对他深加礼敬，后延请饱学沙门宝琼等20余人，布置译场，请他主持译事。在这里他译出了《十七地论》(即《瑜伽师地论》）和《中论》等经典。梁大宝三年(552)，受侯景之邀，返回建康，住于台城。不久侯景兵败逃遁，梁元帝即位，改元承圣，他亦迁居正观寺，和愿禅师等20余人翻译《金光明经》。梁承圣三年（554)，他前往豫章（今江西南昌)，住宝田寺。自此至敬帝绍泰三年(557)，他曾辗转住于新吴（今江西奉新）美业寺、始兴建兴寺以及南康等地。到南朝陈永定二年（558)，他再到豫章，住栖隐寺；旋又转往临川（今江西抚州)、晋安（今福建晋江）等地。陈天嘉二年(561)，他从晋安乘小舟抵达梁安郡（今广东惠阳一带)，住建造寺翻译讲经。待译事告一段落，即欲换乘大船返国。学生徒众知道后相继前来挽留，太守王方奢亦诚意相邀，他只好暂时住下。次年九月，他得以泛海西行。但风向转变，到十二月竟又漂还广州。刺史欧阳頠请他为菩萨戒师，住制旨寺。从陈天嘉四年到光大二年（568)，真谛应慧恺、僧忍、欧阳頠等请，翻译并讲解了《大乘唯识论》(即《唯识二十论》)、《摄大乘论》、《俱舍论》、《律二十二明了论》等。到光大年间，弟子慧恺已能代他向其他同门弟子传讲《俱舍论》。此时真谛渐生厌世之意。光大二年六月，他自往南海北山，打算自尽。慧恺闻讯即与道、俗两众奔走追寻，苦劝挽留，刺史欧阳頠亦再拜相求。3日后他终于答应回来，留居王园寺。同年八月，慧恺讲《俱舍论》不到半部而中途病故。因为担心《摄大乘论》和《俱舍论》无人再传，他便召来道尼、智敫等12人，勉励他们誓弘二论，不使断绝。陈太建元年（569）正月，真谛去世，享年71岁。次日移遗体至潮亭，按天竺习俗焚身起塔。他一生以弘传佛教为己任，自奉极俭。去世后，弟子分回各地，传其所学，逐渐形成摄论师学派。

真谛来华23年，虽身处乱世，但仍于辗转流寓处译经讲论不辍，其劳作之勤，罕有其匹。他所译经，数量巨大，《续高僧传》称有64部278卷，《历代三宝纪》所载则为48部232卷，《开元释教录》刊定为38部118卷。今存32部，主要有《阿毗达磨俱舍释论》22卷、《大乘唯识论》1卷、《摄大乘论》3卷、《摄大乘论释》15卷、《中边分别论》2卷、《四谛论》4卷、《大乘起信论》1卷、《部执异论》1卷、《金七十论》3卷等，大多为佛教研究的重要典籍。其中《摄大乘论》和《摄大乘论释》乃是南朝摄论学派的主要理论依据，他也因此被尊为摄论宗之祖。《金七十论》则是研究印度教数论哲学的重要典籍。他在华弘扬的，主要是无著、世亲的瑜伽行派学说。在这方面的传译，他与其前的菩提流支不同，也与其后的玄奘不同。他的不少译本，玄奘常予重译。玄奘门下对其译文的指斥常常过分，乃至出现新旧译之争。两家差异的出现，主要还是由于学说的渊源不同。他的翻译，虽然文字时显艰涩，或掺入了个人的解释，但大都保存了原经的真实面目，就其师承来说，亦无不妥。他的翻译，经常配合讲解。由此看来，他不仅是卓越的翻译家，也是渊博的义学大师。

（葛维钧）

Zhenjue Si Jingang Baozuo Ta

真觉寺金刚宝座塔 Vajrasana Pagoda at Zhenjue Temple 中国明代经幢。金刚宝座塔源于印度佛教密宗。密宗以五方佛宣扬“五佛显五智”之说，即代表法界体性智的中央大日如来、代表大圆镜智的东方阿閦佛、代表平等性智的南方宝生佛、代表妙观察智的西方阿弥陀佛、代表成所作智的北方不空成就佛。金刚宝座塔，即为表现金刚界五佛同居于一方形宝座之上的特殊供养模式。在中国，凡仿照印度菩提伽耶式建造的佛塔均被称作金刚宝座塔，但与原印度样式又有所不同，是一种中印风格兼具、汉藏艺术交融的建筑样式。

真觉寺金刚宝座塔，坐落于北京市海淀区西直门外白石桥以东的长河北岸。据史料记载，明成祖永乐年间(1403～1424)，有名为板的达的印度僧人进京献金佛五尊，同时献上古印度菩提伽耶式金刚宝座塔模型。明成祖朱棣封板的达为大国师，为其建造真觉寺，并依模型修造了金刚宝座塔，以供奉五尊金佛。全部工程至明宪宗成化九年(1473）始告竣工。现今金刚宝座塔正门尚存一块“敕赐金刚宝座”的匾额，上刻“大明成化九年十月初二建”字样。清乾隆二十六年（1761)，寺、塔经大规模修缮。20世纪初，真觉寺四重殿宇均圮毁，唯金刚宝座塔硕果仅存。

真觉寺金刚宝座塔为内砖外石结构，由宝座和五塔组成。五塔立于宝座之上。宝座呈方形，共6层。底层为须弥座基，遍刻梵藏经文和法轮、法螺、宝伞、白盖、莲花、宝罐、金鱼、花瓶、狮子、大象、孔雀、金翅鸟等；上砌5层高台，各层四面密布佛龛，内置表情恬静的坐佛多尊。宝座前后各辟券门，内有石阶梯，可盘旋而上，通向宝座顶端。宝座之上为五座方形密檐式佛塔，亦分别由须弥塔基、塔身和塔刹组成。中心主塔高8米，13层，据传印度僧人进献的五尊金佛即珍藏于主塔之中。须弥塔基遍刻五佛坐骑、菩萨、菩提树、金刚杵、四大天王、降龙伏虎、法轮、罗汉等，南面正中刻佛足迹一对，象征“佛迹遍留天下”之意。塔身刻有佛像，顶端则为仰莲、相轮、华盖、宝珠组成的覆钵式铜制塔刹。四隅辅塔与主塔形制相同，浮雕题材类似，但稍低，皆高

真觉寺金刚宝座塔

7米，11层。四辅塔簇拥中心塔，错落有致，和谐匀称。在主塔南侧，建有一座罩亭，以供遮风避雨。罩亭非但没有破坏整座金刚宝座塔的风格，反而使之更具神韵，更富中国建筑特色。

真觉寺金刚宝座塔高大稳固，造型别致，雕刻精美，塔内曾发现佛像和舍利等珍贵文物。此塔整体造型虽源于印度，但其比例、构件、纹样、技法，皆体现出鲜明的本土风格，是中印文化、汉藏文化完美结合的典范。据记载，真

真觉寺金刚宝座塔塔身上的金翅鸟

觉寺金刚宝座塔经历多次地震却稳如泰山，完好如初。在近代，真觉寺毁于兵燹，唯此塔得以幸存。1961年，真觉寺金刚宝座塔被列为首批全国重点文物保护单位。

（王汝良）

Zhenli

真理 （约活动于10世纪） 西印度来华僧人。据《佛祖统纪》卷四三，真理与法见、可智一起于北宋开宝五年（972）来到宋朝都城汴京（今河南开封），宋太祖赵匡胤接见并赐紫方袍。

（薛克翘）

Zhentuoluobiduo

真陀罗秘多 Chandrapida（生卒年不详） 迦湿弥罗卡尔科塔王朝国王。约712～720年在位。卡尔科塔王朝于627～855年统治克什米尔及印度西北部部分地区。据《新唐书》记载，唐玄宗开元元年（713），迦湿弥罗（见罽宾）国王遣使者至唐玄宗宫廷。中国史籍中，此王被称为真陀罗秘利。据考证，真陀罗秘利即真陀罗秘多。

真陀罗秘多所以遣使觐见唐玄宗，系因当时吐蕃势力日益壮大，对唐帝国和迦湿弥罗均构成威胁。此外，印度西北部信德地区的阿拉伯势力也在扩张，

克什米尔山地风光

向北节节推进。真陀罗秘多遣使远行，意在与唐皇帝结盟，或获取政治军事援助。但尚无证据表明唐曾给予迦湿弥罗国军事援助。开元八年，唐玄宗遣使赴迦湿弥罗，册封真陀罗秘多为王。而在克什米尔编年史籍《王河》中，并未提及迦湿弥罗国与中国之间两度互遣使团往来的情况。

在中国使团完成使命之后不久，真陀罗秘多亡故，由其弟多多罗笔塔袭位。两年后，唐军进入伯尔蒂斯坦（位于今克什米尔巴基斯坦控制区境内），攻陷吉尔吉特（位于今克什米尔巴基斯坦控制区境内），驱除吐蕃军队。中国史料记载，迦湿弥罗为在伯尔蒂斯坦的唐军提供了一定后勤支持。这一史实表明，也许在真陀罗秘多在位时期，迦湿弥罗国与中国之间结成了某种联盟。

（玛妲玉撰　刘文亮译）

zhenyan

真言 mantra 密咒。有时也称陀罗尼为真言。音译曼怛罗。印度最古老的文献《梨俱吠陀》即使用了mantra一词，原意是“神圣的声音”。在六七世纪，后期持明密教的典籍中出现了以mantra

六字真言石刻　中国浙江杭州灵隐寺

替代陀罗尼和明咒的现象，目的在于标新立异。汉语中将它译为真言，表示它的真实性和可靠性，以便信徒们对其威力深信不疑。但实际上，真言并没有代替陀罗尼和明咒，而是强化了陀罗尼和明咒，于是，真言、陀罗尼、明咒三个词都被普遍使用，而陀罗尼一词的使用率更高。渐次，三者的含义趋于一致，都被理解为咒语。在7世纪，《大日经》出现，标志着真言乘的形成。真言乘也随之成为密教的主流。在《大日经》中，真言被大量使用，每个神明都有属于自己的真言。此后到金刚乘中，真言被广泛使用。真言中最著名的是六字真言。

（薛克翘）

Zhenyancheng

真言乘 Mantra-yāna 密教的一个发展阶段。以真言大量应用于曼荼罗为显著特点。又称真言教、真言道、真言门、真言行等。约7世纪形成于印度，8世纪传入中国。

真言乘的形成以《大日经》的出现为标志。《大日经》是真言乘的根本经典。据中国学者吕建福研究，《大日经》是对陀罗尼密教和持明密教的总结，建立了一套密教本派学说和教义体系，把密法组织得更加完备，并赋予佛教理论上的内涵，对后来的密教产生了深刻影响。《大日经》的教义可以概括为三句话，即其《住心品》所说的，菩提心为因，大悲为根本，方便为究竟。一行阿阇梨在《大日经疏》卷一里作了解释，认为这是一个因果循环的体系，“犹如世间种子，籍四大众缘，故得生根，如

是次第，乃至果实成熟，名为究竟”，“如从种子生果，果还成种，故以为名也”。在修炼中，真言乘密教强调身、口、意三业和合。为此，《大日经》卷四《密印品》将真言与手印相应，即每一手印都有一相对应的真言，做手印时必诵真言。手印为身业，真言为口业，观想为意业。这样，一面做出手印，一面口诵真言，一面心中冥想，就达到了三业合一的境地。这就是真言乘修法的关键要领。而建立曼荼罗，只是其前奏和铺垫，是营造一个富有氛围的场所。

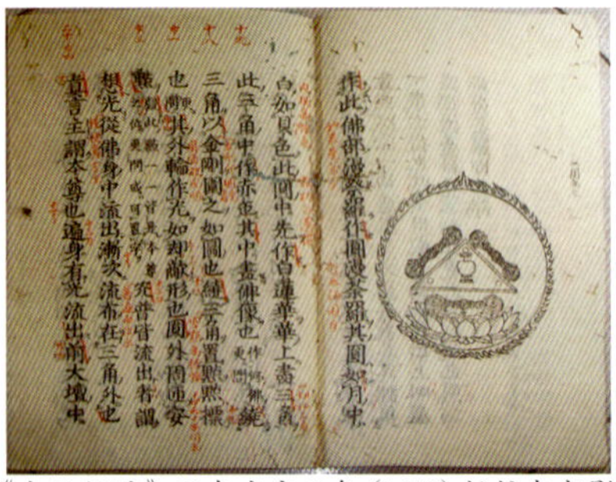

《大日经疏》日本庆安二年（1649）批校本书影

真言乘崇拜的主尊为大日如来，即毗卢遮那佛。大日如来与印度古代日神崇拜有关，也与印度教大神湿婆（其一个名号即毗卢遮那）有关。而佛祖释迦牟尼的祖先即崇拜太阳，认为释迦族出于印度古老的太阳世系。故在《杂阿含经》中，已经有光明之神毗卢遮那。四五世纪时，毗卢遮那已经大量出现于佛经。尤其是《华严经》中，曾将毗卢遮那作为法身佛崇拜。

真言乘的胎藏曼荼罗是一个大型的综合性曼荼罗，其中既包括供养法和画像法，也包括护摩法和成就法，仪轨烦琐、周密。真言乘在胎藏界曼荼罗中组织了一个完整的诸神谱系。提出了“五佛”的概念，并确立了大日如来的中心地位。其余的四佛也均见于先前的佛经，分别为东方宝幢佛、南方开敷华佛、西方无量寿佛、北方不动佛（一说天鼓雷音佛）。除佛部外，《大日经》还列出莲花部和金刚部诸神，并突出了女神的地位。真言乘独领风骚不久，即被几乎同时兴起于南印度的金刚乘所取代。但真言乘的核心义理和修行方法，尤其是曼荼罗法及真言、手印，犹流传很久，影响很大。

真言乘在中国的传播始自善无畏。善无畏于724年译出《大日经》6卷，725年又译出《大日经供养法》1卷，合为7卷。《大日经》开始在中国传播。同时，善无畏在唐朝宫廷内外广收门徒，其门徒中传承其真言密法的弟子主要有中国人一行，以及新罗（朝鲜半岛古国）人玄超、义林和不可思议。一行主要著《大日经疏》20卷，不可思议主要著《大日经供养法疏》20卷。

（薛克翘）

Zhen Luan

甄鸾 Zhen Luan（约活动于6世纪中叶）中国北周数学家。无极（今属河北）人。官司隶校尉、汉中太守。信佛教，擅长算术。撰有《笑道论》3卷、《五经算术》2卷、《五曹算经》5卷、《七曜历算》2卷、《九章算经》9卷、《〈周髀算经〉注》1卷等；题名甄鸾注的作品有《夏侯阳算经》3卷、《张丘建算经》3卷、《孙子算经》3卷、《数术记遗》1卷、《三等数》1卷等。所制《天和历》1卷，于北周天和元年（566）起颁行，行用12年。

《笑道论》是甄鸾奉北周武帝之命，于天和五年为“详度佛道二教，定其深浅，辨其真伪”而作。甄鸾信奉佛教，在《笑道论》中分36篇反驳了道教的各种论点，其中涉及来自印度的佛教宇宙理论，如劫、大千世界、三十三天等。

《数术记遗》题“汉徐岳撰，甄鸾注”。钱宝琮认为此书是甄鸾自撰自注而伪托徐岳的作品，但也有学者认为此书确为徐岳撰、甄鸾注。书中作者以第一人称自述其游历到泰山遇到刘洪，刘洪转述了他在天目山中遇到天目先生学到的3种进位制度和14种记数法。所谓的3种进位制度分别是“十十变之”的“下数”、“万万变之”的“中数”和“数穷则变”的“上数”。“十十变之”就是十十为百、十百为千、十千为万，等等。“万万变之”就是万万为亿、万万亿为兆、万万兆为京，等等。“数穷则变”就是万万为亿、亿亿为兆、兆兆为京，等等。这种所谓的“数穷则变”与东晋佛驮跋陀罗译《大方广佛华严经》卷二十九《心王菩萨问阿僧祇品第二十五》、唐实叉难陀译《大方广佛华严经》卷四十五《阿僧祇品第三十》，以及唐罽宾国三藏般若译《大方广佛华严经》卷十《入不思议解脱境界普贤行愿品》中的《菩萨算法》是一致的。如果《数术记遗》确实为甄鸾自撰自注，其受印度记数法影响的途径是畅通的。

《数术记遗》明崇祯年间毛晋汲古阁刻本书影

《数术记遗》正文中有“未识刹那之赊促，安知麻姑之桑田；不辨积微之为量，讵晓百亿与大千”一句，这里“刹那”、“大千”均为佛经中用语——刹那在徐岳时代尚未作为音译词出现于佛经，故被视为甄鸾伪托徐岳的一个有力证据。甄鸾在注释这两句的时候引述了《楞伽经》中的时间和长度计量单位，以及《华严经》中的四天下概念，小千、中千和大千世界概念。

（钮卫星）

zhengti feitanduolun

整体吠檀多论 integral vedanta 印度现代著名哲学家奥罗宾多·高士创立的一种新吠檀多学说。奥罗宾多在继承印度古代吠檀多不二论基本原理的基础上，综合各种不同的吠檀多学说，并融入大量现代科学的内容，建立起来的一种新型哲学。所谓“整体”，包含两层意义：一层是“综合”的意思，指奥罗宾多把古代各种不同吠檀多学说，如吠檀多不二论、吠檀多制定不二论、吠檀多二元论等综合起来，消除它们之间的分歧和差异，将它们的精华和长处融会在他的同一个吠檀多体系中；另一层也有“调和”的意思，指奥罗宾多利用“精神进化”的方法把古代吠檀多哲学中各种对立的概念，如梵与世界、精神与物质、一与多、明与无明等都调和在一起，使它们成为最高精神本体——梵在进化过程中的不同层次或等级。

“整体吠檀多论”的目的，就是通过这种理论来消除人的私欲、净化人的心灵、显现出人内在的真善美的本性，使人与人之间相互和谐、相互友爱、相互帮助，最终使整个人类社会变成一个幸福圆满的“神圣大家庭”。

中国学者黄心川的《印度近现代哲学》以及朱明忠的《奥罗宾多·高士》、《印度吠檀多哲学史》等著作，对奥罗宾多的整体吠檀多哲学及其在世界上的影响皆有详细的阐述。

（朱明忠）

zhengti yujialun

整体瑜伽论 integral yoga 印度现代著名哲学家奥罗宾多·高士所创立的一种新瑜伽学说。奥罗宾多认为，传统瑜伽学说虽然有许多种，但皆有各自的缺陷，都强调训练身体的一方面，而忽视其他方面。诃特瑜伽只注重身体的修炼，

《瑜伽书札集》封面

王瑜伽重在抑制人的心理活动，智瑜伽强调增长知识的重要性，业瑜伽强调无私行为的重要性，信瑜伽则强调对神虔诚态度和感情的重要性。奥罗宾多主张把各种传统瑜伽综合起来，吸收每一种瑜伽的精华，创造一种新型瑜伽，即“整体瑜伽”或“综合瑜伽”。他的整体瑜伽论，就是通过各种瑜伽修持，唤醒人内在的灵魂或精神本性，充分发挥精神本性的作用，使人的身体、生命和心思逐步精神化，最终实现人的整体精神转化。整体瑜伽论的特点有两个：其一，整体瑜伽反对断灭身体、生命和心思的活动，主张通过修炼，唤醒人的精神本性，在精神本性的指挥下，最终实现身体、生命和心思的整体精神化。其二，奥罗宾多主张，整体瑜伽不能脱离现实生活，应当在日常生活中进行。他要求修炼者不仅参加生产劳动，而且要从事文化学习，不仅进行体育锻炼，而且要进行音乐和艺术欣赏，把全部瑜伽的修炼都融入日常生活的每一个行动之中。整体瑜伽改变了传统瑜伽脱离现实生活的特点，使瑜伽生活化。

整体瑜伽论在20世纪80年代就传入中国，并且产生了一定的影响。中国著名梵文学者徐梵澄，于1951～1978年在印度的奥罗宾多修道院修习整体瑜伽，对这种瑜伽有深刻的了解。归国后，他把奥罗宾多大部分有关整体瑜伽论的著作翻译成中文并出版，其中有《瑜伽论》(1988)、《综合瑜伽》(2005)、《瑜伽的基础》(2005)、《瑜伽箴言》(2005)、《瑜伽书札集》(2005)。中国学者黄心川的《印度近现代哲学》以及朱明忠的《奥罗宾多·高士》、《印度吠檀多哲学史》等著作中也有对整体瑜伽论的介绍和评述。

（朱明忠）

Zhengli Di Lun

《正理滴论》 *Nyāya-bindu* 佛教量论典籍。又译作《正理一滴》。印度论师法称著，为其《因明七论》之一。

《正理滴论》分作三品，即《现量品》、《为自比量品》和《为他比量品》。前两品分别解释现量与比量，第三品则着重解说了依靠语言来表达比量进行论证的方式。法称主张将喻支合并入因支，将从正面进行论述的同法式与从反面进行论证的异法式分开使用，废除了相违决定等过失，并详细阐释了自性因、果性因、不可得因三种因理论。

《正理滴论》的梵文本尚存，已被多次整理，常与法上的注本一同校勘出版。藏文本于前弘期即已译出(D4212)，而在传统的汉传佛教中并未翻译此论。近年来则出现了多种汉译本，其中徐梵澄、王森、何建兴、汤铭钧的译本译自梵文，杨化群、韩镜清、剧宗林由藏文转译，李润生则据俄国学者舍尔巴茨基的英译本转译。另有德、英、法、日、俄等多种现代语译本。《正理滴论》注本众多，其中重要者有律天（D4230）、莲花戒（D4232）、法上（梵文本尚存，藏译为D4231）、胜友（D4233）等人的注释。

（陈帅）

Zhengli Huashu

《正理花束》 *Nyāya-kusumāñalī* 印度古代哲学中正理派的著作。作者乌德衍那（约活动于10世纪）。论述了正理派的一些传统思想。有特色之处是强调了正理派的有神论的思想，认为世间事物需要一个造物主（神）来创造。此外，还论述了正理派关于“极微”的理论等。这一文献的部分内容在现代中国有汉译，节译本由姚卫群译出，收入《古印度六派哲学经典》（商务印书馆，2003）一书。

（姚卫群）

Zhengli Jing

《正理经》 *Nyāya-sūtra* 印度古代哲学中正理派的根本经典。印度最早提出系统逻辑思想与辩论规则的文献。约产生于1世纪，作者乔答摩。现存《正理经》有后人加入的内容，约3～4世纪成型。

《正理经》在后世的主要注释与复注有：筏蹉衍那（约4～5世纪）的《正理经疏》、乌地耶得迦罗（6世纪）的《正理评释》、婆察斯巴蒂·弥尸罗（9世纪）的《正理评释真义疏》、乌德衍那（10世纪）的《正理评释真义详解》等。

《正理经》确立了正理派的基本观

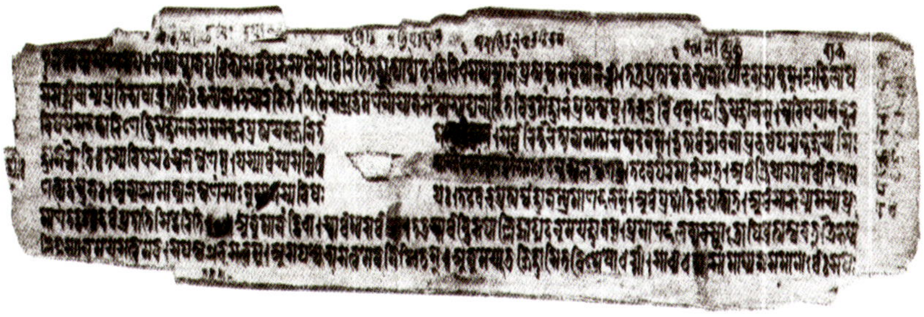
《正理滴论》梵文写本残叶

念，构建了该派的理论框架。《正理经》共5卷，每卷两章。其主要理论模式是“十六谛”，具体包括量、所量、疑、动机、实例、宗义、**论式**、思择、决了、论议、论诤、坏义、**似因**、**曲解**、**倒难**、**堕负**，主要论述正理派关于逻辑推理和辩论规则的思想。正理派的各种主要理论都是在解释“十六谛”的过程中提出或展开论述的。

《正理经》提出的主要理论是：五支作法的推论式、推理中产生错误的原因、辩论失败的表现、获得正确认

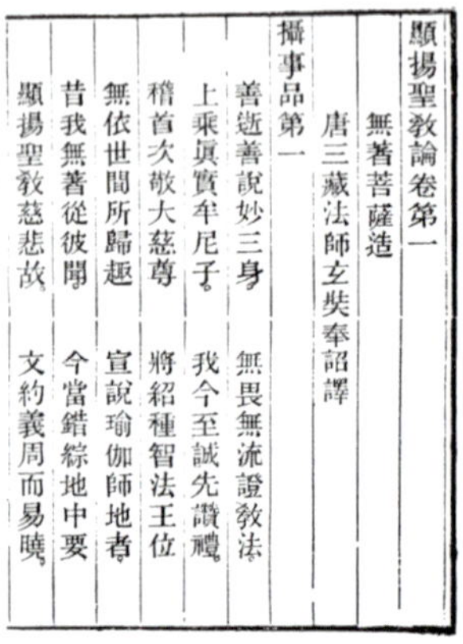
顯揚聖教論卷第一
無著菩薩造
唐三藏法師玄奘奉詔譯
攝事品第一
善逝善說妙三身　無畏無流證教法
上乘眞實牟尼子　我今至誠先讚禮
稽首次敬大慈尊　將紹種智法王位
無依世間所歸趣　宣說瑜伽師地者
昔我無著從彼聞　今當錯綜地中要
顯揚聖教慈悲故　文約義周而易曉
顯揚聖教論　卷第一

《显扬圣教论》书影

识的主要途径等。五支作法的推论式亦称“**五支论式**”，在印度思想史上第一次明确提出了一种相对固定的推理基本模式，对印度系统逻辑理论的形成和发展起了重要作用。这一理论认为，在推理过程中，有五个基本的组成部分，即宗、因、喻、合、结。宗指推论中提出的命题，因指论证命题的理由，喻指论证命题所使用的具体实例或例证，合指把理由及实例应用到推论中，结指根据推论最后陈述已方命题，作为结论。辩论失败的表现

《正理经：古经新解》英文本封面

是《正理经》对辩论问题的一种重要分析。该经在这方面的理论主要体现在其提出的22种堕负的归纳中。获得正确认识的主要途径问题也就是“量论”的问题。《正理经》认为有4种量，即**现量**、**比量**、**譬喻量**和**圣言量**。

《正理经》也将它关于推理和辩论方面的理论与宗教问题联系起来。《正理经》一开始就强调，至善的境界来自关于“十六谛”的知识。“十六谛”中的核心理论则是关于推理和辩论的知识，实际就是最高的智慧，获得了它也就能消除无知。而**解脱**则依赖于对无知的消除。因而，逻辑推理和辩论方面的知识与正理派的跳出**轮回**，达到解脱的最终目标是密不可分的。

《正理经》的思想在印度哲学的发展中占有重要地位。印度不少宗教哲学派别都吸收了该经的逻辑与辩论思想。印度佛教在发展中参考了这方面的思想。佛教古因明中的许多思想是在吸收和改造正理派有关思想的基础上构建

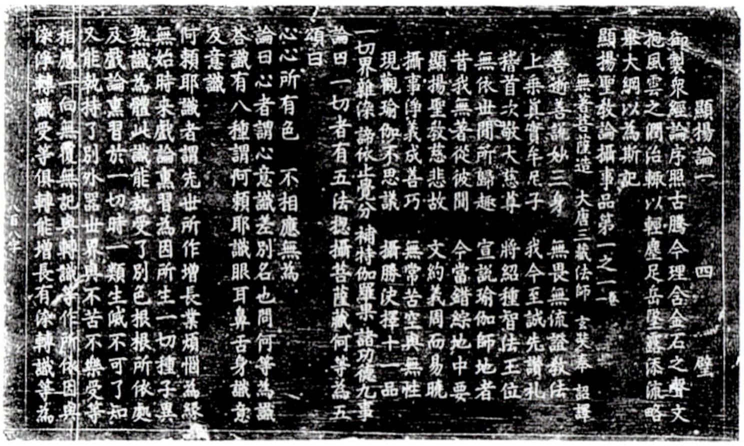

中国北京房山石经《显扬圣教论》(局部)

的。《正理经》的思想在印度近现代仍有重要影响，一些印度近现代的著名思想家将《正理经》的思想与西方的逻辑学相比较，将二者的一些观念相融合，提出新的理论见解。

《正理经》的思想在古代也随佛教传入中国。古代中国人对正理派的了解在很大程度上是通过佛教的相关文献实现的。这主要集中在佛教有关**因明学**的文献中，特别是佛典中涉及古因明的内容。

在汉文佛典中，涉及《正理经》的内容不少。较有代表性的典籍是《方便心论》、《显扬圣教论》、《大乘阿毗达磨杂集论》(即《对法论》) 和《如实论》等。《方便心论》中就论及了《正理经》中的四量之说，并论及了似因、倒难、堕负等内容。《如实论》、《显扬圣教论》和《大乘阿毗达磨杂集论》中也论及了与《正理经》五支论式理论接近的推论式等方面的内容。

在中国近现代，《正理经》的思想也受到中国学术界的重视。《正理经》在中国被译成汉文，有多个汉译本正式出版。中国的专业学术期刊上也发表过一些关于《正理经》学说的研究论文。中国出版的有关印度哲学的著作中也有关于《正理经》思想的章节。中国高等院校中开设的印度宗教哲学的课程中通常也有关于《正理经》的内容。一些中国研究生的学位论文也有以《正理经》为研究课题的。

（姚卫群）

Zhengli Jing Shu

《正理经疏》 *Nyāya-sūtra-bhāṣya* 印度古代哲学中正理派的著作。作者**筏蹉衍那**。**《正理经》**是**正理派**的根本经典，但写得极为简略，一些经文含义不明。筏蹉衍那对该经作了系统的阐释，显明了正理派的逻辑与辩论思想的主要特色，对此派扩大影响起了较大作用。《正理经疏》的部分内容在现代中国有汉译，姚卫群翻译，收入《古印度六派哲学经典》(商务印书馆，2003) 一书中。

（姚卫群）

Zhenglipai

正理派 Nyāya school 印度教六派哲学之一。印度最早系统探讨逻辑与辩论

规则的思想流派。产生时间大致在1世纪。传入中国后对中国的汉族、藏族因明思想的发展和流行有重要影响。

历史发展和主要文献 正理派的思想渊源可追溯到印度古代围绕早期婆罗门教祭祀规定的辩论及推理。弥曼差派、佛教、耆那教的一些较早典籍及史诗《摩诃婆罗多》都曾论及与正理派思想有关的辩论方法和推理规则。

"正理"一词的梵文为"Nyāya"，其原意是"借助它思想能被引导出一个结论"，后来它就成为印度哲学中专门研究推理和辩论的一个派别的名称。

正理派的创始人相传为乔答摩。其最早的根本经典是乔答摩写的《正理经》，约产生于1世纪。现在人们看到的《正理经》含有后人添加的内容。《正理经》之后，正理派的主要典籍是对该经的注释与复注等。其中主要有：筏蹉衍那（约4～5世纪）的《正理经疏》，乌地耶得迦罗（6世纪）的《正理经评释》，婆察斯巴蒂·弥尸罗（9世纪）的《正理评释真义疏》，乌德衍那（10世纪）的《正理译释真义详解》和《正理花束》等。

12世纪前后，新正理派形成。同时，正理派也逐步与胜论派相混合。新正理派的主要代表人物是克伽自在（12世纪），他著有《真理如意珠》。正理派与胜论派混合之后出现的较重要人物及著作有：筏罗达拉贾（12世纪）的《思择之守》，凯沙筏·弥尸罗（13世纪）的《思择叙述》和阿难跋陀（16世纪）的《思择纲要》。

思想体系与逻辑辩论学说 正理派的基本思想体系是体现其逻辑理论与辩论规则等方面的十六谛理论框架。

《乔答摩正理经》英文本封面

十六谛 正理派在探讨逻辑和辩论等问题时，提出了16个基本概念或范畴，这些概念或范畴及有关解释是实在的、正确的，因而称为"谛"。

十六谛包括量、所量、疑、动机、实例、宗义、论式、思择、决了、论议、论诤、坏义、似因、曲解、倒难、堕负。正理派在十六谛的理论体系中论及的问题较多，主要有四种量的分类、五支作法的基本推论式，推理与辩论失败的表现和原因。

四种量 正理派与许多古印度哲学派别类似，对如何获得正确的认识极为关注。正理派认为，量（获得正确认识的方式或方法）主要有现量、比量、譬喻量和圣言量4种。现量指感官与对象接触后所产生的感觉。首先，现量产生于感官与外部事物的接触；其次，现量所产生的知觉没有掺入概念和分析；再次，现量应是无误的，即它确实是接触事物后产生的；最后，现量须是确定的，不能带有疑惑或幻觉。比量指推理，正理派将其分为"有前比量"、"有余比量"和"平等比量"3种。有前比量指从因推果，有余比量指从果推因，平等比量指同类推理。譬喻量指根据未知物与已知物的相似来认识未知物。圣言量，也称为声量、圣教量或言量。它指可信赖之人的言教。一种是根据可见物所作的圣言量，另一种是根据不可见物所作的圣言量。所谓"可见物"指世间一般可感之物，所谓"不可见物"指作祭祀升天堂等事。

在正理派所论及的"四量"中，论述最多或内容最丰富的是比量理论，因为正理派理论体系中的推论式部分和对推理及辩论成败的分析部分，都是对比量更深入具体的探讨。正理派的逻辑理论主要体现在关于比量的观点中。

五支论式 正理派认为，正确的推论式应由五部分组成，即宗（命题）、因（理由）、喻（实例或例证，分同喻和异喻两种）、合（应用）、结（结论），此即所谓"五支论式"。

正理派的五支论式与一般的形式逻辑的推论式实质上相同。这一推论式虽然有五部分，但在其中起主要推理作用的只有三种成分，即小词、中词和大词。推理的过程就是通过中词将小词与大词联系起来。

从单纯达到推理目的来看，五支论式中明显有重复的成分。但五支论式是正理派在古代印度广泛存在的辩论中创立的。正理派使用这一论式所要达到的目的不仅仅是一般的推理，它还要在辩论中向人们充分展示己方观点的正确性，以便最有效地赢得辩论和争取信徒。

推理与辩论失败的表现及原因 正理派在论述推理与辩论问题时，细致分析了推理产生错误及辩论失败的种种相状与原因。主要可以归纳为五种似因、三种曲解、二十四种倒难和二十二种堕负。五种似因指不定因、相违因、问题相似因、未证明因、过时因。这五种似因是推理中由于理由错误而导致论证失败的典型情况。三种曲解是在辩论中歪曲对方言论含义的三种情况，即言辞的曲解、类的曲解、譬喻的曲解。这三种歪曲都是在辩论中使用的不正当的手法，按照正理派的看法，都是要否定的。二十四种倒难虽然名目繁多，但基本内容都是在辩论时反对者一方对立论者一方进行错误非难时的种种情形或实例。这些倒难具体内容极多，它们在本质上都是不正确推理的表现。正理派认为，若出现这些倒难情况时，就可知晓有关的推理是错误的，应该认定相关的立论或辩论不成功。二十二种堕负指辩论失败的诸种情形，都是对不成功或失败的辩论情况的描述。

自然观和宗教思想 正理派对于自然现象的看法与胜论派是一致的，认为世间各种有形的物体是由极微构成的。极微是事物的最小单位。正理派的"所量"中的12项内容既包括人的身心，也包括外部世界的环境，还包括人生命现象的种种状态。

在宗教思想方面，正理派也采用了轮回解脱方面的内容，认为生命现象中有一个主体"我"。在轮回中，人是充满痛苦的。人进入轮回，与其不能正确认识事物的本质有关。人要跳出轮回，摆脱痛苦，就必须获得最高的智慧。即持一种智慧解脱的思想。而在正理派中，所谓的智慧，主要指该派的十六谛。

正理派的理论在印度哲学发展史上

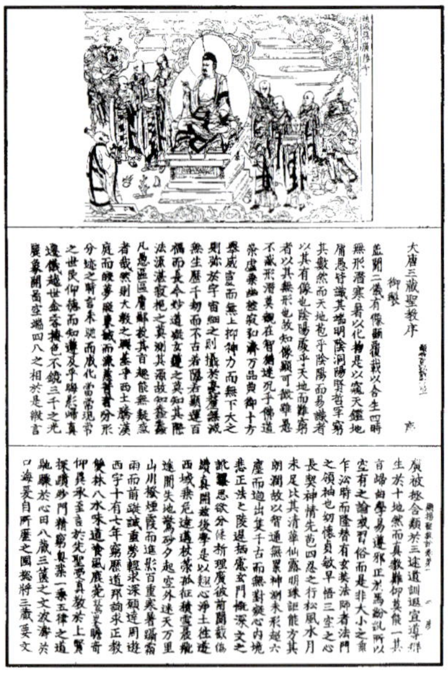

《大唐三藏圣教序》赵城金藏本书影

有着重要地位。它是古印度最初形成的相对完整的逻辑与辩论学说体系。正理派的逻辑和辩论理论引发了一些印度其他派别对这方面问题的关注，其中最为突出的是佛教。佛教是在正理派学说的启发下，进一步作了理论创新，构建了其因明学的宏大思想体系。

正理派的学说在近现代的印度仍有重要影响。一些印度近代思想家曾将正理派的推理与辩论思想与西方的逻辑学进行比较分析。该派的理论在世界上一直被作为极有印度特色的思想受到人们的重视。

在中国的传播和影响 正理派的理论在古代也传到了中国。这种传播主要是随着佛教因明学在中国的发展而实现的。佛教是在参考了正理派中的有关思想之后发展出自己的逻辑与辩论技巧理论的。佛教因明学分为古因明和新因明。古因明的理论基本上是在吸收改造正理派的逻辑推理与辩论规则理论的基础上建立起来的。

佛教古因明的著作吸收正理派思想较典型的文献是《方便心论》、《显扬圣教论》和《如实论》。《方便心论》论及的“四种知见”实际就是《正理经》说的四种量。《方便心论》论及的似因与《正理经》讲的似因有不少是相同的。《方便心论》论及的二十种倒难，与《正理经》的倒难有许多内容是相近的。

《显扬圣教论》中也有不少论及因明之处，与《正理经》的思想类似。《如实论》与《正理经》在推理与辩论思想上最为接近。该论关于推论式和论辩中错误的论述与《正理经》的相关论述基本相同。《如实论》提出了“五分”的推论式，基本上就是《正理经》推论式中的“五支”。这些著作译成汉文后，使得《正理经》中提出的逻辑与辩论思想在中国思想界得到广泛传播。

除汉文的著作之外，印度佛教因明学的著作在中国古代也大量译成藏文。这些著作所包含的正理派思想也在中国藏地流传。

在中国近现代，学术界也很重视正理派思想的研究。完整的梵文本《正理经》被翻译成汉文。对《正理经》思想的专门探讨在中国学术界积极开展。有关的研究论文在中国的学术期刊上发表。中国高等院校研究生的论文也有专门以《正理经》为主要内容的。中国的教学和科研机构开设的有关东方哲学的课程中有《正理经》或正理派的内容。中国的学术研讨会上也有关于正理派思想的学术交流。

（姚卫群）

Zheng Fashi

郑法士 Zheng Fashi（约活动于6世纪下半叶～7世纪初叶） 中国古代北周入隋画家。吴中（今江苏吴州）人。曾在

北周任大都督左员外侍郎、建中将军等。入隋后任中散大夫。

隋代国祚仅38年，但绘画成就显著。隋画仍以道释人物故事为中心，但山水画亦逐渐独立；壁画虽系主流，但卷轴画开始兴起，为初唐绘画奠定了百年基业。隋代画家大多擅长宗教题材，

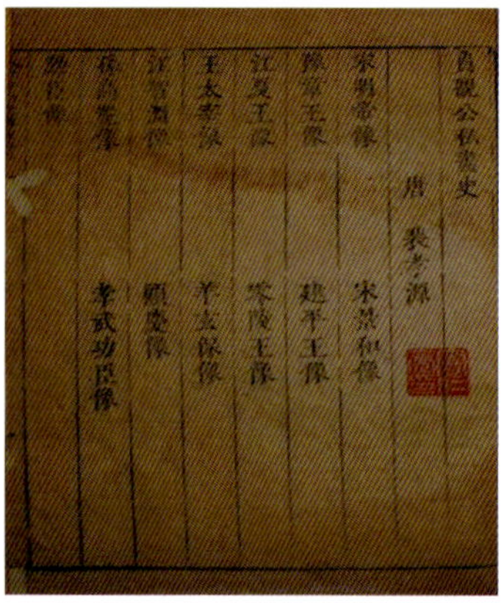

裴孝源《贞观公私画史》书影

但也描写贵族生活风俗。郑法士传世不多的画迹，记载于唐裴孝源《贞观公私画史》和唐张彦远《历代名画记》中，主要有《隋文帝入佛空像图》、《阿育王像》、《杨素像》、《贺若弼像》、《擒卢明月像》、《陈玄英像》、《洛中人物车马图样》、《北齐畋游图》、《贵戚屏风图样》、《游春苑图》等。黄宾虹弟子王伯敏编《画学集成》，将郑法士《明堂朝会图》列为“古之秘画珍图”。

北周灭法，隋兴佛教。随着寺庙广修，擅长宗教、美术，尤其是壁画的名家重新活跃，南北名家如杨子华、展子虔、董伯仁、郑法士、孙尚子、阎毗、尉迟跋质那等云集长安、洛阳、江都等地，各大寺庙均有名家手笔。《历代名画记》记载当时海觉寺、永泰寺、开业寺、清禅寺、延兴寺等均有郑法士所绘的精品佛寺壁画，如海觉寺有《灭度变相》等壁画。郑法士亦曾与田僧亮、杨契丹合作，为光明寺画小塔，时称“三绝”。

北宋《宣和画谱》将郑法士视为隋代画界重要代表：“善画，师张僧繇，当时已称高弟，其后得名益著。尤长于人物，至冠璎佩带，无不有法，而仪矩丰度，取像其人。虽流水浮云，率无定态，笔端之妙，亦能形容。”《历代名画记》录唐大夫李嗣真对郑法士的评论：“伏道张门，谓之高足，邻几睹奥，具体而微。气韵摽举，风格遒俊。丽组长缨，得威仪之樽节；柔姿绰态，尽幽闲之雅容。至乃百年时景，南邻北里之娱，十月车徒，流水浮云之势，则金张意气，玉石豪华，飞观层楼，间以乔林。嘉树碧潭，素濑糅以；杂英芳草，必暖暖然，有春台之思。此其绝伦也。江左

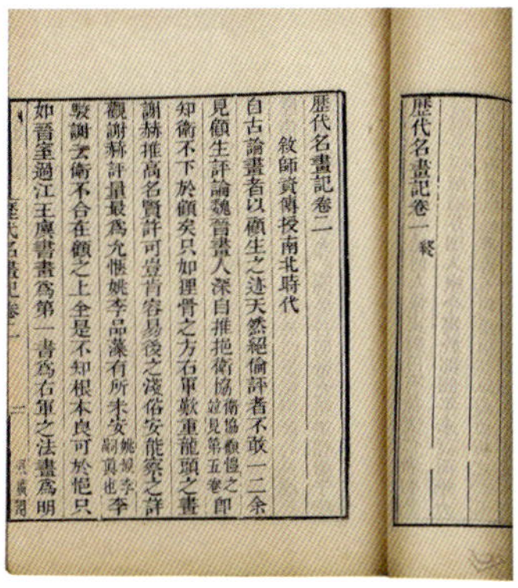
歷代名畫記卷二

敘師資傳授南北時代

自古論畫者以顧生之迹天然絕倫評者不敢一二余見顧生評論魏晉畫人深自推挹衛協（衛協顧愷之竝見第五卷）即知衛不下於顧矣只如狸骨之方右軍歎重龍頭之畫謝赫推高名賢許可豈肯容易後之淺俗安能察之詳觀謝赫評量最為允愜姚李品藻有所未安（姚最李嗣真也）李駁謝云衛不合在顧之上全是不知根本良可於悒只如晉室過江王廙書畫為第一書為右軍之法畫為明

歷代名畫記卷一 終

张彦远《历代名画记》书影

自僧繇已降，郑君是称独步。”郑法士在当时影响甚大，其弟法轮、其子德文皆承家学；陈善见、刘乌及唐初阎立本兄弟等，都曾学过他的画风。惜其画迹已然灭失，令今人难以一睹其风采。

（张绍斌）

Zheng He

郑和 Zheng He（1371～1433） 中国明代航海家，外交家。在开通航路和对外友好交流上卓有贡献。云南昆明（今云南晋宁）人，回族。本姓马，初名三宝。明太祖洪武年间（1368～1398）入宫为太监，又称三宝太监。从永乐三年（1405）至宣德八年（1433），奉命率船队七下西洋，访问了西太平洋和印度洋沿岸30多个国家和地区，最远到达非洲东岸和红海海口，其远航为世界航海史上的创举。郑和作为中国朝廷的使节和商务代表，每至一地，即向当地主政者赠礼通好，进行互利贸易。宣德八年，他在归途中客死**古里国**。第一次航行曾到古里等国，并在古里为船队建立了交通、贸易中心转运站。在他以后的几次航行中，又曾到达**柯枝**、甘巴里（位于今印度泰米尔纳德邦哥印拜陀）、阿拔巴丹（位于今印度阿默达巴德附近）等地进行友好访问。随郑和访问的使团成员马欢、费信、巩珍分别著有《瀛涯胜览》、《星槎胜览》、《西洋番国志》，对郑和所访问的包括印度在内的主要国家情况，做了翔实而生动的记述。

（葛维钧）

Zheng He Hanghaitu

《郑和航海图》 描绘中国明代郑和宝船自南京出海，中经中南半岛与南洋群岛诸地、南亚诸国、波斯、阿拉伯诸国，至非洲东海岸航行路线的海图。全名《自宝船厂开船从龙江关出水直抵外国诸番图》，以其过长，后人简称为《郑和航海图》。

《郑和航海图》保存于晚明茅元仪（1594～1640）的兵书《武备志》卷二四〇。茅元仪，浙江归安（今湖州）人。其祖父茅坤（1512～1601）文武兼备，受家学影响，茅元仪少年时代即喜谈兵，后入军幕，官至副总兵。《武备志》为茅元仪寓居金陵（今南京）时所编撰，崇祯元年（1628）进呈朝廷。

《武备志》中保存下来的《郑和航海图》前有142字小序，当为茅元仪撰，提到郑和航海事，而未言《郑和航海图》的来历。有图40幅，印为20页，后附《过洋牵星图》4幅2页。据后世学者研究，此图最初似为一长卷，为刊印方便而截之成页。图中除标出自南京至东非的航线外，还标出沿线地名约500个。其中350个后世学者考证可与今地相对应，尚有约150个存疑。

对照与郑和一起下西洋的马欢、巩珍和费信等人的著作，再与今地图比对，《郑和航海图》所标马来半岛以西的南亚地名有“翠兰屿”（即今孟加拉湾之尼科巴群岛，今属印度）、“安得蛮山”（即今印度之安达曼群岛）、“锡兰山”（即今斯里兰卡）、“溜山国”（即今马尔代夫）、“榜葛剌”（今印度西孟加拉邦与孟加拉国）、“乌里舍”（今印度奥里萨邦沿海）、“甘巴里头”（今印度南端科摩林角）、“小葛兰”（今印度喀拉拉邦奎隆）、“柯枝”（今印度喀拉拉邦科钦）、“古里”（今印度喀拉

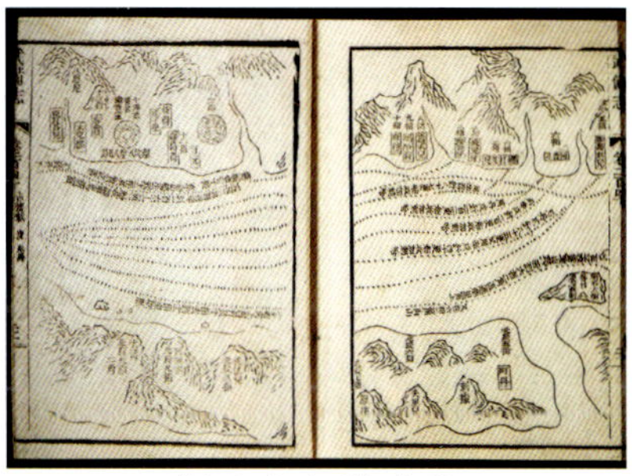
《郑和航海图》书影

拉邦卡利卡特）、“荞葛奴儿”（今印度卡纳塔克邦芒格洛尔）、“坎八叶城”（今印度坎贝湾沿海）、“新得”（今巴基斯坦信德省）、“木克郎”（今巴基斯坦俾路支省沿海之莫克兰地区）、“克瓦答儿”（今巴基斯坦瓜德尔港），等等。这条中国和印度的海上航线第一次以海图的形式清晰地表现出来。图中所标印度东西海岸还有很多地名，至今待考。

自印度往西，进入“忽鲁谟斯”（今伊朗霍尔木兹），再经今阿拉伯半岛的“佐法儿”（今阿曼佐法尔）、“阿丹”（今也门亚丁），到达非洲东海岸的“哈

郑和下西洋图　中国福建泉州海上交通博物馆

《武备志·郑和航海图》（局部）

甫泥”(今索马里哈丰角)、“速古答剌”(今索马里索科特拉岛)、“麻林地”(今肯尼亚马林迪)、“慢八撒”(今肯尼亚蒙巴萨)等地。可见,《郑和航海图》是中国15世纪以前留下的唯一一幅横跨亚非两大洲的航海图,也是世界现存最早的亚非航海图。其对海上丝绸之路研究有重要参考价值。

中国自宋代起将指南针用于航海,以罗盘测定航向,这种航线称为“针路”。但传统的航行靠观测星辰确定航向,这种做法被称为“牵星”(术)。从《郑和航海图》可以看出,宝船从南京出发到苏门答腊岛的航段,均标出了罗盘针路,而不靠牵星定向。但到了“锡兰山”以后,在印度沿海、阿拉伯半岛沿海和东非沿海,则主要靠观测星辰定向,以罗盘辅助。原因大抵是当时的中国舟师们对中国至南洋的航线已十分熟悉,已有现成的针路,故仅靠罗盘导航已经足够;而他们对西洋的情况不熟悉,必须既靠牵星又要借助罗盘。

尽管《郑和航海图》中有比例不当、视角不一、精确度低、地名错置等弊病,但它在世界历史地理学和航海史上的价值仍然重大。因此,近代以来,《郑和航海图》受到东西方学者的重视。在中国,主要有范文涛的《郑和航海图考》(1943)、张礼千的《东西洋考中之针路》(1947)等研究成果。1959年,学者向达再次整理了《郑和航海图》,2000年出版,他在书前写出长篇序言对此图予以介绍和评价;同时,在总结前人成果的基础上,编出《郑和航海图地名索引》附于书后。

(薛克翘)

Zheng Zhenduo

郑振铎 Zheng Zhenduo (1898.12.19~1958.10.18) 中国作家,学者。笔名西谛、C.T.、郭源新等。

生平 郑振铎原籍福建,生于浙江永嘉(今温州)。1905~1916年在永嘉读小学、中学。1917年考入北京铁路管理学校。1919年与瞿秋白、许地山等创办《新社会》旬刊,创作第一首诗《我是少年》。1921年与沈雁冰(见茅盾)、许地山等12人发起成立文学研究会,创办《文学旬刊》,任主编。毕业后回上海,任商务印书馆编辑。1923年接替沈雁冰任《小说月报》主编。

1925~1926年不断进行文学创作,写出小说、诗歌、散文和文学评论等。1927年去欧洲,1928年回国。1931~1934年到北平(今北京)燕京大学任教授之职,讲课之余继续创作。其间,结识鲁迅等许多文化界名流。1935年回上海,任暨南大学文学院院长。1937年抗日战争爆发后,写时事评论等,积极投身抗战宣传,同时进行文学研究,出版《希腊神话》(1935)、《中国俗文学史》(1938)等多种著作。1942~1945年隐居家中,从事文学研究。1949年到北京,参加开国大典。1950年任中国科学院考古研究所所长。1953年兼任北京大学文学研究所所长。1954年任文化部副部长。1958年因飞机失事不幸遇难。

印度因缘 郑振铎与印度的因缘主要表现为三点:①与R.泰戈尔结缘。他于1921年在《小说月报》上翻译介绍泰戈尔的诗歌。1922年,所译泰戈尔诗集《飞鸟集》由商务印书馆出版,这是第一部介绍到中国的泰戈尔诗集,影响了中国许多知识青年,冰心是其中最突出的一位。1923年,所译泰戈尔诗集《新月集》由商务印书馆出版;其主编的《小说月报》于9月和10月连续刊出两期《泰戈尔专号》,沈雁冰、徐志摩、王统照、胡愈之与他本人均发表文章、译作,欢迎泰戈尔访华。1924年4月12日,泰戈尔到上海,受到上海文学界、教育界的热烈欢迎,郑振铎代表文学研究会前往码头迎接。泰戈尔到北京访问期间,郑振铎赶往北京,参加了梅兰芳等为泰戈尔举行的送别宴会。在中国现代作家中,郑

《郑振铎文集》封面

振铎是受泰戈尔影响较深的一位。②两次访问印度。1951年作为中国文化艺术代表团成员访问印度。1952年任中印友好协会理事,在《人民日报》发表文章《祝贺印度各地举行的“亚洲周”》。1953年在《文艺报》发表文章《中

文学研究会成立时的合影 前排右起:易家越、瞿世英、王统照、黄英、杨伟业、郭梦良;中排右起:蒋百里、朱希祖、范用余、许光迪、白镛、江小鹣;后排右起:孙伏园、耿济之、苏宗武、李亚晋、许地山、宋介、郑振铎、王星汉

印文化交流》。1954年作为团长率中国文化代表团一行67人访问印度41天。1955年在《新华月刊》发表文章《印度人民不朽的艺术创作》，介绍和赞美阿旃陀石窟艺术。③进行中印文学比较研究。他曾撰写《民间故事的巧合与转变》、《榨牛奶的女郎》、《中山狼故事之变异》等多篇文章，将中国故事和印度故事进行比较。他还在著作中特别谈到印度文学通过佛教影响了中国文学。他的研究为中国后来的比较文学研究者树立了榜样。

（薛克翘）

zhengzhi feitanduo

政治吠檀多 political vedanta 印度近现代出现的一种把传统吠檀多思想与争取民族独立的政治斗争相结合的思潮。B.G.提拉克、M.K.甘地和奥罗宾多都是政治吠檀多的典型代表。他们作为印度民族独立运动不同时期的领导人，为了动员广大民众投身于民族斗争，皆把吠檀多哲学当作思想武器，把它融入他们的民族主义理论中，加以重新解释，以调动印度教徒的政治热情，鼓动他们加入政治斗争中。三人有一个共同的特点，就是都认真研究并重新阐释了印度教经典——《薄伽梵歌》，大力宣传《薄伽梵歌》中的"达摩"、"业瑜伽"、"为神服务"等思想。奥义书、《薄伽梵歌》和《梵经》被人看作是现代吠檀多哲学的三大源泉，因此他们宣传的《薄伽梵歌》思想也属于新吠檀多哲学的一个组成部分。例如，提拉克为了宣传他提出的"印度自治"口号，把《薄伽梵歌》中的"达摩"观念与"印度自治"联系在一起。他用"达摩"来论证"自治"的重要性。他公开向群众宣传："自治就是我们的达摩"，"没有自治，我们的生活目的和我们的达摩是无法实现的"，"我们的自治就是自己完善地管理自己，这是实现自己的达摩所不可缺少的"。"达摩"是一种深入印度人心的观念，他用这种观念来论证"印度自治"，目的是使自己的民族主义理论深入人心，鼓动印度教徒像履行宗教义务那样去为民族自治而奋斗。

中国学者朱明忠的《印度吠檀多哲学史》，详细地论述了提拉克、甘地和奥罗宾多的政治吠檀多理论及其历史作用。

（朱明忠）

Zhidun

支遁 Zhidun（约314～366） 中国东晋僧人。字道林，世称支公，也称林公，别称支硎。俗姓关，陈留（今河南开封）人，或说河东林虑（今河南林州）人。生于佛教家庭，幼年流寓江南。在京城建康（见南京）与名士太原王蒙、陈郡殷融等有往来，备受赏识。隐居余杭山，研究《道行般若经》等经典，于咸康元年（335）译《方等经》、《法华经》。25岁出家。魏晋时期玄学盛行，

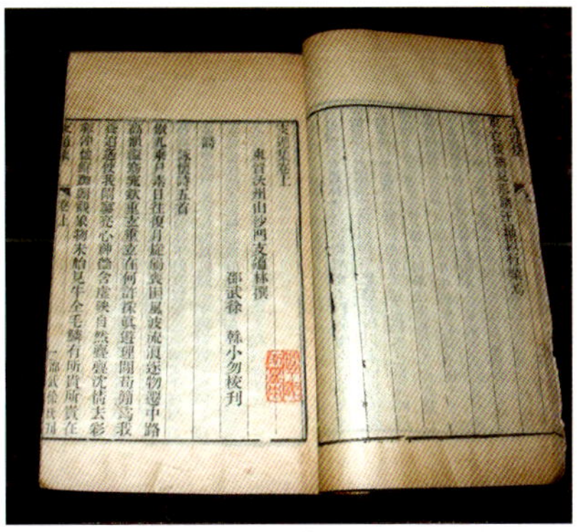

《支遁集》书影

佛教僧侣也加入清谈之列。支遁精通佛理，晓达老庄之学，与谢安、王恰、刘恢、殷浩、许询、郗超、孙绰、桓彦表、王敬仁、何次道、王文度、谢长遐、袁彦伯等名士，结为方外之游。尝在白马寺，与刘系之等谈《庄子·逍遥游》，独抒新见，群儒叹服。还吴，立支山寺，晚欲入剡。经会稽遇王羲之，应王之邀呈《逍遥游》篇，标揭新理，才藻惊绝，王披襟解带，流连不已。请住灵嘉寺，俄于剡县（今浙江嵊州）沃洲小岭立寺行道，僧众百余，从之受学。移石城山。又立栖光寺。宴坐山门，游心禅苑。晚年出山阴讲《维摩经》，支遁为法师，许询为都讲，往复问答，探究佛理。晋哀帝时应诏进京，居东安寺讲《道行般若经》，朝野悦服。3年后回剡而卒。郗超为之序传，袁宏为之铭赞，周昙宝为之作诔，孙绰《道贤论》将支遁比作向子期（即向秀，魏晋之际哲学家、文学家）。支遁著有《即色游玄论》、《释即色本无义》、《辩著论》、《道行指归》、《圣不辩知论》、《辩三乘论》、《释蒙论》、《本业略例》、《本起四禅序并注》、《般若台众僧集议节度序》等，均佚。今《出三藏记集》卷八存其《大小品对比要抄序》、《本业经注序》。他善草隶，爱蓄养骏马，有文集传世，今《广弘明集》收录其古诗近20首。其文集《隋书·经籍志》著录8卷，加注说"梁十三卷"，《唐书·艺文志》记为10卷，至清代的《读书敏求记》和《述古堂书目》均记为2卷，可知此书缺佚已久。今存清光绪年邵武徐氏刊本《支遁集》2卷，附补遗1卷。

支遁是魏晋时期中国佛教的代表人物。其所立"即色宗"，与道安、道潜的"本无宗"，支愍度的"心无宗"，同为东晋般若学"六家七宗"中影响最大的派别。他于般若独有深究，代表作《即色游玄论》已佚，只言片语存于慧达《肇论疏》，云"吾以为即色是空，非色灭空，此斯言至矣。何者，夫色之性，色虽色而空。如知不自知，虽知恒寂也"；或见于《中论疏记》引《山门玄义》，云"夫色之性，色不自色。不自，虽色而空。知不自知，虽知而寂"；或见于《世说新语·文学篇》注引《支遁集·妙观章》，云"夫色之性也，不自有色。色不自有，虽色而空。故曰色即为空，色复异空"。其研习十地，主张到第七地生起顿悟，七地以上尚须进修，是东晋时期"小顿悟"六家之一。他重视传播禅思想，赋予禅以中国化的阐释。还曾在石城和沃洲两处立戒坛。在印度佛教的基础上，支遁融汇中土传统文化来阐释佛经，其理趣符老庄，风神类谈客，使佛理更易于为中国信众所理解和接受。郗超评支遁"实数百年来绍明大法，令真理不绝，一人而已"。支遁对佛教文化的最大贡献在于使佛教中国化、本土化。

（谭洁）

Zhiloujiachen

支娄迦谶 Lokakṣema（约活动于2世纪） 西域僧人，译经家。简称支谶。

据《高僧传》卷一，支娄迦谶原籍月氏，为人操行纯良，持戒精勤，讽诵众经，志在宣法。汉桓帝末年（约167）

来洛阳，学会汉语，于灵帝光和、中平年间（约178～189）从梵本译出佛典13部。晋代高僧道安撰著《综理众经目录》时，亲见而又年代可考的计有《般若道行经》（光和二年）、《般舟三昧经》（光和二年，179）和《首楞严经》（中平二年，即185）3部，其中《首楞严经》今佚。另有《阿阇世王经》、《大宝积经》、《文殊师利问菩萨署经》、《兜沙经》等，就体裁看，似亦为支谶所译。他除自译外，也常与竺朔佛（一称竺佛朔）合作，如《道行》、《三昧》二经，便是竺朔佛传来原本，由他口译，另请汉人笔录的。他的译笔质直而少修饰，颇能传达经本要旨，只是为了保持原典面目，音译较多。所出译品，多属大乘，可以视为大乘经典在汉地翻译的开端。其受业弟子有支亮等，支谦为其再传弟子。

（葛维钧）

Zhimindu

支敏度 Zhimindu（约活动于3世纪下半叶～4世纪上半叶） 中国两晋之际高僧。又称支愍度。

支敏度创立的"心无义"，在其时非常流行。佛教旧义讲"无"，指的是灭除虚妄的执念。而支敏度则认为心体空如太虚，虚而能知、无而能应，外物反而不一定空无。执心无义的僧人还有竺法蕴、道恒等。但物性不空的观念违背了佛教教理，故而心无义受到僧肇、吉藏等人的批评。《世说新语》中还记录了一则有关支敏度创立"心无义"的故事，讲述了他创立新说是为了标新立异、获得信徒的供养。

除了在义理上有所创见，支敏度还在文献编撰方面作出了贡献。他首先提倡将同一佛经的不同译本编排在一起的合本体例，并将支谦、竺法护、竺叔兰所译的不同版本的《维摩诘经》，以及支谶、支谦、竺法护、竺叔兰所译的不同版本的《首楞严经》分别合为一本，方便阅读。此外，他还编有佛经目录《经论都录》1卷、《经论别录》1卷。

（范晶晶）

Zhina

支那 Cīna 古代印度人对中国的称呼。见中国。

Zhiqian

支谦 Zhiqian（约活动于3世纪） 西域译经家。又名支越，字恭明。生卒年不详，大月氏（今阿富汗中西部）人。其祖父法度于东汉灵帝建宁年间（168～189），率国人数百移居中国，支谦随之俱来。受业于支娄迦谶门人支亮，博览经籍，莫不精究，世间技艺，多所综习，遍学异书，通六国语。以师徒3人博学有识，世有"天下博知，不出三支"之谓。东汉末年，与乡人数十避乱于吴地。因聪明超众，时人称为智囊。吴主孙权闻其才慧，召见拜为博士，使其辅导太子孙亮。以佛经多梵文，未尽翻译，从吴孙权黄武元年（222）至孙亮建兴二年（253），译出佛经《维摩诘经》、《大般泥洹经》、《法句经》、《大明度无极经》、《阿弥陀经》、《佛说九色鹿经》等27部（此据《出三藏记集》本传所云），武昌同道竺将炎也参与其中。又创制《赞菩萨连句梵呗》三契，注《了本生死经》，皆行于时。孙亮登基，支谦隐于穹隘山，不交世务，与沙门交游。后卒于山中，时年60岁。吴主孙亮与众僧书，赞其"履业冲素，始终可高"。支谦的翻译以大乘"般若性空"为重点，辞旨文雅，是继安世高、支娄迦谶之后的译经大师。后来鸠摩罗什在其基础上进行重译。这些译经工作推动了佛教义理在中国的传播，而支谦注经也为中国人理解佛理起到积极作用。

（谭洁）

Zhixiaolong

支孝龙 Zhixiaolong（约活动于3世纪下半叶～4世纪上半叶） 中国两晋之际高僧。擅长讲诵《小品般若经》与《放光般若经》。

据《高僧传》卷四，支孝龙为淮阳人，少时以风姿见称，神采飞扬、善于谈论。经常诵读品味《小品般若经》，认为是修心要法。他与当时名士阮瞻、庾凯等人为知音之交，被称为"八达"。

西晋元康元年（291），无罗叉与竺叔兰译出《放光般若经》（T221），太安二年（303）重新修订。支孝龙一向偏爱无相学说，故从竺叔兰那里抄写了5部，校为定本。当时还没有品目，旧本有14匹缣，此时分为20卷。得到这部经文后，支孝龙批读了十几天，便开始宣讲。孙绰曾为支孝龙作赞。

（范晶晶）

Zhiyao

支曜 Zhiyao（约活动于2世纪下半叶～3世纪上半叶） 中国东汉末年高僧，译经家。

据《高僧传》卷一，支曜与康巨、康孟详均在汉灵帝（167～189年在位）、献帝（189～220年在位）之间驰名于洛阳，有慧学之誉。支曜译出《成具光明定意经》（T630）1卷，言直理诣、不加润饰。而根据《历代三宝纪》，支曜还译有《佛说马有八态譬人经》（T115）1卷、《佛说马有三相经》（T114）1卷、《佛说阿那律八念经》（T46）1卷等。

（范晶晶）

Zhixian

知贤 Prajñābhadra（约活动于11世纪） 西印度来华僧人。据《佛祖统纪》卷四四，智贤于北宋大中祥符六年（1013）由西印度来到宋朝都城汴京（今河南开封），进献舍利和梵经。宋真宗赵恒（997～1022年在位）赐以紫服。

（薛克翘）

Zhixuan

知玄 Zhixuan（809～882） 中国唐代高僧。博学多闻，擅长悉昙，并曾参与译经。御赐法号为悟达国师，曾侍奉五朝皇帝，对中晚唐佛教的发展，尤其是唐武宗灭佛以后佛教的复兴作出了重要贡献。

知玄字后觉，俗姓陈。眉州洪雅人。13岁时，已经对《大般涅槃经》及相关的义疏颇有心得，有老成之气。当时丞

相杜元颖镇守四川，听说知玄的名气之后，请他在大慈寺讲法，僧俗听众每天都有万余人。此后四川人都不直称其名，而是尊他为陈菩萨。

20岁时，知玄在净众寺辩贞律师处受**具足戒**，学习律典与《**俱舍论**》。后跟随本师经由三峡、荆襄一带到达**长安**资圣寺。资圣寺是当时全国佛教的中心之一，知玄在此讲法，僧俗听众日多。唐文宗李昂（826～840年在位）听说之后，召他进入内廷讲论。知玄又跟随安国寺信法师学习《唯识论》，并广泛研习俗家典籍。此外，他还向西域高僧满月学习声明，学成后曾参与佛经的翻译。

唐武宗李炎（840～846年在位）即位后，信奉道教神仙之说，在其生日德阳节那一天召集道士与知玄在麟德殿辩论。知玄口若悬河，大大忤逆了皇帝的意思。在朝臣的调停下，他又作《祝尧诗》5篇才使得上意开解。之后，知玄就回到了故乡四川，并前往湖湘之间。那时杨汉公正在桂岭（今广西），便邀请他访问境内的开元寺。

唐宣宗李忱（846～859年在位）即位后，杨汉公因策立之功奏请复兴佛教，并寻访知玄。知玄回到长安宝应寺。宣宗在生日寿昌节那天请知玄讲论，赐紫袈裟，并署其为三教首座；又以故居藩邸建造法乾寺，召请知玄住在该寺的玉虚亭。大中三年（849）寿昌节，佛道二教辩论，上心大悦，敕令将全国的毁废寺基重新修建，大兴寺庙。知玄在其中也起了不少促进作用，故而皇帝下令为他在宫廷内画像。知玄又与宰相裴休交好，二人共同筹划复兴佛教之事。大中八年，知玄回到故土弘法，受益者很多。

广明二年（881）春，唐僖宗李儇（873～888年在位）避难进入四川，令人用轿子将知玄抬至行宫所在。知玄讲法，颇得皇帝赏识，各位朝官也都殷勤问道。僖宗为示嘉奖，令学士为知玄草拟名号，都不满意，最后亲自拟定为“悟达国师”。知玄辞让未遂，请求回到故里。

知玄著述很多，有《如来藏经会释疏》、《大无量寿经疏》、《胜鬘经疏》、《般若心经疏》、《金刚经疏》等，另撰杂文、箴论、碑志、歌诗、礼忏文等，共计30万字，均已不存。

中和二年（882），知玄圆寂。李商隐敬仰知玄，曾以弟子之礼侍奉他。凤翔府（今陕西境内）曾有知玄的图像，旁边李商隐执拂侍立。

（范晶晶）

zhichi

执持 dhāraṇā 印度古代哲学中瑜伽派根本经典《瑜伽经》中提出的瑜伽修行“八支行法”中的第6支。指的是瑜伽行者在修行时心注一处，把心贯注在任选的某物之上，使之凝定而不散乱。这是瑜伽行者在控制心作用时直接的修行步骤，是进入**三昧**状态的开始。论及执持概念的《**瑜伽经**》有现代的汉译本，姚卫群翻译，收入《古印度六派哲学经典》（商务印书馆，2003）一书。

（姚卫群）

Zhikong

指空 Śūnyadiśya（1225～1363） 印度来华僧人，译经家，传教家。原名提纳薄陀，意为禅贤。指空为法号，音译苏那的沙野。

指空为北印度**摩揭陀**国王第三子，刹帝利种姓。据元代高丽（在今朝鲜半岛）人李穑《西天提纳薄陀尊者浮图铭并序》等史料，以及今人段玉明《指空——最后一位来华的印度高僧》附录《指空年谱》，指空5岁时因父病重出家。8岁时在**那烂陀寺**从律贤受戒。19岁精通三藏，并遵师嘱南下，曾在吉祥山学习禅法与密法，又到各地游历。20岁到楞迦国（今斯里兰卡）。21岁北上，周游印度各地。约于元至元二十四年（1287）至二十五年间，由今新疆喀什一带进入中国。在今新疆各地辗转，后翻越阿尔金山，进入今青海地区，遇见在西藏、青海一带传教的北印度人摩诃班特达，二人一起来到元都城大都（今中国北京）。至元二十八年至三十一年，到四川峨眉山坐禅3年。元贞元年（1295），渡过金沙江进入云南传教。元贞二年至延祐元年（1314），在昆明、大理等地传教。延祐二年至七年，在云南武定狮山建寺并传教。至治元年（1321），离开武定进入贵州，又从贵州进入湖南。至治二年，经今常德、益阳至武昌，又至今九江、庐山，经淮西至扬州。三年，北上大都。泰定二年（1335），受到元泰定帝接见和供养。泰定三年，受元廷指派，到高丽金刚山进香，并在当地传教。致和二年（1329）返回大都。此后，指空在**法源寺**常驻，传法并译经，直至元顺帝至正二十三年（1363）逝世。

指空校译的佛经有《大佛顶陀罗尼咒》、《观自在菩萨如意轮咒》、《观自在菩萨广大圆满无碍大悲心大陀罗尼》、《于瑟抳沙毗左野陀罗尼》、《梵本心经》、《观世音菩萨施食》和《文殊师利菩萨

中国北京法源寺天王殿

无生戒经》等7种。撰写的著作为《指空和尚禅要录》。此外，在中国、韩国一些人的著作中尚有其语录、诗歌等。

指空在印度本土佛教消亡后来华，传递了印度佛教的最后信息。他在中国传播禅法和密法，将印度佛教的精神融合到中国佛教中，在中国元代后期和明代初期产生深刻影响。明太祖朱元璋写《游新庵记》(《明太祖文集》卷十四)记录其言论并加赞扬。

（薛克翘）

Zhiyuan Fabao Kantong Zonglu

《至元法宝勘同总录》 中国佛教典籍目录。元代高僧庆吉祥等人编撰。简称《至元录》。10卷。因其内容系对勘汉文藏经与藏文藏经之异同，故题名作"勘同总录"。据其叙录所载，《至元录》是一部综括唐代《开元释教录》、《续开元释教录》，宋代《大中祥符法宝录》、《景祐新修法宝录》，元代《弘法入藏录》五录，拾遗补缺，并在佛经汉译本下标注藏译本之有无异同而编成的佛经对勘目录。法宝勘同之举始于至元二十二年（1285），终于二十四年。全录所收，自汉明帝永平十年（公元67）至元世祖至元二十二年（1285），历经22代，传译194人，所出经律论三藏1 440部，5 586卷。然而，据此录每部经典上方所编之数目计算，大小乘经律论总数只有1 430部。

《至元录》卷首列有庆吉祥为首的编修、执笔、校勘、校正、译语、证义、证明诸人之衔名，共29人。此后分为两部分，总叙和正录。

总叙在卷一前半部分，是编撰者所撰写之序言和对全录纲目所作的介绍。后者分为四科，分别为："初总标年代，括人法之宏纲"，记录本录所收佛典之起止年代和译籍部卷总数；"二别约岁时，分记录之殊异"，记录后汉至元中的译人与传译经典数目；"三略明乘藏，显古录之梯航"，著录五录等所记之经律论部卷总数；"四广列名题，彰今目之伦序"，记录本录之分类与部卷数目。

正录（卷一至卷十）乃见录经典之细目。据文前的说明来看，本录仅按类分载各经，对经律论等卷目、年代和译人生平则不再详述。

正录分为契经藏（卷一后部至卷八前部）、调伏藏（卷八中部）、对法藏（卷八后半部至卷九前部），每藏又分菩萨乘与声闻乘。在菩萨契经藏下分显教大乘经与密教大乘经二门，显教大乘经下分般若部、宝积部、大集部、华严部、涅槃部、五大部外诸重译经和大乘单译经七目，密教大乘经下分秘密陀罗尼和大乘仪轨念诵两目。在菩萨对法藏下分大乘释经论和大乘集义论二门。在正录之末尾是有译有本圣贤传记（卷九后半部至卷十），下分梵本翻译集传和东土圣贤集传两项。

这一分类法与《开元释教录》大体相同，但也有些不同。陈士强总结为：《开元释教录》中先分"乘"，后分"藏"，而该录是先分"藏"，后分"乘"；《开元释教录》中所有密教经典与显教经典编在一起，而该录则将大乘经分为显教与密教两类，将以往经录中的密教经典抽出，并续以新译，从而形成密典系统。其中，先"藏"后"乘"之分类法，在法经的《众经目录》中已有出现，并没有多少新意，而《密教大乘经》的设立则极具特色和意义。后世经录分类上，以密教独立为部，应是受此影响。

此外，《至元录》的另一个特色在于汉藏对勘，当一佛典之既有汉译本又有藏译本时，则将藏译本所保留的梵文原名用汉文音译注于汉译本题名之下；当汉译本与藏译本有不同之处时，则勘其同异，加以注明；当校勘时有所疑问时，则加以注明，或提出问题，以待后人研究。这一做法，对汉藏佛典之研究，提供了宝贵的资料。

然而，《至元录》也存在两个问题。一是因其着重汉藏对勘，故对典籍著录上增补不多。二是在汉藏对勘上虽用力较深，也不免存在一些疏漏。苏晋仁将其归纳为6点：有些同本异译经的标注前后矛盾，有些同本异译经未勘出，有些经误为同本，对勘藏文本时依据书名来判别有无而有所错误，有些梵文经题错误，有些译人存在错误。

《至元录》在汉藏经典的对勘，设置密教大乘经，保留梵名音译，保留宋代《大中祥符法宝录》、《景祐新修法宝录》，元代《弘法入藏录》信息等方面，具有较大意义。

（杨祖荣）

zhiguai xiaoshuo

志怪小说 supernatural tales 中国古典小说的一种类别。泛指中国记叙神怪灵异故事的文言小说，特指中国两晋南北朝记录神怪故事、天堂地狱、因果报应等内容的小说。鲁迅认为两晋南北朝时期，中国文人尚未有意识地创作小说。当时出现的所谓"小说"分为两种，一种叫作"志人小说"，主要记录士大夫言行逸事，基本真实，可补正史之不足。另一种叫作"志怪小说"，主要记录各种怪异故事，不作文学加工，故其书名通常称为"志"、"记"、"录"等，表示是道听途说的真实记录，如《灵鬼志》、《冤魂志》、《搜神记》、《拾遗记》、《幽明录》、《近异录》等。

《唐前志怪小说辑释》封面

志怪小说的产生虽说受到佛道两教的影响，宣扬的是佛教和道教思想，但事实上它们主要受佛教的影响。两晋南北朝时期，印度及西域很多僧人来华，也有中国僧人去印度取经和学习梵文。两国僧人合作翻译了大量佛教典籍，其中包括许多佛教文学作品。此时，佛教在封建贵族、士大夫阶层很受欢迎，在普通民众中也广泛传播。文人在此期间记录怪异故事，既有思想条件又有社会基础。印度佛教典籍给中国人带来了新

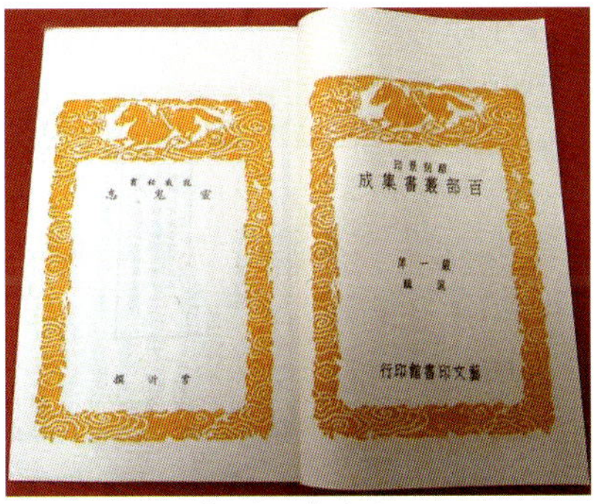

《灵鬼志》书影

的时空观和新奇的想象力。如小说集《志怪》和《幽明录》中都有“劫灰”的故事，“劫”是梵文kalpa的音译，是印度传来的新的时间概念。再如《拾遗记》卷十说昆仑山分为九层，实际表现的是宇宙立体模式的想象，明显受到佛教空间观的影响。佛教典籍也带来新的人生观和道德观，让人们有了今生和来世的观念，有了因果报应的思想。志怪小说宣扬的“不杀生”的思想，显然来自佛教。志怪小说中关于地狱的描写也基本来自佛经中的有关描述。所以，鲁迅称志怪小说是“释氏辅教之书”。

两晋南北朝时期的志怪小说则往往照搬佛经故事，或稍加修改使之成为中国故事。《宣验记》中的“鹦鹉救火”故事就直接取自《旧杂譬喻经》。《灵鬼志》中有“外国道人”的故事，《续齐谐记》中有“阳羡书生”的故事，它们大同小异，都是对《旧杂譬喻经》中“梵志吐壶”故事的改头换面。因此，志怪小说是中印文学比较研究的素材之一。

（薛克翘）

Zhitong

志通 Zhitong（？～942） 中国后唐、后晋之际高僧。主要修习瑜伽教法与净土之业。

据《宋高僧传》等，志通俗姓张，为右扶风(今陕西西安长安区西）大姓。他四处游方，遍听高僧讲法。后唐末年，战乱相仍，他前往洛阳，遇上噂日啰三藏施行密法。志通从其受法，礼敬有加，事之十年。之后打算前往天台、罗浮，与噂日啰辞别。噂日啰问道：我来汉地，本意在于翻译，却碰上中原战乱。你想南下，但路途阻隔，如何是好？志通答：走水路即可。噂日啰便将佛经梵本交给志通，嘱咐他南下吴会之后伺机翻译，志通许诺。

后晋天福四年（939），石敬瑭派遣使者出使吴越，志通随船到达浙江。吴越钱元瓘将志通迎入府庭供养，把他安置在真身塔寺，并厚加赏赐。志通请求前往天台山，住在智者道场。他因读诵《西方净土灵瑞传》，便发心前往净土，两次跳崖，只受轻伤，为众僧所救。天福六年，志通前往越州（今浙江绍兴）法华山，继续修习净土道业。天福七年圆寂。

（范晶晶）

zhigan

制感 pratyāhāra 印度古代哲学中瑜伽派根本经典《瑜伽经》中提出的瑜伽修行“八支行法”中的第5支。指瑜伽行者在修行时对身体的感官进行控制，使它们与相应的感觉对象脱离接触。这样，心就不会受外界干扰了。这被认为对于控制心作用，顺利进入三昧十分必要。涉及制感概念的《瑜伽经》有现代的汉译本，姚卫群翻译，收入《古印度六派哲学经典》(商务印书馆，2003)一书。

（姚卫群）

zhitang

制糖 sugar making 糖是人们日常生活的必需品，其制作技术的发明和提高，典型地体现了世界不同民族之间在物质文化上的交互影响。印度是制造和应用糖品历史最久的国家之一。中印两国近为邻邦，在制糖技术上彼此有千年以上的密切交流。

中国最早的甜品不是蔗糖。从周代到南北朝时期的主要甜品饴、饧等，都由米、小麦和大麦制成。甘蔗在中国的培植较晚，是从外国引种的，作为名贵的作物品种，长期不见于寻常百姓家。到南北朝时，甘蔗才有广泛种植，但就地域来说，也还仅限于南方。关于甘蔗的原产地曾有多种假定，其中原生于印度即为一说。有学者举出了语言学上的证据，比如：中部孟加拉古称Gauda，而派生出该字的guḍa意义为“糖”；印度远古有甘蔗族，其名Ikṣvāku源自ikṣu（甘蔗）。此外，印度种植甘蔗的历史很长，其孟加拉地区也有着适合各种植物生长的地理条件。所有这些，都使前述观点获得了较多的支持。中国蔗糖的产生时间当在三国至唐之间的某一时期，更有可能是在南北朝时期。鉴于制糖技术相对落后，需要向邻国学习，唐太宗在其统治时期曾遣使印度学习熬糖法。据《新唐书》卷二二一称：“摩揭它，一称摩伽陀，本中天竺属国……王居……波吒釐子城，北濒殑伽河。贞观二十一年始遣使者自通于天子，献波罗树，树类白杨。太宗遣使取熬糖法……”《续高僧传》卷四亦称：“(唐太宗）又敕王玄策等二十余人……并就菩提寺僧召石蜜匠。乃遣匠二人，僧八人，俱到东夏。寻敕往越州（今浙江绍兴）就甘蔗造之，皆得成就。”此处石蜜即为白砂糖。经过学习，中国人的制糖技术有了明显提高。另外，宋代王灼《糖霜谱》等书皆载有唐代邹和尚传授制糖法的传说故事。明代宋应星《天工开物》援引该故事称：“凡蔗中国古来不知造糖。唐大历间，西僧邹和尚游蜀中遂宁，始传其法。今蜀中种盛，亦自西域渐来也。”明确指出了蔗糖制造的西域渊源。更具实证意义的是20世纪初出土的一张写有制糖方法的汉文敦煌残卷，其中提到高质糖品“煞割令”的制造法。“煞割令”一词经季羡林推断，即梵文śarkarā的汉文音译，意为砂糖。该词的出现，充分表明了印度制糖法在古代中国的传播和影响。

中国在学习了优良制糖法后，经过历代工匠的努力，在包括白糖脱色

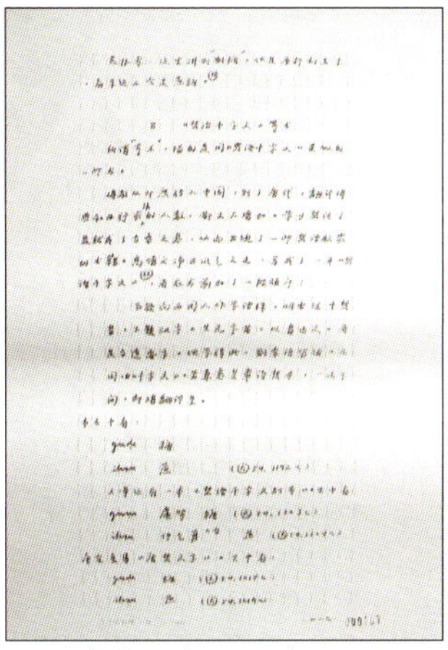

季羡林《蔗糖史》手稿

法在内的若干技术方面，取得了长足进步。从《闽书南产志》、《物理小识》等众多典籍中可知，至迟在明代以前中国已能大规模生产精良的白糖。印度资料表明，在一部16世纪医书《明解集》中，出现了两种早先未见的糖名，即puṣpa-sitā和sitopala，名中皆有sita即“白”字。而前者在孟加拉又称padma-cini和phul-cini。cini意为“中国的”。此类语言材料表明，早在16世纪以前，中国白糖及其制法已经从中国传入印度。中印两国在制糖法上互相学习，彼此交流，共同促进了世界蔗糖制造技术的发展。

（葛维钧）

Zhiduobamo

质多跋摩 Cittavarman（约活动于7世纪） 中国唐代去印度求法僧人。质多跋摩为梵名，本名不详。据《大唐西域求法高僧传》卷上，他于唐高宗显庆三年（658）从陆路赴印求法。随唐使者从北道到缚渴罗（在今阿富汗北部），在新寺出家。后仍从北路返国，不知所终。

（王邦维）

Zhi' an

智岸 Zhi' an（约活动于7世纪） 中国唐代去印度求法僧人。唐益州（今四川成都）人。据《大唐西域求法高僧传》卷上，唐高宗李治时与僧人义朗一起从海路赴印求法。经过扶南（位于今中南半岛南部），到达郎迦戍（在今马来半岛东岸），在此遇疾而亡。

（王邦维）

Zhiguang

智光 Jñānaprabha（约活动于7世纪） 中印度高僧。

据《大慈恩寺三藏法师传》卷七等，智光为中印度摩揭陀人，博学多闻，对于大小乘，四吠陀经典（见吠陀）以及五明（见五明论）等无不通晓，深受印度各地学者宗仰。玄奘访印时，他正在那烂陀寺，彼此结下同窗之谊。当时他是寺院住持戒贤法师最重要的门徒。玄奘归国后，他与同寺的慧天法师始终不忘旧情，后借法长法师于永徽三年（652）访华之机，共同修书，托法长带给玄奘，并赠细布两端（唐制一端合六丈）。书信称对方木叉阿遮利耶（意为解脱师），极以钦慕赞美之词，深致款曲，敬颂康泰，同时表示如需原文经典，尽可示以经名，待在印抄好后，再派僧人送去。永徽五年法长辞还时，玄奘分别复函二人，并抄录信文上奏皇帝。玄奘在给智光的复信中除表达久别思念之情外，还对戒贤法师的去世深表哀悼，对他在佛教义理传承上的重大贡献加以充分赞扬，并对他给予自己的教诲和提携表示了发自内心的感激。知智光已经继任那烂陀寺住持之职，也对他提出了期望，愿他能以“清词妙辩”，不断光大戒贤的佛教事业。此外还具体汇报了自己的佛典翻译进程，并颂扬当朝皇帝德如法王，肯为新译佛典制序，从而使所译经文不仅流通国内，亦为周围邻邦所遵习。玄奘又依嘱附录了若干经名，这些梵文经典是他当初返国渡信渡河（即今印度河）时损失的，希望他日重获，以使译事完满。

（葛维钧）

Zhiguang

智光 Zhiguang（？～1435） 中国僧人。曾两度去印度求法。字无隐。庆云（今山东庆云北）人。据《新续高僧传》卷二，初出家时居燕都（今北京）法云寺。刻苦好学，广涉内外经典。元至正十四年（1354）前后，印度高僧具生吉祥来到燕都，也住在法云寺。智光与其朝夕相处，聆听教诲，渐通梵语，遂为入室弟子。明朝建立后，师徒二人一起到金陵（见南京）朝见明太祖朱元璋。明太祖得知其辛劳，特地于便殿召见咨询。问答之间，明太祖发现智光通梵语，遂命其翻译具生吉祥带来的佛经。智光将四众弟子常用的《菩萨戒》译为汉文，词简理明，深受人们敬佩。明太祖洪武十七年（1384）春，智光与弟子奉命前往西域，并到印度等地宣传明朝的功业教化，令当地人肃然起敬。智光回国后不久，又再次前往印度，并带当地人来华朝贡。得到明成祖朱棣的赞扬和慰劳。永乐三年（1405），智光被提升为僧录左阐教。洪熙元年（1425），明仁宗为他加封号，赏赐金印、冠服、孔雀销金盖幡、金银器物、车马等，并为之扩建能仁寺居住。宣德元年（1426），被明宣宗加封“西天佛子”称号。其所传译的显密经典《心经》、《八支了义真实明经》、《仁王护国经》、《大白伞盖经》流行于当世。

（薛克翘）

Zhiguang

智广 Zhiguang（约活动于8世纪后半叶～9世纪初叶） 中国唐代僧人，语言学者。著有《悉昙字记》1卷。约生活在唐德宗时期（780～805），生平不详。《悉昙字记》的署名为“大唐山阴沙门智广撰”。智广在中印语言交流方面起过重要作用。据日本入唐僧空海（774～835）《御请来目录》记载，《悉昙字记》1卷、《悉昙释》1卷等著作传入日本。《悉昙字记》是智广抄录南天竺僧人般若菩提所传的《悉昙章》。般若菩提在年少时，师从般若瞿沙学习源自大神摩醯首罗（大自在天）所传的南天竺声明知识。般若菩提携带陀罗尼梵本，从海路到达中国后，去朝拜五台山，并住在山房。智广在五台山向般若菩提学习声明，并记录了所传的悉昙知识，编成《悉昙字记》。《悉昙字记》所记根本字母为47个，相互拼合共得18章。每章取前两个或第一个字母组合为名，各章的名称分别为迦迦章、枳也枳耶章、迦略章、迦攞章、迦嚩章、迦么章、迦那章、阿勒迦章、阿勒枳耶章、阿勒迦略章、阿勒迦罗章、阿勒迦嚩章、阿勒迦么章、阿勒迦那章、

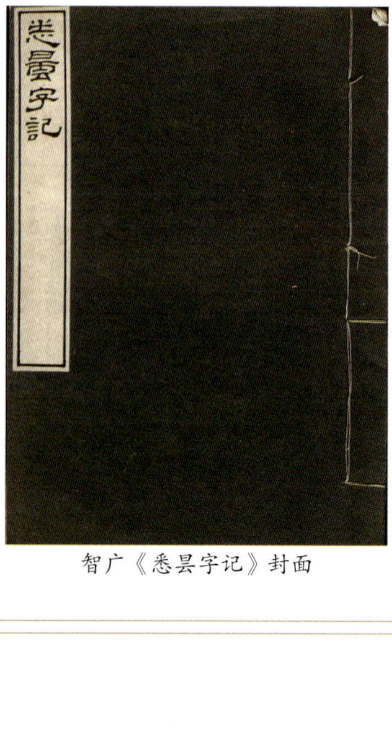

智广《悉昙字记》封面

𡠠迦章、讫里章、阿索迦章、孤合章等。《悉昙字记》中有很多的注释文字，对理解其内容很有帮助。与唐代所传的其他《悉昙章》相比，《悉昙字记》更为接近梵语的实际情形，而且没有混杂在其他文献之中，以独立的文本形式存在，因此流传甚广，是中土最重要的悉昙类著作之一。《悉昙字记》东传日本，被称为《南天竺般若菩提悉昙一十八章》或《七昙字纪》(1卷)，被空海（弘法大师）、安然（《悉昙藏》的作者）等僧人习读和使用，促进了日本悉昙学的形成和发展。

（陈明）

Zhihong

智弘 Zhihong（约活动于7世纪） 中国去印度求法僧人。唐洛阳人。据《大唐西域求法高僧传》卷下，唐高宗李治时从海路赴印求法。与僧人无行一起在合浦（今属广西）登船，遭遇大风，船漂至匕景（在今越南中部）。后重新回到交州（今越南河内一带），在交州停留一个夏天。至冬末，重新乘船，到室利佛逝。后到南印度，又经师子洲（今斯里兰卡），再到东印度。最后到中印度摩诃菩提寺等地，在中印度停留将近8年。后往北印度羯湿弥罗（又译迦湿弥罗，见罽宾），拟归故乡。与僧人道琳为伴。义净撰写《大唐西域求法高僧传》时（691），不知所在。

（王邦维）

zhihui

智慧 prajñā-pāramitā 佛教概念。六度之一。音译为般若波罗蜜。是大乘佛教菩萨道中的重要法门。指借助佛教的根本教义或最高真理，对治各种愚痴或错误的观念，消除无明，认识事物的本来面目，或了达诸法的实相，达到一种最高的境界。

（姚卫群）

Zhijixiang

智吉祥 Prajñānaśrī（约活动于11世纪） 印度来华僧人。又名吉祥、法吉祥。据《佛祖统纪》卷四五，天竺沙门智吉祥等多人于北宋皇祐五年（1053）来到宋朝都城汴京（今河南开封）进献梵经，宋仁宗赵祯（1022～1063年在位）赐紫服。又据《新续高僧传》卷一《吉祥传》：吉祥游方至西夏，后于天圣（为皇祐之误，天圣时西夏国未立）五年与同伴5人至宋都汴京（今河南开封）进献梵经，仁宗嘉之，赐紫袍，命入住译馆。译出《佛说大乘智经》5卷、《佛说巨力长者所问大乘经》3卷。

（薛克翘）

Zhiliang

智亮 Prajñānaprabhā（约活动于11世纪） 印度来华僧人。据《道光重纂福建通志》卷二七八，智亮本印度人，北宋初期在福建泉州活动，先住开元寺，常袒露一条手臂行乞于街市，四季如一。后隐居戴云山，常数月不出，唯有一驯虎相伴。据传，一年泉州大旱，太守请智亮祈雨，果然应验。太守特地为智亮建立寺院居住。大中祥符年间（1008～1016），智亮圆寂，其弟子将其遗体著泥供于寺。

（薛克翘）

Zhimeng

智猛 Zhimeng（？～453） 中国南北朝时期僧人。雍州京兆新丰（治今陕西西安临潼区东北）人。幼年出家，专心修业，讽诵之声不辍，夜以继日修行。听闻外国沙门说天竺有释迦牟尼遗迹和方等经诸经，遂立志远游。于后秦弘始六年（403）邀约同道沙门15人从长安出发，西出阳关，入流沙，历鄯善、龟兹（今中国新疆库车一带）、于阗（今新疆和田）诸国，备察诸国风俗。始登葱岭，9人畏难退还，一人圆寂途中。智猛仅与4人共翻雪山，渡过辛头河（即印度河），终到罽宾。在奇沙国（今巴基斯坦塔克西拉），智猛见到佛文石唾壶和佛钵。在迦毗罗卫，智猛礼拜佛发、佛牙及肉髻骨等佛教圣物，并参拜了佛教遗址。最后到达阿育王旧都华氏城，访大智婆罗门罗阅，得《大泥洹》梵本1部，又访得《僧祇律》1部和其他梵本。南朝宋元嘉元年（424），智猛决定回国，同道3人命殒，最后只剩他和昙纂回到凉州（今甘肃武威）。在凉州，智猛译出《大般泥洹经》20卷。元嘉十四年智猛入蜀，撰《游行外国传》1卷（今佚），历述游历过程与所见所闻。元嘉末年，卒于成都。

（谭洁）

Zhisheng

智昇 Zhisheng（约活动于七八世纪） 中国唐代高僧，佛教经录学家。据《宋高僧传》卷四等记载，智昇博览大小乘典籍，精通义理，尤擅长律宗。智昇不满足于前代的佛经目录，于开元十八年（730）编成《开元释教录》(T2154) 20卷。这部目录分成前后两部分：卷一至卷十为前半部，称作“总括群经录”，依朝代顺序列举自东汉明帝永平十年（67）至唐代开元十八年（730）凡664年间，176名译经僧所译大小乘经律论2 278部7 046卷；卷十一至卷二十为后半部，称作“别分乘藏录”，分7类载录，并将大乘典籍分为般若、宝积、大集、华严、涅槃五大部，且注明单译、重译等情况。此外，智昇又将其中著录的佛经以千字文编号，撰成《开元释教录略出》(T2155) 4卷。《开元释教录》记载翔实、

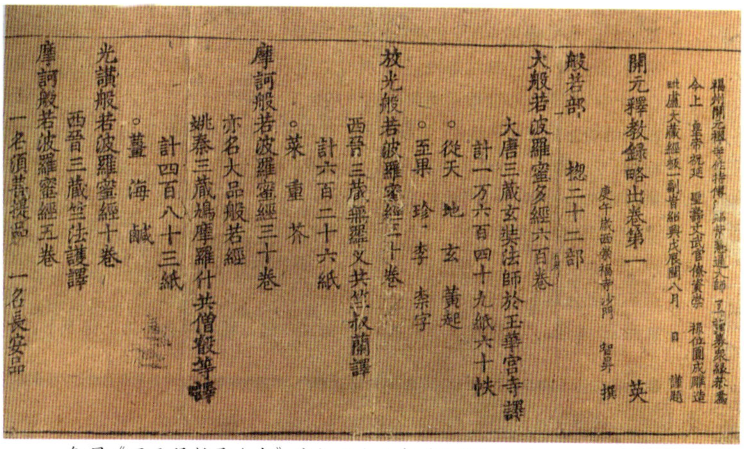
開元釋教錄略出卷第一 英
庚午歲西崇福寺沙門 智昇 撰
般若部 揔二十二部
大般若波羅蜜多經六百卷
大唐三藏玄奘法師於玉華宮寺譯
計一万六百四十九紙六十帙
○從天 地 玄 黃起
○至果 珍 李 柰字
放光般若波羅蜜經三十卷
西晉三藏無羅叉共竺叔蘭譯
計六百二十六紙
○菜 重 芥
摩訶般若波羅蜜經三十卷
亦名大品般若經
姚秦三藏鳩摩羅什共僧叡等譯
計四百八十三紙
○薑 海 鹹
光讚般若波羅蜜經十卷
西晉三藏竺法護譯
摩訶般若波羅蜜經五卷
一名須菩提品 一名長安品

智昇《开元释教录略出》宋绍兴十八年（1148）福州开元寺刻本书影

体例精当，故而为后世经录所取法。

智昇还编撰有《集诸经礼忏仪》(T1982)2卷，在《集古今佛道论衡》、《大唐内典录》的基础上完成《续集古今佛道论衡》(T2105)与《续大唐内典录》(T2150)各1卷，在靖迈《古今译经图纪》的基础上完成《续古今译经图纪》1卷(T2152)。

（范晶晶）

Zhitong

智通 Zhitong（约活动于六七世纪）中国隋唐之际译经家。据《宋高僧传》卷三等记载，智通俗姓赵，陕州安邑（今山西夏县）人。他自幼聪明颖秀，隋朝大业年间（605～617）出家，受具足戒。后来隶名于总持寺，戒律严明，博览诸经论典籍。智通志在游方，前往洛阳翻经馆，学习梵语梵书，即"晓然明解"。

贞观年间（627～649），有北天竺僧人携来《千臂千眼陀罗尼》梵本，唐太宗李世民（626～649年在位）下诏搜求会梵语的僧人充当翻经馆的缀文、笔受、证义等职，协助翻译此经。智通应选，与天竺僧人合作，将此经译成二卷。今《大正藏》录有《千眼千臂观世音菩萨陀罗尼神咒经》的两个版本，编号分别为1057a和1057b。

高宗永徽四年（653），智通在总持寺又译出《千转陀罗尼观世音菩萨咒》(T1035）1卷、《观自在菩萨随心咒》1卷（《大正藏》中亦存两个版本，分别为1103a和1103b)、《清净观世音菩萨陀罗尼》(T1038）1卷。

智通擅长梵语，文笔尤佳，参与译场，为众人所推重。据说他还践行瑜伽秘密教义，有大感通。

（范晶晶）

Zhixinhu

智信护 Prajñānagupta 印度来华僧人。见爱贤。

Zhixing

智行 Prajñādeva（约活动于7世纪）中国唐代去印度求法僧人。爱州（今越南清化一带）人。据《大唐西域求法高僧传》卷上，智行的梵名为般若提婆，意译慧天。唐高宗李治时从海路赴印求法。去世于印度菴摩罗跋国（在今印度比哈尔邦境内）信者寺。年50多岁。

（王邦维）

Zhixuan

智宣 Zhixuan（约活动于9世纪～10世纪上半叶） 中国唐末后梁之际僧人。曾赴印度求法，取回梵本贝叶经、佛骨等。

据《宋高僧传》卷三十记载，智宣为泉州人，壮年才出家求道。他仰慕义净的为人，于是不惮艰险，发誓要前往西域礼拜佛塔等遗迹、并寻求汉地所缺少的经论典籍。唐代末年，智宣与志同道合之人一起远赴印度。每到一国，他便寻访佛教遗迹，向当地的僧人请教，搜寻梵文经本、求取舍利。开平元年(907)，智宣回到东京（今河南开封)，进献辟支佛骨和梵文贝叶经。他出发前往印度的时候正当壮年，回国时却已是耄耋老人。这时梁太祖（907～912年在位）刚推翻唐朝建立后梁，听说智宣回国后十分高兴。智宣请求翻译自己带回的梵文经本，但由于战乱不止，朝廷无暇顾及译事。

（范晶晶）

Zhiyan

智严 Zhiyan（约活动于5世纪） 中国南北朝刘宋僧人，译经家。西凉州（今甘肃武威）人，弱冠出家，纳衣蔬食，以精勤修行闻名。有为有志，访求名师，广求经籍，遂西行求法。曾与法显相遇。智严到罽宾以后，入摩天陀罗精舍，师从佛驮先比丘，咨受禅法。跟随佛驮先修学3年，既得到器重，又造成当地僧侣对中国僧人的好印象。在佛驮先推荐下，智严结识佛驮跋陀罗，便邀请他一同回国，弘扬禅法。佛驮跋陀罗被智严的诚意打动，答应同行。历经艰苦跋涉，越过雪山、沙漠，终于抵达长安（一说走海路抵达山东威海一带)。不久，佛驮跋陀罗遭当地僧侣排挤，前往庐山。智严则暂住山东（泛指黄河下游地区）佛寺，坐禅诵经，努力修学。东晋义熙十三年（417），刘裕（363～422）西伐长安，大捷，班师回朝，途经山东，大臣王恢伴驾西征，也到山东。他在山中游览，进入智严所住佛寺，看到智严等三僧各坐绳床，禅思湛然，心无旁骛。王恢进门多时，他们仍不知觉，上前问话也不回答。王恢心生敬意，上启刘裕。刘裕延请3人回京，但3人不肯前去，再三恳请，才推选智严随行。智严一路受到王恢礼遇，到京城住在始兴寺，因性喜安静，王恢为他在东郊另建枳园寺。天文官何承天制定新天文律历，与智严共商晷影偏正问题，智严把他在天竺看到的晷影情况告诉何承天，为制定新律提供帮助。

智严在西域曾求回梵文佛经，与沙门宝云于元嘉四年（427）在枳园寺合译出《普曜经》6卷、《四天王经》1卷、《广博严净经》(或云《广博严净不退转轮经》）4卷。还翻译《无尽意菩萨经》6卷、《生经》5卷、《菩萨璎珞本业经》2卷、《毗罗三昧经》2卷、《阿那含经》2卷、《善德婆罗门问提婆达多经》1卷、《一音显正法经》(或云《一音演正法经》)1卷、《调伏众生业经》1卷、《善德优婆塞经》1卷、《法华三昧经》1卷、《净度三昧经》1卷等经典。

兰陵（今山东临沂）人萧思话的夫人刘氏患病，自述常能见鬼，家人请智严说法，刘氏病愈，禀持五戒，全家人皈依佛教。智严在枳园寺清素寡欲，不受别请，凡有布施，旋即再施穷人，常化缘乞食，赢得僧侣和百姓尊敬。

智严未出家前曾受五戒，因曾经犯戒，所以出家为僧受具足戒后，常怀疑自己不能守戒而不得正果，惴惴不安。为此，他多年禅修后仍不能解开这个心结。于是，他走海路再次去印度，咨问各位贤人。恰好遇见罗汉比丘，帮助他进入禅定。禅定中，他在兜率宫见到弥勒，弥勒肯定智严守戒成功。智严听后大喜，步行到罽宾，无疾而化。他的遗体被送至圣墓安葬。弟子智羽、智远从西域回，讲述智严神异故事，国人听后以为智严已经得道成佛。

（谭洁）

Zhiyan

智严 Zhiyan（约活动于七八世纪） 西域高僧，译经家。

据《宋高僧传》卷三等记载，智严俗姓尉迟（或作郁迟），名乐，本是于阗国留在长安的人质。他天性聪慧颖悟，隶属鸿胪寺管辖，授“左领军卫大将军上柱国”的官衔，封金满郡公。

智严深感尘世烦恼苦痛，有意出家。神龙二年（706）五月，他奏请将自己的住宅舍为寺院，蒙受皇帝恩准，于是将其题名为“奉恩寺”。接下来，他又奏请辞官出家，于十一月得到许可。景龙元年（707）十一月五日，在唐中宗李显（705～710年在位）的诞辰，智严正式剃度出家。之后，他在石鳖谷行头陀苦行之法，并充任终南山至相寺的上座。

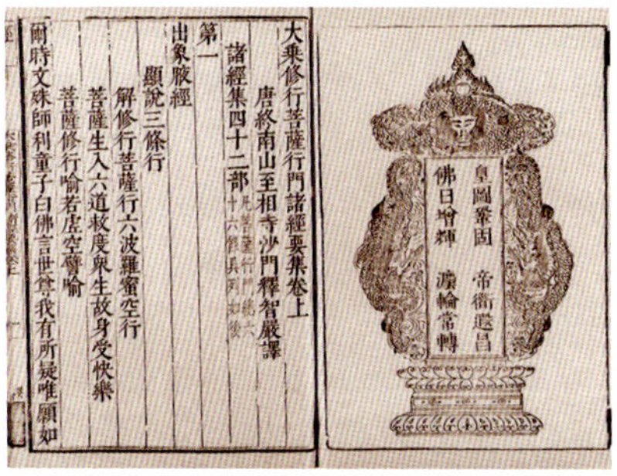

智严译《大乘修行菩萨行门诸经要集》明万历间刻本书影

由于智严兼擅汉、梵双语，有敕令他翻译佛经。开元九年（721），智严在石鳖谷与奉恩寺译出《说妙法决定业障经》（T841）1卷、《大乘修行菩萨行门诸经要集》（T847）3卷、《出生无边法门陀罗尼经》（T1018号）1卷、《师子素驮娑王断肉经》（T164）1卷，均是文质相称、精确地传达了经文的深意。他还翻译了《尊胜陀罗尼咒》1首与《法华经药王菩萨咒》6首等。此外，智严还撰有《大方广佛华严经搜玄分齐通智方轨》（T1732）5卷。

（范晶晶）

Zhiyue

智月 Jñānacandra（约活动于7世纪）古印度唯识学派十大论师之一。音译若那战达罗。据《大唐西域记》卷九、《成唯识论述记》卷一等，智月与胜友（音译毗世沙蜜多罗）、胜子（音译辰那弗多罗）同为那烂陀寺住持护法菩萨的三大弟子，而护法则为唯识学派的主要论师。智月颇有高名，时以“风鉴明敏”著称。曾为世亲《唯识三十颂》撰写注释，惜所著今已不传。

（葛维钧）

Zhizang

智藏 Zhizang（458～522） 中国南朝义学高僧。与僧旻、法云并称梁代佛教三大家。

据《续高僧传》卷五等，智藏俗姓顾，本名净藏，吴郡吴（今江苏苏州）人。出身于世家大族，历代仕宦。父亲早亡，母亲梦见吞食星星而生智藏。智藏幼时即聪明礼让。16岁时，代替刘宋明帝刘彧（465～472年在位）出家，泰始六年（470）被敕住兴皇寺，奉高僧大德僧远、僧祐、弘宗为师。他谨遵师训，德行优良，学业有成。此外，智藏还跟随当时的《成实论》大师僧柔、慧次学习。等到他登座宣讲的时候，僧柔、慧次都自叹不如。萧子良崇信佛教，为开讲《维摩诘经》，召集了20余位义学高僧，智藏也在其中。他因为年纪小、出家不久，所以坐在最末尾，但阐发义理无人能比，由是闻名遐迩。随后，智藏应邀去会稽（今浙江绍兴）弘法多年，徒众很多。为了继续钻研律部，他回到都城建康（见南京），学习《十诵律》等律典。然后又重回家乡吴郡，许多人都慕名跟随他学习佛法。

智藏在萧齐时代足迹遍及三吴地区，推动佛教在南朝社会的发展。永元二年（500），智藏重游会稽山的禹穴，在那里继续弘扬佛法。萧梁建立之后，大弘佛法，智藏又回到都城，受到梁武帝萧衍和朝臣们的欢迎。名僧宝志逝世后，葬在钟山，墓前修建了一座寺院——开善寺。武帝敕令智藏住在此寺。智藏曾屡次批评皇帝，反对武帝的一些措施。由于佛教界法度混乱，武帝想自己担任僧官——白衣僧正。其他高僧名流多署名表示同意，唯有智藏在集会上公然表示反对。武帝最终未能如愿。智藏在这一事件当中表现出的胆识勇气，使他的声望更加上升。武帝对智藏也更为钦佩，不久敕令他在彭城寺讲《成实论》，在慧轮殿讲《般若经》。武帝受菩萨戒，请智藏担任他的师傅。太子萧纲也对智藏礼敬备至，让他为自己授戒，并请他在寺中宣讲《大般涅槃经》。传说智藏本只有31岁的寿命，但由于他受持读诵《金刚般若经》，故而延寿一倍。因为这个缘故，《金刚经》在南方非常流行。

智藏宣讲的各种佛教典籍，有《大般涅槃经》、《般若经》、《法华经》、《十地经》、《金光明经》、《成实论》、《百论》、《阿毗昙心论》等，并撰有义疏流行于世，不过今已不存。另外，他还奉敕撰有《义林》80卷，也已佚失。

智藏极为谦退，特地在开善寺外建立6所简陋的苦行之舍，隐居修道。后因病，于普通三年（522）圆寂。

（范晶晶）

Zhizang

智藏 Zhizang（741～819） 中国唐代高僧。擅长戒律与禅法。

智藏俗姓皮，本是西印度人，从祖父那一代起便来到中国担任官职，后来迁居到庐陵（今江西吉安）。智藏小时候进入寺庙，看到佛像庄严，就产生了鄙弃世俗、追求佛道之心。他广泛学习佛教的三藏经典，对于律藏尤其专心。大历三年（768），智藏游方到豫章（今江西南昌），因而隶名于天宫寺。众人都请求他主持戒坛，一时声望所归，号为“律虎”。智藏开讲戒律时，辩名析理、娓娓道来，听众都蜂拥而至、欢喜听受。

贞元年间（785～804），智藏遇到大寂禅师（即马祖道一），向他学习禅法心要。之后便在会稽（今浙江绍兴）杭乌山顶建造了一间小房子，在其中打坐安禅。同时，智藏还撰写了《华严经妙义》，议论精妙，学者读而不倦。

元和十四年（819），智藏无疾而终，弟子为他焚收舍利，并在山的北峰起塔。

（范晶晶）

Zhong Ahan Jing

《中阿含经》 *Madhyamāgama* 佛教早期经典集成《阿含经》之一部。主要论述“四谛”、“八正道”、“十二因缘”、“涅槃”等早期佛教基本教理，其所收经典篇幅适中，因而得名。

《中阿含经》梵本已佚，仅在中国新疆地区有残叶出土。近年亦发现少量内容相关的犍陀罗语残片，可能属于法藏部。南传上座部所传的巴利语《中部》与《中阿含经》相当，分15品，收经152部。

相传昙摩难提曾于前秦建元二十年（384）译出《中阿含经》59卷，早已不

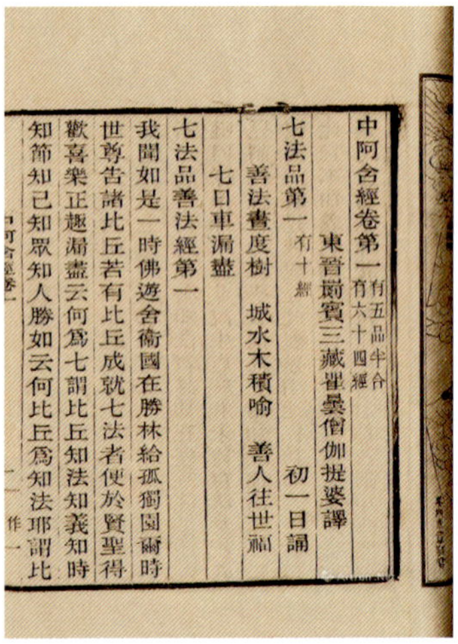
中阿含經卷第一 有五品半合有六十四經
東晉罽賓三藏瞿曇僧伽提婆譯
七法品第一 有十經 初一日誦
善法晝度樹 城水木積喻 善人往世福
七日車漏盡
七法品善法經第一
我聞如是一時佛遊舍衛國在勝林給孤獨園爾時
世尊告諸比丘若有比丘成就七法者便於賢聖得
歡喜樂正趣漏盡云何爲七謂比丘知法知義知時
知節知己知眾知人勝如云何比丘爲知法耶謂比

《中阿含经》1911年常州天宁寺刻本书影

存。现存汉译本60卷为东晋**僧伽提婆**于东晋隆安元年（397）至隆安二年所译（T26），一般认为其底本为说一切有部所传。分为五诵十八品，收经220部。五诵即初诵、小土城诵、念诵、分别诵、后诵。十八品为七法品、业相应品、舍梨子相应品、未曾有法品、习相应品、王相应品、长寿王品、秽品、因品、林品、大品、梵志品、根本分别品、心品、双品、大品、晡利多品、例品。僧伽提婆译《中阿含经》中有4品题名与巴利语传本相同，有96部经能在其中找到对应，其他没有对应的经篇，大部分也能在《长部》等其他巴利语经集找到对应经篇。此外，汉译本中还存有70余种单译本。**藏文大藏经**中没有完整的《中阿含经》，只有一些单译本收于甘珠尔部。

（叶少勇）

zhongdao

中道 madhyamā pratipad 佛教中的重要思维方法，要求信众离开二边之极端或邪执，采取一种不偏于任何一方的中正之道。这种方法在佛教产生时即提出，后来在佛教的发展中越来越受重视，在佛教的各个分支中有不同程度的应用。早期佛教、小乘部派佛教、大乘佛教等均有论述或使用道的情况。

释迦牟尼在创立佛教之初即论及中道，而且这一方法是他在**鹿野苑**“初转法轮”中传法的重要内容。释迦牟尼最初提出的中道是所谓“苦乐中道”，即要求信众舍弃两种极端（二边）。一种极端是对苦行的执着，另一种极端是对欲乐的执着。释迦牟尼要求信众舍弃这两种极端，取这二者的中间道路，即既不执着于极端化的苦，也不执着于极端化的乐。认为这样就达到了所谓“中道”。《**中阿含经**》卷第五十六中这样记述释迦牟尼所说：“五比丘当知，有二边行，诸为道者所不当学：一曰著欲乐贱业，凡人所行；二曰自烦自苦，非贤圣求法，无义相应。五比丘，舍此二边，有取中道。”

释迦牟尼这种“苦乐中道”的提出与当时印度思想界一些派别对待人生或世间生活的两种态度有关。一种态度在佛教看来是偏于享乐，这种态度的代表是**顺世论**。顺世论偏于强调享乐，认为人要在世上及时享乐，因为不存在行为的因果业报。另一种态度则偏于苦行，这种态度的代表是耆那教。耆那教偏于强调苦行。此派的苦行手法十分严厉，如裸形拔发、事火卧刺。释迦牟尼认为这两种极端对获得解脱都没有好处，因而要求其弟子们“舍此二边，有取中道”。

早期佛教中除了“苦乐中道”之外，还有一些与中道有关的内容。其中经常为人们所提到的是“无记中道”、“有无中道”、“断常中道”等。

无记中道指在释迦牟尼时期，有许多出家者或其他派别的思想家，向释迦牟尼提出种种思辨性较强的问题，如世间常、世间无常、世间有边、世间无边、我身是一、我身是异、如来死后有、如来死后无、如来死后亦有亦无，如来死后非有非无（称为“十问”或“十难”）等，佛对此类问题都不回答，均“不为记说”，不明确表明态度。这实际上是认为对此类问题的两种相反的判断性回答都不能完全无误地表明事物，因为一回答便会走极端，会落“二边”。以此显示其主张的中道观念。

有无中道指释迦牟尼时期，佛教对印度思想界关于事物的绝对的有或绝对的无的观念的否定。在佛教看来，绝对的有和绝对的无都未看到事物的变化，都执“二边”之极端。佛教认为事物是缘起的，是不断的分分合合的变化形态。既不是绝对的有，也不是绝对的无。离开这绝对的有和绝对的无也具有一种中道的精神。

断常中道指释迦牟尼时期，佛教对古印度各派在轮回问题上提出的极端化观念的否定态度。当时有两种极端，一种认为死后一无所有，完全断灭，这是断见；另一种认为轮回中有一不灭的主体，这是常见。释迦牟尼认为断见和常见都不对，要非断非常，坚持缘起思想。这也显示了中道的思维方法。

在部派佛教时期，中道的观念虽也被佛教所继承，但由于当时佛教分成许多部派，各部派都程度不同地有偏执的问题。虽然这些派别在理论上都不反对中道的思维方法，但在处理许多问题时，并不去真的考虑彻底贯彻中道的精神，“中道”之说实际是流于形式，无法实施。客观地说，中道在佛教中突出起来并占有显要地位还是在大乘佛教兴起后。

大乘佛教为了克服部派佛教的种种偏执，为了更好地与“外道”进行思想斗争，开始认真地强调“中道”的观念。发展到中观派时，“中道”思想影响极大，真正成为佛教理论中的核心成分。

大乘佛教中较早明确强调“中道”观念的是小本（小品）《宝积经》(指《佛说遗日摩尼宝经》或《佛说摩诃衍宝严经》)。因该经出现时间早于中观派的主要论著，因而为学界所特别重视。从该经的论述中可以看出，作者已发现在佛教中存在着一种过分强调“空”的倾向。这种倾向在小乘部派，如方广部中就有，但方广部的“恶趣空”偏执极为明显，在一般的佛教派别中或思想界中是受抵制的，影响不大。影响大的是另外一些大乘思想家。小本《宝积经》认为，这些思想家的理论是“著空”。本来，说一切有部等派别主张的“实有论”是

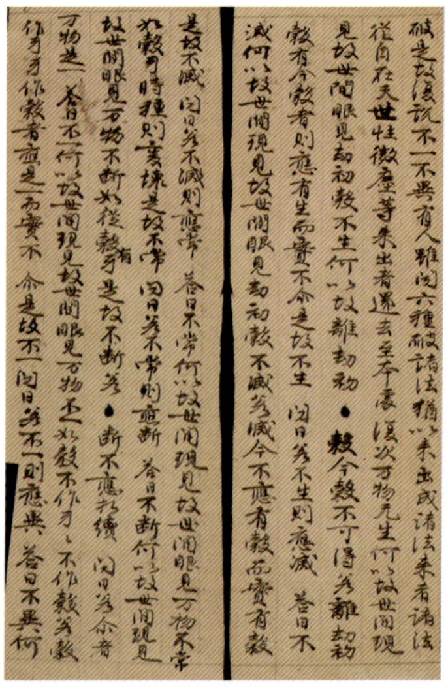

《中论》书影

佛教中有影响的一种理论，大乘佛教兴起后，般若思想家对其进行了猛烈的批驳，将“实有论”的势力压了下去。这样，在佛教界又形成了新的时尚，即极力讲“空”。小本《宝积经》最早反对这种时尚，认为它是“著空不得脱”(《佛说遗日摩尼宝经》)。在反对这种倾向时，该经的作者认为这种倾向比“有”见还危险，强调如果走上这种极端就“不得脱”，是“我所不治”(《佛说摩诃衍宝严经》)。小本《宝积经》对“中道”的强调不仅表现在对“空”的解释上，还

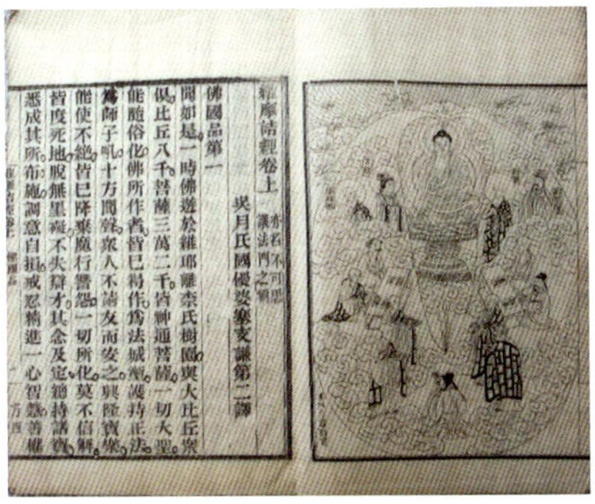

《维摩诘经》书影

表现在对其他一系列概念的解释上，如该经列举了有我与无我、有真实心与无真实心、不善法与善法、世间法与出世间法、有诤法与无诤法、有漏法与无漏法、有为法与无为法、有秽污法与白净之法等，认为它们是“二边”的，反对执着这二边的分别，倡导“中道真实观法”(《佛说摩诃衍宝严经》)。

《维摩诘经》对“中道”观念的发展与小本《宝积经》有相似处，但不像小本《宝积经》那样直接扣住“中道”一词进行论述，在具体的论证方式上也较小本《宝积经》更为生动。该经举出许多事例来表明如何采用“中道”的方法，如该经卷中说：“在于生死，不为污行；住于涅槃，不永灭度。”类似的言论在该经中不胜枚举。《维摩诘经》的“中道”观念还表现在其“不二法门”的理论中，不二法门直接讲的是“无分别”的观念，但实际上按其要求所达到的“不二”或“无分别”的状态，也就是一种对“中道”精神深入贯彻所达到的境界。《维摩诘经》论述“中道”在时间上未必有小本《宝积经》早，但它的影响(尤其是在中国)则要比小本《宝积经》大得多。

除小本《宝积经》和《维摩诘经》外，早期大乘经中的法华类经和华严类经也程度不同地表现出了“中道”的观念。《法华经》在总体上兼顾了“性空”和“假有”两方面，在思想方法上注重“中道”观念。华严类经对“中道”观念的发展主要体现在其对不同（相关）概念组的处理上，如从对“一”、“多”观念的论述中就可以看出。《华严经》(60卷本）卷第二十九提及从“一法”中可以“解众多法”，从“众多法”中可以“解了一法”，表现出了不把相关概念（对立或相反概念）的区分绝对化的思想。由此可知作者对“中道”观念的重视。

中观派是佛教“中道”观念的主要倡导者和最有代表性的派别。它在借鉴、吸收先前佛教中道学说的基础上，将“中道”观念在印度的发展推向一个高峰。中观派的“中道”观念集中表现在龙树的《中论》的理论叙述中。《中论》卷第一一开始就提出了“八不”（不生、不灭、不常、不断、不一、不异、不来、不出）理论，对人们在生活中常用的一些概念都进行否定。这种通过“八不”显示的“中道”常被称为“八不中道”。《中论》卷第四还有一个涉及“中道”的十分著名的偈颂：“众因缘生法，我说即是空，亦为是假名，亦是中道义。”这里强调了因缘之法是空，但空又不是绝对的虚无，只有看到了性空和假有这两方面才达到了所谓中道。性空与假有是中观派论述的核心，以此来论述中道最能体现此派的特色，最能清楚表明佛教中道的根本含义。再有，从《中论》来看，中观派的“中道”学说也表现出了佛

《成唯识论》书影

教般若理论中的“无分别”思想和“无所得”思想。《中论》分析了外道的重要理论，分析了小乘部派的重要观念，甚至分析了整个佛教中常用的一些思想范畴，对所有表达这些内容的名相概念都加以否定，以此来显示“中道”的思维方法。中观派用一系列的否定实际是要告述人们：各种概念、范畴、判断是不能真正认识事物的本来面目的，只有采用中观派的“无分别中道”方法或“不可得中道”方法，才能把握诸法的实相。

“中道”观念在大乘佛教中的另一主要派别瑜伽行派中亦有表现。该派从“唯识”的根本立场出发，在某些方面对“中道”思想有一定发挥。这从该派的一些具体理论中可以看出来。瑜伽行派论述了非空非有的中道说。空有问题许多佛教派别都论述过，并在这个问题上表现出各自的“中道”立场，瑜伽行派亦是如此。《成唯识论》卷第七说：“远离增减二边，唯识义成，契会中道。”“我法非有，空识非无。离有离无，故契中道。”“一切法，非空非不空，有无及有故，是则契中道。”瑜伽行派是要表明，所谓“空”指“我”与“法”不实在(我法非有)，此即“真空”；所谓“有性”指“真空”与“识”非无(“空识非无”、“真空等亦是有性”)。这样，就成了“非空非有”的“中道”。这种“中道”，说到底，是一种“唯识中道”。

中道观念在后期佛教中亦常常使用，这种思维方法在印度佛教发展的各个阶段、各主要文献中都有不同程度的展现。

中道观念随佛教的其他思想传入中国，在中国形成的许多佛教学派或宗派中有重要影响。如鸠摩罗什翻译的大量般若中观的佛教经论在中国大范围传播，使中道的思维方法在中国古代的思想界广为人知。中国南北朝时期形成的三论学，中国隋唐之后出现的佛教三论宗、天台宗、唯识宗、禅宗等都对这一思想方法极为重视，广泛使用。

（姚卫群）

Zhongguan Lun Shu

《中观论疏》 中国佛教典籍。隋代高僧吉藏（549～623）在吸收前人般若空义

和中道思想的基础上，通过注释鸠摩罗什译、龙树造、青目释的《中论》，对大乘中观理论作系统诠释和发挥的著作。略称《中论疏》。共10卷（每卷分本末，或作20卷），收于《大正藏》第1824号。

据《中观论疏》卷二吉藏自述：“以去仁寿三年三月二日，江南学士智泰来至皇朝请述所闻，遂为其委，释开为十门。”杨曾文认为“此疏特别在因缘品对八不的注释，早在仁寿三年（603）乃至以前已经撰述，此后是按智泰的建议重新分科，至于定稿时间或已进入隋炀帝即位的大业元年（605）以后”。另有一说此书成于大业四年。

《中观论疏》分为两部分，首先诠解僧叡的《中论序》，其次逐次详解《中论》27品。其中，解释最详细的是第一《因缘品》，可视为吉藏对《中论》思想的概述。该书在分科与思想上都有一定的特点。在分科中，吉藏将三论宗传统科文与自己所立之科文相结合：于品下列释名、开合二科；其中，释名下再分通别、正名、释名、破申和同异五门；开合则依传统细分。在思想上，夏金华将其概括为三个方面：第一，一改真俗二谛之说法，将中道分为世谛中道、真谛中道和非真非俗中道3种；第二，在昙影《中论疏》指出青目释《中论》的4种过失的基础上，进一步指出另外4种乖失；第三，广引经论，旁及印度的诸家学说，尤其是受《大般涅槃经》影响，以其思想来解释空的学说，有别于其他《中论》注疏，极具特色。此外，该书引用六朝诸师异说繁多，并都曾加以评价，对研究六朝佛学思想有重要意义。

蓝吉富也曾指出《中观论疏》部分缺点，如繁博而琐碎；说理如走马灯，不易把握其义；科文太细，太数字化，读之犹入迷宫；部分见解和史实有误等。该书的注疏主要有日本三论宗名匠安澄的《中观论疏记》等。

（杨祖荣）

Zhongguanpai

中观派　Mādhyamika　印度佛教宗派。见印度佛教。

Zhongguo

中国　China　世界文明古国之一。位于今亚洲大陆东部，太平洋西岸。今名为中华人民共和国。通用汉语。中国疆域内的各个民族统称为中华民族。

“中国”一词最早出现在公元前11世纪西周青铜器何尊的铭文中。此处的中国是以洛阳盆地为中心的中原地区，后来华夏族、汉族活动范围逐渐扩大，黄河中下游地区也被称为“中国”。春秋战国时期，各诸侯国则自称都城为“中国”，其中“国”就是各诸侯的封地。汉代以降，“中国”一词逐渐演变成为正统朝代的标志。康熙二十八年（1689）清朝政府与俄罗斯帝国政府签订的《尼布楚条约》，首次将“中国”作为正式国号使用。1912年中华民国成立后，把国号简称为“中国”。中华人民共和国建立后，亦简称为“中国”。

中国西周青铜器何尊铭文　公元前11世纪

古代印度人称中国为“支那”。该词最早见于印度史诗《摩诃婆罗多》（公元前4世纪～公元4世纪）以及《摩奴法论》（公元前2世纪～公元1世纪）。至今印地语、孟加拉语依然称中国为支那。五代十国时期之前的汉译印度佛经里，中国还有“秦那”、“脂那”、“至”和“震旦”等称呼。

古希腊及古罗马则以赛里斯（即丝国）称呼中国。古波斯语China一词源自于支那。后传至西欧诸国。中国契丹建立辽国以后，西方又称中国为“契丹”。如俄语称中国为“Kitai”，即从“契丹”音转而来。1516年，China一词最早出现于葡萄牙人图阿尔蒂·巴尔伯沙的日记中。1555年，该日志被译为英文。

（韩知更）

Zhongguo Daxue Yindu zhexue kecheng

中国大学印度哲学课程　20世纪初，中国大学开始设立印度哲学课程。1916年，北京大学哲学系首先开设了印度哲学课程，开始由许季上讲授，后由梁漱溟讲授。1922年，汤用彤从美国留学归来，先后在南京东南大学、天津南开大学和北京大学讲授印度哲学史。1946年，金克木在武汉大学开设印度哲学史课程，后由石俊讲授。1949年以后，汤用彤任北京大学副校长期间，仍给研究生开设印度哲学课程。讲授的印度哲学，不仅有印度佛教哲学，而且还包括婆罗门教的六派哲学、耆那教哲学和顺世论哲学等。

（朱明忠）

Zhongguo de Yindu yanjiu

中国的印度研究　India studies in China　中国的印度研究主要是对印度文化、文学、艺术、历史、哲学、语言、考古学、宗教等的研究。西欧各国对印度文化的探索，可以追溯至古希腊时代。后来，亦有西方传教士对印度进行较有系统的研究。18世纪之后，英国为巩固其在印度的殖民统治，遂有计划地研究印度文化。此后，各国哲学家、考古学家、语言学者、历史学者等，都对印度进行了持续的研究。

中印有记录的交往肇始于公元前2世纪。在2 000余年的交流史上，中国人对印度的了解日益加深，对印度的

《梁漱溟全集》书影

汤用彤著作书影

研究不断丰富。10世纪之前，中国的印度研究以佛教为核心。10世纪之后，两国商贸往来趋于繁荣，文化交流相对减少。19世纪末，两国同时面临西方殖民主义的入侵，以康有为、梁启超、孙中山、章炳麟为代表的一批中国知识分子怀着借鉴经验、救亡图存之心，开始了对印度政治、经济社会的关注，中国的印度学由此萌芽。20世纪初，中国人研究印度的兴趣逐步拓展到文化、历史、政治、经济等领域，研究的深度和广度均有所提升，形成了较为完备的学科体系。中国的现代印度学发展分为两个时期：1950年以前和1950年以后。

1950年以前　1917年，年仅24岁的梁漱溟应蔡元培之聘，在北京大学讲授印度哲学。这是现代中国大学最早开设的与印度相关的课程，标志着中国现代印度学的开端。20世纪二三十年代，在中国高等学府开设印度学课程的还有：北京大学的俄国学者钢和泰、佛教与印度哲学学者汤用彤，在清华大学讲授佛典翻译文学的陈寅恪和中西交通史学者向达等。

中国的佛学研究逐渐现代化，涌现出梁启超、欧阳竟无、太虚、吕澂等佛学家，创立了支那内学院、武昌佛学院、闽南佛学院等大批佛教教育机构。这些佛学院不仅讲授佛学知识，还开设了语言、数学、历史、地理、哲学、艺术、体育等课程，标志着中国僧人教育的现代化

1924年，R.泰戈尔访华，在中国掀起一股译介印度文学的风潮，许地山和郑振铎是这方面的代表人物。泰戈尔的中国之行，促成了20世纪30年代中印学会和中国学院的建立。在谭云山的积极运作和蔡元培、戴季陶、泰戈尔等人的大力支持下，印度的中印学会率先于1934年在国际大学成立，泰戈尔任主席；1935年，中国的中印学会在南京成立，蔡元培任主席。在中印学会的推动下，国际大学中国学院于1937年创立，成为印度承接中国留学生的主要机构，培养了巫白慧、法舫、巴宙、杨允元等一批印度学学者。40年代，通过其他渠道赴印度从事讲学和研究工作的中国学者有金克木、吴晓铃、徐梵澄、陈翰笙、常任侠、陈洪进等，他们后来都成为中国印度学界的重要学者。同期在海外留学的还有季羡林，他于1935～1941年在德国哥廷根大学主攻梵文、巴利文和吐火罗文，1943～1945年从事教学和研究工作。

1953年，冰心访问印度期间与印度少年合影

1942年，中国在云南呈贡建立了国立东方语文专科学校，并设印地语科。这也是中国大学首次设置的印度语言专业。1946年，北京大学成立了东方语言系（简称东语系），教授内容包括印度语言和文学，季羡林担任系主任。1948年，早前在武汉大学讲授印度哲学史的金克木转入北京大学东语系。1949年，国立东方语文专科学校并入北京大学东语系由此成为中国现代印度学的重要基地。

1950年以后　1949年中华人民共和国的建立，为各领域学术研究提供了有利环境。1950年中印建交，中国人研究印度的客观需求和主观兴趣均有显著提升，中国的现代印度学也取得了空前发展。

北京大学在已有印地语专业的基础上，先后于1954年和1960年增设了乌尔都语专业和梵文巴利文专业，并招收了第一批学生，授课内容包括语言及印度历史、文学等。1955年，中国科学院哲学社会科学部成立，下设从事印度历史文化研究的机构。1959年，北京广播学院（今中国传媒大学）成立，于60年代陆续开设了泰米尔语、乌尔都语、孟加拉语、印地语、阿萨姆语等印度语言专业。此外，由于外交和文化交流的需要，中国政府于50年代选派了一批学生赴印度、苏联等国学习印度语言，其中包括先后在德里大学和贝拿勒斯印度大学求学的印地语学者刘安武和刘国楠等。

这一时期，三四十年代在海外留学和从事研究工作的学子纷纷回国，开始在印度语言、文学、哲学、宗教、历史、艺术、政治、经济等研究领域发挥强有力的作用。季羡林先后翻译了《沙恭达罗》(1956)、《五卷书》(1959)、《优哩婆湿》(1962) 等梵语文学经典，又于1973～1984年译出了印度史诗《罗摩衍那》，还发表了若干研究原始佛教语言、梵语经典文献、中印文化交流的专著和

第5届印度全国中国研究年会主席台就座的专家
左起邵葆丽、阿查利雅、莫汉蒂、玛妲玉、S.D.古普塔、谭中、那济世

论文。金克木自梵语译出抒情诗《云使》(1956)，并对梵语语法经典《波你尼经》进行了细致的研究，1964年出版的《梵语文学史》是中国在该领域的奠基之作。此外，吕澂、汤用彤、郑振铎、向达、朱杰勤、吴晓铃、常任侠、贺昌群等学者也在这一时期发表了不少重要著述。

1978年，南亚研究所成立。南亚研究所由北京大学和中国社会科学院合办，季羡林任所长，主要从事南亚地区宗教、哲学、政治、经济、历史、文化和语言文学的研究工作，印度是重点研究对象。1979年，中国南亚学会成立，创办了《南亚研究》、《南亚译丛》、《南亚东南亚资料》3种刊物。中国社会科学院研究生院于1978年设立南亚系，与北京大学东语系共同为南亚研究所招收研究生。与此同时，原四川大学印度教研室扩展为南亚研究所，后创办《南亚研究季刊》；辽宁大学和华中师范大学相继成立印度史研究室；云南省社会科学院也成立了南亚东南亚研究室。1982年，中国外国文学研究会下设印度文学研究会，每两年举办一次研讨会。80年代初期，南亚研究所更名为南亚东南亚研究所。1985年，南亚东南亚研究所一分为二，北京大学原有人员编入亚非所和东语系。1988年，中国社会科学院南亚东南亚研究所更名为亚洲太平洋研究所，黄心川任所长。

这一时期，中国的印度学研究队伍显著扩充，研究资源得到有效整合，不仅涌现出大批专业人才，还有大量研究成果问世：语言文学方面主要有刘安武的《印度印地语文学史》(1987) 和《普列姆昌德评传》(1999)，金鼎汉翻译的《罗摩功行之湖》(1988)，季羡林主编的《印度古代文学史》(1991)，黄宝生的《印度古典诗学》(1993)，殷洪元的《印地语语法》(1993) 等；宗教哲学方面主要有吕澂的《印度佛学源流略讲》(1979)，徐梵澄译《五十奥义书》(1984)，蒋忠新译《摩奴法论》(1986)，黄心川的《印度哲学史》(1989)，王邦维的《南海寄归内法传校注》(1995)，郭良鋆的《佛陀和原始佛教思想》(1997) 等；历史文化方面主要有金克木的《印度文化论集》(1983)，季羡林主持编写的《大唐西域记校注》(1985)，崔连仲的《从佛陀到阿育王》(1991)，林承节的《印度近现代史》(1995) 等；政治经济方面主要有孙培钧主编的《中印经济发展比较研究》(1991)，王宏纬的《喜马拉雅山情结：中印关系研究》(1998)，孙士海主编的《南亚的政治、国际关系与安全》(1998)，孙培钧和华碧云主编的《印度国情与综合国力》(2001)；辞书方面主要有黄心川任主编、葛维钧任副主编的《南亚大辞典》等。

进入21世纪，中国的印度学研究持续快速发展。语言教学方面，北京大学于2004年开设孟加拉语课程。北京外国语大学先后于2006年和2007年开设印地语和乌尔都语专业。西安外国语

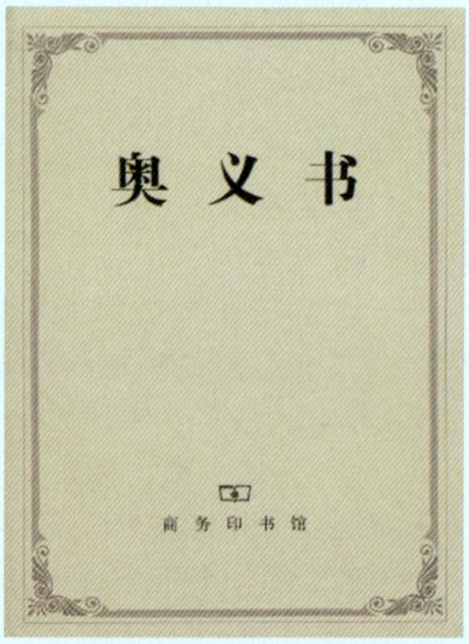

黄宝生译《奥义书》封面

金克木《梵语文学史》封面

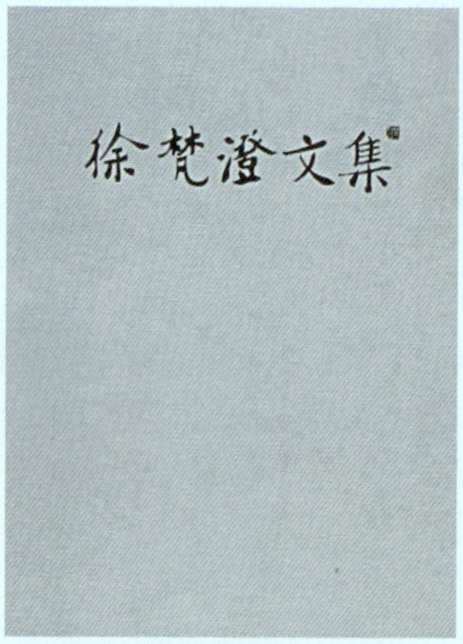

《徐梵澄文集》封面

《锡克教与锡克群体的变迁》封面

吕澂《因明入正理论讲解》封面

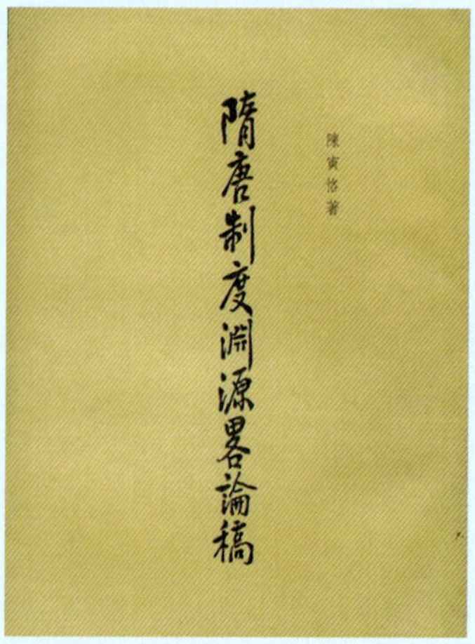

陈寅恪《隋唐制度渊源略论稿》封面

刘安武《印度文学和中国文学比较研究》封面

大学于2006年开设印地语专业。云南民族大学、广东外语外贸大学、上海外国语大学于2011年开设印地语专业。研究机构方面，北京大学于2003年成立印度研究中心，2009年设立南亚学系，2012年成立南亚研究中心，聚集了一支具备多语言、跨学科研究能力的教研队伍。2013年1月《北大南亚东南亚研究》创刊。此外，中国社会科学院亚洲太平洋研究所、外国文学研究所，以及四川大学南亚研究所等成立较早的南亚研究机构继续发挥重要作用，深圳大学印度研究中心、中国社会科学院梵文研究中心等新的研究机构相继成立，国际问题研究所、中国现代国际关系研究院、云南省社会科学院南亚研究所、云南财经大学印度洋地区研究中心、上海国际问题研究院南亚研究中心等区域研究机构持续注入新鲜活力，中国的印度学业已建立起较为完备的教学和研究体系，形成了传统印度学与现代印度研究齐头并进的学科发展态势。

吕澂《佛教研究法》封面

新世纪，中国的印度学界诞生了一批重要研究成果，如刘安武、倪培耕、白开元主编的《泰戈尔全集》(2000)，姚卫群著《佛学概论》(2002)，刘建、朱明忠、葛维钧著《印度文明》(2004)，王镛著《印度美术》(2004)，黄宝生主持翻译的印度史诗《摩诃婆罗多》(2005)，尚会鹏著《印度文化史》(2007)，薛克翘著《中国印度文化交流史》(2008)，朱明忠著《印度教》(2013)等。与此同时，新一代学人层出不穷，不仅在传统研究领域发表了大量著述，更注重从跨学科、跨文化的视角，开展多元、多层次的综合研究，取得了一定突破。

随着印度国际地位的提升和中印关系的发展，中国政府愈发意识到印度研究的重要性。2010年，中国总理温家宝与印度总理M.辛格共同推动编纂《中印文化交流百科全书》。2013年，中国总理李克强与辛格共同启动“中印经典和当代作品互译出版项目”，表明了中国在深化中印人文交流和印度研究方面的决心。

（姜景奎　贾岩）

Zhongguo dianying zai Yindu

中国电影在印度　Chinese films in India

中国功夫片在印度一直是一种广受欢迎的电影类型。1949年以后，这些充满惊险动作的电影大多数是中国香港制作的。功夫片中的中国电影演员，如李小龙、李连杰和成龙，深受印度影迷的喜爱。李小龙主演的《精武门》(1972)、《猛龙过江》(1972)、《龙争虎斗》(1973)，李连杰主演的《少林寺》系列，成龙主演的《尖峰时刻》系列、《上海正午》(2000)和《上海武士》(2003)等，在印度一直非常流行而且获得了商业上的成功。2013年6月，成龙在印度新德里为中国电影节揭幕。这是由中印经济文化促进会、中国国家新闻出版广电总局和印度信息广播部联合承办的。电影节的开幕影片是成龙的《十二生肖》。在5天的电影节期间，还放映了中国的其他电影，如《一九四二》、《桃姐》、《一代宗师》、《人在囧途之泰囧》和《海洋天堂》。

《十二生肖》印度海报

20世纪80年代，中国改革开放以后，电影开始出口并在国外拍摄。随着第五代中国电影制作人的崛起，中国电影日益受到欢迎，获得包括印度在内的国外观众的普遍好评。张艺谋、陈凯歌和张军钊拍摄的电影引起印度观众的热

《少年派的奇幻漂流》(中文版)海报

929

烈反响。印度观众对《霸王别姬》、《红高粱》、《菊豆》和《大红灯笼高高挂》等电影耳熟能详。近年来，中国海峡两岸制作的电影，如李安的《卧虎藏龙》(2000) 和张艺谋的《英雄》(2002)，取得了世界范围的商业成功，也受到了印度观众的欢迎。2012年，在第14届印度孟买电影节上，张艺谋被授予终身成就奖。李安导演的电影《少年派的奇幻漂流》(2012) 是在南印度的一些地方拍摄的，所用演员则以印度人为主，其中包括饰演主角的演员S. 沙玛。

（邵葆丽撰　刘文亮译）

Zhongguo Fojiao

中国佛教　Chinese Buddhism　大约公元前后，佛教开始传入中国内地，经过长期的传播和发展，形成了具有中国民族特色的中国佛教。在中国佛教的形成和发展过程中，由于传入的时间、途径、地区和民族文化、社会历史背景的不同，又分别形成了汉地佛教（汉语系佛教）、藏传佛教（藏语系佛教）和云南上座部佛教（巴利语系佛教）。

两汉之际，佛教从西域传入中国，对此后中国社会、文化的发展产生了深刻影响。东汉三国时期，佛教主要依附于道教方术，来自安息、大月氏、康居（约在今中亚巴尔喀什湖和咸海之间）等地的佛教徒所传译的佛经侧重于佛教的基本教义与禅观数息的方法。到了魏晋时期，佛教摆脱了道教方术的依附，转而与当时流行的玄学相融合，此时般若典籍与学说最受欢迎。南北朝时期，新译佛经大量涌现，汉地和西域，尤其是与印度之间交流也极为频繁，对佛教教义的理解和认识得到了空前提高，出现了许多由中国人撰写的弘教、判教文章，儒释道三教也开始争鸣、会通。到了隋唐时期，求法运动高涨，佛经翻译迎来第二个高潮。中国佛教力量进一步发展壮大，寺院经济实力雄厚，僧徒们开宗立派，建立各自的理论实践体系。此期属于三教鼎立时期，也是佛教中国化的主要阶段，汉地佛教借助唐王朝的国际声望影响到周边如新罗（今朝鲜半岛南部）、日本等国的佛教发展，甚至反过来影响到西域地区佛教的面貌。藏传佛教则经过前弘期进入后弘期，得到迅猛发展。北宋时期，佛经翻译还在进行，但影响已大不如前。相比之下，宋代的佛经雕印事业对后世更有裨益，共出现了5种刻经。由于佛教在印度本土的消亡，此后的佛经译介已经较少引入新的理论，更多的是在汉语、藏语、蒙古语与满语之间互相翻译了。宋元明清数代，汉地佛教的发展主要体现在禅宗与净土宗上，而由于元和清两朝少数民族统治者的扶持和提倡，藏传佛教也获得了长足发展，并逐渐进入内地。

两汉三国，佛教初传中国　佛陀生前主要在印度北部、中部的恒河流域一带宣说佛法。公元前3世纪，孔雀王朝阿育王信仰佛教，并派遣上座到印度周围的地区和国家传教。于是，佛教向南传到今斯里兰卡和东南亚国家，向北传入罽宾、大夏、安息、康居等地，甚至越过葱岭传入今中国新疆地区。在中原汉地接触佛教的过程中，大月氏起了重要作用。公元前2世纪中叶，大月氏为了躲避匈奴的锋芒向西迁徙并征服大夏，而此时的大夏已经大体接受了佛教（见《弥兰陀王问经》）。大月氏的佛教正是从印度西北地区和大夏传承下来，以说一切有部的学说最为流行。公元1世纪，贵霜王朝建立，占据印度西北的广大地区，于是佛教加速向大月氏传播。大月氏与中原的汉王朝保持着密切的联系，经常有使者往返其间，这一过程或许就伴随着佛教向内地的传播，因此产生了大月氏使者伊存口授佛经和汉明帝（57～75年在位）派人到大月氏抄写《四十二章经》的传说。

中国江苏连云港孔望山摩崖佛教石刻　东汉时期

这一时期，佛教主要依附于汉地原有的道教方术，作为祠祀求福的一种宗教形式而得到发展，最早的史料记载是汉明帝的弟弟楚王英以斋戒祭祀来奉行佛教。此种做法一直延续到东汉末年，如桓帝（146～167年在位）同时祭祀黄老与浮屠，笮融建立浮图祠。在东汉末年以前，除了传说中西汉哀帝（公元前7～前1年在位）时大月氏使者口授的《浮屠经》和东汉时译者不明的《四十二章经》之外，没有任何其他的佛经传译。直到桓帝、灵帝（167～189年在位）之时，安世高、支娄迦谶等外国僧人纷纷来到洛阳，从事佛经翻译工作。安世高所译的佛经主要侧重于“禅数”，以此来阐明佛教的基本教义。支谶的译经也大致可以分为两类：一类是禅观方法；

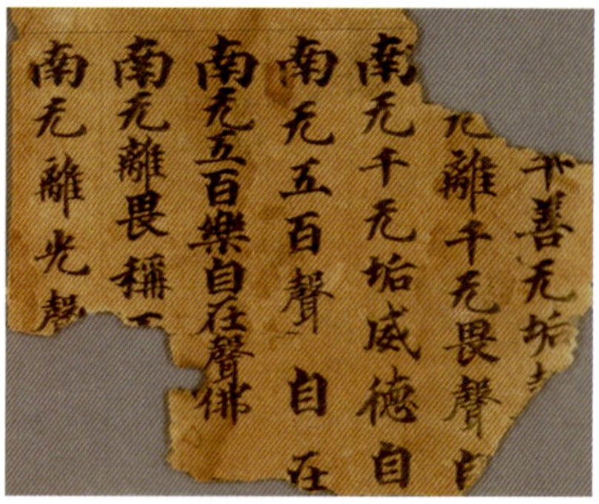

敦煌写经残卷

另一类则是大乘的般若经典。在早期的译经当中，有不少术语借鉴了道家著作。例如，安世高所译的《安般守意经》中说：“安为清，般为净，守为无，意名为，是清净无为也。”译经的工作往往由外国僧人与汉地居士共同合作完成：外国僧人主要负责将佛经口译出来，有时还伴随着对义理的讲解，而汉地居士则负责将其翻译讲解用流畅的汉语记录下来；前者被称为“口授”或“传语”，而后者则被称为“笔受”。

对三国佛教发展贡献最大的有三位僧人：支谦、康僧会与朱士行。支谦不仅译出了对后世影响巨大的《太子瑞应本起经》、《佛说维摩诘经》等经典，而且在佛经翻译史上第一次提出了“文”、“质”（约相当于意译与直译）区分的问题。康僧会则除了译经之外，还促成了建初寺（位于吴国首都建业，即今南京）的创建，对佛教在江南一带普通民众间的传播作出了很大贡献。曹魏甘露五

支娄迦谶像

年（260），朱士行到于阗（今新疆和田）寻求佛经梵本。在中国佛教史上，他是第一个西行求法的汉僧。这说明随着佛教在汉地的传播，汉族信徒已不满足于外国僧人在佛典传译上“值残出残、遇全出全”的做法，而是根据实际需要主动前往西域乃至印度求法。

东汉末年到三国时期，在以洛阳为中心的河南一带、以徐州为中心的江淮一带，以及在今越南北部的交趾地区，都已经有了修建佛寺或课读佛经的活动。在山东、四川、湖北等地，甚至出现了佛教造像。此期虽然已经译出了大量佛经，但因为佛教刚传入不久，在社会上最有影响的佛教教义就是善恶因果报应与三世轮回理论。

两晋南北朝，佛教在中国建立稳固基础　两晋南北朝时期，由于统治者的大力提倡与士人阶层对佛教义理、实践的浓厚兴趣，佛教的势力迅速发展壮大。僧尼、寺院的数量激增，形成了比较完备的僧官制度和以经营土地为主的寺院经济。但与此同时，僧尼品行越来越良莠不齐，寺院经济也极大地损害了朝廷的税收利益。随着佛教势力的发展壮大，佛教与道教、儒家学说之间的矛盾更是越来越尖锐化。在这种背景下，南方出现了以慧远等为代表的、将佛教的出世观念与儒家的纲常名教结合起来的高僧名士，试图调和三教；故而虽有数次关于沙汰僧尼、限制建寺造像、令沙门致敬王者的提议，但并未对佛教形成大的冲击。而在北方，这种冲突则直接导致了北魏太武帝与北周武帝的灭佛行为。不过，此期佛教的发展之势已难以遏止，两次灭佛后不久都迎来了佛教发展的另一高潮。到隋唐一统之后，南北佛教逐渐融合。此时在民间，随着佛教传播的进一步深入，形成了流行的观音信仰、弥勒信仰与弥陀净土信仰。

此一时期译经的范围、数量与质量均超过两汉三国。大乘佛教的《法华经》、《涅槃经》、《华严经》等类典籍，由龙树开创的中观学经典，以及由无著、世亲开创的瑜伽行派经典等都被大量译介过来，及时地反映了印度佛教思想的发展。小乘佛经的传译也日趋完备，四部《阿含》均已译出，“毗昙学”（即解释名相的“对法”或“论法”）的一些重要经典也已介绍到汉地。此外，适应汉地佛教僧团发展的需要，各部派的戒律典籍也都被译出，如说一切有部的《十诵律》、法藏部的《四分律》、大众部的《摩诃僧祇律》、化地部的《五分律》、上座部的《善见律毗婆沙》等。就地域而言，除西北陆地丝绸之路继续为沟通中西文化发挥作用外，南方的广州也成为僧侣与商旅结伴往来的国际口岸，并一度成为佛经传译的基地之一。在翻译制度上，佛教译经开始正式成为朝廷的宗教文化事业，由朝廷提供资金、组织人力、开办译场。在翻译理论上，道安提出了“五失本，三不易”的说法，鸠摩罗什则认为不理想的翻译如同“嚼饭于人”，两者都强调了翻译的难度与重要性。经过数百年的积累与发展，此期的译经由“古译”阶段进入“旧译”阶段：译文更加忠实于原本，由于翻译技巧的提高，语言也更加通顺流畅。

佛教造像　北魏时期　中国山东青州龙兴寺

这一时期，最重要的译经团体大致如下：①西晋竺法护及其译经团体；②道安在前秦苻坚的支持下于都城长安组织的译场；③鸠摩罗什及其译经团体；④北凉昙无谶与浮陀跋摩等人的译经团体；⑤刘宋佛驮跋陀罗与求那跋陀罗等人的译经团体；⑥北魏菩提流支、佛陀扇多、勒那摩提、般若流支等人的译经团体；⑦广州真谛的译经团体。此外，重要的译经家还有梁、陈两代的曼陀罗、僧伽婆罗、月婆首那，北齐、北周的那连提黎耶舍、阇那耶舍、阇那崛多等。

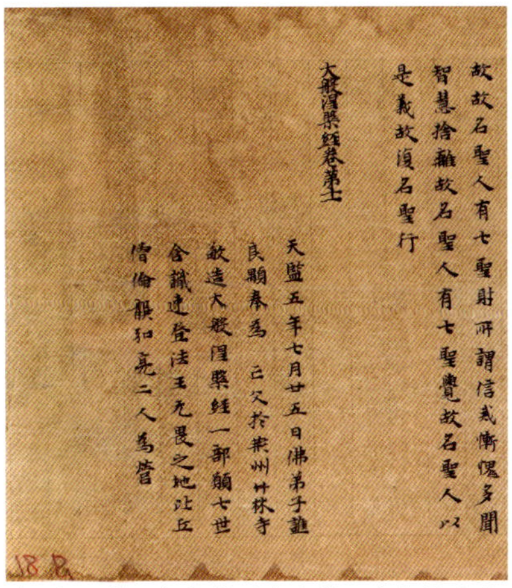
故故名聖人有七聖財所謂信戒慚愧多聞
智慧捨離故名聖人有七聖覺故名聖人以
是義故復名聖行
大般涅槃經卷第十
天監五年七月廿五日佛弟子譙
良顒奉為　亡父於荊州竹林寺
敬造大般涅槃經一部願七世
含識速登法王无畏之地比丘
僧倫顒和亮二人為營

《大般涅槃经》敦煌写本书影　南朝梁天监五年（506）　现藏英国图书馆

经过数百年对印度佛教的译介与学习，此时在义学方面，出现了一大批以中国学者为主力军的佛教理论家，即所谓义学沙门。东晋十六国时，活动于南方的主要是与玄学结合形成的、具中国特色的般若学各流派，被称为“六家七宗”，而关中地区（即今陕西西安一带）流行的则是以鸠摩罗什及其弟子为代表的中观学派。罗什的弟子僧肇，以师传的中观学说为依据，对当时流行的阐释般若学的“心无”、“即色”、“本无”三家的观点进行了批判。在罗什之前，佛教译经常常使用中国旧有的哲学名词去对译佛经中的术语概念，与之相应的是解经时的“格义”之法，即以中国典籍中的现成理论比附、解释佛教义理。在这种情况下，形成了阐发般若“空”观的6家主要观点。僧肇批评这6家学说都只侧重于某一方面：本无、本无异、识含、幻化、缘会各宗都否定物质现象、强调精神现象，而心无宗则否定精神现

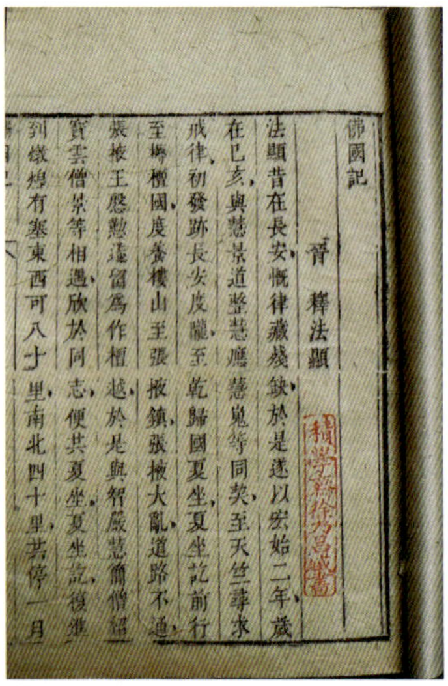

佛國記
晉 釋法顯
法顯昔在長安，慨律藏殘缺，於是遂以宏始二年，歲
在己亥，與慧景道整慧應慧嵬等同契，至天竺尋求
戒律，初發跡長安，度隴，至乾歸國夏坐，夏坐訖，前行
至耨檀國，度養樓山，至張掖鎮，張掖大亂，道路不通，
張掖王慇懃，遂留為作檀越，於是與智嚴慧簡僧紹
寳雲僧景等相遇，欣於同志，便共夏坐，夏坐訖，復進
到燉煌，有塞東西可八十里，南北四十里，共停一月

《佛国记》明万历唐宋丛书刻本书影

象、强调物质现象；即色宗虽然提出了“色即为空”，但又补充“色复异空”，还是没有达到僧肇的中观境界——“色即是空，空即是色”，即《不真空论》中所讲的“不真而空”。

到了南北朝，涌现出了以讲授、传播一部或几部佛经为中心内容的佛教学派，先后出现了许多“师说”。随着《大般涅槃经》的译出与流行，“佛性论”这一新的研究领域成为当时的热门话题。《大般涅槃经》承认“佛性”的存在，脱离了般若学的“空”观与怀疑论。在此背景下，竺道生将般若实相与涅槃佛性两种学说结合起来，同时吸收玄学的思辨方法，提出了佛性顿悟说，认为人人均有佛性是心性依据，而顿悟则是达到解脱的方式。此说对中国佛教影响深远。此后还出现了南北各家涅槃师说。另外，这一时期也有研究《成实论》的成实师与讲授毗昙学的毗昙师。二者都注重系统介绍佛教哲学的基本概念、范畴，引导初学者学习佛教的基本名相。不过，从事《成实论》或毗昙研究的学者一般都同时兼通其他经论。此外，菩提流支译出《十地经论》，该论上承般若学、下启瑜伽行派，提出“三界唯心”与“阿赖耶识”的概念，吸引了佛教学者竞相传习，也逐渐形成所谓的“地论师”一类师说。从罗什、佛陀跋陀罗来到汉地传授大乘禅法之后，南北各地的学禅之风重又兴盛起来。4卷本的《楞伽经》也被译出，提倡“专唯念慧，不在话言”。传授这部经典的僧徒着重口说而不重文记，独成一派，被称为“楞伽师”。梁代真谛在广州译出《摄大乘论》，由于该论集中反映了瑜伽系大乘与其他大乘派系、小乘学说的不同观点，属于瑜伽行派的基本典籍，故而真谛在翻译时尤其用心。在他圆寂之后，门人都能继承遗志传播《摄大乘论》，形成了摄论师一派。

两晋南北朝时期，中国佛教发展到一个新的阶段：佛教徒们除了继续大量传译佛经之外，相关的撰述也日渐增多，包括注疏、论文、译著撰集、史地编著、佛教目录乃至伪经等。其中大部分出自僧徒之手，也有小部分是由王公贵族、文人学士所著。在对翻译经典进行学习传播的过程中，注疏的辅助作用极为重要。虽然在道安之前已有经注，但系统地分析结构、阐释义理，则始于道安。鸠摩罗什来到关中译经讲学，其门下弟子更是将注疏一途发扬光大。后来，南北朝各家师说都利用注疏的形式阐发自身观点、弘扬本派教义。由于注疏仅限于解释原经，故而要想充分发挥个人的观点思想，更需撰写论著。论著的形式有经序、通论或专论（如僧肇诸论）、义章（选择诸经名相，分门别释）、争论（教内之争或驳外人之作）。随着译经与著述的数量日渐增多，翻阅起来极为繁难，故而经常有纂集之举，如单经略钞本、群经合钞本、汇编法集等。此外，这一时期佛教史学十分发达，出现了释迦传记、印度圣贤传记、中国僧传（如《高僧传》）、佛教感应传、甚至佛教通史类著作，以及名山寺塔记（如《洛阳伽蓝记》）等。西行求法的高僧，如法显、惠生等人，也往往将游历过程记录下来，撰成《佛国记》、《使西域记》，对后人了解当时西域、中亚、印度、南亚的史地情况及佛教发展有重要参考意义。由于传译、著述事业的蓬勃发展，目录学也随之兴盛起来。当时有28部经录，但后来大多亡佚，至今仅有僧祐《出三藏记集》一部存世。在佛教经录中，译自胡语或梵语的佛经被称为真经，而缺少源文本与翻译记录的经书则列入疑伪经之列。六朝时期，中土人士假托佛经之名的撰述不少，反映了特定地区的时代思潮与意识形态。大体而言，此期佛教撰述工作的开展，也间接促成了儒家及道教类似著作的出现。

随着佛教的蓬勃发展，佛教题材的艺术创作也呈现出繁荣景象。北方选择远离城市的幽静之处开凿石窟、雕造佛像。根据石窟艺术的传播路线，大致可以划分为4个地区：以龟兹石窟为代表的西域佛教艺术，以河西早期石窟为代表的凉州佛教艺术，以云冈石窟为代表的平城佛教艺术，以龙门石窟为代表的中原佛教艺术。北方石窟的形制多为草庐式的马蹄形窟、中心塔柱窟、僧房窟和禅窟，流行的造像题材有三世佛、弥

中国江苏南京栖霞山千佛岩造像

勒、释迦多宝佛、千佛、七佛与佛传、本生故事。这种窟形和题材，更符合禅观的特殊要求。南方地区石窟很少，而摩崖龛像较多，如南京栖霞山千佛岩造像与新昌剡溪大佛。其题材除了释迦佛之外，多无量寿（阿弥陀）佛与弥勒佛，以及释迦多宝佛。后来，在南北朝石窟造像的基础之上，出现了中国隋唐佛教艺术进一步发展繁荣的局面。

隋唐时期，佛教的中国化 隋唐两代的皇帝大多信奉佛教，佛教在这一时期获得了长足发展。在翻译方面，译经正式成为国家行为，有了制度上的保障。隋代专设翻经馆，唐代的译场分工也日趋细化完善。由于国力的强盛，印度、西域的高僧携带梵本络绎前来，汉地也有大批高僧前往印度求取真经。人员的频繁交流不仅保证了源文本的充足供应，也为译场提供了精通梵汉双语的高质量翻译人才。其中，玄奘与义净主持的译场，准确译出了大量重要佛典，可称贡献卓著。玄奘的译经被称为“新译”。外国僧人中，尤其知名者有唐初的波颇，武后朝的提云般若、实叉难陀、菩提流志，以及玄宗朝的不空金刚。译事的繁荣也促进了翻译理论的发展：彦琮提出了译经人员需要具备的8项条件，即“八备”之说；玄奘则指出“五（种）不翻”的原则；另有一些讨论译经体式的专著，如《翻经法式论》，但均已佚失。中唐以后，印度佛教逐渐衰落，中印交通一度受到阻隔，译经事业也步入低潮。但是，在对佛教教理的接受与发挥方面，经过几百年的积累，隋唐佛教已能融会印度学说，自立门户，开宗立派，基本完成了佛教的中国化。此时，汉地继西域于阗、龟兹之后，也成为弘扬佛法的中心。一方面，回鹘与西藏佛教均开始从汉语转译佛经；另一方面，新罗（位于今朝鲜半岛南部）、日本的佛教徒也经常前来汉地求法。这样，中国化的佛教也就随之传到了朝鲜、日本、越南等地。不过，与此同时，也有少数文人采取排佛立场，如傅奕与韩愈等，甚至有朝廷主导的反佛事件，如唐武宗李炎（840～846年在位）的会昌灭佛。会昌灭佛之后，各宗典籍散失很多，义学发展也陷于停滞。

宗派大兴也是隋唐佛教发展的一个突出现象。主要宗派有：三论宗、天台宗、法相宗、华严宗、律宗、禅宗、净土宗、密宗与三阶教等。

三论宗 “三论”是《中论》、《百论》和《十二门论》的简称。有时也包括注解《摩诃般若经》的《大智度论》，被称为“四论”。在南北朝时期，研究“三论”的有多种师说，可称之为“三论学”。而三论宗的创立者是历经陈、隋、唐三朝的吉藏。三论宗主要讲诸法实相即缘起性空，以“二谛”、“八不”、“中道”为教门。

鸠摩罗什所译三论，属于印度龙树、提婆倡导的大乘中观学的基本著作，以《摩诃般若经》为经典依据。在中国，最早传习三论学说的，也都是般若学者。如僧肇、僧叡等。僧肇所作的《肇论》，还被推崇为三论宗的第一部中国论著。罗什门下的三论学者，大多也是《成实论》的研究者，如昙影、僧导、僧嵩等。僧导所著的《三论义疏》与《空有二谛论》，已经触及以后三论宗所发挥的命题。宋齐两代情形略同，其中周颙的《三宗论》是此期的代表之作。

到了梁陈时期，三论学说进一步发扬光大。僧朗隐居于摄山，重振三论。其弟子僧诠也深谙中观之说，从其受学者有数百人，以兴皇法朗最为知名，著有《中论疏》等。由于此时成实学、毗昙学等各家异说纷纭，为了与之辩论，法朗将二谛说发展成了三重次第。法朗开讲，听众往往有数千人。门人有来自远方者，学成后散往四处弘化，影响遍于南北各地。

法朗的弟子吉藏，则是三论宗的实际创始人。吉藏受到隋炀帝杨广（604～618）的赏识，后者即位后前往长安日严寺弘法，由此三论宗也流传到了北方。在三重说的基础上，吉藏提出了四重说，即“言忘虑绝为真”。此外，在

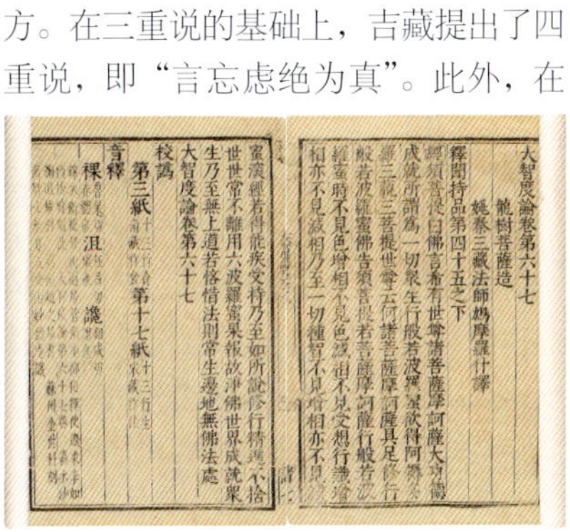
大智度論卷第六十七
龍樹菩薩造
姚秦三藏法師鳩摩羅什譯
釋聞持品第四十五之下
經須菩提白佛言希有世尊諸菩薩摩訶薩大功德
成就所謂為一切衆生行般若波羅蜜欲得阿
羅三藐三菩提世尊云何諸菩薩摩訶薩具足修行
般若波羅蜜佛告須菩提若菩薩摩訶薩行般若波
羅蜜時不見色增不見色減不見受想行識增
相亦不見減相乃至一切種智不見增相亦不見
蜜漢經若得能疾受持乃至如所說修行精進不捨
世世常不離用六波羅蜜果報故淨佛世界成就衆
生乃至無上道若樁惜法則常生邊地無佛法處
大智度論卷第六十七
校譌
第三紙
第十七紙
音釋
裸
泹
讒

《大智度论》书影

折中批判各家的判教说后，吉藏也提出了三论宗的判教之说。吉藏一生著述颇丰。其弟子慧灌是高句丽僧，将三论宗传至日本，成为日本三论宗的祖师。

贞观（627～649）之后，三论宗在中国逐渐衰落。虽有硕法师著《三论游意义》与元康著《肇论疏》，但在声势上，已远不及法相宗。永徽六年（655），印度高僧那提三藏携来大小乘经律论五百余夹，但由于所学为龙树般若一派，不为时人所赏，译事无法进行。由此亦可见三论宗的衰落之一斑。元康门下的道慈，又将三论宗传于日本。因此，三论宗在中国衰亡之后，又在日本持续了很长时间。

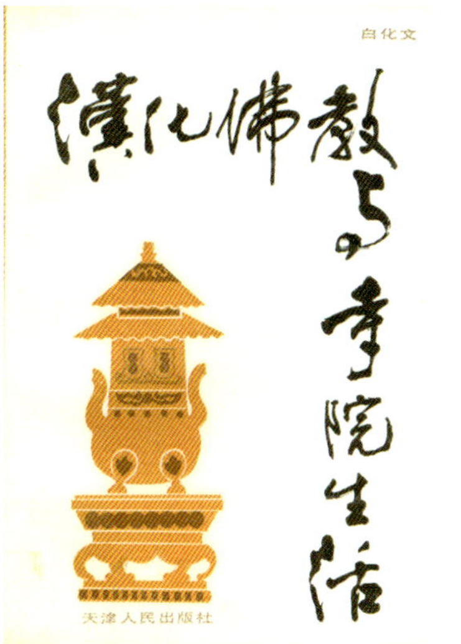

《汉化佛教与寺院生活》封面

天台宗 以龙树的中观学说为心要，以《妙法莲华经》为基本经典，提倡禅定与智慧双修，由禅定生起智慧，见佛性、入涅槃。其修行目标是大乘的圆顿境界，即三谛（空、假、中）圆融、一念三千。由于其创始人隋代智𫖮一生中的大多数时间都在天台山弘扬教法，故而得名天台宗；又由于该宗崇奉《法华经》，有时也被称为“法华宗”。

当南北朝佛教兴盛之时，南方重视论说义理，而北方则偏重于坐禅。北魏、北齐之际，北方禅学非常流行。到智𫖮之时，禅法相承有九家，其中三家为慧文、慧思与智𫖮，即后世所称的天台宗继初祖龙树之后的二祖、三祖、四祖。北齐禅师慧文由读龙树《大智度论》领悟到“三智实在一心中得”，而当他读到龙树《中论》“因缘所生法，我说即是空，亦名为假名，亦名中道义”之句

中国浙江天台山国清寺

时，悟到一切事物均由因缘而生，故而不定有、不定空，空有不二，名为中道。于是他创立了一心三观（即空观、假观、中观）之说，天台宗的萌芽由此开始。慧文传弟子慧思，慧思取佛经中定（禅定）慧（义学）等法创立学说，尤其以《妙法莲华经》为主要经典，提倡定慧双修，因定发慧。当时北方僧徒重视坐禅、不重义理，而南方僧徒则正好相反。慧思自以为贯通南北，实际上却遭到了许多反对。尽管如此，他门下还是吸引了一大批徒众，其中最有名的即智𫖮。

智𫖮在继承师说的基础上，在理论方面有所发展。除了一心三观之外，还提出五时八教的判教学说，力图调和佛教各宗派之间的分歧。“五时”是将释迦牟尼佛说法的50年分为5个时期，分别对应徒众不同的接受水平。“八教”是化仪（说法仪式）四教与化法（教法浅深）四教的总称。《法华经》、《涅槃经》在八教之上，是非顿、非渐、非秘密、非不定之教，是圆满完全之教。为了突出天台宗根本宗经《法华经》的地位，智𫖮还另外提出了一种判教学说，即“法华三教相”。从陈朝到隋代，智𫖮在僧俗两界均享有极高的声誉。在他的影响之下，天台宗开始开宗立派。

智𫖮之后，灌顶继续弘扬其学说，并撰写南岳慧思、智者大师传记，逐渐产生了法统思想。再其后，智威、慧威、玄朗继世相承。玄朗的弟子湛然为一代高僧，著述丰富，使天台宗的圆顿之教复归于正，被尊为九祖。湛然在世时，天台宗已经历了安史之乱。到会昌法难毁灭佛教，此宗更是衰微。五代时期，钱塘有羲寂法师重新弘扬天台教义。

贞元二十年（804），日本僧人最澄与义真前来天台山求法，学习教义经疏。次年回国，成立日本天台宗。

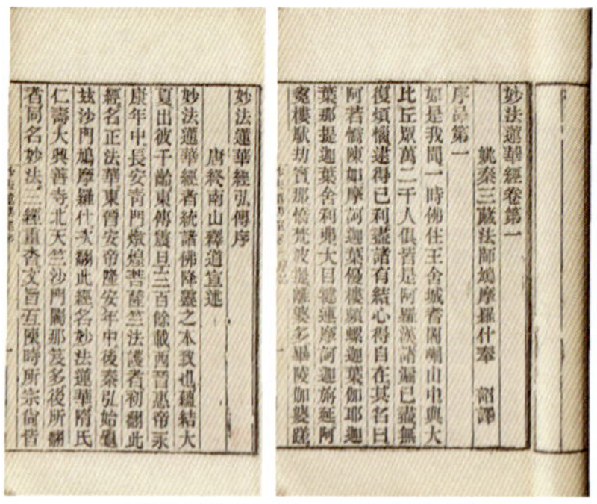
妙法蓮華經弘傳序
唐終南山釋道宣述
妙法蓮華經者統諸佛降靈之本致也蘊結大
夏出彼千齡東傳震旦三百餘載西晉惠帝永
康年中長安青門燉煌菩薩竺法護者初翻此
經名正法華東晉安帝隆安年中後秦弘始龜
玆沙門鳩摩羅什次翻此經名妙法蓮華隋氏
仁壽大興善寺北天竺沙門闍那笈多後所翻
者同名妙法三經重沓文旨互陳時所宗尚皆

妙法蓮華經卷第一
姚秦三藏法師鳩摩羅什奉　詔譯
序品第一
如是我聞一時佛住王舍城耆闍崛山中與大
比丘衆萬二千人俱皆是阿羅漢諸漏已盡無
復煩惱逮得己利盡諸有結心得自在其名曰
阿若憍陳如摩訶迦葉優樓頻螺迦葉伽耶迦
葉那提迦葉舍利弗大目揵連摩訶迦旃延阿
㝹樓馱劫賓那憍梵波提離婆多畢陵伽婆蹉

《妙法莲华经》清刻本书影

法相宗　以阐明“万法唯识”为宗旨，亦名唯识宗。由于法相宗的两代宗主玄奘和窥基均住慈恩寺，故而又称慈恩宗。法相宗的学说，基本上是继承印度瑜伽行派的，以三性来解释诸法，即遍计所执性、依他起性与圆成实性，分别是妄想臆构、真实机制与真实性。最终目标是转识成智，即“转依”，而“转依”分为染净依与迷悟依两种。此外，与汉地流行的“一切众生皆有佛性”说不同，法相宗强调“五种姓”说。其中，声闻、缘觉、菩萨是三乘种姓，菩萨必定成佛；不定种姓，非已定非不定，无法确知是否成佛；无种姓，又名一阐提，没有佛性，不能成佛。除了基本学说外，法相宗还介绍应用了一种新的方法论：因明学，即逻辑推理论证方式。

唯识学说在印度经过无著、世亲、陈那、护法、戒贤等各代高僧的传承加工，已经达到了非常精致的程度。玄奘游学印度17年，回国后译出了法相宗的部分典籍，由此奠定了法相宗的理论基础。玄奘所学、所译的经典范围十分广泛，但阐扬的主体则是法相之说。

玄奘之后，法相宗的继承者首推窥基与圆测。窥基深受玄奘赏识，参与译场并记录奘师讲解的内容，撰写佛经注疏近百本，因而有“百部疏主”之称。圆测的唯识学说与窥基有所不同，故而窥基当途讲法之时，他隐居于终南山一带。之后，因受到武则天的赏识，圆测被召入长安，参与译经讲法，窥基便远走五台山。就在这一时期，圆测以西明寺为活动中心，指导新罗入唐求法的僧人，继承其学说的有道证等。道证回国后大力弘扬唯识学说，其弟子太贤被尊为新罗瑜伽唯识宗之祖。

法相宗在窥基、圆测之后，一时颇为兴盛。窥基的弟子慧沼，进一步从事廓清异说的工作，对圆测、道证、法宝、文轨等的学说，都在著述中加以驳斥。但慧沼的弟子智周仅能守成，在学说上并无发展创新，而且其活动地点仅限于河南。此后，这一宗派势力逐渐衰微，传承不明。五代和宋朝虽然还不断地有人讲唯识学、因明学，但都不能独

元代玄奘取经图　现藏日本奈良药师寺

立成家，说法也比较零碎。不过，法相宗的学说已经成为中国佛学的重要理论基础，凡是解释名相、分析事理，都不能不取材于法相宗，如因明学、六离合释等方法。到了近代，由于欧阳竟无、熊十力等居士学者的大力提倡与研究，法相宗又重获生机。

玄奘门下另有日本僧人道昭、智通。道昭将法相宗传至日本，形成了日本法相宗，为南寺传一派。其后智周门下还有日本僧人玄昉、智凤。玄昉再传法相宗至日本，成为北寺传一派。法相宗在日本流传不断，至今仍有传承。另外，玄奘译出《俱舍论》后，他门下的普光、神泰、法宝以及后来的圆晖等，都对之详加研究，《俱舍论》盛行一时。同之前真谛传来的俱舍师说相结合，形成了专门的俱舍学。随着法相宗传入日本，俱舍学也同时传入，讲法相学说者往往也连带讲《俱舍论》。

华严宗　此宗奉《华严经》为主要经典，故而得名。因实际创始人法藏别

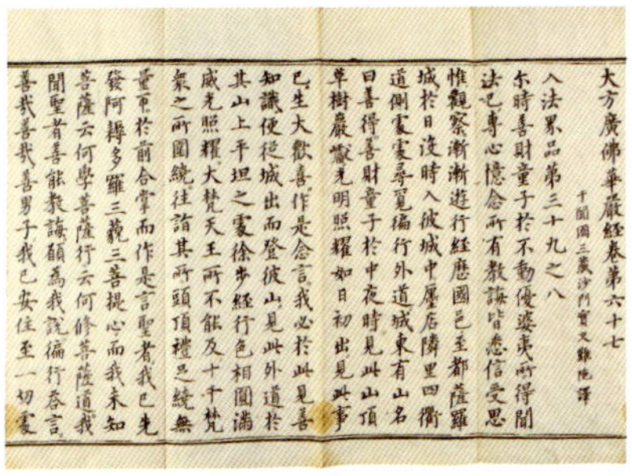
大方廣佛華嚴經卷第六十七

《华严经》书影

名贤首，又被称为贤首宗。其主要教理为法界缘起说，所以又名法界宗。《华严经》用“海印三昧”来描绘佛境，形容世界上森罗万象的事物像海水一样被显现出来，一滴海水具有百川之味，万物就其关系来说都是“无尽圆融”，形成一种范围无限广大而又互相包容贯通的大法界。

佛陀跋陀罗译出60卷《华严经》之后，由于本经卷帙浩繁，研究者尚少。直到菩提流支与勒那摩提及佛陀扇多译出第六会《十地品》的释论《十地经论》，北方研究《华严经》才开始蔚然成风。就在此时，南方学习三论者也经常修习《华严经》。三论宗的名家僧朗、僧诠、法朗、吉藏等都曾讲习此经。三论宗的判教说则将《华严经》判为顿教，为根本之经典。

初唐，有法师杜顺依《华严经》修习普贤行，并重禅观，被奉为华严宗初祖。杜顺的弟子智俨，又跟随当时长安至相寺的《华严经》名家智正学习，从而体悟到“别教一乘”与“无尽缘起”之理。此外，智俨还应用《华严经》的教义重新组织了止观之说，教观并重，初具创宗的规模，故而被奉为华严宗的二祖。

华严宗兴盛于智俨的弟子法藏之时。法藏试图将当时所有新兴宗派（如天台宗、法相宗）的说法熔为一炉，提出了“五教十宗”的判教说。此外，他还发展出“六相”、“十玄”来解释无尽缘起说。

法藏门下的高足首推慧苑，著有《华严旋复章》与《续华严略疏刊定记》等。不过，之后的澄观批评其立义多违背师说，使其未被归入华严宗祖师之列。澄观所学广博，曾向当时的禅宗各派问学，但以《华严经》为主。他曾参与般若翻译40卷《华严经》的译场，担任详定之职，并奉敕为新译《华严经》撰写注疏十卷。另外，他还有为80卷《华严经》撰写的注疏60卷，被尊为华严宗第四祖。澄观所学与禅宗已经非常接近，至弟子宗密时，华严宗与禅宗的关系更为密切。宗密以心学统一了当时所有的禅与教之说，被奉为华严宗第五祖。他圆寂4年后，发生会昌法难，华严宗的传承中断。至宋代有高僧净源，华严宗似有复兴之势，随即又沉寂下去。

智俨的弟子中还有新罗僧义湘，学成后归国，创建了海印寺等华严十刹，门人众多，被奉为朝鲜华严宗的初祖。法藏的弟子新罗僧审详，又将华严宗传入日本，成为日本华严宗初祖。

律宗　此宗着重研习并受持佛教戒律，故而得名律宗。律宗的经典依据是四律五论：四律为《十诵律》、《四分律》、《摩诃僧祇律》与《五分律》，五论为《毗尼母论》、《摩得勒伽论》、《善见律毗婆沙》、《萨婆多论》与《明了论》。隋唐时期，《四分律》最为流行，由于对《四分律》不同的理解，律宗一分为三：南山宗、相部宗与东塔宗，其中以南山宗势力最大。

据僧传记载，汉地翻译戒律和实行

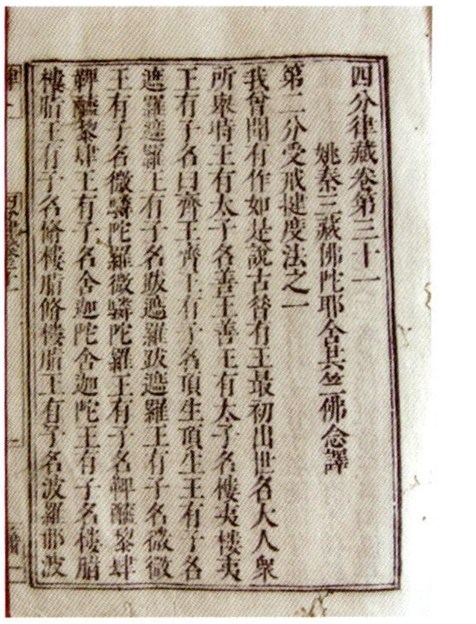
四分律藏卷第三十一
姚秦三藏佛陀耶舍共竺佛念譯
第二分受戒揵度法之一
我曾聞有作如是說古昔有王最初出世名大人衆
所舉瞻王有太子名善王善王有太子名樓夷樓夷
王有子名曰齊王齊王有子名頂生頂生王有子名
遮羅遮羅王有子名跋遮羅跋遮羅王有子名微微

《四分律》明刻本书影

受戒，始于曹魏嘉平年间（249～254）昙柯迦罗来到洛阳。他译出《僧祇戒心》，并请梵僧立羯磨法受戒。正元年间（254～256），昙谛又译出《昙无德羯磨》。随着汉地僧团的逐渐扩大，佛图澄、道安、竺法汰、慧远等人均注重律藏的翻译。南北朝时期，鸠摩罗什与弗若多罗等译出《十诵律》、佛陀耶舍译出《四分律》、佛陀跋陀罗译出《摩诃僧祇律》，佛驮什译出《五分律》。此外，解释戒律的律宗五论也都已译出。其后，《十诵律》盛行于江南，《僧祇律》则流行于北方。但最终弘通独盛、蔚为一宗的，只有《四分律》。

《四分律》在译出后的最初几十年里未能行世。北魏时，法聪在平城（今山西大同）开讲此律，口授弟子道覆作《四分律疏》6卷，但内容只是大段科文。到慧光时，对《四分律》的研习逐渐盛行。慧光撰同名《四分律疏》、删定《羯

《佛教造像手印》封面

磨戒本》，奠定了此宗的基础。慧光传弟子道云。道云有弟子道洪，道洪的弟子智首慨叹当时不同律典互相混杂，即考定古今学说，撰《五部区分钞》、《四分律疏》，影响很大。智首门下道宣，专精律学，著《四分律比丘含注戒本》、《四分律删补随机羯磨》、《四分律删繁补阙行事钞》、《四分律拾毗尼义钞》、《四分比丘尼钞》等，被后世称为“南山五大部”。南山之名，起因于道宣的隐居之所终南山。道宣声教广被中国，在关中立戒坛，受业传教弟子近千人，律宗南山宗由此创立。道宣有弟子文纲，为四朝（天后、中宗、睿宗、玄宗）法主。文纲门下道岸，奏请中宗下墨敕在江南一带施行南山宗戒律，从此《十诵律》的势力完全被《四分律》的取代。

道云另有弟子洪遵，洪遵传法渊，再传而至法砺。法砺著《四分疏》与《羯磨疏》等，前后讲律四十多遍。他的学说主要盛行于相州（今河南安阳附近）一带，故而称为相部宗。法砺门下有弟子满意，居于长安崇福寺，后世号之为西塔律师，故而相部宗亦称西塔宗。另有高僧怀素，也曾跟随法砺学习《四分律》，但因见解不同而另立宗派，号为东塔宗。怀素的东塔宗与法砺的相部宗之争，主要基于对戒体的解释。相部宗根据《成实论》，认为戒体非色非心。怀素则根据《俱舍论》，认为戒体为色法。道宣则主张心法戒体之说。

相部宗、东塔宗至唐末都逐渐衰落，而南山宗则为大宗。至宋初，三宗并盛。之后，唯南山宗独大，而相部宗与东塔宗则趋于消亡。

隋唐之时，佛教戒律的发展还包括菩萨戒的流行与义净译出根本说一切有部律两件大事。隋炀帝和以后的唐朝各代帝王，多数受过菩萨戒。义净所译根本说一切有部律大旨近乎《十诵律》。但由于此时《四分律》在汉地已经根深蒂固，故而义净所译诸律并无多大影响。

开元二十一年（733），日本僧人荣叡、普照来到扬州。扬州有鉴真和尚，本南山宗人，而兼习相部、东塔两宗，日僧敦请其赴日弘法。鉴真东渡后讲《四分律》并注疏，日本律宗由此发展起来。

禅宗　“禅”是音译，梵语dhyāna，义译为静虑，是佛教修习方法的一种。禅宗因主张修习禅定而得名，又因强调以参究的方法彻见心性，亦被称为佛心宗。

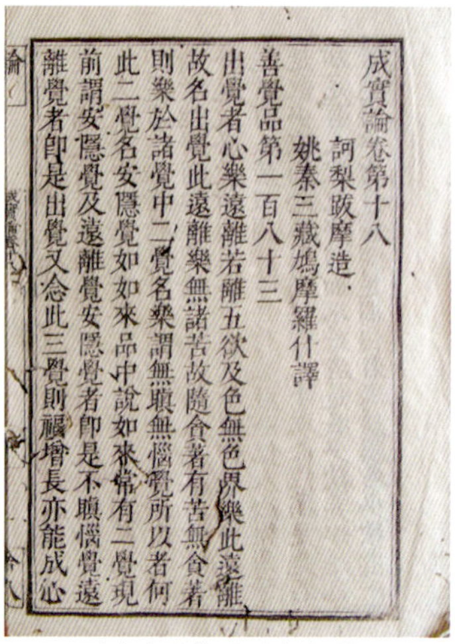
成實論卷第十八
訶梨跋摩造
姚秦三藏鳩摩羅什譯
善覺品第一百八十三
出覺者心樂遠離若離五欲及色無色界樂此遠離
故名出覺此遠離樂無諸苦故隨貪著有苦無貪著
則樂於諸覺中二覺名樂謂無瞋無惱覺所以者何
此二覺名安隱覺如如來品中說如來常有二覺現
前謂安隱覺及遠離覺安隱覺者即是不瞋惱覺遠
離覺者即是出覺又念此三覺則福增長亦能成心

《成实论》明刻本书影

禅法在汉末已经传来中国。最初，安世高的译经中就有许多内容与禅法有关。后随着鸠摩罗什、佛陀跋陀罗等译出《坐禅三昧经》与《达摩多罗禅经》等，大乘禅法才开始流行起来。这两部经典中介绍了各种坐禅的方法。刘宋时，求那跋陀罗翻译《楞伽经》，列举愚夫所行禅、观察义禅、攀援如禅、如来禅四种名目，以具备自觉圣智的如来禅为止观的最高层，以契合于“如来藏心”的攀援如禅为其阶梯。这样直接指示佛家实践的源头和究竟，便启发了当时讲究禅法之人去另辟蹊径。中国禅宗的思想即导源于此。

禅宗自谓教外别传，声称灵山会中，如来拈花、迦叶微笑，即是付法。迦叶遂为印度禅宗初祖。此后秘密相传，以至于二十七祖般若多罗授法于菩提达摩。菩提达摩于梁武帝时来到中国，成为中国禅宗初祖。达摩的禅法扼要地分为“理”、“行”二途。相传达摩传慧可，慧可传僧璨，僧璨传道信。

道信的禅法，在楞伽师说的基础上有了一些新的变化。最初的楞伽师修头陀行，遵守严格的戒律，不在一地久居；虽也随方传授，却不能形成一种团体。道信在黄梅双林寺定居达三十年，徒众有五百人之多，在经济上实行自耕自足。他融会了当时一些其他的佛教潮流，一边教禅一边传戒。道信的禅法有5种方便法门：知心体，知心用，常觉不停，常观身空寂，守一不移、明见佛性。他还特别提出了“明净之心”作为根源，这与当时倡导的“他力信仰”（如净土宗的依靠佛力得度）是对立的。此外，道信在著作中多次引用《金刚经》，可见其禅法逐渐由《楞伽经》转向《金刚经》。故而弘忍传慧能（南宗）之后，就完全以《金刚经》代替了《楞伽经》。

禅宗经五祖弘忍而发扬光大。弘忍定居于黄梅双峰山东，聚徒讲习，创开东山法门。弘忍门下人才济济，杰出者有神秀、慧能、智诜、玄赜、慧安（老安）等11人。神秀谨守规模，晚年和弟子普寂等前往洛京，受到武则天的推崇，势力盛极一时。而慧能则在岭南宣传简易法门，力求和平民接近，保持禅家开宗以来的本色。其弟子神会在河南滑台、洛阳传法，抨击神秀，声称慧能得五祖真传，为第六代正统。从此，慧能的学说便流行于京洛一带。南北正式分宗：南宗标

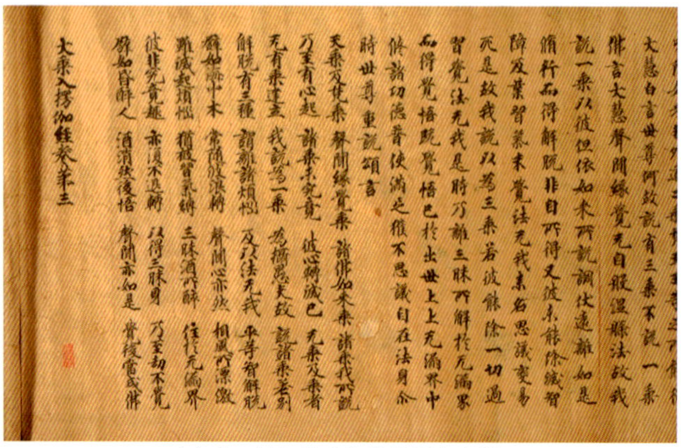
大乘入楞伽經卷第三

《大乘入楞伽经卷》敦煌写本书影

榜顿悟，单刀直入、明了见性，而北宗的教法则需要使用种种方便法门。慧能的学说主要体现在《六祖坛经》一书当中，关键在于顿悟见性、从自心中顿见真如本性。神会一系自成荷泽宗，传承数代之后随即衰落下去。

相传慧能还有另一弟子南岳怀让，传法于马祖道一。道一在江西弘法，开洪州宗（亦称江西宗）。道一传百丈怀海，怀海传黄檗希运，希运传临济寺义玄，义玄建临济宗。灵祐也曾受学于百丈怀海，后居沩山，弟子慧寂居仰山，是为沩仰宗。据说慧能又有弟子青原行思，传法于石头希迁，至唐宋之际创开曹洞宗、云门宗、法眼宗三宗。道一之下二宗，合行思之下三宗，并称为禅宗五宗。此外，还有江西牛头宗法融，也将传法体系上溯至道信一脉。

唐朝盛时，有新罗僧人络绎不绝前来求法。如法朗曾就学于四祖道信，神行曾就学于普寂的弟子志空，是为中国禅宗传入朝鲜半岛之始。此后又有无相、道义分别受学于弘忍的弟子智诜与道一的弟子智藏等。道义归国后弘扬南宗禅“顿悟”之说，成为朝鲜曹溪宗的创始人。自道义以后，朝鲜禅宗日渐兴盛，并开“禅门九山”。

净土宗　此宗提倡修持念佛，借佛力而往生净土。主要经典依据有：康僧铠译《无量寿经》、鸠摩罗什译《阿弥陀经》、畺良耶舍译《观无量寿经》，加上菩提流支译《无量寿经论》，被称为净土宗的“三经一论”。弥陀经典最显著的特点是没有烦琐的哲学论证，而是用夸张的形象笔法描绘了一个与现世苦难社会对立的圆满佛国净土，并且简化修行程序，强调愿力与念佛。

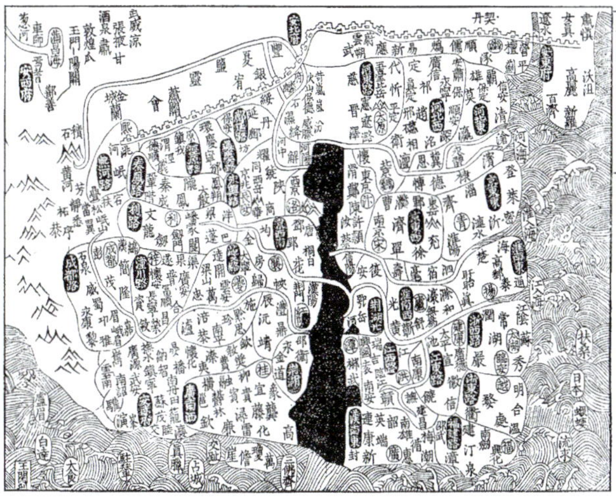

《佛祖统纪》附图　东震旦地图

弥陀净土信仰在汉魏之际传入汉地，于两晋时期流行。庐山慧远邀集高僧文士“建斋立誓，共期西方”，修习以观想阿弥陀佛为内容的念佛三昧，并将歌颂弥陀净土的诗篇汇编为《念佛三昧集》，慧远为之写序。唐宋之时有尊慧远为净土宗初祖者，但实际上他对社会上流行的净土信仰影响并不大。净土宗真正的初祖是北魏昙鸾。

昙鸾将佛教的修行方法分为难行道与易行道、自力与他力。他还指出，观想佛时、心即是佛。昙鸾还著有《往生论注解》等，首次比较系统地对弥陀净土的教义进行注释、论证，为此后净土宗的创立奠定了理论基础。

昙鸾之后有道绰，开讲《观无量寿经》近二百遍，著《净土论》2卷，教四众每日念诵佛名7万遍。自此之后，禅定念佛变成了口称念佛。道绰被奉为净土宗二祖。善导继承道绰之业，在长安推广净土宗，信众很多，并撰集有《观无量寿佛经疏》4卷等，被尊为净土宗三祖。善导之后有法照，往来于长安与五台山之间，提倡“五会念佛”，受到唐代宗与唐德宗的礼敬，并留下了许多关于五台山的神异事迹。有人称他是善导的后身，并尊其为净土宗四祖。贞元年间（785～804），另有高僧少康，在浙江一带行化，劝诱小儿念诵阿弥陀佛，念一声给予一钱。过了一年之后，此地无论少长贵贱均高声念佛。后来，少康又在乌龙山建立净土道场，与信众齐声念诵阿弥陀佛。有人尊其为净土宗五祖。

净土之教除了弥陀净土之外，还有弥勒净土。东晋时期，高僧道安曾誓愿往生于弥勒净土。唐初，弥勒净土也因玄奘的信仰而盛行一时。但到了中唐以后，弥勒净土信仰渐衰，唯有弥陀净土信仰独盛。

12世纪末，日本僧人源空创立日本净土宗。源空的弟子亲鸾创立净土真宗，在所著《教行信证》一书中以印度龙树、世亲，中国昙鸾、道绰、善导，日本源信、源空为真宗七祖，并特尊昙鸾为“本师”。

《佛祖统纪》附图中的汉西域诸国图

密宗　此宗声称显教（包括大、小乘佛教）是释迦牟尼对一般凡夫的说法，密教是法身佛大日如来对眷属所说的奥秘大法，故而得名密宗，也被称为真言宗。大日音译为摩诃毗卢遮那，与释迦牟尼为同一佛：大日是法身，而释迦牟尼是应身。密宗重视祈祷与咒语，小可治病安宅祈雨，大则究竟成佛，特别强调礼拜供养及相应的仪轨。所供神尊以大日如来为中心，纷然众多，甚至吸收了印度教的一些神祇。

密宗的修行分为三密：一身密，即手结印契；二语密，即口诵咒语；三意密，即心观本尊。由修行三密而得加持，佛力与修行者产生一种神秘的感应作用，可以即身成佛。密教修行——从诵咒、供养乃至设曼荼罗坛，种种仪式都有一定规范，须经阿阇梨（传法师）传授，不得任意妄为。阿阇梨给受法人在曼荼罗坛内举行灌顶仪式，才算正式入教。灌顶即以清水浇灌受法人头顶，意指洗去无始以来附着于身心的无明烦恼垢秽，引出本来的自性清净之心，然后再授以密宗的秘印（手势）与秘明（咒语）。

虽然密咒的翻译自汉代以来就有，但密宗在中国正式建立却是在唐玄宗之时。咒语在佛经中比较常见，而密宗则外重仪轨、内附教理，自成独立的系统宗派。密宗法门有金刚界、胎藏界两部，即智差别、理平等二门。其中，胎藏界由**善无畏**传授，主要经典为《大日经》；金刚界由**金刚智**传授，主要经典为《**金刚顶经**》。汉地僧人**一行**曾辅助善无畏译经、给《**大日经**》作注疏，并且跟随金刚智学习陀罗尼秘印。

金刚智的弟子**不空金刚**，深受肃宗、代宗两代礼敬，密宗因之而蔚为鼎盛。其中，胎藏界由善无畏传授一行与新罗僧人玄超，玄超传授惠果。金刚界由金刚智传授不空金刚，不空传授惠果等5位弟子。故而惠果一人合并传授胎藏、金刚两部，门下弟子众多，包括义操、日本僧人空海、新罗僧人惠日等。义操传授义真，义真所传则大多为日本僧人。经历唐武宗灭佛之后，密宗典籍散失、法器损毁、学者稀少，在汉地逐渐式微，而在日本反而较为盛行。

三阶教 创自隋代信行禅师，由判教系统而得名。三阶教将佛教依时、处、人分为三类，每类又各分为三阶。依时而言，佛灭后初五百年正法期为第一阶，第二个五百年（也有说一千年）像法期为第二阶，之后的末法期为第三阶。依处而言，第一阶为佛菩萨净土，第二、三阶为三乘众生之五浊恶世。依人而言，第一阶为最上利根、成就一乘根机人，戒见俱不破，第二阶为利根正

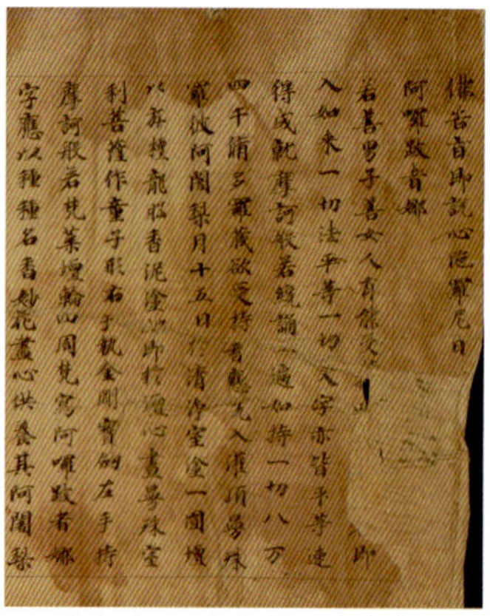

《金刚顶经》敦煌写本书影

见、成就三乘根机人，破戒不破见，第三阶为戒见俱破的颠倒众生。其经典以类聚经文、抄撮众经为主，主要有《三阶佛法》、《三阶集录》等。

三阶教虽然风行一时，吸引了不少僧俗信徒，但其宗旨与当时佛教界的理论实践很不协调，并且无尽藏的设置被看作是敛财的不正当途径，故而此教从隋至唐屡遭禁断。到唐武宗灭佛以后，这一教派便逐渐湮灭无闻。

这一时期，中国佛教发展史上还有一件大事，即藏传佛教的勃兴。佛教传入藏区之前，藏民信仰的是“苯教”，即一种崇尚“万物有灵”的原始宗教。佛教经由印度—尼泊尔与汉地两条线路传入藏区后，吸收了苯教的因素，形成了藏传佛教，也被称为喇嘛教。据说松赞干布（629～650年在位）时，西藏已经开始有了翻译佛经、修建寺庙的行为。到赤松德赞（755～797年在位）时，印度**莲花生**入藏，与另一位印度高僧寂护一起主持修建了桑耶寺。相传，寂护的弟子莲花戒在辩论中战胜了来自汉地的禅宗高僧。此后，印度佛教的宗派逐渐统治了西藏。然而，在佛教广泛传播的同时，苯教也与佛教斗争不断。这一斗争的高潮就是公元841年藏王朗达玛（838～842年在位）的灭佛，显宗遭到沉重的打击，密宗则由于秘密单传而一直流传下来。从松赞干布兴佛到朗达玛灭佛，这二百年被称为藏传佛教的前弘期。以841年为分水岭，此后便是藏传佛教的后弘期。

宋元明清，佛教继续发展 经过唐末、五代的两次法难与朝代更迭所带来的战乱，汉传佛教由于经典散失、寺院遭毁弃、僧徒被迫还俗，逐渐走向衰退。到了两宋，由于各代统治者的扶持，佛教才开始出现复苏的迹象。南宋时甚至有两部中国佛教通史问世，即宗鉴的《释门正统》与志磐的《佛祖统纪》。然而，此期国运不昌，且有新兴理学的反对，汉地佛教虽绵延不绝，但已经没有隋唐时代的鼎盛气象。与此同时，藏传佛教经过百余年的沉寂之后，重新焕发生机，进入“后弘期”的蓬勃发展阶段，形成许多教派，如宁玛派、萨迦派与噶举派等。到了元代，萨迦派第五代祖师**八思巴**被元世祖忽必烈（1260～1294年在位）封为帝师，开创了西藏地区政教合一的体制，藏传佛教的影响力也大大增强。之后的明清两代，汉地佛教在守成的基础上略有发展，而藏传佛教则大举向内地传播。

宋代佛教的基本特点是译经与刻经的兴盛。宋代译经始于太平兴国五年（980），朝廷特别设立译经院，恢复了从唐代元和六年（811）以来中断的译

三阶教祖庭——中国陕西西安终南山百塔寺

中国西藏山南桑耶寺

经传统。北宋时，印度佛教已发展到晚期，当时流行的主要是佛教与印度教融合后的密教，宋代所译也多半是密教经典。这些经典不但有些内容与佛教的传统相违背，也与儒家的伦理观念格格不入。由于理学的兴起，佛教更是遭到排斥。因此，尽管宋代为译经事业耗费了不少人力、物力和财力，而且的确也译出了一定数量的经典，但这些译经在中国佛教史上的影响微乎其微，无法同之前的译经相比。而宋代雕刻佛经，对于以后佛教的传播和发展却产生了很大的影响。北宋和南宋一共有5种刻经：官刻一种、私刻四种。第一种是官刻《开宝藏》，这是中国佛教史上第一部官刻藏经，成为以后一切官、私刻经的样本。由于《开宝藏》曾由朝廷赠送给高丽、日本、契丹、西夏等地，所以后来的《高丽藏》和《辽藏》也是参照《开宝藏》而雕刻的。第二种是《崇宁藏》，这是中国佛教史上第一部私刻藏经。另有三种私刻是《开元藏》、《思溪藏》与《碛砂藏》。

宋代佛教徒大多重视实践，故而禅宗和净土宗最为流行，出现了几种大型的禅宗灯录与各种语录。宋代的净土宗，几乎已发展成为佛教各派的“共宗”，僧俗信徒大都归心于净土，念佛结社之风盛行。另外，此期的天台宗，自唐朝会昌灭佛典籍散失之后，由于从朝鲜、日本等地寻回了一批相关文献，重新引起了学者们的讨论兴趣，其代表人物有义寂、遵式与知礼等。天台宗则因重视念佛、礼忏与律行，在民间也比较普及。华严宗则由于高丽僧人义天将本国所存的法藏著作送回中国而迎来了一次中兴，并进一步与禅宗合流，代表人物有子璿、净源与师会等。律宗是南山宗一系单传，宋初高僧赞宁有“律虎”之称，很受皇室推崇。其后有允堪与元照，对道宣的多部著述加以注解。

元代活跃的是藏传佛教。元太祖铁木真（1206～1227年在位）实行宗教宽容政策，既崇信道教，也重视佛教。宪宗五年（1255），蒙哥汗命令在和林（全称哈拉和林，位于今蒙古国前杭爱省）举办了一场宗教辩论会，佛教大胜，道教元气大伤。元世祖忽必烈为了更好地统治西藏地区，封萨迦派的教主八思巴为国师，让他统领佛教事务。之后，八思巴受命创制“蒙古新字”，通行于全国，对蒙古文化贡献巨大。忽必烈晋升八思巴为帝师、大宝法王。八思巴去世后，元朝中央的帝师制没有改变，帝师职位一直由萨迦派高僧继任，直至元朝灭亡。这就使得藏传佛教（喇嘛教）成为元代的国教。元代译经，除将梵语佛经译为汉语、藏语之外，还曾将梵、汉、藏语佛经译为蒙古语。至元二十二年（1285），忽必烈召集汉族与藏族的高僧学士展开汉语与藏语佛经的对勘工作，编成《至元法宝勘同总录》10卷。在统治者崇佛政策的影响下，汉地佛教也有所受益，除僧尼人数有所增加外，寺院经济也有发展，而寺院大力经营工商业，成为元代佛教的一种特殊现象。至于教义方面，唯有禅宗的曹洞、临济两家还能维持门庭。另外还有一些民间教派的兴起，如白莲教等。

随着元朝的灭亡，藏传佛教在内地也逐渐式微，禅宗与净土宗则取而代之。明太祖朱元璋早年托身于寺院，践祚后对于佛教既大力弘扬，对其弊端也加以整顿。为了更好地统治安抚西藏，明朝各代皇帝对于喇嘛仍给予宗教上的优待，颁赐封号。明代刻藏比较著名的约有3种：明初官刻的《南藏》与《北藏》，以及私刻的《嘉兴藏》，又称《径山藏》。此期还发明了方册装，方册装取代梵夹装后，佛经的携带与阅读均方

八思巴像

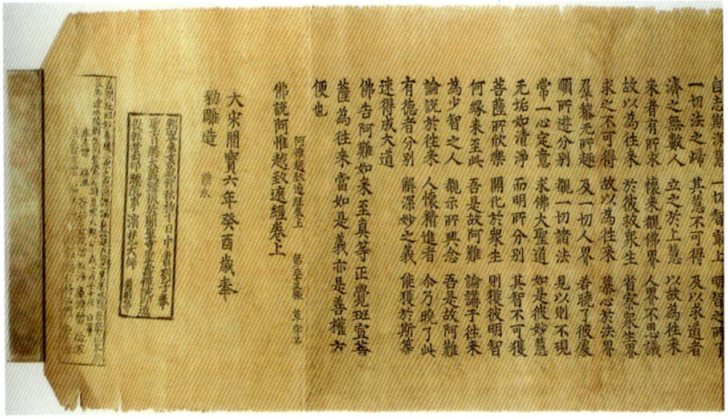

《佛说阿惟越致遮经》北宋刻本书影

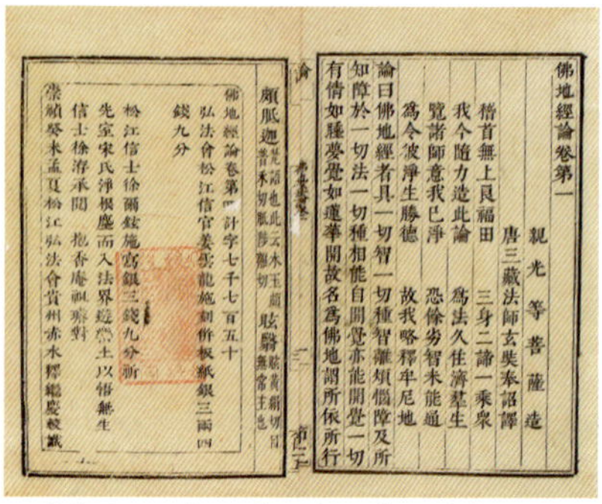
佛地經論卷第一
親光等菩薩造
唐三藏法師玄奘奉詔譯
稽首無上良福田　三身二諦一乘衆
我今隨力造此論　爲法久住濟羣生
覽諸師意我已淨　恐除劣智未能通
爲令彼淨生勝德　故我略釋牟尼地
論曰佛地經者具一切智一切種智離煩惱障及所
知障於一切法一切種相能自開覺亦能開覺一切
有情如睡夢覺如蓮華開故名爲佛地謂所依所行

顛胝迦
佛地經論卷第一　計字七千七百五十
弘法會松江信官姜雲龍施刻價板紙銀三兩四
錢九分
松江信士徐爾鉉施寫銀三錢九分
先室宋氏淨根塵而入法界證土以悟無生
信士徐溶承閱　抱香庵祖琇對
崇禎癸未孟夏松江弘法會賞州赤水釋鑑㢡較識

《佛地经论》明崇祯年间嘉兴藏本书影

便了很多。另外，明代还有藏文藏经的刊行，即甘珠尔与丹珠尔。清朝统治者也大都崇奉佛教，僧官制度沿袭明代旧制。乾隆年间（1735～1795），完成了从雍正（1722～1735）时开始的汉文大藏经，即“龙藏”的刊刻。乾隆皇帝还敕令以满语翻译藏经，名为“国语翻译藏经”，历时18年。嘉庆（1796～1820）、道光（1820～1850）以后，国本动摇，佛教也渐入颓相。明清两代，文人学士中奉佛的居士逐渐增多，他们留下了各种相关作品与著述，发展到清末，形成一股强劲的居士佛教的潮流。

清末民初以后，随着西方学术思想与近代科学精神的传入，佛教更是屡遭攻讦。然而，与此同时，佛教在思想理论上、组织结构上、社会活动形式上也开始向现代宗教转化。此期佛教发展的成果主要体现在：杨仁山、欧阳竟无、吕澂等人对法相唯识宗的重新认识与研究以及支那内学院的建立，以太虚等人为代表的佛教教育与革新运动以及汉藏教理院的建立，一些全国性佛教团体的成立以及《海潮音》等佛教杂志的创办。至今，中国佛教仍然在努力地进行现代化的蜕变，不断探索着复兴之路。

（范晶晶）

Zhongguo gudai fanyixue

中国古代翻译学　ancient Chinese translation　中国古代的翻译和现代一样，可分为两种，即口译和笔译。在中国与印度的文化交流中，尽管口译出现最早，但缺乏文献记载。笔译开始得晚一些，但有关资料很丰富，特别是由于佛教的传播和佛经的翻译，中国的翻译学很早就发展成熟起来，既有理论上的总结，又有操作上的规范。

1～6世纪　佛学家吕澂认为，中国最早的翻译家应当从安世高和支娄迦谶算起。安世高是安息人，“其先后所出经论，凡三十九部。义理明析，文字允正，辩而不华，质而不野”，为后世的翻译风格奠定了良好的基础。支娄迦谶是月氏人，“传译梵文”，译经10余部。他们的翻译忠实于原文，风格质朴。2世纪，译经家中有天竺人、中亚人和汉人，他们翻译时经常合作，主要有口宣（朗读原文）、传言（口译）和笔受（记录文字）3个工作环节。

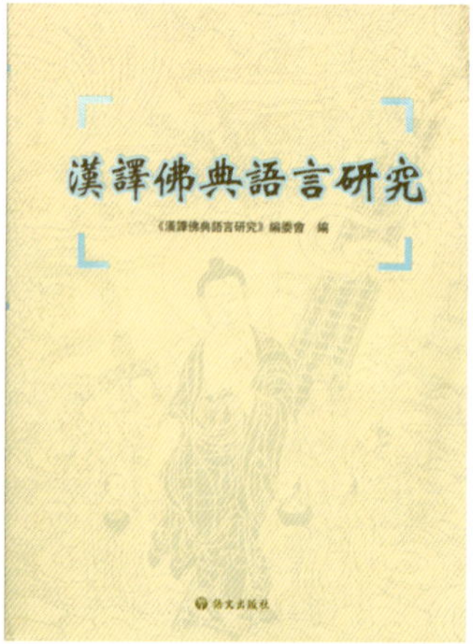

《汉译佛典语言研究》封面

3世纪，出现了更多的佛经翻译家，其中以支谦和竺法护最为重要。支谦译经36部48卷，其译文力图适应汉人的口味，比较华丽。竺法护翻译的佛经很多，据说有175部354卷，但多数没有流传下来。他的译风比较质朴。

4世纪的佛经翻译家很多，其中最重要的是道安和鸠摩罗什。道安的贡献是多方面的，在翻译学方面，他提出了著名的“五失本三不易”的理论。“五失本”指的是，翻译中要把佛经原文中的重复、细碎、烦琐的文字删除，使之符合汉语习惯。“三不易”是指佛经三种不容易翻译的情况。他的这一理论影响深远，为后世译经家时常提起，并尊为成训。

鸠摩罗什在中国翻译史上有着划时代的贡献：①他所译的佛经数量大，共译出74部384卷（《开元释教录》卷四）。②他充分注意到前人译经的成败得失，译文处理十分谨慎，把直译与意译结合起来。③在译法上力求创新，不像以前的译经家那样用玄学名词代替佛经中的概念，而是创立佛教专用名词，使译文更加忠实于原作。④开创了在译文前署译者名字的先河，以示负责。⑤他的译经机构为后世官办译经场的建立奠定了基础。⑥他翻译的佛经大部分都得以保存，对后世影响极大。

5世纪～7世纪初叶　中国的佛经翻译事业仍在蓬勃发展。这一时期的佛经翻译有两点值得注意：一是理论问题，即彦琮的翻译理论；二是实践问题，即当时官办译经场的建制与译经程序。这两个问题都很重要，因为它们是唐代译经高潮的前奏，直接影响到唐代的译经。彦琮，俗姓李，赵郡人。隋开皇十二年（592）入京。仁寿二年（602）奉敕撰《众经目录》。大业二年（606）掌管皇家译经场，译经23部100余卷。彦琮在理论上的贡献是写出了中国翻译史上著名的论文《辩正论》。在《辩正论》中，他首先肯定了道安“五失本三不易”的理论，

唐代译经场　中国西安荐福寺

然后予以发挥，提出所谓“八备”的理论，即译经家应当具备的八项要求。其中既有目的、态度、作风等心理素质的要求，又有知识面、文字水平等业务素质的要求，颇为全面。

隋代（581～618），官方设置两处译经馆。一在长安，那连提黎耶舍和阇那崛多先后为译主。另一在洛阳，由达摩笈多主持。两处馆内翻译事务有度语（口译梵语）、笔受、重对（审核）、整理文义、铨定（定稿）等项，人员既多，分工已细。

7世纪初叶～10世纪　佛经翻译事业达到了鼎盛时期。7世纪初，中天竺沙门波颇到达长安，唐贞观三年（629）开始在大兴善寺主持译经场的翻译工作。波颇卒于贞观七年，其后12年，玄奘法师自印度回至长安，在弘福寺

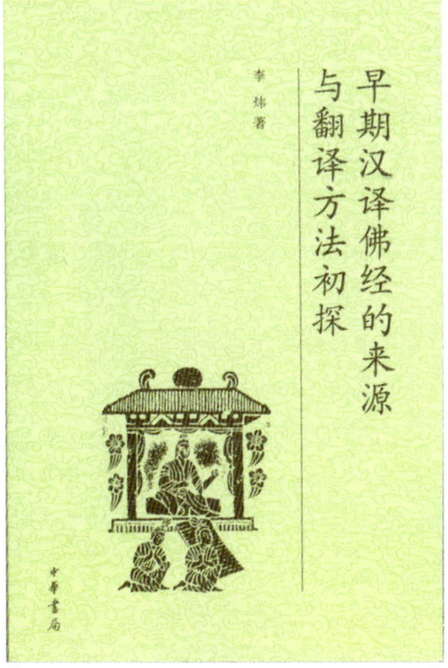

《早期汉译佛经的来源与翻译方法初探》封面

主持译经场工作。后又在大慈恩寺、玉华宫从事翻译工作。自贞观十九年至麟德元年（664）共译经论等74部，计1 335卷。玄奘在翻译史上的贡献空前巨大。他创办了规模巨大的译经场，建立起一整套的译经场制度；他译经时运用了种种翻译技巧，这些技巧直到今天仍具有借鉴意义；他提出了重要的翻译理论，制定了“五不翻”的原则，即翻译中须采取音译的五项原则；他译出经典的数量占唐代新译佛经总卷数的一半以上；他是中国佛经翻译史上汉人独立译经而不借助印度及其他西域人力的第一人；他在译汉为梵方面成就卓著，曾翻《老子》五千文为梵言。他的敬业精

《佛经音义与汉字研究》封面

神垂范后代。

玄奘以后，又有义净、不空金刚等主持翻译工作。不空金刚为“四大译经家”（另三位是鸠摩罗什、真谛和玄奘）之一，共译出佛教密宗经典110部143卷，对密宗在中国的传播起到重要作用。

义净对翻译学也有突出贡献。他的译法比较灵活，他组织的译场分工精细。还为培养佛经翻译人员而编写了《梵语千字文》，其中收有汉字词汇千余个，实际上是一部汉梵小词典。

10～17世纪　北宋初期，中国再次兴起译经高潮。太平兴国七年（982），宋太宗下令设立译经院，次年更名传法院。北宋译场承袭唐制，由政府高级官员负责管理和供养。设译主、证梵义（核对教义）、证梵文（核对梵文）、笔受、缀文（疏通文字）、参详（参与讨论）、证义（审核教理）、润文（修饰文字）等，组织完备。到天圣五年（1027），译出

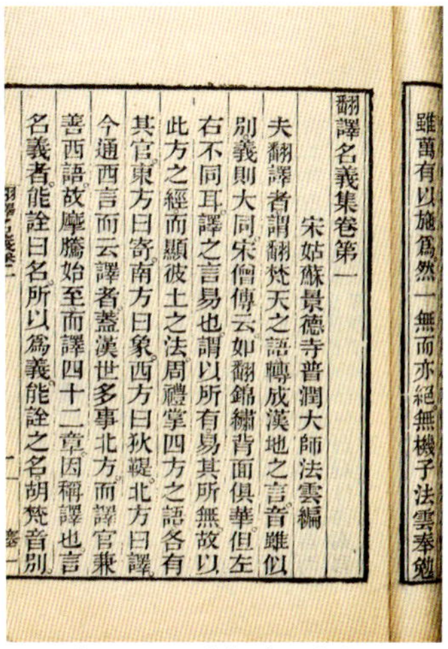
翻譯名義集卷第一
宋姑蘇景德寺普潤大師法雲編
夫翻譯者謂翻梵天之語轉成漢地之言音雖似
別義則大同宋僧傳云如翻錦繡背面俱華但左
右不同耳譯之言易也謂以所有易其所無故以
此方之經而顯彼土之法周禮掌四方之語各有
其官東方曰寄南方曰象西方曰狄鞮北方曰譯
今通西言而云譯者蓋漢世多事北方而譯官兼
善西語故摩騰始至而譯四十二章因稱譯也言
名義者能詮曰名所以爲義能詮之名胡梵音別

《翻译名义集》清刻本书影

500余卷。后因缺乏新经梵本，译事时断时续，维持到政和元年（1111）为止。著名译经僧有来自印度的法天、天息灾、施护、法护、金总持等，以及传法院培养出来的汉僧惟净等。诸人共译出284部758卷。

由于翻译佛经的需要，宋代出现了供翻译使用的工具书，如法云的《翻译名义集》等。

这一时期，西藏佛教得到复兴，翻译了大量佛经。重要的译经大师有来自印度的僧人阿底峡等，还有西藏的僧人仁钦桑布、卓弥·释迦益西、俄·罗丹喜饶等。佛经的汉译，到宋代便基本中止。元明两朝只是偶尔有译经的行为。但在西藏，大规模的译经活动还在进行。

（薛克翘）

Zhongguo Guoji Guangbo Diantai Mengjialayu Bu

中国国际广播电台孟加拉语部　Bengali Service of China Radio International　中国新闻机构。成立于1968年9月，正式开播于1969年1月1日。负责并承担中国孟加拉语对外广播节目的采集、编译、制作和播音。孟加拉语是聚居于孟加拉国和印度西孟加拉邦、特里普拉邦及阿萨姆邦南部等地区的约2.4亿孟加拉人的母语。中国的孟加拉语对外广播在印度和孟加拉国受众广泛，有稳定而友好的听众群，开播以来听众俱乐部的人数不断增加，被听众誉为“和平的声音”、“友谊的桥梁”。进入21世纪以来，经过多次改版，孟加拉语广播在加强新闻节目时效性的同时，丰富了专题节目的形式和内容，涵盖经济、社会、科技、文化、教育等各方面，并面向听众，先后发行孟加拉文期刊《彩虹》(后扩版为《中国之窗》) 和双月刊《东方之窗（孟加拉文）》(2014)。2014年，中国移动国际在线孟加拉语网成功开通。

孟加拉语部现有员工16名，其中有3名外籍员工。正在形成集广播、网站、刊物和新媒体传播手段等为一体的多媒体架构，对中国人民与印度及孟加拉国人民的友好交流和相互了解起到了积极作用。

（张幸）

Zhongguo Guoji Guangbo Diantai Wu'erduyu Bu

中国国际广播电台乌尔都语部 Urdu Service of China Radio International 中国新闻机构。隶属于中国国际广播电台南亚地区广播中心，面向以印度和巴基斯坦为主的全世界乌尔都语听众。1966年8月1日开播。负责和承担中国乌尔都语对外广播的采集、编译、制作和播音工作，广播渠道包括中、短波和调频多种方式。现有国内员工12人，外籍专家3人。

中国国际广播电台乌尔都语部在巴基斯坦开设的首家广播孔子课堂揭牌仪式上，中国驻巴基斯坦大使罗照辉致辞

乌尔都语是包括印度北部、巴基斯坦以及阿拉伯国家在内超过4亿人口使用的语言。中国的乌尔都语对外广播在印度和巴基斯坦受众广泛而稳定。印度听众可以通过中、短波，巴基斯坦各大城市听众可以通过巴基斯坦广播公司调频93的广播时段（2011年1月17日开始），每天收听包括新闻、时事评论和专题节目等一小时乌尔都语节目和一小时英语节目。目前该广播注册登记的听众俱乐部达600多个，其中印度俱乐部226个。每年听众来信20余万封。

此外，编辑出版乌尔都语季刊《友谊之声》、《每日汉语：乌尔都语》(6册，2009)、《汉语乌尔都语分类词典》(2013)等书刊，建立首家广播孔子课堂，通过广播教学汉语。2004年8月20日中国国际广播电台国际在线乌尔都语网正式发布。现已形成集广播、网站、刊物等多种媒体传播手段为一体的多媒体架构，对中印之间增进相互了解和友好交往起到了积极作用。

（张亚冰）

Zhongguo Guoji Guangbo Diantai Yindiyu Bu

中国国际广播电台印地语部 Hindi Service of China Radio International 中国新闻机构。面向以印度、巴基斯坦、孟加拉国等南亚国家为主的全世界印地语听众。

1957年开始筹备组建，最初参加筹备的印地语专业人士仅有5人。1959年3月15日正式开始播送印地语节目，每天播送两次，每次半小时。1960年6月16日起，每天播送时间增加一小时，并增加1名播音员。随着播送内容的增加，1962～1976年，印地语专业人士也不断增加，除归国华侨外，还有北京大学和北京广播学院印地语专业毕业生。进入20世纪90年代，又有一批印地语专业人士陆续加入。播送内容亦愈加丰富，主要为时事新闻，以及固定栏目“南亚周刊”、“今日西藏”、“每日汉语”、“听众之友”、“改革与建设”、“中国旅游”、“体育世界”等，在南亚地区颇受听众欢迎。在此基础上，印地语部定期推出专题播报，内容包括“中国农村”、“中国建设”、“中国音乐”、“中国文化生活”等，旨在向听众全方位介绍中国在各领域取得的成就。

印地语部积极参与中印两国各项交流活动的报道。曾在1982年德里亚运会、1988年时任印度总理拉吉夫·甘地访华、1991年时任中国总理李鹏访印等活动期间派记者全程跟访。1992年，驻新德里记者站成立，除对中国领导人出访印度作全程报道外，还曾对包括印度前总理C.谢卡尔在内的领导人进行专访，并与《印度斯坦时报》、全印广播电台、印度报业托拉斯等印度媒体建立合作关系。

中国国际广播电台印地部工作人员孙宝刚工作照 1960

除广播外，印地语部还与中国电影进出口公司合作，翻译了10余部印度电影，如《复仇的火焰》、《魂归故里》、《命运》、《冷暖人间》等，均在中国公映。1992年3月，印地语部又与中国电影资料馆合作，举办“印度电影艺术家拉兹·卡普尔电影回顾展”。此外，印地语部还编纂出版了《汉语印地语分类词典》(2013)，翻译出版了《每日汉语》(印地语版，2009)、《快乐汉语》(印地语版，2010)、《跟我学汉语》(印地语版，2010)、《汉语800字》(印地语版，2010)等，并完成了印度电视连续剧《奇迹》的译制工作。

印地语部还通过互联网、刊物等多种方式发布信息。2003年12月28日推出“国际在线”印地语网站。2014年1月18日与“中华网”合作创办的印地

中国国际广播电台职工庆祝印地语广播开播30周年合影

中国国际广播电台印地语部工作人员陈力行和印度专家勃拉普夫妇合影

语版“中华网”正式上线，为中印两国增进了解开辟了新的交流平台。

（李宝龙　何赟）

Zhongguo Guojia Bowuguan

中国国家博物馆　National Museum of China　中国综合性博物馆。位于北京天安门广场东侧。是在中国历史博物馆和中国革命博物馆的基础上组建的一座以历史与艺术为主，系统展示中华民族悠久历史的综合性博物馆。隶属于中华人民共和国文化部。

中国国家博物馆的前身是1920年建成的国立历史博物馆。其原址在北京故宫的端门与午门。1949年中华人民共和国建立后，更名为国立北京历史博物馆。1950年筹备成立中央革命博物馆，地址初设于北海团城，后迁北京故宫西华门。1958年，国家决定建立中国历史博物馆和中国革命博物馆。1959年8月，两馆大楼落成，同年10月1日开放。2003年两馆合并为中国国家博物馆。

中国国家博物馆有基本陈列“古代中国”和“复兴之路”，还有常设专题陈列“中国古代青铜器艺术”、“中国古代玉器艺术”、“中国古代瓷器艺术”、“中国古代佛造像艺术”等。同时不定期举办各种专题的展览。在“古代中国”以及“中国古代佛造像艺术”等专题陈列中，均有涉及中印文化交流的内容。

（薛克翘）

Zhongguo huihua

中国绘画　Chinese painting　中国绘画已有3 000多年的悠久历史。最早的绘画实例出现在新石器时代的中国陶器上，可追溯至公元前5千纪。中国绘画与中国的其他传统艺术和工艺形式，诸如陶器、玉雕、金文等，一直紧密联系在一起。直到4世纪，中国画一直沿着自己的线路发展，只受到邻近游牧民族的影响，而没有受到遥远的文化圈的影响。

印度对中国绘画影响的滥觞，可追溯于佛教东渐。来自印度的佛教及其独特的艺术和造像法，沿着**丝绸之路**扩散，经中亚东部传入中国。这种影响在三四世纪已现端倪，在唐代达到巅峰。通过中国甘肃敦煌莫高窟那些令人叹为观止的壁画可见一斑。

一些文献记载中的证据表明，在印度艺术开始影响中国的早期，曾有印度艺术家们在中国从事创作。例如，宋元嘉七年（430）僧人**求那跋摩**曾将佛本生故事中的一个场景画在广州附近的一座寺庙中。相关文献还提到，7世纪时，印度画家高菩达与达摩罗刹曾供职于隋炀帝的宫廷之中。然而，这些印度艺术

《灵鹫山释迦讲经图》　中国甘肃敦煌莫高窟第17窟壁画　现藏英国博物馆

家的作品均已无存。

随着时间的推移，印度艺术元素与中国艺术传统融为一体，创造出一种独特的绘画风格，既有可以识别的印度元素，又透着中国人的灵感和笔法。印度艺术对中国画最重要的助益之一，是在人物摹绘技法方面。在4世纪晚期的一些中国画作中，宫廷仕女们的长袍上飘着长长的丝带，仿佛在风中翻飞，一种新型人物画由此产生。从这一时期起，越来越多的画作描绘完整的人体，对形体刻画细致入微，与以前刻板的人物形体摹写形成鲜明对比。人物画在唐代达到一个技法精妙的巅峰。

这种造型的乃至有些肉感的人体摹绘艺术典范，就是佛像和大乘佛教万神殿中的人物画，尤其是在石窟绘画中。开凿石窟然后再用壁画遮蔽石窟墙壁，

中国国家博物馆

《反弹琵琶舞》
中国甘肃敦煌莫高窟第112窟壁画（局部）

《愚公移山》 油画 徐悲鸿绘

这种做法是从印度阿旃陀及印度西北部传入中国的。这种艺术的范例可见于中国的很多地方，其中包括新疆拜城的克孜尔石窟，但最壮观的样本是甘肃敦煌莫高窟的壁画。这些画作描绘佛经故事，人物形象众多，其中包括菩萨、罗汉、阿修罗、护世神、象头神、乾闼婆、飞天和其他神仙。这一切证实了印度造像法的影响，尽管这些画作本身的风格、运笔技巧和整体构图具有明显的中国特色。除壁画外，在敦煌莫高窟中发现的绢画和旗幡也证实了印度艺术的影响，尤其是犍陀罗艺术、笈多艺术和波罗艺术诸流派的影响巨大。

虽然印度艺术对中国传统绘画影响巨大，但在历史进程中，印度与中国之间艺术影响的传播一直是双向流动的。不过，中国绘画和中国画家对印度艺术、印度人的审美鉴赏力和生活方式的影响仅能追溯到19世纪。印度人在这一时期对中国绘画的迷恋，是中印之间海上贸易的副产品。从印度孟买前往中国广州和澳门的帕西族商人，偶然发现了旨在满足外国商界需求的广东出口艺术品。中国肖像画是广东出口艺术产业吸引孟买商人的产品之一。油画只是在17世纪和18世纪初才从欧洲引进中国的，可是油画在中国从未取得中国传统水墨画和水彩画那样的地位。不过，以写实手法描绘中国日常生活场景的中国油画，在外商中需求量颇大。中国画家也能为中国沿海的外国商人绘制出精美的肖像画，客户中就有相当数量的帕西族商人。虽然这些肖像画是在画坊制作的，实际作画的画家往往是匿名的，但一些大师，如林呱、史贝霖和新呱等，均名声显赫。在这些中国艺术家中，有一些人被说服前往印度并在那里居留一段时间，为帕西族商人的家人绘制了很多肖像画。

反绘玻璃画是一种来自中国的绘画类型，曾流行于印度。这种画的绘制技法，是先将一幅画刻在一块玻璃的反面，然后为之敷色。反绘玻璃画本来也是由耶稣会传教士从欧洲引进中国的，但中国艺术家逐渐精于此道。对这种新颖的绘画形式的需求，并不限于从事中国贸易的印度人，它也得到迈索尔、萨塔拉和库奇等印度土邦王室及上层人士的青睐。18世纪提普苏丹（一译铁普苏丹）赞助中国艺术家绘制的40余幅画作，陈列在今印度卡纳塔克邦迈索尔市贾格莫汉宫的美术馆中。除绘制名人及其家人、高级妓女和舞女的肖像画外，中国艺术家也摹绘印度男女诸神的肖像画，表现来自印度神话的主题。这种玻璃画技术被印度工艺师采用，广泛传播于印度，南至坦贾武尔、海得拉巴和德干地区，在北方则从德里一路东传至阿瓦德、比哈尔，以及孟加拉地区。著名的坦焦尔画派就是印中两国艺术传统融合的一个产物。

《华盛顿像》 玻璃画 中国佚名画家约作于1800年 现藏美国皮博迪·艾塞克斯博物馆

《清朝名妓》 玻璃画 19世纪 贝斯尼特藏

在20世纪，中国绘画逐渐以一种全然不同的方式为印度人所了解和欣赏。亚洲主义曾激励过印度、中国、日本以及亚洲其他国家的很多知识分子与民族主义者。为了与这种精神保持一致，印度艺术家开始用新的眼光看待中国艺术家的作品。当印度大诗人R.泰戈尔1924年访问中国时，他所创办的圣蒂尼克坦国际大学艺术学院院长、著名画家N.鲍斯一路作陪。印度现代艺术先驱之一B.穆克吉，也于1937年访问中国。1939～1940年，中国著名画家徐悲鸿旅居印度，创作了很多作品，其中包括众所周知的杰作《愚公移山》。这种性质的艺术交流一直持续至20世纪50年代，如印度画家N.乔杜里曾在1956年访问中国，中国画家石鲁亦在同年访问印度。石鲁被印度民间艺术所深深吸引，而他在印度之行中获得的一些元素，就体现在他的一些画作中。中国实行改革开放政策以来，印中两国的绘画艺术交流得到恢复和发展，进入一个新的历史时期。

（玛妲玉撰　刘文亮译）

Zhongguo jinxiandai Yindu zhexue yu zongjiao yanjiu

中国近现代印度哲学与宗教研究　进入近代，中印两国皆国势衰落，遭受西方列强的侵略和奴役，双方的文化交流日趋减少。直到现代，中印文化交往的颓势才逐渐改变。从20世纪初开始，中国一些大学逐步开设了印度哲学课程。1916年，北京大学哲学系首先开设了印度哲学课。随后，东南大学、南开大学和武汉大学陆续设立印度哲学课程。此后，中国学者也出版了不少研究印度哲学的著作。如梁漱溟的《印度哲学概论》(1919)、梁启超的《印度佛教史略》(1929)、黄忏华的《印度哲学史纲》(1936)、汤用彤的《印度哲学史略》(1945）等。

1949年中华人民共和国建立以后，随着中印友好关系的发展，两国文化交流呈现新局面。20世纪五六十年代，北京大学东方语言系招收了大批学习印地文、乌尔都文、梵文和巴利文的学生；北京广播学院（中国传媒大学前身）也开设了印地语、泰米尔语、孟加拉语等专业。这些院校培养的学生为中国开展印度文化研究奠定了人才基础。

1978年中国改革开放之后，中国学者对印度哲学与宗教的研究进入最辉煌的时期。在这个时期，学术机构的建立、专业人才的培养、科研成果的问世都出现新的高潮。1978年，中国社会科学院与北京大学合作创办了南亚研究所。此后，各地陆续建立了几个南亚研究所，如四川大学的南亚研究所、云南省社会科学院的南亚研究所和东南亚研究所等。另外，北京大学哲学系设立了东方哲学研究室，中国人民大学哲学系设立了宗教研究室，中国社科院哲学所成立了东方哲学研究室。与此同时，中国社科院南亚研究所创办了《南亚研究》杂志，还一度创办过《南亚译丛》和《南亚东南亚资料》杂志，四川大学南亚研究所创办了《南亚研究季刊》，云南省社科院创办了《东南亚南亚研究》等。

80年代以后，伴随着中国学者对印度研究的深入，印度哲学与宗教的研究领域涌现出大量的学术成果。

印度经典与名著的翻译领域　80年代以后，中国学者把大批印度教古代经典从梵文翻译成中文，它们的出版大大地促进了中国民众对印度教文化的了解。这些经典有：《罗摩衍那》(季羡林译，20世纪80年代陆续出版)、《摩诃婆罗多·初编》(金克木、赵国华、席必庄译，1993)、《摩诃婆罗多》(黄宝生、金克木、赵国华等译，2005)、《〈梨俱吠陀〉梵文哲学诗选》(巫白慧译，1997)、《五十奥义书》(徐梵澄译，1984)、《奥义书》(黄宝生译，2010)、《摩奴法论》(蒋忠新译，1986)、《薄伽梵歌》(张保胜译、1989)、《薄伽梵歌》(黄宝生译，2010)、《五卷书》(季羡林译，1981)、《圣教论》(巫白慧译，1999)、《古印度六派哲学经典》(姚卫群编译，2003)、《罗摩功行之湖》(金鼎汉译自印地文，1988)、《薄伽梵往世书》(嘉娜娃译，2013)，等等。

中国学者还从英文、德文、日文翻译了许多有关印度哲学与宗教的专著，以及近现代印度哲学家的名著。其中有：[印度]D.恰托巴底亚耶的《印度哲学》(黄宝生、郭良鋆译，1980)、[印度]巴萨特·库马尔·拉尔的《印度现代哲学》(朱明忠译，1991)、[英]查尔斯·埃利奥特的《印度教和佛教史纲》(李荣熙译，1982)、[日本]中村元的《东方民族的思维方法》(林太、马小鹤译，1989)、[德国]马克斯·韦伯的《印度的宗教——印度教和佛教》(康乐、简惠美译，2005)、[印度]奥罗宾多的《神圣人生论》(徐梵澄译，1984)、[印度]R.泰戈尔的《人生的亲证》(宫静译，1992)、[印度]R.泰戈尔的《人的宗教》(刘建译，2000，载于《泰戈尔全集》)、[印度]奥罗宾多的《瑜伽论》(徐梵澄译，1988)、[印度]奥罗宾多的《综合瑜伽》(徐梵澄译，2005）等。

印度古代哲学研究领域　除翻译印度教经典之外，中国学者还对古代印度哲学进行了深入研究，并发表了许多学术专著。

黄心川的《印度哲学史》(1989)是中国第一部全面系统阐述古代印度哲学发展史的专著。在介绍哲学流派时，书中详尽地分析了每个派别的起源和发展史、主要著作、代表人物和典型学说。该书已出版二十余年，但至今仍是中国人学习和研究印度哲学的必读之物。 945

巫白慧的《印度哲学史——吠陀经探义和奥义书解析》(2000）论述了印度哲学的起源和思想萌芽。此外，该书还利用奥义书的大量资料证明印度古代的唯物主义思想十分丰富。该书对研究印度古代哲学的起源和发展有重要参考价值。

邱永辉《印度教概论》封面

朱明忠《印度教》封面

石村《因明述要》封面

汤用彤主编的《汉文佛经中的印度哲学史料》(1994) 所收集的汉译佛经资料不仅填补了印度哲学资料的空白，而且也对研究印度古代哲学有重要价值。

姚卫群编著的《印度哲学》(1992) 最大的特点是从哲学学说的视角对比地阐述印度各哲学派别的观点。在论述每一学说时，都首先列举了各派的观点，然后加以比较。这种论述方式可以使读者清晰地了解在同一种哲学概念中各派哲学的差异和不同，该书对于中国人学习和研究印度哲学有重要价值。

孙晶、朱明忠的《印度吠檀多哲学史》(2013) 全面系统地阐述了印度古代最重要的哲学流派——吠檀多派的起源和发展历史。该书对中国人了解印度古代哲学以及现代印度人的精神面貌有重要参考价值。

江亦丽的《商羯罗》(1997) 介绍了商羯罗的生平和时代背景，论述了他的梵我不二论、摩耶论、因果论和宇宙进化论，分析了他的认识论、"上智"与"下智"说，以及轮回与解脱观。特别阐述了商羯罗在印度哲学史中的地位及其对印度近现代哲学家的影响。该书对学习和研究商羯罗和吠檀多思想大有助益。

薛克翘、唐孟生、姜景奎、[印] 拉盖什·沃茨的《印度中世纪宗教文学》(上下卷，2011) 以印度中世纪印度教圣徒、伊斯兰教苏非派圣徒、佛教阿阇梨、耆那教大师和锡克教祖师的诗歌为主要资料，介绍和分析了印度中世纪的印度教、伊斯兰教、佛教、耆那教和锡克教的哲学思潮。

除以上著作外，还有李建欣的《印

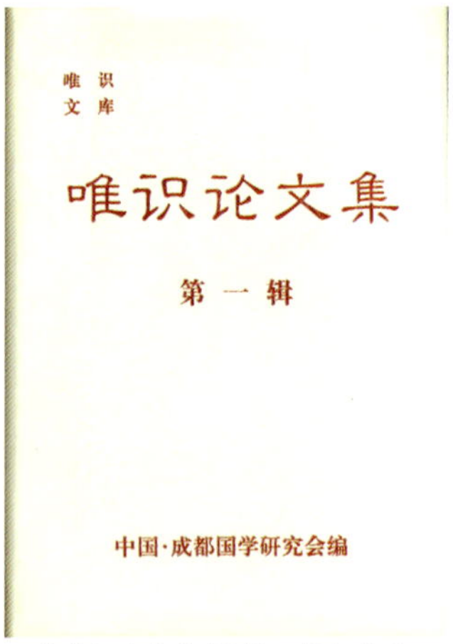

《唯识论文集》(第一辑) 封面

《说一切有部之禅定论研究》封面

度古典瑜伽哲学思想研究》(2000)、龙达瑞的《大梵与自我——商羯罗研究》(2000)、孙晶的《印度吠檀多不二论哲学》(2002)、姚卫群的《印度宗教哲学概论》(2006) 等。

印度近现代哲学研究领域　印度近现代哲学更接近近现代印度人的思想，更能反映现代印度人的精神追求。中国学者对印度近现代哲学也进行了深入研究，并取得了丰硕的科研成果。

黄心川的《印度近现代哲学》(1989) 系统地阐述了印度近现代哲学的发展历程以及各个历史阶段中最有代表性的哲学家与哲学体系。该书是中国第一部全面研究印度近现代哲学的著作，开创了中国人研究印度近现代哲学的先河。它的最大特点是从中国人的视角考察印度哲学，侧重阐述印度近现代哲学家对中国的影响。在论述M.K.甘地、泰戈尔哲学的章节中都设立了"甘地与中国"、"泰戈尔与中国"一节，以阐释他们与中国的联系和影响。

黄心川的《印度近代哲学家辨喜研究》(1979) 讲述了辨喜的生平和时代背景，分析了他的新吠檀多思想、宗教改革思想、社会政治理论和民族主义理论，并指出辨喜的哲学和社会思想正是印度新生民族资产阶级意志的代表。该书最大特点是论述了辨喜与中国的关系。

宫静的《泰戈尔》(1999) 阐述了印度现代伟大诗人泰戈尔的宇宙观、人生观、宗教观、真理观、认识论、方法论、美学思想、社会政治与伦理思想、爱国主义与国际主义思想。该书指出，泰戈尔的世界观和人生观代表了印度人民积极向上、乐观进取的精神面貌，透过他的哲学可以看到印度传统文化的精华与西方自由、平等、博爱的人道主义思想的融合，也可以看出中印两国人民的深厚友谊。

朱明忠的《奥罗宾多·高士》(1994) 系统地阐述了奥罗宾多的整体吠檀多论、整体瑜伽论、精神进化论、社会进化论、人类统一的理论等，并评述了他的哲学的进步意义和社会影响。在评价奥罗宾多思想意义时，作者概括为三条：一是，创立了一个完整的"整体吠檀多论"；二是，创立了一个以印度哲学为精神基础的"社会进化"和"人类统一"的理论；三是，创立了一个典型的印度文化与西方文化相融合的思想体系。

宫静的《拉达克里希南》(1996) 系统地阐述了S.拉达克里希南的新吠檀多理论、神秘主义的直觉论、精神宗

朱明忠、尚会鹏《印度教：宗教与社会》封面

教的理论、东西方比较哲学的内容和方法、伦理观和教育思想等，并评述了他对印度哲学的影响。该书还重点论述了拉达克里希南在比较哲学方面的贡献。

除此以外，还有尚劝余的《圣雄甘地宗教哲学研究》(2004)、朱明忠的《尼赫鲁的哲学》(1999) 等。

印度教研究领域　中国学者近年来对印度教进行了广泛的研究，撰写出不少的学术著作。

朱明忠的《印度教》(2013) 是中国第一部全面系统地阐述印度教的历史文化的专著。该书深刻地分析了古

代印度教与现代印度教的差异，现代印度教意识的产生、种姓制度的变化、现代教派斗争对社会的危害等，使读者不仅认识古代的印度教，也了解了今天的印度教，知道今天印度教徒的思想面貌和精神追求。此外，它还详细地阐述了印度教何时传入中国、在中国各地留下的历史遗迹，以及对中国古代思想文化的影响。

尚会鹏的《种姓与印度教社会》(2001）详细阐述了印度教种姓等级与种姓制度的起源和演变，种姓制度在职业、婚姻、社会隔离、惩罚等方面的规定，各地种姓制度的差异和变化等。此外，从比较社会学的角度，将印度教的种姓制度与古埃及的种姓制度、日本的等级制度、美国的种族制度（对黑人的歧视）和中国的家庭宗法制度进行对比研究，试图揭示印度种姓制度的特殊性。该书是中国第一部全面系统研究印度教种姓制度的专著，对人们认识印度教的社会结构和人际关系有重要参考价值。

邱永辉的《印度教概论》(2012）概述了印度教的定义、历史、经典、信仰、传统教派、新兴教派以及宗教实践活动(包括祭祀、仪礼、瑜伽和节庆)等。该书的特点在于它分析了印度教的一些理论和实践问题，以及印度教与当代社会政治的关系。

朱明忠、尚会鹏的《印度教：宗教与社会》(2003）运用宗教社会学的观点和方法，全面阐释印度教。它论述了印度教与现代印度社会各个方面的关系，如印度教与社会改革、民族独立运动、教派斗争、经济发展、当代政治、贱民运动、妇女问题、世界等的关系。该书是一部专门阐述印度教与现实社会关系的著作，对于研究当今的印度社会有重要的参考价值。

此外，还有朱明忠的《恒河沐浴——印度教概览》(1994)，欧东明的《佛地梵天：印度宗教文明》(2002)，黄宝生的《〈摩诃婆罗多〉导读》(2005)，薛克翘、唐孟生、姜景奎等的《印度中世纪宗教文学》(2011)，毛世昌、刘雪岚的《辉煌灿烂的印度文化主流——印度教》(2011年）等。

耆那教、锡克教研究领域 除印度教外，**耆那教**和锡克教也是现代印度两种重要的宗教。耆那教是一个古老的宗教，与印度佛教同时产生，一直保持至今，教徒大约有700万。锡克教产生于16世纪初，是流行于西北印度最重要的宗教派别，现有教徒至少在2 000万以上。上届印度总理M.辛格就是锡克教徒。由于这两种宗教在印度社会占有重要地位，故中国学者也对它们进行了深入研究，并出版了一些学术著作。

黄心川的《世界十大宗教》(1988）在介绍世界各大宗教的同时，重点评述了耆那教和锡克教。书中详细阐述了耆那教的产生与历史、经典与教义、信仰与习俗、教派与分支、古迹与圣地、节日与礼仪，以及发展现状等。还阐述了锡克教的产生，创始人那纳克的生平与

屈大成《比丘尼戒之研究》封面

哲学，锡克教的经典与教义、伦理与习俗、礼仪与节日、神庙与朝圣，以及它在世界上的传播等。

此外，还有几本关于锡克教的著作，如高建章的《锡克·辛格·阿卡利——锡克民族与锡克教》(1994）等，都有一定的参考价值。

以上各领域著作的问世，不仅表明中国近现代对印度哲学与宗教研究的水平不断提高，而且也说明了现代中印文化交流的日益兴旺与繁荣。

（朱明忠）

印度佛教史中文版著作

Zhongguo Shehui Kexueyuan Zhexuesuo Dongfang Zhexueshi

中国社会科学院哲学所东方哲学室 中国社会科学院哲学所专门研究东方哲学的机构。哲学所是一个专门研究中国和世界各国哲学的纯学术机构，为了加强对印度和其他东方各国哲学的研究，1979年开始设立东方哲学室。该室首任主任由中国著名梵文专家**巫白慧**担任，下属十余人，分别研究印度哲学、阿拉伯哲学、日本和韩国哲学等。1980年，该室创立了《东方哲学研究》杂志，刊登有关印度哲学研究等方面的文章。先后担任室主任的有巫白慧、卞崇道、徐远和、李甦平、孙晶、成建华。

（朱明忠）

Zhongguo Shuxueshi Daxi

《中国数学史大系》 *A Comprehensive History of Chinese Mathematics* 中国当代多卷本数学编年史。全面论述了中国从上古至清末传统数学发展的历史。全

书分10卷，前8卷为数学史，各卷可自成断代史；后2卷为副卷，分别为早期数学文献和中国算学书目汇编。计400余万字。由北京师范大学出版社于2004年印行。主编为中国数学家吴文俊（1919.05.12～　），吴文俊生于上海，为中国科学院资深院士。1940年毕业于交通大学数学系，1949年在斯特拉斯堡大学取得法国国家博士学位。在拓扑学的示性类和示嵌类、数学机械化等领域中取得重要成就，长于中国数学史研究并从中获得科研启示。1956年获首届国家自然科学一等奖，2000年获年度中国国家最高科技奖。

《中国数学史大系》是一部比较完备的大型的中国数学史，是中国国家八五重点图书规划项目之一。每卷各有主编和执笔人。第二卷《中国古代数学名著〈九章算术〉》第三编对《九章算术》与外国数学文化进行比较，涉及印度数学。第四卷《西晋至五代》第五编讲中唐历算，论述了僧一行《大衍历》中的数学问题，而《大衍历》曾受益于印度天文学和数学的影响。第七编探讨敦煌数学，涉及莫高窟壁画和藏经洞中的数学问题。第八编对这一时期的中国数学与印度数学进行比较。第五卷《两宋》第五编将《数书九章》与印度、阿拉伯及欧洲中世纪数学进行比较。

《中国数学史大系》副卷第一卷《早期数学文献》分卷主编沈康身（1923.09.02～2009.01.14），出生于浙江桐乡，1945年毕业于中央大学土木工程系。系浙江大学数学系教授、数学史专家。《早期数学文献》分“内篇”、“外篇”两个部分，而以后者为主体。“外篇”分为7编，收录并解说了埃及（41～80页）、巴比伦（81～119页）、希腊（120～276页）、印度（277～409页）、阿拉伯（410～506页）、欧洲（6～18世纪；507～684页）、日本（685～795页）等国家或地区的古代重要数学文献。仅从篇幅看，所收印度古代数学文献多于埃及、巴比伦、阿拉伯、日本，而与希腊、阿拉伯、欧洲相仿佛。

《早期数学文献》外篇第四编收入古代印度著名数学典籍6种。在概述古代印度历史与文化之后，认为吠陀不但具有高度文化意义，而且包含明显的数学知识。《梨俱吠陀》中包含的数列知识已超出初级数学范围。吠陀文献中还出现了无限和零的概念。十、百、千、万这样的整数也已被认识。印度古代数学知识主要用于祭坛构筑。5世纪以来，印度数学家辈出，专著保存较为完整。

收入《早期数学文献》外篇第四编的6种数学典籍包括：

①《圣坛建筑法典》（约公元前4世纪），属于广义吠陀文献体系，通译《绳经》或《数经》。编为第一章，选辑有关文献10则。

印度古代的数学与宗教伴生，随后又被直接应用于城市规划与建设。数学推动了天文学的发展；反过来，天文学也促进了数学的进步。后吠陀时期，数学著作已在印度出现。它们被总称为“绳经”。绳的梵语词根sulv，意即度量。数学著作在印度能被称为“经”，表明它们具有十分崇高的地位。祭坛形制多样，涉及多种几何图形。绳经主要研究了正方形、长方形、平行四边形、等腰梯形、菱形、直角三角形、边长为整数的直角三角形、等腰三角形、圆等基本

《中国数学史大系》（副卷第二卷）封面

几何图形的性质，归纳出一些几何定理。这些著作以几何术语提出命题，以几何加代数的方法解决问题。

②《阿耶波多文集》（499），通译《阿利耶毗陀论》或《圣使集》。作者阿利耶毗陀（476～约550），意译圣使，古代印度伟大的数学家、天文学家，生于华氏城。中国古代历算专著曾引述其数学学说。编为第二章，收录与数学有关的著述2种。《阿利耶毗陀论》一书，无论在天文学领域还是数学世界均具有重大意义。

阿利耶毗陀在该书第一部分天文表集里，使用自己独创的数字系统，简明记录了有关天文数据。他在该书第二部分算法中，介绍了多种数学问题的计算方法。他在几何和代数两个领域都获得突破。在几何学方面，他找到了求解三角形面积和圆形面积的方法，也找到了求解角锥体体积和球体体积的方法。在代数方面，他得出求解平方根、立方根和二元一次方程的正整数解的方法；他提出的三角函数表与现代精确计算的数值相比误差很小。他在数学方面最引人瞩目的成就是计算出圆周率π的近似值为3.141 6。中国南朝著名数学家祖冲之也在5世纪计算出圆周率的值，认为这一数值在3.141 592 6与3.141 592 7之间。阿利耶毗陀与祖冲之代表了当时世界数学的最高成就。他们各自得出的圆周率值都比希腊人精确，领先世界1 000余年。

阿利耶毗陀的数学功底使他成为以数学为基础的新天文学的先驱。他在天文学方面最惊世骇俗的学说是他的日心说。他大胆地提出，地球是一

《中国数学史大系》书影

颗行星，不但围绕太阳公转，而且围绕地轴自转。他计算的地球周长精确度达到99.8%。

③《婆罗摩修正体系》(一译《婆罗门历数书》，628)。作者婆罗门笈多(598～约670)，意译梵藏，古代印度杰出的数学家、天文学家，生于今印度拉贾斯坦邦平马尔市。原著24章，主论天文学，第12章为算术，含比例、平面图形、立体体积、简洁测量等知识。第18章为代数，含线性方程组、二次方程、一二次不定方程组等知识。选编为第三章，分代数、几何、三角三节。

除整数、分数和四则运算等基础数学内容外，婆罗门笈多还引入负数概念，确立了正负数加减规则。此外，他还得出有关比例、联立一次方程、等差级数、二次方程等数学问题的算法。他还论证了有关直角三角形、三角形、四边形、梯形、圆形等平面几何图形的面积以及求体积等立体几何方面的多种定理和计算方法。他懂得如何从共圆四边形的边出发求得其面积和确定其对角线。他是第一个提出零的概念的数学家，而《婆罗门历数书》则是第一部提到零是一个数字的数学著作。不过，由于他的著作中的许多问题与中国古代数学著作中的问题相同，有人认为不能排除彼此影响关系的存在。

④《计算纲要》(通译《算法精义》，850)。作者摩诃维罗(通译摩诃毗罗，意译大雄，约活动于9世纪)，古代印度优秀的数学家，生于今印度卡纳塔克邦迈索尔市，耆那教徒，曾在拉什特拉库塔王朝宫廷任耆那教轨范师。该

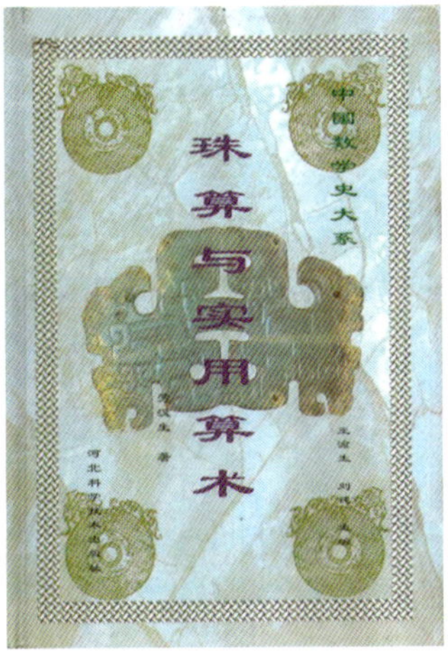

《中国数学史大系·珠算与实用算术》封面

书编为第四章，分4节摘要译述有关内容。中文作者认为，“这是一部很有特色的数学专著”，在理论上与阿利耶毗陀、婆罗门笈多一脉相承并有创新，能以大量实例阐发理论，堪与中国数学名著《九章算术》媲美。

摩诃毗罗在继承前人成就的基础上有所创新，在算术、代数与平面几何等方面提出了一些复杂的计算命题。在算术方面，摩诃毗罗似乎对趣味算法情有独钟。他列出了一些积为特殊数字的乘法算式，如27 994 681×441＝12 345 654 321等。在代数方面，他能解出一些特殊的高次方程如4次方程的两个正整数根，他还能求得一些特殊的四元一次三式联立不定方程组的整比例解。尤其重要的是，他是印度有史以来数学家中第一个提到椭圆形面积计算方法的人。

⑤《巴克赫里手稿》(通译《巴克沙利稿本》)。作者佚名。系用白桦树皮书写的数学文书残卷，1881年出土于今巴基斯坦白沙瓦附近的巴克沙利村，约为10世纪时或更早的手写本。原著可能形成于4～5世纪。编为第五章，分算术、代数二节辑录有关内容。

⑥《天文系统极致》(通译《历数精粹》，1150)，作者婆什迦罗(1114～1185，一译巴斯迦罗，意译为明轨范师)，又称巴斯迦罗第二，生于今印度卡纳塔克邦比贾布尔，印度12世纪最杰出的数学家、天文学家，曾长期在历史文化名城乌贾因任天文台台长。该书为印度古代数学、天文学名著。全书4章，其中《嬉有章》和《因数算法章》讨论算术和代数问题。编为第六章，分7节译述有关内容，涉及计量及运算法则、算术、代数、不定分析、排列、平面几何、立体几何。中文作者认为，印度立体几何中计算球体积的公式准确无误，“印算对球量度的认识超越中算”。

婆什迦罗规定了负数的乘法规则。例如，他规定的负负得正、正负得负的规则，实际上开了代数符号现代约定的先河。他是世界上最早对任何数除以零的意义有所领悟的数学家。他已开始以字母表示未知数，与现代代数的用法非常相似，从而丰富并简化了数学语言，使之更为明晰和科学。他能解一次与二

《中国数学史大系·中国近现代数学的发展》封面

次不定方程。他发现了正数平方根的双值性，指出二次方程有两个根。他研究了许多多边形，一直到有384条边的正多边形，以求得π的更为精确的数值。他研究三角学与组合学卓有成就。他设计了计算球面面积的求和方法，这一方法被世界科学界认为相当于微积分的雏形。正是他将印度宗教哲学中关于无限的观念发展成为数学上的无穷大概念。他认为，无穷大不论除以任何数字，其商依然是无穷大。他在数学方面的精深造诣，使他在天文学研究方面得心应手，游刃有余。

（刘建）

Zhongguo Waiwenju

中国外文局 中国共产党中央委员会下属的新闻出版机构。主要承担中国共产党和中华人民共和国中央人民政府的对外宣传任务，是国内历史最久、规模最大的专业对外传播交流机构。全称中国外文出版发行事业局，又称中国国际出版集团。每年以40余种文字出版5 000余种图书、近30种多语种期刊，运营30余家多语种网站，书刊发行到包括印度在内的世界180多个国家和地区，网络受众遍及世界各地。中国外文局旨在全面宣传中国悠久的历史文化，真实展现中国的发展和成就，在中国的对外宣传和交流工作中发挥了重要作用。其前身外文出版社和下属人民画报社在20世纪50～90年代拥有印度多种文种的翻译人员，包括印地文、乌尔都文、孟加拉文和泰米尔文等。1978年起与

印度、孟加拉国等著名出版社和书店建立了翻译出版关系，多次受邀参加印度新德里国际书展，在中印文化交流中发挥了重要作用。

（张亚冰）

Zhongguo Waiwenju Mengjialawen Zu

中国外文局孟加拉文组 中国外文局下设单位。成立于1967年9月，曾隶属于中国外文局第5翻译处，为外文局增添了外文出版的南亚语种，开创了中国孟加拉文的出版发行事业。20世纪70~90年代为中印文化交流发挥过一定作用。主要成员除借调自北京广播学院的老师和学生以外，还有归国华侨和印籍专家，以及国际广播电台、中央军委等单位人员，负责编译出版了孟加拉文版《毛泽东著作选读》(1~4卷)、《毛主席语录》、《毛主席的6篇军事著作》、《毛主席的五篇哲学著作》等毛泽东著述近100万字，以及《北京风光》、《中国历史概要》、《中国民间故事选》等介绍中国基本情况、传统文化、文学精品等图书。随着外文局的机构改革，孟加拉文组一度改称为孟加拉语部，后在1996年与部分小语种部门被一并撤销。

（张幸）

Zhongguo Waiwenju Taimi'erwen Zu

中国外文局泰米尔文组 中国外文局下设单位。约成立于1967年，负责中国外文局出版发行的泰米尔文书刊的编译工作，在20世纪50~80年代为中印文化交流发挥了一定作用。主要编译出版了泰米尔文版《毛主席语录》(1968)。此后至1975年，在外文局的官方记录中每年可见泰米尔文翻译作品或材料出版，但具体篇章名称等详情已不可寻。1976年后，再未见泰米尔文翻译作品出版记录。1980年9月，外文局党组《关于外文书刊出版发行工作改革的初步设想》中提出，于1981年将出书有困难或者难以进入对象国的13种文组(包括泰米尔文组)从外文局分离出去，另设机构从事翻译研究工作。此后，外文局泰米尔文组撤销。

（张亚冰）

Zhongguo Waiwenju Wu'erduwen Zu

中国外文局乌尔都文组 中国外文局下设单位。约成立于1958年，负责中国外文局出版发行的乌尔都文书刊的编译工作，在20世纪50~90年代为中印文化交流发挥了一定作用。据外

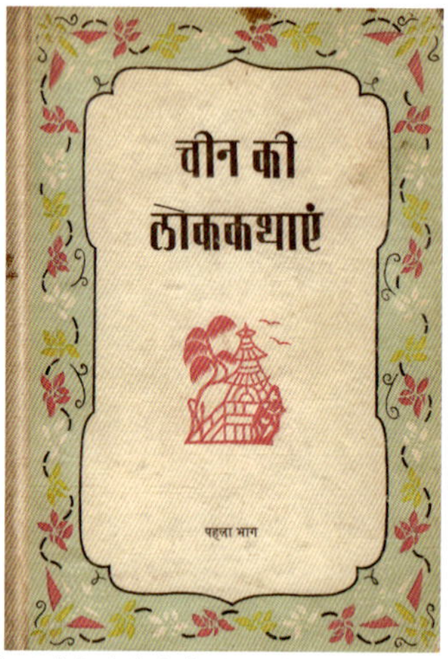

中国外文局乌尔都文组早期出版物封面

文局相关记录显示，1958年乌尔都文文稿第一次出版，此后组织翻译发行了多部乌尔都文出版物，包括《毛泽东选集》(1~5卷)、《毛泽东语录》、《毛泽东诗词》等毛泽东著述，《中国土地法》等介绍中国基本情况的文稿，以及《从皇帝到公民》、《青春之歌》、《中国穆斯林》、《跟随毛主席长征》等文学作品。自1967年开始负责外文局下属刊物《人民画报》乌尔都文版的编译工作。其间多次派送乌尔都文干部前往巴基斯坦进行语言学习。20世纪90年代中期，随着外文局机构改革和社会发展需求的不断改变，《人民画报》乌尔都语文版停刊，外文局乌尔都文组撤销。

（张亚冰）

Zhongguo Waiwenju Yindiwen Zu

中国外文局印地文组 中国外文局下设单位。负责编译发行印地文版的中国党政会议文件、国情概况、领导人著作、文艺作品等出版物，并一度参与期刊《中国画报》印地文版的翻译工作。为中印文化与图书出版交流作出了重要贡献。

1955年筹备组建，1956年正式成立，初为外文出版社(外文局前身)印地文组，后调整为外文局印地文部。其成员为北京大学东语系印地语专业毕业生及印度籍专家多人。与北京大学东语系印地语教研室、中国国际广播电台印地语部、中国画报社印地文组(原属外文出版社印地文组)等机构合作，是当时中国最主要的印地语翻译团队。1993年因外文局机构调整而被撤销。

编译出版的印地文版图书主要有：《毛主席语录》(1967)、《毛泽东选集》一至四卷(1976)、《邓小平著作选》(1987)等领导人著作；《鲁迅小说选》(1978)、《雷雨》(1981)、《茶馆》(1985)、《萧红短篇小说选》(1985)、《骆驼祥子》(1988)等中国现代文学著作；《中印人民友谊史话》(金克木著，1984)、《大唐西域记》(玄奘、辩机著，陈宗荣、陈力行、孙宝刚等译，1991)等历史资料；《中国民间故事》(1958)、《阿凡提的故事》(钱王驷译，1981)、《三只骄傲的小猫》(严文井著，1981)、《中国古代寓言选》(1982)等民间故事与儿童读物；以及《聊斋志异选》(1986)、《西游记》(2009)等中国古典文学著作。其中，印地文版《西游记》的翻译工作开始于20世纪80年代末，由外文局印地文部聘请的两位印度专家M.塔古尔和J.波拉普完成。印地文部撤销后，译稿由陈士樾、刘明珍、陈力行、林福集等人保存整理，后于2009年由外文出版社出版。印地文版《大唐西域记》则于2015年4月出版修订版，并于5月在印度总理N.莫迪访问西安时由习近平主席作为国礼之一赠送。

除编译出版印地文图书之外，外文

《大唐西域记》印地文本封面

局印地文组人员曾多次随文化部代表团访问印度，并接待来访的印度出版业同行，与印度图书托拉斯等印度出版机构签署图书合作协议。1995年获"陆文星韩素音中印友谊奖"。

（姜景奎　张书剑）

Zhongguo Wenhua Daibiaotuan fangwen Yindu 1954

中国文化代表团访问印度(1954)

Chinese Cultural Delegation's visit to India in 1954　应印度总理J.尼赫鲁的邀请，中国政府于1954年派出中国文化代表团一行60人访问印度。代表团由文化部副部长郑振铎率领，副团长为中共上海市委宣传部副部长周而复。代表团由音乐、舞蹈和戏剧团组成，中国著名舞蹈演员戴爱莲任艺术指导。此次访问是20世纪50年代初中国与印度民间关系发展的重要一步。代表团受到印度政府的高规格接待，尼赫鲁指定其女儿英迪拉·甘地为接待委员会主席。

中国文化代表团访问印度　1954

代表团在印度首都新德里和加尔各答、孟买进行了演出，反响热烈。其间，一些中国舞蹈演员被印度舞蹈的美丽和魅力所吸引，在代表团艺术指导戴爱莲的鼓励下开始学习印度舞，团员张均由此与卡塔克、婆罗多舞和奥迪西等印度舞蹈结缘，日后成为中国著名的印度舞表演艺术家。代表团成员还包括著名京剧演员李少春、袁世海、叶盛章、李和曾。

（邵葆丽撰　任婧译）

Zhongguo Yindu Youhao Xiehui

中国印度友好协会　China-India Friendship Association　中国从事与印度民间外交工作的全国性民间团体。是中国人民对外友好协会的单位会员。简称中印友协。1952年5月16日在北京成立，文化部副部长丁西林任首任会长。它长期致力于增进中印两国的民间往来，并结合两国政府间外交的实际情况，以民间外交协助和促进政府外交。

中印友协历年来参与组织、联络、接待的重大活动包括组织代表团互访、举办纪念活动、主办会议论坛三类。

组织代表团互访。自1953年12月丁西林率团赴印度参加印度中国友好协会（简称印中友协）第一次全国会议以来，多次组织涵盖社会各阶层的代表团互访，增进了两国不同行业、不同领域人民群众之间的了解。参与互访的代表团包括由政府官员和社会知名人士率领的文化代表团、两国国家和地方友好组织等。

举办纪念活动。在重大节日和纪念日来临之际，组织举办各类有助于增进两国互信和了解的文化交流活动。先后于2000年、2005年、2010年举办庆祝中印建交50周年、55周年、60周年招待会，并于2007年11月举办中印友协重组、中印友协成立55周年庆典。印度援华医疗队在中国军民抗日战争中发挥了特殊作用，是现代中印关系史上的重要历史事件。中印友协成立以来，多次接待印度援华医疗队家属访华、举办纪念柯棣华大夫大会，并先后于2008年、2010年、2012年组织中印联合医疗队在两国分别开展义诊、交流活动，重温和传承中印友谊史话。

丁西林像

主办会议论坛。结合中印关系发展，尤其是文化交流的各类重要主题，主办相关专题会议、论坛和研讨会。其中，"中国-南亚国际文化论坛"于2008年、2009年、2011年、2012年先后在北京、新德里、成都、深圳举办了4届，"中国印度论坛"于2009年、2010年、2012年举办了3届，"中印大学生论坛"于2009年、2013年举办了两届，为中印文化交流搭建了重要平台。

（张忞煜）

Zhongguo yuanzhengjun zai Yindu

中国远征军在印度　Chinese army in India　太平洋战争爆发后，印度曾是中国政府应英国政府请求而组织的一支远征缅甸抗日部队中国远征军的临时基地。中国远征军在印度受训，成为最终将日本军队赶出缅甸的打击力量的一部分。这支驻扎印度兰姆伽镇（今印度恰尔肯德邦拉姆格尔）的中国军队的存在一直秘而不宣，直至战争结束后才被公之于众。

中国远征军被从中国云南派往缅甸同英国军队一同战斗，以阻挡日本军

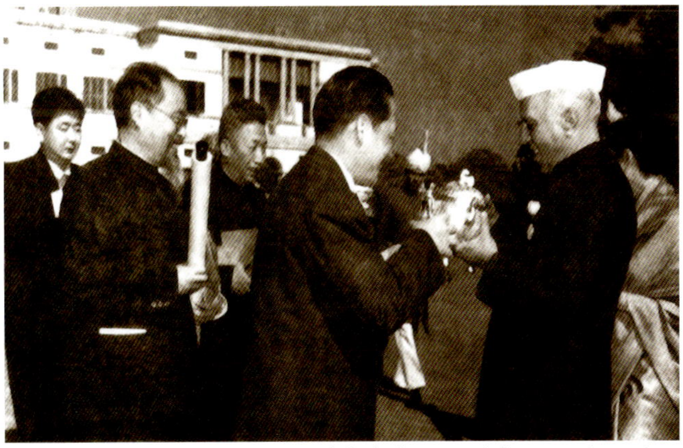

中国佛教协会副会长赵朴初拜会印度总理J.尼赫鲁　1956年11月

中国远征军在印度　孙立人将军在印度兰姆伽整训时检阅部队

队。1942年年中，因中美战略目标的不一致，中国远征军陷于被动态势，大量人员被迫后撤至印度。1942年7～9月，中国远征军的若干分部接踵到达印度。退入印度的部队改称中国驻印军，由J.史迪威任总指挥、罗卓英任副总指挥。英属印度政府将兰姆伽的一座前战俘营提供给他们使用。

由于在缅甸战役和随后的艰难撤退中备尝给养匮乏之苦，大多数到达印度的中国士兵最初的身体状况十分糟糕。然而，此行的目的不仅在于让这些士兵在印度休整，而且要重新训练和装备他们，通过中国、英国和美国的共同努力，使他们再度成为一支有效的战斗力量。在当地的中国军事负责人负责军队管理和维持纪律，印度政府提供食品和发给士兵军饷，美国人承担培训工作和提供装备。随着若干批次专门从中国空运过来的军官和士兵的加入，起初从缅甸到来的9 000人组成的军队得以壮大。共计有5 368名军官和48 124名中国士兵通过兰姆伽训练营的培训，从而最终组成中国军队的新一军和新六军，分别由郑洞国将军和廖耀湘将军统率。

1943年10月，中国驻印军为保护中印公路，沿公路向缅北推进，经10个月的苦战，于1944年8月攻占缅北重镇密支那。1945年1月，中国驻印军与滇西的中国远征军会师于缅甸芒友，打通中印公路，至3月将日军全部赶出缅北和滇西。此后，中国远征军返回中国。

（玛妲玉撰　刘文亮译）

Zhong Lun

《中论》 *Mūla-madhyamaka-kārikā* 印度佛教典籍。作者为印度论师**龙树**。主要阐释论证般若经中“一切皆空”的思想主旨，是中观学乃至整个大乘佛教的理论基石。该论共有27品，含皈敬颂约有偈颂450首，不同传本略有差异。其标题中的“中”，也译作“中观”，意为离二边之中道。又称《中观论》、《中论颂》、《中观颂》，有时也称《根本中论颂》。

叶少勇编著《中论颂》封面

《中论》的主要特征是“唯破不立”，以归谬法破斥佛教小乘部派的各种本体论命题，从而印证般若类经典所主张的“一切皆空”。《中论》认为，一切所谓的存在不过是名言概念所构成的自相矛盾的妄想，这些妄想不可能指向任何存在物，也就是自性。无自性就是空。凡夫不觉于此，或执着自性恒有而落入常见的一边，或执着自性先有而后无落入断见的一边。若主张空无自性，自然无物可论断常，即不落二边而契入中道。然而空性中道超言绝虑，所以《中论》举出世俗与胜义二谛。世俗谛虽是颠倒错谬，而其载体——言说则是通向胜义谛的桥梁。无论佛陀教化众生，还是凡夫依教奉行，皆须依靠依名取义的言说模式。

《中论》的研习之风在印度兴盛了近9个世纪，多家论师竞相作注。据隋代吉藏(549～623)的《中观论疏》(T1824)转述：“影公（昙影）云凡数十家。河西（道朗）云凡七十家。”观誓所作《般若灯论释》第一品中提到了八家注释：龙树（自注）、佛护、**月称**、提婆设摩、古拏室利、德慧、安慧、**清辨**。吉藏的《中观论疏》还提到罗睺罗跋陀罗也曾注《中论》。再加上**鸠摩罗什**所译青目的注释、**无著**的《顺中论》以及观誓的《般若灯论》复注，则在印度有名可考的注者有十二家之多。这些注家之中也包括无著、德慧、安慧这些唯识论师，可见《中论》实为中观与瑜伽两派的共同思想源头。这些注释存留至今的共有八种，分别为：青目释《中论》(仅存鸠摩罗什汉译本，T1564)、《无畏疏》(仅存藏译本，D3829)、无著所作《顺中论》(仅存汉译本，T1565)、《佛护释》(有藏译本，D3842；梵文残本，由叶少勇校勘出版)、清辨所作《般若灯论》(有汉译本，T1566；藏译本，D3853)、观誓所作《般若灯论疏》(仅存藏译本，D3859)、安慧所作《大乘中观释论》(仅存汉译本，T1567)，以及月称所作《明句论》(有梵本及藏译本，D3860)。上述的最后一种是目前唯一梵本保存完整的注释，20世纪初由比利时学者L.V.普散校订出版。叶少勇在西藏贝叶经中发现了抄写于六七世纪的《中论》偈颂梵文残本，在此之前，现代学界所依据的偈颂梵本都是从月称的注释引文中辑出。最新的《中论颂》梵藏汉对勘和现代汉语译注由叶少勇于2011年出版。

5世纪初鸠摩罗什所译的青目注释本，题名也作《中论》，是该论最早的汉译本。这一译本对中国佛教的义理研习和宗派沿革产生了深远的影响，汉语

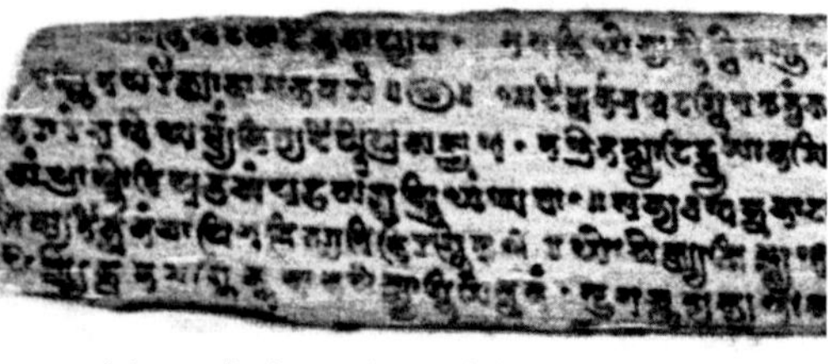

《中论颂》梵文写本（局部）　六七世纪

文献中引用《中论》偈颂通常以鸠摩罗什本为准，义理理解也多参照青目的注释。鸠摩罗什弟子僧肇等人即依此本理趣而著书立说。**天台宗**的实际创立者**智𫖮**依鸠摩罗什译本第24品第18颂（又称三是偈）“因缘所生法，我说即是空，亦为是假名，亦是中道义”，阐发出空、假、中三谛，构建了天台宗基本理论“一心三观”。吉藏著《中观论疏》(T1824)，大力弘扬龙树的《中论》、《十二门论》和**提婆**的《百论》三种论典，被视作三论宗的实际创立者。龙树也受到禅宗、净土宗等其他汉传宗派的尊崇，被誉为“八宗共祖”。《中论》对**藏传佛教**也产生了巨大的影响。9世纪初时《中论》及数种注释被译作藏文，为各派所重视。11世纪末或12世纪初月称的《明句论》被译为藏文。后来兴起的**格鲁派**推崇应成派中观见，奉《明句论》为义理标准。**宗喀巴·洛桑札巴**也曾为《中论》作释，题名为《正理海》。

（叶少勇）

Zhongqiu Jie

中秋节　中国民间传统重要节日之一。又作仲秋节。为农历八月十五日。中秋节的起源与嫦娥奔月故事联系在一起，也曾与佛教有关系。《帝京景物略》记仲秋道：“八月十五日祭月，其祭果饼必圆，分瓜必牙错瓣刻之如莲花。纸肆市月光纸，绘满月像，趺坐莲花者，月光遍照菩萨也。”《清嘉录》记中秋月夜

中秋夜走月亮图　中国清代

民俗活动曰：“妇女盛装出游，互相往还，或随喜尼庵。鸡声喔喔，犹婆娑月下，谓走月亮。”

（薛克翘）

Zhongtianzhuguo Xingji

《中天竺国行记》　中国唐代游记。作者**王玄策**，约成书于661～663年。据《历代名画记》、《旧唐书·经籍志》及《新唐书·艺文志》记载，该书文字10卷、图3卷，是王玄策出使印度的经历与见闻，主要包括印度等国的地理概况，印度古代社会的历史、政治、宗教、文化、社会风情，以及中印之间的交往和友谊等内容。该书已佚，仅数条残文存于唐**道世**所编《**法苑珠林**》一书中，内容涉及所到之处的自然景观、古代印度的刑法、印度中世纪佛教发展状况、佛教及佛教艺术对中国的影响、出使印度期间受到的隆重礼遇以及中印互派使节的状况等。该书在中印交通史上占有重要地位，是研究印度历史以及中印文化交流史的珍贵资料。

（任筱可）

Zhong–Yin Fojiao jiaoliu

中印佛教交流　overview of China-India Buddhist contacts　佛教是古代中印文化交流的纽带，也是古代中印民间交往的重要潮流。佛教起源于印度，却在中国得到发展繁荣，并演变为中国文化的一个重要组成部分。它长期影响着中国人民的思想和行为，至今仍在发挥作用。中印两国的佛教文化交流是双向的，但以印度佛教输入中国为主，中国传统文化也曾借助佛教不同程度地传入印度。印度佛教先后在中国内地、云南及西藏得以传播。佛教影响了中国的文学艺术、建筑、语法、音韵学等的发展。中印佛教交流可大致分为以下6个时期。

公元前　印度佛教在公元前已经传入今中国新疆一带，这在近代以来的考古发掘中已经得到证明。公元前，已经有许多印度移民来到于阗（今新疆和田）地区，并将佛教信仰带到那里。这是印度佛教传入中国内地的前奏。

1～6世纪　1世纪，印度佛教传入

摄摩腾碑　竺法兰碑
中国河南洛阳白马寺

中国内地。相传汉永平七年（公元64），明帝（公元57～75年在位）在洛阳宫梦到一位神人，身带日光飞到宫殿前面。次日，询问众臣。大臣傅毅说明帝所梦之神即天竺的神，名曰佛。明帝听罢，决定派遣使者**蔡愔**和**秦景**前往天竺。使者在大月氏国（今阿富汗中西部）遇到印度高僧摄摩腾和竺法兰，与他们一起用白马驮着佛经和佛像回到洛阳。4年后，明帝下令在都城洛阳建造白马寺，供养佛像与两位高僧。**摄摩腾和竺法兰**在洛阳译出了传到中国内地的第一部佛经《**四十二章经**》。摄摩腾和竺法兰开中印两国佛教交流的先河。这一时期，丝绸之路上出现了中印两国佛教僧人相互往来的盛况。中国最早去印度取经求法的是高僧**法显**。他以60岁的高龄结伴出国，沿途涉流沙，过天险，舍生忘死，终于到达印度。他在印度参谒佛教遗址，求学写经，并记下了当时印度的社会情况，写出《**佛国记**》一书，为后人留下了宝贵的历史资料。**鸠摩罗什**生于龟兹（今新疆库车一带），曾到印度学习，返回后辗转到达汉地，致力于传译佛教经典，获得巨大成功。两晋

《佛说四十二章经》封面

南北朝时期，到印度求法的僧人还有宝云、智严、智猛、昙无竭等。其中，北朝佛教僧人昙无竭曾率领25人的团队，于刘宋永初元年（420）携带幡盖等供养资具西行，途中先后有20人献身，其余人访问了印度诸地，将后来在中国流行的观音信仰带回中国。此外，北魏沙门道药、崇立寺沙门惠生和敦煌人宋云，在朝廷的资助下游历了北印度和中印度诸国。北齐沙门宝暹、道邃、僧昙、智周、僧威、法宝、智昭、僧律等组成的10人团队，历时7年在印度求法，巡礼圣迹。这些高僧西行取经为印度佛教在中国大地扎根立足作出了不可磨灭的贡献。他们不畏艰苦、舍生忘死追求真理的精神也为后来者作出了榜样。

这一时期，除中国高僧前往印度求法取经外，还有更多的印度和西域高僧来到中国。天竺僧耆域于西晋期间（265～317）从海路到达广州、襄阳等地，又在洛阳为人医病。东晋时期（317～420），来华天竺僧渐多。僧伽跋澄、僧伽提婆、卑摩罗叉、佛驮什、求那跋摩、昙摩蜜多、昙摩蜱、佛陀耶舍、昙摩流支、菩提流支、昙摩掘多、昙无谶、竺难提、僧伽跋摩、僧伽罗多哆、勒那摩提、求那跋陀罗、求那毗地、僧伽斯那、摩伽陀耶舍、佛陀扇多、毗目智仙、般若流支、那连提黎耶舍、阇那耶舍、阇若那跋达啰、阇那崛多、耶舍崛多、真谛等人，或经陆路，或由海上，到达中国长安、洛阳、广州、金陵（见南京）等地。他们携来众多经典，与中国僧人合作译写，使之流布，同时收徒解惑，探讨佛教义理。

东汉时期已经开始的译经活动，到魏晋南北朝时期更加繁荣。在北方长安、洛阳和南方的金陵等地都建立了不同规模的译场。竺法护、鸠摩罗什、法显、真谛等人都是当时著名的译经家。他们译出了大量经典，推动了佛教译经运动的发展。

在中印两国僧人的合作下，佛教在中国广为流行。大小乘思想相继传入，戒律逐步完备，进而出现了以不同佛学

理论为特点的地论学派、摄论学派、三论学派等佛教学派。同时，佛教作为外来思想体系，对中国传统的思想观念产生了巨大的影响。印度佛教传入之前，中国传统思想注重的是人伦道德，对生命的终极意义思考较少。印度佛教传入之后，其对人生与生命的认识引起中国人的关注，而众多佛教信徒则接受了人生是苦、离苦得乐的四谛八正道之解脱理论。此外，在佛教的影响下，中国本土的道教得到迅速发展，而在士大夫阶层中则一度出现高谈阔论之风，促成了魏晋玄学的诞生。

法显崂山登陆纪念碑　中国山东青岛

佛教的发展也推动了中国文学、艺术的发展。魏晋南北朝时期流行的志怪小说是在佛教的影响下出现的文学样式。佛寺、佛塔大量出现，其中有些模仿了印度的建筑风格。这一时期石窟寺的建筑更能反映印度的影响。新疆拜城克孜尔石窟壁画，绘有佛传及佛本生故事。在其第76窟“魔女诱惑”图里，中央的释迦牟尼为身体羸瘦的苦修形象，与犍陀罗雕像十分相似。这一时期，中国也出现了一些以绘制佛画而负盛名的绘画大师。如东晋画家顾恺之，擅以佛教题材作画，曾在建康（见南京）瓦棺寺绘制佛教壁画《维摩诘》。

6～10世纪　隋唐时期是中印佛教交流的高峰，两国的僧人来往也达到了高潮。玄奘大师是这一时期最著名和最有成就的僧人，他于唐贞观三年（629）由长安西行，到中印度最高学府那烂陀寺师从硕德戒贤学习，精研《瑜伽》及大小乘诸论，撰写《会宗论》和《制恶见论》等佛学论文。因学业优秀，被奉为寺中十大德之一。又参加了印度戒日王召集的曲女城辩论大会，在会上辩赢外道，被大乘佛教徒尊为“大乘天”，被小乘信徒尊为“解脱天”。回国后，玄奘奉唐太宗之命，将老子的《道德经》译成梵文。他还将身历和耳闻的印度及西域138国的史地、社会、宗教等情况，写成《大唐西域记》12卷。继玄奘之后，义净于唐咸亨二年（671）启程前往印度学习，驻学那烂陀寺10年，带回多部经典，并撰写了《大唐西域求法高僧传》和《南海寄归内法传》，留下了珍贵的史料。除玄奘和义净之外，还有一大批唐代僧人赴印度求法。洛阳沙门慧日、智弘，京兆沙门悟空、末底僧诃、玄会，太州沙门玄照，齐州沙门道希、师鞭，并州（今山西太原）沙门道方、道生，益州沙门明远、义朗、义玄，荆州沙门道琳、无行，襄阳沙门灵运，澧州沙门僧哲，以及乡籍不明的沙门信胄等，都曾去印度留学多年。他们的学习经历丰富了中印两国佛教文化交流的内容，也使中国人对印度的佛教文化及历史有了更加深入的了解。

这一时期，也是印度僧人来华的高峰。天竺僧达摩般若、那连提黎耶舍受到朝廷礼遇；毗尼多流支受中国禅宗三祖僧璨的传授；达摩笈多、阇那崛多主持了隋代的译场；波罗颇迦罗蜜多罗、阿地瞿多和阿难律木叉等在中国翻译佛经。法长携带天竺僧智光、慧天致玄奘的书信和礼物来到长安，受到玄奘的馈

玄奘像　中国陕西铜川玉华宫

赠；地婆诃罗、慧智、佛陀波利、阿你真那、菩提流志、僧伽梵达摩、牟尼室利、尸罗跋陀罗、菩提仙那、金俱吒等人来华除译经之外，还将印度佛教的观音信仰、文殊信仰等介绍到中国，并带来印度佛教最新的密教典籍。

唐开元年间，来华的印度密宗传人“开元三大士”善无畏、金刚智和不空金刚影响巨大。他们来到长安传播印度佛教新思潮，朝野重视，上下礼敬。特别是不空金刚在中国弘传密教，达于宫廷，曾为皇帝灌顶，地位显赫。由于三大士的推动，中国密教盛行，密宗建立。不空金刚也被朝廷加封晋爵。

唐代佛教不仅流行于汉地，而且还达及云南南诏和西藏等地。7世纪中，印度阿吒力师（即阿阇梨）赞陀崛多（一作室利达多）由摩揭陀来到南诏国，传播密教，受到南诏王细奴逻的崇敬，开建石窑坛场，弘瑜伽法。赞陀崛多与张子辰、罗逻倚等人组成“南诏七师”，

鸠摩罗什像　中国新疆拜城克孜尔石窟

传布**阿吒力教**，与汉地流传的汉密一时并雄佛教界。梵僧李成眉和弟子禅和子于9世纪由中印度至大理，将观音信仰介绍到南诏国。

西藏地区原来崇奉传统的苯教，吐蕃赞普松赞干布（629～650年在位）派人到锡兰（今斯里兰卡）请来蛇心旃檀的11面观音像，又往印度和尼泊尔交界处请来诃利旃檀的观音像（此像今仍供在西藏拉萨布达拉宫），作为供养修福的对象。松赞干布与唐朝廷结好，迎娶文成公主为妻。文成公主从汉地带来了佛像，汉传佛教传入西藏。松赞干布亦娶尼泊尔尺尊公主为妻，尺尊公主带来了尼泊尔佛像，印度佛教也传入西藏。其时，汉人和尚、藏人僧侣，以及印度和尼泊尔佛教徒通力合作，翻译了一批佛经，修建了佛教寺院。794年，吐蕃赞普赤松德赞（755～797年在位）亲自主持了汉地禅宗僧人摩诃衍与印度密教大师**莲花戒**的辩论，摩诃衍失败，禅宗退出藏地，印度佛教在藏地开始产生影响。在赤松德赞的支持下，佛教得以发展。他曾派遣大臣前往印度朝礼**摩诃菩提寺**、那烂陀寺等圣迹，从尼泊尔迎请**寂护**论师到西藏弘法。印度僧阿难陀也来到西藏，并在与苯教徒的辩论中获胜，巩固了佛教在西藏的地位。藏区建立的第一座寺院**桑耶寺**，就是模仿印度飞行寺规划设计的。赤松德赞又请来寂护的弟子**莲花生**大师。在莲花生的带动下，西藏佛教有了进一步发展。同一时期，吐蕃赞普还从印度请来说一切有部持律比丘12人到藏，广度藏人出家受戒，藏地僧团正式建立。最早受戒的七位藏人被称为“七觉士”。吐蕃赞普也派遣贵族子弟和出家人到印度留学，培养译经人才，印度僧人无垢友、佛密等人来到藏区传教，佛教密宗得到弘扬。但在841年吐蕃赞普朗达玛（838～842年在位）开始灭佛，藏传佛教前弘期结束。

隋唐是中国佛教译经的鼎盛时期，在朝廷的支持下，唐玄奘、义净、不空等人领导译场，以完备的译经制度，将绝大部分印度佛教经典译为汉文，总数达到5 000余卷。隋东都上林园翻经馆僧**彦琮**，应天竺王舍城梵僧的请求，将汉文的《仁寿舍利瑞图经》和《祥瑞录》翻译为梵文，传往天竺。

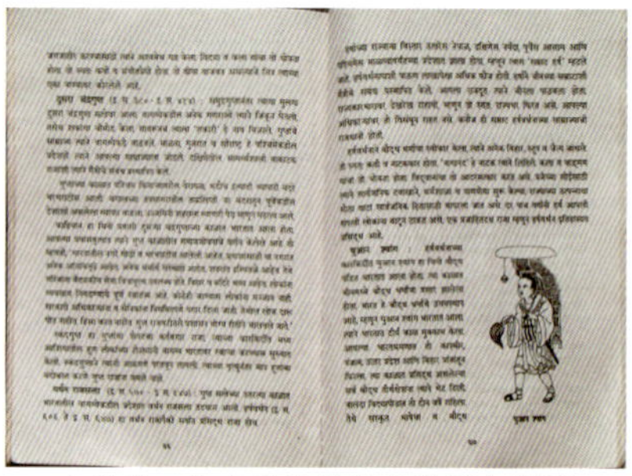

玄奘像　印度马拉提语小学课本插图

印度佛教一传入中国，就开始了适应中国传统文化的过程。从开始的依附黄老之学，到逐渐发展强盛，都与中国本土的儒家和道家文化既相契合又相排斥，既影响着中国人民的思想，又改变着自身。到唐代，中国佛教的各大宗派都已确立，而禅宗的建立，则标志着佛教中国化的过程基本完成。从此，佛教文化与儒家文化和道家文化三足鼎立，成为中国文化的重要组成部分。

佛教的交流也带来了科技的交流。天竺僧**达摩战涅罗**善医方，他在长安向朝廷进献印度医方，并译出《医方本草》、《普遍智藏般若密多罗心经》等若干卷。中印度摩诃菩提寺沙门8人和工匠2人，于唐贞观年间来中国传授造糖技术，用越州（今浙江绍兴一带）的甘蔗制成了石蜜。

印度那烂陀寺遗址

这一时期的佛教深刻影响了中国的文学、艺术。中国唐代的小说吸收了佛教的营养，发展出唐传奇小说。同时，佛教徒为宣传佛教，创作了大量的通俗文学作品，其中不仅有**王梵志**、**寒山**、**拾得**等人的通俗诗歌，还有许多被称为变文的故事文学。变文不仅演绎佛经故事，也演绎中国历史故事。唐代，中国的石窟寺建筑得到大规模发展，一批旧有的石窟寺还在进一步开凿，一些新的石窟寺也在这一时期基本完成。寺内的雕塑、绘画都形成了中国自己的风格，龙门石窟大卢舍那佛像是其典型代表。当时涌现出一批擅长佛画的画家，如初唐的尉迟乙僧、阎立德、阎立本，盛唐的吴道子等。吴道子时称“画圣”，所作佛画备受赞赏，其中以《天王送子图》最为著名。与吴道子同门的杨惠之则在雕塑领域独领风骚，被时人誉为“塑圣”。

10世纪～17世纪中叶　宋代，中国佛教已经完成了中国化的进程，印度佛教的大部分经典已经传入中国，并被翻译成汉文、藏文等。而印度佛教此时已经开始没落，主要流行的是大乘佛教密乘的思潮。宋代沿用唐制，开设了国家办的译经院，也曾派遣高僧行勤等157人于乾德四年（966）经西域往印度求法。僧人继业、光远、法遇、怀问等则从印度回国。他们带回了密教经典，同时也推动了宋辽等朝的佛骨舍利信仰的流行。这一时期，印度来华的僧人并没有减少。北宋期间，中印度的**法天**、**天息灾**、**施护**等人都是当时著名的高僧，受到北宋当朝皇帝的接见与赐紫，被安排在译经院译经。后来又有北印度迦湿弥罗（见**罽宾**）僧法护，中印度僧日称、天吉祥、**智吉祥**、金总持等，也在译经院从事译经工作。还有摩揭陀沙门**钵怛罗**、哩咐日罗及中印度沙门**曼殊室利**、西印度沙门**苏葛陀**、那烂陀寺沙门**补陀吃多**、北印度沙门迦兰拏扇底、中印度沙门觉戒等80余人，分布在其他地区弘扬佛法。与宋代同时的西夏、契

印度鹿野苑中华佛寺

丹、辽、金等王朝也接受了佛教的信仰。一些印度僧人如**不动**、智吉祥等皆往西夏，从事译经工作。中印度僧总贤、密宗僧慈贤以及摩尼等到契丹后，还被奉为国师。中印度那烂陀寺僧苏陀室利与弟子佛陀室利等7人则航海来华，到金朝管辖的五台山瞻仰灵迹。

978年以后，西藏佛教开始进入后弘期。许多西藏僧人到印度求法，也有许多印度僧人来西藏讲经，西藏的佛教开始进入了全面复兴的时代。如**仁钦桑布**（意译宝贤）译师（958～1055），往印度及迦湿弥罗留学3次，亲近**那若巴**等75位大论师，学习一切显密教义；迎请作信铠、作莲密、佛祥静、佛护莲花密等印度僧人到藏地，翻译显密经论，广事弘扬；迎请法护、慧护两位论师弘传戒法。大译师**卓弥·释迦益西**曾赴印度、尼泊尔学习梵文、戒律、般若学与密咒，后又到超岩寺从六大论师学法。他在印度和尼泊尔共留学13年，在藏传佛教中很有影响。其弟子**玛尔巴·却吉洛哲**也曾到印度3次，亲近那若巴、弥勒巴等诸大论师，广学集密、胜乐、欢喜金刚、摩诃摩耶、四座等教法，成为藏传佛教萨迦派的先行者。大译师**俄·罗丹喜饶**在迦湿弥罗求学17年，回藏后翻译因明庄严疏等，广弘因明学、般若学、入行论等。跋曹日称译师往迦湿弥罗留学23年，并迎请迦那迦嚩玛论师到藏地，翻译中观宗月称派诸论。印度佛教应成派学说因此大盛。1042年，印度僧人**阿底峡**尊者到西藏阿里弘传戒律，撰写佛典，复兴佛教。藏地和印度佛教的交流，促成了藏传佛教全面兴盛。

元代以后，印度佛教最终衰绝，中国、印度两国之间的佛教文化交流也基本上中断，仅有个别印度僧人来中国汉地传教。此时密教左道行男女双修密法，受到了中国传统伦理的抵制，如元代印度僧人哈麻以演揲儿法（华言大喜乐）在宫廷传法，最后被严禁上朝。但受欢迎者亦不乏人，如印度僧人指空久留燕地，自丞相而下，以至武夫悍将，无不皈依。明代来华僧人寥寥，但往来并没有完全断绝。朝廷以佛经有遗佚，诏天界寺宗泐禅师与徒30余人去西域求之。**智光**两往西域，深受皇帝的赏识。中印度人桑渴巴辣与智光一起来华，弘扬密法。中印度迦毗罗卫国具生吉祥大师（梵名板的达撒哈咱失里）入中国后，初住**五台山**寿安禅林，后住金陵蒋山，皈依者甚众。东印度人底哇答思在中国传教，先住北京庆寿寺，后居**潭柘寺**。虽然这一时期来中国汉地的梵僧不多，但是全都受到礼敬，获得了很高的待遇。藏区与印度的来往则一直未断。但是根据印度的历史情况推断，到藏地的印僧主要来自东印度孟加拉地区，而传统的北印度与中印度等地的佛教则已经不存在。

17世纪中叶～20世纪中叶　清代以后，印度与中国信息不通，中国人对印度佛教的情况一无所知，仅有个别中国僧人前往印度佛教圣地礼佛。1891年，斯里兰卡僧人达摩波罗在**菩提伽耶**召开国际佛教徒会议，也有中国代表参加。1895年，达摩波罗来中国与**杨仁山**居士相商，共约复兴印度佛教。达摩波罗介绍了印度佛教遗址的情况，中国人始知**拘尸那迦**城外双林间重兴菩提大会，每年佛诞，各国佛教徒聚会，前后一月，日有三四万人。四川成都清福法师于1904年取道缅甸到印度，在印度居住年余，历游五印度，瞻礼佛教各大圣地。清末民初，四川万慧法师欲通过“西行求法”拯救佛教事业。他在光绪年间从贵阳途经云南、缅甸进入印度，求学于贝拿勒斯（见**瓦拉纳西**）的梵文学校，研究梵文、印地文和《**梨俱吠陀**》。1917年俄国十月革命后，到孟加拉亚洲学会图书馆做整理中国图书的工作。

1911年以后，中国与印度的交往有所增多，佛教仍然是两国之间往来的重要渠道。1940年，**太虚**法师率团到南洋访问，宣传抗日主张。1月11日，太虚一行由缅甸进入印度加尔各答，后到佛教圣地朝拜，受到印度各界人士的热烈欢迎。太虚在印度各地发表演讲，盛赞印度佛教对中国佛教的影响，鼓励两国之间多做文化交流的事业。太虚也向印度华侨介绍了中国佛教的复兴。在太虚的影响下，旅印华侨成立了组织，先后在加尔各答与菩提伽耶等地修建了中华佛寺，新加坡华侨**李俊承**则在**鹿野苑**捐建了中华佛寺。另外，还有不少西藏僧人在印度各圣地生活学习，建造藏寺。太虚还派弟子**法舫**到南亚与东南亚学习和宣传中国大乘佛教。法舫在印度加尔各答国际大学任教，希望能够真正地把全世界佛教徒团结起来。为了加强

中国陕西扶风法门寺

中印佛教文化交流，太虚还特派五比丘到印度学习佛教。这些僧人回国后都成为当代中国著名的学者，为发展中印佛教文化事业作出了积极的贡献。

1950年以后　中印佛教文化的交流进入了一个全新时代。1954年，中国总理周恩来和印度总理J.尼赫鲁共同倡导了“和平共处五项原则”，印度佛教徒对“五项原则”用佛教术语“潘查希拉”(即五戒)来表达而感自豪。1956年，世界佛教复兴活动进入高潮，印度政府举行了庆祝佛陀涅槃2 500年的大典，中国总理周恩来发去贺电。印度当代僧人迦叶波和R.桑克利提亚衍先后组团来华交流、参观。中国佛教界领袖班禅大师、赵朴初等佛教界人士也曾多次率团到印度参拜访问，增进了两国佛教徒的友谊。1959年后，一批藏传佛教徒流入印度，对当代印度佛教的发展影响很大。20世纪70年代后，中国台湾佛教徒前往印度朝圣的人增多，最盛时曾有200名佛教徒组团朝圣。2000年以后，前往印度朝圣的中国佛教徒越来越多，每年达数十万人。中印两国佛教文化的交流，已经成为两国文化交流的一项重要内容。

（黄夏年）

Zhong–Yin gudai jiaotong wanglai

中印古代交通往来　overview of ancient China-India communications　中印两国从上古时代起，就绕过喜马拉雅山的天然屏障，进行着最初的文化交流。经过长期探索，并随着社会生产力的提高，中印两国人民先后开辟出滇缅道、南海道、西域道、吐蕃道，以及近代以来的多条空中通道。2 000多年来，两国人民通过这条条通道，上演出一幕幕友好交往的热烈场景，书写出一篇篇文化交流的华美章。

中国云南保山水寨滇缅道遗迹

公元前　学术界普遍认为，公元前，中国与印度交往的通道有3条。中国学术界称之西域道、滇缅道以及南海道，前两条是陆路交通，后者是海上交通。滇缅道和南海道是中印交往的最早通道。

滇缅道　公元前4世纪末，一条连接中国西南与印度的通道——滇缅道已经开通。20世纪80年代，在四川广汉三星堆的考古发掘中发现的大量海贝，经考证，是3 400年前产自孟加拉湾的，说明当时印度与中国蜀地之间已可直接或间接进行贸易。

滇缅道是中印之间最早的交往通道。早在西汉张骞出使西域之前，滇缅道即已存在，民间的贸易活动早已进行。主要路线是四川—云南—缅甸—印度。张骞于汉武帝建元年间（前140～前135）奉命出使西域。他在大夏看到了中国四川出产的布和竹杖，当地人称是从印度贩卖而来。他又得知，当时有商人从四川贩卖货物经云南到达印度。张骞由此推断，这条通道要比从西域绕行近很多。13年后，他回国即向汉武帝刘彻建议派人去探索这条通道，既可与印度交往，又可通过印度与大夏交往。汉武帝派王然于、吕越人等前去探索，但派出的十余批人均在昆明被阻，未能通往印度。汉武帝虽然没有开通此道，民间的交往仍在进行。

《广州港全景图》　油画　约1845

南海道　《汉书·地理志》列出了一条从广西到黄支的航海路线和所需要的时间。如果没有多次航海经验的人，便不可能得出这样一条清晰的航线和这样一份确切的时间表。此书还说，“黄支国，民俗与珠崖相类。其州广大，户口多，多异物，自武帝以来皆献见。”黄支即今印度泰米尔纳德邦的甘吉布勒姆。珠崖即今中国海南岛。可见，公元前2世纪，中国与南印度已经通过海路进行交往，汉朝与黄支互派使者或商人。当时汉朝驿使没有专船，须由外国商船转送，风险很大，但亦有利可图。即使一路顺利，来回的路上至少需要近两年时间。

西域道　汉代西域道分南北两道。一般认为，从敦煌向西，出玉门关、阳关到鄯善，由鄯善沿塔里木盆地北缘经焉耆、龟兹（今中国新疆库车一带）等地，越过葱岭的路线为北道；由鄯善沿塔里木盆地南缘经于阗（今中国新疆和田）、莎车等地，越过葱岭的路线为南道。

由于西域道的开通，汉朝派往印度的使节日益增多。《史记·大宛列传》记载，张骞第二次出使西域时，曾派副使到印度。张骞去世后，派往西域的使节更多，一年中派出5～10个使团，其中就有去印度的。这说明当时西域道是畅通的。

郑和下西洋路线
阿丹 古居民地
（亚丁） 今居民地
郑和航线
0 500 1000km
南京
刘家港
福州
广州
明
长江
黄河
东海
南海
占城
暹罗国
真腊国
满剌加（马六甲）
旧港（巨港）
爪哇国
榜葛剌（孟加拉）
榜葛剌湾（孟加拉湾）
锡兰山（斯里兰卡）
古里国（卡利卡特）
柯枝国（科钦）
溜山国（马尔代夫）
印度
恒河
印度河
阿拉伯海
西洋
忽鲁谟斯（格什姆岛）
佐法儿（佐法尔）
阿丹（亚丁）
天方国（麦加）
木骨都束（摩加迪沙）
竹步（夫巴）
麻林地（马林迪）
慢八撒（蒙巴萨）
红海
波斯湾
里海
黑海
地中海
尼罗河
幼发拉底河

959

1～6世纪 这一时期，中国与印度交往的3条通道出现了不同的状况。

滇缅道 1世纪，这条道路仍然承担着促进中国与印度文化交流的使命。《魏略·西戎传》载："盘越国一名汉越王，在天竺东南数千里，与益部相近，其人小与中国人等，蜀人贾似至焉。""盘越国"即《史记》中提到的"乘象国"、"滇越"和《后汉书》中说的"磐起国"，说其"在天竺东南数千里"，指的是在贵霜帝国东南，约在今印度阿萨姆邦和孟加拉国一带。另外，《华阳国志·南中志》记永昌郡（今中国云南保山一带）为明帝（57～75年在位）所置，其地有"身毒（印度）之民"，证实了这条通道的畅通。

3～5世纪，中国的有关文献极少涉及这条通路。实则它开辟的时间很早，是中国与印度交往的重要通道之一，不仅在公元前发挥了重要作用，而且在以后乃至今日，都是一条不可忽视的路线。这条路线上开展的中印交往有其特点：①主要是民间交往；②主要是商贸往来；③交往相对容易，途程短；④较西域道和南海道安全。

南海道 1世纪，南海道上中国与印度的文化交流仍然不断。南海道的意义和特点是：①西域道时断时续，商人运输货物的风险很大，而南海道则基本畅通，商人承担的风险相对要小；②即使是在道路畅通的情况下，通过西域道运输货物的成本相对较高；③南海道极大地方便了中印海上文化交流，促进了两国航海、造船技术的发展。

南海道在3～5世纪一直畅通。许多商人通过这条路来华，他们基本上在广州上岸，甚至有不少印度人数代定居于广州。通过这条路来华的印度僧人也很多，他们都是乘商人的货船到此。

西域道 1世纪，班超（公元32～102）在西域经营达31年之久，对维持西域道的交通起了积极作用。这一时期，中国人对印度的了解比公元前更进一步，两国间的交往也较以前频繁。《后汉书·西域传》不仅指出了天竺的民俗、物产、佛教信仰和历史变迁，还指出了它的地理位置及其与中国的关系。在记载大月氏时说到贵霜帝国的建立，以及它与**洛阳**的距离。由于印度北方和中亚的广大地区处于**丝绸之路**的中间站上，因而月氏人为促进中西文化交流及中国与印度的文化交流作出了贡献。如希腊、罗马文化的东渐和佛教向中国内地的传播，便在很大程度上得益于月氏人的帮助。

西域道对于中印交往的主要作用有：一是维系中国与古印度诸国间友好往来的主要通道；二是中印民间贸易和科学技术交流的主要通道；三是中印之间精神文化交流的重要通道。佛教的东传以及后来中国僧人到印度求法，大多走此条道路。但由于西域道时通时绝，中印交往也呈现时断时续的状况。到四五世纪，西域道基本畅通。

6～10世纪中印交通 **唐太宗李世民**（626～649年在位）时期，中国国力大增。朝廷奉行对外开放政策，西域道基本上畅通无阻。西域人可来华经商、定居，甚至可在朝廷做官。而唐朝也不断地派使者前往西域。佛教的东传，唐朝与五印度诸国间的交流日益增多，不仅佛教僧侣来往频繁，政府间的交往也达到了一个崭新的阶段。

《岭外代答校注》封面

唐代，**玄奘**等去印度取经，许多来华传教的西域僧人，**王玄策**出使印度皆走西域道。有些人走"吐蕃道"，即通过唐蕃古道经尼泊尔进入印度的道路。这条道路应当是早已存在的，但在唐代以前的中国古籍中并无记载。

唐代，中国与印度交往的海上路线是：自中国广州出发，经海南岛、越南沿海各地；穿过马六甲海峡，经苏门答腊等地，到斯里兰卡；由斯里兰卡北上到印度东南沿海，再由印度半岛南端向西北绕行，到印度西海岸各地；然后入波斯湾，至伊朗、阿拉伯半岛诸国；再由阿拉伯半岛西行至非洲东海岸各国。这是唐人和印度人乃至阿拉伯人非常熟悉的一条航线。唐代后期的广州已经成为一个国际性的大商埠，为中印文化交流的重镇。**义净**当年从印度回国，途中在苏门答腊居住多年，中间也曾回广州一次，说明当时的海上交通很顺畅，来往商船很多。

中国新疆库车龟兹古城遗址

《诸蕃志校释》封面

10世纪～13世纪中叶 此时期，中国与印度间的交通仍然有水陆两条主要通道。

北宋初年，西域道是畅通的。中印两国僧人还经常通过西域道来往于中国和印度之间。而且，北宋与沿途各国的关系很友好。同时，北宋与**注辇国**交往密切。据《宋史·注辇传》记载，大中祥符八年（1015）注辇使节**娑里三文**从本国出发，一路经过许多地方，最后到达广州，共用了247天。由于历史久远，许多地名已难以考证。但在当时，这肯定是一条清晰的国际航道，也是南中国与南印度之间密切交往的通道。

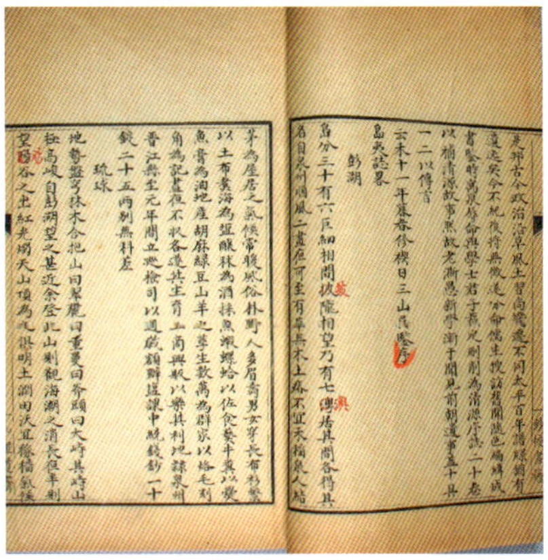

汪大渊《岛夷志略》清抄本书影

宋人关于中印海上交通的记载又见于**周去非**的《岭外代答》和**赵汝适**的《诸蕃志》。两位作者都是南宋人，为官，未曾去过海外，根据耳闻成书，但资料宝贵，证明南宋时中印海上交通的发达。

当时在南印度西海岸南端的**故临**，与中国联系紧密。故临国离阿拉伯半岛较近。广州商船往往到故临停泊，然后换小型船只前往阿拉伯半岛。**南毗国**、细兰国（今斯里兰卡）、**晏陀蛮国**等地，亦与中国有贸易往来。

宋时中国沿海有广州、泉州、杭州、明州（见宁波）等大港，外商云集，其中印度商人亦有不少。印度僧人也随之而来。而此时去印度的中国商人也很可观。另外，宋时已有相当数量的中国人旅居南印度。

13世纪中叶～14世纪中叶 这一时期大体相当于中国的元朝（1271～1368）。这一时期中国的海上交通十分发达，当时的广州、福州和泉州都是重要的出海口和贸易中心，起着与印度通商和交流的作用。而印度南方海港城市卡利卡特则是联系东西方的枢纽城市。当时的海路相当通畅，各国间的商业往来十分频繁，客观上有助于中印间的交流。**元世祖忽必烈**（1260～1294年在位）曾多次派遣使节从陆路与海路同印度建立联系。当时，蒙古人在中亚和西亚都建立了国家，西域道控制在蒙古人手中，因此，中国与印度西北方的交通路线顺畅无阻。但由于中亚和西亚一带毕竟不属于忽必烈的势力范围，所以他把对外交往的重点放到了印度南方，即通过海路与印度建立联系。另外，忽必烈信仰**藏传佛教**。他通过藏传佛教的首领统治西藏。而此时的西藏与印度、尼泊尔联系紧密，常有西藏僧人到北印度学习佛教密法，也有很多印度僧人到西藏传播密法，还有印度人和尼泊尔人到元朝宫廷做官。吐蕃道始终畅通。元代，有印度僧人从滇缅道来华。印度人**指空**约于1295年从印度到云南，后又从云南来到北京。这条道路始终有人来往，只是记载极少而已。

至元十六年至三十一年（1279～1294），元朝和南印度的海上来往频繁，超过了历史上任何一个时期。忽必烈之后，元朝与南印度虽然还有往来，但情况已大不如前。**汪大渊**曾两度随船至南洋考察，第一次出海在至顺元年（1330），4年后返回。第二次是在（后）至元三年（1337），两年后返回。他曾到过印度许多地方，回国后于至正九年（1349）撰成《**岛夷志略**》一书。书中对印度各地记载颇详，对了解元朝与印度的海上交流极有帮助。

《伊本·白图泰游记》中译本封面

忽必烈时代，意大利人马可·波罗（1254～1324）来华，在朝廷供职达17年之久（1275～1292）。在朝廷供职期间，曾奉命到中国各地及南洋、印度等地访问，见闻广博。《马可·波罗行纪》中曾记载有许多商船驶达福州港，印度商人带着各色珍珠宝石运来出售，获得巨大利润。亦记载，福建有一条河（闽江），离泉州港不远，河水流往海洋。从印度来的船只沿河而上，一直驶到泉州市。由此印证了中印交往的频繁。

阿拉伯旅行家伊本·白图泰（1304～1368）于1333年经中亚地区进入印度，在德里苏丹穆罕默德·沙的宫廷为官，后又被任命为特使出使中国。他著有《伊本·白图泰游记》，详细记叙了他在中亚、印度和中国等地的旅行经过。他在南印度沿海所见的情况，很多都与《元史》、《岛夷志略》中的记载相符。他记叙卡利卡特城（《岛夷志略》之古里佛，明代称为古里，在印度西海岸）时称，中国人、爪哇人、锡兰人，以及也门人和波斯人都来到此地，这里

《宋代泉州港图》 现藏中国福建泉州海外交通史博物馆

《郑和航海图》书影

成为各国商人荟萃之地。他还详细介绍了中国船只的大小、帆数、水手、造船地点（广州和泉州）、造船方法、船内设备等，反映了元代人的航海能力及其与印度等地的贸易情况。

14世纪中叶～15世纪中叶 中国明朝建立于1368年。不久，就有印度僧人来到中国。他们走陆路，或经中亚到内地，或经西藏到内地。如**具生吉祥**，取道西域，经新疆吐鲁番等地，于洪武二年（1369）到**五台山**。再如**释迦也失**，于永乐十二年（1414）到中国，后居住于五台山。同时，也有印度人经滇缅道来华。

明成祖时期，郑和受命7次下西洋。郑和船队从江苏刘家港出发，到福建补给，然后到今东南亚之越南、新加坡、文莱、马来西亚、印度尼西亚、泰国、柬埔寨等地；再穿越马六甲海峡，到今斯里兰卡、印度、孟加拉国、马尔代夫等地；再经阿拉伯海入波斯湾、红海，到今之伊朗、土耳其和阿拉伯半岛诸国；再南行到非洲东海岸诸国。

郑和最后一次出海是在430～1433年间。此后，明朝采取闭关锁国的政策，国家实力衰弱。而西方列强却在此时崛起并向外扩张，不久就掀起了一股殖民热潮。中印间的交通和贸易被西方殖民主义者垄断。

（薛克翘）

Zhong–Yin gudai yuyanxue jiaoliu

中印古代语言学交流 overview of Ancient China-India linguistic contacts

文化交流首先开始于语言的交流。在中印两国人民最初的交往中，双方就开始了解对方的语言和文字。古代印度人对语言学十分重视。古代印度人使用的是拼音文字，所以他们很早就注重语音的研究，公元前已有语法书，也出现了相当科学的字母表。与印度不同，中国古人对于文字学很有研究，但对语法、语音不太重视。因此，中国的语法学产生较晚。随着佛教在中国的传播，印度的语言学促进了中国语言学的发展，特别是在音韵学、语法学、字典学等方面的影响较大。

古代中印两国的语言学交流可划分为公元前、1～6世纪、7世纪～10世纪中叶、10世纪中叶～18世纪4个时期。

公元前 至少在公元前2世纪，中印两国人民对彼此的语言文字已有所认识，只是早期的文献没有明确的记载。

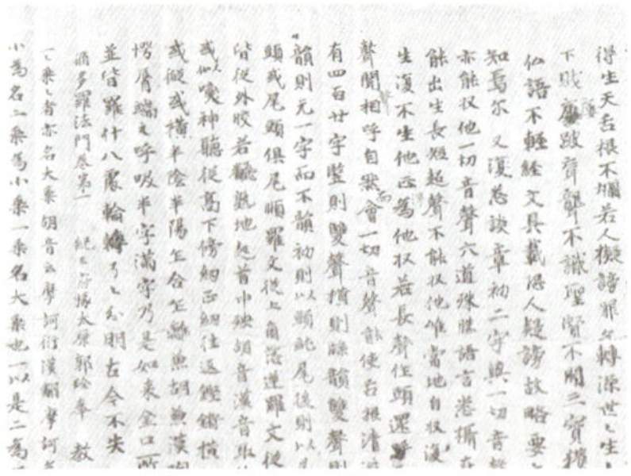

鸠摩罗什《通韵》敦煌残卷

1～6世纪 据《高僧传》记载，1～3世纪来华的印度僧人，能很快学会汉语，进行佛教典籍的翻译。而当时的中国人也学习梵语，协助翻译。3～4世纪时，则出现了不少兼通梵语和汉语的僧

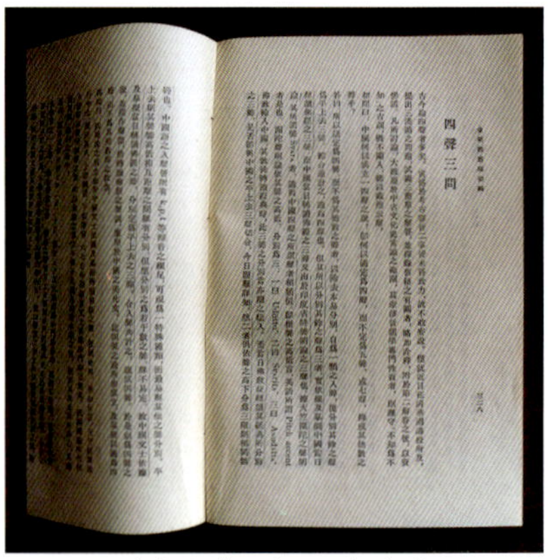

陈寅恪《四声三问》书影

人。如罽宾人**僧伽提婆**来华数年后，便能“手执梵文，口宣晋语”。**法显**、**鸠摩罗什**等也都精通梵语和汉语。

这一时期，通过佛典介绍到中国来的印度语音学知识很多。**竺法护**于西晋永嘉二年（308）译出《普曜经》8卷。**阇那崛多**于隋开皇七年至十二年（587～592）译出《佛本行集经》60卷。书中都讲到“六十四书”，即64种文字的书体。其中提到“秦书”（或作“脂那国书”，即中文书体）。说明古印度人已注意到中国文字的独特体式。5世纪前半叶的《五分律》卷二六提到梵语语法的基本知识，如元音的长短、辅音的清浊、名词的性数、动词的时态变化等；《大涅槃经》卷五则讲到印度的语法学著作《毗伽罗论》。这些知识引起了中国人的高度重视，如**谢灵运**、**沈约**等对此都有相关论述，从而催生了中国的音韵学。西晋至南北朝时期（265～589），中国出现了多种韵书，如吕静的《韵集》、夏侯咏的《韵略》等，不下五六种。中国人开始用“反切”法为汉字注音。

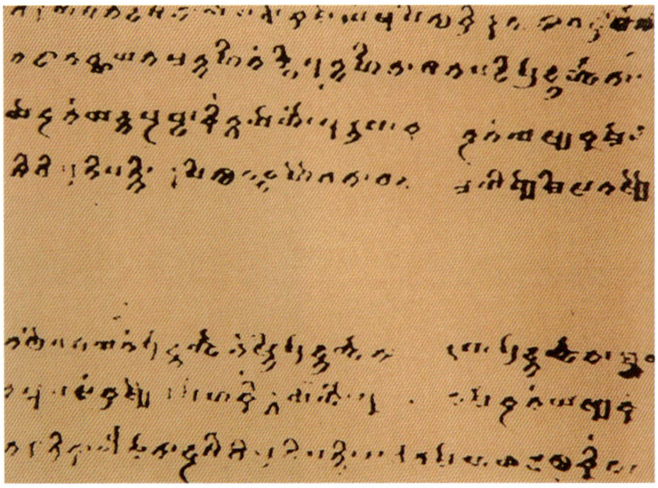

龟兹文文书 中国新疆出土

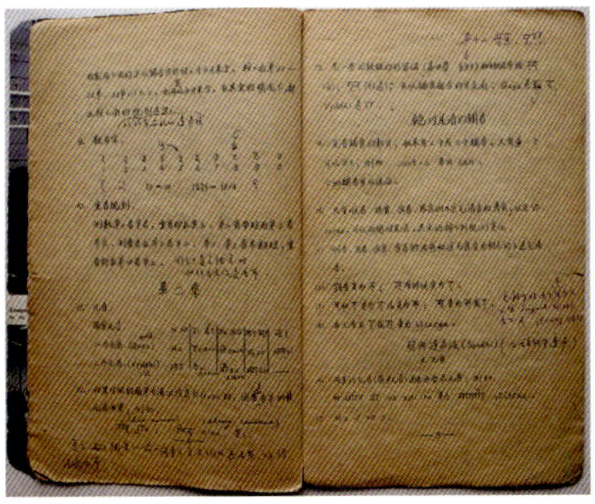
北京大学手刻油印梵文课本书影　1979

隋代（581～618）初年，官宦子弟陆法言（562～?）会同颜之推（531～约595）等8位学者，在《韵集》、《韵略》等书的基础上进一步讨论汉字的注音问题，并于仁寿元年（601）编写出《切韵》5卷。此后，《切韵》便取代了《韵集》等著作，成为中国韵书的权威性著作。唐代孙愐（约活动于8世纪）的《唐韵》和宋代陈彭年（961～1017）的《广韵》都是在《切韵》基础上编写的。宋人沈括（1031～1095）《梦溪笔谈》卷十四载："音韵之学，自沈约为四声，及天竺梵学入中国，其术渐密。"自宋至清，学者们都认为中国音韵学与天竺梵学传入有密切关系。现代音韵学者罗常培、王力等也有相同或相似的主张。

7世纪～10世纪中叶　从7世纪开始，印度语言学知识不仅随佛教典籍的翻译大量传入，同时也由中国去印度取经的僧人介绍进来。玄奘在《大唐西域记》卷二介绍了波你尼的《声明论》。《大慈恩寺三藏法师传》卷三则介绍了玄奘在印度所学的印度语法学。义净在《南海寄归内法传》卷四"西方学法"也对印度古代语法学作了详细介绍。而印度文字对中国的影响也日益凸显，最典型的例子是西藏文字在这一时期模仿梵文而创制。

朱庆之编《佛教汉语研究》封面

大约5世纪，中国人就从佛经中学到了"字母"这个概念，开始时称为"半字"，有时也称为"纽"。到8世纪，沙门智广所撰的《悉昙字记》中就有了关于"字母"的记载。而智广是从南印度僧人般若菩提学习陀罗尼经读音以后得到有关知识的。不久，中国便出现了汉语的字母表。到10世纪，一位叫守温的和尚也制作了一份汉语的字母表，列出字母30个。字母表的出现，使汉字的声母得到简化和规范，对后世影响很大。

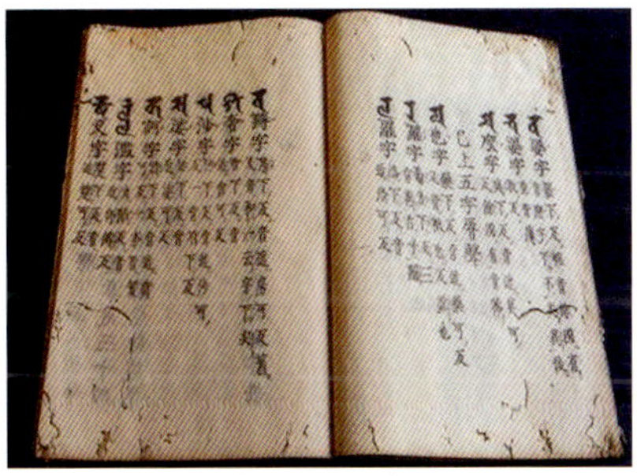
智广《悉昙字记》书影

这一时期，为解读佛经，僧人们编出了几部重要辞书。其中最重要的是玄应的《一切经音义》25卷和慧琳的《一切经音义》100卷。为区别二者，通常称前者为《玄应音义》，后者为《慧琳音义》。这两部大型工具书在中国辞书史上具有重要地位。

10世纪中叶～18世纪　从10世纪晚期到11世纪前期，中国再次出现翻译佛经的高潮，印度的语法学仍在影响着中国的音韵学。沈括在《梦溪笔谈》卷十四和卷十五中用很大篇幅谈及汉语和梵语的音韵问题，这代表了一部分宋代人对梵语音韵的认识。

大约11世纪，守温的汉语字母表中又增加6个字母，形成后来颇具影响的"三十六字母"。这些"字母"都是用来表示汉字声母的，它们的出现对于中国音韵学的发展具有重要意义。这一时期，中国出现了很多音韵学著作，而且都流传下来。15～16世纪，《韵略易通》和《五方元音》中所列的字母，已经与现代汉语拼音的声母B、P、M、F、D、T、N、L等十分接近。1271年，忽必烈建立元朝。此前，他曾命国师八思巴创立蒙古文字。八思巴借鉴梵文，制成"蒙古新字"，于1269年颁行，但后来没有沿用。

11世纪，中国出现了多种僧人所编撰的辞书。如法护、惟净的《天竺字源》7卷，希麟的《续一切经音义》10卷，行均的《龙龛手鉴》4卷，道诚的《释氏要览》3卷等。

印度语言学在中国的影响一直持续到18世纪。清乾隆十五年（1750）新编订的《同文韵统》受到乾隆帝的重视。该书附有4种文字音义的对照表，先列出梵文，然后依次标注藏文、满文和汉文。

（薛克翘）

Zhong-Yin jianjiao

中印建交　establishment of China-India diplomatic relations　中华人民共和国和印度共和国于1950年4月1日正式建立外交关系。印度是首个与中华人民共和国建立外交关系的非社会主义国家，也是首个在华设立使馆的非社会主义国家。

1948年9月，中国人民解放军东北野战军发起辽沈战役，中国革命胜利在望。与此同时，印度开始调整对华政策。1948年10月5日，新华社香港分社社长乔冠华就印度驻南京大使馆参赞伊思迈尔前来解放区的意愿向中共中央发电请示。1949年4月，中国人民解放军占领南京总统府。南京国民政府余下人员南撤广州，印度大使馆人员没有跟随其后，而将使馆人员名单及财产造册送人民政府备案。

印度驻中华人民共和国首任大使K. M. 潘尼迦向中国国家主席毛泽东递交国书　1950年5月

1949年12月30日，印度总理兼外交部长J.尼赫鲁接到中华人民共和国总理兼外交部长周恩来于同年10月2日发出的公函，随即印度政府表示愿与中国政府建立外交关系。1950年1月4日，周恩来复电尼赫鲁，传达了中国政府愿在平等、互利及相互尊重对方领土主权的原则基础上与印度政府建立外交关系，并希望印度政府派代表来北京就相关问题进行谈判。1月6日，尼赫鲁致电周恩来，决定委任雁谒森为临时代办，与中国政府进行初步谈判。1月12日，周恩来回电表示同意。2月13日，雁谒森到达北京，中印两国开始建交谈判。2月22～3月15日，双方代表分别进行了3次谈判，基本解决了两国之间建交需解决的重点问题。随后，双方分别于3月20～4月1日就互派使节问题举行了4次谈判。中华人民共和国派遣袁仲贤为驻印大使，印度政府派遣K.M.潘尼迦为驻华大使。中印两国于1950年4月1日正式建立外交关系。

（邵葆丽　姜景奎撰　任筱可译）

Zhong–Yin jianjiao yilai Yindu guojia lingdaoren fang Hua

中印建交以来印度国家领导人访华 visit of Indian leaders to China since the establishment of diplomatic relations　1950年4月1日，中华人民共和国与印度共和国正式建立外交关系。此后，应中国国家领导人邀请，印度国家领导人多次访华，促进了相互理解，推动了双边关系，增进了中印友谊。

印度总理拉吉夫·甘地与夫人索尼娅·甘地在访华期间游览长城　1988

1954年10月19～30日，J.尼赫鲁以印度总理兼外交部长的身份，与女儿英迪拉·甘地一同访问中国，就和平共处五项原则、“战争作为政策的工具是否有利益的问题”等与中央人民政府主席毛泽东进行了3次会谈。双方均认为应共同努力防止战争，争取持久和平。其间，尼赫鲁还和中国总理周恩来举行了4次会谈。这些会谈进一步巩固了不久前两国政府关于中国西藏地方和印度的关系问题的谈判，以及周恩来访印的成果。

印度总理兼外交部长J.尼赫鲁访华抵达北京时受到热烈欢迎　1954年10月

1988年12月19～23日，印度总理拉吉夫·甘地对中国进行正式访问，并先后与中国总理李鹏和中央军委主席邓小平会谈、会见。两国总理就解决中印边界问题的指导原则达成内部谅解。拉吉夫·甘地表示印度决心求得互惠互利的解决办法，并提出了“平行作业”的概念，即在寻求两国都能接受的解决边界问题方法的同时，积极发展两国其他领域的关系。中印双方商定建立关于边界问题的联合工作小组及经贸、科技等其他联合工作小组，并签署科学技术合作协定、民用航空运输协定和3个年度文化合作协定的执行计划。

1992年5月18～23日，印度总统R.文卡塔拉曼应邀对中国进行国事访问。这是两国建交以来印度总统首次访华。文卡塔拉曼与中国国家主席杨尚昆举行了会谈，并分别与中共中央总书记江泽民、总理李鹏会谈、会见。两国领导人就双边、地区和全球性问题广泛交换了意见。双方表示愿进一步恢复和发展中印传统友好关系，并签订了《边境贸易进出规章协议》。

1993年9月6～9日，印度总理P.V.N.拉奥应邀对中国进行正式友好访问。双方就共同关心的双边、地区和国际问题深入交换了意见。双方签署了《关于在中印边境实际控制线地区保持和平与安宁的协定》等4项文件。《关于在中印边境实际控制线地区保持和平与安宁的协定》规定：两国边界问题应通过和平友好方式协商解决，双方不使用武力或以武力相威胁；在边界问题最终解决之前，双方严格尊重和遵守双方之间的控制线；双方将把实际控制线地区各自的军事力量保持在与两国睦邻友好关系相适应的最低水平。“实际控制线”这个术语是第一次出现在中印两国签署的正式文件中。协定签署后，中印两国军队开始互访，自发边境贸易开始活跃起来。

2000年5月28日～6月3日，印度总统K.R.纳拉亚南应中国国家主席江泽民邀请，对中国进行了访问。除北京外，纳拉亚南还访问了大连和昆明等地。双方共同纪念了中印建交50周年，就共同关心的国际和地区问题广泛地交换了意见，并就推动世界向多极化发展、加强联合国的作用、联合国安理会的改革应充分体现发展中国家的代表性、建立公正合理的国际政治经济新秩序，以及共同维护世界及南亚地区的和平与稳定等问题达成许多重要共识。为加强两国之间的全面合作和相互理解，双方还同意设立中印名人论坛。2004年，纳拉亚南再次访问北京，参加了由中国人民外交学会组织的纪念和平共处五项原则发表50周年国际研讨会，并发表讲话。

2003年6月22～27日，印度总理A.B.**瓦杰帕伊**应中国总理温家宝的邀请对中国进行了正式访问。中国多位领导人与瓦杰帕伊在北京举行会晤，就双边关系和共同关心的地区及国际问题广泛交换意见。双方签署了《中华人民共和国和印度共和国关系原则和全面合作的宣言》等11项合作文件，加强了两国在各个领域的交流与合作。在《中华人民共和国和印度共和国关系原则和全面合作的宣言》里，印度“承认西藏自治区是中华人民共和国领土的一部分，并且重申它不允许西藏人在印度从事反对中国的政治活动”。这是印度政府首次以官方文件形式承认西藏是中国领土的合法性。中印双方同意各自任命特别代表，从两国关系大局出发，探讨解决边界问题的框架，使两国解决历史遗留的边界问题进入具体实施阶段。

2008年1月13～15日，印度总理M.**辛格**应中国总理温家宝邀请对中国进行正式访问，中国国家主席胡锦涛、全国人大常委会委员长吴邦国分别会见了辛格，温家宝与辛格举行了会谈。双方就双边关系和共同关心的国际和地区问题达成了广泛共识。两国总理共同出席了中印联合医疗队成立仪式。辛格在中国社会科学院发表了演讲。其间，双方签署了《中华人民共和国和印度共和国关于二十一世纪的共同展望》。文件指出，中国和印度是世界上两个最大的发展中国家。双方认识到，中印都肩负着确保两国经济社会全面协调可持续发展，推动亚洲和世界和平与发展的重要历史责任。双方决心通过发展两国面向和平与繁荣的战略合作伙伴关系，推动建设持久和平、共同繁荣的和谐世界。双方同意进一步密切在国际和地区问题上的磋商与配合，共同应对传统和非传统安全领域的挑战。关于边界问题，中印双方一致认为应从战略高度和两国关系的大局出发，通过平等协商和互谅互让，早日达成一个公平合理、切实可行的解决方案。

印度总理M.辛格在中国北京参观奥林匹克运动会场馆　2008年1月

2010年5月26～31日，印度总统P.D.帕蒂尔访华。中国国家主席胡锦涛、全国人大常委会委员长吴邦国、总理温家宝、全国政协主席贾庆林分别同帕蒂尔举行了会谈。双方就进一步发展中印战略合作伙伴关系等共同关心的问题深入交换了意见，达成了广泛共识。帕蒂尔还与中国国家副主席习近平共同出席庆祝中印建交60周年招待会。帕蒂尔还赴洛阳出席了白马寺印度佛殿的落成仪式，并前往上海参观世博会场馆。

2013年10月22～24日，印度总理辛格再次访问中国。其间，中国国家主席习近平会见辛格，总理李克强与辛格举行了会谈。两国发表了《中印战略合作伙伴关系未来发展愿景的联合声明》，在边界、交通、能源、文化、教育等方面签署了9项合作文件。

2015年5月14～16日，印度总理N.莫迪对中国进行正式访问。其间，中国国家主席习近平会见了莫迪，总理李克强与莫迪进行了会谈，就中印携手共谋发展、深化各领域务实合作、构建更加紧密的发展伙伴关系达成共识，并签署了铁路、矿业、地方交往等领域的24个合作文件。

（张然）

Zhong–Yin jianjiao yilai Zhongguo guojia lingdaoren fang Yin

中印建交以来中国国家领导人访印　visit of Chinese leaders to India since the establishment of diplomatic relations　1950年4月1日，中华人民共和国与印度共和国正式建立外交关系。此后，应印度国家领导人邀请，中国国家领导人多次访问印度，促进了两国间的相互理解，推动了双边关系，增进了中印友谊。

1954年6月25～28日，中国总理**周恩来**应邀首次访问印度。其间，同印度总理J.**尼赫鲁**进行了6次正式会谈，共同重申了指导两国关系的**和平共处五项原则**，并会见了印度总统R.**普拉萨德**、副总统S.**拉达克里希南**等人。1956年11月28日～12月10日，周恩来再次访问印度，同尼赫鲁就两国边界问题进行会谈。他在印度共和国人民院和联邦院的联席会议上发表演讲，对中印两国的友谊和团结予以肯定，并寄予厚望，同时就国际形势等问题阐明了中国政府的立场与观点。此外，周恩来还参观德里、**孟买**、**马德拉斯**、**加尔各答**等城市。1960年4月19～26日，周恩来第三次访问印度。其间，拜会了印度总统普拉萨德，与尼赫鲁进行多次会谈，就中印边界问题和两国关系问题交换了意见。会谈后，发表《中印两国总理联合公报》，表示将共同致力于边界问题的解决。

1991年12月11～16日，中国总理李鹏应邀对印度进行访问。这是中国总

中国国家副主席宋庆龄访印时与印度总理J.尼赫鲁之女英迪拉·甘地交谈　1954年10月19日

理自1960年之后首次访问印度，也是对印度总理拉吉夫·甘地1988年访华的回访。访问期间，李鹏同印度总理P.V.N.拉奥进行了会谈，会见了印度总统R.文卡塔拉曼、副总统S.D.夏尔马等人，就中印关系、重大国际问题和地区问题广泛地交换了意见。双方签署了领事、边界贸易及科技合作等5项协定，并发表中印联合公报，重申愿在和平共处五项原则基础上继续发展两国间的睦邻友好、互利合作关系，通过协商，早日达成双方都能接受的边界问题解决办法。此次访问，推动了中印关系的全面改善和发展，进一步增进了彼此间的了解和友谊，为两国间建立建设性合作伙伴关系发挥了重要的促进作用。

1996年11月28日～12月1日，中国国家主席江泽民访问印度。这是中国国家元首第一次访问印度。访问期间，江泽民同印度总理D.高达、总统S.D.夏尔马举行会谈，双方表示愿在和平共处五项原则的基础上确立面向未来的友好关系，建立建设性合作伙伴关系。此外，江泽民还会见了印度国大党主席S.凯斯里等人，并在印度工商界人士举行的招待会上发表讲话，对中印两国开展经济合作进行展望并提出建议。

2002年1月14～18日，中国总理朱镕基对印度进行正式访问。其间，与印度总理A.B.瓦杰帕伊举行了正式会谈，并会见了印度其他领导人和各界代表。朱镕基还访问了孟买和班加罗尔，以加强中印贸易往来和经济技术合作。访问期间，双方达成6项协议和备忘录，签署了旅游、和平利用外层空间、水利、人才交流、科技和植物检疫等多方面的合作文件。此次访问，增强了中印两国间的互信，为建立建设性合作伙伴关系奠定了基础，使两国间经济、文化和科技合作进入了一个新阶段。

中国总理周恩来访问印度时与印度总理J.尼赫鲁合影 1954

2005年4月9～12日，中国总理温家宝对印度进行访问。其间，温家宝会见了印度总理M.辛格、印度总统A.P.J.A.卡拉姆、国大党主席索尼娅·甘地、印度副总统兼联邦院议长B.谢卡瓦特及印度人民党领袖L.阿德瓦尼等印度领导人。两国总理发表联合声明，宣布建立面向和平与繁荣的战略合作伙伴关系，将两国关系提升到新的高度。双方还签署了解决边界问题的政治指导原则协定，这是两国自1981年恢复边界问题谈判以来签署的第一份有关边界问题的政治指导文件，标志着中印边界谈判进入了一个新阶段。此外，中印双方还通过了全面经贸合作5年规划，为双边贸易的发展提供了指导。访问期间，温家宝在印度德里理工大学发表了题为《携手并进，共创未来》的演讲，呼吁中印青年携手共创和平与繁荣，提出了两国间建立战略合作伙伴关系的具体建议。

2006年11月20～23日，中国国家主席胡锦涛对印度进行国事访问。此次访问，是中印建立战略合作伙伴关系后中国国家元首的首次访印。访问期间，胡锦涛同印度总理辛格举行会谈，并会见了印度总统卡拉姆、印度国大党主席索尼娅·甘地、印度副总统兼联邦院议长谢卡瓦特、印度人民院议长S.查特吉、印度人民党领袖阿德瓦尼等。双方就发展中印战略合作伙伴关系达成共识，表示两国将致力于维护发展中国家利益，促进世界多极化和国际关系民主化，推动中印战略合作伙伴关系不断向前发展。胡锦涛还与卡拉姆共同会见了中印两国青年代表，并出席“中印友好年”庆祝活动。22日，胡锦涛在新德里印度科学宫就中印关系和中国发展道路发表了题为《携手拓展合作，共创美好未来》的重要演讲，后赴孟买出席中印经济投资合作峰会暨首席执行官论坛，并作重要讲话。此次访问，还促成了两国在投资、卫生检疫、人力资源开发、林业、文物、互设总领事馆等多方面的合作。

2010年12月15～17日，中国总理温家宝再次访问印度。其间，同印度总理辛格举行了会谈，并会见了印度总统P.D.帕蒂尔、印度国大党主席索尼娅·甘地等印度领导人。在印度世界事务理事会发表了演讲，全面阐述了中方对待中印关系的政策和立场，还向为中印关系发展作出贡献的印度友好人士颁奖。访问期间，中印双方发表联合公报，宣布建立两国国家元首、政府首脑定期互访机制，建立外长年度互访机制，重申通过协商谈判寻求公平、合理且双方均可接受的边界问题解决方案，在问题解决前切实维护边境地区的和平与安宁。双方还决定建立中印战略经济对话机制和首席执行官论坛，制定了双边贸易的发展目标，并计划进一步拓展投资、高科技、能源等领域的合作。双方宣布2011年为“中印交流年”，两国将分别邀请对方国青年互访，深化在传媒、教育等领域的交流合作，决定启动《中印文化交流百科全书》编纂工作。

2013年5月19～22日，应印度总理辛格的邀请，中国总理李克强出访印度。其间，会见了印度总理辛格、印度总统P.K.慕克吉、印度国大党主席索尼娅·甘地、印度外长S.胡尔希德等印方领导人。双方发表联合声明，表示要抓住历史机遇，进一步增进政治互信，推进务实合作，扩大人文交流，决定将2014年定为“中印友好交流年”，同意启动“中印经典和当代作品互译出版项目”，继续举行百人青年代表团年度互访活动。李克强还在孟买参观了印度塔塔集团，出席中印商务峰会，并发表演讲。访问期间，中印两国在经贸合作领域达成诸多共识，如促进贸易自由化，开展在产业园区、基础设施等领域的大项目合作，建设孟中印缅经济走廊，采取措施应对贸易不平衡问题等。

2014年9月17～19日，中国国家主席习近平对印度进行国事访问。其间，与印度总理莫迪举行了会谈，就构建更加紧密的发展伙伴关系，共同实现和平发展、合作发展达成一致意见。习近平在印度世界事务委员会发表题为《携手追寻民族复兴之梦》的演讲，强调中印要做更加紧密的发展伙伴、引领增长的合作伙伴、战略协作的全球伙伴，携手追求民族复兴之梦，为南亚发展贡献更大力量。

（王凌男　乔安全）

Zhong–Yin keji jiaoliu

中印科技交流　overview of China-India science & technology contacts　科学、技术与医学的交流是中印文化交流的重要组成部分之一。从秦汉到清末，其间双方的科技交流时疏时密，但从未中断。古代，两国的科技交流主要是在数学、天文学、医学，以及锻造镔铁、烧制琉璃、制糖、造纸、植棉和建筑技术等方面。

中印古代数学天文学交流　公元前3世纪以前，中国人和印度人都将天空的星象分为28个区位，即所谓“二十八宿”。学界普遍认为，这是两国天文学者相互影响的结果，说明中印两个民族很早就有了天文学交流。

从后汉时期开始，印度和西域来华僧人中多有精通数学天文者，他们会把印度的天文历算知识带到中国，同时也把佛经中的相关知识翻译介绍到中国。三国时东吴天竺三藏竺律炎和支谦共译的《摩登伽经》卷上《说星图品第五》就提到二十八宿的名称，而且皆用汉名，如昴、毕、觜、参等。经中还对各宿星数、形貌、所主之神、祭祀之物等作了解说。最后又说到七曜、九曜（又称九执）：“日、月、荧惑、岁星、镇星、太白、辰星，是名为七。罗睺、彗星，通则为九。”《摩登伽经》卷下《观灾祥品第六》谈到二十八宿与人生、城邑及各种灾变的关系，虽涉荒诞，却与中国古代有关星相的说法颇相似。其《明时分别品第七》讲到昼夜长短、时间划分、如何置闰、刻漏之法、长度单位、重量

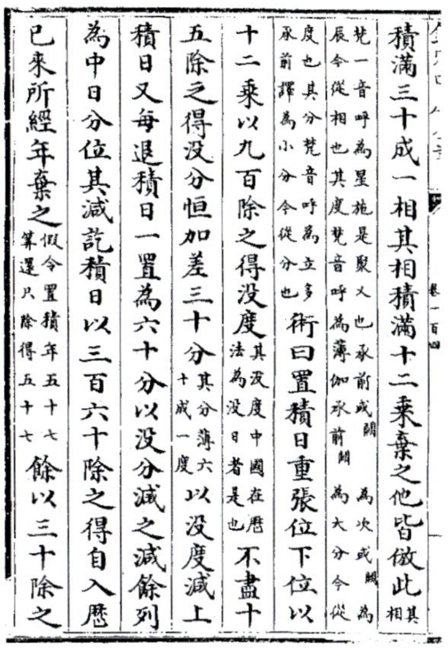
積滿三十成一相其相積滿十二乘棄之他皆倣此其相
梵一音呼為星施是聚又也承前戒闕為次戒闕為辰令從相也其度梵音呼為薄伽承前闕為大分今從度也其分梵音呼為立多承前譯為小分今從分也
術曰置積日重張位下位以十二乘以九百除之得没度其没度中國在曆法為没日者是也不盡十五除之得没分恒加差三十分其分薄六十成一度以没度減上積日又每退積日一置為六十分以没分減之減餘列為中日分位其減訖積日以三百六十除之得自入曆已來所經年棄之假令置積年五十七筭還只除得五十七餘以三十除之

《九执历》书影

单位等问题，都十分详细。其翻译多用中国现成的天文、度量词汇，说明译者对中国天文、度量十分了解。稍晚，西晋三藏竺法护又译《舍头谏太子二十八宿经》。此经内容与《摩登伽经》相似，不分卷品，应是据另一传本所译。经中讲到二十八宿时用另外一套名称，其所述时间划分、计量单位等，与《摩登伽经》亦有出入。

据《隋书·经籍志三》著录，隋以前由印度传来的天文历算书籍有：《婆罗门天文经》21卷、《婆罗门竭伽仙人天文说》30卷、《婆罗门天文》1卷、《摩登伽经说星图》1卷、《婆罗门算法》3卷、《婆罗门阴阳算历》1卷、《婆罗门算经》3卷等，这些书大多不是佛教著作，而是数学、天文学著作。

七曜和九执是印度传来的两个天文学新概念，它们对中国的天文历算产生了影响。据《后汉书·志·律历中》：“常山长史刘洪上作《七曜术》。”刘洪，字元卓，善算，当世无偶。《魏书》卷九一记载，殷绍通晓《九章》、七曜，魏太武帝时为算生博士。《北史》卷八二记载，刘焯曾参议律历、《九章算术》、《周髀》、七曜、历书十余部。《梁书》卷五记载，庾曼倩曾疏注《算经》及《七曜历术》。《南史》卷七一记载，顾越精通《九章》、七曜。此时，“七曜”已成为天文学的代名词。据《隋书·经籍志三》，南北朝至隋题名七曜的历算书达22种。九执即九曜，唐僧一行《大日经疏》卷四曰：“执有九种，即有日、月、水、火、木、金、土七曜，与罗睺、计都合为九执。”罗睺，梵文为Rāhu，印度古代神话中吞食日月之恶魔，印度天文学中以为隐星。计都，梵语为Ketu，本意为旗，古印度称彗星为旗星。九执之说虽然早就传入中国，但在唐代以前似并未对中国天文历算产生明显影响。

唐代，由印度介绍入华的天文历算知识更多，且对中国天文历算的发展产生了重要影响。当时，中国的取经僧人和印度来华僧人所携带的梵本中，就有不少有关天文历算的书籍，这从他们所译出的经中可知。如玄奘译《俱舍论》，义净译《佛说大孔雀咒王经》，不空金刚译《佛母大孔雀明王经》和《宿曜经》，金刚智译《北斗七星念诵仪轨》，法成译《诸星母陀罗尼经》等。

玄奘在《大唐西域记》卷二《印度总述》中详细记载了古印度的长度单位和时间单位。义净《南海寄归内法传》卷三《旋右观时》记有印度那烂陀寺、摩诃菩提寺和俱尸那寺以漏沙计时的细节。段成式《酉阳杂俎》前集卷三《贝编》记有二十八宿之属、姓、形、祭等，与《摩登伽经》不同，与唐时所译《宿曜经》虽相近似，但亦不相同，可见其别有来源。

七曜历在唐代仍然流行。《通志》卷六八《艺文略》著录《七曜历》凡30部。一行是唐代著名天文学家，早年拜普寂禅师为师，出家为僧。后曾拜不空金刚学密法，又与善无畏译密典。曾著《大衍历》52卷，编入《唐书·律历志》，以为不刊之典。其所撰《宿曜仪轨》1卷、《七曜星辰别行法》1卷、《北斗七星护摩法》1卷、《梵天火罗九曜》1卷等，被收入密藏。这些著作主要是介绍印度密教真言及星占术的，但也有

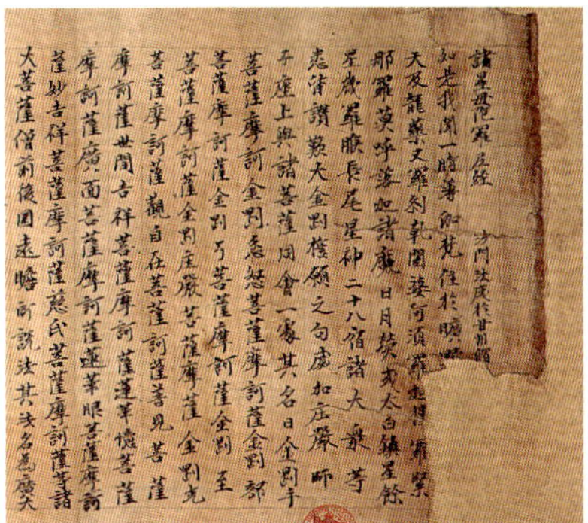
諸星母陀羅尼經　沙門法成於甘州修多寺譯
如是我聞一時薄伽梵住於
天及龍藥叉羅剎乾闥婆阿須羅迦樓羅緊
那羅莫呼洛伽諸曜日月熒惑太白鎮星
星歲羅睺長尾星神二十八宿諸大仙等
悉皆讚歎大金剛擁護之句處加莊嚴師
子座上與諸菩薩同會一處其名曰金剛手
菩薩摩訶薩金剛慈怒菩薩摩訶薩金剛部
菩薩摩訶薩金剛手菩薩摩訶薩金剛王
菩薩摩訶薩金剛莊嚴菩薩摩訶薩金剛光
菩薩摩訶薩觀自在菩薩摩訶薩普見菩薩
摩訶薩世間吉祥菩薩摩訶薩蓮華藏菩薩
摩訶薩廣面菩薩摩訶薩蓮華眼菩薩摩訶
薩妙吉祥菩薩摩訶薩慈氏菩薩摩訶薩等諸
大菩薩僧前後圍遶瞻仰而說法其名

《诸星陀罗尼经》敦煌残卷
现藏英国图书馆

一定的天文知识，说明一行深受印度七曜术的影响。

唐代有3个来自印度的家族，迦叶氏、瞿昙氏、拘摩罗氏在朝廷的天文台供职。其中以瞿昙氏家族最著名。1977年5月，在陕西长安发现了瞿昙譔的墓及墓志铭。据墓志铭，这个家族大约在唐代初年即由中天竺迁居中国，世代居住于长安。其家族五代人的谱系是：瞿昙逸、逸子瞿昙罗、罗子瞿昙悉达、悉达第四子瞿昙譔、譔第五子瞿昙晏。除瞿昙逸“高道不仕”外，其余四代人均在唐朝宫廷做天文官。瞿昙悉达大约出生于唐高宗时代，卒于玄宗开元年间，是瞿昙家族中最负盛名的一位，也是最受朝廷优遇的一位。据瞿昙譔墓志铭，他的官爵相当显赫，是“皇朝太中大夫、太史监，江宁县开国男，食邑五百户、赠汾州刺史”。他所编撰的《开元占经》和编译的《九执历》流传至今，曾对中国数学和天文学产生一定影响。

宋代，西行求法和译经运动都已接近尾声，但仍有一些涉及天文历算的佛经被翻译成汉文。如法天译《佛说圣曜母陀罗尼经》、法贤译《难你计湿嚩啰天说支轮经》等，皆是其例。七曜术在宋代仍有较大影响。据《宋史·律历十四》记载，南宋乾道二年（1166）士人刘孝荣毛遂自荐，愿改造新历，朝廷同意。次年成《七曜细行历》，乾道五年正式颁行。沈括在《梦溪笔谈》卷七《象数》中谈到日食和月食的测量法，并说：“黄道与月道，如二环相叠而小差。凡日月同在一度相遇，则日为之蚀，正一度相对，则月为之亏。”“故西天法罗睺、计都皆逆步之，乃今之交道也。交初谓之罗睺，交中谓之计都。”据《宋史·艺文五》著录，当时尚有《文殊星历》2卷、《七曜雌雄图》1卷、《文殊七曜经》1卷、《七曜会聚》1卷、《符天九星算法》1卷、《七曜选日》1卷、《七曜细行》1卷、卫朴《七曜细行》1卷等书流行于世。其中，《文殊七曜经》可能即《宿曜经》，其余诸书均不见于前代著录，说明印度天文历算的影响在宋代仍然存在。

到明初，中国制定了《大统历》。洪武三年（1370），西洋琐里国遣使献方物，朝廷曾赐以《大统历》。中国的历法也传到了印度。

中印古代医学交流　在古典东方医学中，中国的中医学，印度的生命吠陀、悉陀和尤那尼医学，伊斯兰医学等均经历了漫长的发展历史，为人类的健康作出了巨大的贡献。这些古典东方医学体系之间，存在着不同知识的相互渗透和交流，尤其是在中古时期以佛教为主要媒介的中印医学之间。印度生命吠陀的三大代表著作为：遮罗迦的《遮罗迦本集》，主要论述内科；妙闻的《妙闻本集》，内容侧重外科；婆跋吒的《八支心要方本集》，内外科兼重。生命吠陀的病因学说基本上是一致的，即是“三液平衡说”。人体是由风、黄（胆汁）、痰（痰饮）三种体液构成，这三种体液被译作“三俱”、“三因”或三病素等，其三液聚合的病或译作“三合病”、“三集病”等。人体内的三种体液保持平衡，人就会健康；如果三者失衡，人就会患病。佛教医学的病因学说除使用生命吠陀的三体液理论之外，主要还有四大成身、一大不调则百一病起、四百四病等观点。最早的《人身四百四病经》、《人病医不能治经》抄自西晋竺法护译《修行地道经》卷一，记录了佛教医学的病因学说。以汉译佛经为中介，这些佛教的医学理论也出现在中医学著作之中。南朝齐梁时陶弘景整理东晋葛洪《肘后救卒方》，改为《补阙肘后百一方》，其书名的更改就是根据佛经中的“人用四大成身，一大辄有一百一病”之说而来的。隋代巢元方《诸病源候论》卷二“恶风候”中，将佛经中的疾病总数四百四种，安放到风病之上，使风病一类就有了四百四种，再用基于五行理论的五色说，来配五风之说。巢元方在《诸病源候论》卷二十六“蛊毒病诸候”之十“解诸毒候”中，应用了“四大成身”和“四大不调”之说。唐孙思邈《备急千金要方》卷一的“序例”之“诊候第四”，引用佛经的“地水火风，和合成人”之说，将印度佛教医学的“一大不调，百一病生”更换为“一气不调，百一病生”。《备急千金要方》卷二十七用五脏理论去套用四百四病，又将“地火水风”改成“冷热风气”。唐代王焘在《外台秘要方》卷二十一抄录了西域胡僧传译给谢道人的《天竺经论眼》内容。敦煌出土的中医文献中，多有印度佛教医学的理论片段。敦煌出土《张仲景五藏论》（甲本P.2115V）引用了佛经中“四大五荫，假合成身，一大不调，百病俱起”的论述。P.3655《明堂五藏论》则有“四大假合，五谷咨身”的句子。P.2675《新

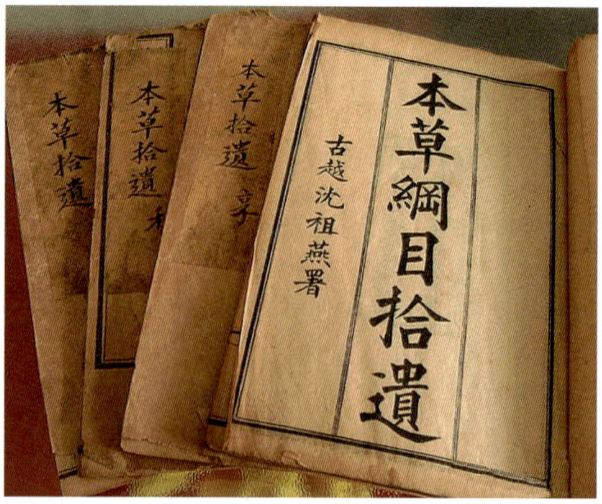

《本草纲目拾遗》书影

西汉帛画《养生导引图》（复原图）　中国长沙马王堆出土

集备急灸经》则有“四大成身，一脉不调，百病皆起”之说。这是将印度佛教医学理论中的常见语句“一大不调”改成典型的中医句式“一脉不调”。道教典籍和术数文献中也采用了印度佛经的“四大不调”与“四百四病”观点。中医典籍及敦煌文献中，将“一大不调”转换为“一脉不调”或“一气不调”，反映了某些中医家（或者中土的佛教信徒）对印度佛教医学理论在某种程度上的认同和接受，同时也说明他们的接受不是全盘照搬。通过从“一大”到“一脉”或“一气”的转换，中医将传统的病因说与佛教的病因理论嫁接在一起。此外，来自印度的胎相理论“七日一变”和“医王”名称等，在中医和藏医学文献中均有影响。

虽然印度生命吠陀的三大医典没有汉译文本，但印度医学文献翻译成汉文的却有不少。北朝时期，达摩流支为宇文护译《婆罗门天文》20卷、《五明论》(合1卷，包含一声论、二医方论、三工巧论、四咒术论、五符印论)。南梁阮孝绪的《七录》著录了《摩诃出胡国方》10卷，由摩诃胡沙门撰，从撰著者名和书名来看，此书应该是一本外来的医书。宋武帝所撰的《杂戎狄方》1卷，其中亦包含了西域或西北周边地区民族的医方。《隋书》卷三十四《经籍志三》著录十数种印度和西域的医籍名称，包括《龙树菩萨药方》4卷、《西域诸仙所说药方》23卷、《香山仙人药方》10卷、《西域波罗仙人方》3卷、《西域名医所集要方》4卷、《婆罗门诸仙药方》20卷、《婆罗门药方》5卷、《耆婆所述仙人命论方》2卷、《乾陀利治鬼方》10卷、《新录乾陀利治鬼方》4卷、《龙树菩萨和香法》2卷、《龙树菩萨养性方》1卷。这一批医籍应该都是汉译本，其译介和流播与印度宗教的东传历程相吻合。藤原佐世（828~898）所撰《日本国见在书目录》中的汉语医书名录，从书名初步推测，署名龙树菩萨和耆婆的几种医书内可能包括了一些印度医学的成分，即《龙树菩萨和香方》1卷、《耆婆伏苓散方》1卷、《耆婆脉决》12卷（释罗什注）、《龙树菩萨眼经》1卷、《龙树菩萨印法》1卷、《龙树菩萨马鸣菩萨秘法》1卷。除这些被直接译为汉文的医学书籍外，印度医学文献还有些被转译为新疆地区地方语言的医学文本。《鲍威尔写本》、《医理精华》和《耆婆书》等即是典型代表。丹珠尔藏文大藏经中的“医方明”部分的全部医书都译自印度，而藏医学经典文献《四部医典》、《月王药诊》也有丰富的印度医学知识。汉译佛经的内容十分广泛，夹杂着大量的医学知识。佛藏中有论医佛经及涉医佛经，主要有《佛说佛医经》、《佛说医喻经》、《佛说疗痔病经》、《千手千眼观世音菩萨治病合药经》、《佛说温室洗浴众僧经》、《延寿命经》、《救疾经》、《禅秘要法经》、《佛说胎胞经》、《除一切疾病陀罗尼经》、《佛说除恐灾患经》、《迦叶仙人说医女人经》、《五分律·药法》、《摩诃僧祇律·明杂诵跋渠法》、《四分律·药揵度》、《十诵律·医药法》、《金光明经·除病品》与《金光明最胜王经·除病品》等。在向印度求法或者参与佛经翻译过程中，中土的僧徒在自己的撰述中也会记录一些印度医学的内容。唐代求法高僧义净在《南海寄归内法传》卷三中有三节专门论述医学的内容，即“先体病源”、“进药方法”和“除其弊药”。义净在印度那烂陀寺学习过医方明，他笔下记录的“世尊亲说医方经”等内容是正宗的印度医学知识，给中土的学者提供了准确的新知。

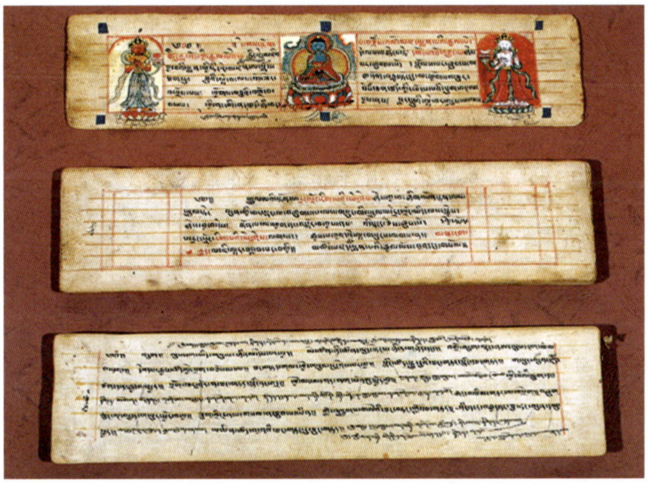

中国藏医名著《四部医典》 现藏中国拉萨西藏博物馆

中国传统的本草学在唐代进入了一个较大的发展时期。孙思邈在《千金翼方》卷一中引用了天竺大医耆婆的理论“天下万物，无非药者”。这种万物皆药的思想扩大了医家的视野。不仅印度药物大量涌入中土，而且有印度的本草著作被译成汉文。东天竺国法师达摩战涅罗（唐言法月）“学通三藏，善达医明”。圆照《贞元新定释教目录》卷第十四记载，达摩战涅罗于开元二十年（732）到达长安，“进奉方术、医方、梵夹、药草、经书……弟子比丘利言随师译语，《方药》、《本草》，随译上闻”。由于胡药之性，中土多不能知，医药界特别需要了解这些外来药物的性能，鉴别其真伪，与本土的药物相比较，并将其添加到日常应用的药谱之中。从唐代苏敬的《新修本草》、陈藏器的《本草拾遗》和郑虔的《胡本草》，五代李珣的《海药本草》，宋代苏颂的《本草图经》、唐慎微的《证类本草》，明代李时珍的《本草纲目》中，来自印度的大量药物被记录和运用。印度的荜拨、诃梨勒、毗黎勒、阿魏、阿摩勒、龙脑油、蜜陀僧、石蜜、犀角、郁金、硇砂、苏方木、青木香、龙脑香、熏陆香、甘松香以及多种香药，在中医本草与方剂学典籍中使用甚广，其中有些还变成了常用的中药，不再有外来的色彩。自汉代以来，中印之间的药物贸易一直未断过，这为中印医学的发展提供了必要的物质基础。在孙思邈的《备急千金要方》和《千金翼方》、王焘的《外台秘要方》、日本丹波康赖的《医心方》及其后世的中医方书著作中，保存了数量不少的印度医方和医疗技术（如天竺按摩法、眼科的金针拨障术等），都是中印医学交流的重要组成部分。印度的医学知识也有通过波斯和阿拉伯而流传到中国的，比如，唐代“法出波斯”的三勒浆，其源头就是印度的三种果药（诃梨勒、毗黎勒、阿摩勒）。元末明初翻译的伊斯兰医书《回回药方》，不仅有多种印度药物，而且有来自印度的方剂。这种以第三者为桥梁的中印医学交流尤其值得注意。

古代中印医学人物的往来与事迹流传颇多，其中比较有代表性的是耆婆和龙树。精通医学的域外高僧有安世高、昙柯迦罗、鸠摩罗什、佛陀耶舍、昙无谶、求那跋陀罗、勒那摩提、阇那崛多、般剌若、菩提流志、阿地瞿多、地婆诃罗、提云般若、不空金刚、金刚智等，他们有些来自印度，修习过印度的医方明，在翻译佛经和传播佛教的过程中，也对印度医学知识在中土的流传作出过贡献。

德里铁柱　印度新德里库特卜塔公园

隋唐时期的炼丹文献较多，方法也多种多样。不仅有来自印度的药物用于道教炼丹，还有外来的长年师和炼丹师。唐太宗和唐高宗时期有印度长年婆罗门那罗迩娑婆寐、卢迦溢多来华。那罗迩娑婆寐在金飙门内，造延年之药。兵部尚书崔敦礼监主之，发使天下，采诸奇药异石，不可称数。延历岁月，药成，服竟不效，后放还本国。意大利学者富安敦考证，为康法藏授戒的长年婆罗门，就是来自师子国（今斯里兰卡）的释迦弥多罗。释迦弥多罗曾经与卢伽阿逸多一起住在蓬莱宫中，康法藏当时也是他们在宫中制药活动的参与者。巡礼五台山的释迦弥多罗与在汾州灵石县采过硝石的支法林是同一个人。何丙郁考证《丹方鉴源》的作者独孤滔是晚唐（或南唐）时期的外国药商，也是一位熟悉炼丹的人才。这几位在中土的炼丹师分别来自印度、斯里兰卡和中亚等地，他们无疑传入了印度的一些炼丹方法。一方面，中国道教徒吸收和改造了外来医学的内容；另一方面，他们也向外传播道教医学（特别是炼丹术）的知识，道教徒所炼制的药金也往往成为胡人（胡商）的追求，收购之后再贩卖到西域。炼丹的技术也部分西传到印度、波斯和阿拉伯世界，对域外的医学产生影响。南印度的悉陀医学文本中记载，18位医祖中有两位是来自中国的道士。泰米尔金丹术与道教之间的关系，反映了古代中印炼丹术与炼金术的交互传播。

中印古代技术交流　锻造镔铁。作为一种高质量的钢铁制品，镔铁在中印技术文化交流史中占有重要地位。古代印度的冶金工艺较为发达，4世纪左右锻造的“德里铁柱”，是其典型代表。在制钢技术方面，印度发展出用坩埚冶炼的超高碳钢，这种以土法所制之钢铁，称作乌兹钢，传到波斯（今伊朗）、大马士革以及欧洲等地区，被称作“印度铁”。在唐代利言的《梵语杂名》中，镔铁的梵语名称为“比拏”。慧琳《一切经音义》卷三十五指出：“镔铁出罽宾等，外国以诸铁和合，或极精利，铁中之上者是也。”一般认为，《魏书·西域传》记载波斯的物产中有镔铁，为汉文史载最早。但初唐的《周书》、《隋书》中有关的镔铁年代记载，实际早于《魏书》。可以说，南北朝时期，中土开始知道了外来的镔铁，而波斯和漕国是中国文献记载最早的镔铁来源地。在汉译佛经中，最早提及镔铁的是隋代天竺三藏阇那崛多译《不空罥索咒经》。“镔”字有两种含义，其一是外来语的音译，其二指代来自罽宾的铁。在大唐天竺三藏阿地瞿多译《陀罗尼集经》等印度密教文献中，镔铁用来与金、银、赤铜、锡等金属合炼制作金刚杵等法器。唐代诗人元稹《奉和浙西大夫李德裕述梦四十韵》诗中的“金刚锥透玉，镔铁剑吹毛”，即描述了用镔铁所制刀剑的无比锋利。

据冶金史学者潜伟考证，《金太祖实录》记载的“辽以镔铁为国号，镔铁虽坚，终有销坏”之说，尚不能视为契丹人确切掌握这种特制钢的冶炼技术的确证，而有可能是金人杜撰之词。《元史·选举志三》所载元代“镔铁局”的设置，也不能视为中原真正引进了这一冶炼技术的标志，而仅仅是借用了“镔铁”之名，以此命名一个管理来自中亚、西亚色目人铁匠的机构。据明代慎懋赏《四夷广记》，新疆的火州（今新疆柳城西七十里、吐鲁番东三十里，又名哈剌）土产有镔铁，火州的贡物有镔铁刀、镔铁锉、各色靶小刀、金钢钻等。明代新疆哈密地区的土产也有镔铁，还有可以冶炼镔铁的铁矿石。《四夷广记》记载榜葛剌的物产也有镔铁刀。明代对镔铁制品的认识更加深入。曹昭《格古要论》记载镔铁出自西蕃，其表面有螺旋花、芝麻雪花等花纹。打磨光净的镔铁刀剑，用金丝矾可以验证出花纹，假造的镔铁制品的花纹是黑色的。方以智的《物理小识》卷七也记载了同样的方法。

烧制琉璃。琉璃，梵文vaidūrya的音译，有多种写法，如吠琉璃、鞞瑠璃、毗瑠璃、流离、吠努璃野等。在佛经中多被当作七宝（金、银、瑠璃、颇梨、车渠、赤真珠、玛瑙）之一，多来自异域。西晋左思《吴都赋》有“致远流离与珂珬”句。唐代慧琳《一切经音义》卷十一称之为“天生神宝，青绿色，莹彻光明，非是人间炼石烟火之中所成瑠璃也”。南北朝时期，烧制琉璃的技术从西域传入中土。《魏书》卷一百零二《西域传·大月氏》记载，北魏太武帝拓跋焘在位时（423~452），“其国人商贩京师，自云能铸石为五色琉璃，于是采矿山中，于京师铸之。既成，光泽乃美于西方来者。乃诏为行殿，容百余人，光色映彻，观者见之，莫不惊骇，以为

中国清代套料缠枝花鼻烟壶

神明所作。自此中国琉璃遂贱，人不复珍之”。北魏时期从印度西北和中亚地区的大月氏传入洛阳的琉璃烧制技术，源头无疑是印度本土。这一技术烧制出的五色琉璃，可与西域传入的琉璃相媲美。从北魏到盛唐之际，中国工匠还能制作假的琉璃，也就是琉璃的仿制品。琉璃渐成中国古代建筑以及现代中式建筑的重要装饰构件，用于宫殿、庙宇、陵寝等重要建筑。古法琉璃烧制技术也一直流传至今。

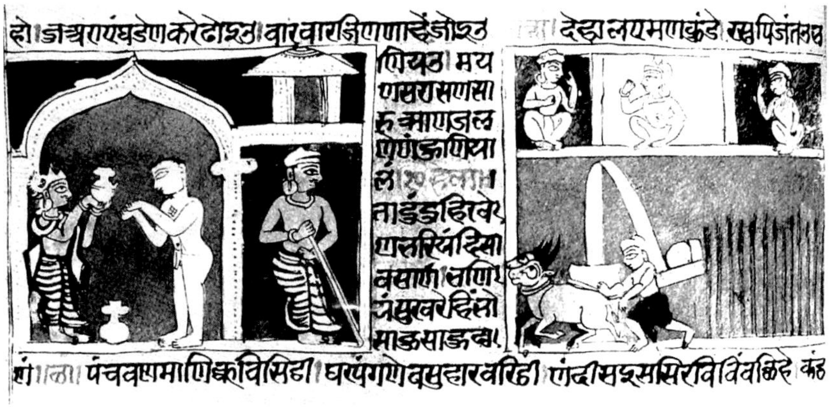

世界上最古老的榨糖机资料图　载于印度耆那教经典《大往世书》

制糖。制糖术是中印文化交流史上最能体现双向互动、共存共赢的例子之一。季羡林的《蔗糖史》是研究中外蔗

制糖场景

载于中国明代宋应星《天工开物》插图

糖文化交流的扛鼎之作。印度是甘蔗的原产地之一，制糖术颇为发达。印度医籍《妙闻本集》以及治国著作《政事论》（又称《利论》）中有5种糖的名称，表明不同的颜色与纯度。汉译佛教戒律文献记录了古代印度糖的不同名称以及在日常生活中使用糖的情况。汉文文献中，“甘蔗”一词有多种写法，如“竿蔗”、“薯蔗”、“诸蔗”、“诸柘”、“竹蔗”、“杜蔗”、“都蔗”等，这些音译词说明该物种是来自域外的。中土蔗糖的产生时间当在三国至唐之间的某一时代，更有可能是在南北朝时期。唐初道宣《续高僧传·玄奘传》记载，唐太宗派王玄策出使印度，“并就菩提寺僧召石蜜匠。乃遣匠二人、僧八人，俱到东夏。寻敕往越州，就甘蔗造之，皆得成就”。《新唐书·西域列传》记载唐太宗遣使赴印度摩揭陀取熬糖法，利用扬州的甘蔗所制造出的中国糖“色味愈西域远甚”，其质量超过了印度的糖。敦煌残卷P.3303背面是有关印度制糖法的内容，记载西大五印度出三种甘蔗，有两种可用来造最好的砂糖以及“煞割令”。将甘蔗削去叶子，截成五寸一段，放在大木臼中，用牛力拉引，把甘蔗压出汁的方法，与印度文献中所记载的用名为kolhu的设备榨蔗的方法基本相同。所谓“煞割令”，与唐代佛教字书《唐梵两语双对集》的“舍嘌迦啰”一样，都是指“石蜜”，是梵文śarkarā的音译。石蜜即白糖，在唐代用于医方或食疗之中。唐代《食疗本草》记载石蜜（白糖）“从蜀中、波斯来者良。东吴亦有，不及两处者”。石蜜有“除去热膜和明目”的功能。隋唐时期西域地区所传的印度医书及其译本，如《鲍威尔写本》、《医理精华》、《耆婆书》等，都有砂糖和石蜜用于医方的记载。从唐代到明清，砂糖的药用范围越来越窄，基本上成为纯粹的食用品。印度制糖法传入中国之后，中国的历代

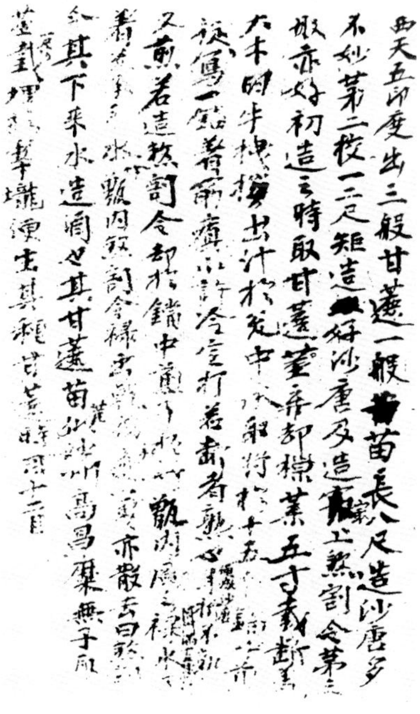

记载印度制糖法的敦煌残卷

工匠们不断加以改进和提高。明代何乔远《闽书南产志》记载了元代的脱色法，使糖品质量大为提高。类似制糖技术的记述亦见于方以智的《物理小识》等各种笔记之中。宋应星《天工开物》将熬白糖时的这种漂白技术定名为“黄泥水淋法”。可以说，明代的黄泥水淋脱色法是中国制糖技术史上的重大发明。中国的制糖技术再次明显提高之后，开始向印度出口质量更高的白糖。马欢《瀛涯胜览》记载榜葛剌国有甘蔗、白糖、砂糖、糖霜、糖果等甜食。巩珍《西洋番国志》等记载榜葛剌国出产砂糖、白糖、糖霜等物品。《明史》卷三二六、四库本《明会典》卷九十八记载榜葛剌国的贡物有糖霜。季羡林认为，中国制造白砂糖的技术在13世纪后半期，经海上丝绸之路到达孟加拉传入印度。16世纪的印度典籍*Bhāvaprakāśa*（《明解集》）一书记载了印度古代最高级的糖puṣpa-sitā，它就是孟加拉的padma-cini、phul-cini和bhura，从padma-cini和phul-cini两个词看，孟加拉的高级白糖无疑是来自中国的。中国最初向印度学习制糖术，经过不懈的努力，提高了制白糖技术，再将之返回到孟加拉。这就是古代中印文化双向交流的体现。

造纸。在使用纸张之前，古代印度多以棕榈科植物的阔树叶、桦树皮、皮革、木片、铁板与铜板等作为书写记事的材料。至迟到西汉初期，中印之间已有直接的经济贸易往来。东汉中期，蔡伦改进造纸术，纸张的使用逐渐普及。东汉末期，来华的印度高僧和商人们开始学会用纸张书写，纸张和丝绢有机会一同输入印度。晋唐之间，造纸术可能已经传入印度。唐代以后，中印交通与

西汉金关纸
中国甘肃居延金关汉代亭燧遗址出土

文化交流更为频密。义净《梵语千字文》中，“纸”的梵语名字为kakari，音译“迦迦哩”。唐代的另一部梵汉字书利言的《梵语杂名》，也收录了“纸”的梵语名称“迦迦里”。这说明在唐代，印度已经有了“纸”这个字。从词源来看，梵语kakari（以及后世印地语kagad和乌尔都语kagaz）、波斯语kagaz、阿拉伯语kagad，可能源自回鹘语kagas。据此推测，8世纪初期，新疆的突厥人将造纸术传入了印度。义净《南海寄归内法传》卷四载，印度“造泥制底及拓模泥像，或印绢、纸，随处供养……西方法俗莫不以此为业”。能将泥制佛像捺印在纸上，说明印度民众当时已经有了日常可用的纸张。从造纸的规模和质量看，751年之后，阿拉伯地区所引进的造纸术要好于印度。造纸术传入印度的途径可能有两条，其一是从新疆经克什米尔传入，其二是由中国西藏经尼泊尔传入。从目前存世的写本来看，11～12世纪印度的纸写本逐渐增多，印度的造纸业逐渐向南印度扩展，规模也逐渐变大。明朝时期，印度部分地区的造纸业水平已经很高，能造出桑皮纸、一等白纸等多种产品。马欢《瀛涯胜览》、巩珍《西洋番国志》等记载榜葛剌国出产树皮所造的一等白纸，光滑细腻如鹿皮一般。

植棉。印度是亚洲棉的原产地，也是世界上最早种植棉花的地方。棉花与棉布最早都是从印度传播到中国的。考古成果表明，汉代以来，新疆的民丰、和田、吐鲁番等地区已经有了棉花的种植。高昌（今中国新疆吐鲁番）种植棉花（非洲棉）的最早记载，见于《梁书·西北诸戎传》：“多草木，草实如茧子，茧中线如细纑，名曰白叠子，国人多织以为布，布甚软白，交市用焉。”敦煌文书中有大量的“緤”，即指棉花、棉布，其中上缴官府以及在寺院和民间大量使用的官布与“緤”属于同类，也是棉布的一个品种。敦煌也从新疆吐鲁番地区运来了大量的棉布，称作安西緤、西州布。棉花种植技术的传播途径之一可能是由河西走廊传入敦煌等地。中国棉花的规模化种植是在宋代，是由海路传入岭南地区，再扩展至中原的长江流域以及陕西等地。史照《通鉴释文》记载了木棉的种植与棉花纺织的方法。元代官修农书《农桑辑要》卷二介绍种棉的好处。元政府并设置了木棉提举司来管理棉花的种植。明代徐光启《农政全书》引述王祯《农桑通诀》，详细记载了种棉的具体方法。晚明之后，棉花的种植基本上已经在中国普及。

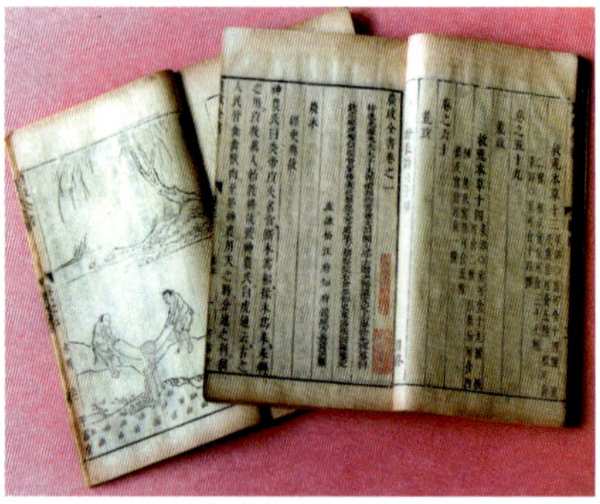

徐光启《农政全书》书影

建筑技术。印度与中国，古代建筑技术都非常发达。印度佛教建筑知识传入中国，主要依赖于来华传播佛教的印度人以及入印求法的中国高僧。玄奘《大唐西域记》记载了印度名寺那烂陀寺的有关情况。义净《大唐西域求法高僧传》卷上，详细描述了印度那烂陀寺的建筑规模、布局、材料和技术等，是极为珍贵的印度古代佛教寺院建筑的文字实录。道宣的《中天竺舍卫国祇洹寺图经》，虽自称是“南山释氏感灵所出”，但其对中天竺舍卫国祇洹寺的建筑布局的记载，部分知识来自天竺僧人所传。有关印度佛寺建筑的记载，对中国的佛寺或多或少有些影响。隋唐时期来华的天竺僧人也有精通建筑术的，他们参与中土佛寺的设计或者修建。河南洛阳龙

中国河北赵州陀罗尼经幢

造纸流程　徐光启《农政全书》插图

门的天竺寺即是三藏法师宝思惟为天竺王子避位出家而设立的。据《宋高僧传》卷三记载，宝思惟在龙门山所设立的这座寺院，"制度皆依西域"，说明该寺院完全是按照印度寺院的布局模式而修建。随着海上丝绸之路交往的密切，印度人来华居住者增多，唐代在广州修建了婆罗门教寺庙，宋元时期在泉州建造过印度教寺庙，相关的印度教题材的石刻保存至今。中国人也曾在印度本土修建过汉式寺院、木石塔寺（以及后世的唐人街中的庙宇）等建筑，可谓是中国建筑在印度的代表。

印度佛教传入中国之初，中土的寺院建筑参照印度的"精舍式"佛寺布局，以塔为中心，四周建有殿堂。晋唐以后，殿堂逐渐成为主要建筑，塔被置于寺院非中心位置或者移出寺外。中国佛寺布局逐渐与传统的宫殿建筑形制相结合，主要殿堂开始规范化，山门、天王殿、大雄宝殿、法堂、藏经楼等成为佛寺的主体。其风格越来越本土化，成为具有中国建筑特色的佛教建筑。中土与佛教相关的建筑，如石窟、佛塔、陀罗尼经幢、雕刻等，也与印度建筑文化有较为密切的关系。

（陈明　薛克翘）

妇人刺绣图　中国唐代

Zhong–Yin maoyi wanglai

中印贸易往来　overview of China-India trade contacts　古代印度与中国有着历史悠久的贸易往来。这种贸易往来不断丰富中印两国交流历史的内容。古代中印两国商人经过陆路丝绸之路和海路进行贸易活动。主要的贸易通道有西域道、滇缅道和南海道。古代中国输往印度的物产是丝绸、茶叶及瓷器等；印度输出的物产是香料药材、珍禽异兽、珍宝异物等。17世纪中叶以后，中印贸易的主导权基本上被西方商人控制。特别是在鸦片战争前后，英国商人将鸦片、棉花乃至棉纱大量倾销中国。1912～1949年，中印两国贸易呈上升势头。印度输往中国的物产中，以棉花、大米和棉纱为主；中国输往印度的物产以丝类、茶叶和豆类为大宗。1950～2000年，中印两国贸易日益增长。

公元前　中印贸易的历史非常悠久。中国四川和云南都出土过大量产于孟加拉湾沿海的贝壳，距今已有3 000多年。这些海贝是上古人的货币，说明那时中国四川、云南与印度、缅甸等国已经有贸易往来。印度是亚洲棉的原产地，印度纺纱织布的历史非常悠久。而中国福建曾经出土过一块约3000年前的棉布，是中国发现的最早棉布。由于当时中国并不生产棉花，所以不少学者认为，这块棉布很可能是从印度传来的。

《商旅图》　中国甘肃敦煌莫高窟第296窟壁画

由古印度政治家考底利耶所著的约公元前4世纪末～前3世纪初成书的《政事论》(又称《利论》)中，已经有"丝"和"中国的成捆的丝"的记载。其他古籍，如两大史诗《摩诃婆罗多》和《罗摩衍那》等，也都提到了丝，说明中国的丝在公元前已经传入印度。

据《史记·大宛传》，张骞出使西域时，在大夏看到中国四川的布匹和竹杖，说明四川的物产早已通过云南进入印度，并通过印度转运至大夏。当时人们就知道，四川商人从云南走私物品至印度东北部。

据《汉书·地理志》记载，公元前2世纪，中国与南印度之间已经开始了海上贸易。当时印度方面的货物主要有"明珠、璧流离（玻璃）、奇石异物"，而中国方面用于交换的货物主要是黄金和"杂缯"(各种丝织品)。南印度也曾出土过中国汉代古钱，证明当时确有贸易。《汉书·西域传》记载了当时印度一些地区的物产和货币，如罽宾国"地平，温和，有目宿，杂草奇木"，"种五谷、蒲陶（葡萄）诸果"，"其民巧，雕文刻镂，治宫室，织罽，刺文绣，治食。有金银铜锡，以为器。市列。以金银为钱，文为骑马，幕为人面。出封牛（瘤牛）、水牛、象、大狗、孔爵（雀）、珠玑、珊瑚、虎魄（琥珀）。其中很多物产作为商品于公元前即进入中国。

公元前2～前1世纪，印度传入中国的物品很多，主要是通过贸易形式输入，少数是"进贡"。学界将"进贡"称为"朝贡贸易"，即由中国周边国家商人冒充外交使节向中国皇帝献礼，而皇帝给予赏赐。这一方面可以满足皇帝的虚荣心，另一方面商人会得到高规格礼遇并实现超值利润。

1～6世纪 《后汉书·西域传》记载了天竺的物产，有大象、犀牛、玳瑁、金、银、铜、铁、铅、锡以及细布、毛织品、香料、石蜜（成块的糖）、胡椒、姜、黑盐等。说明在一二世纪时，印度的这些物产已经为中国所熟悉。当时中国还没有掌握生产玻璃的技术，所以印度的玻璃驰名于中国，史籍中有关于“身毒国宝镜”的记载。

这一时期，中国与印度仍存在丝绸贸易活动。公元80～89年，旅居埃及的希腊人曾记载，中国的丝和丝制品以印度为转运站，经大夏销往西方。这和西汉时蜀布与邛竹杖由印度转销大夏的情形一样，即通过滇缅道向印度以及西方出口。印度虽为转运站，但当地也有丝和丝织品的消费。与此同时，据《后汉书·班梁传》，建初九年（公元84），班超（公元32～102）曾派使者“多赍锦帛遗月氏王”。其时月氏人已建立了贵霜帝国，统治着印度西北地区，而班超对西域的经略保持了丝绸之路的畅通，使中国丝绸可以通过西域道顺利运往印度西北地区。

四五世纪，西域道、滇缅道和南海道上都有政府使节和商人来往。那时来华的许多印度僧人，有的是从西域道随商队而来，有的则是搭乘商人的船只由海路而来。

《宋书·夷蛮传》记载，宋文帝元嘉五年（428），有南印度使者到中国来递交国书，“奉献金刚指环、摩勒金环诸宝物，赤白鹦鹉各一头”，说明当时的南印度人民是了解中国的，“朝贡贸易”也没有停止。他们是从商人那里得到中国信息的。

《魏书·西域传》记南天竺国物产有“摩尼珠、珊瑚”。有的地方“出黄金、白真（旃）檀、石蜜、蒲萄（葡萄）”。印度使者来“进贡”的物产有骏马、黑骆驼、金、银等。中国输出的主要是丝绸织品。据《魏书》卷一〇二载，北魏太武帝（423～452年在位）曾遣董琬、高明等使者“多赍锦帛”出使西域，说明中国皇帝的“赏赐”品有丝绸之类。

《梁书·诸夷传》记有中天竺国物产，比历代所记项目有所增加，如貂、火齐、金缕织品、金色毛毡、上等皮衣、郁金香等。并说此处的郁金香即高山雪莲。梁天监初（502或503），中天竺王屈多遣官员来华，“奉表献琉璃（玻璃）唾壶、杂香、古贝等物”。

6世纪～10世纪中叶 中国的隋代（581～618）为期短暂，但也有“每岁正月，万国来朝”和“诸夷大献方物”的记载。据《隋书·西域传》，炀帝（604～618年在位）时，遣韦节、杜行满出使西域诸国。曾到过罽宾，得玛瑙杯。玛瑙当时属名贵宝石。

唐代，印度诸国派遣使节或“贡献方物”的事件很多。例如，武德二年（619），罽宾国遣使贡宝带、金锁、水晶盏、颇黎等。贞观十一年（637）六月，罽宾国遣使献佛舍利和名马。贞观十六年，罽宾国“献褥特鼠，喙尖而尾赤，能食蛇，有被蛇螫者，鼠辄嗅而尿之，其疮立愈”。“褥特鼠”即獴（梵文为Nakula，俗语为Naula）。同年，乌苌遣使献龙脑香。贞观二十年前后，摩揭陀王尸罗逸多（即戒日王）献火珠及郁金香、菩提树。《唐会要》卷一〇〇则集中记录了印度各地传来的各种植物，如菩提树、郁金香、青莲、苦菜、胡芹等。同时还有进献各种药物、鹦鹉、良马的记载。

宝石项链 巴基斯坦哈拉帕遗址出土

《朝贡贸易图》（局部）

8世纪中期以后，史籍中关于印度诸国来华“朝贡”的记载越来越少，但这并不说明印度物产自此便绝少传入中国。事实上，唐代的海上贸易已十分发达，由印度运来的物产远比“朝贡”的为多。盛唐时各沿海大港已设有市舶司，主管海上贸易，印度的商船装载大量“宝货”来华。李肇《唐国史补》卷下记：“南海舶，外国船也，每岁至安南、广州。师子国舶最大，梯而上下数丈，皆积宝货。”日本元开《唐大和上东征传》记，广州“江中有婆罗门、波斯、昆仑等舶，不知其数；并载香药、珍宝，积载如山”。中唐以后，沿海各口岸的市舶司并未取消，印度的对华贸易仍在进行。据《中国印度见闻录》卷一，唐末亦有印度物产输入，犀牛便是其一，华人喜用犀牛角装饰的腰带。

这一时期，中国输往印度的物品也多种多样，最主要的是丝绸制品。据《旧唐书》卷一九八记，贞观十一年，罽宾国献名马，“太宗嘉其诚款，赐以缯彩”。唐玄宗开元年间（713～741）“赐”锦缎或者绢给印度使者，而且往往一次就赐500匹。

唐代，僧人去西天取经也带丝绸，这是中国丝绸输入印度的另一途径。《大慈恩寺三藏法师传》卷二记，玄奘曾在印度施舍给寺院锦缎等。义净的《大唐西域求法高僧传》卷上和卷下亦有和尚带丝绢去印度的记载。

10世纪中叶~14世纪中叶 这一时期中国东部和南部沿海与印度沿海地区的贸易很频繁，商船往来很多，经常有印度僧人自海路来华。赵汝适《诸蕃志》卷上载："雍熙间，有僧罗护哪航海而至，自言天竺国人。番商以其胡僧，竞持金、缯、珍宝以施，僧一不有，买隙地建佛刹于泉之城南。"《宋史·外国传》记："至道二年八月，有天竺僧随舶至海岸。"当时南天竺的使者和僧人来华一般都取水路。《佛祖统纪》卷四十四记，大中祥符八年（1015），"南海注辇国遣使来贡，进天竺梵经。其使言四十年以来，海无风涛，意中国有圣人出世"。当时中国沿海有广州、泉州、杭州、明州（见宁波）等大港，外商云集，其中印度商人亦有不少。而此时去印度的中国商人数量也很可观，有的旅居南印度，并在那里建佛塔。这些都说明中国和印度海上交通的便利和贸易的发达。

中国典籍中关于宋代南印度诸国"朝贡"物品的记载不多。《宋史》卷四八九记，大中祥符八年，注辇国"遣专使等五十二人，奉土物来贡，凡真珠衫帽各一、真珠二万一千一百两、象牙六十株、乳香六十斤"。使者娑里三文等"又献珠六千六百两、香药三千三百斤"。明道二年（1033），又"进真珠衫帽，及真珠一百五两、象牙百株"。熙宁十年（1077），其国复遣使27人来献珍珠、琉璃大洗盘、犀牙、乳香、蔷薇水、金莲花、木香、阿魏、硼砂、丁香等。

《诸蕃志》中详记了南印度的物产。如南毗国物产，有珍珠、诸色番布、兜罗绵（一种红棉布）、猫儿睛、青靛、紫矿、椰子、苏木等；注辇国物产有真珠、象牙、珊瑚、玻璃、槟榔、豆蔻、色丝布、吉贝（木棉）布。兽有山羊、黄牛，禽有山鸡、鹦鹉，果有椰子、波罗蜜之类，花有白茉莉、蛇脐、佛桑、丽秋、瑶莲、水蕉之类。中国商人到那里从事贸易活动，很可能将以上物产贩运回国。

1271年中国元朝建立后，仍与南印度各国保持密切往来。南印度各国多次来"朝贡"大象和犀牛，还有黑猿、斑马、花牛、水牛、珍珠、铜盾等。关于当时的民间商业贸易，汪大渊的《岛夷志略》有很详细的记载。例如，在谈到朋加剌（今孟加拉国和印度西孟加拉邦）时写道，当地出产黄麻布、白棉布、兜罗绵、孔雀翎等。中国与当地的"贸易之货，用南北丝、五色绢缎、丁香、豆蔻、青白花器、白缨之属"。汪大渊对经济、贸易尤其重视，对农业、收成、市场、税收、货币、特产和贸易用货等都有说明。可见，此书主要是为中国商人提供南海诸国的商贸资料。从当地的物产和贸易用货的记录可知中国与印度之间物质交流的具体内容。

在元朝宫廷供职过的意大利人马可·波罗在其书《马可·波罗行纪》中谈到福州港的贸易情况："许多商船驶达这个港口。印度商人带着各色品种的珍珠宝石，运来这里出售，获得巨大的利润。这条江（闽江）离刺桐（泉州）

黑犀牛

港不远，河水流往海洋。从印度来的船只沿江而上，一直开到泉州市。"可见，当时印度经常有商船到福州和泉州来，印度商人带到中国来的货物主要是珍珠和宝石。《马可·波罗行纪》在描写泉州港时说，那里有堆积如山的商品，其中有胡椒、檀香木和各种药材。印度是盛产胡椒和檀香的国家，而且自古就运销中国，泉州港的这些东西，有相当一部分来自印度。马可·波罗讲到印度马拉巴尔（今印度西海岸）时说，该地生产胡椒、生姜、肉桂皮和棉布，"来自蛮子省（指中国南方）的船只，带着铜作为镇船重物。而且又装运金线织成的锦缎、丝、薄纱、金银块以及许多马拉巴尔所没有的药材，他们用这些货物和这个省的商品作物物交换"。可见，当时经常有中国船只到印度的西海岸，带去的主要是丝、丝织品、贵金属和药材，然后换回当地的特产。

中国清代广州十三行街景

《大德南海志》记载了元代初期广州市舶司对外贸易盛况，有海外舶来的货物表，分为八类：①"宝物"类，有象牙、犀角、真珠、珊瑚、碧甸子（绿宝石）、龟甬（甲）、玳瑁等。②"布匹"类，有白番布、花番布、剪绒单、剪毛单等。③"香货"类，有沉香、乌香、降香、檀香、蔷薇水、乳香等。④"药物"类。有阿魏、没药、胡椒、丁香、白豆蔻、豆蔻花、茴香、硫黄、血竭、木香、雄黄等。⑤"诸木"类，有苏木、乌木、红木等。⑥"皮货"类，有沙鱼皮、皮席、皮枕头等。⑦"牛蹄角"类，有白牛蹄、白牛角等。⑧"杂物"类，有黄蜡、草珠、花白纸、藤席、贝壳、孔雀毛、鹦鹉等。这些货物有相当一部分产自印度。《岛夷志略》所记的印度物产有黄蜡、绵羊、波罗蜜、甜瓜、绿宝石、红宝石、兜罗绵、木棉、青蒙石、犀牛角、西瓜、石榴、胡椒、珍珠、玳瑁、棉布、大手巾、槟榔、蚌珠、椰子、细布、猫儿睛、沙金、骏马等，可以与此相对照。

中国用于贸易的货物中，丝和丝织品占第一位。据《宋史》卷四八九，宋代印度各地所遣“入贡”使者，皇帝一般都要“厚赐”，即“各赐衣服、器、币有差”。据《宋史》卷四九〇，印度僧人来华献经像的，皇帝一般要“赐紫方袍、束帛”。这些衣服、紫袍都是丝

中国龙泉窑瓷器　现藏印度博物馆

织物。据考证，唐代时，印度的一般百姓还没有享受到丝的好处。到了宋代，印度靠近和中国通商的港口一带的人民，已经可以穿丝制衣服。宋代的海上贸易较以前发达，中国丝绸更多地运往印度，一部分就地消化，一部分转运他国。如《岭外代答》卷二所记，中国舶商先到南印度的故临，然后易小舟去大食（阿拉伯帝国）。《诸蕃志》卷上记商人在南毗国贸易用货就有“缬绢”等中国货。

元代，中国丝绸运往印度的记录也有不少。《岛夷志略》在介绍中国同印度诸地的“贸易之货”中常常有丝绸之类，如五色缎、锦缎、南丝、北丝、细绢、五色绢、青缎等。

瓷器在这一时期中国对外贸易中占据第二位。唐代和唐代以前，中国史料中缺乏有关瓷器传入印度的记载。但在印度和巴基斯坦的考古发掘中发现有晚唐时期（约9～10世纪）的瓷器或瓷片。宋代开始，文献中的相关记载才逐渐多了起来。《宋史》卷四八九，熙宁十年（1077），注辇国使者27人“来献”，神宗“各赐衣服、器、币有差”。其中“器”即器皿，指瓷器。《诸蕃志》卷上记商人至南印度贸易用瓷器，说明宋时已有大量中国瓷器运往印度。

元代，《岛夷志略》所记中国与印度诸国的“贸易之货”中，常常有瓷器。如“青白瓷”、“粗碗”、“青白花器”，等等。《马可·波罗行纪》记述，泉州港有大量等待运往海外的瓷器。《伊本·白图泰游记》记载：“至于中国瓷器，则只在刺桐（泉州）和隋尼克兰（广州）城制造。系取用当地上好泥土，像烧制木炭一样燃火烧制。这种瓷器运销印度等地区……”当时中国烧制瓷器的地方很多，上述二城为当时最大的通商口岸，自产大量瓷器，内陆（如景德镇等地）瓷器亦云集于此。

根据考古资料，这一时期的瓷器和瓷器碎片在今南亚地区很多地方被发现。在巴基斯坦卡拉奇市南64千米处的班波尔遗址，1958年以来，巴基斯

中国南海水下发现的青瓷瓷片

坦考古局开始发掘，发现了一批中国陶瓷。其中有约9世纪长沙窑烧制的花瓷碗残片，宋代初期（约10世纪）越窑瓷残片、覆莲瓣纹的华南白瓷片，宋末元初（约13世纪）的龙泉窑青瓷片，还有属于宋代广东制作的黄釉四耳罐残片。早在1854年，在印度信德省海德拉巴市东北约80千米处的布拉赫米那巴德遗址，其发掘工作即已由西方人士进行。当时所发现的许多陶瓷片被运往英国，收藏于英国不列颠博物馆。经陶瓷研究者R.L.霍布森鉴定，这些瓷片的时间为9～10世纪的唐末到13世纪后半叶的宋末。在巴基斯坦俾路支省沿海的莫克兰地区，A.斯坦因博士曾于1927～1928年和1931～1933年两度前来考察，两次都发现了中国陶瓷的残片。第二次的发现物中有10世纪前后的青白瓷。在印度卡纳塔克邦中南部，新石器时代遗址昌德拉瓦利曾出土过宋代龙泉窑青瓷片和福建、广东一带出产的白瓷残片，还有华南出产的黑褐釉陶片。与它们一同出土的还有北宋神宗（1067～1085年在位）时期的钱币“元丰通宝”，说明这些瓷器可能是元丰年间（1078～1085）或稍晚些时候运去的。在印度泰米尔纳德邦本地治里（今印度普度治里）南约20千米的阿里卡美都遗址，法国人从20世纪30年代起就进行了考古发掘，第二次世界大战以后的1945年又有R.E.M.惠勒等人进行了发掘。发现

中国清代对外贸易口岸

中国宋代沉船　现藏中国泉州海外交通史博物馆

有9～10世纪的越窑碟子残片，11～12世纪越窑瓷、龙泉窑青瓷残片和磁州窑的陶片，南宋龙泉窑出产的精美青瓷碗等。这说明，大约在9～13世纪的数百年间，中国瓷器曾源源不断地运往这里。在本地治里西北约10千米的可里麦都遗址，也散落有中国宋元时代的瓷片。其中有十二三世纪南宋时代浙江或福建一带生产的枇杷色珠光青瓷碗残片、淡色青白釉罐残部，还有14世纪以后闽粤一带生产的青花瓷片。在本地治里以南的卡雅尔，也曾经出土过中国宋元时代的陶瓷。

这一时期，中国的糖（见制糖）和钢铁等也输入印度。现代印地文和尼泊尔文中，白糖被叫作cini，意思是“中国的”。汪大渊《岛夷志略》所记中国商人同南印度人的“贸易之货”中即分别有“白糖”和“糖霜”。

梵文中有cīnaja　词，意思是“钢”，其字面意思是“中国产的”。古代印度有钢铁生产，其产品还输出国外。中国产的钢在某一个时期曾输入印度。生活于九、十世纪的阿拉伯地理学家伊本·穆赫迪曾在克什米尔地区看到一座观象台，是用中国钢铁造成的。说明中国钢铁传入印度的时间较早。元代，据汪大渊《岛夷志略》记载，中国商船到印度贸易，时常以“铁器”、“铁条”、“铁鼎”、“针”等为“贸易之货”。

14世纪中叶～17世纪中叶　中国明代初期（14世纪中叶～15世纪中叶），印度各地来“贡献”方物的情况较多，其物品主要有解毒药石、麒麟（即长颈鹿，通过印度转运来）、良马、金、银、琉璃器、鹤顶、犀角、翠羽、鹦鹉、兜罗绵、糖霜、乳香、熟香、乌香、麻藤香、乌爹泥、紫胶、藤竭、乌木、苏木、胡椒、珍珠伞、白棉布、宝石、珊瑚、栀子花、红丝花手巾、番花人马象物手巾、线结花靠枕、木香、檀香、锡等。

除“朝贡”以外，《瀛涯胜览》、《星槎胜览》和《西洋番国志》对印度诸地物产亦有详细记叙，其中有许多输入中国。

这一时期，中国输入印度的物产仍以丝织品、瓷器和茶叶为主。明代初期，中国丝绸对印度诸国的输出有一部分是在“朝贡贸易”基础上实现的，即中国皇帝赠送印度诸国国王及使臣的礼品中常常有丝绸制品。有文绮、纱罗、绒锦、彩帛，以及丝绸制成的衣服、帐幔、华盖等。16世纪中叶，明朝曾因倭寇的入侵而一度实行“海禁”。明代中后期，中国丝绸向印度的输出则主要是以私人贸易的形式进行。这一时期，葡萄牙、荷兰、英国等西方列强已先后进入印度，并逐步控制了海上交通，垄断了中国同印度的丝绸贸易。西方商人把印度作为中间站，将大量中国生丝运往欧洲销售。如葡萄牙殖民者从澳门运往印度果阿的生丝量，在1580～1590年，每年3000余担，到1636年，多达6000担。中国生丝在此期间虽然大量运往印度，但只是为了转口欧洲，在印度各地的销售量极为有限。据《瀛涯胜览》等书记载，其时印度诸国已经有能力生产丝绸，其百姓用丝制品已不罕见。

关于瓷器贸易，明代的文献记载也很多。中国瓷器在明代初期已经普及印度各地，不少商人在得到中国瓷器以后再转手倒卖。明代后期，荷兰东印度公司在东南亚和中国台湾等地建立了同中国贸易的据点，他们曾以低廉的价格收购大量的中国瓷器运往印度的东南沿海，然后再运往欧洲等地。

在印度的考古发掘中，也发现这一时期的大量瓷器或瓷片。如，在印度东北部阿萨姆邦首府古瓦哈蒂的博物馆里，陈列着几件当地出土的十四五世纪破碎的龙泉窑青瓷大平碗。在印度沿海各地也存在相同的情况。另外，在印度各地的很多博物馆里，大多都陈列有中国十四五世纪到十七八世纪保存完好的瓷器，这些精美的瓷器一般都是莫卧儿王朝时各地土邦王公、贵族或官员们的收藏品。19世纪中后期，有西方人士

中国清代广州的茶叶仓库　绘画

18世纪中国商人与荷兰东印度公司商人的茶叶交易图

在印度收购瓷器，20年间收集到600多件14～17世纪的中国陶瓷（主要是青瓷和青花瓷），其中大部分是在奥德地区收集到的。说明收藏中国瓷器是当时王公贵族的一种时尚。

中国是世界上最早种植茶树的国家，中国人饮茶的历史至少可以上溯到公元前。但中国茶向印度输出的历史较晚。印度人称茶为Chai，和蒙古文、突厥文、波斯文、葡萄牙文、希腊文、俄文一样，采用的是中文“茶叶”一词的音译。印度人饮茶的习俗形成很晚，在蒙古人征服中亚以后，在英国人统治印度之前。17世纪，荷兰人、英国人都从中国船运茶叶到西方，中间经印度转运。17世纪末18世纪初，欧洲饮茶之风大盛，荷兰东印度公司和英国东印度公司在同中国进行茶叶贸易上展开竞争，有大量中国茶叶运往印度。

17世纪中叶～1949年 从明末到清初，中国东南海上贸易处于被动局面，而葡萄牙人、荷兰人和英国人则控制着海上贸易的主导权。当时的中国商贸船只基本上都是舢板，不能远航，最远只能到达东南亚一带，所以西洋人称中国当时的贸易为“舢板贸易”。据统计，1690～1718年，平均每年有14条舢板抵达巴达维亚（今印度尼西亚雅加达），运来的茶叶仅够装满一条大船。中国与印度的商品交易主要靠西方人转手。巴达维亚是当时中印贸易的中间站，西方的船只满载香料和其他商品从那里前往广州销售，而后装运瓷器、药材和丝绸运往印度的苏拉特（今属印度古吉拉特邦），换成棉花、糖、树胶和布匹，返航广州。

1840年之前，英国人在同中国和印度的贸易中以贵金属换取中国和印度的货物，虽然攫取了暴利，但也出现了贸易逆差。为解决这一问题，他们在鸦片和棉花上寻找出路，终于导致鸦片战争。在印度种植的鸦片早在18世纪前期即输入中国。清乾隆三十年（1765）以前，每年输入数量不超过200箱，多作药用。到嘉庆元年（1796），由于中国嗜者益众，政府开始禁其进口。1770～1789年，由孟加拉输出的鸦片从1 400箱增加到4 000箱，其中多数运往中国香港，再转销其他港口。鸦片贸易给英国商人和印度商人带来巨大利益，印度各地竞相种植罂粟、加工鸦片。从印度输入中国的鸦片数量，1830～1834年为17 000箱，1835～1839年为26 000箱，1840～1844年为21 500箱。此时，中国也开始了鸦片的种植。1840年的鸦片战争以中国失败告终，鸦片输入量又逐年猛增。鸦片输入的主要口岸由广州改为上海，1854年7月～1855年6月，上海进口鸦片总值白银911万两。而在此前的1850～1851年度，印度出口鸦片的价值达5 970万卢比。1858年，中英签订《通商章程善后条约》，鸦片成为合法商品大量输入中国。1880～1881年度，印度输入中国的鸦片达105 507箱，价值约14 320万卢比。1884年以后，印度输华鸦片数量开始逐渐减少，因此时中国已增加罂粟的种植量。1890～1891年度，印度出口鸦片85 873箱，价值9 260万卢比。20世纪初，中印政府签约削减鸦片贸易量，1910～1911年度，印度出口鸦片43 921箱，价值12 760万卢比。到第一次世界大战前，已减至4 000箱以下。

同时，印度棉花也大量倾销中国。印度棉花的纤维短，适合中国当时的手工纺织。当印度棉花在欧洲销路不畅，英国商人无利可图时，他们在中国找到了巨大的市场。1850～1851年度，印度出口棉花的总价值约2 200万卢比；1870～1871年度，印度出口棉花490万英担，价值19 080万卢比；1880～1881年度，印度出口棉花390万英担，价值11 150万卢比；1890～1891年度，印度出口棉花590万英担，价值16 530万卢比；1910～1911年度，印度出口棉花870万英担，价值36 050万卢比。这些棉花大部分销往中国。

中国清代茶叶交易图

19世纪中后期，印度的棉纱开始成为其输华的主要产品。1872～1873年度，印度棉纱的出口总量为180万磅，其中出口中国的就有120万磅。此后，印度棉纱对华出口量逐年增加：在1874～1879年5个年度中，平均每年度

中国清代广州茶叶出口运输码头

输入中国约900万磅；而到1894～1899年5个年度中，平均每年度输华18 090万磅。初期印度棉纱主要供应汕头、广州一带，后来渐次扩大到华东、华中、华北、东北、西南等地。直到1914～1915年度，由于日本棉纱的排挤，印度棉纱的输华量才降至13 400万磅。此后，印度棉纱输华数量大大减少。

在19世纪中期的中印贸易中，中国输往印度的商品比印度输往中国的商品要少得多。中国方面出现巨大的贸易逆差，需要用白银支付其差额部分。印度的大宗商品为鸦片、棉花、小麦和黄麻，其主要输出对象为中国；而中国的大宗商品是生丝、瓷器、茶叶和药材，主要输出对象却是英国、美国、法国、荷兰、西班牙等欧美国家。据统计，1834～1845年，输入中国的印度货物每年平均价值仅略少于4 000万英镑，其中鸦片占2/3，其余大部分为棉花；而印度从中国输入的货物每年平均价值为50万英镑，仅及印度输出货物价值的1/80。这样，中国每年运往印度的白银净值高达150万～250万英镑。中国输往印度的货品数量虽少，但种类比较多，除生丝、茶叶、瓷器外，还有冰糖、白糖、明矾、绸缎、樟脑、大黄、纸、土布等。值得一提的是茶叶，1839～1840年度，中国输往印度和新加坡的茶叶共约3 106 989磅，有广东武夷、功夫、红梅、珠兰、小种、花香、白毫、屯溪、熙春、皮茶、雨前、圆珠、芝珠等13个品种。

从清同治三年至宣统三年（1864～1911），中国同印度每年的直接贸易总额平均为2 777万海关两。其中，1910年印度对中国的出口额最高，1887年最低，分别为43 958 226海关两和5 537 375海关两。中国对印度的出口额以1911年为最高，以1865年为最低，分别为5 809 730海关两和14 168海关两。

1912～1949年，中印两国间的贸易呈上升势头。1926年，中印两国间的贸易总额达95 113 114海关两，其中印度输华的货品总值为79 191 013海关两，为历年最高。1927年，中国对印度出口也达到了历史新高，其总价值为22 194 819海关两。这说明，在此期间，中印两国的物质文化交流较以前有很大

中国清代景德镇瓷器交易图

的发展。这一时期，印度输华的物产中以棉花、大米和棉纱为大宗。1926～1928年，中国大陆进口的棉花总量分别为2 795 618担、2 491 384担和1 933 290担。其中，从印度进口的数量分别为1 529 033担、748 551担 和981 673担，分别占进口总量的54.7%、30%和50%。同期中国进口大米的总量分别为18 720 777担、21 091 693担和12 657 904担。其中从印度进口的数量分别为4 178 499担、2 059 724担和622 462担，分别占进口总量的22.3%、9.8%和5%。同期中国进口棉纱的总量分别为462 158担、297 315担和285 308担。其中，从印度进口的数量分别为24 225担、31 310担和26 515担，分别占进口总量的5.2%、10.5%和9.3%。除以上三项外，中国还从印度进口过面粉、糖、煤、煤油、水泥、茶叶、黄麻、布匹（其中包括原色布、本色粗布、本色细布、洋标布、斜纹布），等等。

这一时期，中国输往印度的物产以丝类、茶叶和豆类为大宗。1912～1928年，中国输往印度的生丝（其中包括蚕茧）数量共245 931担，平均每年约14 467担；中国输往印度的丝织品数量共58 214担，平均每年约3 424担。

1926～1928年，中国向印度出口的茶叶数量分别为51 502担、33 832担和40 265担。同期，中国出口印度的豆类分别为69 121担、91 682担和117 462担。此外，尚有蛋类、花生、牛皮、芝麻、桐油、煤、棉纱、生铁，等等。值得注意的是，棉纱一向是印度向中国出口，而此时中国的棉纱也向印度出口，这三年向印度的输出量分别为3 586担、93 633担和70 182担，与前面的丝、茶、豆类三项相比，数量已不算小，说明中国的纺纱业有很大发展。

20世纪50年代至今 此时期，中印贸易日益增长。1954年两国政府签订了《关于中国西藏地方和印度之间的通商和交通协定》，还签订了两国间的第一个贸易协定。这一时期，中国输往印度的货物主要有大米、高粱、大豆、生丝、机器、变压器、羊毛、苛性钠、纸张等；印度输入中国的货物主要有麻

中国清代茶叶生产加工贸易出口图　西洋画

制品、大米、豆类、烟叶、化学品、药品、云母、电扇、毛织品、机械等。

中印两国经济领域的交往和合作在进入20世纪80年代以后有较大发展。1977年，中印恢复直接贸易；1984年签订政府间贸易协定；1985年11月，两国签订1986年交换价值1亿～1.6亿美元货物的贸易议定书；1988年成立部长级经贸、科技合作联合小组。80年代，中国输往印度的商品主要有生丝、丝制品、食用植物油、煤、汞、锑、石油、石油化工产品、药品等；印度输入中国的产品主要有铁矿石、铬矿石、锰矿石、钢产品、烟叶、皮革、发电设备等。1982年，中印之间的贸易额14 500万美元，1983年为6 400万美元。1984～1990年中印贸易大体呈逐年增长趋势。

90年代，中印贸易又在80年代基础上逐年增加。特别是1992年和1994年增加开放中国西藏边境贸易口岸后，贸易额更有明显增加。1998年，两国贸易额达19.2亿美元，1999年达19.87亿美元，2000年达29.1亿美元。

1991～2000年，中印双边贸易总额从2.64亿美元增至29.1亿美元，比20世纪80年代增加了10倍。但是，这个数目在两国各自的对外贸易总额中所占比例甚小，不到0.6%，与两国的经济规模不成比例，双方合作的空间仍然巨大。

进入21世纪以后，中印两国的贸易总额迅速上升。从2002年的49.5亿美元增长到2011年的736亿美元，至2012年和2013年虽然有所下降，但仍然维持在600亿～700亿美元。中国已成为印度的第二大贸易伙伴，印度则是中国在南亚的最大贸易伙伴。

（薛克翘　玛妲玉）

Zhong–Yin miansha maoyi

中印棉纱贸易　China-India cotton yarn trade　19世纪最后25年和20世纪初，成品棉纱是印度向中国出口的主要货物之一。印度最早的纺织厂建于19世纪50年代，初期专为国内市场生产布匹，但因无法与进口的英国布匹竞争，从19世纪70年代起，印度纺织企业家转向对棉纱有需求的中国市场，而其中许多人已有与中国进行原棉和鸦片一类商品贸易的经验。当时，虽然中国之前几乎全部的成品棉纱都从英国进口，但中国的手织机产业出现了对印度纱厂生产的粗纱线的偏好。1875～1879年，中国市场从印度进口棉纱年均仅2 000包，到1895～1899年，从印度进口棉纱达到年均452 000包。印度纱厂的市场份额跃升至96%，而英国纱厂的市场份额则下跌至4%。19世纪70年代至20世纪前10年，在印度孟买纱厂的全部棉纱出口中，对中国的出口超过92%。孟买为中国市场供货的著名纱厂有中国纱厂、月亮纱厂、沙逊纱厂和塔塔公司的司瓦德希纱厂。

怡和棉纺厂　怡和洋行于1895年在中国上海创办

棉纱锭

20世纪伊始，因为日本廉价棉纱的竞争，印度对中国的棉纱出口开始减少。1906年，印度棉纱占中国棉纱进口量的77%，但在10年之后，日本棉纱出口量已超过印度。到1924年，印度棉纱在中国市场上的份额已下降至24%。此时，中国生产的成品棉纱也开始取代印度和日本的进口棉纱。对中国棉纱出口的衰落，影响了印度的纺织业，孟买的数家纱厂完全或部分关闭。但从长远的角度看，这种情况成为导致印度纺织业重新定向的因素之一。该产业又开始为国内市场生产布匹，而不再专注于生产出口棉纱。

（玛妲玉撰　刘文亮译）

Zhong–Yin minsu jiaoliu

中印民俗交流　overview of China-India contacts in folk customs　一个民族长期形成的风尚和习俗等的总称谓之民俗。包括民间风俗、习惯、信仰和各种口传文学，例如神话、故事、人生礼仪、节日典礼，以及民间诸神等。一个民族的民俗在形成的过程中，不免与其他民族的民俗有所交流往来。同样，中国民俗在其发展过程中也在一定程度上受到佛教的影响。同时，古代中国僧人及旅行家也记录了当时印度的民风民俗，为后人留下了宝贵的资料。

1～6世纪　中国自汉代以来的文献中就有对印度各地民风民俗的记载，如《史记》、《汉书》、《后汉书》、《三国志》等。这些记载使中国人开阔了视野，

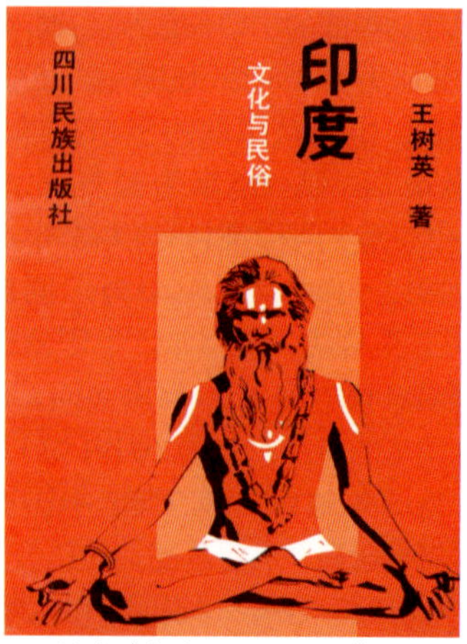

王树英《印度文化与民俗》封面

浴佛节

也了解到印度的风土人情。

公元1世纪，佛教传入中国。开始时只是王公贵族信仰，后来又有普通民众加入。从此，中国民俗开始受到印度的影响，佛陀成为民间崇拜的对象。2世纪时，中国民间已经出现了浴佛活动。

魏晋南北朝时期，随着佛教的进一步传播，中国民俗所受影响越来越大。其最主要的表现是佛教对中国民俗节日的影响。

首先是**浴佛节**。据大乘佛教经典，农历四月初八是佛诞日，民间称为浴佛节。浴佛的做法来源于印度。传说佛祖释迦牟尼出生时，曾有二龙吐一温一凉水为他沐浴。所以后来每到佛诞日，信徒们便要浴佛纪念。晋代，在举办浴佛活动的同时还加进了“行像”的内容，同样源自印度。所谓“行像”，就是用车拉着佛像游行。南北朝时期，中国南方和北方都有在浴佛节“行像”的风俗。

这一时期，除了浴佛节，**盂兰盆节**也传进了中国。民间受佛教的影响，又称这天为“鬼节”。盂兰盆节起源于佛教，依据的是《**盂兰盆经**》。此外，民间在腊月初八这天“戴胡头”，或者扮作金刚力士驱赶病疫。由此，不仅佛教与中国传统的**腊八节**结下不解之缘，而且佛教神明金刚力士也走进了中国民间诸神的殿堂。

这一时期，还有许多关于民俗的资料与佛教有关。从民间信仰到岁时节日，从人生礼仪到民间游艺，都能够找到相关的例证。

6～10世纪　这一时期，由于求法运动的高涨，许多僧人到印度游学、取经，也有很多官方使节前往印度，他们回国后记录了印度各地的风俗，但许多资料都已遗失。现存文献中，记载最详细的是**玄奘**的《**大唐西域记**》。

《大唐西域记》卷二专门列出印度民俗的若干方面，如岁时、邑居、衣饰、馔食、族姓、敬仪、丧葬，等等。

①岁时。依次介绍了印度的时间单位，从一“刹那”到一昼夜，然后到月、年；一年分为六季，佛历分为三季，有的地方也分为四季。其中，月份和季节都各有名称。②邑居。介绍了当地因地制宜建房的情况，尤其是提到各种建筑材料，有砖、竹、木、石灰、牛粪等。同时还提到印度房屋东向开门、面朝东坐的习俗。至于坐具，提到了君王的狮子床和平民的绳床。③衣饰。记载了一般男女服饰在式样和穿法上的差别，头发、胡须的样式，南北衣服的不同，衣服的不同质料，僧人、外道、国王、大臣、商人衣服饰物的主要特点，以及冠、履、染齿、穿耳等有别于中国的奇风异俗。④馔食。书中写道：“凡有馔食，必先盥洗，残宿不再，食器不传。瓦木之器，经用必弃。金银铜铁，每加摩莹。馔食既讫，嚼杨枝而为净。澡漱未终，无相执触。每有溲溺，必事澡濯。”⑤种姓。介绍印度四大种姓的名称、职业。⑥敬仪。记载了9种见面礼，并对这9种礼仪的使用场合作了说明。⑦丧葬。特别介绍了国王死后无谥无讳，以及送葬者沐浴、将死者自溺、僧人丧仪等民俗。

玄奘对印度民俗的记载详细而准确。今天在印度还能够看到类似或相同的风俗。

义净在《**南海寄归内法传**》中，虽然主要记的是印度僧人日常行仪法式，但其中有些内容也与印度的民俗有关，如衣食、沐浴、服饰、丧葬等。此外，《旧唐书》卷一九八也详细记载了天竺风俗。这些记载都为中印两国人民增进了解提供了很好的帮助。

同时，这一时期，印度佛教对中国民俗的影响更加明显，其主要表现为：一些佛教神祇成为中国民众的崇拜对象，而且逐渐被中国化；一些佛教礼仪也与中国的民俗节日紧密结合在一起。 981

在佛教神明中，**如来佛**无疑是最高神。随着佛教经典的大量翻译，人们不仅知道了如来佛，还知道了过去佛和未来佛。到了8世纪，随着密教经典的翻译和皇室贵族的崇信，大日如来（毗卢遮那佛）也为百姓所熟知。

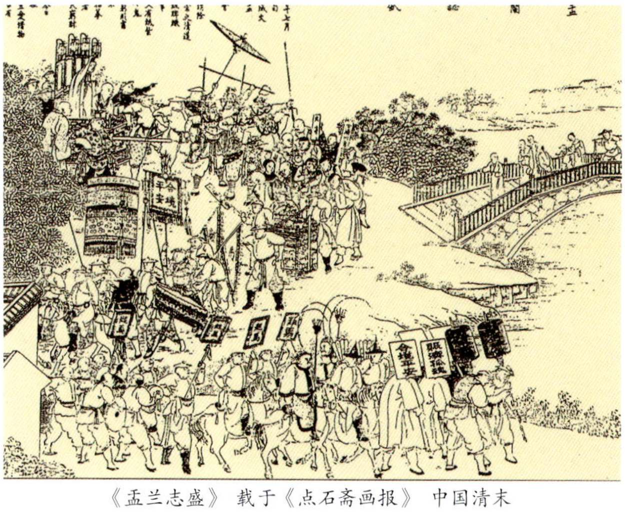

《盂兰志盛》载于《点石斋画报》中国清末

在中国民间，崇拜观音菩萨的人要比崇拜如来佛的人更多。此时，不仅从印度传来了观音的许多新形象，如马头观音、准提观音、如意轮观音等，人们也想象出观音的许多新形象，如白衣观音、水月观音等。

天王，尤其是毗沙门天王，在民间曾引起普遍崇拜。印度佛教密宗吸收了印度古代神话中的财神俱比罗形象，塑造出毗沙门天王的形象。在中国，唐代兴起了毗沙门天王热，不仅军队的战旗上有毗沙门天王的画像，把他描绘成战神的模样，而且民间还有人把毗沙门天王像刺到背上，作为个人的护身符，唐代段成式《酉阳杂俎》中就记载了这样的事例。

印度安达曼群岛上的土著

印度古代有蛇崇拜，史诗《摩诃婆罗多》中有个古老的神话，讲的就是蛇和金翅鸟两大家族的恩怨情仇。佛经中也有许多关于蛇的故事，但古代中印两国的翻译家们总是把蛇翻译为龙，把蛇王翻译为龙王，目的是与中国上古以来的龙崇拜相契合。由此，中国的龙便被进一步神化，并吸收了许多印度元素。龙王成为江河湖海的主宰者，也负有行云布雨的使命。同时，佛书中的龙王和龙女故事也传入中国，激发了中国文人的想象力，唐代便出现了不少人与龙女相爱的传奇故事。

阎王，又译为阎摩、阎罗、阎罗王。佛教将此神吸收，作为掌管死亡的神。佛教从印度传到中国后，中国人认为阎王是掌管地域的神。

在岁时节日方面，元宵节（正月十五日）、浴佛节（四月八日）、盂兰盆节（七月十五日）等都在中国民间流行，其受到的佛教影响也非常明显。其中，元宵节是中国传统节日，由于受到佛教的影响而变得非常热闹。

10～13世纪　10世纪中叶以来，由于中印之间海上交通和贸易的频繁，往来人员的增加，中国出现了两部记载印度各地民俗的书籍，即南宋周去非的《岭外代答》和赵汝适的《诸蕃志》。

毗沙门天王像

毗卢遮那佛与二菩萨像　中国明代

《岭外代答》记故临风俗说，当地人较黑，身上缠白布，喜欢穿红色皮鞋；国王也身上缠布，出入或乘象。又记注辇国风俗说："父子兄弟不同釜而爨，不共器而食，然甚重义。"又记西天南尼华罗国（遗址在今印度泰米尔纳德邦）民俗说，那里的人早晚都要洗澡，用郁金香涂身；国人多数是婆罗门种姓，以为是佛的真正后代；家中设坛供奉佛，每天早晨以牛粪涂坛，焚香、献花供养；其国围墙三重，有敌人来的时候就关起城门。

《诸蕃志》卷上记有南毗、胡茶辣、麻罗华、注辇、鹏茄罗等印度诸国民俗。书中还记有安达曼群岛土著的民俗。其记南毗国风俗说，那里的人都光着身子，光着脚，只是腰缠白布，手臂和脚上都戴有饰品。又记胡茶辣国民俗说，那里的人比较白净，男女皆穴耳，坠重环，着窄衣，缠缦布，戴白缓耳，蹑红皮鞋。

此外《宋史》卷一一九也有相关记载："注辇、三佛齐使者至，以真珠、龙脑、金莲花等登陛跪散之，谓之'撒殿'。"这是南印度礼仪在宋朝宫廷的再现。此外，《宋史》还记有一些印度各地的民俗片段。

随着时代和社会的变迁，中国的节日在这一时期增多，各种记录民俗的书也比以往多，资料相对丰富，如孟元老的《东京梦华录》、吴自牧的《梦粱录》等。这一时期，佛教已经成为中国民间的普遍信仰，渗入民俗节日的活动当

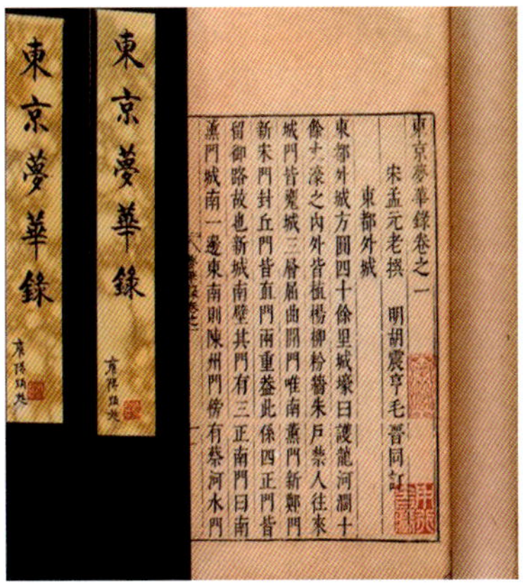
東京夢華錄
東京夢華錄
東京夢華錄卷之一
宋孟元老撰　明胡震亨毛晉同訂
東都外城
東都外城方圓四十餘里城壕曰護龍河闊十
餘丈濠之内外皆植楊柳粉牆朱戶禁人往來
城門皆甕城三層屈曲開門唯南薰門新鄭門
新宋門封丘門皆直門兩重蓋此係四正門皆
留御路故也新城南壁其門有三正南門曰南
薰門城南一邊東南則陳州門傍有蔡河水門

孟元老《东京梦华录》明刻本书影

中世纪印度的婚礼场面

中。除元宵节、浴佛节、盂兰盆节等外，又增加了一些新的与佛教相关的节日，如元旦（农历正月初一）、**涅槃节**（农历二月十五日）、东岳大帝圣诞日（农历三月二十八日）、清明节（公历4月5日前后）、七夕（农历七月初七）、**中秋节**（农历八月十五日）、重阳节（农历九月初九）和腊八节（农历腊月初八）等。

13～19世纪　元代汪大渊的《**岛夷志略**》对印度诸国民俗也有记载，如“明家罗”条：“俗朴。男女衣青单被。民煮海为盐。”再如“特番里”条：“俗淳。男女椎髻，系青布。煮海为盐。酿老叶为酒，烧羊羔为食。”

明代《**瀛涯胜览**》、《**星槎胜览**》和《**西洋番国志**》3部书均记有印度一些地方的风土人情。《瀛涯胜览》中记安达曼岛土著人：“彼处之人巢居穴处，男女赤体，皆无寸丝，如兽畜之形。土不出米，惟食山芋、波罗蜜、芭蕉子之类，或海中捕鱼虾而食。”记**柯枝**相当详细，先记国王、富人衣饰，次及民居建造，再次及五等国民身份、道人生活等。记**古里国**民俗与柯枝相似而更详。记**榜葛剌**民俗说：“举国皆是回回人，民俗淳善。”男子以白布缠头，身穿从头套下的圆领长衣，下围各色阔手巾，足穿浅面皮鞋。人们皆说孟加拉语，也有人讲波斯语。这说明其时北印度已在穆斯林的统治之下，从语言到服饰、婚丧等都带有伊斯兰教的特点。在这一时期，中国民众逐渐接受了印度传来的佛教文化，并把它改造吸收，增加了新观念和新的崇拜对象。诸如“六道轮回”、“因果报应”等思想逐渐变成了中国民众的共识，而诸佛**菩萨**、天王、阎罗、金刚罗汉等也在中国民间的万神殿里确定了自己的座位。这些新观念和新崇拜对象的确立，直至今天，仍在规范着许多人的日常生活习俗和伦理道德观念。

这一时期最值得关注的是岁时节日、人生礼仪和民间俗语。

①岁时节日。**观音诞日**为二月十九日，所以中国民间在这一天要举行观音会。民间传说，五月十三日这一天是关羽的生日，所以各地有庙会。关羽被佛教吸收为护法伽蓝，被道教尊为关帝圣君，民间又称他为武圣人，许多行业、帮会都崇拜他，所以，旧时五月十三日的庙会是一个全民性的活动。六月二十四日被定为荷花生日。明清时代，人们多在这一天赏莲。莲花在中国是自古有之，但佛教传入后，由于古印度人对莲花的偏爱以及赋予莲花以许多象征意义，所以在佛教影响下，中国民众对莲花的喜爱与日俱增。中国民间以七月三十日为**地藏节**，传说这一天是**地藏菩萨**的诞日（一说为其入灭日）。如《帝京岁时纪胜·地藏会》、顾禄的《清嘉录》卷七等都有清代民间庆祝这一节日的记载。此外，还有一些佛教节日，如二月二十一日的**普贤菩萨**诞日、四月初四的**文殊菩萨**诞日、七月十三日的大势至菩萨诞日、八月二十二日的燃灯佛诞日、九月三十日的药师佛诞日、十一月十七日的阿弥陀佛诞日等，均在民间有一定影响。

中国福建泉州首届海峡两岸关帝文化节开幕式

②人生礼仪。佛教在这一方面的影响很明显。如人们向观音、**弥勒**祈求子嗣，怀孕后的孕妇禁忌，生育后将孩子寄托寺院抚养，给孩子起佛教名字，婚姻讲究因缘，生病向诸佛菩萨许愿，死后请僧人做道场念经超度，等等。

③民间俗语。由于佛教的传入，中国汉语中出现了一大批新的词汇。这些词汇已经成为大众语言，在日常生活中被广泛使用。在这些词汇中，有些是直接从梵文音译过来的，如佛、僧、达磨、阎罗、菩萨、罗汉、魔、**罗刹**、**夜叉**、刹那等；有些则是根据梵文意译过来的，如世界、因缘、因果、庄严、法宝、智慧、

作用、神通，等等。有些是中国佛教徒发明使用的成语，如开山祖师、守口如瓶、斩钉截铁等。还有很大一部分是与佛教相关的民间俗语，如“三世修来的福”、“远来的和尚好念经”、“小和尚念经有口无心”、“三个和尚没水吃”、“小庙坐不下大菩萨”、“阎王爷不嫌鬼瘦”、“阎罗王开店小鬼不来”、“在家敬父母，何必远烧香？持斋胜念千声佛，作恶空烧万柱香”，等等。

（薛克翘）

Zhongyin Renmin Youhao Guanxishi 1851~1949

《中印人民友好关系史：1851~1949》 中印友好关系断代史著作，中国第一部论述近现代中印友谊史的专著。作者林承节，北京大学出版社1993年12月出版。林承节，安徽金寨人，1936年生，1961年毕业于北京大学历史系，后在北京大学历史系工作，直至退休。著有《印度史》、《印度近现代史》、《殖民统治时期的印度史》、《印度独立后的政治经济社会发展史》、《印度古代史纲》等。

《中印人民友好关系史：1851～1949》共24章，约30万字，以史实为基础，系统地记载并论述了1851～1949年中国与印度人民之间的友好往来，重现了两国人民共同走过的历史岁月。全书以时间为序，从近代以来中国人对印度的了解与关注切入，梳理了近代以来中印两国人民在争取民族独立与解放斗争中互相支持、互相帮助的历史事件，其中包括两国普通民众之间自发的同情与支持，两国早期革命者之间的接触与互动，两国政党间的合作，两国学者名人对对方革命运动的理解与支持，以及国际社会上中印之间的互相声援等。并记述了近代以来中印两国间的思想交流与文化往来，包括R.泰戈尔访问中国、陶行知访问印度、中印学会与国际大学中国学院的建立，以及中印两国争取民族自由与解放斗争胜利之后互派学者相互学习和研究对方文化等思想文化交流活动。最后，在以上史实与论述的基础上，为突出中印友好关系在学术领域的表现，该书以单独篇章系统梳理了近现代中国学者对印度历史文化的研究与成果，以附录的形式收录了1921～1948年中国出版的泰戈尔作品中译目录。

（李亚兰）

Zhong–Yin waijiao wanglai

中印外交往来 overview of China-India diplomatic contacts 中印两国政府间外交往来古而有之。古代两国外交往来始于中国汉代，鼎盛于隋唐时期，活跃于宋元及明代早中期，没落于明代后期、清代前期。19世纪末叶开始，两国又有所交往。20世纪初叶，在各自的争取民族独立斗争中，相互支持。50年代，两国政府外交往来进入了一个新的历史阶段，共同倡导和平共处五项原则。2000年，两国政府关系进入全新时期。2005年4月，两国政府宣布建立面向和平与繁荣的战略合作伙伴关系。

公元前 据文献记载，至迟到公元前2世纪，中印政府间的交往已经开始。据《史记·大宛列传》，汉武帝刘彻于建元二年（前139）派遣张骞出使西域，他在大夏得知身毒（见印度）的有关情况，13年后回国即建议汉武帝派使者从中国西南川滇去与身毒交往。汉武帝采纳建议，结果出使不利。元狩四年（前119），张骞第二次出使西域，曾派副使去身毒，但记载不详。张骞去世后，汉朝又多次派使者去身毒，从西域道前往者往往可通，从川滇道前往者仍然不通。当时的使团规模很大，“大者数百，少者百余人”，有正使和副使，其余为随员、侍从等。一年中多者派十余个使团，少时也派出五六个。

汉时，中国与印度的交往分水陆两路进行。水路通南印度黄支国（见黄支）；旱路通西北印度乌弋山离国（今巴基斯坦境内）和罽宾。据《汉书·地理志》：“有黄支国，民俗略与珠崖（今中国海南岛北部）相类。其州广大，户口多，多异物，自武帝以来皆献见。”说明当时南部印度有使者多次来华。汉朝与乌弋山离国相距甚远，交通不便，所以“汉使希至”。汉朝与罽宾国相距亦远，却不时有使者往来。约于公元前1世纪前期，汉朝派往罽宾国使者中，留下姓名者有文忠和赵德。公元前1世纪后半叶，罽宾国使者“数年而一至”。最初，凡有罽宾使者来，汉朝都派专使护送其回国，但护送者往往冒生命危险。后汉朝官员发现，有商人冒充使者，便不再派专使护送，即便来者是真正的使节，也只送到皮山。

1～6世纪 这一时期，中印政府间的交往明显增多。多种文献记载，1世纪初，黄支国与汉朝保持友好交往，曾派使者送来犀牛，让中国人大开眼界。东汉时期（公元25～220），中印之间海上交往增多，桓帝延熹二年（159）、四年，天竺使者多次通过海路来华，而中国派遣使团出访的情况却缺乏记录。当时西域道时续时断，和帝（公元88～105年在位）曾多次派使者前往天竺，后因道路被阻而中断。佛教传入中国是这一时期的大事，汉明帝刘庄曾派使者去西域求取佛法。

刘宋元嘉五年（428），天竺迦毗黎国国王月爱致宋文帝（424～453年在位）

《张骞通西域》壁画

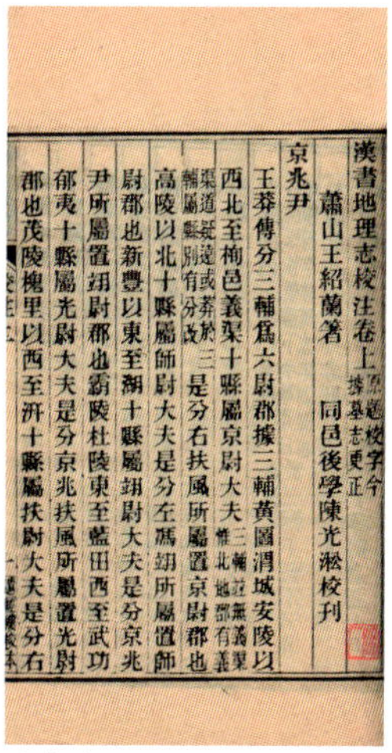
漢書地理志校注卷上
蕭山王紹蘭著　同邑後學陳光淞校刊
京兆尹
王莽傳分三輔爲六尉郡據三輔黄圖渭城安陵以
西北至栒邑義渠十縣屬京尉大夫
是分右扶風所屬置京尉郡也
高陵以北十縣屬師尉大夫是分左馮翊所屬置師
尉郡也新豐以東至湖十縣屬翊尉大夫是分京兆
尹所屬置翊尉郡也霸陵杜陵東至藍田西至武功
郁夷十縣屬光尉大夫是分京兆扶風所屬置光尉
郡也茂陵槐里以西至汧十縣屬扶尉大夫是分右

《汉书·地理志》书影

的国书内容记录在《宋书·蛮夷列传》里。梁武帝天监元年（502），中印度国王屈多遣使者竺罗达送致梁武帝（502～549年在位）国书。两封国书内容是古代中印友好交往的历史见证。刘宋泰始二年（466），迦毗黎国又遣使者竺扶大、竺阿弥来访，明帝封他们为建威将军。

同一时期，中国北方诸国与印度诸国的交往更多。据《魏书》记载，451～521年，印度诸国至少派遣了42批使者来到中国。其中有罽宾、西天竺、舍卫国、婆罗奈、乌苌、阿喻陀、不仑、南天竺、社兰达那罗、舍弥、乾达、辛豆、磨豆罗、伽使密、不流沙、莫伽陀、俱萨罗，等等。相比之下，这一时期中国北方诸国派往印度诸国的使节略少。据《魏书》记载，北魏太延中期（约437），曾派董琬、高明出使西域九国。熙平三年（518），曾派遣官员宋云、沙门法力等使西域，访求佛经。他们都去过印度。

6～10世纪　隋代，隋炀帝杨广（604～618年在位）曾派遣侍御史韦节、司隶从事杜行满出使西域诸国。韦节、杜行满到达印度后，得到佛经和玛瑙杯等物。唐代，中国与印度的官方接触更多，文献中多有记载。《旧唐书·西戎列传》记载，贞观十五年（641），尸罗逸多（见戒日王）自称摩揭佗王，遣使朝贡，太宗（626～649年在位）赐给玉玺和诏书表示慰问。尸罗逸多接到诏书，又遣使朝贡。太宗以其地远，礼之甚厚，复遣正使李义表、副使王玄策回访致谢。

王玄策出使印度，前后共3次（一说4次）。第一次是作为李义表的副使前往印度，时间在贞观十七年（643），贞观二十年（一说二十一年）回国。在印度期间，曾见到戒日王，并参观佛教圣地。因到访伽没路国（见迦摩缕波），其国王随即派遣使者到大唐请老子像和《道德经》。贞观二十一年，王玄策作为正使第二次出使印度，副使为蒋师仁。当他们到达印度时，戒日王已死，大臣阿罗那顺作乱，并发兵攻击王玄策。王玄策得到吐蕃和尼泊尔的支持，带兵打败阿罗那顺，并将他捉回长安。返回时间为贞观二十二年。唐显庆二年（657），王玄策第三次奉旨到印度送袈裟，并于显庆五年在摩诃菩提寺参加特为他举行的大法会。王玄策出使印度是中印关系史上的一件大事，表明唐朝与印度诸国间的友好交往进入高潮期。

唐代，印度诸国派遣使节或“贡献方物”的事件很多。据不完全统计，自武德二年（619）至乾元元年（758）的140年间，将近80个诸国的使团到访中国。例如，有罽宾、乌苌、摩揭陀、泥婆罗、健达（见犍陀罗）、摩腊、南天竺、勃律、西天竺、中天竺等10多国遣使来唐。其中，罽宾遣使次数最多，达20次；其次为勃律和南天竺，各8次。

10～13世纪　这一时期，中国史籍中关于宋朝与印度诸国遣使“朝贡”的记载不多。但特别记载了北宋与南印度注辇（即朱罗）的关系。据《宋史》卷四八九记载，大中祥符八年（1015）注辇国王罗茶罗乍“遣专使等五十二人，奉土物来贡”。使者娑里三文带来国王的表文。明道二年（1033），注辇又遣使蒲押陀离等人来献珍珠、象牙等。熙宁十年（1077），其国王地华加罗复遣使27人来献珍珠、香料和药材等。南宋时，西北通道已受阻，只有通过海路交往。

元代，中印之间的政府往来主要通过海路进行。至元十六年至三十一年（1279～1294），为历史上中国与印度交往最频繁的时期之一。据《元史》记载，元朝曾11次遣使前往南印度沿海马八儿国和俱蓝（见故临）等国。南印度马八儿国12次、俱蓝4次遣使来元。杨庭璧是当时中国最著名的使者，曾3次从广州和泉州港通过海路出访。

阿拉伯旅行家伊本·白图泰（1304～1368）于1333年经中亚地区进入印度，在德里苏丹穆罕默德·沙的宫廷为官，后又被任命为特使出使中国。他著有《伊本·白图泰游记》，详细记叙了他在中亚、印度和中国等地的旅行经过。

14～15世纪　中国航海家、友好使者郑和出海到印度访问，是中印关系史上的重大事件。据《明史·郑和列传》，郑和出海到印度洋共7次，航行从永乐三年到宣德八年（1405～1433），前后历时28年，但7次航行中并非每次都到过印度。

郑和的航行加深了中国与印度的联系和了解，促进了中国人民与印度人民的友谊。曾随郑和航行的马欢、费信、巩珍自将途中的见闻编撰成书，分别为《瀛涯胜览》、《星槎胜览》、《西洋番国志》。这三部书互相印证，互相补充，较全面地反映了当时东南亚和南亚各国的情况，是研究南印度历史和中印关系史的宝贵资料。

与郑和同时，侯显也曾多次奉命出使南亚诸国。他主要是从陆路前往，但

伊本·白图泰像
中国福建泉州海外交通史博物馆

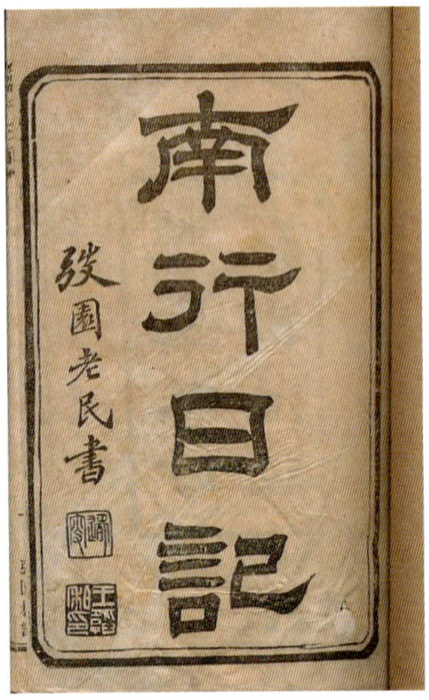

吴广霈《南行日记》封面

也有从海路前往的记录。

据《星槎胜览》、《瀛涯胜览》等记载，明代与中国发生联系的印度诸国和地区有：底里（在今德里）、沼纳朴儿（今印度北方邦江普尔一带）、**榜葛剌**、阿难功德国（在今南印度卡纳塔克邦）、**柯枝**、小葛兰（在今南印度西海岸的奎隆）、大葛兰（在今南印度奎隆或其以南地区）、加异勒（在今南印度东海岸）、甘巴里（位于今印度泰米尔纳德邦哥印拜陀）、琐里（在今印度西南海岸）、古里（位于今印度马拉巴尔海岸）、翠兰山（在今印度尼科巴群岛）、按笃蛮（在今印度安达曼群岛）等。其中，阿难功德国王**卜哈鲁**于洪武七年（1374）曾派使者到中国，**古里国国王沙米的喜**于永乐三年（1405）派使者到达南京，榜葛剌国王霭牙思丁（？～1412）于永乐六年遣使来华，柯枝国王**可亦里**于永乐九年和宣德八年（1433）两次遣使来华，榜葛剌国王**赛佛丁**于永乐十一年遣使来华，古里国国王**比里麻**和甘巴里国王**兜哇剌札**均于宣德八年遣使来华，底里国王**马哈木**和沼纳朴儿国王**亦不剌金**也都与明朝有联系。

16世纪～20世纪中叶 16世纪，西方列强纷纷东来，控制了海上交通和中印贸易。明正德五年（1510），葡萄牙人占领了印度西海岸的果阿，并以此为据点扩大其在印度的殖民地。嘉靖三十六年（1557），葡萄牙人在中国澳门立足，并以此为据点，进行欧洲—南亚—东亚的贸易。继而，西班牙人、英国人、荷兰人、丹麦人、法国人、瑞典人等纷纷来到印度和东亚，中国和印度政府间的直接交往中止。

直到19世纪中叶，中国与印度几乎没有官方交往，只有较少的民间往来。到19世纪末20世纪初，中国和印度之间开始有定期轮船往来。1901年前后，广东直驶印度的客轮平均5天一班。民间交往明显增多。

1878年夏，受清政府派遣，**黄懋材**等一行6人取海路赴印度考察。这是清朝派往印度的第一个官方代表团。黄懋材在印度逗留近六个月，加上途中往返耗时，共一年五个月。回国后，黄懋材编成《印度札记》，绘制了印度地图，并撰写《游历刍言》等著作。

1881年，**马建忠**、**吴广霈**作为清朝派往印度同英国人交涉鸦片事务的专使，在印逗留25天。二人回国后分别撰有《南行记》（1896年刊行）和《南行日记》（1890年刊行）。马建忠和吴广霈此次与英国人交涉失败，但他们撰写的日记是19世纪中国人记述有关印度见闻的十分珍贵的史料。

1890年，**薛福成**和黄遵宪二人同船前往欧洲，途经印度。虽然他们不是被

黄遵宪像

派往印度的使节，却十分关心印度问题，回国后都出版过相关著作。他们书中对鸦片、茶叶的生产和贸易等问题，都有专门论述。薛福成还对印度的人口问题予以关注，记有印度于1891年首次进行人口普查，当时的人口为288 509 600余人。这一记载可以纠正印度人口普查开始于1901年的习惯说法。

1900年，中国爆发义和团运动。英国当局从印度调集军队到中国镇压义和团运动，其中有不少印度士兵。一位名叫T.G.**辛格**的印度军官，用印地文写下日记，回国后以《在中国的十三个月》为题将其出版。这是十分珍贵的历史资料。

1912年中华民国成立，而印度仍然在英国殖民者统治之下。中国的革命者、国民政府的官员同印度民族独立运动的领袖们多有接触。

1924年，印度大诗人R.**泰戈尔**来华访问，受到中国国民政府的高度重视，**孙中山**在病中写信给泰戈尔。

1933年，在中国南京国民政府的支持下，印度和中国学术界开始筹备成立**中印学会**。1934年，印度的中印学会首先成立，国大党的领袖们积极支持并参与活动。次年，中国的中印学会成立，国民政府的一些要员参与了领导工作。1937年，国民政府通过中印学会向社会募捐，向泰戈尔创办的国际大学捐赠中文图书，赞助泰戈尔在国际大学建立了中国学院。

1937年7月7日，中国的抗日战争爆发，M.K.**甘地**和国大党领袖们对日本的侵华行径予以严厉谴责。J.**尼赫鲁**呼吁全国支援中国的抗日战争。在他的支持下，**印度援华医疗队**于1938年8月成立，到中国抗日战争前线参加工作。医疗队成员**柯棣华**在中国献出了自己的生命。

1939年8月22日，尼赫鲁抵达昆明，23日到达重庆。受到国民党政府

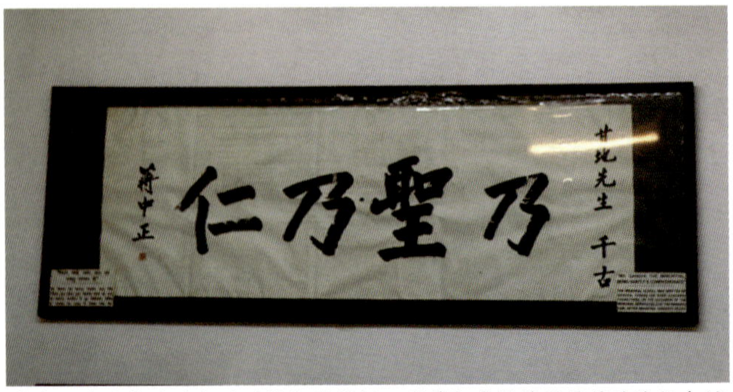

蒋介石在圣雄甘地逝世后给他的题词　现藏印度新德里圣雄甘地纪念馆

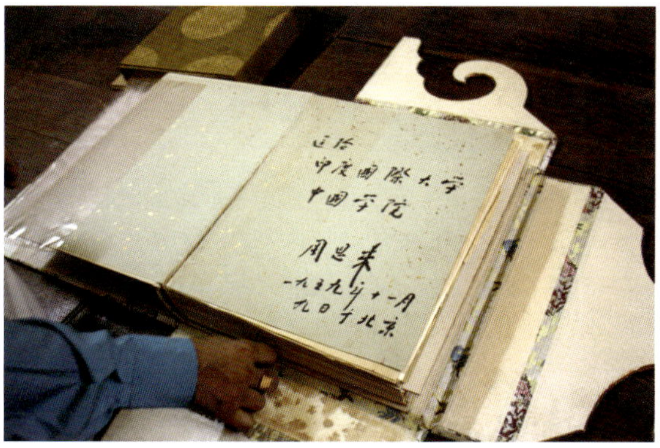

周恩来在印度国际大学的题词 1959

和重庆各界人士隆重欢迎，蒋介石夫妇设宴招待。他在重庆会见了国民党的高级官员，还会见了中共驻重庆的高级干部。**毛泽东**于8月27日致电尼赫鲁，欢迎他到延安访问，并感谢他为派遣印度援华医疗队所做的工作。访华期间，尼赫鲁曾撰写出一份《增进中印接触的备忘录》，提出发展关系的7条建议。参考这7条建议，国民党中央根据蒋介石的意见，提出《中印合作措施纲要》。印方的备忘录及中方的纲要中提及的措施都得以落实。

1942年2月5日，蒋介石夫妇应英印总督的邀请抵达**加尔各答**，对印度作友好访问。访印期间，蒋介石会见了甘地、尼赫鲁、穆斯林联盟主席M.A.真纳、妇女界领袖V.潘迪特夫人和S.奈都夫人等重要人士。尼赫鲁与蒋介石会见3次，还亲自陪同他去泰戈尔生前创办的国际大学参观。2月21日，蒋介石在回国前发表《告印度人民书》，呼吁英国当局“从速赋予印度国民以政治上之实权”。

1950年以来 1947年，印度获得独立。1949年，中华人民共和国建立。1950年4月1日，两国建立正式外交关系。从此，中印外交关系进入一个新的时期。

20世纪50年代，两国在政治、经济、文化等方面展开了全面交往与合作。两国领导人都十分重视新建立起来的友好关系。双方在反对帝国主义的旗帜下紧密合作，互相声援。中国支持印度收复果阿的斗争，印度则支持中国恢复在联合国的合法席位。两国高级领导人多次互访。1954年6月25～28日，中国总理**周恩来**访问印度。在与印度总理尼赫鲁的会谈中，双方在许多问题上达成广泛共识，并发表联合公报，公报中重申了处理国际关系的**和平共处五项原则**。1954年10月19～30日，尼赫鲁和他的女儿英迪拉·甘地访华，受到中国领导人和人民群众的热烈欢迎。周恩来举行盛大欢迎宴会，中央人民政府主席毛泽东亲自会见尼赫鲁一行并设宴款待。尼赫鲁的访问加强了两国政府间的合作，促进了两国人民的友谊。此后，周恩来又于1956年和1960年两次访问印度。

1959年，中印两国在边界问题上的争议开始突显。1962年发生边境武装冲突，双方各自撤回大使。在此后的10多年间，中印两国关系陷于低谷。

直到1973年4月，**全印柯棣华大夫纪念委员会**主席、中国人民的老朋友**巴苏华**应叶剑英的邀请访问中国，使中印关系出现转机。次年5月，全印柯棣华大夫纪念委员会访华团来到北京，这是1962年以来第一个来华访问的印度代表团。代表团出发前得到了印度总理英迪拉·甘地夫人的同意。巴苏华和他领导的全印柯棣华大夫纪念委员会为中印外交关系正常化做了重要的工作。

1976年，中印恢复了大使级外交关系。1978年，中国对外友好协会会长王炳南率领由12人组成的友好代表团访问印度，所到之处受到印度各阶层群众的热烈欢迎。全印柯棣华大夫纪念委员会负责接待代表团，并安排代表团与印度副总统B.D.贾蒂、总理M.L.德赛、外交部长A.B.**瓦杰帕伊**和在野党领袖英迪拉·甘地夫人等政界要人会面。印度外交部长瓦杰帕伊于1979年2月访问了中国。访问期间，中国副总理**邓小平**会见了代表团，并就中印关系发表了重要讲话。

1980年5月、1981年10月和1985年10月，中印两国总理利用国际首脑会议的机会，分别于贝尔格莱德、坎昆和纽约进行会见。1981年6月，中国副总理兼外交部长黄华访问印度，双方就一些共同关心的问题达成谅解。1981～1988年，为解决边界问题，中印两国官员进行了9轮谈判。这些谈判虽然没有最终解决两国边界问题，但对于改善两国关系、促进文化交流起到积极作用。

1988年12月19～23日，印度总理**拉吉夫·甘地**应邀对中国进行正式友好访问。他与中国总理李鹏举行了坦率、诚挚和友好的会谈，双方就双边关系和一些共同感兴趣的问题交换了看法。访问期间，邓小平等中国领导人与拉吉夫·甘地会见。

1991年12月11～16日，中国总理李鹏应印度总理P.V.N.拉奥的邀请前往印

印度总统R.文卡塔拉曼在中国国家主席杨尚昆陪同下检阅中国人民解放军三军仪仗队 1992年5月

度进行正式友好访问。其间，双方签署5个文件，并共同发表了联合公报。

1992年5月，印度总统R.文卡塔拉曼对中国进行国事访问。这是自中印建交以来第一位访问中国的印度总统。他会见了中共中央总书记江泽民、中国国家主席杨尚昆和总理李鹏。1993年9月6～9日，应李鹏邀请，印度总理P.V.N.拉奥对中国进行正式友好访问。其间，两国政府签署了4项文件，对于推动两国在政治、经济、文化等领域的合作具有重要意义。

1996年11月28日～12月1日，中国国家主席江泽民应印度总统S.D.夏尔马的邀请对印度进行国事访问。这是中印建交以来第一位中国国家元首访问印度。这次访问最重要的成果是，确定了中印两国在和平共处五项原则基础上建立面向21世纪的建设性合作伙伴关系。

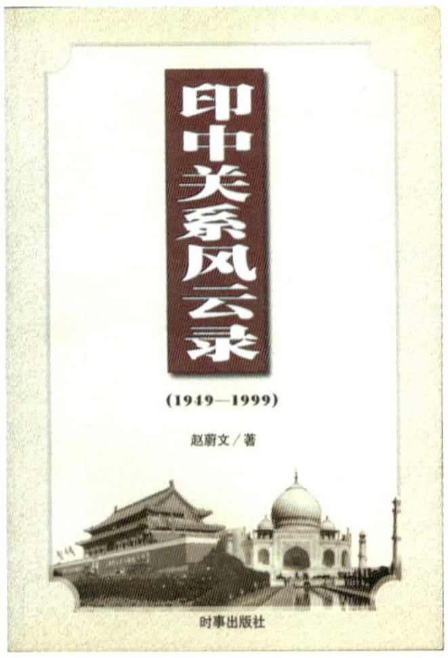

赵蔚文《印中关系风云录》封面

两国领导人表示，要将中印经济合作推向一个新的高度。

1999年，印度外交部长贾斯旺特·辛格访华，双方达成“互不视对方为威胁”的共识。2000年5月28日～6月3日，印度总统K.R.纳拉亚南应邀对中国进行国事访问，江泽民与其会见，双方就双边关系和共同关心的地区和国际问题交换了意见，并达成许多共识。7月22日，中国外交部长唐家璇应邀访印，双方探讨了落实两国领导人达成的共识、推动两国关系继续改善和发展的措施。

进入21世纪后，两国外交出现了新气象。两国领导人除应邀互相访问外，也在一些重要多边场合，如金砖国

郭书兰《中印关系大事记》封面

家领导人会议等场合会见，就相关问题达成共识。2006年、2010年，中国国家主席胡锦涛和印度总统P.D.帕蒂尔实现了互访。中国总理朱镕基于2002年1月访印。中国总理温家宝于2005年4月、2010年12月两次访印。中国总理李克强于2013年5月访印。中国国家主席习近平于2014年9月访印。印度总理A.B.瓦杰帕伊于2003年6月访华。印度总理M.辛格于2008年1月、2013年10月访华。印度总理N.莫迪于2015年5月访华。两国领导人互访已形成机制。

（薛克翘）

Zhong–Yin wenxue jiaoliu

中印文学交流 overview of China-India literary contacts 中印文学的真正交流开始于佛教传入中国之后。随着佛经不断被译成汉语，佛经中的故事大量传入中国，开始影响中国文学。印度佛教文学在中国的传播和影响，与印度佛教在中国的传播和影响大体同步。20世纪初叶开始，中国文学也在印度得以译介和研究，从而更加丰富了中印文学交流的内容。

至少在公元前3世纪以前，中国就有月兔的神话传说。诗人屈原在《天问》一诗中就提到了这个传说。直到现在，这个说法还在民间流传。同样，印度古代也有一个月兔传说，见于《本生经》。《本生经》成书时间也在公元前3世纪之前。有学者认为，中印文学交流从那时就已开始。但这仅是推测，并非定论。

1～6世纪 1～3世纪中期是印度佛教传入中国的初期，印度文学对中国文学的影响也开始于这一时期。一些佛教词汇，如桑门（即沙门，见张衡《西京赋》）、伊蒲塞（即优婆塞，见《东观汉记》）等，首先出现于中国的诗歌。随后，有诗人曹植根据太子乔答摩·悉达多（见释迦牟尼）出生故事作《太子颂》歌词。同时，中国人也开始在文学作品中引用佛经故事。如：应劭（约2世纪）《风俗通义》中有“二妇争子”和“二人争缣”的故事，均出于《本生经·大隧道本生》；邯郸淳《笑林》中有“治驼背”的寓言，则出自《百喻经》。中国正统史书《三国志·魏书》卷二十有“曹冲称象”的故事，出自《杂宝藏经》。这一时期，印度的佛教文学对中国的文学发生影响的特点，主要表现为中国文学作品对佛经故事的照搬和简单改写。

3世纪中叶～6世纪下半叶，佛教在中国进一步发展，影响了中国士大夫阶层，并进而影响了中国的思想界，开始具有明显的中国化倾向。印度故事也

《本生故事》 印度阿旃陀石窟第17窟壁画（局部）

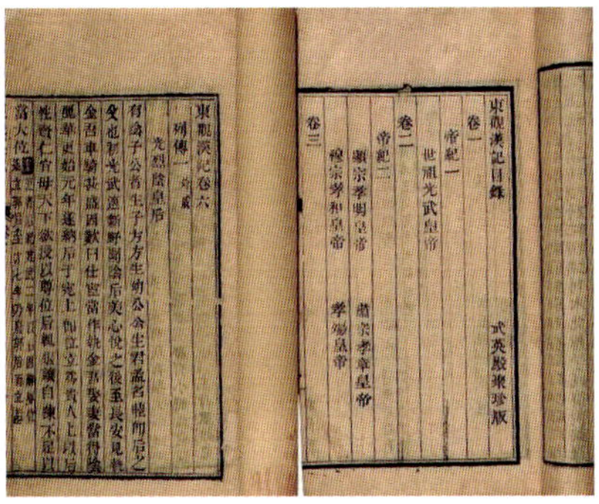
《东观汉记》书影

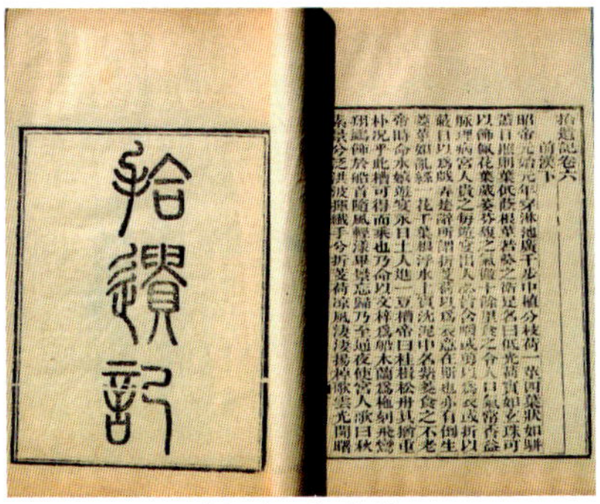
《拾遗记》书影

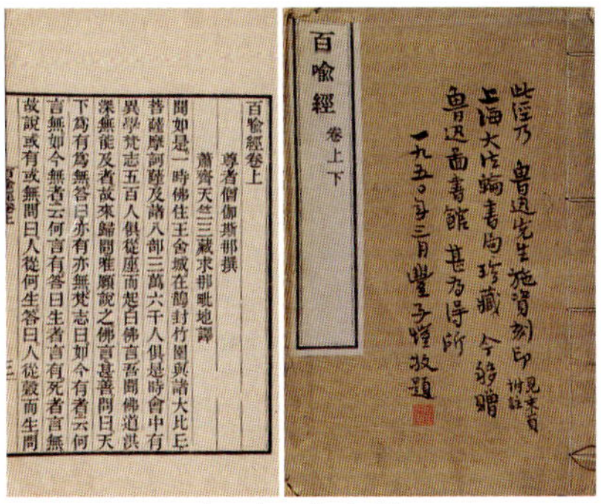
《百喻经》书影

《搜神记》书影

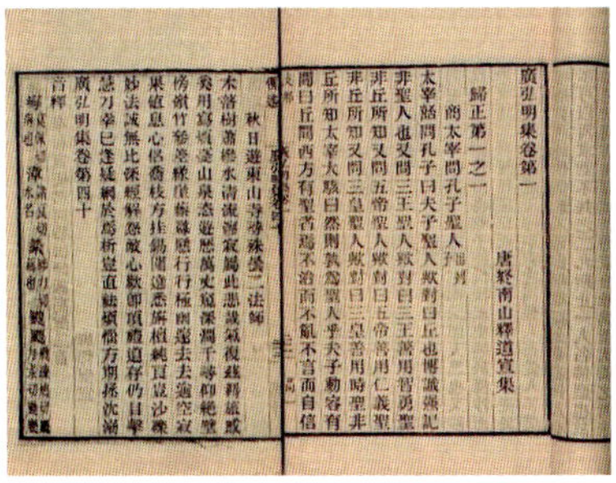
《广弘明集》书影

在这一时期流行于中国小说界，出现了以宣扬轮回转世、因果报应为主要特点的“释氏辅教之书”（鲁迅语），并在佛教和佛经故事的刺激下出现了**志怪小说**这一小说样式，印度故事也开始具有明显的中国化倾向。

志怪小说　在此类小说中，干宝（？～336）的《搜神记》、王嘉（？～390）的《拾遗记》、无名氏的《灵鬼志》、刘义庆（403～444）的《幽明录》、吴均（469～520）的《续齐谐记》等，都具有代表性。中国志怪小说的出现，与印度佛教的传入关系很大。主要表现为四点：第一，印度佛教在观念上影响到中国小说的写作。中国古代以孔子为代表的儒家不迷信鬼神，也不谈鬼神，因而不写那些鬼神故事。但是，佛教不仅大谈鬼神故事，而且善于编造鬼神故事。这显然是信仰不同所致。由于佛教主张灵魂的永恒存在和轮回，因而佛教构建了一整套的人生理念和道德规范。这些都经常以文学作品的形式表现出来。佛教有自己的一套时间观和空间观，而这些对于中国人来说是很新鲜奇特的。第二，佛教的一些人物、场所、术语等，进入中国文学作品。人物包括佛、菩萨、沙门、居士、外国道人、天竺道人、罗刹等。地点则有天竺、西域、寺院，如此等等。第三，印度的故事情节直接影响了中国小说的内容。佛教典籍中有许多故事，有许多文学性很强的作品，在佛典的经、律、论三藏中比比皆是。其中许多都传入中国。于是，在这一时期的中国小说中便出现了两种情况：一是照搬佛经故事，二是模仿和套用佛经故事。第四，在这一时期的小说中，动物成为故事的主角或次主角的现象明显增多，这也与印度佛教的传入及其影响密切相关，例子不胜枚举。

诗歌　这一时期，佛教对中国诗歌的影响也很深刻。一些文人写佛教内容的诗歌已成为时尚。**陶渊明**（365～427）、**谢灵运**、**鲍照**（？～466）、**沈约**等都属于这种情况。《**广弘明集**》卷三十就收有不少这样的诗歌。许多僧人也加入了诗人的行列，其中既有中国人也有外国人，他们的诗都被收入中国的诗歌宝库，成为中国文化的一部分。晋代的僧诗，以**支遁**的诗为突出。其诗作流传下来的有《四月八日赞佛》等18首。**梁武帝萧衍**是佛教徒，同时又会作诗，曾写过《会三教》等诗。

6～10世纪　这一期间，印度佛教文学对中国文学的影响有三个特点：第一，随着中国佛教的成熟和发展，来自印度佛教的义理、观念、范畴、词汇等已经深入中国文学的方方面面。尤其是在诗歌领域，表现佛教题材、渗透佛教理念的佳作非常多，就连中国的诗歌理论也深受影响。第二，佛经文体、佛经故事、佛教人物、佛教场所等都进入了中国文学作品，对唐代传奇产生了深刻影响。第三，佛教的广泛传播影响了唐代的俗文学，直接导致一种新文学体裁——“变文”的出现。

诗歌　唐代的佛教发展到了盛极一时的阶段，这一社会现象也必然反映到唐诗中去。所以，唐代的大诗人几乎无不受到佛教的影响，除了晚年信佛的诗人如**王维**、**白居易**等外，**李白**、**杜甫**等都有很多关于佛教和僧人的作品。唐代的僧诗也比以往任何时代都多，《全唐诗》收有僧诗共46卷，还不是全部。众多的诗僧中，有些可被称为大家，如**寒山**、**拾得**（约8世纪）、**皎然**、**贯休**、**齐己**等。唐代民间也不乏与佛教有关的佳作，其代表人物有民间诗人**王梵志**。

文论　皎然写过《诗式》5卷、《诗议》1卷，这是一部系统的诗论专著。皎然在书中对诗的本质、诗的创作规律、诗的鉴赏、诗的风格等都作了探讨，并发表了深刻见解，在中国的诗歌批评

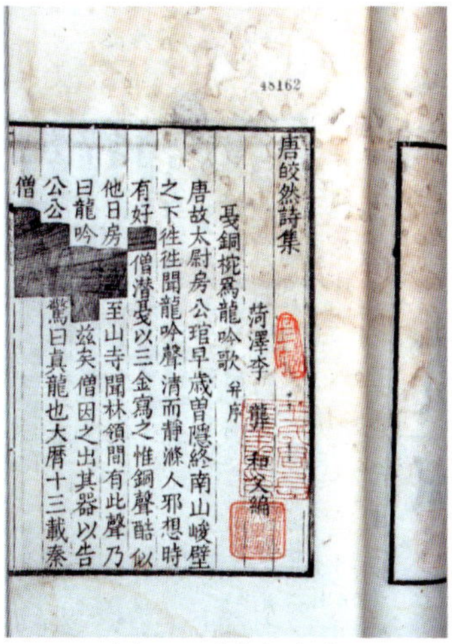
《唐皎然诗集》书影

史上、美学史上占有崇高地位。他在文中不仅运用了佛家语汇，还将佛学的某些意念运用于诗歌理论中。

唐传奇　按照鲁迅的说法，这个时期的中国作家们才开始有意识地进行小说创作。这种有意识创作的小说，被称为“唐传奇”。唐传奇中也能见到印度影响的明显痕迹。如《柳毅传》，讲的是书生柳毅为龙女传信，并与龙女结婚的故事。《南柯太守传》，讲一个人恍惚间进入了蚂蚁洞，在蚂蚁王国里当官，并娶妻生子。它们是印度古人丰富想象力、奇异的空间观、众生平等思想在中国文学中的反映。另外，印度文学对唐传奇的影响还表现在叙事结构上，即通过一个主干故事把很多小故事串联到一起，其典型代表是《古镜记》。

变文　“变文”是在佛教影响下产生的俗文学创作。由于佛教普及，民众需要用浅显通俗的语言讲解佛经教义。为此，和尚们开始“俗讲”。变文就是在俗讲的基础上形成的一种新文学体裁。流传并保存下来的变文中，有相当多是取材于佛经的，如《目连变文》、《地狱变文》、《维摩诘经变文》等。但也有很多是取材于历史传说的。变文采取的是韵散相间的文体，这种形式影响了中国后来的讲唱文学，其起源应追溯到佛经。通常所说的“变文”是一种泛指，不局限于演绎佛经故事和中国历史故事及传说，其中还包括其他内容，如《燕子赋》、《茶酒论》等寓言故事。即便是取材于中国古代历史传说的变文及寓言故事等，也明显受到佛教影响。

《目连救母经》蒙古文绘本

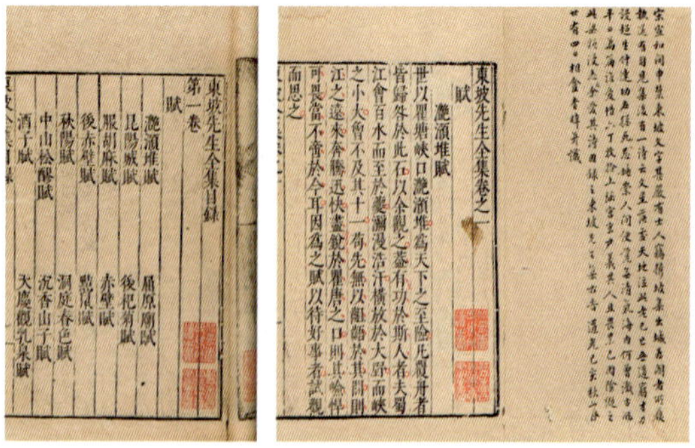

苏轼《东坡先生全集》书影

10～13世纪　到这一时期，佛教文化已融合为中国文化的组成部分。因此，这个时期的小说、诗歌、文论、戏剧等中时常可看到佛教思想的影响。

小说　孙光宪（896？～968）的《北梦琐言》所记多为九十世纪之事，依循的是3～6世纪的志人和志怪小说的路线，而不是对唐传奇的继承。内容属纪实性作品，有一定的史料价值。如“再兴释教”、“刺血写经僧”、“击碎舍利”、“鱼目为舍利”、“僧怀濬书吉凶”、“蜀王先主礼僧”、“大慈寺佛光”、“大轮咒术”、“僧子朗祈雨”等，反映了当时佛教状况及其社会影响，还可看到密教传播情况。

刘斧（约11世纪）的《青琐高议》是继唐传奇之后一部比较典型的小说集，其中既有杂事记录，也有志怪和传奇小说，而以后两者为主。从中可以清楚看到佛教的影响。有表现奇幻梦境的《慈云记》，有讲龙女以珠报恩故事的《异鱼记》，有讲杀生遭恶报的故事《化猿记》、《杀鸡报》、《猫报记》等，有讲地狱情景的《程说》等。《仁鹿记》讲的是楚元王到云梦泽打猎，追一群鹿，鹿王到楚王面前说理，愿每天供应一只鹿给楚王。楚王感动，颁杀鹿禁令。鹿群感激，在战争中帮助楚元王。作者利用了春秋时吴楚争霸的历史背景，将《六度集经》中的“鹿王”故事本土化。

洪迈（1123～1202）是南宋著名学者和小说家。他的《夷坚志》据说有420卷，但现存最全的辑本仅留200余卷。即便如此，此书仍是中国小说史上最大的文言小说集，存有小说2 700余篇。不过，《夷坚志》也辑录前人成品，至少有700人为洪迈提供了素材，而大部分作品则是他根据各种民间传闻写成的。从中可以明显地看出佛教的影响，有的写僧人的故事，有的写塔寺的灵异，有的写菩萨、金刚、阎罗、夜叉、龙女等，有的则写善恶报应、轮回转生等。

诗歌　继唐代诗歌的鼎盛之后，宋代的诗歌成就也还相当可观，尤其是“词”的兴起，打破了诗歌创作的僵局，形成了中国诗歌史上的又一高峰。

诗人中，苏轼（1036～1101）是受佛教影响最明显的人物。他与僧人了元（又名佛印）的友谊在他的生前和身后都被传为佳话。他的诗《登常山绝顶广丽亭》就明显传达了他的佛教思想。陆游（1125～1210）与僧人交往较少，但也受到佛教的影响。如《示儿》一诗，抒发的是诗人的爱国情怀，但其中也有佛教思想影响的痕迹。

中国宋代的诗人都写词，他们大多受到佛教影响，常常自称为某某居士，如欧阳修（1007～1072，六一居士）、张舜民（约11世纪，浮休居士）、苏轼（东坡居士）、秦观（1049～1100，淮海居士）、陈师道（1053～1101，后山居士）、李清照（1084～1155，易安居士）、范成大（1126～1193，石湖居士）、张

黄宝生《印度古典诗学》封面

孝祥（1132～1169，于湖居士）等。他们未必信佛，但当时的文人以居士为号是一种时尚；他们所追求的是一种风雅，而这种风雅无疑与佛教有关。宋代的一些文人是把佛教作为一门学问来看待的。他们也追慕三四世纪以来的隐逸之风，对官场失去热情，以居士自居，做自己喜欢做的事。

苏辙（1039～1112）是苏轼之弟，与佛教僧侣过从甚密。从他的《渔家傲·和门人祝寿》一词中可知，他到中年即转而信佛，看透人生。晁补之（1053～1110）《临江仙·信州作》一词中写出了自己贬官信州后贫穷无聊和思归之心，以残僧野寺为背景，更突出了孤独和寂寞。宋代僧人的诗词不少，如了元（1032～1098）、清顺（约11世纪）、可遵（约11世纪）、德洪（1071～1128）等都写过一些较好的诗词。

文论　这一时期评论诗词的文章、专著不少。其中，严羽的《沧浪诗话》对后世影响最大，引起长达数百年的争论。该书是一部重点谈论诗歌的形式特点及其审美意趣的著作，分《诗辨》、《诗体》、《诗法》、《诗评》、《考证》5部分。其最大的特点是以禅喻诗，即用佛教的禅学思想评论诗歌。严羽极力反对宋代以来的诗，推崇盛唐以前的诗。他反对“以文字为诗，以才学为诗，以议论为诗”，主张把诗做到一个不可思议的境界。

戏剧　这一时期在北宋都城汴京（今中国河南开封）和南宋都城临安（今中国浙江杭州）都有文艺演出的专门场所，叫“瓦舍”或“瓦子”。中国早期戏剧就是在瓦舍中发育起来的。北宋讽刺时事的幽默戏最为突出。演员扮成不同身份的人物，进行对话和表演，内容具有一定情节，但规模不大。有一种戏叫“乔三教”，即由三个角色分别扮演儒者、道士和僧人进行幽默对话。还有一种《目连救母》杂剧，从农历七月七日一直演到十五日止。说明北宋瓦舍中已有比较完整的佛教题材的杂剧，而且很受欢迎。北宋后期，北方女真族所建的金国逐渐强大，最终攻下汴京，灭了北宋，形成中国北方大部为金国所占，南方为南宋统治的局面。这一时期，北方发展形成了“北杂剧”，南方发展形成了“南戏”。从此时开始，一直到明代，中国的戏曲形成南北两大系统。从南宋和金朝的剧目看，有一些与佛教相关的内容。如《唐三藏》，表现的是唐僧取经的故事，属于中印文化交流的题材，也属佛教题材。此外还有一些剧目，明显与佛教有关。

13～18世纪　元明时代的诗歌已走下坡路，代之而起的是另外一些文学样式。元代文学以元曲最为突出，包括杂剧和散曲。明代，由于小说的发展，诗歌显得比较平淡，佳作甚少。

诗歌　元代的正统诗歌成就虽不明显，但现存诗中却不乏受佛教影响的例子。如元好问（1190～1257）的《少林》、陈孚（1259～1309）的《烟寺晚钟》、何中（1265～1332）的《南居寺》等，都可作为代表。元代的短歌词被称为“小令”。刘秉忠（1216～1274）的《干荷叶·无题》、关汉卿（约1230～约1300）的《四块玉·闲适》二首、马致远（约1250～1321至1324间）的《寿阳曲·烟寺晚钟》等，都是优秀的小令。

明代诗歌中受佛教影响的作品也不少，如刘基（1311～1375）的《追和音上人》、张羽（14世纪下半叶）的《赠僧还日本》、沈周（1427～1509）的《写怀寄僧》等，此外还有一些游佛寺的诗。明代僧人的诗则可以梵琦（1296～1370）、通润（约14世纪）等人的诗为代表。通润的《早梅》最著名，写早梅默然花开花落。诗中的“色”、“香”、“影”都有禅意，言物之生灭，由有而空，由空而有。

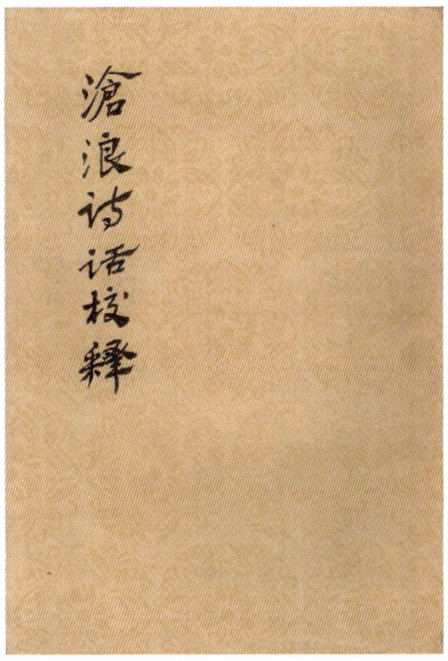

《沧浪诗话校释》封面

文言小说　这一时期，佛教的地位仍然巩固。元朝统治者是蒙古族，信仰藏传佛教。明朝前期的统治者也崇尚佛教。统治者的态度决定了佛教对社会的影响。小说的情形也是如此。

元代无名氏的《湖海新闻夷坚续志》分前后两集，17个门类，是一部大型志怪小说集。除专辟有“佛教门”外，其余多数门类中也都有涉及佛教的内容。前集卷三有《放鳖报恩》一则，刘义庆《幽明录》中已出现过类似故事，显系出自佛经《六度集经》卷三等。

中国宋代杂剧演出　历史绘本

《西游记图册》明无名氏绘绢本书影

明代的文言小说很多，其中最有代表性的是瞿佑（1341～1427）的《剪灯新话》、李昌祺（1376～1452）的《剪灯余话》和邵景詹（约16世纪）的《觅灯因话》。此“三话”中的佛教影响随处可见：经常使用佛教的词语、典故；佛教的寺庙时常是故事的发生地或男女主人公的避难所；僧尼、信众和反佛者成为故事的主人公；佛教的教义成为小说的思想内容。

清代的文言小说更多，蒲松龄（1640～1715）的《聊斋志异》为其优秀代表。所受佛教影响的情形与“三话”基本相同。

白话小说　这一时期，中国的白话小说已经兴起并很快达到高峰。短篇白话小说以“三言”、“二拍”等为代表。长篇小说以《水浒传》、《三国演义》、《西游记》和《红楼梦》为代表。它们都受到佛教的深刻影响。其中最突出的有吴承恩（约1500～约1582）的《西游记》、许仲琳（1567～1620）的《封神演义》和罗懋登的《西洋记》。这三部书被鲁迅称为“神魔小说”。

《西游记》以玄奘去印度取经的事迹为背景，演绎出唐僧、孙悟空、猪八戒、沙僧经历千难万险、战胜各种妖魔最后到达印度灵鹫山，见到佛祖释迦牟尼，将真经取回的故事。无论从语言、结构、人物看，还是从一些故事情节看，《西游记》确实是受佛教影响的中印文化交流的产物。由于唐代玄奘在印度游学和取经的事迹颇具传奇色彩，对后世影响很大，因此关于玄奘取经的故事自九十世纪便现诸文人笔记和民间传说，并不断被神化。如约9～10世纪（一说约12世纪）出现的《大唐三藏取经诗话》，已将玄奘事迹编成神话。十一二世纪已有戏曲《唐三藏》在民间上演。14世纪则有杨景贤编的杂剧《西游记》上演，同时还有一部同名小说流传。说明吴承恩《西游记》是在广泛搜集民间各种传说基础上编写加工而成。吴承恩之后，《西游记》不仅有删节本传世，还出现了多种续作，如《续西游记》、《西游补》、《后西游记》等。这说明玄奘故事已家喻户晓，而佛教和印度都是民众感兴趣的话题。

《封神演义》是中国小说史上地位仅次于《西游记》的一部长篇神魔小说。主要线索是在公元前11世纪周武王推翻商朝事件的基础上编织而成的。作者把佛家和道家融为一体，组成一个代表正义的阐教，其对立面则是代表邪恶的截教。最后正义战胜邪恶。小说人物受到印度佛教影响。如托塔李天王的原型是四天王中的北方多闻天王毗沙门，而多闻天王的前身则是印度教中的财神俱比罗；哪吒在佛典中是毗沙门之子，小说中则是托塔李天王之子，他出生和少年时代的顽皮故事“哪吒闹海”在中国民间更是久传不衰。小说还将佛教密宗的准提观音、普贤菩萨、燃灯佛、文殊菩萨等变成了道教之神。

《西洋记》全名《三宝太监西洋记通俗演义》，是以明初郑和下西洋的历史事件为背景演义出的神魔故事。历史上，郑和下西洋时曾到过印度沿海各地。作者参考了《瀛涯胜览》和《星槎胜览》等书，使小说内容直接与印度相关。作者熟悉佛教，运用了大量佛教语汇和掌故，在有些地方还讲述了佛教的教义。小说中还有不少故事情节与印度佛教故事有关。

杂剧　在这一时期，中国戏剧发展起来，许多作品都受到佛教影响。可分成七类：第一类是直接演绎印度佛教人物故事的，如《文殊菩萨降狮子》、《释迦佛双林坐化》等；第二类是演绎中国佛教人物故事的，如《西游记》、《唐三藏西天取经》等；第三类是演绎佛经故事的，如《包待制智勘灰栏记》、《观音菩萨鱼篮记》、《猛烈哪吒三变化》等；第四类是关于中国僧人、居士故事的，如《北邙说法》、《僧尼共犯》、《月明和

中国山西洪洞明应王庙元杂剧壁画

尚度柳翠》、《惠禅师三度小桃红》、《豹子和尚自还俗》、《善知识苦海回头》、《玉禅师翠乡一梦》等；第五类是宣扬佛教思想的，如《玉箫女两世姻缘》、《庞居士误放来生债》、《再生缘》、《生死冤报》、《错转轮》等；第六类是有关佛教神奇故事的，如《地藏王证东窗事犯》、

《目连救母》剧照

冰心译《石榴女王》书影

《龙济山野猿听经》等；第七类是有关寺院故事的，如《相国寺公孙合汗衫》、《罗大郎大闹相国寺》等。

关汉卿是元代最具盛名的剧作家，他的《窦娥冤》表现的是一个年轻寡妇窦娥遭恶人陷害，被错判极刑而冤死的故事。剧中宣扬了佛教生死轮回的思想。

杨景贤（14世纪中叶～15世纪中叶）的《西游记》共6本24出，为杂剧中的巨制。它虽与后来吴承恩的小说《西游记》有许多不同，但二者都是借佛教题材演义神魔故事。

还有一个值得特别关注的戏曲是古代在民间常演不衰的**目连戏**。目连是大目犍连或大目乾连的简称，是佛陀的十大弟子之一，事迹主要见于《增一阿含经》、《佛说盂兰盆经》。目连戏演绎的是目连到地狱救母的故事，出自《佛说盂兰盆经》。中国北宋时代就有了目连戏，后被不断改编、翻新、扩充，连续演了700余年，近代全中国许多剧种都有相关剧目。

20世纪前半叶 中印文学交流开始活跃起来。中国知识分子从世纪之初开始关心世界文学，印度文学也在其中。**梁启超**早在1889年前后就关心印度问题。后来，他从事佛教研究，对佛教典籍中的文学作品给予特别关注。1907年，鲁迅就对印度文学予以关注。他赞美四部吠陀“瑰丽幽敻”，《摩诃婆罗多》和《罗摩衍那》“亦至美妙”，诗人**迦梨陀娑**“以传奇鸣世，间染抒情之篇”。他还赞美“天竺寓言之富，如大林深泉，他国艺文往往蒙其影响”。并出资出版《百喻经》。1908年，**苏曼殊**在《民报》上连载他翻译的印度作家瞿沙的小说。这可能是中国近现代翻译介绍印度新体小说的先声。同年，苏曼珠在东京出版了《文学因缘》一书，特别提到印度梵语文学的优美，提到印度的两大史诗和《沙恭达罗》。1909年，苏曼殊在东京学习梵文并阅读《摩诃婆罗多》，随后翻译了歌德的名诗《题〈沙恭达罗〉》和印度女诗人陀露哆的诗。

1913年**R.泰戈尔**获得诺贝尔文学奖之后，立即引起中国学界的注意，他的作品开始被陆续翻译和介绍进来。在泰戈尔1924年访华前后的五六年时间里，他的一些流行诗集被译成中文。他的戏剧、小说、自传、论著等也有一些被选译成中文。30年代和40年代仍有泰戈尔作品的译介进行。泰戈尔对中国作家**郭沫若**、**冰心**、**郑振铎**、**王统照**、**徐志摩**等人都有不同程度的影响。

在中国兴起“泰戈尔热”的同时，20世纪20～40年代，中国学者对印度文学全面关注，翻译介绍形成风气。**许地山**、郑振铎、**季羡林**在1950年以前对印度文学的译介和研究作出了突出贡献。

许地山曾于1917～1923年在燕京大学研习佛经与梵文。后在英国牛津大学、贝拿勒斯（见**瓦拉纳西**）印度大学等地研究宗教史、印度哲学、梵文等。1927～1934年在燕京大学任教，并在北京大学、清华大学等讲授印度哲学和印度文学等课程。他最主要的译著是《孟加拉民间故事》(1928)、《二十夜问》

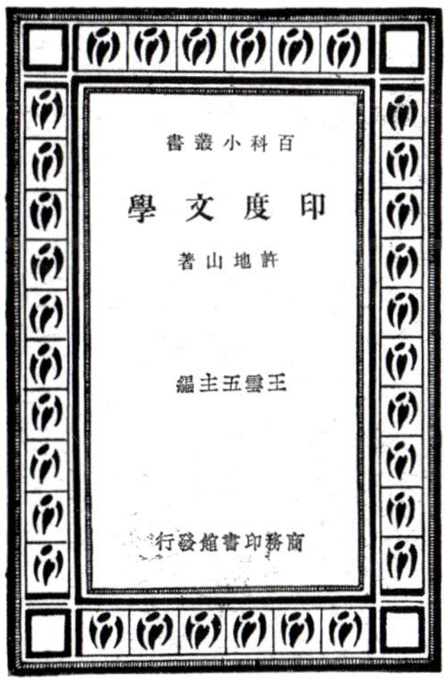
百科小叢書
印度文學
許地山著
王雲五主編
商務印書館發行

许地山《印度文学》封面

(1935）和《太阳底下降》(1935)，都是印度民间故事集。他的《印度文学》一书出版于1930年，从**吠陀**到泰戈尔，全面系统介绍了印度文学的概貌。

郑振铎很早就与印度文学结下不解之缘，1921年在《小说月报》上发表所译泰戈尔的诗，1922年出版泰戈尔的《飞鸟集》，1923年又出版了《新月集》。同时，他还关注印度民间文学，并进行比较研究，这集中体现于他的《中国俗文学史》(1938）一书。

季羡林于1941年编译出版《印度寓言》一书，该书主要取材于《本生经》和《**五卷书**》。1946～1949年，他写出7篇中印文学比较研究的论文，如《梵文〈五卷书〉：一部征服了世界的寓言

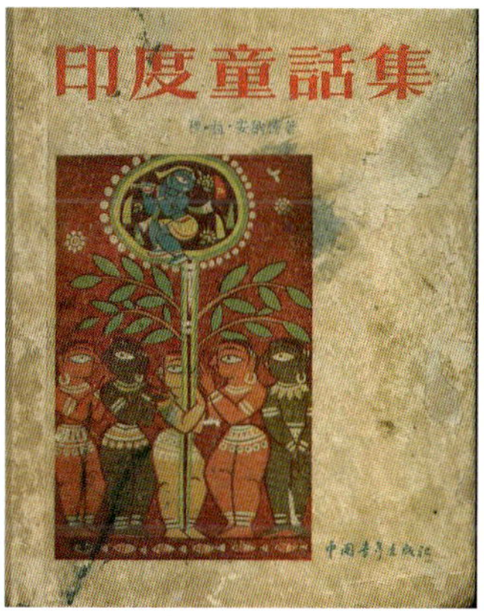

冰心译《印度童话集》封面

童话集》、《从比较文学的观点上看寓言和童话》、《三国两晋南北朝正史与印度传说》等。

1950年以后 中华人民共和国与印度共和国正式建交后的十余年间，两国文学交流空前活跃，两国作家代表团多次互访，进行面对面的交流。自1988年印度总理**拉吉夫·甘地**访问中国签订1988～1990年3年文化交流执行计划后，中印双方隔年派作家代表团互访，逐渐形成惯例，持续至今。

在这一时期，中国译介的印度文学作品多得不胜枚举，对印度文学的研究工作也取得很大进展。中国译介印度文学作品，从1950～1985年，共出版了100多种。50年代共出版了59种，主要涉及印度的五大语言文学，即梵语、英语、印地语、孟加拉语和乌尔都语文学。

译自梵语的主要有《沙恭达罗》(1956)、《云使》(1956)、《龙喜记》(1956)、

A.罗易《微物之神》中译本书影

加宽阔。

这段时间从梵语直接译出的作品主要有史诗《罗摩衍那》(1980～1984)、《古代印度文艺理论文选》(1980)、《那罗和达摩衍蒂》(1982)，古典诗集《伐致呵利三百咏》(1982)，跋娑的剧本《惊梦记》(1983)，以及《印度古诗选》(1984)、《摩诃婆罗多插话选》(1987)、《薄伽梵歌》(1989)、《摩诃婆罗多·初篇》(1993)、《故事海选》(2001)、《梵语诗学论著汇编》(上下册，2008)等。从巴利语直接译出的有《佛本生故事选》(1985)。中国梵语学者历时十数年，终在2005年出版《摩诃婆罗多》中文全译本，成为中印文学交流史上的一座里程碑。

从英语译出的主要有安纳德的《村庄》(1983)，泰戈尔的书信体散文集《孟加拉掠影》(1985)，泰戈尔的诗集《茅庐集》(1986)、《泰戈尔抒情诗选》(1990)，钱达尔的《月光下的爱情》(1992)，R. K. 纳拉扬的《向导》(1993)等。

从印地语译出的主要有普列姆昌德的小说《舞台》(1981)、《如意树》(1983)、《新婚》(1983)、《仁爱道院》(1983)、《一串项链》(1983)、《普列姆昌德论文学》(1987)，V.瓦尔玛的《章西女王》(1987)，杜勒西达斯《罗摩功行之湖》(1988)，雷努的《肮脏的裙裾》(1994)，耶什巴尔的《公理和惩罚》(1986)、《虚假的事实》(2000)等。

自乌尔都语译出的主要有密尔·阿门的小说《花园与春天》(1982)、M.伊克巴尔的《自我的秘密》(1999)等。

自孟加拉文译出的主要有查特吉的小说《斯里甘特》(1981)、《玛尼克短篇小说选》(1984)；泰戈尔诗选《寂园心曲》(1987)，长篇小说《家庭与世界》(1987)，以及《王后市场》(1988)、《沉船》(1995)；般吉姆的《毒树》(1988)，达罗克纳特·贡戈巴泰的《金藤》(1997)等。2000年，河北教育出版社出版24卷本《泰戈尔全集》，收录了诗人的主要孟加拉语和英语作品，其中一些作品系从印地文转译。

自泰米尔语译出的有《阿基兰短篇小说选》(1984)及阿基兰的《金花》(1990)、《女人》(1990)等。

20世纪末期以来，中国出现密切跟踪和快速译介印度获奖英语文学作品的现象。A.罗易(1961～　)的《微物之神》(1997)在获得布克奖(1998)的同年即有中文版问世。K.德赛(1971～　)的《失落的继承》(2006)在问世当年即获得布克奖，中文译本随后于2008年出版。A.阿迪加(1974～　)的《白虎》(2008)也在当年获得布克奖，中文译本于2010年出版。不过，由于译者一般并非印度文学专家，而出版社又以商业利益为主要诉求，这些译本或多或少存在瑕疵。

中国文学在印度的译介和研究　1918年，加尔各答大学首开中国语言课程，但由于缺少学生而不得不半途而废。1924年泰戈尔访华以后，中印传统文化关系得以恢复，文学交流亦得以在印度发轫。1937年，泰戈尔和谭云山创办的国际大学中国学院，成为现代印度开展汉语教学和中国研究的中心

《小泥车》(1957)、《五卷书》(1959)。译自印度英语作家的作品主要是M.R.安纳德的《安纳德短篇小说选》(1954)、《不可接触的贱民》(1954)、《两叶一芽》(1955)、《苦力》(1955)、《印度童话集》(1955)、《石榴女王》(1955)等。

从印地语译出的有M.普列姆昌德的《妮摩拉》(1959)。直接从乌尔都语译出的有印度巴基斯坦现代诗集《牢狱的破灭》(1958)。译自孟加拉语的有S.C.查特吉的《嫁不出去的女儿》(1956)。泰戈尔的作品在这一时期也被大量译介，多数译自英文，少数译自孟加拉语、乌尔都语。1961年，为隆重纪念泰戈尔诞辰100周年，人民文学出版社出版了多人合译的10卷本《泰戈尔作品集》，在读者中产生了长期而广泛的影响。

此外，从英语、俄语转译的印地语和乌尔都语作家的作品也很多，其中包括普列姆昌德、K.钱达尔和K.A.阿巴斯的作品。

后由于中印边界问题和“文化大革命”的负面影响，从1962年至70年代末期，中国对印度文学的译介和研究陷于停滞。

八九十年代，中国出版的印度文学作品在300种以上。与50年代不同的是，这一时期对印度文学作品的译介有四个特点：第一，既有鸿篇巨制的译介，也有许多零散单篇的介绍；第二，从英语和俄文转译的情况减少，直接从梵语、巴利语、印地语、乌尔都语、孟加拉语和泰米尔语翻译的情况明显增加；第三，所译介的作品不仅有诗歌、剧本、小说等，还出现了文学理论及文学史方面的翻译；第四，所涉及的作家范围更

2009年8月，以V.V.辛德那尼为团长的印度作家代表团一行5人访问中国

和人才基地。不过，在1947年独立之前，印度人仍主要通过英文译本或海外华裔作家的英文作品来接触和了解中国文学。

中华人民共和国建立后，中印两国的文学交流开始发展，成为中印文化交流的一个重要组成部分。中国文学作品传入印度有两个基本渠道，一是印度汉学家的译介，二是中国对外文化机构将一些代表性文学作品译成印度文字主动输往印度。中国于1950年1月创办英文杂志《人民中国》，此后又陆续创办了《北京周报》、《中国文学》、《今日中国》、《中国画报》等英文期刊。其中《中国画报》还有印地文、乌尔都文等印度文种的版本，专门面向印度等南亚国家发行。英文版杂志也发行于印度。印度知识界普遍通晓英语，从这些杂志上可以读到当代中国文学作品。另外，中国外文出版社翻译出版了许多中国古今名著，仅印地文图书即达47种，内容为中国民间故事、寓言、童话故事等，也有一些现代作家的小说、戏剧作品。印度读者也可以在世界范围内获得中国文学作品的英文译本。此外，印度的一些文学杂志不时出版中国文学专号，介绍中国现代文学家及其作品。例如，印度中央邦首府博帕尔文学期刊《开创》，将1987年5月出版的第32期定为中国当代文学专号，介绍了艾青、袁可嘉、雷抒雁等诗人，也介绍了周立波、秦兆阳、刘绍棠、张洁和冯骥才等作家及其作品。

谭云山与谭中父子相继为中国文学在印度的传播和研究作出了历史性贡献。他们不仅身体力行，而且培养了不少印度汉学人才。1952年，谭云山发表《中国语言文学史》一文，向印度读者阐述了中国不同体裁的文学作品的成就，并介绍了中国四大古典小说以及兴起于20世纪初期的中国新文学运动，使印度学界大体了解了中国文学的发展历程。谭中在教书育人之余主要从事中国历史研究，但也发表中国文学研究论文。

在20世纪60年代初期，为了加强对中国的了解，印度国际学院成立并很快归入尼赫鲁大学。德里大学随后在1964年成立中国研究中心，并在1968

谭云山《印度周游记》封面

年使之成为中国与日本学系，2001年该系更名为东亚学系。它们注重对中国语言、文学和哲学的研究。

20世纪80年代以来，随着中印两国关系的改善和经济社会的迅速发展，印度学者对中国文学表现出前所未有的热情。印度小说家和诗人V.塞特(1952～)在英国留学期间对诗歌产生兴趣并开始学习中文，曾在南京大学学习中国古代诗歌。他在1992年出版《中国三人诗选》，收入唐代诗人王维、李白和杜甫的34首代表作，如《九月九日忆山东兄弟》、《山居秋暝》、《望庐山瀑布》、《蜀道难》、《梦李白》、《兵车行》等。尼赫鲁大学汉学家狄伯杰教授，除出版数部研究中印关系的著作外，同样钟情于中国古典诗歌翻译。他的《中国诗歌：公元前1100年至公元1400年》(印地文本)，从《诗经》至元曲精选88首中国古典诗歌，并在序言中简述了中国古代诗歌发展概貌，因而在2011年荣膺中国图书特别奖。另外，在2012年2月25日，印度前驻华外交官史达仁的《诗经选译》在新德里泰米尔文化中心举行首发仪式。这是印度第一部由中文直接译成泰米尔文的《诗经》选本，收入不同类型的诗歌30余篇。白居易的诗作也开始被译为坎纳达文。

在近现代中国作家中，犹如泰戈尔在中国备受关注那样，鲁迅在印度受到同样的热爱和崇敬，产生了长期而广泛的影响。中国外文出版社曾出版《鲁迅选集》(4卷本)和《鲁迅短篇小说选》的英文译本，也曾将鲁迅的一部分作品译成印地、乌尔都、孟加拉、泰米尔等文字，使之在印度流传。1981年11月

《鲁迅短篇小说选》印地文本封面

9日，印度纪念鲁迅诞辰100周年学术讨论会在新德里尼赫鲁大学开幕。会议为期3天，宣读论文40篇。可见印度研究鲁迅的学者不少。印度派来中国学习中国文学的留学生一般都会学习鲁迅作品，有些学生的毕业论文就以鲁迅作品为研究对象。例如，印度著名汉学家和鲁迅研究专家、尼赫鲁大学中文教授

2001年12月，中国作家代表团成员与印度文学院书记K.萨基单纳丹合影

马尼克就是以论文《鲁迅作品的创作过程和革命性话语》(1997)而获得博士学位的。他曾将鲁迅的短篇小说《孔乙己》(1978)和杂文《文化偏至论》(2004)等作品分别译成孟加拉文和英文，发表过《阿Q与国民性问题》(1991)、《高山仰止：我对作家鲁迅的评价》(1998)等鲁迅研究论文。他将鲁迅小说称为“病理小说”，看到了它们在诊断中国社会问题方面的作用。此外，印度知名汉学家墨普德将《鲁迅诗集》(1991)译为孟加拉文出版。该译本收入鲁迅诗作45首，详加注释。一些学者对中国新文学运动中的不同流派以及茅盾、巴金、臧克家等知名作家和诗人的研究也取得了一定成就。

中国当代文学也引起了印度汉学家的注视。舒婷的诗歌，谌容的中篇小说《人到中年》，陈建功的《丹凤眼》、玛拉沁夫的《活佛》等优秀短篇小说，被译成印地文或孟加拉文，受到印度读者欢迎。除翻译鲁迅诗作外，墨普德还先后翻译出版了《中国当代诗歌》(印地文本，1998)，收入中国27位诗人的54首诗作；《艾青诗歌和寓言集》(孟加拉文本，2000)，收入诗人86首诗作和4篇寓言。墨普德近年出版《毛泽东诗词全集与文学赏析》(2012)，收入毛泽东诗词95首。此系毛泽东诗词首次被全译为孟加拉文。墨普德对所译诗歌均添加注释并对诗人予以评介，以便印度读者理解中文作品。这些印度学者在翻译中国文学作品的同时，也进行了深入而广泛的研究工作。印度学者对于中国文学在印度的流传起了重要作用。

尼赫鲁大学的邵葆丽在对中国当代文学的研究中取得了出色的成就。她对中国新时期文学发展，对各种文学思潮及其代表作家进行广泛考察，发表了《三中全会以来的文学政策：变化的十年》(1997)等论文，涉及不少活跃于那一时期的中国作家，如卢新华、刘心武、戴厚英、张欣欣、礼平以及残雪、刘索拉、莫言、阿城、韩少功等。

在中国方面主动将自己的优秀文学作品译介到印度方面，最有代表性的一项业绩是印地文本《西游记》的问世。20世纪80年代末，中国外文局开始组织实施这一宏大工程。2009年，由中国外文出版社正式出版。这是中印两国翻译家通力合作的成果，堪称中印文学交流史上的盛事。此外，外文出版社推出的由盛贤功执笔的《柯棣华大夫》(1983)至今在印度都有影响，是人们了解柯棣华大夫在华事迹的必读书。

在中印文学交流过程中，双方作家和翻译家的互访起了直接而积极的促进作用。1924年泰戈尔访华以后，许地山等中国作家前往印度访问。一些青年如金克木、吴晓铃、石真等赴印度学习或工作，回国后成为译介和研究印度文学的著名专家学者。20世纪50年代，冰心、季羡林、周而复、杨朔等著名作家和翻译家访问印度，促进了两国文学界的交流，所写游记增进了中国人民对印度的了解。印度作家M.R.安纳德、K.A.阿巴斯等也在同一时期组团访问中国，回国后发表文章或出版著作介绍自己的观感。70年代后期，随着“文化大革命”结束和中印关系恢复正常，两国作家来往开始逐渐增多。1978年，季羡林参加中国人民对外友好协会代表团访印，归国后于翌年出版散文集《天竺心影》，在中国产生了很大影响。1979年，印度孟加拉民间音乐家兼词作家金信华访问中国，先后与吴晓铃、石真夫妇及戏剧家吴雪等长谈，以图全面了解中国文学界在“文化大革命”期间的命运和未来发展。80年代，安纳德再度访华，会见中国作家萧乾等，并到自己小说的中文译者王槐挺家中做客。1986年，王槐挺访问印度，受到安纳德的热情接待。1992年，安纳德在87岁的高龄第三次访问中国。

季羡林《天竺心影》封面

1981年12月，吴晓铃、石真夫妇重返故地在印度国际大学留影

2001年12月，以王蒙为团长的中国作家代表团一行五人对印度进行友好访问。2012年3月，以何建明为团长的中国作家代表团，访问印度文学院等机构。几乎与此同时，印度作家代表团也不断访华。在2002年6月、2007年9月和2009年8月，分别有印度作家代表团访华，与中国作家、学者和翻译家就两国文学现状进行了广泛交流。

中印文学交流已结出丰硕的成果，但依然有许多未曾开垦的田地，依然有巨大潜力有待发挥。中印文学交流具有得天独厚的优势，一个是悠久的传统，一个是众多的读者。虽然目前还有不少问题，如专业人才不足，组织、规划与协调不够，但中印文学交流发展势头良好，就像长江和恒河那样源远流长。

（薛克翘　刘建）

Zhong–Yin xiandai xueshu jiaoliu

中印现代学术交流 overview of China-India modern academic contacts 现代中国与印度的学术交流，一方面继承了古代以佛教为核心的文化交流传统，另一方面又在语言、文学、艺术、宗教、哲学、历史、考古等多学科领域有较大拓展。

20世纪早期，以康有为、梁启超等人为代表的中国知识分子，希望通过对印度的关注，探究东方文明在现代环境中的冲突与发展。1917年，梁漱溟应蔡元培之聘，在北京大学讲授印度哲学课程，该校从此成为中国印度学研究的中心。1924年，印度诗人R.泰戈尔访问中国，成为中国知识分子关注的焦点，促使中印学术交流进入新阶段。此后，谭云山、徐志摩、许地山等中国学者先后访问印度，掀起了现代中国知识分子游学印度的高潮。1934年，印度中印学会在印度国际大学成立，泰戈尔任主席。次年，中国中印学会在南京成立，蔡元培任主席。两国中印学会积极促进两国学者互访，并互派留学生赴对方国家深造。1937年，国际大学中国学院在中印学会的推动下成立，谭云山任院长。在此后长达20年的时间里，徐梵澄、周达甫、巴宙等一大批中国学者都曾前往印度访学。第二次世界大战期间，中印两国间的学术交流未曾中断。1940年，太虚法师率团访问印度，并派法舫等人前往国际大学留学。1942年，国立东方语文专科学校在云南呈贡建立，开设印地语科。谭云山派国际大学印度学生K.K.辛哈前来教授印地语。1943年，金克木在印度鹿野苑随D.D.高善必等印度学者学习梵语和巴利语，日后成为中国重要的印度学家。1947年，印度汉学家师觉月受印度政府派遣，赴北京大学讲授印度哲学与文化，协助季羡林、金克木等中国学者在北京大学建设印度学学科。

蔡元培铜像

随着1947年印度独立、1949年中华人民共和国建立，中印两国进入了自主发展的新阶段。20世纪50年代，中印两国学者互访更为频繁，高善必等印度学者多次来华访问，刘安武、刘国楠等一批中国学生也在这一时期被派往印度德里大学和贝拿勒斯印度大学学习。1962年中印两国边境武装冲突爆发后，两国学术交流一度趋于停滞。70年代后期中印关系正常化之后，得以再度发展。这一时期，中国社会科学院与印度社会科学理事会签订了长期交流合作计划，定期在中印两国分别举行各种学术会议。1988年5月，中印两国签署文化合作协议，开始实施文化交流项目，内容涉及艺术、考古等多个学术领域。

泰戈尔铜像

进入21世纪，中印两国学术交流愈加繁荣，两国间学术会议、学者互访日益频繁，对彼此的研究也不断拓展和加深。2003年6月，印度总理A.B.瓦杰帕伊访华，中印两国签署了双边教育交流项目协议，在交换学者、教师培训、高校交流，以及印地语和中文教师交换等方面达成共识。印度文化关系理事会长期资助中国学生前往印度学习，同时派遣印度专家赴中国从事教学研究活动，相继与中国社会科学院、北京大学、深圳大学、复旦大学、暨南大学、云南大学、广东外语外贸大学等众多中国高等院校建立了合作关系。2004年5月，“中印经贸文化交流论坛”在上海举行，两国学术研究机构就中印经济和文化进行了深入对话，增强了相互了解。从2008年起，“中国南亚国际文化论坛”先后在北京、新德里、成都、深圳举办，促进了中印两国学者在文化、经贸、教育、媒体等领域的交流与合作。2010年中国总理温家宝与印度总理M.辛格共同推动编纂《中印文化交流百科全书》。2012年，北京大学南亚研究中心成立

印度国际大学中国学院

2011年10月，梵学与佛学研讨会在苏州召开
与会者有中国大陆、台湾和香港学者

并创办“北大南亚讲坛”，多次邀请印度学者举办学术讲座。2013年5月，中国总理李克强访问印度期间，与印度总理辛格签署合作协议，内容包括扩大教育交流合作等，决定启动“中印经典和当代作品互译出版项目”等。

（姜景奎）

Zhong–Yin Xuehui

中印学会 Sino-Indian Cultural Society 20世纪30年代由中印两国共同发起的文化交流组织。

1924年R.泰戈尔访华之后，中印学者交往日益频繁，两国文化交流迅速发展。1931年，谭云山和泰戈尔共同酝酿筹建中印学会的设想一经提出，便得到中国政界、文化界和学术界的高度关注。1933年，在时任中央研究院院长蔡元培和考试院院长戴季陶的大力支持下，中印学会筹备会议召开。会议发起人有谭云山、周谷城、太虚法师、梁漱溟、徐悲鸿等43人，赞助人有于右任、蔡元培、林森、戴季陶等24人。1933年6月，《中印学会：计划、总章、缘起》成册出版，提出了“以研究中印学术，沟通中印文化并融合中印感情，联合中印人民，以创造人类和平，促进世界大同”的学会宗旨，计划在中国和印度分设文化中心，并在两国其他地方设分会或通讯处。1934年5月，印度中印学会率先在印度圣蒂尼克坦的国际大学成立，泰戈尔任主席。1935年5月，中国中印学会（简称中印学会）在南京成立，蔡元培当选理事会主席，戴季陶任监事会主席。

中印学会的主要功绩之一是促成了国际大学中国学院的建立。1934年9月，谭云山制订了一份以建造中国学院为核心的中印文化交流计划，其细节包括在中国学院设立基金、奖学金、图书馆等，该计划得到泰戈尔的高度认可。在谭云山的积极联络和运作下，中国中印学会为中国学院的成立筹集了大量资金，并先后向其捐赠10余万册图书。1937年4月14日，中国学院正式落成，受到国大党领袖M.K.甘地、J.尼赫鲁等人的高度重视。此外，中印学会还呼吁教育界和学术界的友好人士，协助在印度大学开设有关中国国学和中国佛学的讲座，在中国大学设立印度佛学及印度文明史的讲座，并推荐更多学者和学生赴对方国家深造。中国和印度的中印学会参与接待两国互访的学者和社会活动家，中国中印学会积极参加了印度援华医疗队的接待工作。

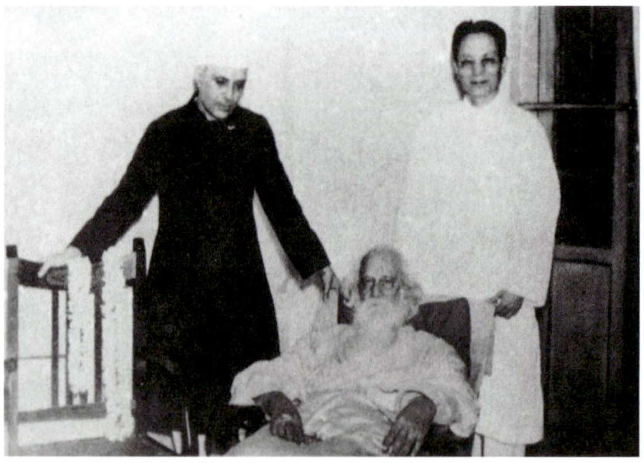

谭云山与泰戈尔、J.尼赫鲁合影

1942年，中印两国的中印学会分别于重庆和圣蒂尼克坦改组，修改会章，扩大规模，并推选新任领导。朱家骅接任中国中印学会理事会主席，戴季陶续任监事会主席；泰戈尔之子、国际大学秘书长罗亭德拉纳特·泰戈尔任印度中印学会主席。截至1943年，中印学会的名誉主席共有7位，分别是甘地、蒋介石、奥罗宾多、戴季陶、尼赫鲁、宋美龄和S.奈都。其会员是当时的知识分子和社会名流，包括18位时任或前任大学校长。印度共和国成立后，中印学会的会员还包含不少政府要员，如印度共和国前三任总统：R.普拉萨德、S.拉达克里希南和Z.侯赛因，以及共和国第一任总督C.拉贾戈帕拉查理。

1949年以后，中国中印学会的活动趋于停滞，印度中印学会的地位也逐渐被中国学院取代。作为有史以来第一个以促进中印文化交流为宗旨的民间组织，中印学会是中印人民友好史上的一段佳话，它为发展近现代中印关系作出了贡献。

（姜景奎　贾岩）

蒋介石夫妇访问印度时与M.K.甘地交谈
（左二蒋介石、左三甘地、右一宋美龄）

Zhong–Yin yangsheng jianshen jiaoliu

中印养生健身交流 overview of China-India contacts in health preservation & fitness maintenance 出于求生与繁衍的本能，从很古时候起，中国和印度就分别出现了各自的养生健体方法。中国最有代表性的方法是气功，印度的则是瑜伽。此外，中印两国养生健身交流还涉及武术、卡拉里帕亚图、素食法等。

公元前　上古时期，印度人就发明了通过瑜伽锻炼身心的方法，到公元前已经形成完整的体系。考古发掘表明，印度河文明时期，印度先民就懂得打坐

坐禅

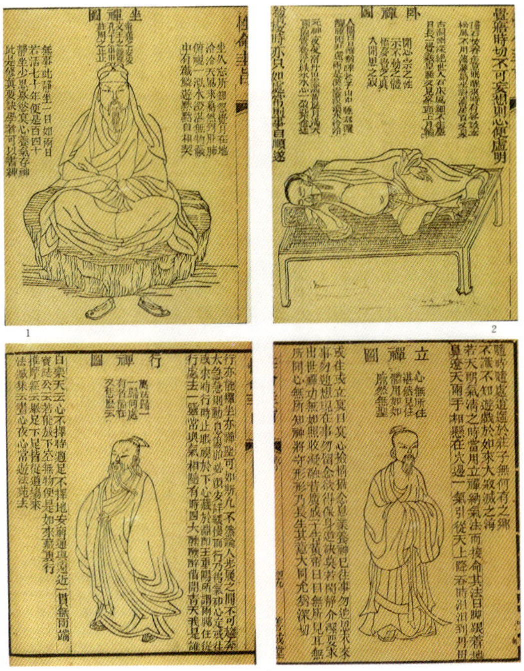

修禅养生图

冥想。《梨俱吠陀》中，已出现“瑜伽”一词，但其本意并非“结合”、“合一”的意思。《阿闼婆吠陀》提到苦行者获得法术，他们有可能是早期的瑜伽行者。《鹧鸪氏奥义书》中明确提到瑜伽。《白骡奥义书》则进一步阐述了瑜伽的修炼姿势、呼吸的调整、修行的场所、修行中容易出现的幻觉、瑜伽的现实作用和所要达到的最终目的等。后来的《慈氏奥义书》则在此基础上对瑜伽作了分类，形成了最初的“六支分法”，即坐法、调息、制感、静虑、执持、思辨。印度教圣典《薄伽梵歌》的原始部分可能形成于公元前三四世纪，其中将瑜伽分为数种，提出“智瑜伽”、“有为瑜伽”、“王瑜伽”、“舍弃瑜伽”等概念，并对调息、禅定等修行要领作出解说，形成基本的瑜伽理论。因这一理论与《白骡奥义书》大体相当，其形成时间可能在公元前3世纪。

公元前2世纪或者稍后，东印度婆罗门波颠阇利总结了前人的理论和实践，写出《瑜伽经》。他把瑜伽分为业瑜伽和智瑜伽两种，并列出禁制、劝制、坐法、调息、制感、执持、禅定和三昧8个修行阶段。至此，印度瑜伽体系基本完备。

从释迦牟尼创立佛教起，佛教就接受了印度教的瑜伽。释迦牟尼在成佛前的6年苦行中，曾修行过瑜伽。他成佛前夕打坐冥想，也是使用从婆罗门仙人们那里学来的禅定方法。后来，佛教徒就把静坐冥想作为自己的必修课。佛经中也陆续出现很多关于坐禅的经文和仪轨，形成佛教自己的瑜伽体系。但他们多称瑜伽为禅，或许为与婆罗门教相区别。

同一时期，中国有关养生健身的记载相对零碎。《黄帝内经》和《老子》有论述人与自然关系的内容，提出了以“气”为中心的养生理论，但没有提出气功的具体修炼方法。《庄子·刻意篇》也提到“吐故纳新，熊经鸟申”的“导引之士，养形之人”。说明中国很早就有了气功的实践者，其描述稍微具体，但不成体系。约公元前4世纪的“行气玉佩铭”表明当时中国的气功理论已具备雏形。

中国武术和南印度的卡拉里帕亚图，也起源很早。它们既是作战格斗技巧，也是强身健体的方式。

1～6世纪　佛教的禅法（瑜伽）开始影响中国的养生健身。中国佛教徒不仅加入坐禅的队伍中，也开始了对坐禅的理论研究。

2世纪，安世高在中国洛阳翻译了《安般守意经》等，并传授弟子小乘禅法之后，支娄迦谶在洛阳翻译《首楞严三昧经》等，传大乘禅法。此后，相关的佛教典籍被陆续译为汉文。

三四世纪，西域来华僧人译经者日众，中国僧人也不乏习禅有成就者。天竺高僧佛图澄、中国高僧道安及弟子慧远等都大力推广禅法。鸠摩罗什译出更多佛教典籍，其中禅学经典有《禅秘要法经》、《坐禅三昧经》等。据《高僧传》卷十一介绍，这一时期有许多僧人都因习禅而健康长寿，有的甚至达到110岁。

这一时期，中国道教的发展推动了中国气功的发展，出现了《仙经》、《服气经》、《明医论》等与气功相关的著作。中国的气功理论已经形成体系。

五六世纪，西域僧人继续来华译经和传播禅法，道教气功和佛教禅法开始相互吸收。中国僧人写出有关禅法的著作。天竺僧求那跋陀罗，罽宾僧人求那跋摩、昙摩蜜多（356～442）、西域僧人畺良耶舍等，都以翻译禅经和传播禅法闻名。南天竺僧人菩提达摩更以面壁九年、传播南印度禅法名垂千古。

中国南北朝时期的道教徒、医药学家陶弘景编撰的《养性延命录·服气疗病篇》中引用《仙经》、《服气经》和《明医论》等书，总结了调气治病和长生的方法。高僧昙鸾少年出家，曾因病去江南求教于陶弘景，得《仙经》10卷。后受教于北印度来华僧人菩提流支，焚《仙经》而专诚皈依佛教。其一生著作颇多，其中关于养生和治病的有《调气论》、《服气要诀》(或即后世所传《昙鸾法师服气法》)、《疗百病杂丸方》等。世传《昙鸾法师服气法》仅300余字，

佛门禅修

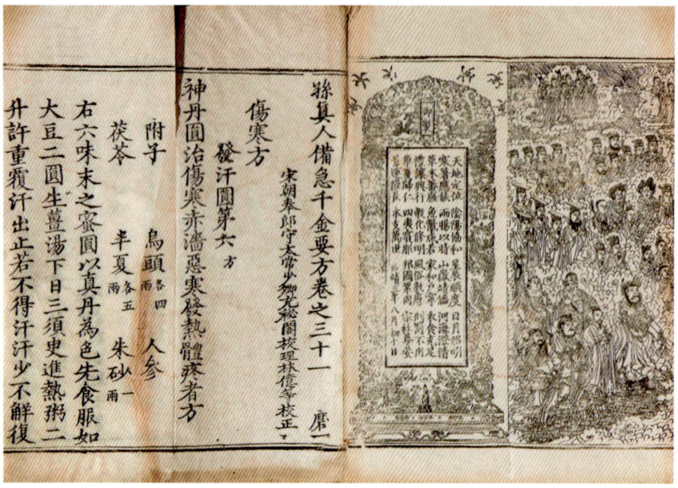
孫真人備急千金要方卷之三十一
宋朝奉郎守太常少卿充秘閣校理林億等校正
傷寒方
發汗圓第六 方
神丹圓治傷寒赤濇惡寒發熱體疼者方
附子 烏頭 各四兩 人參
茯苓 半夏 各五兩 朱砂 一兩
右六味末之蜜圓以真丹為色先食服如
大豆二圓生薑湯下日三須臾進熱粥二
升許重覆汗出止若不得汗汗少不解復

《孙真人备急千金要方》明嘉靖三年（1524）道藏本书影

主要讲述调息的方法，兼及养生的基本理论。昙鸾认为，“四大不调”为病源，“冷为风增，热为火增，滑为水增，涩为地增。不冷不热，不滑不涩为调和”。可见，昙鸾的服气法融合了佛、道两家的理论。

智顗是中国南北朝时期禅法理论大师，同时也是将道家气功融入佛家理论的典型。他关于禅法的代表作有《摩诃止观》、《小止观》、《释禅波罗蜜次第法门》和《六妙法门》4种。其中，《小止观》是禅法修炼的入门书，总结了佛经以及前人的理论和实践，归纳出10个问题，即“具缘”、“诃欲”、“弃盖”、“调和”、“方便行”、“正修行”、“善根发”、“觉知魔事”、“治病”和“证果”。智顗认为，大乘禅法应是“定慧双修”，只修禅定不学智慧是愚昧，只学智慧不修禅定是轻狂。他继承印度佛教的禅法理论，结合道教的气功理论，丰富了中国佛教禅法的内容。

素食法也是中印两国养生保健的重要内容。佛教的戒律强调不杀生，所以提倡素食。中国早期的佛教徒并不完全禁止食肉，但提倡素食。很多僧人都在习禅、诵经的同时吃素。南朝梁武帝萧衍信佛，写出《断酒肉文》，大力提倡素食、禁止僧尼食用酒肉，致后世的僧尼们对素食习以为常，这也逐渐影响到佛教界以外，使中国饮食文化中出现了一个素食流派。

6～13世纪 佛教禅法与道教气功相互吸收，进一步融合。这一时期的中国佛教出现了多个宗派，但不管何宗何派，都讲究禅修。印度佛教的禅法在中国佛教中不断得到发扬。

同时，道教气功在发展中大量吸收佛教的禅法。如唐代孙思邈的《千金要方·养性·调气法》就吸收了佛教的“禅观之法”（用意念观想），认为这是调气过程中的有效步骤。《千金要方》卷二七收有“天竺国按摩法”，孙思邈说“此是婆罗门法”。此法被保留至今，共18种动作，半数为按摩，半数为体操，与当今印度的瑜伽体操有相似之处。这套功法传到中国的时间不会晚于6世纪，对中国按摩健身术影响深远。

唐代道教徒司马承祯（655～735）著有养生健身著作《坐忘论》1卷，讲解“安心坐忘之法”，如同佛家的坐禅。其要点和步骤为：敬信、断缘、收心、简事、真观、泰定、得道。其中讲到“定”和“慧”的问题，与《小止观》的修行方法有相似之处。不知撰者的《洞玄灵宝定观经》，也强调“定慧等修”，显系受佛教禅法的影响。

北宋张君房编辑的《云笈七签》收录了很多道教的气功著作。它们都形成于10世纪之前。如《云笈七签》中有一篇《达磨大师住世留形内真妙用诀》。此文当为托名伪作，并非达磨真传。文中虽有“西国”、“释迦文佛”等说法，但其内容主要是道家的养生术“胎息法”，强调的是道家养生术中“精、气、神”的保养与合和。说明佛、道两家的养生术早就相互结合。《云笈七签》中还有一篇《玄鉴导引法》，叙述了13条导引方法。其中第一条和第五条两次提到“结跏趺坐”。结跏趺坐是佛教徒坐禅的姿势。这也说明道教徒吸收了佛教的禅法。

相传为北宋女道士孙不二（1119～1182）的《女修十则》，是专门为道教女弟子修炼而写的书，也是一部女子健身养生术的专著。其中第九则“南无”，宣扬“此身即佛”，还说要用意念想象南海大士观世音在普陀山紫竹林中的情景：座前有个红孩儿，南洋龙女献珠，白鹦鹉上下飞舞，“手持清净瓶，插住柳枝儿，收取自然甘露水，稳坐普陀岩上。用哆罗之法，以一‘吽’字，放在真意之地”。这显然是佛教密宗的一种修炼方法，被孙不二吸收入道家的气功。

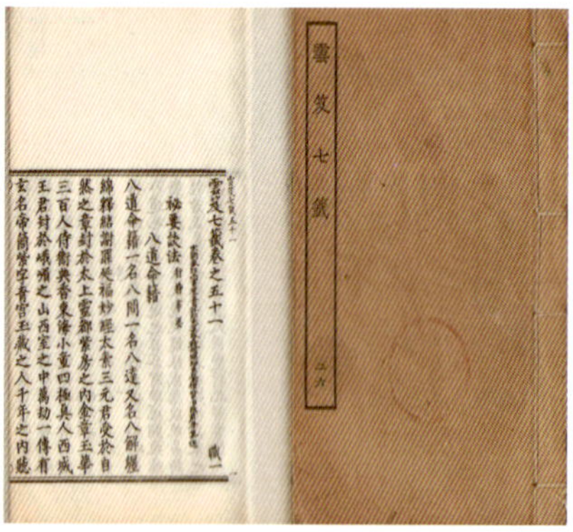
《云笈七签》书影

在此期间，中国武术得到很大发

中国河南登封少林寺壁画

展。中国武术吸收了不少佛教思想、方法，同时也在僧人中长期流传。特别是在6世纪以后，少林寺逐渐闻名于武术界，乃至一提起武术，人们就会联想到少林寺。据传，少林武术起源于菩提达摩，他当年不仅传播了禅法，还创制了《易筋经》、《洗髓经》，编制出达摩拳法、剑法和棍法。其实这大多是后人的假托。少林武术的最可靠记载见于唐高祖武德四年（621）由李世民（598～649）所立的石碑。当时少林寺有武僧，尔后少林武术得以世代相传。北宋初年，福居和尚为发展少林武术，从全国各地请来了许多武术家，在少林寺经过长时间交流和研究，创制出“十路金刚拳”、“延寿功”、“固体法”等新的武技和健身术。13世纪中期，少林寺武僧觉远又走遍各地寻访名师，请他们到少林寺共同研究创新，丰富了少林武术。

除少林武术外，四川峨眉派武术也属于佛家功夫。该派出现比少林为晚，据说是在南宋末年由白云禅师创立。峨眉武术同少林武术一样，也是融合有佛、道两家的健身养生精华，是秉承中国武术传统、经过不断创新而发展起来的。

13～20世纪　这一时期，仍有道教养生学典籍在引用佛教“四大”的理论。如出于“尹真人高弟手笔”的《性命圭旨》讲到“五气朝元”功法时，就同时提出“四大安和”说。

明代袁黄（1533～1606）所著《摄生三要》在讲到调息时，特别引用了禅家的理论：“禅家谓息有四种：凡鼻息往来有声者，此风也，非息也。守风则散。虽无声而鼻中涩滞，此喘也，非息也。守喘则结。不声不滞而往来有迹者，

印度女学生学习中国武术

此气也，非息也。守气则劳。所谓息者，乃不出不入之义。”

相传为菩提达摩所传的“易筋经功法”是一套完整的保健体操。从现存《易筋经》的文字看，应属于这个时期。清道光年间，马一贞校刊出《易筋》、《洗髓》二经。他在序言里说，《易筋》、《洗髓》二经，都是达摩传道之书。他曾在坊间买到《易筋经》抄本若干种。经他校刊的这部书，内容已经十分丰富。到清代末期，四川人周述官在《易筋经》的基础上又增演出更多的招式，编撰出《增演易筋洗髓内功图说》。1893年秋，他在资阳通慧寺遇见一位法师，法师赠他一部6卷本的《增益易筋洗髓内功图说》，后来周述官又加以发挥，撰成17卷，极大地丰富了这部书的内容。

近代以来，印度瑜伽在中国的影响越来越大。20世纪40年代，去印度留学的徐梵澄就曾在印度学习瑜伽，回国后一直坚持练习，直到晚年。80年代，印度的瑜伽术日益为中国人所了解，不仅有人研究瑜伽，而且有相关的图书出版，还有电视节目的宣传。90年代，练习瑜伽成为白领人士的时尚，中国去印度专门学习瑜伽的人已经很多。中国很多大城市都开办健身馆，开设瑜伽课程，一些印度瑜伽师也被聘请到中国教授瑜伽。印度武术卡拉里帕亚图也引起中国人的关注，因为它流行于南印度，流行于菩提达摩的故乡，使人们联想起少林功夫，所以报刊上、电视里都作过介绍。

印度瑜伽师在向中国学员传授瑜伽

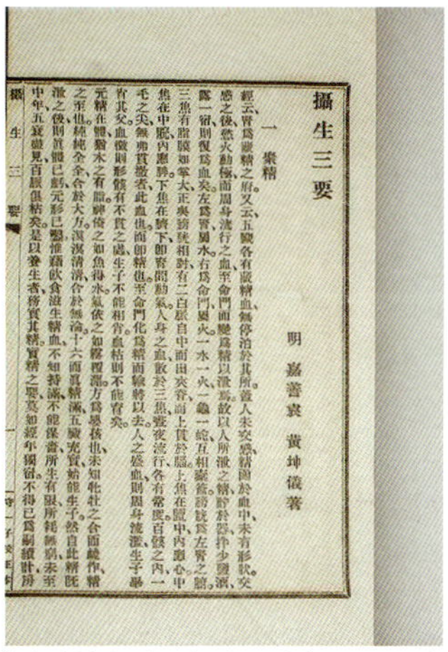

攝生三要

明 嘉善袁 黄坤儀著

一 聚精

經云、腎爲藏精之府。又云、五臟各有藏精、無停泊於其所。蓋人未交感、精涵於血中、未有形狀。交感之後、慾火動極、而周身流行之血、至命門而變爲精以泄焉。故以人所泄之精、貯於器、拌少鹽酒、露一宿、則復爲血矣。左爲腎、屬水。右爲命門、屬火。一水一火、一龜一蛇、互相蟠蓄、膀胱爲左腎之腑、三焦有脂膜如掌大、正與膀胱相對、有二白脈自中而出夾脊、而上貫於腦。上焦在膻中、內應心。中焦在中脘、內應脾。下焦在臍下、即腎間動氣。人身之血、散於三焦、晝夜流行、各有常度、百骸之內、一毛之尖、無弗貫徹者、此血也、而即精也。至命門化爲精而輸精以去、人之盛血、則周身流溢、生子暴肖其父。血微則形骸有不貫之處、生子不能相肖。血枯則不能育矣。

元精在體、猶木之有脂。神倚之如魚得水。氣依之如霧覆淵。方爲嬰孩也、未知牝牡之合而峻作、精之至也。純純全全、合於大方。溟溟涬涬、合於無淪。十六而真精滿、五臟充實、始能生子。然自此精既泄之後、則真體已虧、元形已鑿、惟藉飲食滋生精血。不知持滿、不能保嗇、所生有限、所耗無窮、未至中年、五衰並見、百脈俱枯矣。是以養生者、務實其精。實精之要、莫如寡欲獨宿。不得已爲嗣續計、毋

攝生三要 一

《道藏精华录·摄生三要》民国时期白纸活字本书影

同时，中国武术和气功也引起印度人的关注。许多青少年从电影和电视里了解到中国功夫。80年代，印度已有学者研究中国的气功，并同印度瑜伽进行比较。90年代，有印度学生向中国留学生学习太极拳。印度不少地方成立了武术协会，开始培训武术教练和运动员。其中北方邦的武术协会成立较早，开展活动较多，其负责人还到中国访问过。

2001年以后，中印两国在体育领域的交流很多。其中最有意义、最精彩的交流是2010年6月20日，12名来自印度的卡拉里帕亚图高手在少林寺与中国武师同台献艺。

（薛克翘）

Zhong–Yin yishu jiaoliu

中印艺术交流 overview of China-India art contacts 中国与印度是两个艺术大国，分别创造了千姿百态、缤纷多彩的艺术，形成了悠久而深厚的传统。两国之间的艺术交流可以上溯到公元纪元开始前后。古代，这种交流以佛教为主要媒介。现代则在两国政府的支持下，涉及的领域变得空前广泛、频繁和常规化。

佛像 北周时期（557～581）
中国甘肃永靖炳灵寺石窟

印度艺术概述 在历史上，中印之间的艺术交流主要沿循4个途径：西域道、滇缅道、南海道、唐蕃道。这4条通道，在历史上曾为中印交通和艺术交流作出持久而重大的贡献，即使在今天也发挥着一定的作用。

印度音乐 在印度河文明时期，就出现了表现乐舞的雕刻，上面有七孔长笛一类乐器。如果从吠陀时代算起，印度音乐至少也有3 000余年的历史。公元前1500年前后问世的《梨俱吠陀》中的颂歌，可以看作最早的歌词。《娑摩吠陀》则是上古时期的歌曲集，专供祭司在祭祀时吟唱。印度音乐很可能起源于宗教祭祀仪式。

音乐在印度人的生活中占有神圣地位。古代典籍证明，印度在上古时代就有了专业歌者和琴师。一些公元前后的石刻中就有他们的形象。在吠陀时代，维那琴一类弦乐器和横笛一类的管乐器已制作出来。现代印度常用的一些民族乐器与之一脉相承。可能是在吠陀后期，印度音乐家将四声音阶改进成为七声音阶，《阿闼婆吠陀》中就有关于七声音阶的说明。史诗时期，音乐在王室的扶植下获得迅速发展。公元前后，声乐从宗教仪式的要素演变成为一种高度世俗化的艺术。在乐理方面，除七声音阶外，这时还出现了印度音乐特有的七种调式。《舞论》一书虽然重点总结的是戏剧理论，但也是印度最早的音乐理论文献。婆罗多牟尼制定的音乐规则至今依然为印度音乐家所遵循。

拉格是印度音乐独一无二的特点，在印度古典音乐中特指具有调式意味的曲调框架。每个基本拉格配有5个拉吉尼，总计36个曲调。特定的拉格和拉吉尼只能在特定的季节或一天中的某个时段演唱，表现某种特定的情感或情绪，即表现印度传统美学的9种味。印度音乐由此形成旋律优美、微妙细腻和变化多端的鲜明特点。印度古典音乐最初为一个体系，但在发展进程中逐渐分为两大流派，即印度斯坦音乐与卡纳塔克音乐。

印度舞蹈 在摩亨佐达罗和哈拉帕出土的印度河文明遗物中，就有舞女青铜像和表现男性舞者的石雕像。按照传说，印度教三大神之一的湿婆是印度舞蹈的始祖，会跳108种舞。宇宙就在他的舞蹈之中周而复始地走向毁灭和新生，他的舞王形象十分驰名。印度舞蹈很可能起源于宗教祭祀仪式。最初的职业舞者，需要在祭祀时表演舞技以取悦神灵。但舞蹈作为一种艺术形式，在印度至少也有3 000年的历史。在婆罗多牟尼写作《舞论》之前，印度舞蹈就已十分成熟。根据《舞论》，舞蹈是当时所有重要庆祝活动必不可少的内容。《舞论》为印度古典舞蹈制定了规则，是印度所有古典舞蹈形式的理论源泉。

男性舞者像 公元前3千纪
现藏印度新德里国家博物馆

手持维那琴的妙音天女

印度古典舞蹈分为南北两大体系和八大流派。由于历史和社会的变迁，每一种舞蹈形式在演变之后均具有独特的技巧，但它们还是拥有一些共同的审美原则和技巧特点，同时都取材于印度神话。在印度古典舞蹈流派中，影响最大、流传最广的有婆罗多舞、卡塔卡利舞、曼尼普里舞、卡塔克舞等。

印度绘画 印度的绘画艺术起源于原始的线条画。这些线条画存在于岩洞之中，因此又称岩画。印度岩画的年代约从公元前6千纪中叶延续到公元纪年初期数世纪。这些岩画主要描绘狩猎场面和各种野生动物，也有描绘人类舞蹈活动或殡葬场景的。晚期岩画尚有表现骑马、骑象和战争等人类生活内容的，也有表现巫术和属于生殖崇拜的符号。

阿旃陀壁画是印度古典绘画的成熟和典范之作。题材主要是佛本生故事和佛传故事。前期壁画约创作于公元前2世纪中期或前1世纪，后期壁画大部分约作于475年之后。这些壁画恪守印度传统绘画法则六支的规范，属于印度传

《佛陀还家》 约500年
印度阿旃陀石窟第17窟壁画（局部）

《阿克巴大帝临朝听政》 印度细密画 现藏澳大利亚墨尔本维多利亚州立美术馆

《做饭》 蛋彩画 N.鲍斯绘

统绘画的妙品“味画”，十分注重对情感的描绘。两种主导的审美情感基调是表现眷恋世俗生活情感的“艳情味”和表现皈依宗教情感的“悲悯味”。阿旃陀石窟壁画对于印度本土绘画艺术和中国敦煌、云冈等石窟壁画均产生过重大影响。

莫卧儿王朝统治时期，印度绘画艺术再度繁荣，产生了众多细密画作品，形成艺术复兴的高潮。这一被称为莫卧儿细密画的绘画品种主要盛行于莫卧儿王朝时代的宫廷中。到奥朗则布时代，莫卧儿细密画日渐式微。

19世纪以后，西学东渐，印度绘画也开始受到西方绘画理论和作品的影响，无论在品种、技巧还是风格方面都发生了许多缓慢但显著的变化。从19世纪中叶至1947年印度独立，印欧学院派一直在印度美术界居于主导地位。与此同时，在孟加拉文艺复兴运动的文化背景下，以A.泰戈尔为领袖的孟加拉画派在20世纪初异军突起，号召抵制殖民主义的艺术教育，主张继承以阿旃陀壁画和莫卧儿细密画为代表的印度艺术传统。N.鲍斯是孟加拉画派的代表画家。诗人R.泰戈尔也是印度近代的一位重要画家。他在60岁之后开始作画，作品数量达1 500余幅。他生前曾多次在西方举办个人画展，赢得极高的赞誉。由于他的绘画作品和艺术理论在印度现代艺术中的开拓作用和巨大影响，他被认为是印度现代艺术的先驱之一。

印度独立以来，画坛流派迭出，异彩纷呈。先后有表现主义绘画、超现实主义绘画、新坦多罗艺术等重要艺术流派和代表画家出现。

印度雕刻 印度雕刻在孔雀王朝时期（约前324～约前187）获得极大发展。在马图拉等古代文明中心，先后发现了当时遗留下来的20余尊巨大的石头药叉雕像。药叉是印度神话中的一种神灵，为民间宗教所崇奉。孔雀王朝时期的雕刻在印度艺术史上占有极其重要的地位。这一时期，石头开始在印度普遍用于建筑、雕刻。公元前3世纪，阿育王敕建的独石纪念碑式圆柱是这一时期石雕作品的典范，它们多为整块砂石雕造，高度一般为12～15米，重约50吨。阿育王石柱的雕刻艺术精髓集中体现在其柱头雕刻上，其中在今萨尔纳特发现的阿育王石柱的狮子柱头最为重要也最为知名。这根石柱原是阿育王为纪念释迦牟尼在鹿野苑初转法轮而建造的，象征着宇宙之柱，其柱头在1950年时被选为印度共和国国徽图案。

在佛教圣地巴尔胡特、格雅和桑奇的佛教建筑的雕栏和大门是孔雀王朝之后极其重要的雕刻作品。其中以桑奇塔门浮雕最具代表性。这些作品约作于公元前1世纪至公元1世纪初期安度罗王朝时代。大塔周遭围以石头栏杆，四边各有一座石门。塔门浮雕表现佛本生故事和佛传故事。但在此时，佛教造像尚未开始，因此仅以象征主义的手法借助轮子、足迹和菩提树叶来代表佛陀（见释迦牟尼）本人。桑奇大塔雕刻作品规

印度桑奇大塔北门雕刻

模宏大，技巧细腻，刀工精湛，造型娴熟，堪称稀世之作。

1世纪中后期，在波斯（今伊朗）、希腊和罗马等外来文化的影响和交互作用下，印度佛教雕刻发生迅速变化。人物造型逐渐取代了对佛陀的象征性表现。前期（1～3世纪）犍陀罗佛像，受希腊雕刻的影响非常明显，以片岩石雕为主，佛陀形象酷似希腊太阳神阿波罗，因而被称为希腊化佛像。后期犍陀罗佛像逐渐本土化，印度风格趋于浓重，方法也以泥塑为主。犍陀罗佛像后经中亚传入中国、朝鲜、日本，为东亚佛教造像艺术提供了范本。

笈多王朝时期，随着印度教的复兴，印度教神像雕刻也蔚成风气。在印度埃洛拉石窟，34座石窟中有17座为印度教雕刻。同期开凿的象岛石窟是纯粹的印度教石窟。在中印度和南印度，

印度布里哈迪希瓦拉神庙雕刻　朱罗王朝时期

大量印度教神庙都有具有极高艺术价值的雕刻。与佛教雕刻不同的是，印度教雕刻以造型夸张、动感强烈和变化丰富为特征。

古代南印度的泰米尔人十分擅长铜雕艺术。朱罗王朝的青铜雕像在印度最为驰名。现存新德里国家博物馆的一尊约创作于11世纪的青铜舞王湿婆神像，是一件举世罕见的艺术珍品。湿婆昂首挺胸，极富动态之美。这座铜雕，通过湿婆的神秘之舞象征着宇宙的创造、保护和毁灭，从中透出了印度古人对宇宙演化的哲学理解。

印度比哈尔邦菩提伽耶摩诃菩提寺

印度建筑　印度建筑艺术的真正开端是在孔雀王朝时期。阿育王石柱被认为是印度最早的石建筑。曾经广泛分布于孔雀帝国的许多地方。阿育王时代，还出现了石窟建筑，如在今比哈尔邦巴拉巴尔丘陵开凿的苏达马石窟和在格雅附近龙树山开凿的洛摩斯里希石窟，它们开启后世印度佛教岩凿支提窟、毗诃罗窟等石窟建筑的先河。阿育王时期另一种重要建筑是佛塔。今中央邦首府博帕尔附近的桑奇大塔是印度早期佛塔建筑的典型范例。大塔中心半球形覆钵，始建于公元前3世纪。在安度罗王朝时代，又在大塔围栏四方陆续建成4座砂石塔门。桑奇大塔对后来的佛塔建筑产生了深远影响。

位于今比哈尔邦加雅城南10多千米处的菩提伽耶的摩诃菩提寺是一座著名的佛教建筑。相传释迦牟尼曾在此地的菩提树下静坐悟道。它与桑奇大塔约建造于同一时期。玄奘在《大唐西域记》中称：大塔“高百六十尺，下基面广二十余步，垒以青砖，涂以石灰。层龛皆有金像，四壁镂作奇制”。后来的佛教建筑主要是寺院和石窟寺，散见于印度各地。其中最著名的有位于今比哈尔邦巴特那东南的那烂陀寺。该寺建于5世纪上半叶笈多王朝前期，是印度佛教学术中心。后屡有扩建，规模宏大，殿宇壮观，闻名海外。这样一座寺庙群，在12世纪突厥穆斯林入侵时毁于兵燹。

现存最早的印度教建筑艺术是笈多王朝时期的一些岩凿洞窟。随着佛教的衰落，印度教开始兴盛起来。中世纪时，印度南北诸多王朝大多信奉印度教，促进了印度教神庙建筑艺术的发展。大约10世纪，印度教建筑进入全盛时期。佛教强调平和宁静，印度教崇尚动态变化，因此印度教建筑艺术也呈现出全然不同的风貌来。从时间跨度、建筑规模和艺术风格看，南印度的神庙建筑在印度具有典型意义。朱罗王朝于11世纪初在今坦贾武尔兴建的布里哈迪希瓦拉神庙是印度现存最高大的神庙，俗称坦焦尔大塔。众多壁画、雕刻及各种装饰使这座神庙显得富丽堂皇。马杜赖的米娜克希神庙建于17世纪，也是南印度颇具盛名的一座神庙。与佛教寺庙相比，印度教神庙不但工程难度大，艺术内涵也更丰富。

穆斯林在侵入印度并建立政权后，也将伊斯兰风格的多种建筑形式带入印度，使印度建筑文化呈现多元形式和风貌。从13世纪起，伊斯兰教建筑逐渐在北印度许多城市出现。印度伊斯兰教建筑主要包括城堡、宫殿、陵墓和清真寺。建筑材料多采用红色砂岩和白色大理石，或浑厚古朴，或清新淡雅。印度伊斯兰教建筑在其发展过程中，逐渐吸收了印度固有建筑的一些艺术形式，形成了独特的印度伊斯兰教建筑风格。莫卧儿王朝时期，大量建筑艺术杰作问世。

德里城东的胡马雍陵是莫卧儿王朝早期建筑最重要的代表作。波斯建筑师米拉克·米尔扎·吉亚斯负责陵墓设

印度巴贾石窟第12窟　约公元前2世纪

计，具有波斯风格。这也是印度花园陵墓的第一个范例，对泰姬陵的构建起了示范作用。1565年，胡马雍之子阿克巴开始修建阿格拉城堡。阿格拉城堡既是一座气势宏伟的皇宫，也是一座固若金汤的军事要塞。

莫卧儿王朝第五代皇帝沙·贾汗执政时期，莫卧儿建筑艺术发展到全盛时期。沙·贾汗酷爱建筑艺术。他在建筑中大量使用白色大理石，使莫卧儿建筑艺术从雄浑壮观转向典雅瑰丽。1639年，沙·贾汗决定迁都德里，遂敕建德里红堡和大清真寺。

泰姬陵则是沙·贾汗敕造建筑中最为辉煌的范例，是莫卧儿建筑艺术的登峰造极之作，也是世界建筑史上的丰碑。是沙·贾汗为纪念亡妻阿尔朱蔓德·巴努·贝古姆皇后而建。泰姬陵位于阿格拉城堡东面偏南的亚穆纳河畔，主体建筑建于1632～1643年。

欧洲殖民者入侵印度并站稳脚跟后，逐渐将欧洲近代建筑理念应用于这个文明古国。葡萄牙殖民者在今果阿邦建造了一系列宏伟的纯然欧洲巴洛克风格的基督教堂。到维多利亚时代末期，英国殖民者对印度公共建筑的影响显现出来。不过，大多数英国建筑师尊重并愿意体现印度传统建筑风格。1986年在新德里建成的印度巴哈依教（即大同教）灵曦堂是一座非常引人注目的现代宗教建筑。被誉为现代建筑奇迹的莲花庙是新德里最壮观的建筑之一，同时也是新德里的标志性建筑之一。

印度古代艺术在中国的影响 印度古代音乐、舞蹈、雕刻、绘画等艺术形式曾在中国产生巨大影响。

音乐 中印之间的音乐交流有2 000余年的历史。东汉时期，印度音乐随佛教东渐而传入中国。3世纪，佛教音乐开始在中国流行。敦煌壁画和云冈石刻中，可见印度乐器如箫、笛、琴、箜篌、琵琶、铜铙钹等。汉武帝时代，中国已能仿制箜篌。至晚唐，乐工李凭因善弹箜篌而名动京师。

龟兹宫调理论包含印度音乐因素，对中国古代音乐的发展产生过重大影响。天竺乐4世纪传入前凉，随后东渐。南北朝时期，**梁武帝萧衍**将佛教音乐纳入宫廷音乐。北周武帝宇文邕在位时期（561～578），苏耆婆将龟兹音乐的七调传入北周。隋代，七声音阶传入中国，天竺歌曲《沙石疆》、舞曲《天曲》成为名曲，印度乐器如箜篌、觱篥、羯鼓等也为中国乐工所采用。隋唐两代，天竺乐均系宫廷音乐。

舞蹈 中国古代，舞蹈是一种流行的艺术。汉魏之际，开始吸收域外舞艺。至隋唐，天竺乐舞风靡朝野。宋代以降，舞蹈与佛教同时衰落，但有些舞技从中土传入朝鲜和日本。

汉代张骞出使西域，带回《**摩诃兜勒**》二曲，音乐家李延年因造横吹曲28篇。从东汉至北朝，天竺乐舞纷至沓来，很快占取了中国古舞的地位。据《旧唐书·音乐志》记载，北朝时期，从西北传入代面、钵头、踏摇娘等舞曲。北齐兰陵王，常戴假面以对敌，齐人壮之，为代面舞以效其指麾击刺之容，谓之《兰陵王入阵曲》。据现代学者考证，这些舞曲均与印度存在渊源关系。表现这些舞蹈的古舞图，在唐时传入日本，一直保存至今。

唐代盛名远播的歌舞大曲《**秦王破阵乐**》是中国吸收**龟兹乐**等外来因素而创作的大型乐舞，须乐工120人披甲执戟演练。曾传入印度，引起**戒日王**的关注。《**五方狮子舞**》也是唐代一种大型歌舞。狮子是一种瑞兽，与印度佛教关系密切。狮子舞在三国时即已流行中土。前秦将领吕光率军攻破龟兹（今中国新疆库车一带），带上万艺人回到凉州（今甘肃武威）。融合了汉地元素的狮子舞遂成中原五方狮子舞。除宫廷外，狮子舞也广泛流行于军队和民间，至今风行不衰。

美术 魏晋南北朝时期，印度**犍陀罗艺术**与**笈多艺术**随佛教传入中国西域和内地。从3世纪始，通过来访的印度僧人或从印度返回的中国求法僧，佛教绘画被不断引进。三国时期吴赤乌十年（247），世居天竺的**康僧会**在吴都建业（见**南京**）“设像行道”，**孙权**为其造建初寺。中国画家曹不兴见西国佛画仪范写之，名传天下。康僧会携来的佛画，可能即是犍陀罗风格的佛像或马图拉风格的佛像。东晋隆安三年（399），东晋高

敲羯鼓的乐伎像

中国甘肃敦煌莫高窟第112窟壁画（局部）

药师经变的乐舞队图

中国甘肃敦煌莫高窟第112窟壁画（局部）

弹箜篌的乐伎像

中国甘肃敦煌莫高窟第112窟壁画（局部）

僧法显出长安西行求法，游历印度多国，时值笈多艺术兴起之时。法显在抄写经文之余，亦曾临摹和绘制笈多式佛像。东晋义熙八年（412），法显经海路归国，带回种种经像，于是印度笈多时代的佛像传入中土。东晋义熙年间（405～418），印度南邻师子国（今斯里兰卡）献玉佛像，高约1.4米，玉色洁润，形制殊特，巧夺天工。此像供奉于瓦棺寺，与戴逵手制五尊佛像《五世佛》、顾恺之绘壁画《维摩诘》并称三绝。至南齐东昏侯时，玉像被毁，为其妃作钗钏。这尊玉佛像，可能是从南印度传至斯里兰卡的阿马拉瓦蒂样式的佛像。

5世纪中叶，罽宾国僧人师贤到北魏首都平城（今中国山西大同东北）造像。北魏兴光元年（454）秋，奉旨于五级大寺内，为太祖拓跋珪（386～409年在位）以下五帝各铸一尊释迦牟尼立像，各长一丈六尺，各用赤金25万斤。北魏太安（455～459）初，师子国僧人邪奢遗多、浮陀难提前来赠送佛像，工艺精湛，冠绝西域，成为范本，当为业已成熟的笈多式佛像。

北魏神龟元年（518），北魏使者宋云与僧人惠生奉诏西行取经。目睹位于今巴基斯坦白沙瓦东南佛塔雀离浮图，亦即迦腻色迦大塔。惠生雇用当地良匠以铜摹写壁龛内供奉的佛像一尊和佛本生故事浮雕。北魏正光三年（522），惠生一行将多部佛经并这些犍陀罗艺术摹本带回中国。唐代高僧玄奘不但在《大唐西域记》中记载了属于犍陀罗艺术、笈多艺术的佛像、佛塔、寺庙、石窟等宏大作品，而且亲自带回金、银、檀木佛像。义净等人也前赴后继，求取或图写佛像，带回长安。

中国新疆楼兰遗址古代寺庙木雕

犍陀罗艺术首先传入今中国新疆地区，导致中国西域佛教艺术的繁荣。丝绸之路南道的鄯善（古称楼兰）、于阗（今中国新疆和田）地区的佛教艺术就是犍陀罗艺术影响的产物，年代较晚的于阗佛教艺术还吸收了笈多艺术的成分。楼兰和于阗两个王国在公元二三世纪就接受了佛教，无论僧俗“尽行天竺法”，出家人则勉力“习天竺书、天竺语”。20世纪初在今中国新疆若羌的米兰，发掘出14处佛寺遗址，残存的建筑部件、佛像、壁画等，显示了犍陀罗艺术的影响。楼兰古城遗址佛塔残存壁画，风格同米兰相若。

于阗曾是丝路南道最重要的佛教文化中心。大约公元前后，那里是印度移民的居住地，佛教流行。晋代高僧法显西行求法时亲睹当地寺塔众多的盛况。20世纪初，在和田地区发掘出的各种佛像及浮雕，或为犍陀罗式，或为笈多式。有些壁画的人物，酷似印度阿旃陀石窟笈多或后笈多时代壁画中的人物，是一种直接的移植。一些壁画残片则呈现印度、波斯与中国因素混合的风格。

丝路北道的疏勒、龟兹、高昌等古国，均曾为印度移民的居住地，深受印度佛教及佛教艺术的影响。在疏勒，20世纪初发现的佛像，或具有犍陀罗风格，或带有笈多式佛像造型特征。在龟兹，有克孜尔石窟等十余处佛教石窟遗迹。克孜尔石窟是佛教石窟艺术东传链条上的重要一环，遗存壁画较多，早期作品深受犍陀罗艺术和印度传统绘画的影响，一些画作中的人物造型、服饰和绘画技法，类似阿旃陀壁画的风格。在高昌（今中国新疆吐鲁番），石窟佛寺遗存的雕塑和壁画，也受到犍陀罗艺术和笈多艺术的影响。举世闻名的敦煌石窟，则是犍陀罗艺术和笈多艺术与中国内地艺术融会的产物。此外，今甘肃武威天梯山石窟、永靖炳灵寺石窟等中国早期石窟艺术作品，均与龟兹石窟存在

佛陀坐像　贵霜时代印度北方邦出土

如来像　于阗壁画（220～420）
中国新疆于阗喀拉墩第62号佛寺遗址出土
现藏中国新疆文物考古研究所

释迦牟尼佛像　中国河南洛阳龙门石窟古阳洞

渊源关系，它们受到犍陀罗艺术和笈多艺术的影响，带有明显印度风格。

北魏时期（386～534）是中国北方佛教石窟艺术的兴盛时期。北魏和平元年（460）至六年，在今山西大同云冈凿山石壁，开窟5所，各建佛像，最高者近17米，次者15.5米，雕饰奇伟，风格宏厚，受犍陀罗艺术和笈多艺术影响，但佛像造型、气质和服饰上也透出了中国北方民族帝王的威仪。至于云冈石窟的大量本生故事和佛传故事浮雕，则俨然是犍陀罗地区同类浮雕的翻版，可能是直接采用犍陀罗浮雕的拓片制成的。后期云冈石窟佛像造型出现本土化倾向，中国艺术特色日趋显著。敦煌石窟、麦积山石窟、龙门石窟等佛教石窟艺术作品，也都大体经历了类似过程。这些石窟是了解中国古代佛教、雕刻、建筑、音乐等发展历程和研究中印艺术交流史的重要实物资料。

佛教东传导致佛教绘画的流行和繁荣。魏晋南北朝时期，顾恺之、戴逵、陆探微、**张僧繇**、**曹仲达**等大家均受印度影响，擅佛画。来自印度的画家释迦佛陀等，亲自作画示范或与中国画家交流技艺。所谓**曹衣出水**、**凹凸法**等绘画技巧，或受笈多马图拉样式佛像影响，或可溯源于阿旃陀石窟壁画。

现代中印艺术交流 到13世纪初叶，佛教在印度本土几近消亡。随后，中印艺术交流基本中断。进入20世纪，中印文化交流渐趋繁荣。

音乐与舞蹈 20世纪下半叶以来，中印两国的音乐与舞蹈交流日趋频繁。印度音乐与舞蹈团不断前来中国进行访问演出。

1955年，印度外交部副部长钱达尔率领的印度文化代表团抵达北京

1955年6月，由印度外交部副部长A.K.钱达尔率领的51人文化代表团给中国观众带来丰富的印度音乐舞蹈节目。同年12月，中国文化代表团回访印度，在新德里参加了印度国庆观礼活动，并观赏民间歌舞表演。

1957年，印度现代舞之父**U.香卡**率团来华演出歌舞剧《佛陀一生》，由7位音乐家采用印度乐器伴奏。同年，印度舞蹈家和电影演员**K.拉克希曼**与妹妹R.拉克希曼随印度文化代表团访华。著名作家**冰心**撰写《观舞记》一文，题献拉克希曼姐妹。4月5日，拉克希曼姐妹在北京进行告别演出；在欢送会上，京剧表演艺术家**梅兰芳**赞扬了她们的精湛表演。这是中国的音乐家、舞蹈家了解印度现代表演艺术的开始。

1978年10～11月，印度舞蹈家M.萨拉拜率团访华。她建议中国派留学生到她的学校学习，之后**张均**和**刘友兰**受政府公派赴该校留学。1983年8月，印度音乐家、西塔尔琴演奏家**R.香卡**应中国文化部和中国音乐家协会邀请访华，在北京、上海、成都举行多场演出，他还在北京的中央音乐学院举办关于印度古典音乐的讲座。1984年，印度婆罗多舞复兴运动的先锋R.黛维率卡拉谢特拉舞蹈学院演员来华演出，婆罗多舞蹈家L.桑姆森随行。1986年10月，印度乐器演奏小组在北京、济南、无锡、杭州演出，演奏了卡纳塔克古典音乐和印度斯坦古典音乐。南方小组由维那琴演奏大师S.巴拉琴代率领，北方小组由西塔尔琴演奏大师U.伊姆拉特·汗率领。他们还在北京中国音乐研究所举办印度乐器展览之后将供展览的20件印度乐器全部赠予中央音乐学院。

1990年，印度德里大学音乐与艺术学院院长、西塔尔琴演奏家D.乔杜里教授和妻子曼珠诗莉（歌唱家）、儿

毛泽东接见印度文化代表团团长、印度外交部副部长A. K. 钱达尔　1955年6月30日

印度乌黛·香卡舞蹈团访华演出节目单

子帕拉提克（西塔尔琴演奏家），以及塔布拉鼓演奏家S.穆克吉，在北京中央音乐学院举行题为“乾闼婆吠陀”的音乐会。

1991年8月，由中国人民对外友好协会、中国社会科学院和印度驻华大使馆联合在北京举行泰戈尔逝世50周年纪念会。来自加尔各答的印度舞剧团在北京、福州、厦门等地演出泰戈尔的舞剧《纸牌王国》。1994年5月，首届印度文化节在北京举办。来自印度的桑伽姆乐队、印度歌舞团、印度民间艺术团共计72人，在北京、上海等13座城市举行巡回演出。1997年10月，印度艺术团一行20人来华参加第五届亚洲艺术节。

2000年1月，印度卡塔克舞大师B.马哈拉吉率团来北京参加中国举办的第二届亚洲艺术节。

2000年5月，印度小提琴演奏家、作曲家苏布拉玛尼亚姆随印度总统访华来北京演出。他是一位精通卡纳塔克音乐风格的小提琴大师。他创作的《吠陀诗歌幻想曲》、《小提琴二重奏——旅行》、《全球交响曲》和《星际交响曲》，是印度音乐、东方音乐与西方音乐的交融，在世界乐坛上独创一格，广受欢迎。他在北京与北京交响乐团合作演出了他本人创作的小提琴协奏曲《热爱和平》、《全球交响曲》的选段。2002年10月，印度婆罗多舞蹈家桑姆森率领斯班达舞蹈团来北京参加亚洲艺术节，并赴呼和浩特、包头、上海和杭州等地演出。

2007年9月22日，在江苏南京召开的世界民族音乐学会第三届年会上，印度当代萨朗吉大师萨布里汗和他的儿子

印度卡塔克舞蹈之王马哈拉吉在表演

卡马尔及塔布拉鼓手沙里特·达斯等6人举行演出。

2008年4月，桑姆森再次访华，为印度旅游文化年启动仪式演出。作为总导演，她带来一台由印度六派古典舞曼尼普里舞、卡塔卡利舞、奥迪西舞、莫西尼亚塔姆舞、婆罗多舞和卡塔克舞组成的精彩晚会。

2012年1月15日，印度奥迪西舞蹈家K.赛加尔在广州演出。3月，印度当代婆罗多舞蹈家R.瓦伊德亚纳坦在北京国家大剧院和中央音乐学院演出两场。同年夏天，婆罗多兼奥迪西舞蹈家S.曼辛格来北京演出。

20世纪50年代初，中国音乐学家沈知白开始深入研究印度音乐。他在50年代后期指导研究生收集、整理和翻译印度音乐资料和著述。60年代初，他开始在中国音乐学院讲授印度古典音乐理论。

80年代后期，中国首次向印度派出专门研究印度音乐的访问学者，他们回国后都成为中国的印度音乐专家，为印度音乐的研究、普及和教育作出了卓越贡献。80年代末和90年代初，中央音乐学院和上海音乐学院分别开设“印度音乐文化”等课程。1991年起，上海音乐学院先后招收以印度音乐为研究方向的硕士及博士研究生。到21世纪初，印度音乐已成为中国各级音乐院校中重要教学内容之一。

中央音乐学院印度音乐专家陈自明在20世纪80年代开始学习和研究印度音乐，并将印度音乐纳入他讲授的“世界民族音乐”课程中。1986年，他派学生安平去印度留学，同行者还有上海音乐学院的赵佳梓。1989年，陈自明作为访问学者前往印度研修印度音乐，

陈自明在演奏小提琴

在香卡家里与印度同行交流，用小提琴演奏了《梁祝》选段、《二泉映月》、《瑶族舞曲》、《新疆之春》等中国乐曲。1992年，陈自明在中国中央音乐学院开设“印度音乐文化”课程，这是全国首次开设此类课程。

首都师范大学张玉榛于2000～2002年在新德里的艺术大学做访问学者，学习西塔尔琴。2001年12月2日，

印度六派古典舞在北京演出　桑姆森编导　2008年4月

印度萨布里汗和他的儿子卡马尔及塔布拉鼓手沙里特·达斯在演奏

她在新德里市中心的音乐厅用中国民族乐器琵琶与印度音乐家用西塔尔琴、印度笛、塔布拉鼓合奏一首拉格，成为“中国与印度相遇”的首次尝试。天津市艺术学校教师刘慧媛于2003～2006年在德里大学音乐学院学习西塔尔琴。她在2005年用中国扬琴与印度音乐家用西塔尔琴、塔布拉鼓合奏印度拉格和中国的《茉莉花》。

2009年12月13日，中央音乐学院民乐系教授、扬琴演奏家刘月宁邀请印度扬琴演奏家家T.巴塔查利雅，西塔尔、萨罗达演奏家克迪安兄弟，以及塔布拉鼓演奏家P.波达访华。他们在北京国家大剧院举行了主题为“当东方与东方相遇——刘月宁和她的印度朋友们”专场音乐会。

2011年5月4日，为纪念泰戈尔诞辰150周年，中国对外友协和印度文化关系委员会在加尔各答合作，在市政厅主办“中印音乐文化论坛”和“当东方与东方相遇·东方之夜”音乐会。中印两国音乐家陈自明、刘月宁、D.乔杜里、P.乔杜里、B.高士等参加演出。

2013年7月6日，刘月宁和印度扬琴家T.巴塔查亚、塔布拉鼓王V.哥特等在北京音乐厅合作举办了“中印之夜——刘月宁与印度音乐家新作品”音乐会。

近年来，中国对印度音乐的研究不断深化。张玉榛先后出版了《东方与西方相遇——拉维·香卡印西音乐交融研究》(2010)、《印度音乐教育研究》(2013)、《拉格·音乐——印度音乐家拉维·香卡的音乐人生》(与陈自明合

张玉榛《东方与西方相遇》封面

著，2014)。中央民族大学庄静出版了《轮回中的韵律——北印度塔布拉鼓探微》(2014)。

20世纪下半叶，随着印度电影不断引进中国，印度电影音乐开始在中国广泛流传。《流浪者》插曲《拉兹之歌》等风靡一时。80年代以来，泰戈尔歌曲开始引起中国音乐界的关注。2007年9月，中央音乐学院世界民族音乐演奏小组用中国民族乐器琵琶、扬琴、二胡、笛子演奏泰戈尔音乐作品。2012年5月17日，作为中印文化交流项目的成果，《泰戈尔歌曲精选集》出版首发式暨泰戈尔作品音乐会在中央音乐学院举行。

20世纪80年代以来，中国也开始不断派遣留学生、访问学者到印度学习印度舞蹈。中国舞蹈家张均和刘友兰前往印度学习古典舞蹈。张均回国后先后在北京舞蹈学院、东方歌舞团等机构执教，举办了数十个印度古典舞培训班，学员超过500人，为在中国传播印度舞蹈艺术作出了重大贡献。张均是第一个把印度舞蹈系统介绍到中国的人。

中国的婆罗多舞者金珊珊，少时曾师从张均和苏宝华学舞。1994年赴印留学，在进修印地语的同时学习婆罗多舞。她是桑姆森最出色的学生之一，1998年在新德里举办独舞晚会，之后成为桑姆森创建的斯班达舞蹈团演员，活跃在印度乃至世界舞台上。2000年她回到北京，不久，在北京创建了印度古典艺术中心，教授印度古典舞。

电影 印度电影与中国的联系可追溯到抗日战争时期。1944年，印度小说家、电影剧作家K.A.阿巴斯在获悉柯棣华大夫在中国为抗日战争殉难后，写了一本小册子《还有一个没回来》，并将它改编成电影剧本《柯棣华大夫不朽事迹》。这部电影使柯棣华的英雄事迹和中国人民艰苦卓绝的抗日战争为印度人民所知。

1951年，根据阿巴斯剧本摄制的电影《流浪者》，因男主角R.卡普尔的出色表演，获得空前成功。1952年，阿巴斯访问中国。1955年，卡普尔的父亲P.卡普尔率印度电影代表团访问中国，《流浪者》在中国各地放映，引起巨大轰动。随后，S.拉伊摄制的《道路之歌》(1955)于1955年引进中国。20世纪60～70年代，中印电影艺术交流遭遇暂时挫折。

随着中印关系逐渐解冻，印度电影于20世纪80年代再度进入中国市场。《大篷车》(1971)、《奴里》(1979)、《哑女》(1982)等多部影片迅速流行。1986年，中国文化部电影局在北京、上海、天津、

中国电影《白毛女》海报

中国香港电影《少林寺》海报

中国香港电影《龙争虎斗》海报

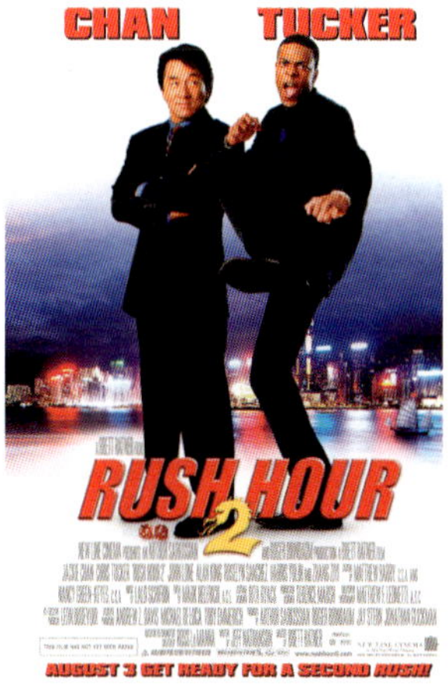

美国电影《尖峰时刻2》海报

重庆等城市举办印度电影周。

20世纪末以来，印度电影再度引起中国观众尤其是年轻人的兴趣。A.戈瓦里克导演的宝莱坞故事片《印度往事》(2001) 在中国上映后获得好评。

2006年是中印友好年，同年8月下旬和9月上旬，印度电影节先后在北京、上海两地举办，展映了1990年以来印度拍摄的10部电影。

2010年6月24日～7月23日，作为中国“印度节”的一项重要活动，印度电影节先后在北京、重庆和广州举行，再次上映10部印度主流电影的代表作，反映了印度电影广泛的题材及地区语言电影的发展。

近年来，随着全球化的发展，中国在引进印度优秀电影方面与世界同步。《贫民窟的百万富翁》、《三傻大闹宝莱坞》等电影引起观众的强烈反响和赞赏。与此同时，中国年轻一代导演开始借鉴印度电影，追求题材的多样性和手法的独创性。

2013年6月15～23日，为庆祝印度电影诞生100周年，第16届上海国际电影节专门安排印度电影展映，放映了18部代表性作品，使人们重温了印度电影一个世纪的历史。

中国有关电影杂志和报纸素有对印度电影的介绍和报道。时有关于印度电影历史著述的编译出版，也有学术性论文发表。“列国志”之一《印度》(2003，2010) 有关章节介绍和评价了印度电影一个世纪的发展历程。

中国电影在印度同样受到欢迎。1952年1月，由吴印咸任团长的中国电影代表团一行6人赴印度孟买参加国际电影节。送去展映的影片有《白毛女》、《中国民族大团结》、《钢铁战士》、《光芒万丈》等，这是中国第一次参加印度孟买国际电影节。1955年10月，印度有关部门在新德里举办了中国电影周，放映了中国故事片《山间铃响马帮来》、戏曲片《梁山伯与祝英台》。

印度电影《道路之歌》剧照

印度观众非常欣赏中国的功夫片。李小龙、李连杰、成龙等功夫片巨星，在印度成为家喻户晓的人物。李小龙的《精武门》(1972)、《猛龙过江》(1972)、《龙争虎斗》(1973)，李连杰的《少林寺》(1982)，成龙的《尖峰时刻》系列作品、《飞龙再生》(2003) 等电影在印度十分流行。这些功夫片最初的主产地在香港。

中国大陆影片是在改革开放后的80年代开始出口印度的。中国第五代导演的作品在印度引起关注并获得好评。张艺谋的《红高粱》、《大红灯笼高高挂》、《一个都不能少》、《我的父亲母亲》、《菊豆》、《英雄》，陈凯歌的《霸王别姬》，冯小宁的《黄河绝恋》等，都受到印度影迷的赞赏。张艺谋在2012年第14届孟买电影节获得终身成就奖。

印度电影《三傻大闹宝莱坞》剧照

2013年6月，印度新德里再度举办中国电影节。《十二生肖》(2012)、《一九四二》(2012)、《桃姐》(2012)、《飞跃老人院》(2012)、《人在囧途之泰囧》(2012)、《海洋天堂》(2010) 等10部优秀电影上映。

绘画　20世纪，中印两国的现代画家开始友好往来。1924年，国际大学艺术学院院长、画家N.鲍斯陪同印度诗人泰戈尔访华，会见画家齐白石、陈半丁、姚茫大等人，将在北京创作的油画《洛神图》和水墨画《禅定图》赠送京剧演员梅兰芳。

1937年，印度现代艺术先驱之一、画家B.B.穆克吉访问中国。

中国画家徐悲鸿1939～1940年访问印度。印度之行成为徐悲鸿中国画创作的高峰期。旅印期间，他为诗人泰戈尔画像10余幅。1940年2月17日，M.K.甘地访问圣蒂尼克坦，徐悲鸿当场为甘地画速写像，甘地在画上签名。同年，徐悲鸿相继在圣蒂尼克坦和加尔各答举办个人画展，泰戈尔在为画展所撰的前言中高度评价了他的艺术成就。1940年4～7月，徐悲鸿赴喜马拉雅山大吉岭，完成巨幅中国画《愚公移山》。他在大吉岭还画了中国画《群马》、《印度妇女》等。

1943年，中国画家叶浅予以战地记者名义访问印度兰姆伽中印训练营营地，观印度国际大学和佛教圣地佛陀伽耶，画了大量印度舞蹈人物速写和风光写生，创作重心从漫画转向中国画尤其是舞蹈人物。1944年，在重庆举办“旅印画展”。1962年，据旅印速写稿重新创作的中国画《印度婆罗多舞》是其代表作。

敦煌壁画（局部） 张大千临摹

1950年2月，中国画家张大千应邀在新德里举办个人画展。同年3～4月，他考察印度阿旃陀石窟，临摹阿旃陀壁画，并与敦煌壁画进行比较研究。1950年5月～1951年8月，他旅居喜马拉雅山大吉岭，创作颇丰。代表作有中国画《张大千临摹敦煌壁画》、《印度仕女》等。

印度画家M.F.侯赛因1952年首次访问中国，曾拜访齐白石，齐白石赠送他一幅画。1984年7月，侯赛因应中国美术家协会邀请再度访问中国，曾拜访叶浅予，参观徐悲鸿纪念馆，回国后在新德里举办个人访华画展，印度总理英迪拉·甘地曾前往参观。

1984年10月，在北京中国美术馆举办了“纪念南达拉尔·鲍斯诞生一百周年绘画展览”，展出了他的125幅风格多样的作品。

（刘建）

Zhong–Yin youhao daibiaotuan

中印友好代表团 China-India goodwill mission 20世纪40年代以来中国、印度两国各派的一系列友好代表团。其中中国代表团有1940年1～2月由太虚法师率领的访印代表团和1943年3～4月由南京国民政府考试院院长戴季陶率领的访印代表团等。20世纪四五十年代，亦有私人和半官方代表团访问印度，作家丁西林和冰心率领的中印友协代表团便是其中之一。印度国际大学中国学院的主要创立者之一谭云山在这些代表团中发挥了重要作用，他曾作为私人向导陪同戴季陶造访印度的佛教圣地。此外，由J.尼赫鲁、S.拉达克里希南、S.巴胡古纳率领的印度代表团也曾在不同时期访问中国。

戴季陶像

（那济世撰 何赟译）

Zhong–Yin zongjiao zhexue jiaoliu

中印宗教哲学交流 overview of China-India religious and philosophical contacts 中印宗教哲学交流始于中国汉代（1世纪）。当时佛教从印度传入中国，随着佛教在中国的传播，两国开始了宗教、哲学和文化方面的交流。其中哲学方面的交流尤为突出，魏晋南北朝时期逐渐频繁，隋唐时期达到了高潮，宋元时期更加深入。明清时期受西方殖民主义者的阻碍和干扰，双方的交流日渐减少，但仍然有所接触。到了现代，随着中印两国友好关系的发展，哲学交流呈现繁荣景象。

中国古代有无数的佛教僧人和学者为了寻找印度的智慧不惧艰辛赴印度求学，印度也有大批的佛教僧人和学者来中国讲经、译经，进行学术交流。隋唐时期（6～9世纪），中印学者在哲学方面交流的规模和频繁程度在世界文化交流史上也是罕见的。除佛教哲学外，印度教的六派正统哲学数论、胜论、瑜伽论、正理论、弥曼差论和吠檀多论（见六派哲学），以及耆那教和顺世论的哲学等都传入中国，并对中国古代的思想文化产生了深刻的影响。中国的哲学，如老子的《道德经》，以及道教和儒家思想也传入印度，对印度宗教和文化发展也产生一定的影响。

佛教哲学传入中国 佛教在1世纪，即两汉之交传入中国。随着佛教在中国的传播，大批佛教经典陆续从梵文译成汉文，被中国佛教徒所接受，因此佛经中所包含的哲学思想也开始在中国流传开来。在佛经翻译初期，印度或西域地区的来华僧人起了主要作用。东汉末，安息国僧人安世高来华传授小乘佛教的教义与哲学，翻译了许多小乘经典，如《安般守意经》、《人本欲生经》、《大十二门经》等；大月氏僧人支娄迦谶来华讲授大乘般若学，与弟子翻译了大批大乘佛经，如《般若道行品经》、《首楞严经》、《般若三昧经》、《维摩诘经》、《大阿弥陀经》等。东晋时代，西域僧人鸠摩罗什精通大乘中观派哲学，翻译了大量大乘经典，其中影响比较大的有《摩诃般若经》、《法华经》、《阿弥陀经》、《金刚经》、《中论》、《百论》、《十二门论》、《大智度论》和《成实论》，这些经典系统地介绍了龙树的中观派哲学。

随着佛教在中国的发展，不少中国佛教学者也加入到翻译佛经的队伍中。最典型的代表是唐代高僧玄奘。玄奘赴印度留学17年，从印度带回大小乘经典600多部，归国后从事佛经翻译20年，先后翻译了大小乘经典共74部，1 300多卷，其中重要的有《大般若经》、《大菩萨藏经》、《解深密经》、《瑜伽师地论》、《大毗婆沙论》、《摄大乘论》、《显扬圣教论》等。随着佛经的不断传入和翻译，佛教的哲学思想和思维方式也在中国广泛传播，如小乘佛教的“五蕴”、“四谛”和“十二因缘”学说，以及大乘佛教的般若学、中观派哲学和唯识派

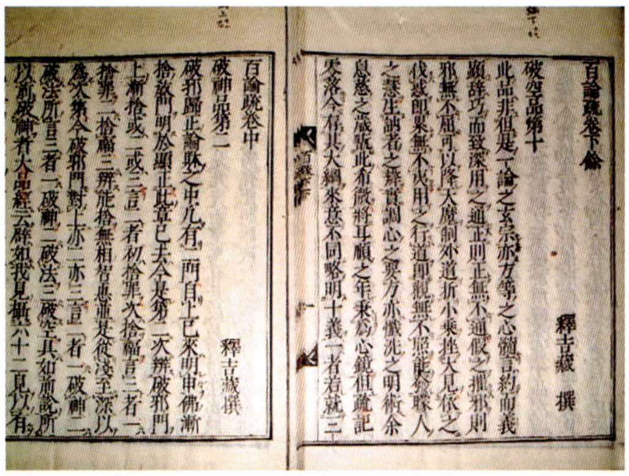
百論疏卷中
破邪品第一
釋吉藏撰
百論疏卷下
破空品第十
釋吉藏 撰

《百论疏》书影 左图为清康熙十九年（1680）木刻本 右图为日本延宝八年（1680）木刻本

姚卫群《古印度六派哲学经典》封面

哲学等。

到了隋唐时代，中国佛教发展到鼎盛时期。此时，中国佛教陆续产生出8个不同宗派，即天台宗、三论宗、净土宗、华严宗、唯识宗、禅宗、律宗、密宗。在这些宗派中，有不少宗派深受印度佛教哲学的影响。例如，“三论宗”产生于隋代，其基本思想来源于印度大乘佛教中观派。他们以中观派哲学代表人物龙树、提婆所著的《中论》、《十二门论》和《百论》为根本经典，故称三论宗。该宗承袭了龙树、提婆的中观派思想，以宣扬“诸法性空”、“真俗二谛”和“八不中道”等哲学为主要宗旨。玄奘及其弟子窥基所创立的唯识宗（见法相宗），也是深受印度佛教哲学影响的一个派别。该派依据的主要经典是《解深密经》、《瑜伽师地论》和玄奘及窥基所糅译的《成唯识论》。他们完全继承了大乘佛教唯识派代表人物无著、世亲的哲学学说，以阐发“外境非有”、“内识非无”、“万法唯识”、“心外无法”的哲学为宗旨。隋代产生的天台宗也继承了中观派代表人物龙树的哲学思想，并把龙树作为自己派系宗谱的初祖（创始人）。他们在继承龙树“诸法性空”哲学的基础上，结合自己的修行实践，提出“三谛一心”或“一心三观”理论。他们将龙树“三是偈”所说的“空”、“假”、“中”称为“三谛”（三种真理）。在他们看来，事物由因缘（条件）所生，故为假有（假谛）；虚幻的存在不真实，故为真空（空谛）；“空”与“假”两者不可分割开来，即是中道（中谛）。他们认为这“三谛”可以在“一心”中得到，故称作“三谛一心”。将这种理论运用到天台宗的止观实践中，便称之为“一心三观”。禅宗产生于唐代，宋代以后发展迅速，流传很广，逐渐成为中国最有影响的一个佛教宗派。禅宗深受《楞伽经》、《金刚经》和《大乘起信论》的影响。该宗在继承佛教哲学的基础上进一步发展，提出了一套适应中国本土语境的理论。在本体论上，他们把“真如”、“佛性”看作不生不灭、永恒的精神世界，而现实世界的万物则是“真如”本性的显现。他们认为，“真如佛性”是恒常清净，无污染的，这种净性也属于每个人的本心，是人内在的真正本质。他们主张心性本净、佛性本有，觉悟不假外求，净土即在自心。在此基础上，他们提出“识心见性”、“顿悟成佛”的理论，颇受中国信众的欢迎。

7世纪，佛教开始从中国内地以及印度、尼泊尔相继传入中国的西藏地区。在中国藏族地区兴起的佛教被称为藏传佛教。藏传佛教的哲学深受印度佛教的影响，基本上奉行大乘中观派的“缘起性空”学说。佛教在西藏的发展因教义、修行方式和立教地区的不同，形成不同的派别，主要有宁玛派、噶当派、噶举派、萨迦派、格鲁派等。格鲁派是藏传佛教中流传最广、影响最大的一派。该派继承了龙树中观派“缘起性空”的哲学，认为宇宙万物皆由因缘和合而生，因缘条件不具备，就不能生，也不能存在。这些因缘而生的事物皆无“自性”（永恒性），故为“性空”，从而否定了客观事物的真实性。其目的就是要信众明白，只有悟得“缘起性空”的道理，才能断除人法二执，不起惑业，最终获得不生不灭的圆满境界。

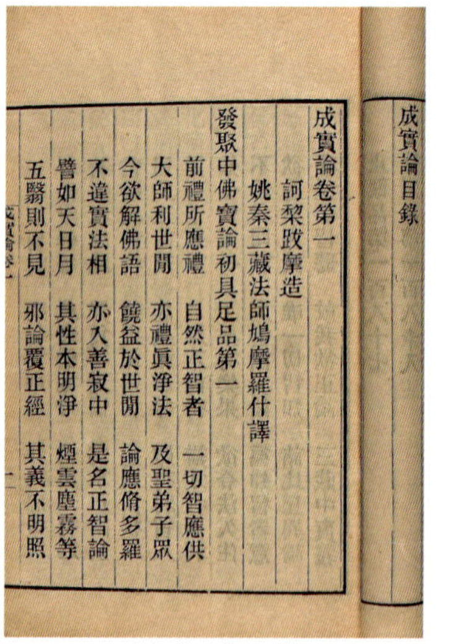
成實論目錄

成實論卷第一

訶梨跋摩造

姚秦三藏法師鳩摩羅什譯

發聚中佛寶論初具足品第一

前禮所應禮 自然正智者 一切智應供
大師利世間 亦禮眞淨法 及聖弟子衆
今欲解佛語 饒益於世間 論應修多羅
不違實法相 亦入善寂中 是名正智論
譬如天日月 其性本明淨 煙雲塵霧等
五翳則不見 邪論覆正經 其義不明照

《成实论》书影

佛教哲学传入中国后，不仅对中国佛教影响较大，而且对中国哲学和民间思想也有一定的影响。

在南北朝和隋唐时期，中国哲学思想发展的主流就是佛教哲学，其时

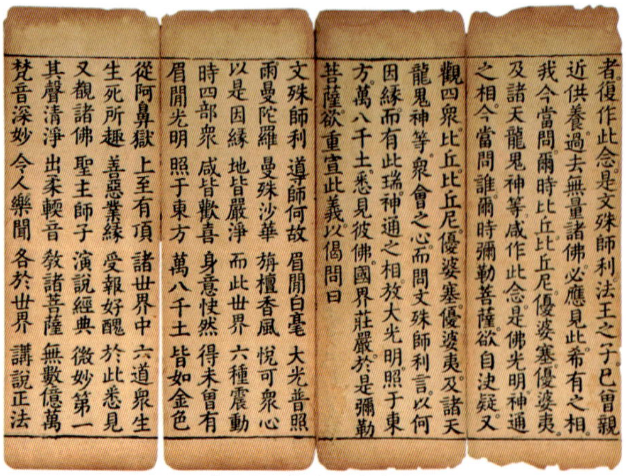
者復作此念是文殊師利法王之子已曾親近供養過去無量諸佛必應見此希有之相我今當問爾時比丘比丘尼優婆塞優婆夷及諸天龍鬼神等咸作此念是佛光明神通之相今當問誰爾時彌勒菩薩欲自決疑又觀四衆比丘比丘尼優婆塞優婆夷及諸天龍鬼神等衆會之心而問文殊師利言以何因緣而有此瑞神通之相放大光明照于東方萬八千土悉見彼佛國界莊嚴於是彌勒菩薩欲重宣此義以偈問曰

文殊師利 導師何故 眉間白毫 大光普照
雨曼陀羅 曼殊沙華 栴檀香風 悅可衆心
以是因緣 地皆嚴淨 而此世界 六種震動
時四部衆 咸皆歡喜 身意快然 得未曾有
眉間光明 照于東方 萬八千土 皆如金色
從阿鼻獄 上至有頂 諸世界中 六道衆生
生死所趣 善惡業緣 受報好醜 於此悉見
又覩諸佛 聖主師子 演說經典 微妙第一
其聲清淨 出柔軟音 教諸菩薩 無數億萬
梵音深妙 令人樂聞 各於世界 講說正法

《法华经》宋刻本书影

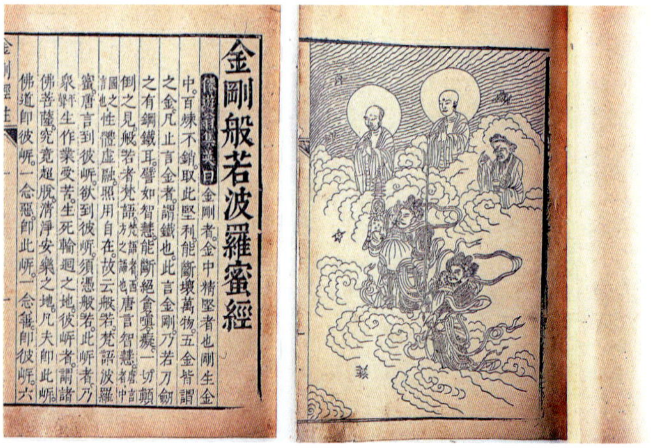
金剛般若波羅蜜經

《金刚般若波罗蜜经》清康熙年间刊本书影

间之长、声势之大，远远超过两汉的经学和魏晋玄学。唐代以后出现的宋明理学，在很大程度上也受到佛教哲学的影响。例如，宋代理学代表人物朱熹提出的“存天理，灭人欲”思想，就吸收了隋唐时代流行的佛教心性论的内容。此外，佛教的人生哲学和道德哲学传入中国后，在中国民间也广为流传，影响很大，如“业报轮回”、“因果报应”、“善有善报、恶有恶报”、“戒杀”和“放生”等思想。

印度教、耆那教哲学传入中国 数论是古代印度教六派哲学中传入中国较早、对中国影响较大的一个派别。数论（见数论派）是印度最古老的哲学体系之一，数论大约在公元前5世纪就已经出现，后逐渐发展，一直到5世纪才形成完整的哲学体系。数论主要哲学经典是5世纪自在黑所著的《数论颂》。数论传到中国后，其名称在汉译佛经中有多种，如“僧佉论”、“数论”、“迦毗罗论”等。但多数学者认为，“僧佉”原意为“计算”或“数数”，后引申为“思索研究”，应当将这种哲学译为“数论”。唐代僧人窥基所著的《唯识述记》说：“梵云僧佉，此翻为数，即智慧数。数度诸法，根本立名。从数起论，名为数论。”隋代高僧吉藏所著《百论疏》解释说：“僧佉此云制数论。名一切法不出二十五谛，故一切法摄入二十五谛，名为制数论。”数论最早传入中国大约是在4世纪末5世纪初，即东晋时代。当时，西域僧人鸠摩罗什将大量佛教经典从梵文译成汉文，鸠摩罗什翻译的《大智度论》(龙树著）和《大庄严论经》(马鸣著）都介绍了数论哲学。到6世纪，即南北朝时期，高僧真谛把数论派主要文献《数论颂》的注释从梵文译成汉文，命名为《金七十论》。《金七十论》还对神我、自性、三德，神我与自性的关系，自性（原初物质）的演变过程加以注释和解说，故对中国人理解数论哲学大有助益。《金七十论》受到中国佛教界的高度重视，至今保存完好。印度学者认为，真谛所翻译和注释的《金七十论》是古代数论哲学最好的一部注释书籍。为保存数论派经典，印度学者又将《金七十论》倒译成梵文，在印度出版。这说明中国佛教高僧为印度文化遗产的保护和中印哲学的交流作出了一定的贡献。

印度教的胜论哲学（见胜论派）传入中国也比较早。胜论的产生晚于数论，大约在公元前2世纪，其主要经典为迦那陀所著的《胜论经》和慧月所著的《胜宗十句义论》。在中国的汉译佛经中，胜论音译为“吠世师迦”、“毗世师”，意译为“胜论”或“胜宗”。中国学者认为，胜论是研究世界各种现象之间的差异的一种哲学，也有学者认为它是以研究特殊范畴（异句义）为主的，故胜于其他派别。胜论最早传入中国大约在5世纪，当时西域高僧鸠摩罗什在他所译的佛经《成实论》中就多处提到胜论。6世纪，隋代高僧吉藏在他所著的《百论疏》中也较为详细地阐述了胜论的“六句义”学说。7世纪，玄奘赴印度留学，归国时将慧月所著的《胜宗十句义论》的梵文本带回中国，并于唐贞观二十二年（648）在长安翻译成汉文。此后胜论思想在中国广泛传播。《胜宗十句义论》的梵文本在印度早已失传，但玄奘翻译的汉文译本在中国一直保存完好。该书不仅对研究胜论哲学，而且对研究印度古代思想都具有重要的学术价值。胜论传入中国以后，它的句义说和极微说对中国哲学家产生了很大影响。唐代唯物论哲学家吕才在阐述他的无神论和唯物论思想时，就多次引用胜论的极微说，将胜论的原子与易传的气都看作物质范畴，并以此作为世界的基础。他还把胜论的“多生一”(多重原子构成一物）与易传的“一生多”(元资一气，终生万物）相比较，认为“多生一”和“一生多”两者虽说法不同，但本质是同一的。

《中论》书影

印度教的正理论，又称“因明学”，是专门研究逻辑学的一个古代印度教哲学流派。佛教产生以后，在继承印度教正理论思想的基础上，又进一步发展了印度的因明学。早在5世纪，即中国的南北朝时期，印度因明学著作（包括佛教和印度教的因明学著作）就传入中国，并被译成汉文。到唐代，玄奘把印度新因明学大师陈那的《因明正理门论》以及陈那弟子商羯罗的《因明入正理论》译成汉文。这些印度因明学的代表作传到中国后，对中国逻辑学的发展有较大影响。印度因明学在中国西藏地区的流传，甚至比汉地还要广泛。8～9世纪，大量的印度因明学著述被译成藏文。11世纪以后，西藏佛教学者在吸收和消化印度因明学的基础上，也创作出自己的因明学著作。例如，噶当派学者菩提称所著的《量决定论广注》和《略注》，菩提称的弟子法狮子(1109～1169)所著的《量论摄义》，萨迦派学者萨迦班智达·贡噶坚赞所著的《正理藏论》，其弟子乌由巴正理师子所著的《量释论正理藏》和《正理宝藏论大疏》，以及宗喀巴·洛桑札巴的弟子贾曹杰（1364～1432）所著的《集量论释》等都对西藏因明学产生了很大影响。见藏传佛教因明学。

瑜伽行者石雕

印度的瑜伽思想对中国的影响是明显的。瑜伽原本是印度教徒为实现解脱而进行的修行方式，早在奥义书时代就已初步成型。大约在公元前2世纪，原来的瑜伽经过归纳总结，并加以理论化，成为一种具有理论体系的哲学派别。佛教产生后，在吸收印度教瑜伽思想和方法的基础上，建立起自己的一套修行体系。因此，伴随佛教传入中国，印度瑜伽思想与瑜伽实践方法也传入中国，对中国佛教、道教、儒家、医学、武术和气功都产生了一定的影响。中国佛教各宗派的修行方法，如禅宗所修的“上乘禅”、天台宗提倡的“六妙法门”、净土宗主张的“念佛三昧”等，皆明显地表现出印度瑜伽思想的影响。

中国古代的一些健身术受印度的瑜伽方法的影响。例如，南北朝时流行的《易筋经》、唐朝流行的“天竺按摩法”、宋代流行的“婆罗门导引法”都是从印度传进来的。少林寺的开山老祖菩提达摩是印度来华僧人，他在少林寺传授《易筋经》。《易筋经》所教授的功法，如内壮、外壮、动功、静功、炼形、炼气、炼意等，与印度教瑜伽派提出的“八支行法”，即内修、外修、坐法（炼形）、调息（炼气）、禅定（炼意）等基本相似。中国宋代流行的“婆罗门导引法”，最早出现在宋代张君房所著的《云笈七签》中。“婆罗门导引法”包括十二种功法，如“蛇功”、“龟功”、“孔雀功”、“鹤功”、“莲花功”、“仙人功”等。这些功法的传入对中国武术和气功的发展都有一定的影响。

除印度教哲学，印度的耆那教和顺世论哲学也在很早就传入中国。在西晋僧人竺法护所翻译的《生经》中，就介绍了耆那教创始人尼乾陀·若提子及其思想。后来，在许多汉译佛经中都有关于耆那教教义和哲学的论述，如《增一阿含经》、《杂阿含经》、《大智度论》和《成实论》等。中国人了解顺世论哲学，最早是通过东晋西域高僧鸠摩罗什所译的《十住毗婆沙论》和《成实论》。顺世论是古代印度流行于民间的一种无神论和唯物论哲学，但是这种哲学被佛教徒视为一种外道邪论。

儒家与道教哲学传入印度 在中印哲学交流过程中，中国的儒家和道教哲学也传入印度，对印度宗教和哲学产生了很大影响。随着中国赴印度的商人、官员和求法僧人的增多，中国的儒家和道家思想也不断地传入印度。据北魏杨衒之《洛阳伽蓝记》记载：6世纪，中国赴印度取经的僧人宋云和惠生进入乌场国（见乌苌），受到国王的接见，他向国王介绍和讲解了中国的孔孟之道和老庄哲学。7世纪，唐朝官员李义表、王玄策出使西域归来后，向唐太宗李世民汇报说东天竺一国王想了解老子思想。唐太宗遂令从印度求学归来的高僧玄奘把老子的《道德经》从汉文翻译成梵文。此后，老子和道教的哲学思想在印度得到流传，在许多方面对印度产生了影响。如道教的修行术曾对印度教性力派产生过影响。道教主张“阴阳和合”而生世界，重视“内丹”和“外丹”的修炼；而印度教的性力派也主张万物是“男女和合”而生，注重精神和身体的修炼。道教有“阴阳抱合”之术，性力派有“双身交合”之术。印度教性力派

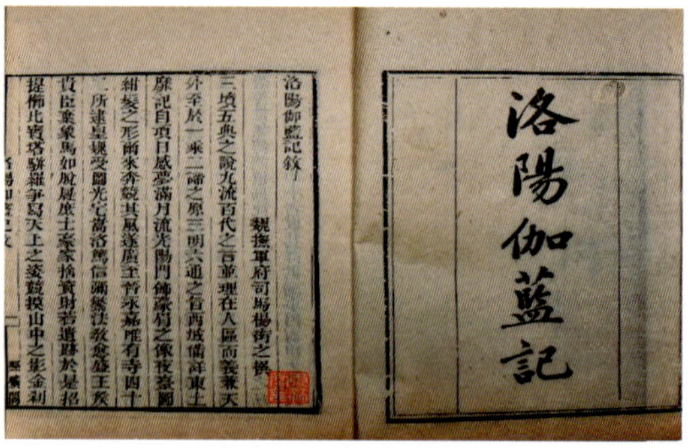

《洛阳伽蓝记》书影

在修行方法上曾吸收道教的一些功法。例如，在印度西孟加拉邦发现了一些印度教性力派经典，如《多罗母密义》、《楼陀罗合璧但多罗》和《摩诃支那功修法》等，在这些经典中都提到左道性力派的一些功法来自一种“支那功”，即中国道教的功法。

近现代哲学交流 近代，中国和印度皆国势衰落，遭受西方列强入侵，因此双方之间的哲学和文化交往也日趋减少。到了现代，由于中印两国逐渐强盛和友好关系的不断发展，哲学交往也重新进入一个繁荣发展的新阶段。在这个发展过程中，有两个事件起了重要的推动作用：一是1924年印度现代著名诗人和哲学家R.泰戈尔访华。泰戈尔充满印度哲学思维的神圣诗篇重新点燃了中国人对印度哲学的兴趣，并在中国掀起了一股印度文化热。二是20世纪初中国佛教复兴运动兴起。中国各地陆续建立起佛学院，如上海和杭州的华严大学、南京的支那内学院、武昌的佛学院、镇江的玉山佛学院、普陀山的南海佛学院、闽南佛学院等。这些佛学院一方面传授佛学知识、培养佛教人才，另一方面研究印度各宗教的哲学思想。各个佛学院开设的课程不仅有印度佛教哲学，而且还有吠陀、奥义书和印度教六派哲学。

从20世纪初起，中国掀起了学习和研究印度哲学的热潮。许多大学开设了印度哲学课程。1916年，北京大学哲学系首先开设印度哲学专业，由许季上讲授。1917～1924年，梁漱溟在北大讲授印度哲学。1922年，汤用彤从美国留学归来，先后在南京东南大学、天津南开大学和北京大学讲授印度哲学史和中国佛教史。1946年，武汉大学开设印度哲学史课程，先由金克木，后由

《增一阿含经》书影

石俊先讲授。1948年，金克木到北京大学继续讲授印度哲学史。汤用彤任北大副校长期间，仍给研究生开设印度哲学课程。以上各大学所开设的印度哲学课程不仅有印度佛教哲学，而且还包括印度教的六派哲学、耆那教哲学和无神论的顺世论哲学等。

随着中国学者对印度宗教哲学研究的深入，不少学术著作陆续出版。1919年梁漱溟出版《印度哲学概论》，1925年梁启超出版《印度佛教史略》，1936年黄忏华出版《印度哲学史纲》，1943年印顺出版《印度之佛教》，1945年汤用彤出版《印度哲学史略》。此外，中国学者还在各种杂志上发表了许多有关印度哲学的论文，向民众介绍古代与现代的印度哲学思想。

1949年中华人民共和国建立以后，随着中印友好关系的发展，两国的哲学交流呈现崭新局面。20世纪五六十年代，北京大学东方语言系招收了大批学生学习印地文、梵文、巴利文，北京广播学院（中国传媒大学前身）也开设了印地语、泰米尔语、孟加拉语等专业。这些院校培养的学生为开展中印哲学交流奠定了人才基础。1978年以后，伴随中国的改革开放，中国学者对印度哲学的研究也日益广泛和深入。在这个时期，学术机构的建立、专业人才的培养、科研成果的产生都出现了一个新的高潮。

1978年，中国社会科学院与北京大学合作创办了南亚研究所，季羡林任所长，黄心川任副所长。该所专门成立了印度哲学研究室，主要研究印度教、佛教、耆那教、锡克教诸宗教的哲学。此后，北京大学哲学系设立了东方哲学研究室，中国人民大学哲学系设立了宗教研究室，中国社会科学院哲学所成立

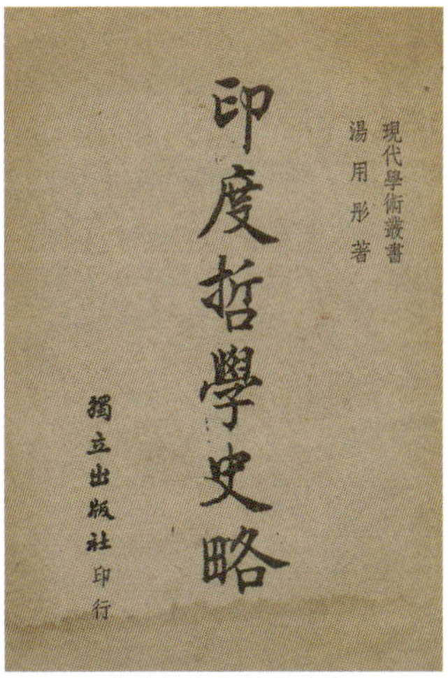

汤用彤《印度哲学史略》封面

了东方哲学研究室。1979年，中国社会科学院和北京大学合办的南亚所创办了中国第一个专门研究南亚问题的学术刊物《南亚研究》。此后，四川大学创办了《南亚研究季刊》，云南省社会科学院创办了《东南亚南亚研究》。这些学术机构的建立和学术刊物的创办，不仅加强了中国对印度哲学和文化的研究，而且还培养出一大批硕士和博士，解决了这个领域后继乏人的问题。

随着中国学者对印度哲学研究的深入，中国学者取得了丰硕的学术成果。这些成果首先表现在对印度哲学经典的翻译上，中国学者几乎把古代印度教最著名的哲学经典，都从梵文翻译成汉文。20世纪80年代以后，陆续出版的印度哲学经典有：《罗摩衍那》（季羡林译，1980）、《摩诃婆罗多·初编》（金克木等译，1993）、《摩诃婆罗多》（黄宝生等译，2005）、《〈梨俱吠陀〉梵文哲学诗选》和《〈梨俱吠陀〉梵文美学诗选》（巫白慧译，收入《月亮国的智慧》一书，1997）、《五十奥义书》（徐梵澄译，1984）、《奥义书》（黄宝生译，2010）、《摩奴法论》（蒋忠新译，1986）、《薄伽梵歌》（张保胜译，1989）、《薄伽梵歌》（黄宝生译，2010）、《圣教论（蛙氏奥义颂）》（巫白慧译，1999）、《古印度六派哲学经典》（姚卫群编译，2003）。

此外，中国学者还翻译了大量有关印度哲学的英文著作以及一些现代著名哲学家的专著，其中有：D.恰托巴底亚耶著《印度哲学》（黄宝生和郭良鋆译，1980）、恰托巴底亚耶著《顺世论——古印度唯物主义研究》（王世安译，1992）、

中国法门寺佛学院首届《瑜伽师地论》研究班毕业典礼合影

1918年6月，北京大学文科哲学门毕业合影
前排左起第5人是北大校长蔡元培，第6人是文科学长陈独秀，第7人是梁漱溟

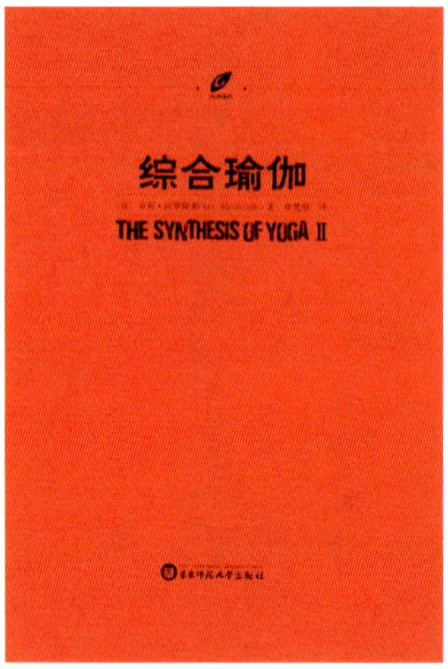

徐梵澄译《综合瑜伽》封面

巴萨特·库马尔·拉尔著《印度现代哲学》(朱明忠译，1991)、奥罗宾多著《神圣人生论》(徐梵澄译，1984)、泰戈尔著《人生的亲证》(宫静译，1992)、奥罗宾多著《瑜伽论》(徐梵澄译，1988)、《综合瑜伽》(徐梵澄译，2005)。

除翻译作品之外，中国学者还出版了许多研究印度哲学的学术专著，这些著作的问世，表明中国学者对印度哲学研究的深度和广度都在不断提高。主要著作有：黄心川著《印度近代哲学家辨喜研究》(1979)、《印度哲学史》(1989)和《印度近现代哲学》(1989)，巫白慧著《印度哲学——吠陀经探义和奥义书解析》(2000)，李建欣著《印度古典瑜伽哲学思想研究》(2000)，孙晶著《印度吠檀多不二论哲学》(2002)，宫静著《泰戈尔》(1992)和《拉达克里希南》(1996)，江亦丽著《商羯罗》(1997)，孙晶等著《印度吠檀多哲学史》上、下卷(2013)。在这些专著中，黄心川的《印度哲学史》利用了大量中国古籍资料，

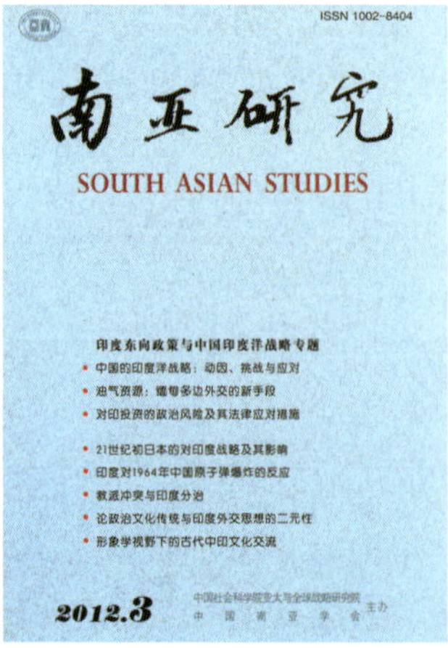

《南亚研究》封面

全面系统地阐述了奥义书哲学、印度教六派哲学、佛教哲学、耆那教哲学和顺世论等，代表了当代中国学者研究印度哲学的最高水平。

（朱明忠）

zhongxing

种姓 caste 南亚地区，尤其是印度特有的社会、宗教和政治性集团。音译"卡斯特"，译自英语caste，来源于葡萄牙语casta，但也往往粗略地兼指梵语的"瓦尔那"(varṇa，意为"色"，亦有"外貌"、"特征"、"种类"之义）和"阇提"(jāti，意为"出身"），尽管二者的含义并不相同。印度教认为业报使人的精神、道德、知识、能力生而不同，故应分属不同的社会集团，终生不变。瓦尔那有等级之别，按高下分为婆罗门、刹帝利、吠舍和首陀罗四种，分别为精通吠陀圣典、掌管宗教事务的僧侣，掌握政权和兵权的王室贵族及武士，广大农民、手工业者和商人，被视为不洁的专服贱役的人。前三者可以在参加一定的仪式后在宗教上"再生"(见**入教礼**)，成为"再生者"；最后者则无此权利，亦不得学习乃至聆听吠陀圣典，被排除在大多数宗教活动之外。此外，还有地位更低的贱民，为不可接触者，典型如**旃荼罗**，只可操制革、清扫、收尸等业。

四瓦尔那制度定型于后吠陀时期，而前此《**梨俱吠陀**》中的"原人歌"则已经以隐喻方式宣称四者分别生自原人布鲁沙的口、臂、腿、脚，故高下不等。但吠陀时代及其稍后时期，制度尚属灵活。通过某些手段，如苦行，地位可由低转高；婆罗门和刹帝利联姻也不鲜见。后随印度教信仰的发展，教条渐趋僵化。产生于公元前后数百年的诸法论对各瓦尔那的权利和职责已有严格而详细的规定，其中以《**摩奴法论**》所说最为典型。规定的歧视性可见于下例：婆罗门许娶四妻，佩精细的金银饰物；刹帝利三妻，次等金银饰物；吠舍二妻，铜饰；首陀罗一妻，铁饰。死后坟冢的高度分别是人的口部、肩部、大腿上部及膝部。低种姓犯罪后的处罚也重于高种姓。不同瓦尔那有不同的道德规范，互不混淆，甚至可能互相抵触。恪守本瓦尔那的行为准则，履行规定的义务职责，对其成员至关重要，亦是他的最高功德。通婚应在内部进行，否则后代可能被剥夺种姓，成为最卑贱者。人的纯洁程度因其所属瓦尔那的高低而不同。保持本身的纯洁不受玷污极为重要。例如婆罗门不得吃低种姓所做的食物或他们所给的水。接触首陀罗或贱民的身影也会被玷污。被玷污者必须按规定方式将其不洁祓除。违犯禁忌亦使本人不洁，严重者可能暂时或永远失去种姓。由于其行为后果会以连锁方式污染接近的人，故在种姓内遭到普遍嫌忌，乃至不为家人所容。公元前3世纪起，大量"阇提"从四瓦尔那特别是吠舍和首陀罗中派生出来。经过不断分化，其数可以千计。阇提为结构紧密的社会团体，实行内婚，且以共食（指在同一时间和场合共席，以及可以彼此接受馈食）和职业世袭为根本特征，各有自己的生活习俗、宗教仪节及饮食规定。后世提及种姓，往往即指阇提。封闭性的种姓制度使社会趋于僵化、停滞、保守。但拥护者认为它有助于将各个不同的种族和民族，在保持其固有习俗的前提下，吸收到印度教社会中来。

历史上虽多有对此制度的抨击和改革，但是改革能有经久成效者甚少。尽管现代化和工业化对种姓的职业保守性形成过有力冲击，该制度的宗教意义也逐渐淡化，但种姓作为政治集团依然有重大影响。20世纪后半叶社会权力分配已从宗教地位和教育程度较高的种姓向在经济和政治上居主导地位的种姓转移。新秩序的主要受益者也已不是婆罗门。国家从社会平等出发所作的努力，使所谓"落后的"集团在立法机构中获得了保留席位，在政府中配得了官职。由于不愿放弃这些既得特权，他们对种姓制度的改革也采取保守态度。这些都预示这一制度还会继续存在下去。

（葛维钧）

Zhongdunba Jiaweijiongnai

仲敦巴·嘉维炯奈 vbrom ston pa rgyal bavi vbyung gnas（1005～1064） 中国藏传佛教居士僧，噶当派创始人。

西藏前藏堆隆（今西藏拉萨市堆龙德庆县）人，幼年即喜欢修学佛法和学习梵文。藏历第一绕迥木鸡年（1045），

仲敦巴听到阿底峡大师在阿里古格地区传法的消息后，立即赴阿里拜见阿底峡尊者。从此没有离开过阿底峡，直至1054年阿底峡在聂塘（今西藏拉萨市曲水县境内）圆寂。

仲敦巴在阿底峡身边一边精心服侍这位德高望重的上师，一边向他学习佛法，因此深受阿底峡器重。阿底峡向仲敦巴传授了不少甚深密法，为他后来创立噶当派打下了坚实的佛学基础。阿底峡圆寂后，仲敦巴作为其诸多弟子中资历最深的徒弟，开始领导众师弟，传扬阿底峡的教法仪轨。藏历第一绕迥木羊年（1055），仲敦巴在聂塘主持举行了

阿底峡圆寂一周年纪念活动，并在当地修建了一座佛殿，称聂塘佛殿。因佛殿内供奉阿底峡崇拜的主尊度母像，所以人们称它为聂塘卓玛拉康，即聂塘度母殿，至今香火不断。

藏历第一绕迥火猴年（1056），仲敦巴在当雄及热振（今西藏拉萨市林周县境内）等地领主们的资助下，在热振创建了第一座传承阿底峡法脉的寺院，命名为热振寺。最初寺院规模不大，寺僧人数不多，只有60多名，但个个严守戒律，德智兼优，该寺成为专门宣扬阿底峡倡导的教法仪轨的寺院。仲敦巴担任热振寺第一届住持9年，其间集中精力讲经说法，主要教授《八千颂般若经》、《八千颂般若注疏》（广、略二经）和《二万颂般若光明论》等佛教显宗经论，并建立了完善的寺院教育机制。在此基础上形成了新的宗派，即噶当派。

仲敦巴一生没有受过比丘戒，一直以居士僧身份自居，但是遵循佛教戒律，严格要求自己，在佛教僧团内以身作则，成为一名德才兼备的著名人物，在藏传佛教界获得崇高声誉。

仲敦巴培养了众多弟子，并撰有《噶当派师徒问道录》(《阿底峡传》)、《赞尊者三十颂》、《在家道德规范要鬘》，以及地相文、历史论著和传记、寺规、信札等。

（尕藏加）

Zhongde

众德 Viśvaguṇa（约活动于11世纪）西印度来华僧人。据《佛祖统纪》卷四四，众德于北宋大中祥符三年（1010）自西印度来到宋朝都城汴京（今河南开封）进献舍利、梵经、菩提印。

（薛克翘）

Zhou Dafu

周达甫 Zhou Dafu（活动于20世纪）中国语言学家，印度学研究者。在中印文化交流史中起过积极的作用。又名周达夫，湖南善化县（属今长沙市）人。早年求学于赵元任、罗常培、李方桂等语言学家。1939年赴印度国际大学学习梵语，后随V.B.夏斯特里教授到加尔各答大学研究院，协助其校勘《瑜伽师地论》。活跃于印度华侨界，在加尔各答时与金克木居于同室，为居室起名“梵竺庐”，并介绍金克木到加尔各答的中文报纸《印度日报》任编辑，鼓励他从事印度语言和古代文献研究，为其提供书籍资料，并介绍印度友人教授其印地语。1941年致函民国政府，希望中央研究院派学者前往印度访学。后师从V.V.郭克雷教授，获孟买大学哲学博士学位。

20世纪40年代后期，周达甫受民国政府教育部长朱家骅之邀回国，入中山大学语言学系。1950年在南方大学第四部学习期间，致函中国科学院副院长竺可桢，希望前往印度或西藏地区工作，未果。1954年夏，因中山大学语言学系并入北京大学中文系，与王力、岑麒祥等人一同由广东迁往北京，入职北京大学，教授汉语音韵学课程。1957年之后，先后在中国科学院哲学社会科学学部（今中国社会科学院）情报研究室、北京民族学院（今中央民族大学）工作。1967～1973年在“文化大革命”

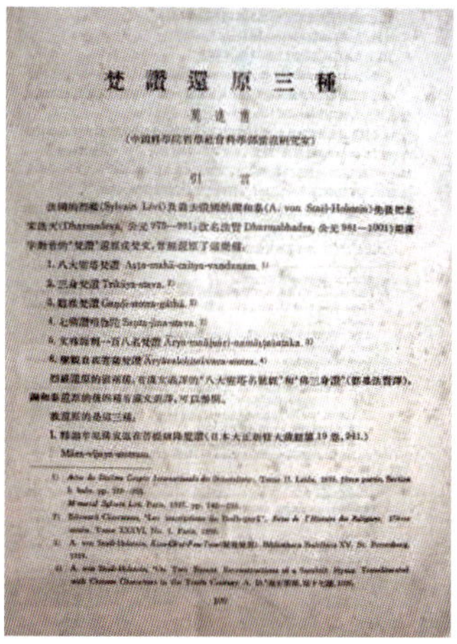

梵讚還原三種

引言

周达甫论文《梵读还原三种》书影

中受冲击，被迫停止工作。

旅印期间，周达甫与印度学者师觉月共同对菩提伽耶的汉文碑铭进行了研究，发表合写论文*New Lights on the Chinese Inscriptions of Bodhgaya*（《对菩提伽耶汉文碑铭研究的新解读》）。将向达在敦煌发现的婆罗谜残石转交郭克雷教授释读，确认为《因缘经》。发表《怎样研究梵汉翻译和对音》、《改正法国汉学家沙畹对印度出土汉文碑的误释》等学术论文数篇。另有语言学研究相关译著和论文。

（张忞煜）

Zhou Enlai

周恩来 Zhou Enlai（1898.03.05～1976.01.08） 马克思主义者，中国无产阶级革命家、政治家、军事家和外交家，中国共产党和中华人民共和国的主要领导人之一，中国人民解放军的主要创建人之一。

周恩来出生在江苏淮安府山阳县（今淮安市淮安区）城内的驸马巷，原籍浙江绍兴。字翔宇，曾用名伍豪等。1917年于天津南开学校毕业后，留学日本。1919年春回国。五四运动中成为天津学生界的领导人，组织进步团体

觉悟社。9月入南开大学。1920年11月到欧洲勤工俭学。1921年，成为中共最早的党员之一。1924年秋回国。1927年5月在中共第五次全国代表大会上当选为中央委员，在中共五届一中全会上当选中央政治局委员。8月1日，领导发动南昌起义。1935年参与领导和指挥红军胜利完成二万五千里长征。1936年12月，同张学良、杨虎城一起迫使蒋介石接受“停止内战，一致抗日”的主张，促成国共合作、团结抗日的新局面。1945年4月，在中共七届一中全会上当选政治局委员、中央书记处书记。

中华人民共和国建立后，周恩来担任共和国政府总理长达26年，曾兼任外交部长和中央军委副主席；当选为中共第八、九、十届中央政治局常委，第八、十届中央委员会副主席；中国人民政治协商会议全国委员会第一届副主席，第二、三、四届主席。参与党和国家的政治、经济、军事、文化、教育和外交等重大方针政策的制定和组织实施。1976年在北京逝世。主要著作编入《周恩来选集》(上、下卷)。

周恩来为中印两国建交及两国关系的发展作出了很大贡献。1950年1月4日，复电印度总理兼外交部长J.尼赫鲁，表示中华人民共和国中央人民政府愿意在平等、互利及相互尊重对方领土主权的基础上，同印度政府建立外交关系。经过努力，两国于1950年4月1日正式建交。1953年12月31日～1954年4月29日，中印两国政府代表团就两国在中国西藏地方的关系问题在北京进行谈判。在接见印度政府代表团时，首次提出了处理国家间关系的基本准则，即和平共处五项原则：互相尊重主权和领土完整，互不侵犯，互不干涉内政，平等互利，和平共处。这五项原则后来正式写入《关于中国西藏地方和印度之间的通商和交通协定》的序言中。

周恩来访问印度 1954

1954年4～7月，周恩来率团参加日内瓦会议。在会议发言中，多次强调包括中印在内的亚洲国家在解决亚洲问题中的作用。6月25～28日，首次访问印度。其间，同尼赫鲁进行了6次正式会谈，会谈后发表的联合公报中重申了指导两国关系的和平共处五项原则。1954年10月19～30日，尼赫鲁首次访问中国。周恩来负责接待工作，并同尼赫鲁进行了4次会谈，就双方关心的和平运动推广问题、台湾问题和亚非会议问题交换了意见，增进了两国领导人的相互了解和友谊。

1955年4月，周恩来以国务院总理兼外交部长、中国政府首席代表的身份率团出席亚非会议。在大会上作书面发言，详细论述了加强亚非人民的联合，结束殖民主义，维护世界和平的重要性。并提出“求同存异”的会议方针，提倡亚非国家互相团结。

1956年11月28日～12月10日，周恩来再次访问印度。访问期间，在印度共和国人民院和联邦院的联席会议上发表演讲，同尼赫鲁就边界问题进行会谈，参观了德里、孟买、马德拉斯和加尔各答等城市。在印度国会的演讲中，对中印两国的友谊和团结予以肯定并寄予厚望，同时就国际形势等问题阐明了中国政府的立场与观点。他专程访问了国际主义战士柯棣华的故乡——孟买，并在孟买市政机关欢迎大会上作了讲话，对柯棣华大夫及印度援华医疗队对中国人民的支援表示感谢。

1957年1月29～31日，周恩来第三次访问印度。他于1月29日下午飞抵加尔各答，随即乘车前往圣蒂尼克坦。1月30日上午，参观泰戈尔创办的国际大学，在该大学授予他名誉文学博士学位的仪式上发表讲话，赞扬泰戈尔“不仅是对世界文学作出了卓越贡献的天才诗人，还是憎恨黑暗、争取光明的伟大印度人民的杰出代表”。随后接见国际大学中国学院院长谭云山。当晚返回加尔各答。

1959年，周恩来多次致信尼赫鲁，就中印边界问题和边境局势阐明中国政府立场、态度和方针，希望通过友好协商全面解决边界问题，并代表中国政府提出相关建议。

1960年4月19～26日，周恩来最后一次访问印度。其间，拜会了印度总统R.普拉萨德，与尼赫鲁进行了多次会谈，就中印边界和两国关系等问题交换了意见。

1962年中印边境武装冲突爆发后，周恩来呼吁和平解决中印边界冲突，并就中印边界问题致信一些亚非国家的领导人，呼吁亚非国家为促进中印边界问题的和平解决而努力。

（王凌男）

Zhou Erfu

周而复 Zhou Erfu（1914.01.03～2004.01.08）中国现代作家，书法家。原名周祖式。祖籍安徽旌德，生于江苏南京。幼入私塾，习诵古典诗文，临摹名家法帖，奠定一生事业基础。1933年秋考入上海光华大学英国文学系。读书期间，开始参加左翼文艺活动。毕生笔耕不辍，兼擅小说、散文、诗歌、戏剧诸文体，著述甚丰。主要作品有长篇小说《白求恩大夫》、《上海的早晨》(4卷)、《长城万里图》(6卷)、《周而复散文集》(4卷)、《往事回忆录》(3卷) 等。“文化大革命”期间遭到迫害，失去自由长达7年之久。“文化大革命”后历任文化部副部长(1978)、对外文委副主任 (1981)、中国人民对外友好协会副会长 (1983) 等职。20世纪下半叶，曾先后率团访问数十个国家，进行文化交流或促进友谊的工作。

1954年11月～1955年1月，中国文化代表团一行67人应J.尼赫鲁邀请访问印度，为期几近两月。郑振铎任团长，周而复任副团长。其间，除尼赫鲁外，曾与印度总统R.普拉萨德、接待

周而复《上海的早晨》封面

委员会主席英迪拉·甘地、R.泰戈尔遗属，以及数以百计的知名作家艺术家和大量普通民众见面。先后游历印度诸多名城和重要文化古迹。归国后，于翌年撰写《和平——人民最大的愿望》、《从德里去孟买》、《泰姬陵的清晨》、《阿旃陀石窟》、《访泰戈尔故居》等5篇散文，将它们编为一辑，收入《东南亚散记》一书，1956年由中国青年出版社出版。该书还收入他撰写的1955年访问缅甸和印度尼西亚的7篇散文。从该书后记看，印度之行给他留下深刻而丰富的美好印象。他原拟再写若干散文，分别介绍印度埃洛拉石窟雕刻、马德拉斯七宝塔、恒河风物、喜马拉雅山城西姆拉等，但因大脑过度疲劳和严重失眠而作罢。

周而复的访印散文均为精心之作。他在认真观察和广泛搜集资料的基础上，以细腻传神的笔触、充满诗情画意的语言，描绘了他在印度多地的活动、见闻和感受。他讴歌印度人民对中国人民的淳厚友谊，摹写印度雄奇瑰丽的建筑、辉煌精湛的壁画以及独具风情的音乐舞蹈等。《访泰戈尔故居》一文表达了他对印度大诗人泰戈尔深切的缅怀和敬仰之情，后被收入多个选本之中，在中国产生了长期而广泛的影响。他深情赞扬印度人民是“英勇的、勤劳的、智慧的、富有创造性的和有才能的”。无疑，这些散文促进了中国人民对印度人民和印度文化的了解。这些散文尽管存在一定事实错讹，但至今依然清新可读。

（刘建）

Zhou Qufei

周去非　Zhou Qufei（1135～1189）　中国南宋官员，学者。字直夫，浙江温州永嘉人。著有《岭外代答》一书。

关于周去非的生平，无史传可考。今人杨武泉根据零星资料在《岭外代答校注·前言》中考证，周去非的出生家庭不属贫寒，由其兄培养成才，约29岁（约1163）时中进士，然后开始做下层官吏，地点约在岭南某地。后因父母丧事居家守孝，约于乾道八年（1172）再次外出为官。此后约6年时间均在广西做地方属官。期满后回浙江，曾任某县知县，且有政绩。最后大约做到绍兴府通判。近世在广西桂林龙隐洞崖壁上发现一方石刻，上有周去非与另外5人的题名，当是周去非在广西为官时与友人同游龙隐洞所留纪念。刻石上书“永嘉周去非直夫”七字，是关于周去非里氏姓名的最可靠证据。刻石题名后尚署有“壬辰三月晦”五字。壬辰即乾道八年，可知周去非至少在这年三月已到广西上任。

《岭外代答》为周去非一生硕果仅存的著作。据《岭外代答》周去非自序，该书（初稿）完成于淳熙五年（1178），即在其广西任满之际。书中有两卷题为《外国门》（上下），其中关于中国与东南亚、南亚及非洲海上交通与贸易的记载具有宝贵的史料价值，为后世学者广泛征引。

（薛克翘）

Zhou Shujia

周叔迦　Zhou Shujia（1899～1970）　中国佛学家。原名明夔，字志和，笔名云音、演济、沧衎等。安徽至德（今东至）

人。出身于官宦世家，祖父周馥曾任清朝两江总督，父亲周学熙曾任北洋政府财政总长。1918年入同济医工专门学校（今同济大学）学习，后研习佛学。1930年抵达北平（今北京），先后在北京大学、清华大学、中国大学、中法大学、辅仁大学、民国大学教授佛学。1932年，参加整理北平图书馆所藏敦煌写经，并考订卷名。1933年负责北京刻经处工作，校刻《名僧传钞》、《性相精要》等。1936年，北京菩提学会成立，任常务理事。同年，与其他佛学界人士编辑出版月刊《微妙声》。1936年起任华北居士林理事长，1940年创建居士林图书馆。同年，在瑞应寺创办中国佛教学院。1941年创立佛画研究会，亲自授课，培养研究佛教的美术人才。同年还创立了佛学研究会，编写了大量书稿。1953年参与创立中国佛教协会，任副会长，其间，领导完成了《佛

《周叔迦佛学论著全集》书影

教百科全书》的编辑、房山石经的拓印、全国石窟的调查等工作。中国佛教协会1956年在法源寺创办中国佛学院后，任副院长兼教务长。同年，被印度摩诃菩提协会接纳为终身会员。

周叔迦著有《牟子丛残》（1930）、《法华经安乐行义记》（1931）、《灌顶形象经疏》（1931）、《药师如来本愿经疏》（1933）、《唯识研究》（1934）、《菩萨戒律汇集》（1935）、《法苑谈丛》（1935）、《因明新例》（1936）等。经《牟子丛残》考证，《牟子理惑论》为汉献帝时逸民牟融所著，反映了东汉末年佛教传入中国的情况，这对研究早期佛教发展史具有重要意义。另有论文50余篇，散见于《微妙声》、《佛学》、《现代佛学》等刊物。对中国佛学研究、佛教教育，以及佛教文化的传承和发展作出了重要贡献。《周叔迦佛学论著全集》于2006年由中华书局出版。

（张然）

Zhou Zuoren

周作人 Zhou Zuoren（1885.01.16～1967.05.06） 中国现代散文家，诗人，翻译家。新文化运动的重要参与者。浙江绍兴人。鲁迅胞弟。原名櫆寿，字星杓，1901年后始用今名。笔名周遐寿等。1906年赴日留学，后修希腊文。1911年回国后在浙江任教。1917年起任北京大学文科教授。五四运动时期参与发起文学研究会，为《新青年》主要撰稿人之一，亦曾为语丝派主要成员。倡导

“人的文学”，引入西方“美文”概念，影响深远。文学创作追求知识、哲理与趣味的统一，冲淡平和，适度含蓄。著有散文集《自己的园地》、《雨天的书》、《谈龙集》、《谈虎集》，诗集《过去的生命》、《儿童杂事诗》，学术论文集《艺术与生活》、《中国新文学的源流》、《儿童文学小论》，译作《希腊的神和英雄》、《日本狂言选》、《伊索寓言》等。

周作人充分认识到印度文化与中国文化的深厚渊源关系。在日本留学期间，曾师从旅日印度人学习梵文，并为其充当日语翻译。其间，与鲁迅合译《域外小说集》，收录一些印度故事。1930年12月11日，在北京大学校庆典礼上发表演讲，强调提倡对印度、希腊、阿拉伯、日本的研究，试图匡正纯以英美文化为主导的状况。他尤其推崇印度佛教及佛教文学的价值，并认为对印度两大史诗《摩诃婆罗多》、《罗摩衍那》及各种印度故事集均应予以译介。在《读戒律》一文中，对印度先贤周密关注人生各个方面表示服膺。此外，在性心理学研究方面，曾着重借鉴印度古典名著《欲经》。尽管不少现代思想家对印度完全沦为英国的殖民地深感痛心，周作人却对古老的印度文明重新焕发生机充满信心：“我们看世界古国如印度希腊等，都能有老树的根株上长出新芽来，是一件可以乐观的事。”

周作人也关注R.泰戈尔的思想和创作。他认为中国的新诗在各方面都受到欧洲的影响，唯独“小诗”是个例外，受到印度及日本的影响。他以王靖译泰戈尔《迷途的鸟》(一译《飞鸟集》）和冰心的《繁星》受泰戈尔影响为例，予以详尽阐释。但在《人的文学》一文中，他又将泰戈尔视为维护萨蒂制度、鼓吹腐朽东方思想的代表，明显属于误解。其实，他所提倡的“人的文学”与泰戈尔的诗学主张颇有契合之处。1924年泰戈尔访华，周作人应邀出席北京学术界举行的欢迎会和泰戈尔64岁华诞祝寿会。他对围绕泰戈尔在华演讲的无谓论争不偏不倚，基本持冷静态度，认为某些人的盲目反对，“虽然其志可嘉，却也有点神经过敏”。他指出，泰戈尔访华受到“‘驱象团’的白眼”实属“无妄之灾”，表现了一种实事求是的精神。

（王汝良）

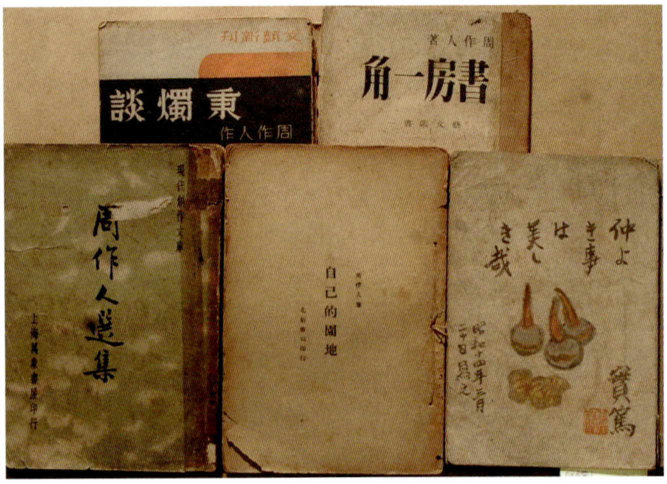

周作人著作五种书影

Zhu Jiahua

朱家骅 Zhu Jiahua（1893.05.30～1963.01.03） 中国地质学家，教育家，政治家。在中印文化交流中起过一定作用。

朱家骅字骝先，浙江湖州吴兴人，累世经商。5岁入私塾，后入南浔正蒙学堂及同济德文医学堂。17岁参加辛亥革命，后自费赴德攻读采矿工程学。第一次世界大战期间回国，于北京大学预科乙部任教。1918年公费赴美。1919年以“欧美同学会”学者身份参加五四运动，后转赴瑞士、德国。1922年，于柏林大学获地质学博士学位，1924年1月回国。历任广东省政府民政厅厅长、国立中山大学校长、国民政府教育部部长、交通部部长、组织部部长、中央研究院总干事等职。

1939年8月，J.尼赫鲁访问重庆，其间，朱家骅曾为撰写《发展中印关系意见书》提出7点建议。以此为基础，朱家骅偕同陈立夫制定了《中印文化合作办法大纲》。其后，在蒋介石的敦促下，参与制订1940年11月戴季陶访问印度的随行人员名单。1942年8月，中印学会为适应战时中印关系发展的特殊需要在重庆召开会议，朱家骅被推举为理事长。11月8日，在中印学会招待印度驻华专员梅农夫妇的茶会上发表讲话，对中印千年的友好关系表示肯定。11月24日，致电祝贺中印学会第三届年会在印度国际大学中国学院成功举办。同年，印度发生严重粮荒，中印学会发起印灾筹振会，朱家骅任副会长。

（任婧）

Zhu Jieqin

朱杰勤 Zhu Jieqin（1913～1990） 中国中外关系史学者。在中印文化交流中

起过一定的作用。

朱杰勤生于广州，祖籍广东顺德。1936年毕业于中山大学文史研究所，后在广州美术学校和中山大学任教。1940～1945年先后在重庆南洋研究所、云南东方语文专科学校教授印度史。1945年赴云南大学任教。1952年调回广州，任中山大学历史系教授。1958年起任暨南大学历史系教授、系主任。1970年因暨南大学停办，先后转入华南师范大学历史系和中山大学历史系，直至1978年重返暨南大学任职。1981年创办暨南大学华侨研究所，并任所长。1984年暨南大学专门史（中外关系史）专业设立博士学位点，担任博士生导师。曾担任中国社会科学院南亚研究所研究员、中国南亚学会第1届和第2届副理事长、中国史学会常务理事、中国海外交通史研究会会长、中国东南亚研究会理事长等职。

朱杰勤在中外关系史、华侨史、南亚史等领域颇有建树。有论著、译著20余部。《中西文化交通史译粹》(1940)收录《古代罗马与中国印度陆路通商考》、《回回教入中国考》等7篇译文及2篇他本人撰写的论文。1978年起参与《大唐西域记校注》(1985）印度部分的注释工作。校订或主编书、刊11种，包括《中外关系史译丛》(1984)、《海交史研究》(1978年创刊）等。发表论文120余篇，包括《汉代中国与东南亚和南亚海上交通路线试探》、《笈多王朝时期的印度》、《英国东印度公司之起源及对华贸易之回顾》、《文化交流下之印度支那》等。

（刘磊）

Zhujuboguo

朱驹波国 Gakupa，Gakuk 古代西域国名。又作朱居、朱俱槃、朱居槃、朱俱波、朱居槃等。《宋云行纪》作朱驹波；《魏书·西域传》作悉居半，亦作朱居；《隋书·西域传》作朱俱波；《新唐书·西域传》作朱俱波，亦作朱俱槃。其故地在今中国新疆维吾尔自治区叶城县治哈尔噶里克。

（陆水林）

Zhu Shixing

朱士行 Zhu Shixing（203～282） 中国三国时期魏国佛教僧侣。又名朱子行、朱士衡。颍川（治今河南禹州）人。

《高僧传》卷四有传，法号八戒。有人认为是中国古典文学名著《西游记》中人物猪八戒名字的来源。朱士行少年即怀远志，摆脱尘俗。出家之后，专务经典。在洛阳讲《道行经》(即《小品般若经》)，感叹翻译未尽其理，遂发誓西行，求取大本《般若波罗蜜多经》。魏甘露五年（260），他从雍州（今中国陕西西安）出发，渡流沙，到达于阗（今中国新疆和田）。当时于阗有许多印度移民，佛教流行。朱士行在于阗抄录到《大品般若经》梵本90章，60余万言。欲派弟子送梵本回洛阳，然而遭到小乘学人阻挠。他们认为此经非佛教正典，呈状于阗国王，要求禁止将此本传入汉地。为证明梵本能够传至汉地，朱士行将经书投入火中，焚而无损，众人骇服，称其神感。西晋太康三年（282），朱士行派弟子弗如檀（晋字法饶）等10人，将《大品般若经》梵本带回洛阳。元康元年（291），于阗沙门无罗叉和河南居士竺叔兰将之译成汉文，是为《放光般若经》，20卷。朱士行留在于阗，后病故于此。生前著有《汉录》1卷。

朱士行开创了中国佛教史上的三个第一：北方第一个受具足戒的汉地僧人；第一个讲经（《道行经》）的僧人；汉族地区僧人最早西行求经者。他为后来法显、玄奘等西行取经开了先河。

（谭洁）

Zhu Xi

朱熹 Zhu Xi（1130～1200） 中国南宋哲学家、教育家，儒家思想代表人物之一。世称朱子。

朱熹字元晦，号晦庵，60岁以后号晦翁、云谷老人、沧州病叟等。祖籍徽州婺源县永平乡（今属江西)。其父名松，字乔年，号韦斋，与李延平同学于罗豫章。14岁时，父亲病亟，朱熹在病榻之侧得到遗嘱："籍溪胡原仲、白水刘致中、屏山刘彦冲三人，学有渊源，吾所敬畏。吾即死，汝往事三人。"后朱熹遵父命从学于三人。绍兴十八年(1148)，登进士第，绍兴二十一年授同安主簿。后自同安徒步往见李延平，学问大进，尽弃从前一切空远不切之言，以二程之学为归。孝宗即位之初，诏求直言。朱熹上封事，言不可与金国和谈，并陈帝王格物致知之学。当时丞相汤思退正倡导和议，因此朱熹不见用于朝。淳熙五年（1178），出知南康军，在此期间造访白鹿洞书院遗址，上奏恢复，并亲自撰写学规使入学者守之。淳熙八年，陆九渊来访，朱熹率幕僚和学生到白鹿洞书院，请陆九渊讲学。陆九渊讲

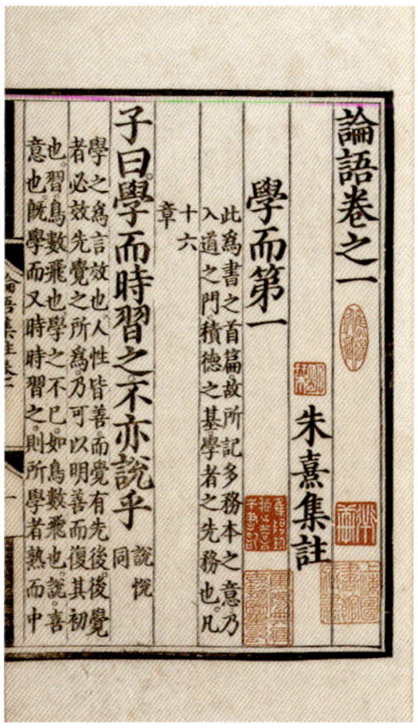
論語卷之一
朱熹集註
學而第一
此爲書之首篇故所記多務本之意乃入道之門積德之基學者之先務也凡十六章
子曰學而時習之不亦說乎 說悅同
學之爲言效也人性皆善而覺有先後後覺者必效先覺之所爲乃可以明善而復其初也習鳥數飛也學之不已如鳥數飛也說喜意也既學而又時習之則所學者熟而中喜

朱熹《论语集注》书影

君子喻于义章，这一讲名动后世。淳熙十五年，除提点江西刑狱，入奏对，宋孝宗欲处以要职，授兵部郎官。当时朱熹因腿脚有病，没有就任。兵部侍郎林栗数日前与朱熹论《易》、《西铭》，观点不合，于是趁此时机，弹劾朱熹本无学术，徒窃张载、程颐绪余，谓之道学。所到之处，均携门生数十人，妄图效仿孔孟礼聘之风，邀索高价，不肯供职于官署。因此，朝廷依旧任命其为江西提刑，但朱熹力辞不就。后叶适上疏与林栗辩论，朝廷贬林栗出知泉州，除朱熹直宝文阁，主管西京嵩山崇福宫。朱熹曾面陈宋孝宗，但有所未尽，于是进封事长万余言。疏入，夜漏下七刻，孝宗已就寝，得知朱熹上疏，立即下床秉烛读完奏折。第二天便授予朱熹崇政殿说书一职。宋光宗即位，朱熹历知漳州、潭州。宋宁宗即位，除焕章阁待制侍讲，提举南京鸿庆宫。庆元元年（1195），胡纮因曾经访朱熹于建安，恨未待之以鸡与酒，欲上疏弹劾朱熹，后因迁职，未能上奏。沈继祖为监察御史，欲乘机谋富贵，于是用胡纮稿诬陷朱熹十罪。是年十二月，朱熹辞官罢祠。庆元六年三月初六改《楚辞》一段，又改《大学章句·诚意章》，令门人詹淳腾誊写。初九日朱熹逝世。后赐谥曰文。宋理宗绍定三年（1230），追封信国公，后改徽国。

朱熹的学术思想，以继承周敦颐和程颐为多。程颐的理气二元论，朱熹使之更加精密。他认为理与气决是二物，但在同一具体事物上看，则理与气浑沦，不可分开。从理上看，虽然没有具体之物，但已有其理；不过只是有其理而已，并不是实有其物。朱熹曾论及理与气之先后，他认为理气本无先后可言，但一定要推究其所从来，则是先有理。但理是存乎气之中的，并非别在一处。但在《朱子语类》中，他曾对学生指出理搭于气而行，理气不可分先后。“天地之间，有理有气。理也者，形而上之道也，生物之本也；气也者，形而下之器也，生物之具也。是以人物之生，必禀此理，然后有性；必禀此气，然后有形。”这是论理与气在宇宙间之作用。朱熹认为周敦颐所说的太极就是理，“太极非是别为一物。即阴阳而在阴阳。即五行而在五行。即万物而在万物。只是一个理而已。因其极至，故名曰太极”。朱熹所说的“气”，则相当于周敦颐所说的阴阳两仪。朱熹认为万物与太极的关系有两种：一曰万物统于一太极，二曰万物各具一太极。这是说宇宙间万事万物无不是从太极生发出来，推究其本源，就是万物统一于太极；而世间万事万物种种差别殊异且相互独立，故万物各具有一太极。朱熹提出了“理一分殊”的理论，同样一个理，但是禀受者有多有少，有偏有全，因此理虽同而气无不异。他论“理一分殊”，全以佛教“月印千江”的思维来说。他说：“本只是一太极，而万物各有禀受，又自各具一太极尔。如月在天，只一而已，及散在江湖，则随处而见，不可谓月已分也。”这是宋明理学融合佛教中的印度思维才有的表述。他还认为理是没有终结的，而气却有终结。正是因为理无终结，故而生生无穷。

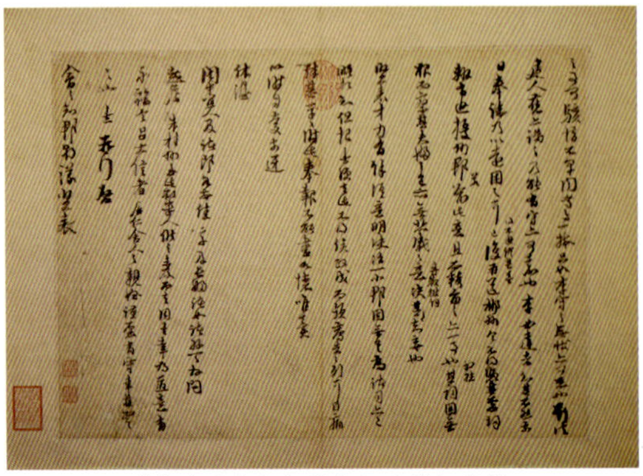

《朱熹致会之知郡朝议尺牍》书影
现藏中国台北故宫博物院

朱熹关于人性的理论，则继承了程颐和张载的思想，把人性分为天地之性和气质之性。“有天地之性，有气质之性。天地之性，则太极本然之妙，万殊之一本也；气质之性，则二气交运而生，一本而万殊者也。”朱熹认为天地之性，是专指理而言；而气质之性，是理与气杂而言之。程颐和朱熹都说“性即理也”，这里的性就是指天地之性。朱熹的人性论与他的理气二元论是一以贯之的，因此他的理论比张载和程颐的论述更加精密完备。朱熹为学，经常举程颐“涵养须用敬，进学则在致知”教人，并进一步认为格物致知与居敬穷理其实是一贯的。指出格物时即是致知，而格物致知，须在读书。朱熹重在道问学，故以读书为穷理之本，而读书无别法，只要耐烦子细是第一义。敬不是停止思维活动，而是随事专一，谨畏不放逸。因从学于李延平之故，偶尔也提及静坐。“道理须是日中理会，夜里却去静处坐地思量，方始有得。某依此说去做，真个是不同。”不过朱熹并不提倡以静坐为主的修养功夫。

朱子对佛学的认识较为肤浅，如他认为佛学教义窃自庄子、列子。而他排佛主要还是受前人，如程颐的影响。因此他从伦理学角度抨击最为激烈，认为“只是废三纲五常这一事，已是极大罪名，其他更不消说”。其次从理论上批评佛教以心求心，将心一剖为二。朱熹从儒家的立场出发认为万物各有其太极，虽有所偏全，却一定为有，而他以为佛教认为万法皆空，佛教所谓的性也不是真性。其实这是朱熹对佛教缺乏深入了解，所得仅为一偏之见。

朱熹之学，大抵穷理以致其知，反躬以践其实，而以居敬为主。将儒学全体大用，分析综合，使其理论表里精粗各得其所，而又不离宗旨。他曾说圣贤道统之传，散在方册；圣经之旨不明，而道统之传始晦，于是竭其一生精力，深研圣贤经训。朱熹著述宏富，所著书有《易本义》、《诗集传》、《大学中庸章句》、《论语孟子集注》、《太极图通书西铭解》、《楚辞集注辩证》等。所编辑的书有《近思录》、《程氏遗书》、《伊洛渊源录》等。宋理宗淳祐元年（1241），朱熹与张载、周敦颐及二程从祀孔庙。明洪武初年，以朱熹之书立于学宫，学者咸宗之。

（江巨浪）

Zhu Fan Zhi

《诸蕃志》 中国中西海上交通史著作。见赵汝适。

Zhu Yifang Sui

《诸医方髓》 *Essentials of Prescriptions by Various Medical Texts* 中国新疆吐鲁番交河故城出土的唐代医书。为医方

选集，收录了多种医学文书的精髓内容。今存残片。现藏德国柏林国家博物馆东方部（编号为Ch.3725v）。该残片保留了印度佛教知识被吸收到中国汉语医学文献中的具体痕迹。残片的正面是《耆婆五脏论》，其内容与背面的《诸医方髓》无关。《诸医方髓》一名，未见于历代古医籍及史志书目。残片共6行，是《诸医方髓》的卷首序言，可以视为宽泛意义上的佛教医学的引子。首题“诸医方髓一卷”，其余5行的内容为描述佛教的创世神话天地初立时的情形，天人无异，众生福重，随身光明，饥餐林藤、地味、自然粳米，众生受五欲乐，君王有道，无有诤事，众生不识生老病死。此为佛教创世神话的开端，与《中阿含经》(卷三十九)、《佛说白衣金幢二婆罗门缘起经》(卷中)、《立世阿毗昙论》、《顺正理论》等经文中的创世神话内容相似。

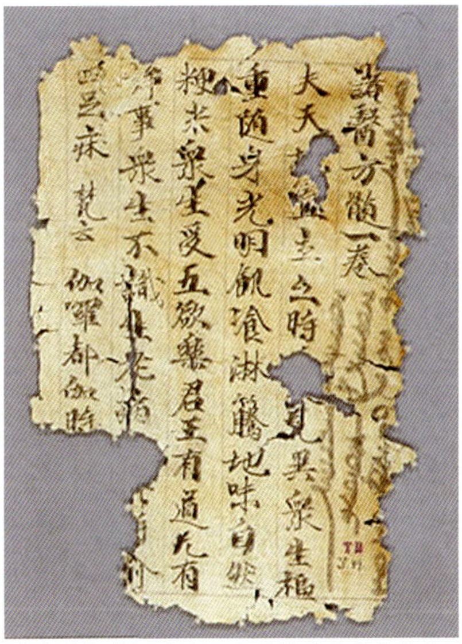

《诸医方髓》残片　中国新疆吐鲁番出土

《诸医方髓》的书名与《隋书·经籍志》中的《西域名医所集要方》名称含义相近，暗示了文献自身的性质。其内容是从前代（或同时代）的医学著作抄录或汇编而来。实际上，不论是“方髓”还是“集要方”都可当作7世纪印度医学名著《八支集要方》书名中saṃgraha一词的准确对译。《诸医方髓》、《西域名医所集要方》与《八支集要方》，三者有类似的性质，反映了西域与印度医学之间的密切联系，以及印度医学文本的传译及其对中医学的影响。

（陈明）

Zhulin Jingshe

竹林精舍　Veṇuvana-vihāra　古代印度佛教名园。又称竹园、竹林园、竹园伽蓝、迦兰陀竹园等。

竹林精舍

竹林精舍在古印度摩揭陀国都王舍城外。传说初为富贾迦兰陀长者所有，一度赠与耆那教。后长者闻释迦牟尼说法，意欲反悔，改赠佛教。鬼神感其心诚，帮助他驱逐了耆那教徒。他遂大兴土木，建立精舍，躬请佛陀率徒前来居住。另说该园系摩揭陀国王频毗娑罗所赠。竹林园时称王舍城第一名园。频毗娑罗请释迦牟尼乘坐自己的大象，并操金瓶授水，亲迎他和弟子止于该园。据称以园林施与佛教僧团便是自此开始的。

（葛维钧）

Zhu' ami

竺阿弥　（约活动于5世纪）　古代印度迦毗黎国使者。《南史》卷七八中又作竺阿珍。据《宋史》卷九七记载，刘宋泰始二年（466），竺阿弥由迦毗黎国（指今南印度高韦里河流域古国）派遣出使中国，被封为建威将军。同行使者为竺扶大。

（任筱可）

Zhudaosheng

竺道生　Zhudaosheng（375～434）　中国晋宋之际义学高僧。鸠摩罗什的弟子，擅长讲经，在佛教义理方面多有创见，主张众生皆可成佛，提倡顿悟学说，对唐代以后禅宗的发展影响深远。

据《高僧传》卷七等，竺道生俗姓魏，巨鹿（今河北邢台）人，寓居于彭城（今江苏徐州），出身士族世家。父亲任广戚（今山东微山）令，乡里称其为善人。竺道生幼时便聪明颖悟，后遇沙门竺法汰，就跟随他出家修行。出家之后，竺道生研习佛典，理解力很强，才思敏捷，15岁就能登座讲经。他辞气清朗、善于论辩，即使是前辈学僧、当世名士，也无法与其抗衡。20岁时学问更加渊博；初入庐山，在那里隐居7年修行。竺道生认为修道要以智慧为本，故而遍览群经，还参考其他论书，并四处听高僧宣讲佛法。

之后，竺道生与慧叡、慧严一起游学长安，奉鸠摩罗什为师。鸠摩罗什新译众经，竺道生都有一些新的见解与发挥，并著有义疏，但今已佚失，其观点散见于僧肇的《注维摩诘经》(T1775)与吉藏的《法华义疏》(T1721)等著作中。长安的僧人都称竺道生为“神悟”。

竺道生回到都城建康（今南京）后，住在青园寺，刘宋文帝刘义隆（424～453年在位）对他十分欣赏。名士王弘、范泰、颜延之都钦佩他的学问风范，向他求学问道。

竺道生感慨自从佛教传入汉地、佛经译为汉语之后，僧徒大都执着于文字的表面意义，而没有领悟到最高的圆融之理，于是著《善不受报论》、《二谛论》、《佛性当有论》、《法身无色论》、《佛无净土论》、《应有缘论》等（均已佚失），提出了许多与前人不同、在当时看来是离经叛道的观念。他提倡顿悟成佛的学说，引起了僧俗界激烈的讨论，如收入《广弘明集》的谢灵运的《辩宗论》阐述了道生此义。时值法显带回的6卷《泥洹经》刚被译出，竺道生以此文本为据，提出众生皆有佛性、皆可成佛的观点，认为即使是根性最为卑劣的一阐提也不例外。该观念为保守僧人所不容，竺道生遂被摈出京都。

竺道生先移居于虎丘山，传说他在此山中收集石头为徒，向其说法。讲到一阐提也有佛性时，问道：“如我所说，契佛心否？”群石为之点头。后人便有“生公说法，顽石点头”的说法。竺道生后来迁往庐山。之后昙无谶所译的《大般涅槃经》传到南方，果然称一阐提之人也有佛性，与竺道生的观点若合符契。竺道生得到此经后立刻登座宣讲。元嘉十一年（434），他在讲经说法的时候于法座上去世，颜色不变，仿佛入定。竺道生孤明先发，对后世禅宗的发展功不可没。

（范晶晶）

Zhufacheng

竺法乘 Zhufacheng（约活动于3世纪下半叶～4世纪上半叶） 中国两晋之际高僧。译经家竺法护的弟子，曾参与译经；之后在敦煌立寺，对于该地佛教的传播作出了巨大贡献。

据《高僧传》卷四、《出三藏记集》卷十三，竺法乘从小便天资聪颖，过于常人。8岁时跟随竺法护做沙弥，淡泊有志气，深受褒奖。晋武帝太康五年（284），竺法护译《阿维越遮致经》(T266)，竺法乘笔受。后竺法乘到敦煌建立佛寺、宣说佛法。敦煌原本为少数民族戎狄居住之地，皈依佛教多是竺法乘的功劳，之后他也在此处圆寂。孙绰《道贤论》将其比作王戎，认为二人尽管僧俗不同，但均是少年天才。高士季颙也曾为他作赞传。

（范晶晶）

Zhufachong

竺法崇 Zhufachong（约活动于4世纪下半叶～5世纪上半叶） 中国晋宋间高僧。建立了今湖南省境内的第一座佛寺麓山寺，对佛教在当地的发展贡献巨大。据《高僧传》卷四等，竺法崇少小出家，以戒行见称，聪明好学，尤其擅长《法华经》。他曾经游方于湘州（今湖南）麓山（即今岳麓山），将山上旧有的山神庙改建为佛寺，并在此地弘扬佛法。后来，他回到剡县（今浙江嵊州）的葛岘山，在那里坐禅修道，当地的文士学者也都慕名前来相伴。竺法崇还著有《法华义疏》4卷（已佚）。于葛岘山圆寂。

（范晶晶）

Zhufadu

竺法度 Dharmapramita（约活动于5世纪） 印度来华僧人。专学小乘。据《高僧传》卷一等，其父竺婆勒于南朝宋元嘉年间（424～453）来到汉土，卜居广州，而常去往各地经商求利，并于南康郡（包括今江西南康、赣县、兴国、宁都以南之地）生竺法度。最初取名南康，及长改称金伽，后出家，作为昙摩耶舍的弟子，承受经法，始更名法度。由于梵汉两语兼通，故常在佛典翻译活动中充任译语。昙摩耶舍返归本国后，竺法度执意专学小乘，不读大乘经典，称不存在十方佛，而唯礼敬释迦牟尼。为人性情乖异，著衣用具等皆不同常人，如乞食只用铜钵，不用别器。虽然谙熟汉语，但在授戒时却作胡语，汉人莫知所云。由于行止偏邪，颇似诡术，明识之人多不与交往，只有女尼法弘、普明等信受其教，以为真实。后世习其遗风的还有宣业寺、弘光寺诸尼。

（葛维钧）

Zhufahu

竺法护 Dharmarakṣa（约231～约308/约239～约316） 中国西晋僧人，译经家。音译竺昙摩罗刹，人称敦煌菩萨。

竺法护祖先为月氏人，世居敦煌郡，8岁出家，师事外国沙门竺高座，因改姓竺。据称天资聪敏，过目不忘，诵经能日达万言，尝博览六经，涉猎百家。为人天性纯良，笃志好学，而于世人的毁誉，则从不介怀。晋武帝时代（265～290），中国佛教徒只重视寺庙图像的崇构，而忽视大乘经典的介绍。见此，他遂发愤随师西游，以传译西域所存的大乘经典为己任。据说在游历诸国的过程中，他学会了36国语言和文字，达到了"贯综诂训，音义字体，无不备晓"的地步。他从西域带回了大量胡本，由敦煌至长安沿路译写，极为勤苦。从晋武帝泰始二年（266）到怀帝永嘉二年（308）40余年，他将全部精力投入译经工作，"孜孜所务，唯以弘通为业，终身写译，劳不告倦"。他还立寺于长安青门外，精勤行道，以

竺法护译《佛说本生经》封面

至德化四布，声盖远近，前来宗奉的门徒达数千人，极一时之盛。晚年遇晋惠帝时代政局不稳，百姓流离，他亦东下避乱，到达渑池，不久罹疾而终，享年78岁。在其一生的众多译经中，以如下各经较为重要：《生经》5卷、《佛说普曜经》8卷、《光赞经》10卷、《正法华经》10卷、《佛说阿惟越致遮经》3卷、《渐备一切智德经》5卷、《等目菩萨所问三昧经》3卷、《度世品经》6卷、《文殊师利佛土严净经》2卷、《佛说如幻三昧经》2卷、《等集众德三昧经》3卷、《大哀经》8卷、《宝女所问经》4卷、《佛说无言童子经》2卷、《阿差末菩萨经》7卷、《贤劫经》8卷、《持心梵天所问经》4卷、《佛说须真天子经》4卷、《修行道地经》7卷等。

后世对于竺法护在传播佛教上的贡献，历来评价甚高，东晋高僧道安说："护公菩萨人也，寻其余音遗迹，使人仰之弥远……真众生之冥梯。"僧祐亦说："经法所以广流中华者，护之力也。"竺法护的翻译放弃了此前译家随意删略的倾向，力求忠实追摹原本而不厌详尽，故道安说他"言准天竺，事不加饰，悉则悉矣，而辞质胜文也"；但还是做到了"凡所译经，虽不辩妙婉显，而宏达欣畅"。常以助手身份参与竺法护译经的主要有清信士聂承远、聂道真父子。聂承远"明解有才，笃志务法"，除承旨笔受外，还往往参正文句，甚至加以删削，以使译笔畅达，富有文采。聂道真亦擅属文，且通梵语，对法护的翻译也有很大帮助。此外还有竺法首、陈士伦、孙伯虎、虞世雅等参与译事，做笔受、校订等工作。但是，通观竺法护所译经典，可以发现多有风格不一、难易不等等特点，译语亦时有差异，这显然与译业时间跨度大、译地流动不定，以及笔受等参与译事者不同有关。他的译籍后世常有重译，但他的译本作为最早的参照本，仍有重要的文献价值。竺法护译经，数量空前，僧祐《出三藏记集》称有154部309卷。其后各家目录续有增加，唐代《开元释教录》刊定为175部354卷，其中91部208卷尚存。近代学者吕澂考订为74部177卷。童玮的最新统计则是97部211卷。

（葛维钧）

Zhufalan

竺法兰 Dharmaratna（约活动于1世纪）印度来华僧人，译经家。是最早翻译佛经，将佛教传入中国的印度僧人之一。

据《高僧传》卷一，竺法兰原居中印度，自称能诵经论数万章，学徒达千余人。曾与摄摩腾相携游化于大月氏（今阿富汗中西部），并和后者接受中国汉明帝使节秦景等人的邀请，同赴中土宣教，但为当地国王和自己的学徒所阻，只好相机潜行。到达洛阳后不久即学会汉语，与摄摩腾共同翻译了《四十二章经》。摄摩腾去世后，他又翻译了《十地断结经》、《佛本生经》、《佛本行经》、《法海藏经》等，但皆失于后世祸乱。传说称，汉武帝时，修凿昆明池见底有黑灰，问东方朔，答曰不知何物，可以请教西域人。竺法兰到达中原后，有人以此相问，答称世界每至一劫之末，必为劫火所焚，黑灰即是焚烧的结果。对于竺法兰及其所译经典的真实存在，历来说法不一。

（葛维钧）

Zhufaqian

竺法潜 Zhufaqian（286～374） 中国东晋高僧，名士。又称道潜。般若学派“六家七宗”中“本无异宗”的代表人物。擅长讲解《法华经》、《大品般若经》与道家典籍，又善于清谈，与当时的朝贵名士交接，为一时僧界领袖。

据《高僧传》卷四等，竺法潜字法深，俗姓王，琅琊（今山东临沂一带）人，为东晋名将王敦之弟。他18岁出家，奉中州（今河南）名士刘元真为师。出家之后，竺法潜摈弃浮华，专心向学，名声大震。24岁时，他登座讲《法华经》、《大品般若经》，对其中的义理有深刻独到的认识，又善于讲解论说，故而听众经常有500余人。

晋怀帝永嘉初年，竺法潜为躲避战乱，南下江东。晋元帝司马睿（317～322年在位）、丞相王导、太尉庾亮等都对他十分钦敬。建武（317～318）、太兴（318～321）时期，德高望重的竺法潜经常穿着木屐上殿，时人称其为“方外之士”。司马睿、王导、庾亮等去世后，竺法潜便隐居于剡山（在今浙江嵊州）。不少慕名而来的人也追随他住在剡山，向其求学问道。竺法潜有时候讲解佛教的方等类典籍，有时候讲解《老子》、《庄子》，其弟子也大多兼善佛道两家的学说。

晋哀帝司马丕（361～365年在位）崇重佛法，多次派遣使者请竺法潜出山。竺法潜重回都城皇宫，开讲《大品般若经》，君臣都称善不已。竺法潜虽身在京都，与王公贵族、文人名士交接，但依然怀念隐居之所，于是又回到剡县的仰山，优游卒岁。支遁派遣使者向他购买仰山侧面的沃洲小岭，竺法潜回答说，足下想来的话就随便居住，哪里听说巢父、许由还需要买山隐居的？支遁大为叹服。这便是后人常说的“支遁买山”的典故。

宁康二年（374），竺法潜于山馆圆寂。晋孝武帝司马曜（372～396年在位）下诏赠赙钱10万。孙绰将其与竹林七贤之刘伶相比。

（范晶晶）

Zhufatai

竺法汰 Zhufatai（320～387） 中国东晋高僧。擅长讲经，是般若学派“六家七宗”中“本无异宗”的代表人物。

据《高僧传》卷五等，竺法汰为东莞（今山东临沂沂水、莒县北部一带）人，少年时代与道安同学，事佛图澄为师。苻丕进攻襄阳，为了躲避战祸，竺法汰跟随道安一起南下。到达新野后，道安分散徒众，安排他南下建康（今南京）。竺法汰带领弟子昙一、昙二等40余人，沿江东下，但在阳口（今重庆奉节一带）染上疾病，被迫停留。当时桓温出镇荆州，遣使问候、供给汤药。道安也派弟子慧远前来问疾。

此时正值沙门道恒恃其才力，在荆州一带宣扬“心无义”（见支敏度）学说，非常受欢迎。竺法汰认为“心无义”是邪说，应当将其驳倒，于是大集众僧，令弟子昙一与其辩难。在慧远与昙一的合作之下，道恒失利，“心无义”学说遂被压制。竺法汰本人著有《本无论》等文章（已佚），提倡“本无义”，主要观点是万物的本性是“无”。

竺法汰到达建康后，住在瓦官寺。他对寺院进行了扩建，根据地势修建重门。晋简文帝司马昱（371～372年在位）对竺法汰十分崇敬，请他开讲《放光般若经》。开讲的第一天，简文帝亲自到场，王侯公卿也都前来听讲，慕名而来的僧俗听众共有一千多人。在建康期间，他与道安保持着密切的联系，曾有书信探讨“三乘”、“六通”、“神”等问题。据《历代三宝纪》卷八，竺法汰还曾删定《十诵比丘尼戒所出本末》1卷（已佚）。

太元十二年（387），竺法汰染疾去世。晋孝武帝司马曜（372～396年在位）下诏赠赙钱十万，孙绰为其作赞。

（范晶晶）

Zhufaya

竺法雅 Zhufaya（约活动于3世纪下半叶～4世纪上半叶） 中国两晋之际高僧。开创了解经时将佛教的概念名相与中国传统的儒、道思想相比附的格义之法，有利于早期佛教在中国的传播。

据《高僧传》卷四，竺法雅为河间（今河北沧州）人，高僧佛图澄的弟子。容止端正，有器度。他少年时代擅长儒、道学说，长大后精通佛教教义，当地世家大族的子弟均向他求道问学。由于这些人都熟读儒、道经典，对佛教义理则相当陌生，于是竺法雅与康法朗一起创立了格义之法，帮助他们理解佛教学说。竺法雅聪明机巧，轮流讲解佛经与儒道典籍。他还经常与道安、竺法汰等人一起讨论佛经义理。他后来在高邑（位于今河北石家庄）建立佛寺，僧众百余人，讲道不懈。

所谓格义，即以中国思想中的儒道学说比附外来的佛教概念名相，便于汉地刚开始接触佛教的人接受其中的一些教理。例如，以《老子》中“无”的概念比附佛教所讲的“空”，以孔孟学说中的五常“仁义礼智信”比附佛教所讲的五戒“不杀生、不偷盗、不邪淫、不妄语、不饮酒”。在佛教初传时期，格义之法有助于外来教理的传播。但随着对佛教教义的理解不断加深，这种解经之法也就越来越显得牵强迂腐，甚至产生歧义，成为深入理解教义的障碍。于是在道安与鸠摩罗什之后，格义之方法也就逐渐被摒弃了。然而，竺法雅等人的尝试与开创之功却不容忽视。

（范晶晶）

Zhufodiao

竺佛调 （约活动于3世纪） 来华僧人。据《高僧传》卷九等，竺佛调籍属及生卒年等均不详。有说称其为天竺人。曾师事晋代名僧佛图澄，多年住常山（河北正定）佛寺。为人崇尚纯朴，不喜虚浮言词，因此颇受时人崇仰。屡次显示神异之行，如入宿虎穴之中，使虎听命；预言自己去世之日；去世后离棺而对弟了现身等。

（葛维钧）

Zhufonian

竺佛念 Zhufonian（约活动于4世纪下半叶～5世纪上半叶） 中国十六国时期著名译经家。

据《高僧传》卷一、《出三藏记集》卷十五，竺佛念为凉州（今甘肃武威）人，少年出家，志存高远。内心坚贞，外表和气，才识敏捷通达。熟读佛教经典，偶尔还涉及世俗典籍，特别擅长文字、训诂之学。从小喜欢四处游历，体验各地的风俗。由于世居河西走廊一带，方便接触汉语、胡语等各种方言，故而通晓多种语言。竺佛念虽然在义学上造诣平平，但以博学多闻著称。前秦建元十九年（383）左右，僧伽提婆、僧伽跋澄、昙摩难提等高僧来到长安，秘书郎赵政（又作赵正）请他们翻译经典。在寻找能够充当传译的僧人时，大家都推举竺佛念。于是外国高僧手持梵本，竺佛念翻译为汉语，译出的佛经有《鼻奈耶》(T1464) 10卷、《阿毗昙八犍度论》(T1543) 30卷、《婆须蜜经》(T1549) 10卷、《增一阿含经》(T125) 51卷、《中阿含经》(现收入《大正藏》第26号的版本是僧伽提婆南下后与道祖等人的重译本) 60卷、《僧伽罗刹经》(T194) 3卷等。前秦覆灭，继之以后秦，竺佛念继续在长安从事佛经的译语工作，译出的重要经典有《出曜经》(T212) 30卷、《四分律》(T1428) 60卷、《长阿含经》(T1)22卷等。前秦、后秦两代，竺佛念译出的经典众多，是长安地区最有名望的译经家之一。

（范晶晶）

Zhufoshuo

竺佛朔 （约活动于2世纪） 印度来华僧人，译经家。又作竺朔佛。据《高僧传》卷一、《开元释教录》卷一等，竺佛朔为印度人，天资明敏，博学多能。于东汉灵帝（167～189在位；一说桓帝，146～167在位）时，携带《道行经》梵本来到洛阳，在熹平元年（172；一说光和二年，即179）译出1卷，惜今已失传。据称其译笔凝滞，弃文存质，深得经本原意。不久，又与支娄迦谶在洛阳合译《般舟三昧经》2卷，由孟福、张莲之笔受。后不知所终。近世有人研究称，支娄迦谶译《道行般若经》10卷实为他与竺佛朔所共译。

（葛维钧）

Zhufuda

竺扶大 （约活动于5世纪） 古代印度迦毗黎国使者。据《宋史》卷九七记载，刘宋泰始二年（466），由迦毗黎国（指今南印度高韦里河流域古国）国王派遣出使中国，被封为建威将军。同行使者为竺阿弥。

（任筱可）

Zhu Kezhen

竺可桢 Zhu Kezhen（1890.03.07～1974.02.07） 中国气象学家，地理学家，教育家，中国科学院院士。在中印文化交

流中起过一定的作用。字藕舫，浙江绍兴东关镇（今属上虞）人。1908年入上海复旦公学。1910年公费留美，入伊利诺伊大学农学院学习，1913年获农学学士学位。后入哈佛大学研究院地理系学习气象学，1918年获博士学位，同年回国。1927年任国立东南大学地学系主任。1928年任中央研究院气象研究所所长。先后执教于武昌高等师范学校、国立东南大学和国立中央大学，参与创立中国地理学会。1936年4月出任浙江大学校长，1948年当选中央研究院院士。中华人民共和国建立后，历任中国科学院副院长、中国科学技术协会副主席、中国气象学会理事长及名誉理事长、中国地理学会理事长等职。

竺可桢发表《东南季风与中国之雨量》一文，引证晋代高僧法显经海路前往印度的史料，比较了印度季风与东南亚季风的异同点。在《二十八宿起源之时代与地点》中比较了中国与印度星宿的异同，指出中国与印度的二十八宿同源，而中国二十八宿产生于商周时期。1946年11月，竺可桢访问印度加尔各答，参观了印度国际大学与加尔各答大学，受到谭云山、周达甫等人接待。

（刘磊）

Zhuluoda

竺罗达 （约活动于6世纪） 印度来华僧人。据《梁书》卷五四记载，南朝梁天监二年（503），中天竺王屈多派遣竺罗达等来华奉表（表文收于《梁书》），并贡献琉璃唾壶、杂香、古贝等珍贵礼物。

（任筱可）

Zhulüyan

竺律炎 （约活动于二三世纪） 印度来华僧人，译经家。又作竺将炎、竺持炎。据《高僧传》卷一等，竺律炎为印度人，所学博通内外，知解与修行都很清净严谨。三国吴黄武三年（224），与维祇难携梵本《法句经》同来武昌。当时吴地士人请他们出经，二人遂将该经译出，得2卷。由于二僧不善汉文，故译经文辞颇有未能尽义之处。维祇难去世后，又于黄龙二年（230）与支谦合译《摩登伽经》2卷，与支越合译《佛医经》1卷，并自译《三摩竭经》、《梵志经》各1卷。其中《梵志经》今已不传。

（葛维钧）

Zhusengfu

竺僧敷 Zhusengfu（约活动于三四世纪） 中国两晋之际高僧。擅长讲解《放光般若经》与《道行般若经》，其学说与本无异宗有契合之处。

据《高僧传》卷五记载，竺僧敷遍学各种佛经，尤其善于般若类经典。西晋末年战乱，他移居到江南，住在建康（今南京）瓦官寺中，经常为大众宣讲佛经，得到京城众僧的一致好评。道嵩这时也住在瓦官寺里，写信给道安表扬竺僧敷的义理精微。当时很多人都认为心神有形，竺僧敷不同意这种说法，著有《神无形论》一文，论证说：有形就有数，有数就有尽；但神是无尽的，反过来便可推知神是无形的。此论一出，执异见者都被说服了。之后，竺僧敷又为《放光般若经》与《道行般若经》编撰义疏。竺法汰也很欣赏他的观点，经常给道安写信转述竺僧敷的义理主张，可惜这些都已佚失。后来，竺僧敷在瓦官寺中圆寂。

（范晶晶）

Zhusenglang

竺僧朗 Zhusenglang（约活动于四五世纪） 中国东晋十六国时期高僧。在山东泰山修建佛寺、聚徒讲经，受到北方一些少数民族最高统治者与东晋孝武帝（372～396年在位）的敬信，对山东佛教的发展贡献很大。

据《高僧传》卷五等，竺僧朗为京兆（今陕西西安）人，俗姓李，高僧佛图澄的弟子。竺僧朗从小便四处游方求道，长大后回到家乡，为大众宣讲《放光般若经》等佛教经典。

苻健皇始元年（351），竺僧朗迁往泰山居住，与那里的隐士张忠志同道合。张忠被苻坚（357～385年在位）征辟，行到华阴山便去世了。竺僧朗便在泰山西北的金舆谷另外建造精舍。那里峰高水险，屋子有十余间，慕名跟随竺僧朗学习的有一百多人。竺僧朗谆谆善诱，诲人不倦。苻坚听说他的高名之后，派遣使者前来征请，竺僧朗以年老多病辞，继续留在山中。于是苻坚每个月都给他写信、赠送物品。后来，苻坚整顿僧徒，特意准许竺僧朗所在的泰山不在搜查之列。

后秦姚兴（393～416年在位）也对竺僧朗大为叹赏。南燕慕容德（398～405年在位）封其为“东齐王”，并将两个县的租税拨给他。竺僧朗辞掉了“东齐王”的称号，接受了租税，用来兴建福业。东晋孝武帝司马曜、后燕慕容垂（384～396年在位）、北魏拓跋珪（386～409年在位）等也都有书信往来、馈赠之物。这些书信往来都收录在《广弘明集》（T2103）第28卷中。竺僧朗后来在山中圆寂。

（范晶晶）

Zhushulan

竺叔兰 Surakṣa（约活动于3世纪） 印度来华僧人，译经家。据《高僧传》卷四、《开元释教录》卷二等，竺叔兰本天竺人。其祖父娄陀，好学而有节操。当时国王无道，有一将军因罪惧诛，要娄陀共反，娄陀不从，遂遭杀。其父达摩尸罗闻乱即携家逃往中国，居于河南，不久生竺叔兰。竺叔兰从二舅受学经法，兼学诸文史，精通梵、汉两语。受当时清谈风气影响，乐与名士交游，又性嗜酒，好游猎。据传曾死而复活，自言在阴间见及善恶果报之事，因而改节修慈，专志经法。晋武帝太康元年（280），与无罗叉共译《放光般若经》。由无罗叉手执梵本，竺叔兰译为汉文。晋惠帝元康元年（291）于洛阳自译《首楞严经》。之廉六年译《异维摩诘经》。所译多文义精允。后因避石勒之乱而迁居荆州。某日宣告：“吾将死矣。”数日后便卒。

（葛维钧）

Zhunian

注辇 Cola 印度南部古国。今译朱罗。自11世纪前期至15世纪同中国保持了长久的友好关系。

注辇建国于今印度科罗曼德尔海岸从内洛尔到布杜戈代之间。其名最早见于阿育王铭文，说它地处孔雀王朝统治范围之外，盛行佛教。公元前2世纪，国王埃拉罗一度征服僧伽罗国（今斯里兰卡）。约公元100年，国王迦利迦尔执政时期国势强盛，曾打败另外两个重要的南印国家潘地亚和哲罗的联军，并远征僧伽罗国。3～4世纪，随着北方帕拉瓦的兴起，以及潘地亚和哲罗的入侵，国势衰落。7世纪，臣服于帕拉瓦人。7世纪初中国高僧玄奘访问注辇时说：“珠利耶国（即注辇）周二千四五百里。国大都城周十余里，土野空旷，薮泽荒芜，居户寡少，群盗公行，气序温暑，风俗奸宄，人性犷烈，崇信外道。”9世纪阿迪蒂亚王（880～907年在位）主政时开始复兴，罗茶罗乍时称霸南印，至拉金德拉时代（1016～1044年在位）达于鼎盛，势力远及西孟加拉，海军亦曾远征东南亚。

自11世纪至15世纪与中国使节往还频繁。《宋史》卷四八九称，注辇国东距海五里，西至天竺千五百里。物产种类繁多，有真珠、象牙、珊瑚、颇黎、槟榔、豆蔻、藤罗、千年枣、椰子等。禽畜则有山羊、黄牛、山鸡、鹦鹉等。城市往往有七重，自外而内，第一至第三重住居民，皆绕以小河；第四重住官员；第五重住城主的子嗣；第六重建佛寺，百僧居之；最内一重住城主本人，且多植花果树木。作战常用大象居前，后有梭枪、长刀、弓矢等。罪犯轻者绑于木架，笞打五十至一百下；重者可斩，或以象踏死。据该史书记载：“大中祥符八年（1015）九月，其国主

印度最南端科摩林角

罗荼罗乍遣进奉使侍郎娑里三文、副使蒲恕……奉表来贡。”贡物包括“真珠衫帽各一、真珠二万一千一百两、象牙六十株、乳香六十斤”。其后天禧四年（1020）、明道二年（1033）、熙宁十年（1077）亦相继有使来访。其中，明道二年所记王名“尸离啰茶印佗啰注啰”与前述今译“拉金德拉”全名Śrī Rājendra Cola正合。中国古地理书对于注辇也有很多记述。南宋周去非《岭外代答》说，注辇与西天诸国常有战争。国家有战象6万。战时，勇士站在象背上的小屋中，近战用槊，远战用弓箭。战胜的大象也赐予名号。国人好意气用事，常有数十对互不服气者在国王面前用短刀格斗，虽死无悔。父子兄弟不用共同的锅灶餐具，但彼此甚重义气。中国南宋官员赵汝适在《诸蕃志》中对于该国的议婚、礼聘、嫁娶和离异等习俗也有详细描绘。

（葛维钧）

Zhu'alishamanglibadi

祝阿里沙忙里八的（约活动于13世纪后期） 古代印度俱蓝国来华使臣。据《元史》载，至元十八年（1281）十一月，杨庭璧受命二次出使俱蓝国（见故临），于至元十九年二月抵达。俱蓝国王必纳的迎受诏书，遣使臣祝阿里沙忙里八的奉表于至元十九年三月来华入贡。

（何赟）

1028

zhuanbianshuo

转变说 pariṇāma-vāda 印度古代哲学中的一种关于事物形成的理论。认为世间事物或人生现象是由一个根本因转变出来的。持此观点的主要是数论派和瑜伽派等。如数论派认为：各种事物来自于一个物质性实体“自性”。当这一实体被另一精神性实体“神我”作用时，其自身内部就发生变化，转变出种种事物。最先由“自性”转变出“觉”（指“理性”或“知性”），从觉生出“我慢”（即“自我意识”或“主我性”），从我慢一方面生出“十一根”（眼、耳、鼻、舌、皮、发声器官、手、足、排泄器官、生殖器官、心），另一方面又生出“五唯”（香、味、色、触、声），五唯又生“五大”（地、水、火、风、空）。这样，事物的主要成分就转变了出来。转变说理论在古印度有一定影响，经常受到佛教等派别的批驳。这种理论也随佛教传入中国。汉译佛典中有这方面的记述。论及转变说理论的数论派的主要文献《数论颂》及其注释《金七十论》由中国南北朝梁陈之际的佛教高僧真谛译为汉文。《数论颂》在中国有现代汉译本，姚卫群翻译，收入《古印度六派哲学经典》（商务印书馆，2003）一书。

（姚卫群）

Zhuangzi

庄子 Zhuangzi（约前369～前286） 中国古代著名思想家，战国时期道家代表人物之一。

生平　庄子姓庄，名周。据司马迁说，庄子字子休，宋国蒙（一说今河南商丘东北，一说今安徽定远）人，曾以编织草鞋糊口，担任过漆园小吏。相传楚威王遣使者以重金礼聘庄子为相，诚意十足。庄子见到使者后却以龟为喻，表示宁可曳尾于泥中，也不愿留枯骨而在王宫享供奉之贵，拒绝了楚相之位。据传惠施为梁惠王宰相时，庄子前往梁国探望。惠施因庄子之才倍于己，担心相位不保，于是派人在国都内搜寻庄子三天三夜，以阻止庄子见到梁惠王。庄子见到惠施就此讽刺说自己如鹓雏，只会栖梧桐，食练果，饮醴泉；而惠施却如得腐鼠而喜的鸱鸟。因此，庄子终其一生，未处高位显爵；但是庄子通天地之统，能序万物之性，达死生之说，故遗世独立，恬淡自守。其思想继承老子一派，而又深有发明。虽然认为惠施好胜费神，但惠施过世之后，庄子也颇为感伤，认为自己如杂技高手，失去了合作者，难于施展绝技。《庄子》一书，记录或转述了大量庄子的言说，呈现了庄子的思想。该书是庄子及从战国至汉初的庄子后学所撰之文集。据《汉书·艺文志》，《庄子》共有52篇，其中《内篇》七，《外篇》二十八，《杂篇》十四，《解说》三。但郭象所传《庄子》仅录33篇。自唐以后，郭象本几乎是通行本。一般认为郭象本《内篇》为庄子自著，而《外篇》、《杂篇》为后学所撰，但究竟如何，因成书久远，且传习时断时续，难有定论。

思想学说　庄子的哲学思想在战国诸子中较为突出，流风甚广。其思想要旨在于：逍遥义、齐物论、心斋、坐忘。庄子的逍遥义，后人的解释甚繁，但是大要不出三类。第一，顾桐柏所说：“逍者，销也；遥者，远也。销尽有为累，远见无为理。以斯而游，故曰逍遥。”即将逍训为动词销，意为销除尘累牵绊；遥训为远，也做动词用，意为使有远见，洞观真理。如此内除尘累，外观真理，以此游于世间，方是逍遥。第二，支道林所说：“物物而不物于物，故逍然不我待；玄感不疾而速，故遥然靡所不为。以斯而游天下，故曰逍遥游。”即认为逍遥是主体排除对有形物质世界的依赖，以独立的“玄感”，优游于天下。第三，穆夜所说：“逍遥者，盖是放狂自得之名也。至德内充，无时不适；忘怀应物，何往不通！以斯而游天下，故曰逍遥游。”即认为逍遥是内德充沛，应物处世自然通达的状态。达道之士，智慧不群，德养超迈，能逍遥游于天地之间，视万境如一。

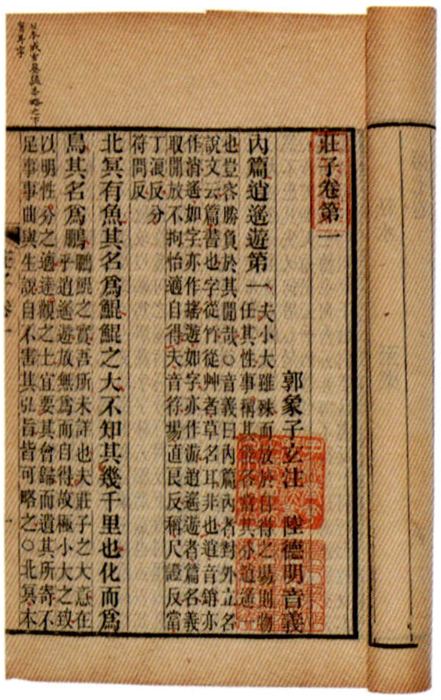
莊子卷第一
郭象子玄注 陸德明音義
內篇逍遙遊第一 夫小大雖殊而放於自得之場則物任其性事稱其能各當其分逍遙一也
也豈容勝負於其間哉○音義曰內篇內者對外立名
說文云篇書也字從竹從艸者草名耳非也逍音銷亦
作消遙如字亦作搖遊如字亦作游逍遙遊者篇名義
取閒放不拘怡適自得夫音符場直良反稱尺證反當
丁浪反分
符問反
北冥有魚其名為鯤鯤之大不知其幾千里也化而為
鳥其名為鵬 鵬鯤之實吾所未詳也夫莊子之大意在
乎逍遙遊放無為而自得故極小大之致
以明性分之適達觀之士宜要其會歸而遺其所寄不
足事事曲與生說自不害其弘旨皆可略之○北冥本

《庄子》清光绪元年（1875）
浙江书局刻本书影

关于齐物论，《庄子·齐物论》称："彼亦一是非，此亦一是非，果且有彼是乎哉？果且无彼是乎哉？彼是莫得其偶，谓之道枢。"枢就是关键之意，庄子认为能做到彼此俱空，是非皆虚，凝神独见而无对于天下，就可称得上得道之关键了。庄子在与惠施的辩论中指出："以指喻指之非指，不若以非指喻指之非指也。以马喻马之非马，不若以非马喻马之非马也。天地一指也，万物一马也。"庄子意在否定名家对事物的分类辨析，他认为"类与不类，相与为类"，同一类与不同一类的分别，其实从另外的角度看，这样的分别又是同一类。甚至认为天地万物同归一类，不可分别。

关于坐忘，可见《庄子·大宗师》："堕肢体，黜聪明，离形去知，同于大通，此谓坐忘。"庄子认为通过排除意识心，以静坐的方法与道合一，即是坐忘。后来坐忘成为道家极为重要的修养方法。司马承祯还专门撰写了一部《坐忘论》。庄子讲坐忘，并非简单地排除知觉，不与物质世界交涉，更要同于大通。所谓"大通"，既可理解为"道"，也可视为修养方法里的一种独特体验。庄子认为道"有情有信"，可以体验到，但是不能通过感官知觉加以认识，"可传而不可受，可得而不可见"。道是最高的本体，"自本自根，未有天地，自古以固存"。他认为道在天地形成之前就已经存在了，不受时空限制，"在太极之先而不为高，在六极之下而不为深，先天地生而不为久，长于上古而不为老"。进而庄子认为道无不在，无论是蝼蚁瓦砾，甚至连粪便里也有道的存在。

后人认为庄子与老子的主要差别在于他能摆脱对利害得失的计较分别，让心与万物冥然相契，从而可见天地之大美、四时之明法。后世对庄子思想的评述，有不少值得注意的内容。如：认为庄子思想反对集体主义的集权专制，崇尚个人主体自由。庄子所谓的"真人"修养，正可对治现代社会因唯物论造成的紧张、焦虑以及恐怖气氛。

佛教传入中国，初期参与翻译佛经的大师，不少娴于老庄，如鸠摩罗什大师门下的僧睿、僧肇等人。因此在佛经翻译上，名言的对译，常有依庄子用语，而赋予新意义的例子。这导致后来批评佛教者指摘佛经"模写庄、老玄言"。庄子的思辨方式，也因名言的运用，进入佛教经论的注释疏解之中，影响甚巨。魏晋时期佛教高僧支道林与当时士林论辩玄理，多有往来。他就曾发挥庄子逍遥义而为人所称道。由此可见庄子与佛教思想在思辨上有互通之处。而庄子的学问气象，亦有类通于佛教者，尤其近于后世的禅宗。

（江巨浪）

Zhuokehua

卓克华 Moreswon Ramachandra Cholkar（1882.12.10～1962.09.17） 印度援华医疗队成员。全名莫勒斯旺·拉姆昌

德拉·卓克。中文名为卓克华。印度马哈拉施特拉邦那格浦尔人。1938年，在J.尼赫鲁和印度国民大会党的倡议下，一支由5人组成的印度援华医疗队被派往中国，支援中国人民的抗日战争。卓克华被遴选为该医疗队副队长。1938年9月抵达中国后，卓克华先在长沙中国红十字会第15救护队工作；随后，在与医疗队其他4名成员一同抵达武汉后，卓克华与巴苏华被派往第64陆军医院。延安是八路军总部所在地，也是该医疗队的目的地。抵达延安后，卓克华被分配到那里的卫生学校。1939年5月底，他由于健康原因而经西安返回印度，并继续在那格浦尔医学院执教，直至1962年逝世。

（邵葆丽撰　刘文亮译）

Zhuomi Shijiayixi

卓弥·释迦益西 vbrog mi shakya ye shes（993～1074） 中国藏传佛教后弘期译经家。藏传佛教新密续的开创者之一。史称卓弥译师。

当时治理后藏地区的吐蕃赞普的后裔、赤札西择贝柏的几个儿子在自己的管辖地区内积极倡导弘法事业。鉴于当地佛教基础薄弱，僧才缺乏，他们便一方面请外地高僧，另一方面培养本地学僧。卓弥·释迦益西和达罗勋努尊智两个年轻人于是被选派携带黄金赴印度留学。

卓弥·释迦益西在超戒寺经过8年刻苦学习，在佛教显宗领域打下了坚实的基础。之后去东印度，拜般若因陀罗茹箕（慧明）为师，专门修学佛教密宗。经过4年修学，对佛教密宗之秘诀要义有了深刻的理解。上师向他传授了道果法。这一密法后来经过卓弥·释迦益西的传授，成为藏传佛教萨迦派的核心教法。

卓弥·释迦益西在印度留学13年后回到故乡拉堆时，他以高僧大德的身份招收徒弟，讲授佛法。他常住聂谷隆、拉孜札等寺院，主要传授佛教密法。他翻译了以《喜金刚续第二品》为主的3部密续和自己的印度上师贤德帕的论著《具足清净论》，以及许多其他佛教密宗经典。

卓弥·释迦益西曾在后藏贡唐拜见印度著名论师伽耶达热，借此机会，他将论师请到聂谷隆寺传法，并达成协议，以500两黄金为报酬，请论师在聂谷隆寺居留5年，传授完整的大宝经论密法。而伽耶达热论师在3年内即完成了全部授课任务，之后，论师继续讲经说法，直至期限届满。当伽耶达热论师按协议拿到全部报酬时，承诺不向其他任何人讲授此法，其传承或传授权归卓弥·释迦益西所有。由此，卓弥·释迦益西就成为藏传佛教后弘期新密续的开创者之一。

卓弥·释迦益西功成名就后，门下修学佛法的弟子络绎不绝，且名人辈出。萨迦派创始人贡却杰布、噶举派祖师玛尔巴·却吉洛哲、父续《密集》的主要传播者桂译师，以及为宁玛派的形成发挥关键性作用的索布切等，都曾是他的弟子。其中贡却杰布继承了卓弥·释迦益西传授的以母续《胜乐》为主的密法和道果法。

（尕藏加）

Zhuoni Si

卓尼寺 co ne dgon 中国藏传佛教格鲁派著名寺院。位于今甘肃甘南藏族自治州卓尼县境内。又称“卓尼禅定寺”。前身是一座小型藏传佛教宁玛派寺院。藏历第五绕迴土蛇年，即元成宗元贞二年（1296），元朝帝师八思巴赴京，途经此地，留其随行萨迦派高僧希日益西传法，遂将原寺改为萨迦派寺院。藏历第八绕迴土兔年，即明天顺三年（1459），卓尼·仁钦龙布（1439～？）高僧从西藏学成归来，又将卓尼寺改为格鲁派寺院，命名为“卓尼噶丹协珠林寺”。

藏历第十二绕迴木猪年，即清康熙三十四年（1695），卓尼·扎巴协珠（1675～1748）高僧自安多远赴西藏拉萨求学深造，初在色拉寺麦巴扎仓研读五部大论，考取格西拉然巴学衔；后进拉萨密宗上院，修学密法，终获殊胜成就。康熙四十六年（1707），返回安多故里，在卓尼寺向僧众讲经传法，同时整改寺院教育，规范寺规僧纪，推演色拉寺麦巴扎仓和拉萨密宗上院的教法仪轨。

康熙五十二年，卓尼寺第十任僧纲·阿旺赤列嘉措（1686～1738）随兄卓尼土司杨妆松赴京晋见康熙帝，被封为“崇梵净觉禅师”，敕赐“禅定寺”匾额。返归故里后，尊奉帝谕，立誓建寺。康熙五十三年，重建显宗学院，任命卓尼·扎巴协珠为学院堪布，依照色拉寺麦巴扎仓制定教程；雍正七年（1729），创建密宗学院，由卓尼·扎巴协珠担任该院堪布，遵照拉萨密宗上院设定教规，与拉萨色拉寺保持法脉传承关系。

藏历第十三绕迴水猴年，即乾隆十七年（1752），卓尼·索南坚赞高僧在卓尼寺建立天文历算学院，遂形成一座拥有包括显宗、密宗和法舞（建于1501年）四大学院的格鲁派大型寺院，鼎盛时期寺僧达3 000人，属下子寺达40多座。

卓尼寺在清代兴隆发达，高僧辈出，除卓尼·扎巴协珠外，以一世策墨林活佛·阿旺慈臣（1721～1791）、二世策墨林活佛·阿旺绛贝慈臣嘉措（1792～1863）和三世策墨林活佛·阿旺洛桑丹贝坚赞（1864～1919）为代表。他们按卓尼寺僧人惯例，先入卓尼寺学经，后赴拉萨色拉寺麦巴扎仓攻读五部大论，获取格西拉然巴学衔，继而转入拉萨密宗上院研修密法。后来，三位高僧活佛相继登上甘丹寺赤巴（法台）宝座，升任噶厦政府摄政王职位，成为清代藏传佛教界身居高位的显赫人物。此外，卓尼寺高僧多有任职驻京呼图克图、雍和宫堪布（住持）和五台山黄庙（格鲁派）札萨克大喇嘛的履历。同时，卓尼寺的嗣法者在蒙古地区承担弘扬圣教之重任，受到格外尊重。

（尕藏加）

Zilin

子邻 Zilin（约活动于8世纪） 中国唐代名僧。又名志邻。曾侍奉于唐肃宗李亨（756～762年在位）与唐代宗李豫（762～779年在位）的内廷，并参与不空金刚的译场。

子邻俗姓范，乳名邻儿。兖州乾封（今山东泰安）人。开元初年，随洛阳广爱寺的庆修律师至洛阳寺庙剃度出家。开元十一年（723），子邻忽然思念双亲，便辞别寺院回家探亲。后为了进一步修习佛教经论，前往都城长安一带。此外，他还兼通俗家典籍，声名远播。于是被选为名僧，经常进入宫廷侍奉于肃宗身边。子邻擅长讲说，应对如流，在皇帝面前对治国之术侃侃而谈，超出同辈之上，被赏赐紫色方袍，充任供奉僧。代宗即位后，更加崇奉佛教。永泰元年（765），不空金刚重译《仁王护国般若经》与《密严经》，子邻也是证义之一，负责参与义理的讨论。

（范晶晶）

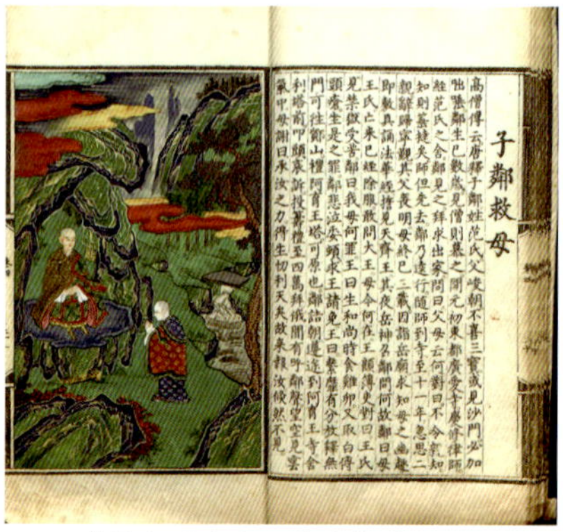

《释氏源流应化事迹》清同治年间彩色插图版书影

卓尼寺

zixing

自性 prakṛti 印度古代哲学中数论派的重要概念。数论派认为世间事物或人生现象是由一个物质性的实体转变出来的，这个实体就是“自性”。但自性也不能完全独立转变出事物。它在转变时还要有一些精神性实体“神我”的帮助。自性只有在受到神我的作用后才能使世间事物的转变成为现实。涉及自性概念的数论派文献《数论颂》有现代汉译本，姚卫群翻译，收入《古印度六派哲学经典》（商务印书馆，2003）一书。

（姚卫群）

Zizaihei

自在黑 Īśvarakṛṣṇa（约活动于4世纪） 古印度哲学中数论派的重要思想家，《数论颂》的作者。生平不详。《金七十论》卷下说：“智者从迦毗罗来至阿修利，阿修利传与般尸诃，般尸诃传与褐伽，褐伽传与优楼佉，优楼佉传与跋婆利，跋婆利传与自在黑，如是次第。”由此可见，自在黑是历史上的一个承接**数论派**古代各主要思想家理论的一个较晚的学说总结性的人物。

数论派的历史非常悠久，但其早期的主要经典没有流传下来。数论派现存最早的系统完整文献就是自在黑所著的《**数论颂**》，因而它被作为目前研究数论派思想的最根本的文献，也是了解自在黑思想的主要材料。

根据《数论颂》及其注释，自在黑理论体系的出发点是“**因中有果论**”，即主张任何结果仅仅是原因的转变，在原因中本来就已包含了结果，原因和结果是同一物的隐蔽状态和显现状态，二者在本质上是相同的。由此，他提出了“**二元二十五谛**”的**转变说**理论体系，认为世界作为结果总要有一最初的根本原因，这个根本因就是“**自性**”。

自性是一种处于未显状态的原初物质，它及其转变物是由三种成分——“德”构成的。“**三德**”是具有喜的本质和照明作用的“萨埵”、具有忧的本质和冲动作用的“罗阇”、具有迷暗本质和抑制作用的“多磨”。

除自性之外，自在黑还认为存在一个独立的精神性实体“**神我**”。神我自身虽不演变出世间事物，但却可与自性结合，引起自性中“三德”丧失平衡状态，使自性开始演化。

自性的演化过程是：首先由自性生出“觉”（相当于起确定或决定作用的“理性”或“知性”），从觉生出“我慢”（“自我意识”或“主我性”），从我慢一方面生出“十一根”（眼、耳、鼻、舌、皮、发声器官、手、足、排泄器官、生殖器官、心），另一方面又生出“五唯”（香、味、色、触、声），五唯又生“五大”（地、水、火、风、空）。自性、觉、我慢、十一根、五唯、五大和神我合称“二元二十五谛”。这是自在黑学说的基本理论框架。

在认识论方面，自在黑主张有三种“量”：**现量**（感觉）、**比量**（推理）、**圣言量**（可靠之人或圣书的意见）。

自在黑也持**轮回**与**解脱**之说。他把轮回的状态分为天道、兽道和人道（三界）。认为轮回中的生命形态在本质上是痛苦的。离苦的途径是认识或体验数论派的二元二十五谛理论，获得“非我”、“非我所”等绝对认识，使自性不再与神我结合，断灭轮回，达到解脱。

自在黑的著作《数论颂》及其主要注释《金七十论》由高僧**真谛**翻译为汉文。近现代中国，他的思想也被人们所重视，姚卫群在其所著的《印度宗教哲学概论》（北京大学出版社，2006）一书的第5章中论及了这方面的内容。

（姚卫群）

Zizhuan Wo Tiyan Zhenli de Gushi

《自传——我体验真理的故事》 *An Autobiography or the Story of My Experiments with Truth* 印度民族独立运动伟大领袖M.K.甘地的著作。甘地于1922年被英国殖民当局逮捕，在监狱服刑期间，他写作了《自传——我体验真理的故事》一书。该书讲述了甘地前半生的经历，主要记述了1902～1914年他在南非领导印度侨民反对种族歧视斗争的各种经验和体会，以及他回国后领导印度人民进行“非暴力不合作运动”的经验等。甘地在书中说：“如果我只是讨论一些学院式的原理，我当然不应该写自传，然而我的目的是说明这些原理的各种实际上的应用。我给我打算写的这些篇章起了一个题目‘我体验真理的故事’。”实际上，书中主要写他的哲学—政治学说，包括“真理”学说、“非暴力”学说和“坚持真理”学说在社会实践中的具体应用，以及他的各种经验和体会。因此，该书对于研究甘地的哲学思想和政治思想有重要价值。该书早已传入中国，被中国学者杜危、吴耀宗翻译成中文，于1959年由商务印书馆出版。

（朱明忠）

Zong Bing

宗炳 Zong Bing（375～443） 中国南朝时期隐士。精通佛理，妙善音乐、绘画。字少文，南阳涅阳（今河南镇平）人。母亲师氏，聪辩有学识。宗炳幼年即由母亲启蒙。因服丧礼至诚，为乡里所称道。刺史殷仲堪、桓玄都任命他为主簿，推举为秀才，宗炳自己却不接受。后来刘裕屡次希望起用宗炳，都被拒绝。问及缘故，宗炳回答说：“栖丘饮谷，三十余年。”妻子罗氏有出尘之想，与宗炳志趣相投；后罗氏早亡，宗炳十分哀痛。哀痛之余，宗炳仔细寻绎佛理，悲情竟一时消散，因此他对僧人慧坚说：“死生不分，未易可达，三复至教，方能遣哀。”宗炳喜游山水，到过荆州、巫峡一带，还在衡山结庐而居；最终定居江陵。他把所游历过的山水，都画成图，悬挂在房间里，对人说，希望弹琴时能听到山谷回音。宗炳还通晓音乐。有古曲《金石弄》，桓氏一门十分珍惜，故秘传其曲。诸桓死后，只剩宗炳能够弹奏，由此该曲方得继续流传。宗炳出入儒佛，精于佛理，曾上庐山，与高僧慧远考寻文义。又曾答信何承天，申明佛学渊深透达，过于儒学。元嘉二十年（443）卒。

（江巨浪）

Zongkaba Luosangzhaba

宗喀巴·洛桑札巴 tsong kha pa blo bzang grags pa（1357～1419） 中国藏传佛教高僧，宗教改革家，中国藏传佛教格鲁派创始人。宗喀巴为尊号，名洛桑札巴，全名宗喀巴·洛桑札巴。在中印文化交流方面起过重要作用。 1031

宗喀巴出身于藏族信佛世家。安多宗喀（今青海湟水流域）人。3岁时跟噶举黑帽系四世活佛受近事戒，7岁被顿珠仁钦收为徒弟出家为僧，受沙弥戒，得法名洛桑札巴，接受寺院正规教育。宗喀巴在具备一定佛教理论基础之后，开始修学显宗与密宗的实践。与此同时，顿珠仁钦教导宗喀巴崇拜金刚手菩萨，以免受各种灾难；常背诵文殊五字真言，以增才智；修持无量寿佛仪式，以延长寿命；修持帝释天仪式，以成就财富事业；修持六臂玛哈嘎拉仪式，以消除天灾人祸。在夏琼寺经过10年勤奋学习，宗喀巴在佛教显密宗方面打下坚实的基础。

1372年，宗喀巴到西藏深造，专门研习《现观庄严论》为主的"弥勒五论"。两年后，赴后藏拜萨迦派高僧仁达瓦·宣努罗哲（1349～1412）为师，系统学习《俱舍论》和《入中论》。25岁时已精通"弥勒五论"、《俱舍论》、《释量论》、《入中论》和《律学》五部大论及十明学，在各大名寺立宗答辩，产生了一定影响。

宗喀巴30岁开始著书，写下《善说金鬘》、《菩提道次第广论》、《密宗道次第广论》、《中观广释》等传世之作，确立了齐全其中观应成派思想主体，提出了显密相融的佛学思想。后来问世的《宗喀巴全集》，共19函（帙），140余部（篇），已有拉萨、哲蚌寺、扎什伦布寺、塔尔寺和德格等不同木刻版本流传。其中佛教显宗论著以《菩提道次第广论》、《菩提道次第略论》、《中论广释》、《入中论释·密意胜明》、《辨了不了义论·善说心要》、《现观庄严论广释·善说金鬘》、《〈根本中论〉释·正理大海》、《菩萨戒品释》、《律经本论笔记》等为代表；佛教密宗论著以《密宗道次第广论》、《密续之王密集教授五次第明炬论》、《一切续部之王吉祥密集本续广释品义摄论》、《密集根本释明灯》等为代表。

藏历第七绕迥土牛年，即明永乐七年（1409），宗喀巴得到西藏地方帕主政权阐化王札巴坚赞的支持和资助，在拉萨大昭寺首创祈愿大法会，在广大僧俗信徒中赢得巨大个人声誉，随之宗教威望和社会地位迅速提升。是年，他创建甘丹寺。他以甘丹寺为基地，整顿藏传佛教秩序，改革藏传佛教弊端，强调出家僧人应严守佛教戒律，过纯粹的宗教生活，不许娶妻生子，不参与世俗社会。在寺院教育方面，他主张构建完善的寺院教育机制，僧人要恪守佛教戒律，遵循佛教显密宗的修学次第，先研习显宗教理，后修学密宗实践。他以噶当派教义为立宗之本，中观应成派为本宗之学说观见，取各派思想之长，亲自修行实践，建立了新的佛学体系，遂形成藏传佛教诸宗派中名副其实的主流宗派，即格鲁派。

1394年后，宗喀巴到各地讲经说法，宣讲自己的佛学思想。他认为，释迦牟尼开创的佛教正法是由教义理论和实践证验构成的，因而一切"教"的正法，则摄在经、律、论三藏之中；一切"证"的正法，又摄在戒、定、慧三学之中。因此三藏不可偏废，而三学又必须全面修习。也就是说，凡是立为佛教正法者，其见、修、行三者不可违背三藏教法；自心行持，也要随顺三学证法。同时，还要具备方便智慧双运之道，以及空性大悲之觉悟。怀有如此的宗教见地，每个学僧便能力争做：到对于经藏，多闻深思；在大小乘的三学上，认真修习；对于律藏也要尽力修习，通达戒、定二学；对于论藏也要不断研习，获取通晓诸法性相的智慧。从佛学见、修、行的角度看，大乘之"见"是在中观学和因明学中阐述或体现，而大乘之"行"则在般若学中阐述或体现；小乘之"见"和"行"都在俱舍论中阐述或体现；大小乘之共同戒律是在戒律学中阐述或体现；而大小乘之"修"则在"见"和"行"的阐释中涉足。所以，学习五部大论，将会明辨大小乘在见、修、行上出现的细微差异或不同观见。在戒律学方面，主要学习《律经》；在定学方面，重点学习《现观庄严论》；在慧学方面，主要学习《中论》、《因明学》、《俱舍论》。在寺院教育中之所以对佛教三学极为重视，是因为戒律学是佛教的根本，是修法的基础；定学是约束自心、避免散逸的途径；慧学就是增长智慧、不昧于解脱之道。故有无戒不定，无定不能生慧之说。

宗喀巴的嗣法弟子数不胜数，且人才辈出。其中显密兼通者以嘉曹杰·达玛仁钦（1364～1431）、克主杰·格勒贝桑（1385～1438）和朵丹·绛白嘉措（1356～1428）为代表；显宗精通者以绛央却杰·扎西班丹（1379～1449）、强钦却杰·释迦益西和根敦珠巴（1391～1474）为代表；密宗成就者以杰尊·喜热桑格（1382～1445）为代表。他们在前后藏建造了大型显密宗寺院，建立了法脉一统而多途传承的祖寺群，为推动格鲁派蓬勃发展发挥了重要作用。

作为一代宗师，宗喀巴被后人冠以文殊菩萨之化身和第二佛陀之尊号，在藏传佛教界享有崇高的宗教地位。格鲁派将每年藏历十月二十五日，即他圆寂的日子，定为纪念宗喀巴大师的最隆重的佛教节日。

（尕藏加）

Zong Lin

宗懔 Zong Lin（约500～563） 中国南朝梁官员，民俗学家。字元懔，又字怀正。《梁书》卷四一、《周书》卷四二和《北史》卷七〇均有传。宗懔祖籍河南南阳，生于江陵（今湖北荆州市南）。少年聪明好学，26岁被举为秀才，后为官，曾任荆州别驾、江陵令、吏部郎中、五兵尚书、吏部尚书等。公元554年，西魏灭梁，宗懔被掳往长安，又曾在北周做官，9年后卒于长安。曾著文集20卷，佚。其所作《荆楚岁时记》记载了6世纪荆楚地区人民生活习俗受佛教影响的情况。

（薛克翘）

Zongmi

宗密 Zongmi（780～841） 中国唐代高僧。身兼华严与禅宗，既被尊为华严宗五祖，著书发扬华严教理，又以直承

荷泽宗自许，阐述禅宗史论。其会通禅、教，主张禅教一致的思想，在汉传佛教史上有重要影响。

宗密的传记史料既包括他的自述，如《圆觉经大疏释义钞》和《遥禀清凉国师书》等，也包括他人的记载，如《唐故圭峰定慧禅师传法碑并序》和《宋高僧传》等。冉云华著有《宗密》一书作

考证。

据《宋高僧传》记载，宗密俗姓何，果州西充（今四川西充县）人，家境富裕，年少时精通儒家典籍，但思想略有反复。在《圆觉经大疏释义钞》中，他自言6～17岁时学习儒学，18岁开始则素服庄居，听习佛教经论，但到23岁时为科举之事，又专于儒学以便赴考。两年后，偶遇南宗荷泽神会一系的道圆禅师，两人言下相契，师资道合，于是便弃儒从释，削发披缁，跟随道圆禅师出家。此事据裴休《唐故圭峰定慧禅师传法碑并序》追记，发生于唐宪宗元和二年（807），即宗密27岁时，《宋高僧传》加以援引。

据《圆觉经大疏释义钞》等记载，当宗密还是沙弥时，曾随众僧至府吏任灌家赴斋请，受赠《圆觉经》，还未读完便感悟流涕。回寺后，他将其所悟告诉道圆，道圆告其应大弘圆顿之教。此后，宗密常向道圆请教，道圆亦将传为杜顺所作之《华严法界观门》授予宗密。

元和二年宗密至拯律师坛下受具足戒。稍后又前往益州进谒师祖荆南张禅师，即益州南印和尚。南印和尚大为嘉许，并告其应于帝都盛传其教。但宗密因经典理解之困惑，并未直接北上帝都，而是休心传教，适自游方。元和五年，宗密到达襄阳恢觉寺，得遇澄观的弟子灵峰和尚，两人相交为友。是时灵峰和尚病重，将澄观所撰之《华严经疏》及《随疏演义钞》授予宗密。宗密昼夜披读，茅塞顿开，豁然无隔。次年，宗密北上洛阳，住永慕寺，随后前往拜见神照禅师，神照赞其"菩萨人"。在洛阳时，宗密应请开讲《华严经疏钞》，因听众泰恭断臂供法而招官府注意。未免麻烦，宗密自称"华严（澄观）门下"，并修书向澄观说明原委，随信附上自己对《华严经疏钞》的见解和体会。澄观见信后，对断臂一事身加告诫，要求"后学勿使效之"，对宗密之见解多有称赞，并以"法子"相称。宗密复书致谢，后更前往长安礼觐澄观，极得器重。

宗密大约在元和七年到达长安，前两年间，宗密昼夜随侍澄观身侧，随后则在各寺院讲传听学，若有疑问时则常向澄观请教。元和十一年，宗密闭关长安西南的终南山智炬寺，遍转藏经3年，并开始著书立说。在长安的十余年间，宗密除了北游五台山外，其他时间则往来于长安和终南山，在智炬寺、丰德寺、兴福寺、宝寿寺、草堂寺等地方阅经、听法、讨论和著书。随着宗密名气渐高，太和二年（828），唐文宗诏其入内殿讲授佛法，并赐其紫方袍，称大德，住内道场。一时间，朝士归慕，名士交游。太和五年，宗密返回终南山，著书立说。太和九年，宰相李训发动"甘露之变"，事败后逃入终南山投奔宗密，以求避祸。宗密虽同意，但被他人制止，随后李训转投凤翔，被捕就死。然此事为宦官仇士良得知，他派人逮捕宗密。宗密毫不畏惧，慨然回应，后得中尉鱼恒志上奏说情，方得免死。"甘露之变"后，关于宗密的史料记载极为缺少。

据裴休撰《唐故圭峰定慧禅师传法碑》记载，唐武宗会昌元年（841）正月六日，宗密坐灭于兴福塔院，世寿六十二，僧腊三十四。大中七年（853），唐宣宗追谥宗密为定慧禅师，塔号青莲。裴休亦为宗密修墓造塔立碑，今碑存而塔毁。

宗密著述繁多，《唐故圭峰定慧禅师传法碑》载曰："自后乃著《圆觉》、《华严》及《涅槃》、《金刚》、《起信》、《唯识》、《盂兰》、《法界观》、《行愿经》等疏钞，及法义、类例、礼忏修证、图传、纂略，又集诸宗禅语为《禅藏》，总而序之，并《酬答》书、偈、议论等凡九十余卷。"《宋高僧传》中又增加了《四分律疏》5卷、《钞悬谈》2卷，并归纳著作数为："凡二百许卷、图六面。"后镰田茂雄根据《义天录》计算宗密著作共有37种，冉云华依据中央图书馆藏《禅源诸诠集都序》手抄残本末所附录之《圭峰大师所纂集著经律论疏钞集注解文义及图件等》，比照镰田茂雄的研究，重新厘定了宗密的著作，共有40多种，可分为编辑、注释和创作3类。

宗密的弟子较多，著名的有圭峰温、慈恩寺泰恭、兴善寺太锡、万乘寺宗、瑞圣寺觉、化度寺仁瑜6人，此外《遥禀清凉国师书》中还提及弟子玄圭、智辉，然事迹不详。

宗密的思想体系比较庞杂，多有融会之特色。从其思想背景和著述来看，他对南宗禅、唯识、起信、华严等都有较深的理解。其中最主要的是南宗禅与华严。他起初传承的是南宗荷泽一系的禅法，精研《圆觉经》，后来又跟随澄观学习《华严经》，从而融会禅教，倡导禅教一致。就华严来看，宗密主要依据《大乘起信论》的思想，承续智俨之后的性起说；就禅宗来看，宗密强调教禅一致，并提出禅门三教（密意依性说相教、密意破相显性宗、显示真心即性宗）与三宗（息妄修心宗、泯绝无寄宗、直显心性宗）之说，认为三教三宗也相应符契。此外，因早年曾治儒学，宗密有儒佛一源之说，然其在《原人论》以佛教立场，对儒道亦多有评破。

宗密对后世的影响较大，在中国佛教史上有重要地位。从其思想上来看，他强调"本觉真心"，这既是对荷泽宗"灵知"思路的延续，也是其构建自身思想体系，以及与《圆觉经》相联系的重要关键。从禅教一致的主张来看，宗密虽非首次提出这样的思想，但他极力弥合禅教对立，彰显禅教一致的思想是极为系统和全面的，对后来高倡禅教一致的论调有重要影响。此外，宗密还称得上是汉传佛教史上第一个对禅学和初期禅宗史进行总结性研究的学者，他还整合禅宗典籍，编有《禅藏》（即《禅源诸诠集》）。

（杨祖荣）

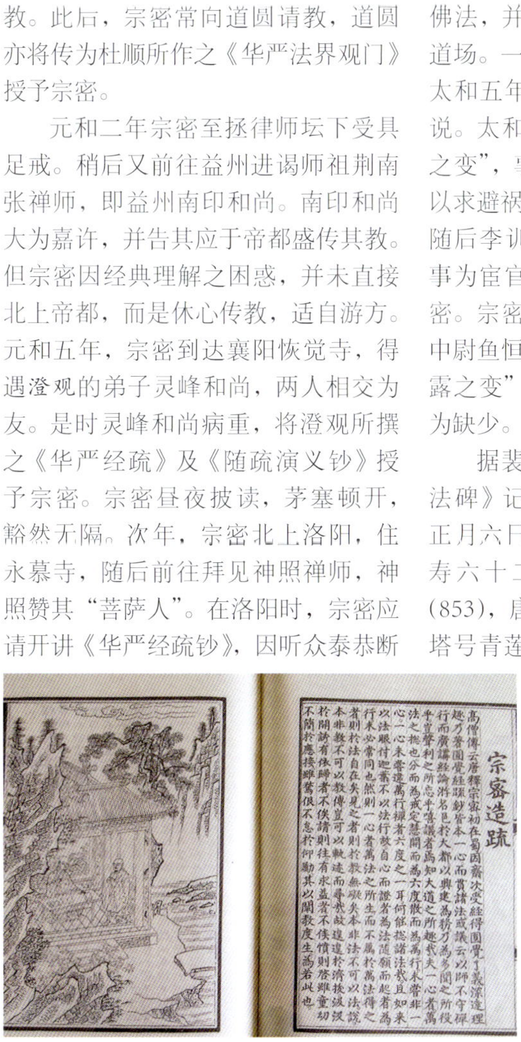

《释氏源流·宗密造疏》书影

zongyixue

宗义学 grub mthav smra ba 中国藏传佛教学术科目之一，也是印度佛教思想学说。它是伴随着藏传佛教的繁荣而产生并逐渐发展起来的，是藏传佛教历代高僧大德从整体上对印度佛教四大宗派（有部、经部、唯识宗和中观派）的佛学思想所作的系统梳理和阐述。

至清代，宗义学在藏传佛教学术领域日益兴盛，尤其是格鲁派高僧活佛纷纷著书立说，推演宗义学研究，使之成为藏传佛教中的一门显学。1689年，一世嘉木样活佛·阿旺尊智（1648～1721）所撰《宗义广论》问世，将藏传佛教宗义学进一步拓新和深化。该书分13品，内容广博，在批判古印度数论派等外道各派学说观见的前提下，主要梳理和阐述了佛教有部、经部、唯识宗、中观派和金刚乘等大小乘宗派思想。1747年，三世章嘉活佛·若贝多杰撰写了《章嘉宗义学》。该书一问世，即在藏传佛教学术界引起很大反响，尤其是对推进宗义学的发展产生了积极影响，被后世学者誉

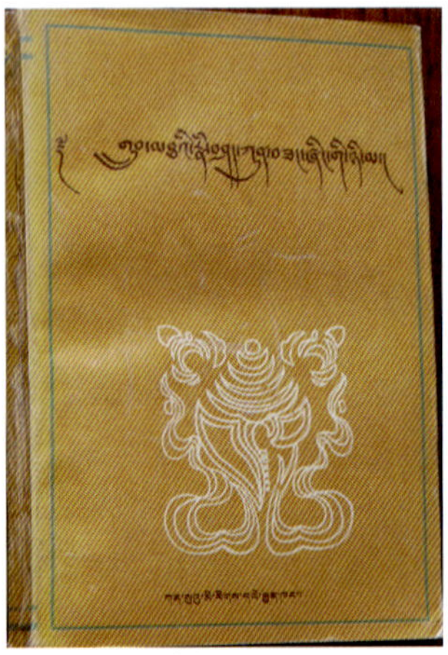

《宗义学》藏文本封面

为藏传佛教宗义学研究领域的最高学术成就。该书批判了古印度数论派、梵天派、遍入天派、自在天派、胜论派、正理派等外道学说之谬误；然后站在佛教的立场上，分述说一切有部、经部、唯识宗和中观派思想；大量引用龙树、无著、世亲、圣天、陈那、法称及宗喀巴·洛桑札巴的理论，重点阐述中观自续派和中观应成派的佛学思想。

1773年，二世嘉木样活佛·贡却晋美旺布（1728～1791）在一世嘉木样活佛·阿旺尊智《宗义广论》的基础上，编撰了《宗义宝鬘论》。该书简明扼要，故被称为宗义略论，或佛教四宗概论，具有宗义学提纲性特质。

（尕藏加）

Zonghe Yujia

《综合瑜伽》 *The Synthesis of Yoga* 印度现代哲学家奥罗宾多的瑜伽学说代表作。奥罗宾多不仅是哲学家，而且也是一位瑜伽大师。他写了许多有关瑜伽的著作，并创立了一种新型的“整体瑜伽论”。该书论述了人与宇宙的关系、吠檀多“梵我同一”的原理、人如何通过修行瑜伽而实现与宇宙精神的结合，并且在分析各种古代瑜伽特点的基础上，提出了一种不同于古代瑜伽的“整体瑜伽论”。所谓“整体瑜伽论”，就是在综合和吸收业瑜伽、智瑜伽、信瑜伽、王瑜伽等古代瑜伽学说优点和精华的基础上，加以改造和创新，而产生的一种适宜现代人的修行方法。该书已由中国梵文学者徐梵澄翻译成中文，2005年由华东师范大学出版社出版。

（朱明忠）

zongzhi

总制 saṃyama 印度古代哲学中瑜伽派的概念。亦译为“专念”、“总御”等。此派认为，通过修瑜伽的“八支行法”中的后三支（执持、静虑、等持），可以获得不同寻常的力量，即神通力。这三支合起来就称为“总制”。总制的对象不同，所获神通力也不同。《瑜伽经》中提到的神通力很多，这些神通力实际也就是一些常人难以获得的知识或能力。例如：借助于对身体形态的总制，可以隐身；借助于对言语和对象之差别的总制，可获得一切生物声音的知识；借助于对观念的总制，可知道别人的心；借助于对行为及其结果等的总制，可获得关于死的知识；借助于对潜势力（行）的总制，可获得前生的知识。此外，借助于对动物、日、月、星系、身体器官及其功能等的总制，可相应地得到许多异乎寻常的知识和力量。最后，还可获得一种对“自然”（相当于数论派的“自性”）和“精神”（“神我”）的“辨别智”。如果修行者再进一步，连“辨别智”也摆脱掉，就可以摧毁罪恶的种子，进入绝对独存的状态，达到离苦的解脱。论及总制概念的《瑜伽经》由姚卫群译成汉文，收入《古印度六派哲学经典》（商务印书馆，2003）一书。

（姚卫群）

Zou Daijun

邹代钧 Zou Daijun（1854～1908.04.08）中国清代地理学家。字甄伯，又字沅帆。湖南新化（今属隆回县）人。

出身舆图世家。1886年，随太常寺卿刘瑞芬出使英国、俄国，研究欧洲测图学，创建“中国舆图尺”。1889年回国，任会典馆纂修官。1891年，受湖广总督张之洞之托，主持编纂《湖北全省分图》，1894年完成，调任湖北译书局编辑。1896年，在武昌创办中国第一个地理学术团体舆地学会。1898年，赴长沙负责《湘学报》地图舆地部，并同时在谭嗣同等人成立的南学会中主讲舆地。戊戌变法失败后，受张之洞之邀任两湖书院地理教习。

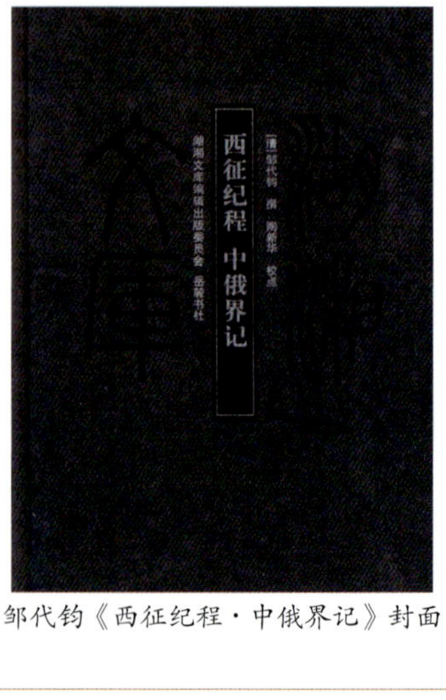

邹代钧《西征纪程·中俄界记》封面

1902年入京，担任编书局总纂兼学务处提调官，次年任《钦定书经图说》纂修兼校对官，书成后补用直隶州知州。1907年起，任京师大学堂地理总教习。1908年，主持编绘《江苏全省舆图》，同年病逝于武昌。著有《中外舆地全图》、《西征纪程》、《中俄界记》等。

邹代钧1886年出使英、俄等国的旅行日记《西征纪程》记录了途经各国的基本情况，其卷二部分结合中国古籍与近代西方资料对印度历史与地理情况进行了详尽记述，并标明了印度各地方位。他在任职两湖书院期间编成的《两湖书院地理讲义》中，专有一章"印度地理"，细述了印度地势、水文、交通、气候、物产、历史、政治、人种、教育与经济情况。

（张书剑）

Zunfa

尊法 Bhagavaddharma（约活动于7世纪） 印度来华僧人，译经家。音译伽梵达摩。据《宋高僧传》卷二，尊法为西印度人，平生以化导众生为愿，故远渡流沙，来到中国，专务佛典传译。唐永徽年间（650～655）译出《千手千眼观世音菩萨广大圆满无碍大悲心陀罗尼经》1卷。但经题只有唐西天竺沙门伽梵达摩译，未标年代。有人估计译事或完成于永徽、显庆（656～660）之间。据说诵此咒能得15种善生，不受15种恶死。后其人不知所终。

（葛维钧）

Zuoqin Si

佐钦寺 rdzogs chen dgon 中国藏传佛教著名寺院，宁玛派六大寺院之一。位于四川德格境内。

佐钦寺的教法传承是伏藏北传子系的重要法脉之一，其创立者为宁玛派高僧白玛仁增（1625～1697），出生于康区类乌齐地方，自幼广拜高僧大德为师，系统修学宁玛派经典支系和伏藏支系教法，并在甚深密宗领域获得殊胜证悟，成为一代大圆满法的教主。藏历第十一绕迥水兔年（清康熙二年，1663），白玛仁增赴前藏，参拜大昭寺、桑耶寺、多杰扎寺、敏珠林寺、青浦、桑日、咱日、洛扎、耶巴、南措等藏传佛教名寺或圣地。所到之处，兼顾个人求法修行与向信众讲经说法。康熙二十三年（1684），他返回康区，在德格一带开展传教活动。

藏历第十一绕迥木牛年（康熙二十四年，1685），白玛仁增得到以德格土司桑杰丹巴为首的地方领主们的资助，开始建造宁玛派大僧院，命名为"邬金桑丹曲林"，弘传以"康卓宁提"（意指"空行心髓"）为主的大圆满法，故该寺简称"佐钦寺"（意指"大圆满之寺院"）。寺院竣工后，求法者纷至沓来，寺僧迅速增至1 500多人。

白玛仁增主持佐钦寺十多年，门下弟子数千人，其中有著名的三大心传弟子：伏藏大师仁增·尼玛扎巴（尼扎寺住持），大成就者一世奔洛·南喀沃赛（佐钦寺转世活佛），大成就者一世协庆·然绛巴（协庆寺住持）。白玛仁增圆寂后，嗣法弟子寻访转世灵童，建立由转世活佛继任寺主的制度，追认白玛仁增为该寺一世佐钦法王和金刚上师，享有"佐钦法王"、"大成就者"等尊号。二世佐钦法王为居麦特却丹增（1699～？）。三世佐钦法王·俄东丹增桑布（1759～1792）于藏历第十三绕迥土猪年（清乾隆四十四年，1779）创建佐钦寺修行院，并设立伏藏法之修供仪轨，使佐钦寺成为大圆满法的修证中心。藏历第十四绕迥土猴年（道光二十八年，1848），四世佐钦法王·牟居南喀多杰（1793～1871）命其大弟子桑周·班玛扎西乔和嘉赛·贤潘塔耶创建佐钦寺熙日森佛学院，在广泛吸纳格鲁派、萨迦派和噶举派修学经验的基础上，开设系统研习佛教显密义理教程，并注重对十明学的全面学习。同时，嘉赛·贤潘塔耶在担任熙日森佛学院堪布期间，建立健全佛教戒律制度，使佐钦寺成为宁玛派的别解脱戒和菩萨戒的授受中心。五世佐钦法王·土丹却吉多杰（1872～1932），曾受到十三世达赖喇嘛·土丹嘉措（1876～1933）的册封，成为宁玛派中享有"呼图克图"职衔的高僧活佛。佐钦寺拥有100多座子寺，主要分布在四川阿坝、甘孜和青海玉树、果洛等广大区域。

（尕藏加）

zuofa

坐法 āsana 印度古代哲学中瑜伽派根本经典《瑜伽经》中提出的瑜伽修行"八支行法"中的第3支。要求瑜伽行者在修行时保持身体的安稳，姿态轻松自如。这样，有助于阻止外界的干扰。坐法被视为是准备进入深度瑜伽状态时要做的。涉及坐法内容的《瑜伽经》有现代汉译本，姚卫群翻译，收入《古印度六派哲学经典》（商务印书馆，2003）一书。

（姚卫群）

Zuowang Lun

《坐忘论》 中国唐代道教养生健身著作。1卷。司马承祯（647或655～735）著。司马承祯，字子微，法号道隐，自号白云子，河内温（今河南温县）人。讲解"安

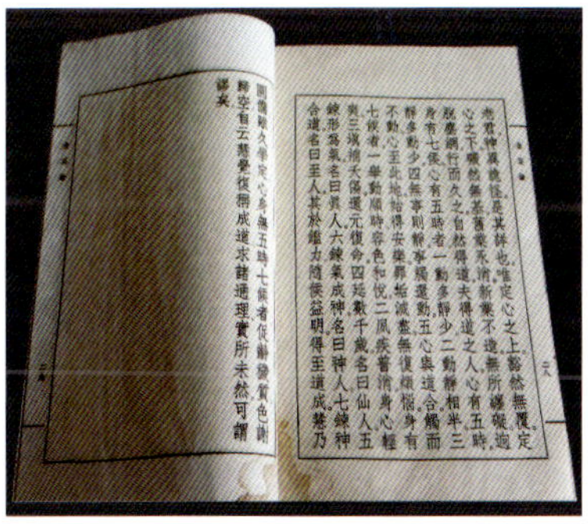

《坐忘论》书影

心坐忘之法"（如同佛家的坐禅）。其中提出的几个要点和步骤是敬信、断缘、收心、简事、真观、泰定、得道。与隋代高僧智𫖮《小止观》的修行方法有相似之处，如其中讲到"定"和"慧"的问题，就与佛家的理论密切相关。

（薛克翘）

附录目录

中印近现代文化交流大事记……………………………………………………1038

《中华人民共和国政府和印度共和国政府文化合作协定》……………1049

中印两国历任元首……………………………………………………………1050

中印两国历任总理……………………………………………………………1051

中印两国历任大使……………………………………………………………1052

中国研究印度的机构…………………………………………………………1053

印度研究中国的机构…………………………………………………………1054

中国研究印度的刊物…………………………………………………………1055

印度研究中国的刊物…………………………………………………………1055

中国学者印度学重要著作一览………………………………………………1056

印度学者中国学重要著作一览………………………………………………1067

专有名词对照表（一）………………………………………………………1071

专有名词对照表（二）………………………………………………………1145

中印近现代文化交流大事记

Chronology of Events in China–India Cultural Contacts in Modern and Contemporary Times

1842年	・魏源《海国图志》出版，其中详细介绍了英国人征服印度的情况。
1846年	・梁廷枏完成《海国四说》，其中详细介绍了英属印度与中国的贸易情况。
1848年	・徐继畬《瀛寰志略》出版，其中介绍了印度现状与中印贸易。
1878年	・夏，中国清廷派遣黄懋材等6人赴印度考察。这是中国清政府派往印度的第一个代表团。
1881年	・下半年，中国清廷派专使马建忠、吴广霈到印度，同英国殖民当局交涉鸦片事宜。
1890年	・中国清廷派遣薛福成、黄遵宪出使欧洲，途经印度，回国后都出版过相关著作。
1893年	・印度哲学家辨喜访问中国香港、广州等地。
1900年	・英国调集军队到中国镇压义和团，其中印度籍士兵T.G.辛格写下日记。
1901~1903年	・康有为旅居印度。
1905年	・B.G.提拉克号召印度人学习中国人抵制洋货。
	・孙中山在日本会见了一些印度革命人士。
1907年	・苏曼殊编译了《梵文典》。
1907~1908年	・章炳麟撰文多篇，论述印度问题。
1911年	・孙中山在美国檀香山会见印度革命家H.达雅尔。
1913年	・钱智修首次在中文版《东方杂志》撰文介绍R.泰戈尔生平与思想。
1915年	・陈独秀首次在中文版《青年杂志》译介R.泰戈尔诗四首。
1916年	・许季上率先在北京大学讲授印度哲学。
1917年	・天风、无我首次在中文版《妇女杂志》译介R.泰戈尔小说3篇。
1917~1924年	・梁漱溟开始在北京大学讲授印度哲学。
1921~1925年	・中国思想界展开关于M.K.甘地与甘地主义的大讨论。
1922年	・汤用彤在中国一些大学讲授中国佛教史。
1924年	・4~5月，R.泰戈尔访问中国。
1928年	・徐志摩到印度看望R.泰戈尔。
	・9月，谭云山到R.泰戈尔创办的印度国际大学任教。
1929年	・3月，R.泰戈尔到中国上海看望徐志摩夫妇。
	・6月，R.泰戈尔再次到中国上海会见徐志摩，并见到宋庆龄。
1929~1932年	・中国报刊大量刊载文章支持印度民族独立运动。
1931年	・陈寅恪在清华大学开设佛典翻译文学课。
1934年	・春，谭云山与R.泰戈尔商议在印度国际大学建立中国学院事宜。
	・5月，印度中印学会成立（在印度国际大学，R.泰戈尔任主席）。
1935年	・5月，中国中印学会成立（在南京，蔡元培任主席）。

1936年	· 谭云山带着在中国所筹集的款项和书籍返回印度；国际大学开工兴建中国学院。
	·7月，中国教育家和社会活动家陶行知访问印度，会见M.K.甘地。
1937年	·4月14日，印度国际大学中国学院成立，谭云山任院长。M.K.甘地、J.尼赫鲁、蒋介石、蔡元培等发去贺信、贺电。
	·11月，J.尼赫鲁发表声明呼吁支援中国的抗日斗争。
1938年	·1月9日，印度人民举行"中国日"活动；M.K.甘地致信蒋介石声援中国的抗日斗争。
	·9月，印度援华医疗队到达中国。
1939年	·8月，J.尼赫鲁访问中国。
	·12月，徐悲鸿在印度国际大学举办中国画讲座。
1940年	· 徐悲鸿在印度加尔各答和国际大学举办个人画展。
	· 戴季陶访问印度，谭云山陪同戴季陶会见M.K.甘地。
	· 以太虚法师为首的中国佛教代表团访问印度。
1942年	· 蒋介石夫妇访问印度，会见M.K.甘地及J.尼赫鲁，并参观印度国际大学。
	· 国立东方语文专科学校在中国云南成立。
1943年	· 中印两国政府决定互派留学生。
	·10月，巴苏华组织成立全印柯棣华大夫纪念委员会。
	·11月，印度首批来华留学生到达中国。
1944年	· 贝拿勒斯印度大学校长、哲学家S.拉达克里希南到中国重庆等地讲学。
1946年	· 北京大学成立东方语言系。
1947年	· 印度学者师觉月到中国讲学。
	· 印度临时政府派遣10名学生到中国学习。
1948年	·5月，中文版《东方杂志》出版"悼念甘地"专号，发表纪念文章13篇。
	·5月，谭云山被中国南京国民政府任命为文化专员回到印度国际大学工作。
1949年	· 东方语文专科学校并入北京大学东语系。
1950年	·4月1日，中华人民共和国与印度共和国正式建立外交关系。
1951年	·6月，中国体育观光团对印度进行访问，拉开了中印现代体育交流的序幕。
	·9~12月，中国文化部副部长丁西林、世界和平理事会常务理事李一氓率23人文化代表团访问印度，团员有郑振铎、季羡林等。代表团先后访问了德里大学、阿里格尔穆斯林大学等印度著名学府，并在德里、孟买和加尔各答举办中国文化艺术展览会。
	·11月，中国文化艺术展览会在印度新德里举行。
1952年	·1月，由吴印咸任团长的中国电影代表团访问印度，参加第一届印度国际电影节，中国纪录片《中国民族大团结》获奖。
	·5月16日，中国印度友好协会在北京成立。
	·5月，印度艺术展览在北京举行，周恩来总理亲自主持开幕式。
	·12月，中国乒乓球队访问印度。
1953年	· 印度中国友好协会在德里成立。

	·7~8月，S.森古普塔率印度艺术代表团访问中国并进行演出，其间，中国毛泽东主席观看演出。
	· 印度诗人、国会议员H.查托巴迪雅亚访问中国。
1954年	·4月29日，中印两国签订了《关于中国西藏地方和印度之间的通商和交通协定》。还签订了两国间的第一个贸易协定。
	·6月15日，中国印度友好协会主办的印度艺术图片及手工艺品展览会在北京开幕。
	·6月25~28日，中国总理兼外交部长周恩来访问印度，先后与印度总统R.普拉萨德、副总统S.拉达克里希南及总理J.尼赫鲁会面，双方共同发表联合公报，倡导和平共处五项原则。
	·10月19~30日，印度总理J.尼赫鲁偕女儿英迪拉·甘地访问中国，中国国家主席毛泽东亲自会见尼赫鲁一行并设宴款待。
	·12月~1955年1月，以中国文化部副部长郑振铎为首的中国文化代表团一行67人访问印度并演出歌舞和京剧。
1955年	·2月5日，中国人民对外文化协会和全印美术工艺协会联合举办的中国工艺美术展览会在印度德里开幕。
	·2月，中国电影工作者张瑞芳等访问印度，列席印度电影座谈会。
	·6~7月，印度医学代表团到中国访问并讲学。
	·6~8月，印度外交部副部长A.K.钱达尔率印度文化代表团赴中国进行访问演出。其间，两国艺术家举行座谈会，交流经验。
	·9月11日，北京隆重举行印度阿旃陀石窟艺术1500周年纪念；在此前后，中国美术界和文化界名人吴作人、郑振铎、常书鸿、刘开渠、常任侠等纷纷发表相关文章。
	·10月，印度中国友好协会主办的中国美术工业展览会在印度新德里全印美术工业协会大厅展出。
	·10月，由R.卡普尔率领的印度电影代表团访问中国。
	·10月，印度国家排球队到中国访问，毛泽东观看两国排球队比赛并接见双方队员。
	·11月，中国卫生部医学访问团访问印度。
	·11~12月，中国派团参加印度工业博览会并展出工业品。
	· 中国科学家代表团访问印度。
	· 印度师生代表团访问中国。
1956年	·5~6月，中国教育工会代表团访问印度加尔各答并参加第三届全印小学教师协会会议。
	·7月，印度农业考察团到中国考察。
	·8月，印度农业计划及技术考察团访问中国。
	·9月4日，中国古代石窟、庙宇、墓穴艺术图片和其他复制品展览会在印度新德里全印美术协会大厅揭幕。
	·9月，中国农业科学考察团到印度考察。
	· 印度铁路代表团和印度国家科学研究所专家分别到中国访问考察。
	· 印度国家科学研究所航空学教授S.达文访问中国。
	·11月28日~12月10日，中国总理兼外交部长周恩来访问印度，同印度总理J.尼赫鲁就边界问题进行会谈；在印度人民院和联邦院的联席会议上发表演讲，并参观了德里、孟买、马德拉斯（今金奈）、加尔各答等城市。
	·12月，中国作家协会成员茅盾、周扬、老舍率中国作家代表团赴印度参加亚非作家会议。

1957年	·3月，中国杂技团赴印度访问演出，印度总理J.尼赫鲁观看演出。
	·3月底，印度舞蹈家K.拉克希曼姊妹到中国访问演出。
	·7月9日，周恩来总理及夫人接见印度内阁统计顾问、印度统计学院院长、联合国统计委员会主席P.C.马哈拉诺比斯教授和夫人，并共进晚餐。
	·7~8月，印度U.香卡舞蹈团在中国访问演出。
	·8月，印度电影代表团到中国参加亚洲电影周。
	·印度青年艺术团到中国访问。
	·印度数学家D.D.高善必教授、矿物学家高士分别到中国访问。
	·中国戏剧作家孙维世和阿甲访问印度。
	·印度作家代表团访问中国。
	·巴苏华应邀到中国参加国庆观礼。
	·12月12日，10幅中国画和木刻在印度新德里举行的第七届国际现代美术展览会上展出。
1958年	·中国水利考察团赴印度考察。
	·巴苏华到中国学习针灸技术。
	·印度电影制片人到中国拍摄大型纪录片《中国在前进》。
	·11月，中国青年艺术剧院院长、中国戏剧家协会常务理事吴雪访问印度，参加迦梨陀娑纪念活动。
1959年	·1~2月，中国科学院派员参加印度科学大会。
	·巴苏华再次到中国学习针灸技术。
	·10~11月，印度巴加利医生及夫人访问中国。
1960年	·1月，中国科学院学部委员、北京大学副校长周培源和中国科学院学部委员、地球物理研究所所长赵九章参加印度科学大会第47届年会。
	·4月19~26日，中国总理周恩来访问印度，其间拜会了印度总统R.普拉萨德，与印度总理J.尼赫鲁进行多次会谈，就中印边界问题和两国关系交换了意见，会谈后发表《中印两国总理联合公报》，表示将共同致力于边界问题的解决。
1964年	·吉林大学历史系印度史研究室成立。
1971年	·8月，中国邀请印度乒乓球队到中国参加亚非乒乓球邀请赛。
1973年	·4月，全印柯棣华大夫纪念委员会主席巴苏华应中共中央政治局委员叶剑英邀请访问中国。
1974年	·5月，全印柯棣华大夫纪念委员会代表团访问中国，并在石家庄华北烈士陵园爱德华和柯棣华墓前栽种两株友谊之树。
1975年	·2月，中国乒乓球代表团赴印度参加比赛并进行友好访问。
1976年	·巴苏华率领全印柯棣华大夫纪念委员会成员再次访问中国，并参加柯棣华纪念馆的开幕仪式。
	·中国参加印度第6届国际电影节，参展的影片有故事片《白毛女》和《渡江侦察记》、纪录片《北京业余体校武术班》、科教片《熊猫》。
1977年	·10月，中国青年羽毛球队对印度进行友好访问。
1978年	·1月，联合国教科文组织在印度尼赫鲁大学俱乐部举办中华人民共和国绘画展览。
	·2月9日，中国在新德里第四届印度美术展览会和美术品博览会上展出中国绘画20幅。

	·3月，中国人民对外友好协会会长王炳南率代表团访问印度。
	·4月，印度羽毛球代表队到北京参加第三届亚洲羽毛球邀请赛。
	·6月，巴苏华率印度医生代表团在中国北京和上海考察针灸工作。
	·7月，印度电影协会联合会和西孟加拉邦印度中国友好协会在加尔各答联合举办中国电影节。
	·7月，印度著名电影导演M.森及夫人访问中国。
	·11月底，印度舞蹈团到中国访问演出。
	· 孟加拉文作家M.戴维夫人访问中国。
1979年	·2月，印度外交部长A.B.瓦杰帕伊访问中国。
	·6月，巴苏华到中国参加针灸针麻学术讨论会。
	· 印度剧作家M.M.杜特夫妇访华。
1980年	·1月，中国参加在印度班加罗尔举行的国际电影节。参展影片主要有故事片《小花》、《白求恩大夫》、《大浪淘沙》，纪录片《神奇的长江源》和《春雷》。
	·3月，中国农业部副部长刘锡庚率代表团应印度农业研究理事会邀请在印度旁遮普邦访问。
	·5月，以李富荣为团长的中国乒乓球代表团参加在加尔各答举行的第五届亚洲乒乓球锦标赛后，应印度乒乓球协会邀请访问新德里。
	·5月，印度旁遮普大学教授V.T.古普塔访问中国并考察喜马拉雅山地理。
1981年	·2~3月，由夏菊花率领的武汉杂技团先后在印度新德里、斋浦尔、海德拉巴和加尔各答等地演出，受到印度总理英迪拉·甘地的接见。
	·4月，中国体操代表团访问印度。
	·5月，印度举办为期一周的中国画展览。
	·6月，中国副总理兼外交部长黄华访问印度。
	·11月，印度少年网球队到中国访问。
	·11月，中国参加第二届印度国际儿童电影节，中国故事片《苗苗》获得最佳儿童片奖。
	·11~12月，中国上海男子排球队访问印度。
	·12月，由中国中医研究院副院长唐由之和中医研究院广安门医院院长师绣章率领的中国传统医学考察团访问印度六城市。
	·12月，中国科学院代表团应邀参加印度科学大会和印度统计学院成立50周年纪念活动。
1982年	·11月12日，印度驻华大使举行招待会，款待即将赴印度参加第九届亚运会的中国体育代表团。
	·11月，印度国家科学代表团到中国访问。
	·12月，巴苏华率团到中国参加柯棣华逝世40周年和爱德华逝世25周年纪念大会。
	·12月，印度社会科学理事会代表团访问中国，邓小平会见代表团成员。
1983年	·2月，中国女子垒球队在印度进行友好访问。
	·3月，中国青年足球队在印度南部城市科钦参加第二届尼赫鲁杯国际足球赛。
	·8月，印度著名音乐家R.香卡赴中国访问演出。
	·10月，北京大学东语系刘国楠、金鼎汉等印地语学者代表团访问印度，参加在德里举行的世界印地语大会。

· 10月，中国国际象棋队赴印度新德里参加第五届国际象棋团体锦标赛。

· 11月，印度科技政策、管理和计划考察团应中国国家科学技术委员会（今科学技术部）的邀请访问中国，双方就加强两国科技交流和发展科技政策交换了意见。

· 11月，在第三届印度国际新青年电影节上，中国儿童影片《泉水叮咚》获得最高奖金像奖和印度各族儿童评委最佳奖，王佳莹获最佳儿童女演员二等奖。

· 11~12月，中国羽毛球队在印度加尔各答参加第五届亚洲羽毛球锦标赛。

1984年

· 1月，中国足球队赴印度参加第三届尼赫鲁杯足球邀请赛。

· 2月，中国全国人大副委员长黄华率中国人大代表团访问印度，双方同意在计划生育和生物医学研究方面开展交流和学习活动。

· 2月，中国科学院数学研究所副所长杨乐率团访问印度。

· 2月，以中国国家卫生部顾问马海德为首的中国麻风病学家代表团访问印度，参加第12届国际麻风病大会。

· 5月，印度喀拉喀什特拉舞蹈团应中国文化部邀请到中国访问演出。

· 5月，印度广播电视代表团访问中国。

· 6月，印度茶叶访华团到中国访问考察，并出席第三次国际设备工程师会议。

· 10月，中国政府派副总理姚依林专程前往印度新德里参加英迪拉 · 甘地总理的葬礼。

· 10月，为庆祝中国国庆，全印美术工业协会在新德里举办中国文化周，放映了中国电影。

1985年

· 1月，为庆祝印度国庆，北京长城饭店、印度航空公司、印度驻华使馆和印度旅游部在北京长城饭店联合举办印度食品节和文化节，同时放映了印度故事片《宙凌西路36号》、《塔戈 · 帕娜娅》和《安克尔》，印度魔术师表演了魔术。

· 2月，中国广播电影电视部副部长马庆雄率中国广播电视代表团访问印度。

· 2月，中国音乐研究所杨光率中国乐器展览和演出代表团赴印度参展并进行访问演出。

· 3月2~18日，中国江西杂技团到印度各地访问演出。17日，印度副总统R. 文卡塔拉曼在新德里观看了杂技团的演出，并与演员合影留念。

· 8月，中国冶金部部长李东冶一行到印度访问。

· 8月，在印度第四届国际儿童电影节上，中国影片《月光下的小屋》获最佳故事片奖。

· 11月，中国电影周在印度新德里举办。以吴贻弓为团长的中国电影代表团访问印度。

· 学者季羡林等人访问印度。

· 12月，中国共产党代表团赴印度参加印度国大党成立100周年纪念活动。

1986年

· 3月，印度电影周在中国北京举行，放映电影《情暖盲人心》、《搅乳》、《名妓》和《丈夫的家》。这4部影片还在中国上海、天津和重庆放映。

· 7月，以院长拉奥为团长的印度国家科学院代表团到中国访问。

· 中国作家代表团访问印度。

1987年

· 1月，在印度第11届国际电影节上，中国影片《野妈妈》获评委会特别奖和印度影评协会授予的评论家奖，《良家妇女》获国际评论家奖。

· 4月，印度广播电视代表团访问中国。中国在印度拍摄了电视片《爱德华-柯棣华》。

	・11月，印度国家电视台播放了中国电影《野妈妈》。
1988年	・5月，印度人力资源开发部文化体育秘书瓦拉达拉坚应中国文化部邀请，率印度政府文化代表团对中国进行友好访问，两国政府签署了文化交流与合作协定。
	・12月，中国文化部副部长刘德有率中国政府文化代表团访问印度。其间，两国政府草签了《1988~1990三年文化交流执行计划》。
	・12月19~23日，印度总理拉吉夫·甘地对中国进行正式友好访问。其间，与中国中央军事委员会主席邓小平、总理李鹏等中国领导人会谈。两国政府决定建立边界问题联合工作小组和经贸科技联合小组，签署了《科学技术合作协定》、《民用航空运输协定》和《1988~1990三年文化交流与合作执行计划》，并决定双方隔年派作家代表团互访。
1990年	・11月，印度人力资源开发部文化体育秘书率印度政府文化代表团访问中国，双方签署《中印文化协定1991~1993年执行计划》。
1991年	・12月11~16日，中国总理李鹏应印度总理P.V.N.拉奥邀请赴印度进行正式友好访问。其间，两国政府共同商定互办文化节事宜，发表联合公报，并签署《中国政府和印度政府1992年贸易协定书》等多种合作文件。
1992年	・2月，中国国务委员兼国家教育委员会（今教育部）主任李铁映到印度考察印度教育。
	・5月18~23日，印度总统R.文卡塔拉曼对中国进行国事访问。其间，与中共中央总书记江泽民、国家主席杨尚昆以及总理李鹏进行了会谈，双方表示要进一步加强各领域的交流和合作。
	・12月，在印度中国文化节期间，新德里和孟买等地放映了中国电影。
1993年	・4月，中华人民共和国国务委员兼国家科学技术委员会（今科学技术部）主任宋健率团赴印度参加中印科技合作联合委员会第三次会议。
	・9月6~9日，印度总理P.V.N.拉奥应中国总理李鹏邀请对中国进行正式访问。其间，两国政府签署了《中国广播电影电视部与印度新闻广播部合作协定》、《关于什布奇山口扩大边境贸易的协定书》等文件。
	・12月，中国副总理李岚清率中国政府代表团到印度参加九国全民教育首脑会议。
1994年	・6月，中国外经贸部部长吴仪率团访问印度，参加中印经济科技联合工作小组会议。
	・9月，印度卫生和家庭福利部部长访问中国，双方签署《卫生和医学科学合作协定》。
	・中国举办第一届印度文化节，印度派出了包括官方代表、10个文艺团组在内的140多人的大型代表团访问中国。
1995年	・3月，印度环境和森林国务部长访问中国，并签署两国政府《关于保护老虎的议定书》。
	・3月，中国国家科学技术委员会（今科学技术部）副主任率中国政府科技代表团对印度进行正式友好访问。
	・6月，中国卫生部副部长应邀率团访问印度，与印度卫生和家庭福利部签署了两部合作的座谈纪要。
	・11月，中华人民共和国教育委员会（今教育部）主任朱开轩率团访问印度，双方签署《有关教育培训和管理的交流计划》。
1996年	・10月，中国卫生部副部长赴印度访问，并参加国际卫生会议。
	・11月28日~12月1日，中国国家主席江泽民应印度总统S.D.夏尔马邀请对印度进行国事访问。其间，两国政府确定在和平共处五项原则的基础上建立面向21世纪的建设性合作伙伴关系，并签署《中印

海运协定》等文件。

1997年 ·7月，首届印度工业技术展在北京开幕。

·11月，中国国家科学技术委员会（今科学技术部）代表团访问印度，并在印度举行第二届中国技术展。

·12月，中国国家体育委员会主任伍绍祖赴印度进行友好访问。其间，双方签署《中国奥林匹克委员会和印度奥林匹克委员会关于体育交流的协定》。

1999年 ·4月，中国信息产业部副部长率团赴印度考察。

·5月，第四届中印科技合作联合委员会会议在北京召开，双方签订了合作协议。

·6月14~16日，印度外交部部长J.辛格访问中国。其间，与中国总理朱镕基进行会谈。

2000年 ·5月28日~6月3日，印度总统K.R.纳拉亚南应邀对中国进行国事访问。其间，与中国国家主席江泽民进行会谈，双方就双边关系及国际和地区问题交换了意见，达成了多项共识，并同意设立中印名人论坛。

·7月，中国外交部部长唐家璇应印度外交部部长J.辛格邀请访问印度。双方就如何落实两国领导人所达成的共识、推动两国关系继续改善和发展进行了会谈。

·中国故事片《黄河绝恋》、《一个都不能少》、《我的父亲母亲》和纪录片《故宫》、《长城》等在印度新德里、昌迪加尔、加尔各答、孟买、金奈等地放映。

·2000~2001年，中国国家网球队、赛艇队、青年女子篮球队、中国国际象棋队等先后访问印度。

2001年 ·1月9~16日，中国全国人大常委会委员长李鹏应印度联邦院议长K.坎特、人民院议长G.M.C.巴拉约吉邀请访问印度，提出了加强两国议会间人员往来、成立议会友好小组、密切两国议会在国际事务中的合作等三点建议，受到印度有关方面的积极回应。

·4月，中国国家文物局局长张文彬一行访问印度。

·5月，以马尔琼为首的中国西藏自治区对外友协代表团访问印度。

·6月15日，印度总统K.R.纳拉亚南在总统府亲自给中国学者金鼎汉颁奖，以表彰其在印地语教学和印地语文学翻译、研究方面的突出成就。

2002年 ·1月14~18日，中国总理朱镕基应印度总理A.B.瓦杰帕伊邀请，对印度进行正式友好访问。双方进行了正式会谈并签署了在旅游、和平利用外层空间、水利、人才交流等6个方面的文件。重庆少儿杂技团随同访问，在新德里、孟买、班加罗尔等地演出。

2003年 ·6月22~27日，印度总理A.B.瓦杰帕伊应中国总理温家宝之邀，对中国进行正式友好访问。其间，双方就双边关系和共同关心的国际和地区问题交换了意见，并签署《中印政府文化合作协定2003~2005年执行计划》等多种文件。

2004年 ·7月8~19日，印度文化艺术团访问中国。

·7月17~19日，印度大使馆在中国北京举办印度芒果展销节。

·7月25~31日，印度科技代表团访问中国，与中国科学技术部进行了工作讨论，并与中国科学院、中国自然科学基金会和中国国家外国专家局进行了会谈，参观了中国国家纳米科技中心、中国地震局。

·7月27日~8月3日，中国国家文物局局长访问印度。

·7月28日~8月4日，印度少儿艺术代表团访问中国。

·8月16~27日，印度武术艺术团访问中国，参加了由中国文化部主办的第六届亚洲艺术节。

·8月28日~9月6日，中国河南省省长率团访问印度。其间，印度宣布将在中国洛阳修建一座佛教寺院。

2005年

·4月9~12日，中国总理温家宝对印度进行正式友好访问。其间，与印度总理M.辛格进行了会谈，两国政府签署《中华人民共和国和印度共和国联合声明》，宣布建立面向和平与繁荣的战略合作伙伴关系。

·8月31日~9月2日，印度旅游部国务部长L.乔杜里访问中国。

·9月7~9日，印度2014年亚运会申办委员会访问中国。

·11月14~20日，印度卫生和家庭福利部部长A.拉姆达斯率领代表团对中国进行友好访问。

2006年

·1月1日，中印两国元首和总理相互致电，宣布2006年为中印友好年。

·1月6日，中国山西民俗艺术展在印度新德里开幕。

·1月1~8日，中国辽宁京剧团应印度国家戏剧学院邀请访问印度。

·2月28日~3月3日，中国茶叶代表团访问印度。

·4月26日，中国河南省洛阳的白马寺举行建造印度风格佛殿的奠基仪式，印度驻华大使N.苏里宁在奠基仪式上致辞。

·8月25日~9月1日，印度电影节在北京举行。

·11月20~23日，中国国家主席胡锦涛对印度进行国事访问。其间，两国领导人商定未来5年内邀请双方500名青年互访，两国签署《投资促进和保护协定》等13份合作性文件。此外，胡锦涛还出席了中印友好年庆祝活动。

·12月25日，印度旅游与文化部长A.索妮访问中国，与中国文化部部长孙家正就双边文化交流举行会谈。

·12月26日，西天诸神——古代印度瑰宝展在中国国家博物馆开幕。印度旅游与文化部长A.索妮、中国外交部副部长戴秉国、中国国家文物局局长单霁翔、印度驻华大使N.拉奥琪出席开幕式并共同剪彩。

2007年

·2月14日，印度驻华使馆在北京举行2007印度—中国旅游友好年启动仪式。

·10月25~29日，印度国大党主席、团结进步联盟主席S.甘地应中国国家主席胡锦涛邀请对中国进行友好访问。其间，S.甘地在清华大学发表演讲。随访的印度国大党青年团总书记R.甘地拜会了时任北京大学校长许智宏和全国青联主席杨岳。访问团还参观了北京、西安和上海的博物馆及文化胜地，并观看了京剧和仿唐乐舞演出。

2008年

·1月13~15日，印度总理M.辛格应中国总理温家宝邀请对中国进行正式友好访问。其间，双方就扩大人文交流，设立中印交流基金，继续组织好两国青年百人团互访活动，共同办好2010年印度节和中国节等方面达成共识。两国政府签署了《中华人民共和国和印度共和国关于21世纪的共同展望》等10项合作性文件。

·8月，印度派遣运动员代表团赴中国北京参加第29届夏季奥运匹克运动会，共有57名运动员参与了13个大项的赛事。印度国大党主席、团结进步联盟主席S.甘地和国大党总书记R.甘地赴北京参加了奥运会开幕式及相关文艺活动。同时，由中国驻印度使馆、新德里艾美酒店以及印度《集邮杂志》联合举办的北京2008奥林匹克文化节在印度新德里举行。

·11月18~27日，中国文化部应印度文化关系委员会邀请派天津杂技团一行30人到印度访问演出。其间，该团分别在新德里和加尔各答进行了4场演出，并与印度艺术家及当地印中友好协会成员进行交流。

· 11月23日，由中国人民对外友好协会、北京大学、北京外国语大学、深圳大学等多家单位联合主办的中国南亚国际学术论坛暨纪念谭云山、师觉月诞辰110周年学术研讨会在中国北京召开。

2009年

· 5月20~23日，由中国人民对外友好协会、中国印度友好协会、北京大学印度研究中心联合主办的首届中印大学生论坛在中国北京大学成功举办。

2010年

· 3月21~25日，中国文联副主席李牧应印度国家美术院和国家音乐舞蹈戏剧院邀请率中国文联代表团访问印度。其间，双方就美术、戏剧、舞蹈、音乐等领域的交流与合作进行了深入探讨。

· 5月26~31日，印度总统P.D.帕蒂尔应中国国家主席胡锦涛邀请对中国进行国事访问。其间，两国领导人就加强两国文化、教育、学术、媒体、青年、民间等人文领域的合作与交流，通过举办中印建交60周年系列庆祝活动，促进两国友谊的巩固和发展等方面达成共识，并共同出席了中印建交60周年招待会。帕蒂尔总统还赴洛阳出席了白马寺印度风格佛殿的落成仪式，赴上海参观了第41届世界博览会场馆。

· 7月1日~8月2日，为庆祝印中友好建交60周年，印度在中国举办“印度节”，印度宝莱坞歌舞团等一些文艺团体到中国演出。

· 8月26~30日，作为中印建交60周年庆祝活动的一部分，印中友好绘画艺术展在中国北京开幕。

· 8月30日~9月3日，印度作为主宾国亮相第17届北京国际图书博览会。

· 10月15日，中国总理温家宝参观上海世博会印度馆。

· 12月15~17日，中国总理温家宝应印度总理M.辛格邀请对印度进行正式访问。其间，双方宣布2011年为中印交流年，决定分别邀请双方国家500名青年互访，深化传媒、教育等领域交流合作。双方共同出席了中印建交60周年纪念活动暨中国节闭幕式，签署了《中华人民共和国政府和印度共和国政府2010~2012年文化合作执行计划》。此外，温家宝还参观了新德里的泰戈尔国际学校，并与中印文化界人士进行了座谈。

2011年

· 7月11日，由中国文化部主办、中国艺术研究院承办的谭云山现象与21世纪中印文化交流——中印文化艺术界高层论坛在北京举行。其间，中印两国专家就中印文化交流问题交换了意见，内容涉及电影、戏剧、中国传统文学和文化、印度佛教哲学等多个方面。

· 11月3~5日，由北京大学南亚学系、北京大学印度研究中心和中国印度文学研究会联合主办的泰戈尔诞辰150周年国际学术研讨会在北京大学召开。来自中印两国的50余位与会学者在7场专题研讨会上就泰戈尔的文学作品、艺术成就、哲学思想、社会活动、人道主义精神以及泰戈尔与中国的关系等问题进行了深入探讨。

2012年

· 3月28~30日，中国国家主席胡锦涛应邀赴印度参加于新德里举行的金砖国家领导人第四次会晤。其间，与印度总理M.辛格会面，双方就加强人文交流，促进互解互谅，继续组织中印青年百人团互访，落实印度汉语教学等重大项目，加强旅游合作，推动人员交流，鼓励两国地方和媒体扩大往来和合作等方面达成共识，并共同宣布2012年为中印友好合作年。

· 4月，中国新疆木卡姆艺术团应印度文化关系委员会邀请访问印度，艺术团分别在新德里和班加罗尔演出，是中印友好合作年的首场文化交流活动。

·11月，中国广播艺术团应印度音乐家联合会的邀请访问印度，艺术团先后在孟买和新德里演出。

2013年

·4月25~28日，由中国人民对外友好协会、中国印度友好协会、北京大学南亚研究中心/印度研究中心和察哈尔学会联合主办的第二届中印大学生论坛在北京大学举办。论坛以“书写中印未来：我们的机遇与挑战”为主题，其间，来自中印两国一流大学的近百名与会代表就中印文化交流、经贸往来以及外交关系等内容进行了深入讨论。

·5月19~22日，中国总理李克强应印度总理M.辛格邀请对印度进行正式访问。其间，李克强与印度总统P.K.慕克吉会面，并与印度总理辛格进行会谈。两国政府共同发表了《中华人民共和国和印度共和国联合声明》，宣布加强人文交流，决定将2014年定为中印友好交流年，决定于2014年完成《中印文化交流百科全书》编撰工作，同意启动中印经典作品互译工程，继续举行百人青年代表团年度互访活动。

·10月22~24日，印度总理M.辛格再次访华。其间，中国国家主席习近平、总理李克强与辛格会谈。两国在边界、交通、能源、文化、教育等方面签署了9项合作性文件。

2014年

·6月8～9日，中国国家主席习近平特使、外交部长王毅应邀访问印度，同印度新任外长S.斯瓦拉吉举行会谈。

·7月14日，中国国家主席习近平在巴西福塔莱萨会见印度总理N.莫迪。莫迪提出印中两国是“两个身体、一种精神”。

·9月17～19日，中国国家主席习近平对印度进行国事访问。其间，习近平先后与印度总理N.莫迪、总统P.慕克吉和人民院议长S.马哈詹进行会谈。两国签署了12份合作文件，涉及中印五年经贸发展计划、铁路合作、和平利用外太空、药品管理以及文化交流等领域的合作。

2015年

·5月14～16日，印度总理N.莫迪对中国进行正式访问。中国国家主席习近平会见了莫迪。国务院总理李克强与莫迪进行了会谈，就中印携手共谋发展、深化双方各领域务实合作、构建更加紧密的发展伙伴关系达成共识。两国签署了铁路、矿业、地方交往等领域的24项合作文件。

（杨秀婷　任婧）

《中华人民共和国政府和印度共和国政府文化合作协定》

China-India Agreement of Cultural Coopteration

中华人民共和国政府和印度共和国政府（以下简称“缔约双方”），出自建立和发展更密切关系的共同愿望，以及愿以一切可能的方式促进和发展两国在文化艺术、教育、社会科学、体育、卫生、新闻出版、广播、电影和电视领域内的关系和了解，同意缔结本协定。

第一条 缔约双方同意根据平等互利的原则，促进和鼓励两国在文化艺术、教育、体育、卫生、新闻出版、广播、电影、电视领域的交流和合作，以增进了解。

第二条 缔约双方鼓励和促进在艺术、文化和古典文学研究方面的交流和合作：

一、互派作家、艺术家、专家和学者访问；

二、互派艺术团体访问演出；

三、相互举办文化艺术展览；

四、互派官员和文化代表团访问。

第三条 缔约双方同意在教育方面按下列方式进行交流和合作：

一、缔约双方根据需要和可能，为对方国家的学生到本国的高等院校学习和研究提供奖学金和方便；

二、互派教授、专家到对方国家进行讲学、考察以及举办讲座；

三、鼓励对方的学者和专家参加在本国召开的国际学术会议，并尽可能为此提供便利；

四、相互交换教育方面的图书资料及其他出版物；

五、根据需要与可能交换教育代表团；

六、缔约各方将考察另一方在教育和其他机构授予的毕业文凭、证书和大学学位的条件。

第四条 缔约双方同意相互翻译、出版对方的优秀文学艺术作品，交换文化、文学和艺术方面的书刊和资料。

第五条 缔约双方通过本国的广播、电视及报刊介绍对方国家文化的不同侧面。为此，双方将交换合适的资料和节目；互派影视专家参加对方国家举办的国际电影节。

第六条 缔约双方同意加强两国体育机构间的联系和合作，根据需要和可能互派运动员、教练员及体育队进行友好访问和比赛，开展体育技术交流。具体项目由两国体育机构另行商定。

第七条 缔约双方同意在医药卫生方面进行经验交流。

第八条 缔约双方同意在社会科学方面进行交流和合作。

第九条 缔约双方鼓励考古学家互访并提供方便，以便在考古挖掘、文物保护和展览、人员培训以及经双方同意的其他方面交流经验。

第十条 缔约双方为实施本协定，将定期商订文化交流计划，每个交流计划一般以两年为期限。

第十一条 缔约双方经双方同意可以修订本协定。

第十二条 本协定自缔约双方完成各自国家的法律程序并相互通知之日起生效，有效期为五年。如缔约任何一方在期满前六个月未以书面通知缔约另一方要求终止本协定，则本协定将自动延长五年，并依此法顺延。

本协定于一九八八年五月二十八日在北京签订，一式两份，每份都用中文、印地文和英文写成，三种文本具有同等效力。

注：缔约双方相互通知已完成各自法律程序，本协定自一九八八年八月二十一日起生效。

中华人民共和国	印度共和国
政府代表	政府代表
刘德有	瓦拉达拉坚
（签字）	（签字）

中印两国历任元首

Successive Heads of State of Both China and India

中华人民共和国历任国家主席

姓 名	任 期
毛泽东 Mao Zedong	1949.10～1959.04
刘少奇 Liu Shaoqi	1959.04～1968.10
李先念 Li Xiannian	1983.06～1988.04
杨尚昆 Yang Shangkun	1988.04～1993.03
江泽民 Jiang Zemin	1993.03～2003.03
胡锦涛 Hu Jintao	2003.03～2013.03
习近平 Xi Jinping	2013.03～

注：1949.10～1954.09 国家元首名为中华人民共和国中央人民政府主席。

印度共和国历任总统

姓 名	任 期
R.普拉萨德 Rajendra Prasad	1950.01～1962.05
S.拉达克里希南 Sarvepalli Radhakrishnan	1962.05～1967.05
Z.侯赛因 Zakir Hussain	1967.05～1969.05
V.V.吉里 Varahagiri Venkata Giri	1969.08～1974.08
F.A.艾哈迈德 Fakhruddin Ali Ahmed	1974.08～1977.02
N.S.雷迪 Neelam Sanjiva Reddy	1977.07～1982.07
G.Z.辛格 Giani Zail Singh	1982.07～1987.07
R.文卡塔拉曼 Ramaswamy Venkataraman	1987.07～1992.07
S.D.夏尔马 Shankar Dayal Sharma	1992.07～1997.07
K.R.纳拉亚南 Kocheril Raman Narayanan	1997.07～2002.07
A.P.J.A.卡拉姆 Arul Pakir Jainulabdeen Abdul Kalam	2002.07～2007.07
P.D.帕蒂尔 Pratibha Devisingh Patil	2007.07～2012.07
P.K.慕克吉 Pranab Kumar Mukherjee	2012.07～

中印两国历任总理

Successive Prime Ministers of Both China and India

中华人民共和国历任国务院总理

姓 名	任 期
周恩来 Zhou Enlai	1949.10～1954.04（政务院总理），1954.09～1976.01
华国锋 Hua Guofeng	1976.04～1980.09
赵紫阳 Zhao Ziyang	1980.09～1987.11
李 鹏 Li Peng	1988.04～1998.03
朱镕基 Zhu Rongji	1998.03～2003.03
温家宝 Wen Jiabao	2003.03～2013.03
李克强 Li Keqiang	2013.03～

印度共和国历任总理

姓 名	任 期
J. 尼赫鲁 Jawaharlal Nehru	1947.08～1964.05
L.B. 夏斯特里 Lal Bahadur Shastri	1964.06～1966.01
I. 甘地 Indira Gandhi	1966.01～1977.03
M.R. 德赛 Morarji Ranchhodji Desai	1977.03～1979.07
C.C. 辛格 Chaudhury Charan Singh	1979.07～1980.01
I. 甘地 Indira Gandhi	1980.01～1984.10
R. 甘地 Rajiv Gandhi	1984.10～1989.12
V.P. 辛格 Vishwanath Pratap Singh	1989.12～1990.11
C. 谢卡尔 Chandra Shekhar	1990.11～1991.06
P.V.N. 拉奥 Pamulaparthi Venkata Narasimha Rao	1991.06～1996.05
A.B. 瓦杰帕伊 Atal Bihari Vajpayee	1996.05～1996.06
H.D.D. 高达 H.D. Deve Gowda	1996.06～1997.04
I.K. 古杰拉尔 Inder Kumar Gujral	1997.04～1998.03
A.B. 瓦杰帕伊 Atal Bihari Vajpayee	1998.03～2004.05
M. 辛格 Manmohan Singh	2004.05～2014.05
N. 莫迪 Narendra Modi	2014.05～

中印两国历任大使

Successive Ambassadors of Both China and India

中华人民共和国驻印度共和国历任大使

姓　名	任　期
袁仲贤　Yuan Zhongxian	1950.09～1956.02
潘自力　Pan Zili	1956.04～1962.07
陈肇源　Chen Zhaoyuan	1976.09～1979.12
申　健　Shen Jian	1980.03～1984.07
李连庆　Li Lianqing	1984.11～1987.04
屠国维　Tu Guowei	1987.07～1991.08
程瑞声　Cheng Ruisheng	1991.09～1994.11
裴远颖　Pei Yuanying	1995.01～1998.03
周　刚　Zhou Gang	1998.04～2001.06
华君铎　Hua Junduo	2001.08～2004.11
孙玉玺　Sun Yuxi	2004.12～2007.12
张　炎　Zhang Yan	2007.12～2012.09
魏　苇　Wei Wei	2013.01～2014.09
乐玉成　Le Yucheng	2014.09～

印度共和国驻中华人民共和国历任大使

姓　名	任　期
K. M. 潘尼迦　Kavalam Madhava Panikkar	1950.04～1952.06
赖嘉文　Nedyam Raghavan	1952.09～1955.10
R.K. 尼赫鲁　Ratan Kumar Nehru	1955.11～1958.01
G. 帕塔萨拉蒂　G. Parthasarathy	1958.07～1961.07
K.S. 纳拉亚南　Kocheril Raman Narayanan	1976.07～1978.11
R.D. 沙梯　Ramachandra Dattatraya Sathe	1978.12～1979.11
K.S. 巴杰帕伊　Kayatyani Shankar Bajpai	1980.07～1982
A.P. 文卡特斯瓦兰　A. P. Venkateswaran	1982.10～1985
K.P.S. 梅农　Kumara Padmanabha Sivasankara Menon	1985.03～1987.05
任嘉德　C.V.Ranganathan	1987.06～1991
S. 海达尔　Salman Haidar	1991.08～1993.02
C. 达斯古普塔　Chandrashekhar Dasgupta	1993.03～1996
南威哲　Vijay Nambiar	1996.09～2000.08
S.S. 梅农　Shiv Shankar Menon	2000.08～2003.06
苏理宁　Nalin Surie	2003.9～2006.10
拉奥琦　Nirupama Rao	2006.11～2009.07
苏杰生　S.Jaishankar	2009.08～2013.12
A.K. 康特　Ashok k.Kantha	2014.01～

中国研究印度的机构
Institutions of Indian Studies in China

序号	机构名		网址
1	中国社会科学院亚洲太平洋研究所	Institute of Asia-Pacific Studies, Chinese Academy of Social Sciences	yataisuo.cass.cn
2	中国社会科学院外国文学研究所	Institute of Foreign Literature Studies, Chinese Academy of Social Sciences	foreignliterature.cass.cn
3	中国社会科学院梵文中心	Centre for Sanskrit Studies, Chinese Academy of Social Sciences	www.cssn.cn（中国社会科学网）
4	北京大学南亚研究中心	Centre for South Asian Studies, Peking University	www.pku.edu.cn(北京大学主页)
5	北京大学印度研究中心	Centre for India Studies, Peking University	www.pku.edu.cn(北京大学主页)
6	北京大学外国语学院南亚学系	Department of South Asian Studies, School of Foreign Languages, Peking University	sfl.pku.edu.cn（北京大学外国语学院）
7	四川大学南亚研究所	Institute of South Asian Studies, Sichuan University	www.isas.net.cn
8	北京外国语大学亚非学院	School of Asian and African Studies, Beijing Foreign Studies University	aa.bfsu.edu.cn
9	北京外国语大学南亚研究中心	Centre of South Asian Studies, Beijing Foreign Studies University	aa.bfsu.edu.cn（北京外国语大学亚非学院）
10	深圳大学印度研究中心	Centre for Indian Studies, Shenzhen University	www.szucis.com
11	中国传媒大学外国语学院	School of International Studies, Communication University of China	sis.cuc.edu.cn
12	中国国际问题研究所	China Institute of International Studies	www.ciis.org.cn
13	中国现代国际关系研究院南亚东南亚及大洋洲研究所	Institute of South & Southeast Asian & Oceanian Studies, China Institute of Contemporary International Relations	www.cicir.ac.cn/chinese/organView.aspx?cid=200
14	云南省社会科学院南亚研究所	Institute of South Asian Studies, Yunnan Academy of Social Sciences	www.sky.yn.gov.cn/jgsz/yjys/nyyjs
15	云南财经大学印度洋地区研究中心	Centre for Indian Ocean Studies, Yunnan University of Finance and Economics	www.cnriio.com
16	云南民族大学东南亚南亚语言文化学院	School of Southeast & South Asian Languages & Cultures, Yunnan University of Nationalities	202.203.144.4：8082
17	西安外国语大学东方语言文化学院	School of Oriental Languages and Cultures, Xi'an International Studies University	222.90.76.146/dyxy
18	上海外国语大学东方语学院	College of Oriental Languages and Literature, Shanghai International Studies University	dongfangyu.shisu.edu.cn
19	广东外语外贸大学东方语言文化学院	The Faculty of Asian Languages and Cultures, Guangdong University of Foreign Studies	foalc.gdufs.edu.cn
20	北京大学	Peking University	www.pku.edu.cn
21	北京外国语大学	Beijing Foreign Studies University	www.bfsu.edu.cn
22	中国传媒大学	Communication University of China	www.cuc.edu.cn
23	西安外国语大学	Xi'an International Studies University	www.xisu.edu.cn
24	云南民族大学	Yunnan University of Nationalities	www.ynni.edu.cn
25	广东外语外贸大学	Guangdong University of Foreign Studies	www.gdufs.edu.cn
26	上海外国语大学	Shanghai International Studies University	www.shisu.edu.cn

印度研究中国的机构
Institutions of Chinese Studies in India

序号	机构名		网址
1	费尔古森学院	Fergusson College, Pune	www.fergusson.edu
2	德里大学东亚研究系	Department of East Asian Studies, Delhi University	www.du.ac.in/du/index.qhp?page=east-asian-studies
3	中国研究所	Institute of Chinese Studies, Delhi	www.icsin.org
4	尼赫鲁大学东亚研究中心	Center for East Asian Studies, Jawaharlal Nehru University, Delhi	www.jnu.ac.in
5	尼赫鲁大学中国与东南亚研究中心	Center for Chinese and Southeast Asian Studies, Jawaharlal Nehru University, Delhi	www.jnu.ac.in
6	印度国防部外国语学院	School of Foreign Languages, Ministry of Defense, Govt.of India	http://sflmod.nic.in
7	国防研究和分析所	Institute for Defense Studies and Analyses, Delhi	www.idsa.in
8	中国分析与政策中心	Centre for China Analysis and Strategy, New Delhi	
9	政策研究中心	Centre for Policy Research, Delhi	www.cprindia.org
10	和平与冲突研究所	Institute of Peace and Conflict Studies, Delhi	www.ipcs.org
11	南亚分析组织	South Asia Analysis Group, Delhi	www.southasiaanalysis.org
12	印度世界事务委员会	Indian Council of World Affairs, New Delhi	www.icwa.in
13	德里政策集团	Delhi Policy Group	www.delhipolicygroup.com
14	印度国立伊斯兰大学国际关系学院中国研究中心	China Studies Centre, Academy of International Studies, Jamia Millia Islamia, New Delhi	jmi.ac.in/ais
15	国际大学中国学院	Cheena Bhavan, Visva-Bharati, Santiniketan	www.visva-bharati.ac.in
16	亚洲研究所	Asian Research Institute, Santiniketan	
17	加尔各答中文学校	The School of Chinese Language, Kolkata	www.zhongwen.in
18	金奈中国研究中心	Chennai Centre for China Studies, Chennai	www.c3sindia.org
19	印度理工学院马德拉斯分校中国学研究中心	IIT Madras China Studies Centre, Chennai	csc.iitm.ac.in
20	安倍德卡尔大学	Dr. Babasaheb Ambedkar Marathwada University, Aurangabad	www.bamu.net
21	贝拿勒斯印度大学外语系	Department of Foreign Languages, Banaras Hindu University, Varanasi	www.bhu.ac.in
22	英语和外国语大学	English and Foreign Language University, Hyderabad	
23	泰吉普尔大学	Tezpur University	www.tezu.ernet.in
24	都安大学语言学院	School of Languages, Doon University, Dehradun	doonuniversity.ac.in
25	古吉拉特中央大学语言文学与文化研究学院	School of Language Literature and Culture Studies, Central University of Gujrat	www.cug.ac.in/SLL&CS.html
26	金德尔全球大学	O.P. Jindal Global University	www.jgu.edu.in
27	阿米提大学	Amity University, Noida	www.amity.edu
28	锡金大学亚洲研究系	Department of Asian Studies, Sikkim University	www. sikkimuniv-ersity.ac.in
29	恰尔肯德中央大学远东语言中心	Centre for Far East Languages, Central University of Jharkhand	www.cuj.ac.in

中国研究印度的刊物

Chinese Academic Journals on India

序 号	刊 名		网 址
1	南亚研究	*South Asian Studies*	qk.cass.cn/nyyj
2	南亚研究季刊	*South Asian Studies Quarterly*	www.isas.net.cn/Qikan.aspx
3	东南亚南亚研究	*Southeast Asian and South Asian Studies*	www.sky.yn.gov.cn/cbkw/dnynyyj
4	当代亚太	*Journal of Contemporary Asia-Pacific Studies*	qk.cass.cn/ddyt
5	北大南亚东南亚研究	*The Peking University South and South-East Asian Studies*	www.pku.edu.cn（北京大学主页）

印度研究中国的刊物

Indian Academic Journals on China

序 号	刊 名	
1	中印学刊	*Sino-Indian Studies*
2	中国述评	*China Report*
3	中国研究中心分析	*ICS Analysis*
4	中国研究中心不定期论文集	*ICS Occasional Papers*
5	中国研究中心专刊	*ICS Monographs*
6	战略分析	*Strategic Analysis*
7	国防研究杂志	*Journal of Defence Studies*
8	亚洲战略评论	*Asian Strategic Review*
9	每周评论	*The Week in Review*
10	亚洲和平	*Asia-Prashan*
11	尼赫鲁大学语言、文学与文化研究院学刊	*The Journal of the School of Language, Literature & Culture Studies, Jawaharlal Nehru University*，*JSL*

中国学者印度学重要著作一览
List of Select Works of Chinese Scholars on India

序号	作　者	著　作	出版社	时　间
1	显荫	释迦牟尼佛略传	上海：世界佛教居士林	1924
2	刘炳荣	印度史纲	上海：上海太平洋书店	1926
3	郑振铎	泰戈尔传	上海：商务印书馆	1927
4	向达	印度现代史	上海：商务印书馆	1929
5	王森然	印度革命与甘地	北平：北平文化学社	1930
6	许地山	印度文学	上海：商务印书馆	1930
7	袁学易	印度独立运动史略	上海：神州国光社	1931
8	玄奘	大唐西域记	上海：商务印书馆	1933
9	陈清晨	圣雄甘地	上海：上海神州国光社	1934
10	南柳如译	甘地传	南京：正中书局	1936
11	谭云山	圣哲甘地	南京：正中书局	1936
12	黄忏华著 中山文化教育馆辑	印度哲学史纲	上海：商务印书馆	1936
13	苏鸿宾	印度自治问题	上海：商务印书馆	1937
14	虞愚	印度逻辑	上海：商务印书馆	1939
15	李俊承	印度古佛国游记	上海：商务印书馆	1940
16	戴蕃豫	佛教美术史·印度篇	北京：华北居士林佛画研究会	1943
17	止默	甘地论	重庆：美学出版社	1943
18	刘咸	印度科学	南京：正中书局	1947
19	袁月楼	甘地生平及思想	南京：新中国出版社	1948
20	糜文开、薛馏森	圣雄甘地传	上海：商务印书馆	1948
21	李树专	天竺游踪琐记	上海：商务印书馆	1948
22	曾圣提	在甘地先生左右	上海：真善美图书出版社公司	1948
23	麦浪	印度	北京：生活·读书·新知三联书店	1949
24	糜文开译	古印度两大史诗	中国台北：印度研究社	1951
25	潘朗	印度解放运动史	上海：中华书局	1951
26	郭登、白皋等译	印度宪法	北京：世界知识社	1951
27	常任侠	中印艺术因缘	上海：上海出版社	1955
28	刘芬	印度	北京：世界知识社	1956
29	季羡林	印度简史	武汉：湖北人民出版社	1957
30	陆心贤	印度农业地理	北京：商务印书馆	1958
31	林林	印度诗稿	北京：作家出版社	1958
32	北京大学东语系印地语专业	印汉词汇集	编者自刊（油印本）	1959
33	北京大学东语系印地语教研室	印地语 汉语辞典	北京：商务印书馆	1960
34	汤用彤	印度哲学史略	北京：中华书局	1961
35	泰戈尔诞辰一百周年纪念委员会	泰戈尔诞辰一百周年		1961

续表

序号	作 者	著 作	出版社	时 间
36	王藻	一八五七年印度人民起义	北京：生活·读书·新知三联书店	1962
37	孙用译	腊玛延那·玛哈帕腊达	北京：人民文学出版社	1962
38	孙培钧等	印度大资产阶级同美国垄断资本的勾结	北京：世界知识出版社	1964
39	陈翰笙	印度莫卧儿王朝	北京：商务印书馆	1964
40	黄宝生等译	印度现代短篇小说集	北京：人民文学出版社	1978
41	吕澂	印度佛学源流略讲	上海：上海人民出版社	1979
42	黄心川	印度近代哲学家辨喜研究	北京：中国社会科学出版社	1980
43	吴丹注释	泰戈尔短篇小说选	北京：商务印书馆	1980
44	常任侠编	印度与东南亚美术发展史	上海：上海人民美术出版社	1980
45	玄奘等撰 向达辑	大唐西域记古本三种	北京：中华书局	1980
46	崔连仲	古代印度	北京：商务印书馆	1980
47	刘安武选编	印度现代文学研究（印地语）	北京：中国社会科学出版社	1980
48	黄宝生等译	印度现代文学	北京：外国文学出版社	1981
49	石村	因明述要	北京：中华书局	1981
50	黄思骏等编译	南印度农村社会三百年——坦焦尔典型调查	北京：中国社会科学出版社	1981
51	涂厚善	古代印度河流域的文化	北京：商务印书馆	1982
52	赵国华译	那罗和达摩衍蒂	北京：中国社会科学出版社	1982
53	刘国楠、王树英	印度各邦历史文化	北京：中国社会科学出版社	1982
54	李了文	印度经济	北京：人民出版社	1982
55	彭树智	印度革命活动家提拉克	北京：商务印书馆	1982
56	李文业	印度章西女王	北京：商务印书馆	1983
57	慧立、彦悰著 孙毓棠、谢方点校	大慈恩寺三藏法师传	北京：中华书局	1983
58	何乃英	泰戈尔传略	天津：天津人民出版社	1983
59	陈翰笙	印度和巴基斯坦经济区域	北京：商务印书馆	1983
60	晓云法师	印度艺术	中国台北：水牛图书出版事业公司	1983
61	殷洪元、徐晓阳	印地语课本	北京：商务印书馆	1983
62	云南省东南亚研究所	南亚土地关系和民族	昆明：云南省东南亚研究所	1983
63	陈佛松	印度社会中的种姓制度	北京：商务印书馆	1984
64	孙培钧等	印度垄断财团	北京：时事出版社	1984
65	詹得雄	印度散记	北京：新华出版杜	1984
66	季羡林、刘安武	印度两大史诗评论汇编	北京：中国社会科学出版社	1984
67	林承节	印度民族独立运动的兴起	北京：北京大学出版社	1984
68	刘安武选编	普列姆昌德短篇小说选	北京：人民文学出版社	1985
69	郭良鋆、黄宝生译	佛本生故事选	北京：人民文学出版社	1985
70	沈剑英	因明学研究	北京：中国大百科全书出版社	1986
71	蒋忠新译	摩奴法论	北京：中国社会科学出版社	1987
72	梁洁筠	印度的首任总理尼赫鲁	北京：商务印书馆	1987
73	魏风江	我的老师泰戈尔	贵阳：贵州人民出版社	1987

续表

序号	作　者	著　作	出版社	时　间
74	季羡林主编 刘安武等副主编	简明东方文学史	北京：北京大学出版社	1987
75	王树英、雷东平译	印度神话传说	北京：北京大学出版社	1987
76	李连庆	印度史话	北京：世界知识出版社	1987
77	季羡林、 刘安武选编	印度古代诗选	桂林：漓江出版社	1987
78	任鸣皋、宁明	论甘地	上海：上海社会科学院出版社	1987
79	郁龙余	中印文学关系源流	长沙：湖南文艺出版社	1987
80	金克木选编 金克木等译	摩诃婆罗多插话选	北京：人民文学出版社	1987
81	刘安武	印度印地语文学史	北京：人民文学出版社	1987
82	曾向东	印度现代高等教育	成都：四川大学出版社	1988
83	金鼎汉	印地语汉语成语辞典	北京：商务印书馆	1988
84	黄宝生	印度古代文学	北京：知识出版社	1988
85	李连庆	英迪拉·甘地	杭州：浙江人民出版社	1988
86	多罗那他著 张建木译	印度佛教史	成都：四川民族出版社	1988
87	赵炳寿等译	印度刑法典	成都：四川大学出版社	1989
88	季羡林、 刘安武选编	东方短篇小说选	北京：中国青年出版社	1989
89	蒋忠新注	梵文《妙法莲花经》写本（拉丁字母转写本）	北京：中国社会科学出版社	1989
90	义净著　王邦维注	大唐西域求法高僧传校注	北京：中华书局	1989
91	黄心川	印度现代哲学	北京：商务印书馆	1989
92	虞愚	因明学（影印本）	北京：中华书局	1989
93	张保胜译	薄伽梵歌	北京：中国社会科学出版社	1989
94	黄心川	印度近现代哲学	北京：商务印书馆	1989
95	王树英	印度文化与民俗	成都：四川民族出版社	1989
96	崔连仲等选译	古印度帝国时代史料选辑	北京：商务印书馆	1989
97	黄心川	印度哲学史	北京：商务印书馆	1990
98	中国逻辑史学会因明研究工作小组编	因明新探	兰州：甘肃人民出版社	1990
99	章巽、芮传明	大唐西域记导读	成都：巴蜀书社	1990
100	罗世方	梵语课本	北京：商务印书馆	1990
101	培伦主编 高兴等著	印度通史	哈尔滨：黑龙江人民出版社	1990
102	杨化群译	藏传因明学	拉萨：西藏人民出版社	1991
103	孙培钧、刘创源主编	南亚国家经济发展战略研究	北京：北京大学出版社	1991
104	耿引曾	汉文南亚史料学	北京：北京大学出版社	1991
105	赵国华	生殖崇拜文化论	北京：中国社会科学出版社	1991
106	刘欣如	印度古代社会史	北京：中国社会科学出版社	1991
107	任继愈主编	中国佛教史	北京：中国社会科学出版社	1991
108	范铁城	东方的复兴：中印经济近代化对比观照	长沙：湖南人民出版社	1991
109	唐文权	东方的觉醒：近代中印民族运动	长沙：湖南人民出版社	1991

续表

序号	作 者	著 作	出版社	时 间
110	朱昌利	印度农业经济问题	昆明：云南人民出版社	1991
111	曾祖荫	中国佛教与美学	武汉：华中师范大学出版社	1991
112	周叔迦	周叔迦佛学论集	北京：中华书局	1991
113	崔连仲	从佛陀到阿育王	沈阳：辽宁大学出版社	1991
114	曾向东	印度的科学技术	北京：科学出版社	1991
115	孙培钧主编	中印经济发展比较研究	北京：北京大学出版社	1991
116	金鼎汉	当代印度短篇小说	昆明：云南人民出版社	1992
117	黄忏华撰	佛教各宗大意	扬州：江苏广陵古籍刻印社	1992
118	吕澂	佛教研究法	扬州：江苏广陵古籍刻印社	1992
119	吕澂	佛学论选集（1～5 卷）	济南：齐鲁书社	1992
120	季羡林主编	印度古代文学史	北京：北京大学出版社	1992
121	陈峰君主编	印度社会述论	北京：中国社会科学出版社	1992
122	朱占府	拉吉夫·甘地	北京：光明日报出版社	1992
123	姚卫群	印度哲学	北京：北京大学出版社	1992
124	肖肃、黎明	佛教典故趣谈	香港：东方文化出版社	1992
125	真谛译 高振农校译	大乘起信论校释	北京：中华书局	1992
126	刘安武	普列姆昌德和他的小说	北京：北京出版社	1992
127	金鼎汉等编	印地语基础教程（4 册）	北京：北京大学出版社	1993
128	赵中建	战后印度教育研究	南昌：江西教育出版社	1993
129	陈兵	东方文明与佛教禅学	上海：上海人民出版社	1993
130	张光璘	印度大诗人泰戈尔	北京：蓝天出版社	1993
131	林太	印度的智慧：出世入世浑然一体	杭州：浙江人民出版社	1993
132	林承节	中印人民友好关系史	北京：北京大学出版社	1993
133	黄宝生	印度古典诗学	北京：北京大学出版社	1994
134	饶宗颐	梵学集	上海：上海古籍出版社	1994
135	殷洪元	印地语语法	北京：北京大学出版社	1994
136	姜兆鸿、杨平学	印度军事战略研究	北京：军事科学出版社	1994
137	巫寿康	《因明正理门论》研究	北京：生活·读书·新知三联书店	1994
138	剧宗林	藏传佛教因明史略	北京：民族出版社	1994
139	许地山	道教、因明及其他	北京：中国社会科学出版社	1994
140	梁洁筠	尼赫鲁家族浮沉记	北京：时事出版社	1994
141	刘培育	因明研究	长春：吉林教育出版社	1994
142	高扬、荆三隆	佛教起源论	西安：陕西人民教育出版社	1994
143	汤用彤选编	汉文佛经中的印度哲学史料	北京：商务印书馆	1994
144	文富德	印度经济发展：经验与教训	成都：四川大学出版社	1994
145	张光璘	中国名家论泰戈尔	北京：中国华侨出版社	1994
146	孙培钧等	印度从半管制走向市场化	武汉：武汉出版社	1994
147	北京大学南亚 研究所	中国载籍中南亚史料汇编	上海：上海古籍出版社	1995
148	司马军、李毅	印度市场经济体制	兰州：兰州大学出版社	1995

续表

序号	作　者	著　作	出版社	时　间
149	朱明忠	恒河沐浴：印度教概览	成都：四川民族出版社	1995
150	朱昌利主编	当代印度	昆明：云南大学出版社	1995
151	星云大师	释迦牟尼佛传	长春：吉林人民出版社	1995
152	林承节	印度近现代史	北京：北京大学出版社	1995
153	吕昭义	英属印度与中国西南边境	北京：中国社会科学出版社	1995
154	林良光主编	印度政治制度研究	北京：北京大学出版社	1995
155	高鲲、张敏秋主编	南亚政治经济发展研究	北京：北京大学出版社	1995
156	于海莲、杜振华	发展中大国财政体制：中国与印度	北京：中国经济出版社	1996
157	郑伟宏	佛家逻辑通论	上海：复旦大学出版社	1996
158	陈晶莹	尼赫鲁	北京：中国国际广播出版社	1996
159	王邦维	唐高僧义净生平及其著作论考	重庆：重庆出版社	1996
160	崔连仲	永恒之河：印度古典文明	沈阳：辽宁大学出版社	1996
161	闵光沛主编	殖民地印度综论	成都：四川民族出版社	1996
162	孙士海、孙培钧主编	转型中的印度经济	厦门：鹭江出版社	1997
163	郭良鋆	佛陀和原始佛教思想	北京：中国社会科学出版社	1997
164	金申	印度及犍陀罗佛像艺术精品图集	北京：中国工人出版社	1997
165	张力	印度总理尼赫鲁	成都：四川人民出版社	1997
166	周柏青、游巧荣	英·甘地传	武汉：长江文艺出版社	1997
167	雷启淮主编	印度农村产业结构研究	成都：四川大学出版社	1997
168	王镛	20 世纪印度美术	北京：文化艺术出版社	1997
169	石海峻	20 世纪印度文学史	青岛：青岛出版社	1998
170	方广锠	印度禅	杭州：浙江人民出版社	1998
171	毛小雨	印度雕塑（图集）	南昌：江西美术出版社	1998
172	黄思骏	印度土地制度研究	北京：中国社会科学出版社	1998
173	黄心川主编 葛维钧常务副主编	南亚大词典	成都：四川人民出版社	1998
174	王树英	印度	北京：当代世界出版社	1998
175	孙士海主编	南亚的政治、国际关系及安全	北京：中国社会科学出版社	1999
176	李文业	印度史：从莫卧儿帝国到印度独立	沈阳：辽宁大学出版社	1999
177	邱巍	国有企业之路：印度	兰州：兰州人民出版社	1999
178	王镛	印度美术史话	北京：人民美术出版社	1999
179	赵伯乐	永恒涅盘：古印度文明探秘	昆明：云南人民出版社	1999
180	王树英	南亚印度教与文化	北京：中央民族大学出版社	1999
181	阮光峰等	印度海上力量：挺进大洋	北京：海洋出版社	1999
182	尚劝余	尼赫鲁研究	成都：四川人民出版社	1999
183	刘安武	普列姆昌德评传	北京：中国国际广播出版社	1999
184	雷启淮主编	当代印度	成都：四川人民出版社	2000
185	马加力	关注印度：崛起中的大国	天津：天津人民出版社	2000
186	刘安武、倪培耕、白开元编	泰戈尔全集	石家庄：河北教育出版社	2000

续表

序号	作　者	著　作	出版社	时　间
187	李建欣	印度古典瑜伽哲学思想研究	北京：北京大学出版社	2000
188	北京大学东语系印地语教研室、解放军国际关系学院多语种教研室编	印地语汉语大辞典	北京：北京大学出版社	2000
189	林承节	印度古代史纲	北京：光明日报出版社	2000
190	道宣著 范祥雍点校	释迦方志	北京：中华书局	2000
191	唐仁虎、刘曙雄、姜景奎编	印度文学文化论	北京：北京大学出版社	2000
192	孙士海	印度的发展及其对外战略	北京：中国社会科学出版社	2000
193	陈峰君	东亚与印度：亚洲两种现代化模式	北京：经济科学出版社	2001
194	段晴	波你尼语法入门：《月光疏精粹》述解	北京：北京大学出版社	2001
195	刘立涛	当代旁遮普锡克人问题研究	北京：华文出版社	2001
196	殷永林	独立以来的印度经济	昆明：云南大学出版社	2001
197	晁华山	佛陀之光：印度与中亚佛教胜迹	北京：文物出版社	2001
198	崔连仲	释迦牟尼：生平与思想	北京：商务印书馆	2001
199	沈益洪	泰戈尔谈中国	杭州：浙江文艺出版社	2001
200	孙培钧、华碧云主编	印度国情与综合国力	北京：中国城市出版社	2001
201	刘安武	印度两大史诗研究	北京：北京大学出版社	2001
202	向元钧主编	印度市场经济与宏观调控	成都：四川大学出版社	2001
203	林承节主编	印度现代化的发展道路	北京：北京大学出版社	2001
204	高扬、荆三隆	印度哲学与佛学	西安：太白文艺出版社	2001
205	沈剑英主编	中国佛教逻辑史	上海：华东师范大学出版社	2001
206	郁龙余	中国印度文学比较	北京：中国社会科学出版社	2001
207	李志夫	中印佛学比较研究	北京：中国社会科学出版社	2001
208	尚会鹏	种姓与印度教社会	北京：北京大学出版社	2002
209	廖育群	阿输吠陀印度的传统医学	沈阳：辽宁教育出版社	2002
210	欧东明	佛地梵天：印度宗教文明	成都：四川人民出版社	2002
211	姚卫群	佛学概论	北京：宗教文化出版社	2002
212	张忠祥	尼赫鲁外交研究	北京：中国社会科学出版社	2002
213	姜景奎	印地语戏剧文学	北京：中国对外翻译出版公司	2002
214	林煌洲	印度思想文化与佛教	中国台北："国立历史博物馆" 2002	
215	贾应逸、祁小山	印度到中国新疆的佛教艺术	兰州：甘肃教育出版社	2002
216	陈明	印度梵文医典《医理精华》研究	北京：中华书局	2002
217	孙晶	印度吠檀多不二论哲学	北京：东方出版社	2002
218	蒋一国、杨会春、于秀清	印度国防经济研究	北京：解放军出版社	2002
219	唐孟生	印度苏非派及其历史作用	北京：经济日报出版社	2002
220	邹德侬、戴路	印度现代建筑	郑州：河南科学技术出版社	2002

续表

序号	作 者	著 作	出版社	时 间
221	陶笑虹	独立五十周年的印度人与印度社会	武汉：湖北人民出版社	2003
222	湛如	敦煌佛教律仪制度研究	北京：中华书局	2003
223	王德华、吴扬主编	龙与象：21世纪中印崛起的比较	上海：上海社会科学院出版社	2003
224	文富德、陈继东编	世界贸易组织与印度经济发展	成都：巴蜀书社	2003
225	尹锡南	世界文明视野中的泰戈尔	成都：巴蜀出版社	2003
226	唐仁虎、郁龙余、姜景奎、魏丽明	泰戈尔文学作品研究	北京：昆仑出版社	2003
227	梅晓云	文化无根：以V.S.奈保尔为个案的移民文化研究	西安：陕西人民出版社	2003
228	林承节	印度独立后的政治经济社会发展史	北京：昆仑出版社	2003
229	朱明忠、尚会鹏	印度教：宗教与社会	北京：世界知识出版社	2003
230	张双鼓、薛克翘、张敏秋编	印度科技与教育发展	北京：人民教育出版社	2003
231	张淑兰编	印度拉奥政府经济改革研究	北京：新华出版社	2003
232	邱永辉、欧东明	印度世俗化研究	成都：巴蜀书社	2003
233	王琳编	印度艺术	石家庄：河北教育出版社	2003
234	毛小雨撰文、摄影	印度艺术	南昌：江西美术出版社	2003
235	任佳、陆德明、张荐华等	中国与印度经贸合作新战略：中国云南省与印度经贸和科教合作研究	昆明：云南人民出版社	2003
236	陈利君等	中国与印度信息产业合作新趋势	昆明：云南人民出版社	2003
237	李崇峰	中印佛教石窟寺比较研究：以塔庙窟为中心	北京：北京大学出版社	2003
238	薛克翘	中印文学比较研究	北京：昆仑出版社	2003
239	郁龙余等	梵典与华章：印度作家与中国文化	银川：宁夏人民出版社	2004
240	王镛	印度美术	北京：中国人民大学出版社	2004
241	张均主编	印度婆罗多舞蹈教程	上海：上海音乐出版社	2004
242	林承节	印度史	北京：人民出版社	2004
243	尚会鹏	印度文化传统研究：比较 文化的视野	北京：北京大学出版社	2004
244	刘建、朱明忠、葛维钧	印度文明	北京：中国社会科学出版社	2004
245	江东	印度舞蹈通论	上海：上海音乐出版社	2004
246	方广锠	渊源与流变：印度初期佛教研究	北京：中国社会科学出版社	2004
247	林承节	殖民统治时期的印度史	北京：北京大学出版社	2004
248	黄宝生	《摩诃婆罗多》导读：印度古代史诗	北京：中国社会科学出版社	2005
249	王邦维主编	比较视野中的东方文学	太原：北岳文艺出版社	2005
250	林承节	独立后的印度史	北京：北京大学出版社	2005
251	陈明	敦煌出土胡语医典《耆婆书》研究	中国台北：新文丰出版公司	2005
252	刘小雪	发展中国家的新兴产业优势：以印度软件产业的发展为例	北京：世界知识出版社	2005
253	董友忱编	泰戈尔画传	北京：华文出版社	2005
254	张玉安、裴晓睿	印度的罗摩故事与东南亚文学	北京：昆仑出版社	2005
255	王志军、蒋玉甫、华任	印度国家战略问题研究	北京：解放军出版社	2005

续表

序号	作　者	著　作	出版社	时　间
256	刘安武	印度文学和中国文学比较研究	北京：中国国际广播出版社	2005
257	梁漱溟	印度哲学概论	上海：上海人民出版社	2005
258	赵鸣歧	印度之路：印度工业现代化道路探析	上海：学林出版社	2005
259	祁顺来	藏传因明学通论	西宁：青海民族出版社	2006
260	吴学国	存在·自我·神性：印度哲学与宗教思想研究	北京：中国社会科学出版社	2006
261	袁南生	感受印度	北京：中国社会科学出版社	2006
262	湛如	净法与佛塔：印度早期佛教史研究	北京：中华书局	2006
263	张敏秋主编	跨越喜马拉雅障碍：中国寻求了解印度	重庆：重庆出版社	2006
264	刘曙雄	穆斯林诗人哲学家伊克巴尔	北京：北京大学出版社	2006
265	徐梵澄	徐梵澄文集	上海：上海三联书店	2006
266	郑瑞祥主编	印度的崛起与中印关系	北京：当代世界出版社	2006
267	姚卫群	印度宗教哲学概论	北京：北京大学出版社	2006
268	任佳、牛鸿斌、周智生	中国云南与印度历史现状和未来	昆明：云南人民出版社	2006
269	中华人民共和国外交部亚洲司编	中华人民共和国和印度共和国双边关系重要文献汇编	北京：世界知识出版社	2006
270	张小济主编	中印经贸合作发展前景	北京：中国发展出版社	2006
271	马嫚	当代印度外交	上海：上海人民出版社	2007
272	崔连仲武文	古代印度文明与中国	长沙：岳麓书社	2007
273	刘琛	全球化背景下的跨文化传播：印度电视传媒变迁研究	北京：外语教学与研究出版社	2007
274	孙国强编	泰米尔语教程	北京：中国传媒大学出版社	2007
275	李润生	因明入正理论导读	北京：中国书店	2007
276	萨班·贡葛坚赞	因明学	北京：民族出版社　西宁：青海民族出版社	2007
277	巫寿康	因明正理门论研究	北京：中华书局	2007
278	沈剑英	因明正理门论译解	北京：中华书局	2007
279	任佳	印度工业化进程中产业结构的演变：印度发展模式初探	北京：商务印书馆	2007
280	赵中建等	印度基础教育	广州：广东教育出版社	2007
281	王镛	印度揽胜	上海：上海文艺出版社	2007
282	王晓丹	印度社会观察	北京：世界知识出版社	2007
283	林太	印度通史	上海：上海社会科学院出版社	2007
284	石海军	印度文学大花园	武汉：湖北教育出版社	2007
285	段玉明	指空：最后一位来华的印度高僧	成都：巴蜀书社	2007
286	刚晓	《集量论》解说	兰州：甘肃民族出版社	2008
287	石海军	爱欲正见：印度文化中的艳欲主义	重庆：重庆出版社	2008
288	周绍良译注	百喻经译注	北京：中华书局	2008
289	沈剑英	敦煌因明文献研究	上海：上海古籍出版社	2008
290	黄宝生译	梵语诗学论汇编	北京：昆仑出版社	2008

续表

序号	作　者	著　作	出版社	时　间
291	梁启超	佛学研究十八篇	南京：江苏文艺出版社	2008
292	石海军	后殖民：印英文学之间	北京：北京大学出版社	2008
293	沈开艳、权衡等	经济发展方式比较研究：中国与印度经济发展比较	上海：上海社会科学院出版社	2008
294	任鸣皋	柯棣华	北京：社会科学文献出版社	2008
295	熊十力	唯识学概论：因明大疏删注	上海：上海书店出版社	2008
296	张占顺	锡克教与锡克群体的变迁	北京：世界知识出版社	2008
297	郑伟宏	因明正理门论直解	北京：中华书局	2008
298	林语堂著 杨彩霞译	印度的智慧	西安：陕西师范大学出版社	2008
299	杨翠柏主编	印度环境法	成都：巴蜀书社	2008
300	文富德	印度经济全球化研究	成都：巴蜀书社	2008
301	薛克翘	印度民间文学	银川：宁夏人民出版社	2008
302	戴永红	印度软件企业国际化研究	成都：巴蜀书社	2008
303	张敏秋	印度塔塔集团：新兴市场中的成功典范	北京：清华大学出版社	2008
304	郁龙余等	印度文化论	重庆：重庆出版社	2008
305	王镛	印度细密画	北京：中国青年出版社	2008
306	玄奘译	瑜伽师地论	北京：宗教文化出版社	2008
307	薛克翘	中国印度文化交流史	北京：昆仑出版社	2008
308	中国人民对外友好协会、中国印度友好协会、中国南亚学会编	中印友谊史上的丰碑：纪念印度援华医疗队	北京：世界知识出版社	2008
309	朱明忠	奥罗宾多	昆明：云南教育出版社	2009
310	许地山	陈那以前之因明	长春：时代文艺出版社	2009
311	王宏纬	当代中印关系述评	北京：中国藏学出版社	2009
312	何一峰、杨张乔	潜力与制约：中国、印度农村现代化发展比较研究	北京：社会科学文献出版社	2009
313	吴晓黎	社群、组织与大众民主：印度喀什拉拉邦社会政治的民族志	北京：北京大学出版社	2009
314	孙宜学编	诗人的精神：泰戈尔在中国	南昌：江西高校出版社	2009
315	周贵华	唯识通论：瑜伽行学义诠	北京：中国社会科学出版社	2009
316	亢升	印度崛起中的亚洲巨象	香港：香港城市大学出版社	2009
317	邱永辉	印度宗教多元文化	北京：社会科学文献出版社	2009
318	马塾君	中国对印度直接投资研究	北京：中国财政经济出版社	2009
319	王芳	中印开放与增长的路径比较：制度经济学的视角	北京：中国财政经济出版社	2009
320	李凡	中印吸引外商直接投资决定因素比较研究	北京：中国财政经济出版社	2009
321	王树英	宗教与印度社会	北京：人民出版社	2009
322	刚晓	《释量论》讲记	兰州：甘肃民族出版社	2009～2010
323	季羡林	季羡林全集	北京：外语教学与研究出版社	2009～2010

续表

序号	作 者	著 作	出版社	时 间
324	巫白慧译解	《梨俱吠陀》神曲选	北京：商务印书馆	2010
325	王春景	R.K. 纳拉扬的小说与印度社会	石家庄：河北教育出版社	2010
326	黄宝生译	奥义书	北京：商务印书馆	2010
327	张玉榛	东方与西方相遇：拉维·香卡印西音乐交融研究	北京：首都师范大学出版社	2010
328	尹锡南	梵语诗学与西方诗学比较研究	成都：巴蜀书社	2010
329	黄宝生编	梵语文学读本	北京：中国社会科学出版社	2010
330	高振农	佛教在印度	上海：上海社会科学院出版社	2010
331	马加力	崛起中的巨象：关注印度	济南：山东大学出版社	2010
332	任佳主编	南亚国家经贸指南	昆明：云南人民出版社	2010
333	陈金英	社会结构与政党制度：印度独大型政党制度的演变	上海：上海人民出版社	2010
334	艾丹	泰戈尔与五四时期的思想文化论争	北京：人民出版社	2010
335	孙国强编	泰米尔语教程	北京：中国传媒大学出版社	2010
336	赵刚印	现代化进程中的公民政治参与：一项对中国与印度的比较研究	上海：上海人民出版社	2010
337	柳建龙	宪法修正案的合宪性审查：以印度为中心	北京：法律出版社	2010
338	薛克翘	象步凌空：我看印度	北京：世界知识出版社	2010
339	郑伟宏	因明大疏校释、今译、研究	上海：复旦大学出版社	2010
340	孙士海、葛维钧主编	印度	北京：社会科学文献出版社	2010
341	汪志强	印度佛教净土思想研究	成都：巴蜀书社	2010
342	释印顺	印度佛教思想史	北京：中华书局	2010
343	吴俊才	印度史	中国台北：三民书局股份有限公司	2010
344	王宏军	印度外资法律制度研究	昆明：云南大学出版社	2010
345	叶少勇	《中论颂》与《佛护释》：新发现梵文写本的文献学研究	上海：中西书局	2011
346	黄宝生译注	梵汉对勘入楞伽经	北京：中国社会科学出版社	2011
347	黄宝生译注	梵汉对勘入菩提行论	北京：中国社会科学出版社	2011
348	蔡枫、黄蓉主编 刘彦峰译校	跬步集：深圳大学印度学研究文选	北京：北京大学出版社	2011
349	王红生	论印度的民主	北京：社会科学文献出版社	2011
350	王红生、(印) B. 辛格	尼赫鲁家族与印度政治	北京：北京大学出版社	2011
351	王红生	神与人：南亚文明之路	北京：人民出版社	2011
352	惟善	说一切有部之禅定论研究：以梵文《俱舍论》及其梵汉注释为基础	北京：中国人民大学出版社	2011
353	王邦维、(印) 谭中主编	泰戈尔与中国	北京：中央编译出版社	2011
354	董友忱	天竺诗人：泰戈尔	北京：人民出版社	2011
355	圆真法师	因明学纲要	成都：巴蜀书社	2011
356	尹锡南	印度比较文学发展史	成都：巴蜀书社	2011

续表

序号	作　者	著　作	出版社	时　间
357	李铁生编	印度币：公元前6世纪～公元19世纪	北京：北京出版社	2011
358	洪共福	印度独立后的政治变迁	合肥：黄山书社	2011
359	宋海啸	印度对外政策决策：过程与模式	北京：世界知识出版社	2011
360	文富德	印度高科技发展战略研究	成都：巴蜀书社	2011
361	沈开艳等	印度经济改革发展二十年：理论、实证与比较： 1991～2010	上海：上海人民出版社	2011
362	孙晶	印度六派哲学	中国台北：大元书局	2011
363	王立新	印度绿色革命的政治经济学：发展、停滞和转变	北京：社会科学文献出版社	2011
364	宋志辉	印度农村反贫困研究	成都：巴蜀书社	2011
365	杨洪	印度弱势群体：教育与政策	北京：人民出版社	2011
366	马维光	印度神灵探秘：巡礼印度教、耆那教、印度佛教万神殿	北京：世界知识出版社	2011
367	陈恭禄	印度通史大纲	长沙：岳麓书社	2011
368	释传印	印度学讲义	北京：宗教文化出版社	2011
369	廖波	印度印地语作家格莫勒希沃尔小说创作研究	广州：世界图书出版广东有限公司	2011
370	释印顺	印度之佛教	北京：中华书局	2011
371	薛克翘、唐孟生、姜景奎、RakeshVats	印度中世纪宗教文学	北京：昆仑出版社	2011
372	陶笑虹	殖民地印度的妇女	武汉：华中师范大学出版社	2011
373	沈有禄	中国、印度基础教育比较研究	北京：人民出版社	2011
374	张同标、胡彬彬	中印佛教造像比较百例：从古印度到中国长江流域的佛教造像之路	长沙：湖南大学出版社	2011
375	龚松柏	中印经济转型与发展模式比较	成都：西南财经大学出版社	2011
376	陈利君等	中印能源合作战略与对策研究	北京：中国社会科学出版社	2011
377	张晓山、崔红志、刘长全等	中印农村社会保护比较：基于村庄调查的实证研究	北京：社会科学文献出版社	2011
378	高巍等	中印签订自由贸易协定问题研究	北京：北京师范大学出版社	2011
379	姜景奎编	中国学者论泰戈尔	银川：阳光出版社	2011
380	金克木	金克木集	北京：生活·读书·新知三联书店	2012
381	朱纪华主编	泰戈尔与上海	上海：中西书局	2012
382	邱永辉	印度教概论	北京：社会科学文献出版社	2012
383	张高翔	印度教派冲突研究	北京：人民出版社	2012
384	林承节	印度近二十年的发展历程：从拉吉夫·甘地执政到曼莫汉·辛格政府的建立	北京：北京大学出版社	2012
385	赵玲	印度秣菟罗早期佛教造像研究	上海：上海三联书店	2012

印度学者中国学重要著作一览

List of Select Works of Indian Scholars on China

序号	作 者	著 作	出版社	时 间
1	Sarvepalli Radhakrishnan	India and China: Lectures Delivered in China in May 1944		1954
2	Kavalam Madhava Panikkar	India and China: A Study of the Cultural Relation	Asia Publishing House	1957
3	Kumara Padmanabha Sivasankara Menon	China: Past and Present		1968
4	Gargi Dutta and V.P. Dutta	China's Cultural Revolution	Asia Publishing House	1970
5	Ranbir Vohra	Laoshe and the Chinese Revolution	Harvard University Press	1973
6	Manoranjan Mohanty	The Political Philosophy of Mao Tse-tung	Macmillan Publishers	1978
7	Tan Chung	China and the Brave New World: a Study of the Origins of the Opium War (1840-42)	Carolina Academic Press	1978
8	Tan Chung	Triton and Dragon: Study on Nineteenth-century China and Imperialism	Gian Pub. House	1985
9	Govind Purushottam Despande and Harmala Kaur Gupta	United Front Against Imperialism: China's foreign policy in Africa	Somaiya Publications	1986
10	Kamal Sheel	Peasant Society and Marxist Intellectuals in China	Princeton University	1989
11	K.R.Sharma	China: Revolution to Revolution	Mittal Publications	1989
12	Sreemati Chakrabarti	China and the Naxalites	Radiant Publishers	1990
13	Vikram Seth	Three Chinese Poets	Harper Perennial	1992
14	V.P. Dutta and Gargi Dutta	China after Mao	South Asia Books	1992
15	Haraprasad Ray	Trade and Diplomacy in India-China Relations: A Study of Bengal during the Fifteenth Century	Sangam Books	1993
16	P.R. Kumaraswamy	Israel's China Odyssey	IDSA	1994
17	Jasjit Singh (Ed.)	India-China and Panchsheel	Sanchar Pub. House	1996
18	Srikanth Kondapalli	People's Liberation Army: Evolving Dynamics	IDSA	1996
19	Priyadarshi Mukherjee	Samkaleen Chini Kavitaye	National Book Organization	1998

续表

序号	作　者	著　作	出版社	时　间
20	Tan Chung (Ed.)	Across the Himalayan Gap An Indian Quest for Understanding China	IGNCA	1998
21	Tan Chung	In the Footsteps of Xuanzang: Tan Yun-Shan and India	Gyan Publishing House	1998
22	Jasjit Singh	Nuclear India	IDSA	1998
23	Jasjit Singh	Asian Strategic Review 1997-98	IDSA	1998
24	Swaran Singh	China's Changing National Security Doctrines	Institute for Defence Studies and Analysis	1999
25	C.V. Ranganathan and Vinod C. Khanna	India and China: The Way ahead after Mao's India War	Har-Anand Public-ations	2000
26	Kanti Bajpai (ed.)	Peacock and the Dragon : India China in the 21st Century	Har-Anand Public-ations	2000
27	B. R. Deepak	India China Relations-In the First Half of the 20th Century	APH Pub. Corp	2001
28	Srikanth Kondapalli	China's Naval Power	Knowledge world Publishers	2001
29	Govind Purushottam Deshpande and Alka Acharya (ed.)	Crossing a Bridge of Dreams: 50 years of India-China	Tulika Books	2001
30	Haraprasad Ray and Prabodh Chandra Bagchi	Contribution of P.C. Bagchi on Sino-Indo Tibetology	Asiatic Society	2002
31	Swaran Singh	China-South Asia: Issues, Equations, Policies	Lancer's Books	2003
32	Haraprasad Ray	Trade and Trade Routes between India and China C. 140 B.C.-A.D. 1500	Progressive Publishers	2003
33	Meera Sinha Bhattacharjea	China the World and India	Samskriti	2003
34	Priyadarshi Mukherjee	Cross-Cultural Impressions: Ai Ch`ing, Pablo Neruda and Nicolas Guillen	Authors Press	2004
35	B. R. Deepak	India and China 1904-2004:A Century of Peace and Conflict	Manak Publications	2005
36	Sabaree Mitra	Literature and Politics in 20th Century China	Book Plus	2005
37	Madhavi Thampi (ed.)	India and China in the Colonial World	Social Science Press	2005
38	Madhavi Thampi	Indians in China: 1800-1949	Manohar Publishers and Distributors	2005
39	Tan Chung and Geng Yin-zeng (ed.)	India and China: Twenty Centuries of Civilizational Interactions and Vibrations	Centre for Studies in Civilizations	2005
40	C.V. Ranganathan (ed.)	Panchsheel and the Future: Perspectives on India-China Relations	Institute of Chinese Studies, Centre for the Study of Developing Societies	2005

续表

序号	作 者	著 作	出版社	时 间
41	Giridhar Dattatrey Deshingkar, Manoranjan Mohanty and Mira Sinha Bhattacharya (ed.)	Security and Science in China and India: Selected Essays	Institute of Chinese Studies, Centre for the Study of Developing Societies	2005
42	Arvind Virmani	Trilateral nuclear proliferation: Pakistan's Euro-Chinese bomb	IDSA	2006
43	Swaran Singh	China-Pakistan Strategic Cooperation: Indian Perspectives	Manohar	2007
44	V. P. Dutta	Sino-Indian Relations Since Independence		2007
45	Haraprasad Ray	Studies on India China and South East Asia: posthumous Papers of Prof. Adhir Chakravarti	R.N. Bhattacharya	2007
46	Manoranjan Mohanty, George Matthews, Rong Ma and Richard Baum	Grassroots Democracy in India and China: The Right to Participate	SAGE Publications	2007
47	Sabaree Mitra	Chinese Women Writers and Gender Discourse 1976-1996	Book Plus	2008
48	Alka Acharya	China and India: Politics of Incremental Engagement	Har-Anand Publications	2008
49	Vishnu Saraf	India and China: Comparing the Incomparable	Macmillan Publishers	2008
50	Madhavi Thampi and Saksena Shalini	China and the Making of Bombay	The K.R. Cama Oriental Institute	2009
51	Rajeswari Pillai Rajagopalan	The Dragon's Fire: Chinese Military Strategy and its Implications for Asia	Rupa & Company	2009
52	C.Raja Mohan and Alyssa Ayres (ed.)	Power Realignments in Asia: China, India and the USA	Sage Publication	2009
53	Prem Shankar Jha (ed.)	Managed Chaos: The Fragility of the Chinese Miracle	Sage Publication	2009
54	B. R. Deepak	China - Agriculture, Countryside and Peasants	Manak Publications	2010
55	Sreemati Chakrabarti and Anita Sharma (ed.)	Taiwan Today	Anthem Press	2010
56	Srikanth Kondapalli and Emi Mifune (ed.)	China And Its Neighbours	Pentagon Press	2010
57	Harsh V. Pant	The China Syndrome: Grappling with an Uneasy Relationship	Harper Collins Publishers India a joint venture with the India Today Group	2010
58	Nandan Unnikrishnan and Samir Saran	BRIC IN THE NEW WORLD ORDER-Perspectives from Brazil, China, India and Russia	Macmillan Publishers	2010
59	Haraprasad Ray	Chinese Sources of South Asian History in Translation: Data for Study of India-China Relations through History, Vol.4, The Golden Period of India China Relations (6th Century A.D.-10th Century A.D.)	The Asiatic Society	2011

续表

序号	作 者	著 作	出版社	时 间
60	S.D.Muni and Suranjan Das (ed.)	India and China: The Next Decade	Rupa Publications	2011
61	Mohan Guruswamy and Zorawar Daulet Singh	INDIA CHINA RELATIONS: The Border Issues and Beyond	Viva Books	2011
62	Namrata Goswami	China's Territorial Claim on Arunachal Pradesh: Alternative Scenarios 2032	IDSA	2012
63	Mandip Singh	China Year Book 2011	IDSA	2012
64	Jagannath Prasad Panda, Ali Ahmed and Prashant Kumar Singh	Towards a New Asian Order	IDSA	2012
65	H.H.S.Viswanathan and Nandan Unnikrishnan (ed.)	In Search of Stability, Security and Growth BRICS and a New World Order	Observer Research Foundation	2012
66	Sabaree Mitra, Patricia Uberoi and Manoranjan Mohanty (Ed.)	India and China: Intercultural Perspectives (Essays in honour of Tan Chung)	ICS & Gyan Publishing House	2013
67	Rukmani Gupta (ed.)	China Yearbook 2012	IDSA	2013
68	Rukmani Gupta	National Interests and Threat Perceptions: Exploring the Chinese Discourse	IDSA	2013
69	Rup Narayan Das	India China relations a New Paradigm	IDSA	2013
70	Mandip Singh	Critical Assessment of China's Vulnerabilities in Tibet	IDSA	2013
71	Maharajakrishna Rasgotra (ed.)	Science and Technology in China Implications and Lessons for India	Sage Publication	2013
72	Kumara Padmanabha Sivasankara Menon	Twilight in China		
73	Kumara Padmanabha Sivasankara Menon	Delhi-Chungking		

专有名词对照表（一）

Index of Corresponding Terms & Names between Chinese & Other Languages(1)

中文	其他语言
阿巴斯，G.	Ghulam Abbas
阿巴斯，K. A.	Khavaja Ahmad Abbas
阿巴扎仓	sngags pa grwa tshang
阿拔巴丹	Ahmadabad
阿波陀那	avadāna
阿迪加，A.	Aravind Adiga
《阿底·格兰特》	*Ādi Grant*
阿底峡	Atiśa
阿底峡小部集	jo bovi chos chung
阿富汗	Afghanistan
阿盖·尼玛维塞	Aa rge nyi ma vod zer
阿格叶耶	Agyeya
阿含	āgama
《阿含经》	*Āgama*
阿基兰	Akilan
阿吉西勒斯	Agesiles
阿伽菩提六世	Aggabodhi VI
阿嘉活佛	Aa kywa
阿拉哈巴德	Allahabad
阿拉哈巴德大学	University of Allahabad
阿拉里亚地区	Araria
《阿拉姆·阿拉》	*Alam Ara*
《阿拉瑞普》	*Alarippu*
阿拉乌丁	Ala-ud-din
阿赖耶识	ālaya-vijñāna
阿兰若	araṇya
阿老瓦丁	Ala-ud-din
阿里格尔	Aligarh
阿隆，M.	Mark Allon
阿罗汉	Arahat / Arhat
阿罗那顺	Aruṇaśva
阿马拉瓦蒂	Amaravati
阿玛拉	Amala
《阿弥陀经》	*Sukhāvatīvyūha-sūtra / Amitābha sūtra*
阿姆利则	Amritsar
阿那摩低	Ratnamati
阿南德·香卡	Ananda Shankar
《阿南迪城》	*Ānandī*
阿南迪·拉尔	Anandi Lal
阿难	Ānanda

续表

中文	其他语言
阿难跋陀	Annam Bhaṭṭa
阿难功德国	Annagoondy
阿尼哥	Araniko
阿尼鲁达	Aniruddha
阿努拉达普勒	Anuradhapura
阿毗达磨	abhidharma
《阿毗达磨法蕴足论》	*Abhidharma-dharmaskandha*
《阿毗达磨集论》	*Abhidharma-samuccaya*
《阿毗达磨集异门足论》	*Abhidharma-saṅgītiparyāya*
《阿毗达磨界身足论》	*Abhidharma-dhātukāya*
《阿毗达磨俱舍论》	*Abhidharma-kośa*
《阿毗达磨品类足论》	*Abhidharma-prakaraṇa*
《阿毗达磨识身足论》	*Abhidharma-vijñānakāya*
《阿毗达磨顺正理论》	*Abhidharma-nyāyānusāra*
《阿毗达磨显宗论》	*Abhidharma-samayapradīpikā*
《阿毗昙》	*Abhidharma*
《阿毗昙八犍度》	*Abhidharma-jñānaprasthāna*
《阿毗昙甘露味论》	*Abhidharamāmṛta*
《阿毗昙毗婆沙论》	*Abhidharma-mahāvibhāṣā*
《阿毗昙心论》	*Abhidharma-hṛdaya*
阿耆达那陀	ādinātha
阿耆多·翅舍钦婆罗	Ajita Keśakambala
阿耆尼	Agni
阿萨姆	Assam
阿僧祇	asaṃkhya
阿僧祇劫	asaṃkhyeya-kalpa
阿阇梨	ācārya
阿阇世	Ajātaśatru
阿塔尔·比哈里·瓦杰帕伊	Atal Bihari Vajpayee
《阿塔西舅母》	*Atasi Mami*
《阿闼婆吠陀》	*Atharva-veda*
阿特曼	ātman
阿沃提	Avadhi
阿西摩勒奢耶	Āśmarathya
阿谢格，U.	Upendranath Ashk
阿修罗	Asura
阿逾陀	Ayodhyā
《阿逾陀篇》	*Ayodhyākāṇḍa*
阿育王	Aśoka
《阿育王》	*Aśoka*
阿育王铭文	Aśoka Inscriptions
阿育王石柱	Aśoka Pillars
阿育王寺	Aśoka Temple
阿育王塔	Aśoka Stūpa
阿育王正法	dharma of Aśoka
阿吒力教	Ācārya Buddhism

续表

中文	其他语言
阿旃陀石窟	Ajanta Caves
《阿Q与国民性问题》	*Ah Q and the Question of National Identity*
埃及爱资哈尔大学	Al-Jami'a-Azhar
艾哈迈达巴德大学	Ahmedabad University
艾哈迈德，F. A.	Fakhruddin Ali Ahmed
艾哈迈德·沙	Ahmad Shah
《艾青诗歌和寓言集》	*Poems and Fables of Ai Qing*
爱德华	Madan Mohanlal Atal
爱思丁	Ayas-ud-din
爱旺寺	Ae lwang chos ldan
爱贤	Priyabhadra
《安般守意经》	*Mahā-ānāpāna-smṛti-sūtra*
安达曼群岛	Andaman Islands
安得拉邦	Andhra Pradesh
《安得拉之光报》	*Andhra Prabha*
安度罗	Andhra
安度罗王朝	Andhra Dynasty
安多奔隆扎喜塘	vbum lung bkra shes thang
《安多政教史》	*mdo smad chos vbyung*
安慧	Sthiramati
安伽村	Anga
安静	Śānti
安居	vārṣika
安纳德，M. R.	Mulk Raj Anand
《安纳德短篇小说选》	*Reflections on the Golden Bed and Other Stories*
安娜·巴甫洛娃	Anna Pavlova
安培德卡尔，B. R.	Bhimrao Ramji Ambedkar
安荼	aṇḍa
安息	Arsaces / Parthia
安止天	Śamathadeva
唵	oṃ
按笃蛮	Andaman
《按〈吠陀〉杀生不算杀生》	*Vaidik Himsa Himsa Na Bhavati*
案达罗国	Andhra
《肮脏的裙裾》	*Maila Anchal*
凹凸法	nimnonnata
奥迪西舞	Odissi
奥杜罗弥	Audulomi
奥拉西恒格拉村	Aurahi Hingna
奥里萨	Orissa
奥罗宾多	Aurobindo
奥罗宾多·高士	Aurobindo Ghose
奥罗宾多修道院	Aurobindo Ashram
奥罗维尔	Auroville
奥义书	Upaniṣad
八世噶玛巴·弥觉多杰	mi bskyod rdo rje

续表

中文	其他语言
八世司徒活佛·却吉琼奈	si tu chos kyi vbyung gnas
八思巴	vgro mgon vphags pa
八思巴·洛哲坚赞	vgro mgon vphags pa blo gros rgyal mtshan
八正道	āryāṣṭāṅga-mārga
八支	aṣṭāṅga
《八支集要方》	*Aṣṭāṅga-saṃgraha*
《八支心要方本集》	*Aṣṭāṅga-hṛdaya-saṃhitā*
八支行法	aṣṭāṅga
《八转声颂》	*The Hymn of Subanta*
《巴尔杜巴布路》	*Paltu Babu Road*
巴达嘎	Pataka
巴达姆	Padam
巴达运	Badaun
巴勒提婆	Baladeva
巴黎大学	Université de Paris
巴黎国立高等美术学院	École nationale supérieure des Beaux-Arts
巴里根吉教育学院	Baliganj Shiksha Sadan
巴利圣典协会	Pali Text Society
巴利语	Pali
巴连弗邑	Pāṭaliputra
巴帕特，P. V.	Purushottam Vishvanath Bapat
巴湿伐那陀	pārśvanātha
巴苏华	Bejoy Kumar Basu
巴特那	Patna
巴札尔	Bajaur
巴宙	W. Pachow
拔罗婆	Palava
拔绒噶举	vbav rom bkav brgyud
拔绒寺	vbav rom dgon
跋达罗衍那	Bādarāyaṇa
跋摩米帝	Varmāmiti
跋娑	Bhāsa
《爸》	*Paa*
白春晖	Vasant V. Paranjpe
《白虎》	*The White Tiger*
白居寺壁画	Frescoes at Palcho Monastery
《白骡奥义书》	*Śvetāśvatara Upaniṣad*
白马寺	White Horse Temple
白蜜雅	Mira Sinha-Bhattacharjea
《白日悠光》	*Clear Light of Day*
白沙瓦	Peshawar
白衣派	Śvetāmbara
白玉南杰强曲林寺	dpal yul rnam rtyal byang chub gling
白玉南杰孜	dpal yul rnam rgyal rtse
白玉强曲林寺	dpal yul byang chub gling
白玉寺	dpal yul dgon

续表

中文	其他语言
百	śata
《百道梵书》	*Śatapatha Brāhmaṇa*
《百论》	*Śataka*
《百喻经》	*The Hundred Parables Sutra*
《百字论》	*Akṣara-śataka*
《班迪》	*Aap Ka Banti*
班浩然	Gautam Bambawale
班纳吉	Anil Chandra Banerjee
班智达	paṇḍita
斑点法	vinduja
板的达	Paṇḍita
邦多巴泰，P. K.	Prabodh Kumar Bandapadhyaya
榜葛剌	Bangla
《宝积经》	*Mahā-ratnakūṭa-sūtra*
宝军	Ratnasena
《宝莱坞生死恋》	*Devdas*
宝思惟	Maṇicinta
《宝性分别一乘增上论》	*Ratnagotra-vibhāga Mahāyānottaratantra-śāstra*
《宝幢分》	*Ratnaketuparivarta*
《宝座故事三十二则》	*Siṃhāsanadvātriṃśikā*
《鲍姆迦特纳的孟买》	*Baumgartner's Bombay*
鲍斯，N.	Nandalal Bose
鲍斯，S. C.	Subhash Chandra Bose
鲍威尔，H.	Hamilton Bower
《鲍威尔写本》	*The Bower Manuscript*
卑摩罗叉	Vimalākṣa
《悲华经》	*Karuṇā-puṇḍarīka-sūtra*
北方邦	Uttar Pradesh
北平讲学社	Peiping Lecture Association
北魏太武帝拓跋焘	Emperor Taiwudi of Northern Wei Dynasty
北魏孝明帝元诩	Emperor Xiaomingdi of Northern Wei Dynasty
贝多罗	pattra
贝拿勒斯	Benaras
贝拿勒斯印度大学	Banaras Hindu University
《备急千金要方》	*Valuable Prescriptions for Emergency*
《被扼杀的玫瑰》	*Maare Gaye Gulfam*
《被俘的女人》	*The Captive lady*
《被监禁者》	*In Custody*
《被子》	*Lihaf*
本森奖章	Benson Medal
本生部	Skyes Rabs
《本生经》	*Jātaka*
本尊	yi dam
比尔，S.	S.Beal
比尔拉女王学院	Rani Birla College
比哈尔邦	Bihar

续表

中文	其他语言
《比哈尔法律周报》	*Bihar Law Weekly*
《比杰克》	*Bījak*
比量	anumāna-pramāṇa
比拏	piṇa
比丘	bhikṣu
比丘尼	bhikṣuṇī
《比丘尼传》	*Biographies of Nuns*
《比丘尼杂诵》	*Bhikṣuṇī-prakīrṇaka*
彼一	tad ekam
俾路支	Baluchistan
必纳的	Ravivarman Kulaśekhara
弊耶伽啰	Vyāghra
《鞞婆沙论》	*Vibhāṣā-śāstra*
边见	anta-parigraha-dṛṣṭi
变文	transformational texts
遍计所执性	parikalpita-svabhāva
遍入天	Nārāyaṇa
遍知分	pariññāvāra
辨别智	viveka-khyāti
辨喜	Swami Vivekananda
《辩中边论》	*Madhyānta-vibhāga*
《辩中边论疏》	*Madhyānta-vibhāga-bhāṣya-ṭīkā*
《表演镜铨》	*Abhinaya Darpaṇa*
宾夕法尼亚大学	University of Pennsylvania
镔铁	wrought iron
炳灵寺石窟	Bingling Temple Caves
病理小说	pathological fiction
波颠阇利	Patañjali
波调	Vasudeva
波拉普	Janaki Ballabh
波路国	Burushal
波罗伐底	Pārvatī
波罗奈	Vārāṇasī
波罗颇迦罗蜜多罗	Prabhākaramitra
波罗颇蜜多罗	Prabhāmitra
波罗提木叉	prātimokṣa
波罗提木叉分别	prātimokṣa-vibhaṅga
波罗提木叉经	prātimokṣa-sūtra
波罗王朝	Pala Dynasty
波那	Bāṇa
波你尼	Pāṇini
《波你尼经》	*Pāṇini-sūtra*
波颇	Prabhākaramitra
波斯匿	Prasenajit
波吒釐子城	Pāṭaliputra
玻璃	glass

续表

中文	其他语言
钵怛罗	Pātra
钵卢勒	Palora
钵露罗	Palora
钵罗奢思多波陀	Praśastapāda
钵纳摩	Praṇāma
般若	prajñā
《般若八千颂》	*Aṣṭasāhasrikā-prajñāpāramitā*
般若波罗蜜	prajñā-pāramitā
《般若波罗蜜多心经》	*Prajñāpāramitā-hṛdaya-sūtra*
《般若波罗蜜多心释》	*Prajñāpāramitā-hṛdaya-ṭīkā*
般若部	Shes Phyin
《般若灯论释》	*Prajñā-pradīpa*
《般若二万颂》	*nyi khri*
般若毱多	Prajñāgupta
般若思想	prajñā
《般若心疏》	*Prajñā-hṛdaya-vyākhyā*
般若斫迦	Prajñācakra
《般舟三昧经》	*Pratyutpanna-buddha-sammukhāvasthita-samādhi-sūtra*
伯恩哈，F.	Franz Bernhard
伯金，H.R.	Harivansh Rai Bachchan
伯劳，A.	André Bareau
伯勒萨德，J.	Jaishankar Prasad
伯希和，P.	Paul Pelliot
帛尸梨蜜多罗	Śrīmitra
柏林大学	Universität zu Berlin
勃律	Burushal
博多瓦·仁钦赛	po to ba rin chen gsal
博阇	Bhoja
《薄伽梵歌》	*Bhagavadgītā*
《薄伽梵歌注》	*Gītā-bhāṣya*
《薄伽梵往世书》	*Bhāgavata-purāṇa*
薄斯伽罗	Bhāskara
薄泰恰里耶，K. C.	Krishna Chandra Bhattacharya
卜阿里	Ben'Ali
补特伽罗	Pudgala
补陀吃多	Buddhagupta
不丹	Bhutan
不动	Akṣobhyavajra
不二论	advaita
不可见力	adṛṣṭa
《不可接触的贱民》	*Untouchable*
不可思议差别无差别论	acintya-bhedābheda
不空	Amoghavajra
不空金刚	Amoghavajra
《不空罥索咒经》	*Amoghapāśa-dhāraṇī-sūtra*
不生	anutpāda

续表

中文	其他语言
《不同的道路》	*Alag Alag Rasta*
不一不异论	bhedābheda
布达古哈亚	Buddhaguhya
布达拉宫	Potala Palace
布德万	Burdwan
《布顿佛教史》	*bu ston chos vbyung*
布顿·仁钦珠	bu ston rin chen grub
布拉夫，J.	John Brough
布鲁派	bu lugs
布洛克，J.	Jules Bloch
布玛拉弥札	bi ma la mi tra
布如乌代邪	Puṇyodaya
布施	dāna-pāramitā
布依特南，V.	Van. Buitenan
部派佛教	Sectarian Buddhism
《采果集》	*Fruit Gathering*
蔡巴噶举	tshal pa bkav brgyud
蔡巴寺	tshal pa dgon
蔡公堂寺	tshal gung thang dgon
曹衣出水	Cao Zhongda technique
草堂寺	Caotang Temple
策居	tshes bcu
策居·热纳格德	tshes bcu rrna kwirti
策居寺	tshe bcu dgon
策墨林	tshe smon gling
《差摩经》	*Śamā-sūtra*
茶叶种植	tea cultivation
查格拉，M. C.	Mahommedali Currim Chagla
查克拉瓦蒂，A.	Ashok Chakravarti
查特吉，S.	Suniti Chatterjee
查特吉，S. C.	Sarat Chandra Chatterjee
查托巴迪雅亚，H.	Harindranath Chattopadhyay
察地港	Chittagong
察尔系	tshar lugs
察钦法王·洛色嘉措	blo gsal rgya mtsho
禅定	dhyāna and samādhi
禅宗	Chan sect
昌迪迦尔	Chandigarh
昌都寺	chab mdo dgon
《长阿含经》	*Dīrghāgama*
《长部》	*Dīgha-nikāya*
《长期苦修》	*Deerghtapa*
长生方	Rasāyana-tantra
绰浦噶举	khro phu bkav brgyud
超戒寺	Vikramaśīlā

续表

中文	其他语言
超岩寺	Vikramaśila
陈翰笙	Chen Han-seng
陈那	Dignāga
陈贻范	Ivan Chen
《晨容》	*Morning Face*
成就吧	Siddham
成均馆大学	Sung Kyun Kwan University
《成实论》	*Satya-siddhi-śāstra*
《成唯识论》	*Vijñapti-mātratā-siddhi*
《城市之声》	*Voices in the City*
称友	Yaśomitra
持斧罗摩	Paraśurāma
《持莲花菩萨》	*Bodhisattva Padmapāṇi*
持明	Vidyādhara
持明密教	Vidyā-dhāraṇi-yāna
持气	Vdzin pa
齿木	danta-kāṣṭha
赤松德赞	khri srong lde btsan
崇圣寺三塔	Three Pagodas at Chongsheng Temple
《出家事》	*Pravrajyāvastu*
《出曜经》	*Avadāna-sūtra*
楚普寺	mtshur phur dgon
传承	Smṛti
《船屋上的猫》	*Cat on a Houseboat*
《窗户》	*Jharokhe*
创价大学国际佛教学高等研究所	International Research Institute for Advanced Buddhology, Soka University
纯净不二论	śuddha-advaita
纯陀	Cunda
《淳熙历》	*Chunxi Calendar*
茨觉林	tshe chog gling
瓷器	porcelain
《辞职》	*Tyagapatra*
《慈氏奥义书》	*Maitrī Upaniṣad*
《慈氏五论》	*byams chos sde lnga*
慈贤	Maitrabhadra
刺桐	Medinet Zaitun
刺绣	embroidery
《从这家到那家》	*Ghar se Ghar tak*
翠蓝山	Nicobar
《村公所》	*Chōpāl*
《村庄》	*The Village*
哒舍国	Khasa
达布噶举派	dwags po bkav brgyud
达布拉杰	dwags po lha rje
达达萨赫博・帕尔盖奖	Dadasaheb Phalke

续表

中文	其他语言
达旦丹却林寺	rtag brtan dam chos gling
达尔帕纳艺术学院	Darpana Academy of Performing Arts
达卡	Dhaka
达卡大学	University of Dhaka
达隆噶举	stag lung bkav brgyud
达隆寺	stag lung dgon
达隆塘巴・札西贝	stag lung thang pa bkra shes dpal
达罗毗荼人	Drāviḍa
达罗毗荼语	Drāviḍa
达玛	dar ma
达玛旺久	dar ma dbang phyug
达摩	King Dharma of Uddiyana
达摩波罗	Dharmapāla
《达摩多罗禅经》	*Dharmatara-dhyāna-sūtra*
达摩笈多	Dharmagupta
达摩掬多	Dharmagupta
达摩流支	Dharmaruci
达摩如鼓	Dhamaru
达摩寺	stag movi chos sde
达摩阇那	Dharmajñāna
达摩战涅罗	Dharmacandra
达磨波	Dharmapāla
达磨般若	Dharmaprajña
达斯，B.	Bhagavan Das
达斯，S.	Syamasundar Das
达斯古普塔，S.	Surendranath Dasgupta
达耶难陀盎格鲁吠陀学院	Dayanand Anglo-Vedic College
达耶难陀・娑罗室伐底	Dayānanda Sarasvati
呾叉始罗	Takṣaśilā
怛特罗部	Tantra / rgyud
《大宝积经》	*Mahā-ratnakūṭa-sūtra*
大报恩寺	Dabao'en Temple
大报恩寺塔	Dabao'en Temple Pagoda
《大悲经》	*Mahā-karuṇā-puṇḍarīka-sūtra*
《大本经》	*Mahāvadāna-sūtra*
《大般泥洹经》	*Mahā-pariṇirvāṇa-sūtra*
《大般涅槃经》	*Mahā-parinirvāṇa-sūtra / Mahā-parinibbāna-sutta*
《大般涅槃经及其汉译之比较研究》	*Comparative Studies in the Parinibbana Sūtta and its Chinese Versions*
《大般若经》	*Mahā-prajñāpāramitā-sūtra*
大乘	Mahāyāna
《大乘阿毗达磨集论》	*Mahāyānābhidharma-samuccaya*
《大乘阿毗达磨杂集论》	*Mahāyānābhidharma-samuccaya-vyākhyā*
《大乘百法明门论》	*Mahāyāna-śata-dharma-prakāśa-mukha-śāstra*
《大乘成业论》	*Karma-siddhi-prakaraṇa*
《大乘道次第・解脱庄严论》	*dam chos yid bzhin nor bu thar pa rin po chevi rgyan* ces bya ba *theg pa chen povi lam rim*

续表

中文	其他语言
大乘灯	Mahāyānapradīpa
《大乘二十二问之研究》	*A Study of the Twenty-two Dialogues on Mahāyāna Buddhism*
大乘佛教	Mahāyāna Buddhism
大乘空宗	śūnyavāda
《大乘密严经》	*Ghana-vyūha-sūtra*
《大乘起信论》	*Mahāyāna-śraddhotpāda-śāstra*
《大乘入楞伽经》	*Laṅkāvatāra-sūtra*
大乘天	Mahāyāna deva
大乘天奴	Mahāyāna-devadāsa
《大乘五蕴论》	*Pañca-skandhaka*
《大乘掌珍论》	*Karatala-ratna*
《大乘中观释论》	*Mūla-madhyamaka-sandhi-nirmocana-vyākhyā*
《大乘庄严经论》	*Mahāyāna-sūtrālaṃkāra*
大慈恩寺	Daci'en Temple
《大慈恩寺三藏法师传》	*A Biography of the Tripitaka Master*
《大法鼓经》	*Mahābherī-hāraka-parivarta*
《大法炬陀罗尼经》	*Dharmolka-dhāraṇī-sūtra*
《大方等大集经》	*Mahāvaipulya-mahāsaṃnipāta-sūtra*
《大方等大集月藏经》	*Candragarbha-sūtra*
《大方等如来藏经》	*Tathāgatagarbha-sūtra*
《大方广佛华严经》	*Buddhāvataṃsaka-mahāvaipulya-sūtra*
《大哥同志》	*Dada Comrade*
大谷大学	Otani University
大黑天	Mahākāla
大集	mahā-saṃnipāta
大劫	mahā-kalpa
大掘藏师·热那林巴	gter bdag rat na gling pa
大理国	Dali Kingdom
大理国经幢	Dharani Sutra Pillar of Dali Kingdom
《大论》	*Mahākaraṇa*
大目犍连	Mahāmaudgalyāyana
大目乾连	Mahāmaudgalyāyana
《人涅槃经》	*Mahāparinirvāṇa-sūtra*
《大鹏往世书》	*Garuḍa Purāṇa*
《大篷车》	*Karwan*
《大毗婆沙论》	*Abhidharma-mahāvibhāṣā*
大品	Mahāvagga
《大品般若经》	*Mahā-prajñā-pāramitā-sūtra*
《大菩萨藏经》	*Bodhisattva-piṭaka-sūtra*
大菩提寺	Mahābodhi-vihāra
大千世界	mahā-sāhasra-lokadhātu
《大日经》	*Mahā-vairocanābhisaṃbodhi-vikurvitādhiṣṭhāna-vaipulya-sūtra*
大日如来	Vairocana
《大萨遮尼乾子所说经》	*Bodhisattva-gocaropāya-viṣaya-vikurvaṇa-nirdeśa*
《大史》	*Mahā-vaṃsa*
《大事》	*Mahā-vastu*

续表

中文	其他语言
《〈大事〉中偈颂部分限定动词的变位》	*Die Konjugation des finite Verbums in den Gāthās des Mahāvasthu*
大手印	Mahāmudrā
大手印法	phyag rgya chen po
《大唐三藏取经诗话》	*The Tale of the Procurement of Scriptures by the Tripitaka Master of the Great Tang*
《大唐西域记》	*Records of the Western Regions of the Great Tang*
《大唐西域求法高僧传》	*Biographies of the Eminent Monks of the Great Tang Seeking Scriptures in the Western Regions*
大宛	Farghana
《大威德陀罗尼经》	*Mahābala-dhāraṇī-sūtra*
大夏	Bactria
大香象阿伽陀	Mahā-gandha-hasti-agada
大小五明学	rig gnas che chung bcu
大兴善寺	Daxingshan Temple
大雄	Mahāvīra
《大衍历》	*Dayan Calendar*
大雁塔	Dayan Stupa
大野迷地罗梵摩	Dayamitira Varma
大译师仁钦桑布	lo chen rin chen bzang po
大圆满阿底瑜伽	rdzogs pa chen po Aa ti yo ga
大圆满法	rdzogs pa chen po
《大圆满宁提》	*rdzogs pa chen po snying thig*
大藏经	Ta-ts'ang Ching
大昭寺	gtsug lag khang
《大智度论》	*Mahā-prajñā-pāramitā-śāstra*
大众部	Mahāsaṃghika
《大庄严论经》	*Sūtrālaṃkāra*
大自在天	Maheśvara
大足宝顶山摩崖造像	Rock Sculpture at Baodingshan Hill in Dazu
大足北山摩崖造像	Rock Sculpture at Northern Hill in Dazu
傣文大藏经	Ta-ts'ang Ching in Dai Language
傣文字母	scripts of Dai Language
戴维斯夫人	C. A. F. Rhys Davids
戴文达	J. J. L. Duyvendak
戴辛克尔，G. D.	G. D. Deshingkar
黛维，M.	Maitreyi Devi
黛西阿塔姆	Dasiattam
丹巴·索南坚赞	bstan pa bsod nams rgyal mtshan
丹德卡尔，R. N.	Ramchandra Narayan Dandekar
丹斗寺	dan tig dgon
《丹噶玛》	*ldan dkar ma*
《丹噶目录》	*ldan dkar gyi dkar chag*
丹吉林	bstan rgyas gling
丹珠尔	bstan vgyur
耽摩栗底	Tāmraliptī / Tāmalittī
胆汁	pitta

续表

中文	其他语言
但·云丹乔	dan gyi yon tan mchog
荡得舞	Tandava
《岛史》	*Dīpavaṃsa*
倒难	jāti
《道德经》	*Tao Te Ching*
道果法	lam vbras
道宏	Buddhadeva
《道理之光》	*Yuktidīpikā*
道琳	Śīlaprabha
道生	Candradeva
道帏·喜饶嘉措	shes rab rgya mtsho
道希	Śrīdeva
《稻秆经》	*Śāli-stamba-sūtra*
德	guṇa
德奥加尔	Deoghar
德夫甘，K.	Kajol Devgan
德干	Deccan
德格印经院	sde dge par khang
德光	Guṇaprabha
德国波恩大学	Universität Bonn
德慧	Guṇamati
德句义	guṇa-padārtha
德克萨斯大学奥斯汀校区	University of Texas at Austin
德里大学	University of Delhi
德里大学德里经济学院	Delhi School of Economics, Delhi University
德里大学汉斯拉贾学院	Hansraj College
德里大学米兰达学院	Miranda House, University of Delhi
德里国立伊斯兰大学	Jamia Millia Islamia University
德赛，A.	Anita Desai
德什潘德，G. P.	Govind Purushottam Deshpande
德特，M. M.	Michael Madhusudan Datta
德瓦，D.	Dhruba Deva
德瓦，U.	Udaya Deva
德夏·嘉沃巴	bde gshegs rgya bo pa
德阳扎仓	bde yangs grwa tshang
等持	samādhi
等至	samāpatti
邓敦	gtum ston
狄伯杰	B. R. Deepak
迪茨，S.	Siglinde Dietz
底里	Delhi
底哇答思	Devadāsa
地华加罗	Devakara
地拉纳	Tillana
地婆诃罗	Divākara
地婆西那	Devasena

续表

中文	其他语言
地亲	Pṛthivībandhu
《地球上的星星》	*Taare Zameen Par*
地狱	naraka
地藏菩萨	Kṣitigarbha
地战涅罗	Satyacandra
帝梨富娑	Trapusī / Trapuṣī
帝洛巴	Tilopa
帝那伏帝国	Tirabhukti
帝释天	Śakra
第二次世界大战期间中印交通运输线	India-China transport and communication lines during World War II
第二级公民荣誉勋章	Padma Vibhushan
第二兰巴建纳王朝	Lambakanna II
《第三个誓言》	*Teesri Kasam*
第三级公民荣誉勋章	Padma Bhushan
第四级公民荣誉勋章	Padma Shri
《第一夜的气味》	*Ek Adim Ratri ki Mahak*
谛	tattva
《谛义集》	*Tattvasamāsa*
《谛义证得经》	*Tattvārthādhigama-sūtra*
蒂鲁德	Tirhut
《蒂罗德玛仙女的诞生》	*Tilottama-sambhava*
蒂瓦里，N. D.	Narayan Dutt Tiwari
电影观众终身成就奖	Filmfare Lifetime Achievement Award
电影观众最佳男演员奖	Filmfare Award for Best Actor
定	dhyāna
《定量论》	*Pramāṇa-viniścaya*
东汉陵墓华表	Ornamental Tomb Columns of Eastern Han Dynasty
东京大学	University of Tokyo
东胜身洲	Pūrva-videha
《冬之春》	*Spring in Winter*
动机	prayojana
兜佉勒国	Tukhara
兜率宫	Tuṣita
兜率天	Tuṣita
兜哇剌札	Devaraj
都却	dus mchod
都松钦巴	dus gsum mkhyen pa
独觉	pratyekabuddha / rang rgyal
《独立报》	*The Independent*
杜尔伽	Durgā
杜尔伽笈多	Durgagupta
杜勒西达斯	Tulsidas
《杜勒西达斯与孔子》	*Tulsidas and Confucius*
杜姆卡镇	Dumka
杜莎夫人蜡像馆	Madame Tussauds Wax Museum
杜特，G.	Gargi Dutt

续表

中文	其他语言
杜特，N.	N. Dutt
杜特，V. P.	Vidya Prakash Dutt
杜瓦扎仓	vdul ba grwa tshang
杜威	John Dewey
度母	Tārā
《渡》	*Crossing*
堆巴扎仓	stod pa grwa tshang
堆垄德庆	stod lung sde chen
堆西饶桑布	stod shes rab bzang po
《对法论》	*Mahāyānābhidharma-samuccaya-vyākhyā*
《对菩提迦耶汉文碑铭研究的新解读》	*New Lights on the Chinese Inscriptions of Bodhgaya*
敦煌歌词	Dunhuang Lyrics
敦煌石窟	Dunhuang Caves
多丹・札巴僧格	rtogs ldan grags pa seng ge
多杰扎寺	rdo rje brag dgon
多康地区	mdo khams
多罗	Tārā
多罗那他	Tārānātha
多罗吒	Dhṛtarāṣṭra
多磨	tamas
多朴巴・喜饶坚赞	dol po ba shes rab rgyal mtshan
《多少十字路口》	*Kitne Chaurahe*
哆罗	Tārā
堕负	nigraha-sthāna
俄・勒贝喜饶	rngog legs pavi shes rab
俄・罗丹喜饶	rngog blo ldan shes rab
峨眉山	Mount Emei
额尔德尼戴青	Aerti ni tvi ching
鄂尔	ngor
鄂尔系	ngor lugs
鄂・贡嘎桑布	ngor kun dgav bzang po
二谛	dvi-satya
二而不二论	dvaita-advaita
二分时代	dvāparayuga
《二十一度母赞清净髻珠》	*lha mo sgrol ma nyi shu rtsa gcig la bstod pa rnam dag gtsug gi nor bu*
二世达赖喇嘛・根敦嘉措	dge vdun rgya mtsho
二世嘉木样活佛・贡却晋美旺波	vjam dbyangs dkon mchog vjigs med dbang po
二世章嘉活佛・阿旺洛桑却丹	lcang skya ngag dbang blo bzang chos ldan
二元二十五谛	dualistic twenty–five categories
二元论	dvaita-vāda
《发菩提心经论》	*Bodhicittopāda-sūtra-śāstra*
《发趣论》	*Paṭṭhāna*
《发智论》	*Jñāna-prasthāna*
伐克巴迪	Vakpati
伐楼拿	Varuṇa
伐苏提婆	Vāsudeva

续表

中文	其他语言
伐由	Vāyu
伐致呵利	Bhartṛhari
《伐致呵利三百咏》	*Bhartṛhari Śatakatraya*
筏蹉衍那	Vātsyāyana
筏罗达拉贾	Varadarāja
筏罗婆	Vallabha
筏驮摩那	Vardhamana
法	dharma
法长	Dharmavardhana
法称	Dharmakīrti / chos grags
《法广母》	*Chos kyi rgya mo*
法护	Dharmapāla
法戒	Dharmaśīla
法经	Dharma-sūtra
法救	*Dharmatrāta*
《法句经》	*Dhamma-pada*
《法聚论》	*Dhamma-saṅganī*
法兰西学院	Collège de France
法朗	Dharmadeva
法轮塔	Chos vkhor
法论	Dharma-śāstra
法门寺	Famen Temple
法门寺塔	Famen Temple Pagoda
法上	Dharmottara
法胜	Dharmaśreṣthin / Dharmaśrī
法天	Dharmadeva
法舞学院	vcham pavi grwa tshang
法贤	Dharmabhadra
法相	dharma-lakṣaṇa
法相宗	Faxiang sect
法源寺	Fayuan Temple
法云三昧	Dharma meghah
法藏	Dharmākara
《翻译名义大集》	*Mahā-vyutpatti*
反法西斯进步作家和艺术家协会	Anti-Fascist Progressive Writers' and Artists' Association
梵	brahman
《梵巴汉藏对照波罗提木叉之比较研究》	*A Comparative Study of the Prātimokṣa, on the basis of its Chinese, Tibetan, Sanskrit and Pali Versions*
梵呗	paṭhaka
《梵经》	*Brahma-sūtra*
《梵经注》	*Brahma-sūtra-bhāṣya*
《梵卵往世书》	*Brahmāṇḍa Purāṇa*
梵寐书	Brāhmi Script
梵社	Brāhma Samāj
梵书	Brāhmaṇa
梵天	Brahmā

续表

中文	其他语言
《梵天往世书》	*Brahmā Purāṇa*
《梵网经》	*Brahmajāla-sūtra*
梵我二元论	brahman-ātman dvaita-vāda
梵我同一	brahmātmaikya
梵语	Saṃskṛta
《梵转往世书》	*Brahmavaivarta Purāṇa*
方等	vaipulya
《飞鸟集》	*Stray Birds*
《飞翔》	*Udan*
飞行寺	Uddantapuri
非暴力	non-violence / ahiṃsā
《非暴力战争在印度》	*A Non-Violent War in India*
非法	adharma
菲利普斯	G.Phillips
吠若那比柯宿	Vijñāna-bhikṣu
吠舍离	Vaiśalī
吠檀多	Vedānta
吠檀多派	Vedānta school
吠陀	Veda
吠陀本集	Veda-saṃhitā
吠陀教	Vedism
《吠陀义纲要》	*Vedārtha-saṃgraha*
吠陀支	Vedāṅga
费罗兹布尔	Firojapur
分	aṅga
《分别论》	*Vibhaṅga*
分别说	Vibhajjavāda
风	vāta / vāyu
《风神往世书》	*Vāyu Purāṇa*
封牛	zebu
《封神演义》	*The Investiture of the Gods*
封辛白	Oskar von Hinüber
《疯狂》	*Deewana*
冯·克雷格	*Oliver von Criegern*
佛本生经	Jātaka
《佛本行集经》	*Abhiniṣkramaṇa Sūtra*
《佛本行经》	*Buddhacarita*
《佛地经》	*Buddha-bhūmi-sūtra*
《佛地经论》	*Buddha-bhūmi-sūtra-śāstra*
《佛地经释》	*Buddha-bhūmi-vyākhyāna*
《佛顶尊胜陀罗尼经》	*Uṣṇīṣa-vijaya-dhāraṇī*
《佛国记》	*Record of Buddhist Kingdoms*
佛护	Buddhapālita / Buddhapāla
《佛教》	*Buddhism*
《佛教悉陀们的修行诗库》	*Caryagiti-kosha of Buddhist Siddhas*
佛教与中国民间信仰	Buddhism and Chinese popular beliefs

续表

中文	其他语言
佛教与中国民俗节日	Buddhism and Chinese popular festivals
《佛教2500年》	*2500 Years of Buddhism*
佛曲	Buddhist music
佛沙伏城	Varṣapura
佛授	Ambalangoda Polvatte Buddhadatta
《佛说法集经》	*Dharma-saṅgiti-sūtra*
《佛说十地经》	*Daśa-bhūmika-sūtra*
《佛所行赞》	*Buddha-carita*
佛图澄	Buddhaciṅga
佛图罗刹	Buddharakṣa
佛驮跋陀罗	Buddhabhadra
佛驮什	Buddhajīva
佛驮先	Buddhasena
佛陀	Buddha
佛陀跋陀	Buddhabhadra
佛陀波利	Buddhapāla
佛陀多罗	Buddhatrāta
佛陀蜜多罗	Buddhamitra
佛陀扇多	Buddhaśānta
佛陀室利	Buddhaśrī
佛陀室利罕底	Buddhaśrīśānti
佛陀斯那	Buddhasena
佛陀耶舍	Buddhayaśas
佛性	buddhatva
《佛医经》	*Buddhist Medicine Sutra*
弗格森学院	Fergusson College
弗楼沙	Puruṣapura
弗洛伊德，S. S.	Sigismund Schlomo Freud
弗若多罗	Puṇyatāra
伏藏	gter ma
伏藏北传系	byang gter
伏藏南传系	lho gter
浮陀跋摩	Buddhavarman
《符天历》	*Futian Calendar*
福建南安陀罗尼经幢	Dharani Sutra Pillar at Nan'an
福里德布尔	Faridpur
父续	pha rgyud
附随	parivāra
《复注》	*Ṭīkā*
副吠陀	Upaveda
富安敦	Antonino Forte
富兰那·迦叶	Pūraṇa Kassapa
富娄沙富罗	Puruṣapura
富楼那	Pūrṇa
《覆舟》	*Noukadubi*
噶丹旦曲林寺	dgav ldan dam chos gling

续表

中文	其他语言
噶丹美居林寺	dgav ldan mi vgyur gling
噶丹钦恰林	dgav ldan byin chags gling
噶丹松赞林寺	dgav ldan sum rtsen gling
噶当派	bkav gdams pa
噶举派	bkav brgyud pa
噶玛拔希	Karmapakṣi
噶玛丹萨寺	karma gdan sa dgon
噶玛噶举	karma bkav brgyud
噶玛拉顶寺	karma lha steng dgon
噶瓦·白泽	ska ba dpal brtsegs
噶西巴·仁钦拜	dkav bzhi pa rin chen dpal
甘巴里	Comorin
《甘达》	*Kandā*
甘丹赤巴	dgav ldan khri ba
甘丹寺	dgav ldan dgon
甘地，G.	Gopalkrishna Gandhi
甘地，M.K.	Mohandas Karamchand Gandhi
甘地和平基金会	Gandhi Peace Foundation
甘古利，R.	Reena Ganguly
甘露	Amṛta
甘露饭王	*Amṛtodana*
《甘露功德续》	*bdud rtsi yon tan rgyud*
甘珠尔	bkav vgyur
乾闼婆	Gandharva
冈波巴·慈臣宁布	sgam po ba tshul khrims snying po
钢和泰	Baro Alexander von Staël Holstein
高达摩实理	Gautamaśrī
高光法	ujjotana
高哈尔，R.	Ranjana Gauhar
《高僧传》	*Biographies of Eminent Monks*
《高山仰止：我对作家鲁迅的评价》	*The Lofty Height of A Writer: My Evaluation of Lu Xun*
高善必，D.D.	Damodar Dharmananda Kosambi
高韦里河	Cauvery
戈尔哈布尔	Kolhapur
哥本哈根大学	Københavens Universitet
《哥尔瓦》	*Kalva*
哥伦比亚大学	Columbia University
哥廷根大学	University of Göttingen
《歌者奥义书》	*Chāndogya Upaniṣad*
革命作家协会	Revolutionary writers' association
格奔强巴林	sku vbum byams pa gling
格比尔	Kabir
格比尔达斯	Kabirdas
《格比尔集》	*Kabirgranthavali*
格比尔教团	Kabir Panth
格达达尔·辛格	Gadadhar Singh

续表

中文	其他语言
格丹·益西僧格	skal ldan ye shes seng ge
《格尔亚妮》	*Kalyani*
格雷万蜡像馆	Musée Grévin
格鲁派	dge lugs pa
《格鲁派教法史·黄琉璃》	*dgav ldan chos vbyung vaidurya ser po*
格西贡塘巴	dge bshes gung thang pa
根本说一切有部律	Mūlasarvāstivāda-vinaya
根敦群培	dge vdun chos vphel
根敦珠巴	dge vdun grub pa
《根特浦尔》	*Kanthapura*
工巧明部	bzo rig pa
功德光	Guṇaprabha
功德林	kun bde gling
功德直	Guṇavarman
贡邦·突杰尊哲	kun spangs thugs rje brtson vgrus
贡布嘉	mgon po rgyal
贡丹热巴	kon ldan ras pa
贡嘎多杰丹寺	gong dkar rdo rje gdan
贡嘎系	gong dkav ba
贡噶宁布	kun dgav snying po
贡噶卓乔	kun dgav grol mchog
贡钦洛卓仁青僧格	kun mkhyen blo gros rin chen seng ge
贡庆寺	dgon chen
古怛特罗	rnying rgyud
《古代印度与古代中国，贸易与宗教交流》	*Ancient India and Ancient China : Trade and Religious Exchanges, A.D.1-600*
古代印度语言和文字	ancient Indian languages and scripts
古尔冈	Gurgaon
古吉拉特邦	Gujarat
古吉拉特大学	Gujarat University
古吉拉特语	Gujarati
古杰拉尔，I.K.	Inder Kumar Gujral
古里国	Calicut / Kozhikode
古马尔，J.	Jainendra Kumar
古日·却吉旺秋	gu ru chos kyi dbang phyug
古拏室利	Guṇaśrī
鼓吹铙歌	martial music of Han Dynasty
故临	Kollam
《故事海》	*Kathāsaritsāgara*
瓜廖尔	Gwalior
瓜廖尔维多利亚学院	Gwalior's Victoria College
观誓	*Avalokitavrata*
《观所缘缘论》	*Ālambana-parīkṣā-vṛtti*
观音	Avalokiteśvara
灌顶	abhiṣeka
《光宅历》	*Guangzhai Calendar*

续表

中文	其他语言
《光之颈饰》	*Kiraṇāvalī*
广博仙人	Vyāsa
广法寺	bstan vphel gling
《广阔》	*Basit*
《广林奥义书》	*Bṛhadāraṇyaka Upaniṣad*
广仁寺	Guangren Temple
《广说》	*Vibhāṣā-śāstra*
《广义经》	*Artha-vistara-sūtra*
《龟往世书》	*Kūrma Purāṇa*
皈依处	śaraṇa
鬼子母	Hārītī
贵霜王朝	Kuśāṇa
郭克雷，V.V.	Vasudev Vishvanath Gokhale
郭隆强巴林寺	dgon lung byams pa gling
郭隆寺	dgon lung dgon
郭芒寺	sgo mang dgon
郭芒扎仓	sgo mang grwa tshang
《郭札佛教史》	*gu bkravi chos vbyung*
国际大学	Visva Bharati University
《国际大学年刊》	*Visva-Bharati Annals*
国际大学中国学院	Cheena Bhavan, Visva Bharati University
国际东方学大会	International Congress of Orientalists
国际佛学研究所	International Institute for Buddhist Studies
国际和平奖	International Peace Prize
国际黑天意识会	International Society for Krishna Consciousness
国际写作项目	International Writing Program
国际印度电影学院奖	International Indian Film Academy Awards
国际印度哲学学会	International Congress of Indian Philosophy
国家电影奖最佳电影歌词奖	National Film Award for Best Lyrics
国家电影奖最佳男演员奖	National Film Award for Best Actor
国民学院	National College
果乘	vbras buvi thegs pa
哈佛大学	Harvard University
哈佛大学世界宗教研究中心	Center for the Study of World Religions, Harvard University
哈剌哈底	Kalhat
哈里森，P.	Paul Harrison
哈里亚纳邦	Haryana
《哈里真》	*Harijan*
哈奴曼	Hanumān
哈撒尔海牙	Qasar Qaya
哈桑	Hassan
哈特曼	Jens-Uwe Hartmann
《海边的村庄》	*The Village by the Sea*
海伦・海斯	Helen M. Hayes
海清寺阿育王塔	Aśoka Stupa at HaiqingTemple
《海外华人与海外印度人》	*Overseas Chinese and Overseas Indians*

续表

中文	其他语言
寒山	Cold Mountain
《寒月》	*Jare ki Chandni*
汉明帝刘庄	Emperor Mingdi of Han Dynasty
汉母林大学	Hamline University
汉盘陀国	Garband, Karband
汉文大藏经	Ta-ts'ang Ching in Chinese
《汉文南亚史料学》	*Historical Data of South Asia from Chinese Sources*
汉武帝刘彻	Emperor Wudi of Han Dynasty
汗，F.	Faisal Khan
汗，R.	Rizwan Khan
诃梨跋摩	Harivarman
合	upanaya
合十	añjali
和合句义	samavāya-padārtha
和平共处五项原则	Panchsheel
和平塔	Dbyed zlum
和尚	upādhyāya
河北固安辽代经幢	Dharani Sutra Pillar at Gu'an
河北卢龙金代经幢	Dharani Sutra Pillar at Lulong
曷利失·尸罗迭多	Harṣa Śīlāditya
贺菩劳	Khaplu
赫利谢金德尔，B.	Bharatendu Harishchandra
《黑暗》	*Tamas*
《黑暗的城邑》	*Andher Nagari*
《黑公主》	*Kṛṣṇā*
《黑裤子》	*Kali Shalwar*
《黑水洋彼岸》	*Across the Black Waters*
黑天	Kṛṣṇa
恒河	Ganga
《恒河码头》	*On the Ganga Ghat*
侯赛因，M. F.	Maqbool Fida Husain
侯赛因，Z.	Zakir Hussain
《猴国篇》	*Kiṣkindhākāṇḍa*
《猴子》	*Monkey*
《猴子历险记》	*The Adventures of Monkey*
吽	Oṃ
吽哈罗悉利	Oṃkāraśrī
后弘期	bstan pa phyi dar
《后篇》	*Uttarakāṇḍa*
后宗巴系	rdzong ba phyi rabs
《候鸟》	*Parinde*
忽必烈	Kublai Khan
胡博，E.	E. Huber
胡荼辣国	Gujarat
胡尔希德，S.	Salman Khurshid
胡刚	Pascale Hugon

续表

中文	其他语言
胡瓜	cucumber / trapusa
胡椒	pepper
胡赛因，N.	Nasir Hussain
胡赛因，T.	Tahir Hussain
护法	Dharmapāla
护摩法	homa
《花朵》	*Phul*
《花园与春天》	*Baagh-o-bahaar*
华表	Ornamental Columns
华盛顿大学杰克逊国际研究学院	Jackson School of International Studies, University of Washington
华盛顿州立大学	Washington State University
华氏城	Pāṭaliputra
华严部	Phal Chen
《华严经》	*Buddhāvataṃsaka-sūtra*
华严宗	Huayan sect
《华裔学志》	*Monumenta Serica*
《画经》	*Citrasūtra*
《画中女》	*Chitra Pavai*
怀业（僧伽提婆）	Saṅghadeva
坏义	vitaṇḍā
《环节》	*Kariyan*
《幻变经》	*sgyu vphrul*
《幻变密续》	*sgyu vphrul gsang ba snying po*
幻变说	māyā-vāda
《幻镜子》	*Mayadarpan*
《幻影车神3》	*Dhoom 3*
《荒土地的故事》	*Parti Parikatha*
《皇家印度农业调查团证词》	*Evidences Taken by the Royal Commission on Agriculture in India*
《黄河与绿色森林》	*Halud Nadi o Sabuj Ban*
《黄昏的游戏》	*Games at Twilight and Other Stories*
黄绮淑	Huang I Shu
黄寺	Huang Temple
黄支	Kanchipuram
《回诤论》	*Vigraha vyāvartanī*
汇宗寺	Huizong Temple
《会元历》	*Huiyuan Calendar*
《会宗论》	*Mata-samaveta-śāstra*
慧	Prajñā
慧辩	Jñānaviveka
慧天	Prajñādeva
慧月	Maticandra
《火神往世书》	*Agni Purāṇa*
《或然论束》	*Syādvādamañjarī*
霍恩雷，A.F.	Augustus Frederic Rudolf Hoernle

续表

中文	其他语言
霍山学院	Mount Holyoke College
鸡鸣寺	Jiming Temple
鸡园寺	Kukkuṭārāma
鸡足山	Kukkuṭapādagiri
积聚说	ārambha-vāda
基道尔国	Cittaura
基兰·德赛	Kiran Desai
《基里洛夫同志》	*Comrade Kirillov*
吉妲·拉达克里希那	Geeta Radhakrishna
吉丹巴拉姆	Chidambaram
吉尔吉特	Gilgit
吉迦夜	Kekaya
吉兰·赛加尔	Kiran Segal
吉年陀罗菩提	Jinendrabuddhi
《吉檀迦利》	*Gitanjali*
吉祥	Śrī
《吉祥金刚瑜伽母修法》	*dpal rdo rje rnal vbyor ma*
《吉祥轮律仪赞一切义成就清净髻珠》	*dpal vkhor lo sdom pavi bstod pa don thams cad grub pa rnam dag gtsug gi nor bu*
吉祥壤塘寺	dpal vdzam thang chos sde
吉祥山	Śrīparvata
吉祥天女	Lakṣmī
吉祥哲蚌寺	dpal ldan vbras spungs dgon
吉雪	skyi shod
《极成说真珠之颈饰》	*Siddhānta-muktāvalī*
极乐世界	Sukhāvatī
极量	Pramiti
极微	paramāṇu
笈多	Gupta
笈多，J.	Jiṣṇu Gupta
笈多，V.	Viṣṇu Gupta
笈多帝国	Gupta Empire
笈多王朝	Gupta Dynasty
笈多艺术	Gupta art
《集经》	*vdus pa mdo*
《集量论》	*Pramāṇa-samuccaya*
《集量论注释》	*Viśālāmalavatī Pramāṇa-samuccaya-ṭīkā*
集中	rjes dren
计都	Ketu
偈	gāthā
寂比丘	Shanti Bhikshu Shastri
寂护	Śāntarakṣita
寂天	Śāntideva / zhi ba lha
寂贤	Śāntibhadra
罽宾	Kophen
罽宾国	Kāpiśa

续表

中文	其他语言
《罽宾与克什米尔》	*Ki Pin and Kashmir*
加尔各答	Calcutta
加尔各答大学	University of Calcutta
加尔各答大学管区学院	Residency College, University of Calcutta
加尔各答苏格兰教会学院	Scottish Church College at Calcutta
加尔各答管区学院	Presideney College at Calcutta
加利福尼亚大学伯克利校区	University of California at Berkeley
伽尔格，M.	Mahendulal Garg
伽尔基	Kalki
伽梵达磨	Bhagavaddharma
伽玛，K.R.	Kharashedji Rustomji Cama
伽纳莎学派	Gaṇeśapakṣa
伽耶	Gaya
佳亚拉马·拉奥	Jayarama Rao
迦毕试国	Kāpiśī
迦臂施国	Kāpiśī
迦多延尼子	Kātyāyaniputra
迦兰陀	Kāranda
迦梨女神	Kālī
迦梨陀娑	Kālidāsa
迦罗崛多	Kālagupta
迦罗扇帝	Kālaśānti
迦摩	Kāma
迦摩罗崛多	Kamalagupta
迦摩缕波	Kāmarūpa
《迦摩提歌经》	*Kāmaṭhika-sūtra*
迦那提婆	Kāṇadeva
迦那陀	Kaṇāda
迦腻色迦	Kaniṣka
迦腻色迦大塔	Great Stupa of Kaniṣka
迦毗罗	Kapila
迦毗罗卫	Kapilavastu
迦尸	Kāśī
迦湿弥罗	Kashmir
《迦塔奥义书》	*Kaṭhā Upaniṣad*
迦夏克尔茨那	Kāśakṛtsna
迦叶	Kāśyapa
迦叶波法师	Jagadish Narayana Kashyap
迦叶摩腾	Kāśyapa Mataṅga
《迦叶品》	*Kāśyapa-parivarta*
《迦叶所问经》	*Kāśyapa-paripṛcchā*
迦叶孝威	Kāśyapa
家范经	Gṛhya-sūtra
《家庭经》	*Gṛhya-sūtra*
《家庭中的泰戈尔》	*Tagore by Fireside*
嘉道理兄弟	Ellis and Elly Kadoorie

续表

中文	其他语言
嘉堪布·洛桑顿智	rgya mkhan po blo bzang don grub
嘉赛·顿悦却吉嘉措	rgyal sras don yod chos kyi rgya mtsho
嘉赛活佛	rgyal sras
嘉扎仓	rgya grwa tshang
嘉·尊智僧格	rgya brtson vgrus seng ge
贾迪斯瓦拉姆	Jati Swaram
贾加塔利尼金质奖章	Jagattarini Gold Medal
贾拉鲁丁	Jalaluddin
贾兰达尔市	Jalandhar
贾耶西，M. M.	Malik Mohammad Jayasi
《贾耶西集：＜莲花公主传奇＞注释》	*Jayasi Granthavali: Padamavati Ṭika Sahita*
贾伊吉山	Jaikishan
假名	prajñapti
《坚固经》	*Kaivarti-sūtra*
犍度	Skandha / Khandhaka
犍陀罗	Gandhāra
犍陀罗艺术	Gandhāra art
犍陀罗语	Gāndhārī
犍陀卫国	Gandhāra
犍椎	ghaṇṭā
建初寺	Jianchu Temple
建志补罗	Kāñcīpura
剑毕离	Kāmpilya
剑川石窟	Jianchuan Caves
剑桥大学	University of Cambridge
剑桥大学菲茨威廉学院	Fitzwilliam College, University of Cambridge
剑桥大学格顿学院	Girton College, University of Cambridge
剑桥大学三一学院	Trinity College, Cambridge
《剑与镰》	*The Sword and the Sickle*
鞬拏究拨阇城	Karṇakubja
《僵尸鬼故事二十五则》	*Vetāla-pañcaviṃśatikā*
《蒋公访印与印度独立》	*Generalissimo and Madam Chiang Kai-shek's Visit to India and India's Independence*
蒋介石夫妇访问印度	Visit of Chiang Kai-shek and His Wife to India
绛央钦泽旺布	vjam dbyangs mkhyen brtse dbang po
绛央却杰	vjam dbyangs chos rje
绛央却杰·扎西班丹	vjam dbyangs chos rje bkra shes dpal ldan
畺良耶舍	Kālayaśas
焦特布尔	Jodhpur
憍底利耶	Kauṭilya
憍萨罗	Kosala / Kośala
憍赏弥	Kauśāmbī
憍尸迦	Kauśika
角宿	Citrā
《教授部》	*man ngag sde*
教敕阿努瑜伽	lung Aa nu yo ga

续表

中文	其他语言
《教义精要》	*Pravacana-sāra*
《街垒上的母牛》	*The Cow of the Barricades*
劫	kalpa
劫波经	Kalpa-sūtra
《劫经》	*Kalpa*
杰巴扎仓	rgyas pa grwa tshang
杰贡·慈臣僧格	tshul khrims seng ge
杰赫勒姆	Jhelum
杰吉博伊，J.	Jamsetjee Jejeebhoy
杰索尔	Jessore
杰尊·却吉坚赞	se ra rje btsun chos kyi rgyal mtshan
结	nigamana
《结婚日》	*Baishey Shravan*
结跏趺坐	niṣīdati paryaṅgam ābhujya
结语	nigamana
竭叉国	Kashigar
羯陵伽	Kaliṅga
《羯磨》	*Karma-vācanā*
羯师	Kashkar / Kashghar / Qashqar
《解深密经》	*Saṃdhi-nirmocana-sūtra*
解脱	vimukti
《解脱道论》	*Vimuttimagga*
解脱天	Mokṣadeva
戒	śīla
《戒本》	*Prātimokṣa*
《戒经》	*Prātimokṣa-sūtra*
戒日王	King Harṣavardhana / Śīlāditya
《戒日王传》	*Harṣa-carita*
戒贤	Śīlabhadra
《戒蕴》	*Śīla-skhandhikā*
《戒蕴集》	*Śīla-skhandha-nipāta*
《界部》	*klong sde*
《今年夏天我们去哪儿？》	*Where Shall We Go This Summer?*
金翅鸟	Garuḍa
金刚	Vajradhara / Vajrapāṇi / Vajra
《金刚般若波罗蜜经》	*Vajra-cchedikā-prajñāpāramitā-sūtra*
《金刚般若波罗蜜经论》	*Vajra-cchedikā-prajñāpāramitopadeśa*
金刚乘	Vajrayāna
《金刚顶经》	*Vajra-śekhara-sūtra*
《金刚峰楼阁一切瑜伽瑜只经》	*Vajra-śekhara-vimāna-sarva-yogayogi-sūtra*
《金刚亥母修法》	*rdo rje phag movi sgrub pavi thams*
《金刚经》	*Vajra-cchedikā-prajñāpāramitā-sūtra*
《金刚能断般若波罗蜜经》	*Vajra-cchedikā-prajñāpāramitā-sūtra*
金刚智	Vajrabodhi
金刚座	Vajrāsana
金刚座寺	Vajrāsana Temple

续表

中文	其他语言
《金光明经》	*Suvarṇa-bhāsottama-sūtra / Suvarṇa-prabhāsottama-sūtra*
金卵	aṇḍa
余奈	Chennai
金瓶掣签制度	gser bum skrug pa
《金七十论》	*Hiraṇya-saptati*
金胎	hiraṇya-garbha
金信华	Hemango Biswas
金月	Hemacandra
禁制	yama
京俄瓦·茨诚巴	spyan snga pa tshul khrims vbar
经	sūtra / mdo
经部	mdo sde
经幢	Dharani Sutra Pillar
经分别	sutta-vibhaṅga / suttanta-bhājaniya
《经集》	*Sutta-nipāta*
《经纬历》	*Jingwei Calendar*
经藏	Sūtra-piṭaka
经之论母	suttanta-mātikā
《惊梦记》	*Svapnavāsavadatta*
精神宗教	religion of the spirit
《精髓》	*Nāvanītaka*
《警察与玫瑰》	*The Policeman and the Rose*
净饭王	Śuddhodana
净土宗	Jingtu sect
静虑	dhyāna
静命	zhi ba vtsho
鸠摩罗	Kumāra
鸠摩罗什	Kumārajīva
《究罗檀头经》	*Kūṭatāṇḍya-sūtra*
九华山	Mount Jiuhua
九世噶玛巴·旺秋多杰	dbang phyug rdo rje
九执	Navagraha
《九执历》	*Navagraha Calendar*
玖达伊，I.	Ismat Chughtai
旧派	rnying ma
拘卢舍	krośa
拘那罗陀	Guṇarata / Guṇaratha
拘尸那迦	Kuśīnagara
拘纬	Khowar
居弥庞·绛央南杰嘉措	vju mi pham vjam dbyangs rnam rgyal rgya mtsho
《居弥庞全集》	*vju mi pham gsung vbum*
居士	kulapati
句	pada
句义	padārtha
具生吉祥	Sahajaśrī

续表

中文	其他语言
具足戒	upasampadā
俱比罗	Kubera
俱分句义	Sādṛśya-padārtha
俱蓝	Kollam
俱卢之野	Kurukṣetra
俱摩罗	Kumāra
俱舍	kośa
《俱舍论》	*Abhidharma-kośa*
《俱舍论注杂录》	*Abhidharma-kośopāyikā*
《罥索苦行》	*Pāśaka-kevalī*
决了	nirṇaya
觉	buddhi
觉巴・久丹贡布	skyob pa vjig rten mgon po
觉称	Bodhikīrti
觉囊派	jo nang pa
觉若・鲁坚赞	cog ro kluvi rgyal mtshan
觉贤	Buddhabhadra
觉音	Buddhaghoṣa
觉域派	gcod lugs
《觉月初升》	*Prabodha-candrodaya*
喀切班钦・释迦室利	Khache Panchen Śākyaśrī
喀什噶尔	Kashgar
卡德尔党	Ghadar Party
卡尔萨学院	Khalsa College
卡拉里帕亚图	kalaripayattu
卡拉姆，A. P. J. A.	Avul Pakir Jainulabdeen Abdul Kalam
卡拉奇牛津大学出版社	Oxford University Press, Karachi
卡拉谢特拉	Kalakshetra
卡利卡特	Calicut
卡玛拉・拉克希曼	Kamala Lakshman
卡纳塔克邦	Karnataka
卡普尔，K.	Kareena Kapoor
卡普尔，P.	Prithviraj Kapoor
卡普尔，R.	Raj Kapoor
卡斯米，A. N.	Ahmad Nadeem Qasmi
卡塔卡利舞	Kathakali
卡塔克舞	Kathak
卡塔克舞蹈中心	Kathak Kendra
《开创》	*Pahal*
开元寺	Kaiyuan Temple
凯鲁恰兰・马哈帕特拉	Kelucharan Mohapatra
凯沙布・钱德拉・森	Keshab Chandra Sen
凯沙筏・弥尸罗	Keśava Miśra
凯尊・云丹嘉措	mkhas btsun yon tan rgya mtsho
堪布	mkhan po
堪钦・根敦嘉措	mkhan chen dge vdun rgya mtsho

续表

中文	其他语言
坎巴夷	Cambay
坎普尔	Kanpur
康达康达	Kundakunda
康区	khams
康区传承系	khams lugs
康僧铠	Saṅghavarman
康卓央德	mkhav vgro yang tig
考克斯，C.	Collett Cox
考瓦基	Kaurwaki
《考验》	*Parakh*
柯棣华	Dwarkanath Shantaram Kotnis
《柯棣华大夫》	*An Indian Freedom Fighter in China: A Tribute to D. S. Kotnis*
柯棣尼斯	Dwarkanath Shantaram Kotnis
柯塔里，S.	Sunil Kothari
柯枝	Kochi
科钦	Cochin
克恩，H.	Hendrik Kern
克伽自在	Gāṅgeśa
克拉克，S.	Shayne Clarke
克里希那·弥尸罗	Kṛṣṇa Miśra
克里希那纳格尔政府学院	Krishnanagar Government College
克什米尔	Kashmir
克孜尔石窟	Qizil Caves
空	śūnya
空衣派	Digambara
孔雀王朝	Maurya Dynasty
《孔雀园》	*The Peacock Garden*
孔泽	Edward Conze
孔子	Confucius
枯马立拉	Kumārila
《哭泣吧，孔雀》	*Cry, the Peacock*
堀谦德	Ono Kentoku
《苦力》	*Coolie*
库隆巴·云丹嘉措	khu lung pa yon tan rgya mtsho
库契普迪舞	Khuchipudi
库苏姆·奈尔	Kusum Nair
库维什卡	Huvishka
窥冲（质怛罗提婆）	Citradeva
奎隆	Kulam / Quilon
《昆多》	*Kunto*
昆·贡却杰布	vkhon dkon mchog rgyal po
廓尔喀	Gurkha
拉奥，P. V. N.	Pamulaparti Venkata Narasimha Rao
拉奥，R.	Raja Rao
拉奥，V.	Vanashree Rao

续表

中文	其他语言
拉奥琦	Nirupama Rao
拉卜楞寺	bla brang bkra shes vkhyil
拉达克	Ladakh
拉达克里希南，S.	Sarvepalli Radhakrishnan
拉合德，J.	Johannes Rahder
拉合尔	Lahore
拉合尔政府学院	Government College, Lahore
拉吉夫・甘地	Rajiv Gandhi
拉贾戈帕拉查理，C.	Chakravarti Rajagopalachari
拉康	lha khang
拉科活佛	bla kho
拉克希曼，K.	Kamala Lakshman
拉克希曼，R.	Radha Lakshman
拉喇嘛绛曲沃	lha bla ma byang chub vod
拉卢三部曲	Lalu Trilogy
拉莫德钦寺	la mo bde chen
拉莫特	Étienne Lamotte
拉萨密宗院	lha savi rgyud pa grwa tshang
拉萨四大林	lha savi gling bzhi
拉什佩诃利・高士游学奖学金	Rashbehari Ghosh Travelling Fellowship
拉斯舞	Ras leela
拉铁摩尔，O.	Owen Lattimore
拉瓦尔品第	Rawalpindi
拉维笈多	Ravigupta
拉维・香卡	Ravi Shankar
拉夏舞	Lasya
拉伊，S.	Satyajit Ray
拉章	bla brang
喇嘛香	bla ma zhang
《兰卡瓦塔拉经》	*Lankavatara Sutra*
蓝毗尼	Lumbinī
《蓝天下》	*Neel Akasher Neechey*
朗日塘巴	glang ri thang pa
老子	Laozi / Lao Tzu
《老子》	*Laozi / Lao Tzu*
勒夫曼，S.	S. Lefmann
勒克瑙	Lucknow
勒克瑙大学	Lucknow University
《勒克瑙名妓》	*Umrao Jan Ada*
勒那摩提	Ratnamati
勒舍波	Ṛṣabha
雷迪，N. S.	Neelam Sanjiva Reddy
雷努	Renu
雷易，H.	Haraprasad Ray
楞伽城	Laṅkā
《楞伽经》	*Laṅkāvatāra-sūtra*

续表

中文	其他语言
《楞伽篇》	*Laṅkākāṇḍa*
《冷暖人间》	*Qayamat Se Qayamat Tak*
《冷肉》	*Thanda Gosht*
离车	Licchavi
《梨俱吠陀》	*Ṛg-veda*
《黎明》	*Raat Bhore*
礼赞部	bstod tshogs
李小龙	Bruce Lee
里昂国立美术专科学校	Collège National de Lyon de l'art
理查德，T.	Timothy Richard
理法	ṛta
《理发师工会》	*The Barber's Trade Union and Other Stories*
《理论明灯》	*khong gzung gsal sgron*
力天	Baladeva
丽拉·桑姆森	Leela Samson
《利论》	*Arthaśāstra*
《利他摄受弟子仪轨》	*gzhan don slob ma rjes su bzung bavi cho ga*
《连句梵呗》	*Contiguous Pāṭhaka*
连云港孔望山摩崖造像	Rock Sculpture at Kongwangshan Hill in Lianyun-Gang
《莲花公主传奇》	*Padmavat*
莲花奖	Lotus Award
莲花戒	Kamalaśīla
莲花生	Padmasambhava
《莲花往世书》	*Padma Purāṇa*
莲华	Padma
联合国贸易和发展会议	United Nations Conference on Trade and Development
梁武帝萧衍	Emperor Wudi of Liang Dynasty
《两部梵汉字书：利言〈梵语杂名〉与义净〈梵语千字文〉》	*Deux lexiques sanskrit-chinois. Fan yu tsa ming de Li Yen et Fan yu ts'ien tseu wen de Yi-tsing*
《两亩地》	*Do Bigha Zamin*
《两叶一芽》	*Two Leaves and a Bud*
量	pramāṇa
《量抉择论释难》	*tshad ma rnam par nges pavi dkav bvi gnas rnam par bshad pa*
《量理宝藏论》	*tshad ma rigs gter*
量论	pramāṇa-śāstra
《量论摄义祛蔽论》	*tshad mavi bsdus pa yid kyi mun sel*
《量学》	*tshad ma rig pa*
了义	nītārtha
列日大学	Université de Liège
列维，S.	Sylvain Lévi
林徽因	Phyllis Lin
林伽	liṅga
林伽崇拜	liṅga worship
《林伽往世书》	*Liṅga Purāṇa*

续表

中文	其他语言
林热·班玛多杰	gling ras pad ma rdo rje
临淄龙泉寺石佛像	Buddha Statues of the Longquan Temple in Linzi
《麟德历》	*Linde Calendar*
灵鹫山	Gṛdhrakūṭa
灵隐寺	Lingyin Temple
灵运（般若提婆）	Prajñādeva
零	zero
《流浪者》	*Awara*
《流萤集》	*Fireflies*
琉璃	Vaiḍūrya
六度	ṣaṭ-pāramitā
《六经集》	*Ṣaṭ-sūtraka-nipāta*
六句义	ṣaṭ-padārtha
六派哲学	six orthodox schools
《六派哲学集成》	*Ṣaḍ-darśana-samuccaya*
六师	Six Śramaṇa Masters
《六言梵呗》	*Six-character-line Paṭhaka*
六支瑜伽法	sbor drug
六足论	Ṣaṭ-pāda-śāstra
龙合寺	thang ring dgon dgav ldan bshad sgrub gling
龙军	Nāgasena
龙门石窟	Longmen Caves
龙女	Nāgamatī
龙树	Nāgārjuna
龙树大学	Acharya Nagarjuna University
《龙树菩萨眼论》	*Bodhisattva Nagarjuna's Treatise on Ophthalmology*
龙王	Nāgarāja
《龙喜记》	*Nāgānanda*
隆多寺	klong rdol dgon
《隆钦教法史》	*klong chen chos vbyung*
《隆钦宁提》	*klong chen snying thig*
《隆钦七藏》	*klong chen mdzod bdun*
隆钦饶绛巴	klong chen rab vbyams pa
隆钦饶绛巴·茨臣罗哲	klong chen rab vbyams pa tshul khrims blo gros
娄宿	Aśvini
楼陀罗	Rudra
卢迦溢多	Lokāditya
鲁克米妮·黛维	Rukmini Devi
鲁斯瓦，M.M.H.	Mirza Mohammad Hadi Ruswa
《鲁迅诗集》	*Poems of Lu Xun*
《鲁迅作品的创作过程和革命性话语》	*The Creative Process and Revolutionary Discourse in Lu Xun's Writings*
鹿野苑	Mṛgadāva
路德斯，H.	H. Lüders
律	vinaya
律部	vinaya / vdul ba

续表

中文	其他语言
律分别	Vinaya-vibhaṅga
《律经》	*Vinaya-sūtra*
律师	vinayadhara
律贤	Vinayabhadra
律藏	Vinaya-piṭaka
伦敦大学学院	University College London
伦敦政治经济学院	London School of Economics and Political Science
伦提亚纳村	Luntiyana
《论语》	*Analects of Confucius*
轮回	saṃsāra
论分别	abhidhamma-bhājanīya
论母	mātikā
论式	avayava
《论事》	*Kathā-vatthu*
论议	vāda
论藏	Abhidharma-piṭaka
论诤	jalpa
论之论母	abhidhamma-mātikā
罗波那	Rāvaṇa
罗荼罗乍	Rājarāja
罗刹	Rākṣasa
罗睺	Rāhu
罗睺罗	Rāhula
罗睺罗跋陀罗	Rāhulabhadra
罗睺罗·桑克利提亚衍	Rahul Sankritiyayana
罗护罗	Rāhula
罗护哪	Rāhula
罗利多菩伽	Lalitabhoga
罗摩	Rāma
罗摩波罗	Rāmapāla
《罗摩功行之湖》	*Rāma-carita-mānasa*
罗摩克里希那	Ramakrishna
罗摩克里希那传教会	Ramakrishna Mission
《罗摩克里希那福音》	*The Gospel of Shri Ramakrishna*
罗摩努阇	Rāmānuja
《罗摩衍那》	*Rāmāyaṇa*
罗姆摩罕·罗易	Rammohan Roy
罗赛林扎仓	blo gsal gling grwa tshang
罗阇	Rājan / rajas
罗什曼那	Lakṣmaṇa
罗素，J.R.	James Robert Russell
罗亭德拉纳特·泰戈尔	Rathindranath Tagore
罗易，A.	Arundhati Roy
罗易，M.N.	Manabendra Nath Roy
洛迦悉·帕斯迦罗	Laugāksi Bhāskara

续表

中文	其他语言
洛桑大学东方语言文化系	La section de langues et civilisations orientales, Université de Lausanne
《洛阳伽蓝记》	*A Record of Buddhist Monasteries in Luoyang*
洛咱瓦·罗哲拜	lo tsa ba blo gros dpal
《略释》	*vgrel chung*
麻啰华	Malava
麻罗华	Malava
麻省理工学院	Massachusetts Institute of Technology
马八儿国	Maabar
马伯乐，H.	Henri Maspero
马德拉斯	Madras
马德拉斯大学	Madras University
马杜赖总督	Governor of Madurai
马哈江，Y.D.	Y.D.Mahajan
马哈拉吉，B.	Birju Maharaj
马哈木	Mahmud
马海德	George Hatem
马合麻	Muhammad
马祭	aśva-medha
马鸣	Aśvaghoṣa
马尼克	Manik Bhattacharya
马图拉	Mathura
马尤勒姆	Mayuram
马宗达	Ramesh Chandra Majumdar
吗喇他国	Maratha
玛仓噶举	smar tshang bkav brgyud
玛达维·穆德加尔	Madhavi Mudgal
玛尔巴·却吉洛哲	mar pa chos kyi blo gros
玛久拉仲	ma cig lab dron
玛丽卡·萨拉拜	Mallika Sarabhai
玛玛塔·香卡	Mamata Shankar
玛尼克	Manik
玛斯纳维	Masnavi
玛塘寺	mar thang dgon
迈索尔	Mysore
迈索尔大学	University of Mysore
麦巴扎仓	smad pa grwa tshang
麦积山石窟	Maijishan Caves
麦克马斯特大学	McMaster University
麦喜饶桑布	smad shes rab bzav po
《脉动》	*Dhar Knīn*
满剌加	Melaka
满文大藏经	Ta-ts'ang Ching in Manchu Language
满贤	Pūrṇabhadra
满月	Pūrṇacandra
满增	Pūrṇavardhana

续表

中文	其他语言
曼达尔，B.B.	Bhakti Bhushan Mandal
曼达喇萨	Madras
曼迪拉	Mandira
曼尼普利舞	Manipuri
曼殊室利	Mañjuśrī
曼荼罗	maṇḍala
曼辛格，S.	Sonal Mansingh
猫儿睛	cat's eye
《猫与莎士比亚——一个印度故事》	*The Cat and Shakespeare: A Tale of India*
毛拉维	Maulavi
《毛泽东诗词全集与文学赏析》	*Complete Poems of Mao Tsetung and the Literary Analysis*
《毛泽东印象》	*In the Image of Mao TseTung*
《毛泽东之后的中国》	*China after Mao*
《毛主义》	*Maoism*
昴宿	Kṛttikā
么地，H. N.	Hormusjee Naorojee Mody
梅尔策	Gudrun Melzer
梅农，K. P. S.	Kumara Padmanabha Sivasankara Menon
梅农，S. S.	Shiv Shankar Menon
梅耶，A.	Antoine Meillet
美国文学艺术科学院	American Academy of Arts and Letters
美国印度大学	Hindu University of America
《美妙篇》	*Sundarakāṇḍa*
《美难陀传》	*Saundarananda*
美索不达米亚	Mesopotamia
昧履支	marica
蒙彼利埃大学	University of Montpellier
《蒙古佛教史》	*hor gyi chos vbyung*
蒙古文大藏经	Ta-ts'ang Ching in Mongolian
《蒙藏双解正字法》	*sog bod shan sbyar dag yig mkhas pavi vbyung gnas*
孟加拉	Bengal
孟加拉管区	Bengal Presidency
孟加拉国“21日奖章”	Ekushey Patak
《孟加拉掠影》	*Glimpses of Bengal*
孟加拉亚洲学会	Asiatic Society of Bengal
孟买	Bombay
孟买大学	University of Bombay
孟子	Mencius
弥底	Smṛti
弥兰陀	Milinda
弥兰陀王	Milinda
《弥兰陀王问经》	*Milindapañhā*
弥勒	Maitreya
弥勒巴	Matripa
《弥勒会见记剧本》	*Maitreyasamiti Nāṭaka*

续表

中文	其他语言
弥勒菩萨	Maitreya Bodhisattva
《弥勒下生经》	*Maitreya-vyākaraṇa*
弥曼差	Mīmāṃsā
《弥曼差经》	*Mīmāṃsā-sūtra*
弥曼差派	Mīmāṃsā school
弥沙塞	Mahīśāsaka
弥沙塞部	Mahīśāsaka
《弥沙塞部和醯五分律》	*Mahīśāsaka-vinaya*
弥陀山（寂友）	Mitraśānta
米尔斯	J. V. G.Mills
米兰德一世	Menandros
米什拉，B.	Brajesh Mishira
米特拉，H.	Haridas Mitra
米特拉，R.	R. Mitra
《秘藏》	*snying po*
密多	Mitra
密多罗	Mitra
密尔·阿门	Amen Mir Dehlavi
密集生圆次第	gsang vdus kyi bskyed rdzogs
密教	Tantrism
密拉日巴	mi la ras pa
密坦罗	Mitra
密特拉	Mitra
密续学	rgyud
密咒续	sngags kyi rgyud
密宗	gsang sngags
《密宗道次第广论》	*sngags rim chen mo*
密宗四续	rgyud bzhi
密宗学院	sngags pa grwa tshang
棉花	cotton
棉兰	Medan
《面如满月》	*Binmba-pratibinmba-darśana-vadana*
妙德	Suguṇa
《妙法莲华经》	*Saddharma-puṇḍarīka-sūtra*
妙闻	Suśruta
《妙闻本集》	*Suśruta-saṃhitā*
妙应寺	Miaoying Temple
蔑戾车	mleccha
《民歌》	*Thumari*
敏珠林寺	smin grol gling
明暗法	chiaroscuro
明成祖朱棣	Emperor Chengzu of Ming Dynasty
《明谛论》	*Tattvakaumudi*
明都，S.H.	Saadat Hasan Manto
《明都的短篇小说》	*Manto Ke Afsanay*
明家罗	Maggona

续表

中文	其他语言
明太祖朱元璋	Emperor Taizu of Ming Dynasty
《明义疏》	*Sphuṭārthā*
明友	Prabhāmitra
明远	Citādeva
缪勒，M.	Max Müller
《摩登伽经》	*Śārdūla-karṇāvadāna*
《摩登伽经・说星图品》	*Pictures of Constellations in Śārdūla-karṇāvadāna*
摩堵罗	Madura
《摩根德耶往世书》	*Mārkaṇḍeya Purāṇa*
摩诃班特达	Mahāpaṇḍita
《摩诃般若波罗蜜经》	*Pañcaviṃśati-sāhasrikā-prajñāpāramitā*
《摩诃兜勒》	*Mahātūrya*
摩诃迦罗	Mahākāla
《摩诃贾纳卡》	*Mahajanaka*
《摩诃婆罗多》	*Mahābhārata*
《〈摩诃婆罗多〉导读》	*Introduction to Mahābhārata*
摩诃菩提会	Mahābodhi Society
摩诃菩提寺	Mahābodhi-vihāra
《摩诃僧祇律》	*Mahāsaṅghika-vinaya*
摩诃衍	Mahāyāna
摩亨佐达罗	Mohenjo-daro
摩伽陀国	Magadha
摩揭陀	Magadha
摩揭陀国	Magadha
摩竭提国	Magadha
摩腊婆	Mālava
摩利舍那	Malliṣeṇa
摩鲁特	Marut
摩录多	Marut
摩奴	Manu
《摩奴法论》	*Mānava-dharma-śāstra*
《摩特罗评注》	*Māṭhara-vṛtti*
摩提	Magadha
摩头罗	Mathurā
摩陀婆	Mādhava
摩陀婆迦罗	Mādhavakara
《摩陀婆医经》	*Mādhava-Nidāna*
摩西尼阿塔姆	Mohiniattam
摩希波罗	Mahīpāla
摩醯逻矩罗	Mahirakula / Mihirakula
摩耶	Māyā
《摩耶达斯的小屋》	*Mayadas ki Mari*
摩耶夫人	Māyā
魔波旬	Māra-pāpīyas
末底僧诃	Matisaṃha
末伽梨・拘舍罗	Makkhali Gosāla

续表

中文	其他语言
末利耶那国	Malyara
沫舍系	mus srad pa
《莫斯科与中印关系》	*Moscow and Sino-Indian Relations*
莫卧儿帝国	Mughal Empire
莫卧儿细密画	Mughal Miniatures
墨普德	Priyadarsi Mukherji
牟尼室利	Muniśrī
《母爱》	*Māmdā*
《母亲》	*Janani*
母续	ma rgyud
《木板》	*Patariyan*
木叉阿遮利耶	Mokṣācārya
木叉提婆	Mokṣadeva
木多笔	Muktopida
木克华	Deben Mukherji
目犍连	Mahāmaudgalyāyana
目犍连子帝须	Moggaliputta Tissa
目连戏	Maudgalyayana opera
目录部	dkar chag
苜蓿	clover
苜蓿属	Medicago
《牧女》	*Brajangana*
牧尊	Govinda
慕克吉，B.	Biswadev Mukherjee
慕克吉，P. K.	Pranab Kumar Mukherjee
慕克吉，S. K.	Sujit Kumar Mukherji
慕索里	Mussoorie
穆尔迪，K. S.	Kotta Satchidananda Murty
穆克吉，A.	Ashutosh Mukherjee
穆勒	E. Müller
穆勒，F. W. K.	Friedrich W. K. Müller
那措·茨诚嘉瓦	nag tsho tshul khrims rgyal ba
那措译师·茨诚嘉瓦	nag tsho lo tsaw ba tshul khrims rgyal ba
那加族	Naga
那揭罗曷国	Nagarahara
那烂陀	Nālanda
那烂陀寺	Nālanda Vihāra
那连提黎耶舍	Narendrayaśas
那陵提婆	Narendra Deva
那罗迩娑婆寐	Nārāyaṇasvāmin
那罗僧诃跋摩一世	Narasiṃhavarman I
那罗陀	Nārada
《那罗陀往世书》	*Nārada Purāṇa*
那罗延	Nārāyaṇa
那罗延之敌	Pratinārāyaṇa
那纳克	Nanak

续表

中文	其他语言
那若巴	Nāropa
那若六法	naro chos drug
那体慧	Jan Nattier
《那些日子》	*Ve Din*
纳格，K.	Kalidas Nag
纳拉亚南，K. R.	Kocheril Raman Narayanan
纳拉扬，R. K.	Rasipuram Krishnaswami Narayan
纳拉扬，S.	Shovana Narayan
纳赛尔・乌・丁・马哈穆德・沙・图格鲁克	Nasir-ud-Din Mahmud Shah Tughluq
《纳塘丹珠尔目录》	*snar thang gi bstan vgyur dkar chag*
纳兹鲁尔音乐	Nazrul Geeti
奈都，S.	Sarojini Naidu
《男向导的奇遇》	*The Guide*
南朝陵墓华表	Ornamental Tomb Columns of Southern Dynasties
南达，G.	Gulzarilal Nanda
南迪	Nandi
《南海寄归内法传》	*A Record of the Buddhist Religions as Practiced in India and Malay Archipelago*
南憍萨罗国	Dakṣiṇa Kośala
南毗	Nambuyi
南赡部洲	Jambudvīpa
南条文雄	Nanjo Bunyu
南无	Nama
《南亚农业区域》	*Ecological and Agrarian Regions of South Asia: Circa 1930*
《南洋商报》	*Nanyang Siang Pau*
《难道这叫文明》	*Ekei ki bale sabhyata*
难陀	Nanda
难陀・伐磋	Nanda Vaccha
囊钦	nang chen
《闹天宫》	*The Monkey King Makes Hell of Heaven*
哪吒	Nalakūvara / Nalakūbara
内明	adhyātma-vidyā
《妮摩拉》	*Nirmala*
尼泊尔	Nepal
尼赫鲁大学	Jawaharlal Nehru University
尼赫鲁大学东亚研究中心	Centre for East Asian Studies, Jawaharlal Nehru University
尼赫鲁，J.	Jawaharlal Nehru
尼迦耶	nikāya
尼犍子	Nigaṇṭha / Nirgrantha
《尼揵荼书》	*Nighaṇṭu*
尼卢致论	nirukta
尼乾陀・若提子	Nigaṇṭha Nātaputta / Nirgrantha Jñātiputra
尼扎姆学院	Nizam's College
《泥洹梵呗》	*Nirvāṇa Pāṭhaka*

续表

中文	其他语言
《霓裳羽衣》	*Nishang Yuyi Melody*
年顿·班觉伦珠	gnyal ston dpal vbyor lhun grub
娘·当增桑布	nyang ting vdzin bzang pu
娘·尼玛维赛	nyang ral nyi ma vod zer
聂温·贡嘎拜	nya dbon kun dgav dpal
聂·咱纳古玛热	gnyags dznya ku ma ra
涅槃	nibbāna / nirvāṇa
《涅槃经》	*Mahā-parinirvāṇa-sūtra*
涅槃塔	Myang Vdas
宁玛派	rnying ma pa
牛津大学	University of Oxford
纽约大学	New York University
努钦·桑杰耶协	gnubs chen sangs rgyas ye shes
努·桑杰益西	gnubs sangs rgyas ye shes
《怒火》	*Atishparay*
《女巫》	*Dayan*
《女英雄》	*Birangana*
《欧根·奥涅金》	*Eugene Onegin*
帕·丹巴桑杰	Pha Dampa Sangye
《帕德玛河上的船夫》	*Padma Nadir Majhi*
帕蒂尔，P. D.	Pratibha Devisingh Patil
帕花黛维公主	Princess Norodom Buppha Devi
帕吉特，F.E.	Pargiter
帕拉瓦国	Pallava
帕勒登杜	Bharatendu
帕莫主巴	phag mo gru pa
帕西人	Parsis
帕主噶举	phag gru bkav brgyud
潘德，B.N.	Bishambhar Nath Pande
潘尼迦，K.M.	Kavalam Madhava Panikar
《叛国者》	*Deshadrohi*
《叛逆者》	*Bidrohi*
《庞塘玛》	*vphang thang ma*
《庞塘目录》	*dkar chag vphang thang ma*
旁普拉	Bhanpura
旁遮普	Punjab
旁遮普大学	Punjab University
彭波	vphan po
彭措颇章	phun tshogs pho brang
彭达利，M.	Mannu Bhandari
鹏茄啰国	Bangal
鹏茄罗	Bengal
皮诺，G.J.	Georges-Jean Pinault
《毗诃跋提经》	*Bṛhaspati-sūtra*
毗伽罗论	Vyākaraṇa
毗留博叉	Virūpākṣa

续表

中文	其他语言
毗琉璃	Virūḍhaka
毗卢遮那	Vairocana
毗卢遮那佛	Vairocana
毗目智仙	Vimokṣasena / Vimokṣaprajñā-ṛṣi
毗奈耶	vinaya
毗尼多流支	Vinītaruci
毗婆沙	vibhāṣā
《毗婆沙》	*Vibhāṣā*
《毗婆沙毗昙》	*Vibhāṣā-abhidharma-śāstra*
毗茹札那	Virocana
毗沙门	Vaiśrāmaṇa
毗沙门天王	Vaiśrāmaṇa
毗湿奴	Viṣṇu
《毗湿奴往世书》	*Viṇṣu Purāṇa*
《毗湿奴最上法》	*Viṣnu-dharmottara*
毗斯伐挪泰	Viśvanātha
毗瓦巴	Birwapa
毗耶舍	Vyāsa
毗耶娑奖	Vyas Samman
譬喻量	upamāna
《贫困的印度农村》	*Blossoms in the Dust, the Human Factor in Indian Development*
频毗娑罗	Bimbisāra
频阇诃婆娑	Vindhyavāsin
品	varga
平格里，D.	D. Pingree
平面法	animnonnata
颇波	Prabhākaramitra
颇罗堕	Bharata
婆跋吒	Vāgbhaṭa
婆察斯巴蒂・弥尸罗	Vācaspati Miśra
婆浮陀・伽旃那	Pakudha Kaccāyana
婆楼那	Varuṇa
婆罗得	bhallātaka
婆罗多舞	Bharata-natyam
婆罗门佛塔	Brahman Pagoda
婆罗门教	Brahmanism
《婆罗门竭伽仙人天文说》	*Mahāmuni-Gargarṣy-akṣa-nimittākṛti-nirdeśa*
《婆罗门历数书》	*Brahman Siddhanta*
《婆罗门曲》	*Brahman Sangeet*
婆罗门天文学派	Brāhmapakṣa
婆罗谜文字	Brāhmī
婆塞羯罗伐摩	Bhāskaravarman
婆薮开士	Vasubandhu
婆薮提婆	Vasudeva
《婆须蜜经》	*Vasu-mitra-sūtra*

续表

中文	其他语言
《破大乘论》	*Mahāyāna-śodhana*
《破碎的幸福》	*Ek Chithara Sukha*
菩萨	Bodhisattva
《菩萨地持经》	*Bodhisattva-bhūmi-sūtra*
《菩萨戒本》	*bodhisattva-prātimokṣa*
菩萨藏	boddhisattva-piṭaka
菩提达摩	Bodhidharma
《菩提道次第广论》	*byang chub lam rim chen mo*
《菩提道炬论》	*Bodhi-patha-pradīpa / byang chub lam sgron*
菩提伽耶	Bodh Gaya
菩提流支	Bodhiruci
菩提流志	Bodhiruci
菩提萨埵	Bodhisattva
菩提树	bodhidruma / bodhivṛkṣa / bodhi tree
菩提塔	Byang Chub mchod rten
浦那	Pune
《普庵咒》	*Incantation of Pu'an / Eternal Peace*
普尔尼亚	Purnea
普化寺	Puhua Temple
普积	Samudānī
普拉丹，P.	Prahlad Pradhan
普拉帕格拉	Prabhākara
普拉萨德，R.	Rajendra Prasad
普拉塔普，R. M.	Raja Mahendra Pratap
普利特维剧院	Prithvi Theatre
普列姆昌德，M.	Munshi Premchand
普琼瓦·勋努坚赞	phu chung ba gzhon nu rgyal mtshan
普散	Louis de La Vallée Poussin
普善	Sarvakuśala
普陀山	Mount Putuo
普贤菩萨	Samantabhadra
《普曜经》	*Lalita-vistara*
七谛	sapta-tattva
七调	sapta-svara
《七个夏天》	*Seven Summers*
七河	Sapta-sindhava
《七句义论》	*Sapta-padārthī*
《七十真实论》	*Tattva-saptati*
七世噶玛巴·却札嘉措	chos grags rgya mtsho
七曜	Sapta-graha
《七曜细行历》	*Sapta-graha Calendar*
七叶窟	Sapta-parṇaguhā
《七义释》	*Saptārtha-ṭīkā*
七支论式	sapta-bhaṅgī
《齐德拉》	*Chitra*
《奇迹》	*Krishma*

续表

中文	其他语言
祈愿大法会	smon lam chen mo
祇树给孤独园	Jetavanānāthapiṇḍikārāma /Jetavanānāthapiṇḍadasyārāma
祇园精舍	Jetavana
耆那教	Jainism
耆婆	Jīva / Jīvaka
《耆婆书》	*Jīvaka Pustaka*
《耆婆五脏经》	*The Medical Sutra of Five Visceras by Jīvaka*
耆域	Jīva / Jīvaka
《棋王奇步》	*The Chessmaster and His Moves*
《气味》	*Bū*
恰，D.N.	Dwijendra Narayan Jha
恰巴・却吉僧格	cha pa chos kyi seng ge
恰鲁	Charu
恰托巴底亚耶，D.	Debiprasad Chattopadhyaya
《千金翼方》	*Supplement to Valuable Prescriptions*
千手观音	Sahasrabhuja-avalokiteśvara
千手观音龛	Niche for Thousand-armed Avalokitesvara
《千说》	*Upadeśa-sāhasrī*
前弘期	bstan pa snga dar
前宗巴系	rdzong ba snga rabs
钱达尔，K.	Krishan Chander
钱德拉，L.	Lokesh Chandra
《乾道历》	*Qiandao Calendar*
强巴林寺	byams pa gling
强钦却杰	byams chen chos rje
强钦却杰・释迦益西	byams chen chos rje shakya ye shes
强桑・嘉瓦益西	byang sems rgyal ba ye shes
乔答摩	Gautama / Gotama
乔答摩・悉达多	Gautama Siddhārtha
乔哈尔，K.	Karan Johar
乔勒南杰	phyogs las rnam rgyal
《乔尸多基奥义书》	*Kauṣītaki Upaniṣad*
乔荼波陀	Gauḍapāda
《乔荼波陀注》	*Gauḍapāda-bhāṣya*
乔希	Josi Umasankara
乔治・格里尔森奖	Dr. George Grierson Award
切扎仓	byes grwa tshang
《秦王破阵乐》	*Triumphant March of Prince of Qin*
青目	Piṅgalanetra / Piṅgala
《青浦玛》	*mchims phu ma*
《青浦目录》	*mchims phuvi dkar chag*
《青色莲花》	*Nilu Nilima Nilophar*
《青石》	*Nila Pathar*
《青衣金刚手成就法陀罗尼仪轨》	*lag na rdo rje gos sngon po can gyi cho ga dang bcas pavi gzungs*
清辨	Bhāviveka

续表

中文	其他语言
《清净道论》	*Visuddhi-magga*
《情人的礼物》	*Lover's Gift*
琼波南觉	khyung po rnal vbyor
丘就却	Kujula Kadphises
龟兹乐	Kucha music
求那跋摩	Guṇavarman
求那跋陀罗	Guṇabhadra
求那毗地	Guṇavṛddhi
曲解	chala
佉留书	Kharoṣṭhī
佉卢文	Kharoṣṭhī
屈多	Gupta
瞿波罗	Gopāla
瞿昙般若流支	Gautamaprajñāruci
瞿昙流支	Gautamaruci
瞿昙罗	Gautama Ratna
瞿昙谦	Gautama Qian
瞿昙悉达	Gautama Siddhārtha
瞿昙晏	Gautama Yan
瞿昙逸	Gautamāditya
瞿昙譔	Gautama Zhuan
瞿折罗	Gurjara
曲女城	Kanyākubja
《曲线》	*Terhi Lakhir*
《曲折的路》	*The Zigzag Way*
《去年夏天》	*Pichali garmiyom min*
《圈套》	*Phansi*
全印东方学术大会	All India Oriental Conference
全印广播电台	All India Radio
全印柯棣华大夫纪念委员会	All India Dr. Kotnis Memorial Committee
泉州海外交通史博物馆	Quanzhou Maritime Museum
《劝发诸王要偈》	*Suhrl-lekha*
劝制	niyama
却杰·嘉瓦桑布	chos rje rgyal ba bzang po
却杰寺	chos rgyal dgon
却喀巴	vchad kha pa
却莫朗	chos smon lam
却西活佛	che shos sprul sku
却西·洛桑丹贝尼玛	che shos blo bzang bstan pavi nyi ma
却藏·阿旺图丹旺秋	chu bzang ngag dbang thub bstan dbang phyug
却藏活佛	chu bzang sprul sku
却藏·洛桑丹贝坚赞	chu bzang blo bzang bstan pavi rgyal mtshan
却藏·南杰班觉	chu bzang rnam rgyal dpal vbyor
却藏寺	chu bzang dgon
群主	Gaṇapati
燃灯佛	Dīpaṃkara

1115

续表

中文	其他语言
燃灯节	bcu bavi lnga mchod
壤塘	vdzam thang
攘那跋陀罗	Jñānabhadra
饶宗颐	Jao Tsung-I
《热风》	*Garam Havaa*
热隆寺	ra lung dgon
《人的宗教》	*The Religion of Man*
《人贩子》	*Bardah farosh*
《人类统一的理想》	*The Ideal of Human Unity*
《人群》	*The Crowd*
《人生的亲证》	*Sadhana*
仁布切杰查	rin po che rgyal tsha
仁达瓦·勋努洛哲	red mdav ba gzhon nu blo gros
仁钦贝	rin chen dpal
仁钦岗	rin chen sgang
仁钦桑布	rin chen bzang po
仁钦宗哲坚赞	rin chen brtson vgrus rgyal mtshan
仁增·更桑喜饶	rig vzin kun bzang shes rab
仁增果丹·俄珠坚赞	rig vdzin rgod ldem dngos grub rgyal mtshan
仁增牟居多杰	rig vdzin mi vgyur rdo rje
忍辱	kṣānti
日喀则	gzhis ka rtse
荣敦·玛威僧格	rong ston smra bavi seng ge
如来	Tathāgata
如来佛	Tathāgata Buddha
《如意宝树史》	*chos vbyung dpag bsam ljon bzang*
儒莲，M.S.	M.S. Julien
入教礼	upanayana
《入楞伽经》	*Laṅkāvatāra-sūtra*
《入中论》	*dbu ma la vjug pa*
若那跋陀罗	Jñānabhadra
若那竭多	Jñānakata
撒亦的	Sayyid
萨蒂	Satī
萨埵	sattva
萨尔纳特	Sarnath
萨嘎达瓦节	sa ga zla ba
萨哈伊，A.M.	Anand Mohan Sahay
萨赫尼，B.	Bhishma Sahni
萨赫尼，H.	Harabanslal Sahni
萨迦	Śaka
萨迦班智达·贡噶坚赞	sa skya pandita kun dgav rgyal mtshan
萨迦派	sa skya pa
萨迦寺	sa skya dgon
萨卡尔，B. K.	Benoy Kumar Sarkar
萨拉拜，M.	Mrinalini Sarabhai

续表

中文	其他语言
萨拉尔·忠格博物馆	Salar Jung Museum
萨拉斯伐底	Sarasvatī
萨满多	Samanta
萨曼文学奖	the Samman Award
萨钦·贡噶宁布	sa chen kun dgav snying po
萨他泥湿伐罗	Sthāneśvara
《塞健陀往世书》	*Skanda Purāṇa*
塞人	Śaka
塞特，V.	Vikram Seth
赛赤活佛	gser khri sprul sku
赛多活佛	gser tog sprul sku
赛佛丁	Saifuddin Hamza Shah
赛柯	gser khog
赛柯寺	gsar khog dgon
赛钦洪台吉	se chen hung thvi ji
赛珍珠	Pearl Sydenstricker Buck
《三百颂般若之七十颂》	*Triśatikāyāḥ prajñāpāramitāyāḥ karikāsaptatiḥ*
《三百咏》	*Śatakatraya*
三宝	tri-ratna
三德	tri-guṇa
《三法度论》	*Tri-dharmika-śāstra*
三分时代	tretā-yuga
三皈依	tri-śaraṇa-gamana
《三教同声》	*Three Religions in Unison*
《三律仪论》	*sdom gsum rab tu dbye ba*
三论宗	Sanlun sect
三昧	samādhi
三摩呾吒国	Samataṭa
三摩地	samādhi / ting vdzin
三磨耶悉利	Samayaśrī
《三傻大闹宝莱坞》	*3 Idiots*
三十三天	Trayastriṃśaddeva
三世阿嘉·洛桑绛央嘉措	Aa kywa blo bzang vjam dbyangs rgya mtsho
三世达赖喇嘛·索南嘉措	bson nams rgya mtsho
三世噶玛巴·让琼多杰	rang byung rdo rje
三世松巴活佛·益西班觉	sum pa ye shes dpal vbyor
三世土观活佛·洛桑却吉尼玛	thuvu bkwan blo bzang chos kyi nyi ma
三世章嘉活佛·若贝多杰	lcang skya rol pavi rdo rje
三索尔	zur gsum
三仙洞壁画	Mural Paintings in Sanxiandong Caves
三仙洞佛像雕塑	Buddhist Sculpture in Sanxiandong Caves
三业	trīṇi–karmāṇi
三藏	tri-piṭaka
《三中全会以来的文学政策：变化的十年》	*Literary Policy since the Third Plenum: A Decade of Change*
《三自性论》	*Tri-svabhāva-nirdéśa*

续表

中文	其他语言
散若夷·毗罗梨子	Sañjaya Belaṭṭhiputta
桑阿曲林寺	gsang sngags chos gling
桑德尔	Lore Sander
桑德·卓浦巴	gsang bdag sgro phug pa
桑格利	Sangli
桑贾伊·甘地	Sanjay Gandhi
桑杰隆珠	sangs rgyas lhun grub
桑杰欧珠	sangs rgyas dngos grub
桑杰威	sangs rgyas vod
桑渴巴辣	Saṃghapāla
桑克利提亚衍，R.	Rahul Sankritiyayana
桑门	śramaṇa
桑浦寺	gsang phu dgon
桑奇大塔	Sanchi Stupa
桑耶寺	bsam yas dgon
色拉寺	se ra dgon
色拉特钦林寺	se ra theg chen gling
森，M.	Mrinal Sen
森，S.	Sukumar Sen
森古普塔，S.	Sachindranath Sengupta
《森林篇》	*Araṇyakāṇḍa*
森林书	Āraṇyaka
僧道辩论	debate between Buddhists and Daoists
僧护	Saṅgharakṣita
僧伽	Saṃgha
僧伽跋澄	Saṅghabhūti
僧伽跋摩	Saṅghavarman
僧伽跋陀罗	Saṅghabhadra
僧伽达多	Saṅghadatta
僧伽大寺派	Mahāvihārika
僧伽罗	Simhala
僧伽罗叉	Saṅgharakṣa
《僧伽罗刹所集经》	*Saṃgharakṣa-saṃgraha*
《僧伽罗事迹》	*Siṃhala Avadāna*
僧伽婆罗	Saṅghavarman
僧伽斯那	Saṅghasena
僧伽提婆	Saṅghadeva
僧佉斯那	Saṃghasena
沙巴达姆	Shabdam
沙戈尔达里村	Sagordari
《沙恭达罗》	*Abhijñāna-śākuntala*
沙吉奇德里	Shan ji ki Dheri
沙兰，R.	Rajesh Saran
沙兰，V.	Vimla Saran
沙鲁克·汗	Shahrukh Khan
沙罗多迦罗婆罗摩	shrnghk ra lawrm

续表

中文	其他语言
沙门	samaṇa / śramaṇa
沙门思潮	śramaṇa
沙弥	sāmaṇera / śrāmaṇera / śrāmaṇeraka
沙弥尼	sāmaṇerī / śrāmaṇerikā
沙摩陀罗·笈多	Samudra Gupta
《纱幔之后》	*Parde ke piche*
莎车	Yarkhand
《山火》	*Fire on the Mountain*
善财童子	Kumāra Sudhana
《善见律毗婆沙》	*Samanta-pāsādikā*
善逝如意八宝塔	bde gshigs mchod rten rnam brgyad
善逝塔	bde gshegs mchod rten
善无畏	Śubhakarasiṃha
善因寺	Shanyin Temple
商羯罗	Śaṅkara
《商羯罗经》	*Śaṃkaraka-sūtra*
商羯罗·弥尸罗	Śaṅkara Miśra
商羯罗士	Śaṅkarasvāmin
上梵	param brahman
上海松江唐经幢	Dharani Sutra Pillarat Songjiang
上座	Sthavira / gnas brtan
上座部	Theravāda / Sthaviravāda
尚卡尔，P. S.	Punjala Shiv Shankar
少林寺	Shaolin Temple
邵葆丽	Sabaree Mitra
邵格延	Schøyen
邵瑞琪	Richard Salomon
《绍尔密什塔》	*Sarmistha*
奢羯罗	Śākala
蛇	nāga
蛇王	nāgarāja
《蛇与绳》	*The Serpent and the Rope*
阇烂陀罗	Jalandhara
阇弥尼	Jaimini
阇那崛多	Jñānagupta
阇那耶舍	Jinayaśas
阇若那跋达啰	Jñānabhadra
舍利	sarīra / śarīra
舍利弗	Śāriputra
《舍利弗阿毗昙论》	*Śāriputrābhidharma-śāstra*
《舍利弗传》	*Śāriputra-prakaraṇa*
舍利越摩	Śārivarma
《舍头谏太子二十八宿经》	*Prince Śārdūlakarṇa's Twenty-eight Constellations Scripture*
舍卫城	Śrāvastī
舍卫国	Śrāvastī

1119

续表

中文	其他语言
《社得迦》	*Jātaka*
《社得迦摩罗》	*Jātaka-mālā*
《社会进化论》	*The Human Cycle*
《摄大乘论》	*Mahāyāna-saṃgraha*
《摄大乘论释》	*Mahāyāna-saṃgraha-bhāṣya*
《摄句义法论》	*Padārtha-dharma-saṃgraha*
《摄类学论・悟道宝灯》	*bsdus grwavi spyi don rin chen sgron me*
摄摩腾	Kāśyapamātaṅga
《摄一切见论》	*Sarva-darśana-saṃgraha*
《摄一切悉檀》	*Sarva-siddhānta-saṃgraha*
《摄真实论》	*Tattva-saṃgraha-pañjikā*
《身边》	*As pas*
身密	kāya-guhya
《深密解脱经》	*Saṃdhi-nirmocana-sūtra*
深浅法	vattana
神变塔	cho vphrul mchod rten
神降塔	lha babs mchod rten
《神灵罗摩衍那》	*Adhyātma-rāmāyaṇa*
神魔小说	fiction of gods and demons
神奴	Devadāsī
《神圣人生论》	*The Life Divine*
神我	puruṣa
沈兰真	Satiranjan Sen
沈谟汉	Kshitimohan Sen
沈纳兰	Narayan C.Sen
生活派	Ājīvaka
生命吠陀	Āyurveda
生起摩诃瑜伽	bskyed pa ma ha yo ga
生主	Prajāpati
声常住论	śabda-nityatva-vāda
声明	śabda-vidyā
《声明》	*Śabda-vidyā*
声明部	sgra mdo
声明论	Śabda-vidyā-śāstra
声闻	Śrāvaka / nyan thos
声音	awaz
《绳经》	*Śulba-sūtra*
圣蒂尼克坦	Santiniketan
圣教量	āgama-pramāṇa
《圣教论》	*Āgama-śāstra*
圣普德伟迦亚	Sambhūtavijaya
圣社	Arya Samāj
圣史蒂芬学院	St. Stephen's College
《圣疏》	*Śrī-bhāṣya*
圣天	Āryadeva

续表

中文	其他语言
圣雄甘地	Mahatma Gandhi
圣言量	āgama-pramāṇa / śabda / āpta-āgama
胜军	Jayasena
《胜论经》	*Vaiśeṣika-sūtra*
胜论派	Vaiśeṣika school
胜鬘夫人	Śrīmālādevī
《胜鬘经》	*Śrīmālādevī-siṃha-nāda-sūtra*
胜义谛	paramārtha-satya
胜友	Viśeṣamitra
胜子	Jinaputra
《胜宗十句义论》	*Daśa-padārtha-śāstra*
《盛宴》	*Mahabhoj*
尸离罗荼印陀罗注罗	Śri Rājendra Cola
尸利那罗僧伽宝多拔摩（那罗僧诃跋摩二世）	Narasiṃhavarman II Rājasiṃha
尸罗达摩	Śīladharma
尸罗迷迦	Silāmegha
尸罗逸多	Śīlāditya
《失落的继承》	*The Inheritance of Loss*
师觉月	Prabodh Chandra Bagchi
师子光	Siṃharaśmi
师子国	Siṃhala
师子贤	Haribhadra, Haribhadra Suri
施护	Dānagupta
施设分	paññattivāra
《施设论》	*Abhidharma-prajñāpti*
湿婆	Śiva
湿婆迭蒂	Śivāditya
湿婆林伽	Śivaliṅga
《湿婆往世书》	*Śiva Purāṇa*
十车王	*Daśaratha*
《十地经》	*Daśa-bhūmika-sūtra / Daśa-bhūmaka-sūtra / Daśa-bhūmīśvara-sūtra*
《十地经论》	*Daśa-bhūmika-sūtra-śāstra*
《十二门论》	*Dvādaśa-mukha-śāstra*
十二世噶玛巴·绛曲多杰	byang chub rdo rje
十二头陀规范	dvādaśa dhūta guṇa
十二因缘	dvādaśāṅga-pratītya-samutpāda
《十二支》	*Dvādaśāṅgī*
十句义	daśa-padārtha
十六谛	ṣoḍaśa-tattva
十明学科	rig gnas bcu
十三世噶玛巴·杜堆多杰	bdud vdul rdo rje
十善	daśa-kuśala-karma
《十上经》	*Daśottara-sūtra*
十四世噶玛巴·特却多杰	theg mchog rdo rje
《十诵律》	*Daśa-bhāṇavāra-vinaya / Sarvāstivāda-vinaya*

续表

中文	其他语言
十万怛特罗部	rgyud vbum
十五世噶玛巴・喀觉多杰	mkhav bskyod rdo rje
十相	daśa-lakṣaṇa
十一根	ekādaśa indriya
《十一面观世音神咒经》	*Avalokiteśvara-ekādaśamukha-dhāraṇī-sūtra*
《十住经》	*Daśa-bhūmika-sūtra*
《十住毗婆沙论》	*Daśa-bhūmika-vibhāṣā*
《石碑》	*Kutbah*
石蜜	śarkarā
《石头的滋味》	*Lazzat-e-Sang*
《石之血》	*Blood of Stones*
时代	yuga
《时刻降生》	*Always Being Born*
时轮	kāla-cakra / dus vkhor
时轮乘	Kālacakra-yāna
时轮学院	dus vkhor grwa tshang
时轮扎仓	dus vkhor grwa tshang
时论经疏	dus vkhor vgrel bshad
识	vijñāna
《实话如何实说》	*Like the Sun*
实叉难陀	Śikṣānanda
实句义	dravya-padārtha
实例	dṛṣṭānta
《实义疏》	*Tattvārthā*
《食火者》	*Agnikhor*
食香者	dri za
史达仁	Sridharan Madhusudhanana
史密斯学院	Smith College
《使用不定过去时作为确定佛典年代和来源的标准》	*Die Verwendung des Aorists als Kriterium für Alter und Ursprung buddhistischer Texte*
《世界和平》	*Vishwashanti*
世界和平理事会	World Peace Council
世亲	Vasubandhu
世俗谛	saṃvṛti-satya
世友	Vasumitra
式叉论	śikṣā
式叉摩那	sikkhamānā / śikṣamāṇā
事续	Kriyā-tantra
室建陀	Skanda
室利佛逝	Śrīvijaya
室利哈尔沙	Śrīharṣa
室利帕底	Śrīpati
释迦弥多罗	Śākyamitra
释迦牟尼	Śākyamuni
《释迦谱》	*A Biography of Śākyamuni*
释迦也失	Śakyāyas

续表

中文	其他语言
释迦族	Śākya
《释量论》	*Pramāṇa-vārttika*
《释量论释难·善说宝藏》	*tshad ma rnam vgrel gyi gzhung gsal bor bshad pa legs bshad snang bavi gter*
收摄	sor sdud
手印	mudrā
守温	Shouwen
《首楞严经》	*Śūraṅgamasūtra*
《首楞严三昧经》	*Śūraṅgama-samādhi-sūtra*
首哩薄那迦	Śūrpaṇakhā
首陀罗迦	Śūdraka
受命	srog rtsol
兽主	Paśupati
书函部	spreng yig
殊胜塔	rnam rgyal mchod rten
《殊胜义》	Attasalanī
《树严经》	Gaṇḍa-vyūha
数论	Sāṃkhya
《数论解明疏》	*Sāṃkhya-pravacana-bhāṣya*
《数论经》	*Sāṃkhya-sūtra*
《数论经评注》	*Sāṃkhya-sūtra-vṛtti*
《数论精要》	*Sāṃkhya-sāra*
数论派	Sāṃkhya school
《数论颂》	*Sāṃkhya-kārikā*
双行诗	dohā
《双集》	*Yuga-nipāta*
《双论》	*Yamaka*
双马童	Aśvin
双靡	Syamaka
水谷真成	Mizutani Shinjo
顺世论	Lokāyata
《顺世论——古印度唯物主义研究》	*Lokāyata: A Study in Ancient Indian Materialism*
顺世外道	Lokāyata
《顺正理论》	*Nyāyānusāra*
说一切有部	Sarvāstivādin
丝绸	silk
丝绸之路	Silk Road
私塾形式	Gurukul system
思择	tarka
《思择纲要》	*Tarka-saṃgraha*
《思择叙述》	*Tarka-bhāṣā*
《思择月光》	*Tarka-kaumudī*
《思择之守》	*Tārkika-rakṣā*
斯班达舞蹈团	Spanda
斯基泰	Scythians
斯坦因，A.	A. Stein

续表

中文	其他语言
斯坦因凯勒，E.	Ernst Steinkellner
《斯瓦米和朋友们》	*Swami and Friends*
斯瓦米·普拉布帕达	Swami Prabhupada
斯万，S.	Santosh Sivan
《四百论》	*Catuḥ-śataka*
《四部医典》	*rgyud bzhi*
四大	catur–mahā-bhūta
四谛	catuḥ-satya
《四谛论》	*Catuḥ-satya-nirdeśa*
《四分律》	*Dharmagupta-vinaya*
《四十二章经》	*The Sutra of Forty-two Sections*
四世班禅·洛桑确吉坚赞	pan chen blo bzang chos kyi rgyal mtshan
四世达赖喇嘛·云丹嘉措	yon ldan rgya mtsho
四世噶玛巴·若贝多杰	rol pavi rdo rje
四天王	Catur-mahārāja-kāyika
四天王天	Catur-mahārāja-kāyika
《四位苦行者的游历》	*Seer Meen Char Darvish Ki*
《四众经》	*Catuṣ-pariṣat-sūtra*
四住期	cāturāśramya
似因	hetu-ābhāsa
松巴活佛	sum pa sprul sku
《松绷》	*gsung vbum*
松赞干布	srong btsan sgam po
嵩岳寺塔	Pagoda at Songyue Temple
宋明理学	neo-confucianism of Song and Ming Dynasties
宋庆龄	Soong Ching-ling
宋太宗赵炅	Emperor Taizong of Song Dynasty
宋太祖赵匡胤	Emperor Taizu of Song Dynasty
颂	śloka
《颂释补》	*Śloka-vārttika*
《苏尔诗海》	*Sursagar*
苏葛陀	Sugata
苏佳塔	Sujātā
苏卡悉地	Sukhasiddhi
《苏克达》	*Sukhda*
苏克坦卡尔，V. S.	Vishnu Sitarm Sukthankar
苏·勒比旧玛	legs pvi sgron me
苏里，N.	Nalin Surie
苏利耶	Sūrya
苏门答剌国	Sumatera
苏迷卢山	Sumeru
苏摩	soma
《苏尼达》	*Sunita*
《苏婆呼童子请问经》	*Suvāhu-paripṛcchā*
苏祇婆	Sujīva
苏陀室利	Sudhaśrī

续表

中文	其他语言
《苏悉地羯罗经》	*Susiddhikara-mahātantra-sādhanopāyika-paṭala*
俗语	Prākṛta
隋文帝杨坚	Emperor Wendi of Sui Dynasty
《随闻经》	*Śrauta-sūtra*
《随相疏》	*Lakṣaṇānusāriṇī*
孙中山	Sun Yat-sen
娑里三文	Soli Samudra
娑罗树	sala tree
《娑摩吠陀》	*Sāma-veda*
所量	prameya
所闻经	Śrauta-sūtra
索波·白吉耶协	sog po dpal gyi ye shes
索波切·释迦琼奈	zur po che sha kya vbyung gnas
索兰基，M.S.	Madhav Singh Solanki
索南孜摩	bsod nams rtse mo
索尼娅·甘地	Sonia Gandhi
索琼·喜饶札巴	zur chung shes rab grags pa
索热寺	so ras dgon
索·释迦桑格	zur shakya seng ge
他空见	gzhan stong
《他氏奥义书》	*Aitareya Upaniṣad*
塔波	Tabo
塔尔巴林	thar pa gling
塔尔寺	sku vbum dgon
塔克西拉	Taxila
塔帕，R.	Romila Thapar
塔塔家族	the Tatas
《太平洋事务》	*Pacific Affairs*
太阳学派	Saurapakṣa
泰戈尔，A.	Abanindranath Tagore
泰戈尔，D.	Debendranat Tagore
泰戈尔，R.	Rabindranath Tagore
《泰戈尔与中国》	*Tagore and China*
泰勒，A.C.	A.C. Taylor
泰米尔纳德邦	Tamil Nadu
泰无量	Amitendranath Tagore
昙柯迦罗	Dharmakāla
昙摩伽陀耶舍	Dharmajātayaśas
昙摩掘多	Dharmagupta
昙摩流支	Dharmaruci
昙摩蜜多	Dharmamitra
昙摩难提	Dharmanandi
昙摩蜱	Dharmapriya
昙摩耶舍	Dharmayaśas
昙无谶	Dharmarakṣa
昙无德部	Dharmaguptaka

续表

中文	其他语言
昙无竭	Dharmavikrama
昙曜	Dharmayaśas
谭云山中印友谊馆	Tan Yunshan Sino-Indian Friendship Museum
谭中	Tan Chung
潭柘寺	Tanzhe Temple
坦焦尔	Tanjore
《探照灯》	*Searchlight*
唐传奇	legendary tales of Tang Dynasty
唐高宗李治	Emperor Gaozong of Tang Dynasty
唐太宗李世民	Emperor Taizong of Tang Dynasty
唐玄宗李隆基	Emperor Xuanzong of Tang Dynasty
糖	sugar
《讨伐高达国记事诗》	*The Gaudavaha*
特里普拉邦	Tripura
特尤斯	Dyaus
提拉克，B.G.	Bal Gangadhar Tilak
提纳薄陀	Dhyānabhadra
提婆	Āryadeva
提婆波罗	Devapāla
提婆笈多	Devagupta
提婆设摩	Devakṣema, Devaśarman
提云般若	Devaprajñāna
体液	doṣa
《剃发者奥义书》	*Muṇḍaka Upaniṣad*
天城体	Devanāgarī
天帝释	Śakra
《天鹅》	*Hans*
天法意藏	gnam chos thugs kyi gter kha
天津印度侨民协会	Indian Residents Association, Tianjin
天觉	Devabhodhi
天女	Apsaras / Devakanyā
《天譬喻经》	*Divyāvadāna*
天启	Śrut
天台宗	Tiantai sect
《天堂一瞥》	*Swarg Ki Jhalak*
天王	Devarāja
天息灾	Devaśānti
天竺	India
天竺按摩法	Indian-style massage
天竺遗法	Ancient Indian painting technique
天竺乐	Tianzhu music
《添品妙法莲华经》	*Saddharma-puṇḍarīka-sūtra*
田水晶	Daniela Comp
调伏天	Vinītadeva
调息	prāṇāyāma
《调元历》	*Tiaoyuan Calendar*

续表

中文	其他语言
铁线描	iron line drawing
同句义	Sāmānya-padārtha
《童年篇》	*Bāla-kāṇḍa*
童寿	Kumārajīva
童受	Kumāralāta
童子王	Kumāra
《统天历》	*Tongtian Calendar*
秃古铁木而	Turkut Tamer
《突然一日》	*Ek din achanak*
图格鲁克王朝	Tughlug Dynasty
图齐，G.	Giuseppe Tucci
土敦・贡嘎南杰	thu ston kun dgav rnam rgyal
土观活佛	thuvu bkwan
《土观宗派源流》	*thuvu bkwan grub mthav*
土塔	Chinese Earthen Pagoda at Nagapattinam
吐蕃	Tibet
《托钵僧的情史》	*Sannyasi*
托林寺	mtho ldings dgon
《陀哩商古》	*Trishanku*
陀露哆	Taru Dutt
陀罗尼	dhāraṇī
陀罗尼集	gzungs vdus
《蛙氏奥义书》	*Māṇḍūkya Upaniṣad*
瓦尔德施密特，E.	Ernst Waldschmidt
瓦尔玛，V.	Vrindavanlal Varma
瓦尔纳姆	Varnam
瓦罕	Wankhan
瓦杰帕伊，A. B.	Atal Bihari Vajpayee
瓦拉纳西	Varanasi
瓦特，T.	Thomas Watters
瓦伊迪亚纳坦，R.	Rama Vaidyanathan
外八庙	Outer Eight Temples
《外台秘要方》	*Arcane Essentials from the Imperial Library*
《外套》	*Overcoat*
《万卡之子》	*Vengayin Mainthan*
王舍城	Rājagṛha
《王注》	*Rājamārtāṇḍa*
往世书	Puranas
威迪耶，P.L.	P. L. Vaidya
威廉堡学院	Fort William College
《微物之神》	*The God of Small Things*
韦格拉姆大学	Vikram University
韦利，A. D.	Arthur David Waley
为细脱	gzhi thog
唯识	vijñapti-mātratā
唯识部	sems tsam pa

续表

中文	其他语言
《唯识二十论》	*Viṃśikā-vijñapti-prakaraṇa*
《唯识决择论》	*Vijñapti-mātratā-siddhi-vicaya*
《唯识三十论释》	*Triṃśikā-vijñapti-bhāṣya*
《唯识三十论颂》	*Triṃśikā-vijñapti-kārikā*
《唯识三十颂》	*Triṃśikā-vijñapti-kārikā*
唯作	kiriyā
维查耶纳伽尔	Vijayanagara
维杰亚瓦达	Vijayawada
维拉，R.	Raghu Vira
维勒，K.	Klaus Wille
《维摩诘经》	*Vimalakīrti-nirdeśa-sūtra*
《维摩经》	*Vimalakīrti-nirdeśa-sūtra*
维赛嘉措	vod zer rgya mtsho
维沙卡帕特南	Visakhapatnam
维塔尔	Vithal
维祇难	Vighna
《伟大的故事》	*Bṛhatkathā*
《伟大的旅程》	*Maha Prasthanam*
《伟大的心》	*The Big Heart*
《伟大的印度之道：圣雄甘地传》	*The Great Indian Way: A Life Of Mahatma Gandhi*
《未来往世书》	*Bhaviṣyat Purāṇa*
《未知死亡》	*Ghajini*
味	rasa
魏查理	Charles Willemen
魏晋玄学	metaphysics of Wei and Jin Dynasties
温特，W.	Werner Winter
文卡塔拉曼，R.	Ramaswamy Venkataraman
文卡塔拉曼南，K.	K. Venkataramanan
文殊菩萨	Mañjuśrī
《文殊师利根本仪轨经》	*Mañjuśrī-mūla-kalpa*
《文殊师利无我化身经》	*Mañjuśrī-nairātmya-avatāra-sūtra*
文坛先驱	Qāid-e-Shair-o-Adab
问难	pañhapucchā
我	ātman
《我的没有日期的日记》	*My Dateless Diary*
《我的名字叫可汗》	*My Name Is Khan*
《我的日子》	*My Days: A Memoir*
《我歌唱人类》	*I Sing of Man*
我慢	ahaṃkāra
《我失败了》	*Main Har Gayi*
《我王莫卧儿》	*Mughal-e-Azam*
《我之觉知》	*Ātmabodha*
沃尔玛，N.	Nirmal Varma
《沃森蒂》	*Basanti*
乌苌	Uḍḍiyāṇa / Udyāna
乌达耶吉里石窟	Udayagiri Caves

续表

中文	其他语言
乌黛·香卡	Uday Shankar
乌地耶得迦罗	Uddyotakara
乌玛斯伐蒂	Umāsvāti
乌摩	Umā
乌齐寺	ri bo che dgon
乌莎斯	Uṣas
乌荼	Oḍḍa / Oḍra / Uḍra
《乌鸦和流放》	*Kauve Aur Kala Pani*
乌仗那	Uḍḍiyāṇa / Udyāna
乌兹钢	Wootz steel
《邬巴斯伽罗》	*Upaskāra*
邬坚·白玛炯奈	ao rgyan pad ma vbyung gnas
无常	anitya
无二续	ngo bo gnyis med kyi rgyud
无垢友	Vimalamitra
无极高	Atigupta
无量光	amitābha
无量寿佛	amitāyus
《无量寿经》	*Sukhāvatī-vyūha-sūtra*
无能句义	aśakti-padārtha
无前	apūrva
《无墙之家》	*Bina Divaron Ke Ghar*
无说句义	abhāva-padārtha
无体量	abhāva
无畏山寺派	Abhayagirika
无畏生密	Abhayākaragupta
无我	anātman
无锡惠山寺经幢	Dharani Sutra Pillars at Huishan Temple
无行（般若提婆）	Prajñādeva
无性	Asvabhāva
《无忧青年协会》	*Valibar Sangam*
无忧树	aśoka
无中有	antarābhava
无著	Asaṅga
五部大论	gzhung bkav pod lnga
五大	pañca-mahābhūta
《五大历数书汇编》	*Pañca-siddhāntikā*
《五方狮子舞》	*Lion Dance*
《五分法》	*Pañcī-karaṇa*
《五分律》	*Mahīśāsaka-vinaya*
五河	Panca-sindhava
五戒	pañca-śīla
《五剧》	*Five Plays*
《五卷书》	*Pañca-tantra*
《五库》	*mdzod lnga*
《五论注》	*Pañca-ppakaraṇāṭṭhakathā*

续表

中文	其他语言
五明	pañca-vidyā
五明论	pañca-vidyā
五世达赖喇嘛·阿旺罗桑嘉措	ngag dbang blo bzang rgya mtsho
五世噶玛巴·德银协巴	bde dbyangs bzhad pa
五世却藏活佛·洛桑土丹夏珠尼玛	chu bzang blo bzang thub bstan zhabs sgrub nyi ma
五台山	Mount Wutai
五台山佛光寺经幢	Dharani Sutra Pillar at Foguang Temple in Mount Wutai
五唯	pañca-tanmātra
五位法	five categories of dharma
五相书	Pañca lakṣaṇa
《五原理精要》	*Pañcāstikāya*
五蕴	pañca-skandha
《五蕴论分别疏》	*Pañca-skandhaka-vibhāṣā*
《五蕴释》	*Pañca-skandha-bhāṣya*
《五蕴疏》	*Pañca-skandha-vivaraṇa*
五支论式	pañca-avayava
《午夜》	*Nishitha*
《午夜的记者》	*Rat Ka Reporter*
武则天	Empress Wu Zetian
舞伎	gandharva
舞剧	nāṭya
《舞论》	*Nāṭyasāstra*
《舞台》	*Rangbhumi*
舞王	Naṭarāja
西部阿里	mngav ris
西瓜	tarbuza
西克，E.	Emil Sieg
西孟加拉邦	West Bengal
西姆拉印度高等研究院	Indian Institute of Advanced Study at Simla
西纳活佛	zi na sprul sku
西纳·勒巴嘉措	zi na legs pa rgya mtsho
西牛贺洲	Aparagodānīya
西塔尔琴	Sitar
西夏文大藏经	Ta-ts'ang Ching in Tangut Language
《西洋记》	*Expedition to the Western Oceans*
《西游记》	*Journey to the West*
《西游记杂剧》	*The Drama of Journey to the West*
希卡布尔放债人	Shikarpuri financiers
希里达罗	Śrīdhara
希里·希里	Srirangam Srinivasa Rao
昔剌木丁	Sayyid Jalal-ud-Din Ahsan
息解派	zhi byed pa
悉多	Sītā
《悉昙章》	*Siddhirastu*
悉檀舍娜·迪伐伽罗	Siddhasena Divākara
悉陀	Siddha

续表

中文	其他语言
锡金	Sikkim / vbras ljongs
锡克教私塾	gurukul
锡兰大学	University of Ceylon
锡万	Siwan
锡杖	khakkhara
《喜马拉雅山情结：中印关系研究》	*The Himalayas Sentiment: A Study of Sino-Indian Relations*
喜饶益西	shes rab ye shes
戏论	prapañca
细布	muslin
《遐想集》	*The Fugitive*
霞依	Shanu
下凡	avatāra
下梵	apara-brahman
夏尔马，R.	Rajnath Sharma
夏尔马，R. V.	Ram Vilas Sharma
夏尔马，S. D.	Shankar Dayal Sharma
夏果扎仓	shag skor grwa tshang
夏利莱家族	The Harilelas
夏琼寺	bya khyung dgon
夏斯特里，L. B.	Lal Bahadur Shastri
夏斯特里，N. A.	N. Aiyaswami Sastri
夏斯特里，V. B.	Vidhushekhara Bhattacharya Shastri
夏瓦巴	shar ba pa
贤臂	Bhadrabāhu
贤劫	Bhadra-kalpa
《贤劫经》	*Bhadrakalpika-sūtra*
《显扬论》	*Prakaraṇāryavācā-śāstra*
《显扬圣教论》	*Prakaraṇāryavācā-śāstra*
显宗	mtshan nyid
显宗学院	mtshan nyid grwa tshang
显宗扎仓	mtshan nyid grwa tshang
《现观庄严论》	*Abhisamayālaṃkāra / mngon par rtogs pavi rgyan*
现量	pratyakṣa-pramāṇa
限定不二论	viśiṣṭa-advaita
《相续解脱地波罗蜜了义经》	*Saṃdhi-nirmocana-sūtra*
香巴噶举派	shangs pa bkav brgyud
香蔡巴·尊珠札	zhang tshal pa brtson vgrus grags
香港	Hong Kong
香卡，R.	Ravi Shankar
香卡，U.	Uday Shankar
香萨活佛	shing bzav
详述	yan lag rgyas par vchad pa
向智长老	Nyanaponika
相国寺	Xiangguo Temple
象头神群主	Gaṇeśa

续表

中文	其他语言
《肖姆先生》	*Bhuvan Shome*
萧朋，G.	Gregory Schopen
小勃律国	Bruzha
《小部》	*Khuddaka-nikāya*
小葛兰	Quilon
小卡玛拉	Baby Kamala
《小泥车》	*Mṛcchakaṭika*
小品	Cullavagga
胁尊者	Pārśva
心部	sems sde
《心部》	*sems sde*
《心经》	*Prajñāpāramitā-hṛdaya-sūtra*
心理	blo rig
《心品》	*sems phyogs*
《心生起品》	*Cittuppāda-kaṇḍa*
辛格，A.	Amar Singh
辛格，D.	Dinesh Singh
辛格，G. Z.	Giani Zail Singh
辛格，J.	Jaswant Singh
辛格，K. N.	Kunwar Natwar Singh
辛格，M.	Manmohan Singh
辛哈，N.K.	Narendra Krishna Sinha
辛格，S.	Singhajit Singh
辛格，T. G.	Thakur Gadadhar Singh
辛哈，K. K.	Krishna Kinkar Sinha
辛哈，Y.	Yashwant Sinha
辛头大河	Sindhu
新德里	New Delhi
新吠檀多	new vedānta
新护	Abhinavagupta
新派	gsar ma
新沙逊洋行	E.D.Sassoon&Co.
《新小说》	*Nai Kahaniyan*
《新月集》	*The Crescent Moon*
《信守不渝的赫利谢金德尔》	*Satya Harishchandra*
信胄	Śraddhāvarman
兴教寺	Xingjiao Temple
星神画像	Portraits of Constellation Gods
星宿劫	Nakṣatra-kalpa
行动吠檀多	actional vedānta
行像	mūrti-yātrā
行续	Caryā-tantra
《幸福海》	*Sukhasāgara*
性力限定不二论	śakti-viśiṣṭa-advaita
修辞庄严	Kalpanā-maṇḍitikā / Kalpanālaṃkṛtikā
修妬路	sūtra

续表

中文	其他语言
修身部	thun mong ba lugs kyi bstan bcos
《修身经》	*Kāya-bhāvanā-sūtra*
《修行方便禅经》(《达摩多罗禅经》)	*Dharmatara-dhyāna-sūtra*
秀赛噶举	shug gseb bkav brgyud
岫庐	Shih Shu-lu
《宿曜经》	*Constellation Scripture*
须达多	Sudatta
须弥山	Sumeru
须菩提	Subhūti
《虚假的事实》	*Jhutha Sach*
《虚空藏菩萨神咒经》	*Ākāśagarbha-bodhisattva-sūtra*
叙事表演	nṛtya
《叙述裁定》	*Bhāṣā-pariccheda*
续	Tantra / rgyud
《续藏经》	*Zokuzokyo*
玄奘纪念堂	Xuanzang Memorial Hall
玄照	Prakāśamati
县度	Sinda
学派	Pakṣa
雪顿节	zho ston
雪山神女	Pārvatī
循鲜城	Takṣaśilā
《殉难者之隅》	*The Martyr's Corner*
巽伽王朝	Śunga Dynasty
鸦片贸易	opium trade
鸭都喇利有限公司	Abdoolally Ebrahim & Co.
雅楚・桑杰拜	gayg phrug sangs rje dpal
雅利安人	Āryan
雅利安社	Arya Samāj
雅利安天文学派	Ārya-pakṣa
雅利安语	Āryan
雅桑噶举	gyav bzang bkav brgyud
雅桑寺	gyav bzang dgon
雅塘寺	yar thang dgon
亚非作家协会	Afro-Asian Writers' Association
嚈哒人	Hūṇa
《烟》	*Dhuān*
阎膏珍	Vima Kadphises
阎罗王	Yamarāja
阎摩	Yama
阎魔	Yama
阎牟那河	Yamunā
阎王	Yamarāja
《眼睛看到的谎言》	*Ankon Dekha Jhutha*
晏陀蛮国	Andaman

续表

中文	其他语言
《央掘魔罗经》	*Aṅgulimālika-sūtra*
《药草志》	*Kitab al-jami 'fi-mufradat al-adwiya wa al-aghdhiya*
《要义灯》	*Marma(pra)dīpa*
耶巴噶举	yer pa bkav brgyud
耶婆提	Yavadvīpa
《耶柔吠陀》	*Yajur-veda*
耶舍崛多	Yaśogupta
耶什巴尔	Yashpal
野村耀昌	Nomura Yosho
《野猪往世书》	*Varāha Purāṇa*
业	karma
业句义	karman-padārtha
叶筋法	patraja
夜半学派	ārdha-rātrika-pakṣa
夜叉	Yakṣa
《夜来香》	*Rajni Gantha*
《一串项链》	*Gaban*
《一幅关于三个眼神的素描》	*Tin Nigahon Ki Ek Tasvir*
《一个印度王公的私生活》	*The Private Life of an Indian Prince*
《一匹马和两头山羊》	*A Horse and Two Goats*
《一切金刚出现》	*Sarvavajrodaya*
《一切善见》	*Samantapāsādikā*
《一切善见律毗婆沙》	*Samantapāsādikā*
《一切宗派渊源及教理善说晶鉴》	*grub mthav thams cad kyi vbyung khungs dang vdod tshul ston pa legs bshad shel gyi me lung*
一世嘉木样活佛·阿旺尊智	vjam dbyangs ngag dbang brtson vgrus
一世敏珠尔活佛·赤列伦珠	smin grol vphrin las lhun grub
一世章嘉活佛·札巴鄂色	grags pa vod zer
一世哲布尊丹巴·洛桑丹贝坚赞	blo bzang bstan pvi rgyal mtshan
《一英寸的微笑》	*Ek Inch Muskan*
伊本·白图泰	Ibn Battuta
伊本·拉希德	Ibn Rushd
伊克巴尔，M.	Mohammad Iqbal
伊利诺伊大学农学院	College of Agriculture, University of Illinois
《伊萨卡之旅》	*Journey to Ithaca*
伊沙伏摩	Yasovarma
《伊莎奥义书》	*Iśā Upaniṣad*
伊斯拉姆，K. N.	Kazi Nazrul Islam
伊斯玛仪派商人	Ismaili traders
医方明	cikitsāvidyā
医方明部	gso rig pa
《医理精华》	*Siddhasāra*
医王	Vaidya-rāja
医药学院	sman pa grwa tshang
医祖	Siddhars

续表

中文	其他语言
依他起性	paratantra-svabhāva
《疑惑冰消》	*Sammoha-vinodanī*
《疑问奥义书》	*Praśna Upaniṣad*
蚁垤仙人	Vālmīki
义	artha
义慈惠石柱	Yicihui Stong Pillar
《义释品》	*Atthuddhāra-kaṇḍa*
《义注》	*Aṭṭha-kathā*
义准量	arthāpatti
《义足经》	*Arthapadasūtra*
《艺术》	*Fanōn*
亦不剌金	Ibrahim Sharqi
《异部宗轮论》	*Samaya-bheda-vyūha-cakra*
异句义	viśeṣa-padārtha
《易筋经》	*Tendon-strengthening Sutra*
易行乘	Sahajayāna
益西措杰	ye shes mtsho rgyal
意乐	āśaya
意密	mano-guhya
因	hetu
因乘	rgyu yi thegs pa
因理	rtags rig
因明	hetu-vidyā
《因明》	*Hetu-vidyā*
因明部	tshad ma
《因明七论》	*tshad ma sde bdun*
《因明入正理论》	*Nyāya-praveśa*
因明学	hetu-vidyā
《因明正理门论》	*Nyāya-mukha*
因陀罗	Indra
《因陀罗耆的伏诛》	*Meghnadbadh-vadha*
因缘	hetupratyaya / nidānādikathā
因中无果论	asatkārya-vāda
因中有果论	satkārya-vāda
音乐与戏剧学院奖	Sangeet Natak Akademi Award
印度	India
印度－阿拉伯数字	Hindu-Arabic Numerals
印度博物馆	Indian Museum
《印度惨状》	*Bharat Durdasha*
印度储备银行	Reserve Bank of India
《印度的意义》	*The Meaning of India*
印度的中国研究	China studies in India
印度电影观众奖	Filmfare Awards
印度电影观众奖最佳男主角奖	Filmfare Best Actor Award
印度电影观众奖最佳新人奖	Filmfare Award for Best Male Debut
印度电影评论奖最佳电影奖	the Filmfare Critics Award for Best Film

续表

中文	其他语言
印度电影审批中央理事会	Central Board of Film Certification
印度电影在中国	Indian films in China
印度电影最高奖巴尔吉奖	Dadasaheb Phalke Award
印度雕刻	Indian sculpture
印度独立联盟	Indian Independence League
印度佛教	Indian Buddhism
《印度佛教史》	*rgya gar chos vbyung*
印度佛教文学	Buddhist literature in India
印度佛教哲学	Indian Buddhist philosophy
印度古代数学天文学	ancient Indian mathematics and astronomy
印度国大党	Indian Congress Party
印度国防研究与分析所	Institute for Defence Studies and Analyses
印度国会联邦院	Upper House of Indian Parliament
印度国家博物馆	National Museum of India
印度国家电影奖	National Film Awards
印度国民协会中国分会	Indian National Association of China
印度华人社区	Chinese community in India
印度绘画	Indian painting
印度伽利卜文学奖	Ghalib Award
印度建筑	Indian architecture
印度教	Hinduism
《印度教徒报》	*The Hindu*
印度进步作家协会	Indian Progressive Writers' Association
印度立宪会议	Constituent Assembly
《印度美术》	*Art of India*
印度民间文学	Indian folk literature
《印度七十四故事》	*Wit and Wisdom of India: A Collection of Humorous Folktales of the Court and Countryside*
印度青年团	Indian Youth League
印度人民同盟	Bharatiya Jana Sangh
印度人民戏剧协会	Indian People's Theatre Association
印度神话	Indian mythology
印度史学会	Indian History Congress
《印度思想对中国思想的影响》	*Indian Influence on Chinese Thought*
印度斯坦社会主义人民共和军	Hindustani Samajawadi Prajatantra
印度苏维埃大地尼赫鲁奖	Soviet Land Nehru Award of India
印度天城体推广协会	Nāgarī Pracāriṇī Sabhā
《印度童话集》	*Indian Fairy Tales*
《印度往事》	*Lagaan*
印度文化关系委员会	Indian Council for Cultural Relations
印度文坛奖	Jnanpith Award
印度文学院	Sahitya Akademi
印度文学院奖	Sahitya Akademi Award
印度舞蹈	Indian dance
印度戏剧	Indian drama
印度学院	Hindu College

续表

中文	其他语言
印度医学在中国的传播	Indian medical science transmission to China
印度音乐	Indian music
印度音乐戏剧学会	Sangeet Natak Akademi
《印度与中国：佛教与外交的互动》	*India and China: Interactions through Buddhism and Diplomacy*
《印度与中国：千年文化关系》	*India and China: a thousand years of cultural relations*
印度援华医疗队	Indian Medical Mission
《印度杂志》	*Indian Magazine*
印度哲学大会	Indian Philosophical Congress
印度中国友好协会	India-China Friendship Association
《印度、中国与超级大国》	*India, China and Super Powers*
《印度自治》	*Indian Home Rule*
印度Zee电影奖	Zee Cine Awards
印多尔	Indore
《印中关系》	*India-China Relations*
《印中关系之再评估》	*India and China: A Reappraisal of Their Relations*
印中人民是兄弟	Hindi Chini Bhai Bhai
印中友好妇女协会	Indian Women's Society for India-China Friendship
央德拉妮·拉赫曼	Indrani Rahman
英迪拉·甘地	Indira Gandhi
英格尔斯，D. H. H.	Daniel H.H. Ingalls
英国皇家文学学会	Royal Society of Literature in the UK
《英国与印度》	*Britain and India*
英国远东情报局	Far Eastern Liaison Office
《英雄、恶棍、小丑》	*Nayak Khalanayak Vidushak*
《鹦鹉故事七十则》	*Śuka-saptati*
雍和宫	Lama Temple
《永乐大钟梵字铭文考》	*A Study of the Inscription in Sanskrit on the Yongle Bell*
永宁寺	Yongning Temple
《勇夺芳心》	*Dilwale Dulhania Le Jayenge*
优波底沙	Upatiṣya / Upatissa
优波提舍	Upadeśa
优禅尼	Ujjayinī
《优哩婆湿》	*Vikramorvaśīya*
优婆崛多	Upagupta
优婆塞	upāsaka
《优婆塞戒经》	*Upāsaka-śīla-sūtra*
优婆夷	upāsikā
优陀那	udāna
《优陀那品》	*Udāna-varga*
《幽禁》	*Kaid*
《由谁奥义书》	*Kena Upaniṣad*
由旬	yojana
《游行》	*Juloos*
有	bhāva / sad
有能句义	śakti-padārtha

续表

中文	其他语言
《有时快乐有时悲伤》	*Kabhi Khushi Kabhi Gham*
《有益的教训》	*Hitopadeśa*
余国藩	Anthony C. Yu
《盂兰盆经》	*Ullambana-sūtra*
《鱼山梵呗》	*Yushan Hill Paṭhaka*
《鱼往世书》	*Matsya Purāṇa*
瑜伽	yoga
《瑜伽经》	*Yoga-sūtra*
《瑜伽经注》	*Yoga-sūtra-bhāṣya*
《瑜伽精髓集要》	*Yoga-sāra-saṃgraha*
瑜伽派	Yoga school
瑜伽师	Yogācārya
《瑜伽师地论》	*Yogācāca-bhūmi*
《瑜伽释补》	*Yoga-vārttika*
瑜伽行派	Yogācāra
瑜伽续	Yoga-tantra
榆林窟	Yulin Caves
语密	vāg-guhya
玉日玉扎氏	gayu ri gayu sgra
郁金香	kuṅkuma
《郁楞伽之〈缘生论〉：汉本校勘及德译》	*Pratītyasamutpādaśāstra des Ullaṅgha kritisch behandelt und aus dem Chinesischen ins Deutsche übertragen*
喻	udāharaṇa
裕摩・弥觉多杰	yu mo mi bskyod rdo rje
身毒	Sindhu
《元嘉历》	*Yuanjia Calendar*
元明杂剧	poetic drama in Yuan and Ming Dynasties
元世祖忽必烈	Emperor Shizu of Yuan Dynasty
元太祖成吉思汗	Emperor Taizu of Yuan Dynasty
《园丁集》	*The Gardener*
原人	Puruṣa
《原人歌》	*Puruṣa-sūkta*
原始佛教	Original Buddhism
圆成实性	parinișpanna-svabhāva
圆满时代	kṛta-yuga
缘起	pratītyasamutpāda
《缘起心论》	*Pratītyasamutpāda-hṛdaya*
约翰斯・霍普金斯大学	Johns Hopkins University
月爱	Candrapriya
月称	Candrakīrti / Zla ba grags pa
《月灯三昧经》	*Samādhi-rāja-sūtra*
月婆首那	Urpaśūnya
月天	Somadeva
乐师	Gandharva
乐舞婆娑印度古典舞蹈学校	Sangeetham Indian Classical Art Centre
云冈石窟	Yungang Caves
云南上座部佛教	Theravada Buddhism in Yunnan

续表

中文	其他语言
《云使》	*Meghadūta*
晕染法	airika
蕴分别	Khandha-vibhaṅga
蕴双品	Khandha-yamaka
《杂阿含经》	*Saṃyuktāgama*
《杂阿毗昙心论》	*Saṃyuktābhidharma-hṛdaya*
《杂宝藏经》	*Saṃyukta-ratna-piṭaka-sūtra*
杂部	sna tshogs
杂藏	Kṣudraka-piṭaka
《杂藏》	*Kṣudraka-piṭaka*
《再见吧，黑鸟》	*Bye-Bye, Blackbird*
《在甘地先生左右》	*By the Side of Babu*
赞普·顿珠嘉措	btsan po don grub rgya mtsho
赞普寺	btsan po dgon
赞陀崛多	Candragupta
藏巴嘉热·益西多杰	gtsang pa rgya ras ye shes rdo rje
藏传佛教	Tibetan Buddhism
藏传佛教摄类学	collected topics of Tibetan Buddhism
藏传佛教因明学	hetuvidyā of Tibetan Buddhism
藏哇寺	gtsang ba dgon
藏瓦	gtsang pa
藏文大藏经	bod yig gyi bkav bstan vgyur
造纸	paper making
《噪音》	*Noise*
曾圣提	Shanti Tseng
《增一阿含经》	*Ekottarikāgama / Ekottarāgama*
扎巴俄色	grags pa vod zer
扎什伦布寺	bkra shis lhun po dgon
《斋戒·盛宴》	*Fasting, Feasting*
旃荼罗	Caṇḍāla
旃陀罗阿难陀	Candrānanda
《旃陀罗阿难陀注》	*Candrānandavṛtti*
旃陀罗·笈多 世	Candra Gupta Ⅰ
詹纳，W.J.F.	W.J.F. Jenner
瞻波	Campā
《占星师的一天》	*An Astrologer's Day*
章嘉活佛	lcang sky sprul sku
《章嘉宗义学》	*Lcang Skya Grub Mthav*
《章西女皇》	*Jhansi ki Rani*
《掌中论》	*Hastavāla-prakaraṇa*
杖林山	Daṇḍavanagiri
沼纳朴儿	Jaunapur
赵州陀罗尼经幢	Dharani Sutra Pillar at Zhaozhou
遮打，C.P.	Catchick Paul Chater
遮娄其拔罗婆	Cālukya Pallava
遮娄其国	Cālukya

续表

中文	其他语言
遮罗迦	Caraka
《遮罗迦本集》	*Caraka-saṃhitā*
遮那竭王	Janaka
遮遣论	apoha
哲蚌寺	vbras spungs dgon
《这是真的》	*Yehi Sach Hai*
《这也是个故事》	*Ek Kahani Yah Bhi*
《鹧鸪氏奥义书》	*Taittirīya Upaniṣad*
贞固	Śālagupta
《真爱永存》	*Muhabbatein*
真谛	Paramārtha
真觉寺金刚宝座塔	Vajrasana Pagoda at Zhenjue Temple
《真理明晰》	*Tattva-vaiśāradī*
《真理如意珠》	*Tattva-cintāmaṇi*
真理学院	Sabarmati Ashram
真实别异	satya-bheda
真陀罗秘多	Chandrapida
真言	mantra
真言乘	Mantra-yāna
争斗时代	kali-yuga
整体吠檀多论	integral vedanta
整体瑜伽论	integral yoga
《正法念处经》	*Saddharma-smṛty-upasthāna-sūtra*
正法藏	Saddharma-garbha
正理	Nyāya
《正理的芭蕉树》	*Nyāya-kandalī*
《正理滴论》	*Nyāya-bindu*
《正理渡津论》	*Nyāyāvatāra*
《正理花束》	*Nyāya-kusumāñjalī*
《正理经》	*Nyāya-sūtra*
《正理经疏》	*Nyāya-sūtra-bhāṣya*
正理派	Nyāya school
《正理评释》	*Nyāya-vārttika*
《正理评释真义疏》	*Nyāya-vārttika-tātparya-ṭīkā*
《正理评释真义详解》	*Nyāya-vārttika-tātparya-pariśuddhi*
《政事论》	*Arthaśāstra*
政治吠檀多	political vedanta
支	aṅga
支娄迦谶	Lokakṣema
支那	Cīna
芝加哥大学	University of Chicago
知贤	Prajñābhadra
执持	dhāraṇā
纸	kakari
《纸牌王国》	*The Kingdom of Cards*
指空	Śūnyadiśya

续表

中文	其他语言
志怪小说	supernatural tales
《制恶见论》	*Mithyādṛṣṭi-pratiṣedha*
制感	pratyāhāra
制糖	sugar making
质多跋摩	Cittavarman
质料	annam
智贡噶举	vbri gung bkav brgyud
智贡提寺	vbri gung mthil dgon
智光	Jñānaprabha
智慧	prajñā-pāramitā
智吉祥	Prajñānaśrī
智吉祥友贤	Jñānaśrībhadra
智军	ye shes sde
智亮	Prajñānaprabhā
智美沃色	dri med vod zer
智美协年	dri med bshes gnyen
智信护	Prajñānagupta
智行（般若提婆）	Prajñādeva
智月	Jñānacandra
智藏	ye shes snying po
智藏慧	Prajñākaramati
《中阿含经》	*Madhyamāgama*
《中边分别论》	*madhyānta-vibhāga-ṭīkā*
中道	madhyamā pratipad
《中观》	*dbu ma*
《中观根本般若灯释》	*Prajñāpradīpa-mūla-madhyamaka-vṛtti*
中观经	dbu ma
《中观明》	*Madhyamakāloka / dbu ma snang ba*
中观派	Mādhyamika
《中观心论》	*Madhyamaka-hṛdaya*
《中观心论颂》	*Madhyamaka-hṛdaya-kārikā*
《中观庄严论》	*Madhyamakālaṃkāra / dbu mavi rgyan*
中国	China
《中国的大众教育运动》	*The Popular Education Movement in China*
《中国的佛教藏经：译者与译文》	*Le Canon Bouddhique en Chine les traducteurs et les traductions*
《中国的经济政策》	*China's Economic Policy*
《中国的“群体政治”：一种评论》	*'Group Politics' in China: A Critique*
《中国的乡村公社》	*Rural Communes in China*
中国的印度研究	India studies in China
中国电影在印度	Chinese films in India
中国佛教	Chinese Buddhism
《中国佛教：交响与重诂》	*Chinese Buddhism: Aspects of Interaction and Reinterpretation*
中国古代翻译学	ancient Chinese translation
中国国际出版集团	China International Publishing Group, CIPG

续表

中文	其他语言
中国国际广播电台孟加拉语部	Bengali Service of China Radio International
中国国际广播电台乌尔都语部	Urdu Service of China Radio International
中国国际广播电台印地语部	Hindi Service of China Radio International
中国国家博物馆	National Museum of China
中国绘画	Chinese painting
《中国能够获得成功：新中国惊人的工业进步目击报告》	*China Can Make It: Eye Witness Account of the Amazing Industrial Progress in New China*
《中国三人诗选》	*Three Chinese Poets*
《中国诗歌的重要发展》	*Landmark Development in Chinese Poetry*
《中国诗歌：公元前1100年至公元1400年》	*Cheeni Kavita: Gayahrvin Shatavdi Isa Poorv se Chuahdvin Shatavdi Tak*
《中国述评》	*China Report*
《中国数学史大系》	*A Comprehensive History of Chinese Mathematics*
中国图书特别奖	China Special Book Prize
中国文化代表团访问印度（1954）	Chinese Cultural Delegation's visit to India in 1954
《中国新疆博物馆吐火罗文A〈弥勒会见记剧本〉残片译释》	*Fragments of the Tocharian A Maitreyasamiti Nāṭaka of the Xinjiang Museum, China*
中国印度友好协会	China-India Friendship Association
中国远征军在印度	Chinese army in India
中劫	antara-kalpa
《中论》	*Mūla-madhyamaka-kārikā*
《中世印度语言中语尾am向o和u的转化》	*Die Umwandlung der Endung –aṃ in –o und –u im Mittelindischen*
中央邦	Madhya Pradesh
中印佛教交流	overview of China-India Buddhist contacts
中印古代交通往来	overview of Ancient China-India communications
中印古代语言学交流	overview of Ancient China-India linguistic contacts
中印建交	establishment of China-India diplomatic relations
中印建交以来印度国家领导人访华	visit of Indian leaders to China since the establishment of diplomatic relations
中印建交以来中国国家领导人访印	visit of Chinese leaders to India since the establishment of diplomatic relations
中印科技交流	overview of China-India science & technology contacts
中印贸易往来	overview of China-India trade contacts
中印棉纱贸易	China-India cotton yarn trade
中印民俗交流	overview of China-India contacts in folk customs
中印外交往来	overview of China-India diplomatic contacts
中印文学交流	overview of China-India literary contacts
中印现代学术交流	overview of China-India modern academic contacts
中印学会	Sino-Indian Cultural Society
《中印学刊》	*Sino-Indian Studies*
中印养生健身交流	overview of China-India contacts in health preservation & fitness maintenance
中印艺术交流	overview of China-India art contacts
中印友好代表团	China-India goodwill mission
中印宗教哲学交流	overview of China-India religious and philosophical contacts

续表

中文	其他语言
《忠诚的大地》	*Desht Vafā*
种姓	caste
仲顶扎仓	vbrom steng grwa tshang
仲敦巴·嘉维炯奈	vbrom ston pa rgyal bavi vbyung gnas
仲·热纳室利	drung rrna shri
众德	Viśvaguṇa
《众集经》	*Saṅgīti-sutta*
众贤	Saṅghabhadra
周巴噶举	vbrug pa bkav brgyud
周寺	vbrug dgon
《昼夜诗章》	*Divaratrir Kabya*
朱驹波国	Gakupa / Gakuk
朱罗国	Cola
朱希，I. C.	Ila Chandra Joshi
《侏儒往世书》	*Vāmana Purāṇa*
《诸医方髓》	*Essentials of Prescriptions by Various Medical Texts*
竹林精舍	Veṇuvana-vihāra
竺法度	Dharmapramita
竺法护	Dharmarakṣa
竺法兰	Dharmaratna
竺叔兰	Surakṣa
主教学院	Bishop's College
注辇	Cola
注辇国	Cola
转变说	pariṇāma-vāda
转起分	pavattivāra
转轮王	cakra-vartin
庄士敦	Reginald Fleming Johnston
庄严劫	vyūha-kalpa
准提观音	Caṇḍī avalokiteśvara
卓克华	Moreswon Ramchandra Cholkar
卓玛颇章	sgrol ma pho brang
卓弥·释迦益西	vbrog mi shakya yeshes
卓尼寺	co ne dgon
卓日沃齐山	vbrog ri bo che
卓越之星	Sitarah Imtiyaz
紫花苜蓿	Medicago sativa
自然	prakṛti
自性	prakṛti
《自由的安慰》	*Muktibodh*
自在黑	Īśvarakṛṣṇa
《自传——我体验真理的故事》	*An Autobiography or the Story of My Experiments with Truth*
宗巴·贡噶坚赞	rdzong pa kun dgav rgyal mtshan
宗巴系	rdzong lugs
宗喀巴	Tsong kha pa
宗喀巴·洛桑札巴	tsong kha pa blo bzang grags pa

续表

中文	其他语言
宗义	siddhānta
《宗义宝鬘论》	*grub mthav rin chen vphring ba*
《宗义广论》	*grub mthav chen mo*
宗义学	grub mthav smra ba
宗（因明）	pratijñā
《综合瑜伽》	*The Synthesis of Yoga*
《总说品》	*Nikkhepa-kaṇḍa*
总统金质奖章	President's Gold Medal
总制	saṃyama
足立喜六	Adachi Kiroku
《祖国》	*Desh*
祖师	Tīrthakara
《钻石星尘》	*Diamond Dust and Other Stories*
尊法	Bhagavaddharma
《尊婆须蜜菩萨所集论》	*Vasu-mitra-sūtra*
佐钦寺	rdzogs chen dgon
《坐禅三昧经》	*Dhyāna-niṣṭhita-samādhi-dharmaparyāya-sūtra*
坐法	āsana

专有名词对照表（二）
Index of Corresponding Terms & Names between Chinese & Other Languages（2）

其他语言	中文
A Biography of Śākyamuni	《释迦谱》
A Biography of the Tripitaka Master	《大慈恩寺三藏法师传》
A. C. Taylor	泰勒，A.C.
A Comparative Study of the Prātimokṣa, on the basis of its Chinese, Tibetan, Sanskrit and Pali Versions	《梵巴汉藏对照波罗提木叉之比较研究》
A Comprehensive History of Chinese Mathematics	《中国数学史大系》
A Horse and Two Goats	《一匹马和两头山羊》
A Non-Violent War in India	《非暴力战争在印度》
A Record of Buddhist Monasteries in Luoyang	《洛阳伽蓝记》
A Record of the Buddhist Religions as Practiced in India and Malay Archipelago	《南海寄归内法传》
A. Stein	斯坦因，A.
A Study of the Inscription in Sanskrit on the Yongle Bell	《永乐大钟梵字铭义考》
A Study of the Twenty-two Dialogues on Mahāyāna Buddhism	《大乘二十二问之研究》
Aa kywa	阿嘉活佛
Aa kywa blo bzang vjam dbyangs rgya mtsho	三世阿嘉・洛桑绛央嘉措
Aa rge nyi ma vod zer	阿盖・尼玛维塞
Aap Ka Banti	《班迪》
Abanindranath Tagore	泰戈尔，A.
Abdoolally Ebrahim & Co.	鸭都喇利有限公司
abhāva	无体量
abhāva-padārtha	无说句义
Abhayagirika	无畏山寺派
Abhayākaragupta	无畏生密
abhidhamma-bhājanīya	论分别
abhidhamma-mātikā	论之论母
Abhidharamāmṛta	《阿毗昙甘露味论》
abhidharma	阿毗达磨
Abhidharma	《阿毗昙》
Abhidharma-dharmaskandha	《阿毗达磨法蕴足论》
Abhidharma-dhātukāya	《阿毗达磨界身足论》
Abhidharma-hṛdaya	《阿毗昙心论》
Abhidharma-jñānaprasthāna	《阿毗昙八犍度》
Abhidharma-kośa	《阿毗达磨俱舍论》/《俱舍论》
Abhidharma-kośopāyikā	《俱舍论注杂录》
Abhidharma-mahāvibhāṣā	《阿毗昙毗婆沙论》/《大毗婆沙论》
Abhidharma-nyāyānusāra	《阿毗达磨顺正理论》
Abhidharma-piṭaka	论藏
Abhidharma-prajñāpti	《施设论》

续表

其他语言	中文
Abhidharma-prakaraṇa	《阿毗达磨品类足论》
Abhidharma-samayapradīpikā	《阿毗达磨显宗论》
Abhidharma-samuccaya	《阿毗达磨集论》
Abhidharma-saṅgītiparyāya	《阿毗达磨集异门足论》
Abhidharma-vijñānakāya	《阿毗达磨识身足论》
Abhijñāna-śākuntala	《沙恭达罗》
Abhinavagupta	新护
Abhinaya Darpaṇa	《表演镜铨》
Abhiniṣkramaṇa Sūtra	《佛本行集经》
Abhisamayālaṃkāra	《现观庄严论》
abhiṣeka	灌顶
ācārya	阿阇梨
Ācārya Buddhism	阿吒力教
Acharya Nagarjuna University	龙树大学
acintya-bhedābheda	不可思议差别无差别论
Across the Black Waters	《黑水洋彼岸》
actional vedānta	行动吠檀多
Adachi Kiroku	足立喜六
adharma	非法
Adhyātma-rāmāyaṇa	《神灵罗摩衍那》
adhyātma-vidyā	内明
Ādi Grant	《阿底·格兰特》
ādinātha	阿耆达那陀
adṛṣṭa	不可见力
advaita	不二论
Ae lwang chos ldan	爱旺寺
Aerti ni tvi ching	额尔德尼戴青
Afghanistan	阿富汗
Afro-Asian Writers' Association	亚非作家协会
āgama	阿含
Āgama	《阿含经》
āgama-pramāṇa	圣言量/圣教量
Āgama-śāstra	《圣教论》
Agesiles	阿吉西勒斯
Aggabodhi VI	阿伽菩提六世
Agni	阿耆尼
Agni Purāṇa	《火神往世书》
Agnikhor	《食火者》
Agyeya	阿格叶耶
Ah Q and the Question of National Identity	《阿Q与国民性问题》
ahaṃkāra	我慢
ahiṃsā	非暴力
Ahmad Nadeem Qasmi	卡斯米，A. N.
Ahmad Shah	艾哈迈德·沙
Ahmadabad	阿拔巴丹
Ahmedabad University	艾哈迈达巴德大学

续表

其他语言	中文
airika	晕染法
Aitareya Upaniṣad	《他氏奥义书》
Ajanta Caves	阿旃陀石窟
Ajātaśatru	阿阇世
Ajita Keśakambala	阿耆多·翅舍钦婆罗
Ājīvaka	生活派
Ākāśagarbha-bodhisattva-sūtra	《虚空藏菩萨神咒经》
Akilan	阿基兰
Akṣara-śataka	《百字论》
Akṣobhyavajra	不动
Alag Alag Raste	《不同的道路》
Alam Ara	《阿拉姆·阿拉》
Ālambana-parīkṣā-vṛtti	《观所缘缘论》
Alarippu	《阿拉瑞普》
Ala-ud-din	阿老瓦丁 / 阿拉乌丁
ālaya-vijñāna	阿赖耶识
Aligarh	阿里格尔
Al-Jami'a-Azhar	埃及爱资哈尔大学
All India Dr. Kotnis Memorial Committee	全印柯棣华大夫纪念委员会
All India Oriental Conference	全印东方学术大会
All India Radio	全印广播电台
Allahabad	阿拉哈巴德
Always Being Born	《时刻降生》
Amala	阿玛拉
Amar Singh	辛格，A.
Amaravati	阿马拉瓦蒂
Ambalangoda Polvatte Buddhadatta	佛授
Amen Mir Dehlavi	密尔·阿门
American Academy of Arts and Letters	美国文学艺术科学院
amitābha	无量光
Amitābha sūtra	《阿弥陀经》
amitāyus	无量寿佛
Amitendranath Tagore	泰无量
Amoghapāśa-dhāraṇī-sūtra	《不空罥索咒经》
Amoghavajra	不空 / 不空金刚
Amritsar	阿姆利则
Amṛta	甘露
Amṛtodana	甘露饭王
An Astrologer's Day	《占星师的一天》
An Autobiography or the Story of My Experiments with Truth	《自传——我体验真理的故事》
An Indian Freedom Fighter in China: A Tribute to D. S. Kotnis	《柯棣华大夫》
Analects of Confucius	《论语》
Anand Mohan Sahay	萨哈伊，A.M.
Ānanda	阿难

1147

续表

其他语言	中文
Ananda Shankar	阿南德 · 香卡
Ānandī	《阿南迪城》
Anandi Lal	阿南迪 · 拉尔
anātman	无我
ancient Chinese translation	中国古代翻译学
Ancient India and Ancient China : Trade and Religious Exchanges, A. D. 1-600	《古代印度与古代中国，贸易与宗教交流》
ancient Indian languages and scripts	古代印度语言和文字
ancient Indian mathematics and astronomy	印度古代数学天文学
Ancient Indian painting technique	天竺遗法
aṇḍa	安荼 / 金卵
Andaman	按笃蛮 / 晏陀蛮国
Andaman Islands	安达曼群岛
Andher Nagari	《黑暗的城邑》
Andhra	安度罗 / 案达罗
Andhra Dynasty	安度罗王朝
Andhra Prabha	《安得拉之光报》
Andhra Pradesh	安得拉邦
André Bareau	伯劳，A.
Anga	安伽村
aṅga	分 / 支
Aṅgulimālika-sūtra	《央掘魔罗经》
Anil Chandra Banerjee	班纳吉
animnonnata	平面法
Aniruddha	阿尼鲁达
Anita Desai	德赛，A.
anitya	无常
añjali	合十
Ankon Dekha Jhutha	《眼睛看到的谎言》
Anna Pavlova	安娜 · 巴甫洛娃
Annagoondy	阿难功德国
annam	质料
Annam Bhaṭṭa	阿难跋陀
anta-parigraha-dṛṣṭi	边见
antarābhava	无中有
antara-kalpa	中劫
Anthony C. Yu	余国藩
Anti-Fascist Progressive Writers' and Artists' Association	反法西斯进步作家和艺术家协会
Antoine Meillet	梅耶，A.
Antonino Forte	富安敦
anumāna-pramāṇa	比量
Anuradhapura	阿努拉德普勒
anutpāda	不生
ao rgyan pad ma vbyung gnas	邬坚 · 白玛炯奈
apara-brahman	下梵
Aparagodānīya	西牛贺洲

续表

其他语言	中文
apoha	遮遣论
Apsaras	天女
āpta-āgama	圣言量
apūrva	无前
Arahat	阿罗汉
ārambha-vāda	积聚说
Araniko	阿尼哥
araṇya	阿兰若
Āraṇyaka	森林书
Araṇyakāṇḍa	《森林篇》
Araria	阿拉里亚地区
Aravind Adiga	阿迪加，A.
Arcane Essentials from the Imperial Library	《外台秘要方》
ārdha-rātrika-pakṣa	夜半学派
Arhat	阿罗汉
Arsaces	安息
Art of India	《印度美术》
artha	义
Arthapadasūtra	《义足经》
arthāpatti	义准量
Arthaśāstra	《利论》/《政事论》
Artha-vistara-sūtra	《广义经》
Arthur David Waley	韦利，A. D.
Aruṇaśva	阿罗那顺
Arundhati Roy	罗易，A.
Arya Samāj	雅利安社 / 圣社
Āryadeva	圣天 / 提婆
Āryan	雅利安人 / 雅利安语
Ārya-pakṣa	雅利安天文学派
āryāṣṭāṅga-mārga	八正道
As pas	《身边》
aśakti-padārtha	无能句义
asaṃkhya	阿僧祇
asaṃkhyeya-kalpa	阿僧祇劫
āsana	坐法
Asaṅga	无著
asatkārya-vāda	因中无果论
āśaya	意乐
Ashok Chakravarti	查克拉瓦蒂，A.
Ashutosh Mukherjee	穆克吉，A.
Asiatic Society of Bengal	孟加拉亚洲学会
Āśmarathya	阿西摩勒奢耶
Aśoka	阿育王
Aśoka	《阿育王》
aśoka	无忧树
Aśoka Inscriptions	阿育王铭文

续表

其他语言	中文
Aśoka Pillars	阿育王石柱
Aśoka Stūpa	阿育王塔
Aśoka Stupa at HaiqingTemple	海清寺阿育王塔
Aśoka Temple	阿育王寺
Assam	阿萨姆
aṣṭāṅga	八支 / 八支行法
Aṣṭāṅga-hṛdaya-saṃhitā	《八支心要方本集》
Aṣṭāṅga-saṃgraha	《八支集要方》
Aṣṭasāhasrikā-prajñāpāramitā	《般若八千颂》
Asura	阿修罗
Asvabhāva	无性
Aśvaghoṣa	马鸣
aśva-medha	马祭
Aśvin	双马童
Aśvini	娄宿
Atal Bihari Vajpayee	瓦杰帕伊，A. B./ 阿塔尔・比哈里・瓦杰帕伊
Atasi Mami	《阿塔西舅母》
Atharva-veda	《阿闼婆吠陀》
Atigupta	无极高
Atiśa	阿底峡
Atishparay	《怒火》
Ātmabodha	《我之觉知》
ātman	阿特曼 / 我
Attasalanī	《殊胜义》
Aṭṭha-kathā	《义注》
Atthuddhāra-kaṇḍa	《义释品》
Audulomi	奥杜罗弥
Augustus Frederic Rudolf Hoernle	霍恩雷，A.F.
Aurahi Hingna	奥拉西恒格拉村
Aurobindo	奥罗宾多
Aurobindo Ashram	奥罗宾多修道院
Aurobindo Ghose	奥罗宾多・高士
Auroville	奥罗维尔
avadāna	阿波陀那
Avadāna-sūtra	《出曜经》
Avadhi	阿沃提
Avalokitavrata	观誓
Avalokiteśvara	观音
Avalokiteśvara-ekādaśamukha-dhāraṇī-sūtra	《十一面观世音神咒经》
avatāra	下凡
avayava	论式
Avul Pakir Jainulabdeen Abdul Kalam	卡拉姆，A. P. J. A.
Awara	《流浪者》
awaz	声音
Ayas-ud-din	爱思丁
Ayodhyā	阿逾陀

续表

其他语言	中文
Ayodhyākāṇḍa	《阿逾陀篇》
Āyurveda	生命吠陀
B. R. Deepak	狄伯杰
Baagh-o-bahaar	《花园与春天》
Baby Kamala	小卡玛拉
Bactria	大夏
Bādarāyaṇa	跋达罗衍那
Badaun	巴达运
Baishey Shravan	《结婚日》
Bajaur	巴札尔
Bal Gangadhar Tilak	提拉克，B.G.
Baladeva	巴勒提婆 / 力天
Bāla-kāṇḍa	《童年篇》
Baliganj Shiksha Sadan	巴里根吉教育学院
Baluchistan	俾路支
Bāṇa	波那
Banaras Hindu University	贝拿勒斯印度大学
Bangal	鹏茄啰国
Bangla	榜葛刺
Bardah farosh	《人贩子》
Baron Alexander von Staël Holstein	钢和泰
Basanti	《沃森蒂》
Basit	《广阔》
Baumgartner's Bombay	《鲍姆迦特纳的孟买》
bcu bavi lnga mchod	燃灯节
bde dbyangs bzhad pa	五世噶玛巴・德银协巴
bde gshegs mchod rten	善逝塔
bde gshegs rgya bo pa	德夏・嘉沃巴
bde gshigs mchod rten rnam brgyad	善逝如意八宝塔
bde yangs grwa tshang	德阳扎仓
bdud rtsi yon tan rgyud	《甘露功德续》
bdud vdul rdo rje	十三世噶玛巴・杜堆多杰
Bejoy Kumar Basu	巴苏华
Ben'Ali	卜阿里
Benaras	贝拿勒斯
Bengal	孟加拉 / 鹏茄罗
Bengal Presidency	孟加拉管区
Bengali Service of China Radio International	中国国际广播电台孟加拉语部
Benoy Kumar Sarkar	萨卡尔，B. K.
Benson Medal	本森奖章
Bhadrabāhu	巴德拉巴乎 / 贤臂
Bhadra-kalpa	贤劫
Bhadrakalpika-sūtra	《贤劫经》
Bhagavaddharma	伽梵达磨 / 尊法
Bhagavadgītā	《薄伽梵歌》
Bhagavan Das	达斯，B.

续表

其他语言	中文
Bhāgavata-purāṇa	《薄伽梵往世书》
Bhakti Bhushan Mandal	曼达尔，B.B.
bhallātaka	婆罗得
Bhanpura	旁普拉
Bharat Durdasha	《印度惨状》
Bharata	颇罗堕
Bharata-natyam	婆罗多舞
Bharatendu	帕勒登杜
Bharatendu Harishchandra	赫利谢金德尔，B.
Bharatiya Jana Sangh	印度人民同盟
Bhartṛhari	伐致呵利
Bhartṛhari Śatakatraya	《伐致呵利三百咏》
Bhāsa	跋娑
Bhāṣā-pariccheda	《叙述裁定》
Bhāskara	薄斯伽罗
Bhāskaravarman	婆塞羯罗伐摩
bhāva	有
Bhaviṣyat Purāṇa	《未来往世书》
Bhāviveka	清辨
bhedābheda	不一不异论
bhikṣu	比丘
bhikṣuṇī	比丘尼
Bhikṣuṇī-prakīrṇaka	《比丘尼杂诵》
Bhimrao Ramji Ambedkar	安培德卡尔，B. R.
Bhishma Sahni	萨赫尼，B.
Bhoja	博阁
Bhutan	不丹
Bhuvan Shome	《肖姆先生》
bi ma la mi tra	布玛拉弥札
Bidrohi	《叛逆者》
Bihar	比哈尔邦
Bihar Law Weekly	《比哈尔法律周报》
Bījak	《比杰克》
Bimbisāra	频毗娑罗
Bina Divaron Ke Ghar	《无墙之家》
Bingling Temple Caves	炳灵寺石窟
Binmba-pratibinmba-darśana-vadana	《面如满月》
Biographies of Eminent Monks	《高僧传》
Biographies of Nuns	《比丘尼传》
Biographies of the Eminent Monks of the Great Tang Seeking Scriptures in the Western Regions	《大唐西域求法高僧传》
Birangana	《女英雄》
Birju Maharaj	马哈拉吉，B.
Birwapa	毗瓦巴
Bishambhar Nath Pande	潘德，B.N.
Bishop's College	主教学院

续表

其他语言	中文
Biswadev Mukherjee	慕克吉，B.
bkav brgyud pa	噶举派
bkav gdams pa	噶当派
bkav vgyur	甘珠尔
bkra shis lhun po dgon	扎什伦布寺
bla brang	拉章
bla brang bkra shes vkhyil	拉卜楞寺
bla kho	拉科活佛
bla ma zhang	喇嘛香
blo bzang bstan pvi rgyal mtshan	一世哲布尊丹巴・洛桑丹贝坚赞
blo gsal gling grwa tshang	罗赛林扎仓
blo gsal rgya mtsho	察钦法王・洛色嘉措
blo rig	心理
Blood of Stones	《石之血》
Blossoms in the Dust, the Human Factor in Indian Development	《贫困的印度农村》
bod yig gyi bkav bstan vgyur	藏文大藏经
boddhisattva-piṭaka	菩萨藏
Bodh Gaya	菩提伽耶
bodhi tree	菩提树
Bodhicittopāda-sūtra-śāstra	《发菩提心经论》
Bodhidharma	菩提达摩
bodhidruma	菩提树
Bodhikīrti	觉称
Bodhi-patha-pradīpa	《菩提道炬论》
Bodhiruci	菩提流支 / 菩提流志
Bodhisattva	菩萨 / 菩提萨埵
Bodhisattva Nagarjuna's Treatise on Ophthalmology	《龙树菩萨眼论》
Bodhisattva Padmapāṇi	《持莲花菩萨》
Bodhisattva-bhūmi-sūtra	《菩萨地持经》
Bodhisattva-gocaropāya-viṣaya-vikurvaṇa-nirdeśa	《大萨遮尼乾子所说经》
Bodhisattva-piṭaka-sūtra	《大菩萨藏经》
bodhisattva-prātimokṣa	《菩萨戒本》
bodhivṛkṣa	菩提树
Bombay	孟买
Brahmā	梵天
Brahmā Purāṇa	《梵天往世书》
Brāhma Samāj	梵社
Brahmajāla-sūtra	《梵网经》
brahman	梵
Brahman Pagoda	婆罗门佛塔
Brahman Sangeet	《婆罗门曲》
Brahman Siddhanta	《婆罗门历数书》
Brāhmaṇa	梵书
brahman-ātman dvaita-vāda	梵我二元论
Brahmāṇḍa Purāṇa	《梵卵往世书》

续表

其他语言	中文
Brahmanism	婆罗门教
Brāhmapakṣa	婆罗门天文学派
Brahma-sūtra	《梵经》
Brahma-sūtra-bhāṣya	《梵经注》
brahmātmaikya	梵我同一
Brahmavaivarta Purāṇa	《梵转往世书》
Brāhmī	婆罗谜文字
Brāhmi Script	梵寐书
Brajangana	《牧女》
Brajesh Mishira	米什拉，B.
Bṛhadāraṇyaka Upaniṣad	《广林奥义书》
Bṛhaspati-sūtra	《毗诃跋提经》
Bṛhatkathā	《伟大的故事》
Britain and India	《英国与印度》
Bruce Lee	李小龙
Bruzha	小勃律国
bsam yas dgon	桑耶寺
bsdus grwavi spyi don rin chen sgron me	《摄类学论・悟道宝灯》
bskyed pa ma ha yo ga	生起摩诃瑜伽
bsod nams rtse mo	索南孜摩
bson nams rgya mtsho	三世达赖喇嘛・索南嘉措
bstan pa bsod nams rgyal mtshan	丹巴・索南坚赞
bstan pa phyi dar	后弘期
bstan pa snga dar	前弘期
bstan rgyas gling	丹吉林
bstan vgyur	丹珠尔
bstan vphel gling	广法寺
bstod tshogs	礼赞部
btsan po dgon	赞普寺
btsan po don grub rgya mtsho	赞普・顿珠嘉措
Bū	《气味》
bu lugs	布鲁派
bu ston chos vbyung	《布顿佛教史》
bu ston rin chen grub	布顿・仁钦珠
Buddha	佛陀
Buddha Statues of the Longquan Temple in Linzi	临淄龙泉寺石佛像
Buddhabhadra	佛驮跋陀罗 / 佛陀跋陀 / 觉贤
Buddha-bhūmi-sūtra	《佛地经》
Buddha-bhūmi-sūtra-śāstra	《佛地经论》
Buddha-bhūmi-vyākhyāna	《佛地经释》
Buddhacarita	《佛本行经》
Buddha-carita	《佛所行赞》
Buddhaciṅga	佛图澄
Buddhadeva	道宏
Buddhaghoṣa	觉音
Buddhaguhya	布达古哈亚

续表

其他语言	中文
Buddhagupta	补陀吃多
Buddhajīva	佛驮什
Buddhamitra	佛陀蜜多罗
Buddhapāla	佛护 / 佛陀波利
Buddhapālita	佛护
Buddharakṣa	佛图罗刹
Buddhaśānta	佛陀扇多
Buddhasena	佛陀斯那 / 佛驮先
Buddhaśrī	佛陀室利
Buddhaśrīśānti	佛陀室利罕底
Buddhatrāta	佛陀多罗
buddhatva	佛性
Buddhavarman	浮陀跋摩
Buddhāvataṃsaka-mahāvaipulya-sūtra	《大方广佛华严经》
Buddhāvataṃsaka-sūtra	《华严经》
Buddhayaśas	佛陀耶舍
buddhi	觉
Buddhism	《佛教》
Buddhism and Chinese popular beliefs	佛教与中国民间信仰
Buddhism and Chinese popular festivals	佛教与中国民俗节日
Buddhist literature in India	印度佛教文学
Buddhist Medicine Sutra	《佛医经》
Buddhist music	佛曲
Buddhist Sculpture in Sanxiandong Caves	三仙洞佛像雕塑
Burdwan	布德万
Burushal	波路国 / 勃律
By the Side of Babu	《在甘地先生左右》
bya khyung dgon	夏琼寺
byams chen chos rje	强钦却杰
byams chen chos rje shakya ye shes	强钦却杰・释迦益西
byams chos sde lnga	《慈氏五论》
byams pa gling	强巴林寺
byang chub lam rim chen mo	《菩提道次第广论》
byang chub lam sgron	《菩提道炬论》
Byang Chub mchod rten	菩提塔
byang chub rdo rje	十二世噶玛巴・绛曲多杰
byang gter	伏藏北传系
byang sems rgyal ba ye shes	强桑・嘉瓦益西
Bye-Bye, Blackbird	《再见吧，黑鸟》
byes grwa tshang	切扎仓
bzo rig pa	工巧明部
C. A. F. Rhys Davids	戴维斯夫人
cakra-vartin	转轮王
Calcutta	加尔各答
Calicut	古里国 / 卡利卡特
Cālukya	遮娄其国

续表

其他语言	中文
Cālukya Paltava	遮娄其拔罗婆
Cambay	坎巴夷
Campā	瞻波
Caṇḍāla	旃荼罗
Caṇḍī avalokiteśvara	准提观音
Candra Gupta I	旃陀罗·笈多一世
Candradeva	道生
Candragarbha-sūtra	《大方等大集月藏经》
Candragupta	赞陀崛多
Candrakīrti	月称
Candrānanda	旃陀罗阿难陀
Candrānandavṛtti	《旃陀罗阿难陀注》
Candrapriya	月爱
Cao Zhongda technique	曹衣出水
Caotang Temple	草堂寺
Caraka	遮罗迦
Caraka-saṃhitā	《遮罗迦本集》
Caryagiti-kosha of Buddhist Siddhas	《佛教悉陀们的修行诗库》
Caryā-tantra	行续
caste	种姓
Cat on a Houseboat	《船屋上的猫》
Catchick Paul Chater	遮打，C.P.
cat's eye	猫儿睛
Catuḥ-śataka	《四百论》
catuḥ-satya	四谛
Catuḥ-satya-nirdeśa	《四谛论》
cāturāśramya	四住期
catur–mahā-bhūta	四大
Catur-mahārāja-kāyika	四天王/四天王天
Catuṣ-pariṣat-sūtra	《四众经》
Cauvery	高韦里河
Center for the Study of World Religions, Harvard University	哈佛大学世界宗教研究中心
Central Board of Film Certification	印度电影审批中央理事会
Centre for East Asian Studies, Jawaharlal Nehru University	尼赫鲁大学东亚研究中心
cha pa chos kyi seng ge	恰巴·却吉僧格
chab mdo dgon	昌都寺
Chakravarti Rajagopalachari	拉贾戈帕拉查理，C.
chala	曲解
Chandigarh	昌迪迦尔
Chāndogya Upaniṣad	《歌者奥义书》
Chandrapida	真陀罗秘多
Charles Willemen	魏查理
Charu	恰鲁
che shos blo bzang bstan pavi nyi ma	却西·洛桑丹贝尼玛

续表

其他语言	中文
che shos sprul sku	却西活佛
Cheena Bhavan, Visva Bharati University	国际大学中国学院
Cheeni Kavita: Gayahrvin Shatavdi Isa Poorv se Chuahdvin Shatavdi Tak	《中国诗歌：公元前1100年至公元1400年》
Chen Han-seng	陈翰笙
Chennai	金奈
chiaroscuro	明暗法
Chidambaram	吉丹巴拉姆
China	中国
China after Mao	《毛泽东之后的中国》
China Can Make It: Eye Witness Account of the Amazing Industrial Progress in New China	《中国能够获得成功：新中国惊人的工业进步目击报告》
China International Publishing Group, CIPG	中国国际出版集团
China Report	《中国述评》
China Special Book Prize	中国图书特别奖
China studies in India	印度的中国研究
China-India cotton yarn trade	中印棉纱贸易
China-India Friendship Association	中国印度友好协会
China-India goodwill mission	中印友好代表团
China's Economic Policy	《中国的经济政策》
Chinese army in India	中国远征军在印度
Chinese Buddhism	中国佛教
Chinese Buddhism: Aspects of Interaction and Reinterpretation	《中国佛教：交响与重诂》
Chinese community in India	印度华人社区
Chinese Cultural Delegation's visit to India in 1954	中国文化代表团访问印度（1954）
Chinese Earthen Pagoda at Nagapattinam	土塔
Chinese films in India	中国电影在印度
Chinese painting	中国绘画
Chitra	《齐德拉》
Chitra Pavai	《画中女》
Chittagong	察地港
cho vphrul mchod rten	神变塔
Chōpāl	《村公所》
chos grags	法称
chos grags rgya mtsho	七世噶玛巴・却札嘉措
Chos kyi rgya mo	《法广母》
chos rgyal dgon	却杰寺
chos rje rgyal ba bzang po	却杰・嘉瓦桑布
chos smon lam	却莫朗
chos vbyung dpag bsam ljon bzang	《如意宝树史》
Chos vkhor	法轮塔
chu bzang blo bzang bstan pavi rgyal mtshan	却藏・洛桑丹贝坚赞
chu bzang blo bzang thub bstan zhabs sgrub nyi ma	五世却藏活佛・洛桑土丹夏珠尼玛
chu bzang dgon	却藏寺
chu bzang ngag dbang thub bstan dbang phyug	却藏・阿旺图丹旺秋

续表

其他语言	中文
chu bzang rnam rgyal dpal vbyor	却藏·南杰班觉
chu bzang sprul sku	却藏活佛
Chunxi Calendar	《淳熙历》
cikitsāvidyā	医方明
Cīna	支那
Citādeva	明远
Citrā	角宿
Citradeva	窥冲（质怛罗提婆）
Citrasūtra	《画经》
Cittaura	基道尔国
Cittavarman	质多跋摩
Cittuppāda-kaṇḍa	《心生起品》
Clear Light of Day	《白日悠光》
clover	苜蓿
co ne dgon	卓尼寺
Cochin	科钦
cog ro kluvi rgyal mtshan	觉若·鲁坚赞
Cola	注辇/注辇国/朱罗国
Cold Mountain	寒山
collected topics of Tibetan Buddhism	藏传佛教摄类学
Collège de France	法兰西学院
Collège National de Lyon de l'art	里昂国立美术专科学校
College of Agriculture, University of Illinois	伊利诺伊大学农学院
Collett Cox	考克斯，C.
Columbia University	哥伦比亚大学
Comorin	甘巴里
Comparative Studies in the Parinibbana Sūtta and its Chinese Versions	《大般涅槃经及其汉译之比较研究》
Complete Poems of Mao Tsetung and the Literary Analysis	《毛泽东诗词全集与文学赏析》
Comrade Kirillov	《基里洛夫同志》
Confucius	孔子
Constellation Scripture	《宿曜经》
Constituent Assembly	印度立宪会议
Contiguous Pāṭhaka	《连句梵呗》
Coolie	《苦力》
cotton	棉花
Crossing	《渡》
Cry, the Peacock	《哭泣吧，孔雀》
cucumber	胡瓜
Cullavagga	小品
Cunda	纯陀
D. Pingree	平格里，D.
Dabao'en Temple	大报恩寺
Dabao'en Temple Pagoda	大报恩寺塔
Daci'en Temple	大慈恩寺

续表

其他语言	中文
Dada Comrade	《大哥同志》
Dadasaheb Phalke	达达萨赫博·帕尔盖奖
Dadasaheb Phalke Award	印度电影最高奖巴尔吉奖
Dakṣiṇa Kośala	南憍萨罗国
Dali Kingdom	大理国
dam chos yid bzhin nor bu thar pa rin po chevi rgyan ces bya ba theg pa chen povi lam rim	《大乘道次第·解脱庄严论》
Damodar Dharmananda Kosambi	高善必，D.D.
dan gyi yon tan mchog	但·云丹乔
dan tig dgon	丹斗寺
Dānagupta	施护
dāna-pāramitā	布施
Daṇḍavanagiri	杖林山
Daniel H. H. Ingalls	英格尔斯，D. H. H.
Daniela Comp	田水晶
danta-kāṣṭha	齿木
dar ma	达玛
dar ma dbang phyug	达玛旺久
Darpana Academy of Performing Arts	达尔帕纳艺术学院
Daśa-bhāṇavāra-vinaya	《十诵律》
Daśa-bhūmaka-sūtra	《十地经》
Daśa-bhūmika-sūtra	《十地经》/《佛说十地经》/《十住经》
Daśa-bhūmika-sūtra-śāstra	《十地经论》
Daśa-bhūmika-vibhāṣā	《十住毗婆沙论》
Daśa-bhūmīśvara-sūtra	《十地经》
daśa-kuśala-karma	十善
daśa-lakṣaṇa	十相
daśa-padārtha	十句义
Daśa-padārtha-śāstra	《胜宗十句义论》
Daśaratha	十车王
Dasiattam	黛西阿塔姆
Daśottara-sūtra	《十上经》
Daxingshan Temple	大兴善寺
Dayamitira Varma	大野迷地罗梵摩
Dayan	《女巫》
Dayan Calendar	《大衍历》
Dayan Stupa	大雁塔
Dayanand Anglo-Vedic College	达耶难陀盎格鲁吠陀学院
Dayānanda Sarasvati	达耶难陀·娑罗室伐底
dbang phyug rdo rje	九世噶玛巴·旺秋多杰
dbu ma	中观经
dbu ma	《中观》
dbu ma la vjug pa	《入中论》
dbu ma snang ba	《中观明》
dbu mavi rgyan	《中观庄严论》
Dbyed zlum	和平塔

续表

其他语言	中文
debate between Buddhists and Daoists	僧道辩论
Deben Mukherji	木克华
Debendranat Tagore	泰戈尔，D.
Debiprasad Chattopadhyaya	恰托巴底亚耶，D.
Deccan	德干
Deerghtapa	《长期苦修》
Deewana	《疯狂》
Delhi	底里
Delhi School of Economics, Delhi University	德里大学德里经济学院
Deoghar	德奥加尔
Desh	《祖国》
Deshadrohi	《叛国者》
Desht Vafā	《忠诚的大地》
Deux lexiques sanskrit-chinois. Fan yu tsa ming de Li Yen et Fan yu ts'ien tseu wen de Yi-tsing	《两部梵汉字书：利言〈梵语杂名〉与义净〈梵语千字文〉》
Devabhodhi	天觉
Devadāsa	底哇答思
Devadāsī	神奴
Devagupta	提婆笈多
Devakanyā	天女
Devakara	地华加罗
Devakṣema, Devaśarman	提婆设摩
Devanāgarī	天城体
Devapāla	提婆波罗
Devaprajñāna	提云般若
Devaraj	兜哇剌札
Devarāja	天王
Devaśānti	天息灾
Devasena	地婆西那
Devdas	《宝莱坞生死恋》
dgav ldan byin chags gling	噶丹钦恰林
dgav ldan chos vbyung vaidurya ser po	《格鲁派教法史·黄琉璃》
dgav ldan dam chos gling	噶丹旦曲林寺
dgav ldan dgon	甘丹寺
dgav ldan khri ba	甘丹赤巴
dgav ldan mi vgyur gling	噶丹美居林寺
dgav ldan sum rtsen gling	噶丹松赞林寺
dge bshes gung thang pa	格西贡塘巴
dge lugs pa	格鲁派
dge vdun chos vphel	根敦群培
dge vdun grub pa	根敦珠巴
dge vdun rgya mtsho	二世达赖喇嘛·根敦嘉措
dgon chen	贡庆寺
dgon lung byams pa gling	郭隆强巴林寺
dgon lung dgon	郭隆寺
Dhaka	达卡

续表

其他语言	中文
Dhamaru	达摩如鼓
Dhamma-pada	《法句经》
Dhamma-saṅganī	《法聚论》
Dhar Knīn	《脉动》
dhāraṇā	执持
dhāraṇī	陀罗尼
Dharani Sutra Pillar	经幢
Dharani Sutra Pillar at Foguang Temple in Mount Wutai	五台山佛光寺经幢
Dharani Sutra Pillar at Gu'an	河北固安辽代经幢
Dharani Sutra Pillar at Lulong	河北卢龙金代经幢
Dharani Sutra Pillar at Nan'an	福建南安陀罗尼经幢
Dharani Sutra Pillar at Zhaozhou	赵州陀罗尼经幢
Dharani Sutra Pillar of Dali Kingdom	大理国经幢
Dharani Sutra Pillarat Songjiang	上海松江唐经幢
Dharani Sutra Pillars at Huishan Temple	无锡惠山寺经幢
dharma	法
Dharma meghah	法云三昧
dharma of Aśoka	阿育王正法
Dharmabhadra	法贤
Dharmacandra	达摩战涅罗
Dharmadeva	法朗 / 法天
Dharmagupta	达摩笈多 / 达摩掬多 / 昙摩掘多
Dharmaguptaka	昙无德部
Dharmagupta-vinaya	《四分律》
Dharmajātayaśas	昙摩伽陀耶舍
Dharmajñāna	达摩阇那
Dharmakāla	昙柯迦罗
Dharmākara	法藏
Dharmakīrti	法称
dharma-lakṣaṇa	法相
Dharmamitra	昙摩蜜多
Dharmanandi	昙摩难提
Dharmapāla	达磨波 / 达摩波罗 / 法护 / 护法
Dharmaprajña	达磨般若
Dharmapramita	竺法度
Dharmapriya	昙摩蜱
Dharmarakṣa	昙无谶 / 竺法护
Dharmaratna	竺法兰
Dharmaruci	达摩流支 / 昙摩流支
Dharma-saṅgiti-sūtra	《佛说法集经》
Dharma-śāstra	法论
Dharmaśīla	法戒
Dharmaśreṣthin	法胜
Dharmaśrī	法胜
Dharma-sūtra	法经
Dharmatara-dhyāna-sūtra	《达摩多罗禅经》/《修行方便禅经》
Dharmatrāta	法救

续表

其他语言	中文
Dharmavardhana	法长
Dharmavikrama	昙无竭
Dharmayaśas	昙摩耶舍 / 昙曜
Dharmolka-dhāraṇī-sūtra	《大法炬陀罗尼经》
Dharmottara	法上
Dhoom 3	《幻影车神3》
Dhṛtarāṣṭra	多罗吒
Dhruba Deva	德瓦，D.
Dhuān	《烟》
dhyāna	定 / 静虑
dhyāna and samādhi	禅定
Dhyānabhadra	提纳薄陀
Dhyāna-niṣṭhita-samādhi-dharmaparyāya-sūtra	《坐禅三昧经》
Diamond Dust and Other Stories	《钻石星尘》
Die Konjugation des finite Verbums in den Gāthās des Mahāvasthu	《〈大事〉中偈颂部分限定动词的变位》
Die Umwandlung der Endung –aṃ in –o und –u im Mittelindischen	《中世印度语言中语尾am向o和u的转化》
Die Verwendung des Aorists als Kriterium für Alter und Ursprung buddhistischer Texte	《使用不定过去时作为确定佛典年代和来源的标准》
Digambara	空衣派
Dīgha-nikāya	《长部》
Dignāga	陈那
Dilwale Dulhania Le Jayenge	《勇夺芳心》
Dinesh Singh	辛格，D.
Dīpaṃkara	燃灯佛
Dīpavaṃsa	《岛史》
Dīrghāgama	《长阿含经》
Divākara	地婆诃罗
Divaratrir Kabya	《昼夜诗章》
Divyāvadāna	《天譬喻经》
dkar chag	目录部
dkar chag vphang thang ma	《庞塘目录》
dkav bzhi pa rin chen dpal	噶西巴・仁钦拜
Do Bigha Zamin	《两亩地》
dohā	双行诗
dol po ba shes rab rgyal mtshan	多朴巴・喜饶坚赞
doṣa	体液
dpal ldan vbras spungs dgon	吉祥哲蚌寺
dpal rdo rje rnal vbyor ma	《吉祥金刚瑜伽母修法》
dpal vdzam thang chos sde	吉祥壤塘寺
dpal vkhor lo sdom pavi bstod pa don thams cad grub pa rnam dag gtsug gi nor bu	《吉祥轮律仪赞一切义成就清净髻珠》
dpal yul byang chub gling	白玉强曲林寺
dpal yul dgon	白玉寺
dpal yul rnam rgyal rtse	白玉南杰孜

续表

其他语言	中文
dpal yul rnam rtyal byang chub gling	白玉南杰强曲林寺
Dr. George Grierson Award	乔治·格里尔森奖
Drāviḍa	达罗毗荼人/达罗毗荼语
dravya-padārtha	实句义
dri med bshes gnyen	智美协年
dri med vod zer	智美沃色
dri za	食香者
dṛṣṭānta	实例
drung rrna shri	仲·热纳室利
dualistic twenty–five categories	二元二十五谛
Dumka	杜姆卡镇
Dunhuang Caves	敦煌石窟
Dunhuang Lyrics	敦煌歌词
Durgā	杜尔伽
Durgagupta	杜尔伽笈多
dus gsum mkhyen pa	都松钦巴
dus mchod	都却
dus vkhor	时轮
dus vkhor grwa tshang	时轮学院/时轮扎仓
dus vkhor vgrel bshad	时论经疏
dvādaśa dhūta guṇa	十二头陀规范
Dvādaśa-mukha-śāstra	《十二门论》
dvādaśāṅga-pratītya-samutpāda	十二因缘
Dvādaśāṅgī	《十二支》
dvaita-advaita	二而不二论
dvaita-vāda	二元论
dvāparayuga	二分时代
dvi-satya	二谛
dwags po bkav brgyud	达布噶举派
dwags po lha rje	达布拉杰
Dwarkanath Shantaram Kotnis	柯棣华/柯棣尼斯
Dwijendra Narayan Jha	恰，D.N.
Dyaus	特尤斯
E. D. Sassoon&Co.	新沙逊洋行
E. Huber	胡博，E.
E. Müller	穆勒
École nationale supérieure des Beaux-Arts	巴黎国立高等美术学院
Ecological and Agrarian Regions of South Asia: Circa 1930	《南亚农业区域》
Edward Conze	孔泽
Ek Adim Ratri ki Mahak	《第一夜的气味》
Ek Chithara Sukha	《破碎的幸福》
Ek din achanak	《突然一日》
Ek Inch Muskan	《一英寸的微笑》
Ek Kahani Yah Bhi	《这也是个故事》
ekādaśa indriya	十一根

续表

其他语言	中文
Ekei ki bale sabhyata	《难道这叫文明》
Ekottarāgama	《增一阿含经》
Ekottarikāgama	《增一阿含经》
Ekushey Patak	孟加拉国“21日奖章”
Ellis and Elly Kadoorie	嘉道理兄弟
embroidery	刺绣
Emil Sieg	西克，E.
Emperor Chengzu of Ming Dynasty	明成祖朱棣
Emperor Gaozong of Tang Dynasty	唐高宗李治
Emperor Mingdi of Han Dynasty	汉明帝刘庄
Emperor Taiwudi of Northern Wei Dynasty	北魏太武帝拓跋焘
Emperor Taizong of Song Dynasty	宋太宗赵炅
Emperor Taizong of Tang Dynasty	唐太宗李世民
Emperor Taizu of Ming Dynasty	明太祖朱元璋
Emperor Taizu of Song Dynasty	宋太祖赵匡胤
Emperor Taizu of Yuan Dynasty	元太祖成吉思汗
Emperor Wendi of Sui Dynasty	隋文帝杨坚
Emperor Wudi of Han Dynasty	汉武帝刘彻
Emperor Wudi of Liang Dynasty	梁武帝萧衍
Emperor Xiaomingdi of Northern Wei Dynasty	北魏孝明帝元诩
Emperor Xuanzong of Tang Dynasty	唐玄宗李隆基
Emperor Shizu of Yuan Dynasty	元世祖忽必烈
Empress Wu Zetian	武则天
Ernst Steinkellner	斯坦因凯勒,E.
Ernst Waldschmidt	瓦尔德施密特，E.
Essentials of Prescriptions by Various Medical Texts	《诸医方髓》
establishment of China-India diplomatic relations	中印建交
Eternal Peace	《普庵咒》
Étienne Lamotte	拉莫特
Eugene Onegin	《欧根·奥涅金》
Evidences Taken by the Royal Commission on Agriculture in India	《皇家印度农业调查团证词》
Expedition to the Western Oceans	《西洋记》
Faisal Khan	汗，F.
Fakhruddin Ali Ahmed	艾哈迈德，F. A.
Famen Temple	法门寺
Famen Temple Pagoda	法门寺塔
Fanōn	《艺术》
Far Eastern Liaison Office	英国远东情报局
Farghana	大宛
Faridpur	福里德布尔
Fasting, Feasting	《斋戒·盛宴》
Faxiang sect	法相宗
Fayuan Temple	法源寺
Fergusson College	弗格森学院
fiction of gods and demons	神魔小说

续表

其他语言	中文
Filmfare Award for Best Actor	电影观众最佳男演员奖
Filmfare Award for Best Male Debut	印度电影观众奖最佳新人奖
Filmfare Awards	印度电影观众奖
Filmfare Best Actor Award	印度电影观众奖最佳男主角奖
Filmfare Lifetime Achievement Award	电影观众终身成就奖
Fire on the Mountain	《山火》
Fireflies	《流萤集》
Firojapur	费罗兹布尔
Fitzwilliam College, University of Cambridge	剑桥大学菲茨威廉学院
five categories of dharma	五位法
Five Plays	《五剧》
Fort William College	威廉堡学院
Fragments of the Tocharian A Maitreyasamiti Nāṭaka of the Xinjiang Museum, China	《中国新疆博物馆吐火罗文A〈弥勒会见记剧本〉残片译释》
Franz Bernhard	伯恩哈，F.
Frescoes at Palcho Monastery	白居寺壁画
Friedrich W. K. Müller	穆勒，F. W. K.
Fruit Gathering	《采果集》
Futian Calendar	《符天历》
G. D. Deshingkar	戴辛克尔，G. D.
G. Phillips	菲利普斯
Gaban	《一串项链》
Gadadhar Singh	格达达尔·辛格
Gakuk	朱驹波国
Gakupa	朱驹波国
Games at Twilight and Other Stories	《黄昏的游戏》
Gaṇapati	群主
Gaṇḍa-vyūha	《树严经》
Gandhāra	犍陀罗/犍陀卫国
Gandhāra art	犍陀罗艺术
Gāndhārī	犍陀罗语
gandharva	舞伎
Gandharva	乾闼婆/乐师
Gandhi Peace Foundation	甘地和平基金会
Gaṇeśa	象头神群主
Gaṇeśapakṣa	伽纳莎学派
Ganga	恒河
Gāṅgeśa	克伽自在
Garam Havaa	《热风》
Garband, Karband	汉盘陀国
Gargi Dutt	杜特，G.
Garuḍa	金翅鸟
Garuḍa Purāṇa	《大鹏往世书》
gāthā	偈
Gauḍapāda	乔荼波陀
Gauḍapāda-bhāṣya	《乔荼波陀注》

续表

其他语言	中文
Gautam Bambawale	班浩然
Gautama	乔答摩
Gautama Qian	瞿昙谦
Gautama Ratna	瞿昙罗
Gautama Siddhārtha	乔答摩·悉达多 / 瞿昙悉达
Gautama Yan	瞿昙晏
Gautama Zhuan	瞿昙譔
Gautamāditya	瞿昙逸
Gautamaprajñāruci	瞿昙般若流支
Gautamaruci	瞿昙流支
Gautamaśrī	高达摩实理
Gaya	伽耶
gayg phrug sangs rje dpal	雅楚·桑杰拜
gayu ri gayu sgra	玉日玉扎氏
gcod lugs	觉域派
Geeta Radhakrishna	吉妲·拉达克里希那
Generalissimo and Madam Chiang Kai-shek's Visit to India and India's Independence	《蒋公访印与印度独立》
George Hatem	马海德
Georges-Jean Pinault	皮诺，G.J.
Ghadar Party	卡德尔党
Ghajini	《未知死亡》
Ghalib Award	印度伽利卜文学奖
Ghana-vyūha-sūtra	《大乘密严经》
ghaṇṭā	犍椎
Ghar se Ghar tak	《从这家到那家》
Ghulam Abbas	阿巴斯，G.
Giani Zail Singh	辛格，G. Z.
Gilgit	吉尔吉特
Girton College, University of Cambridge	剑桥大学格顿学院
Gītā-bhāṣya	《薄伽梵歌注》
Gitanjali	《吉檀迦利》
Giuseppe Tucci	图齐，G.
glang ri thang pa	朗日塘巴
glass	玻璃
Glimpses of Bengal	《孟加拉掠影》
gling ras pad ma rdo rje	林热·班玛多杰
gnam chos thugs kyi gter kha	天法意藏
gnas brtan	上座
gnubs chen sangs rgyas ye shes	努钦·桑杰耶协
gnubs sangs rgyas ye shes	努·桑杰益西
gnyags dznya ku ma ra	聂·咱纳古玛热
gnyal ston dpal vbyor lhun grub	年顿·班觉伦珠
gong dkar rdo rje gdan	贡嘎多杰丹寺
gong dkav ba	贡嘎系
Gopāla	瞿波罗

续表

其他语言	中文
Gopalkrishna Gandhi	甘地，G.
Gotama	乔答摩
Government College, Lahore	拉合尔政府学院
Governor of Madurai	马杜赖总督
Govind Purushottam Deshpande	德什潘德，G. P.
Govinda	牧尊
grags pa rgyal mtshan	札巴坚赞
grags pa vod zer	一世章嘉活佛・札巴鄂色/扎巴俄色
Gṛdhrakūṭa	灵鹫山
Great Stupa of Kaniṣka	迦腻色迦大塔
Gregory Schopen	萧朋，G.
Gṛhya-sūtra	家范经
Gṛhya-sūtra	《家庭经》
'Group Politics' in China: A Critique	《中国的"群体政治"：一种评论》
grub mthav chen mo	《宗义广论》
grub mthav rin chen vphring ba	《宗义宝鬘论》
grub mthav smra ba	宗义学
grub mthav thams cad kyi vbyung khungs dang vdod tshul ston pa legs bshad shel gyi me lung	《一切宗派渊源及教理善说晶鉴》
gsang bdag sgro phug pa	桑德・卓浦巴
gsang phu dgon	桑浦寺
gsang sngags	密宗
gsang sngags chos gling	桑阿曲林寺
gsang vdus kyi bskyed rdzogs	密集生圆次第
gsar khog dgon	赛柯寺
gsar ma	新派
gser bum skrug pa	金瓶掣签制度
gser khog	赛柯
gser khri sprul sku	赛赤活佛
gser tog sprul sku	赛多活佛
gso rig pa	医方明部
gsung vbum	《松绷》
gter bdag rat na gling pa	大掘藏师・热那林巴
gter ma	伏藏
gtsang ba dgon	藏哇寺
gtsang pa	藏瓦
gtsang pa rgya ras ye shes rdo rje	藏巴嘉热・益西多杰
gtsug lag khang	大昭寺
gtum ston	邓敦
gu bkravi chos vbyung	《郭札佛教史》
gu ru chos kyi dbang phyug	古日・却吉旺秋
Guangren Temple	广仁寺
Guangzhai Calendar	《光宅历》
Gudrun Melzer	梅尔策
Gujarat	胡荼辣国/古吉拉特邦
Gujarat University	古吉拉特大学

续表

其他语言	中文
Gujarati	古吉拉特语
Gulzarilal Nanda	南达，G.
guṇa	德
Guṇabhadra	求那跋陀罗
Guṇamati	德慧
guṇa-padārtha	德句义
Guṇaprabha	德光 / 功德光
Guṇarata	拘那罗陀
Guṇaratha	拘那罗陀
Guṇaśrī	古拏室利
Guṇavarman	功德直 / 求那跋摩
Guṇavṛddhi	求那毗地
Gupta	笈多 / 屈多
Gupta art	笈多艺术
Gupta Dynasty	笈多王朝
Gupta Empire	笈多帝国
Gurgaon	古尔冈
Gurjara	瞿折罗
Gurkha	廓尔喀
gurukul	锡克教私塾
Gurukul system	私塾形式
Gwalior	瓜廖尔
Gwalior's Victoria College	瓜廖尔维多利亚学院
gyav bzang bkav brgyud	雅桑噶举
gyav bzang dgon	雅桑寺
gzhan don slob ma rjes su bzung bavi cho ga	《利他摄受弟子仪轨》
gzhan stong	他空见
gzhi thog	为细脱
gzhis ka rtse	日喀则
gzhung bkav pod lnga	五部大论
gzungs vdus	陀罗尼集
H. Lüders	路德斯，H.
Halud Nadi o Sabuj Ban	《黄河与绿色森林》
Hamilton Bower	鲍威尔，H.
Hamline University	汉母林大学
Hans	《天鹅》
Hansraj College	德里大学汉斯拉贾学院
Hanumān	哈奴曼
Harabanslal Sahni	萨赫尼，H.
Haraprasad Ray	雷易，H.
Haribhadra, Haribhadra Suri	师子贤
Haridas Mitra	米特拉，H.
Harijan	《哈里真》
Harindranath Chattopadhyay	查托巴迪雅亚，H.
Hārītī	鬼子母
Harivansh Rai Bachchan	伯金，H.R.

续表

其他语言	中文
Harivarman	诃梨跋摩
Harṣa Śīlāditya	曷利失·尸罗迭多
Harṣa-carita	《戒日王传》
Harvard University	哈佛大学
Haryana	哈里亚纳邦
Hassan	哈桑
Hastavāla-prakaraṇa	《掌中论》
Helen M. Hayes	海伦·海斯
Hemacandra	金月
Hemango Biswas	金信华
Hendrik Kern	克恩，H.
Henri Maspero	马伯乐，H.
hetu	因
hetu-ābhāsa	似因
hetupratyaya	因缘
hetu-vidyā	因明
Hetu-vidyā	《因明》
hetu-vidyā	因明学
hetuvidyā of Tibetan Buddhism	藏传佛教因明学
Hindi Chini Bhai Bhai	印中人民是兄弟
Hindi Service of China Radio International	中国国际广播电台印地语部
Hindu College	印度学院
Hindu University of America	美国印度大学
Hindu-Arabic Numerals	印度–阿拉伯数字
Hinduism	印度教
Hindustani Samajawadi Prajatantra	印度斯坦社会主义人民共和军
hiraṇya-garbha	金胎
Hiraṇya-saptati	《金七十论》
Historical Data of South Asia from Chinese Sources	《汉文南亚史料学》
Hitopadeśa	《有益的教训》
homa	护摩法
Hong Kong	香港
hor gyi chos vbyung	《蒙古佛教史》
Hormusjee Naorojee Mody	么地，H. N.
Huang I Shu	黄绮淑
Huang Temple	黄寺
Huayan sect	华严宗
Huiyuan Calendar	《会元历》
Huizong Temple	汇宗寺
Hūṇa	嚈哒人
Huvishka	库维什卡
I Sing of Man	《我歌唱人类》
Ibn Battuta	伊本·白图泰
Ibn Rushd	伊本·拉希德
Ibrahim Sharqi	亦不剌金
Ila Chandra Joshi	朱希，I. C.

续表

其他语言	中文
In Custody	《被监禁者》
In the Image of Mao TseTung	《毛泽东印象》
Incantation of Pu'an	《普庵咒》
Inder Kumar Gujral	古杰拉尔，I.K.
India	天竺 / 印度
India and China: A Reappraisal of Their Relations	《印中关系之再评估》
India and China: a thousand years of cultural relations	《印度与中国：千年文化关系》
India and China: Interactions through Buddhism and Diplomacy	《印度与中国：佛教与外交的互动》
India, China and Super Powers	《印度、中国与超级大国》
India studies in China	中国的印度研究
India-China Friendship Association	印度中国友好协会
India-China Relations	《印中关系》
India-China transport and communication lines during World War II	第二次世界大战期间中印交通运输线
Indian architecture	印度建筑
Indian Buddhism	印度佛教
Indian Buddhist philosophy	印度佛教哲学
Indian Congress Party	印度国大党
Indian Council for Cultural Relations	印度文化关系委员会
Indian dance	印度舞蹈
Indian drama	印度戏剧
Indian Fairy Tales	《印度童话集》
Indian films in China	印度电影在中国
Indian folk literature	印度民间文学
Indian History Congress	印度史学会
Indian Home Rule	《印度自治》
Indian Independence League	印度独立联盟
Indian Influence on Chinese Thought	《印度思想对中国思想的影响》
Indian Institute of Advanced Study at Simla	西姆拉印度高等研究院
Indian Magazine	《印度杂志》
Indian Medical Mission	印度援华医疗队
Indian medical science transmission to China	印度医学在中国的传播
Indian Museum	印度博物馆
Indian music	印度音乐
Indian mythology	印度神话
Indian National Association of China	印度国民协会中国分会
Indian painting	印度绘画
Indian People's Theatre Association	印度人民戏剧协会
Indian Philosophical Congress	印度哲学大会
Indian Progressive Writers' Association	印度进步作家协会
Indian Residents Association, Tianjin	天津印度侨民协会
Indian sculpture	印度雕刻
Indian Women's Society for India-China Friendship	印中友好妇女协会
Indian Youth League	印度青年团
Indian-style massage	天竺按摩法

续表

其他语言	中文
Indira Gandhi	英迪拉·甘地
Indore	印多尔
Indra	因陀罗
Indrani Rahman	英德拉妮·拉赫曼
Institute for Defence Studies and Analyses	印度国防研究与分析所
integral vedanta	整体吠檀多论
integral yoga	整体瑜伽论
International Congress of Indian Philosophy	国际印度哲学学会
International Congress of Orientalists	国际东方学大会
International Indian Film Academy Awards	国际印度电影学院奖
International Institute for Buddhist Studies	国际佛学研究所
International Peace Prize	国际和平奖
International Research Institute for Advanced Buddhology, Soka University	创价大学国际佛教学高等研究所
International Society for Krishna Consciousness	国际黑天意识会
International Writing Program	国际写作项目
Introduction to Mahābhārata	《〈摩诃婆罗多〉导读》
iron line drawing	铁线描
Iśā Upaniṣad	《伊莎奥义书》
Ismaili traders	伊斯玛仪派商人
Ismat Chughtai	玖达伊，I.
Īśvarakṛṣṇa	自在黑
Ivan Chen	陈贻范
J. J. L. Duyvendak	戴文达
J. V. G. Mills	米尔斯
Jackson School of International Studies, University of Washington	华盛顿大学杰克逊国际研究学院
Jagadish Narayana Kashyap	迦叶波法师
Jagattarini Gold Medal	贾加塔利尼金质奖章
Jaikishan	贾伊吉山
Jaimini	阇弥尼
Jainendra Kumar	古马尔，J.
Jainism	耆那教
Jaishankar Prasad	伯勒萨德，J.
Jalaluddin	贾拉鲁丁
Jalandhar	贾兰达尔市
Jalandhara	阇烂陀罗
jalpa	论诤
Jambudvīpa	南赡部洲
James Robert Russell	罗素，J.R.
Jamia Millia Islamia University	德里国立伊斯兰大学
Jamsetjee Jejeebhoy	杰吉博伊，J.
Jan Nattier	那体慧
Janaka	遮那竭王
Janaki Ballabh	波拉普
Janani	《母亲》

续表

其他语言	中文
Jao Tsung-I	饶宗颐
Jare ki Chandni	《寒月》
Jaswant Singh	辛格，J.
Jātaka	《本生经》/《社得迦》
Jātaka	佛本生经
Jātaka-mālā	《社得迦摩罗》
jāti	倒难
Jati Swaram	贾迪斯瓦拉姆
Jaunapur	沼纳朴儿
Jawaharlal Nehru	尼赫鲁，J.
Jawaharlal Nehru University	尼赫鲁大学
Jayarama Rao	佳亚拉马·拉奥
Jayasena	胜军
Jayasi Granthavali: Padamavati Ṭika Sahita	《贾耶西集：<莲花公主传奇>注释》
Jens-Uwe Hartmann	哈特曼
Jessore	杰索尔
Jetavana	祇园精舍
Jetavanānāthapiṇḍadasyārāma	祇树给孤独园
Jetavanānāthapiṇḍikārāma	祇树给孤独园
Jhansi ki Rani	《章西女皇》
Jharokhe	《窗户》
Jhelum	杰赫勒姆
Jhutha Sach	《虚假的事实》
Jianchu Temple	建初寺
Jianchuan Caves	剑川石窟
Jiming Temple	鸡鸣寺
Jinaputra	胜子
Jinayaśas	阇那耶舍
Jinendrabuddhi	吉年陀罗菩提
Jingtu sect	净土宗
Jingwei Calendar	《经纬历》
Jiṣṇu Gupta	笈多，J.
Jīva	耆婆/耆域
Jīvaka	耆婆/耆域
Jīvaka Pustaka	《耆婆书》
Jñānabhadra	攘那跋陀罗/若那跋陀罗/阇若那跋达啰
Jñānacandra	智月
Jñānagupta	阇那崛多
Jñānakata	若那竭多
Jñānaprabha	智光
Jñāna-prasthāna	《发智论》
Jñānaśrībhadra	智吉祥友贤
Jñānaviveka	慧辩
Jnanpith Award	印度文坛奖
jo bovi chos chung	阿底峡小部集
jo nang pa	觉囊派

续表

其他语言	中文
Jodhpur	焦特布尔
Johannes Rahder	拉合德，J.
John Brough	布拉夫，J.
John Dewey	杜威
Johns Hopkins University	约翰斯·霍普金斯大学
Josi Umasankara	乔希
Journey to Ithaca	《伊萨卡之旅》
Journey to the West	《西游记》
Jules Bloch	布洛克，J.
Juloos	《游行》
K. Venkataramanan	文卡塔拉曼南，K.
Kabhi Khushi Kabhi Gham	《有时快乐有时悲伤》
Kabir	格比尔
Kabir Panth	格比尔教团
Kabirdas	格比尔达斯
Kabirgranthavali	《格比尔集》
Kaid	《幽禁》
Kaivarti-sūtra	《坚固经》
Kaiyuan Temple	开元寺
Kajol Devgan	德夫甘，K.
kakari	纸
kāla-cakra	时轮
Kālacakra-yāna	时轮乘
Kālagupta	迦罗崛多
Kalakshetra	卡拉谢特拉
kalaripayattu	卡拉里帕亚图
Kālaśānti	迦罗扇帝
Kālayaśas	畺良耶舍
Kalhat	哈剌哈底
Kālī	迦梨女神
Kali Shalwar	《黑裤子》
Kalidas Nag	纳格，K.
Kālidāsa	迦梨陀娑
Kaliṅga	羯陵伽
kali-yuga	争斗时代
Kalki	伽尔基
kalpa	劫
Kalpa	《劫经》
Kalpanālaṃkṛtikā	修辞庄严
Kalpanā-maṇḍitikā	修辞庄严
Kalpa-sūtra	劫波经
Kalva	《哥尔瓦》
Kalyani	《格尔亚妮》
Kāma	迦摩
Kamala Lakshman	拉克希曼，K./卡玛拉·拉克西曼
Kamalagupta	迦摩罗崛多

1173

续表

其他语言	中文
Kamalaśīla	莲花戒
Kāmarūpa	迦摩缕波
Kāmaṭhika-sūtra	《迦摩提歌经》
Kāmpilya	剑毕离
Kaṇāda	迦那陀
Kāṇadeva	迦那提婆
Kanchipuram	黄支
Kāñcīpura	建志补罗
Kandā	《甘达》
Kaniṣka	迦腻色迦
Kanpur	坎普尔
Kanthapura	《根特浦尔》
Kanyākubja	曲女城
Kapila	迦毗罗
Kapilavastu	迦毗罗卫
Kāpiśa	罽宾国
Kāpiśī	迦毕试国 / 迦臂施国
Karan Johar	乔哈尔，K.
Kāraṇḍa	迦兰陀
Karatala-ratna	《大乘掌珍论》
Kareena Kapoor	卡普尔，K.
Kariyan	《环节》
karma	业
karma bkav brgyud	噶玛噶举
karma gdan sa dgon	噶玛丹萨寺
karma lha steng dgon	噶玛拉顶寺
karman-padārtha	业句义
Karmapakṣi	噶玛拔希
Karma-siddhi-prakaraṇa	《大乘成业论》
Karma-vācanā	《羯磨》
Karṇakubja	鞬拏究拨阇城
Karnataka	卡纳塔克邦
Karuṇā-puṇḍarīka-sūtra	《悲华经》
Karwan	《大篷车》
Kāśakṛtsna	迦夏克尔茨那
Kashgar	喀什噶尔
Kashghar	羯师
Kashigar	竭叉国
Kashkar	羯师
Kashmir	迦湿弥罗 / 克什米尔
Kāśī	迦尸
Kāśyapa	迦叶 / 迦叶孝威
Kāśyapa Mataṅga	迦叶摩腾
Kāśyapamātaṅga	摄摩腾
Kāśyapa-paripṛcchā	《迦叶所问经》
Kāśyapa-parivarta	《迦叶品》

续表

其他语言	中文
Kaṭhā Upaniṣad	《迦塔奥义书》
Kathak	卡塔克舞
Kathak Kendra	卡塔克舞蹈中心
Kathakali	卡塔卡利舞
Kathāsaritsāgara	《故事海》
Kathā-vatthu	《论事》
Kātyāyaniputra	迦多延尼子
Kaurwaki	考瓦基
Kauśāmbī	憍赏弥
Kauśika	憍尸迦
Kauṣītaki Upaniṣad	《乔尸多基奥义书》
Kauṭilya	憍底利耶
Kauve Aur Kala Pani	《乌鸦和流放》
Kavalam Madhava Panikar	潘尼迦，K.M.
Kāya-bhāvanā-sūtra	《修身经》
kāya-guhya	身密
Kazi Nazrul Islam	伊斯拉姆，K. N.
Kekaya	吉迦夜
Kelucharan Mohapatra	凯鲁恰兰·马哈帕特拉
Kena Upaniṣad	《由谁奥义书》
Keśava Miśra	凯沙筏·弥尸罗
Keshab Chandra Sen	凯沙布·钱德拉·森
Ketu	计都
Khache Panchen Śākyaśrī	喀切班钦·释迦室利
khakkhara	锡杖
Khalsa College	卡尔萨学院
khams	康区
khams lugs	康区传承系
Khandhaka	犍度
Khandha-vibhaṅga	蕴分别
Khandha-yamaka	蕴双品
Khaplu	贺菩劳
Kharashedji Rustomji Cama	伽玛，K.R.
Kharoṣṭhī	佉留书 / 佉卢文
Khasa	呿舍国
Khavaja Ahmad Abbas	阿巴斯，K. A.
khong gzung gsal sgron	《理论明灯》
Khowar	拘纬
khri srong lde btsan	赤松德赞
khro phu bkav brgyud	绰浦噶举
khu lung pa yon tan rgya mtsho	库隆巴·云丹嘉措
Khuchipudi	库契普迪舞
Khuddaka-nikāya	《小部》
khyung po rnal vbyor	琼波南觉
Ki Pin and Kashmir	《罽宾与克什米尔》
King Dharma of Uddiyana	达摩

1175

续表

其他语言	中文
King Harṣavardhana	戒日王
Kiran Desai	基兰·德赛
Kiran Segal	吉兰·赛加尔
Kiraṇāvalī	《光之颈饰》
kiriyā	唯作
Kiṣkindhākāṇḍa	《猴国篇》
Kitab al-jami'fi-mufradat al-adwiya wa al-aghdhiya	《药草志》
Kitne Chaurahe	《多少十字路口》
Klaus Wille	维勒，K.
klong chen chos vbyung	《隆钦教法史》
klong chen mdzod bdun	《隆钦七藏》
klong chen rab vbyams pa	隆钦饶绛巴
klong chen rab vbyams pa tshul khrims blo gros	隆钦饶绛巴·茨臣罗哲
klong chen snying thig	《隆钦宁提》
klong rdol dgon	隆多寺
klong sde	《界部》
Københavns Universitet	哥本哈根大学
Kocheril Raman Narayanan	纳拉亚南，K. R.
Kochi	柯枝
Kolhapur	戈尔哈布尔
Kollam	故临 / 俱蓝
kon ldan ras pa	贡丹热巴
Kophen	罽宾
kośa	俱舍
Kośala	憍萨罗
Kosala	憍萨罗
Kotta Satchidananda Murty	穆尔迪，K. S.
Kozhikode	古里国
Krishan Chander	钱达尔，K.
Krishma	《奇迹》
Krishna Chandra Bhattacharya	薄泰恰里耶，K. C.
Krishna Kinkar Sinha	辛哈，K. K.
Krishnanagar Government College	克里希那纳格尔政府学院
Kriyā-tantra	事续
krośa	拘卢舍
Kṛṣṇā	《黑公主》
Kṛṣṇa	黑天
Kṛṣṇa Miśra	克里希那·弥尸罗
kṛta-yuga	圆满时代
Kṛttikā	昴宿
kṣānti	忍辱
Kshitimohan Sen	沈谟汉
Kṣitigarbha	地藏菩萨
Kṣudraka-piṭaka	杂藏
Kṣudraka-piṭaka	《杂藏》
Kubera	俱比罗

续表

其他语言	中文
Kublai Khan	忽必烈
Kucha music	龟兹乐
Kujula Kadphises	丘就却
Kukkuṭapādagiri	鸡足山
Kukkuṭārāma	鸡园寺
Kulam	奎隆
kulapati	居士
Kumāra	鸠摩罗 / 俱摩罗 / 童子王
Kumara Padmanabha Sivasankara Menon	梅农，K. P. S.
Kumāra Sudhana	善财童子
Kumārajīva	鸠摩罗什 / 童寿
Kumāralāta	童受
Kumārila	枯马立拉
kun bde gling	功德林
kun dgav grol mchog	贡噶卓乔
kun dgav snying po	贡噶宁布
kun mkhyen blo gros rin chen seng ge	贡钦洛卓仁青僧格
kun spangs thugs rje brtson vgrus	贡邦・突杰尊哲
Kundakunda	康达康达
kuṅkuma	郁金香
Kunto	《昆多》
Kunwar Natwar Singh	辛格，K. N.
Kūrma Purāṇa	《龟往世书》
Kurukṣetra	俱卢之野
Kuśāṇa	贵霜王朝
Kuśīnagara	拘尸那迦
Kusum Nair	库苏姆・奈尔
Kūṭatāṇḍya-sūtra	《究罗檀头经》
Kutbah	《石碑》
la mo bde chen	拉莫德钦寺
La section de langues et civilisations orientales, Université de Lausanne	洛桑大学东方语言文化系
Ladakh	拉达克
lag na rdo rje gos sngon po can gyi cho ga dang bcas pavi gzungs	《青衣金刚手成就法陀罗尼仪轨》
Lagaan	《印度往事》
Lahore	拉合尔
Lakṣaṇānusāriṇī	《随相疏》
Lakṣmaṇa	罗什曼那
Lakṣmī	吉祥天女
Lal Bahadur Shastri	夏斯特里，L. B.
Lalitabhoga	罗利多菩伽
Lalita-vistara	《普曜经》
Lalu Trilogy	拉卢三部曲
lam vbras	道果法
Lama Temple	雍和宫

续表

其他语言	中文
Lambakanna II	第二兰巴建纳王朝
Landmark Development in Chinese Poetry	《中国诗歌的重要发展》
Laṅkā	楞伽城
Laṅkākāṇḍa	《楞伽篇》
Lankavatara Sutra	《兰卡瓦塔拉经》
Laṅkāvatāra-sūtra	《大乘入楞伽经》/《楞伽经》/《入楞伽经》
Lao Tzu	老子
Lao Tzu	《老子》
Laozi	老子
Laozi	《老子》
Lasya	拉夏舞
Laugāksi Bhāskara	洛迦悉·帕斯迦罗
Lazzat-e-Sang	《石头的滋味》
lcang sky sprul sku	章嘉活佛
Lcang Skya Grub Mthav	《章嘉宗义学》
lcang skya ngag dbang blo bzang chos ldan	二世章嘉活佛·阿旺洛桑却丹
lcang skya rol pavi rdo rje	三世章嘉活佛·若贝多杰
ldan dkar gyi dkar chag	《丹噶目录》
ldan dkar ma	《丹噶玛》
Le Canon Bouddhique en Chine les traducteurs et les traductions	《中国的佛教藏经：译者与译文》
Leela Samson	丽拉·桑姆森
legendary tales of Tang Dynasty	唐传奇
legs pvi sgron me	苏·勒比旧玛
lha babs mchod rten	神降塔
lha bla ma byang chub vod	拉喇嘛绛曲沃
lha khang	拉康
lha mo sgrol ma nyi shu rtsa gcig la bstod pa rnam dag gtsug gi nor bu	《二十一度母赞清净髻珠》
lha savi gling bzhi	拉萨四大林
lha savi rgyud pa grwa tshang	拉萨密宗院
lho gter	伏藏南传系
Licchavi	离车
Lihaf	《被子》
Like the Sun	《实话如何实说》
Linde Calendar	《麟德历》
liṅga	林伽
Liṅga Purāṇa	《林伽往世书》
liṅga worship	林伽崇拜
Lingyin Temple	灵隐寺
Lion Dance	《五方狮子舞》
Literary Policy since the Third Plenum: A Decade of Change	《三中全会以来的文学政策：变化的十年》
lo chen rin chen bzang po	大译师仁钦桑布
lo tsa ba blo gros dpal	洛咱瓦·罗哲拜
Lokāditya	卢迦溢多

续表

其他语言	中文
Lokakṣema	支娄迦谶
Lokāyata	顺世论 / 顺世外道
Lokāyata: A Study in Ancient Indian Materialism	《顺世论——古印度唯物主义研究》
Lokesh Chandra	钱德拉，L.
London School of Economics and Political Science	伦敦政治经济学院
Longmen Caves	龙门石窟
Lore Sander	桑德尔
Lotus Award	莲花奖
Louis de La Vallée Poussin	普散
Lover's Gift	《情人的礼物》
Lucknow	勒克瑙
Lucknow University	勒克瑙大学
Lumbinī	蓝毗尼
lung Aa nu yo ga	教敕阿努瑜伽
Luntiyana	伦提亚纳村
M. S. Julien	儒莲，M.S.
ma cig lab dron	玛久拉仲
ma rgyud	母续
Maabar	马八儿国
Maare Gaye Gulfam	《被扼杀的玫瑰》
Madame Tussauds Wax Museum	杜莎夫人蜡像馆
Madan Mohanlal Atal	爱德华
Madhav Singh Solanki	索兰基，M.S.
Mādhava	摩陀婆
Mādhavakara	摩陀婆迦罗
Mādhava-Nidāna	《摩陀婆医经》
Madhavi Mudgal	玛达维・穆德加尔
Madhya Pradesh	中央邦
madhyamā pratipad	中道
Madhyamāgama	《中阿含经》
Madhyamaka-hṛdaya	《中观心论》
Madhyamaka-hṛdaya-kārikā	《中观心论颂》
Madhyamakalaṃkāra	《中观庄严论》
Madhyamakāloka	《中观明》
Mādhyamika	中观派
Madhyānta-vibhāga	《辩中边论》
Madhyānta-vibhāga-bhāṣya-ṭīkā	《辩中边论疏》
Madhyānta-vibhāga-ṭīkā	《中边分别论》
Madras	马德拉斯 / 曼达喇萨
Madras University	马德拉斯大学
Madura	摩堵罗
Magadha	摩揭陀 / 摩揭陀国 / 摩伽陀国 / 摩竭提国 / 摩提
Maggona	明家罗
Maha Bodhi Society	摩诃菩提会
Maha Prasthanam	《伟大的旅程》
Mahā-ānāpāna-smṛti-sūtra	《安般守意经》

1179

续表

其他语言	中文
Mahābala-dhāraṇī-sūtra	《大威德陀罗尼经》
Mahābhārata	《摩诃婆罗多》
Mahābherī-hāraka-parivarta	《大法鼓经》
Mahabhoj	《盛宴》
Mahābodhi-vihāra	大菩提寺 / 摩诃菩提寺
Mahā-gandha-hasti-agada	大香象阿伽陀
Mahajanaka	《摩诃贾纳卡》
Mahākāla	大黑天 / 摩诃迦罗
mahā-kalpa	大劫
Mahākaraṇa	《大论》
Mahā-karuṇā-puṇḍarīka-sūtra	《大悲经》
Mahāmaudgalyāyana	目犍连 / 大目犍连 / 大目乾连
Mahāmudrā	大手印
Mahāmuni-Gargarṣy-akṣa-nimittākṛti-nirdeśa	《婆罗门竭伽仙人天文说》
Mahāpaṇḍita	摩诃班特达
Mahā-parinibbāna-sutta	《大般涅槃经》
Mahāparinirvāṇa-sūtra	《大涅槃经》
Mahā-pariṇirvāṇa-sūtra	《大般泥洹经》
Mahā-parinirvāṇa-sūtra	《大般涅槃经》/《涅槃经》
Mahā-prajñā-pāramitā-śāstra	《大智度论》
Mahā-prajñāpāramitā-sūtra	《大般若经》
Mahā-prajñā-pāramitā-sūtra	《大品般若经》
Mahā-ratnakūṭa-sūtra	《宝积经》/《大宝积经》
Mahā-sāhasra-lokadhātu	大千世界
Mahāsaṃghika	大众部
mahā-saṃnipāta	大集
Mahāsaṅghika-vinaya	《摩诃僧祇律》
Mahatma Gandhi	圣雄甘地
Mahātūrya	《摩诃兜勒》
Mahāvadāna-sūtra	《大本经》
Mahāvagga	大品
Mahāvaipulya-mahāsaṃnipāta-sūtra	《大方等大集经》
Mahā-vairocanābhisaṃbodhi-vikurvitādhiṣṭhāna-vaipulya-sūtra	《大日经》
Mahā-vaṃsa	《大史》
Mahā-vastu	《大事》
Mahāvihārika	僧伽大寺派
Mahāvīra	大雄
Mahā-vyutpatti	《翻译名义大集》
Mahāyāna	大乘 / 摩诃衍
Mahāyāna Buddhism	大乘佛教
Mahāyāna deva	大乘天
Mahāyānābhidharma-samuccaya	《大乘阿毗达磨集论》
Mahāyānābhidharma-samuccaya-vyākhyā	《大乘阿毗达磨杂集论》/《对法论》
Mahāyāna-devadāsa	大乘天奴
Mahāyānapradīpa	大乘灯

续表

其他语言	中文
Mahāyāna-saṃgraha	《摄大乘论》
Mahāyāna-saṃgraha-bhāṣya	《摄大乘论释》
Mahāyāna-śata-dharma-prakāśa-mukha-śāstra	《大乘百法明门论》
Mahāyāna-śodhana	《破大乘论》
Mahāyāna-śraddhotpāda-śāstra	《大乘起信论》
Mahāyāna-sūtrālaṃkāra	《大乘庄严经论》
Mahendulal Garg	伽尔格，M.
Maheśvara	大自在天
Mahīpāla	摩希波罗
Mahirakula	摩醯逻矩罗
Mahīśāsaka	弥沙塞 / 弥沙塞部
Mahīśāsaka-vinaya	《弥沙塞部和醯五分律》/《五分律》
Mahmud	马哈木
Mahommedali Currim Chagla	查格拉，M. C.
Maijishan Caves	麦积山石窟
Maila Anchal	《肮脏的裙裾》
Main Har Gayi	《我失败了》
Maitrabhadra	慈贤
Maitreya	弥勒
Maitreya Bodhisattva	弥勒菩萨
Maitreyasamiti Nāṭaka	《弥勒会见记剧本》
Maitreya-vyākaraṇa	《弥勒下生经》
Maitreyi Devi	黛维，M.
Maitrī Upaniṣad	《慈氏奥义书》
Makkhali Gosāla	末伽梨・拘舍罗
Malava	麻罗华 / 麻啰华
Mālava	摩腊婆
Malik Mohammad Jayasi	贾耶西，M. M.
Mallika Sarabhai	玛丽卡・萨拉拜
Malliṣeṇa	摩利舍那
Malyara	末利耶那国
Mamata Shankar	玛玛塔・香卡
Māmdā	《母爱》
man ngag sde	《教授部》
Manabendra Nath Roy	罗易，M.N.
Mānava-dharma-śāstra	《摩奴法论》
maṇḍala	曼荼罗
Mandira	曼迪拉
Māṇḍūkya Upaniṣad	《蛙氏奥义书》
Maṇicinta	宝思惟
Manik	玛尼克
Manik Bhattacharya	马尼克
Manipuri	曼尼普利舞
Mañjuśrī	文殊菩萨 / 曼殊室利
Mañjuśrī-mūla-kalpa	《文殊师利根本仪轨经》
Mañjuśrī-nairātmya-avatāra-sūtra	《文殊师利无我化身经》

续表

其他语言	中文
Manmohan Singh	辛格，M.
Mannu Bhandari	彭达利，M.
mano-guhya	意密
Manto Ke Afsanay	《明都的短篇小说》
mantra	真言
Mantra-yāna	真言乘
Manu	摩奴
Maoism	《毛主义》
Maqbool Fida Husain	侯赛因，M. F.
mar pa chos kyi blo gros	玛尔巴・却吉洛哲
mar thang dgon	玛塘寺
Māra-pāpīyas	魔波旬
Maratha	吗喇他国
marica	昧履支
Mark Allon	阿隆，M.
Mārkaṇḍeya Purāṇa	《摩根德耶往世书》
Marma(pra)dīpa	《要义灯》
martial music of Han Dynasty	鼓吹铙歌
Marut	摩鲁特 / 摩录多
Masnavi	玛斯纳维
Massachusetts Institute of Technology	麻省理工学院
Mata-samaveta-śāstra	《会宗论》
Māṭhara-vṛtti	《摩特罗评注》
Mathura	马图拉
Mathurā	摩头罗
Maticandra	慧月
mātikā	论母
Matisaṃha	末底僧诃
Matripa	弥勒巴
Matsya Purāṇa	《鱼往世书》
Maudgalyayana opera	目连戏
Maulavi	毛拉维
Maurya Dynasty	孔雀王朝
Max Müller	缪勒，M.
Māyā	摩耶 / 摩耶夫人
Mayadarpan	《幻镜子》
Mayadas ki Mari	《摩耶达斯的小屋》
māyā-vāda	幻变说
Mayuram	马尤勒姆
mchims phu ma	《青浦玛》
mchims phuvi dkar chag	《青浦目录》
McMaster University	麦克马斯特大学
mdo	经
mdo khams	多康地区
mdo sde	经部
mdo smad chos vbyung	《安多政教史》

续表

其他语言	中文
mdzod lnga	《五库》
Medan	棉兰
Medicago	苜蓿属
Medicago sativa	紫花苜蓿
Medinet Zaitun	刺桐
Meghadūta	《云使》
Meghnadbadh-vadha	《因陀罗耆的伏诛》
Melaka	满剌加
Menandros	米兰德一世
Mencius	孟子
Mesopotamia	美索不达米亚
metaphysics of Wei and Jin Dynasties	魏晋玄学
mgon po rgyal	贡布嘉
mi bskyod rdo rje	八世噶玛巴·弥觉多杰
mi la ras pa	密拉日巴
Miaoying Temple	妙应寺
Michael Madhusudan Datta	德特，M. M.
Mihirakula	摩醯逻矩罗
Milinda	弥兰陀 / 弥兰陀王
Milindapañhā	《弥兰陀王问经》
Mīmāṃsā	弥曼差
Mīmāṃsā school	弥曼差派
Mīmāṃsā-sūtra	《弥曼差经》
Mira Sinha-Bhattacharjea	白蜜雅
Miranda House, University of Delhi	德里大学米兰达学院
Mirza Mohammad Hadi Ruswa	鲁斯瓦，M.M.H.
Mithyādṛṣṭi-pratiṣedha	《制恶见论》
Mitra	密多 / 密多罗 / 密坦罗 / 密特拉
Mitraśānta	弥陀山（寂友）
Mizutani Shinjo	水谷真成
mkhan chen dge vdun rgya mtsho	堪钦·根敦嘉措
mkhan po	堪布
mkhaɛ btɛun yon tan rgya mtɛho	凯尊·云丹嘉措
mkhav bskyod rdo rje	十五世噶玛巴·喀觉多杰
mkhav vgro yang tig	康卓央德
mleccha	蔑戾车
mngav ris	西部阿里
mngon par rtogs pavi rgyan	《现观庄严论》
Moggaliputta Tissa	目犍连子帝须
Mohammad Iqbal	伊克巴尔，M.
Mohandas Karamchand Gandhi	甘地，M.K.
Mohenjo-daro	摩亨佐达罗
Mohiniattam	摩西尼阿塔姆
Mokṣācārya	木叉阿遮利耶
Mokṣadeva	解脱天 / 木叉提婆
Monkey	《猴子》

续表

其他语言	中文
Monumenta Serica	《华裔学志》
Moreswon Ramchandra Cholkar	卓克华
Morning Face	《晨容》
Moscow and Sino-Indian Relations	《莫斯科与中印关系》
Mount Emei	峨眉山
Mount Holyoke College	霍山学院
Mount Jiuhua	九华山
Mount Putuo	普陀山
Mount Wutai	五台山
Mṛcchakaṭika	《小泥车》
Mṛgadāva	鹿野苑
Mrinal Sen	森，M.
Mrinalini Sarabhai	萨拉拜，M.
mtho ldings dgon	托林寺
mtshan nyid	显宗
mtshan nyid grwa tshang	显宗学院 / 显宗扎仓
mtshur phur dgon	楚普寺
mudrā	手印
Mughal Empire	莫卧儿帝国
Mughal Miniatures	莫卧儿细密画
Mughal-e-Azam	《我王莫卧儿》
Muhabbatein	《真爱永存》
Muhammad	马合麻
Muktibodh	《自由的安慰》
Muktopida	木多笔
Mūla-madhyamaka-kārikā	《中论》
Mūla-madhyamaka-sandhi-nirmocana-vyākhyā	《大乘中观释论》
Mūlasarvāstivāda-vinaya	根本说一切有部律
Mulk Raj Anand	安纳德，M. R.
Muṇḍaka Upaniṣad	《剃发者奥义书》
Muniśrī	牟尼室利
Munshi Premchand	普列姆昌德，M.
Mural Paintings in Sanxiandong Caves	三仙洞壁画
mūrti-yātrā	行像
mus srad pa	沫舍系
Musée Grévin	格雷万蜡像馆
muslin	细布
Mussoorie	慕索里
My Dateless Diary	《我的没有日期的日记》
My Days: A Memoir	《我的日子》
My Name Is Khan	《我的名字叫可汗》
Myang Vdas	涅槃塔
Mysore	迈索尔
N. Aiyaswami Sastri	夏斯特里，N. A.
N. Dutt	杜特，N.
nag tsho lo tsaw ba tshul khrims rgyal ba	那措译师·茨诚嘉瓦

续表

其他语言	中文
nag tsho tshul khrims rgyal ba	那措・茨诚嘉瓦
Naga	那加族
nāga	蛇
Nāgamatī	龙女
Nāgānanda	《龙喜记》
Nagarahara	那揭罗曷国
nāgarāja	蛇王
Nāgarāja	龙王
Nāgarī Pracāriṇi Sabhā	印度天城体推广协会
Nāgārjuna	龙树
Nāgasena	龙军
Nai Kahaniyan	《新小说》
Nakṣatra-kalpa	星宿劫
Nalakūbara	哪吒
Nalakūvara	哪吒
Nālanda	那烂陀
Nālanda Vihāra	那烂陀寺
Nalin Surie	苏里，N.
Nama	南无
Nambuyi	南毗
Nanak	那纳克
Nanda	难陀
Nanda Vaccha	难陀・伐磋
Nandalal Bose	鲍斯，N.
Nandi	南迪
nang chen	囊钦
Nanjo Bunyu	南条文雄
Nanyang Siang Pau	《南洋商报》
Nārada	那罗陀
Nārada Purāṇa	《那罗陀往世书》
naraka	地狱
Narasiṃhavarman I	那罗僧诃跋摩一世
Narasiṃhavarman II Rājasiṃha	尸利那罗僧伽宝多拔摩（那罗僧诃跋摩二世）
Narayan C. Sen	沈纳兰
Narayan Dutt Tiwari	蒂瓦里，N. D.
Nārāyaṇa	那罗延 / 遍入天
Nārāyaṇasvāmin	那罗迩娑婆寐
Narendra Deva	那陵提婆
Narendra Krishna Sinha	辛哈
Narendrayaśas	那连提黎耶舍
naro chos drug	那若六法
Nāropa	那若巴
Nasir Hussain	胡赛因，N.
Nasir-ud-Din Mahmud Shah Tughluq	纳赛尔・乌・丁・马哈穆德・沙・图格鲁克
Naṭarāja	舞王
National College	国民学院

续表

其他语言	中文
National Film Award for Best Actor	国家电影奖最佳男演员奖
National Film Award for Best Lyrics	国家电影奖最佳电影歌词奖
National Film Awards	印度国家电影奖
National Museum of China	中国国家博物馆
National Museum of India	印度国家博物馆
nāṭya	舞剧
Nāṭyasāstra	《舞论》
Navagraha	九执
Navagraha Calendar	《九执历》
Nāvanītaka	《精髓》
Nayak Khalanayak Vidushak	《英雄、恶棍、小丑》
Nazrul Geeti	纳兹鲁尔音乐
Neel Akasher Neechey	《蓝天下》
Neelam Sanjiva Reddy	雷迪，N. S.
neo-confucianism of Song and Ming Dynasties	宋明理学
Nepal	尼泊尔
New Delhi	新德里
New Lights on the Chinese Inscriptions of Bodhgaya	《对菩提迦耶汉文碑铭研究的新解读》
new vedānta	新吠檀多
New York University	纽约大学
ngag dbang blo bzang rgya mtsho	五世达赖喇嘛・阿旺罗桑嘉措
ngo bo gnyis med kyi rgyud	无二续
ngor	鄂尔
ngor kun dgav bzang po	鄂・贡嘎桑布
ngor lugs	鄂尔系
nibbāna	涅槃
Niche for Thousand-armed Avalokitesvara	千手观音龛
Nicobar	翠蓝山
nidānādikathā	因缘
nigamana	结 / 结语
Nigaṇṭha	尼犍子
Nigaṇṭha Nātaputta	尼乾陀・若提子
Nighaṇṭu	《尼揵荼书》
nigraha-sthāna	堕负
nikāya	尼迦耶
Nikkhepa-kaṇḍa	《总说品》
Nila Pathar	《青石》
Nilu Nilima Nilophar	《青色莲花》
nimnonnata	凹凸法
Nirgrantha	尼犍子
Nirgrantha Jñātiputra	尼乾陀・若提子
Nirmal Varma	沃尔玛，N.
Nirmala	《妮摩拉》
nirṇaya	决了
nirukta	尼卢致论
Nirupama Rao	拉奥琦

续表

其他语言	中文
nirvāṇa	涅槃
Nirvāṇa Pāṭhaka	《泥洹梵呗》
Nishang Yuyi Melody	《霓裳羽衣》
Nishitha	《午夜》
niṣīdati paryaṅgam ābhujya	结跏趺坐
nītārtha	了义
niyama	劝制
Nizam's College	尼扎姆学院
Noise	《噪音》
Nomura Yosho	野村耀昌
non-violence	非暴力
Noukadubi	《覆舟》
nṛtya	叙事表演
nya dbon kun dgav dpal	聂温・贡嘎拜
nyan thos	声闻
Nyanaponika	向智长老
nyang ral nyi ma vod zer	娘・尼玛维赛
nyang ting vdzin bzang pu	娘・当增桑布
Nyāya	正理
Nyāya school	正理派
Nyāya-bindu	《正理滴论》
Nyāya-kandalī	《正理的芭蕉树》
Nyāya-kusumāñjalī	《正理花束》
Nyāya-mukha	《因明正理门论》
Nyāyānusāra	《顺正理论》
Nyāya-praveśa	《因明入正理论》
Nyāya-sūtra	《正理经》
Nyāya-sūtra-bhāṣya	《正理经疏》
Nyāya-vārttika	《正理评释》
Nyāya-tātparya-pariśuddhi	《正理评释真义详解》
Nyāya-tātparya-ṭīkā	《正理评释真义疏》
Nyāyāvatāra	《正理渡津论》
nyi khri	《般若二万颂》
Oḍḍa	乌荼
Odissi	奥迪西舞
Oḍra	乌荼
Oliver von Criegern	冯・克雷格
oṃ	唵
Oṃ	吽
Oṃkāraśrī	吽哈罗悉利
On the Ganga Ghat	《恒河码头》
Ono Kentoku	堀谦德
opium trade	鸦片贸易
Original Buddhism	原始佛教
Orissa	奥里萨
Ornamental Columns	华表

续表

其他语言	中文
Ornamental Tomb Columns of Eastern Han Dynasty	东汉陵墓华表
Ornamental Tomb Columns of Southern Dynasties	南朝陵墓华表
Oskar von Hinüber	封辛白
Otani University	大谷大学
Outer Eight Temples	外八庙
Overcoat	《外套》
Overseas Chinese and Overseas Indians	《海外华人与海外印度人》
overview of ancient China-India communications	中印古代交通往来
overview of ancient China-India linguistic contacts	中印古代语言学交流
overview of China-India art contacts	中印艺术交流
overview of China-India Buddhist contacts	中印佛教交流
overview of China-India contacts in folk customs	中印民俗交流
overview of China-India contacts in health preservation & fitness maintenance	中印养生健身交流
overview of China-India diplomatic contacts	中印外交往来
overview of China-India literary contacts	中印文学交流
overview of China-India modern academic contacts	中印现代学术交流
overview of China-India religious and philosophical contacts	中印宗教哲学交流
overview of China-India science & technology contacts	中印科技交流
overview of China-India trade contacts	中印贸易往来
Owen Lattimore	拉铁摩尔，O.
Oxford University Press, Karachi	卡拉奇牛津大学出版社
P. L. Vaidya	威迪耶，P.L.
Paa	《爸》
Pacific Affairs	《太平洋事务》
pada	句
Padam	巴达姆
padārtha	句义
Padārtha-dharma-saṃgraha	《摄句义法论》
Padma	莲华
Padma Bhushan	第三级公民荣誉勋章
Padma Nadir Majhi	《帕德玛河上的船夫》
Padma Purāṇa	《莲花往世书》
Padma Shri	第四级公民荣誉勋章
Padma Vibhushan	第二级公民荣誉勋章
Padmasambhava	莲花生
Padmavat	《莲花公主传奇》
Pagoda at Songyue Temple	嵩岳寺塔
Pahal	《开创》
Pakṣa	学派
Pakudha Kaccāyana	婆浮陀·伽旃那
Pala Dynasty	波罗王朝
Palava	拔罗婆
Pali	巴利语

续表

其他语言	中文
Pali Text Society	巴利圣典协会
Pallava	帕拉瓦国
Palora	钵卢勒 / 钵露罗
Paltu Babu Road	《巴尔杜巴布路》
Pamulaparti Venkata Narasimha Rao	拉奥，P. V. N.
pan chen blo bzang chos kyi rgyal mtshan	四世班禅·洛桑确吉坚赞
Pañca lakṣaṇa	五相书
pañca-avayava	五支论式
pañca-mahābhūta	五大
Pañca-ppakaraṇāṭṭhakathā	《五论注》
Pañca-siddhāntikā	《五大历数书汇编》
pañca-śīla	五戒
Panca-sindhava	五河
pañca-skandha	五蕴
Pañca-skandha-bhāṣya	《五蕴释》
Pañca-skandhaka	《大乘五蕴论》
Pañca-skandhaka-vibhāṣā	《五蕴论分别疏》
Pañca-skandha-vivaraṇa	《五蕴疏》
Pañcāstikāya	《五原理精要》
pañca-tanmatra	五唯
Pañca-tantra	《五卷书》
pañca-vidyā	五明 / 五明论
Pañcaviṃśati-sāhasrikā-prajñāpāramitā	《摩诃般若波罗蜜经》
Panchsheel	和平共处五项原则
Pañcī-karaṇa	《五分法》
paṇḍita	班智达
Paṇḍita	板的达
pañhapucchā	问难
Pāṇini	波你尼
Pāṇini-sūtra	《波你尼经》
paññattivāra	施设分
paper making	造纸
Parakh	《考验》
param brahman	上梵
paramāṇu	极微
Paramārtha	真谛
paramārtha-satya	胜义谛
Paraśurāma	持斧罗摩
paratantra-svabhāva	依他起性
Parde ke piche	《纱幔之后》
Pargiter	帕吉特，F.E.
parikalpita-svabhāva	遍计所执性
pariṇāma-vāda	转变说
Parinde	《候鸟》
parinişpanna-svabhāva	圆成实性
pariññāvāra	遍知分

续表

其他语言	中文
parivāra	附随
Parsis	帕西人
Pārśva	胁尊者
pārśvanātha	巴湿伐那陀
Parthia	安息
Parti Parikatha	《荒土地的故事》
Pārvatī	波罗伐底 / 雪山神女
Pāśaka-kevalī	《罥索苦行》
Pascale Hugon	胡刚
Paśupati	兽主
Pataka	巴达嘎
Pāṭaliputra	华氏城 / 巴连弗邑 / 波吒釐子城
Patañjali	波颠阇利
Patariyan	《木板》
paṭhaka	梵呗
pathological fiction	病理小说
Patna	巴特那
Pātra	钵怛罗
patraja	叶筋法
Paṭṭhāna	《发趣论》
pattra	贝多罗
Paul Harrison	哈里森，P.
Paul Pelliot	伯希和，P.
pavattivāra	转起分
Pearl Sydenstricker Buck	赛珍珠
Peiping Lecture Association	北平讲学社
pepper	胡椒
Peshawar	白沙瓦
Pha Dampa Sangye	帕・丹巴桑杰
pha rgyud	父续
phag gru bkav brgyud	帕主噶举
phag mo gru pa	帕莫主巴
Phal Chen	华严部
Phansi	《圈套》
phu chung ba gzhon nu rgyal mtshan	普琼瓦・勋努坚赞
Phul	《花朵》
phun tshogs pho brang	彭措颇章
phyag rgya chen po	大手印法
Phyllis Lin	林徽因
phyogs las rnam rgyal	乔勒南杰
Pichali garmiyom min	《去年夏天》
Pictures of Constellations in Śārdūla-karṇāvadāna	《摩登伽经・说星图品》
piṇa	比拏
Piṅgala	青目
Piṅgalanetra	青目
pitta	胆汁

续表

其他语言	中文
po to ba rin chen gsal	博多瓦·仁钦赛
Poems and Fables of Ai Qing	《艾青诗歌和寓言集》
Poems of Lu Xun	《鲁迅诗集》
poetic drama in Yuan and Ming Dynasties	元明杂剧
political vedanta	政治吠檀多
porcelain	瓷器
Portraits of Constellation Gods	星神画像
Potala Palace	布达拉宫
Prabhākara	普拉帕格拉
Prabhākaramitra	波罗颇迦罗蜜多罗 / 波颇 / 颇波
Prabhāmitra	波罗颇蜜多罗 / 明友
Prabodh Chandra Bagchi	师觉月
Prabodh Kumar Bandapadhyaya	邦多巴泰，P. K.
Prabodha-candrodaya	《觉月初升》
Prahlad Pradhan	普拉丹，P.
Prajāpati	生主
Prajñā	慧
Prajñā	般若
prajñā	般若思想
Prajñābhadra	知贤
Prajñācakra	般若斫迦
Prajñādeva	慧天 / 灵运 / 无行 / 智行（般若提婆）
Prajñāgupta	般若毱多
Prajñā-hṛdaya-vyākhyā	《般若心疏》
Prajñākaramati	智藏慧
Prajñānagupta	智信护
Prajñānaprabhā	智亮
Prajñānaśrī	智吉祥
prajñā-pāramitā	智慧 / 般若波罗蜜
Prajñāpāramitā-hṛdaya-sūtra	《般若波罗蜜多心经》/《心经》
Prajñāpāramitā-hṛdaya-ṭīkā	《般若波罗蜜多心释》
Prajñā-pradīpa	《般若灯论释》
Prajñāpradīpa-mūla-madhyamaka-vṛtti	《中观根本般若灯释》
prajñapti	假名
Prakaraṇāryavācā-śāstra	《显扬论》/《显扬圣教论》
Prakāśamati	玄照
Prākṛta	俗语
prakṛti	自然 / 自性
pramāṇa	量
Pramāṇa-samuccaya	《集量论》
pramāṇa-śāstra	量论
Pramāṇa-vārttika	《释量论》
Pramāṇa-viniścaya	《定量论》
prameya	所量
Pramiti	极量
Pranab Kumar Mukherjee	慕克吉，P. K.

续表

其他语言	中文
Praṇāma	钵纳摩
prāṇāyāma	调息
prapañca	戏论
Praśastapāda	钵罗奢思多波陀
Prasenajit	波斯匿
Praśna Upaniṣad	《疑问奥义书》
Pratibha Devisingh Patil	帕蒂尔，P.D.
pratijñā	宗（因明）
prātimokṣa	波罗提木叉
Prātimokṣa	《戒本》
prātimokṣa-sūtra	波罗提木叉经
Prātimokṣa-sūtra	《戒经》
prātimokṣa-vibhaṅga	波罗提木叉分别
Pratinārāyaṇa	那罗延之敌
pratītyasamutpāda	缘起
Pratītyasamutpāda-hṛdaya	《缘起心论》
Pratītyasamutpādaśāstra des Ullaṅgha kritisch behandelt und aus dem Chinesischen ins Deutsche übertragen	《郁楞伽之〈缘生论〉：汉本校勘及德译》
pratyāhāra	制感
pratyakṣa-pramāṇa	现量
pratyekabuddha	独觉
Pratyutpanna-buddha-sammukhāvasthita-samādhi-sūtra	《般舟三昧经》
Pravacana-sāra	《教义精要》
Pravrajyāvastu	《出家事》
prayojana	动机
Presideney College at Calcutta	加尔各答管区学院
President's Gold Medal	总统金质奖章
Prince Śārdūlakarṇa's Twenty-eight Constellations Scripture	《舍头谏太子二十八宿经》
Princess Norodom Buppha Devi	帕花黛维公主
Prithvi Theatre	普利特维剧院
Prithviraj Kapoor	卡普尔，P.
Priyabhadra	爱贤
Priyadarsi Mukherji	墨普德
Pṛthivībandhu	地亲
Pudgala	补特伽罗
Puhua Temple	普化寺
Pune	浦那
Punjab	旁遮普
Punjab University	旁遮普大学
Punjala Shiv Shankar	尚卡尔，P. S.
Puṇyatāra	弗若多罗
Puṇyodaya	布如乌代邪
Pūraṇa Kassapa	富兰那・迦叶
Puranas	往世书
Pūrṇa	富楼那

续表

其他语言	中文
Pūrṇabhadra	满贤
Pūrṇacandra	满月
Pūrṇavardhana	满增
Purnea	普尔尼亚
puruṣa	神我
Puruṣa	原人
Puruṣapura	弗楼沙 / 富娄沙富罗
Puruṣa-sūkta	《原人歌》
Purushottam Vishvanath Bapat	巴帕特，P. V.
Pūrva-videha	东胜身洲
Qāid-e-Shair-o-Adab	文坛先驱
Qasar Qaya	哈撒尔海牙
Qashqar	羯师
Qayamat Se Qayamat Tak	《冷暖人间》
Qiandao Calendar	《乾道历》
Qizil Caves	克孜尔石窟
Quanzhou Maritime Museum	泉州海外交通史博物馆
Quilon	奎隆 / 小葛兰
R. Mitra	米特拉，R.
ra lung dgon	热隆寺
Raat Bhore	《黎明》
Rabindranath Tagore	泰戈尔，R.
Radha Lakshman	拉克希曼，R.
Raghu Vira	维拉，R.
Rāhu	罗睺
Rahul Sankritiyayana	桑克利提亚衍，R./ 罗睺罗 · 桑克利提亚衍
Rāhula	罗睺罗 / 罗护罗 / 罗护哪
Rāhulabhadra	罗睺罗跋陀罗
Raj Kapoor	卡普尔，R.
Raja Mahendra Pratap	普拉塔普，R. M.
Raja Rao	拉奥，R.
Rājagṛha	王舍城
Rājamārtāṇḍa	《王注》
Rājan	罗阇
Rājarāja	罗荼罗乍
rajas	罗阇
Rajendra Prasad	普拉萨德，R.
Rajesh Saran	沙兰，R.
Rajiv Gandhi	拉吉夫 · 甘地
Rajnath Sharma	夏尔马，R.
Rajni Gantha	《夜来香》
Rākṣasa	罗刹
Ram Vilas Sharma	夏尔马，R. V.
Rāma	罗摩
Rama Vaidyanathan	瓦伊德亚纳坦，R.
Rāma-carita-mānasa	《罗摩功行之湖》

续表

其他语言	中文
Ramakrishna	罗摩克里希那
Ramakrishna Mission	罗摩克里希那传教会
Rāmānuja	罗摩努阇
Rāmapāla	罗摩波罗
Ramaswamy Venkataraman	文卡塔拉曼，R.
Rāmāyaṇa	《罗摩衍那》
Ramchandra Narayan Dandekar	丹德卡尔，R. N.
Ramesh Chandra Majumdar	马宗达
Rammohan Roy	罗姆摩罕・罗易
rang byung rdo rje	三世噶玛巴・让琼多杰
rang rgyal	独觉
Rangbhumi	《舞台》
Rani Birla College	比尔拉女王学院
Ranjana Gauhar	高哈尔，R.
Ras leela	拉斯舞
rasa	味
Rasāyana-tantra	长生方
Rashbehari Ghosh Travelling Fellowship	拉什佩诃利・高士游学奖学金
Rasipuram Krishnaswami Narayan	纳拉扬，R. K.
Rat Ka Reporter	《午夜的记者》
Rathindranath Tagore	罗亭德拉纳特・泰戈尔
Ratnagotra-vibhāga Mahāyānottaratantra-śāstra	《宝性分别一乘增上论》
Ratnaketuparivarta	《宝幢分》
Ratnamati	阿那摩低/勒那摩提
Ratnasena	宝军
Rāvaṇa	罗波那
Ravi Shankar	香卡，R./拉维・香卡
Ravigupta	拉维笈多
Ravivarman Kulaśekhara	必纳的
Rawalpindi	拉瓦尔品第
rdo rje brag dgon	多杰扎寺
rdo rje phag movi sgrub pavi thams	《金刚亥母修法》
rdzogs chen dgon	佐钦寺
rdzogs pa chen po	大圆满法
rdzogs pa chen po Aa ti yo ga	大圆满阿底瑜伽
rdzogs pa chen po snying thig	《大圆满宁提》
rdzong ba phyi rabs	后宗巴系
rdzong ba snga rabs	前宗巴系
rdzong lugs	宗巴系
rdzong pa kun dgav rgyal mtshan	宗巴・贡噶坚赞
Record of Buddhist Kingdoms	《佛国记》
Records of the Western Regions of the Great Tang	《大唐西域记》
red mdav ba gzhon nu blo gros	仁达瓦・勋努洛哲
Reena Ganguly	甘古利，R.
Reflections on the Golden Bed and Other Stories	《安纳德短篇小说选》
Reginald Fleming Johnston	庄士敦

续表

其他语言	中文
religion of the spirit	精神宗教
Renu	雷努
Reserve Bank of India	印度储备银行
Residency College, University of Calcutta	加尔各答大学管区学院
Revolutionary writers' association	革命作家协会
Ṛg-veda	《梨俱吠陀》
rgya brtson vgrus seng ge	嘉·尊智僧格
rgya gar chos vbyung	《印度佛教史》
rgya grwa tshang	嘉扎仓
rgya mkhan po blo bzang don grub	嘉堪布·洛桑顿智
rgyal sras	嘉赛活佛
rgyal sras don yod chos kyi rgya mtsho	嘉赛·顿悦却吉嘉措
rgyas pa grwa tshang	杰巴扎仓
rgyu yi thegs pa	因乘
rgyud	怛特罗部/密续学/续
rgyud bzhi	密宗四续
rgyud bzhi	《四部医典》
rgyud vbum	十万怛特罗部
ri bo che dgon	乌齐寺
Richard Salomon	邵瑞琪
rig gnas bcu	十明学科
rig gnas che chung bcu	大小五明学
rig vdzin mi vgyur rdo rje	仁增牟居多杰
rig vdzin rgod ldem dngos grub rgyal mtshan	仁增果丹·俄珠坚赞
rig vzin kun bzang shes rab	仁增·更桑喜饶
rin chen brtson vgrus rgyal mtshan	仁钦宗哲坚赞
rin chen bzang po	仁钦桑布
rin chen dpal	仁钦贝
rin chen sgang	仁钦岗
rin po che rgyal tsha	仁布切杰查
Rizwan Khan	汗，R.
rjes dren	集中
rnam rgyal mchod rten	殊胜塔
rngog blo ldan shes rab	俄·罗丹喜饶
rngog legs pavi shes rab	俄·勒贝喜饶
rnying ma	旧派
rnying ma pa	宁玛派
rnying rgyud	古怛特罗
Rock Sculpture at Baodingshan Hill in Dazu	大足宝顶山摩崖造像
Rock Sculpture at Kongwangshan Hill in Lianyun-Gang	连云港孔望山摩崖造像
Rock Sculpture at Northern Hill in Dazu	大足北山摩崖造像
rol pavi rdo rje	四世噶玛巴·若贝多杰
Romila Thapar	塔帕，R.
rong ston smra bavi seng ge	荣敦·玛威僧格
Royal Society of Literature in the UK	英国皇家文学学会
Ṛṣabha	勒舍波

续表

其他语言	中文
ṛta	理法
rtag brtan dam chos gling	达旦丹却林寺
rtags rig	因理
rtogs ldan grags pa seng ge	多丹·札巴僧格
Rudra	楼陀罗
Rukmini Devi	鲁克米妮·黛维
Rural Communes in China	《中国的乡村公社》
S. Beal	比尔，S.
S. Lefmann	勒夫曼，S.
sa chen kun dgav snying po	萨钦·贡噶宁布
sa ga zla ba	萨嘎达瓦节
sa skya dgon	萨迦寺
sa skya pa	萨迦派
sa skya pandita kun dgav rgyal mtshan	萨迦班智达·贡噶坚赞
Saadat Hasan Manto	明都，S.H.
Sabaree Mitra	邵葆丽
Sabarmati Ashram	真理学院
śabda	圣言量
śabda-nityatva-vāda	声常住论
Śabda-vidyā	《声明》
śabda-vidyā	声明
Śabda-vidyā-śāstra	声明论
Sachindranath Sengupta	森古普塔，S.
sad	有
Ṣaḍ-darśana-samuccaya	《六派哲学集成》
Saddharma-garbha	正法藏
Saddharma-puṇḍarīka-sūtra	《妙法莲华经》/《添品妙法莲华经》
Saddharma-smṛty-upasthāna-sūtra	《正法念处经》
Sadhana	《人生的亲证》
Sādṛśya-padārtha	俱分句义
Sagordari	沙戈尔达里村
Sahajaśrī	具生吉祥
Sahajayāna	易行乘
Sahasrabhuja-avalokiteśvara	千手观音
Sahitya Akademi	印度文学院
Sahitya Akademi Award	印度文学院奖
Saifuddin Hamza Shah	赛佛丁
Śaka	塞人/萨迦
Śākala	奢羯罗
Śakra	帝释天/天帝释
śakti-padārtha	有能句义
śakti-viśiṣṭa-advaita	性力限定不二论
Śākya	释迦族
Śākyamitra	释迦弥多罗
Śākyamuni	释迦牟尼
Śakyāyas	释迦也失

续表

其他语言	中文
sala tree	娑罗树
Śālagupta	贞固
Salar Jung Museum	萨拉尔·忠格博物馆
Śāli-stamba-sūtra	《稻秆经》
Salman Khurshid	胡尔希德，S.
samādhi	等持/三昧/三摩地
Samādhi-rāja-sūtra	《月灯三昧经》
samaṇa	沙门
sāmaṇera	沙弥
sāmaṇerī	沙弥尼
Samanta	萨满多
Samantabhadra	普贤菩萨
Samantapāsādikā	《一切善见》/《一切善见律毗婆沙》
Samanta-pāsādikā	《善见律毗婆沙》
Sāmānya-padārtha	同句义
samāpatti	等至
Śamā-sūtra	《差摩经》
Samataṭa	三摩呾吒国
Śamathadeva	安止天
samavāya-padārtha	和合句义
Sāma-veda	《娑摩吠陀》
Samaya-bheda-vyūha-cakra	《异部宗轮论》
Samayaśrī	三磨耶悉利
Sambhūtavijaya	圣普德伟迦亚
Saṃdhi-nirmocana-sūtra	《解深密经》/《深密解脱经》/《相续解脱地波罗蜜了义经》
Saṃgha	僧伽
Saṃghapāla	桑渴巴辣
Saṃgharakṣa-saṃgraha	《僧伽罗刹所集经》
Saṃghasena	僧佉斯那
Śaṃkaraka-sūtra	《商羯罗经》
Sāṃkhya	数论
Sāṃkhya school	数论派
Sāṃkhya-kārikā	《数论颂》
Sāṃkhya-pravacana-bhāṣya	《数论解明疏》
Sāṃkhya-sāra	《数论精要》
Sāṃkhya-sūtra	《数论经》
Sāṃkhya-sūtra-vṛtti	《数论经评注》
Sammoha-vinodanī	《疑惑冰消》
saṃsāra	轮回
Saṃskṛta	梵语
Samudānī	普积
Samudra Gupta	沙摩陀罗·笈多
saṃvṛti-satya	世俗谛
saṃyama	总制
Saṃyuktābhidharma-hṛdaya	《杂阿毗昙心论》
Saṃyuktāgama	《杂阿含经》

续表

其他语言	中文
Saṃyukta-ratna-piṭaka-sūtra	《杂宝藏经》
Sanchi Stupa	桑奇大塔
Sangeet Natak Akademi	印度音乐戏剧学会
Sangeet Natak Akademi Award	音乐与戏剧学院奖
Sangeetham Indian Classical Art Centre	乐舞婆娑印度古典舞蹈学校
Saṅghabhadra	僧伽跋陀罗 / 众贤
Saṅghabhūti	僧伽跋澄
Saṅghadatta	僧伽达多
Saṅghadeva	怀业 / 僧伽提婆
Saṅgharakṣa	僧伽罗叉
Saṅgharakṣita	僧护
Saṅghasena	僧伽斯那
Saṅghavarman	僧伽跋摩 / 僧伽婆罗 / 康僧铠
Saṅgīti-sutta	《众集经》
Sangli	桑格利
sangs rgyas dngos grub	桑杰欧珠
sangs rgyas lhun grub	桑杰隆珠
sangs rgyas vod	桑杰威
Sanjay Gandhi	桑贾伊・甘地
Sañjaya Belaṭṭhiputta	散若夷・毗罗梨子
Śaṅkara	商羯罗
Śaṅkara Miśra	商羯罗・弥尸罗
Śaṅkarasvāmin	商羯罗主
Sanlun sect	三论宗
Sannyasi	《托钵僧的情史》
Śāntarakṣita	寂护
Śantatābodha	僧怛多蘗多
Śānti	安静
Śāntibhadra	寂贤
Śāntideva	寂天
Santiniketan	圣蒂尼克坦
Santosh Sivan	斯万，S.
sapta-bhaṅgī	七支论式
Sapta-graha	七曜
Sapta-graha Calendar	《七曜细行历》
Sapta-padārthī	《七句义论》
Sapta-parṇaguhā	七叶窟
Saptārtha-ṭīkā	《七义释》
Sapta-sindhava	七河
sapta-svara	七调
sapta-tattva	七谛
śaraṇa	皈依处
Sarasvatī	萨拉斯伐底
Sarat Chandra Chatterjee	查特吉，S. C.
Śārdūla-karṇāvadāna	《摩登伽经》
Śāriputra	舍利弗

续表

其他语言	中文
Śāriputrābhidharma-śāstra	《舍利弗阿毗昙论》
Śāriputra-prakaraṇa	《舍利弗传》
sarīra	舍利
śarīra	舍利
Śārivarma	舍利越摩
śarkarā	石蜜
Sarmistha	《绍尔密什塔》
Sarnath	萨尔纳特
Sarojini Naidu	奈都，S.
Sarva-darśana-saṃgraha	《摄一切见论》
Sarvakuśala	普善
Sarva-siddhānta-saṃgraha	《摄一切悉檀》
Sarvāstivāda-vinaya	《十诵律》
Sarvāstivādin	说一切有部
Sarvavajrodaya	《一切金刚出现》
Sarvepalli Radhakrishnan	拉达克里希南，S.
śata	百
Śataka	《百论》
Śatakatraya	《三百咏》
Śatapatha Brāhmaṇa	《百道梵书》
Satī	萨蒂
Satiranjan Sen	沈兰真
satkārya-vāda	因中有果论
ṣaṭ-padārtha	六句义
Ṣaṭ-pāda-śāstra	六足论
ṣaṭ-pāramitā	六度
Ṣaṭ-sūtraka-nipāta	《六经集》
sattva	萨埵
Satya Harishchandra	《信守不渝的赫利谢金德尔》
satya-bheda	真实别异
Satyacandra	地战涅罗
Satyajit Ray	拉伊，S.
Satyamev Jayate	《真相访谈》
Satya-siddhi-śāstra	《成实论》
Saundarananda	《美难陀传》
Saurapakṣa	太阳学派
Sayyid	撒亦的
Sayyid Jalal-ud-Din Ahsan	昔剌木丁
sbor drug	六支瑜伽法
Schøyen	邵格延
Scottish Church College at Calcutta	加尔各答苏格兰教会学院
scripts of Dai Language	傣文字母
Scythians	斯基泰
sde dge par khang	德格印经院
sdom gsum rab tu dbye ba	《三律仪论》
se chen hung thvi ji	赛钦洪台吉

续表

其他语言	中文
se ra dgon	色拉寺
se ra rje btsun chos kyi rgyal mtshan	杰尊・却吉坚赞
se ra theg chen gling	色拉特钦林寺
Searchlight	《探照灯》
Sectarian Buddhism	部派佛教
Seer Meen Char Darvish Ki	《四位苦行者的游历》
sems phyogs	《心品》
sems sde	心部
sems sde	《心部》
sems tsam pa	唯识部
Seven Summers	《七个夏天》
sgam po ba tshul khrims snying po	冈波巴・慈臣宁布
sgo mang dgon	郭芒寺
sgo mang grwa tshang	郭芒扎仓
sgra mdo	声明部
sgrol ma pho brang	卓玛颇章
sgyu vphrul	《幻变经》
sgyu vphrul gsang ba snying po	《幻变密续》
Shabdam	沙巴达姆
shag skor grwa tshang	夏果扎仓
Shahrukh Khan	沙鲁克・汗
Shan ji ki Dheri	沙吉奇德里
shangs pa bkav brgyud	香巴噶举派
Shankar Dayal Sharma	夏尔马，S. D.
Shanti Bhikshu Shastri	寂比丘
Shanti Tseng	曾圣提
Shanu	霞侬
Shanyin Temple	善因寺
Shaolin Temple	少林寺
shar ba pa	夏瓦巴
Shayne Clarke	克拉克，S.
Shes Phyin	般若部
shes rab rgya mtsho	道帏・喜饶嘉措
shes rab ye shes	喜饶益西
Shih Shu-lu	岫庐
Shikarpuri financiers	希卡布尔放债人
shing bzav	香萨活佛
Shiv Shankar Menon	梅农，S. S.
Shouwen	守温
Shovana Narayan	纳拉扬，S.
shrnghk ra lawrm	沙罗多迦罗婆罗摩
shug gseb bkav brgyud	秀赛噶举
si tu chos kyi vbyung gnas	八世司徒活佛・却吉琼奈
Siddha	悉陀
Siddham	成就吧
siddhānta	宗义

续表

其他语言	中文
Siddhānta-muktāvalī	《极成说真珠之颈饰》
Siddhars	医祖
Siddhasāra	《医理精华》
Siddhasena Divākara	悉檀舍娜·迪伐伽罗
Siddhirastu	《悉昙章》
Sigismund Schlomo Freud	弗洛伊德，S. S.
Siglinde Dietz	迪茨，S.
sikkhamānā	式叉摩那
Sikkim	锡金
śikṣā	式叉论
śikṣamāṇā	式叉摩那
Śikṣānanda	实叉难陀
śīla	戒
Śīlabhadra	戒贤
Śīladharma	尸罗达摩
Śīlāditya	戒日王
Śīlāditya	尸罗逸多
Silāmegha	尸罗迷迦
Śīlaprabha	道琳
Śīla-skhandha-nipāta	《戒蕴集》
Śīla-skhandhikā	《戒蕴》
silk	丝绸
Silk Road	丝绸之路
Simhala	僧伽罗
Siṃhala	师子国
Siṃhala Avadāna	《僧伽罗事迹》
Siṃharaśmi	师子光
Siṃhāsanadvātriṃśikā	《宝座故事三十二则》
Sinda	县度
Sindhu	身毒 / 辛头大河
Singhajit Singh	辛格，S.
Sino-Indian Cultural Society	中印学会
Sino-Indian Studies	《中印学刊》
Sītā	悉多
Sitar	西塔尔琴
Sitarah Imtiyaz	卓越之星
Śiva	湿婆
Śiva Purāṇa	《湿婆往世书》
Śivāditya	湿婆迭蒂
Śivaliṅga	湿婆林伽
Siwan	锡万
six orthodox schools	六派哲学
Six Śramaṇa Masters	六师
Six-character-line Paṭhaka	《六言梵呗》
ska ba dpal brtsegs	噶瓦·白泽
skal ldan ye shes seng ge	格丹·益西僧格

续表

其他语言	中文
Skanda	室建陀
Skanda Purāṇa	《塞健陀往世书》
Skandha	犍度
sku vbum byams pa gling	格奔强巴林
sku vbum dgon	塔尔寺
Skyes Rabs	本生部
skyi shod	吉雪
skyob pa vjig rten mgon po	觉巴・久丹贡布
śloka	颂
Śloka-vārttika	《颂释补》
smad pa grwa tshang	麦巴扎仓
smad shes rab bzav po	麦喜饶桑布
sman pa grwa tshang	医药学院
smar tshang bkav brgyud	玛仓噶举
smin grol gling	敏珠林寺
smin grol vphrin las lhun grub	一世敏珠尔活佛・赤列伦珠
Smith College	史密斯学院
smon lam chen mo	祈愿大法会
Smṛti	传承 / 弥底
sna tshogs	杂部
snar thang gi bstan vgyur dkar chag	《纳塘丹珠尔目录》
sngags kyi rgyud	密咒续
sngags pa grwa tshang	阿巴扎仓 / 密宗学院
sngags rim chen mo	《密宗道次第广论》
snying po	《秘藏》
so ras dgon	索热寺
ṣoḍaśa-tattva	十六谛
sog bod shan sbyar dag yig mkhas pavi vbyung gnas	《蒙藏双解正字法》
sog po dpal gyi ye shes	索波・白吉耶协
Soli Samudra	娑里三文
soma	苏摩
Somadeva	月天
Sonal Mansingh	曼辛格，S.
Sonia Gandhi	索尼娅・甘地
Soong Ching-ling	宋庆龄
sor sdud	收摄
Spanda	斯班达舞蹈团
Sphuṭārthā	《明义疏》
spreng yig	书函部
Spring in Winter	《冬之春》
spyan snga pa tshul khrims vbar	京俄瓦・茨诚巴
Śraddhāvarman	信胄
śramaṇa	桑门 / 沙门 / 沙门思潮
śrāmaṇera	沙弥
śrāmaṇeraka	沙弥

续表

其他语言	中文
śrāmaṇerikā	沙弥尼
Śrauta-sūtra	所闻经
Śrauta-sūtra	《随闻经》
Śrāvaka	声闻
Śrāvastī	舍卫城 / 舍卫国
Śrī	吉祥
Śri Rājendra Cola	尸离罗茶印陀罗注罗
Śrī-bhāṣya	《圣疏》
Śrīdeva	道希
Śrīdhara	希里达罗
Sridharan Maḍhusudhanana	史达仁
Śrīharṣa	室利哈尔沙
Srikakulam	斯里加古兰
Śrīmālādevī	胜鬘夫人
Śrīmālādevī-siṃha-nāda-sūtra	《胜鬘经》
Śrīmitra	帛尸梨蜜多罗
Śrīparvata	吉祥山
Śrīpati	室利帕底
Srirangam Srinivasa Rao	希里・希里
Śrīvijaya	室利佛逝
srog rtsol	受命
srong btsan sgam po	松赞干布
Śrut	天启
St. Columba's School	圣卡隆巴学校
St. Stephen's College	圣史蒂芬学院
stag lung bkav brgyud	达隆噶举
stag lung dgon	达隆寺
stag lung thang pa bkra shes dpal	达隆塘巴・札西贝
stag movi chos sde	达摩寺
Sthāneśvara	萨他泥湿伐罗
Sthavira	上座
Sthaviravāda	上座部
Sthiramati	安慧
stod lung sde chen	堆垄德庆
stod pa grwa tshang	堆巴扎仓
stod shes rab bzang po	堆西饶桑布
Stray Birds	《飞鸟集》
Śubhakarasiṃha	善无畏
Subhash Chandra Bose	鲍斯，S. C.
Subhūti	须菩提
Sudatta	须达多
śuddha-advaita	纯净不二论
Śuddhodana	净饭王
Sudhaśrī	苏陀室利
Śūdraka	首陀罗迦
sugar	糖

续表

其他语言	中文
sugar making	制糖
Sugata	苏葛陀
Suguṇa	妙德
Suhṛl-lekha	《劝发诸王要偈》
Sujātā	苏佳塔
Sujit Kumar Mukherji	慕克吉，S. K.
Sujīva	苏祇婆
Śuka-saptati	《鹦鹉故事七十则》
Sukhasāgara	《幸福海》
Sukhasiddhi	苏卡悉地
Sukhāvatī	极乐世界
Sukhāvatīvyūha-sūtra	《阿弥陀经》
Sukhāvatī-vyūha-sūtra	《无量寿经》
Sukhda	《苏克达》
Sukumar Sen	森，S.
Śulba-sūtra	《绳经》
sum pa sprul sku	松巴活佛
sum pa ye shes dpal vbyor	三世松巴活佛·益西班觉
Sumatera	苏门答剌国
Sumeru	须弥山 / 苏迷卢山
Sun Yat-sen	孙中山
Sundarakāṇḍa	《美妙篇》
Sung Kyun Kwan University	成均馆大学
Śunga Dynasty	巽伽王朝
Sunil Kothari	柯塔里，S.
Sunita	《苏尼达》
Suniti Chatterjee	查特吉，S.
śūnya	空
Śūnyadiśya	指空
śūnyavāda	大乘空宗
supernatural tales	志怪小说
Supplement to Valuable Prescriptions	《千金翼方》
Surakṣa	竺叔兰
Śūraṅgama-samādhi-sūtra	《首楞严三昧经》
Śūraṅgamasūtra	《首楞严经》
Surendranath Dasgupta	达斯古普塔，S.
Śūrpaṇakhā	首哩薄那迦
Sursagar	《苏尔诗海》
Sūrya	苏利耶
Susiddhikara-mahātantra-sādhanopāyika-paṭala	《苏悉地羯罗经》
Suśruta	妙闻
Suśruta-saṃhitā	《妙闻本集》
sūtra	经 / 修妬路
Sūtrālaṃkāra	《大庄严论经》
Sūtra-piṭaka	经藏
Sutta-nipāta	《经集》

续表

其他语言	中文
suttanta-bhājaniya	经分别
suttanta-mātikā	经之论母
sutta-vibhaṅga	经分别
Suvāhu-paripṛcchā	《苏婆呼童子请问经》
Suvarṇa-bhāsottama-sūtra	《金光明经》
Suvarṇa-prabhāsottama-sūtra	《金光明经》
Svapnavāsavadatta	《惊梦记》
Śvetāmbara	白衣派
Śvetāśvatara Upaniṣad	《白骡奥义书》
Swami and Friends	《斯瓦米和朋友们》
Swami Prabhupada	斯瓦米·普拉布帕达
Swami Vivekananda	辨喜
Swarg Ki Jhalak	《天堂一瞥》
Syādvādamañjarī	《或然论束》
Syamaka	双靡
Syamasundar Das	达斯，S.
Sylvain Lévi	列维，S.
Taare Zameen Par	《地球上的星星》
Tabo	塔波
tad ckam	彼一
Tagore and China	《泰戈尔与中国》
Tagore by Fireside	《家庭中的泰戈尔》
Taittirīya Upaniṣad	《鹧鸪氏奥义书》
Takṣaśilā	呾叉始罗 / 循鲜城
Tāmalittī	耽摩栗底
tamas	多磨
Tamas	《黑暗》
Tamil Nadu	泰米尔纳德邦
Tāmraliptī	耽摩栗底
Tan Chung	谭中
Tan Yunshan Sino-Indian Friendship Museum	谭云山中印友谊馆
Tandava	荡得舞
Tanjore	坦焦尔
Tantra	怛特罗部 / 续
Tantrism	密教
Tanzhe Temple	潭柘寺
Tao Te Ching	《道德经》
Tārā	多罗 / 哆罗 / 度母
Tārānātha	多罗那他
tarbuza	西瓜
tarka	思择
Tarka-bhāṣā	《思择叙述》
Tarka-kaumudī	《思择月光》
Tarka-saṃgraha	《思择纲要》
Tārkika-rakṣā	《思择之守》
Taru Dutt	陀露哆

续表

其他语言	中文
Tathāgata	如来
Tathāgata Buddha	如来佛
Tathāgatagarbha-sūtra	《大方等如来藏经》
Ta-ts'ang Ching	大藏经
Ta-ts'ang Ching in Chinese	汉文大藏经
Ta-ts'ang Ching in Dai Language	傣文大藏经
Ta-ts'ang Ching in Manchu Language	满文大藏经
Ta-ts'ang Ching in Mongolian	蒙古文大藏经
Ta-ts'ang Ching in Tangut Language	西夏文大藏经
tattva	谛
Tattva-cintāmaṇi	《真理如意珠》
Tattvakaumudi	《明谛论》
Tattvārthā	《实义疏》
Tattvārthādhigama-sūtra	《谛义证得经》
Tattvasamāsa	《谛义集》
Tattva-saṃgraha-pañjikā	《摄真实论》
Tattva-saptati	《七十真实论》
Tattva-vaiśāradī	《真理明晰》
Taxila	塔克西拉
tea cultivation	茶叶种植
Teesri Kasam	《第三个誓言》
Tendon-strengthening Sutra	《易筋经》
Terhi Lakhir	《曲线》
Thakur Gadadhar Singh	辛格，T. G.
Thanda Gosht	《冷肉》
thang ring dgon dgav ldan bshad sgrub gling	龙合寺
thar pa gling	塔尔巴林
The Adventures of Monkey	《猴子历险记》
The Barber's Trade Union and Other Stories	《理发师工会》
The Big Heart	《伟大的心》
The Bower Manuscript	《鲍威尔写本》
The Captive lady	《被俘的女人》
The Cat and Shakespeare: A Tale of India	《猫与莎士比亚——一个印度故事》
The Chessmaster and His Moves	《棋王奇步》
The Cow of the Barricades	《街垒上的母牛》
The Creative Process and Revolutionary Discourse in Lu Xun's Writings	《鲁迅作品的创作过程和革命性话语》
The Crescent Moon	《新月集》
The Crowd	《人群》
The Drama of Journey to the West	《西游记杂剧》
the Filmfare Critics Award for Best Film	印度电影评论奖最佳电影奖
The Fugitive	《遐想集》
The Gardener	《园丁集》
The Gaudavaha	《讨伐高达国记事诗》
The God of Small Things	《微物之神》
The Gospel of Shri Ramakrishna	《罗摩克里希那福音》

续表

其他语言	中文
The Great Indian Way: A Life Of Mahatma Gandhi	《伟大的印度之道：圣雄甘地传》
The Guide	《男向导的奇遇》
The Harilelas	夏利莱家族
The Himalayas Sentiment: A Study of Sino-Indian Relations	《喜马拉雅山情结：中印关系研究》
The Hindu	《印度教徒报》
The Human Cycle	《社会进化论》
The Hundred Parables Sutra	《百喻经》
The Hymn of Subanta	《八转声颂》
The Ideal of Human Unity	《人类统一的理想》
The Independent	《独立报》
The Inheritance of Loss	《失落的继承》
The Investiture of the Gods	《封神演义》
The Kingdom of Cards	《纸牌王国》
The Life Divine	《神圣人生论》
The Lofty Height of A Writer: My Evaluation of Lu Xun	《高山仰止：我对作家鲁迅的评价》
The Martyr's Corner	《殉难者之隅》
The Meaning of India	《印度的意义》
The Medical Sutra of Five Visceras by Jīvaka	《耆婆五脏经》
The Monkey King Makes Hell of Heaven	《闹天宫》
The Peacock Garden	《孔雀园》
The Policeman and the Rose	《警察与玫瑰》
The Popular Education Movement in China	《中国的大众教育运动》
The Private Life of an Indian Prince	《一个印度王公的私生活》
The Religion of Man	《人的宗教》
the Samman Award	萨曼文学奖
The Serpent and the Rope	《蛇与绳》
The Sutra of Forty-two Sections	《四十二章经》
The Sword and the Sickle	《剑与镰》
The Synthesis of Yoga	《综合瑜伽》
The Tale of the Procurement of Scriptures by the Tripitaka Master of the Great Tang	《大唐三藏取经诗话》
the Tatas	塔塔家族
The Village	《村庄》
The Village by the Sea	《海边的村庄》
The White Tiger	《白虎》
The Zigzag Way	《曲折的路》
theg mchog rdo rje	十四世噶玛巴・特却多杰
Theravāda	上座部
Theravada Buddhism in Yunnan	云南上座部佛教
Thomas Watters	瓦特，T.
Three Chinese Poets	《中国三人诗选》
Three Pagodas at Chongsheng Temple	崇圣寺三塔
Three Religions in Unison	《三教同声》
thu ston kun dgav rnam rgyal	土敦・贡嘎南杰
Thumari	《民歌》

续表

其他语言	中文
thun mong ba lugs kyi bstan bcos	修身部
thuvu bkwan	土观活佛
thuvu bkwan blo bzang chos kyi nyi ma	三世土观活佛·洛桑却吉尼玛
thuvu bkwan grub mthav	《土观宗派源流》
Tiantai sect	天台宗
Tianzhu music	天竺乐
Tiaoyuan Calendar	《调元历》
Tibet	吐蕃
Tibetan Buddhism	藏传佛教
Ṭīkā	《复注》
Tillana	地拉纳
Tilopa	帝洛巴
Tilottama-sambhava	《蒂罗德玛仙女的诞生》
Timothy Richard	理查德，T.
Tin Nigahon Ki Ek Tasvir	《一幅关于三个眼神的素描》
ting vdzin	三摩地
Tirabhukti	帝那伏帝国
Tirhut	蒂鲁德
Tīrthakara	祖师
Tongtian Calendar	《统天历》
transformational texts	变文
trapusa	胡瓜
Trapusī	帝梨富娑
Trapuṣī	帝梨富娑
Trayastriṃśaddeva	三十三天
tretā-yuga	三分时代
Tri-dharmika-śāstra	《三法度论》
tri-guṇa	三德
Triṃśikā-vijñapti-bhāṣya	《唯识三十论释》
Triṃśikā-vijñapti-kārikā	《唯识三十颂》/《唯识三十论颂》
trīṇi–karmāṇi	三业
Trinity College, Cambridge	剑桥大学三一学院
tri-piṭaka	三藏
Tripura	特里普拉邦
tri-ratna	三宝
tri-śaraṇa-gamana	三皈依
Triśatikāyāḥ prajñāpāramitāyāḥ karikāsaptatiḥ	《三百颂般若之七十颂》
Trishanku	《陀哩商古》
Tri-svabhāva-nirdéśa	《三自性论》
Triumphant March of Prince of Qin	《秦王破阵乐》
tshad ma	因明部
tshad ma rig pa	《量学》
tshad ma rigs gter	《量理宝藏论》
tshad ma rnam par nges pavi dkav bvi gnas rnam par bshad pa	《量抉择论释难》

续表

其他语言	中文
tshad ma rnam vgrel gyi gzhung gsal bor bshad pa legs bshad snang bavi gter	《释量论释难·善说宝藏》
tshad ma sde bdun	《因明七论》
tshad mavi bsdus pa yid kyi mun sel	《量论摄义祛蔽论》
tshal gung thang dgon	蔡公堂寺
tshal pa bkav brgyud	蔡巴噶举
tshal pa dgon	蔡巴寺
tshar lugs	察尔系
tshe bcu dgon	策居寺
tshe chog gling	茨觉林
tshe smon gling	策墨林
tshes bcu	策居
tshes bcu rrna kwirti	策居·热纳格德
tshul khrims seng ge	杰贡·慈臣僧格
Tsong kha pa	宗喀巴
tsong kha pa blo bzang grags pa	宗喀巴·洛桑札巴
Tughluq Dynasty	图格鲁克王朝
Tukhara	兜佉勒国
Tulsidas	杜勒西达斯
Tulsidas and Confucius	《杜勒西达斯与孔子》
Turkut Tamer	秃古铁木而
Tuṣita	兜率宫/兜率天
Two Leaves and a Bud	《两叶一芽》
Tyagapatra	《辞职》
udāharaṇa	喻
Udan	《飞翔》
udāna	优陀那
Udāna-varga	《优陀那品》
Uday Shankar	香卡，U./乌黛·香卡
Udaya Deva	德瓦，U.
Udayagiri Caves	乌达耶吉里石窟
Uddantapuri	飞行寺
Uḍḍiyāṇa	乌苌/乌仗那
Uddyotakara	乌地耶得迦罗
Uḍra	乌荼
Udyāna	乌苌/乌仗那
Ujjayinī	优禅尼
ujjotana	高光法
Ullambana-sūtra	《盂兰盆经》
Umā	乌摩
Umāsvāti	乌玛斯伐蒂
Umrao Jan Ada	《勒克瑙名妓》
United Nations Conference on Trade and Development	联合国贸易和发展会议
Universität Bonn	德国波恩大学
Universität zu Berlin	柏林大学
Université de Liège	列日大学

续表

其他语言	中文
Université de Paris	巴黎大学
University College London	伦敦大学学院
University of Allahabad	阿拉哈巴德大学
University of Bombay	孟买大学
University of Calcutta	加尔各答大学
University of California at Berkeley	加利福尼亚大学伯克利校区
University of Cambridge	剑桥大学
University of Ceylon	锡兰大学
University of Chicago	芝加哥大学
University of Delhi	德里大学
University of Dhaka	达卡大学
University of Göttingen	哥廷根大学
University of Montpellier	蒙彼利埃大学
University of Mysore	迈索尔大学
University of Oxford	牛津大学
University of Pennsylvania	宾夕法尼亚大学
University of Texas at Austin	德克萨斯大学奥斯汀校区
University of Tokyo	东京大学
Untouchable	《不可接触的贱民》
Upadeśa	优波提舍
Upadeśa-sāhasrī	《千说》
upādhyāya	和尚
Upagupta	优婆崛多
upamāna	譬喻量
upanaya	合
upanayana	入教礼
Upaniṣad	奥义书
upāsaka	优婆塞
Upāsaka-śīla-sūtra	《优婆塞戒经》
upasampadā	具足戒
upāsikā	优婆夷
Upaskāra	《邬巴斯伽罗》
Upatissa	优波底沙
Upatiṣya	优波底沙
Upaveda	副吠陀
Upendranath Ashk	阿谢格，U.
Upper House of Indian Parliament	印度国会联邦院
Urdu Service of China Radio International	中国国际广播电台乌尔都语部
Urpaśūnya	月婆首那
Uṣas	乌莎斯
Uṣṇīṣa-vijaya-dhāraṇī	《佛顶尊胜陀罗尼经》
Uttar Pradesh	北方邦
Uttarakāṇḍa	《后篇》
Vācaspati Miśra	婆察斯巴蒂・弥尸罗
vāda	论议
Vāgbhaṭa	婆跋吒

续表

其他语言	中文
vāg-guhya	语密
Vaidik Himsa Himsa Na Bhavati	《按〈吠陀〉杀生不算杀生》
Vaiḍūrya	琉璃
Vaidya-rāja	医王
vaipulya	方等
Vairocana	大日如来/毗卢遮那/毗卢遮那佛
Vaiśalī	吠舍离
Vaiśeṣika school	胜论派
Vaiśeṣika-sūtra	《胜论经》
Vaiśrāmaṇa	毗沙门/毗沙门天王
Vajra	金刚
Vajrabodhi	金刚智
Vajra-cchedikā-prajñāpāramitā-sūtra	《金刚经》/《金刚般若波罗蜜经》/《金刚能断般若波罗蜜经》
Vajra-cchedikā-prajñāpāramitopadeśa	《金刚般若波罗蜜经论》
Vajradhara	金刚
Vajrapāṇi	金刚
Vajrāsana	金刚座
Vajrasana Pagoda at Zhenjue Temple	真觉寺金刚宝座塔
Vajrāsana Temple	金刚座寺
Vajra-śekhara-sūtra	《金刚顶经》
Vajra-śekhara-vimāna-sarva-yogayogi-sūtra	《金刚峰楼阁一切瑜伽瑜只经》
Vajrayāna	金刚乘
Vakpati	伐克巴迪
Valibar Sangam	《无忧青年协会》
Vallabha	筏罗婆
Vālmīki	蚁垤仙人
Valuable Prescriptions for Emergency	《备急千金要方》
Vāmana Purāṇa	《侏儒往世书》
Van. Buitenan	布依特南，V.
Vanashree Rao	拉奥，V.
Varadarāja	筏罗达拉贾
Varāha Purāṇa	《野猪往世书》
Varanasi	瓦拉纳西
Vārāṇasī	波罗奈
Vardhamana	筏驮摩那
varga	品
Varmāmiti	跋摩米帝
Varnam	瓦尔纳姆
Varṣapura	佛沙伏城
vārṣika	安居
Varuṇa	伐楼拿/婆楼那
Vasant V. Paranjpe	白春晖
Vasubandhu	世亲/婆薮开士
Vasudev Vishvanath Gokhale	郭克雷，V.V.
Vasudeva	波调/婆薮提婆

1211

续表

其他语言	中文
Vāsudeva	伐苏提婆
Vasumitra	世友
Vasu-mitra-sūtra	《婆须蜜经》/《尊婆须蜜菩萨所集论》
vāta	风
Vātsyāyana	筏蹉衍那
vattana	深浅法
vāyu	风
Vāyu	伐由
Vāyu Purāṇa	《风神往世书》
vbav rom bkav brgyud	拔绒噶举
vbav rom dgon	拔绒寺
vbras buvi thegs pa	果乘
vbras ljongs	锡金
vbras spungs dgon	哲蚌寺
vbri gung bkav brgyud	智贡噶举
vbri gung mthil dgon	智贡提寺
vbrog mi shakya yeshes	卓弥·释迦益西
vbrog ri bo che	卓日沃齐山
vbrom steng grwa tshang	仲顶扎仓
vbrom ston pa rgyal bavi vbyung gnas	仲敦巴·嘉维炯奈
vbrug dgon	周寺
vbrug pa bkav brgyud	周巴噶举
vbum lung bkra shes thang	安多奔隆扎喜塘
vchad kha pa	却喀巴
vcham pavi grwa tshang	法舞学院
vdul ba	律部
vdul ba grwa tshang	杜瓦扎仓
vdus pa mdo	《集经》
vdzam thang	壤塘
Vdzin pa	持气
Ve Din	《那些日子》
Veda	吠陀
Vedāṅga	吠陀支
Vedānta	吠檀多
Vedānta school	吠檀多派
Vedārtha-saṃgraha	《吠陀义纲要》
Veda-saṃhitā	吠陀本集
Vedism	吠陀教
Vengayin Mainthan	《万卡之子》
Veṇuvana-vihāra	竹林精舍
Vetāla-pañcaviṃśatikā	《僵尸鬼故事二十五则》
vgrel chung	《略释》
vgro mgon vphags pa	八思巴
vgro mgon vphags pa blo gros rgyal mtshan	八思巴·洛哲坚赞
Vibhajjavāda	分别说
Vibhaṅga	《分别论》

续表

其他语言	中文
vibhāṣā	毗婆沙
Vibhāṣā	《毗婆沙》
Vibhāṣā-abhidharma-śāstra	《毗婆沙毗昙》
Vibhāṣā-śāstra	《鞞婆沙论》/《广说》
Vidhushekhara Bhattacharya Shastri	夏斯特里，V. B.
Vidya Prakash Dutt	杜特，V. P.
Vidyādhara	持明
Vidyā-dhāraṇi-yāna	持明密教
Vighna	维祇难
Vigraha vyāvartanī	《回诤论》
Vijayanagara	维查耶纳伽尔
Vijayawada	维杰亚瓦达
vijñāna	识
Vijñāna-bhikṣu	吠若那比柯宿
vijñapti-mātratā	唯识
Vijñapti-mātratā-siddhi	《成唯识论》
Vijñapti-mātratā-siddhi-vicaya	《唯识决择论》
Vikram Seth	塞特，V.
Vikram University	韦格拉姆大学
Vikramaśīla	超岩寺/超戒寺
Vikramorvaśīya	《优哩婆湿》
Vima Kadphises	阎膏珍
Vimalakīrti-nirdeśa-sūtra	《维摩诘经》/《维摩经》
Vimalākṣa	卑摩罗叉
Vimalamitra	无垢友
Vimla Saran	沙兰，V.
Vimokṣaprajñā-ṛṣi	毗目智仙
Vimokṣasena	毗目智仙
Viṃśikā-vijñapti-prakaraṇa	《唯识二十论》
vimukti	解脱
Vimuttimagga	《解脱道论》
vinaya	律/律部/毗奈耶
Vinayabhadra	律贤
vinayadhara	律师
Vinaya-piṭaka	律藏
Vinaya-sūtra	《律经》
Vinaya-vibhaṅga	律分别
Vindhyavāsin	频阇诃婆娑
vinduja	斑点法
Vinītadeva	调伏天
Vinītaruci	毗尼多流支
Viṇṣu Purāṇa	《毗湿奴往世书》
Virocana	毗茹札那
Virūḍhaka	毗琉璃
Virūpākṣa	毗留博叉
Visakhapatnam	维沙卡帕特南

续表

其他语言	中文
Viśālāmalavatī Pramāṇa-samuccaya-ṭīkā	《集量论注释》
Viśeṣamitra	胜友
viśeṣa-padārtha	异句义
Vishnu Sitaram Sukthankar	苏克坦卡尔，V. S.
Vishwashanti	《世界和平》
viśiṣṭa-advaita	限定不二论
Visit of Chiang Kai-shek and His Wife to India	蒋介石夫妇访问印度
visit of Chinese leaders to India since the establishment of diplomatic relations	中印建交以来中国国家领导人访印
visit of Indian leaders to China since the establishment of diplomatic relations	中印建交以来印度国家领导人访华
Viṣṇu	毗湿奴
Viṣṇu Gupta	笈多，V.
Viṣnu-dharmottara	《毗湿奴最上法》
Visuddhi-magga	《清净道论》
Visva Bharati University	国际大学
Visva-Bharati Annals	《国际大学年刊》
Viśvaguṇa	众德
Viśvanātha	毗斯伐挪泰
vitaṇḍā	坏义
Vithal	维塔尔
viveka-khyāti	辨别智
vjam dbyangs chos rje	绛央却杰
vjam dbyangs chos rje bkra shes dpal ldan	绛央却杰·扎西班丹
vjam dbyangs dkon mchog vjigs med dbang po	二世嘉木样活佛·贡却晋美旺波
vjam dbyangs mkhyen brtse dbang po	绛央钦泽旺布
vjam dbyangs ngag dbang brtson vgrus	一世嘉木样活佛·阿旺尊智
vju mi pham gsung vbum	《居弥庞全集》
vju mi pham vjam dbyangs rnam rgyal rgya mtsho	居弥庞·绛央南杰嘉措
vkhon dkon mchog rgyal po	昆·贡却杰布
vod zer rgya mtsho	维赛嘉措
Voices in the City	《城市之声》
vphan po	彭波
vphang thang ma	《庞塘玛》
Vrindavanlal Varma	瓦尔玛，V.
Vyāghra	弊耶伽啰
Vyākaraṇa	毗伽罗论
Vyas Samman	毗耶娑奖
Vyāsa	广博仙人/毗耶舍
vyūha-kalpa	庄严劫
W. J. F. Jenner	詹纳，W.J.F.
W. Pachow	巴宙
Wankhan	瓦罕
Washington State University	华盛顿州立大学
Werner Winter	温特，W.
West Bengal	西孟加拉邦

续表

其他语言	中文
Where Shall We Go This Summer?	《今年夏天我们去哪儿？》
White Horse Temple	白马寺
Wit and Wisdom of India: A Collection of Humorous Folktales of the Court and Countryside	《印度七十四故事》
Wootz steel	乌兹钢
World Peace Council	世界和平理事会
wrought iron	镔铁
Xiangguo Temple	相国寺
Xingjiao Temple	兴教寺
Xuanzang Memorial Hall	玄奘纪念堂
Y. D. Mahajan	马哈江，Y.D.
Yajur-veda	《耶柔吠陀》
Yakṣa	夜叉
Yama	阎摩 / 阎魔
yama	禁制
Yamaka	《双论》
Yamarāja	阎王 / 阎罗王
Yamunā	阎牟那河
yan lag rgyas par vchad pa	详述
yar thang dgon	雅塘寺
Yarkhand	莎车
Yashpal	耶什巴尔
Yashwant Sinha	辛哈，Y.
Yaśogupta	耶舍崛多
Yaśomitra	称友
Yasovarma	伊沙伏摩
Yavadvīpa	耶婆提
ye shes mtsho rgyal	益西措杰
ye shes sde	智军
ye shes snying po	智藏
Yehi Sach Hai	《这是真的》
yer pa bkav brgyud	耶巴噶举
yi dam	本尊
Yicihui Stong Pillar	义慈惠石柱
yoga	瑜伽
Yoga school	瑜伽派
Yogācāca-bhūmi	《瑜伽师地论》
Yogācāra	瑜伽行派
Yogācārya	瑜伽师
Yoga-sāra-saṃgraha	《瑜伽精髓集要》
Yoga-sūtra	《瑜伽经》
Yoga-sūtra-bhāṣya	《瑜伽经注》
Yoga-tantra	瑜伽续
Yoga-vārttika	《瑜伽释补》
yojana	由旬
yon ldan rgya mtsho	四世达赖喇嘛·云丹嘉措

续表

其他语言	中文
Yongning Temple	永宁寺
yu mo mi bskyod rdo rje	裕摩·弥觉多杰
Yuanjia Calendar	《元嘉历》
yuga	时代
Yuga-nipāta	《双集》
Yuktidīpikā	《道理之光》
Yulin Caves	榆林窟
Yungang Caves	云冈石窟
Yushan Hill Paṭhaka	《鱼山梵呗》
Zakir Hussain	侯赛因，Z.
zebu	封牛
zero	零
zhang tshal pa brtson vgrus grags	香蔡巴·尊珠札
zhi ba lha	寂天
zhi ba vtsho	静命
zhi byed pa	息解派
zho ston	雪顿节
zi na legs pa rgya mtsho	西纳·勒巴嘉措
zi na sprul sku	西纳活佛
Zla ba grags pa	月称
Zokuzokyo	《续藏经》
zur chung shes rab grags pa	索琼·喜饶札巴
zur gsum	三索尔
zur po che sha kya vbyung gnas	索波切·释迦琼奈
zur shakya seng ge	索·释迦桑格
2500 Years of Buddhism	《佛教2500年》
3 Idiots	《三傻大闹宝莱坞》

条目标题汉字笔画索引

说明

一、本索引供读者按条目标题的汉字笔画查检条目。

二、条目标题按第一字的笔画由少到多的顺序排列，笔画数相同的，按起笔笔形横(一)、竖(丨)、撇(丿)、点(丶)、折(乛，包括亅乚く等)的顺序排列。第一字相同的，依次按后面各字的笔画数和起笔笔形顺序排列。

一画

一世哲布尊丹巴·洛桑丹贝坚赞……164
一世章嘉活佛·札巴鄂色……164
一行……33

二画

二十八宿……149
二元二十五谛……151
二世达赖喇嘛·根敦嘉措……150
二世章嘉活佛·阿旺洛桑却丹……151
二谛……149
《十二支》……587
十二世噶玛巴·绛曲多杰……587
十二因缘……587
十三世噶玛巴·杜堆多杰……588
十五世噶玛巴·喀觉多杰……589
十六谛……588
十四世噶玛巴·特却多杰……589
十句义……588
《十地经》……586
《十诵律》……589
十善……588
七支论式……503
七世噶玛巴·却札嘉措……502
七例……501
七河……501
七调……501
七谛……501
七曜……502
《七曜会聚》……502
《七曜细行历》……503
《七曜星辰别行法》……503
《七曜选日》……503
《七曜雌雄图》……502
《七曜禳灾诀》……502
卜阿里……63
卜哈鲁……63
《人生的亲证》……533
《人的宗教》……533
《人类统一的理想》……533
入教礼……535
八万四千塔……31
八支行法……32
八正道……31
八世司徒活佛·却吉琼奈……30
八世噶玛巴·弥觉多杰……30
《八转声颂》……32
八思巴……30
八种婚姻形式……32
九十六种外道……326
九世噶玛巴·旺秋多杰……326
九执……326
《九执历》……326
九华山……325

三画

三十三天……547
三长斋月……544
三世达赖喇嘛·索南嘉措……547
三世章嘉活佛·若贝多杰……548
三世噶玛巴·让琼多杰……548
三业……549
三仙洞佛像雕塑……549
三仙洞壁画……548
《三百咏》……543
《三论玄义》……545
三论宗……546
三阶教……545
三宝……544
三昧……546
三皈依……545
《三教同声》……545
《三傻大闹宝莱坞》……547
三德……544
三磨耶悉利……547
三藏法师……550
于法兰……865
于道邃……865
《土观宗派源流》……670
土塔……671
下凡……724
下梵……724
大千世界……107
《大日经》……107
大手印法……110
大月氏人……109
《大方等大集经》……103
大自在天……119
《大庄严论经》……119
大兴善寺……114
大报恩寺……97
大报恩寺塔……98
大足北山摩崖造像……120
大足宝顶山摩崖造像……119
《大宝积经》……97
大宛……113
大昭寺……118
《大毗婆沙论》……106

《大衍历》……115
大津……105
大勇……116
大夏……114
大圆满法……116
《大乘义章》……102
《大乘五蕴论》……101
《大乘玄论》……101
《大乘百法明门论》……99
《大乘庄严经论》……102
大乘灯……100
大乘佛教……100
《大乘起信论》……100
《大乘道次第·解脱庄严论》……100
《大般涅槃经》……98
《大唐三藏取经诗话》……110
《大唐内典录》……110
《大唐西域记》……111
《大唐西域求法高僧传》……112
大理国……105
大理国经幢……105
《大菩萨藏经》……107
大野迷地罗梵摩……116
《大隋西国传》……110
大雁塔……116
大雄……115
大黑天……104
《大智度论》……118
大慈恩寺……102
《大慈恩寺三藏法师传》……103
《大德南海志》……103
《大篷车》……106
大藏经……117
万天懿……677
万宝常……677
上海……563
上海松江唐经幢……564
上梵……563
《小止观》……733
《小泥车》……732
小葛兰国……732
山蕴……560
《千手千眼观世音菩萨治病合
药经》……515
千手观音……515
千手观音龛……515
《千金翼方》……514
么地，H.N.……427
广仁寺……228
《广弘明集》……228
广州……229
《广林奥义书》……228
广法寺……227
义玄……773
义净……770
义准量……773
义朗……773
义辉……770
义慈惠石柱……770
尸利那罗僧伽宝多拔摩……582
尸罗达摩……583
尸罗迷迦……583
尸离罗荼印陀罗注罗……582
子邻……1030
《女修十则》……476
飞锡……176
马八儿国……416
马不剌罕……416
马因的……420
马合麻……418
马欢……418
马鸣……419
马建忠……418
马孟刚……419
马哈木……418
马重绩……416
马海德……418
马祭……418
马德拉斯……416
马德新……417

四画

王之春……683
王玄策……682
王守仁……680
王舍城……679
王统照……681
王恩洋……678
王浮……679
王焘……680
王梵志……679
王维……681
王维克……682
王槐挺……679
王藻……683
《开元占经》……338
开元寺……337
《开元释教录》……337
开封……336
《天下郡国利病书》……667
天女……664
天王……666
天台宗……665
天启……665
天竺……667
天竺乐……669
天竺按摩法……667
天竺遗法……668
天竺算法……668
天城体……664
天帝释……664
天津印度侨民协会……664
天觉……664
天息灾……667
《天譬喻经》……664
元一……881
元太祖成吉思汗……880
元世祖忽必烈……879
元明杂剧……877
元宵节……880
《元鉴导引法》……877
《元嘉历》……876
无行……700
无极高……698
无我……699
无体量……699
无忧树……700
无罗叉……699
无垢友……697
无前……699
无说句义……699
无能句义……699
无著……700
无常……697
《无量寿经》……698
无锡惠山寺经幢……699
韦节……687
云冈石窟……885
《云使》……887
云南上座部佛教……886
扎什伦布寺……892
木叉提婆……453
木多笔……453
木克华……453
五支论式……713
五气朝元功……708

《五分律》……706
《五方狮子舞》……706
五世达赖喇嘛·阿旺罗桑嘉措……708
五世噶玛巴·德银协巴……708
五台山……709
五台山佛光寺经幢……710
五台山藏传佛教寺院……711
五戒……707
五位法……711
五明论……707
《五卷书》……707
五河……707
五部大论……705
五蕴……713
支那……916
支孝龙……916
支娄迦谶……915
支敏度……916
支遁……915
支谦……916
支曜……916
不一不异论……65
不二论……63
不六温乃……65
不可见力……64
不动……63
不空……64
不空金刚……64
不刺……65
太虚……638
《历代三宝纪》……366
巨赞……329
比丘……46
比丘尼……46
《比丘尼传》……46
比里麻……46
比量……46
瓦你……675
瓦拉纳西……674
瓦杰帕伊，A.B.……674
少林寺……564
《日本国志》……534
《日知录》……534
《中天竺国行记》……953
《中印人民友好关系史：1851～1949》……984
中印艺术交流……1002
中印友好代表团……1011
中印文学交流……988
中印古代交通往来……958
中印古代语言学交流……962
中印外交往来……984
中印民俗交流……980
中印佛教交流……953
中印现代学术交流……997
中印学会……998
中印建交……963
中印建交以来中国国家领导人访印……965
中印建交以来印度国家领导人访华……964
中印科技交流……967
中印贸易往来……973
中印养生健身交流……998
中印哲学交流……1011
中印棉纱贸易……980
《中论》……952
《中观论疏》……925
中观派……926
《中阿含经》……923
中国……926
中国大学印度哲学课程……926
中国文化代表团访问印度（1954）……951
中国古代翻译学……940
中国电影在印度……929
中国印度友好协会……951
中国外文局……949
中国外文局乌尔都文组……950
中国外文局印地文组……950
中国外文局孟加拉文组……950
中国外文局泰米尔文组……950
中国远征军在印度……951
中国佛教……930
中国近现代印度哲学与宗教研究……945
中国社会科学院哲学所东方哲学室……947
中国国际广播电台乌尔都语部……942
中国国际广播电台印地语部……942
中国国际广播电台孟加拉语部……941
中国国家博物馆……943
中国的印度研究……926
中国绘画……943
《中国数学史大系》……947
中秋节……953
中道……924
《内外旁通比较数法》……470
内明……469
水运浑天仪……608
水陆道场……607
贝多罗……45
贝拿勒斯……45
手印……602
毛泽东……425
气功……512
长安……75
《长阿含经》……74
仁达瓦·勋努洛哲……534
仁钦桑布……534
《分别论》……183
月天……884
月称……883
月爱……883
月婆首那……884
月霞……884
勿提提羼鱼……716
丹吉林……123
乌仗那……696
乌头劳……696
乌玛斯伐蒂……695
乌苌……695
乌莎斯……696
乌散特勒洒……696
乌摩……695
六十二见……388
六支瑜伽法……388
六句义……385
六师……386
六字真言……389
六足论……389
《六言梵呗》……388
六度……384
六派哲学……385
《六祖坛经》……390
文卡塔拉曼南，K.……693
文纲……692
文忠……694
《文殊七曜图》……693
《文殊七曜经》……693
《文殊星历》……693
文殊菩萨……693
方豪……174
计都……278

尹庆……783
孔子……347
巴苏华……35
巴利语……34
巴帕特，P.V. ……34
巴金……33
巴宙……35
巴湿伐那陀……35
邓小平……131
邓敦……131
劝制……531
《双论》……607
双靡……607
幻变说……261

五画

末伽梨・拘舍罗……452
末底僧诃……452
《正理花束》……909
《正理经》……909
《正理经疏》……910
正理派……910
《正理滴论》……909
功德光……217
功德直……217
功德林……217
甘丹寺……209
甘丹赤巴……208
甘古利，R.……212
甘地，M.K. ……209
甘露……212
世亲……595
艾青……19
古马尔，J. ……222
古日・却吉旺秋……222
《古代印度与古代中国，贸易与宗教交流》……218
古代印度语言和文字……219
古里国……221
札巴坚赞……893
可亦里……344
可智……344
石真……590
石峻……589
石勒……590
布达拉宫……65
布施……69
布顿・仁钦珠……68
《布顿佛教史》……68
龙门石窟……391
龙王……396
龙华会……391
龙树……393
龙树……395
《龙树菩萨眼论》……395
龙章……397
《龙喜记》……397
东汉陵墓华表……136
东初……136
卡拉里帕亚图……334
卡斯米，A.N.……335
卡普尔，P. ……335
卡普尔，R.……335
卡德尔党……333
《北斗七星护摩法》……44
北平讲学社……44
北魏太武帝拓跋焘……44
北魏孝明帝元诩……45
卢前……398
业……765
业句义……765
目连戏……454
目罗失稽……455
目犍连……454
叶浅予……765
由旬……863
《由谁奥义书》……863
冉云华……532
凹凸法……23
《四十二章经》……617
四大……616
《四分律》……616
四世达赖喇嘛・云丹嘉措……617
四世班禅・洛桑确吉坚赞……617
四世噶玛巴・若贝多杰……618
《四夷广记》……618
四住期……618
四谛……616
生主……575
生活派……574
丘就却……520
白马寺……38
白玉寺……39
白居寺壁画……37
白居易……38
白春晖……37
《白黑论》……37
白蜜雅……39
《白骡奥义书》……38
《他氏奥义书》……637
他空见……637
印中人民是兄弟……859
印中友好妇女协会……859
印光……858
印顺……858
印度……783
《印度七十四故事》……844
印度中国友好协会……857
《印度文化与民俗》……846
《印度古代史纲》……810
印度古代度量单位……809
印度古代数学天文学……810
《印度古佛国游记》……813
《印度古典诗学》……812
印度电影在中国……787
印度民间文学……843
印度华人社区……815
印度戏剧……851
印度医学在中国的传播……852
印度佛教……795
印度佛教文学……803
《印度佛教史》……803
印度佛教哲学……804
印度－阿拉伯数字……784
印度青年团……844
印度国民协会中国分会……815
印度国家博物馆……813
印度的中国研究……786
《印度的发展及其对外战略》……785
印度建筑……824
《印度政治制度研究》……857
印度独立联盟……795
印度音乐……853
《印度美术》……842
印度神话……844
印度绘画……816
印度哲学大会……857
印度教……834
印度博物馆……785
印度援华医疗队……856
印度舞蹈……847
印度雕刻……790
句义……329
外八庙……676
《外台秘要方》……677

《外国事》……676
冯友兰……184
冯承钧……184
玄会……748
玄应……748
玄证……753
玄畅……747
玄觉……748
玄奘……748
玄奘纪念堂……752
玄逵……748
玄照……753
汇宗寺……265
汉文大藏经……242
《汉文南亚史料学》……243
汉武帝刘彻……243
汉明帝刘庄……241
汉盘陀国……241
宁玛派……475
宁波……474
必纳的……47
永世……862
《永乐大钟梵字铭文考》……862
永宁寺……862
尼古玛……470
尼卢致论……472
尼陁达……472
《尼揵荼书》……471
尼乾陀·若提子……470
尼犍子……471
尼赫鲁，J.……470
弗若多罗……202
弗楼沙……202
弘一……252
弘忍……252
《弘明集》……251
《出三藏记集》……86
《出曜经》……86
加尔各答……282
皮山……481
《发智论》……152
《发趣论》……152
圣严……577
圣言量……577
《圣武亲征录》……576
《圣教论》……576
圣教量……576
丝绸……612
丝绸之路……612

六画

式叉论……596
式叉摩那……596
吉祥……273
吉祥天女……273
托林寺……672
老子……357
《老子》……358
《老子化胡经》……358
老舍……356
巩珍……218
执持……917
地华加罗……132
地狱……132
地婆西那……132
地婆诃罗……132
地藏节……133
地藏菩萨……133
业勒加……757
《西天路竟》……717
《西使记》……717
《西洋记》……718
《西洋朝贡典录》……717
《西洋番国志》……718
西夏文大藏经……717
《西域图记》……720
《西游记》……719
《西游记杂剧》……720
有……863
有能句义……864
《百论》……40
《百道梵书》……39
达布拉杰……91
达耶难陀·娑罗室伐底……96
达罗毗荼人……92
达罗毗荼语……92
达隆塘巴·札西贝……92
达斯，B.……95
达斯古普塔，S.……95
达赖喇嘛世系……91
达摩……93
《达摩多罗禅经》……93
达摩波罗……93
达摩战涅罗……94
达摩笈多……93
达摩掬多……94
《达磨大师住世留形内真妙用诀》……94
达磨波……94
达磨般若……94
《成实论》……81
《成唯识论》……82
《成唯识论了义灯》……82
《成唯识论述记》……83
《至元法宝勘同总录》……918
贞固……905
师子光……584
师觉月……583
师鞭……583
《光宅历》……227
光远……227
吐蕃……671
曲女城……526
曲解……522
同句义……670
吕才……400
吕澂……400
因中无果论……782
因中有果论……782
因陀罗……781
《因明入正理论》……777
《因明大疏》……776
《因明正理门论》……781
因明学……777
《因是子静坐法》……781
吗喇他国……421
朱士行……1021
朱杰勤……1020
朱驹波国……1021
朱家骅……1020
朱熹……1021
竹林精舍……1023
《乔尸多基奥义书》……518
乔希……518
乔荼波陀……518
乔答摩……518
乔答摩·悉达多……518
传承……87
《优哩婆湿》……863
优婆夷……863
优婆塞……863
优禅尼……862
伐由……153
伐致呵利……153
伐楼拿……152
仲敦巴·嘉维炯奈……1016

华氏城……258
《华严五教章》……259
华严宗……260
《华严经》……258
《华严经疏钞》……259
华表……257
自在黑……1030
《自传——我体验真理的故事》……1031
自性……1030
伊存……767
伊克巴尔，M.……767
伊沙伏摩……768
《伊莎奥义书》……768
伊斯玛仪派商人……768
伊斯拉姆，K.N.……768
向达……731
似因……618
行动吠檀多……739
行勤……739
行像……739
全印柯棣华大夫纪念委员会……527
《会元历》……265
会宁……265
合十……246
合浦……245
众德……1017
《杂阿含经》……888
多丹·札巴僧格……145
多朴巴·喜饶坚赞……146
多杰扎寺……145
多罗那他……146
《邬巴斯伽罗》……696
色拉寺……552
冰心……50
庄子……1028
亦不剌金……773
亦列失金……774
刘大白……381
刘元……382
刘北茂……380
刘半农……379
刘安武……379
刘孝荣……382
刘国楠……381
刘凭……381
刘焯……383
齐已……504
齐白石……503
《齐民要术》……504
米特拉，H.……436
江绍原……297
江淹……298
汤用彤……657
兴教寺……737
守真……602
守温……602
安世高……22
安玄……23
《安多政教史》……20
安纳德，M.R.……21
安居……20
安度罗……20
安息……22
《安般守意经》……20
安培德卡尔，B.R.……21
安静……20
许地山……745
许季上……746
许崇灏……745
论式……404
《论事》……404
《论语》……401
论藏……404
那连提黎耶舍……459
那纳克……460
那若六法……460
那若巴……460
那罗陀……459
那罗僧诃跋摩一世……459
那烂陀寺……457
那烂陀寺漏法……458
那陵提婆……459
那措·茨诚嘉瓦……457
那提……461
异句义……774
《异部宗轮论》……774
《异域志》……774
孙中山……631
孙权……630
孙位……631
孙思邈……630
孙思邈调气法……631
孙培钧……629
阴末赴……782
如来佛……535
《如意宝树史》……535
观音……225
观音诞日……226
牟子……453
《牟子理惑论》……453
牟尼室利……452
《纪古滇说原集》……278

七画

玖达伊，I.……327
麦积山石窟……422
玛久拉仲……421
玛尔巴·却吉洛哲……421
玛尼克……422
戒……307
戒日王……307
《戒日王传》……309
戒贤……310
戒贤……310
运期……887
《扶南记》……202
《扶南传》……203
贡布嘉……218
贡邦·突杰尊哲……218
贡庆寺……218
坎巴夷……340
护罗……256
护法……256
《护诸童子女神符图》……256
志怪小说……918
志通……919
声明……575
声明论……576
声常住论……575
却喀巴……531
却藏寺……531
劫……302
劫波经……303
《劫经》……303
邯郸淳……239
严文井……758
严羽……758
严佛调……758
克孜尔石窟……344
苏卡悉地……624
《苏尔诗海》……623
苏弗舍利支离泥……624
苏利耶……624
苏没谨忙……627
苏陀室利……627

苏祇婆……627
苏雪林……627
苏曼殊……625
苏葛陀……624
苏摩……626
苏麟陀逸之……624
杜行……138
杜行满……138
杜甫……138
杜特，G.……138
杜特，V.P.……138
巫白慧……696
极量……274
极微……274
李小龙……364
李义表……365
李少春……363
李白……362
李成眉……362
李志夫……366
李时珍……364
李诞……363
李弥乾……363
李承恩……362
李俊承……363
李淳风……362
李缘山……365
杨大钊……762
杨仁山……762
杨允元……764
杨忠辅……764
杨庭璧……763
杨朔……763
杨惠之……762
杨景风……762
杨瑞琳……763
求那毗地……522
求那跋陀罗……521
求那跋摩……521
《两亩地》……372
《酉阳杂俎》……865
医方明……769
《医理精华》……769
连云港孔望山摩崖造像……368
《连句梵呗》……368
时轮乘……591
吴广霈……702
吴印咸……704
吴岩……704
吴宗濂……705
吴俊才……703
吴晓铃……703
吴雪……704
《吴船录》……701
吴道子……702
县度……753
吠陀……179
吠陀支……182
吠陀教……182
吠若那比柯宿……176
吠舍离……176
吠檀多派……177
吽哈罗悉利……251
别铁木儿……50
《我的名字叫可汗》……694
《利论》……367
利涉……367
秃古铁木而……670
佉留书……522
何承天……246
佐钦寺……1035
伯勒萨德，J.……59
你尾尼……473
身毒……876
佛本生经……185
《佛本行集经》……187
《佛地经》……187
《佛地经论》……188
佛曲……193
佛驮什……196
佛驮跋陀罗……196
佛护……188
《佛医经》……200
佛沙伏城……194
佛陀……196
佛陀十大弟子……198
佛陀多罗……197
佛陀耶舍……198
《佛陀和原始佛教思想》……197
佛陀波利……197
佛陀室利……198
佛陀扇多……197
佛陀斯那……198
佛陀跋陀……196
《佛国记》……188
佛图罗刹……195
佛图澄……195
《佛所行赞》……195
佛性……199
《佛祖历代通载》……201
《佛祖统纪》……201
《佛说护诸童子陀罗尼经》……194
《佛说疗痔病经》……195
佛教与中国民间信仰……188
佛教与中国民俗节日……191
伽尔格，M.……283
伽玛，K.R.……283
伽耶……284
伽梵达磨……283
希卡布尔放债人……721
希里·希里……721
《坐忘论》……1035
坐法……1035
含光……239
龟兹乐……520
鸠摩罗什……322
《岛夷志略》……124
邹代钧……1034
辛头大河……735
辛哈，K.K.……735
辛格，A.……734
辛格，M.……735
辛格，T.G.……735
汪大渊……678
汪原放……678
沙门……559
沙门思潮……559
沙兰，R.……559
沙兰，V.……559
沙米的喜……560
沙弥……559
沙弥尼……560
《沙恭达罗》……558
沃尔玛，N.……695
《沧浪诗话》……70
没徙曩……452
沈兰真……573
沈约……573
沈纳兰……573
沈泽民……573
沈谟汉……573
怀业……260
怀问……260
怀迪……260
怀素……260
宋云……623
宋太宗赵炅……622

宋太祖赵匡胤……623
宋庆龄……622
宋明理学……620
《宋高僧传》……619
良秀……370
良贲……370
诃梨跋摩……245
补陀吃多……63
《社会进化论》……569
《社得迦摩罗》……568
识……591
灵运……378
灵隐寺……377
灵鹫山……376
张大千……894
张均……895
张彦远……898
张闻天……898
张载……899
张曼涛……896
张煜南……899
张骞……896
张韬光……898
张僧繇……897
张衡……895
阿巴斯，G.……1
阿巴斯，K. A.……1
阿兰若……4
阿尼哥……6
阿尼鲁达……8
阿老瓦丁……4
阿吒力教……17
阿那摩低……6
阿里……4
阿罗汉……5
阿罗那顺……5
阿底峡……2
《阿底·格兰特》……1
阿育王……13
《阿育王》……14
阿育王正法……16
阿育王寺……15
阿育王铭文……14
阿育王塔……15
《阿弥陀经》……5
《阿毗昙心论》……8
阿钩羌……4
阿修罗……12
《阿闼婆吠陀》……11
阿耆尼……9
阿耆多·翅舍钦婆罗……9
阿格叶耶……3
阿特曼……12
阿旃陀石窟……18
阿难……6
阿基兰……4
阿萨姆……9
阿阇世……11
阿逾陀……13
阿谢格，U.……12
陈大齐……78
陈伦炯……80
陈那……80
陈贻范……81
陈独秀……78
陈洪进……80
陈翰笙……79
陀罗尼……672
陀罗尼密教……673
妙应寺……440
《妙法莲华经》……439
妙德……439
忍辱……534
鸡园寺……273
鸡鸣寺……273
纯陀……87
纳拉扬，R.K.……461
纳兹鲁尔音乐……462
纳格，K.……461

八画

武术……713
武则天……714
青目……519
现量……727
盂兰盆节……865
《盂兰盆经》……866
拘尸那迦……327
拘卢舍……327
拘纬……328
拉卜楞寺……350
拉吉夫·甘地……353
拉达克……351
拉达克里希南，S.……352
拉伊，S.……354
拉克希曼，K.……353
拉萨四大林……354
拉萨密宗院……354
拉奥，R.……350
拂菻罽婆……203
耶什巴尔……765
耶舍崛多……765
《耶柔吠陀》……764
昔剌木丁……721
若那跋陀罗……536
若那竭多……536
苜蓿……455
茅盾……426
林伽崇拜……374
林语堂……375
林热·班玛多杰……375
林徽因……373
杭州……244
杰吉博伊，J.……303
杰尊·却吉坚赞……303
刺桐……89
刺绣……89
郁金香……874
奇啰啰……504
欧阳竟无……477
转变说……1028
轮回……402
非暴力……176
齿木……85
卓尼寺……1030
卓克华……1029
卓弥·释迦益西……1029
《贤劫经》……726
具生吉祥……329
具足戒……330
昙无最……652
昙无竭……652
昙无谶……651
昙光……649
昙迁……651
昙闰……651
昙柯迦罗……649
昙朗……649
昙鸾……649
《昙鸾法师服气法》……650
昙谛……649
昙摩伽陀耶舍……650
昙摩耶舍……651
昙摩流支……650
昙摩难提……651
昙摩掘多……650

昙摩蜜多……650
昙翼……653
昙曜……652
昆明……349
国际印度哲学学会……236
国际黑天意识会……235
明太祖朱元璋……442
明成祖朱棣……442
明州……443
明远……443
明都，S.H. ……442
易行乘……775
《易筋经》……775
咀叉始罗……96
罗好心……406
罗护罗……406
罗护哪……406
罗利多菩伽……407
罗易，M.N. ……414
罗刹……405
罗姆摩罕·罗易……413
罗荼罗乍……405
罗阇……413
罗睺……406
罗睺罗……406
《罗摩功行之湖》……407
罗摩克里希那……407
罗摩克里希那传教会……408
《罗摩克里希那福音》……409
罗摩努阇……409
罗摩波罗……407
《罗摩衍那》……409
岫庐……740
帕·丹巴桑杰……478
帕西人……479
帕莫主巴……478
《岭外代答》……378
凯沙布·钱德拉·森……338
制感……919
制糖……919
知玄……916
知贤……916
和平共处五项原则……247
和合句义……247
和尚……247
季羡林……279
竺可桢……1026
竺扶大……1026
竺佛念……1026
竺佛朔……1026
竺佛调……1026
竺阿弥……1023
竺叔兰……1027
竺罗达……1026
竺法兰……1025
竺法护……1024
竺法汰……1025
竺法度……1024
竺法乘……1024
竺法崇……1024
竺法雅……1025
竺法潜……1025
竺律炎……1026
竺道生……1023
竺僧朗……1027
竺僧敷……1027
岳乐也奴……884
《使西日记》……595
帛尸梨蜜多罗……59
帛延……59
卑摩罗叉……44
质多跋摩……920
《往五天竺国传》……686
往世书……683
彼岸……47
所闻经……635
所量……634
舍卫城……568
《舍头谏太子二十八宿经》……567
舍利……566
舍利弗……567
《舍利弗传》……567
舍利越摩……567
《金七十论》……317
《金光明经》……315
金刚……310
《金刚顶经》……311
《金刚经》……313
金刚乘……311
金刚座……314
金刚智……314
金克木……315
金奈……317
金瓶掣签制度……317
金陵……317
金鼎汉……310
《服药咒》……203
胁尊者……733
周去非……1019
周而复……1018
周达甫……1017
周作人……1020
周叔迦……1019
周恩来……1017
《鱼山梵呗》……867
忽鲁秃花……254
《备急千金要方》……45
变文……47
京俄瓦·茨诚巴……318
夜叉……766
底哇答思……132
《庚申外史》……216
净土宗……322
净饭王……322
放灯……175
放焰口……175
《闹天宫》……469
郑和……913
《郑和航海图》……913
郑法士……912
郑振铎……914
法……153
法力……157
法上……159
法门寺……158
法门寺塔……158
法天……160
法云……164
法见……156
《法句经》……156
法立……157
《法华文句》……155
《法华玄义》……155
法论……158
法戒……156
法护……154
《法苑珠林》……163
法贤……160
法明……159
法和……154
法炬……156
法宝……153
法经……156
法相宗……162
法显……160
《法显传》……162
法泰……159

法振……165
法称……154
法舫……154
法悦……164
法朗……157
法领……158
法遇……163
法尊……165
法献……162
法照……165
法源寺……163
《法聚论》……156
法藏……164
河北卢龙金代经幢……247
河北固安辽代经幢……247
注辇……1027
《泥洹梵呗》……472
波那……53
波你尼……53
波罗奈……53
波罗颇迦罗蜜多罗……53
波调……52
波颇……54
波斯匿……54
波路国……52
波颠阇利……52
波颠阇利……52
《性命圭旨》……740
宝云……42
宝思惟……41
《宝座故事三十二则》……42
宝唱……41
宗义学……1034
宗炳……1031
宗密……1032
宗喀巴·洛桑札巴……1031
宗懔……1032
《定量论》……135
定慧双修……135
空……345
实叉难陀……594
实句义……594
《诗式》……584
祈愿大法会……505
祇园精舍……505
祇树给孤独园……505
建业……295
建初寺……295
建盛……295
建康……295
居士……329
居弥庞·绛央南杰嘉措……328
屈多……523
屈原……523
弥兰陀……432
《弥兰陀王问经》……432
弥陀山……435
弥罗……434
弥勒……433
《弥勒下生经》……433
《弥曼差经》……434
弥曼差派……434
孟子……431
孟买……430
限定不二论……727
迦尸……290
迦叶……290
《迦叶仙人说医女人经》……291
迦叶孝威……291
迦兰陀……285
迦那陀……288
迦罗扇帝……288
迦毗罗……289
迦毗罗卫……290
迦梨陀娑……285
《迦塔奥义书》……290
迦湿弥罗……290
迦腻色迦……288
迦腻色迦大塔……289
迦摩缕波……288
细布……724
《经纬历》……320
《经律异相》……319
《经集》……319
经幢……318
经藏……320
贯休……226

九画

契此……512
玻璃……55
封牛……183
《封神演义》……183
持明……85
持明密教……85
政治吠檀多……915
赵州陀罗尼经幢……903
赵汝适……902
赵国华……901
赵景深……902
赵德……901
拾得……595
指空……917
《荆楚岁时记》……321
草堂寺……72
茶叶种植……72
茨觉林……88
荣敦·玛威僧格……535
《故事海》……223
故临……223
胡瓜……254
胡茶辣国……254
胡适……255
胡椒……254
胡愈之……256
南诏……466
《南诏野史》……467
南卓……468
南卑琶打……462
南京……464
南毗……466
南毗国……466
《南海寄归内法传》……463
南朝陵墓华表……462
枯马立拉……348
柯枝……344
柯棣华……342
查托巴迪雅亚，H.……74
查特吉，S.C.……73
相国寺……731
勃律……60
勃匐准……59
《咸宾录》……727
《面如满月》……439
鸦片贸易……755
临淄龙泉寺石佛像……375
星云……738
星神画像……737
《星槎胜览》……737
哒舍国……91
曷擶支……248
毗瓦巴……484
毗卢遮那……482
毗目智仙……482
毗尼多流支……482
毗伽罗论……481

毗沙门天王……483
毗耶舍……484
毗茹札那……482
毗湿奴……483
贵霜王朝……233
哈撒尔海牙……237
哪吒……469
香卡，R.……728
香卡，U.……730
香港……728
种姓……1016
重达……85
笈多艺术……276
笈多帝国……274
段安节……139
《顺风相送》……608
《顺正理论》……611
顺世论……609
《顺世论——古印度唯物主义研究》……611
顺婚与顺生……609
俄·罗丹喜饶……148
俄·勒贝喜饶……148
俗语……628
信胄……737
《皇明四夷考》……261
《皇明象胥录》……261
泉州……527
泉州海外交通史博物馆……530
鬼子母……233
侯显……254
侯赛因，M.F.……253
律师……401
律宗……401
律藏……401
须达多……741
须弥山……741
郗超……721
剑川石窟……295
剑毕离……295
胜军……577
《胜论经》……577
胜论派……578
《胜宗十句义论》……581
《胜鬘经》……580
狮子会……584
饶宗颐……532
度母……139
彦悰……761
彦琮……761
帝洛巴……133
帝释天……134
施护……584
施蛰存……585
闻一多……694
《美难陀传》……429
姜斌……298
《叛逆者》……480
娄其那那……398
首陀罗迦……603
《首楞严三昧经》……603
总制……1034
炳灵寺石窟……51
《剃发者奥义书》……664
洪钧……253
《洞玄灵宝定观经》……137
活佛转世……272
洛阳……414
《洛阳伽蓝记》……415
恒河……250
恰巴·却吉僧格……513
恰托巴底亚耶，D.……513
觉巴·久丹贡布……332
觉称……332
觉囊派……332
室利佛逝……596
《神圣人生论》……572
神会……571
神我……572
神秀……572
神昉……571
神清……571
神魔小说……571
祝阿里沙忙里八的……1028
费信……182
贺菩劳……248
结夏……304
结跏趺坐……304
《统天历》……670

十画

泰无量……649
泰戈尔，A.……639
泰戈尔，D.……640
泰戈尔，R.……640
泰戈尔哲学思想……645
《秦王破阵乐》……518
秦景……518
班禅额尔德尼世系……40
素食……629
载振……888
袁水拍……881
都松钦巴……137
哲布尊丹巴呼图克图世系……905
哲蚌寺……904
耆那教……506
耆域……511
耆婆……510
《耆婆五脏经》……511
《耆婆书》……511
耽摩栗底……123
聂承远……473
莲华……370
《莲花公主传奇》……369
莲花生……369
莲花戒……369
莎车……560
真言……907
真言乘……907
真陀罗秘多……907
真觉寺金刚宝座塔……906
真理……907
真谛……905
《格比尔集》……214
格鲁派……214
《格鲁派教法史·黄琉璃》……215
根本说一切有部律……215
根敦群培……216
索波切·释迦琼奈……635
索南孜摩……635
索琼·喜饶札巴……635
索·释迦桑格……636
贾拉鲁丁……292
贾耽……292
夏瓦巴……726
夏利莱家族……725
夏衍……726
夏琼寺……725
夏斯特里，N.A.……725
《原人论》……882
《原人歌》……881
原始佛教……882
《殊域周咨录》……603
顾炎武……225
顾恺之……224
顾越……225

鸭都喇利有限公司……756
晏陀蛮国……762
峨眉山……148
圆测……882
圆瑛……883
钱达尔，K.……516
钱德拉，L.……516
钵卢勒……55
钵纳摩……56
钵罗奢思多波陀……56
钵怛罗……55
钵露罗……55
铁里……669
铁线描……669
铁哥……669
造纸……891
乘如……83
乘悟……83
积聚说……273
倒难……124
俱分句义……330
俱卢之野……330
《俱舍论》……330
俱蓝……330
俱摩罗……330
息解派……721
徐志摩……744
徐闻……744
徐晓阳……744
徐梵澄……743
徐悲鸿……742
殷绍……783
殷洪元……782
般若……56
《般若波罗蜜多心经》……57
般若斫迦……59
般若思想……58
般若毱多……58
爱贤……20
爱思丁……19
爱德华……19
颂……623
《颂释补》……623
翁匆……694
高达摩实理……213
《高僧传》……213
《郭札佛教史》……235
郭克雷，V.V.……234
郭沫若……234
郭隆寺……234
离车……360
唐太宗李世民……658
唐由之……660
唐玄宗李隆基……659
唐传奇……657
唐高宗李治……657
瓷器……88
部派佛教……69
旃荼罗……893
《阅藏知津》……884
益西措杰……775
涉公……569
娑里三文……633
娑罗树……634
《娑摩吠陀》……634
涅槃……473
涅槃节……474
《海国四说》……237
《海国闻见录》……237
《海录》……238
海清寺阿育王塔……238
海维谅……239
涂厚善……670
浴佛节……875
浮陀跋摩……203
《流浪者》……383
悟空……716
家范经……291
朗日塘巴……356
《诸医方髓》……1022
《诸蕃志》……1022
《调元历》……669
调息……669
陶弘景……660
陶行知……660
娘·尼玛维赛……473
《通韵》……670
难陀……468
难泥……468
难兜……468
桑门……550
桑吉剌失……550
桑克利提亚衍，R.……550
桑耶寺……551
桑奇大塔……551
桑渴巴辣……550
继从……280
继业……280
继全……280

十一画

《教坊记》……302
勒那摩提……358
黄支……264
黄心川……263
黄寺……263
黄忏华……262
黄省曾……264
黄思骏……263
黄道游仪……262
黄懋材……262
菩萨……491
菩提达摩……491
菩提伽耶……492
菩提树……494
菩提流支……493
菩提流志……494
《菩提道次第广论》……491
《菩提道炬论》……492
乾闼婆……213
《乾道历》……517
萧三……731
萧应椿……732
萨卡尔，B.K.……540
萨他泥湿伐罗……542
萨尔纳特……537
萨拉尔·忠格博物馆……540
萨迦派……539
萨迦班智达·贡噶坚赞……538
萨哈伊，A.M.……538
萨钦·贡噶宁布……541
萨婆达干……541
萨蒂……537
萨满多……541
萨赫尼，B.……538
萨嘎达瓦节……537
梵……166
梵天……170
《梵天火罗九曜》……170
梵天创世说……170
梵书……169
《梵网经》……171
梵创四姓说……167
梵呗……166
梵我二元论……171
梵我同一……171

梵社……169
《梵经》……167
《梵经注》……168
梵语……172
《梵语千字文》……173
《梵语杂名》……174
梵霖书……168
梅兰芳……427
梅农，K.P.S.……429
梅撷云……429
曹士蔿……71
曹仲达……71
曹衣出水……71
曹妙达……70
曹禺……71
曹毗……71
曹植……71
副吠陀……204
奢羯罗……565
《盛世危言》……581
雪顿节……754
虚云……742
常书鸿……76
常任侠……76
常慜……76
曼达尔，B.B.……424
曼达喇萨……425
曼荼罗……425
曼殊室利……425
《啰嚩拏说救疗小儿疾病经》……414
《唯识二十论》……687
《唯识三十颂》……687
崔令钦……90
崔连仲……90
崇圣寺三塔……85
《梨俱吠陀》……361
笮融……891
《符天九星算法》……203
《符天历》……203
第二次世界大战期间印中交通运输线……134
敏珠林寺……441
偈……281
兜哇剌札……137
兜率天……137
皎然……302
《悉昙章》……722
猫儿睛……425
麻来兮……416
麻图华罗……416
麻啰华……416
庾曼倩……874
康巨……340
康有为……341
康法畅……340
康法朗……340
康孟详……341
康僧会……341
康僧铠……341
康僧渊……341
鹿野苑……399
《章西女皇》……900
章炳麟……899
章巽……901
章嘉国师世系……900
商羯罗……562
商羯罗主……563
商羯罗·弥尸罗……563
阇那耶舍……566
阇那崛多……565
阇弥尼……565
阇提斯那……566
阎牟那河……759
阎膏珍……759
阎魔……759
《清净道论》……519
清辨……519
《淳熙历》……87
《婆罗门历数书》……489
《婆罗门曲》……490
婆罗门佛塔……487
婆罗门教……488
《婆罗门僧服仙茅方》……490
《婆罗门竭伽仙人天文说》……489
婆罗多舞……485
婆罗得……485
婆罗谜文字……491
婆浮陀·伽旃那……485
梁廷枏……372
梁怀璥……370
梁启超……371
梁武帝萧衍……372
梁漱溟……371
惟净……688
《惊梦记》……321
寂比丘……281
寂护……281
寂贤……282
《宿曜仪轨》……741
《宿曜经》……740
密尔·阿门……436
密多……436
密多罗……436
密坦罗……436
密拉日巴……436
密宗……438
《密宗道次第广论》……438
密教……436
密续学……436
《谛义证得经》……135
谛闲……135
尉迟乙僧……876
隋文帝杨坚……629
堕负……147
隆法师……397
隆钦饶绛巴·茨臣罗哲……397
《续高僧传》……747
维拉，R.……688
维祇难……689
《维摩诘经》……688
《综合瑜伽》……1034

十二画

琵拦得麻烈呧……478
琼波南觉……520
堪布……339
堪钦·根敦嘉措……340
塔尔寺……637
塔塔家族……638
超岩寺……77
提云般若……663
提拉克，B.G.……662
提婆……663
提婆波罗……663
博多瓦·仁钦赛……61
《喜马拉雅山情结：中印关系研究》……723
彭达利，M.……480
斯瓦米·普拉布帕达……615
散若夷·毗罗梨子……550
葛罗达支特勒……215
葛洪……215
董琬……136
葱岭……89
蒋介石夫妇访问印度……300
蒋师仁……300

蒋忠新……301
蒋维乔……300
韩北屏……240
韩清净……240
韩愈……240
《朝天竺记》……78
森，M.……553
森古普塔, S.……553
森林书……553
棉花……438
惠生……265
惠立……265
雅利安人……756
雅利安社……757
雅利安语……757
量论……373
景卢……322
跋达罗衍那……35
跋娑……36
跋摩米帝……36
《蛙氏奥义书》……674
喀切班钦·释迦室利……333
喀什噶尔……333
黑天……249
智广……920
智月……923
智弘……921
智吉祥……921
智光……920
智光……920
智行……922
智严……922
智严……922
智昇……921
智岸……920
智信护……922
智亮……921
智宣……922
智通……922
智猛……921
智慧……921
智藏……923
智藏……923
犍陀罗……293
犍陀罗艺术……294
犍陀勒……293
程颐……83
程颢……83
等持……131
策墨林……72
筏蹉衍那……153
傣文大藏经……121
傣文字母……121
傅奕……204
《集古今佛道论衡》……277
《集量论》……277
奥义书……28
奥罗宾多……24
奥罗宾多修道院……27
《奥罗宾多·高士》……26
奥罗维尔……27
循鲜城……754
释天竺……602
《释氏西域记》……601
《释氏要览》……602
《释氏稽古略》……601
《释氏稽古略续集》……601
释迦也失……600
《释迦方志》……597
释迦牟尼……597
《释迦谱》……600
《释量论》……600
腊八节……355
鲁迅……398
敦煌……140
敦煌石窟……144
敦煌歌词……144
童子王……670
童寿……670
善无畏……561
《善见律毗婆沙》……561
善因寺……562
善行……562
善财童子……560
普化寺……496
普列姆昌德，M.……497
普光……496
普陀山……498
普拉丹，P.……497
普拉帕格拉……497
普拉萨德，R.……497
普拉塔普，R.M.……497
普贤菩萨……499
普积……496
《普庵咒》……495
普琼瓦·勋努坚赞……498
普善……498
《普曜经》……499
尊法……1035
道方……125
道世……126
道生……125
道因……128
道安……124
道帏·喜饶嘉措……126
道希……127
道宏……125
道贤……127
道果法……125
道荣……125
道宣……127
道圆……128
道圆……129
道氤……128
道琳……125
《道德经》……125
曾圣提……892
湛然……894
湿婆……585
寒山……241
富兰那·迦叶……204
遍入天……47
裕摩·弥觉多杰……876
禅宗……74
禅定……74
谢灵运……733
谢清高……734
强巴林寺……517
强钦却杰·释迦益西……517

十三画

瑜伽……867
《瑜伽师地论》……872
瑜伽行派……872
《瑜伽经》……867
《瑜伽经注》……869
瑜伽派……869
《摄一切见论》……571
《摄一切悉檀》……571
《摄大乘论》……569
《摄生三要》……570
《摄句义法论》……570
摄摩腾……570
鼓吹铙歌……222
蓝毗尼……355
蒲押陀离……495

蒲恕……495
蒙古文大藏经……429
《蒙古佛教史》……429
禁制……318
楚王英……87
《楞伽经》……359
榆林窟……872
畺良耶舍……301
甄鸾……908
雷努……359
雷易，H.……359
零……378
频毗娑罗……484
虞愚……873
嵩岳寺塔……619
锡杖……723
辞辩……88
鹏茄啰国……481
《鲍威尔写本》……43
鲍斯，N.……42
鲍斯，S.C.……43
解脱……305
《解脱道论》……307
《解深密经》……305
靖迈……322
新吠檀多……735
新沙逊洋行……736
《新纂云南通志》……736
雍和宫……861
《数论经》……604
《数论经评注》……604
数论派……604
《数论颂》……606
《数论解明疏》……604
《慈氏奥义书》……88
慈贤……88
满月……424
满文大藏经……423
满贤……424
塞人……542
窥冲……348
窥基……348
福建南安陀罗尼经幢……204

十四画

静虑……322
嘉尚……292
嘉·尊智僧格……292
嘉道理兄弟……291
赫利谢金德尔，B.……249
慕克吉，B.……455
慕克吉，S.K.……455
蔑戾车……441
蔡愔……70
榜葛剌……40
《歌者奥义书》……214
《舞论》……714
僧导……553
僧远……557
僧伽……555
僧伽达多……556
僧伽罗叉……556
僧伽罗多……556
僧伽婆罗……556
僧伽提婆……556
僧伽跋摩……556
僧伽跋摩……556
僧伽跋澄……556
僧含……555
僧祐……557
僧哲……558
僧猛……557
僧道辩论……554
僧肇……558
《疑问奥义书》……770
遮打，C.P.……904
遮娄其拔罗婆……904
端甫……139
精神宗教……321
赛佛丁……542
赛柯寺……543
察地港……74
谭云山……653
谭云山中印友谊馆……655
谭中……655
《肇论》……903
熊十力……740

十五画

慧义……270
慧天……269
慧日……268
慧月……271
慧达……266
慧远……270
慧严……269
慧命……267
慧沼……272
慧持……266
慧要……270
慧览……267
慧能……267
慧琳……267
慧琳……267
慧琰……269
慧睿……268
撒殿……537
《增一阿含经》……892
噶丹松赞林寺……206
噶玛拔希……207
噶玛噶举派红帽系活佛世系……208
噶玛噶举派黑帽系活佛世系……208
噶举派……206
镔铁……50
《僵尸鬼故事二十五则》……298
德什潘德，G.P.……130
德句义……129
德格印经院……129
德特，M. M.……130
德赛，A.……130
滕若渠……662
摩头罗……450
摩奴……449
《摩奴法论》……450
摩希波罗……451
《摩诃止观》……448
摩诃迦罗……444
摩诃菩提寺……447
《摩诃兜勒》……444
《摩诃婆罗多》……444
《〈摩诃婆罗多〉导读》……446
《摩诃僧祇律》……448
摩陀婆……450
摩耶夫人……451
摩罗枝摩……449
摩堵罗……444
摩揭陀……449
摩腊婆……449
《摩登伽经》……443
《摩登伽经·说星图品》……444
摩醯逻矩罗……451
颜延之……760
羯师……305

羯陵伽……304
潭柘寺……656
潘尼迦，K.M.……480
潘德，B.N.……479
澄观……84
憍萨罗……301
憍赏弥……302

十六画

薛福成……754
《薄伽梵往世书》……62
《薄伽梵歌》……61
薄泰恰里耶，K.C.……62
整体吠檀多论……908
整体瑜伽论……909
《霓裳羽衣》……472
《鹦鹉故事七十则》……859
赞陀崛多……888
穆旦……455
穆尔迪，K.S.……456
《鸱鸮氏奥义书》……905
磨喝乐……451
辨别智……47
辨喜……47
《辩中边论》……49
糖……660
燃灯节……532

十七画

戴辛克尔，G.D.……122
戴逵……122
藏文大藏经……890
藏巴嘉热·益西多杰……889
藏传佛教……889
藏传佛教因明学……890
藏传佛教摄类学……890
嚈哒人……757
罽宾……282
魏风江……689
魏珪荪……690
魏晋玄学……690
黛维，M.……122
糜文开……435

十八画

瞿折罗……526
瞿昙罗……525
瞿昙晏……526
瞿昙流支……525
瞿昙悉达……525
瞿昙逸……526
瞿昙谦……525
瞿昙譔……526
瞿波罗……523
瞿秋白……524
瞿菊农……524
瞻波……894
《翻译名义大集》……165

十九画

霭亭……18
《瀛涯胜览》……860
《瀛寰志略》……860

二十画

攘那跋陀罗……532
魔波旬……452
灌顶……227
譬喻量……484

二十一画

穰结说啰……532

条目外文标题索引

(Index of Entries)

说　　明

一、本索引按照条目外文标题的逐词排列法顺序排列。无论是单词标题，还是多词标题，均以单词为单位，按字母顺序、单词在标题中所处的先后位置，顺序排列。

例如： Agyeya
Ai Qing
Ajanta Caves

二、条目外文标题中英文以外的字母，按与其对应形式的英文字母顺序排列。

例如：ā ä — a　ṇ ñ ṅ — n　ṣ ś — s

三、以数字开头的外文标题，排在条目外文标题索引的最后。

A

A Biography of Śākyamuni 600
A Biography of the Tripitaka Master 103
A Comprehensive History of Chinese Mathematics 947
A Record of Buddhist Monasteries in Luoyang 415
A Record of the Buddhist Religions as Practiced in India and Malay Archipelago 463
A Study of the Inscription in Sanskrit on the Yongle Bell 862
Abanindranath Tagore 639
Abdoolally Ebrahim & Co. 756
abhāva 699
abhāva-padārtha 699
Abhidharma-hṛdaya 8
Abhidharma-kośa 330
Abhidharma-mahāvibhāṣā 106
Abhidharma-piṭaka 404
Abhijñāna-śākuntala 558
Abhiniṣkramaṇa Sūtra 187
abhiṣeka 227
Ācārya Buddhism 17
actional vedānta 739
adhyātma-vidyā 469
Ādi Grant 1
adṛṣṭa 64
advaita 63
āgama-pramāṇa 577
āgama-pramāṇa 576
Āgama-śāstra 576
Agni 9
Agyeya 3
Ahmad Nadeem Qasmi 335
Ai Qing 19
Aitareya Upaniṣad 637
Aiting 18
Ajanta Caves 18
Ajātaśatru 11
Ajita Keśakambala 9
Ājīvaka 574
Akilan 4
Akṣobhyavajra 63
Ala-ud-din 4
All India Dr. Kotnis Memorial Committee 527
Amar Singh 734
Amen Mir Dehlavi 436
Amitendranath Tagore 649
Amoghavajra 64
Amoghavajra 64
Amṛta 212
An Autobiography or the Story of My Experiments with Truth 1031
Analects of Confucius 401
Anand Mohan Sahay 538
Ānanda 6
anātman 69 9
ancient Chinese translation 940
Ancient India and Ancient China: Trade and Religious Exchanges, A.D.1-600 218
ancient Indian languages and scripts 219
ancient Indian mathematics and astronomy 810
Ancient Indian painting technique 668
Andaman 762
Andhra 20
Aniruddha 8
Anita Desai 130
anitya 697
añjali 246
anumāna-pramāṇa 46
apara-brahman 724
Apsaras 664
āpta-āgama 577
apūrva 699
Arahat 5
ārambha-vāda 273
Araniko 6
araṇya 4
Āraṇyaka 553
Arcane Essentials from the Imperial Library 677
Arhat 5
Art of India 842
arthāpatti 773
Arthaśāstra 367
Aruṇaśva 5
Arya Samāj 757
Āryadeva 663
Āryan 756
Āryan 757

āryāṣṭāṅga-mārga 31
aśakti-padārtha 699
āsana 1035
Asaṅga.................................. 700
asatkārya-vāda.......................... 782
Aśoka 13
Aśoka 14
aśoka 700
Aśoka Inscriptions 14
Aśoka Stūpa 15
Aśoka Stupa at Haiqing Temple 238
Aśoka Temple 15
Assam 9
aṣṭāṅga................................. 32
Asura 12
Aśvaghoṣa 419
aśva-medha 418
Atal Bihari Vajpayee 674
Atharva-veda 11
Atigupta 698
Atiśa 2
ātman 12
Aurobindo 24
Aurobindo Ashram 27
Auroville 27
Avadāna-sūtra 86
Avalokiteśvara......................... 225
avatāra 724
avayava 404
Awara 383
Ayas-ud-din 19
Ayodhyā 13

B

Bactria 114
Bādarāyaṇa 35
Bail Juyi 38
Bajin 33
Bal Gangadhar Tilak 662
Bāṇa 53
Bangal 481
Bangla 40
Baochang............................... 41
Baoyun 42
bcu bavi lnga mchod 532
bde dbyangs bzhad pa 708
bdud vdul rdo rje...................... 588
Bejoy Kumar Basu 35
Ben'Ali 63
Benaras 45
Bengali Service of China Radio International 941
Benoy Kumar Sarkar 540
Bhadrakalpika-sūtra 726
Bhagavaddharma....................... 283
Bhagavaddharma..................... 1035
Bhagavadgītā 61
Bhagavan Das 95
Bhāgavata-purāṇa 62
Bhakti Bhushan Mandal 424
bhallātaka 485
Bharata-natyam 485
Bharatendu Harishchandra 249
Bhartṛhari 153
Bhāsa 36
bhāva 863
Bhāviveka 519
bhedābheda 65
bhikṣu 46
bhikṣuṇī 46
Bhimrao Ramji Ambedkar 21
Bhishma Sahni 538
Bi'an 47
Bidrohi 480
Bimbisāra 484
Bingling Temple Caves 51
Bingxin 50
Binmba-pratibinmba-darśana-vadana 439
Biographies of Eminent Monks 213
Biographies of Nuns 46
Biographies of the Eminent Monks of the Great Tang Seeking Scriptures in the Western Regions 112
Birwapa 484
Bishambhar Nath Pande 479
Biswadev Mukherjee 455
bkav brgyud pa 206
bkra shis lhun po dgon 892
bla brang bkra shes vkhyil 350
blo bzang bstan pvi rgyal mtshan ... 766
bod yig gyi bkav bstan vgyur 890
Bodh Gaya 492
bodhi tree 494
Bodhidharma 491
Bodhikīrti 332
Bodhi-patha-pradīpa 492
Bodhiruci.............................. 493
Bodhiruci.............................. 494
Bodhisattva 491
Bodhisattva Nagarjuna's Treatise on Ophthalmology 395
Bodhisattva-piṭaka-sūtra............... 107
Bombay 430
Brahmā 170
Brāhma Samāj 169
Brahmajāla-sūtra 171
brahman 166
Brahman Pagoda 487
Brahman Sangeet 490
Brahman Siddhanta 489
Brāhmaṇa 169
brahman-ātman dvaita-vāda 171
Brahmanism 488
Brahma-sūtra 167
Brahma-sūtra-bhāṣya 168
brahmātmaikya 171
Brāhmī.................................. 491
Brāhmi Script 168
Bṛhadāraṇyaka Upaniṣad 228
Bruce Lee 364
bsam yas dgon......................... 551
bsod nams rtse mo 635
bson nams rgya mtsho................. 547
bstan rgyas gling 123
bstan vphel gling 227
bu ston chos vbyung 68
bu ston rin chen grub 68
Buddha 196
Buddha Statues of the Longquan Temple in Linzi 375
Buddhabhadra 196
Buddhabhadra 196
Buddha-bhūmi-sūtra 187
Buddha-bhūmi-sūtra-śāstra 188
Buddha-carita 195
Buddhaciṅga 195
Buddhadeva............................ 125
Buddhagupta 63
Buddhajīva 196
Buddhapāla 188
Buddhapāla 197
Buddhapālita 188
Buddharakṣa 195
Buddhaśānta 197
Buddhasena 198
Buddhaśrī 198
Buddhatrāta 197
buddhatva 199
Buddhavarman 203
Buddhāvataṃsaka-sūtra 258
Buddhayaśas 198
Buddhism and Chinese popular beliefs 188
Buddhism and Chinese popular festivals 191
Buddhist literature in India 803
Buddhist Medicine Sutra.............. 200

Buddhist music 193
Buddhist Sculpture in Sanxiandong Caves 549
Burushal 52
Burushal 60
bya khyung dgon........................ 725
byams chen chos rje shakya ye shes 517
byams pa gling 517
byang chub lam rim chen mo 491
byang chub rdo rje 587

C

Cai Yin 70
Calcutta 282
Calicut.................................. 221
Cālukya Pallava 904
Cambay 340
Campā 894
Caṇḍāla 893
Candradeva 125
Candragupta 888
Candrakīrti 883
Candrapriya............................. 883
Cao Miaoda 70
Cao Pi 71
Cao Shiwei 71
Cao Yu.................................. 71
Cao Zhi 71
Cao Zhongda 71
Cao Zhongda technique 71
Caotang Temple 72
caste.................................. 1016
Catchick Paul Chater 904
cat's eye 425
catuḥ-satya 616
cāturāśramya 618
catur–mahā-bhūta 616
cha pa chos kyi seng ge 513
chala 522
Chan sect............................... 74
Chāndogya Upaniṣad 214
Chandrapida 907
Chang Renxia 76
Chang Shuhong 76
Chang'an 75
Changmin 76
Chen Daqi 78
Chen Duxiu 78
Chen Han-seng 79
Chen Hongjin 80
Chen Lunjiong 80
Cheng Hao 83
Cheng Yi 83
Chengguan 84
Chengru 83
Chengwu 83
Chennai 317
China 926
China studies in India 786
China-India cotton yarn trade 980
China-India Friendship Association 951
China-India goodwill mission...... 1011
Chinese army in India 951
Chinese Buddhism 930
Chinese community in India 815
Chinese Cultural Delegation's visit to India in 1954 951
Chinese Earthen Pagoda at Nagapattinam 671
Chinese films in India 929
Chinese painting 943
Chittagong 74
Chongda 85
chos grags rgya mtsho................. 502
chos vbyung dpag bsam ljon bzang 535
chu bzang dgon 531
Chunxi Calendar....................... 87
Cihuan 88
cikitsāvidyā 769
Cīna 916
Citādeva 443
Citradeva 348
Cittavarman............................. 920
clover 455
co ne dgon 1030
Cola 1027
Cold Mountain 241
collected topics of Tibetan Buddhism 890
Confucius 347
Constellation Scripture 740
Contiguous Pāṭhaka 368
cotton 438
cucumber............................... 254
Cui Lianzhong.......................... 90
Cui Lingqin 90
Cunda 87

D

Dabao'en Temple 97
Dabao'en Temple Pagoda 98
Daci'en Temple 102
Dai Kui 122
Dajin 105
Dali Kingdom 105
dam chos yid bzhin nor bu thar pa rin po chevi rgyan ces bya ba theg pa chen povi lam rim 100
Dānagupta 584
dāna-pāramitā 69
danta-kāṣṭha 85
Dao'an 124
Daofang 125
Daorong 125
Daoshi 126
Daoxian 127
Daoxuan 127
Daoyin................................. 128
Daoyin................................. 128
Daoyuan 129
Daoyuan 128
Daśa-bhūmaka-sūtra 586
Daśa-bhūmika-sūtra 586
Daśa bhūmīśvara-sūtra 586
daśa-kuśala-karma 588
daśa-padārtha 588
Daśa-padārtha-śāstra 581
Daxingshan Temple.................... 114
Dayamitira Varma 116
Dayan Calendar 115
Dayan Stupa 116
Dayānanda Sarasvati 96
Dayong 116
dbang phyug rdo rje 326
debate between Buddhists and Daoists............................... 554
Deben Mukherji 453
Debendranat Tagore 640
Debiprasad Chattopadhyaya 513
Deng Xiaoping 131
Devabhodhi 664
Devadāsa 132
Devakara 132
Devanāgarī 664
Devapāla 663
Devaprajñāna 663
Devaraj 137
Devarāja 666
Devaśānti.............................. 667
Devasena 132
dgav ldan chos vbyung vaidurya ser po 215
dgav ldan dgon 209
dgav ldan khri ba...................... 208

dgav ldan sum rtsen gling 206
dge lugs pa 214
dge vdun chos vphel 216
dge vdun rgya mtsho 150
dgon chen 218
dgon lung dgon 234
Dhamma-pada 156
Dhamma-saṅganī 156
dhāraṇā 917
dhāraṇī 672
Dharani Sutra Pillar 318
Dharani Sutra Pillar at Foguang Temple in Mount Wutai 710
Dharani Sutra Pillar at Gu'an 247
Dharani Sutra Pillar at Lulong 247
Dharani Sutra Pillar at Nan'an 204
Dharani Sutra Pillar at Songjiang 564
Dharani Sutra Pillar at Zhaozhou 903
Dharani Sutra Pillar of Dali Kingdom 105
Dharani Sutra Pillars at Huishan Temple 699
dharma 153
dharma of Aśoka 16
Dharmabhadra 160
Dharmacandra 94
Dharmadeva 157
Dharmadeva 160
Dharmagupta 93
Dharmagupta 94
Dharmagupta 650
Dharmagupta-vinaya 616
Dharmajātayaśas 650
Dharmajñāna 94
Dharmakāla 649
Dharmakīrti 154
Dharmamitra 650
Dharmanandi 651
Dharmapāl 94
Dharmapāla 93
Dharmapāla 154
Dharmapāla 256
Dharmapramita 1024
Dharmarakṣa 651
Dharmarakṣa 1024
Dharmaratna 1025
Dharmaruci 650
Dharma-śāstra 158
Dharmaśīla 156
Dharma-sūtra 156
Dharmatara-dhyāna-sūtra 93
Dharmavikrama 652
Dharmayaśas 651
Dharmayaśas 652
Dharmottara 159
dhyāna 322
dhyāna and samādhi 74
Dignāga 80
Dīrghāgama 74
Divākara 132
Divyāvadāna 664
Dixian 135
Do Bigha Zamin 372
dol po ba shes rab rgyal mtshan 146
Dong Wan 136
Dongchu 136
dpal yul dgon 39
Drāviḍa 92
Drāviḍa 92
dravya-padārtha 594
Du Fu 138
Du Xingman 138
Du Xingyi 138
dualistic twenty-five categories 151
Duan Anjie 139
Duanfu 139
Dunhuang 140
Dunhuang Caves 144
Dunhuang Lyrics 144
dus gsum mkhyen pa 137
dvādaśāṅga-pratītya-samutpāda 587
Dvādaśāṅgī 587
dvi-satya 149
dwags po lha rje 91
Dwarkanath Shantaram Kotnis 342

E

E.D.Sassoon&Co. 736
Ekottarāgama 892
Ekottarikāgama 892
Ellis and Elly Kadoorie 291
embroidery 89
Emperor Chengzu of Ming Dynasty 442
Emperor Gaozong of Tang Dynasty 657
Emperor Mingdi of Han Dynasty 241
Emperor Shizu of Yuan Dynasty 879
Emperor Taiwudi of Northern Wei Dynasty 44
Emperor Taizong of Song Dynasty 622
Emperor Taizong of Tang Dynasty 658
Emperor Taizu of Ming Dynasty 442
Emperor Taizu of Song Dynasty 623
Emperor Taizu of Yuan Dynasty 880
Emperor Wendi of Sui Dynasty 629
Emperor Wudi of Han Dynasty 243
Emperor Wudi of Liang Dynasty 372
Emperor Xiaomingdi of Northern Wei Dynasty 45
Emperor Xuanzong of Tang Dynasty 659
Empress Wu Zetian 714
Essentials of Prescriptions by Various Medical Texts 1022
establishment of China-India diplomatic relations 963
Eternal Peace 495
Expedition to the Western Oceans 718

F

Fabao 153
Fa-fang 154
Fahe 154
Fajian 156
Faju 156
Fali 157
Fali 157
Faling 158
Famen Temple 158
Famen Temple Pagoda 158
Faming 159
Fang Hao 174
Farghana 113
Fatai 159
Faxian 160
Faxian 162
Faxiang sect 162
Fayu 163
Fayuan Temple 163
Fayue 164
Fayun 164
Fazang 164
Fazhao 165
Fazhen 165
Fazun 165
Fei Xin 182
Feixi 176
Feng Chengjun 184
Feng Youlan 184
fiction of gods and demons 571
five categories of dharma 711
Frescoes at Palcho Monastery 37
Fu Yi 204

Futian Calendar 203

G

G. D. Deshingkar 122
Gakuk 1021
Gakupa 1021
Gandhāra 293
Gandhāra art 294
Gandharva 213
Ganga 250
Garband 241
Gargi Dutt 138
gāthā 281
Gauḍapāda 518
Gautama 518
Gautama Qian 525
Gautama Ratna 525
Gautama Siddhārtha 518
Gautama Siddhārtha 525
Gautama Yan 526
Gautama Zhuan 526
Gautamāditya 526
Gautamaruci 525
Gautamaśrī 213
Gaya 284
Ge Hong 215
George Hatem 418
Ghadar Party 333
Ghulam Abbas 1
glang ri thang pa 356
glass 55
gling ras pad ma rdo rje 375
Gong Zhen 218
Gopāla 523
Gotama 518
Govind Purushottam Deshpande 130
grags pa rgyal mtshan 893
grags pa vod zer 766
Gṛdhrakūṭa 376
Great Stupa of Kaniṣka 289
Gṛhya-sūtra 291
grub mthav smra ba 1034
gsar khog dgon 543
gser bum skrug pa 317
gtsang pa rgya ras ye shes rdo rje 889
gtsug lag khang 118
gtum ston 131
gu bkravi chos vbyung 235
Gu Kaizhi 224
gu ru chos kyi dbang phyug 222
Gu Yanwu 225
Gu Yue 225
Guangren Temple 228
Guangyuan 227
Guangzhai Calendar 227
Guangzhou 229
Guanxiu 226
Gujarat 254
Guṇabhadra 521
guṇa-padārtha 129
Guṇaprabha 217
Guṇavarman 521
Guṇavarman 217
Guṇavṛddhi 522
Guo Moruo 234
Gupta 523
Gupta art 276
Gupta Empire 274
Gurjara 526
gzhan stong 637
gzhung bkav pod lnga 705

H

Hai Weiliang 239
Han Beiping 240
Han Qingjing 240
Han Yu 240
Handan Chun 239
Hanguang 239
Hangzhou 244
Haraprasad Ray 359
Haridas Mitra 436
Harindranath Chattopadhyay 74
Hārītī 233
Harivarma 245
Harṣa-carita 309
He Chengtian 246
Hepu 245
hetu-ābhāsa 618
hetu-vidyā 777
hetuvidyā of Tibetan Buddhism 890
Hindi Chini Bhai Bhai 859
Hindi Service of China Radio International 942
Hindu-Arabic Numerals 784
Hinduism 834
Hiraṇya-saptati 317
Historical Data of South Asia from Chinese Sources 243
Hong Jun 253
Hong Kong 728
Hongren 252
Hongyi 252
hor gyi chos vbyung 429
Hormusjee Naorojee Mody 427
Hou Xian 254
Hu Shi 255
Hu Yuzhi 256
Huaidi 260
Huaisu 260
Huaiwen 260
Huang Chanhua 262
Huang Maocai 262
Huang Sijun 263
Huang Temple 263
Huang Xinchuan 263
Huang Xingzeng 264
Huayan sect 260
Huichi 266
Huida 266
Huilan 267
Huili 265
Huilin 267
Huilin 267
Huiming 267
Huineng 267
Huining 265
Huiri 268
Huirui 268
Huisheng 265
Huiyan 269
Huiyan 269
Huiyao 270
Huiyi 270
Huiyuan 270
Huiyuan Calendar 265
Huizhao 272
Huizong Temple 265
Hūṇa 757

I

Ibrahim Sharqi 773
Incantation of Pu'an 495
India 876
India 667
India 783
India studies in China 926
India-China Friendship Association 857
India-China transport and communication lines during World War II 134
Indian architecture 824
Indian Buddhism 795
Indian Buddhist philosophy 804
Indian dance 847
Indian drama 851

Indian films in China 787
Indian folk literature 843
Indian Independence League 795
Indian Medical Mission 856
Indian medical science transmission to China 852
Indian Museum 785
Indian music 853
Indian mythology 844
Indian National Association of China 815
Indian painting 816
Indian Philosophical Congress 857
Indian Residents Association, Tianjin 664
Indian sculpture 790
Indian Women's Society for India-China Friendship 859
Indian Youth League 844
Indian-style massage 667
Indra 781
integral vedanta 908
integral yoga 909
International Congress of Indian Philosophy 236
International Society for Krishna Consciousness 235
Introduction to Mahābhārata 446
iron line drawing 669
Īśā Upaniṣad 768
Ismaili traders 768
Ismat Chughtai 327
Īśvarakṛṣṇa 1030
Ivan Chen 81

J

Jaimini 565
Jainendra Kumar 222
Jainism 506
Jaishankar Prasad 59
Jalaluddin 292
Jamsetjee Jejeebhoy 303
Jao Tsung-I 532
Jātaka 185
Jātaka-mālā 568
jāti 124
Jawaharlal Nehru 470
Jayasena 577
Jetavana 505
Jetavanānāthapiṇḍikārāma 505
Jhansi ki Rani 900
Ji Xianlin 279
Jia Dan 292
Jianchu Temple 295
Jianchuan Caves 295
Jiang Bin 298
Jiang Shaoyuan 297
Jiang Shiren 300
Jiang Weiqiao 300
Jiang Yan 298
Jiang Zhongxin 301
Jiankang 295
Jiansheng 295
Jianye 295
Jiaoran 302
Jiashang 292
Jicong 280
Jiming Temple 273
Jin Dinghan 310
Jin Kemu 315
Jinayaśas 566
Jing Lu 322
Jingmai 322
Jingtu sect 322
Jingwei Calendar 320
Jinling 317
Jiquan 280
Jīva 510
Jīva 511
Jīvaka 510
Jīvaka Pustaka 511
Jiye 280
Jñānabhadra 532
Jñānabhadra 536
Jñānacandra 923
Jñānagupta 565
Jñānakata 536
Jñānaprabha 920
Jñāna-prasthāna 152
jo nang pa 332
Josi Umasankara 518
Journey to the West 719
Juzan 329

K

K. Venkataramanan 693
Kabirgranthavali 214
Kaifeng 336
Kaiyuan Temple 337
Kālacakra-yāna 591
kalaripayattu 334
Kālaśānti 288
Kālayaśas 301
Kalidas Nag 461
Kālidāsa 285
Kaliṅga 304
Kalpa 303
kalpa 302
Kalpa-sūtra 303
Kamala Lakshman 353
Kamalaśīla 369
Kāmarūpa 288
Kāmpilya 295
Kaṇāda 288
Kanchipuram 264
Kang Youwei 341
Kangfachang 340
Kangfalang 340
Kangju 340
Kangmengxiang 341
Kangsenghui 341
Kangsengyuan 341
Kaniṣka 288
Kanyākubja 526
Kapila 289
Kapilavastu 290
Kāraṇḍa 285
Karband 241
karma 765
karman-padārtha 765
Karmapakṣi 207
Karwan 106
Kashgar 333
Kashghar 305
Kashkar 305
Kashmir 290
Kāśī 290
Kāśyapa 290
Kāśyapa 291
Kāśyapamātaṅga 570
Kaṭhā Upaniṣad 290
Kathāsaritsāgara 223
Kathā-vatthu 404
Kauśāmbī 302
Kauṣītaki Upaniṣad 518
Kavalam Madhava Panikar 480
Kazi Nazrul Islam 768
Kena Upaniṣad 863
Keshab Chandra Sen 338
Ketu 278
Khache Panchen Śākyaśrī 333
khakkhara 723
Khaplu 248
Kharashedji Rustomji Cama 283
Kharoṣṭhī 522
Khasa 91
Khavaja Ahmad Abbas 1
Khowar 328

khyung po rnal vbyor 520
King Dharma of Uddiyana 93
King Harṣavardhana 307
klong chen rab vbyams pa tshul khrims blo gros 397
Kochi 344
Kollam.................................... 223
Kollam.................................... 330
Kophen 282
Kosala 301
Kośala 301
Kotta Satchidananda Murty 456
Kozhikode 221
Krishan Chander 516
Krishna Chandra Bhattacharya 62
Krishna Kinkar Sinha 735
krośa 327
Kṛṣṇa 249
kṣānti 534
Kshitimohan Sen........................ 573
Kṣitigarbha 133
Kucha music 520
Kuiji 348
Kujula Kadphises 520
Kukkuṭārāma 273
kulapati 329
Kumāra 330
Kumāra 670
Kumara Padmanabha Sivasankara Menon 429
Kumāra Sudhana........................ 560
Kumārajīva 322
Kumārajīva 670
Kumārila 348
kun bde gling 217
kun spangs thugs rje brtson vgrus ... 218
kuṅkuma 874
Kurukṣetra 330
Kuśāṇa.................................... 233
Kuśinagara 327

L

Ladakh.................................... 351
Lakṣmī.................................... 273
Lalitabhoga 407
Lalita-vistara 499
lam vbras................................. 125
Lama Temple 861
Laṅkāvatāra-sūtra 359
Lao Tzu 357
Lao Tzu 358
Laoshe.................................... 356
Laozi 357
Laozi 358
lcang skya ngag dbang blo bzang chos ldan 151
lcang skya rol pavi rdo rje 548
legendary tales of Tang Dynasty 657
lha savi gling bzhi 354
lha savi rgyud pa grwa tshang......... 354
Li Bai 362
Li Chengmei 362
Li Chunfeng 362
Li Juncheng.............................. 363
Li Shaochun 363
Li Shizhen 364
Li Yibiao 365
Li Yuanshan.............................. 365
Li Zhifu 366
Liang Huaijing 370
Liang Qichao 371
Liang Shuming 371
Liang Tingnan 372
Liangben 370
Liangxiu 370
Licchavi 360
Lin Yutang 375
Linde Calendar 376
liṅga worship 374
Lingyin Temple 377
Lion Dance 706
Liu Anwu 379
Liu Bannong 379
Liu Beimao 380
Liu Dabai 381
Liu Guonan 381
Liu Ping 381
Liu Xiaorong 382
Liu Ying 87
Liu Yuan 382
Liu Zhuo 383
lo chen rin chen bzang po 534
Lokakṣema 915
Lokāyata 609
Lokāyata: A Study in Ancient Indian Materialism 611
Lokesh Chandra 516
Long Fashi 397
Long Zhang.............................. 397
Longmen Caves 391
Lü Cai 400
Lü Cheng................................. 400
Lu Qian 398
Lu Xun 398
Lumbinī 355
Luoyang 414

M

Ma Chongji 416
ma cig lab dron 421
Ma Dexin 417
Ma Huan 418
Ma Jianzhong 418
Ma Menggang........................... 419
Maabar 416
Madan Mohanlal Atal 19
Mādhava 450
madhyamā pratipad.................... 924
Madhyamāgama 923
Mādhyamika 926
Madhyānta-vibhāga 49
Madras.................................... 416
Madras.................................... 425
Madura 444
Magadha 449
Mahā-ānāpāna-smṛti-sūtra 20
Mahābhārata 444
Mahābodhi-vihara 447
Mahākāla................................. 104
Mahākāla................................. 444
Mahāmaudgalyāyana 454
Mahāmuni-Gargarṣy-akṣa-nimittākṛti-nirdeśa 489
Mahā-parinirvāṇa-sūtra 98
Mahā-prajñā-pāramitā-śāstra 118
Mahā-ratnakūṭa-sūtra 97
mahā-sāhasra-lokadhātu 107
Mahāsaṅghika-vinaya 448
Mahātūrya 444
Mahāvaipulya-mahāsaṃnipāta-sūtra 103
Mahā-vairocanābhisaṃbodhi-vikurvitādhiṣṭhāna-vaipulya-sūtra 107
Mahāvīra 115
Mahā-vyutpatti 165
Mahāyāna Buddhism 100
Mahāyānapradīpa 100
Mahāyāna-saṃgraha 569
Mahāyāna-śata-dharma-prakāśa-mukha-śāstra 99
Mahāyāna-śraddhotpāda-śāstra 100
Mahāyāna-sūtrālaṃkāra 102
Mahendulal Garg....................... 283
Maheśvara 119

Mahīpāla 451
Mahirakula 451
Mahīśāsaka-vinaya 706
Mahmud 418
Maijishan Caves 422
Maitrabhadra 88
Maitreya 433
Maitreya-vyākaraṇa 433
Maitreyi Devi 122
Maitrī Upaniṣad 88
Makkhali Gosāla 452
Malava 416
Mālava 449
Manabendra Nath Roy 414
Mānava-dharma-śāstra 450
maṇḍala 425
Māṇḍūkya Upaniṣad 28
Maṇicinta 41
Manik 422
Mañjuśrī 693
Mañjuśrī 425
Manmohan Singh 735
Mannu Bhandari 480
mantra 907
Mantra-yāna 907
Manu 449
Mao Zedong 425
Maodun 426
Maqbool Fida Husain 253
mar pa chos kyi blo gros 421
Māra-pāpīyas 452
Maratha 421
martial music of Han Dynasty 222
Mathurā 450
Maticandra 271
Matisaṃha 452
Maudgalyayana opera 454
Māyā 451
mdo smad chos vbyung 20
Medinet Zaitun 89
Meghadūta 887
Mei Lanfang 427
Mei Xieyun 429
Mencius 431
metaphysics of Wei and Jin Dynasties 690
mgon po rgyal 218
mi bskyod rdo rje 30
mi la ras pa 436
Mi Wenkai 435
Miaoying Temple 440
Michael Madhusudan Datta 130
Mihirakula 451
Milinda 432
Milindapañhā 432
Mīmāṃsā school 434
Mīmāṃsā-sūtra 434
Mingzhou 443
Mira Sinha-Bhattacharjea 39
Mitra 436
Mitra 436
Mitra 436
Mitraśānta 435
mkhan chen dge vdun rgya mtsho 340
mkhan po 339
mkhav bskyod rdo rje 589
mleccha 441
Mohammad Iqbal 767
Mohandas Karamchand Gandhi 209
Mokṣadeva 453
Moreswon Ramchandra Cholkar 1029
Mount Emei 148
Mount Jiuhua 325
Mount Putuo 498
Mount Wutai 709
Mouzi 453
Mṛcchakaṭika 732
Mṛgadāva 399
Mrinal Sen 553
mtho ldings dgon 672
Mu Dan 455
mudrā 602
Muhammad 418
Muktopida 453
Mūla-madhyamaka-kārikā 952
Mūlasarvāstivāda-vinaya 215
Mulk Raj Anand 21
Muṇḍaka Upaniṣad 664
Muniśrī 452
Munshi Premchand 497
Mural Paintings in Sanxiandong Caves 548
mūrti-yātrā 739
muslin 724
My Name Is Khan 694

N

N. Aiyaswami Sastri 725
nag tsho tshul khrims rgyal ba 457
Nāgānanda 397
Nāgarāja 396
Nāgārjuna 395
Nāgārjuna 393
Nalakūbara 469
Nalakūvara 469
Nālanda Vihāra 457
Nambuyi 466
Nan Zhuo 468
Nanak 460
Nanda 468
Nandalal Bose 42
Nanjing 464
Nārada 459
naraka 132
Narasiṃhavarman I 459
Narasiṃhavarman II Rājasiṃha 582
Narayan C.Sen 573
Nārāyaṇa 47
Narendra Deva 459
Narendrayaśas 459
naro chos drug 460
Nāropa 460
National Museum of China 943
National Museum of India 813
Nāṭyasāstra 714
Navagraha 326
Navagraha Calendar 326
Nazrul Geeti 462
neo-confucianism of Song and Ming Dynasties 620
new vedānta 735
ngag dbang blo bzang rgya mtsho 708
nibbāna 473
Nichang Yuyi Melody 472
Niche for Thousand-armed Avalokitesvara 515
Nie Chengyuan 473
Nigaṇṭha 471
Nigaṇṭha Nātaputta 470
Nighaṇṭu 471
nigraha-sthāna 147
nimnonnata 23
Ningbo 474
Nirmal Varma 695
nirukta 472
Nirvāṇa Pāṭhaka 472
niṣīdati paryaṅgam ābhujya 304
niyama 531
non-violence 176
nyang ral nyi ma vod zer 473
Nyāya school 910
Nyāya-bindu 909
Nyāya-kusumāñjalī 909
Nyāya-mukha 781
Nyāyānusāra 611
Nyāya-praveśa 777

Nyāya-sūtra 909
Nyāya-sūtra-bhāṣya 910

O

Oṃkāraśrī 251
opium trade 755
Original Buddhism 882
Ornamental Columns 257
Ornamental Tomb Columns of Eastern Han Dynasty 136
Ornamental Tomb Columns of Southern Dynasties 462
Outer Eight Temples 676
Ouyang Jingwu 477
overview of Ancient China-India communications 958
overview of Ancient China-India linguistic contacts 962
overview of China-India art contacts 1002
overview of China-India Buddhist contacts 953
overview of China-India contacts in folk customs 980
overview of China-India contacts in health preservation & fitness maintenance 998
overview of China-India diplomatic contacts 984
overview of China-India literary contacts 988
overview of China-India modern academic contacts 997
overview of China-India religious and philosophical contacts 1011
overview of China-India science & technology contacts................. 967
overview of China-India trade contacts 973

P

padārtha 329
Padārtha-dharma-saṃgraha 570
Padma 370
Padmasambhava 369
Padmavat 369
Pagoda at Songyue Temple............ 619
Pakudha Kaccāyana 485
Pali 34
Palora 55
Palora 55
pan chen blo bzang chos kyi rgyal mtshan 617
pañca-avayava 713
pañca-śīla 707
Panca-sindhava 707
pañca-skandha.......................... 713
Pañca-skandhaka 101
Pañca-tantra 707
pañca-vidyā 707
Panchsheel 247
Pāṇini 53
paper making 891
param brahman 563
paramāṇu................................ 274
Paramārtha 905
pariṇāma-vāda 1028
Parsis 479
Pārśva 733
pārśvanātha 35
Parthia 22
Pāṭaliputra 258
Patañjali 52
Patañjali 52
paṭhaka 166
Pātra 55
Paṭṭhāna 152
pattra 45
Peiping Lecture Association 44
pepper 254
Pha Dampa Sangye 478
phag mo gru pa 478
phu chung ba gzhon nu rgyal mtshan 498
phyag rgya chen po 110
Phyllis Lin 373
Pictures of Constellations in Śārdūla-karṇāvadāna 444
Piṅgala.................................... 519
po to ba rin chen gsal 61
poetic drama in Yuan and Ming Dynasties.............................. 877
political vedanta 915
porcelain 88
Portraits of Constellation Gods 737
Potala Palace 65
Prabhākara 497
Prabhākaramitra 53
Prabhākaramitra 54
Prabodh Chandra Bagchi 583
Prahlad Pradhan 497
Prajāpati 575
prajñā 56
prajñā 58
Prajñābhadra 916
Prajñācakra 59
Prajñādeva 269
Prajñādeva 378
Prajñādeva 700
Prajñādeva 922
Prajñāgupta 58
Prajñānagupta 922
Prajñānaprabhā 921
Prajñānaśrī 921
prajñā-pāramitā 921
Prajñāpāramitā-hṛdaya-sūtra......... 57
Prakāśamati 753
Prākṛta.................................... 628
prakṛti 1030
Pramāṇa-samuccaya 277
pramāṇa-śāstra 373
Pramāṇa-vārttika 600
Pramāṇa-viniścaya 135
prameya 634
Pramiti.................................... 274
Praṇāma 56
prāṇāyāma 669
Praśastapāda 56
Prasenajit.................................. 54
Praśna Upaniṣad 770
pratyāhāra 919
pratyakṣa-pramāṇa 727
Prince Śārdūlakarṇa's Twenty-eight Constellations Scripture 567
Prithviraj Kapoor 335
Priyabhadra 20
Puguang 496
Puhua Temple 496
Puṇyatāra................................ 202
Pūraṇa Kassapa 204
Puranas 683
Pūrṇabhadra 424
Pūrṇacandra............................. 424
puruṣa 572
Puruṣapura 202
Puruṣa-sūkta 881
Purushottam Vishvanath Bapat 34

Q

Qasar Qaya 237
Qashqar 305
Qi Baishi 503
Qi Ji 504
Qiandao Calendar 517
Qici 512
Qin Jing 518

Qizil Caves 344
Qu Junong 524
Qu Qiubai 524
Qu Yuan 523
Quanzhou 527
Quanzhou Maritime Museum 530

R

Rabindranath Tagore 640
Raghu Vira 688
Rāhu 406
Rahul Sankritiyayana 550
Rāhula 406
Rāhula 406
Rāhula 406
Raj Kapoor 335
Raja Mahendra Pratap 497
Raja Rao 350
Rājagṛha 679
Rājan 413
Rājarāja 405
Rajendra Prasad 497
Rajesh Saran 559
Rajiv Gandhi 353
Rākṣasa 405
Rāma-carita-mānasa 407
Ramakrishna 408
Ramakrishna Mission 408
Rāmānuja 409
Rāmapāla 407
Rāmāyaṇa 409
Rammohan Roy 413
Ran Yunhua 532
rang byung rdo rje 548
Rasipuram Krishnaswami Narayan 461
Ratnamati 6
Ratnamati 358
Ravi Shankar 728
Ravivarman Kulaśekhara 47
rdo rje brag dgon 145
rdzogs chen dgon 1035
rdzogs pa chen po 116
Record of Buddhist Kingdoms 188
Records of the Western Regions of the Great Tang 111
red mdav ba gzhon nu blo gros 534
Reena Ganguly 212
religion of the spirit 321
Renu 359
Ṛg-veda 361
rgya brtson vgrus seng ge 292
rgya gar chos vbyung 803
rgyud 436
rngog blo ldan shes rab 148
rngog legs pavi shes rab 148
rnying ma pa 475
Rock Sculpture at Baodingshan Hill in Dazu 119
Rock Sculpture at Kongwangshan Hill in Lianyun-Gang 368
Rock Sculpture at Northern Hill in Dazu 120
rol pavi rdo rje 618
rong ston smra bavi seng ge 535
rtogs ldan grags pa seng ge 145

S

sa chen kun dgav snying po 541
sa ga zla ba 537
sa skya pa 539
sa skya pandita kun dgav rgyal mtshan 538
Saadat Hasan Manto 442
śabda 577
śabda-nityatva-vāda 575
śabda-vidyā 575
Śabda-vidyā-śāstra 576
Sachindranath Sengupta 553
sad 863
Saddharma-puṇḍarīka-sūtra 439
Sadhana 533
Sādṛśya-padārtha 330
Sahajaśrī 329
Sahajayāna 775
Sahasrabhuja-avalokiteśvara 515
Saifuddin Hamza Shah 542
Śaka 542
Śākala 565
Śakra 664
Śakra 134
śakti-padārtha 864
Śākyamuni 597
Śakyāyas 600
sala tree 634
Śālagupta 905
Salar Jung Museum 540
samādhi 131
samādhi 546
samaṇa 559
sāmaṇera 559
sāmaṇerī 560
Samanta 541
Samantabhadra 499
Samanta-pāsādikā 561
Sāmānya-padārtha 670
samavāya-padārtha 247
Sāma-veda 634
Samaya-bheda-vyūha-cakra 774
Samayaśrī 547
Saṃdhi-nirmocana-sūtra 305
Saṃgha 555
Saṃghapāla 550
Sāṃkhya school 604
Sāṃkhya-kārikā 606
Sāṃkhya-pravacana-bhāṣya 604
Sāṃkhya-sūtra 604
Sāṃkhya-sūtra-vṛtti 604
saṃsāra 402
Saṃskṛta 172
Samudānī 496
saṃyama 1034
Saṃyuktāgama 888
Sanchi Stupa 551
Saṅghabhūti 556
Saṅghadatta 556
Saṅghadeva 260
Saṅghadeva 556
Saṅgharakṣa 556
Saṅghavarman 556
Saṅghavarman 341
Saṅghavarman 556
Sañjaya Belaṭṭhiputta 550
Śaṅkara 562
Śaṅkara Miśra 563
Śaṅkarasvāmin 563
Sanlun sect 546
Śāntarakṣita 281
Śānti 20
Śāntibhadra 282
sapta-bhaṅgī 503
Sapta-graha 502
Sapta-graha Calendar 502
Sapta-graha Calendar 503
Sapta-sindhava 501
sapta-svara 501
sapta-tattva 501
Sarat Chandra Chatterjee 73
Śārdūla-karṇāvadāna 443
Śāriputra 567
Śāriputra-prakaraṇa 567
sarīra 566
Śārivarma 567
Sarnath 537
Sarva-darśana-saṃgraha 571
Sarvakuśala 498
Sarva-siddhānta-saṃgraha 571
Sarvāstivāda-vinaya 589

Sarvepalli Radhakrishnan 352
Śataka 40
Śatakatraya 543
Śatapatha Brāhmaṇa 39
Satī 537
Satiranjan Sen 573
satkārya-vāda 782
ṣaṭ-padārtha 385
Ṣaṭ-pāda-śāstra 389
ṣaṭ-pāramitā 384
Satyajit Ray 354
Satya-siddhi-śāstra 81
Saundarananda 429
Sayyid Jalal-ud-Din Ahsan 721
sbor drug 388
scripts of Dai Language 121
sde dge par khang 129
se ra dgon 552
se ra rje btsun chos kyi rgyal mtshan 303
Sectarian Buddhism 69
Sengdao 553
Senghan 555
Sengmeng 557
Sengyou 557
Sengyuan 557
Sengzhao 558
Sengzhe 558
Shan Yun 560
Shanghai 563
Shanti Bhikshu Shastri 281
Shanti Tseng 892
Shanxing 562
Shanyin Temple 562
Shaolin Temple 564
shar ba pa 726
Shegong 569
Shen Yue 573
Shen Zemin 573
Shenfang 571
Shengyan 577
Shenhui 571
Shenqing 571
Shenxiu 572
shes rab rgya mtsho 126
Shi Jun 589
Shi Le 590
Shi Zhecun 585
Shi Zhen 590
Shibian 583
Shide 595
Shih Shu-lu 740
Shikarpuri financiers 721
Shouwen 602
Shouzhen 602
si tu chos kyi vbyung gnas 30
Siddhasāra 769
Siddhirastu 722
sikkhamānā 596
śikṣā 596
Śikṣānanda 594
śīla 307
Śīlabhadra 310
Śīlabhadra 310
Śīladharma 583
Śīlāditya 307
Silāmegha 583
Śīlaprabha 125
silk 612
Silk Road 612
Siṃharaśmi 584
Siṃhāsanadvātriṃśikā 42
Sinda 753
Sindhu 735
Sino-Indian Cultural Society 998
Śiva 585
six orthodox schools 385
Six Śramaṇa Masters 386
Six-character-line Paṭhaka 388
sku vbum dgon 637
skyob pa vjig rten mgon po 332
śloka 623
Śloka-vārttika 623
smin grol gling 441
smon lam chen mo 505
Smṛti 87
sngags rim chen mo 438
ṣoḍaśa-tattva 588
Soli Samudra 633
soma 626
Somadeva 884
Song Yun 623
Soong Ching-ling 622
spyan snga pa tshul khrims vbar 318
Śraddhāvarman 737
śramaṇa 550
śramaṇa 559
Śrauta-sūtra 635
Śrāvastī 568
Śrī 273
Śrī 273
Śri Rājendra Cola 582
Śrīdeva 127
Śrīmālādevī-siṃha-nāda-sūtra 580
Śrīmitra 59
Srirangam Srinivasa Rao 721
Śrīvijaya 596
Śrut 665
stag lung thang pa bkra shes dpal ... 92
Sthāneśvara 542
Su Manshu 625
Su Xuelin 627
Śubhakarasiṃha 561
Subhash Chandra Bose 43
Sudatta 741
Śuddhodana 322
Sudhaśrī 627
Śūdraka 603
sugar 660
sugar making 919
Sugata 624
Suguṇa 439
Sujit Kumar Mukherji 455
Sujīva 627
Śuka-saptati 859
Sukhasiddhi 624
Sukhāvatīvyūha-sūtra 5
Sukhāvatī-vyūha-sūtra 698
Sumeru 741
Sun Peijun 629
Sun Quan 630
Sun Simiao 630
Sun Wei 631
Sun Yat-sen 631
śūnya 345
Śūnyadiśya 917
supernatural tales 918
Supplement to Valuable Prescriptions 514
Surakṣa 1027
Śūraṅgama-samādhi-sūtra 603
Surendranath Dasgupta 95
Sursagar 623
Sūrya 624
Sūtrālaṃkāra 119
Sūtra-piṭaka 320
Sutta-nipāta 319
Suvarṇa-bhāsottama-sūtra 315
Suvarṇa-prabhāsottama-sūtra 315
Svapnavāsavadatta 321
Śvetāśvatara Upaniṣad 38
Swami Prabhupada 615
Swami Vivekananda 47
Syamaka 607

T

Taittirīya Upaniṣad 905
Taixu 638

Takṣaśilā 96
Takṣaśilā 754
Tāmraliptī 123
Tan Chung 655
Tan Yunshan 653
Tan Yunshan Sino-Indian Friendship
Museum 655
Tandi 649
Tang Yongtong 657
Tang Youzhi 660
Tanguang 649
Tanlang 649
Tanluan 649
Tantrism 436
Tanwuzui 652
Tanyi 653
Tanzhe Temple 656
Tao Hongjing 660
Tao Te Ching 125
Tao Xingzhi 660
Tārā 139
Tārānātha 146
Tathāgata Buddha 535
Ta-ts'ang Ching 117
Ta-ts'ang Ching in Chinese 242
Ta-ts'ang Ching in Dai Language ... 121
Ta-ts'ang Ching in Manchu
Language 423
Ta-ts'ang Ching in Mongolian 429
Ta-ts'ang Ching in Tangut
Language 717
Tattvārthādhigama-sūtra 135
tea cultivation 72
Tendon-strengthening Sutra 775
Teng Ruoqu 662
Thakur Gadadhar Singh 735
The Bower Manuscript 43
The Drama of Journey to the West ... 720
The Gospel of Shri Ramakrishna ... 409
The Harilelas 725
*The Himalayas Sentiment:
A Study of Sino-Indian
Relations* 723
The Human Cycle 569
The Hymn of Subanta 32
The Ideal of Human Unity 533
The Investiture of the Gods 183
The Life Divine 572
*The Medical Sutra of Five Visceras
by Jīvaka* 511
*The Monkey King Makes Hell of
Heaven* 469
The Religion of Man 533
The Sutra of Forty-two Sections 617
The Synthesis of Yoga 1034
*The Tale of the Procurement of
Scriptures by the Tripitaka Master
of the Great Tang* 110
the Tatas 638
theg mchog rdo rje 589
Theravada Buddhism in Yunnan 886
Three Pagodas at Chongsheng
Temple 85
Three Religions in Unison 545
thuvu bkwan grub mthav 670
Tiantai sect 665
Tianzhu music 669
Tiaoyuan Calendar 669
Tibet 671
Tibetan Buddhism 889
Tilopa 133
Tongtian Calendar 670
transformational texts 47
Trayastriṃśaddeva 547
tri-guṇa 544
Triṃśikā-vijñapti-kārikā 687
trīṇi-karmāṇi 549
tri-ratna 544
tri-śaraṇa-gamana 545
*Triumphant March of Prince
of Qin* 518
tshe chog gling 88
tshe smon gling 72
tsong kha pa blo bzang
grags pa 1031
Tu Houshan 670
Turkut Tamer 670
Tuṣita 137

U

Uday Shankar 730
Uḍḍiyāṇa 695
Uḍḍiyāṇa 696
Ujjayinī 862
Ullambana-sūtra 866
Umāsvāti 695
upādhyāya 247
upamāna 484
upanayana 535
Upaniṣad 28
upāsaka 863
upasampadā 330
upāsikā 863
Upaskāra 696
Upaveda 204
Upendranath Ashk 12
Urdu Service of China Radio
International 942
Urpaśūnya 884
Uṣas 696

V

Vairocana 482
Vaiśalī 176
Vaiśeṣika school 578
Vaiśeṣika-sūtra 577
Vaiśrāmaṇa 483
Vajra 310
Vajrabodhi 314
*Vajra-cchedikā-prajñāpāramitā-
sūtra* 313
Vajradhara 310
Vajrapāṇi 310
Vajrāsana 314
Vajrasana Pagoda at Zhenjue
Temple 906
Vajra-śekhara-sūtra 311
Vajrayāna 311
*Valuable Prescriptions for
Emergency* 45
Vārāṇasī 53
Varanasi 674
Varmāmiti 36
Varṣapura 194
vārṣika 20
Varuṇa 152
Vasant V. Paranjpe 37
Vasubandhu 595
Vasudev Vishvanath Gokhale 234
Vasudeva 52
Vātsyāyana 153
Vāyu 153
vbras spungs dgon 904
vbrog mi shakya yeshes 1029
vbrom ston pa rgyal bavi vbyung
gnas 1016
vchad kha pa 531
Veda 179
Vedāṅga 182
Vedānta school 177
Vedism 182
Veṇuvana-vihāra 1023
Vetāla-pañcaviṃśatikā 298
vgro mgon vphags pa 30
Vibhaṅga 183
Vidya Prakash Dutt 138
Vidyādhara 85

Vidyā-dhāraṇi-yāna 85
Vighna 689
vijñāna 591
Vijñāna-bhikṣu 176
Vijñapti-mātratā-siddhi 82
Vikramaśilā 77
Vikramorvaśīya 863
Vima Kadphises 759
Vimalakīrti-nirdeśa-sūtra 688
Vimalākṣa 44
Vimalamitra 697
Vimla Saran 559
Vimokṣaprajñā-ṛṣi 482
Vimokṣasena 482
Viṃśikā-vijñapti-prakaraṇa 687
vimukti 305
Vimuttimagga 307
vinayadhara 401
Vinaya-piṭaka 401
Vinītaruci 482
Virocana 482
viśeṣa-padārtha 774
viśiṣṭa-advaita 727
Visit of Chiang Kai-shek and His Wife to India 300
visit of Chinese leaders to India since the establishment of diplomatic relations 965
visit of Indian leaders to China since the establishment of diplomatic relations 964
Viṣṇu 483
Visuddhi-magga 519
Viśvaguṇa 1017
viveka-khyāti 47
vju mi pham vjam dbyangs rnam rgyal rgya mtsho 328
Vyākaraṇa 481
Vyāsa 484

W

W. Pachow 35
Wan Baochang 677
Wan Tianyi 677
Wang Dayuan 678
Wang Enyang 678
Wang Fanzhi 679
Wang Fu 679
Wang Huaiting 679
Wang Shouren 680
Wang Tao 680
Wang Tongzhao 681
Wang Wei 681
Wang Weike 682
Wang Xuance 682
Wang Yuanfang 678
Wang Zao 683
Wang Zhichun 683
Wei Fengjiang 689
Wei Guisun 690
Weijing 688
Wen Yiduo 694
Wen Zhong 694
Wen'gang 692
White Horse Temple 38
Wit and Wisdom of India: A Collection of Humorous Folktales of the Court and Countryside 844
wrought iron 50
Wu Baihui 696
Wu Daozi 702
Wu Guangpei 702
Wu Juncai 703
Wu Xiaoling 703
Wu Xue 704
Wu Yan 704
Wu Yinxian 704
Wu Zonglian 705
Wukong 716

X

Xi Chao 721
Xia Yan 726
Xiang Da 731
Xiangguo Temple 731
Xiao San 731
Xiao Yingchun 732
Xie Lingyun 733
Xie Qinggao 734
Xingjiao Temple 737
Xingqin 739
Xingyun 738
Xiong Shili 740
Xu Beihong 742
Xu Chonghao 745
Xu Dishan 745
Xu Fancheng 743
Xu Jishang 746
Xu Xiaoyang 744
Xu Zhimo 744
Xuanchang 747
Xuanhui 748
Xuanjue 748
Xuankui 748
Xuanying 748
Xuanzang 748
Xuanzang Memorial Hall 752
Xuanzheng 753
Xue Fucheng 754
Xuwen 744
Xuyun 742

Y

Yajur-veda 764
Yakṣa 766
yama 318
Yama 759
Yamaka 607
Yamunā 759
Yan Fodiao 758
Yan Wenjing 758
Yan Yanzhi 760
Yan Yu 758
Yancong 761
Yancong 761
Yang Dazhao 762
Yang Huizhi 762
Yang Jingfeng 762
Yang Renshan 762
Yang Ruilin 763
Yang Shuo 763
Yang Tingbi 763
Yang Yunyuan 764
Yang Zhongfu 764
Yarkhand 560
Yashpal 765
Yaśogupta 765
Yasovarma 768
Ye Qianyu 765
ye shes mtsho rgyal 775
Yicihui Stong Pillar 770
Yihui 770
Yijing 770
Yilang 773
Yin Hongyuan 782
Yin Qing 783
Yin Shao 783
Yinguang 858
Yinshun 858
Yixing 766
Yixuan 773
yoga 867
Yoga school 869
Yogācāca-bhūmi 872
Yogācāra 872
Yoga-sūtra 867

Yoga-sūtra-bhāṣya 869
yojana 863
yon ldan rgya mtsho 617
Yongning Temple 862
Yu Manqian 874
yu mo mi bskyod rdo rje 876
Yu Yu 873
Yuan Shuipai 881
Yuanjia Calendar 876
Yuanyi 881
Yuanying 883
Yuchi Yiseng 876
Yudaosui 865
Yuexia 884
Yufalan 865
Yulin Caves 872
Yungang Caves 885
Yunqi 887
Yushan Hill Paṭhaka 867

Z

Zai Zhen 888
Ze Rong 891
zebu 183
zero 378
Zhang Binglin 899
Zhang Daqian 894
Zhang Heng 895
Zhang Jun 895
Zhang Mantao 896
Zhang Qian 896
Zhang Sengyou 897
Zhang Taoguang 898
Zhang Wentian 898
Zhang Xun 901
Zhang Yanyuan 898
Zhang Yu'nan 899
Zhang Zai 899
Zhanran 894
Zhao De 901
Zhao Guohua 901
Zhao Jingshen 902
Zhao Rukuo 902
Zhen Luan 908
Zheng Fashi 912
Zheng He 913
Zheng Zhenduo 914
zhi byed pa 721
Zhi'an 920
Zhidun 915
Zhiguang 920
Zhiguang 920
Zhihong 921
Zhimeng 921
Zhimindu 916
Zhiqian 916
Zhisheng 921
Zhitong 919
Zhitong 922
Zhixiaolong 916
Zhixuan 916
Zhixuan 922
Zhiyan 922
Zhiyan 922
Zhiyao 916
Zhizang 923
Zhizang 923
zho ston 754
Zhou Dafu 1017
Zhou Enlai 1017
Zhou Erfu 1018
Zhou Qufei 1019
Zhou Shujia 1019
Zhou Zuoren 1020
Zhu Jiahua 1020
Zhu Jieqin 1020
Zhu Kezhen 1026
Zhu Shixing 1021
Zhu Xi 1021
Zhuangzi 1028
Zhudaosheng 1023
Zhufacheng 1024
Zhufachong 1024
Zhufaqian 1025
Zhufatai 1025
Zhufaya 1025
Zhufonian 1026
Zhusengfu 1027
Zhusenglang 1027
Zilin 1030
Zong Bing 1031
Zong Lin 1032
Zong Mi 1032
Zou Daijun 1034
zur chung shes rab grags pa 635
zur po che sha kya vbyung gnas 635
zur shakya seng ge 636

数字

3 Idiots 547

内 容 索 引

说 明

一、本索引是全书条目和条目内容的主题分析索引。索引主题按汉语拼音字母的顺序并辅以汉字笔画、起笔笔形顺序排列。同音时，按汉字笔画由少到多的顺序排列，笔画数相同的按起笔笔形横（一）、竖（丨）、撇（丿）、点（丶）、折（乛，包括𠃍乚く等)的顺序排列。第一字相同时，按第二字，余类推。索引主题中夹有外文字母、罗马数字和阿拉伯数字的，依次排在相应的汉字索引主题之后。索引主题以拉丁字母、阿拉伯数字开头的，依次排在全部汉字索引主题之后。

二、设有条目的主题用黑体字，未设条目的主题用宋体字。

三、不同概念(含人物)具有同一主题名称时，分别设置索引主题。

四、索引主题之后的阿拉伯数字是主题内容所在的页码，数字之后的小写拉丁字母表示索引内容所在的版面区域。本书正文的版面区域划分如右图。

a	c	e
b	d	f

A

阿巴宁德罗纳特·泰戈尔　639e
阿巴斯，G.　1a
阿巴斯，K. A.　1c
阿巴扎仓　904e
阿波罗式佛像　294f
阿波婆朗娑语　221a
阿卜杜勒·萨马德　819c
阿迪加，A.　994e
阿迪纳清真寺　829a
《阿底·格兰特》　1e
阿底峡　2b
阿地瞿多　698a, 970d
阿尔尼哥　6e
阿尔琼　1e
阿浮陀·翅舍金披罗　9b
阿格拉城堡　830c, 1005a
阿格叶耶　3d
阿钩羌　4a
阿基兰　4c
阿基兰丹　4c
阿伽菩提六世　583b
阿迦陀　852f
阿迦陀圆　630e
阿克巴　819c, 829c, 1005a
《阿克巴本纪》　819c
阿克巴陵　830e
阿拉　272e
阿拉马·伊克巴尔　767d
《阿拉姆·阿拉》　788a
阿拉乌丁·汗　729a
阿赖耶　108c
阿兰拏　4e
阿兰那　4e
阿兰攘　4e
阿兰若　4e
阿老瓦丁　4f
阿嘞卜丹　4f
阿黎呵　5a
阿里　4f
阿利耶毗陀　784c, 948e
《阿利耶毗陀论》　784c, 948e
阿练茹　4e
阿卢汉　5a
阿罗，K.　H.　822c
阿罗汉　5a
阿罗诃　5a
阿罗那顺　5d, 682c
阿啰呵　5a
阿马拉瓦蒂艺术　277b
《阿弥陀经》　5f
阿姆利则惨案　210f
阿目佉跋折罗　64b
阿那摩低　6c
阿那顺　5d
阿南达·库马拉斯瓦米　821e
阿南迪·拉尔　222c
阿难　6c

阿难陀　6c
阿尼哥　6e
《阿尼哥画传》　8d
阿尼鲁达　8d, 605a
阿你怛也　697c
阿你真那　769e
阿奴湿图朴　623e
阿诺德, E.　210a
阿帕耶·迭悉多　434f
《阿毗达磨大乘经》　569f
《阿毗达磨大毗婆沙论》　472a, 522f
《阿毗达磨发智论》　152c
《阿毗达磨法蕴足论》　389d
《阿毗达磨集论》　497a
《阿毗达磨集异门足论》　389d
《阿毗达磨界身足论》　389d
《阿毗达磨俱舍论》　330f, 472c, 497a, 595e, 706c
《阿毗达磨品类足论》　389d
《阿毗达磨识身足论》　389d
《阿毗达磨顺正理论》　611d
阿毗达磨藏　404c
《阿毗昙八犍度论》　152e
《阿毗昙毗婆沙论》　106f, 169a, 472a, 523c
《阿毗昙心论》　8e
阿普代伐　434f
阿耆多·翅舍钦婆罗　9b, 387b, 609c
阿耆尼　9d, 181a, 845a
《阿柔罗吠陀》　204d
阿萨姆　9f
阿萨姆茶叶公司　73b
阿僧伽　700f
阿僧祇劫　302f
阿阇多沙兜楼王　11a
阿阇梨　17e, 78a, 955f
阿阇世　11a
阿阇贳王　11a
阿输迦　13b
阿输乾陀　364e
阿素罗　12e
阿塔尔·比哈里·瓦杰帕律　674b
阿塔拉清真寺　828e
《阿塔西舅母》　422c
《阿闼婆吠陀》　11c, 180c, 835a, 999a
《阿闼婆吠陀本集》　11c
阿特曼　12a
阿谢格, U.　12d
阿修罗　12e
阿须罗　12e
《阿耶波多文集》　948e
阿夷陀·翅舍欣婆罗　9b
阿逾陀　13a, 749e
阿育王　13b, 314e, 447b, 457c, 679f
《阿育王》　14c
阿育王铭文　14e
阿育王石柱　355f, 492d, 791d
阿育王寺　15c
阿育王塔　15f, 239a
阿育王正法　16f
阿掺哩　17e
阿吒力　17e
阿吒力教　17e
阿旃陀石窟　18a, 817a
《阿旃陀石窟》　1019a
阿旃陀石窟壁画　816f
阿钊　282e, 762b
阿钊坡　282e, 762c
阿折里耶　17e
埃黎士·嘉道理　291e
埃利·嘉道理　291e
埃洛拉石窟　826b
埃弥·萧　731f
蔼牙思丁　542e
霭亭　18f
艾哈迈德·沙　335d
艾青　19a
《艾青诗歌和寓言集》　996a
爱德, M. M.　856e
爱德华　19d
爱梅　731f
《爱人的礼物》　585e
爱思丁　19f
爱贤　20a
《安般守意经》　20a
安得拉邦援华委员会　480b
安度罗　20c
《安多政教史》　20d
安侯　22e
安慧　101e, 394e
安进　522c
安静　20f
安居　20f
安纳德, M. R.　21b
安培德卡尔, B. R.　21f
安琪　315f
安清　22d
安世高　22d
《安天会》　469b
安息　22f
安玄　23e
安远庙　676c
唵　870e
案达罗　20c
《肮脏的裙裾》　359b
凹凸法　23e
凹凸花　668e
奥罗宾多　24c
奥罗宾多·高士　24c
《奥罗宾多·高士》　26f, 946e
奥罗宾多修道院　27b, 24d
奥罗维尔　27f
奥义书　28c

B

八邦寺噶日画派　30c
八宝丹珠尔　67e
八备　941a
八不中道　925c
八大密宗修持院　517c
八道　31e
八道行　31e
《八界论》　575e
《八千颂般若》　321c
八圣道　31e
八圣道分　31e
《八十华严》　258d
八识　809b
八世达察·洛桑益西丹贝贡布　217e
八世达赖喇嘛·绛白嘉措灵塔殿　67b
八世噶玛巴·弥觉多杰　30a
八世司徒活佛·却吉琼奈　30b
八世哲布尊丹巴·阿旺洛桑却吉尼玛丹增旺秀　905c
八思巴　30c, 963e
八思巴蒙古文　30f
八万四千塔　31b
《八章书》　54b, 172e
八正　31e
八正道　31e
八支　31e
《八支集要方》　1023b
《八支心要方本集》　968c
八支行法　32a, 868f, 1014b
八支正道　31e

八直行　31e
八种婚姻形式　32c
《八转声颂》　32d
八宗之祖　393f
巴卑尔　829b
巴达嘎　716a
巴达米石窟群　826e
巴达维亚　978b
巴尔胡特浮雕　792c
巴格石窟　818d
巴金　33b
巴·久丹贡布仁钦贝　332a
巴克蒂吠檀多·萨拉斯瓦吉　615f
《巴克赫里手稿》　949c
巴克莱, S.K.　822c
《巴克沙利稿本》　784b, 949c
巴克特里亚　114d, 294b
巴里, A.　664c
巴利经藏　320e
巴利语　34a
巴利语系佛教　798e
巴连弗邑　258a
巴伦治洋行　728b
巴帕特, P.V.　34c
巴湿伐那陀　35a
巴斯迦罗　949d
巴斯迦罗第二　949d
巴苏华　35b
巴特那药叉雕像　792b
巴宙　35d
拔罗得鸡　485c
拔罗得计　485c
拔绒噶举派　206f
跋达罗衍那　35f, 172b, 177e, 386c
跋贺那　113e
跋虏沙城　194d
跋摩　245e
跋摩米帝　36b
跋日罗菩提　314a
跋娑　36b, 851e
跋陀　196f
白春晖　37b, 533a
白氎　438e
白度母　139b
《白黑论》　37d
白话诗　679b
白教　421c
白净王　322a
白居寺壁画　37e
白居易　38b, 395d
白绿色石灰石雕刻　277b
《白骡奥义书》　38d, 28e, 999a
白马寺　38e, 965d
白玛仁增　1035b
白蜜雅　39a
白内障针拨套出术　660b
《白日悠光》　130b
白沙克月　177d
《白史》　216e
白水寺　148e
白塔寺　440e
白头人　479d
白延　59f
《白耶柔吠陀》　764f
《白耶柔吠陀本集》　764e
白衣派　506e
白玉南杰强曲林寺　39d
白玉寺　39d
白智通　627d
《百道梵书》　39f
百法　593f
《百法明门论》　99e
《百论》　40b, 72c, 663c, 1012a
《百论疏》　40d, 596c, 1013b,
《百喻经》　522e
《百字论》　40d, 663e
《摆渡几多回》　3f
摆庄派　886e
呗　166e
呗赞　166e
拜拉特摩崖法敕　14f
《稗婆沙论》　106f
班波尔遗址　976d
班禅额尔德尼世系　40e, 617e
班超　960c, 974a
《班迪》　481a
班玛赤列　145f
班若　58b
斑点法　24a
板的达　329f, 906e
半跏趺坐　304b
半摩揭陀语　220b
半字　963c
邦多巴泰, P.K.　422b
榜葛剌　40f, 88d
宝唱　41b
宝贵　315b
《宝积经》　97a, 924e
宝林院　407a
宝思惟　41e
《宝行王正论》　394f
宝意　358f
宝月　723b
宝云　42a, 922e
《宝座故事》　42c
《宝座故事三十二则》　42c, 843e
报国寺　148e
抱朴子　215e
鲍斯, N.　42e
鲍斯, S. C.　43a
《鲍威尔写本》　43c
暴恶阿育王　13e
卑摩罗叉　44a
北朝三书　415f
北传佛教　798e
《北大南亚东南亚研究》　929a
北大南亚讲坛　998a
北道　615a
《北斗七星护摩法》　44c
北方主·扎西道杰　145d
北京版藏文大藏经　891d
北京大学东语系　927e
北京大学南亚研究中心　997f
《北梦琐言》　990c
北平讲学社　44d
北齐石柱　770d
《北山参玄录》　572a
《北山录》　572a
《北山散文集》　585e
北魏太武帝拓跋焘　44f
北魏孝明帝元诩　45b
贝多罗　45d
贝格拉, J. D.　447f
贝拿勒斯　45e, 276e
贝拿勒斯印度大学　786f
贝诺伊·库马尔·萨卡尔　540b
贝叶　45d
孛儿只斤·忽必烈　879d
备刍　46d
《备急千金要方》　45e
《本草纲目》　364d
《本草经集注》　660e
《本草拾遗》　485c, 853c, 874f
本生经　185b
《本生经》　843c
《本生鬘》　187a, 568f
本无宗学说　124f

比巴尔哈瓦　290c
比尔，S.　111f, 113d
比哈尔之忧　250f
比呼尼　46e
《比较故事学》　300b
比里麻　46b
比量　46b, 605f
比鲁尼　168e, 378b
比乔埃·库马尔·巴苏　35b
比丘　46d
比丘尼　46e
《比丘尼传》　46e
彼岸　47b
彼浮陀·伽旃延　485a
必纳的　47c
毕钵罗　290e
毕竟空　395b
毕扎德　819b
苾刍　46d
苾刍尼　46e
《苾栗底苏呾罗》　576b
《荜拏》　576b
煏刍　46d
煏刍尼　46e
弊迦兰那　481f
边见　395a
边疆　39c
边界　39c
边境　39c
汴京　336c
汴梁　336a
变文　47c
遍计所执自性　801a
遍净天　483c
遍入天　47e, 483c, 845e
辨别智　47e, 871b
辨喜　47f
辩机　111b
《辩教论》　358e
辩经学　513b
《辩正论》　761f, 940f
《辩中边论》　49e
《表演镜铨》　486b
别理　666b
《别说罪要行法》　773a
别铁木儿　50b
《别译杂阿含经》　481f
镔铁　50c
冰心　50c
丙辰法会　672e
炳灵寺　498f
炳灵寺石窟　51e
波颠阇利　52b
波颠阇利　52d
波调　52e
波光石　425f
波哩婆提　695f
波栗湿缚　733d
波路国　52e
波罗黎弗都卢　258a
《波罗蜜多现观庄严论释·三世间之
　明灯》　502b
波罗末陀　905e
波罗奈　53a
波罗奈斯　53a
波罗颇迦罗蜜多罗　53c, 54d, 458a
波那　53c
波尼你　53f
波你尼　53f
《波你尼经》　53f, 172e, 575e, 576b
《波你尼语法入门（Sārasiddhāntakaumudī
　〈月光疏精粹〉）述解》　54d
波腻尼　53f
波颇　54c
波若　58b
波斯匿　54f
波旬　452c
波吒釐子城　258a
玻璃　55a
钵怛罗　55b
钵剌若　58b
钵卢勒　55b
钵露罗　55d
钵罗奢思多波陀　56a, 579a
钵啰洗曩喻那　54f
钵逻犀那恃多王　54f
钵纳摩　56c
钵若　58b
般伽舍末底　753b
般剌蜜帝　274a, 769e
般剌若　56d
般罗若　58b
般若　56c
般若巴札　134a
般若波罗蜜　921b
《般若波罗蜜多经》　1021d
《般若波罗蜜多心经》　57a, 57b
般若乘　492b
《般若道行经》　916a
《般若灯论释》　394e
《般若经》　706a
般若毱多　58a
般若菩提　920e, 963c
般若思想　58b
般若提婆　378a, 700b, 922b
《般若无知论》　904a
般若学　706a
般若斫迦　59a
《般舟三昧经》　916a
播黎曰罗　677a
《伯德马沃德》　369b
伯顿，R.F.　299b
伯勒萨德，J.　59b
驳他宗　890b
帛法巨　156f
帛尸梨蜜多罗　59d
帛延　59e
勃匐准　59f
勃罗得迦　485c
勃律　60a
博多瓦·仁钦赛　61a
博阇　869d
《薄伽梵歌》　61b, 446d
《薄伽梵歌秘奥导引》　662c
《薄伽梵歌评注》　615f
《薄伽梵往世书》　62b, 236c, 616a,
　684e
薄伽万·达斯　95a
《薄迦论》　544a, 576b
薄婆菩提　851f
薄泰恰里耶，K.C.　62d
卜阿里　63c
卜哈鲁　63d
补陀吃多　63d
不阿里　63c
不定情　715c
不动　63d
不动金刚　63d
不二论　63e
不二一元论　29e, 168b, 386c
不共法　438a
不合作运动　211f
不还果　5b
不结盟国家第三阵线　471c
不可见力　64a
不空　64b, 64b
不空金刚　64b, 311d

不剌 65b
不兰那·迦叶 205a
不犁先泥 54f
不六温乃 65b
不若多罗 202e
不一不异论 65c, 386c
《不真空论》 903e
不正知 870b
布达拉宫 65c
布袋和尚 512e
《布顿佛教史》 68b, 69e
《布顿全集》 69e
布顿·仁钦珠 68d, 68b, 437a
布顿学派 69a
布哈尔·孛哈里 63c
布拉赫米那巴德遗址 976f
布里哈迪希瓦拉神庙 826e
《布鲁沙赞歌》 881e
布路沙布逻 202c
布玛拉弥札 697d
布如乌代邪 461a
布施 69e
部派佛教 69f, 797c

C

才性论 690c
财施 69e
蔡巴噶举派 206e
蔡巴寺 206e
蔡愔 70a
蔡元培 176d, 998a
仓颉 169a
沧浪逋客 758f
《沧浪诗话》 70c, 991a
《沧浪吟》 758f
沧衎 1019d
曹冲称象 988f
曹家祥 71b
曹妙达 70e
曹毗 71a
曹士蔿 71a
曹衣出水 71a
曹禺 71b
《曹禺全集》 71c
曹植 71e, 988e
曹仲达 71f
漕国 970d
草堂寺 72b
草原道 615c
策墨林 72d
策墨林活佛世系 72d
茶马古道 10f, 134f
茶叶 755c
茶叶种植 72f
查汉吉尔 829e
查克亚尔, M.D. 37a
查姆帕兰运动 210f
查尼塔尼亚派 96a
查特吉, S.C. 73e
查托巴迪雅亚, H. 74a
察地港 74c
刹帝利 1016c
刹那无常 697c
禅定 74d, 388f
禅观之法 631b
禅窟 144e
《禅秘要法经》 999e
禅那波罗蜜 74e
《禅要秘密治病经》 198c
《禅在中国的发展》 255f
《禅藏》 1033f
禅宗 74f, 565a, 1012c
禅宗六祖 267f
阐卜 894a
《阐明疑义定鉴》 126f
阐陀 182f
羼提波罗蜜 534e
昌德拉瓦利 976f
《长阿含经》 74f
长安 75e
长干寺 97e, 295d
长青春科尔寺 548a
长寿师子 173a
《长寿字库》 173a
常慜 76b
常情 715c
常任侠 76b
常书鸿 76f
超戒寺 77b
超戒寺八贤 2e
超日王 275b
超岩寺 77b
《朝天竺记》 78b
瞋 871a
陈大齐 78e
陈大震 103d
陈独秀 78f
陈翰笙 79e
陈洪进 80b
陈慧 20b
陈久金 841c
陈伦炯 80d
陈那 80e, 777b
陈枢 79e
陈贻范 81c
陈寅恪 927b
陈自明 729d
称友 331d
称藏 765b
成就法 85b
《成实论》 81e, 807d, 1013d
《成唯识宝生论》 687e
《成唯识论》 82b, 580d, 611a, 606d
《成唯识论了义灯》 82f
《成唯识论述记》 83a
城体 168e
乘如 83c
乘悟 83c
乘象国 960a
程颢 83d, 620f
程颐 83f, 620f
澄观 84b
吃力迦丸 630e
持风 388f
《持拂药叉女》 792c
持国天王 189c, 666d
《持莲花菩萨》 818a
《持瘘经》 195b
持律师 401a
持明 85a
持明乘 85a
持明教 85a
持明密教 85a
持气 388f
尺尊公主 118a
齿木 85c
赤德祖赞 165f
赤松德赞 77f, 551f
赤字版 891c
重达 85e
《重归南海传》 112f
重阳节 983a
崇福寺 163e
《崇宁藏》 939b
崇热拉康 66f
崇圣寺三塔 85e

崇有派　691b
《筹洋刍议》　754c
《出三藏记集》　86b, 252a, 1024f
《出曜经》　86f
初萌　765e
初转法轮　616d
除女　46e
楚布瓦茶园　73b
楚辞　523f
楚纳尔砂石雕刻　276f
楚普寺　138a, 206d
《楚骚新诂》　628b
楚王英　87b
穿托格佛像　294f
传承　87d, 158a
《传灯录》　556a
传昭大法会　505a
幢　318e
《春》　33e
《春水》　50d
《春之循环》　524d
纯陀　87e
《淳熙历》　87f
绰浦噶举派　207c
茨觉林　88b
茨觉扎西三丹林　88b
瓷器　88c, 976c
辞澼　88e
慈顶　285c
慈恩大师　348e
《慈恩三藏行传》　103a
慈恩塔院　737d
《慈恩传》　103a
慈恩宗　162d, 934d
慈愍派　268e
慈氏　433a
《慈氏奥义书》　88f, 28f, 999b
慈氏菩萨　433b
慈贤　88f
刺桐　89a, 527b
刺绣　89a
葱岭　89c, 958f
葱领　89d
葱山　89d
《从德里到重庆》　429b
《从德里去孟买》　1019a
《从佛陀到阿育王》　90a, 928e
《从印度佛教到中国佛教》　532e
《从印度归来》　732c
《从〈仲儿〉一剧管窥跋娑戏剧
　的特色》　37b
崔豹　223a
崔连仲　90a, 928e
崔令钦　90b
《村庄》　704e

D

哒舍国　91a
达布噶举派　91d
达布拉杰　91b, 100a
达才拔　318c
达察活佛世系　217d
达旦丹却林寺　146d
达赖喇嘛世系　91e
达隆噶举派　92a, 207a
达隆寺　92a
达隆塘巴·札西贝　92a
达罗毗荼人　92b
达罗毗荼语　92d
达摩　93a, 491b
达摩波罗　93b, 447f, 492c, 537e,
　803a, 957e
《达摩多罗禅经》　93c
达摩笈多　93e
达摩掬多　94b
达摩流支　494a
达摩罗刹　943d
达摩斯瓦米　493d
达摩提婆　157e
达摩驮都　716d
达摩战　94b
达摩战涅罗　94b
达磨　153c, 491b
达磨波　94e
达磨般若　94f
**《达磨大师住世留形内真妙用诀》
　94f**, 1000e
达舍　91a
达斯，B.　95a
达斯，C.R.　43b
达斯古普塔，S.　95e
达斯万特　819e
达耶难陀盎格罗吠陀学院　757b
达耶难陀·娑罗室伐底　96a, 869f
呾叉始罗　96f
呾摩栗底　123e
《打青提》　454d
打印果　485c
《大阿弥陀经》　698b
《大安乐不空三昧耶真实瑜伽》　312a
《大宝积经》　97a
《大宝积经·菩萨藏会》　107d
大报恩寺　97e, 295d, 466a
大报恩寺塔　98a
《大悲空智金刚大教王仪轨经》　155a,
　775d
《大悲咒》　226a
《大般涅槃经》　98d, 199e, 306f, 481f,
　808f
《大般涅槃经·文字品悉昙章》　723b
《大般若波罗蜜多经》　498f
大勃律　60a
《大乘阿毗达磨集论》　101d, 701e,
　778f, 910e
《大乘百法明门论》　99e, 101e
《大乘百法明门论·本事分中略
　录名数》　99e
大乘道　492b
《大乘道次第·解脱庄严论》　100a
大乘灯　100e
大乘佛教　100e, 798e
大乘光　496d
《大乘广五蕴论》　101e
大乘经　321b
《大乘经庄严论》　102c
《大乘理趣六波罗蜜经》　370e
《大乘起信论》　100e, 763a
《大乘起信论考证》　101a
大乘天　955c
《大乘无生方便门》　572f
《大乘五蕴论》　101c
《大乘现证瑜伽》　312b
《大乘玄论》　101f
《大乘玄义》　101f
《大乘玄章》　101f
《大乘义章》　102a
《大乘中观释论》　394e
《大乘庄严宝王经》　667c
《大乘庄严经论》　102c, 470a
大慈恩寺　102e
《大慈恩寺三藏法师传》　103a
大慈恩寺塔　116b
大慈法王·释迦也失　517d
《大德南海志》　103d
大肚弥勒佛　433c
大梵天　170a, 723a

《大梵网经》 171b
《大方等大集经》 103f, 523c
《大方等大集月藏经》 459e
《大方广佛华严经》 196d, 258b, 494d
《大方广佛华严经疏》 259b
《大方广佛华严经随疏演义钞》 84d, 259b
《大方广菩萨藏文殊师利根本仪轨经》 667c
《大哥同志》 765c
《大灌顶仪轨》 888f
大光明山 148d
大龟氏 290e
大黑神 104e
大黑天 104e
大黑天神 104e
大幻化 451d
大吉 892b
《大集经》 103f
大迦叶 290e
大鉴禅师 267f
《大金刚道次第》 438d
《大金刚道次第开显一切密要论》 438d
大津 105a
大经九种 698f
大觉寺 447b
大理国 105b
大理国经幢 105e
《大论》 118e, 152a
大满禅师 252c
《大牟尼仙伽罗伽显示征兆论》 489b
《大牟尼仙褐（竭）伽仙眼相说示学》 489c
大目犍连 454b
《大闹天宫》 469c
《大能者恰里恰仙人指示灾详论》 489b
《大涅槃经》 98d
《大鹏往世书》 686a
《大篷车》 106b
《大毗卢遮那成佛经疏》 562b, 766f
《大毗卢遮那成佛神变加持经》 107e, 562a, 766f
《大毗婆沙论》 106d, 591e
《大菩萨藏经》 107a
《大菩提》 803a
大菩提寺 447b
大菩提协会 803a
大千世界 107d
大日 482b
《大日经》 107d, 562a, 766f, 907f
《大日经疏》 562b, 766f
大日如来 535c, 908a
大月氏人 109e, 109e
《大三昧耶瑜伽》 312b
《大三昧耶真实瑜伽》 312b
大圣寿万安寺 440f
大时 104e
《大事》 187e
大手印 110a, 602d
大手印法 110a
大手印觉（断）法 422a
《大疏》 172f
大术 451d
大寺派 798d
《大宋高僧传》 619e
《大隋西国传》 110b, 762a
《大隧道本生》 186d
《大唐开元占经》 338c
《大唐内典录》 110b
《大唐三藏法师取经记》 110f
《大唐三藏取经诗话》 110f
《大唐泗州临淮县普光王寺碑》 555f
《大唐西域记》 111b, 838f
《大唐西域记古本三种》 731d
《大唐西域记（校点本）》 901d
《大唐西域记校注》 280c
《大唐西域求法高僧传》 112f
《大唐西域求法高僧传校注》 113e
大天 798b
大通禅师 572f
大宛 113e
大夏 114d
大相国寺 731e
大小摩崖法敕 14e
大兴善寺 114f
大雄 115b, 53b, 177d, 284c, 680b, 846e, 949b
大学拨款委员会 787d
《大衍历》 115c, 327b, 767a
《大堰河——我的保姆》 19b
大雁塔 116b, 103a
《大药叉女欢喜母爱子成就法》 233e
大野迷地罗梵摩 116c
大勇 116d
大圆满法 116f
大藏经 117e, 136b, 441a
《大藏音义》 267d
大昭寺 118a
大震 583b
《大止观》 448e
《大智度经论》 118e
《大智度论》 118d, 394c, 481f, 804b, 1013b
《大智度论疏》 119b
《〈大智度论〉之作者及其翻译》 118f
《大智论钞》 119b
《大周行人传》 113c
《大庄严》 187e
《大庄严论经》 119b, 1013b
大自在天 119d, 585f
大足宝顶山摩崖造像 119d
大足北山摩崖造像 120e
大族 451c
傣文大藏经 121e
傣文字母 121f
傣族佛教 886d
戴爱莲 487c
戴季陶 813c, 998a
戴逵 122c
戴辛克尔，G.D. 122d
黛维，M. 122f
丹波康赖 396b, 510e, 969f
丹枫 901b
《丹噶玛》 891c
《丹噶目录》 437e
丹吉林 123c
丹普坚 478b
丹萨替寺 479a
丹森 854f
丹珠尔 66f, 891b
耽摩栗底 123e
但理 666b
啖食 510c
《当代中印关系述评》 724a
当为瑜伽 870f
忉利天 547d
《岛夷志略》 124a, 255c, 671c, 678b, 961d, 975f, 983a
倒难 124c
道安 124c
道岸 128a, 936a
道场 425b
道场寺 42b, 161f
道诚 602a, 963e
道绰 937d
《道德经》 125a, 358a
道谛 616c

道法 491b
道方 125a
道果法 125b, 1029e
《道果金刚句》 484d
道宏 125d
道家武术 714a
《道理之光》 605a
道琳 125d
《道路之歌》 354f, 789b
《道门十规》 555c
道潜 1025b
道荣 125e
《道荣传》 125f
道生 125f, 268f
道世 126a
道帏·喜饶嘉措 126c
道希 127a, 493e
道贤 127a
道信 936e
《道行》 916a
《道行般若经》 915d
道秀 572d
道宣 127c, 228b, 277e, 597a, 616f
道学 620c
道衍 656e
道一 937a
道义 937a
道因 128a
道氤 128c
道圆 128f
道圓 129a
道昭 935a
道众生 491b
《得一斋杂著四种》 263a
德本·木克吉 453f
德宾德拉那特·泰戈尔 640a
《德宾德拉那特·泰戈尔的自传》 640b
德达林巴·居美多杰 441c
德富 223f
德格版藏文大藏经 891e
德格土司·却杰丹巴泽仁 129b
德格印经院 129b, 891e
德进 522c
德句义 129f
德里大清真寺 831b
德里大学 786f, 995b
德里大学中国研究中心 138d
德里红堡 831b, 1005a
德赛, A. 130a
德赛, K. 994e
德什潘德, G.P. 130c
德士潘德, V.J. 396c
德特, M. M. 130e
德瓦卡纳特·桑塔拉姆·柯棣尼斯 342f
德瓦卡纳特·泰戈尔 640a
德夏·嘉沃巴 635e
德志 565f
灯节 880e
《登常山绝顶广丽亭》 990e
等持 131b, 546c
等至 868d, 870c
邓敦 131b
邓敦·罗智札 131b
邓小平 131c
狄伯杰 995d
迪亚加拉贾 855a
氐宿月节 538a
底哇答思 132a, 656f
地护王 451c
地华加罗 132c
地论师 200e
地婆诃罗 132c
地婆西那 132e
地狱 132f
《地狱变文》 990a
地藏节 133b, 983e
地藏菩萨 133d
地藏寺经幢 105e
地藏王 189f
《地藏王证东窗事犯》 133f
地藏尊者 189f
帝洛巴 133f, 460e
帝师·扎巴俄色 429f
帝释天 134b, 782b
帝须 798a
第二次结集 797e
第二次世界大战期间印中交通运输线 134c
第穆活佛世系 123c
第三次结集 798a
《第三个誓言》 359c
第司·桑杰嘉措 118c
第五吠陀 445e
第一次结集 797a
谛闲 135b
《谛义集》 605b
《谛义证得经》 135f, 307a, 501a, 695e
滇越 960a
丁宝桢 262e
丁西林 951c
定宾 482a, 596c
定慧双修 135f
《定量论》 135f
定林上寺 651a
《定性书》 83f
东安寺 915d
东初 136a
东方有部 405a, 798c
《东方杂志》 256b
《东方哲学研究》 947f
东汉陵墓华表 136c
东黄寺 263c
东堪 354b
东庙 265a
《东南亚散记》 1019a
《东坡志林》 556a
东塔宗 616f, 936b
《东西文化及其哲学》 371f
《东与西》 256c
董琬 136e
《洞玄灵宝定观经》 137a
兜率天 137b, 188f
兜哇剌札 137d
《逗弄鹦鹉的药叉女》 793e
《窦娥冤》 878a, 993a
都松钦巴 137d, 206c, 208b
独孤滔 970b
《读戒律》 1020c
犊子部 806f
杜甫 138a
杜公瞻 321c
杜勒西达斯 407b, 675e
杜特, R. 446a
杜特, G. 138b
杜特, V.P. 138c
杜行满 138e
杜行顗 138e
杜佑 230f
度母 139a, 1017b
端甫 139b
段安节 139d
段成式 865b
段晴 54c
断常中道 924d
断除诤论 890b
《断股》 36e

《断鸿零雁记》 626c
《断酒肉文》 321d, 629b
《断肉食品》 360f
锻造镔铁 970c
堆廓拉康 67b
对法藏 404c
敦煌 140a, 614e, 958f
敦煌歌词 144b
敦煌石窟 144c
敦煌学 44a
燉煌 140a
顿悟说 369e
遁伦 575e
多丹·札巴僧格 145b
多杰扎寺 145d
多拉布吉·瑙罗吉 479e
多罗 139a
多罗母 139a
多罗那他 146b, 332e
多罗吒 189c
《多麦教法史》 20e
多摩梨帝 123e
多磨 605e
多朴巴·喜饶坚赞 146e
多陀阿伽陀 535c
多闻第一 6d
多闻天王 189d, 666d
多闻天王毗沙门 992c
《多心经》 57a
《朵伽比亚姆》 221c
堕负 147c

E

俄·绛曲迥奈 3b
俄·勒贝喜饶 148a
俄·罗丹喜饶 148b
俄然巴·阿旺扎西 725c
峨眉派武术 1001a
峨眉山 148d
峨眉武术 714a
鄂·贡嘎桑布 539f
遏啰曷帝 5a
《二程集》 83f
二谛 149a, 58e, 808d
二谛说 395b
二圣六庄严 217c
二十八宿 149e
《二十唯识论》 687b
二十五谛 605c, 605d
二世策墨林活佛·阿旺绛贝慈臣嘉措 72e, 1030c
二世达赖喇嘛·根敦嘉措 150f
二世嘉木样活佛·贡却晋美旺布 350d, 505d, 1034b
二世章嘉活佛·阿旺洛桑却丹 151b, 265a
二世哲布尊丹巴·洛桑丹贝仲美 905c
二一老人 253b
二元 605c
二元二十五谛 151e, 317e
二元论 168b, 386d

F

《发趣论》 152a
《发智论》 152c
乏道 559c
伐楼拿 152f, 845a
伐由 153a, 845a
《伐遮娑内夷本集》 764e
伐致呵利 153b, 543e
《伐致呵利论》 576b
《伐致呵利三百咏》 316c, 544b
筏蹉衍那 153b
筏驮摩那 470d
法 153c
法宝 153e, 99e, 544d
法长 103c
法称 154a, 651c, 909d
法度 916c
法舫 154a
《法广母》 171b
法和 154c
法护 154f
《法华经》 189a, 439c
《法华经文句》 155a
《法华经玄义》 155c
法华七喻 440c
《法华文句》 155a
《法华文句疏记》 155c
《法华玄义》 155c
《法华义疏》 1024b
法华宗 665e, 933f
法吉祥 921b
《法集论》 152b, 156f
法见 156a
法戒 156a
法界 716c
法界宗 935b
法经 156b
法巨 156f
《法句经》 156b, 86f, 523d
法炬 156f
《法聚论》 156f
法朗 157e
法乐 650c
法力 157e
法立 157f
法砺 401b, 616f, 936a
法领 158a
法轮塔 638b
法论 158a
《法论》 453c
法门寺 158c
法门寺塔 158f
法明 159b, 651c
《法僧伽》 156f
法上 159c
法生称 650b
法胜 8e
法施 69e
法时 649d
法塔赫布尔西格里城堡 830d
法汰 124e
法泰 159f
法天 160a, 157e
法王 759b
法谓轨持 153d
法希 494a, 650c
法喜 651b
法贤 160c
法显 160c, 838f
《法显传》 162b
《法显传校注》 901d
法献 162b
法相宗 162d
法秀 650e
法勇 652c
法雨寺 499c
法遇 163d
法源寺 163e
《法苑珠林》 163f, 569e
法月 94b
法悦 164b
法云 164c, 941e

法云三昧　546f
法藏　164e, 258f
法照　165b, 937e
法振　165c
法智　94e
法尊　165c
《法尊法师佛学论文集》　165f
《翻译名义大集》　165f
《翻译名义集》　523c, 602b, 708c, 941e
《繁星》　50d
反绘玻璃画　944c
《反抗之声》　334a
范成大　701e
梵　166a
梵呗　166e
梵创四姓说　167a
《梵动经》　171a
《梵法教典》　169c
《梵经》　167b
《梵经注》　168c
《梵卵往世书》　686c
梵箧书　168e
梵社　169b, 837b
梵书　169e
《梵唐千字文》　173e
《梵唐消息》　173e
梵天　170a, 169a, 835f, 845e
梵天创世说　170c
《梵天火罗九曜》　170e
《梵天往世书》　683f
《梵网经》　171a
《梵网经卢舍那佛说菩萨心地戒品第十》　171b
梵文　169a
《梵文典》　79b, 625d
《梵文基础读本》　54c
《梵文学》　662a
梵我二元论　171d
梵我同一　171e
梵我一如　488e
梵音　193f
梵语　172d
《梵语千字文》　173c, 773a, 941c
《梵语文学史》　37a, 42e, 300a, 446e, 716b
《梵语语法〈波你尼经〉概述》　54c
《梵语杂名》　174a
梵乐　193f
梵藏　949a
《梵转往世书》　685c
《方便道六成就法》　624d
《方便心论》　910e, 912b
方便续　802c
《方广大庄严经》　499f
方豪　174f
方回　731a
《房录》　366c
《访泰戈尔故居》　1019a
放灯　175b
放河灯　175b
放江灯　175b
放焰口　175d
《飞鸟集》　642c
飞锡　176a
非暴力　176b
非暴力不合作运动　211a
非存在　699c
非可能　699b
非命我　507f
非身　699e
非我　699e
斐波那契　784e
吠若那比柯宿　176e, 605a, 869d
吠舍　1016c
吠舍离　176e
吠世师迦　578f
《吠檀多经注》　675d
吠檀多派　177d, 864a
《吠檀多哲学》　49e
吠陀　179e
吠陀本集　11d
吠陀梵语　219d
吠陀教　182d
吠陀文献　179f
吠陀支　182e
《吠陀中北极发祥地》　662c
费信　182f, 344c, 737d
费长房　366c
《分别论》　183b
分别明　519d
《分别善恶报应经》　667c
分别知　870b
分析空　346d
《风神往世书》　684d
《风俗通义》　988e
封牛　183c
《封神榜》　183e
《封神演义》　183e
《封神传》　183e
封印　602c
峰牛　183c
犎牛　183c
冯承钧　184b
冯友兰　184d
《奉法要》　721e
佛宝　544d
佛本生故事　185b
《佛本生故事》　177a, 185e
《佛本生故事选》　187b
佛本生经　185b, 185c
《佛本行集经》　187d, 523c, 962e
佛部　891a
佛大什　196e
佛大先　198b
《佛地经》　187f
《佛地经论》　188a, 200c
《佛地经释》　187f
佛顶尊胜陀罗尼经幢　564d
《佛法根本》　59a
《佛国记》　188b, 447c, 838f
佛护　188e, 799f
《佛家逻辑》　780f
佛教武术　713f
《佛教艺术词典》　516f
佛教与中国民间信仰　188e
佛教与中国民俗节日　191b
《佛教月刊》　639b
《佛教2500年》　34e
佛母　706a
佛曲　193f
佛沙伏城　194d
《佛生因缘》　187e
佛逝　596d
《佛说除盖障菩萨所问经》　155a
《佛说大安般守意经》　20a
《佛说佛医经》　200f
《佛说护诸童子陀罗尼经》　194e
《佛说护诸童子陀罗尼呪经》　194e
《佛说回向轮经》　583b
《佛说楞伽经禅门悉昙章》　723b
《佛说疗痔病经》　195b
《佛说十地经》　583b
《佛说十力经》　716c
《佛说医经》　200f
《佛说盂兰盆经》　866f
《佛所行赞》　195d, 420b, 804b
佛图澄　195d

佛图罗刹　195f
佛驮跋陀　196a
佛驮跋陀罗　196a
佛驮什　196e
佛驮先　198b
佛驮耶舍　198d
佛陀　196f, 806c
佛陀跋陀　196f
佛陀跋陀罗　196a
佛陀波利　197a
佛陀多罗　197b
《佛陀和原始佛教思想》　197d, 928e
佛陀扇多　197f
佛陀十大弟子　198a
佛陀什　196e
佛陀室利　198b
佛陀斯那　198b
佛陀提婆　125d
佛陀耶舍　198c, 731a
《佛为毗戌陀天子说尊胜经》　424f
佛贤　196a
佛心宗　936c
佛性　199a
佛性顿悟说　932b
《佛性论》　199c
《佛学概论》　678f, 929c
《佛医经》　200f
《佛医王经》　200f
佛印　990e
佛乐　193f
《佛祖历代通载》　201b
《佛祖通载》　201b, 556a
《佛祖统纪》　201e, 600b, 938e
弗楼沙　202a
弗如檀　1021d
弗若多罗　202e
伏陀扇多　197f
伏藏　476a
伏藏大师　776c
《扶南记》　202f, 229e
《扶南异物志》　229e
《扶南传》　203a
拂菻罽婆　203b
《服气经》　512c
《服药咒》　203b
浮陀跋摩　203d
浮陀难提　1006a
《符天九星算法》　203e
《符天历》　203f, 812d
《符天历经日躔差立成》　204b
福建南安陀罗尼经幢　204b
福生　461a
福特基金会　786e
父但特罗　775d
《父亲给女儿的信》　471c
父续　438a, 802c
副吠陀　204d
副藏　891b
傅奕　204d
富兰那·迦叶　204f, 386f
富留沙富逻　202c
富楼沙　202b
覆障　406e

G

嘎嘎那嘎巴　460d
嘎玛拉释拉　478a
嘎如三丹林尼寺　478e
噶丹旦曲林寺　543d
噶丹美居林寺　531d
噶丹颇章政权　66b
噶丹钦恰林　861e
噶丹松赞林寺　206a
噶当派　66b, 800c
噶举派　206c
噶玛巴·黑帽系活佛世系　208b
噶玛巴六世红帽系活佛·却吉旺秋　891d
噶玛拔希　207e
噶玛噶举派　66b, 137f, 206c
噶玛噶举派黑帽系活佛世系　208b
噶玛噶举派红帽系活佛世系　208c
噶玛拉顶寺　137f
噶普·洛桑顿珠　725e
噶钦·益西坚赞　88b
噶瓦·释迦旺秀　3b
干沓和　213b
干沓婆　213b
干潟龙祥　118f
乾闼婆　213a
甘巴逸　340c
甘比利　295e
甘丹赤巴　208e
甘丹赤巴·阿旺年智　725e
甘丹赤巴·阿旺曲扎　725e
甘丹赤巴·阿旺却丹　725e
甘丹寺　209c, 532a, 1032b
甘丹尊胜洲　209c
《甘地》　456a
甘地, M.K.　209e
甘古利, R.　212d
甘海里石窟　826a
甘迦唐达　482e
甘露　212f
甘英　614e
甘珠尔　66f, 891a
《乾闼婆吠陀》　204d
冈波巴　460f
冈波寺　91d
岗·益西坚赞　722e
高达摩实理　213e
高光法　24a
高空　884b
高楠顺次郎　463e
高菩达　943d
《高僧法显传》　188b
《高僧传》　213e, 569e, 999e, 1021c
高善必, D.D.　544a, 822f, 997c
高声梵呗　59e
高仙芝　60e, 607e
高座寺　59e
戈宾诺, J.A.　756f
《戈丹》　498b, 498c
戈登, G. J.　73b
《戈拉》　641c
《割草的女人》　498c
《歌者奥义书》　214b, 28e
《革命宣传半月刊》　334b
阁罗凤　467a
格奔强巴林　637e
格比尔　214e
格比尔达斯　675e
《格比尔集》　214d
格贵　354b
格鲁派　214f, 1012e
《格鲁派教法史·黄琉璃》　215c
格鲁派寺院　708e
格西贡塘巴　457a
格西杰巴　722e
格西扎巴　722e
格义　1025f
葛罗达支特勒　215d
葛那及　526f
葛洪　215e
葛维钧　929c
箇失密　453f

根本上座部　806e
根本说一切有部律　215d
根敦群培　216c
根敦珠巴　892f
《根特浦尔》 350b
《庚申大事记》 216f
《庚申帝史外闻见录》 216f
《庚申外史》 216f
耿引曾　243a
工布查布　218b
公车上书　342b
功德光　217c
功德华　202e
功德铠　521b
功德林　217d
功德天　273e
功德贤　521f
功德直　217f
功劳　559c
巩珍　218a, 718a
共产国际执行委员会　414b
共法　438a
贡邦·突杰尊哲　218b
贡布嘉　218b
贡嘎多杰丹寺　540a
贡钦洛卓仁青僧格　552f
贡庆寺　218c
贡却杰布　1029f
供养法　85b
《古代印度》 90a
《古代印度故事选》 299c
《古代印度河流域的文化》 670e
《古代印度文明与中国》 90b
《古代印度与古代中国，贸易与宗教交流》 218e
古代印度语言和文字　219a
古典梵语　219e
古吉拉特　526e
《古镜记》 657e, 990a
《古兰经》 541c
古里佛　221d
古里国　221d
古里莎阿阇黎　484d
古鲁　460c
古鲁·那纳克·德瓦　460b
古马尔，J.　222b
古日·却吉旺秋　222d, 476b
古香积寺　555f
古因明　778c
《古音正宗》 496b
《古印度六派哲学经典》 386e, 575c
骨锁主　563d
鼓吹铙歌　222e
故临　223a
《故事海》 223e, 843e
《故事海选》 300b
顾恺之　224f
顾炎武　225a, 667c
顾越　225e
瓜廖尔　810d
瓜州　140a
关汉卿　452b, 878a, 993a
《关于巴利文〈佛本生故事〉》 187b
《关于在中印边境实际控制线地区保持和平与安宁的协定》 964e
《关于中国西藏地方和印度之间的通商和交通协定》 979e
《观察诸法行经》 727a
观世音　189a, 225f
《观世音菩萨普门品》 189a
《观世音菩萨授记经》 652d
观音　225f
观音诞日　226e
观音会　983d
《观音济度本愿真经》 226d
观自在　189a, 225f
官久摩　874d
贯休　226e
灌顶　227a, 776a, 938a
灌顶法　85b
光明遍照　482b
光世音　225f
光远　227d
《光宅历》 227e, 812d, 840c
广昌洋行　479c
广法寺　227f, 123e
《广弘明集》 228a, 554c
广惠寺　543e
广济寺　531e
《广林奥义书》 228c, 28d
广目天王　189d, 666d
广仁寺　228e
广州　229a
《龟往世书》 686a
皈依法　545a
皈依佛　545a
皈依僧　545a
轨范师　339b
鬼节　192d, 865f, 981b
鬼语　223f
鬼子母　233c
《鬼子母身世神咒》 233d
贵霜王朝　233e
贵无派　691a
郭克雷，G.K.　210e
郭克雷，V.V.　234b, 169b
郭良鋆　185f, 197d, 928e
郭隆强巴林寺　234c
郭隆寺　234c
郭芒扎仓　904e
郭沫若　234e
《郭沫若全集》 235c
郭若扎西　235d
郭源新　914b
《郭札佛教史》 235d
国货运动　540c
国际大学　857b, 743d
国际大学中国学院　644c, 927c, 997b
国际黑天意识会　235e
国际雅利安社　757c
《国际研究》 130d
国际印度文化学院　688f
国际印度哲学学会　236c
国立北京历史博物馆　943b
国立东方语文专科学校　300e, 997c
国清寺　665b
国一法师　164e
国语大藏经　423f
果乘　437a
果聂　354b

H

哈克萨尔，A.N.D.　42d, 859f
《哈里什昌德拉王》 787f
《哈里真》 212b, 661f
《哈姆扎传奇》 819c
哈奴曼　469d
哈撒尔海牙　237a
哈特曼，J.U.　75b
《还有一个没回来》 1c
《海潮音》 639b
《海国公余辑录》 899a
《海国四说》 237c, 372c
《海国图志》 238c
《海国闻见录》 237f
《海录》 238b

《海内华夷图》 230e, 292e
海清寺阿育王塔 238f
海清寺塔 239a
海上丝绸之路 615c
《海上通信》 256c
《海外文编》 754d
海维谅 239c
《海药本草》 255b
黑斯廷斯, W. 815c
邯郸淳 239e, 988e
含光 239f, 311d
韩北屏 240a
韩立 240a
韩清净 240d
韩愈 240e
寒山 241c
寒山子 241c
汉传佛教 798e
汉代圆雕石象 368e
汉明帝刘庄 241d
汉盘陀国 241f
《汉区佛教源流记》 218c
《汉魏两晋南北朝佛教史》 657c
汉文大藏经 242c
《汉文佛经中的印度哲学史料》 946a
《汉文南亚史料学》 243a
汉武帝刘彻 243b
汉语梵语词汇表 688f
《汉语印地语词典》 783c
杭州 244a
诃梨跋摩 245e
诃利帝 233c
诃盘陁国 241f
呵雅坦孙洛 122b
《合部金光明经》 315b
合浦 245f
合十 246b
《合维摩诘经》 689a
合掌 246b
何承天 246d, 37e
何建明 996f
何兴 903b
和合句义 247a
和平共处五项原则 247b
《和平——人民最大的愿望》 1019a
和平塔 638b
和上 247d
和尚 247d
《和印度诗人在一起》 240b
河北固安辽代经幢 247e
河北卢龙金代经幢 247f
曷撷支 248c
贺菩劳 248c, 248c
赫尔曼 614a
赫尔毛攸斯 782f
赫利谢金德尔, B. 249a
《黑暗》 538e
《黑水洋彼岸》 704e
黑天 249d
《黑耶柔吠陀》 764e
《黑耶柔吠陀本集》 764e
恒河 250b
恒伽河 250b
吽哈罗悉利 251c
弘福寺 103a
弘化寺 518a
《弘明集》 251d, 554c
《弘明集后序》 251f
弘忍 252a, 936e
弘一 252e, 617a
红宫 65d
洪保希绕 254a
洪钧 253c
洪迈 990d
洪天赐 785b
洪州宗 937a
侯赛因, M.F. 253d
侯赛因, Z. 998e
侯显 254a, 293a, 985f
后贵霜王朝 234b
后弘期 889d
呼图克图 638b
忽鲁秃花 254c
胡茶辣国 254c
胡瓜 254d
胡椒 254f
胡锦涛 965b, 966d
胡马雍 819b
胡马雍陵 830a, 1004f
胡适 255d, 391b
胡愈之 256a
《胡愈之译文集》 256b
《湖海新闻夷坚续志》 991e
《虎耳经》 443b
《虎耳譬喻经》 443b, 568a
《虎与焰》 900f
护法 256d
护国三经 315a
护国战争 632d
护罗 256d
《护命放生轨仪》 773a
护摩法 85b
《护诸童子经》 194e
《护诸童子女神符图》 256e
《护诸童子请求男女陀罗尼经》 194e
《沪游脞记》 262e
《花环和友情》 881d
花拉子密 784d
《花园与春天》 436c
华表 257c
华氏城 258a
《华严经》 258b, 148f, 772d
《华严经疏钞》 259a
《华严经疏玄谈决择》 259d
《华严经悬谈会玄记》 259e
《华严疏钞会本》 259c
华严疏主 84e
《华严五教章》 259e
《华严一乘教义分齐章》 259e
《华严一乘教义分齐章集解》 19a
《华严原人论》 882a
华严哲学 165b
华严宗 260b
华严宗四祖 84b
化法四教 666a
化身 724e
化仪四教 666a
华阳隐居 660d
《华阳隐居补阙肘后百一方》 660e
《画经》 24b
《画中女》 4c
怀迪 260b
怀素 260c
怀问 260e
怀业 260f
欢喜 6c
欢喜母 233c
幻变说 261a
幻化寺 539b
《幻镜子》 695b
幻轮 601d
《换头》 299c
《皇华四达记》 292e
《皇极历》 383d
《皇明四夷考》 261b
《皇明象胥录》 261e
《皇圣武亲征录》 576e

《皇元圣武亲征录》 576e
黄宝生 446f, 716b, 812f, 928c
黄忏华 262a
黄道游仪 262b
黄教 214f
《黄粱梦》 657e
黄懋材 262d
黄泥水淋法 971e
黄思骏 263a
黄寺 263c, 265a
黄心川 263d, 408f
黄省曾 264c
黄支 264e, 958f
黄遵宪 534e, 986c
《回归神性》 236c, 615f
《回回药方》 485e, 970a
《回眸对视：阿马尔·辛格日记——英属印度帝国纪事》 734e
《回忆录》 829b
《回诤论》 394f
汇宗寺 265a
会宁 265b
《会三教》 989e
《会元历》 265c
《会宗论》 800a
惠果 311d, 938b
惠济寺 853c
惠立 265c, 103a
惠生 265f
惠昕 390e
慧辩 667c
慧持 266c
慧达 266e
慧锷 499a
慧观 268f
慧光 935f
慧济寺 499d
慧皎 747c
慧空圣严 577b
慧览 267a
慧朗 311d
慧理 377e
慧立 265c
慧琳 267d
慧琳 267f
《慧琳音义》 267d
慧命 267f
慧能 267f, 390c, 936f
慧日 268d
慧睿 268f
慧天 269a, 700b, 922c
慧严 269b, 268f
慧琰 269f
慧要 270a
慧义 270d
慧远 270f, 42b, 403e, 999e
慧苑 935c
慧月 271f, 579a, 581c
慧沼 272a
活佛 272d
活佛转世 272d
《火鸡》 820e
火龙年大法会 672e
《火神往世书》 685b
《或然论束》 503f

J

鸡鸣寺 273a
鸡雀寺 273c
鸡寺 273c
鸡头摩寺 273c
鸡园寺 273c
积聚说 273c
基拉法特运动 210f
基巧堪布 339b
吉贝 438e
吉大港 74c
吉丹巴拉姆神庙 486e
《吉檀迦利》 51b, 79c, 585e, 640e
吉祥 273e, 921b
吉祥多门大经库印经院 129c
吉祥燃灯智 2b
吉祥天 127a
吉祥天女 273e
吉祥哲蚌寺 904e
吉祥坐 304b
吉友 59d
吉藏 149e, 394f, 596c, 925f, 953a
极量 274a
极微 274b, 29e
极微论 578a
笈多帝国 274e
笈多王朝 43d, 274e, 835c
笈多艺术 276b
集谛 616c
《集古今佛道论衡》 277e, 554c
《集古今佛道论衡实录》 277e
《集量论》 277f, 600f
《集量论略解》 278a
《集量论释略抄》 278a
《集量论注释》 278a
集体瑜伽 27d
集中 388f
计都 278c, 967e
《计算纲要》 949b
《记古滇说》 278e
《记古滇说原集》 278e
《记论》 482a
《记论略经》 575e
记忆 870b
《纪古滇说集》 278e
《纪古滇说原集》 278e
忌辰五供节 532b
《季风婚礼》 788e
季青 76b
季羡林 279a
济咙活佛 217d
继从 280e
继全 280f
继业 280f
《继业行记》 702a
偈 281b
偈颂 281b
偈陀 281b
寄佛名 190d
《寄小读者》 50e
寂比丘 281c
寂护 281d
寂灭 473f
寂默 452f
寂天 800b
《寂天的〈入菩萨行论〉》 455e
寂贤 282a
寂友 435e
罽宾 282a
加尔各答 282c
加尔各答大学 786e
加提 769b
伽尔格，M. 283b
伽梵达摩 1035a
伽梵达磨 283d
伽陵迦 304e
伽罗纱丽 89c, 479f
伽玛，K.R. 283e
伽玛，M. 283f
伽那波底·夏斯特里 36c

伽纳莎学派　811c
伽他　281b
伽陀　281b
伽耶　284a
伽耶达热　1029f
伽耶山　284f
迦毕试国　874e
《迦丹波利》　53c
迦多衍尼子　152c
《迦尔纳出任》　36e
迦兰陀　285a
迦兰陀竹园　1023c
迦梨陀娑　285a, 36b, 275b
迦利迦尔　1027e
迦陵　304e
迦陵哦　304e
迦罗拘陀·迦栴延　485a
迦罗扇帝　288a
《迦马耶尼》　59c
迦摩　846b
迦摩缕波　288a
迦摩罗　853a
迦没路　288a
迦那提婆　663a
迦那陀　288c, 578f
迦腻色迦　288e, 294c
迦腻色迦大塔　289b
迦腻色迦王　803d
迦毗罗　289e, 604f
迦毗罗论　604f
迦毗罗卫　290a
迦沙　91a
迦舍　91a
迦摄　290e
迦摄波　290e
迦尸　290d
迦湿弥罗　290d, 453f
《迦塔奥义书》　290d, 28e
迦维罗越　677a
迦西亚　328a
迦叶　290e, 290e
迦叶摩腾　570d
《迦叶品》　97d
《迦叶所问经》　97d
《迦叶仙人说医女人经》　291a
迦叶孝威　291c
迦旃衍那　172e
《家》　33d
家范经　291e
家庭祭　488c
《家庭与世界》　641c
《家庭中的泰戈尔》　123b
跏趺　304b
跏坐　304b
嘉曹杰·达玛仁钦　208e
嘉代, H.A.　822c
嘉道理兄弟　291e
嘉福寺　656c
嘉堪布·洛桑顿智　637e
嘉木样·阿旺尊智　350c
嘉尚　292b
《嘉言集》　843d
嘉·尊智僧格　292c
《甲骨文字研究》　235c
贾耽　292d
贾迪恩, W.　303c
贾拉鲁丁　292f
贾庆林　965c
贾耶西　369b
假谛　665f
假名　395a
犍闼婆　213b
犍陀勒　293a
犍陀罗　293b
犍陀罗艺术　294a
减少　24b
《剪灯新话》　992a
《剪灯余话》　992a
建初寺　295d, 97e
建国寺　731e
建康　295d
建盛　295e
建业　295e, 464b
建邺　464b
荐福寺　555f
剑毕离　295e
剑川石窟　295f, 467e
剑川石钟山石窟　295f
健达缚　213a
健达婆　213a
《健日王宝座故事三十二则》　42d
《健日王传》　42c
渐悟说　369e
《鉴戒录》　881a
鉴真和尚　936b
江嘎当巴　722f
江绍原　297b
江绍源　297b
《江心洲》　3f
江淹　298a
江泽民　964e, 966a
姜斌　298b
姜岌　876f
《僵尸鬼故事》　42c, 298d
《僵尸鬼故事二十五则》　298d, 843e
蒋海澄　19a
蒋介石　998d
蒋介石夫妇访问印度　300b
蒋师仁　300f
蒋维乔　300f
蒋忠新　301c
《降三世金刚瑜伽》　312a
绛曲三化贡嘎　722f
《绛纱记》　626c
绛央却杰·扎西班丹　904e
畺良耶舍　301f
憍底利耶　367b
憍萨罗　301f, 13a, 568b
憍赏弥　302b
皎然　302c, 584c, 989f
教授部　117c
《教坊记》　302e, 90d
《教我如何不想她》　379e
《教主释迦牟尼佛本纪》　600b
《揭示甚深内义本释》　548c
劫　302e, 919a
劫贝　438e
劫比罗伐窣堵　290a
劫波　182f, 302e
劫波经　303a, 158b
《劫经》　303a
杰吉博伊, J.　303b
杰辛格尔·伯勒萨德　59b
杰尊·却吉坚赞　303e
杰尊·喜绕桑格　354a
结跏　304b
结跏趺坐　304b, 1000e
结夏　304b
结制　304c
捷疾鬼　766a
《羯鼓录》　194c, 468c
羯陵伽　304e
羯磨　765d
羯若鞠阇　527a
羯师　305a
《解能量论》　601c
《解深密经》　305a, 592e, 809a

解脱 305e, 473f
《解脱道论》 307c
解脱天 453f, 955c
戒 307e
戒法 583a
戒光 125e
戒律学 706c
戒日王 307f
《戒日王传》 309d
戒贤 310a
戒贤 310a
界部 117c
《今年夏天我们去哪儿？》 130b
《今日奥罗维尔》 28b
金本巴 317b
金本巴掣签 317b
金篦术 853a
金迪 784d
金鼎汉 310c
金刚 310e
《金刚宝冠瑜伽》 312c
金刚宝座塔 906d
《金刚般若经》 313a
《金刚般若论》 313f
金刚乘 311a
金刚持 310e
《金刚顶经》 311e, 311b
《金刚顶一切如来真实摄大乘现证大教王经》 311e
《金刚顶瑜伽中略出念诵法》 312e
金刚法门 311b
金刚教 311a
金刚界 809e
《金刚经》 313a, 325b
金刚橛 776b
金刚橛觉姆 776b
金刚力士 310e
金刚三藏 314a
金刚手 310e
金刚藏菩萨 310f
金刚智 314a
金刚座 314d
《金光明经》 315a
《金光明最胜王经》 315a
金俱吒 502f
金克木 315f
金礼蒙 395e, 395f
金陵 317a, 464b
金奈 317a
金瓶掣签制度 317b
《金七十论》 317d
金庆棪 381a
金珊珊 851b
金信华 996e
《金玉凤凰》 299f
金针拨障术 660b, 969f
金字蒙古文大藏经 429f
进步艺术家集团 822c
近传伏藏系 476a
《近代印地语戏剧文学之父帕勒登杜》 249c
近具戒 330a
近善男 863b
近善女 863c
近事男 863b
近事女 863c
近诵 247d
近现代绘画 822a
近圆戒 330a
《晋书》 569e
禁制 318c
京俄瓦·茨诚巴 318c
经 117e
经幢 318e
《经集》 319b
经量部 807b
《经律异相》 319c
《经纬历》 320a
经藏 320a
《荆楚岁时记》 321c
《惊梦记》 321e
精神进化论 24f
精神宗教 321e
井顿泉 655c
景教 143b
景卢 322a
净藏 923c
净慈寺 244e
净饭王 322a, 597c
净检 46f
净觉 252e
净觉寺 102e
净土三经 5f, 698b
《净土五会念佛略法事仪赞》 165c
《净土五会念佛诵经观行仪》 165c
净土宗 322d
净行书 169e
净源 259c
净众寺 571c
殑伽河 250b
敬仪 981e
靖迈 322d
静虑 322e
静虑术 852e
静命 281d
《镜报》 413e
鸠底舍 182f
鸠摩罗 670c
《鸠摩罗出世》 285c
鸠摩罗笈多 275c
鸠摩罗什 322e
《鸠摩罗什法师大义》 324d
《鸠那罗的眼睛》 628b
究摩罗耆婆 322f
究摩罗什 322f
九乘 117e
九分教 320c
九华山 325b
九会曼荼罗 425d
九句因 779f
九十六种外道 326a
九世达赖喇嘛·隆多嘉措灵塔殿 67c
九世噶玛巴·旺秋多杰 326a
九执 326c, 967d
《九执历》 326e, 785a, 841a
玖达伊，I. 327b
旧密 437b
旧密续 534e
《旧唐书》 981e
拘揉赊 327e
拘卢舍 327e
拘摩罗 330d, 670c
拘那罗陀 905e
拘萨罗 301f
拘尸弥 302b
拘尸那迦 327f, 601f
拘尸那罗 328a
拘斯那竭 677a
拘宋婆 677a
拘纬 328e
居弥庞·绛央南杰嘉措 328e
《居弥庞全集》 329a
居钦·贡噶顿珠 354c
居萨罗 301f
居士 329a

巨赞 329b
句义 329d, 579b
具生吉祥 329e
具足戒 330a
俱比罗 992c
俱参毗 302b
俱分句义 330b
俱蓝 330c, 223c
俱卢舍 327e
俱卢之野 330c
俱摩罗 330d
《俱舍雹论》 611d
《俱舍论》 330f, 706c, 712c, 749c, 807d
《俱舍论光记》 606c
《俱舍论注释》 332a
俱舍学 935a
俱生乘 775c
《抉择能量论》 135f
觉爱 494a
觉案 601c
觉巴·久丹贡布 332a
觉称 332c
觉定 197f
觉护 197a
觉将 198b
觉救 197c
觉军 198b
觉铠 203d
觉明 198d
觉囊派 332d
觉囊寺 218b
觉寿 196e
觉天 125d
觉希 493e
觉贤 196a
觉音 493c, 519f, 568b, 798d
觉有情 491b
觉域派教法 421f
觉远 1001a
《绝密印鉴》 68b
《均善论》 37d, 267c

K

喀切班钦·释迦室利 333a
喀什 333b
喀什噶尔 333b
卡德尔党 333f
卡德尔净修院 334b
卡德费塞斯二世 759a
卡德费塞斯一世 520c
卡拉里帕亚图 334c
卡莱尔, T. 210a
卡利卡特 221d
卡玛拉·拉克希曼 353d
卡纳塔克音乐 1002c
卡普尔, P. 335a
卡普尔, R. 335b
卡齐·纳兹鲁尔·伊斯拉姆 768c
《卡齐·纳兹鲁尔·伊斯拉姆诗歌选》 462c, 768f
卡钦萨措杰 775f
卡斯米, A.N. 335d
卡苏皮 769a
卡塔卡利舞 1002f
卡塔克舞 1002f
《开宝藏》 242d, 623c, 717d, 939b
《开创》 995b
开封 336a
《开皇三宝录》 366c
《开元大衍历》 115c
《开元录》 337a, 772c
开元三大士 64b, 314a, 659f, 955e
《开元释教录》 337a, 772d, 1024f
《开元释教录略出》 337f, 921f
开元寺 337f
《开元占经》 338c, 840c
凯达的非暴力运动 210f
凯拉萨神庙 793f, 826f
凯沙布·钱德拉·森 338e
堪布 339b, 354b, 484c
堪钦·根敦嘉措 340a
《堪钦·摄类学》 340b
坎八叶 340c
坎巴夷 340c
坎纳达语 221c
坎宁安, A. 447c
康臣 340f
康法畅 340c
康法朗 340e
康巨 340f
康孟详 341a
康区传承系 476a
康僧会 341b
康僧铠 341d
康僧渊 341e
康泰 203a
康有为 341f
康藏国师 164e
考底利耶 973e
柯棣华 342f
《柯棣华大夫的不朽事迹》 789a
柯兰 223b
柯枝 344a
科泽科德 221d
可里麦都遗址 977a
可能 864f
可亦里 344e
可智 344f
渴槃陁国 241f
克久拉霍雕刻 794c
克里希那 249d
克莎那巴巴 484d
《克什米尔与印巴关系》 703b
克孜尔尕哈石窟 344f
克孜尔石窟 344f
克孜尔石窟壁画 955b
空 345d, 58d
空谛 665f
空定 345f
空海 723b
空慧寺 748f
空行母心髓 776a
空衣派 506e
《孔雀女金环重圆记》 398b
《孔圣经》 545b
孔子 347e
口业 550a, 588f
枯马立拉 348c, 306c, 434e
苦谛 616c
库尔 769b
库马拉斯瓦米, A.K. 675e
库木吐拉石窟 344f
库特卜塔 828b
库提雅达姆 37a
《宽心象本生》 186b
窥冲 348d
窥基 348e, 580e, 606c, 776d, 777c
昆明 349e
昆明地藏寺 106a
昆明倪辂集 468a

L

拉奥, P.V.N. 964e
拉奥, R. 350a

拉奥琦　655b
拉卜楞寺　350c
拉达克　351b
拉达克里希南，S.　352a, 946e
《拉达克里希南》　946e
拉格　1002c
“拉格马拉”画　821f
拉吉夫·甘地　353b, 103a, 690a, 787b, 895f, 964c
拉贾戈帕拉查理，C.　998e
拉杰钦波·卓浦巴　636a
拉金德拉·朱罗　582b
拉克希曼，K.　353d
拉喇嘛·绛曲沃　2e, 457a
拉喇嘛·益西沃　672b
拉里，M.　661b
拉卢三部曲　21c d
拉其普特细密画　821b
拉然巴格西学衔　617e
拉萨密宗院　354a
拉萨祈愿大法会　505a
拉萨三大寺　215a
拉萨上密宗院　354c
拉萨四大林　354d
拉萨下密宗院　354a
拉维·香卡　728f
拉希，V.S.　822d
拉伊，D.　498a
拉伊，S.　354e, 729b
拉藏汗　552f
拉扎，S.H.　822c
《拉兹之歌》　384c
喇嘛　272e
喇嘛教　938d
喇嘛拉康　67c
喇嘛乌仔　354b
腊八节　355b, 983a
腊八粥　355d
《腊玛延那·玛哈帕腊达》　412d, 446a
莱奥纳尔多　784e
莱达斯　675e
《兰嘎西贺》　122b, 412f
兰姆伽训练营　952b
兰若　4e
蓝丽蓉　785b
蓝毗尼　355d
蓝毗尼佛教大学　356b
朗廓娘曲节　478e
朗廓寺　478d
朗仁拉康　67e
朗日塘巴　356b, 61b
朗日塘巴·多杰僧格　356b
老舍　356c
《老舍全集》　356e
老子　357b
《老子》　358a
《老子化胡经》　358d
《老子开天经》　298c
勒那摩提　358f
雷多　134f
雷多公路　134c
雷努　359a
雷易，H.　359d
《楞伽会译》　360c
《楞伽经》　359f
楞伽师　932b
《楞伽师资记》　252e
《楞伽释》　360f
离车　360f
《离魂记》　657e
离欲　870c
梨车毗　360f
梨俱　361b
《梨俱吠陀》　361a, 180a, 834e, 845b
李白　362a
李弼乾　363f
李昌祺　992a
李成眉　362e
李承恩　362e
李淳风　362f
李诞　363b
李桂云　816a
李国深　738e
李鸿章　632a
李俊承　363c, 957f
李克强　966f
李俍民　365e
李弥乾　363f
李鹏　964c, 965f
李少春　363f
《李少春文集》　364c
李时珍　364c
李希霍芬，F.　614a
李显　589d
李小龙　364e
李学竹　101e
李尧棠　33b
李义表　365b
李玉　903b
李缘山　365e
李振藩　364f
李志夫　366a
理查德，T.　719e
理法　182a
理塘版藏文大藏经　891d
理塘寺　548a
《理性与宗教》　49e
理学　620c
鲤城　527b
力生　247d
《历代名画记》　823a, 898e, 912f
《历代三宝纪》　366c
《历数精粹》　949d
《历游天竺记》　188b
立部伎　520f
立自宗　890b
利安洋行　291f
利车　360f
《利论》　367b
利涉　367f
利生银行　904c
利言　174b
郦道元　188d, 601e
栗唱　360f
《连句梵呗》　368b
连眉禅师　650e
连云港孔望山摩崖造像　368c
《莲花公主传奇》　369b
莲花戒　369d
莲花漏　270b
莲花庙　1005b
莲花生　369f
莲花寺　337f
《莲花往世书》　684a, 783e
莲花坐　304b
莲华　370b
莲华精进　716b
练若　4e
《楝树上的松鼠》　820e
良贲　370c
良秀　370e
《梁高僧传》　213f
梁怀璥　370f
《梁皇忏》　608a
梁启超　371a
梁漱溟　371e
梁廷枏　372a

梁武帝萧衍　372d, 1000b
梁真　455f
《梁传》　213f
《两湖书院地理讲义》　1035a
两界曼荼罗　425c
《两亩地》　372e, 645c
《量经》　278c
《量抉择论》　135f
《量理宝藏论》　539b
量论　373b, 578a, 890c
《量评释论》　600f
了别境识　593b
《了义海论》　147a
了元　990e
列维，S.　102d
《猎舞图》　816c
林承节　928e, 984a
林呱　944b
林徽因　373c
林徽音　373c
林伽崇拜　374f
林伽往世书　685d
林栗　1022a
林良光　857d
林热·班玛多杰　375b
林森　998a
林语堂　375c
林则徐　755f
临淮　555f
临济宗　937a
临淄龙泉寺石佛像　375e
《麟德历》　376e
《灵宝无量度人上品妙经》　842c
灵感寺　692f
灵嘉寺　915d
灵鹫山　376f
灵曦堂　832f
灵隐寺　377e
灵运　378a
零　378a
《岭外代答》　378e, 582c
刘安武　379a, 59d
刘半农　379e
《刘半农诗选》　380a
刘北茂　380e
刘大白　381a
刘冯　470b
刘斧　990d
刘国楠　381c
刘建　929c
刘凭　381e
刘仙洲　608c
刘孝荣　382a
刘欣如　218e
刘遗民　904a
刘禹锡　853a
刘裕　554a
刘元　382c
刘仲宇　842c
刘焯　383d
《流浪者》　383f
瘤牛　183c
《柳毅传》　657e, 990a
六波罗蜜　384d
六波罗蜜多　384d
《六朝石刻与印度美术之关系》　662b
六度　384d
《六度集经》　186f, 341d
六分阿毗昙　389d
六经十一论　162f
六句义　385a
六句义论　579b
六派哲学　385b
六师　386e, 506c
六十二见　388d
《六十华严》　258d
六世第穆活佛·阿旺绛白德勒嘉措　123c
六世章嘉活佛·洛桑丹增坚赞　900e
六世哲布尊丹巴·阿旺洛桑绛白丹增慈臣嘉措　905c
六贤门　77d
《六言梵呗》　388e
六因　806f
六支　182f
六支分法　867c
六支瑜伽法　388e
《六支瑜伽广本讲义》　218b
六字师　155a
六字真言　389a
六足论　389d
《六祖大师法宝坛经》　390c
《六祖坛经》　390c, 267f, 937a
龙　982a
龙华会　391b
龙江宝船厂遗址　466b
《龙龛手鉴》　963e
龙门石窟　391c
龙猛　393f, 395d
《龙木总论》　395e, 853a
龙胜　393f, 395d,
龙树　393e
龙树　395c
《龙树菩萨眼论》　395f
《龙树菩萨药方》　396a
龙王　396c
《龙喜记》　397a
龙兴寺　337f, 555e
龙云　736f
龙章　397c
《龙争虎斗》　364f
隆法师　397e
隆钦饶绛巴·茨臣罗哲　397e
隆舜　467e
娄其那那　398a
楼兰　615a
楼陀罗　846a
卢伽阿逸多　658a
卢前　398a
卢舍那　482b
鲁克米妮·黛维　487a
鲁朗康　67c
鲁明台　355d
鲁迅　398c
《鲁迅诗集》　996a
陆九渊　621a, 1021f
鹿野　399d
鹿野苑　399d
鹿野苑中仙人住处　399d
鹿园　399d
《路史》　556a
驴唇书　522f
驴唇文　522f
吕才　400a, 580e, 1013d
吕澂　400c
《吕澂佛学论著选集》　400f
吕洁宇　44e
吕沛林　638f
吕渭　400d
《旅程的终点》　639f
律　117e, 401b
律部五论　401e
律敦治家族　479e
律虎　923e
律师　401a
律藏　401b
律宗　401f

绿度母 139b
绿洲道 615c
《论语》 401f
轮回 402b
轮回业报 805d
论 117e
《论阿谢格的戏剧》 12e
《论阿育王和汉武帝》 90b
《论佛骨表》 240f
《论佛陀与孔子的道德观》 90b
论式 404a
《论事》 404a, 798a
《论维吾尔文版〈鹦鹉故事五十二则〉的主题思想与结构特点》 860c
《论印度数字的计算》 784d
《论印度数字的使用》 784d
《论印度〈鹦鹉的故事〉在中国各民族中的传播》 860c
论藏 404c
罗宾德罗纳特·泰戈尔 640c
罗卜 454c
罗布泊 438f
罗布林卡 754e
罗荼罗乍 405c
罗荼罗乍一世 405c
罗刹 405d
罗汉 5a
罗好心 406a
罗睺 406b, 967e
罗睺罗 406d
罗睺罗·桑克利提亚衍 550a
罗睺寺 711d
罗吼罗 406e
罗护罗 406f, 406d
罗护哪 406f
罗怙罗 406e
《罗怙世系》 285c
罗加伊 769b
罗利多菩伽 407a
罗米拉·塔帕 218e
罗摩波罗 407a
《罗摩功行录》 407b
《罗摩功行之湖》 407b
罗摩克里希那 407e
罗摩克里希那传教会 408c, 48b
《罗摩克里希那福音》 409a, 407f
罗摩难陀 675e
罗摩努阇 409b, 172b, 179a, 386c, 836c
《罗摩衍那》 409e, 284a, 407b
《罗摩衍那的故事》 412d
《罗摩衍那颂赞》 412f
罗姆摩罕·罗易 413a
罗惹 413e
罗赛林扎仓 904e
罗森, P.S. 822f
罗刹天 406a
罗阇 413e, 605e
罗什 322f
罗提迦斯那王 803d
罗亭德拉纳特·泰戈尔 998d
罗希瑞, L. 113e
罗易, A. 994e
罗易, M.N. 414a
罗云 406e
《啰嚩拏说救疗小儿疾病经》 414c
啰呵 5a
裸体佛像 277a
洛甫 898b
洛学 83e
洛阳 414f
《洛阳伽蓝记》 415c, 862c, 1014d
落花生 745e

M

麻巴而 416c
麻曷葛剌 104e
麻来兮 416a
麻啰华 416a
麻图华罗 416c
麻洼鸦片 755d
马八儿国 416c, 528f
马不剌罕 416d
马重绩 416d
马德拉斯 416f
马德新 417d
马登·莫罕拉尔·爱德 19d
马尔瓦 416a
马嘎尔尼勋爵 73b
马格里布 88d
马哈吃剌 104e
马哈德水塘事件 22b
马哈哥剌 104e
马哈拉吉, B. 850c, 896b, 1008a
马哈木 418a
马海德 418a
马合麻 418c
马欢 418d, 344c
马欢岛 418d
马祭 418e
马建忠 418f
《马金镇》 816a
马可·波罗 529c, 975d
《马可·波罗行纪》 439a, 529d, 975d, 961e
马拉雅兰语 221c
马孟刚 419d
马鸣 419f
马鸣菩萨 420b
马尼克 996a
《马氏文通》 419c
《马氏文通刊误·序》 419d
《马图拉佛陀立像》 276e, 793c
马图拉和犍陀罗的佛像雕刻 793c
马图拉红砂石雕刻 276e
马图拉样式 276d
马一贞 775a, 1001c
马因的 420f
吗喇他国 421a
玛仓噶举派 207e
玛尔巴·却吉洛哲 421a
玛贡·确吉希热 722e
玛哈噶拉 104e
玛久拉仲 421d
玛尼克 422b
麦积山石窟 422e
麦克马洪, A. 81d
麦·喜热桑布 517b
满文大藏经 423f
满文甘珠尔 67c
满贤 424e
满月 424f
《满族佛教故事二十一篇》 299e
曼, T. 299c
曼达尔, B.B. 424f
曼达喇萨 425a
曼怛罗 907d
曼尼普里舞 1002f
曼殊室利 425a
曼苏尔 784d
曼荼罗 425b
曼荼罗法 85b
《芒果本生》 186c
猫儿睛 425d
猫儿眼 425d
毛泽东 425f

《毛泽东诗词全集与文学赏析》 996b
《毛泽东之后的中国》 138c
茅盾 426e
茅瑞征 261e
茅元仪 913c
么地，H.N. 427b
么多 602e
梅兰芳 427d
梅澜 427d
梅农，K.P.S. 429a
梅特丽耶·黛维 122f
梅撷云 429c
《美难陀传》 429d, 420b
《门论》 781a
蒙巴顿，L. 211d
蒙加丝 612e
《猛龙过江》 364f
《蒙古佛教史》 429d
《蒙古甘珠尔（佛教经典）》 517a
《蒙古说话集·喜地呼尔》 299e
蒙古文大藏经 429e
《蒙藏〈尸语故事〉比较研究》 300b
孟加拉画派 822b
《孟加拉掠影》 704e
孟买 430b
孟买大学图书馆 303e
孟子 431b
《孟子》 431c
《梦溪笔谈》 963a
弥兰陀 432d
弥兰陀王 432f
《弥兰陀王问经》 432e, 432f
《弥兰王问经》 432f
弥勒 433a, 800e
弥勒三经 433d
《弥勒上生经》 188f
《弥勒授记经》 433d
《弥勒下生成佛经》 433d
《弥勒下生经》 433d, 188f
弥离车 441a
弥卢山 741e
弥罗 434a
《弥曼差经》 434a
弥曼差派 434d, 864a
《弥沙塞部和醯五分律》 706f
弥陀山 435e
糜文开 435f
米尔·阿里·赛义德 819b
米尔查达尼，N. L. 725b
米娜克希神庙 826f, 1004e
米南德王 432d
米特拉，H. 436a
《觅灯因话》 992a
《秘传眼科龙木总论》 395e
秘密乘 436f
秘密怙主·卓浦巴 636a
《秘密集会瑜伽》 312c
《秘密三昧大教王经》 585c
《秘密相经》 585c
密乘 436f, 492b
密多 436a
密多罗 436b
密尔·阿门 436b
密迹金刚 310e
密教 436d, 498f, 801d, 809e
密拉日巴 436d
密勒日巴 460f
密坦罗 436f
密行第一 406f
密续 436f
密续学 436f
《密续总论》 68b
密咒乘 436f
密咒续 437e
密宗 438c, 436f
密宗大手印 110a
《密宗道次第广论》 438c, 437f
密宗四续 437e
密宗学院 234c, 617d
蜜梨车 441a
棉花 438d
《面如满月》 439b
妙德 439c
《妙法莲华经》 439c, 306f, 325b
《妙法莲华经文句》 155a
《妙法莲华经玄义》 155c
妙高山 741e
妙光山 741e
《妙吉祥平等瑜伽观身成佛仪轨》 88f
《妙吉祥最胜根本大教王经》 667c
妙容公主 189c
《妙容传》 308c
妙善公主 226c
《妙闻本集》 395c, 968c
《妙玄》 155c
妙应寺 440e
庙会 983e
灭谛 616c
灭度 473f
灭喜 482d
蔑戾车 441a
《民众教育运动》 661f
民族教育运动 540c
《民族文化宫图书馆藏梵文〈妙法莲华经〉写本：拉丁字母转写本》 301d
悯忠寺 163e
敏珠林寺 441b
名理论 690c
明辨 519d
明成祖朱棣 442a
《明德引》 545b
《明谛论》 605a
明都，S.H. 442c
明轨范师 949d
《明句论》 953a
明论 182b, 435d
明太祖朱元璋 442e
《明医论》 512c
《明英宗实录》 255d
明友 54d
明远 443a
《明月报》 413e
明知识 54d
明州 443b
鸣唤 327e
鸣杖 723d
《命命鸟》 746a
命我 507e
《摩登伽经》 443b
《摩登伽经·说星图品》 444b
摩堵罗 444b
摩多 602e
摩根德耶往世书 685a
《摩诃般若波罗蜜经》 324c
《摩诃般若波罗蜜经释论》 118e
摩诃兜勒 444d
《摩诃兜勒》 444d
摩诃哥刺 104e
摩诃胡 969a
摩诃迦罗 444d, 104e, 192d
摩诃剌陀语 220e
摩诃摩邪 451d
摩诃目犍连 454b
摩诃毗罗 802f, 949b
《摩诃婆罗多》 444d, 929c
《摩诃婆罗多插话选》 446c, 902a
《〈摩诃婆罗多〉导读》 446f

《摩诃婆罗多的故事》 446b
摩诃菩提 447c, 492e
摩诃菩提寺 447b
《摩诃僧祇律》 448b, 161b
摩诃窣堵波 551b
摩诃维罗 949b
《摩诃悉檀多》 489f
摩诃衍 521f
《摩诃衍论》 118e
《摩诃止观》 448d, 20c
摩侯罗 451f
摩伽陀 888f
摩伽陀国 255a
摩揭陀 449a
摩揭陀语 220b
摩腊婆 449d, 309f, 416b
摩力尼 894a
摩罗 314f
摩罗枝摩 449f
《摩尼光佛教法仪略》 143b
摩尼教 143b
摩奴 449f, 846e
《摩奴法论》 450b, 301d
《摩奴疏》 450d
《摩特罗评注》 605a
摩腾 570d
摩天陀罗 922d
摩偷罗 450e
摩头罗 450e
摩陀婆 450f, 179b, 386c
摩陀婆迦罗 770a
《摩陀婆医经》 770a
摩希波罗 451c
摩醯波罗 451c
摩醯逻矩罗 451c
摩醯首罗 585f
摩耶夫人 451d, 355d
磨光漆柜 541d
磨喝乐 451f
魔波旬 452b
魔合罗 451f
《魔合罗》 452b
末底僧诃 452d
末度罗 450e
末伽梨·拘舍罗 452d, 387a, 574c
末伽梨·瞿舍利 452e
末伽利·拘赊梨子 452e
末迦梨·瞿舍利 452e
末利夫人 55a
没徒曩 452f
没徙曩 452f
《陌生人》 3f
莫诃歌罗 104e
莫诃夜那钵地已波 100e
莫觉巴·仁钦宗智 520c
莫克兰地区 976f
莫勒斯旺·拉姆昌德拉·卓克 1029c
莫卧儿细密画 820a
莫醯伊湿伐罗 585f
秣兔罗 450e
墨普德 996a
默朗钦莫 505a
牟尼室利 452f
牟子 453a
《牟子丛残》 1019f
《牟子理惑论》 453b
母怛特罗 775d
母续 438a, 802d
木叉提婆 453e
木多笔 453f
木克华 453f
目犍连 454b, 454c
目连 454b, 454c
《目连变文》 990a
《目连救母》 991b
《目连救母变文》 47d
《目连救母劝善戏文》 454d
《目连救母杂剧》 454c
《目连入冥》 454d
目连戏 454c
目罗失稽 455a
目乾连 454b
苜蓿 455b
牧原 76b
慕旦 455f
慕克吉, B. 455d
慕克吉, S.K. 455e
穆旦 455f
穆尔迪, K.S. 456b
穆克吉, B.B. 1010f
穆斯林商人 768f

N

那措·茨诚嘉瓦 457a
那措译师 457b
那伽阏剌树那 393f, 395d
那伽罗阇 190b
那揭罗曷国 125f
那烂陀大学 458e, 708a
那烂陀寺 457b
那烂陀寺漏法 458f
那烂陀玄奘纪念堂修缮委员会 752f
那烂扎寺 535b
那连提黎耶舍 459b
那连提耶舍 459b
那连陀罗 459e
那陵提婆 459e
《那罗法曲》 496c
《那罗和达摩衍蒂》 446c
那罗僧诃跋摩二世 582e
那罗僧诃跋摩一世 459f
那罗陀 459f
《那罗陀往世书》 684f
那罗新哈笈多 275d
那罗延 475b, 483c, 845e
那洛迦 132f
那纳克 460b
那若巴 460d
《那若空行》 460f
那若六法 460f
《那若六法》 460f
那提 461a
那先 432e
那吒 469d
纳格, K. 461c
纳拉亚南, K.R. 964f
纳拉扬, R.K. 461d
纳拉扬, S. 850d
纳日巴巴 459e
纳赛尔·乌·丁·马哈穆德·沙·图格鲁克 418a
纳塔尔印度人大会 210c
纳塘巴·邓敦 131c
纳塘古版藏文大藏经 891c
纳塘寺 131c
纳塘新版藏文大藏经 891e
纳瓦布米尔·优素福·阿里·汗 541a
纳西克神庙事件 22b
纳兹鲁尔歌曲 462a
纳兹鲁尔音乐 462a
捺落迦 132f
奈都, S. 857a, 998d
奈囊寺 145c
南卑琶打 462d
南北二宗 714a
南朝陵墓华表 462d

《南传大藏经》 242f
南传佛教 798e, 849e
《南传弥兰陀王问经》 433a
《南村辍耕录》 529e
南达拉尔·鲍斯 42e
南道 615a
《南海观音全传》 226d
《南海寄归内法传》 463a
《南海寄归内法传校注》 463f, 928e
《南海志》 103d
南湖 744e
南京 464a
南京瓷塔 97f
《南柯太守传》 657e, 990a
南欧北韩 477c
南毗 466b
南毗国 466d
南山律师 127c
南山律苑 253b
南山五大部 127e, 936a
南山宗 616f, 935d
南天王寺 161b
《南天竺般若菩提悉昙一十八章》 921a
《南行记》 419c
《南行日记》 702e
《南亚大辞典》 928e
《南亚的政治、国际关系与安全》 928e
《南亚东南亚资料》 928a
《南亚农业区域》 80a
《南亚研究》 928a, 1015e
《南亚研究季刊》 928a
南亚研究所 928a
《南亚译丛》 928a
《南印度之行》 726d
南诏 466e
南诏禅派 362e
《南诏德化碑》 467a
南诏七师 955f
《南诏野史》 467f
南卓 468b
《难忘的印度》 71c
难兜 468d
难泥 468e
难陀 468f, 723b
硇砂 853b
《闹天宫》 469b
哪吒 469d
《内典录》 110b
内明 469e
内三续 438b
内属 247a
《内外旁通比较数法》 470b, 381f, 470b, 810d
内在联系 247a
内支 871c
《能断金刚般若波罗蜜多经》 313a
《妮摩拉》 498c
尼波罗-波罗风格 7a
《尼布楚条约》 926d
尼乾陀 471f
尼乾陀•若提子 470c
尼古玛 470e
尼赫鲁, J. 470f
尼赫鲁大学 786f
尼迦耶 463e
尼犍茶 471f
尼犍子 471e, 470c
尼建图 471e
尼健荼 471e
《尼揵荼书》 471e
尼揵陀 471f
《尼六多论》 472c
《尼卢致》 472b
尼卢致论 472a
《尼卢致论与刘熙的释名》 472c
尼禄多 182f
《尼禄多》 172f
尼陁达 472d
尼雅遗址 438f
《尼传》 46f
泥洹 473f
《泥洹梵呗》 472d
《泥洹经》 200d
泥畔 473f
泥婆罗国 682c
《霓裳》 472e
《霓裳羽衣》 472e
《霓裳羽衣曲》 472e
《霓裳羽衣舞》 472e
你尾尼 473b
年顿·班觉伦珠 552f
念常 201b
《念佛三昧集》 937c
娘·尼玛维赛 473c, 476b
《娘氏宗教源流》 473d
聂承远 473d, 1024f
聂道真 473e, 1024f
聂塘佛殿 1017b
涅槃 473f
涅槃节 474e, 983a
《涅槃经》 98d, 281a, 804b
涅槃理论 805a
涅槃那 473f
涅槃塔 638c
《涅槃无名论》 904a
宁波 474f
宁玛派 475f, 39e
牛吼地 327e
纽 963c
《农家姑娘》 788b
《农桑辑要》 972e
《农政全书》 972e
《女神》 235a
《女修十则》 476d, 1000e
诺们罕 638b

O

欧阳竟无 477a
《欧阳竟无先生内外学》 477f

P

琶拦得麻烈呧 478a
帕巴西饶 118c
帕·丹巴桑杰 478a
《帕德玛河上的船夫》 422e
帕蒂尔, P.D. 965c
帕勒登杜 249b
帕莫主巴 478f, 479a
帕纳什瓦尔·纳特 359a
帕芮玛 134b
帕提亚 22f
帕西人 479a
帕西族商人 479b
帕主噶举派 206f, 479a
潘查希拉 247c
潘德, B.N. 479f
潘迪特·马亨杜拉尔·伽尔格 283b
潘尼迦, K.M. 480b
盘越国 960a
磐起国 960a
判汗 113e
《叛国者》 765c
《叛逆者》 480e
《庞塘玛》 891c
《庞塘目录》 437e

《胖妈妈传奇》 816a
裴矩 720d
沛汗 113e
佩竿 33b
朋加刺 724c
彭达利, M. 480f
彭泽, N.M. 299c
鹏茄啰国 481b
皮逻阁 466f
皮山 481b
《毗杜陀婆王访佛》 792e
《毗诃跋提经》 609d
毗诃罗窟 825e
毗何羯喇拏 482a, 576a
毗伽罗论 481e
毗留博叉 189d
毗琉璃 189d
毗卢遮那 482b
毗卢折那 482b
毗目智仙 482c, 394f
毗奈耶 401b
毗尼 401b
毗尼多流支 482d
毗尼耶 401b
《毗尼藏根本》 187e
《毗婆沙律》 561a
毗讫罗摩尸罗寺 77b
毗茹札那 482e
毗瑟怒 483c
毗沙门 189d
毗沙门天王 483a
《毗沙门仪轨》 666f
毗舍 663e
毗舍离 176e
毗湿奴 483c, 284b, 685a, 835f, 845e
《毗湿奴往世书》 684c
毗湿奴足印庙 284b
毗世师 578f
毗昙学派 9a
毗瓦巴 484b
毗耶迦罗那 182f
毗耶羯剌 576a
《毗耶羯剌谛》 482a
毗耶舍 484e, 869d
辟邪 257f, 462f
譬喻量 484f
《贫困的印度农村》 763c
频毗娑罗 484f, 377d
频婆娑罗 484f
《品类足论》 591f, 711f
平等比量 605f
平面法 23f
《平妖传》 571d
《评"人类第三期之世界"》 574a
《凭表记认出沙恭达罗》 558d
瓶沙王 484f
婆察斯巴蒂·弥尸罗 605a, 869d
婆浮陀·伽旃那 485a, 387e, 574c
《婆哩古盎吉罗吠陀》 11d
婆楼那 845a
婆罗怛迦 485c
婆罗得 485c
《婆罗多》 445a
婆罗多牟尼 714f, 1002e
婆罗多舞 485f
婆罗贺磨天 723a
婆罗勒 485c
婆罗门 1016c
婆罗门导引法 842e, 1014b
婆罗门法 853a
婆罗门佛塔 487f
婆罗门笈多 489c, 949a
婆罗门教 488b
《婆罗门竭伽仙人天文说》 489b
《婆罗门历数书》 489c, 949a
《婆罗门明晰的历数书》 489c
《婆罗门曲》 490b, 472e
《婆罗门僧服仙茅方》 490d
婆罗门书 169e
婆罗门天文学派 811c
《婆罗门引》 490b
婆罗谜 551e
婆罗谜文字 491a, 597c
婆罗谜字体 168e
《婆罗摩修正体系》 949a
婆罗拿斯 53b
婆罗那 53b
婆罗婆利 177c
婆毗吠伽 519d
婆塞羯罗伐摩 670c
婆什迦罗 949d
婆师 166e
婆薮槃豆 595c
婆陟 166e
破洛那 113e
《破阵》 518f
《破阵舞》 518e
《破阵乐》 518e
《破阵乐舞》 518e
菩萨 491a
《菩萨本生鬘论》 187a, 569c
菩萨劳 248c
《菩萨连句梵呗》 368b
菩萨藏 107a
菩提场 492d
菩提达摩 491b
菩提达磨 491b
《菩提道次第广论》 491e
《菩提道灯论》 492a
《菩提道炬论》 492a
菩提伽耶 492c
《菩提伽耶寺庙管理特别法令》 447f
菩提流支 493e
菩提流志 494a
菩提萨埵 281d
菩提树 494e
菩提塔 638b
《菩提行经》 667c
《菩提资粮论》 394e
蒲恕 495b
蒲押陀离 495c
《普安咒》 459d
《普庵咒》 495d
普遍解脱 352f
普遍性 670b
《普遍智藏般若波罗蜜多心经》 57b
普光 496d, 606c
普光王寺 555f
普化寺 496e
普积 496f
普济寺 475b
普拉丹, P. 497a
普拉帕格拉 497b, 306c, 434e
普拉萨德, R. 497c, 998e
普拉塔普, R.M. 497e
普朗达拉·达沙 854e
普乐寺 676d
普里塔姆, A. 240c
普列姆昌德, M. 497f
《普列姆昌德短篇小说选》 498c
普林赛, J. 14e
普卢笈多 275d
普宁寺 676b
普琼瓦·勋努坚赞 498d
普善 498e
普陀洛迦 499b
普陀山 498e

普陀宗乘之庙　676d
普贤菩萨　499d, 148e
普贤寺　148e
《普贤瑜伽》 312b
《普曜经》 499f, 168e, 523a, 922e, 962e
普佑寺　676c

Q

七宝粥　355d
《七德》 518f
《七德舞》 518f
七谛　501a
七调　501b
七河　501e
七觉士　956c
七例　501f
七世达赖喇嘛·格桑嘉措　891e
七世噶玛巴·却札嘉措　502a
七世章嘉活佛·洛桑班丹旦贝卓美　900e
七世哲布尊丹巴·阿旺却吉旺秀赤列嘉措　905c
《七昙字纪》 921a
七夕　983a
七曜　502c, 967d
《七曜雌雄图》 502e
《七曜会聚》 502f
《七曜会历》 502f
《七曜禳灾诀》 502f, 502f
《七曜细行历》 503c
《七曜新术》 383f
《七曜星辰别行法》 503c
《七曜选日》 503e
《七义释》 313f
七政　502c
七支论式　503f
《七枝戒本》 330a
栖霞寺　465d
齐白石　503f
《齐德拉》 427f
齐己　504c
《齐民要术》 504d
奇啰啰　504f
奇沙国　921e
祈愿大法会　505a
祇洹　505f
祇树给孤独园　505e, 505f
祇陀林　505f
祇园　505f
祇园精舍　505e, 598e
祇苑　505f
耆那教　506a, 864b, 924c
耆那教贝叶经画　821c
耆那耶舍　566d
耆婆　510c
《耆婆方》 510e
《耆婆书》 511a, 510f
《耆婆五脏经》 511b
耆域　511f, 510c
《骑马的人的行列与骑象的人》 816d
《棋王奇步》 350b
乞士　46d
乞士男　46d
乞士女　46e
气功　512b
契此　512e
《契丹藏》 242e
契经　117e
契嵩　390e
《碛砂版大藏经》 15f
恰巴·却吉僧格　513a
《恰拉格本集》 604f
恰托巴底亚耶, D.　513c
千部论主　394c
《千金要方》 45e, 677b, 840d
《千金翼方》 514a, 840d
千手观音　515a
《千手观音》 515c
千手观音龛　515c
《千手千眼观世音菩萨治病合药经》 515e
千手千眼观音　515a
《千手陀罗尼》 672f
前弘期　889c
前弥曼差派　434d
虔诚派　836c
虔信派　96a
钱达尔, A.K.　1007c
钱达尔, K.　516c
钱德拉, L.　516e
《乾道历》 517a
《浅论维文版〈鹦鹉故事〉的主要母题及其文化内涵》 860c
《倩女离魂》 878c
强巴林寺　517a
强伽河　250b
强康　67d
强钦却杰·释迦益西　517d, 552f
强真　354b
《乔达摩法经》 156b
乔答摩　518a
乔答摩·悉达多　518b, 795e
乔杜里, D.　1007f
乔杜里, N.　944f
乔杜里, R.　816a
《乔尸多基奥义书》 518c, 28e
乔荼波陀　518c, 172b, 178b
《乔荼波陀颂》 576c
《乔荼波陀注》 605a
乔希　518d
《切韵》 963a
朅盘陀国　241f
《钦定西域同文韵统》 575f
钦·嘉贝样　332a
亲鸾　937f
秦景　518e
秦九韶　378d
秦那　926d
秦书　962e
《秦王破阵乐》 518e
勤策男　559f
勤策女　560a
勤息　559c
《青草上的瞬间》 3f
青莲居士　362a
青木　394e
青目　519c
《青浦玛》 891c
青寺　562c
青松　896d
《青琐高议》 990d
青提　454c
青铜舞王湿婆神像　794a
青眼律师　44b
青阳悟空寺　555f
清辨　519d
清辩　519d
清福法师　957e
《清净道论》 519f
《清净经》 545b
清净女　863d
清明节　983a
清信女　863c
清信士　863c
清真寺　827e
情　715c

《请除释教书》 204e
庆吉祥 918a
庆喜 6c
琼波南觉 **520b**, 470f
丘就却 **520c**
龟兹乐 **520d**
龟兹乐舞 627c
《秋》 33e
《秋千》 822a
鹙鹭子 567a
《求法高僧传》 113c
《求法记》 113c
求寂 559f
求那跋摩 **521b**
求那跋陀罗 **521f**
求那毗地 **522c**
曲解 **522e**
佉留书 **522f**
佉楼 169a, 522f
佉楼文 169a
佉卢瑟吒 522f
佉卢瑟吒书字 522f
佉卢虱底 522f
佉卢虱吒 522f
佉卢文 770c
佉沙 91a
屈多 **523d**
屈平 523e
屈屈吒阿滥摩 273c
屈原 **523e**
鸲鹆子 567a
瞿波罗 **523f**, 803d
瞿菊农 **524b**
瞿毗旃陀罗 803d
瞿频陀罗婆罗门 169a
瞿秋白 **524d**
瞿昙般若流支 525a
瞿昙流支 **525a**
瞿昙罗 **525b**, 840b
瞿昙谦 **525d**
瞿昙悉达 **525d**, 840b, 968a
瞿昙晏 **526a**, 840c
瞿昙逸 **526a**
瞿昙譔 **526b**, 840c
瞿佑 992a
瞿折罗 **526e**, 254c
曲科杰寺 150f
曲弥大法会 31a
曲女城 **526f**, 749e
权衡 216f
全跏趺坐 304b
全印表列种姓联合会 22c
全印柯棣华大夫纪念委员会 **527b**
全印中国研究大会 787c
泉州 **527b**
泉州海外交通史博物馆 **530e**
泉州开元寺大殿 528e
劝丰祐 467d
《劝善记》 454d
劝制 **531a**
却贝桑布 708f
却杰·丹巴仁钦 725c
却杰·顿珠仁钦 725c
却喀巴 **531b**
却西·洛桑丹贝尼玛 637e
却藏·阿旺图丹旺秋 637e
却藏·洛桑丹贝坚赞 637e
却藏·洛桑丹贝尼玛 637e
却藏·南杰班觉 531e
却藏寺 **531d**
雀离浮图 266b

R

燃灯古佛 718e
燃灯节 **532a**
冉云华 **532c**
染木 485c
穰结说啰 **532e**
攘那跋陀罗 **532f**
饶宗颐 **532f**
热那林巴 476b
热振寺 1017b
《人的颂歌》 881e
《人的文学》 1020c
《人的宗教》 **533c**, 358d
《人类统一的理想》 **533e**
《人类循环论》 569c
人类宗教 408a
《人民中国》 995a
人身宝 100c
《人生的亲证》 **533f**
《人物志》 690c
仁波切 272f
仁达瓦·勋努洛哲 **534a**
《仁鹿记》 990d
仁钦桑布 **534b**
仁钦宗哲坚赞 637e
《仁王护国般若经》 1030e
仁增·俄格旺波 145e
仁增·更桑喜饶 39e
仁增果丹·俄珠坚赞 145f, 476b
仁增拉康 67a
仁增勒丹·都觉多杰 145e
仁增牟居多杰 39e
仁增钦摩·旺波戴 145d
忍辱 **534e**
《日本国志》 **534e**
日照 132c
《日知录》 **534f**, 225d
荣敦·玛威僧格 **535b**, 539d
荣敦·释迦坚赞 535b
荣敦·谢恰贡日 535b
肉托果 485c
如来佛 **535c**
《如来三昧耶真实瑜伽》 312b
如来藏 100b, 199d, 809a
《如实论》 779b, 910e, 912b
《如虚空瑜伽》 312c
《如意宝树史》 **535d**, 234e
《如意树》 498c
儒莲, M.S. 111f
入教礼 **535f**
《入楞伽经》 200a, 360a
《入论》 777a
阮元声 468b
瑞江 78b
润派 886e
若那跋陀罗 **536c**
若那竭多 **536e**
若那战达罗 923b

S

撒殿 **537a**
撒哈咱失里 329f
萨蒂 **537a**, 43a
萨蒂亚吉特·拉伊 354e
萨埵 605e
萨尔纳特 **537c**
《萨尔纳特佛陀坐像》 277a
萨尔纳特样式 276d
萨嘎达瓦节 **537f**
萨哈伊, A.M. **538a**
萨赫尼, B. **538c**
萨迦班智达·贡噶坚赞 **538f**
《萨迦格言》 539b

萨迦派　539c, 438a
萨卡尔, B.K.　540b
萨拉拜, M.　1007d
萨拉尔·忠格博物馆　540f
萨拉尔·忠格三世　541a
萨满多　541d
萨穆陀罗笈多　274f
萨婆达干　541e
萨钦德罗纳特·森古普塔　553b
萨钦·贡噶宁布　541e
萨松朗杰康　67c
萨他泥湿伐罗　542a
萨塔瓦哈那王朝　20c
萨维德利礼　535f
塞健陀笈多　275c
《塞健陀往世书》　685e
《塞卡拉历数书》　490a
塞人　542b
塞特, V.　995c
塞维鲁·塞伯克特　784d
塞种纪元　542d
塞种人　542b
赛佛丁　542e
赛吉普瓦　531c
赛柯寺　543c
赛里斯　614d, 926d
《三百颂般若经》　313a
《三百颂般若之七十颂》　313f
《三百咏》　543e
三宝　544c
三宝弟子　544d
《三宝开港西洋记》　718d
《三宝录》　366c
《三宝太监西洋记通俗演义》　718d
三比丘　550d
三长斋月　544d
三德　544e, 317f, 605e
三谛　1012c
三谛一心　1012c
三法印　699e
"三分"科判法　124f
三归　492b
三皈依　545a
《三教同声》　545b
三阶教　545e
三经一论　699a
三科法门　805f
三类八识　592f
三论　405a
《三论玄义》　545e
三论宗　546c, 72c, 1012a
《三律仪论》　539b
三昧　546c, 131b, 870c
《三昧》　916a
《三昧耶最胜瑜伽》　312b
三昧状态　868c
三摩地　389a, 546c
三摩帝　546c
三摩提　546c
三磨耶悉利　547a
三菩提　447b, 492d
《三奔啰章》　576a
三千大千世界　107d
三屈式　145a
《三傻大闹宝莱坞》　547b
《三十二个木偶的故事》　42e
三十三天　547d
三士道　492b
三世阿嘉·洛桑绛央嘉措　637f
三世策墨林活佛·阿旺洛桑丹贝坚赞　1030c
三世达赖喇嘛·索南嘉措　547f
三世噶玛巴·让琼多杰　548a
三世贡唐·官却丹贝卓美　350f
三世帕巴拉·通瓦顿丹　517b
三世却藏·阿旺图丹旺秋　725c
三世松巴活佛·益西班觉　234e, 535d
三世土观活佛·罗桑却吉尼玛　234e, 637f, 670f
三世西纳活佛·慈臣达杰　725d
三世章嘉活佛·若贝多杰　548d
三世哲布尊丹巴·益西丹贝尼玛　905c
三世佐钦法王·俄东丹增桑布　1035d
三是偈　395a
三索尔　475f
三体液　852e
三无性　593c
三仙洞壁画　548f
三仙洞佛像雕塑　549f
三性　593c
三性说　519e
三学　492b
三业　549f
三液平衡说　968c
三藏　117e, 550a, 804a
三藏比丘　550a
三藏法师　550a
《三藏圣教序》　585b
《三宗论》　933c
三尊　544c
散若耶·毗罗梨子　550a
散若夷·毗罗梨子　550a, 387f,
散若夷·毗罗利沸　550a
桑班玛旺秋　146a
桑蚕　612c
桑吉剌失　550b
桑杰隆珠　637f
桑渴巴辣　550c
桑克利提亚衍, R.　550c
桑门　550f, 559c, 988e
桑姆森, L.　487b, 896c
桑浦乃托寺　148b
桑浦寺　148b
桑浦寺教法　148d
桑奇大塔　551a, 792f, 824e
桑奇塔门浮雕　792f
桑耶寺　551f
丧门　559c
丧葬　981e
色法　712b
《色空诀》　496c
色拉寺　552e
《色品》　157c
色蕴　805b
森, M.　553a
森德拉尔, P.　857f
森古普塔, S.　553b
森林书　553d
森木塞姆石窟　344f
森琼尼威夏　67e
僧宝　544d
僧导　553f
僧道辩论　554b
僧纲·阿旺赤列嘉措　1030a
僧含　555d
僧伽　555e
僧伽跋澄　556a, 154d
僧伽跋摩　556b
僧伽跋摩　556c
僧伽达多　556c
《僧伽大师》　555f
《僧伽歌》　362a, 555f
僧伽罗叉　556d
僧伽罗多　556e
僧伽婆罗　556e
僧伽提婆　556f, 260f
僧铠（僧伽跋摩）　556b

僧铠（僧伽婆罗） 556e
僧猛 557c
僧佉 604f, 663e
僧涉 569e
《僧深方》 853a
僧祐 557c, 228b
《僧祐录》 86b
僧远 557e
僧肇 558a
僧哲 558c
《僧祇戒心》 649d
《沙恭达罗》 558d, 277e, 280b, 286a, 704b
沙·贾汗 829f, 1005a
《沙·贾汗本纪》 820a
《沙·贾汗的三个儿子》 820a
沙竭 565b
沙竭城 565b
沙柯罗 565b
沙兰, R. 559a
沙兰, V. 559b
沙鲁克·汗 14d
沙玛, S. 930a
沙门 559c
沙门那 559c
沙门思潮 559d
沙弥 559f
沙弥尼 560a
《沙弥十慧章句》 758a
沙米的喜 560b
《沙石疆》 669b
沙畹, E.E. 113d
沙逊, D. 563f, 736d
沙逊, E.D. 736d
沙逊集团 904c
沙逊家族 563f, 736d
沙逊纱厂 980d
沙州 140a
莎车 560b
《莎维德丽》 446c
煞割令 971c
《山法了义海论》 637b
《山火》 130b
山家 665c
《山居赋》 733f
《山居秋暝》 681e
山外 665c
山蕴 560d
删阇耶·毗罗瑟智 550a
珊阇耶·毗罗胝子 550a
《睒颂》 867a
善财童子 560e
善导 937d
善给 741d
《善见论》 561a
《善见律》 561a
《善见律毗婆沙》 561a, 34f
《善见毗婆沙律》 561a
善生 314e
《善施传》 36f
《善世歌》 329f
《善逝教法源流宝藏》 68b
善逝塔 638b
善授 741d
善宿男 863c
善无畏 561d
善行 562b
善因寺 562c
善知识 100c
《伤寒论》 514a
商羯罗 562e, 172b, 178d, 306b, 386c, 402f, 1013f
《商羯罗》 946a
商羯罗·弥尸罗 563c
商羯罗主 563d, 777a
商弥 607b
《商周列国全传》 183e
上部伏藏经典 473d
上部掘藏大师 473d
上梵 563e
上海 563e
上海松江唐经幢 564d
上元节 880e
《上元夜》 880f
尚会鹏 929c
尚仲贤 878c
少康 937e
少林寺 564f, 197a
少林武术 713f, 1001a
《少年派的奇幻漂流》 930a
邵葆丽 996c
邵格延藏品 107b
邵景詹 992a
邵雍 620f
奢揭罗城 565b
奢羯罗 565b
奢利富多罗 567a
赊弥 607b
《蛇祭缘起》 446c
《蛇与绳》 350b
阇多尼耶 235f, 615f
阇弥尼 565d, 434e
阇那崛多 565e
阇那耶舍 566d
阇提 1016e
阇提斯那 566d
舍竭城 565b
舍梨子 567a
舍利 566e
舍利补怛罗 567a
舍利弗 567a
舍利弗多罗 567a
《舍利弗传》 567c, 420b, 804b
舍利越摩 567e
舍利子 567a
舍弥 607b
《舍头谏太子二十八宿经》 567f
舍卫 677a
舍卫城 568b
设喇陀跋摩 737b
设利罗 566e
《社得迦》 185b, 804b
《社得迦摩罗》 568f
社会发展法则 26c
《社会进化论》 569c, 26f
涉公 569e
《摄大乘论》 569f, 701b
《摄大乘论释》 471f
《摄句义法论》 570c, 578e, 579a, 581c
《摄类辩论》 513c
摄类学 513b
摄论师 200e, 932c
摄摩腾 570d
《摄生三要》 570f, 1001b
摄拖苾驮 575d,
《摄一切见论》 571a
《摄一切悉檀》 571b, 609f
身业 550a, 588f
深浅法 24a
神变塔 638b
神变月 544d
神道碑 136c
神昉 571b
神会 571c, 391b
神降塔 638b
《神龙历》 227f
神魔小说 571d

神奴　486f
神清　571f
《神圣人生论》 572b
神通力　868f
《神通游戏》 499f
神通月　544d
神我　572c
神秀　572d, 252e, 936f
神足月　544d
沈德鸿　426e
沈康身　948b
沈括　963a
沈兰真　573a
沈谟汉　573b
沈纳兰　573c
沈乃熙　726b
沈约　573d
沈泽民　573f
沈知白　856a
审详　935d
《甚深净相》 68b
慎懋赏　618b
生活派　574b
《生经》 186f, 1014b
生命吠陀医学　43f, 511a, 769f
《生殖崇拜文化论》 902a
生主　575b, 845e, 853f
《生主歌》 181f, 845b
声常住论　575c
声明　575d
《声明记论》 482a
声明论　576a
《声明论》 54a, 749c
声杖　723d
《绳经》 810c, 948c
圣蒂尼克坦　998b
《圣佛母般若波罗蜜多经》 57c
圣教量　576c, 577d
《圣教论》 576c, 697b
《圣僧天国之行》 719e
圣社　757a
圣使　948e
《圣使集》 948e
《圣使悉昙多》 459a
《圣疏》 409e
《圣坛建筑法典》 948c
圣提　892b
圣天　663a
《圣武亲征记》 576e
《圣武亲征录》 576e
圣雄甘地　211e
圣严　577a
圣言量　577d, 605f
圣者派　802c
《胜初瑜伽》 312b
胜光王　54f
胜军　577e
胜军王　54f
胜林　505f
《胜论经》 577f, 1013c
胜论派　578e, 864b
胜论外道　578f
胜鬘夫人　580f
《胜鬘夫人会》 581b
《胜鬘经》 580f, 199d, 809a
《胜鬘师子吼大乘大方便方广经》 580f
胜名　566d
胜义谛四重　349c
胜宗　578f
《胜宗十句义论》 581c
盛逻皮　466f
《盛世危言》 581f
尸鸠摩　670c
尸离罗荼印陀罗注罗　582b
尸梨蜜　59d
尸利佛逝　596d
尸利那罗僧伽宝多拔摩　582e
尸罗跋陀罗　310a
尸罗波罗蜜　307e
尸罗钵颇　125e
尸罗达摩　583a
尸罗迷迦　583b
尸罗逸多　682c, 974e
《尸语故事》 299d
《〈尸语故事〉：东亚民间故事的一大原型》 300b
师鞭　583c
师觉月　583d
师贤　885d
师子光　584a, 750d
师子慧　452d
师子铠　81e, 245e
师子贤　800c
师子胄　81e, 245e
《诗辨》 70d
《诗经选译》 995e
《诗人的宗教》 256c
《诗式》 584b, 989f
《诗议》 989f
《狮报》 662c
狮子会　584f
狮子柱头雕刻　791a
《施饿鬼食文》 175f
施护　584f
施杰我　315c
施鹿林　399d
施鹿林仙人堕处　399e
施密特, R.　859f
施乞叉难陀　594c
《施设论》 389d
施蛰存　585d
湿刹　182f
湿婆　585f, 486c, 835f, 846a, 1002c
《湿婆三面像》 793f
《湿婆往世书》 684d, 846c
湿婆悉檀多派　96a
《湿婆饮鸩》 43a
湿术那伽　449c
湿衣佛像　276e
《十八会金刚顶经》 311f
《十八会指归》 311c
十八界　805f
《十大弟子传》 739a
《十地经》 586e
《十地经论》 358f, 493f
《十地品》 586e
十二处　805e
十二分教　320c
《十二门论》 394f, 725f, 1012a
《十二门论疏》 394f
《十二门论宗致义记》 394f
《十二生肖》 929f
十二世噶玛巴·绛曲多杰　587b
十二因生　587d
十二因缘　587c, 805d
十二因缘说　587e
十二有支　587d
十二缘门　587d
十二缘生　587d
《十二章》 723a
十二支　587d
《十二支》 587f
十句义　588b
十句义论　579c
十六谛　588c, 910a
十明学　539a
《十七地论》 872a

十三世噶玛巴·杜堆多杰 588e
十善 588f
十善道 588f
十善业 588f
十善业道 588f
《十四前》 587f
十四世噶玛巴·特却多杰 589a
《十诵律》 589b, 44c, 804b
十条八备 761f
《十万旧密续》 635c
十五世噶玛巴·喀觉多杰 589e
《十一支》 588a
十月五供节 532a
《十住经》 586e
《十住论》 394d
《十住毗婆沙》 394d
《十住毗婆沙论》 394d
《十住品》 586e
石蟾蜍 368e
石凤岗 589f
石峻 589f
石勒 590c
石鲁 944f
石素真 590d
石堂 291f
石易元 589f
石真 590d
石柱法敕 14e
时称 301f
时缚迦 510c
《时令之环》 285e
时轮乘 591c, 802e
《时轮根本续释心要》 218b
《时轮经》 591d
识 591e
《识仁篇》 83f
识蕴 713c, 805b
实叉难陀 594c
实际控制线 39c, 964f
实句义 594e
实利 566e
实体 594e
《实相论》 124f
实相涅槃 808e
实在 182a
拾得 595a
《拾遗记》 919a
《拾遗录》 254e
食香 213b
史贝霖 944b
史达仁 995e
史迪威公路 134f
《史记·大宛传》 973e
史前岩画 816b
史诗梵语 219e
《使俄草》 683e
《使西日记》 595b
《示众法语》 330a
《世间出世间金刚瑜伽》 312a
世界佛教联合会 639b
世界佛学苑 639b
《世界历史一瞥》 471c
《世界十大宗教》 947d
世亲 595c
世俗谛四重 349c
世俗有 395b
世友 774b
世尊 356a
《世尊歌》 61b
市舶司 974e
式叉论 596a
式叉摩那 596c
事续 438a, 802a
《适可斋记言记行》 419c
室利佛逝 596d, 582d, 771c
《室利古鲁格兰特萨希卜》 1e
室利罗 566e
室利提婆 127a
室罗摩拏理迦 560a
室罗摩拏洛迦 559f
室罗末尼罗 559f
逝多林 505f
《释补》 172e
《释华严教分记圆通钞》 259f
《释迦方志》 597a
释迦佛陀 1007a
释迦弥多罗 970b
释迦牟尼 597c, 345e, 616c
《释迦牟尼佛本行》 187e
《释迦牟尼佛传》 739a
《释迦牟尼生平与思想》 90a
《释迦谱》 600b
释迦舍利灵通宝塔 7d
《释迦氏谱》 600d
释迦也失 600e
《释量论》 600f, 278a
《释量论讲记》 601c
《释量论略解》 601b
《释门正统》 938e
《释氏稽古略》 601c
《释氏稽古略续集》 601d
《释氏西域记》 601e
《释氏要览》 602a, 963e
《释谈章》 495d, 545b
释提桓因 180f, 782b
释天竺 602c
收摄 388e
手印 602c
《守护达千国土经》 585c
守温 602d
《守温三十六字母》 602d
《守温韵学残卷》 602d
守真 602f
《首楞严经》 769e, 916a
《首楞严三昧经》 603b, 769f
首图驮那 322a
首陀罗 1016c
首陀罗迦 603e
受命 388f
《受用三水要法》 773a
受蕴 713b, 805b
兽主 846a
殊胜塔 638c
殊像寺 676e
《殊域周咨录》 603f
舒庆春 356c
疏勒 333b
“疏体”画法 702d, 897f
输波迦罗 561d
输洛迦 623e
输头檀那 322a
蜀布 724b
戍婆揭罗僧诃 561d
《数经》 948c
《数论解明疏》 604c, 605a
《数论经》 604c, 605a
《数论经评注》 604d, 605a
《数论精要》 605b
数论派 604e, 864a
《数论颂》 606f, 317e, 605a, 1013a
《数书九章》 378d
《数术记遗》 908d
《双卷经》 698b
《双论》 607a
双马童 845a
双摩 607b
《水经注》 188d

水陆道场　607f
水陆法会　607f
《水陆仪》　608a
水陆斋　607f
水运浑天仪　608a
睡眠　870b
《顺风相送》　608c
顺婚与顺生　609a
顺世论　609b, 864b, 924c
《顺世论——古印度唯物主义研究》　611b, 513d
《顺正理论》　611d
《顺中论》　394e, 701d
《说不完的故事》　299f
说一切有部　712c, 798c, 806e
《说一切有部发智论》　152c
司祭堪布　339c
司马承祯　1000d
司寝堪布　339c
司膳堪布　339c
《司徒文法广释》　30c
司瓦德希纱厂　980d
丝绸　612a
丝绸之路　612f
《丝绸之路与西域文化艺术》　795b
丝路　614a
《私塔波陀耶吠陀》　204d
思量识　593b
思天　443a
斯巴莱尼斯　696d
《斯里甘特》　73f
斯坦茨勒，A.F.　54d
斯坦因，A.　44a, 511a, 785e, 814c
斯坦因凯勒，E.　101e, 136a
斯坦音乐　1002c
斯瓦米·普拉布帕达　615e
斯瓦米·韦维卡南达　48a, 736a, 739c
《四百论》　40c, 663d
四百四病　46a, 511b, 968d
"四百四病"理论　514d
《四本论》　690c
《四本尊成就法》　624d
四部广律　401e
《四川至西藏程途》　263a
四大　616b
四大不调　650b, 969a
四大金刚　189e, 311a, 666f
四大天王　666c
四谛　616c
四谛说　804e
四吠陀　179f
四分　593e, 809c
《四分律》　616d, 935f
《四分律开宗记》　260d
《四分律疏》　260d
《四分律疏饰宗义记》　482a, 596c
四分律宗　616f
四分说　163c
四论　119a
四律五论　401e
四念处　31f
四圣谛　616c, 852d
《四十二章经》　617a
《四十华严》　84d, 258e
四世班禅·洛桑确吉坚赞　617d
四世达赖喇嘛·云丹嘉措　617e
四世噶玛巴·若贝多杰　618a
四世嘉木样活佛·格桑土丹旺秋　351a
四世章嘉活佛·益西丹贝坚赞　900d
四世哲布尊丹巴·洛桑土丹晋美嘉措　905c
四世佐钦法王·牟居南喀多杰　1035d
《四体合璧大藏全咒》　424d
《四续概论》　68b
《四夷广记》　618b, 970e
四缘　806f
四真谛　616c
四正勤　31f
《四纸经》　5f
四住期　618d
四宗　798c
似因　618f
松赞干布　66a
嵩岳寺塔　619a
嵩祝寺　151d
嵩祝寺版　891d
《宋高僧传》　619e
《宋开宝刊蜀本大藏经》　623a
宋明理学　620c
宋庆龄　622b
宋太宗赵炅　622f
宋太祖赵匡胤　623b
宋云　623d
颂　623e
《颂释补》　623f
苏布拉玛尼亚姆　1008a
苏达多　741d
苏尔达斯　623f
《苏尔诗海》　623f
《苏尔诗海》翻译与研究　624b
苏非派　836e
苏弗舍利支离泥　624c
苏葛陀　624c
苏卡悉地　624d
《苏莱曼东游记》　380b
《苏力牙》　122b
苏利耶　624e, 845a
苏麟陀逸之　624f
苏曼殊　625a
《苏曼殊文集》　626e
苏迷卢　741e
苏迷卢山　812a
苏摩　626e
苏没谨忙　627a
苏那的沙野　917d
苏祇婆　627b
苏热古帝　478a
苏轼　990e
苏陀室利　627e
苏雪林　627f
苏辙　991a
俗谛　808d
俗讲　47d
《俗流悉昙章》　723b
俗语　628e
素食　629a
素食法　1000b
《算法精义》　949b
《算经》　784e
《算学启蒙》　810f
《隋唐佛教史稿》　657c
隋文帝杨坚　629c
隋炀帝　985b
随念　388f
《随实论》　611d
《随想录》　33e
《随轺笔记四种》　705e
岁时　981c
孙不二　476d, 1000e
孙富春　476d
孙光宪　990c
孙家晋　704d
孙晶　386e
孙培钧　629e
孙权　630a
孙士海　928e
孙思邈　630c, 45e, 853a

孙思邈调气法　631a
孙位　631b
孙遇　631b
孙中山　631e
娑里三文　633e
娑罗笈多　905e
娑罗树　634a
《娑罗树碑》　634c
《娑罗树歌碑》　634c
娑罗私伐底　170b
娑门　559c
《娑摩吠陀》　634c, 180b, 834f, 853e
《娑摩吠陀本集》　634c
所量　634f
所闻经　635a
索波切·释迦琼奈　635b
索纳　53d
索南坚赞　30d
索南孜摩　635d
索琼·根敦贝尔　722e
索琼·喜饶札巴　635e
索萨，F.N.　822c
索·释迦桑格　636a
琐罗亚斯德教　479a

T

他空见　637a
《他奴罗吠陀》　204d
《他氏奥义书》　637d, 28e
塔蒂亚，N.　448d
塔尔巴林寺　397f
塔尔寺　637e
塔塔，J.N.　638e
塔塔，N.　638d
塔塔公司　980d
塔塔集团　966f
塔塔家族　638d
胎藏界　809f
《台莪尔与东西文化之批判》　256c
《太戈尔的人格观》　681c
《太戈尔的人生观与世界观》　524d
《太戈尔的思想及其诗歌的表象》　681c
《太戈尔研究最需要的两本书》　681c
《太戈尔与中国青年》　574a
《太戈尔之生涯与思想》　574a
《太古尔的国际大学》　256c
太极拳　714a
《太平圣惠方》　485c
太平兴国寺　585a
太虚　638f, 957e
《太虚大师全书》　639d
太阳学派　811c
《太音希声》　496a
《太真外传》　472f
《太子颂》　867a, 988e
《泰底哩耶本集》　764e
泰戈尔，A.　639d
泰戈尔，D.　640a
泰戈尔，R.　640c
《泰戈尔》　946d
《泰戈尔全集》　645c, 929c, 994e
《泰戈尔抒情诗选》　704e
《泰戈尔文集》　640e
《泰戈尔翁之绘画》　743a
《泰戈尔像》　742f, 823f
《泰戈尔小说全译》　366a
《泰戈尔与中国》　212e
泰戈尔哲学思想　645e
《泰戈尔作品集》　645c, 994b
《泰果尔批评》　694d
泰姬陵　831c, 1005a
《泰姬陵的清晨》　1019a
泰卢固语　221c
泰米尔语　221b
泰无量　649a
贪　871a
坛场　425b
《坛经》　307b, 390c
昙谛　649b
昙光　649c
昙柯迦罗　649c
昙朗　649e
昙峦　649e
昙鸾　649e, 271d, 999f
《昙鸾法师服气法》　650a, 999f
昙摩忏　651f
昙摩伽陀耶舍　650b
昙摩迦罗　649d
昙摩掘多　650c
昙摩流支　650c
昙摩蜜多　650e
昙摩难提　651b
昙摩耶舍　651c
昙迁　651e
昙闰　651e
昙无忏　651f
昙无谶　651f
《昙无德律》　616d
昙无竭　652c, 557c, 649e
昙无罗谶　651f
昙无难提　651b
昙无最　652d
昙曜　652e
昙翼　653a
昙纂　921e
《谈〈沙恭达罗〉的导演处理》　704d
《谈瀛录》　683d
谭云山　653c
谭云山中印友谊馆　655c
谭中　655d
潭柘寺　656c
檀那波罗蜜　69e
檀溪寺　124e
坦焦尔大塔　1004e
汤显祖　879c
汤用彤　657a
唐传奇　657c
《唐代长安与西域文明》　668e, 731d
唐代宗李豫　370d
唐蕃会盟碑　672a
《唐高僧传》　747a
唐高宗李治　657e
《唐会要》　974e
《唐三藏》　991c
《唐三藏西天取经》　878d
唐肃宗李亨　370d
唐太宗李世民　658b
唐玄宗李隆基　659c
《唐逸史》　472e
唐由之　660a
《唐传》　747a
《唐字千鬘圣语》　173e
糖　660c
陶弘景　660d
陶文濬　660f
陶行知　660f
《陶行知全集》　661b
《讨伐高达国记事诗》　768a
特殊性　774e
滕固　662a
滕若渠　662a
提和　556f
提拉克，B.G.　662b, 739c
提罗拉克特　290c
提纳薄陀　917d

提婆　663a
提婆波罗　663f
提婆达多　377b
提普苏丹　944d
提云般若　663f
提云陀若那　663f
《体用论》　740d
《剃发者奥义书》　664a, 28e
天城体　664a, 168e
天帝释　664b, 180f, 782b
《天方夜谭》　639f
《天和历》　908c
天津印度侨民协会　664b
天觉　664d
天空无隅　478b
天龙八部　846d
天女　664d
《天譬喻经》　664f
天启　665a
天启祭　488c
天亲　595d
《天曲》　669b
《天台摩诃止观》　448e
天台三大部　665e
天台四释　155c
天台五小部　665e
天台宗　665a, 1012c
天梯山石窟　1006f
天童寺　475d
天王　666c
《天文系统极致》　949d
《天问》　186e, 523f
《天问正简》　628b
天息灾　667a
天禧　285c
天禧寺　97e, 295d
《天下郡国利病书》　667c, 225e
天星小轮渡轮公司　728b
天衣派　506e
天智　663f
天竺　667e
天竺按摩法　667e
天竺国按摩法　1000c
《天竺经论眼》　677c, 853a
天竺漆木　485c
天竺寺　973a
天竺算法　668a
《天竺心影》　996e
天竺遗法　668c
天竺乐　669a
《天竺字源》　154f, 963e
天主　563d
条支国　183d
调伏　401b
《调气论》　649f
调息　669c
《调元历》　669c, 877b
铁哥　669c
铁里　669f
铁木真　880c
铁普苏丹　944d
铁线描　669f
《庭院的门槛》　3e
《通鉴释文》　972d
通润　991e
《通韵》　670a
《通载》　201b
同句义　670b
同盟会　632a
同泰寺　273a
《同文韵统》　963e
《铜鍱律》　401e
《童蒙止观》　733a
童寿　670c, 322f
童行　602a
童子王　670c
《统天历》　670d
头陀第一　290f
秃古铁木而　670d
图阿尔蒂·巴尔伯沙　926e
图旺拉康　67b
涂厚善　670e
涂灰之侣　449e
土丹念尼多杰　146b
土多牟　853b
土观·洛桑却吉尼玛　117a
《土观宗派源流》　670f
土塔　671b
吐蕃　671d, 776c
吐蕃道　960e
吐火罗　114f
吐火罗语　168e
《吐火罗语研究导论》　280a
吐鲁番学　44a
《兔子本生》　186d
推动第三世界不结盟运动　471a
推交食术　812b
托顶贝吉拉康　672b
托林寺　672b
托尼, C.H.　299b
托塔李天王　189e
《驮睹章》　576a
陀兰那　551d
陀怜尼　672e
陀邻尼　672e
陀罗摩那　451c
陀罗尼　672e
《陀罗尼集经》　424f, 970d
陀罗尼密教　673a
陀罗寺　266a
驼峰航线　134d

W

《蛙氏奥义书》　674a, 28f
《蛙氏颂》　576c
瓦德斯亚因, S.H.　3d
瓦尔德施米特, E.　279b
瓦尔那　1016c
瓦官寺　465a
瓦杰帕伊, A.B.　674b, 131e, 965a, 997e
瓦拉巴派　96a
瓦拉纳西　674e
瓦你　675f
瓦舍　991b
瓦子　991b
外八庙　676a
外道　326a
《外国事》　676f
《外国传》　652d
外三续　438b
《外台秘要》　677a, 840f
《外台秘要方》　677a
《外台秘要校补》　677c
外支　871c
外智　596b
晚晴老人　253b
万宝常　677d
万法唯识　162f
万佛峡　872f
万家宝　71b
《万卡之子》　4c
万历版藏文大藏经　891c
万年寺　148f
万天懿　677f
汪大渊　678a

汪原放　678c
王邦维　928e
王顶　36c
王恩洋　678e
王梵志　679a
王夫之　162e
王浮　679c
《王河》　907c
王宏纬　723f, 928e
王华　680c
王槐挺　679c
王舍城　679e, 376f
王守仁　680c
王焘　680f
王统照　681b
《王统照全集》　681c
王维　681e
王维克　682a
王玄策　682b, 985b
王阳明　621b
王镛　795b, 842f, 929c
王瑜伽　871c
王藻　683a
王之春　683d
《王注》　869d
往世书　683e
《往五天竺国传》　686d
《望月婆罗门引》　490b
望柱　257f
威廉·琼斯　757d
《微妙声》　1019e
韦节　687b
韦纽天　483c
韦陀　182b
《为善阴骘》　545d
围陀　182b
沩仰宗　937a
《唯识二十论》　687b
《唯识了义灯》　82f
《唯识论》　687d
唯识派　800f
唯识派哲学体系　276c
《唯识三十论释》　82e
《唯识三十论颂》　687e
《唯识三十颂》　687e
唯识三疏　82f, 83a
《唯识述记》　1013a
唯识无境　592f
唯识宗　162d, 934d
惟净　688b
维谷　315f
《维吉拉努斯抄本》　784e
维拉, R.　688d
《维摩诘》　224f
《维摩诘经》　688f, 916d, 925b
《维摩诘经变文》　990a
《维摩诘像》　465b
《维摩经讲义》　884e
《维摩经十譬赞》　689d
《维那弹奏者》　43a
维赛嘉措　637e
维什瓦纳特神庙　53b, 675f
维邪离　677a
维只难　689e
维祇难　689e
《伟大的故事》　223f, 298d, 843d
伟石　892a
《未来往世书》　685b
未生怨王　11a
位值制　784d
味　715b
《味海》　675e
味论　715b
《喂鸟人》　705b
魏风江　689f
魏珪荪　690b, 212e
魏晋玄学　690c
《魏书·西域传》　970d
魏源　238c
温家宝　752f, 965a, 966c
温陵　527b
《温那地》　575e
温萨耳传系　617d
文纲　692e
文卡塔拉曼, R.　690a, 964d
文卡塔拉曼南, K.　693a
文殊菩萨　693b, 709d
《文殊七曜经》　693e
《文殊七曜图》　693f
文殊师利　693b
《文殊师利菩萨及诸仙所说吉凶时日善恶宿曜经》　740e
《文殊星历》　693f
《文殊指南图赞》　561a
《文学因缘》　993c
文忠　694a
闻一多　694a
《闻择迦》　575e
《蚊子本生》　186d
翁勿　694d
《我的没有日期的日记》　461e
《我的名字叫可汗》　694d
《我的日子》　461e
我见　870f
《我行雪中》　380a
沃德, A.K.　185c
沃尔马, V.　901a
沃尔玛, N.　695a
乌苌　695b
乌场　695c
乌黛·香卡　730b
乌玛斯伐蒂　695d
乌摩　695f
乌散特勒洒　696c
乌莎斯　696c
乌舍尼　862f
乌斯塔德·曼苏尔　820d
乌头劳　696d
《乌鸦和流放》　695b
乌衣寺　268f
乌仗那　696e, 695c
乌兹钢　970c
《邬巴斯伽罗》　696e
邬波斯迦　863c
邬波索迦　863b
邬波陀耶　247d
邬波遮迦　247d
邬阇衍那　862f
巫白慧　696f
无叉罗　699a
无常　697c
无常理论　804f
《无二平等瑜伽》　312c
《无二平等最上瑜伽大教王经》　585c
无二续　438a
无分别　58e
《无分别红大威德金刚》　484d
无垢眼　44b
无垢友　697d
无极高　698a
无记中道　924d
《无量门微密持经》　673a
《无量寿经》　698b
无罗叉　699a
无明　870f
无能句义　699b
无前　699c

无上瑜伽　311c
无上瑜伽派　775c
无上瑜伽续　438a, 802b
无说句义　699c
无体量　699d
无为　473f
无为法　712c, 806b
无畏山寺派　798d
无畏施　69e
无我　699e
无我理论　805a
无锡惠山寺经幢　699f
无想三昧　546d, 870d
无行　700b
无隐　920d
无忧树　700d
无忧王　13b
《无有歌》　181e, 845b
无余涅槃　474b
无种三昧　546e
无著　700f
无自性　395a
吴邦国　965b
吴昌龄　878d
《吴船录》　701e
吴道子　702b, 956e
吴广霈　702e
吴俊才　703a
吴开元　704b
吴努　895d
《吴时外国传》　203a, 464f, 630c
吴文俊　948a
吴晓铃　703c, 704d
《吴晓铃集》　704a
吴兴释道宣　127c
吴雪　704b
吴岩　704d
吴印咸　704f
吴宗濂　705c
五比丘　598d
五比丘迎佛塔　537e
五部大论　705e
五部广律　401e
《五部遗教》　706d
五重唯识观　349c
《五大历数书汇编》　326e
五旦七调　627d
五旦七声　627c
五法　591f
五方佛　338b
《五方狮子舞》　706d
《五方元音》　963d
《五分律》　706f, 962e
五果　806f
五河　707b
五戒　707c
《五卷书》　707c
五科佛学　400e
五磊寺　475b
五明　852d
五明大论　469e
五明论　707f
《五明论》　708a
五气朝元功　708c
五失本三不易　940e
《五十奥义书》　29f, 290d
五时判教　666a
五世达赖喇嘛·阿旺罗桑嘉措　708c
五世达赖喇嘛灵塔殿　66f
五世噶玛巴·德银协巴　708e
五世帕巴拉·嘉瓦嘉措　517c
五世章嘉活佛·洛桑土丹达杰　900e
五世哲布尊丹巴·洛桑慈臣晋美丹贝坚赞　905c
五世佐钦法王·土丹却吉多杰　1035e
《五四改革春天里的昙花一现——论讲学社对中外文化交流所做的贡献》　44e
五台山　709a
五台山佛光寺经幢　710f
五台山菩萨顶　711c
五台山藏传佛教寺院　711b
五位　593f
五位百法　162f, 593f, 712e, 809d
五位法　711e
五位七十五法　712d
五味粥　355d
五相书　683e
五星二十八宿神形图　738a
五姓宗法　349c
五阴　713b
《五印度全图》　263a
五蕴　713b
五蕴理论　805a
《五蕴论》　101c
《五蕴论分别疏》　101e
《五蕴释》　101f
《五蕴疏》　101f
五蕴说　345f
五支论式　713d, 778b, 910b
五支作法　713d, 778b
五种智　508e
五众　713b
《五洲述略》　732c
《午夜》　518d
《武备志》　913c
武昌佛学院　639b
武昌起义　632b
武术　713e
武则天　714b
武曌　714c
《舞论》　714f
《舞论注》　715d
勿提提羼鱼　716b
勿提提犀鱼　716b
《物不迁论》　904a
悟空　716c
《悟空入竺记》　716f

X

西安桥塔　487f
西谛　914b
《西蕃记》　687b
西方学法　963b
西方有部　405a, 798c
西黄寺　263d
《西京赋》　895a
西克, E.　279b
西凉　555e
《西凉州呗》　439b
西庙　562c
《西铭》　899d
西纳·勒巴嘉措　637e
《西使记》　717a
西塔宗　936b
《西天路竟》　717c
西夏文大藏经　717d
《西洋朝贡典录》　717e
《西洋番国志》　718a, 913c, 983b
《西洋记》　718d
《西夷贡麟应制诗》　543b
《西游记》　719a, 469d, 993a
《西游记杂剧》　720b
西域　555e
《西域地名》　184c
《西域回部图》　263a

《西域记》 111b
《西域南海史地考证译丛》 184c
《西域求法高僧传》 113c
《西域求法传》 113c
《西域图记》 720d, 141b
《西域志》 601e, 682f
《西域传》 601e
《西藏传本摄大乘论》 570a
《西藏的佛教肖像研究》 516f
《西藏文献史资料》 516f
《西征纪程》 1035a
希卡布尔放债人 721a
希卡布尔商人 721a
希里·希里 721b
希麟 963e
昔剌木丁 721d
郗超 721e
息慈 559f
息慈女 560a
息解派 721f
《悉地罗窣覩》 723a
悉昙体 168e
《悉昙藏》 723d
《悉昙章》 722f
《悉昙字记》 920e
《悉谈章》 723a
锡塔纳瓦萨尔石窟 818d
锡杖 723d
习近平 965d
《洗髓经》 1001a
喜 468f
《喜地呼尔》 299d
《喜马拉雅山情结：中印关系研究》 723e, 928e
《喜饶嘉措大师文集》 127a
喜足天 137b
细布 724b
细密画 818e
细奴逻 466f
下部伏藏派 222e
下凡 724e
下梵 724f
夏安居 20f, 192b, 304c
夏伯拉 434c, 434e
夏利莱, H. 725b
夏利莱, H.N. 725b
夏利莱家族 725a
夏利玛园 832b
夏琼寺 725c
夏斯特里, N.A. 725e
夏瓦巴 726a, 61b
夏瓦巴·永丹札巴 726a
夏衍 726b
《夏衍全集》 726c
夏坐 20f
《仙佛合宗》 555c
《仙经》 512c
仙面处 399e
仙人堕处鹿野苑 399d
仙人堕处施鹿林 399e
仙人鹿野苑 399d
祆教 143b
贤臂 303a, 778a
贤劫 302f
《贤劫经》 726e
贤首大师 164e
贤首宗 935b
《贤愚经》 187a
《咸宾录》 727b
显乘 492b
《显扬圣教论》 149d, 701c, 778f, 910e, 912b
显宗大手印 110a
《现代佛教学术丛刊》 896e
《现观庄严论》 706a
现量 727e, 605f
现贪 871a
《现在贤劫千佛名经》 727a
限定不二论 727f, 386c
《相应阿含经》 888a
相续无常 697c
香巴噶举派 470f, 520c
香港 728a
香港大学 427c
香港电灯公司 904c
香港九龙码头及货仓有限公司 904c
香港印度商会 756b
香港总商会 756b
香卡, R. 728f
香卡, U. 730b
《香山宝卷》 189c, 226c
香神 213b
香象大师 164e
香阴 213b
《降魔变文》 47d
降魔坐 304b
祥记洋行 728b, 769a
想蕴 805b
向达 731a
《向孟买致敬！》 788d
《向祖国致敬》 24d
相部宗 616f, 936a
相国寺 731e
相空 346b
象岛石窟 793f
像法 85b
萧三 731f
萧应椿 732c
萧子良 689d, 923c
萧子暲 731f
《小阿弥陀经》 5f
小勃律 60a, 659d
小葛兰 223b
小葛兰国 732d
《小经》 5f
《小泥车》 732d
《小说月报》 426f
《小无量寿经》 5f
小昭寺 671e
《小止观》 733a, 1000a
《笑道论》 908c
《笑林》 239e, 988e
胁比丘 733d
胁尊者 733d
《携手并进，共创未来》 966c
谢冈 661e
《谢克尔传》 3f
谢灵运 733e
谢清高 734a
谢婉莹 50c
心不相应行法 712b
心部 117b
《心笛神韵》 704e
心法 712b
《心经》 57a
《心论》 8e, 57a
《心生起品》 157b
心所法 712b
心无义 916b
心作用 868c
辛格, A. 734c
辛格, G. 734e
辛格, M. 735a, 38f, 965b
辛格, P. 734e
辛格, T.G. 735c
辛哈, K.K. 735e
辛哈姆卡 716a

辛头大河　735f
辛竹　315f
新北道　615b
新德里　1007c
新吠檀多　735f
新佛教运动　803c
新噶当派　214f
新呱　944b
新护　715d
《新婚》　498c
新密　437b
新密续　534e
新婆罗门教　835e
新沙逊洋行　736d
新天道教　338f
《新唯识论》　740c
《新修本草》　514c
新因明　778c
新有部　798d
新月　641e
《新月集》　641e
新月派　642c
新月社　745a
《新纂云南通志》　736f
信德省　721a
信士　863b
信瑜伽　61c
信胄　737b
兴教寺　737b, 337f, 496f, 752a
兴中会　632a
《星槎胜览》　737d, 88d, 543a, 773f, 913c, 983b
星神画像　737f
星云　738d
行动吠檀多　739b
行均　963e
行勤　739d
《行为法规》　675e
行像　739e, 191f, 981b
《行孝道目连救母》　454d
行续　438a, 802a
行蕴　713c, 805b
《幸福海》　684e
性理学　620c
《性命圭旨》　740a
性天　765e
熊十力　740b
修罗塞纳语　220f
修习　870c
《修习止观坐禅法要》　733a
《修行方便禅经》　196c
秀赛噶举派　207d
岫庐　740d
岫云寺　656c
《宿曜经》　740e
《宿曜仪轨》　741c
宿值日　740f
须达　741d
须达多　741d
须弥福寿之庙　676e
须弥楼　741e
须弥山　741e
《虚假的事实》　765c
《虚无篇》　555c
虚云　742a
《虚云和尚法汇》　742d
《虚云和尚法汇续编》　742d
徐悲鸿　742d
徐梵澄　743b
徐继畬　860d
徐蔚如　253a
徐闻　744c
徐晓阳　744e
徐志摩　744e
许崇灏　745c
许地山　745e
许季上　746e
许仲琳　183e
续　437e
《续比丘尼传》　47b
续部　437e
《续高僧传》　747a
《续集古今佛道论衡》　277f
《续一切经音义》　963e
《续传》　747a
《宣和画谱》　912f
玄畅　747e
玄昉　935a
玄会　748a
《玄鉴导引法》　1000e
玄觉　748a, 160b
玄逵　748c
《玄秘塔碑铭》　139d
玄应　748d
《玄应音义》　748e
玄奘　748f, 550a, 879c, 981e
《玄奘》　639f
玄奘纪念堂　752a
玄照　753b
玄证　753d
县度　753e
悬度　753e
薛福成　754b, 986c
薛克翘　795b, 929c
学戒女　596c
学喜　594c
雪顿节　754d
《雪泥鸿爪朔数源》　785b
雪山神女　695f
寻香行　213b
循鲜城　754f

Y

鸦片贸易　755a
鸭都喇利有限公司　756a
雅布吉　769b
雅利安人　756c
雅利安社　757a, 837b
《雅利安社婚姻法案》　96e
雅利安天文学派　811c
雅利安语　757b
雅桑噶举派　207c
亚勒加　757e
亚穆纳河　759f
亚洲太平洋研究所　928c
《亚洲之光》　210a
嚈哒人　757e
严从简　603f
严佛调　758a
严浮调　758a
严文锦　758b
严文井　758b
严羽　758f, 991a
岩画　816b
盐牟那河　759f
阎膏珍　759a
阎罗　759b
阎蜜　759b
阎摩　845a
阎魔　759b
阎魔王　759b
阎牟那河　759f
阎王　759b
颜延之　760e
《颜子所好何学论》　84b
《眼泪》　59c

《眼中砂》 789d
琰摩 759b
演慧 315f
演济 1019d
彦悰 761a, 103a
彦琮 761c, 358e, 940f
彦达婆 213b
晏陀蛮国 762a
焰口 175e
《焰口》 63e
焰摩 759b
焰摩天 759f
《燕子龛随笔》 625d
阳苴咩城 105c
阳明先生 680c
杨大钊 762b
杨锷 608a
杨惠之 762d, 956e
杨景风 762d
杨景贤 993a
杨琏真伽 245b
杨仁山 762f, 639a
杨瑞琳 763b
杨朔 763c
《杨叟》 657e
杨庭璧 763e
杨衒之 415e
杨毓瑎 763c
杨允元 764a
杨忠辅 764b
姚卫群 386e, 929c
姚兴 271f
摇旡那河 759f
遥扶那河 759f
药叉 766a, 1003e
曜值日 741b
耶巴噶举 206f
耶巴噶举派 207e
耶牟那河 759f
《耶柔吠陀》 764d, 180b, 834f
《耶柔吠陀本集》 764d
耶舍 459b
耶舍崛多 765b
耶什巴尔 765b
耶斯迦 472b
《野猪往世书》 685d
业 765d
业句义 765d
业力 765d
业弥曼差派 434d
业瑜伽 61c
叶筋法 23f
叶纶绮 765e
叶名琛 282f
叶浅予 765e
夜半学派 811c
夜叉 766a
《夜来香》 481a
夜摩 759b
一本十支 405b
《一个中国演员所看到的印度》 364c
一来果 5b
一理 666b
一脉不调 969a
《一切佛集会拏吉尼戒网瑜伽》 312b
《一切佛语心品》 360d
《一切教集瑜伽》 312a
一切经 117e
《一切经音义》 267d, 471f, 523c, 748e, 748f, 874e
《一切如来金刚伞业最上秘密大教王经》 585c
《一切如来秘密王瑜伽》 312a
《一切如来真实摄大乘现证三昧大教王经》 155a, 585c
《一切善见》 561b
《一切宗派渊源及教理善说晶鉴》 234e, 670f
一世策墨林活佛·阿旺慈臣 72e, 1030c
一世嘉木样活佛·阿旺尊智 234c, 1034a
一世章嘉活佛·札巴鄂色 766c
一世哲布尊丹巴·洛桑丹贝坚赞 766d
一心三观 1012c
一行 766e
伊本·白图泰 530b, 961e, 985e
《伊本·白图泰游记》 88d, 530b, 961f, 985e
伊本·拉班 784e
伊本·穆赫迪 977b
伊存 767d
伊蒂默德－乌德－道拉陵 831a
伊克巴尔, M. 767d
伊蒲塞 863b, 988e
伊萨·汗陵 828f
伊沙伏摩 768a
《伊莎奥义书》 768b, 28e
伊舍那 585f
伊斯拉姆, K.N. 768b
《伊斯拉姆诗选》 480f, 768e
伊斯兰威力 828a
伊斯玛仪派商人 768f
衣饰 981d
《医方类聚》 395e, 395f
医方明 769b
《医理精华》 769f
《医心方》 510e, 969f
依内苦 606a
依天苦 606a
依外苦 606a
《仪轨经》 303a
《夷坚志》 990d
怡和洋行 303c
宜黄大师 477a
《疑问奥义书》 770c, 28e
《倚楼三首》 380b
义慈惠石柱 770d
义福 572f
义辉 770f
义净 770f, 458a
义据批评法 401a
义朗 773d
《义释品》 157c
义湘 935d
义玄 773d
义准量 773e
《艺术与思想杂志》 130d
《忆刘半农君》 379e
亦不剌金 773e
亦列失金 774a
亦同亦异 330b
《异部宗轮论》 774b, 404c
异句义 774e
异牟寻 467b
异熟识 593a
《异域志》 774e
邑居 981d
译经三藏 550a
《译文》 426f
易卜拉欣 773f
易卜拉欣·沙尔吉 292f
《易筋经》 775a, 565b, 842e
易行乘 775c, 802d
益西措杰 775f
益西多杰 531b
《益州名画录》 631c

意业　550a，589a
因果论　578a
《因明大疏》　776d
《因明大疏蠡测》　78f
《因明纲要》　780e
《因明论》　749c
《因明入正理论》　777a，563d，1013f
《因明入正理论疏》　606c，776d，777c
《因明入正理论疏节录集录》　780e
因明学　777c，705e
《因明学研究》　780f
《因明正理门论》　781a，278a，1013f
《因明注解立破义图》　400b
因三相　779e
《因是子静坐法》　781c
《因是子静坐法汇编》　301c，781c
因陀罗　781e，844f，853f
因缘　395a
因中无果论　782c，578c
因中有果论　782e
阴末赴　782f
殷洪元　782f
殷绍　783c
尹庆　783d
尹庆群礁　783e
饮光　290e
印地文本《西游记》　720a，996c
《印地语汉语辞典》　419e
《印地语基础教程》　419e
《印地语课本》　744e
《印地语戏剧文学》　12e，249c
印地语游记之父　550e
印度　783e
印度－阿拉伯数字　784a
印度博物馆　785c
印度丛莽　445e
《印度丛谈》　654f
《印度的才思与智慧：朝野民间幽默故事集》　678d，844b
《印度的发现》　471c
《印度的发展及其对外战略》　785f
《印度的唯心主义》　96a
《印度的伟大史诗〈罗摩衍那〉》　412e
印度的中国研究　786b
印度电影在中国　787e
印度雕刻　790a
印度独立联盟　795b，538c
印度独立同盟　43b
《印度独立与中印关系》　703b
《印度吠檀多哲学史》　95e，321f，736c，946a
印度佛教　795e
《印度佛教》　185c
《印度佛教史》　803c
《印度佛教史略》　1015a
印度佛教文学　803f
印度佛教协会　803b
印度佛教哲学　804d
《印度佛学源流略讲》　400f
印度古代度量单位　809f
《印度古代神话》　902a
《印度古代史纲》　810a
印度古代数学天文学　810c
《印度古代文学史》　37a
《印度古典诗学》　812f，716b，928c
《印度古佛国游记》　813b
印度国大党　471a
印度国防研究和分析研究所　787d
印度国际事务委员会　787a
印度国际学院　995b
印度国际研究学院　787a
印度国家博物馆　813f
印度国民协会中国分会　815b
《印度国情与综合国力》　928e
印度汉学　786b
《印度和巴基斯坦经济区域》　80b
印度华人社区　815b
印度绘画　816b
印度建筑　824a
印度教　834a
《印度教》　236c，616b，929c，946f
《印度教概论》　947a
《印度教：宗教与社会》　236c，947b
《印度近代哲学家辨喜研究》　736c，946d
《印度近现代史》　169e，928e
《印度近现代文学》　249c
《印度近现代哲学》　26e，169e，909c，946d
《印度镜报》　338e
印度客栈　721b
《印度六派哲学》　386e
《印度美术》　842f，795b，929c
《印度美术史话》　795b
印度门　832e
印度民间文学　843b
《印度名人台峨尔氏在日本之演说》　256c
《印度母亲》　639f
《印度女诗人——奈都夫人》　694d
《印度婆罗多舞》　766a，823e
《印度七十四故事》　844b，678d
印度青年团　844b
《印度情思》　763d
《印度人民对我抗战同情》　654f
《印度人眼中的中国宗教：亚洲人心态取向研究》　540d
《印度商报》　815f
印度神话　844c
《印度诗人葛拜尔之略传与其诗之表象》　681c
《印度史》　703c
印度世界事务理事会　787d
印度斯坦卡德尔党　333f
《印度算术原理》　784e
印度铁　970c
《印度土地制度研究》　263b
《印度往事》　789c
印度文化关系理事会　997e
《印度文化史》　397c，822f，929c
《印度文化与民俗》　846f
《印度文明》　929c
《印度文学》　746d，993e
印度文学研究会　928c
印度文学院奖　765c
《印度，我们永远不会忘记你！》　71e
《印度无神论》　513d
印度舞蹈　847b
印度戏剧　851c
《印度现代哲学》　63b
印度学院　413d，837e
《印度亚洲文化》　688f
印度医学在中国的传播　852c
印度音乐　853c
印度音乐戏剧学会奖　730c
《印度印地语文学史》　12e
《印度与东南亚美术发展史》　76e，795b
《印度与中国》　348c，353a，358a
《印度与中国：两大文明的交往和激荡》　656b
《印度与中国：千年文化关系》　583f
《印度寓言》　380c，380f，993e
印度援华医疗队　856d
《印度哲学》　352b，513d，946a
印度哲学大会　857c，352b
《印度哲学概论》　746f，1015a
《印度哲学史》　95f，611d，945e，1016b

《印度哲学史——吠陀经探义和奥义书解析》 945f
《印度哲学史纲》 262b, 386e, 1015a
《印度哲学史略》 657c, 1015a
《印度哲学思想史设想》 316f
《印度政治制度研究》 857d
《印度之佛教》 1015a
印度之术 784b
《印度之行》 51a
《印度之友》 283d
《印度志》 378b
印度中国友好协会 857f, 859c
《印度中世纪宗教文学》 946b
印度中印学会 998b
《印度周游记》 653e
《印度自治》 211e
印光 858b
《印光法师文钞》 858d
印契 602c
印顺 858e, 118e, 639d
印中人民是兄弟 859b
印中协会 480b
印中友好妇女协会 859d
印中友协 857f
《印中友谊歌》 859d
英迪拉·甘地国家团结奖 480a
英国东印度公司 755b
英国退出印度运动 211c
《英王爱德华加冕礼目击记》 735d
《英雄和英雄崇拜》 210a
《英轺日记》 888e
《英语印地语大辞典》 688e
《璎珞传》 308c
《鹦鹉故事》 859e
《鹦鹉故事七十则》 859e, 843e
《〈鹦鹉故事七十则〉与〈鹦鹉传奇〉》 860c
《〈鹦鹉故事七十则〉在东西方的流传研究》 860c
《赢虫录》 774e
《瀛寰志略》 860c
《瀛涯胜览》 860f, 418d, 913c, 983b
影坚王 484f
影胜王 484f
应供 5a
应劭 988e
应真 5a
雍和宫 861e
雍仲拉顶寺 227f
《永嘉集》 748c
《永嘉证道歌》 748c
永乐版藏文大藏经 891c
《永乐大钟梵字铭文考》 862b
永宁寺 862c
永世 862e
勇者湿婆派 96a
优波掘时 589c
优波离 401c
优波娑迦 863b
优禅尼 862f
《优哩婆湿》 863b, 286a
优楼迦 288c, 578f
优楼频螺 314d, 447b, 492c
优摩 695f
优婆塞 863b
优婆私柯 863c
优婆斯 863c
优婆夷 863c
优素福 417d
《优陀那品》 156d
《幽明录》 919a
《由谁奥义书》 863d, 28e
由旬 863e
由延 863e
《游新庵记》 918a
有 863e
《有德象王本生》 186b
有德瑜伽 871c
有能句义 864f
有前比量 605f
有为法 806b
有无中道 924d
有想三昧 546d, 870d
《有益的教训》 843d
有余比量 605f
有余涅槃 474b
有种三昧 546e
《酉阳杂俎》 865a
佑宁寺 234c
《祐录》 86b
于道邃 865d
于法兰 865e
于阗塞语 168e
于右任 998a
盂兰盆 866b
盂兰盆节 865f
《盂兰盆经》 866f
《鱼山梵呗》 867a
《鱼往世书》 686a
《渔家傲·和门人祝寿》 991a
逾缮那 863e
瑜伽 867a
瑜伽奥义书 869e
瑜伽法门 311b
瑜伽教 311b
《瑜伽经》 867f
《瑜伽经注》 869b, 869d
《瑜伽精髓集要》 869e
《瑜伽论记》 575e
瑜伽派 869b, 864b
《瑜伽师地论》 872a, 401a, 749e, 778e, 800e
《瑜伽师地论叙》 477e
《瑜伽释补》 869e
瑜伽行 801a
瑜伽行派 872f, 800d, 809b, 925e
瑜伽续 438a, 802a
瑜伽中观派 809d
瑜伽宗 311b
榆林窟 872f
虞愚 873f
《愚公移山》 743a, 823d
《与同学诸子梁启超等论印度亡国由于各省自立书》 342c, 371c
雨安居 20f, 192b
雨众外道 604f
庾季才 874c
庾曼倩 874b
庾诜 874c
庾质 874c
郁金香 874c
浴佛节 875c
预流果 5b
《域外小说集》 1020b
尉迟乙僧 876b
《御注金刚般若波罗蜜经宣演》 128e
裕摩·弥觉多杰 876c
身毒 876d
元旦 983a
《元嘉历》 876e
《元鉴导引法》 877e
元明杂剧 877f
元世祖忽必烈 879d
元太祖成吉思汗 880c
元宵节 880e
元兴慈恩旌忠教寺 97e
元一 881b

《园丁集》 381b
《〈园丁集〉二首》 381b
袁豆光 105e
袁光楣 881c
袁黄 570f
袁水拍 881c
《原道》 432d
原棉 755c
原人 460c
《原人歌》 881e, 181f, 845c
《原人论》 882a
原始佛教 882c, 796c
原始密教 673e
圆测 882c
《圆顿止观》 448e
圆静 602b
圆瑛 883b
《圆瑛法汇》 883e
《缘会二谛论》 865e
缘起 395a
缘起观 345f
缘起说 805b
缘起性空说 808b
《猿怪》 657e
源空 937f
远传经典系 475f
月爱 883e
月称 883f
月官 801c
《月光疏》 172f
月亮纱厂 980d
月婆首那 884b
月天 884c, 126a, 298d
月霞 884c
月藏 2b
《乐调之环》 821f
《乐府杂录》 139e
《乐艺渊海》 854e
岳刺也奴 884e
岳乐也奴 884e
阅头檀 322a
《阅藏知津》 884f
悦头檀 322a
云冈石窟 885c
《云笈七签》 667f, 1000d
云南上座部佛教 886d
《云南至缅甸程途》 263a
《云使》 887e, 277e, 285c, 316c
云音 1019d
云中鹤 744e
运动 765d
运期 887e
晕染法 24a
《韵略易通》 963d

Z

《杂阿含经》 888a, 609f
《杂阿含经刊定记》 401a
《杂阿毗昙心论》 9a, 749a
《杂经四十四篇》 892f
《杂戎狄方》 969b
杂种姓 609b
《宰羊》 36f
《再别康桥》 745a
《在甘地先生左右》 892c
《在一家印度饭店里》 380d
《在中国的十三个月》 735d, 986e
载振 888d
赞呗 166e, 193f
赞德 672e
赞宁 619e, 939c
赞普·顿珠嘉措 543d
赞诵明论 361a
赞陀崛多 888f, 467e
藏巴嘉热·益西多杰 889a
藏称 566d
藏传佛教 889c, 798e, 938d
藏传佛教摄类学 890b
藏传佛教因明学 890c
《藏梵词典》 516f
藏经 117e
藏文大藏经 890f
《藏要》 401a
藏语系佛教 889c
《早春的播种者——纪念刘半农先生诞辰一百周年》 380d
《早梅》 991e
《造一切者之歌》 182a, 845b
造纸 891f, 971f
笮融 891f
曾楚侨 892a
曾纪泽 595c
曾曼尼 892a
曾圣提 892a
增加 24b
《增进中印接触的备忘录》 987a
《增一阿含经》 892c
增长天王 189d, 666d
扎贡巴·官却丹巴热杰 20e
扎什伦布寺 892f
札巴坚赞 893c
查良铮 455f
札萨克达喇嘛 151d
札萨克达喇嘛印 548e
占波 894a
栴波 894a
旃达罗提婆 125f
旃荼罗 893e
旃陀罗笈多 274e
《旃陀罗女》 444b
詹波 894a
詹姆塞特吉·杰吉博伊 303b
瞻波 894a
瞻卜 894a
瞻匐 894a
瞻婆 894a
湛然 894b, 934b
张保胜 862b
张大千 894d
张道宗 278f
张衡 895a
张均 895b
张君房 1000d
张曼涛 896d
张骞 896f
张僧繇 897e
张商英 560f
《张生煮海》 878b
《张胜温画卷》 105e
张韬光 898a, 607f
张闻天 898b
张彦远 898e, 823a
张煜南 899a
张载 899b
章炳麟 899f
章嘉国师世系 900c, 766d
章嘉活佛 900c
《章嘉宗义学》 548e, 1034a
《章西女皇》 900f
章巽 901b
《彰所知论》 31a
《掌珍论》 725f
丈夫城 202c
障月 406e
昭慧 753b
赵德 901e

赵匪文　877a
赵国华　901e
赵景深　902b
赵汝适　902e, 425e, 961b
赵式铭　736f
赵州陀罗尼经幢　903a
《肇论》　903d, 558b
遮打, C.P.　904b
遮打与么地公司　427c, 904c
遮娄其拔罗婆　904d
《遮罗迦本集》　968c
遮那　482b
遮诠　58f
折薛莫孙　607b
哲蚌寺　904e
哲布尊丹巴呼图克图世系　905a
《这也是个故事》　481a
《蔗糖史》　280c, 971a
《鹧鸪氏奥义书》　905d, 28e
贞固　905e
《贞元新定释教目录》　772f
真谛　905e, 808d
真梵社　169d
真经　932e
真净王　322a
真觉寺金刚宝座塔　906d
真理　907b
真理觉知学院　640b
《真理明晰》　869d
真纳瓦利德里寺院　295c
《真实摄经》　311e
真陀罗秘多　907b
真陀罗秘利　907b
《真现实论》　639c
真言　907d
真言乘　907f
真言道　907f
真言教　907f
真言门　907f
真言行　907f
真言宗　937f
甄鸾　908c
《枕中记》　657e
振多提婆　443a
震旦　926d
震华　47b
《整理僧伽制度论》　639c
整体吠檀多论　908f, 24e
整体瑜伽论　909a, 24e
《正月十五夜》　881a
正定　31f
正法阿育王　13e
正法大臣　15b
《正法华经》　189a
正法之旅　13e
正法柱　13f
正方便　31f
《正观论》　394e
正见　31e
《正理滴论》　909c
《正理花束》　909e
《正理经》　909f
《正理经疏》　910f
正理派　910f, 864b
《正理一滴》　909d
《正蒙》　899f
正命　31f
正念　31f
正思维　31e
《正统道藏》　45f
《正信的佛教》　577d
正学女　596c
正业　31f
正语　31e
正藏　891a
《证类本草》　364e
郑德辉　878c
郑法士　912d
郑观应　582a
郑和　913a
《郑和航海图》　913c
郑晓　261b
郑振铎　914b
《政事论》　94e, 367b, 973e
政治吠檀多　915a
支谶　915f
支遁　915c
支亮　916c
支娄迦谶　915f
支敏度　916b
支愍度　916b
支那　916c, 926d
支那内学院　400d
支谦　916c
支僧载　676f
支昙籥　388e
支提窟　825d
支孝龙　916d
支硎　915c
支曜　916e, 498f
支越　201a, 916c
知梵协会　640a
《知津》　884f
知论　182b, 435d
知贤　916f
知玄　916f, 424f
脂那　926d
执持　917c
执金刚　310e
执日　406e
植棉　972c
止观双修　135f
《纸牌王国》　850b, 1008a
祇夜　281c
指空　917d
《指空和尚禅要录》　918a
枳园寺　922e
至　926d
《至元法宝勘同总录》　918a, 939e
《至元录》　918a
《志怪》　919a
志怪小说　918e
志邻　1030d
志磐　201e
志人小说　918e
志通　919b
制感　919c
制糖　919d
《制恶见论》　58b
质怛罗提婆　348d
质多跋摩　920a
《致中国人民书》　644f
智岸　920b
智贡噶举派　207a, 332b
智贡提寺　207a, 332b
智光　920b
智光　920d
智广　920e
智弘　921a
智慧　921b, 56d
智慧第一　567b
智慧轮　59a
智慧续　802d
智吉祥　921b
智军　482f
智亮　921c
智美沃色　397f

智美协年　697d
智猛　921d
智昇　921e
智胜　706f
智首　936a
智通　922a
智希　525a
智贤　532f, 536c
智信护　922b
智行　922b
智宣　922c
智严　922d,
智严　922f
智颐　149e
智顗　665a, 1000a
智瑜伽　61c
《智瑜伽》　49e
智月　923b
智藏　923c
智藏　923e
智周　162d
智足派　802c
《中阿含经》　923f
《中边分别论》　49e
中道　924b, 615b, 808c
中道谛　665f
中道观　395a
中古俗语　628f
《中观根本般若灯释》　519e
中观论　706b
《中观论》　394e, 952c
《中观论疏》　925f
中观派　926b, 799d, 808b
《中观甚深心要善说——龙树意趣庄严论》　216e
《中观颂》　952c
《中观心论颂》　519e
中观应成派　534b
中国　926c
《中国》　614a
《中国禅宗史》　859a
中国大学印度哲学课程　926e
《中国当代诗歌》　996a
《中国的大众教育运动》　212b
《中国的佛教藏经：译者与译文》　583f
《中国的革命与反革命》　414c
《中国的黎明》　429b
《中国的“群体政治”：一种评论》　212e
《中国的“文化大革命”》　138c
《中国的乡村公社》　138c
《中国的印度化：一种文化借鉴的个案研究》　255f
中国的印度研究　926e
中国电影在印度　929d
中国佛教　930a
《中国佛教史》　262b
中国佛教协会　400e
中国佛教协进会　639a
中国佛学会　639b
中国佛学院　163e, 1019f
中国古代翻译学　940b
《中国古代社会研究》　235c
中国国际出版集团　949f
中国国际广播电台孟加拉语部　941e
中国国际广播电台乌尔都语部　942a
中国国际广播电台印地语部　942c
中国国家博物馆　943a
《中国和叙利亚之间的古代丝绸之路》　614a
《中国画报》　995a
中国绘画　943c
《中国建筑史》　374a
中国近现代印度哲学与宗教研究　945a
中国南亚国际文化论坛　997f
中国南亚学会　928a
《中国南洋交通史》　184c
《中国三人诗选》　995c
中国纱厂　980d
中国社会科学院哲学所东方哲学室　947f
《中国诗歌：公元前1100年至公元1400年》　995d
《中国述评》　39b, 787c
《中国数学史》　810f
《中国数学史大系》　947f
《中国俗文学史》　914c
《中国特刊》　480b
中国外文出版发行事业局　949f
中国外文局　949f
中国外文局孟加拉文组　950a
中国外文局泰米尔文组　950b
中国外文局乌尔都文组　950c
中国外文局印地文组　950d
中国文化代表团访问印度（1954）　951a
《中国文明入门》　540e
《中国文学所受的印度伊兰文学的影响》　746d
中国学院　654a, 998c
中国研究所　39b, 655f, 787b
中国研究中心　787a
《中国印度见闻录》　380b
《中国印度文化交流史》　929c
中国印度友好协会　951c, 859c
《中国印度之智慧》　375e
中国与东南亚研究中心　359e, 559b
《中国与南亚文化交流志》　795b
中国与日本学系　787a
《中国语言文学史》　995b
中国远征军在印度　951f
《中国之镜》　283c
中国中印学会　998b
中国驻印军　952a
中华佛教总会　639b
中华佛学研究所　655a
《中华人民共和国和印度共和国关系原则和全面合作的宣言》　965a
《中华人民共和国和印度共和国关于二十一世纪的共同展望》　965b
《中论》　952b, 72c, 306f, 519c, 611a, 1012a
《中论疏》　926a
《中论颂》　952c
中秋节　953a, 983a
中台八叶　425d
《中天竺国行记》　953c, 682f
《中天竺舍卫国祇洹寺图经》　972f
《中西交通史》　175a
《中西文化交通史译粹》　1021b
中心塔柱窟　144e
中央革命博物馆　943b
《中印安全与科学：G.戴辛克尔论文选》　122f
中印佛教交流　953d
中印古代交通往来　958b
中印古代语言学交流　962c
《中印合作措施纲要》　987a
中印建交　963e
中印建交以来印度国家领导人访华　964b
中印建交以来中国国家领导人访印　965e
中印交流年　966f
中印经典和当代作品互译出版项目　998a
《中印经济发展比较研究》　630a
中印经贸文化交流论坛　997f

中印科技交流　967a
《中印历代关系史略》 745e
中印联合医疗队　951d
中印贸易往来　973b
中印棉纱贸易　980b
中印民俗交流　980e
《中印人民友好关系史：1851~1949》　984a
《中印人民友谊史话》 316f
中印外交往来　984c
《中印文化关系史论集》 533b
《中印文化交流》 76e
《中印文化交流百科全书》 997f
中印文化协会　573b
中印文学交流　988d
中印现代学术交流　997a
中印学会　998a
《中印学会：计划、总章、缘起》 998a
中印养生健身交流　998e
中印艺术交流　1002a
《中印艺术因缘》 76e, 795b
中印友好代表团　1011b
中印友好交流年　966f
中印友协　951c
中印宗教哲学交流　1011c
种姓　1016c, 981e
《种姓与印度教社会》 947a
仲敦巴·嘉维炯奈　1016f
仲秋节　953b
众德　1017c
众济　556e
《众经目录》 761e
《众经音义》 748e
众铠（僧伽跋摩） 556b
众铠（僧伽婆罗） 556e
众天　557a
众贤　798c
众现　556a
《众许摩诃帝经》 667c
周巴噶举派　207b, 889b
周达夫　1017c
周达甫　1017c
周敦颐　620f
周恩来　1017f
周而复　1018e
周谷城　998a
周罗帝须　493a
周去非　1019c, 961b
周叔迦　1019d
《周叔迦佛学论著全集》 1019f
周述官　1001c
周树人　398d
周寺　889b
周遐寿　1020a
《周易程氏传》 84b
周樟寿　398d
周致中　774e
周钟岳　736f
周祖式　1018e
周作人　1020a
朱比利学院　73e
朱德　344a
朱尔库拉大学　757b
朱家骅　1020e, 998c
朱杰勤　1020f
朱居　1021b
朱居槃　1021b
朱驹波国　1021b
朱俱波　1021b
朱俱槃　1021b
朱罗　1027e
朱明忠　929c
朱木拿河　759f
朱镕基　966b
朱士衡　1021c
朱士行　1021c
朱世杰　378d, 810f
朱熹　1021e, 621a
朱子　1021e
朱子行　1021c
《朱子语类》 1022c
《侏儒往世书》 685f
珠古　272e
珠崖　958f
《诸病源候论》 677b
诸法无我　699e
《诸蕃志》 1022f, 88d, 425e, 438f, 582c, 961b, 975c
《诸佛所护念经》 5f
《诸经要集》 126a, 164a
《诸医方髓》 1022f
竹林精舍　1023c, 598e
《竹林七贤图》 465d, 631d
竹林园　1023c
竹园　1023c
竹园伽蓝　1023c
竺阿弥　1023d
竺阿珍　1023d
竺持炎　1026f
竺道生　1023d, 200d
竺法乘　1024a
竺法崇　1024a
竺法度　1024b
竺法护　1024a
竺法兰　1025a
竺法潜　1025b
竺法汰　1025d, 340e
竺法雅　1025e
竺佛调　1026a
竺佛念　1026a
竺佛朔　1026c
竺扶大　1026c
竺将炎　1026f
竺可桢　1026d
竺罗达　1026f
竺律炎　1026f, 201a
竺僧敷　1027a
竺僧朗　1027b
竺叔兰　1027c
竺朔佛　916a, 1026c
竺昙摩罗刹　1024c
竺震旦　643b
竺枝　202f
《竺枝扶南记》 202f
《主人》 481a
注辇　1027d
祝阿里沙忙里八的　1028a
专念　1034d
转变说　1028b
转识得智　593e
馔食　981e
《庄严疏》 777c
庄子　1028c
《庄子》 1028d
《缀网劳蛛》 746a
卓克, M. R.　856e
卓克华　1029c
卓弥·释迦益西　1029d
卓弥译师　1029e
卓尼版藏文大藏经　891e
卓尼禅定寺　1030a
卓尼·仁钦龙布　1030a
卓尼寺　1030a
卓尼·索南坚赞　1030c
卓尼·扎巴协珠　1030a
淄州大师　272a
淄州沼　272a

子邻　1030d
《子夜》　426f
《自宝船厂开船从龙江关出水直抵外国诸番图》　913c
自然乘　775c
“自我”的科学　95b
自性　1030f
自在比丘　394e
自在黑　1030f, 605a
《自传——我体验真理的故事》　1031c
自恣日　192d, 865f
字母　963c
宗巴系　540a
宗宝　390e
《宗本义》　903f
宗炳　1031d, 37e
宗喀巴　532a
宗喀巴·洛桑札巴　1031e
《宗喀巴全集》　1032a
宗懔　1032e
宗密　1032f
《宗义宝鬘论》　1034c
《宗义广论》　1034a
宗义学　1034a
《宗源录》　201e
《综合瑜伽》　1034c
《综理众经目录》　124f, 916a
《总说品》　157c
总御　1034d
总制　1034d, 871c
邹代钧　1034e
邹啸　902b
足立喜六　113d
祖部　891b
《祖国的痛楚》　498b
《最上乘论》　252d
尊称　459b
尊法　1035a, 283d
遵善寺　114f
《遵生八笺》　667f
佐德普尔骑兵团　734e
佐钦寺　1035b
作法瑜伽　871c
作坛　425b
坐　520f
坐部伎　520f
《坐禅三昧经》　999e
坐导药　853a
坐法　1035e
《坐忘论》　1035e, 1000d, 1029a
坐夏　192b, 304c

字母、数字

A-B-C-管道　10f
C.T.　914b
《20 世纪印度美术》　795b

《中印文化交流百科全书》（详编）主要编辑出版人员

社　　长　　龚　莉
副总编辑　　马汝军
主任编辑　　滕振微
责任编辑　　韩知更　王　宇
编　　辑　　曹　来　任其忻　严　峻　余盼兮　赵　焱　朱建毅
特邀编辑　　朱杰军　林建敏　李　文
助理编辑　　刘　洁　张　然　韩　帅　葛漫丁　常国林　赵从霞
美术编辑　　张辰五
图片编辑　　张辰五　韩知更　王　宇　徐远志
校　　对　　李长英　王　丽　窦红娟　李　静　崔娟娟　赵景贤
责任印制　　乌　灵

印方所撰条目汉译责任修订人　刘　建　姜景奎　贾　岩

主要供图人员及单位

人员（按姓名汉语拼音音序排列）

陈　军　陈　明　陈　帅　狄伯杰　范晶晶　方　方　尕藏加
高志勇　葛维钧　龚　莉　韩知更　贾姗姗　贾　岩　姜景奎
金珊珊　卡马尔·希尔　李宝龙　李　辉　李　征　刘　辉
刘　建　刘晓东　马　莉　玛妲玉　潘志雯　邵葆丽　谭　中
王凌男　王　镛　吴　葳　肖　玲　徐远志　薛克翘　杨秀婷
杨祖荣　叶少勇　张辰五　张丽香　张绍斌　张一兵　赵佳梓
周利群

单位

印度外交部　印度国家考古局